CU01261243

Handbuch der Ferrari Seriennummern
Ferrari Serial Numbers Manual
The Raab Files – revisited

1947 – 2007

Inhalt

Impressum	3
Liability Disclaimer, Copyright	3
With very special thanks to	4
Vorwort/Introduction Hillary A. Raab	5
Noch ein Buch über Ferrari? Another Ferrari book?	6 7
Zusammensetzung der VIN-Nr. Composition of a VIN-Nr.	14 16
Übersicht über Modelle, Produktionszahlen und -zeiträume Overview of models, production-periods and -numbers	18
Legende verwendeter Begriffe und Namen Captation of used Terms and Names	24 25
Die Serien-Nummern The Serial Numbers	26
Nicht verwendetet Serien-Nummern Unused Serial Numbers	827
Serien-Nummern von bisher nicht identifizierten Fahrzeugen Serial Numbers of cars not identified yet	849
Erratum und Ergänzungen aus 2007 Erratum and Additions in 2007	882

Impressum

HEEL Verlag GmbH
Gut Pottscheidt
53639 Königswinter

Telefon: 02223-9230-0
Telefax: 02223-923026
E-Mail: info@heel-verlag.de
Internet: www.heel-verlag.de

© 2007

Verantwortlich für den Inhalt: Matthias Urban

Layout: Jörgen Rumberg, Bonn
Anke Schöneweiß, A.S. Grafik-Design, Bonn

– Alle Rechte vorbehalten –

Printed in Czech Republic

ISBN: 978-3-89880-711-1

Liability Disclaimer

The information in this book was produced solely by the Editor and is distributed on an "as is" basis, without warranty. All information within this book is for reference only. The Editor is not associated with or sponsored by Ferrari SpA in Modena and Maranello or any of its subsidiaries (such as Ferrari North America) in any manner, except for a mutual appreciation and love of the cars. All pictures and references to the Ferrari name, and the car names and shapes are for information reference only, and do not imply any association with Ferrari SpA in Modena and Maranello or any of its subsidiaries. The Editor is not responsible for any typographical errors contained within this book. Much care has been taken in researching and compiling the information presented herein. However, the Editor makes no representations or warranties with respect to the accuracy or completeness of the contents of this information beyond the descriptions contained in the paragraphs of this information. By reading and consulting this book, you agree to hold the Editor free from any liability arising out of the use of any information contained therein. The author shall have no liability to any person or entity with respect to any liability, loss or damage caused - or alleged to be caused - directly or indirectly, by the contents of this information. The Editor shall not be liable for any loss of profit or any other commercial damages, including but not limited to special, incidental, consequential or other damages.

Copyright

This information and any attachment are strictly confidential. No part of this information may be used or reproduced in any manner whatsoever without prior written permission from the Editor. The Editor maintains all rights of intellectual and industrial property of this document. You may not copy this document or any attachment or disclose the contents to any other person. All rights reserved.

With very special thanks to

Hilary A. Raab
Ed Niles
Ivo Pucci, especially for all information the 360 Race Cars
Dr. Wolf Zweifler
Edwin van Nes
Andreas Kalkuhl
Ulrich Stockheim
Dr. Urs Ernst
Kerry Chesbro, for all information on the 330 GT 2+2-Series
Wayne Ausbrooks
Jarrett Rothmeier
Eddy Pareit
William 'Bill' Preston, for all information on the 250 GTE-Series
Gerald Roush, especially for all his information provided within the Ferrari Market Letter
Harald Mergard, for the best website on Ferrari: www.barchetta.cc
Carbon McCoy
Carl Jones
Lee Sanders, especially for all information on the Boxer-Series
Marcel Wallenburg, especially for all information on Dutch Ferraris
Alain Buisson
Tom Papadopoulos of Autosport Designs, two time winner of the American F355-Challenge-Series
Alan Boe
Marcel Massini, for everything
Lutz Breitschuh
Dr. Peter Worm, multiple participant in the 348 and F355-Challenge-Series
Dion Bosch
Robert Retzlaff, especially for all information on the 308-Series
Rodolfo di Pietro, especially for all information on the Enzo-Series
Germain Mallèjac
Monte Shalett
Gerd Portreck
Kevin Blommaert
Olivier Bidaud
Mark Shannon
Bernd Hahne, multiple winner of the German F355-Challenge, who sold me my first Ferrari
Willy Henderickx
Philip Creagh

Andreas Friedrichs and his crew from Hochhaus Marketing Agency together with Astrid Sostmann, for the artwork on this book and the web-design of the corresponding web-site www.vinbook.com and numerous people, especially Jonathan and Andrew, who wanted not to be mentioned, but all of you know, you are included here with all my thanks and respect. Without you it would have been nothing at all.

In memoriam Klaus Gellichsheimer und Denny Schue

Gewidmet
meiner Frau und meinen Kindern für ihre Geduld und Toleranz. Ich danke meiner Frau für ihre Teilnahme und Hilfe beim Zusammenstellen der Serien-Nummern.

In memoriam Klaus Gellichsheimer and Denny Schue

Dedicated to
my wife and children, for their patience and tolerance and my wife for sharing and help on collecting Serial-Numbers.

Vorwort

Nachdem ich 1971 meinen ersten Ferrari erworben hatte, wollte ich wissen, wie viele Fahrzeuge dieses Modells gebaut worden waren. Scheinbar gab es niemanden, der es wusste. Ich fragte Richard Merritt und er antwortete "Keine Ahnung, vielleicht ein paar tausend?" Das brachte mich zu meiner Suche. Im Verlauf der nächsten 15 Jahre gelang es mir, eine Datenbank der frühen Ferrari-Produktion aufzubauen. Dies gelang teilweise durch die persönliche Inaugenscheinnahme und teilweise, mit Hilfe durch Amerigo Manicardi von Ferrari, durch Notizen aus den Auslieferungsdokumenten des Werks. Ich entschloss mich, mit der 365GT4 BB-Reihe aufzuhören, obwohl (in meinem Buch) frühe 308-er Modelle enthalten sind.

Matthias Urban hat die Aufgabe übernommen, meine Suche fortzusetzen. Er hat die Fahrzeuge bis zur aktuellen Produktion, unter Angabe von Farbe und Optionen, wo es ihm möglich war, aufgenommen. Er hat eine nie endenden Aufgabe. Jetzt hat er sich entschlossen, seine Erkenntnisse in diesem Buch zu veröffentlichen.

Viel Vergnügen!
Hilary A. Raab

Introduction

After I bought my first Ferrari in 1971, I wanted to know how many of these models were made. No one seemed to know. I asked Richard Merritt, and he replied "I don't know, maybe several thousand?". That answer sent me on my quest. Over the next 15 years I was able to build a database of the early Ferrari production. Part of this was from observation, and part of this was from Ferrari supplier records, and with help from Amerigo Manicardi of Ferrari. I chose to stop with the 365GT4 BB model, thus the early 308 models were included.

Matthias Urban has taken on the task of continuing my quest. He has been recording the Ferraris' current production including colours and other special features that he has been able to observe. He has a never-ending task. He has decided to publish his observations to date in this book.

Enjoy.
Hilary A. Raab

Hilary A. Raab
Hillary A. Raab ist Ferrari-Enthusiast und Autor zugleich. Er war der erste einer sehr kleinen Gruppe von Leuten, die ein Serien-Nummer-Register der Ferraris erstellten und veröffentlichten.

Ferrari Serial Numbers Part I: Odd Numbered Sequence to 21399: Pt. I
"The Red Book"
221 Seiten TheValueGuide, US, Revised Update (7/2001)

Ferrari Serial Numbers Part II: Even Numbered Sequence to Serial Number 1050
"The Green Book"
128 Seiten TheValueGuide, US (10/2004)

Maserati Brochures and Sales Literature - Post War Brochures Through Inline 6 Cylinder Cars
224 Seiten TheValueGuide, US (8/2004)

Hilary A. Raab
Hillary A. Raab is a Ferrari-Enthusiast and Author as well. He has been the first of a very small number of people who put together and published Serial-Number-Registers of Ferrari.

Ferrari Serial Numbers Part I: Odd Numbered Sequence to 21399: Pt. I
"The Red Book"
221 Pages TheValueGuide, US, Revised Update (7/2001)

Ferrari Serial Numbers Part II: Even Numbered Sequence to Serial Number 1050
"The Green Book"
128 Pages TheValueGuide, US (10/2004)

Maserati Brochures and Sales Literature - Post War Brochures Through Inline 6 Cylinder Cars
224 Pages TheValueGuide, US (8/2004)

Noch ein Buch über Ferrari?

Nicht viele Automobilhersteller können auf eine größere Zahl an Publikationen zurückblicken als Ferrari. Seit den frühen Anfängen des Werks ist die Geschichte mit Mythos verbunden. Die Erklärungen dafür sind vielfältig. Siege und Tragödien in Autorennen, die Reichen und Berühmten als Vorzeige-Ferraristi sind nur einige Begründungen. Der Hype zur Marke in den Mitt-Achtzigern, als die Preise dramatisch stiegen, mag eine andere Erklärung sein.

Dieses Buch ist anders. Es wird nicht die augenscheinliche Geschichte nochmals erzählt. Es wird nicht in Konkurrenz zu anderen Publikationen hochgeschätzter Fachleute treten. Andererseits überspannt es die gesamte Produktionszeit des Werks vom ersten Fahrzeug bis zur aktuellen Produktion.

Dieses Buch deckt den überwiegenden Teil der Fahrzeuge, die im Werk produziert wurden, ab. Es ist ein Versuch, die Seriennummern des Werks von der Nr. 1 bis heute aufzulisten.

Einige Worte zur Entstehung des Buches: Der Herausgeber ist Bankkaufmann. Während einer äußerst intensiven Arbeitsperiode traf er die Entscheidung, im Hinblick auf die tägliche Geistesarbeit, in seinen Ferien etwas Handwerkliches zu bevorzugen. Die Wahl fiel auf den Bau von Modellautos und in Würdigung der ersten automobilen Liebesaffäre als Junge kamen nur Wagen des Werkes in Maranello in Frage. Und so begann es. Mit jedem fertiggestellten Modell wuchs der Wunsch zu wissen, wie dieses spezielle Auto in Wirklichkeit aussah und endete im nachhaltigen Forschen nach Autos und Serien-Nummern.

Das alles ist mittlerweile mehr als zehn Jahre her und seitdem ist des Herausgebers Sammlung ungebauter Modelle gewachsen, ohne dass ein weiteres Modell fertiggestellt wurde. Anstelle des Klebens kleiner Plastikteile begann die Datenbank der Serien-Nummern ein Eigenleben zu entwickeln und das, was Sie jetzt in Händen halten, ist das Ergebnis – ein Buch, das niemals geplant war.

Der Name des Buches ist eng mit einem Idol verbunden
"The Raab Files – Revisited" ist die Hommage an einen Mann, der Ähnliches, wie Sie es jetzt vor sich haben, verehrter Leser, begann und das Wirken des Herausgebers maßgeblich beeinflusst hat. Hillary A. Raab, der auch das Vorwort geschrieben hat, war der Erste, der in den Achtzigern ein komplettes Serien-Nummern-Register zusammenstellte, dessen Neuauflage kürzlich erschienen ist. Er wollte einfach nur wissen, wie viele Autos vom Typ seines ersten Ferraris gebaut wurden. Er steht stellvertretend für viele Bewunderer von Ferrari, von denen einige in der Danksagung erwähnt werden, die ihr Wissen zum höchstmöglichen Grad entwickelt haben. Achten Sie auf Hillary's Red- und Green-Book, die die ungeraden und geraden Serien-Nummern bis 21399 abdecken und eine wundervolle Ergänzung zu diesem Werk sind und seien Sie gespannt auf seine kommende Veröffentlichung, die die Originalfarben der Fahrzeuge zum Inhalt haben soll. Bitte beachten Sie auch die Bücher der anderen Fachleute, die spezifische Modellserien oder die Geschichte des Werks zum Inhalt haben. Er gibt wahrlich einige wunderschöne Ausgaben, die ein Jeder haben sollte.

Was ist ein Spotter und wonach hält er Ausschau?
Die Leute vom Naturell wie oben beschrieben halten permanent Ausschau nach Autos. Sie finden sie auf Veranstaltungen und auf der Straße. Meistenfalls sind sie mit einem kleinen Schreibblock und einer Kamera "bewaffnet". Sie nähern sich dem Fahrzeug mit hohem Respekt und verdrehen ihren Kopf sehr ungewöhnlich für jemanden, der ein Auto betrachtet. Neben dem Umstand, dass sie die modellspezifischen Optionen aufnehmen, schauen sie nach der Serien-Nummer des Fahrzeugs, die an vielen Stellen des Autos sichtbar sind.

Seit Ende der Sechziger trägt nahezu jedes Fahrzeug die sogenannte Vehicle Identification Number (VIN) auf einer Plakette auf der Lenksäule. Die Ausnahmen sind:

Enzos haben die Plakette grundsätzlich nicht, einige Enzos aus der Produktion für die USA tragen eine Plakette, ähnlich zum 612 Scaglietti und dem 599 hinter der unteren Frontscheibe auf der Fahrerseite.

Die Fahrzeuge der FXX-, 612- und 599 Fiorano-Serie tragen eine Plakette hinter der unteren Frontscheibe auf der Fahrerseite. Zusätzlich weist die 599-Serie eine Serien-Nummer-Plakette auf dem Motor auf.

Vom oben genannten Zeitpunkt bis zu den frühen Jahren des Jahrtausends, wurde eine, maximal acht Stellen lange (Serien-Nummer plus drei Buchstaben) in nahezu alle Scheiben der Fahrzeuge geätzt. Die meisten Modelle, außer dem Modena, den 550 Maranellos und der 456-Serie, trugen keine geätzten Nummern in der rückwärtigen Scheibe. Als die Nummern die 100.000er-Marke überschritten, fügte das Werk einen Buchstaben am Anfang hinzu. A ersetzte 10...., B ersetzte 11.... und C ersetzte 12.... Offensichtlich hat das Werk ab der Serien-Nummer 130000 das Ätzen eingestellt. Auch einige späte Wagen im Bereich der 120000-Nummerierung weisen diese nicht mehr auf.

Another Ferrari book?

Not many manufacturers of passenger vehicles have had a greater number of publications about them than Ferrari. Since the early beginnings of the Factory their history has been the subject of myth. The explanations for this are numerous. Victories and tragedies in sports car racing, the rich and the famous as the Ferrari-driving figureheads are only a few illustrations. The hype about the brand in the mid-eighties, when prices increased tremendously is probably another one.

This book is different. It will tell no ostensible story told another time. It will not try to rival other publications from highly admired connoisseurs. On the other hand it will lay out the whole existence of the Factory from their first model to the current production.

This book will show you the majority of the cars built by the factory, with their most visible and prominent features. It is an attempt to run down the Factory's Serial Numbers from 1 up to date.

To explain a little about the intention of the book: The editor is a banker by profession. During a busy time on the job he was looking for something different to spend his time with whilst on vacation and it had to be something manual in contrast to the daily "brainwork". Building scale model cars was the chosen option. Respecting a little boy's first automotive love affair, the only cars to be built had to be from the manufacturer in Maranello. And this is how the story started. With every model built, the need to know what that particular car looked like in reality increased and ended in the setup of a sustained research of the cars and their Serial Numbers.

This was more then ten years ago and ever since the editor's storage of scale model cars left in their original packaging has grown and no further model has been finished since. Instead of cementing small plastic parts, the database of Serial Numbers started a life of its own and what you hold in your hands is the result - a book that was not intended to be.

The Book's name related to an idol

"The Raab Files – Revisited" is homage to a man, who started something similar to that what you, dear reader, are holding now and has influenced the editor's work. Hillary A. Raab, who also provided the introduction to this book, had been the first to provide a complete work on the Factory's Serial Numbers in the Eighties, with a recent update. He simply wanted to know, how many cars of the model he bought as his first Ferrari had ever been built. He is representative of many Ferrari admirers, some of them mentioned in the book's dedications that took their thirst for knowledge to the highest possible level.

Look out for Hillary's Red and Green Books, covering the odd and the even Serial Numbers up to 21399 with information that is a fine addition to this and wait for his new release covering the original colours of the cars. And look out for the books of the other connoisseurs, covering specific models or the Factory history. There are some exceptional publications out there, not to be missed.

What is a Spotter and what does he look for?

Those who bear this epithet are constantly looking for cars. You will find them at events and on the street. In most cases they are armed with a small writing pad and a camera. They will come up to the car with great respect and turn their head very strangely for someone looking at a car. Beside the fact that they will pick up the specific model options, they are looking for the car's Serial Number, which is visible on multiple places on the car.

Nearly every car since the late sixties displays a Vehicle Identification Number (VIN)-plate on the steering column. There are some exceptions to this:

Enzos do not have it in general, there are some US-Enzos bearing the VIN similar to the Scaglietti and the 599 behind the lower front window.

The FXX-, the 612 Scaglietti- and 599 Fiorano-Series have it as a plate under the front window on the left side. In addition the Fioranos carry a Serial Number plate on the engine.

Close to the above mentioned time frame until the early years of the Millenium an 8-digit-number (Serial Number plus three letters) was etched into nearly every window of the car as well. Most models, except the Modena, the 550 Maranello and the 456-Series, do not have it on the rear window. When the numbers reached the 100.000-mark, the factory added a letter at the start of the number. A replaced 10...., B replaced 11.... and C replaced 12.... Obviously, the factory stopped etching with the start of Serial-Number 130000 at the latest. Even some of the late 120000-numbered cars do not have it.

Viele Fahrzeuge tragen die sogenannte "Championship-Plakette", die werkseitig seit der herausragenden Siegesserie von Michael Schumacher als Option erhältlich war. Normalerweise ist diese Plakette am unteren Armaturenbrett, modellabhängig mal rechts, mal links zu finden.

Schwieriger ist das "wahre" Serien-Nummernschild, das sogenannte Telaio, zu sehen, das sich an den unterschiedlichsten Plätzen, je nach Modell, befindet. Modena und F355 haben es in der Innenseite der Türhalterung. Maranello, Scaglietti und F50 tragen es unter der Fronthaube. Testarossa, 308, 328 und Mondial tragen es unter der Heckhaube. Bei den historischen Wagen befindet es sich in der Regel im Motorraum.

Auch verschiedene Teile des Chassis sind mit der Serien-Nummer versehen (alle historischen Fahrzeuge, F50 unter der Fronthaube, 308, 328, Mondial, 348 und 355 im Motorraum und Modena- und F430-Challenge-Wagen unter dem, normalerweise entfernten, Beifahrersitz).

Im Oktober 1984 wurde der US Federal Motor Vehicle Theft Law Enforcement Act eingeführt. Jedes US-Fahrzeug führt eine 17-stellige Identifikations-Nummer. Die Zusammensetzung der Struktur der VIN (Vehicle Identification Number) entnehmen Sie bitte der Tabelle auf den Seiten 14 und 15.

Eine weitere Möglichkeit, Fahrzeuge zu identifizieren, ist die sogenannte "Assembly Number", die scheinbar seit 1989 verwendet wird und sich gewöhnlicherweise im Bereich des Motors befindet. Nichts desto trotz kann von der Assembly Number nicht auf die Serien-Nummer geschlossen werden.

Model	**Ort der "Assembly Number"**
Testarossa (spätere Modelle)	tief rechts im Motorraum
512 TR/F512 M	tief rechts im Motorraum
F40	nahe bei der Serien-Nummer-Plakette im Motorraum
F50	wegen der Nicht-Metall-Karosserie unter der Fronthaube
348/Mondial t/F355	auf der linken Seite des Motorraums
360/F430	am Rahmen am hinteren Ende des Motorraums
Enzo 550/575/612	nahe dem linken Radkasten auf dem Motorraum unter der Fronthaube

Die Außen- und Innenfarbe der Fahrzeuge auf den folgenden Seiten mag differieren. Oftmals werden insbesondere historische Fahrzeuge neu lackiert, wenn sie den Besitzer wechseln oder restauriert werden. Bedauerlicherweise nennt nicht jede Quelle die Details zu den Farben. Rot ist nicht Rot, nicht einmal bei Ferrari, wo Sie wahrscheinlich Rot als Rot erwarten, aber die folgenden Seiten werden es zeigen. Bei Challenge-Fahrzeugen ist es nicht ungewöhnlich, dass die Fahrzeuge die Farbe pro Rennsaison ändern.

Wie begegnen Sie einem Spotter und wie begegnet er Ihnen?
Um mit dem berühmten Autor Douglas Adams zu sprechen, ein Spotter ist überwiegend harmlos. Sie sind immer auf der Jagd, ohne Waffen! Sie verkörpern alles, was die Menschheit in ihrem Naturell auszeichnet; sie sind Jäger und Sammler in einer Person. Spotter sind sehr ehrfürchtig gegenüber den Fahrzeugen und sehr diskret hinsichtlich jeder Information, die Sie ihnen geben. Sie freuen sich über jedes Detail über Ihren Wagen, das Sie teilen möchten. Sie sind kongeniale Gesprächspartner, die in der Lage sind, Sie mit Daten zu Ihrem Fahrzeug zu versorgen, nicht zuletzt auf Grund ihrer Vernetzung zu anderen Spottern.

Wo wird "gespottet"?
Veranstaltungen und die Straße sind definitiv nicht genug. Erinnern Sie sich, wann Sie den letzten Ferrari in "freier Wildbahn" gesehen haben? Es geschieht nicht zu oft, wenn man nicht in bestimmten Städten wohnt. Autos, die für den amerikanischen Markt gebaut wurden, sind leicht zu beobachten. Amerikaner teilen ihre Seriennummer häufig in Anzeigen, die über das Internet plaziert werden. Mit Diensten wie Carfax™ oder Autocheck™ können die Fahrzeuge leicht identifiziert werden. In Australien muss man einer Anzeige entweder die Serien-Nummer oder die Zulassung hinzufügen. In allen anderen Teilen der Welt ist das Leben des Spotters oftmals viel härter.

Der Inhalt dieses Buches
Wie Sie vielleicht erwartet haben, ist dieses Werk nicht komplett und wird es niemals sein, solange, was hoffentlich nie passiert, das Werk die Produktion nicht einstellt. Das Werk hat in 2005 5.409 Fahrzeuge ausgeliefert, d.h. etwa 15 Fahrzeuge täglich oder knapp über 100 in der Woche. Wenn Sie Glück haben, können Sie aus verschiedenen Quellen in etwa diese Menge pro Woche sehen, aber unglücklicherweise ist nicht jedes Fahrzeug neu für den Spotter. Andererseits ist es natürlich hochinteressant, den Weg des Wagens während seines gesamten Lebens zu verfolgen.

Many cars have a so called "Championship Plate" that has been available by the Factory as an option since the glamorous victory-series of Michael Schumacher in the Formula 1 World Championship. Here you will find the Serial Number as well. Depending on the model, the plate is usually placed on the lower dashboard, on the left or on the right.

More difficult to spot are the "real" Serial Number plates, the so called Telaio, that are located in various places on the different models. Modena and F355 have it close to the bearing of the right door. Maranello, Scaglietti and F50 show it under the front hood, Testarossa, 308, 328 and Mondial hide it under the rear hood. In vintage cars you mostly find it in the engine bay.

Also parts of the chassis are stamped with the Serial Number (all vintage cars, F50 under the front hood, 308, 328, Mondial, 348 and 355 close to the engine and Modena- and F430-Challenge cars under the passenger's seat that is normally removed).

In October 1984 the US Federal Motor Vehicle Theft Law Enforcement Act became effective. Every car had to be allocated a 17-digit Vehicle-Identification-Number. The structure of the VIN (Vehicle Identification Number) is as you see on page 16 and 17.

A further possibility to identify cars is the so called "Assembly Number" that seems to have been in place since 1989 and is usually to be found within the engine area. Nevertheless the Assembly Number only never allows an inference to the Serial Number.

Model	Location of the "Assembly Number"
Testarossa (late models)	on the right of engine bay, placed very deep
512 TR/F512 M	on the right of engine bay, placed very deep
F40	near the VIN plate in the engine bay
F50	under the front hood (because of the non-metal body)
348/Mondial t/F355	on the left side of the engine bay
360/F430	on the frame of the rear of the engine bay
Enzo 550/575/612	near left rear wheel arch on the engine bay under front hood

The exterior and interior colors of the cars as shown in the following pages might vary. Often cars, especially vintage cars, are repainted when they change hands or they are restored. Sadly, not every source quotes the detail of the colour, red is not red, not even with Ferrari where you might expect red to be red, but you will find out on the pages to follow. It's not unusual for Challenge cars to change their colour every race-season.

How to treat a Spotter and how the Spotter treats you
To quote the famous author, Douglas Adams, a spotter is mostly harmless. They are constantly on a hunt without weapons. They are everything that mankind has and mankind's nature, they are hunters and collectors in one person. Spotters are highly addicted to the cars and they are very discreet with any information they can get. They enjoy any information about the car you want to share. They are congenial conversational partners who might be able to provide you with interesting data on the history of your car because of their connections with other Spotters.

Where to spot?
Events and streets are definitely not enough. Remember when you have seen your last Ferrari in an open hunting-ground. It does not happen that often if you do not reside in certain cities. For cars produced for the US-market spotting is easy. Americans often share their VIN in adverts on the World Wide Web. With Carfax™ or Autocheck™ you are allowed to follow the car easily. In Australia you have to add either the registration number or the VIN to an advert you place. In all other places of the world a spotter's life is sometimes hard.

This book's contents
As you might have expected, this is not a complete book and it will never be until, what hopefully never will happen, the Factory stops manufacturing. The Factory has delivered 5,409 cars in 2005, meaning close to 15 cars each day or slightly over 100 cars a week. If you are lucky, you are able to spot cars in exactly that quantity from different sources, but, unluckily, not every car spotted is new to you. On the other hand it is very interesting to follow a car through its entire life.

Wie oben beschrieben, ist der amerikanische Markt recht gut abgedeckt, ebenso die frühe Produktion von 1947 bis in die frühen Achtziger. Seltsamerweise weist die Zeit dann bis zur Mitte der Neunziger die größten Lücken auf. Ab der F355-Serie bis heute kann die Abdeckung als recht hoch bezeichnet werden. Europäische Fahrzeuge aus Deutschland, der Schweiz, Frankreich, Spanien, Großbritannien und den Benelux-Staaten sind, ähnlich wie die Wagen aus Ozeanien, gut abgedeckt. Der Osten hingegen ist kein einfacher Bereich zum Spotten. Meine Annahme ist, dass viele Lücken von Fahrzeugen stammen, die nach Asien und Arabien geliefert wurden.

Jedes Fahrzeug, das erwähnt wird, ist bestätigt und es sind keine Vermutungen angestellt worden, um Lücken zu füllen. Ein unbestätigtes Fahrzeug repräsentiert eine Lücke und ist eine Herausforderung, um diese zu füllen.

Sie bekommen, was Sie sehen. Sie finden, so vorhanden, auf den folgenden Seiten:

a) die Serien-Nummer
b) die Serie, z.B., 250, 360, 365 usw.
c) das Modell, z.B., GTE. Modena, GTC/4 usw.
d) die Nummer des gebauten Modells innerhalb der Baureihe und der Anzahl der gebauten Fahrzeuge dieser Serie (#200/1284), sofern vorhanden; hin und wieder wird die durch den Karosseriebauer verwendete Nummer angegeben
e) das Fabrikationsjahr und, wo erhältlich, den Herstellungsmonat (72 oder 2/72).
Der Monat gibt entweder den Produktionsmonat oder den Monat der ersten Zulassung an. Bei amerikanischen Fahrzeugen ist das Modelljahr in der VIN dokumentiert.
f) die fahrzeugspezifische Farbkombination (innen und außen) inklusive Optionen wie Nähte oder Einfassungen
g) Unterscheidung nach Rechts-, Mittel- oder Linkslenker (s.a. die Aufschlüsselung der VIN)
h) Markt, für den das Fahrzeug hergestellt wurde (s.a. die Aufschlüsselung der VIN)
i) die VIN und, falls verfügbar, den Fenster-Code, die Motoren-Nummer (eng. #) und die Assembly-Nummer (ass. #) und, bei frühen Fahrzeugen, die Auftrags-Nummer des Karosseriebauers
j) fahrzeugspezifische Ausstattungsdetails wie das seitliche Firmenlogo aus Emaille (Shields), Challenge Grills oder nachträglich veränderte Auspuffanlagen
k) in einigen Fällen den Namen des Vorbesitzers, wenn dieser gewisse Berühmtheit erlangt hat, wie z.B. , Rennfahrer, Schauspieler, Sänger, Sammler usw.

Gewöhnlicherweise wird eine Serien-Nummer immer nur einmal vergeben. Nur wenige wurden mehrfach verwendet, wie z.B. 99999, die für vier F50-Prototypen und eine 456 GT benutzt wurden. Hin und wieder "verleiht" das Werk bereits vergebene Serien-Nummern an andere Fahrzeuge, wie z.B., Präsentationsmodelle (131608 gehört zu einem silberfarbenen Modena, der seine Serien-Nummer dem silbernen 612-Präsentationmodell geliehen hat). Hin und wieder tragen Bauteile in der Produktion Serien-Nummer-Plaketten, die danach anderen Fahrzeugen zugeordnet werden (112473, ein bestätigter F355 Spider und ein Serien-Nummer-Schild auf dem bordeauxfarbenen Armaturenbrett eines 550).

In sehr seltenen Fällen ist die VIN schon von Beginn an falsch. Eine äußerst geringe Anzahl von Serien-Nummern ist eine Stelle zu kurz oder zu lang.

Abschließende Worte
Ja, Sie werden sicherlich Fehler in der folgenden Menge an Daten finden. Ich denke, das ist für ein Buch dieser Art nicht ungewöhnlich. So Sie Fehler finden, informieren Sie uns doch einfach über die email-Adressen, die unten aufgeführt sind. Besuchen Sie auch die Internet-Seite www.vinbook.com, die dieses Buch begleiten wird.

Auf Grund besserer Sortiermöglichkeiten der zu Grunde liegenden Datenbanken sind einige Modellbezeichnungen wissentlich falsch dargestellt:

F355 Modelle mit F1-Schaltung	heißen 355, ohne das führende F
360 Modena Spider	heißen 360 Spider
360 Modena Challenge Stradale	heißen Challenge Stradale
575 Superamerica	heißen Superamerica, fälschlicherweise auch 575 M Superamerica
348	hin und wieder ist es unklar ob es sich um tb oder GTB, ts oder GTS handelt
365 GTS/4 Daytona	die 96 Fahrzeuge für den amerikanischen Markt heißen offiziell 365 GTB/4 Spider
GTB/4 Spider 288 GTO	offiziell durch das Werk nur "GTO" genannt

As stated above, the American Market is well covered as is the "early" production from 1947 to the early 80's. Strangely enough, the timeframe until the mid 90's bear the biggest lack in information. From the F355-Series until today the coverage can be called very good. European cars from Germany, Switzerland, France, Spain, Great Britain and the Benelux are well documented as are the Oceanic cars. Sadly enough the East side of the World is not easy to spot. My assumption is, that many of the blanks are represented by cars that have been delivered to Asia or Arabia.

Every car you will find included here has been confirmed. There are no "wild guesses" about possible Serial Numbers matching to a car to fill gaps. A car not confirmed is a blank and an opportunity to be filled.

What you see is what you get. On the following pages you will find (where applicable):

a) the Serial Number
b) the Series, i.e., 250, 360, 365 etc.
c) the model, i.e. GTE, Modena, GTC/4 etc.
d) the number of the car built and the total number of the series (#200/1284) (if available), sometimes it shows the production number used by the coachbuilder
e) the year of production, sometimes accompanied by the month (72 or 2/72). The month may represent either the date of production or the date of first registration. American Cars show the model-year within the VIN.
f) the specific car's colour combination (exterior and interior) including options like stitching and piping
g) differentiation between Centre Hand Drive, Left Hand Drive and Right Hand Drive (see also the specification of the VIN)
h) the market, the specific car was produced for (see also the specification of the VIN)
i) the VIN and, if available, the window-code, the engine number (eng. #) and Assembly Number (ass. #) and, with early cars, the Job Numbers used by the chassis-builders
j) options with the car like (Ferrari Fender) Shields, Challenge Grills or aftermarket exhaust systems
k) in some cases the previous owner if of a certain fame like racers, actors, singers, collectors etc.

Normally a Serial Number only shows up once. There are only a few numbers that are used twice or more, like 99999 that was used on four F50 Prototypes and a 456 GT. Sometimes the Factory "lends" Serial Numbers of previous cars to a new one, mostly to Presentation cars (131608 is a red Modena which lent her Serial Number plate to the silver 612 Presentation Car). Sometimes cars seen in production have VIN-plates on parts like the dashboard and later this Serial Number is assigned to another car (112473, a confirmed F355 Spider and the bordeaux dashboard of a 550).

In a very few cases VINs are absolutely wrong from birth on. There are a very small number of VINs that contain 16 digits only or show one too many digit.

Last Words

Yes, there may be some errors within all this data. I assume this is very natural for a book like this. If you are able to detect errors, please use the contact data below for communication and correction. And please, visit the web-site that will accompany the book: www.vinbook.com

For the purpose of sorting-criteria within the related database, some model identification is deliberately altered:

F355 cars with F1 transmission	should read 355, without the leading F
360 Modena Spider	should read 360 Spider
Modena Challenge Stradale	should read Challenge Stradale
575 Superamerica	sometimes indicated as Superamerica or (wrongly) 575 M Superamerica
348	sometimes unclear if it is a tb or GTB, a ts or a GTS
365 GTS/4 Daytona	the 96 cars made for the US were officially named 365 GTB/4 Spider
GTB/4 Spider 288 GTO	officially named "GTO" only by Factory

Sie finden ebenfalls einen Überblick über die Produktionszahlen, die auf allgemein erhältlichen Informationen beruhen und sicherlich Abweichungen aufweisen. So ist z.B. die offizielle Enzo-Produktion 399 + 1, aber etwa 440 Enzos sind heute bekannt; Gleiches gilt für die 288 GTO- und die F50-Produktion. Es scheinen mehr Fahrzeuge gebaut worden zu sein, als offiziell vom Werk veröffentlicht wurde. Betrachten Sie diese Zahlen daher bitte als Indikation, wo es angeraten erscheint.

Nun wünschen wir Ihnen viel Vergnügen beim Studium der Zahlen und Daten und, falls Sie in der Lage sind, Qualität und Quantität dieses Werks zu verbessern, ist Ihre Hilfe stets willkommen.

Nachstehend finden Sie drei email-Adressen, die Sie nutzen können.

info@vinbook.com	für alle Informationen und Anfragen
spot@vinbook.com	für jeden SPOT, den Sie mit uns teilen wollen, Bilder sind stets willkommen
correct@vinbook.com	zur Korrektur fehlerhafter Daten in diesem Buch

An overview of the production figures is included here as well. It is based on the information that is available and it surely contains discrepancies. There is, for example, the production figure of 399+1 Enzo Ferraris, but more than 440 are known, similarly with 288 GTO and F50 production. There seem to be more cars being built than the Factory officially announced. So please, take these figures as an indication where applicable.

So, now enjoy the figures and if you are able to help the editor to make this any better, please do not hesitate.

Below you will find three email-addresses and any information is welcome.

info@vinbook.com   for any information or
                           request

spot@vinbook.com   for any SPOT you
                           want to share, pictures
                           appreciated

correct@vinbook.com   for any correction you
                           can provide to
                           the data in this book

Zusammensetzung der VIN (Vehicle Identification Number)

Z	F	F	X		R	
Land	**Hersteller**		**Motor**			**Sicherheitssystem**
Z = Italy	F = Ferrari		A	308 GTB/Si, Mondial 8 (US)	A	3-Punkt-Gurte, vorne
	D = Dino		A	Testarossa (EU)	B	3-Punkt-Gurte, vorne und hinten
			A	612 Scaglietti	C	3-Punkt-Gurte, vorne† & 2-Punkt-Gurte hinten
			B	408	D	3-Punkt-Gurte, vorne und hinten
			B	308 GTB/S (EU) Wet Sump	E	2+2-Modelle, australischer Markt
			B	575 M Maranello	G	Passives Rückhalte-System
			C	308 GTB/S (EU) Dry Sump	J	F40, Europa-Produktion
			C	328 GTB/S, Mondial 3.2 (CH)	K	Mondial t Cabriolet, US-Modell, nach 1989
			C	Enzo Ferrari	L	Air bags, manuelle Sitzgurte & Kinder-Rückhalte-System
			D	512 BB	M	Passives Rückhalte-System, kanadischer Markt
			D	Challenge Stradale	N	Automatisches passives Rückhalte-System
			E	400i	P	Air bags, 3-Punkt-Gurte vorne
			E	PPG	R	Air bags, manuelle Sitzgurte & Belastungsbegrenzer
			E	F430	S	Air bags, manuelle Sitzgurte & Kinder-Rückhalte-System
			F	348 tb/s, Mondial T (US)	T	Air bags, manuelle Sitzgurte, Gurtstraffer
			F	599	U	Air bags, manuelle Sitzgurte, Gurtstraffer & Kinder-Rückhalte-System
			G	308 GTB/S (US)	V	Air bags, manuelle Sitzgurte, Gurtstraffer, Belastungsbegrenzer & Kinder-Rückhalte-Syst
			G	F40 (EU)	W	Air bags, manuelle Sitzgurte, Belastungsbegrenzer & Kinder-Rückhalte-System
			G	575 Superamerica	X	Rennwagen und Prototypen
			H	308 GTBi/Si, Mondial 8 (EU)	Y	612 Scaglietti
			H	FXX	Z	Enzo Ferrari, Europa Produktion
			J	512 BBi		
			K	208 GTB/S Turbo		
			K	348 tb/s, Mondial T (EU)		
			L	308 GTB/S QV, Mondial QV (EU)		
			L	512 TR		
			M	308 GTB/S QV, Mondial QV (US)		
			M	F40 (US)		
			N	308 GTBi/Si, Mondial 8 (AUS)		
			P	288 GTO		
			P	F355 (94/95)		
			R	308 GTB/S QV, Mondial QV (AUS)		
			R	348 series, Mondial T (US)		
			S	Testarossa (US)		
			S	456		
			T	Testarossa (EU)		
			T	F50		
			U	308 GTB/S QV, Mondial QV (US)		
			U	348 (EU)		
			V	F512 M		
			W	328 GTB/S, Mondial 3.2 (EU)		
			W	456 M		
			X	328 GTB/S, Mondial 3.2 (US)		
			X	F355 (96-99)		
			Y	412		
			Y	360		
			Z	550		

	42	B		0	0	0	1	1	3	3	1	3
	Modell		**Markt-Kennzeichen**		**US VIN**				**Serien-Nummer**			
01	308 GTBi	A	Nord Amerika, LHD US	A	=	1980						
02	308 GTSi	B	Europa, LHD EU	B	=	1981						
03	308 GTB	C	Großbritanien, RHD UK	C	=	1982						
04	308 GTS	D	Ozeanien, RHD AUS	D	=	1983						
05	512 BB	J	Japan, LHD JP	E	=	1984						
06	400 i Automatic	S	Schweiz und Skandinavien, LHD, CH or SWE	F	=	1985						
07	400 i Manual	T	Mittlerer Osten, LHD ME	G	=	1986						
08	Mondial 8	X	Rennwagen	H	=	1987						
09	512 BBi			J	=	1988						
10	208 GTB Turbo			K	=	1989						
11	208 GTS Turbo			L	=	1990						
12	308 GTB QV			M	=	1991						
13	308 GTS QV			N	=	1992						
14	Mondial QV			P	=	1993						
15	Mondial QV Cabriolet			R	=	1994						
16	288 GTO			S	=	1995						
17	Testarossa			T	=	1996						
18	308 Convertible			V	=	1997						
19	328 GTB			W	=	1998						
20	328 GTS			X	=	1999						
21	Mondial 3.2			0	=	2000						
22	n.a.			1	=	2001						
23	n.a.			2	=	2002						
24	412 Automatic			3	=	2003						
25	412 Manual			4	=	2004						
26	Mondial 3.2 Cabriolet			5	=	2005						
27	GTB Turbo			6	=	2006						
28	GTS Turbo			7	=	2007						
29	328 Convertible											
30	Testarossa Spider											
31	412 Predotipo Kevlar											
32	Mondial t											
33	Mondial t Cabriolet											
34	F40											
35	348 Berlinetta											
36	348 ts											
37	408											
38	n.a.											
39	n.a.											
40	512 TR & F512 M											
41	F355 Berlinetta											
42	F355 GTS											
43	348 Spider											
44	456 GT/M GT											
45	n.a.											
46	F50											
47	n.a.											
48	F355 Spider, 355 F1 Spider											
49	550 Maranello											
50	456 GTA/M GTA											
51	360 Modena											
52	550 Pininfarina Barchetta											
53	360 Modena Spider											
54	612 Scaglietti											
55	575 M Maranello											
56	Enzo Ferrari											
57	360 Modena Challenge Stradale											
58	F430											
59	F430 Spider											
60	599 Fiorano											
61	575 Superamerica											
62	FXX											
63	F430 Challenge											

Composition of a VIN (Vehicle Identification Number)

Z	F	F	X			R	
Country Ident	**Manufacturer Ident**		**Engine Ident**			**Safety System Ident**	
Z = Italy	F = Ferrari		A	308 GTB/Si, Mondial 8 (US)		A	3-point belts front
D = Dino			A	Testarossa (EU)		B	3-point belts front & rear
			A	612 Scaglietti		C	3-point belts front† & 2-point belts rear
			B	408		D	3-point belts front & rear
			B	308 GTB/S (EU) Wet Sump		E	on 2+2's, Australian market
			B	575 M Maranello		G	Passive restraint system
			C	308 GTB/S (EU) Dry Sump		J	F40, European production
			C	328 GTB/S, Mondial 3.2 (CH)		K	Mondial t Cabriolet, US-Model, post 1989
			C	Enzo Ferrari		L	Air bags, manual seat belts & childrens' restraint system
			D	512 BB		M	Passive restraint system, Canadian market
			D	Challenge Stradale		N	Automatic passive restraint system
			E	400i		P	Air bags, 3-point belts front
			E	PPG		R	Air bags, manual seat belts & force limiter
			E	F430		S	Air bags, manual seat belts & childrens' restraint system
			F	348 tb/s, Mondial T (US)		T	Air bags, & manual seats belts, pretensioner
			F	599		U	Air bags, manual seats belts, pretensioners & childrens' restraint system
			G	308 GTB/S (US)		V	Air bags, manual seats belts, pretensioners, force limiter, & childrens' restraint system
			G	F40 (EU)		W	Air bags, manual seats belts, force limiter & childrens' restraint system
			G	575 Superamerica		X	racecars & prototypes
			H	308 GTBi/Si, Mondial 8 (EU)		Y	612 Scaglietti
			H	FXX		Z	Enzo Ferrari, European production
			J	512 BBi			
			K	208 GTB/S Turbo			
			K	348 tb/s, Mondial T (EU)			
			L	308 GTB/S QV, Mondial QV (EU)			
			L	512 TR			
			M	308 GTB/S QV, Mondial QV (US)			
			M	F40 (US)			
			N	308 GTBi/Si, Mondial 8 (AUS)			
			P	288 GTO			
			P	F355 (94/95)			
			R	308 GTB/S QV, Mondial QV (AUS)			
			R	348 series, Mondial T (US)			
			S	Testarossa (US)			
			S	456			
			T	Testarossa (EU)			
			T	F50			
			U	308 GTB/S QV, Mondial QV (US)			
			U	348 (EU)			
			V	F512 M			
			W	328 GTB/S, Mondial 3.2 (EU)			
			W	456 M			
			X	328 GTB/S, Mondial 3.2 (US)			
			X	F355 (96-99)			
			Y	412			
			Y	360			
			Z	550			

	42		B		0	0	1	1	3	3	1	3
	Model Ident		**Market Ident**		**US VIN**			**Serial Number**				
01	308 GTBi	A	North America, LHD US		A	=	1980					
02	308 GTSi	B	Europe, LHD EU		B	=	1981					
03	308 GTB	C	UK, RHD UK		C	=	1982					
04	308 GTS	D	Oceania, RHD AUS		D	=	1983					
05	512 BB	J	Japan, LHD JP		E	=	1984					
06	400 i Automatic	S	Switzerland & Scandinavia, LHD, CH or SWE		F	=	1985					
07	400 i Manual	T	Middle East, LHD ME		G	=	1986					
08	Mondial 8	X	Race Cars		H	=	1987					
09	512 BBi				J	=	1988					
10	208 GTB Turbo				K	=	1989					
11	208 GTS Turbo				L	=	1990					
12	308 GTB QV				M	=	1991					
13	308 GTS QV				N	=	1992					
14	Mondial QV				P	=	1993					
15	Mondial QV Cabriolet				R	=	1994					
16	288 GTO				S	=	1995					
17	Testarossa				T	=	1996					
18	308 Convertible				V	=	1997					
19	328 GTB				W	=	1998					
20	328 GTS				X	=	1999					
21	Mondial 3.2				0	=	2000					
22	n.a.				1	=	2001					
23	n.a.				2	=	2002					
24	412 Automatic				3	=	2003					
25	412 Manual				4	=	2004					
26	Mondial 3.2 Cabriolet				5	=	2005					
27	GTB Turbo				6	=	2006					
28	GTS Turbo				7	=	2007					
29	328 Convertible											
30	Testarossa Spider											
31	412 Predotipo Kevlar											
32	Mondial t											
33	Mondial t Cabriolet											
34	F40											
35	348 Berlinetta											
36	348 ts											
37	408											
38	n.a.											
39	n.a.											
40	512 TR & F512 M											
41	F355 Berlinetta											
42	F355 GTS											
43	348 Spider											
44	456 GT/M GT											
45	n.a.											
46	F50											
47	n.a.											
48	F355 Spider, 355 F1 Spider											
49	550 Maranello											
50	456 GTA/M GTA											
51	360 Modena											
52	550 Pininfarina Barchetta											
53	360 Modena Spider											
54	612 Scaglietti											
55	575 M Maranello											
56	Enzo Ferrari											
57	360 Modena Challenge Stradale											
58	F430											
59	F430 Spider											
60	599 Fiorano											
61	575 Superamerica											
62	FXX											
63	F430 Challenge											

Übersicht über Modelle, Produktionszahlen- und zeiträume/Overview of models, production-periods and -numbers

Modell Model	Foto-Nr. Photo-Nr.	Modell Ziffer Model Digit	Produktionszeitraum Year of production	Serien-Nummernkreis s/n Range	Anzahl examples built
AAC 815			1940	020 - 021S	2
125 Sport	1		1947	01C - 02C plus Factory replica 90125	2
159			1947	03C - 04C	2
166 Spider Corsa	2		1947 - 1948	002C - 018I	9
166 Inter			1948 - 1951	005S - 079S	37
166 Sport	3		1948	001S - 005S	3
166 MM			1948 - 1953	0002M - 0346M	47
195 Inter			1950 - 1952	0081S - 0209EL	27
195 S			1950		4
212 Inter			1951 - 1953	0107ES - 0291EU	78
212 Export	4		1951 - 1952	0070M - 0182ED	27
340 America			1951 - 1952	0082A - 0238A	23
342 America			1952 - 1953	0232AL - 0248AL	6
340 Mexico	85		1952	0222AT - 0228AT	4
225 Europa			1952	0223EU	1
225 S			1952	0152EL - 0220ED	21
225 Inter			1952	0156ET	1
250 Europa			1953 - 1954	0295EU - 0351EU	21
250 MM			1953 - 1954	0230MM - 0390MM	31
340 MM			1953	0268AM - 0350AM	10
375 America			1953 - 1954	0293AL - 0355AL	12
375 MM			1953 - 1955	0286MM - 0490AM	26
625 TF			1953	0302TF - 0306TF	3
735 S			1953	0428M - 0556MD	3
375 Plus			1954	0348AM . 0488AM	8
250 Monza			1954	0420M - 0446M	4
500 Mondial			1954 - 1955	0404MD - 0590MD	31
750 Monza	83		1954 - 1955	0440M - 0586M	31
250 GT Europa			1954 - 1956	0357GT - 0427GT	34
118 LM	5		1955	0484LM - 0544LM	3
121 LM	6		1955	0484LM - 0558LM	4
857 Sport	7		1955	0570M - 0588M	4
860 Monza	8		1955 - 1956	0602M und 0604M	2
410 Sport			1955 - 1956	0592CM - 0598CM	4
250 GT Boano	9		1955 - 1957	0429GT - 0675GT	88
410 Superamerica Series I	10		1955 - 1956	0423SA - 0501SA	16
250 GT LWB TdF no louvre			1955 - 1959	0503 - 1367	14
410 Superamerica Series II	11		1956 - 1957	0671SA - 0721SA	5
500 TR	12		1956	0600 MDTR - 0654MDTR	16
290 MM	13		1956	0606MM - 0628MM	4
625 LM			1956	0612 - 0644	4
410 Superfast PF Speciale	14		1956	0483SA	1
250 GT LWB TdF 14 louvre			1956-1957	0585 - 0707	9
250 GT PF Cabriolet Series I			1956 - 1959	0655GT - 1475GT	40 to 42
250 GT LWB TdF 1 louvre			1957-1959	0897 - 1401	36
250 GT LWB TdF 3 louvre			1957-1959	0723 - 0895	18
250 GT LWB California			1957 - 1960	0769GT - 1715GT	49
156 F2			1957	0011 - 0012	2
500/625 TRC			1957	0658 - 0708	19, thereoff 2 625 TRC
315 Sport			1957	0656 - 0684	3
335 Sport			1957	0674 - 0764	4
4.9 Superfast			1957	0725GT	1
250 TR			1957	0666 - 0760	20
250 GT PF Coupe Speciale			1957	0751	1
246 F1 P/156 F2 Sharknose Prototype			1958	0008	1
206 Sport Dino			1958	0740	1
296 Sport Dino			1958	0746	1
312 S/412 MI			1958	0744	1
250 GT Ellena Coupe			1958	0679GT - 0887GT	50
250 GT PF Coupe			1958 - 1960	0851GT - 2081GT	350
410 Superamerica Series III	15		1958 - 1959	1015SA - 1495SA	12
246 Dino F1			1958 - 1960	0001 - 0007	7
250 TR59			1959	0766TR - 0774TR	5
250 GT Interim Berlinetta			1959	1377 - 1523	7
246 SP			1959	0790 - 0796	2
246 Sport Dino			1959 - 1960	0776 und 0784	2
250 GT PF Cabriolet Series II			1959 - 1962	1213GT - 3807GT	201 to 204
400 Superamerica Coupe Series I	16		1959 - 1962	1517SA - 3747SA	18
400 Superamerica Cabriolet Series I	17		1960 - 1962	1611SA - 3309SA	7

Modell / Model	Foto-Nr. Photo-Nr.	Modell Ziffer Model Digit	Produktionszeitraum Year of production	Serien-Nummernkreis s/n Range	Anzahl examples built
196 Sport Dino			1960	0776	1
400 Superfast			1960	2207SA	1
250 TRI/60			1960	0780TR - 0782TR	2
250 GT SWB California	18		1960 - 1963	1795GT - 4137GT	56
250 GTE 2+2 Series I	19		1960 - 1961	1895GT - 3083GT	302
156 F1 Sharknose			1961	0001 - 0008	6
250 GT SWB Esperimentale			1961	2429 - 3615	5
250 GT SWB Berlinetta '61			1961 - 1963	2399GT - 4065GT	104
250 GT Lusso			1962 - 1964	3849GT - 5955GT	351
250 GTE 2+2 Series II			1961 - 1962	3103GT - 4089GT	348
250 GTE 2+2 Series III			1962 - 1964	4093GT - 4959GT	305
250 TRI/61	20		1962	0782TR - 0794TR	2 plus one revised TRI/60
156 F1			1962	0007 - 0009	3
196 S			1962	0790 - 0802	36
248 SP			1962	0806	1
268 SP			1962	0798	1
286 SP			1962	0802	revised 196 S
330 TRI/LM			1962	0808	1
Superfast Series III			1962	wahrscheinlich 2207SA	1
Superfast IV			1962	wahrscheinlich 2207SA	1
330 GTO			1962	3765 und 4561	2
250 GTO	21		1962 - 1964	3223 - 5111	33
400 Superamerica Series II	22		1962 - 1964	3931SA - 5139SA	22
156 B Aero F1			1963	004	1
330 LMB			1963	4381 - 4725	4
250 P			1963	0810 - 0816	4
250 LM			1963 -1966	5149 - 8165	32
330 America	23		1963 - 1964	4953 - 5125	50
330 GT 2+2 Series I	24		1963 - 1965	2947 - 6937	500
158 F1			1964	005 (?) -006	2
250 GTO '64	25		1964	55571 - 5575	3
275 P			1964	0818 - 0822	3
275 GTB Competizione Speciale			1964	6701 - 7271	4
330 P			1964	0818 - 0822	3 revised 275 P
500 Superfast Series I	27		1964 - 1966	5951SF - 8897SF	37
275 GTS	28		1964 - 1966	6001 - 8653	200 plus 3 Prototypes
275 GTB	29		1964 - 1966	5161 - 8979	456
275 GTB/C Series I			1964 - 1965	6021 - 7641	11
151/2 F1			1965	0007 - 0009	3
206 Dino Berlinetta Speciale			1965	0840	1
166/206 P			1965	0834	1
275 P2			1965	0826 0836	5
330 P2			1965	0826 0836	5 revised 275 P2
365 P			1965	0824 - 0838	4
330 GT 2+2 Interim			1965	6939 -7547	125
206 S			1965 - 1967	0852, 002 - 034	34
330 GT 2+2 Series II			1965 - 1967	7553 -10193	45
330 GTC			1966 - 1968	8329 -11613	600
246 Tasman			1966	0010	1
312 F1 including Design-Study "Sigma"			1966	010 - 012	3
330 P3			1966	0844 - 0848	3
365 P Tri Posti			1966	8815GT und 8971GT	2
275 GTB/C Series II			1966	9007 - 9085	12
365 California Spider			1966 - 1967	8347 -10369	14
275 GTB/4	30		1966 - 1968	8769 -11069	350
330 GTS	31		1966 - 1968	8899 -11713	100
412 P			1967	0850 und 0854	2
330 P4			1967	0856 - 0860	3
312 F1			1967 - 1969	0001 - 0019	9
275 GTB/4 NART Spider			1967 - 1968	9437 -11057	10
330 GTC Pininfarina Spécial			1967- 1969	09439 - 10241	5
365 GT 2+2	32		1967 - 1971	10431-14099	801
206 GT Dino	33		1967 - 1969	00102 - 00404	153
250 P5			1968	0846	1
P6			1968	036	1
312 P Spider, 512 S Conversion			1968	0868	1
612 CanAm			1968	0864 und 0866	2
330 GT Break Vignale			1968	7963	1

Modell / Model	Foto-Nr. Photo-Nr.	Modell Ziffer Model Digit	Produktionszeitraum Year of production	Serien-Nummernkreis s/n Range	Anzahl examples built
365 GTC	34		1968 - 1969	11823-12795	150 to 151
365 GTB/4 Daytona inkl. 1 Competizione					
365 GTS	35		1968 - 1969	12163-12493	20
212 E Montagna			1969	0862	1
312 P			1969 -1970	0868 - 0872	3 including 512 S
365 GTS/4 Daytona			1969 - 1973	12851-17073	121 + 1 Prototype
246 GT Dino Serie L			1969 - 1970	00400 - 01116	357
246 GT Dino Serie M			1970 - 1971	01118 - 02130	506
312 B F1			1970 - 1971	001 - 004	4
Modulo			1970	1046	1
512 S/M			1970	1002 - 1050	25 including Modulo
712 CanAM			1971	1010	1
365 Michelotti NART Spider			1971	14299 - 16467	5
365 GTB/4 Daytona Competizione Series I Alloy			1971	12467	5
365 GTB/4 Daytona Competizione Series II			1971		5
365 GTB/4 Daytona Competizione Series III			1971	- 16717	5
312 P			1971 - 1973	0874 - 0898	12
312 B2 F1			1971 - 1973	005 - 008	4
365 GTC/4	36		1971 - 1972	14179-16289	500
246 GT Dino Serie E			1971 - 1974	02132 - 07650	1624
246 GTS Dino	40		1972 - 1974	02174 - 08518	1274
365 GT4 2+2	37		1972 - 1976	15897-18895	525 incl. 3 prototypes
312 B3 F1			1973 - 1974	009 - 020	7
365 GT/4 BB	38		1973 - 1976	17185-19323	387
308 GT/4 Dino incl. one LM (08020)	39		1973 - 1980	07202 - 15604	2826
312 T F1			1975 -1976	018 - 024	7
308 GTB Vetroresina		03	1975 - 1977	18677 - 21289	712
365 GT4 BB Competizione			1975 - 1976	17577 - 18139	3
208 GT/4 Dino	41		1975 - 1980	08830 - 15596	840
308 Rainbow			1976	12788	1
312 T2 F1			1976 - 1978	029 - 031	3
308 GTB Steel		03	1976 - 1980	20805 - 34349	1626
400 GT			1976 - 1979	19353 -	147
400 GT Automatic	43		1976 - 1979		354
512 BB	44	05	1976 - 1981	19677 - 38487	929
308 Millechiodi		03	1977	23611	1
308 GTS	42	04	1977 - 1980	22619 - 34501	3219
512 BB Competizione			1978	22175 - 24131	4
512 BBLM			1979 - 1982	26681 -44023	25
312 T3 F1			1978	032 - 036	5
400 i	45	06	1979 - 1984	19353 - 55523	1294
400 i Automatic		07		19353	873
Pinin			1980	20263	1
312 T5 F1			1980	042 - 048	6
126 C F1			1980	047 - 049	2
208 GTB			1980 - 1982	31219 - 41329	160
208 GTS			1980 - 1982	31249 - 41265	140
308 GTBi		01	1980 - 1982	31327 - 43059	494
308 GTSi	52	02	1980 - 1982	31309 - 43079	1743 to 1749
Mondial 8	46	08	1980 - 1983	31075 - 41727	703
126 CK F1			1981	050 - 054	5
126 CK B F1			1981	050 - 054, revised CKs	3
512 BBi	47	09	1981 - 1984	38121 - 52935	1007
126 C2 F1			1982	055- 061	10
208 GTB Turbo	48	10	1982 - 1985	41357 - 59277	437
208 GTS Turbo	52a	11	1982 - 1985	42863 - 59279	250
308 GTB QV	49	12	1982 - 1985	42809 - 59071	748
308 GTS QV	50	13	1982 - 1985	41701 - 59265	3042 or 3043
Mondial QV	51	14	1982- 1985	41737 - 59131	1145
126 C2 B F1			1983	062 - 065	4
126 C3 F1			1983	066 -070	5
Mondial QV Cabriolet		15	1983 - 1985	47247 - 59163	629
126 C4 F1			1984	071 - 077	7
Testarossa	53	17	1984 - 1992	53081 - 92471	5648 to 7177
Testarossa Spider		18			0
288 GTO	54	16	1984 - 1986	50253 - 58345	272
288 GTO Evoluzione			1985 - 1986	50253 -79899	6
308 Cabriolet		18			0
156 F1/85			1985	078 - 086	9
308 GT/M			1985 - 1988	001 - 003	3

Modell / Model	Foto-Nr. Photo-Nr.	Modell Ziffer Model Digit	Produktionszeitraum Year of production	Serien-Nummernkreis s/n Range	Anzahl examples built
Mondial 3.2		21	1985 - 1988	59165 - 79671	987
Mondial 3.2 Cabriolet	56	26	1985 - 1988	59393 - 78895	810
412 GT Automatic		24			306
328 GTB	58	19	1985 - 1989	58735 - 83017	1344
328 GTS	57	20	1985 - 1989	59301 - 83075	3067 to 4979
F1 86			1986	088 - 094	9
GTB Turbo		27	1986 - 1988	63277 - 83137	308
GTS Turbo	60	28	1986 - 1988	63739 - 83158	828
328 Cabriolet		29		49584	1
Testarossa Pininfarina Spider Speciale		30	1986	62897	1
412 Predotipo Kevlar		31	1987	73011	1
F1 87			1987	095 - 101	7
408		37	1987 - 1988	70183 - 78510	2
F40	61	34	1987 - 1992	73015 - 99893	1311
F1 87/88C			1988	100 - 104, 2 revised F1 87, two into 639	3
Mondial t		32	1989 - 1993	79596 - 97698	840
Mondial t Cabriolet	59	33	1989 - 1993	80339 - 97733	1010
Mondial 3.4t Cabriolet		33			
Mondial 3.4t Cabriolet Valeo		33			
PPG		32	1989	76390	1
Mythos			1989	EAG026	1 plus one mock-up, plus probably 6 by Pininfarina for the Sultan of Brunai in various colours and all on PF s/n
F1 89 (640)			1989	105 - 113	9
348 (all specifications)			1989 - 1994		
348 TB		35	1989 - 1994	81617 - 96679	2895
348 TS		36	1989 - 1994	81651 - 96964	4228 to 4230
641 F1			1990	114 - 119	5
641/2 F1			1990	117 - 121	3
642			1991	122 - 126	5
643			1991	127 - 130	4
512 TR	62	40	1991 - 1994	89100 - 99743	2280
F92 A			1992	131 - 135	4
F92 AT			1992	136 - 138	3
348 Serie Speciale		35/36	1992 - 1993	92812 - 95683	115
456 GT 2+2	63	44	1992 - 1998	88301 -	1534
F93 A			1993	139 - 147	8
348 Spider	64	43	1993 - 1994	96520 - 99627	1090
348 GTB	65	35	1993 - 1994	96937 - 99634	620
348 GTS	66	36	1993 - 1994	96826 - 99197	1000
512 TR Serie Speciale		40	1993 - 1994		15
412 T1			1994	148 - 155	8
333 SP Dalara			1994	001 - 015	7
F355 Berlinetta	67	41	1994 - 1998	98345 - 117040	3938
F355 GTS	68	42	1994 - 1998		2048
F512 M	69	40	1994 - 1996	98977 - 105516	501
F355 Spider	71	48	1994 - 1999	- 116812	2663
412 T2			1995	156 - 165	10
F50	70	46	1995 - 1998	103097 - 107240	349 + 6
456 GT/GTA Venice Barchetta		44/50	1995 -		
456 GT/GTA Venice Coupe		44/50	1995 -		
456 GT/GTA Venice Break		44/50	1995 -		7
F40 GTE Series I			1995 - 1996		4
F40 GTE Series II			1996		3
F310			1996	166 - 171	6
456 GTA	74	50	1996 - 1998		402
550 Maranello	72	49	1996 - 2002		3083 incl. 33 WSR-
F50 GT			1996 - 1997	001 -003	3
F310 B			1997	172 - 180	9
355 Berlinetta F1	84	41	1997 - 1998		933
333 SP Michelotto Evoluzione Series I			1997 - 1998	016 - 022	7
355 GTS F1		42	1997 - 1998		529
355 Spider F1	73	48	1997 - 1999		1051 to 1054
F300			1998	181 189	8
456 M GT	86	44	1998 - 2003		723
456 M GTA		50	1998 - 2003		631
333 SP Michelotto Evoluzione Series II			1998 - 1999	023 - 034	12

Modell / Model	Foto-Nr. / Photo-Nr.	Modell Ziffer / Model Digit	Produktionszeitraum / Year of production	Serien-Nummernkreis / s/n Range	AnzaModel examples built
F399			1999	190 - 197	8
355 Spider F1 Fiorano		48	1999 - 2000	115426 - 116521	78
360 Modena incl. F1		51	1999 - 2005		8479
360 Modena Challenge		51	1999 - 2004		approx. 320 Modena Conversions
360 Modena N-GT (Factory)			2002 - 2004	2000 - 2040	20
360 Modena N-GT Michelotto Conversions				000M - 016M	17
360 Modena GT			2003 - 2004	2038 - 2408	5
360 Modena GTC			2004	2050 - 2068	10
360 Modena Challenge Stradale	81	57	2003 - 2005		1274
F1 2000			2000	198 - 205	8
360 Modena Spider	82	53	2000 - 2005		2115
360 Modena Spider F1		53	2000 - 2005		5450
Rossa		49	2000	104982	1
360 Barchetta			2000	120020	1
550 Barchetta Pininfarina incl. 12 Prototypes		52	2000 - 2001	121389 - 124426	460
F2001 (652)			2001	206 - 216	9
F2001B			2002	215 - 214	2
F2002			2002	217 - 224	8
575 M Maranello incl. F1	75	55	2002 - 2005		1777
Enzo Ferrari	74a	56	2002 - 2005	128778 - 141920	> 400 + prototipi, a.o. 90865
F2003GA			2003	228 - 233	6
612 Scaglietti	76	54	2003		
F2004			2004	234 - 240	7
F430	77	58	2004		
F2004 M			2005	241 - 242	2
F2005			2005	243 - 249	7
F430 Spider	80	59	2005		
F430 Challenge		63	2005		
575 Superamerica	79	61	2005		559, thereoff 64 with manual trans.
FXX	78	62	2005 - 2006	142162 - 149546	31 + prototipo 139744
248 F1			2006	250 - 257	7
F430 GTC			2006		
599 GTB Fiorano		60	2006		
F2007			2007	258 -	

Legende verwendeter Begriffe und Namen

#1/4	die letzte Ziffer entspricht der Gesamtzahl der Fahrzeuge in der entsprechenden Serie, die erste Nummer entspricht der des spezifischen Fahrzeugs innerhalb dieser Serie, in einigen Fällen kann diese auch die Herstellungs-Nummer in der Baureihe des Karosseriebauers darstellen
Abarth	Karosseriebauer
Abbott	Karosseriebauer
Allemano	Karosseriebauer
Ansa	nachträglich eingebaute Auspuffanlage
ass. #	Montage-Nummer, zugeordnet durch das Werk
Autodromo	Karosseriebauer
Bertone	Karosseriebauer
Bizzarini	Karosseriebauer
Boano	Karosseriebauer
Boxer Trim	überwiegend in Schwarz gehaltener unterer Karosserieteil, war als Option lieferbar für 365 GT4 3B, 512 BB, 308 und GT/4 Dino erhältlich
Calipers	Bremssättel, unterschiedliche Farben sind als Option werksseitig erhältlich
Campana	Karosseriebauer
Capristo	nachträglich eingebaute Auspuffanlage
Carrozzeria Giordanengo	Karosseriebauer
CHD	das Lenkrad ist mittig eingebaut, überwiegend in den einsitzigen Rennwagen
Cigila	Karosseriebauer
Cornes	japanischer Händler
coulour coded	das entsprechend bezeichnete Fahrzeugteil wurde werkseitig in Wagenfarbe lackiert
CS Stripe	Option für den Challenge Stradale, normalerweise die Italienische Tricolore, später Übernahme z.B. der franz. Tricolore oder ein einfarbig weißer Streifen, später nachträglich auf einigen pre CS-Modenas angebracht
Dallara	Karosseriebauer
Dino Cognolato	Karosseriebauer
DK	Karosseriebauer und Händler
Drogo	Karosseriebauer
Ellena	Karosseriebauer
eng.	Motor
ex-	zeigt einen Vorbesitzer mit gewissem Bekanntheitsgrad an, wie z.B. Rennfahrer, Sammler, Ferrari-Kenner, Schauspieler, Sportler, Politiker usw.
Filipinetti	Renn-Team
Felber	Karosseriebauer
Fontana	Karosseriebauer
Ghia	Karosseriebauer
Ghia Aigle	Karosseriebauer
Giesse	Renn-Team
Hamann	Fahrzeug Tuner
Huffacker	Fahrzeug Tuner
JMB	Renn-Team
Koenig	Fahrzeug Tuner
Livery	gibt ein Farb-Schema an, dass einem Unternehmen, einem Sponsor oder einem Renn-Team zuzuordnen ist
Maranello Concessionaires	Britischer Importeur
Meade	Karosseriebauer
Michael Sheean	Karosseriebauer und Händler
Michelotti	Karosseriebauer
Michelotto	Karosseriebauer
Morelli	Karosseriebauer
Motto	Karosseriebauer
NART	North American Renn-Team von Chinetti, ex-US-Importeur
Neri & Bonacini (Nembo)	Karosseriebauer
Novitec	Fahrzeug Tuner
Oblin	Karosseriebauer
Panther	Karosseriebauer
PF	Pininfarina
PF job #	Nummer des Pinin Farina-Herstellungsdokumentes
Pininfarina	Karosseriebauer
Prodrive	Renn-Team
RHD	Rechtslenkung
s/n	Serien-Nummer (eine bis sechs Stelle/n)
Shields	werksseitige Option, Emalieschilder in den vorderen Kotflügeln
Show Car	das Fahrzeug wurde auf dem jeweiligen Autosalon präsentiert
Stabilimenti Farina	Karosseriebauer
TdF	Tour de France, verwendet als Modellbezeichnung einer 250 GT-Serie und Name einer Farbvariante
Terry Hoyle	Karosseriebauer
Tom Sellby	Karosseriebauer
Touring	Karosseriebauer
TR	Testa Rossa/Testarossa
Tubi	nachträglich eingebaute Auspuffanlage
Valeo	Variante einer Automatikschaltung in der Mondial t-Serie und bei mindestens einem F40
Vigniale	Karosseriebauer
VIN	Vehicle Identification Number (17-stellige Fahrzeug-Nummer)
Wieth	Renn-Team
Zagato	Karosseriebauer

Captation of used Terms and Names

#1/4	last number indicates the total number of a series of cars, first number indicates specific number within the built-range, in some cases it may reflect the number of the car in the assembly chain of the Coachbuilder
Abarth	Coachbuilder
Abbott	Coachbuilder
Allemano	Coachbuilder
Ansa	custom added Exhaust system
ass. #	Assembly Number, assigned by the Factory
Autodromo	Coachbuilder
Bertone	Coachbuilder
Bizzarini	Coachbuilder
Boano	Coachbuilder
Boxer Trim	mostly black lower body part, availabe as on option on the 365 GT4 BB, 512 BB, 308 and GT/4 Dino Series
Calipers	Break Calipers colour is a Factory option
Campana	Coachbuilder
Capristo	custom added Exhaust system
Carrozzeria Giordanengo	Coachbuilder
CHD	steering wheel is located in the middle, normally referred to all Single Seaters
Cigila	Coachbuilder
Cornes	Japanese Dealer
coulour coded	indicates that the specific body part has been done in the car's body colour
CS Stripe	Option avoiable on the Challenge Stradale, normally Italian Tricolore, adoptions like French Tricolore or pure white stripe. Later added to pre CS-Modenas
Dallara	Coachbuilder
Dino Cognolato	Coachbuilder
DK	Coachbuilder and Dealer
Drogo	Coachbuilder
Ellena	Coachbuilder
eng.	Engine
ex-	indicates a previous owner of a certain fame like Racers, Collectors, Connoisseurs, Actors, Sport-Stars, Politicians a.s.o.
Filipinetti	Racing Team
Felber	Coachbuilder
Fontana	Coachbuilder
Ghia	Coachbuilder
Ghia Aigle	Coachbuilder
Giesse	Racing Team
Hamann	Tuning Company
Huffacker	Tuning Company
JMB	Racing Team
Koenig	Tuning Company
LHD	Left Hand Drive
Livery	indicates a colour scheme that is related to a company, a sponsor or a racing team
Maranello Concessionaires	British importer
Meade	Coachbuilder
Michael Sheean	Coachbuilder and Dealer
Michelotti	Coachbuilder
Michelotto	Coachbuilder
Morelli	Coachbuilder
Motto	Coachbuilder
NART	North American Racing Team of Chinetti, ex- US-importer
Neri & Bonacini (Nembo)	Coachbuilder
Novitec	Tuning Company
Oblin	Coachbuilder
Panther	Coachbuilder
PF	Pininfarina
PF job #	Pinin Farina related built sheet number
Pininfarina	Coachbuilder
Prodrive	Racing Team
RHD	Right Hand Drive
s/n	Serial Number (1 to 6 digits)
Shields	Factory option, badges placed on the fenders
Show Car	Car has been on display at the specific Motor Salon
Stabilimenti Farina	Coachbuilder
TdF	Tour de France, used as a modell name for a 250 GT Series and to name a coulor scheme
Terry Hoyle	Coachbuilder
Tom Sellby	Coachbuilder
Touring	Coachbuilder
TR	Testa Rossa/Testarossa
Tubi	custom added Exhaust system
Valeo	a kind of Automatic-Drive-Train, used on the Mondial t-Series and at least on one F40
Vigniale	Coachbuilder
VIN	Vehicle Identification Number (17 digits)
Wieth	Racing Team
Zagato	Coachbuilder

Die Serien-Nummern
The Serial Numbers

s/n	Type	Comments
000M	360	Modena N-GT (Michelotto) s/n 119073, Yellow & Red eng. #00, spare eng. #038 stillborn project Red
1	Indy	
01C	125	Spider #1/4 47 Red/Black RHD renumbered 0101
P72/01	P271	Gypsy Dino 71 Red/Black grey bottom RHD P72/01 eng. #P271 (Dino 206 eng.)
01	375	Indianapolis 52 CHD renumbered 0388
GT001	550	Maranello GT s/n 115811 Red & Yellow/Black
001	333	SP Dallara #1/8 94 Red RHD F130E-N.001 eng. #001
001	308	GTB/M #1/3 80 Red & Yellow/Black Michelotto IMSA
001	F50	GT 97 Red/Black LHD
001	Alba-Ferrari	AR-2 non factory s/n 83
001M	360	Modena N-GT F1 (Michelotto) s/n 118766 97 Red & Yellow/Black then Black & White LHD N-GT eng. #01, gearbox #027
001	575	GTC s/n 2204 Red & Yellow
PROT 1	360	Modena alloy-bodied prototype, bare metal/Black sport seats LHD
0001	312	F1 67 Rosso Corsa CHD
001	312	B F1 70 Rosso Corsa CHD
001S	166	Sport Allemano Spider #1/1 48 dark Red RHD EU
001C	159	C Allemano Spider crashed, destroyed & scrapped
00001	308	Huffacker IMSAGTU non factory s/n
0001	Testarossa	Koenig Competition Red seats non factory s/n Koenig #KSFTRW0092J0001, non-original wheels, plexi headlights, plexi engine cover, non-integrated spoiler
0001	246	Dino F1 60 CHD
0001	156	F1 "Sharknose" 61 CHD
054/1	500 F2/625 F1	Rosso Corsa/Black CHD
555/1	555	F1 Super Squalo Red CHD
125-C-01	125	F1
SE87-01	87-01	Spice non factory s/n Red, on Fiero-base with Ferrari engine Red
FL/9001	555	F1 Super Squallo Red CHD
02	375	Indianapolis "Grant Piston Ring Special" 52 White then Red then White CHD
002	375	Grand Prix F1 Red then French Blue then Red/Black CHD
002	308	GTB/M
002	Testarossa	one-off as Bizzarrini BZ-2001, non factory s/n Red/Tan
002	F50	GT
002M	360	Modena N-GT (Michelotto) s/n 118775 Red Blue/White & Green Giesse Livery then Red & Yellow
GT002	550	Maranello GTO s/n 108418 Rosso Scuderia White nose band/Black
002	625	F1 RedTan CHD
002	206	S Coupé Red/Dark Red RHD roof removed
002	333	SP Dallara #2/8 94 Yellow F130E-N.002 eng. #002
002	312	B F1 70 Rosso Corsa CHD
002	Alba-Ferrari	AR-2 non factory s/n 83 Ferrari 308 V-8 built to IMSA GT-2 specs
02C	125	Spider Corsa 47 RHD renumbered 0201
002C	159/166	C Cycle Wing Spider 47 Rosso Corsa/Red leather RHD eng. #002-C, feat. in Ferrari (The Story of Ferrari), Documentary
0002M	166	MM Touring Barchetta Series 1 Paris& Torino Show Car #1/10 48 Rosso Corsa RHD eng. #0221 short hood thin headlights
0002	156	F1 "Sharknose" 61 Rosso Corsa/Black CHD
0002	246	Dino F160 CHD
00002	308	Huffacker IMSAGTU Red non factory s/n
0002	Testarossa	Koenig Competition Evolution non factory s/n Koenig #KSFTREW1M90J0002
125-C-02	125	F1
FL/9002	555	F1 Super Squallo Rosso Corsa CHD
JBW 2	JBW Ferrari	non Factory s/n 59 Green & Silver, 2000cc Ferrari engine, missing later
F2-2-60	Cooper F1 Ferrari	non Factory s/n
0003	375	Indianapolis "Kennedy Tank Special" 52 White then Blue then Rosso Scuro White nose band CHD eng. #3
3/0482	500 F2/625 F1	52 Red/Tan ex-Ascari World Champion car
03C	159	C
GT003	550	Maranello GTO s/n 113136 Red
003S	166	Sport Allemano Coupé 48 Red RHD EU, crashed, scrapped & rebuilt MM48 eng. in #0250 then in #0044
003	333	SP Dallara #3/8 94 Red & White then Red/Black RHD F130E-N.003 eng. #007
003	312	B F1 70 Rosso Corsa CHD
003	308	GTB/M s/n 21343 Red/Blue
003	F50	GT Comeptizione Rosso Corsa
003M	360	Modena N-GT (Michelotto) s/n 118775, 119349 for Sebring 2002 Red Blue White & Green Giesse Livery then Red & Yellow
0003	246	F1 60 Red/Blue CHD
0003	312	F1 Rosso Corsa CHD
0003	156	F1 "Sharknose" 61 Rosso Corsa/Black CHD
00003	308	Huffacker IMSAGTU non factory s/n Red/Blue LHD
004	F50	GT chassis destroyed by court order
004M	360	Modena N-GT (Michelotto) s/n 117171 Rosso Corsa
GT004	550	Maranello GTO s/n 112886 Rosso Scuderia/Black LHD
004	333	SP Dallara #4/8 94 Red & Yellow Momo Livery then Yellow F130E-N.004 eng. #008
004b	333	SP Dallara F130E-N.004b eng. #110 reconstructed around spare parts of #004 by Dollahite
04	375	Indianapolis "Keck Special" 52 Rosso Corsa CHD
004	206	S Spider Rosso Corsa/Red RHD
004/2	206	S Spider Red
004	156	B Aero F1 63 Rosso Corsa CHD
0004	156	F1 "Sharknose" 61 CHD destroyed
0004	312	B F1 70 Rosso Corsa CHD
004C	166	C Cycle Wing SpiderCorsa Rosso Corsa/Red RHD eng. # 004C
0004M	166	MM Touring Barchetta Series 1 Geneva Show Car #2/10 49 White then Red RHD eng. #0002M, small flat air scope on a short bonnet short hood thin headlights
0004	246	F1 58 Rosso Corsa/Blue CHD
0004	166	F2 Red
005	375	Grand Prix F1 51 Rosso Corsa/Black CHD
GT005	550	Maranello GTO s/n 108612 Rosso Scuderia
005	F50	GT1 chassis destroyed by by court order
005M	360	Modena N-GT (Michelotto) Rosso Corsa
005	333	SP Dallara #5/8 94 Blue & Azzurro P pilot Livery/Black F130E-N.005 eng. #011
005	312	B2 F1 71 Red & White CHD
005	158	F1 64 CHD
005	312	B2 F1 Rosso Corsa CHD
0005	246	F 58, destroyed, 0003 was renumbered 0005
0005	312	F1 67 Rosso Corsa CHD
005S	166	Sport Touring Coupée Torino Show Car 48 Azzurro metallic/Tan RHD EU eng. # 013S notchback
GT006	550	Maranello GTO s/n 108462 Red
006	F50	GT1
006	375	Indianapolis
006M	360	Modena N-GT (Michelotto) s/n 119356 Red
006	333	SP Dallara #6/8 94 Red & Yellow Momo Livery F130E-N.006 eng. #009 spare eng. #084
006	312	B2 F1 71 Rosso Corsa CHD
006	158	F1 64 CHD

s/n	Type	Comments
006	206	S Dino Spider Red/Red RHD
06C	166	F 2 Rosso Corsa CHD
006I	166	C Allemano Cycle Wing Spider renumbered 0076E, Rosso Corsa/Black CHD
0006	246	F1 60 Rosso Corsa/Brown CHD
0006	156	F1 "Sharknose" 61 CHD
0006M	166	MM Touring Barchetta Series 1 #3/10 48 dark Red/Tan RHD eng. #0004M short hood thin headlights ex-Obrist
7	166	Biondetti Special Spider Corsa 50, Jaguar engine installed
007	333	SP Dallara Amsterdam Show Car #7/8 95 Red/Black F130E-N.007
007	312	B2 F1 71 Rosso Corsa CHD
007S	166	Inter Touring Coupé 2+2 Geneva show car 48 rebodied by Stabilimenti Farina Silver/Black then Blue int. RHD EU notchback
0007/0788FT	246	Dino F1 58 Red CHD eng. #0788
0007	156	F1 "Sharknose" 62 CHD
0007	151/2	65 CHD
0007	312	F1 67 Rosso Corsa/Black CHD
007M	360	Modena N-GT F1 (Michelotto) s/n118459 Red Blue/White & Green Giesse Livery N-GT eng. #09, gearbox #015
GT007	550	Maranello GTO s/n 105849 Red
008	333	SP Dallara #8/8 95 F130E-N.008, to a German Collector, no race history
008	375	Indianapolis
008	312	B2 F1 72 Rosso Corsa CHD
008M	360	Modena N-GT (Michelotto) s/n 119081 Black N-GT eng. #022, gearbox #018
008	206	SP Spider #4/14 66 Rosso Corsa NART stripe then Brown then Green then Rosso Corsa NART stripe/Red RHD eng. #008
008I	166	C Cycle Wing Spider Rosso Corsa CHD
0008	151/2	65 Blue & White with NART decals CHD eng. #0008
0008	246	F1 P 60 Rosso Corsa/Black CHD, converted to 156 Sharknose prototype
0008	246	Tasman Red
0008/156/62/P	156	F1 "Sharknose" 62 CHD
0008M	166	MM Touring Barchetta Series 1 #4/10 49 dark Red/Crema RHD eng. #0006, then eng. #0010M 1st Mille Miglia & 24h LM
GT008	550	Maranello GTO s/n 117110 Rosso Scuderia
009	333	SP Dallara Evoluzione #1/6 95 Yellow F130E-N.009 eng.#34 destroyed in 1995, rebuilt as 009A
009A	333	SP Dallara Evoluzione Yellow
009	312	B 3 F1 "Spazzaneve" 73 Rosso Corsa/Black CHD eng. #001/1 N.23
009S	166	Inter Stabilimenti Farina Berlinetta Geneva show car 48 Red RHD eng. # 009S
0009	156	F1 "Sharknose"62 CHD
0009	151/2	65 CHD
0009	312	F1 68 Rosso Corsa/Black CHD
009M	360	Modena N-GT (Michelotto) s/n 123037 Red eng. #025M
010	375	F1 Thinwall Special British Racing Green CHD
010	206	S Spider Rosso Corsa/Red RHD
010	333	SP Dallara Evoluzione #2/6 95 Red–Racing for Belgium Livery then Momo Livery F130E-N.010 eng. #021
010	312	F1 66 Rosso Corsa CHD
010	312	B 3 F1 74 Red & White CHD
010I	166	C Cycle WingSpider Rosso Corsa/Black RHD
010M	360	Modena N-GT (Michelotto) s/n 122578 Red & White/Black
0010	246	Dino Tasman Rosso Corsa CHD
0010M	166	MM Touring Barchetta Series 1 #5/10 49 Red/Tan RHD eng. #0008 short hood thin headlights, 1st 24 h Spa, ex-Obrist, feat. in Ferrari (The Story of Ferrari), Documentary
0011	156	F2 57 Rosso Corsa/Blue cloth CHD converted to 246 F1, built back to 156 F2
0011	246	F1 58 Rosso Corsa CHD converted from 156 F2, built back to 156 F2
011	333	SP Dallara Evoluzione #3/6 95 Red & Blue Lista Livery F130E-N.011
011	312	F1 "Sigma" Design Study by Pininfarina 66 White, Black Red nose band CHD
0011	312	F1 68 Rosso Corsa/Black CHD
011	312	B 3 F1 74 Rosso Corsa CHD
011F	166	FL French Blue Yellow hood CHD, feat. in World's Greatest F1 Cars, Documentary
011S	166	Inter Stabilimenti Farina Cabriolet Geneva Show Car 49 Pea green/pale RHD EU eng. # 011S
011M	360	Modena N-GT (Michelotto) s/n 118533 Red & White/Black eng. #103
012	206	S Coupé 66 Red & Blue Maranello Concessionaires Livery RHD
012	333	SP Dallara Evoluzione #4/6 95 Red & Blue Lista Livery F130E-N.012 eng. #014
012b	333	SP Dallara Evoluzione 95 Red F130E-N.012b eng.#104 recreated car from #012 components
012	312	B 3 F1 Rosso Corsa CHD
012M	360	Modena N-GT (Michelotto) Rosso Scuderia
0012	156	F2 57 Rosso Corsa/Blue cloth CHD converted to 246 F1, built back to 156 F2
012I	166	C Cycle Wing Spider rebodied by Fontana in 1950 Rosso Scuro
0012M	166	SC 49 Red/Tan RHD eng. #0010, rebodied by Scaglietti as Spider (like TR), eng. in 0008M renumbered from 008I
013M	360	Modena N-GT (Michelotto) s/n 122523 Blue & Yellow Red Bull Livery
013	333	SP Dallara Evoluzione 95 unused serial number, probably used for 012b
013S	166	Inter Touring Coupé Geneva Show Car 49 RHD EU eng. in 005S
F2-13-60	Cooper F1 Ferrari	
014	333	SP Dallara Evoluzione #5/6 95 96-specification body & eng. Yellow/Red RHD F130E-N.014 eng. #010
014	312	B 3 F1 74 Rosso Corsa CHD 2ndin world championship, Clay Regazzoni
014	206	S Coupé 66 White & Black stripe/Red RHD
014M	360	Modena N-GT (Michelotto) s/n 123113 White ital. Stripe
014I	166	C Cycle WingSpider rebodied by Scaglietti with 500 TR-body Red
0014M	166	MM TouringBarchetta Series 1 #6/10 49 Red/Blue RHD eng. #0012, short hood thin headlights eng. separated
015	333	SP Dallara Evoluzione #6/6 95 F130E-N.015
0015	312	F1 68 Rosso Corsa/Black CHD
015	312	B 3 F1 Rosso Corsa CHD, 2 victories in '74 by Lauda
015M	360	Modena N-GT (Michelotto) s/n 123510 White then Red & Blue Maranello Concessionaires Livery LHD
015S	166	Inter Touring Coupé Superleggera 7/49 Rosso Barchetta/Tan RHD EU eng. #015S notchback
016I	166	C Cycle Wing Scaglietti Spider 48 Rosso Corsa/Red, feat. in Ferrari (The Story of Ferrari), Documentary
0016M	166	MM TouringBarchetta Series 1 #7/10 49 2 tone eng. #0014 short hood thin headlights then body from 002C
016	333	SP Michelotto Evoluzione #1/7 97 Red Yellow/Red F130E-N.016 later equiped with eng. #112
016	206	S Spider 66 Red/Red RHD
016	312	B 3 F1 74 Rosso Corsa CHD

s/n	Type	Comments
016M	360	Modena N-GT (Michelotto) 03 Red/Red LHD ZFFYR51B000118781 ass. #36029 eng. #F131B-N 021
017S	166	Inter Touring Berlinetta 49 Dark Red/Tan RHD EU notchback
017	333	SP Michelotto Evoluzione #2/7 97 Red then Red White & green F130E-N.017
0017	312	F1 69 Rosso Corsa CHD
018I	166	probably no car
0018M	166	MM Zagato 'Panoramica' Berlinetta 49 Red RHD 50 - rebuilt as Spider by Zagato eng. #0016M
018	333	SP Michelotto Evoluzione #3/7 97 Red then Red White & green F130E-N.018
018	312	T F1 Rosso Corsa CHD
018	206	S Sypder 66 Red/Black RHD
019S	166	Inter Touring Coupé Paris Show Car 49 Red/Tan RHD EU plexi roof notchback
019	333	SP Michelotto Evoluzione #4/7 98 Red & Yellow Momo Livery F130E-N.019 eng. #103
0019	312	F1 69 Rosso Corsa CHD
019	312	T F1 68 Rosso Corsa CHD
020	815	Auto Avio Costruzioni 815 Sport #1/2 40 Red
020	206	S chassis only, used for 0862
020I	166	Touring Berlinetta 49, chassis from 0002C
0020M	166	MM TouringBarchettaSeries 1 #8/10 49 Red/Tan RHD eng.0018 short hood thin headlights
020	333	SP Michelotto Evoluzione #5/7 98 Yellow F130E-N.020 eng.#105
020	312	B 3 F1 74 Rosso Corsa CHD
020	312	T F1 75 Rosso Corsa CHD
021	815	Auto Avio Costruzioni 815 Sport #2/2 40 Rosso Scuro
021S	166	Inter Stabilimenti Farina Coupé 49 Black/Grey RHD EU
0021	333	SP Michelotto Evoluzione #6/7 98 Red & White F130E-N.021 eng.#106
021	312	T F1 75 Rosso Corsa CHD
0022M	166	MM TouringBarchetta Series 1 Venice Show Car #9/10 7/49 Rosso Corsa/Tan RHD eng. #0020M Touring Body #3129 short hood thin headlights
022I	166	engine engine only, originally in 0002M
022	333	SP Michelotto Evoluzione #7/798 Red White & Green Giesse livery F130E-N.022 eng.#107
022	206	S Sypder 66 Red/Black RHD
022	312	T F1 75 Rosso Corsa CHD
023S	166	Inter Touring Coupé Geneva Show Car 49 Red RHD plexi sunroof notchback eng. #075S, original engine with the owner
0023	333	SP Michelotto Evoluzione #1/12 98 Red White & Green Giesse livery F130E-N.023 eng.#108 replaced with eng. #116
023	312	T F1 76 Rosso Corsa CHD
0024M	166	MM Touring Barchetta Series 1 #10/10 49 White/Tan RHD eng. #0022M short hood thin headlights ex-Matsuda Collection
024MB	166	MM Touring Barchetta Series 2 "Uovo" #1/8 50 rebodied silver & Black/Black RHD eng. #024 long hood, thin headlights
024	333	SP Michelotto Evoluzione #2/12 98 Red & White F130E-N.024 eng.#109
024	206	S Spider 66
024	312	T F1 75 Red CHD 1st Italian GP 1975 1st US West GP 1976, Regazzoni
024	BMS Dallara-Ferrari	F192 non-Factory s/n 92
025S	166	Inter Touring Coupé 49 Rosso Corsa RHD EU rebodied as Touring Barchetta by Fantuzzi
025	333	SP Michelotto Evoluzione #3/12 99 Red & Blue Lista Livery F130E-N.025 eng.#101
025	312	T2 F1 76 Rosso Corsa CHD
0026M	166	MM LM Touring/195S Berlinetta Geneva show Car 50 Azzurro RHD eng. #002650 - 1st - Mille Miglia
026	206	S Spider 67 Red/Red RHD destroyed & rebuilt
026	333	SP Michelotto Evoluzione #4/12 99 Red F130E-N.026 eng.#104
026	312	T2 F1 76 Rosso Corsa CHD
EAG026	P7/Mythos	by Pininfarina Rosso Corsa/Black & Red Seats LHD, non factory s/n, a mock-up exists as well as it is rumouRed that the Sultan of Brunai has a handful made by Pininfarina
027S	166	Inter Touring Coupé 49 dark prugna then Red/Crema RHD EU notchback
027	312	T2 F1 76 Rosso Corsa CHD
0028M	166	MM Touring Barchetta Series 2 #2/8 50 RHD not a Touring, but Cycle fender body Spider long hood, thin headlights
028	206	S Spider reworked in 312 P style 66 Rosso Corsa/Black RHD
028	333	SP Michelotto Evoluzione #6/12 99 Red F130E-N.028
028	312	T2 F1 76 Rosso Corsa CHD
029S	166	Inter Touring Coupé Aerlux Torino Show Car 49 Blue then Black/Tan RHD US Alloy 2+1 notchback Touring body #3396
029	333	SP Michelotto Evoluzione #7/12 99 Red & White F130E-N.029 eng. #114
029	312	T2 F1 77 Rosso Corsa CHD
0030MT	275	S America Touring Barchetta 50 Rosso Corsa then Rosso Scuro, first Ferrari with LampRedi engine, 340 America conversion, Turin Car Show rebodied by Fontana, rebodied by Scaglietti, Red
030	333	SP Michelotto Evoluzione #8/12 99 Red White & Green Giesse livery F130E-N.030 eng.#116
030	312	T2 F1 77 Rosso Corsa CHD
030	206	S Spider 67 Red RHD
031	312	T2 F1 77 Rosso Corsa CHD
031	333	SP Michelotto Evoluzione #9/12 99 Red F130E-N.031
031S	166	Inter Stabilimenti Farina Berlinetta 6/49 RHD
032	312	T3 F1 78 Rosso Corsa CHD
032	333	SP Michelotto Evoluzione #10/12 99 Rosso Corsa RHD F130E-N.032 eng.#119
032	206	S Spider last, 67 Red then Yellow & green/Black RHD
0032MT	275	S America Touring Barchetta Torino show car 50 RHD
033	312	T3 F1 78 Rosso Corsa CHD
033	333	SP Michelotto Evoluzione #11/12 99 Red F130E-N.033
033S	166	Inter Stabilimenti Farina Cabriolet 49 RHD
034	312	T3 F1 78 Rosso Corsa & White CHD 1st 1978 Canadian GP
034	206	S Dino Pininfarina Prototipo Speciale Frankfurt Auto Show 67 Yellow/Black Black front & rear wing
034	333	SP Michelotto Evoluzione #12/12 99 Yellow & Black Eberlein Livery F130E-N.034 eng. #122
0034M	166	MM Touring Barchetta Series 2 #3/8 50 Rosso Corsa/CremaRHD long hood, thin headlights replica exists, rebodied by Fantuzzi as Vignale Spider
035	312	T3 F1 78 Rosso Corsa CHD
035	333	SP Michelotto Evoluzione #1/7 99 F130E-N.035
035S	166	Inter Touring Coupé 50 Dark Red RHD EU
036	312	T3 F1 78 Rosso Corsa CHD
036	333	SP Michelotto Evoluzione #2/7 99 Rosso Corsa/Black RHD F130E-N.036
036	206	S/250 P6 Design Study chassis only, used for 250 P 6 ivory/Red &Black

s/n	Type	Comments
0036M	166	MM Touring Barchetta Series 2 #4/8 50 Rosso Corsa/tan RHD long hood, thin headlights, rebodied as Berlinettaby Vignale, restored as Barchetta
037	312	T4 F1 79 Rosso Corsa CHD
037	333	SP Michelotto Evoluzione #3/7 99 Rosso Corsa RHD F130E-N.037
037S	166	Inter Stabilimenti Farina Berlinetta 50 dark Blue & Silver/Blue RHD EU
038	312	T4 F1 79 Rosso Corsa CHD
038	333	SP Michelotto Evoluzione #4/7 99 Rosso Corsa RHD F130E-N.038 eng. # 126
0038M	166	MM Touring Barchetta Series 2 #5/8 50 Rosso Corsa/Tan RHD, long hood, thin headlights rebodied as Vignale Coupé for Froilan Gonzales, reconverted in 87
039	312	T4 F1 79 Rosso Corsa CHD
039	333	SP Michelotto Evoluzione #5/7 99 Yellow/Black RHD F130E-N.039 eng. #014 then #127
039S	166	Inter Touring Berlinetta rebodied by Vignale as Berlinetta 49 Black/Black RHD
040	312	T4 F1 79 Rosso Corsa CHD
040	333	SP Michelotto Evoluzione #6/7 01 Rosso Corsa F130E-N.040
0040M	166	MM Touring Barchetta Series 2 #6/8 50 Rosso Corsa/Black RHD long hood, thin headlights brought up to 195 spec. later to 212 by factory
041	312	T4 F1 79 Rosso Corsa CHD
041	333	SP Michelotto Evoluzione #7/7 01 Red/Black CHD F130E-N.041
041S	166	Inter Stabilimenti Farina Coupé 50 Red/Black RHD US
042	312	T5 F1 80 Rosso Corsa CHD
0042M	166	MM Touring Berlinetta LM 50 French Blue/Black RHD
043	312	T5 F1 Rosso Corsa CHD
043S	166	Inter Touring Berlinetta 50 Red/Tan RHD, new to Argentina
044	312	T5 F1 80 Rosso Corsa CHD
0044M	166	MM Touring Barchetta Series 2 #7/8 50 Rosso Corsa/brown RHD # interno 0125 eng. was in 0006I F2, reinstalled in 0044 later
045	312	T5 F1 80 Rosso Corsa CHD
045S	166	Inter Vignale Berlinetta 50 Red/beige RHD EU
046	312	T5 F1 80 Rosso Corsa CHD
0046M	166	MM Touring Barchetta Series 2 #8/8 50 RHD
047	126	C 80 Rosso Corsa CHD
047S	166	Inter Touring Berlinetta Torino Show Car 50 Dark Blue then Red/Red RHD EU Aerlux notchback
048	312	T5 F1 80 Rosso Corsa CHD
0048M	166	MM Touring Berlinetta LM 50 Rosso Corsa/Beige LHD
049/049B	126	C F1 80 Rosso Corsa CHD, rebuilt as 049B after crash in Monaco
049S	166	Inter Ghia Coupé crashed by Dino Ferrari rebodied as Barchetta 50 White/Blue RHD EU temp. eng. #079S
050/050B	126	CK/CKB F1 81 Rosso Corsa CHD
050	166	MM/53 Dino Spider Rosso Corsa
0050M/0328	166	MM Touring Barchetta Series 3 #1/6 50 RHD renumbered 0328 in '53, White then Rosso Corsa/Black # interno 0137 eng. #0168ED
051/051B	126	CK/CKB F1 81 Rosso Corsa CHD
051S	166	Inter Vignale Coupé 50 RHD EU converted to a Vignale Cabriolet
052	126	CK F1 Rosso Corsa CHD
0052M	166	MM Touring Barchetta Series 3 #2/6 50 Rosso Corsa/Blue RHD, engine converted to 195 spec.
053	126	CK F1 81 Rosso Corsa CHD
053S	166	Inter Touring Berlinetta 50 Red/Black RHD EU
054	126	CK F1 81 Rosso Corsa CHD

s/n	Type	Comments
0054M	166	MM Touring Barchetta Series 3 #3/6 50 Rosso Corsa/Crema RHD
055	126	C2 F1 82 Rosso Corsa CHD
055S	166	Inter Touring Coupé 50 RHD EU
056	126	C2 F1 82 Rosso Corsa CHD
0056M	166	MM Touring Barchetta #4/6 6/50 Rosso Corsa/tan RHD eng. from #0200ED
057	126	C2 F1 82 Rosso Corsa CHD
057S	166	Inter Bertone Carbiolet Geneva Show Car 50 RHD EU
058	126	C2 F1 82 Rosso Corsa CHD
0058M	166	MM Touring Barchetta Series 3 #5/6 6/50 Rosso Scuro/Tan RHD, feat. in Ferrari (The Story of Ferrari), Documentary
059	126	C2 F1 82 Rosso Corsa CHD
059S	166	Inter Vignale Coupé 50 Rosso Corsa/Tan RHD EU
060	126	C2 F1 82 Rosso Corsa CHD
0060M	166	MM Touring Berlinetta LM Geneva Motor show & Paris Salon 5/50 Red/Black then French Blue RHD eng. #0060M Touring Body #3461
061	126	C2 F1 82 Rosso Corsa CHD
061S	166	Inter Vignale Coupé 50 RHD EU
062	126	C2B F1 83 Rosso Corsa CHD
0062M	166	MM Vignale Berlinetta 50 Dark Red/Black RHD
063	126	C2B F1 83 Rosso Corsa CHD
0063S	166	Inter Stabilimenti Farina Cabriolet Paris (50) & Geneva (51) Show Car 50 White RHD EU rebodied Spider Corsa with Cycle Wings by Bernard R. Worth Rosso Corsa rebodied as Touring Barchetta dark Blue
064	126	C2B F1 83 Rosso Corsa CHD
0064M	166	MM Touring Barchetta #6/6 50 Dark Green met. & medium Blue met./Tan RHD ex-Gianni Agnelli, Jacques Swaters Fondation
065	126	C2B F1 83 Rosso Corsa CHD
065S	166	Inter Vignale Coupé 50 Red RHD EU eng. # 0065S
066	126	C3 F1 83 Rosso Corsa CHD
0066M	166	MM Touring Berlinetta LM 50 Red/Black RHD Touring Body #3462
067	126	C3 F1 83 Rosso Corsa CHD
067S	166	Inter Vignale Coupé 50 RHD EU rebodied as Touring Barchetta by Touring body #3479 Rosso Corsa
068	126	C3 F1 83 Rosso Corsa CHD
0068M	166	MM Touring Barchetta Series 4 #1/1 7/50 French Blue then Dark Blue then White/brown RHD Touring body #3455
069	126	C3 F1 83 Rosso Corsa CHD
0069S	166	Inter Vignale Coupé 9/50 Rosso Scuro/Tan RHD EU, 37th production Ferrari
070	126	C3 F1 83 Rosso Corsa CHD
0070M	212	MM Vignale Berlinetta 51 Red/Magnolia RHD
071	126	C4 F1 84 Rosso Corsa CHD
0071S	166	Inter Vignale Coupé 50 Blue/Naturale then Blue int. RHD EU
072	126	C4 F1 84 Rosso Corsa CHD
0072E	166	MM Vignale Spider 51 RHD rebodied by Campana rebodied by Vignale
073	126	C4 F1 84 Rosso Corsa CHD
073S	166	Inter Touring Coupé Torino Show Car 50 RHD
074	126	C4 F1 84 Rosso Corsa CHD
0074E	212	Export Motto Berlinetta #1/1 51 RHD
075	126	C4 F1 84 Rosso Corsa CHD
075S	166	Inter Touring Coupé 50 Azzurro RHD EU
75F	500	53 Coys calls it a Tipo 500 single seater, works racer, then sold to Froilan Gonzales, Chev engine installed
076	126	C4 F1 84 Rosso Corsa CHD
0076E	212	Export Vignale Spider Torino show car 51 Black then Red/Tan RHD renumbered from 006I
077	126	C4 F1 84 Rosso Corsa CHD

s/n	Type	Comments
077S	166	Inter Touring Berlinetta 50 Dark Blue/Brown & Crema RHD EU
078	156	F1/85 85 Rosso Corsa CHD
0078E	212	Export Touring Barchetta Paris Show Car 51 White/crema then French Blue then Red RHD Touring body #3478
079	156	F1/85 85 Rosso Corsa CHD
0079S	166	Inter Touring Coupé 3/51 Light Grey & Dark Blue/dark Blue RHD EU
080	156	F1/85 85 Rosso Corsa CHD F.1.-85-N.79
0080E	212	Export Vignale Berlinetta 51 dark light color roof then Red/Black roof/Black RHD, feat. in Ferrari (The Story of Ferrari), Documentary
081	156 F1/85	85 Rosso Corsa CHD
081S	195	Inter Touring Coupé 2+2 #1/1 31/10/50 Red then bare metal in late '06 RHD EU eng. # 0081, ex-Hawthorn
082	156 F1/85	85 Rosso Corsa CHD
0082A	340	America Vignale Berlinetta #1 51 dark Red/beige RHD, 1st - Mille Miglia
083	156 F1/85	85 Rosso Corsa CHD
083S	195	Inter Vignale Coupé #1/11 50 RHD EU eng. in #0179
084	156 F1/85	85 Rosso Corsa CHD
0084E	212	Export Touring Berlinetta 51 White/Black then dark Blue/Black RHD eng. #0084 "replica" Touring body built by Fontana
085	156 F1/85	85 Rosso Corsa CHD
085S	195	Inter Touring Berlinetta 50 Blue Sera & silver/Red RHD EU Sunroof
086	156 F1/85	85 Rosso Corsa CHD
0086E	212	Export Fontana Spider 2/51 RHD bare chassis bodied by Fontana as Carretto Siciliano rebodied as Export Spider by Vignale rebodied as station wagon by Fontana rebodied as Spider by Fontana
EFG086	Testarossa	Spider by Pininfarina Anthracite/Black RHD non factory s/n
0087S	195	Inter Ghia Coupé 50 RHD EU eng. in #0103S then 0097S, Chevy eng. installed
087	F1/86	86 Rosso Corsa CHD
EFG087	Testarossa	Spider by Pininfarina Dark Silver/Red & Blue RHD non factory s/n
0088E	212	Export Touring Berlinetta 51 RHD
088	F1/86	86 Rosso Corsa CHD
EFG088	Testarossa	Spider by Pininfarina Purple/Black RHD non factory s/n
089	F1/86	86 Rosso Corsa CHD
0089S	195	Inter Ghia Coupé 50 RHD EU
EFG089	Testarossa	Spider by Pininfarina non factory s/n
EFH089	Mythos	by Pininfarina for the Sultan of Brunei non factory s/n
090	F1/86	86 Rosso Corsa CHD
0090E	212	Export Vignale Spider 3/51 Light green & dark green/beige then Red then dark met. green Black hood/Green RHD
EFG090	Testarossa	Spider by Pininfarina Silver/Black RHD non factory s/n
0091S	195	Inter Vignale Coupé 50 RHD EU, Chevy eng. installed
091	F1/86	86 Rosso Corsa CHD
EFG091	Testarossa	Spider by Pininfarina Aquamarine/Black RHD non factory s/n
0092E	212	Export Vignale Berlinetta 51 Red RHD eng. #0176
092	F1/86	86 Rosso Corsa CHD
0093S	195	Inter Ghia Coupé 50 Dark Red/Tan RHD eng. #0093
093	F1/86	86 Rosso Corsa CHD
094	F1/86	86 Rosso Corsa CHD
0094E	212	Export Motto Spider #1/1 51 Silver/dark Red RHD '51 Italian sports car champion
095	F1/87	87 Rosso Corsa CHD
0095S	195	Inter Vignale Coupé Turin Show Car 50 two tone paint RHD EU
096	F1/87	87 Rosso Corsa CHD
0096E	212	Export Vignale Berlinetta 51 French Blue/tan RHD
097	F1/87	87 Rosso Corsa CHD
0097S	195	Inter Vignale Coupé car destroyed, rebuilt with 2nd body from 0024 Silver & Dark Grey/Black RHD eng. 0087S
098	F1/87	87 Rosso Corsa CHD
0098E	212	Export Vignale Berlinetta 4/51 Red RHD rebodied as Spider
099	F1/87	87 Rosso Corsa CHD, ex-Gerhard Berger
0099S	195	Inter Coupé Vignale 51 Two-tone paint RHD EU body to # 0269
100	F1/87/88C	87 Rosso Corsa CHD, upgraded from F1/87
0100E	212	Export Touring Barchetta 51 Red/Black RHD renumbered 067S eng. #067
101	F1/87/88C	87 Rosso Corsa CHD, upgraded from F1/87, used as a test car for the '88-Season
0101S	195	Inter Ghia Coupé 2+2 51 White/Blue RHD EU
0102	166/212	F1 Red White trinagle stripe RHD
0102E	212	Export Touring Barchetta 51 Red/Black RHD eng. #0102 rebodied as Burrano Spider by Autodromo feat. in the movie "The Racers"
102	F1/87/88C	88 Rosso Corsa CHD
0102	206	GT Dino Prototype 67 Yellow then Red/Tan
0103S	195	Inter Vignale Coupé 51 French Blue & White RHD EU
103	F1/87/88C (639)	88 Rosso Corsa CHD, test car
EFH103	Mythos	by Pininfarina for the Sultan of Brunei non factory s/n
104	F1/87/88C (639)	88 Rosso Corsa CHD, test car
0104ED	212	Export Vignale Berlinetta 52 Rosso RHD rebodied as Vignale Berlinetta # interno 0185
0104	206	GT Dino Prototype 67 Rosso Dino/Black
0105S	195	Inter Ghia Coupé 51 Red/Tan RHD EU
105	F1/89 (639)	89 Rosso Corsa CHD
0106E	212	Export Vignale Convertible 7/51 Black then dark Silver grey/burgundy RHD
0106	206	GT Dino Torino Show Car 2nd Prototype 65 Yellow then Silver/Black & Blue
106	F1/89 (639)	89 Rosso Corsa CHD
0107ES	212	Inter Stabilimenti Farina Berlinetta Torino Show Car 51 RHD
107	F1/89 (640)	89 Rosso Corsa CHD
0108E	212	Export Touring Berlinetta 4/51 RHD # interno 0189
00108	206	GT Dino
108	F1/89 (640)	89 Rosso Corsa CHD
109	F1/89 (640)	89 Rosso Corsa CHD
0109S	195	Inter Ghia Coupé 50 light Blue/tan & Blue RHD EU
EFF109	Testarossa	Spider by Pininfarina non factory s/n
110	166/212	Monoposto
110	F1/89 (640)	89 Rosso Corsa CHD
0110E	212	Export Vignale Convertible 51 Black/tan RHD
EFF110	Testarossa	Spider Red/Black RHD by Pininfarina non factory s/n
00110	206	GT Dino 67 Yellow/Black then Red/Black
0111ES	212	Inter Vignale Coupé 51 Red Silver Roof/Grey RHD EU, 2 Ferrari Badges on hood
111	F1/89 (640)	89 Rosso Corsa CHD
EFF111	Testarossa	Spider Anthracite/Black RHD by Pininfarina
0112E	212	Export Touring Berlinetta 5/51 Green then met. silvergrey then Brown/Brown then Red/Tan RHD eng. #112E upgraded to 225-size by factory
00112	206	GT Dino 68 Yellow/Black then Red/Black then Yellow/Black
0112	166	F1 51 Red/Black, feat. in World's Greatest F1 Cars, Documentary
112	F1/89 (640)	89 Rosso Corsa CHD

s/n	Type	Comments
EFF112	Testarossa	Spider White/Black by Pininfarina RHD
113	F1/89 (640)	89 Rosso Corsa CHD, 1st GP Portugal
0113S	195	Inter Vignale Coupé 50 RHD EU
EFF113	Testarossa	Spider by Pininfarina Kelly green met./light olive green RHD
0114A	340	America Touring Barchetta Paris show car 50 Black/green RHD EU eng. #003A # interno 0193 then eng. #1729 GT
00114	206	GT Dino 5th Prototype 68 Blue then Red/Black Vinyl
114	641 F1	90 Rosso Corsa CHD
0115S	195	Inter Vignale Berlinetta 51 Green & Black/green RHD EU
115	641 F1	90 Rosso Corsa CHD
00116	206	GT Dino 69 Dino Red/Black Vinyl #161 LHD EU
0116A	340	America Touring Barchetta 51 Red then Yellow then Red/Tan RHD EU eng. #004A
116	641 F1	90 Rosso Corsa CHD
117	641/2 F1	90 Rosso Corsa CHD
0117S	195	Inter Motto Coupé 51 light Yellow RHD EU rebodied by Scaglietti as 750 Monza Spider Rosso Corsa/Tan eng. #4063 eng. in #0131 ex- Peter Helm
0118A	340	America Touring Barchetta 51 Red RHD eng. #0118
118	166	F2
00118	206	GT Dino 67 Red/Black
118	641 F1	90 Rosso Corsa CHD
EFI118	Mythos	by Pininfarina for the Sultan of Brunei non factory s/n
119	641 F1	90 Rosso Corsa CHD
0119S	195	Inter Vignale Coupé 50 Black & Silver RHD EU
120	641/2 F1	90 Rosso Corsa CHD
0120A	340	America Touring Barchetta 6/50 RHD extra opening above the grill # interno 0201
00120	206	GT Dino 67 Dark Red/Black Vinyl
121	641/2 F1	90 Rosso Corsa CHD, 1st GP Spain
0121S	195	Inter Ghia Coupé 2+2 51 Blue/Blue RHD EU
122	642 F1	91 Rosso Corsa CHD
0122A	340	America Touring Berlinetta Brussels & Torino show car 51 Black then Red/Black RHD
00122	206	GT Dino 67 Azzurro/Black & Tan then Red/Tan
123	642 F1	91 Rosso Corsa CHD
0123S	195	Inter Touring Berlinetta 51 RHD EU, destroyed by owner
00124	206	GT Dino Red/Black EU
124	642 F1	91 Rosso Corsa CHD
0124A	340	America Touring Barchetta 51 White then Red/Blue RHD 1951 Palm Beach GP winner
125	642 F1	91 Rosso Corsa CHD
0125EL	212	Inter Vignale Berlinetta 51 RHD EU eng. # 44, ex Enzo-Ferrari, temp. (for 30 days) rebodied as a Spider, rebodied as Spider, rebodied as a fantasy car, restored as Spider 51 dark Red/Tan then Black int. RHD EU
126	642 F1	91 Rosso Corsa CHD
0126A	340	America Touring Berlinetta 7/51 Bianco tetratema VM8500/Black then Rosso Corsa/Black eng. froms/n 0321
00126	206	GT Dino 68 Rosso Dino then Yellow/Black
127	643 F1	91 Rosso Corsa CHD
0127E	195	Inter Vignale Coupé 51 RHD EU
128	643 F1	91 Rosso Corsa CHD
0128E	212	Export Vignale Berlinetta Yellow then metallic Blue & Yellow then Yellow Black roof then Red & Black RHD
00128	206	GT Dino
129	643 F1	91 Rosso Corsa CHD
0129S	195	Inter Ghia Coupé 51 Turin show car 51 White/Tan RHD EU
130	643 F1	91 Rosso Corsa CHD
0130A	340	America Ghia Coupé 2+2 Paris Auto Salon 51 RHD
00130	206	GT Dino 68 Rosso Dino
131	F 92 A	92 Rosso Corsa CHD
0131E	212	Inter Vignale Coupé 51 Black silver top RHD EU eng. #0117S
132	F 92 A	92 Rosso Corsa CHD
0132A	340	America Vignale Berlinetta 51 RHD EU # interno 0211 Chevy eng. installed
00132	206	GT Dino 68 Dark.Met. Blue/Tan Vinyl
133	F 92 A	92 Rosso Corsa CHD
0133S	195	Inter Ghia Coupé 2+2 51 Red/Black RHD EU
0134E	212	Export Touring Barchetta 51 Grigio/blu then Yellow
134	F 92 A	92 Rosso Corsa CHD
00134	206	GT Dino 68 Fly Giallo/Black Vinyl
0135E	212	Inter Vignale Coupé Paris Show car 51 Red Black Roof/Black &Tan RHD EU
135	F 92 A	92 Rosso Corsa CHD
0136E	212	Export Touring Barchetta 51 light grey then Red/Black RHD # interno 0215
00136	206	GT Dino 68 Red/Black Red Inserts
136	F 92 AT	92 Rosso Corsa CHD
0137E	212	Inter Ghia-Aigle Coupé 51 Red/Tan RHD EU eng. #0137/E
137	F 92 AT	92 Rosso Corsa CHD
0138AM	340	America Vignale Convertible 51 Red/beige beige top RHD ex-Lord Brocket destroyed by owner rebuilt as Vignale Spider Series I by DK Eng.
138	F 92 AT	92 Rosso Corsa CHD
00138	206	GT Dino 68 Black then Red/Black EU
139	F 93 A	93 Rosso Corsa & White CHD
0139E	212	Inter Vignale Coupé 51 Dark green RHD EU ex-Prins Bernard
0140A	340	America Vignale Spider 7/52 Yellow/Black RHD
00140	206	GT Dino 67 Rosso Dino then Rosso Chiaro/tan & Black Leather LHD EU
140	F 93 A	93 Rosso Corsa & White CHD
0141ET	212	Export Touring Tuboscocca Coupé 51 Rosso Corsa/Tan RHD EU
141	F 93 A	93 Rosso Corsa & White CHD
0142A	340	America Ghia Coupé 51 blu medio metallic RHD (ex)-Hillary Raab
142	F 93 A	93 Rosso Corsa & White CHD
00142	206	GT Dino Paris Show & Earls Court Show Car 68
143	F 93 A	93 Rosso Corsa & White CHD
0143E	212	Inter Touring Berlinetta Aerolux 51 Touring Blue/Blue then Black int. Blue carpeting RHD EU eng. #0143 ex-Mike Hawthorn
0144A	340	America Touring Berlinetta 51
144	F 93 A	93 Rosso Corsa & White CHD
00144	206	GT Dino Oro met./Black Vinyl #161 then Fly Giallo/Black Vinyl GTS Conversion
145	F 93 A	93 Rosso Corsa & White CHD
0145E	212	Inter Touring Coupé Torino Auto Show car 51 Dark Red/Tan RHD EU
146	F 93 A	93 Rosso Corsa & White CHD
0146E	212	Export Vignale Berlinetta 51 Dark Blue/Blue RHD
00146	206	GT Dino 68 Rosso Chiaro/Tan Leather Black Inserts
147	F 93 A	93 Rosso Corsa & White CHD
0147E	212	Inter Vignale Coupé 51 RHD EU rebodied by Drogo in '65 as an alloy body LWB California Spider Red/Tan Tan Top eng. #0147 E
0148A	340	America Ghia Coupé 51 Dark Blue/Blue RHD
148	412	T1 94 Rosso Corsa CHD
00148	206	GT Dino 68 Yellow/Black Vinyl
149	412	T1 94 Rosso Corsa CHD
0149E	212	Inter Ghia Coupé 51 Dark Blue Metallic/Crema Blue piping RHD UK eng. #0106 then #0237 then #0433 (restamped 0149E)
150	412	T1 94 Rosso Corsa CHD

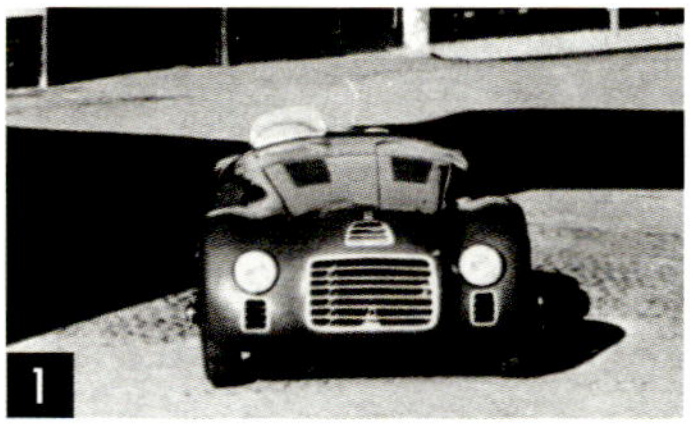

1

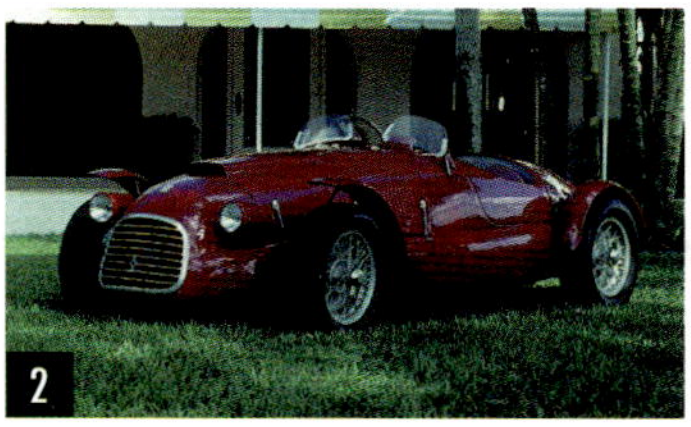

2

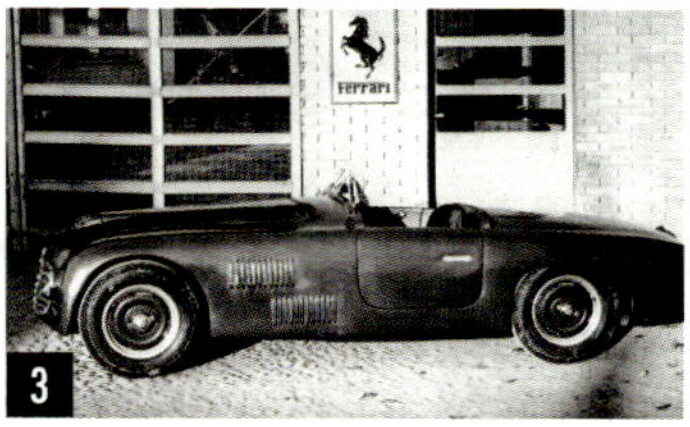

3

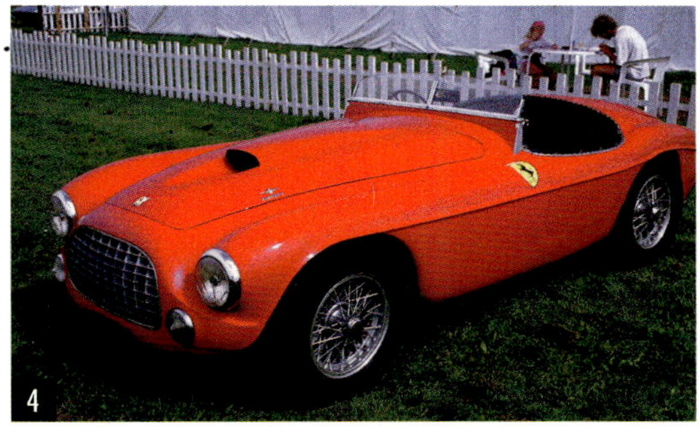

4

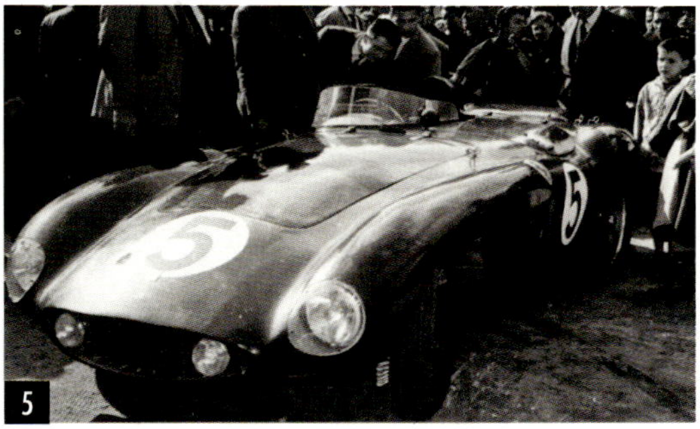

5

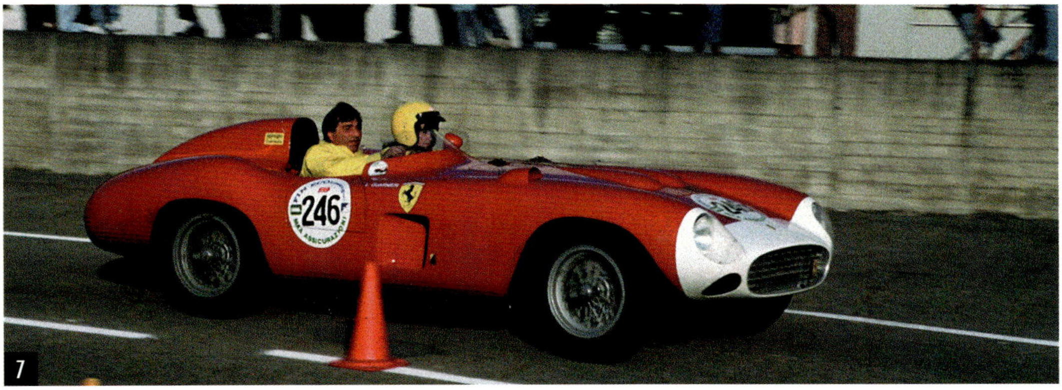

7

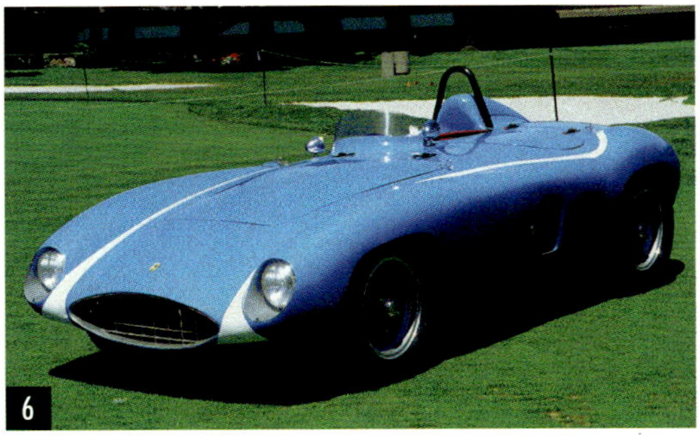

6

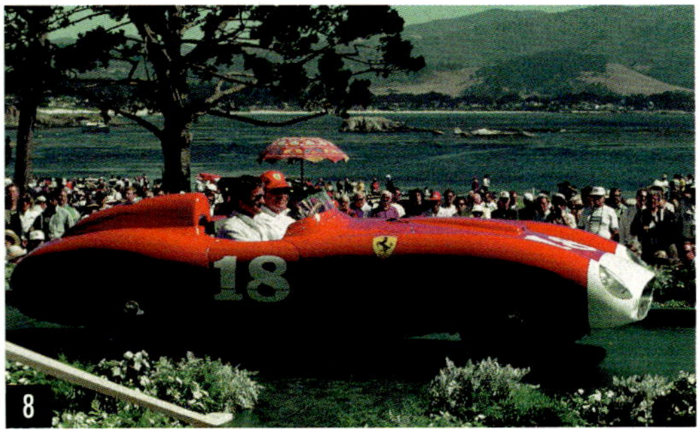

8

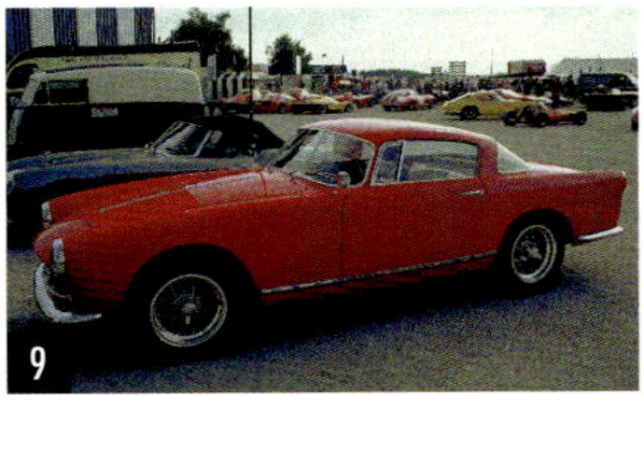

9

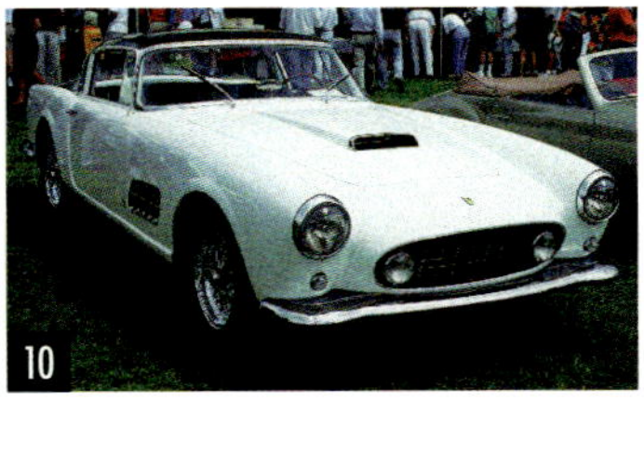

10

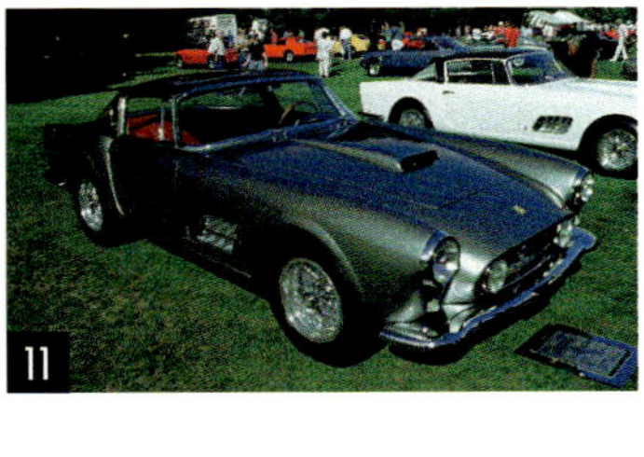

11

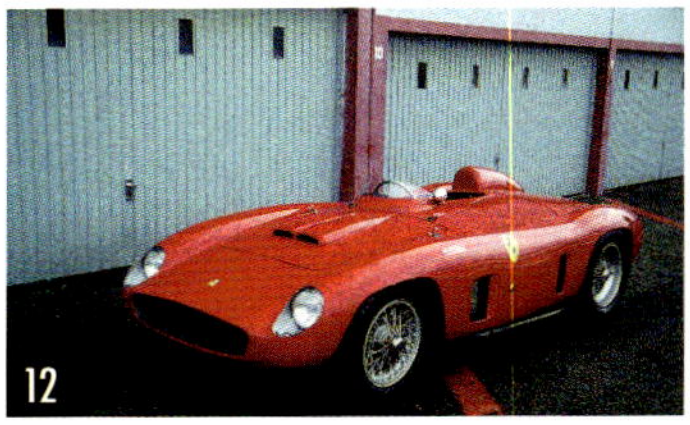
12

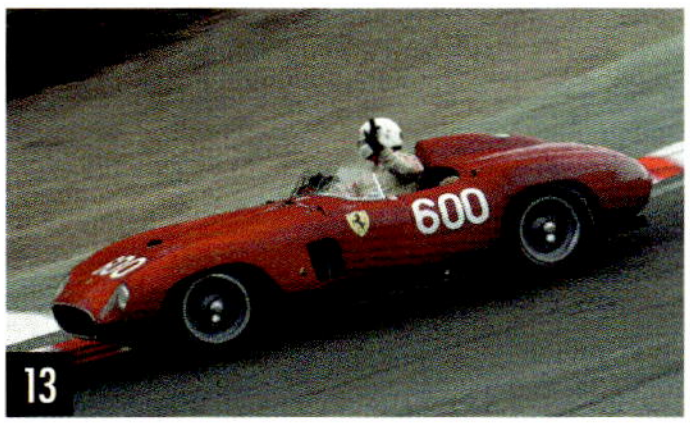

13

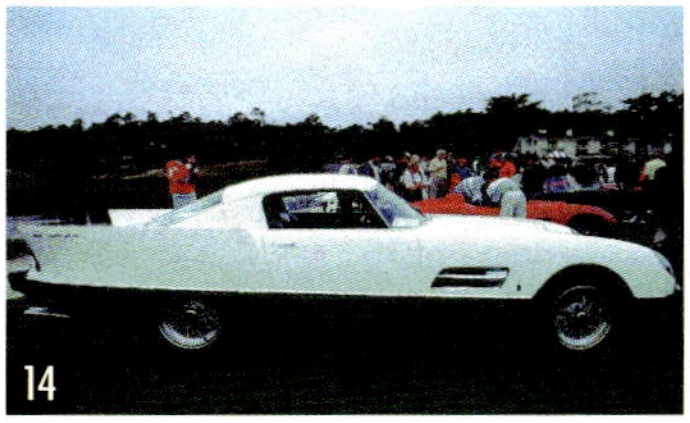
14

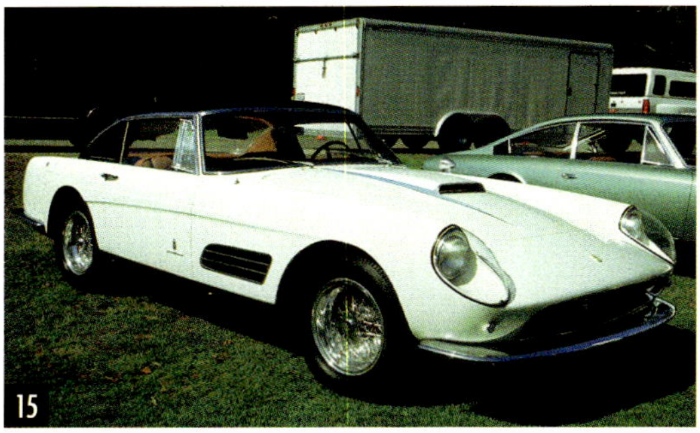
15

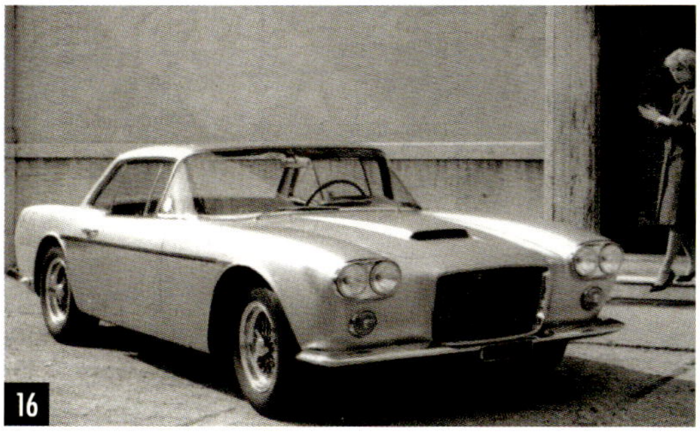
16

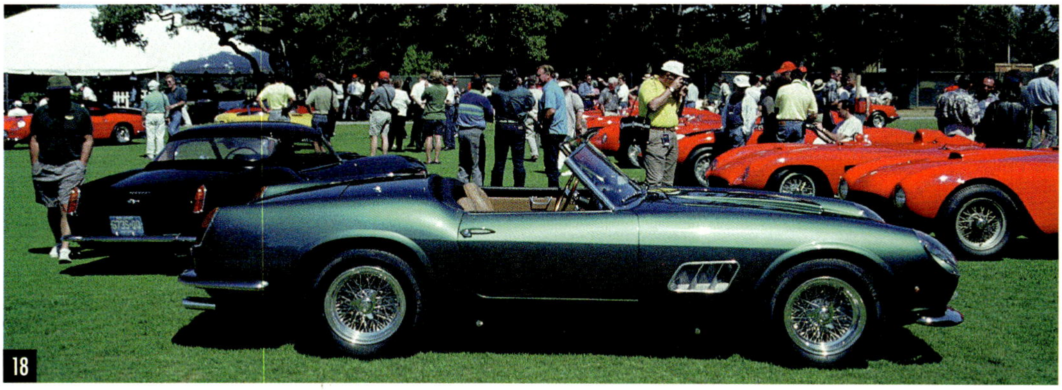
18

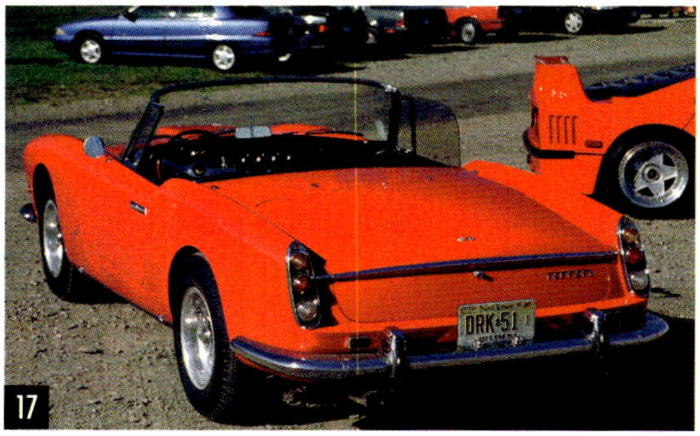
17

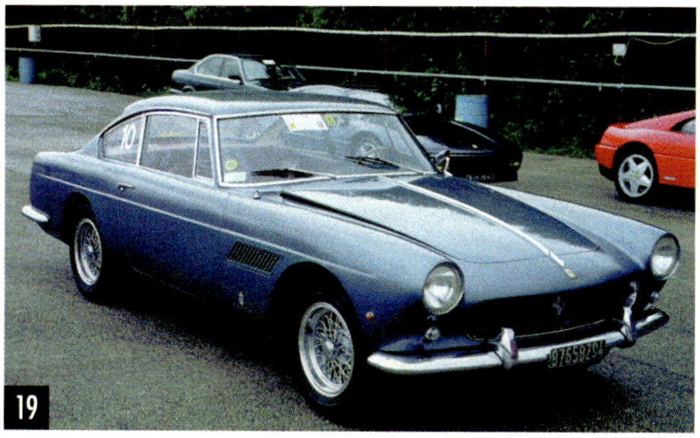
19

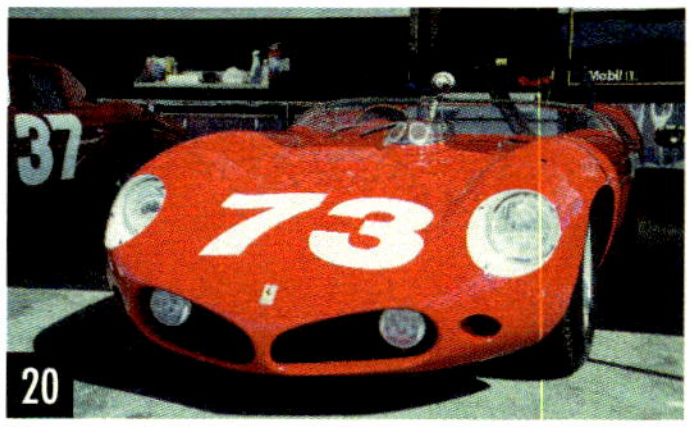

20

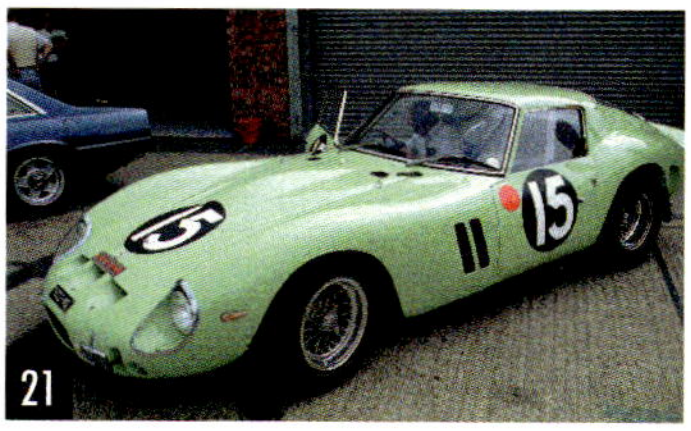

21

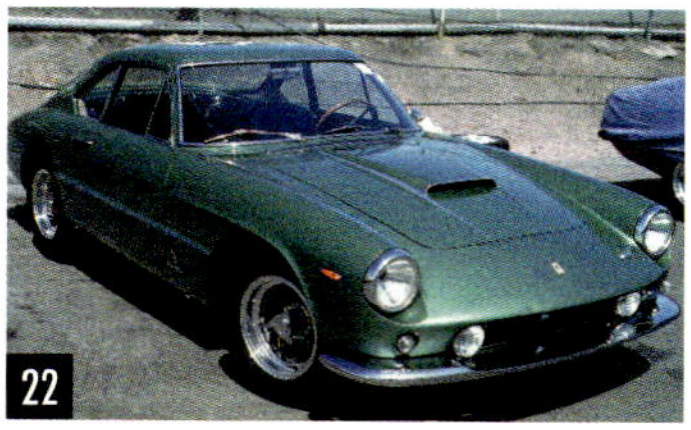
22

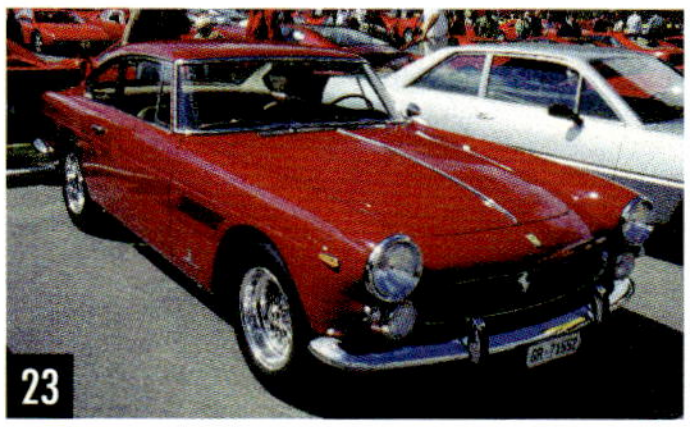

23

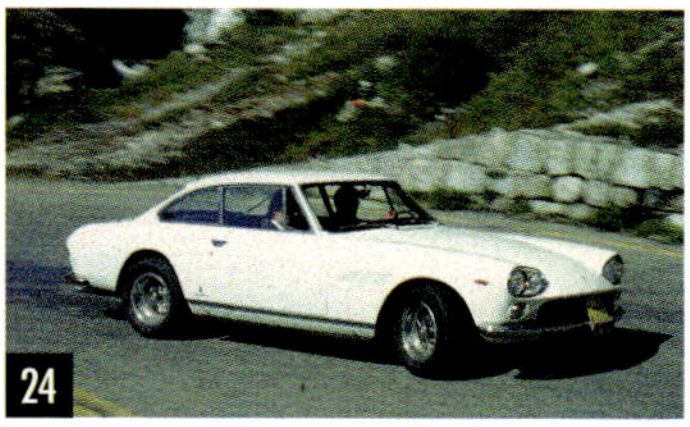

24

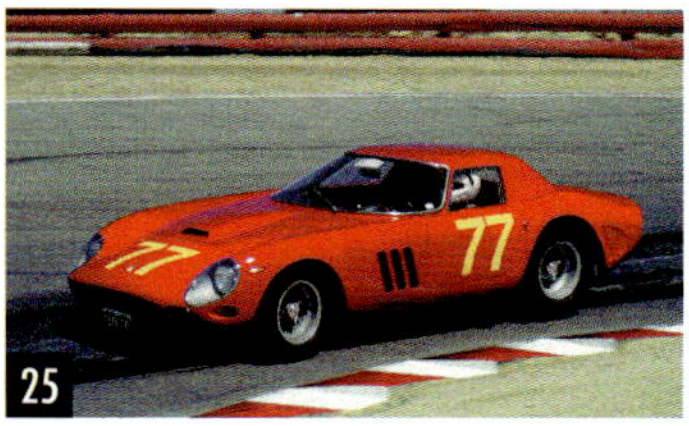

25

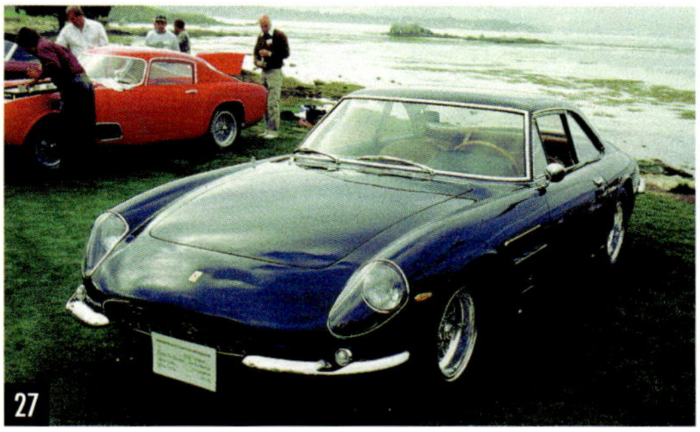

27

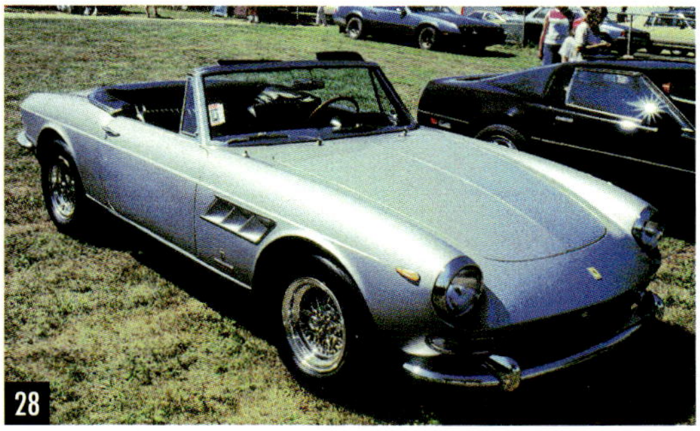

28

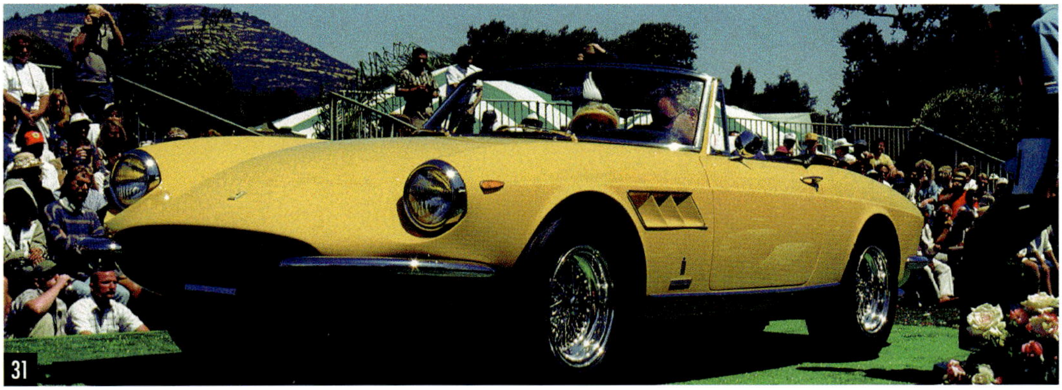

31

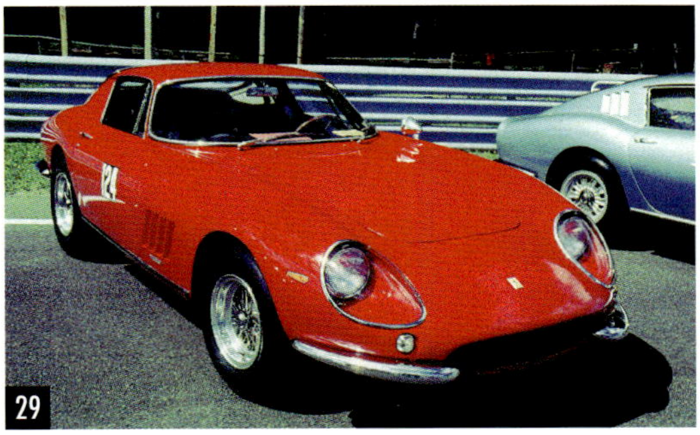

29

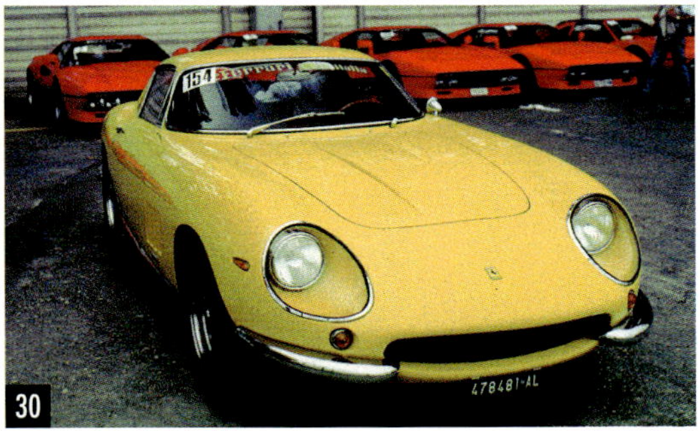

30

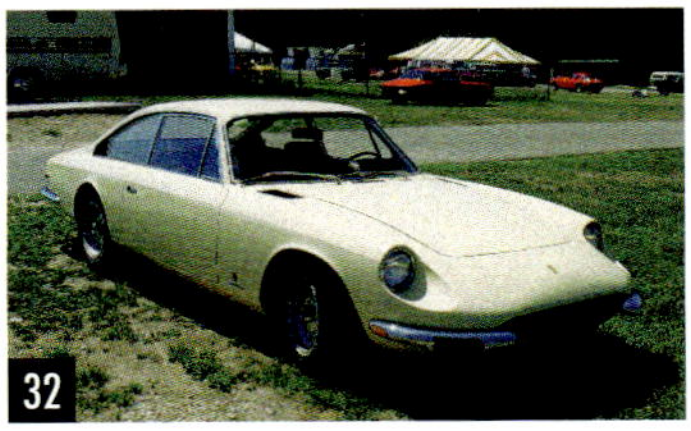

32

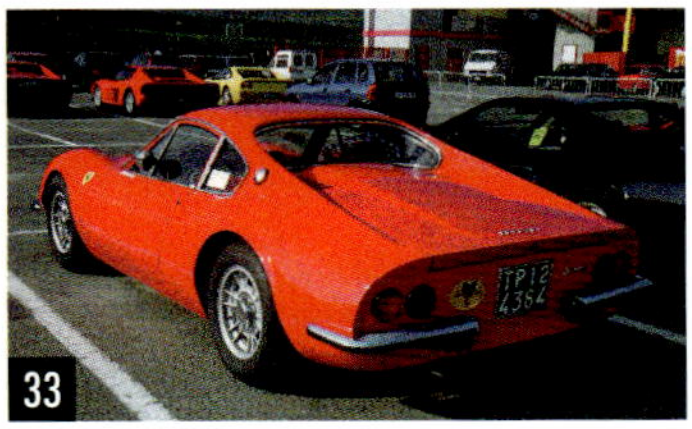

33

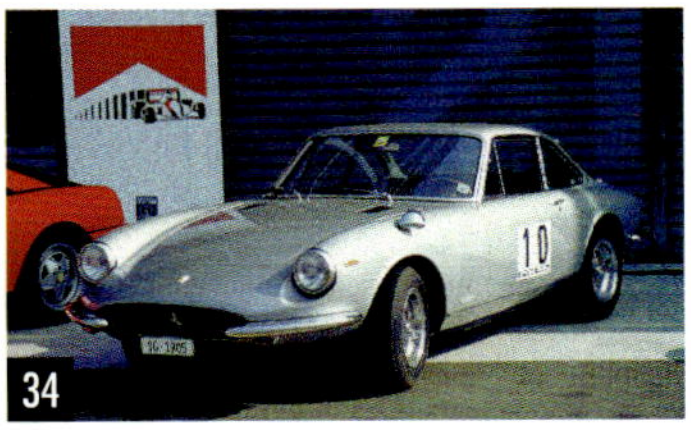

34

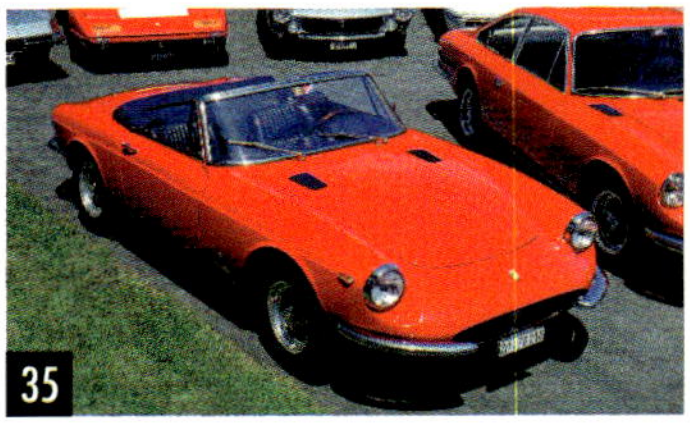
35

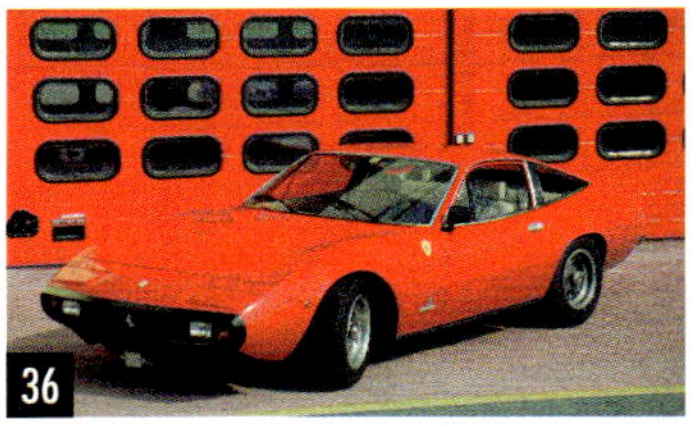
36

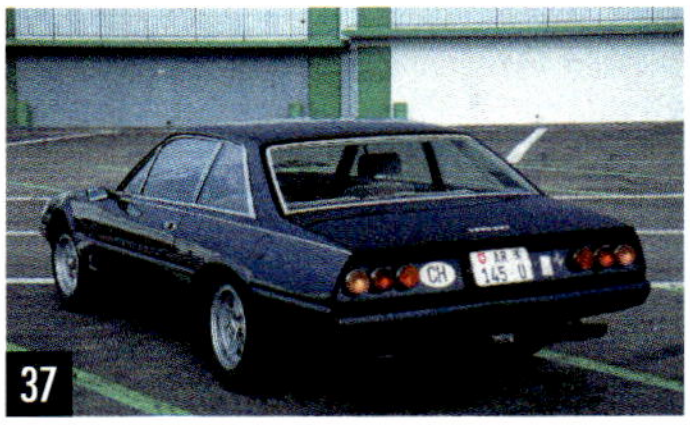
37

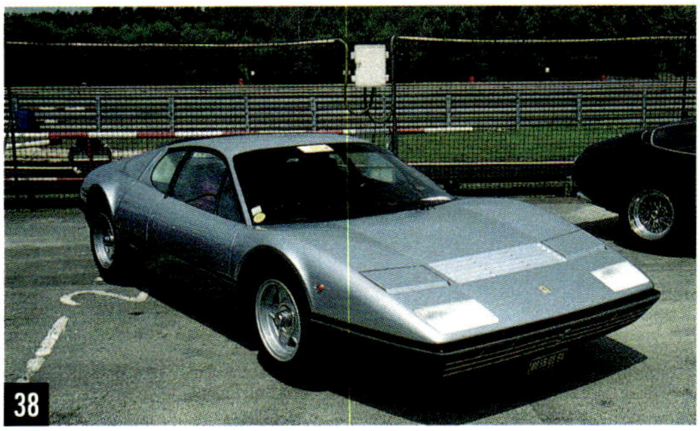
38

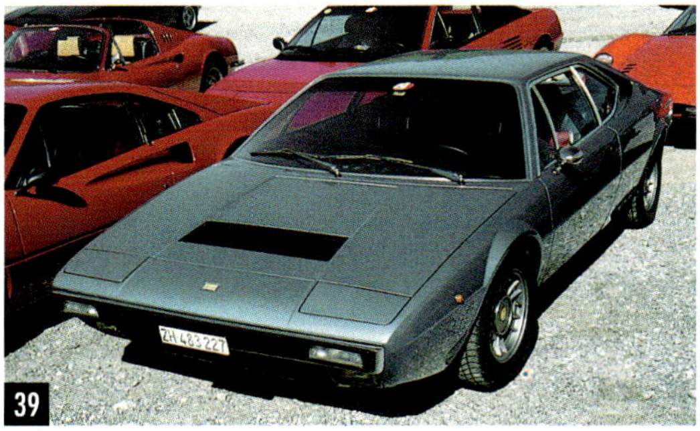

39

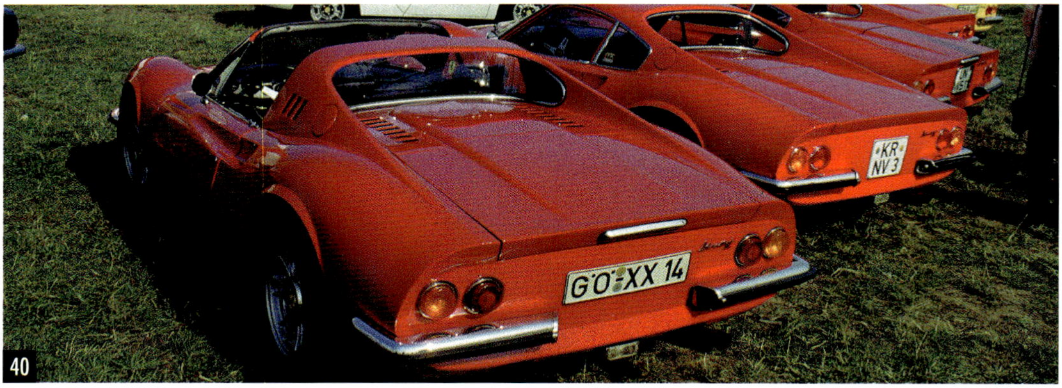

40

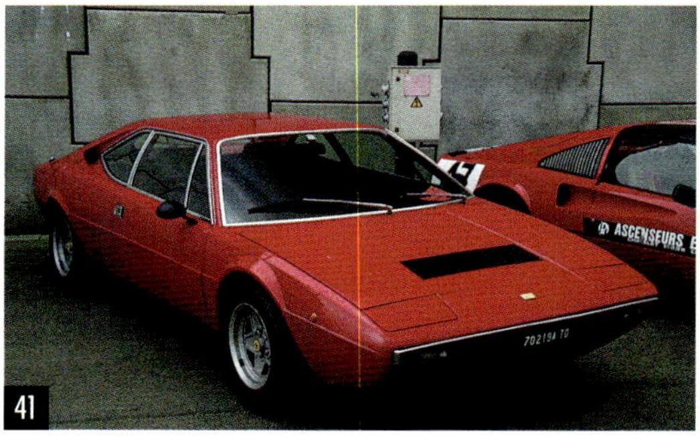

41

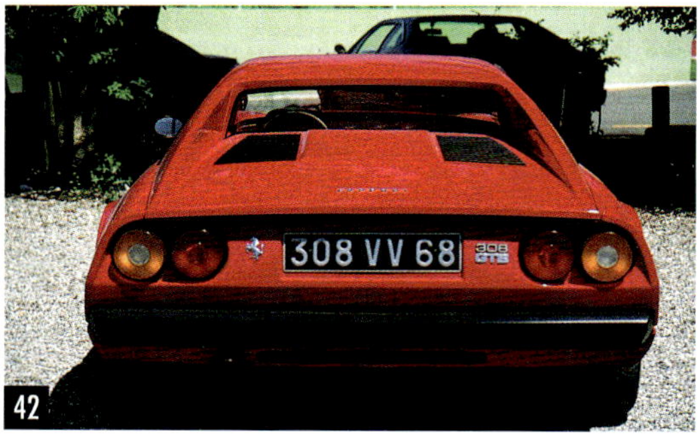

42

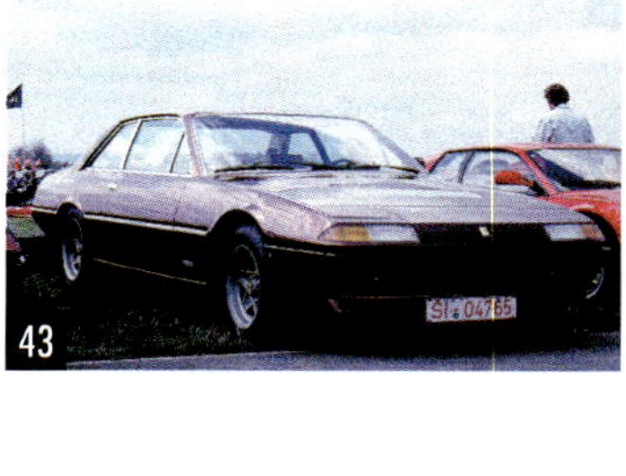
43

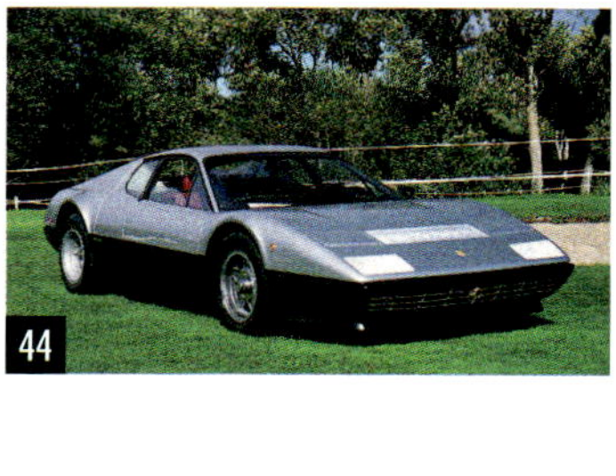
44

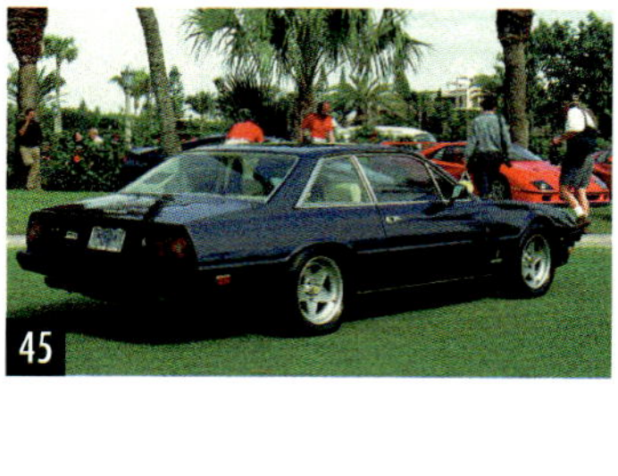
45

46
47
48
49
50
51
52
52a
53
54
56

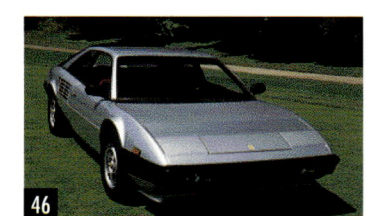

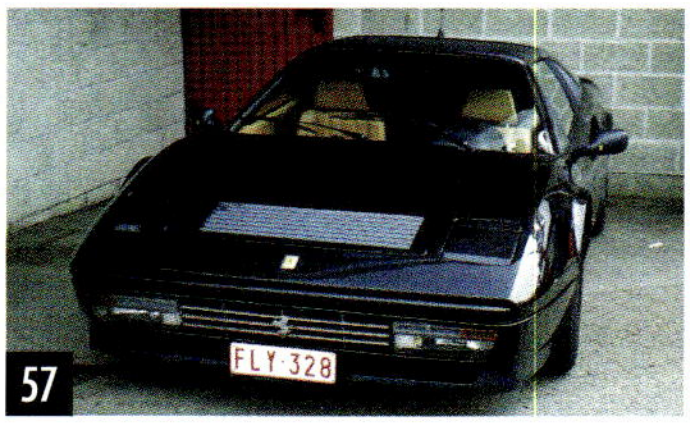

57

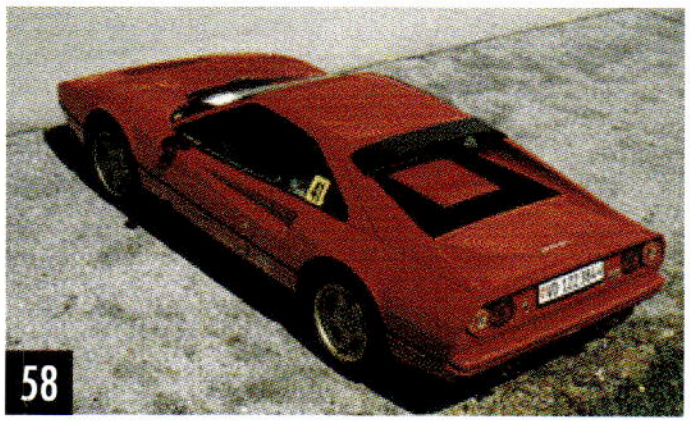
58

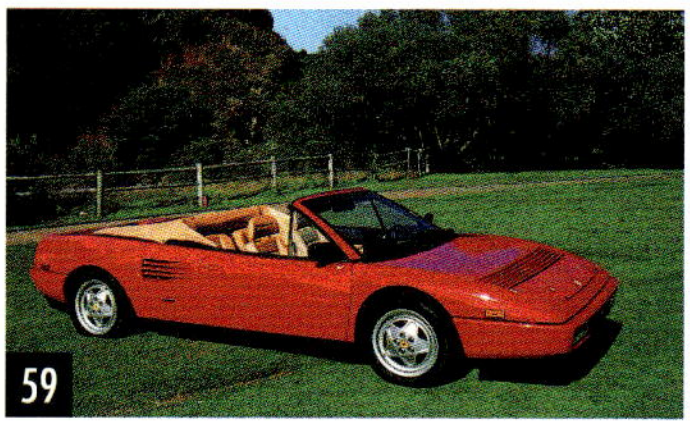
59

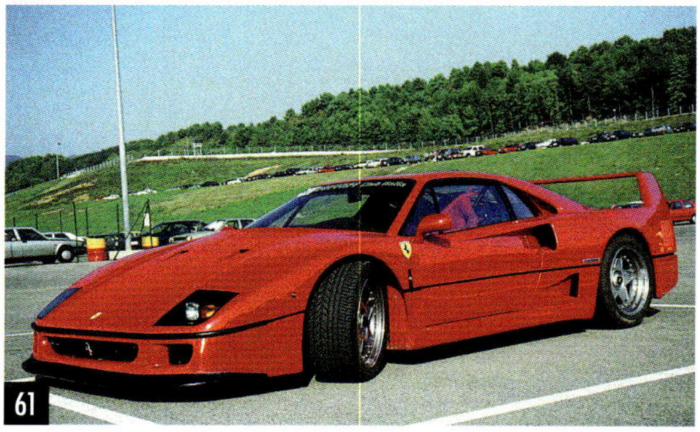
61

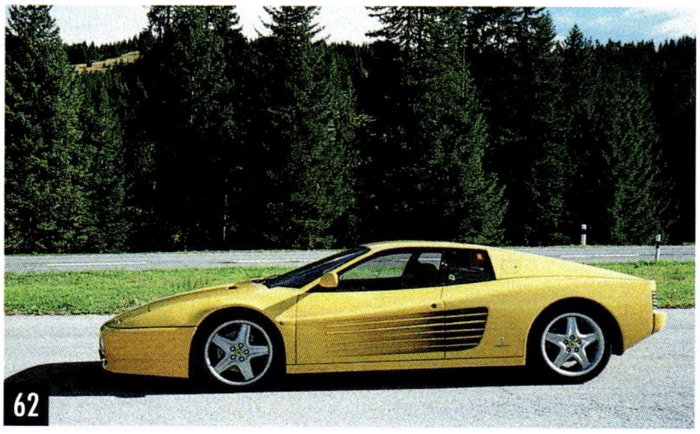
62

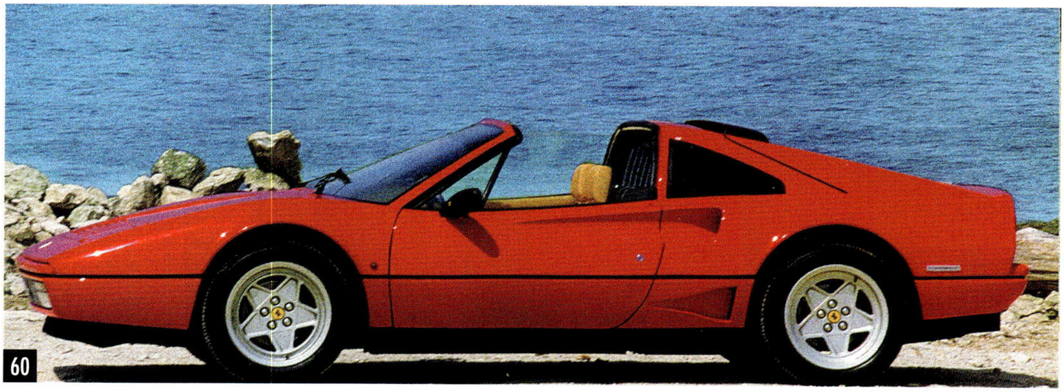
60

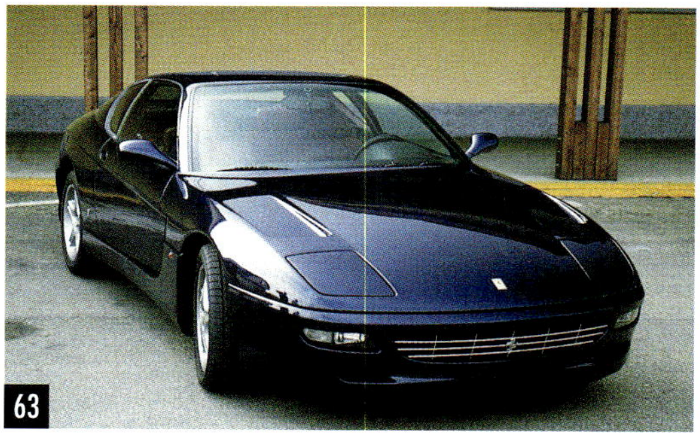
63

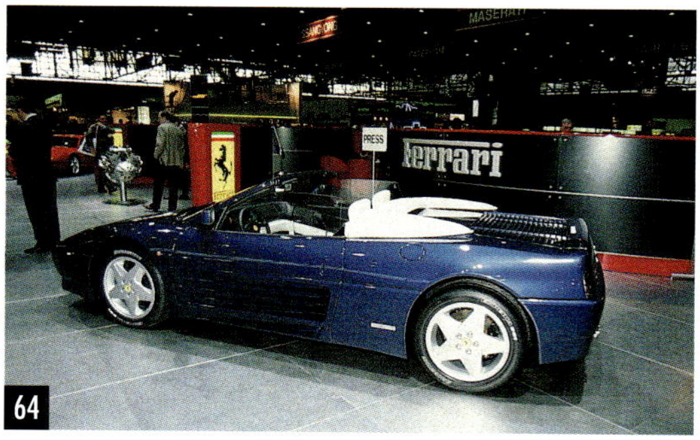

64

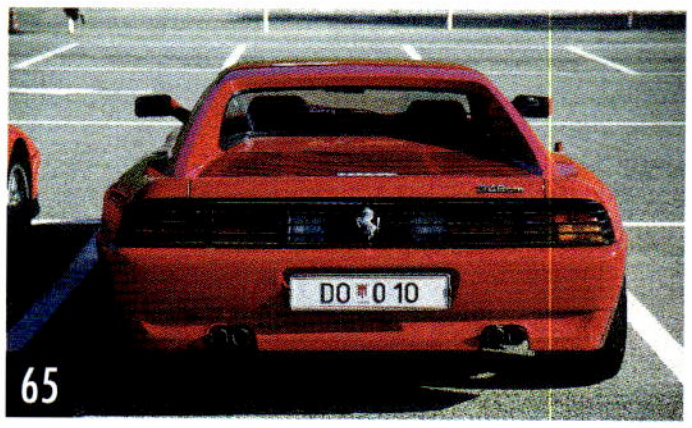

65

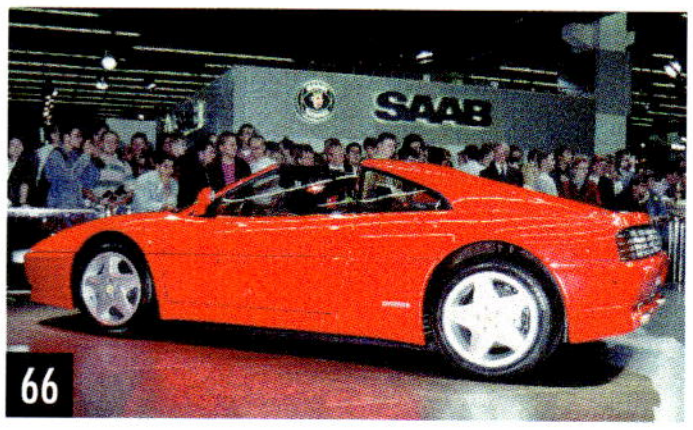

66

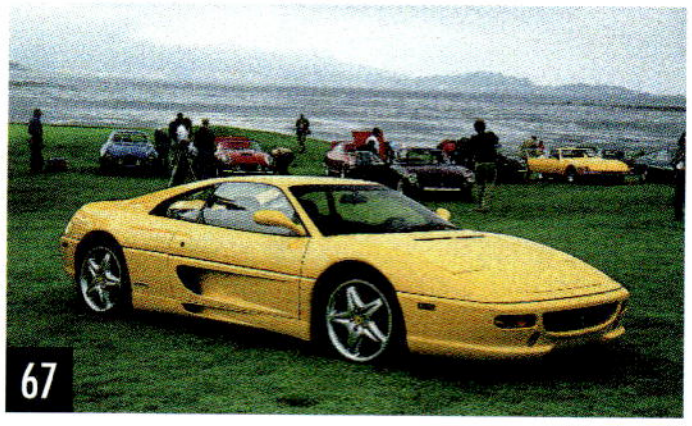
67

68
69
70
71
72
73
74
74a
75
76
77

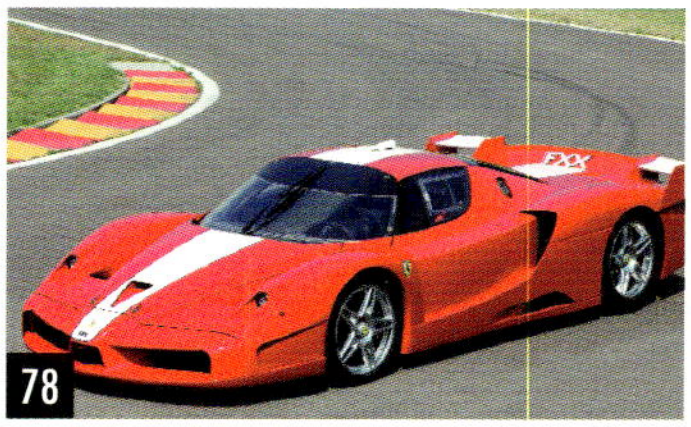
78

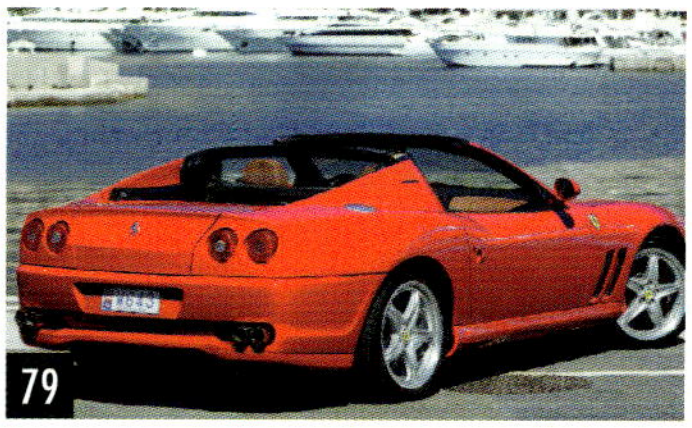
79

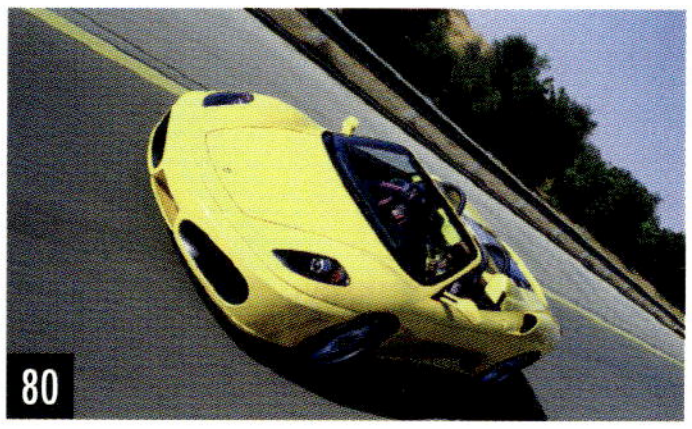
80

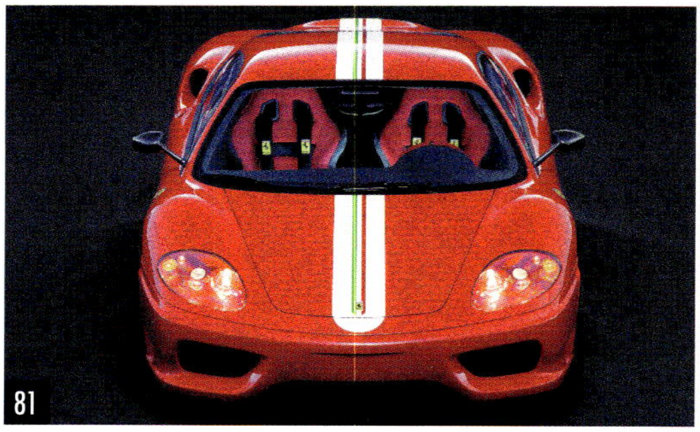
81

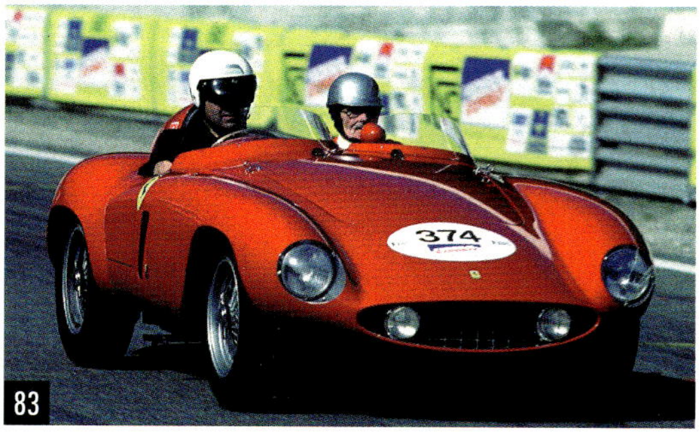

83

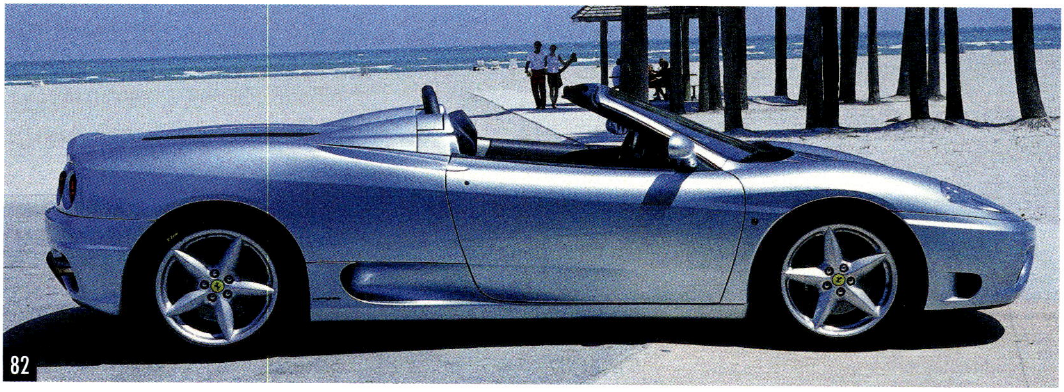
82

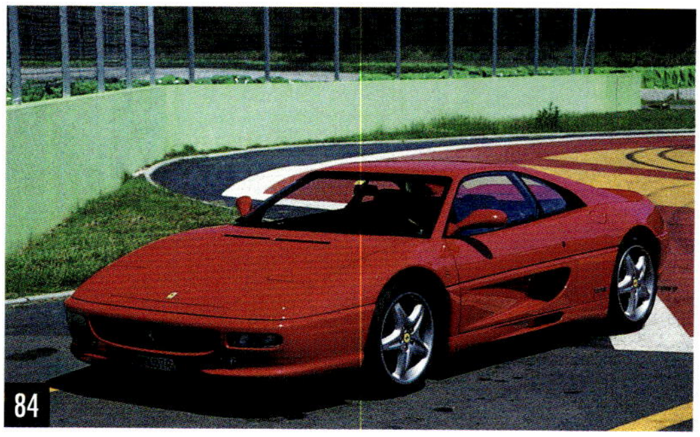
84

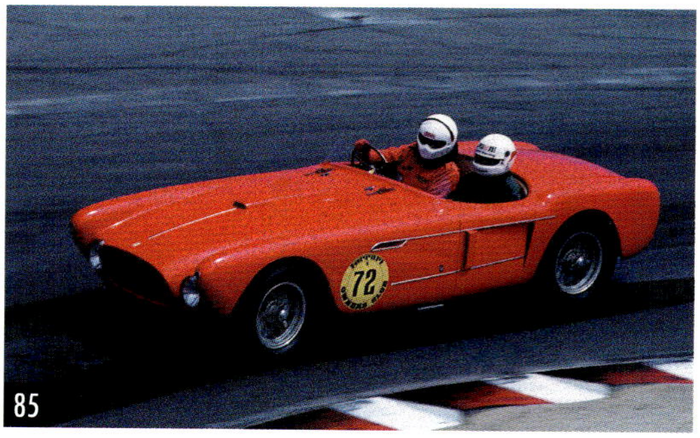

85

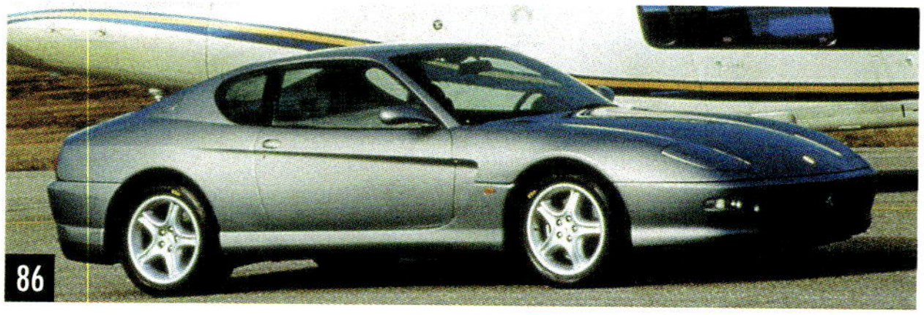
86

s/n	Type	Comments
0150A	340	America Ghia Coupé 51 Dark Red/Black then Bordeaux & Crema int. RHD eng. #0150 converted to race car by Parravano 5th 1952 Carrera Panamerica
00150	206	GT Dino 68
151	412	T1 94 Rosso Corsa CHD
0151S	195	Inter Vignale Coupé 51 Red/Red LHD EU
152	412	T1 94 Rosso Corsa CHD
0152EL	225	Sport Vignale Berlinetta #1/1 52 Rosso Corsa/Tan RHD
00152	206	GT Dino Bruxelles Show Car 68 Rosso Dino/Black Vinyl eng. #0218
153	412	T1 94 Rosso Corsa CHD
0153EL	212	Inter Ghia Coupé 2+2 Earls Court Show car 51 RHD UK eng. #0165
154	412	T1 94 Rosso Corsa CHD
0154ED	225	Sport Vignale Spider #1/9 52 Red/Tan RHD GP Monaco-winner
00154	206	GT Dino 68
155	412	T1 94 Rosso Corsa CHD
0155EL	212	Inter Ghia Coupé 51 sunbronze metallic then Red then Argento/ivory RHD UK
156	412	T2 95 Rosso Corsa CHD
0156ET	225/250	S Vignale Berlinetta 3/52 Rosso Corsa/Tan RHD
00156	206	GT Dino 68 Grey Met./Tan
157	412	T2 95 Rosso Corsa CHD
0157EL	212	Inter Vignale Coupé 2+2 51 Red & Black/Tan leather RHD EU
158	412	T2 95 Rosso Corsa CHD
0158ED	212	Export Touring Barchetta 52 Dark Red/Black RHD
00158	206	GT Dino 69 Red/TanVinyl
159	412	T2 95 Rosso Corsa CHD
0159EL	212	Inter Vignale Cabriolet Brussels Show Car 51 RHD EU
160	412	T2 95 Rosso Corsa CHD
0160ED	225	Sport Vignale Spider #2/92/52 French Blue then Red/Tan then medium Blue then Dark Red/Tan RHD EU eng. #0160ED
00160	206	GT Dino 68 Rosso Dino/Black Vinyl then Giallo Fly/Black Vinyl
161	412	T2 95 Rosso Corsa CHD
0161EL	212	Inter Vignale Coupé 51 Blue Grey Roof RHD EU
162	412	T2 95 Rosso Corsa CHD
0162ED	225	Sport Vignale Spider #3/9 52 RHD
00162	206	GT Dino 69 Fly Giallo/Black then Red/Black Vinyl
163	412	T2 95 Rosso Corsa CHD
0163EL	212	Inter Vignale Coupé Export 51 Black then dark green met.then Red/light green then Black mint-green top RHD EU
164	412	T2 95 Rosso Corsa CHD
0164ED	225	Sport Vignale Berlinetta #1/3 52 RHD, started first as 166MM/53149
00164	206	GT Dino 68
165	412	T2 95 Rosso Corsa/Red CHD
0165EL	212	Inter Abbott Cabriolet London Earls Court show car 51 RHD rebodied as 51 Touring Barchetta Red & Black/Black then Red/Red LHD eng. #0247EU, eng. in #0153
0166ED	225	Sport Touring Barchetta #1/1 52 Red RHD GP of Portugal-winner
166	F310	97 Rosso Corsa CHD
00166	206	GT Dino 68
167	F310	97 Rosso Corsa CHD
0167EL	212	Inter Touring Berlinetta 2+2 51 Rosso Corsa/Black RHD
168	F310	97 Rosso Corsa CHD
0168ED	225	Sport Vignale Berlinetta #2/3 52 Red RHD eng. in 0050M/0308
00168	206	GT Dino 68
169	F310	97 Rosso Corsa CHD, 1st GP of Belgium
0169EL	212	Inter Ghia Fastback Coupé 52 Red RHD
170	F310	97 Rosso Corsa CHD
0170ET	225	Sport Vignale Tuboscocca Berlinetta 52 Red/Black top/tan RHD, one of two leight weight "Tuboscocca" Competition Berlinettas
00170	206	GT Dino 67 Silver/Black then Red/Black then Maroon/Black Vinyl
171	F310	97 Rosso Corsa CHD
0171EL	212	Inter Vignale Coupé 51 RHD crashed, probably parted out, number usesd on 0212A
0172ET	225	Sport Vignale Spider #1/5 52 dark Red/Tan RHD eng. #0869
00172	206	GT Dino 69 Red/Black Vinyl
172	F310	B 97 Rosso Corsa CHD
173	F310	B 97 Rosso Corsa CHD
0173E	212	Inter Vignale Coupé 51 crashed, parted out
174	F310	B 97 Rosso Corsa CHD
0174A	340	America Vignale Berlinetta 52 Rosso Corsa/Black RHD
00174	206	GT Dino 68 Silver/Black
175	F310	B 97 Rosso Corsa CHD
0175EL	212	Inter Vignale Coupé 51 Dark green light met. roof then Red RHD
0176	F310	B 97 Rosso Corsa CHD
0176ED	225	Sport Vignale Spider #4/9, 52 RHD one-off body rebodied 225 S Vignale Spider rebodied by Fantuzzi like a Barchetta Touring rebodied to original Stagnoli Vignale Spider # interno 0263 eng. in #0092
00176	206	GT Dino 68 Fly Giallo/Black Leather
177	F310	B 97 Rosso Corsa CHD, 1st GP Canada
0177EL	212	Inter Pinin Farina Cabriolet first Pinin Farina bodied Ferrari 6/52 dark Red/natural RHD EU
178	F310	B 97 Rosso Corsa CHD
0178ED	225	Sport Vignale Berlinetta #3/3 RHD # interno 0183 destroyed, restoRed
00178	206	GT Dino 68
179	F310	B 97 Rosso Corsa CHD
0179EL	212	Inter Vignale Berlinetta 12/51 Metallic Blue then dark Red RHD EU temp. eng. #0083S
0180ED	225	Sport Vignale Spider #5/9 52 Yellow RHD eng. #0466
00180	206	GT Dino 68 Red/Black Vinyl
180	F310	B 97 Rosso Corsa CHD
181	F300	98 Rosso Corsa CHD
0181EL	195	Inter Vignale Coupé 2+2 1/52 Silver RHD EU ex-Anna Magnani
182	F300	98 Rosso Corsa CHD
0182ED	212	Export Vignale Spider 5/52 Red/Tan RHD rebuilt as Vignale Spider
00182	206	GT Dino 69 Rosso Dino/Black Vinyl
183	F300	Rosso Corsa CHD
0183EL	195	Inter Ghia Coupé 2+2 52 RHD EU PF job # 10924 eng. # 0178EL rebodied by Carossier Serra, Barcelona then rebodied by Carozzeria Allegretti, Modena as 212 Touring Barchetta Rosso Corsa/Blue then Black int. eng. #0183EL
184	F300	98 Rosso Corsa CHD
0184F	500	Formula 2 #1/5 52 Rosso Corsa CHD customer race car for Ecurie Espalon, Fischer, CH
00184	206	GT Dino 69
185	F300	98 Rosso Corsa CHD
0185EL	212	Inter Ghia Fastback Coupé 2+2 51 Red/Tan RHD EU eng. # 0104E (ex)-David Lettermann
0186F	500/625	Formula 2 #2/5 52 upgraded with 625 engine customer race car for Ecurie Rosier
186	F300	98 Rosso Corsa CHD
00186	206	GT Dino Rosso Dino/Black LHD EU
187	F300	98 Rosso Corsa CHD
0187EL	212	Inter Vignale Coupé 2+2 51 RHD
188	F300	98 Rosso Corsa CHD
0188F	500	Formula 2 #3/5 52 Rosso Corsa/Tan CHD customer race car for Bobbie Baird 625-engine fitted

s/n	Type	Comments
00188	206	GT Dino 68
189	F300	98 Rosso Corsa CHD
0189EL	212	Inter Ghia Fastback Coupé Paris Show car 51 Red then Silver/Blue & grey RHD ex- King Farouk
190	F399	99 Rosso Corsa CHD
0190ED	225	Sport Vignale Berlinetta #2/2 52 two tone paint then Rosso Scuro then French Blue/Tan RHD eng. #0190
00190	206	GT Dino 68
191	F399	99 Rosso Corsa CHD
0191EL	212	Inter Ghia Cabriolet Turin Salon & Salon Paris car Yellow & Black/Black then rebuilt as Coupé Red Black roof then Yellow & Black/Black
192	F399	99 Rosso Corsa CHD
0192ET	225	Sport Vignale Spider #2/5 9/52 Rosso Scuro/Crema RHD
00192	206	GT Dino 68
193	F399	99 Red CHD
0193EL	212	Inter Ghia Coupé 2+2 52 Blue White roof/Crema RHD eng. #0241EU
194	F399	99 Red CHD
0194ET	225	Sport Vignale Spider #3/5 5/52 Red/beige cord cloth RHD
00194	206	GT Dino 68 Giallo Fly/Black & Tan Leather then Red/BlackVinyl
195	F399	99 Red CHD
0195EL	212	Inter Ghia-Aigle Coupé 52 metallic grey silver roof then Blue metallic then Rosso Chiaro RHD EU eng. #0195 "S"
196	F399	8/99 Red CHD
0196A	340	America Vignale Spider 52 Red/Tan RHD converted to Berlinetta by Vignale Rosso Corsa then dark Red/Tan rebodied as Vignale Spider by DK
00196	206	GT Dino 69
197	F399	10/99 Red CHD uograded with 651 parts
0197EL	212	Inter Vignale Berlinetta 52 pale Yellow & Black/Black Yellow piping RHD EU
198	F1 2000	00 Rosso Scuderia CHD
0198ET	225	Sport Vignale Spider #4/5 52 Yellow then Red/Tan RHD eng. #0198ET
00198	206	GT Dino Red/Black
199	F1 2000	00 Rosso Scuderia CHD
0199EL	212	Inter Ghia Coupé 2+2 52 Red RHD EU
200	F1 2000	00 Rosso Scuderia CHD
0200ED	225	Sport Vignale Spider #6/9 RHD eng. in #0056
00200	206	GT Dino 69 Dark Red then Rosso Dino/Black
201	F1 2000	00 Rosso Scuderia CHD
0201EL	212	Inter Ghia Coupé 2+2 52 Blue met./Tan RHD EU
0202A	340	America Vignale Spider 52 RHD temp. Chevy eng. & Devin Sports Spider body
00202	206	GT Dino 69
202	F1 2000	00 Rosso Scuderia CHD
0203EL	212	Inter Vignale Berlinetta 52 Red RHD EU eng. #0203EL
203	F1 2000	00 Red CHD
0204A	340	America Vignale Spider 5/52 Rosso Corsa/Crema RHD
00204	206	GT Dino 69
204	F1 2000	00 Rosso Scuderia CHD
0205EL	212	Inter Ghia Coupé 52 RHD EU eng. #003S
205	F1 2000	00 Red CHD
0206A	340	America Vignale Spider 52 Blue RHD destroyed eng. remains, temp. used on a power boat, then to #0376
00206	206	GT Dino Red/Black & Red
206	F1 2001	01 Rosso Scuderia CHD, Black nose & no dials in respect for the 9/11-Victims for the Italian GP
0207EL	212	Inter Vignale Cabriolet 52 Red/Tan RHD
207	F1 2001	2/01 CHD used for crash testing

s/n	Type	Comments
0208F	500	Formula 2 #4/5 52 Red CHD customer race car for Garage Francorchamps rebuilt as 625 F1 restamped #0540
00208	206	GT Dino Red/Black
208	F1 2001	2/01 Rosso Scuderia CHD 1st GP AUS
0209EL	195	Inter Vignale Coupé 52 RHD
209	F1 2001	01 Rosso Scuderia CHD 1st GP MAL, crashed in Monza tests
0210F	500	Formula 2 #5/57/52 Rosso Corsa CHD customer race car for Antonio Checcachi
00210	206	GT Dino 69
210	F1 2001	01 Rosso Scuderia CHD 1st E, EUR, F, F1 2001 with most victories
0211EL	212	Inter Vignale Berlinetta 52 two tone paint then Red/Tan RHD EU, ex-Agnelli
211	F1 2001	01 Rosso Scuderia CHD 1st MC, Worldchampion in HUN
0212A	340	America Vignale Berlinetta 52 EU renumbered 0171 EL
00212	206	GT Dino 69
212	F1 2001	01 Rosso Scuderia CHD only raced CAN GP (Barichello)
0213EL	212	Inter Ghia Coupé 52 Black White top RHD EU notchback ex-Bao Dai Emperor of Indochina, renumbered 0171EL
213	F1 2001	01 Rosso Scuderia CHD 1st Belgium, Black nose & no dials in respect for the 9/11-Victims for the Italian GP
0214ED	225	Sport Vignale Spider #7/9 52 Rosso Corsa/Red RHD
00214	206	GT Dino 68 Red/Black
214	F1 2001	00 Rosso Scuderia CHD built to a different spec sheet, 1st JAP
0215EL	212	Inter Touring Berlinetta 51 Rosso Corsa/Black Red piping Red carpets RHD EU eng. #0193EL Long wheel base Aerlux
215	F1 2001 B	01 Rosso Scuderia CHD 1st AUS 2002
0216ED	225	Sport Vignale Spider #8/9 52 RHD ex-José Froilan Gonzalez
00216	206	GT Dino 68
216	F1 2001 B	00 Rosso Scuderia CHD
0217EL	212	Inter Vignale Coupé Brussels Show Car 52 Green/Black then grey/Black then dark grey/light grey then bronze met.RHD EU
217	F1 2002	Presentazione Car 02 Rosso Scuderia CHD
0218ET	225	Sport Vignale Spider #5/5 52 Rosso Corsa/Tan RHD eng.from #0198ET then eng. #0152
00218	206	GT Dino 69 Maroon
218	F1 2002	Red
219	F1 2002	02 Rosso Scuderia CHD 1st Imola, Austria, French GP
0219EL	212	Inter Vignale Coupé 2+2 52 Ivory Grey fenders/Black then Blue int. RHD EU
0220ET	225	Sport Vignale Spider Tubosscoca #9/9 52 destroyed in a barn fire, written off
00220	206	GT Dino Bianco
220	F 2002	02 Rosso Scuderia CHD 1st BRA, European GP, Hungary GP
0221EL	212	Inter Vignale Coupé 52 Ivory & light grey roof/Blue grey piping RHD
221	F 2002	02 Rosso Scuderia CHD 1st Spain, Canada, Great Britain GP, German GP, Belgian GP
0222AT	340	Mexico Vignale Berlinetta 52 Red & White RHD
00222	206	GT Dino 68 Red/Black Vinyl/Cloth
222	F 2002	02 Rosso Scuderia CHD, 1st US GP
0223EU	225	Europa Vignale Coupé 6/52 Red then dark Red silver roof/tan RHD
223	F 2002	02 Rosso Scuderia CHD, 1st Japanese GP
0224AT	340	Mexico Vignale Berlinetta 52 Red RHD
00224	206	GT Dino Blue
224	F 2002	02 Rosso Scuderia CHD, 1st Italian GP
0225EL	212	Inter Ghia Coupé 52 RHD EU eng. #0227
225	F 2002	02 Rosso Scuderia CHD

s/n	Type	Comments
0226AT	340	Mexico Vignale Berlinetta 52 Red & White RHD
00226	206	GT Dino 68
226	F 2002	02 Rosso Scuderia CHD
0227EL	212	Inter Vignale Cabriolet 4 Posti 1st LHD 52 Black then dark grey/Red LHD EU, two plus one seating eng. in #0225 ex-David Niven, (ex)-Kroymans Collection
227	F 2002	02 Rosso Scuderia CHD
0228AT	340	Mexico Vignale Spider 52 Blue/White bonnet & boot lid then Yellow then Rosso Corsa/Tan then Blue & White/tan
00228	206	GT Dino 68 Red/Tan & Black
228	F2003 GA	03 Rosso Scuderia CHD
0229EL	212	Inter Pinin Farina Coupé 2+2 7/52 Maserati Blue then Silver Blue/Naturale then Maserati Blue/light Blue dark Blue piping RHD US eng. # 0229EL PF job # 10958
229	F2003 GA	03 Rosso Scuderia CHD, 1st GP Austria, GP Canada, GP Italy, GP USA
0230MM	250	MM Vignale Spider Series I Paris Show Car 52 Red/Black RHD rebodied as Scaglietti Spider
00230	206	GT Dino
230	F2003 GA	03 Rosso Scuderia CHD, 1st GP England
0231EL	212	Inter Ghia Coupé 2+2 52 Red/Tan RHD ex-F. Gonzales
231	F2003 GA	03 Rosso Scuderia CHD, 1st GP Deutschland
0232AL	342	America Vignale Convertible 52 RHD
00232	206	GT Dino
232	F2003 GA	03 Rosso Scuderia CHD
0233EL	212	Inter Ghia Cabriolet Torino Show car 52 Red/Black converted to Coupé Paris '52-Show Car, ex-Peron
233	F2003 GA	03 Rosso Scuderia CHD, 1st GP Japan
0234AL	342	America Pinin Farina Convertible 11/52 Black/Crema LHD ex-King Leopold III. of Belgium
00234	206	GT Dino
234	F2004	04 Rosso Scuderia CHD
0235EU	212	Inter Pinin Farina Cabriolet Paris show car 52 metallic pale Blue/natural LHD EU ex-Roberto Rosselini
235	F2004	04 Rosso Scuderia CHD, 1st GP Spain
0236MM	340	MM PF Berlinetta 10/52 Red/grey
00236	206	GT Dino 68 Red/BlackVinyl LHD EU 206 GT *00236* eng. # 04828 converted to RHD
236	F2004	04 Rosso Scuderia CHD
0237EU	212	Inter Vignale Coupé 52 Rosso Corsa/Black LHD EU eng. #0269EU ex-Franco Cornacchia
237	F2004	04 Rosso Scuderia CHD
0238A	340	Mexico Vignale Spider Stockholm Motor Show 52 RHD rebodied as Berlinetta in 1953
00238	206	GT Dino
0239EU	212	Europa Vignale Coupé 52 Red crashed, rebuilt & renumbered #0292MM silver/green then burgundy silver roof then Red/Black LHD EU
239	F2004	04 Rosso Scuderia CHD, 1st GP of Europe, GP Canada, GP USA, GP of France, Michael Schumacher, GP of England, Michael Schumacher, GP Deutschland , GP Hungary, GP Japan
0240AL	342	America Pinin Farina Coupé Paris show car 12/52 grigio chiaro metallizzato LHD
00240	206	GT Dino
240	F2004	04 Rosso Scuderia CHD, 1st GP Italy , GP China converted to F2004 M
0241EU	212	Inter Touring Berlinetta 52 eng. in 0193EL
241	F2004 M	05 Rosso Scuderia CHD
0242AL	342	America Pinin Farina Coupé 52 ex-Enzo Ferrari eng. in #0222
00242	206	GT Dino 69 Rosso Dino/Black Vinyl
242	F2004 M	05 Rosso Scuderia/Nero CHD
0243EU	212	Inter Vignale Coupé 52 two tone paint LHD
243	F2005	Presentation Car 05 Rosso Scuderia CHD
0244M	166	MM/53 Vignale Berlinetta 52 French Blue then Rosso Corsa/Tan RHD
00244	206	GT Dino 69 Rosso Dino/Black then Red/Black Vinyl EU
0245EL	212	Inter Pinin Farina Coupé 2+2 52 Maserati Blue/Natural 3 piece rear window PF job # 10920
245	F2005	05 Rosso Scuderia CHD, 1st GP USA, show car at the 2006 Torino Olympic Games
0246AL	342	America Pinin Farina Coupé Geneva Salon & Paris Salon show car #5/6 12/52 Black/Crema LHD
00246	206	GT Dino 67 Rosso Dino/Black Red Inserts
246	F2005	05 Rosso Scuderia CHD
0247EL	212	Inter Pinin Farina Coupé 2+2 57 3 piece rear window PF job # 10922 parted out eng. in #0165
247	F2005	05 Rosso Scuderia CHD
0248AL	342	America Pinin Farina Convertible New York Auto Show52 met. Shell Grey/green then Argento/Red then dark green int. RHD eng. #0248AL
248	F2005	05 Rosso Scuderia CHD
00248	206	GT Dino Yellow
0249EL	212	Inter Pinin Farina Coupé 2+2 10/52 ivory Black roof 3 piece rear window PF job # 10921 rebodied as 250 MM Vignale Spider Yellow then dark Red eng. #0149
249	F2005	last, 05 Rosso Scuderia CHD
00250	206	GT Dino Fly Giallo/Black
0250MM	250	MM PF Berlinetta Prototype 3/53 Rosso Corsa RHD PF job #11189 modified front by Pinin Farina after crash
250	248	F1 first, 06 Rosso Scuderia CHD
0251EU	212	Europa Vignale Coupé 52 ex-Emporador Bao Dai modified to a convertible then rebodied as a Touring Barchetta by Fantuzzi Red
251	248	F1 06 Rosso Scuderia CHD
00252	206	GT Dino 68 Rosso Dino/Black Vinyl
0252MM	250	MM PF Berlinetta 53 Red/grey then Blue metallic PFJob #11188
252	248	F1 06 Rosso Scuderia CHD, 1st GP Turkey
0253EU	212	Europa Touring Barchetta 52 Black/tan LHD eng. #0253 EU 3-seat Barchetta ex-H.F. Ford
253	248	F1 06 Rosso Scuderia CHD
0254MM	250	MM PF Berlinetta 1/53 RHD PF job #11190 rebodied PF job #12241
00254	206	GT Dino Black/Tan
254	248	F1 06 Rosso Scuderia CHD, 1st GP San Marino, GP Europe, GP USA, French GP, German GP
0255EU	212	Inter Vignale Cabriolet 52 Red then Rosso Chiaro/Black RHD
255	248	F1 06 Rosso Scuderia CHD, 1st GP Italy, GP of China
0256MM	250	MM PF Berlinetta #4/17 1/53 Red White & green/dark Red then Red/Tan RHD ex-Roberto Rosselini ex-Matsuda Collection
00256	206	GT Dino 68 Rosso Dino then Red/Black Vinyl LHD eng. # 04884
256	248	F1 06 Rosso Scuderia CHD, 1st GP Brazil
0257EU	212	Inter Vignale Coupé 2+2 Geneva Show car 52 Dark Green & Black/dark Green RHD US eng. #0110
257	248	F1 06 Rosso Scuderia CHD
00258	206	GT Dino 68
0258MM	250	MM PF Berlinetta #5/17 53 Rosso Corsa/Black RHD
0259EL	212	Inter Pinin Farina Coupé 52 Silver/Blue/brown LHD EU 3 piece rear window PF job # 10926 eng. in #0269, eng. #0112 then #0553 rebodied as 212 Touring Barchetta Rosso Chiaro

s/n	Type	Comments
0260MM	250	MM Vignale Spider Series I International Motor Sports Show, NY 3/53 Red/Tan RHD ex-Phil Hill
00260	206	GT Dino 68
0261EU	212	Inter Pinin Farina Coupé 2+2 52 PF job # 10923
0262M	166	MM/53 Vignale Spider 3/53 Silver/Black RHD rebodied by Abarth asSpider
00262	206	GT Dino 68 Red/Black
0263EU	212	Europa Pinin Farina Coupé Torino show car Geneva show car 52 Black/Red then Red then Silver/Red then Blue/Blue LHD EU PF job # 10927
0264M	166	MM/53 Spider 4/53 rebodied by Fantuzzi as a Touring Barchetta in 1970 Rosso Corsa/Black
00264	206	GT Dino 69 Red/Black
0265EU	212	Europa Pinin Farina Coupé 2+2 53 Black/tan then Rosso Corsa/tan EU eng. #0265 PF job # 10925 ex-Roberto Rosselini for Ingrid Bergman
0266MM	250	MM Vignale Spider 53
00266	206	GT Dino Yellow/Black
0267EU	212	Inter Vignale Coupé Torino Motor Show 53 Black green top then Red/Black LHD EU
0268AM	340	MM Touring Spider 53
00268	206	GT Dino 68 Dark Blue/Black Vinyl RHD
0269EU	212	Europa Pinin Farina Coupé 53 Black RHD EU PF job # 10929 renumbered 0387GT eng. #0387GT then eng. in 0237 eng. #0259 ex-Prince Bernhard
0270MM	250	MM PF Berlinetta #6/17 53 Red & White/green musso RHD original Body # 11193 removed when restored in '84 at Autorestauro,Boves, Italy
00270	206	GT Dino 69 Black/Red
0271EU	212	Inter Vignale Coupé Geneva Motor Show car 53 Red Black top/Crema LHD US
0272M	166	MM/53 SpiderSeries II "Autodromo" 53 Rosso Corsa/Tan RHD internal engine #7 Transmission Internal #9
00272	206	GT Dino 69 Azzurro/Black eng. replaced
0273EU	212	Inter Vignale Spider 53 LHD
0274MM	250	MM Vignale Spider 2/53 Rosso Scuro & Silver RHD
00274	206	GT Dino 69
0275EU	212	Inter Pinin Farina Coupé 53 Rosso Corsa/brown LHD EU PF job # 10930
0276MM	250	MM PF Berlinetta 53 Rosso Corsa RHD rebodied as Morelli Spider renumbered 0330MM rebodied asVignale Spider
00276	206	GT Dino 69
0277EU	212	Inter Pinin Farina Coupé 53 mat Light Blue/grey LHD PF job # 10928
0278M	166	MM/53 Vignale Spider Serries II 53 RHD covered headlights feat. in movie "The racers"
00278	206	GT Dino 69
0279EU	212	Inter Pinin Farina Coupé 53 Verniciatura azzurro then Rosso Corsa/Crema LHD US eng. #0279 EU PF body #10932 job #29746
0280AM	340	MM Vignale Spider 4/53 Red & Black then silver bottom/tan RHD covered headlights
00280	206	GT Dino 68 Red/Black vinyl #161
0281EU	212	Inter Pinin Farina Coupé 3/53 light grey 15702/tan EU PF job # 10933
0282MM	250	MM Vignale Spider 53 RHD covered headlights
00282	206	GT Dino Red/beige Leather
0283EU	212	Inter Pinin Farina Coupé 53 Black/tan EU renumbered 0277EU PF job #10931 temp. Spider converted
0284AM	340	MM Vignale Spider 53 Red RHD rebodied after crash as Touring Barchetta by Fantuzzi Red/Black
00284	206	GT Dino 69 Rosso Dino/Black Vinyl RHD Conversion
0285EU	212	Inter Vignale Coupé New York Auto Show Car 52 Red Black roof/Tan
0286AM	375	MM Vignale Spider 53 Red White nose then White then Red then sable brown then White & Black RHD open headlights 375 Plus eng.
00286	206	GT Dino 69 Rosso Chiaro/Black Vinyl & Red Inserts EU
0287EU	212	Inter Vignale Coupé Geneva Motorshow car 53 Rosso Chiaro/tan US
0288MM	250	MM Vignale Spider 53 Dark Red/Crema RHD eng. #0290MM
00288	206	GT Dino 69 Red/Black & Red then Maroon
0289EU	212	Inter Vignale Coupé 53 Red
0290M	166	MM/53 Vignale Spider Series II 53 Rosso/Grey & Tan RHD covered headlights
00290	206	GT Dino 69 Blue/Black & Tan
0291EU	212	Europa Pinin Farina Coupé 2+2 53 Red eng. #0291EU PF job # 12502
0292MM	250	MM PF Berlinetta 53 Rosso Scuro/Black RHD renumbered #0239
00292	206	GT Dino 69 Blue/Black & Tan then Red/Tan
0293AL	375	America Pinin Farina Coupé 2+2 Paris Motor Show car Geneva Auto Show car 8/53 Pale grey Blue light grey roof/tan US PF job # 12530 ex-Howard B. Keck
0294AM	340	MM Touring Spider 4/53 Rosso Scuro silver stripe/Black RHD rebodied as Monza after fatal crash
00294	206	GT Dino 68 Red/Black
0295EU	250	Europa Vignale Coupé Paris show car 53 Red LHD EU eng. #0295
0296MM	250	MM Vignale Spider Red
00296	206	GT Dino 69
0297EU	212	Inter Pinin Farina Coupé 53 Red/Tan RHD eng. #1141, eng. #0297 as spare engine to #0100E, PF job # 12503, rebodied as TdF by Scaglietti, then body mounted from #0326
0298MM	250	MM PF Berlinetta 6/53 Red RHD ex-Obrist ex-Ibing
00298	206	GT Dino 69 Red/BlackVinyl
0299EU	250	Europa Pinin Farina Coupé 9/53 Grigio LC 2 MM/Arbo Blue EU PF job # 12532 ex-Roberto Rossellini, modified with 300 SL Gullwing side vents, different taillights & Alfa front side markers Red
0300M	166	MM/53 Vignale Berlinetta 53 Red RHD eng. #0300 rebodied as Spider by Oblin Red/Tan
00300	206	GT Dino 69 Red/Black
0301AL	375	America Vignale Coupé Paris show car 53 Red/Tan then Oro then Champagne dark Grey roof/dark Grey LHD, #1/3 Vignales ex-Steve McQueen
00302	206	GT Dino 69
0302TF	625	Targa Florio Vignale Berlinetta Monza prototype 53 Red & Black RHD
0303EU	250	Europa Pinin Farina Coupé Brussels Motor Show 53 Dark Green met./Naturale the Grey/Grey LHD PF job # 12534
0304TF	625	Targa Florio Vignale Spider 53 Red & silver then Yellow Black sides & hood then Red/Tan RHD
00304	206	GT Dino 69 Giallo Fly/Black Vinyl LHD EU
0305EU	250	Europa Pinin Farina Coupé 53 dark Red Crema roof/brown leather & beige cloth PF job #12531
0306TF	625	Targa Florio Vignale Spider Monza prototype 53 Red & Silver/Tan then Yellow & Black then Red & Black RHD eng. #0306TF written off
00306	206	GT Dino 69
0307AL	375	America Pinin Farina Coupé 53 LHD EU PF job # 12533 (ex)-Hillary Raab

s/n	Type	Comments
0308M	166	MM/53 Vignale Berlinetta 53 Red RHD converted to Scaglietti Barchetta 53 Rosso Corsa/Black
00308	206	GT Dino 69
0309EU	250	Europa Pinin Farina Coupé 53 Metallic Blue/dark Blue PF job # 12535 converted to 375 engine type
00310	206	GT Dino 69
0310MM	250	MM PF Berlinetta #10/17 5/53 Red then Blue then crema/brown RHD
00310	206	GT Dino 69
0311EU	250	Europa Pinin Farina Cabriolet New York show car 53 metallic Shell grey dark green top/green then maroon metallic/White LHD US PF job # 12495
0312MM	250	MM PF Berlinetta 5/53 White & Blue stripe/Black RHD eng. #0312MM
00312	206	GT Dino 69
0313EU	250	Europa Vignale Coupé Paris & New York show car 53 Red LHD eng. in #0325, eng. #0331
00314	206	GT Dino 69 Red
0314M	166	MM/53 Vignale Spider Series II 5/53 Red then Silver & Red RHD
0315EU	375	America Pinin Farina Coupé New York Show Car 7/54 Rosso Corsa 02027/Naturale then Red/Black LHD EU PF job # 12550 updated to 375 America engine nose modified to 375 MM look covered headlights eng. #0370 then #5483 eng. in #0370
0316MM	250	MM PF Berlinetta #12/17 5/53 Red/Tan RHD
00316	206	GT Dino 69 Red/BlackVinyl
0317AL	375	America Pinin Farina Coupé 54 Grigio metallizato grey roof/dark Red LHD EU PF job # 12547
0318AM	340/375	MM PF Berlinetta 53 RHD 375 MM engine installed by Factory
00318	206	GT Dino 69 Rosso Corsa/Black Vinyl Orange Inserts
0319AL	375	America Pinin Farina Coupé 53 Black/dark Red & brown LHD US PF job #12545
0320AM	340/375	MM PF Berlinetta 10/53 Red/Tan RHD PF Job #12236
00320	206	GT Dino 69 Rosso/Black & Red
0321EU	250	Europa Pinin Farina Coupé 12/53 Metallic mountain Blue/naturale then Red/Tan EU PF job # 12537 eng. in #0126, probably re-installed
00322	206	GT Dino 69
0322AM	340/375	MM PF Berlinetta 53 Red/Black then Tan int. RHD
0323EU	250	Europa Pinin Farina Coupé Salon Stockholm car 12/53 Red/Blue LHD eng. #0323EU PF job # 12538
0324AM	340	MM Vignale Spider 6/53 White & blu Sera RHD
00324	206	GT Dino 69
0325EU	250	Europa Pinin Farina Coupé Paris Show car 53 Conchiglia Betulla (shell grey)/Anthos Blue LHD eng. #0313 PF job #12536 Alloy 5 window coupé
0326MM	250	MM Vignale Spider Series II 53 Red/Tan RHD raised hood corners rebodied by by Carrozzeria Giordanengo rebodied by Dino Cognolato original body parts to #0296
00326	206	GT Dino 69 Red/Black Vinyl
0327AL	375	America Vignale Coupé Geneva show car maroon silver top New York show car Red/Black top then metallic Blue then Yellow then Rosso Corsa US , Kroymans Collection
00328	206	GT Dino 69
0328M	166	MM/53 Vignale Spider 53 Blue & White then Red/brown renumbered from 0050M renumbered 0308 ex-Vivien Stanbury
0329AL	375	America Pinin Farina Coupé 54 LHD US PF job #12546
0330MM	250	MM Vignale Spider Series II 5/53 Red/Beige RHD renumbered 0276MM, 0276MM renumbered 0330MM rebodied as Vignale Spider
00330	206	GT Dino 69
0331EU	250	Europa Pinin Farina Coupé 54 Dark Red/Tan LHD EU PF job # 12541 ex-Ed Niles, ex-Nicola Cutrera
0332MM	250	MM Vignale Spider Series II 53 Rosso Corsa/Tan RHD
00332	206	GT Dino 69 Red/Black eng. rebuilt
0333EU	250	Europa Pinin Farina Coupé #9/15 54 green then Red/Tan RHD PF job # 12539
0334MM	250	MM VignaleBerlinetta 54 Rosso Corsa White roof then gold metallic then Red/Black RHD ex-Kroymans Collection
00334	206	GT Dino 69 Rosso Dino 20-R-350/Black vinyl 161 Daytona Seats Red terry cloth inserts LHD
0335EU	250	Europa Pinin Farina Coupé 11/54 Blue/Blue EU PF job # 12540
0336MM	250	MM Vignale Spider 54 Red/White then dark Blue RHD
00336	206	GT Dino 69 Red/Black LHD EU 206 GT*00336*
0337AL	375	America Vignale Coupé Torino Salon 54 pale Yellow then two tone green Crema roof US
0338MM	250	MM PF Berlinetta 9/53 Ivory/dark grey suede by Hermes then dark grey/Black RHD ex-Prince Saddrudin Aga Khan
00338	206	GT Dino 69 Rosso Dino/Black
0339AL	375	America Pinin Farina Coupé 54 Silver dark roof LHFD EU PF job #12551 feat. in the Movie "Boy on a Dolphin" with Alan Ladd/Sophia Loren
0340MM	250	MM PF Berlinetta 6/53 RHD
00340	206	GT Dino 70 Red/Black
0341EU	250	Europa Pinin Farina Coupé 10/54 Red/Black roof then Yellow/Grey LHD eng. #0341 PF job #12543
0342M	166	MM/53 Vignale Spider Series II 53 Red/Red RHD
00342	206	GT Dino 69
0343EU	250	Europa Pinin Farina Coupé 54 Verde Pinot/Naturale LHD US PF job # 12542
00344	206	GT Dino 69 Yellow/Tan then Red/Black Leather
0344MM	250	MM PF Berlinetta 6/53 dark Blue then Red/Black RHD
0345EU	250	Europa Pinin Farina Coupé 54 Red/Red LHD US PF job #12544
0346M	166	MM/53 PF Berlinetta 7/53 Blue metallic silver roof/Black then two-tone Red/Black roofline colour RHD renumbered #0146
00346	206	GT Dino 69 Red/Black Vinyl & Red Cloth
0347EU	250	Europa Vignale Coupé 54 LHD US ex-Nicola Cutera
0348MM	250	MM Vignale Spider 53 Red/Tan RHD
00348	206	GT Dino Black/Black then Red/Black
0349EU	250	Europa Vignale Coupé Paris Show Car 54 grey met. dark Red roof/Red LHD eng. #0349 PF job #12549 ex-Juan Solgado Alnazan
0350AM	340	MM Vignale Spider 63 Blu Sera then Red then White & Blue/Black RHD
00350	206	GT Dino 69 Red/Black
0351GT	250	Europa Pinin Farina Coupé Series I 54 Red/Crema then Crema White/dark Red LHD EU eng. #0351EU PF job # 12548, Tom Shaughnessy
0352MM	250	MM Vignale Spider 53 Red RHD
00352	206	GT Dino 69
0353EU/AL	250	Europa Vignale Cabriolet 8/54 LHD EU Hardtop eng. # 0108 55 375 America conversion suffix "EU" changed to "AL" ex-Steve McQueen
0354MM	250	MM PF Berlinetta 53 Red RHD
00354	206	GT Dino Blue/Black then Yellow/Black EU

s/n	Type	Comments
0355AL	375	America Pinin Farina Coupé Torino Show Car 54 Dark Green dark Red roof/Red LHD EU PF job # 13442 ex-Agnelli
0356MM	250	MM PF Berlinetta Metallic Blue/Blue
00356	206	GT Dino #125/154 69 Rosso Chiaro/Black Vinyl Black Carpets then Red/Black Leather eng. rebuilt
0357GT	250	Europa GT Pinin Farina Coupé S II #8/27 11/54 Black Red roof then Rosso Corsa Black Roof/Tan racing seats LHD PF job # 13541
0358AM	375	MM PF Berlinetta #1/7 9/53 dark Red/beige RHD
00358	206	GT Dino 2/69 Viola Met.Dino then Red/Black Vinyl LHD EU
0359GT	250	Europa GT Vignale Coupé last Vignale 54 Red White roof then dark green White roof/Tan LHD EU ex-Princess de Rethy, Kroymans Collection
00360	206	GT Dino 69 Bronze Metal/Black Vinyl
0360AM	375	MM PF Spider 10/53 Rosso Corsa/Beige then Black int. RHD
0361GT	250	Europa GT Pinin Farina Coupé #1/27 10/54 Silver dark Grey roof/Blue cloth & vinyl then Red PF job # 12552 ex-Obrist, (ex-) Bernhard Ecclestone
00362	206	GT Dino Fly Giallo/Black then Red/Black Leather 1434
0362AM	375	MM PF Spider 10/53 French Blue Yellow stripe then Red/Black bonnet & front renumbered to 0374 then to 0382AM ex-Matsuda Collection
0363GT	250	Europa GT Pinin Farina Coupé Brussels Show car #3/27 10/54 Azzurro/Naturale then Plum metallic LHD PF job #12554 sunroof renumbe red #0381 eng. #0381 then #0977
0364AM	375	MM PF Spider 9/53 Rossa Corsa/beige RHD PF Job #12560
00364	206	GT Dino 69 Red/Black
0365GT	250	Europa GT Pinin Farina Coupé #2/27 10/54 Azzurro grigio/brown then grigio/Rosso LHD eng. #0365 GT PF job # 12553 ex-Enzo Ferrari & Factory Demonstrator
0366AM	375	MM PF Spider 11/53 Red RHD PF Job #12562 rebodied by Scaglietti
00366	206	GT Dino 69 Red/Black
0367GT	250	Europa GT Pinin Farina Coupé #4/27 10/54 Grey/Blue PF job # 13936 eng. #0849 ex-Baron de Rothschild
0368AM	375	MM PF Berlinetta #2/7 11/53 light grey then Dark Blue metallic/Black RHD
00368	206	GT Dino 69
0369GT	250	Europa GT Pinin Farina Berlinetta #1/4 Design Study by Pinin Farina, 54 Grey/Red PF job #13939 ex-Dr. Arrigo Recordati, ex-Charlie Chaplin car destroyed
0370AM	375	MM PF Spider 11/53 White two dark Blue stripes RHD PF job #12563
00370	206	GT Dino 69
0371GT	250	Europa GT Pinin Farina Coupé #5/27 11/54 Blue/beige PF job # 13937 burnt out
0372AM	375	MM PF Spider 12/53 Red/Tan RHD PF job #12564
00372	206	GT Dino 60
0373GT	250	Europa GT Pinin Farina Coupé #7/27 11/54 Grigio Latte then Red LHD PF job # 13940
00374	206	GT Dino 69 Metal Grey then Red/Black leather LHD EU
0374AM	375	MM PF Spider 12/53 PF job #12565 probably written off
0375GT	250	Europa GT Pinin Farina Coupé #6/27 11/54 Chinese Red/Grey RHD PF job # 13938
0376AM	375	MM PF Spider 8/53 Red then dark Blue then gold then Red/Tan RHD PF job #12568
00376	206	GT Dino 69 White/Black vinyl then Yellow/Black Vinyl
0377GT	250	Europa GT Pinin Farina Coupé #9/27 11/54 Azzurro White roof/beige then dark Red/Tan LHD PF job # 13942
0378AM	375	MM PF Spider 1/54 metallic Blue/beige
00378	206	GT Dino 69 Red/Black & Red Cloth EU
0379GT	250	Europa GT Pinin Farina Coupé Turin Show car #10/27 11/54 /Naturale PF job # 13943
0380AM	375	MM PF Berlinetta Geneva Show Car #3/7 54 destroyed
00380	206	GT Dino 68 Rosso Chiaro/Black alloy body 2,4 l eng. installed
0381GT	250	Europa GT Pinin Farina Coupé #11/27 11/54 Azzurro Duco 4354/naturale Arbo 624 then Black then Grey then Black/natural LHD sun roof eng. #0363 PF job #13944 2 cars, one renumbered 0363, one restamped 0663 ex-Peter Helm
0382AM	375	MM PF Spider 53 Red/Brown & Tan RHD ren umbered 0376
0382	206	GT Dino 69
0383GT	250	Europa GT Pinin Farina Berlinetta 54 Plastico Marino Blue/Brown then Black int.PF job #13446 Design Study by Pinin Farina, burned out
0384AM	375	Plus PF Spider 1/54 Red/Black then Blue int.RHD PF job #12566 destroyed & rebuilt with parts from 0384 Jacques Swaters Fondation
00384	206	GT Dino 69 Rosso Dino
0385GT	250	Europa GT Pinin Farina Berlinetta #2/4 PF job #13447 Design Study by Pinin Farina 55 sil ver/Black then Rosso Corsa LHD
00386	206	GT Dino 68 Rosso Dino/Black LHD eng. replaced
0386AM	375	Plus PF Spider 54 RHD destroyed Replica rebuilt by Rod Jolley Silver
0387GT	250	Europa GT Pinin Farina Coupé #12/27 3/55 Black/natural renumbered # 0139 PF job #13945 ex-Prince Bernard
0388	375	Indianapolis 53 Rosso Corsa/Tan CHD
00388	206	GT Dino 68 Red/Black Leather cloth inserts
0389GT	250	Europa GT Pinin Farina Coupé #13/27 3/55 Blue/Naturale vinyl then two-tone dark Blue LHD PF job # 13946 ex-Ed Niles
0390MM	250	MM Vignale Spider Series II 53 Red & White then Black then Red/Black RHD
00390	206	GT Dino
0391GT	250	Europa GT Pinin Farina Coupé #14/27 6/55 dark Grey then Green/Black LHD PF job # 13947 eng. #1953
0392AM	375	Plus PF Spider 1/54 Red RHD eng. #0392AM PF job #12567
00392	206	GT Dino
0393GT	250	Europa GT Pinin Farina Berlinetta "Dubonnet" LWB Special Paris Show Car #3/4 9/55 Dark then White/Light Grey & Beige PF job #14974 Design Study by Pinin Farina
0394AM	250	engine 54 for Vanderwell to Replica of 375 Plus PF Spider of # 0384, temp. numbered # 0394
00394	206	GT Dino Red/Black LHD EU
0395GT	250	Europa GT Pinin Farina Coupé #15/27 6/55 Amaranth Ivory roof/beige cloth & amaranth leather then Rosso Chiaro/dark Red & Black LHD PF job # 13948 ex-Dick Merritt
0396AM	375	Plus PF Spider 3/55 RHD PF job #12572 rebo died by Scaglietti, rebodied as PF Spider
00396	206	GT Dino #149/155 69 Bronze then Rosso Chiaro/Black LHD EU
0397GT	250	Europa GT Pinin Farina Coupé #16/27 7/55 Savid 4008/Blue PF job # 13949

s/n	Type	Comments
0398TF	375	Plus PF Spider 3/54 Red/Tan RHD PF job #12570 ex-Ralph Lauren
00398	206	GTDino 69 dark Red/Black Race conversion
0399GT	250	Europa GT Pinin Farina Coupé #17/27 7/55 Grigio Latte/Red then Rosso Rubino Silver Top/Tan LHD PF job # 13950 ex-Sydney Chaplin
0400AM	375	Plus PF Spider 3/54 RHD PF job #12571
00400	206	GT Dino 69 Rosso Dino then Fly Giallo/Tan Leather Alloy
0401GT	250	Europa GT Pinin Farina Coupé Paris show car #18/27 7/55 dark Grey Silver roof/Naturale PF job # 14978
0402AM	375	MM PF Spider 3/54 Silver/Red RHD PF job #12573 rebodied as Coupé by Scaglietti Silver/Black & Red ex-Roberto Rossellini
00402	206	GT Dino last 206 GT with 2.28 meter wheelbase, before going to 2.34m.
0403GT	250	Europa GT Pinin Farina Coupé Speciale #1/1 55 Grigio Ingrid/palmal Red then Red/Black then Grigio Ingrid/palmal Red LHD eng. #0403 GT PF job #14975 Alloy Competition Design Study by Pinin Farina
0404	206	GT Dino last 69 Red then silver then Red/Black vinyl
0404MD	500	Mondial PF Spider 3/54 Ivory/Red RHD PF job #12574
0405GT	250	Europa GT Pinin Farina Coupé #21/27 8/55 PF job # 14981
0406MD	500	Mondial PF Spider 54 Red/Beige RHD PF job #12575 rebodied wrecked
00406	246	GTB Dino Series L Barcelona Show Car 6/69
0407GT	250	Europa GT Pinin Farina Coupé #19/27 7/55 Metallic Grey then dark Blue/Red PF job #14979 Design Study by Pinin Farina
00408	246	GTB Dino Series L 69 Rosso Dino/Black
0408MD	500	Mondial PF Spider 3/54 Red/Blue RHD
0409GT	250	Europa GT Pinin Farina Coupé #22/27 8/55 Grey Amaranth roof/Grey cloth & Red leather PF job # 14982
0410MD	500	Mondial PF Spider 54 Yellow RHD Softtop
00410	246	GTB Dino Series L Barcelona Show Car 4/69
0411GT	250	Europa GT Pinin Farina Coupé #20/27 7/55 dark metallic Grey/Naturale PF job # 14980
0412AM	375	MM PF Spider 5/54 Dark Red/Beige RHD PF job #12555
00412	246	GTB Dino Series L 5/69
0413GT	250	Europa GT Pinin Farina Coupé #23/27 8/55 Metallic grey/naturale PF job # 14983
0414MD	500	MM PF Spider 54 Red/Black RHD
00414	246	GTB Dino Series L 7/69 Red/Black Vinyl
0415GT	250	Europa GT Pinin Farina Berlinetta #4/4 55 Red LHD PF job # 14976 Design Study by Pinin Farina eng. #0445
0416	375	MM PF Berlinetta #4/7 54 White/Black RHD
00416	246	GTB Dino Series L 7/69
0417GT	250	Europa GT Pinin Farina Coupé #24/27 8/55 Grey Amaranth roof/Red LHD PF job # 14984
0418MD	500	Mondial PF Spider 4/54 Red/Tan RHD eng. #0506
00418	246	GTB Dino Series L 8/69
0419GT	250	Europa GT Pinin Farina Coupé Brussels Show car #25/27 8/55 Grigio Latte Green roof/grey then Silver/Red LHD PF job # 14985
0420M	250	Monza PF Spider 6/54 Red/nero then Tan int. RHD
00420	246	GTB Dino Series L 9/69
0421GT	250	Europa GT Pinin Farina Coupé #26/27 9/55 dark Grey Silver roof/Naturale PF job # 14986, destroyed by owner, restored grey light grey roof/Red then Red/beige then Canna di Fucile silver top/Red LHD
0422MD	500	Mondial PF Berlinetta 54 French Blue/Black RHD, feat. in Ferrari (The Story of Ferrari), Documentary
00422	246	GTB Dino Series L 9/69 Fly Giallo then Red/Black Vinyl
0423SA	410	Superamerica Pinin Farina Coupé Brussels Show car Paris Show car 9/55 metallic grey charcoal Grey roof/Red
0424MD	500	MM PF Spider 54 Blue/beige RHD
00424	246	GTB Dino Series L 7/69 Red/Black
0425GT	250	Europa GT Scaglietti Berlinetta Geneva Show Car 4/56 PF job #12490 Design Study by Pinin Farina metallic Grey/Pall Mall Red LHD ex-Enrico Wax
0426MD	500	MM PF Spider 54 Red/Tan RHD PF job #12581
00426	246	GT Dino Series L 9/69 Red
0427GT	250	Europa GT Pinin Farina Coupé last, #27/27 9/55 Silver Green roof/Naturale LHD PF job # 14987
0428M	735	Sport Spider Autodromo 53 Red then Black rebodied by Scaglietti
00428	246	GTB Dino Series L 9/69
0429GT	250	GT Pinin Farina Coupé 1st Prototype Geneva Show car 55 Silver Red Roof/Black then Red LHD PF job # 14988 Steel Boano-style Coupé, ex-Ed-Niles
0430MD	500	MM PF Spider 54 White two Blue stripes
00430	246	GTB Dino Series L 10/69 Red/Black Vinyl
0431GT	250	GT Pinin Farina Coupé 2nd Prototype 55 PF job # 14989 Boano-style Coupé
0432M	250	Monza PF Spider "Loud Mouth" 5/54 White Blue stripe/Dark Red then Rosso Corsa/Red then White Blue stripe RHD rebodied by Scaglietti
00432	246	GTB Dino Series L 12/69 Blue/Black
0433GT	250	GT Boano Coupé 3rd Prototype 55 silver eng. in #0149
0434MD	500	MM PF Spider Series I 5/54 Red/Black RHD eng. #0434 PF Job #12574
00434	246	GTB Dino Series L 7/69
0435GT	250	GT Pinin Farina Coupé 55 Red/Black EU PF job # 14991 Boano-style Coupé Low Roof
0436	250	Nautica Boat engine Ferrari World Germany # 12 p38
00436	246	GTB Dino Series L 9/69 Red/Crema Leather
0437GT	250	GT Boano Coupé probably no car and renumbered # 0523
0438MD	500	MM PF Spider 54 Blue then Rosso Scuro/Black then Red/Blue RHD eng. #0538M
00438	246	GTB Dino Series L 9/69 Red/Black Vinyl #161
0439GT	250	GT Scaglietti Coupé probably no car and renumbered # 0513
0440M	750	Monza Scaglietti Spider 54 Red/Black RHD
00440	246	GTB Dino Series L 9/69 Red
0441GT	250	GT Boano Coupé 6th Prototype, 55 Red LHD Alloy renumberd 0525GT & to 0523 at the same time
0442M	250	Monza Scaglietti Spider 54 Red then Blue White & Blue then dark Red Panamericana livery/Tan RHD
00442	246	GTB Dino Series L 9/69
0443GT	250	GT Boano Coupé 2/55 Red/Tan LHD Alloy
0444M	735	Monza Scaglietti Spider 54 Red RHD
00444	246	GTB Dino Series L 8/69 Black then Red/White Vinyl
0445GT	250	GT Pinin Farina Coupé 11/55 PF job # 14996 eng. in #0415 Boano-style Coupé
0446MD	500	Mondial Scaglietti Spider 54
00446	246	GTB Dino Series L 12/69
0447GT	250	GT Pinin Farina Coupé 55 dark Red metallic/grey eng. #0447 PF job # 14995 Boano-style Coupé
0448MD	500	MM PF Spider 7/55 Red/beige

s/n	Type	Comments
00448	246	GTB Dino Series L 9/69 Green then Dark Blue Met./Tan Leather then Black/Black Daytona seats
0449GT	250	GT Boano Coupé for intended customer King Mohammed V of Morrocco, probably not delivered, received 0469 instead
0450AM	375	MM PF Spider 7/54 metallic Blue/Red RHD PF job #12556 TdF Replica French Blue silver roof/Black
00450	246	GTB Dino Series L 9/69 Red/Black Vinyl
0451GT	250	GT Boano Coupé probably no car
0452MD	500	Mondial PF Berlinetta 7/54 grey/Blue then French Blue/Tan then Red RHD
00452	246	GTB Dino Series L 9/69 Rosso
0453GT	250	GT Boano Coupé 55 no factory file
0454MD	500	Mondial Scaglietti Spider 54 White Blue rhomb on hood/Black RHD
00454	246	GTB Dino Series L 10/69
0455GT	250	GT Boano Coupé 55 no factory file
0456MM	375	MM PF Speciale Coupé "Bergman" Paris Salon #5/7 54 Azzurro/tan RHD ex-Roberto Rossellini
00456	246	GTB Dino Series L 9/69
0457GT	250	GT Boano Coupé 55 no factory file
0458MD	500	Mondial PF Spider 7/54 dark Red/Tan RHD
0458	246	GTB Dino Series L 10/69Black/Black Leather
0459GT	250	GT Boano Coupé 55 no factory file
0460AM	375	MM PF Spider 9/54 Yellow/green RHD PF job #12557
00460	246	GTB Dino Series L 9/69 Rosso Chiaro thenFly Giallothen Red/Black Vinyl #161
0461GT	250	GT Boano B-Geneve Cabriolet Design Study by Boano Geneva-,Torino- & New York Show Car 55 met. dark green/light Blue then greenish Blue/dark Blue LHD
0462MD	750	Monza Scaglietti Spider 54 Red/Blue RHD
00462	246	GTB Dino Series L 9/69 Fly Giallo/Black & Grey Cloth EU
0463GT	250	GT Pinin Farina Coupé Speciale #1/4 7/56 Verniciatura beige 222/21/naturale 3099 PF job #12591 with 410 style body
0464MD	500	Mondial Spider Scaglietti Series I 54 Red/Black RHD
00464	246	GTB Dino Series L 9/69 Red/Black
0465GT	250	GT Pinin Farina Coupé Speciale #2/4 55 Aquamarine Met. & Black/Tan, 410 style body PF job #12592
0466M	250	MonzaPF Spider 54 metallic Blue RHD rebuilt by Scaglietti
00466	246	GTB Dino Series L 9/69
0467GT	250	GT Pinin Farina Coupé Speciale with 410 style body PF job #14990
0468MD	500	Mondial Spider Scaglietti Series I 54 Red/Black RHD
00468	246	GTB Dino Series L 9/69
0469GT	250	GT Pinin Farina Coupé Speciale with 410 style body PF job #14993 55 ex- King Mohammed V of Morrocco
0470M	750	Monza Scaglietti Spider 54 White Blue sharp then Black Red stripe RHD new body by DK Red/Black eng. #0615
00470	246	GTB Dino Series L 9/69 Red/Black & Tan
0471SA	410	Superamerica PF CoupéSerie I #1/13 55 Pairs & Bruxelles Auto Show Antracite/Rosso Grill with cavallino rampante. S/N # 0423 SA on certificato d'origine.
0472AM	375	MM PF Berlinetta #6/7 4/55 Duco metallic Blue Block roof/naturale then Red/Black Roof RHD
00472	246	GTB Dino Series L 9/69
0473SA	410	Superamerica Serie I Ghia Coupé by Savonuzzi #2/13 55 Rosso
0474MD	500	Mondial Scaglietti Spider 65 Red/Black RHD
00474	246	GTB Dino Series L 9/69 Silver then Red/Black Leather
0475SA	410	Superamerica PF Coupé Serie I #3/13 55 Beige/Naturale
0476AM	375	MM Ghia Coupé Torino motor show & New York Auto show 11/55 Salmon Red & Black/Salmon Red & Black LHD
0476	246	GTB Dino Series L 9/69
0477SA	410	Superamerica Serie I Boano Coupé Azzurro
0478AM	375	Plus PF Spider 54 RHD rebodied by Sutton Red/Red ex-Bill Harrah's Collection
0478	246	GTB Dino Series L 9/69 giallo/nero LHD
0479SA	410	Superamerica PF Coupé Serie I #5/13 Torino Auto Show 56 White Black roof/Black & White
0480	625/750	GP Monoposto/Tasman Special 54 CHD eng. in #0526
00480	246	GTB Dino Series L 12/69
0481SA	410	Superamerica PF Coupé Serie I #6/13 55 Verde scuro silver roof/Verde
0482	500/625/750	GP Monoposto s/n 3 52 Red/Tan eng. #5 Ascari 's Car
0483SA	410	Superamerica Serie II PF Coupé Speciale #1/9 Paris Auto Show 56 Bianco & Azzurro/Rosso
0484LM	121	LM Scaglietti Spider converted from 118 LM 54 rebodied by Scaglietti Red Blue & White stripe/Red RHD
00484	246	GTB Dino Series L 9/69
0485SA	410	Superamerica Serie I Boano Cabriolet #7/13 Torino Auto Show 56 Bianco
0486M	750	Monza Scaglietti Spider 54 RHD rebodied as Ferrari-Monteverdi "750 GT Berlinetta" Blue met. then Red/White restored to original body by Rod Jolley
0486	246	GTB Dino Series L 9/69 Blue Met. Dino then Rosso Corsa/Black
0487SA	410	Superamerica PF CoupéSerie I #8/13 56 Blu & Nero/Naturale
0488AM	375	Plus PF Convertible 54 Black/ivory then green int.ex-King Leopold of Belgium
00488	246	GTB Dino Series L 11/69 Silver/Grey & Black
0489SA	410	Superamerica PF Coupé Serie I #9/13 56 Bianco & Nero/Nero
0490AM	375	MM PF Coupé Speciale Torino show car #7/7 4/55 White dark metallic Blue roof/tan then Red/Black Roof then White dark metallic Blue roof/tan RHD
00490	246	GTB Dino Series L 10/69
0491SA	410	Superamerica PF Coupé Serie I #10/13 56 Grigio & Rosso scuro/Rosso & Grigio Pininfarina #15258
0492M	750	Monza Scaglietti Spider Brussels show car 55 Red then White then Rosso Corsa/Black RHD eng. #0492M feat. in the movie "On the Beach" with Fred Astair
00492	246	GTB Dino Series L 10/69
0493SA	410	Superamerica PF Coupé Serie I #11/1356 Blu & Avorio/Naturale, ex-Bao Dai, Imperator of Indochina
0494M	750	Monza Scaglietti Spider Series I 54 White Blue rhombe
00494	246	GT3 Dino Series L 12/69 Metallic Bronze then Red/Black Vinyl & Cloth
0495SA	410	Superamerica PF Coupé Serie II #2/9 56 Grigio/Blu
0496M	750	Monza Scaglietti Spider 55 Red/Black RHD eng. #N002, eng. in #0506
00496	246	GTB Dino Series L London Motor Show Car 10/69 Rosso Dino/Black Vinyl #161
0497SA	410	Superamerica PF Coupé Serie I #12/13 56 Blu/Naturale
0498M	750	Monza Scaglietti Spider 55 White Blue nose band then Yellow then White then Red RHD eng. #0578 then Chevy eng.

s/n	Type	Comments
00498	246	GTB Dino Series L 9/69 Red/Black & Tan
0499SA	410	Superamerica PF Coupé Serie II #3/9 56 Amaranto met./Naturale then Rosso metallizzato/cream #2/3 short chassis "passo 2600"
0500M	750	Monza Scaglietti Spider 55 Red/Black RHD TRC windscreen fitted
00500	246	GTB Dino Series L 12/69 Red/Black Vinyl #161 then Fly Giallo/Black Leather
0501SA	410	Superamerica PF Coupé Serie II #4/9 56 Grigio/Rosso
0502M	750	Monza Scaglietti Spider 54 White Blue stripe then Red/Black RHD eng. #0502M
00502	246	GTB Dino Series L 11/69 Bianco Polo Park/Black Vinyl then Red/Red Leather, ex-Stephen Stills
0503GT	250	GT Berlinetta Scaglietti "TdF" Series I #1/9 rebodied with 58 style TdF body, crashed during MM90 rebuild with 56 body Red
0504M	750	Monza Scaglietti Spider Series I 55 Red/Black RHD eng. #0504M
00504	246	GTB Dino Series L 1/70 Red/Black
0505GT	250	GT Boano Coupé 56 Dark Blue Silver roof/Blue LHD
0506MD	500	Mondial Scaglietti iSpider 55 Blue then Rosso Chiaro then Yellow/Black RHD eng. #0496 installed
00506	246	GTB Dino Series L 11/69 Black/Tan Vinyl Fly then Yellow/Black Leather then Rosso Dino/Green
0507GT	250	GT Berlinetta Scaglietti "TdF" Series I #2/9 Red White noseband/Black then Light Grey/Blue LHD front modified by Scaglietti with covered headlights
0508M	750	Monza Scaglietti Spider Series I 55 RHD eng. #0500
00508	246	GT Dino Series L 10/69 Yellow/Red then Black/Black EU
0509GT	250	GT Berlinetta Scaglietti "TdF" Series I #3/9 4/56 Red/Black stripe LHD
0510M	750	Monza Scaglietti Spider Series I 55 White RHD
00510	246	GTB Dino Series L 11/69
0511GT	250	GT Boano Coupé written of
0512MD	500	Mondial Scaglietti Spider Series II #1/11 2/55 RHD rebodied as a Formula 2 single seater Rosso Corsa CHD eng. #0512
00512	246	GTB Dino Series L 12/69
0513GT	250	GT Berlinetta Scaglietti "TdF" Series I #4/9 3/56 eng. #0515 then #0803
0514M	750	Monza Scaglietti Spider Series I 55 Red RHD
00514	246	GTB Dino Series L 11/69
0515GT	250	GT Berlinetta Zagato "TdF" #5 6/56 Dark Blue White roof/Red then Blue int. LHD EU ex-Ed Niles
0516M	750	Monza Scaglietti Spider 55 RHD
00516	246	GTB Dino Series L 11/69 Red/Black EU
0517GT	250	GT Boano Coupé 56 parted out
0518M	750	Monza Scaglietti Spider 55 RHD rebodied as 500 TR by Scaglietti Red/Black
00518	246	GTB Dino Series L 12/69 Rosso Chiaro/Black Vinyl
0519GT	250	GT Boano Coupé 56 Green then Red
0520M	750	Monza Scaglietti Spider 55 Red/Black then Brown int. RHD eng. in #0552, spare eng. stamped #0520, later re-swapped
00520	246	GTB Dino Series L 1/70 Maronne 106-M-73/Beige Vinyl #430 then Black/Black
0521GT	250	GT Boano Coupé #17/88 56 dark Blue/Black LHD racing-modified by Terry Hoyle
0522M	750	Monza Scaglietti Spider 55 RHD
00522	246	GTB Dino Series L 11/69
0523GT	250	GT Boano Coupé 56 Alloy renumbered from #0437 ex-Enzo Ferrari
0524M	750	Monza Scaglietti Spider Series I 55 RHD destroyed
00524	246	GTB Dino Series L 11/69 Yellow/Black
0525GT	250	GT Boano Coupé Low Roof Predotype 9/55 Red/Black LHD Alloy renumbered from #0441GT
0526M	750	Monza Scaglietti Spider 55 Red & White then Rosso Corsa/grey
00526	246	GTB Dino Series L 11/69
0527GT	250	GT Boano Coupé 56 dark Blue silver roof/beige brown piping LHD Alloy
0528MD	500	Mondial Scaglietti Spider Series II #2/11 55 Red/Black RHD
00528	246	GTB Dino Series L 12/69
0529GT	250	GT Boano Coupé 56 dark Green LHD eng. # 0529 Alloy
0530M	750	Monza Scaglietti Spider 55 Rosso Corsa/Black RHD
00530	246	GTB Dino Series L 12/69 White/Black Vinyl
0531GT	250	GT Boano Coupé Speciale 56 Copper met. grey met. roof/Black LHD EU Design Study by Boano ex-Wolfgang Seidel feat. in German Ferrari World #40
0532LM	121	LM Scaglietti Spider 55 Red/Red RHD eng. #0532, feat. in Ferrari (The Story of Ferrari), Documentary
00532	246	GTB Dino Series L 12/69
0533GT	250	GT Boano Coupé Alloy 56 Grigio Conchiglia then Yellow/Black roof then Azzurro/dark LHD Alloy renumbered to 0695GT eng. # 0533
0534MD	500	Mondial Scaglietti Spider Series II #3/11 3/55 RHD eng. #0687
00534	246	GTB Dino Series L 12/69
0535GT	250	GT Boano Coupé #23/88 56 Red/Black Alloy
0536MD	500	Mondial Scaglietti Spider Series II #4/11 4/55 Rosso Corsa/Black then Blue int. RHD
00536	246	GTB Dino Series L 12/69 Grigio Argento then Red/Black, 2 creme stripes, 72 LM participant
0537GT	250	GT Berlinetta Zagato "TdF" #6/14 6/56 dark grey metallic/Red air intake on bonnet
0538M	750	Monza Scaglietti Spider 55 Red White & Black stripe/Black RHD
00538	246	GTB Dino Series L 12/69
0539GT	250	GT Berlinetta Scaglietti "TdF" #7/14 56 Red/Tan LHD
0540	625	F1 Monoposto 55 Rosso Corsa/Black CHD restamped from #0208
00540	246	GTB Dino Series L 12/69 White/Red
0541GT	250	GT Boano Coupé 56 Grigio metallizzato then Yellow/dark Green LHD Alloy
0542LM	118	LM Scaglietti Spider 55 probably rebodied by Scaglietti and became 0484LM
00542	246	GTB Dino Series L 1/70 Metallic Grey/Beige then Red/Tan Red Cloth Inserts then Black int.
0543GT	250	GT Boano Coupé 56 aubergine/tan
0544LM	118	LM Scaglietti Spider
00544	246	GTB Dino Series L 12/69 Red/Black Red inserts LHD 246 GT*00544*
0545GT	250	GT Pinin Farina Coupé Speciale 56 Cream White & Red Silver Top LHD with 410 style body
0546LM	121	LM Scaglietti Spider 55 French Blue White stripes/Blue RHD
00546	246	GTB Dino Series L 12/69
0547GT	250	GT Boano Coupé Paris Salon Show car 9/56 burgundy silver top/tan eng. #5253
0548M	750	Monza Scaglietti Spider 55 RHD
00548	246	GTB Dino Series L 1/70
0549GT	250	GT Boano Coupé 56 burgundy silver top/tan LHD
0550M	750	Monza Scaglietti Spider 55 RHD eng. #0550M eng. temp. in #0552M
00550	246	GTB Dino Series L 12/69
0551GT	250	GT Boano Coupé 56

s/n	Type	Comments	s/n	Type	Comments
00552	246	GTB Dino Series L 1/70 Red/Black	0581GT	250	GT Boano Coupé #41/88 56 Silver/Black
0552M	750	Monza Scaglietti Spider 55 Yellow/Black RHD eng. #0520 temp. eng. #0550	0582M	750	Monza Scaglietti Spider
0553GT	250	GT Boano Coupé 56 Silver/Red roof then Red/Black LHD Alloy eng. to #0259 eng. #0685	00582	246	GTB Dino Series L 2/70 Black/Red & Black Vinyl Daytona Seats LHD EU
0554M	750	Monza Scaglietti Spider #23 55 White & Blue bonnet/Black RHD eng. # 0554/M	0583GT	250	GT Boano Coupé #42/88 56 Red/Ran LHD with 410 style body eng. #0310
00554	246	GTB Dino Series L 2/70 Rosso Corsa Blue then Grey then Black/Black	00584	246	GTB Dino Series L 2/70
0555GT	250	GT Berlinetta Scaglietti "TdF" #8/14 56 Red/Blue	0584M	857	Sport Scaglietti Spider #3/4 Red/Black RHD, eng. temp. in a Cooper race car
0556MD	500	Mondial Scaglietti Spider Series II #5/11 55 Azzurro RHD renumbered #0446	0585GT	250	GT Berlinetta Scaglietti "TdF" 14 louvre #1/9, 11th TdF 56 Red White & Black stripe/Black LHD feat. in Herbie ("The Love Bug")-Movie
00556	246	GTB Dino Series L 1/70 Red/Black Vinyl	0586M	750	Mondial Scaglietti Spider last
0557GT	250	GT Berlinetta Scaglietti "TdF" #9/14 56 French racing Blue	00586	246	GTB Dino Series L 2/70 Red
0558LM	121	LM Scaglietti Spider 55 Red/Red RHD Chevy & then Corvette eng. installed	0587GT	250	GT Boano Coupé Low Roof #43/88 56 Red/Tan then Grey/Black RHD eng. #0587
00558	246	GTB Dino Series L 1/70 Rosso Chiaro then Met.Blue then Bright Green/Black Vinyl	0588M	857	Sport Scaglietti Spider #4/4 56 Red/dark Red RHD
0559GT	250	GT Boano Coupé 56	00588	246	GTB Dino Series L 2/70 Red/Black Leather
0560MD	500	Mondial Scaglietti Spider Series II #6/1155 RHD	0589GT	250	GT Boano Coupé #44/88 56 Brown metallic then two-tone Gold then Black/beige Alloy air vents in front fenders
00560	246	GTB Dino Series L 1/70 Bianco Polo Park then Red/Black & Red Daytona seats EU	0590MD	500	Mondial Engine only type 111 #5
0561GT	250	GT Boano Coupé 56	00590	246	GTB Dino Series L 2/70 Red
0562MD	500	Mondial Scaglietti Spider 6/55 White Yellow Blue Red stripe crashed by Ascari, rebuilt, two liter tipo 111 motor Red/Red then Blue int. RHD	0591GT	250	GT Boano Coupé #45/88 56 Red/beige then silver/tan LHD Alloy eng. #0591
			0592CM	410	Sport Scaglietti Spider 55 RHD
00562	246	GTB Dino Series L 12/69	00592	246	GTB Dino Series L 2/70
0563GT	250	GT Berlinetta Scaglietti "TdF" #10/14 56 French racing Blue Blue/White/Red stripes crashed, rebuilt 250 GT LWB Berlinetta TdF	0593GT	250	GT Boano Coupé #46/88 56 Silver/Blue then Red/light Blue Alloy
			0594CM	410	Sport Speciale Berlinetta 55 Crema then Red then Crema RHD
0564MD	500	Mondial Scaglietti Spider Series II #7 5/55 Blue RHD restamped 0424MD Red/Black Blue nose	00594	246	GTB Dino Series L 2/70 Yellow then Rosso Dino/Black Vinyl EU
00564	246	GTB Dino Series L 1/70	0595GT	250	GT Boano Coupé #47/88 12/56 Grigio con chiglia dark Blue top Steel ex-Bill Harrah
0565GT	250	GT Boano Coupé 56 Red/Black LHD Alloy	0596CM	410	Sport Scaglietti Spider 56 Yellow/dark Red then Red/Black RHD
0566	375	F1/51 52 Red CHD			
00566	246	GTB Dino Series L 1/70 Gold Metallic/Brown Vinyl	00596	246	GTB Dino Series L 5/70
0567GT	250	GT Boano Coupé 56 Oro Chiaro/Crema then Brown/Black LHD EU	0597GT	250	GT Berlinetta Scaglietti"TdF" 14 louvre #2/9 #12 TdF 1/57 Silver/Red then Red/Black then Silver/Red LHD Alloy
0568M	750	Monza Scaglietti Spider 55 Azzurro & Yellow then Silver & Blue/Naturale RHD	0598CM	410	Sport Scaglietti Spider 56 Red/Black RHD
00568	246	GTB Dino Series L 1/70	0598	246	GTB Dino Series L 70
0569GT	250	GT Boano Coupé #35/88 56 mink Blue met. then metallic grey White roof Alloy	0599GT	250	GT Boano Coupé #48/88 56
			0600MDTR	500	Testa Rossa Scaglietti Spider first, 56 Yellow Black nose/Black RHD rebodied by Scaglietti with Pontoon Fender TR body then Red
0570M	857	Sport Scaglietti Spider #1/4 55			
00570	246	GTB Dino Series L 2/70	00600	246	GTB Dino Series L 6/70 White/dark Blue called Dino Experimental
0571GT	250	GT Boano Coupé Low Roof #36/88 56 Brown met./Tan eng. # 0571	0601GT	250	GT Boano Coupé #49/88 56
0572M	750	Monza Scaglietti Spider 55 Red/Red RHD	0602M	860	Monza Scaglietti Spider 56 Red White nose RHD
00572	246	GTB Dino Series L 2/70	00602	246	GTB Dino Series L 2/70Black/Blue Vinyl then Tan Leather EU
0573GT	250	GT Boano Coupé #37/88 56			
0574MD	500	Mondial Monoposto #8/11 55 CHD	0603GT	250	GT Boano Coupé #50/88 56 Alloy 250 TR-Replica Red/Black LHD
00574	246	GTB Dino Series L 2/70			
0575GT	250	GT Boano Coupé #38/88 56 Black/tan then light Yellow/Black/Black Alloy cloth sunroof	0604M	860	Monza Scaglietti Spider 56 Red White stripe then Red/Black RHD
			00604	246	GTB Dino Series L 2/70
0576MD	500	Mondial Scaglietti Spider Series II #9/11 8/55 RHD	0605GT	250	GT Boano Coupé 56 Red/Tan
			0606M	290	MM Scaglietti Spider rebuilt as 250 TR RHD
00576	246	GTB Dino Series L 1/70	00606	246	GTB Dino Series L 2/70
0577GT	250	GT Boano Coupé #39/88 56 Alloy	0607GT	250	GT Berlinetta Scaglietti "TdF" #13 2/57 Red/Red then dark Red White stripe/brown LHD ex-Wolfgang Seidel
0578M	857	Sport Scaglietti Spider #2/4 55 Red White nose/Black RHD eng. #0578M then eng. #0498 then eng. #0688 then eng. #0578M renumbered 0584M			
			0608MDTR	500	Testa RossaScaglietti Spider 56 Red RHD
			00608	246	GTB Dino Series L 2/70
00578	246	GTB Dino Series L 2/70	0609GT	250	GT Boano Coupé Low Roof #52/88 56 Dark Red Black roof Alloy
0579GT	250	GT Boano Coupé #40/88 56 Alloy			
0580MD	500	Mondial Scaglietti Spider #10/11 8/55 Red/dark Red RHD eng. #0580MD	0610MDTR	500	Testa RossaScaglietti Spider 56 Red then silver & Blue then Red then Red Yellow tri-angle nose/dark Blue RHD
00580	246	GTB Dino Series L 2/70 Red/Red & Black	00610	246	GTB Dino Series L 3/70 White/Tobacco

s/n	Type	Comments
0611GT	250	GT Boano Coupé #53/88 LHD 250 TR 57 Scaglietti Spider Replica Yellow/Black RHD eng. #2779GT
0612MDTR	625	LM Scaglietti Spider 56 Red RHD
00612	246	GTB Dino Series L 3/70 Red/Black Leather
0613GT	250	GT Boano Coupé 56 dark Blue then Red/Tan RHD Alloy
0614MDTR	500	Testa Rossa Scaglietti Spider 56 eng. in #0650
00614	246	GTB Dino Series L 2/70 Red/brown EU
0615GT	250	GT Boano Coupé 56 eng. in #0470
0616M	290	MM Scaglietti Spider 56 Red Yellow nose/brown RHD
00616	246	GTB Dino Series L 5/70 Grigio Argento/Black Vinyl
0617GT	250	GT Boano Coupé 56
0618MDTR	500	Testa Rossa Scaglietti Spider 56 Red/Black RHD Anthony Wang-Collection
00618	246	GTB Dino Series L 3/70
0619GT	250	GT Berlinetta Scaglietti "TdF" 1 louvre #14 3/57 Medium Grey LHD renumbered 0805GT rebodied with early 58 styleTdF body dark Red/Black LHD open headlights no louvre
0620MDTR	500	Testa Rossa Scaglietti Spider 56 Red/Black Red seats LHD eng. #0620 MDTR ex-Matsuda Collection
00620	246	GTB Dino Series L 2/70 Dark Blue/Tan Dark Blue Inserts then Red/Tan Leather
0621GT	250	GT Boano Coupé 56 Alloy
0622MDTR	500	Testa Rossa Scaglietti Spider 56 Yellow/Black RHD
00622	246	GTB Dino Series L 3/70 Red/Black
0623GT	250	GT Boano Coupé 56 Red RHD
0624MDTR	500	Testa Rossa Scaglietti Spider 56 Red RHD eng. #0642 MDTR probably written off
00624	246	GTB Dino Series L 3/70
0625GT	250	GT Boano Coupé 56 Burgundy/Black then Red/Tan LHD
0626	290	MM Scaglietti Spider 56 Red Yellow & Black nose/Black RHD
00626	246	GTB Dino Series L 4/70
0627GT	250	GT Boano Coupé 2/57 Steel ex-James Cagney LWB California Spider Replica by Scaglietti dark Red/Crema then silver/Black
0628	290	MM Scaglietti Spider 56 Met. Blue White nose & stripe RHD converted to pontoon fender, reconverted Red/Black
00628	246	GTB Dino Series L 70
0629GT	250	GT Berlinetta Scaglietti "TdF" 14 louvre 2/57 Rosso Corsa french Blue stripe/Black LHD Alloy
0630LM	121	LM engine only for the Bardahl-Ferrari Experimental Indy car
00630	246	GTB Dino Series L 2/70 Blue/White vinyl
0631GT	250	GT Boano Coupé 56 Dark Silver & light silver/Red LHD
0632MDTR	625	LM Touring Spider 56 RHD
00632	246	GTB Dino Series L 3/70
0633GT	250	GT Boano Coupé Low Roof 56 Red/Tan Steel eng. #0633 renumbered 0999 GT
0634MDTR	500	Testa Rossa Scaglietti Spider 56 Rosso Barchetta/Red White piping RHD eng. # 0634MDTR rebodied by Tom Sellby
00634	246	GTB Dino Series L 3/70
0635GT	250	GT Boano Coupé 56 Red/Vanilla
0636MDTR	500	Testa Rossa Scaglietti Spider 56 Red/Black RHD eng. #0570 then eng. #1893
00636	246	GTB Dino Series L 4/70
0637GT	250	GT Boano Coupé 56 renumbered from #1029
0638MDTR	500	Testa Rossa Scaglietti Spider 1/57 Red/Black RHD
00638	246	GTB Dino Series L 5/70 Red/Black Vinyl thenYellow/Black Yellow Piping
0639GT	250	GT Boano Coupé 56 Red/Black LHD
0640MDTR	500	Testa Rossa Scaglietti Spider 56 RHD eng. #0706MD/TR frame only remaining
00640	246	GTB Dino Series L 9/70 Yellow/Black then Red eng. #5483
0641GT	250	GT Boano Coupé 56 Black bronze roof/tan LHD
0642MDTR	625	LM Touring Spider 56 Red White stripes then Red/Red RHD
00642	246	GTB Dino Series L 3/70 Red/Black Vinyl
0643GT	250	GT Boano Coupé #67/88 56 Black Red roof/Black then Red silver roof/grey LHD
0644MDTR	625	LM Touring Spider 56 RHD
00644	246	GTB Dino Series L 4/70
0645GT	250	GT Boano Coupé 56 Dark grey/grey LHD
0646	290	Sport Scaglietti Spider 57 renumbered #0744 written off
00646	246	GTB Dino Series L 5/70
0647GT	250	GT Berlinetta Scaglietti "TdF" #16 3/57 orange, crashed, rebuilt or Replica made
0648MDTR	500	Testa Rossa Scaglietti Spider 56 RHD written off
00648	246	GTB Dino Series L 3/70 Rosso Dino
0649GT	250	GT Boano Coupé 57
0650MDTR	500	Testa Rossa Scaglietti Spider 56 Silver then Red RHD eng. #0614
00650	246	GTB Dino Series L 3/70
0651GT	250	GT Boano Coupé 57
0652MDTR	500	Testa Rossa Scaglietti Spider 6/56 Red/Black RHD eng. #1861, probably unstamped TR-eng. fitted later
00652	246	GTB Dino Series L 3/70
0653GT	250	GT Boano Coupé 57 grigio then gold metallic then Dino Rosso/beige leather & "Louis Vuitton"-style cloth then Dark Grey metallic/Tan LHD
0654MDTR	500	Testa Rossa Scaglietti Spider 57 Blue & White then Black then Red/Red RHD 625-eng. installed
00654	246	GTS Dino Series L 3/70 Fly Giallo then Red/Black LHD
0655GT	250	GT Pinin Farina Spider Geneva Show car PF job #15775 Design Study 12/56 Rosso Cina 10848 then Black/Black crackle dash ivory 3309 first Ferrari with Dunlop disc brakes
0656	290	Sport Scaglietti Spider 57 converted to 315 Sport ex-Obrist
00656	246	GTB Dino Series L 3/70 Rosso Corsa/Black LHD EU eng. #18SC0000005455
0657GT	250	GT Boano Coupé 57
0658MDTR	500	TRC Scaglietti Spider 57 Blue & White then Red/dark Red RHD
00658	246	GTB Dino Series L 3/70
0659GT	250	GT Boano Coupé 57 mid Blue
0660MDTR	500	TRC Scaglietti Spider 56 orange/Red plastic seats White piping then Red Blue & White NART livery then White/Blue plastic then White Blue stripe/Indigo then Red green stripe/Blue RHD ex-Norman Silver ex-Obrist
00660	246	GTB Dino Series L 3/70
0661GT	250	GT Boano Coupé 57 Red then Black then dark Red silver roof/Tan Red piping modified in 410 SA style
0662MDTR	500	TRC Scaglietti Spider 57 Red/Black RHD eng. #0662 temp. eng. #0708, swapped later
00662	246	GTB Dino Series L 3/70 "Salchi" Green/Natural
0663GT	250	GT Pinin Farina Spider "Cafe Racer" 2nd proto tipo, 5/57 renumbered 0999GT, Red/Black PF job #15778 Design Study for a new Coupé & Cabriolet
0664MDTR	500	TRC Scaglietti Spider 57 Black temp. eng. #0688
00664	246	GTB Dino Series L 4/70 Yellow/Black LHD EU
0665GT	250	GT Berlinetta Zagato "TdF" #17 3/57 Black & metallic grey roof then Red then silver/brown LHD

s/n	Type	Comments
0666	250	TR Scaglietti Spider Prototype 57 dark Red/Tan RHD based on a 290 MM chassis rebodied by Scaglietti to pontoon-fender Azzurro orange nose destroyed & reconstructed Dark Red/Tan eng. #0724
00666	246	GTB Dino Series L 3/70 Red/Black Leather
0667GT	250	GT Boano Coupé 57
0668MDTR	500	TRC Scaglietti Spider 57 Red RHD eng. #0678
00668	246	GTB Dino Series L 5/70 Silver/Black Vinyl #161
0669GT	250	GT Boano Coupé 57 metallic silver
0670MDTR	500	TRC Scaglietti Spider 4/57 Red Yellow stripe/Black RHD eng. #0670MDTR
00670	246	GTB Dino Series L 3/70
0671SA	410	Superamerica Serie I Scaglietti #13/13 Nero/Bianco
0672MDTR	625	TRC Scaglietti Spider 3/57 Silver/Red RHD eng. # 0750 then # 0769 then # 1437 then again # 0750
00672	246	GTB Dino Series L 3/70
0673GT	250	GT Boano Coupé 57 black/red then dark Red/grey leather & burgundy piping ex-John Calley
0674	315	Sport Scaglietti Spider 57 RHD converted to 335 Sport Rosso Corsa/Black
00674	246	GTB Dino Series L 4/70 Rosso Chiaro/Black Vinyl #161
0675GT	250	GT Boano Coupé last 57 Red/Tan LHD ex-Bette Davis
0676	335	Sport Scaglietti Spider 57 destroyed at Autodromo
00676	246	GTB Dino Series L 4/70
0677GT	250	GT Berlinetta Scaglietti "TdF" #18 8/57 maroon Yellow stripe/tan LHD
0678MDTR	500	TRC Scaglietti Spider 67 eng. in #0668
00678	246	GTB Dino Series L Tokyo Motor Show Car 5/70 White then Yellow/Black Vinyl
0679GT	250	GT Ellena Low Roof Coupé first, 5/57 Black & silver roof/brown
0680MDTR	625	TRC Scaglietti Spider 6/57 Silver/brown then Red/Tan RHD eng. (temp.) in a Cooper T45 Ferrari
00680	246	GTB Dino Series L 4/70
0681GT	250	GT Ellena Low Roof Coupé 57 Black/dark Red LHD
0682MDTR	500	TRC Scaglietti Spider 4/57 Yellow Black stripe/Black RHD
00682	246	GTB Dino Series L 5/70
0683GT	250	GT Berlinetta Scaglietti "TdF"14 louvre #19 4/57 Red/Tan LHD
0684	315	Sport Scaglietti Spider 57 Red/Red RHD ex-Obrist, ex-Ecclestone
00684	246	GTB Dino Series L 3/70
0685GT	250	GT Ellena Low Roof Coupé 57 Dark Blue silver then White then silver roof/Black LHD eng. #4799, eng. in #0553
0686MDTR	500	TRC Scaglietti Spider 57 Red White nose & stripe/Black RHD eng. #0686
00686	246	GTB Dino Series L 3/70 Red
0687GT	250	GT Ellena Low Roof Coupé 57 Black silver roof then Red/Black LHD
0688M	860	Monza 57 engine only, to #0664 later
00688	246	GTB Dino Series L 4/70 Red/Black
0689GT	250	GT Berlinetta Zagato "TdF" #20 3/57 Red/Tan LHD Alloy
0690MDTR	500	TRC Scaglietti Spider 56 Red RHD 250 GT-eng. installed
00690	246	GTB Dino Series L 3/70
0691GT	250	GT Ellena Low Roof Coupé 57 Red/Tan LHD eng. in #0357
0692MDTR	500	TRC Scaglietti Spider 57 Red/Red RHD
00692	246	GTB Dino Series L 3/70 Green/Tan Vinyl
0693GT	250	GT Ellena Low Roof Coupé 57 dark Red/Tan
0694MDTR	500	TRC Scaglietti Spider 57 destroyed
00694	246	GTB Dino Series L 5/70
0695GT	250	GT Ellena Low Roof Coupé Steel 57 Grigio Conchiglia/dark Blue then Yellow then Grigio Conchiglia Blue Serra Metallizato Roof/Blue Alloy eng. #0951GT frame restamped 0533 in the 70's
0696MDTR	500	TRC Scaglietti Spider 57
00696	246	GTB Dino Series L 3/70
0697GT	250	GT Ellena Coupé 57 Red
0698MDTR	500	TRC Scaglietti Spider 5/57
00698	246	GTB Dino Series L 4/70 Rosso Dino
0699GT	250	GT Ellena Coupé 57 gold White stripe then Red & White White stripe/Blue RHD
0700	335	Sport Scaglietti Spider 57 Red/Blue RHD temp. pontoon fenders
00700	246	GTB Dino Series L 3/70
0701GT	250	GT Ellena Coupé 57 silver/Blue then Red/Crema
0702MDTR	500	TRC Scaglietti Spider 57 Azzurro & dark Blue/White stripes RHD, restored with new body Yellow/Black
00702	246	GTB Dino Series L 3/70
0703GT	250	GT Berlinetta Scaglietti "TdF" #21 5/57 Red/Black LHD
0704TR	250	TR Scaglietti Spider 2nd prototype 57 Red/Black RHD
00704	246	GTB Dino Series L 4/70 Red/Black EU Headlight covers
0705GT	250	GT Pinin Farina Spider Series I Speciale #3/4 prototype 57 Savid Amaranth 102/natural 3097 VM spokes in car colour roll-up windows PF job #15780 Study for a new Coupé & Cabriolet
0706MDTR	500	TRC Scaglietti Spider 57 Rosso/Black RHD eng. #0582LM
00706	246	GTB Dino Series L 4/70
0707GT	250	GT Berlinetta Scaglietti "TdF"14 louvre last 14 louvre #22 57 Red Yellow & Black stripe LHD Alloy
0708MDTR	500	TRC Scaglietti Spider last 9/57 Red then Silver Red stripe/Black then Red int. RHD eng. #0708 then #0672 then #0662 then #0708
00708	246	GTB Dino Series L 4/70 Blue Met.
0709GT	250	GT Pinin Farina Spider Series I Speciale 4th prototype 57 Senna Green 16430 then Red/naturale 3099 LHD PF job #15789 Design Study for a new Coupé & Cabriolet, ex-Prince Saddrudin Aga Khan, to Le Mans Museum, France
0710TR	250	TR Scaglietti Spider Factory press confrence car 57
00710	246	GTB Dino Series L 4/70
0711GT	250	GT Ellena Coupé High Roof 57
0712	625	GP Monoposto 57 Red/Black CHD eng. # 0672
00712	246	GTB Dino Series L 4/70
0713SA	410	Superamerica PF Berlinetta Serie II Chicago show car #5/9 57 Amaranto/Rosso eng. #0713, #1/5 Series II
0714TR	250	TR Scaglietti Spider 57 Red/Red LHD (ex)-Matsuda Collection
00714	246	GTB Dino Series L 5/70
0715SA	410	Superamerica PF Berlinetta Serie II #6/9 57 Paris Show Car Nero/Naturale
0716TR	250	TR Scaglietti Spider 57 Red/Black LHD rebodied by Drogo, rebodied as TR by Fantuzzi
00716	246	GTB Dino Series L 4/70
0717SA	410	Superamerica PF Berlinetta Serie II #7/9 Paris & Bruxelles Auto Show 57 Grigio fumo/Rosso Pininfarina #15783 ex-Reza Pahlevi, Shah di Persia

s/n	Type	Comments
0718TR	250	TR Scaglietti Spider 11/57 Silver/Red stripe/Red LHD eng. #0718 temp. eng. #0750 then eng. #0718
00718	246	GTB Dino Series L 4/70 Dark Blue
0719SA	4.9	Superfast PF Berlinetta Serie II #8/9 Turin & Paris Auto Show 57 Blu genziano & Avoria/Naturale, 410 SA with PF Special Body
0720TR	250	TR Scaglietti Spider "Big Red" 58 Red LHD destroyed & rebuilt Grey met./Red
00720	246	GTB Dino Series L 70
0721SA	410	Superamerica PF Berlinetta Serie II #9/9 57 Argento/Rosso
0722	246	GTB Dino Series L 4/70 Silver then Red/Black Vinyl
0722TR	250	TR Scaglietti Spider 57 Yellow Black stripe/Black RHD eng. #0758
0723GT	250	GT Berlinetta Scaglietti "TdF" 3 louvre 1st 3 louvre #23 8/57 two-tone Blue/White stripe LHD Alloy picturedRed in sales brochure
00724	246	GTB Dino Series L 6/70 Nero
0724TR	250	TR Scaglietti Spider 58 White dark stripe LHD eng. in #0666
0725GT	4.9	Superfast PF Berlinetta PF job #15779 Design Study for a new Coupé & Cabriolet 7/57 dark Red metallic then Blue Chiaro/tan LHD 250 GT PF Coupé Chassis ex-Prince Bernhard
0726TR	250	TR 58 Scaglietti Spider #1/3 58 Red LHD destroyed
00726	246	GTB Dino Series L 4/70 Rosso Rubino
0727GT	250	GT Ellena Coupé 57 eng. in #0391
0728TR	250	TR Scaglietti Spider #2/3 58 Red/Black LHD
00728	246	GTB Dino Series L 4/70 Red/Tan
0729GT	250	GT Pinin Farina Cabriolet Series I 9/57 Red/White then silver/Red LHD PF job # 19451 covered headlights
0730TR	250	TR Scaglietti Spider 3/58 White dark nose White nose band White air scope then Red eng. in #0748
00730	246	GTB Dino Series L 4/70
0731GT	250	GT Berlinetta Scaglietti "TdF" 3 louvre #24 57 Red White stripe LHD Alloy
00732	246	GTB Dino Series L 4/70
0732TR	250	TR Scaglietti Spider "Lucybelle II" 58 White Blue stripes then Red White stripes LHD
0733GT	250	GT Berlinetta Scaglietti "TdF" 3 louvre #25 7/57 Blue Red stripe Alloy
0734TR	250	TR Scaglietti Spider 57 Red/Brown White piping LHD Ralph Lauren-Collection
00734	246	GTB Dino Series L 4/70
0735GT	250	GT Pinin Farina Cabriolet Series I Frankfurt Motor Show Car 57 Red/Black LHD PF job # 19452 RHD conversion
00736	246	GTB Dino Series L 4/70 Red/Black Vinyl
0736TR	250	TR Scaglietti Spider 57 Yellow/Black nose band then Yellow/Black LHD eng. #0736 then eng. #0266 then eng. #0736
0737GT	250	GT Pinin Farina Cabriolet Series I Paris Show car 57 Black then purple/Tan LHD PF job # 19453 covered headlights ex-Dino Ferrari
0738TR	250	TR Scaglietti Spider 57 Yellow & green nose/Black LHD rebodied by Drogo as GTO, rebodied by DK as TR Red/Black
00738	246	GT Ellena Coupé 4/70
0739GT	250	GT Ellena Coupé 57 TdF 3 louvre-Replica by Auto Sport silver/Black
00740	206	Sport Scaglietti Spider 58
00740	246	GTB Dino Series L 4/70
0741GT	250	GT Ellena Coupé 57 White/Black LHD
0742TR	250	TR Scaglietti Spider 4/58 dark Blue & White Scuderia Askolin livery then dark Red/Black LHD
00742	246	GTB Dino Series L 4/70 Rosso Dino/Black & Orange
0743GT	250	GT Ellena Coupé 57 Red/Black
0744MI	312S/412	MI Scaglietti Spider 58 silver dark stripe Red/Black then Rosso Corsa/Tan RHD eng. #0744, feat. in Ferrari (The Story of Ferrari), Documentary
00744	246	GT Dino Series L 4/70 Light Met.Blue then Black then Rosso Chiaro/Tan Vinyl
0745GT	250	GT Ellena Coupé 57 scrapped
0746	296	Sport Scaglietti Spider 58 RHD modified to 250 TR60
00746	246	GTB Dino Series L 4/70 Rosso Dino/Olive LHD
0747GT	250	GT Berlinetta Scaglietti "TdF" 3 louvre #26 57 Red then Silver Red stripe/Black LHD Alloy
0748TR	250	TR Scaglietti Spider 5/58 Red White nose/Red LHD Bauer was killed in 0748 rebuilt Red White nose
00748	246	GTB Dino Series L Melbourne Motor Show 4/70 Azzurro then Red/Black Vinyl #161
0749GT	250	GT Berlinetta Scaglietti "TdF" 3 louvre #27 7/57 Blue Red stripe then dark green Yellow stripe Alloy, winner of 59-SPA-GP
0750TR	250	TR Scaglietti Spider engine only as spare for John Neumann 's #0710, then to #0718, then a Relpica built around
00750	246	GTB Dino Series L 4/70
0751GT	250	GT Pinin Farina Coupé Speciale 57 smoke grey/natural LHD PF job #15792 Design Study for a new Coupé & Cabriolet ex-Princess Liliana de Rethy
0752TR	250	TR Scaglietti Spider 58 Red then dark Blue & White Red nose/Red LHD
00752	246	GTB Dino Series L 4/70
0753GT	250	GT Berlinetta Scaglietti "TdF" 3 louvre #28 Paris Show Car 9/57 silver
0754TR	250	TR Scaglietti Spider 58 Red/Red White piping then Black int. LHD, feat. in Ferrari (The Story of Ferrari), Documentary
00754	246	GTB Dino Series L 4/70 Red/Tan Leather
0755GT	250	GT Ellena Coupé 57 Black LHD restamped #0837 ex-Richard Freshman collection
0756TR	250	TR Scaglietti Spider 57 Red/Black LHD
00756	246	GTB Dino Series L 6/70
0757GT	250	GT Ellena Coupé 57 Dark Blue Silver Roof/Light Grey LHD Zagato Replica of #0515
0758TR	250	TR Scaglietti Spider 58 White dark Blue stripe/dark Red then Red/Black then White Blue stripe LHD
00758	246	GTB Dino Series L 4/70
0759GT	250	GT Pinin Farina Cabriolet Series I 57 White/tan LHD PF job # 19454 Collection Maranello Rosso, San Marino
0760TR	250	TR Scaglietti Spider eng. temp. in #0746, car never completed, Replica built around
00760	246	GTB Dino Series L 4/70 Red/Black
0761GT	250	GT Ellena Coupé 57
00762	246	GTB Dino Series L 4/70
0763GT	250	GT Berlinetta Scaglietti "TdF" 3 louvre #29 57 Red Yellow stripe/brown LHD
0764	335	Sport Scaglietti Spider New York Show Car 57 met. Blue & White NART livery then Red/Tan RHD eng. #0764 ex-NART
00764	246	GTB Dino Series L 5/70
0765GT	250	GT Ellena Coupé 57
0766TR	250	TR59 Fantuzzi Spider 59 Red/Black then blu int. RHD ex-Obrist ex-Ecclestone
00766	246	GTB Dino Series L 5/70 Chiaro Red/Black Red inserts LHD EU
0767GT	250	GT Berlinetta Scaglietti "TdF" 3 louvre #30 57 dark Red/Black
0768TR	250	TR59 Fantuzzi Spider 59 Red/Blue RHD
00768	246	GTB Dino Series L 5/70
0769GT	250	GT California Spider LWB Prototype #1/50 12/57 covered headlights eng. #0672

s/n	Type	Comments
0770TR	250	TR59/60 Fantuzzi Spider 59 Red/Blue RHD converted from TR59
00770	246	GTB Dino Series L 4/70
0771GT	250	GT Berlinetta Scaglietti "TdF" 3 louvre #31 12/57 Red/Tan LHD
0772TR	250	TR59/60 Fantuzzi Spyder 59 destroyed, parts used to repair #0780, eng. #0772 in 54/1
00772	246	GTB Dino Series L 5/70 Red
0773GT	250	GT Berlinetta Scaglietti "TdF" #32 11/57 Rosso Barchetta/Black LHD
0774TR	250	TR59/60 Fantuzzi Spider 59 Red/Black RHD
00774	246	GTB Dino Series L 4/70 Yellow/Black Leather EU
0775GT	250	GT Pinin Farina Cabriolet Series I 57 Red/Tan LHD PF job # 19455
0776	196	Sport Fantuzzi Spider 11/59 Red/Black RHD eng. #0776
00776	246	GTB Dino Series L 4/70
0777GT	250	GT Pinin Farina Cabriolet Series I 57 Red/Tan then Black/Red then dark Blue/Red LHD PF job # 19457 # interno 0106C covered headlights, Peter Kalikow-Collection
00778	246	Sport Fantuzzi Spider 60 Red/Blue RHD
00778	246	GTB Dino Series L Geneva Motor Show 5/70 Red/Black Vinyl
0779GT	250	GT Pinin Farina Cabriolet Series I 57 White/beige LHD covered headlights eng. #0779GT # interno 0102 PF job # 19456
0780TR	250	TRI/60 Fantuzzi Spider 3/60 wrecked, rebuilt with parts from #0772, frame to #0808
00780	246	GTB Dino Series L 5/70 Red/Black
0781GT	250	GT Berlinetta Scaglietti "TdF" 3 louvre #33 57 Red/Tan
0782TR	250	TRI/61 Fantuzzi Spider 60 Red RHD converted from TRI/60
00782	246	GTB Dino Series L 70 French Blue/Beige then Yellow/Black Leather LHD
0783GT	250	GT Pinin Farina Cabriolet Series I 57 Red/Tan LHD # interno 0108C PF job # 19458 converted into hot-road spider to look like 0663/0999 by George Frochen ex-Nicholas Cage, probaly "re-converted"
00784	246	Dino Sport Fantuzzi Spider prototype 60 Red/Black then Blue int. RHD ex-Steve O'Rourke
00784	246	GTB Dino Series L 5/70 Verde Medio Met. then Red then Blue/Nero
0785GT	250	GT Ellena Coupé 57 Red/Tan, bare metal in 2001 ex-Matsuda Collection
00786	246	GTB Dino Series L
0787GT	250	GT Berlinetta Scaglietti "TdF" 3 louvre #34 58 Red/Red then tan then dark Red interior LHD eng. #1253 rear wing
0788 FT	246	Dino F1 Tasman renumbered from #0007 60 Red/Blue cloth CHD converted with GTO 64 body, restored to Dino F1
00788	246	GTB Dino Series L 5/70 Giallo Flythen Red then Yellow/Black
0789GT	250	GT Pinin Farina Cabriolet Series I 57 Black LHD # interno 0124C PF job # 19459
0790	246/196	SP Fantuzzi Spider #1/2 61 Rosso Corsa/Blue LHD
00790	246	GTB Dino Series L 5/70 Red/Tan
0791GT	250	GT Pinin Farina Cabriolet Series I 57 White/Blue then Dark Red/Red # interno 0128C PF job # 19460
0792TR	250	TRI/61 Fantuzzi Spider 61 Red RHD Ralph Lauren-Collection
00792	246	GTB Dino Series L
0793GT	250	GT Berlinetta Scaglietti "TdF"3 louvre #35 3/57 Rosso Chiaro/Crema LHD changed to 1 louvre
0794TR	250	TRI/61 Fantuzzi Spider 61 Red/Blue RHD ex-Obrist
00794	246	GTB Dino Series L 5/70 Red/Black Vinyl
0795GT	250	GT Pinin Farina Cabriolet Series I 57 Red/Black then Yellow/Black PF job # 19461 open head lights
00796	246	SP Fantuzzi Spider 250 P Mule #2/2 61 Red RHD eng. in #3765LM
00796	246	GTB Dino Series L 5/70 Red/Tan Leather
0797GT	250	GT Pinin Farina Coupé Series I #1 Prototype 57 Green/beige PF job # 22017
0798	248/268	SP Fantuzzi Spider Factory press conference car 62 Red/Blue RHD
00798	246	GTB Dino Series L 70 Silver/Red then Black Vinyl
0799GT	250	GT Pinin Farina Cabriolet Series I 58 Silver/bordeaux LHD PF job # 19463
0800	Boat engine	engine tipo 130
00800	246	GTB Dino Series L 5/70 Red
0801GT	250	GT Pinin Farina Cabriolet Series I Geneva Show Car 57 Red/Tan LHD PF job # 19464 covered headlights ex-King Hussein
0802	286/268/196	SP Fantuzzi Spider 62 Red/back CHD
00802	246	GTB Dino Series L 5/70 Red
0803GT	250	GT Ellena Coupé 57 250 TR replica by DK eng. in #0513
0804	196	SP Fantuzzi Spider 62 dark Red/back CHD ex-David Gilmour
00804	246	GTB Dino Series L 5/70 Rosso Dino/Black Vinyl
0805GT	250	GT Berlinetta Scaglietti "TdF" 3 louvre #36 57 Red then Silver, covered headlights renumbered #0619
0806	248/268	SP Fantuzzi Spider 62 Red/Black LHD
00806	246	GTB Dino Series L 6/70
0807GT	250	GT Ellena Coupé 58 dark Red/Crema LHD eng. #0807 GT
0808	330	TRI LM Fantuzzi Spider #1/1 62 Red/Blue rebodied as Coupé by Fantuzzi rebodied to original body, was built on TR 60 s/n 0780TR eng. #0808
00808	246	GTB Dino Series L 5/70 Red
0809GT	250	GT Pinin Farina Cabriolet Series I Paris Salon & New York Motor Show 57 Burgundy LHD PF job # 19465
0810	250	P Fantuzzi Spider 63 Red/Blue CHD converted to 330 P in '64 reconverted to original specification
00810	246	GTB Dino Series L 5/70 Rosso Dino/Black used by Tony Curtis in the TV-series "The Persuaders"
0811GT	250	GT Pinin Farina Cabriolet Series I #1/2 57 Yellow/green then Red then grey met./Black RHD PF job # 19462 no side vents, new to South Africa
0812	250	P Fantuzzi Spider 63 Red/Black CHD converted to 275P in '64 P, 68 rebodied at Michelotti 's to a Gullwing Coupé called "Bob Peak"-body Silver/Black 89 restored back to 250P
00812	246	GTB Dino Series L 5/70 Rosso Corsa/Black LHD
0813GT	250	GT Pinin Farina Cabriolet Series I 57 Nocciola/tan LHD PF job # 19466 covered headlights
0814	250	P Fantuzzi Spider 63 Red, 65 - converted to 275 P, 99 - rebodied to former body style
00814	246	GTB Dino Series L 5/70 Red/Black
0815GT	250	GT Ellena Coupé 57 Red/Black LHD temp . eng. #1217 eng. #0815
0816	250	P Fantuzzi Spider 63 Red RHD converted to 275 P in '64
00816	246	GTB Dino Series L 5/70 Yellow/Blue Cloth then Black Vinyl then Black Leather
0817GT	250	GT Ellena Coupé 58 Red/Tan LHD
0818	330	P Fantuzzi Spider prototype 64 Red/Black RHD long tail, written off

s/n	Type	Comments
00818	246	GTB Dino Series L 5/70 Silver/Black then Fly Giallo/Black Leather feat. in the movie "The Darkling"
0819GT	250	GT Ellena Coupé 57 Aubergine then Rosso Rubino/tan LHD eng. #0819GT
0820	275/330	P Fantuzzi Spider 64 Red/Black then Blue int. RHD ex-Obrist, ex-Ecclestone
00820	246	GTB Dino Series L 5/70 Rosso Chario/Nero
0821GT	250	GT Ellena Coupé 57
0822	330	P Fantuzzi Spider 64 Red/Black RHD eng. in #0824
00822	246	GTB Dino Series L 6/70 Red
0823GT	250	GT Ellena Coupé 57 Grey met./green LHD EU eng. #0823 GT
0824	330/365	P2 Fantuzzi Spider 64 White then Red/Black RHD crashed rebuilt by Allegretti, 2nd car rebuilt by Piper on original frame eng. #0836, both cars owned by Piper
00824	246	GTB Dino Series L 6/70
0825GT	250	GT Ellena Coupé 57 rebodied as 250 S Red eng.#0957
0826	275/365	P2/3 Fantuzzi Spider 65 Red White nose & stripe/Black then Red/Black RHD Ralph Lauren-Collection
00826	246	GTB Dino Series L 6/70
0827GT	250	GT Ellena Coupé 57 LHD 14 louvre TdF-Replica Red/Tan
0828	275/365	P2/3 Fantuzzi Spider 65 YellowRed nose stripe then Red RHD modified as P3 Berlinetta by Drogo rebuilt as 330 P4 by Brandoli
00828	246	GTB Dino Series L 6/70 Red/Black
0829GT	250	GT Pinin Farina Cabriolet Series I 57 PF job # 19467
0830	275	P2 Fantuzzi Spider 65 RHD crashed, parts probably used for#08971
00830	246	GTB Dino Series L 5/70
0831GT	250	GT Ellena Coupé 57, TdF-Replica by Scaglietti, eng.#1845, #0831 as spare eng.
0832	275/365	P/P2 Fantuzzi Spider 65 Red rebuilt by by Allegretti& Sport Auto Modena around original parts then Green
00832	246	GTB Dino Series L 9/70 Yellow then Red/Tan & Black Vinyl Daytona Seats
0833GT	250	GT Ellena Coupé 57
0834	166	P Fantuzzi Spider 65 Red/Brown RHD converted to 206 P Barchetta Red/Black RHD eng. #0842
00834	246	GTB Dino Series L 6/70 Blue/Tan
0835GT	250	GT Ellena Coupé 57
0836	330	P2 Fantuzzi Spider 65 Red then Green then Red RHD CanAm & P4 bodies are with the car for quick exchange
00836	246	GTB Dino Series L 6/70 Red
0837GT	250	GT Ellena Coupé 57 Black eng. #0755
0838	365	P2 Fantuzzi Spider last #6 Red NART stripe RHD rebodied by Drogo restored by Fantuzzi to 365 P2 with wide screen
00838	246	GTB Dino Series L 70
0839GT	250	GT Ellena Coupé 57
0840	206	S Pininfarina Dino PF Design Study 69 Red/Red & Crema RHD
00840	246	GT Dino Series L 70 Red then Yellow then Red/Black LHD Convertedto RHD eng. #135CS
0841GT	250	GT Pinin Farina Coupé Series I Prototype 12/57 Blue Sera Max Meyer 16439/Blue 3087 PF job #15799 Design Study for a new Coupé & Cabriolet panoramical rear window
0842	206	S Dino prototype 65 destroyed
00842	246	GTB Dino Series L 5/70
0843GT	250	GT Pinin Farina Coupé Series I Prototype 12/57 Blu Sera/Tan then Blue int. PF job #15800 panoramical rear window Design Study for a new Coupé & Cabriolet
0844	330/412	P3 Fantuzzi Berlinetta 66 Rosso Corsa/Black RHD converted to Spider converted to 412 P reconverted to NART Berlinetta converted to CanAm Spider reconverted to Berlinetta, feat. in Ferrari (The Story of Ferrari), Documentary
00844	246	GTB Dino Series L 6/70
0845GT	250	GT Pinin Farina Cabriolet Series I 57 White/Turchese PF job # 19468
0846	330	P3 Fantuzzi Spider 66 Red/Black RHD converted to P3/4, destroyed in Mugello
00846	246	GTB Dino Series L 5/70 Rosso Dino/Black
0847GT	250	GT Ellena Coupé 58 Red/Black LHD
0848	330	P3/4 Fantuzzi Berlinetta 6/66 Red RHD converted to 412 P specs converted to Spider
00848	246	GTB Dino Series L 6/70 Red/Black
0849GT	250	GT Pinin Farina Cabriolet Series I 58 Red/Black LHD PF job # 19469 eng. #0973, eng. in #0367
0850	412	P Fantuzzi Berlinetta 67 Yellow then Red then Yellow/Black RHD
00850	246	GTB Dino Series L 6/70 Rosso Corsa/Black Vinyl
0851GT	250	GT Pinin Farina Coupé Series I 1st production car 3/58 Grigio Conchiglia MM16249/Nero 8500 PF job # 22001 (ex)-Bill Cosby
0852	206	S Dino renumbered #002 66 Red RHD
00852	246	GTB Dino Series L 6/70 Red/Black
0853GT	250	GT Pinin Farina Coupé Series I Prototype 12/57 Italver Blue/Brown leather 3100 LHD EU PF job #15801 Design Study for a new Coupé & Cabriolet ex-Prince Bertil of Sweden
0854	412	P Fantuzzi Berlinetta 67 Red & Azzurro Maranello Concessionaires livery/Black RHD temp. converted to Spider
00854	246	GTB Dino Series L 6/70 Blue then Red/Black Vinyl
0855GT	250	GT Ellena Coupé 58
0856	330	P4 Fantuzzi Spider #1/3 67 Red RHD ex-Obrist ex-Ecclestone
00856	246	GTB Dino Series L 6/70 Red/Black Leather EU
0857GT	250	GT Ellena Coupé 58
0858	330	P4 Fantuzzi Berlinetta #2/3 67 Red RHD Spider conversion 350 CanAm Spider conversion Red/Red, feat. in Ferrari (The Story of Ferrari), Documentary
00858	246	GTB Dino Series L 6/70 Red/Black Red Inserts
0859GT	250	GT Ellena Coupé 58
0860	330	P4 Fantuzzi Spider #3/3 67 Red RHD 350 CanAm Spider conversion, body of #0860 to Piper's #0900
00860	246	GTB Dino Series L 6/70 Red/Black
0861GT	250	GT Ellena Coupé 58 Black/Black LHD
0862	212	E Montagna Spider renumbered from #020 rebuilt as 250 P5 67 Red rebuilt to 212 E Red, Dino body to #022 than back to #0862
00862	246	GTB Dino Series L 7/70 Red/Black Leather
0863GT	250	GT Ellena Coupé 58
0864	612	Can Am engine only
00864	246	GTB Dino Series L 6/70 Red/Black
0865GT	250	GT Ellena Coupé 58
0866	612	Can Am Spider 68 Red RHD modified to 712P then 512P, eng. in #0872
00866	246	GTB Dino Series L
0867GT	250	GT Ellena Coupé 58 Blue Sera/Naturale LHD
0868	312	P Spider 12/68 Red RHD converted to 512 S Speciale Turin show car 69 Yellow/Red & Green cloth RHD
00868	246	GT Dino Series L 6/70 Red/Black Vinyl LHD EU
0869GT	250	GT Ellena Coupé 58 LHD eng. in #0172
0870	312	P Spider 69 Red RHD converted to Berlinetta
00870	246	GTB Dino Series L 70 Silver/Black & Red
0871GT	250	GT Ellena Coupé 58 LHD (ex)-Hillary Raab jr.

s/n	Type	Comments
0872	312	P Berlinetta 67 Red RHD converted to Spider parts used for Chinetti 's "Flying Shingle"
00872	246	GTB Dino Series L 6/70 Blu Met. then Yellow then Red
0873GT	250	GT Pinin Farina Cabriolet Series I #24/37 58 White/Blue then Black LHD PF job # 19470 covered headlights
0874	312	P 71 destroyed
00874	246	GTB Dino Series L 6/70 Red then Fly Giallo/Black LHD EU
0875GT	250	GT Ellena Coupé 58 Burgundy/tan
0876	312	P/B 71
00876	246	GTB Dino Series L 6/70 Red/Tan
0877GT	250	GT Ellena Coupé 58 TR58 replica Red LHD
0878	312	P frame renumbered #0880
00878	246	GTB Dino Series L 6/70 Red/Red Leather
0879GT	250	GT Berlinetta Scaglietti "TdF" 3 louvre #37 58, maroon & Black stripe, ex-Wolfgang Seidel
0880	312	PB renumbered from #0878 6/70 Red/Black RHD ex-Obrist, ex-Ecclestone, ex-Matsuda
00880	246	GTB Dino Series L
0881GT	250	GT Berlinetta Scaglietti "TdF" 3 louvre #38 58 Red & Black stripe/tan LHD
0882	312	PB 72 Red RHD #0884 used for repair
00882	246	GTB Dino Series L 6/70
0883GT	250	GT Ellena Coupé 58 Met. Red/Crema
0884	312	PB 72 Red RHD #0898 used for repair
00884	246	GTB Dino Series L 6/70
0885GT	250	GT Ellena Coupé #49/50 TdF-Replica with replacement-body for #0707, eng. #0695
0886	312	PB 72 Red Yellow stripe & wing/Red RHD eng. #034
00886	246	GTB Dino Series L 6/70
0887GT	250	GT Ellena Coupé last #50/50 58 Red
0888	312	PB 72 Red Yellow stripe & wing/Red RHD ex-Obrist
00888	246	GTB Dino Series L 6/70
0889GT	250	GT Pinin Farina Coupé Series I Prototype 58 LHD EU PF job # 22003
0890	312	PB 72 Red RHD
00890	246	GTB Dino Series L 6/70 Rosso Dino/Black Vinyl
0891GT	250	GT Pinin Farina Coupé Series I 4/58 White/Black LHD PF job # 22002 Swiss dealer J.H. Keller's Sales Brochure car
0892	312	PB 72 Red green stripe & wing/Red RHD eng. #030 ex-Obrist
00892	246	GTB Dino Series L 6/70 Blue Metallic Dino/Beige Leather then Red/Black
0893GT	250	GT Berlinetta Scaglietti "TdF" 3 louvre #39 3/58 White Blue stripe then Red/Tan LHD covered headlights, alloy
0894	312	PB 72 Red green stripe & wing/Red RHD
00894	246	GT Dino Series L 6/70 Red/Black grey inserts
0895GT	250	GT Berlinetta Scaglietti "TdF" 3 louvre #40 last 3 louvre 3/58 Rosso Corsa/Tan LHD eng. #0895 GT covered headlights temporarily converted to open headlights
0896	312	PB 72 Red Yellow stripe & wing/Red RHD
00896	246	GTB Dino Series L 6/70
0897GT	250	GT Berlinetta Scaglietti "TdF" 1 louvre #41 5/58 dark Blue/Red then Red LHD covered headlights alloy eng. #1555 eng.#0897 probably with the car
0898	312	PB chassis used for repair of #0884
00898	246	GTB Dino Series L 6/70
0899GT	250	GT Berlinetta Scaglietti "TdF" 1 louvre #42 58 crashed, parted out, recreated Red/beige covered headlights eng. #0899 later to a 250 GT PF Cabriolet eng. rebuilt with # interno 0134C ex-Lualdi
0900	330	P 4 Replica non factory s/n Piper used #0860-body on this, Green
00900	246	GTB Dino Series L 6/70 Red/Black Vinyl #161 then Black/Black then Red/Black LHD EU
0901GT	250	GT Berlinetta Scaglietti "TdF" 1 louvre #43 58 french Blue & stripe then Red/Black RHD eng. #0901 ex-J. Geils
0902	246	GTB Dino Series L 6/70
0903GT	250	GT Berlinetta Scaglietti "TdF" 1 louvre #44 4/58 Dark Red
0904	246	GTB Dino Series L 6/70 Rosso Dino then White/Red Leather then Red/Black Vinyl
0905GT	250	GT Berlinetta Scaglietti "TdF" 1 louvre #45 5/58 Red LHD covered headlights Alloy
0906	246	GTB Dino Series L 6/70
0907GT	250	GT Berlinetta Scaglietti "TdF" 1 louvre #46 5/58 Red/Beige Alloy
00908	246	GTB Dino Series L 7/70 Dark Red/Black then Yellow/Dark Blue LHD
0909GT	250	GT Berlinetta Scaglietti "TdF" 1 louvre #47 11/58 Red White stripe/Black covered head lights LHD Alloy
00910	246	GTB Dino Series L 6/70
0911GT	250	GT Berlinetta Scaglietti "TdF" 1 Louvre #48 5/58 Red/Tan LHD Alloy
00912	246	GTB Dino Series L 6/70
0913GT	250	GT Pinin Farina Cabriolet Series I 58 Red/Black Black top LHD eng. # 0913 GT PF job # 15803
00914	246	GTB Dino Series L 8/70 Yellow/Black EU
0915GT	250	GT Pinin Farina Cabriolet Series I 58 Red/Black PF job # 15804
00916	246	GTB Dino Series L 7/70
0917GT	250	GT Pinin Farina Cabriolet Series I 58 Black MM 11911/natural then dark green Black top PF job # 15805 eng. # 1023
00918	246	GTB Dino Series L 7/70
0919GT	250	GT California Spider LWB #2/50 6/58 Dark Red LHD covered headlights steel
00920	246	GTB Dino Series L 7/70 Red/Beige then Black int. front spoiler non original tail lights
0921GT	250	GT Pinin Farina Cabriolet Series I 58 Red/Black RHD PF job # 19471
00922	246	GTB Dino Series L 7/70 Blu Met. Dino
0923GT	250	GT California Spider LWB #3/50 7/58 White LHD covered headlights, steel eng. #1855, original eng. with the car
00924	246	GTB Dino Series L 7/70
0925GT	250	GT Berlinetta Scaglietti "TdF" 1 louvre #49 12/57 dark Red/Tan factory rollbar ex-Bill Harrah
00926	246	GTB Dino Series L 7/70 Red/Black
0927GT	250	GT California Spider LWB #4/50 7/58 Red LHD covered headlights, steel
00928	246	GTB Dino Series L 9/70 Argento Auteil
0929GT	250	GT California Spider LWB #5/50 8/58 covered headlights, steel
00930	246	GTB Dino Series L 7/70 Red/Black Vinyl
0931GT	250	GT Berlinetta Scaglietti "TdF" 1 louvre #50 5/58 Rosso/tan LHD eng. #0931GT
00932	246	GTB Dino Series L 7/70 Red/Black
0933GT	250	GT Berlinetta Scaglietti "TdF" 1 louvre #51 #14 1 louvre 58 'Pinafarina' Gold/Red then Red/Red then Gold LHD Alloy ex-Miro
00934	246	GTB Dino Series L 7/70
0935GT	250	GT California Spider LWB #6/50 8/58 Silver then Red/Black LHD covered headlights, steel
00936	246	GTB Dino Series L 7/70 Rosso Chiaro/Black Leather
0937GT	250	GT California Spider LWB #7/50 7/58 Red/Tan LHD covered headlights steel
00938	246	GTB Dino Series L 7/70
0939GT	250	GT California Spider LWB #8/50 8/58 LHD US covered headlights, steel, crashed & totaled, eng. in #1411
00940	246	GTB Dino Series L 7/70 Rosso Corsa

s/n	Type	Comments
0941GT	250	GT Pinin Farina Coupé Series I 58 Grey met./Dark Red LHD EU PF job # 22004
00942	246	GTB Dino Series L 7/70
0943GT	250	GT Pinin Farina Coupé Series I 6/58 dark Red/Black then Dark Grey/Black LHD EU PF job # 22006
00944	246	GTB Dino Series L 7/70
0945GT	250	GT Pinin Farina Coupé Series I 58 LHD EU PF job # 22005 ex-Wax
00946	246	GTB Dino Series L 7/70
0947GT	250	GT Pinin Farina Coupé Series I 9/58 Nero Tropicale/natural then Rosso Barchetta/brown LHD EU eng. #0947 PF job # 22007
00948	246	GTB Dino Series L 7/70
0949GT	250	GT Pinin Farina Coupé Series I 58 LHD PF job # 22008 eng. in #0973
00950	246	GTB Dino Series L 7/70
0951GT	250	GT Pinin Farina Coupé Series I 58 LHD PF job # 22012
00952	246	GTB Dino Series L 7/70
0953GT	250	GT Pinin Farina Coupé Series I 58 LHD EU PF job # 22011
00954	246	GTB Dino Series L 7/70 Silver/Black Vinyl #161
0955GT	250	GT Pinin Farina Coupé Series I 58 LHD PF job # 22010 ex-Ed Niles
00956	246	GTB Dino Series L 7/70
0957GT	250	GT Pinin Farina Coupé Series I 58 LHD EU PF job # 22009 eng. in #0825
00958	246	GTB Dino Series L 7/70
0959GT	250	GT Pinin Farina Coupé Series I 58 LHD EU PF job # 22015
00960	246	GTB Dino Series L 7/70
0961GT	250	GT Pinin Farina Cabriolet Series I 58 Rosso Rubino metallizzato/beige LHD PF job # 15807
00962	246	GTB Dino Series L 8/70 Red/Black
0963GT	250	GT Pinin Farina Cabriolet Series I 58 Black/beige PF job # 15808
00964	246	GTB Dino Series L 7/70 Red/Black
0965GT	250	GT California Spider LWB #9/50 8/58 Red/Black LHD covered headlights steel
00966	246	GTB Dino Series L 7/70
0967GT	250	GT Berlinetta Scaglietti "TdF" 1 louvre #52 7/58 Maroon/tan LHD
00968	246	GTB Dino Series L 7/70 Red/Tan EU
0969GT	250	GT Berlinetta Scaglietti "TdF"1 louvre #53 7/58 White LHD
00970	246	GTB Dino Series L 7/70
0971GT	250	GT Berlinetta Scaglietti "TdF" 1 louvre #54 9/58 Black/beige LHD EU Scaglietti converted to open headlights, later re-converted eng. #0949
00972	246	GTB Dino Series L 7/70
0973GT	250	GT Berlinetta Scaglietti "TdF" 1 louvre #55 8/58 Red/beige LHD EU eng. in #0849
00974	246	GTB Dino Series L 7/70 Grigio Metallic/Blue
0975GT	250	GT Pinin Farina Coupé Series I 58 Nero tropicale IVI/Naturale 3218 LHD EU PF job # 22014 ex-de Siebenthal
00976	246	GTB Dino Series L 7/70 Red/Black Leather
0977GT	250	GT Pinin Farina Coupé Series I 58 LHD PF job # 22013 ex-de Siebenthal rebodied by Drogo Red/Black RHD eng. #2641 eng. in #0381
00978	246	GTB Dino Series L New York Motor Show 7/70 White then Yellow/Black vinyl LHD EU
0979GT	250	GT Pinin Farina Cabriolet Series I 6/58 Red/Black then silver/green LHD EU PF job # 15809
00980	246	GTB Dino Series L 7/70 Red/Black
0981GT	250	GT Pinin Farina Cabriolet Series I Paris Show Car 6/58 LHD EU PF job # 15810
00982	246	GTB Dino Series L 7/70 Red/Black Yellow Wheels
0983GT	250	GT Pinin Farina Coupé Series I 58 Red then Silver/Black LHD EU PF job # 22016 (ex)-Suzanne Agnelli
00984	246	GTB Dino Series L 7/70 Red/Black
0985GT	250	GT Pinin Farina Coupé Series I 58 Red/Black LHD US eng. #0985 PF job # 22018 folding sunroof
00986	246	GTB Dino Series L 7/70
0987GT	250	GT Pinin Farina Coupé Series I 58 Yellow/Black LHD PF job # 22019
00988	246	GTB Dino Series L 7/70
0989GT	250	GT Pinin Farina Coupé Series I Paris Salon show car 58 Azzuro Black roof/Tan LHD EU PF job # 22020, written off, eng. in #1393
00990	246	GTB Dino Series L 7/70
0991GT	250	GT Pinin Farina Coupé Series I 58 LHD PF job # 22021
00992	246	GTB Dino Series L 7/70
0993GT	250	GT Pinin Farina Coupé Series I 58 Black then Red/Black LHD US PF job # 22022
00994	246	GTB Dino Series L 7/70
0995GT	250	GT Pinin Farina Coupé Series I 58 LHD PF job # 22023 eng. temp. in #1385
00996	246	GTB Dino Series L 7/70 Dark Blue/Tan Vinyl
0997GT	250	GT Pinin Farina Coupé Series I 58 Grey metallic then Rosso Rubino/Naturale LHD EU eng. #0997 PF job # 22025 ex-Recordati family
00998	246	GTB Dino Series L 8/70 Red/Black Vinyl then Yellow/Black
0999GT	250	GT Pinin Farina Spider "Cafe Racer" 58 Red/Black LHD EU renumbered from #0663
01000	246	GTB Dino Series L 8/70 Red/Brown Vinyl
1001GT	250	GT Pinin Farina Coupé Series I 58 LHD EU PF job # 22024 renumbered to #0363
1002	512	S Spider 70 Yellow two thin red stripes Escuderia Montjuich livery RHD converted to M Berlinetta
01002	246	GTB Dino Series L 9/70 Grigio Argento then Red/Black Vinyl #161
1003GT	250	GT Pinin Farina Coupé Series I 58 LHD EU PF job # 22029
1004	512	S Berlinetta 70 Rosso Corsa/Black RHD rebuilt as 'Coda lunga ', restamped 1016
01004	246	GTB Dino Series L 7/70
1005GT	250	GT Pinin Farina Coupé Series I 58 Rosso LHD US PF job # 22028
1006	512	S Spider 70 Rosso Corsa NART livery RHD Berlinetta conversion "Coda Lunga" Conversion
01006	246	GTB Dino Series L 7/70
1007GT	250	GT Pinin Farina Coupé Series I 58 Silver/Blue LHD EU PF job # 22027
1008	512	S Berlinetta 70 Red converted to M Berlinetta destroyed Replica exists with orig. eng.
01008	246	GTB Dino Series L 8/70 Metallic Blue/Black
1009GT	250	GT Pinin Farina Coupé Series I 58 LHD PF job # 22026
1010	512	S Spider 70 Red RHD M Berlinetta Conversion 712 P CanAm Spider Conversion Red/Black RHD ex-Obrist
01010	246	GTB Dino Series L 8/70 Met.Silver Grey/Black Vinyl
1011GT	250	GT California Spider LWB #10/50 9/58 Red LHD US covered headlights, steel
1012	512	S Spider 70 Red RHD destroyed, recreated on frame of #1012
01012	246	GTB Dino Series L 8/70 Red/White Leather
1013GT	250	GT Pinin Farina Coupé Series I 58 LHD PF job # 22033
1014	512	S Berlinetta 70 Red & NART stripe RHD M Berlinetta conversion
01014	246	GTB Dino Series L 7/70

s/n	Type	Comments
1015SA	410	Superamerica Series III Prototype #1/12 Paris & Turin Auto Show 58 White Blu genziana roof then Blu genziana White roof/Tabacco then Black int. then Steel Blue White Roof/Bluegrey, ex-Herbert Day, ex-Nelson-Collection, ex-Robson Walton-Collection
1016	512	S Berlinetta 70 Red White stripe & nose/Red & Black 'Coda Lunga'-Conversion eng. #1042 feat. in the Movie 'Le Mans' Spider Conversion
01016	246	GT Dino Series L 7/70 Blue Sera/Black Vinyl #161 then Red/Tan
1017GT	250	GT Pinin Farina Coupé Series I Torino Show car 58 Grey two Blue side stripes Black wheels (for Torino only) then painted Red/Black & Red LHD EU PF job # 22030 covered headlights, glass roof ex-Agnelli, destroyed in a fire, special body replaced
1018	512	S Spider 70 Red Yellow stripe & nose RHD M Berlinetta Conversion
01018	246	GTB Dino Series L 7/70 Red/Tan
1019GT	250	GT Pinin Farina Coupé Series I 58 PF job # 22032 LHD 250 GT California Spider Replica Rosso Corsa/Black
1020	512	M Berlinetta 70 Red & NART Stripe/Red RHD
01020	246	GTB Dino Series L 70
1021GT	250	GT Pinin Farina Coupé Series I 58 LHD EU PF job # 22031 parted out
SL73/1021	Lola-Sbarro-Ferrari	T70 MK III non-factory s/n, 69 silver/Blue 250 GT/L-eng. #5091
1022	512	S/M Berlinetta Red Blue & White Filipinetti livery used for 1032
01022	246	GTB Dino Series L 70
1023GT	250	GT Pinin Farina Coupé Series I 58 Silver/Red LHD PF job # 22034 eng. in #0917
1024	512	M Berlinetta 70 Red/Purple cloth RHD
01024	246	GTB Dino Series L 7/70
1025GT	250	GT Pinin Farina Coupé Series I 58 LHD PF job # 22035
1026	512	S Berlinetta 70 Red RHD eng. #01 feat. in the Movie 'Le Mans', destroyed, recreated as Spider for Nick Mason, additional 'Coda Lunga' tail with the car
01026	246	GTB Dino Series L 9/70
1027GT	250	GT Pinin Farina Coupé Series I 58 LHD PF job # 22036
1028	512	S Berlinetta 70 Red/purple RHD feat. in the Movie 'Le Mans', S Spider Conversion M Berlinetta Conversion
01028	246	GTB Dino Series L 8/70 Black/Black LHD
1029GT	250	GT Pinin Farina Coupé Series I 58 LHD EU PF job # 22037 renumbered to #0637
1030	512	S Berlinetta 70 Yellow/Black RHD M Berlinetta Conversion, feat. in the movie "Le Mans", ex-Matsuda
01030	246	GTB Dino Series L 8/70
1031GT	250	GT Berlinetta Scaglietti "TdF" 1 louvre #56 9/58 Red alloy
1032	512	S Berlinetta 70 Red White & Blue stripe RHD eng. #C2611CN42 destroyed, used for #1050, replica exists
01032	246	GTB Dino Series L 8/70
1033GT	250	GT Berlinetta Scaglietti "TdF" 1 louvre #57 58 metal grey then dark Red restamped 1523GT 1st OA TdF 58, converted to open headlights
1034	512	S Berlinetta Coda Lunga 70 Red RHD destroyed, 2 Replicas, one using spare parts & eng. of #1034, 2nd by Bob Houghton
01034	246	GTB Dino Series L 8/70 Dark Brown then Grey Metallic then Red/Black
1035GT	250	GT Berlinetta Scaglietti "TdF" 1 louvre #58 2/59 Grey then Yellow then Red LHD covered headlights

s/n	Type	Comments
1036	512	M Berlinetta 70 Red RHD feat. in the Movie 'Le Mans" M Spider Conversion, restored to Berlinetta
01036	246	GTB Dino Series L 8/70
1037GT	250	GT Berlinetta Scaglietti "TdF" 1 louvre #59 11/58 White then Red & White/Tan LHD covered headlights eng. #1037 then eng. #1027 GT converted to open headlights
1038	512	S Berlinetta #19 70 Red/Black RHD eng. #27 gearbox #7 destroyed 512 M-Replica by Bob Houghton exists Red
01038	246	GTB Dino Series L 8/70
1039GT	250	GT Berlinetta Scaglietti "TdF" 1 louvre #60 11/58 Rosso Corsa/Tan alloy eng. #1039GT
1040	512	M Berlinetta 5/70 Red RHD M Berlinetta Conversion Berry Plasti-Glass lightweight body Blue & Yellow Sunoco livery/Black RHD
01040	246	GTB Dino Series L 8/70
1041GT	250	GT Pinin Farina Coupé Series I #52/350 58 LHD PF job # 22038
1042	512	S Spider #21 70 Red RHD eng. in #1016
01042	246	GT Dino Series L 8/70 Rosso Dino/Tan LHD EU
1043GT	250	GT Pinin Farina Coupé Series I 58 silver LHD PF job # 22039
1044	512	S Berlinetta 70 Red/Black RHD eng. #7 gear box #4 M Berlinetta Conversion
01044	246	GT Dino Serie L 8/70 Red/Black Vinyl
1045GT	250	GT Pinin Farina Coupé Series I 58 Grigo Scuro 13420/beige 846 fibreglas trunk lid then Red/Crema Red piping LHD Pinin Farina job #22040
1046	PF Modulo	Geneva Show Car 70 Rosso Corsa then White thin Red stripe around the body/Brown RHD eng. #0866, probably 512 S #23 used for homoglation only
01046	246	GTB Dino Series L 9/70
1047GT	250	GT Pinin Farina Coupé Series I 58 LHD US PF job # 22041
1048	512	S Berlinetta Geneva Show Car 70 Red & White Filipinetti livery/Black RHD M/F (Filipinetti) Berlinetta conversion
01048	246	GTB Dino Series L 9/70
1049GT	250	GT Pinin Farina Coupé Series I 58 LHD EU PF job # 22051
1050	512	S Berlinetta 70 Red Filipinetti livery RHD
01050	246	GTB Dino Series L 9/70
1051GT	250	GT Pinin Farina Coupé Series I 58 Azzurro 16240 Bianco10019 Roof then Red/Naturale 3218 LHD US PF job # 22042
01052	246	GTB Dino Series L 9/70 Red/Tan
1053GT	250	GT Pinin Farina Coupé Series I 58 LHD US PF job # 22043
01054	246	GTB Dino Series L 9/70
1055GT	250	GT California Spider LWB #11/50 10/58 Red/Black LHD US covered headlights, steel
01056	246	GTB Dino Series L 9/70 Silver/Black Vinyl
1057GT	250	GT California Spider LWB #12/50 11/58 Red/Black LHD US covered headlights, steel
01058	246	GTB Dino Series L 9/70 Dark Blue/Tan then Red/Black
1059GT	250	GT Pinin Farina Coupé Series I 58 LHD US PF job # 22044
01060	246	GT Dino Series L 9/70 Rosso Dino/Black
1061GT	250	GT Pinin Farina Coupé Series I 58 LHD EU PF job # 22045
01062	246	GTB Dino Series L 9/70 Red/Black Vinyl
1063GT	250	GT Pinin Farina Coupé Series I 58 LHD EU PF job # 22046 eng. in #1139
01064	246	GTB Dino Series L 9/70 Dark Blue
1065GT	250	GT Pinin Farina Coupé Series I 58 LHD US PF job # 22047
01066	246	GTB Dino Series L 10/70

s/n	Type	Comments
1067GT	250	GT Pinin Farina Coupé Series I 58 LHD PF job # 22048 TR Replica by Giordanengo Yellow Red stripe/Black, Gene Ponder collection
01068	246	GTB Dino Series L 9/70 Red/Black RHD
1069GT	250	GT Pinin Farina Coupé Series I 58 Blue met./Tan LHD EU PF job # 22049
01070	246	GTB Dino Series L 9/70 Brown Metallic/Tan Leather then Yellow/Black
1071GT	250	GT Pinin Farina Coupé Series I 58 LHD EU PF job # 22050
01072	246	GTB Dino Series L 70 Red
1073GT	250	GT California Spider LWB #13/50 12/58 LHD US covered headlights, steel
01074	246	GTB Dino Series L 9/70 Red/Black
1075GT	250	GT Pinin Farina Cabriolet Series I Earls Court Show car 8/58 gold/tan & Black RHD UK PF job # 15811 covered headlamps ex-Mohammed Al Faisal, son of the King of Saudi Arabia
01076	246	GTB Dino Series L 9/70
1077GT	250	GT California Spider LWB #14/50 12/58 Rosso/Tan LHD EU covered headlights steel
01078	246	GTB Dino Series L 9/70
1079GT	250	GT Pinin Farina Cabriolet Series I Torino Show car 9/58 grey/Blue then Red/Tan LHD EU PF job # 15812 covered headlights, no fender vents
01080	246	GTB Dino Series L 9/70 Rosso Dino/Black
1081GT	250	GT Pinin Farina Coupé Series I London Show car 9/58 Blu tignillio/pelle naturale RHD UK PF job # 22052 TR-Replica eng. #1753, eng. in #0913
01082	246	GTB Dino Series L 9/70 Yellow then Red/Black vinyl LHD US
1083GT	250	GT Pinin Farina Coupé Series I Earls Court Show car 58 Black/Black RHD UK PF job # 22053
01084	246	GTB Dino Series L 9/70
1085GT	250	GT California Spider LWB #15/50 12/58 LHD US Open headlights, alloy
01086	246	GTB Dino Series L 10/70
1087GT	250	GT Pinin Farina Coupé Series I 58 LHD EU PF job # 22054 Testa Rossa-Replica by Fantuzzi with body of #0808, Red/Blue eng. #3997
01088	246	GTB Dino Series L 9/70
1089GT	250	GT Pinin Farina Coupé Series I 58 LHD EU PF job # 22055
01090	246	GTB Dino Series L 9/70
1091GT	250	GT Pinin Farina Coupé Series I 58 LHD PF job # 22056 eng. in #0198
01092	246	GTB Dino Series L 9/70
1093GT	250	GT Pinin Farina Coupé Series I 58 grigio 16249 nero tropicale IVI roof/Rosso vinyl & Connolly leather VM 3171 LHD EU PF job # 22057
01094	246	GTB Dino Series L 10/70 Red/Black Vinyl
1095GT	250	GT Pinin Farina Coupé Series I 58 LHD US PF job # 22058
01096	246	GTB Dino Series L 10/70 Red/Black Vinyl then Black/Tan EU
1097GT	250	GT Pinin Farina Coupé Series I 58 White then Red then White/Red LHD EU PF job # 22059, eng. to a 250 SWB
01098	246	GTB Dino Series L 9/70 Red/Black
1099GT	250	GT Pinin Farina Coupé Series I 58 LHD US PF job # 22060
01100	246	GTB Dino Series L 10/70
1101GT	250	GT Pinin Farina Coupé Series I 58 LHD PF job # 22061
01102	246	GTB Dino Series L 10/70
1103GT	250	GT Pinin Farina Coupé Series I 58 LHD EU PF job # 22062
01104	246	GTB Dino Series L 10/70
1105GT	250	GT Pinin Farina Coupé Series I 58 Grigio Scuro MM 13420//Black LHD EU PF job # 22063
01106	246	GTB Dino Series L 10/70 Giallo Dino then Red/Nero
1107GT	250	GT Pinin Farina Coupé Series I 58 LHD EU PF job # 22064
01108	246	GTB Dino Series L 10/70
1109GT	250	GT Pinin Farina Coupé Series I 58 LHD EU PF job # 22065 ex-Enzo Ferrari
01110	246	GTB Dino Series L 10/70
1111GT	250	GT Pinin Farina Coupé Series I 58 LHD EU PF job # 22066 ex-Battista Pinin Farina
01112	246	GTB Dino Series L 10/70
1113GT	250	GT Berlinetta Scaglietti "TdF" 1 louvre #61 11/58 Silver/Black LHD US
01114	246	GTB Dino Series L 10/70 Red/Tan
1115GT	250	GT Pinin Farina Coupé Series I 58 LHD EU PF job # 22067
01116	246	GTB Dino Series L last Series L, 10/70
1117GT	250	GT Pinin Farina Coupé Series I 58 Silver/Red LHD US PF job # 22068
01118	246	GTB Dino Series M first Series M, 10/70 Yellow/Black
1119GT	250	GT Pinin Farina Coupé Series I 58 LHD EU PF job # 22069 parted out
01120	246	GTB Dino Series M 2/71
1121GT	250	GT Pinin Farina Coupé Series I 58 LHD EU PF job # 22070
01122	246	GTB Dino Series M 1/71 Rosso Dino
1123GT	250	GT Pinin Farina Coupé Series I 58 Grigio conchiglia (MM 16249)/Rosso then Blu Sera/Tan LHD PF job # 22071
01124	246	GTB Dino Series M 1/71 Rosso Chiaro
1125GT	250	GT Pinin Farina Coupé Series I 58 LHD US PF job # 22072
01126	246	GTB Dino Series M 10/70 Rosso Dino
1127GT	250	GT Berlinetta Scaglietti "TdF" 1 louvre #62 11/58 maroon LHD US alloy
01128	246	GTB Dino Series M 10/70 Azzurro Met./Nero
1129GT	250	GT Pinin Farina Coupé Series I 58 Verniciatura blu sera 16439/beige 3218 then Silver then Rosso/ Black LHD EU eng. #1129 GT PF Job #22073
01130	246	GTB Dino Series M 10/70
1131GT	250	GT Pinin Farina Coupé Series I Stockholm show car 58 White/Blue LHD eng. #1131 PF job # 22074
01132	246	GTB Dino Series M 10/70
1133GT	250	GT Pinin Farina Coupé Series I Stockholm show car 10/58 Rosso MM 10027 Grigio Conchiglia 16249 roof/Nero vinyl & leather 8500 LHD EU eng. # 1133 PF job # 22075
01134	246	GTB Dino Series M London Motor Show first RHD 10/70 Argento Auteil/Blue & Blue Leather RHD eng. #01134 ex-Dodi Fayed's Maranello Collection
1135GT	250	GT Pinin Farina Coupé Series I 58 PF job # 22076
01136	246	GTB Dino Series M 10/70 Rosso Chiaro/Black Vinyl
1137GT	250	GT Pinin Farina Coupé Series I 58 LHD PF job # 22077
01138	246	GTB Dino Series M 10/70
1139GT	250	GT Berlinetta Scaglietti "TdF" 1 louvre #63 58 Red/Tan covered headlights eng. #1063 GT
01140	246	GTB Dino Series M 12/70
1141GT	250	GT Berlinetta Scaglietti "TdF" 1 louvre #64 58 Rosso Chiaro/Black then Silver/Black LHD
01142	246	GTB Dino Series M 12/70
1143GT	250	GT Berlinetta Scaglietti "TdF"1 louvre #65 58 Rosso Scuro White stripe LHD open headlights
01144	246	GTB Dino Series M 1/71 Red then Silver/Tan Leather
1145GT	250	GT Pinin Farina Coupé Series I 58 LHD US PF job # 22078

s/n	Type	Comments
01146	246	GTB Dino Series M 10/70
1147GT	250	GT Pinin Farina Coupé Series I 58 Rosso Corsa/Crema then Black int. PF job # 22079
01148	246	GTB Dino Series M 10/70
1149GT	250	GT Pinin Farina Coupé Series I 58 LHD PF job # 22080
01150	246	GTB Dino Series M 10/70 Giallo Fly then Red then Yellow/Black Vinyl #161
1151GT	250	GT Pinin Farina Coupé Series I 58 Black/Red LHD PF job # 22081
01152	246	GTB Dino Series M 10/70
1153GT	250	GT Pinin Farina Coupé Series I 58 LHD US PF job # 22082
01154	246	GTB Dino Series M 10/70 Brown Metallic/Tan Vinyl
1155GT	250	GT Pinin Farina Coupé Series I 58 LHD PF job # 22083
01156	246	GTB Dino Series M 10/70 Red/Non Standard Beige
1157GT	250	GT Pinin Farina Coupé Series I 58 Bianco Savid/beige 3218 then Dark Blue/Tan then Bianco Savid/beige 3218 LHD eng. #1157GT PF job # 22084 ex-President of Cuba, M. Battista
01158	246	GTB Dino Series M 10/70 White/Black then White/Blue Leather
1159GT	250	GT Pinin Farina Coupé Series I 58 LHD PF job # 22085
01160	246	GTB Dino Series M 12/70 Red/Tan
1161GT	250	GT Berlinetta Scaglietti "TdF" 1 louvre #66 58 green then Red Blue stripe/Blue
01162	246	GTB Dino Series M 10/70 Red then Yellow/Black EU
1163GT	250	GT Pinin Farina Coupé Series I 58 LHD US PF job # 22086
01164	246	GTB Dino Series M 10/70 Rosso Corsa/Black
1165GT	250	GT Pinin Farina Coupé Series I 58 Red/Tan PF job # 22087
01166	246	GTB Dino Series M 10/70
1167GT	250	GT Pinin Farina Coupé Series I 58 LHD PF job # 22088
01168	246	GTB Dino Series M 10/70
1169GT	250	GT Pinin Farina Coupé Series I 58 Black LHD EU PF job # 22101
01170	246	GTB Dino Series M 10/70
1171GT	250	GT Pinin Farina Coupé Series I 58 LHD PF job # 22089
01172	246	GTB Dino Series M 10/70
1173GT	250	GT Pinin Farina Coupé Series I 58 Ice grey/Black then Blue/White then Rosso Corsa/Black racing interior LHD eng. #1173 GT PF job # 22090
01174	246	GTB Dino Series M 10/70 Yellow
1175GT	250	GT Pinin Farina Coupé Series I 58 Silver/Red then Red/Tan LHD PF job # 22091 Chevy eng.
01176	246	GTB Dino Series M 3/71 Red/Black Vinyl #161
1177GT	250	GT Pinin Farina Coupé Series I 58 LHD PF job # 22092
01178	246	GTB Dino Series M 10/70
1179GT	250	GT Pinin Farina Cabriolet Series I 11/58 PF job # 15844
01180	246	GTB Dino Series M 12/70 Red EU
1181GT	250	GT Pinin Farina Cabriolet Series I 11/58 Black/Red LHD covered headlights PF job # 15845
01182	246	GTB Dino Series M 10/70
1183GT	250	GT California Spider LWB #16 59 Red then Black/tan then dark grey met./Red LHD EU eng. #1183GT/0228D covered headlights, steel
01184	246	GTB Dino Series M 10/70 Red/Black Leather
1185GT	250	GT Pinin Farina Coupé Series I 58 metallic green LHD PF job # 22093, 90 250 Tour de France '56-replica by Allegretti
01186	246	GTB Dino Series M 12/70
1187GT	250	GT Pinin Farina Coupé Tetto Superamerica Geneva Show car 58 Metallic Blue-green/Black PF job #22094
01188	246	GTB Dino Series M 10/70
1189GT	250	GT Pinin Farina Coupé Series I 58 LHD EU PF job # 22095
01190	246	GTB Dino Series M 12/70 Red/Black
1191GT	250	GT Pinin Farina Coupé Series I 58 LHD EU PF job # 22096
01192	246	GTB Dino Series M 10/70 Blu Met.Dino then Red
1193GT	250	GT Pinin Farina Cabriolet Series I 11/58 Red/Tan PF job # 15846 #1/2 cars with open headlight cars & typical Series I rearlights
01194	246	GTB Dino Series M 10/70
1195GT	250	GT Pinin Farina Coupé Series I 58 grey met./Black then Red/Black eng. #1195 PF job # 22097
01196	246	GTB Dino Series M 12/70
1197GT	250	GT Pinin Farina Coupé Series I 58 LHD US PF job # 22098
01198	246	GTB Dino Series M 10/70 Red/Black
1199GT	250	GT Pinin Farina Coupé Series I 11/58 Grigrio graphite salchi PF160/Rosso 3171 then Rosso Corsa/Tan LHD EU PF job # 22099
01200	246	GTB Dino Series M 12/70
1201GT	250	GT Pinin Farina Coupé Series I 58 LHD US PF job # 22100
01202	246	GTB Dino Series M 10/70 Red/Beige
1203GT	250	GT California Spider LWB #17/50 1/59 Black/biscuit tan top LHD covered headlights, steel
01204	246	GTB Dino Series M 12/70 Red/Black
1205GT	250	GT Pinin Farina Coupé Series I Geneva Salon car 58 LHD EU PF job # 22102
01206	246	GTB Dino Series M 10/70 Argento Auteil/Red Vinyl
1207GT	250	GT Pinin Farina Coupé Series I 59 PF job # 22103
01208	246	GTB Dino Series M 12/70 Rosso Dino/Nero LHD
1209GT	250	GT Pinin Farina Coupé Series I 59 LHD EU PF job # 22104 ex-Wolfgang Graf Berghe von Trips
01210	246	GTB Dino Series M 12/70 Black
1211GT	250	GT Pinin Farina Cabriolet Series I 11/58 Red/Black PF job # 15847 #2/2 cars with open headlight cars & typical Series I rearlights
01212	246	GTB Dino Series M 12/70 Dark Green Metallic then Dark Blue/Black Vinyl
1213GT	250	GT Pinin Farina Cabriolet Series II prototipo 59 Light pearl grey/Red PF job # 15843
01214	246	GTB Dino Series M 10/70
1215GT	250	GT California Spider LWB #18/50 2/59 Red/Black LHD EU eng. #2083 Open head lights, steel
01216	246	GTB Dino Series M 12/70 Red/Black Leather
1217GT	250	GT California Spider LWB #19/50 2/59 Black/Red Black top LHD EU eng. #1217GT temp. eng. #2057 factory hardtop ex-Jo Siffert
01218	246	GT Dino Series M 1/71 Giallo Fly/Black
1219GT	250	GT Pinin Farina Coupé Series I 59 PF job # 22105 ex-Carlo Abarth
01220	246	GTB Dino Series M 12/70
1221GT	250	GT Pinin Farina Coupé Series I 59 silver/Dark Red LHD eng. #1221 PF job # 22106
01222	246	GTB Dino Series M 1/71 Rosso Dino/Nero
1223GT	250	GT Pinin Farina Coupé Series I 59 dark Red & & Grey then Silver Grey Top/Black then Red/Tan eng. #1223 PF job # 22107
01224	246	GTB Dino Series M 1/71

s/n	Type	Comments	s/n	Type	Comments
1225GT	250	GT Pinin Farina Coupé Series I 59 LHD PF job # 22108	01266	246	GTB Dino Series M 12/70 Giallo Senape/Black Vinyl #161
01226	246	GTB Dino Series M 12/70	1267GT	250	GT Pinin Farina Coupé Series I 59 PF job # 22126 250 GTO Replica Red
1227GT	250	GT Pinin Farina Coupé Series I 59 LHD EU PF job # 22109	01268	246	GTB Dino Series M 2/71 Red/Tan Vinyl then White int.
01228	246	GTB Dino Series M 12/70 Red/Tan then Black Vinyl	1269GT	250	GT Pinin Farina Coupé Series I 59 PF job # 22127
1229GT	250	GT Pinin Farina Coupé Series I 59 PF job # 22110	01270	246	GTB Dino Series M 1/71
01230	246	GTB Dino Series M 1/71	1271GT	250	GT Pinin Farina Coupé Series I 59 PF job # 22128
1231GT	250	GT Pinin Farina Coupé Series I 59 PF job # 22111, totally apart in 2001, but complete	01272	246	GTB Dino Series M 12/70 Blue Chiaro/Tan & Black Daytona Seats
01232	246	GTB Dino Series M 12/70	1273GT	250	GT Pinin Farina Coupé Series I 59 LHD PF job # 22129 250 GTO replica by Gregory S. Jones Red
1233GT	250	GT Pinin Farina Coupé Series I 59 Anthracite metallic/Red LHD EU PF job # 22112			
01234	246	GTB Dino Series M 12/70 Black	01274	246	GTB Dino Series M 1/71
1235GT	250	GT California Spider LWB #20/50 3/59 Maroon White stripe/Black then Red/Tan LHD EU covered headlights steel, hard top	1275GT	250	GT Pinin Farina Coupé Series I 59 Blue metallic PF job # 22130
			01276	246	GTB Dino Series M 12/70 Rosso Dino/Black Vinyl #161
01236	246	GTB Dino Series M 1/71Red/Black	1277GT	250	GT Pinin Farina Coupé Series I 59 PF job # 22131
1237GT	250	GT Pinin Farina Coupé Series I 59 PF job # 22113			
01238	246	GTB Dino Series M 12/70	01278	246	GTB Dino Series M 1/71 Yellow/Black LHD EU
1239GT	250	GT Pinin Farina Coupé Series I 59 PF job # 22114	1279GT	250	GT Pinin Farina Coupé Series I 59 Grigio Fume/Tan PF job # 22132
01240	246	GTB Dino Series M 12/70	01280	246	GTB Dino Series M 1/71 White then Red/Blue
1241GT	250	GT Pinin Farina Coupé Series I 59 PF job # 22115	1281GT	250	GT Pinin Farina Coupé Series I 59 PF job # 22133 TR-Replica
01242	246	GTB Dino Series M 12/70	01282	246	GTB Dino Series M 12/70 Giallo Senape
1243GT	250	GT Pinin Farina Coupé Series I 59 dark Red silver roof then Red silver roof/Black eng. # 1243 PF job # 22116	1283GT	250	GT California Spider LWB #22/50 4/59 59 Red/Black hardtop then dark Red/Tan then silver LHD covered headlights steel ex-Roger Vadim & Brigitte Bardot
01244	246	GTB Dino Series M 1/71 Red/Black Daytona Seats			
			01284	246	GTB Dino Series M 70 Rosso Dino
1245GT	250	GT Pinin Farina Coupé Series I 59 Nero/Nero LHD US PF job # 22117	1285SA	410	Superamerica Serie III #3/12 59 Bianco/Nero covered headlights
01246	246	GTB Dino Series M 10/70 Silver/Black Vinyl	01286	246	GTB Dino Series M 12/70 Verde Germoglio/Black Vinyl #161
1247GT	250	GT Pinin Farina Coupé Series I 59 PF job # 22118			
01248	246	GTB Dino Series M 12/70 Red/Black	1287GT	250	GTE Series I Prototype, renumbered s/n 2257SA, 2/59 Grigio Argento/Red then Dark Blue eng. #1287SA int. eng. #8 PF job # 15836, eng. later to #3097SA
1249GT	250	GT Pinin Farina Coupé Series I 59 PF job # 22119			
01250	246	GTB Dino Series M 1/71 Rossa Corsa/Crema Vinyl Black inserts LHD			
			01288	246	GTB Dino Series M 12/70
1251GT	250	GT Pinin Farina Coupé Series I 59 Red/Tan RHD UK PF job # 22120	1289GT	250	GT Pinin Farina Coupé Series I 59 PF job # 22134
01252	246	GTB Dino Series M 12/70 Rosso Chiaro/Black & Red	01290	246	GTB Dino Series M 12/70 Brown/Tan
			1291GT	250	GT Pinin Farina Coupé Series I 59 PF job # 22135
1253GT	250	GT California Spider LWB #21/50 3/59 Metallic Green/Tan then Red/Black then Metallic Green/Tan LHD EU covered headlights steel eng. #1313 eng. in #0787	01292	246	GTB Dino Series M 12/70 Yellow/Black Leather
			1293GT	250	GT Pinin Farina Coupé Series I 59 PF job # 22136
01254	246	GTB Dino Series M Red/Black	01294	246	GTB Dino Series M 3/71
1255GT	250	GT Pinin Farina Coupé Series I 59 Red/Black LHD EU PF job # 22121	1295GT	250	GT Pinin Farina Coupé Series I 59 PF job # 22137
01256	246	GTB Dino Series M 12/70 Red/Black	01296	246	GTB Dino Series M 12/70 Silver/Black
1257GT	250	GT Pinin Farina Coupé Series I 59 PF job # 22122 rebodied as Drogo SWB Special by Allegretti Red/Black LHD	1297GT	250	GT Pinin Farina Coupé Series I 59 LHD PF job # 22138
			01298	246	GTB Dino Series M 1/71 White/Black Leather Competizione-modified
01258	246	GTB Dino Series M 3/71 Black then Yellow/Black			
1259GT	250	GT Pinin Farina Coupé Series I 59 Silver/Black LHD PF job # 22123	1299GT	250	GT Pinin Farina Coupé Series I 59 PF job # 22139
01260	246	GTB Dino Series M 1/71 Red/Black Leather	01300	246	GTB Dino Series M 1/71
1261GT	250	GT Pinin Farina Coupé Series I 59 PF job # 22124	1301GT	250	GT Pinin Farina Coupé Series I 59 PF job # 22140
01262	246	GTB Dino Series M 1/71	01302	246	GT Dino Series M 1/71 Blue Metallic Dino/Beige then Yellow/Black leather RHD
1263GT	250	GT Pinin Farina Coupé Series I 59 PF job # 22125			
			1303GT	250	GT Pinin Farina Coupé Series I 59 Azzurro Black roof/Beige3243 LHD PF job # 22141, probably written off
01264	246	GTB Dino Series M 2/71			
1265SA	410	Superamerica Serie III #2/12 Geneva Show Car 59 Grigio platinato/Marrone covered headlights			
			01304	246	GTB Dino Series M
			1305SA	410	Superamerica Coupé Series III #4/12 59 Nero/Naturale covered headlights

s/n	Type	Comments
01306	246	GTB Dino Series M
1307GT	250	GT California Spider LWB #23/50 4/59 Black silver hardtop then turquoise metallic then Red then dark Blue/tan LHD ex-Wolfgang Seidel
01308	246	GTB Dino Series M 12/70 Azzurro Metallic/Black then Red/Tan RHD UK
1309GT	250	GT Berlinetta Scaglietti "TdF" 1louvre #67 3/59 Red/Black open headlight converted to covered headlights
01310	246	GTB Dino Series M 1/71
1311SA	410	Superamerica Coupé Series III #5/12 59 Bianco/Naturale covered headlights
01312	246	GTB Dino Series M 1/71 Red/Black
1313GT	250	GT Pinin Farina Coupé Series I 59 PF job # 22142
01314	246	GTB Dino Series M 71 Rosso Dino
1315GT	250	GT Pinin Farina Coupé Series I 59 silver/Black PF job # 22143
01316	246	GTB Dino Series M 1/71 Bianco Polo Park
1317GT	250	GT Pinin Farina Coupé Series I 59 PF job # 22144
01318	246	GTB Dino Series M 1/71 Azzurro Metallic/Black
1319GT	250	GT Pinin Farina Coupé Series I 59 Champagne/Black PF job # 22145 temp. eng. #2301
01320	246	GTB Dino Series M 1/71
1321GT	250	GT Berlinetta Scaglietti "TdF" 1 louvre #68 4/59 Red/Black stripe eng. #3477 ex-Beurlys
01322	246	GTB Dino Series M 1/71
1323SA	410	Superamerica Coupé Series III #6/12 59 Rosso rubino/Grigio scuro covered headlights ex-Hillary Raab
01324	246	GTB Dino Series M 1/71 Rosso Dino/Nero Daytona Seats LHD EU
1325GT	250	GT Pinin Farina Coupé Series I 59 PF job # 22146
01326	246	GTB Dino Series M 12/70 Light Red/Black
1327GT	250	GT Pinin Farina Coupé Series I 59 PF job # 22147
01328	246	GTB Dino Series M 12/70
1329GT	250	GT Pinin Farina Coupé Series I 58 maroon/Black LHD PF job # 22148
01330	246	GTB Dino Series M 12/70
1331GT	250	GT Pinin Farina Coupé Series I 59 PF job # 22149
01332	246	GTB Dino Series M 12/70 Red/Tan
1333GT	250	GT Berlinetta Scaglietti "TdF" 1 louvre #69 4/59 Red/Black LHD eng. # 1333GT open headlights ex-Carlo M. Abate
01334	246	GTB Dino Series M 12/70 Azzurro Dino then Red
1335GT	250	GT Berlinetta Scaglietti "TdF" 1 louvre #70 4/59 Red/Black open headlights eng. #1335 ex-Miro
01336	246	GTB Dino Series M
1337GT	250	GT Pinin Farina Coupé Series I 59 Green metallic/tan LHD PF job # 22150
01338	246	GTB Dino Series M 12/70 Rosso Chiaro
1339GT	250	GT Pinin Farina Coupé Series I 59 Azzurro/Red then Red/Red then Red/Black PF job # 22151
01340	246	GTB Dino Series M 1/71 Red/Black
1341GT	250	GT Pinin Farina Coupé Series I 59 Dark Blue LHD PF job # 22152
01342	246	GTB Dino Series M 12/70 Red/Black Vinyl #161 then Black Daytona Seats
1343GT	250	GT Pinin Farina Coupé Series I 59 PF job # 22153
01344	246	GTB Dino Series M 2/71 Silver
1345GT	250	GT Pinin Farina Coupé Series I 59 PF job # 22154
01346	246	GTB Dino Series M 1/71 Blue Metallic then Red/Black & White "Houndstooth" Cloth
1347GT	250	GT Pinin Farina Coupé Series I 59 PF job # 22155
01348	246	GTB Dino Series M 12/70
1349GT	250	GT Pinin Farina Coupé Series I 59 Silver/Bordeaux LHD eng. #1349 PF job # 22156
01350	246	GTB Dino Series M 12/70
1351GT	250	GT Pinin Farina Coupé Series I 59 PF job # 22157
01352	246	GTB Dino Series M 12/70 Rosso Dino/Black Leather
1353GT	250	GT Berlinetta Scaglietti "TdF" 1 louvre #71 5/59 Black then Yellow covered headlights
01354	246	GTB Dino Series M 71 Bianco Polo Park/Black Vinyl
1355SA	410	Superamerica Coupé SIII #7/12 59 Nero/Naturale
01356	246	GTB Dino Series M 1/71 Blue Scuro Dino/Beige Leather
1357GT	250	GT Berlinetta Scaglietti "TdF" #72 4/59 Grey then Red Blue stripe/tan
01358	246	GTB Dino Series M Red/Black Leather
1359GT	250	GT Pinin Farina Coupé Series I 59 Grigio Fumo MM 16672/Beige 3218 LHD EU PF job # 22158 covered headlights
01360	246	GTB Dino Series M 12/70
1361GT	250	GT Pinin Farina Coupé Series I 59 ivory/Black eng. # 1361GT PF job # 22159
01362	246	GTB Dino Series M 12/70 Red/Black
1363GT	250	GT Pinin Farina Coupé Series I 59 LHD PF job # 22160
01364	246	GTB Dino Series M 12/70
1365GT	250	GT Pinin Farina Coupé Series I 59 LHD EU PF job # 22161
01366	246	GTB Dino Series M 12/70
1367GT	250	GT Berlinetta Zagato "TdF" #73 7/59 creme White/Red & Black LHD EU
01368	246	GTB Dino Series M 1/71
1369GT	250	GT Pinin Farina Coupé Series I 59 Silver then Red then Black/Tan PF job # 22162 covered headlights
01370	246	GTB Dino Series M 12/70 Red/Black
1371GT	250	GT Pinin Farina Coupé Series I 59 PF job # 22163
01372	246	GTB Dino Series M 12/70 Fly Giallo
1373GT	250	GT Pinin Farina Coupé Series I 59 LHD EU PF job # 22164
01374	246	GTB Dino Series M 1/71 Red
1375GT	250	GT Pinin Farina Coupé Series I 59 PF job # 22165
01376	246	GTB Dino Series M 1/71
1377GT	250	GT Interim Berlinetta #1/7 59 White 10319/Red
01378	246	GTB Dino Series M 12/70
1379GT	250	GT California Spider LWB #24/50 5/59 Red/Tan covered headlights, steel ex-Enzo Stuarti
01380	246	GTB Dino Series M 1/71 Red/Black Vinyl
1381GT	250	GT Pinin Farina Coupé Series I 59 Light silver green metallic Black roof/tobacco LHD PF job # 22166
01382	246	GTB Dino Series M /71 Black/Tan Leather
1383GT	250	GT Pinin Farina Coupé Series I 59 Silver Black roof/Red LHD EU PF job # 22167
01384	246	GTB Dino Series M 2/71
1385GT	250	GT Berlinetta Scaglietti "TdF" 1 louvre #74 59 Rosso Barchetta & Black stripe then Argento & dark Red/Black LHD eng. # 1385 # int. 0310D gearbox 166D
01386	246	GTB Dino Series M 2/71 Giallo Fly/Black
1387SA	410	Superamerica Coupé SIII #8/12 59 Blu scuro/Naturale

s/n	Type	Comments
01388	246	GT Dino Series M 1/71 Dark Blue then Red eng. #135 CS 000
1389GT	250	GT Berlinetta Scaglietti "TdF" 1 louvre #75 5/59 Red open headlights
01390	246	GTB Dino Series M 1/71 Green then Red/Beige Vinyl Red
1391GT	250	GT Pinin Farina Coupé Series I 59 PF job # 22168
01392	246	GTB Dino Series M 1/71 Giallo Fly Black
1393GT	250	GT Pinin Farina Coupé Series I 59 250 TRC Replica Dark Red/Black PF job # 22169
01394	246	GTB Dino Series M 12/70
1395GT	250	GT Pinin Farina Coupé Series I 59 PF job # 22170
01396	246	GTB Dino Series M 1/71
1397GT	250	GT Pinin Farina Coupé Series I 59 PF job # 22171
01398	246	GTB Dino Series M 1/71 Red/Red Leather
1399GT	250	GT Berlinetta Scaglietti "TdF" 1 louvre #76 5/59 metal grey covered headlights
01400	246	GTB Dino Series M 1/71
1401GT	250	GT Berlinetta Scaglietti "TdF" 1 louvre #77 5/59 Red/Black LHD engine in s/n 0720
1401	250	TR Replica Grigo Ferro with engine of above
01402	246	GTB Dino Series M 1/71 Nero
1403GT	250	GT Pinin Farina Coupé Series I 59 Black/Black then dark Red/Tan LHD PF job # 22172
01404	246	GTB Dino Series M 1/71
1405GT	250	GT Pinin Farina Coupé Series I 59 PF job # 22173
01406	246	GTB Dino Series M 1/71 Verde Germoglio then Red then Verde Germoglio/Black
1407GT	250	GT Pinin Farina Coupé Series I 59 PF job # 22174
01408	246	GTB Dino Series M 1/71
1409GT	250	GT Pinin Farina Coupé Series I 59 Rosso Corsa/Tan LHD PF job # 22175 eng. # 1409GT
01410	246	GTB Dino Series M 2/71
1411GT	250	GT California Spider LWB #25/50 59 Blu Sera/burgundy covered headlights steel rebo died in alloy with covered headlights
01412	246	GTB Dino Series M 2/71 Rosso Dino/Black Vinyl
1413GT	250	GT California Spider LWB #26/50 5/59 LHD EU covered headlights steel
01414	246	GTB Dino Series M 2/71
1415GT	250	GT Pinin Farina Coupé Series I 9/59 Blu Sera/Tan LHD PF job # 22176
01416	246	GTB Dino Series M 2/71 Giallo Dino then Bronze then Red Metallic/Nero
1417GT	250	GT Pinin Farina Coupé Series I 59 Maroon eng. #1417 PF job # 22177
01418	246	GTB Dino Series M 3/71
1419GT	250	GT Pinin Farina Coupé Series I 59 PF job # 22178
01420	246	GTB Dino Series M 3/71 Blue/Tan Vinyl then Red/Black Vinyl
1421GT	250	GT Pinin Farina Coupé Series I 59 PF job # 22179
01422	246	GTB Dino Series M 2/71 Red/Black vinyl EU
1423SA	410	Superamerica Coupé Series III #9/12 59 Rosso Viva/Rosso disk brakes
01424	246	GTB Dino Series M 5/71
1425GT	250	GT California Spider LWB #27/50 5/59 Red/Black LHD EU covered headlights steel
01426	246	GTB Dino Series M 2/71 Giallo Fly then Red/Black
1427GT	250	GT Pinin Farina Coupé Series I 59 Red then Fly Giallo Blue central stripe/Crema Blue inserts PF job # 22180
01428	246	GTB Dino Series M 1/71 Red
1429GT	250	GT Pinin Farina Coupé Series I 59 PF job # 22181
01430	246	GTB Dino Series M 2/71
1431GT	250	GT California Spider LWB #28/50 5/59 Red/Tan then Black/Black LHD US covered headlights steel
01432	246	GTB Dino Series M 2/71
1433GT	250	GT Pinin Farina Coupé Series I 59 dark Blue/tan LHD EU PF job # 22182
01434	246	GTB Dino Series M 1/71
1435GT	250	GT Pinin Farina Coupé Series I 59 Grigo Conchiglia MM16249 then light brown met. then Silver/verde 3476 LHD eng. #1435 PF job # 22183
01436	246	GTB Dino Series M 1/71 Bianco/Bordeaux then Red/Black
1437GT	250	GT Pinin Farina Coupé Series I 59 PF job # 22184 eng. in #0672
01438	246	GTB Dino Series M 2/71 Rosso Dino/Black EU
1439GT	250	GT Pinin Farina Cabriolet Series I 5/59 PF job # 19472 open headlights
01440	246	GTB Dino Series M 2/71 Dark Blue/White then Red/Vinyl
1441GT	250	GT Pinin Farina Coupé Series I 59 PF job # 22185
01442	246	GTB Dino Series M 2/71
1443GT	250	GT Pinin Farina Coupé Series I 59 Azzurro MM16240/beige 3309 LHD PF job # 22186 (ex)-Hilary Raab 250 TR-Replica then GTO Spider Conversion Yellow
01444	246	GTB Dino Series M 2/71
1445GT	250	GT Pinin Farina Coupé Series I 59 PF job # 22187 LWB California Spider-Replica metallic Blue
01446	246	GTB Dino Series M 4/71 Red/Black Vinyl
1447GT	250	GT Pinin Farina Coupé Series I 59 PF job # 22188
01448	246	GTB Dino Series M 2/71 Bianco then Red/Black
1449SA	410	Superamerica Coupé Series III #10/12 59 Bianco'Blu/Blu then Black/Red LHD covered headlights
01450	246	GTB Dino Series M 2/71
1451GT	250	GT California Spider LWB Competizione #29/50 6/59 silver then dark Red/Tan LHD Alloy Open headlights
01452	246	GTB Dino Series M 2/71 Rosso Dino
1453GT	250	GT Pinin Farina Coupé Series I 59 White/Red LHD PF job # 22189
01454	246	GTB Dino Series M 2/71
1455GT	250	GT Pinin Farina Coupé Series I 59 PF job # 22190
01456	246	GTB Dino Series M 2/71
1457GT	250	GT Pinin Farina Coupé Series I 59 Red/Tan LHD eng. #1457 PF job # 22191
01458	246	GTB Dino Series M 2/71 Marrone Metallic
1459GT	250	GT California Spider LWB #30/50 7/59 dark Red/Black LHD EU covered headlights steel
01460	246	GTB Dino Series M 2/71 Red/Tan
1461GT	250	GT Interim Berlinetta #2/7 7/59 pale Yellow then Red/Black LHD Alloy
01462	246	GTB Dino Series M 5/71
1463GT	250	GT Pinin Farina Coupé Series I 59 Red/Tan LHD PF job # 22192
01464	246	GTB Dino Series M 7/71 Black/Black
1465GT	250	GT Interim Berlinetta #3/7 9/59 White/Black LHD Alloy Anthony Wang-Collection
01466	246	GTB Dino Series M 6/71
1467GT	250	GT Pinin Farina Coupé Series I 59 PF job # 22193
01468	246	GTB Dino Series M 4/71 Yellow/Black
1469GT	250	GT Pinin Farina Coupé Series I Frankfurt Motor Show Car 59 Silver/Black LHD EU PF job # 22194
01470	246	GTB Dino Series M 7/71 Red/Black Leather EU

s/n	Type	Comments	s/n	Type	Comments
1471GT	250	GT Pinin Farina Coupé Series I Frankfurt Show Car 59 White MM10319 Silver Roof MM16003 /Interior VM 3171 PF Job #22915 then Silver ex-Prince Bertil of Sweden	01508	246	GTB Dino Series M 2/71 Red Dino 206 SP Replica
			1509GT	250	GT LWB Interim Berlinetta #4/7 59 White green & Red stripe LHD Alloy
01472	246	GTB Dino Series M 4/71	01510	246	GTB Dino Series M 2/71 White/Red Leather then Red/Black
1473GT	250	GT Pinin Farina Coupé Series I 59 Red/Tan LHD eng. #1473 PF job # 22196	1511GT	250	GT Pinin Farina Coupé Series II 59 PF job # 27802
01474	246	GTB Dino Series M 71	01512	246	GTB Dino Series M 71 Rosso Chiaro/Black
1475GT	250	GT Pinin Farina Cabriolet Series I 60 Maroon then Yellow/Black PF job # 19473 open head light Hillary Raab-Collection	1513GT	250	GT Pinin Farina Coupé Series II 59 PF job # 27803
01476	246	GTB Dino Series M 71	01514	246	GTB Dino Series M 2/71 Red/Black
1477SA	410	Superamerica Coupé Series III #11/12 59 Bianco/Nero eng. modified by Bill Rudd, ex-Bill Harrah	1515GT	250	GT Pinin Farina Coupé Series II 59 PF job # 27804
			01516	246	GTB Dino Series M 2/71
01478	246	GTB Dino Series M 71	1517SA	400	Superamerica Serie I SWB Coupé Geneva & Torino Show Car #1/25 59 Argento/Red then Red then Black/Nero ex-Giovanni Agnelli, ex-Bill Harrah-Collection
1479GT	250	GT Pinin Farina Coupé Series I 59 White torqui se roof/Green then Rosso chiaro/Black then Silver/Tan LHD eng. #1479GT PF job # 22197			
01480	246	GTB Dino Series M 71	01518	246	GTB Dino Series M 2/71 Blue then Red/Black Vinyl #161 then Tan & Black Inserts
1481GT	250	GT Pinin Farina Coupé Series I 59 Black/Red PF job # 22198, Chrysler eng. in '89	1519GT	250	GT Interim Berlinetta #5/7 9/59 Red with stripe eng. in #2237
01482	246	GTB Dino Series M 71	01520	246	GTB Dino Series M 2/71
1483GT	250	GT Pinin Farina Coupé Series I 59 PF job # 22199	1521GT	250	GT Interim Berlinetta #6/7 9/59 Metal grey then Red then Silver/Black eng. #1521Alloy
01484	246	GTB Dino Series M 71	01522	246	GTB Dino Series M 2/71 Red/Black
1485GT	250	GT Pinin Farina Coupé Series I 59 LHD PF job # 22200 eng. #2849 in #0553 GT	1523GT	250	GT Interim Berlinetta #7/7 9/59 Metal grey destroyed
01486	246	GTB Dino Series M 71	01524	246	GTB Dino Series M 2/71 Rosso Dino/Nero
1487GT	250	GT California Spider LWB #31/50 9/59 Black/Red then White then Black/Red then dark Blue/Red LHD US covered headlights ex-Pedro Rodriguez	1525GT	250	GT California Spider LWB #38/50 11/59 Red LHD Open headlights
			01526	246	GTB Dino Series M 2/71
			1527GT	250	GT California Spider LWB #39/50 11/59 Bordeaux metallic/magnolia LHD EU covered headlights converted to open headlights GTE dashboard
01488	246	GTB Dino Series M 71			
1489GT	250	GT California Spider LWB #32/50 9/59 Black Red stripe/Red LHD Open headlights steel converted to covered headlights eng. in #0775 ex-Seidel			
01490	246	GTB Dino Series M 71	01528	246	GTB Dino Series M 71 Argento Auteil/Black
1491GT	250	GT Pinin Farina Coupé Series I 59 PF job # 22414	1529GT	250	GT Pinin Farina Coupé Series II 59 PF job # 27805
01492	246	GTB Dino Series M 2/71	01530	246	GTB Dino Series M 2/71
1493GT	250	GT Pinin Farina Coupé Series I last with drum brakes 59 PF job # 22415	1531GT	250	GT Pinin Farina Coupé Series II 59 PF job # 27806
01494	246	GTB Dino Series M 2/71 Yellow/Black Vinyl then Red/Black	01532	246	GTB Dino Series M 2/71
1495SA	410	Superamerica Coupé Series III #12/12 59 Rosso rubino/Naturale	1533GT	250	GT Pinin Farina Coupé Series II 59 PF job # 27807
01496	246	GTB Dino Series M 2/71 Rosso Chiaro 20-R-190/Nero vinyl 161 LHD EU	01534	246	GTB Dino Series M 12/71 Yellow/Black then Red LHD EU periscope air intake, crashed & probably written off
1497GT	250	GT California Spider LWB first with factory disc brakes #33/50 10/59 Red/Tan LHD EU Open headlights steel, hardtop	1535GT	250	GT Pinin Farina Coupé Series II 59 PF job # 27808 eng. #1353 eng. in #1987
			01536	246	GTB Dino Series M 2/71
01498	246	GTB Dino Series M 3/71 White then Yellow then White/Green Vinyl then Rossa Corsa/Black Leather LHD EU	1537GT	250	GT Pinin Farina Cabriolet Series II first producti on car 59 dark Red/natural PF job # 29701
			01538	246	GTB Dino Series M 2/71 Yellow/Black Vinyl
1499GT	250	GT Pinin Farina Coupé Series II first PF Coupé with disc brakes 59 PF job # 27801	1539GT	250	GT SWB Berlinetta Competizione Paris Show Car #1 3/60 Rosso/tan LHD Alloy converted to RHD & back to LHD
01500	246	GTB Dino Series M 2/71 Rosso Chiaro then Rosso Corsa/Black Vinyl eng. #006783	01540	246	GTB Dino Series M 2/71 Red/Black
1501GT	250	GT California Spider LWB #34/50 59 Black/tan LHD EU eng. #1501GT covered headlights steel ex-Dr. Carlo Innocenti, ex-Piero Drogo	1541GT	250	GT Pinin Farina Coupé Series II 59 PF job # 27809
			01542	246	GTB Dino Series M 3/71
01502	246	GTB Dino Series M 2/71 Red	1543GT	250	GT Pinin Farina Coupé Series II 59 Black/Red eng. #1543 PF job # 27810
1503GT	250	GT California Spider LWB #35/50 10/59 Red/Tan LHD covered headlights	01544	246	GTB Dino Series M 3/71
01504	246	GTB Dino Series M 2/71	1545GT	250	GT Pinin Farina Coupé Series II 59 Grigio Argento/blu Plastic & leather
1505GT	250	GT California Spider LWB #36 12/59 Red/Tan then Black/? then White/Blue White top LHD Open headlights	01546	246	GTB Dino Series M 3/71
			1547GT	250	GT Pinin Farina Coupé Series II 59 PF job # 27812
01506	246	GTB Dino Series M 2/71	01548	246	GTB Dino Series M 3/71 Giallo Fly/Black
1507GT	250	GT California Spider LWB #37/50 59, probably 250 GTE-prototype			

s/n	Type	Comments
1549GT	250	GT Pinin Farina Coupé Series II 60 Rosso Corsa/Black then Red int. LHD PF job # 27813 eng. in s/n 1657
01550	246	GTB Dino Series M 3/71 White then Red/Black & Red
1551GT	250	GT Pinin Farina Coupé Series II 59 PF job # 27814
01552	246	GTB Dino Series M 3/71 Giallo Fly/Black Vinyl
1553GT	250	GT Pinin Farina Coupé Series II 59 PF job # 27815
01554	246	GTB Dino Series M 71 Argento Auteil
1555GT	250	GT Pinin Farina Coupé Series II 59 PF job # 27816 eng. in #0897
01556	246	GTB Dino Series M 3/71
1557GT	250	GT Pinin Farina Coupé Series II 59 PF job # 27817
01558	246	GTB Dino Series M 2/71 Blue Metallic
1559GT	250	GT Pinin Farina Cabriolet Series II 59 PF job # 29702
01560	246	GTB Dino Series M 3/71
1561GT	250	GT Pinin Farina Cabriolet Series II #3/200 59 Silver/Red LHD PF job # 29703 Rubirosa 's fatal crash car, destroyed
01562	246	GTB Dino Series M 3/71
1563GT	250	GT Pinin Farina Coupé Series II 59 PF job # 27818
01564	246	GTB Dino Series M 3/71
1565GT	250	GT Pinin Farina Coupé Series II 59 PF job # 27819
01566	246	GT Dino Series M 2/71 Rosso Chiaro/Black RHD
1567GT	250	GT Pinin Farina Coupé Series II 60 Silver/Red LHD US PF job # 27820
01568	246	GTB Dino Series M 2/71
1569GT	250	GT Pinin Farina Coupé Series II 59 PF job # 27821
01570	246	GTB Dino Series M 3/71 Red/Tan
1571GT	250	GT Pinin Farina Coupé Series II 59 PF job # 27822
01572	246	GTB Dino Series M 2/71
1573GT	250	GT Pinin Farina Coupé Series II 59 Rosso Corsa/Black PF job # 27823 Windsor V-8 eng. installed
01574	246	GTB Dino Series M 71 Celeste/Black Vinyl
1575GT	250	GT California Spider LWB #40/50 11/59 Azzurro met./Black LHD covered headlights ex-Princess Tarzi
01576	246	GTB Dino Series M 3/71 Rosso Bordeaux
1577GT	250	GT Pinin Farina Coupé Series II 59 Nero/Nero LHD PF job # 27824
01578	246	GTB Dino Series M 3/71 Rosso Chiaro/Black Vinyl RHD
1579GT	250	GT Pinin Farina Coupé Series II 59 Silver/Black PF job # 27825
01580	246	GTB Dino Series M 3/71
1581GT	250	GT California Spider LWB #41/50 Red/Black Red Piping LHD covered headlights
01582	246	GTB Dino Series M 3/71 Black/Black Vinyl
1583GT	250	GT Pinin Farina Coupé Series II 59 PF job # 27826
01584	246	GTB Dino Series M 3/71 Red/Tan
1585GT	250	GT Pinin Farina Coupé Series II 59 PF job # 27827 eng. in #0405
01586	246	GTB Dino Series M 3/71
1587GT	250	GT Pinin Farina Coupé Series II 59 PF job # 27828
01588	246	GTB Dino Series M 3/71
1589GT	250	GT Pinin Farina Coupé Series II 59 PF job # 27829 TR Replica by Cupellini Red
01590	246	GTB Dino Series M 3/71
1591GT	250	GT Pinin Farina Coupé Series II 59 PF job # 27830
01592	246	GTB Dino Series M 3/71 Red/Black
1593GT	250	GT Pinin Farina Coupé Series II 59 PF job # 27831
01594	246	GTB Dino Series M 3/71 Black
1595GT	250	GT Pinin Farina Coupé Series II 59 PF job # 27832
01596	246	GTB Dino Series M 3/71
1597GT	250	GT Pinin Farina Coupé Series II 59 PF job # 27833
01598	246	GTB Dino Series M 3/71 Red/Tan
1599GT	250	GT Pinin Farina Coupé Series II 59 Light Yellow/Black LHD PF job # 27834
01600	246	GTB Dino Series M 4/71 Fly Giallo
1601GT	250	GT Pinin Farina Coupé Series II 59 PF job # 27835
01602	246	GTB Dino Series M 3/71 Argento/Blue Vinyl RHD
1603GT	250	GT California Spider LWB Competizione #42/50 11/59 dark Blue/tan LHD US alloy covered headlights
01604	246	GTB Dino Series M 3/71
1605GT	250	GT Pinin Farina Coupé Series II 60 PF job # 27836
01606	246	GTB Dino Series M 3/71
1607GT	250	GT Pinin Farina Coupé Series II 60 White PF job # 27837 ex-Eleanor von Neumann
01608	246	GTB Dino Series M 3/71
1609GT	250	GT Pinin Farina Coupé Series II 60 PF job # 27838
01610	246	GTB Dino Series M 3/71 Red/Black Vinyl
1611SA	400	Superamerica PF Cabriolet Series I #2/25 Bruxelles & NYC Show Car 59 Verde scuro/Rosso LHD Hard Top Pininfarina #29416
01612	246	GTB Dino Series M 6/71
1613GT	250	GT SWB Berlinetta Competizione Turin show car #2 59 Ivory night Blue stripe later/Black then Rosso Chiaro/Black LHD alloy eng. in #3539
01614	246	GTB Dino Series M 3/71 Silver/Black Rosso inserts LHD
1615GT	250	GT California Spider LWB Comptetizione #43/50 12/59 LHD EU alloy covered head lights eng. #4589 eng. in #2163 destroyed in a fire, rebuilt probably as a replica, silver
01616	246	GTB Dino Series M 3/71 Rosso Chiaro/Black Vinyl
1617GT	250	GT Pinin Farina Coupé Series II 59 Red/Tan LHD PF job # 27839
01618	246	GTB Dino Series M 3/71
1619GT	250	GT Pinin Farina Coupé Series II 59 White LHD PF job # 27840
01620	246	GTB Dino Series M 4/71 Celeste Metallic/Black Vinyl
1621GT	250	GT Pinin Farina Coupé Series II 59 Grigio Fume/beige eng. #1621GT # interno 066F PF job # 27841
01622	246	GTB Dino Series M 3/71 Bordeaux then Rosso Dino then Yellow/Black Vinyl
1623GT	250	GT Pinin Farina Coupé Series II 60 LHD rebo died by Nembo (Neri & Bonachini) Rosso Corsa/Black PF job # 27842 ex-Tom Meade
01624	246	GTB Dino Series M 3/71 Red/Black Vinyl
1625GT	250	GT Pinin Farina Coupé Series II 60 PF job # 27843
01626	246	GTB Dino Series M 4/71 Red/Black LHD EU, ex-General Motors
1627GT	250	GT California Spider LWB #44/50 59 Red/Black LHD US Alloy covered headlights, rebuilt in steel
01628	246	GTB Dino Series M 71 Rosso Dino/Black Leather
1629GT	250	GT Pinin Farina Coupé Series II 12/59 Nero tropicale/verde then dark Blue/tan LHD PF job # 27844
01630	246	GTB Dino Series M 4/71 Dark Red/Black

s/n	Type	Comments
1631GT	250	GT Pinin Farina Coupé Series II 60 PF job # 27845
01632	246	GTB Dino Series M 3/71 Rosso Chiaro/Black Vinyl RHD UK
1633GT	250	GT Pinin Farina Coupé Series II 60 PF job # 27846
01634	246	GTB Dino Series M 3/71 Rosso Dino/Black
1635GT	250	GT Pinin Farina Coupé Series II 60 Oro Longchamps/Nero then Yellow/Red LHD US PF job # 27847
01636	246	GTB Dino Series M 3/71 Rosso Chiaro
1637GT	250	GT Pinin Farina Coupé Series II 60 Grigio Platinato MM16656/Plastic & leather blu 3087 then White/Black then Silver/dark Red leather eng. #1637GT PF job # 27848, first Ferrari imported into Japan
01638	246	GTB Dino Series M 5/71 Red/Black
1639GT	250	GT California Spider LWB Torino Salon Car #45/50 1/60 LHD US covered headlights alloy
01640	246	GTB Dino Series M 3/71 Red
1641GT	250	GT California Spider LWB #46 1/60 Dark/light LHD US covered headlights alloy
01642	246	GTB Dino Series M 4/71 Azzurro
1643GT	250	GT Pinin Farina Coupé Series II 60 Beige MM16259 then dark Blue/beige 846 leather eng. #1643GT PF job # 27849 sunroof
01644	246	GTB Dino Series M 3/71 Blu Dino Met./Black Vinyl
1645GT	250	GT Pinin Farina Coupé Series II 60 Giallo Solare/dark then Red/Tan LHD PF job # 27850
01646	246	GTB Dino Series M 4/71
1647GT	250	GT Pinin Farina Coupé Series II 60 PF job # 27851
01648	246	GTB Dino Series M 4/71 Dark Red Metallic then Dark Blue/Black Vinyl
1649GT	250	GT Pinin Farina Coupé Series II 60 Silver/Black LHD PF job # 27852
01650	246	GTB Dino Series M 3/71 Red/Tan Leather EU
1651GT	250	GT Pinin Farina Coupé Series II 60 PF job # 27853
01652	246	GTB Dino Series M 4/71 Red/Tan Vinyl
1653GT	250	GT Pinin Farina Coupé Series II 60 PF job # 27854 eng. in #2757
01654	246	GTB Dino Series M 4/71
1655GT	250	GT Pinin Farina Coupé Series II 60 PF job # 27855
01656	246	GTB Dino Series M 4/71 Red/Tan
1657GT	250	GT Pinin Farina Coupé Series II 60 PF job # 27856, 14 louvre TdF-Replica by Autosport French Blue Yellow stripe then maroone stripe/tan, eng. #1549
01658	246	GTB Dino Series M 3/71
1659GT	250	GT Pinin Farina Coupé Series II 60 Silver Black roof/Black LHD US PF job # 27857
01660	246	GTB Dino Series M 3/71
1661GT	250	GT Pinin Farina Coupé Series II 60 PF job # 27858
01662	246	GTB Dino Series M 4/71 Red/Tan
1663GT	250	GT California Spider LWB #47/50 60 Red/Black LHD US covered headlights steel eng. in #2367 probably reunited
01664	246	GTB Dino Series M 3/71
1665GT	250	GT Pinin Farina Coupé Series II 60 PF job # 27859
01666	246	GTB Dino Series M 3/71
1667GT	250	GT Pinin Farina Coupé Series II 60 Grey met./Red LHD PF job # 27860
01668	246	GTB Dino Series M 3/71 Red/Beige Vinyl
1669GT	250	GT Pinin Farina Coupé Series II 60 Silver green roof/Black LHD PF job # 27861
01670	246	GTB Dino Series M 4/71
1671GT	250	GT Pinin Farina Coupé Series II 60 PF job # 27862
01672	246	GTB Dino Series M 4/71
1673GT	250	GT Pinin Farina Coupé Series II 60 Red/Black LHD eng. #1673GT PF job # 27863
01674	246	GTB Dino Series M 4/71
1675GT	250	GT Pinin Farina Coupé Series II 60 PF job # 27864
01676	246	GTB Dino Series M 4/71 Azzurro Dino/Black Vinyl
1677GT	250	GT Pinin Farina Coupé Series II 60 LHD eng. #1677 PF job # 27865
01678	246	GTB Dino Series M 4/71 Bianco
1679GT	250	GT Pinin Farina Coupé Series II 60 PF job # 27866
01680	246	GTB Dino Series M 4/71
1681GT	250	GT Pinin Farina Coupé Series II 60 PF job # 27867
01682	246	GTB Dino Series M 4/71 White/Black Vinyl then Red/Black Leather Daytona Seats
1683GT	250	GT Pinin Farina Coupé Series II 60 PF job # 27868
01684	246	GTB Dino Series M 3/71
1685GT	250	GT California Spider LWB #48/50 60 Red/Tan LHD covered headlights steel
01686	246	GTB Dino Series M 3/71
1687GT	250	GT Pinin Farina Coupé Series II 60 PF job # 27869
01688	246	GTB Dino Series M 4/71 Rosso
1689GT	250	GT Pinin Farina Coupé Series II 60 LHD PF job # 27870 eng. #2549
01690	246	GTB Dino Series M 5/71 Brown/Tan then Red/Red & Black Vinyl
1691GT	250	GT Pinin Farina Coupé Series II 60 PF job # 27871
01692	246	GTB Dino Series M 3/71 Rosso Dino/Black Vinyl #161
1693GT	250	GT Pinin Farina Coupé Series II 60 Black/Red LHD PF job # 27872
01694	246	GTB Dino Series M 3/71 Black/Black Leather then Blue Dino Metallic/Black
1695GT	250	GT Pinin Farina Cabriolet Series II #4/200 60 Dark Red then Rosso Corsa then Grigio Scuro/Black LHD PF job # 29704
01696	246	GTB Dino Series M 4/71 Red/Black
1697GT	250	GT Pinin Farina Cabriolet Series II #5/200 60 PF job # 29705
01698	246	GTB Dino Series M 3/71 Red/beige ex-Franco Lombardi
1699GT	250	GT California Spider LWB Competition #49/50 #9/9 Competitions 60 Dark Red/Tan Black top covered headlights
01700	246	GTB Dino Series M 4/71
1701GT	250	GT Pinin Farina Coupé Series II 60 PF job # 27873
01702	246	GTB Dino Series M 3/71 Bianco PoloPark then Red/Tan then Silver/Dark Red
1703GT	250	GT Pinin Farina Coupé Series II 60 PF job # 27874
01704	246	GTB Dino Series M 4/71 Dark Blue/Black Vinyl
1705GT	250	GT Pinin Farina Coupé Series II 2/60 Grigio scuro/dark Green LHD eng. #1705 GT PF job # 27875 ex-Lodovico Scarfiotti
01706	246	GTB Dino Series M 3/71 Silver/Black then Red/Black then Yellow/Black Vinyl #161 LHD
1707GT	250	GT Pinin Farina Coupé Series II 60 PF job # 27876
01708	246	GTB Dino Series M 5/71 Ochre then Red RHD AUS
1709GT	250	GT Pinin Farina Coupé Series II 60 PF job # 27877 250 GTO-Replica
01710	246	GTB Dino Series M 4/71
1711GT	250	GT Pinin Farina Coupé Series II 60 PF job # 27878
01712	246	GTB Dino Series M 3/71 Yellow/Black

s/n	Type	Comments
1713GT	250	GT Pinin Farina Coupé Series II 60 dark Red/Max Meyer 10027 Leather naturale 3309 LHD PF job # 27879, crashed & wrecked in '62 in Monza, eng. to #2215, S/N to a 250 GT California Spider Replica, silver grey/Black
01714	246	GTB Dino Series M 4/71
1715GT	250	GT California Spider LWB #50/50 Red Tan top/Black LHD US covered headlights steel
01716	246	GTB Dino Series M 4/71 Blue
1717GT	250	GT Pinin Farina Coupé Series II 60 PF job # 27880 rebodied by Drogo Red/Black then Silver Blue stripe/Blue LHD EU
01718	246	GTB Dino Series M 4/71
1719GT	250	GT Pinin Farina Coupé Series II 60 Blue Sera/Black PF job # 27881 eng. #1767GT
01720	246	GTB Dino Series M 5/71 Azzurro Dino/Beige Leather
1721GT	250	GT Pinin Farina Coupé Series II 60 Blu Sera MM 16439/Grigio VM3230 PF job # 27882 ex-Adolfo Lopez Mateos
01722	246	GTB Dino Series M 4/71 Rosso Chiaro/Black Vinyl
1723GT	250	GT Pinin Farina Cabriolet Series II #6/200 60 Red LHD EU PF job # 29706
01724	246	GTB Dino Series M 4/71 Azzurro Dino
1725GT	250	GT Pinin Farina Coupé Series II 60 Red then silver/Red LHD eng. #1725 PF job # 27883
01726	246	GTB Dino Series M 4/71 Red/Black
1727GT	250	GT Pinin Farina Cabriolet Series II New York Motor show #7/200 3/60 Rosso rubino/nero then Red/Black LHD PF job # 29707 eng. in #3877 fitted covered headlights & one"off body treatment by Tom Meade
01728	246	GT Dino Series M 4/71 Rosso Chiaro/Nero
1729GT	250	GT Pinin Farina Coupé Series II 60 PF job # 27884 eng. in #0114A
01730	246	GTB Dino Series M 4/71
1731GT	250	GT Pinin Farina Coupé Series II 60 Red/Black LHD PF job # 27885
01732	246	GTB Dino Series M 4/71 Rosso Dino then Dark Red/Black
1733GT	250	GT Pinin Farina Coupé Series II 60 Red/Tan PF job # 27886 eng. #1633, eng. in #2733
01734	246	GTB Dino Series M 4/71 Rosso Dino/Black leather LHD
1735GT	250	GT Pinin Farina Coupé Series II 60 PF job # 27887
01736	246	GTB Dino Series M 4/71
1737GT	250	GT Pinin Farina Cabriolet Speciale Geneva Show car 400 Superamerica body 60 Azzurro/Crema then Green/Tan LHD covered headlights PF job #22495 Design Study by Pininfarina
01738	246	GTB Dino Series M 4/71 Red/Black Vinyl
1739GT	250	GT SWB Berlinetta Bertone Geneva Salon car #3 1/60 Pale Green then Red then silver polis hed steel roof/Red LHD Design Study by Bertone
01740	246	GTB Dino Series M 4/71 Red
1741GT	250	GT SWB Berlinetta New York Auto show car #4 3/60 Oro met then dark Blue/tan LHD Alloy
01742	246	GTB Dino Series M 4/71
1743GT	250	GT Pinin Farina Coupé Series II 59 White/Black LHD EU PF job # 27888 Swiss Hill Climb Champion 1959
01744	246	GTB Dino Series M 4/71 Red/Tan Vinyl
1745GT	250	GT Pinin Farina Coupé Series II 60 PF job # 27889
01746	246	GTB Dino Series M 4/71
1747GT	250	GT Pinin Farina Coupé Series II 3/60 Grigio Scuro MM 13420/Blu Plastic & Leather 3087 Black dashboard LHD PF job # 27890
01748	246	GTB Dino Series M 4/71
1749GT	250	GT Pinin Farina Coupé Series II 60 Black/Light Tan LHD PF job # 27891
01750	246	GTB Dino Series M 4/71 Silver
1751GT	250	GT Pinin Farina Coupé Speciale 60 Red then dark Grey then Blue met./Black Red piping LHD PF job # 27892 covered headlights Alfa Romeo bumpers, car had 9 colour changes until 2006
01752	246	GTB Dino Series M 71 Giallo Fly/Black LHD EU
1753GT	250	GT Pinin Farina Cabriolet Series II #8/200 60 LHD EU PF job # 29708 scrapped eng. in #1081
01754	246	GTB Dino Series M 4/71 Yellow/Black Vinyl then Red/Black & Red Vinyl
1755GT	250	GT Pinin Farina Cabriolet Series II #9/200 60 PF job # 29709
01756	246	GTB Dino Series M 4/71 Red then Fly Giallo/Black leather LHD eng. #01756
1757GT	250	GT SWB Berlinetta #5 3/60 Red then silver/tan then Rosso Corsa LHD Alloy rear wing
01758	246	GTB Dino Series M Red
1759GT	250	GT SWB Berlinetta #6 6/60 Red/Black then Blue int. LHD Alloy
01760	246	GTB Dino Series M 4/71 Azzurro Dino
1761GT	250	GT Pinin Farina Cabriolet Series II #10/200 60 Red/Tan Black top LHD eng. #1761 PF job # 29710 converted to covered Headlights & one"off body treatment by Tom Meade
01762	246	GTB Dino Series M 71 Giallo Senape/Black Vinyl #161
1763GT	250	GT Pinin Farina Coupé Series II 60 PF job # 27893
01764	246	GTB Dino Series M 4/71 Rosso Corsa
1765GT	250	GT Pinin Farina Coupé Series II 60 PF job # 27894
01766	246	GTB Dino Series M 4/71
1767GT	250	GT Pinin Farina Coupé Series II 60 White/Red plastic & leather # interno 262F PF job # 27895 eng. in #1469GT then to #1719
01768	246	GTB Dino Series M 4/71 Rosso Chiaro/Black Vinyl
1769GT	250	GT Pinin Farina Coupé Series II 60 PF job # 27896
01770	246	GTB Dino Series M 5/71 Rosso Chiaro/Black Vinyl #161
1771GT	250	GT SWB Berlinetta Geneva Salon car #7 3/60 Grey then Red/Black LHD Alloy
01772	246	GTB Dino Series M 4/71
1773GT	250	GT SWB Berlinetta Competizione #8 3/60 Yellow/Black LHD Alloy
01774	246	GTB Dino Series M 4/71
1775GT	250	GT Pinin Farina Coupé Series II 60 PF job # 27897
01776	246	GTB Dino Series M 4/71 Red/Tan then Black int.
1777GT	250	GT Pinin Farina Cabriolet Series II #11/200 1/60 LHD EU PF job # 29711 rebuilt as Nembo Spider Dark Blue/tan then Rosso Corsa/beige beige soft top then Silver Grey/Black LHD eng. #2271
01778	246	GTB Dino Series M 4/71 Rosso Dino/Black Vinyl
1779GT	250	GT Pinin Farina Cabriolet Series II #12/200 60 Bianco/Black LHD EU PF job # 29712 ex-Gianni Agnelli
01780	246	GTB Dino Series M 4/71 Yellow
1781GT	250	GT Pinin Farina Cabriolet Series II #13/200 60 PF job # 29713
01782	246	GTB Dino Series M 4/71 Rosso Chiaro
1783GT	250	GT Pinin Farina Cabriolet Series II #14/200 60 Blue metallic/Black LHD EU PF job # 29714 factory hardtop
01784	246	GTB Dino Series M 4/71 Red/Black

s/n	Type	Comments
1785GT	250	GT SWB Berlinetta Competizione #9 3/60 Red destroyed, rebuilt around engine 1931GT, eng. #1785 reinstalled
01786	246	GTB Dino Series M 4/71 Rosso Dino/Black Vinyl #161
1787GT	250	GT Pinin Farina Cabriolet Series II #15/200 60 PF job # 29715
01788	246	GTB Dino Series M 4/71 Blu Scurro then Red/Black
1789GT	250	GT Pinin Farina Coupé Series II 60 Black/beige then blu/crema PF job # 27898
01790	246	GTB Dino Series M 5/71 Giallo Senape/Black Vinyl
1791GT	250	GT SWB Berlinetta Competizione #10 4/60 Yellow then Red then dark Red/Black LHD Alloy eng. #4669GT
01792	246	GTB Dino Series M 4/71
1793GT	250	GT Pinin Farina Coupé Series II 60 PF job # 27899
01794	246	GTB Dino Series M 4/71
1795GT	250	GT SWB California Spider Prototype #1/55 5/60 Grey/Black LHD EU covered headlights steel, hardtop
01796	246	GTB Dino Series M 4/71 Rosso Chiaro then Blue/Red
1797GT	250	GT Pinin Farina Cabriolet Series II #16/200 60 silver then light Red then dark grey met./Black LHD US PF job # 29716
01798	246	GTB Dino Series M 5/71
1799GT	250	GT Pinin Farina Coupé Series II 60 PF job # 27900
01800	246	GTB Dino Series M 4/71
1801GT	250	GT Pinin Farina Cabriolet Series II 4/60 grigio argento metallizzato MM16003/nero VM8500 LHD EU eng. # 128F 1801GT PF job # 29717
01802	246	GTB Dino Series M 4/71
1803GT	250	GT Pinin Farina Cabriolet Series II 60 Dark Blue/tan LHD PF job # 29718
01804	246	GTB Dino Series M 6/71 Giallo Fly/Black Vinyl
1805GT	250	GT Pinin Farina Cabriolet Series II 4/60 Blue MM 16228/tan 3309 then White/magnolia then Grigio Scuro/Tan convertible top then White then Grigio Scuro/magnolia Black top LHD EU eng. #1805 PF job #29719
01806	246	GTB Dino Series M 4/71 Rosso Corsa/Black LHD
1807GT	250	GT SWB Berlinetta Competizione #11 60 Black German stripe then dark Red stripe/Black LHD eng. #1953
01808	246	GTB Dino Series M 4/71 Red
1809GT	250	GT Pinin Farina Coupé Series II 60 PF job # 29451
01810	246	GTB Dino Series M 4/71 Yellow/Black
1811GT	250	GT SWB Berlinetta Competizione #12 5/60 Red then Yellow then Rosso Corsa Yellow stripe/Black LHD Alloy eng. #2291
01812	246	GTB Dino Series M 5/71
1813GT	250	GT SWB Berlinetta Competizione #13 5/60 Red/Black LHD
01814	246	GTB Dino Series M 4/71Nero/Black
1815GT	250	GT Pinin Farina Cabriolet Series II 60 Red/Beige Beige top LHD PF job # 29720 eng. # 4607
01816	246	GTB Dino Series M 4/71 Bianco Polo Park
1817GT	250	GT Pinin Farina Cabriolet Series II 5/60 Grigio Conchiglia met./Red then Red/Black LHD PF job # 29722 side vents
01818	246	GTB Dino Series M 5/71
1819GT	250	GT Pinin Farina Coupé Series II 60 PF job # 29452
01820	246	GTB Dino Series M 5/71
1821GT	250	GT Pinin Farina Cabriolet Series II 60 PF job # 29721
01822	246	GTB Dino Series M 5/71
1823GT	250	GT Pinin Farina Coupé Series II 60 PF job # 29453
01824	246	GTB Dino Series M 5/71 Dark Rosso/Nero
1825GT	250	GT Pinin Farina Coupé Series II 60 PF job # 29454
01826	246	GTB Dino Series M 5/71
1827GT	250	GT Pinin Farina Coupé Series II 60 dark Blue/Black LHD PF job # 29455
01828	246	GTB Dino Series M 5/71 Rosso White stripe/Nero Vinyl
1829GT	250	GT Pinin Farina Coupé Series II 60 PF job # 29456
01830	246	GTB Dino Series M 4/71
1831GT	250	GT Pinin Farina Coupé Series II 60 PF job # 29457
01832	246	GTB Dino Series M 5/71 Red/Black then Red/Grey then Light Yellow/Black then Red/Tan LHD EU
1833GT	250	GT Pinin Farina Cabriolet Series II 60 Navy Blue/Black LHD eng. #1833 then temp. eng. #2013 then eng. #1833 PF job # 29723
01834	246	GTB Dino Series M 4/71 Red/Black
1835GT	250	GT Pinin Farina Cabriolet Series II 60 Red/Black PF job # 29724
01836	246	GTB Dino Series M 4/71 Azzurro Dino then Red
1837GT	250	GT Pinin Farina Coupé Series II 60 PF job # 29458
01838	246	GTB Dino Series M 4/71
1839GT	250	GT Pinin Farina Coupé Series II 60 Grey metallic/Black LHD EU PF job # 29459
01840	246	GTB Dino Series M 4/71
1841GT	250	GT Pinin Farina Cabriolet Series II 60 Red/beige Black top eng. #1841GT PF job # 29725
01842	246	GTB Dino Series M 4/71 Rosso Corsa/Black LHD
1843GT	250	GT Pinin Farina Cabriolet Series II 60 PF job # 29726
01844	246	GTB Dino Series M 71 Rosso Dino
1845GT	250	GT Pinin Farina Coupé Series II 60 PF job # 29460 eng. in s/n 0831
01846	246	GTB Dino Series M 71 Black/Black
1847GT	250	GT Pinin Farina Coupé Series II 60 PF job # 29461
01848	246	GTB Dino Series M 4/71 Red/Black & Tan Vinyl
1849GT	250	GT SWB Berlinetta Competizione #14 5/60 Dark Red/Black LHD Alloy
01850	246	GTB Dino Series M 4/71 Argento then Black then Red/Black
1851GT	250	GT Pinin Farina Coupé Series II 60 PF job # 29462
01852	246	GTB Dino Series M 4/71
1853GT	250	GT Pinin Farina Coupé Series II 60 PF job # 29463
01854	246	GTB Dino Series M 4/71 Le Mans Blue/Tan Vinyl then Red/Tan Vinyl
1855GT	250	GT Pinin Farina Cabriolet Series II 60 PF job # 29727 crashed, parted out
01856	246	GTB Dino Series M 4/71
1857GT	250	GT Pinin Farina Coupé Series II 60 PF job # 29464
01858	246	GTB Dino Series M 4/71 Silver/Black Leather
1859GT	250	GT Pinin Farina Coupé Series II 60 PF job # 29465
01860	246	GTB Dino Series M 4/71 Giallo Fly Black then Rosso Corsa/Black
1861GT	250	GT Pinin Farina Coupé Series II 60 PF job # 29466
01862	246	GTB Dino Series M 71 Giallo Fly then Red
1863GT	250	GT Pinin Farina Cabriolet Series II 60 PF job # 29728
01864	246	GTB Dino Series M 4/71

s/n	Type	Comments
1865GT	250	GT Pinin Farina Cabriolet Series II 60 Burgundy met./tan PF job # 29729 eng. in s/n 2027
01866	246	GTB Dino Series M 5/71
1867GT	250	GT Pinin Farina Cabriolet Series II 60 PF job # 29730
01868	246	GTB Dino Series M 4/71 Red/Black Leather LHD EU
1869GT	250	GT Pinin Farina Cabriolet Series II 60 Pozzi Blue/tan hardtop LHD US eng. #1869GT PF job # 29731 Hardtop ex-Skeets Dunn collection
01870	246	GTB Dino Series M 4/71
1871GT	250	GT Pinin Farina Coupé Series II 60 PF job # 29467
01872	246	GTB Dino Series M 71 Rosso Bordeaux
1873GT	250	GT Pinin Farina Coupé Series II 60 PF job # 29468
01874	246	GTB Dino Series M 4/71
1875GT	250	GT SWB Berlinetta Competizione #15 4/60 Silver then Red/Black LHD EU Alloy ex-W. Koenig
01876	246	GTB Dino Series M 71
1877GT	250	GT Pinin Farina Coupé Series II 60 PF job # 29469
01878	246	GT Dino Series M 4/71 Red/Black
1879GT	250	GT Pinin Farina Cabriolet Series II 60 PF job # 29732
01880	246	GTB Dino Series M 4/71 Red/Black Vinyl
1881GT	250	GT Pinin Farina Cabriolet Series II 60 Metallic grey/Red PF job # 29733
01882	246	GT Dino Series M 4/71 EU
1883GT	250	GT SWB California Spider #2/55 60 Red/Tan LHD EU steel, open headlights hardtop
01884	246	GTB Dino Series M 4/71 Red/Black EU
1885SA	400	Superamerica Serie I Cabriolet SWB #3/25 60 Nero tropicale/Marrone Hard top PF job #29417 eng. #1885
01886	246	GTB Dino Series M 4/71
1887GT	250	GT SWB Berlinetta Competizione #16 5/60 maroon then Yellow then Silver Red stripe/Black LHD Alloy
01888	246	GTB Dino Series M 4/71
1889GT	250	GT Pinin Farina Coupé Series II 60 eng. # 1889 PF job # 29470
01890	246	GTB Dino Series M 5/71
1891GT	250	GT Pinin Farina Cabriolet Series II 60 PF job # 29734
01892	246	GTB Dino Series M 4/71 Giallo Dino/Black Vinyl
1893GT	250	GT Pinin Farina Cabriolet Series II 60 Red/Black PF job # 29735 eng. in #0636
01894	246	GTB Dino Series M 5/71
1895GT	250	GTE Series I first Prototype, 3/60 Rosso Rubino/Natural PF job # 39701
01896	246	GTB Dino Series M 5/71
1897GT	250	GT Pinin Farina Coupé Series II 60 PF job # 29471
01898	246	GTB Dino Series M 4/71 Azzurro Dino/Black Vinyl then Red
1899GT	250	GT Pinin Farina Coupé Series II 60 Crema Bianco/Black eng. # 1899 PF job # 29472
01900	246	GTB Dino Series M 5/71 Rosso Chiaro/Black
1901GT	250	GT Pinin Farina Coupé Series II 60 PF job # 29473 eng. in #0179EL
01902	246	GTB Dino Series M 4/71
1903GT	250	GTE Series I second Prototype, 3/60 Bianco Saratoga/Red LHD PF job # 39702 eng. in #2347
01904	246	GTB Dino Series M 5/71 Black
1905GT	250	GT SWB Berlinetta Competizione #17 5/60 Red/Black LHD EU Alloy
01906	246	GTB Dino Series M 5/71 Red/Black EU
1907GT	250	GT Pinin Farina Coupé Series II 60 Red/Black LHD US PF job # 29474
01908	246	GTB Dino Series M 5/71
1909GT	250	GT Pinin Farina Coupé Series II 60 PF job # 29475
01910	246	GTB Dino Series M 5/71 Red then Black/Grey Suede then Red/grey
1911GT	250	GT Pinin Farina Cabriolet Series II 60 PF job # 29736
01912	246	GTB Dino Series M 4/71 Black/White Leather
1913GT	250	GT Pinin Farina Coupé Series II 60 Rosso Corsa then Black int. LHD EU eng. #1913 GT PF job # 29476
01914	246	GTB Dino Series M 5/71
1915GT	250	GT SWB California Spider #3/55 8/60 Black/Black LHD steel, open headlights converted to covered headlights
01916	246	GTB Dino Series M 4/71 Blu Scuro/Tan Leather EU
1917GT	250	GT SWB Berlinetta Competizione #18 5/60 grey metallic/Black LHD EU Alloy
01918	246	GTB Dino Series M 5/71 Red/Crema
1919GT	250	GT Pinin Farina Coupé Series II 60 PF job # 29477
01920	246	GTB Dino Series M 5/71
1921GT	250	GT Pinin Farina Coupé Series II 60 PF job # 29478
01922	246	GTB Dino Series M 5/71 Red/Tan Leather
1923GT	250	GT Pinin Farina Coupé Series II 60 PF job # 29479
01924	246	GTB Dino Series M 5/71 Rosso Dino/Black vinyl EU
1925GT	250	GT Pinin Farina Cabriolet Series II 60 Blue Sera then Rosso chairo PF job # 29737 steel hardtop ex-King of Morocco
01926	246	GTB Dino Series M 5/71
1927GT	250	GT Pinin Farina Coupé Series II 60 Silver dark green roof/Green LHD EU PF job #29480
01928	246	GTB Dino Series M 5/71 Silver/Red & Black Leather
1929GT	250	GT Pinin Farina Coupé Series II 7/60 Amaranto MM 16132/ivorio eng. #466 F PF job # 29481
01930	246	GTB Dino Series M 5/71
1931GT	250	GT SWB Berlinetta Competizione #19 6/60 Blue then bright Blue/White stripe then Red then Yellow/Black LHD Alloy temp. eng. #1785
01932	246	GTB Dino Series M 5/71
1933GT	250	GT Pinin Farina Coupé Series II 60 PF job # 29482
01934	246	GTB Dino Series M 71 Fly Giallo then Red
1935GT	250	GT Pinin Farina Cabriolet Series II 60 White then Dark Red/Black LHD eng. #1935GT PF job # 29483
01936	246	GTB Dino Series M 5/71 Red/Black
1937GT	250	GT Pinin Farina Cabriolet Series II 60 PF job # 29738
01938	246	GTB Dino Series M 5/71Red/Black Leather
1939GT	250	GT Pinin Farina Cabriolet Series II 60 Dark Blue/Crema Black top LHD PF job # 29739
01940	246	GTB Dino Series M 5/71Red/Tan & Red Inserts
1941GT	250	GT Pinin Farina Cabriolet Series II 60 PF job # 29740 covered headlights conversion & one"off body treatment by Tom Meade
01942	246	GTB Dino Series M 5/71 Red
1943GT	250	GT Pinin Farina Coupé Series II 60 PF job # 29484
01944	246	GTB Dino Series M 5/71
1945SA	400	Superamerica Serie I Cabriolet SWB #4/25 60 Verde bottiglia/Rosso Hard top PF job #29418
01946	246	GTB Dino Series M 5/71
1947GT	250	GT Pinin Farina Cabriolet Series II 60 PF job # 29741
01948	246	GTB Dino Series M 71
1949GT	250	GT Pinin Farina Cabriolet Series II 60 LHD EU PF job # 29742

s/n	Type	Comments	s/n	Type	Comments
01950	246	GTB Dino Series M 5/71 Argento Auteil/Black Vinyl then Blue then Red/Black	01988	246	GTB Dino Series M 6/71
1951GT	250	GT SWB California Spider #4/55 9/60 LHD EU steel, covered headlights	1989GT	250	GT Pinin Farina Coupé Series II 60 Blue/Black PF job # 29492
01952	246	GTB Dino Series M 5/71 Giallo Fly/Black Leather	01990	246	GTB Dino Series M 5/71 Grigio Met.
1953GT	250	GT SWB Berlinetta Competizione #20 6/60 Yellow LHD Alloy	1991GT	250	GT Pinin Farina Cabriolet Series II 60 Titanio/tan LHD EU PF job # 29751
01954	246	GTB Dino Series M 5/71 Verde Germoglio/Black Vinyl	01992	246	GTB Dino Series M 5/71 Red/Black Leather
1955GT	250	GT Pinin Farina Cabriolet Series II 60 PF job # 29743	1993GT	250	GT SWB Berlinetta Strada first RHD #22 7/60 Azzurro then silver & Red stripe/Black RHD UK steel
01956	246	GTB Dino Series M 5/71 Blue Scuro Dino/Beige Vinyl	01994	246	GTB Dino Series M 5/71
1957GT	250	GT Pinin Farina Coupé Series II 60 PF job # 29485	1995GT	250	GT SWB Berlinetta #23 9/60 Red/Red RHD UK 2nd RHD
01958	246	GTB Dino Series M 5/71	01996	246	GTB Dino Series M 5/71 Green/Tan
1959GT	250	GT Pinin Farina Cabriolet Series II 60 Red PF job # 29744	1997GT	250	GT SWB Berlinetta Competizione #24 6/60 dark Red/Black LHD EU Alloy
01960	246	GTB Dino Series M 5/71 Rosso Dino/Black	01998	246	GTB Dino Series M 5/71
1961GT	250	GT Pinin Farina Cabriolet Series II 8/60 Red/Tan PF job # 29745 converted to covered headlights & one"off body treatment by Tom Meade	1999GT	250	GT SWB Berlinetta Competizione #25 6/60 Red LHD destroyed, Replica by Fantuzzi using #1999
01962	246	GTB Dino Series M 5/71 Giallo Fly/Nero	2000	246	GTB Dino Series M 5/71
1963GT	250	GT SWB California Spider #5/55 9/60 Red LHD EU hardtop steel, covered headlights	2000	360	Modena N-GT (Factory) 02 F 131 GT #2000
01964	246	GTB Dino Series M 5/71	2001GT	250	GT SWB Berlinetta Competizione #26 6/60 dark Blue then Red LHD EU alloy
1965GT	250	GT SWB Berlinetta #21 6/60 Red then Yellow LHD Alloy destroyed by Robert Darville rebuilt by Drogo reconstructed as SWB by Hietbrink restamped as #2445	02002	246	GTB Dino Series M 5/71 Red/TanDaytona Seats eng. #6367
			2002	360	Modena N-GT F1 (Factory) 02 Red F 131 GT #2002
01966	246	GTB Dino Series M 5/71	2003GT	250	GT Pinin Farina Coupé Series II 60 White/Red LHD PF job # 29493
1967GT	250	GT Pinin Farina Cabriolet Series II 60 Azzurro Chiaro Italver 6800/Blu 3087 then Red/Red & Black eng. #1967 GT PF job # 29746	2004	360	Modena N-GT (Factory) 02 Red then Yellow & Red then Black F 131 GT #2004
01968	246	GTB Dino Series M 5/71 White/Black & White then Black/Black then Black/Black & Maroon	02004	246	GTB Dino Series M 6/71
			2005GT	250	GT Pinin Farina Cabriolet Series II 60 PF job # 29752
1969GT	250	GT Pinin Farina Cabriolet Series II 7/60 Grigio Conchiglia MM 16249/plastico & pelle Rosso then Red/Naturale then Black int. LHD EU temp. eng. #3409 then eng. #3441 PF job #29747	02006	246	GTB Dino Series M 5/71
			2006	360	Modena N-GT (Factory) 02 Red F 131 GT #2006
			2007GT	250	GT Pinin Farina Cabriolet Series II # 53 60 PF job # 29753
			02008	246	GTB Dino Series M 5/71
01970	246	GTB Dino Series M 5/71	2008	360	Modena N-GT (Factory) 02 Rosso Corsa F 131 GT #2008
1971GT	250	GT Pinin Farina Coupé Series II 60 PF job # 29486	2009GT	250	GT SWB Berlinetta Competizione #27 6/60 Light metallic Blue then Red/Black lthen ight Blue metallic LHD
01972	246	GTB Dino Series M 5/71	02010	246	GTB Dino Series M 5/71 Argento Auteil Met./Nero then Red/Black Leather
1973GT	250	GT Pinin Farina Coupé Series II 60 White RHD eng. #1973 PF job # 29487 new to AUS, 1 of 2 RHD	2010	360	Modena N-GT (Factory) 03 Rosso Scuderia/stof fa Vigogna F131GT*2010* eng. #027
01974	246	GTB Dino Series M 5/71	2011GT	250	GT Pinin Farina Cabriolet Series II 60 Red/Black LHD EU PF job # 29754
1975GT	250	GT Pinin Farina Coupé Series II 60 RHD PF job # 29488	02012	246	GTB Dino Series M 5/71 Giallo Fly
01976	246	GTB Dino Series M 5/71	2012	360	Modena N-GT (Factory) 03 Yellow F 131 GT #2012
1977GT	250	GT Pinin Farina Coupé Series II 60 Grigio Fuemo/Black PF job # 29489	2013GT	250	GT Pinin Farina Cabriolet Series II 60 eng. #2013 PF job # 29755 eng. temp. in #1833 then eng. #2013
01978	246	GTB Dino Series M 71 Rosso Chiaro	02014	246	GTB Dino Series M 5/71 Yellow/Black Vinyl then Black/Black Vinyl then Red
1979GT	250	GT Pinin Farina Cabriolet Series II 60 PF job # 29748	2014	360	Modena N-GT (Factory) 03 silver & Red/Red F 131 GT #2014 eng. #105
01980	246	GTB Dino Series M 71 Rosso Chirao	2015GT	250	GT SWB California Spider #6/55 6/60 White/Red then Red then White/Black then Bordeaux int. LHD alloy open headlights, special TR-engine
1981GT	250	GT Pinin Farina Cabriolet Series II 60 PF job # 29749			
01982	246	GTB Dino Series M 5/71 Rosso Chiaro/Black Vinyl RHD UK			
1983GT	250	GT Pinin Farina Cabriolet Series II 60 PF job # 29750	02016	246	GTB Dino Series M 5/71
01984	246	GTB Dino Series M 5/71	2016	360	Modena N-GT (Factory) 03 Red white & blue F 131 GT #2016 eng. #106
1985GT	250	GT Pinin Farina Coupé Series II 60 PF job # 29490	2017GT	250	GT Pinin Farina Coupé Series II 60 Red then grey met./Red LHD PF job # 29494 hood scoop
01986	246	GTB Dino Series M 5/71 Bianco Polo Park			
1987GT	250	GT Pinin Farina Coupé Series II 60 Blue/Black then Corsa Rosso Maroon/Crema LHD PF job # 29491	02018	246	GTB Dino Series M 6/71

s/n	Type	Comments	s/n	Type	Comments
2018	360	Modena N-GT (Factory) 03 silver F 131 GT #2018	2045GT	250	GT Pinin Farina Cabriolet Series II 60 PF job # 29760
2019GT	250	GT Pinin Farina Coupé Series II 60 PF job # 29495	02046	246	GTB Dino Series M 6/71 Red
02020	246	GTB Dino Series M 6/71 Red/Black	2047GT	250	GT Pinin Farina Cabriolet Series II 60 Rosso Corsa Black LHD PF job # 29761
2020	360	Modena N-GT (Factory) 03 F 131 GT #2020	02048	246	GTB Dino Series M 6/71 Argento Auteil/Black Vinyl
2021GT	250	GT SWB Berlinetta Competizione #28 6/60 Metallic grey then green then Red then Metallic grey Blue stripe LHD Alloy eng. #2997	2049GT	250	GT Pinin Farina Coupé Series II 60 PF job # 29498
02022	246	GTB Dino Series M 71 Grigio	02050	246	GTB Dino Series M 6/71
2022	360	Modena N-GT (Factory) 03 Rosso Barchetta F 131 GT #2022	2050	360	Modena GTC F1 04 Rosso Scuderia White stripe LHD EU F131 GTC 2050 eng. #131
2023GT	250	GT Pinin Farina Coupé Series II 60 PF job # 29496	2051GT	250	GT Pinin Farina Coupé Series II 60 Crema/Nero LHD PF job # 29499
02024	246	GTB Dino Series M 5/71 Giallo Senape/Black	02052	246	GTB Dino Series M 7/71 Giallo Fly/Black Vinyl
2024	360	Modena N-GT (Factory) 03 White & dark Blue F 131 GT #2024	2052	360	Modena GTC 04 Bologna Show Car Yellow/Black LHD F131GT2052
2025GT	250	GT SWB Berlinetta Competizione #29 7/60 Red/Black LHD Alloy eng. in #4363 eng. swapped?	2053GT	250	GT SWB Berlinetta Competizione #32 8/60 GTO-Study rebodied as regular SWB Berlinetta silver grey metallic dark Red stripe rebuilt by Drogo destroyed & never rebuilt
2025	360	Modena N-GT (Factory) Red probably wrong as the Factory N-GT s/n are even	02054	246	GTB Dino Series M 6/71 Blue Metallic Dino/Black Vinyl then Red/Black then Dark Blue/Tan Black inserts RHD UK
02026	246	GTB Dino Series M 5/71			
2026	360	Modena N-GT (Factory) 03 F 131 GT #2026	2054	360	Modena GTC Red F131GTC2054 rear spoiler
2027GT	250	GT Pinin Farina Coupé Series II 60 Silver/Black LHD PF job # 29497 eng. #1865, 5th from the last, ex-Ed Niles	2055GT	250	GT SWB Berlinetta #33 8/60 Yellow & green then Silver LHD Steel
02028	246	GTB Dino Series M 5/71	02056	246	GTB Dino Series M 6/71 Giallo Fly/Black Vinyl then Red/Tan
2028	360	Modena N-GT (Factory) 03 silver Yellow stripe F 131 GT #2028	2056	360	Modena GTC 04 Red F131GTC 2056
2029GT	250	GT Pinin Farina Cabriolet Series II 60 PF job # 29756	2057GT	250	GT Pinin Farina Cabriolet Series II 60 Rosso Amaranto/Black LHD PF job # 29762 eng. in #1217 TR-Replica
02030	246	GTB Dino Series M 6/71 Rosso Chiaro/Black Vinyl	02058	246	GTB Dino Series M 6/71 Bianco Polo Park then Rosso Corsa/Black Vinyl eng. #02058
2030	360	Modena N-GT (Factory) 03 F131GT2030	2058	360	Modena GTC F131GTC2058
2031GT	250	GTE Series I third prototype, Torino Show Car 10/60 Grigio Argento/Black PF job # 39703	2059GT	250	GT Pinin Farina Cabriolet Series II 60 PF job # 29763 250 TR replica Rosso Corsa
02032	246	GTB Dino Series M 5/71 Red/Black then Black/Black & Red Inserts	02060	246	GTB Dino Series M 6/71 Azzurro Dino/Black Vinyl then Red/Tan RHD UK
2032	360	Modena N-GT (Factory) 03 Red then Black F131GT2032	2060	360	Modena GTC F131GTC2060 eng. #119
2033GT	250	GT SWB Berlinetta Competizione #30 8/60 White maroon stripe LHD alloy Portuguese 63 '-GT Champion	2061GT	250	GT Pinin Farina Cabriolet Series II 60 PF job # 29764
02034	246	GTB Dino Series M 6/71 Rosso Chiaro/Black Vinyl then Rosso Dino/Black RHD UK	02062	246	GTB Dino Series M 6/71 Azzurro Metallic/Blue Vinyl
2034	360	Modena N-GT (Factory) 03 F131GT2034	2062	360	Modena GTC 04 Red & White F131GTC 2062 eng. #043
2035GT	250	GT SWB Berlinetta Competizione #31 7/60 Red/Black LHD alloy	2063GT	250	GT Pinin Farina Cabriolet Series II 60 PF job # 29765
02036	246	GTB Dino Series M 5/71 Dark Blue then Red/Crema	02064	246	GTB Dino Series M 6/71 Red/Tan & Red Leather
2036	360	Modena N-GT (Factory) 03 Rosso Scuderia F131GT2036	2064	360	Modena GTC Rosso Scuderia/Black Manual LHD EU F131GTC2064
2037GT	250	GT Pinin Farina Cabriolet Series II 60 PF job # 29757	2065GT	250	GT Pinin Farina Coupé Series II 60 PF job # 29500 rebodied with Drogo body
02038	246	GTB Dino Series M 6/71 Red/Tan	02066	246	GTB Dino Series M 6/71 Rosso Dino/Black Vinyl
2038	360	Modena GT 03 Blue met. & Yellow then matt Black then Blue/Black then Rosso Scuderia F 131 GT #2038 eng. #120	2066	360	Modena GTC Black F131GTC2066 eng. #130
2039GT	250	GT Pinin Farina Cabriolet Series II 60 Red/Red then Black/Black PF job # 29758	2067GT	250	GT SWB Berlinetta #34 8/60 rebodied by Drogo then rebodied as GTO Replica then rebo died by Terry Hoyle in alloy Red/Black then metallic grey Black stripe/Blue LHD Steel eng. #2067GT
02040	246	GTB Dino Series M 6/71 Giallo Fly/Black Vinyl			
2040	360	Modena N-GT (Factory) 04 Rosso Scuderia LHD EU F 131 GT #2040	02068	246	GTB Dino Series M 6/71 Black/Tan
2041GT	250	GT Pinin Farina Cabriolet Series II 60 White/Red then Red/Black PF job # 29759 original covered headlights & one "off body" treatment by Tom Meade	2068	360	Modena GTC F131GTC2068
			2069GT	250	GT SWB Berlinetta Strada #35 10/60 Argento Yellow band/Black LHD steel temp. eng. #2445GT
02042	246	GTB Dino Series M 71	02070	246	GTB Dino Series M 6/71
2043GT	250	GTE Series I Paris Show Car 60 Pale metallic Blue/Red PF job # 39704	2071GT	250	GT Pinin Farina Cabriolet Series II 60 LHD EU PF job # 29766
02044	246	GTB Dino Series M 5/71	02072	246	GTB Dino Series M 6/71

s/n	Type	Comments
2073GT	250	GT Pinin Farina Cabriolet Series II 60 PF job # 29767
02074	246	GTB Dino Series M 6/71 Metallic Blue/Tan & Black
2075GT	250	GT Pinin Farina Cabriolet Series II 60 PF job # 29768
02076	246	GTB Dino Series M 71 Rosso Chiaro
2077GT	250	GT Pinin Farina Cabriolet Series II 60 PF job # 29769
02078	246	GTB Dino Series M 6/71 Yellow/Black then Red/Black Vinyl
2079GT	250	GT Pinin Farina Cabriolet Series II 60 Grigio Fumo MM 16672/nero vinyl & leather 8500 PF job #29770
02080	246	GTB Dino Series M 6/71 Red/Tan Vinyl
2081GT	250	GT Pinin Farina Coupé Series II last, 9/60 Blu Sera MM16439/ leather Avorio 3323 LHD eng. #2081 PF job #29402
02082	246	GTB Dino Series M 6/71
2083GT	250	GT SWB Berlinetta Competizione #36 9/60 Grey metallic then Red/Black LHD Alloy ex-Recordati family
02084	246	GTB Dino Series M 6/71
2085GT	250	GT Pinin Farina Cabriolet Series II 60 PF job # 29771
02086	246	GTB Dino Series M 6/71 Rosso Chiaro 20-R-190/Nero
2087GT	250	GT Pinin Farina Cabriolet Series II 60 Red LHD PF job # 29772
02088	246	GTB Dino Series M 6/71
2089GT	250	GT Pinin Farina Cabriolet Series II 60 PF job # 29773
02090	246	GTB Dino Series M 6/71 Red
2091GT	250	GT Pinin Farina Cabriolet Series II 60 Grigio Fumo/beige then Red/Black LHD US eng. #2091GT PF job # 29774
02092	246	GTB Dino Series M 6/71 Red
2093GT	250	GT Pinin Farina Cabriolet Series II 60 LHD PF job # 29775
02094	246	GTB Dino Series M 6/71
2095GT	250	GT SWB Berlinetta Competizione #37 8/60 Red ital. stripe/Black LHD
02096	246	GTB Dino Series M 6/71 Red/Tan LHD
2097GT	250	GT Pinin Farina Cabriolet Series II 60 LHD PF job # 29776
02098	246	GTB Dino Series M 6/71
2099GT	250	GT Pinin Farina Cabriolet Series II 60 Gold then Dark Brown met. then Dark Blue/Tan LHD US PF job # 29777 Hardtop
02100	246	GTB Dino Series M 6/71
2101GT	250	GT Pinin Farina Cabriolet Series II 60 dark Red then Blue then dark Red LHD EU PF job # 29778 ex-Prince Alfonso von Hohenlohe, probably dest. to Gianni Agnelli
02102	246	GTB Dino Series M 6/71 Red/Tan
2102	550	Maranello GT Red & Yellow
2103GT	250	GT Pinin Farina Cabriolet Series II 60 PF job # 29779
02104	246	GTB Dino Series M 7/71 Yellow/Black Vinyl then Dark Met. Blue/Black Vinyl
2104	550	Maranello GT Red & Yellow JMB Livery Yellow mirrors LHD
2105GT	250	GT Pinin Farina Cabriolet Series II #71 60 dark grey/Black PF job #29780
02106	246	GTB Dino Series M 71 Grey Met. then Red
2106	575	GTC IAA Frankfurt Show Car Red/Black LHD
2107GT	250	GT Pinin Farina Cabriolet Series II 60 Red/Black PF job # 29781
02108	246	GTB Dino Series M 6/71
2109GT	250	GT Pinin Farina Cabriolet Series II 60 PF job # 29782
02110	246	GTB Dino Series M 71 Blue Metallic Dino then Giallo/Nero
2111GT	250	GT SWB Berlinetta Competizione Sales Brochure Car, Prototype series #38 2/61 dark green then Yellow/tan then Silver then Yellow/Black LHD, steel
02112	246	GTB Dino Series M 7/71 Rosso Chiaro/Black Vinyl
2113GT	250	GT Pinin Farina Cabriolet Series II 60 PF job # 29783
02114	246	GTB Dino Series M 7/71 Oro Chiaro Met./Black Vinyl
2115GT	250	GT Pinin Farina Cabriolet Series II 60 dark Blue met./Tan LHD PF job #29784
02116	246	GTB Dino Series M 7/71 Azzurro Dino/Black Vinyl then Yellow/Black then Red/Tan RHD UK
2117GT	250	GT Pinin Farina Cabriolet Series II 60 PF job # 29785
02118	246	GTB Dino Series M 6/71 Black/Black Vinyl then Yellow
2119GT	250	GT SWB Berlinetta #39 8/60 dark Blue White horizontal stripe/Black RHD Alloy
02120	246	GTB Dino Series M 71 Yellow/Black Vinyl
2121GT	250	GT Pinin Farina Cabriolet Series II 60 Silver PF job # 29786
02122	246	GTB Dino Series M 7/71 Dark green
2123GT	250	GT Pinin Farina Cabriolet Series II 60 PF job # 29787
02124	246	GTB Dino Series M 6/71 Yellow RHD AUS
2125GT	250	GT Pinin Farina Cabriolet Series II 60 Blue PF job # 29788
02126	246	GTB Dino Series M 7/71 Silver/Black Vinyl
2127GT	250	GT SWB Berlinetta Competizione #40 9/60 French Blue Tricolore stripe/Black LHD Alloy
02128	246	GTB Dino Series M 7/71 Azzurro Met./Blue Vinyl
2129GT	250	GT SWB Berlinetta Competizione #41 9/60 Silver/burgundy LHD TdF-1960 winner
02130	246	GTB Dino Series M last Series M 7/71 Red
2131GT	250	GT Pinin Farina Cabriolet Series II 60 Red/Black PF job # 29789 eng. # 2157
02132	246	GTB Dino Series E first Series E 7/71Yellow
2133GT	250	GT Pinin Farina Cabriolet Series II 60 light Grey/Red PF job # 29790
02134	246	GTB Dino Series E 7/71 Red
2135GT	250	GT Pinin Farina Cabriolet Series II 60 PF job # 29791
02136	246	GTB Dino Series E 7/71 Red
2137GT	250	GT Pinin Farina Cabriolet Series II 60 Red/Tan PF job # 29792, front end modifed like a TdF
02138	246	GTB Dino Series E 7/71
2139GT	250	GT Pinin Farina Cabriolet Series II 60 PF job # 29793
02140	246	GTB Dino Series E 7/71
2141GT	250	GT SWB Berlinetta Competizione #42 9/60 Red LHD Alloy destroyed, new car (Replica of #2301) built around engine & gearbox in the 90´s
02142	246	GTB Dino Series E 71 Blu Scoro
2143GT	250	GT Pinin Farina Cabriolet Series II 60 light grey met./Black LHD PF job # 29794
02144	246	GTB Dino Series E 7/71 Blu Scuro
2145GT	250	GT Pinin Farina Cabriolet Series II 60 Rosso Corsa/Tan LHD EU PF job # 29795
02146	246	GTB Dino Series E 7/71 Red
2147GT	250	GT Pinin Farina Cabriolet Series II 60 PF job # 29796
02148	246	GTB Dino Series E 71
2149GT	250	GT SWB Berlinetta #43 9/60 Metallic grey then Red LHD Alloy converted to Strada 1st " 1960 Montlhery 1000km
02150	246	GTB Dino Series E 71 Rosso Dino/Black Red inserts DINO246GT02150
2151GT	250	GT Pinin Farina Cabriolet Series II 60 PF job # 29797

s/n	Type	Comments
02152	246	GTB Dino Series E 7/71 Red/Black LHD EU
2153GT	250	GT Pinin Farina Cabriolet Series II 60 Green then Red/Tan tan top LHD eng. #2153 PF job # 29798
02154	246	GTB Dino Series E 7/71 Rosso Chiaro/Black Leather
2155GT	250	GT Pinin Farina Cabriolet Series II 60 Red/Black PF job # 29799
02156	246	GTB Dino Series E 7/71
2157GT	250	GT Pinin Farina Cabriolet Series II 60 PF job # 29800 eng. in # 2131
02158	246	GTB Dino Series E 7/71
2159GT	250	GT SWB Berlinetta Competizione #44 9/60 gold then Red/Black LHD EU eng. #2159 Alloy
02160	246	GTB Dino Series E 71 Blu Scuro/Tan Leather
2161GT	250	GT SWB California Spider #7/55 60 Red/Tan LHD Steel covered headlights
02162	246	GTB Dino Series E 7/71
2163GT	250	GT SWB Berlinetta Competizione #45 10/60 Red LHD ALloy
02164	246	GTB Dino Series E 7/71
2165GT	250	GT SWB Berlinetta Competizione #46 9/60 dark Blue then Blu Sera LHD alloy
02166	246	GTB Dino Series E 7/71
2167GT	250	GT SWB California Spider #8/55 12/60 Red/Tan LHD covered headlights steel (ex)-Ralph Lauren
02168	246	GTB Dino Series E 71 Bianco Polo then Silver/Rosso
2169GT	250	GTE Series I first production GTE, Paris Show Car 60 Rosso Rubino/Naturale LHD PF job # 39705, temp. used by Enzo Ferrari
02170	246	GTB Dino Series E 7/71
2171GT	250	GTE Series I first US Car 60 Rosso Corsa/Nero LHD US PF job # 39706
02172	246	GTB Dino Series E 7/71 Yellow
2173GT	250	GTE Series I #8/955 11/60 Iron Grey/Natural then Ivory/Tan eng. #2173GT PF job # 39707
02174	246	GTB Dino Series E 71
2175GT	250	GT SWB California Spider #9/55 1/61 Red/Black Steel covered headlights, ex-Roger Vadim, probably for Brigitte Bardot
02176	246	GTB Dino Series E 7/71
2177GT	250	GT SWB Berlinetta #47 10/60 Red then Yellow/Black LHD EU
02178	246	GTB Dino Series E 7/71
2179GT	250	GT SWB Berlinetta Competizione #48 10/60 Blue/Black Red seats LHD Alloy
02180	246	GTB Dino Series E 71 Silver then Yellow/Black Vinyl #161
2181GT	250	GTE Series I Press Brochure Car 60 White/Red then Red/Tan then Silver PF job # 39708
02182	246	GTB Dino Series E 7/71
2183GT	250	GTE Series I 60 Grigio/Red LHD EU PF job # 39709
02184	246	GTB Dino Series E 7/71 Red
2185GT	250	GTE Series I London Show Car, first RHD 60 Grigio/Darfk Blue RHD UK PF job # 39710
02186	246	GTB Dino Series E 7/71 Azzurro Dino
2187GT	250	GTE Series I 1/61 Dark olive Green/Green RHD eng. #2187 PF job # 39711
02188	246	GTB Dino Series E 7/71
2189GT	250	GTE Series I 11/60 Dark Blue/Blue then Dark Red/Black LHD EU PF job # 39712
02190	246	GTB Dino Series E 7/71
2191GT	250	GTE Series I 11/60 Grigio Conchiglia/Black LHD EU PF job # 39713
02192	246	GTB Dino Series E 71 Rosso Chiaro
2193GT	250	GTE Series I 60 LHD EU PF job # 39714
02194	246	GTB Dino Series E 7/71
2195GT	250	GTE Series I 60 LHD EU PF job # 39715
02196	246	GTB Dino Series E 7/71 Rosso Dino
2197GT	250	GTE Series I 60 LHD EU PF job # 39716 parted out
02198	246	GTB Dino Series E 7/71
2199GT	250	GTE Series I 60 LHD EU PF job # 39717 parted out, eng. in #5159
02200	246	GTB Dino Series E 7/71
2201GT	250	GTE Series I 60 LHD US PF job # 39718, heads on eng. s/n 2011, 250 GTO Replica Dark met. Blue
02202	246	GTB Dino Series E 71 Rosso Chiaro then Black/Nero Vinyl LHD EU
2202	575	GTC Red then Black then Red F131MGT2202 eng. #F133GT 014
2203GT	250	GTE Series I 60 LHD EU PF job # 39719
02204	246	GT Dino Series E 71 Red/Black Red carpets RHD
2204	575	GTC Red & Yellow F131MGT2204 see #001
2205GT	250	GTE Series I 60 LHD EU PF job # 39720 eng. in #3261, 250 GTO Replica dark Red, eng. #4617
02206	246	GTB Dino Series E 7/71 Rosso Chiaro
2206	575	GTC 04 Black/Black F131MGT2206
2207SA	400	Superamerica Serie I Coupé later Cabriolet, III Torino Show Car & IV Torino Show Car Geneva Show Car #5/25 60 Bianco/Nero then Verde chiaro met then Blu Sera PF job #29403 ex-Battista Pinin Farina
02208	246	GTB Dino Series E 7/71
2208	575	GTC Red & Yellow F133GTM2208
2209GT	250	GT SWB Berlinetta Competizione #49 10/60 White green stripe then rebodied by Drogo then rebodied back, Drogo body to #2065 metallic Blue rebuilt by DK Yellow & green stripe/Black then White green stripe/Black LHD eng. #4921 eng. in #2269 Alloy
2210	575	GTC Red & Yellow F133GT2210
02210	246	GTB Dino Series E 7/71
2211GT	250	GT Pinin Farina Cabriolet Series II 60 PF job # 29901
02212	246	GTB Dino Series E 7/71 White/Black
2212	575	GTC Red & White F131MGT 2212
2213GT	250	GTE Series I 60 LHD EU PF job # 39721
02214	246	GTB Dino Series E 7/71 White/Black Vinyl
2214	575	GTC Red & White F131MGT2214
2215GT	250	GTE Series I 60 LHD US PF job # 39722
02216	246	GTB Dino Series E 7/71
2216	575	M GT 04 Red White stripe then Red Black & Yellow F131MGT2216
2217GT	250	GTE Series I 60 Anthracite/Blue LHD US PF job # 39723
02218	246	GTB Dino Series E 7/71
2218	575	M GT Red White strtipe F131MGT2218
2219GT	250	GTE Series I 60 Bronze then Dark Red/Tan LHD US PF job # 39724
02220	246	GTB Dino Series E 7/71 Fly Giallo
2220	575	M GTC Black then Red Black & Yellow
2221GT	250	GT SWB Berlinetta London Show Car #50 10/60 Red RHD converted to LHD Steel rebo died in alloy
02222	246	GTB Dino Series E 7/71
2222	575	M GTC carbon then Rosso Scuderia/Black LHD
2223GT	250	GTE Series I 60 Silver LHD EU PF job # 39725 exported to the US eng. in '32 Ford Lowbelly Replica
02224	246	GTB Dino Series E 7/71 Azzurro
2224	575	GTC Red & Yellow
2225GT	250	GTE Series I 60 Grigio/Black LHD US PF job # 39726, Chevy Motor installed, eng. in 2263GT 250 GT SWB Replica by Garrish/Obry Fly Giallo/Black
02226	246	GTB Dino Series E 7/71 Red
2227GT	250	GTE Series I 60 Red PF job # 39727
02228	246	GTB Dino Series E 7/71 Azzurro Dino
2229GT	250	GTE Series I 60 PF job # 39728 eng. in #1865

s/n	Type	Comments
02230	246	GTB Dino Series E 7/71
2231GT	250	GT SWB Berlinetta Competition #51 11/60 Rosso chiaro/Black LHD EU Alloy temp. modified with Chiti nose
2233GT	250	GTE Series I 60 PF job # 39729
02234	246	GTB Dino Series E 7/71 Red/Black Leather EU
2235GT	250	GTE Series I 61 PF job # 39730 rebuilt as 250 GT Fantuzzi Spider NART in '64, one-off for Chinetti SF, NYC & Miami Show Car Rosso Corsa/Black LHD
02236	246	GTB Dino Series E 7/71 Azzurro
2237GT	250	GT SWB Berlinetta Competition #52 60 Vinaccia/tan then Blu Sera/Black LHD US Alloy eng. #1519
02238	246	GTB Dino Series E 71 Rosso Corsa/Black LHD EU
2239GT	250	GTE Series I 60 LHD EU PF job # 39731
02240	246	GTB Dino Series E 71 Rosso Chiaro
2241GT	250	GTE Series I 60 Dark Blue met. then Azzurro met./Black PF job # 39732
02242	246	GTB Dino Series E 71 Red
2243GT	250	GT SWB Berlinetta #53 11/60 grey metallic then Cadillac Dakotah Red then Red/Red LHD Steel # interno 660F
02244	246	GTB Dino Series E 71 Rosso Chiaro
2245GT	250	GTE Series I 61 Celeste/Dark Blue RHD UK eng. #2245 PF job # 39733
02246	246	GTB Dino Series E 71
2247GT	250	GTE Series I 60 LHD PF job # 39734
02248	246	GTB Dino Series E 71
2249GT	250	GT SWB California Spider #10/55 61 metallic green/beige LHD EU Steel open converted to covered headlights ex-Prince Saddrudin Aga Khan
02250	246	GT Dino Series E 72 Red/Black EU
2251GT	250	GT SWB Berlinetta Stradale #54 12/60 Blue green/Black then Red/brown LHD Steel eng. #3717
02252	246	GTB Dino Series E 71
2253GT	250	GTE Series I 60 RHD eng. #2253 PF job # 39735
02254	246	GTB Dino Series E 71 Yellow/Black LHD EU
2255GT	250	GTE Series I 60 Black then Grey met./Black LHD EU PF job # 39736
02256	246	GT Dino Series E 72
2257SA	400	Superamerica Serie I GTE 2+2 #6/25 Blu/Rosso then dark Blue dark Red Prototipo 250 GTE 2+2 renumbered #1257 by the factory, ex-Enzo Ferrari
02258	246	GTB Dino Series E 71 Red
2259GT	250	GTE Series I 60 PF job # 39737
02260	246	GTB Dino Series E 71 Giallo Dino
2261GT	250	GTE Series I 60 Red/Tan LHD EU PF job # 39738
02262	246	GT Dino Series E 72
2263GT	250	GTE Series I 60 light grey PF job # 39739 SWB Replica by Garrish Obry Blue White stripe LHD US eng. #2225 then eng. #2543 GT eng. in #4761
02264	246	GTB Dino Series E 71
2265GT	250	GT SWB Berlinetta #55 12/60 LHD Steel
02266	246	GTB Dino Series E 71
2267GT	250	GTE Series I 60 PF job # 39740
02268	246	GTB Dino Series E 71
2269GT	250	GT SWB Berlinetta 60 LHD Steel eng. in #2209, PF files show it as GTE
02270	246	GTB Dino Series E 71 Red/Black
2271GT	250	GTE Series I 60 PF job # 39741 eng. in #1777
02272	246	GTB Dino Series E 71
2273GT	250	GTE Series I 60 Dark Blue/Blue RHD UK
02274	246	GTB Dino Series E 71
2275GT	250	GT Pinin Farina Cabriolet Series II Brussels Motor Show 60 Red PF job # 29902
02276	246	GTB Dino Series E 71
2277GT	250	GT SWB California Spider Brussels Show car #11/55 1/61 Red/Tan LHD EU Steel open Headlights
02278	246	GTB Dino Series E 71
2279GT	250	GTE Series I 60 PF job # 39743, parted out, eng. used for a California Spider or SWB-Replica
02280	246	GTB Dino Series E 71 Red/Black
2281GT	250	GTE Series I 3/61 dark grey/tan LHD eng. #2281 PF job # 39744
02282	246	GTB Dino Series E 71
2283GT	250	GT SWB Berlinetta #57 1/61 green LHD Steel
02284	246	GTB Dino Series E 71 Yellow
2285GT	250	GTE Series I 61 Blu Sera/grey RHD UK eng. #2285 PF job # 39772
02286	246	GTB Dino Series E 71
2287GT	250	GTE Series I 61 White RHD UK PF job # 39773
02288	246	GTB Dino Series E 71 Red/Tan
2289GT	250	GT SWB Berlinetta Strada #58 2/61 dark Blue/tan LHD steel # interno 630F
02290	246	GTB Dino Series E 71
2291GT	250	GT SWB Berlinetta Strada #59 1/61 Red tricolore stripe/Black then Blue int. LHD
02292	246	GTB Dino Series E 71
2293GT	250	GTE Series I 61 Red then Black/White LHD PF job # 39747
02294	246	GTB Dino Series E 71 Yellow then Rosso Corsa then Yellow/Black Vinyl
2295GT	250	GTE Series I 61 LHD US PF job # 39748
02296	246	GTB Dino Series E 71
2297GT	250	GTE Series I 61 Black then Red/Black LHD PF job # 39749
02298	246	GTB Dino Series E 71 Yellow/Black
2299GT	250	GTE Series I 61 Blue/Ivory RHD UK PF job # 39834
02300	246	GTB Dino Series E 71
2301GT	250	GT SWB California Spider #12/55 1/61 LHD destroyed in an accident rebuilt Blue/Beige eng. #2313 eng. in #1319 then in #3405
02302	246	GTB Dino Series E 71
2303GT	250	GTE Series I 61 LHD EU PF job # 39751
02304	246	GTB Dino Series E 71 Red
2305GT	250	GT Pinin Farina Cabriolet Series II 60 Black/Red LHD PF job # 29903
02306	246	GTB Dino Series E 71 Rosso Chiaro/Black Vinyl
2307GT	250	GT Pinin Farina Cabriolet Series II 60 PF job # 29904
02308	246	GT Dino Series E 71 Rosso Chiaro/Black Red Inserts then Rosso Corsa/tan leather
2309GT	250	GTE Series I 61 LHD US PF job # 39742
02310	246	GTB Dino Series E 71
2311SA	400	Superamerica Series I Spider California SWB body by Scaglietti #7/25 61 RHD covered headlights
02312	246	GTB Dino Series E 71
2313GT	250	GTE Series I 61 PF job # 39745 eng. in #1789
02314	246	GTB Dino Series E 71 Brown then Black/White Vinyl then Red/Red & Black EU
2315GT	250	GTE Series I 61 PF job # 39746
02316	246	GTB Dino Series E 71 Red/Black & Red Daytona Seats
2317GT	250	GTE Series I 61 LHD EU PF job # 39750 SWB replica Yellow
02318	246	GTB Dino Series E 71 Yellow/Black
2319GT	250	GT Pinin Farina Cabriolet Series II 61 Black/tan PF job # 29905
02320	246	GTB Dino Series E 71 Blue Metallic Dino/Beige Vinyl
2321GT	250	GT SWB Berlinetta Competizione #60 2/60 Red then dark Bluethen Silver then Yellow/green vinyl
02322	246	GTB Dino Series E 71

s/n	Type	Comments
2323GT	250	GTE Series I 60 Silver/Red then Red/Red Vinyl then Rosso Monza LHD eng. #2323 PF job # 39752 RHD-Conversion ex-Peter Hawthorne
02324	246	GTB Dino Series E 71 Red/Black
2325GT	250	GTE Series I 61 Argento/Blue RHD UK PF job # 39845
02326	246	GTB Dino Series E 71 Red then Fly Giallo/Black Daytona Seats
2327GT	250	GT Pinin Farina Cabriolet Series II 61 Silver/Rosso PF job # 29906 factory hardtop
02328	246	GTB Dino Series E 71
2329GT	250	GT Pinin Farina Cabriolet Series II 60 PF job # 29907
02330	246	GTB Dino Series E 71 Red/Black EU
2331SA	400	Superamerica Series I Cabriolet #4/6 Geneva Show Car 60 Bianco Hermellino met./Blu then Blu Antilla/Avorio PF job #99501
02332	246	GTB Dino Series E 71
2333GT	250	GTE Series I 61 White/brown LHD EU PF job # 39753, 1st GTE in Austria ex-Wolfgang Denzel
02334	246	GTB Dino Series E 71 Rosso Corsa/Black Leather
2335GT	250	GT SWB Berlinetta Strada #61 1/61 grey metallic dark Red stripes/Burgundy RHD (ex)-Eric Clapton
02336	246	GTB Dino Series E 71
2337GT	250	GTE Series I 61 LHD EU PF job # 39754
02338	246	GTB Dino Series E 71
2339GT	250	GTE Series I 61 Red/Black then tan int. LHD US PF job # 39755
02340	246	GTB Dino Series E 71
2341GT	250	GT Pinin Farina Cabriolet Series II 61 PF job # 29908 Hardtop
02342	246	GTB Dino Series E 71
2343GT	250	GT Pinin Farina Cabriolet Series II 61 PF job # 29909
02344	246	GTB Dino Series E 71
2345GT	250	GTE Series I 61 Silver then Rosso Rubino/Black eng. #2345 PF job # 39756, then 330-eng. eng. #2345 to a SWB Replica by Motion Products, Inc
02346	246	GT Dino Series E 72 Silver/Dark Brown then Red/Tan then Black Leather int.
2347GT	250	GT SWB Berlinetta #62 2/61 Red/Black LHD Steel temp. eng. #1903 eng. #2347
02348	246	GTB Dino Series E 71 Red/Tan then Black Leather int.
2349GT	250	GTE Series I 61 LHD EU PF job # 39757, burned & parted out in 72, parts in #0879 & #2439 re-created as 250 TR Rosso Scuro White stripe/Red RHD
02350	246	GTB Dino Series E 71
2351GT	250	GTE Series I 61 Silver/Blue PF job # 39758
02352	246	GTB Dino Series E 71
2353GT	250	GTE Series I 61 LHD EU PF job # 39759
02354	246	GTB Dino Series E 71 Viola Metallic
2355GT	250	GTE Series I 61 Maroon/Crema then White/Black PF job # 39760, Series II body
02356	246	GTB Dino Series E 71 Rosso Chiaro/Black
2357GT	250	GTE Series I 61 Rosso Rubino/Tan LHD EU PF job # 39761
02358	246	GTB Dino Series E 71 Red/Tan Vinyl then Black int.
2359GT	250	GT Pinin Farina Cabriolet Series II 61 Black/Black then Red/Black Red carpets PF job # 29810
02360	246	GTB Dino Series E 71
2361GT	250	GT Pinin Farina Cabriolet Series II 61 Red/Black LHD EU PF job # 29911 ex-Wolfgang Graf Berghe von Trips
02362	246	GT Dino Series E 71 Yellow/Black RHD eng. #8010 new to South Africa
2363GT	250	GTE Series I 61 Silver/Black LHD EU PF job # 39762
02364	246	GTB Dino Series E 71 Le Mans Blue/Black & Grey Vinyl
2365GT	250	GT SWB Berlinetta #63 2/61 Black/tan LHD, Kroymans Collection
02366	246	GTB Dino Series E 9/71 Blue Scuro/Beige Vinyl then Red/Tan RHD UK
2367GT	250	GTE Series I 61 Yellow/Black LHD EU PF job # 39764, 250 LWB replica Red/Blue seats RHD
02368	246	GTB Dino Series E 71 Fly Giallo/Bordeaux Vinyl then Black int.
2369GT	250	GTE Series I 61 Grey/Red then Red/Tan PF job # 39765
02370	246	GTB Dino Series E 71
2371GT	250	GTE Series I 61 PF job # 39766
2372	246	GTB Dino Series E 71
2373SA	400	Superamerica Series I Coupé Aero #9/25 Geneva Show Car 60 Azzurro Reale/Beige covered headlights LHD
02374	246	GTB Dino Series E 71
2375GT	250	GTE Series I 61 PF job # 39767
02376	246	GTB Dino Series E 71 Red/Black
2377GT	250	GT SWB California Spider #13/55 3/61 Black LHD Steel, covered headlights # interno 638F, ex-James Coburn
02378	246	GTB Dino Series E 71
2379GT	250	GTE Series I 61 Red/Black then Verde Pino/bruno LHD US PF job # 39768 sunroof
02380	246	GTB Dino Series E 71
2381GT	250	GT Pinin Farina Cabriolet Series II 61 Red/Black PF job # 29912
02382	246	GTB Dino Series E 9/71 Argento Auteil/Black Vinyl
2383GT	250	GT SWB California Spider #14/55 2/61 Silver/beige then Red then gunmetal grey covered Headlights Hardtop, ex-Lautenschlager, ex-Seidel, Brandon Wang-Collection
02384	246	GTB Dino Series E 71 Rosso Chiaro/Black LHD EU
2385GT	250	GT Pinin Farina Cabriolet Series II 61 PF job # 29913
02386	246	GTB Dino Series E 71 Silver then Yellow/Black Vinyl
2387GT	250	GTE Series I 61 LHD EU PF job # 39769, parted out
02388	246	GTB Dino Series E 71
2389GT	250	GT SWB Berlinetta #64 3/61 Black LHD Steel
02390	246	GTB Dino Series E 71
2391GT	250	GTE Series I 61 Dark Blue/Red LHD EU PF job # 39770 sunroof Drogo-style rebody Red LHD
02392	246	GTB Dino Series E 4/72 Red
2393GT	250	GT Pinin Farina Cabriolet Series II 61 Grigio conchiglia MM 16249/Rosso 3171 then Red/Black eng. #2393 PF job #29914 covered headlights 330 GTC Speciale rear 1 of 7 "Meade"-Speciale ex-Michel Lepeltier
02394	246	GTB Dino Series E 05.10.71 Azzurro Dino Black Vinyl then Dark Blue met./Tan
2395GT	250	GT Pinin Farina Cabriolet Series II 61 Red/Tan LHD EU PF job # 29915 covered headlights hood scope
02396	246	GTB Dino Series E 71
2397GT	250	GTE Series I 61 metallic green then dark Blue/Red LHD EU PF job # 39771, sunroof
02398	246	GTB Dino Series E 71 Red
2399GT	250	GT SWB Berlinetta 3/61
02400	246	GTB Dino Series E 72 Fly Giallo/Nero
2400	360	Modena GT 04 Yellow
2401GT	250	GTE Series I 61 Rosso Rubino/natural then Red/Black LHD EU Steel PF job # 39774
02402	246	GTB Dino Series E 71 Red/Tan Leather LHD
2402	360	Modena GT 04 Red Yellow & green

s/n	Type	Comments
2402	F430	GTC 06 Red Green & White Giesse Livery LHD F131 EVOGT 2402
2403GT	250	GTE Series I 61 White/Black LHD EU PF job # 39775
02404	246	GTB Dino Series E 71 Rosso Dino
2404	360	Modena GT 04
2404	F430	GTC Michelotto Development Car 06 Rosso Corsa LHD F131 EVOGT 2404
2405GT	250	GTE Series I 61 Argento/Black LHD EU PF job # 39776
2406	F430	GTC GT 2 Series 06 Rosso Corsa LHD F131 EVOGT 2406
02406	246	GTB Dino Series E 71
2407SA	400	Superamerica Series I Cabriolet #10/25 4/61 Grigio argento/Nero then Yellow Hard top, covered headlights Pininfarina #99502
02408	246	GTB Dino Series E 71 Rosso Dino Fer#301/Black Vinyl
2408	360	Modena GT 04
2408	F430	GTC Rosso Corsa White & Green LHD F131 EVOGT 2408
2409GT	250	GTE Series I 61 Red/Black PF job # 39777
2410	F430	GTC GT 2 Series 06 Rosso Corsa & Yellow LHD F131 EVOGT 2410
02410	246	GTB Dino Series E 71
2411GT	250	GTE Series I 61 PF job # 39778
02412	246	GTB Dino Series E 71
2412	F430	GTC 06 White F131 EVOGT 2412
2413GT	250	GT Pinin Farina Cabriolet Series II 61 PF job # 29916
02414	246	GTB Dino Series E 71 Red/Black Vinyl
2414	F430	GTC 06 White Green & Gold stripe LHD F131 EVOGT 2414
2415GT	250	GT Pinin Farina Cabriolet Series II 61 Silver/Black LHD US PF job # 29917
02416	246	GTB Dino Series E 71 Fly Giallo
2416	F430	GTC GT 2 Series 06 dark Blue & Silver LHD F131 EVOGT 2416
2417GT	250	GT SWB Berlinetta 'SEFAC Hot Rod' #1/20 7/61 Rosso Corsa LHD, ex-Obrist, feat. in Aston Martin: Victory by Design, Documentary
2418	F430	GTC 06 Red LHD F131 EVOGT 2418
02418	246	GTB Dino Series E 71 Blue Scuro Dino/Beige Leather then Red
2419GT	250	GT SWB Berlinetta Steel 4/61 Rosso Rubino then Blu Scuro/tan LHD EU
2420	F430	GTC 06 Red LHD F131 EVOGT 2420
02420	246	GTB Dino Series E 71 LHD EU
2421GT	250	GTE Series I 61 Black/Red LHD PF job # 39779
02422	246	GTB Dino Series E 9/71 Red/Beige then Rosso Chiaro/Nero LHD EU ex-Michel Lepeltier
2422	F430	GTC 06 Red LHD F131 EVOGT 2422
2423GT	250	GTE Series I 61 LHD PF job # 39780 eng. in #3445, 2 replicas one with 250 TR Drogo-body of #3445 dark Blue/Black then Tan int. eng. #2423 & one as 500 TRC Red eng. #3675
02424	246	GTB Dino Series E 71 Red RHD
2424	F430	GT2 06 White & Red F131 EVOGT 2424
2425GT	250	GTE Series I 61 dark blue/red PF job # 39781
02426	246	GTB Dino Series E 71 Red/Tan Leather LHD EU
2426	F430	GTC 06 Red & Yellow F131 EVOGT 2426
2427GT	250	GTE Series I 61 Red LHD EU PF job # 39782
02428	246	GTB Dino Series E 71 LHD EU
2428	F430	GTC 06 Red White & Black F131 EVOGT 2428
2429GT	250	GT Berlinetta Aerodynamico Speciale 5/61 Red/Blue then Silver/Black LHD, GTO-engine, Superamerica-style body PF job #99528
02430	246	GTB Dino Series E Club race conversion 71 Dark Blue/tan LHD EU
2430	F430	GT 06 Yellow & Blue F131EVOGT*2430*
2431GT	250	GTE Series I 61 Dark Blue then Dark Green met./Brown LHD EU PF job # 39783
02432	246	GTB Dino Series E 71 LHD EU
2432	F430	GT 06 Red F131EVOGT*2432*
2433GT	250	GTE Series I 61 dark Red/Tan LHD US PF job # 39784
02434	246	GTB Dino Series E 71 Azzurro Dino LHD EU
2434	F430	GT 06 Black F131EVOGT*2434*
2435GT	250	GTE Series I 61 Red/Black LHD EU PF job # 39785, 250 GT SWB California Spider Replica
02436	246	GTB Dino Series E 71 LHD EU
2436	F430	GT 06 Red White & Black F131EVOGT*2436*
2437GT	250	GTE Series I 61 RHD PF job # 39861, California Spider Replica, Dark Blue/Beige 764
02438	246	GTB Dino Series E 71 Dark Red met. LHD EU
2438	F430	GT 06 F131EVOGT*2438*
2439GT	250	GT SWB Berlinetta 'SEFAC Hot Rod' #2/20 5/61 White then French Blue then Red/Black LHD eng. #2439GT Alloy 61 Mille Miglia winner
2440	F430	GT 06 White F131EVOGT*2440*
02440	246	GTB Dino Series E 71 Green then Black/Black LHD EU
2441GT	250	GT Pinin Farina Cabriolet Series II 61 PF job # 29918
02442	246	GTB Dino Series E 71 LHD EU
2443GT	250	GT SWB Berlinetta Strada 5/61 dark Red/Black LHD Steel Competition Features SWB 60 body style eng. #4105
02444	246	GTB Dino Series E 71 Yellow/Black Leather LHD EU
2445GT	250	GT SWB Berlinetta Competizione 4/61 Red/Black LHD EU temp. eng. #2053, destroyed
02446	246	GTB Dino Series E 71 Fly Giallo/Black Vinyl RHD EU
2447GT	250	GT Pinin Farina Cabriolet Series II 61 LHD EU PF job # 29919
02448	246	GTB Dino Series E 71 LHD EU
2449GT	250	GT Pinin Farina Cabriolet Series II 61 silver/Red PF job # 29920
02450	246	GTB Dino Series E 71 LHD EU
2450	F430	GT2 06 White & Red F131 EVOGT 2450
2451GT	250	GTE Series I 61 Red/Black LHD EU PF job # 39786, has or had Ford 289 Cobra drivetrain
02452	246	GTB Dino Series E 71 LHD EU
2453GT	250	GTE Series I 61 Red/Grey LHD US PF job # 39787
02454	246	GTB Dino Series E 71 Giallo Senape LHD EU
2455GT	250	GT SWB Berlinetta Competizione #5/23 3/61 Red/Black LHD Lightweight
02456	246	GTB Dino Series E 71 Oro Chiaro met. LHD EU
2457GT	250	GTE Series I 61 Silver/Black LHD EU PF job # 39788
02458	246	GTB Dino Series E 71 Verde Germoglio LHD EU
2459GT	250	GTE Series I 61 White/Red PF job # 39789, eng. in #1689 Body remaining, parts used for a 250 GT SWB Replica with the same s/n
02460	246	GTB Dino Series E 71 Bianco Polo Park LHD EU
2461GT	250	GTE Series I 61 PF job # 39790, eng. in s/n 0977
02462	246	GTB Dino Series E 71 Giallo then Red/Black LHD EU
2463GT	250	GTE Series I 61 PF job # 39791
02464	246	GTB Dino Series E 71 Black LHD EU
2465GT	250	GT Pinin Farina Cabriolet Series II 61 dark Blue met./tan LHD PF job # 29921
02466	246	GTB Dino Series E 71
2467GT	250	GT SWB California Spider #15/55 4/61 dark Blue/dark grey LHD Steel covered headlights # interno 636F
02468	246	GTB Dino Series E 71 LHD EU
2469GT	250	GT SWB California Spider #16/55 4/61 Steel covered headlights eng. in #2725
02470	246	GTB Dino Series E 71 Azzurro LHD EU reported to be stolen in Italy

s/n	Type	Comments
2471GT	250	GT Pinin Farina Cabriolet Series II 61 PF job # 29922
02472	246	GTB Dino Series E 71 Blue Scuro Dino then Red/Black LHD EU
2473GT	400	GT Pinin Farina Cabriolet Series II 61 PF job # 29923
02474	246	GTB Dino Series E 71 LHD EU
2475GT	250	GTE Series I 61 Rosso Corsa/Crema PF job # 39792, eng. in #4761
02476	246	GTB Dino Series E 71 LHD EU
2477GT	250	GTE Series I 61 PF job # 39793
02478	246	GTB Dino Series E 71 Rosso/Bordeaux LHD EU
2479GT	250	GTE Series I 61 PF job # 39794
02480	246	GTB Dino Series E 71 Red/Tan LHD EU
2481GT	250	GTE Series I 61 PF job # 39795
02482	246	GTB Dino Series E 71 Azzurro Dino then Red/Black Vinyl RHD UK
2483GT	250	GTE Series I 61 PF job # 39796
02484	246	GTB Dino Series E 71 Red/Tan LHD EU
2485GT	250	GTE Series I 61 PF job # 39797, probably parted out
02486	246	GTB Dino Series E 71 Azzurro/Blue Vinyl RHD UK
2487GT	250	GTE Series I 61 PF job # 39798, rebuilt 330 engine
02488	246	GTB Dino Series E 71 Red/Black Vinyl LHD EU
2489GT	250	GT Pinin Farina Cabriolet Series II 61 Rosso Cordoba/Black LHD PF job # 29924
02490	246	GTB Dino Series E 71 Viola met. then Red/beige & Black LHD EU
2491GT	250	GT SWB Berlinetta/Zagato 3Z 61 Blue LHD rebodied by Zagato as 3Z, Torino '72 show car Grey met./Black
02492	246	GTB Dino Series E 71 Rosso Chiaro then Black/Black Vinyl RHD UK
2493GT	250	GTE Series I 61 PF job # 39799, GTO Replica by Drogo Red/Black LHD
02494	246	GTB Dino Series E 71 LHD EU
2495GT	250	GTE Series I 61 Red/Black LHD PF job # 39800 ,250 SWB Replica by Sauro rossa Corsa/nero
02496	246	GTB Dino Series E 71 Argento Auteil/Black Vinyl then Red/Magnolia RHD UK
2497GT	250	GTE Series I 61 Grey met/Red then Black int. eng. #2497 PF job # 39801
02498	246	GTB Dino Series E 71 Fly Giallo
2499GT	250	GT Pinin Farina Cabriolet Series II 61 PF job # 29925
02500	246	GTB Dino Series E 71 Red/Black LHD EU
2501GT	250	GT SWB Berlinetta Strada 4/61 Blue Sera LHD US Steel ex-Thulin-Collection, ex-Obrist, (ex)-Ecclestone
02502	246	GTB Dino Series E 71 LHD EU
2503GT	250	GTE Series I 61 LHD EU PF job # 39802, probably parted out
02504	246	GTB Dino Series E 71 White/Tan LHD EU
2505GT	250	GT SWB California Spider #17/55 61 Rosso Dino then Dark Blue/tan LHD EU Steel open headlights
02506	246	GTB Dino Series E 71 Rosso Dino/Black Vinyl RHD UK
2507GT	250	GTE Series I 61 PF job # 39803, eng. in #1217 then #0815
02508	246	GTB Dino Series E 71 French Blue/tan LHD EU
2509GT	250	GTE Series I 61 PF job # 39804
02510	246	GTB Dino Series E 71 LHD EU
2511GT	250	GTE Series I 61 Black then Red/Black then Ferro grigio met./light brown PF job # 39805
02512	246	GTB Dino Series E 71 Verde met./beige LHD EU
2513GT	250	GTE Series I 61 Grigio Ferro/Red LHD EU PF job # 39806
02514	246	GTB Dino Series E 71 Verde Germoglio/Nero LHD EU
2515GT	250	GTE Series I 61 PF job # 39807, parted out
02516	246	GTB Dino Series E 71 later used as parts-car for # 03982
2517GT	250	GTE Series I 61 PF job # 39808
02518	246	GTB Dino Series E 71 Giallo Senape/Black LHD EU reported to be stolen in Italy
2519GT	250	GT Pinin Farina Cabriolet Series II 61 Silver/Red silver hardtop LHD PF job # 29926
02520	246	GTB Dino Series E 71 Fly Giallo/Black Vinyl LHD EU
2521GT	250	GT SWB Berlinetta 6/61 Copper met. then Red/Black LHD Steel
02522	246	GTB Dino Series E 71 Argento Auteil LHD EU
2523GT	250	GTE Series I 61 Red/Beige RHD PF job # 39809, rebodied by DK as 500 TRC Red/Black
02524	246	GTB Dino Series E 71 Bianco Polo Park/Blue Vinyl RHD UK
2525GT	250	GTE Series I 61 Giallo Senape then Silver/Crema LHD US PF job # 39810
02526	246	GT Dino Series E 71 Rosso Chiaro LHD EU
2527GT	250	GTE Series I 61 LHD EUPF job # 39811, eng. in #2527
02528	246	GTB Dino Series E 71 LHD EU
2529GT	250	GTE Series I 61 Red/Black LHD EU PF job # 39812
02530	246	GTB Dino Series E London Motor Show Car 71 Rosso Chiaro/Black Vinyl RHD
2531GT	250	GTE Series I 61 Dark Blue/Crema PF job # 39813
02532	246	GTB Dino Series E 72 Red (FER 300)/Black EU
2533GT	250	GT Pinin Farina Cabriolet Series II 61 Grey/Blue then Red/Tan LHD EU PF job # 29927 Hardtop
02534	246	GTB Dino Series E 71 LHD EU
2535GT	250	GT Pinin Farina Cabriolet Series II 61 PF job # 29928 eng. #2557
02536	246	GTB Dino Series E 71 White then Red then Rosso Chiaro/Black & Red LHD EU
2537GT	250	GT SWB California Spider #18/55 7/61 Black/Red LHD Steel open headlights
02538	246	GTB Dino Series E 71 Red/Black LHD EU
2539GT	250	GTE Series I 61 Blue/Black LHD EU PF job # 39814
02540	246	GTB Dino Series E 71 Rosso Chiaro/Black Vinyl RHD UK
2541GT	250	GTE Series I 61 Red LHD EU eng. #2541 PF job # 39815
02542	246	GTB Dino Series E 71 Fly Giallo then Red LHD EU
2543GT	250	GTE Series I 61 LHD EU PF job # 39816
02544	246	GTB Dino Series E 71 Yellow LHD EU
2545GT	250	GTE Series I 61 Silver then Rosso Rubino/Tan PF job # 39817
02546	246	GTB Dino Series E 71 Red/Black then Tan int. LHD EU
2547GT	250	GTE Series I 61 PF job # 39818, eng. in s/n 2597 then in Fiat 000095 then in s/n 4183
02548	246	GTB Dino Series E 71 Fly Giallo LHD EU
2549GT	250	GT SWB Berlinetta Strada #74 5/61 silver then maroon then Black/Black steel LHD US
02550	246	GTB Dino Series E 71 Red/Black LHD
2551GT	250	GT SWB Berlinetta 5/61 Rosso Corsa/beige LHD eng. #2551
02552	246	GTB Dino Series E 71 Red LHD EU
2553GT	250	GTE Series I 61 Grigio Argento/Blu then Claret/Black Vinyl LHD EU PF job # 39819, exported to the US
02554	246	GTB Dino Series E 71 LHD EU
2555GT	250	GTE Series I 61 Red LHD PF job # 39820
02556	246	GTB Dino Series E 71 Red/Black LHD EU
2557GT	250	GTE Series I 61 LHD PF job # 39821, SWB California Replica Red/Black eng. in #2535

s/n	Type	Comments
02558	246	GTB Dino Series E 71 Dark Blue met./Tan LHD EU
2559GT	250	GT Pinin Farina Cabriolet Series II 61 Black/Black then Red/Black LHD eng. #2559 PF job # 29929
02560	246	GTB Dino Series E 71 Red then Dark Blue/Tan LHD EU
2561GT	250	GT SWB California Spider #19/55 61 Black/Bordeaux then dark Blue/Red LHD EU Steel covered headlights hardtop
02562	246	GTB Dino Series E 71 White then Red LHD EU
2563GT	250	GT SWB Berlinetta 5/61 White then Rosso Corsa/Black LHD EU eng. #4467
02564	246	GTB Dino Series E 71 Giallo Senape/Black LHD EU
2565GT	250	GTE Series I 61 PF job # 39822
02566	246	GTB Dino Series E 71 Red LHD EU
2567GT	250	GTE Series I 61 Fly Giallo/Brown LHD PF job # 39823
02568	246	GT Dino Series E 71 Red LHD
2569GT	250	GTE Series I 61 Deep Blue/Black LHD PF job # 39824
02570	246	GTB Dino Series E 71 Yellow/Black LHD EU
2571GT	250	GTE Series I 61 PF job # 39825
02572	246	GTB Dino Series E 72 Ruby Red then Yellow/Black & Tan
2573GT	250	GTE Series I 61 Silver/Black then Blue int. then Red Blue stripe/Black PF job # 39826, Chevy eng., eng. #2573 in a 250 GTO Replica
02574	246	GTB Dino Series E 71 Fly Giallo LHD EU
2575GT	250	GTE Series I 61 Dark Blue/Crema LHD PF job # 39827
02576	246	GTB Dino Series E 71 LHD EU
2577GT	250	GTE Series I 61 Black/Black LHD PF job # 39828
02578	246	GTB Dino Series E 71 Red LHD EU
2579GT	250	GTE Series I 5/61 Red/Black PF job # 39829 Hood Scope
02580	246	GTB Dino Series E 71 Red LHD EU
2581GT	250	GTE Series I 61 PF job # 39830
02582	246	GTB Dino Series E 71 LHD EU
2583GT	250	GTE Series I 61 Red LHD EU PF job # 39831
02584	246	GTB Dino Series E 71 LHD EU
2585GT	250	GT Pinin Farina Cabriolet Series II 61 Black/Bordeaux then Black int. LHD PF job # 29930
02586	246	GTB Dino Series E 71 LHD EU
2587GT	250	GT Pinin Farina Cabriolet Series II 7/61 Grigio Fumo MM 16572/plastico e pele Naturale 3218 then Red/Tan then Black leather int. LHD Factory hardtop PF Job #29931
02588	246	GTB Dino Series E 71 Yellow LHD EU
2589GT	250	GT SWB Berlinetta Strada 7/61 Red/Black LHD, eng. #2589GT
02590	246	GTB Dino Series E 71 Rosso Chiaro LHD EU
2591GT	250	GT SWB California Spider #20/55 61 covered Headlights
02592	246	GTB Dino Series E 71 LHD EU
2593GT	250	GT Pinin Farina Cabriolet Series II 61 PF job # 29932
02594	246	GTB Dino Series E 71 LHD EU
2595GT	250	GT SWB Berlinetta 6/61 grigio metallizzato Italver 16003/Black then maroon/Black LHD Steel
02596	246	GTB Dino Series E 71 LHD EU
2597GT	250	GTE Series I 60 Black/Red PF job # 39832, 89 TR-59 Replica by Norwood Red/Blue LHD
02598	246	GTB Dino Series E 71 LHD EU
2599GT	250	GTE Series I 61 PF job # 39833
02600	246	GTB Dino Series E 71 LHD EU
2601GT	250	GTE Series I 61 Yellow/Black PF job # 39835, SWB-Replica by Scuderia Brescia Red/Black
02602	246	GTB Dino Series E 72 Red LHD EU
2603GT	250	GTE Series I 61 PF job # 39836
02604	246	GTB Dino Series E 71 Rosso Chiaro LHD EU
2605GT	250	GTE Series I 61 PF job # 39837
02606	246	GTB Dino Series E 71 Rosso Chiaro/Black LHD EU
2607GT	250	GTE Series I 61 LHD EU PF job # 39838
02608	246	GTB Dino Series E 71 Red/Black LHD EU
2609GT	250	GTE Series I 61 Bianco/Blue RHD UK PF job # 39882
02610	246	GTB Dino Series E 71 Red/Tan Vinyl LHD EU
2611GT	250	GT Pinin Farina Cabriolet Series II 61 Grey/Red LHD PF job # 29933
02612	246	GTB Dino Series E 71 Dark Green met./Tan LHD EU
2613GT	250	GT Coupé Aerodynamico Speciale 7/61 Green/Tan LHD Superamerica-style body PF job #99512
02614	246	GTB Dino Series E 71 Blue Dino met./light Blue RHD UK
2615GT	250	GTE Series I 61 Blue Sera met./Black RHD eng. #2615 PF job # 39903
02616	246	GTB Dino Series E 71 Blue Dino met./Black Vinyl LHD EU
2617GT	250	GT SWB Berlinetta Strada 6/61 Dark Red/Black LHD Steel
02618	246	GTB Dino Series E 71 LHD EU
2619GT	250	GTE Series I 61 Dark Blue/Black LHD EU PF job # 39839
02620	246	GTB Dino Series E 71 Black then Yellow/Black LHD EU
2621GT	250	GT Pinin Farina Cabriolet Series II 61 PF job # 29934
02622	246	GTB Dino Series E 71 Blu Scuro Dino/Beige LHD EU
2623GT	250	GTE Series I 61 PF job # 39840
02624	246	GTB Dino Series E 71 Blue Dino met. LHD EU
2625GT	250	GTE Series I 61 Grey/Crema PF job # 39841
02626	246	GTB Dino Series E 71 Giallo Dino then Blue met. then Rosso Dino/Black LHD
2627GT	250	GTE Series I 61 Silver/Black PF job # 39842
02628	246	GTB Dino Series E 71 Rosso Chiaro LHD EU
2629GT	250	GT Pinin Farina Cabriolet Series II 61 PF job # 29935
02630	246	GTB Dino Series E 71 Rosso Dino LHD EU
2631SA	400	Superamerica Serie I Coupé Aero #11/25 61 Blu Lancia/Blu Grigio covered headlights
02632	246	GTB Dino Series E 71 Rosso Chiaro LHD EU
2633GT	250	GTE Series I 61 Silver/Black LHD PF job # 39843
02634	246	GTB Dino Series E 71 Blu Scuro Dino then Red/Black LHD EU
2635GT	250	GTE Series I 61 LHD EU PF job # 39844
02636	246	GTB Dino Series E 71 Oro Chiaro met. then Grey met./Black Vinyl RHD UK
2637GT	250	GTE Series I 61 LHD EU PF job # 39846
02638	246	GTB Dino Series E 71 LHD EU
2639GT	250	GT SWB Berlinetta Strada 7/61 Red/Tan LHD EU steel with alloy parts, ex-Ed Niles
02640	246	GTB Dino Series E 71 Red
2641GT	250	GTE Series I 61 Bianco/Blue RHD UK PF job # 39933, TR-Replica by DK Red/Black eng. in #0977
02642	246	GTB Dino Series E 71 Rosso Dino LHD EU
2643GT	250	GT Sperimentale 5/61 Red Tricolore stripe/Blue then Walker Blue white stripe then White blue stripe French Blue/Tan LHD EU GTO-engine PF job #99532 covered headlights 3 wipers temp. rear spoiler
02644	246	GTB Dino Series E 11/71 Argento Auteil/Black Vinyl then Red/Black leather & cloth, Black carpets
2645GT	250	GTE Series I 61 PF job # 39847, (ex)-Hilary Raab, SWB-Replica

s/n	Type	Comments
02646	246	GTB Dino Series E 71 Fly Giallo/Black Vinyl RHD UK
2647GT	250	GTE Series I 61 LHD EU PF job # 39848
02648	246	GTB Dino Series E 71 Red/Black LHD EU
2649GT	250	GT SWB Berlinetta 7/61 dark Red/Black LHD EU Steel converted to covered headlights ex-Michel Lepeltier
02650	246	GTB Dino Series E 71 Blue then Red/Black Vinyl LHD EU
2651GT	250	GTE Series I 61 Dark Blue met./Tan LHD PF job # 39849
02652	246	GTB Dino Series E 71 Fly Giallo/Black Vinyl RHD UK
2653GT	250	GTE Series I 61 Grey/Black LHD EU PF job # 39850
02654	246	GTB Dino Series E 71 Rosso Rubino then Verde Silverstone then Red/Tan LHD EU
2655GT	250	GTE Series I 61 Grey/Red then Red/Tan LHD EU PF job # 39851, ex-Piet Roelofs
02656	246	GTB Dino Series E 71 LHD EU
2657GT	250	GTE Series I 61 Rosso Dino/Black LHD EU PF job # 39852
02658	246	GTB Dino Series E 71 LHD EU
2659GT	250	GTE Series I 61 PF job # 39853
02660	246	GTB Dino Series E 71 LHD EU
2661GT	250	GTE Series I 61 Black/Blue LHD EU PF job # 39854
02662	246	GTB Dino Series E 71 Fly Giallo LHD EU
2663GT	250	GTE Series I 61 Black/Black LHD PF job # 39855
02664	246	GTB Dino Series E 71 Red/Black & Red LHD EU
2665GT	250	GTE Series I 61 Silver/Red LHD EU PF job # 39856
02666	246	GTB Dino Series E 71 Rosso Dino then Rosso Rubino then FlyYellow/brown
2667GT	250	GT SWB Berlinetta Competizione 7/61 Red/Tan LHD EU Alloy & Steel
02668	246	GTB Dino Series E 71 Dark Red/Black Vinyl LHD EU
2669GT	250	GT SWB Berlinetta Strada 1/62 grey metallic then Red LHD EU steel, ex-Steve O'Rouke
02670	246	GTB Dino Series E 71 LHD EU
2671GT	250	GTE Series I 61 RHD PF job # 39857, 250 GT SWB-Replica Red/Black LHD
02672	246	GTB Dino Series E 71 LHD EU
2673GT	250	GTE Series I 61 White/Green then light Green then Red PF job # 39858, SWB Berlinetta Replica by Allegretti Red White stripe/Black
02674	246	GTB Dino Series E 71 Azzurro met./Black Vinyl RHD UK
2675GT	250	GTE Series I 61 Red/Tan LHD eng. #2675 PF job # 39859
02676	246	GTB Dino Series E
2677GT	250	GTE Series I Series II Prototype London Motor Show Car 61 Bianco/Dark Blue RHD PF job # 39953
02678	246	GTB Dino Competizione LM NART Red White & Blue NART livery
2679GT	250	GTE Series I 61 LHD EU PF job # 39860
02680	246	GTB Dino Series E 71 Giallo Senape then Red
2681GT	250	GTE Series I 61 LHD EU PF job # 39862
02682	246	GTB Dino Series E 71 Giallo LHD EU reported to be stolen in Italy
2683GT	250	GT Pinin Farina Cabriolet Series II 61 dark Blue met/Black LHD PF job # 29936
02684	246	GTB Dino Series E 71 LHD EU
2685GT	250	GTE Series I 61 Turquoise Blue/Tan then Silver/Black LHD PF job # 39863
02686	246	GTB Dino Series E 71 Rosso Chiaro/Nero Vinyl RHD UK
2687GT	250	GT SWB Berlinetta 'SEFAC Hot Rod' #3/20 6/61 silver/Black LHD EU 62 Monza GT Trophy winner, destroyed in 61, 3 SWB replicas, eng. in #3315, #5057 rebodied & restamped #2687, second replica on GTE-parts, third replica with eng. #2727, one is grey, another dark Red
02688	246	GTB Dino Series E 71 Rosso Chiaro/Nero Vinyl RHD UK
2689GT	250	GT SWB Berlinetta 'SEFAC Hot Rod' #4/20 6/61 Silver Blue stipe/Blue LHD EU eng. #2689, ex-Ed Niles, ex-Gregory Whitten
02690	246	GTB Dino Series E 71 Fly Giallo then Rosso Dino/Tan & Black Vinyl LHD EU
2691GT	250	GTE Series I 61 Silver/Black LHD EU PF job # 39864
02692	246	GTB Dino Series E 71 LHD EU
2693GT	250	GTE Series I 61 Grey/Black LHD EU PF job # 39865
02694	246	GTB Dino Series E 71 Red/Tan LHD EU
2695GT	250	GTE Series I 61 Grey met. then Blue/Tan LHD EU PF job # 39866
02696	246	GTB Dino Series E 71 LHD EU
2697GT	250	GTE Series I 61 Sliver then Alfa Romeo White/Blue LHD PF job # 39867
02698	246	GTB Dino Series E 71 Blue Dino then Red LHD EU
2699GT	250	GT Pinin Farina Cabriolet Series II 61 PF job # 29937
02700	246	GTB Dino Series E 71 Blue Dino then Red LHD EU
2701GT	250	GT SWB Berlinetta 'SEFAC Hot Rod' #5/20 7/61 grey metallic then Red/Blue LHD eng. #4039
02702	246	GTB Dino Series E 71 LHD EU
2703GT	250	GT Pinin Farina Cabriolet Series II 61 Silver/Black PF job # 29938
02704	246	GTB Dino Series E 71 LHD EU
2705GT	250	GTE Series I 61 PF job # 39868
02706	246	GTB Dino Series E 71 White then Azzurro then Red/Red Vinyl LHD EU
2707GT	250	GTE Series I 61 LHD EU PF job # 39869, belieyed to be the donor for the 3rd Nembo car
02708	246	GTB Dino Series E 71 LHD EU
2709GT	250	GTE Series I 61 LHD PF job # 39870
02710	246	GTB Dino Series E 71 LHD EU
2711GT	250	GTE Series II 61 Rosso/Nero RHD PF # job 39954, probably a Series II-prototype
02712	246	GTB Dino Series E 71 Rosso Dino LHD EU
2713GT	250	GTE Series II Series II-prototype 9/61 Black/Black LHD PF job # 39871
02714	246	GTB Dino Series E 71 Azzurro LHD EU
2715GT	250	GTE Series I 61 Silver/Black LHD EU PF job # 39872
02716	246	GTB Dino Series E 71 LHD EU
2717GT	250	GTE Series I 61 Black/Grey then Tan LHD US PF job # 39876
02718	246	GTB Dino Series E 71 LHD EU
2719GT	250	GTE Series I 61 LHD EU PF job # 39873, 250 SWB Replica by Auto Sport Red/Blue LHD
02720	246	GTB Dino Series E 71 Rosso Chiaro/Nero Vinyl RHD UK
2721GT	250	GTE Series I 61 LHD EU PF job # 39874, SWB Repilca Red/Black by Carrozzeria Auto Sport
02722	246	GT Dino Series E 71 Fly Giallo/Black Vinyl then Rosso Corsa/Magnolia RHD UK eng. # 2722
2723GT	250	GTE Series I 61 LHD PF job # 39875
02724	246	GTB Dino Series E 71 Rosso Rubino LHD EU
2725GT	250	GT SWB Berlinetta 'SEFAC Hot Rod' #6/20 6/61 White NART livery LHD eng. #2469
02726	246	GTB Dino Series E 72 Fly Giallo LHD EU
2727GT	250	GTE Series I 61 PF job # 39877, eng. in s/n 2687
02728	246	GTB Dino Series E 71 Red/Black RHD UK

s/n	Type	Comments
2729GT	250	GT SWB Berlinetta 'SEFAC Hot Rod' #7/20 5/61 grey met. then Red/Black then Blue Grey Metallic/Black LHD EU
02730	246	GTB Dino Series E 71 Fly Giallo LHD EU
2731GT	250	GT SWB Berlinetta 'SEFAC Hot Rod' #8/20 7/61 grey met .then Red/Black LHD alloy, ex-Obrist, ex-Regazzoni
02732	246	GTB Dino Series E 71 Fly Giallo then Red/Black Vinyl RHD UK
2733GT	250	GT SWB Berlinetta 'SEFAC Hot Rod' #9/20 #94/165 SWB 6/61 Red/Black then silver/Black LHD EU ex-Ed Niles temp. eng. #1733, eng. temp. in #3637
02734	246	GTB Dino Series E 71 Azzurro met. then Red LHD EU
2735GT	250	GT SWB Berlinetta 'SEFAC Hot Rod' #10/20 5/61 Dark Blue/White nose band RHD ex-Rob Walker rebodied by Drogo temp. eng. #3635, temp. eng. in #3279 rebuilt as SWB, Drogo body to #3611
02736	246	GTB Dino Series E 71 Blu Scuro Dino then Red/Tan LHD EU
2737GT	250	GT Pinin Farina Cabriolet Series II 61 Red/Tan then Ivory LHD PF job # 29939 factory hard top
02738	246	GTB Dino Series E 71 LHD EU
2739GT	250	GTE Series I 61 PF job # 39878, Zagato Replica
02740	246	GTB Dino Series E 71 Blue Dino met./Red then Black/Black then Red LHD EU
2741GT	250	GTE Series I 61 PF job # 39879
02742	246	GTB Dino Series E 71 Red/Black Vinyl LHD EU
2743GT	250	GTE Series I 61 LHD EU PF job # 39880
02744	246	GTB Dino Series E 71 LHD EU
2745GT	250	GTE Series I 61 Gold LHD EU PF job # 39881, 250 GT SWB Replica Yellow/Black
02746	246	GTB Dino Series E 71 Blue met. then Red/Black LHD EU Burned out in '95
2747GT	250	GTE Series I 61 LHD EU PF job # 39886
02748	246	GTB Dino Series E 71 LHD EU reported to be stolen in Italy
2749GT	250	GTE Series I 61 Red/Black LHD PF job # 39883
02750	246	GTB Dino Series E 71 Green/Black & Plaid LHD EU
2751GT	250	GTE Series I 61 Rosso/nero PF job # 39884 GTO 64 Replica Red/Blue seats
02752	246	GTB Dino Series E 71 LHD EU
2753GT	250	GTE Series I 61 PF job # 39885
02754	246	GTB Dino Series E 71 LHD EU
2755GT	250	GTE Series I 61 LHD EU PF job # 39887
02756	246	GTB Dino Series E 71 Red/Black LHD EU
2757GT	250	GTE Series I 61 PF job # 39888, 250 GT SWB Replica Dark Red/Black
02758	246	GTB Dino Series E 71 LHD EU
2759GT	250	GTE Series I 61 PF job # 39889
02760	246	GTB Dino Series E 71 LHD EU
2761GT	250	GTE Series I 61 LHD EU PF job # 39890
02762	246	GTB Dino Series E 71 LHD EU
2763GT	250	GTE Series I 61 PF job # 39891, 250 GT SWB Replica Red
02764	246	GTB Dino Series E 71 Argento Auteil/Blue Vinyl then Red/Tan RHD UK
2765GT	250	GT SWB Berlinetta Lusso 61 grey metallic then Rosso Corsa/Black LHD EU temp. rear spoiler eng. #2765 ex-Recordati family, ex-B. Dransmann
02766	246	GTB Dino Series E 71 LHD EU
2767GT	250	GT SWB Berlinetta 'SEFAC Hot Rod' #11/20 61 Red silver stripe LHD EU
02768	246	GTS Dino Series E 71 metallic Blue/navy
2769GT	250	GTE Series I 61 Grey met. Plum roof then White/Tan LHD EU PF job # 39892
02770	246	GTB Dino Series E 71
2771GT	250	GTE Series I 61 Azzurro/green then tan int. LHD EU PF job # 39893
02772	246	GTB Dino Series E 71 Fly Giallo then Red/Black Vinyl RHD UK
2773GT	250	GTE Series I 61 PF job # 39894
02774	246	GTB Dino Series E 72 French Blue
2775GT	250	GTE Series I 61 PF job # 39895, parted out
02776	246	GTB Dino Series E 71 Black LHD EU
2777GT	250	GTE Series I 61 LHD EU PF job # 39896
02778	246	GTB Dino Series E 71 Rosso Chiaro/Nero RHD UK
2779GT	250	GTE Series I 61 Red/White LHD PF job # 39897, probably a TR-Replica, eng. #4553, eng. 2779 in a TR-Replica owned by Peter Heuberger
02780	246	GTB Dino Series E 71 Argento Auteil/Nero Vinyl RHD UK
2781GT	250	GTE Series I 61 Dark Blue/Tan PF job # 39898
02782	246	GTB Dino Series E 71 Red
2783GT	250	GTE Series I 61 PF job # 39899
02784	246	GTB Dino Series E 71 Red/Black LHD EU
2785GT	250	GTE Series I 61 PF job # 39900
02786	246	GT Dino Series E 72 Dark Red/crema LHD EU
2787GT	250	GT SWB Berlinetta 'SEFAC Hot Rod' #12/20 French Blue/Black LHD EU
02788	246	GTB Dino Series E 72 Red/Tan & Black LHD EU
2789GT	250	GTE Series I 61 Silver/Black LHD PF job # 39901
02790	246	GTB Dino Series E 72 Blue met/Black Vinyl LHD EU
2791GT	250	GTE Series I 61 Red/Tan LHD PF job # 39902
02792	246	GTB Dino Series E 71 Rosso Chiaro/Nero Vinyl RHD UK
2793GT	250	GTE Series I 61 PF job # 39904
02794	246	GTB Dino Series E 71 Rosso Dino then Red/Tan LHD EU
2795GT	250	GTE Series I 61 silver then Red/Tan LHD PF job # 39905
02796 RHD UK	246	GTB Dino Series E 71 Rosso Chiaro/Nero Vinyl
2797GT	250	GTE Series I 61 PF job # 39906
02798	246	GTB Dino Series E 71 LHD EU
2799GT	250	GTE Series I 61 PF job # 39907
02800	246	GTB Dino Series E 71 Dark Blue/Tan LHD EU
2801GT	250	GTE Series I 61 Red/Beige LHD PF job # 39908
02802	246	GTB Dino Series E 71
2803GT	250	GTE Series I 61 PF job # 39909, SWB-Replica
02804	246	GTB Dino Series E 71 Rosso Rubino/Light Brown LHD EU
2805GT	250	GT Pinin Farina Cabriolet Series II 61 PF job # 29940
02806	246	GTB Dino Series E 71 Red/Black LHD EU
2807GT	250	GT SWB Berlinetta 'SEFAC Hot Rod' #13/20 7/61 Red Red White & Blue stripe/Black LHD EU
02808	246	GTB Dino Series E 72 Red/Tan LHD EU
2809SA	400	Superamerica Serie I Coupé Aero #12/25 61 Nero/Naturale LHD
02810	246	GTB Dino Series E 71
2811GT	250	GTE Series I 61 PF job # 39910
02812	246	GTB Dino Series E 72 Red LHD EU
2813GT	250	GTE Series I 61 PF job # 39911, GTO-Replica
02814	246	GTB Dino Series E 71
2815GT	250	GTE Series I 61 PF job # 39912
02816	246	GTB Dino Series E 71 Rosso Chiaro/Nero Vinyl RHD UK
2817GT	250	GTE Series I 61 Dark Green met./Tan LHD PF job # 39913
02818	246	GTB Dino Series E 71 Red LHD EU

s/n	Type	Comments
2819GT	250	GT SWB Berlinetta 'SEFAC Hot Rod' #14/20 9/61 Grey metallic Belgium stripe then Red then Silver LHD EU Alloy converted to "Breadvan" by Drogo Rosso Corsa/Black eng. #942/62E orig. body to #2439
02820	246	GTB Dino Series E 71 Rosso/Black Vinyl LHD EU
2821GT	250	GT Coupé Speciale London Show car #1/1 9/61 Celeste Blue metallic/dark Blue LHD # interno 658F
02822	246	GTB Dino Series E 71 Grigio LHD EU reported to be stolen in Italy
2823GT	250	GTE Series I 61 White/Black then Red/Tan PF job # 39914, Corvette engine, eng. #2823 in a California Spider-Replica
02824	246	GTB Dino Series E 71 Rosso/Black LHD US
2825GT	250	GTE Series I 61 PF job # 39915
02826	246	GTB Dino Series E 71
2827GT	250	GTE Series I 61 Rosso/Black LHD EU PF job # 39916, eng. in #3593
02828	246	GTB Dino Series E 71 Azzurro met.then Silver/Tan Vinyl EU 246 GT*02828*
2829GT	250	GTE Series I 61 Red/Black LHD PF job # 39917
02830	246	GTB Dino Series E 71 Red/Crema LHD EU
2831GT	250	GTE Series I 61 Dark Blue then silver/tan LHD PF job # 39918
02832	246	GTB Dino Series E 71 Red/Black LHD EU
2833GT	250	GT Pinin Farina Cabriolet Series II 61 PF job # 29941
02834	246	GTB Dino Series E 71 LHD EU
2835GT	250	GTE Series I 61 White/Black PF job # 39919, SWB Berlinetta Replica by Garrish/Obry Argento Metallic Blue stripe/Blue, eng. in a SWB Berlinetta
02836	246	GTB Dino Series E 71 Blue LHD EU
2837GT	250	GTE Series I 61 PF job # 39920
02838	246	GTB Dino Series E 71
2839GT	250	GT SWB Berlinetta Competizione 9/61 silver then Black then silver/Black LHD ex-Gunther Philip temp. rebodied to 275 GTB style Red Yellow stripe eng. # 4259
02840	246	GTB Dino Series E 71 Giallo Senape then Red/Black LHD EU
2841SA	400	Superamerica Serie I Coupé Aero Paris Show Car #13/25 61 Grigio fumo/Rosso then Dark Blue/Tan PF job #99514
02842	246	GTB Dino Series E 71 Azzurro met. then Red/Blue Vinyl RHD UK
2843GT	250	GTE Series I 61 /Black LHD PF job # 39921, 250 TR replica
02844	246	GTB Dino Series E 71 Red/Black LHD EU
2845GT	250	GT SWB Berlinettaa 'SEFAC Hot Rod' #15/20 8/61 Grigio LHD EU Alloy replica using s/n 2845GT exists
02846	246	GTB Dino Series E 71 LHD EU
2847GT	250	GTE Series I 61 PF job # 39922
02848	246	GTB Dino Series E 71
2849GT	250	GTE Series I 61 Dark Red PF job # 39923
02850	246	GTB Dino Series E 71
2851GT	250	GTE Series I 61 Silver/Red LHD EU PF job # 39924
02852	246	GTB Dino Series E 71 Rosso Chiaro/Beige then Red/Black RHD UK
2853GT	250	GTE Series I Frankfurt Show Car 61 Dark Blue met./Tan LHD EU PF job # 39925
02854	246	GTB Dino Series E 71
2855GT	250	GTE Series I 61 Grey LHD EU PF job # 39926
02856	246	GTB Dino Series E 71 LHD EU
2857GT	250	GTE Series I 61 Silver/Blue PF job # 39927
02858	246	GTB Dino Series E 12/71 Grey met. LHD EU
2859GT	250	GT Pinin Farina Cabriolet Series II 61 PF job # 29942
02860	246	GTB Dino Series E 71
2861SA	400	Superamerica Series I Coupé Aero #14/25 Torino & Paris Show Car 61 Bianco/Grigio eng. Modified by Bill Rudd, ex-Bill Harrah
02862	246	GTB Dino Series E 71 White/Black LHD EU
2863GT	250	GT SWB Berlinetta 7/61 Blue then Red LHD EU Steel
02864	246	GTB Dino Series E 71 Red/Tan LHD EU
2865GT	250	GT Pinin Farina Cabriolet Series II 61 PF job # 29943
02866	246	GTB Dino Series E 71 Fly Giallo/Black Vinyl LHD US
2867GT	250	GT Pinin Farina Cabriolet Series II 61 PF job # 29944
02868	246	GTB Dino Series E 71 Red then Pink Champagne met. RHD
2869GT	250	GTE Series I 61 PF job # 39928
02870	246	GTB Dino Series E 71 Red/Black LHD
2871GT	250	GT SWB California Spider #21/55 61 Red/Black LHD EU Steel covered headlights
02872	246	GTB Dino Series E 71
2873GT	250	GTE Series I 61 LHD EU PF job # 39929, California Spider or Pinin Farina Cabrio Replica
02874	246	GTB Dino Series E 71 Red/Black LHD EU
2875GT	250	GTE Series I Paris Show Car 61 LHD EU PF job # 39930
02876	246	GTB Dino Series E 71
2877GT	250	GTE Series I 61 White/Black LHD EU PF job # 39931
02878	246	GTB Dino Series E 71 Blue met./Blue LHD US
2879SA	400	Superamerica Serie I Coupé Aero #15/25 Grigio scuro/Naturale covered headlights
02880	246	GTB Dino Series E 72 White
2881GT	250	GTE Series I 61 PF job # 39932
02882	246	GTB Dino Series E 72 Red/Black LHD US
2883GT	250	GTE Series I 61 LHD US PF job # 39937, 250 GTO Replica by Fossil Fly Giallo
02884	246	GTB Dino Series E 71
2885GT	250	GTE Series I 61 PF job # 39934
02886	246	GTB Dino Series E 71
2887GT	250	GTE Series I 61 LHD EU PF job # 39935, California Spider Replica using eng. #8429
02888	246	GTB Dino Series E 71 Fly Giallo/Black Vinyl then Silver/Black
2889GT	250	GTE Series I 10/61 burgundy/Black vinyl LHD EU PF job # 39936, SWB Repilca
02890	246	GT Dino Series E 71 Azzurro met./Black Vinyl RHD UK
2891GT	250	GT SWB California Spider #22/55 61 Metallic grey LHD EU Steel covered headlights
02892	246	GTB Dino Series E 71 Red/Black LHD US
2893SA	400	Superamerica Serie I Coupé Aero #16/25 61 Grigio fumo/Nero
02894	246	GTB Dino Series E 11/71 LHD US
2895GT	250	GTE Series I 61 BlueScuro/Tan LHD PF job # 39938
02896	246	GTB Dino Series E 71 Fly Giallo/Black Vinyl RHD UK
2897GT	250	GTE Series I 61 PF job # 39939, NART Spider Replica
02898	246	GTB Dino Series E 72 Fly Giallo/Black Vinyl then Rosso Seviglia (Lamborghini Colour)/Black LHD US
2899GT	250	GTE Series I 61 Dark Red/Black then Red/Tan LHD PF job # 39940
02900	246	GTB Dino Series E 72 Fly Giallo then Red/Black & Red LHD US
2901GT	250	GTE Series I 61 PF job # 39941, GTO-Replica Burgundy/tan
02902	246	GTB Dino Series E 71 LHD EU
2903GT	250	GT SWB California Spider #23/55 9/61 Red/Tan LHD EU steel covered Headlights
02904	246	GTB Dino Series E 71 Rosso Chiaro/Black Vinyl RHD UK

s/n	Type	Comments
2905GT	250	GTE Series I 61 PF job # 39942
02906	246	GTB Dino Series E 71 Blue met./Black LHD US
2907	250	GTE Series I 61 Black/tan LHD EU PF job # 39943
02908	246	GTB Dino Series E 71 Azzurro met./Black Vinyl RHD UK
2909GT	250	GT SWB Berlinetta Lusso 61 Blue LHD ex-Hermann Cordes destroyed
02910	246	GTB Dino Series E 71 Argento Auteil/Black Vinyl RHD UK
2911	250	GTE Series I 61 PF job # 39944, very incomplete from at least 2002 on
02912	246	GTB Dino Series E 71 Blue/Black
2913GT	250	GTE Series I 61 Anthracite then Silver/Crema LHD PF job # 39945
02914	246	GTB Dino Series E 71 Rosso Dino/Black Vinyl RHD UK
2915GT	250	GTE Series I 61 Argento/Rosso LHD EU PF job # 39946
02916	246	GTB Dino Series E 71 LHD EU
2917GT	250	GT SWB Berlinetta 9/61 Black LHD
02918	246	GTB Dino Series E 72 Germoglio then Dark Blue/Tan RHD UK
2919GT	250	GTE Series I 61 White/Black LHD US PF job # 39947, Series II dash
02920	246	GTB Dino Series E 72 Red/Black
2921GT	250	GTE Series I 61 Red then Black/Black LHD EU eng. #2921 PF job # 39948
02922	246	GTB Dino Series E 71 Rosso Chiaro/Black Vinyl RHD UK 246 GT "02922" eng. #135CS000008299
2923GT	250	GTE Series I 61 LHD EU PF job # 39949, Zagato Replica dark Blue/White roof
02924	246	GTB Dino Series E 71 Dark Blue/BlackLHD EU
2925GT	250	GTE Series I 61 Dark Blue then Black/Crema PF job # 39950
02926	246	GTB Dino Series E 72 LHD EU
2927GT	250	GTE Series I 61 Red/Tan LHD US PF job # 39951
02928	246	GTB Dino Series E 71 Azzurro Dino/Black Vinyl RHD UK
2929GT	250	GTE Series I 61 Grey/Red LHD EU PF job # 39952, probably a SII-Prototype and probably ex-Enzo Ferrari, Chevy eng.
02930	246	GTB Dino Series E 71 Celeste Blue then Red/Black LHD US
2931GT	250	GT Pinin Farina Cabriolet Series II 61 PF job # 29945
02932	246	GTB Dino Series E 71 Fly Giallo/Black Vinyl RHD UK
2933GT	250	GT Pinin Farina Cabriolet Series II 61 PF job # 29946
02934	246	GTB Dino Series E 71
2935GT	250	GT SWB Berlinetta Lusso 9/61 LHD EU
02936	246	GTB Dino Series E 71
2937GT	250	GT SWB Berlinetta 'SEFAC Hot Rod' #16/20 9/61 Grey metallic LHD Alloy
02938	246	GT Dino Series E 71 Bronze Metallic/Tan Leather
2939GT	250	GT SWB Berlinetta 'SEFAC Hot Rod' #17/20 9/61 Grey metallic then Yellow LHD Alloy
02940	246	GTB Dino Series E 72 Bronze met. then Rosso Dino/Black RHD UK
2941GT	250	GT Pinin Farina Cabriolet Series II 61 PF job # 29947
02942	246	GT Dino Series E 72 Fly Giallo/Black Vinyl RHD UK eng. #2942
2943GT	250	GT Pinin Farina Cabriolet Series II 61 PF job # 29948
02944	246	GTB Dino Series E 72 Light Brown met. then Red/Black LHD US
2945GT	250	GT Pinin Farina Cabriolet Series II 61 Rosso Corsa/Tan LHD PF job # 29949 Borrani wire wheels
02946	246	GTB Dino Series E 71 LHD EU
2947GT	330	GT 2+2 Series I Prototype 61 Maronne 20325 It./Beige VM 3218 then Red then White/Black then dark Grey/Beige then Grigio Notte 20266 Acr. It./Rossa VM 3171 LHD EU eng. #2947 PF Job # 99533 ex-Enzo Ferrari
02948	246	GTB Dino Series E 72 Giallo/Black LHD US
2949GT	250	GTE Series I 61 PF job # 39955
02950	246	GTB Dino Series E 71 Brown then Red/Tan Black inserts LHD US
2951GT	250	GTE Series I 61 LHD EU PF job # 39956
02952	246	GTB Dino Series E 71 Yellow/Black LHD
2953GT	250	GTE Series I 61 Silver/Red LHD PF job # 39957
02954	246	GTB Dino Series E 71 Black/Black
2955GT	250	GT SWB California Spider Frankfurt show car #24/55 61 bianco then Rosso Corsa/Black LHD EU covered headlights
02956	246	GTB Dino Series E 71 Rosso Dino/Black & Grey Daytona Seats LHD US
2957GT	250	GTE Series I 61 Argento/Blue then Black int. EUPF job # 39958 ex-Domenoco Augusta
02958	246	GTB Dino Series E 71 Silver LHD EU
2959GT	250	GTE Series I 61 LHD EU PF job # 39959
02960	246	GTB Dino Series E 72 Bianco Polo Park/Black Vinyl RHD UK
2961GT	250	GTE Series I 61 PF job # 39960
02962	246	GTB Dino Series E 72 Dino Blue met. then Red/Black RHD UK 246GT02962 eng. #135CS000008806
2963GT	250	GTE Series I 61 Black/Tan PF job # 39961 275 GTS nose & grill added
02964	246	GTB Dino Series E 72 Red/Tan LHD US
2965GT	250	GTE Series I 61 Silver/Blue LHD EU PF job # 39962, exported to Japan in '73, first GTE in Japan
02966	246	GTB Dino Series E 72 Black/Grey LHD US
2967GT	250	GTE Series I 61 PF job # 39963, new to the Middle East
02968	246	GTB Dino Series E 72 LHD US
2969GT	250	GTE Series I 62 Red/Black LHD US PF job # 39964
02970	246	GTB Dino Series E 72 Fly Giallo/Black RHD UK 246GT02970 eng. #135CS000002790
2971GT	250	GTE Series I 61 Silver LHD EU PF job # 39965
02972	246	GT Dino Series E 72 Yellow/Black LHD US
2973GT	250	GT SWB Berlinetta 'SEFAC Hot Rod' #18/20 9/61 grey metallic LHD EU Alloy ex-Prince Sangusko
02974	246	GTE Series E 72 Red/Black Vinyl LHD US
2975GT	250	GTE Series I 61 Red/Black PF job #39966
02976	246	GTB Dino Series E 72 Green then Yellow/Black Vinyl LHD US
2977GT	250	GTE Series I 61 Red LHD EU PF job # 39967
02978	246	GTB Dino Series E 72 Red/Black LHD US
2979SA	400	Superamerica Coupé
2979	250	GTE Series I 61 PF job # 39968
02980	246	GTB Dino Series E 71 Argento Auteil/Black & Red then Red/Tan RHD UK
2981GT	250	GTE Series I Turin Show Car 61 PF job # 39969
02982	246	GTB Dino Series E 72 Rosso Dino/Black Vinyl LHD EU
2983GT	250	GTE Series I 9/61 silver/Black Pinin Farina job #39970
02984	246	GTB Dino Series E 71
2985GT	250	GT SWB Berlinetta 11/61 Rosso Corsa/Black LHD EU Steel
02986	246	GTB Dino Series E 72 Silver/Black LHD US
2987GT	250	GT SWB California Spider #25/55 10/61 Red/Black LHD Alloy covered headlights ex-Obrist

s/n	Type	Comments
02988	246	GTB Dino Series E 72 Red/Black LHD US
2989GT	250	GTE Series I 61 LHD EU PF job # 39971, SWB-Replica
02990	246	GTB Dino Series E 72 Brown then Red/Beige LHD US
2991GT	250	GTE Series I 61 PF job # 39972
02992	246	GTB Dino Series E 72 Fly Giallo/Tan LHD EU
2993GT	250	GTE Series I 61 LHD EU PF job # 39973
02994	246	GTB Dino Series E 72 Red/Black LHD US
2995GT	250	GTE Series I 63 Silver/Blue LHD EU PF job # 39974
02996	246	GTB Dino Series E 72 Blue met./Black LHD US
2997GT	250	GTE Series I 61 LHD EU PF job # 39975, parted out eng. in #2021
02998	246	GTB Dino Series E 72 LHD
2999GT	250	GTE Series I 61 Black/Black LHD EUPF job # 39976, Jacques Swaters Fondation
03000	246	GTB Dino Series E 72 Red/Black LHD
3001GT	250	GTE Series I 61 Grey LHD EU PF job # 39977, GTO-Replica by Favre Rosso Corsa/Blue eng. #4145
03002	246	GTB Dino Series E 12/71 LHD US
3003GT	250	GTE Series I 61 Red/Red LHD EU PF job # 39978
03004	246	GTB Dino Series E 72 Black/Tan LHD US
3005GT	250	GT SWB Berlinetta 'SEFAC Hot Rod' #19/20 61 Grey metallic LHD US
03006	246	GTB Dino Series E 72 Red/Black LHD US
3007GT	250	GT SWB California Spider #26/55 10/61 Red/Black then White/Black LHD EU covered headlights
03008	246	GTB Dino Series E 72 Red 246GT03008
3009GT	250	GT Pinin Farina Cabriolet Series II 62 Graphite Grey/Red LHD EU PF job # 29950
03010	246	GTB Dino Series E 72 Yellow/Black LHD EU
3011GT	250	GTE Series I 61 Red/Tan LHD EU PF job # 39979
03012	246	GTB Dino Series E 72
3013GT	250	GTE Series I 61 PF job # 39980, bare chassis, engine, transmission, rear axle survived a fire, eng. to a 250 GT California Spider, chassis probably to a replicar, both in Germany
03014	246	GTB Dino Series E 72 Azzurro Dino met./Black Vinyl then Red RHD UK 246GT03014
3015	250	GTE Series I 61 PF job # 39981
03016	246	GTB Dino Series E 72 Azzurro Dino/Black Vinyl then Red RHD UK
3017GT	250	GTE Series I 61 Dark Brown PF job # 39982
03018	246	GTB Dino Series E 72 Red/Black LHD US
3019GT	250	GTE Series I 61 PF job # 39983
03020	246	GTB Dino Series E 12/71 Marrone Metallic/Tan
3021GT	250	GT SWB California Spider #27/55 61 Red/Tan then Anthracite/Brown steel, covered head lights, hardtop
03022	246	GTB Dino Series E 72 Metallic Brown/Tan then Red/Tan
3023GT	250	GTE Series I 61 PF job # 39984
03024	246	GTB Dino Series E 72
3025GT	250	GTE Series I 61 PF job # 39985
03026	246	GTB Dino Series E 72 Red/Black LHD US
3027GT	250	GTE Series I 61 Red/Red LHD PF job # 39986
03028	246	GTB Dino Series E 72 Red/Tan LHD US
3029GT	250	GTE Series I 61 PF job # 39987
03030	246	GTB Dino Series E 72
3031GT	250	GTE Series I 61 Red/Black EU eng. #3031 PF job # 39988
03032	246	GTB Dino Series E 72 Red/Tan Vinyl then Black/Beige Vinyl then Red/Black Tan Carpets
3033GT	250	GT Pinin Farina Cabriolet Series II 61 Grigio Sarro/Dark Red LHD EU PF job # 29951
03034	246	GTB Dino Series E 72 Red
3035GT	250	GT SWB Berlinetta Lusso 61 Red/Tan LHD Steel
03036	246	GTB Dino Series E 72 Metallic Blue then Silver Blue/Blue Vinyl
3037GT	250	GT SWB Berlinetta Strada Earls Court Show car 10/61 Red/cream then Black int. RHD Steel
03038	246	GTB Dino Series E 72 Rosso Cordoba/Beige Vinyl then Rosso Corsa/Black Leather
3039GT	250	GT SWB Berlinetta Lusso 61 Red/Black then Dark grey/Black LHD Steel
03040	246	GTB Dino Series E 72 Argento Auteil/Red Leather
3041GT	250	GTE Series I 61 PF job # 39989, SWB Relpica by Giordanenga Yellow
03042	246	GTB Dino Series E 72 Argento Auteil then Yellow/Black Leather 246GT03042 eng. #135CS000008885
3043GT	250	GTE Series I 61 LHD EU PF job # 39990
03044	246	GTB Dino Series E 72 Rosso Chiaro/Black Vinyl
3045GT	250	GTE Series I 61 Red/Tan LHD PF job # 39991
03046	246	GTB Dino Series E 72 Red then White/Black
3047GT	250	GTE Series I 61 Anthracite/Brown LHD EU PF job # 39992
03048	246	GTB Dino Series E 72 Azzurro/Dino Black Vinyl
3049GT	250	GTE Series I 61 Blue LHD EU PF job # 39993
03050	246	GTB Dino Series E 72 Verde Germoglio/Black Leather then Rosso Chiaro/Black eng. #03050
3051GT	250	GT Pinin Farina Cabriolet Series II 61 PF job # 29952
03052	246	GTB Dino Series E 72 Red/Black
3053GT	250	GT SWB California Spider #28/55 11/61 Red LHD Steel covered headlights
03054	246	GTB Dino Series E 72
3055GT	250	GT Pinin Farina Cabriolet Series II 61 LHD PF job # 29953
03056	246	GTB Dino Series E 72 Anthracite/Black Leather
3057GT	250	GT Pinin Farina Cabriolet Series II 61 light grey/Red then Black int. PF job # 29954 feat. in the movie "The Pink Panther "
03058	246	GTB Dino Series E 72 Rosso Chiaro/Black Leather
3059GT	250	GT SWB California Spider #29/55 12/61 Black/Black then Red/Black then Black/Crema LHD covered headlights Steel
03060	246	GTB Dino Series E 71 Red/Black
3061GT	250	GTE Series I 61 Silver/Tan then Rosso Chiaro/Tan LHD EU PF job # 39994
03062	246	GTB Dino Series E 12/71 Red/Black then Silver/Black
3063GT	250	GTE Series I 61 PF job # 39995
03064	246	GTB Dino Series E 12/71 Dark Red/Black LHD US
3065GT	250	GTE Series I 61 PF job # 39996
03066	246	GTB Dino Series E 72 Yellow/Black Vinyl
3067GT	250	GT SWB Berlinetta 12/61 Red RHD (ex)-Eric Clapton
03068	246	GTB Dino Series E 71 Silver/Black Leather
3069GT	250	GTE Series I 61 PF job # 39997, 250 SWB-Replica with body from #2250
03070	246	GTB Dino Series E 12/71
3071GT	250	GTE Series I 62 dark grey/Dark Red LHD EU eng. #3071 PF job # 39998
03072	246	GTB Dino Series E 72 Rosso Chiaro/Black Vinyl
3073GT	250	GT SWB Berlinetta Strada 61 Red then dark grey/Red LHD
03074	246	GTB Dino Series E 72 Fly Giallo/Black Vinyl
3075GT	250	GTE Series I 61 Silver/Red LHD US PF job # 39999
03076	246	GTB Dino Series E 72 Marrone/Beige Leather
3077GT	250	GT SWB California Spider #30/55 12/61 Yellow/Black then silver LHD covered head lights Steel
03078	246	GTB Dino Series E 72 Argento Auteil/Blue Vinyl then Yellow then Purple then Silver/Blue then Red

s/n	Type	Comments
3079GT	250	GTE Series I 61 Dark Blue met./Biscuit LHD EU PF job # 40000
03080	246	GTB Dino Series E 72 Azzurro Metallic/Dark Blue Vinyl
3081GT	250	GTE Series I 61 Black then Dark Blue/Red LHD PF job # 34002
03082	246	GTB Dino Series E 72 Rosso Chiaro/Black Vinyl
3083GT	250	GTE Series I last Series I, PF job # 34003
03084	246	GTB Dino Series E
3085GT	250	GT Pinin Farina Cabriolet Series II Paris Show Car 1/62 Grigio Conchiglia Metallizzato Italver 18933M/Rosso 3171 then Red/Black then grey met./Black LHD PF job # 29955 hardtop fitted/covered headlights & one"off body treatment by Tom Meade
03086	246	GTS Dino Series E 72 Blue/Tan then Red/Tan then Silver/Black then Red/Tan
3087GT	250	GT SWB Berlinetta 61 blu Sera/tanLHD
03088	246	GTB Dino Series E 12/71 Maronne Metallic/Tan
3089GT	250	GT Pinin Farina Cabriolet Series II 61 PF job # 29956
03090	246	GTB Dino Series E 72 maroon/tan LHD US
3091GT	250	GT Pinin Farina Cabriolet Series II 61 Rossa Corsa/Tan Black Top eng. #3091 PF job # 29957 colour coded Hardtop
03092	246	GTB Dino Series E 12/71 Nocciola/Black Leather
3093GT	250	GT Pinin Farina Cabriolet Series II 61 grey met./Red PF job # 29958
03094	246	GTB Dino Series E 72 Dark Metallic Blue/Black Leather then Red/Black LHD EU
3095GT	250	GT SWB California Spider #31/55 61 Metallic green/Black then Red/Black Steel LHD converted to covered headlights
03096	246	GTB Dino Series E 72 Rosso Dino/cognac covered headlights LHD US
3097SA	400	Superamerica Serie I Coupé Aero #17/25 Verde Dora/Beige Peugeot then Black int. renumbe red 4031SA ex-Enzo Ferrari
3097SA	400	Superamerica Serie I 2nd car numbered 3097SA, "Lusso" style bodywork enlarged & lengthened with engine #3097SA
03098	246	GTB Dino Series E 72
3099GT	250	GT SWB California Spider #32/55 61 Teal/Black LHD covered headlights Steel
03100	246	GTB Dino Series E 12/71 Fly Giallo/Black
3101GT	250	GT Pinin Farina Cabriolet Series II 62 PF job # 29959
03102	246	GTB Dino Series E 72 Black/tan LHD US
3103GT	250	GTE Series II 61 White then Dark Red LHD PF job # 68001, 250 GTO '64 Replica Red/Black then Blue int. RHD eng. in #3213
03104	246	GTB Dino Series E 72 Dark blue/beige leather LHD
3105GT	330	GT 2+2 Series I 2nd Prototype 63 eng. # 3105 PF job # 99562
03106	246	GTB Dino Series E 72
3107GT	250	GT SWB Berlinetta 61 Dark Blue/Black LHD Steel
03108	246	GTB Dino Series E 72 Celeste/Beige Leather then Rosso Chiaro/Black Vinyl 246GT03108 eng. #135CS000009068
3109GT	250	GTE Series II 61 Dark Blue LHD PF job # 68002
03110	246	GTB Dino Series E 72 Red/Black eng. #03110
3111GT	250	GTE Series II 61 LHD US PF job #68003
03112	246	GTB Dino Series E 72 Red/Black
3113GT	250	GT SWB Berlinetta 61 Silver/Black LHD Steel
03114	246	GTB Dino Series E 71 White
3115GT	250	GTE Series II 61 PF job # 68004, 250 GTO by Favre, Red/Blue eng. in #3671
03116	246	GTB Dino Series E 12/71 Grigio Argento/Red Leather then Red/Black LHD US
3117GT	250	GTE Series II 61 Silver/Red PF job # 68005, frame only remaining
03118	246	GTB Dino Series E 72 Fly Giallo/nero Leather LHD US
3119GT	250	GT SWB California Spider #33/55 61 Red/Tan LHD Steel covered headlights
03120	246	GTB Dino Series E 1/72 Blu Sera then Red/Black Vinyl LHD
3121GT	250	GTE Series II 61 Silver/Red then Red/Red then Silver/Red PF job # 68006
03122	246	GTB Dino Series E 72 Fly Giallo/tan LHD US
3123GT	250	GTE Series II 61 Red/Tan LHD EU PF job # 68007
03124	246	GTB Dino Series E 72 Red/Tan & Black Daytona seats Black inserts
3125GT	250	GTE Series II 61 PF job # 68008 Cabriolet Conversion by Lazio Motors Dark Blue/Black
03126	246	GTB Dino Series E 72
3127GT	250	GTE Series II 61 PF job # 68009, TR-Replica then a 250 PF Coupé Replica Red/Tan
03128	246	GTB Dino Series E 72 Fly Giallo then Black/Black then GTS-Conversion Red/Brown
3129GT	250	GT SWB Berlinetta 61 LHD Steel
03130	246	GTB Dino Series E 72 Anthracite/Red Leather then Fly Giallo/Black Leather
3131GT	250	GTE Series II 61 PF job # 68010, eng. #3137
03132	246	GTB Dino Series E 72 Red
3133GT	250	GTE Series II 61 PF job # 68011
03134	246	GTB Dino Series E 10/71 Silver/Black Leather Daytona seats LHD EU
3135GT	250	GTE Series II Silver/Black LHD PF job # 68012
03136	246	GTB Dino Series E 72 Red/Black Leather
3137GT	250	GTE Series II 61 Brown/Tan then Red/Tan PF job # 68013
03138	246	GTB Dino Series E 72 Blue Scuro/Blue Leather
3139GT	250	GTE Series II 61 Metallic Blue light met. Blue roof/2-tone Blue RHD PF job # 68017
03140	246	GTB Dino Series E 72
3141GT	250	GTE Series II 61 Gold then Red/Beige LHD EU PF job # 68014
03142	246	GTB Dino Series E 72
3143GT	250	GT SWB Berlinetta 61 Red tricolore stripe LHD Steel
03144	246	GTB Dino Series E 72
3145GT	250	GTE Series II 61 LHD EU PF job # 68015 eng. in #1347 (temporarily)
03146	246	GTB Dino Series E 72 Red
3147GT	250	GTE Series II 61 Red then Dark Blue met./Tan LHD PF job # 68016
03148	246	GTB Dino Series E 72 Rosso Chiaro/Black Vinyl
3149GT	250	GTE Series II 61 Black then Green PF job # 68018
03150	246	GTB Dino Series E 72
3151GT	250	GTE Series II 61 Red/Black LHD PF job # 68019
03152	246	GTB Dino Series E 72 Grey & Black/Black Vinyl #161
3153GT	250	GTE Series II 62 Grigio Scuro then dark Blue then dark grey/Black LHD PF job # 68020, ex-Hermann Cordes
03154	246	GTB Dino Series E 72
3155GT	250	GTE Series II 61 LHD EU PF job # 68021
03156	246	GTB Dino Series E 71 Silver/Black Leather
3157GT	250	GTE Series II 61 PF job # 68022
03158	246	GTB Dino Series E 72
3159GT	250	GTE Series II 61 LHD EU PF job # 68023
03160	246	GTB Dino Series E 72 Red
3161GT	250	GTE Series II 62 dark grey LHD PF job # 68024
03162	246	GTB Dino Series E 72 Silver/Black
3163GT	250	GT SWB California Spider #34 1/62 Red then Yellow/Black LHD EU covered headlights Steel
03164	246	GTB Dino Series E 72 Red/Black leather LHD US

s/n	Type	Comments
3165GT	250	GTE Series II 61 Black/Red then Red/Black then Black/Red then Dark Blue LHD EU PF job # 68025
03166	246	GTB Dino Series E 72
3167GT	250	GTE Series II 61 Antracite/Beige LHD EU PF job # 68026
03168	246	GTB Dino Series E 72 Yellow/Black Vinyl
3169GT	250	GT SWB Berlinetta Steel 62 Azzurro then Red/Black LHD Steel
03170	246	GTB Dino Series E 1/72 White/Red Leather
3171GT	250	GTE Series II 61 LHD EU PF job # 68027
03172	246	GTB Dino Series E 72 Red/Black
3173GT	250	GTE Series II 61 Silver LHD PF job # 68028
03174	246	GTB Dino Series E 72
3175GT	250	GT SWB Berlinetta 62 Yellow LHD Steel
03176	246	GTB Dino Series E 2/72 Rosso Chiaro/Black Vinyl
3177GT	250	GTE Series II 61 Black/Black LHD PF job # 68029
03178	246	GTB Dino Series E 72 Red/Black
3179GT	250	GT Pinin Farina Cabriolet Series II 62 dark grey/dark Red LHD PF job # 29960
03180	246	GTB Dino Series E 72
3181GT	250	GTE Series II 61 dark grey met./light tan then Red/Black vinyl LHD EU PF job # 68030, 250 TR-Replica Red/Black
03182	246	GTB Dino Series E 72 Fly Giallo/Black
3183GT	250	GTE Series II 61 LHD EU PF job # 68031
03184	246	GTB Dino Series E 72
3185GT	250	GT SWB California Spider #35/55 62 silver then Rosso Corsa/Black LHD covered headlights hardtop Steel
03186	246	GTB Dino Series E 72 Giallo Senape/Black Leather
3187GT	250	GTE Series II 61 Grey/light Blue then Red/Black LHD EU PF job # 68032
03188	246	GTB Dino Series E
3189GT	250	GTE Series II 61 medium Blue/Black LHD PF job # 68033
03190	246	GTB Dino Series E 72 Silver/Black Vinyl
3191GT	250	GTE Series II 61 PF job # 68034
03192	246	GTB Dino Series E 72
3193GT	250	GTE Series II 61 PF job # 68035
03194	246	GTB Dino Series E 72 Red
3195GT	250	GT SWB California Spider #36/55 62 Green/Black then Black/tan then Red/Black LHD Steel, covered headlights hardtop
03196	246	GTB Dino Series E 72
3197GT	250	GTE Series II 61 grigio fumo/Rosso Connolly PF job # 68036
03198	246	GTB Dino Series E 2/72 Rosso Chiaro/Black Vinyl then Rosso Dino 246GT03198 eng. #135CS00009198
3199GT	250	GTE Series II 61 PF job # 68037, SWB Repilca by Giordanenga
03200	246	GTB Dino Series E 72 Argento Auteil/Black Vinyl
3201GT	250	GTE Series II 61 PF job # 68040
03202	246	GTB Dino Series E 72 Black
3203GT	250	GTE Series II 61 Grey & Green/Black PF job # 68038
03204	246	GTB Dino Series E 72 Fly Giallo/Black Vinyl
3205GT	250	GTE Series II 61 Silver/Red then Black int. LHD PF job # 68041
03206	246	GTB Dino Series E 72
3207GT	250	GTE Series II 61 Silver/grey then dark Red int. then Argento/Rosso LHD EU PF job # 68042
03208	246	GTB Dino Series E 72 Azzurro Met/Blue Vinyl then Black int.
3209GT	250	GTE Series II 61 PF job # 68039
03210	246	GTB Dino Series E 72
3211GT	250	GTE Series II 61 Silver Blue met./Black then tan int. LHD PF job # 68043
03212	246	GTB Dino Series E 72
3213GT	250	GTE Series II 61 PF job # 68044, Drogo Replica Gunmetal Red stripe then Rosso/nero LHD eng. in #4425
03214	246	GTB Dino Series E 72 Red/Black
3215GT	250	GTE Series II 61 Brown/Brown LHD PF job # 68045
03216	246	GTB Dino Series E 72 Red/Tan Leather LHD US
3217GT	250	GT Pinin Farina Cabriolet Series II 62 PF job # 29961
03218	246	GTB Dino Series E 72 Red/Black Vinyl #161 then Black Leather
3219GT	250	GTE Series II 62 Silver then Verde Silverstone/Black RHD AUS eng. #3219 PF job # 68046
03220	246	GTB Dino Series E 73 Red/Tan then Black/Tan then Red/Tan Vinyl LHD US
3221SA	400	Superamerica Serie I Coupé Aero #18/25 61 Bianco/Grigio
03222	246	GTB Dino Series E 1/72
3223GT	250	GTO Press conference car 61 med. Blue/White stripe then Red/Black LHD
03224	246	GTB Dino Series E 72 Yellow/Black
3225GT	250	GTE Series II 61 LHD EU PF job # 68047, parted out
03226	246	GTB Dino Series E 72 Blue Chiaro Metallic/Tan
3227GT	250	GTE Series II 61 Azzurro then Grey/tan PF job # 68048
03228	246	GTB Dino Series E 72
3229GT	250	GTE Series II 61 Grey/Red LHD EU PF job # 68049
03230	246	GT Dino Series E 1/72 Red/Black leather & Cloth LHD
3231GT	250	GTE Series II 61 Azzurro/Black LHD EU PF job # 68050
03232	246	GTB Dino Series E 72 Red/Black
3233GT	250	GT SWB Berlinetta 62 LHD Steel
03234	246	GTB Dino Series E 1/72 Brown/Tan then Red/Tan then Black Leather LHD US
3235GT	250	GTE Series II 61 Black then Silver/Red PF job # 68051 eng. #5519
03236	246	GTB Dino Series E 1/72 Blue
3237GT	250	GTE Series II 61 Rosso Chiaro/Black SWB Replica Yellow/Black eng. #3237 PF job # 68052
03238	246	GTB Dino Series E 72 Fly Giallo/Black Leather LHD US
3239GT	250	GT Pinin Farina Cabriolet Series II 62 PF job # 29962
03240	246	GTB Dino Series E 72 Light.Blue/Black leather then Dark Blue then Yellow/Black Leather
3241GT	250	GTE Series II 61 PF job # 68053 GTO Replica
03242	246	GTB Dino Series E 72 Red/Black Vinyl then tan int. 246GT03242 eng. #135CS000009195
3243GT	250	GTE Series II 61 PF job # 68054 GTO Replica
03244	246	GTB Dino Series E 72 Verde Pino/Beige
3245GT	250	GT SWB California Spider #37/55 62 Rosso Rubino/Tan LHD Steel covered headlights
03246	246	GTB Dino Series E 72 Fly Giallo/Black Vinyl
3247GT	250	GTE Series II 61 Rosso Rubino then Deep Blue/Black RHD UK PF job # 68061
03248	246	GTB Dino Series E 72 Giallo Senape/Black Vinyl
3249GT	250	GTE Series II 61 PF job # 68055
03250	246	GT Dino Series E 72 Rosso Chiaro/Black Vinyl & Cloth eng. #3250
3251GT	250	GTE Series II 61 Dark Blue/Naturale PF job # 68056
03252	246	GTB Dino Series E 72 Rosso Chiaro/Black Vinyl 246GT03252 eng. #135CS0000009170
3253GT	250	GTE Series II Stockholm Salon 61 Silver/Tan LHD PF job # 68057
03254	246	GTB Dino Series E 72 Giallo Senape/Red & Black Vinyl then Red/Black Vinyl

s/n	Type	Comments
3255GT	250	GTE Series II 61 PF job # 68058
03256	246	GTB Dino Series E 72 Maroon then Red
3257GT	250	GTE Series II 61 Blu Sera/Beige RHD PF job # 68067 eng. in #3809
03258	246	GTB Dino Series E 72
3259GT	250	GTE Series II 61 Blu Sera/Beige RHD PF job # 68110 RHD
03260	246	GTB Dino Series E 72
3261	250	GTE Series II 61 Rosso Rubino/tan PF job # 68059 eng. #2205 eng. in #4887
03262	246	GTB Dino Series E 72 Rosso Chiaro/Black & Red inserts Red carpets
3263GT	250	GTE Series II 61 GTO-Replica Silver/Black PF job # 68060
03264	246	GTB Dino Series E 72 Fly Giallo then Red/Black Vinyl 246GT03264 eng. #135CS0000009200
3265GT	250	GTE Series II 62 White RHD eng. #3265 PF job # 68068
03266	246	GTB Dino Series E 72 Red
3267GT	250	GTE Series II 61 PF job # 68062, 250 Speciale-Rebody LHD EU
03268	246	GTB Dino Series E
3269GT	250	GT SWB Bertone Speciale Design Study by Bertone 62 Silver/Black then dark Blue/Red LHD
03270	246	GTB Dino Series E 72
3271GT	250	GTE Series II 61 Silver/Red LHD PF job # 68063
03272	246	GTB Dino Series E 72 Yellow then Maroon/Tan Leather
3273GT	250	GTE Series II 61 White/Blue PF job # 68064 SWB Replica by Garrish Obry Blue then Red/Blue
03274	246	GTB Dino Series E 72 Dark Bronze Met' EU
3275GT	250	GTE Series II 61 Metallic green/Red LHD US PF job # 68065
03276	246	GTB Dino Series E 72 Silver/Black
3277GT	250	GTE Series II 61 Red/Black PF job # 68066
03278	246	GTB Dino Series E 72 Red/Black Leather
3279GT	250	GTE Series II 61 LHD EU PF job # 68069
03280	246	GTB Dino Series E 72 Red/Black
3281GT	250	GT SWB Berlinetta Strada 62 Emerald Green/Green RHD Steel eng. #3281
03282	246	GTB Dino Series E 72 Red/Tan
3283GT	250	GTE Series II 61 Silver/Red LHD PF job # 68070
03284	246	GTB Dino Series E 72 Red/Black Leather then Yellow/Black
3285GT	250	GTE Series II 61 LHD EU PF job # 68071
03286	246	GTB Dino Series E 72 Red LHD US
3287GT	250	GT SWB Berlinetta 62 Red/Black RHD UK Steel
03288	246	GTB Dino Series E 72 Yellow then White then Fly Giallo/Black Leather
3289GT	250	GTE Series II 61 PF job # 68072
03290	246	GTB Dino Series E 72
3291GT	250	GTE Series II 61 Silver/Red LHD PF job # 68073 sunroof
03292	246	GTB Dino Series E 72 Rosso Chiaro/Black
3293GT	250	GT SWB California Spider #38/55 62 Red/Black LHD EU covered headlights Steel
03294	246	GTB Dino Series E 72 Blue Dino Metallic/Black Leather
3295GT	250	GTE Series II 62 dark Red/White PF job # 68074
03296	246	GTB Dino Series E 6/72 Red/BlackDaytona Seats
3297GT	250	GTE Series II 61 PF job # 68075
03298	246	GTB Dino Series E 72
3299GT	250	GTE Series II 61 PF job # 68076
03300	246	GTB Dino Series E 72 Rosso Chiaro/Black Vinyl then Yellow/Black Vinyl RHD ex-Elton John
3301GT	250	GT SWB California Spider #39/55 3/62 Red/Black then silver/BlackLHD Steel covered headlights bumpers removed
03302	246	GTB Dino Series E 72
3303GT	250	GTE Series II 61 PF job # 68077
03304	246	GTB Dino Series E 72 Fly Giallo/Black Leather 246GT03304 eng. #135CS000003304
3305GT	250	GTE Series II Maroon/Tan LHD PF job # 68078 eng. #3305
03306	246	GTB Dino Series E 72 Red/Black
3307GT	250	GTE Series II 61 LHD EU PF job # 68079
03308	246	GTB Dino Series E 72 Metallic Grey/Black Vinyl then Fly Giallo/Black leather
3309SA	400	Superamerica Series I Cabriolet New York Show car #19/25 61 Rosso met. then Rosso Rubino/Avoria covered headlights Hard top power windows
03310	246	GTB Dino Series E 72 Rosso Chiaro/Black Leather then Dark Grey/Black
3311GT	250	GT Pinin Farina Cabriolet Series II 62 Red/Tan LHD PF job # 29963 hardtop
03312	246	GTB Dino Series E 72 Red/Tan
3313GT	250	GTE Series II 62 Red/Black LHD PF job # 68080
03314	246	GT Dino Series E 2/72 Azzurro Dino/Black Vinyl #161
3315GT	250	GT SWB Berlinetta 62 Silver/Black LHD Steel
03316	246	GTB Dino Series E 2/72 Rosso Dino/Black Leather then Red/Black Leather
3317GT	250	GTE Series II 61 LHD PF job # 68081
03318	246	GTB Dino Series E 72 Red/Tan LHD US
3319GT	250	GTE Series II 62 LHD EU PF job # 68082 ren umbered #2223
03320	246	GT Dino Series E 72 Blue then Black/Tan Leather
3321GT	250	GTE Series II 62 Silver then Black/Red LHD PF job # 68083 250 LWB California Spider-Replica Red/Black
03322	246	GTB Dino Series E 72
3323GT	250	GTE Series II 62 White LHD EU PF job # 68084 250 LWB California Spider Relpica Red/Black
03324	246	GTB Dino Series E 72 Yellow
3325GT	250	GTE Series II 62 PF job # 68085
03326	246	GTB Dino Series E 72
3327GT	250	GT SWB Berlinetta 'SEFAC Hot Rod' #20/20 last Competition 62 Silver Blue stripe then Mexican stripe/Blue LHD
03328	246	GTB Dino Series E 72
3329GT	250	GTE Series II 62 Silver/Dark Blue PF job # 68086
03330	246	GTB Dino Series E 72 Red/Black Leather
3331GT	250	GT SWB Berlinetta Lusso 62 Red/Tan LHD
03332	246	GTB Dino Series E 72
3333GT	250	GTE Series II 62 Dark Blue/Grey LHD PF job # 68087
03334	246	GTB Dino Series E 72 Argento Auteil/Red Vinyl then Red LHD 246GT03334 eng. #135CS03334
3335GT	250	GTE Series II 62 Red/Black then Tan int. LHD PF job # 68088
03336	246	GTB Dino Series E 72 Red/Black Vinyl
3337GT	250	GT SWB Berlinetta Strada Lusso #133/351 3/62 Rosso Rubino/Black then Yellow LHD US
03338	246	GTB Dino Series E 72 Nocciola Metallic/Beige Leather 3218 then Oro Chiaro/Black
3339GT	250	GTE Series II 62 silver/Blue LHD EU PF job # 68089
03340	246	GTB Dino Series E 72
3341GT	250	GTE Series II 62 Girgio Italver 18940VM/Blu 308S PF job # 68090
03342	246	GTB Dino Series E 72 Bianco Polo Park/Black Vinyl then Red/Black Red Inserts

s/n	Type	Comments
3343GT	250	GTE Series II 62 Azzurro MM16240/Naturale 3318 LHD US PF job # 68091 GTO Replica #5 by Garnier Red/Blue
03344	246	GTB Dino Series E 72 Red/Black
3345GT	250	GT SWB California Spider #40/55 4/62 Red then Silver Grey/Black LHD Steel, open head lights converted to covered headlights
03346	246	GTB Dino Series E 72 Verde Germoglio/Black then giallo/nero
3347GT	250	GTE Series II 62 Celeste Pulman Italver 6850/Naturale 3100 PF job # 68092
03348	246	GTB Dino Series E 72
3349GT	250	GTE Series II 62 Grigio Argento 18940 then Dark Blue/Rosso 3171 PF job # 68093
03350	246	GTB Dino Series E 72 Fly Giallo/Black Vinyl
3351GT	250	GTE Series II 62 Nero 18999/Nero Franzi NR01 LHD EU PF job # 68094 intended for Onassis, who then got #3357
03352	246	GTB Dino Series E 72 Gold/tan LHD US
3353GT	250	GTE Series II 62 Grigio Conchiglia 18933M then Green/Nero Franzi NR01 PF job # 68095
03354	246	GTB Dino Series E 2/72 Silver/Black Leather then Red/Black then Silver/Black LHD EU ex-Keith Richards
3355GT	250	GTE Series II 62 Verde Pino 19404M/Naturale 3318 then Rosso Corsa/Beige LHD EU PF job # 68096
03356	246	GTB Dino Series E 72 Silver/Black
3357GT	250	GTE Series II 62 Blue Notte 18943/Naturale 3309 LHD EU PF job # 68097 new to Onassis as a gift for Maria Callas
03358	246	GTB Dino Series E 72
3359GT	250	GT SWB Berlinetta Lusso Strada 62 Red LHD EU
03360	246	GTB Dino Series E 72 Red/Black
3361SA	400	Superfast Series I Coupé Aero Geneva Show car #20/25 62 Blu Sera/Naturale
03362	246	GTB Dino Series E 2/72 Red/Black
3363GT	250	GTE Series II "Polizia Stradale" 62 Blue Notte 18943 then Silver/Blue 3087 LHD EU PF job # 68098, 2nd Policia di Roma Car, crashed on day 1
03364	246	GTB Dino Series E 72 Black/Tan & Black
3365GT	250	GTE Series II 62 Nero 18999/Naturale 3309 eng. #3365 PF job # 68099
03366	246	GTB Dino Series E 72 Metallic Green/Black
3367 GT	250	GT SWB Berlinetta Strada 62 Red then Silver/Dark Red then Rosso Corsa/Black LHD EU Steel
03368	246	GTB Dino Series E 72 Red/Black Leather
3369 GT	250	GTE Series II 62 Dark Grey LHD EU PF job # 68100
03370	246	GTB Dino Series E 72 Red/Tan
3371GT	250	GT Pinin Farina Cabriolet Series II 62 PF job # 29964
03372	246	GTB Dino Series E 72 Red/Black Vinyl #161 RHD UK
3373GT	250	GTE Series II #401 62 Grigio Scuro 18932/Red 3171 then Black int. then Blu Notte Met./tan PF job # 68101 ex-Gianni Agnielli, ex-Ludovico Scarfiotti
03374	246	GTB Dino Series E 72 Red/Black & Tan Vinyl
3375GT	250	GTE Series II 62 Rosso Rubino 19327/Nero 8500 LHD PF job # 68102
03376	246	GTB Dino Series E 72 Blue Met Dino then Yellow/Beige
3377GT	250	GTE Series II 62 Bianco 18934 then Rosso Rubino/Naturale 3309 PF job # 68103
03378	246	GTB Dino Series E 72 Bianco Polo Park/Blue Vinyl then Red/beige, RHD
3379GT	250	GT SWB Berlinetta 62 LHD EU Steel # interno 1088E motor is on static display at the Kalikow collection
03380	246	GTB Dino Series E 72 Rosso Dino/Black Viny then Black/Black 246GT03380 eng. #135CS000003380
3381GT	250	GTE Series II New York Show Car 62 Red/Tan LHD US PF job # 68104
03382	246	GTB Dino Series E 72
3383GT	250	GTE Series II Geneva Show Car 62 LHD EU PF job # 68105
03384	246	GT Dino Series E 72, Red/Black Vinyl EU 16i BBS wheels
3385GT	250	GT Pinin Farina Cabriolet Series II 62 PF job # 29965
03386	246	GTB Dino Series E 72 Celeste Metallic/Black Vinyl
3387GT	250	GTO #2/33 3/62 Blue Metallic White stripe/Blue then Red then Blue met. White stripe/Black LHD
03388	246	GTB Dino Series E 72
3389GT	250	GTE Series II 62 met. Green then met. Blue/Blue then tourqoise green/tan then Silver/Red PF job # 68106
03390	246	GTB Dino Series E 72
3391GT	250	GTE Series II 62 LHD US PF job # 68107
03392	246	GTB Dino Series E 72 Marrone Colorado Met./Tan Leather then Red/Tan LHD US
3393GT	250	GTE Series II 62 LHD US PF job # 68108
03394	246	GTB Dino Series E 2/72 Rosso Corsa/Black Leather VM 8500 then Rubino Red/Black LHD US
3395GT	250	GTE Series II 62 Dark Blue/Beige LHD EU PF job # 68109
03396	246	GTB Dino Series E 2/72 Dark Grey/Black Leather then Red/Black
3397GT	250	GT Pinin Farina Cabriolet Series II 62 Rosso Corsa then Greythen Red/Crema Beige Top LHD PF job # 29966 Kroymans Collection
03398	246	GT Dino 72 Yellow/Black Leather
3399GT	250	GTE Series II 62 Red/Black LHD PF job # 68111
03400	246	GTB Dino Series E 72 Argento/Rossa 893 then Red/Bordeaux then Tan int. LHD US
3401GT	250	GT SWB Berlinetta 62 Red/Black LHD eng. #3401 Steel
03402	246	GT Dino Series E 72 Black/Tan
3403GT	250	GTE Series II 62 Silver/Red LHD EU eng. #3403 PF job # 68112
03404	246	GTB Dino Series E 72
3405GT	250	GTE Series II 62 PF job # 68113 GTO-Replica by Drogo Red LHD eng. #2301, then #3945, (ex)-de Siebenthal, eng. in #3405 then #2301
03406	246	GTB Dino Series E 72 Rosso Chiaro/Black Vinyl
3407GT	250	GT Pinin Farina Cabriolet Series II 62 Amaranto Italver 6600/Nero 8500 then dark Blue then Black/Red LHD PF job #29967
03408	246	GTS Dino Series E first GTS 72 Red/Tan & Black Leather
3409GT	250	GT SWB Berlinetta 5/62 Red/Black then Yellow/Black then Red/Black then Silver Grey/Dark Green Dark Green carpeting LHD eng. #3409 then #3441 eng. in #1969 bought back out of #1969 renumbered #3409 Steel
03410	246	GTB Dino Series E 72 Rosso Chiaro/Nero & Red Inserts Nero Carpets
3411GT	250	GTE Series II 62 PF job # 68114, parted out, eng. in #1893
03412	246	GT Dino 72 Blue/tan then Red/Tan LHD US
3413GT	250	GTO 4/62 Rosso Cina/Black LHD rebodied as GTO '64
03414	246	GTB Dino 72 Dark Red/Black Leather LHD US
3415GT	250	GTE Series II 62 LHD EU PF job # 68115 ex-Ed Niles
03416	246	GT Dino 72 Silver/Black Vinyl #161 LHD US
3417GT	250	GTE Series II 62 PF job # 68116

s/n	Type	Comments
03418	246	GTB Dino 72 Red/Black LHD US
3419GT	250	GTE Series II 62 LHD EU PF job # 68117
03420	246	GT Dino 72 Black/Tan
3421GT	250	GTE Series II 62 PF job # 68118
03422	246	GT Dino 72 Olive/tan then Red/Tan Vinyl LHD US
3423GT	250	GTE Series II 62 LHD EU PF job # 68119
03424	246	GT Dino 72
3425GT	250	GT SWB Berlinetta 62 LHD EU Steel
03426	246	GTB Dino 72 LHD US
3427GT	250	GT Pinin Farina Cabriolet Series II 62 PF job # 29968
03428	246	GT Dino 72
3429GT	250	GTE Series II 62 Azzurro metallizato/Black LHD PF job # 68120
03430	246	GT Dino 72 Green met.
3431GT	250	GT SWB Berlinetta 62 Silver/Red LHD Steel
03432	246	GT? Dino 72
3433GT	250	GTE Series II 62 Red/Beige LHD EU PF job # 68121
03434	246	GT? Dino 72
3435GT	250	GTE Series II 62 Red/Black LHD PF job # 68122
03436	246	GT? Dino 72
3437GT	250	GTE Series II 62 LHD EU PF job # 68123 SWB Replica by Vacari Yellow/Black eng. seperated
03438	246	GT Dino 72 246GT03438
3439GT	250	GTE Series II 62 White/Blue LHD EU PF job # 68124
03440	246	GTS Dino 72 Blue/Black Leather then Red/Black
3441GT	250	GTE Series II 62 Yellow/Black then Red/Black PF job # 68125 eng. in #3409
03442	246	GTB Dino 72 Dino Blue/Black Vinyl RHD UK
3443GT	250	GT Pinin Farina Cabriolet Series II 62 PF job # 29969
03444	246	GT? Dino LHD EU
3445GT	250	GTO 4/62 Red then Blue Yellow stripe & nose/Blue LHD EU rebodied by Drogo Red then rebodied as Series 1 GTO Blue Yellow stripe & nose/Blue, ex-Matsuda-Collection
03446	246	GTB Dino LHD EU
3447GT	250	GTE Series II 62 Burgundy then Azzurro metallizato then Burgundy/tan PF job # 68126
03448	246	GT Dino 72 Fly Giallo/Black Vinyl
3449GT	250	GT Pinin Farina Cabriolet Series II 62 Red/Tan LHD EU PF job # 29970 330 GTS style side vents added probably by Tom Meade
03450	246	GT Dino 72
3451GT	250	GTO 4/62 maroon White roof then Rosso Corsa/Black LHD EU temp. eng. #3769, eng. temp. in #3451, eng. swapped later
03452	246	GT Dino 72 Red/Black Leather then Yellow/Black & Red Leather
3453GT	250	GT Pinin Farina Cabriolet Series II 62 PF job # 29971
03454	246	GTB Dino 72 Red/Black Leather LHD US
3455GT	250	GTE Series II 62 Dark Green/Red LHD PF job # 68127
03456	246	GT Dino 72 Fly Giallo/Black Leather LHD US
3457GT	250	GTE Series II 62 Lancia Blu Scuro/Red RHD PF job # 68133 TdF-Replica Red
03458	246	GTB Dino 72 Blue LHD US
3459GT	250	GT Pinin Farina Cabriolet Series II 62 PF job # 29972
03460	246	GTB Dino Series E 72 Metallic Blue/Blue Leather then grey Leather
3461GT	250	GTE Series II 62 LHD EU PF job # 68128
03462	246	GTB Dino 72 LHD US
3463GT	250	GT SWB Berlinetta 62 Dark Red then Oro then Blue/Black RHD Steel
03464	246	GTB Dino 72 Red/Black Leather LHD US
3465GT	250	GTE Series II 62 Blu Scuro/Black 8500 RHD PF job # 68144
03466	246	GTB Dino 72 Dark Brown/Tan Vinyl LHD US
3467GT	250	GT Pinin Farina Cabriolet Series II 62 PF job # 29973 ex-Hilary Raab
03468	246	GT? Dino 72
3469GT	250	GT Coupé Speciale Pininfarina 62 Design Study by Pininfarina Dark Red/Tan LHD PF job #99504
03470	246	GTB Dino 73
3471GT	250	GTE Series II 62 LHD EU PF job # 68129
03472	246	GTB Dino 3/72 Black then Red/Black Vinyl RHD UK
3473GT	250	GTE Series II 62 Green LHD EU PF job # 68130
03474	246	GT? Dino 72
3475GT	250	GT Pinin Farina Cabriolet Series II 62 PF job # 29974
03476	246	GT? Dino 72
3477GT	250	GT SWB Berlinetta 62 LHD EU Steel temp. eng. #1321
03478	246	GT Dino 3/72 Bianco Polo Park/Black Vinyl RHD UK
3479GT	250	GTE Series II 62 Argento RHD eng. #3479 PF job # 68150
03480	246	GT Dino 72 White then Dark metallic Blue/BlackVinyl LHD EU
3481GT	250	GTE Series II 62 Bianco/Black 8500 RHD PF job # 68182 ex-Peter Sellers
03482	246	GTB Dino 4/72 Blue Dino met./Black Vinyl RHD UK
3483GT	250	GTE Series II 62 Silver/Grey PF job # 68131 250 GTO-Replica by Allegretti Silver Tricolore stripe/Black
03484	246	GTB Dino 4/72 Argento Autiel/Black Vinyl RHD UK
3485GT	250	GTE Series II 62 Dark Red/Black LHD PF job # 68132
03486	246	GTB Dino 3/72 Blue Dino met./Black Vinyl RHD UK
3487GT	250	GT SWB Berlinetta Strada 62 Silver/Black LHD Steel
03488	246	GTB Dino Series E 72 Veloce Blue/Black Vinyl #161 LHD EU
3489GT	250	GTE Series II 62 PF job # 68135
03490	246	GT Dino 3/72 Rosso Chiaro/Black Vinyl RHD UK 246GT03490 eng. #135CS000009428
3491GT	250	GT Pinin Farina Cabriolet Series II 62 PF job # 29975
03492	246	GT Dino 72 Dark Blue/Tan LHD US
3493GT	250	GTE Series II 62 PF job # 68134 SWB-Replica
03494	246	GTB Dino 72 Yellow the Red then Fly Giallo/Black Leather LHD US
3495GT	250	GTE Series II 62 LHD PF job # 68136 eng. in #0136
03496	246	GT Dino 72 Red/Tan Leather LHD US
3497GT	250	GTE Series II 62 Rosso Rubino/Beige 3309 RHD UK PF job # 68202
03498	246	GT Dino 72 Yellow then Black/Black Vinyl Red piping & carpets LHD US
3499GT	250	GT Pinin Farina Cabriolet Series II 62 PF job # 29976
03500	246	GT Dino 72 Silver/Black LHD US
3501	250	GTE Series II 62 Black/Red then Red/Black LHD EU PF job # 68137
03502	246	GTB Dino 3/72 Red Metallic/Black Leather then Red/Black Vinyl LHD US
3503	250	GTE Series II 62 Blue PF job # 68138
03504	246	GT? Dino 72
3505GT	250	GTO 4/62 light green/Black RHD UK, ex-Gunther Philipp, ex-Matsuda Collection
03506	246	GTB Dino 72 Rosso Corsa/Tan LHD US
3507GT	250	GT SWB Berlinetta 62 LHD EU Steel
03508	246	GT Dino 72 Dino Red/Tan LHD US

s/n	Type	Comments
3509	250	GTE Series II 62 Red/Tan LHD EU PF job # 68139
03510	246	GTB Dino 72 Grigio met./White Leather LHD US
3511GT	250	GTE Series II 62 LHD EU PF job # 68140 250 GTO Replica eng. in #3491
03512	246	GTB Dino 72 Black then Blue met./tan LHD US
3513SA	250/400	GT Pinin Farina Speciale/SA Serie I Coupé Aero #21/25 2/62 Blu Sera/Naturale then Red/Tan then Blu Sera/Naturale LHD EU PF job # 99538
03514	246	GTB Dino 72 Rosso Corsa/Black
3515	250	GTE Series II 62 LHD EU PF job # 68141
03516	246	GT Dino 3/72 Rosso Chiaro/Black Vinyl then Rosso Corsa RHD UK
3517GT	250	GT Pinin Farina Cabriolet Series II 62 dark Blue/Tan Blue top LHD PF job # 29977
03518	246	GT Dino 3/72 Rosso Chiaro/Black Vinyl RHD UK 246GT03518 eng. #135CS000009422
3519	250	GTE Series II 62 LHD US PF job # 68142
03520	246	GTB Dino 4/72 Rosso Dino/Black Vinyl RHD UK
3521	250	GTE Series II 62 LHD EU PF job # 68146
03522	246	GTB Dino 72 White then Yellow/Black LHD EU
3523	250	GTE Series II 62 Silver/Grey then Tan int. LHD EU PF job # 68143
03524	246	GT? Dino 72
3525	250	GTE Series II 62 LHD EU PF job # 68145 California Spider-Replica Red/Black eng. #3547 then #5357 open headlights, probably a 250 GT PF Cabrio
03526	246	GTB Dino 3/72 Rosso Chiaro/Black Vinyl RHD UK eng. #03526
3527GT	250	GTO 5/62 Rosso Cina/Tan LHD
03528	246	GT? Dino 72
3529	250	GTE Series II 62 Black/Red LHD EU PF job # 68147
03530	246	GTB Dino 72 Red LHD EU
3531GT	250	GT Pinin Farina Cabriolet Series II 62 PF job # 29978
03532	246	GT Dino 72 Blu Dino/Beige Leather
3533	250	GTE Series II 62 LHD EU PF job # 68148
03534	246	GT Dino 72 Rosso Rubino/tan thenYellow/Black LHD US
3535	250	GTE Series II 62 PF job # 68149
03536	246	GT Dino 72 Met. Blue/Black Leather LHD US
3537	250	GTE Series II 62 PF job # 68151
03538	246	GTS Dino 72 Silver/Black Leather LHD EU
3539 GT	250	GT SWB Berlinetta Strada 62 Grey metallic, destroyed, Replica by Colombo Red/Black LHD
03540	246	GT Dino 3/72 Fly Giallo/Black LHD US
3541GT	250	GTE Series II 62 Black/tan then Red/Black PF job # 68152
03542	246	GTB Dino 72
3543	250	GTE Series II 62 dark Red/Black LHD US PF job # 68153
03544	246	GT Dino 72 Rosso Rubiono then Grey/tan LHD US
3545	250	GTE Series II 62 Ivory then dark Red/beige LHD EU PF job # 68154
03546	246	GT Dino 72 Dark Blue met./Black then Red LHD US
3547	250	GTE Series II 62 Rosso Rubino/Dark Tan LHD EU PF job # 68155
03548	246	GTB Dino 72 LHD US
3549GT	250	GT Pinin Farina Cabriolet Series II 62 dark Blue/tan PF job # 29979
03550	246	GTB Dino 72 Red/Tan
3551GT	250	GT SWB Berlinetta Lusso 62 Green met. LHD eng. #3551 Steel
03552	246	GT Dino 72 Fly Giallo/Black Leather RHD UK eng. #3552
3553	250	GTE Series II 62 Silver then Royal Blue then Silver/Tan then Red int. LHD EU PF job # 68156
03554	246	GT Dino 72 Rosso Dino/Black Vinyl #161 LHD EU
3555	250	GTE Series II 62 EU PF job # 68157
03556	246	GTB Dino 4/72 Rosso Chiaro/Black Vinyl RHD UK
3557GT	250	GT Pinin Farina Cabriolet Series II 62 PF job # 29980
03558	246	GT Dino N.A.R.T. Competizione 72 Red White & Blue stripe/Black LHD EU Alloy Body
3559SA	400	Superamerica Serie I Coupé Aero #22/25 62 Red/Tan then Blu Sera/Naturale covered head-lights
03560	246	GTS Dino 4/72 Rosso Dino/Black Vinyl LHD EU
3561	250	GTE Series II 62 Green/Tan PF job # 68158 parted out
03562	246	GT? Dino 72
3563GT	250	GTE Series II 62 PF job # 68159 eng. in 1023
03564	246	GT? Dino 72
3565GT	250	GT SWB Berlinetta Strada 5/62 silver/Red LHD Steel Replica exists Silver/Red stripe
03566	246	GTB Dino 72 Red LHD EU
3567	250	GTE Series II 62 Silver LHD EU PF job # 68160
03568	246	GT Dino 72 Silver 246GT03568 eng. #135CS000009433
3569	250	GTE Series II 62 PF job # 68161
03570	246	GT Dino 4/72 Rosso Chiaro/Black Vinyl RHD UK
3571GT	250	GTE Series II 62 Red then silver/tan LHD EU PF job # 68162
03572	246	GT Dino 72 Red/Black Vinyl LHD US
3573GT	250	GTE Series II 62 Silver then Dark Blue then Black then dark Blue then silver LHD EU PF job # 68163
03574	246	GT? Dino 72
3575GT	250	GT Pinin Farina Cabriolet Series II 62 PF job # 29981
03576	246	GTB Dino 3/72 Fly Giallo/Black/Black Leather LHD US
3577GT	250	GT SWB Berlinetta Lusso 62 Silver/Red LHD Steel
03578	246	GTB Dino Series E 72 Red/Black LHD US
3579GT	250	GTE Series II 62 Metallic Blue White stripes/light Blue LHD EU eng. #4301 and/or #4379 PF job # 68164
03580	246	GTB Dino 73 Black/Natural Leather LHD US
3581GT	250	GT Pinin Farina Cabriolet Series II 62 Red/beige PF job # 29982 hardtop
03582	246	GT Dino 72 Blue/Blue
3583GT	250	GTE Series II 62 Metallic Blue/tan LHD EU PF job # 68165 ex-Peter Monteverdi, GTO-Replica Dark Blue ex- de Siebenthal
03584	246	GTB Dino 72 Silver/Red then Black int. LHD US
3585	250	GTE Series II 62 Black then dark Red/NaturaleLHD eng. #3585 PF job # 68166
03586	246	GTB Dino 72 Red/Black Leather LHD US
3587	250	GTE Series II 62 LHD EU PF job # 68167
03588	246	GTB Dino Alloy Body
3589GT	250	GTO 4/62 blu Scuro/Rosso RHD
03590	246	GT? Dino 72
3591GT	250	GTE Series II 62 LHD EU PF job # 68168, probably parted out
03592	246	GTB Dino 72 Fly Giallo/Black Vinyl LHD EU
3593	250	GTE Series II 62 Maroon/Black LHD EU PF job # 68169
03594	246	GTB Dino 72 Silver/Blue Leather LHD EU
3595	250	GTE Series II 62 LHD EU PF job # 68170
03596	246	GT? Dino 72
3597	250	GTE Series II 62 Light Green met./Black Vinyl then Dark Red/Tan then Rosso Corsa LHD eng. #3597 covered headlights PF job #68171 modified by Scaglietti, ex-Teddy Pilette
03598	246	GT? Dino 72

s/n	Type	Comments
3599GT	250	GT Pinin Farina Cabriolet Series II 62 PF job # 29983
03600	246	GTB Dino 4/72 Rosso Chiaro/Black Leather RHD UK
3601	250	GTE Series II 62 LHD PF job # 68172
03602	246	GTB Dino 4/72 Argento Auteil/Black Vinyl RHD UK
3603	250	GTE Series II 62 PF job # 68173
03604	246	GT Dino 72 Grey then Red LHD EU
3605GT	250	GT SWB Berlinetta Lusso 62 Celeste Ardenza 16284MM/dark Blue RHD Steel ex-Matsuda Collection
03606	246	GTB Dino 72 Grigio/Black LHD EU
3607GT	250	GTO 62 Rosso Cina/Black LHD EU
03608	246	GTB Dino 4/72 Verde Germoglio/Black Vinyl RHD UK
3609	250	GTE Series II 62 White/Red PF job # 68174
03610	246	GTB Dino 4/72 Rosso Chiaro/Black Vinyl RHD UK
3611GT	250	GTE Series II 62 Rosso/Black 8500 RHD PF job # 68221 rebuild by Drogo as GTO-Prototype using body #3445 Silver/Black LHD renumered red from #2735 eng. #7677, eng. in #3675
03612	246	GT Dino 72 Rosso Rubino/Black Leather LHD US
3613GT	250	GT Pinin Farina Cabriolet Series II 62 PF job # 29984
03614	246	GTB Dino 72 LHD US
3615GT	250	GT SWB Coupé Aerodynamico Speciale 7/62 Red/Blue then dark Blue/tan LHD covered headlights PF job #99541
03616	246	GTB Dino 4/72 Red LHD US
3617	250	GTE Series II 62 Silver/Red LHD EU PF job # 68176
03618	246	GT Dino 72 Red/Tan Leather LHD US
3619	250	GTE Series II 62 Red/Beige LHD EU PF job # 68175
03620	246	GTS Dino 3/72 Silver/Blue Leather LHD US
3621SA	400	Superamerica Series I Coupé Aerodinamico #23/2 562 Grigio Scuro/Blu Franzi LHD eng. #3621 converted to RHD
03622	246	GTB Dino 72 LHD US
3623	250	GTE Series II 62 PF job # 68177
03624	246	GTB Dino 72 LHD US
3625GT	250	GT Pinin Farina Cabriolet Series II 62 Red/Black PF job # 29985
03626	246	GTB Dino 4/72 Red/Black LHD US
3627	250	GTE Series II 62 Dark Blue/Brown LHD EU PF job # 68178
03628	246	GTB Dino 72 Rosso Dino/Black Leather LHD US
3629	250	GTE Series II 62 Silver/Red LHD PF job # 68179 250 GTO Replica by DK Engineering Red/Blue
03630	246	GT? Dino 72
3631	250	GTE Series II 62 PF job # 68180
03632	246	GT Dino 4/72 Rosso Dino/Black Vinyl RHD UK
3633GT	250	GT Pinin Farina Cabriolet Series II 62 PF job # 29986
03634	246	GT? Dino 72
3635	250	GTE Series II London Motor Show Car 62 Grigio Argento/Blue 3015 RHD UK PF job # 68235 250 SWB California-Replica Blue/Tan eng. in SWB Replica #2735
03636	246	GT? Dino 72
3637	250	GTE Series II 62 Dark Blue/Crema LHD PF job # 68181
03638	246	GT Dino 72 Blue Dino met. then Red/Beige Leather RHD UK 246GT03638 eng. #135CS000003638
3639GT	250	GT SWB Berlinetta 63 Grigio then Rosso Corsa/Tan LHD Steel
03640	246	GTB Dino 72 Argento then Red/Black Vinyl LHD EU

s/n	Type	Comments
3641	250	GTE Series II 62 Dark Green then Red then Dark Green/Dark & light Tan eng. #3641 PF job #68183
03642	246	GT? Dino 72
3643	250	GTE Series II 62 Azzurro then Dark Blue/light Blue 3015 RHD UK PF job # 68275
03644	246	GT Dino Series E 72 Red/Tan & Red Daytona Leather seats LHD EU
3645GT	250	GT Pinin Farina Cabriolet Series II 62 Red/Tan then Black int. LHD PF job # 29987
03646	246	GT Dino 72 Rosso Rubino/tan Vinyl RHD UK
3647GT	250	GTO 62 Rosso Cina/Black RHD UK
03648	246	GT? Dino 72
3649	250	GTE Series II 62 PF job # 68184 eng. in #5057
03650	246	GTB Dino 72 Red/Tan Leather LHD EU
3651	250	GTE Series II 62 Silver dark Red roof/Red LHD US PF job # 68185
03652	246	GTS Dino 73 Rosso Chiaro/Black Leather. eng. #03652
3653	250	GTE Series II 62 LHD EU PF job # 68186 California Spider Replica Blue/tan
03654	246	GT Dino 72 Giallo Centipide then Fly Giallo/Black Vinyl LHD US
3655GT	250	GT Pinin Farina Cabriolet Series II 62 Red/Beige Black top LHD PF job # 29988 factory hardtop
03656	246	GTB Dino 72 Ford Blue met./Beige Leather LHD US
3657GT	250	GT SWB Berlinetta Lusso #9/9-RHD 62 Green then Blu Notte/Tan RHD Steel
03658	246	GT? Dino 72
3659	250	GTE Series II 62 LHD EU PF job # 68187 eng. in #3749
03660	246	GTB Dino 72 Silver/Black
3661	250	GTE Series II 62 Dark Blue then Red/Tan LHD PF job # 68188 eng. #3421 ex-Ed Niles eng. in TR-Replica Red/Blue
03662	246	GTB Dino 72 Azzurro met./light Blue Leather HD US
3663	250	GTE Series II 62 Silver/Black LHD PF job #68189 SWB Replica Pino Verde Yellow stripe then Silver Blue stripe
03664	246	GTB Dino 72 Red/Black LHD US
3665GT	250	GT SWB California Spider #41/55 8/62 dark Blue/tan LHD covered headlights Steel
03666	246	GTB Dino 72 Red/Black Vinyl LHD US
3667GT	250	GTE Series II 62 Rosso/beige 3309 then silver/dark grey RHD PF job # 68276
03668	246	GT Dino 4/72 Red/Black Leather LHD US
3669GT	250	GT Pinin Farina Cabriolet Series II 62 Dark Blue/beige PF job # 29989
03670	246	GT Dino 72 Silver/BlackVinyl #161 then Light Red
3671GT	250	GTE Series II 62 PF job # 68190, 250 GTO Replica by Garnier Red Blue stripes eng. #3115, Garnier 's first GTO-Replica
03672	246	GTB Dino 72 Dino Blue/Black RHD Vinyl UK
3673SA	400	Superamerica GT SWB #24/25 10/62 Red/Tan LHD
03674	246	GT Dino 72 Red/Black LHD EU
3675GT	250	GTE Series II 62 Celeste/Blue 3015 RHD UK PF job # 68280 eng. in #2423 500 TRC Replica by DK, eng. #3611 White then Red/Black, ex-Eric Clapton
03676	246	GT Dino 72 Dark Green met./White Leather then dark Blue met./Black Vinyl #161 LHD EU
3677GT	250	GT SWB California Spider #42/55 62 dark Red/Black LHD eng. #3677 Steel open headlights converted to covered headlights
03678	246	GT? Dino 72
3679GT	250	GTE Series II 62 Black PF job # 68191
03680	246	GT? Dino 72
3681	250	GTE Series II 62 PF job # 68192 parted out

s/n	Type	Comments
03682	246	GTB Dino 72 Argento Auteil/Beige Vinyl then Red/Tan RHD UK
3683GT	250	GT Pinin Farina Cabriolet Series II 62 PF job # 29990
03684	246	GTB Dino 72 Red reported to be stolen in Italy
3685	250	GTE Series II 62 PF job # 68193
03686	246	GTB Dino 4/72 Red LHD US
3687GT	250	GTE Series II 62 PF job # 68194
03688	246	GTS Dino 72 Argento/Blue RHD UK probably first RHD GTS
3689	250	GTE Series II 62 Grigio Conchiglia met. LHD EU PF job # 68195
03690	246	GTB Dino 72
3691	250	GTE Series II 62 /Black int. PF job # 68196
03692	246	GT Dino 72 Red/Black Leather LHD US
3693	250	GTE Series II 62 Silver/Crema LHD EU PF job # 68197
03694	246	GTB Dino 72 Nocciola metallizzato/Black Leather then Red/Black LHD US
3695GT	250	GT SWB Berlinetta Lusso Strada 7/62 Fly Giallo/Blue LHD Steel
03696	246	GTB Dino 72 Champagne/Tan then Red/Black LHD US
3697GT	250	GTE Series II 62 Gunmetall grey then Red/Blue LHD EU PF job # 68198, body used to restore #3561
03698	246	GT Dino 72 Red/Black then tan int. LHD US
3699GT	250	GT Pinin Farina Cabriolet Series II 62 Silver/Red then Black/tan Black top LHD PF job # 29991
03700	246	GT Dino 72 Giallo Fly/tan Leather LHD US
3701	250	GTE Series II 62 dark Blue met./Crema LHD EU eng. #3701 PF job # 68199
03702	246	GTB Dino 72 White then Red then Fly Giallo/Black
3703	250	GTE Series II 62 Red then Azzro/light grey PF job # 68200
03704	246	GT? Dino 72
3705GT	250	GTO 6/62 Rosso Cina tricolore Stripe/Black LHD ex-Piper
03706	246	GTS Dino 5/72 Red LHD EU
3707	250	GTE Series II 62 Black/Black then Dark Red/Tan LHD PF job # 68201
03708	246	GTB Dino 72 Rosso Dino/Tan Leather LHD EU
3709GT	250	GT SWB Berlinetta 62 Silver/Black LHD Steel
03710	246	GT? Dino 72
3711	250	GTE Series II 62 PF job # 68203
03712	246	GT Dino 72 Fly Giallo/brown LHD US reported to be stolen
3713GT	250	GTE Series II 62 Silver then Blue met./Black LHD EU PF job # 68204
03714	246	GT Dino 72 Silver/Black Leather LHD US
3715GT	250	GT Pinin Farina Cabriolet Series II 62 PF job # 29992
03716	246	GT Dino 72 Yellow/Black Leather LHD US
3717GT	250	GTE Series II 62 Green LHD EU PF job # 68205 parted out eng. in s/n 2251
03718	246	GT Dino 72 Rosso Dino/Black Leather LHD US
3719	250	GTE Series II 62 PF job # 68206
03720	246	GT Dino 72 Rosso Corsa/Black Leather LHD US
3721	250	GTE Series II 62 PF job # 68207
03722	246	GT? Dino 72
3723	250	GTE Series II 62 Azzuro/Tan LHD EU eng. # 3723GT PF job # 68208 ex-Richard Anthony, used on a record-cover by Claude FranÁois
03724	246	GT Dino 72 LHD US
3725	250	GTE Series II 62 Rosso Rubino/Tan LHD PF job # 68209 sunroof SWB Berlinetta Strada Replica Black/Brown eng. in #4757
03726	246	GT Dino 72 Yellow then Red/Black LHD US
3727GT	250	GT Pinin Farina Cabriolet Series II 62 PF job # 29993
03728	246	GT Dino 72 Black then Red/Tan Leather LHD US
3729GT	250	GTO 7/62 White then Red/Black RHD UK temp. eng. #2735
03730	246	GT Dino 72 parted out
3731	250	GTE Series II 62 PF job # 68210 parted out 250 GTO Replica by Favre Green Yellow stripe/Blue
03732	246	GT Dino 72 Silver/Black Vinyl LHD EU
3733	250	GTE Series II 62 White then Silver/Black LHD PF job # 68211
03734	246	GTS Dino 72 Rosso Chiaro/Black Vinyl RHD UK
3735GT	250	GT SWB Berlinetta Strada 8/62 Rossa Corsa/Black LHD steel ex-Ed Niles
03736	246	GT Dino 72 Blue Dino Met./Black Vinyl & Cloth then Red/Crema
3737GT	250	GTE Series II 62 SWB Berlinetta Replica Yellow/Black eng. #3737 PF job # 68212 Aluminum body eng. in #1027
03738	246	GT? Dino 72 LHD EU
3739	250	GTE Series II 62 Red/Tan LHD US PF job # 68213 Testarossa Replica Red/Black
03740	246	GT? Dino 72 LHD EU
3741	250	GTE Series II 62 LHD EU PF job # 68214 probably parted out in #3713
03742	246	GT? Dino 72 LHD EU
3743	250	GTE Series II 62 Grey/Blue LHD PF job # 68215
03744	246	GT Dino 72 Blue then Red/Black & Tan Vinyl LHD EU
3745	250	GTE Series II 62 Silver/Black LHD US PF job # 68216
03746	246	GT? Dino 72 Yellow/Black LHD EU
3747SA	400	Superamerica Serie I Coupé Aero #25/25 8/62 Blu Sera then White & grey then White then Blu Sera/Rosso LHD covered headlights
03748	246	GT Dino 72 Yellow/Black
3749GT	250	GTE Series II 62 Dark Blue/Red LHD EU PF job # 68217 eng. #3659
03750	246	GT Dino 72 Red LHD EU
3751GT	250	GT Pinin Farina Cabriolet Series II 62 Red/Tan then Blue/natural then Silver/Black then Red/Tan hardtop eng. #3751 PF job # 29994
03752	246	GT Dino 72 Rosso Dino/Black Leather LHD US
3753GT	250	GTE Series II 62 Red then Silver/Black LHD EU PF job # 68218
03754	246	GT Dino 73 reported to be stolen in the US
3755GT	250	GTE Series II 62 Dark Blue/tan LHD PF job # 68219
03756	246	GT Dino 5/72 Metallic brown/tan Leather LHD US
3757GT	250	GTO 62 Red/Black LHD (ex)-Nick Mason
03758	246	GT Dino 72 Red/Black Leather LHD US
3759	250	GTE Series II 62 PF job # 68220
03760	246	GT Dino 72 metallic Dino Blue/light Blue Leather LHD US
3761GT	250	GTE Series II 62 White then Metallic grey/maroon LHD PF job # 68222
03762	246	GTS Dino 72 Red met./tan & Black Leather LHD US sunroof in Targa-roof
3763GT	250	GT Pinin Farina Cabriolet Series II 62 PF job # 29995
03764	246	GTS Dino 72 Red/Black LHD US
3765LM	330	GTO 5/62 Rosso Corsa/Black LHD eng. #0796
03766	246	GTS Dino 72 LHD US
3767GT	250	GTO 62 Green Yellow nose then Yellow then Red/Black RHD ex-Piper
03768	246	GTS Dino 72 Red/Black LHD US
3769GT	250	GTO 6/62 Red/then Silver Blue stripe/Black LHD temp. eng. #3451 later swapped
03770	246	GTS Dino 72 Blue then Fly Giallo/Black Daytona Leather seats, Black top LHD US

s/n	Type	Comments
3771GT	250	GT SWB Berlinetta 62 LHD Steel rebuilt as Nembo Spider Viola/Tan eng. # interno - 406/62F
03772	246	GT Dino 72 Fly Giallo/Black Daytona seats LHD EU
3773GT	250	GT Pinin Farina Cabriolet Series II 62 Silver/Blue LHD PF job # 29996
03774	246	GT Dino 72 Blue Chiaro Met./Black Vinyl then Red/Black RHD UK
3775GT	250	GT Pinin Farina Cabriolet Series II 62 PF job # 29997
03776	246	GT? Dino 72 LHD EU
3777	250	GTE Series II 62 Grey met./Dark Red LHD EU PF job # 68223
03778	246	GT? Dino 72
3779	250	GTE Series II 62 LHD EU PF job # 68224
03780	246	GTS Dino 72 Azzurro Metal/Black Vinyl RHD UK
3781	250	GTE Series II 62 LHD EU PF job # 68225 250 GTO Replica by Garnier Rosso Corsa/Blue eng. #3781 GT ex-Jacques Entremont
03782	246	GT Dino 72 Rosso Chiaro/Black Vinyl RHD UK, Car Rental Company as first owner
3783GT	250	GT Pinin Farina Cabriolet Series II 62 Brown/Naturale LHD EU PF job # 29998
03784	246	GT Dino 72 Blue/Tan then Yellow/Black LHD EU
3785	250	GTE Series II 62 PF job # 68226
03786	246	GT? Dino 72
3787GT	250	GTE Series II 62 Azzurro met./Crema then Bordeaux int. LHD EU PF job # 68227
03788	246	GT Dino 72 Red LHD
3789	250	GTE Series II 62 PF job # 68228
03790	246	GT? Dino 72 LHD US
3791	250	GTE Series II 62 Dark grey/Red eng. #3791 PF job # 68229 Telaio-plate states wrongly #3781
03792	246	GT? Dino 72 LHD EU
3793	250	GTE Series II 62 LHD EU PF job # 68230 ren-umbered #3935
03794	246	GTS Dino 72 Red/Tan Leather then Yellow/Black LHD US
3795	250	GTE Series II 62 LHD EU PF job # 68231
03796	246	GTS Dino 72
3797	250	GTE Series II 62 LHD EU PF job # 68232
03798	246	GT? Dino 5/72 LHD US
3799	250	GTE Series II 62 Red/Black RHD PF job # 68233
03800	246	GTS Dino 72 Azzurro met./Tan Vinyl colour coded roof LHD US parted out after crash
3801	250	GTE Series II 62 RHD UK PF job # 68234
03802	246	GT? Dino 72 LHD EU
3803GT	250	GT Pinin Farina Cabriolet Series II 62 Grey met./Black LHD PF job # 29999 Hardtop
03804	246	GT Dino 72 Dark Brown LHD EU crashed & probably restored
3805	250	GTE Series II 62 Dark Red/Tan LHD PF job # 68236
03806	246	GT? Dino 72 LHD US
3807GT	250	GT Pinin Farina Cabriolet Series II last 62 dark Red/Beige LHD PF job # 30000
03808	246	GT? Dino 72 LHD US
3809GT	250	GTO 7/62 Rosso Cina/Black then blu int. LHD eng. #3257
03810	246	GT? Dino 72 LHD US
3811	250	GTE Series II 62 PF job # 68237
03812	246	GTS Dino 72 Rosso Dino/Black Vinyl LHD EU
3813	250	GTE Series II 62 Silver/Blue LHD EU PF job # 68238 eng. rebuilt
03814	246	GTS Dino 72 Red/Black Vinyl LHD EU
3815GT	250	GT SWB Berlinetta 62 Grigio LHD Steel
03816	246	GT Dino 72 Fly Giallo then Red/Blue Vinyl RHD UK
3817	250	GTE Series II 62 Blue or White then Rosso Corsa/Black then Grigio Medio met./Tan LHD EU PF job # 68239
03818	246	GT? Dino 72 LHD EU
3819	250	GTE Series II 62 Blue met./Crema LHD EU PF job # 68240
03820	246	GT? Dino 72 LHD EU
3821	250	GTE Series II 62 Blue met./Red LHD EU PF job # 68241
03822	246	GTS Dino 72 Red LHD EU
3823	250	GTE Series II 62 Red/Havana leather LHD EU PF job # 68242
03824	246	GT Dino 72 Giallo Dino then Crema/Black Vinyl RHD new to Belgium
3825	250	GTE Series II 62 Silver/Red LHD EU PF job # 68243
03826	246	GT Dino 72 Brown metal. LHD EU
3827	250	GTE Series II 62 LHD EU PF job # 68244
03828	246	GTS Dino 72 Fly Giallo/Black Vinyl then Red/Tan RHD UK eng. #03828
3829GT	250	GT SWB Berlinetta 62 Silver/Red LHD eng. #3829 steel
03830	246	GT Dino 72 Grey/Black engine replaced
3831	250	GTE Series II 62 Silver/Blue PF job # 68245
03832	246	GT Dino 72 Silver/Blue Leather LHD US
3833	250	GTE Series II 62 Red/Tan LHD EU PF job # 68246 California SWB Spider-Replica by Brandoli
03834	246	GT Dino 72 Fly Giallo/Black LHD US
3835GT	250	GTE Series II 62 Rosso Corsa/Black & Red LHD eng. #3835 PF job # 68247
03836	246	GT Dino 72 Black/Black & Red Leather LHD US
3837	250	GTE Series II 62 Blue LHD PF job # 68248 87 GTO Replicqa by Favre Red French stripe then Red/Blue
03838	246	GT Dino 72 Red/Black LHD US
3839GT	250	GTE Series II 62 PF job # 68249 7th GTO Replica by Favre French stripe then Red/Blue Cloth
03840	246	GT Dino 72 Red/Black Vinyl LHD US
3841	250	GTE Series II 62 Black/Black LHD PF job # 68250
03842	246	GT Dino 72 Silver/Dark Red & Black Leather LHD US
3843	250	GTE Series II 62 Silver/Black then Red/Crema LHD PF job # 68251 03 TR-Replica
03844	246	GT Dino 72 Mink/natural then Fly Giallo/Black LHD US
3845	250	GTE Series II 62 Red/Tan LHD PF job # 68252
03846	246	GT Dino 72 Rosso Rubino/Vinyl LHD US
3847GT	250	GT SWB Berlinetta 62 silver then Red/Black LHD Steel
03848	246	GT Dino 72 Azzurro met./Black Leather LHD US
3849GT	250	GT Berlinetta Lusso Pininfarina Prototype 62 Giallo Solare then Silver/Dark Red ex-Battista "Pinin" Farina
03850	246	GT Dino 72 Silver/Black Leather LHD US cras-hed, parted out, parts used on 01508 & 06906, remaing chassis parts to Meade
3851GT	250	GTO 9/62 Grigio met. then Red/Black LHD
03852	246	GTS Dino 72 Silver/Black LHD EU
3853	250	GTE Series II 62 PF job # 68253
03854	246	GT? Dino 72 LHD EU
3855	250	GTE Series II 62 Red/Tan PF job # 68254
03856	246	GT? Dino 72 LHD EU
3857	250	GTE Series II 62 PF job # 68255
03858	246	GT? Dino 72 LHD EU
3859	250	GTE Series II 62 PF job # 68256
03860	246	GT? Dino 72 LHD EU
3861	250	GTE Series II 62 Silver/Blue PF job # 68257
03862	246	GTS Dino 72 Argento Auteil/Dark Red Leather RHD UK

s/n	Type	Comments
3863GT	250	GT SWB Berlinetta 63 Maroone then Rosso Corsa/Tan LHD Steel
03864	246	GT Dino 72 Rosso Chiaro/Black & Red cloth RHD UK
3865	250	GTE Series II 62 Dark Blue LHD EU PF job # 68258
03866	246	GT? Dino 72
3867GT	250	GT SWB California Spider #43/55 9/62 Red/Tan open headlights Steel eng. in #1817
03868	246	GT Dino 72 Azzurro met/Blue Vinyl then Red/Tan & Red stripes RHD UK
3869GT	250	GTO London Show Car 10/62 Red Blue nose RHD ex-Obrist
03870	246	GT Dino 72 Dark Blue/Tan LHD EU
3871	250	GTE Series II 62 Blue then Red then Blue RHD UK eng. #3871 PF job # 68289
03872	246	GT Dino 5/72 Rosso Rubino/Tan Leather LHD US
3873GT	250	GTE Series II 62 Blue 19.391/Grey 3230 then Dark Red/Blue RHD UK PF job # 68281 GTO Replica by DK Silver/Black
03874	246	GT Dino 72 Red/Black Leather LHD US
3875	250	GTE Series II 62 Maroon then Dark Blue/Brown LHD eng. #3875 PF job # 68259
03876	246	GT Dino 72 LHD US
3877GT	250	GT SWB Berlinetta 10/62 Gold then Red/Black LHD Steel eng. #1727GT
03878	246	GT Dino 72 Blue/Tan LHD US
3879	250	GTE Series II 62 Celeste/Blu 3015 RHD UK PF job # 68320
03880	246	GT Dino 72 Brown/Tan
3881GT	250	GTE Series II 62 PF job # 68260 Drogo Berlinetta Replica of s/n 2433 by Terry Hoyle Gunmetal Red Stripe/Red
03882	246	GTS Dino 72 Red/Black LHD US
3883GT	250	GTE Series II 62 Blue Sera/Grey 3230 RHD UK PF job # 68325 250 TR Replica of #0666 by DK Alloy Red
03884	246	GTS Dino Red/brown
3885GT	250	GTE Series II 62 Black/Black LHD EU PF job # 68324 Eng. in s/n 3955 probably a GTO-Replica, in any case then Argento/Black
03886	246	GTS Dino 72 White/Black Leather LHD US
3887GT	250	GTE Series II 62 Grigio Fumo/Red 3171 RHD UK PF job # 68329 250 TR Replica by DK Engineering dark Red/Tan LHD eng. #3887
03888	246	GTS Dino 72 Rosso Chiaro/Black & Red Leather LHD US
3889	250	GTE Series II 62 Blue met./Blue RHD UK PF job # 68261
03890	246	GTB Dino Series E 72 Medium Blue met./Tan Vinyl LHD
3891	250	GTE Series II 62 LHD US PF job # 68262
03892	246	GT? Dino 72 LHD EU
3893	250	GTE Series II 62 Blue met./Blue LHD EU PF job # 68263
03894	246	GTS Dino 72 Yellow/Black then Red/Tan LHD EU
3895	250	GTE Series II 62 probably an early SWB Replica by Scaglietti
03896	246	GTS Dino 72 Blue Chiaro met./Black Vinyl RHD UK, Maranello Demonstrator
3897	250	GTE Series II 62 PF job # 68264
03898	246	GT Dino 72 Giallo Dino/Black Vinyl then Rosso/Black RHD UK
3899	250	GTE Series II 62 LHD US PF job # 68265
03900	246	GTS Dino 72 Fly Giallo/Black EU
3901	250	GTE Series II 62 Azzurro/Blue 3015 RHD UK PF job # 68330
03902	246	GTS Dino 72 Green then Red/Black Daytona seats LHD EU
3903	250	GTE Series II 62 PF job # 68266 reported to be stolen in France
03904	246	GT? Dino 72
3905	250	GTE Series II 62 Burgundy LHD PF job # 68267 probably converted to TR- or GTO-Relpica after 01
03906	246	GT? Dino 72
3907	250	GTE Series II 62 LHD US PF job # 68268
03908	246	GTS Dino 72 Red/Tan then Black/Tan & Black Daytona Seats then Red/Tan colour coded roof
3909GT	250	GTO 9/62 Grigio met. then Red White stripe then Silver/Blue LHD
03910	246	GT? Dino 72
3911GT	250	GT SWB Berlinetta 62 Azzurro met. then Red/Black LHD Steel
03912	246	GTS Dino 72 Red/Black
3913	250	GTE Series II 62 LHD US PF job # 68269
03914	246	GTS Dino 72 RossoRubino/Black Leather then Yellow/Black Leather US
3915	250	GTE Series II 62 Amaranto/Beige 3309 RHD UK PF job # 68335
03916	246	GTS Dino 72 Red/Black, 308 QV motor, Speedline 17" wheels
3917GT	250	GTE Series II 62 LHD US PF job # 68270 eng. was in #1309GT, later swapped
03918	246	GTS Dino 72 Red/Tan LHD US
3919	250	GTE Series II 62 Red/Red LHD EU PF job # 68271 250 GTO Spider by Genaddi Design Red/Black ex-Frank Beard of ZZ Top
03920	246	GTS Dino 72 Rosso Dino/Tan Leather LHD
3921	250	GTE Series II 62 White/Red LHD EU PF job # 68272
03922	246	GT Dino 72 Dark Red/Tan Leather
3923GT	250	GT SWB California Spider #44/55 62 White dark Blue stripe LHD Steel, open headlights, probably a Replica in existance in Red
03924	246	GT Dino 72 Blue/dark Red Leather
3925	250	GTE Series II 62 PF job # 68273
03926	246	GT Dino 72 Blue/Tan Leather
3927	250	GTE Series II 62 PF job # 68274
03928	246	GT Dino 72 Red/Black Leather LHD US
3929	250	GTE Series II 62 PF job # 68277
03930	246	GT Dino 72 Brown then Red/Tan leather
3931SA	400	SA Serie II Coupé Aerodinamico London show car #1/22 9/62 Grigio argento/Nero Franzi LHD covered headlights, ex-Matsuda Collection
03932	246	GT Dino 72 Med. Blue/Tan Vinyl
3933	250	GTE Series II 62 Blue/Grey 3230 RHD UK PF job # 68336 GTO Relpica by Terry Hoyle Red
03934	246	GT Dino 72
3935	250	GTE Series II 62 Black LHD EU PF job # 68278
03936	246	GTS Dino 72 Dino Blue Met./Black Vinyl
3937	250	GTE Series II 62 Red/Black LHD PF job # 68279
03938	246	GT? Dino 72
3939	250	GTE Series II 62 LHD EU PF job # 68282
03940	246	GT? Dino 72
3941	250	GTE Series II 62 Black LHD EU PF job # 68283
03942	246	GT Dino 72
3943GT	250	GTO 10/62 Red/Blue LHD
03944	246	GT Dino 72 Rosso Rubino/tan EU
3945GT	250	GTE Series II 62 Black LHD EU PF job # 68284 eng. in s/n 3405
03946	246	GT Dino 72 Fly Giallo then Red/Black Vinyl 246GT03946 eng. #135CS000009741
3947	250	GTE Series II 62 Red/Red LHD EU PF job # 68285
03948	246	GTS Dino 72 Yellow/Tan
3949SA	400	SA Serie II Coupé Aerodinamico #2/22 Geneva & Torino Show Car 62 Rosso Cina/Nero & Rosso piping LHD eng. #3949 covered headlights
03950	246	GTS Dino 72 Yellow then Red/Black, Kroymans Collection
3951	250	GTE Series II 62 Red LHD US PF job # 68286
03952	246	GT Dino 72

s/n	Type	Comments
3953	250	GTE Series II 62 PF job # 68287
03954	246	GT Dino 72 Red/Tan Vinyl
3955GT	250	GTE Series II 62 Silver then Dark Brown then Mercedes Dark Blue/Tan PF job # 68288 eng. #3855
03956	246	GT Dino 72 Rosso Dino then Yellow/Black Leather LHD EU
3957	250	GTE Series II 62 Blu/Beige 3309 RHD UK PF job # 68341
03958	246	GT Dino 72 Silver/Black LHD US
3959	250	GTE Series II 62 Rosso/Beige 3318 RHD UK PF job # 68340
03960	246	GT Dino 72 Yellow then Red/Tan Vinyl
3961GT	250	GTE Series II 62 Celeste blu Italver 20411/Blue 3015 LHD PF job # 68290
03962	246	GT? Dino 72
3963GT	250	GT SWB Berlinetta 62 Grey/Black then Red/Black LHD Steel
03964	246	GT Dino 72 Metallic Blue/Blue then White/Black Daytona Seats Campagnolo wheels
3965	250	GTE Series II 62 PF job # 68291
03966	246	GT Dino 72 Grey/Black then Black then Red/grey
3967	250	GTE Series II 62 Blue Argento/Blue PF job # 68292
03968	246	GT Dino 72 Green/Black Leather then Dark Red/Red & Black
3969	250	GTE Series II 62 White LHD EU PF job # 68293 sunroof
03970	246	GTS Dino 72 Blue/Tan
3971	250	GTE Series II 62 Burgundy/Tan LHD EU PF job # 68294 GTO-Replica
03972	246	GT Dino 72 Yellow/Black Vinyl
3973	250	GTE Series II 62 LHD EU PF job # 68295 probably parted out, body to #2255
03974	246	GT Dino 4/72 Argento Auteil/Black Vinyl then Red 246GT03974 eng. #135CS000009637
3975	250	GTE Series II 62 LHD EU PF job # 68296
03976	246	GT Dino 72 Red
3977	250	GTE Series II 62 LHD EU PF job # 68297 eng. in #1087
03978	246	GT Dino 72 Yellow/Black
3979	250	GTE Series II 62 PF job # 68298 TR Replica
03980	246	GTS Dino Series E 72 Red/Black
3981	250	GTE Series II 62 LHD EU PF job # 68299 TR Replica Red/Black RHD
03982	246	GT Dino 72
3983	250	GTE Series II 62 Azzuro/Black LHD EU PF job # 68300
03984	246	GT? Dino 72 Brown Metallic/Tan
3985	250	GTE Series II 62 LHD EU PF job # 68301
03986	246	GTS Dino 72 Blue Chiaro Met./Black Vinyl
3987GT	250	GTO 10/62 LHD eng. #6045
03988	246	GTS Dino 72 Verde Germoglio/Tan then Black int. then Red/Tan Black accents then Fly Giallo/Tan leather
3989	250	GTE Series II 62 Blue met./Blue then Ivory then dark Blue then White then Silver/Red then dark Blue/Crema PF job # 68302
03990	246	GT Dino 72 Red/Black EU
3991	250	GTE Series II 62 Grigio Argento met./Red LHD EU PF job # 68303
03992	246	GT? Dino 72
3993	250	GTE Series II 62 White/Beige LHD EU PF job # 68304 ex-Obrist GTO-Replica Red French stripe/Blue
03994	246	GTS Dino 72 Fly Giallo/Black
3995GT	250	GT SWB California Spider #46/55 62 Red then Black/Black LHD hardtop covered headlights
03996	246	GTS Dino 72 Rosso Dino/Black
3997	250	GTE Series II 62 PF job # 68305
03998	246	GTS Dino 72 Fly Giallo/tan leather Daytona seats LHD US
3999GT	250	GTE Series II "Polizia Stradale" first Roman Police GTE 62 Black then Dark Blue/Tan LHD EU PF job # 68306
04000	246	GT? Dino 72 LHD US
4001	250	GTE Series II 62 Dark Blue Metallic/Tan LHD US PF job # 68307
04002	246	GT? Dino 72 Red/Black LHD US
4003GT	250	GTE Series II 62 Silver/Black LHD US PF job # 68308 eng. #4033 in. in #4333 80 GTO-Replica by Favre Rosso Chiaro/Tan then Black int. LHD
04004	246	GTS Dino 72 Red/Black leather LHD US
4005	250	GTE Series II 62 Red/Tan LHD PF job # 68309
04006	246	GTS Dino 5/72 Azzurro met./Tan Leather LHD US
4007	250	GTE Series II 62 LHD EU PF job # 68310 parted out eng. in #0506
04008	246	GT? Dino 72
4009	250	GTE Series II 62 Red/Crema PF job # 68311
04010	246	GT? Dino 72
4011	250	GTE Series II 63 Red/Red then Dark Grey LHD EU eng. #4011 PF job # 68312
04012	246	GT Dino 72 Azzurro met. (VRB408K)/Blue Vinyl RHD UK
4013GT	250	GT SWB California Spider #47/55 62 Red/Black LHD Steel covered headlight converted to open headlights reconverted to covered headlights
04014	246	GT? Dino 72 LHD EU
4015	250	GTE Series II 62 silver/Red LHD PF job # 68313 250 GT SWB Replica by Terry Hoyle silver grey metallic Red stripe/Red
04016	246	GTS Dino 72 Silver/Black LHD EU
4017	250	GTE Series II 62 Red/Tan LHD US PF job # 68314 225 S Vignale rebody of 0136E Rosso Corsa/Tan ex-Jose Froilan Gonzales
04018	246	GT? Dino 72 LHD EU
4019	250	GTE Series II 62 Red/Black LHD PF job # 68315 ex-Ed Niles 250 GT TdF Zagato Replica Black silver roof
04020	246	GT Dino 72 Dark Blue LHD EU
4021	250	GTE Series II 62 Red/Beige LHD PF job # 68316
04022	246	GT Dino 73 Blue/Tan Vinyl LHD EU
4023	250	GTE Series II 62 LHD EU PF job # 68317
04024	246	GT Dino 72 Rosso Chiaro/Black Vinyl RHD UK
4025	250	GTE Series II 62 PF job # 68318
04026	246	GT Dino 72 LHD EU
4027	250	GTE Series II 62 Maroon LHD PF job # 68319
04028	246	GT? Dino 72 LHD EU
4029	250	GTE Series II 62 Silver/Red then Red/Tan PF job # 68337 ex-Pedro Rodriguez
04030	246	GT? Dino 72 LHD EU
4031SA	400	SA Coupé Aerodinamico renumbered from #3097 61 Verde dora/Black LHD open headlights eng. #1287 eng. in #4715 PF job#99518 ex-Enzo Ferrari
04032	246	GTS Dino 72 Red/Black Leather then Yellow then Red/Black colour coded roof LHD US
4033	250	GTE Series II 62 LHD US PF job # 68321 ex-Ricardo Rodriguez, ex-Lopez Mateos
04034	246	GTS Dino 72 Silver/Black LHD US
4035	250	GTE Series II 62 Burhundy/Crema LHD US PF job # 68322 ex-Bill Harrah, ex-Bill Medly
04036	246	GTS Dino 72 Red/Black Leather LHD US ex-Cher
4037GT	250	GT SWB Berlinetta Strada Steel 62 Rosso Corsa/Black LHD Steel
04038	246	GTS Dino 73 Black/Black LHD US
4039	250	GTE Series II Turin Show Car 62 PF job # 68323, wrecked, eng. to an unknown SWB
04040	246	GTS Dino 6/72 Rosso Rubino/Naturale LHD US

s/n	Type	Comments
4041	250	GTE Series II 62 White/Red PF job # 68338, eng. seperated
04042	246	GT? Dino 72 LHD US
4043	250	GTE Series II 62 Black/Black LHD US PF job # 68339
04044	246	GTS Dino 72 Green then Red/Beige then Yellow/DarkTan Leather colour coded roof LHD US
4045	250	GTE Series II 62 Black/Red LHD US PF job # 68326 250 TR Replica Red/Black LHD eng. #4045
04046	246	GTS Dino 72 Red/Black LHD US
4047	250	GTE Series II 62 Maroon/Black LHD eng. #4047 PF job # 68327 hood scoop
04048	246	GTS Dino 7/72 Rosso Rubino/Tan Leather LHD US
4049	250	GTE Series II 62 LHD EU PF job # 68328
04050	246	GTS Dino 72 Red/Black then tan Daytona Seats LHD US
4051GT	250	GT SWB Berlinetta 1/63 dark Red/Black grey carpets LHD Steel
04052	246	GT Dino 72 Bianco Polo Park/Black Vinyl RHD UK
4053GT	250	GT Berlinetta Lusso Scaglietti Prototype 63 Geneva & Paris show car , 4 rear lights
04054	246	GT Dino 72 Rosso Dino/Black Leather RHD UK
4055	250	GTE Series II 62 Dark Blue/Red LHD PF job # 68342
04056	246	GT Dino 72 Red/Black LHD EU
4057GT	250	GT SWB Berlinetta 1/63 Silver/Black LHD steel
04058	246	GT Dino 5/72 Blue/Beige Leather LHD EU
4059SA	400	SA Serie II Coupé Aerodinamico #3/22 62 Grigio argento/Rosso
04060	246	GT? Dino 72 LHD EU
4061GT	250	GTE Series II 62 Red/Tan LHD EU PF job # 68343
04062	246	GTS Dino 9/72 Red/Black Leather RHD UK
4063GT	250	GTE Series II 62 Silver/Tabacoo LHD EU PF job # 68331 hood scoop Cadillac eng., eng. in #0117, ex-Ed-Niles
04064	246	GTS Dino 73 Black/Tan Daytona Seats LHD US
4065GT	250	GT SWB Berlinetta last #162/162 63 Red/Black then dark Blue/Tan LHD Steel
04066	246	GT? Dino 72 LHD EU
4067	250	GTE Series II 62 Silver/Red then White/Blue PF job # 68332
04068	246	GTS Dino 72 Rosso Chiaro/Black Vinyl RHD UK
4069	250	GTE Series II 62Grey/Red then Dark Blue/Tan LHD EU PF job # 68333
04070	246	GTS Dino 72 Dino Blue then Verde Medio/BlackLeather RHD UK
4071	250	GTE Series II 12/62 Azzurro/Beige LHD US PF job # 68334
04072	246	GT Dino 72 Silver then Red then White/Black LHD EU
4073	250	GTE Series II 62 White LHD US PF job # 68344
04074	246	GTS Dino 6/72 Argento Auteil then Red/Black & Red Vinyl RHD UK
4075	250	GTE Series II 62 LHD US PF job # 68345
04076	246	GT Dino 72 Rosso Arancio/Black LHD EU, reported to be stolen in Italy
4077	250	GTE Series II 62 Dark Red/Black LHD US PF job # 68347
04078	246	GT Dino 72 Red/Black LHD EU
4079	250	GTE Series II 62 LHD EU PF job # 68346
04080	246	GT? Dino 72 LHD EU
4081	250	GTE Series II 62 LHD EU PF job # 68348
04082	246	GT Dino 72 Dino Blue/Black Vinyl RHD UK
4083GT	250	GT SWB California Spider #48/55 62 Red/Black LHD open headlights Steel
04084	246	GTS Dino 72 Red then White/Black & Red Daytona seats
4085	330	GT 2+2 Series I 3rd Prototype 62 Ivory/Black PF job # 99568
04086	246	GTS Dino 72 Fly Giallo/Black Leather LHD US
4087	250	GTE Series II 62 PF job # 68350 GTO-Replica by Allegretti Red/Blue
04088	246	GTS Dino 72 Red/Black LHD US
4089	250	GTE Series II last Series II, 62 Silver then Rosso Barchetta/Black LHD PF job # 68349
04090	246	GTS Dino 72 Rosso Dino/Nero VM 8500 Leather Daytona Seats LHD US
4091GT	250	GTO 11/62 Grigio met. LHD, rebuilt in 64-Style dark Red/Black LHD
04092	246	GT Dino 72 Blue then Yellow then Red/Tan Leather LHD EU
4093	250	GTE Series III first Series III, 62 Crema/Tan LHD EU PF job # 68351
04094	246	GTS Dino 72 Red/Black Leather LHD EU
4095GT	250	GT SWB California Spider #49/55 62 Green metalic/Black LHD Steel open headlights side vents hood scope ex-Prince Saddrudin Aga Khan
04096	246	GT? Dino 72 LHD EU
4097GT	250	GTE Series III Geneva Show Car 62 Bianco Terra/Red then Black int. LHD EU PF job # 68352
04098	246	GT Dino 72 Argento Auteil/Dark Red Leather RHD UK
4099	250	GTE Series III 62 Red/Black LHD US PF job # 68353
04100	246	GT Dino 72 Rosso Dino/Black Vinyl LHD EU
4101GT	250	GTE Series III 62 Maroon/Black then Grigio/Dark Red LHD US PF job # 68354
04102	246	GT? Dino 72
4103GT	250	GT SWB California Spider #50/55 12/62 Red/Black LHD Steel, covered headlights
04104	246	GTS Dino 72 Red/Black colour coded roof LHD EU eng. in #2443
4105	250	GTE Series III 62 Green then Rosso Corsa LHD EU PF job # 68355 eng. in #2643
04106	246	GT Dino 72 Brown met. then Red/Tan LHD EU
4107GT	250	GT SWB California Spider #51/55 62 Red/Tan LHD covered headlights Steel, ex-Johnny Halliday
04108	246	GT? Dino 72 LHD EU
4109SA	400	SA Serie II Coupé Aerodinamico #4/22 62 Grigio argento/Nero LHD EU
04110	246	GT Dino 72 Rosso Chiaro/Black Vinyl RHD UK
4111SA	400	SA Serie II Coupé Aerodinamico Geneva show car #5/22 62 Rosso Corsa/Naturale LHD EU covered headlights, ex-Prince Saddrudin Aga Khan
04112	246	GT Dino 72 Dino Blue met./Blue then Black/Tan RHD UK 246GT04112
4113SA	400	SA Serie II Coupé Aerodinamico #6/22 4/63 Grigio/Nero LHD open headlights PF job #99548
04114	246	GT? Dino 72 LHD EU
4115GT	250	GTO 62 Grigio met./Black then Red/Black & Blue, ex-Hermann Cordes
04116	246	GT Dino 72 Yellow then Red/Black LHD EU
4117	250	GTE Series III 62 PF job # 68356
04118	246	GT Dino 72 Red/Black Vinyl LHD EU
4119	250	GTE Series III 62 Grigio Fumo met./Black LHD EU PF job # 68357
04120	246	GT Dino 72
4121GT	250	GT SWB California Spider #52/55 1/63 grey met. then dark Red met./Black Black soft top LHD EU eng. #4137GT silver hardtop open headlights
04122	246	GTS Dino 72 Black/Black Daytona seats Red stripes LHD US
4123	250	GTE Series III 62 Red then Silver then Maroon then Silver/Black LHD PF job # 68358

s/n	Type	Comments
04124	246	GTS Dino 72 Black/Black LHD US
4125GT	250	GT SWB California Spider #53/55 1/63 Black/dark bordeaux LHD open headlights Steel
04126	246	GTS Dino 72 Rosso Rubinotan LHD US
4127	250	GTE Series III 62 LHD PF job # 68359 TR Replica by DK Red/Black
04128	246	GTS Dino 72 Nilliola metal/Tan then Red/Black LHD US
4129	250	GTE Series III 62 Dark Blue LHD EU PF job # 68360
04130	246	GTS Dino 72 Fly Giallo/brown then Red/Black then Tan int. LHD US
4131GT	250	GT SWB California Spider #54/55 12/62 Red/Crema tan piping LHD open headlights Steel
04132	246	GTS Dino 72 Blue/Tan LHD US then Red/Black after being reported to be stolen in the US & crashed
4133	250	GTE Series III 62 PF job # 68361
04134	246	GTS Dino 72 Yellow then Black/Black LHD US
4135	250	GTE Series III 62 Black/dark Blue LHD US PF job # 68362 330 GT-engine installed
04136	246	GTS Dino 72 Red/Black Daytona Seats LHD US
4137GT	250	GT SWB California Spider #55/55 2/63 Red/Black Black top LHD covered headlights Steel
04138	246	GTS Dino 72 Red/Tan LHD US
4139	250	GTE Series III 62 Grey/Red LHD PF job # 68363
04140	246	GTS Dino 72 Yellow then Black/Black then Yellow LHD US
4141	250	GTE Series III 63 PF job # 68364 eng. in #1485
04142	246	GT Dino 72 Rosso Rubino/Black Vinyl RHD UK
4143	250	GTE Series III 63 Red then Silver/Black LHD US PF job # 68365
04144	246	GT? Dino 72 LHD EU
4145	250	GTE Series III 63 Silver/Dark Grey LHD US PF job # 68366
04146	246	GT? Dino 72 Rosso Dino LHD EU
4147	250	GTE Series III 63 PF job # 68367
04148	246	GT? Dino 72 LHD EU
4149	250	GTE Series III 63 Red/Tan LHD EU PF job # 68368
04150	246	GT? Dino 72
4151GT	250	GTE Series III 62 Red/Black then Dark Red/Tan LHD US PF job # 68369
04152	246	GT? Dino 72
4153GT	250	GTO 63 Silver belgium tricolore then French tricolore then Yellow horizontal stripe/Black LHD
04154	246	GT? Dino 72
4155	250	GTE Series III 62 LHD EU PF job # 68387
04156	246	GT? Dino 72
4157	250	GTE Series III 62 Red/Red PF job # 68371
04158	246	GT? Dino 72
4159	250	GTE Series III 62 PF job # 68372
04160	246	GTS Dino Series E 72 Celeste/Black Vinyl then Rosso Cora/Black RHD 246GTS04160 eng. #4514
4161	250	GTE Series III 62 Silver/Red LHD EU PF job # 68373
04162	246	GT Dino 72 Red LHD EU
4163	250	GTE Series III 62 Red/Tan LHD US PF job # 68374 ex-Lord Brockett Collection
04164	246	GTB Dino Series E 72 Rosso Dino/Black LHD EU
4165	250	GTE Series III 62 LHD US PF job # 68375
04166	246	GT? Dino 72 LHD EU
4167	250	GTE Series III 62 Silver/Black LHD PF job # 68376
04168	246	GTS Dino 72 Black/Black then Fly Giallo/Black LHD EU
4169	250	GTE Series III 1/63 Red/Black LHD EUPF job # 68377 eng. seperated
04170	246	GT Dino 72 Rosso Rubino/Black Vinyl RHD UK
4171	250	GTE Series III 62 Silver/Brown LHD EU PF job # 68378
04172	246	GT Dino 72 Grigio Ferro/Black Vinyl RHD UK
4173	250	GTE Series III 62 White/Tan LHD PF job # 68381
04174	246	GT? Dino 72 LHD EU
4175	250	GTE Series III 62 LHD US PF job # 68382 eng. in #4609
04176	246	GT? Dino 72 LHD EU
4177	250	GTE Series III 62 Grigio Notte met. then Dark Blue then Grigio Notte met/Red LHD EU PF job # 68383
04178	246	GT Dino 72 Argento Auteil/Black Vinyl RHD UK
4179	250	GTE Series III 62 Silver/Blue LHD EU PF job # 68384
04180	246	GTS Dino 72 Fly Giallo LHD EU
4181	250	GTE Series III 62 Silver/Tan LHD EU PF job # 68379
04182	246	GT? Dino 72 LHD EU
4183	250	GTE Series III 62 Blue/Blue LHD US PF job # 68380 eng. #2547
04184	246	GTS Dino 72 Red LHD EU
4185GT	250	GTE Series III 62 Silver/Black LHD EU PF job # 68388
04186	246	GTS Dino 72 Rosso Cordoba/Black Vinyl RHD UK
4187	250	GTE Series III 62 LHD EU PF job # 68386
04188	246	GT Dino 72 Red/Black Daytona Seats LHD EU
4189	250	GTE Series III 62 Silver LHDPF job # 68389, in Aalholm Automobilmusem, DK
04190	246	GT? Dino 72 LHD EU
4191	250	GTE Series III 62 Red/Black LHD PF job # 68390
04192	246	GT? Dino 72 LHD EU
4193	250	GTE Series III 62 PF job # 68391
04194	246	GT? Dino 72 LHD EU
4195	250	GTE Series III 62 Red/Black LHD EU PF job # 68392
04196	246	GT? Dino 72 LHD EU
4197	250	GTE Series III 62 Amaranto Bull Lee/Tan LHD US PF job # 68393
04198	246	GT Dino 72 Argento Auteil/Black RHD UK
4199	250	GTE Series III 62 LHD US PF job # 68394 parted out, eng. in #4643, probably transformed into a GTO Replica
04200	246	GT Dino 72 Dark Blue met. then Black/Black LHD EU
4201	250	GTE Series III 62 Red then Silver/Black LHD PF job # 68395
04202	246	GT? Dino 72 Dark Blue/Black LHD EU
4203	250	GTE Series III 62 PF job # 68396
04204	246	GTS Dino 72 Red RHD 246GTS04204 eng. #135C0000009987
4205	250	GTE Series III 62 PF job # 68397 probably used for repair of #2431
04206	246	GTS Dino 72 Red/Black eng. #1410
4207	250	GTE Series III 62 PF job # 68398
04208	246	GT Dino 72 Brown/Beige LHD EU
4209	250	GTE Series III 62 Silver/Black then Red/Tan LHD EU PF job # 68399 ex-Ed Niles, exported to Japan
04210	246	GT Dino 72 Grey LHD EU
4211	250	GTE Series III 62 PF job # 68457 eng. in #2361
04212	246	GTS Dino 72 Brown then Rosso Dino/Tan LHD US
4213	250	GT Berlinetta Lusso first production Lusso, silver grey met Yellow stripe/Black LHD EU
04214	246	GTS Dino 72 Argento Auteil/Black LHD US
4215	250	GTE Series III 62 PF job # 68401

s/n	Type	Comments
04216	246	GTS Dino 72 Red then White then Red/Black LHD US
4217	250	GTE Series III 62 Silver/Dark Blue LHD PF job # 68402
04218	246	GT? Dino LHD US
4219GT	250	GTO 2/63 Rosso Cina then dark Blue/Blue LHD Brandon Wang-Collection
04220	246	GTS Dino 72 Red then Yellow/Tan & Black inserts LHD US
4221	250	GTE Series III 62 Black LHD US PF job # 68403
04222	246	GTS Dino 72 Red/Black Recaro seats, BBS wheels LHD US
4223	250	GTE Series III 62 PF job # 68404
04224	246	GTS Dino 72 Red/Tan then Black int. LHD US
4225	250	GTE Series III 62 Gold LHD US PF job # 68405
04226	246	GTS Dino 72 White/Black LHD US
4227	250	GTE Series III 62 PF job # 68406
04228	246	GTS Dino Red/Tan LHD US
4229	250	GTE Series III 62 LHD EU PF job # 68407 500 TRC-Replica Red/Black
04230	246	GTS Dino 72 Red/Black LHD US
4231	250	GTE Series III 62 Red/Black LHD US PF job # 68408
04232	246	GTS Dino 72 Black LHD US
4233	250	GTE Series III Geneva Show Car 62 PF job # 68409 eng. in a GTO Replica Red
04234	246	GT Dino 72 LHD US
4235	250	GTE Series III Geneva Show Car 62 PF job # 68410
04236	246	GT Dino 6/72 Rosso Niarco/Black LHD US
4237	250	GT Berlinetta Lusso first production car 62 LHD
04238	246	GTS Dino Red/Tan LHD
4239	250	GTE Series III first UK Series III, 62 Grigio Argento/Black 8500 then Red/Black RHD UK PF job # 68370
04240	246	GT Dino Azzurro met./Black
4241SA	400	SA Series II LWB Cabriolet #1/4, #7/22 400 SA S II 63 Nero/Naturale then Red/Tan LHD open headlights hardtop
04242	246	GT Dino 72 Blue green then Fly Giallo/Black LHD US
4243GT	250	GTE Series III 62 Rosso/Beige 3309 RHD UK PF job # 68385 GTO-Replica by Allegreti Red/Blue ex-David Piper
04244	246	GTS Dino 72 Red/Black LHD US
4245	250	GTE Series III 62 Black/Red LHD EU PF job # 68411
04246	246	GTB Dino Series E 72 Azzurro/Black
4247	250	GTE Series III 62 Bianco/Red LHD PF job # 68412 UK-instruments
04248	246	GT? Dino 72 LHD US
4249	250	GTE Series III 62 LHD US PF job # 68413
04250	246	GTS Dino 72 Red/Black LHD US
4251SA	400	SA Series II Coupé Aerodinamico NYC Show Car #8/22 63 Oro Longchamps Italver 21 373A/Nero VM 8500 then Rosso Rubino/Black then Argento & Verde/Verde LHD US eng. #4251SA covered headlights
04252	246	GTS Dino 72 Brown then Red/Crema LHD US
4253	250	GTE Series III 62 Celeste/Blue 3015 RHD UK PF job # 68400
04254	246	GTS Dino Blue/Black then Black/Tan LHD US
4255	250	GTE Series III 62 Blu Scuro/Grey RHD UK PF job # 68430
04256	246	GT Dino Rosso Rubino then/Yellow/tan LHD US
4257	250	GTE Series III 62 Bianco/Black 8500 RHD UK PF job # 68447 TR-Replica Red/Black
04258	246	GTS Dino 72 Red/Black LHD US
4259	250	GTE Series III 62 LHD US PF job # 68414
04260	246	GTS Dino LHD US
4261	250	GTE Series III 62 LHD EU PF job # 68415
04262	246	GTS Dino
4263	250	GTE Series III 62 PF job # 68416 TR Replica
04264	246	GTS Dino 72 Medium Blue met. then Dark Blue met./Tan LHD US
4265	250	GTE Series III 64 White/dark Red PF job # 68417
04266	246	GTS Dino 73 Azzurro/Black LHD US
4267	250	GT Berlinetta Lusso 62
04268	246	GTS Dino Fly Giallo/Black LHD US
4269	250	GTE Series III 63 LHD EU PF job # 68418 parted out eng. in #4599
04270	246	GTS Dino 72 Silver/Blue then Red/Tan then Silver/Black then Dark Blue/Blue LHD US
4271SA	400	SA Serie II Coupé Aerodinamico LWB #9/22 3/63 Blu Sera/Naturale LHD EU eng. #4271SA covered headlights
04272	246	GTS Dino 72 Red/Black LHD US
4273	250	GTE Series III 62 dark Blue met./Crema LHD EU PF job # 68419
04274	246	GTS Dino 72 Blue met. then Red/Black LHD US ex-Candace Mossler
4275	250	GTE Series III 63 LHD PF job # 68420 Testa Rossa-Replica by St. Redher McMinn Red/Red
04276	246	GT? Dino 72 LHD US
4277	250	GTE Series III 62 PF job # 68421
04278	246	GTS Dino 72 Rosso Dino then Black/Tan LHD US
4279SA	400	SA Serie III Coupé Aerodinamico #10/22 5/63 Grigio fumo/Verde then White/Black LHD EU covered headlights
04280	246	GT Dino 72 Red/Tan
4281GT	250	GTE Series III 63 LHD US PF job # 68422 GTO-Replica Red/Blue
04282	246	GT Dino 73 Silver/Blue then Red/Black LHD US
4283	250	GTE Series III 62 LHD EU PF job # 68423 SWB-Replica by Giordanengo Rosso Corsa/Black
04284	246	GT Dino 7/72 Dark Red/Black LHD US
4285	250	GTE Series III 62 LHD US PF job # 68424 ex-Cher
04286	246	GT Dino 72 Brown met. then Red/Tan LHD US
4287	250	GTE Series III 62 Azzurro met./Blue LHD US eng. #4287 PF job #68425
04288	246	GT Dino 72 Red/Crema LHD US
4289	250	GTE Series III 62 Rosso Niarco/Black LHD EU PF job # 68426
04290	246	GT Dino 72 Red/Black LHD US ex-Nigel Mansell
4291	250	GTE Series III 62 Red/Black LHD EU PF job # 68427
04292	246	GTS Dino 72 Red/Black LHD US
4293GT	250	GTO 4/63 Rosso Cina/Black LHD
04294	246	GT Dino 72 Dark Brown/Tan LHD US
4295	250	GTE Series III 62 Silver/Black LHD EU eng. #4295 PF job # 68428
04296	246	GTS Dino 72 Blue met./White LHD US
4297	250	GT Berlinetta Lusso Geneva Show car 62 Red/Black then Champagne/Black LHD ex-Jo Siffert
04298	246	GT Dino 72 Red/Black LHD US
4299	250	GTE Series III 62 Dark Blue/Beige LHD EU PF job # 68429
04300	246	GT Dino 8/72 Silver/Black LHD US
4301	250	GTE Series III 62 PF job # 68458 eng. in #3579
04302	246	GTS Dino 72 Nuovo Giallo Fly 20-Y-490/Nero leather LHD US 246*04302GTS* Cromodora wheels
4303	250	GTE Series III 62 Grey LHD EU PF job # 68431
04304	246	GTS Dino 72 Silver then Red/Black LHD US
4305	250	GTE Series III 62 Red/Dark Red then Tan int. LHD PF job # 68432
04306	246	GT Dino 72 Red/Black
4307	250	GT Berlinetta Lusso 62 Red/Beige then Black int. LHD ex-Yves Montand
04308	246	GT Dino 72 Verde cremolo/Black LHD EU

s/n	Type	Comments
4309	250	GTE Series III 62 Celeste Blue/Blue 301 LHD EU PF job # 68433 ex-Ed Niles
04310	246	GT? Dino 72 LHD EU
4311	250	GTE Series III 62 PF job # 68434
04312	246	GT? Dino 72 Rosso Chiaro/Black Vinyl RHD UK
4313	250	GTE Series III 62 LHD EU PF job # 68435
04314	246	GTS Dino 72 Red/Black LHD EU
4315	250	GTE Series III 62 LHD EU PF job # 68436
04316	246	GT? Dino 72 LHD EU
4317	250	GTE Series III 62 LHD US PF job # 68437
04318	246	GT? Dino 72 LHD EU
4319	250	GTE Series III 62 Red/Black LHD US PF job # 68438
04320	246	GT Dino 72 Rosso Corsa/Black RHD UK
4321	250	GTE Series III 62 LHD EU PF job # 68439
04322	246	GTS Dino 72 Argento/Black Vinyl LHD EU
4323	250	GTE Series III 62 LHD EU PF job # 68440
04324	246	GT Dino 72 Rosso Corsa/Black LHD EU eng. #4324
4325	250	GTE Series III 62 PF job # 68441
04326	246	GT Dino 72 LHD EU
4327GT	250	GTE Series III 62 Azzurro met./Blue LHD US PF job # 68442
04328	246	GT? Dino 72 LHD EU
4329	250	GTE Series III 3/63 Silver/Black LHD EU PF job # 68443 William Preston
04330	246	GT Dino 72 Rosso Chiaro/Black & Red RHD UK
4331	250	GTE Series III 62 LHD EU PF job # 68444
04332	246	GT? Dino 72 Yellow/Black Vinyl LHD EU
4333GT	250	GTE Series III 3/63 Dark Red/Black LHD US PF job # 68445
04334	246	GT Dino 72 Argento Auteil/Black RHD UK
4335GT	250	GT Berlinetta Lusso 62 ' London show car 62 metallic grey ex-Battista Pininfarina 63 ' London show car with 330 LMB nose
04336	246	GT? Dino 72 LHD EU
4337	250	GTE Series III 62 LHD EU PF job # 68446
04338	246	GT Dino 72 Red/Black LHD EU
4339	250	GTE Series III 4/63 Silver then Red LHD EU PF job # 68465
04340	246	GT? Dino 72 LHD EU
4341	250	GTE Series III 62 PF job # 68448
04342	246	GT? Dino 72 LHD EU
4343	250	GTE Series III 62 LHD EU PF job # 68449
04344	246	GTS Dino 72 Rosso Chiaro/Black RHD UK
4345	250	GTE Series III 62 Grey/Red LHD PF job # 68450
04346	246	GTS Dino 8/72 Fly Giallo/Black RHD UK
4347	250	GTE Series III 62 PF job # 68451 parted out
04348	246	GT Dino 72 Fly Giallo/Black Vinyl then Red/Black RHD UK
4349	250	GTE Series III 62 LHD EU PF job # 68452
04350	246	GT Dino 72 Rosso Chiaro/Black Vinyl RHD UK
4351	250	GTE Series III 62 Dark Blue/Red LHD EU PF job # 68453 TR 0666-Replica by Fine Car Store wearing a fake telaio plate #0666
04352	246	GT Dino 72 LHD EU
4353	250	GTE Series III 62 Grey/Crema then dark Blue/Red LHD EU PF job # 68454 eng. #4353
04354	246	GTS Dino 72 Rosso Rubino/Black Vinyl LHD UK
4355	250	GTE Series III 63 White then Silver/Red LHD EU PF job # 68455
04356	246	GT Dino 72 Black/Black LHD US
4357	250	GTE Series III last 62 production 250 GTE, 62 Silver/Tan LHD US PF job # 68456
04358	246	GT Dino 72 Black/Tan LHD US
4359	250	GT Berlinetta Lusso 63 Red/Tan LHD
04360	246	GT? Dino 72 LHD US
4361	250	GTE Series III 63 LHD EU PF job # 68461
04362	246	GTS Dino 73 Red & Black/Grey carpets LHD US
4363	250	GT Berlinetta Lusso 63 silver/Red LHD eng.#2025
04364	246	GTS Dino Series E 72 Red/Tan & Black LHD US
4365	250	GT Berlinetta Lusso 63 LHD
04366	246	GTS Dino 73 Copper then Fly Giallo grey & Black LHD US.
4367	250	GTE Series III 63 LHD EU PF job # 68459
04368	246	GTS Dino 72 Red/Crema LHD US
4369	250	GTE Series III 63 PF job # 68460 eng. in s/n 6555
04370	246	GTS Dino 72 Red/Black LHD US
4371	250	GTE Series III 63 LHD US PF job # 68462
04372	246	GT Dino Series E 73 Red/White LHD US
4373	250	GT Berlinetta Lusso 63
04374	246	GT Dino 73
4375	250	GT Berlinetta Lusso 63 LHD
04376	246	GTS Dino 72 Red/Tan LHD US
4377	250	GT Berlinetta Lusso 63 Blue/Black then Black/Black LHD
04378	246	GT Dino 72 Blue met./beige LHD US
4379	250	GT Berlinetta Lusso 63 LHD
04380	246	GTS Dino 72 Gold/Black LHD US covered headlights
4381SA	330	LMB Le Mans Berlinetta #1/4 63 Red rebodied as LM Spider by Fantuzzi, original body refitted, Fantuzzi-body to #8733
04382	246	GT? Dino 72 Red/Tan LHD US
4383	250	GT Berlinetta Lusso 63 LHD EU 330 LMB bodywork by Tom Meade eng. #5193
04384	246	GT Dino 72 Fly Giallo/Black LHD US
4385	250	GT Berlinetta Lusso Speciale 63 Red then Light metalic Blue then Red/Tan LHD 330 LMB nose
04386	246	GTS Dino 72 Silver/Black LHD US
4387	250	GT Berlinetta Lusso 63 LHD
04388	246	GT? Dino 72
4389	250	GT Berlinetta Lusso 63 Black/Red LHD
04390	246	GT? Dino 72
4391	250	GT Berlinetta Lusso 63 LHD
04392	246	GT Dino 73 Red then Yellow/Black LHD US
4393	250	GT Berlinetta Lusso 5/63 Dark Red/Black then silver grey met. Black LHD
04394	246	GTS Dino 72 Red/Black LHD US
4395	250	GTE Series III 63 Blue then Black/Black RHD UK PF job # 68463 ex-Lord Brocket
04396	246	GT Dino 72 LHD US
4397GT	250	GTE Series III 63 LHD EU PF job # 68464 eng. from s/n 3579
04398	246	GTS Dino 72 Red/Black LHD US
4399GT	250	GTO 63 Rosso Cina & Azzurro Maranello Conc. livery/Black GTO '64 conversion by Scaglietti
04400	246	GTS Dino 72 Metallic brown/tan then metallic grey then Red LHD US
4401	250	GT Berlinetta Lusso 63 LHD
04402	246	GTS Dino 72 Rosso Rubino/Tan LHD US
4403	250	GT Berlinetta Lusso 63 Black/Crema
04404	246	GT? Dino 72 Bianco Polo Park/Black LHD US
4405	250	GT Berlinetta Lusso 63 LHD
04406	246	GT? Dino 72
4407	250	GT Berlinetta Lusso 63
04408	246	GTS Dino 72 White then Red LHD EU
4409	250	GT Berlinetta Lusso 63
04410	246	GTS Dino 72 Red/beige
4411	250	GT Berlinetta Lusso 63 Rosso Rubino/Beige LHD
04412	246	GT? Dino 72 Red LHD EU reported to be stolen in Italy
4413	250	GT Berlinetta Lusso 63 silver/Black LHD
04414	246	GTS Dino 72 Rosso Chiaro/Black Vinyl RHD UK
4415	250	GT Berlinetta Lusso 63 Red/Black then Black/Black LHD
04416	246	GT? Dino 72
4417	250	GT Berlinetta Lusso 63 LHD
04418	246	GT Dino 72 Argento Auteil/Black Vinyl RHD UK
4419	250	GT Berlinetta Lusso 63 LHD
04420	246	GT Dino 72 LHD US

s/n	Type	Comments
4421	250	GT Berlinetta Lusso 63 Black/tan LHD 275 GTB-eng.
04422	246	GT Dino 72 Bianco Polo Park/Black Vinyl RHD UK
4423SA	400	Superamerica Series II LWB Cabriolet Frankfurt Show Car #11/22 63 dark Blu met./Avoria LHD EU Hardtop open headlights
04424	246	GTS Dino 72 Red
4425	250	GT Berlinetta Lusso 63 Black then blu Sera/Crema LHD
04426	246	GT Dino 72 Rosso Rubino/Beige Vinyl RHD UK 246GT04426 eng. #135CS000010023
4427	250	GT Berlinetta Lusso 63
04428	246	GTS Dino 72 metallic silver/Black Vinyl LHD EU
4429GT	250	GT Berlinetta Lusso 64 Red/Black LHD
04430	246	GT Dino 72 Rosso Chiaro/Black RHD UK
4431	250	GT Berlinetta Lusso 63 Black/Black
04432	246	GT? Dino 72 Fly Giallo/BlackLHD EU
4433GT	250	GT Berlinetta Lusso 63 LHD
04434	246	GTS Dino 72 Rosso Chiaro/Black Vinyl RHD UK 246GTS04434 eng. #135C0000010040
4435	250	GT Berlinetta Lusso 63 argento/Black RHD UK
04436	246	GT? Dino 72 LHD EU
4437	250	GT Berlinetta Lusso 63 Black/Black then Red/Black
04438	246	GT? Dino 72 LHD EU
4439	250	GT Berlinetta Lusso 63 Black/Black
04440	246	GT? Dino 72 LHD EU
4441	250	GT Berlinetta Lusso 63 LHD
04442	246	GTS Dino LHD EU
4443SA	400	SA Series II PF Coupé Aerodinamico #12/22 63 Verde scuro/Nero
04444	246	GT Dino Red/Black Vinyl LHD EU
4445	250	GT Berlinetta Lusso 63 Black/Black LHD
04446	246	GT? Dino 72 LHD EU
4447	250	GT Berlinetta Lusso 63 LHD
04448	246	GTB Dino 72 Blue then Fly Giallo/Tan LHD EU
4449	250	GT Berlinetta Lusso 63 Maroon/Red LHD
04450	246	GT? Dino 72 LHD EU
4451	250	GT Berlinetta Lusso 63 Red/Black LHD
04452	246	GTB Dino Red/Black LHD EU
4453SA	330	LMB #2/4 Red/Black LHD "Lusso type" Anthony Wang-Collection
04454	246	GT Dino 72 Rosso Chiaro/Black Vinyl RHD UK
4455	250	GTE Series III 63 LHD US PF job # 68467
04456	246	GTS Dino 72 Silver then Red/Black
4457	250	GT Berlinetta Lusso 63
04458	246	GTS Dino 72 Gold/tan LHD US
4459	250	GT Berlinetta Lusso 63 dark Red/Black
04460	246	GTS Dino 72 Fly Giallo/Black LHD US
4461	250	GT Berlinetta Lusso 63 LHD
04462	246	GTS Dino 72 Dark Red/beige LHD US
4463	250	GTE Series III 63 Azzurro then pearl White then Red/Black LHD PF job # 68471
04464	246	GTS Dino Red/Black LHD US
4465SA	400	SA Serie III Coupé Aerodinamico #14/22 63 Blu Sera/Naturale
04466	246	GTS Dino 73 Grigio Fume/Black LHD US
4467	250	GT Berlinetta Lusso 63 Red/Black internal eng. #1448/62 E currently fitted in a 250 GT SWB, car probably burnt
04468	246	GTS Dino 72 Brown met. then Fly Giallo/Tan LHD US
4469GT	250	GT Berlinetta Lusso 63 Black/Black LHD
04470	246	GTS Dino 72 Red/Black Daytona seats, Red inserts LHD US
4471	250	GT Berlinetta Lusso 63 Argento/Black LHD
04472	246	GTS Dino 72 White/Red then Black int. LHD US
4473	250	GTE Series III 63 Silver/Black LHD EU PF job #68468 earlier Series I-II three lense tail lights
04474	246	GTS Dino 72 Brown met. then Red/Tan LHD US
4475	250	GTE Series III 63 Red/Black leather PF job # 68469 Borrani wire wheels
04476	246	GTS Dino 72 Rosso Dino/Black Daytona seats LHD US Dino 246 GTS*04476* Campagnolo wheels
4477	250	GTE Series III 63 LHD PF job # 68470 TR-Replica by DK
04478	246	GTS Dino 72 Red/Tan LHD US
4479GT	250	GTE Series III 63 Bronze then Dark Grey/Tan LHD EU PF job # 68472 ex-Obrist, California Spider-Replica
04480	246	GTS Dino 72 gold/Black then Rosso Rubino/Black & Red Daytona Seats
4481	250	GT Berlinetta Lusso 63 LHD
04482	246	GTS Dino 72 Red/Black Daytona Seats LHD US
4483	250	GTE Series III 63 LHD PF job # 68473
04484	246	GTS Dino 72 Red/Black & Red Daytona Seats LHD US
4485GT	250	GTE Series III 63 Black/Red LHD US PF job # 68474
04486	246	GTS Dino 72 Red/Tan Daytona Seats LHD US
4487GT	250	GTE Series III 63 Silver/Black LHD EU PF job # 68475 SWB California Spider-Replica Red/Black covered headlights eng. #3635
04488	246	GTS Dino 73 Blue/Tan then Silver/Black
4489	250	GTE Series III 63 LHD EU PF job # 68476
04490	246	GTS Dino Red LHD US
4491GT	250	GTO 6/63 green RHD ex-Piper
04492	246	GT Dino 72 Fly Giallo/Black LHD US
4493	250	GT Berlinetta Lusso 63 LHD
04494	246	GTS Dino 72 Light Green met./tan LHD US
4495	250	GTE Series III 63 Grigio Argento met./Blue LHD US PF job # 68477
04496	246	GT? Dino 72 LHD US
4497	250	GT Berlinetta Lusso 64 #1/6 with British calib instruments
04498	246	GT Dino 72 Dark Red/Tan LHD US
4499	250	GTE Series III 63 LHD US PF job # 68478
04500	246	GT Dino 9/72 Dark Red/Black LHD US
4501	250	GTE Series III 63 Red/Red LHD EU PF job # 68479
04502	246	GT Dino 72 LHD US
4503	250	GT Berlinetta Lusso 63 LHD
04504	246	GT? Dino 72
4505	250	GTE Series III 63 LHD EU PF job # 68480
04506	246	GT? Dino 72
4507GT	250	GTE Series III 63 Silver/Black LHD EU PF job # 68481
04508	246	GT Dino 72 Red then Yellow/Black RHD UK
4509	250	GT Berlinetta Lusso 63 Rosso Italver/beige LHD EU ex-Michel Lepeltier Collection
04510	246	GT? Dino 72 Argento auteil/Black Vinyl RHD UK
4511	250	GTE Series III 63 LHD EU PF job # 68482
04512	246	GT? Dino 72 Grigio LHD EU reported to be stolen in Italy
4513GT	250	GT Berlinetta Lusso 63 Silver then Red then Silver/Black eng. #4513 ex-Matsuda Collection
04514	246	GTS Dino 72 RHD UK
4515GT	250	GTE Series III 63 Red/Tan then Black int. LHD EU PF job # 68483
04516	246	GT? Dino 72 LHD EU
4517	250	GTE Series III 63 Silver then Red/Tan then Red int. PF job # 68484
04518	246	GTB Dino 72 Celeste/beige RHD UK
4519GT	250	GT Berlinetta Lusso 63 Rosso/tan LHD eng. #6555
04520	246	GTS Dino 72 LHD EU
4521	250	GT Berlinetta Lusso 63 Red then Azzurro/Black & Blue LHD
04522	246	GT Dino 72 Rosso Rubino/Beige RHD UK
4523	250	GTE Series III 63 Blue met. LHD US PF job # 68491, American V8-eng. installed, eng. in #4499
04524	246	GT? Dino 72 LHD EU

s/n	Type	Comments
4525	250	GTE Series III 63 LHD EU PF job # 68486
04526	246	GT? Dino 72 LHD EU
4527	250	GT Berlinetta Lusso 63 LHD
04528	246	GT? Dino 72 LHD EU
4529	250	GTE Series III 63 Red/Tan LHD EU PF job # 68487
04530	246	GT Dino 72 Yellow/Black EU
4531	250	GTE Series III 63 Red/Black LHD EU PF job # 68488 250 TR-Replica
04532	246	GT? Dino 72 LHD EU
4533	250	GTE Series III 63 Black/Red PF job # 68489
04534	246	GT Dino 72 LHD EU
4535	250	GTE Series III 63 LHD EU PF job # 68490
04536	246	GTS Dino 72 Fly Giallo LHD EU
4537	250	GT Berlinetta Lusso 63 Red/Black LHD EU
04538	246	GT Dino 8/72 Black/Tan LHD US
4539	250	GT Berlinetta Lusso 63 Yellow then Celeste/Black LHD EU
04540	246	GT Dino 72 Verde Medio met./Beige Vinyl RHD UK
4541	250	GTE Series III 63 Dark Grey/Tan LHD EU PF job # 68492
04542	246	GT? Dino 72 LHD EU
4543	250	GTE Series III 63 LHD US PF job # 68493
04544	246	GT? Dino 72 LHD EU
4545	250	GTE Series III 63 LHD EU PF job # 68494
04546	246	GT Dino 72 Argento Auteil then Red/Black Vinyl RHD UK
4547	250	GTE Series III 63 Dark grey/Black then Silver/Red LHD EU PF job # 68495 eng. in #2379
04548	246	GTS Dino 72 Blue Dino met./tan then Red/Black RHD UK
4549	250	GT Berlinetta Lusso 63 silver/Black LHD
04550	246	GTS Dino Blue Scuro/Tan RHD UK
4551	250	GTE Series III 63 Red/Tan LHD EU PF job # 68496
04552	246	GT Dino 72 Rosso Chiaro/Black Vinyl RHD UK
4553	250	GTE Series III 63 Red/Red LHD EU PF job # 68497 SWB-Replica by Lawrence or Terry Hoyle eng. in #2779
04554	246	GTS Dino 73 Silver then Red/Black LHD EU
4555	250	GT Berlinetta Lusso 63 LHD
04556	246	GTS 72 Red/Black LHD
4557	250	GTE Series III 63 LHD EU PF job # 68498
04558	246	GT Dino 73 Dino Red/Black LHD US
4559	250	GTE Series III 63 LHD EU PF job # 68499 parted out, eng. in #1917GT
04560	246	GTS Dino 72 Red/Black & Red Red piping LHD US
4561SA	330	GTO 9/63 Red/Black & Blue RHD eng. #4561SA
04562	246	GTS Dino 72 Red/Black LHD US
4563	250	GT Berlinetta Lusso 63 LHD
04564	246	GTS Dino 73 Dark Red/Tan LHD US
4565	250	GTE Series III 63 LHD EU PF job # 68500 250 GTO-Replica
04566	246	GT Dino 72 Red/Tan LHD US
4567GT	250	GT Berlinetta Lusso 63 blu chiaro/nero then Red/Black LHD
04568	246	GTS Dino 73 Dark Brown met./Tan LHD US
04569	250	GTE Series III 63 LHD EU PF job # 68508
04570	246	GT Dino 72 LHD US
4571	250	GTE Series III 63 LHD EU PF job # 68501
04572	246	GT Dino 73 Fly Giallo/Black LHD US
4573	250	GTE Series III 63 Blu Scuro/Brown then Ivory/Tan then Yellow/Brown LHD EU eng. #4573 PF job # 68502
04574	246	GT Dino
4575	250	GTE Series III 63 LHD US PF job # 68503 eng. in #3943
04576	246	GT Dino 73 Red/Tan LHD US, 196 S Dino Replica
4577	250	GT Berlinetta Lusso 63 Red/Black LHD
04578	246	GT Dino Black/tan LHD US
4579	250	GTE Series III 63 LHD EU PF job # 68504
04580	246	GT Dino 72 Red/Black LHD EU
4581	250	GT Berlinetta Lusso 63 LHD
04582	246	GT Dino Red/Black LHD EU
4583	250	GTE Series III 63 Silver/Black LHD EU PF job # 68505
04584	246	GT Dino 72 Blue met. then Red/Tan LHD EU
4585	250	GTE Series III 63 LHD EU PF job # 68506
04586	246	GT Dino Red/Black LHD EU
4587	250	GT Berlinetta Lusso 63 Red/Black LHD covered headlights conversion by Tom Meade
04588	246	GT? Dino 72
4589	250	GTE Series III 63 LHD EU PF job # 68507
04590	246	GT Dino 9/72 Fly Giallo/Black Vinyl RHD UK
4591	250	GT Berlinetta Lusso 63 Rosso Corsa/Black LHD EU
04592	246	GT Dino 72 Argento Auteil/Black Vinyl RHD UK
4593	250	GTE Series III 63 Silver/Blue/Black LHD PF job # 68510
04594	246	GT? Dino 72 LHD EU
4595	250	GT Berlinetta Lusso 63 Black/Red LHD
04596	246	GT? Dino 72 LHD EU
4597	250	GTE Series III 63 LHD PF job # 68511
04598	246	GT Dino 72 light Met. brown/beige LHD EU
4599	250	GTE Series III 63 Green then Silver/Black LHD EU PF job # 68512 eng. #4269 eng. in #3327
04600	246	GTS Dino 72 Dark Blue met./Tan LHD EU
4601	250	GTE Series III 63 LHD EU PF job # 68513
04602	246	GTS Dino 72 Blue Chiaro/Black Vinyl RHD UK eng. #04602
4603	250	GTE Series III 63 Grigio Argento 20265/Nero 8500 then Red/Black LHD US PF job # 68514
04604	246	GT? Dino 72 LHD EU
4605	250	GTE Series III 63 Burgundy then Black/Black LHD US PF job # 68515
04606	246	GT? Dino 72 Black then Red/Tan Daytona Seats LHD EU
4607	250	GT Berlinetta Lusso 63 LHD eng. in s/n 1815
04608	246	GT Dino Series E 72 Rosso Dino/Black LHD EU
4609	250	GTE Series III 63 LHD PF job # 68516
04610	246	GT? Dino 72 LHD EU
4611	250	GTE Series III 63 Dark Grey met./Havana LHD EU PF job # 68517
04612	246	GTS Dino 2/72 Yellow/Black
4613	250	GT Berlinetta Lusso 63
04614	246	GT Dino 72 Blue Dino met./tan Vinyl LHD EU
4615	250	GTE Series III 63 Grey met. LHD EU PF job # 68518
04616	246	GT Dino 72 Fly Giallo/Black LHD EU
4617	250	GTE Series III 63 LHD EU PF job # 68519 eng. in #2205 TR-Replica
4619SA	330	LMB #3/4 63 Red/Beige three carburetors
04620	246	GT Dino 72 blu scuroBlack LHD EU
4621	250	GT Berlinetta Lusso 63 LHD
04622	246	GT Dino Rosso Dino/Black Vinyl LHD EU
4623	250	GT Berlinetta Lusso 63 LHD
04624	246	GT Dino 72 Rosso Chiaro/Black Vinyl RHD UK
4625	250	GT Berlinetta Lusso 63
04626	246	GT Dino Blue met./Black
4627	250	GT Berlinetta Lusso 63 Red then dark Blue/tan LHD
04628	246	GT Dino Yellow then Red/Black LHD EU
4629	250	GTE Series III 63 Celeste/Blue 3015 RHD UK PF job # 68466 500 TRC Replica by DK Red/Black Red piping LHD
04630	246	GT? Dino LHD EU
4631	250	GT Berlinetta Lusso 63 silver/Red LHD
04632	246	GT Dino 72 Black then Red/Black Vinyl RHD UK
4633	250	GTE Series III 63 LHD EU PF job # 68520

s/n	Type	Comments
04634	246	GTS Dino 72 Germoglio/Black Vinyl RHD UK
4635GT	250	GT Berlinetta Lusso 63 Red/Crema LHD
04636	246	GT Dino 72 Grey/Black RHD UK
4637	250	GTE Series III 63 PF job # 68521
04638	246	GT Dino 72 Red/Tan LHD EU
4639	250	GTE Series III 63 Azzurro/Blue 3015 RHD UK PF job # 68485 SWB Replica Red/Black eng. #3673
04640	246	GT Dino 72 Rosso Chiaro/Black Vinyl than Tan Red inserts RHD
4641	250	GTE Series III 63 Silver/Black LHD US PF job # 68522
04642	246	GT? Dino 72 Dark Red reported to be stolen in Italy
4643	250	GTE Series III 63 Silver then Red/Black LHD US PF job # 68523 SWB Replica of #2439 Silver/Dark Blue Stripe
04644	246	GT Dino LHD EU
4645	250	GTE Series III 63 Blu Sera/Grey 3230 RHD UK eng. #4645 PF job # 68509 GTO-Replica Rosso Corsa/Black Blue seats
04646	246	GT Dino 72 Blue/Grey then Red/Black LHD EU
4647	250	GTE Series III 63 LHD EU PF job # 68524
04648	246	GTS Dino 72 Red/Tan LHD EU
4649	250	GTE Series III 63 LHD EU PF job # 68528
04650	246	GT? Dino LHD EU
4651SA	400	Superamerica 63
04652	246	GT Dino 72 Red/Black RHD UK
4653	250	GTE Series III 63 Anthracite then pale Blue/Red LHD EU PF job # 68529 ex-Ed Niles
04654	246	GT? Dino 72 LHD EU
4655	250	GT Berlinetta Lusso 63 eng. #3885
04656	246	GTS Dino 72 Rosso Chiaro/Black Vinyl RHD UK
4657	250	GTE Series III 63 LHD US PF job # 68530
04658	246	GT Dino 72 Yellow/Black Vinyl LHD EU
4659	250	GTE Series III 63 LHD US PF job # 68531
04660	246	GT? Dino 72 LHD EU
4661	250	GTE Series III 63 Grey met. LHD EU PF job # 68532
04662	246	GT? Dino 72 LHD EU
4663	250	GTE Series III 63 PF job # 68533
04664	246	GT Dino Red
4665	250	GTE Series III 63 Silver/Black LHD US PF job # 68534
04666	246	GT? Dino 72 LHD EU
4667	250	GTE Series III 63 Silver then Red LHD EU PF job # 68535
04668	246	GT Dino Red LHD EU
4669	250	GTE Series III 63 Rosso Dino/Tan PF job # 68536 eng. in #3315
04670	246	GT? Dino 72 LHD EU
4671	250	GTE Series III 63 White/Black RHD UK eng. #4671 PF job # 68525
04672	246	GTS Dino 72 Black/Black LHD EU
4673	250	GTE Series III 63 LHD EU PF job # 68537 eng. in #2355
04674	246	GT? Dino 72 LHD EU
4675GT	250	GTO 5/63 Rosso Cina/Black LHD, rebodied in 64 body style, ex-Piper, Matsuda Collection
04676	246	GTS Dino 72 Rosso Chiaro/Tan & Black Leather colour coded roof LHD EU
4677	250	GTE Series III 63 Red/Black LHD EU PF job # 68538 SWB-Replica by Heitbrink
04678	246	GT Dino 72 Rosso Chiaro/Black Vinyl RHD UK
4679SA	400	SA Serie III Coupé Aerodinamico #15/22 9/63 Oro chiaro/Naturale LHD covered headlights
04680	246	GTS Dino Red/Black LHD EU
4681GT	250	GTE Series III 63 Rosso Corsa/Black RHD UK eng. #4681GT PF job # 68526
04682	246	GT Dino 72 Rosso Chiaro/Black Vinyl LHD EU
4683	250	GTE Series III 63 Red/Black LHD US PF job # 68539
04684	246	GTS Dino 72 Rosso Dino/Black Vinyl than Azzurro met./Tan RHD UK
4685	250	GTE Series III 63 PF job # 68540 TR-Replica
04686	246	GTS Dino 72 Fly Giallo LHD EU
4687	250	GTE Series III 63 PF job # 68541
04688	246	GTS Dino 72 Red LHD EU
4689	250	GTE Series III 63 Red/Tan PF job # 68542
04690	246	GT Dino 72 Argento Auteil/Black Vinyl RHD UK 246GT04690
4691	250	GTE Series III 63 LHD EU PF job # 68543
04692	246	GT? Dino 72 LHD EU
4693	250	GTE Series III 63 PF job # 68544
04694	246	GT Dino 72 Verde Pino met. then Red/Tan & Black Daytona Seats RHD UK
4695	250	GTE Series III 63 Dark Blue/Tan LHD US PF job # 68545
04696	246	GT? Dino 72 LHD EU
4697	250	GTE Series III 63 LHD US PF job # 68546
04698	246	GT Dino 72 Red LHD EU
4699	250	GTE Series III 63 LHD EU PF job # 68547
04700	246	GT Dino Red LHD EU
4701	250	GTE Series III 63 Dark Red then Silver/Black LHD EU PF job # 68548
04702	246	GT? Dino 72 LHD EU
4703	250	GTE Series III 63 LHD EU PF job # 68549 eng. in #3343
04704	246	GTS Dino 72 Fly Giallol/Black Vinyl RHD UK
4705	250	GT Berlinetta Lusso 63 Red/Tan LHD
04706	246	GT? Dino 72 LHD EU
4707GT	250	GTE Series III 63 dark Red LHD EU PF job # 68550
04708	246	GT? Dino 72 LHD EU
4709	250	GTE Series III 63 LHD EU PF job # 68551
04710	246	GT Dino 72 Black LHD EU 246GT04710 eng. #135CS000004710
4711	250	GTE Series III 63 PF job # 68552
04712	246	GT Dino 73 Giallo Senape than Red/Black Vinyl LHD EU
4713GT	250	GTO/LM 63 Red/Black LHD LMB-body
04714	246	GTS Dino 72 Argento Auteil then Red/Black LHD EU
4715GT	250	GT Berlinetta Lusso 63 Rosso Corsa/tan LHD eng. #3097/4031SA
04716	246	GT Dino 72 Brown met. LHD EU
4717	250	GTE Series III 63 Silver/Red PF job # 68553 SWB-Replica of #2939 by Brandoli Yellow/Black
04718	246	GT Dino 72 Black/tan RHD
4719	250	GTE Series III 63 Red/Black LHD US PF job # 68554
04720	246	GT Dino 72 Fly Giallo LHD EU
4721	250	GTE Series III 63 LHD US PF job # 68555
04722	246	GT? Dino 72 LHD EU
4723	250	GTE Series III 63 dark Blue met./Tan LHD US PF job # 68556
04724	246	GTB Dino Series E 72 Brown then Fly Giallo/Black LHD EU
4725SA	330	LMB #4/4 63 Red/Black RHD
04726	246	GT Dino 72 Rosso Rubino/Tan RHD UK 246GT04726 eng. #135CS000010187
4727	250	GT Berlinetta Lusso 63 Red/Black RHD
04728	246	GT? Dino 72 LHD EU
4729GT	250	GTE Series III 63 Azzurro metallic/Tan PF job # 68557
04730	246	GTS Dino 72 Red/Tan LHD EU
4731	250	GTE Series III 63 LHD EU PF job # 68558
04732	246	GT Dino 72 Red LHD EU
4733	250	GTE Series III 63 LHD EU PF job # 68559
04734	246	GT Dino 72 Verde medio/Tan RHD UK
4735	250	GT Berlinetta Lusso 63 pino verde/tan LHD
04736	246	GT Dino 72 Rosso Chiaro/Black Vinyl RHD UK 246GT04736 eng. #135CS000010187
4737	250	GTE Series III 63 LHD EU PF job # 68560

s/n	Type	Comments
04738	246	GT Dino 72 Fly Giallo/Black Vinyl RHD UK
4739	250	GTE Series III 63 LHD EU PF job # 68561 TR59 Replica by Garnier Red/Black eng. #5833, ex-Van Rossem
04740	246	GT Dino 72 Red/Black Vinyl LHD EU
4741	250	GTE Series III 63 LHD EU PF job # 68562
04742	246	GT Dino 72 Dark Blue met./Tan LHD EU
4743	250	GTE Series III 63 LHD EU PF job # 68563
04744	246	GT Dino 72 Bianco Polo Park/Black Vinyl RHD UK
4745	250	GTE Series III 63 Black then Dark Blue/Red then Black/dark Red eng. #4745 PF job # 68564
04746	246	GT? Dino 72 LHD EU
4747	250	GTE Series III 63 Silver then Black/Red then Black/Black LHD US PF job # 68565
04748	246	GT Dino 72 Red/Black Vinyl RHD UK
4749	250	GTE Series III 63 LHD US PF job # 68566 GTO-Replica
04750	246	GT Dino 72 Rosso Cordoba/Tan Vinyl RHD UK, probably burnt out
4751	250	GTE Series III 63 Silver/Bordeaux eng. #4751 PF job # 68567
04752	246	GT Dino 72 Rosso Dino/Black Vinyl LHD EU
4753	250	GTE Series III 6/63 Red/Red LHD PF job # 68568
04754	246	GTS Dino 72 Red/Tan LHD EU
4755	250	GTE Series III 63 /Blue LHD EU PF job # 68569
04756	246	GT Dino 72 Bianco Polo Park/Black Vinyl RHD UK
4757GT	250	GTO 6/63 Rosso Cina/Black LHD Kroymans-Collection
04758	246	GT Dino 72 Rosso Chiaro/Black Vinyl RHD UK
4759	250	GT Berlinetta Lusso 63 LHD
04760	246	GT Dino 72 silvergrey metallic/Black LHD EU
4761GT	250	GTE Series III 63 Red LHD EU PF job # 68571 250 TR replica Red/Blue cloth eng. from #2263
04762	246	GT Dino 72 Rosso Dino/Black Vinyl LHD EU
4763	250	GTE Series III 63 LHD EU PF job # 68572
04764	246	GT Dino 72 Dino Blue met./Tan Vinyl RHD UK
4765	250	GTE Series III 63 Red/Tan LHD US PF job # 68573
04766	246	GT? Dino 72 LHD EU
4767	250	GTE Series III 63 Grigio Argento metallizzato Italver/Rosso VM3171 leather then Rosso Corsa/Tan LHD EU PF job #68574
04768	246	GT Dino 73 Red/Black LHD EU
4769	250	GTE Series III 63 Silver/Black LHD EU PF job # 68575 Drogo Speciale conversion Red
04770	246	GTS Dino 72 Yellow/Black Daytona seats LHD EU
4771	250	GTE Series III 63 Red LHD EU PF job # 68576
04772	246	GT Dino 72 White/Black & grey Daytona Seats LHD EU
4773	250	GTE Series III 63 LHD EU PF job # 68577 ex-Alain Delon, rebodied as a Neri & Bonnacini "Nembo" Spider Red/Tan RHD
04774	246	GT Dino 72 Bianco Polo Park/Black Vinyl RHD UK
4775	250	GTE Series III 63 Red/Black LHD PF job # 68578
04776	246	GT Dino 10/72 Argento Auteil then Red/Black RHD UK
4777	250	GTE Series III 63 Charcoal/Dark Red LHD US PF job # 68580 eng. in #1041
04778	246	GT Dino 72 Rosso Chiaro/Black RHD UK 246GT04778 eng. #135CS0000010227
4779	250	GT Berlinetta Lusso 63 LHD
04780	246	GTS Dino 72 Bianco Polo Park/Black Vinyl RHD UK

s/n	Type	Comments
4781SA	400	SA Serie III Cabriolet Pininfarina #16/22 63 Azzurro/Marrone then Red/Tan Pininfarina #99507 covered headlights
04782	246	GT? Dino 72
4783	250	GTE Series III 63 Silver LHD US PF job # 68579
04784	246	GTS 73 Blue then Black then Red/Black LHD US
4785	250	GT Berlinetta Lusso 63 LHD
04786	246	GTS Dino 73 Bronze/Black then dark Red LHD US
4787	250	GTE Series III 63 Dark Grey met./Black LHD PF job # 68581
04788	246	GT Dino 73 Red/Black LHD US
4789	250	GT Berlinetta Lusso 63 Red then burgundy/Black LHD EU eng. #4789
04790	246	GTS Dino 72 Red/Tan LHD US
4791	250	GTE Series III 63 Grey/Red LHD EU PF job # 68582
04792	246	GT Dino 72 Rosso Chiaro/Black LHD EU
4793	250	GTE Series III 63 LHD EU PF job # 68583
04794	246	GTS Dino 72 Red/Tan LHD US
4795GT	250	GTE Series III 63 Dark Blue/Blue LHD EU PF job # 68584 ex-Prince Bertil of Sweden
04796	246	GT Dino 73 Azzurro met./Black then Rosso Chiaro/Black LHD US
4797	250	GTE Series III 63 Grey/Red LHD EU PF job # 68585
04798	246	GT Dino 10/72 White then Blue met. then Red/Black LHD US
4799	250	GTE Series III 63 Dark Blue/Tan PF job # 68586 eng. from s/n 5033, eng. in #0685
04800	246	GTS Dino 72 Red/Black
4801	250	GTE Series III 63 Silver/Blue/Blue RHD AUS eng. #4801 PF job # 68527 RHD
04802	246	GTS Dino 10/72 LHD US
4803	250	GTE Series III 63 LHD US PF job # 68588
04804	246	GT Dino 72 Azzurro/Black LHD US
4805	250	GTE Series III 63 White LHD US PF job # 68589
04806	246	GTS Dino 72 Red/Tan LHD US
4807	250	GTE Series III 63 LHD EU PF job # 68590
4808	250	GT Dino LHD US
4809GT	250	GTE Series III 63 LHD EU PF job # 68591
04810	246	GT Dino 10/72 Red/Black LHD US
4811GT	250	GTE Series III 63 PF job # 68592
4812	246	GT? Dino 72
4813GT	250	GTE Series III 63 LHD EU PF job # 68593 parted out
04814	246	GT? Dino 72
4815GT	250	GT Berlinetta Lusso 63 LHD
04816	246	GT Dino 72 Argento Auteil/Black RHD UK
4817GT	250	GTE Series III 63 PF job # 68594
04818	246	GTS Dino 72 Red/Black LHD EU
4819GT	250	GTE Series III 63 LHD EU PF job # 68595 250 GTO-Replica Rosso Chino
04820	246	GTS Dino 72 Argento Auteil/Black Vinyl RHD UK
4821GT	250	GTE Series III 63 LHD EU PF job # 68596 250 TR-Replica by DK
04822	246	GTS Dino 72 Red/Tan & Black leather colour coded roof LHD EU ex-Bill Harrah-Museum
4823GT	250	GTE Series III 63 Grigio Argento Italver20265 then Red/Nero 8500 then Red int. PF job #68597 probably parted out
04824	246	GTS Dino 72 Argento Auteil then Red/Black Vinyl RHD UK
4825GT	250	GT Berlinetta Lusso 63 LHD
04826	246	GTS Dino 72 Rosso Dino/Tan LHD EU
4827GT	250	GTE Series III 63 LHD EU PF job # 68598
04828	246	GTS Dino 72 Blue Dino metallic/Black Vinyl RHD UK 246GTS04828 eng. #10237
4829GT	250	GTE Series III 63 Black/Black LHD PF job # 68599
04830	246	GTS Dino 72 Red/Black & Red LHD EU
4831GT	250	GTE Series III 63 PF job # 68600 ex-Onassis

s/n	Type	Comments
04832	246	GTS Dino 72 Red/Black RHD UK 246GTS04832 eng. #135C5000010226
4833GT	250	GTE Series III 63 LHD EU PF job # 68601 California Spider-Replica
04834	246	GTS Dino 72 Blue Dino metallic then Red/Beige Vinyl RHD UK
4835GT	250	GTE Series III 7/63 Grigio/Argento 20265/Nero 8500 then dark Blue LHD EU PF job # 68602 eng. in #2851
04836	246	GTS Dino 72 Fly Giallo then Rosso Red/Black Vinyl RHD eng. #0010232
4837GT	250	GT Berlinetta Lusso 63 Red/Tan LHD
04838	246	GT? Dino 72
4839GT	250	GTE Series III 63 Blue met./Tan LHD EU PF job # 68603
04840	246	GTS Dino 72 Red then Black/Black LHD EU
4841GT	250	GTE Series III 63 LHD EU PF job # 68606
04842	246	GTS Dino 10/72 Bianco Polo Park/Blue RHD UK converted to LHD
4843GT	250	GTE Series III 63 LHD US PF job # 68604
04844	246	GTS Dino 72 Red, ex-Mario Andretti
4845GT	250	GT Berlinetta Lusso 63
04846	246	GT Dino 72 Yellow then Grey/Black LHD US
4847GT	250	GTE Series III 63 Black/Red PF job # 68607
04848	246	GT? Dino 72
4849GT	250	GT Berlinetta Lusso 63 LHD
04850	246	GT Dino 72 Nocciola met. then Red then Yellow then Red/Black LHD EU
4851GT	250	GT Berlinetta Lusso 63 Red then Silver/Black LHD
04852	246	GTS Dino 72 Red/Black LHD US
4853GT	250	GTE Series III 63 Blu then Red/Grey 3230 RHD UK PF job # 68570
04854	246	GT Dino 72 Red/Black Vinyl LHD EU
4855GT	250	GTE Series III 63 PF job # 68608
04856	246	GT? Dino 72
4857GT	250	GTE Series III 63 Dark Blue/Crema PF job # 68609
04858	246	GT Dino 72 Red LHD EU
4859GT	250	GTE Series III 63 LHD EU PF job # 68610
04860	246	GT Dino Paris Show Car 72 Black/Tan
4861GT	250	GTE Series III 63 Red/Black LHD EU PF job # 68611 GTO-Replica by Mecanic Red/Crema
04862	246	GT Dino 72 Rosso Dino/Black Vinyl LHD EU
4863GT	250	GT Berlinetta Lusso 63 silver LHD
04864	246	GT Dino 72 Dino Blue/tan LHD EU
4865GT	250	GTE Series III 63 Red/Tan LHD EU PF job # 68612
04866	246	GT Dino 72 Dino Blue/tan LHD US
4867GT	250	GT Berlinetta Lusso 63 LHD
04868	246	GTS Dino 72 Dark Blue/tan LHD US
4869GT	250	GTE Series III 63 LHD EU PF job # 68613
04870	246	GTS Dino 73 Red/Black LHD
4871GT	250	GTE Series III 63 LHD EU PF job # 68614 probably parted out
04872	246	GTS Dino 10/72 Dark Blue/Natural Leather
4873GT	250	GTE Series III 63 Argento/Red 893 RHD UK PF job # 68587 500 TRC Replica by Rob Wilson Dark Red/Black
04874	246	GTS Dino Dark Blue
4875GT	250	GTE Series III 63 LHD EU PF job # 68615
04876	246	GTS Dino 73 Yellow then Red/Black & Red Leather Daytona Seats LHD EU
4877GT	250	GT Berlinetta Lusso 62 Red/Tan eng. #4877
04878	246	GTS Dino 73 Red/Black LHD US
4879GT	250	GTE Series III 63 Grey/Black LHD EU PF job # 68616
04880	246	GT Dino 9/72 Yellow then Red/Black Leather
4881GT	250	GTE Series III 63 Crema/Bordeaux PF job # 68617
04882	246	GTS Dino 72 Silver then Red/Black Leather LHD US
4883GT	250	GTE Series III 63 silver then Maroon/Black LHD US PF job # 68618
04884	246	GT? Dino 72 Red/Tan & Red Daytona seats
4885GT	250	GTE Series III 63 LHD US PF job # 68619
04886	246	GTS Dino 72 Metallic Blue then Red/Tan LHD US
4887GT	250	GTE Series III 63 Blue Sera/Grey 3230 RHD UK PF job # 68605
04888	246	GTS Dino 72 Red/Black
4889GT	250	GTE Series III 63 LHD EU PF job # 68620
04890	246	GTS Dino 10/72 Black/Crema & Red US Chairs & flares LHD ex-Steve McQueen
4891GT	250	GT Berlinetta Lusso 63 Metallic brown/Tan LHD
04892	246	GT Dino 72 Red/Tan Leather LHD US
4893GT	250	GTE Series III 63 Silver/Blue met./White LHD PF job # 68622
04894	246	GT? Dino 10/72
4895GT	250	GTE Series III 63 PF job # 68623 250 GT SWB Competition Aluminium Replica by Vacarri Yellow/Black LHD
04896	246	GT Dino 72 Red/Beige Leather
4897GT	250	GTE Series III 63 Dark Red LHD PF job # 68624
04898	246	GT Dino 72 Silver/Black Leather
4899GT	250	GTE Series III 63 Silver/Red then Red/Black LHD EU PF job # 68625
04900	246	GT Dino 72 Dark Blue met./tan Leather Daytona Seats
4901GT	250	GTE Series III 63 LHD EU PF job # 68626
04902	246	GTS Dino 72 Red/Tan Black inserts
4903GT	250	GT Berlinetta Lusso 63 Argento/Black
04904	246	GT Dino 72 Rosso Rubino/Crema Leather then Yellow/Black then Purple met./tan
4905GT	250	GTE Series III 63 dark Red/Tan LHD EU eng. #4905 PF job # 68627
04906	246	GTS Dino 10/72 Red, ex-Mario Andretti
4907GT	250	GTE Series III 63 Azzurro then White/Blue 3015 RHD UK PF job # 68621
04908	246	GT Dino 72 Azzurro/Blue & Black Leather
4909GT	250	GTE Series III 63 LHD EU PF job # 68628
04910	246	GT Dino 72 Brown Met./Tan Leather
4911GT	250	GTE Series III 63 White then Silver/Red LHD PF job # 68629
04912	246	GT Dino 10/72 Argento Auteil/Black Leather
4913GT	250	GTE Series III 63 Grey LHD EU PF job # 68630
04914	246	GT Dino 72 Red/Black Leather
4915GT	250	GTE Series III 63 PF job # 68631
04916	246	GT Dino 72 Yellow/Black Leather
4917GT	250	GTE Series III 63 LHD EU PF job # 68632
04918	246	GTS Dino 72
4919GT	250	GTE Series III 63 LHD EU PF job # 68633
04920	246	GTS Dino 72
4921GT	250	GTE Series III 63 LHD EU PF job # 68634 TR-Replica eng. in #2209 then in #1811
04922	246	GT Dino 72 Yellow
4923GT	250	GTE Series III 63 PF job # 68635
04924	246	GT? Dino 72
4925GT	250	GTE Series III 63 Silver/Red then Black int. LHD EU PF job # 68636
04926	246	GT? Dino 72
4927GT	250	GTE Series III 63 LHD EU PF job # 68637
04928	246	GT? Dino 72 Rosso Dino/Black
4929GT	250	GTE Series III 63 LHD EU PF job # 68638
04930	246	GT Dino 72 Red
4931GT	250	GTE Series III 63 Silver/Red LHD PF job # 68639
04932	246	GT? Dino 72
4933GT	250	GTE Series III 63 California Spider Replica Red/Tan LHD EU eng. #4933 PF job # 68640
04934	246	GT Dino 72 Red
4935GT	250	GT Berlinetta Lusso 63 ex-Tony Gaze, parted out eng. in 0770TR TR-Replica
04936	246	GT Dino 72 Fly Giallo/Black
4937GT	250	GTE Series III 63 LHD EU PF job # 68641

s/n	Type	Comments
04938	246	GT Dino 72 Fly Giallo/Black Vinyl #161 LHD
4939GT	250	GTE Series III 63 LHD EU PF job # 68642
04940	246	GT? Dino 72
4941GT	250	GTE Series III 63 PF job # 68643
04942	246	GT? Dino 72 Dark Blue/Tan
4943GT	250	GTE Series III 63 Fly Giallo/Black LHD EU PF job # 68644
04944	246	GT Dino 72 Silver then Fly Giallo/Blue
4945GT	250	GT Berlinetta Lusso 63 Red/Brown
04946	246	GT Dino 73 Black/Black & grey
4947GT	250	GTE Series III 63 PF job # 68645
04948	246	GTB Dino 73 Burgundy/Tan LHD
4949GT	250	GTE Series III 63 Silver/Black LHD EU PF job # 68646
04950	246	GTS Dino 72 Fly Giallo/Black/Tan Inserts
4951	250	GTE Series III 63 Red/Black LHD US PF job # 68647
04952	246	GTS Dino 72 Yellow/Tan Leather LHD US
4953GT	330	America first #1/49 63 LHD US PF job # 68651
04954	246	GTS Dino 72 Silver/Black LHD US
4955GT	250	GT Berlinetta Lusso 63 Rubino Rosso/Tan LHD
04956	246	GTS Dino 72 Rosso Dino/Black Leather LHD
4957GT	250	GTE Series III 63 Dark Red LHD EU PF job # 68648
04958	246	GTS Dino 10/72 Dino Blu Metallic then Rosso Dino/Black then Rosso Corsa/Tan Black Stripes
4959GT	250	GTE Series III 63 Silver/Red LHD EU eng. #4959 PF job # 68649
04960	246	GTS Dino 72 Oro Met. then Nocciola then Fly Giallo/Black Leather LHD US
4961GT	250	GTE Series III last, 9/63 Silver/Red LHD EU PF job # 68650
04962	246	GTS Dino 72 Red/Black LHD
4963GT	330	GT 2+2 Series I 4th Prototype 63 LHD EU PF job # 68701 ex-Enzo Ferrari
04964	246	GTS Dino 72 Marrone Colorado met./Tan Leather US
4965GT	250	GT Berlinetta Lusso 63 Silver/Red LHD
04966	246	GTS Dino 72 Silver/Red Leather
4967GT	330	GT 2+2 Series I 5th Prototype 63 LHD EU PF job # 68702
04968	246	GTS Dino 72 met.copper then Fly Giallo/Black LHD US
4969GT	330	America #2/49 63 Maroon 20325 then Sable/Beige 3218 LHD US eng. #4969 PF job # 68652
04970	246	GT? Dino 72
4971GT	250	GT Berlinetta Lusso 63 Dark grey metallic/Black LHD ex-Miss Switzerland '67 as a gift
04972	246	GTS Dino 72 Red
4973GT	330	America #3/49 63 Red/Black LHD US eng. #4971 PF job # 68653 250 TR replica
04974	246	GTS Dino 72 Rosso Chiaro/Black Vinyl #161
4975GT	330	America #4/49 63 Dark Red/Tan burgundy piping LHD US PF job # 68654
04976	246	GT? Dino 72
4977GT	250	GT Berlinetta Lusso 63 Dark Blue/Red LHD
04978	246	GT Dino 72 White/Black Vinyl #161 then Red/Tan LHD
4979GT	250	GT Berlinetta Lusso #106/351 63 Red/Black LHD
04980	246	GT? Dino 72
4981GT	330	America #5/49 63 LHD US PF job # 68686
04982	246	GT 72 Red/Tan
4983GT	330	America #6/49 63 LHD US PF job # 68655
04984	246	GT Dino 72
4985GT	250	GT Berlinetta Lusso 63 Silver/Black
04986	246	GT Dino 72 Rosso Chiaro/Tan Vinyl
4987GT	330	America #7/49 63 LHD US PF job # 68656
04988	246	GT Dino 72 Silver/Black
4989GT	330	America #8/49 63 Black/Tan then dark Blue/Blue PF job # 68657
04990	246	GT Dino 72
4991GT	330	America #9/49 63 White then Grey then Red/Black then Dark Grey/Black LHD US PF job # 68658
04992	246	GTS Dino 72 White/Black then Red/Tan Daytona seats LHD US
4993GT	330	America #10/49 63 Gold then Red/Black eng. #4993 PF job # 68660
04994	246	GTS Dino 72 Red, only frame remains
4995GT	330	America #11/49 63 Silver then Yellow/Black LHD US engine #4995 PF job 68659
04996	246	GTS Dino 72
4997	330	America #12/49 63 Red/Tan LHD US eng. #4997 PF job # 68661 parted out and used for a SWB-Recreation
04998	246	GTS Dino 10/72 Nocciola then Red/Black Leather
4999GT	330	America #13/49 63 LHD US PF job # 68662
05000	246	GTS Dino 72 Red/Black Leather
5001GT	330	America #14/49 63 LHD US PF job # 68663 probably parted out
05002	246	GTS Dino 72 Red/Black Leather
5003GT	250	GT Berlinetta Lusso 63
05004	246	GTS Dino 72 Black/Black Chairs & flares, Gotti wheels LHD US
5005GT	330	America #15/49 63 Dark Grey/Beige LHD US PF job # 68664 burned-out, 250 TR59/60 Replica by Officer Red/Tan RHD
05006	246	GTS Dino 72 Rosso Cordoba 106-R-136 then Nero 20-B-50/Tan Black Inserts Black Carpets
5007GT	330	America #16/49 63 Azzurro met./Crema LHD US PF job # 68665
05008	246	GT Dino 72 Red
5009GT	330	America #17/49 63 Grigio Notte 20266 Acr. It./Rossa VM 3171 then Verde Tenue Met./Dark Red then Silver-Green/green LHD US eng. # 5009 PF job # 68666
05010	246	GT Dino 72 Red
5011GT	330	America #18/49 63 Yellow/Black LHD US eng. #5011 PF job # 68667
05012	246	GT Dino 72 Fly Giallo then Black.
5013GT	330	America #19/49 64 Argento/Rosso LHD US PF job # 68668
05014	246	GT Dino 72 Met. Dark Blue/Tan Leather
5015GT	330	America #20/49 63 dark Red met./Black LHD US PF job # 68669
05016	246	GT Dino 72
5017GT	250	GT Berlinetta Lusso 63 Argento LHD
05018	246	GTS Dino 72 Rosso Chiaro/Tan & Black Daytona Seats Matsuda Collection
5019GT	330	America #21/49 63 LHD US eng. #5019 PF job # 68670
05020	246	GT Dino 72 Dark Red/Tan LHD
5021SA	400	SA Serie III Coupé Aerodinamico #17/22 Torino Show Car 63 Grigio argento/Nero
05022	246	GT Dino 72
5023GT	330	America #22/49 63 dark Brown then Dark Red/Tan LHD US eng. #5023 PF job # 68671
05024	246	GTS Dino 12/72 Red/Black EU
5025GT	330	America #23/49 63 Red/Red LHD US eng. #5025
05026	246	GTB Dino Series E 12/72 Red/Black
5027GT	330	America #24/49 63 Blu Medio/light Blue LHD US
05028	246	GTB Dino 72 Maroone Met. then Black/tan LHD US
5029SA	400	SA Serie III Coupé Aerodinamico #18/22 63 Grigio argento/Rosso covered headlights eng. #5029SA
05030	246	GT Dino 72 Rosso Chiaro/Black Vinyl
5031GT	250	GT Berlinetta Lusso 63 Red/Black RHD

s/n	Type	Comments
05032	246	GT Dino 72 dark Blue metallic Black leather Daytona Seats LHD
5033GT	330	America #25/49 63 eng. in #4799 crashed, parted out, parts used to restore #5053
05034	246	GTS Dino 72 Red/Black Vinyl Polished Cromodora wheels EU
5035GT	330	America #26/49 63 White then Prussian Blue/Red eng. #5035
05036	246	GT Dino 72
5037GT	330	America #27/49 63 Blue then Black/Tan LHD US eng. #5037 ex-Nancy Sinatra
05038	246	GTB Dino 73 Red/Black
5039GT	330	GT America 2+2 63 White LHD US ex-Christopher Lambert
05040	246	GT? Dino 72
5041GT	330	GT America 2+2 63 LHD US eng. #5041
05042	246	GT Dino 72
5043GT	250	GT Berlinetta Lusso 63
05044	246	GT? Dino 72
5045GT	250	GT Berlinetta Lusso 63 Argento LHD
05046	246	GT? Dino 72 Azzurro
5047GT	330	GT America 2+2 #30/49 63 Red/Black LHD US eng. seperated
05048	246	GT? Dino 72
5049GT	330	GT America 2+2 #31/49 Grigio metallico/Dark Red LHD US eng. # 5049 ex-Bill Harrah
05050	246	GT Dino 72 Azzurro Dino 20-A-349 then Rosso Corsa/Black Leather LHD UK eng. #05050 one of two UK-LHD
5051GT	330	GT America 2+2 #32/49 63 Dark Blue or Black eng. #5051
05052	246	GT? Dino 72
5053GT	330	GT America 2+2 #33/49 63 Amaranto (dark Red) then Rosso Corsa/Beige 3218 LHD US
05054	246	GT Dino 72 Fly Giallo/Black Vinyl then Black Leather
5055GT	330	America #34/49 63 French Blue LHD US eng. # 5055 owner Sandra West was burried in the car in 77
05056	246	GTS Dino 72 Red/Black Leather
5057GT	250	GT Berlinetta Lusso 63 Red/Tan 250 GT SWB-Replica
05058	246	GT? Dino 72
5059GT	330	America #35/49 63 Red/Grey LHD US GTO Replica by Terry Hoyle Red/Blue RHD conversion
05060	246	GTS Dino 72
5061GT	330	America #36/49 63 Azzurro acrilico 20336 Italver/Light Blue VM 3015 then Yellow/Black then Azzurro then Red then Azzurro then Silver/Black then Azzurro acrilico 20336 Italver/Light Blue VM 3015 LHD US eng. # 5061
05062	246	GT? Dino 72
5063GT	250	GT Berlinetta Lusso 63
05064	246	GT Dino 72 Argento/Blu Scuro RHD 246GT05064 eng. #135CS0000010231
5065GT	330	America #37/49 63 LHD US eng. # 5061 PF job # 68687
05066	246	GT Dino 72 Yellow/Black Vinyl #161
5067GT	250	GT Berlinetta Lusso 64 Silver/Black LHD EU
05068	246	GT Dino 72 Red/Black Vinyl
5069GT	330	America #38/49 63 Bianco lt. 20414 acr./Nero VM 8500 then Red/Black LHD US eng. #5069
05070	246	GTB Dino Series E 72 Rosso Rubino/Red Leather RHD UK
5071GT	330	America #39/49 63 LHD US eng. # 5071
05072	246	GT? Dino 72
5073GT	250	GT Berlinetta Lusso 64 dark Red Met./Black then Silver/Tan eng. #5073
05074	246	GT? Dino 72
5075GT	330	America #40/49 63 LHD US eng. # 5075
05076	246	GT Dino 72 Red
5077GT	330	America #41/49 63 White then Red/Black LHD EU eng. #5077 destined to the US but new to GER
05078	246	GT? Dino 72
5079GT	330	America #42/49 Blue LHD US
05080	246	GT Dino 72 Blue Chiaro/Black Vinyl
5081GT	250	GT Berlinetta Lusso 64 Rosso Chiaro/Black
05082	246	GTS Dino 72 Red/Tan Leather LHD EU
5083GT	330	America #43/49 63 Black/Light TanLHD US
05084	246	GTS Dino 73 Red/Black Leather
5085GT	250	GT Berlinetta Lusso 63
05086	246	GTS Dino 72 Rosso Chiaro/Black Leather
5087GT	250	GT Berlinetta Lusso 63 Dark Blue/Black
05088	246	GTS Dino 1/73 Red/Black/Black carpets
5089GT	250	GT Berlinetta Lusso 63 Red/Black eng. #5089
05090	246	GT? Dino 72
5091GT	250	GT Berlinetta Lusso wrecked, eng. in SL73/1021 69 Lola-Sbarro-Ferrari T70
05092	246	GT Dino 72 Blue Scuro/Black Leather
5093SA	400	SA Serie III Cabriolet #19/22 63 Grigio argento/Rosso Hard top Pininfarina #99508
05094	246	GTS Dino 72 Red
5095GT	250	GTO 9/63 Rosso Cina LHD
05096	246	GT Dino 72
5097GT	250	GT Berlinetta Lusso 63 Azzurro/Blue LHD
05098	246	GT Dino 72 Blue Met./Tan Leather
5099GT	250	GT Berlinetta Lusso 63
05100	246	GT? Dino 72
5101GT	250	GT Berlinetta Lusso 63 Blu Genziana then dark metallic grey/Red leather then Black int. LHD
05102	246	GT Dino 72 dark Blue Tan Leather Daytona seats Black inserts LHD EU
5103GT	330	America #44/49 63 Blue Sera/Dark Blue LHD US
05104	246	GTS Dino 72 Red
5105GT	330	America #45/49 63 Azzurro met. then Black/Red LHD US ex-Peter Kalikow
05106	246	GT? Dino 72
5107GT	330	America #46/49 63 Red/Dark Red LHD US
05108	246	GT? Dino 72
5109GT	330	America #47/49 63 Red/Tan LHD US ex-John Bond, Editor Road & Track
05110	246	GT Dino 10/72 Red/Black then Tan int.
5111GT	250	GTO 63 Rosso Cina/Black LHD
05112	246	GTS Dino Series E 73 Red
5113GT	330	America #48/49 63 Blue/Natural then Rosso Cordoba/Tan LHD US
05114	246	GT Dino 10/72 Fly Giallo/Dark Brown Leather, ex-Denny Schue
5115SA	400	SA Coupé Series II LWB Aerodinamico #20/22 63 Amaranto Italver 21 228A/Nero VM 8500 eng. #5115 covered headlights PF Job #99558
05116	246	GT Dino 10/72 Red/Black Leather
5117GT	250	GT Berlinetta Lusso 63 Burgundy/tan then dark green/tan
05118	246	GT? Dino 72
5119GT	250	GT Berlinetta Lusso 63 LHD
05120	246	GT Dino 72 Maroone/Beige Vinyl
5121GT	330	America #49/49 63 Marrone Italver 20235S/Beige VM3309 then Silver/Red LHD US eng. in #4085
05122	246	GT Dino 72 Argento Auteil/BlackRed Inserts
5123GT	250	GT Berlinetta Lusso 63 Red/Black
05124	246	GT? Dino 72
5125GT	330	America last, parted out, engine in 330 GT
05126	246	GT Dino 72 Red/Black
5127GT	250	GT Berlinetta Lusso 63 Red/Black
05128	246	GT? Dino 72
5129GT	250	GT Berlinetta Lusso 63 LHD
05130	246	GT Dino 72 Dark Blue Dino Metallic/Beige Leather

s/n	Type	Comments
5131SA	400	SA Serie III Coupé Aerodinamico LWB #21/22 64 Nero/Nero then Red/Black, LHD covered headlights
05132	246	GT Dino 72 Red
5133GT	250	GT Berlinetta Lusso 63 Red/Black LHD
05134	246	GT? Dino 72
5135GT	250	GT Berlinetta Lusso 63 LHD
05136	246	GT? Dino 72
5137GT	250	GT Berlinetta Lusso 63 LHD
05138	246	GT? Dino 72
5139SA	400	SA Serie III Coupé Aerodinamico LWB #22/22 64 Grigio argento/Nero covered headlights
05140	246	GT? Dino 72
5141GT	250	GT Berlinetta Lusso 63 Dark Blue/tan LHD
05142	246	GT? Dino 72
5143GT	250	GT Berlinetta Lusso 63 Black/Red LHD
05144	246	GT Dino 72 Blue Dino/Beige Leather
5145GT	250	GT Berlinetta Lusso 63 Silver/Black LHD
05146	246	GT Dino 10/72 Metallic Blue/Tan Leather
5147GT	250	GT Berlinetta Lusso 10/63 Verde Scuro 19394 It./Pelle Beige VM 3309, than Blu sera/Beige eng.#5147
05148	246	GTS Dino 72 Dark Blue Black Top
5149	250	LM Paris, Torino, London & Brussels show car 12/63 Rosso Cina/blu RHD, destroyed, rebuilt, Replica exists
05150	246	GT Dino 72 Bianco Polo Park/Black Vinyl
5151GT	250	GT Berlinetta Lusso 63 LHD
05152	246	GT Dino 72 Silver/Black Vinyl Red eng. #135CS000810833
5153GT	250	GT Berlinetta Lusso 63 LHD
05154	246	GT Dino 72 Fly Giallo then Red/Black Vinyl 246GT05154
5155GT	250	GT Berlinetta Lusso 63 LHD
05156	246	GT Dino 72 Met. Grey
5157GT	250	GT Berlinetta Lusso 63 LHD
05158	246	GTS Dino 72 Azzurro Met./Crema LHD EU
5159GT	250	GT Berlinetta Lusso 63 LHD eng. #2199
05160	246	GT Dino Series E 72 Red/Crema
5161GT	275	GTB Prototype 64
05162	246	GT Dino 72 Azzurro Met./Beige Vinyl
5163GT	250	GT Berlinetta Lusso 63 Red/Black LHD
05164	246	GT? Dino 72
5165GT	250	GT Berlinetta Lusso 63 LHD
05166	246	GTB Dino Series E 72 Bronze/tan Black inserts LHD
5167GT	250	GT Berlinetta Lusso 63 LHD
05168	246	GT? Dino 72
5169GT	250	GT Berlinetta Lusso 63 LHD
05170	246	GT Dino 72 Red
5171GT	250	GT Berlinetta Lusso 63 Blue metallic/Black LHD
05172	246	GT Dino 72 Fly Giallo/Black Leather
5173GT	250	GT Berlinetta Lusso 63 Green then Argento/Bordeaux LHD
05174	246	GT Dino 72 Blue Chiaro/Black
5175GT	250	GT Berlinetta Lusso 63 LHD
05176	246	GT Dino 72 Blue then Red/Black Vinyl #161
5177GT	250	GT Berlinetta Lusso 63 dark green/tan LHD
05178	246	GT Dino 73 White 246GT05178
5179GT	250	GT Berlinetta Lusso 63 LHD
05180	246	GTS Dino Series E 10/73 Fly Giallo then Red/Black Leather then Yellow/Black
5181GT	250	GT Berlinetta Lusso 63 LHD
05182	246	GT Dino 72 Yellow then Blue
5183GT	250	GT Berlinetta Lusso 64 British Racing Green then Red/Black LHD
05184	246	GT Dino 72 Blue Metallic
5185GT	250	GT Berlinetta Lusso 63 LHD
05186	246	GT? Dino 72
5187GT	250	GT Berlinetta Lusso 63 Red/Tan then silver LHD
05188	246	GT Dino 72 Red/Tan
5189GT	250	GT Berlinetta Lusso 63 LHD
05190	246	GT? Dino 72
5191GT	250	GT Berlinetta Lusso 63 LHD
05192	246	GT? Dino 72
5193GT	250	GT Berlinetta Lusso 63 Silver/Black, LHD eng.#5193
05194	246	GT Dino 72 Rosso Dino/Black LHD EU Ansa exhaust
5195GT	250	GT Berlinetta Lusso 63 Red/Tan LHD
05196	246	GT? Dino 72
5197GT	250	GT Berlinetta Lusso 63
05198	246	GT Dino 72
5199GT	250	GT Berlinetta Lusso 63 LHD
05200	246	GT Dino 72 Silver/Black Vinyl #161 LHD EU
5201GT	250	GT Berlinetta Lusso 63 LHD
05202	246	GT Dino 73 Green 246GT05202 eng. #135CS000005202
5203GT	250	GT Berlinetta Lusso 63 LHD eng. temp. in #0179
05204	246	GT Dino 72 Red then Silver/Black
5205GT	250	GT Berlinetta Lusso 64 Rosso Dino/Black ex-Cecil Fielder
05206	246	GT Dino 72 Azzurro Dino/Beige Vinyl 246GT05206 eng. #135CS000010234
5207GT	250	GT Berlinetta Lusso 63 LHD
05208	246	GT Dino 72 Red/beige EU
5209GT	250	GT Berlinetta Lusso 64 silver/beige LHD
05210	246	GT Dino 72 Rosso Chiaro/Black Leather
5211GT	250	GT Berlinetta Lusso 63
05212	246	GTB Dino Series E 73 Black/Tan Vinyl then Yellow/Black Leather Daytona Seats
5213GT	250	GT Berlinetta Lusso 63 LHD eng. in #2095
05214	246	GT Dino 72 Maroone then Black/Beige Vinyl
5215GT	250	GT Berlinetta Lusso 63 dark Red/Tan brown carpets eng. #5215GT
05216	246	GTS Dino 72 Red/Tan & Black Daytona seats LHD
5217GT	250	GT Berlinetta Lusso 63 Black/Black then Black/Red LHD
05218	246	GTS Dino 72 Red/Black Leather
5219GT	250	GT Berlinetta Lusso 63 LHD
05220	246	GT Dino 72 Rosso Chiaro/Black Vinyl
5221GT	250	GT Berlinetta Lusso 63 Red/Black
05222	246	GT Dino 73 Dark Blue Dino Met./Black Vinyl then Red/Black RHD
5223GT	250	GT Berlinetta Lusso 11/63 Silver LHD
05224	246	GT Dino 72 Rosso Dino/Black
5225GT	250	GT Berlinetta Lusso 63 Rosso Scuro/Black LHD
05226	246	GT? Dino 72 Rosso
5227GT	250	GT Berlinetta Lusso 63 LHD
05228	246	GT Dino 72 Red/Black Vinyl then Black Leather
5229GT	250	GT Berlinetta Lusso 63 Red/Black LHD
05230	246	GT? Dino 72
5231GT	250	GT Berlinetta Lusso 63 LHD
05232	246	GTS Dino 72 Rosso Chiaro/Black Red Inserts
5233GT	250	GT Berlinetta Lusso 63 LHD
05234	246	GT Dino 72 Nicciola/Black Leather then White then Red then White/Black Vinyl 246GT05234
5235GT	250	GT Berlinetta Lusso 63 LHD
05236	246	GT? Dino 72
5237GT	250	GT Berlinetta Lusso 63 dark Red/Tan LHD
05238	246	GT? Dino 72
5239GT	250	GT Berlinetta Lusso 63 LHD
05240	246	GT Dino 72 Celeste/Beige then Red/Black Red piping RHD
5241GT	250	GT Berlinetta Lusso 63 LHD
05242	246	GT Dino 72 Dark Blue then Red/Tan Vinyl
5243GT	250	GT Berlinetta Lusso 63 LHD 250 GTO Replica Red/Black eng. #5589 internal #1994/62E
05244	246	GT Dino 72 Red/Black
5245GT	250	GT Berlinetta Lusso 63 Red/Black LHD
05246	246	GTS Dino 72
5247GT	250	GT Berlinetta Lusso 63 dark Red/Tan LHD
05248	246	GT? Dino 72
5249GT	250	GT Berlinetta Lusso 63 LHD

s/n	Type	Comments
05250	246	GT? Dino 72
5251GT	250	GT Berlinetta Lusso 63 Rosso Corsa/Black LHD eng. #5251
05252	246	GT? Dino 72
5253GT	250	GT Berlinetta Lusso 63 LHD
05254	246	GT Dino 72 Rosso Chiaro/20-R-190 Black Vinyl #161
5255GT	250	GT Berlinetta Lusso first GT/L completed in 64 Green then burgundy/tan LHD
05256	246	GT Dino 73 Yellow then Blue then Black/Beige
5257GT	250	GT Berlinetta Lusso 64 Red/Black
05258	246	GT? Dino 72
5259GT	250	GT Berlinetta Lusso 64 LHD
05260	246	GT? Dino 72
5261GT	250	GT Berlinetta Lusso 64 Red/Black LHD
05262	246	GT? Dino 72
5263GT	330	GT 2+2 Series I first Production Car #3/500 White then Red then Black/Red PF job #68703
05264	246	GT? Dino 72
5265GT	330	GT 2+2 Series I #4/500 64 LHD EU PF job #68704
05266	246	GT Dino 72 Blue Scuro/Beige Vinyl
5267GT	330	GT 2+2 Series I #5/500 64 LHD EU PF job #68705
05268	246	GT? Dino 72
5269GT	250	GT Berlinetta Lusso 64 LHD
05270	246	GT? Dino 72
5271GT	330	GT 2+2 Series I #6/500 64 Red/Red eng. #5271 PF job #68706 330 GTO Replica in 92
05272	246	GT Dino 72
5273GT	330	GT 2+2 Series I #7/500 64 Red/Black eng.#5273 330 GTO Replica by Allegretti
05274	246	GTS Dino 72
5275GT	250	GT Berlinetta Lusso 64 maroon/tan LHD
05276	246	GT Dino 72 Yellow then Red
5277GT	250	GT Berlinetta Lusso 64 LHD
05278	246	GT Dino 72 Bianco Polo Park/Blue Vinyl then Beige Leather
5279GT	250	GT Berlinetta Lusso 64 LHD
05280	246	GT Dino 72
5281GT	250	GT Berlinetta Lusso 64 LHD
05282	246	GT Dino 72 Red/Black RHD UK
5283GT	250	GT Berlinetta Lusso 64 grey/Black
05284	246	GT Dino 72 Grey
5285GT	250	GT Berlinetta Lusso 64 Grey/Black
05286	246	GT Dino 72 Dark Blue Dino/Beige Leather
5287GT	250	GT Berlinetta Lusso 64 Dark Blue/Tan LHD
05288	246	GT? Dino 72
5289GT	250	GT Berlinetta Lusso 64 Silver/Black LHD
05290	246	GT Dino 73 Red
5291GT	250	GT Berlinetta Lusso 64 Argento/Black LHD
05292	246	GTS Dino 72 Rosso Chiaro/Black Vinyl then Tan Leather
5293GT	330	GT 2+2 Series I 64 eng. #5293, Rebodied as 330 LMB in 98
05294	246	GTS 72 argento then Rosso/Red & Black
5295GT	250	GT Berlinetta Lusso 64
05296	246	GTS Dino 72 Blue Dino Met./Black Vinyl
5297GT	250	GT Berlinetta Lusso 64 LHD
05298	246	GT Dino 73 Red
5299GT	250	GT Berlinetta Lusso 64
05300	246	GT? Dino 72
5301GT	250	GT Berlinetta Lusso 64 Blu Sera/Tan LHD EU eng. #168
05302	246	GT? Dino 72
5303GT	250	GT Berlinetta Lusso 64 Blu sera met./beige LHD ex-Jo Siffert
05304	246	GT? Dino 72
5305GT	250	GT Berlinetta Lusso 2/64 LHD
05306	246	GT? Dino 72
5307GT	250	GT Berlinetta Lusso 64 LHD
05308	246	GT Dino 73 Red/Black
5309GT	250	GT Berlinetta Lusso 64 LHD
05310	246	GTS Dino 72 Argento Auteil/Black Leather
5311GT	250	GT Berlinetta Lusso #2/6 with British calib instruments 64 Red
05312	246	GT Dino 72 Blue Chiaro then Rosso Chiaro Beige Vinyl & Black Cloth Red 246GT05312 eng. #135CS00000010512
5313GT	250	GT Berlinetta Lusso 64 silver then Red LHD eng. #5313
05314	246	GT Dino 73 Red then Yellow then Blue
5315GT	250	GT Berlinetta Lusso 64 Red/Black LHD
05316	246	GTS Dino 72 Metallic Blue/Crema Chairs & flares EU
5317GT	250	GT Berlinetta Lusso 1/64 Red then pale Yellow then Dark Red/Black then Tan int. LHD ex-Robert Bodin collection
05318	246	GT? Dino 72
5319GT	250	GT Berlinetta Lusso 64 LHD GTO-Replica by Favre, finished by Gerisch Red/Blue
05320	246	GT Dino 72 Rosso Chiaro/Black Vinyl
5321GT	250	GT Berlinetta Lusso 64 LHD
05322	246	GT Dino 72 Red/Tan
5323GT	250	GT Berlinetta Lusso 64
05324	246	GT Dino 73 Red/Tan
5325GT	250	GT Berlinetta Lusso 64 Red/Black
05326	246	GT? Dino 72
5327GT	330	GT 2+2 Series I #9/500 64 EU PF job #68709
05328	246	GT? Dino 72
5329GT	250	GT Berlinetta Lusso 64 LHD
05330	246	GT Dino 72 Blue Metallic eng.#5330
5331GT	330	GT 2+2 Series I London Motorshow Car #10/500 64 Celeste/Blue VM3015 LHD eng. # 016 PF job #68710
05332	246	GT? Dino 72
5333GT	330	GT 2+2 Series I #11/500 64 LHD EU PF job #68711 250TR/60-Replica by Rose, UK, Red/Black ex-Innes Ireland
05334	246	GT Dino 72 Giallo Dino/Black Leather then Dino Red/Black
5335GT	250	GT Berlinetta Lusso 64
05336	246	GT Dino 72
5337GT	250	GT Berlinetta Lusso 64 Red/Tan then Grigio
05338	246	GTS Dino 72 Rosso Rubino/Black Vinyl
5339GT	250	GT Berlinetta Lusso 64
05340	246	GT Dino 72 Rosso Rubino/Black Vinyl
5341GT	250	GT Berlinetta Lusso 64
05342	246	GT? Dino 72
5343GT	330	GT 2+2 Series I #12/500 64 Light Grey Metallic/Black then Burgundy/Black LHD EU eng.#5343 PF job #68712
05344	246	GT Dino 72 Red/Black
5345GT	250	GT Berlinetta Lusso 64 Red/Black LHD
05346	246	GT? Dino 72
5347GT	330	GT 2+2 Series I #13/500 64 LHD EU eng. #022 PF job #68713
05348	246	GT? Dino 72
5349GT	330	GT 2+2 Series I #14/500 64 Anthracite/Tan LHD EU eng. #5349 PF job #68714
05350	246	GTS Dino 72 Celeste/Black Vinyl then Rossa Corsa Black & Red Daytona Seats
5351GT	250	GT Berlinetta Lusso 64 Red/Black LHD
05352	246	GT? Dino 72
5353GT	250	GT Berlinetta Lusso 4/64 Black/Red LHD
05354	246	GT? Dino 72
5355GT	330	GT 2+2 Series I Tom Meade Speciale #15/500 64 Black then Red/Black LHD EU eng. #5355
05356	246	GT? Dino 72
5357GT	330	GT 2+2 Series I 64 Argento/Red eng.#5357 Engine in 250 GTE s/n 3525 or 2411
05358	246	GTS Dino 72 Yellow/Black
5359GT	250	GT Berlinetta Lusso 64 Silver/Black eng. #5359
05360	246	GT Dino 72
5361GT	250	GT Berlinetta Lusso 64 LHD
05362	246	GTB Dino 72 Yellow/Tan & Black vinyl EU

s/n	Type	Comments
5363GT	250	GT Berlinetta Lusso 64 LHD
05364	246	GT Dino 72 Red
5365GT	330	GT 2+2 Series I #17/500 64 EU
05366	246	GTB Dino Series E 72 Red/Black
5367GT	250	GT Berlinetta Lusso Competition Geneva Salon Car 64 blu Sera then Red then blu Sera & Swiss stripe/tan LHD eng. #5367 eng. in #3611GT
05368	246	GT? Dino 72
5369GT	250	GT Berlinetta Lusso 64 LHD
05370	246	GT? Dino 72
5371GT	250	GT Berlinetta Lusso 64 dark Red/Black eng. #5371
05372	246	GT? Dino 72
5373GT	250	GT Berlinetta Lusso 64 Rosso Corsa/Beige
05374	246	GT? Dino 72
5375GT	250	GT Berlinetta Lusso 64
05376	246	GT? Dino 72
5377GT	250	GT Berlinetta Lusso 64 Rosso Chiaro/Black LHD
05378	246	GTS Dino 73 Red/Black Leather US
5379GT	250	GT Berlinetta Lusso 64
05380	246	GTS Dino 72 Argento Auteil/Black Leather
5381GT	250	GT Berlinetta Lusso 64 Black/Black
05382	246	GT? Dino 72
5383GT	250	GT Berlinetta Lusso 64 Red/brown
05384	246	GT Dino 72 Red/Black EU
5385GT	250	GT Berlinetta Lusso 64 LHD
05386	246	GTS Dino 72 Blue Dino Met./Beige Leather
5387GT	250	GT Berlinetta Lusso 64 Silver/Red LHD eng. #5387 in a 330 GTO-Replica by Favre
05388	246	GT? Dino 72
5389GT	250	GT Berlinetta Lusso 64
05390	246	GT Dino 73 Blue Met./Black
5391GT	330	GT 2+2 Series I #18/500 64 Red/Tan LHD EU eng.#5391, parted out in 79
05392	246	GT Dino 72
5393GT	330	GT 2+2 Series I #19/500 64 LHD US
05394	246	GTS Dino 72 Met. brown/tan
5395GT	250	GT Berlinetta Lusso 64 Black/Black LHD
05396	246	GTS Dino 73 Verdi Medio/Beige Leather Silver/Blue RHD UK
5397GT	250	GT Berlinetta Lusso 64 Rosso Chiaro/Black LHD
05398	246	GTB Dino 72 Rosso Chiaro/Black Vinyl
5399GT	250	GT Berlinetta Lusso 64 Red/Black LHD
05400	246	GTS Dino 72 Fly Giallo/Black Leather LHD
5401GT	330	GT 2+2 Series I #20/500 64 LHD EU eng. # 5401
05402	246	GTS Dino 72 Red 20.R.190/Black Vinyl #161
5403GT	330	GT 2+2 Series I #21/500 64 LHD
05404	246	GTS Dino 72 Bianco Polo Park/Black Vinyl
5405GT	330	GT 2+2 Series I #22/500 64 Light metallic Blue/Red LHD eng.#5405
05406	246	GT? Dino 72
5407GT	330	GT 2+2 Series I #23/500 64 LHD EU eng. #040
05408	246	GTS Dino 72 Nero/Red Leather then Rosso Chiaro/Black Daytona Seats RHD UK
5409GT	330	GT 2+2 Series I #24/500 64 Nocciola 20458 A lt.then silver/Beige VM 3218 eng.#5409 Sunroof
05410	246	GT Dino 72 Rosso Rubino/Black
5411GT	330	GT 2+2 Series I #25/500 64 Azzurro/Blue eng.#5411
05412	246	GTS Dino 72 Rosso Chiaro/Black Red Inserts EU
5413GT	330	GT 2+2 Series I #26/500 Silver/Blue/Crema eng.#5413 sunroof
05414	246	GT? Dino 72
5415GT	330	GT 2+2 Series I #27/500 64 Silver/Black then Dark Red eng. #5415
05416	246	GTS Dino 72 Blue Scuro/Beige Leather then Red/Black Leather
5417GT	250	GT Berlinetta Lusso 64 Blue scuro/Black grey carpets LHD
05418	246	GTS Dino 73
5419GT	250	GT Berlinetta Lusso 64 LHD
05420	246	GT Dino 72 Rosso Chiaro/Black Vinyl
5421GT	330	GT 2+2 Series I #28/500 64 Red/Black EU eng. #5421
05422	246	GT? Dino 72
5423GT	330	GT 2+2 Series I #29/500 64 Silver/Tan EU eng. #5423
05424	246	GT Dino 72 Rosso Chiaro then Met. brown/tan Vinyl then Red/Black vinyl RHD UK 246GT05424
5425GT	250	GT Berlinetta Lusso 64 LHD
05426	246	GTS Dino 72 Rosso Chiaro/Black Vinyl colour coded roof
5427GT	250	GT Berlinetta Lusso 64 Red/Crema
05428	246	GTS Dino 72 Fly Giallo/Black Vinyl then Red/Black RHD
5429GT	330	GT 2+2 Series I #31/500 64 LHD EU
05430	246	GT Dino
5431GT	330	GT 2+2 Series I #8/500 64 Red/Beige Magnolia eng.#5431 PF job #68708
05432	246	GTS Dino 72 Fly Giallo/Black Leather RHD UK
5433GT	250	GT Berlinetta Lusso #3/6 with British calib instruments 64 Grey then Red/Black LHD
05434	246	GTS Dino 72 Rosso Chiaro/Black Vinyl
5435GT	330	GT 2+2 Series I #32/500 64 LHD EU eng. #5435
05436	246	GT Dino 72 Blue 246GT05436 eng. #135CS000010525
5437GT	330	GT 2+2 Series I #33/500 64 Black/Black EU eng.#5437
05438	246	GTS Dino 72 Rosso Chiaro/Black Vinyl then Yellow/Black RHD UK
5439GT	330	GT 2+2 Series I #34/500 Black/Red eng.#5439
05440	246	GT? Dino 72
5441GT	250	GT Berlinetta Lusso 64 Silver/Black RHD
05442	246	GTS Dino 72 Argento Auteil/Red Leather
5443GT	250	GT Berlinetta Lusso 64 Red/beige RHD
05444	246	GT Dino 73 Light Green/Fawn & Grey then Red 246GT05444 eng. #135CS0000010544
5445GT	330	GT 2+2 Series I #35/500 64 Azzurro Metallic then medium Blue/Black eng.#5445
05446	246	GT Dino Series E 12/72 Viloa Dino Met./Beige 20-R-71 then Silver/Black
5447GT	330	GT 2+2 Series I #36/500 64 California Spider-Replica Red/Black eng.#5447
05448	246	GT Dino Red/Beige
5449GT	250	GT Berlinetta Lusso 64 Silver/Black LHD
05450	246	GTS Dino 72 Rosso Chiaro/Black Vinyl
5451GT	250	GT Berlinetta Lusso 64 LHD
05452	246	GT? Dino
5453GT	330	GT 2+2 Series I #30/500 64 Blue met./Grey eng. #5453
05454	246	GT? Dino 73 Fly Giallo/Black Vinyl #161
5455GT	330	GT 2+2 Series I #37/500 64 LHD eng. #5455
05456	246	GT Dino 73 Brown Met. then Red
5457GT	330	GT 2+2 Series I #38/500 64 Azzurro/Blue eng. #5457 then eng. #5450
05458	246	GTB Dino Series E 73 Oro Metallizato/Beige LHD EU
5459GT	330	GT 2+2 Series I #39/500 64 LHD
05460	246	GT? Dino 73
5461GT	250	GT Berlinetta Lusso 64 LHD
05462	246	GTS Dino 72 Yellow/Black
5463GT	250	GT Berlinetta Lusso 64 argento/Black RHD eng. #5463 ex-Rob Walker
05464	246	GTS Dino 73 Yellow 246GTS05464 eng. #135CS00000
5465GT	330	GT 2+2 Series I first RHD #111/500 64 Blu Sera/Grey VM3230 then silver metallic/grey RHD UK eng.#5465
05466	246	GT Dino 72 Rosso Chiaro/Black Vinyl

s/n	Type	Comments
5467GT	250	GT Berlinetta Lusso 64 Grigio Argento/Black then Roman Purple Black RHD
05468	246	GTS Dino 1/73 Rosso Chiaro/Black Vinyl
5469GT	250	GT Berlinetta Lusso 64 Yellow/Black LHD
05470	246	GT Dino 73 Blue Dino Met./Beige
5471GT	250	GT Berlinetta Lusso 64 Red/Tan
05472	246	GT Dino 73 Red
5473GT	250	GT Berlinetta Lusso 64 Dark Red then Silver than Blue then Dark Red eng. #5473
05474	246	GT Dino 73 Dark Blue
5475GT	250	GT Berlinetta Lusso 64 Red/Tan LHD
05476	246	GTS Dino Series E 73 Silver/tan LHD US
5477GT	250	GT Berlinetta Lusso 64 LHD California Spider Replica
05478	246	GTS Dino 73 dark Red/Black Leather
5479GT	330	GT 2+2 Series I #20/500 64
05480	246	GTS Dino 73 dark Red/Tan Leather then Giallo Fly/Black Leather Daytona seats, Black inserts LHD 246GTS05480
5481GT	330	GT 2+2 Series I 64 Grigio Argento/Red RHD UK eng.#5481
05482	246	GTS Dino 73 Red/Black
5483GT	330	GT 2+2 Series I #112/500 64 Red/Black RHD eng.#5483 eng. in #0315AL
05484	246	GTS Dino 73 Red/Black Leather Daytona Seats
5485GT	250	GT Berlinetta Lusso 64 LHD
05486	246	GTS Dino 73 Yellow/Black colour coded roof then Red/Tan
5487GT	250	GT Berlinetta Lusso 64 dark Red then Argento/Tan LHD eng. #5487
05488	246	GTS Dino 73 Rosso Chiaro//tan Leather LHD US
5489GT	330	GT 2+2 Series I #41/500 64 LHD eng. #5489
05490	246	GTS Dino 73
5491GT	330	GT 2+2 Series I #42/500 64 LHD EU
05492	246	GTS Dino 73 Fly Giallo/Black Leather
5493GT	330	GT 2+2 Series I #43/500 64 LHD EU
05494	246	GTS Dino 73 Red/Black then Tan Daytona Seats Black Inserts then Yellow/Black
5495GT	330	GT 2+2 Series I #44/500 64 LHD EU
05496	246	GTS Dino 73 Rosso Colorado/Tan Leather LHD
5497GT	250	GT Berlinetta Lusso 64 White
05498	246	GTS Dino 73 Azzurre/Black Leather LHD US
5499GT	250	GT Berlinetta Lusso 64 dark Red/Black & Grey
05500	246	GTS Dino 73 LHD US
5501GT	330	GT 2+2 Series I #45/500 64 LHD EU eng. #5501
05502	246	GTS Dino 73 Black/Black & Red Cloth
5503GT	330	GT 2+2 Series I #46/500 64 LHD EU
05504	246	GTS Dino 73 Black/Black
5505GT	250	GT Berlinetta Lusso 64 LHD
05506	246	GTS Dino 73 Rosso Rubino/Tan Leather Yellow/Black Leather
5507GT	330	GT 2+2 Series I #47/500 Gold/Black LHD eng.#5507
05508	246	GTS Dino 1/73 Fly Giallo/Black Leather
5509GT	250	GT Berlinetta Lusso 64 LHD
05510	246	GTS Dino 73 Rosso Chiaro/Tan Leather LHD US
5511GT	250	GT Berlinetta Lusso 64 LHD
05512	246	GTS Dino 1/73 Green/Tan Leather then Dark Blue met. with lower half in Silver colour coded roof/Beige
5513GT	330	GT 2+2 Series I #48/500 64 LHD EU
05514	246	GTS Dino 73 Silver/Blue Leather
5515GT	250	GT Berlinetta Lusso 64 Black/Black LHD
05516	246	GTS Dino 73 Red/Black Leather colour coded roof
5517GT	330	GT 2+2 Series I #49 64 Red/Black LHD eng.#5517 eng. in #3235
05518	246	GT? Dino 73
5519GT	330	GT 2+2 Series I #50/500 64 LHD eng. #5519
05520	246	GTS Dino 73 met. Blue/tan & Black Leather then Red/Tan Daytona seats LHD US
5521GT	250	GT Berlinetta Lusso Competition LMB Conversion by Williams & Pritchard 64 Red/Black LHD
05522	246	GT Dino 73 Red/Black Leather
5523GT	330	GT 2+2 Series I #51/500 64 Red/Black LHD eng. #5523
05524	246	GTS Dino 73 Fly Giallo/tan Leather LHD US
5525GT	250	GT Berlinetta Lusso 64 Argento/Bordeaux LHD EU eng. # 5525GT
05526	246	GTS Dino 73 Red
5527GT	330	GT 2+2 Series I #54/500 64 LHD
05528	246	GTS Dino 1/73 Silver thenDark Blue/Black Leather LHD US
5529GT	250	GT Berlinetta Lusso 64 Red/Tan LHD
05530	246	GTS Dino 73 Rosso Cordoba/tan & Black Daytona inserts LHD US
5531GT	250	GT Berlinetta Lusso 64 LHD
05532	246	GTS Dino 73 Brown/Tan Daytona Seats then Black/tan then Fly Giallo/Tan Daytona Seats LHD US
5533GT	250	GT Berlinetta Lusso 64 Silver then Blue met./Black LHD
05534	246	GTS Dino 73 White/Black LHD US
5535GT	250	GT Berlinetta Lusso 64 LHD
05536	246	GT Dino 73 Silver then Rosso Rubino/Black/Black
5537GT	250	GT Berlinetta Lusso 64 LHD
05538	246	GT Dino 73 Rosso Chiaro/Black Leather
5539GT	330	GT 2+2 Series I #55/500 64 Red/Black eng.#5539
05540	246	GT Dino 73 Rosso Chiaro/Beige Leather
5541GT	250	GT Berlinetta Lusso 64 dark Red/Tan LHD
05542	246	GT Dino 73 Fly Giallo/Black Vinyl #161 then Red/Black LHD EU
5543GT	250	GT Berlinetta Lusso 64 Blu Celeste/blu RHD
05544	246	GT Dino 73 Blu Sera Met./Black Leather
5545GT	250	GT Berlinetta Lusso 64 4/6 with British calib instruments 64 LHD
05546	246	GT? Dino 73
5547GT	330	GT 2+2 Series I #56/500 64 LHD eng. #5547
05548	246	GT Dino 73 Silver/Black EU
5549GT	330	GT 2+2 Series I #57/500 64 Metallic Grey/Red LHD eng.#5549
05550	246	GT Dino 73 Argento Auteil/Red Leather
5551GT	330	GT 2+2 Series I #58/500 64 LHD eng. #5551
05552	246	GT? Dino 73
5553GT	330	GT 2+2 Series I #64/500 64 LHD
05554	246	GT Dino 73 Red/Black
5555GT	330	GT 2+2 Series I #65/500 64 Silver/Black LHD eng. #5555
05556	246	GT Dino 73 Verdi Medio/Beige Leather then Red/Tan Leather 246GT05556 eng. #135CS000010626
5557GT	250	GT Berlinetta Lusso 64 Red/Black LHD 250 GTO style nose added, replaced with 275 GTB nose after crash
05558	246	GT Dino 73 Blue Dino Met./Beige Vinyl
5559GT	330	GT 2+2 Series I #66/500 64 LHD eng. #5559
05560	246	GT? Dino 73
5561GT	330	GT 2+2 Series I #67/500 64 Black Metallic/Black then Red/Black then Silver/Black eng. #5561
05562	246	GTS Dino 73 Azzurro Met./Black Leather
5563GT	330	GT 2+2 Series I #59/500 64 LHD Rebodied as 330 GTO Rosso Corsa eng.#5563
05564	246	GTS Dino 72 Blue then Green 246GTS05564 eng. #135C5000000106
5565GT	250	GT Berlinetta Lusso 64 Red/Black LHD shields Borrani wire wheels
05566	246	GT Dino 73 Fly Giallo/Black Vinyl
5567GT	250	GT Berlinetta Lusso 64
05568	246	GTS Dino 73 Red/Tan & Black Daytona Seats
5569GT	330	GT 2+2 Series I #52/500 64 LHD

s/n	Type	Comments
05570	246	GT? Dino 73
5571GT	250	GTO 64 #1/3 2/64 Rosso Cina/Blue LHD ex-Obrist ex-Ecclestone
05572	246	GTS Dino 73 Argento Auteil/Black Vinyl then Red/Black RHD
5573GT	250	GTO 64 #2/3 64 Rosso Cina/Black LHD
05574	246	GT? Dino 73
5575GT	250	GTO 64 #3/3 5/64 Rosso Cina/Blue LHD, feat. in Ferrari (The Story of Ferrari), Documentary
05576	246	GT Dino 73 Red/Black
5577GT	330	GT 2+2 Series I #53/500 64 LHD eng. #5577
05578	246	GTS Dino 73 Dark Blue/Black & Tan then Red/Black Vinyl 246GTS05578 eng. #135C0000010635
5579GT	330	GT 2+2 Series I #60/500 64 LHD eng. in #7025
05580	246	GT? Dino 73
5581GT	330	GT 2+2 Series I Geneva Show Car #61/500 64 Red/Tan LHD EU eng. #5581
05582	246	GT? Dino 73
5583GT	330	GT 2+2 Series I #68/500 64 LHD
05584	246	GTS Dino 73 Silver/Black Vinyl then Red/Black
5585GT	250	GT Berlinetta Lusso 64 LHD
05586	246	GTS Dino 73 Dark Blue/Black
5587GT	250	GT Berlinetta Lusso 64 Red/Black Alloy-Rebody by Brandoli in '82
05588	246	GT? Dino 73
5589GT	250	GT Berlinetta Lusso 64 LHD wrecked & written off eng. in #5243
05590	246	GT Dino 73 Bianco Polo Park/Black then Silver/Black RHD UK
5591GT	250	GT Berlinetta Lusso 64 LHD
05592	246	GT Dino 73 Dark Green Met. then Azzurro/Tan Leather
5593GT	250	GT Berlinetta Lusso 64 Red then Silver/Red LHD
05594	246	GT? Dino 73
5595GT	250	GT Berlinetta Lusso 64 dark Blue/tan LHD
05596	246	GT Dino 73 Pino Verde/Beige Vinyl
5597GT	250	GT Berlinetta Lusso 64 LHD
05598	246	GT Dino 73 White 246GT05598
5599GT	250	GT Berlinetta Lusso 64 LHD
05600	246	GTS Dino 73 Blu Chiaro Met./Black Vinyl #161
5601GT	330	GT 2+2 Series I #69/500 64 Blue Ribot/Dark Red LHD eng.#5601
05602	246	GTS Dino 73 Yellow/Black Vinyl
5603GT	330	GT 2+2 Series I #70/500 64 LHD GTO Replica by Favre eng.#5603
05604	246	GT Dino 73 Rosso Bordeaux then Yellow/Beige Vinyl
5605GT	330	GT 2+2 Series I #71/500 64 LHD
05606	246	GTS Dino 73 Fly Giallo/Black Vinyl
5607GT	250	GT Berlinetta Lusso 64 Oro then Red/Black LHD
05608	246	GT Dino 73 Argento Auteil/Black Vinyl then Red 246GTS05608 eng. #135CS0000010669
5609GT	250	GT Berlinetta Lusso 64 Garnett Pearl then Red/Black LHD
05610	246	GTS Dino 73 Rosso Chiaro/Black Vinyl eng. #142536 or #10634
5611GT	250	GT Berlinetta Lusso 64 Red/Black
05612	246	GT? Dino 73
5613GT	330	GT 2+2 Series I #72/500 64 LHD
05614	246	GT Dino 73 Azzurro Met. then Red/Black Vinyl
5615GT	330	GT 2+2 Series I #73/500 64 Silver/Black LHD ex-Carlos Monteverdi
05616	246	GTS Dino 73 Yellow
5617GT	330	GT 2+2 Series I #74/500 64 White/Black LHD EU eng.#5617
05618	246	GT? Dino 73
5619GT	330	GT 2+2 Series I #75/500 64 LHD
05620	246	GTS Dino 73 Bianco Polo Park (20-W-152)/Nero vinyl #161 RHD eng. #05620
5621GT	330	GT 2+2 Series I #77/500 64 Dark Blue/Tan LHD eng. #5621
05622	246	GTS Dino 73 Red/Black Leather
5623GT	330	GT 2+2 Series I #76/500 64 LHD
05624	246	GT Dino 73 Argento Auteil/Black Vinyl
5625GT	330	GT 2+2 Series I #157/500 64 RHD(?)
05626	246	GTS Dino 73 Yellow/Black Leather
5627GT	250	GT Berlinetta Lusso 64 Bronze metallic/Black LHD
05628	246	GTB Dino 73 Rosso Chiaro/Black Vinyl then dark Blue RHD
5629GT	330	GT 2+2 Series I #78/500 64 silver then Metallic Black/Red LHD eng.#5629
05630	246	GT? Dino 73
5631GT	330	GT 2+2 Series I #79/500 64 Red/Red LHD EU eng.#5631
05632	246	GT Dino 73 White RHD AUS
5633GT	330	GT 2+2 Series I #80/500 64 LHD
05634	246	GTS Dino 73 Marrone Met. then Yellow/Beige Vinyl
5635GT	330	GT 2+2 Series I #81/500 64 LHD
05636	246	GT? Dino 73
5637GT	250	GT Berlinetta Lusso 64 Red/Black
05638	246	GT Dino 73 Blue Scuro/Black Vinyl
5639GT	250	GT Berlinetta Lusso 64 LHD
05640	246	GT? Dino 73
5641GT	330	GT 2+2 Series I #82/500 64 LHD
05642	246	GT Dino 73 Rosso Dino RHD
5643GT	330	GT 2+2 Series I #83/500 64 RHD UK eng. #5643
05644	246	GT? Dino 73
5645GT	330	GT 2+2 Series I #84/500 64 LHD
05646	246	GTS Dino 73 Rosso Rubino/Beige Vinyl then Red/Black Leather 246GT05646
5647GT	330	GT 2+2 Series I #85/100 64 Rosso Corsa/Black LHD EU eng. #5647
05648	246	GT? Dino 73
5649GT	330	GT 2+2 Series I #86/500 64 LHD
05650	246	GT? Dino 73
5651GT	250	GT Berlinetta Lusso 64 dark metallic grey/Crema LHD
05652	246	GT Dino 73 Red/Black
5653GT	250	GT Berlinetta Lusso 64 LHD
05654	246	GT Dino 73 Verde Pino/Beige Leather
5655GT	250	GT Berlinetta Lusso 64 dark metallic grey/Crema LHD
05656	246	GT Dino 73 Rosso Chiaro/Beige Vinyl #430
5657GT	330	GT 2+2 Series I #87/500 64 LHD
05658	246	GT? Dino 73
5659GT	330	GT 2+2 Series I #88/500 64 Red/Tan LHD EU eng.#5659
05660	246	GTS Dino 73
5661GT	250	GT Berlinetta Lusso 64 LHD ex- Jo Siffert
05662	246	GTS Dino 73 Argento Auteil/Beige
5663GT	330	GT 2+2 Series I #89/500 64 Black/Crema then Dark Blue Metallic/Crema LHD EU eng. #5663
05664	246	GT? Dino 73
5665GT	330	GT 2+2 Series I #90/500 64 LHD
05666	246	GTS Dino 73 Argento Auteil/Dark Red Leather 893
5667GT	250	GT Berlinetta Lusso 64 LHD
05668	246	GTS Dino 73 Red
5669GT	330	GT 2+2 Series I #91/500 64 Burgundy/Tan eng. #5669
05670	246	GTS Dino 73 Rosso/nero then argento/nero Rosso inserts
5671GT	250	GT Berlinetta Lusso 64 LHD
05672	246	GT Dino 73 Oro Chiaro/Beige Leather 3234
5673GT	250	GT Berlinetta Lusso 64 LHD
05674	246	GT Dino 73 Dark Red/Black Vinyl
5675GT	250	GT Berlinetta Lusso 64 Blue sera met./Tan LHD
05676	246	GTS Dino 73 Red/Black EU

s/n	Type	Comments
5677GT	250	GT Berlinetta Lusso 64 Grigio Argento/Red VM 3171 then silver/Black RHD
05678	246	GT Dino 73 Red
5679GT	250	GT Berlinetta Lusso 64 Rosso Corsa/Black eng. #5679
05680	246	GT? Dino 73
5681GT	250	GT Berlinetta Lusso 64 LHD
05682	246	GTS Dino 73 Argento Auteil/Blue Vinyl then Red 246GTS05682
5683GT	250	GT Berlinetta Lusso 64 Dark Plum
05684	246	GTS Dino 73 Bianco Polo Park/Black Vinyl
5685GT	250	GT Berlinetta Lusso 64 British Racing Green/Beige, RHD
05686	246	GTS Dino 73 Red/Tan Chairs & flares LHD US
5687GT	250	GT Berlinetta Lusso 64 Red/Black RHD eng. #5687
05688	246	GTS Dino 73 Red/Tan LHD US
5689GT	250	GT Berlinetta Lusso 64 Red then Silver/tan then Red/Black LHD EU
05690	246	GT? Dino 73
5691GT	250	GT Berlinetta Lusso 64 LHD
05692	246	GTS Dino 2/73 Black/Black Leather
5693GT	250	GT Berlinetta Lusso 64
05694	246	GTS Dino 73 Red/Black
5695GT	250	GT Berlinetta Lusso 7/64 Azzurro California/Black LHD
05696	246	GT Dino 73 Silver LHD US
5697GT	250	GT Berlinetta Lusso 64 LHD
05698	246	GTS Dino 73 White then Silver then Red then Yellow/Blue
5699GT	330	GT 2+2 Series I #92/500 64 LHD eng. #5699
05700	246	GTS Dino 73 Azzurro California/Black Daytona Seats
5701GT	330	GT 2+2 Series I #93/500 64 LHD
05702	246	GTS Dino 73 Silver then Red/Black then Red/Tan & Black Daytona Seats LHD US
5703GT	330	GT 2+2 Series I #94/500 64 LHD
05704	246	GTS Dino 73 Black/Black Daytona Seats
5705GT	330	GT 2+2 Series I #95/500 64 Maroon/Black LHD eng. #5705
05706	246	GTS Dino 73 Dark Red/Black
5707GT	330	GT 2+2 Series I #96/500 64 silver/Black then Red/Black eng.#5707
05708	246	GTS Dino 73 Brown/Beige then Red/Black then Fly Giallo/Black Daytona Seats LHD US
5709GT	250	GT Berlinetta Lusso #5/6 with British calib instruments 64 LHD
05710	246	GTS Dino 73 Black/Black then Black/Tan
5711GT	250	GT Berlinetta Lusso 64 LHD
05712	246	GTS Dino 73 Azzurro/Tan
5713GT	250	GT Berlinetta Lusso 64 LHD
05714	246	GTS Dino 73 Rosso Barchetta/Black Leather then Tan Daytona Seats
5715GT	250	GT Berlinetta Lusso 64 Red/Black RHD
05716	246	GTS Dino 73 Red/Black
5717GT	330	GT 2+2 Series I #97/500 64 LHD
05718	246	GT? Dino 73
5719GT	330	GT 2+2 Series I #98/500 64 LHD
05720	246	GTS Dino 73 Yellow/Black Leather then Red/Black LHD US
5721GT	330	GT 2+2 Series I #99/500 64 Red/Red then Red then Silver/Black LHD eng. #5721
05722	246	GTS Dino 73 Red/Tan Daytona seats Black inserts LHD US
5723GT	330	GT 2+2 Series I #100/500 64 White/Black then Red/Black LHD eng.#5723 Converted to 2 headlights
05724	246	GT? Dino 73
5725GT	330	GT 2+2 Series I #101/500 64 LHD eng.#5725
05726	246	GTS Dino 73 Yellow/Black
5727GT	330	GT 2+2 Series I #102/500 64 LHD 64 eng. #5727
05728	246	GTS Dino 73 Maroon then Black/Tan
5729GT	250	GT Berlinetta Lusso 64 Rosso Chiaro/Black RHD eng. #5729
05730	246	GTS Dino 73 Fly Giallo Flares & chairs LHD US
5731GT	330	GT 2+2 Series I #103/500 64 Red/Black LHD eng.#5731
05732	246	GTS Dino 73 Red/Black Vinyl Daytona Seats LHD US
5733GT	250	GT Berlinetta Lusso 64 Rosso Corsa/Black RHD
05734	246	GTS Dino 73 Red/Tan Leather Daytona Seats LHD US
5735GT	250	GT Berlinetta Lusso 64 RHD
05736	246	GTS Dino 73 Fly Giallo/Black Leather LHD US
5737GT	330	GT 2+2 Series I #104/500 64 Red/Crema LHD eng.#5737
05738	246	GTS Dino 73 Copper Met. then Red/Black Flares & chairs
5739GT	330	GT 2+2 Series I #105/500 64 LHD
05740	246	GTS Dino 73
5741GT	330	GT 2+2 Series I #106/500 64 Silver/Black LHD US eng. #5741
05742	246	GTS Dino 73 Red/Black Leather
5743GT	330	GT 2+2 Series I #107/500 64 LHD
05744	246	GT? Dino 73
5745GT	330	GT 2+2 Series I #108/500 64 LHD eng.#5745 Disassembled w/extra body
05746	246	GT Dino 73 Azzurro Met./Blue Vinyl
5747GT	330	GT 2+2 Series I #109/500 64 LHD
05748	246	GT Dino 73 Dark Red Met. then Army Green/Beige Vinyl then Yellow/Black RHD, new to the US
5749GT	330	GT 2+2 Series I #110/500 64 LHD
05750	246	GTS Dino 73 Red
5751GT	330	GT 2+2 Series I #116/500 64 LHD
05752	246	GTS Dino 73 Bianco Polo Park/Black Vinyl
5753GT	330	GT 2+2 Series I #117/500 64 LHD
05754	246	GTS Dino 73 Rosso Chiaro/Black Leather & Red Cloth
5755GT	330	GT 2+2 Series I #118/500 64 LHD eng. #5755
05756	246	GT Dino 73 73 Rosso Chiaro/Black Vinyl
5757GT	330	GT 2+2 Series I #119/500 64 LHD eng.#5757 parted out
05758	246	GT Dino 73 Rosso Chiaro/Black Vinyl RHD UK
5759	330	GT 2+2 Series I #120/500 64 White then Red then Silver/Red LHD US eng. #5759
05760	246	GT? Dino 73
5761GT	330	GT 2+2 Series I #121/500 64 Silver/Black then Red LHD eng.#5761
05762	246	GTS Dino 73 Grey Met. then Yellow
5763GT	330	GT 2+2 Series I #122/500 64 Yellow/White LHD eng. #5763
05764	246	GT Dino 73 Verde Pino/Black Vinyl
5765GT	330	GT 2+2 Series I #123/500 64 Red/Tan then Black int. LHD
05766	246	GT Dino 73 Azzurro Met. then Giallo/Black Vinyl
5767GT	330	GT 2+2 Series I #124/500 64 Black/Black LHD eng.#5767
05768	246	GTS Dino 73 Rosso Chiaro/Black Vinyl
5769GT	330	GT 2+2 Series I #125/500 64 Silver/Black, then Yellow/Black eng. #5769
05770	246	GT Dino 73 Dark Red
5771GT	330	GT 2+2 Series I #126/500 64 Dark Red/Black LHD EU
05772	246	GTS Dino 73 Light Green Met./White Leather
5773GT	330	GT 2+2 Series I #127/500 64 LHD
05774	246	GTS Dino 73 Argento Auteil/Black Leather
5775GT	330	GT 2+2 Series I #275/500 64 Blue/Blue eng.#5775
05776	246	GT Dino 73 Fly Giallo/Black Vinyl
5777GT	330	GT 2+2 Series I #129/500 64 LHD
05778	246	GT? Dino 73
5779GT	330	GT 2+2 Series I #130/500 64 LHD EU eng. #5779

s/n	Type	Comments
05780	246	GT? Dino 73
5781GT	330	GT 2+2 Series I #131/500 64 LHD
05782	246	GT Dino 73 Rosso Chiaro/Black Leather then Blu Scuro/Black Leather RHD UK
5783GT	250	GT Berlinetta Lusso 64 LHD
05784	246	GT Dino 73 Red
5785GT	250	GT Berlinetta Lusso 64 LHD
05786	246	GTS Dino 73 Rosso Chiaro/Black Vinyl #161
5787GT	330	GT 2+2 Series I #132/500 64 LHD
05788	246	GTS Dino 73 Nero/Black Leather
5789GT	330	GT 2+2 Series I #133/500 64 Midnight Blue/Tan then Red/Tan LHD eng.#5789
05790	246	GT? Dino Series I 73
5791GT	250	GT Berlinetta Lusso 64 Red/Black
05792	246	GT? Dino 73 Grey/Black
5793GT	330	GT 2+2 Series I #134/500 64 LHD Body only remaining
05794	246	GTS Dino 73 Red/Tan Leather then Yellow/Black LHD
5795GT	250	GT Berlinetta Lusso 64 Silver/Black LHD
05796	246	GTS Dino 73 Silver/Tan leather
5797GT	330	GT 2+2 Series I #158/500 64 White/Black LHD eng. #5797
05798	246	GT? Dino 73
05800	246	GTS Dino 73 Met. brown/beige then Yellow/Black & tan LHD US
5801GT	330	GT 2+2 Series I #136/500 64 Red/Black eng. #5801
05802	246	GTS Dino 3/73 White/Black then Red/Tan
5803GT	330	GT 2+2 Series I #137/500 64
05804	246	GTS Dino 73 Red/Black LHD US
5805GT	330	GT 2+2 Series I #113/500 64 Grigio Argento/Black VM8500 RHD rebuilt by Nembo Dark Metallic Blue/Tan then Black/Black
05806	246	GTS Dino 73 Blue met./beige LHD US
5807GT	330	GT 2+2 Series I #114/500 64 Blue Sera/Grey VM3230 then Red/beige beige top rebodied by Terry Hoyle as GTO-Replica, copy of 4561SA
05808	246	GTS Dino 73 Red/Black & Tan Leather
5809GT	330	GT 2+2 Series I #138/500 64 Crema White/Tan then Yellow/Tan EU eng. #5809
05810	246	GTS Dino 3/73 Red
5811GT	330	GT 2+2 Series I #139/500 64 LHD 250 TR Replica Red
05812	246	GTS Dino 73 Red/Black
5813GT	330	GT 2+2 Series I #140/500 64 LHD
05814	246	GTS Dino 73 Green then Oro Chiaro/Black
5815GT	330	GT 2+2 Series I #141/500 64 Red/Black eng.#5815 GTO"Replica by Allegretti Red/Blue
05816	246	GTS Dino 73 Fly Giallo/Black Leather LHD US
5817GT	250	GT Berlinetta Lusso 64 Silver/Black
05818	246	GTS Dino 73 Red/Black Leather
5819GT	330	GT 2+2 Series I #115/500 64 Red/Beige VM3309 RHD UK eng. #5819
05820	246	GTS Dino 73 Yellow then Red/Tan then Yellow/Tan & Black
5821GT	330	GT 2+2 Series I #142/500 64 Red/Black EU eng.#5821
05822	246	GTS Dino 73 Colorado Brown then Dark metallic green/tan
5823GT	330	GT 2+2 Series I #143/500 64 LHD eng. #5823 89 GTO-Replica by Allegretti
05824	246	GT? Dino 73
5825GT	330	GT 2+2 Series I #144/500 64 LHD
05826	246	GTS Dino 73 Red/Tan Leather LHD US
5827GT	330	GT 2+2 Series I #145/500 64 Metallic Blue/Red eng. #5827
05828	246	GTS Dino 3/73 Rosso Dino then Rosso Corsa/Black grey carpets LHD US
5829GT	330	GT 2+2 Series I #150/500 64 Averio/Red VM3171 RHD UK
05830	246	GTS Dino 3/73 Yellow/Black & Red Leather Daytona Seats colour coded roof
5831GT	330	GT 2+2 Series I #146/500 64 LHD eng. #5831
05832	246	GTS Dino 73 Red/Tan Leather LHD US
5833GT	330	GT 2+2 Series I #147/500 64 LHD
05834	246	GTS Dino 73 Blue then Red/Tan & Black Stripes EU
5835GT	330	GT 2+2 Series I #148/500 64 LHD
05836	246	GTS Dino 3/73 Maroon/Tan
5837GT	330	GT 2+2 Series I #149/500 64 eng. #5837 in 330 GTO-Replica by Favre Fly Giallo/Black RHD ex-Jay Kay of Jamiroquai
05838	246	GTS Dino 3/73 Met. grey/Black Leather LHD US
5839GT	330	GT 2+2 Series I #151/500 64 Blue/Beige VM3309 RHD UK eng. #5839
05840	246	GTS Dino 73 Grey/Black
5841	250	LM 2/64 Rosso Cina green stripe RHD
05842	246	GTS Dino 73 Black/Tan & Black Daytona Seats LHD US
5843	250	LM 5/64 Rosso Cina/blu thenYellow/Black then Red then Yellow RHD short nose then long nose then short nose
05844	246	GTS Dino 73 Red/Tan & Black Daytona Seats
5845	250	LM #4/32 2/64 Rosso Cina Nero then Rosso then White Blue stripe then Red RHD Scaglietti short nose converted to long nose re-converted to short nose eng. #5845
05846	246	GTS Dino 3/73 Gold/Tan
5847GT	250	GT Berlinetta Lusso 64 Silver/Black then Fly Giallo/Black Italan stripe LHD
05848	246	GTS Dino 73 Red White then dark Red/Black & Tan Daytona Seats
5849GT	250	GT Berlinetta Lusso 64 Red/Tan then Yellow/Black eng. #5849
05850	246	GTS Dino 73 Maroone/Beige Leather
5851GT	250	GT Berlinetta Lusso 64 dark Blue/Black then dark Red int. LHD
05852	246	GTS Dino 73 Red/Tan Daytona Seats
5853GT	330	GT 2+2 Series I #152/500 64 Blue Sera/grey VM3230 RHD UK eng. #5853
05854	246	GTS Dino 73 Rosso Dino/Black Vinyl #161
5855GT	330	GT 2+2 Series I #155/500 64 Red eng. #5855
05856	246	GTS Dino 73 Yellow 20-Y-191/Black Vinyl #161
5857GT	330	GT 2+2 Series I #156/500 7/64 Red/Tan LHD eng. #5857
05858	246	GT? Dino 73 Red/Black Leather
5859GT	250	GT Berlinetta Lusso 64 Grigio Notte 18933M/Red VM3171 Grey carpets then silver then Black/Black LHD ex-Buddy Rich
05860	246	GT? Dino 73
5861GT	250	GT Berlinetta Lusso 64 Blue dark Red LHD EU
05862	246	GTS Dino 73 Azzurro Dino/Black Vinyl
5863GT	330	GT 2+2 Series I #153/500 64 Blue Scuro/Red VM3171 RHD UK
05864	246	GTS Dino 73 Blue Dino Met. then Red/Beige Leather 3234
5865GT	330	GT 2+2 Series I #154/500 64 White then British Racing Green/Crema RHD eng. #5865
05866	246	GTS Dino 73 Fly Giallo/Black Daytona seats LHD EU
5867GT	250	GT Berlinetta Lusso 64 LHD
05868	246	GTS Dino 73 Rosso Chiaro/Black Vinyl
5869GT	250	GT Berlinetta Lusso 64 Black/Black LHD
05870	246	GTS Dino 73 Yellow/Black
5871GT	250	GT Berlinetta Lusso 64 silver/Black LHD
05872	246	GT? Dino 73
5873GT	250	GT Berlinetta Lusso 64 LHD
05874	246	GTS Dino 73 Rosso Chiaro/Black Vinyl
5875GT	250	GT Berlinetta Lusso #6/6 with British calib instruments 64 dark Red/Tan LHD
05876	246	GTS Dino 73 Azzurro Met./Blue Vinyl then Red/Beige Leather
5877GT	330	GT 2+2 Series I #159/500 64 Black/Beige eng. #5877 rebuilt engine

s/n	Type	Comments
05878	246	GT Dino 73 246GT05878
5879GT	330	GT 2+2 Series I #160/500 64 Dark Red/Tan eng.#5879
05880	246	GTS Dino 73 Blue Dino Met./Beige Leather 3234
5881GT	330	GT 2+2 Series I #161/500 64 250 GT Replica
05882	246	GTS Dino 73 Argento Auteil then Red/Black Leather RHD UK
5883GT	250	GT Berlinetta Lusso 64 silver/Black LHD US
05884	246	GTS Dino 73 Rosso
5885GT	250	GT Berlinetta Lusso 64 Silver/Nero LHD
05886	246	GT Dino 73 Giallo Senape then Rosso Dino/Black Leather Daytona Seats
5887GT	330	GT 2+2 Series I #162/500 64 Azzurro Met./Crema LHD EU eng. #5887 then eng. #6261
05888	246	GT Dino 73 Red/Black
5889	330	GT 2+2 Series I #163/500 64 Red then Grigio/Crema LHD eng. #5889
05890	246	GTS Dino 73 Fly Giallo/Black Vinyl #161 RHD UK
5891	250	LM #5/32 7/64 Rosso Cina MM striscia nera/Nero Blue seats LHD eng. #5891 temp. eng. #5905 short nose, replaced by a long nose
05892	246	GT Dino 73 Rosso Chiaro/Black Vinyl
5893	250	LM NYC Auto Show 7/64 Red/Black RHD long nose 24h Le Mans 1965 Winner
05894	246	GT? Dino 73
5895	250	LM 4/64 Rosso Cina/panno blu RHD eng. #5897 ex-Piper
05896	246	GTS Dino 73
5897	250	LM 4/64 Verde then Red/blu RHD long nose ex-Piper multiple rebodies
05898	246	GT Dino 73 Black/Red then tan int. then Met./Tan Leather EU
5899	250	LM "Illert LM-P" 5/64 Rosso Cina/blu RHD temp. Porsche body, several replicas
05900	246	GTS Dino 73 Rosso Chiaro/Black Vinyl
5901	250	LM 6/64 Rosso Cina White stripe White nose White rear grill/Blue
05902	246	GTS Dino 73 Blue Scuro/Dark Blue Leather 3282
5903	250	LM 7/64 Rosso Cina/Black grey inserts then Yellow/Blue LHD long nose
05904	246	GTS Dino 73 Fly Giallo/Black Vinyl then Red/Tan RHD
5905	250	LM 7/64 Rosso Cina/Blue RHD temp. eng. #5891 temp. Spider-Conversion, cut after a crash & then repaiRed or reconstructed by Scaglietti
05906	246	GT? Dino 73 Red/Black
5907	250	LM 4/64, Rosso Cina Maranello Concessionaires livery/Blue RHD
05908	246	GTS Dino 73 Blue Scuro/grey Leather
5909	250	LM 4/64 Rosso Cina White nose/Blue RHD ex-Obrist
05910	246	GTS Dino 73 Bianco Polo Park/Black Leather
5911GT	330	GT 2+2 Series I #164/500 64 Black/Tan eng. #5911
05912	246	GT? Dino 73
5913GT	250	GT Berlinetta Lusso 64 Dark Red/Black LHD
05914	246	GT? Dino 73
5915GT	250	GT Berlinetta Lusso 64 Red/Black then Silver/Black LHD
05916	246	GT? Dino 73
5917GT	330	GT 2+2 Series I #165/500 64 Silver/Red eng.#5917
05918	246	GT? Dino 73
5919GT	330	GT 2+2 Series I #166/500 64 Light Green met./Natural then Red/Beige then Verde medio metallic/Tan LHD EU eng.#5917
05920	246	GTS Dino 73 Verde Medio Met./Beige Vinyl then Black/Beige Vinyl then Red
5921GT	330	GT 2+2 Series I #167/500 64 LHD
05922	246	GT Dino 73 Blu Chiaro Met./Black Vinyl #161
5923GT	330	GT 2+2 Series I #173/500 64 LHD 64
05924	246	GTS Dino 73 Argento Auteil/Black then Red/Black then Rosso Chiaro/Red & Black Leather
5925GT	330	GT 2+2 Series I #128/500 64
05926	246	GTS Dino 73 Yellow/Black & Yellow Vinyl #161 Daytona Seats then Red/Black Vinyl then Yellow/Black/Vinyl
5927GT	330	GT 2+2 Series I #168/500 64 LHD
05928	246	GT Dino 73 Blue Scuro/Black Vinyl 246GT05928 eng. #135CS000010825
5929GT	330	GT 2+2 Series I #169/500 64 LHD
05930	246	GT Dino 73 Rosso Chiaro/Black Leather
5931GT	250	GT Berlinetta Lusso 64 LHD
05932	246	GTS Dino 73 Red/Crema
5933GT	330	GT 2+2 Series I #170/500 64 LHD
05934	246	GTS Dino 73 Rosso Chiaro/Black
5935GT	330	GT 2+2 Series I #171/500 64 Copper then Rosso Corsa/Green eng. #5935
05936	246	GT? Dino 73
5937GT	250	GT Berlinetta Lusso 64 LHD
05938	246	GT Dino 73 Moss Green 246GT05938
5939GT	250	GT Berlinetta Lusso 64 Silver then Red LHD
05940	246	GT Dino 73 Red
5941GT	250	GT Berlinetta Lusso 64 LHD
05942	246	GTS Dino 73 Bianco Polo Park/Black Vinyl then Red/Black RHD UK
5943GT	250	GT Berlinetta Lusso 64 Silver/Red LHD
05944	246	GTS Dino 73 Argento Auteil/Blue Vinyl then Red int. 246GT05944 eng. #1 35CS000010828
5945GT	250	GT Berlinetta Lusso 64 silver/Red LHD
05946	246	GT Dino 73 Rosso Chiaro/Black Leather RHD UK
5947GT	250	GT Berlinetta Lusso 64 Red/Black LHD ex-Rosso Bianco Collection
05948	246	GT Dino 73 Fly Giallo/Black Vinyl then Red/Black RHD eng. #5948
5949GT	250	GT Berlinetta Lusso 64 LHD
05950	246	GT? Dino 73
5951GT	500	Superfast 1st Prototype #1/37 Geneva Motor Show 3/64 Azzurro/Avorio
05952	246	GT Dino 73
5953GT	250	GT Berlinetta Lusso 64 Red/Black then silver/Black LHD eng. #5953
05954	246	GTS Dino 73 Dark Green/Natural then Red/Black & Red
5955GT	250	GT Berlinetta Lusso last, 64 LHD
05956	246	GTS Dino 73 Red/Black
5957GT	330	GT 2+2 Series I #180/500 64 Grey Metallic/Dark Red eng. #5957
05958	246	GTS Dino 73 Yellow/Black
5959GT	330	GT 2+2 Series I #172/500 64 LHD EU eng. #5959
05960	246	GTS Dino 73 Red/Black & Red then Black/Red Daytona Seats then Fly Giallo
5961GT	330	GT 2+2 Series I #174/500 64 LHD
05962	246	GT? Dino 73
5963GT	330	GT 2+2 Series I #176/500 64 LHD Rear seat replaced with luggage shelf
05964	246	GTS Dino 4/73 dark Red Met./Tan then Red/Tan & Black Daytona Seats
5965GT	330	GT 2+2 Series I #175/500 64 Dark Green/Dark Green then White then Dark Green EU eng. #5965 Rear seat replaced with luggage shelf
05966	246	GTS Dino 73 Red/Tan Daytona Seats & Black Inserts
5967GT	330	GT 2+2 Series I #177/500 64 LHD
05968	246	GTS Dino 73 Silver/Black
5969GT	330	GT 2+2 Series I #178/500 64 LHD
05970	246	GTS Dino 73 Red/Black

s/n	Type	Comments
5971GT	330	GT 2+2 Series I #179/500 64 Blue/Red LHD EU eng. #5971
05972	246	GTS Dino 73 Red/Crema Black Inserts then Yellow
5973GT	330	GT 2+2 Series I #181/500 64 Blue met./Blue eng. #5973
05974	246	GTS Dino 73 Oro Met./Tan
5975	250	LM 65 Rosso Cina/nero RHD Schlumpf-Collection
05976	246	GTS Dino 73 Blue/Tan then Rosso Corsa/tan US
5977SF	500	Superfast #2/37 6/64 Grigio Argento/Rosso
05978	246	GTS Dino 73 Silver
5979SF	500	Superfast 51st Paris Motor Show #3/37 7/64 Oro chiaro/Nero then Red
05980	246	GTS Dino 73 Red/Black Leather Daytona Seats
5981SF	500	Superfast #4/37 Turin Motor Show 3/64 Celeste Blue Italver 20295A/Black NR2 VM 8500 then Blue Chiaro/Black LHD eng. #5981 PF job #99582 ex-Achille Laruo
05982	246	GTS Dino 73 Silver/Red Leather LHD US
5983SF	500	Superfast Brussels Show Car #5/37 12/64 Red/beige
05984	246	GTS Dino 73 White/Red Daytona Seats
5985SF	500	Superfast Chicago show Car #6/37 64 Blu scuro/maronne,
05986	246	GTS Dino 73 Silver/Black then Yellow/Black Daytona seats LHD US
5987GT	330	GT 2+2 Series I #199/500 64 Blue Scuro/White then Very Dark Green/Black then Blue RHD UK eng. #5987
05988	246	GTS Dino 73 Black then Fly Giallo/Black
5989SF	500	Superfast #7/37 65 Italver azzurro/celeste cloth ex-John Mecom
05990	246	GTS Dino 73 Dino Blue Scuro met./tan then Blu Sera Met./Beige Leather US
5991GT	330	GT 2+2 Series I #200/500 64 Grigio Argento/Black VM8500 then Red RHD eng. #5991 Modified front to GTC
05992	246	GTS Dino 73 Red/Black Daytona Seats
5993GT	330	GT 2+2 Series I #201/500 64 Blue Scuro/Grey VM3230 RHD UK
05994	246	GTS Dino 73 Fly Giallo/Black Leather eng. #5994
5995	250	LM Stradale 7/64 grey met./blu then darkBlue met. Yellow stripe then green met. Yellow stripe LHD
05996	246	GTS Dino 73 Yellow/Beige
5997GT	330	GT 2+2 Series I #197/500 64 Crema RHD eng. #5997
05998	246	GTS Dino 73 White
5999GT	330	GT 2+2 Series I #198/500 64
06000	246	GTS Dino 73 Rosso Chiaro/Tan Leather
6001GT	275	GTS Paris Salon Car #1/3 Prototype 2/64 Savid Fire Red 206/Crema LHD parted out
06002	246	GTS Dino 73 Fly Giallo/Black Leather
6003	275	GTB Paris show car #1/449 64 Fly Giallo/tan eng. in #2927
06004	246	GTS Dino 73 Silver/dark Red LHD US
6005GT	275	GTS #2/3 Prototype 64 Red/Black LHD
06006	246	GT? Dino 73
6007GT	330	GT 2+2 Series I #182/500 64 first with wooden dash like all have after 6007
06008	246	GTS Dino 73 Fly Giallo/Black Vinyl
6009GT	330	GT 2+2 Series I #202/500 64 Grigio Argento/Blue RHD UK GT06009 eng. #135CS000006888
06010	246	GT? Dino 73
6011GT	330	GT 2+2 Series I #183/500 64 eng. #6011
06012	246	GTS Dino 73 Red/Black
6013GT	330	GT 2+2 #184/500 64 eng. #6013
06014	246	GTS Dino 7/73 Blue Scuro/White Leahter then Yellow/Black
6015GT	330	GT 2+2 Series I #203/500 64 Blue Sera/Blue VM3015 then silver then Dark Metallic Blue Pale Blue RHD UK eng. #6015
06016	246	GT Dino 73 Rosso Chiaro/Black Vinyl
6017GT	330	GT 2+2 Series I #204/500 64 Blu Scuro/Grey VM3230 RHD UK, 80 500 Mondial replica by Ockelbo
06018	246	GT Dino 73 Argento Auteil then Blue/Black RHD UK
6019GT	330	GT 2+2 Series I #205/500 64 Grigio Fumo/Red RHD eng. #, 6019
06020	246	GT? Dino 73
6021	275	GTB #8/449 64 Rosso Rubino/Black & Red RHD short nose
06022	246	GTS Dino 3/73 Met.Green then Red RHD AUS
6023	250	LM Brussels Motor Show 8/64 Rosso Cina/blu panno then Yellow RHD ex-Ecurie Francorchamps
06024	246	GT Dino 11/73 Yellow
6025	250	LM PF Speciale Geneva Show Car 8/64 White Blue strip/Red RHD flip up doors, long plexiglass rear window
06026	246	GTS Dino 73 Grigio Ferro then Fly Giallo/Black Leather
6027GT	330	GT 2+2 Series I #206/500 64 Grigio Argento/Black VM8500 RHD UK
06028	246	GT Dino 73 Rosso Chiaro/Black Leather RHD UK eng. #06028
6029GT	330	GT 2+2 Series I #/185/500 64 LHD
06030	246	GT Dino 4/73 Red/Black Vinyl #161
6031GT	330	GT 2+2 Series I #186/500 64 LHD
06032	246	GT Dino 73 Metallic brown/beige Vinyl
6033SF	500	Superfast #8/37 1/65 Canna di Fucile/nero then Red/Black LHD EU
06034	246	GTS Dino 73 Celeste Met. Azzurro Leather 3015 then Black/Crema RHD UK 246GTS06034 eng. #135C5000010830
6035GT	330	GT 2+2 Series I #187/500 64 Red/Black eng. #6035
06036	246	GT Dino 73 Blue Chiaro Met./Tan Leather then Red/Tan Leather 246GT06036
6037GT	330	GT 2+2 Series I #188/500 64 LHD
06038	246	GTS Dino 73 Yellow/Black Leather
6039SF	500	Superfast Geneva Show car #9/37 2/65 Rosso Corsa then metallic Blue/naturale eng. #6039 PF job #99588, Aga Khan
06040	246	GTS Dino 73 Rosso dark Red/Tan Leather 846 then Black Leather
6041SF	500	Superfast New York show car #10/37 3/65 Giallo sole/nero then Black/Red then Giallo Solare green black dash LHD Eng. # 6041 PF job #99589 Triple 3 louvres
06042	246	GT Dino 73 Rosso Corsa/Black LHD EU
6043SF	500	Superfast #11/37 3/65 Verde Scuro/nero LHD PF job #99590
06044	246	GTS Dino 73 Azzurro Metallic/Black Vinyl
6045	250	LM 5/64 Rosso Cina/blu then dark Red/Nero, ex-Bill Harrah, 2 Replicas exist,
06046	246	GTS Dino 73
6047	250	LM 4/64 Rosso Cina/blu ex-Bill Harrah
06048	246	GT Dino 73 Rosso Chiaro/Black Leather
6049SF	500	Superfast #12/37 465 grey met./nero, ex-Aga Khan, eng. in #6303
06050	246	GT Dino 73 Dark Blue/Black EU
6051	250	LM 64 Rosso Cina/blu RHD long nose
06052	246	GT Dino 73 Red
6053	250	LM 64 Rosso Cina/blu RHD long nose
06054	246	GTS Dino 73 Red
6055GT	330	GT 2+2 Series I #189/500 64 Met. Blue then Silver/Red LHD US eng. #6055
06056	246	GT Dino 73 Bianco Polo Park/Black Leather
6057GT	330	GT 2+2 Series I #190/500 64 Red/Black LHD US eng. #6057

s/n	Type	Comments
06058	246	GTS Dino 73 Rosso Chiaro/Beige Vinyl
6059GT	330	GT 2+2 Series I #191/500 64 LHD
06060	246	GT Dino 73 Viola Met. then White then Yellow/Black US
6061GT	330	GT 2+2 Series I #192/500 64 LHD
06062	246	GT Dino 73 Blu Dino Metallizzato 106-A-72/Beige vinyl then Rosso Dino/Tan Leather RHD
6063GT	330	GT 2+2 Series I #193/500 64 LHD
06064	246	GTS Dino 73 Fly Giallo/Black then Red then Yellow colour coded roof RHD UK
6065GT	330	GT 2+2 Series I #194/500 64 LHD
06066	246	GT Dino 73 Red/Black
6067GT	330	GT 2+2 Series I #194/500 64 LHD eng. #6067 330 P4 replica
06068	246	GT? Dino 73
6069GT	330	GT 2+2 Series I #196/500 64 LHD
06070	246	GTS Dino 73
6071GT	330	GT 2+2 Series I #207/500 64
06072	246	GT Dino 73 Bianco
6073GT	330	GT 2+2 Series I #208/500 64 Red/Black
06074	246	GTS Dino 73 Blue Met./Beige Leather 3218 then Red/Black & Red Inserts
6075GT	330	GT 2+2 Series I #209/500 64
06076	246	GT Dino 73 Rosso Dino/Black Vinyl RHD
6077GT	330	GT 2+2 Series I #210/500 64 LHD
06078	246	GT Dino 74 dark Blue met./Tan Vinyl 246GT06078
6079GT	330	GT 2+2 Series I #211/500 64 LHD
06080	246	GT Dino 73 Blue Scuro/Black Vinyl
6081GT	330	GT 2+2 Series I #212/500 64 LHD EU eng. #6081
06082	246	GT Dino 73 Yellow then Red then Metallic pink/Tan Vinyl 246GT06082 eng. #135CS000006082
6083GT	330	GT 2+2 Series I #213/500 64 Blue RHD UK eng. #6083
06084	246	GTS Dino 73 Rosso Chiaro/Beige Leather 3218
6085GT	330	GT 2+2 Series I #214/500 64 Red/Black LHD eng. #6085 250 GTO Replica by Favre Red/Black
06086	246	GT Dino 73 Fly Giallo/Black Vinyl
6087GT	330	GT 2+2 Series I #215/500 64 LHD eng. #6087
06088	246	GTS Dino 73 Azzurro Met. then Red/Black Vinyl RHD 246GTS06088 eng. #135C0000010858
6089GT	330	GT 2+2 Series I #216/500 64 Grigio Fumo/Black then Red/Black, then Rosso Rubino/Black LHD EU eng. #6089 replaced
06090	246	GT Dino 73 Gold/Black leather then Blue Sera Met./Black Vinyl then Rosso Corsa/Nero RHD UK
6091GT	330	GT 2+2 Series I #217/500 64 LHD
06092	246	GT Dino 73 Rosso Chiaro/Black Vinyl then Black Leather
6093GT	330	GT 2+2 Series I #218/500 64 LHD
06094	246	GT Dino 73 Rosso Chiaro/Black Vinyl
6095GT	330	GT 2+2 Series I #219/500 64 Red/Crema LHD
06096	246	GT Dino 73 Argento Auteil/Red Leather
6097GT	330	GT 2+2 Series I #220/500 64 Blu Sera 20100 M It/Orange VM 3104 then Tan int. LHD EU eng. #6097 eng. rebuilt
06098	246	GTS Dino 73 Blue Scuro then Rosso Chiaro/Crema Leather RHD, eng. #6098
6099GT	330	GT 2+2 Series I #221/500 Dark Red/Black eng. #6099
06100	246	GT Dino 73 Red/Black LHD EU
6101GT	330	GT 2+2 Series I #222/500 64 Blue/Black then Black/Black eng. #6101
06102	246	GT Dino 73
6103GT	330	GT 2+2 Series I #223/500 64 Black/Black eng. #6103
06104	246	GT Dino 73 Blue Dino Met./Blue Leather
6105	250	LM Earls Court show car #23/32 9/64 Rosso Cina/blu RHD ex-Matsuda-Collection
06106	246	GT? Dino 73
6107	250	LM 7/64 Rosso Cina then dark Blue met. then Red/blu RHD
06108	246	GTS Dino 73 Red/Tan Daytona Seats
6109GT	330	GT 2+2 Series I Speciale Cabriolet by Michelotti #224/500 64 Orange/Black then Yellow/Black stripe then Rosso Rubino/Natural then Yellow LHD US eng. #6109
06110	246	GTS Dino 73 Red
6111GT	330	GT 2+2 Series I #225/500 64 Silver/Black EU eng. rebuilt
06112	246	GTS Dino 73 Rosso Dino/Black LHD US
6113GT	330	GT 2+2 Series I #226/500 64 LHD
06114	246	GTS Dino 73 Rosso Rubino/grey & black LHD US
6115GT	330	GT 2+2 Series I #227/500 64 LHD
06116	246	GT? Dino 73
6117GT	330	GT 2+2 Series I #228/500 64 Azzurro Metallizzato then Yellow/Tan eng. #6117 eng. in #8101
06118	246	GTS Dino 73 Black/Crema Leather
6119	250	LM 64 Rosso Cina White srtipe/blu RHD
06120	246	GTS Dino 73 White/Black & Red
6121GT	330	GT 2+2 Series I #229/500 64 LHD
06122	246	GTS Dino 73 Red/Black Leather
6123	330	GT 2+2 Series I #230/500 7/64 LHD EU eng. #6123
06124	246	GTS Dino 73 Silver then Red/Tan
6125	330	GT 2+2 Series I #231/500 64 Silver LHD EU eng. #6125
06126	246	GTS Dino 73 Blue Dino/Tan
6127GT	330	GT 2+2 Series I #232/500 64 LHD
06128	246	GTS Dino 5/73 Rosso Rubino/Tan & Black Leather Daytona Seats Rubino Piping
6129GT	330	GT 2+2 Series I #248/500 64 Blu Sera then Silver then Rosso/Black RHD eng. #6129
06130	246	GTS Dino 73 Brown met./Tan then Red/Tan & Black Daytona seats LHD US
6131GT	330	GT 2+2 Series I #249/500 64 Red/Black RHD eng. #6131, displayed in Keith Bluemel's book Original V12
06132	246	GTS Dino 73 Yellow/tan Flares & chairs
6133GT	330	GT 2+2 Series I #233/500 64 LHD
06134	246	GTS Dino 73 Gold/tan & Black Daytona Seats then Red/Black LHD
6135GT	330	GT 2+2 Series I #234/500 64 LHD eng. #6135
06136	246	GTS Dino 5/73 Silver/Black & Red Daytona Seats colour coded roof then Red/Black & Red
6137GT	330	GT 2+2 Series I #235/500 64 LHD
06138	246	GTS Dino 73 Fly Giallo then Dark Red/Black Leather colour coded (Dark Red) roof LHD US
6139GT	330	GT 2+2 Series I #236/500 64 LHD
06140	246	GTS Dino 73 Argento Auteil Metallizzato/Nero Leather then Red/Tan LHD US
6141GT	330	GT 2+2 Series I #237/500 64 LHD
06142	246	GTS Dino 73 Red/Tan LHD US eng. #9691
6143GT	330	GT 2+2 Series I #238/500 64 Red/Black eng. #6143 Rear seat replaced with luggage shelf
06144	246	GTS Dino 73 Rosso Dino/Black Leather then Fly Giallo/Black & Yellow LHD US
6145GT	330	GT 2+2 Series I #239/500 64 Black/Tobacco LHD eng. #6145
06146	246	GTS Dino 73 Silver/Red Leather
6147GT	330	GT 2+2 Series I #240/500 64 LHD
06148	246	GTS Dino 73 Red/Black
6149GT	330	GT 2+2 Series I #241/500 64 Red/Black LHD eng. #6149
06150	246	GT? Dino 73
6151GT	330	GT 2+2 Series I #242/500 64 LHD
06152	246	GTS Dino 73 Black/Black

s/n	Type	Comments
6153GT	330	GT 2+2 Series I #243/500 64 Red/Tan LHD eng. #6153
06154	246	GTS Dino 73 Blue Met./Beige then Silver/Black
6155 GT	330	GT 2+2 Series I #250/500 64 Red/Tan RHD UK eng. #6155
06156	246	GTS Dino 73 Red/Tan Daytona seats
6157GT	330	GT 2+2 Series I #244/500 64 Red/Tan LHD eng. #6157
06158	246	GT? Dino 73
6159GT	330	GT 2+2 Series I #245/500 64 Black/Black LHD EU
06160	246	GT? Dino 73 Red/Tan
6161GT	330	GT 2+2 Series I #246/500 64 Red/Red then Black int. LHD EU eng. #6161
06162	246	GTS Dino 73 Fly Giallo/tan & Black Daytona Seats LHD US
6163GT	330	GT 2+2 Series I #247/500 64 LHD
06164	246	GTS Dino 73 Red/Tan
6165GT	330	GT 2+2 Series I #252/500 64 eng. #6165 Parted out eng. in #4143
06166	246	GT Dino 73 Blue Chiaro Met./Beige Leather thenRed/grey RHD UK
6167	250	LM 64 verde bottiglia/verde then Blue/White nose & stripe on rebuilt body, RHD short nose then long nose Duplicate exists
06168	246	GT Dino 73 Maroone Met./Beige Vinyl
6169GT	330	GT 2+2 Series I #253/500 64
06170	246	GT Dino 73 Purple then Red/Tan Leather
6171GT	330	GT 2+2 Series I #254/500 64 Grigio Fume/Tan LHD EU eng. #6171
06172	246	GT? Dino 73
6173	250	LM 4/65 Rosso Cina/blu RHD long nose ex-Obrist
06174	246	GT Dino 73 Yellow/Black Vinyl 246GT06174 eng. #135CS06174
6175GT	330	GT 2+2 Series I #255/500 64 LHD
06176	246	GT? Dino 73
6177GT	330	GT 2+2 Series I #251/500 64 RHD UK
06178	246	GTS Dino 73 Blue Scuro/Black Leather then Red/Black RHD
6179GT	330	GT 2+2 Series I #256/500 64 Red RHD eng. #6179
06180	246	GTS Dino 73 Rosso Chiaro/Black
6181GT	330	GT 2+2 Series I #265/500 64 silver eng. #6181
06182	246	GTS Dino 73 Black/Black & White
6183GT	330	GT 2+2 Series I #266/500 64
06184	246	GT Dino 73 Argento Auteil/Dark Blue Leather
6185GT	330	GT 2+2 Series I #258/500 64
06186	246	GT Dino 73 Argento Auteil/Black Vinyl 246GT06186
6187GT	330	GT 2+2 Series I #259/500 64 eng.#6187 eng. in #5621
06188	246	GTS Dino 73 Blue Dino Met./Black
6189GT	330	GT 2+2 Series I #260/500 64
06190	246	GT Dino 73
6191GT	330	GT 2+2 Series I #261/500 64 eng. #6191 80 250 GTO Replica by Giordanengo Red/Blue
06192	246	GT Dino 73 Azzurro Met./Blue Vinyl
6193GT	330	GT 2+2 Series I #262/500 64 Red/White then White Red eng. #6193
06194	246	GT Dino 73 Verde Medio Met. then Grey/Beige Vinyl then Red RHD
6195GT	330	GT 2+2 Series I #263/500 64 Red Black, eng. rebuilt
06196	246	GT? Dino 73
6197GT	330	GT 2+2 Series I #257/500 64 RHD eng. #6197 Roof & rear clip cut off, engine disassembled
06198	246	GTS Dino 73
6199GT	330	GT 2+2 Series I #305/500 64 RHD eng. #6199
06200	246	GTS Dino 73 Silver then Red then Yellow/Black 246GTS06200
6201GT	330	GT 2+2 Series I #305/500 64 dark Blue/grey RHD eng. #6201
06202	246	GTS Dino 73 Verde Medio/Beige Vinyl then Red/Black then Tan int. RHD
6203GT	330	GT 2+2 Series I #307/500 64 Pale Metallic Green/Natural then Red RHD eng. #6203
06204	246	GT? Dino 73
6205GT	330	GT 2+2 Series I #264/500 64 Black/Crema LHD EU eng. #6205
06206	246	GT Dino 73 Fly Giallo/Black Vinyl #161 then Red/White
6207GT	330	GT 2+2 Series I #267/500 64
06208	246	GT Dino 73 Rosso Chiaro/Black
6209GT	330	GT 2+2 Series I #268/500 64 Red/Tan LHD US eng. #6209
06210	246	GTS Dino 73 Argento Auteil/Beige Vinyl
6211GT	330	GT 2+2 Series I #269/500 64
06212	246	GT Dino 73 Rosso Chiaro/Black Leather RHD UK
6213GT	330	GT 2+2 Series I #279/500 64 Grey/Black ex-Little Toni
06214	246	GT Dino 73 Dark Green Met./White Leather
6215GT	330	GT 2+2 Series I #270/500 64
06216	246	GTS Dino 73 Silver/Black
6217	250	LM #28/32 1/65 Rosso Cina/blu RHD eng. #6217GT Long nose then converted to Short nose
06218	246	GT Dino 73 Rosso Chiaro/Black
6219GT	330	GT 2+2 Series I #271/500 64 Red/Black eng. #6219
06220	246	GTS Dino 73 Red 246GTS06220 eng. #135C0000010863
6221GT	330	GT 2+2 Series I #272/500 64 Silver/Red eng. #6221
06222	246	GT? Dino 73
6223GT	330	GT 2+2 Series I #273/500 64 Grey Metallic/Black eng. #6223
06224	246	GT Dino 73 Silver/Black vinyl LHD EU
6225 GT	330	GT 2+2 Series I #274/500 64 Blue Grey/Beige eng. #6225
06226	246	GT Dino 73 Rosso Chiaro/Black Vinyl 246GT06226 eng. #135CS0000010919
6227GT	330	GT 2+2 Series I #276/500 64 eng. #6227
06228	246	GT? Dino 73
6229GT	330	GT 2+2 Series I #277/500 64 Silver/Black LHD eng. #6229
06230	246	GT Dino 73 Marrone Met./Beige Vinyl then Red/Black
6231GT	330	GT 2+2 Series I #278/500 64
06232	246	GT Dino 73 Azzurro Met./Black 246GT06232 eng. #135CS0000010916
6233	250	LM Vertroresina 6/65 Rosso Cina/blu RHD factory fiberglass version
06234	246	GTS Dino 73 Argento Auteil/Black Vinyl #161
6235GT	330	GT 2+2 Series I #280/500 64 Dark Red/Black LHD eng. #6235
06236	246	GTS Dino 73 Red/Tan & Black
6237GT	330	GT 2+2 Series I #281/500 64 Red/Black eng. #6237
06238	246	GTS Dino 73 Blu Dino Met./Black Vinyl #161 then Black Leather
6239GT	330	GT 2+2 Series I #282/500 64 Dark Red/Dark Red LHD EU eng. #6239
06240	246	GTS Dino 73 Rosso Dino/beige Leather LHD EU
6241GT	330	GT 2+2 Series I #2832/500 64 Silver/Black then Red/Red eng. #6241
06242	246	GT Dino 73 Azzurro Me./Blue Vinyl
6243GT	330	GT 2+2 Series I #284/500 64
06244	246	GT? Dino 73
6245GT	330	GT 2+2 Series I #285/500 64 Blue/Red eng. #6245
06246	246	GT Dino 73 Rosso Rubino/Beige Vinyl
6247GT	330	GT 2+2 Series I #286/500 64

s/n	Type	Comments
06248	246	GT Dino 73 Bianco Polo Park/Black Vinyl then Red/Black RHD UK
6249GT	330	GT 2+2 Series I #291/500 64
06250	246	GT Dino 73 Metallic Dino Blue/tan Vinyl RHD UK
6251GT	330	GT 2+2 Series I #292/500 64
06252	246	GTS Dino 73 Black/Black
6253GT	330	GT 2+2 Series I #287/500 64
06254	246	GT Dino 73
6255GT	330	GT 2+2 Series I #288/500 64 Blue/Blue eng. #6255
06256	246	GT Dino 73 Yellow 246GT06256 eng. #135CS000010903
6257GT	330	GT 2+2 Series I #289/500 64
06258	246	GT Dino 6/73 Red/Black
6259GT	330	GT 2+2 Series I #290/500 64 Red/Black eng. #6259
06260	246	GT Dino 73
6261GT	330	GT 2+2 Series I #293/500 64 eng. #6261 parted out, eng. in s/n 5887
06262	246	GTS Dino 73 Met. Grey
6263GT	330	GT 2+2 Series I #294/500 64
06264	246	GT Dino 73 Red 246GT06264 eng. #135CS000010939
6265GT	330	GT 2+2 Series I #295/500 9/64 Red/Black eng. #6265
06266	246	GTS Dino 73
6267SF	330 GT 2+2/500	Superfast #13/37 8/64 Verde Pino Met Italver 20453/naturale 3218 LHD eng. #6267SA PF Job #99592 ex-Prince Bernhard
06268	246	GTS Dino 73 Silver/Red/Black Inserts LHD US
6269GT	330	GT 2+2 Series I #296/500 64
06270	246	GTS Dino 73 Yellow then Black/beige Chairs & flares LHD US
6271GT	330	GT 2+2 Series I Paris Salon car #297/500 64 Dark Metallic Blue/Red LHD EU eng. #6271
06272	246	GTS Dino 73 Fly Giallo/Black Leather
6273GT	330	GT 2+2 Series I Paris Salon car #298/500 64 64 Azzurro/dark Blue then Dark Blue/Red LHD EU
06274	246	GTS Dino 5/73 Silver/Black
6275GT	330	GT 2+2 Series I #299/500 64
06276	246	GTS Dino 73 Red/Tan & Black Vinyl
6277GT	330	GT 2+2 Series I #300/500 64
06278	246	GTS Dino 6/73 Red/tan Daytona seats Black Inserts LHD US
6279GT	330	GT 2+2 Series I #301/500 64
06280	246	GTS Dino 73 Red/Black Leather
6281GT	330	GT 2+2 Series I #302/500 64 Red/Black eng. #6281
06282	246	GTS Dino 6/73 Black/Black then Fly Giallo/Black & Tan US
6283GT	330	GT 2+2 Series I #303/500 64
06284	246	GTS Dino 73 dark Red then Grey Met./Tan LHD US
6285GT	330	GT 2+2 Series I #304/500 64
06286	246	GTS Dino 73
6287GT	330	GT 2+2 Series I #308/500 64 eng. #6287 250 GTO Replica, eng. in s/n 1267
06288	246	GTS Dino 73 Rosso Dino/Tan Daytona Seats then Fly Giallo/Black Daytona Seats then Red/Tan then Fly Giallo/tan Daytona seats LHD US
6289GT	330	GT 2+2 Series I #309/500 64 Red/Black eng. #6289
06290	246	GTS Dino 73 Dark Blue/Tan Daytona Seats then Fly Giallo
6291GT	330	GT 2+2 Series I #310/500 64 64 eng. #6291 84 330 GTO replica
06292	246	GTS Dino 6/73 Fly Giallo/Black Daytona seats LHD US
6293	330	GT 2+2 Series I #311/500 64 Silver LHD eng.#6293, GTO Replica Red/Black
06294	246	GT? Dino 73
6295GT	330	GT 2+2 Series I #312/500 64 Oro Chiaro/Beige LHD EU eng. #6295 ex-Norman Foster
06296	246	GTS Dino 6/73 met. Brown then Red/Tan Leather
6297GT	330	GT 2+2 Series I #339/500 64 Silver/Black RHD AUS eng. #6297
06298	246	GTS Dino 73 Red/Black
6299GT	330	GT 2+2 Series I #313/500 64 eng. #6299
06300	246	GTS Dino 73 Fly Giallo/Black Leather LHD US
6301GT	330	GT 2+2 Series I #314/500 64 probably eng. #6301 only remaining
06302	246	GTS Dino 73
6303SF	500	Superfast #14/37 4/65 Blu notte/naturale, LHD eng. #6049 PF job #99593
06304	246	GTS Dino 73 Silver/dark Blue Leather
6305SF	500	Superfast #15/37 5/65 nero/naturale PF job #99616
06306	246	GTS Dino 74 Blue Sera/Brown Leather then Red/Tan LHD US
6307SF	500	Superfast #16/37 5/65 White Blue stripe/tan LHD PF job #99595
06308	246	GTS Dino 73
6309SF	500	Superfast #17/37 7/65 Blu Sera/Maroon perspex covers LHD PF job #99596 ex-Gunther Sachs
06310	246	GTS Dino 73 Red/Black Leather LHD US
6311GT	330	GT 2+2 Series I #315/500 64
06312	246	GTS Dino 73 Red/Tan Leather
6313	250	LM #30/32 65 Rosso Cina/panno blu then Yellow/Black then Red then Yellow RHD ex-Ecurie Francorchamps
06314	246	GTS Dino 73 Red/Black LHD US
6315GT	275	GTS Paris show car Prototype #3/3 64 Saratoga White/Black
06316	246	GTS Dino 73 Blue Sera then Yellow//Tan Black inserts LHD
6317GT	330	GT 2+2 Series I #316/500 64 Red/Black LHD EU eng. #6317
06318	246	GT Dino 73 Red/Black
6319GT	330	GT 2+2 Series I #317/500 64 Red/Red then Blue/Tan eng. #6319
06320	246	GTS Dino 73 Azzurro Dino/Black Vinyl then Red/Black
6321	250	LM 10/64 Rosso Toreador/Nero (ex)-Ralph Lauren Collection
06322	246	GT? Dino 73
6323GT	330	GT 2+2 Series I #318/500 64 Silver/Black LHD EU
06324	246	GT? Dino 73
6325GT	330	GT 2+2 Series I #319/500 64 Blue/Red then Silver/Red Red top eng. #6325
06326	246	GTS Dino 73 Rosso Chiaro/Beige Vinyl RHD
6327GT	330	GT 2+2 Series I #320/500 64
06328	246	GT Dino 73 Argento Auteil/Black Vinyl RHD UK
6329GT	330	GT 2+2 Series I #321/500 64
06330	246	GT? Dino 73
6331GT	330	GT 2+2 Series I #322/500 Dark Red/Brown LHD EU EU eng. #6331
06332	246	GT Dino 73 Rosso Chiaro/Black Vinyl #161
6333GT	330	GT 2+2 Series I #323/500 Red/Blue eng. #6333 GTO replica Red/Black eng. #7245
06334	246	GTS Dino 73 NART Blue/Tan Leather
6335GT	330	GT 2+2 Series I #324/500 11/64 Rosso Corsa/Black LHD EU
06336	246	GT Dino 73 Argento Auteil/Blue Vinyl
6337GT	330	GT 2+2 Series I #325/500 64 Silver eng. #6337 250 GTO replica
06338	246	GTS Dino 73 Blue Dino Met./Beige Vinyl
6339GT	330	GT 2+2 Series I #326/500 64 eng. #6339
06340	246	GTS Dino 73 dark Red/Black Vinyl

s/n	Type	Comments
6341GT	330	GT 2+2 Series I #327/500 64 Dark Blue/Grey & Azzurro eng. #6341
06342	246	GTS Dino 73 Bianco Polo Park/Black Vinyl then Red/Black RHD UK
6343GT	330	GT 2+2 Series I #328/500 64 Red/Black eng. #6343
06344	246	GT? Dino 73
6345SF	500	Superfast London show car #18/37 10/65 Rosso cina/nero RHD PF job #99597 destroyed in 67
06346	246	GTS Dino 73 Verde Medio Met./Beige Vinyl
6347GT	330	GT 2+2 Series I #329/500 64 White/Black eng. #6347
06348	246	GTS Dino 73 Rosso Chiaro/Black Vinyl RHD
6349GT	330	GT 2+2 Series I #330/500 64
06350	246	GT Dino 73 Rosso Chiaro/Black Vinyl then Red/Black & Red 246GT06350
6351SF	500	Superfast #19/37 11/65 grey met. then Black/Black RHD
06352	246	GT? Dino 73 Black/Black Leather
6353GT	330	GT 2+2 Series I #331/500 64 Dark Blue/Bordeaux eng. #6353
06354	246	GT? Dino 73
6355GT	330	GT 2+2 Series I #332/500 64 Black/Tan eng. #6355
06356	246	GT Dino 73 Rosso Chiaro/Black Vinyl RHD UK
6357	275	GTB #4/449 64 LHD
06358	246	GT Dino 73 Verde Pino Met. then Red/Beige Leather
6359GT	330	GT 2+2 Series I #333/500 64 Dark Grey/Red eng. #6359
06360	246	GTS Dino 73 Red/Black Leather
6361GT	330	GT 2+2 Series I #334/500 64 eng. #6361, body only remaining
06362	246	GT Dino 73 Oro Chiaro Met./Black Vinyl #161 then Red/Black
6363GT	330	GT 2+2 Series I #335/500 64 Azzurro metall-azzato/Black LHD eng. #6363
06364	246	GTS Dino 73 Rosso Chiaro/Black Vinyl
6365GT	330	GT 2+2 Series I #336/500 64 Red/Red eng #6365
06366	246	GT Dino 73 Bianco Polo Park then Red/Black Vinyl
6367GT	330	GT 2+2 Series I #337/500 64
06368	246	GT Dino 73 Rosso Chiaro/Beige Leather
6369GT	330	GT 2+2 Series I #341/500 64
06370	246	GT Dino 73 Rosso Chiaro/Black Vinyl then Red/Black
6371GT	330	GT 2+2 Series I #342/500 64
06372	246	GT Dino 73 Grigio Ferro/Beige Vinyl
6373GT	330	GT 2+2 Series I #343/500 64 Blue/Grey eng. #6363
06374	246	GTS Dino 73 Silver/Black
6375GT	330	GT 2+2 Series I #344/500 64
06376	246	GT? Dino 73 Nocciola Metallic/Tan Leather
6377GT	330	GT 2+2 Series I #345/500 64
06378	246	GT Dino 73
6379GT	330	GT 2+2 Series I #346/500 64
06380	246	GTS Dino 73 Yellow/Black
6381GT	330	GT 2+2 Series I #347/500 64
06382	246	GT Dino 73 Nero/Black Leather
6383GT	330	GT 2+2 Series I #348/500 64
06384	246	GT Dino 73 Red/Black Vinyl LHD EU eng. #06384 ex-Niki Lauda
6385GT	330	GT 2+2 Series I #349/500 64 Blue/Crema eng. #6385
06386	246	GT Dino 73 Red/Tan Vinyl
6387GT	330	GT 2+2 Series I #350/500 64 Red eng. #6387
06388	246	GTS Dino 73 Fly Giallo/Black Leather then Red/Black colour coded (Red) roof RHD UK
6389GT	330	GT 2+2 Series I #351/500 64 Metallic Blue/Tan eng. #6389
06390	246	GTS Dino 73 dark Red/Metallic Tan & Black then Vinyl Red/Grey & Black Leather 246GTS06390 eng. #135C5000010953
6391GT	330	GT 2+2 Series I #352/500 64 eng. #6391 Rear seat replaced with package shelf
06392	246	GT? Dino 73
6393GT	330	GT 2+2 Series I #353/500 White/Black LHD EU eng. #6393
06394	246	GT? Dino 73
6395GT	330	GT 2+2 Series I #354/500 64 White/Black eng. #6395 212 Barchetta Replica Red
06396	246	GT? Dino 73
6397GT	330	GT 2+2 Series I #355/500 64
06398	246	GTS Dino 73 Rosso Chiaro/Black Leather
6399GT	330	GT 2+2 Series I #356/500 64 Yellow/Black LHD EU eng. #6399
06400	246	GT Dino 73 Blue Dino Met./Beige Vinyl then Red/Black RHD
6401GT	330	GT 2+2 Series I #357/500 64 LHD EU
06402	246	GTS Dino 73 Blue Dino Met./Black Vinyl then Red/Black
6403GT	330	GT 2+2 Series I #358/500 64 Red/Tan LHD EU eng. #6403
06404	246	GT Dino 73 Red/Black
6405GT	330	GT 2+2 Series I #359/500 64 Dark Blue/Tan LHD EU eng. #6405
06406	246	GTS Dino 73 Rosso Dino/Red/Black Vinyl
6407GT	330	GT 2+2 Series I #360/500 64 bianco LHD US
06408	246	GT Dino 73 Rosso Chiaro/Black Vinyl
6409GT	330	GT 2+2 Series I #361/500 64 LHD US
06410	246	GT? Dino 73
6411GT	330	GT 2+2 Series I #362/500 64 Red/Black then Black/tan LHD US parted out
06412	246	GT Dino 73 Fly Giallo/Black Vinyl
6413GT	330	GT 2+2 Series I #363/500 64 Silver/Black then Black/Tan LHD US eng. #6413 eng. replaced
06414	246	GT Dino 73 dark Red/Beige Vinyl
6415GT	330	GT 2+2 Series I #364/500 64 Red/Black then Azzurro/Black LHD US eng. #6415
06416	246	GT? Dino 73
6417GT	275	GTS first production car Earls Court Motor Show car #4/200 64 Pino Verde then Red/Black RHD UK #1 RHD
06418	246	GTS Dino 73 Red/Black
6419GT	330	GT 2+2 Series I #365/500 64 Burgundy/Burgundy eng. #6419
06420	246	GTS Dino 73 Red/Tan
6421GT	330	GT 2+2 Series I #366/500 64
06422	246	GTS Dino 73 Fly Giallo/Black then Red/Black
6423GT	330	GT 2+2 Series I #367/500 64 LHD EU
06424	246	GTS Dino 6/73 Fly Giallo/Black colour coded roof LHD US
6425GT	330	GT 2+2 Series I #368/500 64 Dark Blue/Crema then Dark Red eng. #6425
06426	246	GTS Dino 73 Fly Giallo/Tan & Black
6427GT	330	GT 2+2 Series I #369/500 64 Yellow/Brown LHD US eng. #6427
06428	246	GTS Dino 73 Fly Giallo/Tan & Black Leather Daytona Seats
6429GT	330	GT 2+2 Series I #390/500 64 LHD US
06430	246	GTS Dino 7/73 Fly Giallo/Tan then Red/Tan & Black Leather Daytona Seats
6431GT	275	GTC #1/600 330 GTC Prototype 64 Rosso Cina PF job #99607 ex-Enzo Ferrari
06432	246	GTS Dino 73 silver/Black Chairs & flares LHD US
6433GT	330	GT 2+2 Series I #391/500 LHD US eng. #6433 chassis only remaining GTO Replica
06434	246	GTS Dino 73 Silver/Black Daytona Seats Campagnolo wheels, chairs LHD US
6435GT	330	GT 2+2 Series I #372/500 Silver/Black LHD US eng. #6435

s/n	Type	Comments
06436	246	GTS Dino 73 Brown met./Tan
6437	275	GTB Pinninfarina Speciale Paris show car #2/449 64 LHD ex-Battista Farina
06438	246	GTS Dino 73 Red/Tan
6439GT	330	GT 2+2 Series I #373/500 64 LHD US eng. #6439
06440	246	GTS Dino 73 Fly Giallo/Black & tan Chairs & flares then Rosso Corsa/Black Leather LHD US
6441GT	330	GT 2+2 Series I #374/500 64 LHD US
6442	246	GTS Dino 73 Red/Black Leather
6443GT	330	GT 2+2 Series I #375/500 64 Red/Tan LHD US eng. #6443
06444	246	GT? Dino 73
6445GT	330	GT 2+2 Series I #376/500 64 LHD EU
6446	246	GTS Dino 73 Rosso Chiaro/Tan Leather LHD US
6447GT	330	GT 2+2 Series I #377/500 64 LHD EU
06448	246	GTS Dino 73 Oro met./Tan then Red/Tan Leather
6449	275	GTB Paris show car #3/449 LHD EU
06450	246	GTS Dino 73 Bronze Met./Beige Leather
6451GT	330	GT 2+2 Series I #378/500 64 LHD EU
6452	246	GTS Dino 7/73 Black/Red
6453GT	330	GT 2+2 Series I Turin Salon car #379/500 64 LHD EU ex-Enzo Ferrari
06454	246	GTS Dino 73 Dark Red then Yellow/Tan & Black Leather LHD
6455GT	330	GT 2+2 Series I #413/500 64 LHD EU Rear seat replaced with luggage shelf
06456	246	GTS Dino 73 Grey met./Black Leather then Red/Black Leather
6457	275	GTB
06458	246	GTS Dino 73 Silver/Black
6459GT	330	GT 2+2 Series I #381/500 64 Red/Black LHD US eng. #6459 Testarossa Replica, no true copy
06460	246	GTS Dino 73 Copper Met. then Red/Tan Leather
6461GT	275	GTS #5/200 64 Red/Black/Black soft top LHD eng. #6461
6462	246	GTS Dino 73 Red/Tan & Black Daytona Seats LHD
6463GT	330	GT 2+2 Series I #382/500 64 LHD EU 330 GTO Replica by Allegretti Rosso Corsa/Black eng. #6463
06464	246	GT? Dino 73
6465GT	330	GT 2+2 Series I #383/500 64 LHD EU
06466	246	GTS Dino 73 Rosso/tan then Yellow/Black LHD
6467GT	330	GT 2+2 Series I #384/500 64 Met. Blue/Beige then Red int. LHD EU eng. #6467
06468	246	GTS Dino 73 Rosso Chiaro/Black Leather then Black/Black then Red/Black & Red Inserts LHD US Campagnolo wheels Ansa exhaust
6469GT	330	GT 2+2 Series I #385/500 64 Red/Black LHD EU eng. #6469
06470	246	GTS Dino 73 Verde Del Rio Met./Beige & Black Daytona Seats LHD
6471	275	GTB #7/449 64 LHD EU
06472	246	GTS Dino 73 Blue Met. then Red/Tan Leather
6473GT	330	GT 2+2 Series I #386/500 64 Silver then Red/Red LHD US eng. #6473
06474	246	GTS Dino 73 Silver/Black Leather
6475GT	330	GT 2+2 Series I #387/500 64
06476	246	GTS Dino 73
6477GT	330	GT 2+2 Series I #370/500 64 RHD UK eng. #6477 330 GTO Replica
06478	246	GTS Dino 73 Rosso Dino/Black then Silver/dark Red Leather
6479GT	330	GT 2+2 Series I #388/500 64 Silver/Black then Red/Black LHD EU eng. #6479
06480	246	GTS Dino 73 Azzurro Dino/Beige Leather
6481GT	330	GT 2+2 Series I #389/500 64 LHD EU eng. #6481 TR/59 Replica
06482	246	GTS Dino 73 Azzurro Met./Black LHD EU
6483GT	330	GT 2+2 Series I #392/500 64 Black/Red then White/Black LHD US Rebuilt engine
06484	246	GT? Dino 73
6485GT	330	GT 2+2 Series I #393/500 64 LHD US
06486	246	GT? Dino 73
6487GT	330	GT 2+2 Series I #394/500 64 Met. Red LHD US eng. #6487 parted out, probably used for a Replica
06488	246	GTS Dino 73 Red/Black Leather
6489GT	275	GTB #12/449 64 LHD US
06490	246	GTS Dino 73 Dark Green/Tan
6491GT	330	GT 2+2 Series I #420/500 64 LHD EU eng. #6491
06492	246	GT? Dino 73
6493GT	330	GT 2+2 Series I #421/500 64 LHD EU
06494	246	GT? Dino 73
6495GT	330	GT 2+2 Series I #422/500 64 LHD EU
06496	246	GTS Dino 73 Red
6497GT	330	GT 2+2 Series I #398/500 64 Dark met. bronze/Tan then Red/Crema LHD US eng. #6497, engine rebuild
06498	246	GTS Dino 73 Red/Tan Leather
6499GT	330	GT 2+2 Series I #399/500 64 Gold then Red/Black eng.#6499 eng. (temp.?) in #3661
06500	246	GTS Dino 73 Blue Chiaro Met./Beige Vinyl then Red/White Leather RHD UK
6501	330	GT 2+2 Series I London Show car #338/500 64 RHD UK eng. #6501 #30st RHD
06502	246	GT Dino 73 Rosso Chiaro/Black Vinyl
6503GT	330	GT 2+2 Series I #340/500 64 Blue RHD UK eng. #6503 #32nd RHD
06504	246	GT Dino 73 Red/Black Vinyl
6505GT	275	GTB Torino Show Car #10/449 65 Red
06506	246	GT Dino 73 Red then Viloa Met./Tan LHD EU
6507GT	275	GTB #11/449 64 dark Blue ex-W. Mairesse
06508	246	GTS Dino 73 Argento Auteil/Blue
6509GT	330	GT 2+2 Series I #400/500 Black then Red/Black LHD US eng. #6509
06510	246	GT Dino 73 Blue Sera/Tan Leather
6511GT	330	GT 2+2 Series I #401/500 64 LHD eng. #6511
06512	246	GT Dino 73 Rosso Chiaro then Red then Silver/Black Vinyl
6513GT	330	GT 2+2 Series I #402/500 64 Red/Black then Tan int. LHD US eng. #6513 Rebodied as 212 Barchetta
06514	246	GT Dino 73 Argento Auteil/Black Vinyl
6515GT	330	GT 2+2 Series I #403/500 64 Red/Tan eng. #6515 Rebodied as 212 MM Barchetta
06516	246	GTS Dino 73 dark Red/Beige Leather then Yellow
6517GT	275	GTB #9/449 64 LHD EU
06518	246	GT Dino 73 Rosso Chiaro/Black Vinyl #161 then Red/Black LHD EU
6519	330	GT 2+2 Series I #371/500 Dark Red RHD UK eng. #6519 #34th RHD probably a GTO Replica
06520	246	GTS Dino 73 Nero/Red Leather then Red/Black Leather
6521GT	275	GTB London Show Car 64 Rossa/Nero RHD #1/40 RHD
06522	246	GT? Dino 73
6523GT	330	GT 2+2 Series I #404/500 64 Oro met./Tan then Silver then Red/Black L HD US eng. #6523
06524	246	GT Dino 73 Bianco Polo Park/Black Vinyl
6525GT	330	GT 2+2 Series I #405/500 LHD US
06526	246	GT Dino 73
6527GT	275	GTB Geneva & Earls Court Show Car #5/449 64 Azzurro Met./Dark Blue RHD
06528	246	GTS Dino 73 Rosso Colorado/Beige Vinyl
6529GT	275	GTB #5/449 1/65 LHD EU 6 carb
06530	246	GT Dino 73
6531GT	330	GT 2+2 Series I #406/500 64 Red/Black LHD US
06532	246	GTS Dino 73 Fly Giallo/Black Leather
6533GT	330	GT 2+2 Series I GTO Replica

s/n	Type	Comments
06534	246	GTS Dino 73 Rosso Chiaro/Black Vinyl then Red/Black RHD UK covered headlights
6535GT	330	GT 2+2 Series I #407/500 64 LHD US
06536	246	GT Dino 73 Giallo Dino/Red Leather
6537GT	330	GT 2+2 Series I #424/500 64 Dark Blue then Rosso Rubino/Beige LHD US modified nose covered headlights 4 headlights ex- John Mecam
06538	246	GTS Dino 73 Argento Auteil/Black Vinyl
6539GT	330	GT 2+2 Series I #425/500 64 pale Blue then Silver/Blue then Red/Tan then Black/tan LHD US
06540	246	GT Dino 73 Azzurro Met./Black Leather RHD UK
6541GT	330	GT 2+2 Series I #411/500 65 LHD EU
06542	246	GT? Dino 73
6543GT	275	GTB 65
06544	246	GT Dino 73 Azzurro Met./Blue Vinyl then Red/Tan
6545GT	330	GT 2+2 Series I #412/500 65 LHD EU
06546	246	GTS Dino 73 Azzurro Met./Beige Leather then Black/tan LHD EU
6547GT	330	GT 2+2 Series I #414/500 65 Red/Black LHD US
06548	246	GT? Dino 73
6549GT	330	GT 2+2 Series I #415/500 65 Red/Black LHD US
06550	246	GT Dino 73 Silver
6551GT	330	GT 2+2 Series I #416/500 65 Rosso Dino/Black LHD US
06552	246	GTS Dino 73 Silver/Black
6553GT	330	GT 2+2 Series I #417/500 65 LHD US GTO Replica
06554	246	GTB Dino Series E 73 Giallo Senape/Black Vinyl #161 then Red/Black LHD
6555 GT	330	GT 2+2 Series I #418/500 65 LHD US 250 GT California Spider SWB Replica by Terry Hoyle Red/Black then dark Blue silver hardtop eng. #4369
06556	246	GT Dino 73 Fly Giallo/Black Vinyl
6557GT	275	GTB 65 grey met. then Red/Black 6 carb ex-Recordati
06558	246	GTS Dino 73 Rosso Chiaro/Black Vinyl RHD eng. #6558
6559GT	330	GT 2+2 Series I #419/500 65 LHD EU engine only remaining?
06560	246	GT? Dino 73
6561GT	330	GT 2+2 Series I #426/500 65 Red/Tan then Black interior LHD US eng. #6561
06562	246	GT? Dino 73
6563GT	275	GTB 65
06564	246	GTS Dino 73 Fly Giallo/Black Vinyl
6565GT	330	GT 2+2 Series I #427/500 65 LHD US
06566	246	GT Dino 73 Grey
6567GT	330	GT 2+2 Series I #428/500 65 LHD US
06568	246	GT Dino 73 dark Red Met./Black Vinyl
6569GT	275	GTB 65
06570	246	GT Dino 73 Red/Black & Grey Yellow Wheels
6571GT	330	GT 2+2 Series I #429/500 65 LHD EU eng. in a 250 TR Replica by Garnier
06572	246	GT? Dino 73
6573GT	330	GT 2+2 Series I #436/500 2/64 Ivory/Bordeaux LHD US
06574	246	GT Dino 73 Argento Auteil/Black Vinyl 246GT06574
6575GT	275	GTB 65
06576	246	GTS Dino 73 Rosso Chiaro/Black Vinyl then Silver then Red/Black RHD UK 246GT06576 eng. #135CS0000001344
6577GT	275	GTB/2 6C 65 Red/Black LHD Alloy
06578	246	GT Dino 73 Rosso Chairo/Black Vinyl
6579GT	330	GT 2+2 Series I #431/500 65 probably a GTO replica
06580	246	GT Dino 73 Blu Scuro/Tan then Red/Black Leather EU
6581GT	330	GT 2+2 Series I #432/500 LHD EU
06582	246	GTS Dino 73 Dark Red 246GTS06582 eng. #135C5000006582
6583GT	330	GT 2+2 Series I #433/500 65 LHD EU
06584	246	GTS Dino 73 Rosso Rubino/Black Vinyl #161
6585GT	275	GTB 65 Red/Tan LHD eng. #6585
06586	246	GTS Dino 73 Yellow/Black Vinyl
6587GT	275	GTB 65
06588	246	GT Dino 73 Red/Black then Tan int.
6589GT	275	GTB 65 Red/Black eng. #7591, short nose Yellow then Red
06590	246	GTS Dino 73 Bianco Polo Park/Black Leather
6591GT	330	GT 2+2 Series I #380/500 65 Dark Red RHD eng. #6591 #35th RHD
06592	246	GT Dino 73 Red/Tan
65934T	330	GT 2+2 Series I #434/500 6¥5 LHD EU
06594	246	GT Dino 73 Rosso Chiaro/Black Vinyl RHD UK
6595GT	330	GT 2+2 Series I #395/500 65 RHD UK #36th RHD
06596	246	GT? Dino 73
6597GT	330	GT 2+2 Series I #396/500 65 RHD UK #37th RHD
06598	246	GTS Dino 73 Fly Giallo/Black Vinyl
6599GT	275	GTB 64 Silver/Blue cloth RHD eng. #6599
06600	246	GTS Dino 73Red
6601GT	275	GTB 65 Grigio Fume/Black
06602	246	GTS Dino 73 Yellow/Black RHD UK
6603GT	275	GTB 65 Red/Tan Short nose
06604	246	GTS Dino 73 Rosso Chiaro/Black Vinyl
6605SF	500	Superfast #20/37 65 silver/Blue LHD PF job #99602 ex-Shah of Persia
06606	246	GTS Dino 73 White/Blue then Black Leather
6607GT	330	GT 2+2 Series I #397/500 65 RHD UK #38th RHD
06608	246	GT Dino 73 Red/Black
6609GT	275	GTB 65 RHD
06610	246	GT? Dino 73 Rosso
6611GT	275	GTB 65 Rosso Rubino/Black
06612	246	GT Dino 73 Blue Met./Beige Leather then Red/Tan RHD UK
6613GT	330	GT 2+2 Series I Chicago Auto Show Car #435/500 65 LHD US
06614	246	GT Dino 73 Red/Tan
6615SF	500	Superfast #21/37 9/65 blu chiaro/naturale then dark Blue/Red PF job #99603
06616	246	GT? Dino 73
6617GT	275	GTB 65 Red/Tan
06618	246	GT? Dino 73 Fly Giallo/Black Vinyl #161
6619GT	275	GTB 65 Yellow/Black
06620	246	GT Dino 73
6621GT	275	GTB 65
06622	246	GTS Dino 73 dark Red Met./Beige Vinyl
6623GT	330	GT 2+2 Series I #437/500 65 silver/Black LHD US
06624	246	GT Dino 73 Gold/Tan
6625GT	330	GT 2+2 Series I Brussels Auto Show Car #438/500 65 Oro Chiaro/Beige LHD EU eng. #5921
06626	246	GT Dino 73 Rosso Chiaro/Black Vinyl #161 Jacques Swaters Fondation
6627GT	330	GT 2+2 Series I #439/500 65 LHD EU parted out
06628	246	GTS Dino 73 Fly Giallo/Black
6629GT	275	GTB 65
06630	246	GT Dino 73 Red
6631GT	275	GTB 65
06632	246	GT? Dino 73
6633GT	330	GT 2+2 Series I #440/500 65 LHD US
06634	246	GT Dino 73 Red
6635GT	330	GT 2+2 Series I #441/500 65 Dark Red/Black LHD EU

s/n	Type	Comments
06636	246	GT? Dino 73
6637GT	330	GT 2+2 Series I #442/500 65
06638	246	GT Dino 73 Verde Pino/Tan LHD EU
6639GT	275	GTB 65 Rosso Corsa/Brown & Beige LHD
06640	246	GT Dino 73 silver then Yellow/Black Vinyl #161
6641GT	330	GT 2+2 Series I #443/500 65 Black/Tan LHD US
06642	246	GT Dino 73 Argento Auteil then Red/Black Vinyl RHD UK
6643GT	275	GTB 65
06644	246	GT Dino 73 Brown Met./Tan then giallo/nero
6645GT	275	GTB 65 Fly Giallo/Black
06646	246	GT Dino 73 Fly Giallo/Black Leather
6647GT	330	GT 2+2 Series I #444/500 65 LHD EU
06648	246	GT Dino 73 Azzurro Metallic then Red/Black Vinyl
6649GT	330	GT 2+2 Series I #445/500 Maroon/Black LHD US
06650	246	GT Dino 73 Rosso Dino
6651GT	275	GTB #36 65 Red/Tan eng. #06651 short nose 6 carb. converted
06652	246	GT? Dino 73
6653GT	275	GTB 65 Red/Tan LHD shortnose
06654	246	GTS Dino 73 Blue Chiaro Met. then Red/Beige Leather
6655GT	275	GTB 65 Red/Black
06656	246	GTS Dino 73 Rosso Chiaro/Black Vinyl then Tan RHD UK
6657GT	330	GT 2+2 Series I #446/500 Blue LHD EU
06658	246	GT? Dino 73 Grigio
6659SF	500	Superfast #22/37 9/65 grey met./Red RHD UK eng. #6659
06660	246	GT Dino 73 Rosso Chiaro/Black Vinyl RHD UK
6661SF	500	Superfast #23/37 6/65 Mid Blue met./beige RHD UK PF job #99599
06662	246	GT Dino 73 Rosso Chiaro/Black Leather
6663GT	275	GTB 65
06664	246	GTS Dino 73 Azzurro Met./Beige Vinyl then Red/Tan Leather
6665GT	275	GTB 65 6 carb
06666	246	GT Dino 73 Red/Black Leather
6667GT	330	GT 2+2 Series I #447/500 65 Silver LHD EU
06668	246	GT? Dino 73
6669GT	275	GTB 65
06670	246	GT Dino 73 Blue Chiaro Met./Black Vinyl #161
6671GT	275	GTB 65
06672	246	GT Dino 73 Red
6673SF	500	Superfast #24/37 7/65 blu/naturale then Rosso Rubino/tan RHD UK PF job #99600 luggage shelf instead of rear seats
06674	246	GT Dino 73 dark Red Met./Black & Red Cloth
6675GT	330	GT 2+2 Series I #408/500 65 Blue/Blue RHD UK #39th RHD
06676	246	GTS Dino 73 Rosso Chiaro/Black Vinyl
6677GT	275	GTB 65 RHD 6 carb
06678	246	GT? Dino 73
6679SF	500	Superfast Series I #25/37 65 Nocciola/naturale RHD UK PF job #99608 ex-Peter Sellers
06680	246	GTS Dino 73 Rosso Dino/Tan Leather
6681GT	275	GTB 65 Red/Black Shortnose 2 Cam
06682	246	GTS Dino 73 Bianco Polo Park/Black Leather
6683GT	275	GTB 65 RHD
06684	246	GT Dino 73 Bianco/Polo Park Black Vinyl then Red/Black RHD UK
6685GT	330	GT 2+2 Series I #448/500 Red LHD US
06686	246	GT? Dino 73
6687GT	330	GT 2+2 Series I #451/500 65 LHD US
06688	246	GT? Dino 73
6689GT	330	GT 2+2 Series I #449/500 65 Red/Black LHD EU 330 GTO-Replica by Allegretti Red/Blue eng. #9541
06690	246	GT Dino 73 Red/Tan RHD UK 246GT06690 eng. #135CS000006690
6691GT	275	GTB 65 Red/Beige then Black int. LHD Short nose
06692	246	GTB Dino Series E 73 Blu Sera Met./Tan Leather then Yellow/tan then Black int.LHD eng. #06692
6693GT	275	GTB 65 Red Short nose then Long nose then Short nose
06694	246	GTS Dino 73 Bianco Polo Park/Black Vinyl
6695GT	275	GTB/2 65 Red/Black
06696	246	GT? Dino 73
6697GT	330	GT 2+2 Series I #409/500 65 Blue/Black RHD UK #40th RHD
06698	246	GTS Dino 73 Nocciola Met./Black Leather
6699GT	330	GT 2+2 Series I #450/500 LHD US
06700	246	GT Dino 73 White/Black Vinyl
6701GT	275	GTB/C Speciale "Le Mans Speciale" #1/4 11/64 Red then Gunmetal Grey light grey stripe LHD Alloy body
06702	246	GTS Dino 73 Red/Black RHD
6703GT	275	GTB 65 Red/Black eng. #6703 short nose sunroof
06704	246	GT Dino 73
6705GT	275	GTB 65 Rosso/nero LHD short nose
06706	246	GT Dino 73 Red/Black Red Inserts RHD
6707GT	275	GTB 65 Red short nose
06708	246	GTS Dino 73 Rosso Chiaro/Black Vinyl then Black Leather RHD
6709GT	275	GTB 65
06710	246	GTS Dino 73 Azzurro Met./Black Vinyl
6711GT	275	GTB 65 Steel, 3 carb, short nose
06712	246	GT Dino 73 Blue Sera/Tan then Red/Black Leather
6713GT	330	GT 2+2 Series I #452/500 65 LHD EU 330 GTO Replica Red/Black RHD
06714	246	GTS Dino 73 Green Met./Black then Red/Tan Leather Yellow headlights
6715GT	275	GTB 65 Red/Black Alloy 3 carb
06716	246	GTS Dino 73 Rosso Chiaro/Black Vinyl then Argento Grigio/Dark Red RHD UK
6717GT	275	GTB 65
06718	246	GT Dino 73 Rosso Dino/Black then Blue Dino Metallizzato/Black
6719GT	275	GTB 65 Red/Black RHD
06720	246	GT? Dino 73
6721GT	275	GTB 65 Yellow/Black LHD Steel 3 carb short nose
06722	246	GT? Dino 73
6723GT	275	GTB/6 C 65 Blue Scuro/Red RHD, short nose
06724	246	GT Dino 73 Blue Dino Met./Beige Leather
6725GT	275	GTB 65 Silver/Red Steel 3 carb
06726	246	GT? Dino 73
6727GT	330	GT 2+2 Series I #410/500 65 RHD UK #41st RHD
06728	246	GTS Dino 73 Fly Giallo/Black Leather
6729GT	330	GT 2+2 Series I #453/500 65 Gold LHD EU
06730	246	GTS Dino 73 Grey Met./Black Leather
6731GT	275	GTB 65 Steel 6 carb
06732	246	GT? Dino 73
6733GT	275	GTB 65
06734	246	GTS Dino 73 Fly Giallo/Black Vinyl RHD UK
6735GT	330	GT 2+2 Series I #454/500 65 LHD EU
06736	246	GT Dino 73
6737GT	330	GT 2+2 Series I #455/500 65 LHD EU GTO Replica
06738	246	GTS Dino 73 Red/Black Leather
6739GT	330	GT 2+2 Series I #430/500 Dark Green/Black RHD UK #42nd RHD
06740	246	GT Dino 73 Fly Giallo/Black Leather
6741GT	275	GTB 65 Red/Black LHD Steel 3 carb short nose
06742	246	GTS Dino 73 dark Red Met./Beige Vinyl
6743GT	330	GT 2+2 Series I #456/500 65 Met. green/Tan then Red/Red LHD EU

s/n	Type	Comments
06744	246	GT Dino 73 Fly Giallo/Black Vinyl Black carpets RHD UK Engine #06744
6745GT	330	GT 2+2 Series I #457/500 65 Red/Black LHD EU
06746	246	GT? Dino 73
6747GT	330	GT 2+2 Series I Series II body #458/500 65 RHD UK eng. #7709 #43rd RHD
06748	246	GT Dino 73 Celeste Met./Black Leather Competizione conversion Red Blue & Yellow stripe/Black LHD Blue wheels
6749GT	275	GTB 65 Black/Black Steel 3 carb
06750	246	GT? Dino 73
6751GT	275	GTB 65 Red then Silver then Red/Black LHD US Steel 3 carb short nose
06752	246	GTS Dino 73 Rosso Dino/Black Vinyl
6753GT	330	GT 2+2 Series I #459/500 65 LHD
06754	246	GT Dino 73 Red/Tan
6755GT	330	GT 2+2 Series I #460/500 65 Red/Black LHD US, rebuilt engine
06756	246	GTS Dino Series E 73 Black then Rosso Corsa colour coded roof/Black
6757GT	330	GT 2+2 Series I #461/500 65 LHD EU
06758	246	GTS Dino 73 Viola Dino Met. then Rosso/Black Leather
6759GT	330	GT 2+2 Series I #462/500 65 LHD EU
06760	246	GTS Dino 73 White then Red then White/Black then Rosso Dino/Grey Cloth on aftermarket seats
6761GT	275	GTB/C 65 Red/Tan then Black int. LHD EU 3 carb short nose
06762	246	GTS Dino 73 Brown Met. then dark Red Met. then Anthrazite met./tan
6763GT	330	GT 2+2 Series I #464/500 65 Red LHD EU eng. #6763, converted to RHD
06764	246	GTS Dino 73 Red
6765GT	275	GTB 65 Red/Black LHD EU 3 carb short nose
06766	246	GT Dino 73 Rosso Chiaro/Black Vinyl
6767GT	330	GT 2+2 Series I Geneva Show Car #456/500 65 Grigio Notte 20266A Italver/Black LHD EU eng. #6767GT 969
06768	246	GTS Dino 73 Rosso Dino/Tan Leather then Rosso Corsa/Black Leather
6769GT	330	GT 2+2 Series I #467/500 65 Rosso Rubino/Black VM8500 RHD UK #44th RHD
06770	246	GT Dino 73 Rosso Chiaro/Black Vinyl
6771GT	330	GT 2+2 Series I #463/500 65 non-met. dark grey/Black LHD EU eng. #6771
06772	246	GTS Dino 73 Fly Giallo then Red/Black Vinyl RHD UK
6773GT	275	GTB 65 Steel 3 carb
06774	246	GTS Dino 73 dark Red Met./Beige Leather
6775GT	330	GT 2+2 Series I #466/500 65 LHD US
06776	246	GT Dino 73 Dark Blue
6777GT	330	GT 2+2 Series I #468/500 65 Met. Blue/grey RHD UK #45th RHD
06778	246	GTS Dino 73 Rosso Chiaro/Black Leather then Red/Tan Nero carpets RHD UK eng. #03986
6779GT	275	GTB 65 LHD 6 carb short nose
06780	246	GT? Dino 73
6781GT	330	GT 2+2 Series I #469/500 65 Azzurro Blue/Blue RHD UK eng. #6781 #46th RHD ex-John Lennon
06782	246	GT Dino 73 Red
6783GT	330	GT 2+2 Series I #470/500 65 Red RHD UK eng. #6783 #47th RHD
06784	246	GT Dino 73
6785GT	275	GTB 65 Red/Black LHD 6 carb short nose ex-Pierre Sudan
06786	246	GT? Dino 73 Rosso Colorado then Met. Bronze then dark Red/Beige Vinyl
6787GT	275	GTB 65 Steel 3 carb
06788	246	GT Dino 73 Fly Giallo/Black Leather
6789GT	275	GTB 65 Yellow then Nero/Nero LHD US Short nose 3 carb converted to 6 carb
06790	246	GT Dino 73 Fly Giallo/Black Vinyl
6791GT	275	GTB 65 Red Steel 3 carb
06792	246	GT? Dino 73
6793GT	330	GT 2+2 Series I #471/500 65 LHD US
06794	246	GTS Dino 73
6795GT	330	GT 2+2 Series I #472/500 65 LHD EU 212 Barchetta Replica Red/Beige
06796	246	GT? Dino 73
6797GT	330	GT 2+2 Series I #473/500 65 LHD EU
06798	246	GT? Dino 73
6799GT	330	GT 2+2 Series I #474/500 65 LHD US
06800	246	GT Dino Rosso Chiaro/Black Leather then Red/Black Vinyl 246GT06800 eng. #135CS000011225
6801GT	330	GT 2+2 65 EU eng. in #7507
06802	246	GTB Dino Series E 73 Blue Scuro/Beige Vinyl then Rosso chiaro/tan Leather RHD
6803GT	330	GT 2+2 65
06804	246	GTS Dino 73 Bianco Polo Park/Black Vinyl
6805GT	275	GTS Brussels show car #6/200 65 Red/Black LHD
06806	246	GTS Dino 73 Blue Dino 20-A-357/Black Vinyl 161 then Grey met./Black then Rosso Barchetta/dark Blue leather LHD
6807GT	275	GTS #7/200 65 Yellow/Black LHD US
06808	246	GT Dino 73 Giallo then Crema/Crema RHD AUS
6809	275	GTS #8/200 65 Red/Black LHD EU
06810	246	GT Dino Series E 73 dark Red/Beige Leather then Black & Tan Vinyl RHD UK 246GT06810 eng. #135CS0000011197
6811GT	330	GT 2+2 Series I 65 Blue/Tan Rebuilt engine
06812	246	GT Dino 73 Argento Auteil/Black Vinyl then Red/Black Velour
6813GT	330	GT 2+2 Series I 65 eng. #6813
06814	246	GT Dino 73 White then Red RHD AUS
6815GT	330	GT 2+2 Series I 65
06816	246	GT? Dino 73
6817GT	275	GTS #9/200 65 Red/Black LHD
06818	246	GT? Dino 73
6819GT	275	GTS #10/200 65 Red/Black LHD
06820	246	GT? Dino 73
6821GT	330	GT 2+2 Series I 65 LHD EU
06822	246	GTS Dino 73 Giallo Dino then Silver then Blue then Yellow/Black Vinyl LHD
6823GT	330	GT 2+2 Series I 65 Dark Red/Black LHD US eng. #6823
06824	246	GT? Dino 73
6825GT	330	GT 2+2 Series I 65 LHD EU
06826	246	GTS Dino 73 SilverBlack & Red Daytona Seats Black carpeting LU
6827GT	275	GTB/2 65 Oro met. LHD short nose ex-Michel Lepeltier Collection
06828	246	GTS Dino 73 Verde GermoglioBlack Vinyl #161 then Red/Black LHD
6829GT	330	GT 2+2 Series I 65
06830	246	GTS Dino Series E 73 Argento/Black LHD
6831GT	275	GTB
06832	246	GT Dino 9/73 White then Red/Black Vinyl 246GT06832
6833GT	330	GT 2+2 Series I 65 Red/Tan eng. #6833
06834	246	GT Dino 73 Dark metallic brown/tan RHD UK 246GT06834
6835GT	330	GT 2+2 Series I 65 LHD EU
06836	246	GT Dino Series E 73 Fly Giallo/Black Vinyl RHD UK
6837GT	330	GT 2+2 Series I 65 White/Tan LHD US eng. #6837
06838	246	GT Dino 73 Azzurro Met/Blue Leather
6839GT	275	GTB 65
06840	246	GTS Dino 73 Argento Auteil/Blue Leather

s/n	Type	Comments
6841GT	275	GTB 65 Fly Giallo/Black LHD EU short nose eng. #6841, seperated later
06842	246	GT? Dino 73
6843GT	330	GT 2+2 Series I 65 LHD EU
06844	246	GT Dino 73
6845GT	330	GT 2+2 Series I 65 Yellow LHD EU eng. #6845
06846	246	GT? Dino 73
6847GT	330	GT 2+2 Series I 65 LHD EU rear seats replaced with Luggage shelf
06848	246	GTS Dino 73 White then Blue Chiaro/Black Vinyl RHD
6849GT	330	GT 2+2 Series I 65 eng. #6849
06850	246	GTS Dino 73 Blue Chiaro Met./Black Vinyl
6851GT	330	GT 2+2 Series I 65 Red/Black LHD EU eng. #6851
06852	246	GT? Dino 73
6853GT	275	GTS #11/200 65 Black/Beige LHD
06854	246	GT Dino 73 Blue Met. Dino/Black & Blue Cloth then Red 246GT06854 eng. #135CS000011260
6855GT	275	GTS #12/200 65 Rosso Corsa/tan LHD US
06856	246	GT? Dino 73
6857GT	330	GT 2+2 Series I 65 LHD EU eng. #6857
06858	246	GT? Dino 73
6859GT	330	GT 2+2 Series I Red/Dark Red LHD EU eng. #6859
06860	246	GTS Dino 73 Red/Tan 246GTS06860 eng. #135C500006860
6861GT	330	GT 2+2 Series I 65 Azzurro/Red LHD EU eng. #6861
06862	246	GTS Dino 73 Red/Black
6863GT	330	GT 2+2 Series I 65 LHD EU
06864	246	GT Dino 73 Rosso Chiaro/Black Vinyl eng. #06864
6865GT	275	GTS #13/200 65 Red/Black Black top LHD eng. #6865
06866	246	GT Dino 73 Rosso Dino/tan & Black Daytona Seats RHD UK
6867GT	275	GTS #14?/200 65 Verde Pino/Black then Red/Tan LHD EU, auctioned by Bonham 's as #13/200
06868	246	GTS Dino 73
6869GT	330	GT 2+2 Series I 65
06870	246	GT Dino 73 Nocciola Met then Black/Black Leather 246GT06870 eng. #135CS000011280
6871GT	330	GT 2+2 Series I 65 Silver Grey/Black LHD EU eng. #6871
06872	246	GT Dino 73 Fly Giallo/Black Vinyl 246GT06872 eng. #135CS00000
6873GT	330	GT 2+2 Series I 65 Red/Black LHD EU eng. #6873, 330/P2 Replica Red
06874	246	GT Dino 73 Grigio Ferro Met./Red Leather
6875GT	330	GT 2+2 Series I 65 Red then Silver/Black RHD UK eng. #6875
06876	246	GTS Dino 73 Viola Met. then Red/Black
6877	275	GTS #15/200 65 Rosso/Black Cloth then Verde Scuro/Beige
06878	246	GTS Dino 73 Rosso dark Red/Nero Vinyl #161 then Red/Tan headlight covers LHD, EU
6879GT	330	GT 2+2 Series I 65 dark grey/Black RHD eng. #6879, eng. modified ex-Jimmy Stewart, brother of Jackie
06880	246	GTS Dino 73 Silver then Red/Black Vinyl
6881GT	275	GTB 65 Red then Silver/Black LHD 6 carb
06882	246	GTS Dino 73 Rosso Corsa/Black then Grigio/Nero LHD
6883GT	330	GT 2+2 Series I 65 Blue Sera/Grey RHD UK eng. #6883
06884	246	GTS Dino 73 azzurro metallizzato/Black vinyl then Red/Tan Leather LHD EU 1830 - 1833
6885GT	275	GTB Competzione Speciale #2/4 65 Yellow/Black LHD EU Alloy
06886	246	GT Dino 73 Crimson Met. thenDark Red/Tan RHD UK 246GT06886 eng. #135CS00006886
6887GT	275	GTB 65
06888	246	GT? Dino 73
6889GT	275	GTS #16/200 65 silver/Red then Red then Yellow/Black then White/Red LHD EU eng. #6889
06890	246	GTS Dino 73 Nuovo Giallo Fly/Nero Vinyl RHD UK
6891GT	275	GTB 65
06892	246	GTS Dino 73 Rosso Chiaro/Black Leather
6893GT	275	GTB 65 Short Nose
06894	246	GTS Dino 73 Red/Black Vinyl colour coded roof LHD EU
6895GT	275	GTB 65 Red/Black sport seats LHD
06896	246	GTS Dino 73 Red/Black Leather
6897GT	275	GTB 65
06898	246	GTS Dino 73 Met.Blue then Black/Black Leather EU
6899GT	275	GTB 65
06900	246	GT Dino 11/73 Oro Chiaro then Blue Chiaro/tan Leather RHD eng. #06900
6901GT	275	GTB 65 RHD
06902	246	GT Dino 73 Silver
6903GT	275	GTB 65
06904	246	GTS Dino 73 Rosso Dino then Yellow/Black
6905GT	275	GTB 65 Alloy
06906	246	GTS Dino 74 Blue/Black then Red/Tan & Black Velvet Daytona Seats LHD EU Heavily modified body
6907GT	275	GTB 65
06908	246	GTS Dino Series E 73 Rosso Dino/Black Vinyl RHD UK
6909	275	GTS #17/200 65 Rosso/Black Cloth LHD eng. #7409
06910	246	GT? Dino 73
6911GT	330	GT 2+2 Series I 65 LHD EU eng. #6911, probably body only remaining
6913GT	275	GTB 65
06914	246	GT Dino 73 Argento Auteil then Red/Red Leather
6915GT	275	GTB 65 Rosso Corssa/Nero LHD
06916	246	GT? Dino 73
6917GT	275	GTB 65
06918	246	GT Dino 73 Bianco Polo Park/Black Vinyl #161
6919GT	275	GTS #18/200 65 Rosso/Black LHD
06920	246	GT? Dino 73
6921GT	330	GT 2+2 Series I 65 LHD EU eng. #6921
06922	246	GTS Dino 73 Rosso Chiaro/Black Vinyl #161
6923	275	GTS #19/200 65 Black/Tan then Red/Tan LHD
06924	246	GTS Dino 73 Yellow then Red/Black Vinyl
6925GT	275	GTB 65 Alloy
06926	246	GTS Dino 73 Marrone Dino Metallizato (106-M-73)/Beige Vinyl then Black/Red Leather then Nero int. RHD UK eng. #06926 ex-Nick Mason
6927GT	330	GT 2+2 Series I 65 LHD EU eng. #6927
06928	246	GT Dino 73 Silver Met./Black Vinyl
6929GT	330	GT 2+2 Series I 65 LHD EU eng. #6929
06930	246	GTB Dino Series E 73 Fly Giallo/Black Vinyl
6931GT	275	GTB/4 65 Rosso Cina/Black RHD Short nose
06932	246	GT Dino 73 Argento Auteil/Black Vinyl
6933GT	275	GTB 65 Red/Black
06934	246	GT Dino 10/73 Dino Blue Metallic/Blue leather
6935GT	275	GTB 65
06936	246	GT? Dino 73
6937GT	330	GT 2+2 Series I last Series I, last 4 speed, 4/65 LHD EU eng.#6937
06938	246	GTS Dino 73 Fly Giallo/Black Vinyl
6939GT	330	GT 2+2 Interim first Interim, first 5 speed transm., 65 Met. Brown then Red/Black LHD US eng. #6939
06940	246	GTS Dino 73 Rosso Dino/Black

s/n	Type	Comments
6941GT	275	GTB 65 Red/Black RHD UK 6 carb short nose converted to long nose
06942	246	GTS Dino Series E 73 Azzurro Met./Black
6943GT	275	GTB 65
06944	246	GTS Dino 73 Red
6945GT	330	GT 2+2 Interim 65 , first fitted with air conditioning, eng. #6945
06946	246	GTS Dino 73 Argento Auteil/Blue Leather
6947GT	330	GT 2+2 Interim 65
06948	246	GT? Dino 73
6949GT	275	GTB 65 Red/Black short nose
06950	246	GT Dino 73 Blue Met.Dino/Beige Vinyl
6951GT	275	GTB 65 Rosso Corsa/Tan & Black LHD
06952	246	GT Dino 73 Oro Chiaro/Beige Vinyl then Silver/Black
6953GT	330	GT 2+2 Interim 65 Blue Dark Blue eng. #6953 rebodied as TR in 2002
06954	246	GTS Dino 73 Red/Tan Vinyl
6955GT	330	GT 2+2 Interim 65
06956	246	GT? Dino 73
6957GT	330	GT 2+2 Interim 65
06958	246	GT? Dino 73
6959GT	275	GTS Geneva Show car #20/200 65 Rosso/Tan LHD
06960	246	GTS Dino 73 Bianco Polo Park/Black Vinyl then Red/Black RHD
6961GT	330	GT 2+2 Interim 65 Rosso Rubino/Tan eng. #6961
06962	246	GTS Dino 73 Rosso Chiaro/Black Vinyl then Silver/Black Vinyl then Silver/Black Leather then Yellow 246GTS06962 eng. #135C000011295
6965GT	330	GT 2+2 Interim 65 Red/Black LHD EU eng. #6965
06966	246	GT Dino 73 Silver/Beige LHD EU
6967GT	275	GTB 65
06968	246	GTS Dino 73 Bianco Polo Park Black Vinyl #?61 then Red/Black Vinyl glossy Black roof
6969GT	330	GT 2+2 Interim 65 Champagne/Black eng. #6969
06970	246	GT? Dino 73
6971GT	330	GT 2+2 Interim 65 Red then dark Blue/Black eng. #6971
06972	246	GT Dino 73 Blue/Black
6973GT	275	GTB 65
06974	246	GT? Dino 73
6975GT	330	GT 2+2 Interim 65
06976	246	GTS Dino 73 Red/Black Leather colour coded roof
6977GT	275	GTS #22/200 65 dark Red/Black LHD
06978	246	GTS Dino 73 Light metallic green/Black Leather
6979GT	330	GT 2+2 Interim 65 eng. #6979
06980	246	GTS Dino 74 Bianco Polo then Grigio Titanio/Nero RHD eng. #06980
6981GT	330	GT 2+2 Interim 65 Maroon/Bordeaux eng. #6981 ex-John Surtees
06982	246	GTS Dino 73 Nocciola Met./Black Vinyl
6983GT	275	GTB 65
06984	246	GTS Dino 73 Azzurro/dark Blue then Red/Black then Azzurro/dark Blue RHD UK
6985GT	330	GT 2+2 Interim 65
06986	246	GT Dino 73 Blue Chiaro Met./Beige Leather
6987GT	275	GTS #23/200 65 Red/Black LHD
06988	246	GT Dino 73 Red
6989GT	275	GTS Tri Posti #24/200 65 Rosso/Beige then dark Blue Metallic/Black RHD UK #3 RHD
06990	246	GTS Dino 73 Red
6991GT	330	GT 2+2 Interim 65 eng. #6991 parted out?
06992	246	GT? Dino 73
6993GT	330	GT 2+2 Interim 65 250 California Replica by Giordanengo in 91 Red/Black LHD
06994	246	GTS Dino 73 Red/Black Vinyl
6995GT	275	GTB 65 Rosso Corsa/Black LHD EU long nose eng. #6995 6 Carb conversion
06996	246	GT Dino 73 dark Red Met./Beige Vinyl
6997GT	330	GT 2+2 Interim 65 Silver/Black then Red/Black then silver/Black LHD EU eng. #6997
06998	246	GT Dino 73 Dark Metallic Dino Blue/Crema Leather RHD UK
6999GT	275	GTS #25/200 65 Rosso/Black LHD
07000	246	GT Dino 73 Verde Pino Met./Beige then Brown then Red/Black
7001GT	275	GTB 65
07002	246	GTS Dino 73 Dark Met.Blue then Red/Black Leather
7003GT	275	GTB 65 Red LHD EU
07004	246	GT Dino 73 Red/Black
7005GT	330	GT 2+2 Interim 65
07006	246	GTS Dino 74 dark Red/Tan 246GT07006 eng. #11364
7007GT	275	GTS #26/200 65 Red/Black LHD
07008	246	GT? Dino 74 Silver/Black
7009GT	275	GTB 65
07010	246	GTS Dino 74 Red/tan Leather Daytona Seats then blu Sera/Tan non-Daytona Seats then Giallo/Nero LHD EU
7011GT	330	GT 2+2 Interim 65 Grey met./Red LHD eng. #7011
07012	246	GTS Dino 73 Argento Auteil/Black Vinyl
7013	275	GTS #27/200 65 Red/Black Red piping LHD eng. #7013
07014	246	GTS Dino 74 Red/Tan EU
7015GT	330	GT 2+2 Interim 65 Silver/Black eng. #7015, parted out
07016	246	GTS Dino 73 Yellow/Black LHD EU
7017GT	330	GT 2+2 Interim 65 eng. #7017
07018	246	GTS Dino 73 Red/Tan
7019GT	275	GTS #28/200 65 White/Black LHD
07020	246	GTS Dino 73 Rosso Chairo/Black Vinyl
7021GT	275	GTS #29/200 65 White/Black LHD
07022	246	GT? Dino 73
7023GT	330	GT 2+2 Interim 65 Red/Black eng. #7023
07024	246	GT Dino 74 Blu Sera then Red/Tan Leather
7025GT	330	GT 2+2 Interim 65
07026	246	GTS Dino 73 Red/Black Leather
7027GT	275	GTS #30/200 Silver/Red then Red/Black LHD
07028	246	GT Dino 73 Nocciola Met. then Black/Red
7029GT	330	GT 2+2 Interim 65 Rosso Cina then Grey/Black eng. #7029
07030	246	GTS Dino 73 Fly Giallo/Black
7031GT	275	GTS #31/200 65 Rosso Corsa/Black LHD
07032	246	GT Dino 73 White/Black Vinyl
7033GT	330	GT 2+2 Interim 65 Red/Black LHD EU eng. #7033
07034	246	GTS Dino 73 Yellow/Black LHD EU
7035GT	275	GTS #32/200 65 Red/Black LHD
07036	246	GTS Verde Germoglio/Beige Leather then Blue/Black
7037GT	275	GTB 65 silver green stripe/Black then Blue int.
07038	246	GT Dino 73 Rosso Chiaro/Black & Red Cloth LHD EU
7039GT	275	GTS #33/200 65 Red/Black LHD
07040	246	GT? Dino 73
7041GT	330	GT 2+2 Interim 65 eng. #7041 to Venezuela first
07042	246	GTS Dino 74 dark Red met./tan LHD
7043GT	330	GT 2+2 Interim 65
07044	246	GTB Dino Series E 73 Silver/Black
7045GT	275	GTB 65 dark Red then Yellow/Black short nose
07046	246	GT Dino 73 Argento Auteil/Black Vinyl then Blue then Black/Black then Yellow/Black Vinyl
7047GT	330	GT 2+2 Interim 65 Dark Blue/Tan eng. #7047
07048	246	GT? Dino 73
7049GT	275	GTS #34/200 66 Red/Black LHD

s/n	Type	Comments
07050	246	GT? Dino 73
7051GT	330	GT 2+2 Interim 65
07052	246	GTS Dino 73 White then Red then Black/Crema
7053GT	275	GTB 65
07054	246	GTS Dino 73 dark Dino Red/Tan Vinyl
7055GT	330	GT 2+2 Interim 67 Silver/Black LHD
07056	246	GTS Dino 73 Nero then White/Black Vinyl 246GT07056
7057GT	275	GTS #35/200 66 Red/Black LHD
07058	246	GT Dino 73 Red
7059GT	330	GT 2+2 Interim Silver/Blue, eng. #7059
07060	246	GT Dino 73 Rosso dark Red/Beige Vinyl
7061GT	275	GTB/2 Spider Conversion by DK, 67 Red then Blu Sera/Tan LHD
07062	246	GTS Dino 73 Red/Black Leather LHD EU
7063GT	330	GT 2+2 Interim 65
07064	246	GTS Dino 73 Argento Auteil then Red/Black Vinyl #161
7065GT	275	GTS #36/200 66 Red/Black LHD
07066	246	GTS Dino 73 Black/Black
7067GT	275	GTB 65
07068	246	GT Dino 73 Dino Blue Met./Beige Leather
7069GT	330	GT 2+2 Interim 65 dark Red/Black LHD EU eng. #7069
07070	246	GT Dino 73
7071GT	275	GTS #37/200 66 Yellow/Black LHD
07072	246	GT Dino 73 White then Red/Black Vinyl
7073GT	275	GTB 65 steel 3-carb
07074	246	GT Dino 74 Metallic green/Beige Vinyl 246GT07074 eng. #135CS000007074
7075GT	275	GTB #116 65 Red/Black cloth inserts LHD EU
07076	246	GTS Dino 73 Silver/Black
7077GT	330	GT 2+2 Interim 65
07078	246	GT? Dino 73
7079GT	275	GTS #38/200 66 Red/Black LHD
07080	246	GT Dino 74 Yellow 246GT07080 eng. #135CS000011415
7081GT	330	GT 2+2 Interim 65 Silver/Black eng. #7081
07082	246	GT? Dino 73
7083GT	330	GT 2+2 Interim 65
07084	246	GT Dino 74 Blue 246GT07084
7085GT	275	GTB 65 Blu Scuro 18942M/Grey 3230 then Bianco Polo Park/mid Blue eng. # 7085 short-nose steel 6 carb ex-Count Zanon di Vagiurata
07086	246	GTS Dino 74 Bianco Polo Park/Black Leather 246GTS07086 eng. #135C5000011359
7087GT	330	GT 2+2 Interim 65 Burgundy/Tan eng. #7087, engine rebuild
07088	246	GTS Dino 73 Red/Tan
7089GT	275	GTS #39/200 66 Red/Black LHD
07090	246	GTS Dino 73 Rosso Chairo/Black Vinyl then Red/brown RHD UK
7091GT	330	GT 2+2 Interim 65 Silver/Blue/Natural eng. #7091, 6 speed trans added
07092	246	GT Dino 73 Red/Black
7093GT	275	GTB 65 Silver/Red LHD
07094	246	GTS Dino 73 Nero/Red Leather
7095GT	330	GT 2+2 Interim 65 White/Red & Black then Black/Black then Rosso Rubino/Black
07096	246	GTS Dino 73 Red/Black colour coded Roof
7097GT	275	GTB 65
07098	246	GT Dino 73 Oro Chiaro/Beige Leather 246GT07098 eng. #135CS0000
7099GT	330	GT 2+2 Interim 65 Red eng. #7099 59 TR Replica by Terry Hoyle Red/Blue cloth LHD
07100	246	GTS Dino 73 dark Red Met./Beige Vinyl RHD
7101GT	275	GTB 65
07102	246	GTS Dino 73 Red/Tan Leather colour coded roof
7103GT	330	GT 2+2 Interim 65
07104	246	GT? Dino 73
7105GT	275	GTS #40/200 65 Red/Black RHD UK #3 RHD
07106	246	GTS Dino 73 Viola Met. then Red/Black Leather
7107GT	275	GTB 65 LHD EU short nose 3 carb
07108	246	GT Dino 73 Rosso Chairo/Black Vinyl then Red/Black Leather
7109GT	275	GTB 65
07110	246	GTS Dino 74 Yellow/Black EU
7111GT	275	GTB
07112	246	GTS Dino 74 Nocciola Met. then Red/Black leather Daytona seats
7113GT	330	GT 2+2 Interim 65 Red/Red eng. #7113
07114	246	GT Dino 73 Yellow/Black RHD UK 246GT07114 eng. #135CS000011413
7115GT	330	GT 2+2 Interim 65 eng. #7115 rebodied as 330 GTO Yellow/Blue,
07116	246	GTS Dino 73 Red/Black Leather
7117GT	275	GTB 65 Red/Tan
07118	246	GT Dino 73 Rosso Dino/Tan then Black Leather
7119GT	330	GT 2+2 Interim 65 eng. #7119
07120	246	GT Dino 73 dark Red/beige Vinyl Red piping RHD UK
7121GT	275	GTS #41/200 65 Blu Sera met./Tan LHD
07122	246	GT? Dino 73
7123GT	330	GT 2+2 Interim 65 eng. #7123 rebodied as TR Replica Red/Tan
07124	246	GTS Dino 73 Yellow/Black LHD
7125GT	330	GT 2+2 Interim 65 Silver/Red eng. #7125 rebodied as 330 Spider by The Fine Car Store of San Diego Red/Tan LHD
07126	246	GT Dino 73 Rosso Rubino then Yellow/Black Vinyl
7127GT	275	GTB 65 RHD 6 carb
07128	246	GT Dino 73 Bianco Polo Park then Silver/Black Vinyl
7129GT	330	GT 2+2 Interim 65 Rosso Corsa/Tan LHD
07130	246	GT? Dino 73
7131GT	330	GT 2+2 Interim 65 Rosso Corsa/Black RHD UK
07132	246	GTS Dino 73 Nocciola Met./Beige Leather
7133GT	275	GTS #42/200 65 Red/Tan LHD
07134	246	GTS Dino 73 Yellow/Black
7135GT	275	GTB 65 steel 3 carb
07136	246	GTS Dino 73 Red/Tan then Black int. EU
7137GT	330	GT 2+2 Interim 65 Red/Black then Gold/Tan eng. #7137
07138	246	GT Dino 73 Fly Giallo/Black Vinyl
7139GT	330	GT 2+2 Interim 65 LHD EU eng. #7139
07140	246	GTS Dino 73 Argento Auteil then Red/Black Vinyl RHD UK
7141GT	330	GT 2+2 Interim 65
07142	246	GTS Dino 73 Red/Black Vinyl
7143GT	275	GTS #43/200 65 Red/Tan LHD
07144	246	GTS Dino 73 Argento Auteil/Black Vinyl
7145GT	275	GTB 65 RHD
07146	246	GT Dino 73 dark Red met./Beige Vinyl then Red/Black
7147GT	275	GTB 65 Red then grey met./Black LHD steel 3 carb
07148	246	GT Dino 73 Yellow
7149GT	330	GT 2+2 Interim 65
07150	246	GT Dino 73 Red/Beige
7151GT	330	GT 2+2 Interim 65
07152	246	GTS Dino 73 Red/Black
7153GT	275	GTS #44/200 65 Dark Blue/Black RHD UK #4 RHD
07154	246	GT? Dino 73
7155GT	275	GTB 65 Rosso Chairo/Black RHD eng. #7155
07156	246	GT Dino 73 Fly Giallo/Black Vinyl
7157GT	330	GT 2+2 Interim 65 Blue/Blue eng. #7157 250 GTO Replica, Red/Tan LHD
07158	246	GT? Dino 73
7159GT	275	GTB 65 green LHD
07160	246	GTS Dino 73 Blue Chiaro Met./Beige Vinyl then Red/Black Leather
7161GT	330	GT 2+2 Interim 65 Azzurro/Tan LHD, modified dash for Enzo Ferrari
07162	246	GTS Dino 73 Red/Black RHD

s/n	Type	Comments
7163GT	275	GTS #45/200 65 Silver/Black LHD
07164	246	GTS Dino 73 Rosso Rubino/Beige Vinyl then Red/Black
7165GT	275	GTB 65 Blue LHD
07166	246	GT? Dino 73
7167GT	330	GT 2+2 Interim 65 dark Alloy LHD EU eng. # 7167 ex- B. Pininfarina
07168	246	GT Dino Dark Red/Tan RHD UK
7169GT	275	GTB 65 RHD
07170	246	GTS Dino Series E 74 Rosso Dino Black Vinyl #161
7171GT	275	GTS #46/200 65 Red/Black RHD UK #5 RHD
07172	246	GTB Dino Series E 74 Dark Blue/dark Red LHD EU, 328 "hollow" wheels
7173GT	275	GTB 65 Red Yellow stripe/Black short nose RHD 6 carb
07174	246	GTS Dino 73 Fly Giallo/Black Vinyl
7175GT	330	GT 2+2 Interim 65 eng. #7175
07176	246	GTS Dino 73 Rosso Chiaro/Black & Red Cloth
7177GT	275	GTB 65 LHD
07178	246	GT Dino 73 Red/Black Vinyl 246GT07178 eng. #135CS000011501
7179GT	330	GT 2+2 Interim 65 RHD UK eng. #7179
07180	246	GTS Dino 74 White/Black
7181GT	275	GTB 65 Orange/Black LHD long nose 3 carb
07182	246	GTS Dino 73 Blue Chiaro Met. then Red/Beige & Black Cloth 246GTS07182 eng. #135C5000071496
7183GT	330	GT 2+2 Interim 65 Dark Blue/Black LHD EU eng. #7183
07184	246	GTS Dino 73 Red/Black LHD
7185GT	275	GTB Competizione Speciale #3/4 65 Red/Black LHD GTO style nose
07186	246	GT Dino 73 Rosso Chiaro/Black Vinyl
07187	330	GT 2+2 Interim 65 Red eng. #7187
07188	246	GTS Dino 73 Red/Black Leather
7189GT	275	GTS #47/200 65 Red/Black LHD eng. #7189
07190	246	GT Dino White then Red
7191GT	330	GT 2+2 Interim 65 RHD UK eng. #7191
07192	246	GT Dino 74 Rosso Corsa/Black
7193GT	275	GTB 65 LHD
07194	246	GTS Dino 73 Yellow/Black Leather EU
7195GT	330	GT 2+2 Interim 65 silver then green eng. #7195
07196	246	GT? Dino 73
7197GT	275	GTB 65 Black/Tan LHD short nose
07198	246	GT Dino 73 Red/Tan
7199GT	275	GTB 65 Red/Black LHD steel 3 carb converted to 6 carb
07200	246	GTS Dino 73 LHD EU
7201GT	330	GT 2+2 Interim 65
07202	308	GT/4 Dino first 2/74
7203GT	275	GTS #48/200 65 Rosso Chiaro/Tan then Rosso Corsa/Tan LHD
07204	246	GT Dino 73 Bianco Polo Park/Black Vinyl then Red/Tan Leather
7205GT	275	GTS #49/200 66 Blue/Blue LHD
07206	246	GTS Dino 73 Rosso Chiaro/Black Vinyl
7207GT	275	GTB Red, restored to alloy body
07208	246	GTB Dino 73 Oro Chiaro then Red/Black Leather RHD
7209GT	275	GTS #50/200 65 Red/Tan then Rosso Corsa/Nero LHD
07210	246	GTS Dino 73
7211GT	275	GTB N.A.R.T. Spider Conversion by MotoTechnique/Terry Hoyle 65 blu Medio/grigio LHD
07212	246	GTS Dino 73 Argento Auteil Black Vinyl then Blue Met.Dino/Dark Blue
7213GT	330	GT 2+2 Interim 65
07214	246	GT? Dino 73
7215GT	275	GTS #51/200 65 Red/Tan LHD
07216	246	GT Dino 73 Rosso Chiaro/Black Leather
7217GT	275	GTB Competizione Speciale 65
07218	246	GTS Dino 74 Rosso Bordeaux
7219GT	330	GT 2+2 Interim 65 Silver/Black eng. #7219 eng. Probably missing
07220	246	GT? Dino 73
7221GT	275	GTB 65 LHD US 3-carb steel short nose converted to long-nose
07222	246	GT Dino 73 Argento Auteil/Red Leather
7223GT	275	GTB 65 LHD
07224	246	GTS Dino 73 Blue Scuro/Blue Leather
7225GT	330	GT 2+2 Interim 65 RHD UK eng. #7225 250 GTO Replica Red/Black RHD
07226	246	GTS Dino 73 Fly Giallo/Black vinyl EU
7227GT	275	GTS #52/200 65 ?/Red LHD eng.#7529
07228	246	GTS Dino 73 Silver/Black
7229GT	330	GT 2+2 Interim 65 Blue eng. #7229
07230	246	GTS Dino 73 Azzurro/Black RHD UK eng. #07230
7231GT	330	GT 2+2 Interim 65 Dark Blue/Tan LHD EU eng. #7231
07232	246	GT Dino 73 Verde Medio/Dark Red Leather
7233GT	275	GTB 65 LHD EU 3 carb eng. in #6575
07234	246	GT Dino 73 Rosso Chairo/Black
7235GT	275	GTS #53/200 65 Azzurro met./Black LHD
07236	246	GTS Dino 73 Dark Blue Met./Black Leather
7237GT	275	GTB 65 Silver LHD steel 3 carb
07238	246	GT? Dino Series E 73
7239GT	275	GTB/2 65 Red/Black LHD short nose 3-carb steel
07240	308	GT/4 Dino 74
7241GT	275	GTB 65 Red/Tan LHD EU 6 carb
07242	246	GTS Dino White/tan Black inserts LHD EU
7243GT	275	GTB 65 Red/Black LHD converted to RHD 2 cam short nose eng. #7243
07244	246	GTS Dino 73 Rosso Chiaro/Beige Vinyl
7245GT	330	GT 2+2 Interim 65 eng. #7245 in 250 GTO Replica s/n 6333 Red/Black 330 GTO-Replica by Toni Auto
07246	246	GT Dino 73 Argento Auteil/Black Vinyl then Red/Tan
7247GT	275	GTB/6C 65 dark Blue/tan short nose Steel
07248	246	GTS Dino Series E 73 Rosso Chiaro/Black Vinyl
7249GT	275	GTB 65 dark Red/Black LHD short nose
07250	246	GT Dino 73 Red
7251GT	330	GT 2+2 65
07252	246	GTS Dino 73 Rosso Cordoba/Black Leather
7253GT	275	GTB or 330 GT 2+2 65 Silver 54 RHD eng.#7253
07254	246	GTS Dino 73
7255GT	330	GT 2+2 Interim 8/65 Red/Black RHD UK eng. #7255
07256	246	GT Dino 73 medium met: Blue/Magnolia
7257GT	275	GTS #54/200 65 Red/Tan LHD
07258	246	GT? Dino Series E 73
7259GT	330	GT 2+2 Interim 65 LHD EU eng. #7259
07260	246	GT? Dino Series E 73
7261GT	275	GTB 65 LHD
07262	246	GT Dino 74 Rosso Rubino/Tan Black Inserts then Yellow/Black LHD EUairs & flares EU
7263GT	275	GTB 65 LHD
07264	246	GT? Dino Series E 73
7265GT	330	GT 2+2 #582 65 Grigio Fumo/Rosso VM 893 RHD UK eng. #7265 #56 RHD
07266	246	GT Dino 73 Brown/Tan Vinyl
7267GT	275	GTB 65
07268	246	GT? Dino Series E 73
7269GT	275	GTB/6C Red/Black LHD Long nose converted from Short nose
07270	246	GTS Dino 74 blu Scuro Dino/Tan Black inserts
7271GT	275	GTB Competizione Speciale #4/4 65 Blue green & Red stripe/Black LHD short nose
07272	246	GTS Dino 74 Met.Green/Black

s/n	Type	Comments
7273GT	330	GT 2+2 Interim 65 Silver then Red/Black LHD EU eng. #7273
07274	246	GTS Dino 73 Fly Giallo/Black Leather then Red/Tan RHD UK
7275GT	275	GTS #55/200 65 Red/Black LHD
0276	246	GTS Dino 73 White/Black
7277	275	GTS #56/200 65 White/tan tan top LHD eng. #7277
07278	246	GT Dino 73 Rosso dark Red/Beige & Red Vinyl RHD UK
7279GT	330	GT 2+2 Interim 65 Rosso Rubino/Dark Red LHD EU eng. #7279
07280	246	GTS Dino 74 Nocciola Met. then Vermillion/Black Vinyl #161
7281GT	330	GT 2+2 Interim 65 eng. #7281 Engine in s/n 6193
07282	246	GT? Dino Series E 73
7283GT	275	GTS #59/200 65 Red/Tan RHD #6 RHD
07284	246	GTS Dino 74 Yellow then Red/Tan & Black Vinyl
7285GT	275	GTS #47/200 65 Red/Tan LHD
07286	246	GTS Dino 74 Yellow/Black
7287GT	275	GTS #57/200 65 dark Red/Black LHD
07288	246	GTS Dino 73 Verdio Medio Met./Beige Vinyl
7289GT	275	GTS #56/200 65 Red/Tan LHD
07290	246	GT? Dino Series E 73
7291GT	330	GT 2+2 Interim 65 Black/White RHD UK eng. #7291
07292	246	GT Dino 73 Red/Black LHD US
7293GT	275	GTS #85/200 65 Rosso Corsa/Black RHD UK #7 RHD
07294	246	GT Dino 73 Rosso Chairo/Beige Leather then Black int.
7295GT	275	GTB 65 Azzurro/Black LHD US 3 carb
07296	246	GT Dino 73 Viola Met. then Purple then Red/Black Leather
7297GT	275	GTS #60/200 65 Rosso Corsa/Tan LHD
07298	246	GT? Dino Series E 73
7299GT	275	GTB 65 LHD short nose
07300	246	GT? Dino Series E 73
7301GT	275	GTS #61/200 65 LHD US
07302	246	GT? Dino Series E 73
7303GT	330	GT 2+2 Interim 65
07304	246	GTS Dino 73 Yellow
7305GT	275	GTS #62/200 65 Rosso Corsa/Tan LHD EU
07306	246	GTS Dino 74 Rosso Chiaro/Black Leather
7307GT	275	GTB Speciale 65 Red RHD eng. #7307 3 carbs
07308	246	GT? Dino Series E 73 Rosso
7309GT	275	GTS #63/200 65 Rosso Corsa/Tan LHD EU
07310	246	GTS Dino Bianco Polo Park/Black
7311GT	275	GTB 65 LHD short nose 3 carb
07312	246	GTS Dino 73 Fly Giallo
7313GT	330	GT 2+2 Interim 65 Red then Silver grey/Blue then Dark Blue/Tan RHD eng. #7313
07314	246	GTS Dino 74 Red/Black
7315GT	275	GTB 65 Yellow/Black LHD steel short nose 3 carb
07316	246	GT Dino 73 Blue Chiaro Met./Beige Vinyl then Red/Tan Leather RHD UK
7317GT	275	GTS #64/200 65 Azzurro/Red LHD EU
07318	246	GTS Dino Yellow/Black
7319GT	275	GTB 65 Silver/Red LHD US short nose 3 carb
07320	246	GT? Dino Series E 73
7321GT	330	GT 2+2 #585 65 dark Blue/dark Red LHD eng. # 7321
07322	246	GTS Dino 73 Red/Black Vinyl
7323GT	330	GT 2+2 Interim 65 Azzurro/Blue RHD UK eng. #7323
07324	246	GTB Dino Series E 73 Blue Met.Dino/Beige Vinyl then Yellow/Black Leather RHD
7325GT	275	GTS #65/200 65 Rosso Corsa/Black LHD EU
07326	246	GTS Dino Blue then Yellow/Tan Vinyl
7327GT	275	GTB 65 Red/Black LHD short nose
07328	246	GTS Dino 74 Red/Black Leather
7329GT	330	GT 2+2 Interim
07330	246	GTB Dino Series E 73 Giallo Senape then Red/Beige then Black Vinyl
7331GT	275	GTS #66/200 65 Red/Tan Black top LHD US
07332	246	GTS Dino 74 Red/White
7333GT	275	GTB 65 silver/Red then Red/Red & Black short nose LHD US eng. #07333
07334	246	GT? Dino Series E 73
7335GT	330	GT 2+2 Interim 65 Red/Black LHD EU eng. #7335
07336	246	GT Dino 73 Rosso Chiaro/Black Vinyl RHD UK
7337GT	275	GTS #61/200 65 Rosso chiaro/tan LHD EU
07338	246	GT Dino 73 Silver Grey Met./Black Cloth
7339GT	330	GT 2+2 Interim 65 eng. #7339
07340	246	GTS Dino 74 Red/Tan Daytona Seats
7341GT	275	GTB 65 LHD
07342	246	GT? Dino Series E 73
7343GT	330	GT 2+2 Interim 65 Blue/Brown eng. #7343
07344	246	GT Dino 73 dark Red Met./Beige Vinyl
7345GT	275	GTS #68/200 65 Yellow/Black LHD EU
07346	246	GT Dino 73 Red then Yellow/Black LHD EU
7347GT	275	GTB 65 Red/Black & Red LHD short nose 3 carb
07348	246	GTS Dino 73
7349GT	275	GTS #590 65 LHD EU eng. # 7349
07350	246	GT Dino Red/Black
7351GT	275	GTB 65 Dark Red/Black short nose
07352	246	GTS Dino 73 Red/Black Leather
7353GT	330	GT 2+2 Interim 2 Headlights Prototype, Earls Court Motor Show car 65 Red RHD UK eng. #7353
07354	246	GT Dino 10/73 Rosso Chiaro/Black Leather RHD UK
7355GT	330	GT 2+2 Interim Red/Black eng. #7355
07356	246	GTS Dino 74 Rosso Chiaro/Beige Vinyl #430
7357GT	275	GTB 65 LHD
07358	246	GT? Dino Series E 73
7359GT	275	GTS #69/200 65 dark Blue/Crema LHD EU eng. #7359 ex-Raquel Welch, feat. in the movie "Fathom"
07360	246	GTS 73 Bianco Polo Park/Blue Vinyl then Red Velour & Black int.
7361GT	275	GTS #70/200 65 Rosso Corsa/Tan LHD US
07362	246	GTS Dino 73 Bianco Polo Park
7363GT	330	GT 2+2 Interim 65
07364	246	GTS Dino 73 Red/Black LHD EU
7365GT	275	GTB 65 LHD
07366	246	GT Dino 73 Rosso dark Red/Beige Leather
7367GT	275	GTS #71/200 65 Rosso Corsa/Tan LHD US
07368	246	GTS Dino 73 White/Black Vinyl
7369GT	330	GT 2+2 Interim 65 Grey/Black eng. #7369
07370	246	GT? Dino 73
7371GT	275	GTB 65 LHD
07372	246	GTS Yellow/Black
7373GT	275	GTB 65 Red/Tan LHD EU short nose 3 carb
07374	246	GTS Dino 73 Rosso Chiaro/Black Vinyl then Light Red then Red/Black leather 246GTS07374 eng. #135C50000011545
7375GT	330	GT 2+2 Interim 65
07376	246	GT Dino 73 dark Red Met./Beige Vinyl
7377GT	330	GT 2+2 Interim 65
07378	246	GT? Dino Series E 73
7379	275	GTS #72/200 65 Rosso Corsa/Tan LHD US eng. #7379
07380	246	GTS Dino 73 Argento Auteil then Red/Black Vinyl EU
7381GT	275	GTB 65 Red LHD steel 3 carb
07382	246	GTS Dino 73 Blue Chiaro Met. then Yellow/Black grey inserts RHD UK
7383GT	275	GTS #73/200 65 Grigio Fume met./Black LHD EU
07384	246	GT Dino 74 dark Red Met./Beige Vinyl RHD UK 246GT07384 eng. #135CS000007384

s/n	Type	Comments
7385GT	275	GTB 65 LHD short nose 3 carb
07386	246	GTS Dino 73 Red then Fly Giallo then Rosso/Black Daytona seats EU
7387	330	GT 2+2 Interim 65 dark Blue metallic/Black
07388	246	GT? Dino Series E
7389GT	275	GTS #90/200 65 Rosso Corsa/Tan LHD US
07390	246	GT? Dino
7391GT	275	GTB 65 Rosso Corsa/Black LHD
07392	246	Dino 74 Azzurro met.
7393GT	330	GT 2+2 Interim 65 eng. #7393 Engine only remainig
07394	246	GT? Dino 74 LHD EU
7395	275	GTS #86/200 65 Red/Black RHD UK #8 RHD
07396	246	GTS Dino 11/73 Silver/Black LHD EU
7397GT	275	GTB/6C 65 Celeste 106.A.26/Black VM8500 then White then Celeste Blue then Red/Black then Grigio fume met. RHD eng. #07397 ex-Alan Jones
07398	246	GTS Dino 73 Rosso Rubino/Red Leather RHD UK
7399GT	330	GT 2+2 Interim 65 Navy Blue/Tan eng. #7399
07400	246	GT Dino 73 Bianco Polo Park/Black Leather RHD UK
7401GT	275	GTB 65 LHD short nose 6 carb
07402	246	GTS Dino 73 Azzurro Met./Blue Vinyl then Red/Black RHD UK
7403GT	275	GTS #74/200 65 silver grey metallic/Black LHD EU Foglights
07404	246	GT Dino 73 Blue Dino met./Beige Vinyl RHD UK
7405GT	330	GT 2+2 Interim 65
07406	246	GT? Dino 73 LHD EU
7407GT	275	GTB Competzione Series I 65 Red/Blue RHD 6 carb
07408	246	GTS Dino 73 Rosso Dino/Black Leather LHD EU
7409GT	275	GTS #76/200 65 silver/Red LHD EU
07410	246	GT Dino 73 Blue Scuro/Beige Vinyl RHD UK 246GT07410
7411GT	330	GT 2+2 Interim 65 Silver/Dark Blue LHD EU eng. #7411
07412	246	GTS Dino 73 Verde Germoglio/Beige Leather RHD UK
7413GT	275	GTB 65 silver/Black RHD Short nose 2 cam
07414	246	GTS Dino 74 Red/Black LHD EU
7415GT	330	GT 2+2 Interim 65 Red/Black LHD eng. #7415
07416	246	GT? Dino 73 LHD EU
7417GT	330	GT 2+2 Interim 65
07418	246	GT? Dino 73 LHD EU
7419GT	275	GTS #91/200 65 Rosso Corsa/Tan RHD UK #9 RHD
07420	246	GT Dino 73 Rosso Chiaro/Black Leather RHD UK
7421	275	GTB Competzione Series I 6/65 Red/Tan RHD alloy 6 carb
07422	246	GT Dino 73 Red & Black/Black Vinyl LHD EU
7423GT	275	GTS #77/200 65 Red/Black LHD EU
07424	246	GT Dino 73 Rosso Chiaro/Beige Leather RHD UK 246GT07424
7425GT	275	GTB 65 Silver/BlackLHD
07426	246	GT Dino 73 Azzurro met./Tan LHD EU
7427GT	275	GTS NART Spider #79/200 65 Rosso Corsa/Black LHD US then Rosso Chairo/Black/Black mohair top
07428	246	GTS Dino 73 Azzurro met. then Red/Black & Tan RHD UK
7429GT	330	GT 2+2 Interim 65 Dark Red LHD
07430	246	GTS Dino 73 Dark Brown/Black LHD EU
7431GT	275	GTB 65 Yellow LHD EU steel 6 carb
07432	246	GT Dino 73 Black/Black & Red RHD UK
7433GT	330	GT 2+2 Interim 65 eng. #7433 ex-Mike Hailwood
07434	246	GTS Dino reported to be stolen in Italy
7435	275	GTS #78/200 65 Rosso Corsa/Black LHD EU
07436	246	GT Dino 73 Azzurro met. then Rosso Chiaro/Black Vinyl & Blue Cloth RHD UK
7437GT	275	GTB Competzione Series I #5/11 65 Rosso Corsa Alloy LHD EU eng. #07437 long nose ex-Obrist
07438	246	GTS Dino 73 Red/Tan Leather then Rosso Cora/Red Daytona Seats LHD EU DINO 246 GTS*07438*
7439GT	330	GT 2+2 Interim 65 Black/Black eng. #7439
07440	246	GTS Dino 73 Red/Black Leather LHD
7441	275	GTS #80/200 66 Yellow/Black LHD US
07442	246	GTS Dino 74 Fly Giallo/Black Vinyl #161 then Red/Black
7443GT	275	GTB 65 LHD
07444	246	GT Dino 1/74 Argento/Black Vinyl LHD EU
7445GT	330	GT 2+2 Interim 65
07446	246	GTS Dino Series E 73 Gold/Black & tan then Argento/dark Red & Black Daytona seats colour coded roof LHD EU
7447GT	275	GTB 65 LHD
07448	246	GT Dino 73 LHD EU
7449GT	275	GTS #81/200 66 Rosso Corsa/Black LHD US
07450	246	GTS Dino 73 Red LHD EU
7451GT	275	GTB 65 LHD
07452	246	GT Dino 74 Rosso Chiaro/Black & Red Leather Daytona Seats LHD EU
7453GT	275	GTS #82/200 65 Rosso Corsa/Tan LHD US
07454	246	GT? Dino 73
7455GT	330	GT 2+2 Interim 65 various colour changes then White
07456	246	GT? Dino 73
7457GT	275	GTS #83/200 65 Ivory then Blu Sera/Crema then Red LHD EU
07458	246	GT Dino 73 Fly Giallo/Black Leather RHD UK
7459GT	275	GTB 65 Red/Black short nose
07460	246	GT? Dino 73
7461GT	330	GT 2+2 Interim 65 eng. #7461
07462	246	GTS Dino 74 Dark Red/Beige Leather LHD EU
7463GT	275	GTB/2 65 Rosso Corsa/Black LHD eng. #07463 steel restored with alloy body Long Nose conversion
07464	246	GT? Dino 73
7465GT	275	GTS #84/200 66 Rosso Corsa/Tan LHD EU
07466	246	GT Dino 74 Azzurro met./Beige LHD EU
7467GT	330	GT 2+2 Interim 65 eng. #7465
07468	246	GTS Dino 73 Red LHD EU
7469GT	275	GTS #87/200 66 Silver/Black/Black Canvas top LHD EU factory hardtop
07470	246	GTS Dino 73 Yellow LHD EU
7471GT	330	GT 2+2 Interim 65 Rosso then Dark Blue/Red then dark Red met./brown then dark Blue/dark Red
07472	246	GT Dino 73 Rosso Chiaro then Rosso Corsa/Black Vinyl RHD UK
7473GT	275	GTB 65 Red then silver/Black short nose
07474	246	GT? Dino 73 LHD EU
7475GT	275	GTS #88/200 66 Rosso Corsa/Tan LHD US
07476	246	GTS Dino 74 Fly Giallo then Black then Red/Black Red Inserts LHD EU
7477GT	275	GTB Competzione Series I 65 Red LHD Alloy 6 carb
07478	246	GT Dino 74 Blue/Black RHD UK
7479	275	GTS #89/200 65 Yellow/Black Black top & tonneau LHD US eng. #7479
07480	246	GT Dino 74 Red RHD AUS
7481GT	330	GT 2+2 Interim 65
07482	246	GTS Dino 74 dark Red/Black then Black/tan & Black then Blue/Tan & Black Vinyl LHD EU
7483GT	330	GT 2+2 Interim 65 Azzurro/Tan eng. #7483
07484	246	GT Dino 73 Rosso Chiaro/Black Leather RHD UK
7485GT	275	GTB 65 shortnose
07486	246	GTS Dino 74 LHD EU

s/n	Type	Comments
7487GT	275	GTS Tri Posti #92/200 66 Rosso Corsa/Tan LHD EU
07488	246	GTS Dino 73 Rosso Chiaro/Black Vinyl #161 then Black Leather
7489GT	330	GT 2+2 Interim 65 Blue/Tan eng. #7489
07490	246	GTS Dino 74 Yellow/Black Leather then Red/Black colour coded roof LHD EU
7491GT	275	GTB 65 LHD
07492	308	GT/4 Dino 74
7493	275	GTS #93/200 65 Red/Black then Black/Black LHD EU
07494	308	GT/4 Dino 74
7495GT	275	GTB 65 Alloy
07496	308	GT/4 Dino 74
7497GT	330	GT 2+2 Interim 65 LHD eng. #7497
07498	308	GT/4 Dino 74
7499GT	365	GT 2+2 Interim Prototype
07500	246	GT? Dino Yellow LHD EU
7501GT	275	GTS #94/200 65 LHD US
07502	246	GT Dino 73 Azzurro met./Blue RHD UK
7503GT	275	GTB
07504	246	GT Dino 73 Rosso Chiaro/Black RHD UK
7505GT	275	GTS #95/200 65 Red/Black LHD US
07506	246	GTS Dino 73 Red then Yellow/Black LHD EU
7507GT	330	GT 2+2 Interim 65 RedBlue eng. #7507
07508	246	GT Dino 73 Azzurro met./Blue RHD UK
7509GT	275	GTB 65 dark Red/Tan LHD Steel short nose 3 carb
07510	246	GT Dino 74 Brown met. LHD EU
7511GT	275	GTB 65 short nose eng. in #5471
07512	246	GTS Dino 73 Red LHD EU
7513GT	275	GTS #96/200 65 LHD EU
07514	246	GTS Dino 73 Red LHD EU
7515GT	330	GT 2+2 Interim 65 Silver/Red then Red/Red eng. #7515
07516	246	GT Dino 73 Viola met./Beige RHD UK
7517GT	275	GTB Competzione Series I 65 Red then Yellow/Black RHD 6 Carb short nose
07518	246	GTS Dino 73 Rosso Corsa/Black Leather
7519GT	330	GT 2+2 Interim 65 Silver/Black LHD EU eng. #7519
07520	246	GT Dino Series E LHD US
7521GT	275	GTS #97/200 65 Red/Black LHD US
07522	246	GTS Dino Rosso Dino/Tan & Black Daytona Seats LHD EU
7523GT	275	GTB 65 LHD EU 3 carb
07524	246	GT Dino 73 Red 246GT07424
7525GT	275	GTS #98/200 65 LHD EU
07526	246	GTS Dino 1/74 Rosso Chiaro/Black Vinyl RHD UK
7527GT	330	GT 2+2 Interim 65
07528	246	GTS Dino 1/74 Nero 20-B-50 then Rosso Corsa then Black/Beige Leather RHD UK
7529GT	275	GTB engine in 7227
07530	308	GT/4 Dino 74
7531GT	275	GTS Tri Posti #99/200 66 Red/Crema LHD US
07532	246	GTS Dino 74 Red/Tan LHD EU
7533GT	330	GT 2+2 Interim 65 eng. #7533
07534	308	GT/4 Dino 74
7535GT	275	GTB 65 LHD
07536	246	GT Dino 74 Dark Blue met./Black then Yellow/Black & Blue LHD EU
7537GT	330	GT 2+2 Interim 65 Silver/Blue then Bronze/Blue eng. #7537
07538	308	GT/4 Dino
7539GT	275	GTB 65 Red/Black LHD 6 carb
07540	246	GTS Dino 74 Rosso Chiaro/Black RHD UK
7541GT	275	GTS #100/200 66 verde met./Black LHD EU
07542	246	GT? Dino
7543GT	275	GTS #100/200 65 LHD US
07544	246	GTS Dino 74 LHD EU
7545GT	275	GTB Competzione Series I 65 Red RHD eng. #7545
07546	246	GT? Dino
7547GT	330	GT 2+2 Interim last 4 Headlights 65 dark Blue/Black LHD US eng. #7547
07548	246	GTS Dino 74 Rosso Dino/Black
7549GT	275	GTS #102/200 66 LHD EU
07550	246	GT Dino 74 Red/Black
7551	275	GTB 65 Red/Black LHD 2 cam long nose
07552	246	GT Dino 74 Red/Tan Leather then Black Leather LHD EU
7553GT	330	GT 2+2 Series II first Series II 65, first 2 headlights
07554	246	GTS Dino 73 Blue Dino met./Black & Blue then Red/Black RHD UK
7555GT	275	GTB/2 65 silver then Red then Yellow then Black then Yellow/Black LHD short nose 3 carb. Converted to 6C
07556	246	GT Dino 74 Red/Tan LHD EU
7557GT	330	GT 2+2 Series II Paris Salon car 65
07558	246	GT? Dino
7559GT	275	GTS #103/200 66 LHD EU
07560	246	GT Dino Brown met./Tan LHD EU
7561GT	275	GTB 65 LHD steel 3 carb
07562	246	GTS Dino 74 Rosso Chiaro/Black Vinyl RHD UK
7563GT	275	GTS #106/200 65 Rosso Corsa/Black LHD US eng. # 07563
07564	246	GTS Dino 74 silver/Black then Tan LHD EU
7565GT	275	GTB 65 LHD
07566	308	GT/4 Dino 74
7567GT	330	GT 2+2 Series II 65 Black/Tan eng. #7567
07568	246	GT Dino Blue met. then Red/Beige LHD EU
7569GT	275	GTS #104/200 65 RHD UK #10 RHD
07570	308	GT/4 Dino 74
7571GT	275	GTS #107/200 65 LHD US rebodied with a 330 GTS-front
07572	246	GTS Dino LHD US
7573GT	275	GTS Paris Show car #108/200 65 LHD EU
07574	246	GTS Dino 74 Azzurro Dino/Black Vinyl then Fly Giallo/Black LHD EU
7575GT	330	GT 2+2 Series II 65 Silver/Black LHD EU eng. #7575
07576	246	GT Dino 74 LHD EU
7577GT	275	GTB Competzione Series I 65 Alloy 6 carb
07578	246	GT Dino 74 Blue Dino met./Beige RHD UK
7579GT	275	GTB 66 Nero/Rosso LHD
07580	246	GTS Dino 74 Black then Metallic Blue/tan covered headlights LHD EU
7581GT	330	GT 2+2 Series II Paris Salon Car 65
07582	246	GT 74 Red LHD EU
7583GT	275	GTS #109/200 66 LHD US, first '66-GTS
07584	246	GT Dino 74 Viola met. then Red/Black Leather RHD UK 246GT07584 eng. #135CS000011632
7585GT	275	GTS #105/200 66 RHD UK #11 RHD
07586	246	GTS Dino 74 Nero/Nero RHD UK
7587GT	275	GTB 65 LHD parted out
07588	246	GT? Dino 74
7589GT	330	GT 2+2 Series II Metallic Grey/Red, then Red/Black eng. #7589
07590	246	GT Dino 74 Yellow LHD EU 246GT07590
7591GT	275	GTS #110/200 66 LHD EU
07592	246	GT Dino 74 LHD EU reported to be stolen in Italy
7593GT	275	GTB 65 LHD
07594	246	GTS Dino 74 Rosso Rubino/Tan LHD EU
7595GT	330	GT 2+2 Series II 65 Dark Grey/Red LHD EU eng. #7595
07596	246	GTS Dino 74 Red/Tan LHD EU
7597GT	275	GTB 65 Red/Black RHD UK Short Nose
07598	246	GT Dino 74 Yellow LHD EU
7599GT	275	GTS #111/200 66 LHD US
07600	246	GTS Dino 74 Rosso Dino/Black Leather LHD EU
7601GT	330	GT 2+2 Series II 65 engine installed into a 1980 308 GTSi in 1990 in Atlanta
07602	308	GT/4 Dino 74 Red/Crema

s/n	Type	Comments
7603GT	275	GTB Spider Conversion 65 Abete then Rosso Corsa/Black LHD 6 carb
07604	246	GTS Dino 74 Red/Black
7605GT	275	GTS #112/200 66 LHD US
07606	246	GTS Dino 74 Black LHD EU
7607GT	330	GT 2+2 Series II 65
07608	308	GT/4 Dino 74
7609GT	275	GTB 65 LHD steel 3 carb
07610	246	GTS Dino 74 Verde Germoglio/Beige Vinyl then Chiaro Red/Black RHD UK Headlight covers
7611GT	275	GTS #113/200 66 LHD US
07612	246	GT? Dino 74
7613GT	330	GT 2+2 Series II 65 Silver/Black LHD EU eng. #7613
07614	246	GTS Dino 74 silver/Black Vinyl then Rosso Corsa/Black LHD EU Dino 246 GTS*07614*
7615GT	275	GTS #114/200 66 Silver LHD US
07616	246	GTS Dino 74 Green then Silver then Red/Black Vinyl LHD EU
7617GT	275	GTB Yellow/Black Crema inserts
07618	246	GT? Dino 74
7619GT	275	GTS #115/200 66 Red/Tan Black Top LHD US
07620	246	GTS Dino 74 Dark Red/Black Vinyl LHD EU
7621GT	330	GT 2+2 Series II 66 Red/Red then Red/Black eng. #7621
07622	308	GT/4 Dino 74
7623GT	275	GTB Competzione Series I 66 Red White stripe Alloy 6 carb
07624	246	GTS Dino 74 Red/Black LHD EU ex-Linda Faye
7625GT	330	GT 2+2 Series II 66 Black/Black eng. #7625
07626	246	GTS Dino 74 Red/Tan Daytona Seats then Yellow/Black Black roof then colour coded roof LHD EU covered headlights
7627GT	275	GTS #116/200 66 Silver then Black/Red LHD
07628	308	GT/4 Dino 74
7629GT	275	GTB 65 Red short nose
07630	246	GTS Dino 74 Red/Black EU
7631GT	275	GTS #117/200 66 Red/Black LHD US
07632	246	GTS Dino 12/73 Dark Blue Met./Black then Rosso Dino/Black
7633GT	275	GTB/2 65 Red/Tan Short Nose 3-cam
07634	246	GT? Dino 74 Rosso Dino LHD EU
7635GT	275	GTS #118/200 66 LHD US
07636	246	GTS Dino 74 LHD EU
7637GT	275	GTB 65 LHD Alloy
07638	246	GT? Dino 74
7639GT	275	GTS #119/200 66 Red/Black LHD US
07640	246	GTS Dino 74 Azzurro met. LHD EU
7641GT	275	GTB/6C Competzione Series I 66 Red/Black LHD Alloy short nose
07642	246	GTS Dino 74 LHD EU
7643GT	275	GTS #120/200 66 Rosso Corsa/Beige LHD US
07644	246	GTS Dino 1/74 Rosso Chiaro/Black Vinyl LHD EU
7645GT	275	GTB 65 Dark Red/Tan then Red/Tan LHD 3 carb
07646	246	GTS Dino 74 Yellow/Black
7647GT	330	GT 2+2 Series II 66 Silver/Black then dark Blue/Red eng. #7647
07648	246	GTS Dino 74 Black/bordeaux colour coded roof LHD EU
7649GT	275	GTS #121/200 66 Fly Giallo/Black Black top LHD EU
07650	246	GT Dino probably last RHD UK GT, 74 Rosso Chiaro/Black RHD UK
7651GT	275	GTB/2 65 Red/Black LHD Long nose Conversion
07652	246	GTS Dino 74 Red/Black Vinyl LHD EU
7653	275	GTS #122/200 66 Fly Giallo/Black/Black carpets, top & boot LHD US eng. #7653
07654	246	GTS Dino 74 Yellow/Black colour coded roof LHD EU
7655GT	275	GTS #123/200 66 Rosso/nero LHD US
07656	246	GT? Dino 74 LHD EU
7657GT	275	GTB 66 Celeste/Black LHD steel 3 carb
07658	246	GTS Dino 74 Red/Black Vinyl LHD EU
7659GT	275	GTS #124/200 66 Red Yellow & Black stripe/Black LHD US
07660	246	GT? Dino 74 Yellow/Black LHD EU
07661GT	275	GTB 66
07662	246	GT? Dino 74 LHD EU
7663GT	330	GT 2+2 Series II 66 Blue Sera/Blue then Silver then Red/Black RHD UK eng. #7663
07664	246	GT Dino 74 White/Black leather RHD AUS
7665GT	275	GTB 66 Rosso/nero short nose
07666	246	GTS Dino 74 Azzurro met./Black LHD EU
7667GT	275	GTS #125/200 66 LHD EU
07668	246	GTS Dino 74 Blue then Red 246GTS07668 eng. #135C5000011371
7669GT	330	GT 2+2 Series II RHD eng. #7669 Engine only remaining
07670	246	GTS Dino 74 Red 246GTS07670 eng. #135C0000007670
7671GT	275	GTS #126/200 66 LHD
07672	246	GT? Dino 74
7673GT	330	GT 2+2 Series II 65
07674	246	GTS Dino 74 Blue Chiaro Met./Black Vinyl RHD UK
7675GT	275	GTB 65 Yellow short nose
07676	246	GTS Dino 74 Red/Black LHD EU
7677GT	275	GTB 65 RHD
07678	246	GTS Dino 74 Red/Black Leather LHD US
7679GT	330	GT 2+2 Series II 65 light green met./Crema RHD eng. #7679
07680	246	GTS Dino 2/74 Black/Black Colour Coded Roof LHD US
7681GT	275	GTS #129/200 66 Silver/Black RHD UK eng. #7681 #12 RHD
07682	308	GT/4 Dino 74
7683GT	275	GTB 65 Fly Giallo/Black grey seat inserts
07684	246	GTS Dino 74 Blue then Red RHD AUS
7685GT	330	GT 2+2 Series II 65 rebodied as 250 GTO Replica
07686	246	GTS Dino 74 White/TanDaytona Seats then Red/Black Leather LHD US
7687GT	330	GT 2+2 Series II 65
07688	246	GTS Dino 74 Rosso Rubino/Black LHD EU
7689GT	275	GTB 65 Azzurro then Blu Medio/Blue Steel 3 carb
07690	246	GTS Dino 74 Red/Black LHD US eng. #07690
7691	275	GTS #127/200 64 LHD US eng. #7691
07692	246	GT? Dino 74
7693GT	330	GT 2+2 Series II 66 Red/Black eng. #7693 engine rebuilt
07694	246	GTS Dino 74 Grey met. LHD EU ex-Princess Pahlavi of Persia
7695GT	330	GT 2+2 Series II 65 RHD eng. #7695 250 GTO replica
07696	246	GTS Dino 74 Red/Tan Daytona Seats LHD EU
7697GT	330	GT 2+2 Series II 66 LHD EU eng. #7697
07698	246	GTS Dino 74 Fly Giallo Black Boxer Trim/Black Daytona Seats LHD US
7699GT	275	GTB/2 65 Rosso Chiaro/Tan RHD Short nose
07700	246	GTS Dino 74 Dark Metal Blue/Black Leather LHD EU
7701GT	275	GTS #128/200 66 Silver/Black LHD EU
07702	246	GTS Dino 74 Rosso dark Red/Beige Leather RHD UK
7703	330	GT 2+2 Series II 65 LHD EU eng. #7703
07704	246	GTS Dino 74 LHD US
7705GT	275	GTS #131/200 66 LHD EU
07706	246	GT? Dino 74
7707GT	275	GTB Prototipo Coupé Long Nose
07708	246	GTS Dino 74 Red/Black Leather LHD US
7709	330	GT 2+2 Series II Red/Crema LHD EU eng. #7709 eng. replaced

s/n	Type	Comments
07710	246	GTS Dino 74 LHD EU
7711	275	GTB 66
07712	246	GT Dino 74 Blue Met.Dino/Beige Vinyl
7713	330	GT 2+2 Series II 66 LHD EU eng. #7713
07714	246	GTS Dino 74 Silver then Red/Black Daytona seats was silver/Black LHD US
7715	275	GTB 65 Red/Black RHD eng. #7715
07716	246	GTS Dino 74
7717	330	GT 2+2 Series II 66 Black/Red then Red/Red LHD EU eng. #7717
07718	246	GTS Dino 74
7719	275	GTS #132/200 66 LHD EU
07720	246	GT? Dino 74
7721	330	GT 2+2 Series II Silver/Dark Red eng. #7721
07722	246	GTS Dino 74 Azzurro Met./Tan Daytona Seats Black inserts RHD UK
7723	275	GTB 66
07724	246	GTS Dino 74 Gold then White/tan Daytona seats LHD US
7725	330	GT 2+2 Series II 66 Dark Red/Black eng. #7725
07726	246	GTS Dino 74 Black/tan Leather then Yellow/Black LHD US
7727	275	GTS #133/200 66 LHD EU
07728	246	GTS Dino 74 Bianco Polo Park/Black Vinyl RHD UK
7729	330	GT 2+2 Series II Turin Salon Car 65 Silver/Tan eng. #7729
07730	246	GTS Dino 74 Red/Tan Daytona Seats LHD US
7731	275	GTS #134/200 66 LHD EU
07732	246	GTS Dino 74 Black/Black Leather RHD UK
7733	275	GTB 66
7734	246	GTS Dino 74 Rosso Chiaro/Black
7735	275	GTB 66
07736	246	GTS Dino 74 Rosso Chiaro/Black RHD UK 246GTS07736 eng. #135C0000007736
7737	275	GTS #135/200 66 Yellow LHD EU
07738	246	GTS Dino 74 Brown then Red/Tan Leather LHD US
7739	275	GTB 66 silver
07740	246	GTS 74 Red then metallic grey/Black LHD US
7741	275	GTS #136/200 66 LHD US
07742	246	GT? Dino 74
7743	275	GTB 66
07744	246	GTS Dino 74 Dark Blue met. then Red/Black then Tan int. LHD US
7745	275	GTS #163/200 66 LHD EU
07746	246	GTS Dino 74 Fly Giallo then dark Red met. then Fly Giallo/Black &Tan Daytona seats LHD US
7747	275	GTB 65 Red RHD eng. #7747
07748	246	GTS Dino 74 Rosso Rubino then Black then Red/Tan Leather RHD UK
7749	275	GTS #138/200 66 LHD EU
07750	246	GT? Dino 74
7751	275	GTB 66
07752	246	GTS Dino 74 Red/Black Leather LHD US
7753	275	GTS Torino Show Car #139/200 65 LHD US
07754	246	GTS Dino 74 Rosso Rubino/Tan RHD UK
7755	330	GT 2+2 Series II #652 66 Dark Blue/Tan LHD EU eng. #7755
07756	246	GTS Dino 74 Fly Giallo/Black Daytona Seats LHD EU
7757	330	GT 2+2 Series II 65
07758	246	GTS Dino 74 Argento Auteil/Black 246GTS07758 eng. #135C0000007758
7759	330	GT 2+2 Series II
07760	246	GTS Dino 1/74 Silver then Yellow/Black LHD
7761	330	GT 2+2 Series II 66 Silver/Burgundy then Brown/Crema then Black/tan LHD EU eng. #7761
07762	246	GTS Dino 74 Giallo Fly/Black Vinyl RHD UK
7763	330	GT 2+2 Series II 66 Red/Black LHD EU eng. #7763
07764	246	GTS Dino 74 Brown met. then Red/Beige Leather 246GTS07764 eng. #135C0000007764
7765	275	GTB Competition Conversion 65 Blue Sera met./Brown LHD short nose
07766	246	GTS Dino 74 Rosso Chiaro/Black then Red/Black & Blue Vinyl 246GTS07766 eng. #135C5000000766
7767	275	GTS #137/200 66 LHD US
07768	246	GTS Dino 74 Argento Auteil then Yellow/Black Red Carpets then Rosso Corsa/brown RHD UK
7769	275	GTB 66
07770	246	GTS Dino 74 Azzurro Met./Crema Azzurro roof then Red/Tan RHD UK
7771	275	GTS #130/200 66 RHD #13 RHD UK
07772	246	GTS Dino 74 Rosso Chiaro/Black
7773	275	GTB 65 Red/Black Long nose torque tube
07774	246	GTS Dino 74 Verde Pino Met./Black Leather then Red/Crema
7775	330	GT 2+2 Series II 66 Silver/Black then Red int. LHD EU eng. #7775
07776	246	GTS Dino 74 Bianco Polo Park/Black Leather RHD UK
7777	330	GT 2+2 Series II LHD EU eng. #7777
07778	246	GTS Dino 74 Argento Autiel then Red/Black Leather 246GTS07778 eng. #135C50000011637
7779	275	GTS #140/200 66 LHD US
07780	246	GTS Dino 74 Silver/Black Leather LHD EU
7781	275	GTB 65 Rosso Corsa/beige LHD short nose
07782	246	GT? Dino 74
7783	275	GTS #141/200 66 LHD US
07784	246	GTS Dino last EU GTS 74 Light Green then Yellow/Black LHD EU
7785	275	GTB 65 Rosso Chiaro/Black LHD US short nose
07786	246	GT? Dino 74
7787GT	275	GTS #142/200 66 Red/Black LHD US
07788	308	GT/4 Dino Series 1 74 Red/beige
7789	275	GTB 65 Red
07790	246	GTS Dino 74 Fly Giallo Daytona seats LHD US
7791GT	275	GTS London Motor Show car #157/200 65 Rosso Cordoba/Black RHD UK #14 RHD
07792	246	GTS Dino 74 Black/Red LHD US
7793	275	GTB 65
07794	246	GTS Dino 74 Silver/Red LHD US
7795	275	GTS #182/200 66 RHD UK #15 RHD
07796	246	GTS Dino Series E 74 Met.Brown then Red/Tan Daytona Seats LHD US
7797	275	GTB 65 RHD ong nose
07798	246	GTS Dino 74 Nocciola met./Black LHD US
7799GT	275	GTS Brussels Show Car #143/200 65 Fly Giallo/Black LHD EU
07800	246	GTS Dino 74 Red/Tan LHD US
7801	330	GT 2+2 Series II 65
07802	246	GTS Dino 2/74 silver grey/Tan LHD US
7803	275	GTB 65
07804	246	GTS Dino 74 Rosso Colorado then Fly Giallo/tan Daytona seats LHD US
7805	275	GTS #144/200 66 LHD US
07806	246	GTS Dino 74 LHD US w/Shipping Damage
7807	275	GTB 65 Silver eng. #7807
07808	246	GTS Dino 74 Red/Black Leather LHD US
7809	275	GTB 66 shortnose LHD EU
07810	246	GTS Dino 74 Rosso Cordoba/Beige VM3218 LHD US
7811	275	GTS #145/200 66 LHD US
07812	246	GTS Dino 74 Black/Red Leather LHD US
7813GT	275	GTS #147/200 66 silver grey/bordeaux then Rosso Corsa/Black RHD
07814	246	GTS Dino 74 Black/Red Leather LHD US
7815	330	GT 2+2 Series II 65 Red/Black LHD eng. #7815 Single Headlight 4-Speed engine rebuilt
07816	246	GTS Dino 74 Red/Tan Leather LHD US

s/n	Type	Comments
7817SF	500	Superfast Series II 1st Series II #26/37 66 dark Red/Black then Silver/Red LHD Single Headlight
07818	246	GTS Dino 74 Red/Black Leather LHD US
7819	275	GTB/2 #215/448 9/65 Rosso Corsa/Black LHD EU eng. #07819 4th Long nose
07820	246	GTS Dino 74 Metal Blue/Black then Silver/Black Leather Daytona Seats LHD US
7821	275	GTB 65 Rosso Corsa/Black LHD
07822	246	GTS Dino 74 Blue met./Crema
7823	330	GT 2+2 Series II eng. #7823
07824	246	GTS Dino 74 Red/Black Leather LHD US
7825	275	GTS #148/200 66 LHD US
07826	246	GTS Dino 74 Rosso Cordoba/Tan & Black LHD US
7827	275	GTB last short nose, 65 dark Red chromed bar/grille guard 2 cam
07828	246	GTS Dino 74 Yellow then Red/Black LHD US
7829	330	GT 2+2 Series II 66 Silver/Black RHD eng. #7829 int. eng. #209 Borrani wire wheels
07830	246	GTS Dino 74 Mustard Yellow LHD US
7831	330	GT 2+2 Series II 67 Blue/maroon RHD UK eng. #7831
07832	246	GTS Dino 74 Grey met./Red & Black Daytona Seats then Red/Tan
7833	275	GTS #150/200 66 Giallo Fly/Black LHD EU
07834	246	GTS Dino 74 Red/Tan & Black Daytona Seats Campagnolo wheels LHD US
7835	275	GTS #149/200 66 rebuilt as 330 GTS Prototipo
07836	246	GTS Dino 74 Red/Black Leather LHD US
7837	330	GT 2+2 Series II 66 White/Blue RHD AUS eng.#7837
07838	246	GTS Dino 74 LHD US
7839	275	GTS #151/200 66 LHD EU
07840	246	GTS Dino 74 Azzurro/Dark Blue Leather LHD US
7841	275	GTS #153/200 66 Red LHD EU ex-Michel Lepeltier Collection
07842	246	GTS Dino 2/74 Red/Black & Red Leather then Silver/Blue Black & Grey Leather then Red/Black & Red Leather LHD
7843GT	330	GT 2+2 Series III 66 Blue/grey then Red/beige RHD UK eng. #7843GT
07844	246	GTS Dino 74 Rosso Corsa/Tan Daytona Seats LHD US
7845	275	GTS #183/200 66 Blue/light grey then Red/Tan RHD US #16 RHD
07846	246	GTS Dino 74 Yellow/tan Daytona Seats LHD US
7847	275	GTS #152/200 66 LHD EU
07848	246	GTS Dino 74 Burgundy/Tan then Silver/Blue Black then Black/tan LHD US
7849	330	GT 2+2 Series II 66 Dark Blue/light Blue RHD UK eng. #7849 ex Jay Kay of Jamiroquai
07850	246	GTS Dino 74 LHD US
7851	330	GT 2+2 Series II 65
07852	246	GTS Dino 74 Rosso Dino/tan then Black & White Leather LHD US
7853	275	GTS #154/200 10/66 Blue scuro/beige LHD EU
07854	246	GTS Dino 74 Red/Black LHD US
7855	275	GTB 65 Silver/Black & grey cloth LHD short nose 3 carb
07856	246	GTS Dino 74 LHD US
7857	330	GT 2+2 Series II 66 Red/Black engine rebuilt
07858	246	GTS Dino 74 Green/Tan Leather then Red/Black
7859	330	GT 2+2 Series II 66 Grey/Red then Dark Blue then Red/Tan LHD EU eng. #7863
07860	246	GTS Dino 74 Red/Black Leather LHD US
7861GT	275	GTS #155/200 66 Red/Black LHD EU
07862	246	GTS Dino 74 Dark Metallic Green/tan & Black Daytona seats was burried for 4 years after a theft then recoverd and repainted Red/Black LHD US
7863	330	GT 2+2 Series II Blue/Tan
07864	246	GTS Dino 74 Fly Giallo/Tan Leather Daytona Seats then Black/Tan then Yellow LHD US
7865	275	GTS #156/200 66 LHD US
07866	246	GTS Dino 74 Red Black Boxer Trim/Black Leather LHD US
7867	275	GTS #146/200 66 Azzurro Blue top LHD EU
07868	246	GTS Dino 74 Black/Red Leather Daytona Seats LHD US
7869	275	GTB 65 Rosso Corsa/Tan short nose
07870	246	GTS Dino 74 Rosso Rubino/tan Daytona seats Black inserts LHD
7871	275	GTB
07872	246	GTS Dino 2/74 Rosso Corsa/Tan LHD US
7873	275	GTB 67 dark Red then Giallo Fly/tan LHD long nose
07874	246	GTS Dino 74 Rosso Colorado/tan Daytona Seats LHD US
7875	330	GT 2+2 Series II Silver LHD EU eng. #7875
07876	246	GTS Dino 3/74 Rosso Rubino/Tan Leather
7877	330	GT 2+2 Series II 66 eng. #7877 parted out
07878	246	GTS Dino 74 LHD US
7879	330	GT 2+2 Series II silver/grey eng. 7879 rebodied by Drogo
07880	308	GT/4 Dino Series 1 74 Red/Crema cloth
7881	275	GTB
07882	246	GTS Dino 74 Silver/Blue/Blue Leather
7883	330	GT 2+2 Series II silver grey metallic/Black
07884	246	GTS Dino 74 Red Boxer Trim/Black
7885GT	275	GTS #158/200 66 Red LHD US
07886	246	GTS Dino 74 Rosso Rubino/Magnolia Leather then Red/Black LHD US
7887	275	GTB 65 Yellow/Black
07888	246	GTS Dino 74 Red/Black & tan Leather Daytona seats then Tan then Black int. LHD US Campagnolo wheels
7889	330	GT 2+2 Series II White eng. #7889
07890	246	GTS Dino 74 Azzurro met./tan & Black Daytona seats w. Black inserts LHD US
7891	275	GTS #191/200 66 LHD US
07892	246	GTS Dino 74 Met.Grey/Red Leather then Red/Black Flares, covered headlights LHD US
7893	275	GTB 66 Azzurro/Red LHD
07894	246	GTS Dino 74 grigio ferro/tan Leather Daytona Seats Black Inserts
7895	330	GT 2+2 Series II 66 Silver/Black LHD EU eng. 7895
07896	246	GTS Dino 3/74 metallic brown/tobacco then Rosso Rubino/beige LHD US
7897	275	GTS Tri Posti #160/200 66 LHD EU
07898	246	GTS Dino 74 Rosso Dino/Black & Tan Daytona Seats
7899	275	GTB
07900	246	GTS Dino 74 LHD US
7901	330	GT 2+2 Series II 66 Silver/Red eng. #7901
07902	246	GTS Dino 74 Rosso Dino/Black Leather
7903	275	GTS #161/200 66 LHD EU
07904	246	GTS Dino 74 Dark Brown Met/Tan & Black Daytona Seats then Yellow/Black LHD
7905	275	GTB
07906	246	GTS Dino 74 Silver/Blue Daytona seatsLHD US
7907	275	GTS #162/200 66 LHD EU
07908	246	GTS Dino 74 Red/Natural LHD US
7909	330	GT 2+2 Series II 66 Silver/Tan eng. #7909, engine only remaining?
07910	246	GTS Dino 74 Dark Red/Tan & Black
7911	275	GTB
07912	246	GTS Dino 74 Dark Red/Tan leather LHD US

s/n	Type	Comments
7913	275	GTS #187/200 66 Silver RHD EU eng. #7913 #17 RHD
07914	246	GTS Dino 74 dark Red/Beige then White/Grey & Red Daytona Seats LHD US
7915	275	GTS #164/200 66 White then Yellow/Black LHD US 6 carb
07916	246	GTS Dino 74 White/Tan LHD US
7917	330	GT 2+2 Series II 66
07918	246	GTS Dino 74 LHD US
7919	330	GT 2+2 Series II 66 Sera Blue Metallic/Tan PF body #379 eng. #1324
07920	246	GTS Dino 74 LHD US
7921	275	GTS #165/200 Red/Black LHD
07922	246	GTS Dino 74 Blu Scuro/Red Leather heavily damaged in fire 2003
7923	275	GTB 66 RHD 6 carb
07924	246	GTS Dino 74 Met. Green/Black Leather
7925	330	GT 2+2 Series II 66
07926	246	GT Dino 74 Red/Black Leather then Red/Tan LHD
7927	275	GTB 5/66 Celeste/Blue then Red/Black eng. #6003GT long nose alloy
07928	246	GTS Dino 74 Silver/Tan LHD US
7929	275	GTS #166/200 66 Red/Black LHD EU
07930	246	GTS Dino 74 Black then Gold/Black
7931	275	GTB Rosso Corsa/Black LHD
07932	246	GTS Dino 74 Met.Viola/Black Leather LHD
7933	275	GTB/6C 65 argento/Black & grigio cloth Alloy Long Nose eng. #07933
07934	246	GTS Dino 74 Fly Giallo/Black Leather then Black/Black Daytona Seats
7935GT	275	GTS #167/200 66 Silver/Black then Red/Black then Silver/Black LHD EU
07936	246	GTS Dino 74 Red/Black Leather LHD US
7937	275	GTS #168/200 66 Red/Black LHD EU
07938	246	GTS Dino 74 Black/Black Daytona Seats Red inserts
7939	275	GTS #169/200 66 silver/Black LHD EU
07940	246	GTS Dino 74 Silver/Black Leather LHD US
7941	330	GT 2+2 Series II 66 eng. #7941 parted out
07942	246	GTS Dino 74 White/Red Leather then Verde Pino/Tan Daytona Seats LHD US
7943	330	GT 2+2 Series II Red/Black LHD EU eng. #7943
07944	246	GTS Dino 74 Red/Black LHD US
7945	275	GTS #170/200 66 Red/Black LHD EU
07946	246	GTS Dino 74 Silver/Black LHD US
7947	330	GT 2+2 Series II eng. #7947
07948	246	GTS Dino 74 Light Gold/Black LHD US
7949	275	GTS #171/200 66 LHD US
07950	246	GTS Dino 74 Rosso Chiaro/Black Leather LHD US
7951	330	GT 2+2 Series II 66 eng. #7951
07952	246	GTS Dino 74 Rosso Rubino then Fly Giallo/Tan LHD US
7953	275	GTB 66 Red then Fly Giallo/Nero LHD
07954	246	GTS Dino 74 White/Black & Red
7955	275	GTB 66
07956	246	GTS Dino 74 White/Tan LHD US
7957	275	GTS #172/200 66 Silver/Red LHD US
07958	246	GTS Dino 3/74 Met. Dark Blue/Black Daytona Seats Blue Inserts colour coded roof then Red/Tan & Black Daytona Seats LHD US
7959	275	GTB 66 Rosso Corsa/tan LHD 6 carb
07960	246	GTS Dino 74 Yellow/Black LHD US built up from a wreckage
7961	275	GTB
07962	246	GTS Dino 74 Fly Giallo/tan then Red/Tan Leather Daytona seats
7963	330	GT 2+2 Vignale Shooting Break last Vignale, 66 British Racing green met./tan then Sand/Sable then green met. Yellow roof/Natural eng. #7963
07964	246	GTS Dino 74 Black/tan Leather Daytona seats LHD US
7965	275	GTS #173/200 66 LHD US
07966	246	GTS Dino 74 Red/Tan Leather colour coded roof LHD US
7967	275	GTS #174/200 66 LHD US
07968	246	GTS Dino 74 Dino Blue then Fly Giallo/tan Leather Daytona seats LHD US
7969	275	GTB
07970	246	GTS Dino 74 Rosso Scuro then Red/Tan LHD US
7971	275	GTB
07972	246	GTS Dino 74 met. brown then Rosso Chiaro/tan & Black LHD US
7973	330	GT 2+2 Series II 66
07974	246	GTS Dino 74 Black/Black & Red Daytona seats LHD US
7975SF	500	Superfast #27/37 66 Black/beige, ex-Shah of Persia
07976	308	GT/4 Dino 74
7977	275	GTS #175/200 66 Red/Black LHD US
07978	308	GT/4 Dino 74
7979	330	GT 2+2 Drogo Speciale #1/1 66 light gold then Red/Black LHD EU eng. #7979 ex-Luigi Chinetti
07980	308	GT/4 Dino 74
7981	275	GTB
07982	308	GT/4 Dino 74
7983	275	GTB 66 Red then silver/Black & grey LHD Alloy 6 carb
07984	308	GT/4 Dino 74 Rosso/crema
07985GT	275	GTS #176/200 66 silver/Black LHD US
07986	308	GT/4 Dino 74
7987	275	GTS #177/200 66 Silver LHD US
07988	308	GT/4 Dino 74
7989	275	GTS #178/200 66 silver/Black LHD US
07990	308	GT/4 Dino 74
7991GT	275	GTB/2 1/65 Rosso Corsa/Nero LHD EU alloy 6 carb Longnose
07992	308	GT/4 Dino 74
7993	275	GTB White/bordeaux
07994	308	GT/4 Dino 74 Dark Blue/Crema
7995	275	GTB/6C 65 Dark Red/Black LHD long nose Alloy
07996	308	GT/4 Dino Series 1 74 Red/Black
7997	275	GTS #188/200 66 Rosso Corsa/Black Black top RHD US #18 RHD
07998	308	GT/4 Dino Series 1 first RHD 74 Red/Black RHD,
7999	275	GTS #179/200 66 Azzuro then Blu Sera/grey LHD EU
08000	308	GT/4 Dino 74
8001	275	GTS #180/200 66 Red/Black/Black Soft Top LHD US eng. #8001
08002	308	GT/4 Dino 74
8003	275	GTS #181/200 66 LHD EU
08004	308	GT/4 Dino 74
8005	275	GTS #184/200 66 Red/Black LHD US
08006	308	GT/4 Dino Series 1 74 Red/Tan
8007	275	GTS #189/200 66 Red/Black RHD UK #19 RHD
08008	308	GT/4 Dino 3/74 Red/Beige cloth Brown & Black carpet eng. #33 trans. #4311
8009	275	GTS #185/200 66 LHD
08010	308	GT/4 Dino 74 Silver/Black cloth
8011	275	GTB 65 met.green LHD EU Alloy 6 carb
08012	308	GT/4 Dino 74
8013	275	GTB 65
08014	308	GT/4 Dino 74
8015	275	GTS #186/200 66 Red/Black LHD EU
08016	308	GT/4 Dino 74
8017	275	GTB 65
08018	308	GT/4 Dino 74

s/n	Type	Comments
8019SF	500	Superfast Brussels show car #28/37 65 dark Blue/Grey LHD
08020	308	GT/4 N.A.R.T. Le Mans 74 Red White/Black & Blue
8021	275	GTB 65 Dark green LHD converted to RHD Alloy long nose 3 carb
08022	308	GT/4 Dino 74
8023	330	GT 2+2 Series II 66
08024	308	GT/4 Dino 74 Blu Dino/Tan
8025	330	GT 2+2 Series II 66 Silver/Blue then Red/Tan PF body #393, eng. #1292
08026	308	GT/4 Dino 74
8027	275	GTB longnose
08028	246	GTS Dino 74
8029	275	GTB long nose, alloy
08030	246	GTS Dino 3/74 Fly Giallo/Black Daytona seats LHD US
8031	275	GTB 65 dark Red/Black LHD Longnose Alloy
08032	246	GTS Dino 74 Rosso Dino/Black LHD US
8033	275	GTB Oro LHD EU
08034	246	GTS Dino 74 White/Red
8035	275	GTB/6C 66 dark green/Black Longnose LHD
08036	246	GTS Dino 74 Blue/Tan
8037	275	GTB 65
08038	246	GTS Dino 74 Met.Blue then Black/Tan
8039	275	GTB NART Spider Conversion 65 Yellow/black
08040	246	GTS Dino 74 Argento/Black LHD US
8041	275	GTB 65 Prugno met./Black LHD EU long nose 3 carb
08042	246	GTS Dino 74 Fly Giallo/tan Daytona seats LHD US
8043	275	GTB 65
08044	246	GTS Dino 74 Silver/tan & Black Leather Daytona Seats LHD US
8045	275	GTB 65 Red/Black & grey Long nose alloy 6 carb
08046	246	GTS Dino 74 Mustard Yellow/TanLeather then Black/Black
8047	275	GTB London Motor Show car first RHD 65 Celeste Chiaro/Black VM8500 grey carpets long nose
08048	246	GTS Dino 74 LHD US
8049	275	GTB 65
08050	246	GTS Dino 74 Rosso Rubino/tan & Black Chairs & flares, dark brown inserts LHD US
8051	275	GTB/6 C 66 Black/Black long nose alloy 3 carb
08052	246	GTS Dino 74 LHD US
8053	275	GTB/6C 66 Red/Black eng. #8053
08054	246	GTS Dino 74 Black/burgundy & Black Daytona seats then Red/Black LHD US
8055	275	GTB 66 Red RHD eng. #8055
08056	246	GTS Dino 74 Rosso Dino/Tan Vinyl LHD US
8057	275	GTB/2 66 Red then Fly Giallo/Black leather Long Nose alloy
08058	246	GTS Dino 74 Rosso Rubino/Black Leather LHD US
8059	275	GTB 66 Yellow Belgian stripe then Red/Black then Yellow/Black LHD
08060	246	GTS Dino 74 Anthracite/Beige
08061	275	GTB 66 Rosso Corsa French stripe/Black LHD Alloy body long nose alloy wheels.
08062	246	GTS Dino 3/74 Black Red & Black Daytona Seats then McLaren Orange/Black then Yellow/Black LHD
8063	275	GTB 66
08064	246	GTS Dino 74 Fly Giallo/Black Leather
8065	275	GTB/2 6C 66 Rosso Corsa french stripe/Black LHD long nose competition prepaRed by Piet Roelofs
08066	246	GTS Dino 74 LHD US
08067	275	GTB 66 Yellow/Black LHD
08068	246	GTS Dino 74 LHD US
8069	275	GTB 66
08070	246	GTS Dino 74 Blue then Red/Black LHD US
8071	275	GTB 66 RHD
08072	246	GTS Dino 74 Dark Red/Tan Leather then Grey Cloth LHD
8073	330	GT 2+2 66
08074	246	GTS Dino 74 Rosso Cordoba/tan & Black LHD US
8075	330	GT 2+2 66 Dark Blue/Beige
08076	246	GTS Dino 74 Black/Black then Tan Daytona Seats eng. #8075
8077	275	GTB 66 RHD 6 carb
08078	246	GTS Dino 74 Red/Black & Red Daytona int., flaRed fenders & wide wheels LHD US
8079	275	GTB 66 Red/Black Alloy
08080	246	GTS Dino 74 Silver/Black & Red Daytona Seats then Red/Tan & Black Chairs & flares LHD US
8081	275	GTB 66
08082	246	GTS Dino 74 Rosso Cordoba/Tan Leather then French Blue
8083SF	500	Superfast #29/37 66 Dark Blue
08084	246	GT Dino 74 Red/Crema Leather LHD US
8085	275	GTB
08086	246	GTS Dino 74 Red LHD US
8087	275	GTB 66 Red/Black Alloy Long Nose
08088	246	GTS Dino 74 LHD US
8089	275	GTB
08090	246	GTS Dino 74 Black/Black LHD US
8091	275	GTB/6C 66 Rosso Corsa/Black LHD Long nose eng. #8091
08092	246	GTS Dino 74 Black/Red & Black then bronze then Rosso Cordoba/bordeaux LHD US
8093	330	GT 2+2 Series II 66
08094	246	GTS Dino 74 Red/Tan & Black Daytona inserts LHD US ex-Barbara Streisand
8095	330	GT 2+2 Series II 66 Silver/Black, eng. #8095 eng. rebuilt
08096	246	GTS Dino 74 White/Tan colour coded roof LHD US
8097	330	GT 2+2 Series II 66 Red/Black RHD eng. #8097
08098	246	GTS Dino 74 Blue Metallic/Tan then Fly Giallo/Tan
8099	330	GT 2+2 Series II 66 eng. #8099
08100	246	GTS Dino 74 Yellow/Black
8101	330	GT 2+2 Series II 66 Azzurro/Black #eng. 8101 replaced with eng. #6117
08102	246	GTS Dino 74 Red/Crema & Black Daytona interior LHD US
8103	330	GT 2+2 Series II
08104	246	GTS Dino 74 Red/Blue seats then tan Daytona seats LHD US Cromodora wheels
8105	330	GT 2+2 Series II 66 RHD UK eng. #8105
08106	246	GTS Dino 74 Fly Giallo/Black Leather LHD
8107	330	GT 2+2 Series II 66 Silver/Black then Red LHD eng. #8107 TR-Replica Red
08108	246	GTS Dino 4/74 Black/tan Daytona seats LHD US
8109	330	GT 2+2 Series II 66 eng. #8109 250TR 61 Replica
08110	246	GTS Dino 74 Black/Black & Red LHD US
8111	275	GTB 66 Red RHD Alloy
08112	246	GTS Dino 5/74 Black/Red & Black Leather
8113	275	GTB 66 Red/Black Long Nose Alloy
08114	246	GTS Dino 74
8115	330	GT 2+2 Series II 66 Silver/Dark Blue RHD UK eng. #8115
08116	246	GTS Dino 74 Red/Tan/Black Daytona seats U.S.
8117	275	GTB 66 Red/Black Alloy
08118	246	GTS Dino 74 Red/Black Leather colour coded roof
8119	275	GTB 66
08120	246	GTS Dino 74
8121	275	GTB 66 Alloy

s/n	Type	Comments
08122	246	GTS Dino 74 Dark Brown then Black then Red/Tan LHD EU
8123	275	GTB/2 66 Rosso Corsa/Black then Bordeaux/Grey then Dark Red/Crema LHD US eng. #8123 long nose alloy 3 carb
08124	246	GTS Dino 74 Yellow then Red/Black LHD US
8125	275	GTB Alloy
08126	246	GTS Dino 74 Silver/Black & Red LHD US
8127	330	GT 2+2 Series II 66 Silver/Black eng. #8127 parted out
08128	308	GT/4 Dino 74
8129	330	GT 2+2 Series II 66
08130	308	GT/4 Dino 74
8131	330	GT 2+2 Series II 66
08132	308	GT/4 Dino Series 1 Red Crashed?
8133	330	GT 2+2 Series II 66 RHD
08134	308	GT/4 Dino 74
8135	275	GTB/6C 12/65 Red/Black LHD Long Nose Alloy
08136	308	GT/4 Dino 74 Nero reported to be stolen
8137	275	GTB Red Long Nose Alloy
08138	308	GT/4 Dino 74
8139	330	GT 2+2 Series II 66 Dark Blue then Red/Grey RHD UK eng. #8139
08140	308	GT/4 Dino Series 1 4/74 dark Red/Crema LHD EU Black carpets eng. #48
8141	330	GT 2+2 Series II 66 Silver/Black eng. #8141 196 S Spider replica, Yellow/Green then Dark Red/Black
08142	308	GT/4 Dino 74
8143	275	GTB 66 Red/Black Alloy
08144	246	GTS Dino 74
8145	275	GTB 66 Giallo Fly/Black LHD longnose
08146	308	GT/4 Dino 74
8147	330	GT 2+2 Series II 66 Dark Blue/Brown eng. #8147
08148	308	GT/4 Dino 74
8149	330	GT 2+2 Series II 66 Red/Black eng. #8149
08150	308	GT/4 Dino 74
8151	275	GTB/2 66 Rosso Corsa White stripe/Black LHD EU Long Nose 3 carb
8152	?	Dino 74
8153	330	GT 2+2 Series II 66
8154	?	Dino 74
8155	275	GTB 66 Silver/Red LHD Long Nose Alloy 3 carb
8156	?	Dino 74
8157	275	GTB 66 Red then Giallo Fly/Black Alloy (ex)-David Letterman
08158	308	GT/4 Dino 74 Red/
8159	275	GTB 66 Red/Tan LHD US Alloy long nose
08160	308	GT/4 Dino 74 Red/Black
8161	330	GT 2+2 Series II 66
08162	308	GT/4 Dino 74
8163	275	GTB 66
08164	308	GT/4 Dino 74
8165	250/275	LM last 66 Rosso Corsa/Black then Green then Rosso Corsa then Green/Black RHD
08166	308	GT/4 Dino 74
8167	330	GT 2+2 Series II 66 Azzurro/Black then Red/Black LHD EU eng. #8167
08168	308	GT/4 Dino 74 Dark Red/White LHD
8169	330	GT 2+2 66 Dark Blue/Black then Red/Black LHD EU eng. #8169
08170	308	GT/4 Dino 74
8171	330	GT 2+2 66 LHD EU eng. #8171
08172	308	GT/4 Dino 74
8173	330	GT 2+2 66 Azzurro/Black LHD EU eng. #8173
08174	308	GT/4 Dino Red/Tan
8175	330	GT 2+2 1/66
08176	308	GT/4 Dino 74
8177	330	GT 2+2 66
08178	308	GT/4 Dino 74
8179	275	GTB/6C 65 Rosso Chiaro/Black RHD Alloy eng. #8179 1 of 6 RHD cars
08180	308	GT/4 Dino 5/74 Blue/Tan cloth w. Blue carpets eng. #68
8181	275	GTB 66 RHD
08182	308	GT/4 Dino 4/74 Red/beige LHD sports exhaust, Matching Numbers
8183	330	GT 2+2 66 Fly Giallo/Tan then Red/Tan LHD EU eng. #8183
08184	308	GT/4 Dino 74
8185	330	GT 2+2 66 Red/Tan
08186	308	GT/4 Dino 74
8187	275	GTB/2 66 Silver long nose 6 carb
08188	308	GT/4 Dino 74 two tone Blue Black Boxer Trim/Blue & Black
8189	330	GT 2+2 66 Rosso Rubino/Black then Rosso Rubino/tan
08190	308	GT/4 Dino 74
8191	275	GTB/2 66 Red/Black then Yellow/Black Alloy Long nose
08192	308	GT/4 Dino 74
8193	275	GTB 66 Red/Black alloy
08194	308	GT/4 Dino 74
8195	330	GT 2+2 66 Silver/Black LHD EU eng. #8195
08196	308	GT/4 Dino 74
8197	330	GT 2+2 66 Grey/Tan LHD EU eng. #8197, engine rebuild
08198	308	GT/4 Dino 74
8199	275	GTB 66
08200	246	GTS Dino 74 Green Metallic LHD US
8201	330	GT 2+2 66 Silver/Black LHD EU eng. #8201
08202	308	GT/4 Dino 74
8203	330	GT 2+2 66 British racing green/tan
08204	308	GT/4 Dino 74
8205	330	GT 2+2 66 Grigio Fumo 18944 M. lt Pella Beige VM 3218 then Red/Tan eng. #8205
08206	308	GT/4 Dino 74
8207	330	GT 2+2 66 Red/Tan LHD EU eng. #8207, rebuilt engine
08208	308	GT/4 Dino 74 Red
8209	275	GTB 66 Yellow/Black LHD long nose
08210	308	GT/4 Dino 74
8211	330	GT 2+2 66
08212	308	GT/4 Dino 74
8213	275	GTB 1/66 Red/Black LHD Alloy Long Nose
08214	308	GT/4 Dino 74
8215	330	GT 2+2 Red/Black, eng. #8215 restored
08216	308	GT/4 Dino 74
8217	330	GT 2+2 66
08218	308	GT/4 Dino 74
8219	275	GTB 66 Argento/Blue RHD Alloy Long nose
08220	308	GT/4 Dino 74
8221	275	GTB/6C 66 Red/Black RHD Alloy eng. #08221
08222	308	GT/4 Dino 74
08223	330	GT 2+2 66
08224	308	GT/4 Dino 74
8225	275	GTB 66 Yellow, Alloy
08226	308	GT/4 Dino Red/Tan
8227	330	GT 2+2 66
08228	246	GTS Dino 74 Red/Black & Tan Leather LHD US
8229	275	GTB 66
08230	246	GTS Dino 74 Red/Black Daytona Seats LHD US
8231	330	GT 2+2 66 Dark Silver/Blue, then Red/Black LHD EU eng. #8231
08232	246	GTS Dino 74 Red/Tan then dark Blue/tan
8233	275	GTB 67 Red/Black Long Nose 6 Carb Alloy
08234	246	GTS Dino 74 Silver/Black Red inserts Chairs & flares US
8235	330	GT 2+2 66
08236	246	GTS Dino 74 White/Red Leather then Red/Tan Daytona Seats
8237	330	GT 2+2 66
08238	246	GTS Dino 74 Red/Black
8239	330	GT 2+2 #744/1080 66 Red/Tan LHD EU
08240	246	GTS Dino 74 Red/beige

s/n	Type	Comments
8241	275	GTB 66 RHD long nose Alloy
08242	246	GTS Dino 74 Fly Giallo/tan Daytona Seats LHD US
8243	330	GT 2+2 #736/1080 66
08244	246	GTS Dino 74 Red/Black
8245	330	GT 2+2 #738/1080 66 Gold then Burgundy/Black LHD EU eng. #8245
08246	246	GTS Dino 74 Red/Tan & Black inserts Flares, Tubi exhaust US
8247	275	GTB
08248	246	GTS Dino 74 Red/Red LHD US
8249	275	GTB Alloy 66 argento/nero Alloy eng. #08249 ex-A. J. Lee collection
08250	246	GTS Dino 74 Red/Black
8251	330	GT 2+2 #742/1080 66 silver/Black LHD EU eng. #8251
08252	246	GTS Dino 5/74 Yellow/tan then Nocciola/Black then Red/Tan Leather then Yellow/Tan LHD, US ex-Burt Reynolds
8253SF	500	Superfast Series II #30/37 4/66 Blue Sera Met./Blue LHD US PF job #99616
08254	246	GTS Dino 74 Green/tan Leather then Red/Tan
8255	275	GTB 66 Alloy
08256	246	GTS Dino Series E 74 Rosso Rubino tan & Black Daytona seats LHD US
8257	330	GT 2+2 #745/1080 66
08258	246	GTS Dino 74 Copper Met./Tan Black Piping
8259	275	GTB/6C 66 Red/Black then Silver/dark Blue LHD Longnose Alloy
08260	246	GTS Dino 74 Silver/tan Leather
8261	330	GT 2+2 Series II #746/1080 66 LHD EU eng. #8261
08262	246	GTS Dino 74 Red/Tan Leather LHD US
8263	275	GTB
08264	246	GTS Dino 5/74 Red/Tan LHD EUairs & flares, Campagnolo wheels US
8265	330	GT 2+2 #748/1080 66
08266	246	GTS Dino 74 dark Red/Tan Leather then Red/Tan Leather
8267	330	GT 2+2 Series II #743/1080 66 silver/Black
08268	246	GTS Dino 5/74 Blue Metallic/Blue Leather
8269	330	GT 2+2 #749/1080 66
08270	246	GTS Dino 74 Dark Blue/Tan
8271	330	GT 2+2 66 LHD EU eng. #8271
08272	246	GTS Dino 5/74 Red/Tan & Black leather
8273SF	500	Superfast Series II #31/37 1/66 Avorio then Red/Black LHD US PF job #99617
08274	246	GTS Dino 74 Black/Tan & Black Daytona then Red/Black then Black/Tan LHD US
8275	330	GT 2+2 Series II 66 Dark Blue met./Naturale LHD eng. #8275
08276	246	GTS Dino 74 Yellow/Black Daytona Seats colour coded roof LHD US
8277	275	GTB 66 RHD
08278	246	GTS Dino 74 Metallic Blue/navy
8279	330	GT 2+2 66 Ivory/Tan eng. #8279
08280	246	GTS Dino 74 Silver/dark Red Chairs & flares
8281	330	GT 2+2 66
08282	246	GTS Dino 74 Rosso Barchetta/magnolia then Tan int.
8283	330	GT 66 White/Tan then Red/Crema then Black int. LHD EU eng. #8283
08284	246	GTS Dino 74 Silver/Red & Black Daytona Seats
8285	330	GT 66 Red/Black LHD EU eng. #8285
08286	246	GTS Dino 74 Black/Red Daytona Seats Black Inserts LHD US
8287	275	GTS #192/200 66 LHD EU
08288	246	GTS Dino 74 Gold Met./Black Leather
8289	330	GT 2+2 66 Grigo Argento/Red LHD EU
08290	246	GTS Dino 74 Verde Medio/tan Leather LHD US
8291	330	GT 2+2 66
08292	246	GTS Dino 5/74 Rosso Cordoba/Black Leather
8293	330	GT 2+2 66 Red/Crema alloy wheels LHD EU
08294	246	GTS Dino 74 Red/Black Leather
8295	330	GT 2+2 66
08296	246	GTS Dino 74 Red/Tan Black inserts LHD US
8297	275	GTB/6C 66 Red/Tan Long Nose
08298	246	GTS Dino 74 Rosso Chiaro/Black Leather LHD
8299SF	500	Superfast Series II New York show car #32/37 7/12 Series II 66 Grigio argento/Rosso LHD US PF job #99618
08300	246	GTS Dino 74 Red/Tan Leather LHD
8301	330	GT 2+2 66 LHD EU eng. #8301
08302	246	GTS Dino 74
8303	275	GTS #193/200 66 LHD US
08304	246	GTS Dino 74 Fly Giallo/Navy Blue then Black Leather Chairs & flares LHD US
8305	275	GTB 66
08306	246	GTS Dino 74 Viola Met./Tan
8307	330	GT 2+2 66
08308	246	GTS Dino 74 Silver/Red & Black Chairs & flares LHD US
8309	330	GT 2+2 66 Red/Black eng. #8309 replaced with #12251
08310	246	GTS Dino 74 Blue Sera/tan & Black Daytona Seats then Yellow/Black Daytona Seats LHD
8311	275	GTB First torque tube 3/66 Black/customized natural & White then Red/Black LHD EU
08312	246	GTS Dino 74 Silver/dark Red Flares & chairs LHD US
8313	275	GTS #194/200 66 LHD EU
08314	246	GTS Dino 5/74 Rosso Rubino/Tan Daytona Seats
8315	330	GT 2+2 66
08316	246	GTS Dino 74 Fly Giallo/Black
8317	275	GTB 66
08318	246	GTS Dino 74 Black then Yellow/Tan & Tan
8319	330	GT 2+2 66 Saphire Blue/Bright Red LHD EU Split rear bumper
08320	246	GTS Dino 74
8321	330	GT 2+2 66
08322	246	GTS Dino 5/74 Black/Red then Red/Black Leather
8323	275	GTB 66
08324	246	GTS Dino 74 Rosso Rubino/Black Leather
8325	330	GT 2+2 66 dark Blue grey LHD
08326	246	GTS Dino 74 Copper then Silver then Red/Tan & Black Daytona seats LHD US
8327	275	GTB 66
08328	308	GT/4 Dino 74
8329	330	GTC first production car Geneva Show Car #2/600 2/66 pale Red met. then Red/naturale LHD EU job #2/C0002
08330	308	GT/4 Dino 74
8331	330	GT 2+2 66
08332	308	GT/4 Dino 74 Red/Tan Leather
8333	330	GT 2+2 66 Red/Black
08334	308	GT/4 Dino 74
8335	275	GTS #190/200 66 Red/Black LHD EU
08336	308	GT/4 Dino 74
8337	275	GTB 66 Rosso Corsa/Nero temp. eng. #08887?
08338	308	GT/4 Dino Series 1 74 Dark Blue/beige Blue cloth LHD EU
8339	330	GT 2+2 Series II 66 Maroon/Black then Platinum/Black
08340	308	GT/4 Dino 74
8341	275	GTB/6C 66 Red long nose
08342	246	GTS Red/Black
8343	275	GTB
08344	308	GT/4 Dino 74
8345	330	GT 2+2 Metallic Blue/Tan
08346	308	GT/4 Dino 74
8347	365	California Spider #1/14 66 light met. then dark Blue/beige LHD
08348	308	GT/4 Dino 74 Red/Tan EU
8349	275	GTB 66 Blue

s/n	Type	Comments
08350	308	GT/4 Dino 74
8351	330	GT 2+2
08352	308	GT/4 Dino 74
8353	275	GTS #195/200 66 Red/Black LHD US
08354	308	GT/4 Dino 74
8355	275	GTB
08356	308	GT/4 Dino 74 Silver/Black
8357	330	GT 2+2 66 Azzurro/beige
08358	308	GT/4 Dino 74 Red/Black with sport seatbelts
8359	275	GTB 66 Grigio Notte/Black then Verde Pino/Black LHD Long Nose eng. #8359 ex-Clint Eastwood
08360	308	GT/4 Dino
8361	330	GT 2+2 Silver/Black
08362	308	GT/4 Dino 74 dark Blue/Black
8363	330	GT 2+2
08364	246	GTS Dino 74 Black/Black
8365	275	GTB
08366	308	GT/4 Dino 74 Red/Black
8367	330	GT 2+2
08368	308	GT/4 Dino 74
8369	275	GTS #196/200 66 LHD US
08370	308	GT/4 Dino 74
8371	275	GTB 66 Red/Black long nose
08372	308	GT/4 Dino Series II
8373	330	GT 2+2 66 Black/Tan Black leather & wooden accents
08374	308	GT/4 Dino 74
8375	275	GTS #191/200 66 LHD EU
08376	308	GT/4 Dino 74
8377	275	GTB RHD
08378	308	GT/4 Dino 74
8379	330	GT 2+2 Dark Blue/Light
08380	308	GT/4 Dino 74 Red F106AL08380 #8/16 82 Michelotto Group 4-Conversion
8381	275	GTB
08382	308	GT/4 Dino 74
8383	330	GT 2+2 66, first with Carello headlights 250 GTO Series I Conversion by Alegretti Red/ Black Leather Racing Seats LHD Eng. # 8383
08384	308	GT/4 Dino 74
8385	275	GTB long nose
08386	308	GT/4 Dino 74
8387	330	GT 2+2 Black/Black
08388	308	GT/4 Dino 74
8389	275	GTB 66 Red/Black long nose
08390	308	GT/4 Dino 74
8391	275	GTB 66 RHD
08392	308	GT/4 Dino 74
8393	330	GT 2+2 Anthracite/Tan
08394	308	GT/4 Dino 74
8395	275	GTB
08396	308	GT/4 Dino 74
8397	275	GTS #198/200 66 Red/Tan LHD EU
08398	308	GT/4 Dino 74
8399	330	GT 2+2 66
08400	308	GT/4 Dino Series 1 74 Red/Black
8401	330	GT 2+2 Series II Red/Black RHD
08402	308	GT/4 Dino 74 argento/nero
8403	275	GTB/6C 67 Red/Tan leather, Steel, long nose interim
08404	246	GTS Dino 74 Blue Metallic/Blue
8405	330	GT 2+2 66
08406	308	GT/4 Dino 74
8407	275	GTB
08408	308	GT/4 Dino 74
8409	330	GT 2+2 Series II 4/66 LHD EU eng. # 8409
08410	308	GT/4 Dino 74 Red/Tan
8411	330	GT 2+2 66 Silver
08412	308	GT/4 Dino 74
8413	275	GTB
08414	308	GT/4 Dino 74
8415	330	GT 2+2 66

s/n	Type	Comments
08416	308	GT/4 Dino 74
8417	330	GT 2+2 Series II 66 RHD
08418	308	GT/4 Dino 74
8419	275	GTB 66 Black/Black steel 3 carb
08420	308	GT/4 Dino 74
8421	330	GT 2+2 66
08422	308	GT/4 Dino Series 1 74 Azzurro met./Blue cloth
8423	275	GTB Series II 66 Red/Black LHD eng. #8423 Long nose
08424	308	GT/4 Dino 74
8425	330	GT 2+2 Series II 66
08426	308	GT/4 Dino 74 Azzurro met./Black
8427	330	GT 2+2 Series II 66
08428	246	GTS Dino 74 Fly Giallo/Black LHD US
8429	330	GT 2+2 Series II 66 LHD EU 250 California Spider Replica, eng #1588, eng. in #2887
08430	246	GTS Dino Series E 74 dark Met. Red/TanDaytona Seats LHD US
8431	275	GTB
08432	246	GTS Dino 74 silver/burgundy
8433	330	GT 2+2 66
08434	246	GTS Dino 74 LHD US
8435	330	GT 2+2 66
08436	246	GTS Dino 74 LHD US
8437	330	GT 2+2 Series II RHD
08438	246	GTS Dino Series E 74 Dark Red/Tan Daytona Seats
8439	275	GTB/2 6C 66 Long Nose
08440	246	GTS Dino 74 Dino Blue/Red then Red/Tan Daytona Seats LHD US
8441	330	GT 2+2 Series 2 66 250 GT SWB Replica by Alegretti Red/Black,
08442	246	GTS Dino 74 Black/tan thenRosso Rubino Metallizzato 106-R-83/Black Chairs & flares LHD US
8443	330	GT 2+2 66
08444	246	GTS Dino 74 Azzurro/Tan & Black Daytona Seats then Red/Tan Chairs & flares LHD US
8445	275	GTB
08446	246	GTS Dino 5/74 Silver/Black Leather Chairs & flares, headlight covers LHD US
8447	330	GT 2+2 66 Silver/Black
08448	246	GTS Dino 74 Black/Black & Tan then Red/Tan & Black Daytona Seats US
8449	330	GT 2+2 66 RHD
08450	246	GTS Dino 74 Grigio/Black
8451	275	GTB 66 silver then Yellow/Black
08452	246	GTS Dino 74 Grigio ferro/Red & Black LHD
8453	330	GT 2+2 66 sold new to Venezuela
08454	246	GTS Dino 5/74 Fly Giallo then Red/Black LHD US
8455	330	GT 2+2 66 Azzurro/Black then Rossa Corsa/Black
08456	246	GTS Dino 74 Rosso chiaro/Tan Leather Daytona Seats
8457	275	GTC "Corsa" Scaglietti #1/1 66 Red/Tan LHD
08458	246	GTS Dino 74 Rosso Chiaro/Black Daytona Seats
8459SF	500	Superfast Series II #33/37 3/66 Ice Blue/beige RHD UK PF job #99620
08460	246	GTS Dino 74 LHD US
8461	330	GT 2+2 66 Dark Blue RHD
08462	246	GTS Dino 74 Red/Black LHD US
8463	330	GT 2+2 66
08464	246	GTS Dino 74 Fly Giallo/Black Leather LHD US
8465	275	GTB 66
08466	246	GTS Dino 74 Azzurro Met./Blue Daytona seats LHD US Tubi
8467	330	GT 2+2 66
08468	246	GTS Dino 74 Oro Chiaro Metallizzato/tan leather Daytona seats Black stripes LHD US
8469	330	GT 2+2 66
08470	246	GTS Dino 74 Fly Giallo then Green/Black Daytona Seats LHD US

s/n	Type	Comments
8471	275	GTB
08472	246	GTS Dino 74 Rosso Cordoba/Tan Leather then Fly Giallo/Tan & Black
8473	330	GT 2+2 66
08474	246	GTS Dino 74 Yellow Fly/Black & Tan Daytona Seats
8475	330	GT 2+2 66
08476	246	GTS Dino 74 Black/Black
8477	275	GTB/6 C 66
08478	246	GTS Dino 74 Black/Black Leather Daytona Seats
8479	330	GT 2+2 66
08480	246	GTS Dino 74 Black/Tan Leather Daytona Seats LHD US
8481	330	GT 2+2 Series II 66 Red/Black
08482	246	GTS Dino 74 Silver then Red/Black Leather LHD US
8483	275	GTB/2 66 Yellow/Black LHD 6 Carb Long Nose Torque Tube
08484	246	GTS Dino 74 Fly Giallo/Black Leather LHD US
8485	330	GT 2+2 66 Dark Blue/Tan
08486	246	GTS Dino 74 Silver/tan Chairs & flares LHD US
8487	330	GT 2+2 66 Silver Metallic/Black then Rosso Corsa/Black
08488	246	GTS Dino Silver/Med. Blue Leather then Blue Sera/light Blue then Red/Tan Daytona Seats
8489	275	GTB Azzurro
08490	246	GTS Dino 74 Silver LHD US ex-Pat Boone, probobly written off
8491	330	GT 2+2 66 Blue, reported to be stolen in Geneva
08492	246	GTS Dino 74 Black/Black & Red Inserts LHD US
8493	275	GTB/6 C
08494	246	GTS Dino 74 Yellow Originally/Black Leather then Black/Tan Daytona Seats then Red/Tan Daytona seats
8495	330	GT 2+2 66 Azzurro/Blue then Black int.
08496	246	GTS Dino 74 White/Black LHD US Tubi
8497	275	GTB eng. only remaing?
08498	246	GTS Dino 74 Rosso Chiaro/Black Leather then Red/Tan Black inserts
8499	330	GT 2+2 66
08500	246	GTS Dino 74 White/Dark Red
8501	275	GTB 66 Silver then Red then crashed in '67, eng. only remaining?
08502	246	GTS Dino 74 Red/Black Leather LHD US
8503	275	GTB/6C 66 Anthracite RHD eng.#8503
8504	246	GTS Dino 74 White/Tan LHD US
8505	330	GT 2+2 66 Silver/Red then Dark Blue/Tan
08506	246	GTS Dino 74 White then Red/Black
8507	275	GTB Red/Black
08508	246	GTS Dino 74 Green/Crema Chairs & flares
8509	330	GT 2+2 66
08510	246	GTS Dino 74 Red/Black
8511	275	GTB 66 Red/Black LHD eng. #8511
08512	246	GTS Dino 74 Dark Met. Green/tanDaytona Seats
8513	275	GTB
08514	246	GTS Dino 74 Silver/Black Leather
8515	330	GT 2+2 66 written off
08516	246	GTS Dino #1273/1274 74 met. Blue/Tan then Yellow/Black then Red/Black Daytona seats
8517	275	GTB 6/C
08518	246	GTS Dino #1274/1274 last, 74 Blue/Tan then Yellow/tan then Black & Yellow int. LHD US
8519	330	GT 2+2 67 Silver/Black LHD
08520	308	GT/4 Dino 74 Red/Creme
8521	275	GTB Red/Tan
08522	308	GT/4 Dino 74 Red/Black
8523	330	GT 2+2 Series 2 67 Silver/Tan LHD eng. #1642 body #516
08524	308	GT/4 Dino 74
8525	275	GTB/6C
08526	308	GT/4 Dino 74
8527	330	GT 2+2 66
08528	308	GT/4 Dino 74
8529	330	GTC #3/600 66 Yellow/Black LHD EU eng. in s/n 9257
08530	308	GT/4 Dino 74
8531	330	GT 2+2 66
08532	308	GT/4 Dino 74 Dark Blue/Black
8533	330	GT 2+2 67 Maroon/tan eng. #8533
08534	308	GT/4 Dino 74 Red/Black
8535	330	GT 2+2 66
08536	308	GT/4 Dino Series 1 74 Red F106A108536 eng. #F106A00000148
8537	330	GT 2+2 66 Blue/Crema
08538	308	GT/4 Dino 74 Red Black BoxerTrim eng. #148 (eng. # conflicts #08536)
8539	275	GTB/2 66 Yellow/Black Long Nose Torque Tube
08540	308	GT/4 Dino 74
8541	275	GTB 66 Yellow then Rosso Corsa/Black LHD EU long nose
08542	308	GT/4 Dino 74
8543	330	GT 2+2 66
08544	308	GT/4 Dino 74
8545	275	GTB 66 Verde Medio then Red/Black LHD EU Steel Lomg Nose
08546	308	GT/4 Dino 74
8547	330	GT 2+2 66
08548	308	GT/4 Dino 74 Red Black Boxer Trim
8549	275	GTB 66 Black/Black Long nose
08550	308	GT/4 Dino 74 Red/beige LHD EU
8551	330	GT 2+2 66 Med. Green/Red LHD EU
08552	308	GT/4 Dino 74
8553	330	GT 2+2 66
08554	308	GT/4 Dino #36/485 8/74 Red/Grey LHD EU F106AL08554
8555	330	GT 2+2 66 Parted Out Chassis only left, engine sold in '77
08556	308	GT/4 Dino 74
8557	275	GTB/2 66 Rubino Rosso/Tan Long Nose 6 Carb eng. # 8557
08558	308	GT/4 Dino Series 1 74 Red F106A108558 eng. #F106A00000170
8559	330	GT 2+2 rebodied as 250 GTO
08560	308	GT/4 Dino 74 Black/Tan EU
8561	330	GT 2+2 66
08562	308	GT/4 Dino 74
8563	330	GT 2+2 66 RHD
08564	308	GT/4 Dino 74
8565SF	500	Superfast Series II #34/37 4/66 Blu sera/gri-gio then Red/Tan then dark Blue/NaturaleLHD US PF job #99619 eng. #8565 then temp. eng. #8083 then eng. #8565
08566	308	GT/4 Dino 74
8567	275	GTB/2 66 silver/Black Long Nose 3 Cam
08568	308	GT/4 Dino 74 Red eng. #170
8569	330	GT 2+2 Silver Blue/Blue then Silver/Black
08570	308	GT/4 Dino
8571	330	GT 2+2 Series II 66 Grey LHD
08572	308	GT/4 Dino Series 1 74 Red/Tan EU eng. # 00163
8573	275	GTB Spider Conversion Black/dark Red cream top
08574	308	GT/4 Dino 74
8575	330	GT 2+2 Series II Silver/Black
08576	308	GT/4 Dino Series 1 74 Red then Yellow F106A108576 eng. #F106A00000179
8577	275	GTB/2 66 long nose 6 carb
08578	308	GT/4 Dino 74
8579	275	GTB/6 C RHD
08580	308	GT/4 Dino 74
8581	330	GT 2+2 66
08582	308	GT/4 Dino Series 1 74 Blue
8583	275	GTB

s/n	Type	Comments
08584	308	GT/4 Dino Series 1 74 Silver Black Boxer trim/Blue Cloth then Red/Red
8585	330	GT 2+2 66
08586	308	GT/4 Dino 74 Red RHD
8587	330	GT 2+2 66 Silver/Red then Light Green met./Green LHD
08588	308	GT/4 Dino 75 Rosso Corsa/Black
8589	330	GT 2+2 66
08590	308	GT/4 Dino 74
8591	330	GT 2+2 66
08592	308	GT/4 Dino Series 1 74 Red
8593	275	GTB
08594	308	GT/4 Dino 74 Rosso/tan
08595	330	GTC #5/600 66 Rosso Corsa/Black & Tan LHD EU
08596	308	GT/4 Dino 74 Red/Beige
8597	275	GTB/2 66 Red/Black Long Nose
08598	308	GT/4 Dino 74
8599	330	GT 2+2 66 Silver/Red RHD
08600	308	GT/4 Dino 74 Red Black Boxer Trim/Tan EU
8601	330	GT GT 2+2 Series II 67 silver/Black LHD
08602	308	GT/4 Dino 74 Rosso Corsa/Black
8603	275	GTB
08604	308	GT/4 Dino 74
8605	330	GT 2+2 Silver/Black
08606	308	GT/4 Dino 74 Red/Tan
8607	330	GT 2+2 Dark Blue/Black then Red then Silver engine rebuild
08608	308	GT/4 Dino Series 1 74 Red/Tan
8609	330	GT 2+2 66
08610	308	GT/4 Dino Series 1 74 Red/
8611	275	GTB 66 Rosso Corsa/Tan LHD Steel Long Nose 6-carb Torque Tube
08612	308	GT/4 Dino 74
8613	330	GT 2+2 66 Grey/Red ex-Herbert v. Karajan
08614	308	GT/4 Dino 74
8615	275	GTB
08616	308	GT/4 Dino 74 Red/
8617	330	GT 2+2 66 Black/Red then silver/Black then Red/Black then Black/Red
08618	308	GT/4 Dino 74
8619	275	GTB
08620	308	GT/4 Dino 74
8621	275	GTS #199/200 66 LHD US
08622	308	GT/4 Dino 74
8623	330	GT 2+2 66
08624	308	GT/4 Dino 74
08625GT	275	GTB 66 Giallo Fly/Black eng. #08625GT
08626	308	GT/4 Dino 74
8627	330	GT 2+2 Series 2 67 dark Red/Crema eng. #1714 body #550
08628	308	GT/4 Dino
8629	330	GT 2+2 66
08630	308	GT/4 Dino Series 1 74 Red
8631	275	GTS #197/200 66 Yellow then dark Red/Black LHD US
08632	308	GT/4 Dino 74
8633	275	GTB 66 Red/Tan
08634	308	GT/4 Dino 74
8635	330	GT 2+2 66
08636	308	GT/4 Dino 74 White RHD
8637	330	GT 2+2 5/66 Azzurro/Black
08638	308	GT/4 Dino 74
8639	330	GT 2+2 66
08640	308	GT/4 Dino 74
8641	275	GTB
08642	308	GT/4 Dino 74
8643	330	GT 2+2 66
08644	308	GT/4 Dino 74
8645	330	GT 2+2 66
08646	308	GT/4 Dino 74
8647	275	GTB 66 Red/Black RHD Long nose 6 carb
08648	308	GT/4 Dino 74 Red then Yellow then Red/Black RHD
8649	330	GT 2+2 66
08650	308	GT/4 Dino Series 1 74 Black/tan Leather EU F106A108650
8651	330	GT 2+2 66
08652	308	GT/4 Dino 74
8653GT	275	GTS last, #200/200 66 Red/Black LHD US ex-Steve McQueen
08654	308	GT/4 Dino 74 White/Red velour cloth
8655	330	GT 2+2 66
08656	308	GT/4 Dino 74 Blue
8657	330	GT 2+2 Celeste Pullman/Beige then various colours
08658	308	GT/4 Dino 74 Dark Blue/Creme
8659	275	GTB Rosso/nero
08660	308	GT/4 Dino 74
8661	330	GT 2+2 66 Dark Metallic Blue/Red RHD eng. #8661
08662	308	GT/4 Dino 74 EU
8663	330	GT 2+2 66 Silver/Blue eng. #8663
08664	308	GT/4 Dino 74
8665	330	GT 2+2 Silver/Black
08666	308	GT/4 Dino 74
8667	330	GT 2+2 Dark Blue/Tan RHD
08668	308	GT/4 Dino 74
8669	275	GTB/6 C 66 Silver LHD EU Long Nose
08670	308	GT/4 Dino 74
8671	330	GT 2+2 66
08672	308	GT/4 Dino Series 1 74 Red/Crema & brown cloth EU
8673	330	GT 2+2 Series II 67 Red/dark Blue RHD eng. #209
08674	308	GT/4 Dino 74
8675	275	GTB 66
08676	308	GT/4 Dino 74 Red/Beige Brown carpets eng. #221
8677	275	GTB
08678	308	GT/4 Dino 74 Prugna/tan
8679	330	GT 2+2 66 Black/Black
08680	308	GT/4 Dino 74
8681	275	GTB 66 Argento RHD
08682	308	GT/4 Dino 74
8683	330	GTC 66
08684	308	GT/4 Dino Series 1 74 Red/brown RHD UK F106A108684 eng. #F106A00000229
8685	330	GT 2+2 66 Green/Green RHD eng. #8685
08686	308	GT/4 Dino 74
8687	330	GT 2+2 66 Rosso Rubino/Black then Red?
08688	308	GT/4 Dino 74
8689	330	GT 2+2 66
08690	308	GT/4 Dino 74
8691	275	GTB/6 C #168 6/66 Dark Blue then Gold/Tan cloth inserts 6 carb Long Nose Alloy
08692	308	GT/4 Dino 74 Black RHD
8693	330	GT 2+2 66 Silver/Black RHD eng. #8693
08694	308	GT/4 Dino 74
8695	330	GT 2+2 66
08696	308	GT/4 Dino 74
8697	275	GTB
08698	308	GT/4 Dino 74
8699	275	GTB 66 Red/Black & grey LHD Long Nose
08700	308	GT/4 Dino 74
8701	330	GT 2+2 66
08702	308	GT/4 Dino 74
8703	330	GT 2+2 66
08704	308	GT/4 Dino 74 Red/
8705	330	GT 2+2 66 Maroon/Tan then Black/Red single headlight
08706	308	GT/4 Dino Series 1 74 Red
8707	275	GTB 66 Red/Red & Black
08708	308	GT/4 Dino 6/74 Red/Beige Black carpets RHD F106A108708 eng. #F106A00000238

s/n	Type	Comments
8709	330	GT 2+2 66
08710	308	GT/4 Dino 74
8711	330	GT 2+2 66
08712	308	GT/4 Dino 74
8713	330	GT 2+2 Silver/Black
08714	308	GT/4 Dino 74 Red/Tan
8715	330	GT 2+2 66 Silver then Red/Black EU LHD eng. # 0019
08716	308	GT/4 Dino 74 Black/dark Blue
8717	275	GTB
08718	308	GT/4 Dino 74
8719	330	GT 2+2 66
08720	308	GT/4 Dino Series 1 75
8721	330	GT 2+2 66
08722	308	GT/4 Dino 74
8723	330	GTC #8/600 66 LHD EU
08724	308	GT/4 Dino 74
8725	330	GT 2+2 66 Dark Metallic Blue
08726	308	GT/4 Dino 74
8727	330	GTC Speciale Pininfarina 's car, not Geneva Show Car #4/600 66 Dark Blue/Tan LHD EU eng. #8727
08728	308	GT/4 Dino 74
8729	275	GTB 66 Red/Black LHD EU torque tube 3-carb
08730	308	GT/4 Dino 74 Red/Crema RHD UK destroyed, engine number 00262 remains
8731GT	330	GT 2+2 Series II 66 Silver Grey Met./Black LHD
08732	308	GT/4 Dino 74
8733GT	330	GT 2+2 Series II 66 LHD EU rebodied by Fantuzzi as 330 LMB Spider Rosso Chiaro/Black LHD body from #4381 eng. #5917
08734	308	GT/4 Dino 74 Red/Black
8735	330	GT 2+2 66
08736	308	GT/4 Dino 74 Red RHD F106AL08736 eng. #F106A00000267
8737	275	GTB
08738	308	GT/4 Dino 74 Red eng. #267
8739	500	Superfast Series II #35/37 4/66 Azzurro Italver/beige then Red/Black LHD US eng. #8739 then eng. #8759 PF job #99622
08740	308	GT/4 Dino Series 1 74 Red F106A108740 eng. #F106A00000283
8741	330	GT 2+2 66 Light green metallic/Tan
08742	308	GT/4 Dino 74
8743	275	GTB
08744	308	GT/4 Dino 74 Green/
8745	330	GT 2+2 rebodied as Spider, reconverted later
08746	308	GT/4 Dino 74
8747	275	GTB/6C 66 Red eng. #8747
08748	308	GT/4 Dino 74
8749	275	GTB/6C 66 Yellow then dark brown/Black then Red/Black LHD EU Competition conversion (?), ex-Matsuda Collection
08750	308	GT/4 Dino 74
8751	330	GT 2+2 Red
08752	308	GT/4 Dino 74
8753	330	GTC Speciale #7/600 66 LHD EU
08754	308	GT/4 Dino Series 1 74 Dark Blue met./tan EU
8755	330	GT 2+2 Series 2 66 Argento/Black then Rosso Chiaro/Black
08756	308	GT/4 Dino 74
8757	275	GTB
08758	308	GT/4 Dino 74
8759	330	GT 2+2 66 eng. in #8739
08760	308	GT/4 Dino 74 metallic grey/Blue eng. #F106AC20
8761	330	GTC 66 Silver/Black then Red/Black engine rebuilt by Rudd
08762	308	GT/4 Dino 74
8763	275	GTB 66 Azzurro Met./Blue Black White cloth inserts RHD long nose torque tube 3 carb
08764	308	GT/4 Dino 74 Anthracite/Grey LHD

s/n	Type	Comments
8765	330	GT 2+2 66
08766	308	GT/4 Dino 74
8767	330	GT 2+2 Black/Red
08768	308	GT/4 Dino Paris Show Car 66 Red/Black LHD
8769	275	GTB/4 Prototype 1st 4 cam Paris Show Car 66 Rossa Corsa/Black LHD eng. #08769
08770	308	GT/4 Dino Red/beige LHD
8771	330	GT 2+2 66, Possibly Bobby Gentry's car
08772	308	GT/4 Dino 74 Blue metallic LHD
8773	330	GTC 66
08774	308	GT/4 Dino 74
8775	275	GTB
08776	308	GT/4 Dino 74
8777	275	GTB 66 Red long nose
08778	308	GT/4 Dino 74 Red
8779	330	GT 2+2 Silver/Red then Black/Red Red & green stripes
08780	308	GT/4 Dino Red/RHD
8781	330	GT 2+2 66 Silver/Black
08782	308	GT/4 Dino Series 1 74 Dark Blue/Crema RHD UK
8783	330	GT 2+2 66
08784	308	GT/4 Dino 74
8785	330	GTC 66
08786	308	GT/4 Dino 74
8787	330	GT 2+2 allegedly driven in Italy by Enzo Ferrari to check out air system
08788	308	GT/4 Dino 74 Red/Dark Blue
8789	275	GTB 66 Red/Black Long Nose 6 carb
08790	308	GT/4 Dino 75 Red RHD
8791	330	GTC 66
08792	308	GT/4 Dino Series 1 74 Purple then White/Black LHD EU
8793	330	GT 2+2 66 Argento/Black then Red/Black
08794	308	GT/4 Dino Series 1 74 Green
8795	275	GTB/4 66
08796	308	GT/4 Dino 74
8797	330	GTC 66 nero then Blue/Black
08798	308	GT/4 Dino 74
8799	330	GT 2+2 66
08800	308	GT/4 Dino Series 1 74 Red F106A108800
8801	275	GTB/2 66 silver then Red/Black LHD US Long nose
08802	308	GT/4 Dino 74
8803	330	GTC 66
08804	308	GT/4 Dino 74
8805	330	GT 2+2 66
08806	308	GT/4 Dino 74
8807	330	GTC 66
08808	308	GT/4 Dino 74
8809	330	GT 2+2 66
08810	308	GT/4 Dino 74
8811	330	GTC #24/600 66 Rosso/nero LHD US ex-Dean Martin
08812	308	GT/4 Dino 74
8813	275	GTB
08814	308	GT/4 Dino 74
8815	365	P Berlinetta Speciale Guida Centrale Torino Show Car #1/2 66 grey met. then Red then grey met. EU CHD ex- Giovanni Agnelli
08816	308	GT/4 Dino 74
8817SF	500	Superfast Series II #36/37 6/66 Black/Red then Grigo Argento/Black then Red/Black LHD foglights PF job #99621
08818	308	GT/4 Dino 74
8819	330	GT 2+2 66
08820	308	GT/4 Dino 74
8821	330	GTC 66
08822	308	GT/4 Dino 74
8823	330	GTC 66 Red/Crema LHD US eng. #8823 # interno1890
08824	308	GT/4 Dino 74
8825	330	GT 2+2 66 Silver/Red

s/n	Type	Comments
08826	308	GT/4 Dino Series 1 74 Red/Black
8827	330	GTC 66 Blue/Black
08828	308	GT/4 Dino 74
8829	330	GT 2+2 Maroon/Tan
08830	208	GT/4 Dino first 74
8831	330	GT 66
08832	?08	GT/4 Dino 74
8833	330	GTC 66
08834	308	GT/4 Dino 74 Dark Blue/Tan
8835	275	GTB Black/Black
08836	308	GT/4 Dino 74
8837	330	GT 2+2 66
08838	?08	GT/4 Dino 74
8839	330	GTC 66
08840	308	GT/4 Dino 74
8841	275	GTB alloy
08842	?08	GT/4 Dino 74
8843	330	GTC #26/600 66 Blue Sera met./tan LHD EU eng. #8843
08844	308	GT/4 Dino Series 1 74 Red Dark then dark Blue/tan
8845	330	GT 2+2 66
08846	308	GT/4 Dino Series 1 74 Red/grey
8847	275	GTB/6 C 66
08848	308	GT/4 Dino Series 1 74
8849	330	GTC 66 Black then Blue/Tan
08850	?08	GT/4 Dino 74
8851	330	GT 2+2 66 Silver/Black
08852	308	GT/4 Dino 74
8853	275	GTB/2 66 Red/Black long nose steel body 6 carb modified nose & deck lid
08854	308	GT/4 Dino Series 1 11/74 Black/Black cloth RHD UK
8855	330	GT 2+2 66 Oro Chiaro Met/Bordeaux
08856	?08	GT/4 Dino 74
8857	330	GTC 66 eng. with Jacques Swaters Fondation
08858	308	GT/4 Dino Series 1 74 Red/Black
8859	275	GTB/6 C
08860	308	GT/4 Dino Series 1 74 Red/Blue cloth & carpets RHD
8861	330	GT 2+2 66 White/Red
08862	308	GT/4 Dino Series 1 74 Red/Black
8863	275	GTB
08864	?08	GT/4 Dino 74
8865	330	GT 2+2 66 Red/Black eng #8865
08866	308	GT/4 Dino 74
8867	330	GTC 66
08868	308	GT/4 Dino Series 1 74 Yellow/Black
8869	275	GTB 66 Red/Black grey carpets
08870	?08	GT/4 Dino 74
8871	330	GT 2+2 White/Black
08872	308	GT/4 Dino Series 1 74 Red F106A108872 eng. #F106A00000328
8873	330	GTC 66
08874	?08	GT/4 Dino 74
8875	330	GT 2+2 66
08876	308	GT/4 Dino Series 1 73 Brown F106A108876
8877	275	GTB/2 Red/Black Longnose
08878	?08	GT/4 Dino 74
8879	330	GTC 66
08880	?08	GT/4 Dino 74
8881	330	GT 2+2 66
08882	308	GT/4 Dino 74 reported to be stolen
8883	330	GTC 66
08884	308	GT/4 Dino 74
8885	330	GT 2+2 66
08886	?08	GT/4 Dino 74
8887	330	GTC 66 Silver/Black LHD eng. # 8887
08888	308	GT/4 Dino Series 1 74 Red/Tan EU
8889	330	GT 2+2 67 Black/dark Red
08890	308	GT/4 Dino 75 Red RHD
8891	275	GTB 6/C 66 Swaters Blue/bordeaux LHD US Alloy Long Nose eng. #8891
08892	?08	GT/4 Dino 74
8893	330	GT 2+2 Series II 66 Yellow/Tan then Rosso Chiaro/Magnolia
08894	?08	GT/4 Dino 74
8895	275	GTB 66 Argento Auteuil Metallizzato/Nero Long Nose, 6-carb, steel
08896	308	GT/4 Dino 74
8897SF	500	Superfast Series II last #37/37 8/66 White/tan RHD UK PF job #99623
08898	?08	GT/4 Dino 74
8899	330	GTS Paris Show Car #1/100 Prototype 66 LHD EU PF job #175201
08900	308	GT/4 Dino Series 1 74 Rosso/Black/Tan carpets RHD eng. #343 trans. # 00341
8901	275	GTB/6 C 66 Red/Black LHD long nose Alloy
08902	308	GT/4 Dino Series 1 74
8903	330	GT 2+2 66
8904	?08	GT/4 Dino 74
8905	330	GTC 66
08906	308	GT/4 Dino 74
8907	275	GTB
08908	?08	GT/4 Dino 74
8909	330	GT 2+2 66
08910	308	GT/4 Dino 74 Red/
8911	330	GTC 66 Red/Tan
08912	?08	GT/4 Dino 74
8913	330	GT 2+2 66
08914	308	GT/4 Dino 74
8915	330	GTC 66
08916	308	GT/4 Dino 74 Red eng. # 00347
8917	330	GT 2+2 Silver/Black
08918	308	GT/4 Dino 75
8919	330	GT 2+2 66
08920	308	GT/4 Dino 75
8921	275	GTB 66 White
08922	308	GT/4 Dino 75
8923	330	GTC 67 Ivory then Silver/Dark Red
08924	?08	GT/4 Dino 75
8925	330	GT 2+2 Series II Blue Chiaro then Red then silver/tan
08926	?08	GT/4 Dino 75
8927	330	GTC 66
08928	?08	GT/4 Dino 75
8929	330	GT 2+2 66 Grey/green
08930	?08	GT/4 Dino 75
8931	275	GTB
08932	?08	GT/4 Dino 75
8933	275	GTB 66 Giallo/Black LHD long Nose
08934	?08	GT/4 Dino 75
8935	330	GTC 66 Red/Black Cover car of June 1993 Cavallino magazine
08936	?08	GT/4 Dino 75
8937	330	GT 2+2 67 Metallic Bronze/Black then brown/Black
08938	?08	GT/4 Dino 75
8939	330	GTC 66 Dark Blue/Tan LHD EU
08940	308	GT/4 Dino 75 Azzurro/blu
8941	330	GT 2+2 66
08942	?08	GT/4 Dino 75
8943GT	330	GT 2+2 67 Dark Blue/Tan then Red/Tan leather
08944	308	GT/4 Dino 75 Red/
8945	330	GTC 66
08946	?08	GT/4 Dino 75
8947	330	GT 2+2 66
08948	308	GT/4 Dino 75 Ruby Metallic/Beige velour RHD
8949	330	GTC 66
08950	308	GT/4 Dino 75 Blue/
8951	275	GTB 66 Yellow then Red/Black Steel Long Nose Torque Tube
08952	308	GT/4 Dino Series 1 75 Red/Black RHD UK
8953	330	GT 2+2 66
08954	308	GT/4 Dino 75

s/n	Type	Comments
8955	275	GTB/2 66 Rosso Corsa/Tan LHD US Long Nose 2-Cam 3 carb converted to 6 carb
08956	?08	GT/4 Dino 75
8957	330	GTC 66
08958	?08	GT/4 Dino 75
8959	330	GT 2+2 65 Silver/Black eng. #8959
08960	308	GT/4 Dino 75 Red/Black Red piping & carpets
8961	275	GTB 66 Rosso Corsa eng. #8961
08962	?08	GT/4 Dino 75
08963	330	GTC 66 Rosso Corsa/Black LHD
08964	308	GT/4 Dino 75 Red/Beige RHD
08965	330	GT 2+2 66
08966	?08	GT/4 Dino 75
08967	330	GT 2+2 66 Black/Black then tan LHD US
08968	308	GT/4 Dino 75 Red/
08969	330	GTC 66 Rosso Corsa/Black & Tan leather
08970	?08	GT/4 Dino 75
8971	365	P Berlinetta Speciale Guida Centrale Paris Show Car #2/2 66 Bianco Gardenia Savid Nitro then Dark Red then White//Black CHD ex-Chinetti
08972	?08	GT/4 Dino 75
8973	275	GTB
08974	?08	GT/4 Dino 75
8975	330	GT 2+2 66
08976	308	GT/4 Dino 75 Blue/
8977	330	GTC #42/600 66 Blue then Red/Black LHD EU
08978	?08	GT/4 Dino 75
8979	275	GTB last, 66 Red/Black
08980	?08	GT/4 Dino 75
8981	330	GT 2+2 66 Rosso Chiaro/Tan ex-Tony Curtis
08982	308	GT/4 Dino 75 Red/
8983	330	GTC 66
08984	308	GT/4 Dino 75 Red RHD
08985	330	GT 2+2 66
08986	?08	GT/4 Dino
8987	330	GTC #49/600 66 Red/Tan LHD
08988	?08	GT/4 Dino 75
8989	330	GT 2+2 66 RHD
08990	?08	GT/4 Dino
8991	330	GTC 66
08992	?08	GT/4 Dino
8993	330	GT 2+2 66
08994	308	GT/4 Dino 75 Red
8995	330	GTC 66 Black
08996	?08	GT/4 Dino 75
8997	330	GT 2+2 66
08998	?08	GT/4 Dino
8999	330	GTC 67 Red/Black, eng. #8999
09000	308	GT/4 Dino 75 Dark Red/Black
9001	330	GT 2+2 Series II 66 Silver/Red
09002	308	GT/4 Dino 75 Red/Crema Red piping
9003	330	GTC 66
09004	?08	GT/4 Dino 75
9005	330	GT 2+2 66 Azzurro/Black LHD EU
09006	?08	GT/4 Dino 75
9007	275	GTB Competizione Series II #1/12 5/66 Silver/Black sport seats LHD EU
09008	308	GT/4 Dino 74 Fly Giallo/Magnolia RHD eng. #00389 Non-original wheels
9009	330	GTC 66
09010	308	GT/4 Dino 75 Silver F106A109010 eng. #F106A00000383
9011	330	GT 2+2 66
09012	308	GT/4 Dino 75 Azzurro/Crema Dark Blue cloth seat centres RHD UK shields
9013	330	GTC Paris Show Car #55/600 66 silver/Black LHD ex-Pierre Coquet
09014	308	GT/4 Dino Series 1 75
9015	275	GTB Competizione Series II #2/12 6/66 Red ex-Bill Harrah, Anthony Wang-Collection
09016	?08	GT/4 Dino 75
9017	330	GT 2+2 66 White/Red then Black int. then Red/Black
09018	308	GT/4 Dino 75
9019	330	GTC 66
09020	308	GT/4 Dino 75
9021	275	GTB/4 Rosso/Black LHD
09022	?08	GT/4 Dino 75 Black/Black
9023	330	GT 2+2 66 Silver/Red, new engine
09024	308	GT/4 Dino 75 Brown
9025	330	GTC 66
09026	?08	GT/4 Dino 75
9027	275	GTB Competizione Series II #3/12 6/66 Yellow then Red Yellow stripe/Black RHD eng. #0014 ex-Swaters
09028	?08	GT/4 Dino
9029	330	GT 2+2 66 Black/Tan then Red/Tan, Rebuilt Engine
09030	?08	GT/4 Dino
9031	330	GTC 66
09032	308	GT/4 Dino Series 1 75Red/Dark Blue RHD UK Sunroof
9033	330	GT 2+2 Series 2 66 silver then dark Red/dark beige eng. #9033
9034	?08	GT/4 Dino 75
9035	275	GTB Competizione Series II #4/12 6/66 Red & Azzurro Maranello Concessionaires livery/Black RHD
09036	?08	GT/4 Dino 75
9037	330	GTC 66 Silver/Red LHD EU
09038	308	GT/4 Dino 75Red/Back
9039	330	GTC 66 Red/Black LHD EU
09040	308	GT/4 Dino Series 1 75 Red/Black EU
9041	275	GTB Competizione Series II #5/12 9/66 Silver then Red/Blue RHD
09042	308	GT/4 Dino Series 1 75 Red then Blue RHD F106A109042 eng. #F1066A00000423
9043	330	GT 2+2 66
09044	?08	GT/4 Dino 75
9045	330	GTC 66 grey metallic/Black LHD
09046	308	GT/4 Dino Series 1 75 Red/Black
9047	330	GT 2+2 replaced with Ford engine, now eng. from #10445
09048	308	GT/4 Dino Series 1 75 Red/Black RHD F106A109048 eng. #F106A00000354
9049	330	GTC 66
09050	?08	GT/4 Dino 75
9051	275	GTB Competizione Series II #6/12 6/66 Red/Black LHD EU ex-Renzo Sinibaldi
09052	?08	GT/4 Dino 75
9053	330	GT 2+2 67 Silver/Blue/Black then dark Blue LHD converted to RHD eng. #9053
09054	308	GT/4 Dino Series 1 75 Red/Crema RHD UK
9055	330	GTC 67 Rosso Corsa/Tan
09056	?08	GT/4 Dino 75
9057	275	GTB Competizione Series II 66 Red Blue stripe/tan LHD
09058	?08	GT/4 Dino 75
9059	330	GT 2+2 66
09060	308	GT/4 Dino Series 1 75
9061	330	GTC 66 dark Blue/Naturale
09062	308	GT/4 Dino 75
9063	275	GTB Competizione Series II #8/12 8/66 Rosso cordoba/brown cloth then Red/Black then dark Red/Tan LHD US ex-Obrist ex-Ecclestone
09064	308	GT/4 Dino 76 Red RHD
9065	275	GTB/4 Straman GTO-Conversion reconverted Rosso Corsa/Tan LHD
09066	308	GT/4 Dino Series 1 74 White F106A109066 eng. #F105A00000432
9067	275	GTB Competizione Series II #9/12 8/66 Red/Black LHD EU long nose Alloy ex-Arturo Merzario
09068	?08	GT/4 Dino 75
9069	330	GTC 66

s/n	Type	Comments
09070	308	GT/4 Dino Series 1 75 Rosso Corsa/Black Leather LHD EU 308GT409070
9071	330	GT 2+2 Deep Blue/Grey then Red/grey RHD
09072	?08	GT/4 Dino 75
9073	275	GTB Competizione Series II #10/12 9/66 Red LHD no racing history, ex-Obrist
09074	308	GT/4 Dino Series 1 74 Red/Black F106A109074 eng. #F106A000009074
9075	330	GTC 66
9076	?08	GT/4 Dino 75
9077	330	GTC 66
09078	308	GT/4 Dino Series 1 75
9079	275	GTB Competizione Series II #11/12 66 Red & White Filipinetti livery/Tan & Grey cloth inserts then Rosso Corsa White stripe/Blue RHD eng. #9079 # Interno 1116/64 Gearbox # 748
09080	308	GT/4 Dino 75 Black/Tan cloth EU
9081	330	GTC 66
09082	308	GT/4 Dino 75 Black/Black & Tan Velour
9083	330	GT 2+2 Michelotti Coupé 67 Blue met. then Rosso Chiaro/Crema eng. #9083, feat. in Ferrari (The Story of Ferrari), Documentary
09084	308	GT/4 Dino Series 1 74 Roso Dino/Black RHD UK F106A109084 eng. #F106A00000452
9085	275	GTB Competizione Series II #12/12 66 Red/Black LHD
09086	?08	GT/4 Dino
9087	330	GT 2+2 67 White/tan then White/White eng. rebuild
09088	308	GT/4 Dino 75 Red/Magnolia RHD eng. #454
9089	330	GT 2+2 66 Fly Giallo/Black
09090	?08	GT/4 Dino 75
9091	330	GTC #66/600 66 dark Blue/Naturale then White then Grey int. LHD EU
09092	308	GT/4 Dino Series 1 75 Red
9093	330	GTC London Motor Show Car 66 Red/beige then Blue RHD eng. #9093
09094	?08	GT/4 Dino 75
9095	330	GT 2+2 66
09096	308	GT/4 Dino 75 Red/
9097	330	GT 2+2 London Show Car 66
09098	?08	GT/4 Dino 75
9099	330	GTC 66
09100	?08	GT/4 Dino 75
9101	330	GT 2+2 66 Black/Tan
09102	?08	GT/4 Dino 75
9103	330	GTC 66
09104	?08	GT/4 Dino 75
9105	330	GT 2+2 66
09106	308	GT/4 Dino Series 1 75 Red/Black RHD UK
9107	330	GTC 66 rebodied by as Felber Spider Red/Black LHD eng. #9879
09108	?08	GT/4 Dino
9109	330	GT 2+2 66 Silver/Red LHD US eng. #9109
09110	?08	GT/4 Dino
9111	330	GTC #72/600 66 Red/Tan LHD EU
09112	308	GT/4 Dino Series 1 75 Red/Black then Blue/F106A109112 eng. #F106A00000468
9113	330	GT 2+2 Silver/Black, then Red/Black
09114	308	GT/4 Dino Series 1 74 Red/Black RHD UK
9115	330	GTC 66
09116	308	GT/4 Dino Yellow/Blue
9117	275	GTB/4 66 Rosso Corsa/Tan LHD
09118	308	GT/4 Dino Series 1 Red/Crema & Red
9119	330	GT 2+2 Verde Scuro/Brown
09120	?08	GT/4 Dino
9121	330	GTC 66
09122	308	GT/4 Dino Red/
9123	330	GT 2+2
09124	308	GT/4 Dino 75 Red RHD
9125	330	GTC 66 dark Red/light tan Red piping
09126	308	GT/4 Dino Series 1 Compeitizione Conversion 75 White/Red then Red White & green/Black eng. #1061
9127	365	California Spider #2/14 8/66 Ivory/light Blue then Dark Blue/Dark Red then Dark Red/Tan LHD PF job #99649
09128	?08	GT/4 Dino
9129	330	GT 2+2 66 Red/Black new engine
09130	308	GT/4 Dino Series 1 75 Black/F106A109130 eng. #F106A00000415
9131	330	GTC 66 Pino Verde met./tan LHD
09132	?08	GT/4 Dino
9133	330	GT 2+2 66 bronze/tan
09134	308	GT/4 Dino Series 1 Red
9135	330	GTC 66
09136	?08	GT/4 Dino
9137	330	GT 2+2 Series II 67 White/Black
09138	308	GT/4 Dino Series 1 Light Red/Black
9139	330	GTC 66 Silver/Black
09140	308	GT/4 Dino Red/Black
9141	330	GT 2+2 Yellow/Tan then Red/Tan
09142	?08	GT/4 Dino
9143	330	GT 2+2 66 Gold/Black
09144	308	GT/4 Dino Series 1 Blue/grey cloth LHD EU
9145	330	GT 2+2 Series II 66 Argento/Nero ZF limited slip, eng. #11367
09146	308	GT/4 Dino Brown/
9147	330	GT 2+2 Gold then Grey/dark Red
09148	308	GT/4 Dino
9149	330	GT 2+2 66
09150	308	GT/4 Dino Series 1 Red
9151	330	GT 2+2 66
09152	?08	GT/4 Dino
9153	330	GT 2+2 Torino Show Car 66
09154	?08	GT/4 Dino
09155GT	330	GTS London Show Car #2/100 Prototype 66 Bianco/Blue VM3015 then met. Azzurro/dark Blue then Bianco/Blue RHD UK
09156	?08	GT/4 Dino
9157	275	GTB/4 66 Rosso Corsa/Black LHD
09158	308	GT/4 Dino
9159	330	GTC Torino Show Car 66 silver/Black
09160	?08	GT/4 Dino
9161	330	GT 2+2 66 Azzurro Met./nero LHD US
09162	308	GT/4 Dino Red/
9163	330	GTC 66 silver/Red LHD US
09164	?08	GT/4 Dino
9165	330	GT 2+2 66
09166	308	GT/4 Dino Red Black BoxerTrim/Black
9167	330	GTC 66
09168	?08	GT/4 Dino
9169	330	GTC 66
09170	?08	GT/4 Dino
9171	330	GTC 66
09172	308	GT/4 Dino
9173	330	GTC 66
09174	308	GT/4 Dino Series 1 Red/Tan LHD EU
9175	330	GTC 66
09176	?08	GT/4 Dino
9177	330	GT 2+2 66 Grigio Ferro 106.E.8/Red (VM3171)
09178	?08	GT/4 Dino
9179	330	GTC 66
09180	308	GT/4 Dino 75 Green/Tan
9181	330	GTC 66
09182	308	GT/4 Dino Series 1 Black/Black
9183	330	GT 2+2 66 Red/Black engine rebuild
09184	?08	GT/4 Dino
9185	330	GTC 66
09186	308	GT/4 Dino 75 Yellow/F106A109186
9187	330	GT 2+2 66 Met. Green then Red RHD
09188	?08	GT/4 Dino

s/n	Type	Comments	s/n	Type	Comments
9189	330	GTC 66 Rosso Chiaro/Black then Silver/Black LHD	9257	330	GTC #112/600 67 Blu Celeste then Red then Azzurro/Black LHD EU
09190	?08	GT/4 Dino	09258	?08	GT/4 Dino
9191	330	GTC 66 dark Blue/dark Blue LHD EU	9259	330	GTC 66
09192	?08	GT/4 Dino	09260	308	GT/4 Dino Red/Black RHD Race bodywork
9193	330	GT 2+2 66	9261	275	GTB/4 Red/Black
09194	308	GT/4 Dino	09262	308	GT/4 Dino Red/Black
9195	330	GTC 66	9263	330	GT 2+2 66
09196	?08	GT/4 Dino	09264	308	GT/4 Dino reported to be stolen
9197	330	GTC 67 grigio argento/Black eng. #9197	9265	330	GTC #113/600 66 Red/Black LHD EU delivered new to the US
09198	?08	GT/4 Dino	09266	?08	GT/4 Dino
9199	330	GTS Torino Show Car 1st production Car #3/100 66 Red/Tan & Black PF job #175203 ex-Etienne Aigner	9267	330	GT
			09268	?08	GT/4 Dino
			9269	330	GT 2+2 66 Silver/Tan then Black int.
09200	?08	GT/4 Dino	09270	?08	GT/4 Dino
9201	330	GTC 66	9271	330	GT 66
09202	308	GT/4 Dino Red/	09272	?08	GT/4 Dino
9203	330	GT 2+2 66 Black/Red	9273	330	GTC 66
09204	?08	GT/4 Dino	09274	?08	GT/4 Dino
9205	330	GT 2+2 Red/Black	9275	330	GT 2+2 66
09206	?08	GT/4 Dino	09276	308	GT/4 Dino Series 1 Orange/grey cloth RHD UK
9207	330	GTC 66	9277	330	GTC 66
09208	308	GT/4 Dino	09278	?08	GT/4 Dino
9209	330	GT 2+2 66 Red/Beige, Rebuilt engine	9279	330	GT 2+2 White/Red
09210	?08	GT/4 Dino	09280	?08	GT/4 Dino
9211	330	GT 2+2 66 Black/Red LHD EU	9281	330	GTC 66
09212	308	GT/4 Dino 74 Red/Black EU F106AL09212	09282	?08	GT/4 Dino
9213	330	GT 2+2 66 ex-Chris Amon	9283	330	GTC 66
09214	?08	GT/4 Dino	09284	308	GT/4 Dino Series 1
9215	330	GTC #102/600 66 Rosso Dino/Black LHD EU	9285	275	GTB/4 67 grey metallic
09216	?08	GT/4 Dino	09286	?08	GT/4 Dino
9217	330	GTC 66	9287	330	GTC 66
09218	308	GT/4 Dino Series 1 Red	09288	?08	GT/4 Dino
9219	330	GT 2+2 66	9289	330	GTC 66
09220	?08	GT/4 Dino	09290	?08	GT/4 Dino
9221	330	GT 2+2 Silver/Black	9291	330	GT 2+2
09222	308	GT/4 Dino Red/	09292	?08	GT/4 Dino
9223	330	GTC 66	9293	330	GTC 66
09224	308	GT/4 Dino Red/Black	09294	?08	GT/4 Dino
9225	275	GTB/4 67 Rosso Corsa/Black LHD	9295	330	GTC 66
09226	?08	GT/4 Dino	09296	308	GT/4 Dino Series 1 Red/Black
9227	330	GT 2+2 66 Red/Black	9297	330	GTS #4/100 66 Red/Black LHD EU eng. #9297 PF job #175204
09228	308	GT/4 Dino Series 1 Red/Crema RHD UK			
9229	330	GT 2+2 Grey/Purple			
09230	?08	GT/4 Dino	09298	?08	GT/4 Dino
9231	330	GTC 66 Grey/Black	9299	330	GT 2+2 Silver/Black
09232	308	GT/4 Dino Red/Black then Yellow/Black	09300	?08	GT/4 Dino
9233	275	GTB/4 66 Yellow/Black LHD	9301	330	GTC 66
09234	?08	GT/4 Dino	09302	308	GT/4 Dino
9235	330	GT 2+2 66 Silver/Black then Rosso Barchetta/Black LHD EU	9303	330	GTC Spider Conversion #126/600 66
			09304	?08	GT/4 Dino
09236	?08	GT/4 Dino	9305	330	GT 2+2 67 grey then Rosso Chiaro/Tan LHD US
9237	330	GTC 66 Yellow/Beige leather LHD	09306	308	GT/4 Dino
09238	308	GT/4 Dino 74 Blue Metallic/Blue	9307	330	GTC 66 Azzurro/Black LHD EU eng. #9307
9239	330	GTC 66	09308	?08	GT/4 Dino
09240	308	GT/4 Dino	9309	330	GT 66 Red/Black LHD EU
9241	330	GTC 66	09310	?08	GT/4 Dino
09242	308	GT/4 Dino	9311	330	GTC 66
9243	330	GTC 66 Black/Black	09312	?08	GT/4 Dino
09244	308	GT/4 Dino	9313	330	GTC 66 Black/Black LHD EU
9245	330	GT 2+2 66	09314	?08	GT/4 Dino
09246	308	GT/4 Dino	9315	330	GT 2+2 67 Gold/Tan
9247	275	GTB/4 66 Rosso Corsa/Black LHD	09316	?08	GT/4 Dino
09248	?08	GT/4 Dino	9317	330	GTC 66 Canna di Fucile then Rosso Chiaro/Nero RHD UK eng. #9251
9249	330	GTC 66			
09250	?08	GT/4 Dino			
9251	330	GTC first 67 GTC, first RHD	09318	?08	GT/4 Dino
09252	308	GT/4 Dino Red/Tan	9319	330	GT 2+2 66 Silver/Red then Black int.
9253	275	GTB/4	09320	?08	GT/4 Dino
09254	308	GT/4 Dino Series 1 75 Red/Tan EU	9321	330	GTC 66
9255	275	GTB/4 66 Yellow/Black LHD	09322	?08	GT/4 Dino
09256	308	GT/4 Dino	9323	330	GTC 66 Blue RHD
			09324	?08	GT/4 Dino
			9325	330	GT 2+2 66 330 GTO Replica

s/n	Type	Comments
09326	?08	GT/4 Dino
9327	330	GTC 66 Silver/Black ex-Hans Thulen collection
09328	?08	GT/4 Dino
9329	330	GTC 66
09330	308	GT/4 Dino Series 1 Red then dark Blue/Blue LHD EU
9331	330	GT
09332	?08	GT/4 Dino
9333	330	GTC 66 Red/Tan LHD
09334	308	GT/4 Dino 74 Black RHD eng. # 00569
9335	330	GTC 66
09336	?08	GT/4 Dino
9337	275	GTB/4 67 Yellow/Black LHD
09338	?08	GT/4 Dino
9339	330	GTC Brussells Show car #132/600 67 Red/Black LHD EU ex-Briggs-Cunningham Collection
09340	308	GT/4 Dino 74 Dark Red/Creme LHD EU
9341	330	GTC 67
09342	?08	GT/4 Dino
9343	330	GTS #5/100 66 LHD EU PF Job #175205 delivery to Chinetti, USA
09344	?08	GT/4 Dino
9345	275	GTB/4
09346	?08	GT/4 Dino
9347	330	GT 2+2 White/Black Rebuilt engine
09348	?08	GT/4 Dino
9349	330	GT 2+2 66
09350	308	GT/4 Dino
9351	330	GTC 67
09352	308	GT/4 Dino
9353	330	GTC #131/600 67Red/Black LHD EU
09354	?08	GT/4 Dino
9355	275	GTB/4
09356	308	GT/4 Dino 78 Red/Black LHD EU
9357	330	GT 2+2 66 Red/Tan
09358	?08	GT/4 Dino
9359	330	GTC 66
09360	308	GT/4 Dino
9361	330	GTC 66
09362	308	GT/4 Dino Series 1 Rosso Dino Black BoxerTrim/Tan then Red/grey
9363	275	GTB/4 Silver then Red/Black
09364	?08	GT/4 Dino
9365	330	GTC rebodied by Felber as Spider 66 Viola/Crema LHD EU
09366	308	GT/4 Dino Yellow/LHD
9367	330	GTC 66 Dark Blue/Black LHD
09368	?08	GT/4 Dino
9369	330	GTS #6/100 66 LHD US hardtop PF job #175206
09370	308	GT/4 Dino Series 1 Red/Black cloth RHD UK
9371	275	GTB/4 12/66 Red/Tan
09372	308	GT/4 Dino Series 1 75 Red F106A109372 eng. #F106A00000587
9373	330	GT 2+2 66 Silver/Black
09374	?08	GT/4 Dino
9375	330	GTC 67 Red/Tan
09376	308	GT/4 Dino Series 1 75 Red F106A109376 eng. #F106A00000557
9377	275	GTB/4
09378	?08	GT/4 Dino
9379	330	GT 2+2 Series 2 67 Azzurro/Tan then Silver/Red
09380	?08	GT/4 Dino
9381	330	GTS Brussels Motor Show #9/100 66 LHD PF Job #175209 new to USA
09382	308	GT/4 Dino 72 Red/Crema RHD UK F106A109382 eng. #F106A00000590
9383	275	GTB/4
09384	?08	GT/4 Dino
9385	330	GT 2+2 Series II 66
09386	308	GT/4 Dino Yellow/Black
9387	330	GTC 66 Red/Tan
09388	?08	GT/4 Dino
9389	275	GTB/4 67 LHD EU
09390	308	GT/4 Dino Series 1 76 Red F106A109390 eng. #F106A00000604
9391	330	GT 2+2 66 Dark Blue/Dark Red then tan int.
09392	?08	GT/4 Dino
9393	330	GTC 67 Red/Black eng. #9393
09394	?08	GT/4 Dino
9395	275	GTB/4 67 Rosso rubino/tan LHD
09396	308	GT/4 Dino Red/
9397	330	GT
09398	?08	GT/4 Dino
9399	330	GTC 67 Red Black, ex-Briggs-Cunningham Collection
09400	?08	GT/4 Dino
9401	275	GTB/4
09402	308	GT/4 Dino Red/
9403	330	GT 2+2 White/Black then Red/Black
09404	308	GT/4 Dino Series 1
9405	330	GT
09406	308	GT/4 Dino Series 1 75 Red F106A109406 eng. #F106A00000554
9407	275	GTB/4
09408	308	GT/4 Dino Series 1 Red/Black
9409	330	GT 2+2 Red/Light Tan
09410	?08	GT/4 Dino
9411	330	GTC 66 Grey/Black LHD EU eng. #9411
09412	308	GT/4 Dino Series 1 76 White F106A109412 eng. #F106A00000613
9413	275	GTB/4 68 Rosso Corsa/Black LHD US Alloy eng. #9413
09414	?08	GT/4 Dino
9415	330	GTC 66
09416	?08	GT/4 Dino
9417	275	GTB/4
09418	?08	GT/4 Dino
9419	330	GT 2+2 Blue/Red
09420	308	GT/4 Dino Series 1 Red/Black
9421	275	GTB/4 Yellow
09422	308	GT/4 Dino reported to be stolen
9423	330	GT 2+2 Azzure Blue/Natural
09424	308	GT/4 Dino Series 1 75 Red F106A109424 eng. #F106A00000609
9425	275	GTB/4 66 Black/Black LHD
09426	308	GT/4 Dino
9427	330	GTS #8/100 66 LHD EU PF Job #175208
09428	?08	GT/4 Dino
9429	330	GT 2+2
09430	308	GT/4 Dino Series 1
9431	275	GTB/4
09432	308	GT/4 Dino
9433	330	GTC 66
09434	308	GT/4 Dino Red/Tan
9435	330	GT 2+2 White/Black
09436	?08	GT/4 Dino
9437	275	GTB/4 N.A.R.T. Spider #1/10 1/67 Yellow then Marron (post-Conversion in '67) then Pale Yellow/Black LHD US, feat. in the movie "The Thomas Crown Affair"
09438	308	GT/4 Dino Red/Black LHD Manual
9439	330	GTC Speciale Brussels & Geneva Motor Show #155/600 67 Azzurro met./Black LHD eng. #9439 PF job #99670 ex-Princess Rethy
09440	?08	GT/4 Dino
9441	330	GTC 66, grey/Black LHD EU eng. #9441
09442	308	GT/4 Dino Series 1 75 Red F106A109442 eng. #F106A00000594
9443	330	GT 2+2
09444	308	GT/4 Dino Series 1 Red/grey suede eng. #39
9445	275	GTB/4 66 Rosso Corsa White stripe/Naturale LHD eng. #9445GT feat. in the movie "A new Leaf"

s/n	Type	Comments
09446	308	GT/4 Dino Series 1 75 Red F106A109446 eng. #F106A00000565
9447	365	California Spider Torino Show Car #3/14, 10/66 Rosso chiaro/tan LHD EU Pf job #99650
09448	308	GT/4 Dino Series 1 Red/Tan & Black/Tan carpets F106A109448 eng. #834
9449	330	GTC 66 Red/Black
09450	308	GT/4 Dino Rosso/Tan
9451	275	GTB/4
09452	?08	GT/4 Dino
9453	330	GT 2+2 Series II 66 grey metallic/Black LHD US eng. #9453
09454	?08	GT/4 Dino
9455	330	GTC 66
09456	308	GT/4 Dino
9457	275	GTB/4 67 Red/Black
09458	?08	GT/4 Dino
9459	330	GTC 67 silver/Bordeaux LHD US eng. #9459
09460	308	GT/4 Dino 7/74 Red/Black cloth
9461	330	GT 2+2 66 Blue then Red/Burgundy then Black int.
09462	?08	GT/4 Dino
9463	275	GTB/4 first RHD 67 Argento RHD UK
09464	308	GT/4 Dino Series 1 75 F106A109464
9465	330	GTC 67 Celeste/Black
09466	308	GT/4 Dino Series 1 75 F106A109466
9467	275	GTB/4 67 Red/Black
09468	308	GT/4 Dino Series 1 Red EU
9469	330	GTS #10/100 66 LHD US PF Job #175210
09470	308	GT/4 Dino
9471	330	GT 2+2 67, first RHD 330 in 67, #88 RHD
09472	308	GT/4 Dino Rosso Corsa/nero
9473	330	GTC #145/600 66 silver/Red LHD EU
09474	?08	GT/4 Dino
9475	275	GTB/4
09476	?08	GT/4 Dino
9477	330	GT 2+2 66 Medium Metallic Blue/Black
09478	308	GT/4 Dino Red/
9479	275	GTB/4 67 Dark Green tan LHD
09480	308	GT/4 Dino Series 1
9481	330	GTS #7/100 67 Silver/Black & Red then Red/Tan then Rosso Chiaro/tan Black top & boot LHD EU PF Job. #175207
09482	308	GT/4 Dino Red/
9483	330	GT 2+2 67 Black/Black
9484	?08	GT/4 Dino
9485	275	GTB/4 67 Red/Black LHD
09486	?08	GT/4 Dino
9487	330	GTC 66 Special hood vents
9488	?08	GT/4 Dino
9489	275	GTB/4
09490	308	GT/4 Dino reported to be stolen
9491	330	GT
9492	?08	GT/4 Dino
9493	330	GTC 66
9494	?08	GT/4 Dino
9495	275	GTB/4 grey met./Black then Rosso Dino/Beige
09496	?08	GT/4 Dino
9497	330	GTC 66
09498	?08	GT/4 Dino
9499	330	GT 2+2 66
09500	?08	GT/4 Dino
9501	275	GTB/4 2/67 Yellow/Black
09502	308	GT/4 Dino Series 1 76 Blue/grey RHD UK F106A109502 eng. #F106A00000658
9503	330	GTC 66
09504	?08	GT/4 Dino
9505	275	GTB/4
09506	308	GT/4 Dino Series 1 Red/
9507	330	GTC 66
09508	308	GT/4 Dino Series 1
9509	330	GTC 66
09510	?08	GT/4 Dino
9511	275	GTB/4
09512	?08	GT/4 Dino
9513	330	GTS #11/100 66 LHD EU PF job #175211
09514	308	GT/4 Dino Series 1 75 Dark Red F106AL09514 eng. #F106A00000628
9515	330	GTC 66 Azzurro/Crema
09516	308	GT/4 Dino 75 Red/Black
9517	275	GTB/4 #30 67 Red/Black LHD EU Scaglietti Body #0029
09518	308	GT/4 Dino Series 1 Crashed
9519	330	GTC 66
09520	308	GT/4 Dino
9521	330	GT 2+2 66
9522	308	GT/4 Dino Series 1 Red/Tan
9523	275	GTB/4
09524	?08	GT/4 Dino
9525	330	GTC 66
9526	308	GT/4 Dino
9527	330	GTC 67 Blue/tan LHD eng. #9527
9528	?08	GT/4 Dino
9529	330	GTC 67
9530	308	GT/4 Dino reported to be stolen
9531	275	GTB/4 67 Silver/Red then dark Blue
09532	308	GT/4 Dino Series 1 75 Red F106AL09532 eng. #F106A00000625
9533	330	GT 2+2 67 Canna di Fucile/Red
09534	?08	GT/4 Dino
9535	330	GTC 67 Red/Black
09536	308	GT/4 Dino Series 1 75 Red F106AL09536 eng. #F106A00000616
9537	330	GTC 67 dark Brown/Tan
9538	?08	GT/4 Dino
9539	275	GTB/4 67 Red
09540	308	GT/4 Dino Silver/Black
9541	330	GT 2+2 67 eng. in s/n 6689
09542	308	GT/4 Dino Series 1
9543	330	GTC Supervis
09544	308	GT/4 Dino Red/
9545	275	GTB/4
09546	308	GT/4 Dino Series 1 Silver/Red LHD US
9547	330	GTC 66
09548	308	GT/4 Dino
9549	330	GT 2+2 Red/Black
09550	308	GT/4 Dino Series 1 75 Red F106AL09550 eng. #F106A00000660
9551	275	GTB/4 67 Rosso Cordoba/Black LHD
09552	308	GT/4 Dino
9553	330	GTC 66
09554	?08	GT/4 Dino
9555	330	GTC Rosso Corsa/Black LHD
09556	308	GT/4 Dino Series 1 75 Red F106AL09556 eng. #F106A00000674
9557	330	GT 2+2 67 Blue/Blue RHD
09558	308	GT/4 Dino Red/Black
9559	275	GTB/4 67 Pino Verde/Tan LHD
09560	308	GT/4 Dino
9561	330	GTC 67
09562	308	GT/4 Dino 10/74 Red Black BoxerTrim/Beige Black carpets LHD US
9563	330	GTC 66 Crema White green & Red stripe/Red & Black LHD EU
09564	?08	GT/4 Dino
9565	275	GTB/4 67 Red/Black LHD
09566	308	GT/4 Dino
9567	330	GTC Supervis 67
09568	308	GT/4 Dino Series 1 76 Red/F106AL09568 eng. #F106A00000654
9569	330	GTC Supervis 67
09570	308	GT/4 Dino reported to be stolen
9571	330	GTC Supervis #3/3 cars with front like Speciale #9439 67 Azzurro/Crema
09572	308	GT/4 Dino Series 1 Red/Black
9573	275	GTB/4 Yellow/Black LHD

s/n	Type	Comments
09574	308	GT/4 Dino Series 1 75 Red/Tan LHD US
9575	330	GTC #166/600 67 Giallo Fly then Rossa Corsa/Black LHD EU
09576	?08	GT/4 Dino
9577	330	GTC 67 grey/Black LHD
09578	?08	GT/4 Dino
9579	275	GTB/4 67
09580	308	GT/4 Dino Series 1 Red/
9581	330	GTC 67 Silver/Red
09582	?08	GT/4 Dino
9583	330	GTC 67 silver/Black RHD eng. #9583
09584	308	GT/4 Dino White/
9585	275	GTB/4 67
09586	?08	GT/4 Dino
9587	330	GTC Supervis 67
09588	308	GT/4 Dino
9589	330	GTC 67
09590	308	GT/4 Dino
9591	275	GTB/4 67
09592	308	GT/4 Dino Red Black BoxerTrim/
9593	330	GTC #178/600 67 Blue Le Mansthen Red/Black LHD EU
09594	?08	GT/4 Dino
09595	330	GTC 67
09596	308	GT/4 Dino Series 1 75 Red F106AL09596 eng. #F106A00000678
9597	275	GTB/4 67 Red/Black
09598	?08	GT/4 Dino
9599	330	GTC 67
09600	?08	GT/4 Dino
9601	330	GTC 67
09602	?08	GT/4 Dino
9603	275	GTB/4 NART Spider Conversion 67 Red then pale Yellow/Black Jean-Pierre Slavic-Collection
09604	308	GT/4 Dino Metallic Blue/Tan
9605	330	GTC 67
09606	?08	GT/4 Dino
9607	330	GTC 67 Crema White/Black
09608	?08	GT/4 Dino
9609	275	GTB/4 67 Red/Black alloy
09610	308	GT/4 Dino Red/
9611	330	GTC 67 Black/Black
09612	308	GT/4 Dino Series 1 Red/crema LHDEU
9613	330	GTC 67 Grigio Scuro Speciale Silverstone then Red/beige LHD EU
09614	?08	GT/4 Dino
9615	365	California Spider #4/14 10/67 Silver then Dark Grey Metallic/Black LHD EU PF job #99651 ex-Rafael Trujillo Martinez
09616	308	GT/4 Dino Series 1 Blue then Red/Black
9617	275	GTB/4 67 Red
09618	?08	GT/4 Dino
9619	330	GTC 67 silver LHD
09620	?08	GT/4 Dino
9621	330	GTC 67
09622	308	GT/4 Dino
9623	275	GTB/4 67
09624	?08	GT/4 Dino
9625	330	GTS #12/100 67 LHD US PF job #175212
09626	308	GT/4 Dino reported to be stolen
9627	330	GTS Geneva Show Car #13/100 67 Black/Black Black top PF job #175213
09628	308	GT/4 Dino Series 1 Metallic Blue/tan
9629	330	GT 2+2 67 Silver/Red LHD EU
09630	308	GT/4 Dino
9631	365	California Spider #5/14 Geneva Show Car 2/67 Oro met./tan then orange/Black then Oro met./tan LHD PF job #99652
09632	308	GT/4 Dino
9633	330	GTC 67
09634	?08	GT/4 Dino
9635	275	GTB/4 NART Spider Conversion by Straman 67 Black LHD

s/n	Type	Comments
09636	308	GT/4 Dino 11/74 Red/Black Blue carpets eng. #672
9637	330	GT 2+2 67 Dark Blue/Black
09638	308	GT/4 Dino Red/Black
9639	330	GTS #14/100 67 LHD EU PF job #175214 new to Chinetti, USA
09640	?08	GT/4 Dino
9641	330	GTC 67 Yellow/Black
09642	308	GT/4 Dino
9643	275	GTB/4 67
09644	308	GT/4 Dino Series 1 Pino Verde/tan
9645	330	GT 2+2 67 Red/Tan
09646	308	GT/4 Dino Series 1 Red/Crema
9647	330	GTC 67 Silver LHD
09648	308	GT/4 Dino Yellow/Black
9649	275	GTB/4 67
09650	308	GT/4 Dino Red/Tan
9651	330	GTC 67 Red/Black LHD EU
09652	?08	GT/4 Dino
9653GT	330	GTC Speciale 67 Azzurro Aurora Savadin/Black LHD US eng. #9653 PF job #99676
09654	?08	GT/4 Dino
9655	330	GTS #18/100 67 LHD EU PF job #175218
09656	308	GT/4 Dino
9657	275	GTB/4 67 Red/Black LHD EU
09658	308	GT/4 Dino Series 1 Red/Tan LHD US
9659	330	GTC 67
09660	308	GT/4 Dino Series 1 75 F106AL09660
9661	330	GTC 67
09662	?08	GT/4 Dino
9663	275	GTB/4 67 Red/Black LHD EU eng. #09663
09664	?08	GT/4 Dino
9665	330	GT 2+2 67
09666	?08	GT/4 Dino
9667	330	GT 2+2 67 Sky Blue/Red then various colour changes then Azzurro Met./tan LHD
09668	?08	GT/4 Dino
9669	275	GTB/4 67 giallo/Black LHD EU
09670	308	GT/4 Dino Metallic Blue/Dark Blue
9671	330	GTC Geneva Motor Show #199/600 2/67 Azzurro Aurora Savadin 4179 LHD EU eng. #2532 PF job#99676 covered headlights pop up fog lights
09672	308	GT/4 Dino Dark Metallic Blue/Tan
9673	330	GT 2+2 67 Blue sera then Red/Black LHD EU
09674	308	GT/4 Dino
9675	330	GT 2+2 #1032/1080 Dark Met.Grey/Blue LHD EU eng. #9675
09676	?08	GT/4 Dino
9677	275	GTB/4 67
09678	?08	GT/4 Dino
9679	330	GTC 67
09680	308	GT/4 Dino
9681	330	GTS #24/100 67Azzurro Aurora Savadin 4179/Black LHD EU ident. to 9439 pop-up headlights long nose PF job #175224 ex-David Carradine
09682	308	GT/4 Dino Series 1 Red/Creme
9683	275	GTB/4
09684	308	GT/4 Dino Red/
9685	330	GTC 67
09686	308	GT/4 Dino reported to be stolen
9687	330	GTS #22/100 67 Red/Black LHD US PF job #175222
09688	308	GT/4 Dino 75 Red/Tan
9689	275	GTB/4 67
09690	?08	GT/4 Dino
9691	330	GTS #15/100 67 Rosso Chiaro/Black LHD EU eng.#9691 PF job #175215
09692	?08	GT/4 Dino
9693	330	GT 2+2 67 Rosso Chiaro/Black LHD EU
09694	?08	GT/4 Dino
9695	275	GTB/4 67

s/n	Type	Comments
09696	308	GT/4 Dino
9697	330	GT 2+2 67 eng. in #10915
09698	?08	GT/4 Dino
9699	330	GTS #20/100 4/67 Rosso Cina then Black then Rosso Cina/Black LHD EU PF job #175220
09700	?08	GT/4 Dino
9701	275	GTB/4 67
9702	?08	GT/4 Dino
9703	275	GTB/4 67 LHD
9704	?08	GT/4 Dino
9705	330	GTC 67
9706	?08	GT/4 Dino
9707	330	GT 2+2 67 Silver/Blue/Blue LHD US PF job #175223
9708	308	GT/4 Dino Met. Blue/Blue cloth & carpets
9709	275	GTB/4 67 Rosso Chiaro/Tan
09710	?08	GT/4 Dino
9711	330	GTC #192/600 67 Ivory/tan LHD EU
09712	?08	GT/4 Dino
9713	275	GTB/4 67 Rosso Corsa/Black LHD EU
09714	308	GT/4 Dino
9715	330	GTS #23/100 67 Silver/Black LHD US PF job #175223
09716	?08	GT/4 Dino
9717	330	GT 2+2 67 Bronze/Black then Red/Black then Blue
09718	?08	GT/4 Dino
9719	330	GT 2+2 Series II 67
09720	?08	GT/4 Dino
9721	275	GTB/4 67
09722	?08	GT/4 Dino
9723	330	GT 2+2 67 Azzurro/Dark Blue
09724	?08	GT/4 Dino
9725	275	GTB/4 67
09726	308	GT/4 Dino 75 bianco/bianco & nero then Red/Tan Black carpets LHD EU
9727	330	GT 2+2 67 Silver/light Blue LHD
09728	308	GT/4 Dino Red/Black
9729	275	GTB/4 67 Red/Black ex-Roman Polanski & Sharon Tate
9730	308	GT/4 Dino
9731	275	GTB/4 67
09732	?08	GT/4 Dino
9733	330	GTS #16/100 67 LHD EU Hardtop PF job #175216
09734	308	GT/4 Dino Series 1 White then or was Silver then or was Black F106A109734 eng. #F106A00000791
9735	275	GTB/4 67 Yellow/Black
09736	308	GT/4 Dino Red/Black & Red
9737	275	GTB/4 67 Rosso/Crema RHD
09738	?08	GT/4 Dino
9739	330	GT 2+2 Series II #1036/1080 67 Azzurro 19278 M lt. then Nero/Beige VM3218 LHD EU eng. #9739 ex-Hans-Albert Zender ex-Matthias Ficht
09740	?08	GT/4 Dino
9741	330	GTC #200/600 67
09742	308	GT/4 Dino reported to be stolen
09743	275	GTB/4 67
09744	?08	GT/4 Dino
9745	330	GT 2+2 #1052/1080 67 Red
09746	308	GT/4 Dino Series 1 Red/beige Black seat centers LHD EU
09747	275	GTB/4 Spider Conversion dark Blue
09748	308	GT/4 Dino
9749	330	GTS #17/100 67 LHD EU PF job #175217
09750	308	GT/4 Dino Grigio/Beige cloth, reported to be stolen
9751	275	GTB/4 N.A.R.T. Spider #2/10 67 Yellow/Black alloy LHD US
09752	308	GT/4 Dino Series 1 Blue/grey
9753	330	GT 2+2 67 Silver/Black
09754	?08	GT/4 Dino
9755	275	GTB/4 67
09756	?08	GT/4 Dino
9757	330	GT 2+2 #1040/1080 67 RHD UK eng. #2486
09758	308	GT/4 Dino Red/Black
9759	365	GT 2+2 #84/801 67
09760	308	GT/4 Dino 3/75 Red Blue LHD
9761	275	GTB/4 67
09762	?08	GT/4 Dino
9763	330	GT 2+2 67 Metallic Grey/Black
09764	?08	GT/4 Dino
9765	330	GTS #26/100 67 Red/Black LHD US Black top PF job #175226
09766	308	GT/4 Dino 75 Red/Crema
9767	275	GTB/4
9768	?08	GT/4 Dino
9769	330	GTC 67
9770	?08	GT/4 Dino
9771	330	GTS #19/100 67 Blue celeste/tan LHD EU PF job #175219
09772	?08	GT/4 Dino
9773	330	GT 2+2 #1044/1080 67 Blue/Tan LHD EU eng. #9773
09774	?08	GT/4 Dino
9775	275	GTB/4 67 Blue eng. #9775
09776	308	GT/4 Dino Series 1 White
9777	330	GTS #29/100 67 LHD US PF job #175229
09778	?08	GT/4 Dino
9779	275	GTB/4 67 light metallic Blue/Black LHD EU
09780	308	GT/4 Dino Red/Dark Blue
9781	330	GTS #27/100 67 Fly Giallo LHD US PF job #175227
09782	308	GT/4 Dino Viola LHD
9783	275	GTB/4 67 Dark Red/Black LHD EU eng. # 9783
09784	?08	GT/4 Dino
9785	330	GTC #168/600 67 Blue sera met./grey RHD UK
09786	308	GT/4 Dino
9787	330	GTS #21/100 67 LHD US PF job #175221
09788	308	GT/4 Dino
9789	275	GTB/4 67 Yellow/Red
09790	?08	GT/4 Dino
9791	330	GTS #25/100 67 silver LHD US PF job #175225
9792	?08	GT/4 Dino
9793	330	GT 2+2 67 Red/Tan
9794	308	GT/4 Dino Series 1 76 Black F106AL09794 eng. #F106A00000670
9795	275	GTB/4 67 Red/Black LHD Long nose Alloy
09796	?08	GT/4 Dino
9797	330	GTS #28/100 67 Rosso rubino/Tan Black top LHD US PF job #175228
9798	308	GT/4 Dino Red/Tan suede
9799	330	GTC 67 Silver/Black
09800	308	GT/4 Dino Series 1 1/75 Black/tan LHD US
9801	365	California Spider New York Show car #6/14 3/67 Rosso chiaro/nero LHD US PF job #99653
09802	308	GT/4 Dino Series 1 metallic brown then Sera Blue/tan LHD US Race conversion
9803	275	GTB/4
09804	?08	GT/4 Dino
9805	330	GTS #30/100 67 Dark Blue/Tan LHD US PF job #175230
09806	?08	GT/4 Dino
9807	330	GTC 67
09808	?08	GT/4 Dino
9809	330	GT 2+2 Series II 67 Red/Black then Yellow/Black,
09810	?08	GT/4 Dino
9811	330	GT 2+2 67
09812	308	GT/4 Dino dark Blue/Crema LHD

s/n	Type	Comments
9813	275	GTB/4 Red customised by Allegretti to look like 6885
09814	?08	GT/4 Dino
9815	330	GTC 67 grey met./Black LHD EU
09816	308	GT/4 Dino Red/grey
9817	275	GTB/4
09818	?08	GT/4 Dino
9819	330	GTC 67 Red/Black RHD
09820	?08	GT/4 Dino
9821	330	GTC #210/600 67 Blu Sera/Tan then Silver/Burgundy LHD EU eng. #9821
09822	?08	GT/4 Dino
9823	330	GT 2+2 67
09824	308	GT/4 Dino
9825	275	GTB/4 67 Black/Black then Red/Black LHD US
09826	308	GT/4 Dino
9827	330	GTC 67 RHD
09828	?08	GT/4 Dino
9829	330	GTC 67
09830	?08	GT/4 Dino
9831GT	275	GTB/4 67 Verde Del Rio/tan LHD Borrani wire wheels green side mirrors no bumpers ex-Daniel G. W. Del Rio, ex-John Collins/Talacrest
09832	?08	GT/4 Dino
9833	330	GTC 67 Blue sera/Black.
09834	308	GT/4 Dino Series 1 Red/Crema
9835	330	GT 2+2 67 Red
09836	?08	GT/4 Dino
9837	330	GTC 67
09838	308	GT/4 Dino
9839	330	GTC 67 Azzurro/Black LHD
09840	308	GT/4 Dino 1/75 Red Black BoxerTrim/Black leather & cloth LHD US
9841	330	GT 2+2 67
09842	308	GT/4 Dino 75 Red/beige
9843	330	GTC 67
09844	?08	GT/4 Dino
9845	330	GTC #218/600 67 Red/Tan eng. #2728
09846	?08	GT/4 Dino
9847	330	GTC 67 Black/Red
09848	308	GT/4 Dino Red/Black
9849	365	California Spider #7/14 4/67 White/Black then Dark Blue then Black/Brown LHD US
09850	?08	GT/4 Dino
9851	275	GTB/4 NART Spider Conversion by Straman 68 Black/Black then Yellow/Black EU eng. #09851
09852	308	GT/4 Dino Series 1 Red & Black Boxer trim/Black
9853	330	GTC 67
09854	308	GT/4 Dino Series 1 75 Dark metallic Blue
9855	275	GTB/4 67
09856	308	GT/4 Dino Black/Tan
9857	330	GTC #207/600 67 Rosso Corsa/Black/Black carpeting LHD
09858	308	GT/4 Dino
9859	275	GTB/4 67
09860	?08	GT/4 Dino
9861	330	GTC 67
09862	308	GT/4 Dino
9863	330	GTC 67
09864	308	GT/4 Dino Series 1 Metallic Blue/Black then Red/Black LHD US
9865	275	GTB/4 67 light green grey met./Black
09866	308	GT/4 Dino Series 1 Grey/Black Crashed
9867	330	GTC 67 verde metallizzato/tan
09868	?08	GT/4 Dino
9869	330	GTC 67
09870	308	GT/4 Dino
9871	275	GTB/4 67 Red
09872	308	GT/4 Dino
9873	330	GTC 67
09874	308	GT/4 Dino Series 1 Silver/Black LHD US
9875	330	GTC 67
09876	308	GT/4 Dino
9877	275	GTB/4 67
09878	308	GT/4 Dino White Black BoxerTrim/Black
9879	330	GTC #224/600 67 eng. #2696
09880	308	GT/4 Dino Series 1 Ivory/Black LHD US European bumpers
9881	330	GTC 67
09882	?08	GT/4 Dino
9883	275	GTB/4 67 Giallo Fly/Black
09884	308	GT/4 Dino 75 Red then Chiaro Blue/Parchment LHD
9885	330	GTC 67 White/Blue then Azzurro RHD eng. #9885
09886	308	GT/4 Dino Series 1 Metallic Brown/Tan
9887	275	GTB/4 67 green then Red/Black LHD
09888	308	GT/4 Dino Red Black BoxerTrim/Tan
9889	365	California Spider #8/14 4/67 Azzurro/Black LHD EU eng. #9889 PF job #99655
09890	?08	GT/4 Dino
9891	275	GTB/4 67
09892	308	GT/4 Dino 75 White/Blue
9893	330	GTC 67
09894	308	GT/4 Dino 1/75 Red/Tan Red carpets
9895	330	GTC 67
09896	308	GT/4 Dino Series 1 Black/tan LHD US Tubi exhaust
9897	275	GTB/4 67 eng. #11013
09898	308	GT/4 Dino Series 1 75 Metallic brown then Black/tan Gotti wheels
9899	330	GTC 67 Red/Black LHD eng. #209
09900	308	GT/4 Dino Series 1 Silver
9901	330	GTC 67 Red/Tan then Blue converted to RHD
09902	?08	GT/4 Dino
9903	275	GTB/4 67 Red/Tan LHD ex-James Coburn
09904	308	GT/4 Dino
9905	330	GTC 67
09906	308	GT/4 Dino Met. Blue/
9907	330	GTC 67 Black
09908	308	GT/4 Dino
9909	275	GTB/4 67 light Yellow/Black LHD EU eng. #9909GT
09910	?08	GT/4 DinO
9911	330	GTC #229/600 67 Silver/Black & Red LHD EU eng. #9911
09912	308	GT/4 Dino
9913	330	GTC 67
09914	308	GT/4 Dino
9915	330	GT 2+2 67 Dark Blue/Blue RHD eng. #9915
09916	308	GT/4 Dino 75 Rosso Corsa/Black
9917	275	GTB/4 67
09918	308	GT/4 Dino Series 1 bronze Black Boxer Trim/Crema then Black/tan
9919	330	GTC 67
09920	308	GT/4 Dino Red/Tan
9921	275	GTB/4 66 Black/Crema LHD eng. #9921
09922	308	GT/4 Dino
9923	330	GTC #225/600 67 Black/dark tan LHD EU eng. #9923
09924	?08	GT/4 Dino
9925	275	GTB/4 67
09926	308	GT/4 Dino Red/Tan
9927	330	GTC 67
09928	?08	GT/4 Dino
9929	330	GT 2+2 67 Silver/Blue/Blue RHD
09930	308	GT/4 Dino Red/Black
9931	275	GTB/4 67
09932	308	GT/4 Dino
9933	330	GT 2+2 Series II last RHD, 67 Grey Metallic/Walnut RHD eng. #9933
09934	?08	GT/4 Dino
9935	365	California Spider #9/14 4/67 Red Crema top/Crema LHD USPF job #99656

s/n	Type	Comments
09936	308	GT/4 Dino Red/
9937	275	GTB/4 67
09938	308	GT/4 Dino 75 Blue Metallic/Dark Blue
9939	330	GTC 67
09940	?08	GT/4 Dino
9941	275	GTB/4 67
09942	308	GT/4 Dino Series 1
9943	330	GTC
09944	308	GT/4 Dino 75 Blue Metallic Black
9945	330	GTC 67 dark Red/Tan LHD EU
09946	308	GT/4 Dino Series 1 Competizione conversion Red/Tan then Yellow racing stripe
9947	275	GTB/4 67
09948	308	GT/4 Dino Series 1 75 Black & Grey Black BoxerTrim/Tan LHD US
9949	330	GTC 67
09950	?08	GT/4 Dino
9951	275	GTB/4 67 Red/Black then Yellow/Black LHD eng. #226/09951
09952	308	GT/4 Dino Series 1 75 Petrol Blue Beige
9953	330	GTC 67
09954	308	GT/4 Dino
9955	330	GTC 67 Rosso Corsa/White LHD eng. #09955
09956	308	GT/4 Dino Series 1 Black/tan
9957	275	GTB/4 67 Rosso Corsa RHD alloy 4-cam, on y RHD alloy 4-cam
09958	308	GT/4 Dino
9959	330	GTC 67
09960	308	GT/4 Dino Series 1 75 White Black Boxer Trim then Black/Red LHD US
9961	275	GTB/4 67 Silver/Blue then Black int.
09962	308	GT/4 Dino 75 Red RHD
9963	330	GTC #246/600 (probably mistaken with 9983) 67 Red/Black eng. #10653
09964	308	GT/4 Dino
9965	330	GT 2+2 67
09966	308	GT/4 Dino Silver/Black
9967	275	GTB/4
09968	308	GT/4 Dino
9969	330	GT 2+2 67
09970	?08	GT/4 Dino
9971	275	GTB/4
09972	308	GT/4 Dino Red/Black
9973	330	GTC 67
09974	?08	GT/4 Dino
9975	275	GTB/4 67
09976	308	GT/4 Dino Series 1 /tan
9977	330	GT 2+2 67 Red/Black
09978	308	GT/4 Dino
9979	330	GTC 67 Azzurro/Black
09980	308	GT/4 Dino Series 1 1/75 Red/Tan LHD US
9981	275	GTB/4 67 Black LHD
09982	308	GT/4 Dino Series 1 1/75 Red Black BoxerTrim/Tan LHD US
9983	330	GTC #246/600 (probably mistaken with 9963) 67 Grey/Tan LHD EU
09984	308	GT/4 Dino Series 1 1/75 Red/Tan
9985	365	California Spider #10/14 5/67 Blue Sera/Tan then Red/White then Tan int. RHD UK
09986	308	GT/4 Dino
9987	275	GTB/4 NART Spider Conversion by Straman Yellow/Black Engi. #9987 ex-Straman
09988	308	GT/4 Dino Series 1 Dark Metallic Grey/Black
9989	330	GTC 67 Dark Blue/grey LHD EU eng. # 9989
09990	308	GT/4 Dino 1/75, Red/Tan Red carpets
9991	330	GT 2+2 67
09992	308	GT/4 Dino
9993	275	GTB/4 67 Red/Black
09994	308	GT/4 Dino Ruby Red/Black
9995	330	GTS #36/100 67 Dark Blue/Tan LHD EU PF job #175236
09996	308	GT/4 Dino Red/Crema US
9997	330	GTC 67
09998	308	GT/4 Dino Series 1 75 Blue/tan then Red/Black LHD US F106AL09998
9999	275	GTB/4 Red
10000	?08	GT/4 Dino
10001	330	GTC 67
10002	308	GT/4 Dino
10003	330	GTS #31/100 67 PF job #175231
10004	308	GT/4 Dino Series 1 White/Blue
10005	275	GTB/4 67 Silver RHD
10006	308	GT/4 Dino Black/Black
10007	330	GTC 67 Red
10008	308	GT/4 Dino Series 1 2/75 White/Blue LHD US
10009	330	GTC 67
10010	308	GT/4 Dino 75 Black/Black
10011	275	GTB/4 67 grey met. ex-Michel Lepeltier Collection
10012	308	GT/4 Dino Series 1 Red/Black Red piping
10013	330	GTC 67 Red/Black
10014	?08	GT/4 Dino
10015	275	GTB/4 67 Red/Black or 330 GT Silver/Tan Partially disassembled
10016	308	GT/4 Dino
10017	275	GTB/4 Rosso Rubino/Black
10018	?08	GT/4 Dino
10019	330	GT 2+2 67 Silver/Black then Red/Black
10020	308	GT/4 Dino Red/Black Red carpets
10021	275	GTB/4 67 Oro Chiaro/green & Black
10022	208	GT/4 Dino Red/Black
10023	330	GTC 67 Green met. then Red then Green met./Tan LHD
10024	308	GT/4 Dino 75 Black/Beige
10025	275	GTB/4 68 Red/Tan LHD EU Alloy
10026	308	GT/4 Dino 75 Red/Tan LHD
10027	330	GT 2+2 67
10028	308	GT/4 Dino
10029	330	GT 2+2 67 Silver/Black
10030	308	GT/4 Dino
10031	275	GTB/4
10032	308	GT/4 Dino Series 1 silver/Black then Red/Tan
10033	330	GTC #262/600 67 Red/Black LHD US
10034	308	GT/4 Dino Red/Tan
10035	275	GTB/4 67 Red/Black LHD
10036	308	GT/4 Dino Series 1
10037	330	GTS #33/100 67 Verde Pino then Red/Tan LHD US PF job #175233 eng. #2742
10038	308	GT/4 Dino Series 1 Grey/Black
10039	275	GTB/4
10040	308	GT/4 Dino Series 1 75 White/Black then Silver/Black
10041	330	GT 2+2 67 Giallo Fly then Red/Black LHD EU
10042	308	GT/4 Dino Series 1 75 Giallo Fly/Black
10043	330	GT 2+2 67
10044	308	GT/4 Dino 75 Rosso Dino then Rosso Corsa/Crema LHD
10045	275	GTB/4
10046	308	GT/4 Dino 75
10047	275	GTB/4
10048	308	GT/4 Dino 75
10049	330	GTC 67
10050	308	GT/4 Dino 75 Silver/Black then Red/Black leather
10051	275	GTB/4 67 Yellow/Black
10052	208	GT/4 Dino 75
10053	330	GTS #32/100 67 LHD EU PF job #175232
10054	?08	GT/4 Dino
10055	275	GTB/4
10056	308	GT/4 Dino Series 1 75 Yellow/Black then Red/Black LHD US
10057	330	GT 2+2 67
10058	308	GT/4 Dino
10059	275	GTB/4
10060	308	GT/4 Dino 75 Ivory/Black
10061	330	GTC 67

s/n	Type	Comments
10062	308	GT/4 Dino 75 Metallic Blue Black BoxerTrim then Black/Bordeaux Targa Conversion
10063	275	GTB/4 67 Red/Tan
10064	308	GT/4 Dino Series 1 Dino Red/Tan cloth
10065	330	GTC 67
10066	308	GT/4 Dino 75 Red/Tan US 106FAL10066
10067	275	GTB/4 Fly Giallo/Black
10068	308	GT/4 Dino 75 Red/Crema
10069	330	GT 2+2 67 Red/Tan dark Blue carpets
10070	308	GT/4 Dino Red/Black
10071	275	GTB/4 67 Black/Red LHD
10072	308	GT/4 Dino
10073	330	GTS #39/100 67 Crema/White then Yellow/Black Black top LHD US PF job #175239
10074	308	GT/4 Dino 75 White/burgundy ex-Elvis Presley
10075	275	GTB/4 67 Silver/Blue then Red/Black then tan int. LHD eng. #10075 converted to RHD
10076	308	GT/4 Dino 76 Blue/Black US
10077	365	California Spider #11/14 5/67 Rosso rubino/tan LHD US PF job #99657
10078	?08	GT/4 Dino
10079	330	GTC #261/600 67 dark Red & Silver/Tan LHD US eng. #10079
10080	308	GT/4 Dino Series 1 Yellow/Black
10081	275	GTB/4 67 Red/Tan
10082	308	GT/4 Dino 2/75 Black/Tan cloth Black carpets
10083	330	GT 2+2 67 metallic Aquamarine then Dark Red/Black LHD US
10084	?08	GT/4 Dino
10085	330	GT 2+2 67 metallic Aquamarine/Tan then Rosso Robino/Black LHD EU
10086	308	GT/4 Dino Series 1 Brown/tan BBS wheels
10087	275	GTB/4 67 Black then Yellow/tan then argento/Black LHD
10088	308	GT/4 Dino Series 1 Brown/Black
10089	330	GT 2+2 67
10090	308	GT/4 Dino
10091	330	GT 2+2 67
10092	308	GT/4 Dino
10093	275	GTB/4 67 Red/Black
10094	308	GT/4 Dino Series 1 Black/Black LHD US
10095	330	GTC 67
10096	208	GT/4 Dino Red/Black LHD EU
10097	330	GTC 67
10098	308	GT/4 Dino Series 1 Rubino Red LHD US
10099	275	GTB/4 67 Red/Black
10100	308	GT/4 Dino Dark Blue met./Dark Blue
10101	330	GTC 67
10102	308	GT/4 Dino 75 Silver Black Boxer Trim/Black
10103	275	GTB/4 Alloy Silver/Red LHD
10104	?08	GT/4 Dino
10105	330	GTC 67
10106	308	GT/4 Dino
10107	330	GTC Speciale #231/600 67 Dark Blue met. then Black/Black LHD EU PF job #99686 pop-up lights
10108	308	GT/4 Dino
10109	275	GTB/4 67
10110	308	GT/4 Dino
10111	330	GTS #41/100 67 Dark Red/Black LHD EU PF job #175241
10112	?08	GT/4 Dino
10113	330	GTS #46/100 67 Rossa Corsa/tan LHD PF job #175246 eng. #10113
10114	308	GT/4 Dino Red/Tan
10115	275	GTB/4 67 LHD eng. #10343
10116	308	GT/4 Dino Metallic Green/Tan
10117	330	GT 2+2 67 Grey/Blue LHD US
10118	?08	GT/4 Dino
10119	275	GTB/4
10120	308	GT/4 Dino Series 1 Rosso Rubino/tan
10121	330	GT 2+2 67
10122	308	GT/4 Dino Series 1 Silver/tan
10123	275	GTB/4 67 Blue then Red
10124	308	GT/4 Dino Series 1 75 Emerald Green/tan
10125	330	GT 2+2 67 Azzurro/Red
10126	308	GT/4 Dino
10127	330	GTS #42/100 67 LHD EU PF job #175242
10128	308	GT/4 Dino Series 1 75 Red/Tan LHD US
10129	275	GTB/4 Yellow Beige
10130	308	GT/4 Dino White/Blue
10131	330	GT 2+2 67 Dark Blue/Tan
10132	308	GT/4 Dino 75 Red/Brown US
10133	275	GTB/4 67 Black/Tan
10134	308	GT/4 Dino Series 1 dark Red Metallic/tan cloth LHD US
10135	330	GTS #45/100 67 Fly Giallo/Black LHD US PF job #175245
10136	?08	GT/4 Dino
10137	330	GT 2+2 67
10138	308	GT/4 Dino Series 1 White/Black
10139	275	GTB/4 N.A.R.T. Spider #3/10 67 Rosso Dino/Tan then Red/Black
10140	?08	GT/4 Dino
10141	330	GTS #51/100 67 Rosso Corsa/Black LHD EU PF job #175251
10142	308	GT/4 Dino Series 1 Red/Tan
10143	330	GTC London Motor Show Car 67 Blue Sera Met./Light Grey RHD UK eng. #10143
10144	?08	GT/4 Dino
10145	330	GT 2+2 67
10146	308	GT/4 Dino Series 1 White Black BoxerTrim/White
10147	275	GTB/4 67 Red/Black LHD
10148	308	GT/4 Dino Series 1 Black/tan LHD US
10149	330	GT 2+2 67
10150	308	GT/4 Dino Series 1 Gold/Red
10151	275	GTB/4 67 Silver
10152	308	GT/4 Dino Series 1 Red/Black LHD US
10153	330	GT 2+2 67 Black/Black then Silver/Black
10154	308	GT/4 Dino Series 1 Red/Tan LHD US
10155	365	California Spider IAA Frankfurt #12/14 6/67 White/Black LHD EU PF job #99658 ex-Hans Riegel
10156	308	GT/4 Dino 75 silver then Red Black Boxer Trim/Black
10157	330	GTC 67 Grey Black RHD
10158	308	GT/4 Dino Silver/Tan
10159	275	GTB/4 Black/tan
10160	308	GT/4 Dino
10161	330	GT 2+2
10162	308	GT/4 Dino 75 bianco/bianco, then bianco/tan
10163	275	GTB/4 67 Red/Black LHD temp. 330 GT eng. then with an eng. rebuilt
10164	?08	GT/4 Dino
10165	330	GT 2+2 67 Silver/Red LHD US
10166	308	GT/4 Dino Black
10167	330	GTS #37/100 67 Red/Tan LHD US PF job #175237
10168	308	GT/4 Dino Series 1 Black/tan
10169	275	GTB/4 silver RHD
10170	308	GT/4 Dino Series 1 Red/Black & Red
10171	330	GTC 67
10172	308	GT/4 Dino
10173	330	GTS #34/100 67 Rosso Barchetta/tan Black top LHD US PF job #175234
10174	308	GT/4 Dino
10175	330	GT 2+2 67 Dark Blue/Tan LHD US restored as Competizione
10176	308	GT/4 Dino Series 1 75 Silver/Tan then Yellow brown LHD EU
10177	275	GTB/4 67 Silver/Dark Blue RHD UK
10178	308	GT/4 Dino Black/Tan
10179	330	GTC 67
10180	308	GT/4 Dino

s/n	Type	Comments
10181	330	GT 2+2 Series II 67 Silver/Black LHD US, last 330 GT 2+2 produced for North America. Prototype 4.4 liter eng.
10182	308	GT/4 Dino
10183	330	GTC 67 Dark Blue/Black LHD
10184	?08	GT/4 Dino
10185	275	GTB/4 67 Yellow/Black
10186	308	GT/4 Dino
10187	330	GTC 67
10188	308	GT/4 Dino
10189	330	GTS #35/100 67 Silver/Black LHD EU PF job #175235
10190	308	GT/4 Dino Red/Black
10191	275	GTB/4
10192	308	GT/4 Dino Series 1 Yellow Black Boxer Trim/Black LHD US
10193	330	GT 2+2 last, 67 Silver/Red LHD EU
10194	?08	GT/4 Dino
10195	275	GTB/4 67 Yellow/Black
10196	?08	GT/4 Dino
10197	330	GTC 67
10198	308	GT/4 Dino Series 1
10199	330	GTC 67
10200	308	GT/4 Dino Silver/
10201	275	GTB/4 67 Silver/Black LHD
10202	308	GT/4 Dino
10203	330	GTS #54/100 67 LHD EU PF job #175254
10204	308	GT/4 Dino Dark Metallic Brown/Beige
10205	275	GTB/4
10206	?08	GT/4 Dino 75 Red/Tan
10207	275	GTB/4 silver/Black
10208	308	GT/4 Dino Series 1 Red/Tan
10209	330	GTC 67 Azuuro/light Blue LHD US eng. #10209
10210	?08	GT/4 Dino
10211	330	GTC 67 Red/Black
10212	308	GT/4 Dino Dark Blue/dark Blue
10213	275	GTB/4 Red/Tan
10214	?08	GT/4 Dino
10215	330	GTC 67
10216	308	GT/4 Dino Gold/Tan
10217	275	GTB/4 67 Red/Tan LHD
10218	308	GT/4 Dino
10219	275	GTB/4 S N.A.R.T. Spider #4/10 67 Yellow/Black then Red/Black (ex)-Ralph Lauren-Collection
10220	?08	GT/4 Dino
10221	330	GTC 67
10222	308	GT/4 Dino Series 1
10223	275	GTB/4 Spider conversion by Mike Sheehan 67 Nocciola 106-M-27 then Red/Black then Fly Giallo
10224	308	GT/4 Dino Series 1 2/75 Blue/tan LHD
10225	330	GTS #40/100 67 Red/Black LHD EU PF job #175240 temp. renumbered #10203
10226	308	GT/4 Dino Series 1 Red/Tan
10227	275	GTB/4 67 Silver/Black
10228	308	GT/4 Dino
10229	330	GTC 67
10230	308	GT/4 Dino
10231	275	GTB/4 67 Dark Blue LHD
10232	308	GT/4 Dino 75 Red/Black F106AL10232
10233	275	GTB/4 67 Silver then Red
10234	308	GT/4 Dino
10235	330	GTC 67
10236	308	GT/4 Dino reported to be stolen
10237	275	GTB/4 bare metal in '06
10238	308	GT/4 Dino BlueSera/EU
10239	330	GTC #276/600 67 Red/Tan LHD US
10240	?08	GT/4 Dino
10241GT	330	GTC Speciale Frankfurt Motor Show #257/600 67 Azzurro Aurora Savadin 4179/Nero then Ivory int. LHD EU eng. #10241GT PF job #99687 ex-Brandon Wang-Collection
10242	308	GT/4 Dino Series 1 Dino Red LHD US
10243	275	GTB/4 Red/Black
10244	308	GT/4 Dino
10245	275	GTB/4 67 Alloy
10246	308	GT/4 Dino Black/Black
10247	330	GTC 67
10248	308	GT/4 Dino
10249	275	GTB/4 S N.A.R.T. Spider #5/10 67 Red/Black
10250	308	GT/4 Dino Series 1 Black/tan then Red/Crema
10251	330	GTC 67 Red/Black then tan int. RHD eng. #10251
10252	?08	GT/4 Dino
10253	275	GTB/4 67
10254	308	GT/4 Dino
10255	330	GTC 67
10256	308	GT/4 Dino 75 Dark Red/Tan
10257	275	GTB/4 67 Red/Black eng. #10257
10258	308	GT/4 Dino 75 Fly Giallo/Black
10259	275	GTB/4 Red LHD
10260	308	GT/4 Dino 75 Red/Black
10261	330	GTC 67
10262	308	GT/4 Dino Series 1 Red/Black Red piping LHD US
10263	275	GTB/4 67 Silver/Black LHD
10264	308	GT/4 Dino 75 Red/Black Red piping LHD, rebuilt Engine
10265	330	GTC 67 Red/Black
10266	308	GT/4 Dino Blue/Black Red carpets
10267	330	GTC #283/600 67 Red/Black LHD US eng. #10267
10268	308	GT/4 Dino
10269	275	GTB/4
10270	?08	GT/4 Dino
10271	275	GTB/4 67 Giallo Fly/Black LHD US
10272	308	GT/4 Dino Series 1 Red/Black LHD US
10273	330	GTC 67
10274	308	GT/4 Dino Series 1 Silver/Black
10275	275	GTB/4
10276	308	GT/4 Dino
10277	275	GTB/4
10278	?08	GT/4 Dino
10279	330	GTC 67
10280	308	GT/4 Dino 4/75 Red Black Boxer Trim/Black eng. #1087 trans. #1102
10281	275	GTB/4 Yellow/Black eng. #1754
10282	308	GT/4 Dino Series 1 White Black Boxer Trim/Red & Creme
10283	330	GTC 67
10284	308	GT/4 Dino 75 Dark Blue MetallicBlack BoxerTrim/Bordeaux Black. piping
10285	275	GTB/4
10286	308	GT/4 Dino Series 1 Light metallic green/Black Red piping
10287	365	GTB/4 Daytona first Prototype 67 argento metallizato Black then Red/Black LHD EU
10288	308	GT/4 Dino
10289	330	GTC 67
10290	308	GT/4 Dino
10291	275	GTB/4
10292	308	GT/4 Dino Series 1 Dark Red/Black
10293	330	GTC 67
10294	308	GT/4 Dino Series 1 Red Black Boxer Trim/Tan
10295	275	GTB/4 Grey metallic Black LHD long nose
10296	308	GT/4 Dino Series 1 Red Black Boxer Trim/Parchment LHD US
10297	330	GTC 67
10298	208	GT/4 Dino 75 Silver/Black Red piping LHD
10299	275	GTB/4 67 LHD
10300	?08	GT/4 Dino
10301	330	GTC 67
10302	308	GT/4 Dino Maroon/Maroon
10303	275	GTB/4 67 Grey then Red then Yellow/Black LHD EU

s/n	Type	Comments
10304	308	GT/4 Dino
10305	330	GTC 67
10306	308	GT/4 Dino
10307	275	GTB/4 67 Azzurro Met./Arancio LHD US eng. #10307
10308	308	GT/4 Dino Series 1 75 Red Black Boxer Trim/Black Red piping LHD
10309	330	GTC 67
10310	308	GT/4 Dino 75 Red Black Boxer Trim/tan LHD
10311	275	GTB/4 67 Ivory then Yellow/Brown Alloy
10312	308	GT/4 Dino Series 1 Red Black Boxer Trim/tan LHD US
10313	330	GTC 67 Red
10314	308	GT/4 Dino 75 Red/Tan
10315	275	GTB/4
10316	308	GT/4 Dino Series 1 Red/Tan LHD US
10317	330	GTC 67
10318	308	GT/4 Dino Series 1 75 Silver/Black LHD US
10319	275	GTB/4
10320	308	GT/4 Dino Series 1 Red/Tan
10321	275	GTB/4
10322	308	GT/4 Dino
10323	330	GTS Frankfurt Motor Show #61/100 67 Red then Blu Sera Met./Black LHD EU PF job #175261
10324	308	GT/4 Dino Series 1 75 Aftermarket sunroof
10325	275	GTB/4
10326	308	GT/4 Dino 75 Black
10327	365	California Spider #13/14 7/67 Rosso Chiaro/White then tan int. LHD US eng. #10327 PF job #99659 ex-Charles Bronson
10328	308	GT/4 Dino 75 Red/Tan
10329	275	GTB/4
10330	308	GT/4 Dino Series 1 Red/Tan LHD US
10331	330	GTC 67
10332	?08	GT/4 Dino
10333	275	GTB/4 67 Grey met. LHD ex-Yves Montand
10334	308	GT/4 Dino Series 1 75 Dark Red Black Boxer Trim/Black Red piping LHD US Campagnolo wheels
10335	330	GTS #38/100 67 Red/Black Black top LHD US PF job #175238
10336	308	GT/4 Dino Series 1 Red/Tan Blue carpets LHD US
10337	275	GTB/4 67 Red/Black
10338	308	GT/4 Dino Series 1 Red/Tan
10339	275	GTB/4
10340	308	GT/4 Dino Series 1 White/Red/Black piping LHD
10341	330	GTS 365 California Spider replica #47/100 67 LHD EU PF job #175247
10342	308	GT/4 Dino Silver/Red
10343	275	GTB/4 Frankfurt Motor Show 67 Red/Black eng. #10115 Borrani wheels
10344	308	GT/4 Dino Series 1 Rosso Rubino Black Boxer Trim/brown
10345	275	GTB/4 Red/Black RHD
10346	308	GT/4 Dino Series 1 Dark grey/Crema
10347	330	GTC 67
10348	308	GT/4 Dino Series 1 Red/Tan
10349	275	GTB/4 67 Black/Tan
10350	308	GT/4 Dino 75 Red/Black
10351	275	GTB/4 Spider Conversion, last 275 GTB/4 Conversion by Straman
10352	308	GT/4 Dino Series 1 Red/Tan LHD US
10353	330	GTC 67
10354	308	GT/4 Dino Series 1 DarkRed/Tan LHD US
10355	275	GTB/4 bruno/
10356	308	GT/4 Dino Silver/Red
10357	275	GTB/4 67 Yellow/Dark Red LHD EU
10358	?08	GT/4 Dino
10359	330	GTS #43/100 67 LHD EU PF job #175243
10360	308	GT/4 Dino Series 1 Dark Red Black Boxer Trim/tan LHD US
10361	275	GTB/4
10362	?08	GT/4 Dino
10363	330	GTC 67
10364	308	GT/4 Dino
10365	275	GTB/4
10366	308	GT/4 Dino 3/75 Red/Black
10367	330	GTC #561(?)/600 67 Azzurro/Black LHD EU
10368	?08	GT/4 Dino
10369	365	California Spider #14/14 67 Metallic Blue/beige RHD UK
10370	308	GT/4 Dino Blue Black Boxer Trim/Black
10371	275	GTB/4 67 Light Yellow/Black LHD
10372	308	GT/4 Dino Silver Black Boxer Trim/Red
10373	330	GTC 67 Dark Blue/Black LHD
10374	308	GT/4 Dino
10375	330	GTS #44/100 67 Yellow/Black/Black.top & boot cover LHD US PF job #175244 eng. #2978
10376	308	GT/4 Dino 75 Yellow Black Boxer trim/Black, US
10377	330	GTC 11/67 Bianco 1.441.110 A lt./Pelle Nera Franzi LHD US eng. #10377
10378	308	GT/4 Dino
10379	275	GTB/4 67 Rosso Corsa/ tan Black seats LHD US
10380	308	GT/4 Dino Series 1 Red/Black LHD US
10381	275	GTB/4 Grey met./Black LHD
10382	?08	GT/4 Dino
10383	330	GTC 67
10384	308	GT/4 Dino Series 1 Red Black Boxer Trim//Black Crashed
10385	275	GTB/4 68 White then Black then Red/Tan RHD eng. #10385
10386	308	GT/4 Dino
10387	275	GTB/4 67 Red/Black
10388	308	GT/4 Dino
10389	330	GTC 67 Black/Black leather
10390	?08	GT/4 Dino
10391	275	GTB/4
10392	308	GT/4 Dino Series 1 Red/Black LHD US
10393	330	GTC 67
10394	308	GT/4 Dino 75 Black then Red/Black rear seats replaced with luggage shelf
10395	275	GTB/4 Paris Show car 67 Blue then Red/Black LHD
10396	308	GT/4 Dino 75 Yellow/Black sunroof
10397	330	GTC 67
10398	308	GT/4 Dino 75 Yellow Black Boxer Trim/Black LHD
10399	275	GTB/4
10400	308	GT/4 Dino
10401	330	GTC #305/600 67 Black/Black then Dark Blue/Green & Tan LHD US eng. #10401
10402	308	GT/4 Dino Silver/
10403	275	GTB/4 67 Argento/Black LHD EU eng. #10403
10404	?08	GT/4 Dino
10405	275	GTB/4 Yellow/Black LHD
10406	?08	GT/4 Dino
10407	330	GTS Paris Show car #71/100 67 Black/Red Black top & boot cover LHD eng. # 10407 PF job #175271
10408	308	GT/4 Dino Silver/Red
10409	275	GTB/4 Paris Show Car 67 Yellow
10410	308	GT/4 Dino Series 1
10411	330	GTC 67
10412	308	GT/4 Dino
10413	275	GTB/4
10414	308	GT/4 Dino 75 Red/Tan
10415	330	GTC 67
10416	308	GT/4 Dino Silver Black Boxer Trim/Black
10417	275	GTB/4 67 Red/Black then Blue/Black
10418	?08	GT/4 Dino

s/n	Type	Comments
10419	330	GTS London Show Car #63/100 67 Oro Chiaro/Tan VM846 RHD UK PF job #175263
10420	308	GT/4 Dino
10421	330	GTC 67 Red/Black
10422	308	GT/4 Dino Red/Beige
10423	275	GTB/4 67 silver/Black LHD
10424	308	GT/4 Dino
10425	330	GTC 67
10426	308	GT/4 Dino Metallic Beige
10427	275	GTB/4
10428	308	GT/4 Dino Dark Blue Black Boxer Trim/Beige
10429	330	GTC 67 Azzurro
10430	308	GT/4 Dino
10431	365	GT 2+2 first Prototype Red/Tan LHD California Spider Conversion Red/Creme tan top
10432	308	GT/4 Dino 75 Black/Black LHD
10433	330	GTC 67
10434	308	GT/4 Dino Series 1 Red Black Boxer Trim/tan
10435	275	GTB/4 67 Rosso Chiaro/Tan LHD
10436	308	GT/4 Dino
10437	330	GTC 67
10438	308	GT/4 Dino Series 1 75 Dino Red/Black LHD US
10439	275	GTB/4
10440	?08	GT/4 Dino
10441	330	GTC 67
10442	308	GT/4 Dino
10443	275	GTB/4
10444	308	GT/4 Dino Rosso Dino Black Boxer Trim/Black
10445	330	GTC 67 eng. in #9047
10446	308	GT/4 Dino 3/75 dark Red/Black Red carpets
10447	275	GTB/4
10448	308	GT/4 Dino 3/75 Red/Black cloth Red piping eng. #1162 trans. #1180
10449	330	GTC #318/600 67 Red/Black LHD EU
10450	308	GT/4 Dino Series 1 Burgundy/Black
10451	275	GTB/4 67 Red/Tan LHD
10452	?08	GT/4 Dino
10453	275	GTB/4 S N.A.R.T. Spider #6/10 67 Blue/Black ex-Steve McQueen
10454	308	GT/4 Dino Red Black Boxer Trim/Tan
10455	330	GTC 67 Green/Naturale LHD US (ex)-Peter Kalikow-Collection
10456	?08	GT/4 Dino
10457	330	GTC 67
10458	308	GT/4 Dino Series 1 GreyBlack Boxer Trim/Tan & Black
10459	275	GTB/4
10460	?08	GT/4 Dino
10461	275	GTB/4
10462	308	GT/4 Dino Series 1
10463	330	GTC 67
10464	308	GT/4 Dino Series 1 Red/Black
10465	275	GTB/4
10466	308	GT/4 Dino Series 1 75 Azzurro F106AL10466 eng. #F106A00000352
10467	330	GTC 67
10468	308	GT/4 Dino Series 1 75 Blue grey Black Boxer Trim/Blue LHD US
10469	275	GTB/4 67 Red/Black LHD ex-Greg Garrison
10470	308	GT/4 Dino Series 1 Rosso Rubino/Tan
10471	330	GTC 67
10472	308	GT/4 Dino Red/Black Red carpets eng. #1173
10473	275	GTB/4 N.A.R.T. Spider conversion by Mike McClusky 67 Dark Red/Black
10474	308	GT/4 Dino Series 1 75 Dino Blue Black Boxer Trim//tan then Black/Tan LHD US
10475	330	GTC 67 Red/Tan LHD eng. #10475
10476	308	GT/4 Dino White/Black
10477	330	GTC 67
10478	308	GT/4 Dino
10479	365	GT 2+2 2nd Prototype, London Show Car 68 Azzurro/Tan RHD UK eng. #10479GT PF job #99689, displayed in Keith Bluemel's book Original V12
10480	308	GT/4 Dino 75 Red Black Boxer Trim/Tan
10481	275	GTB/4 Silver, displayed in Keith Bluemel's book Original V12
10482	?08	GT/4 Dino
10483	330	GTC 67
10484	308	GT/4 Dino Series 1 Red/White
10485	275	GTB/4
10486	308	GT/4 Dino Silver/Blue/eng. #352
10487	330	GTC 67
10488	308	GT/4 Dino Series 1 Red/beige
10489	330	GTC 67
10490	308	GT/4 Dino
10491	275	GTB/4
10492	308	GT/4 Dino
10493	330	GTC 67
10494	308	GT/4 Dino Series 1 Red/Black LHD US
10495	330	GTC 67 Red/Black
10496	208	GT/4 Dino Yellow/Black Red carpets LHD EU
10497	275	GTB/4 67 Copper met./Black LHD US
10498	308	GT/4 Dino Series 1 Yellow Black Boxer Trim/Black Red carpets
10499	330	GTS #48/100 67Rosso Dino/Black Black top LHD EU PF job #175248
10500	308	GT/4 Dino Series 1 Red Black Boxer Trim/Black
10501	330	GTC 67
10502	308	GT/4 Dino
10503	330	GTC 67
10504	308	GT/4 Dino Black/Crema
10505	330	GTS #49/100 67 LHD EU PF job #175249
10506	308	GT/4 Dino Series 1 Red/Black LHD US
10507	275	GTB/4
10508	308	GT/4 Dino
10509	330	GTC 67 Rosso Rubino/Black
10510	?08	GT/4 Dino
10511	275	GTB/4 67 Yellow/Black
10512	308	GT/4 Dino Series 1 Red Black Boxer Trim/Black Red piping
10513	330	GTC 67
10514	308	GT/4 Dino
10515	275	GTB/4
10516	308	GT/4 Dino 4/75 Blue/Crema Blue carpets
10517	330	GTC 67
10518	308	GT/4 Dino 75 Gold Black Boxer Trim/Brown cloth LHD
10519	275	GTB/4
10520	308	GT/4 Dino
10521	330	GTC 67
10522	?08	GT/4 Dino
10523	206	GT Dino Prototype s/n within the Ferrari range, Purple Met. then Black/White then Burgundy then Purple/Beige & Black Leather
10524	308	GT/4 Dino 75 Silver Black Boxer Trim/Blue
10525	275	GTB/4 67 Red/light Blue LHD
10526	308	GT/4 Dino 75 Black aftermarket Sunroof
10527	275	GTB/4
10528	308	GT/4 Dino 75 Black/Tan
10529	330	GTC 67
10530	308	GT/4 Dino 75 Black/Black
10531	275	GTB/4 67 Red/Black
10532	?08	GT/4 Dino
10533	275	GTB/4
10534	?08	GT/4 Dino
10535	330	GTC 67
10536	308	GT/4 Dino Series 1 Red/Tan
10537	275	GTB/4
10538	?08	GT/4 Dino
10539	330	GTC 67 Red/Tan LHD
10540	308	GT/4 Dino Red/Crema

s/n	Type	Comments
10541GT	330	GTC 67
10542	308	GT/4 Dino
10543	275	GTB/4
10544	308	GT/4 Dino 75 Dark Red Black Boxer Trim/Black leather seats Red carpets
10545	275	GTB/4 67 Red/Tan LHD EU
10546	308	GT/4 Dino Series 1
10547	330	GTC 67 Blue Sera Met./Tan RHD UK
10548	308	GT/4 Dino Series 1 75 Red/Tan
10549	275	GTB/4 67 Red/Black LHD
10550	308	GT/4 Dino dark Red Black Boxer Trim/Beige RHD
10551	330	GTS #50/100 67 Blue Sera/Black LHD US PF job #175250
10552	308	GT/4 Dino Series 1 Burgundy Black Boxer Trim/Creme LHD US
10553	330	GTS #52/100 67 LHD EU PF job #175252
10554	308	GT/4 Dino Series 1 Rosso Chiaro/Black RHD
10555	330	GTC 67 Rosso Chiaro/beige RHD UK eng. #10555
10556	308	GT/4 Dino Series 1 Red/Tan
10557	275	GTB/4 67 White/Black then silver/Black LHD
10558	308	GT/4 Dino Blue Sera Black Boxer Trim/
10559	275	GTB/4
10560	308	GT/4 Dino Series 1 Red/Black Red piping LHD US
10561	330	GTS #62/100 67Oro Chiaro then Red then Oro Chiaro/Black LHD US PF job #175262
10562	308	GT/4 Dino Red Black Boxer Trim/Tan
10563	275	GTB/4
10564	308	GT/4 Dino Series 1 75 sera Blue Azzurro top/dark Blue LHD US
10565	275	GTB/4 67 Red/Black
10566	308	GT/4 Dino Series 1 Red/Tan LHD US
10567	330	GTS #55/100 67 Dark Blue/Tan LHD US PF job #175255 eng. #3034
10568	308	GT/4 Dino Teal Blue/Beige
10569	275	GTB/4 67 Red/Black
10570	308	GT/4 Dino
10571	330	GTC 67 no side vents
10572	308	GT/4 Dino Series 1 4/75 Red Black Boxer Trim/Black Red carpets LHD US
10573	330	GTC 10/67 Red/Black LHD US eng. #10573
10574	?08	GT/4 Dino
10575	330	GTC 67 Black/Red LHD
10576	308	GT/4 Dino Series 1 4/75 Black Black Boxer Trim/Red/Black carpets eng. #1218 trans. #1205
10577	275	GTB/4 Silver/dark Blue LHD Long Nose 6 carb
10578	308	GT/4 Dino Series 1 4/75 Orange Black Boxer Trim/Tan
10579	330	GTC 67 bronze
10580	?08	GT/4 Dino
10581	330/365	GTC Prototype 365 eng. & 330 side vents dark Red/Tan LHD EU eng. #10581
10582	308	GT/4 Dino Series 1 Dark Red Black Boxer Trim/Tan LHD US
10583	275	GTB/4 67 Red LHD
10584	308	GT/4 Dino Series 1 Rubino Red/Tan
10585	330	GTC #352/600 67 Red/Black & Red LHD US eng. #10585
10586	308	GT/4 Dino Red/Tan US
10587	330	GTC 67 LHD US featuRed in a UAL video
10588	?08	GT/4 Dino
10589	275	GTB/4 67 Blue dark Blue stripe/Black LHD
10590	?08	GT/4 Dino
10591	330	GTC 67
10592	308	GT/4 Dino Red Black Boxer Trim/Tan
10593	330	GTC
10594	?08	GT/4 Dino
10595	275	GTB/4 67 Grigio then Yellow/Black LHD
10596	?08	GT/4 Dino
10597	275	GTB/4 Red/Black
10598	308	GT/4 Dino
10599	330	GTS #57/100 67 silver/Black then Blue Tourbillon met. PPG 13771/Tan LHD US PF job #175257
10600	?08	GT/4 Dino
10601	275	GTB/4
10602	308	GT/4 Dino Series 1 metallic Blue then White/dark Blue LHD US
10603	275	GTB/4
10604	308	GT/4 Dino Series 1 Dark Red/Black or tan LHD US
10605	330	GTS #68/100 67 Blue then Red/Tan Black top LHD US eng. #2828 PF job #175268
10606	308	GT/4 Dino
10607	275	GTB/4
10608	308	GT/4 Dino Red/Tan
10609	275	GTB/4
10610	308	GT/4 Dino
10611	330	GTC 67
10612	308	GT/4 Dino Series 1 Red/Tan
10613	275	GTB/4
10614	?08	GT/4 Dino
10615	275	GTB/4
10616	?08	GT/4 Dino
10617	330	GTC 67 Silver/Red LHD US
10618	308	GT/4 Dino
10619	275	GTB/4
10620	?08	GT/4 Dino
10621	275	GTB/4
10622	308	GT/4 Dino Black Boxer Trim/
10623	330	GTC GTS Conversion 67 Red/Black LHD
10624	308	GT/4 Dino reported to be stolen
10625	275	GTB/4
10626	308	GT/4 Dino Series 1 Bronze/tan
10627	275	GTB/4 67 Grigio/nero then Rosso Corsa LHD
10628	?08	GT/4 Dino
10629	330	GTC 67
10630	308	GT/4 Dino Series 1 Maroon/tan
10631	330	GTC 67 Red then Yellow/Black
10632	308	GT/4 Dino Black/Black
10633	330	GTS #56/100 67 Tourbillon Blue/Tan LHD US PF job #175256
10634	?08	GT/4 Dino
10635	275	GTB/4
10636	308	GT/4 Dino Series 1 Red/Tan then Yellow/Black eng. #1242 trans. #1263
10637	330	GTC 67
10638	308	GT/4 Dino 75 Red/Black
10639	330	GTC 67
10640	?08	GT/4 Dino
10641	330	GTC 67 grey met./Red
10642	308	GT/4 Dino 75
10643	275	GTB/4 67 Red/Black
10644	208	GT/4 Dino reported to be stolen
10645	330	GTC 67
10646	308	GT/4 Dino Series 1 75 Cobalt Blue Black Boxer Trim/Crema
10647	330	GTC 67 dark Red met./Bordeaux
10648	308	GT/4 Dino 75 Black/Tan
10649	275	GTB/4
10650	?08	GT/4 Dino
10651	330	GTC 67
10652	308	GT/4 Dino Red/Tan
10653	330	GTC 67
10654	308	GT/4 Dino Red then Black/Black & Yellow LHD US
10655	275	GTB/4
10656	308	GT/4 Dino Series 1 75 Ivory Black Boxer Trim/Brown cloth LHD US
10657	330	GTC 67
10658	?08	GT/4 Dino
10659	330	GTC Zagato 67 Red/Black
10660	308	GT/4 Dino

s/n	Type	Comments
10661	330	GTC 67 Blue then Red/Tan RHD
10662	308	GT/4 Dino
10663	275	GTB/4 67 Silver/Black LHD
10664	308	GT/4 Dino 4/75 Dark Blue/Tan Black carpets
10665	330	GTC 67 Red/Black
10666	?08	GT/4 Dino
10667	330	GTC 67
10668	?08	GT/4 Dino
10669	275	GTB/4 NART Spider Conversion by Terry Hoyle Silver then Red/Black new to Miles Davis
10670	?08	GT/4 Dino
10671	330	GTC 67 Grigio Fumo/Tan LHD US
10672	?08	GT/4 Dino
10673	330	GTC 67 Black/Black LHD eng. #10673
10674	308	GT/4 Dino
10675	275	GTB/4
10676	?08	GT/4 Dino
10677	330	GTC 67
10678	208	GT/4 Dino 75 Red RHD
10679	330	GTC 67
10680	308	GT/4 Dino Series 1 White Black Boxer Trim/Red LHD US
10681	275	GTB/4 67 Red/Tan LHD
10682	308	GT/4 Dino Blue/Blue
10683	330	GTC #552/600 67 Grigio/Tan LHD US
10684	?08	GT/4 Dino
10685	330	GTC 67
10686	308	GT/4 Dino
10687	275	GTB/4
10688	308	GT/4 Dino 75 Red Black Boxer Trim/Black LHD US eng. #1256 trans. #1254
10689	330	GTS #78/100 67 Black/Red LHD US PF job #175278
10690	?08	GT/4 Dino reported to be stolen in Italy
10691	275	GTB/4 S N.A.R.T. Spider #7/10 67 Blue Sera Metalicata/Black, LHD 1424, 1428
10692	?08	GT/4 Dino
10693	330	GTC 67
10694	308	GT/4 Dino Series 1 Blue green/tan LHD US
10695	330	GTC 67 Rosso Rubino/Tan RHD eng. #10695
10696	308	GT/4 Dino Series 1 Red/Crema LHD US
10697	275	GTB/4
10698	?08	GT/4 Dino
10699	330	GTC 67
10700	308	GT/4 Dino Silver Black Boxer Trim/Red
10701	275	GTB/4 67 Red LHD
10702	308	GT/4 Dino
10703	330	GTS #53/100 67 Red/Black LHD EU PF job #175253
10704	308	GT/4 Dino 4/75 Silver Black Boxer Trim/Red
10705	330	GTC 67 White/Black LHD US
10706	?08	GT/4 Dino
10707	275	GTB/4 67 dark Red then dark Blue/Tan LHD eng. #10707
10708	308	GT/4 Dino Series 1 Black/tan Tubi exhaust LHD US
10709	275	GTB/4 S N.A.R.T. Spider #8/10 67 grey met./Red then Red/Crema LHD
10710	308	GT/4 Dino Series 1 75 Dark Red Black Boxer Trim/Tan LHD US Sunroof eng. #10710
10711	275	GTB/4 67 Rosso Corsa then Yellow/Black LHD
10712	?08	GT/4 Dino
10713	330	GTC 67 grigio argento metallizzato then Azzurro then grigio argento metallizzato/nero LHD EU
10714	308	GT/4 Dino
10715	275	GTB/4 68 Giallo Fly/Black LHD
10716	308	GT/4 Dino Series 1 Red/Tan then Yellow IMSA race conversion
10717	275	GTB/4
10718	308	GT/4 Dino Series 1 Red Black Boxer Trim/Black Red piping
10719	330	GTS #64/100 67 Red/Black Black top LHD PF job #175264
10720	?08	GT/4 Dino
10721	275	GTB/4 67 Dark Red LHD
10722	308	GT/4 Dino Dino Series 1 Black/Red LHD US
10723	275	GTB/4 67 Yellow
10724	308	GT/4 Dino
10725	330	GTC 67 Azzurro/Black
10726	?08	GT/4 Dino
10727	275	GTB/4 67 silver/Black LHD US
10728	308	GT/4 Dino Dark Red Black Boxer Trim/Tan
10729	330	GTC 67 Dark Red/Black LHD
10730	308	GT/4 Dino White Black Boxer Trim/Burgundy
10731	330	GTS #65/100 67 Silver/Red & Black Black top & tonneau LHD US eng. #3198 PF job #175265
10732	308	GT/4 Dino
10733	330	GTC 67
10734	308	GT/4 Dino Red/Tan
10735	275	GTB/4
10736	?08	GT/4 Dino
10737	330	GTS #58/100 67 Red/Black Black top then Silver/Black LHD EU eng. #10737 PF job #175258
10738	308	GT/4 Dino Series 1 Red/Black LHD US
10739	330	GTC 67 Grigio Fumo/Red/Black carpets LHD US eng. #10739
10740	308	GT/4 Dino
10741	330/365	GTC probably a Prototype 67 Red/Black GTS-conversion (?)
10742	?08	GT/4 Dino
10743	275	GTB/4 NART Spider Conversion by Straman 67 LHD
10744	308	GT/4 Dino Series 1 4/75 Red/Tan LHD US
10745	330	GTC 67 Red
10746	308	GT/4 Dino Series 1 Red Black Boxer Trim
10747	330	GTC 67 Silver then Black/Black
10748	308	GT/4 Dino Series 1 Red/Black LHD US
10749	275	GTB/4 N.A.R.T. Spider #9/10 Silver/Red
10750	?08	GT/4 Dino
10751	330	GTC 67
10752	308	GT/4 Dino
10753	330	GTS #66/100 67 LHD US PF job #175266
10754	308	GT/4 Dino Series 1 Red/Tan
10755	330	GTC 67
10756	308	GT/4 Dino Series 1
10757	275	GTB/4
10758	?08	GT/4 Dino
10759	330	GTS #67/100 67 Rosso Rubino Met./Crema Black piping Black top LHD US PF job #175267
10760	308	GT/4 Dino 75 Red F106AL11760 eng. #F106A00000858
10761	330	GTC 67
10762	308	GT/4 Dino Series 1 75 Red Black Boxer trim/Crema
10763	330	GTS #72/100 67 Red/Black LHD US PF job #175272
10764	?08	GT/4 Dino
10765	275	GTB/4
10766	308	GT/4 Dino Series 1 4/75 Red/Black LHD US eng. #01290 trans. #1306
10767	330	GTC 67 Oro Chiaro/Black LHD US
10768	308	GT/4 Dino Series 1 Azzurro Black Boxer Trim/Tan
10769	330	GTC 67
10770	?08	GT/4 Dino
10771	275	GTB/4 66 Rosso Corsa/Black then Yellow then Red/Black LHD EU
10772	?08	GT/4 Dino
10773	330	GTS #79/100 67 light. Met. gold/Black then dark Red/Black LHD US PF job #175279
10774	308	GT/4 Dino 74 White/Creme
10775	330	GTC 67

s/n	Type	Comments
10776	308	GT/4 Dino Series 1 Red/Tan
10777	275	GTB/4
10778	308	GT/4 Dino Silver/Dark Blue
10779	330	GTC 67 Red/Tan LHD
10780	?08	GT/4 Dino
10781	330	GTS #73/100 67 Red LHD US PF job #175273
10782	308	GT/4 Dino 4/75 Fly Giallo White leather LHD
10783	275	GTB/4
10784	308	GT/4 Dino Series 1 Black/tan EU
10785	275	GTB/4 67 Red/Black LHD
10786	?08	GT/4 Dino
10787	330	GTC 67
10788	308	GT/4 Dino Rosso Rubino/Black
10789	330	GTS #74/100 67 dark green met./brown LHD US PF job #175274
10790	?08	GT/4 Dino
10791	365	GT 2+2 first, Brüssel Show Car, #1/801 LHD EU PF build #3A
10792	?08	GT/4 Dino
10793	330	GTC 67 Silver/Red
10794	308	GT/4 Dino 75 Red/Black F106AL10794
10795	330	GTC 67 Yellow/Black
10796	308	GT/4 Dino Blue/Tan
10797	330	GTS #69/100 67 Red/Black then Silver/Black LHD EU PF job #175269
10798	?08	GT/4 Dino
10799	330	GTC 67
10800	308	GT/4 Dino LHD US
10801	330	GTC #389/600 67 Red/Black LHD US
10802	308	GT/4 Dino Anthracite/Blue
10803	275	GTB/4
10804	?08	GT/4 Dino
10805	330	GTC 12/67
10806	?08	GT/4 Dino
10807	330	GTC 1/68
10808	308	GT/4 Dino 68 Red/Black
10809	330	GTC 68
10810	308	GT/4 Dino Series 1 75 Blue/Crema
10811	330	GTC 68
10812	?08	GT/4 Dino
10813	275	GTB/4 3/68 Red/Black
10814	308	GT/4 Dino Series 1 Rosso Dino Black Boxer Trim/Black
10815	275	GTB/4 68 Giallo Fly/Black & Grey
10816	308	GT/4 Dino Red Black Boxer Trim/Tan
10817	330	GTS #60/100 68 Chrome Yellow/tan brown soft top LHD EU PF job #175260
10818	308	GT/4 Dino Series 1 Dark Red/Black
10819	275	GTB/4
10820	?08	GT/4 Dino
10821	275	GTB/4 67 Silver/Black
10822	308	GT/4 Dino 5/75 Red/Black Red carpets
10823	330	GTC #396/600 68 Silver/Black then Red/Black LHD US
10824	308	GT/4 Dino Yellow/Tan
10825	330	GTC #417/600 68 Nocciola metallizzato/Black LHD US ex-Bill Harrah
10826	308	GT/4 Dino Series 1 Dark Blue Black Boxer Trim/light Blue then Black/Blue, LHD US
10827	275	GTB/4 Fly Giallo/Black LHD
10828	308	GT/4 Dino
10829	275	GTB/4
10830	308	GT/4 Dino Series 1 Medium Blue/Blue LHD US
10831	330	GTC 68
10832	308	GT/4 Dino 5/75 Yellow Black Boxer Trim Black
10833	330	GTC 68
10834	308	GT/4 Dino Series 1 Green/tan
10835	275	GTB/4 68 Red then Blue Dino metallic/Black RHD eng. #10835
10836	308	GT/4 Dino Dark Blue/Dark Blue
10837	365	GT 2+2 #3/801 68 EU LHD PF build #4A
10838	308	GT/4 Dino Dark Red/Naturale
10840	308	GT/4 Dino 75 Fly Giallo/Black
10839	330	GTC 68
10840	308	GT/4 Dino Series 1 Fly Giallo/Black LHD US
10841	330	GTC 68 silver/Black
10842	308	GT/4 Dino Series 1 Yellow/Black
10843	275	GTB/4 Grey
10844	308	GT/4 Dino Series 1
10845	330	GTS #70/100 67 Silver/Black then Red/Black then Tan LHD EU eng. #3222 PF job #175270
10846	308	GT/4 Dino Series 1 Ivory/Black LHD US
10847	275	GTB/4 NART Spider Conversion 67 Red/Black
10848	308	GT/4 Dino Red/Black
10849	330	GTC 68
10850	308	GT/4 Dino Series 1 Black/Tan
10851	275	GTB/4
10852	308	GT/4 Dino Red/Beige
10853	330	GTC 68
10854	?08	GT/4 Dino
10855	275	GTB/4
10856	308	GT/4 Dino Series 1 Bright Blue/Black Red piping LHD US
10857	330	GTC 68 Silver/grey eng. #10857
10858	308	GT/4 Dino Series 1 AzzurroBlack/dark Blue LHD US
10859	330	GTC 68 RHD
10860	308	GT/4 Dino Series 1 Red/Black
10861	275	GTB/4 68
10862	308	GT/4 Dino
10863	330	GTC 68 Blue Sera/Grigio RHD
10864	308	GT/4 Dino
10865	330	GTC 68
10866	308	GT/4 Dino 76 Red/Tan
10867	275	GTB/4 68 Argento Auteuil/Blue VM3015 RHD eng. #10867
10868	308	GT/4 Dino 75 Fly Giallo Black Boxer Trim/Black & Yellow
10869	275	GTB/4 #295/330 67 argento metallizzato 106-E-1 Salchi/nero VM8500 then Rosso Corsa/Black LHD
10870	308	GT/4 Dino
10871	330	GTC 68
10872	?08	GT/4 Dino
10873	330	GTC 68 Silver RHD UK exported to NZ
10874	308	GT/4 Dino
10875	275	GTB/4 Spider Conversion by Bob Bodin 67 Red/Black LHD
10876	?08	GT/4 Dino
10877	330	GTS #75/100 68 Grey then Yellow/Black LHD US PF job #175275
10878	308	GT/4 Dino
10879	330	GTC 68 Azzurro/
10880	308	GT/4 Dino Series 1 Red/Black
10881	275	GTB/4
10882	308	GT/4 Dino 75 Red/Tan
10883	330	GTS #76/100 68 LHD US PF job #175276
10884	308	GT/4 Dino Series 1 silverBlue/Black Red piping then Red/Black LHD US
10885	330	GTC 68 Blue Sera/Red LHD EU
10886	308	GT/4 Dino Series 1 75 blu Sera then Red/Tan cloth
10887	275	GTB/4 67 Red/Tan LHD
10888	308	GT/4 Dino 76 Red/Black
10889	330	GTC 68
10890	308	GT/4 Dino 75 White/Red then Rubino/Crema
10891	330	GTC 68
10892	308	GT/4 Dino Series 1 Silver Black Boxer Trim/Blue LHD US
10893	330	GTC 68 Black
10894	308	GT/4 Dino Series 1 Red/Black LHD US
10895	275	GTB/4
10896	308	GT/4 Dino Series 1 Blue Scuro/Tan Blue carpets
10897	330	GTC 68
10898	?08	GT/4 Dino
10899	275	GTB/4

s/n	Type	Comments
10900	308	GT/4 Dino Metallic Blue Black Boxer Trim LHD US
10901	330	GTS #77/100 68 dark Red met./Naturale Black top LHD US PF job #175277
10902	308	GT/4 Dino
10903	330	GTC 68
10904	308	GT/4 Dino 75 Red Black Boxer Trim/Brown suede Tan carpets
10905	275	GTB/4
10906	308	GT/4 Dino Series 1 Black/Black & Blue LHD US
10907	330	GTC 68 Red/Tan
10908	308	GT/4 Dino Series 1 75 Dark met. Brown then Silver/Blue/tan then Black/Blue & Black LHD US
10909	330	GTC 68 Azzurro/Black LHD EU
10910	308	GT/4 Dino Series 1 Black/Black
10911	275	GTB/4
10912	308	GT/4 Dino
10913	330	GTS Targa Conversion by William Harrah #80/100 68 Argento/nero LHD EU PF job #175280
10914	?08	GT/4 Dino
10915	330	GTC 68 Azzurro/Black eng. in s/n 9697
10916	?08	GT/4 Dino
10917	275	GTB/4 Rosso/nero LHD long nose
10918	308	GT/4 Dino Series 1 Black/tan
10919	330	GTC 68
10920	?08	GT/4 Dino
10921	330	GTC 68
10922	308	GT/4 Dino Red Black Boxer Trim/Black
10923	330	GTC 68
10924	?08	GT/4 Dino
10925	275	GTB/4 68 Red/Black then Tan int. LHD
10926	?08	GT/4 Dino
10927	330	GTC 68 Dark Red/Black
10928	308	GT/4 Dino 75 Red Black Boxer Trim/Black Red carpets
10929	330	GTC 68
10930	?08	GT/4 Dino
10931	275	GTB/4 67 Yellow/Black LHD
10932	?08	GT/4 Dino
10933	365	GT 2+2 #4/801 68 LHD EU
10934	?08	GT/4 Dino
10935	330	GTC 68 LHD EU
10936	208	GT/4 Dino Red/Blue cloth LHD EU
10937	330	GTC 68 Grey/Red then Silver/Black
10938	?08	GT/4 Dino
10939	275	GTB/4
10940	308	GT/4 Dino Series 1
10941	330	GTC 68
10942	?08	GT/4 Dino
10943	275	GTB/4
10944	308	GT/4 Dino Series 1 Competizione Conversion turquoise/Black then Red White
10945	330	GTC 68
10946	?08	GT/4 Dino
10947	330	GTC 68 Black/Tan LHD EU
10948	308	GT/4 Dino Series 1 Red/Black
10949	275	GTB/4 67 Red/Black LHD
10950	?08	GT/4 Dino
10951	330	GTC 68 green then Blue/Black LHD EU eng. #10951
10952	308	GT/4 Dino 5/75 Red/Tan eng. #1362
10953	275	GTB/4 Geneva show car 67 Red/Tan LHD
10954	?08	GT/4 Dino
10955	365	GT 2+2 #2/801 68 Silver/Black LHD EU PF build #6A
10956	?08	GT/4 Dino
10957	330	GTC 68
10958	?08	GT/4 Dino
10959	330	GTC 68
10960	308	GT/4 Dino
10961	330	GTS #81/100 68 Azzurro/Black VM8500 LHD EU eng. #3300 PF job #175281
10962	?08	GT/4 Dino
10963	330	GTC 68
10964	308	GT/4 Dino
10965	275	GTB/4
10966	208	GT/4 Dino Red/F106CL/10966
10967	330	GTC 68
10968	?08	GT/4 Dino
10969	275	GTB/4
10970	?08	GT/4 Dino
10971	330	GTC 68
10972	308	GT/4 Dino Series 1 Red Black Boxer Trim/tan Black carpets
10973	275	GTB/4 67 Silver/Black LHD eng. #10973
10974	308	GT/4 Dino 5/75 eng. #1383
10975	330	GTC 68 Red/Black
10976	?08	GT/4 Dino
10977	330	GTC 68 Blue Scuro/Black LHD
10978	?08	GT/4 Dino
10979	330	GTC 68
10980	?08	GT/4 Dino
10981	275	GTB/4 68 Yellow/Black LHD EU
10982	?08	GT/4 Dino
10983	275	GTB/4 2/68 Rosso rubino/Black LHD EU
10984	?08	GT/4 Dino
10985	330	GTC 68
10986	?08	GT/4 Dino
10987	275	GTB/4 67 Giallo Solare/Black LHD
10988	?08	GT/4 Dino
10989	330	GTC 68 Dark Blue/Tan LHD
10990	308	GT/4 Dino
10991	275	GTB/4 68 Yellow/Black
10992	?08	GT/4 Dino
10993	365	GT 2+2 #5/801 68 Blue Sera/Red LHD EU
10994	?08	GT/4 Dino
10995	275	GTB/4 67 Dark Blue/Black RHD
10996	208	GT/4 Dino
10997	330	GTC 68
10998	208	GT/4 Dino Series 1 Red/Black LHD EU
10999	330	GTS #82/100 68 Dark Green/Tabacco VM3104 & Black dashboard LHD EU eng. #10999 PF job #175282
11000	?08	GT/4 Dino
11001	365	GTB/4 Daytona 2nd prototype 68 Silver LHD EU, based on 275 GTB, 275 GTB/4-eng.
11002	?08	GT/4 Dino
11003	275	GTB/4 67 LHD
11004	308	GT/4 Dino Series 1 75 Prugna Black Boxer Trim/Black LHD US Campagnolo star wheels
11005	330	GTC 68
11006	?08	GT/4 Dino
11007	330	GTC #472/600 68 Azzurro/Tan LHD EU
11008	308	GT/4 Dino 75 Mustard Yellow then Red/Tan
11009	330	GTC #445/600 68 LHD EU
11010	?08	GT/4 Dino
11011	330	GTS #83/100 68 Grigio Argento metallizzato then Rosso Corsa/Nero LHD US PF job #175283
11012	?08	GT/4 Dino
11013	275	GTB/4 68 Silver RHD written off, eng. in #9897
11014	?08	GT/4 Dino
11015	330	GTS #84/100 68 silver then Red/Red LHD EU PF job #175284
11016	308	GT/4 Dino Series 1 Red/Black
11017	330	GTC 68 Silver/Black # interno 3318
11018	?08	GT/4 Dino
11019	275	GTB/4 67 Silver/Black RHD
11020	?08	GT/4 Dino
11021	330	GTS #85/100 68 LHD EU hard top eng. #3298 PF job #175285

s/n	Type	Comments
11022	208	GT/4 Dino Gold pearl/Camel cloth & Brown leather trans. #2000
11023	330	GTS #86/100 68 Red/Black LHD EU PF job #175286
11024	?08	GT/4 Dino
11025	330	GTC 68
11026	?08	GT/4 Dino
11027	330	GTS #87/100 68 Red/Tan LHD EU PF job #175287
11028	?08	GT/4 Dino
11029	330	GTC 68
11030	208	GT/4 Dino reported to be stolen
11031	330	GTC 68
11032	308	GT/4 Dino
11033	330	GTS #88/100 68 Yellow/Red LHD EU PF job #175288
11034	?08	GT/4 Dino
11035	330	GTC 68
11036	308	GT/4 Dino
11037	365	GT 2+2 #7/801 68 LHD EU
11038	?08	GT/4 Dino
11039	330	GTC 68 LHD EU
11040	?08	GT/4 Dino
11041	330	GTC 68 Yellow
11042	208	GT/4 Dino Red/Black w/Red inserts
11043	330	GTC 68
11044	?08	GT/4 Dino
11045	330	GTS #89/100 68 Dark Blue met./Black LHD EU PF job #175289
11046	308	GT/4 Dino Black/Black
11047	330	GTC 68
11048	?08	GT/4 Dino
11049	330	GTC 68
11050	?08	GT/4 Dino
11051	365	GT 2+2 Geneva Show Car #6/801 68 LHD EU
11052	308	GT/4 Dino 75 Red/Black LHD US
11053	330	GTC 68
11054	308	GT/4 Dino
11055	330	GTS #90/100 68 LHD EU PF job #175290
11056	308	GT/4 Dino Series 1 Red Black Boxer Trim/Creme Front spoiler
11057	275	GTB/4 S N.A.R.T. Spider last, #10/10 68 Dark metallic Red/Black LHD EU ex-Albert Obrist
11058	308	GT/4 Dino Series 1 Targa Conversion Red/Black
11059	330	GTC 68
11060	?08	GT/4 Dino
11061	365	GT 2+2 #8/801 68 Red/Tan LHD EU
11062	?08	GT/4 Dino
11063	275	GTB/4 67 Red/Tan LHD
11064	?08	GT/4 Dino
11065	330	GTC 68 Silver/Black Red carpets
11066	308	GT/4 Dino
11067	365	GT 2+2 #9/801 68 LHD EU
11068	208	GT/4 Dino Series 1 Blue/tan & Blue LHD EU
11069	275	GTB/4 last
11070	?08	GT/4 Dino
11071	330	GTS #91/100 68 Dark Blue/Black LHD EU eng. #3370 PF Job #175291
11072	?08	GT/4 Dino
11073	330	GTC 68
11074	308	GT/4 Dino 75 Red Black Boxer Trim/Tan
11075	330	GTC 68 argento/nero & Rosso LHD EU ex-Leon Sven ex-Dries Jetten
11076	?08	GT/4 Dino
11077	330	GTC 68 Silver/Red
11078	208	GT/4 Dino Red/Tan
11079	330	GTC 68 Black/Black LHD
11080	?08	GT/4 Dino
11081	330	GTS #92/100 Rosso Corsa/Black LHD US eng. # 11081 PF Job #175292
11082	208	GT/4 Dino reported to be stolen
11083	330	GTC 68
11084	?08	GT/4 Dino
11085	330	GTS #93/100 68 LHD EU PF Job #175293
11086	308	GT/4 Dino Series 1 Chiaro gold Black Boxer Trim/tobacco cloth LHD US Star wheels
11087	330	GTC 68 Silver/Black LHD EU
11088	?08	GT/4 Dino
11089	330	GTC 68 Argento/Black leather red carpets LHD EU, new to CH
11090	?08	GT/4 Dino
11091	330	GTS #94/100 68 met. green/Blue then Yellow/Black then met. green/Blue hard top LHD EU PF Job #175294
11092	?08	GT/4 Dino
11093	330	GTC 68 Red/Black LHD EU eng. rebuilt
11094	208	GT/4 Dino Red
11095	365	GT 2+2 #11/801 68 Dark Red/Brown LHD EU non-original 330 GT engine
11096	208	GT/4 Dino Red/beige
11097	330	GTC 68
11098	?08	GT/4 Dino
11099	330	GTC #474/600 68 Verde Del Rio/Black then Yellow/Black LHD EU
11100	208	GT/4 Dino Red/Creme cloth LHD EU
11101	365	GT 2+2 #10/801 68 Black/Tan LHD EU
11102	308	GT/4 Dino
11103	330	GTC 68
11104	308	GT/4 Dino
11105	330	GTC 68
11106	?08	GT/4 Dino
11107	330	GTC 68 Silver/Black
11108	?08	GT/4 Dino
11109	365	GT 2+2 #12/801 68 Red/Black LHD EU
11110	?08	GT/4 Dino
11111	330	GTC 68 Red/Tan LHD
11112	?08	GT/4 Dino
11113	330	GTC 68
11114	?08	GT/4 Dino
11115	365	GT 2+2 #14/801 68 Dark Red/Tan LHD EU eng. #11115
11116	?08	GT/4 Dino
11117	330	GTC 68
11118	208	GT/4 Dino Yellow/Black leather
11119	330	GTC 68 Red/Black LHD EU
11120	?08	GT/4 Dino
11121	365	GT 2+2 #15/801 68 LHD EU
11122	208	GT/4 Dino Red/Black
11123	330	GTC 68
11124	?08	GT/4 Dino
11125	330	GTC 68
11126	?08	GT/4 Dino
11127	365	GT 2+2 #16/801 68 metallic Blue/Crema LHD EU
11128	208	GT/4 Dino Red/Creme
11129	330	GTC 68 grey metallic/tan
11130	?08	GT/4 Dino
11131	330	GTC 68
11132	?08	GT/4 Dino
11133	365	GT 2+2 #18/801 68 Rosso Barchetta/Tan LHD EU
11134	?08	GT/4 Dino
11135	330	GTC 68 Metallic Blue/Tan RHD eng. #11135
11136	208	GT/4 Dino 79 White/Black
11137	330	GTC 68 Dark Red/Black LHD eng. #11137 ex-Hans Durst Collection
11138	?08	GT/4 Dino
11139	365	GT 2+2 #19/801 68 LHD EU
11140	?08	GT/4 Dino
11141	330	GTC 68 Red/Black LHD US
11142	?08	GT/4 Dino
11143	330	GTC 68
11144	?08	GT/4 Dino
11145	365	GT 2+2 #20/801 68 dark Blue/tan LHD EU
11146	?08	GT/4 Dino

s/n	Type	Comments
11147	330	GTC 68
11148	?08	GT/4 Dino
11149	330	GTC 68
11150	?08	GT/4 Dino
11151	365	GT 2+2 #21/801 68 Azzurro/Dark Blue LHD EU
11152	?08	GT/4 Dino
11153	330	GTC 68 Chiaro Blue/Crema RHD
11154	?08	GT/4 Dino
11155	365	GT 2+2 #17/801 68 LHD EU
11156	?08	GT/4 Dino
11157	330	GTC 68
11158	?08	GT/4 Dino
11159	330	GTC 68
11160	?08	GT/4 Dino
11161	365	GT 2+2 #25/801 68 LHD EU
11162	208	GT/4 Dino dark Red/Black LHD
11163	330	GTC 68 Chiaro Blue/Black RHD
11164	?08	GT/4 Dino
11165	330	GTC 68
11166	?08	GT/4 Dino
11167	330	GTC 68
11168	208	GT/4 Dino 75 Dark grey/light greyRed cloth inserts LHD EU
11169	330	GTC 68
11170	?08	GT/4 Dino
11171	330	GTC 68 Red/Black LHD EU eng. #11171
11172	308	GT/4 Dino 10/75 Red Black Boxer Trim/Tan Brown carpets
11173	330	GTS #95/100 68 LHD EU PF Job #175295
11174	308	GT/4 Dino 75 Red Black Boxer Trim/Tan LHD
11175	330	GTC 68
11176	?08	GT/4 Dino
11177	330	GTC 68 Blue Ribot RHD rebuilt with 365-Body & eng. (stamped #11177) after early crash
11178	208	GT/4 Dino White Black Boxer Trim LHD EU
11179	330	GTS #96/100 68 Pino verde met./Tan Black top LHD US PF Job #175296
11180	?08	GT/4 Dino
11181	330	GTC 68 grey metallic/Black
11182	?08	GT/4 Dino
11183	330	GTC 68 Argento/Black LHD EU
11184	?08	GT/4 Dino
11185	330	GTC 68
11186	?08	GT/4 Dino
11187	330	GTC 68 Rosso Corsa/Black LHD EU ex-Ferragamo
11188	?08	GT/4 Dino
11189	330	GTC 68
11190	?08	GT/4 Dino
11191	365	GT 2+2 #23/801 68 LHD EU
11192	?08	GT/4 Dino
11193	330	GTS #97/100 68 Rosso dark Red/Black LHD EU PF Job #175297
11194	?08	GT/4 Dino
11195	365	GT 2+2 #22/801 68 LHD EU
11196	?08	GT/4 Dino
11197	330	GTC 68
11198	308	GT/4 Dino Series 1 Ivory Black Boxer Trim/Black LHD US
11199	365	GT 2+2 #26/801 68 Black/Red LHD EU
11200	208	GT/4 Dino Azzurro/Crema Blue Cloth LHD
11201	330	GTC 68
11202	?08	GT/4 Dino
11203	330	GTC 3/67 Rosso/nero LHD
11204	308	GT/4 Dino
11205	330	GTC #507/600 68 LHD EU
11206	?08	GT/4 Dino
11207	330	GTC 68
11208	308	GT/4 Dino reported to be stolen
11209	365	GT 2+2 #29/801 68 Grey/Black LHD EU
11210	?08	GT/4 Dino
11211	330	GTC 68
11212	?08	GT/4 Dino
11213	365	GT 2+2 #30/801 68 Dark Blue Black LHD EU
11214	?08	GT/4 Dino
11215	330	GTC 68 silver/Black
11216	?08	GT/4 Dino
11217	330	GTC 68
11218	?08	GT/4 Dino
11219	365	GT 2+2 #24/801 68 LHD EU
11220	?08	GT/4 Dino
11221	330	GTC 68
11222	?08	GT/4 Dino
11223	365	GT 2+2 #27/801 68 Green LHD EU
11224	?08	GT/4 Dino
11225	330	GTC 68
11226	?08	GT/4 Dino
11227	365	GT 2+2 68
11228	?08	GT/4 Dino
11229	365	GT 2+2 #41/801 68 Green LHD EU
11230	?08	GT/4 Dino
11231	330	GTC 68
11232	?08	GT/4 Dino
11233	330	GTS #100/100 68 Oro Chiaro Met. thenDark Blue/Tan VM846 then Red/Black RHD UK PF Job #175300
11234	208	GT/4 Dino Azzurro Blue/Dark Blue cloth
11235	330	GTC #510/600 67 Grigio Argento/dark Red LHD
11236	?08	GT/4 Dino
11237	365	GT 2+2 #32/801 68 LHD EU
11238	?08	GT/4 Dino
11239	330	GTC 68
11240	208	GT/4 Dino Azzurro/Blue LHD
11241	365	GT 2+2 #28/801 68 Azzurro/Dark Blue LHD EU
11242	?08	GT/4 Dino
11243	330	GTC 68 grey met./Black LHD
11244	?08	GT/4 Dino
11245	365	GT 2+2 #33/801 68 LHD EU
11246	?08	GT/4 Dino
11247	330	GTC #543/600 Maronne Colorado Italver 95967 then Rosso Chiaro/Tan VM 3218 LHD EU 521st GTC built
11248	?08	GT/4 Dino
11249	365	GT 2+2 #35/801 68 LHD EU
11250	308	GT/4 Dino
11251	330	GTC #503/600 68 brown then Red/Black LHD EU ex-John Z. DeLorean modified with 365 body
11252	?08	GT/4 Dino
11253	330	GTC 68
11254	?08	GT/4 Dino
11255	365	GT 2+2 #44/801 68 LHD EU
11256	?08	GT/4 Dino
11257	330	GTC 68 Red/Black LHD EU
11258	?08	GT/4 Dino
11259	330	GTC 68
11260	?08	GT/4 Dino
11261	330	GTC 68
11262	?08	GT/4 Dino
11263	365	GT 2+2 #43/801 68 LHD EU
11264	?08	GT/4 Dino
11265	330	GTC 68 silver/Black LHD
11266	208	GT/4 Dino 76 Red/Bordeaux F106CL11266
11267	330	GTC 68
11268	?08	GT/4 Dino
11269	330	GTC 68 Silver
11270	?08	GT/4 Dino
11271	330	GTC 68
11272	?08	GT/4 Dino
11273	330	GTC 68
11274	?08	GT/4 Dino
11275	330	GTC 68
11276	?08	GT/4 Dino

s/n	Type	Comments	s/n	Type	Comments
11277	330	GTC 68	11347	330	GTC 68 Dark Blue/Tan
11278	?08	GT/4 Dino	11348	?08	GT/4 Dino
11279	330	GTC 68 Fly Giallo/Black	11349	330	GTC 68
11280	?08	GT/4 Dino	11350	?08	GT/4 Dino
11281	330	GTC 68	11351	365	GT 2+2 #50/801 68 LHD EU
11282	?08	GT/4 Dino	11352	?08	GT/4 Dino
11283	330	GTC 68	11353	365	GT 2+2 #51/801 68 LHD EU
11284	?08	GT/4 Dino	11354	?08	GT/4 Dino
11285	330	GTC 68 Red/Black then grey metallic/Black	11355	330	GTC 68 White/Black
11286	208	GT/4 Dino 6/75 silver/Red LHD	11356	?08	GT/4 Dino
11287	365	GT 2+2 #13/801 68 LHD EU	11357	365	GT 2+2 #47/801 68 LHD EU
11288	?08	GT/4 Dino	11358	?08	GT/4 Dino
11289	330	GTC 68	11359	330	GTC 68
11290	?08	GT/4 Dino	11360	?08	GT/4 Dino
11291	365	GT 2+2 #31/801 68 Blue metallizzato/beige LHD EU	11361	365	GT 2+2 #56/801 68 LHD EU
			11362	?08	GT/4 Dino
11292	?08	GT/4 Dino	11363	330	GTS #99/100 68 Pino Verde then Red/beige LHD EU PF Job #175299 extra Cibié lights
11293	365	GT 2+2 #34/801 68 LHD EU			
11294	?08	GT/4 Dino	11364	208	GT/4 Dino Black then Red/Brown cloth
11295	330	GTC 68	11365	330	GTC 68
11296	?08	GT/4 Dino	11366	?08	GT/4 Dino
11297	330	GTC 68	11367	330	GTC #564/600 68 Rosso Rubino ,then Azzurro/Black engine in s/n 9145
11298	?08	GT/4 Dino			
11299	365	GT 2+2 #46/801 68 LHD EU	11368	?08	GT/4 Dino
11300	308	GT/4 Dino 75 Red RHD	11369	330	GTC 68
11301	330	GTC 68	11370	208	GT/4 Dino reported to be stolen
11302	?08	GT/4 Dino	11371	330	GTC 68
11303	330	GTC 68 dark metallic Blue/Crema	11372	?08	GT/4 Dino
11304	?08	GT/4 Dino	11373	365	GT 2+2 #52/801 68 LHD EU
11305	330	GTC 68	11374	?08	GT/4 Dino
11306	?08	GT/4 Dino	11375	365	GT 2+2 #55/801 68 LHD EU
11307	365	GT 2+2 #39/801 68 LHD EU	11376	?08	GT/4 Dino
11308	?08	GT/4 Dino	11377	330	GTC 68
11309	330	GTC 68 Blue/Black	11378	?08	GT/4 Dino
11310	208	GT/4 Dino	11379	365	GT 2+2 #57/801 68 LHD EU
11311	330	GTC	11380	?08	GT/4 Dino
11312	?08	GT/4 Dino	11381	330	GTC 68 Dark Red/Tan RHD
11313	330	GTC 68 Silver/Black LHD	11382	?08	GT/4 Dino
11314	?08	GT/4 Dino	11383	365	GT 2+2 #59/801 68 LHD EU
11315	365	GT 2+2 #42/801 68 Red/Tan LHD EU	11384	?08	GT/4 Dino
11316	?08	GT/4 Dino	11385	330	GTC 68 azzurro/Black
11317	365	GT 2+2 #53/801 68 LHD EU	11386	?08	GT/4 Dino
11318	?08	GT/4 Dino	11387	365	GT 2+2 #60/801 68 Red/Beige LHD EU
11319	330	GTC 68 Silver then Azzuro/grey RHD	11388	?08	GT/4 Dino
11320	?08	GT/4 Dino	11389	330	GTC 68
11321	365	GT 2+2 #40/801 68 Light Red/Black LHD	11390	?08	GT/4 Dino
11322	?08	GT/4 Dino	11391	365	GT 2+2 #58/801 68 LHD EU
11323	330	GTC 68	11392	208	GT/4 Dino green Black Boxer Trim/beige
11324	308	GT/4 Dino Series 1 Red/Black EU	11393	365	GT 2+2 on a 330 Chassis, PF build #01 ex-John Surtees
11325	365	GT 2+2 1st RHD #36/801 68 Red RHD UKeng. #11325 #1 RHD			
			11394	208	GT/4 Dino Yellow/Black leather
11326	?08	GT/4 Dino	11395	330	GTC 68 Rosso Corsa/Black LHD EU eng. # 11395
11327	330	GTC 68			
11328	208	GT/4 Dino Silver/White & Blue cloth	11396	?08	GT/4 Dino
11329	330	GTC 68	11397	365	GT 2+2 #37/801 68 White/Red then Rosso/bruno RHD UK eng. #13273 #2 RHD
11330	?08	GT/4 Dino			
11331	365	GT 2+2 #48/801 68 LHD EU	11398	?08	GT/4 Dino
11332	?08	GT/4 Dino	11399	330	GTC #568/600 68 Silver/Blue then Black int. LHD EU
11333	330	GTC #530/600 Azzuro/Dark Blue RHD UK eng. #11333			
			11400	208	GT/4 Dino Red/Black
11334	?08	GT/4 Dino	11401	365	GT 2+2 #38/801 68 Yellow/Black LHD EU California Spider Conversion
11335	365	GT 2+2 #49/801 68 Silver/Red LHD EU			
11336	?08	GT/4 Dino	11402	?08	GT/4 Dino
11337	330	GTC 68 Dark Blue/Black RHD eng. #11337	11403	330	GTC 68 Black/Black LHD EU
11338	?08	GT/4 Dino	11404	?08	GT/4 Dino
11339	330	GTC #548/600 68 Grey metallic/Black LHD EU	11405	365	GT 2+2 #63/801 68 LHD EU
11340	?08	GT/4 Dino	11406	?08	GT/4 Dino
11341	330	GTC 68 Red/Black eng. #11341	11407	330	GTC 68
11342	?08	GT/4 Dino	11408	?08	GT/4 Dino
11343	330	GTC 68	11409	365	GT 2+2 #61/801 68 LHD EU
11344	?08	GT/4 Dino	11410	?08	GT/4 Dino
11345	365	GT 2+2 #45/801 68 LHD EU	11411	330	GTC 68
11346	?08	GT/4 Dino	11412	?08	GT/4 Dino

s/n	Type	Comments	s/n	Type	Comments
11413	365	GT 2+2 #64/801 68 LHD EU	11481	365	GT 2+2 #83/801 68 Azzurro/Black LHD
11414	?08	GT/4 Dino	11482	?08	GT/4 Dino
11415	330	GTC 68	11483	365	GT 2+2 #312/801 69 Blue Sera met./Black LHD EU eng. #11483
11416	?08	GT/4 Dino			
11417	365	GT 2+2 #54/801 68 LHD EU	11484	208	GT/4 Dino Azzurro/Black LHD
11418	?08	GT/4 Dino	11485	365	GT 2+2 #86/801 68 RHD #3 RHD new to SA
11419	330	GTC 68 Rosso Met. then Azzurro LHD eng. #11419 converted to RHD	11486	?08	GT/4 Dino
			11487	365	GT 2+2 #85/801 68 dark Blue then Silver LHD EU
11420	208	GT/4 Dino Red/Creme			
11421	365	GT 2+2 #62/801 68 LHD EU	11488	?08	GT/4 Dino
11422	?08	GT/4 Dino	11489	330	GTC 68
11423	330	GTC 68	11490	?08	GT/4 Dino
11424	?08	GT/4 Dino	11491	365	GT 2+2 #88/801 68 Black RHD UK eng. #11491 #4 RHD
11425	365	GT 2+2 #65/801 68 LHD EU			
11426	?08	GT/4 Dino	11492	208	GT/4 Dino 76 Rosso Dino/Black LHD EU
11427	330	GTC 68	11493	365	GT 2+2 #81/801 68 LHD EU
11428	?08	GT/4 Dino	11494	?08	GT/4 Dino
11429	365	GT 2+2 #66/801 68 LHD EU	11495	365	GT 2+2 #91/801 68 LHD EU
11430	?08	GT/4 Dino	11496	?08	GT/4 Dino
11431	365	GT 2+2 #67/801 68 LHD EU	11497	365	GT 2+2 #93/801 68 LHD EU
11432	208	GT/4 Dino Anthracite/Blue	11498	?08	GT/4 Dino
11433	365	GT 2+2 #68/801 68 LHD EU	11499	365	GT 2+2 #94/801 68 LHD EU
11434	?08	GT/4 Dino	11500	?08	GT/4 Dino
11435	330	GTC 68	11501	365	GT 2+2 #96/801 68 dark Red/Black LHD EU
11436	?08	GT/4 Dino	11502	?08	GT/4 Dino
11437	365	GT 2+2 #69/801 6/68 Dark grey & Azzurro Iperion/beige LHD EU	11503	365	GT 2+2 #92/801 68 LHD EU
			11504	?08	GT/4 Dino
11438	208	GT/4 Dino reported to be stolen	11505	365	GT 2+2 #90/801 68 LHD EU
11439	365	GT 2+2 #70/801 Grigio Fume then Red/Brown LHD EU	11506	?08	GT/4 Dino
			11507	365	GT 2+2 #97/801 68 Rosso Corsa/Black LHD
11440	?08	GT/4 Dino	11508	?08	GT/4 Dino
11441	330	GTC 68 dark Blue/Red	11509	365	GT 2+2 #98/801 68 LHD EU
11442	?08	GT/4 Dino	11510	?08	GT/4 Dino
11443	365	GT 2+2 #71/801 68 LHD EU	11511	365	GT 2+2 #350/801 68 LHD EU
11444	308	GT/4 Dino Series 1 75 Dark Blue Black Boxer trim/Black Track converted in '01	11512	?08	GT/4 Dino
			11513	365	GT 2+2 #99/801 68 LHD EU
11445	365	GT 2+2 #73/801 68 Rosso Corsa/Nero LHD EU	11514	?08	GT/4 Dino
11446	?08	GT/4 Dino	11515	330	GTC 68
11447	365	GT 2+2 #75/801 68 LHD EU	11516	?08	GT/4 Dino
11448	?08	GT/4 Dino	11517	330	GTC #592/600 68 Rosso Colorada then Fly Giallo/verde then tan then Black int. LHD eng. #11517
11449	330	GTC #590/600 Charcoal/Red LHD EU			
11450	208	GT/4 Dino reported to be stolen			
11451	365	GT 2+2 #72/801 68 Bronze/Black LHD EU	11518	?08	GT/4 Dino
11452	?08	GT/4 Dino	11519	365	GT 2+2 #95/801 68 brown/Black LHD EU
11453	330	GTC 68	11520	?08	GT/4 Dino
11454	?08	GT/4 Dino	11521	365	GT 2+2 #101/801 68 LHD EU
11455	365	GT 2+2 #74/801 68 LHD EU	11522	?08	GT/4 Dino
11456	?08	GT/4 Dino	11523	365	GT 2+2 #103/801 68 LHD EU
11457	330	GTC 68	11524	?08	GT/4 Dino
11458	?08	GT/4 Dino	11525	365	GT 2+2 #100/801 68 Grey LHD EU
11459	365	GT 2+2 #78/801 68 LHD EU	11526	?08	GT/4 Dino
11460	?08	GT/4 Dino	11527	365	GT 2+2 #102/801 68 LHD EU
11461	365	GT 2+2 #75/801 68 Azzurro/Black LHD EU	11528	?08	GT/4 Dino
11462	308	GT/4 Dino Series 1 Dino RedBlack/tan cloth	11529	365	GT 2+2 #104/801 68 LHD EU
11463	365	GT 2+2 #243/801 68 RHD #17 RHD to South Africa	11530	208	GT/4 Dino Blue/Blue & beige F106CL11530
			11531	365	GT 2+2 #105/801 68 LHD EU
11464	?08	GT/4 Dino	11532	?08	GT/4 Dino
11465	330	GTC 68	11533	365	GT 2+2 #111/801 68 Azzurro/Dark Blue LHD EU
11466	?08	GT/4 Dino			
11467	365	GT 2+2 #82/801 68 LHD EU	11534	?08	GT/4 Dino
11468	208	GT/4 Dino	11535	365	GT 2+2 #110/801 68 LHD EU
11469	330	GTC 68	11536	?08	GT/4 Dino
11470	?08	GT/4 Dino	11537	330	GTC 68
11471	365	GT 2+2 #77/801 68 LHD EU	11538	?08	GT/4 Dino
11472	?08	GT/4 Dino	11539	330	GTC 68 Red/Black
11473	365	GT 2+2 #79/801 68 LHD EU	11540	?08	GT/4 Dino
11474	?08	GT/4 Dino	11541	365	GT 2+2 #109/801 68 LHD EU
11475	330	GTC 68	11542	?08	GT/4 Dino
11476	208	GT/4 Dino 75 Black/Creme	11543	330	GTC 68
11477	365	GT 2+2 #80/801 68 Red/Black LHD EU	11544	?08	GT/4 Dino
11478	?08	GT/4 Dino	11545	330	GTC 68 brown metallic/tan
11479	365	GT 2+2 #87/801 68 LHD EU	11546	?08	GT/4 Dino
11480	?08	GT/4 Dino	11547	365	GT 2+2 #1112/801 68 LHD EU

s/n	Type	Comments
11548	208	GT/4 Dino
11549	330	GTC 68 Dark Blue/Tan 3218 eng. #11549
11550	?08	GT/4 Dino
11551	330	GTC 68
11552	208	GT/4 Dino 75 Blue Metallic/Black
11553	365	GT 2+2 #113/801 68 LHD EU
11554	?08	GT/4 Dino
11555	365	GT 2+2 #108/801 68 LHD EU
11556	?08	GT/4 Dino
11557	365	GT 2+2 #114/801 68 LHD EU
11558	?08	GT/4 Dino
11559	365	GT 2+2 #115/801 68 LHD EU
11560	?08	GT/4 Dino
11561	365	GT 2+2 #118/801 68 LHD EU
11562	?08	GT/4 Dino
11563	365	GT2+2 #119/801 68 Azzurro/dark Blue LHD EU
11564	?08	GT/4 Dino
11565	365	GT 2+2 #122/801 68 LHD EU
11566	?08	GT/4 Dino
11567	365	GT 2+2 #120/801 68 LHD EU
11568	?08	GT/4 Dino
11569	365	GT 2+2 #127/801 68 Black/Tan LHD EU
11570	?08	GT/4 Dino
11571	365	GT 2+2 #121/801 68 LHD EU
11572	?08	GT/4 Dino
11573	365	GT 2+2 #123/801 68 LHD EU
11574	?08	GT/4 Dino
11575	365	GT 2+2 #124/801 68 LHD EU
11576	208	GT/4 Dino 75 Silver/dark Blue then met. Red then Blue & Yellow LHD EU
11577	330	GTC 68
11578	?08	GT/4 Dino
11579	330	GTC 68
11580	?08	GT/4 Dino
11581	365	GT 2+2 #128/801 68 LHD EU
11582	?08	GT/4 Dino
11583	365	GT 2+2 #396/801 69 RHD UK #5 RHD
11584	?08	GT/4 Dino
11585	365	GT 2+2 #106/801 69 RHD UK #6 RHD
11586	?08	GT/4 Dino
11587	365	GT 2+2 #116/801 69 RHD UK #8 RHD
11588	?08	GT/4 Dino
11589	330	GTC 68
11590	?08	GT/4 Dino
11591	365	GT 2+2 #129/801 69 LHD EU
11592	?08	GT/4 Dino Blue/Black RHD
11593	365	GT 2+2 #132/801 69 LHD EU
11594	?08	GT/4 Dino
11595	365	GT 2+2 #130/801 69 Red/Black LHD EU
11596	?08	GT/4 Dino
11597	365	GT 2+2 #139/801 69 LHD EU
11598	?08	GT/4 Dino
11599	365	GT 2+2 #133/801 69 LHD EU
11600	?08	GT/4 Dino
11601	365	GT 2+2 #131/801 69 LHD EU
11602	?08	GT/4 Dino
11603	365	GT 2+2 #137/801 69 Red/Tan LHD EU
11604	?08	GT/4 Dino
11605	365	GT 2+2 #134/801 69 LHD EU
11606	?08	GT/4 Dino
11607	365	GT 2+2 #138/801 69 Black/Tan LHD EU
11608	?08	GT/4 Dino
11609	365	GT 2+2 #140/801 69 LHD EU
11610	?08	GT/4 Dino
11611	365	GT 2+2 #136/801 68 Silver/Black LHD EU
11612	?08	GT/4 Dino
11613	330	GTC last 68
11614	?08	GT/4 Dino
11615	365	GT 2+2 #141/801 69 LHD EU
11616	208	GT/4 Dino 6/76 Dark Blue/Beige suede Blue carpets
11617	365	GT 2+2 #144/801 69 LHD EU
11618	?08	GT/4 Dino
11619	365	GT 2+2 #143/801 69 LHD EU
11620	?08	GT/4 Dino
11621	365	GT 2+2 #145/801 68 Russo Rubino/tan LHD EU ex-William Holden
11622	?08	GT/4 Dino
11623	365	GT 2+2 #146/801 69 LHD EU
11624	?08	GT/4 Dino
11625	365	GT 2+2 #142/801 69 blu sera/beige then light green met./Black LHD EU
11626	?08	GT/4 Dino
11627	365	GT 2+2 #148/801 69 LHD EU
11628	?08	GT/4 Dino
11629	365	GT 2+2 #117/801 69 RHD UK #9 RHD
11630	208	GT/4 Dino Dark Red/Beige LHD
11631	365	GT 2+2 #149/801 69 LHD EU
11632	?08	GT/4 Dino
11633	365	GT 2+2 #150/801 69 LHD EU
11634	?08	GT/4 Dino
11635	365	GT 2+2 #147/801 69 LHD EU
11636	?08	GT/4 Dino
11637	365	GT 2+2 #157/801 68 Dark Blue/tan LHD EU
11638	?08	GT/4 Dino
11639	365	GT 2+2 #153/801 69 LHD EU
11640	?08	GT/4 Dino
11641	365	GT 2+2 #125/801 69 RHD #10 RHD
11642	?08	GT/4 Dino
11643	365	GT 2+2 #151/801 69 LHD EU
11644	?08	GT/4 Dino
11645	365	GT 2+2 #156/801 69 LHD EU
11646	?08	GT/4 Dino
11647	365	GT 2+2 #135/801 69 LHD EU
11648	?08	GT/4 Dino
11649	365	GT 2+2 #160/801 Silver/Blue LHD EU
11650	?08	GT/4 Dino
11651	365	GT 2+2 #161/801 69 LHD EU
11652	?08	GT/4 Dino
11653	365	GT 2+2 #152/801 69 LHD EU
11654	?08	GT/4 Dino
11655	365	GT 2+2 #162/801 69 LHD EU
11656	?08	GT/4 Dino
11657	365	GT 2+2 #163/801 69 LHD EU
11658	?08	GT/4 Dino
11659	365	GT 2+2 #166/801 69 LHD EU
11660	?08	GT/4 Dino
11661	365	GT 2+2 #158/801 69 Red/Black LHD EU
11662	208	GT/4 Dino Red/Black LHD EU
11663	365	GT 2+2 #164/801 68 Red/Tan
11664	308	GT/4 Dino Red/Black
11665	365	GT 2+2 #174/801 69 LHD EU
11666	?08	GT/4 Dino
11667	365	GT 2+2 #167/801 69 Dark Blue/Tan LHD EU
11668	?08	GT/4 Dino
11669	365	GT 2+2 #172/801 69 dark Blue met./tan LHD
11670	?08	GT/4 Dino
11671	365	GT 2+2 #171/801 69 LHD EU
11672	?08	GT/4 Dino
11673	365	GT 2+2 #169/801 69 LHD EU
11674	308	GT/4 Dino "Speciale" Red/Black sky Red backboards Red leather at inwards door side
11675	365	GT 2+2 #159/801 69 LHD EU
11676	?08	GT/4 Dino
11677	365	GT 2+2 #168/801 69 LHD EU
11678	?08	GT/4 Dino
11679	365	GT 2+2 #176/801 69 Black/Black LHD EU
11680	?08	GT/4 Dino
11681	365	GT 2+2 #175/801 69 Black/Tan LHD EU
11682	208	GT/4 Dino Blue/White Blue carpets
11683	365	GT 2+2 #165/801 69 LHD EU
11684	308	GT/4 Dino Red/grey leather & cloth seats
11685	365	GT 2+2 #180/801 69 LHD EU
11686	?08	GT/4 Dino
11687	365	GT 2+2 #181/801 69 LHD EU

s/n	Type	Comments
11688	208	GT/4 Dino Red/Tan LHD EU
11689	365	GT 2+2 #187/801 69 LHD EU
11690	?08	GT/4 Dino
11691	365	GT 2+2 #182/801 69 LHD EU
11692	?08	GT/4 Dino
11693	365	GT 2+2 #188/801 69 Red/Black LHD EU
11694	?08	GT/4 Dino
11695	365	GT 2+2 #179/801 69 RHD UK #13 RHD
11696	?08	GT/4 Dino
11697	365	GT 2+2 #170/801 69 LHD EU
11698	?08	GT/4 Dino
11699	365	GT 2+2 #177/801 69 dark Blue hyperium/Black LHD EU ex-Prince Bernhard
11700	?08	GT/4 Dino
11701	365	GT 2+2 #173/801 69 LHD EU
11702	?08	GT/4 Dino
11703	365	GT 2+2 #184/801 69
11704	?08	GT/4 Dino
11705	365	GT 2+2 #185/801 69 Red/Tan eng. # 11705 GT
11706	?08	GT/4 Dino
11707	365	GT 2+2 #186/801 Red/Crema LHD EU
11708	?08	GT/4 Dino
11709	365	GT 2+2 #191/801 69 LHD EU
11710	?08	GT/4 Dino
11711	365	GT 2+2 #190/801 69 LHD EU
11713	330	GTS last #98/100 68 Red/Black LHD EU PF Job #175298
11714	?08	GT/4 Dino
11715	365	GT 2+2 #193/801 69 LHD EU
11716	?08	GT/4 Dino
11717	365	GT 2+2 #194/801 69 LHD EU
11718	?08	GT/4 Dino
11719	365	GT 2+2 #195/801 69 LHD EU
11720	?08	GT/4 Dino
11721	365	GT 2+2 #198/801 Grey/Black LHD EU
11722	308	GT/4 Dino
13723	365	GT 2+2 #192/801 LHD EU
11724	?08	GT/4 Dino
11725	365	GT 2+2 #199/801 69 LHD EU
11726	?08	GT/4 Dino
11727	365	GT 2+2 #196/801 69 dark metallic Blue LHD EU
11728	?08	GT/4 Dino
11729	365	GT 2+2 69
11730	208	GT/4 Dino reported to be stolen
11731	365	GT 2+2 #154/801 69 LHD EU
11732	?08	GT/4 Dino
11733	365	GT 2+2 #290/801 69 LHD EU
11734	?08	GT/4 Dino
11735	365	GT 2+2 #1/801 69 RHD EU #11 RHD
11736	?08	GT/4 Dino
11737	365	GT 2+2 #189/801 RHD AUS #14 RHD
11738	?08	GT/4 Dino
11739	365	GT 2+2 #178/801 RHD UK #12 RHD
11740	208	GT/4 Dino reported to be stolen
11741	365	GT 2+2 #205/801 69 LHD EU
11742	?08	GT/4 Dino
11743	365	GT 2+2 #206/801 69 LHD EU
11744	208	GT/4 Dino 76 Blue/Beige LHD EU
11745	365	GT 2+2 #207/801 69 LHD EU
11746	308	GT/4 Dino 76 Red RHD
11747	365	GT 2+2 #208/801 69 LHD EU
11748	?08	GT/4 Dino
11749	365	GT 2+2 #210/801 69 LHD EU
11750	?08	GT/4 Dino
11751	365	GT 2+2 #213/801 69 LHD EU
11752	?08	GT/4 Dino
11753	365	GT 2+2 #215/801 69 LHD EU
11754	?08	GT/4 Dino
11755	365	GT 2+2 #216/801 69 LHD EU
11756	?08	GT/4 Dino
11757	365	GT 2+2 #217/801 69 LHD EU
11758	?08	GT/4 Dino
11759	365	GT 2+2 #219/801 69 Rosso Corsa/Black LHD EU
11760	308	GT/4 Dino 76 Red/Black RHD F106AL11760 eng. #858
11761	365	GT 2+2 #183/801 69 LHD EU
11762	?08	GT/4 Dino
11763	365	GT 2+2 #223/801 69 LHD EU
11764	?08	GT/4 Dino
11765	365	GT 2+2 #222/801 69 LHD EU
11766	?08	GT/4 Dino
11767	365	GT 2+2 #224/801 69 LHD EU
11768	208	GT/4 Dino 76 Yellow/Tan LHD
11769	365	GT 2+2 #221/801 69 LHD EU
11770	?08	GT/4 Dino
11771	365	GT 2+2 #229/801 69 LHD EU
11772	308	GT/4 Dino Silver/Black
11773	365	GT 2+2 #230/801 69 LHD EU
11774	?08	GT/4 Dino
11775	365	GT 2+2 #225/801 68 Silver/Black LHD EU
11776	308	GT/4 Dino Metallic Blue/Tan
11777	365	GT 2+2 #227/801 69 LHD EU
11778	?08	GT/4 Dino
11779	365	GT 2+2 #236/801 69 LHD EU
11780	?08	GT/4 Dino
11781	365	GT 2+2 #209/801 69 Red/Black LHD US
11782	?08	GT/4 Dino
11783	365	GT 2+2 #218/801 69 Rosso Corsa/Tan LHD EU
11784	308	GT/4 Dino Red LHD
11785	365	GT 2+2 #107/801 69 RHD #7 RHD
11786	308	GT/4 Dino Series 1 76 Red/Black EU
11787	365	GT 2+2 #220/801 69 LHD EU
11788	308	GT/4 Dino 76 Red/Tan eng. #11788
11789	365	GT 2+2 #226/801 69 LHD EU
11790	308	GT/4 Dino
11791	365	GT 2+2 #228/801 69 LHD EU
11792	308	GT/4 Dino
11793	365	GT 2+2 #231/801 69 Red/Black LHD EU
11794	?08	GT/4 Dino
11795	365	GTB/4 Daytona 3rd prototype Rosso Chiaro/nero only Prototype by PF
11796	308	GT/4 Dino Series 1
11797	365	GT 2+2 Paris Show Car #200/801 68 LHD EU
11798	308	GT/4 Dino Series 1 Red
11799	365	GT 2+2 Paris Show Car #201/801 68 dark Blue/Beige LHD eng. #13429 n∞ interne A 177
11800	308	GT/4 Dino
11801	365	GT 2+2 #203/801 69 LHD EU
11802	?08	GT/4 Dino
11803	365	GT 2+2 #204/801 69 LHD EU
11804	?08	GT/4 Dino
11805	365	GT 2+2 #197/801 69 LHD US
11806	308	GT/4 Dino Series 1 86 Yellow F106AL11806 eng. #F106A00000501
11807	365	GT 2+2 #232/801 69 LHD EU
11808	?08	GT/4 Dino
11809	365	GT 2+2 #234/801 69 LHD EU
11810	?08	GT/4 Dino
11811	365	GT 2+2 #239/801 69 LHD EU
11812	?08	GT/4 Dino
11813	365	GT 2+2 #237/801 69 LHD EU
11814	?08	GT/4 Dino
11815	365	GT 2+2 #235/801 69 LHD EU
11816	?08	GT/4 Dino
11817	365	GT 2+2 69
11818	308	GT/4 Dino Red/Grey
11819	365	GT 2+2 #202/801 69 RHD UK #15 RHD
11820	208	GT/4 Dino Black/Black LHD
11821	365	GT 2+2 #233/801 68 Silver/Red LHD EU eng. #11821
11822	?08	GT/4 Dino
11823	365	GTC #1/150 69 Black/Tan LHD EU

s/n	Type	Comments
11824	?08	GT/4 Dino
11825	365	GT 2+2 #262/801 69 LHD EU
11826	308	GT/4 Dino Series 1 Red/Black LHD EU
11827	365	GT 2+2 #296/801 69 dark Blue/Tan LHD EU
11828	?08	GT/4 Dino
11829	365	GT 2+2 #261/801 69 LHD EU
11830	?08	GT/4 Dino
11831	365	GT 2+2 #265/801 69 LHD EU
11832	?08	GT/4 Dino
11833	365	GT 2+2 #211/801 69 Blue RHD UK eng. #11833 #16 RHD
11834	?08	GT/4 Dino
11835	365	GT 2+2 #258/801 69 Red/Black LHD EU
11836	?08	GT/4 Dino
11837	365	GT 2+2 #293/801 69 LHD EU
11838	?08	GT/4 Dino
11839	365	GT 2+2 Torino & Paris Show Car in 67, a 3rd prototype
11840	?08	GT/4 Dino
11841	365	GT 2+2 #267/801 69 LHD EU
11842	208	GT/4 Dino dark Red/Blue
11843	365	GT 2+2 #268/801 69 LHD EU
11844	308	GT/4 Dino
11845	365	GT 2+2 #260/801 68 Red/Black LHD EU
11846	?08	GT/4 Dino
11847	365	GT 2+2 #263/801 69 LHD EU
11848	?08	GT/4 Dino
11849	365	GT 2+2 #275/801 69
11850	?08	GT/4 Dino
11851	365	GT 2+2 #270/801 69 Rosso Rubino LHD EU
11852	?08	GT/4 Dino
11853	365	GT 2+2 #272/801 69 Giallo Fly/Black LHD EU
11854	308	GT/4 Dino Series 1 Red/Tan
11855	365	GT 2+2 #271/801 69 LHD EU
11856	308	GT/4 Dino Series 1 Silver Black Boxer Trim/Black
11857	365	GT 2+2 #273/801 69 Black/Beige LHD EU
11858	308	GT/4 Dino Dark metallic Blue/
11859	365	GT 2+2 #274/801 69 LHD EU
11860	?08	GT/4 Dino
11861	365	GT 2+2 #278/801 69 LHD EU
11862	?08	GT/4 Dino
11863	365	GT 2+2 #279/801 69 LHD EU
11864	?08	GT/4 Dino
11865	365	GT 2+2 #277/801 69 LHD EU
11866	308	GT/4 Dino
11867	365	GT 2+2 #281/801 69 LHD EU
11868	308	GT/4 Dino Series 1
11869	365	GT 2+2 #280/801 69 LHD EU
11870	?08	GT/4 Dino
11871	365	GT 2+2 #266/801 69 LHD EU
11872	?08	GT/4 Dino
11873	365	GT 2+2 #283/801 69 LHD EU eng. #11873
11874	?08	GT/4 Dino
11875	365	GT 2+2 #244/281 69 Dark metallic Blue Crema RHD UK #18 RHD
11876	208	GT/4 Dino Red/Beige & Brown
11877	365	GT 2+2 #282/801 69 LHD EU
11878	308	GT/4 Dino Series 1 76 Red F106AL11878 eng. #F106A00000853
11879	365	GT 2+2 #289/801 69 LHD EU
11880	?08	GT/4 Dino
11881	365	GT 2+2 #155/801 69 LHD EU
11882	308	GT/4 Dino
11883	365	GT 2+2 #291/801 69 LHD EU
11884	?08	GT/4 Dino
11885	365	GT 2+2 #292/801 69 LHD EU
11886	?08	GT/4 Dino
11887	365	GT 2+2 #276/801 69 LHD EU
11888	308	GT/4 Dino
11889	365	GT 2+2 #288/801 69 Grey LHD EU
11890	308	GT/4 Dino Series 1 Red/Tan EU
11891	365	GT 2+2 #294/801 69 LHD EU
11892	?08	GT/4 Dino
11893	365	GT 2+2 #298/801 69 LHD EU
11894	?08	GT/4 Dino
11895GT	365	GT 2+2 #284/801 68 Azzurra metalizzata/nero LHD EU eng.#11895 GT
11896	?08	GT/4 Dino
11897	365	GT 2+2 #347/801 69 Red/Black LHD US
11898	?08	GT/4 Dino
11899	365	GT 2+2 #264/801 69 LHD EU
11900	?08	GT/4 Dino
11901	365	GT 2+2 #259/801 68 White/Tan LHD EU
11902	?08	GT/4 Dino
11903	365	GT 2+2 #238/801 69 LHD EU
11904	?08	GT/4 Dino
11905	365	GT 2+2 #269/801 69 Silver/Blue LHD EU F106AL11905 eng. #F106A0000831
11906	308	GT/4 Dino Blue/eng. #831
11907	365	GT 2+2 #297/801 69 LHD EU
11908	308	GT/4 Dino Series 1 Blue
11909	365	GT 2+2 #299/801 69 LHD EU
11910	?08	GT/4 Dino
11911	365	GT 2+2 #295/801 69 Azzurro/nero LHD EU
11912	308	GT/4 Dino Red/Beige
11913	365	GT 2+2 #300/801 69 Dark Blue/Tan LHD EU
11914	308	GT/4 Dino
11915	365	GT 2+2 #302/801 68 Azzurro met./tan LHD
11916	?08	GT/4 Dino
11917	365	GT 2+2 #304/801 69 LHD EU
11918	308	GT/4 Dino Series 1 76 Red F106AL11918 eng. #F106A00000827
11919	365	GT 2+2 #301/801 69 LHD EU
11920	308	GT/4 Dino Series 1 Red/brown
11921	365	GT 2+2 #303/801 Dark Blue/Black LHD
11922	?08	GT/4 Dino
11923	365	GT 2+2 #308/801 69 LHD EU
11924	?08	GT/4 Dino
11925	365	GT 2+2 #306/801 69 LHD EU
11926	?08	GT/4 Dino
11927	365	GT 2+2 #307/801 69 Brown/Black LHD
11928	308	GT/4 Dino Series 1 Red/Black
11929	365	GTB/4 Daytona Spider Conversion by Scaglietti 4th Prototype 67 Bianco Polo Park/nero then Red/Tan ex-Arturo Merzario
11930	?08	GT/4 Dino
11931	365	GT 2+2 #305/801 69 LHD EU
11932	?08	GT/4 Dino
11933	365	GT 2+2 #309/801 69 LHD EU
11934	308	GT/4 Dino 9/76 Red/Beige Red carpets
11935	365	GT 2+2 #310/801 69 Blue/tan LHD EU
11936	?08	GT/4 Dino
11937	365	GT 2+2 #245/801 69 Azzurro RHD UK #19 RHD
11938	?08	GT/4 Dino
11939	365	GTC #2/150 68 Red/Black
11940	308	GT/4 Dino Red/Black
11941	365	GT 2+2 #311/801 LHD EU
11942	?08	GT/4 Dino
11943	365	GT 2+2 #314/801 69 LHD EU
11944	?08	GT/4 Dino
11945	365	GT 2+2 #313/801 68 Silver/Black LHD EU
11946	208	GT/4 Dino 76 Red/Tan F106CL11946
11947	365	GTC #5/150 LHD EU
11948	?08	GT/4 Dino
11949	365	GT 2+2 #315/801 69 Red/Black LHD EU
11950	?08	GT/4 Dino
11951	365	GT 2+2 #317/801 69 LHD US
11952	?08	GT/4 Dino
11953	365	GT 2+2 #320/801 69 LHD EU
11954	308	GT/4 Dino Series 1 75 Rosso Rubino/tan LHD EU
11955	365	GT 2+2 #285/801 69 RHD #20 RHD
11956	?08	GT/4 Dino

s/n	Type	Comments
11957	365	GT 2+2 #318/801 6/69 anthracite metallic/Black then Red/Black then Brown/Tan LHD
11958	?08	GT/4 Dino
11959	365	GT 2+2 #319/801 68 Red/Tan LHD
11960	?08	GT/4 Dino
11961	365	GT 2+2 #324/801 69 LHD EU
11962	308	GT/4 Dino 76 LHD EU
11963	365	GT 2+2 #316/801 69 LHD EU
11964	?08	GT/4 Dino
11965	365	GT 2+2 #286/801 69 RHD UK #21 RHD
11966	308	GT/4 Dino 76 Red/Tan & Blue cloth, Blue carpets F106AL*11966 eng. #1430
11967	365	GT 2+2 #325/801 69 LHD EU
11968	?08	GT/4 Dino
11969	365	GTC #3 68 Red/Black LHD EU
11970	?08	GT/4 Dino
11971	365	GT 2+2 #323/801 69 LHD EU
11972	?08	GT/4 Dino
11973	365	GTC #4/150 LHD EU
11974	?08	GT/4 Dino
11975	365	GT 2+2 #326/801 68 Black eng. #11975
11976	?08	GT/4 Dino
11977	365	GTC #7/150 LHD EU
11978	308	GT/4 Dino Metallic Blue/
11979	365	GT 2+2 #321/801 69 LHD EU
11980	308	GT/4 Dino reported to be stolen
11981	365	GTC #6/150 LHD EU
11982	?08	GT/4 Dino
11983	365	GT 2+2 #328/801 69 LHD EU
11984	?08	GT/4 Dino
11985	365	GTC #9/150 LHD EU
11986	?08	GT/4 Dino
11987	365	GT 2+2 #322/801 68 Fly Giallo/Black LHD EU
11988	?08	GT/4 Dino
11989	365	GTC #11/150 LHD EU
11990	308	GT/4 Dino Series 1 Red/Black
11991	365	GT 2+2 #327/801 69 LHD EU
11992	?08	GT/4 Dino
11993	365	GTC #8/150 LHD EU
11994	308	GT/4 Dino 76 Red then Yellow/Black
11995	365	GT 2+2 #330/801 69 LHD EU
11996	?08	GT/4 Dino
11997	365	GTC #13/150 LHD EU
11998	?08	GT/4 Dino
11999	365	GTC #10/150 LHD EU
12000	?08	GT/4 Dino
12001	365	GT 2+2 #329/801 69 LHD EU
12002	308	GT/4 Dino Black/Black
12003	365	GTC #14/150 LHD EU
12004	?08	GT/4 Dino
12005	365	GT 2+2 #331/801 69 LHD EU
12006	308	GT/4 Dino Red/Black
12007	365	GTC #12/150 LHD EU
12008	?08	GT/4 Dino
12009	365	GT 2+2 #287/801 69 Dark Blue/Red RHD UK eng. #12009 #22 RHD
12010	?08	GT/4 Dino
12011	365	GTC #15/150 69 LHD EU
12012	?08	GT/4 Dino
12013	365	GT 2+2 #351/801 69 LHD EU
12013	512	BB Spider Conversion by Lorenz & Rankl Red/Black LHD W09PL5218KWL12013 (L&R VIN)
12014	?08	GT/4 Dino
12015	365	GT 2+2 #339/801 69 LHD EU
12016	308	GT/4 Dino
12017	365	GTC #16/150 69 Blu Sera met./Black LHD EU eng. #12017
12018	?08	GT/4 Dino
12019	365	GTC Brussels Show Car #17/150 69 LHD EU
12020	?08	GT/4 Dino
12021	365	GT 2+2 #336/801 69 Dark Red/Tan LHD EU
12022	?08	GT/4 Dino
12023	365	GTC #18/150 LHD EU
12024	?08	GT/4 Dino
12025	365	GT 2+2 #332/801 68 Blue Tourbillon/Beige RHD UK #23 RHD
12026	?08	GT/4 Dino
12027	365	GTC #19/150 Blue LHD EU
12028	308	GT/4 Dino 76, Red/Black
12029	365	GT 2+2 #337/801 69 LHD EU
12030	308	GT/4 Dino Red/Creme
12031	365	GTC #20/150 Red then Grigio Fume/Black LHD EU
12032	?08	GT/4 Dino
12033	365	GT 2+2 #345/801 69 LHD EU
12034	?08	GT/4 Dino
12035	365	GTC #22/150 LHD EU
12036	?08	GT/4 Dino
12037	365	GTB/4 Daytona 5th prototype
12038	?08	GT/4 Dino
12039	365	GT 2+2 #338/801 69 LHD EU
12040	?08	GT/4 Dino
12041	365	GTC #21/150 69 Silver/Dark Red LHD
12042	308	GT/4 Dino 76, Red/Black Red carpets
12043	365	GT 2+2 #340/801 69 Red/Black LHD EU
12044	?08	GT/4 Dino
12045	365	GT 2+2 #346/801 69 LHD EU
12046	?08	GT/4 Dino
12047	365	GTC #23/150 69 LHD EU
12048	?08	GT/4 Dino
12049	365	GTC #24/150 69 LHD EU
12050	308	GT/4 Dino 6/76 Azzurro/Black LHD
12051	365	GTC #54/150 69 bronze LHD EU
12052	308	GT/4 Dino 76 Red/Black US
12053	365	GT 2+2 #349/801 69 LHD EU
12054	?08	GT/4 Dino
12055	365	GTC #25/150 69 LHD EU
12056	?08	GT/4 Dino
12057	365	GT 2+2 #348/801 69 LHD EU
12058	?08	GT/4 Dino
12059	365	GTC #26/150 69 Green/Black LHD EU
12060	308	GT/4 Dino Series 1 Metallic Blue/Blue LHD EU
12061	365	GT 2+2 #341/801 69 LHD EU
12062	?08	GT/4 Dino
12063	365	GTC #27/150 69 LHD EU
12064	?08	GT/4 Dino
12065	365	GT 2+2 #342/801 69 Rosso Corsa/Black LHD EU
12066	?08	GT/4 Dino
12067	365	GTC #28/150 12/68 LHD EU
12068	308	GT/4 Dino Series 1 Red/Black Red piping LHD EU
12069	365	GT 2+2 #343/801 69 LHD EU
12070	?08	GT/4 Dino
12071	365	GTC #30/150 69 Red/Black LHD EU
12072	308	GT/4 Dino Series 1 Red/Black
12073	365	GT 2+2 #344/801 69 LHD EU
12074	?08	GT/4 Dino
12075	365	GTC #29/150 69 LHD EU
12076	?08	GT/4 Dino
12077	365	GT 2+2 #333/801 69 Red/Black RHD UK eng. #12077 #24 RHD
12078	?08	GT/4 Dino
12079	365	GTC #47/150 69 Silver/Black LHD EU
12080	308	GT/4 Dino Rosso Corsa/Black LHD EU
12081	365	GT 2+2 #357/801 69 LHD EU
12082	?08	GT/4 Dino
12083	365	GTC #31/150 69 LHD EU
12084	?08	GT/4 Dino
12085	365	GT 2+2 #334/801 69 LHD EU69 Red/beige RHD UK #25 RHD
12086	?08	GT/4 Dino
12087	365	GTC #32/150 69 LHD EU
12088	?08	GT/4 Dino

s/n	Type	Comments
12089	365	GT 2+2 #359/801 69 Black/Tan RHD UK eng. #12089 #26 RHD
12090	?08	GT/4 Dino
12091	365	GTC #34/150 68 White/Black
12092	?08	GT/4 Dino
12093	365	GT 2+2 #352/801 69 Silver/Black LHD eng. #11979GT
12094	?08	GT/4 Dino
12095	365	GTC #34/150 69 LHD EU
12097	365	GT 2+2 #363/801 69 Dark Blue/Light Grey LHD EU
12098	?08	GT/4 Dino
12099	365	GTC #42/150 69 Dark Red/Beige LHD EU
12100	?08	GT/4 Dino
12101	365	GT 2+2 #353/801 69 LHD EU
12102	208	GT/4 Dino Light met. Blue Black Boxer Trim/Creme LHD
12103	365	GT 2+2 #355/801 69 LHD EU
12104	?08	GT/4 Dino
12105	365	GTC #35/150 4/69 Blu pastello met./Tan LHD EU eng. #12105
12106	?08	GT/4 Dino
12107	365	GTC #40/150 69 Dark Grey Met'/Blue RHD
12108	?08	GT/4 Dino
12109	365	GT 2+2 #354/801 69 LHD EU
12110	?08	GT/4 Dino
12111	365	GTC #54/150 69 Red RHD eng. #12111
12112	?08	GT/4 Dino
12113	365	GT 2+2 #362/801 69 LHD EU
12114	?08	GT/4 Dino
12115	365	GTC #57/150 69 RHD UK
12116	?08	GT/4 Dino
12117	365	GTC #77/150 LHD EU
12118	308	GT/4 Dino 78 Yellow/Black LHD
12119	365	GTC #58/150 68 Blue Ribot/Black RHD ex-Col. Ronny Hoare
12120	?08	GT/4 Dino
12121	365	GT 2+2 #367/801 69 LHD EU
12122	?08	GT/4 Dino
12123	365	GTC #36/150 69 Marrone Colorado/Black LHD EU
12124	?08	GT/4 Dino
12125	365	GT 2+2 #361/801 69 Medium Blue Metallic/Dark Blue RHD UK
12126	308	GT/4 Dino Grey Black Boxer Trim/Black
12127	365	GTC #37/150 69 Red/Black LHD EU
12128	?08	GT/4 Dino
12129	365	GT 2+2 #358/801 69 LHD EU
12130	?08	GT/4 Dino
12131	365	GTC #46/150 LHD EU
12132	308	GT/4 Dino Metallic Brown/Tan LHD
12133	365	GT 2+2 #368/801 69 LHD EU
12134	?08	GT/4 Dino
12135	365	GTC #38/150 69 brown grey metallic/Black LHD EU
12136	?08	GT/4 Dino
12137	365	GT 2+2 #378/801 69 LHD EU
12138	208	GT/4 Dino Red/Crema w.brown cloth seat centers
12139	365	GTC #74/150 69 Dark Blue/Beige LHD EU
12140	?08	GT/4 Dino
12141	365	GTC #43/150 69 LHD EU
12142	?08	GT/4 Dino
12143	365	GT 2+2 #364/801 69 LHD EU
12144	?08	GT/4 Dino
12145	365	GTC #89/150 69 LHD EU
12146	?08	GT/4 Dino
12147	365	GTC #75/150 70 White RHD eng. #12147
12148	208	GT/4 Dino 3/76 Red/Black leather Daytona Seats LHD EU eng. # F106C000500
12149	365	GTC 69 Azzurro Metallizzato/Blue fake exists, original car in Europe
12150	?08	GT/4 Dino
12151	365	GTC #44/150 69 Red/Tan LHD EU
12152	?08	GT/4 Dino
12153	365	GT 2+2 #249/801 69 LHD EU
12154	208	GT/4 Dino Red/Black
12155	365	GTC #48/150 LHD EU
12156	?08	GT/4 Dino
12157	365	GT 2+2 #365/801 69 LHD EU
12158	?08	GT/4 Dino
12159	365	GTC #50/150 69 Blue metallic/Tan Dark Blue carpets LHD EU
12160	?08	GT/4 Dino
12161	365	GT 2+2 #366/801 69 LHD EU
12162	308	GT/4 Dino Red/Crema
12163	365	GTS #1/20 69 Rosso Corsa/Nero Black hardtop LHD EU
12164	?08	GT/4 Dino
12165	365	GTC #89/150 69 Red/Black RHD UK
12166	?08	GT/4 Dino
12167	365	GT 2+2 #373/801 69 LHD EU
12168	308	GT/4 Dino
12169	365	GTC #78/150 69 Silver/Blue LHD EU eng. #12169
12170	?08	GT/4 Dino
12171	365	GT 2+2 #248/801 69 LHD US
12172	208	GT/4 Dino Red/Black LHD EU
12173	365	GTC #88/150 LHD EU
12174	?08	GT/4 Dino
12175	365	GT 2+2 #379/801 69 RHD UK
12176	?08	GT/4 Dino
12177	365	GTC #59/150 69 Silver/Black LHD EU
12178	?08	GT/4 Dino
12179	365	GT 2+2 #250/801 69 LHD EU
12180	?08	GT/4 Dino
12181	365	GTC #81/150 69 LHD EU
12182	308	GT/4 Dino dark Blue met./Crema Blue inserts
12183	365	GT 2+2 #374/801 69 LHD EU
12184	?08	GT/4 Dino
12185	365	GT 2+2 #375/801 69 Rosso Rubino/Black LHD EU
12186	?08	GT/4 Dino
12187	365	GTC #82/150 69 Green/Black LHD EU (ex)-Tom Shaughnessy
12188	?08	GT/4 Dino
12189	365	GT 2+2 #383/801 69 LHD EU
12190	?08	GT/4 Dino
12191	365	GTC #83/150 69 Dark Green/Creme LHD EU
12192	?08	GT/4 Dino
12193	365	GT 2+2 #356/801 69 LHD EU
12194	?08	GT/4 Dino
12195	365	GT 2+2 #390/801 69 Blue RHD UK eng. #12195
12196	308	GT/4 Dino Metallic Blue/Navy & Tan
12197	365	GTC 69 Red/Brown LHD
12198	308	GT/4 Dino Series 1 Red/Black
12199	365	GT 2+2 #369/801 69 LHD EU
12200	308	GT/4 Dino Series 1 Red/Black LHD EU
12201	365	GTS Geneva Show Car #3/20 69 Red Black top LHD EU
12202	?08	GT/4 Dino
12203	365	GTC #93/150 69 LHD EU
12204	?08	GT/4 Dino
12205	365	GT 2+2 #371/801 69 LHD EU
12206	?08	GT/4 Dino
12207	365	GT 2+2 #380/801 69 Bronze then Black RHD AUS eng. #12207
12208	?08	GT/4 Dino
12209	365	GTC #87/150 69 LHD EU
12210	308	GT/4 Dino Met. Blue/Beige & Blue suede
12211	365	GT 2+2 #387/801 69 LHD US
12212	?08	GT/4 Dino
12213	365	GTC #97/150 69 LHD EU
12214	?08	GT/4 Dino
12215	365	GT 2+2 #388/801 69 LHD US

s/n	Type	Comments
12216	?08	GT/4 Dino
12217	365	GTC #94/150 69 Blue/Tan LHD EU
12218	?08	GT/4 Dino
12219	365	GTC #70/150 69 maroon/Black LHD EU
12220	?08	GT/4 Dino
12221	365	GT 2+2 #389/801 69 LHD EU
12222	?08	GT/4 Dino
12223	365	GT 2+2 Chicago Show Car #91/150 69 LHD US
12224	?08	GT/4 Dino
12225	365	GTS #4/20 69 silver/Black LHD EU
12226	?08	GT/4 Dino
12227	365	GT 2+2 #384/801 69 Azzurro/Black LHD EU
12228	?08	GT/4 Dino
12229	365	GTC #69/150 69 LHD EU
12230	?08	GT/4 Dino
12231	365	GT 2+2 #372/801 69 LHD EU
12232	308	GT/4 Dino 76 Red/Red Sport seats
12233	365	GTC #55/150 69 Azzurro/Black LHD EU
12234	?08	GT/4 Dino
12235	365	GT 2+2 #376/801 69 LHD EU
12236	208	GT/4 Dino Red/
12237	365	GTC #92/150 69 RHD UK
12238	?08	GT/4 Dino
12239	365	GTC #95/150 69 Fly Giallo/Black LHD EU
12240	?08	GT/4 Dino
12241	365	GT 2+2 #394/801 69 Red LHD EU ex-Dick Teague
12242	?08	GT/4 Dino
12243	365	GTS #2/20 69 Red met./Blue LHD EU
12244	208	GT/4 Dino 80 Red/Black
12245	365	GTC #91/150 69 Dark Blue/Crema RHD UK ex-George Harrison
12246	?08	GT/4 Dino
12247	365	GT 2+2 #377/801 69 LHD EU
12248	?08	GT/4 Dino
12249	365	GTC converted to Spider by Scaglietti after crash #90/150 69 Red RHD UK eng. #12253
12250	?08	GT/4 Dino
12251	365	GT 2+2 #335/801 69 LHD EU
12252	208	GT/4 Dino Azzurro/Tan & Blue
12253	365	GTS #5/20 69 Black/Black Black top LHD EU
12254	208	GT/4 Dino
12255	365	GT 2+2 #240/801 69 LHD US
12256	?08	GT/4 Dino
12257	365	GT 2+2 #393/801 69 LHD EU
12258	?08	GT/4 Dino
12259	365	GTS #6/20 69 LHD EU
12260	?08	GT/4 Dino
12261	365	GT 2+2 #381/801 69 LHD EU
12262	?08	GT/4 Dino
12263	365	GT 2+2 #395/801 69 Brown Met./Black LHD EU
12264	308	GT/4 Dino Red then Yellow/Black
12265	365	GTC #39/150 69 LHD EU
12266	?08	GT/4 Dino
12267	365	GT 2+2 #341/801 69 dark Blue/Cognac LHD US
12268	?08	GT/4 Dino
12269	365	GTS #8/20 69 LHD EU
12270	?08	GT/4 Dino
12271	365	GTC #45/150 69 Brown then Red/Tan LHD EU
12272	?08	GT/4 Dino
12273	365	GT 2+2 #242/801 69 LHD EU
12274	308	GT/4 Dino Ivory/bordeaux then Blue/Black
12275	365	GTC #41/150 69 LHD EU
12276	?08	GT/4 Dino
12277	365	GT 2+2 #251/801 69 LHD EU
12278	308	GT/4 Dino reported to be stolen
12279	365	GTC #72/150 69 LHD EU
12280	?08	GT/4 Dino
12281	365	GT 2+2 #392/801 69 Azzurro/Blue LHD US
12282	?08	GT/4 Dino
12283	365	GT 2+2 #246/801 69 maroon/Crema LHD US
12284	308	GT/4 Dino
12285	365	GTS #9/20 69 Blue/Tan Hardtop LHD EU
12286	308	GT/4 Dino
12287	365	GTC #104/150 69 LHD EU
12288	308	GT/4 Dino
12289	365	GT 2+2 #382/801 69 LHD EU
12290	?08	GT/4 Dino
12291	365	GTC #49/150 69 Red/Black LHD EU
12292	?08	GT/4 Dino
12293	365	GT 2+2 #385/801 69 Grigio Ortello/Beige LHD EU
12294	208	GT/4 Dino Red/Tan
12295	365	GTC #80/150 69 LHD EU
12296	308	GT/4 Dino Black Yellow stripe/Tan then Red int.
12297	365	GT 2+2 #38456/801 69 LHD EU
12298	?08	GT/4 Dino
12299	365	GTC #106/150 69 LHD EU
12300	?08	GT/4 Dino
12301	365	GTB/4 Daytona #1/1284 69 LHD US
12302	308	GT/4 Dino Series 1 Silver then Red/F106AL12302 eng. #F106A01501
12303	365	GTC #105/150 69 grey metallic/Black LHD EU
12304	?08	GT/4 Dino
12305	365	GT 2+2 #253/801 69 LHD EU
12306	?08	GT/4 Dino
12307	365	GTS #107/150 69 Red/Black LHD EU
12308	?08	GT/4 Dino
12309	365	GTC #254/801 69 LHD EU
12310	?08	GT/4 Dino
12311	365	GTC #52/150 69 Yellow/Black LHD EU
12312	?08	GT/4 Dino
12313	365	GTS #252/801 69 Rosso Corsa/Black Black soft top LHD EU eng. #12313GT 365 California Replica by Allegretti
12314	308	GT/4 Dino Dark metallic Green/Tan
12315	365	GTC #84/150 69 LHD EU
12314	308	GT/4 Dino Series 1 Dark metallic green/tan RHD UK
12315	365	GTC #397/801 69 LHD US
12316	308	GT/4 Dino Azzurro/Black
12317	365	GT 2+2 Automatic #406/801 70 Azzurro/Black RHD UK one of seven Automatic
12318	308	GT/4 Dino Series 1
12319	365	GT 2+2 #397/801 69 Dark Blue/Blue RHD UK
12320	?08	GT/4 Dino
12321	365	GTC #60/150 69 LHD EU
12322	?08	GT/4 Dino
12323	365	GT 2+2 #405/801 69 RHD CDN
12324	?08	GT/4 Dino
12325	365	GTC #51/150 69 LHD EU
12326	208	GT/4 Dino Black/Brown leather Black carpets
12327	365	GT 2+2 #398/801 69 LHD EU
12328	?08	GT/4 Dino
12329	365	GTC #115/150 69 AzzurroHyperion/Black LHD EU
12330	?08	GT/4 Dino
12331	365	GT 2+2 #396/801 69 LHD EU
12332	208	GT/4 Dino 76 Red/Black LHD eng. #541 gear-box #543
12333	365	GT 2+2 #399/801 69 Silver/Red LHD US ex-Bill Harrah
12334	?08	GT/4 Dino
12335	365	GTC Barcelona Show Car #116/150 69 LHD EU
12336	?08	GT/4 Dino
12337	365	GT 2+2 #412/801 69 RHD
12338	308	GT/4 Dino Red/
12339	365	GTC #53/150 69 LHD EU
12340	?08	GT/4 Dino
12341	365	GT 2+2 #247/801 69 Black LHD EU
12342	208	GT/4 Dino Red Blue LHD
12343	365	GTC #61/150 69 LHD EU
12344	308	GT/4 Dino Blue/

s/n	Type	Comments
12345	365	GT 2+2 #255/801 69 LHD EU
12346	?08	GT/4 Dino
12347	365	GTC #109/150 69 LHD EU
12348	?08	GT/4 Dino
12349	365	GT 2+2 #400/801 69 silver/Black LHD US
12350	308	GT/4 Dino Red/beige
12351	365	GTC #63/150 69 Red LHD EU
12352	308	GT/4 Dino Silver/Creme
12353	365	GT 2+2 #401/801 69 LHD US
12354	?08	GT/4 Dino
12355	365	GTC #62/150 69 LHD US
12356	308	GT/4 Dino Red/vream RHD
12357	365	GT 2+2 #402/801 69 LHD EU
12358	308	GT/4 Dino Red/
12359	365	GTC #64/150 69 Red/Beige LHD EU
12360	?08	GT/4 Dino
12361	365	GT 2+2 #410/801 69 Rosso Corsa/Black LHD EU
12362	?08	GT/4 Dino
12363	365	GTC #64/150 69 green LHD EU
12364	308	GT/4 Dino 4/76 Red/Beige Blue carpets eng. #1558
12365	365	GT 2+2 #416/801 69 LHD EU
12366	308	GT/4 Dino 76 Red/F106AL12366 eng. #F106A00001548
12367	365	GTC #65/150 69 Rosso Corsa/Black LHD EU eng. #12367
12368	?08	GT/4 Dino
12369	365	GT 2+2 #256/801 69 LHD EU
12370	308	GT/4 Dino Silver/Blue cloth
12371	365	GTC #67/150 69 LHD EU
12372	?08	GT/4 Dino
12373	365	GT 2+2 #411/801 69 LHD US
12374	?08	GT/4 Dino
12375	365	GTC #66/150 69 Blue metallic LHD EU
12376	?08	GT/4 Dino
12377	365	GT 2+2 #257/801 69 LHD EU
12378	?08	GT/4 Dino
12379	365	GTC #68/150 69 LHD EU
12380	?08	GT/4 Dino
12381	365	GT 2+2 #404/801 69 LHD US
12382	308	GT/4 Dino Red
12383	365	GTC #71/150 69 LHD EU
12384	?08	GT/4 Dino
12385	365	GT 2+2 #404/801 69 brown/Black LHD US
12386	?08	GT/4 Dino
12387	365	GTC #73/150 69 Dark Blue/Black LHD EU
12388	?08	GT/4 Dino
12389	365	GT 2+2 #403/801 69 LHD EU
12390	308	GT/4 Dino
12391	365	GTC #76/150 69 LHD EU
12392	?08	GT/4 Dino
12393	365	GT 2+2 #420/801 69 dark Red/Tan LHD EU
12394	?08	GT/4 Dino
12395	365	GTC #118/150 69 LHD EU
12396	308	GT/4 Dino Series 1 Red/Black
12397	365	GT 2+2 #414/801 69 Black/Tan RHD UK eng. #12397
12398	?08	GT/4 Dino
12399	365	GTC #85/150 69 LHD EU
12400	?08	GT/4 Dino
12401	365	GT 2+2 #409/801 69 LHD EU
12402	?08	GT/4 Dino
12403	365	GTC #96/150 69 LHD EU
12404	?08	GT/4 Dino
12405	365	GT 2+2 #413/801 69 Red/Tan RHD UK
12406	?08	GT/4 Dino
12407	365	GTC #98/150 69 LHD EU
12408	308	GT/4 Dino Series 1 76 Red F106AL12408 eng. #F106B04002344
12409	365	GT 2+2 #417/801 69 LHD US
12410	?08	GT/4 Dino
12411	365	GTC #108/150 69 LHD EU
12412	308	GT/4 Dino Series 1
12413	365	GT 2+2 #415/801 69 Bronze RHD AUS
12414	308	GT/4 Dino Series 1 Dark Blue/tan LHD EU
12415	365	GTC #99/150 69 LHD EU
12416	208	GT/4 Dino reported to be stolen
12417	365	GT 2+2 #370/801 69 Marrone/Tan LHD EU ex-Bob Tallgren
12418	?08	GT/4 Dino
12419	365	GTB/4 Daytona Spider Conversion by Scaglietti #2/1284 2/72 Rosso Corsa/Red & Black LHD EU Plexi
12420	308	GT/4 Dino Red/Black RHD
12421	365	GT 2+2 #100/150 69 LHD EU
12422	308	GT/4 Dino Series 1 76 Red F106AL12422 eng. #F106A0001606
12423	365	GT 2+2 #408/801 69 LHD EU
12424	?08	GT/4 Dino
12425	365	GTC #101/150 69 LHD EU
12426	208	GT/4 Dino 6/76 Red/Black cloth
12427	365	GT 2+2 #418/801 70 silver/Red LHD US
12429	365	GTC #102/150 69 LHD EU
12430	208	GT/4 Dino silver/Black
12431	365	GT 2+2 #419/801 69 LHD US
12432	308	GT/4 Dino Red
12433	365	GTC #103/150 69 LHD EU
12434	308	GT/4 Dino 76 Red Black,
12435	365	GT2+2 #422/801 69 LHD US
12436	?08	GT/4 Dino
12437	365	GTC #112/150 69 RHD UK
12438	?08	GT/4 Dino
12439	365	GTC #119/150 69 Silver/Black LHD EU
12440	308	GT/4 Dino Series 1 Red/Black LHD EU
12441	365	GTC #107/150 70 Rosso/Black LHD EU
12442	308	GT/4 Dino Rosso Dino/Black
12443	365	GTC #110/150 69 LHD EU
12444	308	GT/4 Dino Series 1 76 Red F106AL12444 eng. #F106A00001591
12445	365	GT2+2 #441/801 69 RHD
12446	?08	GT/4 Dino
12447	365	GT2+2 #111/150 69 RHD UK
12448	308	GT/4 Dino White/
12449GT	365	GTC #113/150 69 Grigio Le Sancy then Azzurro then Dark metallic Blue/dark Blue then Black/Black RHD UK eng. #12449
12450	308	GT/4 Dino Blue Beige
12451	365	GT2+2 #421/801 69 Fly Giallo/Black LHD US
12452	?08	GT/4 Dino
12453	365	GTS #12/20 69 Silver/Black LHD EU
12454	308	GT/4 Dino Series 1 Dino Red/beige LHD EU
12455	365	GTS #13/20 69 Red/Black LHD EU
12456	?08	GT/4 Dino
12457	365	GTS #14/20 69 LHD EU
12458	?08	GT/4 Dino
12459	365	GTS #15/20 69 LHD EU
12460	308	GT/4 Dino
12461	365	GTC #114/150 70 dark metallic Blue/Black RHD UK (ex-) Graham Gould of 10CC
12462	?08	GT/4 Dino
12463	365	GTS #11/20 69 LHD EU
12464	?08	GT/4 Dino
12465	365	GTS #19/20 69 LHD EU
12466	308	GT/4 Dino Red/Black cloth
12467	365	GTB/4 Daytona Competition Conversion #4/1284 70 Red/Black LHD EU Steel
12468	308	GT/4 Dino Red/Black
12469	365	GTB/4 Daytona #5/1284 70 Red LHD EU
12470	?08	GT/4 Dino
12471	365	GTC #129/150 69 Gold/Black then Black/Crema then Dark Blue/tan LHD EU
12472	308	GT/4 Dino
12473	365	GTS #17/20 69 Red/Black LHD EU, Kroymans Collection
12474	208	GT/4 Dino reported to be stolen

s/n	Type	Comments
12475	365	GT 2+2 #440/801 69 Green met./Black LHD EU
12476	?08	GT/4 Dino
12477	365	GTS #18/20 69 Red/Black LHD EU
12478	?08	GT/4 Dino
12479	365	GTB/4 Daytona #3/1284 70 Rosso Corsa/Black Plexi LHD EU
12480	208	GT/4 Dino 76 Red/Crema F106CL12480 eng. #F106C00000560
12481	365	GTB/4 Daytona #7/1284 70 LHD EU
12482	?08	GT/4 Dino
12483	365	GT 2+2 #425/801 69 LHD US
12484	308	GT/4 Dino Red/
12485	365	GT 2+2 #423/801 69 Brown then Rosso Corsa/Black LHD US
12486	?08	GT/4 Dino
12487	365	GTC #20/20 69 LHD EU
12488	?08	GT/4 Dino
12489	365	GTS #425/801 69 Dark Blue/Crema LHD US
12490	208	GT/4 Dino 77 Rosso Dino/Crema
12491	365	GT 2+2 #423/801 69 Red/Tan LHD US
12492	308	GT/4 Dino Silver/Black & Blue
12493	365	GTS last, #19/20 69 LHD CDN
12494	?08	GT/4 Dino
12495	365	GTB/4 Daytona Spider Conversion #6/1284 70 LHD EU
12496	?08	GT/4 Dino
12497	365	GTB/4 Daytona Spider Conversion #8/1284 69 Yellow/Black Black top LHD EU, reputed to be a NART conversion
12498	?08	GT/4 Dino
12499	365	GTC #121/150 69 Blue/Beige then Red/Black LHD EU
12500	308	GT/4 Dino Series 1 White/dark Red
12501	365	GT 2+2 #428/801 69 Azzurro/Black LHD US
12502	308	GT/4 Dino Series 1
12503	365	GTC #122/150 69 Black/Black LHD EU
12504	?08	GT/4 Dino
12505	365	GT 2+2 #426/801 69 LHD US
12506	?08	GT/4 Dino
12507	365	GTB/4 Daytona #9/1284 69 LHD EU
12508	?08	GT/4 Dino
12509	365	GT 2+2 #427/801 69 LHD US
12510	?08	GT/4 Dino
12511	365	GT 2+2 #429/801 69 LHD US
12512	?08	GT/4 Dino
12513	365	GTB/4 Daytona #10/1284 69 LHD EU
12514	?08	GT/4 Dino
12515	365	GT 2+2 #430/801 69 LHD US, probably written off
12516	?08	GT/4 Dino
12517	365	GTB/4 Daytona #11/1284 69 LHD EU
12518	308	GT/4 Dino Series 1 Dark Blue/Crema
12519	365	GTC #123/150 69 dark Blue/tan LHD EU
12520	?08	GT/4 Dino
12521	365	GT 2+2 #431/801 69 Dark Red/Black then Giallo Fly/Black LHD Plexiglass
12522	?08	GT/4 Dino
12523	365	GT 2+2 #433/801 69 LHD EU
12524	308	GT/4 Dino Red Black Boxer Trim/Black
12525	365	GTB/4 Daytona #12/1284 69 LHD EU
12526	308	GT/4 Dino Red/Black
12527	365	GT 2+2 #434/801 69 LHD US
12528	?08	GT/4 Dino
12529	365	GT 2+2 #432/801 69 Black/Crema LHD US
12530	?08	GT/4 Dino
12531	365	GTB/4 Daytona Spider Conversion #16/1284 69 Rosso chiaro/tan LHD EU Plexi
12532	308	GT/4 Dino Red Black Boxer Trim/Black
12533	365	GT 2+2 #445/801 69 LHD EU
12534	308	GT/4 Dino
12535	365	GT 2+2 #435/801 69 LHD US
12536	308	GT/4 Dino Series 1 75 Red F106AL12536 eng. #F106A02001631
12537	365	GTB/4 Daytona #13/1284 69 LHD EU
12538	?08	GT/4 Dino
12539	365	GT 2+2 #436/801 69 Argento/Bordeaux LHD US
12540	?08	GT/4 Dino
12541	365	GTC #125/150 69 Grigio LHD EU
12542	?08	GT/4 Dino
12543	365	GTC #126/150 69 LHD EU
12544	308	GT/4 Dino Series 1 Light metallic gold/tan-brown
12545	365	GTB/4 Daytona #15/1284 69 Yellow/Black RHD UK plexi
12546	308	GT/4 Dino 75 Red/Tan F106AL12546
12547	365	GTB/4 Competizione Series I Prototipo #31/1284 69 Red NART Stripe/Black LHD US
12548	308	GT/4 Dino Series 2 anthracite metallic/Black & dark Blue LHD EU
12549	365	GT 2+2 #439/801 69 Azzurro/Dark Blue LHD US
12550	?08	GT/4 Dino
12551	365	GTC #127/150 69 LHD EU
12552	208	GT/4 Dino Red/Black
12553	365	GT 2+2 #437/801 69 LHD US
12554	308	GT/4 Dino Series 1 Red/CremaBlack
12555	365	GTB/4 Daytona #14/1284 69 RHD UK
12556	308	GT/4 Dino
12557	365	GTC #134/150 69 Blue then Red/Beige RHD UK
12558	?08	GT/4 Dino
12559	365	GT 2+2 #456/801 69 LHD EU
12560	?08	GT/4 Dino
12561	365	GTB/4 Daytona #17/1284 69 LHD EU
12562	?08	GT/4 Dino
12563	365	GT 2+2 #458/801 70 Dark Red/Black LHD US
12564	?08	GT/4 Dino
12565	365	GT 2+2 #459/801 69 LHD US
12566	308	GT/4 Dino Series 1 Red
12567	365	GTB/4 Daytona Spider Conversion #18/1284 9 LHD EU
12568	?08	GT/4 Dino
12569	365	GT 2+2 #457/801 69 Dark Red/Tan LHD US
12570	?08	GT/4 Dino
12571	365	GTC #124/150 4/69 dark met.Blue/Black LHD EU
12572	308	GT/4 Dino Series 1 Red Black Boxer Trim/Black
12573	365	GT 2+2 #40/801 69 Azzurro met./Black LHD US
12574	208	GT/4 Dino Azzurro Crema & Blue LHD
12575	365	GTB/4 Daytona #19/1284 69 Red/Green LHD EU
12576	?08	GT/4 Dino
12577	365	GTB/4 Daytona #20/1284 Red LHD, new to South Africa
12578	308	GT/4 Dino Series 1 76 Red F106AL12578 eng. #F106A02001661
12579	365	GT 2+2 #442/801 69 Azzurro Blue/Black RHD UK
12580	308	GT/4 Dino Series 1 Red/Black LHD US
12581	365	GT 2+2 #446/801 69 LHD EU
12582	308	GT/4 Dino
12583	365	GT 2+2 #444/801 70 Rosso Chiaro/Black LHD EU
12584	308	GT/4 Dino Grey/Blue
12585	365	GTB/4 Daytona #22/1284 70 LHD EU
12586	?08	GT/4 Dino
12587	365	GT 2+2 #447/801 69 LHD EU
12588	308	GT/4 Dino Series 1 Red/Black LHD US
12589	365	GT 2+2 #448/801 70 Red/Tan LHD EU
12590	308	GT/4 Dino Series 1 RedBlack/tan LHD US

s/n	Type	Comments
12591	365	GTB/4 Daytona #23/1284 70 Rosso Corsa/Nero LHD EU
12592	?08	GT/4 Dino
12593	365	GT 2+2 #449/801 69 LHD EU
12594	308	GT/4 Dino Blue Black Boxer Trim/Tan
12595	365	GTC #128/150 70 LHD EU
12596	308	GT/4 Dino Series 1 Dark Blue Black Boxer Trim/Tan & Blue
12597	365	GT 2+2 #461/801 69 Aubergine/Black LHD US
12598	308	GT/4 Dino Series 1 AzzurroBlack/light Blue LHD US
12599	365	GT 2+2 #450/801 69 LHD EU
12600	308	GT/4 Dino Series 1 Chiaro Red Black Boxer Trim/Tan Black carpets
12601	365	GTC 71 Green eng. #12601
12602	308	GT/4 Dino Red/Black Red piping
12603	365	GTB/4 Daytona #24/1284 LHD EU
12604	308	GT/4 Dino 77 Red/Tan
12605	365	GT 2+2 N.A.R.T. Spider Conversion #463/801 69 Black/tan LHD US, one of 2
12606	308	GT/4 Dino Series 1 76 Silver F106AL12606 eng. #F106A02001633
12607	365	GT 2+2 #462/801 69 LHD US
12608	308	GT/4 Dino Series 1 Yellow/Black
12609	365	GTB/4 Daytona #26/1284 70 LHHD EU
12610	?08	GT/4 Dino
12611	365	GT 2+2 "Speciale" N.A.R.T. Spider Conversion by Carrozzeria Auto Sport #451/801 69 Red/Black & Red LHD US, one of 2
12612	308	GT/4 Dino Series 1 Red/Black cloth RHD UK
12613	365	GT 2+2 #464/801 69 LHD US
12614	?08	GT/4 Dino
12615	365	GTB/4 Daytona Spider Conversion #25/1284 70 Silver then Black/Red LHD EU
12616	?08	GT/4 Dino
12617	365	GT 2+2 #443/801 69 White then Dark grey RHD UK eng. #12617
12618	308	GT/4 Dino Series 1 Red/BlackRed RHD UK
12619	365	GT 2+2 #465/801 69 LHD US
12620	?08	GT/4 Dino reported to be stolen
12621	365	GTB/4 Daytona #27/1284 69 LHD EU
12622	308	GT/4 Dino 76 Rosso Corsa/Tan LHD EU
12623	365	GT 2+2 #452/801 69 Black metallic/Tan RHD AUS eng. #12623
12624	?08	GT/4 Dino
12625	365	GT 2+2 #467/801 69 LHD US
12626	308	GT/4 Dino Series 1 Red/Tan LHD US
12627	365	GTB/4 Daytona #28/1284 69 LHD EU
12628	308	GT/4 Dino Red/Red leather & carpets
12629	365	GT 2+2 #468/801 69 Oro then Red LHD US
12630	?08	GT/4 Dino
12631	365	GTB/4 Daytona
12632	?08	GT/4 Dino
12633	365	GT 2+2 #470/801 6/69 Azzurro/Tan LHD US
12634	?08	GT/4 Dino
12635	365	GT 2+2 #469/801 69 Red/Tan LHD US
12636	308	GT/4 Dino Red/
12637	365	GTB/4 Daytona #29/1284 69 Red/Black Red carpets LHD EU
12638	308	GT/4 Dino 76 Black/Black
12639	365	GT 2+2 #453/801 69 Azzurro RHD UK eng. #12639
12640	?08	GT/4 Dino
12641	365	GTB/4 Daytona #30/1284 69 LHD
12642	?08	GT/4 Dino
12643	365	GT 2+2 #466/801 70 Maroon/Maroon LHD US
12644	?08	GT/4 Dino
12645	365	GTC #140/150 69 RHD UK
12646	308	GT/4 Dino Series 1 Red/Black & Red d Red inserts RHD UK
12647	365	GT 2+2 #472/801 69 LHD US
12648	?08	GT/4 Dino
12649	365	GTC #141/150 69 RHD UK
12650	?08	GT/4 Dino
12651	365	GT 2+2 #471/801 70 Azzurro/Black LHD US
12652	?08	GT/4 Dino
12653	365	GTB/4 Daytona #46/1284 70 Red/Black LHD EU
12654	?08	GT/4 Dino
12655	365	GTC #131/150 70 LHD EU
12656	308	GT/4 Dino
12657	365	GTC #142/150 70 RHD UK
12658	?08	GT/4 Dino
12659	365	GT 2+2 #473/801 69 Red/Black LHD US
12660	?08	GT/4 Dino
12661	365	GTB/4 Daytona #23/1284 70 Rosso Corsa LHD EU Plexi
12662	?08	GT/4 Dino
12663	365	GT 2+2 #454/801 70 RHD UK
12664	?08	GT/4 Dino
12665	365	GT 2+2 #474/801 70 Black/Black LHD US
12666	308	GT/4 Dino 9/76 Brown/Brown cloth
12667	365	GTB/4 Daytona #33/1284 70 LHD EU
12668	?08	GT/4 Dino
12669	365	GTB/4 Daytona
12670	?08	GT/4 Dino
12671	365	GT 2+2 #475/801 70 LHD US
12672	?08	GT/4 Dino
12673	365	GTC #130/150 70 LHD EU
12674	308	GT/4 Dino Series 1 Silver/Blackbeige LHD EU
12675	365	GTB/4 Daytona #34/1284 70 LHD EU Plexi
12676	308	GT/4 Dino
12677	365	GTC #133/150 70 LHD EU
12678	?08	GT/4 Dino
12679	365	GT 2+2 #455/801 70 RHD AUS
12680	308	GT/4 Dino reported to be stolen
12681	365	GTB/4 Daytona Competition Conversion by Piet Roelofs #35/1284 69 Dark Red/Black LHD EU
12682	?08	GT/4 Dino
12683	365	GT 2+2 #476/801 70 Yellow/Black LHD US
12684	?08	GT/4 Dino
12685	365	GT 2+2 #477/801 69 Maroon/Black LHD US
12686	?08	GT/4 Dino
12687	365	GT 2+2 #479/801 69 Black/Black LHD US
12688	?08	GT/4 Dino
12689	365	GT 2+2 #480/801 69 Brown/Tan LHD US
12690	?08	GT/4 Dino
12691	365	GTB/4 Daytona #36/1284 70 Red/Tan LHD EU
12692	208	GT/4 Dino 76 Dark Blue/Crema
12693	365	GT 2+2 #486/801 69 Blue Torbillion/light Blue RHD UK
12694	?08	GT/4 Dino
12695	365	GT 2+2 #478/801 69 Blue/Tan LHD US
12696	?08	GT/4 Dino
12697	365	GT 2+2 #481/801 70 LHD US
12698	308	GT/4 Dino 69 Yellow/Creme
12699	365	GTB/4 Daytona #37/13183 70 LHD EU
12700	?08	GT/4 Dino
12701	365	GT 2+2 #482/801 70 LHD US
12702	308	GT/4 Dino Series 1 69 Red/beige
12703	365	GT 2+2 #483/801 70 LHD US
12704	?08	GT/4 Dino
12705	365	GTB/4 Daytona #38/1284 69 Red LHD EU perspex headlight-covers
12706	?08	GT/4 Dino
12707	365	GTC #143/150 70 RHD
12708	308	GT/4 Dino
12709	365	GTC #132/150 70 LHD EU
12710	?08	GT/4 Dino
12711	365	GTB/4 Daytona #39/1284 LHD EU
12712	?08	GT/4 Dino
12713	365	GTC #136/150 69 Blu Turbillion/beige then Marrone Colorado/beige LHD EU eng. #12713
12714	308	GT/4 Dino
12715	365	GTC #144/150 71 RHD UK

s/n	Type	Comments
12716	?08	GT/4 Dino
12717	365	GT 2+2 #487/801 70 RHD
12718	308	GT/4 Dino Series 1 Azzurro/Crema brown cloth inserts LHD EU
12719	365	GTB/4 Daytona Competition Conversion #40/1284 68 Black then Red/Black LHD EU
12720	308	GT/4 Dino RHD
12721	365	GTC #146/150 69 Azzurro/Black RHD UK
12722	308	GT/4 Dino Series 1 Metallic green
12723	365	GTB/4 Daytona #41/1284 70 LHD EU
12724	308	GT/4 Dino
12725	365	GTC #137/150 69 LHD EU
12726	308	GT/4 Dino Rosso Dino french tricolore stripe/Black
12727	365	GT 2+2 #484/801 69 Red/Tan LHD US
12728	?08	GT/4 Dino
12729	365	GTC #145/150 69 Silver/Turquoise RHD UK
12230	308	GT/4 Dino 76 Silver/Blue eng. #12370
12731	365	GTB/4 Daytona #42/1284 70 LHD EU
12732	308	GT/4 Dino
12733	365	GT 2+2 #489/801 70 LHD US
12734	?08	GT/4 Dino reported to be stolen
12735	365	GTB/4 Daytona #43/1284 70 Red/Black LHD EU
12736	?08	GT/4 Dino
12737	365	GTC #135/150 70 Dark Blue/Tan LHD EU
12738	?08	GT/4 Dino
12739	365	GTC #147/150 70 RHD UK (ex)-Eric Clapton
12740	?08	GT/4 Dino
12741	365	GTB/4 Daytona #44/45 70 LHD EU
12742	?08	GT/4 Dino
12743	365	GT 2+2 #488/801 70 LHD US
12744	?08	GT/4 Dino
12745	365	GT 2+2 #485/801 70 LHD US
12746	?08	GT/4 Dino
12747	365	GTC #145/150 69 Blue/Black then Grigio metallic/Red RHD UK
12748	?08	GT/4 Dino
12749	365	GTB/4 Daytona #47/1284 70 LHD EU
12750	?08	GT/4 Dino
12751	365	GT 2+2 #490/801 70 Red/Crema LHD US
12752	308	GT/4 Dino
12753	365	GTB/4 Daytona #48/1284 70 LHD EU
12754	208	GT/4 Dino 76
12755	365	GT 2+2 Automatic #491/801 70 Red/Black LHD US
12756	308	GT/4 Dino Red/Black
12757	365	GTB/4 Daytona #49/1284 70
12758	308	GT/4 Dino Series 1 76 Silver/F106AL12758 eng. #F106A01620
12759	365	GT 2+2 #500/801 70 RHD
12760	308	GT/4 Dino 77 Rosso Dino/Crema
12761	365	GT 2+2 #492/801 69 Silver/Black LHD US
12762	208	GT/4 Dino Silver/Black leather & cloth
12763	365	GT 2+2 #495/801 69 Red RHD UK
12764	?08	GT/4 Dino
12765	365	GTB/4 Daytona #50/1284 70 LHD EU
12766	308	GT/4 Dino reported to be stolen
12767	365	GT 2+2 #496/801 69 LHD EU
12768	?08	GT/4 Dino
12769	365	GTB/4 Daytona #56/1284 69 LHD EU
12770	?08	GT/4 Dino
12771	365	GTB/4 Daytona #57/1284 69 LHD EU
12772	?08	GT/4 Dino
12773	365	GTC #150/150 69 Rosso Chiaro/Black RHD UK
12774	308	GT/4 Dino 76 silver/sky Blue & tissu
12775	365	GTB/4 Daytona #58/1284 69 Dino Blue/Tan & Black then Red/Tan & Black LHD EU Plexi
12776	?08	GT/4 Dino
12777	365	GT 2+2 #493/801 70 Rosso Chiaro/ Black LHD US
12778	308	GT/4 Dino
12779	365	GTB/4 Daytona Spider Conversion by Carrozzeria Brandoli #59/1284 7/69 Rosso Corsa/Black LHD EU Plexi ex-André Gérard
12780	208	GT/4 Dino Red/Crema & brown cloth
12781	365	GT 2+2 #494/801 7/69 Azzurro/Tan LHD US eng. # 12781
12782	308	GT/4 Dino Series 1 76 Red/Black F106AL12782 eng. #F106A00001763
12783	365	GTB/4 Daytona #60/1284 LHD EU
12784	308	GT/4 Dino Series 1 Yellow
12785	365	GTC #149/150 70 RHD
12786	?08	GT/4 Dino
12787	365	GTB/4 Daytona #61/1284 70 LHD EU
12788	308	GT/4 Dino Series 1 "Rainbow" Torino Show Car #1/1 76 White then lightBlue/Black
12789	365	GT 2+2 #497/801 69 Azzurro/Beige LHD US
12790	?08	GT/4 Dino
12791	365	GTB/4 Daytona #45/1284 69 Rosso Corsa/Crema & Red LHD EU
12792	?08	GT/4 Dino
12793	365	GT 2+2 #498/801 70 LHD US
12794	?08	GT/4 Dino
12795	365	GTC last #138/150 69 Cerise/tan suede LHD US
12796	308	GT/4 Dino Series 1 Red/Blue
12797	365	GT 2+2 #499/801 70 LHD US
12798	308	GT/4 Dino Series 1 Yellow/Black
12799	365	GTB/4 Daytona #62/1284 70 LHD EU
12800	308	GT/4 Dino Series 1 76 F106AL12800
12801	365	GTB/4 Daytona Competition Conversion by Pozzi #63/1284 70 Red/Blue cloth LHD EU eng. #1321
12802	?08	GT/4 Dino
12803	365	GTB/4 Daytona #1237/1284 70 LHD
12804	308	GT/4 Dino
12805	365	GTB/4 Daytona #64/1284 70 Yellow/Black LHD EU
12806	308	GT/4 Dino Series 1
12807	365	GT 2+2 Frankfurt Show Car #501/801 9/69 White Italian stripe/Black LHD ISO Grifo-engine installed
12808	?08	GT/4 Dino
12809	365	GTB/4 Daytona #65/1284 70 LHD EU
12810	?08	GT/4 Dino
12811	365	GT 2+2 #503/801 69 Red LHD EU
12812	?08	GT/4 Dino
12813	365	GT 2+2 #505/801 70 RHD
12814	?08	GT/4 Dino
12815	365	GTB/4 Daytona Spider Conversion #66/1284 69 Rosso Corsa LHD EU eng. #12815
12816	?08	GT/4 Dino
12817	365	GT 2+2 #512/801 70 LHD EU
12818	308	GT/4 Dino Series 1 76 Red/Creme F106AL12818 eng. #F106A00001818
12819	365	GTB/4 Daytona Spider Conversion by Mike Sheehan #67/1284 70 Red/Tan LHD EU
12820	308	GT/4 Dino Series 1 76 Silver F106AL12820 eng. #F106A00001814
12821	365	GT 2+2 #513/801 70 LHD EU
12822	208	GT/4 Dino Metallic Blue/Tan & Blue
12823	365	GT 2+2 #515/801 70 LHD EU
12824	?08	GT/4 Dino
12825	365	GTB/4 Daytona #68/1284 70 LHD EU
12826	?08	GT/4 Dino
12827	365	GTB/4 Daytona first RHD #51/1284 69 Dark Blue met. RHD UK plexi eng. #12827
12828	308	GT/4 Dino
12829	365	GT 2+2 #520/801 69 Silver/Navy Blue LHD EU
12830	308	GT/4 Dino 77 Red RHD
12831	365	GT 2+2 #518/801 70 Blue/Black LHD EU
12832	?08	GT/4 Dino
12833	365	GTB/4 Daytona #69/1284 70 LHD EU

s/n	Type	Comments
12834	?08	GT/4 Dino
12835	365	GT 2+2 #511/801 70 Blue LHD EU
12836	308	GT/4 Dino Series 1 76 Silver/F106AL12836 eng. #F106A01819
12837	365	GTB/4 Daytona #70/1284 LHD EU
12838	308	GT/4 Dino Silver eng. #1819
12839	365	GTB/4 Daytona #71/1284 LHD EU
12840	?08	GT/4 Dino
12841	365	GTB/4 Daytona #21/1284 70 Rosso Chiaro/Black RHD UK plexi
12842	308	GT/4 Dino Blue/
12843	365	GT 2+2 #514/801 70 LHD EU
12844	?08	GT/4 Dino
12845	365	GT 2+2 #517/801 70 LHD EU
12846	?08	GT/4 Dino
12847	365	GT 2+2 #516/801 70 LHD EU
12848	?08	GT/4 Dino
12849	365	GTB/4 Daytona #52/1284 70 Red RHD UK plexi eng. #12849
12850	308	GT/4 Dino Red/Black & Blue cloth
12851	365	GTS/4 Daytona Prototype, Frankfurt Show Car 69 Yellow/Black LHD EU
12852	308	GT/4 Dino Series 1 Red/Black
12853	365	GTB/4 Daytona #53/1284 70 Rosso Chiaro/Black Plexiglass RHD UK plexi
12854	308	GT/4 Dino dark Blue/dark Blue
12855	365	GT 2+2 #502/801 70 LHD EU
12856	308	GT/4 Dino
12857	365	GT 2+2 London Show Car #506/801 70 RHD UK
12858	?08	GT/4 Dino
12859	365	GT 2+2 #504/801 69 LHD EU
12860	?08	GT/4 Dino
12861	365	GT 2+2 #527/801 70 LHD EU
12862	?08	GT/4 Dino
12863	365	GTB/4 Daytona Spider Conversion by Mike Sheehan #72/1284 69 Black/tan Black inserts RHD UK
12864	?08	GT/4 Dino
12865	365	GT 2+2 #507/801 70 LHD AUS
12866	308	GT/4 Dino 12/76 dark Blue RHD F106AL12866 eng. #F106A00001817
12867	365	GTB/4 Daytona #55/1284 70 RHD UK plexi
12868	308	GT/4 Dino Series 1 77 White/Black F106AL12868 eng. #F106A00001823
12869	365	GTB/4 Daytona #73/1284 70 LHD EU
12870	308	GT/4 Dino Series 1 76 Red/Black RHD UK F106AL12870 eng. #F106A00001816
12871	365	GT 2+2 #524/801 70 LHD EU
12872	308	GT/4 Dino Red/Tan
12873	365	GT 2+2 #526/801 70 LHD EU
12874	308	GT/4 Dino
12875	365	GTB/4 Daytona Spider Conversion #74/1284 70 LHD EU
12876	208	GT/4 Dino reported to be stolen
12877	365	GTB/4 Daytona #75/1284 70 LHD EU
12878	308	GT/4 Dino Azzurro/crema-Blue
12879	365	GT 2+2 #519/801 70 LHD EU
12880	?08	GT/4 Dino
12881	365	GT 2+2 #530/801 69 Sera Blue/Beige LHD EU
12882	308	GT/4 Dino Red/Black
12883	365	GTB/4 Daytona Spider Conversion #76/1284 69 Rosso Corsa/Black Red inserts LHD EU
12884	?08	GT/4 Dino
12885	365	GT 2+2 #523/801 70 LHD EU
12886	?08	GT/4 Dino
12887	365	GT 2+2 #528/801 70 LHD EU
12888	308	GT/4 Dino Series 2 First series 2 car, from now on called Ferrari Blue/White cloth
12889	365	GTB/4 Daytona #77/1284 70 LHD EU
12890	?08	GT/4 Dino
12891	365	GTB/4 Daytona Spider Conversion #78/1284 70 LHD EU
12892	308	GT/4 Dino Bleu met/Beige
12893	365	GTB/4 Daytona #79/1284 70 LHD EU
12894	?08	GT/4 Dino
12895	365	GT 2+2 #525/801 69 dark Blue/dark Blue LHD EU
12896	308	GT/4 Dino Series 2 77 Metallic Blue/Crema RHD UK F106ALI 2896 eng. #F106A00001840
12897	365	GT 2+2 #508/801 70 Blue Chiaro/Black RHD UK eng. #12897
12898	208	GT/4 Dino 77 Rosso Corsa/Cream &Tan LHD EU
12899	365	GTB/4 Daytona #80/1284 70 LHD EU
12900	?08	GT/4 Dino
12901	365	GT 2+2 #521/801 69 Metallic Blue/tan LHD EU eng. #245
12902	?08	GT/4 Dino
12903	365	GT 2+2 #522/801 70 Silver/ Black LHD EU
12904	308	GT/4 Dino
12905	365	GTB/4 Daytona Series 1 #81/1284 71 Rosso Corsa/Black LHD US plexiglass
12906	?08	GT/4 Dino
12907	365	GT 2+2 #531/801 70 LHD EU
12908	308	GT/4 Dino grey/Crema-Blue
12909	365	GT 2+2 #532/801 70 LHD EU
12910	?08	GT/4 Dino
12911	365	GT 2+2 #535/801 70 LHD EU
12912	?08	GT/4 Dino
12913	365	GTB/4 Daytona #82/1284 71 Red/Black LHD perspex covers
12914	208	GT/4 Dino reported to be stolen
12915	365	GT 2+2 #534/801 70 LHD EU
12916	?08	GT/4 Dino
12917	365	GT 2+2 #537/801 70 LHD EU
12918	308	GT/4 Dino Red/Black
12919	365	GTB/4 Daytona #87/1284 70 Red/Black LHD EU Kroymans Collection
12920	?08	GT/4 Dino
12921	365	GT 2+2 #529/801 70 LHD EU
12922	308	GT/4 Dino Red/
12923	365	GTB/4 Daytona Montreal Show Car #88/1284 71 Black/Black LHD CDN
12924	?08	GT/4 Dino
12925	365	GTB/4 Daytona Speciale Paris Motor Show Car #1/1 69 Pininfarina Tourbillon/Crema LHD Plexiglass, steel Rollbar, removable rear window ex-Matsuda Collection
12926	308	GT/4 Dino
12927	365	GT 2+2 #533/801 70 LHD EU
12928	?08	GT/4 Dino
12929	365	GT 2+2 #536/801 70 LHD EU
12930	308	GT/4 Dino Yellow/Black
12931	365	GTB/4 Daytona #89/1284 70 LHD EU
12932	?08	GT/4 Dino
12933	365	GT 2+2 #544/801 70 Silver/Black LHD EU
12934	308	GT/4 Dino Series 2
12935	365	GT 2+2 #543/801 70 silver grey metallic/Black LHD EU
12936	?08	GT/4 Dino
12937	365	GTB/4 Daytona #90/1284 70 LHD EU
12938	?08	GT/4 Dino
12939	365	GT 2+2 Montreal Show Car #545/801 70 LHD CDN
12940	308	GT/4 Dino Series 2 76 Red F106AL12940
12941	365	GT 2+2 #538/801 69 Azzurro/Tan LHD US
12942	308	GT/4 Dino 77 Red/Black
12943	365	GTB/4 Daytona #92/1284 70 Black Plexi nose
12944	?08	GT/4 Dino
12945	365	GT 2+2 #540/801 69 Red/Brown LHD US
12946	?08	GT/4 Dino
12947	365	GTB/4 Daytona #93/1284 70 LHD EU
12948	208	GT/4 Dino Red/Tan
12949	365	GTB/4 Daytona #94/1284 70 LHD EU
12950	?08	GT/4 Dino

s/n	Type	Comments
12951	365	GT 2+2 #548/801 70 LHD EU
12952	308	GT/4 Dino Series 2 Red/Black
12953	365	GT 2+2 #539/801 70 LHD US
12954	308	GT/4 Dino 76 Yellow/Black F106AL12954 eng. #F106A00001948
12955	365	GTB/4 Daytona #95/1284 70 White/Black LHD EU Plexi
12956	308	GT/4 Dino Red/Black
12957	365	GT 2+2 #541/801 70 LHD EU
12958	?08	GT/4 Dino
12959	365	GT 2+2 #542/801 70 LHD EU
12960	?08	GT/4 Dino
12961	365	GTB/4 Daytona #96/1284 71 Black/Black LHD EU
12962	?08	GT/4 Dino
12963	365	GT 2+2 #549/801 Silver/Black LHD EU
12964	308	GT/4 Dino White/
12965	365	GT 2+2 #550/801 70 LHD EU
12966	?08	GT/4 Dino
12967	365	GT 2+2 #551/801 70 LHD EU
12968	?08	GT/4 Dino
12969	365	GT 2+2 #552/801 70 LHD EU
12970	?08	GT/4 Dino
12971	365	GTB/4 Daytona #54/1284 69 Red RHD AUS eng. #12971 plexi
12972	?08	GT/4 Dino
12973	365	GT 2+2 #553/801 70 LHD EU
12974	?08	GT/4 Dino
12975	365	GT 2+2 #554/801 70 LHD EU
12976	?08	GT/4 Dino
12977	365	GTB/4 Daytona Spider Conversion #98/1284 70 LHD EU
12978	308	GT/4 Dino Red/Black
12979	365	GTB/4 Daytona #100/1284 70 LHD EU
12980	308	GT/4 Dino Red/Black
12981	365	GTB/4 Daytona #99/1284 70 LHD EU
12982	?08	GT/4 Dino
12983	365	GTB/4 Daytona #101/1284 70 LHD EU
12984	?08	GT/4 Dino
12985	365	GT 2+2 #557/801 70 LHD EU
12986	?08	GT/4 Dino
12987	365	GTB/4 Daytona Series 1 #102/1284 70 LHD EU
12988	?08	GT/4 Dino
12989	365	GT 2+2 #558/801 70 LHD CDN
12990	?08	GT/4 Dino
12991	365	GTB/4 Daytona #103/1284 70 giallo fly LHD EU
12992	308	GT/4 Dino
12993	365	GT 2+2 #560/801 70 Blue/Black LHD EU
12994	?08	GT/4 Dino
12995	365	GTB/4 Daytona #86/1284 70 LHD EU
12996	?08	GT/4 Dino
12997	365	GTB/4 Daytona Spider Conversion #97/1284 70 Red/Black then dark Blue/Cream LHD EU eng. #12997
12998	?08	GT/4 Dino
12999	365	GTB/4 Daytona #106/1284 70 LHD EU
13000	308	GT/4 Dino dark Blue/Crema-Blue
13001	365	GT 2+2 #561/801 70 LHD EU
13002	308	GT/4 Dino Yellow/
13003	365	GT 2+2 #563/801 70 LHD EU
13004	?08	GT/4 Dino
13005	365	GTB/4 Daytona #107/1284 70 Red/Tan & Black LHD EU plexi
13006	?08	GT/4 Dino
13007	365	GT 2+2 #562/801 70 LHD EU
13008	?08	GT/4 Dino reported to be stolen in Italy
13009	365	GT 2+2 #555/801 70 LHD EU
13010	308	GT/4 Dino Series 2 Red
13011	365	GTB/4 Daytona Spider Conversion #108/1284 70 Red/Red LHD EU
13012	?08	GT/4 Dino
13013	365	GT 2+2 Brussels Show Car #565/801 LHD EU
13014	308	GT/4 Dino Series 2 Red/Black RHD UK
13015	365	GTB/4 Daytona #109/1284 70 LHD EU
13016	?08	GT/4 Dino
13017	365	GTB/4 Daytona #110/1284 70 LHD EU
13018	?08	GT/4 Dino
13019	365	GT 2+2 #556/801 70 LHD EU
13020	?08	GT/4 Dino
13021	365	GTB/4 Daytona #111/1284 70 LHD EU
13022	208	GT/4 Dino 6/76 Grey/Blue Cloth LHD EU
13023	365	GTB/4 Daytona #113/1284 LHD EU
13024	?08	GT/4 Dino
13025	365	GT 2+2 #567/801 70 LHD EU
13026	?08	GT/4 Dino
13027	365	GT 2+2 #571/801 70 LHD EU
13028	?08	GT/4 Dino
13029	365	GTB/4 Daytona #112/1284 70 LHD EU
13030	308	GT/4 Dino Series 2 Blue/Beige
13031	365	GT 2+2 #559/801 69 green then grey metal/Black LHD EU
13032	?08	GT/4 Dino
13033	365	GT 2+2 #564/801 70 Brown/Tan LHD EU
13034	?08	GT/4 Dino
13035	365	GTB/4 Daytona #130/1284 70 Rosso Corsa/Black LHD EU plexi
13036	308	GT/4 Dino
13037	365	GT 2+2 #568/801 70 LHD US
13038	?08	GT/4 Dino
13039	365	GT 2+2 #566/801 69 Black/Tan LHD US eng. #13039
13040	?08	GT/4 Dino
13041	365	GT 2+2 #575/801 70 Red then Grigio Fume/Black LHD US eng. #13041
13042	?08	GT/4 Dino
13043	365	GT 2+2 #569/801 70 LHD US
13044	308	GT/4 Dino
13045	365	GT 2+2 #570/801 70 Azzurro then dark Blue met. LHD US
13046	?08	GT/4 Dino
13047	365	GT 2+2 #572/801 70 LHD US
13048	308	GT/4 Dino Red/Tan RHD
13049	365	GT 2+2 #573/801 70 LHD US
13050	?08	GT/4 Dino
13051	365	GT 2+2 #576/801 70 LHD US
13052	208	GT/4 Dino Metallic Blue/White
13053	365	GT 2+2 #574/801 70 Azzurro then dark Blue met. LHD US
13054	?08	GT/4 Dino
13055	365	GT 2+2 #580/801 70 Silver/Blue LHD US
13056	308	GT/4 Dino
13057	365	GT 2+2 #585/801 70 LHD US
13058	308	GT/4 Dino reported to be stolen in Italy
13059	365	GT 2+2 #586/801 70 LHD US
13060	?08	GT/4 Dino
13061	365	GT 2+2 #591/801 70 LHD US
13062	?08	GT/4 Dino
13063	365	GT 2+2 #592/801 70 LHD US
13064	?08	GT/4 Dino
13065	365	GT 2+2 #593/801 69 Azzurro/Black LHD US eng. #13065
13066	308	GT/4 Dino Series 2 77 Dino Marrone Dino metallizato then Rosso Corsa/Beige RHD UK eng. #13066
13067	365	GT 2+2 #596/801 Red/Tan LHD US
13068	?08	GT/4 Dino
13069	365	GT 2+2 #597/801 70 Grey/Black LHD US
13070	?08	GT/4 Dino
13071	365	GT 2+2 #594/801 70 grigio/Black LHD US
13072	?08	GT/4 Dino
13073	365	GT 2+2 #595/801 70 LHD US
13074	308	GT/4 Dino
13075	365	GT 2+2 #599/801 70 LHD US
13076	308	GT/4 Dino

s/n	Type	Comments
13077	365	GT 2+2 #601/801 70 LHD US
13078	?08	GT/4 Dino
13079	365	GT 2+2 #606/801 70 LHD US
13080	?08	GT/4 Dino
13081	365	GT 2+2 #602/801 70 Blue sera metalizato/navy Blue LHD US
13082	308	GT/4 Dino
13083	365	GT 2+2 #605/801 70 LHD US
13084	?08	GT/4 Dino
13085	365	GT 2+2 #608/801 69 Red/Black LHD US covered headlights
13086	?08	GT/4 Dino
13087	365	GT 2+2 #612/801 69 Blue LHD US
13088	?08	GT/4 Dino
13089	365	GT 2+2 #607/801 70 LHD US
13090	308	GT/4 Dino
13091	365	GT 2+2 #610/801 70 Blue Sera Metalizato/navy Blue LHD US
13092	?08	GT/4 Dino
13093	365	GT 2+2 #600/801 69 Red/Black LHD US
13094	?08	GT/4 Dino
13095	365	GT 2+2 #583/801 70 LHD US
13096	?08	GT/4 Dino
13097	365	GT 2+2 #616/801 Black/Brown LHD US eng. #13097
13098	?08	GT/4 Dino
13099	365	GT 2+2 #619/801 70 LHD US
13100	208	GT/4 Dino LHD EU
13101	365	GT 2+2 #615/801 70 LHD US
13102	?08	GT/4 Dino
13103	365	GT 2+2 #582/801 70 Rosso Corsa/Black LHD US
13104	?08	GT/4 Dino
13105	365	GT 2+2 #584/801 70 Silver/Black LHD US
13106	308	GT/4 Dino
13107	365	GT 2+2 #598/801 70 Red/Crema LHD US
13108	?08	GT/4 Dino
13109	365	GT 2+2 #604/801 70 LHD US
13110	?08	GT/4 Dino
13111	365	GT 2+2 #611/801 70 LHD US
13112	308	GT/4 Dino reported to be stolen in Italy
13113	365	GT 2+2 #613/801 70 LHD US
13114	?08	GT/4 Dino
13115	365	GT 2+2 #617/801 70 Oro Chiaro LHD US
13116	?08	GT/4 Dino
13117	365	GT 2+2 #621/801 70 LHD US
13118	308	GT/4 Dino Series 2 Red/Black
13119	365	GT 2+2 #640/801 69 Red/Tan LHD US
13120	308	GT/4 Dino 77 Red F106AL13120 eng. #F106A02002010
13121	365	GT 2+2 #618/801 70 LHD US
13122	308	GT/4 Dino 77 Yellow/Black RHD
13123	365	GT 2+2 #639/801 70 LHD US
13124	208	GT/4 Dino reported to be stolen in Italy
13125	365	GT 2+2 #641/801 70 LHD US
13126	?08	GT/4 Dino
13127	365	GT 2+2 #603/801 70 LHD US
13128	?08	GT/4 Dino
13129	365	GT 2+2 #642/801 70 LHD US
13130	308	GT/4 Dino Series 2 Red
13131	365	GT 2+2 #643/801 Blue met. then Red/Blue LHD US
13132	308	GT/4 Dino Red/Tan RHD
13133	365	GT 2+2 #638/801 70 LHD US
13134	308	GT/4 Dino Series 2 Red/Black
13135	365	GT 2+2 #644/801 70 LHD US
13136	?08	GT/4 Dino
13137	365	GT 2+2 #650/801 70 LHD US
13138	?08	GT/4 Dino
13139	365	GT 2+2 #614/801 70 LHD US
13140	?08	GT/4 Dino
13141	365	GT 2+2 #637/801 69 Azzurro/Bordeaux LHD US
13142	308	GT/4 Dino
13143	365	GT 2+2 #649/801 70 LHD US
13144	?08	GT/4 Dino
13145	365	GT 2+2 #620/801 70 LHD US
13146	308	GT/4 Dino Red/
13147	365	GT 2+2 #652/801 70 Blue metallic/Tan LHD US
13148	?08	GT/4 Dino
13149	365	GT 2+2 #656/801 70 LHD US
13150	?08	GT/4 Dino
13151	365	GT 2+2 #645/801 70 Green/Tan LHD US
13152	?08	GT/4 Dino
13153	365	GT 2+2 #646/801 70 Rosso Rubino/Grey LHD US
13154	?08	GT/4 Dino
13155	365	GT 2+2 #654/801 69 Red/Black LHD US
13156	308	GT/4 Dino
13157	365	GT 2+2 #655/801 70 LHD US
13158	308	GT/4 Dino 3/77 Red/Beige eng. #1973
13159	365	GT 2+2 #647/801 70 Amaranto/VM 3218 beige leather then TdF Blue/natural LHD US
13160	?08	GT/4 Dino
13161	365	GT 2+2 #651/801 70 LHD US
13162	?08	GT/4 Dino
13163	365	GT 2+2 #653/801 70 LHD US
13164	?08	GT/4 Dino
13165	365	GT 2+2 Automatic #609/801 70 LHD US
13166	?08	GT/4 Dino
13167	365	GT 2+2 Automatic #636/801 70 Black/Black LHD US
13168	308	GT/4 Dino
13169	365	GT 2+2 Automatic #648/801 70 LHD US
13170	?08	GT/4 Dino
13171	365	GT 2+2 Automatic #657/801 70 LHD US
13172	?08	GT/4 Dino
13173	365	GT 2+2 Automatic #658/801 70 Grey/Black US
13174	308	GT/4 Dino
13175	365	GTB/4 Daytona
13176	?08	GT/4 Dino
13177	365	GTB/4 Daytona Johannesburg Show Car #128/1284 70
13178	308	GT/4 Dino
13179	365	GT 2+2 #509/801 70 RHD UK
13180	308	GT/4 Dino
13181	365	GTB/4 Daytona #114/1284 70 Silver LHD EU Plexi
13182	?08	GT/4 Dino
13183	365	GTB/4 Daytona #124/1284 70 Red LHD EU
13184	?08	GT/4 Dino
13185	365	GTB/4 Daytona #105/1284 RHD UK plexi
13186	308	GT/4 Dino Series 2 Red/Black RHD
13187	365	GT 2+2 #577/801 70 LHD EU
13188	?08	GT/4 Dino
13189	365	GTB/4 Daytona #116/1284 70 LHD EU
13190	308	GT/4 Dino Series 2
13191	365	GTB/4 Daytona #155/1284 70 LHD EU
13192	308	GT/4 Dino
13193	365	GT 2+2 Geneva Show Car #590/801 70 LHD EU
13194	308	GT/4 Dino 78 Red RHD
13195	365	GTB/4 Daytona Geneva Show Car #131/1284 70 Yellow/Black LHD plexi
13196	?08	GT/4 Dino
13197	365	GTB/4 Daytona #122/1284 70 LHD EU
13198	308	GT/4 Dino 78 Maroon Metallic/Crema & Red LHD eng. #2017
13199	365	GTB/4 Daytona #123/1284 70 LHD EU
13200	?08	GT/4 Dino
13201	365	GTB/4 Daytona #125/1284 70 LHD EU
13202	?08	GT/4 Dino
13203	365	GTB/4 Daytona #141/1284 70 Red then White then Red LHD EU

s/n	Type	Comments
13204	?08	GT/4 Dino
13205	365	GTB/4 Daytona #121/1284 70 LHD EU
13206	?08	GT/4 Dino
13207	365	GTB/4 Daytona #119/1284 70 LHD US
13208	308	GT/4 Dino Series 2 Silver/Crema Red inserts RHD UK
13209	365	GTB/4 Daytona #115/1284 70 LHD EU
13210	308	GT/4 Dino Series 2 Red/Black RHD eng. #F106A01360
13211	365	GT 2+2 Geneva Show Car #625/801 70 Red LHD EU
13212	208	GT/4 Dino Red/Black Blue cloth & vinyl eng. #677
13213	365	GTB/4 Daytona Competition Conversion #117/1284 70 Red/Blue cloth LHD EU eng. #1321
13214	208	GT/4 Dino
13215	365	GTB/4 Daytona #118/1284 70 LHD EU
13216	?08	GT/4 Dino
13217	365	GT 2+2 #578/801 70 LHD EU
13218	?08	GT/4 Dino
13219	365	GTB/4 Daytona Competition Conversion #120/1284 70 Yellow & Blue LHD EU
13220	?08	GT/4 Dino
13221	365	GT 2+2 #579/1284 70 LHD EU
13222	308	GT/4 Dino Series 2 Red/Black LHD EU
13223	365	GTB/4 Daytona #127/1284 70 Green LHD EU
13224	308	GT/4 Dino
13225	365	GT 2+2 #581/801 70 LHD EU
13226	308	GT/4 Dino
13227	365	GTB/4 Daytona Spider Conversion #156/1284 70 LHD EU
13228	?08	GT/4 Dino
13229	365	GT 2+2 #589/801 70 Yellow LHD EU
13230	?08	GT/4 Dino
13231	365	GTB/4 Daytona #154/1284 70 Rosso Corsa/Black LHD EU
13232	?08	GT/4 Dino
13233	365	GT 2+2 #622/801 70 LHD EU
13234	?08	GT/4 Dino
13235	365	GTB/4 Daytona #136/1284 70 LHD EU
13236	308	GT/4 Dino
13237	365	GT 2+2 #623/801 70 LHD EU
13238	?08	GT/4 Dino
13239	365	GTB/4 Daytona #166/1284 70 Red LHD EU Plexi-nose converted to folding headlights
13240	308	GT/4 Dino
13241	365	GT 2+2 #626/801 70 Rosso Scuro/Tan LHD EU
13242	308	GT/4 Dino
13243	365	GTB/4 Daytona #161/1284 70 Yellow/Black LHD EU
13244	308	GT/4 Dino Series 2 Red/Crema EU
13245	365	GT 2+2 #627/801 70 LHD EU
13246	?08	GT/4 Dino
13247	365	GTB/4 Daytona #162/1284 70 medium metallic Blue/tan LHD EU perspex covers
13248	308	GT/4 Dino
13249	365	GT 2+2 #630/801 70 LHD EU
13250	308	GT/4 Dino Rosso Corsa/tan
13251	365	GTB/4 Daytona #132/1284 70 LHD EU
13252	?08	GT/4 Dino
13253	365	GT 2+2 #510/801 70 Black/Tan RHD UK
13254	?08	GT/4 Dino
13255	365	GTB/4 Daytona #139/1284 70 LHD EU
13256	?08	GT/4 Dino
13257	365	GT 2+2 #587/801 70 Silver/Black RHD UK
13258	?08	GT/4 Dino
13259	365	GTB/4 Daytona #140/1284 70 LHD EU
13260	308	GT/4 Dino
13261	365	GT 2+2 #588/801 70 Blue RHD UK
13262	308	GT/4 Dino Rosso Dino Black Boxer Trim/Black
13263	365	GTB/4 Daytona #135/1284 70 LHD EU
13264	308	GT/4 Dino Series 2 Red/Tan LHD US
13265	365	GT 2+2 70 Black/Tan RHD
13266	?08	GT/4 Dino
13267	365	GTB/4 Daytona Barcelona Show Car #164/1284 70 LHD EU
13268	208	GT/4 Dino Red/Black
13269	365	GT 2+2 #629/801 70 dark grey/tan LHD EU
13270	?08	GT/4 Dino
13271	365	GTS/4 Daytona #83/1284 70 Red RHD UK plexi
13272	?08	GT/4 Dino
13273	365	GT 2+2 Barcelona Show Car #632/801 70 LHD EU
13274	?08	GT/4 Dino
13275	365	GTB/4 Daytona #174/1284 70 dark metallic green LHD EU Perspex-cover
13276	308	GT/4 Dino Series 2 Red/Crema RHD UK
13277	365	GT 2+2 #633/801 70 LHD EU
13278	?08	GT/4 Dino
13279	365	GTB/4 Daytona #126/1284 70 Blue RHD eng. #13279 plexi
13280	?08	GT/4 Dino
13281	365	GTB/4 Daytona Spider Conversion #133/1284 70 Yellow/Black LHD EU
13282	308	GT/4 Dino gold metallic/brown
13283	365	GT 2+2 #624/801 70 Red/Black LHD EU
13284	308	GT/4 Dino Red Black Boxer Trim/Tan
13285	365	GTB/4 Daytona #143/1284 70 LHD EU
13286	?08	GT/4 Dino
13287	365	GT 2+2 #635/801 70 White/Black LHD EU eng. #13287
13288	208	GT/4 Dino Red/Black
13289	365	GTB/4 Daytona #144/1284 70 Rosso Corsa/Nero LHD EU Plexi
13290	308	GT/4 Dino
13291	365	GT 2+2 #634/801 70 LHD EU
13292	208	GT/4 Dino brown/brown cloth inserts
13293	365	GTB/4 Daytona #165/1284 70 Red/Black LHD EU
13294	?08	GT/4 Dino
13295	365	GT 2+2 #665/801 70 LHD EU
13296	?08	GT/4 Dino
13297	365	GTB/4 Daytona #129/1284 70 LHD EU
13298	?08	GT/4 Dino
13299	365	GT 2+2 #666/801 70 LHD EU
13300	308	GT/4 Dino
13301	365	GTB/4 Daytona #138/1284 70 Red/Tan LHD EU
13302	308	GT/4 Dino Series 2 dark Red metallic/tan LHD US
13303	365	GTB/4 Daytona Series 1 #168/1284 70 White then Rosso Corsa/Red Black piping LHD EU Plexi
13304	308	GT/4 Dino Series 2 Azzurro/Black LHD
13305	365	GTB/4 Daytona #169/1284 70 LHD EU
13306	?08	GT/4 Dino
13307	365	GT 2+2 #682/801 70 Red LHD EU
13308	308	GT/4 Dino Series 2 77 Grey F106AL13308 eng. #F106A00000247
13309	365	GTB/4 Daytona #142/1284 70 LHD EU
13310	308	GT/4 Dino Series 2 Red/Black EU reported to be stolen in the US
13311	365	GT 2+2 #668/801 70 Blue/Grey LHD EU
13312	308	GT/4 Dino 77 silver, Matsuda Colection
13313	365	GTB/4 Daytona #145/1284 70 LHD EU
13314	?08	GT/4 Dino
13315	365	GTB/4 Daytona #146/1284 70 LHD EU
13316	208	GT/4 Dino 4/77 Red/Beige leather & carpet
13317	365	GT 2+2 #669/801 70 LHD EU
13318	?08	GT/4 Dino
13319	365	GTB/4 Daytona #148/1284 70 LHD EU
13320	?08	GT/4 Dino
13321	365	GT 2+2 #670/801 70 LHD EU
13322	308	GT/4 Dino Azzurro

s/n	Type	Comments
13323	365	GTB/4 Daytona #149/1284 70 LHD EU
13324	?08	GT/4 Dino
13325	365	GT 2+2 #659/801 70 RHD UK
13326	?08	GT/4 Dino
13327	365	GT 2+2 #546/801 70 Verde Pino RHD UK eng. #13327
13328	308	GT/4 Dino
13329	365	GT 2+2 #547/801 70 Bronze metallic then pale metallic Blue RHD AUS eng. #13329
13330	308	GT/4 Dino Series 2 78 Silver F106AL13330 eng. #F106A00002117
13331	365	GTB/4 Daytona Spider Conversion #151/1284 70 RHD AUS
13332	?08	GT/4 Dino
13333	365	GTB/4 Daytona #84/1284 70 RHD UK plexi
13334	?08	GT/4 Dino
13335	365	GTB/4 Daytona #85/1284 70 RHD UK plexi
13336	?08	GT/4 Dino
13337	365	GT 2+2 #671/801 70 LHD EU
13338	?08	GT/4 Dino
13339	365	GT 2+2 #684/801 70 LHD EU
13340	308	GT/4 Dino Series 2 78 Silver F106AL13340
13341	365	GTB/4 Daytona Spider Conversion by Scaglietti, #175/1284 70 White/Dark Red & Black Black top LHD EU then 250 GT Spider California Replica Red/Black eng. #11195 chassis stamped 12313
13342	?08	GT/4 Dino
13343	365	GTB/4 Daytona Spider Conversion by Straman #181/1284 72 Black/Brown LHD EU
13344	308	GT/4 Dino Series 2 Red/Black grey inserts
13345	365	GTB/4 Daytona Series 1 #182/1284 70 Argento/Nero LHD EU eng. #13345
13346	308	GT/4 Dino
13347	365	GT 2+2 #667/801 70 Mocha/Black LHD EU
13348	?08	GT/4 Dino
13349	365	GTB/4 Daytona #176/1284 70 LHD EU
13350	208	GT4 Dino 78 Red/Tan
13351	365	GTB/4 Daytona Spider Conversion by Sport Auto #177/1284 70 Red/Black Black top Black hard boot cover LHD EU
13352	?08	GT/4 Dino
13353	365	GTB/4 Daytona Spider Conversion #152/1284 4/70 LHD EU
13354	308	GT/4 Dino Series 2 77 Red/F106AL13354 eng. #F106A00002115
13355	365	GT 2+2 #672/801 70 LHD EU
13356	208	GT/4 Dino Series 2 Red/Red LHD EU
13357	365	GTB/4 Daytona #150/1284 70 Rosso Corsa LHD EU
13358	?08	GT/4 Dino
13359	365	GTB/4 Daytona #193/1284 70 LHD EU
13360	308	GT/4 Dino Series 2 77 Red/Crema
13361	365	GTB/4 Daytona #157/1284 70 LHD EU
13362	?08	GT/4 Dino
13363	365	GT 2+2 #677/801 70 LHD EU
13364	?08	GT/4 Dino
13365	365	GTB/4 Daytona #158/1284 70 LHD EU
13366	308	GT/4 Dino
13367	365	GTB/4 Daytona Competition Conversion by Sport-Auto Modena unoffical NART Competition #159/1284 70 Blue than Blue NART livery LHD EU
13368	?08	GT/4 Dino
13369	365	GTB/4 Daytona #160/1284 70 LHD EU
13370	?08	GT/4 Dino
13371	365	GT 2+2 #681/801 70 LHD EU
13372	?08	GT/4 Dino
13373	365	GTB/4 Daytona #163/1284 70 Red/Crema Black inserts LHD EU
13374	308	GT/4 Dino
13375	365	GTB/4 Daytona #167/1284 70 Red RHD AUS plexi eng. #13375
13376	308	GT/4 Dino Series 2 Red Black Boxer Trim/Tan
13377	365	GTB/4 Daytona #170/1284 70 LHD EU
13378	308	GT/4 Dino
13379	365	GTB/4 Daytona #171/1284 70 Red/Black LHD EU
13380	308	GT/4 Dino Red/Black w. Red carpets
13381	365	GTB/4 Daytona #184/1284 70 Red White & Black stripe/Black LHD EU plexi
13382	?08	GT/4 Dino
13383	365	GTB/4 Daytona #186/1284 71 Black/Black LHD EU
13384	308	GT/4 Dino Series 2 78 Red F106AL13384 eng. #F106A00002116
13385	365	GTB/4 Daytona #185/1284 70 LHD EU
13386	?08	GT/4 Dino
13387	365	GTB/4 Daytona #183/1284 70 LHD EU
13388	?08	GT/4 Dino
13389	365	GTB/4 Daytona #187/1284 70 LHD EU
13390	?08	GT/4 Dino
13391	365	GTB/4 Daytona #188/1284 70 LHD EU
13392	308	GT/4 Dino Series 2
13393	365	GT 2+2 #675/801 70 LHD EU
13394	?08	GT/4 Dino
13395	365	GTB/4 Daytona #189/1284 70 Red/Black LHD EU
13396	308	GT/4 Dino Red/Black
13397	365	GTB/4 Daytona #191/1284 70 Red/Black LHDEU plexi
13398	?08	GT/4 Dino
13399	365	GT 2+2 #628/801 70 Gold RHD eng. #13399
13400	308	GT/4 Dino Series 2 Dark Blue
13401	365	GT 2+2 #663/801 70 RHD
13402	308	GT/4 Dino Series 2 Red Black Boxer Trim/Black
13403	365	GT 2+2 #661/801 70 RHD UK
13404	?08	GT/4 Dino
13405	365	GT 2+2 #662/801 70 Silver/Black RHD UK
13406	308	GT/4 Dino
13407	365	GTB/4 Daytona #178/1284 70 Red/Black LHD EU Plexi
13408	?08	GT/4 Dino
13409	365	GTB/4 Daytona #199/1284 70 LHD EU
13410	?08	GT/4 Dino
13411	365	GTB/4 Daytona #192/1284 70 LHD EU
13412	308	GT/4 Dino
13413	365	GTB/4 Daytona #194/1284 70 Red/Black LHD EU
13414	?08	GT/4 Dino
13415	365	GTB/4 Daytona #201/1284 70 Red/Black LHD EU perspex covers
13416	308	GT/4 Dino
13417	365	GT 2+2 #683/801 70 Blue/Tan LHD EU
13418	308	GT/4 Dino giallo
13419	365	GT 2+2 #686/801 70 Rosso Corsa/Nero LHD EU
13420	308	GT/4 Dino Series 2 Red
13421	365	GTB/4 Daytona #179/1284 70 RHD UK plexi
13422	308	GT/4 Dino Azzurro Black RHD
13423	365	GTB/4 Daytona #172/1284 Yellow/Black LHD US
13424	308	GT/4 Dino 77 Red RHD
13425	365	GTB/4 Daytona Spider Conversion by Brandoli #198/1284 71 Rosso Corsa/beige LHD UK
13426	?08	GT/4 Dino
13427	365	GT 2+2 #678/801 70 RHD UK
13428	?08	GT/4 Dino
13429	365	GT 2+2 #673/801 70 LHD EU
13430	?08	GT/4 Dino
13431	365	GTB/4 Daytona #195/1284 70 LHD US
13432	308	GT/4 Dino 78 Silver F106AL13432 eng. #2178
13433	365	GTB/4 Daytona #196/1284 70 Black/Tan & Black Daytona seats plexi LHD EU
13434	308	GT/4 Dino medium metallic Blue/tan

s/n	Type	Comments
13435	365	GTB/4 Daytona #104/1284 70 Red RHD UK eng. #13435 plexi
13436	?08	GT/4 Dino
13437	365	GTB/4 Daytona #197/1284 70 metallic dark green/light tan LHD EU
13438	308	GT/4 Dino Silver/Blue LHD EU
13439	365	GTB/4 Daytona #206/1284 70 Red/Black LHD EU plexi
13440	?08	GT/4 Dino
13441	365	GT 2+2 #693/801 70 RHD UK
13442	308	GT/4 Dino Red/Black
13443	365	GT 2+2 #688/801 70 LHD EU
13444	?08	GT/4 Dino
13445	365	GTB/4 Daytona #207/1284 70 LHD EU
13446	308	GT/4 Dino Silver Black Boxer Trim/Dark Blue
13447	365	GTB/4 Daytona #200/1284 70 LHD EU
13448	?08	GT/4 Dino
13449	365	GTB/4 Daytona Series 1 #205/1284 70 silver LHD EU Plexi
13450	308	GT/4 Dino
13451	365	GTB/4 Daytona #202/1284 70 Dark Blue met./Tan LHD EU plexi
13452	308	GT/4 Dino 77 Silver F106AL13452 eng. #2175
13453	365	GT 2+2 #696/801 70 LHD EU
13454	308	GT/4 Dino Red/Black
13455	365	GT 2+2 #695/801 70 LHD EU
13456	308	GT/4 Dino
13457	365	GT 2+2 #692/801 70 LHD EU
13458	308	GT/4 Dino 77 Red/Tan hide
13459	365	GTB/4 Daytona Competition Conversion by Carrozzeria Autosport Bastiglia #190/1284 70 Red/Black LHD EU
13460	308	GT/4 Dino Red/Tan EU
13461	365	GTB/4 Daytona #208/1284 70 LHD EU
13462	?08	GT/4 Dino
13463	365	GTB/4 Daytona Competition Conversion #210/1284 70 Yellow Blue stripe/Black LHD EU Converted to Group 4 specs
13464	?08	GT/4 Dino
13465	365	GTB/4 Daytona #211/1284 70 LHD EU
13466	308	GT/4 Dino White/Black
13467	365	GTB/4 Daytona #212/1284 70 LHD EU
13468	308	GT/4 Dino RHD
13469	365	GTB/4 Daytona #203/1284 70 Yellow/Black LHD EU plexi
13470	308	GT/4 Dino
13471	365	GT 2+2 #674/801 70 LHD EU
13472	308	GT/4 Dino 77 Yellow/Black LHD
13473	365	GT 2+2 #660/801 70 RHD UK
13474	?08	GT/4 Dino
13475	365	GTC/4 first Prototype 70 LHD EU
13476	?08	GT/4 Dino
13477	365	GTB/4 Daytona Spider Conversion #209/1284 Yellow/Black LHD EU Kroymans Collection
13478	?08	GT/4 Dino
13479	365	GTB/4 Daytona #180/1284 70 Dark Blue/Red RHD UK plexi
13480	?08	GT/4 Dino
13481	365	GTB/4 Daytona Competition Conversion by Carrozzeria Autosport Bastiglia #204/1284 71 Red/Black LHD EU
13482	?08	GT/4 Dino
13483	365	GTB/4 Daytona Competition Conversion #173/1284 70 Red/Black LHD EU partly converted to Group 4 spec.
13484	308	GT/4 Dino Silver
13485	365	GT 2+2 #699/801 70 Red/Black LHD EU
13486	?08	GT/4 Dino reported to be stolen in Italy
13487	365	GT 2+2 #664/801 70 RHD UK
13488	?08	GT/4 Dino
13489	365	GTB/4 Daytona #213/1284 70 LHD EU
13490	?08	GT/4 Dino
13491	365	GTB/4 Daytona #214/1284 70 LHD EU
13492	?08	GT/4 Dino
13493	365	GTB/4 Daytona #215/1284 70 Red/Black LHD EU
13494	?08	GT/4 Dino
13495	365	GTB/4 Daytona #225/1284 71 Silver RHD AUS eng. #13495 plexi
13496	?08	GT/4 Dino
13497	365	GT 2+2 #704/801 70 LHD EU
13498	308	GT/4 Dino
13499	365	GT 2+2 #680/801 70 Silver/Black LHD EU
13500	308	GT/4 Dino Red Red RHD
13501	365	GTB/4 Daytona #216/1284 70 LHD EU
13502	308	GT/4 Dino 77 Red F106AL13502 eng. #2176
13503	365	GTB/4 Daytona #220/1284 70 LHD EU
13504	?08	GT/4 Dino
13505	365	GTB/4 Daytona Spider Conversion #217/1284 70 grey metallic LHD EU ex-Recordati family
13506	?08	GT/4 Dino
13507	365	GTB/4 Daytona Spider Conversion #218/1284 70 LHD EU
13508	?08	GT/4 Dino
13509	365	GT 2+2 #694/801 70 LHD EU
13510	?08	GT/4 Dino
13511	365	GT 2+2 #676/801 70 LHD EU
13512	?08	GT Dino dark Blue/tan Daytona seats
13513	365	GT 2+2 #697/801 70 LHD EU
13514	?08	GT/4 Dino
13515	365	GTB/4 Daytona #219/1284 70 LHD EU
13516	?08	GT/4 Dino
13517	365	GTB/4 Daytona #226/1284 70 LHD EU
13518	308	GT/4 Dino
13519	365	GTB/4 Daytona #221/1284 70 grigo alloy/nero LHD EU plexi
13520	?08	GT/4 Dino
13521	365	GT 2+2 #685/801 70 Red/Tan LHD CDN
13522	?08	GT/4 Dino
13523	365	GT 2+2 #698/801 70 LHD EU
13524	308	GT/4 Dino Red/Tan
13525	365	GT 2+2 #687/801 70 LHD EU
13526	?08	GT/4 Dino
13527	365	GTB/4 Daytona #227/1284 70 LHD EU eng. #13527
13528	?08	GT/4 Dino
13529	365	GTB/4 Daytona #228/1284 70 LHD EU
13530	208	GT/4 Dino 75 F106CL13530
13531	365	GTB/4 Daytona Spider Conversion #230/1284 70 LHD EU
13532	308	GT/4 Dino
13533	365	GTB/4 Daytona Spider Conversion #231/1284 70 Red/Tan then Black/tan then Fly Giallo/Tan LHD EU
13534	308	GT/4 Dino
13535	365	GT 2+2 #679/801 70 Dark Blue/tan RHD UK eng. #13535
13536	?08	GT/4 Dino
13537	365	GTB/4 Daytona #243/1284 70 dark Blue/Black LHD EU
13538	308	GT/4 Dino
13539	365	GT 2+2 #689/801 70 LHD EU
13540	308	GT/4 Dino Red/Crema RHD UK
13541	365	GT 2+2 #691/801 70 LHD EU
13542	?08	GT/4 Dino
13543	365	GTB/4 Daytona Spider Conversion #232/1284 70 LHD EU
13544	308	GT/4 Dino Rosso Dino/Crema
13545	365	GTB/4 Daytona Spider Conversion #236/1284 70 Yellow/green & Black LHD EU
13546	308	GT/4 Dino Dark metallic Brown/Creme
13547	365	GTB/4 Daytona #233/1284 70 Rosso Corsa/Tan & Black Daytona Seats LHD EU eng. #13547 plexi Borrani wire wheels
13548	308	GT/4 Dino reported to be stolen in France

s/n	Type	Comments
13549	365	GTB/4 Daytona #153/1284 70 Red/Black LHD EU plexi
13550	208	GT/4 Dino 77 Red/Tan cloth
13551	365	GT 2+2 #690/801 70 LHD EU
13552	308	GT/4 Dino Red/Black sport seats RHD UK
13553	365	GT 2+2 #703/801 70 Azzurro/Black LHD EU eng. #13553
13554	?08	GT/4 Dino
13555	365	GT 2+2 #706/801 70 LHD EU
13556	308	GT/4 Dino Yellow/Black
13557	365	GTB/4 Daytona #240/1284 70 LHD EU
13558	?08	GT/4 Dino
13559	365	GTB/4 Daytona #237/1284 70 Red/Black LHD EU
13560	308	GT/4 Dino
13561	365	GTB/4 Daytona #238/1284 70 LHD EU
13562	308	GT/4 Dino Dino Red/Black
13563	365	GTB/4 Daytona #239/1284 70 Red/Black LHD EU
13564	?08	GT/4 Dino
13565	365	GT 2+2 #707/801 70 Metallic Brown/Tan LHD EU
13566	308	GT/4 Dino
13567	365	GT 2+2 #718/801 70 LHD EU
13568	308	GT/4 Dino
13569	365	GT 2+2 #710/801 70 RHD UK
13570	?08	GT/4 Dino
13571	365	GT 2+2 #711/810 71 Red/Crema RHD UK eng. #13571
13572	?08	GT/4 Dino
13573	365	GTB/4 Daytona #222/1284 70 LHD EU
13574	308	GT/4 Dino Dark Blue/White LHD EU
13575	365	GTB/4 Daytona #147/1284 70 LHD EU
13576	308	GT/4 Dino Silver
13577	365	GTB/4 Daytona #241/1284 70 LHD EU
13578	308	GT/4 Dino Red/Crema RHD UK
13579	365	GTB/4 Daytona Spider Conversion #242/1284 70 LHD EU
13580	?08	GT/4 Dino
13581	365	GTB/4 Daytona #244/1284 70 LHD EU
13582	?08	GT/4 Dino
13583	365	GT 2+2 #702/801 70 dark Red/Black LHD EU
13584	?08	GT/4 Dino
13585	365	GT 2+2 #705/801 70 LHD EU
13586	308	GT/4 Dino
13587	365	GT 2+2 #712/801 70 LHD EU
13588	?08	GT/4 Dino
13589	365	GTB/4 Daytona Spider Conversion #245/1284 70 LHD EU
13590	?08	GT/4 Dino
13591	365	GTB/4 Daytona #223/1284 70 Rosso Corsa/Black RHD UK plexi
13592	308	GT/4 Dino 77 Red F106AL13592 eng. #2318
13593	365	GTB/4 Daytona #224/1284 70 Red/Black RHD UK eng. # 0544B plexi
13594	?08	GT/4 Dino
13595	365	GTB/4 Daytona #231/1284 RHD UK plexi
13596	308	GT/4 Dino Yellow/Black RHD UK
13597	365	GTB/4 Daytona #134/1284 70 Red/Black LHD EU
13598	308	GT/4 Dino Dark metallic Blue
13599	365	GT 2+2 #708/801 70 LHD EU
13600	?08	GT/4 Dino
13601	365	GT 2+2 #709/801 Red/Black LHD EU
13602	308	GT/4 Dino
13603	365	GT 2+2 #728/801 70 LHD EU
13604	308	GT/4 Dino Metallic Blue/Blue
13605	365	GT 2+2 #715/801 70 LHD EU
13606	308	GT/4 Dino 77 Red F106AL13606 eng. #2371
13607	365	GTB/4 Daytona #235/1284 70 Violet metallic/Black RHD UK plexi
13608	308	GT/4 Dino
13609	365	GTB/4 Daytona #246/1284 70 Red/Black Red inserts LHD EU Plexi
13610	308	GT/4 Dino 78 F106AL13610
13611	365	GTB/4 Daytona #247/1284 70 LHD EU
13612	308	GT/4 Dino
13613	365	GTB/4 Daytona #249/1284 70 LHD EU
13614	308	GT/4 Dino Rosso
13615	365	GT 2+2 #716/801 70 LHD EU
13616	?08	GT/4 Dino
13617	365	GT 2+2 #714/801 70 Red/Black LHD EU
13618	308	GT/4 Dino Series 2 Azzurro/Crema
13619	365	GT 2+2 #700/801 70 LHD EU
13620	308	GT/4 Dino
13621	365	GTB/4 Daytona #229/1284 70 RHD UK
13622	308	GT/4 Dino
13623	365	GTB/4 Daytona #250/1284 70 LHD EU
13624	?08	GT/4 Dino
13625	365	GTB/4 Daytona #251/1284 70 LHD US
13626	?08	GT/4 Dino
13627	365	GTB/4 Daytona #248/1284 70 Red RHD UK plexi
13628	?08	GT/4 Dino
13629	365	GT 2+2 #713/801 70 LHD EU
13630	?08	GT/4 Dino
13631	365	GT 2+2 #701/801 70 LHD EU
13632	308	GT/4 Dino Red/Beige w. Brown carpets
13633	365	GT 2+2 #721/801 70 LHD EU
13634	308	GT/4 Dino Dark Blue/Black LHD EU
13635	365	GTB/4 Daytona #252/1284 70 LHD EU
13636	308	GT/4 Dino Red/Black
13637	365	GTB/4 Daytona Spider Conversion #253/1284 70 marrone metallizzato/beige then Rosso Dino then Yellow/Black LHD EU perspex head-light-covers
13638	308	GT/4 Dino 10/76 Red/Tan then Yellow/Black LHD EUR ZFFHA02B000013638
13639	365	GTB/4 Daytona #254/1284 70 LHD EU
13640	?08	GT/4 Dino
13641	365	GTB/4 Daytona #255/1284 70 LHD EU
13642	308	GT/4 Dino
13643	365	GT 2+2 #717/801 70 LHD EU
13644	308	GT/4 Dino Red/
13645	365	GT 2+2 #719/801 70 LHD EU
13646	208	GT/4 Dino Red/Tan leather, Black carpets
13647	365	GT 2+2 #720/801 70 Azzurro LHD EU
13648	?08	GT/4 Dino
13649	365	GTB/4 Daytona #256/1284 70 LHD EU
13650	308	GT/4 Dino Blue/Black race prepaRed
13651	365	GTB/4 Daytona #257/1284 70 Blu Scuro/Beige LHD EU Plexi
13652	?08	GT/4 Dino
13653	365	GTB/4 Daytona Series 1 #258/1284 70 Silver/Dark Red/Black piping LHD EU plexi
13654	?08	GT/4 Dino
13655	365	GT 2+2 #729/801 70 LHD EU
13656	308	GT/4 Dino
13657	365	GT 2+2 #730/801 70 LHD EU
13658	308	GT/4 Dino
13659	365	GT 2+2 #731/801 70 LHD EU
13660	?08	GT/4 Dino
13661	365	GTB/4 Daytona #259/1284 70 LHD EU
13662	308	GT/4 Dino Red/Black LHD
13663	365	GTB/4 Daytona Spider Conversion by Straman #260/1284 71 Black/Tan then Red/Black LHD EU eng. #13663
13664	308	GT/4 Dino Silver/Red
13665	365	GTB/4 Daytona #261/1284 70 Rosso Rubino/Black LHD EU
13666	?08	GT/4 Dino
13667	365	GT 2+2 #727/801 70 LHD EU
13668	308	GT/4 Dino
13669	365	GT 2+2 #734/801 70 LHD EU
13670	?08	GT/4 Dino

s/n	Type	Comments	s/n	Type	Comments
13671	365	GT 2+2 #733/801 70 LHD EU	13733	365	GT 2+2 #747/801 70 LHD EU
13672	308	GT/4 Dino Red/Black vinyl	13734	?08	GT/4 Dino
13673	365	GTB/4 Daytona Competition Conversion #262/1284 72 Red Blue & White stripes/Black LHD EU	13735	365	GT 2+2 #755/801 70 LHD EU
			13736	308	GT/4 Dino 74 Red LHD exported to NZ
			13737	365	GTB/4 Daytona #283/1284 70 LHD EU pop-up headlight
13674	?08	GT/4 Dino			
13675	365	GTB/4 Daytona #263/1284 70 LHD EU	13738	?08	GT/4 Dino
13676	308	GT/4 Dino medium metallic Blue/light lBlue	13739	365	GTB/4 Daytona #284/1284 70 Red/Black LHD EU
13677	365	GTB/4 Daytona #264/1284 70 LHD EU			
13678	308	GT/4 Dino 77 Blue F106AL13678 eng. #2461	13740	308	GT/4 Dino
13679	365	GTB/4 Daytona #266/1284 70 LHD EU	13741	365	GTC/4 2nd Prototype 8/70 Rosso Arancio/Rosso & Nero LHD ex-Crepaldi
13680	308	GT/4 Dino Silver/Black LHD EU			
13681	365	GT 2+2 #740/801 70 LHD CDN	13742	?08	GT/4 Dino
13682	?08	GT/4 Dino	13743	365	GTB/4 Daytona #285/1284 70
13683	365	GT 2+2 #735/801 70 LHD EU	13744	308	GT/4 Dino reported to be stolen in Italy
13684	?08	GT/4 Dino	13745	365	GTB/4 Daytona #287/1284 Red/Beige Black inserts LHD EU Plexi nose
13685	365	GT 2+2 #736/801 70 LHD EU			
13686	?08	GT/4 Dino	13746	?08	GT/4 Dino
13687	365	GTB/4 Daytona #265/1284 70 LHD EU	13747	365	GT 2+2 #743/801 70 LHD EU
13688	?08	GT/4 Dino	13748	?08	GT/4 Dino
13689	365	GTB/4 Daytona #267/1284 70	13749	365	GT 2+2 #748/801 70 LHD EU
13690	308	GT/4 Dino Red/Black	13750	308	GT/4 Dino Red/Black
13691	365	GTB/4 Daytona #272/1284 70 LHD EU	13751	365	GT 2+2 #749/801 72 Black/Tan LHD CDN
13692	308	GT/4 Dino 77 Red F106AL13692 eng. #2493	13752	308	GT/4 Dino
13693	365	GT 2+2 #741/801 70 LHD EU	13753	365	GTB/4 Daytona #288/1284 70 LHD EU
13694	308	GT/4 Dino 78 Red/Crema F106AL13694	13754	?08	GT/4 Dino
13695	365	GT 2+2 #732/801 70 Taupe/Crema LHD CDN	13755	365	GTB/4 Daytona #286/1284 70 LHD EU
13696	?08	GT/4 Dino	13756	308	GT/4 Dino
13697	365	GT 2+2 #774/801 70 Blue LHD EU	13757	365	GTB/4 Daytona Spider Conversion #301/1284 70 Red/Black LHD EU plexi
13698	?08	GT/4 Dino			
13699	365	GTB/4 Daytona #269/1284 70 Red/Tan RHD UK	13758	?08	GT/4 Dino
			13759	365	GTB/4 Daytona #289/1284 70 Red LHD EU
13700	?08	GT/4 Dino	13760	308	GT/4 Dino Metallic Red Black Boxer Trim/Tan
13701	365	GTB/4 Daytona #271/1284 Red/Black LHD EU	13761	365	GTB/4 Daytona #290/1284 70 Red Chiaro/Black LHD EU Plexi
13702	308	GT/4 Dino Nero/Tan			
13703	365	GT 2+2 #737/801 71 LHD EU	13762	?08	GT/4 Dino
13704	308	GT/4 Dino Red/Black	13763	365	GT 2+2 #723/801 70 Azzurro met. RHD UK eng. #13763
13705	365	GT 2+2 #742/801 70 LHD EU			
13706	?08	GT/4 Dino	13764	?08	GT/4 Dino
13707	365	GTB/4 Daytona #273/1284 70 LHD EU	13765	365	GT 2+2 #724/801 70 Red/Crema RHD UK eng. #13765 ex-William Shand Kydd
13708	308	GT/4 Dino			
13709	365	GTB/4 Daytona Spider Conversion #274/1284 70 LHD EU	13766	?08	GT/4 Dino
			13767	365	GT 2+2 #751/801 70 LHD EU
13710	?08	GT/4 Dino	13768	308	GT/4 Dino
13711	365	GT 2+2 #745/801 70 LHD EU	13769	365	GTB/4 Daytona Spider Conversion #291/1284 70 LHD EU
13712	308	GT/4 Dino			
13713	365	GT 2+2 #722/801 70 Blue/tan RHD	13770	?08	GT/4 Dino
13714	?08	GT/4 Dino	13771	365	GTB/4 Daytona Competition Conversion #292/1284 70 Red White & Blue stripe/Black LHD EU
13715	365	GTB/4 Daytona Competition Conversion #275/1284 70 LHD EU			
13716	308	GT/4 Dino Red/Tan light brown cloth seat centers	13772	?08	GT/4 Dino
			13773	365	GTB/4 Daytona #293/1284 70 LHD EU
13717	365	GT 2+2 #744/801 70 LHD CDN	13774	?08	GT/4 Dino
13718	308	GT/4 Dino Vetroresina Blue/Black	13775	365	GTB/4 Daytona #268/1284 70 Rosso/Tan Black inserts RHD UK plexi
13719	365	GTB/4 Daytona #276/1284 70 LHD EU			
13720	?08	GT/4 Dino	13776	308	GT/4 Dino Red/Tan EU
13721	365	GT 2+2 #750/801 70 LHD EU	13777	365	GT 2+2 Paris Show Car #761/801 70 Rosso Corsa/Black LHD EU
13722	308	GT/4 Dino Red/Tan EU			
13723	365	GT 2+2 #746/801 70 LHD EU	13778	?08	GT/4 Dino
13724	?08	GT/4 Dino	13779	365	GT 2+2 #756/801 70 LHD EU
13725	365	GTB/4 Daytona #277/1284 70 LHD EU	13780	?08	GT/4 Dino
13726	?08	GT/4 Dino	13781	365	GT 2+2 #725/801 71 Red RHD AUS eng. #13781
13727	365	GTB/4 Daytona #280/1284 70 LHD EU			
13728	?08	GT/4 Dino	13782	208	GT/4 Dino Blue/Black
13729	365	GTB/4 Daytona Spider Conversion by Michael Sheehan's European Auto Restoration #281/1284 71 Silver/Black then Red/Black Black top LHD EU	13783	365	GTB/4 Daytona #137/1284 70 Red RHD UK plexi
			13784	?08	GT/4 Dino
			13785	365	GTB/4 Daytona #270/1284 70 Red/Tan RHD UK plexi
13730	?08	GT/4 Dino			
13731	365	GTB/4 Daytona #282/1284 70 Bianco polo/Block LHD EU plexi	13786	308	GT/4 Dino
			13787	365	GTB/4 Daytona #294/1284 70 LHD EU
13732	208	GT/4 Dino Rosso Corsa Black Boxer Trim/Black leather eng. #739	13788	308	GT/4 Dino Red/Crema
			13789	365	GTB/4 Daytona #295/1284 70 LHD EU

s/n	Type	Comments
13790	?08	GT/4 Dino
13791	365	GTB/4 Daytona London Show Car #278/1284 70 Blue/beige RHD UK plexi
13792	308	GT/4 Dino
13793	365	GTB/4 Daytona #296/1284 70 LHD CDN
13794	?08	GT/4 Dino
13795	365	GT 2+2 #757/801 70 Azzurro/Black LHD EU
13796	308	GT/4 Dino
13797	365	GT 2+2 London Show Car #726/801 70 Azzurro RHD UK eng. #13797
13798	308	GT/4 Dino Red/Black/Black cloth seat centers LHD EU
13799	365	GTB/4 Daytona #279/1284 70 RHD UK plexi
13800	?08	GT/4 Dino
13801	365	GTB/4 Daytona #297/1284 71 Red/Tan LHD EU
13802	?08	GT/4 Dino
13803	365	GTB/4 Daytona #298/1284 70 LHD EU
13804	308	GT/4 Dino
13805	365	GTB/4 Daytona #302/1284 70 LHD EU
13806	?08	GT/4 Dino
13807	365	GTB/4 Daytona Spider Conversion #303/1284 70 LHD EU
13808	308	GT/4 Dino Series 2 Red/Black LHD EU
13809	365	GT 2+2 #758/801 70 LHD EU
13810	?08	GT/4 Dino
13811	365	GT 2+2 #759/801 70 LHD EU
13812	?08	GT/4 Dino
13813	365	GTB/4 Daytona #305/1284 70 LHD EU
13814	?08	GT/4 Dino
13815	365	GTB/4 Daytona #304/1284 70 LHD EU
13816	?08	GT/4 Dino
13817	365	GTB/4 Daytona Series 1 #30/1284 70 White/beige then Red/beige LHD EU eng. #251 Plexi
13818	308	GT/4 Dino Series 2 Red Black Boxer Trim/Red Sunroof
13819	365	GTB/4 Daytona #306/1284 70 LHD EU
13820	?08	GT/4 Dino
13821	365	GT 2+2 #762/801 70 LHD EU
13822	?08	GT/4 Dino
13823	365	GT 2+2 #760/801 70 Blue then Red LHD EU
13824	308	GT/4 Dino Red Black Boxer Trim/Tan
13825	365	GT 2+2 #763/801 70 LHD EU
13826	308	GT/4 Dino Silver/Blue
13827	365	GTB/4 Daytona #315/1284 70 LHD CDN
13828	308	GT/4 Dino Blue/tan & Blue
13829	365	GTB/4 Daytona #309/1284 70 Red/Tan Black inserts LHD EU
13830	?08	GT/4 Dino
13831	365	GTB/4 Daytona #311/1284 70 LHD EU
13832	?08	GT/4 Dino
13833	365	GT 2+2 #764/801 70 LHD EU
13834	308	GT/4 Dino 10/77 Red Black Boxer Trim/Black eng. #2796 trans. #2815
13835	365	GT 2+2 London Show Car 70 RHD UK
13836	308	GT/4 Dino White/Black
13837	365	GTB/4 Daytona #307/1284 70 Red/Black LHD US plexi
13838	308	GT/4 Dino Series 2 Red/Black
13839	365	GTB/4 Daytona Spider Conversion #312/1284 70 LHD UK
13840	?08	GT/4 Dino
13841	365	GTB/4 Daytona #316/1284 70 LHD EU
13842	308	GT/4 Dino Series 2 78 Azzurro met. F106AL13842 eng. #2620
13843	365	GTB/4 Daytona #317/1284 70 LHD EU
13844	308	GT/4 Dino White/Black
13845	365	GTB/4 Daytona Spider Conversion #319/1284 Rosso Corsa LHD EU
13846	308	GT/4 Dino Series 2
13847	365	GT 2+2 #765/801 70 LHD EU
13848	308	GT/4 Dino Series 2 77 Dark Blue Black Boxer Trim/light Blue LHD Sunroof
13849	365	GT 2+2 #766/801 70 LHD EU
13850	?08	GT/4 Dino
13851	365	GTB/4 Daytona Competition Conversion by Piet Roelofs #320/1284 70 Red White & Black stripes/Black LHD EU
13852	?08	GT/4 Dino
13853	365	GTB/4 Daytona #321/1284 70 LHD EU
13854	?08	GT/4 Dino
13855	365	GTB/4 Daytona Competition Conversion by Sport-Auto Modena/#322/1284 70 Dark Red/Black LHD CDN
13856	308	GT/4 Dino Silver/Black LHD US Sunroof, Recaro seats
13857	365	GT 2+2 #752/801 71 Grigio/Black RHD UK eng. #13857
13858	308	GT/4 Dino
13859	365	GTB/4 Daytona #323/1284 70 LHD EU
13860	308	GT/4 Dino Red/
13861	365	GT 2+2 #754/801 71 Blue RHD UK eng. #13861
13862	308	GT/4 Dino Red/Blue
13863	365	GT 2+2 #753/801 70 RHD
13864	308	GT/4 Dino dark Red/Red
13865	365	GTB/4 Daytona Spider Conversion #325/1284 70 LHD EU
13866	?08	GT/4 Dino
13867	365	GTB/4 Daytona #324/1284 70 Rosso Corsa/Black LHD EU plexi
13868	308	GT/4 Dino Red/Black
13869	365	GT 2+2 #768/801 71 Silver/Blue RHD UK eng. #13869
13870	308	GT/4 Dino
13871	365	GTB/4 Daytona #327/1284 70 LHD EU
13872	308	GT/4 Dino Series 2
13873	365	GTB/4 Daytona #343/1284 70 LHD EU
13874	308	GT/4 Dino Red/Crema RHD UK
13875	365	GTB/4 Daytona #326/1284 70 White/Black LHD EU
13876	308	GT/4 Dino
13877	365	GT 2+2 #769/801 70 RHD UK
13878	308	GT/4 Dino
13879	365	GT 2+2 #767/801 70 LHD EU
13880	?08	GT/4 Dino
13881	365	GTB/4 Daytona #328/1284 70 Brown met. LHD EU
13882	?08	GT/4 Dino
13883	365	GTB/4 Daytona #331/1284 70 LHD EU
13884	308	GT/4 Dino Rosso Dino/Black RHD UK
13885	365	GTB/4 Daytona #329/1284 70 LHD EU
13886	308	GT/4 Dino Series 2 Blue
13887	365	GTB/4 Daytona #332/1284 70 LHD EU
13888	308	GT/4 Dino Red
13889	365	GTB/4 Daytona #335/1284 70 LHD EU
13890	308	GT/4 Dino
13891	365	GTB/4 Daytona #299/1284 70 Red/Black RHD UK plexi
13892	308	GT/4 Dino Red/Black
13893	365	GTB/4 Daytona #312/1284 70 Red LHD US
13894	308	GT/4 Dino Series 2
13895	365	GTB/4 Daytona #333/1284 70 LHD EU
13896	?08	GT/4 Dino
13897	365	GT 2+2 #771/801 70 LHD EU
13898	308	GT/4 Dino Series 2
13899	365	GT 2+2 #776/801 70 LHD EU
13900	308	GT/4 Dino Series 2
13901	365	GTB/4 Daytona Competition Conversion #334/1284 70 Red White stripes/Black LHD EU
13902	308	GT/4 Dino
13903	365	GTB/4 Daytona #336/1284 70 LHD EU
13904	308	GT/4 Dino

s/n	Type	Comments
13905	365	GTB/4 Daytona Spider Conversion #337/1284 70 LHD EU
13906	?08	GT/4 Dino
13907	365	GTB/4 Daytona Spider Conversion #338/1284 70 Red/Red & Black LHD EU
13908	308	GT/4 Dino
13909	365	GT 2+2 #770/801 70 Silver/Red LHD EU
13910	?08	GT/4 Dino
13911	365	GT 2+2 #772/801 70 LHD EU
13912	?08	GT/4 Dino
13913	365	GT 2+2 #775/801 70 LHD EU
13914	308	GT/4 Dino
13915	365	GTB/4 Daytona #300/1284 70 non met. gunmetal grey/Black RHD UK plexi eng. #13915, ex-Eric Clapton
13916	308	GT/4 Dino
13917	365	GTB/4 Daytona #310/1284 71 Silver grey met./Red RHD EU plexi
13918	?08	GT/4 Dino
13919	365	GTB/4 Daytona #313/1284 70 Red RHD UK plexi eng. #13919
13920	308	GT/4 Dino Dark metallic Blue/Crema LHD EU
13921	365	GTB/4 Daytona #314/1284 70 RHD UK plexi
13922	?08	GT/4 Dino
13923	365	GTB/4 Daytona #341/1284 71 Yellow/Black LHD CDN
13924	308	GT/4 Dino 11/77 anthracite grey/light tan with cloth inserts then Black int. LHD EU
13925	365	GT 2+2 #777/801 71 Red/Black then Black Crema LHD CDN eng. #13925
13926	?08	GT/4 Dino
13927	365	GT 2+2 #780/801 70 LHD EU
13928	308	GT/4 Dino Series 2 77 grey/Black then Red/Black LHD US
13929	365	GTB/4 Daytona #346/1284 70 LHD US
13930	308	GT/4 Dino 77 Silver F106AL13930 eng. #2788
13931	365	GTB/4 Daytona #330/1284 70 Rosso Bordeaux Dino/Black then Rosso Corsa/Black RHD UK plexi
13932	?08	GT/4 Dino
13933	365	GTB/4 Daytona Spider Conversion #340/1284 70 Black/Tan LHD EU
13934	308	GT/4 Dino Blue/F106AL13934 eng. #2789
13935	365	GT 2+2 #792/801 70 Bronze Met./Beige RHD UK
13936	308	GT/4 Dino Red/Black
13937	365	GT 2+2 #773/801 70 LHD EU
13938	308	GT/4 Dino Red/Tan
13939	365	GT 2+2 #781/801 70 LHD EU
13940	308	GT/4 Dino Met. Grey/Beige cloth Black carpets
13941	365	GTB/4 Daytona Spider Conversion #347/1284 70 LHD US
13942	308	GT/4 Dino Silver/Black
13943	365	GTB/4 Daytona #348/1284 71 Rosso Corsa/Black LHD US eng. #B760
13944	308	GT/4 Dino Black/grey
13945	365	GTB/4 Daytona #344/1284 70 Red/Tan RHD UK plexi
13946	308	GT/4 Dino White/Black LHD US
13947	365	GT 2+2 #779/801 70 LHD EU
13948	308	GT/4 Dino dark Blue/beige LHD
13949	365	GT 2+2 #778/801 71 Viola tan then Silver/Black LHD EU
13950	308	GT/4 Dino 77 Red/Black
13951	365	GTB/4 Daytona #342/1284 70 Red/Tan LHD EU probably a Spider Conversion
13952	308	GT/4 Dino Red/Black
13953	365	GTB/4 Daytona #350/1284 70 LHD EU
13954	?08	GT/4 Dino
13955	365	GTB/4 Daytona Brussels Show Car #351/1284 70 LHD EU
13956	208	GT/4 Dino Spider Conversion Red/Black LHD
13957	365	GTB/4 Daytona #357/1284 70 Red/Black LHD EU
13958	308	GT/4 Dino Silver F106AL13934 eng. #2914
13959	365	GT 2+2 #738/801 70 LHD
13960	308	GT/4 Dino Red/Black
13961	365	GT 2+2 #788/801 70 LHD EU
13962	308	GT/4 Dino
13963	365	GT 2+2 #789/801 70 LHD CDN
13964	308	GT/4 Dino 78 Red/Tan F106AL/A13964 eng. #2891
13965	365	GT 2+2 #783/801 71 Dark Blue RHD UK eng. #13965GT
13966	308	GT/4 Dino 78 Blue F106AL13966 eng. #2913
13967	365	GT 2+2 #784/801 71 Red/Tan RHD UK exported to NZ
13968	308	GT/4 Dino 78 Silver F106AL13968 eng. #2915
13969	365	GTB/4 Daytona #369/1284 71 Red/Black LHD US
13970	308	GT/4 Dino
13971	365	GTB/4 Daytona Competition Conversion by Michelotto #352/1284 71 giallo/nero LHD EU
13972	?08	GT/4 Dino
13973	365	GTB/4 Daytona #353/1284 71 LHD CDN
13974	308	GT/4 Dino Series 2 Silver/Black then Red/Black LHD US
13975	365	GT 2+2 #787/801 70 LHD EU
13976	308	GT/4 Dino Series 2 Red/Tan LHD US
13977	365	GT 2+2 #791/801 70 LHD EU
13978	308	GT/4 Dino Red/Black
13979	365	GTC/4 3rd Predotype
13980	308	GT/4 Dino Silver/Brown
13981	365	GT 2+2 #794/801 70 LHD EU
13982	308	GT/4 Dino
13983	365	GTB/4 Daytona #345/1284 70 Red RHD UK eng. #13983 plexi
13984	308	GT/4 Dino Red/Black
13985	365	GTB/4 Daytona #355/1284 70 Red/Black LHD EU
13986	308	GT/4 Dino
13987	365	GTB/4 Daytona #354/1284 72 Black/light tan Black carpets LHD EU Plexi
13988	308	GT/4 Dino Blue/
13989	365	GT 2+2 #798/801 70 LHD CDN
13990	?08	GT/4 Dino
13991	365	GTB/4 Daytona Competition Conversion #349/1284 71 LHD US eng. #251 twin to s/n 16407
13992	308	GT/4 Dino Yellow/
13993	365	GTB/4 Daytona #356/1284 71 LHD EU
13994	308	GT/4 Dino 78 Red F106AL13994 eng. #2918
13995	365	GT 2+2 #800/801 70 Red RHD AUS eng. #13995
13996	308	GT/4 Dino Race Conversion 77 Black then Yellow/Black
13997	365	GT 2+2 #795/801 71 Argento/Nero LHD CH eng. # 245
13998	308	GT/4 Dino Red
13999	365	GTB/4 Daytona #368/1284 71 Blue then Red/Tan LHD US
14000	308	GT/4 Dino Red/Black RHD
14001	365	GTB/4 Daytona #363/1284 LHD EU
14002	308	GT/4 Dino
14003	365	GT 2+2 Madrid Show Car #796/801 71 LHD EU
14004	308	GT/4 Dino 78 Red F106AL14004 eng. #2937
14005	365	GT 2+2 #792/801 71 LHD EU
14006	?08	GT/4 Dino
14007	365	GT 2+2 #790/801 71 LHD EU
14008	308	GT/4 Dino
14009	365	GTB/4 Daytona Spider Conversion #364/1284 LHD EU
14010	308	GT/4 Dino Red/Tan
14011	365	GTB/4 Daytona #361/1284 LHD EU

s/n	Type	Comments
14012	308	GT/4 Dino Dark Red/Tan
14013	365	GTB/4 Daytona Competition Conversion by Piet Roelofs #370/1284 70 Rosso Chiaro then Rosso Scuderia Azzurro stripe LHD US
14014	308	GT/4 Dino 78 Red F106AL14014 eng. #3018
14015	365	GTB/4 Daytona #371/1284 71 silver grey then Rosso Corsa/Black Black inserts LHD US eng. #14015
14016	308	GT/4 Dino Red/Tan
14017	365	GTB/4 Daytona #362/1284 71 LHD EU
14018	308	GT/4 Dino 76 Red/Crema
14019	365	GTB/4 Daytona #372/1284 71 LHD US
14020	308	GT/4 Dino 3/78 Silver/Beige & Burgundy RHD eng. #14020
14021	365	GT 2+2 #799/801 71 Ocean Blue Metallic/Black LHD EU eng. #14021
14022	308	GT/4 Dino
14023	365	GTB/4 Daytona #373/1284 71 Red/Black LHD US
14024	308	GT/4 Dino Red/Black
14025	365	GT 2+2 #793/801 71 LHD EU
14026	308	GT/4 Dino
14027	365	GT 2+2 Barcelona Show Car #797/801 71 LHD EU
14028	?08	GT/4 Dino
14029	365	GTB/4 Daytona #374/1284 71 LHD US
14030	?08	GT/4 Dino
14031	365	GTB/4 Daytona #365/1284 71 LHD EU
14032	?08	GT/4 Dino
14033	365	GTB/4 Daytona #382/1284 71 LHD EU
14034	?08	GT/4 Dino
14035	365	GTB/4 Daytona #366/1284 71 LHD EU
14036	308	GT/4 Dino
14037	365	GTB/4 Daytona Spider Conversion #358/1284 71 Black/tan RHD UK plexi
14038	?08	GT/4 Dino
14039	365	GTB/4 Daytona Spider Conversion #378/1284 71 LHD EU
14040	?08	GT/4 Dino
14041	365	GTB/4 Daytona #381/1284 71 LHD EU
14042	308	GT/4 Dino Silver Black Boxer Trim/Black LHD EU
14043	365	GT 2+2 #785/801 71 LHD EU
14044	308	GT/4 Dino
14045	365	GTB/4 Daytona #375/1284 71 Red/Black LHD US eng. # B820
14046	308	GT/4 Dino Yellow/Black
14047	365	GTB/4 Daytona Spider Conversion #359/1284 71 Red/Red RHD UK plexi
14048	308	GT/4 Dino 79 Black/Red LHD
14049	365	GTB/4 Daytona Spider Conversion #367/1284 72 Red/Crema Black top LHD EU
14050	?08	GT/4 Dino
14051	365	GTB/4 Daytona #376/1284 71 LHD EU
14052	?08	GT/4 Dino
14053	365	GT 2+2 Geneva Show Car #786/801 71 LHD EU
14054	308	GT/4 Dino
14055	365	GTB/4 Daytona #377/1284 71 Red/Black LHD
14056	?08	GT/4 Dino
14057	365	GTB/4 Daytona Spider Conversion #388/1284 71 LHD US
14058	308	GT/4 Dino
14059	365	GTB/4 Daytona Spider Conversion #360/1284 71 Rosso Bordeaux Dino/nero RHD UK plexi eng. #14059
14060	308	GT/4 Dino
14061	365	GTB/4 Daytona #379/1284 71 LHD EU
14062	308	GT/4 Dino Silver grey met Black
14063	365	GTB/4 Daytona #385/1284 71 LHD US
14064	308	GT/4 Dino Silver/Red RHD UK
14065	365	GTB/4 Daytona Competition Conversion by H&M (Conversion) & Traco (eng.) #389/1284 71 White/Blue LHD US ex-Kirk White
14066	308	GT/4 Dino 78 Red F106AL14066 eng. #3059
14067	365	GTB/4 Daytona #380/1284 71 LHD EU
14068	308	GT/4 Dino light metallic Blue/beige then Red
14069	365	GTB/4 Daytona #407/1284 71 Dark brown Tan then Red/Crema LHD
14070	?08	GT/4 Dino
14071	365	GTB/4 Daytona #339/1284 71 LHD EU
14072	?08	GT/4 Dino
14073	365	GTB/4 Daytona #425/1284 71 LHD EU
14074	?08	GT/4 Dino
14075	365	GTB/4 Daytona #427/1284 70 Red LHD EU
14076	?08	GT/4 Dino
14077	365	GTB/4 Daytona Spider Conversion #394/1284 71 Black/Tan then Red/Tan & Black LHD US
14078	308	GT/4 Dino
14079	365	GTB/4 Daytona #395/1284 71 LHD US
14080	?08	GT/4 Dino
14081	365	GTB/4 Daytona #386/1284 71 LHD US
14082	?08	GT/4 Dino
14083	365	GTB/4 Daytona #387/1284 70 Red/Black LHD US
14084	308	GT/4 Dino
14085	365	GTB/4 Daytona #390/1284 71 Red/brown LHD EU
14086	308	GT/4 Dino Red/Tan LHD
14087	365	GTB/4 Daytona Series A #421/1284 71 Rosso Corsa/Black LHD EU
14088	308	GT/4 Dino Series 2 Dark Blue/Dark Red
14089	365	GTB/4 Daytona #422/1284 71 LHD EU
14090	308	GT/4 Dino 78 Azzurro F106AL14090 eng. #2982
14091	365	GTB/4 Daytona #424/1284 71 Red/Tan LHD EU Plexi
14092	308	GT/4 Dino Yellow/Beige
14093	365	GTB/4 Daytona #426/1284 71 Rosso Rubino ICI 302 C/light Grey LHD EU plexi eng.#B932
14094	308	GT/4 Dino Silver/Red
14095	365	GTB/4 Daytona #428/1284 71 LHD EU
14096	308	GT/4 Dino
14097	365	GTB/4 Daytona #396/1284 71 LHD US
14098	?08	GT/4 Dino
14099	365	GT 2+2 last, #801/801 71 LHD EU
14100	308	GT/4 Dino Rosso Corsa/Tan RHD UK
14101	365	GTB/4 Daytona #393/1284 71 Yellow/Black LHD US
14102	308	GT/4 Dino Red/dark brown RHD UK
14103	365	GTB/4 Daytona Spider Conversion by Autokraft #391/1284 71 Red/Black RHD UK plexi eng. #14103
14104	308	GT/4 Dino Red/
14105	365	GTB/4 Daytona #392/1284 71 LHD US
14106	?08	GT/4 Dino
14107	365	GTB/4 Daytona Competition Conversion #439/1284 71 Red/Black LHD EU Gold rims
14108	308	GT/4 Dino Metallic Grey
14109	365	GTB/4 Daytona #383/1284 71 Red/Tan RHD UK plexi
14110	208	GT/4 Dino Anthracite LHD
14111	365	GTB/4 Daytona #384/1284 71 Bronze RHD UK plexi eng. #14111
14112	308	GT/4 Dino Red/
14113	365	GTB/4 Daytona Spider Conversion by Autosport #443/1284 71 Rosso Corsa/Verde then Black int. LHD EU popup lights eng. #B502/1026
14114	?08	GT/4 Dino
14115	365	GTB/4 Daytona #423/1284 70 Red/Black Red inserts LHD EU plexi
14116	?08	GT/4 Dino
14117	365	GTB/4 Daytona #447/1284 70 Red then Dark Blue RHD UK plexiglass eng. #14117

s/n	Type	Comments	s/n	Type	Comments
14118	308	GT/4 Dino Red/	14171	365	GTB/4 Daytona #430/1284 71 Yellow/Black LHD US
14119	365	GTB/4 Daytona #406/1284 71 Red/Black RHD UK plexi eng. #14119 probably last RHD-plexi	14172	308	GT/4 Dino Black/Tan
			14173	365	GTB/4 Daytona #431/1284 71 Red/Black LHD US eng. #251
14120	308	GT/4 Dino Silver/	14174	?08	GT/4 Dino
14121	365	GTB/4 Daytona first UK pop up car #448/1284 71 Blue Dino metallic/Pelle Blue RHD UK	14175	365	GTB/4 Daytona Geneva Show Car #432/1284 71 Black LHD US
14122	308	GT/4 Dino Red/Black - Blue inserts RHD	14176	308	GT/4 Dino
14123	365	GTB/4 Daytona #397/1284 71 LHD US	14177	365	GTB/4 Daytona #451/1284 71 LHD EU
14124	?08	GT/4 Dino	14178	308	GT/4 Dino Red/Black RHD
14125	365	GTB/4 Daytona #398/1284 71 Silver/Red & Black LHD US	14179	365	GTC/4 Geneva Show Car #2/500 71 LHD EU
			14180	?08	GT/4 Dino
14126	308	GT/4 Dino Blue/	14181	365	GTC/4 Geneva Show Car #3/500 71 Red/Tan LHD EU
14127	365	GTB/4 Daytona #411/1284 71 Red/Black LHD EU	14182	?08	GT/4 Dino
14128	?08	GT/4 Dino	14183	365	GTB/4 Daytona #452/1284 71 Black/Black LHD EU
14129	365	GTB/4 Daytona Spider Conversion by Michael Sheehan #413/1284 71 Red/Black LHD US	14184	?08	GT/4 Dino
			14185	365	GTB/4 Daytona #433/1284 71 LHD US
14130	308	GT/4 Dino	14186	308	GT/4 Dino
14131	365	GTB/4 Daytona #399/1284 71 Red/Black LHD US	14187	365	GTB/4 Daytona #434/1284 71 Red/Black LHD US
14132	?08	GT/4 Dino	14188	?08	GT/4 Dino
14133	365	GTB/4 Daytona #400/1284 71 Red/Black LHD US	14189	365	GTB/4 Daytona #446/1284 71 Red/Black LHD US
14134	?08	GT/4 Dino	14190	?08	GT/4 Dino
14135	365	GTB/4 Daytona #401/1284 71 Red/Black US	14191	365	GTB/4 Daytona #43/1284 71 Red/Black LHD US
14136	?08	GT/4 Dino	14192	308	GT/4 Dino Red/Black
14137	365	GTB/4 Daytona #402/1284 71 LHD US	14193	365	GTB/4 Daytona #438/1284 71 LHD US
14138	?08	GT/4 Dino	14194	?08	GT/4 Dino
14139	365	GTB/4 Daytona #403/1284 71 Black/Black LHD US	14195	365	GTB/4 Daytona Spider Conversion #440/1284 71 dark Red/Black LHD US eng. #B818
14140	308	GT/4 Dino Red/Black	14196	308	GT/4 Dino Red/Black dark Blue velour seat centres RHD shields
14141	365	GTB/4 Daytona Competition Conversion by Traco unoffical Competition NART #404/1284 71 Red NART Livery LHD US	14197	365	GTB/4 Daytona Spider Conversion #436/1284 71 LHD US
14142	308	GT/4 Dino	14198	308	GT/4 Dino
14143	365	GTB/4 Daytona #405/1284 71 LHD US	14199	365	GTB/4 Daytona Spider Conversion by Autosport, Bastiglia (Italy) #441/1284 71 Yellow/Tan Black inserts LHD US eng. #B816
14144	308	GT/4 Dino Silver			
14145	365	GTB/4 Daytona #408/1284 71 LHD US			
14146	?08	GT/4 Dino			
14147	365	GTB/4 Daytona #409/1284 71 Red/Black LHD US	14200	?08	GT/4 Dino
14148	?08	GT/4 Dino	14201	365	GTB/4 Daytona #453/1284 72 Red/Tan & Black LHD EU
14149	365	GTB/4 Daytona #410/1284 71 LHD US	14202	308	GT/4 Dino 78 dark Blue/beige
14150	308	GT/4 Dino Black/Crema	14203	365	GTB/4 Daytona #444/1284 71 LHD CDN
14151	365	GTB/4 Daytona Series 2 #414/1284 71 Red/Black LHD US	14204	308	GT/4 Dino 78 Metallic Brown/Dark Brown
			14205	365	GTB/4 Daytona #454/1284 71 LHD EU
14152	?08	GT/4 Dino	14206	308	GT/4 Dino Red/Crema EU
14153	365	GTB/4 Daytona Spider Conversion by Straman #415/1284 71 Red/Black LHD US	14207	365	GTB/4 Daytona #435/1284 71 LHD US
			14208	308	GT/4 Dino Blue/
14154	308	GT/4 Dino Red/	14209	365	GTB/4 Daytona #449/1284 71 Yellow/Black LHD US eng. #8990
14155	365	GTB/4 Daytona #412/1284 71 LHD US			
14156	208	GT/4 Dino 4/78 TdF Blue/Black cloth eng. #765	14210	308	GT/4 Dino
			14211	365	GTB/4 Daytona Spider Conversion by Straman #445/1284 71 Red/Black Black top LHD US
14157	365	GTB/4 Daytona #416/1284 71 Red/Black LHD US eng.#B944	14212	308	GT/4 Dino
14158	208	GT/4 Dino Black/Crema	14213	365	GTB/4 Daytona Spider Conversion #442/1284 71 LHD US
14159	365	GTB/4 Daytona #417/1284 71 Red/Black Red Inserts LHD US	14214	308	GT/4 Dino Red/Tan
14160	?08	GT/4 Dino	14215	365	GTB/4 Daytona #457/1284 71 LHD US
14161	365	GTB/4 Daytona #418/1284 71 LHD US	14216	308	GT/4 Dino Yellow/Crema
14162	308	GT/4 Dino Dark Blue Metallic/Magnolia RHD	14217	365	GTB/4 Daytona #458/1284 71 Red/Black LHD US
14163	365	GTB/4 Daytona #418/1284 71 LHD US	14218	?08	GT/4 Dino
14164	?08	GT/4 Dino	14219	365	GTB/4 Daytona #459/1284 71 Red/Tan & Black LHD US eng. #B942
14165	365	GTB/4 Daytona #419/1284 71 LHD US			
14166	?08	GT/4 Dino	14220	?08	GT/4 Dino
14167	365	GTB/4 Daytona #420/1284 71 Red/Black LHD US eng. #B968	14221	365	GTB/4 Daytona #467/1284 71 LHD US
			14222	?08	GT/4 Dino
14168	308	GT/4 Dino	14223	365	GTB/4 Daytona #468/1284 71 Red/Black LHD US
14169	365	GTB/4 Daytona #429/1284 71 Red/Tan LHD US			
14170	?08	GT/4 Dino			

s/n	Type	Comments
14224	?08	GT/4 Dino
14225	365	GTB/4 Daytona #460/1284 71 Red/Black LHD US eng. #B846
14226	308	GT/4 Dino Red/Black
14227	365	GTB/4 Daytona #466/1284 71 LHD US
14228	308	GT/4 Dino Red
14229	365	GTB/4 Daytona #469/1284 71 LHD US
14230	308	GT/4 Dino Fly Giallo/dark brown Sunroof LHD US
14231	365	GTB/4 Daytona #461/1284 71 LHD US
14232	?08	GT/4 Dino
14233	365	GTB/4 Daytona #470/1284 71 Rosso Corsa/Black & Burgundy LHD US eng. #B806 confirmed
14234	?08	GT/4 Dino
14235	365	GTB/4 Daytona #473/1284 71 LHD US
14236	308	GT/4 Dino 78 Black/Black LHD US
14237	365	GTB/4 Daytona #462/1284 71 Red/Black LHD US eng. #B1030
14238	308	GT/4 Dino Red/
14239	365	GTB/4 Daytona #471/1284 71 Black/Black LHD US
14240	308	GT/4 Dino
14241	365	GTB/4 Daytona #475/1284 72LHD US
14242	?08	GT/4 Dino
14243	365	GTB/4 Daytona #472/1284 71 LHD US
14244	308	GT/4 Dino Red/Black LHD US
14245	365	GTB/4 Daytona #477/1284 71 Red/Black LHD EU plexi
14246	?08	GT/4 Dino
14247	365	GTB/4 Daytona #487/1284 71 Red/Red LHD US
14248	308	GT/4 Dino
14249	365	GTB/4 Daytona #474/1284 71 Dark Grey met./Black LHD US eng. #3920
14250	308	GT/4 Dino Silver/Red
14251	365	GTB/4 Daytona #486/1284 71 Yellow then Rosso Chiaro/Black & Red Inserts LHD US eng. #B 986
14252	308	GT/4 Dino Red/Black LHD EU
14253	365	GTB/4 Daytona #487/1284 71 LHD US
14254	308	GT/4 Dino 78 Red/F106AL14254 eng. #3251
14255	365	GTB/4 Daytona Spider Conversion #481/1284 71 Yellow/Black LHD US
14256	308	GT/4 Dino
14257	365	GTB/4 Daytona Spider Conversion #482/1284 71 Black/beige LHD US
14258	?08	GT/4 Dino
14259	365	GTB/4 Daytona #480/1284 71 Red/Black LHD EU
14260	308	GT/4 Dino Silver/tan RHD UK
14261	365	GTB/4 Daytona #455/1284 71 LHD EU
14262	308	GT/4 Dino
14263	365	GTB/4 Daytona #456/1284 71 LHD EU
14264	308	GT/4 Dino 78 Red/Tan Converted to EU specifications
14265	365	GTB/4 Daytona #463/1284 71 Rosso Corsa/Nero LHD US
14266	308	GT/4 Dino
14267	365	GTB/4 Daytona #479/1284 71 LHD US
14268	308	GT/4 Dino 7/78 Black/Black
14269	365	GTB/4 Daytona Spider Conversion #464/1284 71 Red/Tan Black inserts RHD UK
14270	?08	GT/4 Dino
14271	365	GTB/4 Daytona the "Cannonball" Car #485/1284 71 Sunoco Blue/Black LHD US
14272	?08	GT/4 Dino
14273	365	GTB/4 Daytona #478/1284 71 LHD US
14274	308	GT/4 Dino Red/Black
14275	365	GTB/4 Daytona #465/1284 71 Red/Black RHD UK eng. #14275
14276	?08	GT/4 Dino
14277	365	GTC/4 Geneva Auto Show #1/500 71 ivory/Blue LHD EU
14278	?08	GT/4 Dino
14279	365	GTB/4 Daytona #488/1284 71 LHD US
14280	?08	GT/4 Dino
14281	365	GTB/4 Daytona Spider Conversion by NART #489/1284 71 Red/Black LHD US
14282	?08	GT/4 Dino
14283	365	GTB/4 Daytona #483/1284 71 LHD CDN
14284	?08	GT/4 Dino
14285	365	GTB/4 Daytona Spider Conversion #490/1284 71 LHD US
14286	308	GT/4 Dino Red Black Boxer Trim/Black Sunroof LHD US
14287	365	GTB/4 Daytona #493/1284 71 LHD US
14288	?08	GT/4 Dino
14289	365	GTB/4 Daytona #496/1284 71 LHD US
14290	?08	GT/4 Dino
14291	365	GTB/4 Daytona #494/1284 71 LHD CDN
14292	?08	GT/4 Dino
14293	365	GTB/4 Daytona Spider Conversion #476/1284 71 Red/Black then Dark Blue/Red Black inserts RHD UK Automatic conversion with cruise control
14294	?08	GT/4 Dino
14295	365	GTB/4 Daytona Spider Conversion #495/1284 71 Black/Black LHD US
14296	?08	GT/4 Dino
14297	365	GTB/4 Daytona #498/1284 71 Light green/Black & green LHD US eng. #B1060
14298	?08	GT/4 Dino
14299	365	GTB/4 Daytona Marion NART Spider by Michelotti #497/1284 71 grigio ferro/Rosso VM 893 LHD US removable rollbar, ex-Steve McQueen
14300	308	GT/4 Dino
14301	365	GTB/4 Daytona #500/1284 71 Red/Black LHD US
14302	308	GT/4 Dino Blue/
14303	365	GTB/4 Daytona #492/1284 71 Black/Tan & Black LHD CDN
14304	308	GT/4 Dino
14305	365	GTB/4 Daytona #499/1284 71 LHD US
14306	?08	GT/4 Dino
14307	365	GTB/4 Daytona #491/1284 71 LHD EU
14308	?08	GT/4 Dino
14309	365	GTB/4 Daytona #502/1284 71 Red RHD UK
14310	308	GT/4 Dino Red
14311	365	GTB/4 Daytona #505/1284 71 LHD EU
14312	?08	GT/4 Dino
14313	365	GTB/4 Daytona #501/1284 71 Yellow/Black LHD EU
14314	308	GT/4 Dino
14315	365	GTB/4 Daytona #507/1284 71 LHD EU
14316	?08	GT/4 Dino
14317	365	GTB/4 Daytona #506/1284 71 LHD EU
14318	308	GT/4 Dino dark Red metallic/Crema LHD
14319	365	GTB/4 Daytona #511/1284 71 Red/Black LHD US, ex-Roger Penske
14320	308	GT/4 Dino
14321	365	GTB/4 Daytona Competition Conversion by Richard Chester #504/1284 71 RedBlack RHD UK
14322	?08	GT/4 Dino
14323	365	GTB/4 Daytona #515/1284 71 Red/Tan RHD UK
14324	308	GT/4 Dino
14325	365	GTB/4 Daytona #%12/1284 71 LHD EU
14326	308	GT/4 Dino Red/
14327	365	GTB/4 Daytona #508/1284 71 LHD EU
14328	?08	GT/4 Dino
14329	365	GTB/4 Daytona #509/1284 71 Red/Tan LHD US

s/n	Type	Comments	s/n	Type	Comments
14330	?08	GT/4 Dino	14383	365	GTS/4 Daytona #5/121 71 Nocciola 106-M-27 then Red then Gold then Red then Gold/Black LHD US
14331	365	GTB/4 Daytona #510/1284 71 Red/crema LHD US			
14332	?08	GT/4 Dino	14384	308	GT/4 Dino Green then Grey/Red RHD
14333	365	GTB/4 Daytona #503/1284 71 RHD UK	14385	365	GTB/4 Daytona #536/1284 71 LHD EU
14334	308	GT/4 Dino 79 Red/Black	14386	308	GT/4 Dino
14335	365	GTB/4 Daytona #513/1284 71 Red/Black LHD US	14387	365	GTS/4 Daytona #7/121 7/71 LHD US
			14388	308	GT/4 Dino Red/Black eng. #3331 trans. #3869
14336	?08	GT/4 Dino	14389	365	GTS/4 Daytona #6/121 71 LHD US
14337	365	GTB/4 Daytona #517/1284 71 Red/Black LHD	14390	?08	GT/4 Dino
14338	?08	GT/4 Dino	14391	365	GTB/4 Daytona Spider Conversion #561/1284 Red/Black LHD EU
14339	365	GTB/4 Daytona #516/1284 71 Grigio Metallizzato/Nero LHD EU pop-up headlights			
			14392	?08	GT/4 Dino
14340	308	GT/4 Dino Red/	14393	365	GTB/4 Daytona #525/1284 Red/Black LHD US
14341	365	GTB/4 Daytona #514/1284 71 LHD US	14394	?08	GT/4 Dino
14342	?08	GT/4 Dino	14395	365	GTS/4 Daytona #8/121 71 Red/Tan LHD US
14343	365	GTB/4 Daytona #518/1284 71 Red/Black LHD EU	14396	?08	GT/4 Dino
			14397	365	GTB/4 Daytona Spider Conversion by Saffir or Autokraft #559/1284 71 Blue Chiaro/Blue Black inserts RHD UK
14344	?08	GT/4 Dino			
14345	365	GTB/4 Daytona Series II #519/1284 71 Rosso Corsa/beige Black piping LHD EU			
			14398	308	GT/4 Dino 78 Blue/Tan RHD eng. #V8/14398
14346	?08	GT/4 Dino	14399	365	GTB/4 Daytona #563/1284 71 LHD EU
14347	365	GTB/4 Daytona Spider Conversion #520/1284 8/71 Red/Red then Black int. LHD EU	14400	308	GT/4 Dino 78 Red/Black eng. #14400
			14401	365	GTB/4 Daytona #554/1284 71 LHD EU
14348	308	GT/4 Dino Red/Crema RHD UK	14402	308	GT/4 Dino Series 3 Red/Black LHD US
14349	365	GTB/4 Daytona #521/1284 71 Red/Tan LHD EU	14403	365	GTS/4 Daytona #4/121 7/71 Red/Black LHD US eng. # B1192
14350	308	GT/4 Dino 78 Red F106AL14350 eng. #2985	14404	308	GT/4 Dino Yellow/Red
14351	365	GTB/4 Daytona #530/1284 72 silver/dark Blue RHD UK	14405	365	GTB/4 Daytona #562/1284 71 Silver/Black LHD EU
			14406	?08	GT/4 Dino
14352	308	GT/4 Dino Red/	14407	365	GTB/4 Daytona Competizione Series I #1/5 71 Red & Blue/Black LHD EU Alloy
14353	365	GTB/4 Daytona #529/1284 71 Celeste Green/tan then Azzurro/tan RHD UK			
			14408	308	GT/4 Dino Series 3 Red/Black Sunroof
14354	308	GT/4 Dino	14409	365	GTB/4 Daytona #564/1284 71 Red/Black LHD EU eng.#14409
14355	365	GTB/4 Daytona #531/1284 71 LHD EU			
14356	?08	GT/4 Dino	14410	?08	GT/4 Dino
14357	365	GTB/4 Daytona Spider Conversion #532/1284 71 LHD EU	14411	365	GTB/4 Daytona #546/1284 71 Rosso Corsa/Black Daytona seats Red inserts Red carpeting LHD EU
14358	308	GT/4 Dino			
14359	365	GTB/4 Daytona #535/1284 71 Red/Black LHD EU	14412	308	GT/4 Dino Series 3 10/78 Rosso chiaro/beige LHD US sunroof
14360	308	GT/4 Dino 79 metallic Blue/dark Blue LHD EU Sunroof			
			14413	365	GTB/4 Daytona Spider Conversion #545/1284 71 Red/Black RHD UK
14361	365	GTB/4 Daytona #537/1284 71 LHD US			
14362	308	GT/4 Dino Red/Beige & Cloth centres	14414	308	GT/4 Dino 78 Red/Black LHD
14363	365	GTB/4 Daytona #522/1284 71 Viola met./White LHD EU	14415	365	GTS/4 Daytona #3/121 71 Red/Black LHD EU
			14416	308	GT/4 Dino
14364	308	GT/4 Dino 78 Red & Black/Red FL106AL143641	14417	365	GTB/4 Daytona #523/1284 71 LHD US
			14418	308	GT/4 Dino Blue/Black RHD UK
14365	365	GTS/4 Daytona #1/121 6/71 Red/Tan Black top	14419	365	GTC/4 #6/500 71 White/Red LHD EU F101AC10014419
			14420	308	GT/4 Dino
14366	?08	GT/4 Dino	14421	365	GTB/4 Daytona #524/1284 71 Black/Brown LHD US
14367	365	GTB/4 Daytona #533/1284 71 LHD EU			
14368	?08	GT/4 Dino	14422	308	GT/4 Dino
14369	365	GTB/4 Daytona #538/1284 71 LHD EU	14423	365	GTB/4 Daytona #528/1284 71 LHD EU
14370	308	GT/4 Dino 78 Red RHD	14424	308	GT/4 Dino
14371	365	GTS/4 Daytona #9/121 71 Azzurro 106-A-32 then Black/Black RHD UK Sultan of Brunei	14425	365	GTB/4 Daytona Spider Conversion by Straman Black #551/1284 71 Black/Tan LHD US
			14426	?08	GT/4 Dino
14372	?08	GT/4 Dino	14427	365	GTB/4 Daytona #547/1284 71 LHD EU
14373	365	GTS/4 Daytona #10/121 71 Rosso Chiaro/Black Red carpets RHD UK	14428	308	GT/4 Dino Black/Black LHD Sunroof US
			14429	365	GTB/4 Daytona Competizione Series I #2/5 4/71 Red White/Black Blue inserts LHD EU plexi alloy
14374	308	GT/4 Dino ?/Black Crashed			
14375	365	GTS/4 Daytona #2/121 7/71 Rosso Chiaro//Beige Black top LHD EU			
			14430	308	GT/4 Dino 78 Red/Tan
14376	?08	GT/4 Dino	14431	365	GTB/4 Daytona #527/1284 71 Red LHD US
14377	365	GTB/4 Daytona #549/1284 71 LHD EU	14432	?08	GT/4 Dino
14378	308	GT/4 Dino 78 Red/F106AL14378 eng. #3344	14433	365	GTC/4 #7/500 71 LHD EU
14379	365	GTB/4 Daytona #534/1284 71 LHD EU	14434	?08	GT/4 Dino
14380	?08	GT/4 Dino	14435	365	GTC/4 #4/500 71 LHD EU
14381	365	GTB/4 Daytona #550/1284 71 LHD EU	14436	308	GT/4 Dino Red/Black
14382	?08	GT/4 Dino			

s/n	Type	Comments
14437	365	GTB/4 Daytona Competizione Series I #3/5 71 Red Filipinetti stripe/Red golden wheels LHD alloy
14438	?08	GT/4 Dino 78 Red/Red Leather
14439	365	GTB/4 Daytona #526/1284 71 Rossa Corsa/Black LHD US
14440	308	GT/4 Dino Red/Black
14441	365	GTB/4 Daytona #539/1284 71 Red/Black LHD US
14442	308	GT/4 Dino
14443	365	GTB/4 Daytona #541/1284 LHD US
14444	308	GT/4 Dino
14445	365	GTB/4 Daytona #542/1284 LHD CDN
14446	308	GT/4 Dino Silver/Black
14447	365	GTC/4 #12/500 LHD EU
14448	308	GT/4 Dino Red
14449	365	GTB/4 Daytona #543/1284 71 Red LHD US
14450	?08	GT/4 Dino
14451	365	GTB/4 Daytona Spider Conversion #560/1284 Rosso Corsa/ tan LHD US
14452	?08	GT/4 Dino
14453	365	GTB/4 Daytona Spider Conversion #544/1284 71 Yellow/Tan LHD US eng. #B1286
14454	308	GT/4 Dino
14455	365	GTC/4 #10/500 71 LHD EU
14456	308	GT/4 Dino
14457	365	GTB/4 Daytona #540/1284 71 Rosso Chiaro/Black LHD US eng. #B-1266
14458	?08	GT/4 Dino
14459	365	GTC/4 #11/500 71 Red LHD EU
14460	?08	GT/4 Dino
14461	365	GTC/4 #9/500 72 dark Blue then Red/Black LHD EU F101AC10014461
14462	?08	GT/4 Dino
14463	365	GTS/4 Daytona #13/121 71 LHD US
14464	?08	GT/4 Dino
14465	365	GTS/4 Daytona Paris Show Car #11/121 71 LHD EU
14466	308	GT/4 Dino
14467	365	GTC/4 #16/500 71 Dark green/Black LHD EU ex-Prince Bernhard
14468	308	GT/4 Dino
14469	365	GTS/4 Daytona #12/121 9/71 LHD US ex-Dennis Autrey
14470	308	GT/4 Dino Dark Red/Tan LHD US
14471	365	GTS/4 Daytona #15/121 71 Red/Black & Red LHD US
14472	?08	GT/4 Dino
14473	365	GTS/4 Daytona #14/121 71 LHD US
14474	?08	GT/4 Dino
14475	365	GTB/4 Daytona 555/1284 71 Red/Tan LHD Black inserts LHD CDN
14476	?08	GT/4 Dino
14477	365	GTC/4 Spider Conversion #14/500 71 Blue Sera/tan LHD EU
14478	308	GT/4 Dino Blue Metallic/Blue RHD
14479	365	GTC/4 Paris Show Car #23/500 71 LHD EU
14480	?08	GT/4 Dino
14481	365	GTB/4 Daytona #558/1284 71 Red/Tan Black inserts LHD CDN
14482	308	GT/4 Dino Red/Crema
14483	365	GTB/4 Daytona #569/1284 LHD US
14484	?08	GT/4 Dino
14485	365	GTC/4 #34/500 71 LHD EU
14486	308	GT/4 Dino
14487	365	GTB/4 Daytona Spider Conversion #548/1284 LHD EU
14488	?08	GT/4 Dino
14489	365	GTB/4 Daytona Competizione #556/1284 71 LHD US
14490	308	GT/4 Dino Silver Black Boxer Trim/Black
14491	365	GTB/4 Daytona #557/1284 72 Red/Tan LHD US eng. #B1278
14492	?08	GT/4 Dino
14493	365	GTC/4 #13/500 71 Dark Blue met./Black LHD EU
14494	?08	GT/4 Dino
14495	365	GTB/4 Daytona #571/1284 LHD US
14496	308	GT/4 Dino Dark Blue/Bordeaux & Blue RHD UK
14497	365	GTB/4 Daytona #553/1284 LHD EU
14498	?08	GT/4 Dino
14499	365	GTC/4 Paris Show Car #24/500 71 Brown/Black LHD EU ex-Pozzi Collection
14500	308	GT/4 Dino 78 Red/Tan
14501	365	GTB/4 Daytona #552/1284 Red/Black LHD US
14502	308	GT/4 Dino
14503	365	GTC/4 #15/500 71 Brown met./beige LHD EU F101AC101 14503 eng. #F1 01AC00000460
14504	?08	GT/4 Dino
14505	365	GTB/4 Daytona #584/1284 LHD EU
14506	308	GT/4 Dino Red/Black
14507	365	GTB/4 Daytona #565/1284 LHD
14508	308	GT/4 Dino Rosso barchetta/tan & brown LHD EU DINOF106AL 14508
14509	365	GTB/4 Daytona #573/1284 71 Blue then Yellow RHD UK eng. #14509
14510	?08	GT/4 Dino
14511	365	GTB/4 Daytona #588/1284 LHD US
14512	?08	GT/4 Dino
14513	365	GTB/4 Daytona London Motor Show car #574/1284 71 Dino Blue metallic/beige RHD UK
14514	308	GT/4 Dino Red/Creme
14515	365	GTC/4 #29/500 71 LHD EU
14516	308	GT/4 Dino 12/78 330 P4 Replica Rosso Corsa/Nero LHD
14517	365	GTB/4 Daytona #575/1284 71 Red Magnolia RHD UK eng. #14517
14518	308	GT/4 Dino Brown/tan then Red/Black
14519	365	GTC/4 #20/500 71 LHD EU
14520	308	GT/4 Dino 78 Black
14521	365	GTB/4 Daytona #589/1284 LHD US
14522	308	GT/4 Dino 79 Red F106AL14522 eng. #2992
14523	365	GTB/4 Daytona #576/1284 71 Blue RHD UK
14524	?08	GT/4 Dino
14525	365	GTB/4 Daytona #577/1284 RHD UK
14526	308	GT/4 Dino
14527	365	GTC/4 #32/500 71 LHD EU
14528	308	GT/4 Dino
14529	365	GTB/4 Daytona #570/1284 LHD US
14530	?08	GT/4 Dino Red/Black & Red
14531	365	GTB/4 Daytona #587/1284 LHD US
14532	308	GT/4 Dino Metallic brown/tan LHD EU
14533	365	GTC/4 #17/500 71 LHD EU
14534	?08	GT/4 Dino
14535	365	GTC/4 #22/500 71 Red/Black LHD EU
14536	?08	GT/4 Dino
14537	365	GTS/4 Daytona #16/500 71 Dark Blue/Red/Black Inserts Blue top LHD EU
14538	?08	GT/4 Dino
14539	365	GTS/4 Daytona #19/500 71 Red/Black LHD US
14540	?08	GT/4 Dino
14541	365	GTB/4 Daytona #567/1284 LHD EU
14542	?08	GT/4 Dino
14543	365	GTS/4 Daytona #20/121 9/71 LHD US
14544	308	GT/4 Dino Red/Black RHD UK
14545	365	GTC/4 #27/500 71 LHD EU
14546	?08	GT/4 Dino
14547	365	GTS/4 Daytona #18/121 71 silver metallic/Black LHD EU
14548	308	GT/4 Dino Red/Black Sunroof
14549	365	GTS/4 Daytona #17/121 72 Red/Black LHD EU
14550	?08	GT/4 Dino

s/n	Type	Comments
14551	365	GTC/4 #8/500 71 LHD EU
14552	308	GT/4 Dino Red/Natural
14553	365	GTS/4 Daytona #23/121 Fly Giallo/Black LHD US
14554	308	GT/4 Dino 78Blue/tan then Red/Tan Sunroof US
14555	365	GTC/4 London Show Car #30/500 71 Azzurro/Dark Blue RHD UK, #1/38 RHD
14556	308	GT/4 Dino 11/78 White/Black F106AL14556
14557	365	GTS/4 Daytona #21/121 9/71 Rosso chiaro 20-R-190/nero LHD US
14558	308	GT/4 Dino 78 Burgundy Black Boxer Trim,/Tan
14559	365	GTC/4 #21/500 71 LHD EU
14560	308	GT/4 Dino Black/Red LHD Sunroof US
14561	365	GTC/4 London Show Car #44/500 71 Azzurro/Tan RHD UK #2/38 RHD
14562	?08	GT/4 Dino
14563	365	GTS/4 Daytona #25/121 71 Red/Black & Red LHD US
14564	?08	GT/4 Dino
14565	365	GTB/4 Daytona #24/121 72 Red then Fly Giallo/Black LHD US
14566	308	GT/4 Dino
14567	365	GTC/4 #39/500 71 White then silver/Black LHD EU
14568	308	GT/4 Dino
14569	365	GTB/4 Daytona #572/1284 71 Silver/Red LHD US eng. # 251
14570	308	GT/4 Dino Metallic BlueBlack/Blue Sunroof
14571	365	GTC/4 #5/500 71 brown met./tan LHD EU
14572	308	GT/4 Dino Red
14573	365	GTC/4 #36/500 71 Blue Ribot/Beige LHD EU
14574	?08	GT/4 Dino
14575	365	GTB/4 Daytona #595/1284 LHD
14576	?08	GT/4 Dino
14577	365	GTB/4 Daytona #601/1284 10/71 Red/Beige & Black LHD CDN
14578	308	GT/4 Dino Red/Black RHD
14579	365	GTC/4 #35/500 71 Red then Silver/Beige LHD US eng. # 14579
14580	308	GT/4 Dino Azzurro Blue/Crema & Dark Blue
14581	365	GTB/4 Daytona Series 2 #590/1284 72 Rosso Corsa/tan Black inserts Black piping LHD US eng. #1314
14582	308	GT/4 Dino 78 Red Black Boxer Trim/Black Sunroof
14583	365	GTC/4 #26/500 72 Nitro Red/Black & grey LHD US
14584	?08	GT/4 Dino
14585	365	GTB/4 Daytona #600/1284 71 LHD US
14586	308	GT/4 Dino
14587	365	GTC/4 #33/500 71 LHD EU
14588	?08	GT/4 Dino
14589	365	GTB/4 Daytona #606/1284 71 LHD US
14590	308	GT/4 Dino 78 Red/Tan
14591	365	GTC/4 #18/500 71 LHD EU
14592	308	GT/4 Dino 79 Blue/tan, then Dark Blue/Black EU
14593	365	GTB/4 Daytona #608/1284 71 Silver/Black LHD US
14594	?08	GT/4 Dino
14595	365	GTB/4 Daytona #595/1284 LHD
14596	?08	GT/4 Dino
14597	365	GTC/4 #33/500 71 LHD EU
14598	308	GT/4 Dino
14599	365	GTB/4 Daytona #606/1284 71 Red/Black LHD US
14600	308	GT/4 Dino 78 Red Black Boxer Trim/Beige
14601	365	GTB/4 Daytona #566/1284 LHD EU
14602	308	GT/4 Dino Red/Crema RHD UK
14603	365	GTC/4 #40/500 72 Dark Blue LHD EU F101AC101 14603 eng. #F101AC00014603
14604	308	GT/4 Dino Red/Crema grey inserts RHD UK

s/n	Type	Comments
14605	365	GTS/4 Daytona #22/121 72 Red/beige & Black LHD EU eng. #14605 ex- Marisa Berenson
14606	308	GT/4 Dino
14607	365	GTC/4 #42/500 71 LHD EU
14608	308	GT/4 Dino Series III 78 Silver Black Boxer Trim/Red then Teal int. LHD US Sunroof Ansa exhaust
14609	365	GTB/4 Daytona #568/1284 LHD EU
14610	308	GT/4 Dino Race conversion Dark Blue/Black RHD UK
14611	365	GTC/4 #37/500 71 LHD EU
14612	308	GT/4 Dino Red Black Boxer Trim/Black cloth
14613	365	GTB/4 Daytona #578/1284 71 Silver/Blue & Black RHD UK
14614	?08	GT/4 Dino
14615	365	GTC/4 #25/500 71 LHD EU
14616	?08	GT/4 Dino
14617	365	GTB/4 Daytona #579/1284 LHD
14618	?08	GT/4 Dino
14619	365	GTC/4 #19/500 71 LHD US
14620	308	GT/4 Dino Red/Tan LHD Sunroof US
14621	365	GTC/4 #38/500 71 LHD EU
14622	308	GT/4 Dino
14623	365	GTB/4 Daytona #586/1284 71 Yellow/Black LHD EU
14624	308	GT/4 Dino
14625	365	GTC/4 #41/500 71 Maroone met./Tan Brown checked cloth seat centres LHD EU
14626	?08	GT/4 Dino
14627	365	GTB/4 Daytona #611/1284 71 Rosso Rubino/tan
14628	308	GT/4 Dino 78 Red/Black eng. #932
14629	365	GTC/4 #48/500 71 Black/Tan LHD EU
14630	?08	GT/4 Dino
14631	365	GTB/4 Daytona #607/1284 71 LHD US
14632	308	GT/4 Dino 78 Black/Black
14633	365	GTC/4 #51/500 71 LHD EU
14634	?08	GT/4 Dino
14635	365	GTB/4 Daytona #612/1284 71 Black/Tan LHD US
14636	308	GT/4 Dino 78 silver/Red LHD US
14637	365	GTC/4 #43/500 71 LHD EU
14638	?08	GT/4 Dino
14639	365	GTB/4 Daytona #602/1284 LHD CDN
14640	?08	GT/4 Dino
14641	365	GTC/4 #49/500 71 LHD EU
14642	308	GT/4 Dino Red Black Boxer Trim/Beige
14643	365	GTB/4 Daytona #609/1284 71 Red/Black LHD US
14644	308	GT/4 Dino
14645	365	GTB/4 Daytona #604/1284 71 Red/Black RHD UK
14646	308	GT/4 Dino Silver/Black LHD EU
14647	365	GTB/4 Daytona #615/1284 71 Red/Black &Grey LHD CDN
14648	308	GT/4 Dino Yellow/Black
14649	365	GTB/4 Daytona #619/1284 71 Red/Black & beige RHD front spoiler Yellow rims
14650	308	GT/4 Dino
14651	365	GTC/4 Paris Show Car #55/500 71 LHD EU
14652	308	GT/4 Dino Silver
14653	365	GTB/4 Daytona #623/1284 71 Red/Black LHD US
14654	?08	GT/4 Dino
14655	365	GTC/4 #46/500 71 LHD
14656	308	GT/4 Dino Dark metallic Blue/Blue Azzurro inserts RHD UK
14657	365	GTC/4 #54/500 71 LHD EU
14658	?08	GT/4 Dino
14659	365	GTB/4 Daytona #613/1284 71 LHD CDN
14660	?08	GT/4 Dino
14661	365	GTC/4 #57/500 71 Grey LHD EU

s/n	Type	Comments
14662	308	GT/4 Dino
14663	365	GTB/4 Daytona Montreal Show Car #625/1284 71 LHD CDN
14664	?08	GT/4 Dino
14665	365	GTB/4 Daytona 614/1284 71 LHD CDN
14666	?08	GT/4 Dino
14667	365	GTC/4 #58/500 71 Silver/Black & Red LHD EU
14668	?08	GT/4 Dino
14669	365	GTB/4 Daytona #627/1284 71 LHD US
14670	308	GT/4 Dino Red/Tan
14671	365	GTS/4 Daytona #26/121 71 LHD US
14672	308	GT/4 Dino
14673	365	GTC/4 #53/500 71 LHD EU
14674	?08	GT/4 Dino
14675	365	GTC/4 #56/500 71 Silver/Black LHD EU
14676	?08	GT/4 Dino
14677	365	GTB/4 Daytona #605/138 71 Red/Black RHD UK eng. #14677
14678	308	GT/4 Dino Red/Crema & Black
14679	365	GTC/4 #28/500 71 Blu Chiaro/beige LHD EU F101AC10014679
14680	308	GT/4 Dino Met. Brown/Tan cloth
14681	365	GTC/4 #52/500 71 Marrone then Grey/brown LHD EU
14682	?08	GT/4 Dino
14683	365	GTB/4 Daytona Spider Conversion by Straman #628/1284 71 Red/Tan then Yellow LHD US
14684	?08	GT/4 Dino
14685	365	GTC/4 #65/500 71 LHD EU
14686	308	GT/4 Dino Red/Black
14687	365	GTC/4 Spider Conversion by Scaglietti #47/500 71 Red/Tan Red inserts LHD EU
14688	?08	GT/4 Dino
14689	365	GTB/4 Daytona #581/1284 71 LHD EU
14690	?08	GT/4 Dino
14691	365	GTC/4 #66/500 71 LHD EU
14692	308	GT/4 Dino
14693	365	GTB/4 Daytona #617/1284 71 LHD EU
14694	308	GT/4 Dino 79 Red/Black F106AL/A14694
14695	365	GTC/4 #68/500 71 LHD EU
14696	?08	GT/4 Dino
14697	365	GTB/4 Daytona #585/1284 71 Red/grey LHD EU
14698	?08	GT/4 Dino
14699	365	GTS/4 Daytona Montreal Car Show #27/121 71 Yellow LHD
14700	308	GT/4 Dino Blue/Crema RHD
14701	365	GTB/4 Daytona #593/1284 71 LHD EU
14702	308	GT/4 Dino Black/all tan had Black int. LHD EU
14703	365	GTC/4 #67/500 71 LHD EU
14704	308	GT/4 Dino Blue/Crema
14705	365	GTC/4 #71/500 71 LHD EU
14706	?08	GT/4 Dino
14707	365	GTC/4 #70/500 dark Blue/Black LHD EU
14708	308	GT/4 Dino Silver/
14709	365	GTB/4 Daytona #580/1284 71 Rosso Corsa/Black LHD EU
14710	?08	GT/4 Dino
14711	365	GTB/4 Daytona #583/1284 71 LHD EU
14712	308	GT/4 Dino 78 Rosso Corsa/Black LHD EU eng. # 245
14713	365	GTC/4 #64/500 71 LHD EU ex-Jacky Ickx
14714	308	GT/4 Dino silver/Black
14715	365	GTC/4 #75/500 71 Black/Red LHD EU
14716	?08	GT/4 Dino
14717	365	GTB/4 Daytona #582/1284 71 LHD EU
14718	308	GT/4 Dino 78 Red/Black RHD
14719	365	GTB/4 Daytona #630/1284 71 LHD US
14720	?08	GT/4 Dino
14721	365	GTC/4 #73/500 71 LHD EU
14722	?08	GT/4 Dino
14723	365	GTC/4 #77/500 71 LHD EU
14724	?08	GT/4 Dino
14725	365	GTB/4 Daytona #620/1284 71 LHD
14726	?08	GT/4 Dino
14727	365	GTC/4 #50/500 71 Cream White then Black LHD EU
14728	308	GT/4 Dino Red/Black
14729	365	GTB/4 Daytona #621/1284 Silver/Black stripe in side groove/Red & Black striped inserts LHD US
14730	?08	GT/4 Dino
14731	365	GTC/4 #72/500 72 Dark Blue met./Black LHD EU F101AC10014731
14732	?08	GT/4 Dino
14733	365	GTC/4 #78/500 71 LHD EU
14734	308	GT/4 Dino
14735	365	GTB/4 Daytona #622/1284 71 LHD US
14736	308	GT/4 Dino 79 Red RHD
14737	365	GTS/4 Daytona #28/121 10/71 silver/Black then Red/Tan LHD US ex-Evel Knievel
14738	?08	GT/4 Dino
14739	365	GTS/4 Daytona #29/121 11/71 Red/Tan LHD CDN
14740	?08	GT/4 Dino
14741	365	GTB/4 Daytona #636/1284 71 RHD UK
14742	?08	GT/4 Dino
14743	365	GTC/4 #76/500 71 LHD EU
14744	?08	GT/4 Dino
14745	365	GTC/4 #80/500 72 Black/Tan LHD US F101AC10114745
14746	?08	GT/4 Dino
14747	365	GTB/4 Daytona #618/1284 71 RHD UK
14748	?08	GT/4 Dino
14749	365	GTC/4 #74/500 71 Red/Black LHD EU
14750	308	GT/4 Dino 10/78 Black then Red/Black Blue carpet Sunroof
14751	365	GTC/4 #69/500 71 LHD EU
14752	308	GT/4 Dino Silver/Black
14753	365	GTB/4 Daytona #645/1284 11/71 dark Blue/Black LHD US
14754	?08	GT/4 Dino
14755	365	GTB/4 Daytona #624/1284 72 Russo Rojo/Black LHD US
14756	?08	GT/4 Dino
14757	365	GTC/4 #79/500 71 LHD EU
14758	308	GT/4 Dino 79 Red/Black
14759	365	GTC/4 #81/500 71 LHD EU
14760	308	GT/4 Dino
14761	365	GTS/4 Daytona #31/121 71 Red/Black & Burgundy inserts LHD US
14762	308	GT/4 Dino
14763	365	GTB/4 Daytona #638/1284 72 Red/Black LHD US
14764	?08	GT/4 Dino
14765	365	GTB/4 Daytona #626/1284 71 Red then Blue Chiaro/Black LHD US
14766	?08	GT/4 Dino
14767	365	GTB/4 Daytona #639/1284 71 LHD US
14768	308	GT/4 Dino Red/Tan
14769	365	GTB/4 Daytona #637/1284 72 Red/Black LHD US
14770	?08	GT/4 Dino
14771	365	GTB/4 Daytona #629/1284 71 Silver/Black LHD US
14772	?08	GT/4 Dino
14773	365	GTB/4 Daytona #657/1284 71 LHD US
14774	308	GT/4 Dino 79 Red/Black RHD Black carpets
14775	365	GTB/4 Daytona #658/1284 71 LHD EU
14776	308	GT/4 Dino 79 Azzurro (106-A-32)/dark Blu (VM 3282) RHD UK Eng. # 14776
14777	365	GTB/4 Daytona #642/1284 71 Red/Black LHD US
14778	308	GT/4 Dino
14779	365	GTS/4 Daytona #32/121 72 Black then Silver/Black Black top LHD US

s/n	Type	Comments
14780	?08	GT/4 Dino
14781	365	GTB/4 Daytona Spider Conversion #641/1284 71 LHD US
14782	308	GT/4 Dino Black/Black
14783	365	GTB/4 Daytona #640/1284 71 LHD US
14784	?08	GT/4 Dino
14785	365	GTC/4 #82/500 71 LHD EU
14786	208	GT/4 Dino Red/Black
14787	365	GTC/4 #84/500 71 LHD EU
14788	?08	GT/4 Dino
14789	365	GTB/4 Daytona #596/1284 71 Red/Black LHD EU
14790	308	GT/4 Dino Metallic Brown/Brown
14791	365	GTC/4 #87/500 71 Yellow LHD EU
14792	308	GT/4 Dino Red/Tan
14793	365	GTB/4 Daytona #651/1284 71 Silver/Blue RHD UK
14794	308	GT/4 Dino
14795	365	GTB/4 Daytona #649/1284 71 Argento Auteuil/Blue RHD UK Azzurro carpets
14796	?08	GT/4 Dino
14797	365	GTC/4 #91/500 71 Azzurro/Tan LHD US
14798	?08	GT/4 Dino
14799	365	GTC/4 #85/500 71 LHD EU
14800	308	GT/4 Dino
14801	365	GTC/4 #83/500 71 dark Green then Red/Tan LHD EU
14802	308	GT/4 Dino
14803	365	GTB/4 Daytona #650/1284 71 RHD UK
14804	308	GT/4 Dino EU
14805	365	GTB/4 Daytona Spider Conversion Brussels Show Car 71 Rosso Corsa/Tan LHD EU
14806	308	GT/4 Dino
14807	365	GTC/4 #94/500 71 Rosso Nearco then Rosso Corsa/Black LHD EU eng. # 00095
14808	308	GT/4 Dino reported to be stolen in Italy
14809	365	GTC/4 #93/500 12/71 Rosso Corsa/Black LHD US
14810	?08	GT/4 Dino
14811	365	GTC/4 #92/500 71 Silver/dark Blue then Black/Black LHD US
14812	308	GT/4 Dino Red/Crema RHD UK
14813	365	GTS/4 Daytona #31/121 12/71 Giallo then Red LHD US
14814	308	GT/4 Dino Silver
14815	365	GTC/4 #99/500 71 Black/Black LHD US
14816	308	GT/4 Dino
14817	365	GTB/4 Daytona #644/1284 71 LHD US
14818	?08	GT/4 Dino
14819	365	GTB/4 Daytona #643/1284 71 Fly Giallo/Black LHD US
14820	?08	GT/4 Dino
14821	365	GTB/4 Daytona #656/1284 71 Rosso Colorado/Tan LHD US
14822	?08	GT/4 Dino
14823	365	GTS/4 Daytona #33/121 12/71 LHD US
14824	308	GT/4 Dino Red/Crema RHD UK
14825	365	GTB/4 Daytona #664/1284 71 LHD US
14826	?08	GT/4 Dino
14827	365	GTB/4 Daytona #646/1284 71 Red/Black LHD US
14828	308	GT/4 Dino Silver/Blue RHD UK
14829	365	GTS/4 Daytona #34/121 71 Red Silver nose LHD US feat. in the movie "Gumball Rally"
14830	?08	GT/4 Dino
14831	365	GTB/4 Daytona #667/1284 71 Dark Red/Tan LHD UK
14832	308	GT/4 Dino Red/Black
14833	365	GTC/4 #96/500 72 Red/Tan LHD US
14834	?08	GT/4 Dino
14835	365	GTC #101/500 71 Red/Black LHD US
14836	308	GT/4 Dino
14837	365	GTC/4 #139/500 71 Rosso dark Red/Tan LHD US F101AC10014837
14838	?08	GT/4 Dino
14839	365	GTB/4 Daytona #653/1284 71 Rosso/Crema RHD
14840	?08	GT/4 Dino
14841	365	GTC/4 #97/500 12/71 Blu Chiaro/Black & White & Blue checked cloth seats LHD US
14842	?08	GT/4 Dino
14843	365	GTC/4 #100/500 72 Black Yellow stripe/Black LHD US
14844	308	GT/4 Dino Red/Black LHD
14845	365	GTC/4 #45/500 71 Azzurro RHD UK #3 RHD
14846	?08	GT/4 Dino
14847	365	GTB/4 Daytona #671/500 71 LHD US
14848	?08	GT/4 Dino
14849	365	GTB/4 Daytona Spider Conversion by Mike Sheehan #660/1284 71 silver LHD US was Comp. Conversion
14850	?08	GT/4 Dino
14851	365	GTB/4 Daytona #661/1284 72 Blue/Blue LHD US
14852	?08	GT/4 Dino
14853	365	GTB/4 Daytona #662/1284 71 LHD US
14854	?08	GT/4 Dino
14855	365	GTB/4 Daytona #663/1284 71 LHD US
14856	208	GT/4 Dino
14857	365	GTS/4 Daytona #35/121 71 Black/Tan LHD US
14858	?08	GT/4 Dino
14859	365	GTB/4 Daytona Spider Conversion #665/1284 71 LHD US
14860	308	GT/4 Dino dark Red/Tan
14861	365	GTB/4 Daytona #672/1284 71 LHD US
14862	?08	GT/4 Dino
14863	365	GTS/4 Daytona #36/121 71 LHD US
14864	308	GT/4 Dino Red/Tan
14865	365	GTB/4 Daytona #674/1284 71 LHD US
14866	?08	GT/4 Dino
14867	365	GTB/4 Daytona #594/1284 71 LHD EU
14868	?08	GT/4 Dino
14869	365	GTC/4 #103/500 71 LHD US
14870	308	GT/4 Dino Silver/Blue RHD UK
14871	365	GTC/4 #95/500 71 LHD US
14872	308	GT/4 Dino 80 Silver F106AL14872 eng. #F106B00623
14873	365	GTC/4 #86/500 71 LHD EU
14874	?08	GT/4 Dino
14875	365	GTB/4 Daytona #592/1284 71 LHD EU
14876	308	GT/4 Dino Grigio
14877	365	GTC/4 #104/500 71 light Green met. LHD US
14878	?08	GT/4 Dino
14879	365	GTC/4 #150/500 71 Red/Black RHD UK
14880	?08	GT/4 Dino
14881	365	GTB/4 Daytona #652/1284 72 Brown then Green then Red RHD UK
14882	308	GT/4 Dino 80 Red F106AL14882 eng. #3718
14883	365	GTC/4 #60/500 71 Red/Black RHD UK eng. #14883
14884	308	GT/4 Dino Blue
14885	365	GTB/4 Daytona Competizione Series I #4/5 71 Red NART-stripe/Black LHD eng. #1476 Alloy & glas #701/1383
14886	?08	GT/4 Dino
14887	365	GTC/4 #102/500 71 LHD US
14888	308	GT/4 Dino 79 Red/Tan
14889	365	GTB/4 Daytona Competizione Series I #5/5 71 Rosso Chiaro then Red NART-stripe/Black LHD US last alloy #702/1383
14890	?08	GT/4 Dino
14891	365	GTC/4 #106/500 12/71 LHD US
14892	308	GT/4 Dino
14893	365	GTB/4 Daytona #616/1284 71 LHD EU
14894	208	GT/4 Dino Argento/Tan Dark grey piping LHD

s/n	Type	Comments
14895	365	GTB/4 Daytona #675/1284 72 dark Red/Black LHD US
14896	?08	GT/4 Dino
14897	365	GTB/4 Daytona NART Spider Conversion by Michelotti #676/1284 Azzurro/Tan LHD US removable rollbar
14898	308	GT/4 Dino Silver/Black LHD EU
14899	365	GTB/4 Daytona #677/1284 72 Red/Tan & Black LHD US
14900	?08	GT/4 Dino
14901	365	GTS/4 Daytona #39/121 71 LHD EU
14902	308	GT/4 Dino Red/Tan
14903	365	GTB/4 Daytona #678/1284 71 Red/Tan LHD US
14904	308	GT/4 Dino 7/79 Brown/Beige suede
14905	365	GTB/4 Daytona #659/1284 71 LHD US
14906	308	GT/4 Dino
14907	365	GTB/4 Daytona #681/1284 71 LHD US
14908	308	GT/4 Dino Maroon/Light Tan LHD
14909	365	GTB/4 Daytona #682/1284 71 LHD US
14910	308	GT/4 Dino 79 Red/Magnolia RHD eng. #14910
14911	365	GTB/4 Daytona Spider Conversion by Straman #683/1284 71 Rosso Corsa/Tan & Red Daytona Seats LHD US
14912	308	GT/4 Dino Brown/beige EU
14913	365	GTS/4 Daytona #37/121 71 LHD US
14914	308	GT/4 Dino 6/79 Red RHD
14915	365	GTB/4 Daytona #680/1284 71 Rosso Corsa/Black LHD US
14916	?08	GT/4 Dino
14917	365	GTB/4 Daytona #679/1284 71 LHD US
14918	?08	GT/4 Dino
14919	365	GTC/4 #110/500 71 LHD US
14920	?08	GT/4 Dino
14921	365	GTC/4 #113/500 12/71 Red/Black & Red LHD US
14922	308	GT/4 Dino Red/Crema-brown
14923	365	GTC/4 #98/500 71 LHD US
14924	?08	GT/4 Dino
14925	365	GTC/4 #109/500 71 Black/Black LHD US F101AC10014925
14926	?08	GT/4 Dino
14927	365	GTC/4 #120/500 12/71 Red/Black LHD US probably converted by Chinetti as NART Spider
14928	?08	GT/4 Dino
14929	365	GTC/4 #116/500 72 Red/Black Red inserts LHD US
14930	308	GT/4 Dino
14931	365	GTC/4 #112/500 71 Black/Black cloth Red inserts LHD US F101AC10014931 eng. #F101AC000018
14932	?08	GT/4 Dino
14933	365	GTC/4 Los Angeles Show Car #122/500 12/71 US LHD
14934	308	GT/4 Dino
14935	365	GTC/4 #108/500 12/71 Black/Black LHD US
14936	?08	GT/4 Dino
14937	365	GTC/4 #111/500 12/71 LHD US
14938	?08	GT/4 Dino
14939	365	GTC/4 #126/500 71 LHD US
14940	308	GT/4 Dino
14941	365	GTC/4 #114/500 71 LHD US
14942	308	GT/4 Dino
14943	365	GTC/4 #117/500 72 Black/Tan LHD US
14944	308	GT/4 Dino 79 Red/Crema RHD UK F106AL14944 eng. #F106A00003745
14945	365	GTC/4 #107/500 12/71 Red/Black LHD US
14946	308	GT/4 Dino Red/Tan
14947	365	GTC/4 #115/500 72 light Blue/Red LHD US
14948	?08	GT/4 Dino
14949	365	GTC/4 #123/500 71 LHD US
14950	308	GT/4 Dino
14951	365	GTC/4 #125/500 71 Brown met./Tan LHD US
14952	308	GT/4 Dino Red/dark Blue RHD UK Sunroof
14953	365	GTC/4 #129/500 71 Dark Red LHD US
14954	308	GT/4 Dino Red/Black
14955	365	GTC/4 #124/500 71 LHD US
14956	?08	GT/4 Dino
14957	365	GTC/4 #121/500 71 Red/Tan LHD US ex-Giorgio Moroder
14958	308	GT/4 Dino Red
14959	365	GTC/4 #118/500 12/71 dark Red/Tan LHD US
14960	?08	GT/4 Dino
14961	365	GTC/4 #136/500 71 LHD US
14962	?08	GT/4 Dino
14963	365	GTC/4 Spider Conversion by West Virginia Classic #127/500 71 Anthracite met. then Red/Black LHD US
14964	308	GT/4 Dino Red/
14965	365	GTC/4 #134/500 71 LHD US
14966	308	GT/4 Dino 81 Silver F106AL14966 eng. eng. #3776
14967	365	GTC/4 #137/500 72 Red/Tan LHD US
14968	?08	GT/4 Dino
14969	365	GTC/4 #130/500 71 LHD US
14970	308	GT/4 Dino Red/Black
14971	365	GTC/4 #135/500 72 Red/Tan LHD EU
14972	308	GT/4 Dino 79 Blue Metallic F106AL14972
14973	365	GTC/4 #128/500 12/71 Red/Black LHD US
14974	308	GT/4 Dino 6/79 Silver/Red eng. #3816
14975	365	GTC/4 #132/500 72 Red/Tan LHD US
14976	?08	GT/4 Dino
14977	365	GTC/4 #133/500 12/71 Black/Black LHD US
14978	308	GT/4 Dino Blue/Crema RHD
14979	365	GTC/4 #131/500 71 LHD US
14980	?08	GT/4 Dino
14981	365	GTC/4 #140/500 12/71 LHD US
14982	308	GT/4 Dino
14983	365	GTC/4 #105/500 71 LHD CDN
14984	308	GT/4 Dino
14985	365	GTC/4 #138/500 12/71 LHD US
14986	?08	GT/4 Dino
14987	365	GTC/4 #119/500 71 LHD US
14988	308	GT/4 Dino 79 Rosso (20.3.90)/Tan (VM 4208) RHD UK eng. # 14988
14989	365	GTB/4 Daytona #684/1284 71 LHD US
14990	308	GT/4 Dino
14991	365	GTB/4 Daytona #686/1284 71 LHD US
14992	?08	GT/4 Dino
14993	365	GTS/4 Daytona #1238/121 12/71 Red/Black LHD US
14994	?08	GT/4 Dino
14995	365	GTB/4 Daytona Spider Conversion #688/1284 71 LHD US
14996	308	GT/4 Dino White/tan
14997	365	GTB/4 Daytona Spider Conversion by Straman #690/1284 12/71 Bronze/Black then Red/Black Black Top then Black/Black LHD EU
14998	308	GT/4 Dino Red/Red & Black
14999	365	GTB/4 Daytona #691/1284 71 LHD US
15000	?08	GT/4 Dino
15001	365	GTB/4 Daytona #693/1284 71 Silver/Blue Scuro then Rosso Bordeaux/Sabbia Black Inserts LHD US
15002	308	GT/4 Dino Red/beige RHD UK
15003	365	GTB/4 Daytona Spider Conversion #687/1284 71 Azzurro/Tan LHD US removable rollbar
15004	308	GT/4 Dino Red (20-R-187)/Tan leather then Black leather eng. #14865
15005	365	GTB/4 Daytona #689/1284 71 LHD US
15006	308	GT/4 Dino
15007	365	GTS/4 Daytona Los Angeles Show Car #40/121 71 LHD US
15008	308	GT/4 Dino Series 3
15009	365	GTB/4 Daytona #692/1284 72 Red/Black LHD US

s/n	Type	Comments	s/n	Type	Comments
15010	308	GT/4 Dino Red/Crema RHD UK Shields deep front spoiler	15065	365	GTB/4 Daytona #634/1284 72 LHD EU
			15066	?08	GT/4 Dino
15011	365	GTB/4 Daytona Competizione #673/1284 71 Rosso Chiaro/Black LHD US	15067	365	GTB/4 Daytona #631/1284 72 LHD EU
			15068	308	GT/4 Dino Azzure/Black
15012	?08	GT/4 Dino	15069	365	GTB/4 Daytona Geneva Show Car #711/1284 72 Yellow LHD EU
15013	365	GTB/4 Daytona #694/1284 72 Brown metallic/tan Black inserts LHD US			
			15070	308	GT/4 Dino Rosso Rubino/Creme RHD UK
15014	?08	GT/4 Dino	15071	365	GTC/4 #157/500 72 LHD EU
15015	365	GTB/4 Daytona #695/1284 72 LHD US ass. #695	15072	?08	GT/4 Dino
			15073	365	GTC/4 #61/500 72 argento then Dark Red/Tan RHD UK #6/38 RHD
15016	308	GT/4 Dino Series 3 Black/Black LHD Sunroof, star wheels US			
			15074	208	GT/4 Dino Red/Crema & grey LHD
15017	365	GTB/4 Daytona #685/1284 72 Red/Black LHD US	15075	365	GTC/4 #156/500 72 LHD EU
			15076	308	GT/4 Dino
15018	308	GT/4 Dino	15077	365	GTC/4 #148/500 72 LHD EU
15019	365	GTB/4 Daytona #647/1284 Dark Blue then/Yellow/Black LHD EU	15078	308	GT/4 Dino 80 Black/beige
			15079	365	GTC/4 #159/500 72 RHD UK
15020	308	GT/4 Dino Series 3	15080	308	GT/4 Dino Red Black Boxer Trim/Black , sunroof
15021	365	GTB/4 Daytona #598/1284 71 LHD US			
15022	?08	GT/4 Dino	15081	365	GTC/4 #165/500 72 Red/Black LHD EU
15023	365	GTB/4 Daytona #666/1284 72 Red/Black LHD UK	15082	?08	GT/4 Dino
			15083	365	GTC/4 #171/500 72 LHD EU
15024	308	GT/4 Dino Red/Black RHD UK	15084	308	GT/4 Dino Silver Black Boxer Trim/Black LHD US
15025	365	GTC/4 #143/500 72 brown met./brown LHD EU			
			15085	365	GTC/4 #88/500 72 RHD UK #9/38 RHD
15026	308	GT/4 Dino Yellow/Black	15086	308	GT/4 Dino 79 Silver Black Boxer Trim/Black F106AL15086
15027	365	GTB/4 Daytona Spider Conversion #654/1284 72 LHD US			
			15087	365	GTC/4 #158/500 72 LHD EU
15028	308	GT/4 Dino Blue	15088	308	GT/4 Dino Black/Black LHD UK
15029	365	GTC/4 #59/500 72 LHD AUS #4/38 RHD	15089	365	GTC/4 #168/500 72 LHD EU
15030	?08	GT/4 Dino	15090	308	GT/4 Dino reported to be stolen in France
15031	365	GTC/4 #144/500 72 LHD EU	15091	365	GTC/4 #161/500 72 LHD EU
15032	308	GT/4 Dino Black/Crema Black inserts RHD UK	15092	308	GT/4 Dino Red Black Boxer Trim/Black
15033	365	GTC/4 #145/500 72 LHD EU	15093	365	GTC/4 #160/500 72 Black/Black LHD EU eng. rebuilt
15034	?08	GT/4 Dino			
15035	365	GTB/4 Daytona #696/1284 71 RHD	15094	?08	GT/4 Dino
15036	308	GT/4 Dino 79, Red/Black	15095	365	GTB/4 Daytona #668/1284 72 LHD EU ass. #668, body #. 7??/B
15037	365	GTC/4 #146/500 72 silver grrey met./Red LHD EU			
			15096	308	GT/4 Dino
15038	?08	GT/4 Dino	15097	365	GTB/4 Daytona #697/1284 72 LHD EU
15039	365	GTC/4 #141/500 72 LHD EU	15098	308	GT/4 Dino Black/Black
15040	?08	GT/4 Dino	15099	365	GTB/4 Daytona #706/1284 72 Red/Tan RHD UK
15041	365	GTC/4 #147/500 72 LHD EU			
15042	?08	GT/4 Dino	15100	308	GT/4 Dino Red
15043	365	GTC/4 #155/500 72 LHD EU	15101	365	GTB/4 Daytona #632/1284 72 LHD EU
15044	308	GT/4 Dino Black/White	15102	308	GT/4 Dino Silver/Black
15045	365	GTC/4 #63/500 Azzurro/Blue RHD UK #8/38 RHD	15103	365	GTB/4 Daytona #548/1284 72 Red/Black LHD EU
			15104	308	GT/4 Dino Red/Black RHD UK
15046	308	GT/4 Dino Silver/dark BlueBlue RHD UK	15105	365	GTB/4 Daytona #653/1284 72 Black/Black LHD EU
15047	365	GTC/4 #167/500 71 Blu Chiaro/Beige LHD CH			
15048	308	GT/4 Dino 80 Yellow RHD	15106	308	GT/4 Dino
15049	365	GTC/4 #153/500 72 LHD UK	15107	365	GTB/4 Daytona #669/1284 72 Red/Tan LHD EU
15050	?08	GT/4 Dino			
15051	365	GTC/4 Geneva Show Car #166/500 72	15108	308	GT/4 Dino Red Black Boxer Trim/Tan LHD Sunroof US
15052	308	GT/4 Dino Black/Tan			
15053	365	GTB/4 Daytona #633/1284 72 Dark metallic green/Tan LHD EU	15109	365	GTB/4 Daytona #670/1284 72 LHD EU
			15110	?08	GT/4 Dino
15054	308	GT/4 Dino Azzurro metallic/Crema Blue carpets RHD	15111	365	GTB/4 Daytona #700/1284 72 Red/Tan EU
			15112	308	GT/4 Dino Silver/Black LHD EU
15055	365	GTB/4 Daytona #699/1284 72 Sera Blue/light Blue RHD UK	15113	365	GTB/4 Daytona #766/1284 72 Red/Black LHD US
			15114	308	GT/4 Dino Anthracite/Red
15056	308	GT/4 Dino 80 Red Black Boxer Trim/Tan LHD	15115	365	GTB/4 Daytona #768/1284 72Red/Black Stripes Black LHD US
15057	365	GTB/4 Daytona Competition Conversion #597/1284 72 Red/Black LHD EU			
			15116	?08	GT/4 Dino
15058	308	GT/4 Dino Red Black Boxer Trim/Crema Sunroof	15117	365	GTB/4 Daytona #767/1284 72 Yellow/tan LHD US
			15118	?08	GT/4 Dino
15059	365	GTB/4 Daytona #635/1284 72 LHD EU	15119	365	GTC/4 #162/500 72 LHD EU
15060	308	GT/4 Dino Light metallic Green	15120	308	GT/4 Dino Red Black Boxer Trim/Creme
15061	365	GTB/4 Daytona #710/1284 72 LHD EU	15121	365	GTC/4 #142/500 72 Silver/Black LHD
15062	?08	GT/4 Dino			
15063	365	GTB/4 Daytona #698/1284 72 Dark Red/Tan RHD UK			
15064	?08	GT/4 Dino			

s/n	Type	Comments
15122	308	GT/4 Dino Silver/Black
15123	365	GTC/4 #164/500 72 LHD EU
15124	308	GT/4 Dino
15125	365	GTC/4 #177/500 72 LHD EU
15126	308	GT/4 Dino 79 Red/Black
15127	365	GTC/4 #174/500 72 LHD EU
15128	308	GT/4 Dino 80 Red/Black cloth F106AL15128 eng. #3930
15129	365	GTC/4 #159/500 72 LHD EU
15130	?08	GT/4 Dino
15131	365	GTC/4 #89/500 72 green/tan RHD UK #10/38 RHD
15132	308	GT/4 Dino Silver/Black
15133	365	GTC/4 Barcelona Show Car #175/500 72 Rosso Corsa/Black LHD EU F101AC10015133 Borrani wire wheels
15134	308	GT/4 Dino Red/Black
15135	365	GTC/4 #172/500 72 LHD
15136	308	GT/4 Dino Red/Brown
15137	365	GTC/4 #176/500 72 LHD
15138	?08	GT/4 Dino
15139	365	GTC/4 #170/500 72 LHD
15140	?08	GT/4 Dino
15141	365	GTC/4 #182/500 72 LHD EU
15142	308	GT/4 Dino Metallic Blue/Crema Sunroof
15143	365	GTC/4 #178/500 72 LHD ME
15144	308	GT/4 Dino
15145	365	GTC/4 #190/500 72 LHD EU
15146	308	GT/4 Dino reported to be stolen in FL, USA
15147	365	GTC/4 #184/500 72 Dark Blue/Tan LHD EU eng. #15147
15148	?08	GT/4 Dino
15149	365	GTC/4 #185/500 72 LHD EU
15150	?08	GT/4 Dino
15151	365	GTB/4 Daytona #770/1284 72 Red/Tan LHD US
15152	308	GT/4 Dino Red Black Boxer Trim/Tan
15153	365	GTB/4 Daytona #769/1284 72Black Red LHD US
15154	308	GT/4 Dino 80 Silver/Blue F106AL15154 eng. #3951
15155	365	GTB/4 Daytona #795/1284 72 Yellow/Black US
15156	308	GT/4 Dino Dark metallic Blue/Crema & Blue RHD UK
15157	365	GTB/4 Daytona Spider Conversion #772/1284 72 Black/Black & Red LHD EU
15158	?08	GT/4 Dino
15159	365	GTB/4 Daytona #773/1284 72 LHD EU
15160	308	GT/4 Dino Red & Black/Blue
15161	365	GTB/4 Daytona #771/1284 72 Red/Tan LHD US
15162	308	GT/4 Dino Silver/dark Red RHD UK
15163	365	GTB/4 Daytona #774/1284 72 LHD EU
15164	308	GT/4 Dino 79 Metallic Dark Blue/Tan LHD US Sunroof
15165	365	GTB/4 Daytona #775/1284 72 LHD EU
15166	308	GT/4 Dino White/Black
15167	365	GTB/4 Daytona Competition Conversion by Piet Roelofs #777/1284 72 Red/Black LHD US
15168	308	GT/4 Dino 79 Grigio/Red
15169	365	GTB/4 Daytona #776/1284 72 Dark Blue/Red LHD
15170	308	GT/4 Dino 81 Rosso Corsa F106AL15170 eng. #3962
15171	365	GTS/4 Daytona #55/121 72 LHD US
15172	308	GT/4 Dino Metallic Blue/Crema
15173	365	GTB/4 Daytona #789/1284 72 LHD US
15174	?08	GT/4 Dino
15175	365	GTB/4 Daytona #790/1284 72 Red LHD US
15176	308	GT/4 Dino
15177	365	GTB/4 Daytona #791/1284 72 Yellow/Black LHD EU
15178	?08	GT/4 Dino
15179	365	GTS/4 Daytona #54/121 72 LHD EU
15180	308	GT/4 Dino
15181	365	GTC/4 #241/500 1/72 dark Red then Red/Black LHD US
15182	308	GT/4 Dino
15183	365	GTC/4 #242/500 1/72 Canna di Fucile/Black LHD US
15184	208	GT/4 Dino Red/Crema & Blue cloth centres LHD
15185	365	GTC/4 #243/500 72 LHD US
15186	?08	GT/4 Dino
15187	365	GTC/4 #244/500 72 Red/Black LHD US
15188	308	GT/4 Dino Red
15189	365	GTC/4 #256/500 72 Red LHD US
15190	308	GT/4 Dino
15191	365	GTC/4 #258/500 1/72 Red/Black RHD UK eng. # 00256
15192	?08	GT/4 Dino
15193	365	GTC/4 #245/500 1/72 LHD EU
15194	?08	GT/4 Dino
15195	365	GTC/4 #266/500 72 LHD US
15196	308	GT/4 Dino Red Black Boxer Trim/Beige
15197	365	GTC/4 #257/500 1/72 Red/Black LHD US
15198	308	GT/4 Dino
15199	365	GTC/4 #259/500 1/72 LHD EU
15200	?08	GT/4 Dino
15201	365	GTC/4 #262/500 1/72 Rosso Nearco/Black LHD US
15202	?08	GT/4 Dino
15203	365	GTC/4 #260/500 1/72 Anthracite/Black LHD US
15204	308	GT/4 Dino 79 Red Black Boxer Trim/Tan
15205	365	GTC/4 #264/500 1/72 LHD US
15206	?08	GT/4 Dino
15207	365	GTC/4 #261/500 1/72 Dark Blue/Beige LHD US
15208	?08	GT/4 Dino
15209	365	GTC/4 #268/500 72 Dark Red/Crema LHD CDN
15210	308	GT/4 Dino
15211	365	GTC/4 #263/500 72 Red/Black LHD US
15212	308	GT/4 Dino Black/beige Sunroof
15213	365	GTC/4 #267/500 72 Red/Tan LHD US Targa-Conversion
15214	?08	GT/4 Dino
15215	365	GTC/4 #270/500 72 Silver/Black & Red LHD US
15216	308	GT/4 Dino Series 3
15217	365	GTC/4 #265/500 2/72 Red/Black LHD US
15218	?08	GT/4 Dino
15219	365	GTC/4 #269/500 72 Black/Tan LHD CDN
15220	308	GT/4 Dino Metallic Mink Black Boxer Trim/Black
15221	365	GTB/4 Daytona #707/1284 72 Red/Black LHD
15222	?08	GT/4 Dino
15223	365	GTB/4 Daytona #712/1284 72 LHD EU
15224	308	GT/4 Dino dark Blue
15225	365	GTB/4 Daytona Competizione Series II #1/5 Red/Black Red cloth seat LHD EU #731/1383
15226	308	GT/4 Dino 79 Grigio Ferro Metallico Black Boxer trim/Black F106AL15226
15227	365	GTB/4 Daytona #718/1284 72 Rosso Chiaro/Black & Red LHD EU
15228	?08	GT/4 Dino
15229	365	GTB/4 Daytona #721/1284 72 Red/Black LHD EU
15230	308	GT/4 Dino
15231	365	GTB/4 Daytona #717/1284 72 Red/Black Red inserts LHD EU
15232	?08	GT/4 Dino
15233	365	GTB/4 Daytona #603/1284 72 RHD JAP
15234	308	GT/4 Dino Red/Tan

s/n	Type	Comments
15235	365	GTB/4 Daytona #708/1284 72 LHD EU
15236	?08	GT/4 Dino
15237	365	GTB/4 Daytona #709/1284 72 Red/Black LHD EU
15238	?08	GT/4 Dino
15239	365	GTS/4 Daytona #44/121 72 Red/Red & Black LHD EU
15240	308	GT/4 Dino Red/
15241	365	GTB/4 Daytona #714/1284 72 Red/Tan LHD EU
15242	308	GT/4 Dino Silver/Red
15243	365	GTB/4 Daytona Spider Conversion by Straman #719/1284 Red/Tan LHD EU
15244	308	GT/4 Dino 79 Red/Black LHD
15245	365	GTC/4 #62/500 72 Dark Blue/Tan RHD UK #7/38 RHD
15246	308	GT/4 Dino 81 Silver F106AL15246 eng. #3963
15247	365	GTC/4 #173/500 72 LHD EU
15248	308	GT/4 Dino silver/Red
15249	365	GTC/4 #169/500 72 LHD EU
15250	?08	GT/4 Dino
15251	365	GTC/4 #163/500 72 LHD EU
15252	308	GT/4 Dino Rosso Corsa/Black LHD EU
15253	365	GTC/4 #186/500 72 LHD EU
15254	?08	GT/4 Dino
15255	365	GTC/4 #183/500 72 Silver/Dark Blue LHD EU eng. #516
15256	?08	GT/4 Dino
15257	365	GTC/4 #188/500 72 Silver/Black LHD EU
15258	308	GT/4 Dino 79 Red Black Boxer Trim/Black
15259	365	GTC/4 #197/500 72 Red/Black LHD EU
15260	308	GT/4 Dino Med. met. Blue/Crema & Blue
15261	365	GTC/4 #180/500 72 LHD EU
15262	308	GT/4 Dino Red/
15263	365	GTC/4 #149/500 72 Green RHD AUS F101AC10115263 eng. #F101AC00100197 #12/38 RHD
15264	308	GT/4 Dino
15265	365	GTC/4 #193/500 72 LHD EU
15266	?08	GT/4 Dino
15267	365	GTC/4 #199/500 72 LHD EU
15268	308	GT/4 Dino Red Black Boxer Trim/Tan Sunroof
15269	365	GTC/4 #90/500 72 RHD UK #11/38 RHD
15270	308	GT/4 Dino Anthracite Bordeaux
15271	365	GTB/4 Daytona #792/1284 Rosso Corsa/Black LHD US eng. #B1738
15272	?08	GT/4 Dino
15273	365	GTB/4 Daytona #794/1284 72 LHD US
15274	?08	GT/4 Dino
15275	365	GTB/4 Daytona Shooting Break Conversion by Panther #805/1284 72 Black/Beige LHD US
15276	308	GT/4 Dino 79 Rosso Corsa/Beige
15277	365	GTS/4 Daytona #41/121 72 LHD US
15278	?08	GT/4 Dino
15279	365	GTB/4 Daytona #806/1284 2/72 Yellow/Black LHD US
15280	?08	GT/4 Dino
15281	365	GTB/4 Daytona #819/1284 72 LHD US
15282	?08	GT/4 Dino
15283	365	GTS/4 Daytona #56/121 72 LHD US
15284	308	GT/4 Dino
15285	365	GTB/4 Daytona #807/1284 72 Red/Black LHD US converted to EU specifications
15286	?08	GT/4 Dino
15287	365	GTB/4 Daytona #808/1284 3/72 LHD US
15288	308	GT/4 Dino Silver/Red
15289	365	GTB/4 Daytona #809/1284 3/72 Rosso Chiaro/Black LHD US
15290	?08	GT/4 Dino
15291	365	GTB/4 Daytona #810/1284 72 Red/Black LHD US
15292	?08	GT/4 Dino
15293	365	GTB/4 Daytona #814/1284 3/72 Verde Pino/tan LHD US
15294	?08	GT/4 Dino
15295	365	GTB/4 Daytona #817/1284 72 LHD US
15296	?08	GT/4 Dino
15297	365	GTS/4 Daytona #57/121 72 Black/tan & Black inserts then Black LHD US
15298	308	GT/4 Dino Blue/Tan
15299	365	GTB/4 Daytona #815/1284 72 LHD US
15300	?08	GT/4 Dino
15301	365	GTB/4 Daytona #816/1284 72 LHD US
15302	308	GT/4 Dino 79 Blue/Tan Sunroof
15303	365	GTB/4 Daytona #793/1284 3/72 Red/Black LHD US
15304	308	GT/4 Dino Black/tan LHD US
15305	365	GTB/4 Daytona #841/1284 72 LHD US
15306	308	GT/4 Dino Red/Black LHD
15307	365	GTC/4 #282/500 2/72 Red/Black LHD US
15308	?08	GT/4 Dino
15309	365	GTC/4 #299/500 72 LHD US
15310	308	GT/4 Dino Yellow/Black & grey
15311	365	GTC/4 #280/500 72 LHD US
15312	?08	GT/4 Dino
15313	365	GTC/4 #281/500 72 Rosso Dino/Black LHD
15314	308	GT/4 Dino Red/Black RHD UK
15315	365	GTC/4 #283/500 2/72 LHD US
15316	?08	GT/4 Dino
15317	365	GTC/4 #300/500 2/72 LHD US
15318	?08	GT/4 Dino
15319	365	GTC/4 #311/500 72 Red/Black LHD US
15320	?08	GT/4 Dino
15321	365	GTC/4 #310/500 72 LHD US
15322	308	GT/4 Dino Red/Red RHD UK
15323	365	GTC/4 #312/500 72 Red/Tan LHD US
15324	308	GT/4 Dino Series 3 Red/Tan LHD US Sunroof
15325	365	GTC/4 #313/500 72 LHD US
15326	?08	GT/4 Dino
15327	365	GTC/4 #315/500 2/72 Silver/Red LHD US F101AC10015327
15328	?08	GT/4 Dino
15329	365	GTC/4 #314/500 2/72 Red/Tan LHD US
15330	308	GT/4 Dino
15331	365	GTC/4 #319/500 2//72 LHD US
15332	308	GT/4 Dino Red/Black LHD Sunroof US
15333	365	GTC/4 #320/500 2/72 Red then Silver/Black LHD US
15334	308	GT/4 Dino Black/all tan LHD EU
15335	365	GTC/4 #323/500 Red/Tan LHD US
15336	308	GT/4 Dino Red/Black
15337	365	GTC/4 #321/500 72 Oro Chiaro/Tan LHD US
15338	308	GT/4 Dino Red/Black
15339	365	GTC/4 #329/500 72 Dark Red/Red & Black seats LHD US
15340	?08	GT/4 Dino
15341	365	GTC/4 #339/500 72 LHD US
15342	308	GT/4 Dino
15343	365	GTC/4 #324/500 3/72 Red/Tan LHD US
15344	?08	GT/4 Dino
15345	365	GTC/4 #322/500 72 LHD US
15346	308	GT/4 Dino 12/79 Dark Blue/tan tan then Red/Tan
15347	365	GTC/4 #322/500 72 LHD US
15348	308	GT/4 Dino Red/Black
15349	365	GTC/4 #325/500 72 Silver/Black LHD US F101AC10015349 eng. #F10100000341
15350	?08	GT/4 Dino
15351	365	GTC/4 #327/500 72 LHD US
15352	308	GT/4 Dino 80 Red F106AL15352 eng. #4107
15353	365	GTC/4 #328/500 72 Green/Tan LHD US
15354	308	GT/4 Dino White Black Boxer Trim/Light Blue
15355	365	GTC/4 #352/500 72 Red/Tan LHD US
15356	?08	GT/4 Dino
15357	365	GTC/4 #326/500 72 LHD US

s/n	Type	Comments	s/n	Type	Comments
15358	308	GT/4 Dino Red/Black	15419	365	GTB/4 Daytona #820/1284 72 LHD US
15359	365	GTC/4 #330/500 72 Red LHD US	15420	308	GT/4 Dino 79 Red/Tan US F106AL15420
15360	308	GT/4 Dino 79 Red Black Boxer Trim/Black	15421	365	GTB/4 Daytona #843/1284 72 Silver LHD US
15361	365	GTC/4 #340/500 72 marrone Colorado met.then dark Blue/tan LHD US	15422	308	GT/4 Dino 80 Silver/Blue F106AL15422 eng. #F106A00004165 sunroof
15362	?08	GT/4 Dino	15423	365	GTB/4 Daytona #845/1284 72 Red/Tan & Black LHD
15363	365	GTC/4 #342/500 72 Black/Tan LHD US	15424	?08	GT/4 Dino
15364	308	GT/4 Dino	15425	365	GTB/4 Daytona #818/1284 72 Rosso/Black LHD US
15365	365	GTC/4 #351/500 72 LHD US	15426	308	GT/4 Dino Red/Crema RHD UK
15366	?08	GT/4 Dino	15427	365	GTB/4 Daytona #846/1284 72 LHD US
15367	365	GTB/4 Daytona #726/1284 72 Yellow LHD EU	15428	308	GT/4 Dino dark blu/beige
15368	308	GT/4 Dino Series 3 Silver Black Boxer trim/Red LHD US sunroof	15429	365	GTS/4 Daytona #62/121 4/72 Red/Black LHD CDN
15369	365	GTS/4 Daytona #43/121 72 Fly Giallo/Black LHD EU	15430	308	GT/4 Dino Series 3 Red Black Boxer Trim/tan LHD US Sunroof
15370	365	GT/4 Dino	15431	365	GTB/4 Daytona #842/1284 72 LHD US
15371	365	GTB/4 Daytona #727/1284 72 Medium Blue metallic/Black & Red LHD	15432	?08	GT/4 Dino
15372	?08	GT/4 Dino	15433	365	GTS/4 Daytona #64/121 72 LHD CDN
15373	365	GTB/4 Competizione Series II #2/5 72 Yellow/Black LHD EU #736/1383	15434	308	GT/4 Dino
15374	308	GT/4 Dino Series 3 Red/Black	15435	365	GTB/4 Daytona #848/1284 72 LHD US
15375	365	GTB/4 Daytona #728/1284 72 LHD EU	15436	308	GT/4 Dino Red/Black Cloth seat centers
15376	?08	GT/4 Dino	15437	365	GTB/4 Daytona #844/1284 72 LHD US
15377	365	GTB/4 Daytona #730/1284 72 LHD EU	15438	308	GT/4 Dino Grey Black Boxer Trim/Red Sunroof LHD US
15378	308	GT/4 Dino	15439	365	GTB/4 Daytona #847/1284 Red/Black US
15379	365	GTB/4 Daytona #723/1284 72 LHD EU	15440	?08	GT/4 Dino
15380	308	GT/4 Dino	15441	365	GTB/4 Daytona #851/1284 72 LHD US
15381	365	GTB/4 Daytona #748/1284 72 LHD EU	15442	308	GT/4 Dino Dark metallic Blue/Tan
15382	?08	GT/4 Dino	15443	365	GTB/4 Daytona #850/1284 72 Red/Tan & Black LHD US
15383	365	GTS/4 Daytona #42/121 73 Yellow/Black/Black cloth top LHD	15444	?08	GT/4 Dino
15384	?08	GT/4 Dino	15445	365	GTB/4 Daytona #849/1284 72 LHD US
15385	365	GTB/4 Daytona #729/1284 72 LHD ME	15446	308	GT/4 Dino
15386	308	GT/4 Dino Series 3 79 Rosso Rubino then Black/Tan LHD US Sunroof	15447	365	GTB/4 Daytona #861/1284 72 Silver then Red/Black & Red LHD US
15387	365	GTB/4 Daytona #749/500 72 Blue Ribot/beige RHD UK eng.#15387	15448	308	GT/4 Dino Red/Black
15388	?08	GT/4 Dino	15449	365	GTB/4 Daytona Spider Conversion by European Auto Restorations #864/1284 72 Fly Giallo/Black LHD US
15389	365	GTB/4 Daytona #733/1284 72 LHD EU	15450	308	GT/4 Dino Red/
15390	?08	GT/4 Dino	15451	365	GTB/4 Daytona #862/1284 72 Yellow/Black LHD US
15391	365	GTC/4 #191/500 6/72 Blu Sera/Cuio LHD EU	15452	?08	GT/4 Dino
15392	308	GT/4 Dino Series 3 Black/Black LHD US Sunroof	15453	365	GTB/4 Daytona #833/1284 72 Red/Tan LHD US
15393	365	GTC/4 #206/500 72 LHD EU	15454	308	GT/4 Dino Silver/Creme Red carpets
15394	308	GT/4 Dino 80 Blue Sera met./Crema	15455	365	GTB/4 Daytona #353/50072 Red/Tan LHD US
15395	365	GTC/4 #208/500 72 Dark Red/Tan LHD EU	15456	308	GT/4 Dino Red/Black LHD
15396	308	GT/4 Dino reported to be stolen in Italy	15457	365	GTC/4 #353/500 72 RHD
15397	365	GTC/4 #196/500 72 LHD US	15458	308	GT/4 Dino Azzurro/Tan then Red/Tan
15398	?08	GT/4 Dino	15459	365	GTC/4 #350/500 72 LHD US
15399	365	GTC/4 #198/500 72 LHD US	15460	308	GT/4 Dino
15400	308	GT/4 Dino	15461	365	GTC/4 #366/500 72 LHD US
15401	365	GTC/4 #201/500 72 LHD EU	15462	308	GT/4 Dino
15402	308	GT/4 Dino	15463	365	GTC/4 #355/500 3/72 LHD US
15403	365	GTC/4 #151/500 72 Rosso Chiaro/Black RHD UK F101AC10115403 eng. #F101AC00100194 #14/38 RHD	15464	?08	GT/4 Dino
			15465	365	GTC/4 #341/500 4/72 LHD US
15404	?08	GT/4 Dino	15466	?08	GT/4 Dino
15405	365	GTC/4 #189/500 72 Black/Black LHD EU	15467	365	GTC/4 #356/500 72 Red/Black
15406	308	GT/4 Dino 79 White then Black Black Boxer Trim/Red Sunroof LHD	15468	308	GT/4 Dino 80 Argento Metallic dark Blue RHD eng. #15468
15407	365	GTC/4 #202/500 72 Grigio/nero LHD EU	15469	365	GTC/4 #343/500 72 Red/Beige LHD US
15408	308	GT/4 Dino 80 Red RHD	15470	308	GT/4 Dino Brown Grey Black Boxer Trim/Creme
15409	365	GTC/4 #212/500 72 Black/tan LHD EU	15471	365	GTC/4 #358/500 72 Black/Black LHD US
15410	308	GT/4 Dino Silver/Black	15472	308	GT/4 Dino Red/Tan
15411	365	GTC/4 #179/500 72 LHD EU	15473	365	GTC/4 #354/500 4/72 LHD US
15412	?08	GT/4 Dino	15474	308	GT/4 Dino Last RHD
15413	365	GTC/4 #204/500 72 LHD EU	15475	365	GTC/4 #368/500 72 Rosso DIno/tan alloy wheels LHD US
15414	308	GT/4 Dino Grey/Red			
15415	365	GTC/4 #187/500 72 Red/Black LHD EU	15476	308	GT/4 Dino 80 White Blue stripes/Black
15416	308	GT/4 Dino dark Blue/Black			
15417	365	GTS/4 Daytona #61/121 72 LHD US			
15418	308	GT/4 Dino Red/Tan			

s/n	Type	Comments
15477	365	GTC/4 #367/500 72 LHD US
15478	308	GT/4 Dino
15479	365	GTC/4 #370/500 71 Red/Black cloth LHD US ex-Bill Harrah
15480	308	GT/4 Dino
15481	365	GTC/4 #357/500 72 LHD US
15482	308	GT/4 Dino
15483	365	GTC/4 #369/500 72 LHD US
15484	308	GT/4 Dino 80 Argento Auteil Metallic/Magnolia Rosso carpets RHD UK
15485	365	GTC/4 #371/500 4/72 LHD US
15486	?08	GT/4 Dino
15487	365	GTC/4 #372/500 72 LHD US
15488	308	GT/4 Dino Azzurro Black
15489	365	GTC/4 #373/500 Silver/Black LHD US
15490	308	GT/4 Dino Red/Tan
15491	365	GTC/4 #376/500 72 LHD US
15492	308	GT/4 Dino Red/Black
15493	365	GTC/4 #377/500 72 Brown met. LHD US Spider Conversion-project started but not finished
15494	308	GT/4 Dino Red
15495	365	GTC/4 #378/500 72 Red/Tan LHD
15496	?08	GT/4 Dino
15497	365	GTC/4 Spider Conversion by Claudio #381/500 Black/Black LHD ex-Michael Anthony Collection
15498	?08	GT/4 Dino
15499	365	GTC/4 #382/500 72 Blue chiaro/Black grey carpets LHD US
15500	?08	GT/4 Dino
15501	365	GTC/4 #374/500 72 LHD US
15502	?08	GT/4 Dino
15503	365	GTC/4 #379/500 72 LHD US
15504	?08	GT/4 Dino
15505	365	GTC/4 #383/500 Red/Tan LHD US
15506	308	GT/4 Dino Dark Red/Black then Rosso Corsa/Black LHD EU
15507	365	GTC/4 #389/500 Red/Tan LHD US
15508	?08	GT/4 Dino
15509	365	GTC/4 #387/500 72 Rosso Chiaro/Black LHD F101AC10015509
15510	308	GT/4 Dino Red/White
15511	365	GTC/4 #385/500 Red/Tan
15512	?08	GT/4 Dino
15513	365	GTC/4 #380/500 72 LHD US
15514	?08	GT/4 Dino
15515	365	GTC/4 #384/500 72 LHD US
15516	308	GT/4 Dino Yellow/Black, LHD
15517	365	GTB/4 Daytona #732/1284 72 Red/Black LHD EU
15518	308	GT/4 Dino Silver/Black LHD EU
15519	365	GTB/4 Daytona #747/1284 72 RHD UK
15520	308	GT/4 Dino Red/Crema EU
15521	365	GTB/4 Daytona Spider Conversion #720/1284 72 LHD EU
15522	?08	GT/4 Dino
15523	365	GTB/4 Daytona #725/1284 72 Rosso Chiaro/tan RHD UK eng. #1582 converted to LHD
15524	308	GT/4 Dino Oro/Black
15525	365	GTS/4 Daytona #48/121 72 LHD EU
15526	308	GT/4 Dino Red/Tan LHD EU
15527	365	GTB/4 Daytona #716/1284 72 LHD EU
15528	308	GT/4 Dino Black/Creme
15529	365	GTB/4 Daytona #713/1284 72 LHD EU
15530	308	GT/4 Dino Red/Black
15531	365	GTB/4 Daytona Spider Conversion #724/1284 73 Dark Blue RHD UK eng. #15531
15532	?08	GT/4 Dino
15533	365	GTB/4 Daytona #715/1284 72 LHD EU
15534	?08	GT/4 Dino
15535	365	GTS/4 Daytona #45/121 72 Rosso Dino/beige then Rosso Corsa/Black LHD ME
15536	?08	GT/4 Dino
15537	365	GTB/4 Daytona Spider Conversion #722/1284 Black ex-Günther Netzer then Red/Crema & Red LHD EU
15538	308	GT/4 Dino silver grey/Black
15539	365	GTB/4 Daytona #735/1284 72 LHD EU
15540	?08	GT/4 Dino
15541	365	GTC/4 #194/500 72 LHD EU
15542	?08	GT/4 Dino
15543	365	GTC/4 #152/500 Marrone Colorado 2.443.221/Tan VM 3234 RHD UK #15/38 RHD
15544	?08	GT/4 Dino
15545	365	GTC/4 #214/500 72 Rosso Corsa/Tan LHD EU F101AC10015545
15546	?08	GT/4 Dino
15547	365	GTC/4 #200/500 72 LHD EU
15548	308	GT/4 Dino 5/80 Rosso chiaro/Tan
15549	365	GTC/4 #209/500 72 Red/Tan RHD UK F101AC10115549 eng. #F101AC001001167 #17/38 RHD
15550	?08	GT/4 Dino
15551	365	GTC/4 #218/500 Bronze/Tan LHD EU
15552	?08	GT/4 Dino
15553	365	GTC/4 #195/500 72 verde Nijinsky/beige VM3234 leather & cloth then Red/Black then Silver/Black RHD UK eng. #15553 #16/38 RHD ex-Frank Sytner
15554	308	GT/4 Dino Red/Black eng. #14864
15555	365	GTC/4 #205/500 LHD EU
15556	208	GT/4 Dino Dark Blue/Tan LHD
15557	365	GTC/4 #213/500 72 LHD EU
15558	208	GT/4 Dino Met. Grey/Tan Black carpets
15559	365	GTC/4 #210/500 72 Bronze then Dark Blue F101AC10115559 eng. #F101AC00100232 #18/38 RHD
15560	208	GT/4 Dino Red/Black leather
15561	365	GTC/4 #217/500 72 LHD EU
15562	308	GT/4 Dino 80 Blue metallic/Avorio
15563	365	GTC/4 #221/500 72 LHD EU
15564	?08	GT/4 Dino
15565	365	GTC/4 #222/500 72 LHD EU
15566	?08	GT/4 Dino
15567	365	GTB/4 Daytona #863/1284 72 LHD US
15568	208	GT/4 Dino Red/Black
15569	365	GTB/4 Daytona #867/1284 72 Rosso rubino/tan Black inserts LHD US
15570	?08	GT/4 Dino
15571	365	GTB/4 Daytona #865/1284 72 Rosso Chiaro/Black LHD US
15572	?08	GT/4 Dino
15573	365	GTB/4 Daytona #868/1284 72 LHD US
15574	?08	GT/4 Dino
15575	365	GTB/4 Daytona #869/1284 72 Rosso chiaro/tan Black inserts LHD US
15576	308	GT/4 Dino Yellow/Black
15577	365	GTB/4 Daytona #870/1284 72 LHD US
15578	308	GT/4 Dino Blue/
15579	365	GTS/4 Daytona #54/121 5/72 Black/Black LHD US
15580	?08	GT/4 Dino
15581	365	GTB/4 Daytona #879/1284 72 LHD US
15582	208	GT/4 Dino Red/beige
15583	365	GTB/4 Daytona #880/1284 72 LHD US
15584	308	GT/4 Dino Azzurro/Beige then Red/Tan
15585	365	GTB/4 Daytona #882/1284 72 Red/Black LHD US
15586	308	GT/4 Dino Anthracite/Tan
15587	365	GTB/4 Daytona #881/1284 72 Silver/Black dark Red inserts LHD EU
15588	208	GT/4 Dino Red/Black (seats with leather sides & cloth centers)
15589	365	GTB/4 Daytona #893/1284 72 Silver/Black & Grey then Red/Black LHD US eng. #B2030

s/n	Type	Comments
15590	?08	GT/4 Dino
15591	365	GTB/4 Daytona #894/1284 72 LHD US
15592	?08	GT/4 Dino
15593	365	GTS/4 Daytona #65/121 72 Rosso Chiaro/Tan LHD US
15594	?08	GT/4 Dino
15595	365	GTB/4 Daytona #897/1284 72 Red/Black LHD US
15596	208	GT/4 Dino last
15597	365	GTB/4 Daytona #895/1284 72 Red/Black LHD US
15598	308	GT/4 Dino
15599	365	GTB/4 Daytona #896/1284 72 LHD US
15600	308	GT/4 Dino
15601	365	GTB/4 Daytona Spider Conversion by European Auto #898/1284 72 Black/Tan Black inserts LHD US
15602	308	GT/4 Dino
15603	365	GTB/4 Daytona #899/1284 72 LHD US
15604	308	GT/4 Dino last 4/80 Red/Black
15605	365	GTB/4 Daytona #900/1284 72 Blu Ribot/Tan LHD US
15607	365	GTC/4 #386/500 72 LHD US
15609	365	GTC/4 #388/500 72 LHD US
15611	365	GTC/4 #390/500 72 grey met./tan LHD US
15613	365	GTC/4 #398/500 72 Brown LHD US
15615	365	GTC/4 #397/500 5/72 Silver/Black LHD US
15617	365	GTC/4 #399/500 5/72 Black
15619	365	GTC/4 #400/500 5/72 Red/Tan LHD US
15621	365	GTC/4 #403/500 5/72 LHD US
15623	365	GTC/4 #405/500 5/72 Red/Tan LHD US
15625	365	GTC/4 #402/500 5/72 Rosso Nearco/Black then Tan int. LHD US eng. rebuilt
15627	365	GTC/4 #404/500 5/72 LHD US
15629	365	GTC/4 #406/500 5/72 Silver/Black LHD US F101AC10015629
15631	365	GTC/4 #409/500 5/72 LHD US
15633	365	GTC/4 #407/500 5/72 LHD US
15635	365	GTC/4 #401/500 5/72 LHD US
15637	365	GTC/4 #410/500 5/72 Rosso Dino/Tan LHD US
15638	308	GT/4 Dino past production model?
15639	365	GTC/4 #412/500 5/72 LHD US
15641	365	GTC/4 #427/500 72 Rosso Corsa/Black LHD US
15643	365	GTC/4 #428/500 72 LHD US
15645	365	GTC/4 #408/500 72 Azzurro LHD US eng. #0428
15647	365	GTC/4 #431/500 72 Brown then dark Red LHD US
15649	365	GTC/4 #442/500 72 Blue met./Tan LHD US
15651	365	GTC/4 #433/500 6/72 LHD US
15653	365	GTC 4 #432/500 6/72 Azzurro metallizzato/Black LHD US
15655	365	GTC/4 #429/500 6/72 Red/Black.
15657	365	GTC/4 #430/500 6/72Red/Tan LHD US
15659	365	GTC/4 #443/500 6/72 LHD US
15661	365	GTC/4 #434/500 6/72 Silver/Black LHD US
15663	365	GTC/4 #444/500 6/72 Black/Beige
15665	365	GTC/4 #446/500 6/72 Red/Black LHD
15667	365	GTB/4 Daytona Competizione Series II #3/5 72 Blue White & Red Pozzi Livery/tan & Black LHD EU #737/1383
15669	365	GTB/4 Daytona #741/1284 72 LHD EU
15671	365	GTB/4 Daytona #734/1284 72 Yellow/Black LHD EU ex-Derek Bell
15673	365	GTB/4 Daytona #740/1284 72 Rosso Chiaro/Nero LHD EU
15675	365	GTB/4 Daytona #743/1284 72 LHD EU
15677	365	GTB/4 Daytona #745/1284 72 LHD ME
15679	365	GTB/4 Daytona #744/1284 72 Red LHD EU
15681	365	GTB/4 Daytona Competizione Series II #4/5 72 Red Azzurro stripe/Black w. Blue seats RHD UK #739/1383
15683	365	GTB/4 Daytona #742/1284 72 LHD EU
15685	365	GTB/4 Daytona Competizione Series II #5/5 Red NART stripe/Black LHD US #738/1383
15687	365	GTS/4 Daytona #49/121 72 LHD EU
15689	365	GTB/4 Daytona Spider Conversion #754/1284 72 LHD EU
15691	365	GTC/4 #211/500 72 LHD EU
15693	365	GTC/4 #223/500 72 Black/Tan LHD EU
15695	365	GTC/4 #192/500 72 Silver LHD EU
15697	365	GTC/4 #228/500 72 LHD EU
15699	365	GTC/4 #234/500 72 LHD EU
15701	365	GTC/4 #203/500 72 LHD EU
15703	365	GTC/4 #219/500 72 Red RHD UK F101AC10115703 eng. #F101AC00100166 #20/38 RHD
15705	365	GTC/4 #215/500 72 Red met./tan LHD EU
15707	365	GTC/4 #181/500 72 RHD UK #22/38 RHD
15709	365	GTC/4 #225/500 72 Red RHD UK F101AC10115709 eng. #F101AC00115709 #21/38 RHD
15711	365	GTC/4 #220/500 72 Green then Maroon/Crema LHD EU
15713	365	GTC/4 Spider Conversion by Scaglietti #233/500 72 Red/Tan Black top LHD EU
15715	365	GTC/4 #248/500 72 Red/Crema LHD EU
15717	365	GTB/4 Daytona #908/1284 72 LHD US, first with steel doors
15719	365	GTB/4 Daytona #906/1284 72 LHD US
15721	365	GTB/4 Daytona #907/1284 72 LHD US
15723	365	GTB/4 Daytona Competition Conversion by Francois Sicard/Piet Roelofs #909/1284 72 Red NART Livery/Blue then Rosso Corsa/Black LHD US
15725	365	GTB/4 Daytona #910/1284 72 LHD US
15727	365	GTB/4 Daytona #914/1284 72 LHD US
15729	365	GTB/4 Daytona #912/1284 72 Red/Tan LHD US
15731	365	GTB/4 Daytona #915/1284 72 Rosso Corsa/Black LHD CDN
15733	365	GTB/4 Daytona Spider Conversion #911/1284 72 LHD US
15735	365	GTB/4 Daytona #916/1284 72 Red/Tan LHD US
15737	365	GTB/4 Daytona #918/1284 72 LHD US
15739	365	GTB/4 Daytona #920/1284 72 Red/Tan & Red LHD US
15741	365	GTB/4 Daytona #913/1284 72 Dark Red/Black LHD US
15743	365	GTB/4 Daytona #922/1284 72 Black/Black LHD US
15745	365	GTB/4 Daytona #919/1284 7/72 Red LHD US
15747	365	GTB/4 Daytona #921/1284 7/72 Nocciola gold/Tan Black inserts LHD US
15749	365	GTB/4 Daytona #917/1284 7/72 LHD US
15751	365	GTB/4 Daytona #933/1284 7/72 Red/Black LHD US
15753	365	GTB/4 Daytona #923/1284 7/72 Blue met. then Silver/Black LHD US
15755	365	GTB/4 Daytona #924/1284 7/72 Red/Tan LHD US
15757	365	GTB/4 Daytona #932/1284 7/72 LHD CDN
15759	365	GTC/4 #448/500 7/72 Rosso Corsa/Black LHD US
15761	365	GTC/4 #449/500 7/72 LHD US
15763	365	GTC/4 #452/500 7/72 Red/Black LHD US
15765	365	GTC/4 #451/500 7/72 LHD US
15767	365	GTC/4 #453/500 7/72 LHD CDN
15769	365	GTC/4 #446/500 7/72 LHD US
15771	365	GTC/4 #447/500 7/72 LHD US

s/n	Type	Comments	s/n	Type	Comments
15773	365	GTC/4 #450/500 7/72 Grigio Fume/Grey LHD US	15883	365	GTC/4 #485/500 72 Silver/Black LHD US
			15885	365	GTC/4 #484/500 72 LHD US
15775	365	GTC/4 #454/500 7/72 LHD US	15887	365	GTC/4 #486/500 72 LHD US
15777	365	GTC/4 #461/500 7/72 Celeste Blue/Black LHD US	15889	365	GTC/4 #482/500 72 LHD US
			15891	365	GTC/4 #489/500 8/72 White/Tan LHD US
15779	365	GTC/4 #455/500 7/72 Azzurro/tan LHD CDN	15893	365	GTB/4 Daytona 8/72
15781	365	GTC/4 #456/500 7/72 LHD US	15895	365	GTB/4 Daytona 8/72
15783	365	GTC/4 #464/500 7/72 LHD US	15897	365	GT/4 2+2 Prototype #1/525 12/72 Red/Tan LHD EU
15785	365	GTC/4 #457/500 7/72 Red/Black LHD US			
15787	365	GTC/4 #476/500 7/72 LHD ME	15899	365	GTB/4 Daytona #759/1284 72 Black/Tan LHD EU
15789	365	GTC/4 #462/500 7/72 LHD CDN			
15791	365	GTC/4 #465/500 7/72 LHD US	15901	365	GTB/4 Daytona #764/1284 72 LHD EU
15793	365	GTC/4 #459/500 7/72 Red LHD US	15902	308	GT/4 Dino probably wrong or a post production
15795	365	GTC/4 #458/500 7/72 LHD US	15903	365	GTB/4 Daytona Spider Conversion #760/1284 72 LHD EU
15797	365	GTC/4 #466/500 7/72 LHD US			
15799	365	GTC/4 #463/500 7/72 Metallic Royal Blue/tan LHD US chrome Borranis	15905	365	GTB/4 Daytona #761/1284 72 Silver/Black LHD EU eng. #15905
15801	365	GTC/4 #469/500 7/72 Azzurro/Black LHD US	15907	365	GTB/4 Daytona #762/1284 72 LHD EU
15803	365	GTC/4 #460/500 7/72 Red/Tan LHD US	15909	365	GTS/4 Daytona #47/121 72 Red/Crema RHD UK
15805	365	GTC/4 #470/500 7/72 Red LHD US Ass #00470	15911	365	GTS/4 Daytona #51/121 72 Silver/Black LHD EU
15807	365	GTC/4 #474/500 7/72 LHD US			
15809	365	GTC/4 #471/500 7/72 dark Red then Red/Tan LHD US	15913	365	GTB/4 Daytona #780/1284 72 RHD UK
			15915	365	GTB/4 Daytona #763/1284 72 LHD EU
15811	365	GTC/4 #473/500 7/72 LHD US	15917	365	GTS/4 Daytona #58/121 72 Red/Tan then Black int. RHD UK #5/7 RHD
15813	365	GTC/4 Spider Conversion #472/500 72 Rosso Rubino/Beige LHD US			
			15919	365	GTS/4 Daytona #52/121 72 LHD US hardtop
15815	365	GTC/4 #481/500 72 Silver	15921	365	GTC/4 #239/500 72 Azzurro RHD UK F101AC10115921 eng. #F101C001000236 #24/38 RHD
15817	365	GTC/4 #480/500 72 Black then Giallo Fly/Tan LHD US			
15819	365	GTC/4 #468/500 72 LHD US			
15821	365	GTC/4 #487/500 72 Giallo Fly then Red/Black LHD US	15923	365	GTC/4 #216/500 72 White RHD AUS F101AC10115923 eng. #F101AC00100253 #19/38 RHD
15823	365	GTC/4 #488/500 72 Red/Tan then Black int. LHD US	15925	365	GTC/4 #236/500 72 LHD EU
			15927	365	GTC/4 #251/500 72 LHD EU
15825	365	GTB/4 Daytona #750/1284 72 RHD UK	15929	365	GTC/4 #250/500 72 Black/Tan LHD ME
15827	365	GTB/4 Daytona #746/1284 72 Rosso Dino/Black LHD EU EPA & DOT converted	15931	365	GTC/4 #254/500 72 Dark Blue/Black LHD EU
			15933	365	GTC/4 #237/500 72 LHD EU
15829	365	GTB/4 Daytona #753/1284 72 LHD EU	15935	365	GTB/4 Daytona #765/1284 72 LHD EU
15831	365	GTB/4 Daytona #755/1284 72 LHD EU	15937	365	GTB/4 Daytona #781/1284 72 Red/Black LHD US
15833	365	GTB/4 Daytona A #756/1284 72 Rosso Corsa/Beige & Black LHD EU			
			15939	365	GTS/4 Daytona #53/121 72 Rosso chiaro 20-R-190 Black stripe/nero 8500 & Red LHD ME ex Hussein of Jordan
15835	365	GTB/4 Daytona #751/1284 72 Argento/Blue then Black then Argento/Blue RHD UK			
15837	365	GTB/4 Daytona #752/1284 72 Blu Dino/Tan RHD UK eng. #15837	15941	365	GTB/4 Daytona #782/1284 72 LHD EU
			15943	365	GTB/4 Daytona #784/1284 72 Red/Black LHD EU
15839	365	GTB/4 Daytona #778/1284 72 Red/Black RHD UK	15945	365	GTB/4 Daytona #787/1284 8/72 Metallic Blue Ribot 106-A-72/beige VM3218 RHD UK
15841	365	GTS/4 Daytona #46/121 72 Red/Red & Black Daytona seats Red carpets RHD UK	15947	365	GTB/4 Daytona #783/1284 72 LHD EU
15843	365	GTB/4 Daytona #757/1284 72 LHD EU	15949	365	GTB/4 Daytona #800/1284 72 RHD UK
15845	365	GTS/4 Daytona #50/121 72 Rosso Chiaro LHD EU eng.#B1576 #22/25 EU	15951	365	GTB/4 Daytona Spider Conversion by Straman #801/1284 72 Red then Black/Black & Red RHD UK eng. #15951
15847	365	GTB/4 Daytona #779/1284 72 RHD UK			
15849	365	GTC/4 #246/500 72 LHD EU	15953	365	GTB/4 Daytona #799/1284 72 LHD EU
15851	365	GTC/4 #227/500 72 Red/Black LHD EU	15955	365	GTB/4 Daytona #788/1284 72 Red RHD UK eng. #15955
15853	365	GTC/4 #224/500 72 Rosso Dino/Tan LHD EU			
15855	365	GTC/4 #247/500 72 LHD US	15957	365	GTB/4 Daytona #786/1284 72 LHD EU
15857	365	GTC/4 #207/500 72 Dino Red/Black LHD ME	15959	365	GTB/4 Daytona #758/1284 72 LHD EU
15859	365	GTC/4 #229/500 72 LHD EU	15961	365	GTB/4 Daytona #785/1284 72 LHD EU
15861	365	GTC/4 #232/500 72 LHD EU	15963	365	GTS/4 Daytona #59/121 72 Blu Dino 106-A-72/Blu 3015 White soft top RHD UK
15863	365	GTC/4 #231/500 72 LHD EU			
15865	365	GTC/4 #253/500 72 Silver/Black LHD EU	15965	365	GTB/4 Daytona A NART Spider by Michelotti Geneva Show Car #797/1284 72 White Red & Blue then Rosso Corsa/Tan LHD EU eng. #15685 NART Competzione Targa
15867	365	GTC/4 #230/500 72 LHD EU			
15869	365	GTC/4 #226/500 72 LHD EU			
15871	365	GTC/4 #235/500 72 LHD EU			
15873	365	GTC/4 #231/500 72 LHD EU	15967	365	GTB/4 Daytona #811/1284 72 Yellow/Black RHD UK
15875	365	GTB/4 Daytona #956/1284 72 Red/Tan & Black LHD US	15969	365	GTS/4 Daytona #60/121 72 Red/Black then Black/tan RHD UK
15877	365	GTB/4 Daytona #935/1284 72 Red/Black LHD US	15971	365	GTB/4 Daytona Spider Conversion #823/1284 72 RHD UK
15879	365	GTB/4 Daytona #934/1284 72 LHD EU			
15881	365	GTC/4 #483/500 72 LHD US	15973	365	GTB/4 Daytona #798/1284 72 LHD EU

s/n	Type	Comments
15975	365	GTB/4 Daytona #824/1284 72 Blue then Red/Black RHD UK eng. #1838
15977	365	GTB/4 Daytona #825/1284 72 Red/Tan RHD UK
15979	365	GTB/4 Daytona #802/1284 72 LHD EU
15981	365	GTB/4 Daytona #827/1284 72 RHD UK
15983	365	GTC/4 #252/500 72 LHD EU
15985	365	GTC/4 #273/500 72 LHD EU
15987	365	GTC/4 #271/500 72 LHD EU
15989	365	GTC/4 #238/500 72 Grigio Le Sancy then Blue Sera Met. RHD UK #23/38 RHD
15991	365	GTC/4 #240/500 72 RHD UK #25/38 RHD
15993	365	GTC/4 #274/500 72 LHD EU
15995	365	GTC/4 #279/500 72 LHD EU
15997	365	GTC/4 #277/500 72 LHD EU
15999	365	GTC/4 #255/500 72 Blue Chiaro/Black RHD UK
16001	365	GTC/4 #278/500 72 Red/Tan LHD EU
16003	365	GTC/4 #294/500 72 LHD EU
16005	365	GTC/4 #272/500 72 Blu Scuro/Beige LHD EU
16007	365	GTC/4 #276/500 72 LHD ME
16009	365	GTC/4 #275/500 72 LHD EU
16011	365	GTC/4 #287/500 72 Dark Blue Black LHD EU
16013	365	GTC/4 #288/500 72 LHD EU
16015	365	GTC/4 #289/500 72 LHD EU
16017	365	GTC/4 #290/500 72 LHD EU F101AC10016017 rebuilt by Michelotti & Felber as Beach Car then to station wagon by Felber then again to Beach car golden brown
16019	365	GTC/4 #292/500 72 LHD EU
16021	365	GTC/4 #291/500 72 LHD EU
16023	365	GTC/4 #293/500 72 LHD EU
16025	365	GTC/4 #295/500 72 LHD EU
16027	365	GTC/4 #298/500 72 Rosso Corsa/Beige LHD EU eng. #16027
16029	365	GTC/4 #297/500 72 Met. brown/beige then Black/tan LHD EU
16031	365	GTB/4 Daytona #803/1284 72 LHD EU
16033	365	GTB/4 Daytona Spider Conversion #826/1284 72 Red/Black RHD UK
16035	365	GTB/4 Daytona #804/1284 72 Red/Black & Red LHD EU
16037	365	GTB/4 Daytona #812/1284 72 LHD EU
16039	365	GTB/4 Daytona London Show Car #856/1284 72 RHD UK
16041	365	GTB/4 Daytona #828/1284 72 Rosso Chiaro Nero RHD UK eng. #251 ex-Eddie Irvine
16043	365	GTB/4 Daytona Series 2 #829/1284 72 Red/Black & Red RHD UK
16045	365	GTB/4 Daytona #796/1284 72 LHD EU
16047	365	GTB/4 Daytona #813/1284 72 LHD EU ex-Roger Vadim
16049	365	GTB/4 Daytona #822/1284 72 LHD EU
16051	365	GTC/4 #296/500 72 LHD EU
16053	365	GTC/4 #306/500 72 Anthracite/Black LHD EU
16055	365	GTC/4 #309/500 72 Black/Black LHD EU
16057	365	GTC/4 #308/500 72 blu Ribot/Beige then Grigio Fume/Black LHD EU
16059	365	GTC/4 #304/500 72 LHD EU
16061	365	GTC/4 #302/500 72 Red/Black LHD EU
16063	365	GTC/4 #305/500 72 Dark Blue Crema LHD EU
16065	365	GTC/4 #331/500 72 Red/Black LHD EU
16067	365	GTC/4 #307/500 72 LHD EU
16069	365	GTC/4 #303/500 72 LHD EU
16071	365	GTC/4 #332/500 72 LHD EU
16073	365	GTC/4 #334/500 72 Red/Black LHD EU F101AC10016073
16075	365	GTC/4 #333/500 72 LHD EU
16077	365	GTC/4 #335/500 72 LHD EU
16079	365	GTC/4 #336/500 72 LHD EU
16081	365	GTC/4 #337/500 72 LHD ME
16083	365	GTC/4 #349/500 72 LHD EU
16085	365	GTC/4 #338/500 72 LHD EU
16087	365	GTC/4 #348/500 72 LHD EU
16089	365	GTC/4 #285/500 72 Blue Chiaro/Black RHD UK eng. #16089 #28/38 RHD
16091	365	GTC/4 #284/500 72 Silver RHD UK F101AC10116091 eng. #F101AC00100299 #27/38 RHD
16093	365	GTC/4 #362/500 72 LHD EU
16095	365	GTC/4 #361/500 72 LHD EU
16097	365	GTC/4 #286/500 72 Ivory/Crema RHD UK #29/38 RHD
16099	365	GTB/4 Daytona #832/1284 72 LHD EU
16101	365	GTB/4 Daytona #830/1284 72 LHD EU
16103	365	GTB/4 Daytona #821/1284 72 LHD EU
16105	365	GTB/4 Daytona #834/1284 72 LHD EU
16107	365	GTB/4 Daytona #835/1284 72 Red/Black LHD ME
16109	365	GTB/4 Daytona #846/1284 72 LHD CDN
16111	365	GTB/4 Daytona #833/1284 72 LHD EU
16113	365	GTB/4 Daytona Spider Conversion #831/1284 72 Black
16115	365	GTB/4 Daytona #836/1284 72 LHD EU
16117	365	GTB/4 Daytona #837/1284 72 LHD EU
16119	365	GTB/4 Daytona #839/1284 72 LHD EU
16121	365	GTB/4 Daytona #838/1284 72 Red/Black LHD EU
16123	365	GTB/4 Daytona Spider Conversion #853/1284 72 LHD EU
16125	365	GTB/4 Daytona Spider Conversion by Mike Sheehan #840/1284 72 Red/Black LHD EU
16127	365	GTC/4 #317/500 72 Blue RHD eng. # 00381 #32/38 RHD
16129	365	GTC/4 #364/500 72 LHD EU
16131	365	GTC/4 #363/500 72 LHD EU
16133	365	GTC/4 #365/500 72 LHD EU
16135	365	GTC/4 Paris Show Car #347/500 72 LHD EU
16137	365	GTC/4 #316/500 72 Verilion Silver/Black RHD AUS F10IAC10116137 eng. #F101AC00100384 #31/38 RHD
16139	365	GTC/4 #301/500 72 Marrone/Tan RHD UK #30/38 RHD
16141	365	GTC/4 London Motor Show car #346/500 72 Red/Tan RHD eng. #16141 #35/38 RHD
16143	365	GTC/4 #392/500 72 LHD EU
16145	365	GTB/4 Daytona 72 LHD EU
16147	365	GTC/4 #345/500 72 10/72 Metallic Blue Ribot RHD UK #34/38 RHD
16149	365	GTC/4 #391/500 72 LHD EU
16151	365	GTC/4 #344/500 72 RHD UK #33/38 RHD
16153	365	GTC/4 #359/500 72 RHD UK #36/38 RHD
16155	365	GTC/4 #360/500 72 RHD UK #37/38 RHD
16157	365	GTC/4 #394/500 72 LHD EU
16159	365	GTC/4 #395/500 72 silver/Black LHD EU
16161	365	GTC/4 #375/500 72 Silver RHD UK #38/38 RHD
16163	365	GTC/4 #393/500 72 LHD EU
16165	365	GTC/4 #396/500 72 Red/Black
16167	365	GTC/4 #411/500 72 LHD EU
16169	365	GTC/4 #415/500 72 LHD EU
16171	365	GTC/4 #414/500 72 Blue Chiaro/Black LHD EU
16173	365	GTC/4 #413/500 72 LHD EU
16175	365	GTC/4 #416/500 72 LHD EU
16177	365	GTB/4 Daytona Spider Conversion Paris Show Car #857/1284 72 Red LHD EU
16179	365	GTB/4 Daytona #855/1284 72 LHD EU
16181	365	GTB/4 Daytona #854/1284 72 LHD EU
16183	365	GTB/4 Daytona #858/1284 72 LHD EU
16185	365	GTB/4 Daytona #859/1284 72 LHD EU
16187	365	GTB/4 Daytona #860/1284 72 LHD EU
16189	365	GTB/4 Daytona #871/1284 72 LHD EU
16191	365	GTB/4 Daytona #875/1284 72 LHD EU
16193	365	GTB/4 Daytona #876/1284 72 LHD EU
16195	365	GTB/4 Daytona #872/1284 72 LHD EU

s/n	Type	Comments	s/n	Type	Comments
16197	365	GTB/4 Daytona #886/1284 72 Yellow/Black eng. #251	16311	365	GTB/4 Daytona #904/1284 72 Dark Red/Black LHD EU
16199	365	GTB/4 Daytona #877/1284 72 LHD EU	16313	365	GTB/4 Daytona #905/1284 72 LHD EU
16201	365	GTB/4 Daytona #887/1284 72 LHD EU	16315	365	GTB/4 Daytona #927/1284 72 LHD EU
16203	365	GTB/4 Daytona #883/1284 72 RHD UK	16317	365	GTB/4 Daytona #926/1284 72 LHD EU
16205	365	GTB/4 Daytona #884/1284 72 RHD UK	16319	365	GTB/4 Daytona #929/1284 72 LHD EU
16207	365	GTB/4 Daytona #878/1284 72 LHD EU	16321	365	GTB/4 Daytona #928/1284 72 LHD EU
16209	365	GTB/4 Daytona #874/1284 72 silver grey metallic/Black LHD EU	16323	365	GTB/4 Daytona #930/1284 72 LHD EU
16211	365	GTB/4 Daytona #958/1284 72 Red/Tan LHD UK	16325	365	GTB/4 Daytona #936/1284 73 Blue Sera/Black LHD EU
16213	365	GTB/4 Daytona #959/1284 72 Red/Tan LHD US	16327	365	GTB/4 Daytona #903/1284 73 LHD EU
16215	365	GTB/4 Daytona Spider Conversion #925/1284 8/72 LHD US	16329	365	GTB/4 Daytona #937/1284 73 Azzurro then dark Blue/Black LHD EU
16217	365	GTB/4 Daytona #957/1284 8/72 LHD US	16331	365	GTB/4 Daytona #885/1284 73 RHD UK
16219	365	GTB/4 Daytona #966/1284 8/72 Red/Black LHD US	16333	365	GTB/4 Daytona #940/1284 73 Metalic Gold/Tan then Red/Tan LHD EU
16221	365	GTB/4 Daytona #960/1284 72 LHD US	16335	365	GTB/4 Daytona #931/1284 73 LHD EU
16223	365	GTS/4 Daytona #69/121 72 Rosso Chiaro 20-R-190 Pelle Negro LHD US eng. #16223	16337	365	GTB/4 Daytona #939/1284 73 LHD EU
			16339	365	GTB/4 Daytona #938/1284 73 Black/Black LHD EU eng. #126223
16225	365	GTC/4 #417/500 72 LHD ME	16341	365	GTB/4 Daytona #941/1284 73 LHD EU
16227	365	GTC/4 #440/500 72 RHD UK	16343	365	GTB/4 Daytona Competizione Series III #1/5 73 Red White & Blue White stripe LHD US #949/1284
16229	365	GTC/4 #419/500 72 LHD EU			
16231	365	GTC/4 #421/500 72 LHD EU			
16233	365	GTC/4 #4120/500 72 LHD EU	16345	365	GTB/4 Daytona #942/1284 73 LHD EU
16235	365	GTC/4 #423/500 72 LHD EU	16347	365	GTB/4 Daytona Spider Conversion by Autocraft #946/1284 72 Blu Met' Dino/Blue VM3015 RHD UK
16237	365	GTC/4 #441/500 72 RHD UK			
16239	365	GTC/4 #425/500 72 Blue Chiaro/Cream LHD EU eng. # 16239			
			16349	365	GTB/4 Daytona #948/1284 73 RHD UK
16241	365	GTC/4 #439/500 72 LHD	16351	365	GTB/4 Daytona #944/1284 73 RHD UK
16243	365	GTC/4 #418/500 72 LHD EU	16353	365	GTB/4 Daytona #945/1284 73 RHD UK
16245	365	GTC/4 #237/500 72 Red/Black LHD	16355	365	GTB/4 Daytona #943/1284 73 Red/Black LHD EU
16247	365	GTC/4 #435/500 72 LHD EU			
16249	365	GTC/4 #424/500 72 Silver/Tan F101AC100016249 LHD EU steering wheel plate & door jamb show #16246	16357	365	GTB/4 Daytona Amsterdam Show Car #954/1284 73 Red/Black LHD EU ex-J. Ickx, ex-Nick Mason
16251	365	GTC/4 #426/500 72 LHD EU	16359	365	GTB/4 Daytona #947/1284 73 RHD UK
16253	365	GTC/4 #422/500 72 LHD EU	16361	365	GTB/4 Daytona #955/1284 73 silver/Black LHD EU
16255	365	GTC/4 #436/500 72 LHD EU			
16257	365	GTC/4 #438/500 72 Silver/Black	16363	365	GTB/4 Daytona Competizione Series III #2/5 73 White & Red Thomson livery/Black LHD EU #950/1284
16259	365	GTC/4 #475/500 72 LHD			
16261	365	GTC/4 #477/500 72 green/beige LHD EU			
16263	365	GTC/4 #478/50072 LHD EU	16365	365	GTB/4 Daytona #965/1284 73 Red/Black LHD EU
16265	365	GTC/4 #479/500 72 Red/Tan LHD EU			
16267	365	GTC/4 #476/500 73 Grigio Fume/Black third to the last one built	16367	365	GTB/4 Daytona Competizione Series III #3/5 73 Red Blue & White NART stripe LHD US #951/1284
16269	365	GTC/4 #491/500 72 LHD ME			
16271	365	GTC/4 #490/500 72 LHD EU	16369	365	GTB/4 Daytona #972/1284 73 LHD EU
16273	365	GTC/4 Geneva Show Car #492/500 72 brown LHD EU	16371	365	GTB/4 Daytona #977/1284 73 Rosso Corsa/Black/Black seat inserts LHD EU
16275	365	GTC/4 #493/500 72 Red/Tan	16373	365	GTB/4 Daytona Competition Conversion by Piet Roelofs #975/1284 73
16277	365	GTC/4 #496/500 72 LHD EU			
16279	365	GTC/4 #498/500 72 LHD EU	16375	365	GTB/4 Daytona #976/1284 73 LHD ME
16281	365	GTC/4 #494/500 72 LHD EU	16377	365	GTB/4 Daytona #983/1284 73 Red/Black LHD EU
16283	365	GTC/4 #499/500 72 LHD EU			
16285	365	GTC/4 #497/500 72 LHD EU	16379	365	GTB/4 Daytona #984/1284 73 LHD EU
16287	365	GTC/4 #495/500 72 LHD EU	16381	365	GTB/4 Daytona #985/1284 73 Yellow/Black LHD EU
16289	365	GTC/4 last #500/500 72 Red LHD EU			
16291	365	GT/4 2+2 2nd prototype #2/525 12/72 LHD EU	16383	365	GTB/4 Daytona #974/1284 73 Red LHD EU
			16385	365	GTB/4 Daytona #973/1284 73 Red/Black LHD EU
16293	365	GT/4 2+2 3rd prototype Brussels Show Car 12/72 Rosso Rubino/Blue & Red LHD EU			
			16387	365	GTB/4 Daytona #991/1284 73 LHD EU
16295	365	GTB/4 Daytona Spider Conversion #888/1284 72 LHD ME	16389	365	GTB/4 Daytona #986/1284 73 LHD EU
			16391	365	GTB/4 Daytona #994/1284 73 LHD EU
16297	365	GTB/4 Daytona #889/1284 72 Bronze metallic/Beige & Black then Blue chiarro/beige LHD EU	16393	365	GTB/4 Daytona #995/1284 73 Red/Tan LHD EU
			16395	365	GTB/4 Daytona #982/1284 73 Silver/Black LHD EU
16299	365	GTB/4 Daytona #890/1284 72 LHD EU			
16301	365	GTB/4 Daytona #891/1284 72 LHD EU	16397	365	GTB/4 Daytona Geneva Show Car #997/1284 73 LHD EU
16303	365	GTB/4 Daytona #873/1284 72 LHD EU			
16305	365	GTB/4 Daytona #892/1284 72 LHD EU	16399	365	GTB/4 Daytona #1007/1284 73 Red/Black
16307	365	GTB/4 Daytona #901/1284 72 LHD EU	16401	365	GTB/4 Daytona #1015/1284 73 LHD EU
16309	365	GTB/4 Daytona #902/1284 72 LHD EU			

s/n	Type	Comments
16403	365	GTB/4 Daytona Barcelona Show car #993/1284 73 LHD EU
16405	365	GTB/4 Daytona #1014/1284 73 Red/Black LHD EU ex-Helmut Becker's collection
16407	365	GTB/4 Daytona Competizione Series III #4/5 73 Red/White & Blue Stripes #952/1383
16409	365	GTB/4 Daytona #992/1284 73 Red/Black LHD EU
16411	365	GTB/4 Daytona #996/1284 73 LHD EU
16413	365	GTB/4 Daytona #998/1284 73 LHD EU
16415	365	GTB/4 Daytona #1006/1284 73 Dino Blue/tan LHD EU
16417	365	GTB/4 Daytona #1031/1284 73 Yellow/Black LHD EU
16419	365	GTB/4 Daytona #1008/1284 73 Red/Black Red inserts LHD EU
16421	365	GTB/4 Daytona #1033/1284 73 Red/Tan LHD EU
16423	365	GTB/4 Daytona #1032/1284 73 LHD EU
16425	365	GTB/4 Daytona Competizione Series III last, #5/5 73 Yellow RHD UK only RHD #953/1284
16427	365	GTB/4 Daytona #1034/1284 73 LHD EU
16429	365	GTB/4 Daytona #961/1284 73 RHD UK
16431	365	GTB/4 Daytona #1035/1284 73 LHD EU
16433	365	GTB/4 Daytona #1016/1284 73 LHD EU
16435	365	GTB/4 Daytona #1037/1284 73 LHD EU
16437	365	GTB/4 Daytona Barcelona Show car #1028/1284 73 Red/Black LHD EU pop-up headlights
16439	365	GTB/4 Daytona #967/1284 73 LHD US
16441	365	GTB/4 Daytona #969/1284 72 Black/Tan LHD US
16443	365	GTB/4 Daytona #970/1284 73 Red/Tan LHD US
16445	365	GTB/4 Daytona #987/1284 73 LHD US
16447	365	GTB/4 Daytona #971/1284 72 Red/Black LHD US
16449	365	GTB/4 Daytona #988/1284 73 LHD US
16451	365	GTS/4 Daytona #71/121 73 Red/Black then Red/Tan US
16453	365	GTB/4 Daytona #968/1284 73 LHD US
16455	365	GTB/4 Daytona Spider Conversion by Scaglietti 72 Dark Grey/Red & Black LHD US probably a real GTS/4
16457	365	GTB/4 Daytona Spider Conversion #989/1284 73 LHD US
16459	365	GTB/4 Daytona Spider Conversion #999/1284 73 LHD EU
16461	365	GTB/4 Daytona #1001/1284 73 Red/Black LHD US
16463	365	GTS/4 Daytona #64/121 Red/Black LHD US eng.#209 250 GTO Replica by Allegretti
16465	365	GTS/4 Daytona #70/121 72 LHD US
16467	365	GTS/4 Daytona #68/121 73 Rosso chiaro/Rosso & Black LHD US wrecked in "A Star is Born" rebuilt by Michelotto as Michelotto NART Spider Azzurro/Tan removable rollbar
16469	365	GTB/4 Daytona #1000/1284 Blue metallic/Tan LHD US
16471	365	GTB/4 Daytona Spider Conversion #990/1284 73 LHD US
16473	365	GTS/4 Daytona #72(?)/121 73 Red/Black & grey carpets LHD US
16475	365	GTS/4 Daytona #73/121 73 LHD US
16477	365	GTB/4 Daytona Spider Conversion #1009/1284 73 LHD US
16479	365	GTB/4 Daytona #1002/1284 73 Black/tan LHD US
16481	365	GTB/4 Daytona #1010/1284 72 LHD US
16483	365	GTS/4 Daytona #75/121 argento 106-E-1/Rosso 8913 then Red/Black LHD US
16485	365	GTB/4 Daytona #1023/1284 73 LHD US
16487	365	GTB/4 Daytona #1021/1284 73 LHD US
16489	365	GTS/4 Daytona #76/121 72 Yellow/Black LHD US
16491	365	GTB/4 Daytona #1024/1284 73 LHD US
16493	365	GTB/4 Daytona #1013/1284 73 LHD US
16495	365	GTB/4 Daytona #1011/1284 73 LHD EU
16497	365	GTS/4 Daytona #77/121 72 Red/Tan & Black Black top LHD US
16499	365	GTS/4 Daytona #74/121 73 LHD US
16501	365	GTB/4 Daytona #1012/1284 73 White LHD US
16503	365	GTB/4 Daytona #1038/1284 73 LHD EU
16505	365	GTB/4 Daytona Series A #1036/1284 73 Giallo Fly/Black LHD EU
16507	365	GTB/4 Daytona Series 2 #1040/1284 73 Rosso Corsa LHD EU
16509	365	GTB/4 Daytona #962/1284 73 Rosso Chiaro/Black & Red Inserts RHD UK eng. #16509
16511	365	GTB/4 Daytona #964/1284 73 RHD
16513	365	GTB/4 Daytona #1042/1284 73 LHD EU
16515	365	GTB/4 Daytona #1039/1284 73 LHD EU
16517	365	GTB/4 Daytona #1041/1284 73 LHD EU
16519	365	GTB/4Daytona #1029/1284 73 Red/Tan LHD EU
16521	365	GTB/4 Daytona #1044/1284 73 LHD EU
16523	365	GTB/4 Daytona #1045/1284 73 LHD EU
16525	365	GTB/4 Daytona #1043/1284 73 LHD EU
16527	365	GTB/4 Daytona #1045/1284 73 LHD EU
16529	365	GTB/4 Daytona #1030/1284 73 LHD EU
16531	365	GTB/4 Daytona #978/1284 73 Marrone Dino Tan then Blue Ribot Metallic Tan RHD UK eng. #B 2132
16533	365	GTB/4 Daytona Spider Conversion #979/1284 73 Red RHD UK
16535	365	GTB/4 Daytona #1054/1284 73 LHD US
16537	365	GTB/4 Daytona #1026/1284 73 LHD US
16539	365	GTB/4 Daytona #1056/1284 73 LHD US
16541	365	GTB/4 Daytona #1025/1284 73 Red/Black LHD US
16543	365	GTB/4 Daytona #1003/1284 73 LHD EU
16545	365	GTS/4 Daytona #78/121 73 Yellow/Black LHD US
16547	365	GTB/4 Daytona #1022/1284 73 LHD US
16549	365	GTS/4 Daytona #79/121 73 White/Red & Black LHD US
16551	365	GTB/4 Daytona #1080/1284 73 LHD US
16553	365	GTB/4 Daytona #1027/1284 72 dark Red/beige LHD US
16555	365	GTB/4 Daytona #1065/1284 72 Red/Black LHD US
16557	365	GTB/4 Daytona #1078/1284 73 Silver/Blue LHD US
16559	365	GTB/4 Daytona #1079/1284 73 LHD US
16561	365	GTB/4 Daytona #1089/1284 72 LHD US
16563	365	GTB/4 Daytona #1090/1284 73 LHD US
16565	365	GTB/4 Daytona #1091/1284 73 Azzurro/Black LHD US
16567	365	GTS/4 Daytona #80/121 72 LHD US
16569	365	GTB/4 Daytona #1092/1284 72 Red/Crema then Crema White/Black LHD US
16571	365	GTB/4 Daytona #1094/1284 73 LHD US
16573	365	GTS/4 Daytona #81/121 73 LHD US
16575	365	GTB/4 Daytona #981/1284 73 RHD UK
16577	365	GTB/4 Daytona #1005/1284 73 RHD UK
16579	365	GTB/4 Daytona #963/1284 73 Red/Tan RHD UK
16581	365	GTB/4 Daytona #1018/1284 73 RHD UK
16583	365	GTB/4 Daytona Spider Conversion by Autokraft #1019/1284 73 Blue/tan RHD UK
16585	365	GTB/4 Daytona Series 2 #1048/1284 73 Red/Tan & Black inserts LHD EU
16587	365	GTB/4 Daytona #980/1284 73 Dark Blue RHD UK

s/n	Type	Comments
16589	365	GTB/4 Daytona #1004/1284 73 Blue Chiaro/Magnolia Black Insets RHD UK eng. #16589 Pop-up Lights
16591	365	GTB/4 Daytona #1049/1284 73 LHD EU
16593	365	GTB/4 Daytona #1017/1284 73 Red/Black RHD UK eng. #16593
16595	365	GTB/4 Daytona #1050/1284 73 LHD EU
16597	365	GTB/4 Daytona #1047/1284 73 LHD EU
16599	365	GTB/4 Daytona #1020/1284 73 Dark Blue RHD AUS eng. #16599
16601	365	GTB/4 Daytona #1059/1284 73 Light Red/Tan & Red RHD UK
16603	365	GTB/4 Daytona Spider Conversion #1051/1284 73 Red/brown LHD EU
16605	365	GTB/4 Daytona #1058/1284 73 Red/Tan & Black inserts RHD UK eng. #16605
16607	365	GTB/4 Daytona #1067/1284 73 LHD EU
16609	365	GTB/4 Daytona #1074/1284 73 Rosso/nero Red piping LHD EU
16611	365	GTB/4 Daytona Spider Conversion #1060/1284 73 Green/Bordeaux RHD UK
16613	365	GTB/4 Daytona #1072/1284 73 Rosso Chiaro/Black LHD EU
16615	365	GTB/4 Daytona #1087/1284 73 LHD EU
16617	365	GTB/4 Daytona Competizione Conv. #1064/1284 73 Red White stripe/Black LHD EU
16619	365	GTB/4 Daytona #1076/1284 73 LHD EU
16621	365	GTB/4 Daytona #1070/1284 73 LHD EU
16623	365	GTB/4 Daytona #1083/1284 73 RHD UK
16625	365	GTB/4 Daytona #1061/1284 73 Blue Chiaro/Beige RHD UK eng. #16625
16627	365	GTB/4 Daytona #1085/1284 73 silver grey/Black LHD EU
16629	365	GTB/4 Daytona #1084/1284 73 Chiarro Blue/Blue RHD UK eng. #16629
16631	365	GTB/4 Daytona #1073/1284 73 LHD EU
16633	365	GTB/4 Daytona #1068/1284 73 LHD EU
16635	365	GTB/4 Daytona #1098/1284 73 Black/Black then dove grey & Black int. RHD UK
16637	365	GTB/4 Daytona #1053/1284 73 Yellow/Black LHD EU
16639	365	GTB/4 Daytona Spider Conversion #1071/1284 73 Red/Tan Red int. then Black int. Black.top LHD EU ex-Rod Stewart
16641	365	GTB/4 Daytona #1052/1284 73 dark Blue LHD EU, Jean Todt
16643	365	GTB/4 Daytona Spider Conversion by Greypaul #1062/1284 73 Rosso Corsa/Tan RHD UK eng. #16643
16645	365	GTB/4 Daytona #1069/1284 73 LHD EU
16647	365	GTB/4 Daytona Spider Conversion #1082/1284 73 Red/Tan RHD UK eng. #16647 probably converted from LHD
16649	365	GTB/4 Daytona #1066/1284 73 Red RHD AUS
16651	365	GTB/4 Daytona #1075/1284 73 azzurro/Black LHD EU
16653	365	GTB/4 Daytona #1081/1284 73 Blue met Dino/tan RHD UK
16655	365	GTB/4 Daytona #1112/1284 73 RHD UK
16657	365	GTB/4 Daytona Series A #1111/1284 73 Giallo Fly/Black then Rosso Rubino/Beige then Dark Blue/Red RHD UK
16659	365	GTB/4 Daytona #1099/1284 73 Red/Black RHD UK Black carpets
16661	365	GTB/4 Daytona #1063/1284 73 RHD UK
16663	365	GTB/4 Daytona #1096/1284 73 French Blue/Tan RHD UK eng.#16663
16665	365	GTB/4 Daytona #1118/1284 73 RHD UK
16667	365	GTB/4 Daytona #1088/1284 73 LHD EU
16669	365	GTB/4 Daytona #1102/1284 73 Silver then Red/Black EU
16671	365	GTB/4 Daytona #1115/1284 73 RHD UK
16673	365	GTB/4 Daytona #1100/1284 73 dark Blue metallic Tan RHD UK eng. #16673
16675	365	GTB/4 Daytona #1101/1284 73 Red/Tan LHD EU
16677	365	GTB/4 Daytona #1114/1284 73 Red/Tan oxblood piped RHD UK eng. #16677
16679	365	GTB/4 Daytona #1095/1284 73 LHD US
16681	365	GTB/4 Daytona #1107/1284 73 LHD US
16683	365	GTB/4 Daytona #1108/1284 73 Rosso Bordeaux/Black LHD US ex-Reggie Jackson
16685	365	GTB/4 Daytona #1093/1284 73 LHD US
16687	365	GTB/4 Daytona #1055/1284 73 LHD US
16689	365	GTS/4 Daytona #83/121 73 Bronze then Yellow/Blue & Yellow inserts LHD US
16691	365	GTB/4 Daytona #1126/1284 73 Red/Tan LHD US
16693	365	GTB/4 Daytona #1128/1284 73 LHD US
16695	365	GTB/4 Daytona #1109/1284 73 Red/Black LHD US
16697	365	GTS/4 Daytona #82/121 1/73 Red/Tan & Black LHD US
16699	365	GTB/4 Daytona #1124/1284 73 LHD US
16701	365	GTB/4 Daytona #1125/1284 73 Azzurro/Black LHD US
16703	365	GTB/4 Daytona Spider Conversion #1110/1284 73 Red/Black LHD US
16705	365	GTS/4 Daytona #85/121 73 LHD US
16707	365	GTB/4 Daytona #1129/1284 73 LHD US
16709	365	GTB/4 Daytona #1077/1284 73 dark Blue/Black LHD EU
16711	365	GTB/4 Daytona #1097/1284 73 Blue Dino Chiaro/Tan RHD UK
16713	365	GTB/4 Daytona #1113/1284 73 Rosso Corsa/Black then Tan int. RHD UK eng. #16713
16715	365	GTB/4 Daytona Spider Conversion by Autokraft #1117/1284 73 Black/tan RHD UK last Autokraft Conversion
16717	365	GTB/4 Daytona Competiton Conversion #1086/1284 73 Yellow Red stripe/Black & Blue seats LHD EU
16719	365	GTB/4 Daytona #1116/1284 8/73 Rosso Chiaro/Black RHD UK
16721	365	GTB/4 Daytona #1143/1284 73 LHD UK
16723	365	GTB/4 Daytona #1141/1284 73 Red RHD UK
16725	365	GTB/4 Daytona #1119/1284 73 Rosso Chiaro/tan RHD UK
16727	365	GTB/4 Daytona #1142/1284 73 Red/Tan RHD UK
16729	365	GTB/4 Daytona Spider Conversion #1144/1284 73 Yellow/Crema & Black inserts RHD UK
16731	365	GTB/4 Daytona #1145/1284 73 Red/Tan then Blue Chiaro/tan RHD UK eng.#16731
16733	365	GTB/4 Daytona A #1120/1284 73 Red/Black Daytona seats refinished tan dash LHD EU
16735	365	GTB/4 Daytona Spider Conversion #1156/1284 73 Silver/Black RHD UK
16737	365	GTB/4 Daytona Spider Conversion #1146/1284 73 RHD UK
16739	365	GTB/4 Daytona #1103/1284 73 Red/Black LHD EU
16741	365	GTB/4 Daytona #1157/1284 73 RHD UK
16743	365	GTB/4 Daytona #1104/1284 73 LHD EU
16745	365	GTB/4 Daytona #1159/1284 73 RHD UK
16747	365	GTB/4 Daytona #1160/1284 73 Rosso Corsa/Tan (VM846) RHD UK
16749	365	GTB/4 Daytona #1121/1284 73 LHD EU
16751	365	GTB/4 Daytona #1174/1284 73 Red LHD EU
16753	365	GTB/4 Daytona #1161/1284 73 Dark Blue Dark Red RHD UK
16755	365	GTB/4 Daytona #1105/1284 73 LHD EU
16757	365	GTB/4 Daytona #1171/1284 8/73 Silver grey/Blue RHD UK

s/n	Type	Comments
16759	365	GTB/4 Daytona Frankfurt Show Car #1106/1284 73 silver then Black then Red/Black & Red inserts LHD EU ex-Günther Netzer
16761	365	GTB/4 Daytona Spider Conversion #113/1284 73 RHD UK
16763	365	GTB/4 Daytona #1158/1284 73 Dino Blue/Blue then Rosso Corsa RHD UK
16765	365	GTB/4 Daytona #1122/1284 73 LHD EU
16767	365	GTB/4 Daytona #1154/1284 73 Red/Black LHD EU
16769	365	GTB/4 Daytona #1123/1284 73 Red/Black LHD EU
16771	365	GTB/4 Daytona #1175/1284 73 Blue Met'/Blue RHD UK
16773	365	GTB/4 Daytona #1186/1284 73 Red/Black then Navy Blue/tan then Rosso Chiaro Nero RHD UK eng.#16773
16775	365	GTB/4 Daytona #1127/1284 73 Yellow/beige & Black LHD US
16777	365	GTB/4 Daytona #1131/1284 73 Rosso Dino/Black LHD US
16779	365	GTB/4 Daytona #1130/1284 73 LHD US
16781	365	GTB/4 Daytona Spider Conversion #1132/1284 73 Red/Black & Red LHD US
16783	365	GTS/4 Daytona #86/121 73 LHD US
16785	365	GTB/4 Daytona #1133/1284 73 LHD JAP
16787	365	GTB/4 Daytona #1134/1284 73 Rosso Corsa/Black Red carpeting LHD US
16789	365	GTB/4 Daytona #1135/1284 73 Yellow/Black LHD US
16791	365	GTB/4 Daytona #1136/1284 73 LHD US
16793	365	GTS/4 Daytona #84/121 73 LHD US
16795	365	GTB/4 Daytona #1137/1284 73 Silver/Black LHD US
16797	365	GTB/4 Daytona #1138/1284 73 LHD US
16799	365	GTS/4 Daytona #88/121 73 Red/Tan LHD US
16801	365	GTS/4 Daytona #89/121 73 Rosso chiaro 20-R-190/Nero VM 8500 LHD US
16803	365	GTB/4 Daytona #1140/1284 73 LHD US
16805	365	GTB/4 Daytona #1155/1284 73 LHD EU
16807	365	GTB/4 Daytona Spider Conversion London Show Car #1188/1284 73 Red/Crema & Red RHD UK
16809	365	GTB/4 Daytona #1163/1284 73 LHD EU
16811	365	GTB/4 Daytona #1162/1284 73 Dark metallic Blue/Black then Russo Rubino Black & Grey LHD EU
16813	365	GTB/4 Daytona #1164/1284 73 LHD EU
16815	365	GTB/4 Daytona #1189/1284 73 Argento/light Blue RHD UK eng. #16815
16817	365	GTB/4 Daytona #1172/1284 73 Celeste Blue/Scuro Blue RHD UK
16819	365	GTB/4 Daytona A #1166/1284 73 Red/Black & tan LHD EU ex-Matsuda Collection
16821	365	GTB/4 Daytona Series 2 #1167/1284 73 Azzurro met./Black LHD EU eng. #16821
16823	365	GTB/4 Daytona #1165/1284 73 Black/tan & Black LHD EU
16825	365	GTB/4 Daytona #1153/1284 73 LHD EU
16827	365	GTB/4 Daytona Spider Conversion #1187/1284 73 RHD UK
16829	365	GTB/4 Daytona #11081/1284 73 LHD EU
16831	365	GTB/4 Daytona #1182/1284 73 dark Red Bill DeCarr paint/Black LHD EU
16833	365	GTB/4 Daytona #1190/1284 73 Red/Tan & Black RHD UK
16835	365	GTS/4 Daytona #87/121 73 LHD US
16837	365	GTB/4 Daytona Spider Conversion by Straman #1139/1284 73 Black/Tan LHD US
16839	365	GTS/4 Daytona #90/121 73 Fly Giallo/Black Black top LHD US
16841	365	GTB/4 Daytona #1148/1284 73 Silver/Black LHD US
16843	365	GTB/4 Daytona #1147/1284 73 Red/Black US
16845	365	GTB/4 Daytona #1150/1284 73 LHD US
16847	365	GTS/4 Daytona #91/121 73 Red/Tan Black inserts LHD US
16849	365	GTB/4 Daytona #1149/1284 73 metallic brown/tan LHD US
16851	365	GTB/4 Daytona #1151/1284 73 LHD US
16853	365	GTB/4 Daytona #1152/1284 73 LHD US
16855	365	GTB/4 Daytona Spider Conversion #1168/1284 73 Silver then Red/Black LHD US
16857	365	GTS/4 Daytona #93/121 73 Red/Naturale LHD US
16859	365	GTS/4 Daytona #92/121 73 LHD US
16861	365	GTB/4 Daytona #1170/1284 73 LHD US
16863	365	GTB/4 Daytona #1169/1284 73 LHD US
16865	365	GTB/4 Daytona #1176/1284 73 LHD US
16867	365	GTB/4 Daytona #1177/1284 73 LHD US
16869	365	GTB/4 Daytona Spider Conversion by Scaglietti #1179/1284 73 Red/Black Red top LHD US, ex-Barbara Streisand?
16871	365	GTB/4 Daytona #1183/1284 73 LHD EU
16873	365	GTB/4 Daytona #1184/1284 73 Fly Giallo/Black LHD EU
16875	365	GTB/4 Daytona #1191/1284 73 Azzurro/Black RHD UK
16877	365	GTB/4 Daytona Spider Conversion #1185/1284 73 silver LHD EU
16879	365	GTB/4 Daytona #1192/1284 73 Marrone Colorado/tan Black inserts RHD UK
16881	365	GTB/4 Daytona #1193/1284 73 RHD UK
16883	365	GTB/4 Daytona #1196/1284 73 Blue Ribot/Tan & Black RHD UK
16885	365	GTB/4 Daytona Spider Conversion #1195/1284 73 RHD UK
16887	365	GTB/4 Daytona #1194/1284 73 Rosso Bordeaux Dino 20-R-351/Beige RHD UK eng. #16775
16889	365	GTB/4 Daytona #1178/1284 73 Red/Black & Red LHD US
16891	365	GTS/4 Daytona #94/121 73 Black/Tan LHD US
16893	365	GTB/4 Daytona #1057/1284 73 LHD US
16895	365	GTS/4 Daytona #95/121 73 Fly Giallo/Black LHD US
16897	365	GTB/4 Daytona Spider Conversion #1180/1284 73 LHD US
16899	365	GTB/4 Daytona #1198/1284 73 Red/Black LHD US
16901	365	GTS/4 Daytona #96/121 73 Black/Red/Black inserts LHD US ex-"Sonny & Cher"
16903	365	GTS/4 Daytona #97/121 73 Rosso chiaro then Black/tan Red inserts LHD US
16905	365	GTB/4 Daytona #1211/1284 73 LHD US
16907	365	GTB/4 Daytona #1197/1284 73 Red/Black LHD US
16909	365	GTB/4 Daytona #1200/1284 73 Yellow LHD US
16911	365	GTS/4 Daytona #98/121 73 Yellow/Brown LHD US
16913	365	GTS/4 Daytona #99/121 73 Red/Tan LHD US
16915	365	GTS/4 Daytona #100/121 73 Silver then Black/Red LHD US eng. #B 2754
16917	365	GTB/4 Daytona #1199/1284 73 Blue/Tan LHD US
16919	365	GTB/4 Daytona #1204/1284 73 Red/Black LHD EU
16921	365	GTB/4 Daytona #1207/1284 73 LHD
16923	365	GTB/4 Daytona #1205/1284 73 LHD EU ex-Nicki Lauda
16925	365	GTB/4 Daytona #1219/1284 73 Red/Black LHD EU ex-Rosso Bianco Collection

s/n	Type	Comments	s/n	Type	Comments
16927	365	GTB/4 Daytona #1221/1284 73 Blue Chiaro/Tan & Black Daytona Seats LHD EU	17013	365	GTS/4 Daytona #105/121 73 Oro Chiaro then Marrone/tan Black top LHD US #80/96 US-Cars
16929	365	GTB/4 Daytona #1206/1284 73 LHD EU			
16931	365	GTB/4 Daytona #1210/1284 73 LHD US	17015	365	GTB/4 Daytona #1222/1284 73 LHD US, new to Brazil
16933	365	GTB/4 Daytona #1212/1284 73 Blue sera/tan LHD US	17017	365	GTB/4 Daytona #1235/1284 73 LHD EU
16935	365	GTB/4 Daytona Competition Conversion Gr. IV Conversion by Piet Roelofs #1239/1284 73 Yellow/Black LHD US	17019	365	GTB/4 Daytona #1233/1284 73 LHD EU
			17021	365	GTB/4 Daytona #1231/1284 73 LHD EU
			17023	365	GTB/4 Daytona #1234/1284 73 LHD EU
16937	365	GTB/4 Daytona #1209/1284 73 Red/Black LHD US	17025	365	GTB/4 Daytona #1236/1284 73 silver LHD EU
			17027	365	GTB/4 Daytona #1237/1284 73 LHD EU
16939	365	GTB/4 Daytona #1240/1284 73 LHD US	17029	365	GTB/4 Daytona #1238/1284 73 LHD EU
16941	365	GTB/4 Daytona #1213/1284 73 LHD EU	17031	365	GTB/4 Daytona #1248/1284 73 LHD EU
16943	365	GTB/4 Daytona Spider Conversion by Autokraft #1241/1284 73 Fly Giallo/Black LHD US	17033	365	GTB/4 Daytona #1273/1284 73 LHD US, new to Brazil
16945	365	GTB/4 Daytona #1215/1284 73 LHD US	17035	365	GTB/4 Daytona #1274/1284 73 LHD EU
16947	365	GTB/4 Daytona #1214/1284 5/73 RedBlack LHD CDN	17037	365	GTB/4 Daytona Spider Conversion #1275/1284 73 LHD ME
16949	365	GTS/4 Daytona #101/121 73 Red/Tan LHD US	17039	365	GTS/4 Daytona #108/121 73 LHD US
16951	365	GTB/4 Daytona #1242/1284 73 Black Red LHD US	17041	365	GTS/4 Daytona #107/121 73 LHD US
			17043	365	GTB/4 Daytona #1266/1284 73 Fly Giallo/Black LHD US
16953	365	GTB/4 Daytona #1228/1284 73 Red LHD US			
16955	365	GTB/4 Daytona Spider Conversion #1224/1284 73 Red/Tan LHD US	17045	365	GTS/4 Daytona #108/121 73 Rosso Dino then Fly Giallo/Tan LHD US
16957	365	GTB/4 Daytona #1230/1284 73 Sable/Black & Red LHD US	17047	365	GTS/4 Daytona #111/121 7/73 Red/Tan then Chiaro Blue/Beige LHD US
16959	365	GTB/4 Daytona #1227/1284 73 LHD US	17049	365	GTB/4 Daytona #1260/1284 73 LHD CDN
16961	365	GTB/4 Daytona #1243/1284 73 LHD US	17051	365	GTS/4 Daytona #110/121 73 LHD US
16963	365	GTB/4 Daytona #1244/1284 73 Yellow/tan & brown LHD US	17053	365	GTS/4 Daytona #102(?)/121 73 Red/Tan LHD US
16965	365	GTB/4 Daytona #1229/1284 73 Bronze then Yellow/Red then Rosso Corsa Nero RHD UK eng. #16659	17055	365	GTS/4 Daytona #112/121 Brown met. LHD EU
			17057	365	GTS/4 Daytona #113/121 7/73 azzurro metallizzato/Salchi 106.A.32 Leather VM 846 Black top LHD US #88/96 US
16967	365	GTB/4 Daytona Spider Conversion #1201/1284 73 LHD EU			
			17059	365	GTS/4 Daytona #121/121 73 LHD US
16969	365	GTB/4 Daytona #1203/1284 73 LHD EU	17061	365	GTS/4 Daytona #114/121 73 LHD US
16971	365	GTB/4 Daytona #1208/1284 73 Red/Tan LHD EU	17063	365	GTS/4 Daytona #115/121 73 LHD US
			17065	365	GTS/4 Daytona #117/121 73 Black/Black, then Red/Black ex-Sonny & Cher #92/96 US
16973	365	GTB/4 Daytona #1216/1284 73 LHD EU			
16975	365	GTB/4 Daytona #1220/1284 73 LHD EU	17067	365	GTS/4 Daytona #118/121 73 LHD US
16977	365	GTB/4 Daytona #1218/1284 73 Red/Tan LHD EU	17069	365	GTS/4 Daytona #119/121 73 Red/Black LHD US
16979	365	GTB/4 Daytona A #1202/1284 73 Rosso Corsa/Black LHD EU	17071	365	GTS/4 Daytona #116/121 73 dark Red/Black LHD US
16981	365	GTB/4 Daytona #1223/1284 73 Visone metallizzato then Dark Blue/Tan Black inserts LHD EU	17073	365	GTS/4 Daytona last, #120/121 73 Champagne/Beige LHD
			17075	365	GTB/4 Daytona #1249/1284 73 LHD EU
16983	365	GTB/4 Daytona #1255/1284 73 LHD US	17077	365	GTB/4 Daytona #1247/1284 73 Brown/Crema Black inserts LHD EU
16985	365	GTB/4 Daytona #1245/1284 73 Rosso Barchetta/Tan & Black then Nero/Black & Red LHD US			
			17079	365	GTB/4 Daytona #1250/1284 73 LHD EU
			17081	365	GTB/4 Daytona #1251/1284 73 LHD EU
16987	365	GTS/4 Daytona #104/121 73 Yellow/tan & brown LHD US	17083	365	GTB/4 Daytona #1272/1284 73 Red/Black LHD EU, 3rd to last car built, ex-Prince of Senegal
16989	365	GTB/4 Daytona #1254/1284 73 Blue/Beige LHD US eng. #16989			
			17085	365	GTB/4 Daytona Barcelona Show Car #1276/1284 73 Yellow/Black LHD
16991	365	GTB/4 Daytona #1253/1284 6/73 Silver/Black LHD US	17087	365	GTB/4 Daytona Frankfurt Show Car #1270/1284 73 Red/Black LHD
16993	365	GTB/4 Daytona #1217/1284 73 LHD EU			
16995	365	GTS/4 Daytona #103/121 73 LHD US	17089	365	GTB/4 Daytona #1269/1284 73 LHD EU
16997	365	GTB/4 Daytona #1256/1284 73 Black/Tan & Black LHD CDN	17091	365	GT/4 2+2 73 LHD EU
			17093	365	GT/4 2+2 73 LHD EU
16999	365	GTB/4 Daytona #1258/1284 73 Black/Tan LHD US	17095	365	GT/4 2+2 73 dark Grey green/Beige then Maroon LHD EU
17001	365	GTS/4 Daytona #106/12173 Black/Black LHD US	17097	365	GT/4 2+2 Barcelona Show Car 73 LHD EU
			17099	365	GT/4 2+2 73 LHD EU
17003	365	GTB/4 Daytona #1259/1284 73 LHD US	17101	365	GT/4 2+2 73 LHD EU
17005	365	GTB/4 Daytona #1225/1284 5/73 dark Red then Yellow/Tan LHD US	17103	365	GT/4 2+2 73 LHD EU
			17105	365	GT/4 2+2 73 LHD EU
17007	365	GTB/4 Daytona #1267/1284 73 Red/Black LHD US	17107	365	GT/4 2+2 73 LHD EU
			17109	365	GT/4 2+2 73 LHD EU
17009	365	GTB/4 Daytona #1257/1284 73 LHD US	17111	365	GT/4 2+2 73 LHD EU
17011	365	GTB/4 Daytona #1265/1284 73 LHD US	17113	365	GT/4 2+2 73 Black/Black LHD EU
			17115	365	GT/4 2+2 73 LHD EU

s/n	Type	Comments
17117	365	GT/4 2+2 73 LHD EU
17119	365	GT/4 2+2 73 LHD EU
17121	365	GT/4 2+2 73 LHD EU
17123	365	GT/4 2+2 73 LHD EU
17125	365	GT/4 2+2 73 LHD EU
17127	365	GT/4 2+2 74 Silver then Red RHD UK F101AL17127 eng. #F1 01AC00100623
17129	365	GT/4 2+2 73 LHD EU ex-Prince Bernhard
17131	365	GT/4 2+2 Silver/Black LHD EU
17133	365	GT/4 2+2 RHD
17135	365	GT/4 2+2 Azzurro/Black LHD EU
17137	365	GT/4 2+2
17139	365	GT/4 2+2 Silver/Tan LHD EU
17141	365	GT/4 2+2 73 Red EU F101AL17141 eng. #F101AC00100632
17143	365	GT/4 2+2
17145	365	GT/4 2+2
17147	365	GT/4 2+2
17149	365	GT/4 2+2
17151	365	GT/4 2+2
17153	365	GT/4 2+2
17155	365	GT/4 2+2 Red/Tan
17157	365	GT/4 2+2
17159	365	GT/4 2+2 73 Blue Chiaro/Black RHD UK eng. #17159
17161	365	GT/4 2+2
17163	365	GT/4 2+2
17165	365	GT/4 2+2
17167	365	GT/4 2+2 73 Gold Black LHD EU
17169	365	GT/4 2+2
17171	365	GT/4 2+2
17173	365	GT/4 2+2 Dark Blue metallic Tan LHD EU
17175	365	GT/4 2+2 EU
17177	365	GT/4 2+2 Silver/Red LHD EU
17179	365	GT/4 2+2
17181	365	GT/4 2+2
17183	365	GT/4 2+2
17185	365	GT/4 BB Series I first, Prototype 72 Rosso Corsa Black Boxer trim
17187	365	GT/4 2+2
17189	365	GT/4 2+2 EU
17191	365	GT/4 2+2
17193	365	GT/4 2+2
17195	365	GT/4 2+2
17197	365	GT/4 2+2 73 Red F101AL17197 eng. #F101AC001639
17199	365	GT/4 2+2
17201	365	GT/4 2+2
17203	365	GT/4 2+2
17205	365	GT/4 2+2
17207	365	GT/4 2+2
17209	365	GT/4 2+2
17211	365	GT/4 2+2
17213	365	GT/4 2+2
17215	365	GT/4 2+2 74 Champagne/Black
17217	365	GT/4 2+2 Green EU
17219	365	GT/4 2+2 Dark Blue Crema RHD UK
17221	365	GT/4 2+2 Brown/Tan LHD EU
17223	365	GT/4 BB Series I
17225	365	GT/4 2+2
17227	365	GT/4 2+2
17229	365	GT/4 2+2
17231	365	GT/4 2+2
17233	365	GT/4 2+2 73 Green EU F101AL17233
17235	365	GT/4 2+2
17237	365	GT/4 2+2
17239	365	GT/4 2+2
17241	365	GT/4 2+2 73 dark Blue/Black LHD EU
17243	365	GT/4 2+2
17245	365	GT/4 2+2
17247	365	GT/4 2+2
17249	365	GT/4 2+2
17251	365	GT/4 2+2
17253	365	GT/4 2+2
17255	365	GT/4 2+2
17257	365	GT/4 BB Series I #3/387 Rosso Corsa Black Boxer trim/Black LHD EU eng. #0007 ex-Clint Eastwood
17259	365	GT/4 2+2
17261	365	GT/4 2+2
17263	365	GT/4 2+2 73 Blue/Crema
17265	365	GT/4 2+2
17267	365	GT/4 2+2
17269	365	GT/4 BB Series I 73 Rosso Corsa/Black
17271	365	GT/4 2+2 Silver
17273	365	GT/4 2+2
17275	365	GT/4 2+2
17277	365	GT/4 2+2
17279	365	GT/4 2+2 Red/Black LHD EU
17281	365	GT/4 2+2 73 Azzurro/Blue RHD UK
17283	365	GT/4 2+2 Dark metallic Blue Black LHD EU
17285	365	GT/4 2+2 White EU
17287	365	GT/4 2+2
17289	365	GT/4 2+2
17291	365	GT/4 2+2 Blu Sera then Black/Tan LHD EU
17293	365	GT/4 2+2 73 Maroone/Black
17295	365	GT/4 2+2 73 Argento/Black
17297	365	GT/4 2+2
17299	365	GT/4 2+2
17301	365	GT/4 BB Series I 73
17303	365	GT/4 2+2
17305	365	GT/4 2+2
17307	365	GT/4 2+2
17309	365	GT/4 2+2 Blue sera/Black LHD EU
17311	365	GT/4 2+2
17313	365	GT/4 2+2 74 Dark Blue Crema LHD EU
17315	365	GT/4 2+2
17317	365	GT/4 2+2 73 Blue EU F101AL17317 eng. #F101AC00100705
17319	365	GT/4 2+2
17321	365	GT/4 BB Series I #6/387 73 White/Black then Fly Giallo Black Boxer Trim/Black LHD eng. #11
17323	365	GT/4 2+2
17325	365	GT/4 2+2
17327	365	GT/4 2+2
17329	365	GT/4 2+2
17331	365	GT/4 2+2
17333	365	GT/4 2+2
17335	365	GT/4 2+2 Yellow/Tan EU
17337	365	GT/4 2+2
17339	365	GT/4 2+2
17341	365	GT/4 2+2
17343	365	GT/4 2+2
17345	365	GT/4 2+2
17347	365	GT/4 2+2
17349	365	GT/4 2+2 74 Silver EU F101AL17349 eng. #F101AC00100072
17351	365	GT/4 2+2
17353	365	GT/4 2+2 73 Azzurro/Blue RHD UK eng. #17353
17355	365	GT/4 2+2 73 Red EU F101AL17355 eng. #F1 01AC00100735
17357	365	GT/4 2+2 73 Green RHD UK
17359	365	GT/4 BB Series I
17361	365	GT/4 2+2 Blue metallic EU
17363	365	GT/4 2+2 Dark Blue Dark Blue RHD UK
17365	365	GT/4 2+2
17367	365	GT/4 2+2
17369	365	GT/4 2+2 73 Blue EU F101AL17369 eng. #F101AC00100735
17371	365	GT/4 2+2 73 Silver/Black RHD UK eng. #17371
17373	365	GT/4 BB Series I
17375	365	GT/4 2+2
17377	365	GT/4 2+2

s/n	Type	Comments
17379	365	GT/4 2+2 74 Pale Blue/Dark Blue RHD UK eng. #17379
17381	365	GT/4 2+2 73 Blue F101AL17381 eng. #F101AC00100742
17383	365	GT/4 2+2
17385	365	GT/4 2+2
17387	365	GT/4 2+2
17389	365	GT/4 2+2
17391	365	GT/4 2+2 73 LHD EU ex-Prince Bernhard
17393	365	GT/4 2+2 73 Brown met./Brown
17395	365	GT/4 2+2
17397	365	GT/4 2+2
17399	365	GT/4 2+2
17401	365	GT/4 BB Series I Melbourne Show Car 74 Green RHD F105AB17401 eng. #F106A00000013
17403	365	GT/4 BB Series I 74 silver/Black LHD
17405	365	GT/4 2+2 73 Silver Targa-Conversion by Etienne Aigner Fly Studio
17407	365	GT/4 2+2
17409	365	GT/4 2+2
17411	365	GT/4 BB Series I
17413	365	GT/4 2+2
17415	365	GT/4 2+2
17417	365	GT/4 BB Series I
17419	365	GT/4 2+2
17421	365	GT/4 2+2
17423	365	GT/4 2+2 73 Dark Blue/Crema LHD EU
17425	365	GT/4 2+2
17427	365	GT/4 BB Series I
17429	365	GT/4 2+2
17431	365	GT/4 2+2
17433	365	GT/4 2+2
17435	365	GT/4 2+2
17437	365	GT/4 2+2
17439	365	GT/4 BB Series I Red w Black Boxer trim/tan cloth E 'U
17441	365	GT/4 2+2
17443	365	GT/4 2+2 73 Silver/Black then Blue int.
17445	365	GT/4 BB Series I 73 Fly Giallo/Black EU
17447	365	GT/4 BB Series I
17449	365	GT/4 2+2
17451	365	GT/4 2+2
17453	365	GT/4 2+2 Dark Blue/Black LHD EU
17455	365	GT/4 2+2
17457	365	GT/4 2+2
17459	365	GT/4 2+2
17461	365	GT/4 BB Series I 74 Yellow/Black then Argento Nürburgring
17463	365	GT/4 2+2
17465	365	GT/4 2+2
17467	365	GT/4 2+2 74 Green metallic EU F101AL17467 eng. #F101AC00100761 rebuilt as stretch-limo White/Black
17469	365	GT/4 2+2 Bronze met./Tan
17471	365	GT/4 BB Series I Red/Tan
17473	365	GT/4 2+2
17475	365	GT/4 2+2
17477	365	GT/4 2+2 Dark Blue/Black
17479	365	GT/4 BB Series I
17481	365	GT/4 2+2
17483	365	GT/4 2+2 Yellow/Black EU
17485	365	GT/4 2+2 Azzurro met. RHD UK
17487	365	GT/4 2+2 Spider Conversion by Straman 76 Red/Black EU
17489	365	GT/4 2+2 Brown met./Tan LHD EU
17491	365	GT/4 2+2
17493	365	GT/4 BB Series I
17495	365	GT/4 2+2
17497	365	GT/4 2+2
17499	365	GT/4 2+2
17501	365	GT/4 BB Series I
17503	365	GT/4 2+2 74 Black/Tan F101AL17503
17505	365	GT/4 2+2 73 Red/Tan
17507	365	GT/4 2+2
17509	365	GT/4 2+2
17511	365	GT/4 BB Series I 74 Red/Black LHD EU
17513	365	GT/4 2+2
17515	365	GT/4 2+2
17517	365	GT/4 2+2
17519	365	GT/4 BB Series I
17513	365	GT/4 2+2
17515	365	GT/4 2+2
17517	365	GT/4 2+2
17519	365	GT/4 BB
17521	365	GT/4 2+2
17523	365	GT/4 2+2 Dark Blue/Black RHD UK
17525	365	GT/4 2+2
17527	365	GT/4 BB Series I Red/Black
17529	365	GT/4 2+2 Blue met. EU
17531	365	GT/4 2+2
17533	365	GT/4 2+2 Silver LHD EU
17535	365	GT/4 BB Series I first RHD, last Series I Chiaro Blue/Black then Red/beige
17537	365	GT/4 2+2 Blue EU
17539	365	GT/4 2+2 74 Red/Tan RHD UK
17541	365	GT/4 2+2 Dark Blue Beige LHD EU
17543	365	GT/4 BB Series II first Series II, 74 Blu Sera Metallico EU
17545	365	GT/4 2+2 Black/beige EU
17547	365	GT/4 2+2
17549	365	GT/4 2+2 Azzurro Blue/Black LHD EU
17551	365	GT/4 2+2
17553	365	GT/4 BB Series II 74 Fly Giallo Black Boxer Trim/Black LHD
17555	365	GT/4 2+2
17557	365	GT/4 2+2
17559	365	GT/4 2+2
17561	365	GT/4 BB Series II
17563	365	GT/4 2+2 Silver RHD UK
17565	365	GT/4 2+2
17567	365	GT/4 2+2 74 Black RHD UK
17569	365	GT/4 BB Series II
17571	365	GT/4 2+2
17573	365	GT/4 2+2
17575	365	GT/4 2+2 Blue metallic/Tan RHD
17577	365	GT/4 BB Competizione Conversion by John Mason 73 White Red & green stripes then Red LHD EU
17579	365	GTB/4 Daytona Spider Conversion 74 Silver/Blue eng. #17579
17581	365	GT/4 2+2
17583	365	GT/4 2+2 74 anthracite grey/Black LHD EU
17585	365	GT/4 BB Series II Red/Black LHD
17587	365	GT/4 2+2 74 Red/Crema
17589	365	GT/4 2+2
17591	365	GT/4 2+2
17593	365	GT/4 BB Series II
17595	365	GT/4 2+2
17597	365	GT/4 BB Series II dark Red met./Black LHD EU
17599	365	GT/4 BB Series II
17601	365	GTB/4 Daytona #1278/1284 74 Silver/Black LHD EU
17603	365	GTB/4 Daytona #1277/1284 74 Giallo Fly Giallo/Black LHD EU, 7th from last
17605	365	GT/4 BB Series II 75 silver/Black LHD EU
17607	365	GT/4 BB Series II
17609	365	GTB/4 Daytona Melbourne Show Car #1263/1284 74 Red RHD AUS eng. #17609
17611	365	GTB/4 Daytona #1261/1284 74 Blue Black RHD UK
17613	365	GTB/4 Daytona #1262/1284 74 Red RHD UK eng. #17613
17615	365	GTB/4 Daytona last #1279/1284 74 LHD US
17617	365	GT/4 BB Series II Geneva Show Car 74 LHD EU
17619	365	GT/4 2+2

s/n	Type	Comments	s/n	Type	Comments
17621	365	GT/4 2+2	17747	365	GT/4 BB Series II Red/Black RHD
17623	365	GT/4 2+2 Cabriolet Conversion by Straman 73 Silver/Black F101AL17623	17749	365	GT/4 BB Series II
			17751	365	GT/4 BB Series II Rosso Dino/beige cloth & Black leather ex-King Hussein of Jordan
17625	365	GT/4 BB Series II RHD UK			
17627	365	GT/4 2+2	17753	365	GT/4 2+2
17629	365	GT/4 2+2 74 Silver RHD UK	17755	365	GT/4 BB Series II Targa Conversion 74 Blue then Rosso Corsa/Crema
17631	365	GT/4 2+2 EU			
17633	365	GT/4 BB Series II 74 Rosso Corsa/Black	17757	365	GT/4 2+2
17635	365	GT/4 2+2	17759	365	GT/4 BB Series II Yellow & Black/Black RHD UK
17637	365	GT/4 2+2			
17639	365	GT/4 2+2	17761	365	GT/4 BB Series II Spider Conversion 74 Red/Red & Black then Blu Sera Met./Red after Conversion
17641	365	GT/4 BB Series II 74 Blu Sera Metallico Black LHD EU			
17643	365	GT/4 2+2	17763	365	GT/4 2+2
17645	365	GT/4 2+2	17765	365	GT/4 BB Series II
17647	365	GT/4 2+2	17767	365	GT/4 BB Series II Koenig Specials 74 Rosso Corsa/Black LHD EU
17649	365	GT/4 BB Series II 74 Rosso Corsa/Crema RHD UK eng. #39			
			17769	365	GT/4 2+2 74 Green EU F101AL17769 eng. #F101AC00100741 400 i-eng. installed later
17651	365	GT/4 2+2			
17653	365	GT/4 2+2	17771	365	GT/4 BB Series II
17655	365	GT/4 BB Series II	17773	365	GT/4 BB Series II Nero Daytona/Chiaro
17657	365	GT/4 2+2 Blue EU	17775	365	GT/4 2+2 74 Blue RHD eng. # 00862
17659	365	GT/4 BB Series II	17777	365	GT/4 BB Series II
17661	365	GT/4 2+2	17779	365	GT/4 BB Series II 74 Blue Black Boxer trim RHD F102AB17779 eng. #F1 02A00000083
17663	365	GT/4 2+2			
17665	365	GT/4 BB Series II 74 Rosso Corsa Boxer trim/Black & Red Daytona seats LHD EU	17781	365	GT/4 2+2 74 Red EU F101AL17781 eng. #F101AC00100864
17667	365	GT/4 2+2 74 Red/Black LHD EU	17783	365	GT/4 BB Series II
17669	365	GT/4 2+2	17785	365	GT/4 BB Series II
17671	365	GT/4 BB Series II 74 Rosso Corsa/Black LHD EU	17787	365	GT/4 2+2
			17789	365	GT/4 BB Series II 74 Red/Tan
17673	365	GT/4 2+2	17791	365	GT/4 BB Series II
17675	365	GT/4 2+2	17793	365	GT/4 BB Series II RHD
17677	365	GT/4 BB Series II	17795	365	GT/4 2+2 75 Silver/Black LHD EU F101AL17795
17679	365	GT/4 2+2			
17681	365	GT4/2+2 Brown Met'/Beige	17797	365	GT/4 BB Series II
17683	365	GT/4 BB Series II Red Black Boxer trim EU F102AB17683	17799	365	GT/4 BB Series II 74 Red/Black RHD eng. #17799
17685	365	GT/4 2+2	17801	365	GT/4 BB Series II
17687	365	GT/4 2+2	17803	365	GT/4 2+2 Red/Crema RHD UK
17689	365	GT/4 BB Series II Argento Nürburgring/Black LHD EU	17805	365	GT/4 BB Series II
			17807	365	GT/4 BB Series II 74 Rosso Corsa/Tan LHD EU
17691	365	GT/4 2+2 Paris Show Car 74 LHD EU	17809	365	GT/4 BB Series II
17693	365	GT/4 BB Series II 74 Rosso Corsa Black Boxer Trim/Tan LHD EU	17811	365	GT/4 2+2
			17813	365	GT/4 BB Series II #11/58 74 Rosso Chiaro Tan DGM 17813
17695	365	GT/4 2+2 Black LHD EU			
17697	365	GT/4 BB Series II	17815	365	GT/4 2+2 White Black RHD UK
17699	365	GT/4 2+2 Red	17817	365	GT/4 BB Series II 74 Red/Black RHD UK
17701	365	GT/4 BB Series II	17819	365	GT/4 2+2 74 Red/Black EU F101AL17819 eng. #F101AC00100884
17703	365	GT/4 2+2 Dark Blue Dark Blue LHD EU			
17705	365	GT/4 BB Series II	17821	365	GT/4 BB Series II
17707	365	GT/4 2+2	17823	365	GT/4 2+2 74 Light Blue/Blue EU F10IAL17823
17709	365	GT/4 BB Series II 74 Black then Rosso/beige EU	17825	365	GT/4 BB Series II 74 Red & Red/Black, LHD, F102AB-17825 2034
17711	365	GT/4 2+2 Red EU	17827	365	GT/4 BB Series II 75 Rosso Corsa/Black RHD UK
17713	365	GT/4 BB Series II			
17715	365	GT/4 2+2	17829	365	GT/4 BB Series II 74 Blu Sera Metallico EU F102AB17829 custom built 288 GTO nose
17717	365	GT/4 BB Series II			
17719	365	GT/4 2+2	17831	365	GT/4 BB Series II
17721	365	GT/4 BB Series II 74 Nero Daytona Black	17833	365	GT/4 2+2
17723	365	GT/4 2+2	17835	365	GT/4 2+2
17725	365	GT/4 BB Series II	17837	365	GT/4 BB Series II
17727	365	GT/4 2+2 Green Tan LHD	17839	365	GT/4 BB Series II 75 Green RHD F102AB17839 eng. #F102A00000087
17729	365	GT/4 BB Series II 74 Silver RHD UK			
17731	365	GT/4 2+2	17841	365	GT/4 BB Series II 74 Rosso Corsa/Tan RHD F102AB 17841
17733	365	GT/4 BB Series II 74			
17735	365	GT/4 2+2	17843	365	GT/4 2+2
17737	365	GT/4 BB Series II	17845	365	GT/4 BB Series II 75 Argento then Red Black Boxer trim/Black RHD ME F102AB17845 eng. #F102A00000094
17739	365	GT/4 2+2			
17741	365	GT/4 BB Series II 74 Rosso Bordeaux Tan later Black int.			
			17847	365	GT/4 BB Series II
17743	365	GT/4 BB Series II	17849	365	GT/4 2+2
17745	365	GT/4 BB Series II Yellow/Black	17851	365	GT/4 BB Series II 74 Fly Giallo Black

s/n	Type	Comments	s/n	Type	Comments
17853	365	GT/4 BB Series II	17969	365	GT/4 BB Series II 74 Red Black Boxer trim/Black LHD EU , 512 BB-rear
17855	365	GT/4 2+2			
17857	365	GT/4 BB Series II 74 Rosso Corsa/Crema	17971	365	GT/4 BB Series II
17859	365	GT/4 BB Series II Red/Black LHD EU	17973	365	GT/4 2+2
17861	365	GT/4 BB Series II 73 Maroon metallic/Beige RHD	17975	365	GT/4 BB Series II 74 Black/tan
			17977	365	GT/4 BB Series II 74 Black/Beige or Red/Tan
17863	365	GT/4 2+2	17979	365	GT/4 BB Series II
17865	365	GT/4 BB Series II Red Black Boxer trim/Black grey fabric inserts LHD EU	17981	365	GT/4 2+2
			17983	365	GT/4 BB Series II 75 White Black Boxer trim/light Blue LHD EU F102AB17983
17867	365	GT/4 BB Series II 74 Rosso Corsa/Black RHD UK F102AB17867 eng. #F102A00000097	17985	365	GT/4 BB Series II
17869	365	GT/4 BB Series II 74 Rosso/nero RHD eng. #17869	17987	365	GT/4 BB Series II
			17989	365	GT/4 2+2
17871	365	GT/4 2+2 74 White EU F101AL17871 eng. #F 01AC00100882	17991	365	GT/4 BB Series II 74 Rosso Corsa/Black/Red inserts LHD eng. #0112-N-50
17873	365	GT/4 BB Series II RHD	17993	365	GT/4 BB Series II
17875	365	GT/4 BB Series II	17995	365	GT/4 BB Series II 74 White/Black then Rosso Corsa/Tan
17877	365	GT/4 BB Series II 74 Rosso Corsa RHD UK			
17879	365	GT/4 2+2	17997	365	GT/4 2+2
17881	365	GT/4 BB Series II	17999	365	GT/4 BB Series II
17883	365	GT/4 BB Series II Rosso Corsa Black Boxer Trim/Tan cloth LHD EU	18001	365	GT/4 BB Series II 74 Nero Daytona/Black & Grey
17885	365	GT/4 BB Series II	18003	365	GT/4 BB Series II 74 Red Black Boxer trim/Black LHD EU
17887	365	GT/4 BB Series II			
17889	365	GT/4 BB Series II 73 Red & Red/beige RHD	18005	365	GT/4 2+2
17891	365	GT/4 BB Series II 74 Red/Tan	18007	365	GT/4 BB Series II Red
17893	365	GT/4 BB Series II 74 Red RHD UK	18009	365	GT/4 BB Series II Rosso Corsa/tan F102A00000161
17895	365	GT/4 2+2 74 White RHD UK F101AL17895 eng. #F101AC00100889	18011	365	GT/4 BB Series II 74 Rosso/tan LHD EU
17897	365	GT/4 BB Series II	18013	365	GT/4 2+2 74 Blue metallic EU F101AL18013 eng. #F10IAC00100904
17899	365	GT/4 BB Series II 74 Rosso Corsa/Tan RHD F102AB17899			
			18015	365	GT/4 BB Series II
17901	365	GT/4 BB Series II	18017	365	GT/4 BB Series II
17903	365	GT/4 BB Series II RHD	18019	365	GT/4 BB Series II
17905	365	GT/4 BB Series II 74 Fly Giallo/Black	18021	365	GT/4 2+2
17907	365	GT/4 2+2	18023	365	GT/4 BB Series II
17909	365	GT/4 BB Series II RHD	18025	365	GT/4 BB Series II
17911	365	GT/4 BB Series II Black/Black RHD UK	18027	365	GT/4 BB Series II
17913	365	GT/4 BB Series II 74 Verde Pino Metallizzato Black Boxer Trim/Tan	18029	365	GT/4 2+2
			18031	365	GT/4 BB Series II 74 Fly Giallo/Black LHD EU
17915	365	GT/4 BB Series II 74 Red/Tan RHD F102AB17915 eng. #F102A00000123	18033	365	GT/4 BB Series II
			18035	365	GT/4 BB Series II
17917	365	GT/4 BB Series II 74 Rosso Corsa/Black	18037	365	GT/4 2+2 74 Bianco/Black then dark Blue than Red/Black LHD EU DOT & EPA releases
17919	365	GT/4 2+2 74 Brown metallic/Black LHD EU			
17921	365	GT/4 BB Series II 74 Red/Black	18039	365	GT/4 BB Series II 74 Nero Daytona Black
17923	365	GT/4 BB Series II	18041	365	GT/4 BB Series II Anthracite Black Boxer Trim/Dark Red LHD EU
17925	365	GT/4 BB Series II			
17927	365	GT/4 BB Series II 74 Rosso Dino	18043	365	GT/4 BB Series II
17929	365	GT/4 BB Series II 74	18045	365	GT/4 2+2
17931	365	GT/4 2+2 74 Red/Black RHD	18047	365	GT/4 BB Series II
17933	365	GT/4 BB Series II 74 Red/Black RHD UK eng. #17933	18049	365	GT/4 BB Series II
			18051	365	GT/4 BB Series II Red/Crema RHD UK
17935	365	GT/4 BB Series II	18053	365	GT/4 2+2
17937	365	GT/4 BB Series II Silver/Black	18055	365	GT/4 BB Series II 75 Rosso Corsa/Black
17939	365	GT/4 2+2 74 Dark Red then White RHD UK	18057	365	GT/4 BB Series II Red Black Boxer trim/Black LHD EU F102AB18057, downhill-pro Conradin Cathomen
17941	365	GT/4 BB Series II Red Black Boxer Trim/B ack RHD F102BB17941 eng. #F102A00800138			
17943	365	GT/4 BB Series II 74 Red/Tan RHD eng. #17943	18059	365	GT/4 BB Series II
			18061	365	GT/4 2+2 London Show Car RHD UK
17945	365	GT/4 BB Series II 74 Rosso Corsa Black Boxer Trim/Black LHD EU ex-Shah of Persia	18063	365	GT/4 BB Series II
			18065	365	GT/4 BB Series II dark Blue Black Boxer Trim/tan Black inserts LHD EU
17947	365	GT/4 BB Series II 74 Nero Daytona Black			
17949	365	GT/4 2+2 Dark Blue/Black EU	18067	365	GT/4 BB Series II Fly Giallo/Black White nose indicators, nose grill is metal
17951	365	GT/4 BB Series II			
17953	365	GT/4 BB Series II	18069	365	GT/4 2+2 London Show Car 74 Chiaro Blue/Magnolia RHD UK eng. #18069
17955	365	GT/4 BB Series II 74 Nero Daytona Tan LHD			
17957	365	GT/4 2+2 74 White RHD UK eng. # 00899	18071	365	GT/4 BB Series II 74 Rosso Corsa Black Boxer Trim/Black RHD UK
17959	365	GT/4 BB Series II			
17961	365	GT/4 BB Series II Red/Black EU	18073	365	GT/4 BB Series II 74
17963	365	GT/4 BB Series II 74 Red/Black	18075	365	GT/4 BB Series II Blue EU
17965	365	GT/4 2+2	18077	365	GT/4 2+2 Paris Show Car 74 LHD EU
17967	365	GT/4 BB Series II 75 Red Black Boxer Trim/Red & Crema RHD UK	18079	365	GT/4 BB Series II

s/n	Type	Comments
18081	365	GT/4 BB Series II Blu Tour de France Black Boxer Trim/Tan LHD EU
18083	365	GT/4 BB Series II
18085	365	GT/4 2+2
18087	365	GT/4 BB Series II 74 Red/Black RHD UK
18089	365	GT/4 BB Series II Rosso Corsa Black Boxer Trim/Tan LHD EU
18091	365	GT/4 BB Series II Red/Black EU
18093	365	GT/4 2+2
18095	365	GT/4 BB Series II Competizione 74 Rosso Corsa NART Livery/Black LHD EU
18097	365	GT/4 BB Series II
18099	365	GT/4 BB Series II
18101	365	GT/4 2+2
18103	365	GT/4 BB Series II Fly GialloBlack Boxer Trim/Black RHD UK
18105	365	GT/4 BB Series II
18107	365	GT/4 BB Series II
18109	365	GT/4 2+2 74 White EU F101AL18109 eng. #F101AC00100913
18111	365	GT/4 BB Series II White/Black EU
18113	365	GT/4 BB Series II
18115	365	GT/4 BB Series II
18117	365	GT/4 2+2 75 Green EU F101AL18117 eng. #F101AC00100915
18119	365	GT/4 BB Series II Blu Sera Metallico Black LHD
18121	365	GT/4 BB Series II
18123	365	GT/4 BB Series II EU
18125	365	GT/4 BB Series II EU
18127	365	GT/4 BB Series II 75 Fly Giallo Black Boxer Trim/Black LHD EU F102AB18127
18129	365	GT/4 BB Series II Rosso Corsa Black Boxer Trim/Red Daytona Seats RHD
18131	365	GT/4 BB Series II
18133	365	GT/4 BB Series II White Black Heavily modified, 512BB rear bonnet
18135	365	GT/4 BB Series II
18137	365	GT/4 BB Series II
18139	365	GT/4 BB Competizione LM 74 Rosso Corsa/Black LHD EU raced for N.A.R.T.
18141	365	GT/4 BB Series II 75 Blue metallic/tan then Red/Black & Red eng.#18141
18143	365	GT/4 BB Series II Fly Giallo/Black LHD EU
18145	365	GT/4 BB Series II Spider Conversion
18147	365	GT/4 BB Series II Red EU
18149	365	GT/4 BB Series II
18151	365	GT/4 BB Series II green ex-Shah of Persia
18153	365	GT/4 BB Series II 75 Red Black Boxer Trim/Black eng. #18153
18155	365	GT/4 BB Series II 75 Red RHD UK F102AB18155 eng. #F102A00000228
18157	365	GT/4 BB Series II
18159	365	GT/4 BB Series II 74 silver RHD UK F102AB181 59 eng. #F102A00000210
18161	365	GT/4 BB Series II 74 Argento Black Boxer Trim/Black LHD
18163	365	GT/4 BB Series II
18165	365	GT/4 BB Series II Red EU
18167	365	GT/4 BB Series II
18169	365	GT/4 BB Series II Rosso Corsa/Black
18171	365	GT/4 BB Series II 74 Red/Black EU
18173	365	GT/4 BB Series II
18175	365	GT/4 2+2 74 Red RHD UK eng. # 00909
18177	365	GT/4 BB Series II Black/tan & Black
18179	365	GT/4 BB Series II
18181	365	GT/4 BB Series II
18183	365	GT/4 2+2
18185	365	GT/4 BB Series II
18187	365	GT/4 BB Series II silver/Black
18189	365	GT/4 BB Series II Red/Black & tan
18191	365	GT/4 2+2
18193	365	GT/4 BB Series II EU
18195	365	GT/4 BB Series II 75 Black/Black then Fly Giallo/Crema
18197	365	GT/4 BB Series II Red Black Boxer trim/Black & Red LHD EU
18199	365	GT/4 2+2 Red EU
18201	365	GT/4 BB Series II Red/Black
18203	365	GT/4 BB Series II
18205	365	GT/4 BB Series II
18207	365	GT/4 2+2 silver RHD
18209	365	GT/4 BB Series II
18211	365	GT/4 BB Series II Red Black Boxer Trim/Tan Black inserts LHD EU
18213	365	GT/4 BB Series II last Series II
18215	365	GT/4 2+2 Brussels Show Car 75 Black/Black LHD EU
18217	365	GT/4 BB Series III first Series III, YellowBlack Boxer Trim/Black LHD EU
18219	365	GT/4 BB Series III Brussels Show Car 75 Red/Black LHD EU
18221	365	GT/4 BB Series III 75 Red/Black EU
18223	365	GT/4 2+2
18225	365	GT/4 BB Series III
18227	365	GT/4 BB Series III
18229	365	GT/4 BB Series III
18231	365	GT/4 2+2 74 dark Blue/teal & Blue leather LHD Manual EU
18233	365	GT/4 BB Series III
18235	365	GT/4 BB Series III
18237	365	GT/4 BB Series III
18239	365	GT/4 2+2
18241	365	GT/4 BB Series III
18243	365	GT/4 BB Series III Red/Black converted to 4 rear lights
18245	365	GT/4 2+2
18247	365	GT/4 2+2 Torino Show Car 74 LHD EU
18249	365	GT/4 2+2
18251	365	GT/4 2+2 Brown EU
18253	365	GT/4 2+2
18255	365	GT/4 2+2 Geneva Show Car 74 rebodied by Felber as Croisette station wagon Azzurro & White LHD EU
18257	365	GT/4 2+2
18259	365	GT/4 BB Series III Azzurro/Black then Red RHD UK eng. #00259 ex-King of Thai
18261	365	GT/4 BB Series III 75 Champagne/Tan & Black
18263	365	GT/4 2+2 74 Metallic Green/Beige ex-King Hussein, presented as a birthday gift to Reza Pahlevi
18265	365	GT/4 BB Series III Blu Dino
18267	365	GT/4 BB Series III 75 Blu Tour de France Black Boxer Trim/Crema LHD EU
18269	365	GT/4 2+2
18271	365	GT/4 2+2
18273	365	GT/4 2+2
18275	365	GT/4 2+2
18277	365	GT/4 2+2
18279	365	GT/4 2+2
18281	365	GT/4 2+2
18283	365	GT/4 2+2
18285	365	GT/4 2+2
18287	365	GT/4 2+2
18289	365	GT/4 2+2
18291	365	GT/4 2+2 75 White RHD UK
18293	365	GT/4 2+2
18295	365	GT/4 2+2 Cabriolet Conversion 75 Red/Tan LHD
18297	365	GT/4 BB Series III
18299	365	GT/4 BB Series III 74 Blu Sera then Red Black Boxer Trim/Tan
18301	365	GT/4 BB Series III
18303	365	GT/4 BB Series III 75 Red RHD UK F102AB18303 eng. #F102A00000269
18305	365	GT/4 2+2

s/n	Type	Comments
18307	365	GT/4 BB Series III Red/Tan
18309	365	GT/4 2+2
18311	365	GT/4 BB Series III Red Black Boxer Trim/Black
18313	365	GT/4 2+2
18315	365	GT/4 BB Series III
18317	308	GTB Prototipo
18319	308	GTB Prototipo
18321	308	GTB Prototipo
18323	365	GT/4 2+2 Grey EU
18325	365	GT/4 2+2
18327	365	GT/4 BB Series III
18329	365	GT/4 BB Series III
18331	365	GT/4 2+2
18333	365	GT/4 BB Series III
18335	365	GT/4 2+2
18337	365	GT/4 BB Series III Red/Black
18339	365	GT/4 2+2
18341	365	GT/4 BB Series III
18343	365	GT/4 2+2 75 Blue Hyperion/tan brown carpets LHD EU
18345	365	GT/4 2+2
18347	365	GT/4 2+2
18349	365	GT/4 BB Series III
18351	365	GT/4 2+2
18353	365	GT/4 2+2
18355	365	GT/4 BB Series III
18357	365	GT/4 BB Series III
18359	365	GT/4 2+2 75 Dark Red/Tan EU
18361	365	GT/4 2+2
18363	365	GT/4 BB Series III
18365	365	GT/4 2+2 Silver/Black
18367	365	GT/4 BB Series III Koenig 75 Red Black Boxer Trim/Black F102AB18367
18369	365	GT/4 2+2 73 Red/Tan F101AL*18369*
18371	365	GT/4 2+2
18373	365	GT/4 BB Series III 75 Rosso Corsa/Tan
18375	365	GT/4 BB Series III Red RHD F102AB18375
18377	365	GT/4 BB Series III Blu Tour de France Black Boxer Trim/Black
18379	365	GT/4 2+2 Red/Tan LHD EU F101AC0000*01054'
18381	365	GT/4 BB Series III Dark Blue/Black, LHD
18383	365	GT/4 2+2
18385	365	GT/4 BB Series III
18387	365	GT/4 2+2
18389	365	GT/4 BB Series III
18391	365	GT/4 BB Series III 75 Red Black Boxer Trim LHD EU F102AB18391
18393	365	GT/4 BB Series III Red/Black, (ex)-Hillary Raab
18395	365	GT/4 2+2
18397	365	GT/4 BB Series III Red, (ex)-Hillary Raab
18399	365	GT/4 2+2
18401	365	GT/4 BB Series III Rosso Corsa/Black LHD F102AB18401
18403	365	GT/4 2+2
18405	365	GT/4 BB Series III
18407	365	GT/4 BB Series III
18409	365	GT/4 2+2
18411	365	GT/4 BB Series III
18413	365	GT/4 BB Series III
18415	365	GT/4 2+2
18417	365	GT/4 BB Series III Red/Black
18419	365	GT/4 BB Series III Red/Black
18421	365	GT/4 2+2 74 Red EU F10lAL18421 eng. #F1 01AC00100944
18423	365	GT/4 BB Series III
18425	365	GT/4 2+2 75
18427	365	GT/4 BB Series III 75 Rosso Corsa Black Boxer Trim/Black LHD EU
18429	365	GT/4 BB Series III Red/Black LHD
18431	365	GT/4 BB Series III 75 Red Black Boxer Trim/Black LHD EU
18433	365	GT/4 2+2
18435	365	GT/4 BB Series III 75 Light Grey EU
18437	365	GT/4 BB Series III Red Black Boxer Trim/White LHD EU
18439	365	GT/4 2+2
18441	365	GT/4 BB Series III
18443	365	GT/4 BB Series III
18445	365	GT/4 BB Series III
18447	365	GT/4 2+2
18449	365	GT/4 2+2
18451	365	GT/4 2+2
18453	365	GT/4 BB Series III 74 Red/Black ex-Rosso Bianco Collection
18455	365	GT/4 2+2
18457	365	GT/4 BB Series III 75 grey/Black LHD
18459	365	GT/4 BB Series III LHD EU
18461	365	GT/4 2+2 Silver Black Boxer Trim/Black LHD EU
18463	365	GT/4 BB Series III
18465	365	GT/4 2+2
18467	365	GT/4 BB Series III
18469	365	GT/4 2+2
18471	365	GT/4 BB Series III
18473	365	GT/4 2+2
18475	365	GT/4 BB Series III Yellow/Black
18477	365	GT/4 2+2
18479	365	GT/4 BB Series III Red/Black
18481	365	GT/4 BB Series III 75 Silver RHD F102AB18481 eng. #F102A00000243
18483	365	GT/4 2+2
18485	365	GT/4 2+2 Dark Blue/Crema LHD EU
18487	365	GT/4 BB Series III Red & Black/Beige
18489	365	GT/4 2+2
18491	365	GT/4 BB Series III
18493	365	GT/4 2+2
18495	365	GT/4 BB Series III Red/Black
18497	365	GT/4 2+2 2/75 Red/Tan
18499	365	GT/4 BB Series III
18501	365	GT/4 2+2
18503	365	GT/4 BB Series III
18505	365	GT/4 2+2 75 light metallic Blue/Black LHD EU
18507	365	GT/4 BB Series III
18509	365	GT/4 2+2 75 Grey/Black LHD EU
18511	365	GT/4 BB Series III
18513	365	GT/4 2+2
18515	365	GT/4 BB Series III
18517	365	GT/4 2+2 medium metallic Blue/Black LHD EU
18519	365	GT/4 2+2 Green Crema LHD EU
18521	365	GT/4 BB Series III RHD F102AB18521
18523	365	GT/4 BB Series III
18525	365	GT/4 2+2
18527	365	GT/4 2+2
18529	365	GT/4 BB Series III
18531	365	GT/4 2+2
18533	365	GT/4 BB Series III Silver/Blue
18535	365	GT/4 BB Series III
18537	365	GT/4 2+2
18539	365	GT/4 2+2
18541	365	GT/4 2+2 74 Blue EU F101AL18541 eng. #F101AC00100948
18543	365	GT/4 BB Series III
18545	365	GT/4 BB Series III
18547	365	GT/4 BB Series III
18549	365	GT/4 BB Series III Red then Yellow/Black
18551	365	GT/4 2+2 Azzurro/Black
18553	365	GT/4 BB Series III Targa Conversion by Mike Sheehan 74 Grigio Fume/Beige LHD ex-Clint Eastwood
18555	365	GT/4 BB Series III Blue RHD F102AB18555 eng. #F102A00000333
18557	365	GT/4 BB Series III 74 Red RHD F102AB18557
18559	365	GT/4 2+2 rebodied as 250 GTE silver/Black LHD

s/n	Type	Comments
18561	365	GT/4 2+2 75 Argento/Black manual LHD EU
18563	365	GT/4 2+2
18565	365	GT/4 2+2
18567	365	GT/4 BB Series III 75 Red & Black Boxer trim/Black LHD F102AB18567
18569	365	GT/4 BB Series III
18571	365	GT/4 BB Series III
18573	365	GT/4 2+2 77 Black/Tan, 400-style body with GTC/4 engine
18575	365	GT/4 2+2
18577	365	GT/4 BB Series III
18579	365	GT/4 2+2 Light Yellow/Black LHD EU
18581	365	GT/4 BB Series III Black/tan F102AB18581
18583	365	GT/4 2+2
18585	365	GT/4 2+2
18587	365	GT/4 BB Series III Red/Black
18589	365	GT/4 2+2
18591	365	GT/4 BB Series III
18593	365	GT/4 2+2
18595	365	GT/4 2+2
18597	365	GT/4 BB Series III
18599	365	GT/4 BB Series III
18601	365	GT/4 2+2 Red
18603	365	GT/4 2+2
18605	365	GT/4 BB Series III
18607	365	GT/4 2+2
18609	365	GT/4 2+2
18611	365	GT/4 BB Series III Frankfurt Show Car 75 Red/Black LHD EU 512 rear
18613	365	GT/4 BB Series III White Black LHD
18615	365	GT/4 2+2
18617	365	GT/4 2+2
18619	365	GT/4 2+2 Dark Green/Beige RHD UK
18621	365	GT/4 2+2
18623	365	GT/4 BB Series III Red/Tan LHD EU F102AB18623
18625	365	GT/4 BB Series III
18627	365	GT/4 2+2 London Show Car 75 Rosso/nero RHD UK
18629	365	GT/4 BB Series III
18631	365	GT/4 BB Series III 75 Giallo Fly/Black LHD EU
18633	365	GT/4 2+2
18635	365	GT/4 BB Series III
18637	365	GT/4 2+2 75 Silver EU F101AL18637 eng. #F101AC00101031
18639	365	GT/4 BB Series III EU
18641	365	GT/4 BB Series III Argento/Black
18643	365	GT/4 2+2
18645	365	GT/4 BB Series III Frankfurt Show Car 75 LHD EU
18647	365	GT/4 BB Series III 75 LHD
18649	365	GT/4 BB Series III Silver/Black LHD
18651	365	GT/4 2+2 Red EU
18653	365	GT/4 2+2
18655	365	GT/4 BB Series III 75 Red then Azzurro met. Black Boxer trim/Tan LHD EU
18657	365	GT/4 BB Series III Red/Tan
18659	365	GT/4 BB Series III
18661	365	GT/4 2+2 75 Blue EU F101AL18661 eng. #F101AC00101045
18663	365	GT/4 BB Series III Red/Black EU
18665	365	GT/4 BB Series III 74 Azzurro met./Black & tan LHD EU
18667	365	GT/4 2+2
18669	365	GT/4 2+2
18671	365	GT/4 BB Series III 75, LHD
18673	365	GT/4 2+2
18675	365	GT/4 2+2
18677	308	GTB Vetroresina first Fiberglass (vetroresina)
18679	308	GTB Vetroresina 75 Paris & London Show Car
18681	308	GTB Vetroresina 76 Red RHD eng. # 00016
18683	365	GT/4 2+2 EU
18685	365	GT/4 BB Series III London Show Car #372/387 75 Rosso Cordoba metallizzato (106-R-7)/Beige (VM 3234) then Rosso Chiaro Nero & Beige (VM 3234) RHD eng. #367
18687	365	GT/4 BB Series III Red Black Boxer trim/Black
18689	365	GT/4 2+2
18691	365	GT/4 BB Series III Brussels Show Car 75 Nero Daytona/Black LHD EU
18693	365	GT/4 2+2
18695	365	GT/4 BB
18697	365	GT/4 2+2
18699	365	GT/4 2+2
18701	365	GT/4 BB Series III
18703	365	GT/4 2+2
18705	365	GT/4 2+2 Blue
18707	365	GT/4 BB
18709	365	GT/4 BB 75 Metallic grey Black Boxer Trim/Black LHD EU
18711	365	GT/4 2+2
18713	365	GT/4 BB Silver Black Boxer Trim/Black
18715	365	GT/4 2+2
18717	365	GT/4 2+2
18719	365	GT/4 BB Series III Blue Black Boxer Trim/Crema
18721	365	GT/4 BB Series III Rosso Corsa/Black, LHD
18723	365	GT/4 2+2
18725	365	GT/4 2+2 75 Slate Blue/Crema
18727	365	GT/4 BB Series III Red RHD F102AB18727 2038
18729	308	GTB #4 75 Red/Black
18731	365	GT/4 2+2 Brussels Show Car 75 LHD EU
18733	365	GT/4 2+2 76 Black RHD eng. # 01029
18735	365	GT/4 2+2
18737	365	GT/4 BB
18739	365	GT/4 2+2
18741	308	GTB Vetroresina
18743	365	GT/4 BB Series III 75 Red Black Boxer trim/tan LHD
18745	365	GT/4 BB Series III 76 Yellow/Black LHD eng. #: 00378
18747	365	GT/4 2+2
18749	365	GT/4 BB
18751	308	GTB Vetroresina 76 Red/light Tan LHD EU
18753	308	GTB Red
18755	365	GT/4 2+2 Blue EU
18757	365	GT/4 BB
18759	365	GT/4 2+2 11/75 Rosso Corsa/light Tan 4 tail lights
18761	308	GTB
18763	365	GT/4 BB
18765	365	GT/4 2+2 Azzurro/Black
18767	365	GT/4 2+2
18769	308	GTB
18771	365	GT/4 2+2
18773	308	GTB
18775	365	GT/4 2+2
18777	308	GTB
18779	308	GTB
18781	365	GT/4 2+2
18783	308	GTB Vetroresina 76 Red/Black LHD EU
18785	365	GT/4 2+2
18787	365	GT/4 BB Series III
18789	308	GTB
18791	365	GT/4 2+2 Blue then White RHD UK
18793	308	GTB
18795	365	GT/4 2+2
18797	365	GT/4 2+2
18799	308	GTB Vetroresina
18801	365	GT/4 2+2
18803	308	GTB
18805	308	GTB
18807	365	GT/4 2+2 76 Bronze EU F101AL18807 eng. #F101AC00101063

s/n	Type	Comments
18809	365	GT/4 2+2
18811	308	GTB
18813	365	GT/4 2+2
18815	365	GT/4 2+2 76 silver/Blue RHD
18817	308	GTB
18819	365	GT/4 2+2 76 Light Blue/tan RHD UK
18821	308	GTB
18823	365	GT/4 2+2 76 Blu Scuro/tan RHD
18825	308	GTB Vetrresina IMSA Conversion 76 Red LHD EU
18827	365	GT/4 2+2
18829	308	GTB
18831	365	GT/4 2+2 Nero/Nero LHD EU
18833	365	GT/4 2+2
18835	308	GTB
18837	308	GTB
18839	308	GTB Vetroresina EULHD
18841	308	GTB Vetroresina 76 LHD EU
18843	365	GT/4 2+2 Blue/Black LHD
18845	308	GTB Vetroresina Red/Black LHD
18847	308	GTB MichelottoGroup B #15/16
18849	365	GT/4 2+2
18851	308	GTB
18853	308	GTB
18855	308	GTB VetroresinaGroup 4 Conversion 75 LHD ex-Facetti (Italian Championship winner)
18857	308	GTB
18859	365	GT/4 2+2
18861	308	GTB
18863	365	GT/4 2+2
18865	308	GTB
18867	308	GTB
18869	308	GTB Michelotto Group B #11/16 orignally had a 2-valve engine
18871	308	GTB Vetroresina CH
18873	365	GT/4 2+2 Dark grey Tan LHD EU
18875	365	GT/4 2+2
18877	308	GTB
18879	308	GTB
18881	308	GTB Vetroresina LHD EU
18883	308	GTB
18885	365	GT/4 2+2
18887	308	GTB
18889	308	GTB Vetroresina 76 Rosso Corsa/Black LHD EU
18891	308	GTB Vetroresina 76 Red/Black LHD EU
18893	308	GTB
18895	365	GT/4 2+2
18897	308	GTB
18899	308	GTB
18901	365	GT/4 2+2
18905	308	GTB Michelotto Group 4 #14/16
18907	308	GTB
18909	308	GTB Vetroresina EU
18911	365	GT/4 2+2
18913	365	GT/4 2+2
18917	308	GTB Vetroresina Red/Black LHD
18919	365	GT/4 2+2 Blue/Black LHD EU 4 400-style tail lights
18923	308	GTB Vetroresina Red then White & Red then Red, raced, probably Competition converted
18925	365	GT/4 2+2
18927	308	GTB Vetroresina 76 Red/Tan F106AB18927
18935	308	GTB Group 4 Conversion by Carma Red/Black Modified by Facetti, 2 KKK turbos (950 PS)
18937	365	GT/4 2+2
18939	308	GTB
18941	308	GTB
18943	365	GT/4 2+2
18945	308	GTB
18947	308	GTB
18949	365	GT/4 2+2
18951	365	GT/4 2+2
18953	308	GTB Vetroresina
18955	365	GT/4 BB Series III Rosso Corsa Black Boxer trimBlack & Red LHD EU
18957	365	GT/4 2+2 76 Blue EU F101AL18957eng. #F101AC00101076
18959	365	GT/4 2+2
18961	308	GTB
18963	365	GT/4 2+2
18965	308	GTB
18967	365	GT/4 2+2
18969	365	GT/4 2+2
18971	308	GTB Michelotto Group B #12/16 76 White/Black cloth
18977	308	GTB Vetroresina 76 Silver then Yellow/Black LHD EU
18979	308	GTB Vetroresina
18985	365	GT/4 2+2
18989	308	GTB Group 4 Conversion Orange/Black LHD
18995	365	GT/4 BB
18997	365	GT/4 2+2
19005	365	GT/4 BB Series III Rosso Corsa/Black LHD EU
19011	308	GTB Vetroresina CH
19017	308	GTB Vetroresina 77 Silver/Blue F106AB19017
19019	365	GT/4 2+2 76 Red EU F101AL19019 eng. #F101AC00101077
19021	365	GT/4 2+2 Gold EU
19025	308	GTB Blue
19027	365	GT/4 2+2 76 Red EU F101AL19027 eng. #F101AC00101093
19029	308	GTB Vetroresina 76 Red LHD EU
19031	308	GTB Vetroresina Blue metallic Tan EU
19033	308	GTB Red
19035	365	GT/4 2+2 76 Black/Crema LHD EU
19037	365	GT/4 2+2
19039	365	GT/4 2+2
19047	308	GTB
19051	308	GTB Michelotto Group 4 #10/16
19055	308	GTB Vetroresina Red/Black
19057	365	GT/4 2+2 Barcelona Show Car 76 LHD EU
19065	365	GT/4 2+2
19069	308	GTB Vetroresina argento/nero LHD
19071	365	GT/4 BB Azzurro/Black
19075	308	GTB 76 Red/Black LHD EU
19077	365	GT/4 2+2
19081	308	GTB Vetroresina 76, CH
19083	308	GTB Vetroresina Yellow/Black LHD EU
19085	365	GT/4 BB argento/nero LHD
19087	308	GTB
19091	365	GT/4 2+2
19093	308	GTB
19103	308	GTB Vetroresina Competizione Conversion 76, USA
19109	308	GTB Vetroresina 76 Red/Black LHD
19111	365	GT/4 2+2
19113	365	GT/4 2+2 76 Verde scuro/tan LHD EU
19115	308	GTB Vetroresina Cometizione Conv. 76 Red/Black EU
19117	308	GTB 76 Blu Sera LHD CH
19121	308	GTB dark Blue/tan
19123	308	GTB Vetroresina Yellow/Black LHD EU then Cometition Conversion Rosso Corsa Azzurro stripe/Black
19127	308	GTB Vetroresina 76, A
19129	365	GT/4 2+2
19145	308	GTB Vetroresina 76 Red/Black LHD EU
19147	308	GTB Vetroresina 76 Red/Black
19149	308	GTB 76 Red F106AB19149 eng. #F106A00000630
19153	365	GT/4 BB 76 Red/Black RHD F102AB19153 eng. #F102A00000386
19155	365	GT/4 2+2 77 Brown/Crema
19159	308	GTB Vetroresina 76 LHD EU
19169	308	GTB Vetroresina Paris auto salon 76 Silver/Black, feat. in the movie "The Preacher"

s/n	Type	Comments	s/n	Type	Comments
19173	308	GTB Vetroresina 76 Chiaro Azzurro/Black RHD UK	19363	308	GTB Vetroresina Red/Crema LHD
19175	308	GTB Vetroresina 76 LHD EU	19367	308	GTB Steel 76 Red RHD UK eng. #00240
19177	365	GT/4 BB 76 Azzurro/Black RHD F102AB19177 eng. #F102A00000387	19369	308	GTB 76 Red/Black
			19377	308	GTB Vetroresina 76 EU LHD
19179	365	GT/4 2+2	19379	365	GT/4 2+2
19187	365	GT/4 2+2	19381	308	GTB Vetroresina 76 argento/Black LHD EU
19191	308	GTB Vetroresina 76 EU	19383	308	GTB Vetroresina Blue Black Boxer Trim/Tan LHD EU
19193	308	GTB Vetroresina GB			
19195	365	GTB/4	19385	308	GTB White
19199	365	GT/4 BB Series III 75 Rosso Corsa	19389	308	GTB Vetroresina 76 LHD EU
19203	308	GTB	19391	308	GTB Vetroresina Red then Black/Crema deep front valance LHD EU eng. #258
19205	365	GT/4 2+2			
19207	365	GT4 2+2 76 F101A19207	19393	308	GTB 76 Red/Red LHD EU
19211	308	GTB Vetroresina 76 Red/Black LHD EU	19395	308	GTB Vetroresina 76 Blue F106AB19395 eng. #F106A02100252
19213	308	GTB Vetroresina 76 LHD EU			
19219	308	GTB	19397	308	GTB Vetroresina 73 Red/Tan LHD US, first US-Vetroresina
19227	308	GTB Vetroresina Rosso Corsa/nero LHD EU			
19229	308	GTB Vetroresina 76 LHD EU	19399	308	GTB Vetroresina 76 Red/Tan LHD US
19233	365	GT/4 2+2	19401	308	GTB Vetroresina Red/Tan LHD US
19235	365	GT/4 2+2	19403	308	GTB Vetroresina LHD US
19237	308	GTB Vetroresina Red/Black LHD EU	19405	308	GTB Vetroresina Red/Tan LHD US
19239	365	GT/4 BB Series III 76 Red/Black RHD F102AB19239 eng. #F102A00000388	19407	308	GTB Vetroresina Red/Tan LHD US
			19409	308	GTB Vetroresina Red/Tan LHD US
19241	308	GTB Vetroresina Red/Black RHD UK	19411	308	GTB Vetroresina 76 Red/Tan LHD US F106AB19411
19247	365	GT/4 BB 76 Azzurro met. RHD F102AB19247eng. #F102A00000390			
			19413	308	GTB Vetroresina Red/Tan LHD US
19255	365	GT/4 2+2	19415	308	GTB Vetroresina Red/Tan LHD US
19257	365	GT/4 BB Series III	19417	308	GTB Vetroresina Competition Conversion 76 Red/Tan LHD US Turbo charged, 288 GTO panels
19263	308	GTB Vetroresina CH			
19265	308	GTB Vetroresina Red/Black			
19267	308	GTB	19419	308	GTB Vetroresina 76 LHD US
19271	512	BB Red Black Boxer Trim/Black EU	19421	308	GTB Vetroresina 76 Red/Tan LHD US eng. # 19421
19273	365	GT/4 2+2 76 Azzurro/Black LHD EU			
19275	308	GTB Vetroresina 76 Verde Germoglio	19423	308	GTB Vetroresina LHD US
19281	308	GTB Vetroresina	19425	308	GTB Vetroresina 76 Red/Tan Black leather accents LHD US F106 AB *19425*
19283	365	GT/4 2+2			
19285	308	GTB Red/Cream Black inserts RHD	19427	308	GTB Vetroresina 77 LHD US
19287	308	GTB Vetroresina Red & Yellow/Black	19429	308	GTB Vetroresina 76 LHD US
19289	308	GTB Vetroresina Red Turbo modified by Koenig	19431	308	GTB Vetroresina Red/Tan LHD US
19297	308	GTB	19433	308	GTB Vetroresina LHD US
19299	365	GT/4 2+2	19435	308	GTB Vetroresina Red/Tan LHD US
19303	308	GTB Vetroresina 76 EULHD	19437	365	GT/4 2+2
19305	308	GTB giallo/nero	19439	308	GTB
19309	365	GT/4 2+2	19443	308	GTB
19311	308	GTB Red	19445	365	GT/4 BB Series III Red LHD
19313	308	GTB Vetroresina GB	19447	308	GTB 76 Red/Tan LHD EU
19315	308	GTB Vetroresina 06/76 Red/Black RHD UK eng. #215	19451	308	GTB QV Yellow/Black
			19453	365	GT/4 2+2 75 Dark Red/Black LHD EU 4 rear lights
19319	308	GTB Vetroresina Red/Black LHD			
19321	308	GTB	19455	308	GTB
19323	365	GT/4 BB Series III last, 75 Red/Black	19459	308	GTB Vetroresina 76 Silver/Red eng. #19459
19327	308	GTB	19461	308	GTB Vetroresina GB
19329	308	GTB Vetroresina 77 Red/Crema RHD UK F106AB1 9329 eng. #F106A01608	19463	308	GTB Vetroresina Dark Blue/Black LHD
			19465	308	GTB Vetroresina 76 Red/Black LHD EU F106AB19465
19333	308	GTB Vetroresina 77 Rosso/Sabbia RHD UK eng. #19333 Marrone carpets			
			19469	308	GTB
19335	308	GTB Vetroresina 76 RHD UK	19471	308	GTB Vetroresina 76 I
19339	365	GT/4 2+2	19473	365	GT/4 2+2
19341	365	GT/4 2+2	19475	365	GT/4 2+2
19343	365	GT/4 BB Black Black Boxer Trim/Black RHD UK, last RHD	19483	308	GTB
			19487	308	GTB
19345	308	GTB Vetroresina 76 LHD EU	19489	365	GT/4 2+2
19347	308	GTB Vetroresina dark metallic Blue/Blue	19491	308	GTB Vetroresina GB
19349	308	GTB Vetroresina 76 Red	19493	308	GTB Vetroresina CH
19351	308	GTB Vetroresina 76 Grey/Red LHD EU F106AB *19351 *DGM 153460	19495	308	GTB Vetroresina CH
			19501	308	GTB
19353	400	Automatic Paris Show car 77 Prugna/burgundy then tan int. F101CL19353	19503	308	GTB Vetroresina Red/Tan
			19505	308	GTB Vetroresina Red/Tan LHD US
			19507	308	GTB Vetroresina Red/Tan LHD US
19355	308	GTB Vetroresina Red/Black RHD UK	19509	308	GTB Vetroresina 76 Red/Tan LHD US
19357	308	GTB Vetroresina GB	19511	308	GTB Vetroresina LHD US
19359	308	GTB	19513	308	GTB Vetroresina LHD US
19361	365	GT/4 2+2	19515	308	GTB Vetroresina Red/Tan LHD US

s/n	Type	Comments
19517	308	GTB Vetroresina LHD US
19519	308	GTB Vetroresina Red/Tan LHD US
19521	308	GTB Vetroresina Red/Tan LHD US
19523	308	GTB Vetroresina 76 Red/Black LHD US
19525	308	GTB Vetroresina Red/Tan LHD US
19527	308	GTB Vetroresina LHD US
19529	308	GTB Vetroresina Red/Tan LHD US
19531	308	GTB Vetroresina Red/Black LHD US
19533	308	GTB Vetroresina 6/76 Rosso Chiaro/tan LHD US
19535	308	GTB Vetroresina 76 Red/Tan LHD US
19537	308	GTB Vetroresina LHD US
19539	308	GTB Vetroresina LHD US
19541	308	GTB Vetroresina Race Conversion 76 LHD US
19543	308	GTB Vetroresina 76 Red/Tan LHD US
19545	308	GTB Vetroresina Red/Beige LHD US
19547	308	GTB Vetroresina 76 LHD US
19549	308	GTB Vetroresina Silver/Red LHD US
19551	308	GTB Vetroresina 76 Red/Black LHD US
19553	308	GTB Vetroresina 76 Fly Giallo/Tan LHD US
19555	308	GTB Vetroresina LHD US
19557	308	GTB Vetroresina Red/Tan LHD US
19559	308	GTB Vetroresina Red/Tan LHD US
19561	308	GTB Vetroresina Red/Tan LHD US
19563	308	GTB Vetroresina Red LHD US
19565	308	GTB Vetroresina LHD US
19567	308	GTB Vetroresina 76 Red/Tan LHD US
19569	308	GTB Vetroresina Silver/Red LHD US
19571	308	GTB Vetroresina LHD US
19573	308	GTB Vetroresina LHD US
19575	308	GTB Vetroresina 77 Red/Tan LHD US
19577	308	GTB Vetroresina 76 Red/Tan LHD US
19579	308	GTB Vetroresina Fly Giallo/Tan LHD US
19581	308	GTB Vetroresina 76 Red/Tan LHD US
19583	308	GTB Vetroresina LHD US
19591	308	GTB Vetroresina 76 Rosso/nero RHD UK
19595	308	GTB Vetroresina Competizione Conversion 76 Blue then Red Budweiser Livery/Black LHD EU raced by Paul Newman
19597	308	GTB Vetroresina F (?)
19599	308	GTB Vetroresina GB
19603	365	GT/4 2+2 last
19605	308	GTB Vetroresina Red GB
19611	308	GTB
19617	308	GTB Vetroresina Red/Black LHD EU
19619	308	GTB Vetroresina GB
19623	308	GTB Vetroresina Red/Black
19625	308	GTB Vetroresina Silver/Dark Red RHD UK
19627	308	GTB Red
19629	308	GTB Vetroresina Black LHD EU
19631	308	GTB Vetroresina 76 Red F106AB19631 eng. #F106A019631
19635	308	GTB Vetroresina 76 Red eng. # 00301, exported to Thailand in '87, then to HK
19639	308	GTB Vetroresina 76 Red then White F106AB19639 eng. #F106A01622
19641	308	GTB Vetroresina Red/Black
19645	365	GTC/4 2+2
19647	308	GTB Vetroresina 76 Red EU
19649	308	GTB Vetroresina 76 White F106AB19649 eng. #F106A01622
19653	308	GTB Vetroresinaa
19661	308	GTB Vetroresina LHD EU
19663	308	GTB Vetroresina 76 Green metallic then Red F106AB19663 eng. #F106A02100303
19665	308	GTB Vetroresina GB
19667	308	GTB Vetroresina 76 LHD
19669	308	GTB Vetroresina LHD
19671	308	GTB Vetroresina 76 Red F106AB19671 eng. #F106A01621
19673	308	GTB Competizione Conversion Azzurro w. orange stripe RHD
19675	308	GTB Vetroresina LHD
19677	512	BB first
19689	308	GTB Vetroresina GB
19691	308	GTB Rosso/nero RHD
19693	365	GTC/4 2+2
19701	308	GTB Vetroresina 76 Red/Black & Red RHD F106AB19701 EU
19703	308	GTB Vetroresina Red/Crema RHD UK
19705	308	GTB Vetroresina GB
19707	308	GTB Vetroresina 76 US
19709	365	GT/4 2+2 last
19711	512	BB Rosso Corsa
19713	308	GTB
19715	308	GTB Vetroresina 76 Red/Black LHD EU
19717	308	GTB Vetroresina 77 nero/Tan Black Carpets RHD UK Deep Front Spoiler
19723	308	GTB Red/Black LHD
19725	308	GTB Vetroresina 76 Red/Tan LHD US
19727	308	GTB Vetroresina 76 Red/Black LHD US
19729	308	GTB Vetroresina LHD US
19731	308	GTB Vetroresina LHD US
19733	308	GTB Vetroresina 7/76 Bronze Boxer Black trim Tan LHD US
19735	308	GTB Vetroresina 76 Silver/Black LHD US
19737	308	GTB Vetroresina 76 Silver then Black/Black LHD US
19739	308	GTB Vetroresina LHD US
19741	308	GTB Vetroresina 1/76 Black/Black then Argento/dark Red LHD US
19743	308	GTB Vetroresina 76 dark Grey/Bordeaux then Red/Black LHD US
19745	308	GTB Vetroresina LHD US
19747	308	GTB Vetroresina LHD US
19749	308	GTB Vetroresina LHD US
19751	308	GTB Vetroresina 76 Blue Chiaro/Black LHD US
19753	308	GTB Vetroresina Silver/Black LHD US
19755	308	GTB Vetroresina Yellow Black Boxer Trim/Black
19757	308	GTB Vetroresina 76 Yellow/Tan LHD US
19759	308	GTB Vetroresina LHD US
19761	308	GTB Vetroresina LHD US
19763	308	GTB Vetroresina Red/Tan LHD US
19765	308	GTB Vetroresina LHD US
19767	308	GTB Vetroresina LHD US
19769	308	GTB Vetroresina Red/Tan LHD US
19771	308	GTB Vetroresina Yellow/Black LHD US
19773	308	GTB Vetroresina Red/Tan LHD US
19775	308	GTB Vetroresina 7/76 Grigio/Dark Red then Charcoal Grey Metallic/Black LHD US
19777	308	GTB Vetroresina Red/Tan LHD US
19779	308	GTB Vetroresina Silver/Black LHD US
19781	308	GTB Vetroresina Black/Black LHD US
19783	308	GTB Vetroresina 76 Black/Black LHD US
19785	308	GTB Vetroresina Red/Tan LHD US
19787	308	GTB Vetroresina 76 grey/tan LHD US eng. #01955
19789	308	GTB Vetroresina 76 Black/Black LHD US
19791	308	GTB Vetroresina Anthracite grey Red LHD US
19793	308	GTB Vetroresina 76 Anthracite grey Black LHD US
19795	308	GTB Vetroresina Red/Black LHD US
19797	308	GTB Vetroresina LHD US
19799	308	GTB Vetroresina 77 LHD US ass. #099
19801	308	GTB Vetroresina LHD US
19803	308	GTB Vetroresina 76 Red/Black US ass. #111A last US-Vetroresina, ex-Clint Eastwood
19805	308	GTB Vetroresina LHD US
19807	512	BB Silver/Black & Crema
19815	308	GTB Vetroresina Red/Crema RHD UK
19821	365	GT/4 a post-production BB?
19823	308	GTB Vetroresina 76, Red/Crema & Red
19825	308	GTB Vetroresina 76 LHD EU
19827	308	GTB Vetroresina 76 CH
19831	308	GTB Red/Black RHD
19833	308	GTB

s/n	Type	Comments
19835	308	GTB Red/Natural & Black race seats RHD UK
19837	308	GTB Vetroresina 76 AUS F106AB19837
19839	512	BB
19841	308	GTB Vetroresina 76 RHD F106AB19841 eng. #F106A01623
19843	308	GTB Vetroresina White Black RHD UK
19845	308	GTB Vetroresina Red/Black LHD EU
19851	308	GTB
19853	308	GTB Vetroresina Red/Black RHD UK
19855	308	GTB Vetroresina 76 Rossa Corsa/Black LHD EU F106AB19855
19857	308	GTB
19859	308	GTB Vetroresina Yellow/Black
19865	512	BB 77 Black/White
19869	308	GTB Vetroresina 76 Black/Black RHD UK F106AB19869 eng. #F106A01887
19871	308	GTB Vetroresina 76 AUS
19873	308	GTB Vetroresina 76 Red F106AB1 9873 eng. #F106A00368
19877	308	GTB Vetroresina 76 Rosso Corsa/Tan RHD F106AB19877
19879	512	BB LHD
19881	308	GTB Steel 76 Black/Tan LHD EU exported to USA
19885	512	BB
19889	308	GTB Group 4
19891	308	GTB Vetroresina RHD GB
19893	308	GTB Vetroresina 76 Euro LHD, F
19899	308	GTB 76 Competition Group 4, converted by Carlo Facetti in 1982
19901	308	GTB Red/Black LHD
19903	400	Automatic
19905	400	Automatic
19907	308	GTB Vetroresina Dark Blue/Tan RHD UK
19909	308	GTB Vetroresina Red-Black Boxer Trim/Black LHD
19913	308	GTB Michelotto Group 4 #9/16
19915	512	BB Red Black Boxer Trim/Tan EU
19919	512	BB 11/76 Red Black Boxer trim/Black
19921	308	GTB Red
19925	308	GTB Vetroresina 76
19927	512	BB 77 Grey Metallic Black Boxer Trim/Black LHD EU
19931	400	GT Automatic 77 green/tan LHD EU
19933	308	GTB Vetroresina 77 Rosso/nero RHD
19935	308	GTB Vetroresina 76
19939	308	GTB Vetroresina
19943	308	GTB Vetroresina 76 RHD F106AB19943 eng. #F106A01767
19945	308	GTB Vetroresina 76 Rosso Chiaro/Black RHD UK eng. #19945
19949	308	GTB
19951	308	GTB
19961	308	GTB Red
19963	400	Automatic 76 Paris Show Car
19965	308	GTB 76 Rosso Rubino tan RHD eng. #19965
19967	308	GTB Vetroresina Blue/Tan LHD
19971	308	GTB Vetroresina 76 Blue F106AB19971 eng. #F106A01766
19975	308	GTB Vetroresina Red/Black RHD UK
19981	308	GTB Vetroresina 76 Rosso Corsa/Black LHD EU F106AB *19981*
19983	308	GTB Vetroresina Silver/Black RHD UK
19985	512	BB White then Red Black Boxer Trim/Tan
19987	308	GTB Vetroresina 76 White F106AB19987
19993	308	GTB Vetroresina
19995	512	BB Red/Tan
19999	308	GTB Steel
20001	308	GTB Red/Tan RHD
20003	308	GTB
20005	308	GTB Vetroresina 76 Black met./Black LHD EU dry sump 288 GTO-Conversion
20011	400	Automatic 77 Black/Red LHD F101CL20011
20013	308	GTB
20017	512	BB Yellow/Tan Black inserts then Red/Black LHD EU
20019	400	Automatic dark Blue/tan
20021	512	BB 77 Red Black Boxer Trim/Tan LHD EU
20033	308	GTB Vetroresina 76 F106AB20033
20035	308	GTB Vetroresina 11/76 RHD F106AB20035 eng. #F106A01764
20037	400	Automatic Black/tan LHD
20039	512	BB Chiaro Red/Black LHD
20041	308	GTB Vetroresina 77 Fly Giallo/Tan
20045	400	Automatic
20051	308	GTB Vetroresina 78 Red/Black LHD F106 AB 20051 eng. #F106A 021
20053	400	Automatic 79 dark Blue metallic/Black then Tan LHD EU F101CL20053
20059	308	GTB Vetroresina 76 Dark Blue F106AB20059 eng. #F106A01885
20061	308	GTB 76 Green F106AB20061 eng. #F106A01820
20063	308	GTB Vetroresina 76 Red-Black Boxer Trim/Black LHD EU
20069	308	GTB Silver
20071	308	GTB Vetroresina 76 Black LHD EU
20077	308	GTB Vetroresina 76 Silver RHD UK F106AB20077eng. #F106A01838
20079	308	GTB Vetroresina 76 Red F106AB20079 eng. #F106A01844
20081	308	GTB Vetroresina Red/Black EU
20083	400	Automatic
20085	512	BB Red/beige RHDEU
20091	308	GTB Vetroresina Red/Black LHD EU
20093	400	Automatic 77 RHD
20097	308	GTB Vetroresina Red-Black/tan LHD EU
20099	308	GTB Vetroresina 77 Giallo fly/Black RHD
20101	308	GTB Vetroresina 77 Black/tan LHD EU EPA & DOT Conversion
20107	400	Automatic
20109	308	GTB Vetroresina 77 Red F106AB20109 eng. #F106A01843
20111	308	GTB Vetroresina 76 LHD EU
20113	308	GTB Vetroresina 76 Yellow Red/Crema RHD UK F106AB20113 eng. #F106A201841
20119	308	GTB Vetroresina 76 Red F106AB20119 GTS-Conversion
20121	308	GTB Vetroresina 76 Red F106AB20121 eng. #F106A01839
20123	308	GTB Vetroresina 76 metallic Blue/tan then Red/Tan F106AB20123 eng. #F106A02100500
20129	308	GTB LHD EU
20133	308	GTB Vetroresina 76 Yellow F106AB201 33 eng. #F106A01641
20137	308	GTB Vetroresina 77 Red/Tan LHD CH
20141	400	Automatic
20143	512	BB 77 Rosso Corsa/Black
20145	308	GTB Vetroresina Red/Black LHD
20147	308	GTB
20151	308	GTB Vetroresina 77 Red F106AB20151 eng. #F106A01707
20153	512	BB Red/Black LHD EU
20157	308	GTB Vetroresina Red/Black
20161	308	GTB
20169	308	GTB 76 Black then Fly Giallo/Tan LHD EU
20171	308	GTB
20173	308	GTB Steel 10/76 Red/Tan LHD US, exported to F
20175	308	GTB
20177	308	GTB
20179	308	GTB Vetroresina Rosso Corsa/Tan F106AB20179 BAB20179
20183	308	GTB
20185	308	GTB
20187	308	GTB

s/n	Type	Comments
20189	308	GTB
20191	308	GTB Steel
20193	308	GTB Vetroresina medium metallic Blue/Blue LHD
20197	308	GTB
20199	308	GTB 76 Red/Black LHD EU
20203	308	GTB Vetroresina 76 LHD US
20205	308	GTB
20209	308	GTB Steel 76LHD US
20213	308	GTB 10/76 Blue/Tan & Black LHD US
20215	308	GTB
20219	308	GTB
20221	308	GTB
20223	308	GTB Vetroresina 76 Grey/Red
20227	308	GTB
20229	308	GTB
20231	308	GTB 76 Red/Black LHD US 288 GTO-Conversion
20233	308	GTB
20235	308	GTB
20239	400	i Automatic Black/Crema LHD
20245	308	GTB Vetroresina 77 Red F106AB20245 eng. #F106B040
20247	308	GTB Vetroresina 77 Red F106AB20247 eng. #F106AD01884
20251	400	i Automatic Azzurro/Grey & Black seats LHD
20253	308	GTB Blue met. LHD EU
20255	308	GTB Vetroresina 76 LHD EU F
20257	512	BB Red/Black
20261	400	Automatic
20263	Pinin	#1/1 Silver/Black LHD mock-up with Boxer-eng. fitted later, Jacques Swaters-Foundation
20265	308	GTB Vetroresina Blue
20267	308	GTB Yellow/Black RHD
20269	400	Automatic
20271	308	GTB Vetroresina Black/Beige Black inserts & piping
20275	308	GTB Vetroresina Silver Dark Red LHD EU
20281	308	GTB Vetroresina
20285	308	GTB grey/Black (confirmed)
20289	512	BB 76 Silver/Crema & Red then Red/Tan then Yellow Black Boxer Trim/Black & Yellow LHD EU
20291	400	Automatic
20293	400	Automatic Rosso Rubino/Black & Grey then Brown int. LHD EU
20295	400	Automatic
20297	400	Automatic Red metallic
20299	400	Automatic
20301	400	Automatic 77 Red/Tan
20303	308	GTB Vetroresina 77 Red/Crema RHD
20309	512	BB 77 Black/Black then Red/Black LHD EU
20311	308	GTB Vetroresina 76 Blue F106AB20031 1 eng. #F106AD01886 AUS
20315	308	GTB Vetroresina Red/Black RHD
20317	308	GTB Vetroresina GB
20319	400	Automatic 77 Blue/Blue-grey
20323	308	GTB Vetroresina Blue
20327	308	GTB
20329	308	GTB Vetroresina Red/Tan RHD UK
20337	400	Automatic 77 Black/tan HD LHD
20339	512	BB 77 Red/Tan Black inserts LHD EU eng.#0000028
20341	308	GTB Vetroresina GB
20343	308	GTB Vetroresina 76 Blu Met. Dino/VM3234 RHD UK ass. #131 eng. #449
20345	308	GTB Vetroresina 76 Red/Black LHD EU dry sump
20347	308	GTB Vetroresina 76 LHD EU
20349	308	GTB 12/76 White RHD F106AB20349 eng. #F106A01821
20351	308	GTB Vetroresina Red then Fly Giallo/Tan RHD UK
20353	308	GTB Vetroresina Red/Black LHD
20357	308	GTB Vetroresina Red/Black RHD UK
20361	400	Automatic
20363	308	GTB Vetroresina 76 LHD EU F
20367	512	BB
20369	308	GTB Vetroresina 76 Blue RHD F106AB20369 eng. #F106A01943
20373	308	GTB Michelotto Group 4 #5/16 Red Red cloth seats
20375	400	Automatic Cabriolet Conversion by Lorenz & Rankl Red/Black LHD
20377	308	GTB Vetroresina GB
20379	308	GTB Vetroresina 76 White/Blue LHD EU, exported to the US
20383	308	GTB
20385	308	GTB
20387	308	GTB
20389	308	GTB Steel
20391	308	GTB Black
20395	308	GTB Vetroresina NL
20397	308	GTB
20401	308	GTB 76 Red/Tan
20409	308	GTB 76 Red/Tan LHD US
20413	308	GTB RA
20417	308	GTB
20419	308	GTB 76
20421	308	GTB Vetroresina 76 Black/Red Black inserts LHD US exported to Europe
20423	308	GTB
20425	308	GTB 76 Red/Tan
20427	308	GTB 77
20431	308	GTB 77 White/Black
20433	308	GTB 11/76 Red/Black
20435	308	GTB Vetroresina ass. #250A
20437	308	GTB 76 Red/Black LHD US
20439	308	GTB Red/Crema
20441	308	GTB Steel 77 Fly Giallo/Black LHD US
20445	308	GTB Steel 76 Black/Black LHD US
20447	308	GTB
20449	308	GTB 77
20451	308	GTB Vetroresina 76 CH
20453	308	GTB Vetroresina GB
20455	308	GTB
20457	308	GTB Vetroresina Group 4 Conversion by Facetti 76 Rosso Corsa/Black LHD
20463	308	GTB 76 F106AB20463 AUS
20465	308	GTB Vetroresina Black/Black-Red RHD UK
20467	308	GTB AUS
20471	400	GT 79 Red/Black LHD EU
20473	308	GTB Vetroresina 76 Black RHD AUS F106AB20473 eng. #F106A01940
20481	308	GTB 76 Blue F106AB20481 eng. #F106A01942
20483	400	
20485	400	GT Brown/Crema
20487	512	BB Argento/Tan
20489	308	GTB Vetroresina GB
20491	512	BB
20495	308	GTB Red/Tan LHD EU
20497	308	GTB Vetroresina Red/Tan
20499	308	GTB Vetroresina NL
20501	308	GTB Vetroresina Group 4 Conversion Red-Blue-White/Black
20503	308	GTB
20509	512	BB Rosso Corsa/Black
20511	308	GTB CH
20517	308	GTB Vetroresina 77
20521	308	GTB Vetroresina Red/Black RHD UK
20523	308	GTB Vetroresina Red/Black
20525	308	GTB Vetroresina 76 Red RHD F106AB20525 eng. #F106A01941
20527	400	
20529	512	BB Red/Black
20531	308	GTB Steel
20533	308	GTB Vetroresina GB

s/n	Type	Comments	s/n	Type	Comments
20535	308	GTB Vetroresina 77 Rosso Black RHD UK	20709	512	BB Koenig Red/Red
20537	308	GTB Vetroresina IMSA Conversion by Michael Sheehan 77 Red EU	20713	308	GTB Vetroresina GB
			20715	308	GTB
20539	400		20717	308	GTB Steel
20541	308	GTB 76 Red F106AB20541 eng. #F106A02004	20719	308	GTB
20543	308	GTB Vetroresina Red/Black RHD eng. #20543	20721	308	GTB Dark Blue metallic Crema - Blue RHD UK
20553	512	BB Rosso Corsa/Black	20725	308	GTB Vetroresina 77 RHD UK
20555	308	GTB Red	20727	308	GTB Vetroresina GB
20557	308	GTB	20729	308	GTB Vetroresina Yellow/Black RHD UK
20559	400	Automatic Azzurro Metallic LHD	20731	308	GTB
20561	308	GTB 77 Red F106AB20561 eng. #F106A02003	20733	308	GTB
20563	308	GTB 77 Red F106AB20563 eng. #F106A02005	20735	400	
20565	400		20739	308	GTB Red/Black
20567	308	GTB	20741	308	GTB Red/Tan LHD EU
20571	308	GTB Vetroresina Dark Blue/tan LHD EU	20743	308	GTB Red/Black
20573	308	GTB	20747	512	BB Kroymans Collection, Blue metallic/tanBlue inserts LHD EU
20575	308	GTB 76 Rosso Cordoba/Black LHD			
20577	308	GTB 76 Red/Black	20751	308	GTB Vetroresina
20579	308	GTB	20753	308	GTB Vetroresina CH
20581	308	GTB LHD US	20755	308	GTS 77 Red/Tan LHD EU
20585	308	GTB	20757	308	GTB 77
20587	308	GTB	20759	308	GTB
20591	308	GTB	20761	308	GTB
20593	308	GTB	20765	400	
20595	308	GTB 77 White/Bordeaux	20767	400	
20597	308	GTB 76 Rosso Rubino/Tan	20769	512	BB 78 Red Black Boxer Trim/Black LHD
20599	308	GTB	20771	308	GTB RHD GB
20603	308	GTB QV Red/Blue LHD	20773	308	GTB Vetroresina modified for competition GB
20605	308	GTB	20775	308	GTB Vetroresina CH
20609	308	GTB	20781	308	GTB Vetroresina F ass. #096A
20611	308	GTB Steel 12/76 Red/Tan US	20783	308	GTB Vetroresina 77LHD US
20613	308	GTB 76 Rosso chiaro/tobacco LHD US	20787	400	
20615	308	GTB	20789	400	EU
20617	308	GTB 76 Blue/Tan	20797	308	GTB Vetroresina 77 EU
20619	308	GTB Steel 12/76 Rosso Chiaro/Black	20799	308	GTB
20621	308	GTB 76	20803	308	GTB 77 Red/Black LHD US
20623	308	GTB	20805	308	GTB first steel
20627	308	GTB	20807	308	GTB Vetroresina
20637	308	GTB Vetroresina Red/Black RHD UK	20811	512	BB Red/Black RHD
20641	400	Automatic	20813	308	GTB 77 Red
20643	308	GTB Vetroresina Black/Beige	20815	308	GTB 77 Red/Black
20645	308	GTB Vetroresina Silver/Red LHD EU	20817	308	GTB 77 Black/Black
20647	512	BB GTP-Conversion Group 7 turbo charged Jean-Louis Ch,teau 79 Rosso Corsa/Black LHD EU probably reconverted	20823	400	Automatic
			20825	512	BB 77 Rosso Corsa
			20827	308	GTB Vetroresina silver/dark Red LHD EU
20651	308	GTB Vetroresina	20829	308	GTB Steel 77 Red/Red & Black LHD US
20653	308	GTB	20835	308	GTB Silver/Black Red seats
20657	512	BB Red then Black/Black	20841	308	GTB Vetroresina Dark Red/Tan
20659	400	Automatic	20843	308	GTB 77 Silver F106AB20843 eng. #F106A02066
20661	308	GTB			
20663	308	GTB Red/Black RHD UK	20845	308	GTB Vetroresina Red/Black LHD EU
20665	400		20847	308	GTB Vetroresina Blue/Tan LHD EU
20667	308	GTB Vetroresina 77 Red RHD UK	20849	308	GTB LHD EU
20669	308	GTB Vetroresina Yellow	20851	308	GTB 77 Silver/Red
20671	308	GTB Ventroresina 77 Red/Crema Black carpets RHD UK ass. #167 eng. # 00556 Dry sump	20853	400	Automatic
			20855	400	
20677	400	Automatic 77 Light Green RHD F101AL20677 eng. #F101AC00100052	20857	308	GTB 77 Red F106AB20857 eng. #F106A00622
			20861	308	GTB ass. #456
20679	512	BB	20863	308	GTB Vetroresina Red/Black LHD EU
20683	308	GTB Vetroresina Rosso Corsa/Black LHD EU	20865	400	Automatic
20685	308	GTB Vetroresina 77 Argento/Nero ex- Toni Vico	20867	400	i Automatic 78 Dark Blue Grey LHD EU F10CL20867
20687	308	GTB Vetroresina 77 Rosso Corsa/Tan & Black F106AB 20687			
			20869	308	GTB 77 Rosso Dino/Tan LHD US
20691	308	GTB Vetroresina Competizione Conv. Red Red eng. #20691	20871	308	GTB 77
			20873	512	BB
20693	512	BB Red/Crema EU	20881	308	GTB Vetroresina 77 LHD EU ex-Pierre Coquet
20695	308	GTB Vetroresina 77 Red/Tan	20883	308	GTB Vetroresina 77 Silver/Black LHD EU
20697	400		20885	400	Automatic
20699	308	GTB Vetroresina Red/Black	20867	400	Automatic Dark Blue Grey LHD EU
20701	308	GTB Group 4 Conversion Blue Chiaro/Crema w.Black seats RHD UK	20895	308	GTB Competition Conversion 77 Red Yellow Blue stripe Black Blue seats LHD
20703	308	GTB Vetroresina GB	20899	308	GTB 77 Red F106AB20899 eng. #F106A02007
20707	308	GTB 77 Red/Tan LHD US	20901	308	GTB Vetroresina

s/n	Type	Comments	s/n	Type	Comments
20903	512	BB Red then light Blue/Black LHD EU	21067	512	BB 6/77 Rosso Corsa Black Boxer trim/natural F102BB21067
20905	308	GTB Vetroresina Group 4 Michelotto Conversion 77 Red/Red & Yellow cloth seats LHD EU	21071	308	GTB Michelotto Group 4 #3/16
20907	308	GTB 77 Red F106AB20907 eng. #F106A02119	21073	308	GTB Steel Red/Crema & Black RHD UK
20909	308	GTB Vetroresina GB	21079	308	GTB
20911	308	GTB Vetroresina GB	21085	400	
20913	308	GTB US	21087	512	BB Red/Black LHD EU
20915	400	GT 77 Blue/Tan	21089	308	GTB Vetroresina Yellow/Red
20917	400	Cabriolet Conversion by EG Autokraft 77 Scurro Blue Light Tan eng. #20917	21091	308	GTB
20921	308	GTB 77 Blue metallic F106AB20921 eng. #F10SA01358	21093	308	GTB Steel 77 LHD US
			21095	308	GTB USA
			21097	308	GTB
20923	400	Automatic	21099	400	Automatic Barcelona Show Car 77
20925	308	GTB	21101	512	BB Koenig Fly Giallo/Black RHD UK
20927	308	GTB Steel 77USA	21105	308	GTB
20929	308	GTB 77 Azzurro/tan US	21107	308	GTB 77
20931	308	GTB	21109	308	GTB
20933	512	BB Rosso Corsa/Black LHD EU F102BB20933	21111	400	GT 77 Black/Tan LHD
20937	308	GTB Vetroresina 77 LHD EU, D	21113	400	Automatic
20939	308	GTB US	21115	308	GTB Vetroresina Red/Black LHD EU
20941	308	GTB CDN	21119	308	GTB
20943	308	GTB 77 Red/Black	21121	308	GTB
20945	308	GTB Vetroresina 77 Yellow/Tan F106AB20945	21123	512	BB SilverBlack Boxer Trim/Dark Red EU
20947	308	GTB Vetroresina Red & Black boxer trim/Black LHD EU	21127	308	GTB
			21129	308	GTB
20951	308	GTB Michelotto #1/16 01/78 Blue/White Pioneer Livery/Black LHD EU Prototype, first car built	21131	400	GT 77 Azzurro/Crema & Black Manual RHD
			21133	512	BB
			21135	308	GTB
20955	308	GTB Vetroresina 77 Silver then Fly Giallo/Black RHD UK F106AB20955 eng. #F106A02139	21137	308	GTB 77 Blue metallic F106AB21137 eng. #F106A0021
20957	400	Automatic Geneva Show Car 77	21139	308	GTB
20959	400	Automatic Geneva Show Car 77	21141	308	GTB 77 Silver/ivory
20961	308	GTB Red	21143	308	GTB Steel 77 Red/Tan LHD US F106AB21143
20967	308	GTB Vetroresina LHD, J	21145	400	Automatic Barcelona Auto Show Car 77
20969	308	GTB Competition Conversion 77 Black/Red cloth LHD US Competition GTO Bodykit	21147	400	Automatic Yellow F101CL21147 eng. #F101AC00100733
20971	308	GTB 2/77 Red/Tan	21149	512	BB Silver Black Boxer Trim/Red RHD
20973	400	GT Automatic 77 Red/Tan RHD, eng. #20973	21151	308	GTB
20975	400	GT	21153	308	GTB
20981	512	BB 77 Red/Black LHD EU F102BB20981 eng. #F102B00000068	21155	308	GTB
			21157	308	GTB 77
20983	308	GTB Red/Crema LHD F106AB20983 eng. #F106AE*00017*	21163	308	GTB Steel 77 Oro Chiaro/brown LHD EU exported to the US
20985	308	GTB Vetroresina	21165	308	GTB 78 Red F106AB21165 eng. #F106A02172
20987	308	GTB	21167	308	GTB 77
20989	400	Automatic 77	21169	308	GTB
20991	308	GTB CH	21171	512	BB 77 Red/Black LHD EU
20995	308	GTB 77 Blue	21175	308	GTB 77 LHD EU 288 GTO conversion 92 by Carpenter Car, Pheonix Red/Black & Red inserts 87 328 GTS engine modified to 288 spec with Twin Turbo
20997	400				
21001	308	GTB Steel 77 LHD EU, CH			
21005	308	GTB Vetroresina 76 RHD UK, in THAI			
21007	308	GTB	21177	308	GTB Steel 77 US
21009	308	GTB	21179	308	GTB Red/Black LHD 288 GTO Replica
21015	308	GTB 77 silver/tan LHD EU F106AB21015	21181	308	GTB Steel 77 US
21017	308	GTB Steel LHD EU, in USA	21183	400	GT 76 gey met./Red Manual F101TL21183 eng. #101 -073
21019	308	GTB 77 Red/Black	21185	400	GT 77 Blue RHD F101AL21 185 eng. #F101C00100087
21021	400	Automatic			
21023	400	Automatic	21189	308	GTS 77 LHD EU
21025	308	GTB Vetroresina 77CH	21191	308	GTB
21027	308	GTB Vetroresina 77 Green RHD F106AB21027 eng. #F106A02138	21193	308	GTB 77 Red F106AB21193 eng. #F106A03510
21031	308	GTB 77 Red/Tan LHD US	21195	308	GTB 77 Rosso Dino F106AB21195 eng. #F106A0174
21033	512	BB Blu Tour de France Tan			
21039	308	GTB 77 Red/Tan	21197	308	GTB
21043	308	GTB 77 Red	21203	308	GTB
21045	308	GTB Vetroresina 77 Red RHD UK F106AB21045	21207	308	GTB Vetroresina 12/77 Red RHD F106AB21207 eng. #F106A02177
21047	308	GTB 77 Azzurro metallic/dark Blu, then White/Black, now Rosso Chiaro/Tan RHD eng. #21047	21215	308	GTB Vetroresina
			21217	308	GTB
21055	400	GT Blue Chiaro/Black Manual	21219	308	GTB Vetroresina 77 Blue eng. # 00688, in HK
21059	308	GTB USA	21223	400	Automatic
21063	308	GTB 77 Red/Black LHD US Turbo-Conversion	21225	400	GT Automatic Silver/Black RHD UK
21065	308	GTB 77 Red F106AB21065 eng. #F106A02170	21227	308	GTB 77 Yellow RHD UK F106AB21227

s/n	Type	Comments
21231	308	GTB Blue/Tan then Red/Black 288GTO-Conversion
21237	400	GT Automatic Brown
21241	308	GTB
21243	308	GTB Vetroresina Red/Tan LHD
21247	308	GTB
21249	308	GTB
21251	308	GTB
21253	308	GTB Vetroresina last RHD Vetroresina Silver/Black
21255	400	GT Automatic Maroon Tan LHD
21257	512	BB Azzurro Black LHD EU
21259	308	GTB
21263	308	GTB Vetroresina 77 Red eng. # 02290, in HK
21265	308	GTB 77 Black/Black LHD US
21267	400	Automatic
21269	400	Automatic 77 Blue RHD F101CL21269 eng. #F101C00100088
21271	308	GTB
21277	308	GTB
21281	512	BB
21287	308	GTB
21289	308	GTB Vetroresina last Fiberglass
21291	308	GTB Steel 77 Medium Blue metallic/Black & Blue
21293	400	GT
21295	512	BB 77 Red/
21299	308	GTB 77 Red/Black LHD
21301	308	GTB Black
21303	308	GTB Steel 77 Red/Crema LHD
21307	308	GTB
21311	308	GTB 77 Black/Tan F106AB*21311*
21313	308	GTB 77
21315	400	GT
21317	512	BB Koenig
21319	308	GTB 77 Red/Black LHD
21327	308	GTB
21331	512	BB
21333	308	GTB RHD
21335	308	GTB F
21337	308	GTB Steel 77 Red/Tan & Black LHD EU F106AB21337
21339	400	Automatic
21341	400	GT Black/dark Blue RHD
21343	308	GT/M S/N 003, Red/Red cloth LHD
21345	308	GTB 288 GTO conversion Red/Black & Red inserts LHD
21349	308	GTB Red/Black LHD
21351	512	BB Koenig 78 Red/Tan EU
21353	308	GTB Yellow
21355	308	GTB Vetroresina post series car
21359	308	GTB Red/Black
21361	308	GTB 77
21363	512	BB Rosso Corsa
21369	308	GTB Steel 77 LHD EU, in USA
21373	400	GT Dark Blue/Tan
21375	400	GT Automatic Blue/Tan LHD
21377	308	GTB Steel 77
21379	308	GTB
21381	308	GTB Steel 78 Silver/Black RHD UK F106AB21381 eng. #F106A02308
21383	308	GTB
21391	308	GTB USA
21393	308	GTB
21395	308	GTB 77
21397	400	GT
21399	400	GT
21401	512	BB Red/Black LHD
21411	308	GTS Red/Black LHD F106AB21411
21413	308	GTB Steel 78 Yellow F106AB21413 eng. #F106A02309
21421	308	GTB Steel 77 LHD US
21425	512	BB 78 Red RHD F10BB21425 eng. #F102B0000094
21427	308	GTB Steel Koenig White/Black RHD UK
21429	308	GTB Steel 78 Red F106AB21429 eng. #F106A02348
21433	308	GTB USA
21437	512	BB Red/Black
21439	400	i Automatic 77 Black/cream
21441	308	GTB Steel Blue/Black & Red cloth race seats RHD
21445	308	GTB Grey/Dark Red LHD F106AB21445 (confirmed)
21447	308	GTB 77 Red/Tan LHD US
21453	308	GTB Steel 77 Red/Tan RHD UK F106AB21453 eng. #F106A021
21455	308	GTB Steel 77 Red/Black LHD US
21457	308	GTB 77
21459	308	GTB US
21461	400	GT anthracite metallic/Black LHD EU
21463	308	GTB 77 Red/Tan LHD EU
21473	400	i Automatic White/Black LHD
21475	512	BB Red/Black
21477	308	GTB Bianco/Nero LHD
21479	308	GTB 77 Silver/Black
21481	308	GTB Silver/Black LHD US
21483	308	GTB 77 US
21485	512	BB Red/Black RHD
21487	308	GTB 77 Rosso Corsa/Black RHD UK
21489	308	GTB Steel 77 Fly Giallo/Black LHD US ANSA sport exhaust
21491	308	GTB 77 Red/Tan LHD EU
21495	512	BB 77 Red Black Boxer Trim/Black Daytona Seats LHD
21497	308	GTB Steel 77 EU LHD
21503	308	GTB Blue/White LHD
21509	400	GT
21513	512	BB
21515	308	GTB
21521	308	GTB Steel GB
21523	512	BB 77 Red Black Boxer Trim/Black
21525	400	Automatic
21527	308	GTB 77 USA
21535	308	GTB Yellow/Black
21539	308	GTB 77 Yellow/tan RHD
21541	308	GTB
21543	308	GTB 77 Red Black Boxer Trim/Black
21545	308	GTB Steel 77 LHD US
21547	512	BB Grey Black Boxer Trim/Beige LHD EU
21549	512	BB 77 Red Black Boxer Trim/Black LHD
21553	308	GTB USA
21555	308	GTB Steel 77 LHD US
21557	400	GT 77 Red/Black RHD UK
21559	308	GTB Steel NL
21561	308	GTB USA
21563	308	GTB Steel 77 Red/Tan LHD US
21565	308	GTB 77 LHD US
21569	400	GT Red/Black LHD EU
21579	308	GTB Steel 77
21583	308	GTB Steel 77 USA
21587	512	BB
21589	308	GTB 77 Red eng. # 00648, in HK
21593	308	GTB 77 USA
21597	400	i GT Brown/Black beige inserts Manual LHD
21599	400	GT
21603	308	GTB 77
21611	308	GTB USA
21613	308	GTB 77 Black/Tan LHD
21617	512	BB
21623	512	BB
21625	512	BB
21627	308	GTB Steel GB
21631	308	GTB 77 Blu Monte Carlo then White/Blue
21635	308	GTB 77 Silver/Bordeaux LHD EU

s/n	Type	Comments
21637	308	GTB Steel 77 Rosso Dino/Crema LHD EU
21639	308	GTB Steel GB
21641	308	GTB 77 Red RHD UK eng. # 00779
21645	308	GTB 77 Red/Tan exported to the USA
21647	512	BB White/Black LHD
21655	400	Automatic 77 Silver/Black & Grey LHD EU
21659	512	BB Red Black Boxer Trim/Black LHD CH
21661	308	GTB Steel 8/77 LHD EU
21667	512	BB Silver Black Boxer Trim/Dark Red LHD EU
21675	512	BB Black/Black
21677	308	GTB Silver/Black LHD EU
21679	308	GTB Steel 77 White/Burgundy LHD US
21681	308	GTB 77 Red/Tan US
21685	308	GTB White/White
21693	308	GTB Steel 77 Red/Black LHD US
21697	308	GTB 77 Yellow/Beige
21705	308	GTB Steel AUS
21707	308	GTB Steel 77 Yellow eng. # 00784, in HK
21711	308	GTB 77 Anthracite/Black LHD
21713	308	GTB Steel 77 USA
21715	512	BB light metallic Blue Black Boxer trim/Black LHD EU
21719	308	GTB 77 White/Black
21723	308	GTB
21725	512	BB 78 Red/Black RHD UK
21727	512	BB Rosso Corsa/Tan
21729	308	GTB Steel 78 Red/Black RHD UK F106AB21729 eng. #F106A02460 ass.#00236
21731	308	GTB
21737	308	GTB Steel 77 Red then Silver/Black LHD US
21739	308	GTB Steel 77 LHD US
21743	308	GTB Steel 78 Red F106AB21743 eng. #F106A02438
21747	308	GTB Dark Blue/Crema Black stripes LHD EU
21749	512	BB 77 Dark Red/Tan
21751	308	GTB Steel USA
21753	308	GTB Steel 77 Verde Pino/Beige LHD US
21755	400	Automatic
21757	400	Automatic Bronze/tan LHD EU
21759	512	BB Red/Black LHD EU
21761	308	GTB Steel GB
21765	308	GTB Steel 77 LHD EU
21769	308	GTB 77 Metallic Blue/Tan Tan carpets Deep spoiler
21773	308	GTB MichelottoGroup 4 #16/16
21775	308	GTB 77 Red/Black LHD rebodied as 288 GTO Spider Conversion
21777	308	GTB Red/Tan
21785	308	GTB Steel GB
21787	308	GTB Steel GB
21791	512	BB 77 Red/Tan Black inserts LHD EU F102BB21791 eng. #102B00000121 ex-Michel Seydoux
21795	512	BB Rosso
21797	308	GTB 77 Red/Black LHD EU, exported to the US
21803	308	GTB
21807	512	BB
21819	308	GTB Steel 6/77 Giallo Fly Black, to the US
21825	308	GTB 77 Red/Tan
21829	308	GTB Rosso Corsa/nero
21831	308	GTB Steel Red/Black RHD UK F106A821831 eng. #00805
21833	308	GTB Michelotto
21837	400	Red EU
21839	400	Automatic Silver/Black RHD
21843	308	GTB Steel Yellow/Black
21845	308	GTB Steel 77 USA
21847	308	GTB Steel CH
21853	308	GTB Steel Red/Tan LHD EU
21855	308	GTB Steel 77 USA
21857	308	GTB Steel 77 Red/Black F106AB21857
21859	512	BB Dark Blue Black
21865	308	GTB 77 Red/Black F106AB21865
21867	308	GTB 77 Red/Tan
21869	400	GT 78 Silver/Black brown inserts Manual LHD EU
21871	308	GTB 77 Burgundy F106AB21971 eng. #F106A02564
21873	512	BB Koenig Yellow
21877	308	GTB Steel 77 USA
21879	308	GTB Steel 77 USA
21883	308	GT/M Michelotto 78 Azzurro Gulf livery then Red then pale Blue & Orange Gulf livery/Red
21889	400	Automatic 77 Red/Crema eng. #21889
21893	308	GTB Steel 77 Red/Black EU
21895	308	GTB Steel 77 Red/Black LHD EU
21899	308	GTB 6/77 LHD US
21901	512	BB Red Black Boxer Trim/Black & Red LHD EU
21903	512	BB
21907	308	GTB
21913	308	GTB 77 Black/tan & Black US
21915	308	GTB Steel 77 US
21917	400	Automatic 77 Red RHD F101CL21917 eng. #F101C00100126
21921	512	BB Red/Black
21927	308	GTB Steel Koenig 77 Red/racing seats
21929	308	GTB Steel 77 US
21931	308	GTB 77
21933	308	GTB Steel 77 Oro Chiaro/Tan LHD US
21935	308	GTB Steel 77 LHD US
21937	400	Automatic 78 Red/Tan Black inserts LHD EU
21939	512	BB 77 Rosso Corsa Black boxer trim/Magnolia
21941	512	BB Red/Black
21949	308	GTB Steel 77 LHD US, in CH
21951	512	BB Red/Tan Black inserts RHD UK
21953	512	BB Dark Blue/Tan
21961	308	GTB 77 Red/tan steel RHD UK
21963	308	GTB Steel 78 USA
21967	308	GTB
21969	308	GTB Steel 77
21971	308	GTB Steel 77 Dark Red
21975	308	GTB Steel 77 Fly Giallo/Black & Yellow LHD US
21977	400	Automatic 77 Marone/Beige LHD EU ZFFXR48B000109800
21979	400	Automatic 77 blu grigio/Dark blu grey inserts LHD EU
21981	308	GTB Steel 77 Rosso Black boxer trim/nero LHD US
21983	308	GTB CH
21989	512	BB Black/Tan
21993	308	GTB Steel 77 Red RHD UK eng. # 00825
21997	308	GTB Steel 77 USA
22007	512	BB Red/Black LHD
22009	308	GTB 77 Red/Black RHD
22013	308	GTB Steel 77 US
22023	512	BB 77 Rosso Corsa/Tan LHD EU F102BB22023
22025	308	GTB
22031	400	Automatic
22033	400	i Azzurro/tan LHD
22035	308	GTB Steel F
22049	512	BB Red/Beige
22051	308	GTB 77 Blue then Red/Tan
22053	308	GTB Steel GB
22055	400	Automatic 78 Silver/tan LHD EU
22057	400	GT
22059	512	BB Koenig Targa Conversion Rosso Corsa/Black Koenig Twin Turbo
22061	308	GTB Steel USA
22063	308	GTB Steel 77 LHD US, in CDN
22069	512	BB Red
22071	308	GTB Steel 77 USA
22075	308	GTB Steel USA
22077	308	GTB Steel EU
22081	308	GTB Red
22083	512	BB Group 4 Conversion 77 Rosso Corsa/Black
22085	512	BB 78 Rosso Corsa/magnolia RHD EU

s/n	Type	Comments
22087	308	GTB Steel 77 Silver/Blue LHD US
22093	308	GTB 77 Yellow/Black LHD EU
22097	400	Automatic 77 burgundy/Black LHD EU
22101	308	GTB QV Red/Black
22105	308	GTB Steel 77 LHD US, in D
22107	308	GTB 77 dark Red/Tan
22109	308	GTB 77 Red Red LHD
22111	308	GTB 77 Grey Met./Red
22113	308	GTB USA
22115	308	GTB 78 Red/Black
22121	308	GTB 7/77 Black/Black F1D6AB22121
22127	308	GTB Steel 77 Yellow Black Boxer Trim/Black
22131	308	GTB Steel 77 Red/Black
22137	400	Automatic 78 Red RHD UK F101CL22137 eng. #Fi 01C001 00135
22139	400	Automatic 77 Blue RHD UK eng. # 00231
22141	308	GTB 77 Red/Black LHD EU
22143	308	GTB
22149	308	GTB Rosso
22153	512	BB Rosso Corsa/Black RHD UK
22155	308	GTB rebodied as 288 GTO replica Newman Freeman Racing
22159	308	GTB 77 Black/Tan LHD EU
22163	308	GTB Steel GB
22165	400	Automatic
22169	512	BB 77
22175	308	GTB Steel 77 Black/Tan LHD US
22177	512	BB Red/Black
22179	308	GTB 78
22181	308	GTB Steel USA
22183	308	GTB 77 Verde Medio/Tan White/Tan in between F106AB*221183* DGM153460M
22193	308	GTB Vetroresina 77
22199	400	Automatic Cabriolet Conversion Red/Black LHD EU
22203	308	GTB Steel 77 USA
22207	308	GTB Steel 77 Green Metallic/Tan LHD US
22209	308	GTB Red/Tan LHD
22211	308	GTB Steel 77 USA
22223	308	GTS Red/Black LHD
22225	308	GTB Steel 77 USA
22233	308	GTB Steel 77 USA
22235	308	GTB Steel 78 USA
22237	308	GTB Steel 77 USA
22239	308	GTB Steel 77 dark Red/Tan LHD US
22241	512	BB Black/Tan & Black
22243	512	BB Red/Black
22247	512	BB Red Black Boxer Trim/Black
22251	512	BB Red Black Boxer Trim/Crema Black inserts LHD EU
22253	512	BB Koenig Rosso Corsa Burgundy Black inserts LHD EU
22255	512	BB wrecked in a road accident and rebuilt as a Customer Car LM Conversion by Bachelli from parts as a Series Three 512 BBLM 77 Red/Blue & Black
22259	308	GTB White
22261	308	GTB 77 Azzurro Blue Blue & Black LHD US Steel
22265	308	GTB 77 blu Dino met./Tan LHD US
22269	308	GTB Verde pino metallic/Black US
22271	308	GTB Steel 77 USA
22273	308	GTB 77 Red/Black LHD US 288 GTO-Conversion
22275	308	GTB 77 Red/Tan
22281	308	GTB 77 dark Red/Black LHD EU
22285	308	GTS 77 Red Black Boxer trim/Black
22289	512	BB 78 Rosso Corsa/Black
22299	512	BB Koenig 78 Red/Black LHD
22303	308	GTB 77 288 GTO-Conversion
22307	308	GTB
22311	308	GTB Steel 77 Red/Tan LHD US
22313	400	GT 77 White RHD UK eng. # 00151
22315	512	BB 77 Yellow Modena Black
22317	308	GTB 77 Black then Red
22319	308	GTB USA
22329	308	GTB 77 Red/Black LHD EU
22331	308	GTB 77 White/Tan LHD US
22333	308	GTB 77 Red/Black
22335	308	GTB Red/Tan 3 Red vertical inserts
22337	512	BB Red/Crema RHD
22339	512	BB 77 Red/Black LHD EU
22343	308	GTB 77 Red/Tan LHD US
22345	308	GTB Steel 77 USA
22347	308	GTB Steel 77 White/Tan LHD US
22349	400	Automatic Blue/crema LHD EU eng. #00150
22351	308	GTB 77 Red RHD eng. # 00929
22353	308	GTB Black/brown LHD EU
22355	308	GTB Steel 77 US
22357	308	GTB 77 Red/Tan LHD US
22359	308	GTB Steel GB
22361	308	GTB Steel US
22363	512	BB Red Black Boxer Trim/Tan Black inserts EU
22377	308	GTB 77 Silver/Red LHD US
22379	308	GTB 77 White/Black LHD US
22385	512	BB 77 Black/Tan
22389	308	GTB Steel USA
22391	308	GTB 77 Red/Red Black piping
22393	308	GTB 77 Red/Black LHD US F06B22393
22395	308	GTB Steel 77 Red/Tan & Black LHD US
22397	308	GTB 77 Yellow then Rosso Corsa/Black LHD EU
22399	308	GTB 9/77 Yellow/Black US Steel
22401	512	BB
22403	308	GTB Steel USA
22405	308	GTB 77 Red/Black LHD EU
22409	308	GTB Michelotto Group B #13/16 83 Rosso Corsa/Red & Black LHD ZFFHA01B0000 #4/4 of Michelotto built ultra"lightweight Group B Rally
22417	400	GT
22419	512	BB Red/Black
22421	308	GTB Steel GB
22423	308	GTB Red/Black
22425	308	GTB 78 Red/Black LHD
22429	308	GTB Steel 77 Red/Black LHD EU
22431	512	BB
22433	308	GTB Steel 78 USA
22435	308	GTB 77 Red/Tan LHD EU
22441	308	GTB Steel 77 F
22443	308	GTB Steel 78 LHD US
22447	512	BB Rosso Corsa LHD
22451	308	GTB Steel 77 Black/Tan
22453	308	GTB Steel 77 US
22455	308	GTB Steel
22459	308	GTB Steel 77 US
22463	308	GTB Steel 77 EU
22465	308	GTB Steel 77 White eng. # 00880
22469	512	BB
22477	400	GT
22479	400	Automatic Black/Tan LHD EU
22481	512	BB EU
22483	308	GTB Steel 78 Red/Crema RHD UK F106AB22483 eng. #F106A02757
22485	308	GTB Steel
22487	308	GTB Steel 77 US
22491	308	GTB 77 Yellow F106AB22491
22493	308	GTB Yellow Brown
22495	400	Automatic 77 Silver RHD UK F101AC22495 eng. #F101C001 00166
22499	400	GT
22503	512	BB
22505	400	Automatic 78 Red RHD UK F101CL22505 eng. #F101C00100169
22507	512	BB 79 Red RHD UK F102BB22507 eng. #F102B00000188
22511	512	BB
22513	308	GTB 77 Red RHD UK

s/n	Type	Comments
22515	308	GTB Steel GB
22517	400	GT 77 White/Black RHD UK eng. # 00180
22519	308	GTB Steel Red
22521	308	GTB Steel Rosso
22523	308	GTB Red/Black RHD UK
22525	308	GTB Steel GB
22527	512	BB 78 Red/Black RHD
22529	308	GTB 78 Red/Crema Black inserts RHD UK
22531	308	GTB
22533	308	GTB Steel Spider Conversion 78 Rosso Chiaro/Black RHD UK
22535	400	Automatic
22537	400	Automatic
22539	308	GTB Steel GB
22541	512	BB 78 RHD F102BB22541
22543	512	BB
22545	308	GTB Steel 4/78 Azzurro/beige Black insertsRHD UK
22547	400	GT 77 Dark Blue RHD F10CL22547 eng. #F101C00100194
22549	512	BB 3/78 Bordeaux metallic Bordeaux RHD UK
22551	512	BB 78 Red RHD UK
22553	308	GTB Steel GB
22555	308	GTB Steel Red/Tan RHD UK
22557	512	BB 78 Nero/Nero Nero carpets RHD UK eng. #22557
22559	400	Automatic 78 Red RHD UK
22561	308	GTB Steel Red/Black
22563	308	GTB
22565	308	GTB Steel Red/Tan RHD UK
22567	400	Automatic 78 White RHD UK F101CL22567 eng. #F101C00100197
22569	400	i GT Automatic 78 Dark Blue Blue eng. #22569
22571	308	GTB Competition Conversion by WWC 78 Black/Black F106AB22571
22575	308	GTB Steel 77 LHD EU, in NL
22579	400	GT 77 Rosso Corsa/Black LHD EU Manual F101CL22579
22595	308	GTB 77 Fly Yellow/Black
22597	308	GTB Steel 77 LHD US
22599	308	GTB Steel 77 LHD US
22603	308	GTB Steel Red/brown LHD EU
22607	308	GTB 77
22609	308	GTS Red/Black LHD
22611	308	GTB 78
22617	308	GTB Steel 77 LHD US
22619	308	GTS first
22625	308	GTB Steel EU, in USA
22627	308	GTB 77 Silver Black Boxer trim/Dark Red
22629	308	GTB Steel 78 Rosso Chiaro/Nero (VM 8500) RHD UK eng. # 22629
22631	308	GTS 78
22637	308	GTB Steel USA
22639	308	GTB Steel USA
22641	308	GTB 77 Blue Boxer Trim/Crema LHD EU
22645	308	GTB 76 Red/Black LHD
22651	308	GTB Steel LHD US
22653	308	GTB Steel USA
22655	308	GTB Steel 77 US
22659	400	Automatic marrone/tan then Black/tan Black inserts
22663	308	GTB Steel USA
22669	308	GTB 77 US
22671	308	GTB Steel 77 Red/Black LHD US
22673	308	GTB Steel 77 Red/Black LHD US
22675	308	GTB Steel 77 Black/Tan LHD US
22681	308	GTB Steel 10/77 US
22693	308	GTB Steel 77 LHD US
22695	308	GTB 77 Yellow/Black F106AB22695
22701	308	GTB Steel USA
22705	308	GTB Steel 77 Red/Black LHD US
22707	308	GT(?) Red
22711	308	GTB/4 Steel Group IV Competzione prototipo 76 Red LHD EU
22713	512	BB Burgundy
22715	512	BB Competizione #1/29 78 Yellow Black Boxer Trim/Black, LHD Customer Car, heaviest BB raced
22719	308	GTB body modified, Red/Tan
22723	308	GTB Black/Tan LHD
22727	308	GTB Steel 77 Red/Black LHD EU
22729	308	GTB Steel 77 CDN
22741	308	GTB 77 Red/Tan
22745	308	GTB Steel 78 CDN
22749	512	BB Rosso Corsa/Black LHD EU
22751	308	GTB 77 LHD EU
22753	308	GTB 77 Yellow/Black
22755	308	GTB Steel USA
22763	308	GTS 77 Red/Tan LHD EU
22767	400	Automatic Pininfarina Cabriolet 77 Bronze gold stripe/Tan
22771	512	BB 12/77 Rosso Corsa/Black
22775	308	GTB Steel 77 USA
22777	308	GTB Steel 77 Red/Black & Red LHD US
22787	308	GTS 77 Red/Black LHD US
22789	512	BB
22793	308	GTB 77 Red/Tan LHD US
22795	308	GTB 77 Red/Tan LHD US
22797	308	GTS 78 White/Tan LHD EU F106AS22797
22799	308	GTS 78
22803	512	BB 77 Black/Tan Black inserts LHD EU
22809	308	GTB 77 Red/Black & Red LHD US
22811	308	GTB 77 Red then Nero/Viola LHD US 288 GTO replica 2.9ltr Omologato
22813	308	GTB Steel 77 USA
22815	308	GTS
22817	308	GTB 77 Red/Tan & Black LHD US
22823	308	GTB 77 Red/Black LHD EU
22833	308	GTB Black/Black LHD
22841	308	GTB Steel USA
22845	308	GTB 77 Red
22849	308	GTB 77 White
22851	308	GTB Steel 10/77 USA
22853	308	GTB Red/Tan LHD
22857	308	GTB Koenig 77 Dark Grey then Red/Red LHD F106AB22857 Red Porsche calipers aftermarket front grille 328-style front bumper Kinesis wheels
22863	512	BB 78 Rosso Corsa/Nero LHD EU F102BB22863
22865	512	BB Rosso Corsa Black Boxer Trim/Black Red inserts LHD EU
22871	308	GTB 77 Rosso Corsa/Black LHD
22873	308	GTB Steel Red
2287x	308	GTB Koenig 78 F106AB2287x Metallic Dark Grey/Red LHD
22879	308	GTB Steel Competition Conversion 77 Yellow USA
22881	308	GTS 78
22885	400	Automatic 78 Red/Grey LHD EU
22889	512	BB 78 Red Black Boxer Trim/Black F102BB22889
22891	308	GTB Steel US
22893	308	GTB Steel Red/Tan LHD EU
22895	308	GTS 78 Verde Pino/Tan LHD EU
22897	512	BB Rosso Corsa
22899	308	GTS White/Black LHD EU
22901	512	BB 78 Blue/Tan
22903	308	GTB Steel 78 White/Black F106AB22903
22909	400	Automatic 78 dark Green met./tan eng. # 22909
22913	512	BB Red LHD
22915	308	GTB Steel 77 USA
22917	308	GTB Steel USA
22923	308	GTB Red/Black LHD EU

s/n	Type	Comments	s/n	Type	Comments
22925	308	GTB Steel USA	23207	308	GTB 78 Red RHD UK
22935	308	GTS	23213	308	GTS 78 Rosso Rubino LHD
22939	400	GT 77 Black/Bordeaux LHD Manual EU	23215	308	GTS 78 Black/Black F106AS23215
22941	512	BB Red/Black	23217	308	GTB Steel USA ?
22943	308	GTS Red/Black LHD F106AS22943	23219	308	GTB Steel GB
22947	308	GTB Steel 77 USA	23223	308	GTB Steel 77 USA
22951	308	GTB Steel 12/77 US	23227	308	GTB Red/Black LHD EU
22953	308	GTB Steel 77 US (?)	23229	308	GTS
22955	308	GTB Steel 77 Rosso Corsa/Black LHD EU	23237	308	GTB Steel 78 LHD EU
22957	308	GTB Steel 288 GTO Twin Turbo Conversion by Norwood, 77 Red/Black F206AB22957	23239	308	GTB Red/Black Crema RHD UK
			23241	308	GTS White Red LHD US
22961	308	GTB Steel USA	23243	308	GTS Black/Black
22963	308	GTB Steel 77 LHD US	23245	308	GTB Steel L
22965	308	GTS LHD EU	23247	308	GTB Steel 77 USA
22971	512	BB Azzurro Black Boxer Trim/Black	23251	308	GTS Black/Black
22977	308	GTB Yellow/Crema	23253	308	GTS Red/Crema LHD EU
22981	400	GT Silver/Black Manual	23261	308	GTB 78 Red RHD UK
22987	308	GTB 77 Red golden pinstripe/Tan	23263	308	GTS Red/Tan
22989	308	GTB Steel 77 Red/Tan LHD US	23267	308	GTB 9/77 Black/Black LHD US
22991	308	GTB Steel 77 USA	23269	308	GTS Verde pino met./Black LHD US
22993	308	GTS Red/Black	23273	512	BB 78 Red/Black LHD EU
22997	512	BB Red/Black	23275	512	BB Black/Crema LHD
23003	308	GTS 78 Red/Black & Red LHD EU EPA + DOT converted	23283	512	BB 78 RHD destroyed in a fire, chassis remains in existence
23005	512	BB 77 White Black Boxer Trim/Black LHD	23287	400	Automatic 78 Rosso Chiaro/Black LHD EU
23007	512	BB 77 Red Black Boxer Trim/Tan LHD EU	23289	308	GTB 77 Black/Red
23009	308	GTB 77 Silver/Red LHD US	23299	308	GTB Steel 77 Red/Tan LHD US
23015	512	BB Black then Rosso Corsa/Black LHD EU	23309	308	GTB Steel USA
23019	308	GTB Steel USA	23317	308	GTS Red/Beige LHD
23025	512	BB Red/Black	23319	308	GTS Red
23029	308	GTB Black/Tan with Black inserts	23321	308	GTS 78 Silver/Black LHD US
23033	308	GTB 77, prunia	23323	400	Automatic Red EU F101CL23323 eng. #F101 C001 00203
23041	400	Cabriolet 78 Blue Crema LHD EU F101CL23041DGMOM	23327	308	GTB Steel LHD EU, in NL
23045	308	GTB Steel 77 Yellow/Black	23329	308	GTS 78 Red/Black LHD US
23047	308	GTB Steel 77 USA	23331	308	GTS 1/78 Red
23049	308	GTS Red/Black LHD EU	23333	308	GTS 78 Red/Black LHD EU
23057	308	GTS Red/Black	23335	308	GTS 78 silver/Red LHD
23059	308	GTS 77 Red Black F106AS23059	23337	308	GTS 78 silver/bordeaux LHD US
23061	308	GTB Steel USA	23339	308	GTB 78 Red F106AS23339
23065	308	GTB Red/Black LHD EU	23343	308	GTB Red/Tan
23067	308	GTB Rosso Rubino/Black LHD	23349	308	GTS Koenig Conversion Red/Black LHD
23071	308	GTB 78 Yellow/Brown LHD US	23351	308	GTS 78 Red/Bordeaux US
23073	308	GTB Steel 77 USA	23353	400	Automatic 79 Black/Tan EU
23075	400	Automatic	23355	400	Automatic 78 Blue RHD UK eng. # 00215
23079	512	BB 78 Red/Black	23357	400	GT Blu Chiaro/Tan LHD Manual EU
23083	308	GTB 77 Black/Tan LHD	23361	308	GTS 78
23085	308	GTB Steel USA	23363	308	GTS 78
23091	512	BB Red/Tan	23371	400	GT
23093	308	GTB Steel USA	23373	400	Automatic 365 GTB/4 Daytona-Replica, Plexi
23097	512	BB Red no trim/Black LHD EU	23377	308	GTS
23101	308	GTB Steel 77 USA	23381	512	BB Argento/Black LHD
23109	308	GTS 78 Red/Tan LHD	23383	512	BB Rosso Corsa/Tan
23113	308	GTB 77 US	23385	308	GTB 78 Red/Tan RHD UK
23115	308	GTB Red/Tan LHD	23387	308	GTS 78
23119	308	GTS Red Red	23389	308	GTS 78 Black/Tan F106AS 23389
23121	400	GT	23391	400	EU
23123	400	GT 77 Anthracite/Tan LHD Manual EU	23393	400	GT Automatic 78 Black/Tan LHD EU F101CL23393
23125	512	BB Red Black	23401	308	GTS 79 Red/Black LHD US
23131	308	GTB Steel USA	23411	308	GTS
23135	308	GTB Steel USA	23413	308	GTS 78 White/Red LHD US
23139	308	GTS Red/Black LHD	23415	512	BB 78 RedBlack
23141	308	GTB Steel GB	23419	308	GTS
23153	308	GTB Steel 78 Maroon Black LHD	23421	308	GTS 78 Red/Tan
23161	308	GTB silver/dark Red LHD	23423	308	GTS 1/78 Black/Black LHD US
23163	308	GTS 78 Barris Custom Gold	23429	400	Automatic Azzurro/Tan RHD UK
23165	308	GTS 78	23431	308	GTS Red/Black RHD UK
23167	308	GTS 78 Black/Tan LHD US	23439	308	GTS 78 Yellow/Tan LHD F106AS23439
23169	308	GTB Vetroresina 77 Metallic Steel Grey/Red LHD US	23447	308	GTB Steel 79 Red RHD UK F106AB23447 eng. #F106A02100991
23175	308	GTS 78 Black/Black			
23189	308	GTS	23453	308	GTS Steel Black/beige
23203	400	Cabriolet Conversion dark Blue/Black	23457	400	GT

s/n	Type	Comments
23467	308	GTS 78 Red/Tan F106AS23467
23469	308	GTS Yellow/Black Yellow piping RHD UK
23471	308	GTS Red/Crema RHD UK
23473	308	GTS
23479	308	GTS 78 Red/Tan LHD EU
23487	308	GTS 78 Red/Grey cloth LHD EU
23489	400	Automatic Cabriolet Conversion
23491	308	GTS 78 brown F106AS23491
23495	400	i Automatic Cabriolet Pininfarina
23497	512	BB 78 Dark Blue met./Tan
23509	512	BB Red/Black LHD EU
23513	308	GTS 78 Red RHD UK
23517	308	GTS 78 Giallo Fly/Tan LHD US
23519	308	GTS Dark Red/Tan LHD US
23521	308	GTS 78 Yellow/Black
23523	400	GT Grey/Black Manual
23527	512	BB Red EU
23531	308	GTB Steel White/Black LHD EU
23533	308	GTB 78 Red/Black RHD UK
23535	308	GTS 78
23537	308	GTB Steel 78 LHD EU
23539	308	GTB Steel GB
23545	308	GTB Steel 78 Red/Crema RHD UK eng. # 00984, ex- Hong Kong
23549	308	GTS
23551	308	GTS 78 Metallic Grey Tan LHD
23559	400	GT 78 Black golden stripe/Black
23561	308	GTB Steel
23567	308	GTS
23569	308	GTS 78 Red/Black LHD US
23575	308	GTB Steel 78 Red/Tan LHD EU
23579	400	Automatic 78 Blue metallic RHD UK F101AL23579 eng. #F101 C001 00238
23583	512	BB 78 Black RHD F102BB23583 eng. #F102BB00000232
23589	308	GTS Red/Tan LHD US
23591	308	GTS 78 Red/Black Turbo charged
23593	308	GTS 78 Red LHD
23595	308	GTB Azzurro/Blue
23597	308	GTB Steel 78 LHD US
23599	308	GTS Red/Crema LHD EU
23603	308	GTS 78
23605	308	GTS 2/78 Rosso Chiaro (20-R-190)/Tabacco (VM 846) LHD US
23607	308	GTS 78 Red/Black LHD US 106AF23607
23611	308	GTB Millechiodi Geneva Sow Car 77 Rosso Corsa with silver Aluminium parts & 512BB dash LHD EU
23613	400	GT 78 Black/Tan LHD
23621	308	GTS Red/Black LHD EU
23627	308	GTB Steel 78 LHD EU
23629	308	GTS Dark Blue/Crema LHD
23633	308	GTB
23635	308	GTS Red/Black US
23641	512	BB Red/Crema LHD EU
23647	400	GT Cabriolet Conversion by Con-Moda, Cologne 78 Red LHD
23651	308	GTS 78 Red/Black LHD US
23655	308	GTS 79 Red F106A523655
23657	308	GTS 78 Red/Black
23661	308	GTS 78 Silver then Red F106A523661 eng. #F106A020003051
23665	512	BB 78 Rosso Corsa/Black LHD
23667	400	GT Dark Blue Crema RHD UK
23675	308	GTB
23679	308	GTS 78
23681	512	BB Red/Black
23683	308	GTB Steel 79 Red/Tan RHD UK F106AB23683 eng. #F106A02100979 ass. #00685 dry sump
23685	308	GTB Steel Black/Crema RHD UK
23689	512	BB Red Black Boxer Trim/Crema LHD EU
23693	308	GTS 78 Yellow/tobacco LHD US
23697	308	GTS 78 Black/Red LHD
23701	400	Automatic 78 Brown/Crema RHD
23703	308	GTS Red/Crema
23705	308	GTS
23711	512	BB 77 Red/Black
23713	308	GTSi 78 White/Black LHD
23715	308	GTS
23717	512	BB 78 EU
23721	308	GTS 78 Yellow/Black
23725	308	GTS 78 Black/Black F106AS23725
23731	400	Automatic
23733	308	GTB 78 LHD US, in NL
23735	308	GTS 78 Silver then Black/Red Black inserts LHD US
23737	308	GTS 78
23745	512	BB 78 Black/Sabia RHD
23751	308	GTS Red/Black LHD US
23753	400	Automatic Cabriolet Dark Blue metallic Tan LHD EU
23759	308	GTS Black/Crema RHD UK
23763	308	GTS
23767	512	BB
23769	512	BB 78 Red/Crema RHD eng. #23769
23773	308	GTS Black/Black LHD US
23779	512	BB Red/Black LHD
23783	308	GTS Oro met./Tan
23785	308	GTS 78 Brown Metallic (Bronze)/Brown LHD US
23789	308	GTB 78 Red/Black
23795	400	GT 77 Black/Black LHD EU engine only remaining & transfer into a Ford Hot Rod
23799	512	BB Rosso Corsa
23801	308	GTS 78 Charcoal Grey Red ex- Lindsey Wagner
23803	308	GTS
23813	308	GTB Steel GB
23815	308	GTB
23817	308	GTS Rosso/nero
23823	400	Automatic 78 Red RHD UK F101CL23823 eng. #F101 C001 00233
23825	308	GTS 78 Red/Black Red inserts LHD US F106AS23825
23827	308	GTS
23833	308	GTS Rosso/nero
23839	308	GTS Red/Black
23841	512	BB 78 Red & Black Boxer Trim/Black RHD eng. #23841
23843	308	GTB Red/Tan LHD EU
23845	308	GTS
23847	308	GTS Chiaro Blue/Tan
23849	308	GTS Red/Black Red inserts RHD UK
23853	512	BB Red/Crema & brown
23855	400	i Automatic 78 Black/magnolia RHD UK F101CL23855 eng. #FI01L000
23857	400	i Automatic 78 Red Ivory RHD UK F101CL23857 eng. #F101C00100253
23861	512	BB Red/Black LHD EU
23867	308	GTS
23883	308	GTS 78 Metallic Blue/grey leather, Black roof panels
23885	308	GTS Grey metallic/Red LHD US
23887	308	GTS 78
23889	308	GTS Red/Black LHD
23895	308	GTB 78 EU in J
23897	512	BB 78 Blue sera Black Boxer Trim/tan RHD
23901	308	GTB Steel 78 Marrone metallic/Brown US
23905	512	BB 77 Red/Tan & Black LHD EU
23907	308	GTS 78 Red/Black & Red LHD US
23911	308	GTS 78 Red/Black US
23933	308	GTS Red/Black
23935	512	BB Koenig Rosso Corsa/Tan LHD
23937	308	GTB Steel 78 Silver then Red/Black LHD EU
23943	308	GTS
23947	400	Automatic
23949	308	GTB Steel 78 EU
23959	512	BB 78 Red/Black LHD

s/n	Type	Comments	s/n	Type	Comments
23967	308	GTS Red/Black LHD	24163	308	GTB 78 Yellow/Black US F106AS24163
23969	308	GTS Silver/Red LHD EU	24165	308	GTS LHD EU
23977	308	GTB Steel 78 USA	24167	512	BB 78 Black/Black EU
23979	308	GTB 78 Black/Black	24169	308	GTS
23981	400	Automatic 79 Black/Tan	24175	308	GTS Dark Blue/Crema Black inserts RHD UK
23985	308	GTS 78	24177	308	GTS
23991	512	BB	24179	308	GT?
23993	308	GTB Steel 78 Rosso Chiaro F106AB23993 eng. #F106A2101014	24181	308	GTS 78 Burgundy/Tan LHD F106A524181
			24183	308	GTB 78 Red RHD UK F106AB24183
23995	308	GTB Steel 78 RHD UK	24185	400	Automatic 01/78 Brown/tan LHD EU
23999	400	GT	24189	308	GTB Steel USA
24007	308	GTS 78 Black RHD UK eng. # 00311	24199	308	GTS
24009	512	BB 78	24201	512	BB 78 Rosso/Sabbia Rosso carpets RHD UK eng. #24201 Sports exhaust
24011	308	GTS Red/Black LHD			
24019	400	GT 78 Blue chiaro/tan LHD Manual eng. #00324 ex-Al Garthwaite	24205	308	GTS
			24207	308	GTB
24021	308	GTS 3/78 Red/Tan LHD US	24221	400	Automatic 78 Light Green Metallic/Black LHD
24025	308	GTB Steel 78 LHD US, in F	24225	308	GTS
24027	308	GTS 78	24227	308	GTS 78 Red/Black LHD US
24029	308	GTS Red/Black Red inserts RHD shields	24229	308	GTB silver/Black LHD EU
24031	512	BB Red/Tan	24233	308	GTS 78 Red/Tan LHD US
24033	308	GTS 78 Oro/Tan LHD US	24235	308	GTS 78 Yellow/nero RHD UK
24035	308	GTS Red/Black LHD EU	24239	512	BB
24037	308	GTS 78 Red/Tan LHD US	24241	308	GTS 78 Red/Tan
24041	308	GTB Steel 78 Red/Black & Red LHD US	24245	308	GTS Red/Crema RHD UK
24043	512	BB blu	24247	308	GTS Red/Black
24047	308	GTS 78 Yellow/Black LHD US F106AS24021	24249	308	GTS
24049	308	GTB	24251	308	GTS 78 Red/Tan F106AS24251
24051	308	GTB Steel Red/Black LHD EU	24255	308	GTS
24055	308	GTS	24263	308	GTB 78 Red/Black RHD UK eng. #24623
24057	400	Automatic Dove Blue Grey/Red LHD EU	24265	308	GTS 4/78 Oro met./Black & White
24061	308	GTS 78 Burgundy Tan F106A824061	24277	308	GTS 78 Red/Tan
24065	308	GTS 78 Red/Tan Scadoni Edition	24283	308	GTS 78 White/Red then Black/Red LHD US
24067	308	GTS Red/Crema RHD UK	24285	308	GTS 78 Black/Red LHD US
24069	308	GTS	24287	512	BB 78 Red RHD F102BB24287 eng. #F102B00000266
24071	400	Automatic 78 Red RHD F101CL24071 eng. #F101C00100274			
			24295	308	GTS 78
24073	308	GTS	24307	308	GTB Steel Yellow
24077	308	GTS	24309	308	GTB Steel 78 GB
24079	308	GTB 78 Rosso Corsa/Black dry sump	24315	512	BB 78 White Black Boxer trim RHD F102BB24315 eng. #F102B00000268
24081	308	GTS 78Black/Crema EU			
24085	400	GT dark Blue/Black LHD EU	24317	512	BB
24087	400	GT Blue/Tan LHD	24323	512	BB Red/Black
24089	308	GTS	24329	308	GTB Brown LHD
24093	308	GTB Steel GB	24339	308	GTS 78
24095	308	GTS Red/Black LHD US	24341	308	GTS 78
24097	308	GTB Steel 78 Black/Tan LHD US	24347	308	GTS 78 Red/Tan
24099	512	BB 78 White/beige, then Red/Tan; RHD eng. # 24099	24349	308	GTB Steel USA
			24351	512	BB Black/Tan LHD
24101	308	GTS	24355	308	GTB Steel Red/Crema
24103	308	GTS	24359	308	GTS Red/Black LHD
24109	308	GTB Steel 78 USA	24369	308	GTS 78 Silver/Tan eng. #00269
24113	308	GTS Red/Crema LHD US	24371	308	GTS 78 Red/Black
24115	308	GTS 79 Red F106A524115 eng. #F106A002983	24373	308	GTB 78 Blue Dark/Blue? LHD
			24379	308	GTS 78 Red/Black
24119	308	GTB Steel GB	24381	308	GTS 78 Red/Black LHD
24121	512	BB Black/Beige & Black	24385	308	GTS Red/Crema RHD UK
24125	308	GTS 78 Red/Black LHD US F106A524925 eng. #F106A02987	24391	400	Automatic Dark Blue RHD UK F101CL24391
			24395	308	GTS Red/Black
24127	512	BB Series 1 Competizione Factory car 78 #1/3 White & Red Thomson Livery/Black Blue seats LHD	24397	308	GTS
			24401	308	GTS 78 Red/Brown LHD EU
			24403	308	GTB Steel GB
24129	512	BB Series 1 Competizione #2/3 78 Pozzi/Thompson livery	24405	512	BB
			24407	308	GTB Steel 78 LHD US
24131	512	BB Series 1 Competizione #3/3 78 Red NART Livery	24409	308	GTB Steel 78 LHD EU
			24411	400	Automatic silver/Black EU
24137	308	GTS 4/78 Rosso Corsa/tan	24415	400	Automatic
24141	308	GTB 78 Red RHD UK	24419	308	GTS 78 Black/Black LHD US
24143	308	GTS	24439	400	GT
24151	308	GTB Steel 78 Red/Black LHD US	24445	512	BB 79 Red/Black LHD
24155	308	GTS 78 Red/Black	24447	308	GTS 78 Marrone/Tan
24159	308	GTS 78 Giallo Fly/Black LHD	24449	308	GTS parted out
24161	308	GTS Red/Black US	24451	308	GTS 78 Red/Tan LHD US

s/n	Type	Comments
24457	308	GTS Red/Magnolia RHD UK
24465	512	BB Rosso Corsa/Black LHD EU
24467	308	GTS 78
24469	308	GTS Red or brown
24457	308	GTS Red/Magnolia
24477	512	BB Red/Black RHD shields gold wheels
24479	400	9/78 Blu Scuro/Beige Manual
24481	400	GT Automatic 79 Silver/Tan F101CL24481
24483	308	GTS 78 Red RHD UK
24485	308	GTB Steel Red/Red & Black LHD EU
24487	308	GTB Steel 78 Red/Tan
24503	308	GTS
24511	308	GTS
24513	308	GTS Red/Black & Red inserts LHD EU F106AS24513
24519	512	BB 78 Red Black Boxer Trim/Tan LHD EU
24525	308	GTS 78 Red/Red
24527	308	GTS Silver
24529	308	GTB Black/magnolia LHD
24533	308	GTS 78 Red/Black
24537	400	Automatic Red/Tan RHD UK
24539	400	Automatic 78 Red RHD UK F101AL24539 eng. #F101C001299
24545	308	GTB Steel USA
24553	308	GTS 78
24555	308	GTS 78
24561	308	GTB Blue Black White seats
24563	308	GTS Red/Tan LHD
24569	308	GTS Red/Tan LHD US
24571	308	GTS
24575	308	GTS 78 Blue/Black
24577	512	BB Rosso Corsa/Tan RHD
24579	400	Automatic Azzurro/Tan LHD EU
24585	308	GTS
24589	308	GTS 78 Red/Black LHD EU
24595	308	GTS Red/Black
24597	308	GTS 78
24599	308	GTB
24601	308	GTS Red/Crema RHD UK
24603	308	GTS 78 Black/beige
24605	400	GT
24607	308	GTS 78 Green Metallic/Brown LHD US
24609	308	GTS Red/Black LHD
24611	512	BB 78
24621	308	GTS Green metallic Tan
24623	308	GTB Steel 78 Red RHD eng. #24623
24625	308	GTB
24627	308	GTS
24629	308	GTB Steel USA
24635	308	GTS
24641	512	BB 78 Black/tan RHD F102BB24641
24643	308	GTS 78 Red
24647	400	Automatic Cabriolet Conversion by Scaglietti Black/Tan
24653	308	GTS 78 Red/Black LHD
24655	512	BB 78 Red/Tan & Black
24659	308	GTB
24663	308	GTB Steel 78 USA
24665	308	GTS
24671	308	GTS 78 Red/tan LHD
24677	400	i 78 silver/Black manual F101CL24677
24681	308	GTB Steel Red/Tan LHD EU
24687	308	GTB Red/Black LHD
24689	400	Automatic 78 Brown LHD
24691	308	GTS 78
24693	512	BB
24695	308	GTS Red/Black LHD
24699	308	GTB Steel USA
24703	400	GT EU
24711	512	BB Red/Black
24713	308	GTB Group 4
24719	308	GTB Yellow RHD UK
24721	308	GTB 78 Black/Black
24725	308	GTS
24727	308	GTS 78 Rosso Corsa/Tan LHD US F106AS24727
24729	308	GTS dark Blue LHD
24731	512	BB 78 Silver/Red & Black probably one of a limited edition of six "Pozzi Cartier"-BBs
24733	308	GTB Steel 78 USA
24735	308	GTB Steel 78 US
24741	400	GT Silver/tan RHD UK
24743	400	GT Automatic 78 DarkBlue
24751	308	GTB Michelotto Competizione (?)
24763	308	GTS Rosso/tan
24769	308	GTS Red Magnolia RHD UK
24771	512	BB 78 Rosso Corsa/Black LHD EU
24775	512	BB 78 Red/Crema RHD eng. #24775
24777	308	GTS
24781	308	GTS Red
24783	308	GTB Steel 78 EU in USA
24785	308	GTS 79 LHD Red/Black
24787	308	GTB 78 Red/Black racing seats
24789	308	GTB Steel Rosso Chiaro/Black VM8500 Black carpets
24791	308	GTS 78 Red/beige F106AS24791
24797	400	GT 78 Metallic Grey Blue RHD eng. #24797
24801	400	Automatic 78 Black/tan LHD EU
24807	308	GTS 78 Red/Tan LHD US
24809	308	GTB Steel 78 Red/Black LHD EU
24813	308	GTB eng. #00383?
24815	308	GTB
24817	308	GTB Steel 78 RHD UK
24821	308	GTS 78 Red/Brown LHD EU
24823	308	GTB Steel 78 RHD UK
24825	308	GTS 6/78 Grigio/Red F106AS24807 eng. # F106AE00384
24827	308	GTS 78
24837	308	GTS 78 Silver/black LHD US
24839	512	BB 78 Red RHD
24841	308	GTS Red/Tan
24847	308	GTS 78 Blue/Tan LHD US
24863	308	GTS
24865	308	GTB Steel 78 LHD US in CDN
24867	308	GTS 78 White/Tan LHD EU Ansa exhaust
24869	400	GT Automatic 78 Brown/beige & Black LHD EU F101CL24869 ex-Uderzo
24873	308	GTB
24877	308	GTS 78 Red/Black LHD
24883	400	Automatic 78 Silver RHD UK F101AL24883 eng. #F101C00100318
24885	400	i Automatic Silver/Black RHD UK
24887	308	GTS Red/Crema RHD UK
24889	308	GTS
24893	308	GTS 78 dark Red/Tan LHD EU F106AS24893
24901	308	GTS 78 Blue/Blue
24905	308	GTS 78
24907	308	GTS 79 Black/Magnolia EU F106AS 24907
24913	308	GTS 78
24915	512	BB Red/Tan LHD EU
24919	308	GTB Steel 78, USA
24923	512	BB 79 Silver/Black
24925	308	GTS Red RHD
24927	512	BB 78 Rosso Chiaro/tan RHD
24931	308	GTS 78 Red/Crema Red piping Red inserts Red dashboard RHD
24933	400	Automatic Red/Red
24937	400	i Automatic 78 Azzurro/Tan LHD
24945	308	GTB 78 Green/Brown LHD US
24947	308	GTB Competizione Black YellowStripes
24949	308	GTS Red/Black LHD US
24951	308	GTB 78 silver/Black F106AB24951
24957	308	GTS Red/Black
24959	308	GTB Fly Yellow/Brown eng. #00411
24961	308	GTS 78 Red/White LHD US White fender grills White top White body line White eng. Hood special ordeRed by John Soblick

s/n	Type	Comments
24963	308	GTS dark Blue/Black
24967	400	GT Cabriolet conversion by Banhams 79 Metallic Blue Blue eng. #24967
24969	308	GTB Steel GB, in J
24975	512	BB Rosso Corsa EU Zender modified
24977	400	i Automatic 78 Metallic silver/Black
24979	512	BB Black/Tan EU
24981	308	GTS 78 Red/Black
24985	512	BB 78 Yellow
24991	308	GTB 78 Red/Black then Blue F106AB24991 sunroof
24995	308	GTS 78 Silver/Maroon LHD US
24997	308	GTS
24999	308	GTS 78 Silver/Red
25019	308	GTB 78, Red/Black
25021	308	GTB silver/Black LHD
25023	308	GTB Steel 78 Rosso Corsa/Crema Red stripe RHD UK ex-Pete Waterman
25039	308	GTB Steel Red/Black LHD
25043	400	Automatic 79 Red RHD UK F101CC25043 eng. #F101C00100330
25045	308	GTB Steel 79 USA
25057	308	GTB Steel USA
25059	308	GTB Steel 78 LHD EU, F
25061	308	GTB Steel 78 Silver F106AB25061 eng. #F106A02101083
25063	308	GTS 79
25069	308	GTS Red/Tan LHD EU
25071	308	GTB
25073	308	GTS 78 Red/Tan LHD US
25081	308	GTB Red/Tan LHD US
25085	400	GT 78 dark Red/Tan LHD EU
25087	400	GT
25089	308	GTS 78 LHD EU, probably engine only remaining
25091	308	GTB Red/Black LHD
25097	308	GTB Steel 78 USA
25099	308	GTS Red/Black LHD US
25103	308	GTB Steel 78 Red/Black LHD
25107	308	GTB Red/Black LHD
25109	308	GTB Steel GB
25111	400	EU
25113	512	BB Fly Giallo Crema Black inserts RHD
25121	308	GTB
25123	308	GTB 78 Sbarro 330 P4 Replica Red/Black
25131	512	BB Red/Black EU
25137	308	GTB 78 Black/tan LHD US
25145	308	GTS
25147	308	GTB 78 US
25149	308	GTS 79
25155	512	BB 78 Black/Black
25159	308	GTS Red/Crema RHD UK
25161	308	GTS
25167	308	GTS 7/78 Blue/Blue
25169	400	GT 78 Brown/Beige LHD Manual
25171	308	GTS
25173	308	GTS
25181	400	Automatic 78 Azzurro/Crema LHD EU
25185	512	BB 78 Red/Black
25189	308	GTS 78 Red/..
25191	512	BB 78 Red/Black EU
25195	308	GTB Steel 78 Black/Crema RHD UK
25199	308	GTS
25201	308	GTS 78 Red/Tan LHD US
25209	512	BB 78 Red Sabbia
25211	308	GTS 78 Red/Tan wooden steering wheel
25217	308	GTS
25221	308	GTB Steel GB
25225	512	BB 78 Yellow RHD F102BB25225 eng. #F102B000035
25235	308	GTB
25237	308	GTS 78 Red/Black LHD US
25239	308	GTB
25245	308	GTS
25247	308	GTS 78 Red/Tan LHD US
25249	308	GTB Steel 78 Red F106AB25249 eng. #F106A02101107
25255	400	Silver LHD EU
25257	308	GTS Red/Black LHD
25259	512	BB 78 Rosso Corsa/Tan LHD EU
25267	400	GT EU
25281	400	78 Blue/Beige eng. #25281 sunroof
25291	512	BB 78 Red/Black RHD UK
25293	308	GTS Red/Crema
25307	308	GTS
25309	308	GTB Steel US
25311	400	GT i Automatic brown met./tan LHD EU
25317	308	GTB Steel 78 LHD EU
25319	308	GTB
25321	308	GTB Steel 78 Red/Crema RHD UK F106AB25321 eng. #F106A01123
25325	308	GTB
25329	308	GTB Steel 87, in USA
25331	308	GTS 78 Black/Red
25345	308	GTS 78 Black/tan LHD US
25347	308	GTB Steel 78 Red F106AB25347 eng. #F106A02988
25351	308	GTB 79 Red/Tan
25353	308	GTS Red LHD
25355	308	GTS Black/Black
25357	308	GTS
25361	308	GTB LHD EU
25363	308	GTS 79 Black/Black
25367	308	GTB Yellow/Black
25371	308	GTS 78 Yellow/Brown LHD US
25373	308	GTS 78 Silver/Red LHD US
25375	308	GTS 9/78 LHD EU
25377	308	GTS 78 Rosso Chiaro LHD EU
25383	308	GTB Steel 78 USA
25387	512	BB Blue Beige LHD
25391	308	GTB 78 Grigio RHD UK eng. # 01130
25393	308	GTB Steel USA
25407	308	GTS 78 Red F106AS25407
25411	308	GTB Red/Black LHD
25413	308	GTS 78 Red/Black & Red LHD US
25415	308	GTB Red/Black
25417	308	GTS 78 Red/Tan then Black & Red int. LHD US
25425	400	GT 79 Blue/Crema RHD eng. #25425
25429	308	GTS 9/78 Red
25435	512	BB Red/Black
25437	308	GTB Yellow/Black LHD EU window PZ197830
25439	308	GTS 78 Red/Tan LHD US
25443	308	GTB 78 LHD US
25445	308	GTS 80 Red F106A525445 eng. #F106A02989
25449	308	GTB Red/Black
25451	308	GTS Silver/Red LHD US
25459	308	GTB Steel 79 Red/Black LHD
25461	308	GTS 78 Red/Black LHD
25465	400	Automatic Light Brown/Tan RHD UK
25467	400	GT
25489	512	BB Black LHD
25491	308	GTS Red
25495	308	GTS 78
25507	308	GTS
25513	308	GTB Steel 78 LHD US
25519	308	GTS
25523	308	GTS 78 Red RHD
25525	308	GTB Vetroresina 77 Red/Black LHD EU
25527	308	GTS
25531	308	GTS 78 Rosso Corsa/Black F106AS25531
25535	400	GT Automatic Brown/Tan EU
25539	400	Automatic Azzurro/Tan
25541	308	GTS 78 Red/Tan LHD
25547	400	GT 77 Dark Blue RHD UK
25549	400	GT

s/n	Type	Comments	s/n	Type	Comments
25551	400	i Automatic 79 Blue RHD F101CL25551 eng. #F101C01626	25807	400	Cabriolet Conversion by Autokraft 79 Celeste Blue Navy
25555	308	GTS 9/78 Rosso Corsa/Black	25809	308	GTS 10/78 Red/Black US F106AS25809
25559	308	GTS Red/Tan LHD	25811	308	GTS
25563	308	GTS 78 Red/Crema	25825	308	GTB Steel 79 White then Red/Black
25569	308	GTS	25831	400	Automatic
25571	512	BB grigio then Red/Black RHD	25833	400	Automatic Red/Black RHD UK
25579	400	78 Red/Black Manual	25835	512	BB EU
25581	400	GT Azzurro Black LHD EU	25837	308	GTS 78 Red/Tan LHD US
25585	308	GTS 79 Red F106A525585 eng. #F106A02991	25843	308	GTB Steel 78 Red/Black LHD US
25587	308	GTB 78 288 GTO-Coversion, Red/Black & Red LHD US	25847	308	GTS 78 Red/Tan
			25859	308	GTB Steel 78 Silver/Black LHD EU F106AB25859 eng. #F106A02101131
25595	400	GT 78 Red RHD UK eng. # 00362			
25607	308	GTB Steel 78 USA	25865	400	Automatic 78 Blue RHD UK eng. # 00382
25609	308	GTB Steel USA	25873	308	GTS 78 Black/Red, Black roof panel
25613	308	GTB Steel 78 LHD US	25875	308	GTB Steel 78 Black/Red LHD US exported to GB
25615	308	GTS 79 Black/Black			
25619	308	GTB Steel USA	25877	308	GTB Red/Tan LHD US
25627	308	GTB Steel USA	25881	512	BB White/Tan
25635	308	GTB 78 Silver/Black LHD US	25887	308	GTS 78 Black/Crema Daytona Seats
25637	308	GTB Fly Giallo/Black LHD F106AB25637	25893	308	GTS Red/Tan LHD US
25647	308	GTS 78 Black LHD	25901	308	GTB Steel 78 Blue metallic Beige RHD UK GB
25651	308	GTS White/Black	25905	308	GTB 78 darkBlue RHD
25653	308	GTB Steel 78 USA	25911	308	GTB Steel Rosso/tan GB
25655	308	GTS Red/Red	25913	512	BB Red/Black LHD EU
25657	308	GTS 78 oro ciaro/oro ciaro brown carpets LHD US	25915	308	GTB 78 Red/Tan LHD US
			25921	512	BB Blue
25659	308	GTB	25923	512	BB Rosso Corsa/Black LHD has probably been blu/beige
25665	400	Automatic Red/Crema & Black RHD UK			
25667	308	GTB Steel 78 Red/Black	25927	512	BB 79 Red RHD F102BB25927 eng. #F102B00000336
25669	308	GTB Steel 78 LHD EU, exported to the US			
25671	308	GTS Black/Black	25929	308	GTS 78 Silver Bordeaux LHD US
25677	308	GTB Steel 78 USA	25933	308	GTS 79 Red F106A525933 eng. #F106A03422
25681	308	GTS Red/Black LHD	25935	308	GTS 78 Red/Tan LHD
25683	308	GTS Red/Black Red inserts RHD UK	25941	308	GTS 79 Red F106A525941 eng. #F106A03381
25691	308	GTB Steel 79 RHD UK, GB	25945	308	GTS 78
25693	308	GTS	25949	308	GTS 78 Blue/Tan
25697	512	BB 79 Red/Black LHD EU F102BB25697	25951	308	GTB Steel 78, in NL
25699	512	BB	25959	308	GTB Steel 10/78 LHD US
25701	308	GTS 78 Red 2 tone Red/Black	25961	308	GTS
25705	308	GTB Steel 78 Blue Blue	25963	308	GTB Steel 79 Red F106AB25963 eng. #F106A03380
25707	308	GTS Red/Black RHD UK			
25709	308	GTB Steel USA	25969	308	GTS Red/Black LHD US
25711	400	GT 78 Red/Black & Red RHD UK eng. #25711 ex- John Bonham	25975	308	GTB Steel 11/78 USA
			25979	308	GTS 78
25713	400	Automatic 78 Red RHD UK F101CL25713 eng. #F1 01C001 00369	25981	308	GTS 78 Black/tan Beige carpets RHD
			25995	308	GTB Steel 78 Fly Yellow/Tan LHD US
25717	308	GTB Steel 78 Yellow/Black LHD UK	25997	308	GTS 78 Grey/Bordeaux
25725	308	GTS Black Red CN LHD	25999	512	BB Rosso Corsa/Tan & Black
25729	308	GTB 78 Yellow/Tan then White & Black int. F106AB25729	26001	308	GTB 78 Rosso Corsa/Black
			26005	308	GTB Steel USA
25731	400	GT 78 Silver/Blue Crema RHD UK eng. #25731	26007	308	GTB Steel 79 Red/Black US
25741	308	GTS 78	26009	308	GTB Steel 78 USA
25743	308	GTS 78	26017	308	GTS 78 Red/Tan LHD US
25747	308	GTS	26027	308	GTS 78 White/Red LHD
25749	308	GTB Steel Black White LHD	26029	308	GTS QV White/Black
25751	308	GTS Yellow/Black	26031	308	GTS 78 Rosso Corsa/Nero LHD Us
25759	308	GTB Red/Black	26037	308	GTS 79 Red/Tan (or Black)
25761	308	GTSi Black/Black	26039	308	GTS Black/Black LHD US
25765	308	GTB	26041	308	GTS Giallo Fly now Red/Beige LHD
25767	308	GTB 78 Silver/Black LHD EU	26043	308	GTS 78 Yellow/Tan
25769	308	GTB	26049	308	GTS
25775	308	GTSi Red/Black US	26051	308	GTS 78 Red Black Boxer/Tan LHD US
25777	308	GTB Steel GB	26055	308	GTS 79 Red/Tan
25781	308	GTS 78 Red/Black	26061	308	GTS 78 Red/Tan Gotti wheels
25783	400	Automatic	26063	308	GTS 78 Black F106AS26063
25785	400	Automatic Cabriolet Conversion 79 Red/Tan F101CL25785	26065	308	GTS 78 Red/Black LHD
			26071	308	GTS 78 Fly Yellow/Black LHD US
25787	308	GTB 78 Red/Black LHD US F106AB25787	26073	308	GTS
25793	308	GTB Steel MC	26083	308	GTS 78
25797	308	GTS 78 Red/Black, Black roof panel	26085	308	GTS 78 Giallo Fly/Beige LHD US
25801	308	GTS	26091	308	GTS Black/Black
			26095	308	GTS 78

s/n	Type	Comments
26111	308	GTS 78 Red/Tan RHD UK F106AS26111
26113	308	GTS 78 Red/Tan LHD
26123	308	GTS 78 Black/tan LHD US
26125	308	GTS
26131	308	GTS 78 Red/Tan LHD US
26133	308	GTS 78 Red/cream & Black LHD US
26135	308	GTS 78
26137	308	GTS 79 Red/Black LHD US
26145	308	GTS 78 Red/Tan
26149	308	GTS
26151	308	GTS 78 Red/Tan F106A526151
26153	308	GTS 78
26157	308	GTS Black/Black LHD
26159	308	GTB Steel 78 Red/Crema RHD UK
26169	400	Automatic
26171	308	GTS Grey Burgundy Black inserts
26177	308	GTB Steel 78 Red RHD UK eng. # 01159, to HK
26185	308	GTS 78
26191	308	GTS
26193	308	GTB 78 Red/Tan US
26197	308	GTS Red/Black LHD EU
26199	308	GTB Steel 78 Red/Black LHD EU
26201	512	BB 79
26203	308	GTB 10/78 Black/Black LHD US
26209	308	GTS 78 Red/brown LHD EU
26219	308	GTB 78 Red RHD UK
26223	308	GTS Red/Black LHD EU
26229	512	BB
26231	308	GTS
26237	308	GTS Red/Black
26241	308	GTS 78 Red/Brown LHD US
26243	512	BB 79 Red Black Boxer Trim/Black LHD EU
26249	308	GTB Steel in the US
26251	308	GTB Steel 11/78 LHD US
26253	308	GTS 79 Red/Tan LHD US
26259	308	GTS Red/Crema
26265	400	GT
26267	400	GT 79
26269	400	Automatic 79 Azzurro/Tan
26275	308	GTS 78
26277	308	GTB 78 Red/Black
26283	308	GTS 79 Red/Crema LHD
26287	308	GTS 80 bronze/beige LHD eng.#03289
26293	400	GT Automatic Bruno Acajou Met.then Blue Met./Crema VM3937 VM890 stripes
26295	400	Automatic 79 White
26297	400	Automatic 79 Blue/light Blue RHD UK
26301	512	BB
26303	308	GTB Steel Silver Crema RHD UK
26313	308	GTS Black/Black
26315	512	BB 77 Azzurro then Rosso Chiaro Black BoxerTrim/Tan RHD eng. #347
26319	308	GTB 78 Red/Tan
26321	308	GTB Steel GB
26327	308	GTS Red
26331	308	GTS Red/Black White stripe
26333	308	GTS 78 Black/Black LHD US
26335	308	GTS
26339	308	GTB Steel GB
26343	308	GTS 78 Red/Tan LHD US
26345	308	GTS Black/Black LHD US
26347	308	GTS 78 Red/Black grey stripes LHD EU
26351	400	Automatic 79 Black/tan F101CL26351
26357	512	BB Silver Black Boxer Trim
26359	308	GTB 79 Red/Tan LHD US
26367	308	GTS 78
26371	400	GT 79 Blue/Tan LHD Manual EU
26373	400	Automatic
26377	308	GTS 80 Blue F106A526377 eng. #F106A0
26379	308	GTS Red/Black
26383	308	GTB Red/Crema
26385	400	Automatic 79 Silver RHD UK F101CL26385 eng. #F101C001 00399
26387	400	Automatic
26389	512	BB Red/Black
26395	400	GT 79 Brown RHD UK eng. # 00397
26399	308	GTB Steel 79 Red/Grey RHD UK F106AB26399 eng. #F106A03424
26401	308	GTS gold/tan
26411	308	GTS 79 Red F106A526411 eng. #F106A03445
26415	308	GTS 79 Black/Crema LHD
26429	400	GT 79 Light Blue/beige LHD
26431	400	Automatic 79 Blue/tan Red piping RHD
26435	308	GTS 78 Fly Giallo/Black & White F106AS26435
26445	308	GTS 78
26447	308	GTS 79 Red/Tan LHD US
26449	308	GTS 78 White/Red LHD
26455	512	BB Black Crema & Black
26467	308	GTB Yellow LHD
26471	400	Automatic medium Blue/beige
26473	400	79 RHD
26475	308	GTB 79
26481	308	GTB 78 Black/Black LHD US F106AB26481
26499	308	GTS
26503	308	GT/4 Dino Black/Tan, obviously renumbered
26513	308	GTS 78 White/Red LHD US
26529	308	GTS 78 Silver/Black US
26531	308	GTS Yellow/Black
26533	308	GTS 78 Red/Black LHD US F106AS26533
26535	308	GTB LHD Race modified
26537	308	GTS 78
26553	308	GTS QV 78 Red/Black LHD US
26569	308	GTS 78 Red/Tan LHD
26575	308	GTS 11/78 Red/Tan F106AS26575
26579	308	GTS 78 Red/Black LHD US
26581	308	GTS 78 Yellow/Black LHD
26587	308	GTS Red/Black
26599	308	GTS 78 Red/Tan
26605	308	GTS
26617	308	GTS 78
26621	308	GTS 79 LHD US
26625	308	GTB Steel EU
26629	308	GTS 79 Red/Black RHD eng. #26629
26633	308	GTB Steel GB
26635	308	GTS Rosso
26637	512	BB Red Black Boxer Trim/Crema RHD UK
26639	308	GTB Steel Red/Black RHD UK
26643	512	BB 79 Red//Crema RHD UK F102BB26643 eng. #F102B00000353
26645	308	GTB Competition Conversion 79 Red/Blue seats RHD UK
26647	308	GTB
26649	308	GTS 78 White/Red, 288 GTO-Conversion
26653	308	GTS Red/Black
26655	308	GTB Steel 79 Red Crema eng. #26655
26657	512	BB 79 Rosso Corsa Crema LHD
26661	308	GTB Steel Koenig 78 Red/Tan LHD EU
26671	308	GTS 78 Red/Tan
26679	400	i Automatic Red/Black
26681	512	BB/LM Series 2 #1/25 79 Red Pozzi Livery/Blue then Blu Chiaro Yellow Stars European University Livery
26683	512	BB/LM Series 2 #2/25 79 Red White & Blue stripe NART Livery/Black LHD
26685	512	BB/LM Series 2 #3/25 79 Red & Pale Blue Pozzi Livery/Black LHD
26687	308	GTS 78 Red/Black LHD
26707	308	GTB Steel USA
26711	308	GTB Steel 78 Red/Black
26713	308	GTB Group 4 #2/16 Blue & Whte Pioneer Livery/Black
26715	308	GTB Steel Red/Tan LHD EU
26719	308	GTS 78 F106AS26719
26725	308	GTS 78 Red/Black
26731	512	BB Red EU
26733	308	GTS

s/n	Type	Comments
26737	308	GTB Steel LHD EU, F
26743	400	i Automatic Cabriolet Red/Tan RHD UK
26747	308	GTB Steel USA
26749	308	GTS Red/Crema RHD UK
26753	308	GTS 79 Red LHD EU
26759	308	GTB Steel 79 Red F106AB26759 eng. #F106A03447 RHD AUS
26761	400	GT
26763	400	Automatic
26765	308	GTS 79 Red F106A526765 eng. #F106A03446
26769	308	GTS
26771	308	GTS Turbo by Ameritech 78 Red/White US F106AS26771
26779	308	GTB Steel 78 LHD EU
26785	308	GTS Red/Black LHD US
26789	400	GT 78 Bronze RHD UK
26791	400	Automatic
26793	308	GTS 79
26797	400	Automatic Red/Crema RHD
26801	308	GTB Competizione Conversion by Roelofs 80 Rosso Corsa pale Blue stripe/Black LHD EU F106AB*26801*
26803	308	GTS 78
26805	400	Automatic 79 Dark Blue/Tan LHD
26807	400	i Automatic 79 Metallic Graphite/tan & Black EU , Chevy 350 V8-replacement
26819	308	GTS 78
26825	308	GTB White/Red & Black US
26837	308	GTS Red
26841	308	GTS 79 Red/Tan LHD US
26843	308	GTS 78 Red LHD
26857	308	GTS 78 Blue/Tan
26873	308	GTS grey/tan
26887	308	GTS 79
26891	308	GTB Steel 79 in the US
26901	308	GTS Red/Black LHD US
26903	308	GTS
26911	308	GTS
26915	308	GTS
26921	308	GTS 78 Red/Black then Tan & Brown int. vertical doors
26927	308	GTB Red/Tan
26929	308	GTS 78 US LHD
26933	400	GT Dark Blue Brown LHD EU
26945	512	BB 79 Silver/Tan LHD EU
26947	512	BB 79 Argento/Black
26949	512	BB dark Blue Crema & Black LHD EU
26953	308	GTB 78 Red 288 GTO-Conversion
26955	308	GTS Red
26957	308	GTS 78 Red/Tan
26959	308	GTS Blue
26969	308	GTB Steel US
26971	308	GTB Red/Black
26977	400	Automatic 79 Grey Black eng. #26977
26979	400	Automatic Red/Tan-Black RHD UK
26981	400	GT dark Blue/tan LHD
26983	308	GTB
26987	308	GTB Red/Tan RHD UK
26989	512	BB Red Black Boxer Trim/Tan LHD EU
26991	308	GTB
26993	308	GTB Red/Black LHD
26999	512	BB 79 Rosso Rubino Black LHD
27001	512	BB 79 Rosso Chiaro (20 - R " 190) Black Boxer trim/tan Daytona Seats LHD EU EPA & DOT converted
27003	308	GTS Red/Black LHD
27009	308	GTB 79 Red/Tan LHD
27019	512	BB 79, Rosso Corsa/Black RHDEU
27021	512	BB Red/Black
27027	308	GTS Red/Black
27035	308	GTB Steel GB
27037	308	GTB Competition Conversion Rosso Corsa
27039	308	GTS Rosso/Black

s/n	Type	Comments
27041	308	GTS
27043	400	Automatic
27045	308	GTB 79 Rosso Corsa/Nero LHD exported to South Africa
27049	308	GTB Steel 79 Red RHD AUS F106AB27049 eng. #F106A06478
27057	308	GTB Steel GB
27063	512	BB Black/Black LHD EU
27067	308	GTB
27069	308	GTS Red
27075	400	Automatic Silver grey/Black Red inserts LHD EU
27077	308	GTB Steel Yellow/Black RHD UK
27081	308	GTS Red/Black LHD
27085	308	GTS 79 Red F106A527085 eng. #F106B01214
27097	512	BB 79 Rosso Corsa/Black RHD UK
27101	308	GTB Steel Red/Tan LHD EU
27103	308	GTS 79
27105	308	GTB Steel
27109	512	BB Red/Tan
27111	400	Automatic
27115	308	GTB 78 Red/Black
27119	512	BB 79 Rosso Corsa/Black LHD EU F102BB27119
27123	308	GTB Steel Red
27129	400	GT
27131	400	Automatic
27133	512	BB silver/Red then Black/Dark Red LHD EU
27135	308	GTS 79 Red F106A527135 eng. #F106A02003523
27141	512	BB 79 Red Black Boxer Trim/Black Red inserts RHD UK
27143	308	GTS 78
27145	400	79 azzurro/tan
27149	308	GTB Steel GB
27157	400	GT 79 Blue/Crema RHD UK
27163	400	Automatic Black/White LHD EU
27165	400	GT 79 Manual
27171	308	GTB
27173	308	GTB
27189	400	Automatic
27191	308	GTB Steel Red/Black
27193	308	GTB Red
27195	308	GTB
27199	308	GTS Red/Black LHD EU
27205	400	Automatic Azzurro/Black LHD EU
27207	308	GTS 79 Red F106A527207 eng. #3479
27219	308	GTS Red/Black LHD
27223	400	Automatic
27231	512	BB Koenig Rosso Corsa/Crema
27235	512	BB 79 Rosso Corsa/Crema
27239	512	BB Red/Black
27241	400	Cabriolet Conversion by Straman 79 Black/tan tan top Manual
27245	308	GTS
27261	308	GTB Steel RHD
27265	308	GTS Dark Blue/Black RHD UK
27267	308	GTB Steel 79 Red/Rosso RHD UK
27279	512	BB Fly Giallo/Black
27285	400	GT 79 Blue/Crema LHD Manual
27289	512	BB Silver Black Boxer Trim/dark Red RHD
27291	308	GTB Red/Crema
27295	308	GTS 79 Black RHD UK
27297	308	GTS 79 Red RHD UK eng. # 03531
27303	400	Automatic Azzurro metallic/tan LHD EU Kroymans Collection
27307	400	GT Black/Tan LHD EU
27315	308	GTS Black Crema RHD UK
27321	512	BB Koenig Red/Tan Black inserts
27323	512	BB Red Black Boxer Trim/Black LHD EU
27325	512	BB 80 Red/Crema LHD EU
27329	308	GTB Steel 79 Red/Black
27333	308	GTS Red Grey RHD UK
27339	308	GTS

s/n	Type	Comments
27343	512	BB Nero Daytona Tan
27353	308	GTB Red/Black LHD EU
27359	400	Automatic Dark Blue/Tan LHD EU
27361	308	GTB Steel Competizione
27369	308	GTS 79 Red/Tan
27375	512	BB 79 Red RHD
27377	512	BB Red/Crema RHD UK
27379	512	BB 79 Red/Black LHD EU
27381	512	BB 79 Nero/Crema LHD EU
27385	400	i Blue/Tan LHD EU
27387	400	i Automatic 79 Blue Chiaro magnolia
27389	308	GTB Red
27393	308	GTS Red/Black LHD EU
27395	308	GTS Blue/Black LHD
27399	512	BB 79 Rosso Corsa LHD
27401	308	GTS Yellow/Black LHD
27403	308	GTB
27405	308	GTS Red
27407	308	GTB Steel Red/Black LHD EU
27409	308	GTB 79 Azzurro/tan hides Blue carpets LHD
27411	400	GT Green
27423	308	GTB 79 Red/Black US F106AB27423
27425	308	GTB Steel 79 Red/Tan LHD EU
27427	308	GTB Steel Red
27431	308	GTS 79 Red RHD UK eng. # 03607
27435	308	GTB Steel 79 RHD UK
27439	308	GTB Red/Black RHD UK
27441	308	GTB 79 Dark Blue/Black LHD EU
27443	308	GTB Steel Red/Crema RHD UK
27447	512	BB Red/Black
27449	512	BB 79 Fly Giallo Blue
27453	400	Automatic 78 Gold RHD F101CL27453 eng. #F101C00100479
27463	308	GTS Red/Black
27465	308	GTS 79 Black/Red LHD US F106AS27465
27467	308	GTS 79 Red/Black LHD US
27469	308	GTB Steel 79 RHD UK
27477	308	GTB Steel 79 USA
27489	308	GTB Red/Black Red inserts RHD
27493	308	GTS 79 Silver F106A527493
27499	308	GTS Red/Crema Black inserts RHD UK
27501	512	BB Red EU
27505	512	BB 79 Black/Black LHD EU EPA & DOT converted
27525	308	GTS 79 Red F106A527525 eng. #F106A03511
27531	308	GTB White/Red
27535	400	GT
27537	308	GTB Steel Red/Tan LHD
27543	308	GTS 79
27545	308	GTB Red
27549	308	GTS 79 White/Red
27551	512	BB 80 Silver/Black
27553	512	BB 79 Fly Giallo Black LHD EU
27557	308	GTB Black/Crema & Black LHD EU
27561	308	GTS 79 Red/Black LHD US
27563	308	GTB Steel GB
27575	400	GT Automatic Cabriolet Red RHD
27577	512	BB/LM Series 2 #4/25 79 Yellow then Dark green (ex)-Nick Mason
27579	512	BB/LM Series 2 #5/25 79 Rosso Corsa Italian stripe/Grey LHD ex-Rosso Bianco Collection
27583	308	GTB Steel 79 Red/Black LHD EU
27585	308	GTB Steel Dino Red/Black LHD
27587	308	GTB 3/79 Red/Tan F106AB27587
27603	308	GTB
27611	512	BB 79 Red/Black LHD EU silver radiator exit
27617	308	GTB Steel F
27619	308	GTB Steel 79 US
27627	308	GTS
27629	400	Dark Blue Crema LHD EU
27631	308	GTB Red/Black
27635	308	GTS Red/Beige RHD UK
27639	308	GTS Black/White
27641	308	GTS 79 Yellow/Black LHD US
27645	308	GTB silver/Black LHD
27649	308	GTB Steel Red/Black LHD EU
27655	308	GTS 79 Red/Black LHD
27657	308	GTS 79 Red/Tan LHD US
27661	308	GTB Steel Red/Crema RHD UK
27665	308	GTB Steel 79 Red LHD US
27671	308	GTS Competition Conversion Red Black Boxer Trim/Black LHD
27675	308	GTS 4/79 Brown then Blue Chiaro/Tan LHD US
27679	308	GTB 79 Red/Black
27687	308	GTS Black/tan
27693	512	BB
27699	512	BB Bordeaux Tan
27703	400	GT Dark Blue/Tan RHD
27705	308	GTS Red/Tan LHD US
27707	308	GTS 79 Rosso Dino/Nero LHD EU F106AS27707
27709	308	GTS
27711	308	GTS
27713	308	GTS 79 Red/Black
27725	308	GTB Steel GB
27735	512	BB 79 Rosso Corsa RHD
27741	400	GT Prugna/Tan Red inserts Manual RHD UK, last 400
27743	308	GTS 79 Red/Black & Red LHD US
27747	308	GTS 79 Red/Black LHD US
27757	308	GTS Silver
27763	308	GTS 79 Black/Black LHD
27769	308	GTS 79 Red RHD UK
27773	512	BB 80 Nero/Tan & Grey Daytona Seats LHD EU
27777	512	BB Red
27779	308	GTB Steel USA
27781	308	GTS
27783	308	GTS 79 Red F106A527783
27785	308	GTS 79 Red/Tan
27787	400	Automatic White/Black
27799	400	Automatic
27805	308	GTB Steel 80 Red F106AB27805 eng. #F106A03654
27807	308	GTS 79 Grigio/Red LHD US F106AS27807
27809	308	GTS 79 Red/Tan
27815	308	GTS Silver Dark Red LHD US
27817	308	GTS 78 silver Boxer paint scheme/Black LHD EU
27827	308	GTB Steel 79 Yellow/Black LHD EU
27831	400	Automatic Brown/tan LHD EU
27843	308	GTS 79 Red/Tan LHD EU
27851	308	GTS Red Boxer Black Trim/Black LHD
27853	308	GTS 79 Red/Tan
27855	308	GTB Steel 79 Black/Black LHD US
27861	512	BB
27863	512	BB Blue Magnolia RHD
27865	512	BB
27869	512	BB silvergrey metallic/Black
27875	308	GTS 79 Red/Tan RHD UK
27883	308	GTB Steel USA
27887	308	GTB Steel GB
27891	308	GTB Red/Black
27893	308	GTB Red/Black
27903	308	GTS Yellow/Black LHD EU
27907	308	GTS 79 Red/Tan LHD US
27909	308	GTB Steel 79 USA
27911	308	GTB Red
27915	308	GTB Steel GB
27917	400	Automatic 79 Black/tan & brown LHD EU
27925	308	GTS 79 White/Black
27927	308	GTB 79 Black/Black LHD
27931	308	GTB Rosso/nero
27935	512	BB 79 Argento/Black
27937	308	GTS Red
27939	512	BB destroyed 79 Red RHD F102BB27939 eng. #F102BB00000423

s/n	Type	Comments	s/n	Type	Comments
27941	512	BB 79 White Black boxer trim/Blue RHD UK F102BB27941 eng. #F106B0000041	28169	308	GTS
			28177	400	GT Brown/Tan LHD EU
27943	308	GTS 79, silver/Black then Red/Black US	28181	400	Automatic Dark Blue/Tan LHD
27945	308	GTS Silver/lack LHD US	28183	512	BB 79 Red/Black
27947	308	GTS 79 Silver/Black F106A27947	28185	308	GTS 79
27949	308	GTS 79 Red/Black US	28187	308	GTS Red/Crema
27951	308	GTB Steel Red/Tan LHD EU	28193	308	GTS 79 Red Black Boxer Trim/Tan LHD
27957	308	GTS Spider Conversion silvergrey later Red/Red	28195	308	GTS Red/Tan
27965	308	GTS	28197	308	GTS
27967	308	GTB	28207	308	GTB
27969	308	GTB Yellow Blue cloth	28219	308	GTS
27971	400	Automatic 79 Silver/Black LHD	28221	308	GTS Red/Tan
27975	308	GTS 79 Red/Red & Black F106AS27975	28225	308	GTS
27979	308	GTS	28229	512	BB
27981	308	GTB	28233	512	BB 79 Black Black Boxer Trim/Grey Black inserts then Red/Grey LHD EU
27983	308	GTB Steel 78 Red/Black			
27991	308	GTS 79 Red/Tan	28235	512	BB 79 Dark Blue/tan RHD UK
27993	308	GTS 79 Black/Grey	28237	512	BB 79 Red/Red Daytona seats Red dash board LHD EU
27995	308	GTS 79 White/Tan LHD US			
27999	308	GTB Steel 79 USA	28239	308	GTS 79
28001	308	GTB Steel 79 Silver/Red LHD US	28241	308	GTS 79 Red/Black LHD EU
28003	308	GTB Steel Red/Tan LHD EU	28247	308	GTB Red/Black
28009	308	GTS	28249	308	GTB Steel 79 LHD US
28011	308	GTS 79 Black/Black US	28253	308	GTS Red/Black
28013	308	GTS	28257	308	GTB 79 Red/Tan LHD
28017	308	GTB 79 Red/Crema & Black LHD	28259	308	GTS Red/Black LHD
28019	400	Automatic Black/Tan LHD EU	28261	400	i
28027	308	GTS 79 Rosso Corsa/Tan LHD US	28265	400	i Blue metallic/Tan EU
28033	512	BB 79 Fly Giallo/Black	28269	308	GTS Red/Tan RHD UK
28035	308	GTS 79 Red/Tan LHD	28273	308	GTS
28039	308	GTS Yellow/Tan	28275	308	GTS
28041	308	GTS 79 LHD	28277	308	GTS 79 Red/Black Black roof panel
28047	308	GTS 79 Red/Black LHD US	28279	308	GTB Steel Red/Crema RHD UK
28049	308	GTS Rosso/Black & tan LHD EU	28281	400	i Automatic Dark Blue/Crema
28051	512	BB 79 Blu Sera Metallico/Tan Blue Daytona Inserts	28283	512	BB
			28285	308	GTS 79 Red/Black Tubi
28053	512	BB 79 RHD UK	28287	308	GTS Mar-00
28055	512	BB EU	28289	308	GTS
28063	308	GTS 79 Red/Tan LHD EU	28295	308	GTB Steel GB exported to J
28069	308	GTS Red/Tan EU	28301	512	Bb Red/Black
28073	400	i 79 RHD	28303	308	GTS 79 Yellow/Tan
28075	308	GTB Steel 79 Red/Tan LHD US	28305	308	GTS 79 Rosso Corsa/Black Red Piping LHD US F106AS28305
28081	308	GTB Azzurro/Tan LHD			
28083	400	i Automatic	28307	308	GTS
28085	308	GTB Red/Black Red inserts Red piping LHD	28309	308	GTB 79 Red/Tan LHD
28087	308	GTB Steel 79 Red F106AB28087 eng. #F106A03696	28311	308	GTS
			28315	308	GTS 79 Red/Black LHD F106AS28315
28093	308	GTS 79 White F106A528093 eng. #F106A03731	28317	308	GTS 79 Silver/Black LHD
			28325	308	GTB Steel 79, USA
28095	308	GTS 79 Oro Chiaro/Brown LHD US	28329	308	GTB Steel 79 Red UK RHD eng. # 03766
28097	308	GTS Red/Tan	28341	400	i Automatic 79 Red RHD UK F101CL28341 eng. #F1 01C01000001
28099	308	GTS 79 Red/Black US			
28101	308	GTS 79 Black F106A528101 eng. #F106A03730	28343	308	GTS 78 Red/Tan LHD US
			28347	308	GTS 79 Red/Black LHD US
28107	308	GTB Steel GB	28351	308	GTS Red/Tan LHD EU
28111	400	Automatic Black/Tan LHD EU	28353	308	GTB Red/Black LHD
28115	308	GTS 79 Red F106A528115 eng. #F106A03719	28355	308	GTS 79
28117	308	GTS 79 Dark Blue/Black LHD EU	28359	308	GTS 79 Red/Black US
28119	308	GTS	28361	308	GTS
28123	308	GTS Black/Tan LHD EU	28367	308	GTS Dark Blue/Tan LHD EU
28129	308	GTB Steel Red/Rosso RHD UK	28377	512	BB
28131	308	GTS 79	28379	512	BB Black/Black
28133	308	GTB 79 Anthracite/Black LHD EU	28387	308	GTS 79 Red with tan leather USA prod.
28135	308	GTS 79	28393	308	GTB Steel 79 RHD UK
28141	308	GTS 79 Red/Tan LHD EU	28395	308	GTB Steel 80 Red F106AB28395 eng. #F106A00003732
28145	512	BB 79 Red Black Boxer Trim/Crema Black inserts LHD EU			
			28399	308	GTS 79 Red/Black F106AS28399
28147	512	BB 79 Rosso Corsa/Black LHD	28401	308	GTB Steel GB
28149	512	BB 79 Red/Tan LHD EU	28413	308	GTS 6/79 Red/Tan F106AS28413
28151	512	BB 79 Red/Tan EU	28415	308	GTB
28155	308	GTS Black	28421	308	GTS 78 Red RHD
28157	308	GTS 79	28423	308	GTS
28161	308	GTS Red/Black LHD	28425	308	GTS

s/n	Type	Comments
28427	308	GTS 79 Rosso Dino/Black US F106AS28427 ANSA exhaust
28439	512	BB Red/Beige LHD EU
28441	512	BB 79 Red/Black LHD
28445	512	BB Red EU
28449	308	GTS 79 Red/Tan F106AS028449
28451	308	GTS 79 Red F106A528451 eng. #F106A03733
28453	308	GTB Steel GB
28455	308	GTB 80 Rosso Dino/Black RHD
28459	308	GTB
28463	308	GTS 79 Red F106A528463 eng. #F106A02003778
28469	308	GTS 78 Grigio/Bordeaux LHD US F106 AS 28469
28471	308	GTS
28475	208	GTS 79 LHD
28487	308	GTS
28495	308	GTS 79 Red/Tan LHD EU
28497	308	GTS 79 Red/Tan
28503	308	GTS 79
28507	308	GTB 79 Red/Black
28509	308	GTB Steel GB
28521	400	i Automatic Metallic Brown Crema
28523	400	i Automatic Dark Blue/Crema Black inserts RHD UK
28537	512	BB 79 Red & Black/Black Daytona Seats LHD F102BB28537
28539	308	GTS 79 Red/Black LHD US
28541	512	BB 79 Black/Tan LHD F102BB28541 eng. #102BB00456
28545	308	GTB Steel GB
28555	400	i
28561	308	GTS Rosso Corsa/Crema RHD Red inserts
28563	308	GTS Sbarro 330P4 Replica 7/79 Red/Black & Red F106AS28563
28577	308	GTB
28579	308	GTS Red/Tan
28583	308	GTB 79 Red RHD UK
28589	308	GTB silver
28591	308	GTS 79 Black/Red LHD EU
28595	308	GTS 79 Red/Black LHD F106AS28595
28599	308	GTS
28601	512	BB/LM Series 2 #6/25 79 Rosso Corsa italian stripe/Black & Red LHD Pininfarina streamline body low-nose (IMSA)
28615	308	GTB 79 Red/Black LHD US
28619	308	GTS Red/Black
28625	308	GTS 79 Yellow/Black LHD
28627	308	GTB 80
28631	512	BB 79 Rosso Corsa/Tan
28633	512	BB 79 Red Black Boxer Trim then Red no Boxer Trim/Black LHD EU
28637	512	BB 79 Red Black Boxer Trim/Crema RHD UK
28639	512	BB 79 Red/Tan
28643	308	GTS 7/79 Oro Chiaro
28645	308	GTB Steel Red GB
28651	308	GTS
28659	308	GTS Yellow/tan LHD US
28667	400	i Automatic Azzurro metallic/tan LHD EU
28669	400	i Automatic Brown/Tan LHD EU
28675	308	GTS 79 Blue/Tan LHD EU BBS wheels
28681	308	GTS
28685	308	GTS 79 Silver/Red LHD US
28689	308	GTS 79 Red/Tan US
28691	308	GTS 79 Red/Black & Red LHD
28695	308	GTS 79 Red/Black LHD
28701	308	GTB Grey metallic/Black LHD
28703	512	BB Rosso Corsa Black Boxer trim Black LHD EU
28705	512	BB 80 Red Red/Black Daytona seats LHD EU
28707	512	BB Red/Tan & Red RHD UK
28721	308	GTS Red/Crema RHD UK
28723	308	GTS
28725	308	GTS
28729	308	GTB
28731	308	GTS 79 Red/Black LHD
28733	308	GTS Black/Black
28737	308	GTS 80 Black/White
28739	308	GTB Red/Black
28743	308	GTS
28749	400	i Automatic 80 Red/Tan RHD
28753	308	GTS
28755	308	GTS 79
28757	308	GTS Red/Crema
28763	308	GTS 79 Red F106A528763 eng. #F106A03841
28765	308	GTS 79 Red/Crema LHD US
28767	512	BB Azzurro Black boxer trim/beige
28777	308	GTB 79 Red/Tan LHD
28779	308	GTB Steel LHD EU
28789	512	BB Red EU
28791	308	GTS Red/Crema RHD UK
28797	308	GTS
28799	308	GTS Red/Black
28803	308	GTS 79 Red/Black
28805	308	GTS
28807	308	GTS Red/Beige RHD UK was probably Dark Blue/Grey
28815	308	GTS 79 Rosso Corsa/Black LHD US
28817	308	GTB Koenig White/Black LHD rear wing
28831	400	i Automatic Blue/Crema
28835	400	i Argento/Bordeaux Manual
28837	308	GTS Red/Black LHD
28843	308	GTS 81 Red F106A528843 eng. #F106A03863
28845	308	GTS 79 Red/Tan
28849	308	GTS
28851	308	GTS 7/79 Red/Tan F106A528851
28853	308	GTS 7/79 Azzurro/dark Blue F106A528853
28857	308	GTB Steel GB
28863	308	GTS Silver/Black RHD UK
28867	308	GTS Red/Black LHD
28869	308	GTS 79 Red/Tan LHD US
28873	512	BB Red Black Boxer Trim/Black & Red LHD EU
28877	512	BB 79 Red/Crema Black Inserts LHD
28879	512	BB 80 Red RHD F102BB28879 eng. #102B00000765
28881	512	BB 80 Red
28885	308	GTS
28887	308	GTS 79 Red/Black LHD US
28889	308	GTS Red/Black Bordeaux inserts RHD UK
28891	308	GTS
28895	308	GTS
28897	308	GTB Steel GB
28899	308	GTS Blue
28905	400	i Blue RHD UK eng. # 00036
28907	308	GTB Steel Yellow/Black RHD UK
28911	308	GTS Red/Tan LHD
28915	308	GTS Yellow/Black
28919	308	GTS 79 Rosso Corsa/Nero LHD
28927	308	GTS 79 Red/Black
28931	308	GTS Silver/Red LHD US
28937	308	GTS Red
28949	308	GTB 79 Black/Black LHD US
28961	308	GTS
28967	308	GTB Red
28969	308	GTS 79 Black/Black LHD US
28977	400	i Automatic Black/tan LHD EU
28981	512	BB Turbo conversion Red/Black
28983	512	BB
28987	512	BB Red/Black
28989	308	GTS Black/Black LHD
29001	308	GTS 80 Red/Black LHD EU
29003	400	GT
29007	308	GTB Steel 79 grey/Red LHD CDN
29009	308	GTB Steel Rosso/nero RHD UK
29011	308	GTB Steel 79 USA
29013	308	GTB Silver/Blue
29019	308	GTS 79 Yellow/Black

s/n	Type	Comments	s/n	Type	Comments
29031	400	i	29273	512	BB Black/Black EU
29033	308	GTB Steel Red/Crema RHD UK	29275	308	GTS 79 Anthracite Red
29035	308	GTS Yellow LHD EU	29279	308	GTS
29041	308	GTS 79 Red/Black RHD UK eng. # 03912	29283	308	GTS
29045	308	GTB 79 Black/Black LHD EU	29291	308	GTB Steel GB
29053	512	BB 80 Red/Tan LHD EU F102BB*29053, eng. #F102B000*00480	29293	308	GTS 79 Black/Black LHD F106AS29293
29055	512	BB 79 Red/magnolia Red piping RHD UK, ex-Adrian Newey	29295	308	GTS blu/tan then Red/Crema Black inserts Red piping RHD
29057	512	BB Red/Tan	29299	308	GTB
29059	308	GTS	29301	308	GTS Red/Black LHD
29067	308	GTS 80 Red/Black	29303	400	i Automatic blu/nero
29069	308	GTS Yellow/Black & Yellow LHD	29305	400	i
29077	308	GTS 80	29311	308	GTS 79 Red/Black
29081	308	GTS	29315	308	GTS 79
29089	308	GTB	29325	308	GTS 79 Red/Black F106AS29325
29091	308	GTS 79	29327	308	GTB Steel GB
29093	308	GTB Steel 79 Rosso Corsa then White F10629093 eng. #F106A03731	29333	308	GTS 79 Red then Yellow/Tan Black stripes LHD US Ansa exhaust
29101	308	GTB Steel US	29335	308	GTS Red/Tan
29103	400	i 79 Silver RHD UK Manual F101CL29103 eng. #F101C01100044	29343	512	BB
			29347	308	GTS 80 Red F106A529347 eng. #F106A02004024
29107	400	i Automatic 78 Silver/Black LHD EU F101CL29107	29351	400	i Automatic 79 Black then Sera Blue/Tan RHD eng. #29351
29109	308	GTS 79 Red/Tan feat. in the TV Series Magnum, PI	29357	308	GTS 79
			29365	512	BB 79 Black then Red/Black
29111	308	GTS	29367	512	BB
29115	308	GTS 79 Red/Black LHD US	29371	512	BB Red Black boxer trim/tan & Black
29119	308	GTB Steel 79 US	29373	512	BB 79
29121	308	GTS 79 Red/Tan LHD US	29377	512	BB 79 Red/Black
29123	308	GTB 79 Red/Tan F107AB29139	29387	308	GTS 79
29131	308	GTS	29395	400	i
29133	308	GTB	29399	308	GTS 79 Rosso Rubino tan LHD
29139	308	GTB	29407	512	BB/LM 79 Gold
29143	308	GTB 79 Black/tan LHD	29409	308	GTS 79 White/Black LHD
29149	308	GTS	29411	308	GTB Steel 79 US
29151	308	GTB 79 Yellow/Yellow & Black LHD	29413	308	GTB dark Blue metallic (BMW colour)/beige & Blue
29157	308	GTS Red/Tan LHD			
29161	400	i Automatic 79 silver/Blue leather	29415	308	GTS Black/Tan LHD US
29163	308	GTS	29417	308	GTS Red/Black LHD
29169	308	GTS 79 Rosso Rubino/Magnolia LHD EU	29419	308	GTB Rosso
29171	308	GTS Grey/Bordeaux Black inserts RHD	29421	308	GTS
29175	512	BB Red EU	29423	512	BB Rosso Corsa Black Boxer Trim/Black LHD EU White turn signals
29177	512	BB Koenig Rosso Corsa/Black			
29179	308	GTB Steel 79 dark Red met./Tan Black vertical stripes on seats, in the US	29431	308	GTS 79 Red/Tan
			29439	308	GTB Rosso Corsa/Black LHD
29181	512	BB 79 Black/Beige EU	29441	308	GTS 79 Yellow/Black LHD
29183	512	BBi Koenig 80 Black LHD F102BB29183	29443	308	GTS 79
29187	308	GTS	29449	308	GTS 79
29191	512	BB 78 Black/Tan	29453	308	GTS 79 Gold/Black F106AS29453
29197	308	GTS 79 US	29455	308	GTB Steel 79 USA
29199	400	i Automatic 80 Silver RHD F101CL29199 eng. #F101C01100065	29461	308	GTS
			29465	308	GTS 79 Red/Black LHD
29203	308	GTB Steel 79 LHD US	29473	308	GTB Steel 79 Red/Black then Yellow/Black US F106AB29473
29205	308	GTS 80 Red F106A529205 eng. #F106A03777			
29209	308	GTB Steel 79 Red/Black LHD US	29477	400	i
29211	308	GTS	29485	308	GTS Red/Black LHD
29221	308	GTS 79 Grigio/tan LHD	29495	308	GTS
29225	308	GTS 79 Red/Tan LHD US	29501	308	GTS
29227	308	GTS	29503	308	GTS
29231	400	i Automatic 80 Red RHD F101CL29231 eng. #F101C01100017	29505	400	i
			29507	512	BB/LM Series 2 #7/25 79 Red/Red LHD eng. # 002
29235	308	GTS Yellow/Black LHD EU			
29237	308	GTS 79 Red/Black RHD	29509	512	BB/LM Series 2 #8/25 79 Red White Blue stripe/Dark Blue then Red int. LHD
29239	308	GTS 79 Red/Tan LHD			
29241	308	GTB Red/Crema RHD UK	29511	512	BB/LM Series 2 #9/25 80 Green then Black/Black then Blue LHD
29243	308	GTB Steel 79 Red/Tan RHD UK F106A829243 eng. #3964			
			29515	308	GTS
29247	308	GTB Steel Red/Tan LHD EU	29523	308	GTS 79 White Black
29251	308	GTS 79 Black/Black	29527	308	GTS
29253	308	GTB Steel White/Red	29529	308	GTS 80 Red F106A529529 eng. #F106A04067
29259	308	GTS	29539	308	GTS
29271	512	BB Red/Crema RHD UK	29541	308	GTS 79 Red Red F106AS*29541

s/n	Type	Comments	s/n	Type	Comments
29543	512	BB 79 Silver/tan Matsuda Collection	29823	512	BB 79 Silver Black Boxer Trim/Bordeaux LHD
29545	512	BB 79 Red/Black/Tan LHD	29833	308	GTB Steel GB
29555	308	GTS 79 Red/Tan	29837	308	GTS
29557	400	i Automatic Black/Black LHD	29839	308	GTS
29559	400	i Automatic Red/Tan RHD F101CL29559 shields	29841	308	GTB Steel 79 Black/Tan & Black LHD US, exported to NL
29563	400	i 80 Blue Chiaro/magnolia			
29565	308	GTS 79 Red/Tan	29855	308	GTS 79
29567	308	GTB Red/Black LHD	29863	308	GTS Red
29569	308	GTS 79	29867	400	i Automatic Aqua Green/Beige LHD ex-Audrey Meadows
29601	308	GTB Steel AUS			
29605	308	GTB Steel Red/Black RHD UK	29873	308	GTB Steel 79 Red/Black LHD EU
29609	308	GTS 79 LHD US, eng. probably lost	29875	308	GTB Steel giallo RHD
29611	308	GTB	29879	308	GTB Steel 79 Red/Tan LHD US
29617	400	Automatic Grey metallic/Red LHD EU	29881	308	GTS 79 Rosso Corsa/Tan
29623	308	GTS	29885	400	i 80 Black/Tan LHD
29629	308	GTB Black/Black	29889	308	GTS 80 Red/Black RHD UK eng. # 04047
29635	400	i GT 80 Royal Blue 503/C tan	29891	308	GTS 80 Black RHD UK
29637	400	i GT EU	29895	400	i Automatic 80 Red RHD UK
29641	308	GTS 79 Red/Black LHD	29897	512	BB 80 silver/Black RHD UK F102BB29897 eng. #F102B00000524
29643	512	BB Koenig Argento Nürburgring/Black			
29645	308	GTS	29899	308	GTS
29649	308	GTS 79 Red/Tan	29907	308	GTB Steel 79 Red/Tan LHD US
29651	308	GTB 10/79 Rossa Corsa/Black LHD EU	29909	308	GTB Steel
29655	308	GTS Red/Black RHD UK eng. # 04007	29923	308	GTB 79 Metallic Grey/Black & Red LHD
29663	512	BB 79	29933	308	GTS 79 Black/Black LHD US
29665	308	GTS	29937	308	GTS 79
29667	308	GTS Red/Beige	29939	308	GTS
29673	308	GTS	29943	512	BB 79 Rosso Corsa/Black LHD EU
29677	400	Automatic	29951	308	GTS 79 White then Red/Tan LHD US
29683	308	GTS Red/beige RHD UK	29953	308	GTB
29685	308	GTS 79 LHD	29955	308	GTS
29687	308	GTS	29961	308	GTB 79 White/Beige LHD US
29689	400	i Automatic Red/Beige LHD EU	29971	308	GTS
29695	512	BB Red/Crema Red Inserts RHD	29973	308	GTB Steel Red/Tan RHD UK
29697	308	GTB Red/Tan LHD	29975	308	GTB Red/Black
29699	308	GTS	29985	308	GTB Steel 79
29705	308	GTS	29989	308	GTS 80 Red F106A529989 eng. #F106A04067
29707	308	GTB Black	29993	308	GTS
29709	308	GTS Red/Tan 3 Black stripes LHD	29995	308	GTS
29713	308	GTS 79 LHD	30001	308	GTS 79 Red/Black LHD FL106AS30001
29715	512	BB Rosso Corsa/Beige & Nero	30003	308	GTB
29717	512	BB 79 Red/Black LHD EU	30005	308	GTS
29719	512	BB Koenig Grey/Tan	30011	308	GTS Red/Black LHD
29721	308	GTB	30013	512	BB Red/Black
29723	308	GTB Red	30015	308	GTS
29725	308	GTS 79 Red/Black LHD	30017	308	GTB 79 Black/Black
29729	308	GTS 79 blu/cream LHD	30021	308	GTB Steel USA
29733	308	GTS 79 Red/Two tone brown	30023	400	i Automatic Black/tan
29739	308	GTS 79 Black/Black F106AS29739	30025	308	GTB Steel US
29741	308	GTB 10/79 Red/Black F106A829741	30027	308	GTSi Black/Black
29745	308	GTS 79 Black/Black LHD US	30031	308	GTS 80 Red RHD UK eng. # 04058
29751	308	GTB grey/Black LHD EU	30033	308	GTS Yellow/Bordeaux
29753	512	BB Red/Black	30035	512	BB 80
29755	308	GTB Steel GB	30039	308	GTB Yellow/Black RHD UK
29757	308	GTS	30045	308	GTB Red/Tan LHD US
29759	308	GTB F	30049	308	GTS 79 Metallic Grey/tan LHD
29761	308	GT? GTB or 308 GTS	30051	308	GTS 79
29765	400	i Automatic Silver/Black LHD EU	30053	308	GTB Steel US
29767	308	GTS Red/Tan LHD US	30055	400	i
29771	512	BB Silver/Black LHD EU	30057	512	BB Red/Tan eng. # 00530
29775	308	GTS Red/Black	30061	308	GTS 79 Red/Tan LHD US
29777	308	GTS	30071	308	GTS 11/79 Rossa Corsa/Tan LHD
29779	308	GTS 79 Giallo Fly/Tan LHD	30073	308	GTS 79 Red/Black
29783	308	GTB dark Blue/tan LHD	30077	308	GTB Steel USA
29787	308	GTS Red/Black	30079	512	BB 80 Silver/Red EU
29791	400	i Automatic Black Crema Black inserts RHD UK	30081	308	GTB 80 Black/Tan F106AB30081
29797	308	GTS 79	30087	308	GTS Red
29799	308	GTS 10/79 Black/Black F106AS29799	30089	308	GTB Steel 79 Red/Black LHD US
29803	308	GTS Red/Black LHD US	30097	512	BB 79 Red/Black LHD
29805	308	GTS	30099	308	GTB Steel USA
29811	308	GTS	30105	308	GTS 79 dark Red/Black LHD
29813	308	GTS 79 Yellow/Tan & Black stripes LHD	30113	308	GTS 79 Red/Tan
29821	308	GTS 79	30119	308	GTS Red/Tan RHD UK

s/n	Type	Comments	s/n	Type	Comments
30121	308	GTB Steel 80 Grey metallic/Beige LHD EU	30387	512	BB Black LHD
30131	512	BB	30389	308	GTS 79 Red/Black LHD
30133	308	GTS 79 Rosso Chiaro/Tan LHD US	30391	308	GTS
30135	308	GTS 79 Red Black F106AS30375	30393	512	BB Red/Black LHD
30137	308	GTB Steel 79	30395	308	GTB Steel 12/79 Grey Black LHD
30141	308	GTS Red/Crema RHD	30397	308	GTB Steel 12/79 Silver/Red LHD US
30143	308	GTB	30399	308	GTB Steel USA
30147	308	GTS 79 Red Metallic/Tan	30401	512	BB 80 Red Black Boxer Trim/Black
30149	308	GTS Red/Black LHD	30403	308	GTS Red/Black LHD EU
30155	512	BB Rosso Corsa/Black LHD	30407	308	GTS Red/Tan LHD EU
30159	308	GTS	30423	308	GTB Steel USA
30163	308	GTB Steel 80 Blue RHD UK eng. # 01449	30427	308	GTS LHD
30169	308	GTB Steel RHD UK GB	30429	308	GTB Steel GB
30171	308	GTS	30431	308	GTS Red/Black RHD UK
30173	400	i Automatic 80 Dark Blue/Crema LHD EU	30445	308	GTS 79 Red/Black LHD US
30175	308	GTS	30447	308	GTB Steel GB
30177	400	i GT 80 Blue Met. F101CL30177	30457	308	GTB Steel Yellow/Black & Yellow LHD
30183	308	GTB Steel 79 Blue	30459	308	GTS Red/cream LHD
30185	308	GTS 79 Red/Tan F106AS30185	30461	308	GTB Steel 79 Red/Black LHD US
30187	308	GTB Red/Red	30463	512	BB 80 Black then dark Blue/tan RHD
30191	308	GTS	30467	512	BB 79 Red/Black Red inserts LHD EU
30197	512	BB Brown/Tan	30471	308	GTB Steel D
30211	308	GTS	30477	308	GTB Steel USA
30213	308	GTS 79 White/Red LHD US	30479	308	GTS 79 White/Tan LHD US F106AS30479
30225	308	GTS	30485	308	GTB 79 Rosso chiaro tan LHD US
30227	308	GTS	30489	308	GTB 81 Black/Black LHD F106AB 30489
30229	308	GTB 79 Black/Black LHD US	30491	308	GTS Red/Tan
30235	512	BB 79 Red/Tan LHD	30495	308	GTS
30243	308	GTS 79 dark Grey/Black LHD US	30499	308	GTS LHD
30247	308	GTS 79 Red/Tan LHD	30501	308	GTB Steel 12/79 Red/Tan LHD US
30249	308	GTB	30503	308	GTB Steel 79 Red/Tan LHD US
30251	512	BB 79 Grey Black	30507	308	GTB 12/79 White/tan US
30257	308	GTB Red/Black	30509	512	BB Red/Black
30263	308	GTB Steel 11/79 Yellow/Tan	30517	512	BB Red/Tan LHD EU
30265	308	GTB 79 Silver/Red LHD US F106AB30265	30525	308	GTB/M Facetti White then Yellow then "Racing" Red Blue Stripe/Red & Grey
30269	512	BB 80 Red/Crema RHD UK eng. #30269	30527	308	GTB Rosso Corsa/Tan Black stripes Dry Sump
30271	400	i Cabriolet Conversion by Autokraft 81 Met. Blue Magnolia RHD ex-Pete Townsend	30529	308	GTS Rosso/nero LHD EU
30277	308	GTS 79	30531	308	GTB
30281	308	GTS 79 Silver/Red LHD US	30533	308	GTS 79 Red Black Boxer trim/Black US
30283	308	GTB 79 Red/Crema LHD US	30537	308	GTS Red/Tan LHD US
30287	308	GTS	30539	308	GTS 79 Red/Tan
30289	400	Automatic	30541	308	GTS Bianco Polo Park then Rosso Corsa/Black RHD UK ZFFBA04C000030541
30291	308	GTB Steel 79 LHD US	30543	308	GTS Red/Crema RHD UK
30299	308	GTB 79 Red/Tan LHD US	30547	308	GTB 79 Red/Black
30303	308	GTS 79 Red/Black	30549	308	GTS 79 Red/Black LHD ex-Roy Orbison
30305	308	GTS 11/79 Rosso rubino crema US	30551	308	GTB Steel USA
30307	308	GTB Steel USA	30553	308	GTB Steel 79 Red/Black F106AB30553
30309	308	GTS Rosso	30557	308	GTB 79 Blue sera/tan LHD US
30311	512	BB 80 Rosso Chiaro then Rosso Corsa/Black RHD UK ZFFJA09C0000 ex-Nigel Mansell, ex-Chris Rea	30559	512	BB/LM Series 3 #10/25 80 Red NART livery/Black LHD
30313	512	BB Dark Blue metallic/White RHD UK eng. # 0544	30561	400	i 80 silver/Black bordeaux inserts Manual LHD EU
30315	308	GTS 79 Red/Black then Red LHD	30565	400	Automatic Blue/tan LHD EU
30317	308	GTB Steel 79 Silver/Black LHD US	30569	400	i Prugna RHD UK eng. # 00138
30321	400	i	30575	308	GTS Red
30325	308	GTS Red/Crema LHD EU	30577	308	GTS
30327	308	GTS 79 Red/Tan LHD US	30589	308	GTB Steel 79 LHD US
30329	308	GTB 79 Red/Black LHD US	30593	308	GTB Steel 79 EU
30335	512	BB 79 Rosso Corsa/Black LHD	30595	308	GTS
30337	512	BB	30597	308	GTB
30341	400	i	30599	308	GTB Steel F
30345	400	i	30601	400	i GT EU
30349	400	i	30603	400	i Automatic Red/Crema RHD UK
30353	308	GTS Red LHD	30607	308	GTB Steel LHD EU, D
30357	512	BB Red/Tan	30611	512	BB Red Black Boxer Trim/Black
30359	400	i Automatic White/Black LHD EU	30615	308	GTS 79 Red/Tan
30361	400	i Automatic 81 Grey RHD UK F101CL30361 eng. #F101C01100128	30617	308	GTS 79 White/dark Red LHD CH Black rims with silver sides
30371	308	GTS 79 Red/Tan LHD	30619	308	GTS 79 White/Tan LHD US
30373	308	GTS 79 Giallo Fly/Nero LHD	30621	308	GTB 79 Silver/Black F106AB30621
30379	308	GTB Steel RHD UK			

s/n	Type	Comments
30625	308	GTS 79 Black Yellow decals/Red racing seats F106AS30625
30633	512	BBi Spider Conversion by Lorenz & Rankl Rosso Corsa/Black LHD EU
30635	308	GTS 79, engine rebuilt
30637	308	GTB Red/Crema Black inserts RHD
30639	308	GTB Steel 12/79 US
30647	308	GTS Red/Crema RHD UK
30651	308	GTS Koenig Specials Red/Black
30653	308	GTS
30655	400	i 80 Metallic Blue/Black RHD UK eng. #30655
30657	400	i Brown/Tan LHD Manual
30659	400	i White RHD UK eng. # 00149
30661	512	BB Red Black Boxer Trim/Black EU
30667	512	BB Black/Crema LHD EU
30669	308	GTB Black/Black LHD
30675	308	GTB Steel GB
30679	400	i Dark Blue/tan Blue inserts RHD
30681	400	i Automatic LHD
30683	400	i Automatic Dark Blue/Black LHD
30687	308	GTB Red/Black LHD
30693	308	GTB Steel 79 Red/Black LHD EU
30695	308	GTS
30699	308	GTB
30701	308	GTB Red/Black LHD EU
30703	308	GTB Steel Rosso
30709	512	BB Red/Crema LHD
30713	512	BB 79 Rossa Corsa/Crema Black piping light tan carpets LHD EU
30715	512	BB Red
30717	512	BB Red Black Boxer Trim/Black LHD EU
30719	400	i
30721	400	i Cabriolet Conversion by Straman 80 Azzurro/navy Blue navy Blue top ZFFEB06B000030721 Borrani wheels
30731	308	GTB Steel 80
30733	308	GTS 81 silver beige
30740???	308	GTSi ? even s/n, 82 Red/Crema, probably 30749
30741	308	GTB Steel 79 F
30749	308	GTS
30757	512	BB 80, White/Red-piped Crema then Red/Crema RHD UK
30759	512	BB 80 Red BlackBoxer Trim/Tan & Black Daytona Seats RHD
30761	512	BB 80
30765	512	BB Red/Black
30767	308	GTS Yellow/Black
30771	308	GTB
30773	400	i Automatic 80 Silver RHD ZFFEB06C000030773
30777	308	GTS
30803	308	GTB Steel LHD EU
30805	308	GTB dark brown/l.brown
30809	308	GTS 80 Red/Black EU
30815	512	BB Azzurro/Black LHD EU
30817	512	BB Red EU
30821	512	BB 79 Yellow/Black ex-H.M. Sultan Qaboos, Sultanate Of Oman
30825	400	i GT 80 Black/Black Manual F101CL30825
30831	308	GTB Red
30835	308	GTB Red/Black
30839	512	BB Black/Tan Black inserts US-style front bumpers
30847	400	i Automatic 80 Dark Green RHD ZFFEB06C000030847 eng. #F101C01100150
30849	400	GT Rosso/tan
30853	308	GTS Red
30859	512	BB Red Black boxer trim/tan
30865	512	BB 80 Red Black Boxer Trim
30897	400	i Automatic 80 Red then Anthracite/Magnolia RHD eng. #30897
30899	400	i 80 Red/Crema LHD Manual
30905	308	GTB Verde Pino/Crema
30907	308	GTB 80 Red/Crema
30909	308	GTB Steel 80 dark Red/Crema LHD EU
30915	308	GTS Red/Black
30919	308	GTB Red/Crema LHD EU
30925	400	i Brown Manual
30929	512	BB 80 Red Black F102BB30929
30931	512	BB 80, Black/Beige LHD
30933	512	BB Black/Black Red Stripes, LHD
30949	308	GTS Red/Tan
30955	308	GTB Steel 80 Red eng. # 01518
30967	512	BB Nero Daytona Crema
30971	512	BB Red/Black LHD
30973	512	BB Red/Black
30975	308	GTB Steel CH
30977	308	GTB Steel GB
30979	308	GTB Red/Black
30981	512	BB 80 Black/Tan
30983	308	GTS
30991	308	GTB Steel CH
30995	308	GTB Steel 80 LHD EU, F
30997	308	GTB Steel Red/Crema RHD UK
31001	308	GTS 80 Red/nero & grigio LHD
31007	400	i
31009	308	GTS
31017	308	GTB Grey/all tan LHD EU
31019	308	GTB Red/Tan LHD
31035	308	GTS 80 Red RHD UK
31045	400	i gold/magnolia manual RHD
31047	400	Automatic 81 Blue RHD UK
31051	308	GTS Red/White with Red stripe seats RHD UK
31061	512	BB 80 Anthracite Red
31063	512	BB Red LHD
31065	512	BB Red/Black LHD EU
31067	512	BB Nero Daytona/Black LHD
31075	Mondial	8 first
31081	308	GTS 79 Red/Tan LHD EU
31085	308	GTB
31087	400	i
31091	308	GTB Steel Red/Black RHD UK ZFFCA03C000031091
31095	308	GTB Steel Spider Conversion by Daytona Motor Company 81 Red/White & Black RHD UK
31097	400	i 81 dark Blue Metallic/Crema LHD EU Manual F101CL31097 sunroof
31101	308	GTB Steel 80 LHD EU
31103	308	GTB Red/bordeaux
31113	512	BB
31115	308	GTB Red/Rosso
31121	308	GTS Red/Tan LHD
31129	308	GTS
31135	308	GTB Michelotto Group 4 #6/16 & #7/16 build as demo/presscar, later rebuilt as #7 80 Red & White/Black LHD
31141	308	GTB Steel Black/Tan with Black stripe LHD EU
31149	308	GTS Red
31151	512	BB Black/Crema Black inserts RHD UK
31155	512	BB
31159	512	BB Koenig Red/Black LHD
31161	308	GTB Steel 81 Blue then Rosso Corsa/Tan RHD UK eng. # 31161
31171	400	i GT 80 Red/Sand & Dark Green then Grigio Fume/Herbal Manual eng. #F101C01100163
31173	400	i 81 Blue/Parchment RHD Manual eng. #31173
31175	400	i Automatic Pale Blue Met./Crema RHD UK
31177	308	GTB
31179	308	GTS 80 Red/Black
31181	512	BB
31185	308	GTB Steel grigio/crema RHD UK
31189	308	GTB Steel 80 LHD EU
31195	400	i Automatic Blue/tan RHD UK
31197	400	i GT Anthracite/Crema Manual LHD EU

s/n	Type	Comments
31199	400	i
31203	308	GTB Steel CH
31207	512	BB 80 Rosso Chino Black
31213	308	GTB Steel Green metallic Brown LHD EU
31217	308	GTS
31219	208	GTB first
31221	512	BB Red
31227	512	BB Red
31229	512	BB 80 Rosso Corsa
31231	308	GTB Steel D
31239	308	GTS 81 Red/Black RHD ZFFHA04C000031239
31243	400	i Automatic 80 Black/Black ZFFEB06B000031243 Sunroof
31245	400	i
31249	208	GTS first
31253	308	GTS
31269	308	GTS Red/beige LHD EU
31273	400	GT Blue/Tan LHD EU
31275	400	i 82 gold brown RHD eng. #31275
31287	308	GTS Yellow/Black LHD
31293	308	BB 80 Red Black Boxer Trim/Black LHD EU
31295	512	BB 80
31299	512	BB 80 Red
31303	308	GTB CH
31309	308	GTSi first
31317	308	GTS
31321	308	GTB Steel GB
31325	308	GTSi 80 ZFFAA02A2A0031325
31327	308	GTBi first 80 ZFFAA01A4A0031327
31331	308	GTB Steel 80 Red eng. # 01581
31337	308	GTSi 80 ZFFAA02A9A0031337
31339	308	GTS Red/Crema RHD
31345	308	GTBi 80 White/tan ZFFAA01A6A0031345
31355	308	GTSi 80 ZFFAA02A0A0031355
31359	512	BB 80 Red/Tan
31363	512	BB Red Black Boxer Trim/Black
31367	308	GTB 80 ZFFAA01A5A0031367
31369	308	GTBi 80 Red/Black ZFFAA01A9A0031369
31371	308	GTBi 80 Black/Black ZFFAA01A7A0031371
31373	308	GTS 80
31375	308	GTSi 80 ZFFAA02A6A0031375
31377	308	GTSi 80 Red/Black ZFFAA02AXA0031377
31379	308	GTS White Black LHD EU
31381	308	GTSi 80 Red/Black ZFFAA02A1A0031381
31385	308	GTSi
31387	308	GTSi 80 ZFFAA02A2A0031387
31409	308	GTS QV 80 Black/Black LHD ZFFAA02A8A0031409 328 engine
31417	308	GTSi 80 Red/Tan US ZFFAA02A7A0031417
31421	308	GTS Red/Crema LHD
31431	308	GTSi 80 ZFFAA02A1A0031431
31439	308	GTBi 80 ZFFAA01A4A0031439
31441	308	GTBi White/Red
31445	308	GTS 80 Anthracite/Red
31447	308	GTS White/Black
31449	308	GTS Red
31453	512	BB 80 Silver/Red & Black
31459	512	BB Red/Black LHD EU
31465	308	GTB Steel 84 rebuilt as Sbarro Super Eight Red
31467	308	GTB Steel 80 Red/Black LHD EU
31473	308	GTSi 80 ZFFAA02A6A0031473
31475	308	GTSi 80 Red/Tan ZFFAA02AXA0031475
31479	400	i 81 Prugna metallic LHD EU
31481	400	GT Dark Blue/Tan LHD
31485	308	GTBi 80 ZFFAA01A0A0031485
31489	308	GTS 80 Red/Black LHD EU
31493	308	GTS
31495	308	GTSi 80 ZFFAA02A5A0031495
31505	308	GTB Red/Black LHD
31507	308	GTS Red & dark grey/Black
31517	308	GTB Steel GB
31519	308	GTS Red/Black LHD EU
31521	308	GTSi 80 Red/Black & Tan LHD ZFFAA02A2A0031521
31523	308	GTSi 80 ZFFAA02A6A0031523
31533	308	GTB Steel Red/Tan LHD
31539	512	BB
31543	400	i
31547	512	BB Red/Tan
31549	512	BB 80 Red Black Boxer Trim/Black LHD
31559	308	GTB Vetroresina Michelotto Group 4 #4/16 Red Red then White seats LHD
31567	308	GTS Red/Black LHD
31569	308	GTB 80 Black/Black
31571	308	GTB 80 Silver/Tan LHD EU
31573	308	GTB 4/81 Rosso Corsa/Nero
31575	308	GTSi 80 ZFFAA02A3A0031575
31583	400	i
31587	400	i Automatic Blue/tan LHD EU
31589	512	BB/LM Series 3 #11/25 80 Blue Yellow stars European University livery then Red/Black
31595	308	GTSi ZFFAA02A9A0031595
31599	308	GTSi 80 Red/Tan ZFFAA02A6A0031599 ex-Steven J Cannell
31605	308	GTBi 80 ZFFAA01A6A0031605
31613	308	GTB Steel Red
31619	308	GTS Red/Black
31621	308	GTBi 80 ZFFAA01A4A0031621
31623	308	GTSi 80 ZFFAA02AXA0031623
31627	308	GTSi 80 ZFFAA02A7A0031627
31635	308	GTSi 81 Red/Tan
31637	400	i 80 White then dark Blue LHD Manual
31639	400	i
31641	512	BB 80 Black/Tan Black inserts LHD EU
31643	512	BB Spider Conversion by Lorenz & Rankl 80 Blanc Nacré/Nero LHD EU
31645	512	BB Red/Black LHD EU
31647	308	GTB Steel F
31649	308	GTB
31657	308	GTSi Red/Tan LHD US ZFFAA02A5A0031657
31661	308	GTSi 80 ZFFAA02A7A0031661
31663	308	GTSi 80 ZFFAA02A0A0031663
31667	308	GTB Black/Crema LHD EU
31673	308	GTBi 80 Red/Black LHD US ZFFAA01A1A0031673 ex-Johnny Mauro
31677	308	GTSi 80 Giallo Fly/Black LHD CDN ZFFAA02A0A0031677
31679	308	GTSi 80 ZFFAA02A4A0031679
31681	308	GTSi 80 Black/Red ZFFAA02A2A0031681
31683	308	GTB Silver LHD EU
31685	308	GTS Red/Tan LHD
31687	308	GTS Red/Black
31689	512	BB/LM
31691	308	GTSi 80 ZFFAA02A5A0031691
31693	308	GTSi 80 ZFFAA02A9A0031693
31695	308	GTSi 80 ZFFAA02A2A0031695
31699	512	BB 81 Red Black Boxer Trim/Crema RHD UK ZFFDA05C000031699 eng. #F102B00000633
31711	308	GTBi 80 ZFFAA01A5A0031711
31713	308	GTSi 80 ZFFAA02A0A0031713
31715	308	GTSi Red/Black LHD
31717	308	GTSi 80 ZFFAA02A8A0031717
31719	308	GTSi
31721	308	GTSi 80 ZFFAA02AXA0031721
31729	400	i Automatic Grey Crema LHD ex-Jody Scheckter
31731	400	i Automatic Light Grey/Dark Red
31733	308	GTSi 80 Black TanLHD US ZFFAA02A6A0031733
31737	308	GTSi 80 Red/Tan LHD US ZFFAA02A3A0031737
31739	308	GTS 80 Yellow LHD
31741	308	GTSi 80 ZFFAA02A5A0031741
31749	308	GTSi 80 ZFFAA02AXA0031749
31751	308	GTSi 80 ZFFAA02A8A0031751
31753	308	GTSi 80 Grey/Red ZFFAA02A1A0031753
31755	308	GTSi

s/n	Type	Comments
31757	308	GTB Steel Red/Crema
31761	308	GTB Steel 80 Giallo Fly/Black LHD US
31769	308	GTBi 80 ZFFAA01A3A0031769
31771	308	GTBi 80 ZFFAA01A1A0031771
31773	308	GTSi 80 grigio/tan LHD
31775	308	GTSi 80 ZFFAA02A0A0031775
31777	308	GTSi 80 LHD US ZFFAA02A4A0031777
31783	400	i Automatic 80 Brown/Black RHD
31785	512	BB Koenig 80 Nero Daytona/Black
31787	512	BB Red Black Boxer Trim/Black LHD EU
31793	308	GTSi 80 ZFFAA02A2A0031793
31795	308	GTSi 80 Red/Black/Black roof panel ZFFAA02A6A0031795
31799	308	GTSi 80 Red/Black LHD US ZFFAA02A3A0031799
31807	308	GTS
31815	308	GTS Red/Black LHD
31817	308	GTSi 80 Red/Black ZFFAA02A1A0031817
31819	308	GTSi 80 Red/Black LHD US ZFFAA02A5A0031819
31821	308	GTSi 80 Black Red LHD US ZFFAA02A3A0031821
31823	308	GTB 80 Prugna/Crema LHD US
31829	308	GTB Red
31831	308	GTBi 80 Anthracite/Black ZFFAA01A4A0031831 fire damaged, body only remains
31837	308	GTSi Red/Tan LHD US
31849	308	GTBi 80 ZFFAA01A1A0031849
31853	308	GTSi 80 ZFFAA02A5A0031853
31855	308	GTSi 80 Red RHD UK eng. # 04396
31867	512	BB Red Red LHD EU
31877	400	i
31879	308	GTBi 80 Blu Sera/Crema ZFFAA01AXA0031879
31883	308	GTSi 80 Black/Tan LHD US ZFFAA02A3A0031883
31897	308	GTB
31901	308	GTSi 80 ZFFAA02A1A0031901
31903	308	GTSi Red/Black LHD
31913	400	i GT Dark Grey/Black Manual LHD EU
31919	308	GTS Red/Black colour coded roof
31927	308	GTSi 80 ZFFAA02A8A0031927
31929	308	GTSi 80 ZFFAA02A1A0031929
31931	308	GTSi 80 ZFFAA02AXA0031931
31933	308	GTSi Red/Crema LHD US
31935	308	GTBi Red
31939	308	GTBi Steel 80 LHD ZFFAA01A2A0031939 80
31941	308	GTSi 80 ZFFAA02A2A0031941
31945	308	GTSi 80 ZFFAA02AXA0031945
31947	308	GTSi 80 ZFFAA02A3A0031947
31951	308	GTSi 80 ZFFAA02A5A0031951
31955	308	GTSi 80 Red/Black ZFFAA02A2A0031955
31957	308	GTSi 80 Red/Tan LHD
31959	308	GTSi 80 Red/Tan ZFFAA02AXA0031959
31961	308	GTS 80 Red/Black LHD
31965	308	GTS Red/Crema
31969	512	BB Bronze Black Boxer trim/Crema Black inserts
31973	512	BB Red/Tan Black inserts
31975	512	BB Spider Conversion Red/Black
31977	308	GTB Steel 80 Red eng. # 01628
31979	308	GTS
31981	308	GTS Yellow/Black LHD EU
31983	308	GTBi 80 Rosso Cordoba/Black Red piping LHD US ZFFAA01A5A0031983
31985	308	GTB Steel 80, J
31987	308	GTB 80
31991	308	GTSi 80 ZFFAA02A6A0031991
31993	308	GTSi 80 Red/Tan ZFFAA02AXA0031993
31995	308	GTSi 4/80 Red/Tan ZFFAA02A3A0031995
31997	308	GTSi 80 Red/Tan ZFFAA02A7A0031997
31999	308	GTSi 80 Silver/Black ZFFAA02A0A0031999
32001	308	GTSi 80 ZFFAA02A3A0032001
32015	400	i
32019	308	Spider Rosso/tan
32023	400	Automatic Cabriolet Conversion by Straman 80 Chiarro Blue/Tan Blue soft-top F101CL32023
32029	308	GTB 80 Red/White
32031	308	GTSi 80 ZFFAA02A1A0032031
32035	308	GTS Black/Black
32037	308	GTSi 80 ZFFAA02A2A0032037
32039	308	GTSi 80 Red ZFFAA02A6A0032039
32041	308	GTSi 80 ZFFAA02A4A0032041
32043	308	GTB Red/Tan
32047	308	GTS
32049	308	GTBi 80 ZFFAA01A7A0032049
32053	308	GTSi 80 Red/Tan & Black ZFFAA02ADA0032053
32055	308	GTSi 80 ZFFAA02A4A0032055
32057	308	GTSi 80 ZFFAA02A8A0032057
32059	400	i Automatic Cabriolet Conversion 81 White/Tan LHD EU F101CL32059
32061	400	i Automatic
32067	308	GTSi 80
32073	308	GTSi 80 LHD US ZFFAA02A6A0032073
32075	308	GTSi 80 ZFFAA02AXA0032075
32081	308	GTSi 80 Rosso Corsa/Black LHD
32085	308	GTSi 80 ZFFAA02A2A0032085
32087	308	GTSi 80 LHD US ZFFAA02A6A0032087
32097	512	BB
32101	512	BB Koenig Rosso Corsa/Black LHD EU
32103	512	BB 80
32111	400	i 80 Blue/Blue RHD
32113	308	GTSi 5/80 Rosso Corsa/Tan ZFFAA02A3A0032113
32117	308	GTSi 80 Red/Tan LHD US ZFFAA02A0A0032117
32119	308	GTSi 80 ZFFAA02A4A0032119
32121	308	GTSi 80 LHD US ZFFAA02A2A0032121
32127	208	GTS 80 Rosso/pelle nero
32129	512	BB/LM Series 3 #12/25 80 Rosso Corsa then dark Blue & Yellow European University Livery LHD
32131	512	BB/LM Series 3 #13/25 80 Red White& Blue Stripes eng. #015
32141	308	GTB
32143	308	GTBI 80 RedTan , repainted from Yellow LHD US ZFFAA01AXA0032143
32149	308	GTSi 80 Red ZFFAA02AZA0032149
32151	308	GTB
32153	308	GTS
32157	308	GTB Steel 80 USA
32167	308	GTSi Koenig 80 Black/Black cloth LHD US ZFFAA02A4A0032167
32173	308	GTBi 80 ZFFAA01A8A0032173
32175	308	GTS 5/80 Red/Black LHD US ZFFAA02A3A0032175
32177	308	GTSi 80 Dark Blue/Tan LHD ZFFAA02A7A0032177
32179	308	GTS 80 Red LHD
32187	512	BB 80
32189	512	BB 80 Black/White LHD EU
32191	512	BB Red/Black & tan
32193	308	GTSi 80 ZFFAA02A5A0032193
32195	308	GTSi 80 Black/Tan LHD
32197	308	GTSi 80 ZFFAA02A2A0032197
32203	308	GTSi 80
32205	308	GTSi 80 Red/Tan ZFFAA02A8A0032205
32207	308	GTSi 80 ZFFAA02A1A0032207
32209	308	GTSi 80 ZFFAA02A5A0032209
32215	400	i Automatic 80 dark Blue/Naturale LHD
32217	308	GTBi 80 Rosso Corsa/Black ZFFAA0 1A2A0032217
32221	308	GTSi 80 ZFFAA02A6A0032221
32223	308	GTSi 80 Red/Tobacco ZFFAA02AXA0032223
32225	308	GTSi Red/brown LHD US ZFFAA02A3A00
32231	308	GTSi 80 ZFFAA02A9A0032231

s/n	Type	Comments
32237	512	BB 80 Black/Red
32239	400	i
32249	308	GTS 80 Red/cream LHD
32253	308	GTBi 80 ZFFAA01A6A0032253
32259	308	GTSi 80 Red/Black LHD
32261	308	GTSi Red/Black Red inserts
32263	308	GTSi 80 Red/Tan LHD
32265	308	GTSi 80 ZFFAA02A4A0032265
32269	308	GTSi 80 ZFFAA02A1A0032269
32271	308	GTSi 80 ZFFAA02AXA0032271
32275	308	GTSi 80 ZFFAA02A7A0032275
32277	512	BB EU
32279	512	BB
32281	512	BB Red/Tan
32285	308	GTSi 80 Red/Tan ZFFAA02AXA0032285
32287	308	GTSi 80 Red/Tan ZFFAA02A3A0032287
32293	308	GTSi 80 Red/Tan ZFFAA02A9A0032293
32295	308	GTSi 80 ZFFAA02A2A0032295
32305	400	i
32315	308	GTSi 80 ZFFAA02A4A0032315
32317	308	GTSi 80 ZFFAA02A8A0032317
32321	308	GTSi 80 ZFFAA02AXA0032321
32323	308	GTSi 80 Red/Black, Black roof ZFFAA02A3A0032323
32325	308	GTS 80 Red/Tan LHD US ZFFAA02A7A0032325
32327	308	GTBi 80 ZFFAA01A9A0032327
32331	308	GTSi 80 ZFFAA02A2A0032331
32333	308	GTSi 80 ZFFAA02A6A0032333
32335	308	GTSi 80 ZFFAA02AXA0032335
32341	308	GTSi 80 Black/Tan ZFFAA02A5A0032341
32357	308	GTBi 80 ZFFAA01A7A0032357
32359	308	GTSi 80 Red/Black RHD UK ZFFAA020000034551
32363	308	GTSi 80 ZFFAA02A4A0032363
32373	308	GTB 80 Black then Red/beige LHD
32375	308	GTSi 80 LHD US ZFFAA02A0A0032375
32377	308	GTSi 80 ZFFAA02A4A0032377
32379	308	GTSi 80 Red/Black LHD ZFFAA02A8A0032379
32383	308	GTSi Red/Black LHD
32385	308	GTSi 5/80 Red/Tan LHD US ZFFAA02A3A0032385
32387	308	GTSi 80 ZFFAA02A7A0032387
32401	308	GTBi 80 ZFFAA01A6A0032401
32403	308	GTSi 80 LHD US ZFFAA02A1A0032403
32407	308	GTSi 80 Red/Tan LHD
32411	308	GTSi 80 ZFFAA02A0A0032411
32413	400	i 80 Blue/Crema RHD eng. #32413
32415	400	i 80 dark Red/Tan LHD EU
32431	308	GTSi 80 ZFFAA02A6A0032431
32433	308	GTSi 80 ZFFAA02AXA0032433
32435	512	BB
32437	512	BB 80 Red/Tan & Black then Silver/Black LHD White turn lens
32441	512	BB 80 Rosso Corsa/Black LHD CH
32445	308	GTS Red/Black
32447	308	GTS Red/Crema LHD
32449	308	GTB Steel Red/Crema LHD
32457	308	GTSi 80 ZFFAA02A2A0032457
32463	208	GTS Red LHD
32465	308	GTS White/Black LHD EU
32467	512	BB Red Black Boxer Trim/Black EU
32471	308	GTBi 80 Black/Tan LHD US ZFFAA01A5A0032471 Turbo Modified
32473	308	GTSi 80 ZFFAA02A0A0032473
32475	308	GTSi 80 ZFFAA02A4A0032475
32481	400	i
32487	308	GTSi 80 LHD US ZFFAA02A0A0032487
32489	308	GTSi 80 Red Red LHD US ZFFAA02A4A0032489
32491	308	GTSi 80 Red/Beige LHD US ZFFAA02A2A0032491
32501	308	GTS White/dark Red LHD EU
32507	308	GTSi 80 ZFFAA02A2A0032507
32509	308	GTSi 80 Black Boxer trim Black ZFFAA02A6A0032509
32511	308	GTSi 80 LHD
32515	400	i 80 Silver/Black manual LHD F101CL32515
32517	400	i Automatic Blue Crema RHD
32521	308	GTB
32529	308	GTS 80 Red LHD
32531	308	GTSi Red/Tan LHD US ZFFAA02AXA0032531 Red mirrors
32545	512	BB Nero Daytona Tan LHD EU
32553	308	GTSi 80 ZFFAA02A9A0032553
32555	308	GTSi 80 ZFFAA02A2A0032555
32557	308	GTSi 80 ZFFAA02A6A0032557
32559	308	GTSi 80 Black/Red ZFFAA02AXA0032559
32561	308	GTSi 80 ZFFAA02A8A0032561
32567	400	i
32571	308	GTBi 80 ZFFAA01A9A0032571
32573	308	GTSi 80 ZFFAA02A4A0032573
32575	308	GTSi 81 Silver/Red LHD US ZFFAA02A8A0032575
32577	308	GTSi 80 ZFFAA02A1A0032577
32579	308	GTSi 80 ZFFAA02A5A0032579
32581	308	GTSi 80 Red/Tan ZFFAA02A3A0032581
32583	308	GTSi 80 ZFFAA02A7A0032583
32585	308	GTSi 80 ZFFAA02A0A0032585
32587	308	GTSi 80 Red
32589	308	GTSi 80 ZFFAA02A8A0032589
32591	308	GTSi 80 Black/Black LHD US
32595	308	GTSi 6/80 Red ZFFAA02A3A0032595
32599	308	GTSi 80 Oro Chiaro/Tan ZFFAA02A0A0032599
32601	308	GTSi 80 Red/Tan LHD US ZFFAA02A5A0032601
32603	308	GTBi 80 Red/Black LHD
32605	308	GTBi 80 ZFFAA01A0A0032605
32607	308	GTSi 80 ZFFAA02A6A0032607
32611	308	GTSi 80 ZFFAA02A8A0032611
32617	308	GTSi 80 ZFFAA02A9A0032617
32619	308	GTSi 80 ZFFAA02A2A0032619
32623	512	BB Black Crema & Black
32631	400	i Automatic Black Dark Red LHD EU ZFFEB06B000032631
32633	400	i Automatic 80 Grigio Fumo/Beige LHD EU
32635	400	i Automatic 80 Grey then Green/Tan F101CL32635
32641	308	GTSi 80 ZFFAA02A6A0032641
32643	308	GTSi 80 ZFFAA02AXA0032643
32647	308	GTB Steel LHD EU
32653	308	GTS
32665	308	GTB Red/Tan LHD EU
32669	308	GTBi 80 Red/Black ZFFAA01A4A0032669
32671	308	GTSi 80 ZFFAA02A4A0032671
32673	400	i Automatic Black/beige LHD EU
32675	400	i silver met./Blue
32679	512	BB RedBlack
32683	512	BB Red/Black LHD
32687	308	GTBi 80 ZFFAA01A6A0032687
32691	308	GTS
32693	308	GTSi 80 ZFFAA02A3A0032693
32695	308	GTS 81 Red/Tan ZFFAA02A7A0032695
32697	308	GTSi 80 Red/Tan US ZFFAA02A0A0032697
32707	308	GTS White/Black
32709	308	GTS 80 Red/Black colour coded roof LHD
32711	308	GTSi 80 Red/Tan LHD US ZFFAA02A1A0032711
32713	308	GTSi 80 ZFFAA02A5A0032713
32715	308	GTSi 80 ZFFAA02A9A0032715
32717	308	GTSi 80 ZFFAA02A2A0032717
32719	308	GTSi 80 Red/Black ZFFAA02A6A0032719
32721	308	GTSi 80 ZFFAA02A4A0032721
32723	308	GTSi 80 Black/Tan LHD US ZFFAA02A8A00
32725	308	GTSi 80
32727	308	GTSi 80 ZFFAA02A5A0032727
32729	308	GTB Steel 80, US
32733	308	GTS
32747	308	GTSi 80 Black/Black ZFFAA02A0A0032747

s/n	Type	Comments
32749	308	GTSi 80 ZFFAA02A4A0032749
32753	308	GTSi 80 ZFFAA02A6A0032753
32763	512	BB EU
32773	308	GTBi 80 Red Blue stripes/Red ZFFAA01AXA0032773
32777	308	GTSi 80 ZFFAA02A9A0032777
32791	308	GTSi 80 Dark Blue/Tan LHD US ZFFAA02A3A00
32793	308	GTSi 6/80 Red/Tan LHD US ZFFAA02A7A0032793
32797	308	GTSi 80 ZFFAA02A4A0032797
32799	308	GTSi 80 ZFFAA02A8A0032799
32801	308	GTSi 80 ZFFAA02A2A0032801
32803	308	GTSi 80 ZFFAA02A6A0032803
32807	308	GTBi 80 ZFFAA01A1A0032807
32809	308	GTBi 80 ZFFAA01A5A0032809
32813	308	GTSi 80 ZFFAA02A9A0032813
32815	308	GTSi 80 ZFFAA02A2A0032815
32819	308	GTSi 80 Red/Tan ZFFAA02AXA0032819
32821	308	GTSi 80 Red/Tan ZFFAA02A8A0032821
32829	308	GTB
32831	512	BB 80
32833	512	BB Rosso Corsa/Nero
32837	512	BB 81 Silver/Black/Red Daytona LHD
32839	512	BB Red
32841	308	GTSi 80 ZFFAA02A3A0032841
32843	308	GTSi 80 ZFFAA02A7A0032843
32855	400	i Automatic Blue Crema RHD UK
32859	208	GTB Rosso Corsa/Black LHD
32865	308	GTSi 80 ZFFAA02A6A0032865
32869	308	GTSi 80 Rosso Rubino/Tan ZFFAA02A3A0032869
32871	308	GTSi 80 ZFFAA02A1A0032871
32873	308	GTB Steel 80 US ZFFAA01A3A0032873
32881	308	GTS Red/Red LHD EU eng. # 32881
32885	400	i
32887	308	GTSi 80 ZFFAA02A5A0032887
32891	308	GTSi 80 Grey/Black LHD US ZFFAA02A7A0032891
32893	400	i 81
32905	308	GTBi 80 ZFFAA01A1A0032905
32907	308	GTBi 80 ZFFAA01A5A0032907
32909	308	GTSi 80 ZFFAA02A0A0032909
32913	308	GTS 80 Red/Tan ZFFAA02A2A0032913
32917	512	BB Red Black Boxer Trim/Black
32925	308	GTSi 80 ZFFAA02A9A0032925
32929	308	GTSi 80 ZFFAA02A6A0032929
32939	308	GTS 80 Red/Crema LHD US ZFFAA02A9A0032939
32941	308	GTSi 80 ZFFAA02A7A0032941
32943	308	GTSi 80 ZFFAA02A0A0032943
32945	308	GTSi 80 ZFFAA02A4A0032945
32947	308	GTSi 80 Black/tan LHD US ZFFAA02A8A00 ex-Troy Aikmen
33953	308	GTS Blue metallic
32957	308	GTBi 80 Black/Black ZFFAA01A9A0032957
32959	308	GTS 80 Red/BordeauxLHD ZFFAA02A4A0032959
32963	308	GTSi 7/80 Red/Black ZFFAA02A6A0032963
32967	308	GTS 80 Red/Black LHD US ZFFAA02AEA0032967
32969	308	GTSi 80 Prugna metalic/BlackLHD US ZFFAA02A7A0032969
32971	308	GTSi 80 Black/Black LHD US ZFFAA02A5A0032971
32973	308	GTSi 80 ZFFAA02A9A0032973
32975	308	BB Silver Black Boxer trim/Black LHD EU
32977	512	BB 80 Nero Daytona/Tan
32981	512	BB Red/Crema
32985	400	i 80 grey/tan Manual EU
32989	308	GTBi Yellow/Black ZFFAAB1A0A0032989
32991	308	GTSi 80
32993	308	GTSi 80 ZFFAA02A4A0032993
32995	308	GTSi 80 ZFFAA02A8A0032995
32997	308	GTSi 80 ZFFAA02A1A0032997
32999	308	GTSi 80 ZFFAA02A5A0032999
33003	308	GTSi 80 ZFFAA02A1A0033003
33007	308	GTB Black/Crema Black inserts LHD
33015	308	GTSi 80 ZFFAA02A8A0033015
33031	308	GTBi Red
33033	308	GTBi 80 Black/Black ZFFAA01A8A0033033
33037	308	GTSi 80 ZFFAA02A7A0033037
33039	308	GTSi 80 Red/Tan LHD US ZFFAA02A0A0033039
33047	308	GTSi 80 Marrone Metallic/Tan LHD US ZFFAA02AXA0033047 BBS Alloy Wheels
33051	512	BB Red/Tan LHD EU
33053	512	BB Red/Tan
33075	308	GTBi 7/80 Red/Tan LHD ZFFAA01A2A0033075 eng. #040-*0454*
33089	308	GTSi 80 ZFFAA02A4A0033089
33091	308	GTSi 80 ZFFAA02A2A0033091
33093	308	GTSi 80 ZFFAA02A6A0033093
33101	308	GTSi 80 ZFFAA02A1A0033101
33109	308	GTB 80 Black/Tan then dark Blue/Red LHD EU
33111	308	GTBi 80 Red/Tan ZFFAA01A2A0033111
33113	308	GTSi 80 Red/Black ZFFAA02A8A0033113
33115	308	GTSi 80 ZFFAA02A1A0033115
33117	400	i Automatic 80 dark Blue/Crema & Blue
33131	512	BB 80 Red LHD
33141	308	GTSi 80 ZFFAA02A2A0033141
33143	308	GTSi 80 ZFFAA02A6A0033143
33147	308	GTSi 80 ZFFAA02A3A0033147
33149	308	GTSi 80 Red Black Boxer trim/Black ZFFAA02A7A0033149
33153	308	GTSi 80 ZFFAA02A9A0033153
33155	308	GTSi 80 ZFFAA02A2A0033155
33157	308	GTSi 80 ZFFAA02A6A0033157
33163	308	GTSi 80 ZFFAA02A1A0033163
33167	308	GTSi 80 ZFFAA02A9A0033167
33169	308	GTSi 80 Red/Tan ZFFAA02A2A0033169
33175	308	GTSi 80 Red/Black ZFFAA02A8A0033175
33181	308	GTSi Spider Conversion by Lorenz 80 Red/Tan LHD US ZFFAA02A3A0033181
33183	308	GTB 80 Black ZFFAA02A7A0033183
33185	308	GTSi 80 ZFFAA02A0A0033185
33187	308	GTSi Red/Tan LHD
33189	308	GTBi 80 ZFFAA01A6A0033189
33195	308	GTSi 80 Yellow/Tobacco ZFFAA02A3A0033195
33201	308	GTSi 7/80 Fly Giallo/Black ZFFAA02A5A0033201
33203	308	GTSi
33207	308	GTSi 80 Red/Tan LHD US ZFFAA02A6A00
33209	308	GTSi 80 Prugna/Black LHD US
33221	400	i Automatic Blue/Beige LHD EU
33225	308	GTSi 80 ZFFAA02A8A0033225
33227	308	GTSi 80 Red/Tan ZFFAA02A1A0033227
33229	308	GTSi 80 ZFFAA02A5A0033229
33231	308	GTSi 80 ZFFAA02A3A0033231
33233	308	GTSi 80 Black/Tan LHD
33235	308	GTSi 80 Red/Tan LHD US ZFFAA02A0A0033235
33247	308	GTSi 7/80 Red/Tan ZFFAA02A7A0033247
33251	308	GTSi 80 Metalic Brown/Tan LHD US ZFFZZ02A9A0033251
33255	308	GTSi 80 Red/Tan ZFFAA02A6A0033255
33257	308	GTSi 80 ZFFAA02AXA0033257
33261	308	GTSi 80 ZFFAA02A1A0033261
33263	308	GTBi Red/Black LHD
33267	308	GTSi 80 ZFFAA02A2A0033267
33273	308	GTSi 80 Rosso met./Tan
33285	512	BB Red Black Boxer Trim/Black LHD EU
33287	512	BBi Nero Daytona Black LHD EU
33293	Mondial	8 Red/Tan LHD EU ZFFHD08B0000
33299	308	GTSi 80 ZFFAA02A4A0033299
33303	308	GTSi 80 ZFFAA02A0A0033303
33305	308	GTSi 80 Red/Black LHD US ZFFAA02A6A00
33317	308	GTSi 80 Red/Black LHD EU

s/n	Type	Comments	s/n	Type	Comments
33319	308	GTSi 80 ZFFAA02A6A0033319	33523	512	BBLM
33321	512	BB Silver/Black	33525	308	GTB
33323	308	GTSi 80 ZFFAA02A8A0033323	33527	308	GTBi 80 Red/Tan ZFFAA01A0A0033527
33227	308	GTSi 80 Red/Tan	33531	308	GTSi 80 Red/Black US ZFFAA02A4A0033531
33331	208	GTB Red/Black LHD EU	33535	308	GTSi 80 Red/Tan ZFFAA02A1A0033535
33335	308	GTB 80 White/Red LHD US ZFFAA01A2A0033335	33537	308	GTSi 80 ZFFAA02A5A0033537
			33541	308	GTSi 80 ZFFAA02A7A0033541
33339	308	GTBi 80 Red/Tan US ZFFAA01AXA0033339	33547	308	GTSi 80 ZFFAA02A8A0033547
33341	308	GTSi 80 ZFFAA02AXA0033341	33553	308	GTSi 80 ZFFAA02A3A0033553
33343	308	GTSi 80 Green Metallic Tan ZFFAA02A3A0033343	33557	308	GTBi 80 ZFFAA01A9A0033557
			33565	308	GTB Rosso Corsa/Black
33345	308	GTSi 80 ZFFAA02A7A0033345	33569	308	GTB 80 Red/Black LHD
33347	308	GTSi 80 ZFFAA02A0A0033347	33573	308	GTSi 80 ZFFAA02A9A0033573
33351	512	BB Red Black Boxer Trim/Black	33575	308	GTSi 80 Red/Black ZFFAA02A2A0033575
33353	512	BB Red Black Boxer Trim/Tan w.Black inserts LHD EU	33579	308	GTSi 80 ZFFAA02AXA0033579
			33581	308	GTB 80 Black/Black LHD US
33355	512	BB Red/Black LHD EU	33583	308	GTBi 80 ZFFAA01AXA0033583
33359	308	GTSi 80 ZFFAA02A7A0033359	33585	308	GTB Red/Black LHD ZFFAA02A9A0033587
33361	308	GTSi 80 Red/Black ZFFAA02A5A0033361	33587	308	GTSi
33363	308	GTSi 80 ZFFAA02A9A0033363	33589	308	GTSi 80 Red/Black ZFFAA02A2A0033589
33365	308	GTSi 80 ZFFAA02A2A0033365	33591	308	GTSi 80 ZFFAA02A0A0033591
33367	308	GTSi 80 Black/Tan ZFFAA02A6A0033367	33595	308	GTSi 7/80 Red/Black ZFFAA02A7A0033595
33369	308	GTSi 80 Red/Tan LHD US ZFFAA02AXA0033369	33597	308	GTSi 81 Red/Black LHD US ZFFAA02A1A0033597
33371	308	GTB Steel 80 Black/Tan LHD US, exported to NL	33599	308	GTSi 80 ZFFAA02A5A0033599
			33603	308	GTSi 80 ZFFAA02A3A0033603
33373	308	GTBi 80 ZFFAA01AXA0033373	33605	308	GTSi 80 Silver/Red ZFFAA02A7A0033605
33375	308	GTBi 80 ZFFAA01A3A0033375	33607	308	GTSi 9/80 Red/Tan LHD US ZFFAA02A0A0033607
33377	400	i Automatic Dark Green met./Dark Green LHD EU			
			3361x	308	GTSi 80 Red/Black
33379	400	i Automatic Gold/Tan LHD	33615	308	GTSi 80 ZFFAA02AXA0033615
33391	308	GTBi 80 ZFFAA02A3A0033391	33619	208	GTB Red/Tan
33393	308	GTSi 80 ZFFAA02A7A0033393	33621	512	BB 81 Red RHD ZFFDA05C000033621
33397	308	GTSi 80 ZFFAA02A4A0033397	33623	512	BB Red/Tan
33399	308	GTSi 80 ZFFAA02A8A0033399	33625	512	BB 79 Red Black Boxer trim/Black LHD EU
33407	308	GTSi 80 ZFFAA02A3A0033407	33637	308	GTBi 9/80 Yellow/Black LHD
33409	308	GTSi 80 ZFFAA02A7A0033409	33639	308	GTSi 80 Red/Tan ZFFAA02A2A0033639
33411	308	GTSi Red/beige	33647	512	BB/LM Series 3 #14/25 80 Rosso Corsa/Black & Red LHD Spare NART car for Le Mans
33413	308	GTS 80 Black/Black LHD US ZFFAA02A9A0033413	33653	308	GTB Steel LHD EU, D
			33655	308	GTSi
33415	308	GTSi 80 Red/Black LHD	33657	308	GTSi 80 ZFFAA02A4A0033657
33417	308	GTSi 80 ZFFAA02A6A0033417	33661	308	GTS 80 Red/Tan LHD US ZFFAA02A6A0033661
33427	308	GTSi 80 ZFFAA02A9A0033427	33665	308	GTSi Red/Tan Black carpets LHD US ZFFAA02A3A0033665
33429	308	GTSi Red/Black ZFFAA02A2A 00			
33431	308	GTSi 80 LHD US	33667	308	GTSi 80 ZFFAA02A7A0033667
33433	308	GTSi 80 ZFFAA02A4A0033433	33669	308	GTS
33443	512	BB 81 Silver Black Boxer trim/Black eng. #F102B00000724	33675	308	GTSi 80 ZFFAA02A6A0033675
			33677	308	GTSi 80 Nero/bordeaux Red US ZFFAA02AXA0033677
33445	512	BB Red	33679	308	GTSi 80 ZFFAA02A3A0033679
33461	308	GTS Zenders modified Pearl White/Black then Red LHD EU	33683	308	GTSi 80 Fly Giallo/Brown LHD US ZFFAA02A5A0033683 ex-Miles Davis
33463	308	GTB Dark Blue Crema RHD UK			
33467	308	GTBi 80 Yellow/tan then Black int. LHD ZFFAA01A8A0033467	33685	308	GTSi 80 ZFFAA02A9A0033685
			33687	400	i Cabriolet Conversion by Straman 80 green/green & tan EU
33471	308	GTSi 80 Silver/Red/Black roof panel ZFFAA02A1A0033471	33689	400	i
			33695	308	GTSi 80 ZFFAA02A1A0033695
33473	308	GTSi 80 ZFFAA02A5A0033473	33699	Mondial	8 Rosso Corsa/Tan
33475	308	GTSi 80 grey ZFFAA02A9A0033475	33701	308	GTSi 80 Red/Black LHD
33479	400	i Cabriolet Conversion by Straman silver/tan tan top LHD	33703	308	GTSi Red/Tan
			33705	308	GTSi 80 Red/Black LHD US ZFFAA02A0A0 eng. #F106B04000662
33481	400	i dark Blue			
33485	308	GTSi 80 ZFFAA02A1A0033485	33709	308	GTSi 80 Red/Black ZFFAA02A8A0033709
33487	308	GTSi 8/80 Rosso Corsa/Black ZFFAA01A3A0033487	33711	308	GTSi 9/80 Red Black Boxer Trim/Black ZFFAA02A6A0033711
33501	308	GTSi 80 ZFFAA02A6A0033501	33713	512	BB 80 Red RHD ZFFDA05C000033713 eng. #F102B00000732
33505	308	GTSi 80 ZFFAA02A3A0033505			
33507	308	GTSi 80 Red/Tan ZFFAA02A7A0033507	33715	512	BB 80 Rosso Corsa/Black
33511	308	GTSi 80 Black/Black LHD US ZFFAA02A9A0033511	33719	512	BB Red/Black LHD EU
			33731	308	GTSi Red/Tan LHD US
33513	512	BB Red Black Boxer trim/Black EU	33733	308	GTSi 80 Red/Tan ZFFAA02A5A0033733
33515	512	BB White	33737	Mondial	8 81 Red/Tan RHD ZFFHD08C000033737
33517	512	BB 80 Red Black Boxer Trim/Tan LHD F102BB33517			

s/n	Type	Comments
33739	308	GTSi 80 ZFFAA02A6A0033739
33743	308	GTSi 80 Red/Black ZFFAA02A8A0033743
33747	308	GTB 79 Red/Black LHD EU Gotti wheels
33753	308	GTS White/bordeaux
33757	308	GTB
33769	308	GTSi 80 ZFFAA02A4A0033769
33773	400	i Blue/Bordeaux RHD UK eng. # 00285
33779	308	GTSi 80 ZFFAA02A7A0033779
33781	308	GTSi 80 ZFFAA02A5A0033781
33785	308	GTSi 80 Red/Black LHD US ZFFAA02A2A00
33787	308	GTSi 80 ZFFAA02A6A0033787
33799	512	BB 80, Red & Red/Tan, LHD, Daytona Seats
33803	512	BB Red LHD
33809	308	GTS Red/Crema LHD F106AS33809
33811	308	GTS Red/Black LHD
33815	308	GTSi 80 ZFFAA02A7A0033815
33817	308	GTSi 80 ZFFAA02A4A0033817
33819	308	GTSi 80 Red/Tan LHD
33823	308	GTSi 80 ZFFAA02A6A0033823
33827	308	GTSi 80 ZFFAA02A3A0033827
33841	400	i Automatic Azzurro Blue/Tan LHD
33849	400	Cabriolet Conversion Red/Beige Red dash LHD EU ex- Lee Majors
33851	400	i Automatic 80 silver/Crema LHD EU
33861	308	GTSi 80 Black then Red/Black ZFFAA02A3A0033861, 288 GTO-Conversion
33863	308	GTSi 80 Red/Black then Tan int. LHD US ZFFAA02A7A0033863
33877	308	GTB Bleu marine Cuir Beige
33879	308	GTB Competizione Conversion 81 Red then White & Red Pro Motor Sport livery/Black then Red int. LHD
33883	308	GTSi 80 ZFFAA02A2A0033883
33885	308	GTSi 80 ZFFAA02A6A0033885
33893	512	BB Red Black Boxer Trim/Tan LHD EU
33897	308	GTSi 80 Red/Black LHD
33899	308	GTSi 80 ZFFAA02A6A0033899
33901	308	GTSi 80 ZFFAA02A0A0033901
33903	308	GTSi 80 Red/Tan LHD US ZFFAA02A4A0033903
33907	308	GTSi 80 ZFFAA02A1A0033907
33909	308	GTB Steel LHD EU
33913	208	GTS White/Black
33919	308	GTSi 80 ZFFAA02A8A0033919
33921	308	GTSi 80 ZFFAA02A6A0033921
33925	308	GTB Steel Red/Black LHD EU
33933	308	GTSi 80 Black then Silver/Red LHD US ZFFAA02A2A0033933
33935	308	GTSi 80 LHD US ZFFAA02A6A0033935
33937	308	GTSi 80 LHD US ZFFAA02AXA0033937
33943	400	i Automatic 80 Brown/Tan F101CL33943
33949	308	GTSi
33951	308	GTSi 80 LHD US ZFFAA02A4A0033951
33953	308	GTS Dark Blue Crema LHD
33959	308	GTBi Red/Black
33961	308	GTBi 80 LHD US ZFFAA01A5A0033961
33963	308	GTBi 80 LHD US ZFFAA01A9A0033963
33965	512	BB Rosso Corsa RHD
33967	512	BB Red/Black Red inserts LHD EU
33969	512	BB
33971	512	BB 81 Argento Black Boxer Trim/Black
33975	308	GTSi 80 LHD US ZFFAA01A5A0033975
33981	308	GTSi 80 LHD US ZFFAA02A2A0033981
33993	308	GTSi 80 Silver/Red LHD US ZFFAA02A9A0033993
33997	308	GTSi 80 LHD US ZFFAA02A6A0033997
33999	308	GTS Red/Black Red stitches LHD
34001	308	GTSi 80 LHD US ZFFAA02A0A0034001
34003	308	GTB Red Black boxer trim/Black
34009	308	GTSi 80 LHD US ZFFAA02A7A0034009
34011	308	GTSi 80 Red/Black LHD
34013	308	GTSi 80 Yellow/Tan & Black LHD US iZFFAA02A9A0034013
34021	400	i Automatic 81 Azzurro/Blue LHD EU
34031	308	GTSi 80 Grigio Ferro/Black LHD US ZFFAA02A0A0034031
34033	308	GTSi 80 Blue Crema LHD ZFFAA02A4A00
34035	308	GTSi 80 LHD US ZFFAA02A8A0034035
34039	308	GTSi 80 LHD US ZFFAA02A5A0034039
34041	308	GTB
34051	308	GTSi 80 Red/Tan LHD US ZFFAA02A6A0034051
34053	308	GTBi 80 Red/Black LHD US ZFFAA01A8A0034053
34055	308	GTSi 80 LHD US ZFFAA01A1A0034055
34057	308	GTB Red/Tan LHD EU
34059	512	BB 81 Red/Tan LHD F102BB34059
34063	512	BB 80 Red/Tan
34065	512	BB 81 Black/Dark Red & Black LHD
34067	308	GTSi 80 LHD US ZFFAA02AXA0034067
34069	308	GTSi 80 LHD US ZFFAA02A3A0034069
34073	308	GTSi 80 Red/Tan LHD US ZFFAA02A5A004073
34081	308	GTS Red/Black-Red inserts
34087	308	GTS 80 Red/Tan LHD US
34089	308	GTSi 80 Dark Red met./Black LHD US ZFFAA02A9A0034089
34091	308	GTSi 80 LHD US ZFFAA02A7A0034091
34095	308	GTBi 80 Red/Black LHD US ZFFAA01A2A0034095
34103	308	GTSi 80 Anthracite/Red LHD
34105	308	GTSi 80 Red/Tan LHD US ZFFAA02A3A0034105
34107	308	GTSi 80 LHD US ZFFAA02A7A0034107
34109	308	GTSi 80 LHD US ZFFAA02A0A0034109
34115	400	i
34131	308	GTS
34143	308	GTSi 80 LHD US ZFFAA02A0A0034143
34145	308	GTSi 80 LHD US ZFFAA02A4A0034145
34151	512	BB 80 Red Black Boxer trim/Tan eng. #102B00000740
34153	512	BBi Targa Converion 80 Black LHD
34157	512	BB/LM Series 3 #15/25 Red Blue stripe
34163	308	GTS 80 Black/Crema
34165	308	GTSi 80 Black/Black LHD US
34167	308	GTSi 80 LHD US ZFFAA02A3A0034167
34169	308	GTSi 80 Ferro Metallic Dark Red LHD US ZFFAA02A7A0034169
34183	512	BB 80
34187	308	GTSi 80 Red/Crema w.Red dash LHD US
34191	308	GTBi 80 LHD US ZFFAA01A9A0034191
34201	512	BB Red Black Boxer Trim/Tan & Black
34205	308	GTSi 80 Marrone/Black LHD US ZFFAA02A7A0034205
34207	308	GTSi 80 LHD US ZFFAA02A0A0034207
34209	308	GTSi 80 Red/Black LHD US ZFFAA02A4A0034209
34211	308	GTSi 80 LHD US ZFFAA02A2A0034211
34213	308	GTSi 80 LHD US ZFFAA02A6A0034213
34215	308	GTSi 80 LHD US ZFFAA02AXA0034215
34217	308	GTSi 80 Red/Tan LHD US ZFFAA02A3A0034217
34219	400	i Automatic Silver/Black EU
34233	308	GTS Yellow/Black LHD EU
34237	308	GTSi 80 LHD US ZFFAA02A9A0034237
34245	512	BB 80 Yellow & Black/Tan
34257	308	GTSi 80 LHD US ZFFAA02A4A0034257
34259	308	GTSi 80 Red/Tan ZFFAA02A8A0034259
34261	308	GTBi 80 LHD US ZFFAA01A4A0034261
34267	308	GTB Brown metallic/tan LHD EU
34275	400	i Automatic
34283	308	GTSi 80 ZFFAA02A5A0034283
34285	308	GTSi 80 LHD US ZFFAA02A9A0034285
34287	308	GTSi 80 LHD US ZFFAA02A2A0034287
34303	308	GTSi 80 Red/Black LHD US ZFFAA02A7A0034303
34305	308	GTSi 80 Red/Black ZFFAA02A0A0034305
34311	308	GTSi 80 Red/Black LHD US ZFFAA02A6A0034311
34325	308	GTSi 80 Red/Black LHD US ZFFAA02A6A0034325

s/n	Type	Comments
34327	308	GTSi 80 LHD US ZFFAA02AXA0034327
34329	308	GTB 81 Rosso Corsa Magnolia piped Black
34331	308	GTBi Red/Tan
34335	308	GTSi 80 LHD US ZFFAA02A9A0034335
34337	308	GTBi 80 Red/Black LHD US ZFFAA02A2A0034337
34341	308	GTSi 80 Red/Tan ZFFAA02A4A0034341
34343	308	GTB Steel 80 White/Black
34345	308	GTB Steel 81 USA
34347	308	GTB 80 Black RHD UK
34349	308	GTB Steel last, Red/Black
34351	512	BB Red/Black EU
34355	512	BB Red/Black LHD EU
34357	512	BB Red/Black LHD EU
34359	512	BB Red Black Boxer Trim/Black LHD EU
34365	308	GTSi 80 LHD US ZFFAA02A7A0034365
34367	308	GTSi 80 Grey metallic Black LHD US ZFFAA02A0A0034367
34369	308	GTSi 80 LHD US ZFFAA02A4A0034369
34371	308	GTSi 80 LHD US
34373	308	GTSi 80 LHD US ZFFAA02A6A0034373
34375	308	GTSi 80 LHD US ZFFAA02AXA0034375
34377	308	GTB post series car
34379	308	GTB post series car, 10/80 Red/Black LHD
34389	308	GTB post series car
34393	308	GTSi 80 ZFFAA02A1A0034393
34405	400	i Automatic 81 Azzurro/tanLHD EU
34413	308	GTSi 80 Red/Black LHD US
34415	400	i
34417	308	GTBi
34423	308	GTSi 80 ZFFAA02A6A0034423
34435	308	GTSi 80 Red/Black ZFFAA02A2A0034435
34445	512	BB/LM Series 3 #16/25 80 Red golden Stripe/Black & blue cloth LHD
34447	400	GT 81
34455	308	GTSi 80 Red/Tan Black seats LHD US ZFFAA02A8A0034455
34457	308	GTSi 80 Grigio/Nero LHD
34459	308	GTSi 80 Red/dark Red LHD
34465	308	GTB post series car
34469	512	BB Black/Tan LHD EU
34471	512	BB Blue Black Boxer Trim/Tan & Black Daytona seats then Red/Black LHD EU eng. #F102B00000076
34473	512	BB Black/Black & Red
34479	Mondial	8 Red/Beige RHD
34481	308	GTSi 80 Red/Black ZFFAA02A9A0034481
34487	308	GTBi 80 Red/Black LHD EU
34495	308	GTSi 80 ZFFAA02A9A0034495
34499	Mondial	8 81 Red/Black LHD
34501	308	GTS last
34503	308	GTB post series car
34507	400	i GT anthracit met./bordeaux orginally painted in White
34509	400	Automatic White/beige Blue dash Pavesi interior LHD EU
34517	512	BB 81 Red/Black
34525	208	GTB
34531	308	GTBi 81 ZFFAA01A5B0034531
34533	308	GTSi 81 Red/Black ZFFAA02A0B0034533
34535	308	GTSi 81 ZFFAA02A4B0034535
34537	308	GTBi 81 ZFFAA01A6B0034537
34541	308	GTSi 81 ZFFAA02AXB0034541
34543	308	GTSi 11/80 Black/Black ZFFAA02A3B0034543
34545	308	GTSi
34549	308	GTSi 81 Red/Black ZFFAA02A4B0034549
34551	308	GTSi 80 Red/Black RHD ZFFAA02A2B0034551
34553	308	GTSi 81 ZFFAA02A6B0034553
34555	308	GT 11/80 288 GTO Conversion Black/Black Yellow & Red US
34557	308	GTBi Giallo Fly/Nero
34559	308	GTSi 81 ZFFAA02A7B0034559
34561	308	GTSi 81 ZFFAA02A5B0034561
34563	308	GTSi 81 Black/Red ZFFAA02A9B0034563
34565	308	GTSi 81 ZFFAA02A2B0034565
34567	308	GTSi 81 Red/Tan ZFFAA02A6B0034567 feat. in the TV Series Magnum, PI
34569	308	GTSi
34571	308	GTSi 81 ZFFAA02A8B0034571
34573	308	GTSi 81 ZFFAA02A1B0034573
34575	308	GTSi 81 ZFFAA02A5B0034575
34577	308	GTBi 81 Black/Black ZFFAA01A7B0034577
34579	308	GTBi 81 ZFFAA01A0B0034579
34581	308	GTSi 81 Red/Tan LHD US ZFFAA02A0B0034581
34583	308	GTSi 81 ZFFAA02A4B0034583
34585	308	GTSi 81 ZFFAA02A8B0034585
34587	308	GTSi 81 Red/Black LHD
34591	400	i Automatic Blue/tan
34593	400	i Automatic Dark Blue/tan LHD EU
34595	400	i Automatic 81 Dino Blue RHD ZFFER06C000034595 eng. #F101C01100279
34597	308	GTSi 80
34603	308	GTSi 81 Red/Tan ZFFAA02A6B0034603
34605	308	GTSi 81 ZFFAA02AXB0034605
34607	308	GTSi 81 ZFFAA02A3B0034607
34609	308	GTSi 81 ZFFAA02A7B0034609
34611	400	Automatic 80 Black/Tan LHD EU
34615	512	BB 80 Black/Black Red piping
34619	512	BB 81 Red Black Boxer Trim/Black
34621	512	BB 81 Red/Black
34627	308	GTSi 81 ZFFAA02A9B0034627
34629	308	GTSi 81 ZFFAA02A2B0034629
34631	308	GTSi 81 Fly Yellow/Tan LHD ZFFAA0ZA0B0034631
34633	308	GTSi 81 ZFFAA02A4B0034633
34637	308	GTSi 81 ZFFAA02A1B0034637
34639	308	GTSi 81 ZFFAA02A5B0034639
34641	308	GTSi 81 Bronze/Crema ZFFAA02A3B0034641
34645	Mondial	8 Red/Crema
34647	308	GTSi 81 ZFFAA02A4B0034647
34649	308	GTSi 81 Yellow/Black ZFFAA02A8B0034649
34651	308	GTSi 81 Blue/Blue LHD
34653	308	GTSi 81 Red/Black LHD US ZFFAA02AXB0034653
34655	308	GTSi Red/Tan
34657	308	GTB 81 Silver then Red/Black ZFFHA01B000034657
34675	308	GTSi 81 Red/Black ZFFAA02A9B0034675
34677	308	GTSi 81 ZFFAA02A2B0034677
34679	308	GTSi 81 ZFFAA02A6B0034679
34681	308	GTBi 81 Red/Tan ZFFAA01A2B0034681
34691	Mondial	8 81 Red LHD EU ZFFHD08B000034691
34697	308	GTSi 81 ZFFAA02A8B0034697
34703	308	GTBi 81 Silver/Black ZFFAA01A8B0034703
34705	512	BB Red/Black
34707	512	BB 81 Red/Tan
34709	512	BB Black/Tan
34711	512	BB 81 Blu Sera/Naturale LHD F102BB34711
34723	308	GTSi 81 ZFFAA02A5B0034723
34725	308	GTSi 81 ZFFAA02A9B0034725
34727	308	GTSi 81 ZFFAA02A2B0034727
34729	308	GTBi 81 ZFFAA01A4B0034729
34731	308	GTBi 81 Black/Bordeaux ZFFAA01A2B0034731
34733	Mondial	8 81 White/Black
34735	Mondial	8 81 Red LHD ZFFHD08B000034735
34739	308	GTBi Red/Black & tan
34745	308	GTBi 81 Red/Black
34747	308	GTSi 81 Red/Black ZFFAA02A8B0034747
34749	308	GTSi 81 Silver then Black/Red & Black ZFFAA02A1B0034749
34753	400	i GT Black/All tan EU
34767	308	GTS 81 LHD
34769	308	GTSi 81 ZFFAA02A7B0034769
34771	308	GTSi 81 ZFFAA02A5B0034771
34773	308	GTBi 81 Rosso Rubino/Nero then Yellow/Blue then Black int. ZFFAA01A7B0034773

s/n	Type	Comments	s/n	Type	Comments
34775	512	BBi Argento Black Boxer Trim/Black LHD EU	35019	308	GTSi 81 Blue/Tan ZFFAA02A2B0035019
34779	Mondial	8 Black/Crema LHD EU ZFFHD08B000034779	35021	308	GTSi 81 ZFFAA02A0B0035021
34791	308	GTSi 81 Red/Black ZFFAA02A080034791 Tubi	35023	308	GTSi 81 ZFFAA02A4B0035023
34793	308	GTSi 81 Black/Black ZFFAA02A4B0034793	35025	308	GTSi 81 ZFFAA02A8B0035025
34801	400	i Automatic Convertible 81 Red/Tan	35027	308	GTSi 81 Yellow/Black Yellow piping ZFFAA02A1B0035027
34809	308	GTBi 81 Black/Black LHD US			
34811	308	GTSi 81 ZFFAA02A2B0034811	35031	400	GT i Automatic 81 light green metallic/dark green LHD EU
34813	308	GTSi 81 Red/Black LHD US ZFFAA02A6B0034813			
			35041	308	GTSi 81 ZFFAA02A6B0035041
34815	512	BB Black	35043	308	GTSi 81,/Black ZFFAA02AXB0035043
34817	512	BB	35045	308	GTSi 81 ZFFAA02A3B0035045
34823	Mondial	8 81 Red/Tan ZFFHD08B000034823	35047	308	GTSi 81 Yellow/Black then Brown/Tan ZFFAA02A7B0035047
34827	308	GTSi 81 ZFFAA02A6B0034827			
34829	308	GTSi 81 ZFFAA02AXB0034829	35051	308	GTBi 81 ZFFAA01A7B0035051
34831	308	GTSi 81 ZFFAA02A8B0034831	35057	308	GTSi
34835	308	GTSi 81 Red/Tan LHD US ZFFAA02A5B0034835	35061	308	GTSi 81 ZFFAA02A1B0035061
34837	308	GTBi Red/Crema ZFFHA01B0000	35065	308	GTSi 81 Anthracite then Nero/Red ZFFAA02A9B0035065
34839	308	GTBi 81 ZFFAA01A0B0034839			
34845	400	i Automatic 80 Silver/Red LHD EU Sunroof	35067	308	GTSi 81 Red/Tan ZFFAA02A2B0035067
34849	400	i Automatic 80 dark Red/Black	35069	308	GTSi 81 ZFFAA02A6B0035069
34851	308	GTSi 81 ZFFAA02A3B0034851	35071	308	GTBi 81 White/Tan ZFFAA01A2B0035071
34853	308	GTSi 81, Fitted with a 308 carburettor engine	35079	308	GTSi 81 ZFFAA02A9B0035079
34855	308	GTSi 81 ZFFAA02A0B0034855	35081	308	GTSi 81 ZFFAA02A7B0035081
34857	308	GTSi 81 ZFFAA02A4B0034857	35083	308	GTSi 81 Silver/Black LHD US ZFFAA02A0B0035083
34859	308	GTSi 81 ZFFAA02A8B0034859			
34861	308	GTSi 81 Red/Black LHD US ZFFAA02A6B0034861	35085	308	GTSi 12/80 Red/Black ZFFAA02A4B0035085
			35087	308	GTSi 81 ZFFAA02A8B0035087
34863	308	GTSi 81 ZFFAA02AXB0034863	35091	308	GTBi 81 ZFFAA01A8B0035091
34873	308	GTSi Red/Black LHD	35097	400	i Maroon EU
34875	308	GTSi 81 Red/Black ZFFAA02A6B0034875	35101	512	BB Koenig Yellow/Black LHD EU
34877	308	GTSi 81 White Black LHD US ZFFAA02AXB0034877	35103	512	BB 81 Red/Black LHD EU
			35113	Mondial	8 Red/Black LHD EU ZFFHD08B000035113
34879	308	GTSi 81 ZFFAA02A3B0034879	35117	308	GTSi 81 Fly Giallo/Black ZFFAA02A2B0035117
34881	308	GTBi 81 ZFFAA01AXB0034881	35119	308	GTSi 81 Red/Tan LHD US ZFFAA02A6B0035119
34883	308	GTBi 80 Red/Black	35121	308	GTSi 81 ZFFAA02A4B0035121, once fire damaged
34889	512	BB Red/Tan LHD EU			
34905	308	GTBi 82 Red/Tan	35125	308	GTBi 81 Red/Beige LHD US ZFFAA01AXB0035125
34907	308	GTSi 81 ZFFAA02A4B0034907			
34909	308	GTSi 81 ZFFAA02A8B0034909	35129	Mondial	8 LHD EU ZFFHD08B000035129
34911	308	GTSi 81 ZFFAA02A6B0034911	35131	308	GTSi LHD EU ZFFHA02B000035131
34913	308	GTSi 81 ZFFAA02AXB0034913	35137	308	GTSi 81 ZFFAA02A8B0035137
34915	308	GTSi 81 ZFFAA02A3B0034915	35139	308	GTSi 81 ZFFAA02A1B0035139
34921	308	GTSi 81 White/Black LHD EU	35141	308	GTSi 81 ZFFAA02AXB0035141
34927	308	GTSi 81 ZFFAA02AXB0034927	35143	308	GTSi 81 Red/Tan ZFFAA02A3B0035143
34929	308	GTSi 81 White/Tan ZFFAA02A3B0034929 eng. replaced	35145	308	GTBi 81 Rosso Rubino/Light Tan US ZFFAA01A5B0035145
34931	308	GTSi 81 ZFFAA02A1B0034931	35149	Mondial	8 Red/Tan LHD EU ZFFHD08B000035149
34933	308	GTSi 81 ZFFAA02A5B0034933	35153	Mondial	8 Anthracite/Bordeaux LHD ZFFHD08B000035153
34937	512	BB Red/Tan EU			
34939	512	BB Rosso Corsa/Black	35159	308	GTSi 81 ZFFAA02A7B0035159
34953	308	GTSi 12/80 Rosso Corsa/Tan ZFFAA02A0B0034953	35163	308	GTBi 81 Red/Black ZFFAA01A7B0035163
			35167	400	i 81 Bright Metallic Blue/tan EU F101 166 35167
34955	308	GTSi 81 ZFFAA02A4B0034955			
34957	308	GTSi Red/Tan ZFFAA02A8B0034957	35171	512	BB 81 Red/Tan RHD ZFFDA05C000035171 eng. #F102B0000846
34959	308	GTBi 81 Red ZFFAA01AXB0034959			
34965	Mondial	8 Red/Black LHD	35177	512	BB White/Black
34969	308	GTSi 81 Rosso Corsa/Black ZFFAA02A4B0034969	35183	308	GTSi LHD EU ZFFHA02B000035183
			35185	308	GTSi 81 Red/Tan LHD EU
34973	308	GTSi 81 Red/Tan LHD US	35189	308	GTSi 81 ZFFAA02A5B0035189
34975	308	GTSi 81 ZFFAA02AXB0034975	35191	308	GTSi 81 ZFFAA02A3B0035191
34977	308	GTSi 81 ZFFAA02A3B0034977	35193	308	GTSi 81 ZFFAA02A7B0035193
34979	308	GTSi 81 ZFFAA02A7B0034979	35195	308	GTSi 81
34983	400	i	35197	308	GTBi Spider Conversion by Lorenz & Rankl 81 LHD EU
34985	400	i Automatic 81 Blue/Tan EU F101CL34985			
34987	208	GTS Red/Tan LHD	35199	Mondial	8 Metallic Blue/Tan
34989	Mondial	8 Silver/Black LHD EU ZFFHD08B0000	35201	512	BB 80 Red/Tan
34999	308	GTSi 81 Red/Tan LHD US ZFFAA02A2B0034999	35203	Mondial	8 LHD EU ZFFHD08B000035203
35001	308	GTSi 81 ZFFAA02A5B0035001	35211	308	GTSi 81 ZFFAA02A5B0035211
35003	308	GTBi 81 ZFFAA01A7B0035003	35213	308	GTSi 81 Red/Black ZFAA02A9B0035213
35007	512	BB Black/Black	35213	308	GTSi 81 Red/Black LHD US ZFFAA02A9B0035213
35013	308	GTSi 81 ZFFAA02A1B0035013			
35015	308	GTSi 81 ZFFAA02A5B0035015	35215	308	GTSi 81 Red/Tan ZFFAA02A2B0035215
35017	308	GTSi 81 ZFFAA02A9B0035017	35225	308	GTSi 81 ZFFAA02A5B0035225

s/n	Type	Comments
35227	308	GTSi 81 ZFFAA02A9B0035227
35229	308	GTSi 81 Red/Tan ZFFAA02A2B0035229
35231	308	GTSi 81 Red/Tan ZFFAA02A0B0035231
35239	400	i Metallic brown/beige Manual LHD EU
35241	400	i Automatic 82 med met. Blue/tan LHD
35243	Mondial	8 Silver Crema LHD EU
35247	308	GTSi 81 LHD US ZFFAA02A4B0035247
35249	308	GTSi 81 ZFFAA02A8B0035249
35251	308	GTSi 81 ZFFAA02A6B0035251
35253	308	GTSi 81 ZFFAA02AXB0035253
35255	308	GTSi 81 Red/Black LHD US ZFFAA02A3B0035255
35257	308	GTBi
35263	512	BB 81
35269	512	BB Red/Black
35271	512	BB Red/Black
35281	308	GTSi 81 ZFFAA02A4B0035281
35287	308	GTBi Red/Tan ZFFHA01B000035287
35309	Mondial	8 LHD EU ZFFHD08B000035309
35313	308	GTSi 81 ZFFAA02A2B0035313
35315	308	GTSi 81 ZFFAA02A6B0035315
35317	308	GTSi 81 Red/Tan ZFFAA02AXB0035317
35319	308	GTSi 81 ZFFAA02A3B0035319
35323	400	i Automatic EU
35331	Mondial	8 LHD EU ZFFHD08B000035331
35333	308	GTSi 81 ZFFAA02A8B0035333
35335	308	GTSi 81 ZFFAA02A1B0035335
35337	308	GTSi 81 ZFFAA02A5B0035337
35339	Mondial	8 Cabriolet Conversion 81 Red/Tan EU ZFFH003B000035339 has been cut in half later
35341	308	GTBi LHD EU ZFFHA01B000035341
35343	308	GTBi Red/Tan LHD EU ZFFHA01B000035343
35345	308	GTBi 81 ZFFAA01A2B0035345
35347	308	GTBi 81 ZFFAA01A6B0035347
35351	308	GTSi 81 LHD EU ZFFHA02B000035351 fitted with a 308 QV-prototype engine by Factory, stolen from the Factory in 1981 & retreived much later
35355	308	GTSi 81 Rosso Corsa/TanZFFAA02A7B0035355
35359	308	GTSi 81 ZFFAA02A4B0035359
35365	400	Automatic Cabriolet Conversion 81 metallic Blue then Anthracite/Tan EU
35369	Mondial	8 Blue/Crema LHD
35377	308	GTSi 81 ZFFAA02A6B0035377
35381	308	GTSi 81 Red/Tan LHD EU ZFFHA02B000035381
35383	308	GTB Red/Tan, LHD
35387	308	GTBi Red/Black & Crema ZFFHA01B000035387
35395	308	GTSi Red/Black LHD EU ZFFHA02B000035395
35399	308	GTSi 81 ZFFAA02A5B0035399
35401	308	GTSi 81 LHD US ZFFAA02AXB0035401
35403	308	GTSi 81 ZFFAA02A3B0035403
35405	308	GTBi Rosso Corsa ex- Didier Pironi
35407	308	GTBi Red/Black LHD EU ZFFHA01B000035407
35415	512	BB Red Black Boxer Trim/Tan Black inserts EU
35417	Mondial	8 Black/Black LHD
35419	Mondial	8 Metallic Blue/tan LHD EU ZFFHD08B0000
35421	308	GTSi 81 Rosso Fiorano Black LHD US ZFFAA02A5B0035421
35425	308	GTSi 81 ZFFAA02A2B0035425
35427	308	GTSi 81 ZFFAA02A2B0035427
35429	308	GTSi 288 GTO conversion 81 Red/Black ZFFAA02AXB0035429
35439	400	i 81 Argento/Black
35441	208	GTS Red/Crema LHD
35449	308	GTSi 81 ZFFAA02A5B0035449
35453	308	GTSi 81 ZFFAA02A7B0035453
35455	308	GTSi 81 ZFFAA02A0B0035455
35465	308	GTSi 81 Red/Black ZFFAA02A3B0035465
35469	308	GTSi 81 LHD US ZFFAA02A0B0035469
35471	308	GTSi Red/Black
35473	308	GTSi 81 LHD US ZFFAA02A2B003547
35477	400	i Automatic 80 Black/Tan F101CL35477
35487	308	GTSi 81 LHD US ZFFAA02A2B0035487
35489	308	GTSi 81 Red/Tan LHD US ZFFAA02A6B0035489 turbo charged engine & wide body conversion
35491	308	GTSi 81 LHD US ZFFAA02A4B0035491
35493	308	GTSi 81 LHD US ZFFAA02A8B0035493
35509	308	GTBi 81 Red/Black ZFFAA01A0B0035509
35513	308	GTSi 81 LHD US ZFFAA02AXB0035513
35515	308	GTSi
35523	512	BB/LM Series 3 #17/25 80 White Sheila Wong Chong Livery LHD eng. #0020
35525	512	BB/LM Series 3 #18/25 81 Red Yellow stars/Red LHD
35527	512	BB/LM Series 3 #19/25 80 Red NART stripe/Black LHD eng. #F102B0000.23 replaced with eng. #F110A00682
35529	512	BB/LM Series 3 #20/25 customized body Red White & Green stripe/Black LHD
35531	308	GTBi
35535	512	BB Red/Crema Red inserts
35539	512	BB Red/Tan
35541	512	BB customized LM-Conversion 81 Red/Black
35547	308	GTSI 81 Red/Tan ZFFAA02A5B0035547 Automatic transmission
35549	308	GTSi 81 LHD US ZFFAA02A9B0035549
35551	308	GTSi 81 Yellow/Black LHD US ZFFAA02A7B0035551
35553	308	GTSi 81 LHD US ZFFAA02A0B0035553
35555	308	GTSi 81 Red/Tan LHD US ZFFAA02A4B0035555
35557	308	GTSi 81 LHD US ZFFAA02A8B0035557
35559	308	GTBi 81 Red/Tan LHD US ZFFAA01AXB0035559
35561	308	GTBi 81 Red/Crema LHD EU
35565	400	GT 81 Red/Crema LHD EU
35567	400	GT 81 LHD EU
35575	308	GTSi 81 LHD US ZFFAA02AXB0035575
35577	308	GTSi 81 LHD US ZFFAA02A3B0035577
35579	308	GTSi 81 Black/Red LHD ZFFAA02A7B00
35581	308	GTSi 81
35583	308	GTSi 81 Red/Black
35585	308	GTSi 81 LHD US ZFFAA02A2B0035585
35591	308	GTSi 81 Oro/Naturale LHD US ZFFAA02A8B0035591
35593	308	GTSi 81 Red/Black ZFFAA02A1B0035593
35599	308	GTSi 81 LHD US ZFFAA02A2B0035599
35601	308	GTSi
35609	400	i Automatic Blue/Grey LHD
35615	Mondial	8 Red/Black LHD
35619	308	GTSi Sera Blue/dark Blue LHD EU ZFFHA02B0000
35621	308	GTSi 81 LHD US ZFFAA02A2B0035621
35623	308	GTSi 81 LHD US ZFFAA02A6B0035623
35625	308	GTSi 81 LHD US ZFFAA02AXB0035625
35633	Mondial	8 LHD EU ZFFHD08B000035633
35637	308	GTSi 81 LHD US ZFFAA02A6B0035637
35639	308	GTSi 81 Red/Black LHD ZFFAA02AXB0035639
35641	308	GTSi 81 LHD US ZFFAA02A8B0035641
35647	512	BB Red/Black
35649	512	BB 81 Red Black Boxer trim/tan Daytona Seats Black inserts LHD eng. #00824
35653	512	BB Red/Black, LHD EU
35655	512	BB 81 Black/Black EU
35657	512	BB
35669	308	GTSi 81 LHD US ZFFAA02A8B0035669
35671	308	GTSi 81 LHD US ZFFAA02A6B0035671
35673	308	GTSi 81 LHD US ZFFAA02AXB0035673
35679	400	i Automatic 81 Silver/Blue/Tan LHD EU F101CL35679
35681	400	i 81 Blue/Tan LHD Manual EU
35683	400	i 81 Blue RHD UK ZFFEB07C000035683
35687	Mondial	8 QV Red/Black LHD EU ZFFHD08B000035687
35689	308	GTSi 81 LHD US ZFFAA02A3B0035689

s/n	Type	Comments
35691	308	GTSi 81 White Red LHD EU ZFFAA02A1B0035691
35693	308	GTSi 81 LHD US ZFFAA02A5B0035693
35699	308	GTBi 81 Giallo Fly/Nero LHD US ZFFAA01A4B0035699
35707	308	GTSi
35709	308	GTSi 81 LHD US ZFFAA02A5B0035709
35711	308	GTSi 81 LHD US ZFFAA02A3B0035711
35713	308	GTS 81 Beige met./bruno LHD
35715	308	GTSi 81 Red/Tan LHD EU ZFFAA02A0B00035715, 2.8 liter GM engine & 5 speed trans installed
35721	400	i Automatic 81 Grigio Black LHD EU ZFFFEB06B000035721
35729	308	GTSi Red/Crema
35737	308	GTSi 81 LHD US ZFFAA02AXB0035737
35739	308	GTSi LHD ZFFAA02A3B0035739
35741	308	GTSi 81 Red/Tan ZFFAA02A1B0035741
35743	208	GTS Red/Black
35749	Mondial	8 LHD EU ZFFHD08B000035749
35751	308	GTSi 81
35755	308	GTSi 81 Red/Black ZFFAA02A1B0035755
35759	308	GTBi 81 LHD US ZFFAA01A7B0035759
35761	512	BB 80 Rosso Corsa/Tan
35763	512	BB Black/Crema Black inserts LHD EU
35765	512	BB Red/Black EU
35773	308	GTSi 81 LHD US ZFFAA02A3B0035773
35775	308	GTSi 81 LHD US ZFFAA02A7B0035775
35777	308	GTSi 81
35779	308	GTSi 81 Red/Black LHD US ZFFAA02A4B0035779
35783	308	GTSi 81 LHD US ZFFAA02A6B0035783
35785	308	GTSi LHD US ZFFAA02AXB0035785
35787	400	i Automatic 82 Red/Beige LHD EU #29275 on carte grise #35787 on chassis
35789	308	GTSi
35795	512	BBi
35797	Mondial	8 81 Red/Black LHD EU ZFFHD08B000035797
35801	308	GTSi 81 LHD US ZFFAA02A4B0035801
35805	308	GTSi 81 LHD US ZFFAA02A1B0035805
35819	308	GTSi 81 LHD US ZFFAA02A1B0035819
35821	308	GTSi 81 LHD US ZFFAA02AXB0035821
35823	308	GTSi 81 LHD US ZFFAA02A3B0035823
35825	308	GTSi 81 LHD US ZFFAA02A7B0035825
35827	400	i Automatic light metallic Blue/Black
35839	Mondial	8 Red/Tan EU
35849	308	GTSi 81 Yellow-Black Boxer Trim Black LHD US ZFFAA02AXB0035849
35855	Mondial	8 Red/Black
35857	Mondial	8 LHD EU ZFFHD08B000035857
35859	308	GTSi 81 ZFFAA02A2B0035859
35861	308	GTSi 81 ZFFAA02A0B0035861
35863	308	GTSi 81 ZFFAA02A4B0035863
35865	308	GTSi 81 ZFFAA02A8B0035865
35867	308	GTBi Red/Black RHD ZFFHA01C000035867
35869	308	GTBi Rosso Corsa/Tan LHD EU ZFFHA01B000035869
35873	512	BB Red/Black
35875	512	BB White/Black LHD EU ZFFJA09B000035875
35879	512	BB Red/Black
35881	512	BB Red/Black
35887	Mondial	8 81 Red/Crema LHD F108AL35887
35889	Mondial	8 Red/Black LHD EU ZFFHD08B000035889
35891	308	GTS 81 Red/cream LHD
35893	308	GTSi 81 ZFFAA02A2B0035893
35895	308	GTSi 81 ZFFAA02A6B0035895
35899	308	GTSi 2/81 Red/Beige ZFFHA02B000035899
35903	400	i Automatic 81 Blue/Tan RHD UK ZFFEB06C000035903
35905	400	i 81 Black RHD UK eng. # 00325
35913	308	GTSi 81 ZFFAA02A4B0035913
35915	308	GTSi 81 ZFFAA02A8B0035915
35917	308	GTSi 81 ZFFAA02A1B0035917
35919	308	GTSi 81 ZFFAA02A5B0035919
35921	308	GTSi 81 ZFFAA02A3B0035921
35923	308	GTSi 81 ZFFAA02A7B0035923
35925	Mondial	8 Rosso/nero LHD CH
35929	308	GTSi 81 ZFFAA02A8B0035929
35933	308	GTSi 81 Black Red ZFFAA02AXB0035933
35937	308	GTBi
35939	400	i
35941	400	i GT EU
35943	400	i Automatic Brown Tan LHD EU
35949	308	GTSi 81 ZFFAA02A3B0035949
35951	308	GTSi 81 ZFFAA02A1B0035951
35953	308	GTSi 81 White Black Boxer Trim/Black ZFFAA02A5B0035953
35955	308	GTSi 81 Red/Tan ZFFAA02A9B0035955
35959	308	GTSi 81 ZFFAA02A6B0035959
35961	308	GTBi LHD EU ZFFHA01B000035961
35963	Mondial	8 Blue/Crema
35965	Mondial	8 Red/Tan LHD
35969	308	GTSi LHD EU ZFFHA02B000035969
35971	308	GTSi 81 Red RHD UK
35973	308	GTS Red/Black RHD UK ZFFHA20C000035973
35975	308	GTSi 81 ZFFAA02A4B0035975
35985	Mondial	8 Red/ beige ZFFHD08B000035985
35987	Mondial	8 LHD EU ZFFHD08B000035987
35989	308	GTSi 81 ZFFAA02A8B0035989
35993	308	GTSi LHD EU ZFFHA02B000035993
35999	512	BB 81 Black/Tan
36001	512	BB
36005	512	BB Competizione Conversion, Red/Black EU
36017	308	GTSi 81 ZFFAA02A3B0036017
36019	308	GTSi 81 ZFFAA02A7B0036019
36021	308	GTSi 2/81 Black/Black ZFFAA02A5B0036021
36023	308	GTS 81 Burgundy Tan ZFFAA02A9B0036023
36025	308	GTSi 81 ZFFAA02A2B0036025
36041	Mondial	8
36043	308	GTS Red/Black Red piping LHD ZFFAA02A4B0036043 colour-coded front bumper shields
36047	308	GTSi 81 ZFFAA02A1B0036047
36049	308	GTSi 81
36053	308	GTBi LHD EU ZFFHA01B000036053
36057	Mondial	8 LHD EU ZFFHD08B000036057
36061	308	GTSi Yellow/Black LHD EU ZFFHA02B000036061
36063	308	GTS 2/81 dark Red/Black ZFFAA02AXB0036063
36065	308	GTSi 81 ZFFAA02A3B0036065
36067	308	GTSi 81 ZFFAA02A7B0036067 Red/Red
36069	308	GTSi 81 Black/Black ZFFAA02A0B0036069
36073	Mondial	8 Silver/Black LHD EU ZFFHD08B000036073
36075	Mondial	8 Red/Tan LHD EU ZFFHD08B000036075
36077	308	GTSi 81 ZFFAA02AXB0036077
36083	400	EU
36087	400	81 LHD EU
36099	308	GTSi
36101	308	GTSi 81 ZFFAA02A3B0036101
36103	308	GTSi 81 ZFFAA02A7B0036103
36105	308	GTSi 81 Black then Red/Black ZFFAA02ZA0B0036105
36111	Mondial	8 81 Black/Black LHD
36113	308	GTSi LHD US ZFFAA02AXB0036113
36115	308	GTSi 81 ZFFAA02A3B0036115
36117	308	GTSi 81 Yellow/Tan ZFFAA02A7B0036117
36119	308	GTSi 81 ZFFAA02A0B0036119
36123	308	GTBi LHD EU ZFFHA01B000036123
36131	308	GTSi 81 Black Burgundy ZFFAA02A1B0036131
36133	308	GTSi 81 ZFFAA02A5B0036133
36135	308	GTSi 81 ZFFAA02A9B0036135
36139	308	GTBi 81 ZFFAA01A4B0036139
36145	400	i Automatic 82 Blue LHD EU
36147	400	i GT Black/Tan EU

s/n	Type	Comments
36157	308	GTSi 81 Red/Tan RHD UK ZFFHA02C0000 eng. #F106B0400341
36159	308	GTSi 81 ZFFAA02A1B0036159
36169	512	BB Red/Tan LHD EU
36173	Mondial	8 82
36177	308	GTSi Anthracite/Red
36181	308	GTSi 81 ZFFAA02A5B0036181
36183	308	GTSi 81 ZFFAA02A9B0036183
36195	Mondial	8 81 Maroon metallic tan LHD EU ZFFHD08B000036195
36199	308	GT Spider Conversion by Lorenz & Rankl dark grey/Red ZFFAH02B000036199
36201	308	GTSi Black/Red LHD US
36205	308	GTS 81 Red/Black ZFFAA02A4B0036205
36207	400	i 81
36209	400	i 81
36213	Mondial	8 81 Dark Blue metallic tan LHD EU ZFFHD08B000036213
36219	308	GTSi LHD EU ZFFHA02B000036219
36221	308	GTSi 81 ZFFAA02A2B0036221
36223	308	GTSi 81 ZFFAA02A6B0036223
36225	308	GTSi 81 ZFFAA02AXB0036225
36227	308	GTSi 81
36229	308	GTSi 81 ZFFAA02A7B0036229
36233	Mondial	8 LHD EU ZFFHD08B000036233
36235	Mondial	8 brown/brown
36239	308	GTSi 81 ZFFAA02AXB0036239
36241	308	GTSi 81 ZFFAA02A8B0036241
36243	308	GTBi Red/Black ZFFHA01B000036243
36249	400	i
36253	400	i Automatic Grey Tan LHD EU
36255	512	BB 81 Blue RHD ZFFDA05C000036255 eng. #F102B00000852
36259	512	BB 81 Red/Beige LHD EU
36261	512	BB
36263	512	BB Red/Black
36267	Mondial	8 Rosso Rubina Tan LHD
36269	Mondial	QV Red/Tan
36275	308	GTSi Red/Black LHD EU ZFFHA02B000036275 7489SF30
36277	308	GTSi 81 ZFFAA02A7B0036277
36279	308	GTBi 81 Red/Black ZFFAA01A9B0036279
36281	308	GTBi 81 ZFFAA01A7B0036281
36285	Mondial	QV Cabriolet
36287	Mondial	8 LHD EU ZFFHD08B000036287
36293	308	GTSi 81 Black/Tan ZFFAA02A5B0036293
36295	308	GTSi 81 ZFFAA02A9B0036295
36297	308	GTSi 81 ZFFAA02A2B0036297
36301	Mondial	8 LHD EU ZFFHD08B000036301
36305	Mondial	8 Red/Black LHD
36309	308	GTSi 81 LHD ZFFHA02B000036309
36313	308	GTSi 3/81 Yellow/Brown ZFFAA02A7B0036313
36315	308	GTSi 81 Red/Tan LHD US ZFFAA0200A36315
36317	308	GTB 81 Red/Tan LHD US
36333	308	GTSi 81 Red/Tan ZFFAA02A2B0036333
36335	308	GTSi 81 ZFFAA02A6B0036335
36337	308	GTSi 81 ZFFAA02AXB0036337
36339	308	GTSi 81 ZFFAA02A3B0036339
36355	308	GTSi 81 ZFFAA02A1B0036355
36357	308	GTSi 81 ZFFAA02A5B0036357
36359	308	GTSi 81 ZFFAA02A9B0036359
36361	308	GTSi 81 Red/Tan ZFFAA02A7B0036361
36363	308	GTSi 81 Red/Crema ZFFAA02A0B00
36367	400	i Automatic Black/Red LHD EU
36373	Mondial	8 81 Black/Tan LHD EU ZFFHD08B000036373
36375	Mondial	8 Red/Black LHD EU
36381	308	GTSi 81 ZFFAA02A2B0036381
36383	308	GTSi 81 ZFFAA02A6B0036383
36385	308	GTSi 81 ZFFAA02AXB0036385
36387	308	GTSi 81 ZFFAA02A3B0036387
36393	Mondial	8 LHD EU ZFFHD08B000036393
36397	308	GTS QV bianco/nero LHD
36401	308	GTSi 81 ZFFAA02A4B0036401
36403	308	GTSi Anthracit
36417	Mondial	8 Black
36421	308	GTSi 81 ZFFAA02AXB0036421
36423	308	GTSi 81 ZFFAA02A3B0036423
36425	308	GTSi 81 Red/Black ZFFAA02A7B0036425
36437	308	GTSi 3/81 Red/Tan ZFFAA02A3B0036437
36443	308	GTBi Red/Black LHD EU
36445	512	BB Dark Grey Black LHD EU
36447	512	BB Red/Black
36449	512	BB Red/Black
36451	512	BB Swaters Blue/tan LHD EU
36461	308	GTSi White Red LHD
36467	308	GTSi 81 Red/Tan ZFFAA02A1B0036467
36471	308	GTSi 3/81 Red/Tan US
36473	308	GTSi 81 ZFFAA02A7B0036473
36485	308	GTSi 81 ZFFAA02A3B0036485
36487	308	GTSi 81 ZFFAA02A7B0036487
36491	308	GTBi 81 Red/Tan ZFFAA01A7B0036491
36503	308	GTSi 81 ZFFAA02A1B0036503
36505	308	GTSI 81 Red/Tan ZFFAA02A5B0036505
36507	308	GTSi 81 ZFFAA02A9B0036507
36509	308	GTBi 3/81 Red/Black ZFFA01A0B0036509
36515	Mondial	8 Red/Tan LHD
36525	308	GTSi 81 Rosso Corsa/Beige ZFFAA02A0B0036525
36527	308	GTSi 81 ZFFAA02A4B0036527
36529	308	GTSi LHD EU
36533	400	i Brown met./Tan Manual LHD EU
36535	308	GTB
36543	308	GTS Red ZFFHA02B000036543
36545	308	GTSi 81 ZFFAA02A6B0036545
36549	308	GTSi 81 Black/Black LHD
36551	308	GTSi 81 ZFFAA02A1B0036551
36567	Mondial	8 LHD EU ZFFHD08B000036567
36571	Mondial	8 Red/Tan LHD
36575	308	GTSi 81 Red/Tan LHD US
36577	308	GTSi 81 LHD US ZFFAA02A8B0036577
36579	308	GTSi 81 ZFFAA02A1B0036579
36597	308	GTSi 81 ZFFAA02A3B0036597
36601	308	GTSi 7/81 Rosso Corsa/Nero LHD US
36603	308	GTSi Rosso Corsa/Tan
36609	Mondial	8 81 Blue/Tan LHD EU ZFFHD08B000036609
36613	308	GTSi 81 Black/tan ZFFAA02A8B0036613
36615	308	GTSi 81 ZFFAA02A1B0036615
36617	308	GTSi
36619	308	GTSi 81 ZFFAA02A9B0036619
36625	Mondial	8
36629	308	GTSi
36631	308	GTSi 81 ZFFAA02AXB0036631
36635	308	GTSi 81 ZFFAA02A7B0036635
36637	400	i Automatic Silver LHD
36641	400	i Automatic Spider Conversion by Eurotech 81 Silver/Grey & Black Black top LHD EU
36649	308	GTSi 81 Red/Black ZFFAA02A7B0036649
36651	308	GTSi 81
36653	308	GTSi 81 ZFFAA02A6B0036653
36655	308	GTSi 81 ZFFAA02A2B0036655
36661	Mondial	8 Red/Tan RHD UK
36663	512	BB
36665	512	BB Red/Tan
36671	Mondial	8
36673	Mondial	8 82 Black/Tan LHD EU ZFFHD08B000036673 exported to the US
36675	308	GTSi 82 Rosso Corsa magnolia piped Red LHD
36677	308	GTSi
36679	308	GTSi 81 Black/Black LHD US
36681	308	GTSi Anthracite Red US
36683	308	GTSi 81 ZFFAA02A7B0036683
36685	308	GTBi 81 ZFFAA01A9B0036685
36687	308	GTBi 81 ZFFAA01A2B0036687
36689	400	i EU
36691	400	i Automatic 80 Metallic Brown/Tan LHD EU
36697	Mondial	8 81 Red RHD UK eng. # 00426

s/n	Type	Comments
36699	Mondial	8 82 Red/Tan LHD EU ZFFHD08B000036699
36701	308	GTSi 81 ZFFAA02A5B0036701
36703	308	GTSi 81 ZFFAA02A9B0036703
36705	308	GTSi 81
36707	308	GTSi 81 Yellow/Black ZFFAA02A6B0036707
36717	Mondial	8 Red/Tan ZFFHD08B000036717
36719	Mondial	8 LHD EU ZFFHD08B000036719
36721	Mondial	8 82 Red/Black LHD EU ZFFHD08B000036721
36723	308	GTSi 81 Black/beige LHD US ZFFAA02A4B0036723
36725	308	GTSi 81 ZFFAA02A8B0036725
36727	308	GTSi 81 Red/Tan ZFFAA02A1B0036727
36729	308	GTSi Red/Black
36731	400	i
36733	400	i
36737	Mondial	8
36743	308	GTSi 81 ZFFAA02AXB0036743
36745	308	GTSi 81 ZFFAA02A3B0036745
36747	308	GTSi 81 ZFFAA02A7B0036747
36751	308	GTSi 81 Black/Red LHD
36757	Mondial	8
36767	308	GTSi 81 Red/Tan ZFFAA02A2B0036767
36769	308	GTSi 81 ZFFAA02A6B0036769
36771	308	GTSi 81 Red/Tan LHD US ZFFAA02A4B0036771
36775	512	BB Red/Black LHD EU
36777	512	BB 81
36779	512	BB 80 Red/Black
36781	512	BB Red Black Boxer Trim/Black LHD EU
36783	308	GTSi Red/cream
36791	308	GTSi 81 ZFFAA02AXB0036791
36793	308	GTSi 81 ZFFAA02A3B0036793
36795	308	GTSi 81 ZFFAA02A7B0036795
36797	308	GTBi
36799	308	GTBi LHD EU ZFFHA01B000036799
36803	400	i Automatic Silver/Black LHD EU
36805	400	i Automatic Dark Blue/Tan RHD
36813	Mondial	8 LHD EU ZFFHD08B000036813
36815	308	GTSi
36817	308	GTSi 81 Red/Black ZFFAA02A2B0036817
36821	308	GTSi 81 ZFFAA02A4B0036821
36825	400	i Azzurro LHD EU
36831	308	GTSi
36835	308	GTSi 81 ZFFAA02A4B0036835
36837	308	GTSi 81 Red/Crema
36839	308	GTSi 81 ZFFAA02A1B0036839
36841	308	GTSi 81 ZFFAA02AXB0036841
36843	308	GTBi Red/Crema LHD EU ZFFHA01B000036843
36845	Mondial	8 81 Red RHD ZFFHD08C000036845
36857	308	GTSi 81 ZFFAA02A3B0036857
36859	308	GTSi 81 ZFFAA02A7B0036859
36861	308	GTSi 4/81 Red/Black ZFFAA02A5B0036861
36863	512	BB Red-Black Brown
36865	512	BB Red/Tan
36867	512	BB Silver/Black LHD
36869	512	BB Fly Giallo Black LHD
36881	Mondial	8 Red/Tan RHD
36885	Mondial	8 Silver/Black
36891	308	GTS 80 Blue/Tan LHD EU ZFFHA02B000036891
36893	308	GTSi 81 ZFFAA02A7B0036893
36895	308	GTSi 81 ZFFAA02A0B0036895
36897	308	GTSi 81 White/Black ZFFAA02A4B0036897.
36905	308	GTSi Yellow/Black
36907	308	GTSi 81 LHD US ZFFAA02A3B0036907
36909	308	GTSi 81 Red/Black ZFFAA02A7B0036909
36913	308	GTBi 81 ZFFAA01A7B0036913
36917	400	i Automatic 81 Red then Blue Scuro/Magnolia RHD UK ZFFEB06C000036917 eng. #F101C01100440
36919	400	i Automatic 82 Red/Tan LHD EU F101CL36919
36925	Mondial	8 Azzurro
36931	308	GTSi 81 ZFFAA02A0B0036931

s/n	Type	Comments
36937	308	GTBi 81 ZFFAA01AXB0036937
36941	Mondial	8 LHD EU ZFFHD08B000036941
36947	308	GTSi 81 Black/Red US ZFFAA02A4B0036947
36949	308	GTSi 81 ZFFAA02A8B0036949
36953	308	GTSi 81 Red/Tan LHD US ZFFAA02AXB0036953
36959	512	BB Red/Black LHD
36961	512	BB 81 Red Black Boxer Trim/Tan Bordeaux inserts LHD EU
36963	512	BB Swaters Blu/Tan
36975	308	GTSi
36977	308	GTSi 81 ZFFAA02A2B0036977
36979	308	GTSi 81 ZFFAA02A6B0036979
36989	308	GTSi LHD EU ZFFHA02B000036989
36991	308	GTSi 81 ZFFAA02A7B0036991
36993	308	GTSi 81 ZFFAA02A0B0036993
36995	308	GTSi 81 ZFFAA02A4B0036995
36997	308	GTSi 81 ZFFAA02A8B0036997
36999	308	GTBi Red/Red
37007	308	GTSi 81 Red/Tan LHD EU ZFFHA02B000037007
37009	308	GTSi 81 ZFFAA02A9B0037009
37011	308	GTSi 81 ZFFAA02A7B0037011
37013	308	GTSi 81 ZFFAA02A0B0037013
37015	308	GTSi 81 ZFFAA02A4B0037015
37019	Mondial	8 81 Red RHD UK ZFFHD08C000037019
37025	308	GTSi 81 Rosso Corsa Crema eng. #37025
37027	308	GTS Red/Crema RHD UK
37029	308	GTSi 81 ZFFAA02A4B0037029
37031	308	GTSi 81 Red/Tan ZFFAA02A2B0037031
37033	308	GTSi 81 ZFFAA02A6B0037033
37035	308	GTSi 81 ZFFAA02AXB0037035
37039	Mondial	8 80 Red/Black LHD EU ZFFHD08B000037039
37043	308	GTSi
37045	308	GTSi 81 Silver/Tan ZFFAA02A2B0037045
37047	308	GTSi 81 ZFFAA02A6B0037047
37049	308	GTSi 81 Black/Red ZFFAA02AXB0037049 Norwood Modified
37057	512	BB Silver EU
37059	512	BB 81 Silver/Black
37061	512	BB Red Black Boxer Trim/Tan LHD EU
37063	400	i Automatic Black/Tan EU
37065	208	GTS
37067	Mondial	8 81 Black/tan LHD EU ZFFHD08B000037067
37069	Mondial	8 LHD ZFFHD08B000037069
37075	308	GTSi 81 Silver/Black LHD
37077	308	GTSi 81 ZFFAA02A4B0037077
37079	308	GTBi Red/Black ZFFHA01B000037079
37081	308	GTSi 81 ZFFAA02A6B0037081
37085	400	Automatic Blue EU
37089	512	BB
37093	308	GTSi 81 ZFFAA02A2B0037093
37095	308	GTSi 81 ZFFAA02A6B0037095
37097	308	GTSi 81 ZFFAA02AXB0037097
37099	308	GTSi 81 Red Grey ZFFAA02A3B0037099
37101	308	GTBi Red
37111	308	GTSi LHD EU ZFFHA02B000037111
37113	308	GTSi Black/Black LHD US
37115	308	GTSi 81 ZFFAA02A8B0037115
37117	308	GTSi Anthracite then Red/Tan ZFFAA02A1B0037117
37121	308	GTBi 81 Red/Tan LHD US ZFFAA01A1B0037121
37123	512	BB 81 Red/Black LHD F102BB37123
37125	512	BB Red/Black LHD
37131	512	BBi 81
37141	308	GTSi 81 Rosso Corsa/Tan
37143	308	GTSi 81 Red/Tan ZFFAA02A2B0037143
37145	308	GTSi 81 Silver/Black ZFFAA02A6B0037145
37147	308	GTSi 81 ZFFAA02AXB0037147
37149	308	GTSi 81 ZFFAA02A3B0037149
37153	Mondial	8 81 RHD AUS ZFFNE08D000037153 eng. #F106B04999547

s/n	Type	Comments
37155	Mondial	8 LHD EU ZFFHD08B000037155
37157	308	GTSi Red/Tan LHD
37159	308	GTSi Silver/Red ZFFHA02B000037159
37161	308	GTSi 81 ZFFAA02A4B0037161
37163	308	GTSi 81 ZFFAA02A8B0037163
37165	308	GTSi 81 ZFFAA02A1B0037165
37167	308	GTSi 81 Fly Giallo/Black
37179	308	GTSi
37183	308	GTSi 81 ZFFAA02A3B0037183
37185	308	GTSi 81 Grey LHD US ZFFAA02A7B0037185
37187	308	GTB 81 Red/Tan LHD US ZFFAA01A9B00
37191	Mondial	8 81 Red/Tan ZFFHD08B000037191
37195	308	GTSi 81 ZFFAA02AXB0037195
37197	308	GTSi 81 ZFFAA02A8B0037197
37203	308	GTBi 81 ZFFAA01A3B0037203
37211	Mondial	8 81 Rosso Corsa/Crema LHD EU
37217	308	GTSi 81 ZFFAA02A5B0037217
37219	308	GTSi 81 Rubino Red/Black ZFFAA02A9B0037219
37223	308	GTSi 81 Grand Prix White/ Black ZFFAA02A0B0037223
37225	308	GTBi
37231	512	BB Black/Black LHD EU
37239	512	BB Red Black Boxer Trim/Black LHD EU
37241	208	GTS White Black LHD
37249	308	GTSi LHD EU ZFFHA02B000037249
37251	308	GTSi 81 Red/Black ZFFAA02A5B0037251
37253	308	GTSi 81 ZFFAA02A9B0037253
37255	308	GTSi 81 ZFFAA02A2B0037255
37257	308	GTSi White Black Boxer Trim/Black LHD US ZFFAA02A6B0037257
37259	Mondial	8
37263	308	GTSi QV 81 Red LHD
37265	308	GTSi 81 ZFFAA02A5B0037265
37267	308	GTSi 81 ZFFAA02A9B0037267
37269	308	GTSi 81 ZFFAA02A2B0037269
37277	Mondial	8 LHD EU ZFFHD08B000037277
37283	308	GTSi 81 ZFFAA02A7B0037283
37285	308	GTSi 81 ZFFAA02A0B0037285
37287	308	GTSi 81 ZFFAA02A4B0037287
37289	308	GTSi 81 ZFFAA02A8B0037289
37291	400	i GT Automatic 81 Emerald green/Black ZFFEB06C00037291 eng. #F101C01100478
37299	Mondial	8 Rosso/tan
37309	308	GTSi 81 Red/Tan LHD
37313	308	GTBi 81 Black/Tan ZFFAA01AXB0037313
37315	308	GTBi 81 ZFFAA01A3B0037315
37325	308	GTSi Red/Black LHD
37327	308	GTS 5/81 Rosso Rubino Light Tan ZFFAA02A9C0037327
37329	308	GTSi 81 ZFFAA02A5B0037329
37331	308	GTSi 81 ZFFAA02A3B0037331
37333	308	GTSi 81 ZFFAA02A7B0037333
37335	400	i Automatic 81 Cream White/Tan LHD EU
37337	400	i Automatic 82 Metallic Blue/Tan LHD EU F101 CL 37337
37339	400	i Automatic Azzurro/Tan LHD EU
37343	512	BB 81 Red/Tan LHD
37347	512	BB 81 Red/Black ex-Tony Marshall
37349	512	BB Red/Black LHD EU
37351	512	BB
37355	Mondial	8 LHD EU ZFFHD08B000037355
37631	308	GTSi 81 Black/Black
37365	308	GTSi 81 Red/Black ZFFAA02A9B0037365
37369	308	GTBi
37381	308	GTSi 81 ZFFAA02A7B0037381
37383	308	GTSi 81 Red/Tan ZFFAA02A0B0037383
37385	308	GTSi 81 Red/Tan ZFFAA02A4B0037385
37387	308	GTSi 81 ZFFAA02A8B0037387
37389	400	i Automatic 82 Red RHD UK ZFFEB06C000037389 eng. #F101C01100480
37391	400	i Automatic Dark Blue/Tan EU
37403	308	GTSi 81 Red/Tan ZFFAA02A2B0037403
37405	308	GTSi 81 ZFFAA02A6B0037405
37407	308	GTSi 81 ZFFAA02AXB0037407
37409	308	GTSi Red/Tan ZFFAA02A3B0037409
37417	Mondial	8 LHD EU ZFFHD08B000037417
37421	308	GTSi 81 Yellow/Tan ZFFAA02A4B0037421
37423	308	GTSi 81 White/Black ZFFAA02A8B0037423
37431	Mondial	8 81 ZFFAD08A9B0037431
37433	Mondial	8 81 ZFFAD08A2B0037433
37435	Mondial	8 81 Red/Black LHD ZFFAD08A6B0037435
37437	Mondial	8 81 White/Tan LHD US ZFFAD08AXB0037437
37439	Mondial	8 81 Red/Tan ZFFAD08A3B0037439
37441	Mondial	8 81 ZFFAD08A1B0037441
37443	Mondial	8 81 Grigio Tan ZFFAD08A5B0037443
37445	Mondial	8 81 ZFFAD08A9B0037445
37447	Mondial	8 81 Black/Black LHD ZFFAD08A2B0037447
37451	Mondial	8 81 ZFFAD08A4B0037451
37453	Mondial	8 81 Red/Tan ZFFAD08A8B0037453
37459	308	8 Red/Black LHD EU ZFFHD08B000037459 GTSi LHD EU ZFFHA02B000037461
37461	308	
37463	308	GTSi 81 Black/Red ZFFAA02A9B0037463
37467	308	GTSi 81 Red/Black LHD
37469	308	GTSi 81 Red/Black LHD ZFFAA02AXB0037469
37479	Mondial	8 Red/Crema RHD UK
37485	308	GTSi
37487	308	GTSi 81 ZFFAA02A1B0037487
37489	308	GTSi 81 ZFFAA02A5B0037489
37495	308	GTBi 81 ZFFAA01A9B0037495
37511	308	GTSi 81 Yellow/Black then White/Black US ZFFAA02A5B0037511
37513	308	GTSi 81 ZFFAA02A9B0037513
37515	308	GTSi Red/Tan
37517	308	GTSi 81 Red/Black ZFFAA02A6B0037517
37519	308	GTBi 81 Red/Black LHD ZFFHA01B000037519
37529	400	i Automatic Cabriolet Conversion by Lorenz 81 Blue/Black LHD EU
37535	Mondial	8 Red/Black RHD UK ZFFHD08C000037535
37543	308	GTSi 81 ZFFAA02A7B0037543
37545	308	GTSi 81 ZFFAA02A0B0037545
37547	308	GTBi 81 ZFFAA01A2B0037547
37557	308	GTSi 82 ZFFAA02A5C0037557
37559	308	GTSi 81 ZFFAA02A0B0037559
37565	308	GT IMSA Conversion 81 ZFFAA01A4B0037565
37567	208	GTS White/Black LHD EU
37569	Mondial	8
37573	308	GTSi 81 Red/Black LHD EU
37575	308	GTSi 81 Red/Tan LHD US ZFFAA02A9B0037575
37577	308	GTSi 81 Yellow/Black ZFFAA02A2B0037577
37579	308	GTSi 82 ZFFAA02A4C0037579
37583	512	BB 81 dark grey Black boxer trim/dark Red
37585	512	BB 81 Red/Tan
37587	512	BB Red/Black
37591	512	BB 81
37595	Mondial	8 82 Red RHD UK ZFFNE08C000037595 eng. #F106B01 092
37599	308	GTSi 82 ZFFAA02AXC0037599
37601	308	GTSi Yellow/Black
37603	308	GTBi 6/81 Fly Giallo/Tan ZFFAA01A3B0037603
37613	Mondial	8 Cabriolet
37615	Mondial	8
37621	308	GTSi 81 LHD US ZFFAA02A1B0037621
37623	308	GTSi 82 ZFFAA02A3C0037623
37625	308	GTSi 82 ZFFAA02A7C0037625
37627	308	GTBi 6/83 Black/tan then Red/Tan ZFFHA01B000037627
37639	308	GTSi
37641	308	GTSi 82 ZFFAA02A5C0037641
37643	308	GTSi 82 ZFFAA02A9C0037643
37647	400	i Automatic 400 GTO Conversion dark Blue the Red then dark Blue RHD manual
37661	Mondial	8 Red/Black RHD UK ZFFHD08C00037661
37663	Mondial	8 81 Red/Tan
37675	308	GTSi 82 LHD EU

s/n	Type	Comments	s/n	Type	Comments
37677	308	GTSi LHD EU	37929	308	GTSi 82 ZFFAA02A5C0037929
37679	308	GTBi Grey/Red ZFFHA01B000037679	37931	308	GTB 82 ZFFAA02A3C0037931 GTO-Conversion
37685	512	BB Red Black Boxer Trim/Black	37933	308	GTSi 82 ZFFAA02A7C0037933
37691	308	GTBi	37935	308	GTSi 82 ZFFAA02A0C0037935
37693	308	GTSi Red	37937	308	GTSi 82 ZFFAA02A4C0037937
37695	308	GTBi Red/Tan ZFFHA01B000037695	37949	308	GTBi Black
37697	Mondial	8 81 RHD AUS ZFFNE08D000037697	37951	308	GTSi 82 ZFFAA02A9C0037951
37705	308	GTSi LHD EU ZFFHA02B000037705	37953	308	GTSi 82 ZFFAA02A2C0037953
37707	308	GTSi 82 ZFFAA02A9C0037707	37955	308	GTSi 82 ZFFAA02A6C0037955
37709	308	GTSi 82 ZFFAA02A2C0037709	37957	308	GTSi 82 Red/Black ZFFAA02AXC0037957
37711	308	GTBi Red/Crema	37959	308	GTSi 82 Red/Tan LHD Turbo modified
37715	512	BB 81 Silver/Red LHD	37961	308	GTSi 82 ZFFAA02A1C0037961
37717	512	BB Red/Tan	37963	308	GTSi Red/Crema LHD US
37719	512	BB Red & Black/Tan	37965	308	GTSi 82 ZFFAA02A9C0037965
37721	512	BB 81 blu Sera/Black LHD EU	37967	308	GTSi Koenig 288 GTO conversion Red/Black, ZFFAA02A2C0037967
37725	400	i 81			
37731	208	GTB Red/Black	37975	308	GTSi 82 LHD US ZFFAA02A1C0037975
37733	Mondial	8	37977	308	GTSi 82 ZFFAA02A5C0037977
37739	308	GTSi	37979	Mondial	8 Red/Tan RHD
37743	Mondial	8 81 Red/Tan LHD	37981	308	GTSi ZFFAA02A7C0037981
37745	308	GTBi	37983	308	GTSi 82 Red/Tan ZFFAA02A0C0037983 Ansa exhaust Gotti Wheels
37751	Mondial	8 81 Yellow RHD UK eng. # 00644			
37755	308	GTSi 82 White/Red LHD US	37985	308	GTSi 82 Black/Black LHD US ZFFAA02A4C0037985
37757	308	GTSi 82 ZFFAA02A2C0037757			
37759	308	GTSi Yellow/Black	37987	308	GTSi 82 ZFFAA02A8C0037987
37761	308	GTSi 6/81 Silver then Yellow/Black LHD US ZFFAA02A4C0037761	37989	308	GTBi ZFFAA01AXC0037989
			37995	Mondial	8
37763	308	GTSi 82 ZFFAA02A8C0037763	38005	512	BB 82 Red Black Boxer Trim/Black EU
37765	308	GTBi 82 ZFFAA01AXC0037765	38009	512	BB 81 Rosso Corsa/Black
37767	400	i Automatic Silver Tan LHD EU	38011	512	BB 81
37775	Mondial	8 Red/Tan	38013	308	GTSi
37777	Mondial	8 82 Red/Tan LHD EU ZFFHD08B000037777	38023	400	i Automatic silver/tan LHD EU
37781	308	GTSi 82 Black/Tan ZFFAA02AXC0037781	38027	400	i marrone/beige then Red/beige manual
37787	308	GTBi ZFFAA01A9C0037787	38031	308	GTSi Red/Tan RHD UK
37789	308	GTBi 82 ZFFAA01A2C0037789	38039	308	GTSi Red/Black ZFFHA02B000038039
37795	512	BB White then Red & Black/Black	38045	308	GTBi Silver
37799	Mondial	8 Red/Beige RHD UK	38047	308	GTBi LHD EU ZFFHA01B000038047
37805	308	GTSi Brown/Beige	38049	Mondial	8 82 ZFFAD08A4C0038049
37807	308	GTSi 82 ZFFAA02A2C0037807	38051	Mondial	8 Cabriolet Conversion 81 White Blue LHD ZFFAD08A2C0038051
37809	308	GTSi 82 ZFFAA02A6C0037809			
37811	308	GTSi 82 Red/Tan ZFFAA02A4C0037811 eng. replaced	38055	400	i Automatic 81 Brown then Blue/Tan
			38059	512	BB Rosso Corsa/Tan LHD EU
37827	Mondial	8 81 Red RHD UK ZFFHD08C000037827	38063	400	i Automatic Bronze/green Dark green
37831	308	GTSi 82 ZFFAA02AXC0037831	38065	Mondial	8
37833	308	GTSi 82 ZFFAA02A3C0037833	38067	Mondial	8 82 ZFFAD08A6C0038067
37835	308	GTSi 82 ZFFAA02A7C0037835	38069	308	GTSi 82 ZFFAA02A8C0038069
37837	308	GTSi 82 ZFFAA02A0C0037837	38075	Mondial	8
37839	308	GTSi 82 ZFFAA02A4C0037839	38077	Mondial	8
37843	Mondial	8 Red/Tan ZFFHD08B0000	38079	Mondial	8 Red/Tan LHD EU ZFFHD08B000038079
37849	308	GTBi 81 ZFFHA01B000037849	38081	308	GTSi 82 ZFFAA02A9C0038081
37853	308	GTSi 82 Red/Black LHD C0037853	38083	308	GTSi 82 ZFFAA02A2C0038083
37855	308	GTSi 82 Red/Black LHD US ZFFAA02A2C0037855	38087	308	GTSi LHD EU ZFFHA01B000038087
			38089	308	GTSi Red/Black LHD
37859	512	BB	38095	400	i Automatic Black/Black LHD EU
37861	512	BB Rosso Corsa/Black	38099	Mondial	8 82 ZFFAD08A8C0038099
37863	512	BB 81 Rosso Corsa/Black Daytona Seats	38101	308	GTSi 82 ZFFAA02A0C0038101
37869	Mondial	8 Red/Crema LHD EU ZFFHD08B000037869	38103	308	GTSi 82 LHD US ZFFAA02A4C0038103
37873	308	GTSi AU RHD ZFFNA02D0000	38105	308	GTSi
37875	308	GTSi	38109	308	GTBi Red
37877	308	GTSi Yellow/Black LHD	38119	512	BB last BB, LHD
37879	308	GTSi 82 ZFFAA02A5C0037879	38121	512	BBi first Bbi , Red/Black
37881	308	GTSi 82 Red/Tan ZFFAA02A3C0037881 (confirmed)	38125	Mondial	8 82 Red/Tan ZFFAD08A5C0038125
			38127	308	GTSi 82 ZFFAA02A7C0038127
37897	308	GTSi 82 Red/Black ZFFAA02A7C0037897	38131	308	GTSi 83 Blue metallic RHD UK ZFFHA02C0000 eng. #F106B00746
37899	308	GTS 82 Black/Red ZFFAA02A0C0037899			
37901	308	GTSi 82 ZFFAA02A5C0037901	38133	308	GTBi ZFFAA01A0C0038133
37909	Mondial	8 LHD EU ZFFHD08B000037909	38137	308	GTBi
37917	308	GTSi LHD EU ZFFHA02B000037917	38139	Mondial	8 82 Red/Tan LHD ZFFAD08A5C0038139
37919	308	GTSi 82 Red/Black LHD US ZFFAA02A2C0037919	38149	308	GTSi 82 ZFFAA02A6C0038149
			38151	512	BB/LM Red LHD
37921	308	GTSi 82 Red/Tan ZFFAA02A0C0037921	38155	400	i Automatic 82 Azzurro/Tan LHD
37925	400	i 81 Blue RHD UK eng. # 00187	38157	400	i Automatic Azzurro then Brown/Tan
37927	400	i 81 Verde Pino/Crema	38159	Mondial	8 82 ZFFAD08A0C0038159

s/n	Type	Comments
38161	Mondial	8 82 Red/Tan LHD ZFFAD08A9C0038161
38163	Mondial	8 82 ZFFAD08A2C0038163
38167	308	GTsi Dark Blue Met'/Beige RHD
38169	308	GTSi 82 ZFFAA02A1C0038169
38171	308	GTSi 82 Red/Tan LHD US ZFFAA02AXC0038171
38179	512	BB/LM Series 3 #21/25 80 Red Black & Yellow stripe/Black eng. # 0027
38181	512	BB/LM Series 3 #22/25 81 Red/Red LHD
38183	Mondial	8 Red/Black RHD
38185	Mondial	8 82 ZFFAD08A1C0038185
38187	308	GTSi 81 Red/Tan LHD EU ZFFHA02B000038187
38195	308	GTSi 82 ZFFAA02A2C0038195
38197	308	GTSi 82 Red/Black ZFFAA02A6C0038197
38199	512	BB Black/beige
38201	512	BB 81 Red/Black
38203	512	BB 81 Red & Black/Tan & Black F102BB38203
38205	512	BB 81 Red/Tan LHD EU
38211	400	i Automatic LHD EU ZFFEB06B000038211
38217	208	GTB Grey Dark Red LHD EU
38223	Mondial	8 82 ZFFAD08A5C0038223
38225	Mondial	8 81 Rosso Corsa/Crema RHD
38227	308	GTSi 82 Red/Tan LHD US ZFFAA02A0C00
38229	308	GTSi 82 Black/Tan ZFFAA02A4C0038229
38233	308	8 81 Red LHD
38237	Mondial	8 82 ZFFAD08A5C0038237
38239	Mondial	8 82 ZFFAD08A9C0038239
38243	308	GTSi 82 ZFFAA02A9C0038243
38245	308	GTSi 82 ZFFAA02A2C0038245
38247	308	GTSi 82 ZFFAA02A6C0038247
38249	Mondial	8
38251	Mondial	8 Black then Red/Tan LHD ZFFHD08B000038251
38255	308	GTSi 82 ZFFAA02A5C0038255
38257	308	GTBi
38267	400	i Automatic Blue LHD EU
38271	400	i 81
38273	Mondial	8
38277	308	GTSi
38279	308	GTSi 82 ZFFAA02A8C0038279
38281	308	GTSi 82 ZFFAA02A6C0038281
38285	308	GTSi 82 Red/Tan ZFFAA02A3C0038285
38289	308	GTBi Red/Tan LHD EU
38291	512	BB 81 Red/Tan
38293	512	BB 81 Red/Black LHD EU
38295	512	BB 81 Grey/Black
38303	308	GTSi 81 AUS RHD ZFFNA02D000038303
38305	308	GTSi 81 Red/Tan
38309	308	GTSi 81 LHD EU ZFFHA02B000038309
38315	308	GTBi 81 Red/Black LHD EU
38319	400	i Automatic 81 Gold metallic/tan LHD EU
38321	400	i Automatic 81 Silver/Dark Red LHD EU
38323	400	i 81 Blue RHD UK ZFFEB07C000038323 eng. # #00504
38325	Mondial	8 7/81 Red/Tan LHD US ZFFAD08A2C0038325
38327	308	GTSi 82 ZFFAA02A4C0038327
38333	308	GTSi 81 LHD EU ZFFHA02B000038333
38337	308	GTSi 81 LHD EU ZFFHA02B000038337
38341	308	GTBi Red
38343	Mondial	8 7/81 Red/Tan LHDZFFAD08A4C0038343
38347	Mondial	8 LHD EU ZFFHD08B000038347
38351	308	GTSi LHD EU ZFFHA02B000038351
38353	308	GTSi LHD EU ZFFHA02B000038353
38359	308	GTBi
38363	308	GTSi 82 ZFFAA02A8C0038363
38367	308	GTBi 82 Red RHD ZFFHA01C00038367
38383	512	BB 81 Black/Tan
38385	512	BB Black/Crema - Black Inserts LHD F102BB38385
38387	512	BB Red Red
38391	Mondial	8 82 ZFFAD08A4C0038391
38393	Mondial	8 82 ZFFAD08A8C0038393
38395	308	GTSi Red/Tan ZFFHA02B000038395
38401	308	GTS 7/81 Silver/Black LHD US ZFFAA02A1C0038401
38403	308	GTsi 82 ZFFAA02A5C0038403
38405	308	GTBi Black/Black
38407	208	GTB Red/Black LHD
38425	308	GTBi
38427	400	i
38431	400	i Automatic Brown Tan LHD EU
38433	Mondial	8 82 Red/Beige LHD
38435	Mondial	8 82 Yellow/Tan LHD US ZFFAD08A9C0038435
38437	308	GTSi 82 Red/Tan LHD US ZFFAA02A0C0038437
38439	308	GTSi 82 ZFFAA02A4C0038439
38441	308	GTSi 82 Red/Tan ZFFAA02A2C0038441
38449	308	GTBi Red/Tan
38451	Mondial	8 Red/Tan RHD
38453	Mondial	8 silver/tan LHD EU ZFFHD08B000038453
38457	308	GTSi 82 ZFFAA02A6C0038457
38459	308	GTSi 82 ZFFAA02AXC0038459
38467	308	GTBi 82 ZFFAA01A7C0038467
38469	Mondial	8 Azzurro Metallic/Crema LHD ZFFHD08B000038469
38473	308	GTSi Red/Tan LHD
38475	308	GTSi 82 Red/Black ZFFAA02A8C0038475
38477	308	GTSi 82 ZFFAA02A1C0038477
38479	308	GTSi 7/81 Red/Tan ZFFAA02A5C0038479
38481	308	GTSi 82 ZFFAA02A3C0038481
38483	308	GTBi dark Blue/tan LHD EU ZFFHA01B000038483
38487	512	BB last BB, Red/Tan LHD
38499	308	GTSi Red/Tan LHD EU ZFFAA02B000038499
38501	308	GTSi
38503	308	GTSi 82 Black/Red ZFFAA02A9C0038503
38505	308	GTSi 82 Black/Black LHD US
38507	308	GTSi 82 Red/Tan LHD US ZFFAA02A6C0038507
38513	400	i Cabriolet Conversion 82 met. Blue/Tan RHD
38519	Mondial	8
38523	308	GTSi 82 ZFFAA02A4C0038523
38525	308	GTSi 82 ZFFAA02A8C0038525
38527	308	GTSi 82 ZFFAA02A1C0038527
38529	308	GTS Red/Black LHD EU
38533	308	GTBi Red/Crema LHD ZFFHA01B000038533
38543	Mondial	8
38545	Mondial	8 82 Red/Crema RHD UK
38547	308	GTSi 82 Red/Black ZFFAA02A7C0038547
38549	308	GTSi 82 LHD EU ZFFAA02A0C0038549
38553	308	GTSi ZFFHA02B000038553
38555	308	GTBi
38559	308	GTBi ZFFHA01B000038559
38563	Mondial	8 81
38567	308	GTSi 82 Red/Tan ZFFAA02A2C0038567
38573	308	GTBi Rosso Corsa/Tan LHD ZFFHA01B000038573
38577	308	GTBi 8/81 Red then Black/Tan ZFFAA01A3C0038577
38579	308	GTSi Anthracite/Tan LHD
38583	Mondial	8 82 ZFFAD08A2C0038583
38585	Mondial	8 82 Red LHD ZFFHD08B000038585
38587	308	GTSi 82 White Black Boxer trim/Black LHD US ZFFAA02A8C0038587
38589	308	GTSi 82 Red/Black US ZFFAA02A1C0038589 eng. #1578
38593	308	GTSi
38595	308	GTBi 82 ZFFAA01A5C0038595
38599	Mondial	8 82 Black/Red LHD ZFFAD08A6C0038599
38605	308	GTSi 82 ZFFAA02A6C0038605
38607	308	GTSi 82 ZFFAA02AXC0038607
38611	308	GTBi LHD EU ZFFHA01B000038611
38615	512	BBi Red/Tan LHD EU
38617	308	GTSi
38619	512	BBi Red/Crema & Red ZFFJA09B000038619
38623	512	BBi 82 silver then Red/Black LHD EU ZFFJA09B000038623
38635	Mondial	8 82 ZFFAD08A6C0038635

s/n	Type	Comments
38637	308	GTSi 82 ZFFAA02A8C0038637
38639	308	GTSi 82 Red/Tan ZFFAA02A1C0038639
38641	308	GTSi 82 ZFFAA02AXC0038641
38643	308	GTSi 82 Red/Tan LHD US ZFFAA02A3C0038643
38647	308	GTBi Dark Blue Metallic/Tan
38649	308	GTBi Red/Tan
38653	Mondial	8 82 ZFFAD08A8C0038653
38659	308	GTSi 82 ZFFAA02A7C0038659
38661	308	GTSi 82 ZFFAA02A5C0038661
38663	308	GTBi Red/Tan RHD UK
38665	308	GTBi
38677	Mondial	8 82 ZFFAD08A0C0038677
38679	Mondial	8 82 Black/Black ZFFAD08A4C0038679
38681	308	GTSi Silver/Black
38683	308	GTSi 82 ZFFAA02A4C0038683
38685	308	GTSi 82 Red/Tan ZFFAA02A8C0038685
38691	512	BB 82 Red/Tan LHD
38693	Mondial	8 Rosso Corsa/Tan LHD ZFFHD08B000038693 shields
38695	Mondial	8 82 Red/Black LHD US ZFFAD08A2C0038695
38697	Mondial	8 82 Red/Tan ZFFAD08A6C0038697
38699	308	GTSi 82 ZFFAA02A8C0038699
38703	308	GTSi 82 Red/Black ZFFAA02A6C0038703
38705	308	GTS 82 Red/Black ZFFAA02AXC0038705
38709	308	GTBi LHD EU ZFFHA01B000038709
38713	512	BBi 82 Red Black Boxer trim/tan LHD EU ZFFJA09B000038713
38715	512	BBi Blu Sera Metallico Black LHD EU
38717	512	BBi Red/Tan & Black LHD EU ZFFJA09B000038717
38719	512	BBi Red/Black
38721	308	GTSi AUS RHD ZFFNA02D0000
38723	Mondial	8 82 Black Red LHD US ZFFAD08A3C0038723 confirmed
38727	308	GTSi 82 ZFFAA02A9C0038727
38729	308	GTSi 82 ZFFAA02A2C0038729
38731	308	GTSi Silver/Black LHD ZFFHA02B000038731 shields
38739	512	BB/LM Series 3 #23/25 81 Rosso Corsa Green & White LHD
38741	Mondial	8 Red/Black LHD
38745	Mondial	8 82 ZFFAD08A2C0038745
38747	308	GTSi LHD EU ZFFHA02B000038747
38749	308	GTSi 82 ZFFAA02A8C0038749
38751	308	GTSi 82 ZFFAA02A6C0038751
38753	308	GTBi Red/Crema LHD EU
38755	308	GTBi Red/Beige
38757	308	GTBi Koenig Red/Black
38763	Mondial	8 82 Red/Crema ZFFAD08A4C0038763
38765	Mondial	8 82 Red/Tan ZFFAD08A8C0038765, Autocheck confirmed
38767	308	GTSi 82 ZFFAA02AXC0038767
38769	308	GTSi 82 ZFFAA02A3C0038769
38771	308	GTSi
38773	308	GTS 82 Red/Tan LHD US ZFFAA02A5C0038773
38775	308	GTSi 82 ZFFAA02A9C0038775
38779	400	i
38785	Mondial	8 82 White/Red LHD US ZFFAD08A3C0038785 Sunroof
38787	Mondial	8 82 ZFFAD08A7C0038787
38793	308	GTSi 82 Red/Tan US ZFFAA02A0C0038793
38795	308	GTSi 82 Red/Black ZFFAA02A4C0038795
38799	400	i Automatic Rosso Bordeaux
38807	Mondial	8
38809	308	GTSi 81 Red/Black then Tan int. LHD US ZFFAA02A0C0038809
38811	308	GTSi 82 ZFFAA02A9C0038811
38813	308	GTSi 82 ZFFAA02A2C0038813
38819	308	GTBi 82 EU
38823	512	BBi 82 dark Blue metallic/tan
38825	Mondial	8
38827	Mondial	8 ZFFAD08A4C0038827
38829	Mondial	8 82 Red/Black LHD ZFFAS08C000038829
38831	512	BBi Red/Black LHD EU
38833	512	BBi Red Black Boxer Trim/Tan LHD EU
38839	512	BBi 81 Red/Black Daytona seats Black carpets LHD EU ZFFJA09B000038839
38841	308	GTSi 82 Black/Black ZFFAA02A7C0038841
38843	308	GTSi 82 ZFFAA02A0C0038843
38845	308	GTBi 81 Blue/Beige RHD
38853	Mondial	8 Red/beige RHD ZFFHD08C000038853 shields
38855	Mondial	8 82 Red/Beige ZFFAD08A9C0038855
38857	Mondial	8 82 Red/Tan ZFFAD08A2C0038857 sunroof
38859	308	GTSi 81 Brown RHD UK eng. # 00906
38861	308	GTSi 82 ZFFAA02A2C0038861
38863	308	GTSi 82 Red/Black LHD US ZFFAA02A6C0038863
38865	308	GTSi 82 LHD US ZFFAA02AXC00
38867	308	GTSi 82 LHD US ZFFAA02A3C00
38875	400	i Automatic Cabriolet Conversion 82 Red/Crema LHD EU F101CL38875
38877	Mondial	8 82 Red/Tan LHD
38879	Mondial	8 82 Red/Tan LHD US ZFFAD08A1C0038879 p2004 USA
38881	Mondial	8 82 LHD US ZFFAD08AXC0038881
38885	308	GTSi 82 LHD US ZFFAA02A5C00
38887	308	GTSi 82 White/Crema LHD US ZFFAA02A9C00
38889	308	GTSi 82 Red/dark grey LHD US ZFFAA02A2C00
38891	308	GTBi 82 Red/Tan LHD
38893	308	GTBi LHD EU ZFFHA01B000038893
38895	208	GTB
38897	Mondial	8 Red/Black RHD ZFFHD08C000038897
38899	Mondial	8 82 LHD US ZFFAD08A7C0038899
38903	308	GTSi
38905	308	GTSi 82 Red/Tan ZFFHA02B000038905
38907	308	GTSi 82 White/Red LHD US ZFFAA02A0C0038907
38909	308	GTSi 82 LHD US ZFFAA02A4C00
38911	308	GTBi Red/Crema Red piping RHD ZFFHA01C000038911shields
38915	400	i
38917	400	i
38919	400	i Automatic 82 Oro met./Tan LHD
38921	Mondial	8 82 LHD US ZFFAD08A7C0038921
38923	Mondial	8 82 LHD US ZFFAD08A0C0038923
38925	308	GTSi 82 Black/Red LHD
38935	308	GTBi Rosso Corsa/Nero LHD EU
38937	Mondial	8 82 Red RHD AUS ZFFNE08D000038937 eng. #F106B04000914
38939	Mondial	8
38941	Mondial	8 82 LHD US ZFFAD08A2C0038941
38943	Mondial	8 82 LHD US ZFFAD08A6C0038943
38945	308	GTSi 81 Dark Blue/Black LHD EU ZFFHA02B000038945
38947	308	GTSi LHD EU ZFFHA02B000038947
38951	308	GTSi 82 Red/Black LHD US ZFFAA02A3C0038951
38953	308	GTBi 82 Black/Black LHD US ZFFAA01A5C00
38961	512	BB 81 Red/Tan F102BB38961
38963	512	BBi 82 LHD EU ZFFJA09B000038963
38965	Mondial	8
38967	Mondial	8 82 Black/Dark Red ZFFAD08A9C0038967
38969	Mondial	8 82 LHD US ZFFAD08A2C0038969
38971	308	GTSi 82 Black/Red LHD US ZFFAA02A9C00
38973	308	GTSi 82 Red/Tan LHD US ZFFAA02A2C00
38975	308	GTSi 82 LHD US ZFFAA02A6C00
38977	308	GTSi 82 LHD US ZFFAA02AXC00
38979	308	GTSi 82 Red/Black ZFFAA02A3C0038979
38981	308	GTBi 82 LHD US ZFFAA01AXC00
38985	400	i Automatic silvergrey metallic/Black EU
38987	400	i Automatic Black/Tan
38993	Mondial	8 82 Blue Black LHD US ZFFAD08AXC0038993
38995	308	GTSi LHD EU ZFFHA02B000038995
38999	308	GTSi 82 Red/Tan LHD US ZFFAA02A9C0038999
39001	308	GTSi 82 LHD US ZFFAA02A1C00

s/n	Type	Comments	s/n	Type	Comments
39003	308	GTBi 82 Black/Red LHD US ZFFAA01A3C0039003	39197	308	GTSi 82 ZFFAA02A0C0039197
39005	Mondial	8 82 Red/Black LHD ZFFAD08A0C0039005	39199	308	GTBi 82 ZFFAA01A2C0039199 39197
39007	Mondial	8 82 Black/Red LHD ZFFAD08A4C0039007	39203	308	GTBi LHD EU ZFFHA01B000039203
39009	308	GTSi Red/Tan LHD EU	39209	Mondial	8 nero/tan
39011	308	GTS 82 Red/Black LHD US ZFFAA02A4C00	39215	308	GTSi 82 ZFFAA02A9C0039215
39013	308	GTSi 82 LHD US ZFFAA02A8C00	39217	308	GTSi 82 ZFFAA02A2C0039217
39015	308	GTSi 82 LHD US ZFFAA02A1C00	39219	308	GTSi 82 ZFFAA02A6C0039219
39021	308	GTBi Red/Tan LHD EU ZFFHA01B0000	39221	308	GTSi 82 ZFFAA02A4C0039221
39023	400	i Automatic LHD EU ZFFEB06B000039023	39223	308	GTBi 82 ZFFAA01A6C0039223
39027	Mondial	8	39227	400	i Automatic 82 Champagne/tan
39029	Mondial	8 82 Red/Black LHD ZFFAD08A3C0039029	39231	Mondial	8 82 Red/Tan LHD ZFFHD08BD00039231
39033	308	GTSi 82 LHD US ZFFAA02A3C00	39233	308	8 ZFFAD08A2C0039233
39035	308	GTSi 82 LHD US ZFFAA02A7C00	39235	Mondial	8 82 Red/Tan ZFFAD08A6C0039235
39037	308	GTSi 82 LHD US ZFFAA02A0C00	39237	308	GTSi
39039	308	GTSi 82 LHD US ZFFAA02A4C00	39239	308	GTSi 82 ZFFAA02A1C0039239
39045	Mondial	8 82 LHD US ZFFAD08A1C0039045	39241	308	GTSi 82 ZFFAA02AXC0039241
39047	Mondial	8 82 Black/Tan LHD US ZFFAD08A5C0039047	39243	308	GTSi 82 ZFFAA02A3C0039243
39049	Mondial	8 82 LHD US ZFFAD08A9C0039049	39245	308	GTSi 82 LHD EU ZFFAA02A7C0039245
39051	308	GTSi 82 LHD US ZFFAA02A5C00	39249	308	GTBi Red
39053	308	GTSi 82 Red/parment LHD US ZFFAA02A9C00	39251	Mondial	8
39055	308	GTSi 82 Red/Black LHD US ZFFAA02A2C00	39253	Mondial	8 82 ZFFAD08A8C0039253
39057	308	GTSi 82 LHD US ZFFAA02A6C00	39255	Mondial	8 82 ZFFAD08A1C0039255
39059	308	GTSi 82 LHD US ZFFAA02AXC00	39257	Mondial	8 82 ZFFAD08A5C0039257
39061	308	GTBi 82 LHD US ZFFAA01A6C00	39259	308	GTSi Red/Tan LHD EU ZFFHA02B000039259
39065	512	BB 81 White ZFFJA09B000039065	39261	308	GTSi 82 ZFFAA02A5C0039261
39071	512	BBi 82	39263	308	GTSi 82 Red/Tan LHD
39073	512	BBi 82 Red/Tan & Brown Daytona seats Black inserts LHD EU ZFFJA09B000039073	39265	308	GTSi 82 ZFFAA02A2C0039265
			39269	Mondial	8 82 ZFFAD08A1C0039269
39079	308	GTSi 82 LHD US ZFFAA02A5C00	39271	Mondial	8 82 Red/Tan LHD ZFFAD08AXC0039271
39083	308	GTS 82 Rossa Corsa/Tan LHD US ZFFAA02A7C0039083	39273	308	GTSi 82 Red/Black LHD
			39275	308	GTSi 82 ZFFAA02A5C0039275
39085	308	GTSi 82 LHD US ZFFAA02A0C00	39277	308	GTSi 82 ZFFAA02A9C0039277
39087	308	GTSi 82 LHD US ZFFAA02A4C00	39279	308	GTBi 82 ZFFAA01A0C0039279
39089	308	GTSi 82 Red/Tan LHD	39285	Mondial	8 82 Red/Tan LHD US ZFFAD08AXC0039285
39091	308	GTBi 82 LHD US ZFFAA01A4C00	39289	308	GTSi Red
39097	Mondial	8 82 Red/Black LHD ZFFAD08A9C0039097	39291	308	GTSi 82 Red/Tan ZFFAA02A3C0039291
39099	Mondial	8 82 ZFFAD08A2C0039099	39295	308	GTSi 82 ZFFAA02A0C0039295
39101	Mondial	8 82 LHD US ZFFAD08A7C0039101	39297	308	GTSi 82 Red/Black ZFFAA02A4C0039297
39103	Mondial	8 82 LHD US ZFFAD08A0C0039103	39303	512	BBi Red/Tan LHD EU ZFFJA09B00039303
39105	308	GTSi 82 Black/Red ZFFAA02A2C0039105	39305	512	BBi Red/Tan LHD EU ZFFJA09B00039305
39107	308	GTSi 82 ZFFAA02A6C0039107	39309	512	BB
39111	308	GTSi	39311	512	BBi 82 Red/Black & Red Daytona Seats LHD EU ZFFJA09B000039311
39113	308	GTBi LHD EU ZFFHA01B000039113			
39115	Mondial	8	39313	400	i
39117	Mondial	8	39321	Mondial	8 giallo/tan
39119	Mondial	8 82 ZFFAD08A4C0039119	39323	Mondial	8 82 Red/Black LHD ZFFAD08A3C0039323
39129	308	GTSi 82 ZFFAA02A5C0039129	39325	Mondial	8 82 ZFFAD08A7C0039325
39131	308	GTSi 82 ZFFAA02A3C0039131	39327	308	GTSi
39133	308	GTSi 82 ZFFAA02A7C0039133	39329	308	GTSi 82 ZFFAA02A2C0039329
39135	Mondial	8	39331	308	GTSi 82 ZFFAA02A0C0039331
39137	Mondial	8	39333	308	GTSi 82 ZFFAA02A4C0039333
39139	Mondial	8 82 Red/Tan LHD US ZFFAD08AXC0039139 Sunroof	39339	Mondial	8
			39341	Mondial	8 82 Black/Red LHD US ZFFAD08A5C0039341
39141	308	GTSi 82 ZFFAA02A6C0039141	39343	Mondial	8 82 Red/Tan LHD US ZFFAD08A9C0039343 Sunroof
39143	308	GTSi 82 ZFFAA02AXC0039143			
39145	308	GTSi 82 ZFFAA02A3C0039145	39345	308	GTSi ZFFHA02B000039345
39147	308	GTSi 82 ZFFAA02A7C0039147	39349	308	GTSi 82 Black/Black LHD
39149	308	GTSi 82 ZFFAA02A0C0039149	39353	308	GTBi Red/Tan LHD EU ZFFHA01B000039353
39155	400	i Automatic 81 Azzurro	39357	Mondial	8 82 ZFFAD08A9C0039357
39159	208	GTS Red/Crema LHD EU	39365	308	GTSi 82 ZFFAA02A6C0039365
39165	Mondial	8 82 Black Red ZFFAD08A0C0039165	39367	308	GTSi 82 Red/Tan LHD US ZFFAA02AXC00
39167	308	GTSi 82 ZFFAA02A2C0039167	39369	308	GTSi 82 LHD US ZFFAA02A3C00
39169	308	GTSi 82 Black/Tan ZFFAA02A6C0039169	39371	308	GTBi
39171	308	GTSi 82 ZFFAA02A4C0039171	39381	Mondial	8 82 LHD US ZFFAD08A6C0039381
39173	308	GTSi 82 Blue RHD UK eng. # 00904	39383	Mondial	8 82 LHD US ZFFAD08AXC0039383
39175	308	GTSi Black Crema RHD UK	39385	308	GTSi 81 Red/Tan LHD
39181	512	BBi	39387	308	GTSi 82 LHD US ZFFAA02A5C00
39183	512	BBi Red/Tan	39389	308	GTSi 82 LHD US ZFFAA02A9C00
39187	Mondial	8 81 Red RHD UK eng. # 00915	39391	308	GTBi 82 LHD US ZFFAA01A5C00
39189	Mondial	8 82 ZFFAD08A3C0039189	39393	308	GTBi 82 LHD US ZFFAA01A9C00
39191	Mondial	8 82 Black/Black LHD ZFFAD08A1C0039191	39397	Mondial	8 82 LHD US ZFFAD08AXC0039397
			39399	Mondial	82 White Black LHD ZFFAD08A3C0039399
39195	308	GTSi 82 ZFFAA02A7C0039195	39403	308	GTSi LHD EU ZFFHA02B000039403

s/n	Type	Comments
39405	308	GTSi 82 Red/Black LHD US ZFFAA02A3C0039405
39407	308	GTSi 82 LHD US ZFFAA02A7C00
39409	308	GTSi 82 LHD US ZFFAA02A0C00
39411	512	BBi 82 Black Crema LHD ZFFJA09B000039411
39413	308	GTSi 82 Red/Tan LHD
39415	512	BBi 82 Rosso Corsa Black Boxer Trim/Black LHD EU ZFFJA09B000039415
39417	512	BBi Spider Conversion by Lorenz 1/82 Red/Black
39419	512	BBi Red/Black LHD EU
39421	512	BB 82
39423	400	i Automatic 82 Green then Black/green LHD EU F101CL39423
39425	400	i 82 Blue/Tan LHD Manual EU
39427	400	i 82 brown metallic tan
39431	Mondial	8 82 Red/Black ZFFAD08A6C0039431
39433	Mondial	8 82 LHD US ZFFAD08AXC0039433
39437	Mondial	8 LHD EU ZFFHD08B000039437
39439	308	GTSi 82 Red/Black ZFFAA02A9C0039439
39441	308	GTSi 82 Yellow/Black LHD US ZFFAA02A7C00
39443	308	GTSi 82 LHD US ZFFAA02A0C00
39445	308	GTSi 82 LHD US ZFFAA02A4C00
39449	Mondial	8 82 Black/Tan LHD US ZFFAD08A3C0039449
39451	Mondial	8 82 LHD US ZFFAD08A1C0039451
39453	308	GTSi Gold Brown
39455	308	GTSi 82 Black/Tan LHD US ZFFAA02A7C0039455
39457	308	GTSi 82 LHD US ZFFAA02A0C00
39459	308	GTSi 82 LHD US ZFFAA02A4C00
39461	308	GTSi 82 Red/Tan LHD US ZFFAA02A2C00
39463	308	GTSi 82 LHD US ZFFAA02A6C00
39465	Mondial	8 Black/Red
39467	400	i 82
39471	Mondial	8 82 Silver/dark Red RHD ZFFHD08C000039471
39475	308	GTSi 82 Red/Tan LHD EU ZFFHA02B000039475
39479	308	GTSi 82 Red/Black LHD US ZFFAA02AXC00
39485	308	GTBi 82 LHD US ZFFAA01A3C00
39489	Mondial	8
39491	512	BBi LHD EU ZFFJA09B000039491
39499	308	GTSi 82 LHD US ZFFAA02A5C00
39501	308	GTSi 82 LHD US ZFFAA02AXC00
39503	308	GTSi 82 LHD US ZFFAA02A3C00
39505	308	GTBi
39507	Mondial	8 82 Black/Tan
39509	308	GTSi 82 LHD US ZFFAA02A4C00
39511	308	GTSi 82 Red/Black LHD US ZFFAA02A2C00
39513	308	GTSi 10/81 Red/Tan LHD US ZFFAA02A6C0039513
39515	308	GTSi 82 LHD US ZFFAA02AXC00
39519	308	GTBi
39521	308	GTBi Red/Black
39523	512	BBi 83 White Black
39527	512	BBi Black/Black
39533	400	i Automatic 82 Silver/Black LHD EU
39535	400	EU
39537	400	i Automatic Dark Blue/Black LHD
39549	308	GTSi 5/81 Red LHD EU ZFFHA02B000039549
39551	308	GTSi 82 LHD US ZFFAA02A3C0039551
39553	308	GTSi 82 LHD US ZFFAA02A7C0039553
39555	308	GTSi 82 LHD US ZFFAA02A0C0039555
39559	Mondial	8 82 LHD US ZFFAD08AXC0039559
39561	Mondial	8 82 Red/Tan LHD US ZFFAD08A8C0039561
39565	308	GTSi LHD EU ZFFHA02B000039565
39567	308	GTSi 81 White/Red
39571	308	GTSi 82 LHD US ZFFAA02A9C0039571
39573	308	GTBi
39589	Mondial	8 LHD EU ZFFHD08B000039589
39591	Mondial	8 82 LHD US ZFFAD08A6C0039591
39593	Mondial	8 82 Red/Black LHD US ZFFAD08AXC0039593
39595	308	GTSi
39599	308	GTSi 82 LHD US ZFFAA02A9C0039599
39601	308	GTSi 82 Red LHD US ZFFAA02A3C0039601
39603	308	GTSi 82 LHD US ZFFAA02A7C00
39607	308	GTBi Black/Black LHD
39613	Mondial	8 82 Black/Black LHD Sunroof
39615	Mondial	8 82 White/Tan LHD US ZFFAD08A5C0039615 Sunroof
39617	308	GTSi 82 LHD US ZFFAA02A7C00
39619	308	GTSi 82 Black/Tan LHD US ZFFAA02A0C0039619
39621	308	GTSi 82 Red/Tan LHD US ZFFAA02A9C00
39623	308	GTS 82 Red/Black LHD US ZFFAA02A2C0039623
39625	308	GTSi 82 Red/Black LHD US ZFFAA02A6C00
39629	512	BBi Silver/Black LHD EU ZFFJA09B000039629
39631	512	BBi LHD EU ZFFJA09B000039631
39633	512	BBi LHD EU ZFFJA09B000039633
39637	400	i Automatic 82 Red/Tan & Red LHD EU F101CL39637
39647	Mondial	8 82 LHD US ZFFAD08A7C0039647
39651	308	GTSi
39653	308	GTSi 82 Black/Black LHD US ZFFAA02A0C00
39655	308	GTSi 82 LHD US ZFFAA02A4C00
39657	308	GTBi
39661	308	GTSi 82 Blue/Blue LHD US ZFFAA02AXC00
39663	308	GTSi 81 Red AUS RHD ZFFNA02D0000 eng. #F106B04001841
39665	308	GTSi 81 Red RHD AUS ZFFNA02D0000 eng. #F106B04001844
39669	308	GTSi 82 Black/Crema LHD
39673	308	GTBi 81 Red RHD AUS ZFFNA01D0000 eng. #F106B04001848
39677	400	i Automatic Yellow/Black LHD EU
39679	400	i Red/Crema LHD EU manual
39685	Mondial	8 LHD EU ZFFHD08B000039685
39687	Mondial	8
39689	308	GTSi 81 Red RHD AUS ZFFNA02D0000 eng. #F106B04008843
39693	308	GTSi 82 ZFFAA02A1C0039693
39705	208	GTB 82 Red/Blue
39707	308	GTSi LHD EU ZFFHA02B000039707
39709	308	GTSi 82 Red/Tan LHD EU ZFFHA02B000039709
39711	308	GTSi 81 Red RHD AUS ZFFNA02D0000 eng. #F106B04001842
39713	308	GTSi Red/Tan LHD
39715	308	GTBi 82 ZFFAA01A5C0039715
39719	308	GTBi Yellow/Black
39721	308	GTBi Rosso/nero LHD ZFFHA01B000039721
39723	512	BBi 82 Silver/Black LHD B000039723 eng. #197.378.232,
39725	512	BBi 82 Red LHD ZFFJA09B000039725
39727	512	BBi Red/Black
39729	512	BBi 82 Red/Black LHD EU
39733	Mondial	8 Red/Crema LHD EU ZFFHD08B0000
39737	308	GTSi 82 ZFFAA02A6C0039737
39739	308	GTSi 82 ZFFAA02AXC0039739
39749	Mondial	8 82 Red/tan ZFFAD08A4C0039749
39751	Mondial	8 Red/Tan LHD
39753	Mondial	8
39755	308	GTSi LHD EU ZFFHA02B000039755
39757	308	GTSi 82 ZFFAA02A1C0039757
39759	308	GTSi 82 ZFFAA02A5C0039759
39761	308	GTSi 82 ZFFAA02A3C0039761
39763	308	GTSi 82 ZFFAA02A7C0039763
39765	308	GTBi Dark Blue/tan LHD EU ZFFHA01B000039765
39771	400	i Automatic 82 Azzurro/Crema LHD EU
39773	400	i Automatic 82 Green Metallic/Tan & Black LHD EU ZFFEB06B000039773
39775	400	i Automatic Brown/Tan
39785	308	GTSi 83 Red RHD AUS ZFFNA02D0000 eng. #F106B04001876

s/n	Type	Comments
39787	308	GTSi 82 Red/Tan ZFFAA02AXC0039787
39789	308	GTSi 82 ZFFAA02A3C0039789
39797	Mondial	8 Red/Red
39799	Mondial	8 82 Red/Tan US ZFFAD08A8C0039799
39801	308	GTSi 82 ZFFAA02A0C0039801
39803	308	GTSi 82 ZFFAA02A4C0039803
39805	308	GTSi Brown metallic/Tan LHD
39807	308	GTBi 82 ZFFAA01AXC0039807
39811	400	i 82 Bronze/Naturale LHD EU
39813	400	i Automatic 82 Silver then Red/Black LHD EU F101CL39813
39817	Mondial	8
39819	Mondial	8 Dark Red/Tan LHD ZFFHD08B000039819
39821	308	GTSi 82 Silver/Red LHD US ZFFAA02A6C0039821
39823	308	GTSi 82 ZFFAA02AXC0039823
39825	308	GTSi 82 Grey/Black LHD US ZFFAA02A3C0039825
39829	308	GTBi
39831	308	GTBi 82 Red/Black LHD
39833	308	GTBi 82 ZFFAA01A0C0039833
39835	308	GTBi 82 ZFFAA01A4C0039835
39837	512	BBi 82 Red RHD UK ZFFJA09C000039837 eng. #F1DA00070
39839	512	BBi 82 Rosso Corsa/Tan & Brown Daytona Seats ZFFJA09B000039839
39843	512	BBi Black/Black
39845	512	BBi Red/Tan grey cloth inserts LHD EU ZFFJA09B000039845
39849	308	GTSi 82 ZFFAA02A6C0039849
39853	308	GTSi 82 ZFFAA02A8C0039853
39855	308	GTSi 82 ZFFAA02A1C0039855
39857	308	GTBi 82 Red/Black LHD US ZFFAA01A3C0039857
39859	308	GTBi
39867	Mondial	8 82 Silver RHD UK ZFFHD08C000039867
39869	Mondial	8 82 ZFFAD08A3C0039869
39871	308	GTSi 82 RHD AUS ZFFNA02D0000
39875	308	GTSi 82 Red/Tan ZFFAA02A7C0039875
39877	308	GTSi 82 Red LHD US ZFFAA02A0C0039877
39879	308	GTSi 82 ZFFAA02A4C0039879
39885	400	i Automatic LHD EU ZFFEB06B000039885
39889	Mondial	8
39891	Mondial	8 82 Red/Black ZFFAD08A7C0039891
39895	308	GTSi 82 ZFFAA02A2C0039895
39897	308	GTSi 82 ZFFAA02A6C0039897
39899	308	GTSi 82 ZFFAA02AXC0039899
39903	308	GTSi 82 ZFFAA02A8C0039903
39905	308	GTBi 82 ZFFAA01AXC0039905
39907	Mondial	8 82 Blue RHD UK ZFFHD08C000039907
39909	Mondial	QV 82 Red/Black eng. #39909
39911	308	GTSi RHD
39913	308	GTSi 82 ZFFAA02A0C0039913
39919	308	GTBi 82 Red/Tan ZFFAA01AXC0039919
39923	308	GTBi Red LHD EU ZFFHA01B000039923
39925	512	BBi LHD EU ZFFJA09B000039925
39929	512	BBi 82 Silver Tan Grey Daytona Seats LHD EU ZFFJA09B000039929
39931	512	BBi 82 Grigio/ Crema
39939	308	GTSi 82 Red RHD AUS ZFFNA02D000039939 eng. #F106B04001877
39941	308	GTSi 81 Red RHD AUS ZFFNA02D0000 eng. #F106B04001880
39945	308	GTSi LHD EU ZFFAA02B000039945
39949	308	GTSi 82 ZFFAA02AXC0039949
39951	308	GTBi 82 Red/Black LHD US ZFFAA01A6C0039951
39953	308	GTBi 82 ZFFAA01AXC0039953
39955	208	GTS Red/Black
39957	Mondial	8 82 ZFFAD08A0C0039957
39961	308	GTSi Red/Black
39965	Mondial	8 81 Red
39967	308	GTSi 82 ZFFAA02A1C0039967
39969	308	GTSi 82 ZFFAA02A5C0039969
39971	308	GTBi 82 Red RHD AUS ZFFNA01D00039971 eng. #F106B04001878
39975	Mondial	8
39977	Mondial	8 82 Silver/Black ZFFAD08A6C0039977
39979	Mondial	8 LHD EU ZFFHD08B000039979
39981	308	GTSi 81 Red RHD AUS ZFFNA02D0000 eng. #F105B040047
39983	308	GTSi 82 ZFFAA02AXC0039983
39985	308	GTSi 82 Red/Black ZFFAA02A3C0039985
39991	400	i
39995	400	i 81 Black/Black LHD Manual EU ZFFEB06B000039995
39999	Mondial	8 82 ZFFAD08A5C0039999
40001	308	GTSi 83 Silver ZFFNA02D000040001
40005	308	GTSi 82 Red/Black US ZFFAA02A3C0040005
40009	308	GTSi 82 ZFFAA02A0C0040009
40011	308	GTBi LHD EU ZFFHA01B000040011
40013	308	GTBi 82 Red/Black ZFFHA01B000040013
40015	Mondial	QV 82 Red/Black LHD ZFFAD08A8C0040015
40021	308	GTSi 82 ZFFAA02A1C0040021
40023	308	GTSi 82 Red/Black ZFFAA02A5C0040023
40025	308	GTSi 82 ZFFAA02A9C0040025
40027	308	GTSi 82 ZFFAA02A2C0040027
40031	308	GTBi
40033	512	BB/LM Conversion Red/Black LHD
40037	512	BBi Red Black Boxer Trim/Tan Daytona Seats
40041	512	BBi Red/Black LHD ZFFJA09B000040041
40047	Mondial	8 82 Red/Tan ZFFAD08AXC0040047
40051	308	GTSi Red/Tan ZFFAA02AXC00
40053	308	GTSi 82 ZFFAA02A3C0040053
40059	308	GTB 82 Red/Black ZFFAA01A2C0040059
40061	308	GTBi 82 ZFFAA01A0C0040061
40065	400	i Automatic LHD EU ZFFEB06B000040065
40067	400	i Automatic LHD EU ZFFEB06B000040067
40069	Mondial	8 82 Red/Red LHD ZFFAD08A9C0040069
40071	308	GTSi
40073	308	GTSi 82 ZFFAA02A9C0040073
40077	308	GTSi 82 Red/Tan ZFFAA02A4C0040739
40079	308	GTSi 82 LHD US ZFFAA02AXC0040079
40081	308	GTSi 82 Red/Black US
40087	Mondial	8 82 Red/Black ZFFHD08C000040087
40091	308	GTSi 82 ZFFAA02A0C0040091
40093	308	GTSi 82 ZFFAA02A4C0040093
40095	308	GTSi 82 ZFFAA02A8C0040095
40101	308	GTBi LHD EU ZFFHA01B000040101
40103	308	GTBi 82 Red/Black ZFFHA01B000040103
40109	Mondial	8 82 ZFFAD08A6C0040109
40111	308	GTSi 82 Red/Tan ZFFAA02A2C0040111
40113	308	GTSi 82 ZFFAA02A6C0040113
40115	308	GTSi 82 ZFFAA02AXC0040115
40117	308	GTSi 82 ZFFAA02A3C0040117
40127	308	GTSi 82 Red/Tan ZFFAA02A6C0040127 Tubi
40129	308	GTSi 82 ZFFAA02AXC0040129
40131	308	GTSi 82 ZFFAA02A8C0040131
40133	308	GTSi 82 Black/Tan ZFFAA02A1C0040133
40135	308	GTSi Yellow/Black
40139	308	GTSi 82 Red/Tan ZFFAA02A2C0040139
40141	512	BBi 82 Black or Red
40145	512	BBi Dark grey/Red
40147	512	BBi 82 dark metallic grey/Black
40149	512	BBi 82 Grigio/Bordeaux LHD EU ZFFJA09B000040149
40153	400	i Automatic Red Red LHD
40155	400	i Automatic LHD EU ZFFEB06B000040155
40157	400	i 82 Black/Black RHD Manual sunroof
40161	400	i Blue Met/Beige Manual LHD
40163	Mondial	8 82 Silver RHD ZFFNE08D000040163 eng. #F106804001109
40165	Mondial	8
40167	308	GTSi Spider Conversion Red/Crema ZFFHA02B000040167

s/n	Type	Comments
40173	308	GTSi 82 Azzurro Blue/Tan ZFFAA02A2C0040173
40175	308	GTSi 82 ZFFAA02A6C0040175
40177	308	GTSi 82 ZFFAA02AXC0040177
40179	308	GTSi 82 ZFFAA02A3C0040179
40185	Mondial	8 82 Grigio/Black LHD US ZFFAD08A0C0040185
40189	308	GTSi 82 grigio/tan ZFFAA02A6C0040189 exported to Europe
40191	308	GTSi 82 Red/Black ZFFAA02A4C0040191
40193	308	GTSi 82 ZFFAA02A8C0040193
40195	308	GTBi 82 ZFFAA01AXC0040195
40207	308	GTSi Red/Beige
40209	308	GTSi 82 Yellow/Tan ZFFAA02A8C0040209
40211	308	GTSi 82 ZFFAA02A6C0040211
40213	308	GTBi 82 ZFFAA01A8C0040213
40215	308	GTBi 82 ZFFAA01A1C0040215
40221	308	GTSi 82 Blue/Tan ZFFAA02A9C0040221
40223	308	GTSi 82 ZFFAA02A2C0040223
40225	308	GTSi 82 Red/Tan ZFFAA02A6C0040225
40231	308	GTSi 82 ZFFAA02A1C0040231
40233	308	GTSi 82 Red/Black ZFFAA02A5C0040233
40241	512	BBi Red Red trim/tan LHD ZFFJA09B000040241
40243	512	BBi 82 Red Black Boxer trim/Black LHD EU ZFFJA09B000040243
40247	Mondial	8 82 ZFFAD08A7C0040247
40251	308	GTSi 82 ZFFAA02A7C0040251
40257	308	GTSi 82 Red/Black ZFFAA02A8C0040257
40259	308	GTSi 82 ZFFAA02A1C0040259
40261	308	GTBi 82 silver/Red LHD ZFFHA0AB000040261 ex-Baron Bich
40269	400	i Automatic Convertible Conversion 82 Champagne/brown brown top LHD EU ZFFEB06B000040269
40271	400	i Automatic 82 Blue/Tan then Black/Crema ZFFEB06B000040271
40273	400	i Automatic gold/crema LHD
40275	Mondial	8
40277	308	GTSi 82 ZFFAA02A3C0040277
40279	308	GTSi 82 Black/Tan LHD US
40283	308	GTSi 82 Red/Tan ZFFAA02A9C0040283
40285	308	GTSi 82 Red/Tan ZFFAA02A2C0040285 ex-Warner Bros. feat. in the movie "Vacations"
40287	308	GTSi 82 ZFFAA02A6C0040287
40289	308	GTBi 82 ZFFAA01A8C0040289
40297	308	GTSi Black/dark Red US
40299	308	GTSi 82 Red/Tan ZFFAA02A2C0040299
40301	308	GTSi 82 ZFFAA02A7C0040301
40303	308	GTSi 82 ZFFAA02A0C0040303
40305	308	GTSi 82 ZFFAA02A4C0040305
40309	308	GTBi 82 ZFFAA01AXC0040309
40311	Mondial	8 82 ZFFAD08A1C0040311
40313	308	GTS Red/Black RHD ZFFHA02C000040313
40317	308	GTSi 82 ZFFAA02A0C0040317
40319	308	GTSi 82 Oro/Tan ZFFAA02A4C0040319
40321	308	GTSi 82 ZFFAA02A2C0040321
40323	308	GTSi 82 ZFFAA02A6C0040323
40329	512	BB 82 Red/Tan LHD
40331	512	BBi Red/Crema LHD
40333	512	BBi Red/Black LHD EU ZFFJA09B000040333
40335	512	BBi 82 Red Black Boxer TrimCharcoal LHD ZFFJA09B000040335
40337	Mondial	8 Red/Tan RHD
40339	Mondial	8 82 ZFFAD08A1C0040339
40341	308	GTSi Yellow/Black eng. #. 01147
40343	308	GTSi Cabriolet Conversion 82 White/White LHD EU ZFFHA02B000040343
40345	308	GTSi 82 ZFFAA02A5C0040345
40347	308	GTSi 82 Red/Tan
40349	308	GTSi 82 ZFFAA02A2C0040349
40351	308	GTSi 82 White Black US ZFFAA02A0C0040351
40353	308	GTBi 82 ZFFAA01A2C0040353
40357	400	GT 82
40361	400	i 82 silver/Blue manual LHD EU
40367	Mondial	8 82 Red/Black LHD ZFFAD08A6C00
40371	308	GTSi 82 ZFFAA02A6C0040371
40373	308	GTSi 82 ZFFAA02AXC0040373
40375	308	GTSi 82 ZFFAA02A3C0040375
40377	308	GTSi 12/81 Red/Tan ZFFAA02A7C0040377 rebuilt eng.
40379	308	GTSi 82 ZFFAA02A0C0040379
40383	308	GTSi
40385	308	GTSi 12/81 Yellow ZFFAA02A6C0040385
40387	308	GTSi 82 Red/Black ZFFAA02AXC0040387
40389	308	GTSi 82 Red/Tan ZFFAA02A3C0040389
40391	308	GTSi 82 ZFFAA02A1C0040391
40393	308	GTSi 82 ZFFAA02A5C0040393
40397	308	GTSi 82 ZFFAA02A2C0040397
40401	512	BBi Nero Daytona
40405	308	GTSi 82 ZFFAA02A8C0040405
40407	308	GTSi 82 ZFFAA02A1C0040407
40409	308	GTSi 82 ZFFAA02A5C0040409
40411	308	GTSi 82 ZFFAA02A1C0040411
40413	308	GTSi 82 ZFFAA02A7C0040413
40415	512	BBi blu Sera
40417	512	BBi Rosso Corsa
40423	400	i Automatic 82 Gold RHD ZFFEB06C000040423 eng. #F101C01100571
40425	400	i Automatic LHD EU ZFFEB06B000040425
40429	400	i Automatic LHD
40433	308	GTSi 82 Silver then Black/Red ZFFAA02A2C0040433
40435	308	GTSi 82 ZFFAA02A6C0040435
40437	308	GTSi 82 ZFFAA02AXC0040437
40439	308	GTSi 82 White/Red ZFFAA02A3C0040439
40441	308	GTSi 82 Red/Tan ZFFAA02A1C0040441
40445	308	GTSi 82 ZFFAA02A9C0040445
40447	308	GTSi 82 ZFFAA02A2C0040447
40453	512	BBi Red/Tan
40455	308	GTSi 82 Red/Tan LHD
40459	308	GTSi 82 ZFFAA02A9C0040459
40463	308	GTSi 82 ZFFAA02A0C0040463
40467	512	BBi 82 Red/Tan LHD EU ZFFJA09B000040467
40473	308	GTSi 82 Dark Blue/Crema LHD EU ZFFHA02B000040473
40475	308	GTSi 82 ZFFAA02A7C0040475
40477	308	GTSi 82 ZFFAA02A0C0040477
40479	308	GTSi 82 Stella Blue met/Blue ZFFAA02A4C0040479
40481	308	GTSi 82 ZFFAA02A2C0040481
40483	308	GTSi 82 ZFFAA02A6C0040483
40485	308	GTSi 82 ZFFAA02AXC0040485
40487	308	GTSi 82 ZFFAA02A3C0040487
40489	308	GTSi 82 ZFFAA02A7C0040489
40491	308	GTSi 82 Red/Tan ZFFAA02A5C0040491
40495	308	GTSi 82 Red/Tan ZFFAA02A2C0040495
40501	400	i 82 Red/Tan Manual LHD EU ZFFEB07B000040501
40505	512	BBi 82 Red Black Boxer trim/Black LHD EU ZFFJA09B000040505
40507	512	BBi LHD EU ZFFJA09B000040507
40509	512	BBi Red/Tan LHD EU ZFFJA09B000040509
40511	Mondial	8 82 Dark Blue Met/Blue ZFFAD08A9C0040511 ex-"Marconi" Museum
40515	308	GTSi 82 ZFFAA02A4C0040515
40517	308	GTSi 82 Nero/Nero ZFFAA02A8C0040517
40519	308	GTSi 82 Red/Tan ZFFAA02A1C0040519
40521	308	GTSi 82 Red/Tan ZFFAA02AXC0040521
40523	308	GTSi 82 ZFFAA02A3C0040523
40527	308	GTBi
40529	Mondial	8
40533	308	GTSi 82 Red/Tan ZFFAA02A6C0040533 ex-Johnny Cash
40535	308	GTSi 82 ZFFAA02AXC0040535
40537	308	GTSi 82 ZFFAA02A3C0040537

s/n	Type	Comments
40543	308	GTSi 82 Verde medio/tan ZFFAA02A9C0040543
40549	400	i Automatic 82 Silver/Black F101CL40549
40555	400	i 82 Black/tan Manual LHD F101CL40555
40557	400	i 82 Black/Black Manual LHD EU ZFFEB07B000040557
40563	512	BBi LHD EU ZFFJA09B000040563
40565	512	BBi 82 Black/dark brown LHD EU ZFFJA09B000040565
40569	512	BBi 82 Red/Tan
40573	Mondial	8 Red/Red LHD ZFFHD08B000040573
40575	308	GTSi
40577	308	GTSi 82 ZFFAA02A4C0040577
40579	308	GTSi 82 ZFFAA02A8C0040579
40581	308	GTSi 82 ZFFAA02A6C0040581
40583	308	GTSi 82 ZFFAA02AXC0040583
40591	308	GTSi LHD EU ZFFHA02B000040591
40593	308	GTSi 82 ZFFAA02A2C0040593
40595	308	GTSi 82 Red/Tan ZFFAA02A6C0040595
40599	308	GTSi 82 ZFFAA02A3C0040599
40601	308	GTBi 82 ZFFAA01A6C0040601
40605	308	GTSi Azzurro/Crema ZFFHA02B0000
40609	308	GTSi 82 ZFFAA02A2C0040609
40611	308	GTSi
40627	Mondial	8 82 ZFFAD08A6C0040627
40633	308	GTSi 82 ZFFAA02AXC0040633
40635	308	GTSi 82 Red/Tan ZFFAA02A3C0040635
40639	308	GTSi 82 Black/Tan ZFFAA02A0C0040639
40641	308	GTSi 82 ZFFAA02A9C0040641
40645	308	GTSi 1/82 Black/Tan ZFFAA02A6C0040645
40647	308	GTSi 82 Red/Tan ZFFAA02AXC0040647
40649	308	GTSi 1/82 Metallic Grey Dark Red LHD US ZFFAA02A3C0040649
40651	308	GTSi 82 Grey/Tan ZFFAA02A1C0040651
40653	308	GTSi 82 ZFFAA02A5C0040653
40655	308	GTSi 82 ZFFAA02A9C0040655
40657	308	GTB Rosso/tan
40661	512	BBi 82 Red/Black LHD ZFFJA09B000040661
40663	512	BBi
40665	512	BBi Red Red
40669	Mondial	8 82 Red/Black ZFFAD08A0C0040669
40673	308	GTSi 82 Black/Red ZFFAA02A0C0040673
40675	308	GTSi 82 Red/Red US ZFFAA02A4C0040675 "Hill Climb Special"-Conversion
40677	308	GTSi 82 ZFFAA02A8C0040677
40679	308	GTSi 82 ZFFAA02A1C0040679
40681	308	GTSi 82 ZFFAA02AXC0040681
40685	400	i Automatic Cabriolet Conversion 82 olive green metallic/dark green LHD
40687	400	i 82 Grigio/Tan LHD EU Manual ZFFEB07B000040687
40691	Mondial	8 82 White RHD UK eng. # 01196
40695	308	GTSi 82 Rosso Corsa/Tan LHD EU ZFFHA02B000040695
40697	308	GTSi 82 ZFFAA02A3C0040697
40699	308	GTSi 82 Black/Tan LHD US ZFFAA02A7C0040699
40701	308	GTSi 82 ZFFAA02A1C0040701
40703	308	GTS 82 ZFFAA02A5C0040703
40707	512	BBi Koenig Red, Matsuda Collection
40709	Mondial	8 82 Silver/Black LHD ZFFAD08A8C0040709
40711	308	GTSi
40719	308	GTSi 82 ZFFAA02A9C0040719
40721	308	GTSi 82 ZFFAA02A7C0040721
40731	512	BBi 82 Red Black Boxer Trim/Black LHD EU ZFFJA09B000040731
40733	308	GTSi ZFFHA02B000040733
40735	308	GTSi 82 ZFFAA02A7C0040735
40737	308	GTSi 82 ZFFAA02A0C0040737
40739	308	GTSi 82 Sera Blu/Tan ZFFAA02A4C0040739
40741	308	GTSi 82 ZFFAA02A2C0040741
40743	308	GTSi 82 ZFFAA02A6C0040743
40745	308	GTBi 82 ZFFHA01B000040745
40751	400	i
40757	308	GTSi 82 Red ZFFNA02D000040757 eng. #F106B040045
40761	308	GTSi 82 ZFFAA02A8C0040761
40763	308	GTSi 82 ZFFAA02A1C0040763
40765	308	GTSi 82 Red/Tan ZFFAA02A5C0040765
40767	308	GTSi 82 ZFFAA02A9C0040767
40769	308	GTSi 82 ZFFAA02A2C0040769
40771	308	GTSi 82 ZFFAA02A0C0040771
40773	512	BBi
40775	512	BBi 82 Dark Blue/Black ZFFJA09B000040775
40777	512	BBi 82 Red/Black then Black/Black Red inserts LHD EU ZFFJA09B000040777 Tubi
40781	Mondial	8 red/tan ZFFHD08B000040781
40783	308	GTSi LHD EU ZFFHA02B000040783
40785	308	GTSi 82 ZFFAA02A0C0040785
40787	308	GTSi 82 Black/Red ZFFAA02A4C0040787
40791	308	GTSi 82 Grey/Red ZFFAA02A6C0040791
40793	Mondial	8 82 ZFFAD08A1C0040793
40795	308	GTSi 82 Grey/Black ZFFAA02A3C0040795
40797	308	GTSi 82 ZFFAA02A7C0040797
40799	308	GTSi 82 ZFFAA02A0C0040799
40801	308	GTSi 82 ZFFAA02A5C0040801
40803	308	GTSi 82 ZFFAA02A9C0040803
40805	308	GTSi 82 ZFFAA02A2C0040805
40807	308	GTBi 82 ZFFAA01A4C0040807
40811	Mondial	8 82 ZFFAD08AXC0040811
40815	308	GTSi LHD EU ZFFHA02B000040815
40817	308	GTSi Red/Crema
40819	308	GTSi 82 Blue/Tan ZFFAA02A2C0040819
40821	308	GTSi 82 Grey/Red ZFFAA02A0C0040821
40823	308	GTSi 82 Red/Tan ZFFAA02A4C0040823
40827	308	GTBi 82 EU
40837	308	GTSi 82 White/Red
40839	308	GTSi 82 White/Red ZFFAA02A8C0040839
40841	308	GTSi 82 ZFFAA02A6C0040841
40847	512	BBi
40849	512	BBi 4/82 Black/Red ZFFJA09B000040849
40851	512	BBi LHD EU ZFFJA09B000040851
40857	Mondial	8 82 Rosso Fer 302/C/Tan ZFFAD08A1C0040857
40861	308	GTSi 82 ZFFAA02A1C0040861
40863	308	GTSi Red/Crema
40871	400	i Automatic Green/Blue LHD
40873	400	i Automatic Green/Black
40875	400	i Automatic 82 Verde Pino/Crema LHD EU ZFFEB06B000040875
40877	400	i
40879	Mondial	8 82 ZFFAD08A0C0040879
40883	Mondial	8 Red/Black RHD
40885	Mondial	8
40887	308	GTSi 82 ZFFAA02A8C0040887
40889	308	GTSi 82 ZFFAA02A1C0040889
40891	308	GTSi 82 ZFFAA02AXC0040891
40893	308	GTS 82 Red ZFFAA02A3C0040893
40897	512	BBi LHD EU ZFFJA09B000040897
40903	Mondial	8 82 Silver/Red LHD ZFFAD08A4C0040903
40907	308	GTSi 82 ZFFAA02AXC0040907
40909	308	GTSi 82 ZFFAA02A3C0040909
40911	308	GTSi 82 Red/Black ZFFAA02A1C0040911
40913	308	GTBi
40915	512	BBi 83 Red Red LHD EU ZFFJA09B000040915
40917	512	BBi Red/Black
40921	308	GTSi 82 Black Red ZFFAA02A4C0040921
40923	308	GTSi 82 ZFFAA02A8C0040923
40925	308	GTSi 82 ZFFAA02A1C0040925
40927	308	GTSi 82 ZFFAA02A5C0040927
40931	308	GTSi 82 ZFFAA02A7C0040931
40933	308	GTBi 82 Black/Black ZFFAA01A9C0040933
40935	308	GTBi 82 ZFFAA01A2C0040935
40939	308	GTSi 82 Red/Tan
40941	308	GTSi 82 ZFFAA02AXC0040941
40943	308	GTSi 82 ZFFAA02A3C0040943

s/n	Type	Comments
40945	308	GTSi 82 ZFFAA02A7C0040945
40947	308	GTSi 82 Red/Tan LHD
40949	308	GTSi 82 Red/Black ZFFAA02A4C0040949
40951	308	GTSi 82 LHD US ZFFAA02A2C0040951
40953	308	GTBi Red/Tan
40955	308	GTBi 82 ZFFAA01A8C0040955
40957	308	GTSi
40959	308	GTSi 82 Red/Tan ZFFAA02A7C0040959
40961	308	GTSi 82 ZFFAA02A5C0040961
40963	308	GTSi 82 ZFFAA02A9C0040963
40965	308	GTSi 82 ZFFAA02A2C0040965
40967	308	GTSi 82 ZFFAA02A6C0040967
40969	308	GTSi 82 ZFFAA02AXC0040969
40975	400	i Automatic 82 Blue/Magnolia RHD
40977	400	i Automatic 83 grey/tan LHD ZFFEB06B000040977
40979	400	i Automatic LHD EU ZFFEB06B000040979
40981	400	i Automatic 82 Grigio Scuro/Tan LHD EU ZFFEB06B000040981
40985	Mondial	8 82 Dark Grey LHD ZFFAD08AC0040985
40987	Mondial	8 82 Red/Tan ZFFAD08A3C0040987
40991	308	GTSi 82 ZFFAA02A3C0040991
40993	308	GTSi 82 ZFFAA02A7C0040993
40995	308	GTSi 82 ZFFAA02A0C0040995
40997	308	GTS 82 Red/Tan ZFFAA02A4C0040997
40999	512	BBi Red/Black LHD EU ZFFJA09B000040999
41001	512	BBi Red/Black LHD ZFFJA09B000041001
41003	512	BBi Red & Black/Black & grey LHD EU ZFFJA09B000041003
41009	Mondial	8 82 ZFFAD08A7C0041009
41013	308	GTSi ZFFHA02B000041013
41015	308	GTSi 82 ZFFAA02A0C0041015
41017	308	GTSi 82 Red/Tan ZFFAA02A4C0041017
41019	308	GTBi 82 ZFFAA01A6C0041019
41021	308	GTBi 82 Red/Black ZFFHA01B000041021
41025	Mondial	8 82 Red/Tan ZFFAD08A5C0041025 Lambo doors by GT Factory
41027	308	GTSi 82 Argento/Black LHD EU ZFFHA02B000041027
41029	308	GTSi 82 ZFFAA02A0C0041029
41031	308	GTSi 82 ZFFAA02A9C0041031
41033	308	GTSi 82 Red/Crema LHD EU
41039	512	BBi
41041	512	BBi 82 Red/Black LHD EU ZFFJA09B000041041
41045	512	BBi Rosso Rubino/Tan
41047	Mondial	8 82 ZFFAD08A4C0041047
41049	308	GTSi LHD EU ZFFHA02B000041049
41051	308	GTSi 82 Verde Pino ZFFNA02D000041051 eng. #F106B040042
41053	308	GTSi 82 ZFFAA02A8C0041053
41055	308	GTSi 82 ZFFAA02A1C0041055
41057	308	GTSi 82 ZFFAA02A5C0041057
41061	512	BBi Silve Black Boxer Trim/Black & grey, RHD
41063	400	i Automatic Black/all grey LHD
41065	400	i Automatic LHD EU ZFFEB06B000041065
41067	400	i
41071	Mondial	8 82 ZFFAD08A1C0041071
41073	308	GTSi
41075	308	GTSi LHD EU ZFFHA02B000041075
41079	308	GTSi 82 ZFFAA02A4C0041079
41081	308	GTSi 82 ZFFAA02A2C0041081
41083	308	GTSi 82 ZFFAA02A6C0041083
41085	308	GTSi 82 ZFFAA02AXC0041085
41087	Mondial	8 82 EU
41089	308	GTSi 82
41097	308	GTSi 82 ZFFAA02A6C0041097
41099	308	GTSi 82 ZFFAA02AXC0041099
41101	308	GTSi 82 ZFFAA02A4C0041101
41103	308	GTSi White/tan
41105	512	BBi
41109	Mondial	8 82 ZFFAD08A0C0041109
41111	Mondial	8 82 Red/Black ZFFAD08A9C0041111
41115	308	GTSi Koenig Spider Conversion Red/Black
41117	308	GTSi 82 ZFFAA02A8C0041117
41119	308	GTSi 82 ZFFAA02A1C0041119
41123	400	i Black/Black manual
41125	512	BBi 82 silver/Black & grey E. Zegna cloth RHD ZFFJA09B0000
41131	512	BBi Red/Black RHD ZFFJA09C000041131
41133	Mondial	8 82 EU
41135	308	GTSi 82 ZFFAA02AXC0041135
41137	308	GTSi 82 ZFFAA02A3C0041137
41139	308	GTSi Red/Black ZFFHA02B000041139
41141	308	GTSi ZFFHA02B000041141
41143	308	GTSi ZFFHA02B000041143
41155	308	GTSi 82 Rosso Corsa/Crema ZFFAA02A5C0041155
41159	308	GTSi ZFFHA02B000041159
41161	512	BBi 82 Red/Tan
41163	308	GTSi ZFFHA02B000041163
41167	400	i Automatic 82 White/beige eng. #41167
41169	400	i 82 EU
41181	308	GTSi 82 ZFFAA02A6C0041181
41183	308	GTSi 82 ZFFAA02AXC0041183
41185	308	GTBi 82 Red RHD AUS ZFFNA01D000041185 eng. #F106B04001944
41187	308	GTBi
41189	512	BB Convertible Conversion by Chinetti LHD EU ZFFJA09B000041189
41191	512	BBi 83 Rosso Corsa no Boxer Trim/beige LHD
41193	512	BBi Koenig Black/Black LHD EU ZFFJA09B000041193
41195	512	BBi 82 Red accidented, rebuilt at Zenders ZFFJA09B000041195
41199	Mondial	8 82 Black/Red ZFFAD08A5C0041199
41203	308	GTSi ZFFHA02B000041203
41205	308	GTSi 82 ZFFAA02A5C0041205
41207	308	GTSi 82 ZFFAA02A9C0041207
41209	308	GTSi 82 ZFFAA02A2C0041209
41211	308	GTB dark Blue/Crema ZFFHA01B0000
41213	400	i Automatic LHD EU ZFFEB06B000041213
41215	400	i Automatic Anthracite/Black LHD CH
41217	400	i Automatic 82 Nero Met then Green/Nero LHD EU ZFFEB06B000041217
41219	400	i 82 White LHD EU
41221	Mondial	8 82 ZFFAD08A5C0041221
41223	Mondial	8
41225	308	GTSi ZFFHA02B000041225
41231	308	GTSi 82 Red/Beige US ZFFAA02A6C0041231
41233	308	GTSi 82 Red/Black ZFFAA02AXC0041233
41235	308	GTSi 82 ZFFAA02A3C0041235
41241	Mondial	8 82 Red/Black LHD ZFFAD08A0C0041241
41243	308	GTSi 82 Red/Black ZFFNA02D000041243 eng. #F106B04002252
41245	308	GTSi 82 EU
41249	308	GTSi 82 Red/Black LHD ZFFHA02B00041249
41251	308	GTSi 82 ZFFAA02A1C0041251
41255	308	GTSi 82 ZFFAA02A9C0041255
41257	512	BBi 82 Blue then Rosso Corsa/Crema LHD EU ZFFJA09B000041257
41263	512	BB/LM Series 3 #24/25 82 Pale Blue & White Pioneer Livery/Black LHD, lightest Factory-produced BBLM
41265	208	GTS last
41269	Mondial	8 82 Red/Tan ZFFAD08A0C0041269
41271	308	GTSi Red/Tan RHD ZFFHA02C000041271
41275	308	GTSi 82 ZFFAA02A4C0041275
41277	308	GTSi 82 Red/Tan ZFFAA02A8C0041277
41279	308	GTSi 82 ZFFAA02A1C0041279
41285	Mondial	8 82 ZFFAD08A9C0041285
41289	308	GTSi 82 ZFFAA02A4C0041289
41291	308	GTSi Red/Tan
41295	308	GTSi 82 Silver/Tan LHD
41297	308	GTBi 83 Silver RHD AUS ZFFNA1D000041297 eng. #F106B04001946

s/n	Type	Comments
41299	400	i Automatic LHD EU ZFFEB06B000041299
41309	400	i Automatic
41311	Mondial	8 82 ZFFAD08A6C0041311
41313	308	GTSi 82 Red/Tan LHD US ZFFAA02A8C0041313
41315	308	GTSi 82 ZFFAA02A1C0041315
41317	308	GTSi 82 ZFFAA02A5C0041317
41319	308	GTSi 82 ZFFAA02A9C0041319
41321	308	GTBi Red then dark Blue/tan LHD ZFFHA01B0000
41323	308	GTBi 82 Black/Black ZFFAA01A9C0041323
41325	308	GTSi LHD EU ZFFHA02B000041325
41329	308	GTSi 82 Black/Red US ZFFAA02A1C0041329 eng.#02270
41331	308	GTSi 82 ZFFAA02AXC0041331
41333	308	GTSi 82 ZFFAA02A3C0041333
41335	308	GTS Red/Beige
41337	308	GTSi
41347	512	BBi Red/Black LHD EU ZFFJA09B000041347
41349	512	BBi LHD EU ZFFJA09B000041349
41351	512	BBi 82 Red/Black ZFFJA09B000041351
41353	512	BBi 82 Black LHD ZFFJA09B000041353
41355	512	BBi Red
41357	208	GTB Turbo first
41359	Mondial	8 82 Oro Chiaro RHD ZFFHD08C000041359 eng. #F106800885
41361	Mondial	8 82 Silver/Red ZFFAD08AXC0041361 Sunroof
41363	308	GTSi 82 ZFFAA02A1C0041363
41365	308	GTSi 82 Red/Tan ZFFAA02A5C0041365
41367	308	GTSI 82 Red/Tan ZFFAA02A9C0041367
41371	308	GTBi 82 Red/Crema LHD EU
41377	308	GTSi
41379	308	GTSi dark Blue/Crema
41381	308	GTSi 82 Rosso Corsa/Tan ZFFAA02A3C0041381
41383	308	GTSi 82 ZFFAA02A7C0041383
41385	308	GTSi 82 ZFFAA02A0C0041385
41387	308	GTSi 82 ZFFAA02A4C0041387
41395	308	GTSi 82 Dark Blue/Black LHD EU ZFFHA02B000041395
41397	308	GTSi 82 Red/Black LHD EU ZFFHA02B000041397
41399	308	GTSi 82 Giallo Fly Black Boxer Trim/Black ZFFAA02A0C0041399
41401	308	GTSi 82 ZFFAA02A5C0041401
41403	308	GTSi 82 ZFFAA02A9C0041403
41405	308	GTSi Red/Crema & Red RHD
41407	308	GTBi 82 ZFFAA01A4C0041407
41409	512	BBi 82 Black/Black LHD ZFFJA09B000041409
41415	512	BBi 82 Rosso Corsa/Black LHD ZFFJA09B000041415
41421	400	i Automatic Meera S Michelotti one-off #1/1 82 pearl White/Black LHD EU ZFFEB06B000041421
41425	400	i
41427	400	i
41429	308	GTS 82 Red/Tan LHD
41431	Mondial	8 82 Black/Black ZFFAD08A5C0041431
41433	Mondial	8 82 ZFFAD08A9C0041433
41435	Mondial	8 82 ZFFAD08A2C0041435
41437	Mondial	8 82 Blue/Black LHD ZFFAD08A6C0041437
41441	Mondial	8 82 ZFFAD08A8C0041441
41443	Mondial	8 82 ZFFAD08A1C0041443
41445	Mondial	8 82 ZFFAD08A5C0041445
41447	Mondial	8 82
41449	Mondial	8 82 ZFFAD08A2C0041449
41451	Mondial	8 3/82 Red/Tan LHD ZFFAD08A0C0041451
41459	308	GTSi Red ZFFHA02B000041459
41461	308	GTSi 82 ZFFAA02A1C0041461
41465	308	GTS QV
41467	308	GTSi 82 ZFFAA02A2C0041467
41469	308	GTSi 82 ZFFAA02A6C0041469
41471	308	GTBi 82 Red/Crema LHD EU
41473	308	GTSi 82 Red/Tan ZFFAA02A8C0041473
41475	308	GTSi 82 ZFFAA02A1C0041475
41477	308	GTSi 82 Black/Tan LHD EU ZFFHA02B000041477
41485	308	GTBi
41487	308	GTSi QV 83 Black/Black LHD US ZFFMA13A4D0041487
41489	308	GTSi 82 Black/Black ZFFAA02A1C0041489
41493	308	GTSi 82 ZFFAA02A3C0041493
41495	308	GTSi 82 Red/Black ZFFAA02A7C0041495
41497	308	GTSi 82 ZFFAA02A0C0041497
41499	308	GTSi 82 ZFFAA02A4C0041499
41503	512	BBi Red/Black
41507	512	BBi Red Black Boxer Trim/Black Grey inserts ZFFJA09B000041507
41511	308	GTSi 82 Red/Tan ZFFAA02A1C0041511
41513	308	GTSi 82 Red/Tan ZFFAA02A5C0041513
41515	308	GTSi 82 White ZFFNA02D000041515 eng. #F106B04002250
41517	308	GTSi 82 Red LHD EU ZFFHA02B000041517
41519	308	GTSi LHD EU ZFFHA02B000041519
41521	308	GTBi 82 Black/Tan ZFFAA01A2C0041521
41525	Mondial	8
41527	400	i 82 Silver Manual LHD EU ZFFEB07B000041527
41529	400	i Cabriolet Conversion Black/Tan LHD
41533	400	i Automatic LHD EU ZFFEB06B000041533
41539	308	GTSi 3/82 Red/Tan ZFFAA02A1C0041539
41541	308	GTSi 82 ZFFAA02AXC0041541
41543	308	GTSi 82 ZFFAA02A3C0041543
41547	308	GTSi
41549	308	GTBi 82 Red/Brown LHD
41553	308	GTSi 82 ZFFAA02A6C0041553
41559	308	GTBi 82 ZFFAA01A5C0041559
41561	308	GTBi 82 ZFFAA01A3C0041561
41565	400	i Automatic LHD EU ZFFEB06B000041565
41569	308	GTSi 80 Red/Black
41573	308	GTSi 82 Red/Black LHD EU ZFFHA02B000041573 exported to the US
41575	308	GTSi 82 ZFFAA02A5C0041575
41577	308	GTSi 82 ZFFAA02A9C0041577
41579	308	GTSi 82 ZFFAA02A2C0041579
41581	308	GTSi 82 ZFFAA02A0C0041581
41589	308	GTSi
41591	308	GTSi 82 ZFFAA02A3C0041591
41593	308	GTSi 82 ZFFAA02A7C0041593
41595	308	GTSi 82 ZFFAA02A0C0041595
41597	308	GTSi 82 ZFFAA02A4C0041597
41601	512	BBi 82 Met.-grey/Black RHD ZFFJA09C000041601
41605	512	BBi 82 EU
41609	512	BBi
41615	308	GTSi 82 Black LHD EU ZFFHA02B000041615
41619	308	GTSi 82 ZFFAA02AXC0041619
41621	308	GTSi 82 Red/Tan ZFFAA02A8C0041621
41623	308	GTS 82 Red/Black ZFFAA02A1C0041623
41629	400	i 82 White RHD UK eng. # 00889
41633	308	GTSi Red/Tan
41641	308	GTSi 82 Red/Black ZFFAA02A3C0041641
41643	308	GTSi 82 ZFFAA02A7C0041643
41645	308	GTSi 82 ZFFAA02A0C0041645
41651	308	GTSi 82 Red ZFFNA02D000041651 eng. #F106B04002305
41655	308	GTSi 82 Red/Tan LHD
41657	308	GTSi Red/Tan LHD EU ZFFHA02B000041657
41661	308	GTBi 82 ZFFAA01A7C0041661
41665	308	GTSi 82 White/Tan US ZFFAA02A6C0041665
41669	308	GTS Red/Red
41671	308	GTS 82 Rosso Corsa/Black LHD ZFFHA02B000041671
41673	308	GTSI 82 White Brown LHD EU ZFFHA02B000041673
41675	308	GTBi 82 Grey/Crema
41679	512	BBi LHD EU ZFFJA09B000041679
41685	308	GTSi ZFFHA02B000041685

s/n	Type	Comments
41689	308	GTSi dark grey/Black
41691	308	GTSi
41693	308	GTSi
41697	308	GTSi 82 Red/Light Grey ZFFAA02A8C0041697 eng. #02324
41699	308	GTSi 82 ZFFAA02A1C0041699
41701	308	GTS QV first 83 ZFFMA13A2D0041701
41705	308	GTSi 82 Red/Black ZFFAA02A3C0041705
41707	308	GTSi 82 Red/Tan ZFFAA02A7C0041707
41709	308	GTSi 82 ZFFAA02A0C0041709
41711	308	GTSi 82 Red/Black/Black roof panel, ZFFAA02A9C0041711
41713	308	GTSi 82 Red/Crema ZFFHA02B000041713
41717	400	i 82 Metallic Blue LHD Manual ZFFEB07B000041717
41721	400	i Automatic LHD EU ZFFEB06B000041721
41727	Mondial	8 last
41729	512	BBi Red/Black LHD
41735	512	BBi 82 Red/Tan LHD
41737	Mondial	QV first
41743	308	GTSi ZFFHA02B000041743
41745	308	GTSi Silver/Red
41747	308	GTSi 82 ZFFAA02A8C0041747
41749	308	GTS QV 83 ZFFMA13A8D0041749
41751	308	GTSi 82 Red Black Boxer trim/Black ZFFAA02AXC0041751
41753	308	GTSi 82 ZFFAA02A3C0041753
41755	308	GTS QV 83 ZFFMA13A3D0041755
41757	308	GTSi 82 ZFFAA02A0C0041757
41761	308	GTS QV 83
41763	308	GTBi Red/Tan
41771	308	GTS QV 83 Rosso Rubino/Nero ZFFMA13A1D0041771
41773	308	GTS QV 83 ZFFMA13A5D0041773
41775	308	GTS QV 83 ZFFMA13A9D0041775
41779	308	GTBi ZFFHA01B000041799
41789	308	GTS QV 83 Red/Black ZFFMA13A9D0041789
41791	308	GTS QV 83 ZFFMA13A7D0041791
41795	308	GTSi 82 ZFFAA02A8C0041795
41797	308	GTB QV 83 ZFFMA12A6D0041797
41799	308	GTBi EU ZFFHA01B000041799
41801	400	i Automatic 82 Blue/Naturale LHD EU ZFFEB06B000041801
41803	400	i Silver/Crema LHD Manual
41805	400	i Automatic Metallic Brown/Tan LHD ZFFEB06B000041805
41813	308	GTS QV 83 ZFFMA13A2D0041813
41815	308	GTS QV 83 ZFFMA13A6D0041815
41817	308	GTSi QV 83 White Red ZFFMA13AXD0041817
41825	512	BBi Black/Tan LHD EU ZFFJA09B000041825
41827	512	BBi Red/Tan
41833	Mondial	QV Rosso Corsa/Crema
41835	308	GTS QV 83 ZFFMA13A1D0041835
41837	308	GTS QV 83 Red/Tan US ZFFMA13A5D0041837
41839	308	GTS QV 83 dark Red/Tan ZFFMA13A9D0041839
41841	308	GTS QV 83 Red/Black & Tan ZFFMA13A7D0041841
41845	308	GTSi LHD EU ZFFHA02B000041845
41847	308	GTS QV 83
41853	308	GTS QV 83 ZFFMA13A3D0041853
41855	308	GTS QV 83 Red/Tan LHD
41857	308	GTS QV 83 ZFFMA13A0D0041857
41863	308	GTS QV 83
41865	308	GTSi Red/Tan LHD
41867	308	GTSi 83
41869	512	BBi Sera Blue/Crema & Black LHD ZFFJA09B000041869
41871	512	BBi LHD EU ZFFJA09B000041871
41873	512	BBi Red Black Boxer trim/Tan LHD EU ZFFJA09B000041873
41875	512	BBi Black/Black
41889	308	GTSi LHD EU ZFFHA02B000041889
41891	308	GTS QV 83 ZFFMA13A0D0041891
41893	308	GTS QV 83 ZFFMA13A4D0041893
41895	308	GTS QV 83 ZFFMA13A8D0041895
41899	308	GTS QV 83 ZFFMA13A5D0041899
41901	308	GTB QV 83 ZFFMA12A8D0041901
41903	308	GTBi 82 ZFFMA01A5C0041903
41905	400	i 82 dark Blue/Crema LHD Manual EU
41909	400	i LHD Manual EU ZFFEB07B000041909
41917	308	GTS QV 83 Red/Tan LHD EU
41919	308	GTS QV 83 Red/Tan ZFFMA13A7D0041919
41921	308	GTS QV 2/83 Black/Black ZFFMA13A5D0041921
41925	308	GTB QV 83 ZFFMA12A0D0041925
41927	512	BBi Anthrazite/Black LHD EU ZFFJA09B000041927
41931	512	BBi 82 Black/Crema LHD ZFFJA09B000041931
41933	512	BBi Red/Crema LHD EU ZFFJA09B000041933
41939	308	GTS QV 83 ZFFMA13A2D0041939
41943	308	GTSi Red/Black
41947	308	GTB QV ZFFMA12AXD0041947
41949	308	GTB QV 83 ZFFMA12A3D0041949
41957	308	GTS QV 83 ZFFMA13A4D0041957
41961	308	GTS QV 83 Red/Black LHD US ZFFMA13A6D0041961
41971	308	GTS QV 83
41975	308	GTSi 83 Red/Black
41977	308	GTSi ZFFHA02B000041977
41985	400	i Automatic Cabriolet Conversion 83 Black then Red/Tan LHD EU
41995	308	GTSi
41997	308	GTSi LHD EU ZFFHA02B000041997
42003	308	GTSi Red/Black
42015	308	GTS QV 83 ZFFMA13A1D0042015
42017	308	GTS QV 83 ZFFMA13A5D0042017
42019	308	GTB 83 Red ZFFMA13A9D0042019 engine replaced with Chevy engine
42021	308	GTSi 83 Dark Blue/Black colour coded roof LHD ZFFHA02B000042021 Zender-Body kit including large front spoiler
42025	308	GTSi 83 Red/Tan LHD EU ZFFHA02B000042025
42027	308	GTB QV Red/Black LHD
42029	512	BBi Red/Black LHD
42033	512	BBi Silver/Black ZFFJA09B000042033
42037	Mondial	Grey/Tan LHD ZFFLD14B000042037
42053	308	GTS QV 83 ZFFMA13A9D0042053
42055	308	GTS QV 83 ZFFMA13A2D0042055
42061	Mondial	QV Grigo Ferro/Crema ZFFLD14B000042061
42071	308	GTSi LHD EU ZFFHA02B000042071
42075	308	GTSi LHD EU ZFFHA02B000042075
42081	308	GTBi 82 Red/Black ZFFAA01A5C0042081
42083	308	GTB QV 83 Red/Tan ZFFMA12A5D0042083 Quad Exhaust 355 Wheels
42085	512	BBi
42093	308	GTS QV 83 Red/Tan ZFFMA13AXD0042093
42095	308	GTS QV 83 ZFFMA13A3D0042095
42097	308	GTS QV 83 ZFFMA13A7D0042097
42099	512	BBi 84
42101	308	GTSi
42115	308	GTS QV 83 ZFFMA13A5D0042115
42117	308	GTS QV 2/83 Red/Black ZFFMA13A9D0042117
42119	308	GTSi Red/Tan EU ZFFHA02B000042119
42121	308	GTSi LHD EU ZFFHA02B000042121
42123	512	BBi LHD ZFFJA09B000042123
42125	512	BBi Red/Black
42135	308	GTSi 83 RHD AUS ZFFNA02D000042135
42137	308	GTS QV 83 Yellow/Black ZFFMA13A4D0042137
42139	308	GTS QV 83 Red/Tan LHD ZFFMA13A8D0042139
42141	308	GTS QV 83 ZFFMA13A6D0042141
42143	308	GTS QV 83 ZFFMA13AXD0042143
42145	308	GTS QV 83 ZFFMA13A3D0042145

s/n	Type	Comments
42159	308	GTS QV 83 Red/Black LHD
42173	308	GTS QV 83 White/Black LHD ZFFMA13A8D0042173
42181	400	i Automatic 83 dark Red met./Tan LHD EU ZFFEB06B000042181
42183	400	i
42187	400	i Automatic Cabriolet Conversion 82 Red/Blue LHD EU ZFFEB06B000042187, Conversion done on the car when new
42189	400	i Automatic Red then Black/Tan LHD
42201	308	GTS QV 83 ZFFMA13A9D0042201
42203	308	GTS QV 83 ZFFMA13A2D0042203
42205	308	GTS QV 83 Rosso Rubino/Tan ZFFMA13A6D0042205
42211	512	BB White & Black/Black ZFFJA09B0000
42213	512	BBi 82 Red/Tan & Black LHD ZFFJA09B000042213
42219	308	GTS QV Red/Tan US
42223	308	GTS QV 83 ZFFMA13A8D0042223
42225	308	GTSi 83 White/Black LHD
42231	308	GTS QV 83
42241	308	GTS QV 83 ZFFMA13AXD0042241
42245	308	GTSi 83 Red/Tan ZFFMA13A7D0042245
42247	308	GTS QV 83 dark Red/Black ZFFMA13A0D0042247
42249	308	GTS QV 83 ZFFMA13A4D0042249
42251	Mondial	QV silver/tan
42271	308	GTS QV 83 ZFFMA13A8D0042271
42275	308	GTS QV 83 ZFFMA13A5D0042275
42283	208	GTB Turbo Red/Black LHD
42295	512	BBi
42301	512	BBi Red Black-grey LHD
42311	Mondial	QV Red/Tan ZFFLD14B0000
42317	308	GTSi 83 Red/Tan LHD
42339	208	GTB Turbo Red/Tan LHD
42345	308	GTS QV 83 LHD EU ZFFHA02B000042345
42349	Mondial	QV Grey/tan ZFFLD14B0000
42351	308	GTS QV 83
42353	308	GTSi 83 White/Blue LHD EU ZFFHA02B000042353
42355	308	GTS QV 83 ZFFMA13A3D0042355
42359	308	GTS QV 83 Nero Daytona/Nero US Euro deep spoiler ZFFMA13A0D00
42361	308	GTS QV 83 ZFFMA13A9D0042361
42363	308	GTS QV 83 Red/Black ZFFMA13A2D0042363
42365	308	GTS QV 83 ZFFMA13A6D0042365
42369	512	BBi 82 Red/Tan LHD EU ZFFJA09B000042369
42373	512	BBi Red/Tan
42379	Mondial	QV Red/Tan LHD
42383	308	GTSi LHD EU ZFFHA02B000042383
42389	308	GTSi 82 Red/Black LHD ZFFAA02A2C0042389
42391	308	GTS QV 83 ZFFMA13A7D0042391
42393	308	GTS QV 83 ZFFMA13A0D0042393
42395	208	GTB Turbo 82 Red/Black ZFFK10B000042395
42399	Mondial	QV Red/Tan LHD ZFFLD14B000042399
42403	308	GTS QV 83 ZFFMA13AXD0042403
42411	Mondial	QV Dark Blue/Crema LHD ZFFLD14B000042411
42413	308	GTS QV 83 Red/Red
42415	308	GTS QV 83 ZFFMA13A6D0042415
42417	308	GTS QV 83 ZFFMA13AXD0042417
42419	512	BBi 83 Red/Black LHD ZFFJA09B000042 42419
42423	512	BBi 83 Rosso Corsa/Nero & Grigio LHD EU ZFFJA09B000042423
42429	400	i Automatic Green/Black
42433	400	i Automatic 82 pearl White/Crema
42441	308	GTSi 83 Red LHD EU ZFFHA02B000042441
42443	308	GTS QV 83 Red/beige ZFFMA13A0D0042443
42445	308	GTS QV 83 Black/tan ZFFMA13A4D0042445
42447	308	GTS QV 83 ZFFMA13A8D0042447
42449	308	GTBi
42457	Mondial	QV LHD EU ZFFLD14B000042457
42469	Mondial	QV LHD EU ZFFLD14B000042469
42475	308	GTS QV 83 ZFFMA13A2D0042475
42477	308	GTS QV 83 ZFFMA13A6D0042477
42479	308	GTS QV 83 Black/Black ZFFMA13AXD0042479
42481	308	GTS QV 83 ZFFMA13A8D0042481
42495	Mondial	QV Red/Black LHD ZFFLD14B000042495
42497	Mondial	QV Red/Black
42501	308	GTSi
42507	512	BBi Red/White LHD EU ZFFJA09B000042507
42509	512	BBi 82 Red/Black LHD EU ZFFJA09B000042509
42511	512	BBi Black Crema
42525	308	GTS QV 83
42533	Mondial	QV 83 Red/Tan LHD EU ZFFLD14B000042533
42537	308	GTBi
42543	Mondial	QV Azzurro/Crema ZFFLD14B000042543
42545	Mondial	QV 82 Silver/Red ZFFLD114B000042545
42551	308	GTSi Blue/Tan ZFFHA20C000042551
42565	512	BBi 83 Red/Black LHD ZFFA09B000042565
42579	512	BBi 82 Rosso Dino LHD EU ZFFJA09B000042579
42581	512	BBi White/Crema then Red/Black
42587	512	BBi Red/Tan
42589	400	i Automatic Cabriolet Conversion Dark Green/Black LHD EU ZFFEB06B000042589
42595	Mondial	QV LHD EU ZFFLD14B000042595
42605	308	GTSi Red/Black
42617	308	GTSi
42619	512	BBi 83
42621	512	BBi LHD EU ZFFJA09B000042621
42639	400	i Automatic Blu Sera/Crema LHD
42643	400	i
42653	308	GTBi
42659	400	i Automatic LHD EU ZFFEB06B000042659
42671	Mondial	QV 82 Rosso Corsa/Beige LHD ZFFLD14B000042671
42675	Mondial	QV Blue/Tan LHD
42677	308	GTS QV 83 LHD EU ZFFHA02B000042677
42681	308	GTBi
42697	Mondial	QV LHD EU ZFFLD14B000042697
42703	308	GTSi
42713	512	BBi
42715	512	BBi
42717	512	BBi LHD EU ZFFJA09B000042717
42719	512	BBi White/dark Blue
42727	Mondial	QV 3.2 83 silver/Red LHD
42733	308	GTBi 83 Silver/Black
42735	308	GTBi LHD EU ZFFHA01B000042735
42747	308	GTSi LHD EU ZFFHA02B000042747
42755	Mondial	QV
42761	308	GTSi Red/Black LHD
42767	512	BBi Red/Tan
42769	512	BBi 82 Red/Crema LHD EU ZFFJA09B000042769
42773	Mondial	QV 82 Red/Tan LHD ZFFLD14B0000
42791	308	GTSi
42795	400	i Automatic 83 Red/Tan ZFFEB06B000042795
42801	400	i Automatic Azzurro Beige LHD
42807	308	GTSi LHD ZFFHA02B000042807
42809	308	GTB QV first
42817	Mondial	QV Red/Brown
42825	308	GTBi 83 Red/Black LHD
42841	512	BBi 83 Black/Beige LHD ZFFJA09B000042841
42843	512	BBi Black/Tan LHD EU ZFFJA09B000042843
42845	Mondial	8 82 Red RHD ZFFNE08D000042845 eng. #F106804002447
42847	512	BBi Red/Tan LHD EU ZFFJA09B000042847
42849	512	BBi 82 White/Black LHD EU ZFFJA09B000042849
42857	512	BBi 83 Red/Tan LHD
42863	208	GTS Turbo first silver/Black LHD
42869	512	BBi
42871	512	BBi Red LHD
42875	512	BBi Koenig 83 White then Red/Tan LHD EU ZFFJA09B000042875

s/n	Type	Comments
42885	Mondial	QV 82 Red RHD UK eng. # 00175
42887	Mondial	QV LHD EU ZFFLD14B000042887
42921	308	GTSi LHD EU ZFFHA02B000042921
42927	Mondial	QV Red/Tan ZFFLD14B000042947 sunroof
42929	308	GTBi 83 Red/Tan LHD
42931	512	BBi Silver/Black LHD ZFFJA09B000042931
42933	512	BBi Koenig Boxer 83 Red/Black LHD Automatic transmission LHD EU ZFFJA09B000042933
42947	Mondial	QV Red/Tan ZFFLD14B000042947
42951	Mondial	QV LHD EU ZFFLD14B000042951
42955	Mondial	QV
42959	308	GTSi 7/82 White/tan LHD EU ZFFHA02B0000
42965	308	GTBi Red
42969	512	BBi 82 Red/Black Matching "Zegna" wool White Daytona seats RHD
42971	512	BBi Black/Black ZFFJA09B000042971
42979	208	GTB Turbo Red/Tan LHD ZFFKA108000042979
42981	Mondial	QV Silver/Blue RHD ZFFLD14C000042981
42983	Mondial	QV 82 Blue/tan RHD ZFFLD14C000042983
42989	Mondial	QV 83 Black/Crema
42993	512	BBi Koenig Rosso Corsa/Black Auto transmission
43011	Mondial	QV Red/Tan
43021	308	GTSi 83 Red/Black LHD EU
43023	308	GTB 83 Black LHD
43027	512	BBi 83
43029	512	BBi LHD EU ZFFJA09B000043029
43031	308	GTSi Red/Black LHD EU ZFFHA02B000043021
43033	512	BBi 82 Red/Tan LHD Matsuda Collection Japan
43055	308	GTBi
43057	308	GTSi 83 ZFFHA02B000043057
43059	308	GTBi last LHD EU ZFFHA01B000043059
43067	Mondial	QV 82 Rosso Corsa/Crema
43069	308	GTS QV 83
43079	308	GTSi last
43081	512	BBi Silver/Red
43083	512	BBi 82 Rosso Corsa/Crema ZFFJA09B000043083
43085	512	BBi LHD EU ZFFJA09B000043085
43089	512	BBi Red/Crema RHD ZFFJA09C000043089
43091	512	BBi Argento/Black ZFFJA09B000043091
43093	400	i 83 bruno/bruno
43111	Mondial	QV 83 Yellow LHD ZFFLD14B000043111
43115	Mondial	QV Red/Black RHD
43117	Mondial	QV
43123	400	i Automatic 83 Black/Tan ZFFEB06B000043123 Sunroof
43125	400	i 83 Grigio/Bordeaux Manual LHD EU ZFFEB07B000043125
43135	Mondial	QV
43137	Mondial	QV Dark Blue/Crema RHD
43139	308	GTS QV 83 Red/Tan LHD EU ZFFLA13B000043139
43143	308	GTSi QV Red/Tan
43145	308	GTS QV LHD EU ZFFLA13B000043145
43147	308	GTS QV 82 Red/Black RHD ZFFLA13C000043147
43151	308	GTB QV 83
43153	512	BBi 83 Red/Red LHD ZFFJA09B000043153
43155	Mondial	QV
43157	512	BBi Red Black Boxer Trim/Black LHD EU ZFFJA09B000043157
43177	Mondial	QV
43179	Mondial	QV Red/Beige RHD
43185	Mondial	QV Red/Black LHD
43191	Mondial	QV Red/Black
43195	308	GTS QV LHD EU ZFFLA13B000043195
43199	308	GTS QV LHD EU ZFFLA13B000043199
43201	308	GTS QV LHD EU ZFFLA13B000043201
43203	308	GTS QV 83 LHD EU ZFFLA13B000043203
43209	308	GTB QV
43211	308	GTB QV Black/beige ZFFLA12B000043211
43213	308	GTB QV 82 Rosso/nero
43215	512	BBi 82 Rosso Corsa/Naturale ZFFJA09B000043215 eng. #F110A*00276*
43217	512	BBi Red/Black
43219	512	BBi Red/Black
43221	512	BBi 83 Black/Black LHD EU ZFFJA09B000043221
43223	512	BBi 83 Black/Bordeaux LHD EU ZFFJA09B000043223
43231	208	GTB Turbo Red/Crema LHD
43233	Mondial	QV LHD EU ZFFLD14B000043233
43237	Mondial	QV medium Blue/tan LHD
43239	308	GTS QV 83 Blue Chiaro/Beige RHD UK Deep front spoiler
43241	308	GTS QV LHD EU ZFFLA13B000043241
43243	308	GTSi 83 Red/Black LHD EU ZFFAA13B000043243
43247	308	GTB QV
43249	308	GTB QV Red/Tan ZFFLA12B000043249
43257	Mondial	QV
43259	400	i 83 Silver/Tan Manual LHD EU ZFFEB07B000043259
43261	308	GTB QV
43263	512	BBi Koenig Red/Tan LHD EU ZFFJA09B000043263
43265	512	BBi Red/Black LHD
43269	512	BBi 83 LHD ZFFJA09B000043269
43273	Mondial	QV
43275	Mondial	QV Red/Crema ZFFLD14C000043275
43285	308	GTS QV
43287	308	GT? QV Red
43293	308	GTB QV 82 Blue eng. # 00283
43301	400	i Automatic 83 Black/Tan LHD EU ZFFEB06B000043301
43303	400	i Automatic LHD EU ZFFEB06B000043303
43309	400	i Automatic LHD EU ZFFEB06B000043309
43311	400	i Automatic dark Blue/tan LHD
43323	Mondial	QV
43327	Mondial	QV
43329	308	GTS 82 Chairo Blue (FER 503) Tan RHD ZFFLDI4C0000 eng. #43439
43331	308	GTS QV Red/Crema RHD
43333	308	GTS QV 83 Rosso Corsa Nero LHD EU ZFFLA13B000043333
43337	308	GTB QV Silver/Black
43339	512	BBi Silver/Black
43341	512	BBi medium metallic Blue/tan
43343	512	BBi Red
43345	512	BBi Red/Tan RHD
43351	512	BBi Red/Black LHD
43363	308	GTS QV LHD EU ZFFLA13B000043363
43365	308	GTS QV LHD EU ZFFLA13B000043365
43367	308	GTS QV Red/Crema
43369	308	GTS QV
43371	308	GTB QV 83 Red/Tan
43373	308	GTB QV 83 Red/Tan LHD
43375	400	i Sedan 83 Chiaro Blue Metallic/Magnolia eng. #43375 RHD
43379	400	i LHD Manual EU ZFFEB07B000043379
43385	400	i Automatic Convertible Conversion
43387	400	i Automatic 83 Blue/Tan LHD ZFFEB06B000043387
43389	308	GTS QV 83 LHD EU ZFFLA13B000043401
43397	Mondial	QV 83 Red/Tan LHD EU ZFFLD14B000043397
43401	308	GTS QV 83
43403	308	GTS QV 83 Red/Black LHD
43407	308	GTS QV
43409	308	GTS QV LHD EU ZFFLA13B000043409
43413	308	GTB QV
43419	512	BBi Azzurro/White
43423	512	BBi anthracite metallic/tan LHD ZFFJA09B000043423
43431	208	GTB Turbo Red/Black LHD
43439	Mondial	QV 82 Blue/Crema RHD

s/n	Type	Comments
43441	Mondial	QV
43443	308	GTS QV LHD EU ZFFLA13B000043443
43445	308	GTS QV LHD EU ZFFLA13B000043445
43447	308	GTS QV
43449	308	GTS QV Red/Tan RHD ZFFLA13C000043449
43451	308	GTS QV 83 Rosso Corsa Creme EU
43455	308	GTS QV LHD EU ZFFLA13B000043455
43465	Mondial	QV Red/Crema RHD ZFFLD14C000043465
43469	308	GTS QV LHD EU ZFFLA13B000043469
43473	308	GTS QV LHD EU ZFFLA13B000043473
43477	512	BBi
43481	512	BBi 10/82 Rosso Corsa/Tan
43485	512	BBi LHD EU ZFFJA09B000043485
43491	512	BBi Red/Tan
43493	512	BBi 82 Silver/Black & grey LHD EU ZFFJA09B000043493
43503	Mondial	QV
43505	Mondial	QV 82 Red RHD ZFFLD14C000043505
43507	Mondial	QV
43513	308	GTS QV Red/Black LHD EU ZFFLA13B000043513
43515	308	GTS QV Red/Black RHD ZFFLA13C0000
43517	308	GTS QV
43519	308	GTS QV
43523	308	GTB QV 83 Anthracite/Red LHD
43535	Mondial	QV
43539	Mondial	3.2 Red/Crema RHD
43543	308	GTS QV 83
43547	308	GTS QV
43549	308	GTB QV 83 dark Blue/Crema LHD
43553	400	i Automatic LHD EU ZFFEB06B000043553
43555	400	i
43561	512	BBi Red/Black LHD EU ZFFJA09B000043561
43563	512	BBi Black/Tan
43565	512	BBi Red/Tan LHD EU ZFFJA09B000043565
43567	512	BBi 82 Silver ZFFYA09B000043567
43569	512	BBi Red/Black LHD EU ZFFJA09B000043569
43571	512	BBi LHD EU ZFFJA09B000043571
43573	400	i Automatic 83 Blue/Tan LHD EU ZFFEB06B000043573
43575	Mondial	QV Blue Crema LHD ZFFLD14B000043575
43591	308	GTS QV LHD EU ZFFLA13B000043591
43593	308	GTS QV
43595	308	GTB QV Red/Black ZFFLA12B000043595
43607	208	GTB Turbo Red/Black ZFFKA10B0000
43613	Mondial	QV
43617	308	GTS QV Black/beige LHD
43621	308	GTB QV
43625	512	BBi Red/Black
43635	308	GTS QV LHD EU ZFFLA13B000043635
43649	512	BBi Verde Pino/Tan LHD EU ZFFJA09B000043649
43653	512	BBi Red/Tan leather & cloth
43659	400	i Automatic Red/Tan
43665	400	i 83 Azzurro Hyperion/tan Manual ZFFEB07B000043665
43667	400	i Automatic LHD EU ZFFEB06B000043667
43679	Mondial	8 81 Red RHD ZFFLD08C000043679 eng. # 00493
43681	Mondial	QV Red/Crema RHD ZFFLD14C000043681
43683	Mondial	QV Red/Grey RHD
43687	400	i Cabriolet Conversion 80 green
43689	308	GTS QV 83 Red/Tan LHD EU ZFFLA13B000043689
43693	308	GTS QV 83 Red/Black LHD EU
43695	308	GTSi QV 83 Red/Tan LHD EU ZFFLA13B000043695
43697	308	GTSi 83 Yellow/Black ZFFLA13B000043697
43713	308	GTSi 83 ZFFNA02D000043713
43717	308	GTS grey/bordeaux
43719	308	GTS QV Red/Black
43723	512	BBi 83 Red/Black Daytona Seats grey inserts LHD EU ZFFJA09B000043723
43725	512	BBi Rosso Corsa/Tan
43729	512	BBi Red/Crema & Red LHD EU ZFFJA09B000043729
43737	400	i Cabriolet Conversion by Pavesi 82 Silver/Black LHD
43743	308	GTS QV
43747	308	GTSi 82 ZFFNA02D000043747
43749	308	GTS QV 84 Black/tan LHD ZFFUA13A2E00
43767	Mondial	QV argento/Rosso RHD ZFFLD14C000043767
43769	308	GTS QV Red/Tan ZFFLA13B000043769
43773	308	GTS QV 83 Red/Crema LHD EU ZFFLA13B000043773
43777	308	GTB QV 83
43781	208	GTB Turbo 82 dark grey/Crema grey inserts ZFFKA10B000043781
43787	308	GTS QV Red/Tan ZFFLA13B000043787 deep front spoiler
43789	308	GTS QV LHD EU ZFFLA13B000043789
43791	308	GTB QV Red/Black LHD
43793	512	BBi Red Black Boxer Trim/Black
43795	512	BBi
43797	512	BBi 83 White/tan LHD EU ZFFJA09B000043797
43799	512	BBi 82 Silver then Red Black Boxer Trim/Tan LHD EU ZFFJA09B000043799 eng. #00324
43801	512	BBi LHD EU ZFFJA09B000043801
43803	400	i Automatic 82 Azzurro/Magnolia RHD eng.#43803
43811	400	i
43821	Mondial	QV 83 Red RHD ZFFLD14C000043821
43823	Mondial	QV 84 Red RHD ZFFLD14C000043823 eng. #F105A00042
43825	308	GTS QV 83 Red/Crema LHD EU ZFFLA13B0000
43829	308	GTB QV
43837	308	GTB 83 288 GTO Replica Red/Tan LHD EU ZFFLA12B000043837
43841	400	i
43843	308	GTSi 83 ZFFNA02D000043843
43845	400	i Automatic LHD EU ZFFEB06B000043845
43847	Mondial	QV Red/Tan RHD ZFFLD14C000043847 shields
43851	308	GTS QV LHD EU ZFFLA13B000043851
43853	308	GTB QV
43855	512	BBi 83 Red Black Boxer Trim/Black & Grey
43857	512	BBi Rosso Corsa/Black LHD ZFFJA09B000043857
43859	512	BBi Red/Tan LHD EU ZFFJA09B000043859
43873	Mondial	QV
43879	308	GTS QV
43881	308	GTS QV LHD EU ZFFLA13B000043881
43883	308	GTS QV LHD EU ZFFLA13B000043883
43889	Mondial	QV 82 Red/Tan LHD
43903	400	i Automatic Black/Black LHD
43905	400	i Automatic Series II 83 Blue Magnolia RHD ZFFEB06C000043905 ex-Sheikh Al-Maktoum
43907	400	i Automatic White/Tan
43909	400	i Automatic LHD EU ZFFEB06B000043909
43913	208	GTB Turbo Red/Tan LHD
43925	Mondial	QV
43927	Mondial	QV dark Red/brown LHD
43931	Mondial	8 83 Red RHD ZFFNE08D000043931 eng.#F106A04002319
43935	308	GTB QV Red/Black ZFFLA13B000043935
43937	512	BBi LHD EU ZFFJA09B000043937
43941	512	BBi Red/Black ZFFJA09B00043941
43943	512	BBi Red/Tan LHD EU ZFFJA09B000043943
43949	400	i 83 Blue/Tan RHD eng. #43949
43953	400	i 82 metallic grey/beige RHD
43955	208	GTB Turbo
43957	Mondial	QV
43961	308	GTS QV
43967	308	GTS QV 83 LHD EU ZFFLA13B000043967
43975	308	GTS QV
43983	Mondial	QV

s/n	Type	Comments
43985	308	GTS QV 83 Red/Tan LHD EU ZFFLA13B000043985
43987	308	GTS QV LHD EU ZFFLA13B000043987
43991	Mondial	QV
43995	308	GTB QV 83 Red/Tan LHD EU
43997	308	GTS QV LHD EU ZFFLA13B000043997
43999	Mondial	QV
44001	308	GTS QV
44003	308	GTS QV
44007	308	GTS QV
44009	308	GTS QV
44015	512	BBi 82 Rosso Crema Red piping RHD ZFFJA09C0000 eng. #44015
44021	512	BBi 83 Rossa Corsa Black LHD EU ZFFJA09B000044021 US Conversion
44023	512	BB/LM Series 3 #25/25 82 Red/blu Last competition Berlinetta completed
44027	512	BBi LHD EU ZFFJA09B000044027
44033	512	BBi 83 Red/Tan LHD EU ZFFJA09B000044033
44035	512	BBi 83 Red/Black LHD EU ZFFJA09B000044035
44039	208	GTB Turbo Red/Crema & Grey ZFFKA10B000044039
44045	308	GTS QV LHD EU ZFFLA13B000044045
44047	308	GTS QV Red/Black LHD ZFFLA13B000044047
44049	400	i Automatic Met. Brown/Tan LHD
44053	400	i Automatic LHD EU ZFFEB06B000044053
44059	208	GTB Turbo 82 LHD EU
44063	Mondial	QV
44065	308	GTS QV 83 Red/Tan
44073	Mondial	QV 83 Red/Tan RHD ZFFLD14C000044073
44075	308	GTS QV 83 Red RHD ZFFLA13C000044075
44077	308	GTS QV Rosso Corsa/Beige LHD ZFFLA13B000044077
44079	308	GTS QV LHD EU ZFFLA13B000044079
44087	Mondial	QV
44089	512	BBi Koenig
44091	512	BBi Koenig Red/Black LHD ZFFLA13B000044091
44093	512	BBi Rosso Corsa/Tan LHD EU ZFFJA09B000044093
44097	512	BBi Argento Nürburgring Grey
44099	512	BBi Koenig Red/Black
44101	512	BBi 82 Red/Tan
44105	512	BBi 83 RHD
44111	308	GTS QV 83 Red/Brown LHD ZFFLA13B000044111
44113	308	GTS QV 83 LHD EU ZFFLA13B000044113
44121	400	i 83 White/Black Manual LHD EU ZFFEB07B000044121
44123	400	i Automatic Azzurro/dark Blue
44133	Mondial	QV
44135	Mondial	QV 82 Red RHD UK eng. # 00493
44137	Mondial	QV Red/Tan
44139	Mondial	QV
44141	Mondial	QV 83 Black/Tan eng. #44141
44143	Mondial	QV
44145	308	GTB QV 84 Red/Beige RHD
44151	308	GTB QV 83 Red/Black LHD EU ZFFLA12B000044151
44157	308	GTSi QV 83 dark Red/Tan LHD EU ZFFLA13B900044157
44159	308	GTS QV 83 Red/Crema LHD EU ZFFLA13B000044159
44161	308	GTB QV LHD EU ZFFLA12B000044161
44165	400	i Automatic Red/Crema
44167	512	BBi Titanium/Black ZFFJA09B000044167
44171	512	BBi
44175	Mondial	QV Cabriolet 83 Red/Crema RHD ZFFLD14C000044175
44177	308	GTSi 82 Red ZFFLA13C000044177 eng. #F105A00449
44179	308	GTS QV LHD EU ZFFLA13B000044179
44183	400	i LHD Manual EU ZFFEB07B000044183
44185	400	i Cabriolet Conversion by Campana 84 Black/Black
44191	Mondial	QV
44193	Mondial	QV
44199	308	GTS QV Red/Black LHD
44201	512	BBi 83 Red
44215	400	i 83 LHD Manual EU ZFFEB07B000044215
44219	Mondial	QV
44221	308	GTS QV Red/Tan RHD ZFFLA13C000044221
44223	308	GTS
44229	308	GTBi QV 83 grey/bordeaux ZFFLA12B0000
44231	512	BBi 83 Red/Tan LHD ZFFJA09B00044231
44233	512	BBi 83 Red Black
44237	512	BBi 82 Red Black Boxer Trim/Black & Red LHD EU ZFFJA09B000044237
44241	512	BBi 82 Rosso Corsa/Black LHD EU ZFFJA09B000044241
44243	512	BBi 83 Red/Tan
44249	400	i Cabriolet Conversion by Straman 82 Red/Crema tan top ZFFEB06B000044249
44255	Mondial	QV Silver/Red RHD
44257	Mondial	8 83 Silver/Tan RHD ZFFNE08D000044257 eng.#F106B04002397
44259	308	GTSi
44261	308	GTS QV
44263	308	GTB QV 83 Red/Black LHD EU ZFFLA12B000044263
44271	308	GTSi 83 Red ZFFNA02D000044271 eng. #F106B04002366
44273	308	GTSi 84 Red ZFFNA02D000044273 eng. #F106B04002071
44295	512	BBi Rosso Corsa ZFFJA09B000042295
44305	400	i LHD Manual EU ZFFEB07B000044305
44307	400	i
44309	400	i Automatic Green/Crema LHD ex- HRH Prince Bernhard of NL
44311	400	i Automatic 83 Blue Celeste/dark Blue RHD ZFFEB06C0000 eng. #00B21
44313	512	BBi Silver/Black ZFFJA09B000044313
44315	512	BBi Argento Nürburgring
44317	512	BBi Blue/Crema LHD EU ZFFJA09B000044317
44321	512	BBi Rosso Corsa/Black
44323	512	BBi 83 Red/Tan LHD EU ZFFJA09B000044323
44327	Mondial	QV LHD EU ZFFLD14B000044327
44329	308	GTS QV Red/Tan GTO front
44331	308	GTS QV
44335	308	GTS QV LHD EU ZFFLA13B000044335
44341	Mondial	QV Rosso/tan
44343	Mondial	QV Blue/Blue
44345	308	GTS QV Rosso/nero RHD ZFFLA13C000044345
44347	308	GTS QV 83 ZFFMA13A3D0044347
44349	308	GTS QV LHD EU ZFFLA13B000044349
44355	308	GTB QV Red/Black RHD
44363	Mondial	QV 82 Blue RHD UK eng. # 00539
44365	Mondial	QV
44367	308	GTB
44369	308	GTS QV
44371	308	GTS QV LHD EU ZFFLA13B000044371
44377	308	GTS QV Red/Black LHD
44379	308	GTS QV Red/Black LHD EU ZFFLA13B000044379
44385	400	i Automatic LHD EU ZFFEB06B000044385
44387	512	BBi 83 Rosso Corsa/Tan & Red Daytona Seats LHD EU ZFFJA09B000044387
44389	512	BBi 84 Rosso Corsa/Black LHD EU ZFFJA09B000044389
44393	512	BBi LHD EU ZFFJA09B000044393
44395	512	BBi 83
44397	400	i Automatic Red/Tan LHD EU ZFFEB06B000044397
44399	400	i
44401	400	i 83 RHD

s/n	Type	Comments
44403	Mondial	QV
44411	308	GTS QV LHD EU ZFFLA13B000044411
44413	308	GTS QV LHD EU ZFFLA13B000044413
44417	308	GTB QV
44421	288	GTO 2nd prototipo
44429	308	GTS QV LHD EU ZFFLA13B000044429
44435	Mondial	8 83 Blue RHD ZFFNE08D000044435 eng.#F106B0400576
44437	308	GTS QV
44439	308	GTS QV LHD EU ZFFLA13B000044439
44447	308	GTB QV ?/Grey LHD EU ZFFLA12B000044447
44453	512	BBi 7/83 Black/Red LHD EU ZFFJA09B000044453
44455	512	BBi 83 Red/Black
44457	512	BBi 83 Red ZFFJA09B000044457
44459	512	BBi 83 Black/Black LHD EU ZFFJA09B000044459
44461	512	BBi 83 Rosso Corsa/Black
44463	400	i 83
44465	400	i 83 grigio/tan
44467	400	i silvergrey metallic/Black Manual
44469	400	i Automatic Black/tan LHD EU ZFFEB06B000044469 US-side markers & bumpers
44471	400	i Automatic 83 Blu Sera/Tan LHD EU ZFFEB06B000044471
44473	400	i Cabriolet Conversion 83 dark Red met./Tan
44475	Mondial	QV
44477	308	GTS QV 83 Rosso Corsa/Black RHD
44479	400	i Automatic 83 Black/Tan LHD EU
44483	308	GTS QV 83 Red/beige LHD EU ZFFLA13B000044483
44489	Mondial	8 83 Red RHD ZFFNE08D000044489 eng.#F106B04001089
44491	Mondial	QV Red/Crema RHD ZFFLD14C000044491
44493	308	GTS QV
44495	308	GTS QV LHD EU ZFFLA13B000044495
44499	308	GTB QV 83 Rosso Corsa/Black LHD
44501	Mondial	QV
44505	308	GTB QV Red/Black
44511	308	GTS QV Red/Crema
44513	308	GTSi QV 83 Red/Tan ZFFLA13B000044513
44517	308	GTSI 83 Red/Tan ZFFLH138B00044517
44527	308	GTS QV Red/Crema RHD
44533	308	GTB Red/Black
44539	512	BBi 83 Rosso Corsa Crema LHD EU ZFFJA09B000044539
44541	512	BBi Red/Tan ZFFJA09B000044541
44543	512	BBi 83 Nero Daytona/Black
44545	512	BBi Red/Black LHD EU ZFFJA09B000044545
44547	400	i Automatic 83 Blue/Tan
44549	400	i Automatic 84 metalic Blue/tan
44553	400	i grey/Black, LHD Manual EU ZFFEB07B000044553
44555	400	i Automatic LHD EU ZFFEB06B000044555
44557	400	i
44565	308	GTSi 83 ZFFNA02D000044565
44567	308	GTSi 82 LHD
44573	Mondial	QV Red/Black LHD EU ZFFLD14B000044573
44577	512	BBi Rosso Corsa LHD EU ZFFJA09B000044577
44579	308	GTS QV 83 Black/Tan ZFFLA13B000044579
44581	308	GTB QV LHD EU ZFFLA12B000044581
44583	308	GTS QV Red/Black US ZFFLA12B000044583
44593	512	BBi Rosso Corsa/Tan
44605	308	GTS QV 83
44611	512	BBi Red/Black-Red
44623	308	GTB QV
44625	208	GTB Turbo
44631	308	GTS QV Red/Cream RHD
44637	308	GTS QV 83 Grey/Tan LHD EU ZFFLA13B000044637
44639	308	GTS QV LHD EU ZFFLA13B000044639
44645	308	GTB QV 83 Blue/White LHD EU ZFFLA12B000044645
44649	308	GTB QV
44651	Mondial	QV 83 Red RHD UK eng. # 00550
44653	Mondial	QV 84 Red/Tan LHD EU ZFFLD14B000044653
44659	308	GTS QV LHD EU ZFFLA13B000044659
44661	512	BBi Red/Black ZFFJA09B000044661
44663	512	BBi Nero Daytona Crema
44665	512	BBi White/Red LHD EU ZFFJA09B000044665
44669	512	BB 82 Rossa Corsa no Boxer Trim/Tan ZFFJA09B000044669 eng. # F110A*00395
44671	512	BBi 83 Red/Black RHD, ZFFJA09C000044671
44673	400	i Cabriolet by Pavesi, 83 Metallic Black/Tan LHD
44683	308	GTS QV
44685	512	BBi White/Red LHD EU ZFFJA09B000044665
44697	308	GTB QV Koenig Black/Bordeaux ZFFLA12B000044697
44699	400	i Automatic LHD EU ZFFEB06B000044699
44705	400	i Automatic LHD EU ZFFEB06B000044705
44707	400	i Automatic Maroon Crema LHD EU ZFFEB06B000044707
44711	288	GTO prototipo
44713	308	GTB QV LHD EU ZFFLA12B000044713
44715	512	BBi 83Red/Tan cloth seatsLHD EU ZFFJA09B000044715
44719	512	BBi 83 Red/Black LHD EU ZFFJA09P000044719
44725	288	GTO prototipo
44727	288	GTO prototipo
44729	Mondial	8 84 RHD ZFFNE08D000044729 eng.#F106B04001089
44731	308	GTS QV 83 Red LHD EU ZFFLA13B000044731
44737	308	GTB QV 83 Red/Black
44743	308	GTS QV LHD EU ZFFLA13B000044743
44747	308	GTS QV LHD EU ZFFLA13B000044747
44749	308	GTS QV Red/Crema
44755	512	BBi White/Black then Red Black Boxer trim/dark Blue LHD EU ZFFJA09B000044755
44757	512	BBi Rosso Corsa custom mirrors
44759	512	BBi 83 Red Black Boxer Trim/Tan LHD EU ZFFJA09B000044759
44761	512	BBi 83 Red Black Boxer Trim/Black LHD EU ZFFJA09B000044761
44763	512	BBi 83 Anthracite/Red LHD EU ZFFJA09B000044763
44765	400	i Automatic Silver/Blue RHD
44771	400	i
44775	400	i 83 Black/Tan LHD Manual EU ZFFEB07B000044775
44781	308	GTS QV LHD EU ZFFLA13B000044781
44783	308	GTS QV LHD EU ZFFLA13B000044783
44789	Mondial	QV Red/Tan RHD
44791	Mondial	QV Red/Crema LHD
43795	512	BBi nero/crema
44799	308	GTS QV 83 Rosso Corsa Nero LHD EU ZFFLA13B000044799 European deep chin spoiler
44809	512	BBi Red/Black LHD EU ZFFJA09B000044809
44811	512	BBi 83 Red Black Boxer trim Black & grey cloth inserts LHD EU ZFFJA09B000044811
44815	512	BBi 83 Red Black Boxer Trim/Black LHD EU ZFFJA09B000044815
44817	400	i Automatic LHD EU ZFFEB06B000044817
44819	400	i
44821	400	i Azzurro/Dark Red LHD Manual
44829	308	GTS QV LHD EU ZFFLA13B000044829
44831	308	GTS QV 83 Red LHD EU ZFFLA13B000044831
44833	308	GTB QV 83 Grigio met./Red LHD EU
44835	308	GTS QV 83 Red/Black ZFFLA13C000044835
44837	Mondial	QV Red/Black & dark Red
44841	Mondial	QV LHD EU ZFFLD14B000044841
44843	308	GTSi 84 ZFFNA02D000044843

s/n	Type	Comments
44849	308	GTS QV LHD EU ZFFLA13B000044849
44851	308	GTS QV Red/Tan LHD Factory Wing
44957	Mondial	8 84 Red RHD ZFFNE08D000044957 eng.#F105B04001337
44859	308	GTB QV Red/Black
44869	308	GTS QV
44877	512	BBi 83 Red/Black
44879	512	BBi White/Black
44881	512	BBi 83 Rosso Corsa Black Boxer Trim/Black LHD EU ZFFJA09B000044881
44889	400	i Automatic 83 Blue/Tan LHD EU ZFFFEB06B000044889
44897	400	i Automatic LHD EU ZFFEB06B000044897
44899	512	BBi Red/Black LHD twin turbo conversion by Escort Racing Products of Covina, CA
44903	308	GTS QV Red/Black
44907	308	GTS QV 83 Yellow/Black LHD EU ZFFLA13B000044907
44909	512	BBi Red/Black
44913	Mondial	QV Red/Black ZFFLD14B000044913
44915	Mondial	QV Red/beige RHD ZFFLD14C0000
44919	308	GTS QV
44927	308	GTS QV 83 Red/Brown
44935	308	GTB QV LHD EU ZFFLA12B000044935
44937	512	BBi 83 Red/Tan ZFFJA09S000044937
44939	512	BBi LHD EU ZFFJA09B000044939
44941	512	BBi 83 Rosso Corsa Black Trim/Black LHD EU ZFFJA09B000044941
44943	512	BBi Rosso Corsa/Black
44945	512	BBi LHD EU ZFFJA09B000044945
44953	Mondial	QV 83 Red/Tan LHD EU ZFFLD14B000044953
44955	Mondial	QV
44957	Mondial	8 Red ZFFNE08D000044957
44959	Mondial	QV 84 Red/Tan LHD EU ZFFLD14B000044959
44961	308	GTS QV
44963	308	GTS QV 83
44965	308	GTS QV 83 Rosso Corsa Nero Daytona Seats LHD EU ZFFLA13B000044965
44969	308	GTSi QV LHD EU ZFFLA13B000044969
44971	308	GTS QV LHD EU ZFFLA13B000044971
44975	400	i 83 Black/Crema LHD Manual EU ZFFFEB07B000044975
44977	Mondial	QV 83 Red RHD UK eng. # 00767
44981	308	GTS QV 83 Red/Black
44991	512	BBi 83 Rosso Corsa/Black
44993	512	BBi Red/Tan LHD EU ZFFJA09B000044993
44999	512	BBi LHD EU ZFFJA09B000044999
45003	400	i Automatic 83 Azzurro metallic/dark Blue LHD
45011	308	GTS QV 83 Red/Black LHD RHD UK eng. # 00731
45021	Mondial	QV 83 LHD
45023	Mondial	QV Red/Tan
45025	308	GTS QV 83 Red/Tan RHD ZFFLA13C000045025
45033	308	GTS QV 83 Red/Tan RHD
45037	Mondial	QV Red/Tan LHD
45039	308	GTS QV LHD EU ZFFLA13B000045039
45041	308	GTS QV LHD EU ZFFLA13B000045041
45043	308	GTB QV 83
45045	512	BBi 83 Red Black Boxer Trim/Grey
45047	512	BBi Red Black Boxer Trim/Tan LHD CH ZFFJA09S000045047
45049	512	BBi Black/Black
45051	512	BBi 83 Black/Black LHD EU ZFFJA09B000045051
45053	512	BBi 83
45055	512	BBi 83 Black/Red
45057	512	BBi 83 Red/Tan
45059	512	BBi 83
45073	Mondial	8 84 Red RHD ZFFNE08D000045073 eng.#F106B04001091
45081	308	GTS QV Yellow/Black LHD EU ZFFLA13B000045081
45085	308	GTS QV LHD EU ZFFLA13B000045085
45089	308	GTS QV
45091	308	GTS QV 84 Rosso Corsa/Tan LHD EU ZFFLA13B000045091
45097	400	i Automatic LHD EU ZFFEB06B000045097
45099	400	i Automatic Cabriolet Conversion 83 dark Red/Black LHD EU ZFFEB06B000045099
45101	400	i Automatic 83 British Racing Green/Crema LHD EU ZFFEB06B000045101
45105	400	i Automatic 84 Blue Sera/Tan LHD EU ZFFEB06B000045105
45109	Mondial	QV
45113	308	GTB/M Red/
45115	Mondial	QV
45119	308	GTB QV 288 GTO conversion "F308M" Red/Black LHD CH ZFFLA12S000045119
45121	512	BBi 83 Red/Black grey inserts RHD ZFFJA-OC0000 eng. #45121
45123	512	BBi 83 Black Black Boxer trim/Tan LHD EU ZFFJA09B000045123
45125	512	BBi Red/Tan ZFFJA09B000045125
45127	512	BBi LHD EU ZFFJA09B000045127
45129	512	BBi Rosso Corsa/tan LHD CH ZFFJA09S0000
45131	512	BBi 83 Red/Tan LHD EU ZFFJA09B000045131
45133	512	BBi Red/Crema & Red LHD EU ZFFJA09B000045133
45135	512	BBi 83 Red/Black
45153	512	BBi 83 Red/Tan
45155	Mondial	8 84 Blue RHD ZFFNE08D000045155 eng.#F106804000087
45157	Mondial	QV Cabriolet Yellow/Black
45159	Mondial	QV Dark Blue/tan LHD ZFFLD14B0000
45163	308	GTS QV
45167	308	GTS QV 83
45171	308	GTS QV 83 Black/Red LHD
45175	308	GTB QV Grey/Bordeaux ZFFLA12B000045175
45179	400	i Automatic LHD EU ZFFEB06B000045179
45181	400	i
45183	400	i Automatic 83 Anthracite then Azzurro/tan LHD EU ZFFEB06B000045183
45195	308	GTSi 84 Red ZFFNA02D000045195 eng. #F106B0400437
45199	308	GTS QV 83 Red/Crema LHD EU ZFFLA13B000045199
45201	308	GTS QV Red/Black LHD EU ZFFLA13B000045201
45205	Mondial	8 83 Grey RHD ZFFNE08D000045205 eng.#F105804000387
45207	Mondial	QV 83 Blue/Crema LHD EU Sunroof
45209	308	GTS QV 83 ZFFMA13A7D0045209
45211	308	GTS QV 83 White RHD UK eng. # 00743
45213	308	GTS QV 83 Red/Crema LHD EU
45219	512	BBi 83 Red Black Boxer Trim/Black
45221	512	BBi Nero Daytona ZFFJA09B000045221
45229	512	BBi 83 Red/Black
45235	Mondial	QV LHD EU ZFFLD14B000045235
45237	308	GTS QV 83
45239	308	GTS QV LHD EU ZFFLA13B000045239
45241	308	GTB QV 83 Red/Tan LHD
45247	Mondial	QV Red Light Grey RHD
45249	Mondial	QV Red/Black LHD ZFFLD14B000045249
45251	308	GTS QV
45253	308	GTS QV Red/Crema LHD EU ZFFLA13B000045253
45255	308	GTB QV Grey ZFFLA12B000045255
45259	208	GTB Turbo
45263	Mondial	QV 83 Red/Crema LHD ZFFLD14C000045263
45271	308	GTS QV Red/Black
45273	512	BBi 83 Nero Daytona/Tan LHD EU ZFFJA09B000045273
45275	512	BBi Targa Conversion by Amerispec Corp. 83 Red/Black & Red horizontal stripes LHD EU ZFFJA09B000045275
45277	512	BBi Red/Tan ZFFJA09B000045277
45279	512	BBi Silver/Crema ZFFJA09B000045279

s/n	Type	Comments
45281	512	BBi Anthracite met. Black Boxer trim/Black
45283	512	BBi 83 Azzurro/dark Blue
45293	400	i LHD Manual EU ZFFEB07B000045293
45299	Mondial	QV
45301	Mondial	QV 83 Red RHD UK eng. # 00811
45303	308	GTS QV 83 ZFFMA13AXD0045303
45305	308	GTS QV 83 Red/Black ZFFMA13A3D0045305
45307	308	GTB QV
45313	Mondial	QV Red/Bordeaux RHD ZFFLD14C000045313
45319	Mondial	QV Dark Blue/tan LHD ZFFLD14B000045319
45321	308	GTS QV 83 ZFFMA13A1D0045321
45323	308	GTS QV 83 ZFFMA13A5D0045323
45325	308	GTSI QV 83 Blue/Blue ZFFMA13AXD0045325
45327	308	GTS QV 83 ZFFMA13A2D0045327
45329	308	GTS QV 83 Rosso Rubino/Tan LHD
45331	308	GTS QV LHD EU ZFFLA13B000045331
45337	308	GTB QV 288 GTO Replica Red/Black RHD LHD-conversion
45339	512	BBi 83 Rosso Corsa/Black LHD EU ZFFJA09B000045339 EPA & DOT releases
45341	512	BBi 83 Red/Tan LHD EU ZFFJA09B000045341
45343	512	BBi 83 Red/Tan & Red LHD EU ZFFJA09B000045343
45347	512	BBi 83 Red/Crema ZFFJA09B000045347
45349	512	BBi silver/beige CH
45351	400	i Automatic 83 LHD EU ZFFEB06B000045351
45353	400	i Automatic Cabriolet Conversion by Straman 83 Black/Tan Tan top LHD EU ZFFEB06B0000 ex-Rod Stewart
45355	400	i Automatic 83 Maroon Tan LHD EU ZFFEB06B000045355
45357	400	i Automatic LHD EU ZFFEB06B000045357
45371	308	GTS QV 83 ZFFMA13A5D0045371
45373	308	GTS QV 83 ZFFMA13A9D0045373
45377	308	GTS QV 83 ZFFMA13A6D0045377
45379	308	GTS QV 83 ZFFMA13AXD0045379
45381	308	GTS QV LHD EU ZFFLA13B000045381
45395	308	GTS QV 83 ZFFMA13A8D0045395
45397	308	GTB QV
45399	308	GTSi QV Koenig 83 Red/Tan LHD EU ZFFLA13B000045399
45403	512	BBi 83 Bianco/Brown
45405	512	BBi 83 Nero Daytona Black LHD EU ZFFJA09B000045405
45409	512	BBi 83 Rosso Corsa/Tan LHD EU ZFFJA09B000045409
45413	512	BBi Koenig Red/Black Red mirrors
45417	512	BBi Red/Crema & Red RHD
45421	Mondial	QV Red/Tan LHD ZFFLD14B000045421
45425	Mondial	QV 83 Grigio/Tan LHD EU ZFFLD14B000045425 Sunroof
45427	308	GTS QV Red/Crema
45431	Mondial	QV Red/Tan
45433	308	GTS QV 83 ZFFMA13A1D0045433
45435	308	GTS QV
45439	512	BBi
45441	512	BBi 83 Black/Black LHD EU ZFFJA09B000045441
45445	512	BBi Silver Black Boxer Trim/Black grey inserts ZFFJA09B000045445
45447	512	BBi 83 Red/Black & Red LHD EU ZFFJA09B000045447
45449	512	BBi Red/Tan
45451	512	BBi Red/Crema
45455	208	Turbo Black
45459	Mondial	QV
45461	Mondial	QV 83 Dark Blue/Tan RHD ZFFLD14C000045461
45471	308	GTS QV 83 ZFFMA13A9D0045471
45473	308	GTS QV 83 ZFFMA13A2D0045473
45475	308	GTS QV 83 ZFFMA13A6D0045475
45477	308	GTS QV 83 ZFFMA13AXD0045477
45479	308	GTS QV 83 ZFFMA13A3D0045479
45481	308	GTS QV 83 ZFFMA13A1D0045481
45483	308	GTS QV 83 ZFFMA13A5D0045483
45485	308	GTS QV 83 ZFFMA13A9D0045485
45499	Mondial	8 83 Red RHD ZFFNE08D000045499
45501	Mondial	QV
45505	Mondial	QV Red/Crema LHD ZFFLD14S000045505
45507	308	GTS QV 83 ZFFMA13A4D0045507
45509	308	GTS QV 83 Red/Tan ZFFMA13A8D0045509
45511	308	GTS QV 83 Rosso Corsa Black Boxer Trim/Tan US ZFFMA13A6D0045511
45513	308	GTS QV 83 LHD EU ZFFLA13B000045513
45519	308	GTB QV Blue/tan
45521	512	BBi Nero Daytona/Black
45523	400	i 83 Black RHD UK eng. # 00901
45525	400	i Automatic 83 LHD EU ZFFEB06B000045525
45527	400	i Cabriolet Conversion 83 Black/Tan LHD Manual EU ZFFEB07B000045527
45529	400	i Automatic 80 Silver Tan ZFFEB07B000045529
45531	400	i
45535	400	i Cabriolet Conversion 83 dark Royal Blue/Tan manual LHD EU ZFFEB07B000045535
45537	400	i Automatic 83 Black/Tan LHD EU ZFFEB06B000045537
45539	400	i grey LHD
45541	400	i Automatic 83 Red/Tan LHD ZFFEB07B000045541
45543	400	i Manual
45557	308	GTS QV 83 ZFFMA13A8D0045557
45559	308	GTS QV 83 ZFFMA13A1D0045559
45561	308	GTS QV 83 ZFFMA13AXD0045561
45563	308	GTS QV 9/83 Rosso Corsa/Tan ZFFMA13A3D0045563
45565	308	GTB QV
45567	308	GTSi 83 Red/Black ZFFNA02D000045567 eng. #F106B04001668
45571	308	GTB QV Light Blue/Crema LHD
45577	308	GTS QV 83 ZFFMA13A3D0045577
45579	308	GTS QV 83 ZFFMA13A7D0045579
45581	308	GTSi QV 83 LHD EU ZFFLA13B000045581
45589	Mondial	QV 83 Red RHD ZFFLD14C000045589
45593	308	GTS QV 83 ZFFMA13A1D0045593
45595	308	GTS QV 83 ZFFMA13A5D0045595
45603	512	BBi Rosso Corsa
45607	308	GTS QV 83 Red/Tan ZFFMA13A8D0045607
45609	308	GTS QV LHD EU ZFFLA13B000045609
45611	308	GTS QV LHD EU ZFFLA13B000045611
45613	308	GTB QV Red/Crema ZFFLA12B000045613
45615	512	BBi 83 Argento/Blue & Crema LHD EU ZFFJA09B000045615
45617	512	BBi 83 Red Black Boxer Trim/Crema LHD EU ZFFJA09B000045617
45623	512	BBi 83 Rosso/Black
45627	512	BBi 83 Rosso Corsa/Black LHD EU ZFFJA09B000045627
45629	512	BBi 83 Red/Black LHD EU ZFFJA09B000045629
45635	Mondial	QV 83
45637	Mondial	QV blu/tan
45639	Mondial	QV Automatic 83 Yellow/Black ZFFMD14A2D0045639
45641	308	GTS QV 83 ZFFMA13A8D0045641
45643	308	GTB 83 Red ZFFMA13A800045643
45645	308	GTS QV 83 ZFFMA13A5D0045645
45647	308	GTS QV 83 ZFFMA13A9D0045647
45651	308	GTS QV LHD EU ZFFLA13B000045651
45659	308	GTB QV Red/Crema LHD ZFFLA12B000045659
45663	400	i green metallic/Crema LHD
45665	400	i Automatic Cabriolet Conversion 84 Black/Tan Black top LHD EU ZFFEB06B000045665
45669	400	i Automatic 85 Silver/Tan ZFFE06B000045669
45683	308	GTS QV Red/Tan
45687	308	GTS QV 83
45689	308	GTB Quattrovalvole 83 Red/magnolia

s/n	Type	Comments	s/n	Type	Comments
45691	512	BBi Red/Black LHD EU ZFFJA09B000045691	45895	308	GTS QV 83 ZFFMA13A6D0045895
45693	512	BBi 84 Red Black Boxer Trim/tan ZFFJA09B000045693 EPA & DOT converted	45897	308	GTS QV 83 ZFFMA13AXD0045897
			45899	308	GTS QV 83 ZFFMA13A3D0045899
45697	512	BBi 82 Nero Daytona/Tan	45901	308	GTS QV 83 ZFFMA13A8D0045901
45709	308	GTS QV 83 ZFFMA13A5D0045709	45903	308	GTSi 83 Red/Tan LHD ZFFMA13A1D0045903
45711	308	GTS 3/83 anthricite/Black & Red US ZFFMA13A3D0045711	45913	400	i LHD Manual EU ZFFEB07B000045913
			45925	308	GTS QV 83 ZFFMA13A0D0045925
45713	308	GTS QV 83 ZFFMA13A7D0045713	45927	512	BBi
45715	308	GTS QV 83 ZFFMA13A0D0045715	45929	512	BBi 83 Red/Tan LHD EU ZFFJA09B000045929
45717	308	GTS QV 83 Red/Tan ZFFMA13A4D0045717	45931	512	BBi 83 Red/Tan LHD EU ZFFJA09B000045931
45723	308	GTB QV Black/Tan LHD EU ZFFLA12B000045723	45935	512	BBi LHD EU ZFFJA09B000045935
			45937	512	BBi 83 Rosso Corsa Black boxer Trim/Tan ZFFJA09B000045937 US side markers
45725	308	GTB QV 83			
45727	512	BBi 83	45939	208	GTB Turbo Red/Black & grey cloth centres LHD ZFFKA10B0000
45729	308	GTB 83 Red/Black ZFFLA12B000045729 288 GTO Re-Creation 348 Twin Turbo			
			45943	Mondial	QV Red/Crema
45733	512	BBi 83 Red/Tan LHD EU ZFFJA09B000045733	45949	308	GTS QV 83 ZFFMA13A3D0045949
45735	512	BBi Black/Brown	45951	308	GTS QV 83 ZFFMA13A1D0045951
45737	512	BBi Rosso Corsa/Black	45953	308	GTS QV 83 ZFFMA13A5D0045953
45743	400	i	45955	308	GTB QV Rosso/nero
45747	Mondial	QV 83 White/BlackLHD EU ZFFLD14B000045747 exported to the US	45957	308	GTS QV
			45961	400	i Automatic 84 White Black LHD EU ZFFEB06B0000045961
45749	Mondial	QV LHD EU ZFFLD14B000045749			
45755	308	GTS QV 83 ZFFMA13A1D0045755	45963	400	i Cabriolet Conversion 83 Rubino Micalizzato/Rosso Black top
45757	308	GTS QV 83 ZFFMA13A5D0045757			
45759	308	GTS QV 83 ZFFMA13A9D0045759	45965	512	BBi 83 Red LHD
45761	308	GTS QV 83 ZFFMA13A7D0045761	45967	400	i
45763	308	GTB QV Red/dark tan RHD ZFFLA12C000045763	45971	208	GTB Turbo Red/Black & grey inserts ZFFKA10B000045971
45769	400	i Cabriolet Conversion by Straman 83 Black/Tan manual LHD EU ZFFEB07B000045769 ex-Rod Stewart	45985	308	GTS QV 83 ZFFMA13A7D0045985
			45987	308	GTS QV 83 ZFFMA13A0D0045987
			45991	308	GTS QV 83 ZFFMA13A2D0045991
45771	400	i Automatic Series II 83 Grey Metallic/tan LHD EU ZFFEB06B000045771	45993	308	GTB QV LHD EU ZFFLA12B000045993
			45997	512	BBi Red/Black ZFFJA09B000045997
45785	Mondial	QV 83 Red Met./Tan ZFFMD14A2D0045785	45999	512	BBi 83 Red/Black Red inserts LHD EU ZFFJA09B000045999
45787	Mondial	QV Azzurro/Black RHD			
45789	Mondial	QV 83 Red/Black LHD EU ZFFLD14B000045789 Sunroof DOT & EPA updates	46005	512	BBi 83 Rosso Nero
			46007	512	BBi 83 Red/Black
			46009	400	i 84 Taupe brown/tan Manual LHD EU ZFFEB07B000046009 EPA & DOT converted
45791	308	GTS QV 83 ZFFMA13A5D0045791			
45793	308	GTS QV 83 ZFFMA13A9D0045793	46011	400	i Automatic Azzurro Crema LHD
45801	308	GTB QV Red/Black	46013	400	i Black/Black LHD Manual EU ZFFEB07B000046013
45807	512	BBi Rosso Corsa			
45809	512	BBi LHD EU ZFFJA09B000045809	46025	Mondial	QV 83 Red RHD UK eng. # 00959
45811	512	BBi 83 Red/Black & Red	46029	Mondial	QV LHD CH ZFFLD14S000046029
45813	512	BBi 83 Red/Tan ZFFJA09B000045813	46033	308	GTS QV 83 Red/Tan US ZFFMA13A1D0046033
45815	512	BBi 84 Rosso Corsa/Black LHD EU ZFFJA09B000045815	46035	308	GTS QV 83 Black/Red Black Piping LHD ZFFMA13A50046035
45829	Mondial	QV 83 Red/Tan LHD	46037	308	GTS QV 83 ZFFMA13A9D0046037
45831	308	GTSi 83 Red ZFFRA13D000045831 eng. #F106B04002306	46039	308	GTS QV 4/83 grigo met./Maroon ZFFMA13A2D0046039
45835	308	GTS QV 83 ZFFMA13AXD0045835	46041	308	GTS 83 Rosso Corsa/Nero ZFFMA13A0D0046041
45837	308	GTS QV 83 ZFFMA13A3D0045837			
45839	308	GTS QV 83 ZFFMA13A7D0045839	46043	308	GTS QV 83 ZFFMA13A4D0046043
45841	308	GTS nero	46045	308	GTS QV 83 ZFFMA13A8D0046045
45847	Mondial	QV silver/tan LHD	46053	Mondial	QV Azzurro/Tan LHD CH ZFFLD14S000046053
45853	308	GTS QV 83 ZFFMA13A1D0045853	46055	308	GTS QV Red/Black ZFFLA13B000046055
45855	308	GTS QV 83 ZFFMA13A5D0045855	46057	308	GTS QV 83 LHD EU ZFFLA13B000046057
45857	308	GTS QV	46059	308	GTS QV 83 Rosso Corsa/Tan US ZFFMA13A8D0046059
45863	400	i Blue/tan			
45865	400	i Black/Black LHD Manual EU ZFFEB07B000045865	46063	308	GTB QV 83 Red/Black & Red RHD
			46065	308	GTB QV LHD EU ZFFLA12B000046065
45873	308	GTB QV Red/Dark Red ZFFLA12B000045873	46067	308	GTSi QV 83 White/bianco LHD
45875	512	BBi 82 Black/Black LHD	46071	512	BBi 83 nero/beige LHD
45877	512	BBi	46073	512	BBi 83 LHD EU ZFFJA09B000046073
45879	512	BBi Rosso Corsa/Black	46075	512	BBi Red/Black
45881	512	BBi 83 Red Black Boxer Trim/Black LHD EU ZFFJA09B000045881	46077	512	BBi 84 Rosso Corsa Black Boxer Trim/Tan LHD EU ZFFJA09B000046077
45885	208	GTB Turbo	46079	308	GTB QV Red/Crema
45889	Mondial	QV 83 Silver/Blue eng. #00946	46085	Mondial	QV 83 Bronze LHD ZFFLD14S000046085
45891	Mondial	QV 83 Silver/Black LHD EU ZFFLD14B000045891 Sunroof	46087	Mondial	QV LHD EU ZFFLD14B000046087
			46101	308	GTS QV 83 ZFFMA13A3D0046101
45893	Mondial	QV	46103	308	GTS QV 83 ZFFMA13A7D0046103

s/n	Type	Comments
46105	308	GTS QV 83 Red/Tan ZFFMA13A0D0046105
46109	512	BBi Rosso Corsa/Black LHD EU ZFFJA09B000046109
46111	512	BBi Rosso Corsa/Black
46113	512	BBi 83 Red Black Boxer trim/tan LHD EU ZFFJA09B000046113 Norwood Twin Turbo
46115	512	BBi Rosso Corsa/Black
46117	512	BBi 83 Red/Tan LHD EU ZFFJA09B000046117
46119	512	BBi Red/Black LHD EU ZFFJA09B000046119
46121	Mondial	QV
46127	Mondial	QV White/Black LHD EU ZFFL014B000046127
46135	308	GTS QV 83 ZFFMA13A9D0046135
46137	308	GTS QV 83 ZFFMA13A2D0046137
46139	308	GTS QV 83
46141	308	GTS QV 83 Red/Tan LHD ZFFMA13A4D0046141
46147	308	GTB QV 83 Red/Brown ZFFLA12B000046147
46149	400	i Automatic LHD EU ZFFEB06B000046149
46151	400	i Automatic 83 Blue/tan LHD EU ZFFEB06B000046151
46153	400	i 83 Silver/Black Manual LHD EU ZFFEB07B000046153 ex- Lanny Wadkins
46157	400	i Automatic 83 Navy Blue Beige LHD
46159	Mondial	8 83 RHD ZFFNE08D000046159
46161	512	Bbi 83
46165	Mondial	QV LHD EU ZFFLD14B000046165
46167	308	GTS QV LHD EU ZFFLA13B000046167
46169	308	GTS QV
46171	308	GTS QV 83 ZFFMA13A2D0046171
46173	308	GTS QV 83
46175	308	GTS QV 83 Red/Black ZFFMA13AXD0046175
46177	308	GTS QV 83 Red/Tan LHD
46179	308	GTS QV 4/83 Red/Tan ZFFMA13A7D0046179
46181	308	GTS QV 83 ZFFMA13A5D0046181
46183	308	GTS QV 83 ZFFMA13A9D0046183
46187	512	BBi 83 Rosso Corsa/Beige LHD EU ZFFJA09B000046187
46189	512	BBi 84 Red/Tan LHD EU ZFFJA09B000046189 eng. #00545
46199	400	i dark Blue/Black
46201	400	i Automatic 83 Black/Grey
46203	400	i Automatic LHD EU ZFFEB06B000046203
46213	Mondial	QV 83 Argento Nürburgring/Black LHD ZFFUD14B000046213
46221	308	GTS QV 83 ZFFMA13A2D0046221
46223	308	GTS QV 83 ZFFMA13A6D0046223
46225	308	GTS QV 83 ZFFMA13AXD0046225
46227	308	GTS QV 83 Red/Tan US ZFFMA13A3D0046227
46229	308	GTS QV 83 Red/Tan ZFFMA13A7D0046229
46235	400	i Automatic dark Blue/beige
46237	512	BBi
46239	512	BBi 83 Red Black Boxer Trim/Black then Silver LHD EU ZFFJA09B000046239
46243	512	BBi 83 Rosso Corsa LHD EU ZFFJA09B000046243
46249	512	BBi Blue/Tan LHD EU ZFFJA09B000046249
46255	308	GTS QV 83 ZFFMA13A8D0046255
46265	308	GTS QV 83 Grigio Titanium Nero US ZFFMA13A0D0046265
46267	308	GTS QV 83 Grey/Red LHD
46269	308	GTS QV 83 Yellow/Black LHD US ZFFMA13A8D00
46275	Mondial	QV
46283	308	GTS QV LHD EU ZFFLA13B000046283
46285	308	GTS QV 83 ZFFMA13A6D0046285
46287	308	GTS QV 83 ZFFMA13AXD0046287
46289	308	GTS QV 83 ZFFMA13A3D0046289
46291	308	GTS QV 83 ZFFMA13A6D0046291
46293	308	GTSi 83 Red ZFFRA13D000046293 eng. #F106B040000834
46295	308	GTB QV
46301	Mondial	QV
46307	308	GTS QV 83 ZFFMA13A1D0046307
46309	308	GTS QV 83 ZFFMA13A5D0046309
46311	308	GTS QV 83 ZFFMA13A3D0046311
46313	308	GTB QV Dark Blue/Crema LHD EU ZFFLA12B000046313 shields
46315	512	BBi 83 Rosso Corsa/Crema & Zegna cloth inserts RHD UK
46317	512	BBi 83 Anthracite Black Boxer trim/Red LHD EU ZFFJA09B000046317
46321	512	BBi Rosso Corsa/Black
46323	512	BBi 83 Silver/Black LHD EU ZFFJA09B000046323
46325	512	BBi 83 Nero Daytona/Tan LHD EU ZFFJA09B000046325
46327	512	BBi Red/Black& Grey ZFFJA09S000046327
46331	400	i
46333	400	i Automatic 83 Silver/Black RHD eng. #46333
46335	400	i Automatic LHD EU ZFFEB06B000046335
46339	Mondial	QV Red
46343	Mondial	QV Red/Tan ZFFLD14B000046343
46345	308	GTS QV LHD EU ZFFLA13B000046345
46349	308	GTS QV 83 Red/Crema LHD ZFFLA13B000046349
46351	308	GTS QV LHD EU ZFFLA13B000046351
46353	308	GTS QV
46359	308	GTS QV 83 Red/Tan ZFFMA13A9D0046359
46361	308	GTS QV 83 ZFFMA13A7D0046361
46371	Mondial	QV Red/Crema
46381	308	GTS QV 83 ZFFMA13A2D0046381
46383	308	GTS QV 83 ZFFMA13A6D0046383
46385	308	GTS QV 83 ZFFMA13AXD0046385
46387	308	GTSi QV 83 Red/Tan ZFFMA13A3D0046387
46391	512	BBi Maroon ZFFJA09B000046391
46393	512	BBi 83 Rosso Corsa/Tan
46395	512	BBi Rosso Corsa/Tan
46399	400	i Red
46403	400	i Automatic 83 Black/beige, ZFFJA09B000046403
46409	Mondial	QV Red/Tan
46415	308	GTS QV White then Red/Black
46417	308	GTS QV LHD EU ZFFLA13B000046417
46419	308	GTS QV 83 Giallo Fly/Nero LHD EU ZFFLA13B000046419
46421	308	GTS QV 83 Red/Tan ZFFMA13AXD0046421
46423	308	GTS QV 83 ZFFMA13A3D0046423
46425	308	GTS QV 83 ZFFMA13A7D0046425
46427	308	GTS QV 83 ZFFMA13A0D0046427
46433	512	BBi Red/Beige LHD EU ZFFJA09B000046433
46443	Mondial	8 83 RHD ZFFNE08D000046443
46447	Mondial	QV Red/Black
46449	Mondial	QV 83 Grigio then Red/Crema LHD EU ZFFLD14B000046449
46451	308	GTS QV
46453	308	GTS QV 83
46457	308	GTS QV 83 ZFFMA13A9D0046457
46459	308	GTS QV 83 ZFFMA13A2D0046459 eng. # 233
46461	308	GTS QV 83 White/Tan US ZFFMA13A0D0046461
46463	308	GTS QV 83 Red/Black ZFFMA13A4D0046463
46465	308	GTS QV 83 ZFFMA13A8D0046465
46481	Mondial	QV Red/Black
46483	308	GTS QV 83 Red RHD ZFFLAI3C000046483
46487	308	GTS QV LHD EU ZFFLA13B000046487
46489	308	GTSi QV 83 Metallic Grey/Red ZFFMA13A0D0046489 eng. # 236
46491	308	GTS QV 83 ZFFMA13A9D0046491
46493	308	GTS QV 83 ZFFMA13A2D0046493
46495	308	GTS QV 83 ZFFMA13A6D0046495
46497	308	GTS QV 83ZFFMA13AXD0046497
46499	308	GTB QV silver/Red grey carpets
46503	512	BBi Rosso Corsa/Tan Daytona Seats LHD EU ZFFJA09B000046503
46505	512	BBi 83 Red Black Boxer trim/tan ZFFJA09B000046505

s/n	Type	Comments
46507	512	BBi
46509	512	BBi 83 Red/Tan LHD EU ZFFJA09B000046509
46511	512	BBi 83 Red/Black
46513	512	BBi Black/Black LHD EU ZFFJA09B000046513
46515	400	i 83 Azzurro/Blue LHD EU
46519	512	BBi 83 Red/Tan tan leather headliner, tan carpet
46521	Mondial	QV Red/Crema RHD ZFFLD14C000046521
46531	308	GTS QV 83 Red/Crema ZFFLA13B000046531
46535	308	GTS QV 83 ZFFMA13A3D0046535
46537	308	GTS QV 83 ZFFMA13A7D0046537
46539	308	GTS QV 83 ZFFMA13A0D0046539
46541	308	GTS QV 83
46545	512	BBi Rosso/nero ZFFJA09B000046545
46549	512	BBi 83 Red/Tan LHD EU ZFFJA09B000046549
46551	512	BBi 84 Red/Tan LHD CH ZFFJA09S000046551
46553	400	i Automatic Azzurro/Tan
46555	400	i 83 Grey met. then Blue/Crema Manual ZFFE807S000046555
46559	400	i Automatic 83 grigio/Black
46563	400	i Automatic 84 Maroone beige
46567	400	i Automatic 83 Grey/Red LHD EU ZFFEB06B000046567
46569	400	i Automatic 83 LHD EU ZFFEB06B000046569
46571	208	GT? Turbo eng. # 276
46575	Mondial	8 84 Blue then Red RHD ZFFNE08D000046575 eng.#F106804002384
46581	308	GTS QV 83 Red RHD UK eng. # 01072
46583	308	GTS QV 83 Red/Tan LHD
46585	308	GTS QV Red/Crema ZFFLA13B000046585
46587	308	GTS QV 83 Rosso Rubino/Black US ZFFMA13A0D0046587 Tubi BBS Wheels
46589	308	GTS QV 83 Grigio/Tan ZFFMA13A4D0046589
46591	308	GTS QV 83 ZFFMA13A2D0046591
46593	308	GTS QV 83 ZFFMA13A6D0046593
46595	308	GTS QV 83 ZFFMA13AXD0046595
46599	208	GTB Turbo Silver/Black ZFFKA10B000046599
46601	208	GT? Turbo eng. # 275
46609	308	GTS QV Red/Tan ZFFLA13S0000
46611	308	GTS QV 83 ZFFMA14D0046611
46627	308	GTS QV 83 ZFFMA13A8D0046627
46631	308	GTS QV 83 ZFFMA13AXD0046631
46633	308	GTS QV 83 ZFFMA13A3D0046633
46637	308	GTB QV
46639	512	BBi 83 Chiaro Blue/Crema Dark Blue piping RHD ZFFJA09C000046639 eng. #46639
46641	512	BBi 83 Black Black Boxer Trim/Red LHD EU ZFFJA09B000046641
46643	512	BBi 83 Red/Black
46647	512	BBi 83 Rosso Corsa Black Boxer trim/Tan LHD EU ZFFJA09B000046647
46815	400	i Automatic Black/Crema LHD
46653	400	i Automatic dark metallic Blue/tan, ex-King Hussein of Jordan (?)
46663	512	BBi Red/Black LHD EU ZFFJA09B000046663
46667	Mondial	8 RHD ZFFNE08D000046667
46669	308	GTB QV 83 eng. # 1069
46673	308	GTS QV 83 ZFFMA13A4D0046673
46681	Mondial	8 84 Red RHD ZFFNE08D000046681
46689	308	GTS QV 83 ZFFMA13A8D0046689
46691	308	GTS QV 83 ZFFMA13A6D0046691
46693	308	GTS QV 83 Red/Black LHD EU ZFFLA13B000046693
46697	308	GTS QV
46699	308	GTS QV
46707	512	BBi
46711	512	BBi Rosso Corsa/Black
46717	400	i 83 Blue met./Tan ZFFEB07B000046717
46719	400	i Automatic 84 Black/Tan LHD EU ZFFEB06B000046719 exported to the US
46723	400	i Automatic 83 dark met. Blue then grey/Crema LHD CH ZFFEB06Z000046723
46725	400	i

s/n	Type	Comments
46729	Mondial	QV 83 Red RHD UK eng. # 01090
46731	Mondial	QV 83 Red/Black LHD
46733	Mondial	QV Red Dark Blue LHD EU ZFFL014B000046733
46735	308	GTS QV 83 ZFFMA13A0D0046735
46739	308	GTS QV 83 ZFFMA13A8D0046739
46741	308	GTS QV 83 ZFFMA13A6D0046741
46743	308	GTS QV 83 ZFFMA13AXD0046743
46745	308	GTS QV 83 ZFFMA13A3D0046745
46747	308	GTS QV
46753	512	BBi 83 Rosso Corsa Sabbia RHD UK ZFFJA09C0000 ex-Prince Faisal
46755	Mondial	QV Cabriolet pre-production model
46757	Mondial	QV Cabriolet pre-production model Red/Crema RHD
46759	Mondial	QV 83 Black/Tan LHD EU ZFFLD14B000046759
46761	308	GTS QV LHD EU ZFFLA13B000046761
46763	308	GTS QV LHD CH ZFFLA13S000046763
46765	308	GTS QV
46767	308	GTS QV 83 ZFFMA13A2D0046767
46769	308	GTS QV 83 Silver/Black ZFFMA13A6D0046769
46771	308	GTS QV 83 ZFFMA13A4D0046771
46773	308	GTS QV 83 ZFFMA13A8D0046773
46775	308	GTS QV 83 ZFFMA13A1D0046775
46779	208	GTB Turbo
46781	Mondial	QV 83 Red RHD UK eng. # 01102
46783	Mondial	8 83 Red RHD ZFFNE08D000046783 eng.#F106A04002385
46785	Mondial	QV Grey/Tan
46787	Mondial	QV Red/Crema RHD UK
46789	308	GTS QV 83 Red/Black ZFFMA13A1D0046789
46791	308	GTS QV 83
46793	308	GTS QV 83
46795	308	GTS QV 83 Red Naturale LHD EU ZFFLA13B000046795
46797	308	GTS QV 83 Red LHD EU
46799	308	GTSi QV 6/83 Verde Pino/brown tan piping ZFFNA13A4D0046799
46803	308	GTBi QV Red/Tan LHD EU
46807	512	BBi Red/Black LHD EU ZFFJA09B000046807
46811	512	BB 83 Red/Black LHD EU ZFFJA09B000046811
46812???	512	BBi 82 Black/tan probably 46815
46813	512	BBi dark metallic Blue/tan
46815	512	BBi Nero Daytona/Crema LHD EU ZFFJA09B000046815
46817	512	BBi Black/Black
46823	208	GTB Turbo Red/Crema LHD
46825	Mondial	8 83 Red RHD ZFFNE08D000046825 eng.#F106804002349
46827	Mondial	QV 83 Dark Blue/Tan LHD CH ZFFL014S000046827
46829	Mondial	QV Red/Black LHD EU ZFFL041B000046829
46831	308	GTS QV 83 ZFFMA13A7D0046831
46833	308	GTS QV 83 ZFFMA13A0D0046833
46835	308	GTS QV 83 Black/Tan ZFFMA13A4D0046835
46837	308	GTSi QV 83 Red/Tan LHD EU ZFFLA13B000046837
46839	308	GTS QV
46847	308	GTS QV 83 ZFFMA13A0D0046847
46849	308	GTS QV 83 ZFFMA13A4D0046849
46851	400	i LHD Manual EU ZFFEB07B000046851
46853	400	i 83 bruno
46855	400	i Automatic Cabriolet Black/Tan LHD
46857	400	i Automatic Silver Tan LHD
46859	400	i Automatic Cabriolet Conversion 83 Dark Blue/Grey Blue top LHD EU ZFFEB06B000046859 ex- Tex Schramm
46861	Mondial	QV
46863	Mondial	QV Blue/Crema LHD ZFFLD14B000046863
46867	308	GTS QV 83 Black/Black ZFFMA13A6D0046867
46869	308	GTS QV 83 ZFFMA13AXD0046869

s/n	Type	Comments
46871	308	GTB QV
46875	Mondial	QV 83 Bianco/Rosso (VM 3171) UK RHD ZFFLD14C000046875 eng. # 46875 sunroof
46879	308	GTS QV Red/Crema US
46881	308	GTS QV 83 ZFFMA13A0D0046881
46883	308	GTS QV 83 ZFFMA13A4D0046883
46887	512	BBi 83 Red/Tan
46889	512	BBi 83 Red/Black LHD EU ZFFJA09B000046889
46891	512	BBi 83 Red/Black LHD EU ZFFJA09B000046891
46893	512	BBi Red/Crema special body kit
46895	512	BBi LHD EU ZFFJA09B000046895
46903	308	GTSi QV 83 Rosso Corsa/Black LHD EU ZFFLA13B000046903
46905	308	GTS QV 6/83 Black/Red ZFFMA13AXD0046905
46907	308	GTS QV 83 ZFFMA13A3D0046907
46913	308	GTS QV 83 Dark Blue/Crema LHD EU ZFFLA13B000046913
46915	308	GTS QV 83 ZFFMA13A2D0046915
46917	308	GTSi 83 ZFFMA13A6D0046917
46919	308	GTB QV 83 Red/Tan ZFFLA12B000046919
46923	Mondial	QV 83 ZFFMD14A4D0046923
46925	Mondial	QV 83 ZFFMD14A8D0046925
46929	308	GTS QV 83 ZFFMA13A2D0046929
46931	308	GTS QV 83 Red/Tan ZFFMA13A0D0046931
46933	308	GTS QV 83 LHD US ZFFMA13A4D0046933
46935	308	GTS QV 83 ZFFMA13A8D0046935
46937	512	BBi 83 Rosso Corsa Black Boxer Trim/Black & White LHD EU ZFFJA09B000046937
46939	512	BBi Dark Blue/Black
46941	512	BBi 83 Rosso Corsa/Black
46943	512	BBi Red/Tan
46945	512	BBi 83 Red/Tan LHD EU ZFFJA09B000046945
46949	400	i Automatic 83 RHD
46953	400	i Automatic LHD EU ZFFEB06B000046953
46959	308	GTS QV LHD EU ZFFLA13B000046959
46961	400	i 84 White/Black LHD ZFFEB06B000046961
46965	308	GTS QV 83 ZFFMA13A6D0046965
46967	308	GTS QV 83 ZFFMA13AXD0046967
46969	Mondial	QV Red/Red
46971	Mondial	QV 83 ZFFMD14A4D0046971
46975	308	GTS QV Red/Black ZFFLA13B0000
46977	308	GTS QV 83 ZFFMA13A2D0046977
46979	308	GTB 83 ZFFMA12A4D0046979
46985	308	GTS QV 83 ZFFMA13A1D0046985
46987	308	GTS QV 83 ZFFMA13A5D0046987
46989	308	GTS QV 83 ZFFMA13A9D0046989
46991	308	GTB QV Red/Crema RHD ZFFLA12C000046991
46993	308	GTB QV Red/Tan Rear 328 spoiler deep front spoiler
46995	Mondial	QV Red Red RHD
46997	Mondial	QV 83 White/Tan LHD ZFFMD14A0D0046997
46999	308	GTS QV 83 ZFFMA13A1D0046999
47001	Mondial	QV 83 ZFFMD14A7D0047001
47003	308	GTS QV 83 ZFFMA13A8D0047003
47005	308	GTS QV 83 ZFFMA13A1D0047005
47013	512	BBi Black/Tan LHD EU ZFFJA09B000047013
47015	512	BBi 83 Rosso Corsa/Tan LHD EU ZFFJA09B000047015
47019	512	BBi LHD EU ZFFJA09B000047019
47021	400	i
47023	400	i Automatic LHD EU ZFFEB06B000047023
47025	400	i Automatic 83 Azzurro/Red LHD EU ZFFEB06B000047025
47027	400	i Automatic LHD EU ZFFEB06B000047027
47037	Mondial	8 84 Silver RHD ZFFNE08D000047037
47039	Mondial	QV 83 Silver Pastel Blue LHD ZFFMD14AXD0047039
47041	Mondial	QV
47047	308	GTS QV 83 Red/White LHD EU ZFFLA13B000047047
47049	308	GTS QV 83 ZFFMA13AXD0047049
47051	308	GTS QV 83 Red RHDZFFLAI3C000047051
47053	308	GTS QV Red/Tan RHD ZFFLA13C000047053
47055	308	GTS QV 83 ZFFMA13A5D0047055
47057	308	GTS QV 83 Red/Tan LHD
47059	308	GTB QV 83
47061	208	GTB Turbo
47065	Mondial	QV 83 Grey/Red ZFFMD14A0D0047065
47067	308	GTS QV LHD EU ZFFLA13B000047067
47069	308	GTS QV Red/Tan ZFFLA13B000047069
47071	308	GTS QV 83 Red/Tan ZFFMA13A3D0047071
47073	308	GTB QV 83 US ZFFMA12A5D0047073
47075	512	BBi 83 Red/Black LHD EU ZFFJA09B000047075
47077	512	BB 83 Red/Black LHD EU ZFFJA09B000047077
47083	512	BBi Red/Tan LHD EU ZFFJA09B000047083
47085	512	BBi Argento/Black RHD ZFFJA09C000047085 eng. #F110A00618
47097	Mondial	QV 83 ZFFMD14A2D0047097
47101	308	GT? QV Red/Tan
47103	308	GTS QV 83
47105	308	GTS QV 83 Rosso Rubino/Tan ZFFMA13A5D0047105
47107	308	GTS QV 83 ZFFMA13A9D0047107
47109	308	GTS QV 83 Grey/Black ZFFMA13A2D0047109
47111	308	GTS QV 83 ZFFMA13A0D0047111
47123	308	GTS QV LHD EU ZFFLA13B000047123
47125	308	GTS QV 83 ZFFMA13A0D0047125
47127	308	GTS QV 83 ZFFMA13A4D0047127
47129	308	GTS QV 83 ZFFMA13A8D0047129
47131	308	GTS QV 83 ZFFMA13A6D0047131
47137	308	GTB QV 84 Red ZFFLA12B000047137
47139	308	GTB QV 83 Red/Beige ZFFMA12A9D0047139
47141	308	GTB QV 83 ZFFMA12A7D0047141
47145	400	i LHD Manual EU ZFFEB07B000047145
47147	400	i Automatic 83 Black/Black LHD EU ZFFEB068000047147
47151	308	GTS QV 83
47163	308	GTS QV 83 LHD EU ZFFLA13B000047163
47165	308	GTSi QV Red/Black LHD EU ZFFLA13B000047165
47167	308	GTS QV Red/Crema RHD
47169	308	GTS QV 83 Red/Black ZFFMA13A9D0047169
47171	308	GTS QV 83 Red/Tan US ZFFMA13A7D0047171
47173	308	GTS QV 83 ZFFMA13A0D0047173
47177	308	GTS QV 83 ZFFMA13A8D0047177
47179	308	GTS QV 83 ZFFMA13A1D0047179
47181	308	GTS QV 83 ZFFMA13AXD0047181
47185	512	BBi 83 Rosso Corsa/Tan
47189	512	BBi 83 Red Black Boxer Trim/Tan LHD EU ZFFJA09B000047189
47191	512	BBi 84 Red BlackLHD EU ZFFJA09B000047191
47199	Mondial	QV 83 ZFFMD14AXD0047199
47201	308	GTS QV
47205	Mondial	QV
47207	308	GTS QV
47209	308	GTS QV 83 Blue/Blue LHD EU ZFFLA13B000047209
47211	308	GTS QV 83 ZFFMA13A4D0047211
47213	308	GTS QV 83 ZFFMA13A8D0047213
47215	308	GTSi 83 Rossa Corsa/Tan ZFFMA13A1D0047215
47217	308	GTS QV 83 Red/Black ZFFMA13A5D0047217
47219	308	GTS QV 83 ZFFMA13A9D0047219
47221	308	GTS QV 83 ZFFMA13A7D0047221
47223	308	GTS QV 83 ZFFMA13A0D0047223
47227	308	GTB QV 83
47229	512	BBi grey/tan ZFFJA09B000047229
47231	512	BBi LHD EU ZFFJA09B000047231
47233	512	BBi Rosso Corsa/Red LHD EU ZFFJA09B000047233

s/n	Type	Comments	s/n	Type	Comments
47235	512	BBi Rosso Corsa/Tan LHD EU ZFFJA09B000047235	47417	512	BBi 83 White/Tan LHD EU ZFFJA09B000047417
47239	512	BBi Rosso Corsa/Black	47419	512	BBi 83 Rosso Corsa/Tan LHD EU
47241	512	BBi 83 Red Black Boxer Trim/Black LHD EU ZFFJA09B000047241	47421	512	BBi 84 Red/Black LHD EU ZFFJA09B000047421
47247	Mondial	QV Cabriolet first 83 ZFFMC15A4D0047247	47427	208	GTB Turbo Red/Crema
47249	Mondial	QV	47429	Mondial	QV Cabriolet 83 Silver/Black ZFFMC15AXD0047429 Sunroof
47251	Mondial	QV Dark Blue/tan LHD			
47253	308	GTS QV 83 LHD EU ZFFLA13B000047253	47433	308	GTS QV 83 silver then Rosso Corsa Black Boxer Trim/Black ZFFMA13A0D
47255	308	GTS QV Rosso Corsa/Crema LHD EU ZFFLA13B000047255	47435	308	GTS QV 83 ZFFMA13A4D0047435
47257	308	GTS QV 83 White/Black LHD ZFFMA13A6D0047257	47437	308	GTS QV 83 ZFFMA13A8D0047437
47259	308	GTS QV 83 ZFFMA13AXD0047259	47439	308	GTS 7/83 Red/Black LHD ZFFMA13A1D0047439
47261	308	GTS QV 83 ZFFMA13A8D0047261	47441	308	GTS QV 83 ZFFMA13AXD0047441
47263	308	GTS QV 83 ZFFMA13A1D0047263	47443	308	GTS QV 83
47269	308	GTB QV Red/Crema LHD EU	47445	308	GTS QV 83 Red/Tan ZFFMA13A7D0047445
47273	400	i Black/Black & Red LHD Manual	47447	308	GTS QV 83 Red/Black ZFFMA13A0D0047447
47275	400	i Automatic 83 LHD EU ZFFEB06B000047275	47453	400	i LHD Manual EU ZFFEB07B000047453
47277	400	i Automatic Series II 84 Ribot Met/Crema Hide (VM 3997) & Testa di Moro(VM 890) RHD UK eng. #47277 ex-Colonel Ronnie Hoare	47455	Mondial	QV Cabriolet 83 Red/Tan ZFFMC15A0D0047455 2.9 Liter 4-valve Twin-Turbo
47279	400	i Automatic 84 Black/Tan LHD EU ZFFEB06B000047279	47457	400	i LHD Manual EU ZFFEB07B000047457
47281	400	i Automatic LHD EU ZFFEB06B000047281	47459	400	i Automatic LHD EU ZFFEB06B000047459
47293	Mondial	QV 83 ZFFMD14A2D0047293	47461	400	i Automatic LHD EU ZFFEB06B000047461
47295	308	GTS QV Red LHD EU ZFFLA13B000047295	47465	Mondial	QV
47301	308	GTS QV 83 ZFFMA13A5D0047301	47469	308	GTS QV LHD EU ZFFLA13B000047469
47303	308	GTS QV 83 ZFFMA13A9D0047303	47471	308	GTS QV 83 marrone tan ZFFMA13A8D0047471
47305	308	GTS QV 83 ZFFMA13A2D0047305	47473	308	GTS QV 83 ZFFMA13A1D0047473
47307	308	GTS QV 83 ZFFMA13A6D0047307	47475	308	GTS QV 83 Red/Black ZFFMA13A5D0047475
47309	308	GTS QV 83 ZFFMA13AXD0047309	47477	308	GTS QV 83 Rosso Corsa/Tan LHD US ZFFMA13A9D0047477
47311	308	GTS QV 83 ZFFMA13A8D0047311	47479	308	GTS QV 83 ZFFMA13A2D0047479
47313	512	BBi Rosso Corsa/Black	47481	308	GTS QV 83 ZFFMA13A0D0047481
47319	512	BBi LHD EU ZFFJA09B000047319	47483	308	GTS QV 83 Red/Tan ZFFMA13A4D0047483
47321	512	BBi 83 Red/Black LHD EU ZFFJA09B000047321	47485	308	GTS QV 83 ZFFMA13A8D0047485
47325	512	BBi Black/Tan LHD EU ZFFJA09B000047325	47487	308	GTS QV 83 Red/Tan ZFFMA13A1D0047487
47329	Mondial	QV	47489	308	GTS QV
47333	Mondial	QV 83	47493	308	GTB QV
47335	Mondial	QV 83 ZFFMD14A3D0047335	47495	512	BBi 83 Red/Tan LHD EU ZFFJA09B000047495 US converted
47339	308	GTS QV LHD EU ZFFLA13B000047339			
47341	308	GTS QV	47497	512	BBi 84 Black/tan & Black LHD EU ZFFJA09B000047497 eng. #00179
47343	308	GTS QV			
47345	308	GTS QV 83 ZFFMA13A3D0047345	47499	512	BBi 83 Red/Tan LHD EU ZFFJA09B000047499
47347	308	GTS QV 83 Blue/Blue ZFFMA13A7D0047347	47501	512	BBi
47349	308	GTS QV 83 Azzurro/Crema ZFFMA13A0D0047349	47503	512	BBi Nero Daytona
			47505	512	BBi 83 Red/Tan
47351	308	GTS QV 83 ZFFMA13A9D0047351	47507	Mondial	QV Cabriolet 83 Gold Black LHD ZFFMC15A4D0047507
47353	308	GTS QV 83 ZFFMA13A2D0047353			
47357	400	i Automatic Blu medio/tan LHD	47509	Mondial	QV 83 Red/Black eng. #47509
47359	400	i	47511	Mondial	QV 83 Chiaro Blu met (FER503/C)/Crema (VM 3997) Blu cloth inserts RHD UK ZFFLD14C000047511 eng. #47511
47361	400	i Automatic LHD EU ZFFEB06B000047361			
47363	308	GTB QV			
47365	400	i 83 Blue/Tan	47515	308	GTS QV 7/83 ZFFMA13A2D0047515
47367	400	i 84 dark Red/Tan Manual LHD EU ZFFEB06B000047367	47517	308	GTS QV 83 ZFFMA13A6D0047517
			47519	308	GTS QV 83 ZFFMA13AXD0047519
47377	Mondial	QV Blue Crema	47521	308	GTS QV 83 ZFFMA13A8D0047521
47381	308	GTS QV LHD EU ZFFLA13B000047381	47523	308	GTS QV 83 Blu Chiaro/Tan ZFFMA13A1D0047523
47383	308	GTS QV 83 ZFFMA13A0D0047383			
47385	308	GTS QV 83 ZFFMA13A4D0047385	47525	308	GTS QV
47387	308	GTSi QV 83 Verde Pino Metallica/Tan US ZFFMA13A8D0047387	47529	308	GTS QV 83 Rosso Corsa/Black LHD EU ZFFLA13B000047529
47389	308	GTS QV 83 ZFFMA13A1D0047389	47531	308	GTS QV 83 Red/Tan LHD CH ZFFLA13S000047531
47391	308	GTS QV 83 ZFFMA13AXD0047391			
47393	308	GTS QV 83 ZFFMA13A3D0047393	47533	308	GTB QV 84 Red/Black LHD EU ZFFLA12B000047533
47397	308	GTS QV Rosso/nero RHD UK ZFFLA13C0000			
47403	Mondial	QV 83 Marrone then Champagne then Yellow/Tan	47535	308	GTB QV White/Black LHD
			47539	Mondial	QV 83 Red/Tan ZFFMD14A8D0047539
47407	308	GTS QV LHD EU ZFFLA13B000047407	47543	308	GTS QV 83 Red LHD EU ZFFLA13B000047543
47409	308	GTS ZFFLA13C000047409	47545	308	GTSi QV 8/83 Red/Black ZFFMA13A0D0047545
47413	512	BBi 84 Red/Black LHD EU ZFFJA09B000047413			

s/n	Type	Comments
47547	308	GTS QV 83 White/Black & Red ZFFMA13A4D0047547
47549	308	GTS QV 83 ZFFMA13A8D0047549
47551	308	GTS QV 83 ZFFMA13A6D0047551
47555	512	BBi 83 Rosso Corsa/Tan LHD EU ZFFJA09B000047555
47559	512	BBi
47561	512	BBi 83 Red Black Boxer Trim/Tan LHD EU ZFFJA09B000047561
47565	512	BBi 83 Rosso Corsa/Tan LHD EU ZFFJA09B000047565
47571	Mondial	QV Cabriolet 83 ZFFMC15A2D0047571
47575	308	GTS QV 83 Red ZFFMA13A9D0047575
47577	308	GTS QV 83 Black/Beige ZFFMA13A2D0047577
47579	308	GTS QV 8/83 Red/Tan ZFFMA13A6D0047579
47583	400	i 84 Silver/Black LHD Manual EU ZFFEB07B000047583
47585	400	i LHD Manual EU ZFFEB07B000047585
47587	400	i
47589	400	i Cabriolet Conversion by Pininfarina Red LHD
47597	Mondial	QV
47599	308	GTS QV 83 Metallic Grigio Ferro/Red EU ZFFLA13B000047599
47601	308	GTS QV 83 ZFFMA13A6D0047601
47603	308	GTS QV 83 Red/Tan ZFFMA13AXD0047603
47605	308	GTSi QV 83 Red/Tan ZFFMA13A3D0047605
47611	Mondial	QV
47615	308	GTS QV 83 Red/Tan ZFFMA13A6D0047615
47617	308	GTS QV 83 ZFFMA13AXD0047617
47619	308	GTS QV 83 ZFFMA13A3D0047619
47621	308	GTBi Red/Tan LHD CH ZFFLA12S0000
47623	400	i Automatic Dark Red/Tan RHD
47625	Mondial	QV
47627	308	GTS QV 83 ZFFMA13A2D0047627
47629	308	GTS QV 83 Red/Tan ZFFMA13A6D0047629
47631	308	GTS QV 83 Red/Tan ZFFMA13AXD0047631
47633	308	GTS QV Turbo 83 Silver/Tan LHD CH ZFFLA13S000047633
47635	308	GTS QV LHD EU ZFFLA13B000047635
47637	512	BBi LHD EU ZFFJA09B000047637
47647	288	GTO prototipo
47649	288	GTO prototipo, Yellow/Black leather LHD
47655	Mondial	QV 83 ZFFMD14AXD0047655
47657	Mondial	QV 83 ZFFMD14A3D0047657
47663	308	GTS QV Red/Black RHD ZFFLA13C000047663
47665	308	GTS QV 83 LHD EU ZFFLA13B000047665
47667	308	GTS QV 83 LHD EU ZFFLA13B000047667
47669	308	GTS QV 83 ZFFMA13A7D0047669
47671	308	GTS QV 83 ZFFMA13A5D0047671
47673	308	GTS QV 83
47675	308	GTS QV 83 ZFFMA13A2D0047675
47677	308	GTS QV 83 ZFFMA13A6D0047677
47679	308	GTS QV 83 Grey/tan ZFFMA13AXD0047679 ex-Buck Owens
47683	308	GTB QV 83 Rosso Corsa Crema LHD EU ZFFLA12B000046919 exported to the US
47685	512	BBi Targa Conversion 83 Red/Crema LHD EU ZFFJA09B000047685
47687	512	BBi 83 Rosso Corsa/Tan LHD EU ZFFJA09B000047687
47689	512	BBi 84 Red/Crema LHD CH ZFFJA09S000047689
47691	512	BBi 83 LHD EU ZFFJA09B000047691
47693	512	BBi ZFFJA09C000047693
47697	Mondial	QV 83 ZFFMD14A4D0047697
47699	Mondial	QV LHD EU ZFFLD14B000047699
47701	308	GTS QV Red/Tan
47703	308	GTS Red LHD EU ZFFLA13B000047703
47705	308	GTS QV
47707	308	GTS QV 83 ZFFMA13A0D0047707
47709	308	GTB QV
47711	288	GTO Prototipo Red/Black & Red

s/n	Type	Comments
47717	Mondial	QV Cabriolet 83 Green Tan ZFFMC15A4D0047717
47721	308	GTS QV 83 Black/Red ZFFMA13A5D0047721
47725	308	GTS QV 83 ZFFMA13A2D0047725
47729	Mondial	QV Cabriolet 83 Red/Tan Black canvas top LHD ZFFMC15A0D0047729
47731	Mondial	QV 83 ZFFMD14A0D0047731
47733	308	GTS QV 83 Fly Giallo/Black LHD EU ZFFLA13B000047733
47735	308	GTS QV 83 Fly Giallo/Black ZFFMA13A5D0047735
47737	308	GTS 83 Red/Tan US ZFFMA13A9D0047737
47739	308	GTS QV 83 Red/Black ZFFLA13C000047739
47743	512	BBi 83 Red/Tan LHD EU ZFFJA09B000047743
47747	512	BBi Black/Tan LHD EU ZFFJA09B000047747
47749	308	GTS QV 83 LHD EU ZFFJA09B000047749
47751	512	BBi 83 Bianco (Fer 100)/Blu (VM 3282) piped Bianco RHD UK ZFFJA09C000047751 eng. #47751
47753	Mondial	QV ZFFLD14C000047753
47755	308	GTS QV LHD EU ZFFLA13B000047755
47759	308	GTS QV 83 ZFFMA13A8D0047759
47761	308	GTS QV 83 ZFFMA13A6D0047761
47765	308	GTS QV 83 ZFFMA13A3D0047765
47771	Mondial	QV Cabriolet 83 ZFFMC15AXD0047771
47777	308	GTS QV 83 ZFFMA13AXD0047777
47779	308	GTS QV 83 Red/Tan ZFFMA13A3D0047779
47781	308	GTS QV 83 ZFFMA13A1D0047781
47783	512	BBi Anthracite/Red LHD EU ZFFJA09B000047783
47785	Mondial	QV Cabriolet 83 ZFFMC15AXD0047785
47787	Mondial	QV Grey/Dark Red ZFFLD14B000047787
47789	308	GTS QV 83 ZFFMA13A6D0047789
47791	308	GTS QV 83 ZFFMA13A4D0047791
47793	308	GTS QV 83 Anthracite/Red ZFFMA13A8D0047793
47795	308	GTS QV 83 ZFFMA13A1D0047795
47799	Mondial	QV Cabriolet 83 Red/Tan
47805	512	BBi Silver/Black
47807	512	BBi Rosso Corsa/Black Red inserts ZFFJA09B000047807
47809	208	GTS Turbo Red/Black Red piping ZFFKA11B000047809
47811	Mondial	Cabriolet 83 Black/Black ZFFMC15A7D0047811
47815	308	GTS QV 84 Red/Tan LHD
47817	308	GTS QV 83 LHD CH ZFFLA13S000047817
47819	308	GTS QV 83 Red/Red ZFFMA13A0D0047819
47821	308	GTS QV 83 ZFFMA13A9D0047821
47823	308	GTB QV 83 Red eng. # 01278
47827	Mondial	QV 83 ZFFMD14A2D0047827
47829	Mondial	Cabriolet 83 Red/Tan LHD ZFFMC15A4D0047829 Autocheck confirmed
47831	308	GTS QV 83 ZFFMA13A1D0047831
47833	308	GTS QV 83 ZFFMA13A5D0047833
47835	308	GTS QV 83 Black/Tan ZFFMA13A9D0047835
47837	308	GTS QV 83 ZFFMA13A2D0047837
47841	Mondial	QV Cabriolet 83 ZFFMC15A5D0047841
47843	Mondial	QV silver/Black LHD ZFFLD14S000047843
47847	308	GTS QV
47849	308	GTS QV Red/Tan LHD EU ZFFLA13B000047849
47851	308	GTS QV 83 Red White LHD CH ZFFLA13S000047851
47853	308	GTS QV 83 ZFFMA13A0D0047853
47855	308	GTS QV 83 ZFFMA13A4D0047855
47859	512	BBi Red/Tan LHD EU ZFFJA09B000047859
47865	512	BBi 83 Black/Tan
47867	512	BBi 84 Red/Tan LHD EU ZFFJA09B000047867
47869	512	BBi 83 Red/Black & Red
47871	512	BBi 83 Red/Tan LHD EU ZFFJA09B000047871
47877	308	GTS QV 83 Red/Tan LHD
47879	308	GTS QV 83 ZFFMA13A7D0047879
47881	308	GTS QV 83 ZFFMA13A5D0047881

s/n	Type	Comments
47883	308	GTSi 83 Red/Black Red Piping US ZFFMA13A9D0047883
47885	Mondial	QV Cabriolet 9/83 Red/Tan ZFFMC15A3D0047885
47887	Mondial	QV
47889	Mondial	QV
47891	308	GTS QV LHD EU ZFFLA13B000047891
47893	308	GTS QV 83 ZFFMA13A1D0047893
47895	308	GTS QV 83 ZFFMA13A5D0047895
47897	308	GTS QV 83 ZFFMA13A9D0047897
47901	400	i Automatic 83 Blue grey met./Red LHD EU ZFFEB06B000047901
47919	Mondial	QV Cabriolet Red/Tan LHD ZFFMC15A5D0047919
47921	Mondial	QV
47923	308	GTS QV LHD EU ZFFLA13B000047923
47925	308	GTS QV 83 Bianco FER 100 Black Boxer trim/Black ZFFMA13AXD0047925
47927	308	GTS QV 83 LHD US ZFFMA13A3D0047927
47929	308	GTS QV 83
47931	308	GTS QV 83 Argento Nürburgring/Red US EU deep spoiler ZFFMA13A5D00
47939	Mondial	QV Cabriolet 83 Red/Tan LHD ZFFMC15A0D0047939
47947	308	GTS QV 83 ZFFMA13A9D0047947
47949	308	GTS QV 83 Grigio/Black ZFFMA13A2D0047949
47959	Mondial	QV Cabriolet 83 Yellow/Black ZFFMC15A6D0047959
47963	308	GTS QV 83 ZFFMA13A7D0047963
47965	308	GTS QV 83 ZFFMA13A0D0047965
47967	512	BBi
47969	512	BBi 83 Red/Black Daytona seats LHD EU ZFFJA09B000047969
47973	512	BBi Rosso Corsa/Tan
47975	512	BBi 84 Red/Black Red inserts LHD EU ZFFJA09B000047975
47977	512	BBi Red/Black LHD EU ZFFJA09B000047977
47981	Mondial	QV Cabriolet 83 Red/Tan tan top LHD US ZFFMC15AXD0047981
47985	308	GTS QV 83 Red/Black LHD EU ZFFLA13B000047985
47989	308	GTS QV 83 ZFFMA13A3D0047989
47991	308	GTS QV 83 ZFFMA13A1D0047991
47993	308	GTS QV 83 ZFFMA13A5D0047993
47995	308	GTS QV 83 ZFFMA13A9D0047995
47997	308	GTS QV 83 ZFFMA13A2D0047997
48001	Mondial	QV Cabriolet 83 ZFFMC15AXD0048001
48007	308	GTS QV 83 ZFFMA13AXD0048007
48009	308	GTS QV 83 ZFFMA13A3D0048009
48011	308	GTS QV 83 ZFFMA13A1D0048011
48013	308	GTSi QV 83 Yellow then Rosso/Beige
48015	512	BBi 83 Red/Crema LHD EU ZFFJA09B000048015
48017	Mondial	QV Cabriolet 83 Red/Tan ZFFMC15A3D0048017
48021	308	GTS QV 83 Red/Crema LHD EU ZFFLA13B000048021
48023	308	GTS QV 83 Red/Crema ZFFMA13A8D0048023
48025	308	GTS QV 83 ZFFMA13A1D0048025
48027	308	GTSi QV 83 Yellow/Tan ZFFMA13A5D0048027
48029	512	BBi 83 Argento/Bordeaux
48031	308	GTB QV 83 White/Crema
48035	Mondial	QV 83 LHD ZFFMD14A7D0048035
48037	Mondial	QV 83 ZFFMD14A0D0048037
48039	308	GTS QV 83 ZFFMA13A1D0048039
48043	308	GTS QV 83 Red/Tan ZFFMA13A3D0048043
48045	308	GTS QV 83 ZFFMA13A7D0048045
48047	308	GTS QV 83 ZFFMA13A0D0048047
48049	512	BBi 84 Red/Black trim Black LHD EU ZFFJA09B000048049
48051	512	BBi Red/Tan & Grey Daytona seats LHD CH ZFFJA09S0000 gold wheels
48055	512	BBi 83 Red Black Boxer Trim/Black
48057	512	BBi LHD EU ZFFJA09B000048057
48059	512	BBi Red Black Boxer Trim
48065	Mondial	QV LHD EU ZFFLD14B000048065
48067	308	GTS QV White/White LHD
48069	308	GTS QV
48071	308	GTS QV 83 ZFFMA13A8D0048071
48073	308	GTS QV 83 Red/Crema ZFFMA13A1D0048073
48075	308	GTS QV 83 ZFFMA13A5D0048075
48089	308	GTS QV 83 Red Black Boxer trim Black US ZFFMA13A5D0048089
48091	308	GTS QV 83 ZFFMA13A3D0048091
48093	512	BBi Blu Sera Met./Tan
48095	512	BBi Red/Tan
48099	512	BBi 83 Red/Tan LHD EU ZFFJA09B000048099
48101	512	BBi 83 Nero Daytona/Tan LHD EU ZFFGA09B000048101
48107	400	i LHD Manual EU ZFFEB07B000048107
48111	512	BB 84 Red/Tan
48117	Mondial	QV 83 ZFFMD14A9D0048117
48119	308	GTS QV Red/Tan LHD CH ZFFLA13S000048119
48123	308	GTS QV
48125	308	GTS QV 83 ZFFMA13A5D0048125
48137	308	GTS QV 83 ZFFMA13A1D0048137
48139	308	GTS QV 83 ZFFMA13A5D0048139
48143	308	GTS QV 83 ZFFMA13A7D0048143
48145	308	GTB QV Red/Crema RHD
48147	512	BBi Rosso Corsa
48151	Mondial	QV 83 ZFFMD14A9D0048151
48153	Mondial	QV Purple/Crema & Blue RHD
48155	308	GTS QV 83 Rosso Corsa/Crema ZFFLA13C000048155 Engine #48155
48157	308	GTS QV 83 ZFFMA13A7D0048157
48159	308	GTS QV 83 ZFFMA13A0D0048159
48163	512	BBi 84 Argento/Dark Blue Blue Carpets ZFFJA09C00048163, 16 digit only VIN
48165	512	BBi 83 Red/Tan LHD EU ZFFJA09B000048165
48167	512	BBi Rosso Corsa/Tan
48169	512	BBi Rosso Corsa/Black LHD EU
48171	512	BBi Rosso Corsa/Black Red Daytona Seats
48173	512	BBi 84 Red/Tan LHD EU ZFFJA09B000048173
48179	308	GTS QV LHD EU ZFFLA13B000048179
48181	308	GTS QV LHD EU ZFFLA13B000048181
48185	308	GTS QV 83 ZFFMA13A1D0048185
48187	308	GTS QV 10/83 Red/Tan ZFFMA13A5D0048187
48189	308	GTS QV 83 ZFFMA13A9D0048189
48191	Mondial	QV Cabriolet White LHD
48193	Mondial	QV Cabriolet 83 Red/Tan LHD ZFFMC15A1D0048193
48195	Mondial	QV Cabriolet 83 ZFFMC15A5D0048195
48197	Mondial	QV Cabriolet 83 ZFFMC15A9D0048197
48199	Mondial	QV Cabriolet 83 ZFFMC15A2D0048199
48201	Mondial	QV Cabriolet 83 Red/Black LHD US ZFFMC15A7D00
48203	Mondial	QV Cabriolet 83 ZFFMC15A0D0048203
48205	Mondial	Cabriolet QV 83 Red/Black LHD US ZFFMC15A4D0048205
48207	308	GTB QV 83 White/Red ZFFMA12A5D0048207
48209	308	GTSi QV 83 Red/Tan ZFFMA13A0D0048209
48211	308	GTS QV 83 ZFFMA13A9D0048211
48213	308	GTS QV 83 Red/Tan ZFFMA13A2D0048213
48215	308	GTS QV 83 Red/Tan ZFFMA13A6D0048215
48217	308	GTS QV 83 Red/Tan ZFFMA13AXD0048217
48219	308	GTS QV 83 Red/Tan US ZFFMA13A3D0048219
48221	308	GTS QV 83 ZFFMA13A1D0048221
48223	308	GTS QV 83 Red/Tan ZFFMA13A5D0048223
48225	308	GTS QV 83 Red/Black ZFFMA13A900048225 Twin Turbo
48229	400	i Automatic dark Blue/Crema LHD
48233	400	i Automatic Rosso
48237	400	i LHD Manual EU ZFFEB07B000048237
48241	Mondial	QV Red/Tan ZFFLD14B0000
48243	Mondial	QV 83 Red/Tan
48245	Mondial	QV

s/n	Type	Comments
48247	308	GTS QV
48249	308	GTB QV 83 ZFFMA12AXD0048249
48251	308	GTB QV 83 LHD EU ZFFLA12B000048251
48253	512	BBi 84 Black/Black LHD EU ZFFJA09B000048253
48255	512	BBi Red/Tan LHD EU ZFFJA09B000048255
48257	512	BBi 84 Rosso Corsa Black Boxer Trim/Tan LHD EU ZFFJA09B000048257
48267	Mondial	QV Cabriolet 83 ZFFMC15A4D0048267
48269	Mondial	QV Cabriolet 83 Red/Black ZFFMC15A8D0048269
48271	Mondial	QV 84 Red RHD ZFFRE14D000048271 eng.#F105024200001
48273	308	GTS QV LHD CH ZFFLA13S000048273
48275	308	GTS QV
48277	308	GTS QV Black/Black
48289	Mondial	QV Cabriolet 83 Red/Tan LHD
48291	Mondial	QV Cabriolet 83 LHD ZFFMC15A1D0048291
48293	Mondial	QV 83 Blue/Tan LHD ZFFMD14A7D0048293
48295	Mondial	QV 83 ZFFMD14A0D0048295
48297	Mondial	QV 83 Blue Black ZFFMD14A4D0048297
48299	Mondial	QV 83 ZFFMD14A8D0048299
48301	Mondial	QV 83 ZFFMD14A2D0048301
48305	308	GTS QV 83 Red/Black LHD EU ZFFLA13B0C00
48309	308	GTS QV 83 Grey/Black ZFFMA13A4D0048309
48311	308	GTS QV 83 ZFFMA13A2D0048311
48313	308	GTS QV 83 ZFFMA13A6D0048313
48317	308	GTB QV 83 ZFFMA12A1D0048317
48319	512	BBi 84 Black/Black LHD EU ZFFJA09B000048319
48321	512	BBi Red Black Boxer Trim/tan Black inserts LHD EU ZFFJA09B000048321
48323	512	BBi Red/Black LHD EU ZFFJA09B000048323
48325	512	BBi Red//Black LHD EU ZFFJA09B000048325
48327	512	BBi Red/Tan LHD EU ZFFJA09B000048327
48329	512	BBi 84 Rosso Corsa/Crema
48333	Mondial	QV Cabriolet Red/Black LHD
48335	Mondial	QV Cabriolet 83 ZFFMC15A6D0048335
48337	Mondial	QV Cabriolet 83 ZFFMC15AXD0048337
48339	Mondial	QV 83 Red RHD UK eng. # 01333, written off
48343	308	GTS QV 83 Silver/Black LHD EU ZFFLA13B0000
48345	308	GTS QV 83 (Titled as 1984) Rosso Corsa LHD EU ZFFLA13B000048345
48349	308	GTS QV 83 ZFFMA13A5D0048349
48351	308	GTS QV 83 ZFFMA13A3D0048351
48353	308	GTS QV 83 Red/Tan LHD US
48357	308	GTB QV 10/83 Rosso Corsa/Tan US ZFFMA12A2D0048357
48359	400	i Automatic 83 Red/Crema LHD EU US-sidemarkers sunroof
48361	400	i Automatic 83LHD EU ZFFEB06B000048361
48363	400	i 84 silver/beige ZFFEB07S000048363 eng. #01046
48367	400	i Automatic LHD EU ZFFEB06B000048367
48369	Mondial	QV Cabriolet 83 ZFFMC15A1D0048369
48371	Mondial	QV 83 ZFFMD14A1D0048371
48373	Mondial	QV 83 ZFFMD14A5D0048373
48375	308	GTS QV LHD CH ZFFLA13S000048375
48377	308	GTS QV ZFFMA13AXD0048377
48379	308	GTS QV 83 ZFFMA13A3D0048379
48381	308	GTS QV 83 Red/Black Red piping ZFFMA13A1D0048381
48389	Mondial	QV Cabriolet 83 ZFFMC15A7D0048389
48391	Mondial	QV Cabriolet 83 ZFFMC15A5D0048391
48393	Mondial	QV 83 ZFFMD14A0D0048393
48397	308	GTS QV
48399	308	GTS QV LHD EU ZFFLA13B000048399
48401	308	GTS QV 83 ZFFMA13A3D0048401
48403	308	GTS QV 83 Red/Grey LHD
48405	512	BBi 84 Red/Tan LHD EU ZFFJA09B000048405
48407	512	BBi 84 Red/Tan LHD EU ZFFJA09B000048407
48409	512	BBi Rosso Corsa/Black LHD EU ZFFJA09B000048409
48411	512	BBi 84 Red/Tan LHD EU ZFFJA09B000048411
48413	512	BBi 83 Rosso Corsa/Black LHD EU ZFFJA09B000048413
48415	512	BBi 84 Red/Tan LHD CH ZFFJA09S000048415
48417	512	BBi Red w/Boxer trim/Black
48419	512	BBi Black/Tan
48421	Mondial	QV Cabriolet 83 ZFFMC15AXD0048421
48423	Mondial	QV Cabriolet 83 ZFFMC15A3D0048423
48425	Mondial	QV 83 Red/Black LHD US ZFFMD14A9D0048425
48427	308	GTS 83 (Titled as 84) Rosso Corsa Nero LHD EU ZFFLA13B000048427
48431	308	GTS QV 83 Red/Tan ZFFMA13A1D0048431
48433	308	GTS QV 83 ZFFMA13A5D0048433
48435	308	GTS QV 83 ZFFMA13A9D0048435
48441	Mondial	QV Cabriolet 83 ZFFMC15A5D0048441
48443	Mondial	QV Cabriolet 83 ZFFMC15A9D0048443
48445	308	GTS QV
48449	308	GTS QV 83 ZFFMA13A9D0048449
48453	308	GTS QV 10/83 Black/Black US ZFFMA13A0D0048453 Stebro exhaust Euro front spoiler GTO wheels
48455	308	GTB QV
48461	Mondial	QV Cabriolet 83 ZFFMC15A0D0048461
48465	308	GTS QV 83 ZFFMA13A7D0048465
48467	308	GTSi QV 83 Red/Tan ZFFMA13A0D0048467
48471	400	i Automatic Silver Tan LHD
48473	400	i Automatic 84 Silver/Red LHD EU ZFFEB06B000048473
48477	400	i Automatic 84 Dark Grey Metallic/Black LHD EU ZFFEB06B000048477
48479	308	GTS QV Red/Black ZFFLA13B000048579
48487	308	GTS QV LHD EU ZFFLA13B000048487
48489	308	GTS QV 83 Rosso Corsa/Tan US Turbo-Conversion
48491	308	GTSi QV 83 Blue/Tan ZFFMA13A8D0048491
48493	308	GTB QV White/Black & Grey ZFFLA12B000048493
48495	512	BBi
48499	512	BBi Red/Tan LHD EU ZFFJA09B000048499
48501	512	BBi 83 Rosso Corsa/Tan LHD EU ZFFJA09B0D0048501
48505	512	BBi 83 Red/Black LHD EU ZFFJA09B000048505
48507	512	BBi 83 silver then Red/Black Red inserts LHD EU ZFFJA09B000048507
48513	Mondial	QV Red/Tan LHD CH ZFFL014S000048513 Sunroof
48515	308	GTSi QV 83 Red/Black ZFFMA13A7D0048515
48517	308	GTS QV 83 ZFFMA13A0D0048517
48519	308	GTS QV 83 Red/Black LHD EU ZFFLA13B000048519 exported to the US
48523	512	BBi 84 Nero Daytona/Black
48525	Mondial	QV 83 Blue LHD ZFFMD14A2D0048525
48527	Mondial	QV 83 ZFFMD14A6D0048527
48531	308	GTS QV 83 ZFFMA13A5D0048531
48533	308	GTS QV 83 ZFFMA13A9D0048533
48535	308	GTS QV Red/Tan ZFFLA13S0000
48537	308	GTS QV
48539	308	GTB QV Red/Tan ZFFLA12S000048539
48543	208	GTB Turbo Silver Tan/brown cloth seat centers LHD ZFFKA10B000048543
48545	Mondial	QV Cabriolet 83 ZFFMC15A6D0048545
48551	308	GTS QV Red/Black ZFFLA13B0000
48557	308	GTS QV 83 ZFFMA13A1D0048557
48563	512	BBi 83 Red/Tan
48565	512	BBi Red/Tan
48567	512	BBi Black
48571	512	BBi Rosso Corsa Black Boxer Trim/Black ZFFJA09B00048571
48573	Mondial	QV Cabriolet 83 Blue/Black LHD ZFFMC15A0D00

s/n	Type	Comments
48579	308	GTS QV Red/Black LHD EU ZFFLA13B000048579
48587	308	GTS QV 83 ZFFMA13AXD0048587
48589	308	GTS QV 83 Red/Black LHD EU ZFFLA12B000048589
48591	208	GT? Turbo eng. # 358
48595	Mondial	QV Cabriolet 83 Black/Tan ZFFMC15AXD0048595
48599	308	GTS QV 84 Red/Tan LHD CH ZFFLA13S000048599
48601	308	GTS QV LHD EU ZFFLA13B000048601
48607	308	GTB QV
48611	400	i Automatic LHD EU ZFFEB06B000048611
48615	400	i Automatic Blue/tan
48617	400	i
48619	Mondial	QV 83 White/Red LHD ZFFMD14A0D0048619
48621	Mondial	QV 83 ZFFMD14A9D0048621
48625	308	GTS QV LHD EU ZFFLA13B000048625
48627	Mondial	QV Red/Black ZFFLD14B000048627
48631	308	GTS QV 1/84 Red/Black
48633	308	GTS QV 83 ZFFMA13A2D0048633
48635	308	GTB QV 84 Red/magnolia LHD EU ZFFLA12B000048635
48641	Mondial	QV Cabriolet 83 ZFFMC15A2D0048641
48643	Mondial	QV Red/Black & grey ZFFLD14B000048643
48647	308	GTS QV 83 White/Red LHD EU ZFFLA13B000048647 Koenig-modified
48651	308	GTS QV 84 Red/Black LHD EU ZFFLA13B000048651, some 288 GTO modified body parts
48653	308	GTS QV 83 ZFFMA13A8D0048653
48657	512	BBi dark Grey/Red
48659	512	BBi 84 Grigio/Nero LHD EU
48663	512	BBi Rosso Corsa
48665	512	BBi Red Black Boxer Trim/Beige LHD EU ZFFJA09B000048665
48669	Mondial	QV Cabriolet LHD EU ZFFLC15B000048669
48671	Mondial	QV Cabriolet 83 ZFFMC15A0D0048671
48673	Mondial	QV Cabriolet 83 LHD ZFFMC15A4D0048673
48679	308	GTS QV LHD EU ZFFLA13B000048679
48681	308	GTS QV LHD EU ZFFLA13B000048681
48687	Mondial	QV Cabriolet 83 ZFFMC15A4D0048687
48693	308	GTS QV 83 LHD CH ZFFLA13S000048693
48697	308	GTS QV 83 Red/Tan ZFFMA13A6D0048697
48699	308	GTB QV LHD EU ZFFLA12B000048699
48703	Mondial	QV
48705	Mondial	QV
48711	308	GTS QV 83 Red then Fly Giallo/Black LHD EU ZFFLA13B000048711
48713	308	GTS QV Red/Crema LHD
48715	308	GTS QV 83 ZFFMA13A4D0048715
48717	308	GTS QV 83 ZFFMA13A8D0048717
48723	512	BBi 83 Red/Black LHD ZFFJA09B000048723
48725	512	BBi 84 Black/Black LHD EU EU ZFFJA09B000048725
48727	512	BBi 84 Red/Tobacco LHD EU ZFFJA09B000048727
48729	512	BBi 84 Nero Daytona/Tan LHD ZFFJA09B000048729
48731	512	BBi LHD EU ZFFJA09B000048731
48737	400	i Automatic LHD EU ZFFEB06B000048737
48741	400	i 83 Red/Grey LHD Manual EU ZFFEB07B000048741
48743	400	i Automatic 83 dark Red then Champagne/Tan LHD EU
48755	308	GTS QV 83 ZFFMA13A5D0048755
48757	308	GTB QV Rosso Corsa/Black LHD EU ZFFLA12B000048757
48759	308	GTB QV Black/Black then Red/Tan RHD ZFFLA12C000048759
48763	Mondial	QV Cabriolet 83 ZFFMC15A5D0048763
48765	Mondial	QV Cabriolet 84 Red/Black LHD US ZFFMC15A9D0048765
48769	308	GTSi QV 83 Fly Giallo Brown ZFFMA13A5D0048769
48771	308	GTS QV 83 ZFFMA13A3D0048771
48775	308	GTB QV LHD EU ZFFLA12B000048775
48781	400	i 83
48783	Mondial	QV LHD EU ZFFLD14B000048783
48787	Mondial	QV Red/Crema
48791	308	GTS 84 Red/Tan LHD CH ZFFLA13S000048791
48795	308	GTS QV Red/Tan LHD
48799	308	GTS QV Rosso/nero
48801	308	GTS QV Blu Chiaro/Tan LHD 550 wheels GTO front
48803	308	GTS QV LHD EU ZFFLA13B000048803
48805	308	GTSi LHD EU ZFFLA13B000048805
48809	308	GTS QV Black/Beige LHD EU ZFFLA13B000048809
48811	308	GTS QV 83 Blue Sera/Tan ZFFMA13A0D0048811
48813	308	GTB QV LHD EU ZFFLA12B000048813
48815	512	BBi LHD EU ZFFJA09B000048815
48817	512	BBi Red/Black & Red LHD ZFFJA09B000048817
48821	512	BBi White/Crema Red inserts ZFFJA09B000048821
48823	512	BBi Red/Black
48827	Mondial	QV Cabriolet 85 Silver/Black
48829	Mondial	QV 83 Marrone then Grey/Tan ZFFMD14A0D0048829
48831	Mondial	QV 83 ZFFMD14A9D0048831
48835	308	GTS QV 83 ZFFMA13A3D0048835
48839	308	GTS QV Red/Tan ZFFLA13B000048839
48843	400	i Automatic LHD EU ZFFEB06B000048843
48853	Mondial	QV 83 Grey Black ZFFMD14A8D0048853
48859	308	GTS QV 83 ZFFMA13A6D0048859
48861	308	GTS QV 83 ZFFMA13A4D0048861
48865	308	GTB QV light metallic gold/dark brown
48869	Mondial	QV Cabriolet 83 dark Red met./Tan ZFFMC15AXD0048869
48873	Mondial	QV
48875	308	GTS QV
48877	308	GTS QV 83 Black/tan LHD EU ZFFLA13B000048877
48881	308	GTB QV 83 Rosso Corsa/Black LHD EU ZFFLA12B000048881
48887	512	BBi Red/Tan
48889	512	BBi LHD EU ZFFJA09B000048889
48897	Mondial	QV Cabriolet 83 White/tan Black top & Boot cover LHD US ZFFMC15A4D00
48899	Mondial	QV
48901	308	GTS QV 83 Rosso Rubino/Tan LHD EU ZFFLA13B000048901
48903	308	GTS QV Red/Black ZFFLA13B000048903
48905	308	GTS QV 83 Red/Crema LHD EU ZFFLA13B000048905
48907	308	GTS QV 84 Rosso Corsa/Crema
48909	308	GTB QV LHD EU ZFFLA12B000048909
48915	512	BBi Black
48917	Mondial	QV Cabriolet 83 ZFFMC15A6D0048917
48919	Mondial	QV 83 ZFFMD14A1D0048919
48923	308	GTS QV LHD EU ZFFLA13B000048923
48925	308	GTS QV 83 ZFFMA13A4D0048925
48929	308	GTB QV
48931	400	i
48937	400	i Automatic Cabriolet LHD EU ZFFEB06B000048937
48939	400	i Automatic 83 Red/Tan LHD EU ZFFEB06B000048939
48941	512	BBi 83 Red/Black LHD EU ZFFJA09B000048941
48943	Mondial	QV Cabriolet 83 Black/Tan LHD ZFFMC15A7D0048943
48945	512	BBi 83 Silver Black Boxer Trim/Black LHD ZFFJA09B0000

s/n	Type	Comments
48949	512	BBi 84 Red/Tan LHD EU ZFFJA09B000048949
48951	512	BBi 83 Red/Tan LHD EU ZFFJA09B000048951
48953	512	BBi 83 Red/Tan LHD CH ZFFJA09S000048953
48959	Mondial	QV 83 ZFFMD14A2D0048959
48961	Mondial	QV 83 ZFFMD14A0D0048961
48965	Mondial	QV Cabriolet 83 ZFFMC15A6D0048965
48967	308	GTS QV LHD CH ZFFLA13S000048967
48969	308	GTS QV 84 Rosso Corsa/Black LHD EU ZFFLA13B000048969
48971	308	GTS QV 83 ZFFMA13A0D0048971
48973	308	GTS QV Red/Crema LHD
48977	Mondial	QV 83 ZFFMD14A4D0048977
48979	308	GTS QV LHD EU ZFFLA13B000048979
48981	308	GTS QV 83 Silver/Bordeaux LHD
48985	308	GTB QV Black/tan ZFFLA12B000048985
48989	Mondial	QV Cabriolet 83 Red/Tan ZFFMC15A9D0048989
48993	Mondial	QV Cabriolet 83 Black/Tan LHD ZFFMC15A000048993
48995	Mondial	QV 83 ZFFMD14A6D0048995
49001	308	GTS QV LHD EU ZFFLA13B000049001
49003	308	GTB QV Red/Black LHD ZFFLA12B000049003
49009	308	GTS QV
49011	308	GTS QV LHD EU ZFFLA13B000049011
49017	308	GTS QV Red/Crema LHD CH ZFFLA13S000049017
49021	308	GTB QV Red/Black ZFFLA12B000
49023	512	BBi 84 Rosso Corsa/Tan LHD EU ZFFJA09B000049023
49025	512	BBi 83 Red/Black Red Piping LHD EU ZFFJA09B000049025
49027	512	BBi Red/Tan LHD EU ZFFJA09B000049027
49029	512	BBi 84 Silver/Black (ex)-Zapata
49033	400	i 84 Black/Tan Manual LHD EU ZFFEB07B000049033
49037	512	BBi Argento Nürburgring
49041	400	i 83 Celeste Blue/navy Blue Manual LHD EU ZFFEB07B000049041
49057	308	GTB QV LHD EU ZFFLA12B000049057
49065	308	GTS QV LHD EU ZFFLA13B000049065
49067	308	GTS QV LHD EU ZFFLA13B000049067
49071	308	GTS QV LHD EU ZFFLA13B000049071
49073	308	GTS QV 84 Red/Tan LHD EU ZFFLA13B000049073
49077	308	GTB QV
49083	Mondial	QV 83 ZFFMD14A1D0049083
49089	308	GTS QV LHD EU ZFFLA13B000049089
49093	Mondial	QV 83 Silver/Red LHD
49097	512	BBi 83 Argento Nürburgring Black Boxer trim/ Black grey cloth inserts
49105	512	BBi Rosso Corsa/Black
49107	512	BBi Rosso Corsa/Black LHD EU ZFFJA09B000049107
49109	208	GTS Turbo
49119	308	GTS QV
49121	308	GTS QV LHD EU ZFFLA13B000049121
49125	308	GTSi QV 84 Red/Black
49131	308	GTSi QV 84 Grey/Red LHD CH ZFFLA13S000049131
49133	308	GTS QV Blue/Crema LHD EU ZFFLA13B000049133
49135	512	Bbi Red/Tan LHD
49137	308	GTS QV LHD EU ZFFLA13B000049137
49147	Mondial	3.2 Silver LHD EU
49151	308	GTS QV LHD EU ZFFLA13B000049151
49159	400	i 84 RHD
49161	400	i Automatic Cabriolet Conversion 84 Metallic Blue/Red Black top LHD EU ZFFEB06B000049161
49163	400	i Automatic 84 Blue LHD
49165	400	i Automatic LHD EU ZFFEB06B000049165
49167	400	i Automatic LHD EU ZFFEB06B000049167
49169	512	BBi 83 Rosso Corsa/Black LHD EU ZFFJA09B000049169
49171	512	BBi 83 Red/Black LHD EU ZFFJA09B000049171
49173	512	BBi Red/Tan
49175	512	BBi
49177	512	BBi LHD EU ZFFJA09B000049177
49179	512	BBi Black/Tan ZFFJA09B000049179
49185	308	GTS QV 84 California Azzurro Blue Crema LHD EU ZFFLA13B000049185
49187	308	GTS QV LHD EU ZFFLA13B000049187
49189	308	GTS QV LHD EU ZFFLA13B000049189
49197	308	GTB QV LHD EU ZFFLA12B000049197
49205	308	GTS QV LHD EU ZFFLA13B000049205
49211	308	GTS QV 288 GTO Replica 83 Red/Red cloth LHD EU ZFFLA13B000049211
49213	308	GTB QV 83
49215	308	GTSi QV 84 Red/Tan LHD EU ZFFLA19E000049215
49217	512	BBi 84 Rosso Corsa/Tan LHD EU ZFFJA09B000049217
49219	Mondial	QV
49221	308	GTS QV
49223	308	GTS QV
49225	308	GTS 84 Red/Black LHD EU ZFFLA13B000049225
49229	308	GTS QV 84 ZFFUA13A9E0049229
49243	Mondial	QV 83 Black/Tan LHD US ZFFMD14A8D0049243
49247	Mondial	QV 84 Red/Black LHD EU ZFFLD14B000049247
49253	512	BBi 84 Red/Tan LHD CH ZFFJA09S000049253 ex-Reggie Jackson
49255	512	BBi
49257	512	BBi 83 Argento Black Boxer Trim/tan LHD EU ZFFJA09B000049257
49259	512	BBi 84 Red/Tan LHD EU ZFFJA09B000049259
49261	512	BBi 84 Red/Crema LHD EU ZFFJA09B000049261 EPA & DOT converted
49267	400	i
49269	400	i LHD Manual EU ZFFEB07B000049269
49275	Mondial	QV 83 White Black LHD ZFFMD14AD0049275
49279	308	GTS QV 84 ZFFUA13A2E0049279
49281	308	GTS QV 84 ZFFUA13A0E0049281
49283	308	GTS QV 84 ZFFUA13A4E0049283
49285	308	GTS QV 84
49289	Mondial	QV Cabriolet
49291	Mondial	QV 83 ZFFMD14A8D0049291
49295	308	GTS QV 84 Rosso Corsa/Tan US ZFFUA13A0E0049295
49297	308	GTS QV 84 ZFFUA13A4E0049297
49299	308	GTS QV 84 ZFFUA13A8E0049299
49301	308	GTS QV 84 ZFFUA13A2E0049301
49303	308	GTS QV 84 ZFFUA13A6E0049303
49305	308	GTS QV 84 ZFFUA13AXE0049305
49309	512	BBi 83 Black/tan Black inserts silver & gold Gotti wheels rear deck lid wing no windshield wiper LHD EU ZFFJA09B000049309 eng. #00811
49311	512	BBi Rosso Corsa/Black & Red inserts Twin Turbo modificaton
49313	512	BBi 84 Rosso Corsa/Tan
49315	512	BBi 84 Red/Tan LHD EU ZFFJA09B000049315
49317	512	BBi 84 Red/Tan & Red LHD EU ZFFJA09B000049317
49319	512	BBi 84
49323	208	GTB Turbo Silver/Black ZFFKA10B000049323
49327	Mondial	QV 83 Black LHD ZFFMD14A3D0049327
49329	Mondial	QV
49333	Mondial	QV 84 Dark Blue/Tan ZFFLD14C000049333
49337	308	GTS QV 84 Red/Black ZFFUA13A1E0049337
49339	308	GTS QV 84 ZFFUA13A5E0049339
49341	308	GTS QV 84 ZFFUA13A3E0049341

s/n	Type	Comments
49343	308	GTS QV 84 ZFFUA13A7E0049343
49345	308	GTS QV 84 Rosso Corsa/Tan ZFFUA13A03E0049345
49349	308	GTS QV 84 ZFFUA13A8E0049349
49351	308	GTS QV 84 ZFFUA13A6E0049351
49353	308	GTS QV 84 ZFFUA13AXE0049353
49361	Mondial	QV LHD EU ZFFLD14B000049361
49363	Mondial	QV Red/Tan ZFFLD14S000049363
49365	308	GTS QV 84 Nero Daytona/Tan US ZFFUA13A6E0049365
49367	308	GTS QV 84 ZFFUA13AXE0049367
49369	308	GTS QV 84 ZFFUA13A3E0049369
49371	308	GTS QV 84 ZFFUA13A1E0049371
49473	512	BBi 12/83 Rosso Corsa/Tan & Red Daytona seats ZFFJA09B000049473
49377	400	i Automatic LHD EU ZFFEB06B000049377
49381	400	i Automatic 83 Black/Tan LHD EU ZFFEB06B000049381
49385	Mondial	QV
49387	308	GTS QV
49389	308	GTS QV
49391	308	GTS QV 84 ZFFUA13A7E0049391
49393	308	GTS QV 84 ZFFUA13A0E0049393
49395	308	GTS QV 84 ZFFUA13A4E0049395
49409	308	GTS QV 84 ZFFUA13A0E0049409
49411	308	GTS QV 84 Rosso Corsa Nero ZFFUA13A9E0049411
49413	308	GTS QV 84 ZFFUA13A2E0049413
49415	308	GTS QV 84 Rosso Corsa/Tan US ZFFUA13A6E0049415
49419	512	BBi last UK import 1/84 Red/Crema RHD ZFFJA09C000049419
49421	512	BBi Red/Crema LHD EU ZFFJA09B000049421
49425	512	BBi Red/Tan RHD
49427	512	BBi Blu Tour de France Black
49441	308	GTS QV 84 Nero Daytona/Tan then Metallic green , then Red US
49443	308	GTS QV 84 ZFFUA13A0E0049443
49447	308	GTS QV 84 ZFFUA13A8E0049447
49449	308	GTS QV 84 Rosso Corsa/Tan US ZFFUA13A1E0049449
49451	308	GTS QV 84 Rosso Corsa/Tan US ZFFUA13AXE0049451
49453	308	GTS QV 84 ZFFUA13A3E0049453
49455	308	GTS QV 84 Red/Tan ZFFUA13A7E0049455
49457	308	GTS QV 84 Black/Black ZFFUA13A0E0049457
49459	308	GTS QV 84 ZFFUA13A4E0049459
49461	308	GTB QV 84 ZFFUA12A0E0049461
49465	512	BBi Nero Daytona Tan
49467	512	BBi 84 Nero Daytona Black ZFFJA09B000049467
49473	512	BBi 84 Red/Crema Red Inserts LHD EU ZFFJA09B000049473
49477	400	i Automatic light brown/Crema
49483	400	i Automatic LHD EU ZFFEB06B000049483
49491	Mondial	QV 83 Silver/Black LHD US ZFFMD14A5D0049491 Sunroof
49493	308	GTS QV 84 ZFFUA13A4E0049493 (Autocheck confirmed)
49493	512	BBi 82Argento Nürburgring/Black
49495	308	GTS QV 84 ZFFUA13A8E0049495
49497	308	GTSi QV 84 Red/Tan ZFFUA13A1E0049497
49499	308	GTS QV 84 288 GTO-Rebody with 3.2 l-Mondial engine 84 Red/Tan LHD US
49501	308	GTS QV 84 Black met./Black LHD
49503	308	GTS QV 84 ZFFUA13A3E0049503
49505	Mondial	QV Cabriolet 84 ZFFUC15A8E0049505
49507	Mondial	QV 84 Pale Metallic Green/Tan Tan Carpets
49511	308	GTS QV 84 Black met./Tan LHD ZFFUA13A2E0049511
49513	308	GTS QV 84 ZFFUA13A6E0049513
49515	308	GTS QV 84 ZFFUA13AXE0049515
49517	308	GTS QV 84 Red/Tan ZFFUA13A3E0049517
49519	Mondial	QV dark Blue/tan LHD ZFFLD14B000049519
49523	Mondial	QV
49525	308	GTS QV 84 ZFFUA13A2E0049525
49529	308	TS QV 84 ZFFUA13AXE0049529
49531	308	GTS QV 84
49537	512	BBi
49539	512	BBi 84 Red/Tan
49541	512	BBi 84 Rosso Corsa/Tan LHD EU ZFFJA09B000049541
49543	328	Cabriolet Yellow/Black, a one-off with digit 29?
49553	308	GTB QV
49555	308	GTB QV 84 Red RHD ZFFLA12C000049555
49559	Mondial	QV Cabriolet 84 Red/Tan ZFFUC15A9E0049559
49563	308	GTS QV Red/beige ZFFLA13S000049563
49565	308	GTS QV LHD CH ZFFLA13S000049565
49569	308	GTS QV 84 ZFFUA13A0E0049569
49571	308	GTS QV 84 Prugna Metallic/Tan ZFFUA13A9E0049571
49573	308	GTS QV 84 Rosso Corsa/Nero Red piping & leather dash US ZFFUA13A2E00
49575	512	BBi Silver/Black
49577	512	BBi 84 Rosso Corsa/Crema Red Inserts LHD EU ZFFJAD09B000049577
49579	512	BBi 84 Rosso Corsa/Black & Red Daytona seats LHD EU ZFF3A09B00049579 C49579
49585	512	BBi 83 Black/Black & Red Daytona seats LHD EU ZFFJA09B000049585
49587	512	BBi Red Black Boxer Trim/Beige ZFFJA09B000049587
49591	Mondial	QV RHD UK
49595	308	GTS QV 84 ZFFUA13A1E0049595
49597	308	GTS QV 84 ZFFUA13A5E0049597
49599	308	GTS QV 84 ZFFUA13A9E0049599
49605	400	i 84 Sera Blue/Crema LHD Manual EU ZFFEB07B000049605
49607	400	i Automatic Rosso Corsa/beige
49611	308	GTS QV LHD EU ZFFLA13B000049611
49613	208	GTS Turbo Red/Black LHD ZFFKA11B000049613
49617	308	GTS QV LHD EU ZFFLA13B000049617
49621	308	GTS QV Red/Crema LHD EU ZFFLA13B000049621
49625	308	GTS QV 84 Red/Beige ZFFUA13A6E0049625
49627	308	GTS QV 84 ZFFUA13AXE0049627
49629	Mondial	QV Cabriolet 84 Black/Black LHD ZFFUC15A4E0049629
49631	Mondial	QV 84 Red/Tan
49635	Mondial	QV Cabriolet 84 ZFFUC15AXE0049635
49637	Mondial	QV Cabriolet 84 Black/Tan ZFFUC15A3E0049637
49639	Mondial	QV Cabriolet 84 ZFFUC15A7E0049639
49641	Mondial	QV Grey Red
49643	Mondial	QV Red/Black
49645	308	GTS QV Red/Black ZFFLA13B000049645
49647	308	GTS QV Rosso/tan ZFFLA13B000
49649	308	GTS QV Red/Black three Red stripes on seats ZFFLA13B000049649
49653	308	GTS QV
49655	308	GTS QV 84 ZFFUA13A4E0049655
49657	308	GTSi QV 1/84 Red/Black ZFFVA13A8E0049657
49659	308	GTS QV 84 ZFFUA13A1E0049659
49663	400	i Automatic LHD EU ZFFEB06B000049663
49665	208	GTS Turbo Red/Tan LHD
49673	308	GTS QV LHD EU ZFFLA13B000049673
49677	308	GTS QV 84 Red/Tan LHD EU ZFFLA13B000049677
49679	308	GTS QV 84 ZFFUA13A7E0049679
49681	308	GTS QV 84 ZFFUA13A5E0049681
49683	308	GTS QV 84 Rosso Corsa/Tan ZFFUA13A9E0049683
49685	308	GTS QV 84 Black/Tan ZFFUA13A2E0049685
49689	308	GTS QV 84 ZFFUA13AXE0049689
49691	308	GTB QV Red/Tan LHD EU ZFFLA12B000049691

s/n	Type	Comments
49695	400	i Automatic 84 Blue/Beige Blue inserts RHD ZFFEB06C000049695 eng. #F101C01101078
49699	512	BBi 84 Rosso Corsa/Black LHD EU ZFFJA09B000049699
49701	512	BBi Red/Black ZFFJA09S000049701
49705	512	BBi Red/Tan LHD EU ZFFJA09B000049705
49707	512	BBi LHD EU ZFFJA09B000049707
49709	512	BBi 84 Rosso Corsa/Tan LHD EU ZFFJA09B000049709
49711	Mondial	QV Cabriolet 84 ZFFUC15A0E0049711
49713	Mondial	QV Cabriolet 84 White/Red LHD US ZFFUC15A4E0049713
49719	308	GTS QV 84 ZFFUA13A4E0049719
49721	308	GTS QV 84 Gold/Crema ZFFUA13A2E0049721
49725	308	GTB QV Red/Tan LHD ZFFLA12B000049725 aftermarket rims Black rear spoiler
49727	308	GTB QV 84 White/Black ZFFUA12A1E0049727
49729	512	BBi 84 Rosso Rubino Black Boxer Trim/Crema LHD EU ZFFJA09B000049729 EPA/DOT releases
49735	Mondial	QV Cabriolet 84 ZFFUC15A3E0049735
49737	Mondial	QV Cabriolet 84 ZFFUC15A7E0049737
49739	Mondial	QV Cabriolet 84 Prugna then Black/Tan ZFFUC15A0E0049739
49741	Mondial	QV Cabriolet 84 Light Green Metallic/Tan LHD ZFFUC15A9E0049741
49745	308	GTS QV 84
49749	308	GTS QV 84 ZFFUA13A2E0049749
49751	308	GTSi QV Red/Tan ZFFUA13A0E0049751
49753	308	GTS QV 84 ZFFUA13A4E0049753
49755	308	GTS QV 84 Red/Tan ZFFUA13A8E0049755
49757	308	GTS QV 84 ZFFUA13A1E0049757
49759	308	GTSi QV 84 Black/Black ZFFUA13A5E0049759
49761	308	GTS QV 84 ZFFUA13A3E0049761
49765	308	GTS QV 84 Red/Black & Red ZFFUA13A0E0049765
49771	400	i 84 metallic Blue/Blue RHD
49773	400	i Automatic 84 Marrone metallic/tan LHD EU ZFFEB06B000049773
49775	400	i Automatic LHD EU ZFFEB06B000049775
49777	400	i Red/Black
49781	Mondial	QV Cabriolet 84 ZFFUC15AXE0049781
49783	Mondial	QV Cabriolet 84 Red/Crema LHD ZFFUC15A3E0049783
49789	308	GTS QV LHD EU ZFFLA13B000049789
49791	308	GTS QV LHD EU ZFFLA13B000049791
49795	308	GTS QV 84 ZFFUA13A9E0049795
49797	308	GTS QV 84 Red/Tan ZFFUA13A2E0049797
49799	512	BBi 84 Black met./Tan
49801	512	BBi LHD EU ZFFJA09B000049801
49803	512	BBi Red Black Boxer Trim/Magnolia LHD EU ZFFJA09B000049803
49805	512	BBi 84 Black/Crema LHD EU ZFFJA09B000049805
49811	Mondial	QV Cabriolet 84 ZFFUC15A4E0049811
49815	308	GTS QV Rosso Corsa/Crema LHD CH ZFFLA13S000049815
49821	308	GTS QV 84 ZFFUA13A6E0049821
49827	400	i Black/Black
49835	Mondial	QV Cabriolet 84 Black/tan Black top LHD US ZFFUC15A7E0049835
49837	Mondial	QV 84 Red RHD UK eng. # 01647
49843	308	GTSi QV 84 Red/Black US ZFFUA13A5E0049843
49845	308	GTS QV
49851	Mondial	QV Cabriolet 84 ZFFUC15A5E0049851
49853	Mondial	QV Cabriolet 84 Black/Tan ZFFUC15A9E0049853
49855	308	GTSi QV Red/Black ZFFLA13B000049855
49857	308	GTS QV LHD EU ZFFLA13B000049857
49859	308	GTSi QV Red/Black LHD EU
49861	308	GTSi QV 84 Red/Tan LHD EU ZFFLA13B000049861
49869	308	GTS QV 84 Red/Black ZFFUA13A1E0049869
49873	Mondial	3.2 84 Red RHD ZFFRE21D000049873 eng.#F10502401605
49875	Mondial	QV
49877	308	GTS QV dark Blue/Crema LHD ZFFLA13B000049877
49881	308	GTSi QV Red/Black Red/Black ZFFLA13B00049881
49883	308	GTS QV 84 ZFFUA13A6E0049883
49885	308	GTS QV 84 ZFFUA13AXE0049885
49887	308	GTS QV 84 Red/Tan ZFFUA13A3E0049887
49889	308	GTB 84 grigio titanio Black US ZFFUA12A5E0049889
49891	512	BBi
49895	512	BBi 84 Red Black Boxer trim(Black LHD EU ZFFJA09B0000
49897	512	BBi 84 silver no Boxer trim/Black
49899	512	BBi 84 Red/Crema LHD EU ZFFJA09B000049899
49907	Mondial	QV Cabriolet 84 Grigio/Red ZFFUC15A6E0049907
49909	Mondial	QV Cabriolet 84 Red/Tan ZFFUC15AXE0049909
49911	308	GTS QV LHD EU ZFFLA13B000049911
49915	308	GTS QV
49917	308	GTS QV 84 ZFFUA13A8E0049917
49919	308	GTS QV 84 ZFFUA13A1E0049919
49923	308	GTB QV Red/Crema LHD
49929	Mondial	QV Cabriolet 84 ZFFUC15A5E0049929
49931	Mondial	QV White/Dark Blue RHD
49933	Mondial	QV 84 Blue/Tan LHD EU ZFFLD14B000049933
49935	308	GTS QV LHD EU ZFFLA13B000049935
49939	308	GTS QV LHD EU ZFFLA13B000049939
49941	308	GTB QV 84 EU
49943	400	i 84 Blu Sera Meta/beige ZFFEB06B000049943
49947	400	i LHD Manual EU ZFFEB07B000049947
49953	Mondial	QV Cabriolet 84 ZFFUC15A2E0049953
49955	Mondial	QV Cabriolet 84 ZFFUC15A6E0049955
49957	308	GTS QV
49959	308	GTS QV 84 ZFFUA13A2E0049959
49963	308	GTS QV LHD EU ZFFLA13B000049963
49967	308	GTS QV 84 QV LHD EU ZFFLA13B000049967
49973	Mondial	QV Cabriolet 84Silver/Black LHD ZFFUC15A8E0049973
49975	Mondial	QV Cabriolet 84 ZFFUC15A1E0049975
49981	308	GTS QV LHD EU ZFFLA13B000049981
49983	308	GTS QV 84 Red ZFFLA13B000049983
49989	308	GTS QV LHD EU ZFFLA13B000049989
49997	308	GTS QV 84 ZFFUA13AXE0049997
49999	308	GTS QV 84 Red/Tan US ZFFUA13A3E0049999
50001	308	GTS QV 84 ZFFUA13A6E0050001
50005	308	GTS QV 84 ZFFUA13A3E0050005
50007	308	GTS QV 84 ZFFUA13A7E0050007
50009	512	BBi 84 Rosso Corsa/Black
50011	512	BBi 84 Rosso Corsa/Red LHD EU ZFFJA09B000050011
50013	512	BBi 7/84 Rosso Corsa/Crema Daytona seats Red inserts ZFFJA09B000050013
50015	512	BBi 84 Red LHD EU ZFFJA09B000050015
50017	512	BBi 84 Black/Black LHD
50019	512	BBi 84 Black FER1240/Black LHD EU ZFFJA09B000050019
50021	512	BBi 84 Red/Tan
50023	400	i Automatic Black/Tan LHD EU ZFFEB06B000050023
50025	400	i Automatic 84 Red/TanLHD EU ZFFEB06B000050025
50027	400	i
50029	Mondial	QV Cabriolet 84 Black/beige LHD US ZFFUC15A7E0050029
50031	Mondial	QV 84 Black/Crema
50035	308	GTS QV LHD EU ZFFLA13B000050035
50037	308	GTS QV LHD EU ZFFLA13B000050037

s/n	Type	Comments
50039	308	GTS QV 84 Red/Tan
50041	308	GTS QV 84 ZFFUA13A7E0050041
50043	308	GTS QV 84 ZFFUA13A0E0050043
50045	308	GTS QV 1/84 Nero Metallic/Tan US Euro deep spoiler ZFFUA13A4E0050045
50047	308	GTB QV Red/Crema RHD ZFFLA12C000050047
50053	308	GTS QV LHD EU ZFFLA13B000050053
50055	308	GTS QV
50057	308	GTS QV 84 ZFFUA13A0E0050057
50063	Mondial	QV
50067	308	GTS QV 84 ZFFUA13A3E0050067
50069	308	GTS QV 84 ZFFUA13A7E0050069
50077	512	BBi Red/Tan LHD EU ZFFJA09B000050077
50081	512	BBi 84 Rosso Corsa/Black LHD EU ZFFJA09B000050081
50083	512	BBi 84 Red/Tan eng. #00859
50085	512	BBi LHD EU ZFFJA09B000050085
50089	Mondial	3.2 Cabriolet 84 Black/Tan ZFFUC15A3E0050089
50093	308	GTSi 84 Red ZFFNA02D000S0093 eng. #F106B0400002403
50095	308	GTS QV
50097	308	GTS QV 84 ZFFUA13A1E0050097
50101	308	GTS QV 84 ZFFUA13AXE0050101
50103	308	GTS QV LHD EU ZFFLA13B000050103
50105	308	GTS QV ZFFLA13B000050105
50107	308	GTS QV LHD EU ZFFLA13B000050107
50109	400	i Automatic silver grey
50117	Mondial	QV Cabriolet 85 Red/Tan LHD EU ZFFLC15B000050117
50119	Mondial	QV Cabriolet 84 ZFFUC15A8E0050119
50121	Mondial	QV Cabriolet 84 Prugna/tan LHD ZFFUC15A6E00
50123	Mondial	QV Cabriolet 84 ZFFUC15AXE0050123
50125	Mondial	QV Cabriolet 84 ZFFUC15A3E0050125
50127	308	GTS QV 84 ZFFUA13A6E0050127
50129	308	GTSi QV 84 Grey/Tan US ZFFUA13AXE0050129
50131	308	GTS QV 84 Black/Black ZFFUA13A8E0050131 288 GTO Rebody
50133	308	GTS QV 84 ZFFUA13A1E0050133
50135	308	GTS QV 84 ZFFUA13A5E0050135
50137	308	GTS QV 2/84 Rosso Corsa/Tan ZFFUA13A9E0050137
50139	308	GTS QV 84 ZFFUA13A2E0050139
50141	308	GTS QV 84 ZFFUA13A0E0050141
50143	308	GTS QV 84 ZFFUA13A4E0050143
50145	308	GTS QV 84 LHD EU ZFFLA13B000050145
50153	308	GTB QV Red/Black
50155	400	i Automatic 84 Blue/White LHD EU ZFFEB06B000050155
50157	400	i Black/Black RHD Manual
50161	Mondial	QV Cabriolet 84 ZFFUC15A7E0050161
50163	Mondial	QV Cabriolet 84 ZFFUC15A7E0050163
50167	308	GTS QV 84 ZFFUA13A7E0050167
50169	308	GTS QV 84 ZFFUA13A0E0050169
50171	308	GTS QV 84 ZFFUA13A9E0050171
50173	308	GTS QV 84 ZFFUA13A2E0050173
50175	308	GTS QV Black
50177	308	GTS QV 84 Red/tan LHD EU ZFFLA13B000050177
50179	308	GTB QV Red/Black LHD CH ZFFLA12S000050179
50181	512	BBi 84 Silver Black Boxer Trim/Black LHD EU ZFFJA09B000050181 EPA & DOT by Amerispec Alleged to be 1984 Ferrari brochure car
50183	512	BBi LHD EU ZFFJA09B000050183
50185	512	BBi 84 Red//Tan LHD EU ZFFJA09B000050185
50187	512	BBi 84 Rosso Corsa/Tan LHD EU ZFFJA09B000050187
50189	512	BBi 84 Red/Tan LHD EU ZFFJA09B000050189
50191	308	GTSi 84 Red ZFFNA02D000050191 eng. #F106B04002371
50193	308	GTSI 84 Red ZFFNA02D000050193 eng. #F106B04002286
50195	Mondial	QV Cabriolet 84 Silver/tan LHD ZFFUC15A2E0050195
50201	308	GTS QV 84 ZFFUA13A3E0050201
50203	308	GTSi QV 84 Black/Black & Red ZFFUA13A7E0050203
50205	308	GTS QV 84 ZFFUA13A0E0050205
50211	308	GTS QV Black/Black RHD ZFFLA13C000050211
50213	208	GTS Turbo Red/Crema pink (Red & White cloth) inserts LHD
50217	Mondial	QV Cabriolet 84 ZFFUC15A8E0050217
50221	328	GTS probably wrong, S/N to early for Series 328, probably a 308
50223	308	GTS QV LHD EU ZFFLA13B000050223
50225	308	GTS QV 84 ZFFUA13A6E0050225
50229	308	GTB QV 84 ZFFUA12A1E0050229
50233	400	i LHD Manual EU ZFFEB07B000050233
50239	Mondial	QV Cabriolet 84 ZFFUC15A7E0050239
50241	Mondial	QV Cabriolet 84 ZFFUC15A5E0050241
50243	308	GTS QV 84 ZFFUA13A8E0050243
50245	308	GTS QV 84 ZFFUA13A1E0050245
50247	308	GTS QV 84 Red/Black LHD
50251	308	GTB QV Red/Black ZFFUA12B0000
50253	288	GTO 2nd Prototype official press photo car, converted to Evoluzione #1/6
50255	288	GTO 84 Red/Black LHD ZFFPA16B000050255
50259	208	GTS Turbo 84 Red/Black ZFFKA11B000050259
50261	Mondial	3.2 84 Red/Tan LHD
50265	308	GTS QV 84 ZFFUA13A7E0050265
50267	308	GTS QV 84 Red/Tan ZFFUA13A0E0050267
50269	308	GTS QV 84 ZFFUA13A4E0050269
50271	308	GTS QV 84 Nero Daytona Crema Black piping LHD EU ZFFLA13B000050271
50275	308	GTB QV 84 Rosso Corsa/Black Red inserts LHD ZFFLA12B000050275 front spoiler & rear wing
50277	512	BBi 84 LHD EU ZFFJA09B000050277
50281	512	BBi 84 Red/Tan LHD EU ZFFJA09B000050281
50283	512	BBi 84 Black met./Crema
50285	512	BBi 84 Rosso Corsa/Red LHD EU ZFFJA09B000050285
50287	512	BBi 84 Black/Black LHD
50289	308	GTS 84 White Black boxer trim/Black ZFFUA13AXE0050289
50293	308	GTS QV 84 ZFFUA13A1E0050293
50295	308	GTS QV 84 ZFFUA13A5E0050295
50297	Mondial	QV Cabriolet 84 Red/Black LHD ZFFUC15AXE0050297
50301	308	GTS 84 Red/Tan ZFFUA13A7E0050301
50303	Mondial	QV Cabriolet 84 ZFFUC15A1E0050303
50305	308	GTSi QV 84 Brown metallic/Beige
50307	308	GTSi QV 84 dark Grey Metallic/Black LHD ZFFUA13A8E0050307
50311	Mondial	QV Cabriolet 84 ZFFUC15A0E0050311
50313	308	GTS QV 84 ZFFUA13A3E0050313
50315	308	GTS QV
50317	Mondial	QV metalic Blue/beige LHD
50325	308	GTS QV 84 Red/Tan US ZFFUA13AXE0050325
50327	400	i Automatic LHD EU ZFFEB06B000050327
50329	400	i 84 Red/Black Manual LHD EU ZFFEB07B000050329
50335	308	GTS QV
50337	Mondial	QV Silver/Black LHD
50339	308	GTS QV 84 LHD EU ZFFLA13B000050339
50341	308	GTS QV 84 ZFFUA13A8E0050341
50351	512	BBi 84 Blu scuro/Crema & Blue Daytona seats LHD EU ZFFJA09B000050351
50355	512	BBi 84 Red/Black& Grey Daytona Seats LHD EU ZFFJA09B000050355
50357	512	BBi 84 Grey/Crema & Grey
50359	512	BBi 84 Red/Tan LHD EU ZFFJA09B000050359
50361	308	GTS QV
50363	Mondial	QV Cabriolet 84 ZFFUC15A8E0050363

s/n	Type	Comments
50365	308	GTS QV 84 Red/Black LHD EU ZFFLA13B0000
50367	308	GTS QV 84 ZFFUA13A4E0050367
50369	308	GTS QV 84 LHD CH ZFFLA13S000050369
50373	308	GTSi QV 84 Rossa Corsa Tan ZFFUA13AXE0050373
50375	308	GTB QV 84 LHD EU ZFFLA12B000050375
50377	Mondial	QV Cabriolet 84 Red LHD
50379	208	GTB Turbo
50385	308	GTS QV 84 ZFFUA13A6E0050385
50387	308	GTS QV LHD EU ZFFLA13B000050387
50389	Mondial	QV Cabriolet 84 ZFFUC15A4E0050389
50391	308	GTB QV 84
50395	308	GTS QV 84 ZFFUA13A9E0050395
50397	Mondial	3.2 Cabriolet 84 Red/Tan ZFFUC15A3E0050397
50399	308	GTS QV 84 ZFFUA13A6E0050399
50403	308	GTS QV 84 LHD EU ZFFLA13B000050403
50405	Mondial	QV Blue/tan RHD ZFFLD14C000050405
50407	308	GTS QV LHD EU ZFFLA13B000050407
50411	Mondial	QV Cabriolet 84 ZFFUC15A4E0050411
50413	308	GTSi QV 85 White Burgundy LHD EU ZFFLA13B000050413
50419	Mondial	QV Cabriolet 84 ZFFUC15A9E0050419
50421	308	GTSi 84 Red/Tan LHD EU ZFFLA13B000050421 exported to the US
50423	308	GTS QV 84 White/Red ZFFUA13AXE0050423
50431	308	GTS QV 84 Rosso Corsa/Tan ZFFUA13A9E0050431
50433	Mondial	QV Black/Beige LHD
50437	400	i Automatic 84 Rosso Rubino/Black LHD EU ZFFE06B000050437
50439	400	i Automatic 84 Black/Tan LHD EU ZFFEB06B000050439
50441	400	i Automatic 84 Silver/Black LHD EU ZFFEB06B000050441
50443	400	i Automatic LHD EU ZFFEB06B000050443
50445	308	GTB QV 84 ZFFUA12A7E0050445
50449	Mondial	QV Cabriolet 84 Red/Tan ZFFUC15A7E0050449
50453	308	GTB QV 84 ZFFUA12A6E0050453
50455	308	GTS QV 84 Red/Tan LHD ZFFLA13B000050455
50457	Mondial	QV Cabriolet 84 Silver/Red/Black top LHD ZFFUC15A6E0050457
50459	308	GTS QV 84 ZFFUA13A9E0050459
50463	Mondial	QV Cabriolet 84 Red/Black ZFFUC15A1E0050463
50469	512	BBi 84 Black/Black LHD EU ZFFJA09B000050469
50471	512	BBi 84 Rosso Corsa/Tan LHD EU ZFFJA09B000050471
50473	512	BBi 84 Red/Black LHD
50475	512	BBi 84 Red/Tan
50477	512	BBi 84 Red/Tan LHD ZFFJA09B000050477
50481	308	GTS QV 84 ZFFUA13A2E0050481
50485	308	GTS QV 84 ZFFUA13AXE0050485
50489	Mondial	QV Cabriolet 84 ZFFUC15A8E0050489
50491	308	GTS QV 84 Red/Black LHD ZFFUA13A5E0050491
50499	308	GTS QV 84 Black/Tan ZFFUA13AXE0050499
50503	308	GTS QV 84 ZFFUA13A8E0050503
50505	308	GTB QV 84
50509	308	GTS QV 84 White/Black ZFFUA13A9E0050509
50513	Mondial	QV Cabriolet
50515	308	GTS QV Rosso Corsa/Black
50517	308	GTS QV 84 ZFFUA13A8E0050517
50521	Mondial	QV Cabriolet 84 ZFFUC15A0E0050521
50523	308	GTS QV 84 ZFFUA13A3E0050523
50527	400	i Red/Black, ZFFEB07B000050527
50529	400	i Automatic 84 Black then Rosso Corsa/Crema LHD EU ZFFEB06B000050529
50531	Mondial	QV Cabriolet 84 Gunmetal Blue/Tan LHD US ZFFUC15A3E0050531
50537	308	GTS QV 84 ZFFUA13A3E0050537
50539	Mondial	QV Cabriolet 84 Red/Tan LHD US ZFFUC15A8E0050539
50543	308	GTB QV
50545	308	GTSi 84 Red ZFFNA02D000050545 eng. #F106B04002342
50547	308	GTS QV 84 Red then or was Silver ZFFRA13C000050547 eng. #F106B04002344
50549	308	GTS QV LHD EU ZFFLA13B000050549
50551	Mondial	QV Cabriolet LHD EU ZFFLC15B000050551
50559	Mondial	QV Red/beige ZFFLD14B000050559
50563	308	GTS QV
50565	308	GTS QV 84 Red/Tan ZFFUA13A8E0050565
50567	308	GTS QV 84 Red/Tan ZFFUA13A1E0050567
50575	Mondial	QV Cabriolet 84 ZFFUC15A1E0050575
50577	Mondial	QV
50587	308	GTS QV 84 Grigio/Red ZFFUA13A7E0050587
50589	308	GTS QV 84 ZFFUA13A0E0050589
50591	512	BBi 84 Red/Tan LHD EU ZFFJA09B000050591
50593	512	Bbi 84 Rosso Corsa/Tan LHD EU ZFFJA09B000050593
50595	512	BBi 84 Black/Tan LHD EU ZFFJA09B000050595
50599	512	BBi 84 Red/Black LHD EU ZFFJA09B000050599
50601	400	i 84 silver/dark Red RHD ZFFEB06C000050601,
50603	400	i
50605	400	i Automatic 84 Blu Sera/Tan LHD EU ZFFEB06B000050605
50613	Mondial	QV
50615	Mondial	QV 84 Rosso RHD UK
50617	308	GTS QV 84 Rosso Corsa/Beige ZFFUA13A1E0050617
50619	308	GTS QV
50621	308	GTS QV
50623	308	GTS QV 83 Argento Metallizzato/Rosso RHD ZFFLA13C000050623
50629	Mondial	QV Cabriolet 84 ZFFUC15A9E0050629
50635	Mondial	QV White/Red then Red/Red LHD ZFFLD14B000050635 ex-Shah of Persia
50643	308	GTS QV LHD EU ZFFLA13B000050643
50645	308	GTS QV LHD EU ZFFLA13B000050645
50649	308	GTS QV Black/Black LHD ZFFLA13B000050649
50651	308	GTS QV 84 ZFFUA13A1E0050651
50653	308	GTS QV 84 ZFFUA13A5E0050653
50655	308	GTS QV 84 Prugna/Tan ZFFUA13A9E0050655
50657	308	GTS QV 84 ZFFUA13A2E0050657
50659	308	GTS QV 84 ZFFUA13A6E0050659
50661	308	GTSi QV 84 Red/Tan ZFFUA13A4E0050661
50663	308	GTS QV
50665	308	GTB QV
50667	512	Bbi Nero Daytona/Red
50673	512	Bbi Red/Tan LHD ZFFJA09B0000
50675	512	Bbi 84 Red Black Boxer Trim/Tan LHD CH ZFFJA09S000050675
50679	400	i 84 Grigio/Red Manual ZFFEB07B000050679
50683	400	i Automatic 84 Silver/tan LHD EU ZFFEB06B000050683
50687	Mondial	QV Cabriolet 84 Gold/Tan LHD ZFFUC15A1E0050687
50693	308	GTS QV 84 ZFFUA13A6E0050693
50695	308	GTS QV 84
50697	308	GTSi QV 84 White/Bordeaux LHD EU ZFFLA13B000050697
50699	308	GTS QV 84 Red/Black LHD EU ZFFLA13B000050699
50701	308	GTS QV LHD CH ZFFLA13S000050701
50705	Testarossa	Red/Black SWE ZFFSA17A0F0050705
50707	Mondial	QV Cabriolet 84 Yellow/Black ZFFUC15A3E0050707
50709	Mondial	QV Cabriolet 84 ZFFUC15A7E0050709
50715	308	GTS QV 84 Black/Tan ZFFUA13A1E0050715
50717	308	GTS QV 84 White ZFFUA13A5E0050717

s/n	Type	Comments
50719	288	GTO
50723	Mondial	QV Cabriolet Red/Black
50729	308	GTS QV 84 ZFFUA13A1E0050729
50731	308	GTS QV 84 ZFFUA13AXE0050731
50733	308	GTS QV 84 ZFFUA13A3E0050733
50737	308	GTS QV LHD EU ZFFLA13B000050737
50741	308	GTB QV
50743	512	BBi Red/Tan LHD EU ZFFJA09B000050743
50745	512	BBi 84 Red Black Boxer trim/tan & black Destroyed by fire
50749	512	BBi LHD EU ZFFJA09B000050749
50751	308	GTS QV
50755	Mondial	QV Cabriolet 84 LHD EU ZFFLC15B000050755
50757	Mondial	QV Dark Blue/Dark Blue
50761	308	GTS QV 84 ZFFUA13A8E0050761
50763	308	GTSi QV 84 Rosso Corsa/Black US ZFFUA13A1E0050763
50765	308	GTS QV 84 ZFFUA13A5E0050765
50767	308	GTS QV
50769	308	GTS QV 84 Rosso Corsa/Black
50781	Mondial	QV 84 LHD 89 rebuilt as Sbarro Mondial Type BB
50785	308	GTS QV 84 ZFFUA13A0E0050785
50787	308	GTS QV 84 ZFFUA13A4E0050787
50791	308	GTS QV LHD EU ZFFLA13B000050791
50793	308	GTS QV 84 Red/Black LHD EU ZFFLA13B000050793
50797	Mondial	QV Cabriolet 85 White/Red then black LHD EU ZFFLC15B000050797
50801	308	GTS QV 84 ZFFUA13A5E0050801
50803	308	GTS QV 84 ZFFUA13A9E0050803
50807	400	i 84 LHD Manual EU ZFFEB07B000050807
50811	400	i 84 Silver/Tan LHD Manual EU ZFFEB07B000050811
50813	308	GTS QV 84 Red ZFFRA13D000050813 eng. # F105A101875
50817	400	i Automatic 84 Silver/beige RHD ZFFEBB6C0000 eng. # F101C01101149
50819	Mondial	QV LHD EU ZFFLD14B000050819
50821	Mondial	QV Red/Crema ZFFLD14B0000
50823	Mondial	QV LHD EU ZFFLD14B000050823
50825	308	GTS QV 84
50827	308	GTS QV 84 ZFFUA13A1E0050827
50829	308	GTS QV 84 ZFFUA13A5E0050829
50831	308	GTS QV Black/tan
50837	308	GTS QV 84 Red RHD UK eng. # 01861
50839	208	GTB Turbo Red/magniolia LHD ZFFKA10B000050839
50841	Mondial	QV Cabriolet 84 Black/Tan LHD ZFFUC15A7E0050841
50843	Mondial	QV Cabriolet 84 ZFFUC15A0E0050843
50847	308	GTS QV 84 LHD EU ZFFLA13B000050847
50849	308	GTS QV 84 LHD EU ZFFLA13B000050849
50853	308	GTS QV
50855	308	GTS QV 84 Red/Black ZFFUA13A6E0050855
50861	512	BBi 84 Red/Black ZFFJA09BB00050861
50863	512	Bbi 84 black/Crema
50865	512	BBi 84 Rosso Corsa/Tan LHD EU ZFFJA09BB00050865
50867	512	BBi 84
50875	308	GTS QV 84 ZFFUA13A1E0050875
50877	308	GTS QV 84 ZFFUA13A5E0050877
50885	308	GTB QV
50887	308	GTB QV Red/Crema Burgundy piping RHD ZFFLA12C000050887 eng. # 1855 colour-coded rear aerofoil
50893	308	GTS QV Red/beige ZFFLA13B000050983
50899	308	GTS QV LHD EU ZFFLA13B000050899
50903	308	GTS QV 84 ZFFUA13A2E0050903
50907	308	GTB QV Red/Black ZFFLA12B000050907
50917	Mondial	QV Cabriolet 84 ZFFUC15A3E0050917
50919	Mondial	QV 84 Rosso Corsa/Beige LHD EU
50925	308	GTS QV 84 ZFFUA13A1E0050925
50927	308	GTSi QV Champagne/Tan LHD US ZFFUA13A5E0050927
50929	308	GTS QV 84 Red RHD
50933	308	GTB QV 84 Rosso Corsa/Nero Daytona Seats US ZFFUA12A9E00 eng. # 00260
50935	400	i Automatic 84 Black/Tan LHD
50941	Mondial	QV Cabriolet 85 Red RHD UK ZFFLC15B000050941
50943	308	GTS QV 84 LHD CH ZFFLA13S000050943
50945	308	GTS QV 84 ZFFUA13A7E0050945
50947	308	GTSi 84 Red ZFFUA13A0E0050947
50953	400	i 84 LHD Manual EU ZFFEB07B000050953
50955	400	i 84 LHD Manual EU ZFFEB07B000050955
50957	400	i Automatic 84 Black/Red LHD EU ZFFEB06B000050957
50959	512	BBi 84 Red/Tan
50963	308	GTS QV 84 Red/Tan LHD EU ZFFUA13A6E00
50965	512	BBi 84 Red/Tan LHD EU ZFFJA09B000050965
50969	512	BBi 84 Red/Tan
50973	Mondial	QV Cabriolet 84 ZFFUC15A2E0050973
50975	Mondial	QV
50979	308	GTS light brown met./tan
50981	308	GTS QV 84 Red/Crema LHD EU ZFFLA13B000050981
50983	308	GTS QV Red/Beige ZFFLA13B000050983
50985	308	GTS QV 84 ZFFUA13A8E0050985
50987	308	GTS QV 84 ZFFUA13A1E0050987
50991	308	GTB QV 84 Red/Tan ZFFUA12A1E0050991
50993	Mondial	QV Cabriolet LHD EU ZFFLC15B000050993
50995	Mondial	QV Cabriolet 84 Red/Tan LHD ZFFUC15A1E0050995
51001	308	GTS QV 84 Red/Tan LHD
51005	308	GTS QV 84 ZFFUA13A8E0051005
51007	308	GTS QV 84 Black/Black ZFFUA13A1E0051007
51013	308	GTSi 84 Black/Tan LHD EU ZFFLA13B000051013
51021	308	GTS QV 84 Red/Tan ZFFUA13A6E0051021
51023	308	GTS QV 84 Rosso Corsa/Nero US ZFFUA13AXE0051023
51027	Mondial	QV Red/Tan LHD ZFFLD14B0000
51029	Mondial	QV Cabriolet 84 Silver/black ZFFUC15A1E0051029
51031	308	GTS QV
51033	308	GTS QV Rosso Corsa/Tan Red piping LHD EU ZFFLA13B000051033
51037	308	GTSi QV 84 Black/Tan ZFFUA13AXE0051037
51041	308	GTS QV 84 ZFFUA13A1E0051041
51047	Mondial	3.2 Cabriolet Red/Black
51049	Mondial	QV Red/Black LHD ZFFLD14B000051049
51051	308	GTB QV 84 LHD SWE ZFFLA12S000051051
51055	308	GTS QV 3/84 Red/Black ZFFUA13A1E0051055
51057	308	GTS QV 84 ZFFUA13A5E0051057
51061	308	GTS QV 84 Prugna Met (306/C)/Tan ZFFUA13A7E0051061
51063	308	GTS QV 84 ZFFUA13A0E0051063
51067	Mondial	QV Cabriolet 85 White/Red LHD EU ZFFLC15B000051067
51069	Mondial	QV Cabriolet 84 ZFFUC15A2E0051069
51071	512	BBi 84 Rosso Corsa/Black LHD EU ZFFJA09B000051071
51073	512	BBi 84 Rosso Corsa/Tan LHD EU ZFFJA09B000051073
51075	512	Bbi 84 Rosso Corsa/Black & Tan LHD EU ZFFJA09B000051075
51077	512	BBi 84 Metallic Dark Grey black Boxer Trim/black then Black/Black LHD CH ZFFJA09S000051077 EPA & DOT converted
51079	512	BBi Red/Black LHD EU ZFFJA09B000051079
51081	512	BBi Nero Daytona/Red
51085	308	GTS QV Red/brown ZFFLA13B000051085
51089	308	GTB QV Red/Tan RHD ZFFLA12C000051089 Colour coded rear aerofoil
51093	308	GTS QV 84 ZFFUA13A9E0051093

s/n	Type	Comments	s/n	Type	Comments
51095	308	GTS QV 84 Black/Tan ZFFUA13A2E0051095	51285	Mondial	QV Cabriolet 84 Silver/Red ZFFUC15A8E0051285
51097	Mondial	QV 84 Argento/Red	51291	308	GTS QV 84 ZFFUA13A2E0051291
51099	Mondial	QV Cabriolet Silver/Red LHD EU ZFFLC15B000051099	51293	308	GTS QV 84 ZFFUA13A6E0051293
51101	Mondial	QV Cabriolet LHD EU ZFFLC15B00005110	51301	Mondial	QV Cabriolet Red/Tan LHD ZFFLC15B000051301
51109	308	GTS QV LHD EU ZFFLA13B000051109	51303	Mondial	QV Cabriolet Red/Tan LHD EU ZFFLC15B000051303
51111	308	GTS QV LHD EU ZFFLA13B000051111	51305	Mondial	QV Cabriolet 84 Red/Tan ZFFUC15AXE0051305
51115	308	GTS QV 84 ZFFUA13A4E0051115	51307	Mondial	QV
51117	308	GTSi QV 4/84 Red/Tan ZFFUA13A8E0051117 Tubi	51311	308	GTS QV Red/Tan ZFFLA13B000051311
51119	308	GTSi QV 84 ZFFUA13A1E0051119	51315	308	GTS QV Red/Tan ZFFLA13S000051315
51121	308	GTS QV LHD EU ZFFLA13B000051221	51317	308	GTS QV LHD EU ZFFLA13B000051317
51129	Mondial	QV Cabriolet 8/84 White/Black LHD EU ZFFLC15B000051129	51321	308	GTS QV 84 Black/Black & Red LHD
51133	308	GTS QV 84 ZFFUA13A6E0051133	51323	308	GTS QV 84 ZFFUA13A0E0051323
51135	308	GTS QV LHD EU ZFFLA13B000051135	51325	308	GTS QV 84 ZFFUA13A4E0051325
51139	308	GTS QV	51327	308	GTS QV 84 ZFFUA13A8E0051327
51141	308	GTB QV Red/Tan ZFFLA12B000051141	51329	308	GTB QV 84 Prugna/Tan LHD EU ZFFLA12B000051329
51143	400	i Automatic Grey/Tan			
51145	400	i Automatic Black/Black LHD EU ZFFEB06B000051145	51331	512	BBi Red/Tan LHD EU ZFFJA09B000051331
51147	400	i Automatic 84 Black/Tan LHD EU ZFFEB06B000051147	51333	512	Bbi 83 black/Crema LHD EU ZFFJA09B000051333 eng. # 51333
51149	400	i 84 Sera Blue/Tan Manual LHD EU ZFFEB07B000051149	51335	512	BBi 84 Red/Tan LHD EU ZFFJA09B000051335
51157	308	GTS QV 84 LHD EU ZFFLA13B000051157	51337	512	Bbi 84 Black/Tan LHD EU ZFFJA09B000051337
51161	308	GTS QV 84 Red/Black LHD ZFFLA13B0000	51339	512	BBi Red Black Boxer Trim/Tan LHD EU ZFFJA09B000051339
51163	308	GTS QV 84 Black/Crema RHD			
51165	308	GTS QV	51341	400	i 84 Silver/Black
51167	308	GTS QV 84 Black/Black ZFFUA13A1E0051167	51345	400	i Automatic White/black LHD
51177	512	BBi 84 Red/Black & Grey LHD EU ZFFJA09B000051177	51347	400	i dark grey/beige ZFFEB07B000051347
			51349	400	i Automatic 84 LHD EU ZFFEB06B000051349
51179	512	BBi 84 Black/tan LHD EU ZFFJA09B000051179	51351	512	BBi 84 Red/Tan
51183	Mondial	QV Cabriolet 84 LHD EU ZFFLC15B000051183	51353	Mondial	QV Cabriolet
51187	Mondial	QV 84 dark Blue/Crema	51355	Mondial	3.2 QV Cabriolet 84 LHD ZFFUC15A3E0051355
51189	308	GTS QV 84 Rosso Corsa/Crema Red piping EU ZFFLA13B000051189	51361	308	GTSi QV 84 Grigio/dark Red US ZFFUA13A8E0051361
51191	308	GTS QV 84 Rosso Corsa/Tan US European deep chin spoiler ZFFUA13A9E00	51363	308	GTS QV 84 ZFFUA13A1E0051363
			51365	308	GTS QV 84 ZFFUA13A5E0051365
51193	308	GTS QV 84 ZFFUA13A2E0051193	51369	308	GTB QV LHD
51195	308	GTSi QV 84 Rosso Corsa/Tan ZFFUA13A6E0051195	51371	208	GTB Turbo Red/Black LHD
			51373	Mondial	QV Cabriolet 5/84 Rosso Corsa/Beige RHD
51203	400	i Automatic LHD EU ZFFEB06B000051203	51375	Mondial	QV Cabriolet 84 ZFFUC15A9E0051375
51207	400	i Automatic Silver/Red LHD	51379	308	GTS QV
51211	Mondial	QV Cabriolet	51381	308	GTS QV 84 ZFFUA13A3E0051381
51217	308	GTS QV LHD EU ZFFLA13B000051217	51383	308	GTS QV 84 ZFFUA13A7E0051383
51221	308	GTS QV LHD EU ZFFLA13B000051221	51389	308	GTB QV LHD EU ZFFLA12B000051389
51223	308	GTS QV 84 ZFFUA13A7E0051223	51393	Mondial	QV Cabriolet LHD EU ZFFLC15B000051393
51225	308	GTS QV 84 ZFFUA13A0E0051225	51399	308	GTS QV 84 ZFFUA13A0E0051399
51227	308	GTS QV 4/84 Red/Tan ZFFUA13A4E0051227	51401	308	GTS QV 84 ZFFUA13A5E0051401
51233	Mondial	QV Cabriolet 84 ZFFUC15A0E0051233	51403	308	GTS QV 84 ZFFUA13A9E0051403
51235	Mondial	QV 84 Red/Grey RHD	51411	512	BBi Red/Black ZFFJA09B000051411
51243	308	GTS QV 84 ZFFUA13A2E0051243	51413	512	BBi Black/Black LHD CH ZFFJA09S000051413
51245	308	GTS QV 84 ZFFUA13A6E0051245	51417	512	BBi LHD EU ZFFJA09B000051417
51249	308	GTB QV 84 Red/Beige RHD ZFFLA12C000051249	51419	512	Bbi 84 Rosso Corsa/Tan LHD EU ZFFJA09B000051419
51251	512	Bbi 84 Rosso Corsa/Tan	51421	512	BBi
51255	512	BBi 84 Silver/Blue LHD EU ZFFJA09B000051255	51423	Mondial	QV Cabriolet LHD EU ZFFLC15B000051423
51257	512	BBi 84 Prugna/Tan colour coded airbox LHD EU ZFFJA09B000051257	51427	Mondial	QV Cabriolet
			51429	308	GTS QV 84 ZFFUA13A5E0051429
51259	512	Bbi 84 Yellow/Black LHD EU ZFFJA09B000051259	51431	308	GTS QV 84 ZFFUA13A3E0051431
			51433	308	GTS QV 84 Red/Tan ZFFUA13A7E0051433
51263	Mondial	QV Cabriolet 84 LHD EU ZFFLC15B000051263	51437	308	GTS QV Red/Tan
51265	Mondial	QV	51441	308	GTB QV 84 Red/Tan
51269	308	GTS QV 84 LHD EU ZFFLA13B000051269	51445	308	GTS QV 84 ZFFUA13A3E0051445
51271	308	GTS QV 84 LHD EU ZFFLA13B000051271	51447	308	GTS QV 84 Grigio/Black ZFFUA13A7E0051447
51273	308	GTS QV 84 ZFFUA13A0E0051273	51449	308	GTS QV 84 ZFFUA13A0E0051449
51275	308	GTB QV 84 Nero met./Crema LHD EU	51451	308	GTSi QV 84 Red/Tan LHD US ZFFUA13A9E0051451
51283	Mondial	QV Cabriolet 84 dark Red/Tan LHD ZFFUC15A4E0051283	51453	308	GTB QV 84 Red/Tan ZFFUA12A0E0051453
			51461	400	i Automatic LHD EU ZFFEB06B000051461
			51463	400	i dark metallic Blue/black
			51465	Mondial	QV Cabriolet 84 Red RHD UK eng. # 02044
			51467	Mondial	QV 84 Grey/Tan LHD

s/n	Type	Comments
51471	308	GTS QV 84 Red/Tan ZFFUA13A4E0051471
51473	308	GTSi QV 84 Red/Black Red piping ZFFUA13A8E0051473
51477	308	GTS QV LHD EU ZFFLA13B000051477
51479	308	GTS QV 84 White/White LHD EU
51481	308	GTB QV RHD Red/Black
51489	Mondial	QV Cabriolet 84 ZFFUC15A2E0051489
51491	Mondial	QV 84 LHD EU ZFFLD14B000051491
51499	308	GTS QV 84 Red/Black LHD EU ZFFLA13B000051499
51501	308	GTS QV 84 Black/Tan ZFFUA13A9E0051501
51503	308	GTS QV 84 Chiaro Blue/Crema US ZFFUA13A2E0051503
51507	512	BBi 84 Red/Black ZFFJA09B000051507
51509	512	BBi 84 Red/Crema LHD EU ZFFJA09B000051509
51513	512	BBi 84 Anthracite/Tan
51515	512	BBi 84 Red/Tan ZFFJA09C000051515 RHD
51519	Mondial	3.2 QV Cabriolet 84 Red/Black LHD
51521	Mondial	QV Cabriolet 85 Blu Sera/Tan LHD EU ZFFLC15B000051521
51523	Mondial	QV
51529	308	GTS QV 84 Red/Black EU ZFFLA13B0000
51531	308	GTS QV 84 LHD EU ZFFLA13B000051531
51535	308	GTB QV 84 Red Black Boxer trim/Crema
51541	Mondial	QV Cabriolet 4/84 Red/Tan LHD ZFFUC15A0E0051541
51545	308	GTS QV 84 ZFFUA13A7E0051545
51547	308	GTS QV
51549	308	GTS QV Black/Crema LHD ZFFLA13S000051549
51551	308	GTS QV 84 Red/Crema
51557	Mondial	QV Cabriolet 84 ZFFUC15A4E0051557
51561	308	GTS QV 84 ZFFUA13A5E0051561
51563	308	GTS QV 84 Red/Tan LHD ZFFUA13A9E0051563
51565	308	GTS QV 84 ZFFUA13A2E0051565
51571	308	GTB QV 84 Red LHD SWE ZFFLA12S000051571
51573	512	BBi 84 Red/Tan
51575	400	i
51579	400	i Automatic Blue/Bordeaux LHD
51583	400	i Automatic LHD EU ZFFEB06B000051583
51587	Mondial	QV Cabriolet 85 Red/Black & Grey
51589	Mondial	QV Cabriolet 84 Prugna/Tan LHD
51593	308	GTS QV 84 ZFFUA13A7E0051593
51595	308	GTS QV 84 ZFFUA13A0E0051595
51597	308	GTS QV 84 Red/Black LHD EU ZFFLA13B000051597
51599	308	GTS QV 84 LHD EU ZFFLA13B000051599
51601	308	GTS QV 84 Rosso(300/6)/Tan (VM3218) RHD
51607	512	BBi Silver/Red LHD EU ZFFJA09B000051607
51609	512	BBi 84 Red/Tan LHD EU ZFFJA09E000051609
51611	512	BBi 84 silver/Bordeaux & black inserts LHD EU ZFFJA09B000051611
51619	512	BBi 84 Red/Tan
51621	Mondial	QV
51627	308	GTS QV 84 ZFFUA13A9E0051627
51629	308	GTS QV 84 Rosso Corsa/Black ZFFUA13A2E0051629
51631	308	GTS QV 84 ZFFUA13A0E0051631
51635	308	GTB QV 84 Red/Black LHD
51645	Mondial	QV Cabriolet 5/84 Black/Tan Black top tan tonneau ZFFUC15A1E0051645
51649	Mondial	QV Red/Black LHD ZFFLD14B000051649
51651	308	GTS QV
51653	308	GTS QV Blue/Crema
51655	308	GTS QV LHD EU ZFFLA13B000051655
51657	308	GTSi QV 84 White/Black ZFFUA13A7E0051657
51659	308	GTS QV 84 Red then Black/Black ZFFUA13A0E0051659
51661	308	GTS QV 84 ZFFUA13A9E0051661
51663	308	GTS QV 84 ZFFUA13A2E0051663
51665	308	GTS QV 84 Nero Metallic/Tan US European deep chin spoiler ZFFUA13A6E0051665
51667	308	GTS QV 84 ZFFUA13AXE0051667
51671	308	GTB QV RHD
51673	308	GTB QV
51675	400	i 84
51679	Mondial	QV Cabriolet LHD EU ZFFLC15B000051679
51689	308	GTS QV 84 LHD EU ZFFLA13B000051689
51691	308	GTB QV 84
51693	308	GTB QV 84 Red/Black LHD
51695	308	GTB QV
51697	400	i Automatic 84 Yellow/Tan LHD EU ZFFEB07B000051697
51699	400	i Automatic LHD EU ZFFEB06B000051699
51703	Mondial	QV Cabriolet Red/Tan LHD
51709	308	GTS QV LHD EU ZFFLA13B000051709
51711	308	GTS QV 84 Oro RHD UK eng. # 02087
51713	308	GTS QV 84 ZFFUA13A2E0051713
51715	308	GTS QV 84 ZFFUA13A6E0051715
51717	308	GTSi QV 84 Red/Tan ZFFUA13AXE0051717
51719	308	GT? QV Blue/Crema
51721	308	GTB QV Prugna/Bordeaux Pale pink cloth seat centres LHD ZFFUA12B000051721
51723	512	BBi 84 Rosso Corsa/Tan LHD EU ZFFJA09B000051723
51725	512	BBi 84 Argento/Bordeaux LHD EU ZFFJA09B000051725 ex-A. J. Foyt
51733	Mondial	QV Cabriolet LHD EU ZFFLC15B000051733
51735	Mondial	QV Cabriolet 84 Red/Tan ZFFUC15A2E0051735
51737	Mondial	QV 85 Red/Tan ZFFLD14B000051737
51741	308	GTS QV 84 ZFFUA13A7E0051741
51747	512	BBi 84 Red/Tan
51749	512	BBi LHD EU ZFFJA09B000051749
51751	512	BBi
51753	512	Bbi 84 Red/Tan tan dash LHD EU ZFFJA09B000051753
51757	Mondial	QV Cabriolet 84 ZFFUC15A1E0051757
51759	308	GTS QV
51761	308	GTS QV 84 Black/black ZFFLA13B000051761
51763	308	GTS QV 84
51765	308	GTS QV 84 ZFFUA13AXE0051765
51771	308	GTB QV 84 Red/Bordeaux LHD EU ZFFLA12B000051771
51773	308	GTB QV Black/black ZFFLA12B000051773
51775	400	i 84 Prugna Metallic/Grey eng. # 1124
51777	400	i Automatic 84 Dark Metallic Blue/Tan LHD ZFFEB06B000051777
51779	400	i Dark Blue/White LHD Manual EU ZFFEB06B000051779
51781	400	i Automatic 84 Black/Tan LHD EU ZFFEB06B000051781
51795	308	GTB QV
51797	308	GTS QV 84 ZFFUA13A1E0051797
51801	308	GTS 84 Red/Tan ZFFUA12A8E0051801
51805	Mondial	QV
51809	Mondial	QV Cabriolet 84 Silver/Red LHD EU ZFFLC15B000051809
51813	308	GTSi 84 Black/Red ZFFLA13B000051813
51815	308	GTS QV 84 ZFFUA13AXE0051815
51817	308	GTS QV Red/Tan LHD ZFFUA13A3E0051817
51819	308	GTS QV 84 ZFFUA13A7E0051819
51827	Mondial	QV Cabriolet 84 Black/Crema LHD EU ZFFLC15B000051827
51837	308	GTS QV 84 ZFFUA13A9E0051837
51839	308	GTS QV 84 ZFFUA13A2E0051839
51841	308	GTS QV 84 ZFFUA13A0E0051841
51845	512	BBi Black/Tan
51847	512	BBi Red/Black LHD EU ZFFJA09B000051847
51851	Mondial	QV Cabriolet Red/Black ZFFLC15B0000
51853	Mondial	QV Cabriolet 84 ZFFUC15A8E0051853
51857	308	GTS QV LHD EU ZFFLA13B000051857
51859	308	GTS QV 84 Red/Crema RHD
51861	308	GTS QV Rosso/tan LHD US
51863	308	GTSi 84 Red ZFFRA13D000051863 eng. # F105A0400003

s/n	Type	Comments
51871	512	BBi
51873	512	BBi Red/Beige LHD EU ZFFJA09B000051873
51875	Mondial	Cabriolet 84 Black/Black ZFFUC15A7E0051875
51877	Mondial	QV Red/Tan
51881	308	GTS QV 84 Red ZFFRA13D000051881 eng. # F105A02400004
51883	308	GTS QV
51885	308	GTS QV 85 Black/Tan ZFFUA13A9E0051885
51887	308	GTS QV 84 Prugna/Tan then Red/Tan Painted roof GTB style US ZFFUA13A2E00
51889	308	GTS QV 84 Rosso Corsa/Tan US ZFFUA13A6E0051889
51891	308	GTS QV 84 ZFFUA13A4E0051891
51895	400	i Automatic 85 Red/Tan LHD EU ZFFEB06B000051895
51897	400	i Automatic Red/Crema RHD
51899	400	i Silver/Tan ZFFAB07B000051899
51903	400	i LHD Manual U ZFFEB07B000051903
51909	Mondial	QV Cabriolet 84 ZFFUC15A9E0051909
51911	Mondial	QV
51915	308	GTS QV LHD EU ZFFLA13B000051915
51917	308	GTS QV 5/84 Red/Black ZFFUA13A7E0051917
51919	308	GTS QV 84 ZFFUA13A0E0051919
51921	308	GTS QV 84 ZFFUA13A9E0051921
51925	512	Bbi 84 Red/Tan
51929	Mondial	QV Cabriolet
51935	308	GTS QV LHD EU ZFFLA13B000051935
51937	308	GTS QV LHD EU ZFFLA13B000051937
51939	308	GTS QV
51941	308	GTS QV 84 Red/Tan ZFFUA13A4E0051941
51945	512	Bbi 84 Red/Black
51951	Mondial	QV Cabriolet White/Black then Red/Black LHD
51953	308	GTS QV Red/Tan
51957	308	GTS QV 84 ZFFUA13A8E0051957
51959	308	GTS QV 84 ZFFUA13A1E0051959
51961	308	GTS QV 84 ZFFUA13AXE0051961
51963	308	GTS QV 84 ZFFUA13A3E0051963
51965	308	GTB QV Red/Black ZFFLA12B000051965 Modified nose
51967	308	GTS QV
51969	512	BBi 84 Red Black Boxer Trim/Tan LHD EU ZFFJA09B000051969
51973	Mondial	QV Cabriolet 5/84 Red/Tan LHD ZFFUC15A7E0051973
51975	Mondial	QV Red/Tan LHD ZFFLD14S000051975
51979	308	GTS QV LHD CH ZFFLA13S000051979
51981	308	GTS QV LHD EU ZFFLA13B000051981
51983	308	GTS QV
51987	308	GTSi QV 84 Red/Tan ZFFUA13A6E0051987
51989	308	GTS QV 84 Red/Black LHD
51993	512	Bbi 84 Red no Boxer Trim/Tan RHD
51995	512	Bbi 84 Black/Tan LHD EU ZFFJA09B000051995
52003	Mondial	QV
52007	308	GTSi QV 85 Black/TanLHD EU ZFFLA13B000052007
52009	308	GTS QV Red/Black ZFFLA13B000052009
52015	308	GTS QV 84 ZFFUA13A5E0052015
52017	308	GTS QV 84 ZFFUA13A9E0052017
52019	308	GTS QV 84 Black/Black ZFFUA13A2E0052019
52023	308	GTB QV 84 Red LHD
52027	308	GTB QV 84 ZFFUA12AXE0052027
52029	400	i
52031	400	i 84 Black/Black LHD Manual EU ZFFEB07B000052031
52033	400	i Silver/Black LHD
52037	400	i Automatic LHD EU ZFFEB06B000052037
52039	512	Bbi 84 White/tan LHD EU ZFFJA09B000052039 no Boxer trim
52043	Mondial	QV Cabriolet 84 Black/Tan Manual LHD
52045	Mondial	QV Green LHD ZFFLD14B000052045
52047	Mondial	QV
52049	308	GTS QV 84 ZFFUA13A0E0052049
52051	308	GTS QV 84 Red/Tan ZFFUA13A9E0052051 Tubi
52055	308	GTS QV LHD EU ZFFLA13B000052055
52057	308	GTB QV silver/tan LHD CH ZFFLA12S000052057
52061	512	Bbi 84 Red/Black
52065	Mondial	QV Cabriolet
52067	Mondial	QV LHD
52073	308	GTS QV 85 Red/Tan LHD EU ZFFLA13B000052073 exported to the US
52077	512	Bbi Metallic Black/Black
52081	512	Bbi 84 Red/Tan
52083	512	Bbi 84 Red Black Boxer Trim/Tan
52089	Mondial	QV Cabriolet Prugna/Crema
52095	308	GTS QV 84 ZFFUA13A7E0052095
52097	308	GTS QV 84 ZFFUA13A0E0052097
52099	308	GTS QV 84 ZFFUA13A4E0052099
52101	308	GTS QV 84 ZFFUA13A9E0052101
52103	308	GTS QV 84 ZFFUA13A2E0052103
52115	Mondial	QV Cabriolet 84 ZFFUC15AXE0052115
52121	308	GTS QV LHD EU ZFFLA13B000052121
52125	308	GTS QV 84 LHD EU ZFFLA13B000052125
52127	308	GTS QV 84 ZFFUA13A5E0052127
52133	Mondial	QV Cabriolet LHD EU ZFFLC15B000052133
52135	Mondial	QV Cabriolet 84 LHD
52141	308	GTS QV 84 ZFFUA13AXE0052141
52145	308	GTB QV LHD EU ZFFLA12B000052145
52147	308	GTB QV 84 Red/Crema LHD
52149	400	i Automatic 84 Azzurro/Tan LHD EU ZFFEB06B000052149
52151	512	BBi 84 Rosso Corsa/Tan LHD CH ZFFJA09S000052151
52153	512	BBi 84 LHD EU ZFFJA09B000052153
52157	400	i Blue/Crema manual
52169	308	GTS QV LHD EU ZFFLA13B000052169
52173	308	GTS QV 84 LHD EU ZFFLA13B000052173
52175	308	GTS QV 84 ZFFUA13A5E0052175
52177	308	GTS QV 84 ZFFUA13A9E0052177
52179	308	GTS QV 84 US ZFFUA13A2E0052179
52183	512	Bbi 84 Rosso Corsa Black Boxer Trim/Black
52187	Mondial	QV Cabriolet 84 White/Red LHD ZFFUC15A2E0052187
52189	308	GTS QV 84
52191	308	GTS QV LHD EU ZFFLA13B000052191
52195	308	GTS QV 84 ZFFUA13A0E0052195
52197	308	GTS QV 84 Red/Tan ZFFUA13A4E0052197
52199	308	GTS QV 84 ZFFUA13A8E0052199
52203	512	BBi Gemballa 84 Red/White& Red ZFFJA09B0000 ex-Prince Abdul Altheni
52207	512	Bbi 84 Rosso Corsa/Black
52209	512	BBi Red/Tan & Red LHD EU ZFFJA09B000052209
52213	208	GTB Turbo Red/Black
52215	Mondial	QV Cabriolet 84 ZFFUC15A3E0052215
52217	Mondial	QV Cabriolet 84 ZFFUC15A7E0052217
52219	Mondial	QV Silver/Red RHD UK ZFFLD14C000052219
52227	308	GTS QV LHD EU ZFFLA13B000052227
52231	Mondial	QV Cabriolet
52233	308	GTS QV 84 ZFFUA13A4E0052233
52235	308	GTS QV 84 Red/Black & Red ZFFUA13A8E0052235
52241	512	BBi Silver/Black LHD EU ZFFJA09B000052241
52245	400	i 84 Red/Tan Manual ZFFEB07B000052245
52249	400	i Automatic LHD EU ZFFEB06B000052249
52255	Mondial	QV Cabriolet 84 ZFFUC15A4E0052255
52259	512	BBi 84 Grey/Red
52263	308	GTS QV 84 Prugna/Tan ZFFUA13A2E0052263
52265	308	GTS QV 84 ZFFUA13A6E0052265
52267	308	GTS QV 84 Red/Tan ZFFUA13AXE0052267
52269	308	GTS QV 84 ZFFUA13A3E0052269
52271	512	BBi 84 Red/Tan tan carpet LHD CH ZFFJA09S000052271
52273	512	BBi 84 Nero Daytona/Tan
52281	308	GTS QV LHD EU ZFFLA13B000052281

s/n	Type	Comments
52283	308	GTS QV LHD EU ZFFLA13B000052283
52285	308	GTS QV
52291	512	BBi ZFFJA09S000052291
52293	512	BBi Red/Black
52295	512	BBi 84 Rosso Corsa/Tan
52297	512	BBi 84 Rosso Corsa/Tan LHD EU ZFFJA09B000052297
52299	512	BBi 84 Rosso Corsa/Tan & Red
52303	Mondial	QV Cabriolet LHD EU ZFFLC15B000052303
52305	Mondial	QV Cabriolet 84 ZFFUC15A4E0052305
52311	308	GTS QV Red/Black
52315	308	GTSi QV 84 ZFFUA13A6E0052315
52317	308	GTB QV 84 ZFFUA12A8E0052317
52321	288	GTO
52323	Mondial	QV Cabriolet 6/84 Rosso Corsa/tan black top LHD US ZFFUC15A6E0052323
52327	308	GTS QV LHD EU ZFFLA13B000052327
52329	308	GTS QV Red/Tan black seats ZFFLA13B0000
52331	308	GTS QV
52333	308	GTS QV 84 Red/Tan ZFFUA13A8E0052333
52335	308	GTS QV 84 ZFFUA13A1E0052335
52337	308	GTSi QV 84 Red/Tan ZFFUA13A5E0052337
52339	308	GTB QV
52341	400	i Automatic 84 Grigio/Beige LHD EU ZFFEB06B000052341
52343	Mondial	QV Cabriolet 84 ZFFUC15A1E0052343
52345	Mondial	QV Red/beige LHD
52349	308	GTSi 84 Red/Tan LHD EU ZFFLA13B000052349
52351	308	GTS QV LHD EU ZFFLA13B000052351
52355	308	GTS QV 84 ZFFUA13A7E0052355
52357	308	GTS QV 84 ZFFUA13A0E0052357
52359	308	GTS QV 84 Red/Tan ZFFUA13A4E0052359
52363	512	BBi Red Black Boxer Trim/tan
52365	208	GTS Turbo Red/Black
52367	Mondial	QV Cabriolet
52371	Mondial	QV Cabriolet 84 ZFFUC15A6E0052371
52373	308	GTS QV LHD EU ZFFLA13B000052373
52377	308	GTSi QV 84 White/tan black piping ZFFUA13AGE0052377
52379	308	GTS QV 84 ZFFUA13AXE0052379
52385	400	i Automatic 84 Anthracite/tobacco LHD EU ZFFEB06B000052385
52389	400	i Automatic LHD EU ZFFEB06B000052389
52391	400	i Automatic LHD EU ZFFEB06B000052391
52393	400	i silver/bordeaux LHD
52395	400	i 84 Marrone/brown Manual LHD EU ZFFEB07B000052395
52401	Mondial	QV Cabriolet black/black LHD
52403	Mondial	QV Black/Black LHD ZFFLD14B0000
52407	308	GTS QV 84 Red ZFFRA13D000052407 eng. # F105A02400006
52413	308	GTS QV 84 ZFFUA13A6E0052413
52415	308	GTS QV 84 ZFFUA13AXE0052415
52417	512	BBi 84 Red/Tan
52419	512	BBi 844 LHD CH ZFFJA09S000052419
52425	Mondial	QV Cabriolet 84 Red/Black ZFFUC15A3E0052425
52429	308	GTS QV 84 Red ZFFRA13D000052429 eng. # F105A02400007
52431	308	GTS QV LHD EU ZFFLA13B000052431
52433	308	GTS QV 84 ZFFUA13A1E0052433
52435	308	GTS QV 84 Red/Tan ZFFUA13A5E0052435
52445	512	BBi 84 Red/Tan LHD EU ZFFJA09B000052445
52447	Mondial	QV Cabriolet 84 ZFFUC15A2E0052447
52449	Mondial	QV Dark Green/Crema LHD
52451	308	GTS QV 84 Red LHD SWE ZFFLA13S000052451
52455	308	GTS QV 84 Blue ZFFRA13D0000 eng. # F105A02400005
52457	308	GTSi QV 85 Metallic Grey/tan ZFFUA13A7F0052457
52459	308	GTS QV 84 ZFFUA13A8E0052459
52463	308	GTB QV LHD EU ZFFLA12B000052463
52465	288	GTO
52467	288	GTO
52469	288	GTO Red LHD EU ZFFPA16B000052469
52471	288	GTO
52473	288	GTO 3/85 Rosso Corsa/Red & Black Red inserts LHD ZFFPA16B000052473
52475	288	GTO Rosso Corsa/black LHD EU ZFFPA16B000052475
52477	288	GTO Red LHD EU ZFFPA16B000052477
52479	288	GTO Red/Black ZFFPA16B000052479
52483	288	GTO Red/Black
52485	Mondial	QV Cabriolet 6/84 Red/Tan ZFFUC15AXE0052485
52487	Mondial	QV
52489	308	GTS QV LHD EU ZFFLA13B000052489
52491	308	GTS QV Red/Black ZFFLA13B000052491
52495	308	GTS QV 84 ZFFUA13A1E0052495
52497	308	GTS QV 85 Rosso Corsa/Magnolia ZFFLA13C000052497
52499	308	GTB QV
52501	308	GTB QV Red/Crema LHD EU ZFFLA12B000052501
52507	Mondial	QV Cabriolet 85 Red/Tan LHD EU ZFFLLC15B000052507
52513	308	GTS QV LHD EU ZFFLA13B000052513
52515	308	GTS QV Rosso Corsa/Black LHD ZFFLA13B000052515
52517	308	GTS QV 84 Red ZFFRA13D000052517 eng. # F105A02400008
52519	308	GTS QV 84 ZFFUA13A0E0052519
52521	308	GTS QV 84 ZFFUA13A9E0052521
52525	512	BBi 84 Red/Black LHD EU ZFFJA09B000052525
52527	512	BBi 84 Red
52529	512	BBi Red/Tan
52531	400	i
52533	400	i Automatic 84 Black/Tan LHD EU ZFFEB06B000052533
52535	400	i Automatic 84 Black/Tan ZFFEB06B0000 ex-George Hamilton
52539	400	i Automatic LHD EU ZFFEB06B000052539
52549	Mondial	QV Cabriolet 84 ZFFUC15AXE0052549
52555	308	GTS QV White/black ZFFLA13B000052555
52557	308	GTS QV 84
52559	512	BBi LHD EU ZFFJA09B000052559
52561	512	BBi
52563	512	Bbi 84 Rosso Corsa/Black LHD EU ZFFJA09B000052563
52565	512	BBi 84 Red/Tan LHD EU ZFFJA09B000052565 11th of the last built
52567	Mondial	QV Cabriolet 6/84 Red/Tan ZFFUC15A1E0052567
52569	Mondial	QV Cabriolet 84 ZFFUC15A5E0052569
52575	308	GTS QV 84 ZFFUA13AXE0052575
52577	308	GTS QV 84 ZFFUA13A3E0052577
52579	308	GTS QV 84 Red/Crema Red piping
52581	308	GTB QV 84 Red/Tan ZFFUA12A3E0052581
52583	308	GTB QV 84 Red/Black LHD ZFFUA12A7E00
52589	512	Bbi
52595	Mondial	QV
52599	308	GTS QV 84
52601	308	GTS QV 84 ZFFUA13A7E0052601
52603	308	GTS QV Grey Met./Red RHD ZFFLA13C000052603
52605	308	GTS QV Red/Tan LHD EU
52607	308	GTB QV 84 Brown eng. # 02288
52613	Mondial	QV Cabriolet 84 ZFFUC15A4E0052613
52617	308	GTS QV 84 Nero Carbonio/Crema 3397
52621	308	GTSi QV 84 Red/Black ZFFUA13A2E0052621
52623	308	GTS QV 84 ZFFUA13A6E0052623
52625	308	GTS QV 84 ZFFUA13AXE0052625
52629	512	BBi 85 Red/Black ZFFJA09B000052629 eng. # F110A01011 ex-Charles Pozzi
52631	512	Bbi Red/Black LHD EU ZFFJA09B000052631

s/n	Type	Comments	s/n	Type	Comments
52635	Mondial	QV Cabriolet LHD EU ZFFLC15B000052635	52801	Mondial	QV Cabriolet 84 Yellow/Crema LHD ZFFUC15A5E0052801
52637	Mondial	QV 84 nero metal/Black	52803	Mondial	QV LHD EU ZFFLD14B000052803
52641	308	GTS QV LHD EU ZFFLA13B000052641	52807	308	GTS QV LHD EU ZFFLA13B000052807
52645	308	GTSi QV 84 Red/Tan ZFFUA13A5E0052645	52809	308	GTSi QV 84 Red/Tan US ZFFUA13A9E0052809
52649	308	GTS QV black/tan Black piping LHD ZFFUA13A2E0052649	52811	308	GTS QV 84 ZFFUA13A7E0052811
52655	512	Bbi Red/Tan LHD EU ZFFJA09B000052655	52813	512	Bbi 84 Red/Black & grey ZFFJA09B000052813
52657	512	BBi 84 White/Tan LHD EU ZFFJA09B000052657	52815	512	BBi 84 Red/Tan LHD EU ZFFJA09B000052815
52659	512	BBI 84 Red/Black LHD EU ZFFJA09B000052659	52817	512	Bbi Red/Tan LHD EU ZFFJA09B000052817
52661	400	i Automatic 84 Black/tan ZFFEB06B000052661	52819	512	Bbi
52665	400	i 84 Light Green Metallic/Beige Manual LHD EU	52825	Mondial	QV Cabriolet 84 Red/Tan ZFFUC15A8E0052825
52673	Mondial	QV Cabriolet 82 Blue Chiaro/Crema ZFFLC15C000052673	52827	Mondial	QV LHD CH ZFFLD14S000052827
52675	Mondial	QV Red/Crema RHD	52831	308	GTSi QV
52677	308	GTS	52835	308	GTS QV 85 LHD SWE ZFFUA13A8F0052835
52679	308	GTS QV 84 ZFFUA13A0E0052679	52837	308	GTS QV 7/84 Rosso Corsa/Black ZFFUA13A1F0052837
52681	308	GTS QV 84 ZFFUA13A9E0052681	52839	308	GTS QV 85 ZFFUA13A5F0052839
52683	308	GTS QV 84 ZFFUA13A2E0052683	52841	308	GTB QV Red/Crema ZFFLA12B000052841
52685	308	GTS QV 84 ZFFUA13A6E0052685	52847	400	i Automatic LHD EU ZFFEB06B000052847
52687	308	GTS QV 84 ZFFUA13AXE0052687	52849	Mondial	QV Cabriolet 85 Blue then or was Red RHD ZFFLC15C000052849 eng. # 2326
52695	Mondial	QV Cabriolet 84 Red/Tan ZFFUC15AXE0052695	52851	Mondial	QV Cabriolet LHD EU ZFFLC15B000052851
52697	Mondial	QV 85 Red RHD ZFFRE14D000052697 eng.# F1080240001073	52853	Mondial	QV Cabriolet 84 ZFFUC15A2E0052853
			52855	308	GTS QV 85 ZFFUA13A3F0052855
52699	Mondial	QV 84 Red RHD ZFFRE14D000052699 eng.# F105A0200009	52857	308	GTS QV 85 ZFFUA13A7F0052857
			52859	308	GTS QV 85 Red/beige ZFFUA13A0F0052859
52701	308	GTS QV	52861	308	GTS QV 85 Nero/Nero ZFFUA13A9F0052861
52703	308	GTS QV LHD EU ZFFLA13B000052703	52863	308	GTS QV 85 Nero/Tobacco ZFFUA13A2F0052863
52707	308	GTS QV 84 ZFFUA13A1E0052707	52865	308	GTS QV 85 Rosso Corsa/Nero US
52713	288	GTO Red LHD EU ZFFPA16B000052713	52871	Mondial	QV 84 Blue Chiaro/Navy RHD
52715	288	GTO 84 Rosso Corsa/black LHD	52873	308	GTS QV LHD EU ZFFLA13B000052873
52717	288	GTO 84 Red/Black LHD EU ZFFPA16B000052717	52875	308	GTS QV ZFFRA13D000052875
			52877	308	GTS QV
52723	288	GTO	52879	308	GTS QV 85 Rosso Corsa/Tan US ZFFUA13A6F0052879
52725	288	GTO Red/Black ZFFPA16B0000			
52727	288	GTO Red/Black	52881	308	GTSi QV 85 Anthricite/Black US ZFFUA13A4F0052881
52729	288	GTO 84 Rosso Corsa/black LHD			
52731	288	GTO 85 Rosso Corsa/black LHD EU ZFFPA16B000052731	52883	308	GTB QV
			52885	512	Bbi 84 LHD EU ZFFJA09B000052885
52733	288	GTO	52887	400	i Automatic Silver/Tan LHD
52735	288	GTO	52897	Mondial	QV 84 Red Italia Stripe/Crema Manual ZFFLD14B000052897
52737	288	GTO			
52739	288	GTO 85 Rosso Corsa/black Daytona Seats LHD EU ZFFPA16B000052739	52901	308	GTS QV 85 ZFFUA13A6F0052901
			52903	308	GTS QV 85 Rosso Corsa/Tobacco US ZFFUA13AXF0052903
52741	288	GTO 84 Rosso Corsa ex-Adrian Newey	52905	308	GTS QV 85 ZFFUA13A3F0052905
52743	288	GTO 84 Red/Black EU ZFFPA16B000052743	52915	Mondial	QV Cabriolet 85 LHD ZFFLC15B000052915
52745	288	GTO	52917	Mondial	QV Cabriolet 84 ZFFUC15A2E0052917
52747	288	GTO	52921	308	GTS QV 85 Prugna/Tan USZFFUA13A1F0052921
52749	288	GTO			
52751	288	GTO 84 Red/Black & Red	52923	308	GTS QV 85 ZFFUA13A5F0052923
52753	Mondial	QV Cabriolet 84 Rossa Corsa/black ZFFUC15A9E0052753	52925	308	GTS QV 85 ZFFUA13A9F0052925
			52927	308	GTS QV Red/Crema ZFFLA13C000052927
52755	Mondial	QV Cabriolet 7/84 Red/Tan ZFFUC15A2E0052755	52929	308	GTB QV LHD EU ZFFLA12B000052929
			52931	308	GTBi QV Red/Crema ZFFLA12B0000
52763	308	GTS QV 84 Blue ZFFRA13D000052763 eng. # F105A02400014	52933	512	Bbi 84 Black/Black LHD EU ZFFJA09B000052933
52765	308	GTS QV 84 Red/White ZFFUA13A4E0052765	52935	512	Bbi last
52767	308	GTS QV 84 ZFFUA13A8E0052767	52941	Mondial	QV Cabriolet 85 Black/Black LHD EU ZFFLC15B000052941
52771	308	GTS QV 84 ZFFUA13AXE0052771			
52773	512	Bbi 84 Red/Tan LHD EU ZFFJA09B000052773	52945	308	GTS QV 85 Blue Chiaro/Tan US ZFFUA13A4F0052945
52775	512	Bbi Black/Black LHD EU ZFFJA09B000052775	52947	308	GTSi QV 85 Grey/Tan ZFFUA13A8F0052947
52777	Mondial	QV Cabriolet Red/Tan LHD CH ZFFLC15S0000	52949	308	GTS QV 85 Red/Tan ZFFUA13A1F0052949 Ansa exhaust
52779	Mondial	QV Cabriolet LHD EU ZFFLC15B000052779			
52781	Mondial	QV 85 Red RHD ZFFRE14D000052781 eng.# F105A02400012	52951	308	GTS QV 85 Red/Tan ZFFUA13AXF0052951
			52953	308	GTS QV 84 Black/Black LHD EU ZFFLA13B0000
52783	512	Bbi 84 Red/Tan	52967	308	GTS QV 85 Rosso Corsa/Tan US ZFFUA13A3F0052967
52785	308	GTS QV LHD EU ZFFLA13B000052785			
52789	308	GTS QV LHD CH ZFFLA13S000052789	52963	Mondial	QV LHD EU ZFFLD14B000052963
52791	308	GTS QV 84 ZFFUA13A5E0052791	52965	Mondial	QV 84 Red RHD ZFFRE14D000052965 eng.# F105A02400011
52793	308	GTSi 84 Red/Black ZFFUA13A9E0052793			
52795	512	Bbi	52969	308	GTSi QV 85 Red/Tan ZFFUA13A7F0052969

s/n	Type	Comments
52971	308	GTS QV 85 Rosso Corsa/Tan US ZFFUA13A5F0052971
52973	308	GTSi QV 7/84 Rosso Corsa/Tan US ZFFUA13A9F0052973
52975	308	GTS QV 85 ZFFUA13A2F0052975
52977	308	GTS QV 85 ZFFUA13A6F0052977
52981	400	i Automatic LHD EU ZFFEB06B000052981
52983	400	i 84 Red/Tan LHD Manual EU ZFFEB07B000052983
52987	400	i Automatic 84 White/Black LHD EU ZFFEB06B000052987
52991	Mondial	QV Cabriolet 84 ZFFUC15A3E0052991
52993	Mondial	QV Cabriolet 84 Red RHD ZFFUC15A7E0052993
52995	Mondial	QV Cabriolet 84 ZFFUC15A0E0052995
52997	308	GTS QV Red/Tan LHD EU ZFFLA13B000052997
52999	308	GTS QV 85 Red/Tan then Black int. ZFFUA13A5F0052999
53003	308	GTS 85 Red/Tan US ZFFUA13A1F0053003
53005	308	GTS QV 85 ZFFUA13A5F0053005
53007	308	GTS QV 85 Black/Tan ZFFUA13A9F0053007
53009	308	GTB QV Red
53011	Mondial	QV Cabriolet 84 LHD US ZFFUC15A3E0053011
53013	Mondial	QV Cabriolet 85 ZFFUC15A5F0053013
53017	308	GTS QV 85 Red/Tan ZFFUA13A1F0053017
53019	308	GTS QV 85 ZFFUA13A5F0053019
53021	308	GTS QV 85 Red/Tan ZFFUA13A3F0053021
53023	308	GTS QV 85 ZFFUA13A7F0053023
53025	308	GTS QV 85 ZFFUA13A0F0053025
53033	Mondial	QV
53035	Mondial	QV Light Blue/Brown RHD ZFFLD14C000053035
53037	308	GTS QV 85 ZFFUA13A7F0053037
53039	308	GTS QV 85 ZFFUA13A0F0053039
53041	308	GTS QV 85 ZFFUA13A9F0053041
53043	308	GTS QV 85 ZFFUA13A2F0053043
53045	308	GTS QV
53053	Mondial	QV Cabriolet 85 ZFFUC15A6F0053053
53059	308	GTS QV 84 Silver ZFFRA13D000053059
53061	308	GTS QV LHD EU ZFFLA13B000053061
53063	308	GTS QV 85 Prugna/Tan
53065	308	GTS QV 85 ZFFUA13A1F0053065
53067	308	GTB QV 85 Red/Tan ZFFUA12A3F0053067
53069	400	i 84 Azzurro/Tan LHD Manual LHD EU ZFFEB07B000053069
53073	400	i 84 White Manual LHD EU ZFFEB07B000053073
53075	288	GTO
53077	400	i Automatic LHD EU ZFFEB06B000053077
53079	400	i Automatic LHD EU ZFFEB06B000053079
53081	Testarossa	first, Paris Show Car, Birmingham Motor Show 84 Red/Crema LHD eng. #00007
53089	308	GTS QV 84 Red ZFFRA13D000053089 eng. # F105A02400016
53091	308	GTS QV 85 Red ZFFRA13D000053091 eng. # F105C04000015
53093	308	GTS QV 85 ZFFUA13A6F0053093
53095	308	GTS QV 85 ZFFUA13AXF0053095
53097	308	GTS QV 85 ZFFUA13A3F0053097
53099	308	GTS QV 85
53101	308	GTB QV 85
53105	Mondial	QV Cabriolet 85 Red/Tan ZFFLC15B000053105
53107	Mondial	QV Cabriolet 85 ZFFUC15A3F0053107
53113	308	GTS QV 84 Red/Tan LHD EU ZFFLA13B000053113
53115	308	GTS QV 84 White RHD UK eng. # 02350
53119	308	GTS QV 85 ZFFUA13A9F0053119
53127	Mondial	QV Cabriolet LHD EU ZFFLC15B000053127
53133	308	GTSI 85 White/White LHD EU ZFFLA13B000053133
53137	308	GTS QV 85 ZFFUA13A0F0053137
53139	308	GTS QV 85 ZFFUA13A4F0053139
53141	308	GTS QV 85 Rosso Corsa/Tan ZFFUA13A2F0053141
53143	308	GTS QV 85 ZFFUA13A6F0053143
53145	308	GTS QV 85 ZFFUA13AXF0053145
53151	Mondial	QV Cabriolet Dark Blue/Crema
53155	Mondial	QV Cabriolet 85 ZFFUC15A3F0053155
53157	308	GTS QV 85 ZFFUA13A6F0053157
53161	308	GTS QV LHD EU ZFFLA13B000053161
53165	308	GTS QV 85 ZFFUA13A5F0053165
53169	400	i Automatic Cabriolet Conversion 85 Red/TanLHD EU ZFFEB06B000053169
53177	Mondial	QV Rosso Corsa/tan
53179	308	GTS QV LHD EU ZFFLA13B000053179
53181	308	GTS QV LHD EU ZFFLA13B000053181
53183	308	GTS QV Rosso Corsa/Beige ZFFLA13S000053183
53191	400	i Automatic LHD EU ZFFEB06B000053191
53201	308	GTS QV 85 ZFFUA13A5F0053201
53203	308	GTS QV 85 Prugna/tan ZFFUA13A9F0053203
53205	308	GTS QV 85 Rosso Corsa/Tan ZFFUA13A2F0053205
53207	308	GTS QV 85 ZFFUA13A6F0053207
53209	308	GTS QV 8/84 Black/Tan ZFFUA13AXF0053209
53211	308	GTS QV 85 ZFFUA13A8F0053211
53217	308	GTS QV Red/Crema
53219	308	GTS QV LHD EU ZFFLA13B000053219
53221	308	GTB QV
53223	308	GTS QV LHD EU ZFFLA13B000053223
53225	308	GTS QV 85 ZFFUA13A8F0053225
53227	308	GTS QV 85 Red/Tan US ZFFUA13A1F0053227
53229	308	GTS QV 85 ZFFUA13A5F0053229
53235	308	GTS QV Silver/Bordeaux RHD ZFFRA13D0000 eng. # F105A02002421
53239	308	GTS QV LHD EU ZFFLA13B000053239
53241	308	GTS QV 85
53243	308	GTS QV 85 Red/Tan ZFFUA13AXF0053243
53245	308	GTS QV 85
53247	308	GTSi QV 85 Rosso Corsa/Tan US ZFFUA13A7F0053247
53249	308	GTS QV 85 ZFFUA13A0F0053249
53251	308	GTS QV 85 ZFFUA13A9F0053251
53253	308	GTB QV Red/Black RHD
53255	Mondial	QV Cabriolet LHD EU ZFFLC15B000053255
53257	Mondial	QV Cabriolet LHD EU ZFFLC15B000053257
53259	Mondial	QV Cabriolet 85 ZFFUC15A4F0053259
53261	Mondial	QV Cabriolet 85 ZFFUC15A2F0053261
53265	Mondial	QV 84 Red RHD ZFFRE140000053265 eng.# F105024200018
53267	Mondial	QV 84 Red RHD ZFFRE14D000053267 eng.# F105A2400016
53269	308	GTSi QV Red/Naturale LHD EU ZFFLA13B000053269
53273	400	i LHD Manual EU ZFFEB07B000053273
53275	308	GTB QV
53277	400	i Automatic LHD EU ZFFEB06B000053277
53281	400	i Automatic 84 Black/Tan LHD CH ZFFEB06S000053281
53283	Testarossa	Paris Motorshow & displayed at the Lido Birmingham Motor Show at PF 84 Red/Crema LHD ZFFTA17B00053283 eng. #00009
53287	288	GTO 84 Red/Black LHD EU
53289	288	GTO Red LHD EU ZFFPA16B000053289
53291	288	GTO
53293	288	GTO 84 Red/Black LHD EU ZFFPA16B000053293
53295	288	GTO black/tan 308/328 standard seats ZFFPA16B000053295
53297	288	GTO
53299	288	GTO
53301	288	GTO Red LHD EU ZFFPA16B000053301
53303	288	GTO 84 Rosso Corsa/black
53305	288	GTO 84 Rosso Corsa/black

s/n	Type	Comments	s/n	Type	Comments
53307	288	GTO Red/Black LHD ZFFPA16B000053307 shields ex-Eddie Irvine	53491	308	GTS QV 85 Red/Black ZFFUA13A7F0053491
53309	288	GTO 84 Rosso Corsa/Black LHD	53493	308	GTSi QV 9/84 Black/Red US ZFFUA13A0F0053493
53311	288	GTO Red LHD EU ZFFPA16B000053311	53495	308	GTS QV 85 ZFFRA13D000053495
53313	288	GTO	53497	308	GTB QV Red/BlackGTO front
53315	288	GTO 84 Rosso Corsa/black	53499	400	i Automatic LHD ZFFEB06B000053499
53317	288	GTO	53501	400	i LHD Manual EU ZFFEB07B000053501
53319	288	GTO	53503	400	i Automatic 84 Prugna metallic/tan RHD
53321	288	GTO	53505	400	i Automatic 84 Prugna Tan RHD probably mistaken with 53503
53323	288	GTO			
53325	288	GTO Red/Black ex-Uderzo	53509	400	i Automatic
53327	208	GTB Turbo Red/Black	53511	Testarossa	Red/Tan
53339	308	GTS QV 85 Red/Tan ZFFUA13A1F0053339	53521	308	GTSi QV Silver/Black LHD EU ZFFLA13B000053521
53341	308	GTS QV 85 ZFFUA13AXF0053341			
53345	308	GTS QV 85 Red/TanZFFUA13A7F0053345	53525	308	GTS QV 85 LHD EU ZFFLA13B000053525
53347	308	GTB QV	53527	400	i Automatic Black/Black
53349	308	GTB QV LHD EU ZFFLA12B000053349	53531	308	GTS QV 85 Rosso Corsa/Tan LHD EU ZFFLA13B000053531
53353	Mondial	QV Cabriolet Red/Tan			
53355	Mondial	QV Cabriolet Red/Crema RHD	53535	308	GTS QV 85 ZFFUA13A1F0053535
53357	Mondial	QV Cabriolet 85 ZFFUC15A4F0053357	53541	Mondial	QV Cabriolet LHD EU ZFFLC15B000053541
53361	308	GTS QV LHD EU ZFFLA13B000053361	53543	Mondial	QV Cabriolet LHD EU
53363	308	GTS QV Rosso Corsa/tan RHD ZFFRA13D000053363 eng. # F105A02400023	53545	308	GTS QV 85
			53549	308	GTS QV LHD EU ZFFLA13B000053549
53365	308	GTS QV 85 Red ZFFRA13D000053365 eng. # F105A02400022	53555	308	GTS QV LHD EU ZFFLA13B000053555
			53557	308	GTS QV 84 Red ZFFRA13D000053557 eng. # F105A02400027
53367	308	GTS QV 85 Red ZFFRA13D000053367			
53369	308	GTS QV 85 ZFFUA13AXF0053369	53559	308	GTS QV 85 Prugna/tan US ZFFUA13A4F0053559
53371	308	GTS QV 85 ZFFUA13A8F0053371			
53373	308	GTS QV 85 Grigio/Red/Black carpets ZFFUA13A1F0053373	53561	308	GTS QV 85 ZFFUA13A2F0053561
			53563	308	GTS QV Red/beige
53379	Mondial	QV Cabriolet LHD EU ZFFLC15B000053379	53565	Mondial	QV Cabriolet LHD EU ZFFLC15B000053565
53381	Mondial	QV Cabriolet 85 ZFFUC15A1F0053381	53571	308	GTS QV
53385	308	GTS QV 84 Blue metallic/black LHD EU ZFFLA13B000053385	53573	308	GTS QV Red/Crema LHD
			53577	308	GTS QV 85 ZFFUA13A6F0053577
53389	308	GTS QV 85 LHD EU ZFFLA13B000053389	53579	308	GTS QV 85 ZFFUA13AXF0053579
53391	308	GTS QV	53581	308	GTS QV Red/Beige LHD
53393	308	GTS QV Red/Tan ZFFLA13B000053393	53583	308	GTS QV 85 ZFFUA13A1F0053583
53395	308	GTS QV 85 ZFFUA13A0F0053395	53585	308	GTS QV 85 Red/Tan ZFFUA13A5F0053585
53397	308	GTS QV 84 ZFFRA13D000053397 eng. # F105A02400020	53589	400	i Automatic LHD ZFFEB06B000053589
			53593	400	i Automatic Silver/Tan LHD
53401	308	GTB QV 85 ZFFUA12A0F0053401	53599	400	i 84 Black/Black LHD Manual EU ZFFEB07B000053599
53403	308	GTS QV ZFFUA13A6F0053403			
53415	308	GTS QV 85 LHD EU ZFFLA13B000053415	53601	Testarossa	Red/Black LHD ZFFTA17B000053601
53419	308	GTS QV 85 ZFFUA13AXF0053419	53603	Mondial	QV Cabriolet LHD EU ZFFLC15B000053603
53421	308	GTS QV 85 ZFFUA13A8F0053421	53605	Mondial	QV Cabriolet 85 ZFFUC15A8F0053605
53423	308	GTS QV 85 ZFFUA13A1F0053423	53607	Mondial	QV
53425	308	GTS QV 85 Red/Tan US ZFFUA13A5F0053425	53617	308	GTS QV
53427	308	GTS QV 85 Black/Black Red piping ZFFUA13A9F0053427	53617	308	GTS QV 85 ZFFUA13A3F0053617
			53619	308	GTS QV 85 ZFFUA13A7F0053619
53429	308	GTS QV 84 ZFFRA13D000053429 eng. # F105A02400024	53621	308	GTS QV 85 ZFFUA13A5F0053621
			53623	308	GTS QV 85 ZFFUA13A9F0053623
53433	308	GTS QV LHD EU ZFFLA13B000053433	53629	Mondial	QV Cabriolet 85 ZFFUC15A0F0053629
53437	308	GTS QV 85 ZFFUA13A1F0053437	53631	Mondial	QV Cabriolet 85 ZFFUC15A9F0053631
53439	308	GTS QV 85 ZFFUA13A5F0053439	53633	Mondial	QV
53441	308	GTS QV 85 ZFFUA13A3F0053441	53635	308	GTS QV White/black
53443	308	GTS QV Rosso/tan RHD ZFFRA13D000053443 eng. # F105A02400025	53637	308	GTS QV Grey/Black LHD EU ZFFLA13B000053637
53445	308	GTS QV Red/Crema RHD ZFFLA13C000053445	53641	308	GTS QV LHD EU ZFFLA13B000053641
53447	308	GTB QV 85 ZFFUA12A2F0053447	53643	308	GTS QV 85 ZFFUA13A4F0053643
53455	308	GTS QV Red/Tan ZFFLA13B000053455	53645	308	GTS QV 85 ZFFUA13A8F0053645
53457	308	GTS QV Grigio/Tan ZFFUA13A7F0053457	53647	308	GTS QV 85 ZFFUA13A1F0053647
53459	308	GTS QV 85 Red/Tan ZFFUA13A0F0053459	53651	308	GTB QV 85 ZFFUA12A1F0053651
53461	308	GTS QV 85 Red/Tan ZFFUA13A9F0053461	53655	Mondial	QV Cabriolet 9/84 Red/Tan ZFFUC15A1F0053655
53463	308	GTS QV ZFFUA13A2F0053463			
53467	308	GTS QV 85 ZFFUA13AXF0053467	53657	Mondial	QV Red/Tan LHD ZFFLD14B000053657
53469	308	GTS QV 85 ZFFUA13A3F0053469	53661	308	GTS QV LHD EU ZFFLA13B000053661
53471	308	GTS QV 85 ZFFUA13A1F0053471	53667	308	GTB QV LHD
53475	Mondial	QV Cabriolet Red/Black LHD CH ZFFLC15S000053475	53669	308	GTS QV LHD EU ZFFLA13B000053669
			53671	308	GTS QV 85 ZFFUA13A9F0053671
53481	308	GTS QV	53673	308	GTS QV 85 ZFFUA13A2F0053673
53485	308	GTS QV 85 ZFFUA13A1F0053485	53675	308	GTS QV 85 ZFFUA13A6F0053675
53487	308	GTS QV 85 Black/Tan ZFFUA13A5F0053487	53677	308	GTS QV Red LHD
53489	308	GTS QV 85 ZFFUA13A9F0053489	53679	Mondial	QV Cabriolet 84 Red/Black LHD EU

s/n	Type	Comments	s/n	Type	Comments
53681	Mondial	QV 85 Red RHD ZFFRE14D000053681 eng.# F105A02400029	53849	308	GTB QV 85 Blue eng. # 02514
			53851	400	i Automatic 85 Blue/Blue
53683	Mondial	QV 84 Green RHD ZFFRE14D000053683 eng.# F105A240000428	53853	400	i Automatic 84 Black/Black LHD EU ZFFEB06B000053853
53685	308	GTS QV 85 Silver/Black LHD	53859	Mondial	QV Cabriolet LHD EU ZFFLC15B000053859
53687	308	GTS QV LHD EU ZFFLA13B000053687	53861	Mondial	QV 85 Blu Sera/Tan LHD ZFFUD14A6F0053861
53691	308	GTS QV 85 ZFFUA13A4F0053691	53863	308	GTS QV Red LHD
53693	308	GTS QV 85 ZFFUA13A8F0053693	53867	308	GTS QV 85 Red ZFFRA13D000053867 eng. # F105A02400031
53695	308	GTSi QV 85 Red/Tan ZFFUA13A1F0053695			
53697	308	GTS QV 85 ZFFUA13A5F0053697	53869	308	GTS QV 85 Red ZFFUA13A8F0053869
53699	308	GTSi QV 85 Red/Tan ZFFUA13A9F0053699	53871	308	GTS QV 85 ZFFUA13A6F0053871
53703	308	GT? QV	53873	308	GTS QV 85 ZFFUA13AXF0053873
53705	Mondial	QV Cabriolet LHD EU ZFFLC15B000053705	53877	308	GTS QV 85 ZFFUA13A7F0053877
53707	Mondial	QV Cabriolet Dark Blue/Crema	53881	Mondial	QV Cabriolet 85 Red/Tan ZFFUC15AXF0053881
53709	Mondial	QV Cabriolet 85 ZFFUC15A9F0053709	53883	Mondial	QV Cabriolet 85 Red/Tan LHD ZFFUC15A3F0053883
53713	308	GTS QV Black/Crema			
53715	308	GTS QV Chiaro Blue then Red/Tan LHD	53885	Mondial	QV 84 Red RHD ZFFRE14D000053885eng.# F106A4000032
53717	308	GTS QV 85 White RHD ZFFLA13C000053717			
53719	308	GTS QV 85 ZFFUA13A0F0053719	53887	308	GTS QV 85 Red/Tan LHD CH ZFFLA13S000053887
53721	308	GTS QV 85 ZFFUA13A9F0053721			
53723	308	GTS QV 85 ZFFUA13A2F0053723	53891	308	GTS QV
53725	308	GTS QV 85 Red/Tan ZFFUA13A6F0053725	53893	308	GTS QV 85 ZFFUA13A5F0053893
53727	308	GTB QV	53895	308	GTB QV Red/Black LHD EU ZFFLA12B000053895
53729	308	GTB QV Red/Black			
53735	Mondial	QV LHD EU ZFFLD14B000053735	53901	400	i Automatic 85 White/Tan LHD EU ZFFEB06000053901
53737	308	GTS QV			
53739	308	GTS QV Red/Beige LHD EU ZFFLA13B000053739	53909	Mondial	QV Cabriolet 85 ZFFUC15A6F0053909
			53911	Mondial	QV 84 Black RHD UK eng. # 02470
53741	308	GTS QV 85 ZFFUA13A4F0053741	53915	308	GTS QV Red/Tan ZFFLA13B000053915
53743	308	GTS QV 85 ZFFUA13A8F0053743	53917	308	GTS QV LHD EU ZFFLA13B000053917
53745	308	GTS QV 85 ZFFUA13A1F0053745	53919	308	GTS QV 85 ZFFUA13A8F0053919
53747	308	GTB QV Silver/Burgundy Deep front spoiler	53921	308	GTSI QV 85 Red/Tan ZFFUA13A6F0053921
53753	308	GTB QV 85 Red/Tan US ZFFUA12A9F0053753	53929	Mondial	QV Cabriolet Red/Black LHD EU ZFFLC15800053929
53755	288	GTO Red/Black			
53757	288	GTO 85 Red/Black ZFFPA16B000053757	53931	Mondial	QV Red/Tan
53759	288	GTO Rosso Corsa/Black LHD ZFFPA16B000053759	53935	308	GTS QV 85 Rosso Corsa/Crema RHD UK ZFFLA13C000053935
53761	288	GTO	53937	308	GTS QV 85 LHD EU ZFFLA13B000053937
53763	288	GTO 85 Red/Black LHD ZFFPA16B000053763	53939	308	GTS QV 85 ZFFUA13A3F0053939
53765	288	GTO	53943	308	GTS QV 85 ZFFUA13A5F0053943
53767	288	GTO	53945	308	GTS QV 84 Red ZFFRA13D0000S394S eng. # F105A02400034
53769	288	GTO 85 Red			
53771	288	GTO Red/Black LHD ZFFPA16B000053771	53947	Mondial	QV Cabriolet LHD EU ZFFLC15B000053947
53773	288	GTO Red LHD EU ZFFPA16B000053773	53949	Mondial	QV 85 Red/Tan RHD ZFFRE14D000053949 eng.# F105A0200003
53775	288	GTO			
53777	288	GTO 85 Red/Black EU ZFFPA16B000053777	53951	308	GTS QV 85 Red/Tan ZFFUA13AXF0053951
53779	288	GTO	53955	308	GTS QV 85 Silver/Black US ZFFUA13A1F0053955
53781	288	GTO Red/Black EU ZFFPA16B000053781			
53783	288	GTO Red LHD EU ZFFPA16B000053783	53957	308	GTS QV Prugna then Red/Tan ZFFUA13A5F0053957
53785	288	GTO			
53787	288	GTO	53959	308	GTS QV 85 ZFFUA13A9F0053959
53789	288	GTO 85	53961	308	GTS QV 85 ZFFUA13A7F0053961
53791	288	GTO	53963	308	GTS QV 85 Red/Tan ZFFUA13A0F0053963
53793	288	GTO	53965	308	GTB QV
53795	400	i Automatic LHD EU ZFFEB06B000053795	53969	Mondial	QV Cabriolet 85 ZFFUC15A2F0053969
53797	400	i Automatic LHD EU ZFFEB06B000053797	53971	Mondial	OV 85 Red/Black LHD EU
53801	400	i 85 Manual LHD EU ZFFEB07B000053801	53973	Mondial	QV LHD EU ZFFLD14B000053973
53803	400	i Automatic medium brown metallic/tan LHD	53975	308	GTS QV 85 LHD EU ZFFLA13B000053975
53805	400	i Automatic Dark Blue/Tan RHD	53981	308	GTS QV Yellow/Tan LHD
53815	Mondial	QV 85 ZFFUD14AXF0053815	53983	308	GTSi QV 85 Red/Tobacco US ZFFUA13A6F0053983
53819	308	GTS QV 85 ZFFUA13A4F0053819			
53823	308	GTS QV 85 brown met./tan ZFFUA13A6F0053823	53985	308	GTB QV 85 ZFFUA12A8F0053985
			53993	Mondial	QV Cabriolet 85 ZFFUC15AXF0053993
53825	308	GTS QV 85 ZFFUA13AXF0053825	53999	308	GTS QV 85 Red RHD
53827	308	GTS QV 85 ZFFUA13A3F0053827	54001	308	GTS QV 84 Rosso Corsa/tan LHD EU ZFFLA13B000054001
53829	308	GTB QV 85 LHD EU ZFFLA12B000053829			
53833	Mondial	QV Cabriolet 85 ZFFUC15AXF0053833	54003	308	GTS QV 85 Black/Black ZFFUA13A6F0054003
53835	Mondial	QV 85 ZFFUD14A5F0	54005	308	GTS QV 85 ZFFUA13AXF0054005
53837	308	GTS QV LHD	54007	308	GTS QV 85 ZFFUA13A3F0054007
53841	308	GTS QV 85 ZFFUA13A8F0053841	54009	308	GTS QV 85 Red/Black ZFFUA13A6F0054003
53843	308	GTS QV Red/Tan RHD ZFFLA13C000053843	54017	Mondial	QV Cabriolet 85 ZFFUC15A7F0054017
53845	308	GTS QV 85 ZFFUA13A5F0053845	54021	308	GTS QV 85 ZFFUA13A8F0054021
53847	308	GTS QV 85 Red/Black ZFFUA13A9F0053847	54023	308	GTSi 85 Blue TdF/Blue ZFFUA13A1F0054023

s/n	Type	Comments
54025	308	GTS QV 85 ZFFUA13A5F0054025
54027	308	GTB QV Red/beige
54029	308	GTB QV LHD EU ZFFLA12B000054029
54033	Mondial	QV Cabriolet 85 ZFFUC15A5F0054033
54039	308	GTS QV Red/Black RHD ZFFLA13C000054039
54041	308	GTSi QV 85 Red/Black ZFFUA13A3F0054041
54043	308	GTS QV 85 ZFFUA13A7F0054043
54045	308	GTS QV 85 ZFFUA13A0F0054045
54047	308	GTS QV 85 ZFFUA13A4F0054047
54049	308	GTS QV 85 Red/Tan ZFFUA13A8F0054049
54059	308	GTB QV
54063	308	GTS QV 85 ZFFUA13A2F0054063
54065	308	GTS QV 85 Red then Black/Black ZFFUA13A6F0054065
54067	308	GTS QV 85 ZFFUA13AXF0054067
54075	308	GTS QV 85 ZFFUA13A9F0054075
54077	400	i Automatic LHD EU ZFFEB06B000054077
54079	400	i Automatic silver/tan LHD
54081	308	GTS QV Red LHD ZFFLA13B000054081
54083	308	GTS QV 85 ZFFUA13A8F0054083
54085	308	GTS QV Red/Black
54087	308	GTS QV 85 Red/Black & Red ZFFUA13A5F0054087
54089	308	GTS QV 84 Red RHD UK eng. # 02534
54095	Mondial	Cabriolet 85 Red/Tan LHD ZFFUC15A7F0054095
54099	208	GTB Turbo
54101	308	GTS QV 85 ZFFUA13A6F0054101
54105	308	GTS QV 85 ZFFUA13A3F0054105
54107	308	GTS QV 85 ZFFUA13A7F0054107
54109	308	GTS QV 85 ZFFUA13A0F0054109
54111	308	GTS QV 85 Red/Black ZFFUA13A9F0054111
54115	Mondial	QV Red/Crema RHD
54123	400	i 85 White then black/tan LHD EU ZFFEB06B000054123
54125	208	GTB Turbo 85 Red/Tan & Black
54127	Mondial	Cabriolet 85 Red/Tan ZFFUC15A3F0054127
54129	Mondial	QV
54135	308	GTS QV 85 ZFFUA13A1F0054135
54137	308	GTSi QV 85 Black/Black ZFFUA13A5F0054137
54139	308	GTS QV 85 ZFFUA13A9F0054139
54141	308	GTSi QV 85 Red/Tan ZFFUA13A7F0054141
54145	Mondial	QV Cabriolet LHD EU ZFFLC15B000054145
54147	Mondial	QV Red/Black LHD ZFFLD14B000054147
54153	308	GTS QV LHD EU ZFFLA13B000054153
54157	308	GTS QV 85 ZFFUA13A0F0054157
54159	308	GTS QV 85 ZFFUA13A4F0054159
54161	308	GTS QV 85 ZFFUA13A2F0054161
54165	Mondial	QV Cabriolet
54167	Mondial	QV Cabriolet 85 Red/Tan LHD EU
54169	Mondial	QV Red/Tan RHD ZFFLD14C000054169
54173	308	GTS QV Rosso Corsa/Crema ZFFLA13C000054173
54175	308	GTS QV Red/Black LHD EU ZFFLA13B000054175
54179	308	GTS QV 85 Nero Metallic/Crema black piping US Euro. deep chin spoiler
54181	308	GTS QV 85 ZFFUA13A8F0054181
54183	308	GTB QV Red/Black
54189	Mondial	QV Cabriolet 84 White/White LHD EU ZFFLC15B000054189
54193	308	GTS QV 85 Red/Black LHD EU ZFFLA13B000054193
54195	308	GTS QV 85 Black/Tan LHD US
54197	308	GTS QV 85 ZFFUA13A1F0054197
54199	308	GTS QV 85 Red/Tan ZFFUA13A5F0054199
54201	308	GTS QV 85 ZFFUA13AXF0054201
54203	308	GTS QV 10/84 Anthracite/Light Grey ZFFUA13A3F0054203
54207	400	i Automatic Cabriolet 85 Black/Tan LHD EU ZFFFB06000054207
54209	400	i Automatic Black/black LHD
54211	288	GTO
54213	288	GTO
54215	288	GTO
54217	288	GTO Red LHD EU ZFFPA16B000054217
54219	288	GTO Red LHD EU ZFFPA16B000054219
54221	288	GTO 85 Red
54223	288	GTO 85 bright Red/Black ZFFPA16B000054223
54225	288	GTO 85 silver then Red/Black LHD EU ZFFPA16B000054225
54227	288	GTO
54229	288	GTO
54231	288	GTO 85 Red/Black w Red inserts EU EU ZFFPA16B000054231 EPA and DOT Converted
54233	288	GTO 85 Red (ex)-Michael Schumacher
54235	288	GTO
54237	288	GTO
54239	288	GTO 85 Rosso Corsa/Black LHD EU ZFFPA16B000054239
54241	288	GTO
54243	288	GTO Red/Black LHD EU ZFFPA16B000054243
54245	288	GTO 85 Red/Black LHD EU ZFFPA16B000054245
54247	288	GTO 3/85 Red/Black LHD EU ZFFPA16B000054247
54249	288	GTO 85 Red/Black ZFFPA16B000054249
54253	Mondial	QV Cabriolet 85 ZFFUC15A8F0054253
54255	288	GTO
54261	308	GTS QV
54263	308	GTS QV 85 Red/Tan LHD US
54265	308	GTS QV 85 Red/Tan ZFFUA13A3F0054265
54267	308	GTS QV 85 ZFFUA13A7F0054267
54269	308	GTS QV 85 ZFFUA13A0F0054269
54271	308	GTS QV 85 ZFFUA13A9F0054271
54277	Testarossa	Red/Crema
54281	Testarossa	Red/Tan LHD ZFFTA17B000054281 single high mirror
54283	Testarossa	LHD EU ZFFTA17B000054283
54285	400	i LHD Manual EU ZFFEB07B000054285
54287	400	i Automatic LHD EU ZFFEB06B000054287
54289	400	i Automatic 84 Black/Crema
54293	Mondial	QV Cabriolet 85 Red/Black LHD EU ZFFLC15B000054293
54297	Mondial	QV Red Grey LHD ZFFLD14B000054297
54299	308	GTS QV
54301	308	GTS QV Silver/Black Grey piping RHD ZFFLA13C000054301
54305	308	GTS QV 85 ZFFUA13A0F0054305
54307	308	GTS QV 85 ZFFUA13A4F0054307
54311	308	GTB QV 85 Red/Black LHD EU ZFFLA12B000054311
54315	Mondial	QV Cabriolet 85 ZFFUC15A4F0054315
54317	Mondial	QV Red/Crema RHD
54321	308	GTS QV 85 ZFFUA13A9F0054321
54323	308	GTS QV 85 ZFFUA13A2F0054323
54325	308	GTS QV 85 Red/Tan ZFFUA13A6F0054325
54327	308	GTS QV 85 Blu Sera Met./Red/Black piping ZFFUA13AXF0054327
54329	308	GTS QV 85 ZFFUA13A3F0054329
54337	Mondial	QV Cabriolet 84 Prugna/tan LHD EU ZFFLC15B000054337
54339	Mondial	QV Cabriolet 85 Dark Blue Beige LHD
54341	Mondial	QV 85 ZFFUD14A7F0054341
54345	308	GTS QV LHD EU ZFFLA13B000054345
54349	308	GTS QV 10/84 Rosso Corsa/Tan ZFFUA13A9F0054349
54351	308	GTS QV 85 Red/Tan US ZFFUA13A7F0054351
54353	308	GTS
54355	308	GTB QV Red/Tan ZFFLA12S000054355
54361	400	i LHD Manual EU ZFFEB07B000054361
54363	400	i 85 RHD UK
54369	Mondial	QV Cabriolet 85 Red/Black LHD EU ZFFLC15B000054369

s/n	Type	Comments
54371	Mondial	QV 10/84 Red/Tan LHD ZFFUD14A5F0054371 Sunroof
54379	308	GTSi QV 85 Red/Tan LHD EU ZFFLA13B000054379 Italian Model
54381	308	GTS QV 85 ZFFUA13A5F0054381
54383	308	GTS QV 85 ZFFUA13A9F0054383
54385	308	GTS QV 85 ZFFUA13A2F0054385
54391	Mondial	QV Cabriolet LHD EU ZFFLC15B000054391
54393	Mondial	3.2 Cabriolet 85 black/tan LHD US ZFFUC15A2F0054393
54397	Mondial	QV LHD EU ZFFLD14B000054397
54399	308	GTS QV 85 Grey/Black LHD
54403	308	GTS QV 85 LHD EU ZFFLA13B000054403
54405	308	GTS QV 84 Grigio RHD UK eng. # 02569
54407	308	GTS QV ZFFUA13A8F0054407
54409	308	GTS QV 85 ZFFUA13A1F0054409
54411	400	i Automatic ZFFEB06C000054411
54413	400	i Automatic 85 dark Blue/dark Blue
54417	Testarossa	Red/Black LHD
54419	208	GTS Turbo Red/Black grey inserts ZFFKA11B000054419
54423	Mondial	QV Cabriolet LHD EU ZFFLC15B000054423
54425	Mondial	QV 85 Marrone/Tan ZFFUD14A2F0054425
54427	Mondial	QV 85 Dark Grey Tan LHD ZFFUD14A6F0054427
54429	308	GTS QV LHD EU ZFFLA13B000054429
54433	308	GTS QV 85 ZFFUA13A9F0054433
54435	308	GTS QV 85 ZFFUA13A2F0054435
54439	308	GTS QV 84 Rosso Corsa/Black LHD ZFFUA13AXF0054439
54441	308	GTS QV 85 Silver/Red ZFFUA13A8F0054441
54443	Mondial	QV Red/Black
54449	Mondial	3.2 QV Cabriolet 85 Black/Tan
54451	308	GTS QV
54455	308	GTS QV Red/Tan
54457	308	GTS QV 85 Red/Tan ZFFUA13A1F0054457
54459	308	GTS QV 85 Red/Tan ZFFUA13A5F0054459
54461	308	GTS QV 85 ZFFUA13A3F0054461
54467	Mondial	QV Cabriolet 10/84 Black/Tan ZFFUC15A5F0054467
54469	Mondial	QV 85 Red/Tan ZFFUD14A0F0054469
54473	308	GTS 85
54475	308	GTS QV LHD EU ZFFLA13B000054475
54477	308	GTS QV 85 Red ZFFUA13A7F0054477
54479	308	GTSi QV 85 Red/Black ZFFUA13A0F0054479
54481	308	GTS QV 85 ZFFUA13A9F0054481
54485	308	GTB QV 85 Red/Crema LHD
54487	400	i 85 Brown/Brown LHD EU Manual
54489	400	i Automatic LHD EU ZFFEB06B000054489
54493	Testarossa	Red/Black
54503	Mondial	QV Cabriolet 85 Azzurro/Blue ZFFUC15A5F0054503
54509	308	GTS QV LHD EU ZFFLA13B000054509
54513	308	GTS QV 85 ZFFUA13A7F0054513
54515	308	GTS QV Red/Tan RHD ZFFLA13C000054515
54519	Mondial	QV Cabriolet 85 Prugna Tan LHD ZFFUC15A9F0054519
54521	Mondial	QV Red/Crema RHD ZFFLD14C000054521
54523	308	GTS QV 85 Rosso Corsa ZFFLA13B000054523
54525	308	GTS QV 85 LHD EU ZFFLA13B000054525
54527	308	GTS QV
54529	308	GTS QV 85 Red/Black ZFFUA13A0F0054529
54531	Mondial	QV Cabriolet LHD EU ZFFUC15B000054531
54535	308	GTB QV 85 288 GTO-Conversion
54537	308	GTB QV 85 ZFFUA12A8F0054537
54539	308	GTB QV 85 Red/Tan ZFFUA12A1F0054539
54541	Mondial	QV Cabriolet 85 ZFFUC15A2F0054541
54543	308	GTS QV 85 Red/Black LHD EU ZFFLA13B000054543
54549	308	GTS QV 85 ZFFUA13A6F0054549
54551	308	GTS QV 85 ZFFUA13A4F0054551
54553	400	i Automatic 85 Rosso Corsa/Tan LHD EU ZFFEB06B000054553
54567	Mondial	QV Cabriolet Red/Tan LHD CH ZFFLC15S000054567
54571	308	GTS QV 85 ZFFUA13AXF0054571
54573	308	GTS QV 85 ZFFUA13A3F0054573
54575	308	GTSi 85 Grey ZFFUA13A7F0054575 Damaged engine & upper rear fire
54577	308	GTS QV 85 ZFFUA13A0F0054577
54579	308	GTS QV Blue then Red/Tan ZFFLA13B000054579
54583	Mondial	QV Cabriolet 85 ZFFUC15A7F0054583
54585	Mondial	QV Red Dark Red
54487	400	i 86 Brown Brown Manual
54589	308	GTS QV LHD EU ZFFLA13B000054589
54591	308	GTS QV 85 White/Crema LHD
54593	308	GTS QV 85 Red/Black LHD
54595	308	GTS QV 85 Red/Tan ZFFUA13A2F0054595
54597	308	GTS QV 85 Red/Black ZFFUA13A6F0054597
54599	308	GTS QV 85 ZFFUA13AXF0054599
54601	308	GTS QV 85 Red/Tan ZFFUA13A4F0054601
54603	Mondial	QV Cabriolet LHD EU ZFFLC15B000054603
54605	Mondial	QV Grey/Crema
54607	308	GTS QV 85 Red/Tan LHD
54609	308	GTS QV 85 Black/Tan LHD EU ZFFLA13B000054609
54613	308	GTS QV 85 ZFFUA13A0F0054613
54615	308	GTS QV 85
54617	308	GTS QV 85 Red/Tan ZFFUA13A8F0054617
54621	308	GTB QV Red/Black
54623	400	i 85 Blue/tan LHD Manual EU ZFFEB07B000054623
54627	400	i Automatic Black Crema RHD
54629	400	i 85 Red/Tan LHD EU ZFFEB07B000054629
54631	400	i Automatic LHD EU ZFFEB06B000054631
54635	Testarossa	LHD EU ZFFTA17B000054635
54639	Testarossa	Rosso/nero
54641	Testarossa	Red/Black LHD
54643	Testarossa	Red/Tan LHD EU ZFFTA17B000054643 DOT & EPA releases
54649	308	GTS QV Red/Black LHD CH ZFFLA13S000054649
54653	308	GTS QV 85
54655	308	GTS QV 85 ZFFUA13A5F0054655
54657	308	GTS QV 85 ZFFUA13A9F0054657
54659	308	GTS 85 Red/Tan ZFFUA13A2F0054659
54665	Mondial	QV Cabriolet 85 Black/Black LHD ZFFUC15A9F0054665
54673	308	GTS QV LHD EU ZFFLA13B000054673
54675	308	GTS QV Blue/tan ZFFLA13B000054675 Florent Pagny
54677	308	GTS QV 85 ZFFUA13A4F0054677
54679	308	GTS QV 85 ZFFUA13A8F0054679
54681	308	GTS QV 85 ZFFUA13A6F0054681
54689	Mondial	QV Cabriolet 85 Red/Black ZFFUC15A1F0054689
54691	Mondial	QV 85 ZFFUD14A1F0054691
54697	308	GTS QV Rosso Corsa 300/6 Crema black piping RHD ZFFLA13C000054697
54699	308	GTS QV 85 Rosso Corsa/Tan US ZFFUA13A3F00 EU-deep chin spoiler
54701	308	GTS QV 85 ZFFUA13A8F0054701
54703	308	GTS QV 85 Rosso Corsa/Black ZFFUA13A1F0054703
54707	Mondial	QV Cabriolet 85 ZFFUC15AXF0054707
54711	308	GTS QV LHD EU ZFFLA13B000054711
54713	308	GTS QV 85 Red/Tan
54715	308	GTS QV 85 ZFFUA13A8F0054715
54717	308	GTS QV 85 ZFFUA13A1F0054717
54719	308	GTS QV 85 Red/Tan ZFFUA13A5F0054719
54721	308	GTB QV 85 Red ZFFLA12B000054721
54727	Mondial	QV
54729	308	GTS QV 85 ZFFUA13A8F0054729
54731	308	GTS QV 85 ZFFUA13A6F0054731
54733	308	GTS QV 85 Red/Black ZFFUA13AXF0054733

s/n	Type	Comments
54735	308	GTS QV 85 ZFFUA13A3F0054735
54737	308	GTB QV 85 Blue eng. # 02661
54739	Mondial	QV Red/Black LHD
54741	400	i Automatic LHD EU ZFFEB06B000054741
54743	400	i Automatic Prugna/Tan RHD ZFFEB06C000054743
54745	400	i Automatic Cabriolet Conversion by Straman Black/Tan LHD EU ZFFEB06B000054745
54747	400	i
54753	Testarossa	85 Red/Tan LHD EU ZFFTA17B000054753
54755	Testarossa	86 Rosso Corsa/Nero LHD EU ZFFTA17B0000
54765	Mondial	QV Red/Crema RHD ZFFLD14C000054765
54767	308	GTS QV LHD EU ZFFLA13B000054767
54769	308	GTSi QV 85 Grigio Ferro/Tan ZFFUA13A9F0054769
54771	308	GTS QV 85
54773	308	GTS QV 85 ZFFUA13A0F0054773
54775	308	GTB QV Red LHD ZFFLA12B000054775
54777	288	GTO
54779	288	GTO
54781	288	GTO 85 Red
54783	288	GTO 85 Rosso Corsa/Black LHD
54785	288	GTO
54787	288	GTO 85 Red
54789	288	GTO
54791	288	GTO
54793	288	GTO
54795	288	GTO 85 Red/Black
54797	288	GTO
54799	288	GTO Red/Black LHD ZFFPA16B000054799
54801	288	GTO
54803	288	GTO
54805	288	GTO Red LHD EU ZFFPA16B000054805
54807	288	GTO 85 Red/Black LHD
54809	288	GTO Red/Black LHD EU ZFFPA16B000054809
54811	288	GTO
54813	288	GTO
54817	Mondial	QV Cabriolet 85 White/Black LHD
54819	Mondial	QV Cabriolet 85 Red/Black LHD EU ZFFLC15B000054819
54821	Mondial	QV 85 Black/Tan ZFFUD14AXF0054821
54825	308	GTS QV
54827	308	GTB
54829	308	GTS QV 85 ZFFUA13A1F0054829
54831	308	GTS QV 85 ZFFUA13AXF0054831
54833	308	GTB QV 85 ZFFUA12A1F0054833
54835	Mondial	QV Cabriolet 85 ZFFUC15A8F0054835
54837	Mondial	QV Cabriolet Red/Black ZFFLD14B000054837
54839	Mondial	QV Cabriolet Red/Black LHD EU ZFFLC15B000054973
54841	308	GTS QV LHD EU ZFFLA13B000054841
54843	308	GTS QV LHD EU ZFFLA13B000054843
54845	308	GTS QV Red/Tan LHD CH ZFFLA13S000054845
54847	308	GTS QV 85 ZFFUA13A3F0054847
54849	308	GTS QV 85 ZFFUA13A7F0054849
54851	308	GTS QV 85 ZFFUA13A5F0054851
54853	308	GTS QV 85 ZFFUA13A9F0054853
54863	308	GTS QV Red/Tan LHD EU ZFFLA13B000054863
54867	308	GTS QV Grey/Black
54869	308	GTS QV
54871	308	GTS QV 85 Red/Black ZFFUA13A0F0054871
54873	308	GTB QV 85 Red/Black ZFFLA12B000054873
54877	400	i 85 Red/Tan LHD Manual EU ZFFEB07B000054877
54879	Testarossa	Series I Nero/tan, LHD ZFFAA17B000054879
54881	Testarossa	Red/Black LHD
54885	Mondial	QV 84 Anthracite/Crema
54891	308	GTS QV LHD EU ZFFLA13B000054891
54893	308	GTS QV LHD EU ZFFLA13B000054893
54895	308	GTS QV light metallic Brown/Tan LHD ZFFLA13B000054895
54897	308	GTS QV 85 ZFFUA13A7F0054897
54899	308	GTS QV 11/84 Black/Tan ZFFUA13A0F0054899
54901	308	GTS QV 85 ZFFUA13A5F0054901
54903	308	GTS QV
54909	Testarossa	Black/Black
54911	400	i Automatic 84 White/White LHD EU ZFFEB06B0054911
54913	400	i LHD Manual EU ZFFEB07B000054913
54917	Mondial	QV Cabriolet LHD EU ZFFLC15B000054917
54919	Mondial	QV LHD CH ZFFLD14S000054919
54925	308	GTS QV LHD EU ZFFLA13B000054925
54939	308	GTS QV Red/Cream & Blue LHD EU ZFFLA13B000054939
54945	308	GTSI 86 Red/Tan ZFFUA13A3F0054945
54947	308	GTS QV 85 ZFFUA13A7F0054947
54949	308	GTS QV 85 Red/Tan ZFFUA13A0F0054949
54959	308	GTS QV
54961	308	GTS QV 85 Red/Tan ZFFUA13A1F0054961
54963	308	GTS QV 85 ZFFUA13A5F0054963
54965	308	GTSi QV 85 Red/Tan, black roof panel, ZFFUA13A9F0054965
54967	308	GTS QV 85 ZFFUA13A2F0054967
54973	Mondial	QV Cabriolet 85 Red/Black LHD ZFFLC15B000054973
54977	308	GTS QV LHD CH ZFFLA13S000054977
54979	308	GTS QV LHD EU ZFFLA13B000054979
54981	308	GTS QV 85 ZFFUA13A7F0054981
54983	308	GTS QV 85 ZFFUA13A0F0054983
54985	308	GTS QV 85 ZFFUA13A4F0054985
54987	308	GTB QV
54991	Testarossa	Red/Tan LHD ZFFTA17B0000
54995	Testarossa	Red/Tan
55003	Mondial	QV 85 Red/Tan ZFFUD14A3F0055003
55005	308	GTS QV 85 Rosso Corsa/Tan LHD CH ZFFLA13S000055005
55007	Mondial	QV dark metallic Blue/tan
55009	308	GTSi QV 11/84 Red/Tan ZFFUA13A1F0055009
55011	308	GTS QV 85 ZFFUA13AXF0055011
55019	400	i 85 Blu Sera/Tan LHD Manual EU ZFFEB07B000055019
55021	400	i 85 Black/Tan LHD Manual EU ZFFEB07B000055021
55023	400	i Automatic LHD EU ZFFEB06B000055023
55025	400	i Automatic LHD EU ZFFEB06B000055025
55027	400	i Automatic 85 White/Black LHD EU ZFFEB06B000055027
55033	Testarossa	85 Red Crema LHD EU ZFFTA17B000055033
55037	308	GTS QV 85 Red/Black LHD
55039	308	GTS QV LHD EU ZFFLA13B000055039
55047	Mondial	QV Cabriolet 85 ZFFUC15AXF0055047
55055	308	GTSi 85 Red/Black LHD EU ZFFLA13B000055055
55057	308	GTS QV 85 Red/Black LHD EU ZFFLA13B000055057
55059	308	GTS QV
55061	308	GTB QV Red/Black
55063	308	GTB QV LHD EU ZFFLA12B000055063
55065	Mondial	QV Cabriolet LHD EU ZFFLC15B000055065
55067	Mondial	QV Cabriolet LHD EU ZFFLC15B000055067
55071	308	GTS QV LHD EU ZFFLA13B000055071
55075	308	GTS QV 85 Red/Black ZFFLA13B000055075
55077	308	GTS QV LHD CH ZFFLA13S000055077
55079	308	GTS QV 85 ZFFUA13A0F0055079
55081	308	GTSi QV 85 Red/Tan ZFFUA13A9F0055081
55085	Mondial	QV Cabriolet LHD EU ZFFLC15B000055085
55087	Mondial	QV Yellow Magnolia LHD
55091	308	GTS QV LHD EU ZFFLA13B000055091
55095	308	GTS QV LHD EU ZFFLA13B000055095
55099	308	GTS QV 85 ZFFUA13A6F0055099
55101	308	GTS QV 85 ZFFUA13A0F0055101
55103	308	GTS QV Black/black
55109	Mondial	QV Cabriolet 85 Red/Black ZFFUC15A6F0055109

s/n	Type	Comments
55117	308	GTB QV 85 ZFFUA13A4F0055117
55119	308	GTB QV 85 White ZFFLA12B000055119
55123	Mondial	QV Cabriolet 85 Black Red LHD ZFFUC15A0F0055123
55127	308	GTS QV Red/Tan LHD EU ZFFLA13B000055127
55129	308	GTS QV 85 ZFFUA13A0F0055129
55131	308	GTS QV 85 ZFFUA13A9F0055131
55133	308	GTSi QV 85 Rosso Corsa/Tan ZFFUA13A2F0055133
55139	400	i Automatic 85 Rosso Rbino then Black/Tan LHD EU ZFFEB06B000055139
55141	400	i Automatic LHD EU ZFFEB06B000055141
55143	400	i Automatic 85 White/Tan LHD CH ZFFEB06S000055143
55145	400	i Automatic Series II 85 Azzurro Metallic/Magnolia RHD eng. #1302
55147	400	i Automatic LHD EU ZFFEB06B000055147
55151	Testarossa	85 Red/Tan LHD EU ZFFTA17B000055151
55157	Testarossa	LHD EU ZFFTA17B000055157
55163	288	GTO Rosso Corsa/black LHD EU ZFFPA16B000055163
55165	288	GTO
55167	288	GTO Red/Black LHD ZFFPA16B0000
55169	288	GTO
55171	288	GTO
55173	288	GTO
55175	288	GTO
55177	288	GTO
55179	288	GTO 84 Rosso Corsa/Nero Red seat & dash inserts LHD EU
55181	288	GTO Red/Black LHD EU ZFFPA16B000055181
55183	Mondial	QV Cabriolet 85 ZFFUC15A7F0055183
55187	308	GTSi 85 Blue Beige
55189	308	GTS QV Rosso/tan RHD
55195	308	GTS QV 85 ZFFUA13A2F0055195
55203	Mondial	QV Red/Black
55207	Mondial	QV Red/Tan RHD
55209	308	GTS QV 85 Nero Daytona Metallic Tan LHD EU ZFFUA13B8F0055209
55211	308	GTS QV LHD CH ZFFLA13S000055211
55213	308	GTS QV 85 ZFFUA13A0F0055213
55215	308	GTS QV 85 ZFFUA13A4F0055215
55217	308	GTB QV 85 LHD EU ZFFLA12B000055217
55223	288	GTO Red/Black LHD EU ZFFPA16B000055223
55225	288	GTO
55227	288	GTO Red/Black LHD EU
55229	288	GTO Red/Black ZFFPA16B000055229
55231	288	GTO 85 Red/Black LHD EU ZFFPA16B000055231
55233	288	GTO 85 Red
55235	288	GTO
55237	288	GTO 84, Red Matsuda Collection Japan
55239	Mondial	QV Cabriolet LHD EU ZFFLC15B000055239
55241	Mondial	QV Cabriolet LHD EU ZFFLC15B000055241
55245	308	GTS QV 85 Red/Black & Red LHD EU ZFFLA13B000055245
55247	308	GTSi QV 85 Rosso Corsa/White ZFFLA13B000055247
55249	308	GTS QV Rosso Corsa/Tan LHD CH ZFFLA13S0000 Modified body
55253	308	GTB QV 85 ZFFUA13A1F0055253
55255	308	GTS QV 85 ZFFUA13A5F0055255
55263	308	GTSi QV 85 Red/Tan LHD EU ZFFAA13B000055263
55265	308	GTS QV
55267	308	GTS QV 85 ZFFUA13A1F0055267
55269	308	GTS QV 85 Rosso Corsa Nero US ZFFUA13A5F0055269
55271	308	GTS QV 85 ZFFUA13A3F0055271
55275	Mondial	QV Cabriolet LHD EU ZFFLC15B000055275
55281	308	GTS QV 85 Red/Black LHD EU ZFFLA13B000055281
55283	308	GTB QV 85 ZFFUA13AXF0055283
55285	308	GTS QV 85 ZFFUA13A3F0055285
55287	308	GTS QV
55289	Testarossa	85 Prugna/Crema LHD EU
55291	Testarossa	85 Red/Black LHD ZFFTA17B000055291
55297	Testarossa	Red/Black
55301	400	i Automatic LHD EU ZFFEB06B000055301
55303	400	i Automatic Dark Blue LHD
55307	400	i Automatic 85 Dark Blue/Tan RHD, last RHD
55309	308	GTS QV Pale Blue Met./Blue probably wrong in a chain of GTO△s
55313	308	GTS QV
55315	308	GTS QV 85 ZFFUA13A8F0055315
55317	308	GTS QV LHD EU ZFFLA13B000055317
55319	308	GTS QV 85 ZFFUA13A5F0055319
55321	308	GTB QV 85 Red/Black LHD
55323	Mondial	QV 85 Silver/Tan ZFFUD14AXF0055323
55327	308	GTS QV 85 ZFFUA13A4F0055327
55331	308	GTS QV 85 ZFFUA13A6F0055331
55333	308	GTB QV Red/Black ZFFLA12S0000
55337	308	GTS QV 85 ZFFUA13A7F0055337
55339	308	GTS QV 85 Red/Tan LHD
55341	Mondial	QV 85 ZFFUD14A1F0055341
55343	Mondial	QV LHD EU ZFFLD14B000055343
55345	Testarossa	85 Rosso Corsa/Naturale LHD EU ZFFTA17B000055345
55347	Testarossa	LHD EU ZFFTA17B000055347
55349	Testarossa	LHD EU ZFFTA17B000055349
55353	400	i GT Metallic brown/tan
55355	308	QV 85 Silver/Tan ZFFUA13A9F0055355
55357	308	GTS QV 85 ZFFUA13A2F0055357
55359	308	GTS QV 85 ZFFUA13A6F0055359
55361	308	GTS QV 85 ZFFUA13A4F0055361
55363	308	GTS QV LHD EU ZFFLA13B000055363
55367	308	GTB QV
55373	Mondial	QV Cabriolet 85 ZFFUC15A1F0055373
55377	308	GTS QV
55379	308	GTB QV Red/Crema Red piping RHD UK ZFFLA12C000055379
55381	308	GTS QV 85 ZFFUA13AXF0055381
55383	308	GTS QV 85 Red/Black Red piping ZFFUA13A3F0055383
55387	308	GTS QV 85 LHD EU ZFFLA13B000055387
55389	308	GTS QV 85 ZFFUA13A4F0055389
55395	Mondial	QV Cabriolet grey/bordeaux
55397	Mondial	QV Cabriolet 85 ZFFUC15A4F0055397
55401	Mondial	QV Cabriolet 85 ZFFUC15A2F0055401
55403	Mondial	QV Cabriolet 85 Silver/Tan ZFFUC15A6F0055403
55405	Mondial	QV
55407	308	GTS QV 85 Black/Black ZFFLA13B000055407
55409	308	GTS QV 85 Red/Crema LHD
55411	308	GTS QV Red/Tan ZFFLA13B0000
55413	308	GTS QV 85 ZFFUA13A8F0055413
55417	308	GTB QV 85 Blue then Grey/Blue ZFFUA13A3F0055417
55419	400	i Automatic LHD EU ZFFEB06B000055419
55423	400	i Automatic 85 Black/Tan LHD EU ZFFEB06B000055423
55427	Testarossa	85 Red/Black LHD
55429	Testarossa	Koenig Red/Black LHD
55433	Mondial	QV Cabriolet 85 ZFFUC15A4F0055433
55439	308	GTS QV 85 Red LHD
55441	308	GTS QV 85 ZFFUA13A2F0055441
55443	308	GTS QV 85 ZFFUA13A6F0055443
55445	308	GTS QV 85 ZFFUA13AXF0055445
55449	Mondial	QV Cabriolet 85 Black/Tan LHD EU ZFFLC15B000055449
55451	Mondial	QV 85 Red/Crema RHD ZFFLD14C000055451
55453	Mondial	QV Cabriolet
55459	308	GTS QV LHD EU ZFFLA13B000055459
55461	308	GTS QV 85 ZFFUA13A8F0055461
55463	308	GTS QV 85 ZFFUA13A1F0055463

s/n	Type	Comments	s/n	Type	Comments
55467	400	i Automatic 85 Metallic Grey Tan LHD EU ZFFEB06B000055467	55663	308	GTS QV 85 ZFFUA13A9F0055663
55469	400	i Automatic 85 black/Crema then dark Grey metallic/Tan LHD EU ZFFEB06B000055469	55665	308	GTS QV 85 ZFFUA13A2F0055665
			55667	308	GTS QV 85 ZFFUA13A6F0055667
55471	Testarossa	LHD EU ZFFTA17B000055471	55669	288	GTO Red/Black LHD EU ZFFPA16B000055669 EPA & DOT converted
55475	Testarossa	LHD EU ZFFTA17B000055475	55671	288	GTO ZFFPA16B000055671
55479	Mondial	QV Cabriolet 85 ZFFUC15A6F0055479	55673	288	GTO Red LHD EU ZFFPA16B000055673
55481	Mondial	QV Cabriolet 85 Blue/Tan ZFFUC15A4F0055481	55675	288	GTO Red/Black LHD ZFFPA16B000055675
			55677	288	GTO
55483	Mondial	QV	55679	288	GTO Red/Black
55485	308	GTS QV Red/Black ZFFLA13S000055485	55681	288	GTO
55491	308	GTSi QV 85 Black/Tan ZFFUA13A6F0055491	55683	288	GTO Red/Black ZFFPA16B000055683 eng. # 114B0162
55493	308	GTS QV 85 Rosso Corsa/tan ZFFUA13AXF0055493	55685	288	GTO
			55687	288	GTO
55495	308	GTS QV 85 ZFFUA13A3F0055495	55691	Mondial	QV Cabriolet 85 ZFFUC15A4F0055691
55505	400	i	55693	Mondial	QV Red Brown LHD
55507	Mondial	QV LHD EU ZFFLD14B000055507	55695	Testarossa	Red/Black
55509	308	GTS QV ZFFLA13B000055509	55697	308	GTS QV 85 Red/Crema LHD EU ZFFLA13B000055697
55513	308	GTS QV 85 ZFFUA13A1F0055513			
55515	308	GTS QV 85 ZFFUA13A5F0055515	55699	308	GTS Red/Rosso
55517	308	GTS QV	55701	308	GTS QV
55523	400	i Automatic last 85, Black/Tan LHD	55703	308	GTS QV 85 Yellow/black LHD ZFFUA13A6F0055703
55525	Testarossa	Red/Black LHD			
55529	Testarossa		55711	288	GTO 85 Rosso Corsa/Black & Red LHD EU ZFFPA16B000055711
55531	Testarossa	Dark Blue/Dark Blue			
55533	Mondial	QV Cabriolet 85 Red/Tan LHD ZFFUC15A8F0055533	55713	288	GTO 85 Red/Black & Red LHD EU ZFFPAIGB000055713
55541	308	GTS QV 85 Blue/Tan LHD EU ZFFLA13B000055541	55715	288	GTO
			55717	288	GTO 85 Red/Black LHD
55545	308	GTS QV 85 ZFFUA13A3F0055545	55719	288	GTO
55547	308	GTS QV 85 ZFFUA13A7F0055547	55721	288	GTO Rosso
55549	308	GTS QV Red/Crema RHD	55723	288	GTO Red/Black
55551	308	GTS QV 85 Nero Daytona Crema US ZFFUA13A9F0055551	55725	288	GTO
			55727	288	GTO Red LHD EU ZFFPA16B000055727
55555	288	GTO	55729	288	GTO
55559	Mondial	QV 85 silver/black ZFFLD14C0000	55731	308	GTS QV 85 ZFFUA13A0F0055731
55561	Mondial	QV 85 ZFFUD14A4F0055561	55735	Mondial	QV Cabriolet 85 ZFFUC15A9F0055735
55563	308	GTS QV 85 ZFFUA13A5F0055563	55737	Mondial	QV LHD EU ZFFLD14B000055737
55565	308	GTS QV 85 ZFFUA13A9F0055565	55739	308	GTS QV Red/Crema-Red LHD ZFFLA13B000055739
55575	Mondial	QV Cabriolet 85 ZFFUC15A2F0055575			
55583	308	GTS QV Azzurro/Tan	55741	308	GTS QV 85 Red/Tan LHD EU ZFFLA13B000055741
55585	308	GTS QV LHD EU ZFFLA13B000055585			
55587	308	GTS QV LHD CH ZFFLA13S000055587	55743	308	GTS QV 85 ZFFUA13A7F0055743
55589	308	GTS QV 85 Red/Black ZFFUA13A1F0055589	55745	308	GTS QV 1/85 Red/Black ZFFUA13A0F0055745
55591	308	GTS QV 85 ZFFUA13AXF0055591	55747	308	GTS QV 85 ZFFUA13A4F0055747
55595	Mondial	QV Cabriolet 85 ZFFUC15A8F0055595	55749	308	GTS QV 85 ZFFUA13A8F0055749
55597	Mondial	QV LHD EU ZFFLD14B000055597	55753	Mondial	QV Cabriolet 85 ZFFUC15A0F0055753
55601	308	GTS QV 85 ZFFUA13A9F0055601	55755	Mondial	QV 85 medium Blue/cream
55603	Testarossa	LHD ZFFTA17B000055603	55759	308	GTSi 85 Red/Tan ZFFUA13A0F0055759 Turbo-modification
55605	308	GTB QV 85 Red/Black			
55607	Testarossa	LHD EU ZFFTA17B000055607	55761	308	GTS QV 85 ZFFUA13A9F0055761
55619	308	GTS QV 85 Red/Black LHD EU ZFFLA13B000055619 exported to the US	55763	308	GTS QV 85 ZFFUA13A2F0055763
			55765	308	GTS QV 85 ZFFUA13A6F0055765
55621	308	GTS QV 85 ZFFUA13A4F0055621	55767	308	GTS QV 85 ZFFUA13AXF0055767
55623	308	GTS QV 85 ZFFUA13A8F0055623	55769	308	GTS QV 85 ZFFUA13A3F0055769
55625	308	GTS QV	55771	308	GTS QV 85 ZFFUA13A1F0055771
55631	288	GTO	55773	Testarossa	85 Red/Black LHD US ZFFSA17A3F0055773
55633	288	GTO	55775	Testarossa	85 LHD US ZFFSA17A7F0055775
55635	288	GTO	55777	Testarossa	Red/Black ZFFTA17B0000
55637	288	GTO	55781	Testarossa	LHD EU ZFFTA17B000055781
55639	288	GTO	55783	Testarossa	White Black LHD
55641	288	GTO	55785	288	GTO
55643	288	GTO 85 Rosso Corsa/Nero & Rosso ZFFPA16B000055643	55787	Testarossa	85 Rosso Corsa/Black LHD ZFFTA17B000055787 ex-Rosso Bianco Collection
55645	288	GTO			
55647	288	GTO	55789	288	GTO
55651	Mondial	QV Cabriolet LHD EU ZFFLC15B000055651	55791	Mondial	QV Cabriolet LHD EU ZFFLC15A0F0055791
55653	Mondial	QV 85 ZFFUD14A9F0055653	55793	Mondial	QV 85 ZFFUD14A3F0055793
55657	308	GTS QV 85 Red/Tan LHD EU ZFFLA13B000055657	55799	308	GTS QV 85 Red/Tan ZFFUA13A1F0055799
			55801	308	GTS QV 85 ZFFUA13A6F0055801
55659	308	GTS QV LHD EU ZFFLA13B000055659	55803	308	GTB QV 7/85 Azzurro/Light Blue ZFFLA12B000055803
55661	308	GTS QV 85 Red/Tan LHD CH ZFFLA13S000055661			

s/n	Type	Comments
55807	Mondial	QV Red/Tan RHD
55809	Testarossa	Red/Tan
55813	Mondial	QV Cabriolet LHD EU ZFFLC15B000055813
55815	Mondial	QV Cabriolet 85 ZFFUC15A7F0055815
55819	308	GTS QV 85
55821	308	GTS QV
55823	308	GTS QV 85 ZFFUA13A5F0055823
55825	308	GTS QV 85 ZFFUA13A9F0055825
55827	308	GTS QV 85 ZFFUA13A2F0055827
55829	308	GTS QV 85 Red/Tan ZFFUA13A6F0055829
55831	308	GTB QV
55833	308	GTS QV 85 Red Dark Red LHD
55835	Mondial	QV Cabriolet Testarossa-"look a likeÙ- Conversion Rosso/nero
55837	Mondial	QV 85 black/black
55841	308	GTS QV 85 Red/Black EU
55843	308	GTS QV Red/Black LHD EU ZFFLA13B000055843
55845	308	GTS QV 85 Rosso (300/6)/Nero Red piping RHD ZFFLA13C000055854
55847	308	GTS QV 85 ZFFUA13A8F0055847
55849	308	GTB QV 85 ZFFUA12AXF0055849
55853	Testarossa	LHD EU ZFFTA17B000055853
55859	Testarossa	LHD EU ZFFTA17B000055859
55861	Mondial	QV Cabriolet 85 ZFFUC15A3F0055861
55863	Mondial	QV Red/Crema RHD
55865	Mondial	QV Red/Crema LHD
55867	308	GTS QV 85 ZFFUA13A3F0055867
55869	308	GTS QV 85 Light Brown/Crema black piping ZFFUA13A7F0055869
55871	308	GTS QV 85 Red/Tan ZFFUA13A9F0055971
55873	308	GTS QV 85 LHD US ZFFUA13A9F0055873
55875	308	GTB QV
55877	308	GTB QV
55881	Testarossa	LHD EU ZFFTA17B000055881
55883	Testarossa	LHD EU ZFFTA17B000055883
55885	Testarossa	Targa Conversion 85 Giallo Modena/Tan LHD EU ZFFTA17B000055885
55893	308	GTS QV 85 Rosso Corsa ZFFRA13D0000 eng. # F105A02400035
55895	308	GTS QV LHD CH ZFFLA13S000055895
55897	308	GTS QV LHD EU ZFFLA13B000055897
55899	308	GTSi 85 Black/Tan ZFFUA13A5F0055899
55901	308	GTS QV 85 ZFFUA13AXF0055901
55903	308	GTS QV
55909	Mondial	QV LHD EU ZFFLD14B000055909
55911	308	GTS QV 85 Red/Tan LHD EU ZFFLA13B000055911
55913	308	GTS QV 85 Red/Black LHD
55915	308	GTS QV 85 ZFFUA13AXF0055915
55917	308	GTS QV 85 ZFFUA13A3F0055917
55919	308	GTS QV 85 Red ZFFRA13D0000 eng. # F105C02400036
55925	Testarossa	Spider Conversion by Straman Red/Black LHD EU ZFFTA17B000055925
55927	Testarossa	Red
55933	Mondial	QV Cabriolet 85 ZFFUC15A2F0055933
55935	Mondial	QV 85 Blue Medio/Rosso & Magnolia RHD ZFFLD14C000055935 sunroof
55939	308	GTS QV LHD EU ZFFLA13B000055939
55943	308	GTS QV 85 ZFFUA13A4F0055943
55945	308	GTS QV 85 ZFFUA13A8F0055945
55947	308	GTB QV
5595x	Mondial	QV Cabriolet 85 Red/Black
55951	Testarossa	Red Red
55953	Testarossa	85 Rosso Corsa/Tan ZFFTA17B000055953
55959	Mondial	QV 85 ZFFUD14A0F0055959
55961	Mondial	QV
55963	308	GTSi 85 black/tan LHD EU ZFFLA13B000055963
55967	308	GTS QV 85 ZFFUA13A7F0055967
55969	308	GTS QV 85 ZFFUA13A0F0055969
55971	308	GTS QV 85 ZFFUA13A9F0055971
55973	308	GTS QV Black/Crema
55975	Mondial	QV Cabriolet 85 Red Tan ZFFLC15S000055975
55977	Mondial	QV Cabriolet LHD EU ZFFLC15B000055977
55979	Mondial	QV
55981	308	GTS QV Red/Black
55983	308	GTB Red RHD
55987	308	GTS QV 85 ZFFUA13A2F0055987
55989	308	GTS QV 85 Black/Beige ZFFUA13A6F0055989
55991	308	GTB QV 85 Red/Tan LHD
55997	Testarossa	Red/Crema LHD ZFFTA17B000055997
56001	Testarossa	85 Red/Black ZFFTA17B000056001 eng. # F113A00017 converted to RHD
56005	208	GTB Turbo Red/Tan LHD ZFFKA10?000056005
56013	308	GTS QV 85 ZFFUA13A8F0056013
56015	308	GTS QV 85 ZFFUA13A1F0056015
56021	Testarossa	85 Red/Tan LHD EU ZFFTA17B000056021
56023	Testarossa	Red LHD EU ZFFTA17B000056023
56025	Mondial	QV Cabriolet 85 ZFFUC15A5F0056025
56027	Mondial	QV Cabriolet Green White LHD ZFFLC15B000056027
56031	308	GTS QV 85 ZFFUA13AXF0056031
56033	308	GTS QV 85 ZFFUA13A3F0056033
56035	308	GTS QV 85 ZFFUA13A7F0056035
56037	308	GTS QV 85 ZFFUA13A0F0056037
56039	308	GTS QV 85
56041	308	GTS QV
56043	308	GTBi QV Red/Crema
56047	Testarossa	LHD EU ZFFTA17B000056047
56053	Mondial	QV Cabriolet 85 Red/Tan LHD EU ZFFLC15B000056053
56057	308	GTS QV 85 ZFFUA13A6F0056057
56059	308	GTS QV LHD EU ZFFLA13B000056059
56063	308	GTS QV LHD EU ZFFLA13B000056063
56073	Mondial	QV Cabriolet 85 ZFFUC15A5F0056073
56075	Mondial	QV Red/Crema
56077	Mondial	QV
56079	308	GTS QV 85 Red/Black ZFFUA13A5F0056079
56083	308	GTS QV
56085	308	GTS QV 85 ZFFUA13A0F0056085
56089	308	GTB QV White RHD
56101	Mondial	QV Cabriolet Red/Tan ZFFLC15B0000
56107	308	GTS QV LHD CH ZFFLA13S000056107
56109	308	GTS QV LHD EU ZFFLA13B000056109
56111	308	GTS QV 85 Rosso Corsa/Tan ZFFUA13A7F0056083
56113	308	GTS QV 85 ZFFUA13A1F0056113
56115	308	GTB 85 Black then Yellow/Black ZFFLA12B000056115
56127	308	GTS QV LHD EU ZFFLA13B000056127
56129	308	GTS QV 85 ZFFUA13A5F0056129
56131	308	GTS QV 85 ZFFUA13A3F0056131
56135	308	GTS QV
56137	308	GTB QV Red/Crema
56139	308	GTS QV
56141	Testarossa	85 Red
56147	Mondial	QV Blue/Black LHD
56149	Testarossa	LHD EU ZFFTA17B000056149
56155	Mondial	QV Cabriolet 85 ZFFUC15A7F0056155
56157	308	GTS QV LHD CH ZFFLA13S000056157
56159	308	GTS QV Red LHD
56161	308	GTS QV 85 ZFFUA13A1F0056161
56163	308	GTS 85 Black Met./Beige ZFFUA13A5F0056163
56165	308	GTB QV 85 ZFFUA12A7F0056165
56171	288	GTO Red/Black & orange
56173	Mondial	QV Cabriolet 85 ZFFUC15A9F0056173
56175	Mondial	QV Cabriolet 85 Red/Black LHD EU ZFFLC15B000056175
56179	308	GTS QV Red/Tan LHD EU ZFFLA13B000056179
56181	308	GTS QV 85 ZFFUA13A7F0056181
56183	308	GTS QV 85 ZFFUA13A0F0056183
56185	308	GTS QV 85 Red/Tan ZFFUA13A4F0056185
56187	308	GTB QV 85 Silver/Tan

s/n	Type	Comments
56191	288	GTO Red/Black LHD EU ZFFPA16B000056191
56193	288	GTO Red/Black
56195	288	GTO Red/Black & Red LHD EU, ZFFPA16B000056195
56197	288	GTO
56199	288	GTO 85 Red/all black eng. # 00169 ac & power windows
56201	288	GTO
56203	288	GTO
56205	288	GTO
56207	288	GTO 85 Rosso Corsa/Black LHD ZFFPA16B000056207
56209	288	GTO Red LHD EU ZFFPA16B000056209
56211	328	GTB 85 Red/Tan LHD a prototype or mistaken with a 308?
56215	Testarossa	Red/Black LHD
56221	Testarossa	85 Red/Black LHD EU ZFFTA17B0000
56223	Testarossa	Black Metallic△/Tan LHD EU ZFFTA17B000056223
56225	Testarossa	85 Red/Tan LHD EU ZFFTA17B000056225
56227	Mondial	QV Cabriolet LHD EU ZFFLC15B000056227
56231	308	GTS QV LHD CH ZFFLA13S000056231
56237	308	GTB QV 85 Black Red ZFFUA13A8F0056237
56239	308	GTS QV 85 ZFFUA13A1F0056239
56241	308	GTB QV 85 Red/Tan & Red ZFFUA12A8F0056241
56243	308	GTB QV
56245	412	black met./Crema Manual, Prototipo
56247	Mondial	QV Cabriolet 85 Blu scuro met/Magnolia Blue top RHD ZFFLC15C000056247 eng. # 03005
56249	Mondial	QV Cabriolet 85
56251	Mondial	QV Red/Tan
56253	308	GTS QV LHD EU ZFFLA13B000056253
56255	308	GTS QV
56257	308	GTSi QV 85 Black/Black ZFFUA13A3F0056257 Tubi
56259	308	GTS QV 85 ZFFUA13A7F0056259
56261	308	GTS QV 85 ZFFUA13A5F0056261
56263	308	GTB QV 85 ZFFUA12A7F0056263
56269	Testarossa	85 LHD EU ZFFTA17B000056269
56273	Testarossa	85 Red/Tan US ZFFSA17AYF0056273
56275	412	85, first
56287	Mondial	QV Cabriolet LHD EU ZFFLC15B000056287
56289	308	GTS QV
56291	308	GTS QV 85 Red/Black LHD
56295	308	GTSi QV 85 Red/Tan, black roof panel LHD EU ZFFLA13B000056295
56299	308	GTB Red/Tan RHD UK ZFFLA12C000056299 shields
56303	Testarossa	Koenig converted to Koenig Competition Evo II, Red/Red
56309	Mondial	QV Cabriolet 85 ZFFUC15A8F0056309
56311	Mondial	QV Cabriolet 85 Black RHD UK eng. # 03049
56313	308	GTS QV 85 Black ZFFRA13D000056313 eng. # F105A02400037
56315	308	GTS QV
56317	308	GTS QV 85 ZFFUA13A6F0056317
56319	308	GTS QV 85 ZFFUA13AXF0056319
56321	308	GTS QV 85 ZFFUA13A8F0056321
56327	288	GTO
56329	288	GTO 85 Rosso Corsa/Nero
56331	288	GTO 85 Rosso Corsa/Black ZFFPA16B000056331
56333	288	GTO
56335	288	GTO 85 silver then Red/Black LHD EU ZFFPA16B000056335
56337	288	GTO
56339	288	GTO 85 Red/all black LHD US ZFFPA16B000056339
56341	288	GTO
56343	288	GTO Red LHD EU ZFFPA16B000056343
56345	288	GTO
56347	Testarossa	85 LHD US ZFFSA17A2F0056347
56351	Mondial	QV Cabriolet 85 Red/Tan LHD EU ZFFLC15B000056351
56353	Mondial	QV Cabriolet Red/Crema RHD
56355	Mondial	QV Cabriolet 85 ZFFUC15A4F0056355
56359	308	GTS QV
56363	308	GTS QV 85 Red/Tan ZFFUA13A2F0056363
56365	308	GTS QV 85 Red/Black & Red ZFFUA13A6F0056365
56367	308	GTS QV 85 ZFFUA13AXF0056367
56377	Testarossa	85 Red/Black LHD EU ZFFTA17B000056377
56383	208	GTB Turbo Red/Black LHD
56387	Mondial	QV Cabriolet 85 ZFFUC15A6F0056387
56389	Mondial	QV Cabriolet 85 ZFFUC15AXF0056389
56395	308	GTS QV 85 Red/Tan ZFFUA13A4F0056395
56399	288	GTO
56401	Testarossa	85 Red/Black LHD EU ZFFTA17B000056401
56407	Mondial	QV Cabriolet 2/85 Red/Tan ZFFUC15A8F0056407
56411	308	GTS QV LHD EU ZFFLA13B000056411
56413	308	GTS QV LHD EU ZFFLA13B000056413
56415	308	GTS QV 85 ZFFUA13A6F0056415
56417	308	GTS QV Red/Black Manual ZFFMA13A3D0056417
56419	308	GTS QV 85 RHD UK eng. # 03000
56421	308	GTB QV 85 Rosso Corsa/Tan Red piping, Euro. deep chin spoiler
56427	Testarossa	85 Red/Black LHD ZFFTA17B000056427
56429	Testarossa	85 Yellow LHD EU ZFFTA17B000056429
56435	Mondial	QV Cabriolet 85 ZFFUC15A2F0056435
56437	Mondial	QV Cabriolet Rosso/tan LHD EU ZFFLC15B000056437
56439	Mondial	QV Cabriolet 85 Black/Black ZFFLC15B000057439
56441	308	GTSi QV 2/85 Black/Tan ZFFUA13A7F0056441
56445	308	GTS QV 85 Red/Tan ZFFUA13A4F0056445
56449	308	GTB QV Red White LHD CH ZFFLA12S000056449
56455	Mondial	QV Cabriolet
56457	308	GTS QV 85 Rosso Corsa/Tan EU
56459	Testarossa	85 Red/Black LHD EU
56461	308	GTB QV 85 Red
56463	308	GTS QV 85 Red LHD EU ZFFLA13B000056463
56465	308	GTS QV 85 ZFFUA13AXF0056465
56467	308	GTS QV 85 ZFFUA13A3F0056467
56469	308	GTS QV
56473	308	GTB QV 85 Grigio/Black ZFFUA12A7F0056473
56479	Mondial	QV Cabriolet 85 Red/Tan ZFFUC15A0F0056479
56485	308	GTS QV Yellow/black
56489	308	GTS QV 85 LHD EU ZFFLA13B000056489
56491	308	GTS QV 2/85 White/Black ZFFUA13A0F0056491
56493	308	GTS QV Red/beige RHD
56497	Testarossa	Red/Tan ZFFTA17B000056497 Two high mirrors two exhaust pipes colour coded spoilers aftermarket rims
56499	Testarossa	85 White/Black LHD EU ZFFTA17B000056499
56503	Testarossa	LHD EU ZFFTA17B000056503
56511	Mondial	QV Cabriolet 85 Red/Tan ZFFUC15A3F0056511
56517	308	GTS QV 2/85 Red/Tan ZFFUA13A3F0056517
56521	308	GTS QV
56523	308	GTS QV 85 Black RHD UK eng. # 03070
56531	Testarossa	84 White, Matsuda Collection
56535	Mondial	QV Cabriolet 85 Black/Black LHD EU ZFFLC15B000056535
56537	Mondial	QV Cabriolet 85 Red/Tan ZFFUC15AXF0056537
56539	308	GTS QV LHD EU ZFFLA13B000056539
56541	308	GTS QV 85 ZFFUA13A0F0056541
56543	308	GTS QV 85 ZFFUA13A4F0056543
56545	308	GTB QV LHD EU ZFFLA12B000056545
56547	308	GTB QV 85 White RHD UK eng. # 03044
56549	308	GTB QV
56551	Mondial	QV Cabriolet 85 Black/Tan ZFFLC15S000056551

s/n	Type	Comments
56555	Mondial	QV Cabriolet 85 ZFFUC15A1F0056555
56557	308	GTS QV LHD EU ZFFLA13B000056557
56559	308	GTS QV 85 Red/Black LHD EU
56563	308	GTS QV 85 ZFFUA13AXF0056563
56565	308	GTS QV 85 ZFFUA13A3F0056565
56567	308	GTB QV
56571	Mondial	QV Cabriolet 85 Red/Black LHD EU ZFFLC15B000056571
56573	Mondial	QV Cabriolet LHD EU ZFFLC15B000056573
56575	Mondial	QV Cabriolet 85 Rosso Chiaro Tan ZFFUC15A7F0056575
56577	308	GTS QV Red/Crema ZFFLA13S000056577
56581	308	GTS QV
56583	308	GTS QV 85 ZFFUA13A5F0056583
56585	308	GTS QV 85 ZFFUA13A9F0056585
56593	Testarossa	LHD EU ZFFTA17B000056593
56595	Testarossa	LHD EU ZFFTA17B000056595
56597	308	GTS QV 85 Red LHD
56609	308	GTS QV 85 ZFFRA13D000056609
56611	308	GTS QV 85 Blue then Crema ZFFRA13D000056611 eng. # F105C02400039
56613	308	GTS QV 85 Red ZFFRA13D000056613 eng. # F105C02400040
56615	308	GTB QV LHD EU ZFFLA12B000056615
56617	308	GTB QV Red/Tan ZFFLA12S000056617
56623	Mondial	QV Cabriolet 85 ZFFUC15A3F0056623
56631	308	GTSi
56633	308	GTS QV 85 Red/Black ZFFLA13C000056633
56635	308	GTS QV
56639	308	GTS QV 85 Red/Tan ZFFUA13A6F0056639
56641	288	GTO LHD ZFFPA16B000056641
56643	288	GTO Red LHD EU ZFFPA16B000056643
56645	288	GTO Red/Black ZFFPA16B000056645
56647	288	GTO
56649	288	GTO Red/Black LHD ZFFPA16B000056649
56651	288	GTO LHD EU
56653	288	GTO LHD EU
56655	288	GTO ZFFPA16B000056655
56657	288	GTO
56659	288	GTO 85 Rosso/Nero ex-Mike Salmon
56661	Mondial	3.2 Cabriolet Red/Black RHD
56663	Mondial	QV 85 Red RHD ZFFRE14D000056663 eng.# F106804001439
56667	308	GTS QV
56671	308	GTS QV 85 Red/Black US ZFFUA13A2F0056671
56675	Testarossa	85 LHD US ZFFSA17A8F0056675
56677	Testarossa	85 Red/Beige LHD US ZFFSA17A1F0056677 Tubi
56679	Testarossa	85 LHD US ZFFSA17A5F0056679
56681	Testarossa	Red/Black ZFFTA17B000056681
56687	Testarossa	LHD EU ZFFTA17B000056687
56701	Mondial	QV Cabriolet 85 Red/Black LHD EU ZFFLC15B000056701
56705	Mondial	QV 3/85 Dark green Crema US ZFFUD14A7F0056705
56711	308	GTS QV Red/Black LHD EU ZFFLA13B000056711
56713	308	GTSi QV 85 ZFFUA13A3F0056713
56719	308	GTB QV 85 Red RHD ZFFLA12C00056719
56721	Mondial	QV Cabriolet Red/Crema LHD
56723	Mondial	Cabriolet 85 Red/Tan ZFFUC15A7F0056723
56725	Mondial	QV Cabriolet 85 Red/Tan ZFFUC15A0F0056725
56729	308	GTS QV Rosso
56731	308	GTS QV 85 Red RHD UK eng. # 03144
56733	308	GTSi QV 85 Red/Brown ZFFUA13A9F0056733
56735	308	GTS QV 85 ZFFUA13A2F0056735
56737	308	GTS QV 85 Red/Black ZFFUA13A6F0056737
56741	Testarossa	85 Red/Tan LHD US ZFFSA17A6F0056741
56747	Testarossa	Red/Crema LHD EU ZFFTA17B0000
56749	288	GTO
56751	288	GTO
56753	288	GTO 85 LHD EU
56755	288	GTO 85 Red/Tan ZFFPAI6B000056755
56757	288	GTO
56759	288	GTO Black/special Red leather interior eng. # 207 Gearbox# 201
56761	288	GTO Red/Black LHD EU ZFFPA16B000056761
56763	288	GTO
56765	288	GTO 85 Red/Black & Red LHD EU ZFFPA16B000056765
56767	288	GTO
56769	288	GTO
56771	288	GTO Red LHD EU ZFFPA16B000056771
56773	288	GTO Red LHD EU ZFFPA16B000056773
56775	288	GTO Red/Black
56777	288	GTO 85 Red/Black & Red LHD EU ZFFPA16B000056777
56779	288	GTO Red/Black LHD EU ZFFPA16B000056779
56781	288	GTO 84 Red/LHD EU ZFPA16B000056781
56783	288	GTO Red LHD EU ZFFPA16B000056783
56785	288	GTO
56787	288	GTO LHD EU
56793	Mondial	QV Cabriolet
56795	Mondial	QV Cabriolet 85 Red/Black LHD EU ZFFLC15B000056795
56797	Mondial	QV Cabriolet 85 ZFFUC15A3F0056797
56801	308	GTS QV
56803	308	GTS QV 85 Red/Black LHD ZFFUA13A4F0056803
56805	308	GTS QV
56809	Mondial	QV Cabriolet Giallo/crema LHD ZFFLC15B000056809
56811	Mondial	QV Cabriolet 85 Red/Black LHD ZFFUC15A4F0056811
56813	Mondial	QV Cabriolet LHD EU ZFFLC15B000056813
56815	308	GTS QV 85 Red ZFFRA13D000056915
56817	308	GTS QV 85 Red ZFFLA13C000056817 eng. # F105C04000047
56819	308	GTS QV 85 ZFFRA13D00056819
56821	308	GTS QV 85 Grigio/Red LHD
56823	308	GTS QV 85 ZFFUA13AXF0056823
56825	308	GTS QV 85 ZFFUA13A3F0056825
56827	308	GTS QV 85 ZFFUA13A7F0056827
56837	Mondial	QV Cabriolet Red/Crema
56839	308	GTS QV LHD EU ZFFLA13B000056839
56841	Mondial	QV 85 Red RHD ZFFRE14D000056841eng.# F105A02400041
56843	308	GTS QV 85 ZFFRA13D000056843
56845	308	GTS QV 85 ZFFUA13A9F0056845
56847	308	GTS QV 85 ZFFUA13A2F0056847
56851	Mondial	QV Cabriolet 85 Red RHD UK eng. # 03148
56853	Mondial	QV Cabriolet 85 Red/Tan ZFFUC15A9F0056853
56859	308	GTS QV 85 ZFFUA13A9F0056859
56863	308	GTB QV
56867	Testarossa	85 LHD US ZFFSA17A6F0056867
56869	Testarossa	85 LHD US ZFFSA17AXF0056869
56871	Testarossa	85 Red/TanLHD US ZFFSA17A8F0056871 ex O.J. Simpson
56873	Testarossa	85 Red/Black LHD, ZFFTA17B000056873
56875	Testarossa	LHD EU ZFFTA17B000056875
56877	Testarossa	Red
56879	Testarossa	85 Red/Tan LHD US
56881	Testarossa	85 LHD EU ZFFTA17B000056881
56895	308	GTS QV Red/Black ZFFLA13B000056895
56897	308	GTS QV 85 Red/Magnolia LHD SWE ZFFLA13S000056897
56899	308	GTS QV
56901	308	GTS QV 85 Nero metallic/crema RHD UK ZFFLA13C000056901
56903	Mondial	QV Cabriolet LHD EU ZFFLC15B000056903
56905	Mondial	QV Cabriolet 85 Red/Tan then Red/Black then Yellow/Black LHD ZFFUC15A2F0056905
56907	Mondial	QV 85 Red RHD ZFFLD14C000056907eng.# F105A02400051 probably correct, eng. fits

s/n	Type	Comments
56909	308	GTS QV 85 Red ZFFLA13C000056909 eng. # F105C04000046
56911	308	GTS QV 85 ZFFRA13D000056911
56913	308	GTS QV 85 Yellow ZFFRA13D000056913 eng. # F105A02400050
56915	308	GTS QV 85 Red ZFFRA13D000056915
56917	308	GTS QV 85 Red ZFFRA13D00005691 7 eng. # F105A02400025
56919	308	GTS QV 85 Red ZFFRA13D000056919 eng. # F105C04000049
56921	308	GTS QV 85 Black ZFFRA13D000056921
56923	308	GTB QV
56929	Mondial	QV Cabriolet LHD EU ZFFLC15B000056929
56931	Mondial	QV Cabriolet 85 Blue met./Tan LHD ZFFUC15A3F0056931
56939	308	GTS QV Rosso/tan LHD ZFFLA13B000056939
56941	308	GTS QV 85 ZFFUA13A5F0056941
56943	308	GTB QV LHD EU ZFFLA12B000056943
56945	308	GTB QV 85 Black/Black US ZFFUA12A0F0056945
56949	Testarossa	85 Black/Red LHD US ZFFSA17A8F0056949
56953	Testarossa	85 Rosso Corsa/Black LHD EU ZFFTA17B000056953
56955	Testarossa	Red/Black LHD ZFFTA17B000056955
56957	Testarossa	LHD EU ZFFTA17B00056957
56959	Testarossa	85 Black/Tan LHD EU ZFFTA17B000056959
56963	Testarossa	85 Red/Crema LHD EU ZFFTA17B000056963
56965	Testarossa	85 Red/Tan LHD US ZFFSA17A6F0056965
56969	Mondial	QV Cabriolet 85 Red/Tan LHD EU ZFFLC15B000056969
56973	Mondial	QV Cabriolet 85 Red/Tan ZFFUC15A8F0056973
56975	308	GTS QV Red/Tan ZFFLA13B000056975
56977	308	GTS QV 85 Red/Black LHD EU ZFFLA13B000056977
56979	308	GTS QV LHD EU ZFFLA13B000056979
56981	308	GTS QV 85 ZFFUA13A6F0056981
56985	308	GTB QV 85
56989	Mondial	QV Cabriolet 85 ZFFUC15A1F0056989
56995	308	GTS QV 85 black/tan ZFFUA13A6F0056995
56997	308	GTS QV 85 ZFFUA13AXF0056997
57001	Testarossa	Red Brown
57005	Testarossa	Red/Black ZFFTA17B0000
57011	Mondial	QV Cabriolet 85 ZFFUC15AXF0057011
57013	Mondial	QV blu then Black/Black RHD ZFFLD14C000057013
57019	308	GTB QV
57025	308	GTB QV 3/85 Red/Tan USZFFUA12A7F0057025
57027	Mondial	QV Cabriolet 85 ZFFUC15A3F0057027
57031	Mondial	QV Cabriolet LHD EU ZFFLC15B000057031
57033	308	GTS QV LHD EU ZFFLA13B000057033
57035	308	GTS QV 85 ZFFUA13A1F0057035
57037	308	GTS QV 85 ZFFUA13A5F0057037
57041	308	GTB QV 85 Red RHD eng. # 03166
57043	308	GTB QV 85 ZFFUA12A9F0057043
57045	Mondial	QV dark green/Tan LHD ZFFLD14B000057045
57051	Mondial	QV Cabriolet 85 ZFFUC15A0F0057051
57053	Mondial	QV Cabriolet Red/Tan LHD ZFFLC150000057053
57055	Mondial	QV Cabriolet LHD EU ZFFLC15B000057055
57057	308	GTS QV 85
57059	308	GTS QV 85 Red ZFFRA13D000057059 eng. # F105A02400056
57061	308	GTS QV 85 ZFFUA13A2F0057061
57063	308	GTS QV 85 ZFFUA13A6F0057063
57065	308	GTBi
57071	Testarossa	black/bordeaux
57073	Testarossa	Red Red Cloth
57075	Testarossa	85 Red/Black LHD US ZFFSA17A0F0057075
57077	Testarossa	85 Rosso Corsa/Tan LHD EU ZFFTA17B000057077
57079	Testarossa	85 RHD UK
57083	Testarossa	Red/Tan LHD
57085	Testarossa	85 Rosso Black LHD
57091	Mondial	QV 85 Red/Tan RHD ZFFRE14D000057091 eng.# F105A02400055
57093	Mondial	QV 85 Black RHD ZFFRE14D000057093 eng.# F105A02400054
57095	308	GTS QV 85 ZFFUA13A8F0057095
57097	308	GTS QV 85 ZFFUA13A1F0057097
57099	308	GTS QV 85 Red/Black ZFFUA13A5F0057099
57101	308	GTS QV LHD EU ZFFLA13B000057101
57103	308	GTS QV 85 Red RHD UK eng. # 03187
57105	308	GTB QV Red/Black LHD CH ZFFLA12S0000
57107	308	GTB QV 10/85 Red/Tan LHD EU ZFFLA12B000057107
57109	308	GTB QV 85 Red/Tan LHD EU
57111	Testarossa	LHD EU ZFFTA17B000057111
57113	Testarossa	Red/Tan
57117	Testarossa	Black/Black LHD EU ZFFTA17B000057117 Norwood twin turbo
57121	Mondial	QV Cabriolet 85 Black/Tan ZFFUC15A6F0057121
57127	308	GTS QV 85 ZFFUA13A6F0057127
57131	308	GTS QV Black/Bordeaux LHD EU ZFFLA13B000057131
57147	Mondial	QV 85 Red RHD ZFFRE14D000057147 eng.# F105A02400067
57149	308	GTS QV 85 ZFFLA13A5F0057149
57151	308	GTS QV 85 Nero/Crema ZFFUA13A3F0057151
57153	308	GTS QV LHD CH ZFFLA13S000057153
57155	308	GTS QV LHD EU ZFFLA13B000057155
57157	308	GTS QV Red/Crema Red piping RHD ZFFLA13C000057157
57159	Mondial	Cabriolet 85 Red/Tan ZFFUC15A9F0057159
57163	Mondial	QV Cabriolet Blue Brown RHD
57165	308	GTS QV 85 ZFFUA13A3F0057165
57169	308	GTS QV 85 ZFFUA13A0F0057169
57171	308	GTB QV 85 Red/Black LHD
57175	308	GTB QV 85 Red/Crema & Red LHD
57177	308	GTS QV 85 Red/Black LHD CH ZFFLA13S000057177
57179	Mondial	QV Cabriolet 85 ZFFUC15A4F0057179
57181	Mondial	QV 85 Rosso Corsa/Magnolia RHD UK eng. # 3078 ZFFLD14C0000
57183	Mondial	QV Cabriolet 85 Black/Black ZFFUC15A6F0057183
57185	308	GTS QV 85 ZFFUA13A9F0057185
57187	308	GTB QV 85 Red/Black LHD
57189	308	GTS QV 85 Silver-black/all tan ZFFUA13A6F00
57192	Testarossa/512 TR	normally an unused VIN, VIN plate ZFFTA17C000057192 exists on ZFFLA40C000099192
57193	308	GTS QV 85 Red RHD ZFFLA13L000057193
57195	308	GTS QV 85 Red/Tan LHD EU
57197	308	GTB QV 85 ZFFUA12A3F0057197
57199	Mondial	QV Cabriolet 85 ZFFUC15AXF0057199
57201	Mondial	QV Cabriolet Black/Black
57203	308	GTS QV
57207	308	GTS QV
57209	308	GTS QV 85 ZFFUA13A8F0057209
57211	308	GTS QV 85 ZFFUA13A6F0057211
57213	308	GTS QV 85 ZFFUA13AXF0057213
57217	288	GTO Red LHD EU ZFFPA16B000057217
57219	288	GTO Red/Black LHD EU ZFFPA16B000057219
57221	288	GTO Red/Black LHD EU ZFFPA16B000057221
57223	288	GTO LHD EU
57225	288	GTO Red/Black LHD EU ZFFPA16B000057225
57227	288	GTO Red/Black LHD EU ZFFPA16B000057227
57229	288	GTO LHD US
57231	288	GTO Red (ex)-Zapata
57233	288	GTO
57235	288	GTO LHD EU
57241	Mondial	QV Cabriolet 3/85 Rosso Corsa/Tan black fabric top ZFFUC15A5F0057241

s/n	Type	Comments
57245	308	GTS QV 85 Rosso Corsa/Black LHD EU ZFFLA13B000057245
57247	308	GTS QV 85 Red/Black LHD
57249	308	GTS QV 85 Red/Tan ZFFUA13A9F0057249
57251	308	GTS QV 85 ZFFUA13A7F0057251
57253	308	GTB QV 85 Silver/black LHD
57255	Testarossa	
57257	Testarossa	85 Chairo Blue/grey RHD ZFFTA17C000057257 flying mirrors
57259	Testarossa	85 LHD US ZFFSA17AXF0057259
57261	Testarossa	LHD EU ZFFTA17B000057261
57263	Testarossa	85 Red/Black ZFFTA17B000057263
57267	Testarossa	White/White
57269	Testarossa	Red/Tan LHD EU ZFFTA17B000057269
57285	Mondial	QV 85 Red LHD
57289	308	GTS QV LHD EU ZFFLA13B000057289
57291	308	GTS QV 85
57295	308	GTS QV 85 Rosso Corsa/Tan ZFFUA13A5F0057295 Red calipers vinyl shields
57297	308	GTB QV
57301	Mondial	QV Cabriolet
57303	Mondial	QV Cabriolet 85 ZFFUC15A1F0057303
57305	Mondial	QV Cabriolet 4/85 Red/Black ZFFUC15A5F0057305
57307	308	GTS QV
57311	308	GTS QV 85 Red/Tan ZFFUA13AXF0057311
57313	308	GTB QV 85 ZFFUA12A1F0057313
57315	308	GTBi QV Red/Tan
57317	308	GTB QV
57319	Mondial	QV Cabriolet 85 Red/Tan LHD ZFFUC15A5F0057319
57321	Mondial	QV Cabriolet 85 Red/Black LHD EU ZFFLC15B000057321
57323	Mondial	QV
57325	308	GTS QV 85 Red/Crema LHD CH
57327	308	GTS QV 85 ZFFUA13A3F0057327
57329	308	GTS QV 85 ZFFUA13A7F0057329
57331	308	GTS QV 85 ZFFUA13A5F0057331
57335	308	GTB QV LHD
57341	Mondial	QV Cabriolet 85 Red/Tan Black top ZFFUC15A9F0057341
57343	Mondial	QV
57345	308	GTS QV 85 ZFFUA13A5F0057345
57347	308	GTS QV 85 ZFFUA13A9F0057347
57349	308	GTS QV black/Crema LHD ZFFLA13B0000
57351	308	GTS QV 85 Grigio/Tan LHD EU
57357	Testarossa	85 Red LHD ZFFSA17A1F0057537
57363	308	GTS QV 85 Rosso Corsa/Crema LHD ZFFLA13B000057363
57365	308	GTS QV 85 Yellow/Black
57367	308	GTS QV 85 Rosso Corsa Crema LHD EU ZFFLA13B000057367 , No aero foil (rear spoiler)
57369	308	GTS QV LHD EU ZFFLA13B000057369
57371	308	GTS QV LHD EU ZFFLA13B000057371
57375	308	GTS QV LHD EU ZFFLA13B000057375
57381	308	GTS QV body modified by Zender or Koenig Red/Black ZFFLA13B000057381
57383	308	GTS QV LHD EU ZFFLA13B000057383
57385	308	GTS QV
57387	Testarossa	Blue/tan
57389	Testarossa	LHD EU ZFFTA17B000057389
57391	Testarossa	Spider Conversion by Lorenz & Rankl Black/Black then Red LHD ZFFTA17B0000
57393	Testarossa	Red White LHD ZFFTA17B000057393
57395	Mondial	QV Cabriolet LHD EU ZFFLC15B000057395
57397	Mondial	QV Cabriolet 85 ZFFUC15A3F0057397
57399	308	GTS QV 85 ZFFUA13A6F0057399
57401	308	GTS QV 85 ZFFUA13A0F0057401
57403	308	GTS QV 85 ZFFUA13A4F0057403
57405	308	GTS QV 85 ZFFUA13A8F0057405
57407	308	GTS QV 85 ZFFUA13A1F0057407
57409	308	GTS QV 85 ZFFUA13A5F0057409

s/n	Type	Comments
57411	308	GTS QV 85 ZFFUA13A3F0057411
57413	Testarossa	85 Red/Tan LHD US ZFFSA17A5F0057413
57415	Testarossa	LHD EU ZFFTA17B000057415
57417	Testarossa	Red/Tan LHD
57421	Testarossa	LHD EU ZFFTA17B000057421
57425	Testarossa	Yellow/Black LHD
57427	Testarossa	85 Red/Tan LHD EU ZFFTA17B000057427
57429	Testarossa	85 LHD EU ZFFTA17B000057429
57439	Mondial	QV Cabriolet Black/Black LHD EU ZFFLC15B000057439
57443	308	GTS QV LHD EU ZFFLA13B000057443
57447	308	GTS QV 85 ZFFUA13A2F0057447
57451	308	GTS QV Red/Black LHD CH ZFFLA12S000057451
57455	Mondial	QV Cabriolet 85 ZFFUC15A2F0057455
57461	308	GTS QV 85 Red/Tan ZFFLA13B000057461
57463	308	GTS QV Red/Black Red piping RHD ZFFLA13C000057463
57465	308	GTS QV 85 ZFFUA13A4F0057465
57467	308	GTS QV 85 ZFFUA13A8F0057467
57469	308	GTS QV 85 ZFFUA13A1F0057469
57471	308	GTS QV 85 ZFFUA13AXF0057471
57473	308	GTB QV
57475	288	GTO
57477	288	GTO Red LHD EU ZFFPA16B000057477
57479	288	GTO Red LHD EU ZFFPA16B000057479
57481	288	GTO Red/Black LHD EU ZFFPA16B000057481
57483	288	GTO 86 LHD EU
57485	288	GTO Red LHD EU
57487	288	GTO 85 Red/Tan & Red LHD EU
57489	288	GTO Red/Black LHD EU ZFFPA16B000057489
57491	288	GTO
57493	288	GTO LHD EU
57495	288	GTO LHD EU
57499	208	GTB Turbo Red White LHD
57501	Mondial	QV Cabriolet Red Magnolia LHD
57505	Mondial	QV 86 Red RHD ZFFRE14D000057505 eng.# F105A02400059
57507	308	GTS QV LHD EU ZFFLA13B000057507
57513	308	GTS QV
57515	308	GTS QV 86 ZFFRA13D000057515
57519	Mondial	QV Cabriolet 85 ZFFUC15A2F0057519
57521	Mondial	QV 85 Red/Black LHD EU ZFFLD14B000057521
57525	308	GTS QV 85 ZFFUA13A7F0057525
57527	308	GTSi QV 85 Red/Tan US ZFFUA13A0F0057527
57529	308	GTS QV 85 Red/beige ZFFUA13A4F0057529
57533	308	GTB QV
57535	Testarossa	85 LHD US ZFFSA17A8F0057535
57537	Testarossa	85 Red LHD US ZFFSA17A1F0057537
57539	Testarossa	85 Red/Tan LHD US ZFFSA17A5F0057539
57545	Testarossa	Rosso Corsa/Black LHD
57549	Testarossa	86 Red/Black
57551	Testarossa	85 Red/Tan LHD EU ZFFTA17B000057551
57555	Mondial	QV Cabriolet 85 Red/Black LHD EU ZFFLC15B000057555
57557	Mondial	QV Cabriolet 85 Argento/dark Blue black top US ZFFUC15AXF0057557
57559	308	GTS QV 85 Black/Black LHD EU
57561	308	GTS QV LHD CH ZFFLA13S000057561
57563	308	GTS QV 85 ZFFUA13A4F0057563
57565	308	GTS QV 85 ZFFUA13A8F0057565
57567	308	GTS QV 85 Red/Tan US ZFFUA13A1F0057567
57573	Mondial	QV Cabriolet 85 ZFFUC15A8F0057573
57577	Mondial	QV 85 Red RHD ZFFRE14D000057577 eng.# F105A02400060
57579	308	GTS QV 85 Silver ZFFRA13D000057579 eng. # F105A02400062
57581	308	GTS QV 85 Black ZFFRA13D000057581 eng. # F105A02400061
57583	308	GT? QV
57585	308	GTS QV 85 ZFFUA13A3F0057585
57587	308	GTS QV 85 ZFFUA13A7F0057587

s/n	Type	Comments
57589	308	GTS QV 85 ZFFUA13A0F0057589
57599	Mondial	QV Cabriolet
57601	Mondial	QV Red/Tan LHD SWE ZFFLD14S0000
57605	308	GTS QV LHD EU ZFFLA13B000057605
57607	308	GTS QV 85 ZFFUA13A9F0057607
57609	308	GTS QV 85 Black/Tan ZFFUA13A2F0057609
57613	Testarossa	85 LHD US ZFFSA17A2F0057613
57615	Testarossa	85 LHD US ZFFSA17A6F0057615
57617	Testarossa	85 LHD US ZFFSA17AXF0057617
57619	Testarossa	5/85 Red/Tan LHD US ZFFSA17A3F0057619
57623	Testarossa	Red Brown
57625	Testarossa	Red/Crema LHD EU ZFFTA17B000057625
57629	Testarossa	Red/Black ZFFTA17B000057629
57631	Mondial	QV Cabriolet 85 ZFFUC15A7F0057631
57633	Mondial	QV Cabriolet 85 ZFFUC15A0F0057633
57635	Mondial	QV 85 Red RHD UK eng. # 03128
57637	308	GTS QV 85 Red LHD
57641	308	GTS QV 85 Black ZFFRA13D000057641 eng. # F105A02400063
57643	308	GTS QV 85 Red/Black ZFFUA13A2F0057643
57645	308	GTB QV 4/85 Red/Tan ZFFUA12A4F0057645
57653	Mondial	QV Cabriolet 85 ZFFUC15A6F0057653
57661	308	GTSi QV 85 White & boxer paint/tan ZFFUA13A4F0057661
57667	308	GTB QV
57675	Mondial	QV Silver/Tan LHD
57677	Mondial	QV
57681	Testarossa	85 Red/Tan LHD EU
57683	308	GTS QV
57685	308	GTS QV 85 Red/Tan ZFFUA13A7F0057685 feat. in the TV Series Magnum, PI
57691	288	GTO 85 Red/Black LHD EU ZFFPA16B000057691
57693	288	GTO 85 Red/Black LHD EU ZFFPA16B000057693
57695	288	GTO LHD EU
57697	288	GTO Red/Black LHD EU ZFFPA16B000057697
57699	288	GTO LHD EU
57701	288	GTO LHD EU
57703	288	GTO Red LHD EU ZFFPA16B000057703
57705	288	GTO
57707	288	GTO Red/Black LHD EU ZFFPA16B000057707
57709	288	GTO LHD EU
57711	288	GTO Red LHD EU ZFFPA16B000057711
57713	288	GTO Red/Black LHD EU ZFFPA16B000057713
57715	288	GTO 85 Red/Black Red inserts LHD EU ZFFPA16B000057715 EPA & DOT converted
57717	288	GTO 85 Red/Black Daytona Seats black inserts LHD EU eng. # 57717
57719	288	GTO
57721	288	GTO LHD EU
57723	288	GTO LHD EU
57725	288	GTO Red/Black & Red LHD EU ZFFPA16B000057725
57727	288	GTO LHD ZFFPA16B000057727
57729	Mondial	QV Cabriolet 85 ZFFUC15A2F0057729
57735	308	GTS QV
57739	308	GTS QV 85 ZFFUA13A4F0057739
57741	308	GTS QV 85 ZFFUA13A2F0057741
57743	308	GTB QV Rosso Corsa/Tan
57747	308	GTB QV
57751	Mondial	QV Blue/Cream RHD ZFFLD14C000057751 Sunroof
57753	Mondial	QV Light Blue/Crema LHD
57755	308	GTS QV 85 ZFFUA13A2F0057755
57757	308	GTS QV 85 ZFFUA13A6F0057757
57759	308	GTS QV 85 Red/Tan ZFFUA13AXF0057759
57761	308	GTS QV 85 Red RHD UK eng. # 03311
57765	308	GTB QV Black/Black RHD ZFFLA12C000057765
57769	Testarossa	85 Red/Tan LHD US ZFFSA17A0F0057769
57771	Testarossa	85 Red/Tan LHD US ZFFSA17A9F0057771
57773	Testarossa	85 Red/Tan LHD US ZFFSA17A2F0057773
57775	Testarossa	85 Red/Tan LHD US ZFFSA17A6F0057775 Twin Turbo by Norwood
57777	Testarossa	85 LHD US ZFFSA17AXF0057777
57779	Testarossa	85 LHD US ZFFSA17A3F0057779
57781	Testarossa	85 LHD US ZFFSA17A1F0057781
57783	Testarossa	85 LHD US ZFFSA17A5F0057783
57785	Testarossa	85 LHD US ZFFSA17A9F0057785
57787	Testarossa	Red LHD ZFFTA17B000057787
57789	Testarossa	85 Red/Black ZFFTA17B000057789
57791	308	GTS
57797	Mondial	QV Cabriolet 85 ZFFUC15A8F0057797
57799	Mondial	QV
57803	308	GTS QV 85 Red RHD ZFFLA13C000057803
57805	308	GTS QV 85 ZFFUA13A2F0057805
57807	308	GTS QV 85 ZFFUA13A6F0057807
57809	Mondial	QV Cabriolet 85 Blu Sera/Tan LHD ZFFUC15A0F0057809
57811	Mondial	QV
57813	Mondial	QV Red/Tan LHD
57817	308	GTS QV LHD EU ZFFLA13B000057817
57819	Mondial	QV Cabriolet 85 Red/Tan ZFFUC15A5F0057819
57821	308	GTS QV
57823	308	GTS QV 85 Grigio/Tan ZFFUA13A4F0057823
57825	308	GTS QV 85 ZFFUA13A8F0057825
57827	308	GTSi QV 85 Red/Tan ZFFUA13A1F0057827
57831	Testarossa	85 LHD US ZFFSA17A1F0057831
57833	Mondial	QV Cabriolet LHD EU ZFFLC15B000057833
57835	Mondial	QV Cabriolet 85 Red/brown black cloth top ZFFCU15A1F0057835
57839	308	GTS QV
57841	308	GTS QV 85 ZFFUA13A6F0057841
57843	308	GTS QV 85 ZFFUA13AXF0057843
57845	308	GTS QV 85 ZFFUA13A3F0057845
57847	308	GTS QV 85 Red/Tan ZFFUA13A7F0057847
57849	308	GTB QV black/Red
57851	308	GTB QV 85 Argento/Black RHD ZFFLA12C00057851
57855	Testarossa	ZFFTA17C000057855
57859	Testarossa	85 Black/Tan LHD US ZFFSA17A1F0057859
57865	Mondial	QV Cabriolet 85 ZFFUC15AXF0057865
57867	Mondial	QV
57869	308	GTS QV 85 Red/Beige ZFFUA13A6F0057869
57871	308	GTS QV LHD EU ZFFLA13B000057871
57881	308	GTB QV 85 ZFFUA12A5F0057881
57883	Mondial	QV Cabriolet 85 Red/Tan
57891	308	GTS QV 85 Red ZFFLA13B000057891
57895	308	GTS QV
57897	308	GTS QV 85 ZFFUA13A0F0057897
57901	308	GTB QV 85 Red/Tan ZFFLA12B0000
57903	Mondial	QV Cabriolet 85 ZFFUC15A3F0057903
57907	308	GTS QV LHD EU ZFFLA13B000057907
57909	308	GTS QV LHD EU ZFFLA13B000057909
57913	308	GTS QV 85 ZFFUA13A5F0057913
57915	308	GTS QV 85 ZFFUA13A9F0057915
57917	308	GTS QV 85 Rosso Corsa/Tan ZFFUA13A2F0057917
57923	Testarossa	85 LHD US ZFFSA17A6F0057923
57925	Testarossa	
57927	Testarossa	85 Red/Black LHD EU ZFFTA17B000057927
57929	Testarossa	85 Red/Tan RHD ZFFTA17C000057929
57939	308	GTS QV 85 Red LHD
57941	308	GTS QV LHD EU ZFFLA13B000057941
57943	308	GTS QV 85 ZFFUA13A3F0057943
57949	Testarossa	
57951	Testarossa	85 LHD US ZFFSA17A0F0057951
57953	Testarossa	85 Rossa Corsa/Tan LHD US ZFFSA17A4F0057953
57955	Testarossa	85 Black/Tan LHD US ZFFSA17A8F0057955
57961	Mondial	QV Cabriolet LHD EU ZFFLC15B000057961
57963	Mondial	QV
57969	308	GTS QV 85 ZFFUA13AXF0057969
57971	308	GTS QV 85 Red/Black LHD ZFFUA13A8F00

s/n	Type	Comments
57973	308	GTS QV 85 Metallic Grey/Red US ZFFUA13A1F0057973
57975	308	GTB QV 85 Red/Tan
57977	308	GTS QV 85
57983	Mondial	QV 85 Red/Tan LHD EU ZFFLD14B000057983 exported to the US
57985	308	GTS QV 85 Red ZFFRA13D000057985 eng. # F105A02400064
57987	308	GTS QV LHD EU ZFFLA13B000057987
57989	308	GTSi
57991	308	GTS QV 85 ZFFUA13A3F0057991
57993	308	GTS QV 85 ZFFUA13A7F0057993
57995	308	GTS QV 85 ZFFUA13A0F0057995
57999	Testarossa	
58001	Testarossa	85 LHD US ZFFSA17A9F0058001
58003	Testarossa	85 LHD US ZFFSA17A2F0058003
58005	Testarossa	
58007	Testarossa	85 LHD US ZFFSA17AXF0058007
58009	Testarossa	85 Red/Tan LHD US ZFFSA17A3F0058009
58011	Testarossa	85 Red/Beige LHD US ZFFSA17A1F0058011
58013	Testarossa	85 Black/Tan LHD US ZFFSA17A5F0058013
58019	Mondial	QV Red/Tan RHD
58023	308	GTS QV 85 ZFFUA13AXF0058023
58025	308	GTSi QV 85 Prugna/Tan ZFFUA13A3F0058025
58027	308	GTS QV 85 ZFFUA13A7F0058027
58033	Mondial	QV Cabriolet 85 ZFFUC15A3F0058033
58037	308	GTS QV LHD CH ZFFLA13S000058037
58045	308	GTS QV 85 ZFFUA13A9F0058045
58047	308	GTS QV 85 Red/Tan LHD ZFFUA13A2F00
58053	Mondial	QV Cabriolet 85 ZFFUC15A9F0058053
58057	308	GTS QV LHD EU ZFFLA13B000058057
58061	308	GTS QV RHD
58063	308	GTS QV 85 ZFFUA13A0F0058063
58065	308	GTS QV 85 ZFFUA13A4F0058065
58067	308	GTB QV LHD EU ZFFLA12B000058067
58069	Testarossa	85 LHD US ZFFSA17AXF0058069
58071	Testarossa	85 LHD US ZFFSA17A8F0058071
58073	Testarossa	85 LHD US ZFFSA17A1F0058073
58075	Mondial	QV Cabriolet 85 ZFFUC15A8F0058075
58077	Mondial	QV
58081	308	GTS QV 85 White ZFFRA13D000058081 eng. # F105A02400066
58083	308	GTS QV 85 ZFFUA13A6F0058083
58085	308	GTS QV 85 ZFFUA13AXF0058085
58087	308	GTS QV 85 ZFFUA13A3F0058087
58089	308	GTB QV Red/Black ZFFLA12B000058089
58091	308	GTB QV 85 Red RHD UK eng. # 03256
58093	Testarossa	85 LHD US ZFFSA17A7F0058093
58095	Testarossa	
58097	Testarossa	85 Red/Tan LHD US ZFFSA17A4F00
58099	Testarossa	85 Red/Tan LHD US ZFFSA17A8F0058099
58101	Testarossa	85 LHD US ZFFSA17A2F0058101
58103	Mondial	QV Cabriolet 85 Red/Tan LHD ZFFUC15A9F00
58105	Mondial	QV Cabriolet 85 Red/Tan LHD ZFFUC15A2F0058105
58107	Mondial	QV Cabriolet
58109	308	GTS QV Red/Tan LHD EU ZFFLA13B000058109
58111	308	GTS QV 85 ZFFUA13A7F0058111
58113	308	GTS QV
58115	308	GTS QV
58119	308	GTB QV 85 Red/Black LHD EU ZFFLA12B000058119
58123	Mondial	QV Red/Tan ZFFLD14S000058123
58127	Mondial	QV 3.0 85 Prugna Magnolia ZFFCA14C000058127 eng. # 3386
58131	288	GTO Red/Black LHD EU ZFFPA16B000058131
58133	288	GTO 85 LHD EU
58135	288	GTO LHD EU
58137	288	GTO Red/Black LHD EU ZFFPA16B000058137
58139	288	GTO
58141	288	GTO Red/Black
58143	288	GTO
58145	288	GTO Red LHD EU ZFFPA16B000058145
58147	288	GTO Red LHD EU ZFFPA16B000058147
58149	288	GTO
58153	308	GTS QV 85 ZFFRA13D000058153
58155	308	GTS QV 85 Grigio/Red ZFFUA13A5F0058155
58157	308	GTS QV 85 ZFFUA13A9F0058157
58159	308	GTS QV 85 ZFFUA13A2F0058159
58161	308	GTB QV 85 Red LHD
58165	Testarossa	85 LHD US ZFFSA17A6F0058165
58167	Testarossa	85 Red/Crema LHD US ZFFSA17AXF0058167
58171	Testarossa	
58175	Mondial	QV Cabriolet 85 ZFFUC15A1F0058175
58177	Mondial	3.2 85 Red RHD ZFFE21D000058177 eng.# F105A02400067
58181	288	GTO
58185	308	GTS QV 85 ZFFUA13A3F0058185
58187	308	GTS QV 85 ZFFUA13A7F0058187
58195	Testarossa	85 LHD US ZFFSA17A4F0058195
58209	308	GTS QV 85 ZFFUA13A2F0058209
58211	308	GTS QV 85 LHD ZFFLA13B000058211 exported to NZ
58213	308	GTB QV LHD EU ZFFLA12B000058213
58215	308	GTB QV 85 ZFFUA12A6F0058215
58219	Mondial	QV Cabriolet 85 ZFFUC15A6F0058219
58225	308	GTS QV 85 Red LHD SWE ZFFLA13S000058225
58227	308	GTS QV LHD EU ZFFLA13B000058227
58231	308	GTS QV 85 Red/Black ZFFUA13A6F0058231
58235	308	GTB QV Red/Black
58239	208	GTB Turbo 85, grey/tan LHD ZFFKA10B0000
58241	Mondial	QV Cabriolet 85 ZFFUC15AXF0058241
58247	Testarossa	
58249	308	GTS QV 85 ZFFUA13A3F0058249
58255	288	GTO
58257	Testarossa	85 LHD US ZFFSA17A0F0058257
58259	Testarossa	
58261	Testarossa	85 Red/Tan LHD US ZFFSA17A2F0058261
58263	Testarossa	85 LHD US ZFFSA17A6F0058263
58265	Testarossa	85 Red/Tan LHD US ZFFSA17AXF0058265
58267	Testarossa	85 Red/TanLHD US ZFFSA17A3F0058267 ex-Tom Selleck
58269	Testarossa	85 Red/tan LHD US ZFFSA17A7F0058269
58275	Testarossa	LHD EU ZFFTA17B000058275
58277	Mondial	3.2 85
58279	Mondial	QV Cabriolet 85 ZFFUC15A2F0058279
58281	Mondial	QV
58283	Mondial	QV
58287	308	GTS QV Red/Tan ZFFLA13B000058287
58289	308	GTS QV 85 ZFFUA13A4F0058289
58291	308	GTS QV 85 Nero/Crema ZFFUA13A2F0058291
58293	308	GTS QV 85 ZFFUA13A6F0058293
58295	308	GTS QV 85 ZFFUA13AXF0058295
58303	Mondial	QV Cabriolet 85 Red/Tan LHD EU ZFFLC15B000058303
58311	308	GTS QV 85 Red/Tan LHD ZFFLA13B000058311
58315	308	GTS QV 85 ZFFUA13A1F0058315
58317	308	GTS QV 85 ZFFUA13A5F0058317
58323	288	GTO Red
58325	288	GTO
58327	288	GTO
58329	288	GTO
58331	288	GTO 85 Red/Black-Red inserts LHD EU ZFFPA16B000058331 probably EPA & DOT converted
58333	288	GTO
58335	288	GTO Red LHD EU ZFFPA16B000058335
58337	288	GTO 85 Red/Blue & Blue LHD EU
58339	288	GTO 85 Red/Black Red inserts LHD EU ZFFPA16B000058339 probably EPA & DOT conversion
58341	288	GTO
58343	288	GTO
58345	288	GTO Red LHD ZFFPA16BC00058345 probably EPA & DOT converted
58347	308	GTS QV 85 ZFFUA13A3F0058347

s/n	Type	Comments
58351	308	GTS QV 85 ZFFUA13A5F0058351
58369	Testarossa	85 Red/Black LHD US ZFFSA17A0F0058369
58371	Testarossa	85 LHD US ZFFSA17A9F0058371
58373	Testarossa	85 Red/Tan LHD US ZFFSA17A2F0058373
58375	Testarossa	85 LHD US ZFFSA17A6F0058375
58379	208	GTS Turbo
58381	308	GTS QV 85 Red/brown ZFFUA13A3F0058381
58383	308	GTB QV Red/Black LHD ZFFLA12B000058383
58389	308	GTS QV Rosso Corsa/Black sports seats Colour-coded roof LHD ZFFLA13B000058389
58393	Mondial	QV Cabriolet 85 Red/Tan LHD ZFFUC15A0F0058393
58395	Mondial	QV 85 Red/Black LHD EU
58401	308	GTS QV 85 Grigio/Black Colour coded roof ZFFUA13A5F0058401
58405	308	GTS QV 85 Red/Tan ZFFUA13A2F0058405
58407	308	GTS QV LHD CH ZFFLA13S000058407
58409	308	GTS QV 85 ZFFUA13AXF0058409
58415	Mondial	QV Cabriolet Red
58419	Testarossa	6/85 Red/Tan LHD US ZFFSA17A0F0058419 Tubi
58421	Testarossa	85 Red/Tan LHD US ZFFSA17A9F0058421
58423	Testarossa	85 LHD US ZFFSA17A2F0058423
58425	Testarossa	85 ZFFTA17C000058425
58427	Testarossa	
58439	308	GTSi QV 85 Red/Tan ZFFUA13A8F0058439
58441	308	GTS QV Black/Crema
58445	308	GTS QV Red/Black
58447	308	GTS QV 85 Grigio RHD UK eng. # 03428
58453	Mondial	QV Cabriolet LHD EU ZFFLC15B000058453
58455	Mondial	QV 85 Blue Chiaro/Crema RHD eng. # 03449
58457	308	GTS QV Red/Beige LHD ZFFLA13B000058457
58459	308	GTS QV 85 ZFFUA13A3F0058459
58461	308	GTB QV Rosso Corsa LHD EU ZFFLA13B0000
58463	308	GTS QV 85 ZFFUA13A5F0058463
58465	308	GTS QV 85 Red/Tan LHD EU ZFFLA13B0000
58467	308	GTS QV 85 ZFFUA13A2F0058467
58469	308	GTS QV 85 Red/Crema LHD ZFFLA13S000058469
58471	Mondial	QV Cabriolet 85 ZFFUC15A5F0058471
58475	Mondial	QV Red/Crema
58481	308	GTS QV 85 grigio metallizzato black Boxer trim beige ZFFUA13A7F0058481
58485	308	GTS QV 85 Red/Tan ZFFUA13A4F0058485
58487	308	GTS ZFFLA13C000058487
58491	308	GTS QV 85
58493	Mondial	QV
58495	Mondial	QV Cabriolet 85 ZFFUC15A8F0058495
58497	Testarossa	85 Red/Tan
58499	308	GTS QV 85 ZFFUA13A4F0058499
58505	308	GTB QV 85 Yellow RHD UK eng. # 03477
58507	308	GTS QV 85 ZFFUA13AXF0058507
58511	308	GTS QV 85 ZFFUA13A1F0058511
58515	Mondial	QV Cabriolet 85 ZFFUC15AXF0058515
58517	Mondial	QV Red/bordeaux LHD ZFFLD41B0000
58521	308	GTS QV 85 ZFFUA13A4F0058521
58525	308	GTS QV 85 Black/Tan ZFFUA13A1F0058525
58529	308	GTSi QV 85 Red/Black ZFFLA13B000058529
58531	308	GTS 85 Red/Tan LHD US ZFFLA13B000058531
58533	308	GTS QV 85 Red/Tan ZFFLA13B000058533
58535	Mondial	QV Cabriolet Blue/Crema
58537	Mondial	QV 85 ZFFUD14A0F0058537
58539	Mondial	QV 85 White RHD eng.# F105A02400068
58541	Testarossa	85 Red/Black LHD US ZFFSA17A8F0058541
58543	Testarossa	Spider Conversion by Straman Black/Black LHD US ZFFSA17A1F0058543
58545	Testarossa	85 LHD US ZFFSA17A5F0058545
58547	Testarossa	85 LHD US ZFFSA17A9F0058547
58549	Testarossa	85 Red/Tan LHD ZFFSA17A2F0058549
58551	Testarossa	85 Red/Tan LHD ZFFSA17A0F00
58553	Testarossa	
58555	Testarossa	Red/Black LHD ZFFTA17S000058555
58559	Testarossa	LHD EU ZFFTA17B000058559
58561	Testarossa	Red/Tan LHD
58575	308	GTS QV 85 Blue ZFFRA13D000058575 eng. # F1052A02400070
58577	308	GTS QV 85 Rosso Corsa Tobacco US ZFFUA13A9F0058577
58579	Mondial	QV Red/Crema LHD CH ZFFLD14S0000 modified body
58587	308	GTS QV 5 ZFFUA13A1F0058587
58589	308	GTS QV 85 Red ZFFRA13D000058589 eng. # 105A02400071
58591	308	GTB QV Red/Black ZFFLA12S000058591
58593	308	GTB QV 85 ZFFUA12A5F0058593
58599	Mondial	QV Cabriolet 85 ZFFUC15A9F0058599
58603	308	GTS QV 85 ZFFUA13A6F0058603
58607	308	GTS QV 85 ZFFUA13A3F0058607
58609	308	GTS QV 85 Red LHD
58611	308	GTS QV 85 ZFFUA13A5F0058611
58613	308	GTSi 86 Red/Tan LHD EU ZFFLA13B000058613
58615	308	GTS QV 85 ZFFUA13A2F0058615
58617	Mondial	QV Cabriolet LHD EU ZFFLC15B000058617
58619	Mondial	QV
58621	Testarossa	85 Red/Black LHD US ZFFSA17A6F0058621
58623	Testarossa	85 LHD US ZFFSA17AXF0058623
58627	Testarossa	LHD EU ZFFTA17B000058627
58633	308	GTS QV 85 Rosso/CremaZFFLA13C000058633 eng. # 3527
58635	308	GTS QV 6/85 Red/Tan LHD ZFFUA13A8F0058635
58639	308	GTS QV 85 ZFFUA13A5F0058639
58641	308	GTS QV LHD EU ZFFLA13B000058641
58643	308	GTS QV 85 ZFFUA13A7F0058643
58645	Mondial	QV 85 Blue RHD UK eng. # 03475
58649	308	GTS QV 85 ZFFUA13A8F0058649
58655	308	GTS QV LHD EU ZFFLA13B000058655
58665	Mondial	QV Cabriolet Red/Beige LHD
58669	Mondial	QV Cabriolet 85 ZFFUC15A4F0058669
58671	Testarossa	
58675	308	GTS QV 85 ZFFUA13A9F0058675
58677	308	GTS QV Black/Crema
58679	308	GTS QV 85 ZFFUA13A6F0058679
58683	308	GTS QV 85 ZFFUA13A8F0058683
58685	308	GTSi 85 Red/Tan LHD EU ZFFLA13B000058685
58697	Testarossa	85 Red RHD ZFFTA17C000058697
58701	308	GTS QV 85 ZFFUA13A6F0058701
58703	308	GTS QV Prugna/Crema
58705	308	GTS QV 85 ZFFUA13A3F0058705
58715	Mondial	QV Cabriolet White/black
58719	308	GTS QV
58721	308	GTS QV 85 ZFFUA13A1F0058721
58725	308	GTS QV 85 ZFFUA13A9F0058725
58727	308	GTS QV 85 Prugna/Tan ZFFUA13A2F0058727
58729	308	GTS QV 85 Red/Crema Bordeaux piping RHD ZFFLA13C000058729
58731	Mondial	QV Cabriolet grey/Red
58735	328	GTB first
58737	Testarossa	
58739	Testarossa	85 Red/Black LHD ZFFSA17A7F0058739
58741	Testarossa	85 Black/Tan ZFFSA17A5F0058741
58743	Testarossa	85 LHD US ZFFSA17A9F0058743
58745	Testarossa	85 Black/Tan ZFFSA17A2F0058745
58749	308	GTB QV Red/Black
58751	308	GTS QV 85 Black RHD rebuilt as a Race Car
58753	308	GTS QV 85 Black ZFFLA13B000058753
58755	308	GTS QV 85 Red ZFFRA13D000058755 eng. # F105A02400075
58757	308	GTS QV 85 LHD
58761	Mondial	QV Cabriolet LHD EU ZFFLC15B000058761
58763	Mondial	QV RHD ZFFRE14D000058763
58767	308	GTB QV White/dark Red ZFFUA12A1F0058767
58775	308	GTS QV LHD EU ZFFLA13B000058775
58777	308	GTS QV 85 ZFFUA13A6F0058777
58787	308	GTS 85 Argento/Tan US ZFFUA13A9F0058787

s/n	Type	Comments
58789	308	GTS QV 85 Red/BlackZFFLA13B000058789
58791	308	GTS QV 85 ZFFUA13A0F0058791
58793	308	GTS QV 85 Red/Crema LHD EU ZFFLA13B000058793
58795	308	GTS QV 85 ZFFUA13A8F0058795
58797	308	GTS QV 85 Red/Crema LHD EU ZFFLA13B000058797
58815	Testarossa	85 LHD US ZFFSA17A8F0058815
58817	Testarossa	85 LHD US ZFFSA17A1F0058817
58819	Testarossa	85 Red/Black LHD ZFFSA17A5F0058819
58821	Testarossa	85 LHD US ZFFSA17A3F0058821
58825	308	GTS QV 85 ZFFUA13A2F0058825
58827	308	GTS QV 85 LHD EU ZFFLA13B000058827
58833	308	GTS QV 85 Prugna/Tan LHD
58839	Mondial	QV Blue/Black LHD
58843	308	GTS QV 85 Red/Black LHD EU ZFFLA13B000058843
58845	308	GTS QV 85 Red/Crema ZFFLA13B000058845
58847	308	GTS QV 85
58849	308	GTS QV 85 ZFFUA13A5F0058849
58851	308	GTS QV 85 Red ZFFRA13D000058851 eng. # F105A02400076
58853	308	GTS QV 85 Silver/Red ZFFUA13A7F0058853
58855	308	GTS QV
58857	Mondial	QV Red/Tan LHD
58859	Mondial	QV 85 Grey/Tan LHD EU ZFFLD14B000058859
58861	Mondial	QV LHD EU ZFFLD14B000058861
58863	Testarossa	Rosso Corsa/Crema RHD ZFFTA17C000058863
58865	Testarossa	85 LHD US ZFFSA17A1F0058865
58869	Testarossa	85 Red/Tan ZFFSA17A9F0058869
58871	Testarossa	85 Red/Black LHD EU ZFFTA17B000058871
58875	308	GTS QV Red/Crema ZFFLA13B000058875
58877	308	GTS QV 85 ZFFUA13AXF0058877
58879	308	GTS QV
58881	308	GTS QV 85 Canna di Fucile/Red ZFFUA13A1F0058881
58883	308	GTS QV 85 Red ZFFRA13D000058883
58885	308	GTS QV 85 ZFFRA13D000058885
58889	Mondial	QV Cabriolet 85 Red/Tan LHD EU ZFFLC15B000058889
58891	Mondial	3.2 QV Red/beige
58893	Mondial	QV Cabriolet LHD EU ZFFLC15B000058893
58895	308	GTS QV 85 ZFFUA13A1F0058895
58897	308	GTS QV 85 Red/Tan ZFFLA13A5F0058897
58899	308	GTB QV Red/Tan LHD CH ZFFLA12S000058899
58903	308	GTS QV 85 Red/Tan ZFFUA13A7F0058903
58905	Testarossa	85
58907	308	GTS QV 85 Blu Sera/Tan ZFFUA13A4F0058907
58909	308	GTB QV Red/Black
58911	Mondial	QV Cabriolet LHD EU ZFFLC15B000058911
58913	Mondial	QV Cabriolet
58917	308	GTS QV LHD EU ZFFLA13B000058917
58919	308	GTS QV LHD EU ZFFLA13B000058919
58921	308	GTS QV 4/86 Rosso Corsa/Nero ZFFLA13B0000
58923	308	GTB QV Red/Crema
58925	308	GTS QV 85 ZFFUA13A6F0058925
58935	Mondial	QV Cabriolet LHD EU ZFFLC15B000058935
58939	308	GTS QV 85 Red/Crema LHD EU ZFFLA13B000058939
58941	308	GTS QV 85
58943	308	GTS QV 85 Black/Black LHD US ZFFUA13A8F00
58947	308	GTS QV LHD EU ZFFLA13B000058947
58951	308	GTS QV 85 Red/Crema LHD EU ZFFLA13B000058951
58961	Testarossa	85 LHD US ZFFSA17A8F0058961
58965	Testarossa	85 LHD US ZFFSA17A5F0058965
58967	Testarossa	85 Red RHD ZFFTA17C000058967 eng. # F113A00306
58969	Testarossa	85 LHD US ZFFSA17A2F0058969
58973	308	GTS QV Red/Crema
58975	308	GTS QV 85 ZFFUA13AXF0058975
58999	308	GTB QV 85 ZFFUA12A0F0058999
59001	308	GTSi QV 85 Red/Tan LHD EU ZFFLA13B0000
59003	308	GTS QV 85 Red LHD
59007	Mondial	QV Cabriolet 85 Red/Black LHD EU ZFFLC15B0000
59011	Testarossa	Red/Crema ZFFTA17C000059011
59013	Testarossa	85 LHD US ZFFSA17AXF0059013
59017	Testarossa	LHD EU ZFFTA17B000059017
59019	Testarossa	85 LHD US ZFFSA17A0F0059019
59021	308	GTS QV 85 ZFFUA13A0F0059021
59023	308	GTB QV 85 Rosso CorsaNero EU rear aerofoil Euro. deep chin spoiler
59025	308	GTS QV 85 ZFFUA13A8F0059025
59037	Mondial	QV Cabriolet
59039	Testarossa	85 Red/Crema RHD, eng. # 59039
59043	Testarossa	85 Red/Tan ZFFSA17A8F0059043
59045	308	GTS QV 85 ZFFUA13A3F0059045
59053	308	GTS QV LHD CH ZFFLA13S000059053
59057	308	GTS QV Red/Tan
59063	Mondial	QV Cabriolet Prugna
59065	Testarossa	85 LHD US ZFFSA17A7F0059065
59067	Testarossa	85 LHD US ZFFSA17A0F0059067
59071	308	GTB QV last, Red/Black
59075	308	GTS QV 85 ZFFUA13A1F0059075
59077	308	GTSi QV 85 Yellow/black LHD CH ZFFLA13S000059077 ex-Richard Dreyfus
59079	308	GTS QV 85 ZFFUA13A9F0059079
59081	308	GTS QV 85 Red LHD CH ZFFLA13S000059081
59097	308	GTSi 85 Red/Light tan
59099	308	GTSi QV 85 Red Red/Black piping ZFFUA13A4F0059099
59103	308	GTS QV 85 Red/Tan ZFFUA13A2F0059103
59105	328	GTS
59109	Mondial	QV Red/Tan LHD CH ZFFLD14S000059109
59115	208	GTS Turbo Red/Tan LHD
59117	308	GTS QV 85 ZFFUA13A2F0059117
59121	308	GTS QV 85 ZFFUA13A4F0059121
59123	308	GTSi QV Red/brown
59131	Mondial	QV last
59133	Testarossa	7/85 Red/Tan ZFFSA17A9F0059133
59135	Testarossa	85 LHD US ZFFSA17A2F0059135
59137	Testarossa	85 Red/Black LHD US ZFFSA17A6F0059137 eng. # F113A040 00112
59147	308	GTS 85 Red ZFFUA13A0F0059147
59149	308	GTS QV 85 Red/Tan LHD CH ZFFLA13S000059149
59153	308	GTS QV LHD CH ZFFLA13S000059153
59163	Mondial	QV Cabriolet last
59165	Mondial	3.2 first
59167	Mondial	3.2 86 Blue Metallic LHD EU ZFFWD21B000059167 Red Gotti wheels
59169	308	GTS QV 7/85 Black Red ZFFUA13AXF0059169
59173	308	GTS QV 85 ZFFUA13A1F0059173
59175	308	GTSi 85 Red/Tan LHD CH ZFFLA13S000059175 exported to the US
59185	Mondial	3.2 86 Red/Tan LHD ZFFWD21B000059185
59189	Testarossa	Red/black
59191	Testarossa	85 LHD US ZFFSA17A1F0059191
59193	308	GTS QV LHD CH ZFFLA13S000059193
59201	308	GTS QV LHD CH ZFFLA13S000059201
59203	308	GTS QV 85 ZFFUA13A6F0059203
59205	308	GTS QV Red/Tan
59215	Testarossa	85 Red/Black LHD
59219	Testarossa	85 Red/Tan LHD US ZFFSA17A8F0059219
59221	Testarossa	Red/Tan LHD
59223	Testarossa	Red/Crema RHD ZFFTA17C000059223
59225	Testarossa	85 LHD US ZFFSA17A3F0059225
59227	Testarossa	85 Black/black LHD US ZFFSA17A7F0059227
59231	308	GTS QV 85 Red/Tan LHD
59235	308	GTS QV LHD CH ZFFLA13S000059235
59239	308	GTS QV 8/85 Rosso/Beige
59243	308	GTS QV
59251	308	GTS QV 85 ZFFUA13A6F0059251
59265	308	GTS QV official last, LHD CH ZFFLA13S000059265

s/n	Type	Comments
59273	308	GTS QV LHD CH ZFFLA13S000059273, past production?
59277	208	GTB Turbo last
59279	208	GTS Turbo last
59291	Testarossa	85 LHD US ZFFSA17A5F0059291
59293	Testarossa	85 LHD US ZFFSA17A9F0059293
59295	Testarossa	85 LHD US ZFFSA17A2F0059295
59297	Testarossa	85 LHD US ZFFSA17A6F0059297
59299	Testarossa	85 LHD US ZFFSA17AXF0059299
59301	328	GTS first
59311	328	GTS Red/Tan
59313	328	GTS 85 Red/Black
59317	328	GTS 86 ZFFXA20A9G0059317
59323	Testarossa	85 Black LHD US ZFFSA17A3F0059323
59325	Testarossa	85 LHD US ZFFSA17A7F0059325
59327	412	Automatic LHD ZFFYD24B000059327
59329	Testarossa	85 Red/Tan LHD US ZFFSA17A4F0059329
59331	412	Automatic LHD ZFFYD24B000059331
59335	Testarossa	85 LHD US ZFFSA17AXF0059335
59337	Testarossa	85 LHD US ZFFSA17A3F0059337
59349	Testarossa	85 Black/LHD US ZFFSA17AXF0059349
59351	Testarossa	8/85 Grigio Ferro Metallic/Tan LHD US ZFFSA17A8F0059351 black dash
59353	Testarossa	Red/Black ZFFTA17S000059353
59359	412	Automatic 86 Light metallic Blue/Tan LHD EU ZFFYD24B000059359
59361	412	i Automatic 86 Metallic Graphite/tan LHD EU ZFFYD24B000059361
59373	412	i Automatic 86 Blue/tan LHD EU ZFFYD24B000059373
59381	208	GTB Turbo
59393	Mondial	3.2 Cabriolet first
59415	Mondial	3.2 Red/Crema LHD
59419	Testarossa	85 Red/TanLHD US ZFFSA17A5F0059419
59421	Testarossa	85 LHD US ZFFSA17A3F0059421
59429	328	GTS 85 Red/Black
59433	328	GTS 86 Red/Tan
59443	328	GTS Red/Tan brown carpets
59451	328	GTS 86 Red/Black LHD EU ZFFWA20B000059451
59461	Testarossa	85 LHD US ZFFSA17A4F0059461
59463	Testarossa	Red/Tan LHD CH ZFFTA17S000059463
59473	328	GTS Red/Black LHD
59475	328	GTS Red/Black LHD
59477	328	GTS 86 dark Metallic Blue/Tan
59483	328	GTS Red/Tan LHD
59491	412	Automatic 85 Blue/Tan LHD EU ZFFYD24B000059491
59495	Testarossa	85 Red/Tan LHD US ZFFSA17AXF0059495 high mirror new engine
59497	Testarossa	85 Red/Tan LHD US ZFFSA17A3F0059497
59499	Testarossa	85 LHD US ZFFSA17A7F0059499
59501	Testarossa	85 LHD US ZFFSA17A1F0059501
59503	328	GTS Red/Beige
59521	Mondial	3.2 Red/Black LHD
59533	328	GTS Red/Black LHD EU ZFFWA20B000059533
59535	328	GTS 86 Red LHD EU ZFFWA20B000059535
59539	Mondial	3.2 prugna metallic/black
59545	328	GTS LHD EU ZFFWA20B000059545
59549	328	GTS 85 ZFFWA20B000059549
59561	Testarossa	
59563	Testarossa	Red/Black LHD CH ZFFTA17S0000
59565	328	GTS Red/Tan LHD ZFFWA20B000059565
59567	328	GTS 86 White/White then Red/Black LHD EU ZFFWA20B000059567
59571	328	GTS 86 Red/Tan
59583	Mondial	3.2 Red/Tan LHD EU
59587	328	GTS Red/Black ZFFWA20B0000
59589	328	GTS Red/Tan ZFFWA20B000059589
59591	328	GTS Dark Blue/Crema ZFFWA20B000059591
59593	328	GTS black/black ZFFWA20B000059593
59595	328	GTS Red/Tan
59613	328	GTS Rosso Corsa
59621	328	GTS 86 Red/Black LHD EU ZFFWA20B000059621
59629	Testarossa	Red/Tan ZFFTA17S000059629
59635	328	GTS 86 Red LHD EU ZFFWA20B000059635
59645	Mondial	3.2 Cabriolet 86 ZFFXC26A2G0059645
59647	Mondial	3.2 Cabriolet 86 ZFFXC26A6G0059647
59649	328	GTS Red/Crema LHD EU ZFFWA20B000059649
59653	328	GTS 86 Red/Crema LHD EU ZFFWA20B000059653
59655	328	GTS Red/Black LHD
59657	328	GTS 86 Red/Tan LHD EU ZFFWA20B000059657
59659	328	GTS Red/Tan
59665	Mondial	3.2 Cabriolet 86 Red/Tan ZFFXC26A8G0059665
59667	Mondial	3.2 Cabriolet 86 ZFFXC26A1G0059667
59669	Testarossa	
59675	Testarossa	Red/Tan
59681	328	GTS Red/Black LHD ZFFWA20B000059681
59683	328	GTS LHD EU ZFFWA20B000059683
59693	Mondial	3.2 Cabriolet 86 ZFFXC26A2G0059693
59695	Mondial	3.2 Cabriolet 86 LHD
59697	412	Automatic LHD EU ZFFYD24B000059697
59703	Testarossa	Red/Black LHD EU ZFFTA17B000059703
59705	Testarossa	
59709	Testarossa	85 Red/Tan ZFFTA17S00059709 ex-Peter Monteverdi
59723	Testarossa	Red/Tan
59731	328	GTS 85 Red/Tan LHD EU ZFFWA20B000059731
59735	328	GTS black
59739	328	GTS LHD EU ZFFWA20B000059739
59743	Mondial	3.2 Cabriolet 86 Red/Tan ZFFXC26A2G0059743
59745	Mondial	3.2 Cabriolet LHD ZFFXC26A6G0059745
59747	Mondial	3.2 Cabriolet 86 Red/Tan ZFFXC26AXG0059747
59749	Testarossa	black metallic/tan LHD
59759	328	GTS Red/Black ZFFWA20B0000
59761	328	GTS black/Crema, rebodied as 288 GTO replica
59771	328	GTS LHD EU ZFFWA20B000059771
59773	328	GTS tan Crema
59775	328	GTS Red/beige
59777	328	GTS LHD EU ZFFWA20B000059777
59779	328	GTB Red/Tan ZFFWA20B000059779
59781	328	GTS Red/Crema LHD EU ZFFWA20B000059781
59785	Mondial	3.2 Cabriolet 86 ZFFXC26A7G0059785
59787	Mondial	3.2 Cabriolet 86 ZFFXC26A0G0059787
59793	Testarossa	LHD EU ZFFTA17B000059793
59799	328	GTS LHD EU ZFFWA20B000059799
59803	328	GTS Black/Tan LHD EU ZFFWA20B000059803
59811	328	GTS 85 Red/Tan LHD ZFFWA20B000059811
59823	328	GTS LHD EU ZFFWA20B000059823
59825	328	GTS 86 Red ZFFWA20B000059825 eng. # F105C04000217
59829	328	GTS 85 Red/White
59831	328	GTS 86 dark Red met./Tan LHD EU ZFFWA20B000059831
59833	328	GTS Light Brown/Brown LHD
59839	Mondial	3.2 Cabriolet
59843	328	GTS 86 Rossa Corsa Black LHD EU ZFFWA20B000059843
59847	328	GTS 86 Red/Crema ZFFWA20B000059847
59849	328	GTS LHD EU ZFFWA20B000059849
59853	328	GTS LHD EU ZFFWA20B000059853
59855	Mondial	3.2 Cabriolet 86 metallic grey/beige black top ZFFXC26A2G0059855
59859	Mondial	3.2 Cabriolet 86 ZFFXC26AXG0059859
59861	Testarossa	86 LHD US ZFFSA17A7G0059861
59863	Testarossa	86 LHD US ZFFSA17A0G0059863
59865	Testarossa	86 LHD US ZFFSA17A4G0059865
59867	Testarossa	86 LHD US ZFFSA17A8G0059867
59875	328	GTS LHD EU ZFFWA20B000059875
59881	328	GTS Red/Black
59885	Mondial	3.2 Cabriolet 86 ZFFXC26A0G0059885

s/n	Type	Comments	s/n	Type	Comments
59887	Mondial	3.2 Cabriolet 86 LHD ZFFXC26A4G0059887	60099	328	GTS 86 ZFFXA20A8G0060099
59889	Testarossa	86 LHD US ZFFSA17A7G0059889	60103	328	GTS 86 ZFFXA20A6G0060103
59891	Testarossa	86 Red/Tan LHD US ZFFSA17A5G0059891	60105	Mondial	3.2 Cabriolet 86 Silver/Red ZFFXC26A8G0060105
59893	Testarossa	86 LHD US ZFFSA17A9G0059893	60107	Mondial	3.2 Cabriolet 86 ZFFXC26A1G0060107
59897	328	GTS 11/85 Red/Tan LHD EU ZFFWA20B000059897	60109	Testarossa	Rosso Corsa/beige LHD CH ZFFTA17S000060109
59899	328	GTS 86 Red/Black LHD EU ZFFWA20B000059899	60111	Testarossa	Red/Black LHD
59905	328	GTS 86 LHD EU ZFFWA20B000059905	60115	412	i Automatic 86 Black/Black LHD EU ZFFYD24B000060115
59907	328	GTS 86 Red EU	60119	328	GTS 86 ZFFXA20AXG0060119
59909	328	GTS Red/Black	60121	328	GTS 86 Red/Beige LHD EU ZFFWA20B000060121
59915	Mondial	3.2 silver grey/black LHD ZFFWD21B000059915 sunroof	60123	328	GTS 86 Red/Black ZFFXA20A1G0060123
59917	412	green/Crema	60125	328	GTS 86 White/black ZFFXA20A5G0060125
59921	328	GTS	60127	328	GTS 86 ZFFXA20A9G0060127
59923	328	GTS Red/Crema LHD EU ZFFWA20B000059923	60131	328	GTS 86 ZFFXA20A0G0060131
59927	328	GTS LHD EU ZFFWA20B000059927	60135	Mondial	3.2 Cabriolet 86 ZFFXC26A6G0060135
59933	328	GTS 86 LHD EU ZFFWA20B000059933	60137	Mondial	3.2 Cabriolet 86 Red/Tan LHD ZFFXC26AXG0060137
59935	328	GTS 86 Red/Tan LHD EU ZFFWA20B000059935	60139	Mondial	3.2 Grey/Bordeaux LHD ZFFWD21B000060139
59937	328	GTS ZFFWA20B000059937	60141	Testarossa	86 Red/Tan LHD US ZFFSA17A0G0060141
59939	328	GTS 86 White/Crema LHD EU ZFFWA20B000059939	60147	Testarossa	86 Red/Tan LHD ZFFSA17A1G0060147
59941	Mondial	3.2 Red/Tan LHD	60149	Testarossa	86 ZFFSA17A5G0060149
59947	Mondial	3.2 Red/beige converted to Testarossa fake RHD ZFFWD21C0000	60151	Testarossa	85 White RHD UK eng. # 00369
59949	Mondial	3.2 Cabriolet 86 ZFFXC26A0G0059949	60153	328	GTS 86 ZFFXA20AXG0060153
59951	Mondial	3.2 Cabriolet 86 ZFFXC26A9G0059951	60155	328	GTS Red/Black LHD EU
59953	Testarossa	86 Dark Blue LHD US ZFFSA17A1G0059953	60157	328	GTS 86 Rosso metallic ZFFXA20A7G0060157
59955	Testarossa	86 LHD US ZFFSA17A5G0059955	60159	328	GTS Red/Tan
59957	Testarossa	Red/Beige RHD	60161	328	GTS 86 Red/Black ZFFXA20A9G0060161
59959	328	GTS 12/86 Red LHD EU ZFFWA20B000059959	60165	328	GTS 86 ZFFXA20A6G0060165
59965	328	GTS LHD EU ZFFWA20B000059965	60167	328	GTS Red/Crema LHD ZFFWA20B0000
59967	328	GTS 86 Red/Black LHD ZFFWA20B000059967	60169	Mondial	3.2 Cabriolet 86 Black/Tan LHD ZFFXC26A1G0060169
59971	328	GTS 86 Red/Black LHD ZFFWA20B000059971	60173	Mondial	3.2 LHD EU ZFFWD21B000060173
59973	328	GTS 86 Red/Black LHD	60175	Testarossa	86 LHD US ZFFSA17A6G0060175
59975	328	GTS Koenig 86 Red/Black LHD	60177	Testarossa	86 Black/Black LHD US ZFFSA17AXG0060177
59979	Testarossa	86 LHD US ZFFSA17A8G0059979	60179	412	86 LHD EU
59981	Testarossa	86 White/Tan LHD ZFFTA17S000059981	60183	328	GTS 86 ZFFXA20A8G0060183
59987	328	GTS 86 Red/Tan LHD EU ZFFWA20B000059987	60185	328	GTS 86 Red/Black LHD EU ZFFWA20B000060185
59993	328	GTS 86 Red LHD EU ZFFWA20B000059993	60187	328	GTS 86 ZFFXA20A5G0060187
60005	Mondial	3.2 Red/Tan LHD	60189	328	GTS LHD EU ZFFWA20B000060189
60007	Mondial	3.2 QV Cabriolet 86 Prugna/Tan ZFFXC26A8G0060007	60191	328	GTS 86 ZFFXA20A7G0060191
60009	Mondial	3.2 Cabriolet 86 ZFFXC26A1G0060009	60193	328	GTS 86 Red/Black LHD ZFFWA20B000060193
60011	Testarossa	Red/Beige RHD	60195	328	GTS 86 Red/Beige US ZFFWA20A4G0060195
60015	Testarossa	86 Red LHD ZFFTA17B000060015	60197	Mondial	3.2 Cabriolet 86 Red/Black LHD ZFFXC26A6G0060197
60017	412	86 argento/tan RHD	60201	412	GT 86 Red/Tan LHD EU
60021	328	GTS Red/Black	60203	328	GTB 86 Red/Black LHD
60023	328	GTS LHD EU ZFFWA20B000060023	60205	328	GTS 86 ZFFXA20A3G0060205
60025	328	GTS Red/Tan ZFFWA20B000060025	60207	328	GTS LHD EU ZFFWA20B000060207
60031	328	GTS Red/Tan LHD	60209	328	GTS 86 Black/Tan ZFFXA20A0G0060209
60037	328	GTS 86 Red/Black LHD EU ZFFWA20B000060037	60215	328	GTS Red/Black
60039	328	GTS 86 LHD EU ZFFWA20B000060039	60217	328	GTS 86 ZFFXA20AXG0060217
60041	328	GTS 86 Red Brown LHD EU ZFFWA20B000060041	60219	328	GTS LHD EU ZFFWA20B000060219
60049	Testarossa	86 Red/Tan LHD US ZFFSA17A1G0060049	60221	Mondial	3.2 Cabriolet 86 ZFFXC26AXG0060221
60053	328	GTS 86 ZFFXA20A6G0060053	60223	Mondial	3.2 Cabriolet 86 ZFFXC26A3G0060223
60057	328	GTS 86 Red/Black ZFFXA20A3G0060057	60229	328	GTS 86 ZFFXA20A6G0060229 no Autocheck Records, probably wrong
60059	328	GTS Black Crema LHD EU ZFFWA20B000060059	60233	328	GTS 86 ZFFXA20A8G0060233
60065	Mondial	3.2 Cabriolet 86 ZFFXC26A0G0060065	60237	328	GTS 86 ZFFXA20A5G0060237
60067	Testarossa	9/85 Red LHD US ZFFSA17A3G0060067	60239	328	GTS 86 Rosso Red/Black LHD EU ZFFWA20B000060239
60069	328	GTS 86 Red ZFFXA20AXG0060069	60241	328	GTS 86 Red/Tan LHD US
60073	328	GTS 86 ZFFXA20A1G0060073	60243	328	GTS 86 Red/Tan LHD EU ZFFWA20B000060243
60077	328	GTS 86 ZFFXA20A9G0060077	60245	Mondial	3.2 LHD EU ZFFWD21B000060245
60083	Mondial	3.2 Cabriolet 86 Red/Tan LHD ZFFXC26A2G0060083	60247	Mondial	3.2 Cabriolet 86 ZFFXC26A6G0060247
60087	328	GTS 86 ZFFXA20A1G0060087	60249	Mondial	3.2 Cabriolet Red/Tan LHD
60089	328	GTS LHD EU ZFFWA20B000060089	60253	412	86 Silver/Blue LHD Manual EU ZFFYD25B000060253
60091	328	GTSi 86 Red/Tan ZFFXA20A3G0060091			
60095	328	GTS 86 ZFFXA20A0G0060095			
60097	328	GTS Red/Black ZFFWA20B000060097	60255	Testarossa	86 Red/Tan LHD US ZFFSA17A4G0060255

s/n	Type	Comments
60257	Testarossa	86 Red/Tan ZFFSA17A8G0060257
60259	328	GTS 86 Red/Tan ZFFXA20A4G0060259
60261	328	GTS Red/Black
60263	328	GTS 86 Nero Daytona Metallic/Dark Red ZFFXA20A6G0060263
60265	328	GTS 86 LHD EU ZFFWA20B000060265
60267	328	GTS 86 ZFFXA20A3G0060267
60271	328	GTS Red/dark brown ZFFXA20A5G00
60275	Mondial	3.2 Cabriolet 86 Red/Tan LHD ZFFXC26A0G0060275
60277	Mondial	3.2 Cabriolet 86 ZFFXC26A4G0060277
60279	Mondial	3.2 Cabriolet 86 ZFFXC26A8G0060279
60281	Testarossa	86 LHD US ZFFSA17A5G0060281
60285	412	GT Black/Black ZFFYD25B000060285
60287	328	GTS 86 ZFFXA20A9G0060287
60291	328	GTS 86 ZFFXA20A0G0060291
60293	328	GTS 1/86 Rosso Corsa/Nero LHD EU ZFFWA20B000060293
60295	328	GTS 86 ZFFXA20A8G0060295
60297	328	GTS Red/Crema LHD EU ZFFWA20B000060297
60299	328	GTS 86 ZFFXA20A5G0060299
60301	328	GTS 86 Red/Black
60303	328	GTS 86 ZFFXA20A3G0060303
60305	Mondial	3.2 Cabriolet 86 ZFFXC26A5G0060305
60307	Mondial	3.2 Cabriolet 86 White/Red LHD ZFFXC26A9G0060307
60309	Testarossa	86 LHD US ZFFSA17A1G0060309
60313	Testarossa	86 LHD US ZFFSA17A3G0060313
60315	Testarossa	86 LHD US ZFFSA17A7G0060315
60317	412	Automatic Blu Sera/Crema LHD EU
60321	328	GTS Rosso Corsa/Black LHD ZFFXA20A5G0060321
60325	328	GTS 86 ZFFXA20A2G0060325
60329	328	GTS 86 ZFFXA20AXG0060329
60331	328	GTS nero/tan LHD EU
60333	328	GTS 86 ZFFXA20A1G0060333
60335	328	GTS Red/Black LHD EU ZFFWA20B000060335
60337	Mondial	3.2 QV Cabriolet 86 Red/Black ZFFXC26A7G0060337
60341	Mondial	3.2 Cabriolet 86 Black/Tan black top LHD ZFFXC26A9G0060341
60343	328	GTS 86 ZFFXA20A4G0060343
60347	328	GTS 86 Red/Tan ZFFXA20A1G0060347
60351	328	GTS 86 Red/Tan US ZFFXA20A3G0060351
60353	328	GTS 86 Black/Black
60355	Mondial	3.2 LHD EU ZFFWD21B000060355
60359	412	Red/Tan Manual LHD EU ZFFYD25B000060359
60361	Testarossa	86 Red/Tan LHD EU
60363	Testarossa	86 Red/Black ZFFSA17A7G0060363
60367	328	GTS 86 ZFFXA20A7G0060367
60369	328	GTS 86 Red/Black ZFFXA20A0G0060369
60371	328	GTS 86 ZFFXA20A9G0060371
60373	328	GTS 86 ZFFXA20A6G0060373
60375	328	GTS 86 ZFFXA20A6G0060375
60377	328	GTS 86 Red/Tan ZFFXA20AXG0060377
60379	328	GTS 86 ZFFXA20A3G0060379
60381	328	GTS 86 Metallic Grey/Red ZFFXA20A1G0060381
60387	Mondial	3.2 Red
60389	412	LHD Manual EU ZFFYD25B000060389
60391	412	Automatic 86 Silver Light Grey LHD EU ZFFYD24B000060391
60395	Testarossa	Red/Tan RHD UK ZFFTA17C000060395
60401	328	GTS 86 ZFFXA20A7G0060401
60405	328	GTS 86 ZFFXA20A0G0060405
60407	328	GT? Red/Black
60409	328	GTS 86 ZFFXA20A8G0060409
60413	412	86 blu/tan
60415	Mondial	3.2 Cabriolet 86 ZFFXC26A1G0060415
60417	Mondial	3.2 Cabriolet 86 ZFFXC26A5G0060417
60425	328	GTS 86 Red/Tan ZFFXA20A6G0060425
60427	328	GTS 86 ZFFXA20AXG0060427
60429	328	GTS 86 ZFFXA20A3G0060429
60431	328	GTS 86 Red/Black ZFFXA20A1G0060431
60433	328	GTS 86 Red/Tan ZFFXA20A5G0060433
60435	328	GTS 86 ZFFXA20A9G0060435
60437	328	GTS Rosso Corsa/Black LHD US ZFFXA20A2G0060437 Red transmission tunnel
60439	328	GTS 86 ZFFXA20A6G0060439
60445	Mondial	3.2 Cabriolet 86 ZFFXC26AXG0060445
60447	Testarossa	86 LHD US ZFFSA17A2G0060447
60451	Testarossa	86 Red RHD ZFFTA17C000060451
60453	412	Automatic Brown/tan
60455	328	GTS 86 Red/Tan ZFFXA20A4G0060455
60457	328	GTS 86 Red ZFFXA20A8G0060457
60459	328	GTS 86 Red/Tan ZFFXA20A1G0060459
60463	328	GTS 86 ZFFXA20A3G0060463
60467	328	GTS 86 Rosso Corsa/Tan ZFFXA20A0G0060467
60473	Mondial	3.2 Cabriolet 86 ZFFXC26A4G0060473
60475	Mondial	3.2 Cabriolet 86 White/Tan LHD ZFFXC26A8G0060475
60477	Testarossa	86 LHD US ZFFSA17A0G0060477
60479	Testarossa	Spider Conversion by Straman 86 Red/Black LHD US ZFFSA17A4G0060479
60481	412	Automatic dark Blue/Crema
60483	412	LHD Manual EU ZFFYD25B000060483
60491	328	GTS 86 Red ZFFXA20A8G0060491
60495	328	GTS 86 ZFFXA20A5G0060495
60499	328	GTS 86 ZFFXA20A2G0060499
60501	328	GTS 86 Red/Black
60503	328	GTS 10/85 Prugna/Tan & Black ZFFXA20A0G0060503
60505	328	GTS LHD EU ZFFWA20B000060505
60507	Mondial	3.2 Cabriolet 86 ZFFXC26A6G0060507
60509	Mondial	3.2 Cabriolet 86 Red/Tan ZFFXC26AXG0060509
60511	Mondial	3.2 Cabriolet 86 Blue/Red ZFFXC26A8G0060511
60515	328	GTS 86 Black Metallic Tan ZFFXA20A7G0060515
60517	328	GTS LHD EU ZFFWA20B000060517
60519	328	GTS 86 ZFFXA20A4G0060519
60523	328	GTS 86 ZFFXA20A6G0060523
60529	328	GTS 86 ZFFXA20A7G0060529
60531	Mondial	3.2 QV Cabriolet 10/85 Red/Tan LHD ZFFXC26A3G0060531
60533	Mondial	3.2 Red/Tan LHD EU ZFFWD21B000060533
60535	Mondial	3.2 QV Cabriolet 86 Red/Tan Black top RHD ZFFXC26A0G0060535
60537	412	i Automatic Red/beige LHD ZFFYD24B000060537 brown dash
60547	Testarossa	86 LHD US ZFFSA17A6G0060547
60549	Testarossa	86 LHD US ZFFSA17AXG0060549
60555	328	GTS 86 Black then Red/Tan ZFFXA20A8G0060555
60557	328	GTS White/tan
60559	328	GTS 86 Black/Tan ZFFXA20A5G0060559
60561	328	GTS 86 Red/Black LHD EU
60563	328	GTS 10/85 Red Black Boxer Trim/Black ZFFXA20A7G00
60567	328	GTS 86 ZFFXA20A4G0060567
60569	328	GTS Red/White LHD
60571	Mondial	3.2 Cabriolet 86 ZFFXC26A4G0060571
60573	Mondial	3.2 Cabriolet 86 Red/Tan LHD ZFFXC26A8G0060573
60581	328	GTS 86 Chiaro Blu/Crema Crema piping ZFFXA20A9G0060581
60583	328	GTS Red/Beige LHD EU ZFFWA20B000060583
60585	328	GTS 86 ZFFXA20A6G0060585
60589	328	GTS 86 ZFFXA20A3G0060589
60591	328	GTS 86 Black/Tan LHD EU ZFFWA20B000060591 Tubi Speedline Wheels
60593	328	GTS 86 ZFFXA20A5G0060593
60595	328	GTS LHD EU ZFFWA20B000060595
60597	Mondial	3.2 Cabriolet 86 Red/Black LHD ZFFXC26A0G0060597

s/n	Type	Comments
60603	Testarossa	86 Red/Tan LHD US ZFFSA17A1G0060603
60607	328	GTS 86 ZFFXA20A1G0060607
60609	328	GTB Red/Tan HD
60611	328	GTS 86 ZFFXA20A3G0060611
60613	328	GTS 86 Red/Tan
60615	328	GTS 86 ZFFXA20A0G0060615
60617	328	GTS Red/Black LHD ZFFWA20B000060617
60619	328	GTS 86 ZFFXA20A8G0060619
60623	Mondial	3.2 Cabriolet 86 Black/Red US ZFFXC26A8G0060623
60625	Mondial	3.2 Red/Black LHD ZFFWO21B000060625
60627	412	GT silver/black
60631	Testarossa	86 LHD US ZFFSA17A6G0060631
60633	Testarossa	86 LHD US ZFFSA17AXG0060633
60637	328	GTS 86 Red/Tan ZFFXA20AXG0060637
60641	328	GTS 86 Red/Tan ZFFXA20A1G0060641
60643	328	GTS 86 ZFFXA20A5G0060643
60645	328	GTS 86 ZFFXA20A9G0060645
60647	328	GTS 85/tan ZFFXA20A2G0060647
60649	328	GTS 86 Red ZFFXA20A6G0060649
60651	Mondial	3.2 Cabriolet 86 ZFFXC26A2G0060651
60655	Mondial	3.2 Cabriolet 86 ZFFXC26AXG0060655
60659	328	GTS 86 Red/Tan ZFFXA20A9G0060659
60661	328	GTS LHD EU ZFFWA20B000060661
60663	328	GTS QV 86 Red/Tan ZFFXA20A0G0060663
60665	328	GTS 86 Black/Crema US ZFFXA20A4G0060665
60667	Testarossa	86 Red/Tan LHD US ZFFXA20A8G0060667
60669	328	GTS 86 Red/Tan LHD ZFFXA20A1G0060669
60671	328	GTS 86 Black/tan ZFFXA20AXG0060671
60675	Mondial	3.2 Cabriolet 86 Rosso Corsa/beige ZFFXC26A5G0060675
60679	Testarossa	86 LHD US ZFFSA17A1G0060679
60681	412	LHD Manual EU ZFFYD25B000060681
60683	328	GTB 86 Red/Black LHD
60687	Testarossa	86 LHD US ZFFSA17A0G0060687
60689	Testarossa	LHD EU ZFFTA17B000060689
60693	Testarossa	
60695	Testarossa	86 Rosso Corsa/magnolia RHD
60697	412	Automatic 86 Grey/Bordeaux LHD EU
60701	328	GTS RedTan LHD ZFFWA20B000060701
60703	328	GTS ZFFXA20A8G0060703
60705	328	GTS 86 Red/Tan LHD EU ZFFWA20B000060705
60707	328	GTS 10/85 Rosso Corsa/Tan ZFFXA20A5G0060707
60709	328	GTS 86 Red/Tan LHD EU
60711	328	GTS 86 Red/Tan ZFFXA20A7G0060711
60713	328	GTS Red/Black
60717	Mondial	3.2 Cabriolet 86 Red/Tan LHD ZFFXC26A6G0060717
60719	Mondial	3.2 Cabriolet 86 Red/Black LHD ZFFXC26AXG0060719
60721	Mondial	3.2 Red/Crema LHD
60731	328	GTS 86 Red/Black ZFFXA20A2G0060731
60733	328	GTS Red/Black LHD EU ZFFWA20B000060733
60735	328	GTS 86 ZFFXA20AXG0060735
60747	Mondial	3.2 Cabriolet 86 ZFFXC26A4G0060747
60751	412	86 Silver/Black LHD EU
60755	Testarossa	86 LHD US ZFFSA17A2G0060755
60757	328	GTS LHD EU ZFFWA20B000060757
60759	328	GTS 86 ZFFXA20A2G0060759
60761	328	GTS Red/Black
60763	328	GTS 86 Black/Beige LHD US
60765	328	GTS
60773	Mondial	3.2 Cabriolet 86 ZFFXC26A5G0060773
60777	Mondial	3.2 Cabriolet 86 Red/Tan LHD ZFFXC26A2G0060777
60779	412	86 dark Green/light Grey LHD
60783	Testarossa	86 Red/Tan LHD ZFFSA17A7G00
60785	328	GTS 86 ZFFXA20A3G0060785
60793	328	GTS 86 ZFFXA20A2G0060793
60795	328	GTS 86 Red/Black ZFFXA20A6G0060795
60805	Mondial	3.2 Cabriolet 86 Red/Tan LHD EU ZFFWC26B000060805
60807	Testarossa	86 Red/Black ZFFSA17A6G0060807
60813	Testarossa	Red/Crema ZFFTA17B0000
60815	Testarossa	
60819	328	GTS 86 Red/beige ZFFXA20A5G0060819
60823	328	GTS 86 ZFFXA20A7G0060823
60827	328	GTS 86 ZFFXA20A4G0060827
60831	328	GTS 86 Red/Tan ZFFXA20A6G0060831
60833	328	GTS
60835	Mondial	3.2 Cabriolet Red/Tan LHD EU ZFFWC26B000060835
60841	328	GTB
60843	Testarossa	86 Red/Tan ZFFSA17AXG0060843
60845	Testarossa	86 LHD US ZFFSA17A3G0060845
60847	Testarossa	silver/Red
60851	412	Automatic 86 White/White LHD EU ZFFYD24B000060851
60853	412	GT 86 dark Green/Tan LHD EU Manual
60857	328	GTS 86 Red/Tan ZFFXA20A2G0060857 Tubi Speedline Wheels
60861	328	GTS
60863	328	GTB 86 Red/Black LHD
60865	328	GTB Red/Crema
60867	328	GTS
60869	Mondial	3.2 Red/Black
60875	Testarossa	86 Black then Yellow LHD US ZFFSA17A1G0060875
60877	Testarossa	11/87 Black LHD US ZFFSA17A5G0060877
60885	328	GTS 86 Silver/Red LHD CDN
60889	328	GTS 86 Red/Tan ZFFXA20A4G0060889
60891	328	GTB Red/Tan
60893	328	GTS 86 ZFFXA20A6G0060893
60895	328	GTB 12/85 Black/dark Red ZFFWA19B000060895
60897	328	GTS 86 ZFFXA20A3G0060897
60899	328	GTS 86 >Red/Black ZFFXA20A7G0060899
60901	Mondial	3.2 Cabriolet 86 Red/Beige LHD ZFFXC26AXG0060901
60905	Mondial	3.2 Cabriolet 86 ZFFXC26A7G0060905
60909	Testarossa	86 LHD US ZFFSA17A3G0060909
60913	Testarossa	LHD EU ZFFTA17B000060913
60915	328	GTS
60917	328	GTS 86 Red/Black ZFFXA20A5G0060917
60925	328	GTS
60927	328	GTS 85 Red RHD UK eng. # 00485
60929	328	GTS
60933	Mondial	3.2 Red
60935	Mondial	3.2 Cabriolet Red/Black LHD
60937	Testarossa	86 LHD US ZFFSA17A8G0060937
60939	Testarossa	86 Red/Tan LHD US ZFFSA17A1G0060939
60941	Testarossa	86 Red/Tan LHD US ZFFSA17AXG0060941
60945	328	GTS 86 ZFFXA20AXG0060945
60947	328	GTS Rosso Corsa/black LHD ZFFWA20B0000
60949	328	GTS 86 ZFFXA20A7G0060949
60951	328	GTS 86 ZFFXA20A5G0060951
60953	328	GTS 86 Red/Tan US ZFFXA20A9G0060953
60955	328	GTS 86 Red/Tan then Black int. ZFFXA20A2G0060955
60957	328	GTS 86 ZFFXA20A6G0060957
60959	328	GTS 86 ZFFXA20AXG0060959
60961	Mondial	3.2 black/beige ZFFWD21B000060961
60963	Mondial	3.2 Cabriolet 86 Red/Tan LHD ZFFXC26AXG0060963
60965	Mondial	3.2 Cabriolet 86 ZFFXC26A3G0060965
60967	Testarossa	86 Rosso Corsa/Tan LHD US ZFFSA17A6G0060967 shields
60969	328	GTS 86 Red/Tan ZFFXA20A2G0060969
60971	328	GTB Red/Black
60973	328	GTS 86 Red/Black ZFFXA20A4G0060973
60977	328	GTS 86 Red/Tan US ZFFXA20A1G0060977
60979	328	GTS 86 Red LHD EU ZFFWA20B000060979
60981	328	GTS
60983	Mondial	3.2 Cabriolet
60985	Mondial	3.2 Cabriolet 86 ZFFXC26A9G0060985

s/n	Type	Comments
60987	Mondial	3.2 Cabriolet 86 Red/Tan LHD ZFFXC26A2G0060987
60989	Mondial	3.2 Cabriolet 86 ZFFXC26A6G0060989
60993	Testarossa	86 LHD US ZFFSA17A7G0060993
60995	412	Automatic LHD EU ZFFYD24B000060995
60997	Testarossa	86 LHD US ZFFSA17A4G0060997
60999	Testarossa	86 LHD US ZFFSA17A8G0060999
61005	328	GTS 86 Red ZFFXA20A0G0061005
61007	328	
61009	328	GTS 86 LHD US ZFFXA20A8G0061009
61013	328	GTB 86 Red ZFFXA19A3G0061013
61015	328	GTB 11/85 Red/Tan ZFFXA19A7G0061015
61017	Mondial	3.2 86 Black/Tan LHD ZFFXC26A5G0061017
61019	Mondial	3.2 Red/Black LHD ZFFWD21B000061019
61025	412	
61027	Testarossa	11/85 Red/Tan LHD ZFFSA17A7G0061027
61029	328	GTS 86 Rosso Corsa/Black ZFFXA20A3G0061029
61031	328	GTS
61037	328	GTS 86 ZFFXA20A2G0061037
61039	328	GTS 86 ZFFXA20A6G0061039
61041	328	GTB 86 ZFFXA19A8G0061041
61043	328	GTS 86 Rossa Corsa/Black ZFFXA20A8G0061043
61045	Mondial	3.2 Red/Black LHD
61047	Mondial	3.2 Red/Tan RHD ZFFWD21C000061047
61049	Mondial	3.2 Cabriolet 86 ZFFXC26A7G0061049
61055	Testarossa	86 Red LHD SWE ZFFTA17S000061055
61059	328	GTS 86 ZFFXA20A1G0061059
61063	328	GTS 86 Red/Tan ZFFXA20A360061063
61065	328	GTS Red/Black
61067	328	GTB 86 Red/Crema LHD
61069	328	GTS 86 Red/Black ZFFXA20A4G0061069
61071	328	GTS 86 ZFFXA20A2G0061071
61073	Mondial	3.2 Cabriolet LHD EU ZFFWC26B000061073
61075	Mondial	3.2 Cabriolet 86 ZFFXC26A8G0061075
61077	Mondial	3.2 Cabriolet 86 Red/Tan LHD ZFFXC26A1G0061077
61081	Testarossa	86 LHD US ZFFSA17A2G0061081
61083	412	Automatic Black LHD EU ZFFYD24B000061083
61087	328	GTS 86 Oro Chiaro/Tan ZFFXA20A6G0061087
61091	328	GTS 86 ZFFXA20A8G0061091
61093	328	GTB Red/Crema
61099	328	GTS 86 ZFFXA20A2G0061099
61105	Mondial	3.2 Blue Blue RHD
61107	Testarossa	86 LHD US ZFFSA17A5G0061107
61109	Testarossa	86 Red/Tan ZFFSA17A9G0061109
61115	328	GTS 86 Red/Black ZFFXA20A7G0061115
61117	328	GTS Rosso/crema LHD ZFFWA20B000061117
61119	328	GTS 11/85 silver/Red ZFFXA20AY4G0061119
61121	328	GTS 86 Red/Tan ZFFXA20A2G0061121
61123	328	GTS 86 Red RHD ZFFWA20C000061123
61129	Testarossa	86 Red RHD ZFFTA17C000061129 eng. # F113A00421
61131	Testarossa	86 Red/Tan LHD US ZFFSA17A2G0061131
61133	Testarossa	LHD EU ZFFTA17B000061133
61137	Testarossa	86 LHD US ZFFSA17A3G0061137
61139	328	GTS 86 Red ZFFXA20AXG0061139
61141	328	GTB 86 ZFFXA19A1G0061141
61143	328	GTS 86 ZFFXA20A1G0061143
61147	328	GTS
61151	328	GTS
61153	328	GTS
61155	Mondial	3.2 Cabriolet 86 Silver/Red LHD ZFFXC26A6G0061155
61157	Mondial	3.2 Cabriolet 86 Red/Tan LHD ZFFXC26AXG0061157
61159	Mondial	3.2 Cabriolet 86 ZFFXC26A3G0061159
61161	Testarossa	85 Red RHD UK eng. # 00427
61167	328	GTS Red/Crema
61169	328	GTS 86 Rosso Corsa/Black ZFFXA20A8G0061169
61173	328	GTS 86 Red ZFFXA20AXG0061173
61175	328	GTS 86 ZFFXA20A3G0061175
61177	328	GTB 86 Black/Tan FFXA19A0G0061177
61179	328	GTS 86 Red/Tan ZFFXA20AG0061179
61181	328	GTB 86 ZFFXA19A2G0061181
61187	Testarossa	Red/Black ZFFTA17B000061187
61191	Testarossa	86 LHD US ZFFSA17A9G0061191
61193	412	GT Automatic Silver/black ZFFYD24B000061193
61195	328	GTS 86 Red/Tan ZFFXA20A9G0061195
61199	328	GTS 86 ZFFXA20A6G0061199
61203	328	GTSi 86 Red/Tan black v.roof panel ZFFXA20A4G0061203
61205	328	GTS 86 Rosso Corsa/Tan ZFFXA20A8G0061205
61209	328	GTS 86 Black/tan ZFFXA20A5G0061209
61211	Mondial	3.2 Cabriolet 86 Red/Tan LHD ZFFXC26A1G0061211
61213	Mondial	3.2 Cabriolet 86 Red/Tan LHD ZFFXC26A5G0061213
61215	Mondial	3.2 Cabriolet 86 Red/Beige LHD ZFFXC26A9G0061215
61217	328	GTS Red/Tan ZFFWA20B00061217 US-Sidemarkers & mirrors, VIN probably changed
61217	Testarossa	86 LHD US ZFFSA17A1G0061217
61219	Testarossa	86 Silver/Black LHD US ZFFSA17A5G0061219
61221	Testarossa	86 LHD US ZFFSA17A3G0061221
61223	Testarossa	86 Red/Tan brown carpets LHD ZFFSA17A760061223
61229	328	GTB Black/black ZFFWA19B000061229
61231	328	GTS 86 ZFFXA20A9G0061231
61233	328	GTS 86 Red/Tan ZFFXA20A2G0061233
61237	328	GTS 86 ZFFXA20AXG0061237
61239	328	GTB 86 Red/Tan ZFFXA19A7G0061239
61241	328	GTS
61243	328	GTB 86 ZFFXA19A9G0061243
61245	Mondial	3.2 Cabriolet Red/Black ZFFWC26B000061245
61247	Mondial	3.2 Cabriolet 86 Blue Metallic/Beige LHD ZFFWC26B000061247
61249	Mondial	3.2 Cabriolet Rosso Corsa/Black
61251	Testarossa	86 Red/Tan LHD CH ZFFTA17S000061251 shields
61253	Testarossa	Red/Black LHD ZFFTA17B000061253
61255	Testarossa	Gunmetal Grey/Crema LHD ZFFTA17B000061255
61265	328	GTS 86 ZFFXA20A4G0061265
61267	328	GTS Red/Black ZFFWA20B0000
61269	328	GTS 86 ZFFXA20A1G0061269
61271	328	GTS LHD EU ZFFWA20B000061271
61273	328	GTS 86 ZFFXA20A3G0061273
61275	328	GTS Rosso/tan
61279	Mondial	3.2 Cabriolet 86 ZFFXC26A2G0061279
61283	Mondial	3.2 Cabriolet 86 Black/Crema LHDZFFXC26A4G0061283
61285	328	GTS 11/85 Red/Tan
61287	328	GTS LHD EU ZFFWA20B000061287
61289	328	GTB Red/Black ZFFWA19B000061289
61291	328	GTS 86 Red/Red ZFFXA20A5G0061291
61295	328	GTS 86 Red/Tan LHD
61297	328	GTS Red/Crema ZFFWA20B000061297
61299	Mondial	3.2 Red/Tan LHD
61301	Mondial	3.2 Cabriolet 86 ZFFXC26A2G0061301
61309	412	Automatic 86 silver/dove Grey black carpets LHD EU ZFFYD24B000061309
61311	412	Automatic Dark Blue/Tan LHD EU ZFFYD24B000061311
61313	328	GTS 86 Blu Chiaro/Blue LHD US
61317	328	GTS 86 ZFFXA20A8G0061317
61321	328	GTS 86 Red/Tan ZFFXA20AXG0061321
61323	328	GTB Rosso Corsa/Black LHD ZFFWA19B000061323
61325	328	GTS 86 Red/Tan ZFFXA20A7G0061325
61327	328	GTB 86 ZFFXA19A4G0061327
61329	Mondial	3.2 Cabriolet 86 Black Grey ZFFXC26A2G0061329

s/n	Type	Comments
61333	Mondial	3.2 Cabriolet 86 Red/Beige LHD ZFFXC26A4G0061333
61335	412	86 Light Brown/Tan
61339	Testarossa	86 LHD US ZFFSA17A4G0061339
61345	328	GTS 86 ZFFXA20A2G0061345
61347	328	GTB 86 ZFFXA19AXG0061347
61349	328	GTS 12/85 Nero/Crema ZFFXA20AXG0061349
61353	328	GTS 86 ZFFXA20A1G0061353
61355	328	GTB 86 Red/Black LHD
61357	328	GTS 86 ZFFXA20A9G0061357
61359	328	GTS 86 Red/Tan ZFFXA20A2G0061359
61369	328	GTS 86 ZFFXA20A5G0061369
61371	328	GTS 86 ZFFXA20A3G0061371
61373	328	GTS 86 ZFFXA20A7G0061373
61375	328	GTS 12/85 Red/Black ZFFXA20A0G0061375
61377	328	GTS 86 ZFFXA20A4G0061377
61381	328	GTS 86 ZFFXA20A6G0061381
61385	Mondial	3.2 Cabriolet Red/Black LHD
61389	412	Automatic Black/Crema
61391	328	GTS
61395	Testarossa	86 Rosso Corsa/Nero ZFFTA17B0061395
61397	Testarossa	86 Red/Tan LHD ZFFSA17A7G0061397
61399	328	GTS 86 Yellow/Black ZFFXA20A3G0061399
61403	328	GTS 86Red/Tan ZFFXA20A1G0061403
61407	328	GTS 86 Red/Tan ZFFXA20A9G0061407
61415	Mondial	3.2 Cabriolet 86 Red/Black LHD ZFFXC26A6G0061415
61419	Mondial	3.2 Cabriolet ZFFXC26A3G0061419
61423	Testarossa	86 Black/black ZFFTA17B0000061423
61425	Testarossa	86 LHD US ZFFSA17A8G0061425
61427	Testarossa	86 ?/blackLHD US ZFFSA17A1G0061427
61431	412	GTI 86 Blu Medio met/Tan RHD Manual ZFFYD24C0000 eng. # 161
61433	328	GTS 86 ZFFXA20AXG0061433
61435	328	GTS 86 ZFFXA20A3G0061435
61437	328	GTS 86 ZFFXA20A7G0061437
61439	328	GTS 86 Red/Tan ZFFXA20A0G0061439
61443	328	GTS 86 ZFFXA20A2G0061443
61451	Mondial	3.2 Cabriolet 86 Red/Black LHD US ZFFXC26AXG0061451
61453	Mondial	3.2 Red/Tan RHD UK ZFFWD21C000061453
61455	412	86 Anthracite/Black LHD
61457	328	GTS 86 Red/Black ZFFXA20A2G0061457 ex-Greg Norman
61459	328	GTS LHD EU ZFFWA20B000061459
61461	328	GTS 86 ZFFXA20A4G0061461
61467	328	GTS
61473	Mondial	3.2 Cabriolet Red/Black LHD
61481	Testarossa	86 LHD US ZFFSA17A7G0061481
61485	Testarossa	LHD EU ZFFTA17B000061485
61491	412	blu/tan
61493	328	GTS 86 Blue Metallic Blue ZFFXA20A6G0061493
61495	328	GTS 86 ZFFXA20AXG0061495
61497	328	GTS 86 Red then Grigio/Tan ZFFXA20A3G0061497
61499	328	GTS 12/85 Red/Black ZFFXA20A/G0061499 86-model
61503	328	GTB 86 Red/Tan ZFFWA19B000061503
61505	328	GTS
61507	328	GTS 86 Black/Tan
61509	Mondial	3.2 Cabriolet 86 Red/Tan LHD ZFFXC26A4G0061509
61513	Testarossa	86 Yellow/Tan LHD ME ZFFTA17T0G0061513
61515	328	GTS 86 Red/Tan US ZFFXA20A1G0061515
61517	328	GTS 86 Red/Tan ZFFXA20A5G0061517
61519	328	GTS 86 Red/Tan LHD ZFFXA20A9G00
61521	328	GTS 86 ZFFXA20A7G0061521
61523	328	GTS 86 Red/Tan ZFFXA20A0G0061523
61529	328	GTS 86 Red RHD ZFFWA20C000061529
61531	Mondial	3.2 Cabriolet 86 ZFFXC26A8G0061531
61533	Mondial	3.2 86 Red LHD ZFFWD21B000061533
61535	Mondial	3.2 Cabriolet 86 Red/Tan LHD EU ZFFWC26B000061535
61539	Testarossa	LHD EU ZFFTA17B000061539
61543	Testarossa	86 Red/Black LHD US ZFFSA17A3G0061543
61545	Testarossa	86 LHD US ZFFSA17A7G0061545
61551	328	GTS 86 Rosso Corsa/Tan ZFFXA20A5G0061551
61553	328	GTS 12/85 Rosso Corsa FER 300/6 Black Boxer Trim/Black ZFFXA20A9G0061553
61555	328	GTS 86 ZFFXA20A2G0061555
61557	328	GTS 86 ZFFXA20A6G0061557
61559	328	GTS 86 White/Bordeaux ZFFXA20AXG0061559
61561	328	GTS RHD
61565	412	LHD Manual EU ZFFYD25B000061565
61567	412	
61569	Testarossa	86 LHD US ZFFSA17AXG0061569
61571	Testarossa	
61575	328	GTS 86 Gregio/Black ZFFXA20A8G0061575
61577	328	GTS 86 ZFFXA20A1G0061577
61579	328	GTS 86 ZFFXA20A5G0061579
61581	328	
61583	328	GTS 86 ZFFXA20A7G0061583
61585	328	GTS 86 ZFFXA20A0G0061585
61587	328	GTB 86 Black/Tan ZFFXA19A8G0061587
61591	Mondial	3.2 LHD
61595	412	86 Black/Tan LHD Manual EU ZFFYD25B000061595
61597	Testarossa	86 Red/Black LHD ZFFTA17B0000
61601	Testarossa	86 Red/Black LHD US ZFFSA17A2G0061601
61603	Testarossa	
61605	328	GTS 86 Red/Tan ZFFXA20A2G0061605
61607	328	GTB Red/Black
61609	328	GTS 86 Red/Tan ZFFXA20AXG0061609
61613	328	GTS 12/85 Blu Medio Metallico/Crema & Nero than Black int. ZFFXA20A1G0061613
61615	328	GTS 86 Black/Tan ZFFXA20A5G0061615
61617	328	GTS
61621	Mondial	3.2 Cabriolet 86 ZFFXC26A9G0061621
61623	Mondial	3.2 Cabriolet Silver/Black LHD ZFFWC26B000061623
61627	328	GTS 86 Black/Tan ZFFXA20A1G0061627
61629	328	GTS 86 ZFFXA20A5G0061629
61633	328	GTS 86 custom Champagne bronze/tan ZFFXA20A7G0061633 custom colour by factory
61635	328	GTS 86 ZFFXA20A0G0061635
61637	328	GTS 86 ZFFXA20A4G0061637
61639	328	GTS 86 Red/Black ZFFXA20A8G0061639
61641	Mondial	3.2 Cabriolet Rosso Corsa/Nero LHD EU
61647	412	GT 86 dark Blue/tan Manual
61651	Testarossa	86 LHD US ZFFSA17A6G0061651
61653	Testarossa	86 LHD US ZFFSA17AXG0061653
61655	Testarossa	86 LHD US ZFFSA17A3G0061655
61657	Testarossa	Red/Tan
61659	Testarossa	silvergrey metallic/black
61661	328	GTS 86 ZFFXA20A1G0061661
61663	328	GTB 86 Red/Crema
61665	328	GTS 86 ZFFXA20A9G0061665
61667	328	GTS 86 Red/Crema ZFFWA20C000061667
61669	328	GTS 86 ZFFXA20A6G0061669
61671	328	GTS
61675	328	GTS 86 Blue RHD ZFFWA200000061675
61677	Mondial	3.2 Red/Black RHD
61679	Mondial	3.2 Cabriolet 86 ZFFXC26A7G0061679
61681	Mondial	3.2 86 Red RHD UK eng. # 00591
61685	Testarossa	86 LHD US ZFFSA17A1G0061685
61687	Testarossa	86 LHD US ZFFSA17A5G0061687
61689	Testarossa	Red/Crema
61691	Testarossa	LHD EU ZFFTA17B000061691
61697	328	GTS 86 Red/Black ZFFXA20A0G0061697
61699	328	GTS 12/85 Red/Tan ZFFXA20A4G0061699
61701	328	GTS 86 Red/Tan ZFFXA20A9G0061701
61703	328	GTS 86 Red/Black ZFFXA20A2G0061703
61705	328	GTS 86 ZFFXA20A6G0061705
61707	328	GTS 86 Red/Black ZFFXA20AXG0061707

s/n	Type	Comments	s/n	Type	Comments
61709	328	GT?	61915	412	LHD Manual EU ZFFYD25B000061915
61717	412	Automatic LHD EU ZFFYD24B000061717	61917	412	Automatic 86 dark Blue/Black
61719	Testarossa	86 LHD US ZFFSA17A3G0061719	61919	328	GTS 86 Anthracite/Tan ZFFXA20A3G0061919
61723	Testarossa	86 LHD US ZFFSA17A5G0061723	61923	328	GTS 86 ZFFXA20A5G0061923
61731	328	GTB 86 Red/Tan & Red ZFFXA19A0G0061731	61927	328	GTS 86 ZFFXA20A2G0061927
61737	Mondial	3.2 Grey Grey RHD	61929	328	GTB
61739	328	GTS	61931	328	GTS
61741	328	GTS	61933	328	GTB Red/Tan RHD ZFFWA19C000061933
61743	Mondial	3.2 Cabriolet 86 ZFFXC26A1G0061743	61937	Mondial	3.2 Cabriolet LHD EU ZFFWC26B000061937
61745	Mondial	3.2 Cabriolet 86 ZFFXC26A5G0061745	61943	412	Automatic Red/Black
61755	328	GTS 86 ZFFXA20AXG0061755	61945	Testarossa	LHD EU ZFFTA17B000061945
61759	328	GTB Red/Crema	61947	Testarossa	1/86 Black/Tan ZFFSA17A5G0061947
61761	328	GTS	61949	Testarossa	86 Red/Tan ZFFSA17A9G0061949
61763	328	GTB	61951	Testarossa	86 Red/Tan LHD ZFFSA17A7G0061951
61765	Mondial	3,2	61953	Testarossa	Red/Black
61767	Mondial	3.2 Cabriolet 86 ZFFXC26A4G0061767	61955	Testarossa	Red/Tan LHD ZFFTA17B000061955
61769	Mondial	3,2	61957	Testarossa	86 LHD US ZFFSA17A8G0061957
61773	Testarossa		61961	328	GTS 86 Red/Black LHD
61775	Testarossa	86 LHD US ZFFSA17A2G0061775	61963	328	GTS 86 ZFFXA20A6G0061963
61781	Testarossa	86 LHD US ZFFSA17A8G0061781	61965	328	GTB Red/Black LHD
61783	328	GTS Red	61967	328	GTS 86 ZFFXA20A3G0061967
61785	328	GTS 86 ZFFXA20A8G0061785	61969	328	GTS 86 ZFFXA20A7G0061969
61787	328	GTS Red/Crema	61971	328	GTS 86 ZFFXA20A5G0061971
61789	328	GTS 86 Red/Black	61973	328	GTB 86 Red/Black ZFFXA19A2G0061973
61795	328	GTS 86 ZFFXA20A0G0061795	61975	Mondial	3.2 Cabriolet 86 ZFFXC26A0G0061975
61797	328	GTS Red/Black ZFFXA20A4G0061797	61979	Mondial	3.2 Cabriolet LHD EU ZFFWC26B000061979
61801	Mondial	3.2 Red/Tan RHD	61981	328	GTS 86 ZFFXA20A8G0061981
61805	328	GTB 86 ZFFXA19A3G0061805	61983	328	GTS
61809	328	GTS 86 ZFFXA20A7G0061809	61985	328	GTS 86 ZFFXA20A5G0061985
61811	328	GTS 86 ZFFXA20A5G0061811	61987	328	GTS 86 Black/Crema
61813	328	GTB 86 ZFFXA19A2G0061813	61991	328	GTS 86 White/dark Blue RHD UK
61815	328	GTS 86 Red/Tan US ZFFXA20A2G0061815	61993	328	GTS 86 ZFFXA20A4G0061993
61819	328	GTS 86 ZFFXA20AXG0061819	61995	328	GTS LHD EU ZFFWA20B000061995
61821	Mondial	3,2	61997	Mondial	3.2 Cabriolet 86 Black/Tan LHD ZFFXC26AXG0061997
61823	Mondial	3.2 Cabriolet 86 ZFFXC26AXG0061823	62001	Mondial	3.2 Cabriolet 86 ZFFXC26A6G0062001
61827	Testarossa	Grigo Ferro/Crema LHD	62003	Testarossa	Red/Black
61829	Testarossa	Red/Black LHD	62005	Testarossa	86 LHD US ZFFSA17A2G0062005
61831	Testarossa	86 LHD US ZFFSA17A8G0061831	62007	Testarossa	86 LHD US ZFFSA17A6G0062007
61833	Testarossa	86 Red/Tan LHD US ZFFSA17A1G0061833	62009	Testarossa	Spider Conversion by Straman 86 Red/Tan LHD US ZFFSA17AXG0062009
61835	Testarossa	86 LHD US ZFFSA17A5G0061835	62013	412	White/dark Blue RHD
61837	412	Automatic 1/86 Red/Tan LHD EU ZFFYD24B000061837 EPA/DOT releases	62015	328	GTS 86 Rosso Corsa/tan ZFFXA20A8G0062015
61839	412	Automatic LHD EU ZFFYD24B000061839	62019	328	GTS 86 ZFFXA20A5G0062019
61843	328	GTS 86 ZFFXA20A7G0061843	62021	328	GTB Red/Black RHD
61847	328	GTS 86 ZFFXA20A4G0061847	62023	328	GTS 86 ZFFXA20A7G0062023
61851	Mondial	3.2 QV 86 Silver/Bordeaux ZFFXD21A9G0061851	62027	328	GTB 1/86 Red/Tan ZFFXA19A8G0062027
61855	328	GTS 86 ZFFXA20A3G0061855	62029	328	GTS
61857	328	GTS 86 ZFFXA20A7G0061857	62033	Mondial	3.2 Cabriolet 86 ZFFXC26A8G0062033
61859	328	GTS prugna met./tan US	62039	Testarossa	86 black/Crema ZFFTA17B000062039
61861	328	GTS 86 ZFFXA20A9G0061861	62041	Testarossa	86 LHD US ZFFSA17A6G0062041
61863	328	GTS 86 ZFFXA20A2G0061863	62043	Testarossa	86 LHD US ZFFSA17AXG0062043
61867	328	GTS 86 Red/Tan ZFFXA20AXG0061867	62045	412	86 LHD Manual EU ZFFYD25B000062045
61869	328	GTS 86 Rossa Corsa/tan ZFFXA20A3G0061869	62047	328	GTS 86 Red/Black LHD
61873	Mondial	3.2 Cabriolet 86 Red/Black ZFFXC26A3G0061873	62049	328	GTS 86 ZFFXA20A3G0062049
61875	Mondial	3,2	62051	328	GTS 86 Black/Black ZFFXA20A1G0062051
61879	Testarossa	86 LHD US ZFFSA17A3G0061879	62053	328	GTS Rosso Corsa/Beige LHD ZFFWA20B000062053
61881	Testarossa	86 Yellow/Beige LHD US ZFFSA17A1G0061881	62055	328	GTS 86 ZFFXA20A9G0062055
61883	Testarossa	86 LHD US ZFFSA17A5G0061883	62057	328	GTS 86 Red/Brown
61885	412	LHD Manual EU ZFFYD25B000061885	62059	328	GTS 86 LHD EU ZFFWA20B000062059
61887	328	GTS 86 ZFFXA20A5G0061887	62061	328	GTS
61889	328	GTS 86 Blu Sera Met./Crema ZFFXA20A9G0061889	62067	328	GTS 86 ZFFXA20A5G0062067
61891	328	GTS 1/86 Red/Tan ZFFXA20A7G0061891	62071	328	GTS 86 ZFFXA20A7G0062071
61893	328	GTS 86 ZFFXA20A0G0061893	62075	328	GTS 86 ZFFXA20A4G0062075
61895	328	GTS 86 Red/Black ZFFXA20A4G0061895	62079	328	GTS 86 ZFFXA20A1G0062079
61897	328	GTS 86 ZFFXA20A8G0061897	62083	Mondial	3,2
61899	328	GTB 86 ZFFXA19A5G0061899	62087	Mondial	3,2
61901	328	GTB Red/Tan RHD ZFFWA19C000061901	62089	412	GT 86 grigio ferro/beige Manual
61903	Mondial	3.2 86 Black/Black ZFFXD1A2G0061903	62091	328	GTS 86 Bianco/tan ZFFXA20A2G0062091 Tubi
61905	Mondial	3.2 Red/Tan LHD ZFFXD21A6G0061905	62095	328	GTS 86 Rosso Corsa/Tan ZFFXA20AXG0062095
61907	328	GTS 86	62099	328	GTS 86 ZFFXA20A7G0062099
			62101	328	GTB

s/n	Type	Comments
62103	328	GTS 86 ZFFXA20A5G0062103
62105	328	GTS 86 Giallo (102)/Nero RHD UK ZFFWA20C000062105 eng. # 683
62109	Mondial	3.2 Cabriolet 86 ZFFXC26A4G0062109
62111	Testarossa	LHD EU ZFFTA17B000062111
62113	Testarossa	86 Red/Tan LHD ZFFSA17A5G0062113
62119	Testarossa	86 Red/Black LHD US ZFFSA17A6G0062119
62121	Testarossa	86 LHD US ZFFSA17A4G0062121
62125	328	GTS 86 Red/Tan ZFFXA20A4G0062125
62129	328	GTS 86 ZFFXA20A1G0062129
62133	328	GTS 86 ZFFXA20A3G0062133
62139	328	GTB 86 Red RHD ZFFWA19C000062139 eng. # 00676, probably written off
62143	Mondial	3.2 86 Red/Tan LHD ZFFXD21A9G0062143
62145	Mondial	3.2 86 Grey/Tan ZFFXD21A2G0062145
62151	328	GTS 86 Red/Tan ZFFXA20A5G0062151
62153	328	GTS 86 Red/Tan LHD
62155	328	GTS 86 ZFFXA20A2G0062155
62157	328	GTB 86 Red RHD ZFFWA19C000062157
62159	328	GTS 86 ZFFXA20AXG0062159
62161	328	GTB Red/Black
62163	328	GTS 86
62165	328	GTB 1/87 Red/beige LHD ZFFXA19A960062165
62171	Mondial	3.2 Cabriolet Red/Black LHD Manual ZFFWC26B000062171
62173	Testarossa	LHD EU ZFFTA17B000062173
62177	Testarossa	86 LHD US ZFFSA17A9G0062177
62181	412	Automatic 86 Prugna Metallic/beige LHD EU ZFFYD24B000062181
62185	328	GTS 86 ZFFXA20A0G0062185
62193	328	GTS 86 ZFFXA20AXG0062193
62197	328	GTS 86 ZFFXA20A7G0062197
62201	Mondial	3.2 86 ZFFXD21A8G0062201
62203	Mondial	3.2 86 Red/Tan ZFFXD21A1G0062203
62205	Testarossa	86 Red/Black LHD EU
62207	412	GT 86 dark Blue/tan LHD Manual EU
62209	Testarossa	
62213	Testarossa	86 Red/Black LHD ZFFTA17B000062213
62215	Testarossa	86 Red/Tan ZFFTA17B000062215
62217	328	GTS 86 Red/Tan ZFFXA20A9G0062217
62221	328	GTS 1/86 Red/Black ZFFXA20A0G0062221
62227	328	GTS 86 ZFFXA20A1G0062227
62231	328	GTS 86 ZFFXA20A3G0062231
62233	Mondial	3.2 86 Red/Black LHD EU ZFFWD21B000062233
62235	Mondial	3.2 86 ZFFXD21A3G0062235
62237	Testarossa	86 Red/Tan LHD US ZFFSA17A1G0062237
62243	Testarossa	86 Red/Black
62245	Testarossa	86 LHD US ZFFSA17A0G0062245
62251	328	GTS 86 Dark Red LHD ZFFWA20B000062251
62253	328	GTS 86 ZFFXA20A2G0062253
62255	328	GTB 86 Red/Black
62257	328	GTS 86 ZFFXA20AXG0062257
62265	328	GTS Red/Tan
62269	Mondial	3.2 Cabriolet 86 ZFFXC26A4G0062269
62273	328	GTS 87 Red ZFFXA20D000062273 eng. # F105C04000512
62275	Mondial	3.2 86 Red/Tan RHD ZFFE21D000062275 eng. # F105C04000461
62277	328	GTS 86 Black/Black LHD EU ZFFWA20B0000
62279	328	GTS 86 ZFFXA20A9G0062279
62289	328	GTS 86 Red/Crema LHD
62295	Mondial	3.2 Cabriolet 86 Red/Black ZFFXC26A5G0062295
62297	Mondial	3,2
62299	Testarossa	86 Black/Tan LHD US ZFFSA17A1G0062299
62301	Testarossa	86 LHD US ZFFSA17A6G0062301
62303	Testarossa	LHD EU ZFFTA17B000062303
62305	Testarossa	86 Rosso Corsa/Beige LHD ZFFTA17B000062305
62309	Testarossa	86 Red/Tan LHD US ZFFSA17A0G0062309
62311	412	86 Silver/Black Manual ZFFYD25B000062311
62315	328	GTS 86 ZFFXA20A9G0062315
62317	328	GTS 86 White Black LHD EU ZFFWA20B0000
62319	328	GTS 1/86 Red/Tan ZFFXA20A6G0062319
62323	328	GTS 86 ZFFXA20A8G0062323
62327	328	GTS 86 ZFFXA20A5G0062327
62331	Mondial	3.2 Cabriolet 86 Red/Tan LHD ZFFXC26A5G0062331
62333	Mondial	3.2 Blue/bordeaux LHD
62335	Mondial	3,2
62341	328	GTS 86 Red/Tan LHD
62343	328	GTS Red/Black
62349	328	GTS 86 Red/Tan ZFFXA20A4G0062349
62353	328	GTS
62355	Mondial	3.2 Red/Crema ZFFWD21B000062355 sunroof
62363	Testarossa	85 Red RHD ZFFTA17C000062363 eng. # F113A00487
62365	Testarossa	86 LHD US ZFFSA17AXG0062365
62367	Testarossa	86 LHD US ZFFSA17A3G0062367
62369	Testarossa	86 Red/Tan LHD US ZFFSA17A7G0062369
62375	328	GTS 2/86 Red/Tan ZFFXA20A5G0062375
62377	328	GTS Red/Tan ZFFWA20B000062377
62379	328	GTS 86 Red/Tan ZFFXA20A2G0062379
62381	328	GTS Red/Crema ZFFWA20B000062381
62383	328	GTS 2/86 Red/Black ZFFXA20A4G0062383
62385	328	GTS 86 Red/Black ZFFWA20B000062385
62387	328	GTS 86 Black/Tan ZFFXA20A1G0062387
62393	Mondial	3.2 86 Prugna RHD UK eng. #00694
62395	328	GTS 86 ZFFXA20A0G0062395
62403	328	GTB 86 Argento Red stripe/Red
62419	412	Automatic Black Burgundy RHD ZFFYD24C000062419
62421	412	silver metallic/tan
62427	Testarossa	Red/Tan LHD EU ZFFTA17B000062427
62435	328	GTS 86 ZFFXA20A8G0062435
62441	328	GTS 86 Red/Black
62443	GTS	Red/Red & black LHD EU
62447	328	GTS Red/beige RHD
62449	Mondial	3.2 Cabriolet 86 ZFFXC26A6G0062449
62451	Mondial	3.2 Cabriolet Red/Crema LHD
62453	Testarossa	86 LHD US ZFFSA17A7G0062453
62457	328	GTS 86 ZFFXA20A7G0062457
62465	328	GTB Rosso/tan & Red sport seats LHD EU ZFFWA19B000062465
62471	328	GTS 86 Blue/Tan RHD ZFFWA20C000062471
62475	Mondial	3.2 86 Blue/Naturale ZFFXD21A1G0062475 Sunroof
62481	Testarossa	Red/Black
62483	Testarossa	Red/Black
62485	Testarossa	LHD EU ZFFTA17B000062485
62489	412	i anthracite/tan
62491	328	GTSi 2/86 Red/Black ZFFXA20A7G0062491
62495	328	GTS 86 Red/Tan LHD ZFFXA20A4G0062495
62499	328	GTS 86 ZFFXA20A1G0062499
62503	328	GTS Dark Grey LHD ZFFXA20AX60062503
62511	Mondial	3.2 86 Red/Black ZFFWD21B000062511
62513	328	GTS 86 Grigio Titanio/tan ZFFXA20A2G0062513
62517	328	GTS Red/Cream RHD ZFFWA20C000062517 shields
62521	328	GTS 86 ZFFXA20A1G0062521
62523	328	GTB Red/Black then Silver/Black RHD ZFFWA19C000062523 Colour-coded rear spoiler
62525	328	GTS Rosso/nero LHD
62527	328	GTS 2/86 Red/Tan ZFFXA20A2G0062527
62529	Mondial	3.2 Cabriolet 86 ZFFXC26A4G0062529
62531	328	GTS 86 Silver/Tan
62537	Testarossa	Red/Tan black seats ZFFTA17B000062537
62539	Testarossa	Red/Black
62547	328	GTS Red/Black
62559	328	GTS black/black ZFFWA20B000062559 Red & black Momo Steering Wheel
62561	Mondial	3.2 Cabriolet

305

s/n	Type	Comments
62563	Mondial	3.2 Dark Blue/Crema
62565	Testarossa	86 Red/Tan LHD US ZFFSA17A7G0062565
62567	Testarossa	86 White/Blue LHD US ZFFSA17A0G0062567
62571	412	Automatic LHD EU ZFFYD24B000062571
62573	412	Automatic 86 Grigio/Red LHD EU ZFFY0248000062573
62575	328	GTS 86 Black then Red ZFFXA20A2G0062575 288 GTO-Conversion
62577	328	GTS 86 Red/Tan ZFFXA20A6G0062577
62579	328	GTS 2/86 Red/Black ZFFXA20AXG0062579
62583	328	GTS 86 Red/Tan ZFFXA20A1G0062583
62587	328	GTS
62589	328	GTS
62591	Mondial	3.2 Cabriolet 86 Black/Tan LHD ZFFXC26A9G0062591
62595	Mondial	3.2 86 Red/Tan ZFFXD21A0G0062595
62599	328	GTS 86 Black/Black LHD
62601	328	GTS 86 ZFFXA20AXG0062601
62607	328	GTS 86 ZFFXA20A0G0062607
62609	328	GTS
62611	328	GTS 86 Red RHD ZFFWA20C000062611
62615	Mondial	3.2 dark Blue/dark Red LHD ZFFWD21B000062615
62617	Testarossa	86 Red/Tan LHD US ZFFSA17A0G0062617
62619	Testarossa	86 Red/Tan ZFFSA17A4G0062619
62625	Testarossa	LHD EU ZFFTA17B000062625
62627	412	Automatic
62629	328	GTS 86 Red/Black ZFFXA20AXG0062629
62631	328	GTB Red/Tan
62633	328	GTS 86 ZFFXA20A1G0062633
62639	328	GTS LHD EU ZFFWA20B000062639
62643	328	GTS Red/Black LHD
62645	Mondial	3.2 Cabriolet 86 Red/Black LHD EU ZFFWC26B000062645
62647	Mondial	3.2 medium metallic Blue/Crema
62649	Mondial	3.2 Cabriolet Red/magnolia LHD ZFFWC26B000062649
62653	412	i Automatic 3/86 Black/Tan LHD EU ZFFYD24B000062653
62655	Testarossa	86 LHD US ZFFSA17A8G0062655
62659	Testarossa	86 Red/Black LHD US ZFFSA17A5G0062659
62661	412	i Automatic 86 Red/Magnolia RHD UK ZFFWA19C000062661 eng. # 00123
62667	328	GTS Rosso Corsa/tan LHD CH ZFFWA20S0000
62669	328	GTS 86 ZFFXA20A0G0062669
62673	328	GTS 86 ZFFXA20A2G0062673
62675	328	GTB Prugna/Crema then giallo/nero ZFFWA19B0000
62677	328	GTS Blue/Crema
62679	Mondial	3.2 86 ZFFXD21A6G0062679
62681	Mondial	3.2 Cabriolet Red/Black LHD
62685	Testarossa	Red/Black LHD EU ZFFTA17B000062685
62687	Testarossa	86 Red/Black LHD ZFFTA17B000062687
62691	328	GTS Red/Black
62693	328	GTS 86 Red/Black ZFFXA20A8G0062693
62701	328	GTS Rosso Corsa/Crema LHD ZFFWA20B000062701 shields
62703	328	GTS 86 ZFFXA20A7G0062703
62705	328	GTS
62709	Mondial	3.2 Cabriolet 86 ZFFXC26A6G0062709
62713	328	GTS 86 Red/Black LHD
62719	328	GTS LHD EU ZFFWA20B000062719
62723	328	GTS 86 Red/Crema RHD ZFFWA20C000062723 eng. # 00821
62725	328	GTS 86 ZFFXA20A6G0062725
62727	328	GTB 86 Red/Crema LHD
62731	Mondial	3,2
62735	Testarossa	86 Red/Tan ZFFSA17A6G0062735
62739	Testarossa	Red/Tan
62743	Testarossa	86 Red/Tan LHD US ZFFSA17A5G0062743
62745	412	i Automatic 86 Argento/Nero LHD EU ZFFYD24B000062745
62755	328	GTS 86 ZFFXA20A4G0062755
62759	328	GTS 86 ZFFXA20A1G0062759
62765	Mondial	3,2
62767	Mondial	3.2 Cabriolet 86 Red/Crema Red carpets RHD ZFFYD24C000062767
62773	328	GTS 86 Silver/Black ZFFXA20A6G0062773
62775	328	GTB 86 Red/Crema RHD UK
62779	328	GTS LHD EU ZFFWA20B000062779
62781	328	GTS 86 ZFFXA20A5G0062781
62783	328	GTS LHD EU ZFFWA20B000062783
62785	328	GTS 86 ZFFXA20A2G0062785
62787	328	GTS Red/Black LHD ZFFWA20B0000
62791	Mondial	3.2 Cabriolet 86 Red RHD ZFFWC26C000062791
62793	Testarossa	86 Black/Black LHD US ZFFSA17A9G0062793
62797	Testarossa	86 LHD US ZFFSA17A6G0062797
62799	412	
62813	328	GTB ZFFWA19B000062813
62817	328	GTS 86 Red/Tan ZFFXA20A0G0062817
62821	328	GTS Red/Black LHD ZFFWA20B0000
62825	328	GTS Rosso Corsa/Nero LHD EU ZFFWA20B000062825
62827	328	GTB
62831	Mondial	3.2 Cabriolet 86 White/Magnolia black top
62841	328	GTS 86 ZFFXA20A8G0062841
62845	328	GTS 86 ZFFXA20A5G0062845
62847	328	GTS LHD EU ZFFWA20B000062847
62849	412	i Anthracite/Tan
62851	328	GTS 86 Red/Black LHD
62853	328	GTS Red/Black LHD ZFFWA20B000062853 Red mirrors
62855	328	GTB Red/Black ZFFWA19B000062855
62863	328	GTS 86 ZFFXA20A7G0062863
62871	328	GTB Red LHD
62879	Mondial	3.2 Cabriolet 86 ZFFXC26A9G0062879
62885	Testarossa	Blu Sera/Crema
62887	Testarossa	Red/Black ZFFTA17S000062887
62891	Testarossa	86 Red/Tan LHD US ZFFSA17A9G0062891
62895	412	Grigio/Tan LHD Manual EU ZFFYD25B000062895, feat in the movie "Rain Man"
62897	Testarossa	Pininfarina Spider Speciale Grey/White LHD EU ZFFTA30B000062897 crashed
62903	328	GTS 86 ZFFXA20A4G0062903
62905	328	GTS Red/beige ZFFWA20B000062905
62907	328	GTS 86 Red/Tan ZFFXA20A1G0062907
62911	328	GTS 86 ZFFXA20A3G0062911
62917	328	GTS Red/Black ZFFWA20B000062917
62919	328	GTS Rosso Corsa ZFFWA20B000062919
62923	328	GTS Red/Black
62925	328	GTB Red/Tan
62931	328	GTS
62933	Mondial	3.2 Cabriolet 86 Red/Tan ZFFXC26A0G0062933
62937	Mondial	3.2 Cabriolet LHD EU ZFFWC26B000062937
62939	412	86 Medium brown metallic/tan LHD Manual EU ZFFYD25B000062939
62943	Testarossa	86 Red/Tan
62945	Testarossa	86 LHD US ZFFSA17A6G0062945
62951	328	GTB
62953	328	GTS 86 Blue RHD UK eng. # 00882
62955	328	GTS 86 Red/Red
62957	328	GTS 86 LHD US ZFFXA20A5G0062957 288 GTO Evo-Replica Rosso Corsa/Red
62965	Mondial	3.2 86 Red/Crema LHD ZFFXD21A7G0062965
62967	Mondial	3.2 Cabriolet Red/Tan ZFFWC26B000062967
62973	Testarossa	86 LHD US ZFFSA17A0G0062973
62977	Testarossa	86 LHD US ZFFSA17A8G0062977
62979	Testarossa	86 LHD US ZFFSA17A1G0062979
62981	Testarossa	86 LHD US ZFFSA17AXG0062981
62983	Testarossa	Red/Black
62987	328	GTB
62991	328	GTS 86 Red/Black ZFFWA20B000062991
62993	328	GTS 86 ZFFXA20A9G0062993

s/n	Type	Comments
62997	328	GTS 3/86 Rosso Corsa/Black ZFFXA20A6G0062997
62999	328	GTS Red/Crema RHD ZFFWA20C000062999
63001	Mondial	3.2 Red/Tan LHD ZFFWD21B000063001
63005	Mondial	3.2 86 Bronze Tan LHD ZFFXD21A2G0063005
63009	Testarossa	LHD EU ZFFTA17B000063009
63013	Testarossa	Red/Crema
63015	Testarossa	86 LHD US ZFFSA17AXG0063015
63017	Testarossa	86 LHD US ZFFSA17A3G0063017
63021	Testarossa	86 Red/Tan ZFFSA17A5G0063021
63023	412	Automatic Silver/? LHD
63027	328	GTS 86 Blu Sera/tan ZFFXA20A9G0063027
63029	328	GTS black/Crema ZFFWA20B000063029
63031	328	GTS 86 ZFFXA20A0G0063031
63037	328	GTS LHD EU ZFFWA20B000063037
63039	328	GTB black/Beige LHD
63041	328	GTS 86 Red/Crema EU, crashed badly, written off?
63049	Testarossa	
63051	Testarossa	86 LHD US ZFFSA17A3G0063051
63059	328	GTS Red/Black
63065	328	GTS 87 Red/Black ZFFWA20B000063065
63067	328	GTS 87 Red/Black colour coded roof rear spoiler
63069	328	GTS
63071	Mondial	3.2 Cabriolet 86 Red/Tan ZFFXC26AXG0063071
63077	328	GTS 86 ZFFXA20A2G0063077
63081	328	GTS 86 ZFFXA20A4G0063081
63083	328	GTS Red/Black LHD
63089	328	GTS LHD EU ZFFWA20B000063089
63097	Testarossa	Red/Black LHD
63105	Testarossa	86 Red RHD ZFFTA17C000063105
63107	412	
63109	Testarossa	86 LHD US ZFFSA17A8G0063109
63111	Testarossa	86 Red/Black ZFFTA17B000063111
63117	328	GTS 86 Red/Black ZFFXA20AXG0063117
63131	328	GTB Red/Tan
63133	Mondial	3.2 Red/Black
63147	Testarossa	Red/Tan LHD
63149	328	GTS LHD EU ZFFWA20B000063149
63157	328	GTS Red/Crema ZFFWA208000063157
63159	328	GTB Red/Crema ZFFWA19B0000
63161	328	GTS Red/Black
63163	328	GTB 11/85 Rosso Corsa/Beige eng. # F105C00959
63167	Mondial	3.2 86 Red/Tan US ZFFXD21A6G0063167
63169	Testarossa	Red/Crema
63171	Testarossa	86 LHD US ZFFSA17A2G0063171
63173	Testarossa	Red/Black LHD
63175	328	GTS
63181	328	GTS 3/86 Black/Black ZFFXA20A8G0063181
63195	Mondial	3.2 Cabriolet LHD EU ZFFWC26B000063195
63197	Mondial	3.2 Cabriolet
63199	Mondial	3.2 Cabriolet 86 ZFFXC26A3G0063199
63201	Testarossa	86 LHD US ZFFSA17A7G0063201
63203	Testarossa	Red/Black LHD
63215	328	GTS 86 ZFFXA20AXG0063215
63217	328	GTB Blu Chiaro FER 503/C Crema RHD ZFFWA19C000063217
63219	328	GTB 86 Blue RHD eng. # 00973
63221	Testarossa	
63225	Mondial	3.2 Cabriolet Red/Black LHD
63227	328	GTS 86 ZFFXA20A6G0063227
63233	328	GTS Red/Black LHD
63247	Mondial	3.2 86 ZFFXD21A4G0063247
63249	Testarossa	86 Prugna/Crema
63251	Testarossa	Red/Black
63257	412	i 86 Silver RHD Manual ZFFYD25C000063257
63259	Testarossa	86 White LHD US ZFFSA17A5G0063259
63261	328	GTS silver/bordeaux ZFFWA20B000063261
63265	328	GTS Red/Black ZFFWA20B0000
63267	328	GTS Red/Black ZFFWA20B000063267
63273	Testarossa	86 Red RHD UK eng. # 00559
63275	412	Automatic 86 Red/Tan LHD EU ZFFYD24B000063275
63277	GTB	Turbo first
63279	328	GTS 86 ZFFXA20A3G0063279
63285	Mondial	3,2
63287	Mondial	3.2 Cabriolet LHD EU ZFFWC26B000063287
63289	Mondial	3.2 86 ZFFXD21A9G0063289
63293	328	GTS 86 ZFFXA20A8G0063293
63295	328	GTS
63299	Mondial	3.2 86 ZFFXD21A5G0063399
63301	328	GTS 87 Red/Black
63307	Mondial	3.2 Cabriolet Red/Black LHD
63313	Mondial	3.2 anthracite/Red LHD EU ZFFWD21B000063313
63315	Testarossa	86 LHD US ZFFSA17A0G0063315
63317	Testarossa	86 LHD US ZFFSA17A4G0063317
63319	Testarossa	Red/Black
63321	412	86 Blue chiaro/Navy Blue Manual LHD EU ZFFYD25B000063321 EPA, DOT & California BAR certs
63325	328	GTS 86 ZFFXA20A6G0063325
63331	328	GTS Rosso Corsa/Beige LHD ZFFWA20B000063331
63333	328	GTB 86 LHD EU ZFFWA19B000063333
63335	328	GTS 86 ZFFXA20A9G0063335
63339	328	GTS 86 ZFFXA20A6G0063339
63341	Mondial	3.2 86 Silver RHD UK eng. # 00972
63347	Testarossa	Red/Black LHD
63349	Testarossa	86 LHD US ZFFSA17A6G0063349
63351	Testarossa	Red/Tan ZFFTA17B000063351
63353	328	GTS Red/Tan LHD
63355	328	GTS 4/86 Red/Tan LHD EU ZFFWA20B0F0063355
63357	328	GTS 86 ZFFXA20A8G0063357
63361	328	GTS 86 ZFFXA20AXG0063361
63365	328	GTB 86 Red/Crema
63367	328	GTS 86 Red/Tan ZFFXA20A0G0063367
63373	Testarossa	86 LHD US ZFFSA17A3G0063373
63375	Testarossa	Red/Black
63377	412	LHD Manual EU ZFFYD25B000063377
63379	Testarossa	86 Red/Tan LHD US ZFFSA17A4G0063379
63383	328	GTS Red/Black
63389	328	GTS LHD EU ZFFWA20B000063389
63391	328	GTS 86 Blue/Red LHD
63393	328	GTS Red/Black
63395	328	GTS 86 ZFFXA20A5G0063395
63399	Mondial	86 Prugna/Tan LHD ZFFXD21A5G0063399
63407	Testarossa	86 Red/Crema brown dash ZFFTA17C000063407
63411	Testarossa	86 LHD US ZFFSA17A7G0063411
63413	Testarossa	86 LHD US ZFFSA17A0G0063413
63415	328	GTS 86 ZFFXA20A7G0063415
63421	328	GTS 88 black/black US ZFFXA20A2G0063421
63423	328	GTB 86 dark Grey/Bordeaux ZFFWA19B000063423
63425	Mondial	3.2 Cabriolet
63427	328	GTS 86 Red/Tan RHD ZFFWA20C000063427
63429	328	GTS Red/Crema RHD ZFFWA20C000063429
63435	328	GTS 86 White/Beige ZFFXA20A2G0063435
63439	328	GTS 86 ZFFXA20AXG0063439 , badly burned, written off?
63441	328	GTS 86 Red/Black LHD
63445	328	GTS Red/beige ZFFWA20B000063445
63447	328	GTB 86 Red/BlackLHD ZFFWA19B0000
63449	328	GTB 86 ZFFXA19A6G0063449
63453	Mondial	3.2 Cabriolet
63457	Testarossa	86 LHD US ZFFSA17A9G0063457
63461	Testarossa	86 Red/Tan LHD US ZFFSA17A0G0063461
63463	412	i Automatic 86 silver/grey
63465	Testarossa	86 LHD US ZFFSA17A8G0063465
63467	Testarossa	86 LHD US ZFFSA17A1G0063467
63469	Testarossa	Red/Tan

s/n	Type	Comments
63473	412	Automatic silver Met./grey Blue dash and carpets LHD EU ZFFYD24B0000
63477	328	GTB Rosso/tan
63481	328	GTS LHD EU ZFFWA20B000063481
63485	328	GTS Blue/tan ZFFWA20B000063485
63487	328	GTS 86
63495	412	Automatic 86 White/tan LHD EU ZFFYD24B000063495
63499	Testarossa	Red/Tan LHD
63501	Testarossa	86 LHD US ZFFSA17A8G0063501
63503	328	GTS 86 Red/Tan ZFFXA20A4G0063503
63505	328	GTS 86 ZFFXA20A8G0063505
63507	328	GTS
63509	328	GTS LHD EU ZFFWA20B000063509
63511	328	GTS 86 Red/Tan ZFFXA20A3G0063511
63513	328	GTS 86 ZFFXA20A7G0063513
63517	328	GTS 86 ZFFXA20A4G0063517
63521	Mondial	3.2 Cabriolet 86 Red/Tan LHD EU ZFFWC26B000063521
63525	Testarossa	
63529	Testarossa	86 LHD US ZFFSA17A8G0063529
63533	412	i blu/tan LHD EU
63535	412	dark metallic Blue/Crema Manual LHD ZFFYD25B000063535
63537	Testarossa	86 Red RHD ZFFAA17C000063537
63539	Testarossa	86 LHD US ZFFSA17A0G0063539
63541	Testarossa	86 Red/Black ZFFTA17B000063541
63543	Testarossa	Red/beige, eng. # 00578
63355	328	GTS 86 Red/Tan ZFFWA20B0F0063355
63567	328	86 Black/Black LHD US ZFFSA17A5G0063567
63569	Testarossa	86 LHD US ZFFSA17A9G0063569
63571	412	86 Blu Sera/crema manual
63573	328	GTS 86 Red/Tan ZFFXA20A3G0063573
63575	328	GTS
63581	328	GTB 86 Red/Tan LHD
63587	328	GTS Red/all Red
63589	Mondial	3.2 Cabriolet 86 ZFFXC26A5G0063589
63593	Mondial	3.2 86 ZFFXD21A1G0063593
63599	Testarossa	86 LHD US ZFFSA17A7G0063599
63601	412	Automatic 86 Black Metallic/CremaLHD EU ZFFYD24B000063601
63603	328	GTB Red/Black
63607	328	GTS 86 Red/Tan ZFFXA20A5G0063607
63609	328	GTS
63611	328	GTS 86 ZFFXA20A7G0063611
63615	328	GTS 86 ZFFXA20A4G0063615
63617	328	GTB
63619	Mondial	3.2 Cabriolet Red/Tan LHD
63625	Testarossa	Red
63627	Testarossa	Red/Tan ZFFAA17B000063627
63629	Testarossa	Red/Black LHD
63631	Testarossa	86 LHD US ZFFSA17AXG0063631
63641	328	GTS
63643	328	GTS 86 ZFFXA20A9G0063643
63645	328	GTS 86 Red/Tan LHD
63649	328	GTS 86 Red/Tan ZFFXA20AXG0063649
63655	Mondial	3.2 Cabriolet 86 Red/Black LHD ZFFXC26A3G0063655
63657	412	GT
63659	Testarossa	
63663	Testarossa	86 Red/Tan ZFFSA17AG00063663
63667	328	GTS 86 Red/Tan LHD ZFFXA20A1G00
63671	328	GTS 86 ZFFXA20A3G0063671
63677	328	GTS 86 ZFFXA20A4G0063677
63679	328	GTS 86 Red RHD ZFFWA20C000063679
63685	Testarossa	
63687	Testarossa	86 Red RHD ZFFTA17C000063687
63689	Testarossa	86 LHD US ZFFSA17A8G0063689
63691	Testarossa	86 LHD US ZFFSA17A6G0063691
63693	412	86 burgundy/cream
63695	328	GTS 86 ZFFXA20A6G0063695
63697	328	GTS 86 Red
63701	328	GTB 86 ZFFXA19A1G0063701

s/n	Type	Comments
64711	328	GTS 5/86 Red/Black ZFFXA20A5G0064711
63721	Testarossa	86 LHD US ZFFSA17A0G0063721
63723	328	GTS 86 ZFFXA20A7G0063723
63725	328	GTS Grey/Black
63727	328	GTS 86 ZFFXA20A4G0063727
63733	328	GTS
63737	328	GTS 86 ZFFXA20A7G0063737
63739	GTS	Turbo first
63745	Testarossa	86 LHD US ZFFSA17A3G0063745
63749	Testarossa	Red/Black LHD
63753	Testarossa	86 LHD US ZFFSA17A2G0063753
63755	412	86 Black/Tan LHD EU ZFFYD24B000063755
63761	328	GTS 86 ZFFXA20A4G0063761
63763	328	GTS 86 Rosso Corsa/beige LHD EU
63765	328	GTS 86 Red/Tan ZFFXA20A1G0063765
63767	328	GTS 86 Red/Tan LHD
63769	GTS	Turbo Red/Tan
63773	328	GTB
63777	Mondial	3.2 86 Red/Tan LHD ZFFD21A0G0063777
63779	Mondial	3.2 86 White/White LHD CH ZFFWC26S000063779
63781	328	GTS 4/86 Black/Black ZFFXA20AXG0063781
63785	328	GTS 86 Verde Scuro/Chocolate ZFFXA20A7G0063785
63789	328	GTS 86 ZFFXA20A4G0063789
63795	328	GTS 86 ZFFXA20AXG0063795
63803	Testarossa	86 Silver/Black LHD US ZFFSA17A2G0063803
63805	Testarossa	86 Yellow-black eng. # 589
63809	328	GTS 86 ZFFXA20A6G0063809
63813	328	GTS 86 ZFFXA20A8G0063813
63815	328	GTB Red/Black RHD ZFFWA19C000063815 63815NIT
63817	328	GTS RedFER300/6/grey ZFFWA20B000063817
63821	328	GTS 86 Red/Black ZFFXA20A7G0063821
63825	Mondial	3.2 Red/Black
63827	Mondial	3.2 Cabriolet Red/Tan ZFFWC26S0000
63833	Testarossa	86 LHD US ZFFSA17A0G0063833
63837	412	i Automatic 86 Red/Tan LHD EU ZFFY024B000063837
63839	412	i Automatic 86 Rosso Corsa/Tan LHD EU ZFFYD24B000063839
63845	Testarossa	86 LHD US ZFFSA17A7G0063845
63847	Testarossa	
63855	328	GTS
63857	328	GTS 86 ZFFXA20A6G0063857
63861	328	GTB 86 Red/Tan LHD
63863	328	GTS Black/Crema ZFFWA20S0000
63867	Mondial	3.2 Cabriolet 4/86 Red/Tan LHD ZFFXC26A7G0063867
63871	412	Automatic Blue metallic/Crema ZFFYD24S0000
63873	328	GTS 86 Black/Black ZFFXA20A4G0063873
63879	328	GTB Red/Tan
63885	328	GTS 86 White/Tan LHD
63891	Mondial	3.2 Cabriolet Red/Crema LHD
63893	Mondial	3.2 Brown/Tan LHD ZFFWD21B000063893
63901	Testarossa	86 LHD US ZFFSA17A2G0063901
63903	Testarossa	86 LHD US ZFFSA17A6G0063903
63907	412	
63911	328	GTS 86 ZFFXA20A8G0063911
63913	328	GTB Red/Tan ZFFWA19S0000
63915	328	GTS Blue/Crema LHD CH ZFFWA20S0000
63917	328	GTB 86 Red/Tan LHD CH ZFFWA19S000063917
63919	328	GTS Red/Black LHD CH ZFFWA20S000063919
63921	GTS	Turbo 86 Red/Black LHD EU
63925	328	GTS 86 Yellow/black LHD ZFFXA20A8G00
63927	Mondial	3.2 QV Cabriolet 86 Black/Black ZFFXC26AXG0063927
63929	Mondial	3.2 QV Silver/Black LHD ZFFWD21B000063929
63931	Mondial	3.2 Cabriolet Red LHD
63933	Testarossa	86 Red/Black RHD ZFFTA17C000063933

s/n	Type	Comments
63939	Testarossa	86 Red/Tan LHD US ZFFSA17A5G0063939 Autocheck conf.
63945	328	GTS 86 Red/Black
63947	328	GTS 86 Red/Tan LHD
63957	Mondial	3.2 86 Red/Tan LHD US ZFFXD21A2G0063957
63961	Testarossa	86 Black/Beige LHD US ZFFSA17A9G0063961
63963	Testarossa	Red/Tan LHD
63965	412	Automatic LHD EU ZFFYD24B000063965
63967	328	GTS 86 Blue/Tan RHD ZFFWA20C000063967
63969	328	GTS 86 ZFFXA20A6G0063969
63973	328	GTS 86 Red/Tan RHD ZFFXA20A8G0063973
63975	328	GTS Rosso Corsa/Crema LHD CH ZFFWA20S000063975
63977	328	GTB 86 Red/Tan LHD
63979	328	GTS 4/86 Red/Tan ZFFXA20A9G0063979
63983	Mondial	3.2 Cabriolet Red/Tan LHD
63985	Mondial	3.2 86 ZFFXD21A7G0063985
63989	412	dark metallic Blue/Blue
63995	Testarossa	86 LHD US ZFFSA17A4G0063995
63999	328	GTS 86 Red RHD ZFFTA17C000063999 eng. # 01078
64003	328	GTS 86 Red/Tan US ZFFXA20A0G0064003
64005	328	GTB 86 Red/Black LHD
64009	328	GTS 86 Red/Tan LHD CH
64011	328	GTB 86
64019	Testarossa	
64021	Testarossa	86 Red/Tan LHD ME ZFFTA17T0G00
64025	Testarossa	86 LHD US ZFFSA17A7G0064025
64027	412	Automatic 86 Black/Black LHD EU ZFFYD24B000064027
64029	328	GTS 86 ZFFXA20A7G0064029
64031	328	GTS
64033	328	GTS 86 ZFFXA20A9G0064033
64037	328	GTS 86 Rosso Corsa/Crema RHD ZFFWAZ0C000064037
64039	328	GTB
64041	328	GTS 86 ZFFXA20A8G0064041
64051	Testarossa	86 silver
64053	Testarossa	86 LHD US ZFFSA17A1G0064053
64057	Testarossa	Rosso/nero
64059	328	GTS Red/Black
64061	328	GTS light Blue/Crema
64063	328	GTB 86 Red/Black LHD
64075	Mondial	3.2 Cabriolet 86 ZFFXC26A1G0064075
64081	328	GTS 86 ZFFXA20A9G0064081
64085	328	GTS 86 ZFFXA20A6G0064085
64091	328	GTS 86 ZFFXA20A1G0064091
64093	328	GTB
64095	328	GTS 86 Black/Black ZFFXA20A9G0064095 black metallic/Red
64101	Testarossa	
64103	Testarossa	Red/Crema LHD ZFFTA17B0000 brown dash
64105	Testarossa	86 LHD US ZFFSA17A5G0064105
64107	Testarossa	Red/Black ZFFTA17B000064107
64109	412	Automatic LHD EU ZFFYD24B000064109
64111	Testarossa	86 Red RHD ZFFTA17C000064111
64113	Testarossa	LHD EU ZFFTA17B000064113
64115	Testarossa	86 Red/Tan LHD US ZFFSA17A8G0064115
64119	328	GTS Red/White
64125	328	GTS 86 ZFFXA20A3G0064125
64129	328	GTS 86 Red/Tan ZFFXA20A0G0064129
64131	Mondial	3.2 Cabriolet 86 ZFFXC26A7G0064131
64135	328	GTS Red/Black
64139	328	GTS 86 Red/Black
64141	328	GTS LHD EU ZFFWA20B000064141
64145	328	GTB 86 ZFFXA19A2G0064145
64149	328	GTB Red/Tan LHD CH ZFFWA19S0000
64161	Testarossa	Koenig Red/Red seats LHD ZFFTA17B000064161
64163	Testarossa	4/86 Red/Tan LHD US ZFFSA17A8G0064163
64165	412	86 LHD Manual EU ZFFYD25B000064165
64167	328	GTS 86 ZFFXA20A8G0064167
64173	328	GTS 86 ZFFXA20D000064173
64175	328	GTB
64181	328	GTS 86 Silver/Black LHD
64183	Mondial	3,2
64187	412	86 Black RHD UK eng. # 00169
64189	Testarossa	86 Anthracite/Grey LHD
64197	328	GTS 86 ZFFXA20A6G0064197
64199	328	GTS 86 Blue Chiaro/Black ZFFXA20AXG0064199
64201	328	GTS 86 ZFFXA20A4G0064201
64205	GTB	Turbo Red/Crema ZFFZA27B000064205
64209	328	GTS 86 ZFFXA20A9G0064209
64213	Mondial	3.2 Cabriolet 86 ZFFXC26A9G0064213
64221	Testarossa	86 Black/Black LHD US ZFFSA17A7G0064221
64223	412	86 Blue/White LHD
64231	328	GTS 86 ZFFXA20A2G0064231
64233	328	GTS 86 ZFFXA20A6G0064233
64235	GTS	Turbo 86 Red/Tan LHD EU
64237	328	GTB 86 Red/Tan LHD EU ZFFWA19B0000 64237BZB
64239	328	GTS 86 ZFFXA20A7G0064239
64241	328	GTS 87 Red ZFFXA20D000064241 eng. # F105C04000625
64245	Mondial	3.2 86 Red/Tan LHD US ZFFXD21A5G0064245
64247	412	Automatic Cabriolet Conversion 86 Light Blue/Light Grey LHD EU ZFFYD24B000064247
64249	Testarossa	White/Black
64253	Testarossa	86 Red/Crema LHD US ZFFSA17A9G0064253
64257	Testarossa	Black/Cream ZFFTA17B000064257
64259	Testarossa	86 LHD US ZFFSA17AXG0064259
64261	Testarossa	86 LHD US ZFFSA17A8G0064261
64263	328	GTS 86 ZFFXA20A4G0064263
64265	328	GTS 86 Red RHD ZFFWA20C000064265
64271	328	GTS 86 Blue Chiaro/tan navy Blue carpets ZFFXA20A3G0064271
64273	328	GTS Red/Tan
64275	Mondial	3.2 Red/Black LHD
64277	Mondial	3.2 Cabriolet 86 ZFFXC26A2G0064277
64279	328	GTB 86 Red/Black
64283	328	GTB 86 Red/Black LHD ZFFWA19B000064283
64289	328	GTS Red/Black LHD
64291	328	GTB 86 ZFFXA19A2G0064291
64297	Mondial	3.2 Cabriolet 86 Red/Tan ZFFXC26A8G0064297
64305	Testarossa	5/86 Argento 101/C/Tan LHD US ZFFSA17A260064305
64307	412	i Automatic 86 Black/tan LHD EU ZFFYD24B000064307
64309	328	GTB Red/Crema
64315	328	GTS
64329	412	86 White/Red Manual LHD ZFFYD25B000064329
64337	Testarossa	86 LHD US ZFFSA17A4G0064337
64341	328	GTB Red/Black
64345	328	GTS 86 ZFFXA20A6G0064345
64347	328	GTS 86 Black/Tan ZFFXA20AXG0064347
64355	Mondial	3.2 86 Rosso Corsa/beige LHD CH ZFFWD21S0000 Red & black Momo steering wheel
64539	Testarossa	86 Red/Tan ZFFSA17A5G0064539
64363	Testarossa	86 White/dark brown LHD US ZFFSA17A5G0064363
64365	Testarossa	Red
64367	412	
64369	Testarossa	86 LHD US ZFFSA17A6G0064369
64373	Testarossa	86 Red/Black LHD US ZFFSA17A8G0064373
64379	328	GTS Red/Tan LHD EU ZFFWA20S0000
64385	328	GTS 86 ZFFXA20A7G0064385
64387	328	GTS 86 ZFFXA20A0G0064387
64407	328	GTS 86 Rosso Corsa/beige
64409	328	GTS 86 White/Tan ZFFXA20A6G0064409
64413	Mondial	3.2 grey/tan
64417	Mondial	3.2 Cabriolet 87 Rosso Corsa/Black LHD EU ZFFUD1480000 eng. # 1137
64421	Testarossa	86 LHD US ZFFSA17A4G0064421

s/n	Type	Comments
64425	Testarossa	86 LHD US ZFFSA17A1G0064425
64427	412	86 Grey/Tan LHD Manual
64429	Testarossa	86 LHD US ZFFSA17A9G0064429
64431	Testarossa	86 Black/Tan LHD EU ZFFTA17B000064431
64433	Testarossa	86 LHD US ZFFSA17A0G0064433
64435	Testarossa	Red/Tan LHD
64441	328	GTS 86 LHD SWE ZFFWA20S000064441
64445	328	GTS Red/Beige 64445PPS
64447	328	GTS 86 ZFFXA20A3G0064447
64449	328	GTS 86 ZFFXA20A7G0064449
64461	328	GTB 6/86 Red/Black LHD CH ZFFWA19S0000 Deep front spoiler
64463	328	GTS 86 ZFFXA20A1G0064463
64483	Testarossa	86 Red/crema LHD US ZFFSA17A4G0064483
64485	Testarossa	86 LHD US ZFFSA17A8G0064485
64487	412	86 black/Parchment LHD Manual EU ZFFYD25B000064487
64489	328	GTS 86 ZFFXA20A8G0064489
64491	328	GTS
64493	328	GTS 86 ZFFXA20AXG0064493
64495	328	GTS 86 Red LHD
64499	328	GTS Black/Crema
64507	328	GTS 86 Red/Black RHD ZFFWA20C000065407
64511	Testarossa	Red/Black
64515	Testarossa	87 Red RHD ZFFTA17C000064515 eng. # F113A00648
64517	328	GTB Red/Black LHD EU ZFFWA19B00064517 64517URU
64519	328	GTS 86 Red/Tan ZFFXA20A2G0064519
64521	328	GTB 86 Bianco (Fer 100)/Beige (VM 3218) RHD UK 64521NMI
64523	328	GTS 86 ZFFXA20A4G0064523
64527	328	GTS 86 ZFFXA20A1G0064527
64531	Mondial	3.2 86 ZFFXD21A6G0064531
64537	Testarossa	86 LHD US ZFFSA17A1G0064537
64539	Testarossa	86 LHD US ZFFSA17A5G0064539
64541	Testarossa	
64543	412	86 Black/Bordeaux RHD ZFFYD25C000064543
64545	Testarossa	LHD EU ZFFTA17B000064545
64547	Testarossa	86 LHD US ZFFSA17A4G0064547
64549	412	86 Grey/Crema LHD EU
64551	412	LHD Manual EU ZFFYD25B000064551
64553	328	GTS 86 Red/Black ZFFWA20B000064553
64557	328	GTS Red/Crema Red carpets RHD ZFFWA19C00064557 64557NFW
64559	328	GTS 86 ZFFXA20A3G0064559
64561	328	GTS 86 Red/Tan ZFFWA20B000064561
64565	328	GTS 5/86 Rosso Corsa/Tan ZFFXA20A9G0064565
64567	328	GTS 86 light Blue/black ZFFXA20A2G0064567
64571	Mondial	3.2 Cabriolet 86 ZFFXC26A2G0064571
64573	Mondial	3.2 Cabriolet 86 ZFFXC26A6G0064573
64575	412	86 Black/tan
64577	Testarossa	Koenig 86 Red/Black Red inserts Red piping LHD
64579	Testarossa	86 LHD US ZFFSA17A6G0064579
64585	412	Automatic 86 Chiaro Blue/Crema Blue carpets RHD ZFFWA19C000064585
64589	328	GTS Red/Black LHD CH ZFFWA20S0000
64591	328	GTS 86 Red LHD SWE ZFFWA20S000064591
64599	328	GTB Red/Black
64601	328	GTS 86 Red/beige ZFFWA20B000064601
64607	412	Rosso Corsa/Black 64607WPW
64615	Testarossa	86 LHD US ZFFSA17A6G0064615
64617	328	GTS 86 ZFFXA20A2G0064617
64619	328	GTB Red/Crema LHD
64627	328	GTS Red/Black
64635	Mondial	3.2 Cabriolet Red/Crema RHD
64636???	Testarossa	Dark Blue/Beige LHD
64637	Mondial	3.2 Cabriolet black/tan LHD
64639	Testarossa	86 LHD US ZFFSA17A9G0064639
64641	Testarossa	Silver/Black
64645	Testarossa	Red/Beige brown carpet
64647	412	86 Black/Red LHD Manual EU ZFFYD25B000064647
64649	328	GTS 86 ZFFXA20A4G0064649
64653	328	GTS 86 Red/Tan ZFFXA20A6G0064653
64655	328	GTS Red/Tan
64657	328	GTB Red/Tan
64659	328	GTS 86 ZFFXA20A7G0064659
64661	328	GTB 86 Red/Crema LHD
64670???	412	GT even s/n?
64671	328	GTS 86 Red/Crema Red carpets RHD ZFFWA20C000064671
64677	328	GTB 6/86 Rosso Corsa/Nero ZFFWA19S000064677 64677DID
64679	328	GTS Red/Black 64679MDA
64681	328	GTB
64685	Mondial	3,2
64687	Mondial	3.2 Cabriolet LHD EU ZFFWC26B000064687
64691	412	Automatic dark grey/Crema
64695	Testarossa	86 Grigio metallizzato/Tan LHD US ZFFSA17A8G0064695 Tubi
64697	Testarossa	86 LHD US ZFFSA17A1G0064697
64699	Testarossa	86 LHD US ZFFSA17A5G0064699
64701	412	LHD Manual EU ZFFYD25B000064701
64707	328	GTS Rosso Corsa/Black Colour-coded roof LHD ZFFWA20B000064707 64707YCQ colour-coded rear aerofoil
64711	328	GTS 5/86 Red/Black ZFFXA20A5G0064711
64713	328	GTS 86 ZFFXA20A9G0064713
64715	Mondial	Cabriolet 86 blu/Red ZFFXC26A0G0064715
64717	Mondial	3.2 86 ZFFXD21A9G0064717
64719	Testarossa	86 Red/Tan LHD US ZFFSA17A7G0064719
64729	328	GTS 86 ZFFXA20A2G0064729
64733	328	GTS 86 ZFFXA20A4G0064733
64737	328	GTB Red/Black
64739	328	GTS Red/Black LHD EU ZFFWA20B000064739
64741	328	GTS 86 Red/Crema LHD
64745	328	GTS 86 Red/Black LHD
64747	Mondial	3.2 Cabriolet
64749	Mondial	3.2 Cabriolet 86 ZFFXC26A6G0064749
64751	412	LHD Manual EU ZFFYD25B000064751
64753	412	Blue chiaro/tan LHD Manual EU ZFFYD25B000064753
64755	328	GTS LHD EU ZFFWA20B000064755
64761	328	GTS 86 ZFFXA20A9G0064761
64771	Mondial	3.2 Cabriolet Beige LHD ZFFWD21S000064771 Sunroof
64773	Mondial	3.2 Cabriolet 86 Rosso Chiaro Tan ZFFXC26A3G0064773
64777	412	86 Black/Beige LHD EU
64781	Testarossa	86 LHD US ZFFSA17A1G0064781
64783	Testarossa	Red/Tan
64789	328	GTS Yellow/black then Rosso/nero
64791	328	GTB Red/Black LHD CH ZFFWA19S0000
64793	328	GTS 85 Rossa Corsa/Nero RHD ZFFWA19C000064793
64799	328	GTB Blu Chiaro/Crema LHD EU 64799SYS
64801	328	GTS 86 Grigio Red ZFFXA20A6G0064801
64803	328	GTS 86 Red/Crema LHD
64805	328	GTB Red
64809	Mondial	3.2 Red/Crema RHD ZFFWD21C000064809
64813	Testarossa	86 LHD US ZFFSA17AXG0064813
64815	Testarossa	86 LHD US ZFFSA17A3G0064815
64817	Testarossa	86 LHD US ZFFSA17A7G0064817
64819	412	i Automatic 86 Blue met./Black ZFFYD24B000064819
64821	412	i 86 blu sera/Crema Manual ZFFYD25S000064821
64827	328	GTS 86 ZFFXA20A2G0064827
64835	328	GTS 86 ZFFXA20A1G0064835
64837	328	GTS 86 Red/Tan LHD CH
64843	Mondial	3.2 86 ZFFXD21A3G0064843
64847	328	GTS 9/86 Rosso Corsa/Nero
64851	328	GTB

s/n	Type	Comments
64853	328	GTS
64855	328	GTS 86 Red/Tan LHD
64857	328	GTS 86 ZFFXA20A0G0064857
64859	328	GTB Blue/Crema ZFFWA19B000064859
64863	Mondial	3.2 Red/Tan LHD ZFFWD21S000064863
64867	Testarossa	
64869	Testarossa	86 LHD US ZFFSA17A4G0064869
64871	Testarossa	86 Red/Tan LHD LHD US ZFFSA17A2G0064871
64873	Testarossa	86 Red/Tan LHD US ZFFSA17A6G0064873 Single high mirrow single lug wheels Red calipers
64875	Testarossa	
64889	328	GTS 86 Red/Bordeaux ZFFWA20B000064889
64891	328	GTS 86 ZFFXA20A0G0064891
64895	328	GTS 86 Red/Tan ZFFXA20A8G0064895
64897	Mondial	3.2 Cabriolet 86 ZFFXC26AXG0064897
64903	328	GTS Red
64905	328	GTS 86 ZFFXA20A7G0064905
64907	328	GTB black/black LHD ZFFWA19B0000 64907LUL
64909	328	GTS 86 Red
64911	328	GTS Red/Black
64913	328	GTS Red/Black ZFFWA20B000064913
64915	328	GTS 86 ZFFXA20AXG0064915
64919	Mondial	3.2 Cabriolet Red/Tan RHD
64921	Mondial	3.2 Cabriolet 86 Red/Tan LHD CH ZFFWC26S000064921
64925	Testarossa	86 Red/Tan LHD US ZFFSA17AXG0064925
64927	Testarossa	LHD EU ZFFTA17B000064927
64929	412	Blue met/Tan
64931	412	86 Blue/Tan LHD EU
64933	328	GTS 86 ZFFXA20A1G0064933
64935	328	GTS Red/Tan ZFFWA20B000064935
64941	328	GTS Rosso Corsa/black LHD CH ZFFWA20S0000 64941DKR
64943	328	GTS 86 Red ZFFXA20D000064943 eng. # F105C04000680
64949	328	GTS 86 ZFFXA20A5G0064949
64951	328	GTB 86 Red/Black 64951YPY
64953	Mondial	3.2 Cabriolet Dark Blue Crema LHD ZFFWC26S000064953
64955	328	GTB
64959	328	GTS 86 ZFFXA20A8G0064959
64969	328	GTS 86 ZFFXA20A0G0064969
64971	328	GTS 86 Red/Tan
64973	328	GTS
64975	Mondial	3.2 Cabriolet 86 ZFFXC26A4G0064975
64977	Mondial	3.2 Red/Tan LHD
64979	412	GT 86 black/black RHD Manual ZFFYD25C0000eng. # F101E01100197
64981	Testarossa	86 LHD US ZFFSA17A9G0064981
64983	Testarossa	Red/Tan LHD CH ZFFTA17S000064983
64985	Testarossa	
64989	Testarossa	
64993	Testarossa	86 LHD US ZFFSA17A5G0064993
64995	Testarossa	86 LHD US ZFFSA17A9G0064995
64999	Testarossa	86 LHD US ZFFSA17A6G0064999
65001	Testarossa	86 LHD US ZFFSA17A9G0065001
65003	Testarossa	86 LHD US ZFFSA17A2G0065003
65015	412	GT 86 Argento Nero manual LHD
65017	412	Automatic 86 Black/Tan LHD EU ZFFYD24B000065017
65019	412	86 blu
65023	328	GTS Red/Black
65027	328	GTS
65033	328	GTS 86 Red/Tan ZFFXA20A3G0065033
65035	328	GTB Red
65037	Mondial	3.2 Cabriolet 6/86 Black/Tan LHD ZFFXC26A9G0065037
65039	Mondial	3.2 QV Cabriolet 86 Rosso Corsa Crema RHD ZFFWA19C0000 eng. # 01401
65041	328	GTS 86, Red/Tan
65043	328	GTS Red/Tan
65045	328	GTB 86 Black/Tan US ZFFXA19A3G0065045
65053	328	GTS Red/Tan ZFFWA20B000065053
65057	328	GTS 86 Black/Tan ZFFXA20A6G0065057
65059	Mondial	3.2 Cabriolet 86 ZFFXC26A8G0065059
65063	328	GTS 86 Red/Black ZFFXA20A1G0065063
65067	328	GTB Red/Black
65069	328	GTS 86 ZFFXA20A2G0065069
65077	328	GTS 6/86 Red/Tan standard & glass targa roof ZFFXA20A1G0065077
65081	Mondial	3.2 86 Red RHD ZFFE21D000065081 eng. # F105A0204000691
65085	Testarossa	86 Black/Black US
65087	Testarossa	86 Black/Black LHD US ZFFSA17A1G0065087
65089	Testarossa	86 LHD US ZFFSA17A5G0065089
65091	412	86 Black/Tan LHD EU
65095	412	Automatic LHD EU ZFFYD24B000065095
65097	Testarossa	86 LHD US ZFFSA17A4G0065097
65099	Testarossa	86 Black/Black LHD US ZFFSA17A8G0065099
65101	Testarossa	LHD EU ZFFTA17B000065101
65107	328	GTS 86 ZFFXA20A6G0065107
65109	328	GTS 8/86 Rosso Corsa Crema RHD UK
65111	328	GTS 86 ZFFXA20D000065111
65115	328	GTS 86 ZFFXA20A5G0065115
65117	328	GTS 86 Red/Tan ZFFXA20A9G0065117
65119	Mondial	3.2 Cabriolet 86 ZFFXC26A0G0065119
65121	Mondial	3.2 Dark Blue Dark Red RHD
65123	Testarossa	86 Red/Tan LHD US ZFFSA17A1G0065123
65125	Testarossa	86 LHD US ZFFSA17A5G0065125
65127	Testarossa	86 Red/Black LHD US ZFFSA17A9G0065127
65129	Testarossa	86 LHD US ZFFSA17A2G0065129
65131	Testarossa	Red/Black
65133	Testarossa	Grey LHD
65135	Testarossa	Red/Black LHD
65149	328	GTS
65151	328	GTS 86 ZFFXA20A9G0065151
65161	Mondial	3.2 Cabriolet 86 ZFFXC26AXG0065161
65165	328	GTB 86 Red/Crema LHD
65167	328	GTS Red/beige
65169	328	GTS 86 ZFFXA20A6G0065169
65181	Mondial	3.2 Cabriolet 86 Red/Tan LHD ZFFWC26B000065181 65181SDS
65183	Mondial	3.2 Cabriolet Red/Crema LHD CH ZFFWC26S000065183
65187	Testarossa	86 LHD US ZFFSA17A5G0065187
65189	Testarossa	86 LHD US ZFFSA17A9G0065189
65191	Testarossa	86 LHD US ZFFSA17A7G0065191
65193	328	GTB Red/Black
65201	412	GT Prototipo Kevlar rebuilt as Scaglietti Cabriolet ZFFYX31X0G0065201
65203	328	GTB 86 Blue RHD eng. # 01435
65205	328	GTS 86 ZFFXA20A6G0065205
65211	GTB	Turbo Red/Tan ZFFZA27B000065211
65215	Mondial	3.2 Cabriolet
65217	Mondial	3.2 Red/Tan RHD ZFFWD21C0000
65219	328	GTS Red/Tan ZFFWA20B000065219
65221	328	GTB 86 Red/Tan LHD
65225	GTS	Turbo
65227	328	GTS 86 Rosso Corsa ZFFXA20D000065227 eng. # F105C04000705
65233	328	GTS 86 ZFFXA20A0G0065233
65239	Mondial	3.2 QV Red/Tan LHD ZFFWD21S000065239 65239KTE
65241	Testarossa	Red/Crema LHD
65243	Testarossa	
65245	Testarossa	86 LHD US ZFFSA17A4G0065245
65247	Testarossa	86 LHD US ZFFSA17A8G0065247
65249	Testarossa	86 LHD US ZFFSA17A1G0065249
65251	328	GTS
65253	328	GTS 86 ZFFXA20A6G0065253
65257	328	GTS 87 Red/Black
65263	328	GTS 86 ZFFXA20A9G0065263
65267	328	GTS 86 Red/Tan LHD US
65269	328	GTS 86 Red/Black ZFFXA20AXG0065269

s/n	Type	Comments
65271	Mondial	3.2 86 Red RHD ZFFE21D000065271 eng. # F105C0400713
65273	Mondial	3.2 Cabriolet 86 Red/Tan LHD ZFFXC26AXG0065273
65277	328	GTS 6/86 Fly Yellow/Brown ZFFXA20A9G0065277
65281	328	GTS
65283	328	GTS 86 Black/Tan LHD EU ZFFWA20B000065283
65285	328	GTS 86 Rosso Corsa ZFFXA20D000065285
65287	328	GTS 86 Red/Black
65289	328	GTB Red/Black
65293	Mondial	3.2 Cabriolet 86 ZFFXC26A5G0065293
65295	Mondial	3.2 86 RHD ZFFE21D000065295 eng. # F105C04000170
65297	Testarossa	Red/Black
65299	Testarossa	Red/Tan
65303	Testarossa	Silver/Dark Red LHD ZFFTA17B000065303
65307	Testarossa	86 LHD US ZFFSA17A0G0065307
65309	Testarossa	86 LHD US ZFFSA17A4G0065309
65311	Testarossa	Rosso Corsa/Black LHD ZFFTA17S000065311 65311MEZ shields
65315	412	i 86 Silver/Blue LHD Manual EU ZFFYD25B000065315
65321	328	GTS 86 ZFFXA20A8G0065321
65325	328	GTS 86 Red LHD SWE ZFFWA20S000065325
65335	Mondial	3.2 LHD EU ZFFWD21B000065335
65337	Mondial	3.2 86 Red RHD ZFFE21D000065337 eng. # F105C04000720
65339	328	GTB 86 ZFFXA19A9G0065339
65345	328	GTS Rosso Corsa/Crema LHD ZFFWA20B000065345
65347	328	GTS 86 ZFFXA20A4G0065347
65349	328	GTS Red/Tan LHD CH ZFFWA20S0000
65351	328	GTS 86 ZFFXA20A6G0065351
65357	Mondial	3.2 Cabriolet 86 ZFFXC26A5G0065357
65363	Testarossa	86 LHD US ZFFSA17AXG0065363
65367	Testarossa	Red/beige LHD ZFFTA17B000065367 eng. # 00699
65375	328	GTS 86 ZFFXA20A9G0065375
65377	328	GTS Red/Tan ZFFWA20S000065377 65377HPK
65379	Mondial	3.2 RHD ZFFE21D000065379
65381	328	GTS 86 ZFFXA20A4G0065381
65383	328	GTS
65391	Mondial	3.2 Cabriolet 86 ZFFXC26A5G0065391
65395	328	GTS Red/crema
65397	328	GTB ZFFWA19C000065397
65407	328	GTS 86 Red/Tan Red recaro racing seats RHD ZFFWA20C000065407
65409	328	GTS Koenig Turbo 6/86 Red/Black ZFFXA20A0G0065409
65411	328	GTS 86 Red ZFFXA20D000065411 eng. # F105C04000730
65415	Mondial	3.2 Cabriolet 86 LHD ZFFXC26A4G0065415
65417	Testarossa	86 LHD US ZFFSA17A7G0065417
65419	Testarossa	86 Argento/black US ZFFSA17A0G0065419
65421	Testarossa	86 LHD US ZFFSA17A9G0065421
65427	Testarossa	Red/Crema
65429	412	i Automatic 86 Red/Tan LHD EU ZFFYD24B000065429
65431	328	GTS Red/Tan
65433	328	GTB
65437	328	GTS 86 Red/Tan ZFFXA20A5G0065437
65439	328	GTB 86 Red/Black
65443	328	GTS 86 Red/Tan LHD
65447	328	GTS 86 ZFFXA20A8G0065447
65451	Mondial	3.2 Red/Black
65453	Mondial	3.2 86 ZFFXD21A6G0065453
65455	412	86 LHD Manual EU ZFFYD25B000065455
65457	412	Automatic LHD EU ZFFYD24B000065457
65459	Testarossa	86 Red/Black LHD US ZFFSA17A1G0065459
65461	Testarossa	86 Black/Red LHD US ZFFSA17AXG0065461
65463	Testarossa	86 Rosso/crema LHD US ZFFSA17A3G0065463
65465	Testarossa	86 LHD US ZFFSA17A7G0065465
65473	412	Silver/black LHD
65475	328	GTS Red/Black
65477	328	GTS 86 ZFFXA20A6G0065477
65479	328	GTS Anthracite grey/black ZFFWA20B000
65481	328	GTS Red/Tan ZFFWA20S000065481
65485	328	GTS grigio/tan ZFFWA20B000068485 65485FDY
65487	328	GTS 86 ZFFXA20A9G0065487
65491	328	GTB 86 Red/Crema LHD
65495	Mondial	3.2 Cabriolet 86 Red/Tan ZFFXC26A6G0065495
65497	Testarossa	Koenig White/Ivory LHD
65499	Testarossa	86 Red/Black LHD US ZFFSA17A2G0065499 high mirror
65503	Testarossa	Red/beige
65505	412	Automatic 87 Maroone metallic/tan & Dark Brown LHD EU ZFFYD24B000065505
65507	328	GTS 86 ZFFXA20A0G0065507
65509	328	GTS 86 ZFFXA20A4G0065509
65511	328	GTS 86 ZFFXA20A2G0065511
65513	328	GTS 86 Red/Crema LHD
65517	328	GTS 86 ZFFXA20D000065517
65519	328	GTS 86 ZFFXA20A7G0065519
65525	Mondial	3.2 Cabriolet 86 ZFFXC26A0G0065525
65527	Mondial	3.2 Cabriolet 86 Red/Tan Manual ZFFXC26A4G0065527
65529	328	GTB 86 ZFFXA19A3G0065529
65531	Mondial	3.2 86 ZFFXD21A0G0065531
65535	328	GTS Red/Crema
65539	328	GTB black/turqouise ZFFWA19B000065539 65539LIL
65543	328	GTS 87 Red/Black
65545	328	GTS Red/Tan
65547	328	GTS 86 ZFFXA20A1G0065547
65551	Mondial	3,2
65557	Testarossa	86 Black/Crema & black LHD US ZFFSA17A1G0065557
65559	Testarossa	86 Red then Black/Black LHD US ZFFTA17B000065569
65563	412	i 86 Argento/Black Manual ZFFYD25B000065563 65563LSL
65565	Testarossa	86 Black/Black LHD US ZFFSA17A0G0065565
65569	Testarossa	86 Red/Black LHD ZFFTA17B000065569
65571	Testarossa	Red/Tan LHD ZFFTA17S000065571
65577	328	GTS 86 Red/Tan ZFFXA20AXG0065577
65579	328	GTS 86 Red ZFFXA20D000065579 eng. # F105C04000747
65583	328	GTS Red/Crema
65585	328	GTS 86 ZFFXA20A9G0065585
65589	328	GTS
65591	328	GTB dark metallic Blue/tan
65595	Mondial	3.2 Cabriolet 86 Red LHD ZFFXC26AXG0065595
65599	328	GTS 86 ZFFXA20A9G0065599
65601	328	GTS 86 Blue/White ZFFXA20A3G0065601
65605	328	GTS 86 ZFFXA20A0G0065605
65607	328	GTS 86 ZFFXA20D000065607
65609	328	GTS
65611	328	GTS
65619	Mondial	3.2 Cabriolet 86 ZFFXC26A9G0065619
65621	412	Automatic 86 Blue metallic/Crema RHD ZFFYD24C000065621
65623	412	86 dark Blue/Tan LHD EU
65625	Testarossa	86 Red/Tan LHD US ZFFSA17A3G0065625
65629	Testarossa	86 LHD US ZFFSA17A0G0065629
65631	Testarossa	86 Black/Tan LHD US ZFFSA17A9G0065631
65633	Testarossa	86 LHD US ZFFSA17A2G0065633
65635	Testarossa	86 LHD US ZFFSA17A6G0065635
65637	Testarossa	86 LHD US ZFFSA17AXG0065637
65643	328	GTS 86 Rosso Corsa/Nero ZFFXA20D000065643eng. # F105C04000754
65645	328	GTB 86 ZFFXA19A5G0065645

s/n	Type	Comments
65655	328	GTS 86 Red/Tan ZFFXA20A4G0065655
65657	328	GTS feat. in German Ferrari World Issue # 41
65661	Mondial	3.2 black/tan LHD ZFFWD21S000065661
65663	Testarossa	86 LHD US ZFFSA17A0G0065663
65665	Testarossa	86 Black/Black LHD US ZFFSA17A4G0065665
65667	Testarossa	86 Red/Tan LHD US ZFFSA17A8G0065667
65669	Testarossa	86 White/White LHD EU ZFFTA17B0000
65673	328	GTB ZFFWA19B000065673
65675	328	GTS Red/Tan LHD CH ZFFCA20S0000
65677	328	GTS 86 ZFFXA20A3G0065677
65679	328	GTB
65681	328	GTS 86 Red LHD
65683	328	GTB
65691	Mondial	3.2 Cabriolet 7/86 Red/White ZFFXC26A6G0065691
65693	Mondial	3.2 Cabriolet 86 ZFFXC26AXG0065693
65699	328	GTS 86 Rossa Corsa/Tan ZFFXA20A2G0065699
65701	328	GTS Red/Tan LHD ZFFWA20B000065701 65701ZWR
65703	328	GTS 86 ZFFXA20A0G0065703
65707	328	GTS
65709	328	GTS 86 Red/Tan ZFFXA20A1G0065709
65711	328	GTS 87 Red ZFFXA20D000065711 eng. # F105CA04000766
65713	Mondial	3.2 87 Red RHD ZFFE21D000065713 eng. # F105C04000762
65715	Mondial	3.2 86 ZFFXD21AXG0065715
65719	412	Automatic Silver/Burgundy ZFFYD24B000065719
65721	Testarossa	86 LHD US ZFFSA17AXG0065721
65723	Testarossa	7/86 Red/Black LHD US ZFFSA17A3G0065723
65725	Testarossa	86 LHD US ZFFSA17A7G0065725
65727	Testarossa	Red/Black LHD CH ZFFWA20S0000
65741	328	GTS 86 ZFFXA20A8G0065741
65743	328	GTS Red/Black ZFFWA20B000065743
65745	Mondial	3.2 Cabriolet 86 Black/Black ZFFXC26A3G0065745
65747	Mondial	3.2 Silver/Beige LHD
65749	412	Automatic LHD EU ZFFYD24B000065749
65759	328	GTS Red/Black LHD CH ZFFWA20S000065759
65761	328	GTS 87 Red/Black
65763	328	GTS 86 ZFFXA20A7G0065763
65769	328	GTB Red/beige Red seats RHD
65771	328	GTS
65773	328	GTS 86 ZFFXA20AXG0065773
65777	Mondial	QV Cabriolet 87
65779	Mondial	3.2 Cabriolet 86 ZFFXC26A9G0065779
65783	328	GTS 87 Red/Tan LHD EU ZFFXA20A0H0065783
65785	328	GTS Red/Black ZFFWA20B000065785
65787	328	GTS 86 ZFFXA20AXG0065787
65789	328	GTS 87 Red/Black
65791	328	GTS Red/Crema LHD CH ZFFWA20S0000
65793	Mondial	3.2 Cabriolet
65795	328	GTB Red/Crema
65797	328	GTS 86 ZFFXA20A2G0065797
65799	328	GTS LHD EU ZFFWA20B000065799
65805	Testarossa	Red/Black
68807	328	GTS Red/Tan ZFFWA20B000066807
65809	Testarossa	86 LHD US ZFFSA17A2G0065809
65811	Testarossa	86 LHD US ZFFSA17A0G0065811
65813	Testarossa	86 LHD US ZFFSA17A4G0065813
65815	Testarossa	86 LHD US ZFFSA17A8G0065815
65817	Testarossa	86 LHD US ZFFSA17A1G0065817
65819	412	
65823	328	GTS Red
65825	328	GTS Red/Black 65825OVU
65827	328	GTS 86 Red/TanZFFXA20A7G0065827
65831	328	GTS 86 Silver/Blue ZFFXA20A9G0065831
65833	328	GTB Red/beige golden wheels
65835	328	GTS Red/Crema LHD
65839	328	GTS 86 Black/Black ZFFXA20A3G0065839
65847	Testarossa	86 LHD US ZFFSA17AXG0065847
65849	Testarossa	Black/Red LHD ZFFTA17B0000065849
65851	Testarossa	86 Red/Tan LHD ZFFSA17A1G0065851
65853	Testarossa	
65855	412	i Grey met./black
65869	328	GTS Rosso/nero LHD ZFFWA20B000065869 Red rear spoiler
65871	328	GTS 86 ZFFXA20AXG0065871
65873	328	GTS
65875	Mondial	3.2 Cabriolet 86 ZFFXC26A5G0065875
65877	Mondial	3.2 Cabriolet Red/Crema LHD ZFFWC26B000065877
65879	328	GTS 86 ZFFXA20A4G0065879
65881	328	GTS 86 ZFFXA20A2G0065881
65885	328	GTS LHD EU ZFFWA20B000065885
65887	328	GTS Red/Black
65893	328	GTB 86 Rosso Corsa/Crema
65895	328	GTS Blue/black
65899	Mondial	3.2 Red/Crema LHD ZFFWC26B000065877
65901	Testarossa	86 Red/Tan LHD ZFFTAL70000065901 eng. # 00729
65903	Testarossa	Red/Black ZFFTA17B000065903 65903KIP
65905	Testarossa	86 LHD US ZFFSA17A9G0065905
65907	Testarossa	
65909	412	Automatic 86
65917	GTS	Turbo Red/Black LHD EU
65923	328	GTS 86 ZFFXA20A3G0065923
65925	328	GTS Red
65929	Mondial	3.2 Cabriolet 86 Black/Tan LHD ZFFXC26A2G0065929
65933	Testarossa	
65937	Testarossa	86 LHD US ZFFSA17A0G0065937
65939	Testarossa	86 LHD US ZFFSA17A4G0065939
65943	Testarossa	86 LHD US ZFFSA17A6G0065943
65945	Testarossa	86 LHD US ZFFSA17AXG0065945
65947	Testarossa	
65949	412	LHD Manual EU ZFFYD25B000065949
65951	412	Automatic 86 Black/Crema LHD CH ZFFYD24S0000
65953	328	GTS 86 ZFFXA20A1G0065953
65955	328	GTS 86 White/Tan ZFFXA20A5G0065955
65961	328	GTS 86 Red/Tan ZFFXA20A0G0065961
65967	328	GTS Red/Black ZFFWA20B000065967
65969	328	GTS 7/86 Rosso Corsa/Tan ZFFXA20A5G0065969
65871	328	GTS Blue/tan ZFFXA20AXG00
65973	Mondial	3.2 Cabriolet
65975	Testarossa	Red/Tan ZFFTA17S000065975
65977	Testarossa	86 LHD US ZFFSA17A1G0065977
65981	Testarossa	86 LHD US ZFFSA17A3G0065981
65983	412	Automatic 86 Silver/Red LHD EU ZFFYD24B000065983 DOT & EPA paperwork
65991	328	GTS Red/White ZFFWA20B000065991
65995	328	GTS 86 Red/Tan ZFFXA20A6G0065995
65999	328	GTB 86 Red/Tan
66001	328	GTS 86 Red/Crema LHD
66007	328	GTS 86 ZFFXA20A7G0066007
66011	328	GTS 86 Black met./Crema ZFFXA20A9G0066011
66013	328	GTB 87 Red/Tan
66019	328	GTS 86 Red/Crema LHD
66023	328	GTS 86 Grigio/Tan ZFFXA20A5G0066023
66025	328	GTS 86 ZFFXA20A9G0066025
66027	Mondial	3.2 Cabriolet 86 ZFFXC26A0G0066027
66029	Mondial	3.2 Cabriolet
66031	Testarossa	
66033	Testarossa	Red/Black LHD
66035	Testarossa	Red/Black
66037	Testarossa	Silver Dark Red
66039	412	
66041	328	GTS dark Blue/dark Blue LHD
66047	328	GTS
66049	328	GTS 86 Red/Tan ZFFXA20A1G0066049
66051	328	GTS 86 ZFFXA20AXG0066051
66053	GTS	Turbo 86 Red/Black LHD EU

s/n	Type	Comments
66055	328	GTS ZFFWA20C000066055
66061	Mondial	3.2 Cabriolet 86 ZFFXC26A0G0066061
66063	412	Automatic LHD EU ZFFYD24B000066063
66065	Testarossa	86 LHD US ZFFSA17A7G0066065
66067	Testarossa	86 LHD US ZFFSA17A0G0066067
66069	Testarossa	Red/Tan LHD ZFFTA17S000066069 512 TR-front
66073	Testarossa	86 LHD US ZFFSA17A6G0066073
66077	Testarossa	Red/Crema LHD
66079	Mondial	Cabriolet 86 blu/cream
66083	Testarossa	White
66085	Testarossa	Grey Crema LHD ZFFTA17S000066085
66087	Testarossa	86 Red/Tan LHD
66089	412	i Automatic 86 LHD EU ZFFYD24B000066089
66093	328	GTS 89 Red/Tan ZFFXA20A4G0066093
66097	328	GTS Red
66099	328	GTB Red/Tan ZFFWA19B000066099 66099MDY
66101	328	GTS 86 Red/Tan ZFFXA20AXG0066101
66109	328	GTS 86 Red/Tan ZFFXA20A4G0066109
66111	Mondial	3.2 Cabriolet 86 ZFFXC26A0G0066111
66119	328	GTS Red/Crema ZFFWA20B000066119 66119PFK
66121	328	GTS 86 Red/Crema ZFFXA20A5G0066121
66123	328	GTS ZFFXA20A9G0066123
66125	328	GTS 86 Red ZFFXA20D000066125 eng. # F105C04016980
66127	328	GTB 86 Red/Black LHD
66129	328	GTS 86 Red/Tan ZFFXA20AXG0066129
66131	328	GTS 86 Red/Black LHD
66133	Mondial	3.2 Cabriolet 86 ZFFXC26A0G0066133
66137	328	GTS 87 ZFFXA20A7H0066137
66139	328	GTS
66143	GTB	Turbo 86 Red/Tan LHD EU
66151	328	GTS ZFFXA20A3G0066151
66153	328	GTS 86 Red LHD SWE ZFFWA20S000066153
66159	Mondial	3.2 Cabriolet Red/Black ZFFWC26B000066159
66165	Testarossa	Red/Tan
66167	Testarossa	Yellow/Black LHD CH ZFFTA17S000066167
66179	328	GTS ZFFXA20A3G0066179
66181	328	GTS 86 ZFFXA20A1G0066181
66185	328	GTS 86 Red ZFFXA20D000066185 eng. # F105C04000808
66189	Mondial	3.2 Cabriolet 86 Red/Naturale ZFFXC26A4G0066189
66193	328	GTS 86 Rosso Corsa/black ZFFXA20A8G0066193
66195	328	GTS Red/Black
66201	328	GTS
66205	Mondial	3.2 86 Red/Tan LHD ZFFXD21A3G0066205
66207	Mondial	3.2 Red/Black LHD
66209	328	GTS 86 ZFFXA20A8G0066209
66215	328	GTS
66221	328	GTS
66225	Mondial	3.2 Cabriolet Red/Tan ZFFWC26B000066225
66227	Mondial	3.2 Red/Beige ZFFWD21B000066227 66227ZQJ
66231	Testarossa	Red/Crema LHD CH ZFFTA17S0000
66237	Testarossa	86 LHD US ZFFSA17AXG0066237
66241	328	GTB 86 Red/Black LHD ZFFXA19A8G00
66247	328	GTS 87 Red ZFFXA20D000066247 eng. # F105C04000828
66255	Mondial	3.2 Cabriolet
66257	412	Automatic 86 Prugna/Crema LHD EU
66259	Testarossa	86 LHD US ZFFSA17A9G0066259
66261	Testarossa	86 Red/Tan LHD US ZFFSA17A7G0066261
66265	Testarossa	86 LHD US ZFFSA17A4G0066265
66267	Testarossa	Red/Tan RHD
66269	Testarossa	Red/beige
66271	Testarossa	Red/Black Large chrome wheels
66273	Testarossa	Red/Black LHD ZFFAA17B000066273
66275	Testarossa	Red/beige & Red cloth seats
66281	412	GT Automatic 87 black/tan
66291	328	GTS Red/Black ZFFWA20B000066291 66291FSA
66295	328	GTS 86 Red/Black ZFFWA20B000066295
66301	328	GTS 7/86 Rosso Corsa/Black ZFFXA20A5H0066301
66303	328	GTS 87 ZFFXA20A9H0066303
66305	328	GTS 87 Red/Tan ZFFXA20A2H0066305
66307	328	GTS 87 Black/Black ZFFXA20A6H0066307
66309	328	GTS 87 ZFFXA20AXH0066309
66311	328	GTS 87 Red/Tan ZFFXA20A8H0066311
66313	328	GTS 87 Rosso Corsa/Tan ZFFXA20A1H0066313
66315	328	GTS 87 ZFFXA20A5H0066315
66319	412	Automatic Silver/dark Blue ZFFYD24B000066319
66321	Testarossa	88 Red LHD ZFFTA17C000066321
66323	Testarossa	Red/Black LHD
66325	Testarossa	86 LHD US ZFFSA17A7G0066325
66327	Testarossa	86 Red/Tan LHD ZFFSA17A060066327
66331	328	GTS 86 Red/Crema LHD
66333	328	GTB Blue Chiaro/dark Blue ZFFWA19B000066333
66339	328	GTS 87 Red/Black ZFFXA20A8H0066339
66341	328	GTS 87 ZFFXA20A6H0066341
66343	328	GTS 86 Rosso Corsa/Nero ZFFWA20B0000 66343WJJ
66345	328	GTS ZFFXA20D000066345
66347	328	GTS 87 Red/Black ZFFXA20A7H0066347.
66351	Mondial	3,2
66355	Testarossa	86 LHD US ZFFSA17A5G0066355
66357	Testarossa	86 LHD US ZFFSA17A9G0066357
66359	328	GTB Blue/Crema
66361	328	GTS 87 ZFFXA20A1H0066361
66363	328	GTS 87 ZFFXA20A5H0066363
66371	328	GTS 87 Nero/Nero ZFFXA20A4H0066371
66377	Mondial	3.2 Cabriolet 87 Prugna Metallic/Tan ZFFXC26A3H0066377
66379	Mondial	3.2 86 Red RHD ZFFE21D000066379 eng. # F105C04000839
66381	328	GTS 87 ZFFXA20A7H0066381
66383	412	Automatic 86 Blu Sera met./magnolia LHD CH ZFFYD24S0000 66383FEL
66387	Testarossa	86 Rosso Corsa/Beige LHD EU ZFFAA17B000066387 brown dash
66391	412	Automatic Black/Crema RHD ZFFYD24C000066391
66395	328	GTS 86 Red ZFFXA20D000066395 eng. # F105C04000831
66397	328	GTS 87 Red ZFFXA20D000066397 eng. # F105C04000832
66399	328	GTB 4/87 Rosso Corsa/Rosso LHD EU ZFFWA19B0000
66403	328	GTS Red/Crema ZFFWA20B000066403
66405	328	GTS
66407	328	GTS
66409	Mondial	3.2 Red/Tan LHD ZFFWD21B000066409
66417	328	GTS Red/Tan LHD EU ZFFWA20B000066417 66417MEL
66419	328	GTB 87 Red/Tan RHD ZFFWA19C000066419
66421	328	GTS 87 Red/Tan LHD EU ZFFWA20B000066421
66423	328	GTS Red/Tan ZFFWA19B000066423
66425	328	GTS 87 ZFFXA20A1H0066425
66427	328	GTS 9/86 Black/Tan US ZFFXA20A5H0066427
66429	328	GTS 87 ZFFXA20A9H0066429
66431	Mondial	3.2 Red/Black LHD ZFFWD21B000066431
66433	Mondial	3.2 Cabriolet 87 ZFFXC26A9H0066433
66435	Testarossa	Red/Crema
66449	328	GTS 86 Red ZFFXA20D000066449
66451	328	GTB 87
66457	328	GTS 9/86 Red/Tan ZFFXA20A3H0066457
66461	Mondial	3.2 Cabriolet 87 ZFFXC26A3H0066461
66465	Testarossa	86 LHD US ZFFSA17A1G0066465
66467	Testarossa	9/86 Red/Tan ZFFSA17A5G0066467
66469	Testarossa	86 Red/Tan LHD US ZFFSA17A9G0066469

s/n	Type	Comments
66471	Testarossa	87 Red/Tan RHD ZFFAA17C000066471
66473	328	GTS Red/crema LHD EU
66475	328	GTS 87 ZFFXA20A5H0066475
66477	328	GTS 87 Black/Tan ZFFXA20A9H0066477
66481	328	GTS 87 Blue/Black ZFFXA20A0H0066481
66483	328	GTS 87 Red RHD ZFFWA20C000066483
66487	328	GTS Rosso/tan LHD ZFFWA20B000066487
66491	Mondial	QV Cabriolet 87 Red/Black Black top LHD ZFFXC26A1H0066491
66497	Testarossa	87 Red LHD SWE ZFFTA17S000066497
66499	Testarossa	Red/Black
66505	328	GTS 87 ZFFXA20AXH0066505
66507	328	GTS 7/86 Black/Tan ZFFXA20A3H0066507
66509	328	GTS 87 Black/tan US ZFFXA20A7H0066509
66511	328	GTB 86 Red/Tan LHD
66519	328	GTS 87 Red ZFFXA20D000066519 eng. # F105C04000843
66523	Mondial	3.2 Cabriolet 87 ZFFXC26AXH0066523
66527	Testarossa	black metallic/black 512 TR-conversion
66531	Testarossa	86 LHD US ZFFSA17AXG0066531
66533	328	GTS 87 Red ZFFXA20D000066533 eng. # F105C0400
66537	328	GTS
66539	328	GTS 87 Black Cherry Pearl/Black ZFFXA20A5H0066539
66541	328	GTS 87 ZFFXA20A3H0066541
66543	328	GTS 87 ZFFXA20A7H0066543
66549	328	GTS 87 Red/Black Red ZFFXA20D000066549 eng. # F105C04000865
66551	328	GTS 87 ZFFXA20A6H0066551
66555	412	Automatic ZFFYD24A000066555
66557	412	Automatic 80 Red/Crema LHD EU ZFFYD24B000066557 brown dash
66559	Testarossa	86 Red RHD ZFFSA17AXG0066559 eng. # F113A04000429
66561	Testarossa	86 LHD US ZFFSA17A8G0066561
66563	Testarossa	Red/Black
66575	328	GTS 86 Red/Black LHD EU
66577	328	GTS 86 Black ZFFXA20D000066577 eng. # F105C04000867
66581	328	GTS 87 White/Tan ZFFXA20A4H0066581
66583	328	GTS QV 86 Red/Black
66585	Mondial	3.2 Cabriolet 87 ZFFXC26AXH0066585
66589	328	GTS 87 ZFFXA20A9H0066589
66597	328	GTB Yellow/black ZFFWA19B000066597 66597AER
66599	328	GTS 86 Rosso Corsa/Beige ZFFRA20D000066599 eng. # F105C04000869
66605	328	GTSi 87 Red/Black ZFFXA20A3H0066605
66607	Mondial	3.2 Cabriolet 87 ZFFXC26A5H0066607
66615	Testarossa	86 LHD US ZFFSA17A5G0066615
66617	Testarossa	86 LHD US ZFFSA17A9G0066617
66619	Testarossa	86 Red/Tan LHD ZFFSA17A2G0066619
66621	Testarossa	86 Red/Tan LHD US ZFFSA17A0G0066621
66629	Testarossa	Red/Black
66631	328	GTS 87 ZFFXA20A4H0066631
66635	328	GTS 87 ZFFXA20A1H0066635
66639	328	GTS 87 Blue then Grigio Black ZFFXA20A9H0066639
66643	328	GTS 87 ZFFXA20A0H0066643
66645	328	GTS Black/black LHD
66649	Mondial	QV Cabriolet 87 Red/Tan LHD ZFFC26AH0066649
66651	Mondial	3.2 87 Red RHD ZFFE21D000066651 eng. # 22975
66653	Testarossa	86 Red/Tan LHD US ZFFSA17A2G0066653
66655	Testarossa	86 LHD US ZFFSA17A6G0066655
66657	Testarossa	86 LHD US ZFFSA17AXG0066657
66659	Testarossa	86 LHD US ZFFSA17A3G0066659
66661	412	Automatic LHD EU ZFFYD24B000066661
66673	328	GTS paint code 101/e or 101/c ZFFXA20A9H0066673 eng. # 00882
66675	328	GTS 87 ZFFXA20A2H0066675
66677	328	GTS 87 ZFFXA20A6H0066677
66681	Mondial	3.2 86 Red/Cream RHD ZFFWD21C000066681
66683	Mondial	3.2 86 Red RHD ZFFE21D000066683 eng. # F105C04000888
66687	Testarossa	86 LHD US ZFFSA17A8G0066687
66691	Testarossa	86 black LHD ZFFSA17AXG0066691
66693	Testarossa	parted out 86 LHD US ZFFSA17A3G0066693
66697	328	GTS Red/Tan
66699	328	GTS 87 Red/Tan ZFFXA20A5H0066699
66703	328	GTS 9/86 Red/crema ZFFXA20A3H0066703
66707	328	GTS ZFFXA20A0H0066707
66713	328	GTS 86 Rosso Corsa/Beige ZFFXA20D000066713 eng. # F105C04000877
66715	Mondial	3.2 Cabriolet 87 Red/Tan LHD ZFFXC26A8H0066715
66719	412	dark Blue metallic
66725	Testarossa	86 Red/Black LHD EU ZFFAA17B000066725
66733	328	GTS Red/Crema LHD
66735	328	GTB 86 Red RHD UK eng. # 01754
66737	328	GTS 87 Red/Tan ZFFXA20A9H0066737
66741	328	GTS Red/Tan
66747	Mondial	3.2 86 Red RHD ZFFE21D000066747 eng. # F105C0400895
66751	412	dark Blue/Crema LHD
66755	Testarossa	86 Red/Black LHD EU ZFFAA17B000066755
66757	Testarossa	86 Red/Crema
66761	328	GTS 87 ZFFXA20A6H0066761
66763	328	GTS 87 ZFFXA20AXH0066763
66767	328	GTS
66771	328	GTS 87 Black/Black ZFFXA20A9H0066771
66781	Mondial	3.2 87 ZFFXD21A4H0066781
66785	Testarossa	Rosso Corsa ZFFAA17B000066785
66791	412	Automatic 86 Blue/Tan LHD EU ZFFYD24B000066791
66795	328	GTS 87 Blue ME ZFFWA20T0G0066795
66797	328	GTS 87 Red/beige ZFFWA20B000066797
66799	328	GTS 87 Red/Tan LHD
66801	328	GTS 87 ZFFXA20A3H0066801
66807	328	GTS Rosso Corsa/Tan
66813	Mondial	3.2 Yellow/Black LHD
66815	Testarossa	86 Red/Black ZFFSA17A2G0066815
66817	Testarossa	86 LHD US ZFFSA17A6G0066817
66819	Testarossa	86 LHD US ZFFSA17AXG0066819
66821	Testarossa	87 Rosso Corsa/Beige ZFFAA17C000066821 eng. # F113A00044
66825	328	GTB Red/Black
66829	328	GTS 87 Rosso Corsa/Tan ZFFXA20A3H0066829
66835	328	GTS 87 Red/Black ZFFXA20A9H0066835
66841	328	GTS LHD EU ZFFWA20B000066841
66843	328	GTS
66847	412	i 86 dark Blue metallic/tan LHD EU ZFFYD25B000066847 66847ZJJ
66851	Testarossa	86 Red/Black ZFFSA17A6G0066851
66853	Testarossa	Red/Black
66855	Testarossa	
66857	328	GTS 87 ZFFXA20A8H0066857
66859	328	GTS
66863	328	GTS 86 Red RHD UK eng. # 01765
66865	328	GTS 9/86 Blu chiaro/crema US ZFFXA20A7H0066865
66871	328	GTS 9/86 Red/Tan ZFFXA20A2H0066871
66875	328	GTS 87 ZFFXA20AXH0066875
66877	Mondial	3.2 87 Red RHD ZFFE21D000066877 eng. # F105A02400900
66879	Mondial	3.2 86 White RHD UK eng. #01781
66889	412	86 silver/Blue Manual LHD EU ZFFYD25B0G0066889,
66893	328	GTS 87 ZFFXA20A1H0066893
66895	328	GTS 87 Rosso Corsa/Beige ZFFXA20A5H0066895
66897	328	GTS Red/Tan
66899	328	GTS
66903	GTS	Turbo Red/Black LHD

s/n	Type	Comments
66905	328	GTS 87 ZFFXA20A4H0066905
66907	328	GTS 87 ZFFXA20A8H0066907
66911	Mondial	3.2 Red/Tan LHD
66913	Mondial	3.2 Cabriolet Red/Tan LHD ZFFWC26B000066913 66913JJJ
66915	Testarossa	86 LHD US ZFFSA17A6G0066915
66919	Testarossa	86 black/black LHD US ZFFSA17A3G0066919 eng. # 00450
66921	Testarossa	86 LHD US ZFFSA17A1G0066921
66933	328	GTS
66935	328	GTS 87 Red/Tan LHD
66941	328	GTS LHD EU ZFFWA20B000066941
66943	Mondial	3.2 Cabriolet 87 Red/Black ZFFXC26AXH0066943
66947	Testarossa	86 LHD US ZFFSA17A8G0066947
66949	Testarossa	86 Red/Crema LHD US ZFFSA17A1G0066949
66951	Testarossa	86 Black/Black LHD US ZFFSA17AXG0066951
66953	412	Black/Tan LHD
66959	328	GTB Red LHD SWE ZFFWA19S000066959
66965	328	GTS 87 ZFFXA20A0H0066965
66969	328	GTS 87 ZFFXA20A8H0066969
66971	328	GTS 87 Red/Tan ZFFXA20A6H0066971
66973	328	GTS Red LHD
66977	Mondial	3.2 Red/Black LHD ZFFWD21B000066977
66979	412	i 87 Black/Black Manual LHD EU ZFFYD25B000066979
66981	Testarossa	86 Red/Black LHD EU ZFFAA17B000066981
66983	Testarossa	Red/Tan LHD
66987	Testarossa	86 LHD US ZFFSA17A9G0066987
66995	328	GTS Rosso/crema RHD ZFFWA20C000066995
66997	328	GTB
66999	328	GTB Red/Crema
67003	328	GTS Rosso Corsa/Crema LHD EU
67005	328	GTS 87 Red/Tan ZFFXA20A6H0067005
67007	Mondial	3.2 blu/Crema ZFFWD21B000067007
67009	Mondial	3.2 Red/Crema RHD
67011	412	Black/Grey Manual LHD EU
67019	Testarossa	86 LHD US ZFFSA17A5G0067019
67021	328	GTS 87 Red/Tan ZFFXA20A4H0067021
67023	328	GTS 87 ZFFXA20A8H0067023
67025	328	GTB
67033	328	GTB 87 Red/Tan ZFFXA19A4H0067033
67037	328	GTS 87 Red/Tan
67039	Mondial	3.2 Red/Crema RHD
67045	Testarossa	Red/Tan LHD
67049	Testarossa	Red/Crema RHD
67051	412	Automatic LHD EU ZFFYD24B000067051
67053	328	GTS 87 Silver tan US ZFFXA20A6H0067053
67055	328	GTS 87 ZFFXA20AXH0067055
67065	328	GTS
67067	Testarossa	87 Rosso Corsa/Tan
67069	328	GTB Dark grey/beige
67071	328	GTS 87 ZFFXA20A8H0067071
67073	Mondial	3.2 87 ZFFXD21A4H0067073
67077	Testarossa	last single mirror
67079	Testarossa	first dual mirror
67085	412	Automatic Dark Blue/dark Blue ZFFYD24B0000
67089	328	GTS 87 azure Blue Black ZFFXA20A5H0067089 Rear Spoiler
67103	328	GTS 87 Red/Black LHD ZFFXA20A6H00
67105	Mondial	3.2 Red/Black
67111	Testarossa	Red/Black
67113	Testarossa	Red/Crema LHD
67117	Testarossa	Red/Black LHD EU ZFFAA17B000067117 eng. # 00086 67117NWX
67125	328	GTS Red/Black LHD EU ZFFWA20B000067125
67127	328	GTB Red/Black
67129	328	GTS 87 Red/Tan ZFFXA20A2H0067129
67131	328	GTS
67133	328	GTS
67135	328	GTS 87 ZFFXA20A8H0067135
67137	Mondial	3.2 Dark Grey Grey RHD ZFFWD21C000067137 21
67143	Testarossa	87 Red LHD
67153	328	GTS 11/86 Red/Black ZFFWA20B000067153
67159	328	GTS Black Crema RHD ZFFWA20C000067159
67161	328	GTS 87 ZFFXA20A9H0067161
67163	328	GTS 87 ZFFXA20A2H0067163
67167	Testarossa	86 Red RHD ZFFAA17C000067167 eng. # F113B00071
67173	Testarossa	Rosso Corsa/Tan LHD ZFFAA17B000067173
67181	328	GTS 87 Red/Tan ZFFXA20A4H0067181
67189	328	GTS Red/Crema LHD
67191	328	GTB
67193	328	GTB 87 Red LHD SWE ZFFWA19S000067193
67197	Mondial	3.2 87 Blu sera metallizzato/crema ZFFWD21B000067197 eng. # 1861
67201	Testarossa	
67203	Testarossa	Black/Crema LHD
67205	Testarossa	86 Red/Black LHD ZFFAA17B000067205
67211	328	GTB 87 Grigio titanio black LHD ZFFWA19B000067211
67213	328	GTS 87 ZFFXA20A2H0067213
67221	328	GTS 87 ZFFXA20A1H0067221
67225	328	GTS 87 Red/Tan ZFFXA20A9H0067225
67229	Mondial	3.2 Cabriolet 87 Red/Tan ZFFXC26A4H0067229
67235	412	GT Dark Blue/dark Blue LHD ZFFYD52B0000
67237	Testarossa	86 White RHD eng. # 00078
67241	Testarossa	86 Red/Crema LHD EU ZFFAA17B000067241
67251	328	GTB 87 ZFFXA19A3H0067251
67255	328	GTB 87 ZFFXA19A0H0067255
67257	328	GTS Rosso/nero
67259	328	GTS 87 ZFFXA20A4H0067259
67261	Mondial	3.2 Cabriolet 87 Red/Black ZFFXC26A0H0067261
67263	Mondial	3,2
67279	328	GTS 87 Silver/Black ZFFXA20AXH0067279
67281	328	GTS 10/86 Red/Tan ZFFXA20A8H0067281
67283	328	GTS 87 ZFFXA20A1H0067283
67287	GTB	Turbo 87 Red/Black LHD EU
67291	328	GTS 87 Red/Tan ZFFXA20A0H0067291
67297	328	GTS Red/Black
67303	Testarossa	LHD EU ZFFAA17B000067303
67305	412	Automatic LHD EU ZFFYD24B000067305
67309	328	GTS Red/Tan LHD ZFFWA20B0000
67311	328	GTS 87 ZFFXA20A2H0067311
67325	Mondial	3.2 Black/tan LHD ZFFWD21B0000
67327	Mondial	3,2
67339	328	GTS 87 ZFFXA20A2H0067339
67343	328	GTB 87 Red LHD SWE ZFFWA19S000067343
67345	Mondial	3.2 87 Red/Tan ZFFXD21A0H0067393
67347	328	GTS 87 Red/Tan LHD ZFFXA20A1H0067347
67355	328	GTS 87 ZFFXA20A0H0067355
67359	Mondial	3.2 Red/Black LHD
67363	412	Automatic 87 Grey/Black LHD EU ZFFYD24B000067363
67365	Testarossa	Koenig 85 Red/Black ZFFAA17B000067365
67375	328	GTS Red/Black
67377	328	GTS 87 ZFFXA20AXH0067377
67389	328	GTS 87 ZFFXA20A6H0067389
67391	Mondial	3.2 Cabriolet 87 Red/Black LHD ZFFXC26A2H0067391
67393	Mondial	3.2 87 Red/Tan ZFFXD21A0H0067393
67397	328	GTS 86 Red met./Tan LHD EU ZFFWA20B000067397
67399	328	GTS 87 ZFFXA20A9H0067399
67401	328	GTS 87 Red/Tan ZFFWA20B000067401
67403	328	GTS 87 Red/Black ZFFXA20A7H0067403
67405	328	GTS
67409	328	GTS 87 Red/Tan ZFFXA20A8H0067409
67411	328	GTS Red/Black 67411OBE
67419	328	GTS ZFFXA20A5J00
67421	412	87 dark Blue/Crema & Blue LHD

s/n	Type	Comments
67425	Testarossa	Koenig 87 Black/Black LHD EU ZFFAA17B000067425 Twin Turbo
67427	Testarossa	Red/Black LHD ZFFAA17B000067427
67431	412	GT indicated as VIN 19C00006/431 85 Blue/Tan RHD eng. # 161
67439	328	GTS 87 ZFFXA20A6H0067439
67441	328	GTB
67443	328	GTS
67449	GTS	Turbo 86
67451	Mondial	3.2 86 Dark blu/tan LHD ZFFWD21B000067451
67455	Testarossa	87 Black/Black RHD
67459	Testarossa	87 Red LHD SWE ZFFTA17S000067459
67463	412	Metallic Grey/Tan LHD Manual EU ZFFYD25B000067463
67465	328	GTS 87 Nero/Crema ZFFXA20A7H0067465
67469	328	GTS 87 Red/Black ZFFXA20A4H0067469
67481	328	GTS 87 ZFFXA20A5H0067481
67487	Testarossa	LHD US
67495	412	
67503	GTS	Turbo Red/Black ZFFZA28B000067503
67505	328	GTS 87 ZFFXA20A4H0067505
67509	328	GTS 87 Red/Tan ZFFXA20A1H0067509 Norwood Turbo modified
67511	328	GTS 87 ZFFXA20AXH0067511
67513	328	GTS 87 Black/Tan LHD
67515	Mondial	3.2 Cabriolet 87 White/Red ZFFXC26A5H0067515
67517	Mondial	3.2 87 ZFFXD21A3H0067517
67523	328	GTS 87 White/Tan colour coded roof ZFFXA20A6H0067523
67527	328	GTB 87 ZFFXA19A7H0067527
67535	328	GTS 87 Red/Black ZFFWA20B000067535
67537	Mondial	3.2 Cabriolet 87 ZFFXC26A4H0067537
67545	Testarossa	Red/Tan ZFFAA17B000067545
67549	412	Automatic 87 Blue/Grey LHD EU ZFFYD24B000067549
67553	Testarossa	87 Red/Black LHD ZFFSG17A3H0067553 US
67555	Testarossa	LHD EU ZFFAA17B000067555
67557	Testarossa	Rosso/Rosso
67561	328	GTS 87 Black/Red ZFFXA20A3H0067561
67563	Testarossa	LHD US
67565	328	GTS 87 ZFFXA20A0H0067565
67573	Testarossa	Red/Black
67581	328	GTB Red/Crema RHD ZFFLA19C000067581
67595	328	GTB Red LHD CH ZFFWA19S000067595
67597	328	GTS QV 87 Rosso Rubino/Tan ZFFXA20A2H0067597
67601	Mondial	3.2 Cabriolet 87 ZFFXC26A9H0067601
67605	Testarossa	87 LHD US ZFFSA17A5H0067605
67607	Testarossa	87 Red/Tan LHD US ZFFSG17A0H0067607
67613	328	GTS 87 ZFFXA20A7H0067613
67621	328	GTS 87 ZFFXA20A6H0067621
67623	328	GT? Red/Black
67625	328	GTS 87 Red/Tan ZFFXA20A3H0067625
67627	GTS	Turbo Red/crean
67631	Mondial	3.2 Red/Black LHD ZFFWD21B000067631
67641	Testarossa	87 LHD US ZFFSA17A9H0067641
67645	328	GTS 87 Rosso Rubino/Tan ZFFXA20A9H0067645
67647	328	GTS 87 Black/Black ZFFXA20A2H0067647
67649	328	GTB Red/Black ZFFWA19B000067649
67651	328	GTS 87 Black Red ZFFXA20A4H0067651
67653	328	GTS 87 Blu Chiaro/Crema ZFFXA20A8H0067653
67655	328	GTB Red LHD
67661	Mondial	3.2 Cabriolet LHD ZFFWC26B000067661
67663	Mondial	3.2 Red/Black LHD ZFFWD21B000067663
67665	328	GTS LHD EU ZFFWA20B000067665
67669	Testarossa	Rosso/tan ZFFAA17B000067669 double low mirrors
67673	Testarossa	87 Red/Tan LHD US ZFFSG17A2H0067673
67675	Testarossa	87 Red/Tan LHD US ZFFSG17A6H0067675

s/n	Type	Comments
67679	328	GTS 87 ZFFXA20A4H0067679
67683	328	GTS LHD EU ZFFWA20B000067683
67687	Testarossa	86 Red/Black LHD ZFFTA17B0000
67691	328	GTS 87 ZFFXA20A5H0067691
67695	328	GTS 87 ZFFXA20A2H0067695
67707	Testarossa	87 LHD US ZFFSG17A4H0067707
67715	328	GTS 87 Red/Tan LHD
67717	328	GTS Red/White LHD
67719	328	GTS 87 ZFFXA20A1H0067719
67723	328	GTB 87 Red/Tan ZFFWA19B000067723
67729	Mondial	3.2 Cabriolet Yellow Grey LHD
67733	Testarossa	LHD EU ZFFAA17B000067733
67737	Testarossa	LHD EU ZFFAA17B000067737
67739	Testarossa	Red/Crema LHD EU ZFFAA17B000067739
67741	328	GTS
67745	328	GTS 87 Red/Tan ZFFXA20A2H0067745
67747	328	GTS 87 Red/Tan
67749	328	GTS
67763	Testarossa	87 Red/Black LHD US ZFFSG17A3H0067763
67769	Testarossa	ZFFAA17C000067769
67771	328	GTS 87 Red/Tan ZFFXA20A3H0067771
67775	328	GTB 87 ZFFXA19A4H0067775
67777	328	GTS 87 ZFFXA20A4H0067777
67789	Testarossa	87 Red/Tan LHD US ZFFSG17AXH0067789
67791	Testarossa	87 LHD US ZFFSG17A8H0067791
67807	328	GTS Red/Black 67807FXX
67811	328	GTS 87 Black/Black ZFFXA20A0H0067811
67813	328	GTS 87 ZFFXA20A4H0067813
67815	328	GTS 87 ZFFXA20A8H0067815
67821	Mondial	3.2 Cabriolet 87 ZFFXC26A1H0067821
67823	Mondial	3.2 Red/Black ZFFWD21B0000
67825	Testarossa	87 LHD US ZFFSG17AXH0067825
67827	Testarossa	87 Red/Tan LHD EU ZFFAA17B000067827
67831	Testarossa	Red/Black LHD
67837	328	GTS
67843	328	GTS 87 ZFFXA20A2H0067843
67847	328	GTB 87 Red/Black 67847WKP
67849	328	GTB 87 Rosso Corsa/black LHD ZFFWA19B000067849 67849DWW
67851	Mondial	3.2 87 Red/Tan LHD ZFFXD21A4H0067851
67859	Testarossa	87 LHD US ZFFSG17A5H0067859
67861	Testarossa	87 LHD US ZFFSG17A3H0067861
67865	328	GTS Red/Black ZFFXA20A1H00
67869	328	GTS 87 Red/Tan ZFFXA20A9H0067869
67873	328	GTS 87 Rosso Corsa/Tan ZFFXA20A0H0067873
67875	328	GTS 87 Rosso Corsa/Tan ZFFXA20A4H0067875
67877	328	GTS 87 ZFFXA20A8H0067877
67883	Testarossa	86 Red RHD eng. # 00137
67889	Testarossa	87 LHD US ZFFSG17A3H0067889
67895	328	GTS Red/Black
67897	328	GTB Red/Crema RHD UK ZFFWA19C000067897
67901	328	GTS
67903	328	GTS 87 Red/Black LHD EU
67909	328	GTB Koenig 87 Red/crema then Black int.
67911	Mondial	3.2 Red/Crema RHD ZFFWD21C000067911
67921	Testarossa	87 White/Black LHD US ZFFSG17A6H0067921
67925	328	GTS
67927	328	GTS 87 ZFFXA20A8H0067927
67933	328	GTS 87 ZFFXA20A3H0067933
67947	Testarossa	87 Red/Tan LHD US ZFFSG17A2H0067947
67949	Testarossa	86 Red RHD ZFFAA17C000067949
67957	328	GTS 87 ZFFXA20A6H0067957
67959	328	GTS 87 ZFFXA20AXH0067959
67961	328	GTS 87 ZFFXA20A8H0067961
67967	328	GTS 87 Red/Black LHD
67971	328	GTS 87 Red/Tan ZFFXA20A0H0067971
67973	Mondial	3.2 Red/Crema RHD ZFFWD21C000067973 Sunroof
67975	Mondial	3.2 86 Argento/Beige LHD ZFFWD218000067975
67977	Testarossa	87 LHD US ZFFSG17A0H0067977
67979	Testarossa	87 LHD US ZFFSG17A4H0067979

s/n	Type	Comments
67985	Testarossa	Spider Conversion by Lorenz und Rankl Yellow/black
67987	328	GTS 87 Black/Tan ZFFXA20A4H0067987
67989	328	GTS 11/86 Yellow/Black ZFFXA20A8H0067989
67991	328	GTS 87 ZFFXA20A6H0067991
67995	328	GTS 87 Red/Black ZFFWA20B000067995
67997	328	GTS Red/Tan ZFFWA20B000067997
68005	Mondial	3.2 Cabriolet 87 ZFFXC26A9H0068005
68009	Testarossa	
68013	Testarossa	Black/Black RHD
68015	Testarossa	Red/Black
68027	328	GTS 87 Red/Black EU
68029	328	GTB 88 Red/Black ZFFXA19B000068029
68031	328	GTS 11/86 White/Black then Red/Black US ZFFXA20A1H0068031
68035	328	GTS Red/Black ZFFWA20B000068035
68037	Mondial	3.2 Cabriolet 87 Blu Chiaro/Tan ZFFWD26B0000068037
68043	Testarossa	Red/Black feat. in German Ferrari World issue 43
68047	Testarossa	87 Red/Tan LHD US ZFFSG17A4H0068047
68049	Testarossa	87 Red/Tan LHD US ZFFSG17A8H0068049
68051	328	GTS 87 ZFFXA20A7H0068051
68055	328	GTS 87 ZFFXA20A4H0068055
68057	328	GTS 87 ZFFXA20A8H0068057
68059	Mondial	3.2 Cabriolet LHD
68063	328	GTB Red/Crema & black race seats RHD ZFFWA19C000068063
68065	328	GTS 87 Red/Tan ZFFXA20A7H0068065
68067	328	GTS 87 ZFFXA20A0H0068067
68073	328	GTS QV 87 Black Grey ZFFXA20A6H0068073
68085	Testarossa	87 LHD US ZFFSG17A1H0068085
68087	Testarossa	Red/Crema
68099	328	GTS 87 Silver/Black ZFFXA20A2H0068099
68107	328	GTS Red/Black ZFFWA20B000068107
68109	328	GTS
68117	328	GTSi 87 grigio/Light Grey ZFFXA20A0H0068117
68119	Mondial	3.2 Cabriolet 87 LHD ZFFXC26A2H0068119
68123	Testarossa	87 Red/Tan LHD US ZFFSG17A5H0068123
68125	Testarossa	
68127	Testarossa	Red/Beige
68133	328	GTS 87 Black/Beige ZFFXA20A9H0068133
68135	328	GTS 87 Metallic Blue/White ZFFXA20A2H0068135
68139	328	GTS 87 Red/tan ZFFXA20AXH0068139
68141	328	GTS LHD EU ZFFWA20B000068141
68143	328	GTS Red/Crema RHD UK ZFFWA20C000068143
68149	328	GTS 87 ZFFXA20A2H0068149
68153	Mondial	3.2 Red/Black LHD ZFFWD21B000068153
68157	Testarossa	ZFFAA17B000068157
68159	Testarossa	
68163	412	Blue/White
68165	328	GTS
68169	328	GTS 87 ZFFXA20A8H0068169
68179	328	GTS 87 ZFFXA20A0H0068179
68183	Mondial	3.2 Red/Black ZFFWD21B000068183
68185	Mondial	3.2 87 ZFFXD21A9H0068185
68187	412	black/tan manual ZFFYD25B000068187 68187XEU
68189	Testarossa	87 Red/Tan LHD US ZFFSG17A2H0068189
68191	Testarossa	Red/Black LHD EU ZFFTA17B000068191
68193	Testarossa	88 Red/Tan LHD EU ZFFZZ17B000068193
68197	328	GTS 87 Red/Red RHD ZFFWA20C000068197 Colour-coded roof panel colour-coded rear aerofoil
68199	GTS	Turbo 87 Red/Black LHD EU
68207	GTS	Turbo Red/Black
68209	328	GTB 87 Red/Tan ZFFWA19B000068209
68215	328	GTS 87 ZFFXA20A0H0068215
68221	Testarossa	87 Red/Tan LHD US ZFFSG17A5H0068221
68229	328	GTS 87 Red/Black
68233	328	GTB 11/86 Black/Black ZFFXA19A6H0068233

s/n	Type	Comments
68235	328	GTS 87 Red/Tan ZFFXA20A6H0068235
68237	328	GTS 87 ZFFXA20AXH0068237
68243	328	GTS Red/Black ZFFWA20B000068243 68243MRB
68245	328	GTS Grigio Titanio/Red
68249	Mondial	3.2 Cabriolet Red/Black ZFFWC26B0000
68251	Mondial	3.2 Red/sabbia
68253	412	i Blue metallic/tan manual
68255	Testarossa	87 LHD US ZFFSG17A0H0068255
68257	Testarossa	Grey/Tan
68263	328	GTS 87 ZFFXA20A0H0068263
68265	328	GTS 87 ZFFXA20A4H0068265
68271	328	GTS 87 ZFFXA20AXH0068271
68257	Testarossa	Grey/tan LHD
68277	328	GTS silver/black
68285	Testarossa	87 Red/Beige LHD US ZFFSG17A9H0068285
68287	Testarossa	87 Black/Black LHD US ZFFSG17A2H0068287
68291	Testarossa	87 Red/Tan LHD ZFFSG17A4H0068291
68295	328	GTS Red/Tan ZFFWA20B000068295 68295PHT
68297	328	GTS 87 ZFFXA20A6H0068297
68301	328	GTS 87 ZFFXA20A4H0068301
68303	328	GTS 87 Red/Black LHD
68309	Mondial	3.2 Cabriolet 87 Red/Black LHD ZFFXC26A7H0068309
68311	Mondial	3.2 Cabriolet Red/Black LHD ZFFWC26B000068311
68313	Testarossa	11/86 Red/Tan LHD US ZFFSG17AXH0068313
68315	Testarossa	Red/Crema RHD
68325	328	GTS Red/Tan ZFFXA20A6H0068235
68327	328	GTS 87 Yellow/Black/Black LHD US ZFFXA20A0H00
68329	328	GTS 87 ZFFXA20A4H0068329
68331	328	GTS Red/Black ZFFWA20B000068331
68339	328	GTS 87 ZFFXA20A7H0068339
68341	328	GTS LHD EU ZFFWA20B000068341
68343	328	GTS 87 ZFFXA20A9H0068343
68353	412	i 87 black metallic/black ZZFFYD24B000068353
68355	Testarossa	87 LHD US ZFFSG17A4H0068355
68357	Testarossa	87 LHD US ZFFSG17A8H0068357
68359	Testarossa	87 LHD US ZFFSG17A1H0068359
68361	Testarossa	Yellow/black
68363	Testarossa	87 LHD US ZFFSG17A3H0068363
68365	Testarossa	LHD US
68369	Testarossa	87 Rosso Corsa/Black LHD ZFFAA17B000068369
68373	328	GTS 87 Red/Tan ZFFXA20A7H0068373
68375	328	GTB Blu Chiaro/Crema RHD ZFFWA19C000068375
68385	328	GTS 87 ZFFXA20A3H0068385
68391	Mondial	3.2 Cabriolet 12/86 Black/Tan ZFFXC26A7H0068391
68393	412	87 RHD
68395	412	Automatic 87
68397	Testarossa	87 LHD US ZFFSG17A9H0068397
68399	Testarossa	87 Black/Tan LHD US ZFFSG17A2H0068399
68401	Testarossa	87 Black Crema LHD US ZFFSG17A7H0068401
68403	Testarossa	87 LHD US ZFFSG17A0H0068403
68405	Testarossa	Spider Conversion by Straman 87 Red/Tan LHD US ZFFSG17A4H0068405 2nd Spider-Conversion on a Testarossa by Straman
68415	328	GTS Red/Black ZFFWA20B0000
68419	328	GTS 87 ZFFXA20A5H0068419
68433	Mondial	3.2 silvergrey metallic/black
68437	328	GTS 87 Red/Black US ZFFXA20A7H0068437
68441	328	GTS 87 ZFFXA20A9H0068441
68449	328	GTS 87 ZFFXA20D000068449
68451	328	GTS 87 Red/Tan ZFFXA20A1H0068451
68457	Mondial	3.2 87 Black/Tan LHD US ZFFXD21A5H0068457
68459	328	GTS 87 ZFFXA20A6H0068459
68463	328	GTS 87 ZFFXA20A8H0068463
68467	328	GTS 87 ZFFXA20A5H0068467

s/n	Type	Comments
68469	Mondial	3.2 Red/Black LHD
68475	328	GTS 87 ZFFXA20A4H0068475
68477	328	GTS Red/Black ZFFWA20B000068477
68479	328	GTS 87 ZFFXA20D000068479
68485	328	GTS 87 Red/Black ZFFWA20B000068485
68487	328	GTS 87 Red/Tan
68489	Mondial	3.2 87 LHD ZFFXC26A2H0068489
68491	Mondial	Cabriolet 87 blu/tan
68495	Testarossa	87 LHD US ZFFSG17A9H0068495
68499	Testarossa	Red/Black LHD EU ZFFAA17B000068499
68507	328	GTB Red/Black ZFFWA19B000068507 685071XX
68511	328	GTS 87 Black met./Tan ZFFXA20A4H0068511
68513	328	GTS 87 ZFFXA20A8H0068513
68517	328	GTS Red/Crema
68521	Mondial	3.2 Rosso/nero LHD ZFFWD21B000068521
68523	Mondial	3.2 87 Black/Magnolia LHD 68523CGZ
68525	Testarossa	87 LHD US ZFFSG17A3H0068525
68531	412	
68533	412	87 Silver/Blue LHD EU
68535	Testarossa	87 LHD US ZFFSG17A6H0068535
68537	Testarossa	87 LHD US ZFFSG17AXH0068537
68539	Testarossa	87 LHD US ZFFSG17A3H0068539
68541	Testarossa	87 LHD US ZFFSG17A1H0068541
68551	328	GTS 87 Red/Tan ZFFXA20A5H0068551
68553	328	GTS Red/Black
68561	328	GTS 87 ZFFXA20A8H0068561
68563	328	GTS 87 ZFFXA20A1H0068563
68569	Mondial	3.2 87 Red RHD ZFFE21D000068569 eng. # F10SC04001075
68573	Testarossa	87 LHD US ZFFSG17A3H0068573
68575	Testarossa	87 Rosso Corsa/tan LHD US ZFFSG17A7H0068575
68579	Testarossa	Red/Black
68581	328	GTB Red/Black 68581REE 288 GTO seats
68585	328	GTS 87 Red/Tan & Red ZFFXA20A0H0068585
68589	328	GTS 87 ZFFXA20A8H0068589
68591	328	GTS Red/Tan ZFFWA20B000068591
68593	328	GTS 87 ZFFXA20AXH0068593
68597	328	GTS 87 ZFFXA20A7H0068597
68599	Testarossa	12/86 Black/Tan ZFFSG17A2H0068599
68603	412	i 87 metallic silver/black
68605	Testarossa	87 LHD US ZFFSG17A1H0068605
68607	Testarossa	87 LHD US ZFFSG17A5H0068607
68609	Testarossa	87 Red/Crema LHD US ZFFSG17A9H0068609
68619	328	GTS 87 ZFFXA20A2H0068619
68627	Mondial	3.2 Cabriolet 87 Black/Tan LHD ZFFXC26AXH0068627
68629	Mondial	3.2 Red/Black ZFFWD21B000068629
68631	Testarossa	87 Red/Tan LHD ZFFSG17A2H0068631
68633	Testarossa	
68635	Testarossa	12/86 Red/Crema ZFFSG17A640068635
68637	Testarossa	87 Red/Black LHD EU
68639	Testarossa	
68641	328	GTS 87 Red/Tan ZFFXA20A6H0068641
68647	328	GTB 87 ZFFXA19A0H0068647
68649	328	GTS 87 ZFFXA20A0H0068649
68653	328	GTS 87 ZFFXA20A2H0068653
68655	328	GTS Red/Black
68657	Mondial	3.2 Brown/Tan
68659	Mondial	3.2 87 ZFFXD21A6H0068659
68663	Testarossa	87 Red/Black LHD US ZFFSG17A4H0068663
68665	Testarossa	87 LHD US ZFFSG17A8H0068665
68671	328	GTB 87 Red/Black ZFFXA19A8H0068671
68673	328	GTS 12/87 Red/Tan ZFFXA20A8H0068673
68677	328	GTS 87 ZFFXA20A5H0068677
68689	Testarossa	87 LHD US ZFFSG17A0H0068689
68695	328	GTS 87 Red/Crema ZFFWA20B000068695
68701	328	GTS 87 ZFFXA20A9H0068701
68703	328	GTS 87 ZFFXA20A2H0068703
68711	GTB	Turbo 87 Red/Black LHD EU
68719	Testarossa	12/86 Red/Tan LHD US ZFFSG17A5H0068719
68721	Testarossa	87 Red/Tan LHD US ZFFSG17A3H0068721
68723	Testarossa	
68725	Testarossa	87 LHD US ZFFSG17A0H0068725
68727	Testarossa	LHD EU ZFFAA17B000068727
68733	328	GTS Red/magnolia
68735	328	GTS 12/86 Rossa Corsa/Tan ZFFXA20A4H0068735
68737	328	GTS 87 ZFFXA20A8H0068737
68751	Mondial	3.2 Cabriolet 87 Black/Black ZFFXC26A0H0068751
68753	412	
68755	Testarossa	87 Red/Tan LHD ZFFSG17A9H00
68757	Testarossa	87 LHD US ZFFSG17A2H0068757
68759	Testarossa	87 Red/Tan LHD US ZFFSG17A6H0068759
68763	GTB	Turbo Red/Crema
68767	328	GTS
68769	328	GTB 87 Red/Black LHD
68771	328	GTB
68773	328	GTB 86 Red/Tan ZFFWA19B0000 68773SXY
68775	328	GTS 87 ZFFXA20A5H0068775
68777	328	GTS 87 Red/Crema
68787	Testarossa	87 LHD US ZFFSG17A0H0068787
68789	Testarossa	87 Rossa Corsa/Black LHD US ZFFSG17A4H0068789
68791	Testarossa	87 Black/Crema
68795	328	GTB 87 Red/Black LHD
68799	328	GTS 87 ZFFXA20A8H0068799
68807	328	GTS 87 ZFFXA20A3H0068807
68809	Mondial	3.2 Cabriolet 87 ZFFXC26A5H0068809
68811	Mondial	3.2 Cabriolet 87 Rosso Corsa/Nero
68813	Testarossa	87 LHD US ZFFSG17A8H0068813
68815	Testarossa	Spider Conversion by Straman Red/Tan LHD EU ZFFAA17B000068815
68817	Testarossa	87 LHD US ZFFSG17A5H0068817
68819	Testarossa	Red/Tan LHD
68823	Testarossa	87 LHD US ZFFSG17A0H0068823
68825	Testarossa	87 Red/Tan LHD US ZFFSG17A4H0068825
68829	328	GTS 87 ZFFXA20A2H0068829
68833	328	GTS 87 Red/Black ZFFXA20A4H0068833
68835	328	GTS 87 Red/Black ZFFWA20B0000 68835AVL
68837	328	GTS Red/Crema LHD ZFFWA20B000068837
68839	328	GTS 87 Rosso (FER 300/6)/Beige(VM 3218), RHD
68847	Mondial	3.2 87
68849	328	GTS 87 Rosso Corsa/Beige LHD EU
68855	328	GTS
68859	328	GTS 87 White/black ZFFXA20A0H0068859
68861	328	GTS 87 ZFFXA20A9H0068861
68865	328	GTS 87 ZFFXA20A6H0068865
68867	Mondial	3.2 87 ZFFXD21A2H0068867
68869	Mondial	3.2 87 Red RHD ZFFE21D000068869
68871	412	i ZFFYD25A000068871
68873	412	i Automatic 87 Light grey/Crema ZFFYD24B000068873
68875	Testarossa	87 Rosso Corsa/Black RHD ZFFAA17C000068875
68879	Testarossa	87 LHD US ZFFSG17A5H0068879
68881	328	GTS Rosso Corsa/Black LHD ZFFWA20B000068881 68881DKS
68883	328	GTS 87 Red/Black LHD ZFFXA20A8H0068883 68883NSF
68889	328	GTS 87 Black/Black LHD
68893	328	GTS Red/Crema
68895	328	GTS 87 White/black
68897	328	GTS 87 Black RHD eng. #02195
68899	Mondial	3.2 87 Grey/Grey RHD ZFFWD21C000068899
68901	Mondial	3.2 87 Red/Black LHD
68903	Testarossa	87 LHD US ZFFSG17A9H0068903
68905	Testarossa	87 LHD US ZFFSG17A2H0068905
68907	Testarossa	87 LHD US ZFFSG17A6H0068907
68911	Testarossa	Red RHD ZFFAA17C000068911
68913	GT?	Turbo
68915	328	GTS silver/Red UK
68917	GTS	Turbo 87 Red/Black LHD EU

s/n	Type	Comments
68919	328	GTB Rosso/nero Gotti wheels LHD ZFFWA19B000068919
68921	328	GTS 87 ZFFXA20A1H0068921
68923	328	GTS 87 ZFFXA20A5H0068923
68931	Testarossa	87 Rosso Corsa/Tan LHD US ZFFSG17A3H0068931
68933	Testarossa	Red/Tan
68937	Testarossa	Rosso Corsa/Red LHD EU 68937FIW
68941	328	GTS Red/Black ZFFWA20B000068941 68941AOL
68945	328	GTB Red/Tan ZFFWA19B0000 68945LQG
68955	Mondial	3.2 Cabriolet 87 ZFFXC26A5H0068955
68957	412	Automatic LHD EU ZFFYD24B000068957
68967	328	GTS Red/Black LHD
68973	328	GTS 1/87 Red/Crema colouRed coded roof ZFFXA20A0H0069073
68983	GTS	Turbo
68985	328	GTS 87 black metallic/tan ZFFXA20A5H0068985
68987	328	GTS 87 Red ZFFWA20C000068987 eng. # F105C04002213
68989	328	GTS 87 ZFFXA20A2H0068989
68997	Mondial	3.2 Cabriolet 87 ZFFXC26AXH0068997
68999	Mondial	3.2 Red/Black LHD 68999KPD
69001	Testarossa	87 LHD US ZFFSG17A7H0069001
69003	Testarossa	
69005	Testarossa	Targa Conversion by Ultra Smith 87 Yellow/Black LHD US ZFFSG17A4H0069005
69007	Testarossa	LHD EU ZFFAA17B000069007
69009	Testarossa	87 LHD US ZFFSG17A1H0069009
69011	Testarossa	87 LHD US ZFFSG17AXH0069011
69013	Testarossa	87 LHD US ZFFSG17A3H0069013
69015	Testarossa	87 Red/Tan LHD US ZFFSG17A7H0069015
69021	328	GTB 87 Red/Crema
69025	328	GTS 87 Red/Black ZFFXA20A0H0069025
69027	328	GTB 87 Red/Black ZFFXA19A8H0069027
69029	Mondial	3.2 Cabriolet 87 Black/Tan ZFFXC26A6H0069029
69033	Testarossa	87 Black/Black LHD EU
69035	Testarossa	87 Red/Black LHD US ZFFSG17A2H0069035
69037	Testarossa	87 LHD US ZFFSG17A6H0069037
69039	Testarossa	87 LHD US ZFFSG17AXH0069039
69043	328	GTS 87 Red/dark Red LHD
69047	328	GTB 87 dark Blue/Crema ZFFWA19B000069047
69049	328	GTS black
69053	328	GTS 87 ZFFXA20A5H0069053
69057	328	GTS LHD EU ZFFWA20B000069057
69059	Mondial	3.2 Red/Black LHD
69065	328	GTS 87 Red/Tan ZFFXA20A1H0069065
69073	328	GTS 87 ZFFXA20A0H0069073
69079	Mondial	3.2 Cabriolet Black/Crema
69083	Testarossa	87 LHD US ZFFSG17A2H0069083
69085	Testarossa	87 Red/Tan LHD ZFFSG17A6H0069085
69087	Testarossa	Gemballa Paris Auto Show car 87 Giallo Modena/Dark Grey Yellow stitching Yellow piping LHD EU ZFFAA17B000069087
69089	Testarossa	Red/Black
69091	Testarossa	Red/Tan LHD ZFFAA17B000069091
69093	Testarossa	87 Red RHD UK
69095	Testarossa	87 LHD US ZFFSG17A9H0069095
69097	Testarossa	Red/Crema LHD
69099	328	GTS 87 LHD
69101	328	GTS 87 Red/Black LHD
69107	328	GTS 87 Rosso Corsa/Black LHD ZFFWA20B000069107 69107GWT
69113	Testarossa	
69117	328	GTS
69119	Mondial	3.2 Cabriolet 87 ZFFXC26A7H0069119
69127	Testarossa	87 LHD US ZFFSG17A7H0069127
69129	Testarossa	87 Silver then Yellow/black LHD ZFFSG17A0H00
69133	Testarossa	
69135	GTB	Turbo Red/Tan ZFFZA27B000069135
69137	328	GTS 87 Red/Tan US ZFFXA20A0H0069137
69139	328	GTS 87 Rosso Corsa/Tan ZFFXA20A4H0069139
69141	328	GTS 87 ZFFXA20A2H0069141
69145	328	GTS 87 Red/Black LHD
69153	Mondial	3.2 Cabriolet Sera Blue/Blue RHD
69155	Mondial	3.2 Cabriolet 6/87 Red/Black LHD
69157	Testarossa	Rosso/tan RHD
69161	Testarossa	87 Black/Bordeaux LHD ZFFSG17A7H0069161
69163	Testarossa	87 LHD US ZFFSG17A0H0069163
69165	Testarossa	87 LHD US ZFFSG17A4H0069165
69169	328	GTS 87 ZFFXA20A2H0069169
69171	328	GTS 87 ZFFXA20A0H0069171
69173	328	GTS Yellow/black
69179	328	GTB 87 Red/Tan ZFFXA19A9H0069179
69187	Mondial	3.2 87 ZFFXD21A7H0069187
69189	412	87 dark Red/Tan LHD Manual EU ZFFYD25B000069189
69191	Testarossa	87 Red/Tan LHD US ZFFSG17A5H0069191
69193	Testarossa	87 Red ZFFAA17B000069193
69203	328	GTS
69211	412	87 Black/Black
69213	Testarossa	87 LHD US ZFFSG17A0H0069213
69215	Testarossa	Red/Black LHD ZFFAA17B000069215
69217	Testarossa	87 Black LHD US ZFFSG17A8H0069217
69219	Testarossa	85 Red RHD ZFFTA17C000069219 eng. # F113A00248
69223	328	GTS 87 ZFFXA20A4H0069223
69225	328	GTS 87 ZFFXA20A8H0069225
69229	328	GTS 87 Black/dark Red LHD
69233	328	GTS 87 Rosso Corsa/Tan ZFFXA20A7H0069233
69237	Mondial	3.2 87 Red RHD ZFFE21D000069237
69241	328	GTS 87 Red ZFFXA20D000069241 eng. # F105A04001144
69247	328	GTS 87 ZFFXA20A7H0069247
69249	328	GTS 87 Rosso Corsa/Tan ZFFXA20A0H0069249
69251	328	GTS 87
69253	328	GTS 87 ZFFXA20D000069253
69255	Mondial	3.2 Cabriolet 87 Grigio/Nero ZFFXC26A4H0069255
69259	412	i Automatic 87 marron/beige
69261	Testarossa	87 LHD US ZFFSG17A0H0069261
69263	Testarossa	Red/Black LHD
69265	Testarossa	
69267	Testarossa	87 LHD US ZFFSG17A1H0069267
69275	328	GTS LHD EU ZFFWA20B000069275
69277	328	GTB 87 Red/Crema
69281	Testarossa	LHD US
69287	Testarossa	LHD EU
69291	Testarossa	87 LHD US ZFFSG17A9H0069291
69299	328	GTB Red/Black ZFFWA19B000069299 692990CR
69307	328	GTS 87 Red/Tan ZFFXA20AXH0069307
69311	328	GTS 87 ZFFXA20A1H0069311
69313	Mondial	3.2 Cabriolet 87 ZFFXC26A3H0069313
69315	Mondial	3.2 Cabriolet 87 ZFFXC26A7H0069315
69319	Testarossa	Red/Black LHD EU
69325	Testarossa	87 Red/Tan LHD US ZFFSG17A0H0069325
69327	328	GTS 87 Rosso Corsa/Black US ZFFXA20A5H0069327
69329	328	GTS Red/Black ZFFWA20B000069329
69333	328	GTS 87 Red/Black ZFFXA20A0H0069333
69337	328	GTS Rosso Corsa/Black ZFFWA20B000069337 69337PMD
69339	328	GTS 87 Red LHD ZFFWA20L000069339
69341	328	GTS 87 Red/Black LHD
69347	Mondial	3.2 Cabriolet 87 Red/Tan LHD ZFFXC26A9H0069347
69349	412	
69353	Testarossa	87 LHD US ZFFSG17A5H0069353
69355	Testarossa	Yellow/Black
69357	Testarossa	87 LHD US ZFFSG17A2H0069357
69359	328	GTS 87 ZFFXA20A7H0069359

s/n	Type	Comments
69361	328	GTS
69365	328	GTS 87 Red/Black LHD
69367	328	GTB 87 Red/Black LHD
69371	328	GTS Red/Tan 69371LZB
69373	328	GTS Red/Crema
69381	412	GT Black/Crema
69383	Testarossa	Red/Black
69385	Testarossa	87 LHD US ZFFSG17A7H0069385
69387	328	GTS 87 Black/Crema ZFFXA20A1H0069387
69391	328	GTS 87 Red ZFFXA20D000069391 eng. # F105C04001159
69401	328	GTS 87 ZFFXA20A2H0069401
69403	328	GTB Red/Black
69405	Mondial	3.2 Cabriolet 87 ZFFXC26A8H0069405
69417	328	GTS 87 Red ZFFXA20D000069417 eng. # F105C04001149
69419	328	GTS Red/Crema ZFFWA20C00069419
69423	328	GTS 87 Red/Black ZFFXA20A1H0069423
69427	328	GTS 87 Silver/Black ZFFXA20A9H0069427
69429	328	GTS Red/Tan ZFFWA20B000069429 69429EHL
69431	328	GTS 87 Red/Tan ZFFXA20A0H0069431
69435	Mondial	3.2 Cabriolet 87 ZFFXC26A6H0069435
69439	Testarossa	87 Red/Red LHD US ZFFSG17A4H0069439
69441	Testarossa	LHD EU ZFFAA17B000069441
69443	Testarossa	Red/Black
69447	328	GTS 87 ZFFXA20A4H0069447
69449	328	GTS 87 Black/Tan ZFFXA20A8H0069449
69451	328	GTS Red/Tan US
69459	328	GTB 87 ZFFXA19A4H0069459
69461	328	GTS 87 ZFFXA20A9H0069461
69463	Mondial	3.2 87 ZFFXD21A5H0069463
69465	Mondial	3.2 Cabriolet Red/Black ZFFWC26B000069465
69467	328	GTS 87 Red/Crema LHD
69469	Testarossa	Red/Black LHD
69471	Testarossa	87 Red/Tan LHD US ZFFSG17A0H0069471.
69473	Testarossa	87 White/Black LHD US ZFFSG17A4H0069473
69475	Testarossa	87 Black/Black ZFFAA17B000069475
69477	328	GTB
69485	328	GTS 87 ZFFXA20A1H0069485
69487	328	GTS 87 Red/Tan ZFFXA20A5H0069487
69491	328	GTS 87 ZFFXA20A7H0069491
69497	Mondial	3.2 Silver Dark Red
69503	Testarossa	87 LHD US ZFFSG17A9H0069503
69509	328	GTS 2/87 gold/black then Silver/Brown then gold/brown LHD ZFFXA20A0H0069509
69511	328	GTS 87 Red/Tan ZFFXA20A9H0069511
69513	328	GTS 87 ZFFXA20A2H0069513
69515	328	GTS
69517	328	GTS 87 Red/Black LHD
69519	328	GTS
69521	Mondial	3,2
69523	Mondial	3.2 Cabriolet 87 Red/Black ZFFXC26A3H0069523
69531	Testarossa	87 LHD US ZFFSG17A3H0069531
69533	Testarossa	87 LHD US ZFFSG17A7H0069533
69537	Testarossa	87 White/Red RHD ZFFAA17C000069537
69545	328	GTS Red/Black LHD ZFFWA20B000069545 69545EAL
69551	328	GTS 87 ZFFXA20AXH0069551
69555	328	GTS 87 ZFFXA20A7H0069555
69561	412	Automatic 87 Silver/Red LHD EU ZFFYD24B000069561
69563	Testarossa	87 Black/Tan LHD EU ZFFAA17B000069563
69565	Testarossa	87 LHD US ZFFSG17A9H0069565
69567	328	GTS 87 Red White ZFFCA20S000069567
69569	328	GTS 87 Oro/Tan
69573	328	GTS 87 ZFFXA20D000069573
69575	328	GTS 87 ZFFXA20A2H0069575
69577	328	GTB Red/Tan ZFFWA19B000069577 69577LSG
69581	328	GTS 87 Red/Tan
69583	328	GTB
69585	Mondial	3.2 Cabriolet 87 Black/Tan ZFFXC26A3H0069585
69587	Mondial	3.2 Cabriolet 87 Red/Tan ZFFXC26A7H0069587
69589	328	GTS 87 Red/Tan ZFFXA20A5H0069589
69591	Testarossa	
69597	328	GTS 87 Black/Crema ZFFWA20B000069597
69599	328	GTS 87 ZFFXA20A5H0069599
69601	328	GTS 87 ZFFXA20AXH0069601
69605	328	GTS 87 ZFFXA20A7H0069605
69607	328	GTB Blue silver Kevlar Body
69609	328	GTS 87 ZFFXA20A4H0069609
69613	328	GTS 87 Red RHD ZFFE21D000069613 eng. # 01191
69615	Mondial	3.2 Cabriolet 87 ZFFXC26A8H0069615
69617	Mondial	3.2 grey/lightgrey
69619	Testarossa	LHD EU ZFFAA17B000069619
69621	Testarossa	Red/Black LHD CH ZFFSA17S000069621
69623	Testarossa	Red/Tan RHD ZFFAA17C000069623
69625	Testarossa	
69639	328	GTS 87 Red/Black ZFFXA20A2H0069639
69641	328	GTS 87 Red/Tan ZFFZA20A0H0069641
69645	Mondial	3.2 Cabriolet 87 ZFFXC26A6H0069645
69655	Testarossa	87 Red/Tan LHD US ZFFSG17AXH0069655
69657	328	GTS
69661	328	GTS 87 ZFFXA20A6H0069661
69667	328	GTS 87 ZFFXA20A7H0069667
69681	Mondial	3.2 Cabriolet 87 ZFFXC26AXH0069681
69683	Testarossa	Red/Crema LHD ZFFAA17B000069683
69685	Testarossa	87 White/Red, ordered Red/Tan LHD US ZFFSG17A8H0069685, ex-Miles Davis
69687	Testarossa	87 LHD US ZFFSG17A1H0069687
69693	328	GTS 87 ZFFXA20A8H0069693
69695	328	GTS 87 ZFFXA20A1H0069695
69697	328	GTS 87 Rosso Corsa/beige
69701	328	GTS
69703	328	GTB 87 Red/Tan LHD
69707	328	GTS 87 Black (Nero Fer 1240) Glasurit/Black ZFFXA20A4H0069707
69709	Mondial	3,2
69711	Mondial	3.2 Cabriolet 87 ZFFXC26A4H0069711
69715	Testarossa	87 LHD US ZFFSG17A2H0069715
69717	Testarossa	Red LHD EU ZFFAA17B000069717
69719	Testarossa	87 Red blackLHD US ZFFSG17AXH0069719
69721	Testarossa	Rosso Corsa/Rosso Hide/Rosso Carpets 03.04.87
69729	328	GTS Red/Black
69731	Testarossa	
69737	328	GTS 87 Rosso Corsa/Tan ZFFXA20A2H0069737
69739	328	GTS 87 White LHD
69745	Testarossa	87 LHD US ZFFSG17A0H0069745
69753	Testarossa	Red/Tan
69761	328	GTB Red/Crema RHD ZFFWA19C000069761
69769	328	GTS 87 ZFFXA20A4H0069769
69771	328	GTB Black/Beige 69771MEP
69773	328	GTS 87 ZFFXA20A6H0069773
69775	328	GTS 87 ZFFXA20AXH0069775
69779	Mondial	3.2 87 Red RHD ZFFE21D000069779 eng. # F105C04001204
69781	Testarossa	87 LHD US ZFFSG17A4H0069781
69783	Testarossa	87 LHD US ZFFSG17A8H0069783
69785	Testarossa	87 Red/Tan LHD US ZFFSG17A1H0069785
69793	328	GTS 87 ZFFXA20A1H0069793
69795	328	GTS 87 Red LHD
69799	328	GTS Red/sand
69803	328	GTS 87 ZFFXA20A0H0069803
69805	Mondial	3.2 Cabriolet 87 ZFFXC26A2H0069805
69807	412	Automatic Grey/Tan LHD EU ZFFYD24B000069807 69807VUV
69809	Testarossa	87 Red/Crema LHD ME ZFFAA17T0H0069809
69813	Testarossa	Red/Beige RHD
69815	328	GTS 87 Red LHD
69821	328	GTS 87 ZFFXA20A2H0069821
69827	328	GTS

s/n	Type	Comments
69835	Mondial	3.2 87 RHD ZFFE21D000069835 eng. # F105A020400124
69837	Mondial	3.2 Cabriolet 87 ZFFXC26A4H0069837
69841	Testarossa	LHD US
69843	Testarossa	87 Red/Brown LHD US ZFFSG17A0H0069843
69845	Testarossa	87 Red/Tan LHD US ZFFSG17A4H0069845
69847	Testarossa	87 Red/Tan LHD US ZFFSG17A8H0069847
69855	328	GTS Red/Black
69857	328	GTS 87 ZFFXA20A1H0069857
69859	328	GTS 2/87 Rosso Corsa/Beige ZFFXA20A5H0069859
69861	328	GTS 87 ZFFXA20A3H0069861
69865	328	GTS 87 Red/Tan ZFFXA20A0H0069865
69867	Mondial	3.2 Red/Tan LHD ZFFCD21S0000
69869	Mondial	3.2 Red/Black
69873	Testarossa	87 Black/Black LHD US ZFFSG17A9H0069873
69881	328	GTS 87 ZFFXA20A9H0069881
69883	GTS	Turbo 87 Red/Tan LHD EU
69887	Testarossa	87 Red/Tan LHD
69889	328	GTS 87 Red/Tan ZFFXA20A3H0069889
69895	328	GTS
69899	Mondial	3.2 Red/Tan LHD
69901	Mondial	3.2 Red/Black
69907	Testarossa	87 LHD US ZFFSG17A0H0069907
69909	Testarossa	87 Red/Tan LHD US ZFFSG17A4H0069909
69917	328	GTS 87 ZFFXA20A4H0069917
69919	328	GTS 87 Red/Black LHD ZFFXA20A8H0069919
69921	328	GTB 87 Red/Black LHD
69925	328	GTS 87 ZFFXA20A3H0069925
69931	Mondial	3.2 Azzurro/tan
69933	Mondial	3.2 Cabriolet 87 Red/Tan ZFFXC26A0H0069933
69937	Testarossa	87 Red/Crema LHD US ZFFSG17A9H0069937
69939	Testarossa	87 LHD USZFFSG17A2H0069939
69941	Testarossa	87 Rosso Corsa LHD EU
69943	328	GTB Red/Black
69945	328	GTS 87 White/Black LHD CH
69949	328	GTB black metallic/black
69951	328	GTS 87 Red/Black ZFFXA20A4H0069951
69955	328	GTS Red ZFFWA20B000069955
69961	Mondial	3.2 Red/Black LHD ZFFWD21B000069961
69963	Mondial	3.2 Cabriolet 87 Red/Tan ZFFXC26A9H0069963
69965	412	Automatic 87 Black Red LHD EU ZFFYD24B000069965
69969	Testarossa	87 Red/Tan LHD US ZFFSG17A0H0069969
69973	Testarossa	Yellow/Black
69977	GTS	Turbo
69979	328	GTS 87 ZFFXA20A4H0069979
69981	328	GTS 87 ZFFXA20A2H0069981
69985	328	GTS 87 ZFFXA20AXH0069985
69989	328	GTS Red/beige
69991	328	GTS Red/Black
69993	Mondial	3,2
69995	Mondial	3.2 87 Grey/Crema LHD CH
69997	Testarossa	87 LHD US ZFFSG17A5H0069997
69999	Testarossa	87 LHD US ZFFSG17A9H0069999
70005	412	87 Black/Black Manual LHD EU
70017	328	GTS
70025	Mondial	3.2 Cabriolet black/dark Red LHD ZFFWC26B000070025
70031	Testarossa	87 LHD US ZFFSG17AXH0070031
70033	Testarossa	Spider Conversion by Coachbuilder 87 Red/Crema & Red LHD US ZFFSG17A3H0070033
70035	Testarossa	Red/Beige RHD
70037	Testarossa	87 LHD US ZFFSG17A0H0070037
70041	328	GTS 87 ZFFXA20A3H0070041
70043	328	GTS Red ZFFWA20B000070043
70045	328	GTS 87 ZFFXA20A0H0070045
70047	328	GTS
70049	328	GTB 87 Red
70051	328	GTS 87 ZFFXA20A6H0070051
70053	328	GTS
70055	328	GTS 5/87 Red RHD
70057	Mondial	3.2 Cabriolet 87 Red/Tan LHD ZFFXC26A5H0070057
70059	Mondial	3.2 87 Silver/Blue LHD ZFFXD21A3H0070059 sunroof
70061	412	Automatic 87 Black/Black LHD EU
70065	Testarossa	3/87 Red/Tan LHD US ZFFSG17A5H0070065
70067	Testarossa	Red/Crema LHD
70069	Testarossa	87 Black metallic/Maroon Koenig interior LHD US ZFFSG17A2H0070069
70071	Testarossa	87 Black/Black LHD US ZFFSG17A0H0070071
70073	Testarossa	87 LHD US ZFFSG17A4H0070073
70075	Testarossa	87 LHD US ZFFSG17A8H0070075
70077	Testarossa	87 Red/Tan LHD ZFFSG17A1H0070077
70079	Testarossa	87 LHD US ZFFSG17A1H0070077
70089	Testarossa	87 Red/Black LHD US ZFFSG17A5H0070079 70089WHR
70091	328	GTS 87 ZFFXA20A7H0070091
70093	328	GTS 87 Red/Tan ZFFXA20A0H0070093
70095	GTS	Turbo Red/Black
70097	328	GTS 87 ZFFXA20A8H0070097
70099	328	GTS 87 Red/Black LHD
70101	328	GTB 87 Red/Crema LHD EU
70107	328	GTS 87 ZFFXA20A7H0070107
70111	Mondial	3.2 Cabriolet 87 ZFFXC26A7H0070111
70113	328	GTB
70115	328	GTS 87 Red ZFFWA20B000070115
70119	328	GTS 87 ZFFXA20D000070119
70125	328	GTS
70129	328	GTS
70131	328	GTB 3/87 Red/Black ZFFWA19B000070131
70133	Mondial	3.2 Red/Crema LHD
70135	Mondial	3.2 Red/Crema RHD ZFFWD21C000070135
70139	328	GTS 87 ZFFXA20A9H0070139
70141	328	GTS 87 ZFFXA20A7H0070141
70143	328	GTS 87 Red/Black LHD
70145	328	GTS 87 ZFFXA20A4H0070145
70147	328	GTB 87 White Red ZFFXA19A1H0070147
70149	328	GTS 87 ZFFXA20A1H0070149
70151	328	GTS 87 ZFFXA20AXH0070151
70155	Mondial	3.2 Cabriolet 87 ZFFXC26A5H0070155
70159	Testarossa	87 LHD US ZFFSG17A3H0070159
70161	Testarossa	87 Red/Black LHD US ZFFSG17A1H0070161
70163	Testarossa	Red/Black ZFFAA17B0000
70167	288	GTO Evoluzione #3/6, F40 Prototipo
70169	328	GTS 87 ZFFXA20A7H0070169
70175	328	GTB 87 Rosso Corsa/Black LHD ZFFWA19B000070175
70179	328	GTB
70181	328	GTS 87 ZFFXA20A8H0070181
70183	408	Yellow ZFFBX37X0H0070183 also numbeRed ZFFBX37X0K0078610
70185	328	GTS 87 Red/Tan LHD
70187	GTB	Turbo 87 LHD EU
70191	Mondial	3.2 87 Black/Tan ZFFXD21A3H0070191
70195	328	GTS 87 Red/Tan ZFFXA20A8H0070195
70197	328	GTS 87 Rosso Corsa/Tan ZFFXA20A1H0070197
70199	328	GTS
70205	288	GTO Evoluzione #4/6
70209	328	GTS 87 ZFFXA20A4H0070209
70211	328	GTS
70217	412	87 Azzurro/Crema Manual LHD EU
70219	Testarossa	87 Red/Tan LHD US ZFFSG17A6H0070219
70221	Testarossa	87 LHD US ZFFSG17A4H0070221
70223	Testarossa	87 blu/tan LHD EU
70225	Testarossa	87 LHD US ZFFSG17A1H0070225
70227	Testarossa	87 Red/Tan LHD US ZFFSG17A5H0070227
70229	Testarossa	87 Red/Tan LHD US ZFFSG17A9H0070229
70231	Testarossa	87 Red/Tan LHD US ZFFSG17A7H0070231 eng. # F113A04000615
70233	Testarossa	Red/Black
70235	Testarossa	87 LHD US ZFFSG17A4H0070235

s/n	Type	Comments
70243	328	GTS 87 Red/Black ZFFXA20A4H0070243
70249	328	GTB 87 ZFFXA19A9H0070249
70253	328	GTB 87 Red/Black
70255	328	GTS 87 ZFFXA20A0H0070255
70257	Mondial	3.2 Cabriolet 87 Rosso Corsa/Tan LHD ZFFXC26A2H0070257
70259	Mondial	3.2 Cabriolet 87 ZFFXC26A6H0070259
70267	Testarossa	Red/Black
70269	Testarossa	87 Red RHD eng. # 00325
70275	328	GTS 87 Red/Tan ZFFXA20A4H0070275
70277	328	GTS 87 Red/Black ZFFXA20AXH0070277
70281	328	GTS 87 ZFFXA20A1H0070281
70285	328	GTS 87 Red then Blue/Tan ZFFXA20D000070285 eng. # F105C04001269
70287	328	GTS 87 ZFFXA20A2H0070287
70291	Mondial	3.2 87 Silver RHD UK eng. # 02418
70293	Mondial	3.2 Cabriolet 87 ZFFXC26A6H0070293
70295	Testarossa	Anthracite/black
70297	Testarossa	87 Red/Crema LHD US ZFFSG17A4H0070297
70299	Testarossa	87 LHD US ZFFSG17A8H0070299
70303	Testarossa	87 Red RHD eng. # 00326
70307	328	GTS 87 ZFFXA20A4H0070307
70311	328	GTS Red/Tan RHD
70313	328	GTS 85 Rosso Corsa/Tan ZFFXA20AJAP0070313
70317	328	GTS 87 Black/Tan ZFFXA20A7H0070317
70319	328	GTB 87 Black RHD eng. #02419
70321	328	GTB
70325	Mondial	3.2 Red/Tan LHD ZFFCD21S000070325
70327	Testarossa	3/87 Red/Tan LHD US ZFFSG17A9H0070327 eng. # 0619
70331	Testarossa	87 Red/Tan LHD US ZFFSG17A0H0070331
70333	Testarossa	3/87 Rosso Corsa FER 300/6/Black LHD US ZFFSG17A4H0070333
70337	328	GTS 87 ZFFXA20A2H0070337
70339	328	GTS 87 Red/Crema ZFFWA20C000070339
70343	328	GTS 87 Rosso Corsa/Tan LHD US ZFFXA20A8H0070343
70345	328	GTS 87 RHD UK eng. # 02426
70349	328	GTSi 87 Red/Tan ZFFXA20A9H0070349
70353	328	GTS 87 Blue RHD UK eng. # 02421
70355	Mondial	3.2 Red 87 RHD ZFFE21D000070355 eng. # F105C04001273
70356???	328	GTS 89 Black/Black
70357	Mondial	3.2 Cabriolet 87 Black/Tan ZFFXC26A6H0070357
70361	328	GTS Red/Black
70363	328	GTS 87 Red/Crema RHD
70365	328	GTS 87 Red LHD SWE ZFFCA20S000070365
70369	328	GTS 3/87 Black/Black ZFFXA20A4H0070369
70373	328	GTS 87 Red ZFFXA20D000070373 eng. # F105C04001279
70377	Mondial	3,2
70381	Testarossa	87 LHD US ZFFSG17A4H0070381
70383	Testarossa	87 LHD US ZFFSG17A8H0070383
70385	Testarossa	87 LHD US ZFFSG17A1H0070385
70387	Testarossa	87 Red/Tan LHD US ZFFSG17A5H0070387
70389	Testarossa	87 Red/Tan LHD US ZFFSG17A9H0070389
70391	Testarossa	3/87 Red/Tan LHD US ZFFSG17A7H0070391
70395	Testarossa	
70397	Testarossa	Red/Crema RHD ZFFAA17C000070397 shields
70399	Testarossa	87 Red RHD ZFFAA17C000070399
70401	328	GTS 87 ZFFXA20A7H0070401
70411	328	GTS 87 ZFFXA20AXH0070411
70417	328	GTS 87 ZFFXA20A0H0070417
70421	Mondial	3.2 Cabriolet 87 Red/Beige LHD ZFFC26A0H0070421
70425	Testarossa	87 LHD US ZFFSA17A7H0070425
70427	Testarossa	87 LHD US ZFFSG17A2H0070427
70431	Testarossa	87 Red/Tan ZFFSG17A5K0070431
70439	328	GTB 87 Red/Brown LHD
70441	328	GTB Red/Crema Red sports seats RHD ZFFWA19C000070441 70441NFH
70447	328	GTS 87 ZFFXA20A9H0070447

s/n	Type	Comments
70455	Mondial	3.2 Cabriolet 87 ZFFXC26A6H0070455
70457	412	Automatic White/Crema
70465	Testarossa	Grey Tan LHD
70467	328	GTS 87 Grey/Black ZFFXA20A4H0070467
70475	328	GTS Red/Tan
70481	328	GTS 87 Red/Tan ZFFXA20A9H0070481
70485	Mondial	3.2 Cabriolet 87 ZFFXC26A4H0070485
70489	412	Automatic 87 Argento/Dark Blue lighter Blue carpeting LHD EU ZFFYD24B000070489
70491	Testarossa	87 Red LHD SWE ZFFSA17S000070491
70493	Testarossa	87 Red LHD SWE ZFFSA17S000070493
70499	328	GTS 87 Red/Tan ZFFXA20A6H0070499
70501	328	GTB 87 Red/Tan LHD
70503	328	GTS 87 ZFFXA20A4H0070503
70505	328	GTS 87 ZFFXA20A8H0070505
70507	GTB	Turbo Red/Black
70511	328	GTS 87 ZFFXA20A3H0070511
70513	328	GTS 87 ZFFXA20A7H0070513
70517	Mondial	3.2 Cabriolet 87 Black/Tan LHD ZFFXC26A2H0070517
70521	Testarossa	87 LHD US ZFFSA17A3H0070521
70523	Testarossa	87 Red/Tan LHD US ZFFSG17A9H0070523
70525	Testarossa	87 Red/Crema LHD US ZFFSG17A2H0070525
70527	Testarossa	Red Dark Red ZFFAA17B000070527
70531	328	GTS 87 Black/Red ZFFXA20A9H0070531
70535	328	GTS
70537	328	GTS 87 ZFFXA20AXH0070537
70545	328	GTS 87 ZFFXA20A9H0070545
70549	Mondial	3.2 Cabriolet 87 Red/Tan ZFFXC26A4H0070549
70551	Mondial	3.2 87 Red RHD ZFFE21D000070551
70557	Testarossa	87 Red/Tan LHD US ZFFSG17A4H0070557
70559	Testarossa	87 Red LHD US ZFFSG17A8H0070559
70561	Testarossa	87 LHD US ZFFSG17A6H0070561
70563	328	GTB 87 Red/Black LHD
70565	328	GTS
70571	328	GTS 87 ZFFXA20AXH0070571
70573	328	GTS 87 Red/Tan LHD
70575	328	GTS 87 ZFFXA20A7H0070575
70583	Mondial	3.2 Cabriolet 87 ZFFXC26A4H0070583
70587	Testarossa	87 LHD US ZFFSG17A2H0070587
70591	Testarossa	Red/Tan
70603	328	GTS 87 ZFFXA20A8H0070603
70607	328	GTS 87 ZFFXA20A5H0070607
70609	412	87 grigio/burgundy LHD
70611	328	GTS 87 Red/Tan LHD
70617	Mondial	3.2 87 black/black ZFFXD21A0H0070617
70619	Testarossa	87 LHD US ZFFSG17A0H0070619
70621	328	87 Red/Tan LHD LHD US ZFFSG17A9H0070621
70623	Testarossa	87 Red RHD ZFFAA17C000070623
70627	328	GTS 87 Red/Tan ZFFXA20A0H0070627
70633	328	GTS 87 ZFFXA20A6H0070633
70637	328	GTS 87 Red/Black RHD ZFFWA19C000070637
70639	328	GTS 87 Red/Tan LHD ZFFXA20A7H00
70645	Mondial	3.2 Cabriolet 87 ZFFXC26A0H0070645
70647	Mondial	3.2 Cabriolet 87 Metallic Blue/Tan LHD manual ZFFXC26A4H0070647
70649	412	Black/Black ZFFDD25S000070649
70651	Testarossa	87 LHD US ZFFSG17A7H0070651
70653	Testarossa	87 LHD US ZFFSG17A0H0070653
70655	Testarossa	dark green/tan
70661	328	GTS 87 Black/Black ZFFXA20A0H0070661
70665	328	GTS 87 ZFFXA20A8H0070665
70673	328	GTS 87 Black/Black ZFFXA20A7H0070673
70679	Mondial	3.2 Cabriolet 87 Red/Tan ZFFXC26A6H0070679
70681	Testarossa	87 Rosso Corsa/Tan LHD US ZFFSG17A5H0070681
70687	Testarossa	87 Black/Tan LHD US ZFFSG17A6H0070687
70689	Testarossa	87 Red/Tan LHD EU
70693	328	GTS 87 ZFFXA20A2H0070693
70695	328	GTS 87 ZFFXA20A6H0070695

s/n	Type	Comments
70697	328	GTB 87 ZFFXA19A3H0070697
70705	328	GTS 87 Red/Black
70711	Mondial	3.2 Cabriolet 87 Red/Tan LHD ZFFXC26A9H0070711
70713	Mondial	3,2
70715	Testarossa	87 White LHD US ZFFSG17A7H0070715
70717	Testarossa	87 LHD US ZFFSG17A0H0070717
70719	Testarossa	87 LHD US ZFFSG17A4H0070719
70721	Testarossa	87 Red/Tan LHD US ZFFSG17A2H0070721
70727	328	GTS 87 ZFFXA20A4H0070727
70731	328	GTS 87 Black/Tan ZFFXA20A6H0070731
70735	328	GTS 87 Red/Crema LHD
70739	328	GTB 87 Red/Tan ZFFXA19A4H0070739
70745	Mondial	3.2 Cabriolet 87 ZFFXC26A4H0070745
70747	412	87 Blue/Tan LHD Manual EU
70749	412	i 87 Blue RHD Manual ZFFYD25C000070749
70751	Testarossa	87 LHD US ZFFSG17A0H0070751
70753	Testarossa	Red/Tan LHD EU
70755	Testarossa	87 LHD US ZFFSG17A8H0070755
70759	328	GTS 87 Red/Black LHD
70761	328	GTS 87 ZFFXA20A4H0070761
70765	328	GTS 87 ZFFXA20A1H0070765
70767	328	GTS 87 ZFFXA20A5H0070767
70771	328	GTB Red/Tan RHD ZFFWA19C000070771 shields
70773	328	GTS 87 ZFFXA20A0H0070773
70775	Mondial	3.2 Cabriolet 4/87 Sera Blue/Tan LHD ZFFXC26A2H0070775
70791	328	GTS 87 Red/Tan ZFFXA20A2H0070791
70793	328	GTS
70797	328	GTS Grey/Crema
70799	328	GTS 87 Red/Black ZFFXA20A7H0070799
70809	Mondial	3.2 Cabriolet 87 ZFFXC26A4H0070809
70811	412	Automatic 7/87 Nero Daytona/Crema ZFFYD24B000070811
70813	Testarossa	87 Rosso Corsa/Tan ZFFAA17T0H0070813
70819	Testarossa	
70827	328	GTS 87 White ZFFXA20A8H0070827
70833	328	GTB silver/Black, ZFFWA19B00070833
70841	Mondial	3.2 Cabriolet Red/beige LHD
70843	Testarossa	dark Blue/Crema LHD CH ZFFSA17S000070843 70843NSD
70845	Testarossa	87 LHD US ZFFSG17A9H0070845
70847	Testarossa	Red/Tan
70849	Testarossa	dark grey/tan
70855	328	GTS Red/Black ZFFWA20B000070855 70855MJJ
70859	328	GTS 87 Rosso Rubino met./Black ZFFXA20AXH0070859
70861	328	GTS 87 Red/Tan ZFFXA20A8H0070861
70865	328	GTS Red/Crema RHD Colour-coded rear aerofoil
70871	Mondial	3.2 Cabriolet 87 ZFFXC26A9H0070871
70873	Mondial	3.2 87 RHD ZFFE21D000070873 eng. # F10SC04001138
70881	Testarossa	87 Red/Tan RHD ZFFTA17C000070881
70893	328	GTS 87 ZFFXA20AXH0070893
70897	328	GTS 87 Red/Black ZFFXA20A7H0070897
70899	328	GTS 87 Black/Black
70903	328	GTS 87 Red ZFFXA20D000070903 eng. # F105C04001345
70905	328	GTS 87 ZFFXA20A2H0070905
70913	Mondial	3.2 87 Red/Tan ZFFXD21A4H0070913 sunroof
70915	Testarossa	87 dark Grey/Black LHD EU ZFFAA17B0000 70915SSY
70921	Testarossa	Red/Natural LHD ZFFSA17S000070921
70929	328	GTS
70935	328	GTS 87 Red ZFFXA20D000070935 eng. # F10SC04001348
70941	328	GTS 87 Red/Tan ZFFXA20A6H0070941
70943	Mondial	3.2 Cabriolet 87 Red/Tan & black top LHD US ZFFXC26A8H0070943
70945	Mondial	3.2 Dark Blue metallic White LHD CH ZFFCD21S000070945
70951	Testarossa	87 LHD US ZFFSG17A8H0070951
70953	412	87 LHD Manual CH ZFFDD25S000070953
70957	GTB	Turbo 87 Red/Black ZFFZA27B000070957
70965	328	GTB 87 Red/Black LHD
70969	328	GTS 87 Red LHD
70973	328	GTS 87 ZFFXA20A8H0070973
70975	Mondial	3.2 Cabriolet 87 LHD US ZFFXC26AXH0070975
70977	Mondial	3.2 Cabriolet 87 Red/Tan LHD US ZFFXC26A3H0070977
70979	328	GTS 87 LHD US ZFFXA20A9H0070979
70981	Testarossa	87 LHD US ZFFSG17A6H0070981
70983	Testarossa	Spider Conversion by Straman 87 black/tan LHD US ZFFSG17AXH0070983
70989	Testarossa	LHD US
70991	328	GTS 87 LHD US ZFFXA20AXH0070991
70993	328	GTS Red/Crema RHD ZFFWA20C000070993 Shields
70995	328	GTS Red/Crema LHD CH ZFFCA20S0000
71001	328	GTS 87 LHD US ZFFXA20A7H0071001
71005	328	GTS 87 Red ZFFXA20D000071005 eng. # F105C04001359
71009	Mondial	3.2 Cabriolet 87 Red/Tan ZFFXC26AXH0071009
71011	Testarossa	87 black/tan LHD US ZFFSG17A9H0071011
71013	Testarossa	87 White/tan LHD US ZFFSG17A2H0071013
71015	Testarossa	87 LHD US ZFFSG17A6H0071015
71017	Testarossa	LHD EU ZFFAA17B000071017
71019	412	black metallic/black Manual
71027	328	GTS 87 ZFFXA20A3H0071027
71029	328	GTS 87 White/tan ZFFXA20A7H0071029
71031	328	GTB
71035	328	GTS 87 Rosso Corsa/Black ZFFXA20A2H0071035 exported to Europe
71037	328	GTS Red/Black
71039	Mondial	3.2 Cabriolet 87 ZFFXC26A8H0071039
71041	Mondial	3.2 Cabriolet 87 Grey//Tan ZFFXC26A6H0071041
71045	Testarossa	87 LHD US ZFFSG17A4H0071045
71057	328	GTS 87 ZFFXA20A1H0071057
71059	328	GTS 87 ZFFXA20A5H0071059
71061	328	GTS 87 ZFFXA20A3H0071061
71063	328	GTS 87 Blu Chiaro Met (503/C)/Crema (VM3997) Colour coded roof ZFFXA20D000071063 eng. # 2504 71063AWA colour coded rear aerofoil
71067	328	GTB 87 Red/Black LHD
71069	328	GTB Red/Tan
71071	Mondial	3.2 Black/Crema then Blue/tan LHD CH ZFFCD21S0000
71077	412	Black/Black LHD Manual EU ZFFYD25B000071019
71097	328	GTS 87 ZFFXA20D000071097
71103	328	GTS 87 ZFFXA20A4H0071103
71105	Mondial	3.2 86 Blue Chiaro/Tan RHD eng. # 2508
71107	Mondial	3.2 Cabriolet 87 Red/Tan ZFFXC26AXH0071107
71111	328	GTS 4/87 Red/Red & Black ZFFXA20A3H0071111
71113	328	GTS 87 Red/Black LHD ZFFCA20S000071113 71113NKB
71117	328	GTS 87 ZFFXA20A4H0071117
71119	328	GTS 87 ZFFXA20A8H0071119
71121	GTB	Turbo Red/Black ZFFZA27B000071121
71125	328	GTB 87 ZFFXA19A7H0071125
71127	328	GTS 4/87 Rosso Corsa/Black ZFFXA20A7H0071127
71129	Mondial	3.2 Cabriolet 87 ZFFXC26A9H0071129
71131	Mondial	3.2 Cabriolet 87 ZFFXC26A7H0071131
71133	Testarossa	87 LHD US ZFFSG17A1H0071133
71135	Testarossa	87 LHD US ZFFSG17A5H0071135
71137	Testarossa	87 LHD US ZFFSG17A9H0071137
71145	Testarossa	88 Red LHD ZFFAA17B000071145
71147	Testarossa	87 Red/Tan LHD US ZFFSG17A1H0071147

s/n	Type	Comments
71149	Testarossa	4/87 black/tan LHD US ZFFSG17AH0071149.
71153	328	GTS 87 ZFFXA20A8H0071153
71159	328	GTS 87 ZFFXA20A9H0071159
71161	328	GTS
71165	328	GTS Red/Black
71169	Mondial	3.2 Cabriolet 87 Black/Beige LHD ZFFXC26AXH0071169
71175	Testarossa	87 LHD US ZFFSA17A4H0071175
71177	Testarossa	4/87 Nero Met./Black LHD ZFFSG17AXH0071177
71179	Testarossa	87 LHD US ZFFSG17A3H0071179
71183	328	GTB Red/Tan LHD CH ZFFCA19S000071183
71185	328	GTS Rosso
71189	328	GTS 87 Red LHD SWE ZFFCA20S000071189
71193	328	GTS Red/Black LHD
71195	328	GTS 88 Red/Black
71203	Testarossa	87 Red/Black LHD US ZFFSG17A7H00
71205	Testarossa	87 LHD US ZFFSG17A0H0071205
71207	Testarossa	Red/Black LHD ZFFAA17B000071207
71215	328	GTS 87 ZFFXA20A4H0071215
71221	328	GTS 87 ZFFXA20AXH0071221
71223	328	GTB 5/87 Rosso Corsa/Nero ZFFWA20B000071223
71225	328	GTS 87 ZFFXA20A7H0071225
71229	Mondial	3.2 87 Red RHD ZFFE21D000071229 eng. # F105C04001346
71231	Mondial	3.2 Cabriolet 87 ZFFXC26A0H0071231
71233	328	GTS 87 ZFFXA20A6H0071233
71235	328	GTS
71239	328	GTS 87 ZFFXA20A7H0071239
71241	328	GTB Red/Crema
71243	328	GTS 87 Red/Black ZFFWA20B000071243
71247	328	GTS 87 Red ZFFXA20D000071247 eng. # F105C04001386
71255	Testarossa	87 Black/Tan LHD US ZFFSG179440071255
71257	Testarossa	87 Prugna/Tan LHD US ZFFSG17A8H0071257
71261	Testarossa	87 Red RHD eng. # 00404
71263	412	Automatic 87 Medium metallic Blue/grey LHD EU ZFFYD24B000071263
71265	328	GTS LHD EU ZFFWA20B000071265
71269	328	GTS 87 Grigio RHD UK eng. # 02512
71271	328	GTS Red RHD
71273	328	GTS 87 ZFFXA20A7H0071273
71275	328	GTS 87 Red/Black ZFFXA20A0H0071275
71281	328	GTS 87 ZFFXA20A6H0071281
71285	412	87 Black/Crema LHD
71287	Testarossa	87 LHD US ZFFSG17A6H0071287
71289	Testarossa	87 Black/Black LHD US ZFFSG17AXH0071289
71293	Testarossa	black/black LHD
71295	328	GTS 87 ZFFXA20A6H0071295
71297	328	GTB dark metallic Blue/black ZFFWA19B000071297
71301	328	GTS 87 Red/Beige LHD CH ZFFCA20S000071301
71303	Testarossa	87 Red/Tan LHD
71307	328	GTS 87 Yellow/Black LHD
71315	Mondial	3.2 Cabriolet 87 ZFFXC26A6H0071315
71319	Testarossa	Red/Magnolia 71319REE
71321	Testarossa	Red/White LHD ZFFSA17S000071321
71323	Testarossa	87 Red/Black LHD EU ZFFAA17B000071323
71325	Testarossa	Blue/grey
71327	412	Automatic 87 Blue/grey ZFFYD24C000071327
71329	328	GTS 87 ZFFXA20A8H0071329
71337	328	GTB 87 Red/Tan RHD ZFFWA19C000071337
71339	328	GTS 87 ZFFXA20A0H0071339
71341	328	GTS 87 Red/Tan ZFFXA20A9H0071341
71345	Mondial	3.2 Cabriolet 87 ZFFXC26A4H0071345
71349	328	GTB 87 Red/Tan LHD
71353	Testarossa	87 Red/Tan LHD US ZFFSG17A4H0071353
71355	Testarossa	Silver/White
71357	Testarossa	Red/Crema LHD
71363	328	GTS 87 ZFFXA20A8H0071363
71367	328	GTS Red/Black ZFFWA20B000071367
71371	328	GTS 87 Red/Tan ZFFXA20A7H0071371
71375	328	GTS 87 Black then Red ZFFXA20A4H0071375 F40-like body after Crash
71379	328	GTB Red/Black
71383	Mondial	3.2 Cabriolet
71385	Testarossa	87 LHD US ZFFSG17A6H0071385
71387	Testarossa	87 LHD US ZFFSG17AXH0071387
71389	Testarossa	87 Yellow/Tan LHD US ZFFSG17A3H0071389
71391	Testarossa	87 LHD US ZFFSG17A1H0071391
71393	GTS	Turbo Red/Crema
71399	328	GTS
71401	328	GTS 87 Red/Tan ZFFXA20A1H0071401
71403	328	GTS 4/87 Nero met./tan US ZFFXA20A5H0071403
71407	328	GTS
71419	Testarossa	Red/Black LHD
71421	412	GT Dark green/Crema LHD CH ZFFYD25S0000
71429	328	GTB
71433	328	GTS 87 Red/Tan ZFFXA20A3H0071433
71441	Mondial	3.2 Cabriolet Red/Tan LHD CH ZFFCC26S000071441
71443	Mondial	3.2 Red/Crema RHD
71445	Testarossa	87 LHD US ZFFSG17A9H0071445
71447	Testarossa	87 Red/Tan LHD US ZFFSG17A2H0071447
71449	Testarossa	87 Red/Black LHD US
71461	328	GTS 87 ZFFXA20A8H0071461
71467	328	GTS 87 Red ZFFXA20D000071467 eng. # F105C04001415
71469	328	GTS 87 ZFFXA20A2H0071469
71473	Mondial	3.2 87 ZFFXD21A7H0071473
71477	Testarossa	87 Red/Tan
71479	Testarossa	Red/Black
71487	328	GTB 87 ZFFXA19A8H0071487
71497	328	GTS 87 ZFFXA20A7H0071497
71499	328	GTS
71505	Mondial	3.2 Cabriolet 87 Black/Tan LHD ZFFXC26A0H0071505
71509	412	87 Silver/Black LHD Manual
71515	Testarossa	87 LHD US ZFFSG17A4H0071515
71517	Testarossa	87 LHD US ZFFSG17A8H0071517
71521	328	GTS 7/87 Rosso Corsa/Tan ZFFWA20B000071521 71521MTI
71529	328	GTS Red/Tan LHD CH ZFFCA20S000071529
71533	328	GTS 87 ZFFXA20A7H0071533
71537	Mondial	3.2 87 Red RHD ZFFE21D000071537 eng. # F105A0204001417
71543	Testarossa	87 Blue LHD US ZFFSG17A9H0071543
71545	Testarossa	87 LHD US ZFFSG17A2H0071545
71547	412	GT Dark Blue/tan dark Blue dash ZFFYD25B000071547
71549	328	GTB 87 ZFFXA19A4H0071549
71555	328	GTS 87 ZFFXA20A6H0071555
71557	328	GTS 87 ZFFXA20AXH0071557
71565	328	GTS 87 ZFFXA20A9H0071565
71567	328	GTS Black/Tan
71569	328	GTB 87 Red/Tan LHD
71581	Testarossa	Red/Tan LHD ZFFAA17B000071581
71583	Testarossa	87 LHD US ZFFSG17AXH0071583
71587	GTS	Turbo 87 Red/Black LHD EU
71591	328	GTS 87 ZFFXA20AXH0071591
71593	328	GTS 87 Red /Tan ZFFXA20A3H0071593
71601	328	GTS Red/Tan
71603	328	GTS 87 ZFFXA20A2H0071603
71607	Mondial	3.2 Cabriolet 87 ZFFXC26A8H0071607
71613	Testarossa	87 LHD US ZFFSG17A4H0071613
71621	328	GTS 87 Red/Tan ZFFXA20A4H0071621
71623	328	GTS 87 ZFFXA20A8H0071623
71631	328	GTS 87 ZFFXA20D000071631
71637	Mondial	3.2 Cabriolet 87 ZFFXC26A6H0071637
71645	Testarossa	Straman Spider Conversion 87 silver then Yellow/Blue LHD US ZFFSG17A6H00 ex-Victoria Principal
71647	Testarossa	Red/Tan ZFFSA17S000071647

s/n	Type	Comments
71651	328	GTS 87 Red/dark Red ZFFWA20B000071651
71657	328	GTS 87 ZFFXA20A3H0071657
71661	328	GTS 87 ZFFXA20A5H0071661
71663	328	GTB 87 Rosso Corsa/Black RHD ZFFWA19C000071663 71663NCO eng. # 02554
71667	GTS	Turbo Red/Black ZFFZA28B000071667
71673	412	87 marrone met./natural ZFFDD2450000 eng. # F101 F010-46
71675	Testarossa	87 Black/Tan LHD US ZFFSG17A4H0071675
71677	Testarossa	87 White Red LHD US ZFFSG17A8H0071677
71680?	328	GTS Red/Tan
71687	328	GTS 87 Red/Black ZFFWA20B000071687
71689	328	GTS 87 ZFFXA20A5H0071689
71693	328	GTS 87 Red/Black LHD CH ZFFCA20S000071693
71697	328	GTS 87 Red/Black LHD
71699	328	GTS 87 Red/Tan ZFFXA20A8H0071699
71719	328	GTS 87 ZFFXA20AXH0071719
71721	328	GTB 87 ZFFXA19A1H0071721
71723	328	GTS
71725	328	GTS 87 ZFFXA20A5H0071725
71727	328	GTS Red/Crema ZFFCA20S000071727
71731	328	GTS 87 Red/Tan color coded roof ZFFXA20A0H0071731
71737	Testarossa	Red/Black LHD
71739	Testarossa	87 LHD US ZFFSG17A4H0071739
71741	Testarossa	87 LHD US ZFFSG17A2H0071741
71747	328	GTS Red/Black
71749	328	GTS 87 Red/Crema ZFFWA20B000071749
71753	328	GTS
71755	328	GTS 87 ZFFXA20A3H0071755
71759	328	GTS 87 ZFFXA20A0H0071759
71761	328	GTS 87 ZFFXA20A9H0071761
71765	Mondial	3,2
71771	Testarossa	87 Red/Tan LHD US ZFFSG17A0H0071771
71777	Testarossa	Red/Crema
71781	328	GTS 87 Red/Tan LHD EU
71783	328	GTS 87 Red/Tan & Brown ZFFXA20A8H0071783
71787	328	GTS 87 ZFFXA20A5H0071787
71789	328	GTS 87 ZFFXA20A9H0071789
71793	328	GTS 87 ZFFXA20A0H0071793
71795	328	GTS 87 Red/Tan US ZFFXA20A4H0071795
71799	Mondial	3.2 Cabriolet 87
71801	Mondial	3.2 Cabriolet 87 ZFFXC26A4H0071801
71803	328	GTS
71805	328	GTS 7/87 Red RHD ZFFXA20D000071805 eng. # F105C04001453
71807	328	GTB Red/Tan ZFFCA19S000071807
71811	328	GTB 87 Black Crema ZFFWA19C000071811 eng. # 2586
71815	328	GTB 87 Red/Crema LHD CH ZFFCA19S000071815
71817	Mondial	3.2 Cabriolet 87 ZFFXC26A8H0071817
71823	Testarossa	87 LHD US ZFFSG17A4H0071823
71825	Testarossa	87 LHD US ZFFSG17A8H0071825
71827	Testarossa	
71829	328	GTB
71833	328	GTS 87 ZFFXA20A8H0071833
71839	328	GTS 87 ZFFXA20A9H0071839
71843	328	GTS 87 Red/Crema ZFFWA20B000071843
71845	328	GTS 87 ZFFXA20A4H0071845
71849	Mondial	3.2 Cabriolet 87 Red/Tan ZFFXC26AXH0071849
71851	412	87 Grey/Tan LHD Manual EU
71853	Testarossa	87 LHD US ZFFSG17A2H0071853
71867	328	GTS Red/Black
71869	328	GTS 87 ZFFXA20A7H0071869
71871	328	GTS 87 ZFFXA20A5H0071871
71873	328	GTS 87 Red ZFFXA20D000071973 eng. # F105C04001484
71875	328	GTB
71881	Mondial	3.2 Cabriolet 87 dark Blue met./tan Blue top LHD US ZFFXC26A6H0071881
71883	Testarossa	
71885	Testarossa	
71889	Testarossa	87 LHD US ZFFSG17A1H0071889
71891	Testarossa	87 LHD US ZFFSG17AXH0071891
71895	328	GTS 87 Red/Black LHD
71899	328	GTS 87 ZFFXA20A5H0071899
71901	328	GTS 87 Red/Tan ZFFXA20AXH0071901
71909	328	GTS 87 ZFFXA20A4H0071909
71911	328	GTS 87 ZFFXA20A2H0071911
71915	Mondial	3.2 87 ZFFXD21A2H0071915
71921	Testarossa	87 Canna di Fucile/Crema LHD US ZFFSG17A4H00
71925	412	87 grey/beige ZFFYD25B000071925
71933	328	GTS 87 Red/Tan ZFFXA20A1H0071933
71937	328	GTB
71939	328	GTS Red/Black
71943	328	GTS Rosso Corsa/Black LHD ZFFWA20B000071943 71943IVM shields
71949	412	GT Dark Blue/tan ZFFDD25S0000
71951	Testarossa	Red/Tan
71953	Testarossa	87 Red/Tan LHD US ZFFSG17A6H0071953
71955	Testarossa	87 Black/Black LHD US ZFFSG17AXH0071955
71963	328	GTB Black/Black
71965	328	GTB Red/Black ZFFWA19B000071965 71965HEB
71971	328	GTS
71973	328	GTS 87 ZFFXA20D000071973
71975	328	GTB Red/Crema RHD UK ZFFWA19C000071975 shields
71977	Mondial	3.2 Red/Tan LHD ZFFCD21S000071977
71979	Mondial	3.2 87 Red RHD ZFFE21D000071979 eng. # F105C04001497
71981	412	Automatic ZFFYD24C000071981
71987	Testarossa	Red/Black
71991	Testarossa	87 Red/Tan LHD US ZFFSG17A3H00
71993	328	GTS 87 Silver/Tan ZFFXA20A8H0071993
71995	328	GTS 87 Red/Tan ZFFXA20A1H0071995
71997	328	GTS 87 Rosso Corsa/Tan ZFFXA20A5H0071997
72001	328	GTS 87 Bianco/Black LHD CH
72005	328	GTS 87 ZFFXA20A9H0072005
72007	328	GTS 87 ZFFXA20A2H0072007
72009	328	GTS 87 ZFFXA20A6H0072009
72015	Mondial	3.2i Cabriolet 4/87 Rosso Corsa LHD
72019	Testarossa	87 LHD US ZFFSG17A8H0072019
72023	Testarossa	Red/Tan ZFFSA17S000072023
72025	Testarossa	87 Red/Tan LHD ZFFSA17S000072023
72027	328	GTB Rosso/Nero LHD
72029	328	GTB 87 ZFFXA19A5H0072029
72035	328	GTS 87 Red/Beige ZFFXA20A7H0072035
72039	328	GTS 87 ZFFXA20A4H0072039
72045	Mondial	3.2 Cabriolet 87 ZFFXC26A8H0072045
72053	Testarossa	5/87 Red/Tan LHD US ZFFSG17A8H0072053
72055	Testarossa	87 Black/Black LHD US ZFFSG17A1H0072055
72061	328	GTS 5/87 Black/Tan ZFFXA20A8H0072061
72065	328	GTS 87 Red ZFFXA20D000072065 eng. # F105C04001485
72075	328	GTS Red/Tan
72077	Mondial	3.2 Blue/beige
72079	Mondial	3.2 Cabriolet 87 Red/Crema ZFFXC26A3H0072079
72081	Testarossa	87 LHD US ZFFSG17A2H0072081
72087	Testarossa	Black Crema
72095	GTS	Turbo Red/Black
72097	328	GTS 87 Red ZFFXA20A7H0072097
72103	328	GTS 87 Red/Tan ZFFXA20A9H0072103
72107	328	GTS 87 Red/Tan ZFFXA20A6H0072107
72109	Mondial	3.2 Red/Tan LHD
72111	Testarossa	87 LHD US ZFFSG17A7H0072111
72115	Testarossa	87 Red/Tan LHD US ZFFSG17A4H0072115
72119	412	87 dark Blue/light Grey LHD EU
72121	328	GTS 87 ZFFXA20A0H0072121

s/n	Type	Comments
72123	328	GTS Red/Black LHD ZFFWA20B000072123
72125	328	GTS 87 Argento/Tan LHD EU ZFFWA20B000072125
72129	328	GTS black/dark Red LHD ZFFWA20B000073887
72135	328	GTS 87 ZFFXA20A0H0072135
72137	328	GTS Red/Black RHD ZFFWA20C000072137
72139	Testarossa	LHD US
72141	Mondial	3.2 Cabriolet 87 Red/Tan ZFFXC26A4H0072141
72143	Mondial	3.2 87 ZFFXD21A2H0072143
72145	328	GTS 87 ZFFXA20A3H0072145
72149	328	GTS 87 Red/Tan ZFFXA20A0H0072149
72153	328	GTS 87 Red/Tan ZFFXA20A2H0072153
72157	328	GTS
72163	Testarossa	Red/Tan LHD CH ZFFSA17S0000
72169	Testarossa	87 Red LHD US ZFFSG17A5H0072169
72171	412	i silver/black
72173	Testarossa	87 LHD US ZFFSA17A5H0072173
72177	Testarossa	87 Red/Tan LHD EU
72179	328	GTS Red/Crema ZFFWA20C000072179
72183	328	GTS Red/Tan ZFFWA20B0000 72183PJB
72187	328	GTS Red/Black LHD
72189	328	GTS Red/Black LHD ZFFCA20S000072189
72191	328	GTS 87 ZFFXA20AXH0072191
72193	328	GTS 87 ZFFXA20A3H0072193
72197	328	GTS 87 ZFFXA20A0H0072197
72201	Mondial	3.2 Red/Black LHD
72203	Testarossa	Red/Tan
72205	Testarossa	87 Rosso Corsa/Tan LHD US ZFFSG17A5H0072205
72207	Testarossa	87 Silver/Red LHD US ZFFSG17A9H0072207
72209	Testarossa	87 LHD US ZFFSG17A2H0072209
72211	Testarossa	
72213	328	GTS Rosso Corsa/black LHD CH ZFFCA20S0000 72213NXM
72217	328	GTB Red/Tan LHD
72219	328	GTB Red/Black LHD ZFFWA19B000072219 72219SCD
72223	328	GTS 87 ZFFXA20A8H0072223
72235	Mondial	3.2 Cabriolet 87 Blu Chiaro/Crema ZFFXC26A2H0072235
72239	Testarossa	87 LHD US ZFFSA17A9H0072239
72245	Testarossa	87 LHD US ZFFSG17A6H0072245
72249	328	GTS 87 ZFFXA20A4H0072249
72253	328	GTS 87 Red/Tan ZFFXA20A6H0072253
72257	328	GTS Red/Tan
72261	328	GTS 87 ZFFXA20A5H0072261
72263	328	GTS 87 Red/Tan ZFFXA20A9H0072263
72265	Mondial	3.2 Cabriolet 87 White/Black LHD ZFFC26A0H0072265
72273	Testarossa	87 Red/crema ZFFSA17S000072273, 72273NSB
72275	Testarossa	87 LHD US ZFFSA17A2H0072275
72277	Testarossa	87 LHD US ZFFSG17A8H0072277
72283	328	GTS 87 Red/Tan ZFFXA24A4H0072283
72285	328	GTS 87 ZFFXA20A8H0072285
72289	328	GTB LHD EU ZFFWA19B000072289
72293	328	GTS ZFFXA20A7H0072293
72301	412	Automatic 87 Blue/Tan LHD EU ZFFYD24B000072301
72303	Testarossa	87 Red/Tan LHD US ZFFSG17A5H0072303
72305	Testarossa	87 Red/Black LHD EU ZFFAA17B000072305
72307	Testarossa	
72309	Testarossa	Red/Black ZFFAA17B000072309
72315	328	GTS 87 ZFFXA20A2H0072315
72319	328	GTS Red LHD EU ZFFWA20B000072319
72325	328	GTS 87 Black/Black ZFFXA20A5H0072325
72327	GTS	Turbo 6/87 Red/Black
72329	Mondial	3.2 Cabriolet 87 Nero met./Crema ZFFXC26A0H0072329
72331	Mondial	3.2 87 Red/Tan LHD
72333	Testarossa	87 LHD US ZFFSG17A3H0072333

s/n	Type	Comments
72335	Testarossa	87 LHD US ZFFSA17A5H0072335
72337	Testarossa	Red/Black LHD EU ZFFAA17B0000 72337XHO
72343	Testarossa	87 Red/Black LHD EU ZFFAA17B000072343
72345	Testarossa	Red/Black LHD ZFFAA17B000072345
72347	412	GT Dark Blue/Crema ZFFDD25S0000
72351	328	GTS 87 LHD US ZFFXA20A6H0072351
72353	328	GTB
72357	328	GTS 8/87 Rosso Corsa/Crema Rear Spoiler
72359	328	GTS 87 ZFFXA20A0H0072359
72361	328	GTS 87 ZFFXA20D000072361
72365	328	GTS 87 Red/Tan ZFFXA20A6H0072365
72367	Mondial	3.2 Cabriolet Red/Tan LHD
72373	Testarossa	Red/Black
72375	Testarossa	87 Red RHD eng. # 00486
72377	Testarossa	88 Red RHD ZFFAA17C000072377 eng. # F113A00485
72379	412	silver
72381	328	GTS 87 Red/Tan ZFFXA20A4H0072381
72383	412	GT silver
72389	328	GTS Rosso Corsa/black 72389NEG
72391	328	GTS 87 Blue Chiaro/magnolia LHD
72395	328	GTS 87 ZFFXA20A4H0072395
72399	Testarossa	88 Yellow/Black RHD ZFFAA17C000072399
72403	Mondial	3.2 Red/Black
72405	Mondial	3.2 Cabriolet 87 ZFFXC26A1H0072405
72409	Testarossa	Red/Black LHD
72411	Testarossa	87 Rosso Corsa/Tan LHD US ZFFSG17A8H0072411
72413	Testarossa	87 LHD US ZFFSG17A1H0072413
72415	Testarossa	Red/Crema LHD ZFFAA17B000072415
72419	328	GTS 87 ZFFXA20A3H0072419
72423	328	GTS 87 ZFFXA20A5H0072423
72427	328	GTS 87 ZFFXA20A2H0072427
72429	328	GTS 87 ZFFXA20A6H0072429
72441	Testarossa	87 LHD US ZFFSG17A6H0072441
72443	Testarossa	87 LHD US ZFFSG17AXH0072443
72445	Testarossa	87 LHD US ZFFSG17A5H0072527
72449	328	GTS Red/Tan ZFFCA20S000072449
72451	328	GTS
72453	328	GTS 87 ZFFXA20A3H0072453
72455	328	GTS Red/Black
72463	328	GTS 87 ZFFXA20A6H0072463
72465	328	GTS 87 Red ZFFXA20D000072465 eng. # F105C04001526
72467	Mondial	3.2 Cabriolet Red/Crema LHD
72469	Mondial	3.2 87 Red/Tan LHD ZFFD21AH0072469
72473	Testarossa	LHD EU ZFFAA17B000072473
72475	Testarossa	Red/beige
72479	412	Automatic grey/tan
72485	328	GTB
72489	Mondial	3.2 Cabriolet
72495	328	GTS 87 ZFFXA20A8H0072495
72501	Mondial	3.2 Cabriolet
72507	328	GTB Grigio met./light grey LHD EU 72507MTT
72509	328	GTS 87 ZFFXA20A4H0072509
72511	GTS	Turbo Red/Crema
72521	Mondial	3,2
72527	Testarossa	LHD US
72529	Testarossa	87 Red/Tan LHD US ZFFSG17A9H0072529
72533	Testarossa	Red/Black LHD
72535	Testarossa	87 LHD US ZFFSG17A4H0072535
72541	328	GTB 87 Rosso Corsa/Black LHD ZFFWA19B000072541 72541PMI
72545	328	GTS 87 ZFFXA20A8H0072545
72549	328	GTB 87 ZFFXA19A9H0072549
72553	328	GTS 7/87 Black/Tan ZFFXA20A7H0072553
72557	Mondial	3.2 87 Red/Crema Red carpets RHD ZFFWD21C000072557 Sunroof
72559	412	i 87 Red Blue LHD Manual EU ZFFYD25B000072559
72561	Testarossa	87 LHD US ZFFSG17A5H0072561
72565	Testarossa	87 Nero/Nero ZFFAA17B000072565
72569	Testarossa	87 LHD US ZFFSG17AXH0072569

s/n	Type	Comments
72571	328	GTS 87 ZFFXA20A9H0072571
72575	328	GTS 87 Red/Tan ZFFXA20A6H0072575
72589	Mondial	3.2 87 Red RHD ZFFE21D000072589 eng. # F105C04001536
72591	Mondial	3.2 Cabriolet 87 ZFFXC26A2H0072591
72597	Testarossa	87 Red/Black ZFFAA17B000072597
72601	Testarossa	
72605	328	GTS Red/Black ZFFWA20B000072605
72609	GTS	Turbo 87 Red/Crema LHD EU
72611	328	GTS
72617	328	GTB Red/Black
72625	412	87 Grey/Tan LHD CH ZFF0D25S000072625
72631	Testarossa	87 LHD US ZFFSG17A0H0072631
72633	Testarossa	87 Red/Black LHD EU ZFFAA17B000072633
72635	328	GTS Red/Tan ZFFWA20B000072635
72637	328	GTS 87 Red/Tan ZFFXA20A2H0072637
72639	328	GTS 87 Red ZFFXA20D000072639 eng. # F105C04001541
72651	328	GTS 87 Red/Black LHD
72653	Mondial	3.2 87 Red/Tan ZFFXD21A3H0072653
72655	Mondial	3.2 Cabriolet 87 Red/Tan RHD ZFFWC26C000072655
72659	Testarossa	87 Red/Tan LHD US ZFFSG17A0H0072659
72661	Testarossa	87 Red/Tan LHD US ZFFSG17A9H0072661
72663	Testarossa	87 Red/Tan LHD US ZFFSG17A2H0072663
72665	Testarossa	Red/beige RHD
72669	328	GTS Red/Crema RHD ZFFWA20C000072669
72671	328	GTS 87 red/beige ZFFWA20B000072671
72679	328	GTS 87 Red/Black LHD
72691	Testarossa	White/black
72695	Testarossa	Spider Conversion by Lorenz & Rankl silver/black
72699	Testarossa	Red/Black
72703	Testarossa	Red/Black
72707	328	GTS 87 Red/Black LHD
72715	328	GTS 8/87 Rosso Corsa/Crema Red Carpets
72719	328	GTB Rosso Corsa/Black LHD EU
72721	328	GTS 87 Red RHD UK ZFFWA20C000072721
72723	328	GTS 87 Red/Tan RHD AUS ZFFXA20D000072723 eng. # F105C04001538
72725	Mondial	3.2 Rosso Corsa/Black LHD EU 72725RLE sunroof
72731	412	87 Black/Tan LHD Man ual EU
72735	Testarossa	88 Red/Black LHD EU ZFFAA17B000072735 72735AKK exported to the US
72737	Testarossa	87 LHD US ZFFSG17A5H0072737
72743	328	GTS 87 Oro RHD UK eng. # 02732
72751	328	GTS 87 Red/Tan LHD
72755	328	GTS
72757	328	GTS Red/Black 72757JJJ
72769	328	GTS 87 Red/Black LHD EU
72773	328	GTS 87 Red/Crema LHD
72777	328	GTB Red/Black
72779	328	GTS 87 Red/Black
72783	328	GTB Red/Black ZFFWA19B000072783
72789	Mondial	3.2 Red/Tan RHD ZFFWD21C000072789
72793	Testarossa	Red
72797	Testarossa	87 LHD US ZFFSG17A1H0072797
72799	Testarossa	Koenig Red/Black LHD ZFFAA17B000072799
72803	Testarossa	87 Red/Black LHD ZFFAA17B000072803 72803MWF
72805	328	GTS 87 Rosso Corsa/Nero ZFFWA20B000072805
72815	328	GTB Red/Black
72821	328	GTB anthracite metallic/tan LHD CH ZFFCA19S0000
72827	412	GT Blue Chiaro/tan Manual LHD EU 72827NBJ
72833	Testarossa	87 LHD US ZFFSG17A1H0072833
72835	Testarossa	87 LHD US ZFFSG17A5H0072835
72839	GTS	Turbo 87 dark Blue/Crema LHD EU
72841	328	GTS 88 Red/Tan LHD EU ZFFWA20B000072841
72843	328	GTS LHD EU ZFFWA20B000072843
72853	328	GTB ZFFWA19B000072853

s/n	Type	Comments
72859	Mondial	3.2 Cabriolet Dark Grey Red LHD ZFFWC26B000072859
72867	Testarossa	Yellow/Black LHD
72869	Testarossa	Red/Black LHD ZFFAA17B000072869
72871	328	GTB grey black ZFFCA19S000072871
72875	Testarossa	LHD EU ZFFAA17B000072875
72877	Testarossa	
72881	Testarossa	LHD US
72883	328	GTS 87 Black/Black colour coded roof LHD EU
72885	328	GTS Metallic black/dark Red ZFFWA20B000072885
72887	328	GTS 87 Blu Chiaro/Crema LHD EU ZFFWA20B000072887 72887ZXI
72889	328	GTS 87 Red/Tan ZFFWA20B
72891	328	GTB 87 Black/Magnolia
72907	Testarossa	87 LHD US ZFFSG17A4H0072907
72909	Testarossa	87 LHD US ZFFSG17A8H0072909
72925	GTS	Turbo Red ZFFZA28B0000
72927	328	GTS 87 Red ZFFXA20D000072927 eng. # F105C04001548
72929	328	GTS 87 Red/Black
72935	Mondial	3.2 Cabriolet
72941	Testarossa	87 LHD US ZFFSG17A4H0072941
72947	Testarossa	Spider Conversion by Pavesi Red (pre-conversion) then Yellow/black LHD EU ZFFAA17B000072947
72951	328	GTS
72957	328	GTS 87 Rosso Corsa/Tan LHD EU ZFFWA20B000072957
72967	Mondial	3.2 88 Red RHD UK eng. # 02779
72973	Testarossa	87 Silver then Red/Black LHD ZFFAA17B000072973
72977	Testarossa	87 LHD US ZFFSG17A3H0072977
72979	Testarossa	87 LHD US ZFFSG17A7H0072979
72985	328	GTB 87 Blu Chiaro/Crema LHD
72987	328	GTB Rosso Corsa/black LHD EU ZFFWA19B000072987 72987XXM
72999	Mondial	3.2 QV 87 Antracite/pelle avorio LHD
73001	Mondial	3.2 Cabriolet 87 ZFFXC26A4H0073001
73005	412	
73007	Testarossa	87 Red/Black LHD US ZFFSA17A4H0073007
73009	Testarossa	F80 K¨nig Competition Red/Tan
73011	412	PRedotype Kevelar Scaglietti Cabriolet factory Cabriolet Black Manual ZFFYX31X0H0073011
73013	Testarossa	87 LHD US ZFFSG17A1H0073013
73015	F40	Prototipo #1 Ferrari Press conference Car 1987
73017	Testarossa	Red/Black
73019	GTS	Turbo 87 Red/Black LHD EU
73021	328	GTS
73033	328	GTB 87 Red/Black LHD EU ZFFWA19B000073033
73047	Testarossa	Red/Black ZFFAA17B000073047
73055	328	GTS 87 Black/Black ZFFXA20A7H0073055
73057	328	GTS 87 Red ZFFXA20D000073057 eng. # F105C04001547
73059	328	GTB Red/Magnolia
73061	328	GTS 87 ZFFXA20A2H0073061
73063	328	GTS 87 ZFFXA20A6H0073063
73067	328	GTB 87 Red/Crema ZFFWA19C000073067
73069	328	GTS 87 Red/Black LHD
73071	Mondial	3.2 Red/Tan LHD
73073	Mondial	Cabriolet 87 Red/Tan ZFFXC26A7H0073073
73075	Mondial	3.2 Cabriolet Red/Black RHD ZFFWC26C000073075
73077	Mondial	3.2 Cabriolet 87 Red/Tan LHD ZFFXC26A4H0073077
73081	Testarossa	Red/Beige RHD
73083	Testarossa	Black/Tan LHD EU ZFFAA17B000073083
73089	328	GTS 87 ZFFXA20A2H0073089
73095	328	GTB Rosso/tan 73095YQL
73097	328	GTS
73099	328	GTB 87 Green RHD eng. # 02822

s/n	Type	Comments
73101	328	GTS QV 87 Black/Tan ZFFXA20AXH0073101
73103	Mondial	3.2 Cabriolet
73107	Testarossa	White Black LHD
73109	Testarossa	Red/Black
73113	Testarossa	87 Nero FER 1240/Tan LHD US ZFFSG17A5H0073113
73115	Testarossa	87 LHD US ZFFSA17A7H0073115
73119	328	GTS 87 ZFFXA20A7H0073119
73123	Testarossa	87 Red/Black LHD
73129	GTB	Turbo LHD EU ZFFZA27B000073129
73131	328	GTS 87 Black met. ZFFXA20D000073131 eng. # F105C04001556
73133	328	GTS 87 Red/Tan ZFFXA20A1H0073133
73139	Mondial	3.2 89 Red RHD ZFFE21D000073139 eng. # F105C04001566
73141	Mondial	3.2 88 Red/Tan RHD ZFFE21D000073141 eng. # F105C04001564
73145	412	i Automatic 87 White/tan chocolate brown dash LHD EU ZFFYD24B000073145
73153	Testarossa	87 LHD US ZFFSG17A6H0073153
73157	328	GTS 87 ZFFXA20A4H0073157
73161	328	GTB
73163	328	GTS 87 White/Tan ZFFXA20AXH0073163
73167	328	GTS 87 Black Crema ZFFXA20A7H0073167
73169	328	GTS
73177	Mondial	3.2 Cabriolet 87 LHD US ZFFXC26A8H0073177
73179	Testarossa	87 Rosso Corsa/Nero LHD CH ZFFSA17S000073179
73183	Testarossa	
73187	GTS	Turbo 87 LHD EU
73189	328	GTS 8/87 Rosso Corsa/Beige LHD ZFFWA20B000073189
73191	328	GTS 87 ZFFXA20A4H0073191
73193	328	GTS 87 Red/Black ZFFXA20ASH0073193
73197	328	GTS 87 ZFFXA20A5H0073197
73201	328	GTS 87 Red/Tan ZFFXA20A3H0073201
73203	Mondial	3.2 Cabriolet 87 Black/Tan LHD ZFFXC26A5H0073203
73209	Testarossa	Red/Black LHD ZFFSA17S000073209
73211	Testarossa	87 LHD US ZFFSG17A5H0073211
73213	Testarossa	87 Red LHD US ZFFSG17A9H0073213
73215	Testarossa	87 Red/Tan LHD US ZFFSG17A2H0073215
73223	328	GTS 7/87 Red/Black ZFFXA20A2H0073223
73229	328	GTS 87 ZFFXA20A3H0073229
73231	328	GTS 87 Grigio/Red ZFFXA20A1H0073231
73235	328	GTS 87 ZFFXA20A9H0073235
73237	328	GTS 87 Black/Black ZFFXA20A2H0073237
73239	328	GTS Red/Crema RHD ZFFWA20C000073239
73241	Mondial	3.2 Cabriolet 7/87 Red/Tan ZFFXC26A2H0073241
73243	Mondial	3.2 Cabriolet 87 Silver/Red ZFFXC26A6H0073243
73245	Mondial	3.2 Cabriolet 7/87 Red/Tan LHD ZFFXC26AXH0073245
73247	Testarossa	87 LHD US ZFFSA17A2H0073247
73251	Testarossa	87 LHD US ZFFSG17A6H0073251
73253	Testarossa	87 Red/Tan LHD US ZFFSG17AXH0073253
73257	328	GTS 87 ZFFXA20A8H0073257
73261	328	GTB Red/Black
73263	328	GTS 87 Grigio Titanio/Black US ZFFXA20A3H0073263
73265	328	GTB 87 Red/Black LHD
73267	328	GTS 87 ZFFXA20A0H0073267
73269	328	GTS 87 Rosso Corsa/Tan ZFFXA20A4H0073269
73271	328	GTS 87 White/Red LHD US
73273	328	GTS 87 Black/Tan ZFFXA20A6H0073273
73275	Mondial	3.2 87 Silver/Blue LHD ZFFXD21A2H0073275
73279	Mondial	3.2 Cabriolet 87 Rosso Corsa/Tan black top ZFFXC26A5H0073279
73283	412	i 87 Grigio Ferro/Tan Manual LHD CH
73285	Testarossa	87 Red/Black LHD
73287	Testarossa	87 LHD US ZFFSG17A5H0073287
73291	328	GTS 87 Grigio/Red ZFFXA20A8H0073291
73293	328	GTS 87 ZFFXA20A1H0073293
73295	328	GTS 87 Rosso Corsa/Beige ZFFXA20A5H0073295
73297	328	GTS 87 Red/Tan ZFFXA20A9H0073297
73299	328	GTS 87 ZFFXA20A2H0073299
73301	328	GTS 87 ZFFXA20A7H0073301
73303	328	GTS 7/87 Red/Tan ZFFXA20A0H0073303
73311	Mondial	3,2
73313	Mondial	87 Red/White ZFFXD21A6H0073313
73319	Testarossa	
73321	Testarossa	
73323	Testarossa	87 LHD US ZFFSG17A5H0073323
73325	Testarossa	87 LHD US ZFFSG17A9H0073325
73327	328	GTS 87 Black/Tan ZFFXA20A3H0073327
73329	328	GTS 87 Rossa Corsa Tan ZFFXA20A7H0073329
73331	328	GTS 87 ZFFXA20A5H0073331
73333	328	GTS 87 ZFFXA20A9H0073333
73335	328	GTS 87 ZFFXA20A2H0073335
73337	328	GTS 88 Argento Nürburgring Bordeaux Red Carpets RHD ZFFWA20C0000
73339	328	GTB 87 ZFFXA19A3H0073339
73341	328	GTB 87 ZFFXA19A1H0073341
73345	Mondial	3.2 Cabriolet 87 ZFFXC26A3H0073345
73347	Mondial	3.2 87 Red/Tan LHD ZFFXD21A1H0073347 Sunroof Shields
73349	412	87 Brown/Crema
73353	Testarossa	87 LHD US ZFFSG17A3H0073353
73355	Testarossa	87 LHD US ZFFSG17A7H0073355
73357	328	GTS 87 Black/Black ZFFXA20A1H0073357
73359	328	GTS 87 Red/Tan US ZFFXA20A5H0073359
73361	328	GTS 87 ZFFXA20A3H0073361
73363	328	GTS 87 ZFFXA20A7H0073363
73365	328	GTS White/Red ZFFWA20T0H00 73365NKW
73367	328	GTB 87 ZFFXA19A8H0073367
73369	328	GTB 87 Yellow/Tan ZFFXA19A1H0073369
73371	328	GTS 87 Red/Black LHD US
73377	Mondial	3.2 88 Red/Crema RHD ZFFWD21C000073377
73379	Mondial	3.2 Cabriolet 87 Red/Tan RHD ZFFXC26A9H0073379
73381	Mondial	3.2 Cabriolet 87 ZFFXC26A7H0073381
73383	Mondial	3.2 Cabriolet 87 Red/Crema LHD EU ZFFWC26B000073383
73389	Testarossa	Yellow/black ZFFSA17S000073389
73391	Testarossa	88 Red/Black eng. # 00564
73393	Testarossa	87 LHD US ZFFSG17A4H0073393
73395	Testarossa	87 LHD US ZFFSA17A6H0073395
73399	Testarossa	LHD EU ZFFAA17B000073399
73403	328	GTS 87 ZFFXA20A4H0073403
73405	328	GTS 87 ZFFXA20A8H0073405
73409	328	GTS 7/87 Red/Tan ZFFXA20A5H0073409
73411	328	GTS 87 ZFFXA20A3H0073411
73415	328	GTS 87 ZFFXA20A0H0073415
73417	328	GTS 87 White/Tan ZFFXA20A4H0073417
73423	Mondial	3.2 Cabriolet 87 ZFFXC26A8H0073423
73425	412	i 11/87 met. black/black Manual LHD ZFFYD25B000073425
73433	Testarossa	Spider Conversion by Straman 87 White Red LHD US ZFFSG17A1H0073433
73435	328	GTB Red/Tan RHD ZFFWA19C000073435 eng. # 02840
73443	328	GTS 87 ZFFXA20A5H0073443
73447	328	GTS 87 ZFFXA20A2H0073447
73451	328	87 brown/brown ZFFXA20A4H0073451
73453	328	GTS Rosso Corsa/Black ZFFWA20B000073453 73453CSM
73461	Testarossa	87 Red/Black LHD US ZFFSG17A6H0073461
73463	Testarossa	87 LHD US ZFFSG17AXH0073463
73465	Testarossa	87 LHD US ZFFSG17A3H0073465
73467	Testarossa	87 LHD US ZFFSG17A7H0073467
73473	328	87 ZFFXA20A3H0073473
73477	328	GTS 87 Red/Tan ZFFXA20A0H0073477
73479	328	GTS 87 Black/Black ZFFXA20A4H0073479

s/n	Type	Comments
73481	328	GTS 87 Black/Black Red inserts ZFFXA20A2H0073481
73487	Mondial	3.2 87 Red RHD ZFFE21D000073487
73489	Mondial	3.2 Cabriolet 87 White/tan LHD ZFFXC26A5H0073489
73491	Mondial	3.2 Cabriolet Red/Black LHD 73491CHK
73493	Testarossa	87 LHD US ZFFSG17A8H0073493
73495	Testarossa	87 LHD US ZFFSG17A1H0073495
73499	Testarossa	87 LHD US ZFFSA17A7H0073499
73501	412	
73503	328	GTS 87 Grey/Champagne ZFFXA20A8H0073503
73505	328	GTS 87 ZFFXA20A1H0073505
73507	328	GTS 87 Silver/Red ZFFXA20A5H0073507
73511	328	GTS 87 ZFFXA20A7H0073511
73513	328	GTS Red/White LHD EU 73513JYE
73515	328	GTB 87 Red LHD SWE ZFFCA19S000073515
73519	GTS	Turbo Red/Black ZFFZA28B000073519 73519QSB
73523	Mondial	3.2 Red/Tan LHD CH ZFFCD21S000073523
73525	412	Automatic 87 Silver/Brown LHD
73529	Testarossa	87 Red/Tan LHD US ZFFSG17A3H0073529
73531	Testarossa	LHD US
73533	Testarossa	87 LHD US ZFFSG17A5H0073533
73535	328	GTS 87 Silver/Black ZFFXA20AXH0073535
73537	328	GTB 87 Red/Black ZFFWA19B000073537
73539	328	GTS 87 Red/brown
73541	328	87
73543	328	GTS 87 Black/Crema ZFFXA20B000073543
73545	328	GTS 87 ZFFXA20A2H0073545
73547	GTS	Turbo 87 Red/Black
73551	328	GTS 87 ZFFXA20A8H0073551
73553	Mondial	3.2 QV 87 Grey metallic/black LHD EU ZFFWD21B000073553
73555	Mondial	3.2 Cabriolet 87 Black/Tan ZFFXC26A3H0073555
73557	Mondial	3.2 Cabriolet 7/87 Prugna/Tan ZFFXC26A7H0073557
73561	Testarossa	87 Silver/Black LHD
73571	Testarossa	87 LHD US ZFFSG17A2H0073571
73573	Testarossa	87 Red/Tan LHD US ZFFSG17A6H0073573
73585	328	GTS anthracite metallic/grey
73587	328	GTS 87 ZFFXA20A7H0073587
73591	328	GTS Red
73593	328	GTS 87 ZFFXA20A2H0073593
73599	412	Automatic Black/Tan LHD CH ZFFDD24S000073599 73599NMI
73605	Testarossa	87 LHD US ZFFSG17A4H0073605
73607	Testarossa	87 Red/Tan LHD US ZFFSG17A8H0073607
73615	328	GTB Red/Crema RHD ZFFWA20C000073615
73617	328	GTS Red/Black LHD EU
73621	328	GTS 87 Red/Tan ZFFXA20A3H0073621
73625	328	GTS 87Red/Tan ZFFXA20A0H0073625
73627	Mondial	3.2 Red/Tan LHD ZFFCD21S0000
73629	Mondial	3.2 Red/Tan
73631	Testarossa	LHD EU ZFFAA17B000073631
73635	Testarossa	87 Black/Tan LHD US ZFFSG17AZH0073635
73637	Testarossa	Red/Crema RHD
73643	328	GTS 87 Red/Tan ZFFXA20A2H0073643
73645	328	GTS 87 Red Crema RHD
73649	GTS	Turbo 87 Red/Black LHD
73651	328	GTS 7/87 Rosso Corsa/Tan ZFFXA20A1H0073651
73661	Mondial	3.2 Red/Crema LHD CH ZFFCD21S000073661
73663	Mondial	3.2 87 ZFFXC26A6H0073663
73665	Mondial	3.2 Cabriolet 87 ZFFXC26AXH0073665
73667	412	Automatic LHD EU ZFFYD24B000073667
73669	Testarossa	88 Red/White LHD CH ZFFSA17S000073669
73673	Testarossa	87 Black/Black LHD US ZFFSG17AXH0073673
73675	328	GTB
73677	328	GTS 87 Black/Tan ZFFXA20A8H0073677
73681	328	GTB Red/Tan LHD CH ZFFCA19S0000
73685	328	GTS 87 Red/Tan ZFFXA20A7H0073685
73687	328	GTS 87 Red/Black ZFFXA20A0H0073687
73689	328	GTS Red/Crema
73691	Mondial	3.2 Cabriolet 87 ZFFXC26A0H0073691
73693	Mondial	3.2 Cabriolet 87 Red/Beige LHD SW ZFFCC26S000073693
73695	Mondial	3.2 Cabriolet 87 ZFFXC26A8H0073695
73699	412	87 Red/Black
73703	Testarossa	87 Red/Tan LHD US ZFFSG17A4H0073703
73705	Testarossa	LHD EU ZFFAA17B000073705
73707	Testarossa	87 LHD US ZFFSG17A1H0073707
73715	328	GTS 87 ZFFXA20A1H0073715
73717	328	GTB
73721	328	GTS 87 Red/Tan ZFFXA20A7H0073721
73723	328	GTS Red/Black ZFFWA20B000073723
73725	328	GTS 87 ZFFXA20A4H0073725
73727	Mondial	3.2 Cabriolet Red/Tan LHD ZFFCC26S0000
73729	Mondial	3.2 Cabriolet 87 ZFFXC26AXH0073729
73731	Mondial	3.2 Cabriolet Red/Tan LHD ZFFCC26S000073731
73733	412	
73741	Testarossa	87 LHD US ZFFSG17A1H0073741
73743	328	GTB 87 Red/Black LHD
73745	328	GTS 87 Red/Tan ZFFXA20AXH0073745
73747	328	GTS
73749	328	GTS 88 Rosso Corsa Magnolia RHD ZFFWA20C000073749
73753	328	GTS Red/Black ZFFXA20JAP0073753
73759	328	GTB 9/87 Black/Black LHD EU ZFFWA19B000073759 73759XKM
73767	328	GTS 87 Red/Tan ZFFXA20A9H0073767
73775	328	GTS 87 ZFFXA20A8H0073775
73783	328	GTB 87 Red/Black & Red LHD
73785	Mondial	3.2 Cabriolet 87 Metallic Blue/Dark Red LHD ZFFXC26A9H0073785
73787	Mondial	3.2 Cabriolet 87 Black/Black LHD ZFFXA26A2H0073787
73791	Testarossa	Red/Tan LHD
73793	Testarossa	Red/Crema LHD CH ZFFSA17S0000
73795	Testarossa	87 Red/Tan LHD CH ZFFSA17S000073795
73797	Testarossa	87 LHD US ZFFSG17A6H0073797
73799	412	87 dark Blue LHD
73805	Testarossa	Black/Black LHD
73807	Testarossa	Red/Tan LHD
73809	Testarossa	Red/Tan LHD CH ZFFSA17S000073809
73811	Testarossa	
73813	328	GTS 87 ZFFXA20A1H0073813
73817	328	GTS 87 antracite ZFFXA20A9H0073817
73823	328	GTS 87 ZFFXA20A5H0073823
73827	328	GTS 87 ZFFXA20A1H0073827
73829	328	GTB Red/Tan ZFFCA19S000073829 73829NFO shields
73833	Mondial	3.2 Cabriolet 87 Red/Tan LHD US ZFFXC26A5H0073833
73835	Mondial	3.2 Cabriolet 87 Black/Tan LHD ZFFC26A9H0073835
73839	Testarossa	Red/Tan LHD ZFFSA17S000073839 eng. # 590 73839NMG
73841	Testarossa	87 LHD US ZFFSG17A5H0073841
73849	328	GTS 87 Red/Tan ZFFXA20A0H0073849
73851	328	GTS 87 ZFFXA20A9H0073851
73853	328	GTS 87 Red/Tan ZFFXA20A2H0073853
73855	328	GTS anthracite/Red
73861	328	GTB black/tan ZFFWA19B000073861
73867	Mondial	3.2 Cabriolet
73869	Mondial	3.2 Cabriolet 87 ZFFXC26A4H0073869
73871	Mondial	3.2 Red/Tan LHD
73873	Testarossa	88 Red/Tan LHD EU ZFFAA17R000073873
73875	Testarossa	Dark Grey Black
73877	Testarossa	87 LHD US ZFFSG17A4H0073877
73879	Testarossa	87 LHD US ZFFSG17A8H0073879
73883	328	GTS Red/Tan LHD CH ZFFCA20S000073883
73887	328	GTS 87 Black/dark Red LHD ZFFWA20B000073887

s/n	Type	Comments	s/n	Type	Comments
73891	328	GTS 87 Red/Black LHD	74141	Testarossa	87 Red/Tan LHD US ZFFSG17A7J0074141
73897	328	GTS 88 Red/Tan	74143	GTS	Turbo 87 Red/Black LHD
73899	328	GTS 87 Red/Tan LHD	74151	Testarossa	White/Tan LHD
73901	Mondial	3.2 Cabriolet 87 ZFFXC26A7H0073901	74153	328	GTS 87 ZFFXA20A1H0074153
73907	328	GTS 87 ZFFXA20AXH0073907	74155	328	GTS 87 ZFFXA20A5H0074155
73909	328	GTS 87 ZFFXA20A3H0073909	74157	328	GTS 87 ZFFXA20A9H0074157
73911	328	GTS 87 Red/Tan & Red US ZFFXA20A1H0073911	74159	328	GTB 87 Red LHD SWE ZFFCA19S000074159
73921	328	GTS 87 Black met./Grey RHD UK shields	74165	412	87 Red/Crema LHD Manual CH
73923	Mondial	3,2	74167	Testarossa	Red/Tan LHD
73929	328	GTS 87 ZFFXA20A9H0073929	74175	328	GTS 87 Rosso Corsa/tan ZFFXA20A0H0074175
73937	328	GTS Red	74179	328	GTS 9/87 Red/Tan LHD ZFFXA20A8H0074179
73939	328	GTB Red/Tan LHD CH ZFFCA19S0000	74181	328	GTS Red/Black
73945	328	GTS Red/Crema RHD ZFFWA20C000073945 Colour-coded rear aerofoil	74183	328	GTS Red/Tan ZFFCA20S000074183
			74185	328	GTS 87 ZFFXA20A3H0074185
73947	328	GTS 87 ZFFXA20A0H0073947	74187	328	GTS Red/Tan
73953	328	GTB 87 ZFFXA19AXH0073953	74193	Mondial	3.2 White/White LHD ME ZFFWA21TOJ
73955	328	GTB	74195	Mondial	3.2 Red/Black LHD ZFFWD21B0000
73959	328	GTS 87 ZFFXA20A7H0073959	74197	Mondial	3.2 Red/Black LHD
73965	328	GTB 87 ZFFXA19A6H0073965	74201	Testarossa	Red/Black
73971	Mondial	3.2 87 Red/Tan	74205	Testarossa	88 Red/Tan LHD US ZFFSG17A7J0074205
73973	Mondial	3.2 Cabriolet 87 ZFFXC26AXH0073973	74207	412	GT 88 Silver/Tan LHD CH Manual ZFFYD25S000074207 ex-Helge Schneider
73979	Testarossa	Red/Black LHD	74209	328	GTS 88 Red RHD ZFFWA20C000074209
73983	Testarossa	Red/Black ZFFAA17B0000	74215	328	GTS 87 ZFFXA20A8H0074215
73989	328	GTS 87 Red/Black LHD	74219	328	GTB Argento/Black RHD ZFFWA19C000074219 shields
73991	328	GTS Yellow/black ZFFWA20B000073991			
73995	328	GTS 87 ZFFXA20A0H0073995	74221	328	GTS 87 ZFFXA20A3H0074221
73999	328	GTS Red/Black ZFFWA20B0000	74225	328	GTB Red/Black
74005	Mondial	3.2 Red/Black LHD	74231	412	Automatic dark Blue/Crema
74007	Mondial	3.2 Red/Tan LHD	74233	412	dark metallic Blue/tan
74011	328	GTS 87 ZFFXA20A3H0074011	74237	Testarossa	Red/Tan CH
74013	328	GTS 87 ZFFXA20A7H0074013	74239	Testarossa	Red/Black ZFFAA17C000074239
74015	328	GTS 87 ZFFXA20A0H0074015	74243	Testarossa	Red/Black sport seats LHD ZFFAA17B000074243 colour coded spoilers modified front spoiler, non-original wheels (Red parts), rear spoiler
74021	328	GTS 87 ZFFXA20D000074021			
74023	328	GTS Red/Black			
74027	328	GTS			
74029	Mondial	3.2 Cabriolet 89 Black/Crema ZFFWC26C000074029	74245	Testarossa	Red/Tan
			74247	Testarossa	88 LHD US ZFFSG17A1J0074247
74033	Mondial	3.2 Red/Tan LHD ZFFWD21B000074033	74255	328	GTSi 87 Red/Tan ZFFXA20A9H0074255
74037	Testarossa	87 LHD US ZFFSG17A9H0074037	74257	328	GTS Prugna/black ZFFWA20B0000
74039	Testarossa	9/87 Red/Tan LHD US ZFFSG17A2H0074039	74259	328	GTB
74041	Testarossa	87 LHD US ZFFSG17A0H0074041	74261	328	GTS 87 Red/Tan ZFFXA20A4H0074261
74045	F40	Prototipo Competizione Conversion first, by Michelotto 87 Blue LHD F40 LM, not one of the 1 of 18, but has Michelotto # 13,	74265	328	GTS Red/Black ZFFWA20B00074265
			74267	328	GTS Rosso Corsa/Black LHD ZFFWA20B000074267 74267MMM
74047	F40	Prototipo CSAI-GT Frankfurt Auto Show 1987, LM Conversion	74269	Mondial	3.2 Red/Tan LHD ZFFWD21B000074269
			74271	Mondial	3.2 Red/Black
74049	F40	Prototipo 87 Red ZFFGJ34B000074049	74273	328	GTB 87 ZFFXA19A4H0074273
74051	328	GTB 87 ZFFXA19A8H0074051	74285	328	GTS 87 Red LHD SWE ZFFCA20S000074285
74053	328	GTS 87 ZFFXA20A8H0074053	74287	328	GTS 87 ZFFXA20A0H0074287
74057	GTS	Turbo 87 Red/Black LHD EU	74299	328	GTB 9/87 Rosso Corsa/Crema LHD EU
74059	328	GTS 88 Red ZFFXA20D000074059 eng. # F105C04001687	74303	Mondial	3,2
			74309	412	Automatic 87 Black/Tan LHD SWE ZFFDD24S000074309
74061	328	GTB Red/beige			
74063	328	GTB 9/87 Rosso/Crema LHD EU	74315	Testarossa	
74065	328	GTS 87 Black/Black US ZFFXA20A4H0074065	74317	Testarossa	88 Red/Crema LHD US ZFFSG17A7J0074317
74075	328	GTS	74319	Testarossa	88 Red/Tan LHD US ZFFSG17A0J0074319
74079	328	GTS 87 Black/Black ZFFXA20A4H0074079	74321	Testarossa	88 LHD US ZFFSG17A9J0074321
74081	328	GTS 87 Red/Tan LHD	74325	Testarossa	Red LHD ZFFAA17B000074325
74085	328	GTS 9/87 Rosso Corsa/Tan ZFFXA20AXH0074085	74327	Testarossa	Red/Black then Yellow/black ZFFGJ34B000074327 74325VWC
74087	328	GTS 9/87 Red/Black	74329	328	GTS 87 ZFFXA20A1H0074329
74089	328	GTS 87 Red/Tan ZFFXA20A7H0074089	74331	328	GTS 87 ZFFXA20AXH0074331
74099	412	i 87 Blue Chiarro Metallic Beige LHD Manual EU ZFFYD25B0000	74333	328	GTS 88 ZFFXA20A6J0074333
			74337	328	GTS 88 ZFFXA20A3J0074337
74103	Testarossa	87 LHD US ZFFSG17AXJ0074103	74339	328	GTS Red/Tan ZFFWA20B000074339
74111	328	GTS 87 ZFFXA20A7H0074111	74343	328	GTS 88 ZFFXA20A9J0074343
74113	328	GTS	74349	328	GTS Red/Black ZFFWA20B000074349
74115	328	GTS Rosso Corsa/Crema LHD ZFFCA20S000074115 74115NYL	74357	328	GTS Red/Tan LHD ZFFWA20B000074357
			74361	328	GTS 88 ZFFXA20A0J0074361
74121	328	GTS	74363	328	GTS 88 ZFFXA20A9J0074363
74127	Mondial	3.2 Red/Crema RHD ZFFWD21C000074127	74365	328	GTS 88 ZFFXA20A8J0074365
74133	412	87 Silver/Black LHD	74371	328	GTS 88 ZFFXA20A3J0074371

s/n	Type	Comments
74375	Mondial	3.2 88 Red/Crema RHD
74383	Testarossa	88 LHD US ZFFSG17A9J0074383
74385	412	i Automatic nero ZFFYD24C000074385 ex-Sultan of Brunei
74387	328	GTS 88 Red/Black ZFFXA20A7J0074387
74393	328	GTS 88 ZFFXA20A2J0074393
74395	Mondial	3.2 Red/Black LHD
74397	328	GTS
74405	Mondial	3.2 Black Red LHD
74407	Mondial	3.2 Cabriolet 88 ZFFXC26A7J0074407
74419	Testarossa	Red/Black 74419OXV
74421	Testarossa	88 Yellow RHD ZFFAA17C000074421 eng. # F113A00631
74423	Testarossa	88 LHD US ZFFSG17A6J0074423
74425	Testarossa	88 LHD US ZFFSG17AXJ0074425
74431	Testarossa	88 LHD US ZFFSG17A5J0074431
74433	Testarossa	88 Black/Tan LHD US ZFFSG17A9J00
74435	Testarossa	88 LHD US ZFFSG17A2J0074435
74439	328	GTS
74443	328	GTB 88 Red LHD SWE ZFFCA19S000074443
74445	328	GTS Red ZFFWA20B000074445
74447	328	GTS Red
74455	Mondial	3.2 9/87 White/Tan LHD ZFFXD21A1J0074455
74457	Mondial	3.2 Cabriolet 88 Red/Tan ZFFXC26A0J0074457
74459	Mondial	3.2 Red/Black LHD ZFFWD21B000074459
74463	Testarossa	Yellow/black LHD ZFFAA17B000074463 colour coded spoilers
74467	Testarossa	88 LHD US ZFFSG17A4J0074467
74469	Testarossa	9/87 Red/Tan LHD US ZFFSG17A8J0074469
74473	GTB	Turbo Red/Black
74479	328	GTS 88 ZFFXA20A1J0074479
74481	328	GTS Red/Crema
74483	328	GTS 87 Red RHD ZFFWA20C000074483
74487	328	GTB Red/Black ZFFWA19B000074487
74489	Mondial	3.2 Cabriolet 88 ZFFXC26A2J0074489
74491	Mondial	3.2 Cabriolet 88 ZFFXC26A0J0074491
74493	Mondial	3.2 Red/Crema ZFFWD21B000074493
74499	Testarossa	88 Red/Beige LHD EU ex-Silvano CimaΔs collection
74503	Testarossa	
74509	328	GTS Red/Crema ZFFWA20B000074509
74511	328	GTS 88 Red/Tan US ZFFXA20A4J0074511
74515	328	GTB Red/Crema
74519	328	GTS 88 ZFFXA20A9J0074519
74521	328	GTB Red/Crema
74523	Mondial	3.2 Cabriolet Red/Crema RHD ZFFWC26C000074523
74533	328	GTS Red/Black LHD
74535	Testarossa	LHD EU ZFFAA17B000074535
74539	328	GTS Red/Black LHD
74541	328	GTS 88 Red/Tan ZFFXA20A2J0074541
74543	328	GTS 88 ZFFXA20A6J0074543
74545	328	GTS Red/Crema
74547	328	GTS 88 ZFFXA20A3J0074547
74549	328	GTS 88 ZFFXA20A7J0074549
74551	328	GTS 87 Red LHD ME ZFFWA20T0H0074551
74553	328	GTS
74555	Mondial	3.2 Cabriolet 88 ZFFXC26A0J0074555
74559	Mondial	3.2 Cabriolet 88 ZFFXC26A8J0074559
74565	Testarossa	Red/Black
74569	Testarossa	Red/Black
74577	328	GTS 88 black/tan US
74581	328	GTS 88 ZFFXA20A3J0074581
74583	328	GTS 88 ZFFXA20A7J0074583
74585	328	GTS 88 ZFFXA20A0J0074585
74595	Mondial	3.2 Cabriolet 88 ZFFXC26A1J0074595
74603	Testarossa	88 LHD US ZFFSG17A8J0074603
74605	Testarossa	88 LHD US ZFFSG17A1J0074605
74607	Testarossa	88 Anthracite/Black LHD US ZFFSG17A5J0074607
74609	328	GTB 88 ZFFXA19A3J0074609
74613	328	GTS 88 ZFFXA20A1J0074613
74615	328	GTS 88 Red/Tan US ZFFXA20A5J0074615
74621	328	GTS 88 Red/Crema ZFFXA20A0J0074621
74625	328	GTS 88 Black/Tan ZFFXA20A8J0074625
74627	Mondial	3.2 88 ZFFXD21A4J0074627
74629	Mondial	3.2 Cabriolet Red/Crema RHD ZFFWC26C000074629
74631	Mondial	88 White/Tan LHD ZFFD21A6J0074631
74633	412	Automatic LHD EU ZFFYD24B000074633
74639	Testarossa	88 Black/Black LHD US ZFFSG17A7J0074639
74641	Testarossa	88 LHD US ZFFSG17A5J0074641
74643	328	GTS 88 Brown RHD UK eng. # 03022
74647	328	GTB 88
74649	328	GTS 9/87 Red/Tan ZFFXA20A0J0074649
74653	328	GTS 88 ZFFXA20A2J0074653
74655	328	GTS Rosso Corsa Nero Nero Carpet
74659	328	GTS Red/Black
74663	Mondial	3.2 Cabriolet 88 ZFFXC26A3J0074663
74665	412	Dark Blue metallic/Crema Manual ZFFYD25B000074665 74665NKS
74667	Testarossa	Rosso Corsa/nero LHD EU ZFFAA17B000074667
74671	Testarossa	Red/Black ZFFAA17B000074671
74673	Testarossa	88 Red LHD US ZFFSG17A7J0074673
74675	328	GTS 88 ZFFXA20A1J0074675
74677	328	GTS 88 ZFFXA20A5J0074677
74679	328	GTS 87 Rosso nero
74685	328	GTS 9/87 Rosso Corsa/Black Red piping ZFFXA20A4J0074685
74687	328	GTS 88 Red/Tan ZFFXA20JAP0074687
74689	328	GTS 88 ZFFXA20A1J0074689
74695	Mondial	3.2 88 Black Red LHD ZFFWA21T000074695
74699	Testarossa	
74709	328	GTS 88 ZFFXA20A3J0074709
74721	328	GTS 88 ZFFXA20A4J0074721
74727	Mondial	3.2 Red/Black ZFFWD21B000074727
74729	Mondial	3.2 88 ZFFXD21A1J0074729
74731	Mondial	3.2 Cabriolet 10/87 Red/Tan FFXC26A5J0074731
74735	Testarossa	LHD EU ZFFAA17B000074735
74741	Testarossa	88 LHD US ZFFSG17A9J0074741
74743	328	GTS 88 ZFFXA20A3J0074743
74745	328	GTS Red/Crema ZFFWA20B000074745
74747	328	GTB 88 ZFFXA19A4J0074747
74749	328	GTS 88 Red/Tan ZFFXA20A4J0074749
74753	328	GTS 10/87 Red/Tan ZFFXA20A6J0074753
74759	328	GTS 88 Red/Tan ZFFXA20A7J0074759
74761	Mondial	3.2 Cabriolet 88 Red/Black ZFFXC26A3J0074761
74763	Mondial	3.2 Cabriolet 88 Red/Tan ZFFXC26A7J0074763
74765	Mondial	3.2 Cabriolet 88 ZFFXC26A0J0074765
74773	Testarossa	88 Red/Tan LHD US ZFFSG17A0J0074773
74775	Testarossa	87 Red RHD ZFFAA17C000074775 eng. # F113A00631
74777	328	GTS Red/beige ZFFWA20B00007477 74777AYZ
74779	328	GTS 88 ZFFXA20A2J0074779
74787	328	GTS 88 ZFFXA20A1J0074787
74791	328	GTB Red/Black
74793	328	GTS 88 ZFFXA20A7J0074793
74797	Mondial	3.2 Cabriolet 88 ZFFXC26A2J0074797
74799	Mondial	3.2 Cabriolet 88 ZFFXC26A6J0074799
74801	Testarossa	88 Black/Tan LHD US ZFFSG17A1J0074801
74807	Testarossa	88 Giallo Fly/Tan LHD US ZFFSG17A2J0074807
74809	Testarossa	88 LHD US ZFFSG17A6J0074809
74821	328	GTS 88 ZFFXA20A8J0074821
74823	328	GTS 88 Red/Tan ZFFXA20A1J0074823
74829	Mondial	3.2 Cabriolet Red/Crema RHD ZFFWC26C0000
74831	Mondial	3.2 88 ZFFXD21A3J0074831
74833	Mondial	3.2 Cabriolet 10/87 Red/Tan LHD ZFFXC26A2J0074833
74835	Testarossa	Red/Crema, RHD

s/n	Type	Comments
74841	Testarossa	11/87 Giallo Modena/Nero ZFFSA17S000074841
74843	GTS	Turbo 87 Red/Tan LHD EU
74845	328	GTS 88 Red/Tan ZFFXA20A0J0074845
74849	328	GTS 88 Red/Crema RHD UK
74851	328	GTS 88 ZFFXA20A6J0074851
74857	328	GTS 88 ZFFXA20A7J0074857
74861	Mondial	3.2 Cabriolet 88 ZFFXC26A7J0074861
74863	Mondial	3.2 Cabriolet 88 Red/Black LHD ZFFXC26A0J0074863
74871	Testarossa	88 Blue Crema LHD US ZFFSG17A0J0074871
74875	328	GTS 88 Metallic royal Blue/bone US ZFFXA20A9J0074875
74879	328	GTS 88 ZFFXA20A6J0074879
74881	328	GTS 88 ZFFXA20A4J0074881
74891	328	GTS 88 ZFFXA20A7J0074891
74905	Testarossa	black/black
74913	328	GTB
74917	328	GTS 88 Red/Tan
74919	328	GTS 88 Red/Tan ZFFXA20A3J0074919
74921	328	GTS 88 ZFFXA20A1J0074921
74927	Mondial	3.2 Cabriolet 88 ZFFXC26A0J0074927
74929	Mondial	3.2 Cabriolet 88 ZFFXC26A4J0074929
74933	412	dark Blue/tan
74935	Testarossa	Red/Tan
74941	Testarossa	88 LHD US ZFFSG17A6J0074941
74945	328	GTS Red/Black
74947	GTB	Turbo 88 Red/Crema LHD EU
74955	Testarossa	88 Black/Black ZFFSG17AXH0074955
74957	328	GTB 88 Red/Red
74965	Mondial	3.2 Cabriolet 10/87 Red/Tan ZFFXC26A8J0074965
74967	Mondial	3.2 Cabriolet 88 ZFFXC26A1J0074967
74969	Testarossa	87 Red RHD eng. # 00680
74977	Testarossa	Red/Tan
74979	328	GTS 87 Red/Tan
74981	328	GTS Red/Black ZFFWA20B000
74985	328	GTS 88 Red/Tan ZFFXA20A5J0074985
74995	328	GTB
74997	Mondial	3.2 Cabriolet 88 ZFFXC26AXJ0074997
74998	last unused	
75000	Testarossa	Koenig White, first even number within the odd number range
75001	Testarossa	88 LHD US ZFFSG17A7J0075001
75003	Testarossa	88 LHD US ZFFSG17A0J0075003
75004	Testarossa	Red/Black LHD
75005	Testarossa	88 LHD US ZFFSG17A4J0075005
75006	328	GTS Red/White LHD ZFFWA20B000075006
75007	328	GTS 10/87 Red/Tan ZFFXA20A9J0075007
75009	328	GTS 88 ZFFXA20A2J0075009
75011	328	GTS 88 Red ZFFXA20A0J0075011
75013	328	GTS 88 Red/Tan
75015	Mondial	3.2 Cabriolet 88 Red/Tan LHD ZFFC26A6J0075015
75017	Mondial	3.2 Cabriolet 88 ZFFXC26AXJ0075017
75020	412	i Automatic 88 Silver/Blue ZFFYD24C000075020 eng. # 387
75021	Testarossa	88 LHD US ZFFSG17A2J0075021
75022	Testarossa	LHD US
75023	Testarossa	88 Black/Black LHD US ZFFSG17A6J0075023 Capristo exhaust
75025	328	GTS 88 Red/Black ZFFXA20A0J0075025
75027	328	GTS 88 ZFFXA20A4J0075027
75029	328	GTS 10/87 Red/Black ZFFXA20A8J0075029
75031	328	GTS 88 ZFFXA20A6J0075031
75033	328	GTS 88 ZFFXA20AXJ0075033
75034	F40	Prototipo London Motor Show 87 ZFFGJ34B000075034, new to I
75035	Mondial	3.2 Cabriolet 88 ZFFXC26A1J0075035
75036	Testarossa	black/black ZFFAA17B000075036 eng. # 0688 75036RXC
75037	Mondial	3.2 Cabriolet 88 ZFFXC26A5J0075037
75038	Testarossa	
75039	Mondial	3.2 88 Black/Black LHD US ZFFXD21A3J0075039
75041	Testarossa	88 Red/Tan LHD US ZFFSG17A8J0075041 Tubi
75045	328	GTS 88 ZFFXA20A6J0075045
75046	328	GTS
75049	328	GTS 88 Red/Grey ZFFXA20A3J0075049
75051	Mondial	3.2 Cabriolet 88 Black/Crema ZFFXC26AXJ0075051
75052	F40	Prototipo 87 ZFFGJ34B000075052
75053	Mondial	3.2 Cabriolet 88 Red/Tan LHD
75054	Testarossa	Red
75057	Testarossa	88 LHD US ZFFSG17A1J0075057
75059	Testarossa	88 Red/Tan LHD US ZFFSGA5J0075059
75061	328	GTS 88 ZFFXA20A4J0075061
75063	328	GTB 88 Red/Tan ZFFXA19A1J0075063
75065	328	GTS 88 Prunia/Tan ZFFXA20A1J0075065
75067	328	GTS 88 ZFFXA20A5J0075067
75069	Mondial	3.2 Cabriolet 88 ZFFXC26A7J0075069
75070	328	GTS Red/Crema RHD ZFFWA20C000075070
75071	Mondial	3.2 88 ZFFXD21AXJ0075071
75075	412	i 88 Blue/tan Manual ZFFYD25B000075075
75078	GTB	Turbo Red/Crema
75079	328	GTS 11/87 Rosso Corsa/Tan ZFFXA20A1J0075079
75081	328	GTS 88 ZFFXA20AXJ0075081
75083	328	GTS 88 ZFFXA20A3J0075083
75084	328	GTS Rosso Corsa/Black LHD EU 75084XND
75087	Mondial	3.2 88 ZFFXD21A3J0075087
75089	Mondial	3.2 Cabriolet 87 Red/Tan ZFFXC26A2J0075089
75091	Mondial	3.2 Cabriolet 88 ZFFXC26A0J0075091
75093	Testarossa	88 Black/Tan LHD US ZFFSG17A5J0075093
75095	Testarossa	88 LHD US ZFFSG17A9J0075095
75097	Testarossa	88 Red/Tan LHD US ZFFSG17A2J0075097,
75098	328	GTS LHD EU ZFFWA20B000075098
75099	328	GTS 88 ZFFXA20A7J0075099
75100	328	GTS Red/Black
75101	328	GTS 88 ZFFXA20A1J0075101
75102	328	GTS Red/Black LHD
75103	328	GTS 88 ZFFXA20A5J0075103
75104	328	GTS 88 Brown/dark Brown LHD
75105	Mondial	3.2 Cabriolet 88 White/Blue Blue Top ZFFXC26A7J0075105
75107	Mondial	3.2 Cabriolet 88 ZFFXC26A0J0075107
75109	328	GTS 88 ZFFXA20A6J0075109
75111	328	GTS 88 ZFFXA20A4J0075111
75113	328	GTS 88 ZFFXA20A8J0075113
75114	328	GTS Red/Black ZFFWA20B000075114
75115	Mondial	3.2 Cabriolet 88 Yellow/Black ZFFXC26AXJ0075115
75116	Mondial	3.2 Cabriolet
75117	Mondial	3.2 Cabriolet 88 ZFFXC26A3J0075117
75120	Testarossa	88 White ZFFAA17B000075120
75121	Testarossa	88 Red/Tan LHD US
75124	328	GTS Red/Black LHD
75127	328	GTS 88 ZFFXA20A8J0075127
75129	328	GTS
75131	328	GTS
75133	Mondial	3.2 Cabriolet 88 Black/Tan LHD ZFFXC26A1J0075133
75135	Mondial	3.2 88 Red/Tan ZFFXD21AXJ0075135 sunroof
75140	Testarossa	88 LHD US ZFFSG17AXJ0075140
75141	Testarossa	88 LHD US ZFFSG17A1J0075141
75142	Testarossa	LHD US
75143	Testarossa	88 LHD US ZFFSG17A5J0075143
75144	412	Automatic 87 Desert Taupe (Bronze)/Crema Tan LHD EU ZFFYD24B000075144
75148	Testarossa	88 Red/Tan LHD US ZFFSG17A4J0075148
75151	328	GTS 88 Red/Black ZFFXA20A5J0075151
75152	328	GTS 88 ZFFXA20A7J0075152
75154	328	GTS 88 ZFFXA20A0J0075154
75155	328	GTS
75157	328	GTS 88 ZFFXA20A6J0075157
75158	328	GTS 88 Red/Black LHD

s/n	Type	Comments
75161	Mondial	3,2
75163	Testarossa	LHD EU ZFFAA17B000075163
75168	328	GTS
75171	328	GTB
75172	328	GTS 88 Red/Tan ZFFXA20A2J0075172
75173	328	GTB Red/Black
75174	328	GTS Rosso Corsa/Red 75174UU0
75180	Testarossa	88 Red/Tan LHD US ZFFSG17A0J0075180
75181	Testarossa	88 LHD US ZFFSG17A2J0075181
75183	328	GTS 88 ZFFXA20A7J0075183
75186	328	GTS Rosso/black ZFFWA20B000075186
75187	328	GTS Red/Black ZFFWA20B000075187
75188	328	GTS 88 ZFFXA20A6J0075188
75189	328	GTS 88 ZFFXA20A8J0075189
75190	328	GTS 88 ZFFXA20A4J0075190
75191	Mondial	3.2 Cabriolet Red/Crema RHD ZFFWC26C000075191
75192	Mondial	3.2 Cabriolet 88 Red/Tan ZFFXC26A6J0075192
75194	412	i 88 Grigio Titanio/black Manual
75196	Testarossa	88 LHD US ZFFSG17A4J0075196
75197	Testarossa	88 LHD US ZFFSG17A6J0075197
75198	Testarossa	88 LHD US ZFFSG17A8J0075198
75199	Testarossa	Red/Black & Red sport seats LHD ZFFAA17T0H075199 black rear spoiler
75200	328	GTS
75201	328	GTB
75202	328	GTS 88 Red/Tan ZFFXA20A7J0075202
75206	328	GTS 88 Red/Tan ZFFXA20A4J0075206
75207	328	GTS 88 Black/Beige ZFFXA20A6J0075207
75209	Mondial	3.2 Cabriolet 88 ZFFXC26A8J0075209
75211	Testarossa	Red/Crema LHD
75212	Testarossa	88 Red/Black LHD EU ZFFAA17B000075212
75215	328	GTS 88 ZFFXA20A5J0075215
75216	328	GTS 88 ZFFXA20A7J0075216
75218	328	GTS 88 Red/Black LHD JP ZFFXA20JAP0075218
75219	328	GTS Red/Black
75223	328	GTS 88 ZFFXA20A4J0075223
75224	328	GTB 87 White RHD eng. # 03152
75226	Mondial	3.2 Cabriolet 88 ZFFXA8J0075226
75227	Mondial	3.2 Chiaro Blue Crema RHD ZFFWD21C000075227
75230	Testarossa	Red/Black
75232	Testarossa	88 Yellow/black LHD US ZFFSG17A4J0075232
75233	328	GTS 88 Red/Black ZFFXA20A7J0075233
75234	328	GTS Red/Black ZFFWA20B000075234
75236	328	GTS Blue/Crema RHD ZFFWA20C000075236
75237	328	GTS 88 ZFFXA20A4J0075237
75239	328	GTS 88 Red/Crema RHD UK
75240	328	GTS Black LHD ZFFWA20B000075240
75241	328	GTS Black/black
75242	Mondial	3.2 Cabriolet 88 ZFFXC26A6J0075242
75243	Mondial	3.2 Cabriolet 88 ZFFXC26A8J0075243
75245	Testarossa	88 LHD US ZFFSG17A2J0075245
75246	Testarossa	88 Red/Tan LHD US ZFFSG17A4J0075246
75247	Testarossa	88 Red/Tan LHD US ZFFSG17A6J0075247
75248	328	GTS 88 Red/beige ZFFWA20B000075248
75252	328	GTS ZFFXA20A0J0075252
75257	Mondial	3.2 Cabriolet 88 ZFFXC26A8J0075257
75258	Mondial	3.2 Cabriolet 88 Red/Tan ZFFXC26AXJ0075258
75259	Mondial	3.2 Cabriolet 88 ZFFXC26A1J0075259
75260	Testarossa	Red/Black
75263	Testarossa	88 LHD US ZFFSG17A4J0075263
75266	328	GTS 88 Red/Tan ZFFXA20A0J0075266
75267	328	GTB 88 Red/Crema ZFFXA19A6J0075267
75268	328	GTS 88 Red/Crema RHD ZFFWA20C000075268 ass. # 3170 eng. # 19229
75270	328	GTS ZFFXA20A2J0075270
75271	328	GTS Red/Black ZFFWA20B0000 75271CYT
75272	328	GTS ZFFWA20B000075272
75273	Mondial	3.2 Cabriolet 88 Red/Tan ZFFXC26A6J0075273
75274	Mondial	3.2 Cabriolet 88 Red/Tan LHD ZFFC26A8J0075274
75276	Testarossa	LHD EU ZFFAA17B000075276
75277	Testarossa	Red/Black
75278	Testarossa	Sbarro Alcador 12/87 Anthracite/Red LHD ZFFAA17B000075278
75282	Testarossa	88 LHD US ZFFSG17A8J0075282
75283	Testarossa	88 White/Tan LHD US ZFFSG17AJ00075283
75284	Testarossa	88 Red/Tan LHD US ZFFSG17A1J0075284
75286	328	GTS 88 ZFFXA20A6J0075286
75289	328	GTS 88 ZFFXA20A1J0075289
75290	328	GTS 88 Red/Tan LHD
75292	328	GTS
75294	Mondial	3.2 Cabriolet 88 ZFFXC26A3J0075294
75295	Mondial	3.2 88 Red/Black
75298	328	GTS 88 ZFFXA20A2J0075298
75301	328	GTB 10/87 Red/Black RHD ZFFWA19C000075301
75302	328	GTS 88 ZFFXA20A0J0075302
75303	328	GTS 88 Red/Tan ZFFXA20A2J0075303
75306	328	GTB Competizione Conversion green metallic/black LHD ZFFWA20B000075306
75307	Mondial	3.2 Cabriolet 88 Argento/Bordeaux Manual ZFFXC26A8J00
75308	Mondial	3.2 Cabriolet 88 Red/Tan ZFFXC26AXJ0075308
75310	Testarossa	87 Red/Black LHD ZFFAA17B000075310
75311	Testarossa	88 LHD US ZFFSG17A0J0075311
75312	Testarossa	Spider Conversion by Koenig Blue/Crema LHD US Twin Turbo
75313	Testarossa	88 White/Red LHD US ZFFSG17A4J0075313
75315	Testarossa	88 Red LHD SWE ZFFSA17S000075315
75317	412	Automatic Silver/dark Blue ZFFYD24B0000
75319	328	GTS 88 ZFFXA20A6J0075319
75320	328	GTS 88 Red/Black ZFFWA20B000075320
75321	328	GTS 88 ZFFXA20A4J0075321
75323	328	GTS 88 Black/Black ZFFXA20A8J0075323
75326	328	GTS Blue met./beige RHD ZFFWA20B000075236 75326DSO
75327	328	GTS 88 ZFFXA20A5J0075327
75328	Mondial	3.2 Cabriolet 11/87 Red/Tan LHD ZFFXC26A5J0075328
75329	Mondial	3.2 88 ZFFXD21A1J0075329
75330	Mondial	3.2 Cabriolet 88 ZFFXC26A3J0075330
75333	Testarossa	88 LHD US ZFFSG17AXJ0075333
75334	Testarossa	88 Red/Beige LHD US ZFFSG17A1J0075334
75335	Testarossa	11/87 Black/black LHD US ZFFSG17A3J0075335
75336	328	GTS 88 ZFFXA20A6J0075336
75340	328	GTSi 88 White/parchment, black v.roof panels ZFFXA20A8J0075340
75341	328	GTS 88 ZFFXA20AXJ0075341
75342	328	GTS 88 Red/Black LHD EU
75343	328	GTS 88 Red/Tan LHD ZFFXA20A3J00
75345	Mondial	3.2 Cabriolet 88 Red/Tan ZFFXC26A5J0075345
75348	412	
75351	Testarossa	88 LHD US ZFFSG17A1J0075351
75352	Testarossa	88 LHD US
75353	328	GTS 88 ZFFXA20A6J0075353
75354	328	GTS Red/Crema
75355	328	GTB
75357	328	GTS 88 ZFFXA20A3J0075357
75362	Mondial	3.2 Cabriolet 88 ZFFXC26A5J0075362
75363	Mondial	3.2 Cabriolet 88 Red/Tan ZFFXC26A7J0075363
75364	Testarossa	Red/Black LHD
75365	Testarossa	88 Red/Black LHD EU ZFFAA178000075365
75370	328	GTS 88 ZFFXA20A2J0075370
75371	328	GTS 88 Red/Tan LHD ZFFXA20A8J0075371
75372	328	GTS black/black ZFFWA20B000075372
75373	328	GTB 88 ZFFXA19A5J0075373
75376	328	GTS
75378	Mondial	3.2 Red/Black w.Red cloth seats LHD ZFFWD21B000075378

s/n	Type	Comments
75379	Mondial	3.2 Cabriolet 88 Red/Tan LHD ZFFXC26A0J0075379
75383	Testarossa	88 LHD US ZFFSG17A3J0075383
75384	Testarossa	88 LHD US ZFFSG17A5J0075384
75385	Testarossa	88 Red/Tan LHD US ZFFSG17A7J0075385
75386	328	GTS 88 ZFFXA20AXJ0075386
75391	328	GTS 11/87 Black/Tan ZFFXA20A3J0075391
75393	328	GTS 88 Red ZFFXA20D000075393 eng. # F105C04003202
75397	Mondial	3.2 87 Anthracite then Rosso Corsa/Crema LHD ZFFED21B000075397 75397NXY Sunroof
75398	Testarossa	Red/Tan ZFFAA17C000075398 ex-Marti Pellow (lead singer of Wet Wet Wet)
75399	Testarossa	
75400	Testarossa	ZFFAA17C000075400
75401	Testarossa	88 Black RHD ZFFAA17C000075401 eng. # F1131300749
75402	Testarossa	Red/Crema RHD
75404	328	GTS 88 ZFFXA20A8J0075404
75406	GTS	Turbo 88 Red/Black LHD EU
75407	328	GTS 88 ZFFXA20A3J0075407
75409	328	GTS
75412	Mondial	3.2 Red/Black LHD
75416	Testarossa	88 LHD US ZFFSG17A3J0075416
75417	412	Automatic 88 Blu Sera/Crema ZFFYD24B000075417
75418	Testarossa	LHD US
75419	328	GTS Red ZFFWA20B000075419
75421	328	GTS 88 ZFFXA20A8J0075421
75424	328	GTS 88 ZFFXA20A8J0075421
75427	Mondial	Cabriolet 88 Red/Tan LHD ZFFXC26A7J0075427
75428	Mondial	3.2 88 Silver/Dark Blue LHD ZFFXD21A3J0075428
75434	412	
75436	328	GTS 88 Red LHD SWE ZFFCA20S000075436
75437	328	GTS 88 Red/Tan ZFFXA20A1J0075437
75439	328	GTB Red/Black
75440	328	GTS Red/Tan 88 ZFFXA20A1J0075440
75442	328	GTS 11/87 Silver/Tan ZFFXA20A5J0075442
75447	412	i Automatic 88 Blue Crema ZFFYD24C000075447 eng. # 408
75448	Testarossa	Spider Conversion by Coachbuilder 88 Red/Black LHD US ZFFSG17A5J00
75452	Testarossa	88 Rosso Corsa/Tan LHD US ZFFSG17A7J0075452
75453	Testarossa	88 silver/black LHD US ZFFSG17A9J0075453
75454	Testarossa	88 LHD US ZFFSG17A0J0075454
75455	Testarossa	88 Rosso Corsa/Crema LHD US ZFFSG17A2J0075455
75456	Testarossa	88 LHD US ZFFSG17A4J0075456
75457	328	GTS Red Magnolia
75459	328	GTS 88 ZFFXA20A0J0075459
75460	GTS	Turbo 88 Red/Black LHD EU
75461	328	GTS 88 ZFFXA20A9J0075461
75462	GTS	Turbo 88 Red/Black LHD EU
75463	328	GTS 11/87 Red/Tan ZFFXA20A2J0075463
75466	Mondial	3.2 88 ZFFXD21A0J0075466
75467	Mondial	3.2 Cabriolet 88 Red/Crema ZFFXC26A8J0075467
75472	Testarossa	88 LHD US ZFFSG17A2J0075472
75475	328	GTS 11/87 Blue Chiaro/Crema ZFFXA20A9J0075475
75478	328	GTB 88 ZFFXA19A8J0075478
75480	328	GTS Red/Crema ZFFWA20B000075480 75480LOR
75484	Mondial	3.2 Cabriolet 88 Red/Tan LHD ZFFXC26A8J0075484
75485	Mondial	3.2 Cabriolet 88 ZFFXC26AXJ0075485
75488	Testarossa	Red/Black
75490	Testarossa	LHD EU ZFFAA17B000075490
75491	Testarossa	88 Black/Black LHD US ZFFSG17A6J0075491
75494	328	GTS 88 ZFFXA20A2J0075494

s/n	Type	Comments
75496	328	GTS 88 Red/Tan LHD ZFFXA20A6J0075496
75497	328	GTS 88 ZFFXA20A8J0075497
75499	328	GTB 88 Red/Black LHD
75501	Mondial	3.2 Rosso Corsa/black LHD
75502	Mondial	3.2 Cabriolet 88 ZFFXC26A6J0075502
75503	Testarossa	LHD EU ZFFAA17B000075503
75505	Testarossa	11/87 Red/TanLHD US ZFFSG17A2J0075505
75506	Testarossa	LHD US
75507	328	GTS 88 Black/tan ZFFXA20A7J0075507
75508	328	GTS 88 ZFFXA20A9J0075508
75509	328	GTS 1/88 Red/Black RHD UK eng. # 03299
75510	328	GTS 88 Red/Crema ZFFWA20B000075510
75511	328	GTS 88 ZFFXA20A9J0075511
75513	328	GTS Red/Black
75514	328	GTS 88 Red/Tan ZFFXA20A4J0075514
75515	328	GTB 88 Red/Black LHD
75516	Mondial	3.2 Cabriolet 88 Red ZFFXC26A6J0075516
75517	Mondial	3.2 Red/Black LHD
75518	Mondial	3.2 Cabriolet 88 Red/Black ZFFXC26AXJ0075518
75522	Testarossa	88 LHD US ZFFSG17A2J0075522
75523	Testarossa	88 LHD US ZFFSG17A4J0075523
75527	328	GTS Red/Tan ZFFWA20B000075527
75530	328	GTS 88 ZFFXA20A2J0075530
75532	328	GTS 88 ZFFXA20A6J0075532
75533	Mondial	3.2 Cabriolet 88 Black/Black LHD ZFFXC26A6J0075533
75534	Mondial	3.2 Cabriolet 88 Black/Dark Red ZFFXC26A8J0075534
75535	Mondial	3.2 Cabriolet 88 ZFFXC26AXJ0075535
75536	412	Automatic 88 Blue RHD UK eng. #00411
75540	Testarossa	black/tan ZFFAA17B000075540 75540WSH
75541	Testarossa	black/black ZFFAA17B000075541
75543	Testarossa	88 LHD US ZFFSG17AXJ0075543
75544	Testarossa	88 Black/Tan LHD US ZFFSG17A1J0075544
75545	Testarossa	88 LHD US ZFFSG17A3J0075545
75546	328	GTS 88 Red/Black ZFFXA20A6J0075546
75548	328	GTS 88 ZFFXA20AXJ0075548
75550	328	GTS 88 ZFFXA20A8J0075550
75551	328	GTS 88 Red/Tan ZFFXA20AXJ0075551
75553	328	GTS 88 ZFFXA20A3J0075553
75555	Mondial	3.2 Cabriolet 88 Black/Tan ZFFXC26A5J0075555
75556	Mondial	3.2 Red/Tan RHD
75561	Testarossa	Red LHD EU
75565	328	GTS
75566	328	GTB 88 Red/Crema LHD
75569	328	GTS Red/Black 75569FXW
75570	328	GTS 88 ZFFXA20A3J0075570
75573	Mondial	3.2 Cabriolet 88 ZFFXC26A7J0075573
75575	Testarossa	88 LHD US ZFFSG17A1J0075575
75576	Testarossa	88 LHD US ZFFSG17A3J0075576
75577	Testarossa	88 Red/Black LHD US ZFFSG17A5J0075577
75579	Testarossa	
75582	328	GTS 88 ZFFXA20AXJ0075582
75583	328	GTS 88 ZFFXA20A1J0075583
75586	Mondial	3.2 Red/Black LHD
75587	Mondial	3.2 Cabriolet 88 White/Crema LHD ZFFXC26A7J0075587
75590	Testarossa	
75591	328	GTS 88 Red/Tan ZFFXA20A0J0075591
75592	328	GTS 88 ZFFXA20A2J0075592
75593	328	GTB 88 Red/Tan ZFFXA19A8J0075593
75597	328	GTS Red/Black LHD
75598	328	GTS 88 Red/Tan ZFFXA20A3J0075598 ex-Bobby Rahal
75600	Mondial	3.2 88 Dark Grey Metallic/Grey LHD ZFFWD21B000075600
75601	328	GTS Red/Black LHD EU ZFFWA20B000075601
75603	328	GTS Rosso Corsa/black
75604	328	GTS 88 Red/Tan LHD
75609	328	GTS 88 Black/Black US ZFFXA20A4J0075609

s/n	Type	Comments
75610	Mondial	3.2 Cabriolet 88 Black/Tan LHD ZFFXC26A9J0075610
75611	Mondial	3.2 Cabriolet
75612	Mondial	3.2 Cabriolet 88 Black/Tan ZFFXC26A2J0075612
75615	Testarossa	LHD EU ZFFAA17B000075615
75616	Testarossa	Red/Black LHD ZFFAA17B000075616
75618	Testarossa	12/87 Red/Tan LHD US ZFFSG17A4J0075618
75619	Testarossa	88 LHD US ZFFSG17A6J0075619
75625	328	GTS 88 Red/Tan ZFFXA20A2J0075625
75628	328	GTS 88 ZFFXA20A8J0075628
75630	328	GTS 88 ZFFXA20A6J0075630
75631	328	GTS Red/Black LHD ZFFWA20B000075631
75632	Mondial	3.2 Cabriolet 88 ZFFXC26A8J0075632
75633	Mondial	3.2 Cabriolet 88 ZFFXC26AXJ0075633
75635	Testarossa	88 LHD US ZFFSG17A4J0075635
75641	Testarossa	
75642	Testarossa	Red/Crema ZFFAA17C000075642
75645	328	GTB Red/Crema RHD ZFFWA19C000075645
75647	328	GTS 12/87 Red/Black ZFFXA20A1J0075647
75651	328	GTS 88 ZFFXA20A3J0075651
75652	Mondial	3.2 QV 88 Red/Tan LD ZFFXD21A8J0075652
75653	Mondial	3.2 Cabriolet 88 Red/Tan ZFFXC26A5J0075653
75654	Mondial	3.2 Cabriolet 88 Red/Tan ZFFXC26A7J0075654
75655	Testarossa	88 Red/Tan LHD
75656	Testarossa	88 LHD US ZFFSA17AXJ0075656
75657	Testarossa	87 Red/Black ZFFAA17T0H0075657
75661	328	GTS 12/87 Rosso Corsa FER 300/9/Tan ZFFXA20A6J0075661
75662	328	GTS 88 Black/Black ZFFXA20A8J0075662
75663	328	GTS 12/87 White/Tan ZFFXA20AXJ0075663
75665	328	GTS 88 Red/Tan ZFFXA20A3J0075665
75666	328	GTS Red/Black ZFFWA20B0000
75667	Mondial	3.2 Red LHD
75668	Mondial	3.2 Cabriolet 88 ZFFXC26A7J0075668
75669	Testarossa	Red/Black LHD ZFFAA17B000075669 75669WFH
75672	Testarossa	88 LHD US ZFFSG17AXJ0075672
75673	328	GTS 88 ZFFXA20A2J0075673
75674	328	GTS
75675	328	GTS 88 ZFFXA20A6J0075675
75678	328	GTB Red/creme ZFFXA19JAP0075678
75679	328	GTB Red/Black LHD EU
75680	328	GTS 88 Red/Tan ZFFXA20AXJ0075680
75681	328	GTS 88 Red/Black LHD
75682	Mondial	3,2
75683	Mondial	3.2 Cabriolet 88 ZFFXC26A3J0075683
75684	Mondial	3.2 Cabriolet 88 ZFFXC26A5J0075684
75685	Testarossa	Red/Crema
75686	Testarossa	Red/Black LHD ZFFAA17B000075686
75689	Testarossa	12/87 Yellow/tan LHD US ZFFSG17A5J0075689
75690	328	GTS 88 ZFFXA20A2J0075690
75695	Testarossa	Red/Black
75698	328	GTS 88 ZFFXA20A7J0075698
75699	328	GTS 88 Azzurro/Black LHD
75700	Mondial	3.2 Cabriolet 88 Blu Chiaro/Crema ZFFXC26AXJ0075700
75704	Testarossa	88 Rosso Corsa/Beige LHD US ZFFSG17A8J0075704 Tubi
75705	Testarossa	Rosso/black ZFFAA17B000075705
75706	328	GTS 88 ZFFXA20A2J0075706
75708	328	GTS Nero (FER1240) Rosso RHD ZFFWA20C0000 eng. # 10433
75709	328	GTS 88 ZFFXA20A8J0075709
75710	328	GTS 88 Red/Tan ZFFXA20A4J0075710
75711	328	GTS 88 Black/Black ZFFXA20A6J0075711
75712	328	GTS 88 ZFFXA20A8J0075712
75714	328	GTS Rosso Corsa/Bordeaux LHD ZFFWA20B000075174 75174UUO shields
75715	Mondial	3.2 Cabriolet 88 ZFFXC26A1J0075715
75716	Mondial	3.2 Cabriolet 88 Black/Tan ZFFXC26A3J0075716
75717	Mondial	3.2 Cabriolet 88 ZFFXC26A5J0075717
75718	Mondial	3.2 Cabriolet 88 Silver/Red ZFFXC26A7J0075718
75719	412	i Cabriolet Conversion Blue/black
75720	328	GTS 88 ZFFXA20A7J0075720
75721	328	GTS
75722	328	GTS 88 ZFFXA20A0J0075722
75724	328	GTB 88 Rosso Corsa/magnolia ZFFWA19C000075724 eng. # 10478
75725	328	GTS
75726	328	GTS
75728	328	GTS 88 Red/Crema ZFFXA20A1J0075728
75731	Mondial	3.2 Cabriolet 88 ZFFXC26AXJ0075731
75734	Testarossa	87 Red/Black LHD ZFFAA17B000075734
75735	Testarossa	Red/Tan
75739	Testarossa	88 Red/Tan LHD US ZFFSG17A5J0075739
75740	Testarossa	88 Red/Tan LHD US ZFFSG17A1J0075740
75742	328	GTS 88 Red RHD UK
75743	328	GTS 88 ZFFXA20A8J0075743
75744	328	GTS 88 ZFFXA20AXJ0075744
75745	328	GTS 88 Blue/Tan LHD
75747	328	GTS Red/Black
75749	328	GTS 88 Red/Black LHD EU
75750	Mondial	3.2 Cabriolet 88 ZFFXC26A3J0075750
75752	Testarossa	Red/Black LHD ZFFAA17B000075752 colour coded spoilers non-original wheels
75754	Testarossa	88 Red/Tan LHD US ZFFSG17A1J0075754
75755	Testarossa	88 LHD US ZFFSG17A3J0075755
75756	Testarossa	
75757	328	GTS 88 Red/Black LHD EU
75759	328	GTS 88 Rosso Corsa/Tan ZFFXA20A1J0075759
75761	328	GTB 88 Red RHD eng. # 10442
75762	328	GTB Red/Tan ZFFWA19B000075762
75763	328	GTS Red/Black
75764	328	GTS 88 ZFFXA20A5J0075764
75765	328	GTS 88 ZFFXA20A7J0075765
75766	Mondial	3.2 Cabriolet 88 ZFFXC26A7J0075766
75771	Testarossa	1/88 Red/Tan LHD US ZFFSG17A1J0075771
75772	Testarossa	LHD US
75774	328	GTS
75781	Mondial	3.2 Cabriolet 88 ZFFXC26A3J0075781
75786	Testarossa	LHD EU ZFFAA17B000075786
75788	Testarossa	88 LHD US ZFFSG17A7J0075788
75790	328	GTSI 88 White/Red ZFFXA20A6J0075790
75791	328	GTS 12/87 Red/Black ZFFXA20A8J0075791
75794	328	GTS 88 ZFFXA20A3J0075794
75797	328	GTS 88 Anthracite/Crema ZFFXA20A9J0075797
75800	Mondial	3.2 Red ZFFWD21B000075800 75800NID
75801	Mondial	3.2 Cabriolet 88 Red/Grey ZFFXC26A5J0075801
75802	Testarossa	
75805	Testarossa	Red/Black ZFFTA17B000075805 75805HKY
75806	328	GTS 88 ZFFXA20A6J0075806
75808	328	GTB 88 ZFFXA19A3J0075808
75809	328	
75810	328	GTB 88 Red ZFFWA19B000075810
75811	328	GTS 88 Rosso Rubino/Tan ZFFXA20AXJ0075811
75812	328	GTS 88 Red/Tan ZFFXA20A1J0075812
75813	328	GTS 88 ZFFXA20A3J0075813
75815	Mondial	3.2 Cabriolet 88 ZFFXC26A5J0075815
75818	Testarossa	LHD US
75819	Testarossa	LHD EU ZFFAA17B000075819
75821	Testarossa	88 LHD US ZFFSG17A1J0075821
75826	328	GTS
75833	Mondial	3.2 Cabriolet 88 Black/Tan ZFFXC26A7J0075833
75835	Testarossa	88 LHD US ZFFSG17A1J0075835
75836	Testarossa	88 Red/Tan LHD US ZFFSG17A3J0075836
75837	Testarossa	88 LHD US ZFFSG17A5J0075837
75840	328	GTS
75842	328	GTS 88 ZFFXA20AXJ0075842

s/n	Type	Comments
75845	328	GTB 1/88 Rosso/Nero LHD EU
75849	Mondial	3.2 Cabriolet Black/Tan LHD ZFFWC26B000075849
75851	412	Automatic LHD EU ZFFYD24B000075851
75855	Testarossa	88 LHD US ZFFSG17A7J0075855
75856	Testarossa	Red/Tan LHD
75860	328	GTS 88 Black/Black ZFFXA20A1J0075860
75862	328	GTS 88 ZFFXA20A5J0075862
75863	328	GTS 88 Red/Tan ZFFXA20A7J0075863
75864	328	GTS 88 ZFFXA20A9J0075864
75865	328	GTS 88 Rosso Corsa/Beige ZFFWA20B0000 75865FYI
75867	328	GTS 88 ZFFXA20A4J0075867
75869	Mondial	3.2 Cabriolet Red/Crema RHD
75871	Testarossa	Red/Black LHD
75872	Testarossa	88 LHD US ZFFSG17A7J0075872
75876	328	GTS
75878	328	GTS 88 Black creme ZFFXA20A9J0075878
75879	328	GTS 88 ZFFXA20A0J0075879
75882	328	GTS 88 ZFFXA20A0J0075882
75883	328	GTS 88 ZFFXA20A2J0075883
75885	Mondial	3.2 Cabriolet 88 Black/Tan ZFFXC26A4J0075885
75889	Testarossa	88 Blu Sera Blu/Tan LHD US ZFFSG17A2J0075889
75890	Testarossa	88 LHD US ZFFSG17A9J0075890
75891	Mondial	3.2 Cabriolet
75894	328	GTS
75896	328	GTS 88 ZFFXA20A0J0075896
75897	328	GTS 88 ZFFXA20A2J0075897
75898	328	GTS 88 LHD EU ZFFWA20B000075898 exported to NZ
75901	328	GTS 88 Red LHD SWE ZFFCA20S000075901
75903	Mondial	3.2 88 ZFFXD21A7J0075903
75904	Mondial	3,2
75905	328	GTS 88 ZFFXA20A8J0075905
75906	328	GTS Red/Tan ZFFWA20B000075906 75906FXI
75908	328	GTS 88 ZFFXA20A3J0075908
75909	328	GTS 88 ZFFXA20A5J0075909
75910	328	GTS 88 Red/Tan ZFFXA20A1J0075910
75912	328	GTB 88 Argento/Bordeaux ZFFXA19A9J0075912
75915	328	GTB 88 Argento/bordeaux LHD
75920	Testarossa	Red
75921	Testarossa	Red/Black LHD
75924	328	GTS Red/Black ZFFWA20B000075924 75924WMG
75925	328	GTS 3/88 Red/Crema LHD EU
75927	328	GTS Red/Tan CH ZFFCA20S0000
75930	328	GTS 88 ZFFXA20A7J0075930
75933	Mondial	3.2 Cabriolet 88 Red//Tan RHD ZFFWC26000075933
75934	328	GTS
75935	Testarossa	88 Red/Tan LHD US ZFFSG17A5J0075935
75939	328	GTS
75940	328	GTS 88 ZFFXA20AXJ0075940
75945	328	GTS 88 ZFFXA20A9J0075945
75946	328	GTS 88 Red/Black ZFFXA20A0J0075946
75949	Mondial	3.2 Cabriolet Rosso Corsa/Beige LHD
75952	Testarossa	88 LHD US ZFFSG17A5J0075952
75953	Testarossa	Spider Conversion by Lorenz & Rankl Yellow/black
75954	Testarossa	88 Red/Black LHD ME ZFFAA17T0J0075954
75955	328	GTS 1/88 Red/Tan ZFFXA20A1J0075955
75956	328	GTS 88 ZFFXA20A3J0075956
75957	328	GTS 88 Red/Tan ZFFXA20A5J0075957
75958	328	GTB 88 Rosso Corsa/Crema RHD ZFFWA19C000075958
75962	328	GTB 88 Red/Black ZFFXA19A2J0075962
75964	Mondial	3.2 Cabriolet
75966	Mondial	3.2 88 Red/Tan ZFFXD21A9J0075966
75967	Testarossa	88 White/Tan ZFFSG17A7J0075967
75968	Testarossa	88 Red/Tan LHD US ZFFSG17A9J0075968
75969	Testarossa	
75973	328	GTS 88 ZFFXA20A3J0075973
75974	328	GTS 88 Black/Tan US ZFFXA20A5J0075974
75975	328	GTS 88 LHD SWE ZFFCA20S000075975
75976	328	GTB 88 silver/dark Red ZFFWA19B000075976 75976AFF
75977	328	GTS 88 Red/Beige ZFFXA20A0J0075977
75981	Mondial	3.2 Cabriolet Red/Crema RHD
75982	Mondial	3.2 Cabriolet 88 ZFFXC26A2J0075982
75984	328	GTS
75987	328	GTS 88 ZFFXA20A3J0075987
75988	328	GTSi 88 Red/Tan ZFFXA20A5J0075988
75990	328	GTS 88 ZFFXA20A3J0075990
75991	328	GTS 88 ZFFXA20A5J0075991
75992	328	GTS Red/Black LHD ZFFWA20B000075992
75994	Mondial	3.2 88 ZFFXD21A3J0075994
75995	Mondial	3.2 89 Red RHD ZFFE21D000075995 eng. # F105C0Y01099
75997	Testarossa	RHD, first 5-bolt wheels
75998	Testarossa	88 LHD US ZFFSG17A7J00, first US-model with 5-bolt wheels
75999	Testarossa	4/88 Nero/Beige LHD US ZFFSG17A9J0075999
76000	Testarossa	88 Black/Tan LHD US ZFFSG17AXJ0076000
76001	Testarossa	88 LHD US ZFFSG17A1J0076001
76002	Testarossa	LHD EU ZFFAA17B000076002
76004	Testarossa	White/Dark Blue RHD ZFFAA17C000076004 , first EU-model with 5-bolt wheels
76009	328	GTB Rosso/tan RHD
76010	328	GTS 88 Red/Tan ZFFXA20A3J0076010
76011	328	GTS Red/Black LHD
76012	328	GTS 88 ZFFXA20A7J0076012
76013	328	GTB 88 Red/Crema LHD US
76016	Mondial	3.2 88 ZFFXD21A7J0076016
76018	412	Automatic LHD EU ZFFYD24B000076018
76019	Testarossa	88 LHD US ZFFSG17A2J0076069
76020	Testarossa	88 White/Tan LHD US ZFFSG17A5J0076020
76023	328	GTS 88 RHD
76024	328	GTS 88 ZFFXA20A3J0076024
76029	328	GTS 88 ZFFXA20A2J0076029
76030	328	GTS 88 ZFFXA20A9J0076030
76031	328	GTB Red/Crema RHD ZFFWA19C000076031 Colour-coded rear spoiler
76035	Testarossa	88 Black/Tan LHD US ZFFSG17A7J0076035 eng. #10783
76036	Testarossa	88¢, Red/Black LHD US ZFFSG17A9J0076036
76037	Testarossa	88 LHD US ZFFSG17A0J0076037
76038	Testarossa	Red/Black
76042	328	GTS 88 Red/Black LHD
76045	328	GTS 88 White/Black ZFFXA20A0J0076045
76046	328	GTS 88 Red/Tan ZFFXA20A2J0076046
76049	Mondial	3.2 88 Red RHD ZFFE21D000076049 eng. # F105C04010839
76050	Mondial	3.2 Rosso Corsa/Black LHD ZFFWD21B000076050 76050NOU shields sunroof
76051	328	GTS LHD EU ZFFWA20B000076051
76052	328	GTSi 88 Red/Black ZFFXA20A8J0076052
76055	328	GTS 88 Nero(1240)/Crema RHD UK ZFFWA20C000076055
76057	GTB	Turbo Red/Black
76059	328	GTS 88 Red/Tan ZFFXA20A0J0076059
76063	Testarossa	88 Red/Tan LHD US ZFFSG17A1J0076063
76064	Testarossa	88 Blue RHD eng. # 11097
76068	412	
76069	Testarossa	88 LHD US ZFFSG17A2J0076069
76071	Testarossa	88¢ Red/Tan LHD US ZFFSG17A0J0076071
76074	328	GTS
76075	328	GTS 88 Red/Black LHD
76076	328	GTS 88 ZFFXA20A0J0076076
76077	328	GTB 88 Rosso Corsa Magnolia RHD UK ZFFWA19C000076077
76078	328	GTS 88 ZFFXA20A4J0076078

s/n	Type	Comments	s/n	Type	Comments
76080	328	GTS Red/Tan	76180	328	GTS 88 ZFFXA20A6J0076180
76082	Mondial	3.2 Cabriolet 88 ZFFXC26A4J0076082	76183	Mondial	3.2 Cabriolet 2/88 Red/Tan LHD ZFFXC26AXJ0076183
76084	Testarossa	88 Red Metallic/White LHD ME ZFFAA17T0J0076084	76185	328	GTS 88 ZFFXA20A5J0076185
76087	328	GTS 89 Red/Black LHD ZFFCA20S000076087 76087NYY	76186	328	GTS 88 ZFFXA20A7J0076186
			76188	328	GTS 88 Rossa Corsa Tan ZFFXA20A0J0076188
76088	328	GTS 7/88 Red/Beige	76189	328	GTS 88 Red RHD UK eng. # 11366
76090	328	GTS	76191	328	GTB 88 Red/Tan ZFFWA19B000076191
76091	328	GTS 88 Red/Black ZFFXA20A7J0076091	76193	Mondial	3.2 Rosso Corsa/Tan Racing seats LHD CH ZFFCD21S000076193 76193NPY Challenge type rear grill sunroof
76092	328	GTS 88 Yellow/Black ZFFXA20A9J0076092			
76094	Mondial	3.2 Cabriolet 88 ZFFXC26A0J0076094			
76095	Mondial	3.2 Red/Black	76195	Mondial	3.2 Black/black LHD ZFFWD21B000076195
76097	Testarossa	88 Blu Chiaro/Crema LHD US ZFFSG17A7J0076097	76199	Testarossa	Red/Crema LHD
			76200	Testarossa	88 LHD US ZFFSG17A7J0076200
76098	Testarossa		76201	328	GTS Rosso Corsa/Black colour coded roof LHD ZFFWA20B000076201 76201PKE shields
76099	Testarossa	Red/Magnolia			
76101	Testarossa	Red/Black LHD	76202	328	GTS 88 ZFFXA20A1J0076202
76104	Testarossa	88 LHD US ZFFSG17A0J0076104	76203	328	GTB Rosso/tan
76105	Testarossa	88 Black/Black LHD US ZFFSG17A2J0076105	76204	328	GTS 88 ZFFXA20A5J0076204
76108	328	GTB Red/Black ZFFWA20B000076108	76205	328	GTS
76109	328	GTS 88 ZFFXA20A0J0076109	76209	328	GTS 88 ZFFXA20A4J0076209
76110	328	GTB 88 Red/Black ZFFXA19A0J0076110	76210	Mondial	3.2 Cabriolet 88 ZFFXC26A9J0076210
76112	328	GTS 88 ZFFXA20A0J0076112	76212	Testarossa	88 LHD US ZFFSG17A3J0076212
76114	328	GTS 88 ZFFXA20A4J0076114	76213	Testarossa	88 Red/Tan LHD US ZFFSG17A5J0076213
76115	Mondial	3.2 Cabriolet 88 ZFFXC26A4J0076115	76215	Testarossa	
76116	Mondial	3.2 Red/Crema RHD	76220	328	GTS Red/Black
76117	Testarossa	88 LHD US ZFFSA17A7J0076117	76221	328	GTS Red/Black ZFFWA20B000076221
76119	Testarossa	88 Red/Black LHD US ZFFSG17A2J0076119 Twin Turbo 512 front	76224	328	GTS 88 ZFFXA20A0J0076224
			76225	328	GTS 88 ZFFXA20A2J0076225
76120	Testarossa	88 LHD US ZFFSG17A9J0076120	76226	328	GTS
76124	328	GTS	76230	Mondial	3.2 Cabriolet 88 ZFFXC26A4J0076230
76127	GTB	Turbo Red/Black ZFFZA27B000	76233	328	GTS 88 ZFFXA20A1J0076233
76131	328	GTS 88 ZFFXA20A4J0076131	76235	328	GTB 88 ZFFXA19A9J0076235
76132	Mondial	3.2 Red/Crema RHD	76239	328	GTS 88 ZFFXA20A2J0076239
76133	Mondial	3.2 Cabriolet 88 Black/Crema ZFFXC26A6J0076133	76242	328	GTS 88 Red/Tan LHD ZFFXA20A2J0076242
			76244	Mondial	3.2 Cabriolet Red/Crema LHD
76134	Mondial	3.2 QV 88 Red//Magnolia ZFFWD21C000076134 eng. # 11310	76246	Testarossa	88 Red/Tan LHD US ZFFSG17A9J0076246
			76247	Testarossa	88 LHD US ZFFSG17A0J0076247
76135	412	88 Prugne LHD Manual EU ZFFYD25B000076135 (ex)-Peter Kalikow	76248	Testarossa	88 LHD US ZFFSG17A2J0076248
			76249	Testarossa	Dark Blue Black
76137	Testarossa		76250	328	GTS Red/all dark Red ZFFWA20B0000
76138	Testarossa	88 LHD US ZFFSG17A6J0076138	76251	328	GTS 2/88 Red/Tan ZFFXA20A3J0076251
76140	328	GTB 88 ZFFXA19A9J0076140	76258	328	GTB Red/Crema
76142	328	GTS 88 Rosso Corsa/Magnolia RHD UK ZFFWA20C000076142	76259	Mondial	3.2 Cabriolet 88 ZFFXC26A6J0076259
			76260	Mondial	3.2 Cabriolet Red/Black LHD ZFFWC26B0000
76143	328	GTS Red silver front decalls/Beige RHD ZFFWA20C000076143 76143YWF	76263	Testarossa	Red/Black & Red LHD ZFFAA17B0000 76263LET 28
76146	328	GTS 88 ZFFXA20A6J0076146	76267	Testarossa	
76147	328	GTS	76268	Testarossa	88 Red/Tan LHD US ZFFSG17A8J0076268
76148	328	GTS 88 ZFFXA20AXJ0076148	76271	Testarossa	Red/Black LHD
76153	Testarossa	Red/Black	76272	Testarossa	88 Yellow/Black LHD
76154	Testarossa	88 Red/Tan LHD US ZFFSG17A4J0076154	76275	Testarossa	LHD EU ZFFAA17B000076275
76155	Testarossa	88 Red/Tan LHD US ZFFSG17A6J0076155	76277	328	GTS Red/Tan LHD CH ZFFCA20S0000
76156	328	GTS 88 Red/Tan LHD US ZFFXA20A9J0076156	76278	328	GTS 88 Red ZFFXA20D000076278 eng. # F10SC04011456
76160	328	GTB			
76161	328	GTS 88 Red ZFFXA20D000076161 eng. # F105C04010915	76279	328	GTS
			76280	328	GTS 88 Red/Black LHD
76163	328	GTS	76285	Mondial	3.2 Red/Tan LHD ZFFCD21S000076285
76164	328	GTS Red/Tan	76286	Mondial	3.2 Silver grey/Black LHD
76165	328	GTS Red/Black ZFFWA20B000076165 76165KHD shields	76287	328	GTS 88 ZFFXA20A2J0076287
			76289	328	GTS 2/88 Red/Tan ZFFXA20A6J0076289
76166	Mondial	3.2 Cabriolet 88 Red/Crema ZFFXC26AXJ0076166	76291	328	GTS 88 ZFFXA20D000076291
			76293	328	GTB
76167	Mondial	3.2 88 Red/Black	76294	328	GTS 88 Black/Crema ZFFXA20AXJ0076294
76168	Mondial	3.2 Cabriolet 88 ZFFXC26A3J0076168	76295	328	GTS 88 ZFFXA20A1J0076295
76169	Testarossa	Red/Black LHD	76300	Testarossa	88 Red/Tan LHD US ZFFSG17A0J0076300 Tubi
76170	Testarossa	88 LHD US ZFFSG17A2J0076170	76301	Testarossa	88 LHD US ZFFSG17A2J0076301
76171	Testarossa	88 White Black LHD US ZFFSG17A4J0076171	76302	Testarossa	88 LHD US ZFFSG17A4J0076302
76172	328	GTS 88 Red/Grey RHD UK	76304	Testarossa	88 LHD US ZFFSG17A8J0076304
76173	328	GTS 88 ZFFXA20A9J0076173	76305	Testarossa	Koenig Competition Red/Black LHD ZFFAA17B000076305
76174	328	GTS			
76178	328	GTS 88 ZFFXA20A8J0076178	76308	Testarossa	Red/Black
76179	GTS	Turbo Red/Cream ZFFZA28B000076179	76309	328	GTSi 2/88 Red/Crema ZFFXA20A8J0076309

s/n	Type	Comments
76310	328	GTS 88 Red/Tan ZFFXA20A4J0076310
76313	328	GTS Metallic black/tan ZFFWA20B0000
76316	328	GTS Red ZFFXA20D000076316
76317	328	GTS 2/88 Rosso Corsa/Crema LHD EU 76317AAS no ABS
76319	Mondial	3.2 88 ZFFXD21A3J0076319
76320	Mondial	3.2 Cabriolet 88 Red/Black LHD ZFFXC26A5J0076320
76321	328	GTS 88 ZFFXA20A9J0076321
76324	328	GTS
76325	328	GTS 88 Red/Tan ZFFXA20A6J0076325
76326	328	GTS 88 ZFFXA20A8J0076326 or ZFFXA20D000076326 eng. # F10SC04011459
76328	328	GTS 88 Red ZFFXA20D000076328 eng. # F10SC04011461
76329	328	GTS 88 Black/Red LHD ZFFXA20A3J0076329
76333	Mondial	3.2 Cabriolet 88 ZFFXC26A3J0076333
76334	Testarossa	88 Black/Tan LHD US ZFFSG17A6J0076334
76338	328	GTS 88 Red/Tan
76340	Testarossa	ZFFAA17B000076340 eng. # 11630
76341	Testarossa	88(Red/Tan LHD EU ZFFAA17B000076341
76343	328	GTS
76345	328	GTS 88 Red
76346	328	GTS 88 ZFFXA20A3J0076346
76348	328	GTS Black/Crema LHD EU ZFFWA20B000076348
76349	328	GTS 88 Red ZFFXA20D000076349 eng. # F10SC040011427
76351	328	GTS 88 ZFFXA20A7J0076351
76353	Mondial	3.2 88 Red/Tan ZFFXD21A3J0076353
76354	F40	Prototipo #8 Geneva Motor Show Car 88 Red/Red ZFFGJ34B000076354 eng. # 12692
76355	Testarossa	88 Red/Tan LHD US ZFFSG17A3J0076355
76356	Testarossa	88 LHD US ZFFSG17A5J0076356
76360	328	GTS 88 Red ZFFXA20D000076360 eng. # F10SC04011470
76362	328	GTS Red/Black ZFFWA20B000076362
76364	328	GTS 88 ZFFXA20A5J0076364
76365	328	GTS 88 Red ZFFXA20D000076365 eng. # F10SC04011426
76368	328	GTS Red/Tan LHD CH ZFFCA20S0000
76369	Mondial	3.2 88 Red RHD UK eng. # 11288
76377	328	GTS 88 ZFFXA20A3J0076377
76378	328	GTS
76379	328	GTS Red/Tan LHD CH ZFFCA20S000076379
76380	328	GTS
76381	328	GTB Red/Crema RHD ZFFWA19C000076381 Colour-coded rear spoiler
76383	328	GTS 88 Red/Crema LHD UK ZFFWA20C000076383
76384	328	GTS 88 ZFFXA20A0J0076384
76386	Mondial	3.2 88 ZFFXD21A7J0076386
76387	Mondial	3.2 Cabriolet 88 Red/Black LHD
76389	Testarossa	88 LHD US ZFFSG17A9J0076389
76390	PPG	Mondial-based Pace Car Red/Black ZFFED32X9J0076390
76391	Testarossa	88 Red/Tan LHD US ZFFSG17A7J0076391
76392	Testarossa	88 White/White or Red/Black LHD ZFFSG17A9J0076392
76393	Testarossa	88 Black/Tan LHD ME ZFFAA17T0J0076393
76394	328	GTS
76397	Testarossa	Red/Black
76398	328	GTB Red/Black 76398CUB
76399	328	GTB
76400	328	GTS 88 Black
76402	328	GTS 88 ZFFXA20A9J0076402
76404	Mondial	3.2 88 ZFFXD21A5J0076404
76406	Testarossa	88 LHD US ZFFSG17A5J0076406
76407	Testarossa	88 White/Black LHD US ZFFSG17A7J0076407
76408	Testarossa	6/88 Rosso/Nero ZFFAA17B000076408
76410	328	GTS 2/88 Red/Tan ZFFXA20A8J0076410
76412	328	GTS 88 Black met./Crema ZFFXA20A1J0076412
76413	328	GTS 88 ZFFXA20A3J0076413
76415	328	GTS 88 Black ZFFXA20A7J0076415
76416	328	GTS 88 Rosso Corsa/tan ZFFXA20A9J0076416
76421	Mondial	3.2 Cabriolet 88 Red/Tan ZFFXC26A0J0076421
76424	Testarossa	88 Gold Black LHD US ZFFSG17A7J0076424
76426	Testarossa	88 Red ZFFAA17C000076426
76427	Testarossa	RHD
76428	328	GTS 88 ZFFXA20A5J0076428
76429	328	GTS
76430	328	GTS
76431	328	GTS 88 ZFFXA20A5J0076431
76434	328	GTS Red/Crema RHD ZFFWA20C000076434
76436	328	GTS
76440	Testarossa	88 LHD US ZFFSG17A5J0076440
76445	328	GTS 88 Red/Tan ZFFXA20A5J0076445
76446	328	GTS 88 Red/Tan ZFFXA20A7J0076446
76447	328	GTS Rosso Corsa FER 300/9/Tan ZFFXA20A9J0076447
76448	328	GTS 88 ZFFXA20A0J0076448
76449	328	GTS 88 ZFFXA20A2J0076449
76451	328	GTB Red/Tan
76452	Mondial	3.2 Cabriolet 88 Red/Tan ZFFXC26A0J0076452
76453	Mondial	3.2 Cabriolet 88 ZFFXC26A2J0076453
76454	Testarossa	88 Red/Black LHD US ZFFSG17A5J0076454
76459	328	GTS 88 Red/Tan ZFFXA20A5J0076459
76460	328	GTS
76462	328	GTS 88 ZFFXA20A5J0076462
76464	328	GTS Red/Black
76465	328	GTS LHD EU ZFFWA20B000076465
76466	328	GTS 88 Red/Tan ZFFXA20A2J0076466
76469	Mondial	3.2 Red/Crema RHD
76470	Mondial	3.2 Cabriolet 88 ZFFXC26A2J0076470
76472	Testarossa	88 LHD US ZFFSA17A5J0076472
76473	Testarossa	88(Red/Tan LHD US ZFFSG17A9J0076473
76474	Testarossa	88 White/Tan LHD US ZFFSG17A0J0076474
76476	328	GTS Red/Black ZFFWA20B000076476
76481	328	GTS 88 ZFFXA20A9J0076481
76483	328	GTS 88 Red/Crema ZFFXA20A2J0076483
76484	328	GTS 88 Red/Tan ZFFXA20A4J0076484
76485	Mondial	3.2 Cabriolet 88 ZFFXC26A4J0076485
76486	Mondial	3.2 88 Red/Black ZFFXD21A0J0076486
76487	Mondial	3.2 Cabriolet 88 ZFFXC26A8J0076487
76488	Testarossa	88 LHD US ZFFSG17A0J0076488
76489	Testarossa	Red/Tan
76490	Testarossa	88 LHD US ZFFSG17A9J0076490
76491	Testarossa	88 Maroon Metallic/Tobacco & Tan LHD US ZFFSG17A0J0076491
76493	328	GTB 8/88 Blu Chiaro/Tan Blue Carpets Rear Spoiler
76494	328	GTS
76500	328	GTS 88 ZFFXA20A9J0076500
76501	328	GTS 88 ZFFXA20A0J0076501
76502	328	GTS 88 ZFFXA20A2J0076502
76503	Mondial	3.2 Red/Tan LHD CH ZFFCD21S000076503
76504	Mondial	3.2 88 ZFFXD21A9J0076504
76506	412	GT 88 Nero Nero Nero carpets 15/03/88 Red/Tan LHD CH ZFFSA17S000076507
76507	Testarossa	
76508	Testarossa	88 Rosso Corsa/Beige LHD US ZFFSG17A2J0076508
76509	Testarossa	88 LHD US ZFFSG17A4J0076509
76510	Testarossa	88 Black/Crema LHD
76511	328	GTS 88 ZFFXA20A3J0076511
76512	328	GTS
76513	328	GTS 88 Red/Tan US ZFFXA20A7J0076513
76514	328	GTB 88 Silver/Bordeaux ZFFXA19A2J0076514 confirmed
76515	328	GTS 88 ZFFXA20A0J0076515
76517	328	GTB 88 Red LHD SWE ZFFCA19S000076517
76518	328	GTB 88 Red/Tan ZFFXA19AXJ0076518
76522	Testarossa	88 Rossa Corsa Tan LHD US ZFFSG17A7J0076522
76523	Testarossa	Black/Red LHD CH ZFFSA17S000076523
76529	328	GTS 88 Red ZFFXA20A0J0076529

s/n	Type	Comments
76531	328	GTB
76532	328	GTS Red LHD ZFFWA20B000076532
76540	Testarossa	88 LHD US ZFFSG17A9J0076540
76541	Testarossa	88 Red/Tan LHD US ZFFSG17A0J0076541
76544	328	GTS 88 ZFFXA20D000076544
76545	328	GTS 88 ZFFXA20A9J0076545
76546	328	GTS 88 ZFFXA20D000076546
76547	328	GTS
76548	328	GTS 88 Red/Black ZFFXA20A4J0076548
76549	328	GTS 88 ZFFXA20D000076549
76551	328	GTS 88 ZFFXA20A4J0076551
76552	328	GTS 88 Red/Black
76556	328	GTS 88 ZFFXA20A3J0076556
76557	328	GTS 88 Red ZFFXA20D000076557 eng. # F10SB04011927
76558	328	GTS 88 ZFFXA20A7J0076558
76559	328	GTS 88 Red/Tan LHD ZFFXA20A9J0076559
76560	328	GTS 88 ZFFXA20A5J0076560
76561	328	GTS
76563	328	GTS 88 Red/Tan ZFFXA20A0J0076563
76567	Mondial	3,2
76568	412	88 Black/Crema LHD Manual
76569	Testarossa	88 LHD US ZFFSG17A0J0076569
76570	Testarossa	88 Black met./Tan LHD US ZFFSG17A7J0076570
76571	Testarossa	88 Red/Tan LHD US ZFFSG17A9J0076571
76573	Testarossa	88 LHD US ZFFSG17A2J0076573
76575	Testarossa	88 Red/Black LHD
76577	Testarossa	88 Red LHD SWE ZFFSA17S000076577
76578	328	GTS Red/Crema
76579	328	GTS 88 Red/Black LHD
76582	328	GTS 88 Grigio/tan ZFFXA20A4J0076582
76585	328	GTB 88 ZFFXA19A3J0076585
76586	328	GTS 88 ZFFXA20A1J0076586
76587	328	GTS 88 Blu Chiaro ZFFXA20D000076587 eng. # F105C04012052
76589	Mondial	3.2 Red/Tan
76591	Testarossa	88 Red/dark Red LHD SWE ZFFSA17S000076591
76592	Testarossa	88 LHD US ZFFSG17A6J0076592
76594	Testarossa	Red/Black LHD EU
76595	Testarossa	88c Black/Black LHD US ZFFSG17A1J0076595
76596	328	GTS 88 Red/Tan ZFFXA20A4J0076596
76597	328	GTS 88 ZFFXA20A6J0076597
76598	328	GTS 88 Red LHD SWE ZFFCA20S000076598
76600	328	GTS 88 ZFFXA20A2J0076600
76601	328	GTB 88 Blue Chiaro/Tan RHD eng. # 11824
76602	328	GTS 88 ZFFXA20A6J0076602
76603	328	GTS 88 Blue/Crema LHD ZFFXA20A8J00
76604	328	GTS dark Red met./magnolia RHD
76605	Mondial	3,2
76606	Mondial	3.2 Cabriolet 88 Black/Tan ZFFXC26A1J0076606
76608	Testarossa	88 LHD US ZFFSG17A6J0076608
76609	Testarossa	Rosso Corsa/Tan LHD
76612	328	GTS
76613	328	GTS 88 ZFFXA20A0J0076613
76614	328	GTS 88 ZFFXA20A2J0076614
76616	328	GTS 88 Red/Black LHD
76617	328	GTB 88 ZFFXA19A1J0076617
76618	328	GTS 88 ZFFXA20AXJ0076618
76619	328	GTS 88 Rosso Corsa/Tan ZFFXA20A1J0076619
76621	Mondial	3.2 Cabriolet 88 ZFFXC26A8J0076621
76622	Mondial	3.2 Cabriolet Red/Crema RHD ZFFWC26C00007662
76623	Mondial	3.2 88 RHD 7FFE21D000076623
76624	F40	87 Red/Red cloth ZFFGJ34B000076624
76625	F40	#10, 1st production car 88 Yellow/Yellow ZFFGJ34B000076625, new to CH
76626	328	GTB LHD EU ZFFWA19B000076626
76627	328	GTS 88 first 328 GTB with revised wheels & suspension
76628	328	GTS 88 ZFFXA20A2J0076628
76629	328	GTS 88 ZFFXA20A4J0076629
76631	328	GTS Red/Black ZFFWA20B000076631
76632	328	GTB 88 ZFFXA19A8J0076632
76633	328	GTB 88 ZFFXA19AXJ0076633
76634	328	GTS 88 ZFFXA20A8J0076634
76636	Mondial	3.2 Blue Scuro met./Tan LHD CH ZFFCD21S000076636
76638	412	Automatic 88, silver metallic/Dark Red LHD EU ZFFYD24B000076638
76639	Testarossa	88 Red/Tan LHD US ZFFSG17A6J0076639
76642	Testarossa	LHD EU ZFFAA17B000076642
76644	Testarossa	Grigio Ferro/Beige LHD EU 76644THC
76645	Testarossa	black metallic/Red LHD
76646	328	GTB 88 Red/Black LHD
76647	328	GTS 88 Red/Tan ZFFXA20A6J0076647 shields without suspension revision with convex wheels
76649	328	GTS 88 ZFFXA20AXJ0076649
76650	328	GTS 88 ZFFXA20A6J0076650
76651	328	GTS Red/Crema ZFFWA20B000076651
76652	328	GTS 88 ZFFXA20AXJ0076652
76653	328	GTS 88 Red/Tan ZFFXA20IJ0076653
76655	Mondial	3.2 Cabriolet 88 ZFFXC26A3J0076655
76656	Mondial	3.2 Cabriolet 88 ZFFXC26A5J0076656
76658	412	
76662	328	GTS Red/Black ZFFWA20B0000
76664	328	GTS 88 Red/Tan LHD CH ZFFCA20S000076664
76665	328	GTS 88 ZFFXA20A8J0076665
76667	328	GTB 88 ZFFXA19A5J0076667
76670	328	GTS 88 Red/Tan ZFFXA20A1J0076670
76672	Mondial	3.2 Cabriolet 88 ZFFXC26A3J0076672
76674	Mondial	3.2 88 RHD ZFFE21D000076674
76677	328	GTS Red/Black ZFFWA20B000076677 76677NDF
76678	328	GTS 88 ZFFXA20A6J0076678
76679	328	GTB Red/Black
76680	328	GTS Red/Crema RHD ZFFWA20C00076680
76683	328	GTS
76684	Mondial	3.2 Cabriolet 88 Red/Black
76685	Mondial	3.2 Cabriolet 88 ZFFXC26A1J0076685
76686	Mondial	3.2 Cabriolet 88 Red/Tan black canvas top ZFFXC26A3J0076686
76687	F40	88 ZFFGJ34B000076687
76688	F40	88 ZFFGJ34B000076688, new to I
76689	Testarossa	Red/Crema
76692	Testarossa	Rosso Corsa/Black ZFFTA17B000076692
76693	Testarossa	Red/Tan ZFFSA17S000076693
76694	328	GTS 88 ZFFXA20A4J0076694
76695	328	GTS 88 Red/Red LHD
76696	328	GTS 88 Red/Tan ZFFXA20A8J0076696
76697	328	GTS Red/Black
76698	328	GTS 88 ZFFXA20A1J0076698
76705	Mondial	3.2 88 ZFFXD21A8J0076705
76706	Testarossa	88 LHD US ZFFSA17A4J0076706
76708	Testarossa	Red/Tan
76709	Testarossa	88 LHD US ZFFSG17A1J0076709
76710	Testarossa	88 Red/Tan LHD US ZFFSG17A8J0076710
76711	328	GTS Red/Tan LHD CH ZFFCA20S0000
76713	328	GTS 3/88 Rosso Corsa/Tan ZFFXA20A4J0076713
76716	328	GTS 89, Red/Black
76717	328	GTB 88 ZFFXA19A5J0076717
76719	Mondial	3.2 88 Black/Black ZFFXD21A8J0076719
76722	Testarossa	Red/Black LHD
76724	Testarossa	Red/Tan LHD ZFFSA17S000076724
76725	Testarossa	88 Red LHD US ZFFSG17AXJ0076725
76726	328	GTS 88 ZFFXA20A2J0076726
76729	328	GTS 88 ZFFXA20A8J0076729
76730	328	GTS 88 Red/Tan ZFFXA20A4J0076730
76731	328	GTS
76734	328	GTS 88 ZFFXA20A1J0076734
76737	412	i Automatic 88 blu sera/beige, ZFFYD24B000076737
76738	Testarossa	88 White/Tan LHD US ZFFSG17A8J0076738

s/n	Type	Comments
76740	Testarossa	88 Red/Black
76741	Testarossa	88 black metallic/Red
76743	328	GTS Red/Black
76746	328	GTS 88 Azzurro/Crema LHD US ZFFXA20A8J0076746
76750	328	GTS 88 ZFFXA20AXJ0076750
76751	328	GTS
76752	Mondial	3.2 Cabriolet 88 Red RHD ZFFNC26C000076752 eng. # F106B04011752
76753	Mondial	88 Red/Tan LHD ZFFC26A3J0076753
76755	Testarossa	Rosso Corsa/Beige & black sport seats
76757	Testarossa	Red/Black LHD
76758	Testarossa	88 LHD US ZFFSG17A3J0076758
76759	Testarossa	88 LHD US ZFFSG17A5J0076759
76760	328	GTS 88 ZFFXA20A2J0076760
76763	328	GTS
76765	328	GTS 88 ZFFXA20A1J0076765 confirmed
76767	328	GTS 88 ZFFXA20A5J0076767
76769	Mondial	3.2 Cabriolet 88 Azzurro/Dark Blue RHD eng. # 11745
76770	Mondial	3.2 Cabriolet 88 ZFFXC26A3J0076770
76771	Mondial	3.2 Red/Tan LHD ZFFWD21B000076771
76773	Testarossa	Red/Black
76774	Testarossa	88 LHD US ZFFSG17A1J0076774
76777	328	GTS 88 White/Tan US ZFFXA20A8J0076777
76782	328	GTS 88 ZFFXA20A1J0076782
76785	328	GTS Red/Magnolia
76786	Mondial	3.2 Cabriolet 88 ZFFXC26A7J0076786
76788	Mondial	3.2 88 Black/Tan ZFFXD21A5J0076788
76792	328	GTB 88 Blue/Tan RHD ZFFWA19C000076792
76798	Mondial	3.2 Cabriolet LHD EU ZFFWC26B000076798
76799	412	88 blu/Red
76801	Testarossa	88 LHD US ZFFSG17A0J0076801
76802	Testarossa	88 White/Red LHD US ZFFSG17A2J0076802
76803	Testarossa	88 White/Tan LHD US ZFFSG17A4J0076803
76804	Testarossa	88 LHD US ZFFSG17A6J0076804
76806	Testarossa	Red/Tan ZFFSA17S0000
76807	Testarossa	88 LHD US ZFFSG17A1J0076807
76808	Testarossa	Red/Black LHD ZFFAA17B000076808
76811	328	GTB 88 Red LHD SWE ZFFCA19S000076811
76813	Mondial	3.2 Cabriolet 88 Red/Tan
76815	328	GTS 88 Red/Tan ZFFWA20B000076815
76820	Mondial	3.2 Red/Black LHD
76821	Mondial	3.2 Cabriolet 88 Black/Black ZFFXC26A5J0076821
76822	F40	88 Red/Red ZFFGJ34B000076822, new to F
76823	Testarossa	88 Red/Crema ZFFAA17B0000
76824	328	GTS 88 Rosso Corsa/Black LHD ZFFXA20A2J0076824 Red-rimmed steering wheel shields
76827	328	GTS 88 ZFFXA20A8J0076827
76829	328	GTS dark Blue/Crema LHD ZFFWA20B000076829 76829NPH
76830	328	GTS 88 ZFFXA20A8J0076830
76833	328	GTS Red/Black ZFFWA20B000076833 76833NFY
76836	Testarossa	Giallo Modena/Black LHD CH ZFFSA17S000076836 76836SDS shields 512 TR front
76837	Testarossa	Red/Tan LHD CH ZFFSA17S000076837
76846	Testarossa	88 LHD US ZFFSG17A0J0076846
76847	Testarossa	88 Red/Tan LHD US ZFFSG17A2J0076847
76848	Testarossa	Red/Black LHD
76849	Testarossa	88 Red/Tan LHD ZFFAA17B000076849
76853	328	GTS 88 Red/Black
76854	328	GTS Red/Black ZFFWA20B000076854
76857	328	GTS 88 ZFFXA20A6J0076857
76859	F40	88 ZFFGJ34B000076859
76860	Mondial	3.2 Cabriolet 88 red/black LHD
76862	Testarossa	88 LHD US ZFFSA17A7J0076862
76865	Testarossa	LHD CH ZFFSA17S000076865
76866	Testarossa	88 Black/Black LHD US ZFFSG17A6J0076866
76869	328	GTB black/black ZFFWA19B000076869 76869NHM
76870	328	GTB 88 Black RHD eng. # 12195
76871	328	GTS 88 Red/Tan ZFFWA20B000076871
76873	328	GTS 88 ZFFXA20A4J0076873
76876	328	GTS
76878	Mondial	3.2 Cabriolet 88 ZFFXC26A1J0076878
76879	F40	88, new to B
76884	Testarossa	Black/tan
76885	328	GTS 88 Rossa Corsa 300/9/Crema LHD EU
76886	328	GTS Red/Black 76886NMM
76890	328	GTS LHD EU ZFFWA20B000076890
76891	328	GTS 88 Rosso Corsa/Tan LHD ZFFXA20A6J0076891 shields
76893	328	GTS 88 Red/Tan ZFFXA20AXJ0076893
76896	Mondial	3.2 Cabriolet
76897	F40	9/88 Red/Black w. Red cloth seats LHD EU ZFFGJ34B000076897, new to D, ex-Helmut Becker
76898	F40	88 Rosso Corsa/black w. Red cloth LHD EU
76900	Testarossa	88 LHD US ZFFSG17A2J0076900
76902	328	GTS 88 ZFFXA20A7J0076902
76905	328	GTS 88 Red LHD SWE ZFFCA20S000076905
76906	328	GTS 88 Red/Beige ZFFXA20A4J0076906
76913	Mondial	3.2 Dark Blue/Crema RHD
76914	Testarossa	88(Red/Tan LHD US ZFFSG17A2J0076914
76915	Testarossa	88 Black/Black LHD US ZFFSG17A4G0076915
76916	Testarossa	Red/Black ZFFAA17B000076916 76916EEG
76917	Testarossa	LHD CH ZFFSA17S000076917
76918	328	GTS 88 Black/Black
76919	328	GTS 88 ZFFXA20A2J0076919
76920	328	GTS 88 ZFFXA20A9J0076920
76921	328	GTB Red/Crema RHD ZFFWA19C000076921
76923	328	GTS Red/Tan
76924	328	GTS 88 ZFFXA20A6J0076924
76926	328	GTS Rosso Corsa/Black LHD ZFFWA20B000076926 76926NPG Colour-coded rear aerofoil 348-wheels
76927	328	GTS Red/Black ZFFWA20B000076927
76929	Mondial	3.2 Cabriolet Red/Black LHD
76931	Testarossa	88 black/;black LHD US ZFFSG17A0J0076931
76932	Testarossa	Rosso Corsa/Nero ZFFSA17S000076932
76933	Testarossa	88 Red/Tan LHD US ZFFSG17A6J0076933 ex-Alice Cooper
76935	328	GTS 88 Red ZFFXA20D000076935 eng. # F105C04012294
76936	GTS	Turbo 88 Red/Black ZFFZA28B000076936
76938	328	GTS 88 ZFFXA20A6J0076938
76940	328	GTS 88 Red/Crema LHD
76941	328	GTB 88 black/magnolia ZFFNA19B000076941
76945	Mondial	3.2 Cabriolet 88 ZFFXC26A1J0076945
76947	Mondial	3.2 Cabriolet Rosso Corsa/Crema LHD ZFFWC26B000076947
76949	Testarossa	88 Red/Tan LHD US ZFFSG17AXJ00
76950	Testarossa	88 LHD US ZFFSG17A6J0076950
76953	328	GTS 88 ZFFXA20A2J0076953
76959	328	GTS 88 ZFFXA20A3J0076959
76960	328	GTB
76962	Mondial	3.2 Cabriolet 88 ZFFXC26A1J0076962
76963	Testarossa	Yellow/Black ZFFSA17S000076963
76964	Testarossa	88 LHD US ZFFSG17A6J0076964
76965	Testarossa	88 White/White LHD US ZFFSG17A8J0076965
76966	Testarossa	12/88 Nero Carbone Metallizzato/Crema ZFFAA17B000076966
76967	Testarossa	Koenig Specials 88 Red LHD US ZFFSG17A7J0075967
76968	Testarossa	88 Black/Black LHD SWE ZFFSA17S000076968
76969	Testarossa	Red/Tan ZFFSA17S000076969
76974	328	GTS 88 Red/Black LHD
76975	328	GTS 88 ZFFXA20A1J0076975
76977	328	GTB Red/beige ZFFWA19B000076977
76980	328	GTS 88 ZFFXA20A5J0076980

s/n	Type	Comments
76981	328	GTB Red/Black ZFFWA19B000076981 76981NXZ
76982	328	GTS Red/Black ZFFWA20B000076982
76985	412	GT 8/88 Rosso/Tan Tan Carpets
76989	Testarossa	Red/Black ZFFAA17B000076989
76991	328	GTS
76993	328	GTS 88 Red ZFFXA20D000076993 eng. # F105C04012269
76996	328	GTS 88 ZFFXA20A9J0076996
76997	328	GTS Rosso Corsa/Crema LHD ZFFWA20B000076997 76997NJB
76999	328	GTS 88 Red/Tan
77002	Testarossa	88 White Crema LHD US ZFFSA17A6J0077002
77003	Testarossa	88 Black/Black LHD US ZFFSG17AXJ0077003
77004	Testarossa	88 LHD US ZFFSG17A1J0077004
77005	Testarossa	88 Red/Tan LHD CH ZFFSA17S000077005
77007	328	GTS Red/Black
77008	328	GTS 88 ZFFXA20AXJ0077008
77012	328	GTS 88 ZFFXA20A1J0077012
77014	328	GTS Red/Black
77017	Mondial	3.2 88 RHD ZFFE21D000077017
77019	412	dark Blue metallic/tan LHD
77020	Testarossa	88 LHD US ZFFSG17AXJ0077020
77021	Testarossa	Red/Tan LHD CH ZFFSA17S000077021
77022	Testarossa	Red/Tan
77025	328	GTS 88 Red/Crema LHD
77026	Testarossa	88 RHD UK
77027	328	GTB Red/Black ZFFWA19B000077027 77027NCG
77028	328	GTS 88 Red/Tan LHD US
77030	328	GTS Red/Black
77033	328	GTS
77035	Mondial	3.2 Cabriolet Red/Tan LHD ZFFCC26S000077035
77036	Testarossa	Black/Red ZFFAA17C000077036
77037	Testarossa	4/88 Red/Tan LHD US ZFFSG17A5J0077037
77038	Testarossa	88 White/Red LHD US ZFFSG17A7J0077038
77039	Testarossa	88 Black/Tan LHD US ZFFSG1719J0077039
77041	328	GTS 88 ZFFXA20A8J0077041
77042	328	GTS 89 Red/Black & beige ZFFWA20b000077042
77043	328	GTS 88 ZFFXA20D000077043
77044	328	GTS 88 Red/Tan LHD ZFFXA20A3J00
77045	328	GTSi 88 Metallic Black/Tan US ZFFXA20A5J0077045
77046	328	GTS 88 Red/Black
77050	Testarossa	88 LHD US ZFFSG17A8J0077050
77052	Mondial	3.2 Cabriolet 88 Red/Tan ZFFXC26A0J0077052
77053	Mondial	3.2 Cabriolet 88 Red/Black LHD ZFFXC26A2J0077053
77054	Testarossa	Red/Crema RHD
77055	Testarossa	
77056	Testarossa	88 LHD US ZFFSG17A9J0077056
77057	Testarossa	88 LHD US ZFFSG17A0J0077057
77058	Testarossa	88 Red LHD SWE ZFFSA17S000077058
77061	328	GTS Red/Black ZFFWA20B000077061 77061NCG
77063	328	GTS 88 ZFFXA20A7J0077063
77064	328	GTS Rosso/tan LHD
77065	328	GTS
77068	328	GTB 88 Black/Black ZFFXA19AXJ0077068
77069	Mondial	3.2 Cabriolet 88 ZFFXC26A6J0077069
77070	Mondial	3.2 QV Cabriolet 4/88 Red/TanLHD ZFFXC26A2J0077070
77073	Testarossa	88 Red/Black LHD EU ZFFAA17B000077073
77075	Testarossa	88 Red/Black LHD EU ZFFAA17B000077075
77078	328	GTS
77079	328	GTS Red/Black LHD EU ZFFWA20B0000
77081	GTS	Turbo 88 Red/Black LHD EU
77082	328	GTS 88 ZFFXA20A0J0077082
77083	GTS	Turbo 88 Red/Black LHD EU
77085	GTS	Turbo 88 Red/Crema LHD EU
77087	Mondial	3.2 Cabriolet 88 ZFFXC26A8J0077087
77088	F40	88 Red/Red cloth ZFFGJ34B000077088, new to I
77089	F40	88 Red/Red cloth ZFFGJ34B000077089, new to I
77090	412	dark metallic Blue/tan
77091	Testarossa	Red/Beige RHD
77093	Testarossa	88 LHD US ZFFSG17A4J0077093
77094	Testarossa	88 LHD US ZFFSG17A6J0077094
77095	328	GTS 88 Red/Tan ZFFXA20A9J0077095
77099	328	GTS 88 Red/Crema LHD
77101	328	GTS 88 ZFFXA20A0J0077101
77104	328	GTS 88 ZFFXA20A6J0077104
77105	Mondial	3.2 88 Black/Tan LHD ZFFXD21A0J0077105
77106	Mondial	3.2 Cabriolet 88 Red/Tan LHD
77107	F40	88 Red/Red cloth ZFFGJ34B000077107
77111	Testarossa	88 LHD US ZFFSG17A2J0077111
77112	Testarossa	88 black/Red sport seats LHD ZFFSA17JAP0077112gold BBS rims steering wheel
77116	328	GTS 88 White/Tan ZFFXA20A2J0077116
77119	328	GTS 88 Red/BlackZFFXA20A2J0077116
77124	Mondial	3.2 88 Red/Crema LHD ZFFWD21B000077124
77125	328	GTS 88 Red/Black
77128	Testarossa	88 LHD US ZFFSG17A8J0077128
77130	328	GTS
77132	328	GTS 88 Red RHD ZFFWA20C000077132
77133	328	GTS 4/88 Red/Crema ZFFXA20A2J0077133
77135	328	GTS 88 Red/Black LHD ZFFWA20B000077135
77137	328	GTS 88 Red/Black ZFFWA20B0000 771370PO
77138	328	GTS 88 Red/Black 77138KXK
77142	Testarossa	88 RHD ZFFAA17C000077142
77144	Testarossa	88 LHD US ZFFSG17A6J0077144
77145	Testarossa	88¢ Red/Tan LHD US ZFFSG17A8J0077145
77147	328	GTB Red/Black ZFFWA19B000077147
77149	328	GTS 88 Rosso Corsa/Crema LHD EU 77149KPK
77150	328	GTS 5/88 dark metallic Blue/grey LHD EU
77151	328	GTS 88¢ Black/Tan ZFFXA20A4J0077151
77152	328	GTS 88 ZFFXA20A6J0077152
77153	328	GT?
77155	Mondial	3.2 89 ZFFWA21T0K0077155
77157	328	GTS 88 Black/Tan ZFFXA20A5J0077157
77161	328	GTS 88 Red/Crema ZFFXA20A7J0077161
77162	328	GTS 88 Red/Black 771620Y0
77163	328	GTS Red/Crema RHD ZFFWA20C000077163
77165	328	GTS 88 Red/Black LHD EU
77166	Mondial	3.2 Cabriolet 88 Black/dark Red ZFFWC26B000077166
77167	F40	88 ZFFGJ34B000077167
77168	F40	88 ZFFGJ34B000077168
77171	328	GTS 88 ZFFXA20AXJ0077171
77172	328	GTS 88 ZFFXA20A1J0077172
77174	328	GTB 88 Red/Crema LHD EU ZFFWA19B000077174 77174NWA
77175	328	GTB 88 Red/Tan ZFFWA19B000077175
77178	328	GTS 88 ZFFXA20A2J0077178
77179	Mondial	3.2 Cabriolet 88 Red/Black LHD
77180	Mondial	3.2 Cabriolet 88 ZFFXC26A9J0077180
77181	F40	88 Red/Red cloth ZFFGJ34B000077181, new to D
77182	Testarossa	88 Bianco/Magnolia 77182NGR
77185	Testarossa	88 LHD US ZFFSG17A9J0077185
77186	328	GTS 88 Red/Tan LHD US
77188	328	GTS 88 Rosso Corsa Brown ZFFXA20A5J0077188
77189	328	GTS 88 Red/Tan LHD
77190	328	GTS 88 Red/Black ZFFWA20B000077190 77190J0J
77193	328	GTS
77194	328	GTS 88 White ZFFXA20A0J0077194
77195	328	GTB 88 Red RHD ZFFWA19C000077195
77199	Testarossa	88 LHD US ZFFSG17A9J0077199
77201	Testarossa	88 Red/Crema LHD ME ZFFAA17T0J0077201
77203	Testarossa	88 Red/Tan LHD US ZFFSG17A7J0077203

s/n	Type	Comments
77210	328	GTS 88 ZFFXA20A5J0077210
77213	328	GTS 88 ZFFXA20A0J0077213
77214	328	GTS 88 Blue/Crema LHD
77218	328	GTS Red/Black
77219	Mondial	3.2 Cabriolet Red/Crema RHD ZFFWC26C000077219 shields
77220	Mondial	3.2 Cabriolet dark metallic Blue/Crema LHD EU ZFFWC26B000077220
77222	Testarossa	88 LHD US ZFFSG17A0J0077222
77227	328	GTS 88 ZFFXA20A0J0077227
77229	328	GTS Red LHD ZFFWA20B000077229
77230	328	GTS 88 ZFFXA20A0J0077230
77232	328	GTS 88 ZFFXA20A4J0077232
77233	328	GTS 88 ZFFXA20A6J0077233
77235	328	GTB Red/Beige 77235NMA
77238	F40	88 ZFFGJ34B000077238
77239	Testarossa	88 LHD US ZFFSG17A6J0077239
77242	Testarossa	Red/Black LHD
77243	Testarossa	Red/Black
77246	328	GTS 88 ZFFXA20A4J0077246
77250	328	GTS 5/88 Red/Tan ZFFXA20A6J0077250
77254	Mondial	3.2 Cabriolet 88 Red/Tan ZFFXC26A1J0077254
77255	Mondial	3.2 Black/Black LHD
77256	Testarossa	88 Red/Tan LHD US ZFFSG17A6J0077256
77257	Testarossa	88 Red/Black LHD US ZFFJG17A8J0077257
77258	Testarossa	88 Black/Black LHD US ZFFSG17AXJ0077258
77259	Testarossa	Koenig Yellow/White LHD
77260	Testarossa	White
77262	328	GTB 88 Red/Tan ZFFXA19A6J0077262
77264	328	GTS 88 Nero metallic (901/C)/Beige (VM 3218) Nero carpets (N90)ZFFLA20C000077264 eng. # 12804
77265	Testarossa	Red
77266	328	GTB Anthracite/light grey RHD carbon fiber roof spoiler
77268	328	GTS 88 Red/Tan ZFFXA20A3J0077268
77269	Mondial	3.2 Cabriolet 88 White/Tan ZFFXC26A3J0077269
77270	Mondial	3.2 Cabriolet
77271	F40	88 ZFFGJ34B000077271, new to J
77272	412	dark Blue/black
77273	Testarossa	88 LHD US ZFFSG17A6J0077273
77276	Testarossa	Red/Crema
77277	328	GTS 88‹ Silver/Red ZFFXA20A4J0077277
77278	328	GTS 88 ZFFXA20A6J0077278
77281	328	GTS 88 ZFFXA20A6J0077281
77282	328	GTS Red/Black RHD ZFFWA20C000077282
77287	Mondial	3.2 Cabriolet 88 ZFFXC26A5J0077287
77289	F40	Red, new to GB
77290	Testarossa	88 Red/Tan LHD US ZFFSG17A6J0077290
77291	Testarossa	dark Blue/bordeaux ZFFAA17B000077291
77293	Testarossa	88 Red/Tan LHD US ZFFSG17A1J0077293
77294	Testarossa	88 Rosso Corsa/Tan ZFFSG17A3J0077294
77298	F40	
77299	328	GTS 88 ZFFXA20A3J0077299
77303	328	GTS Red/Crema LHD ZFFWA20B000077303
77304	328	GTS 88 ZFFXA20A3J0077304
77307	Testarossa	LHD EU ZFFAA17B000077307
77314	328	GTS 88‹ Red/Tan ZFFXA20A6J0077314
77316	328	GTS 88 ZFFXA20AXJ0077316
77318	328	GTS 88 ZFFXA20A3J0077318
77319	328	GTS 5/88 Black/Black ZFFXA20A5J0077319 Tubi
77321	328	GTS
77322	Mondial	3.2 Red/Crema RHD
77323	Mondial	3.2 Cabriolet 88 Red/Crema LHD ZFFXC26A5J0077323
77324	Testarossa	88 LHD US ZFFSA17A6J0077324
77325	Testarossa	88 LHD US ZFFSG17AXJ0077325
77326	Testarossa	88 LHD US ZFFSG17A1J0077326
77327	Testarossa	89 Red/Tan LHD US ZFFSG17A3J0077327
77330	328	GTB Red/Black ZFFWA19B000077330 77330NDH
77333	328	GTS Red/Tan RHD ZFFWA20C000077333
77334	328	GTB Red/Black
77336	328	GTS 88 ZFFXA20A5J0077336
77338	328	GTB 88 ZFFXA19A2J0077338
77339	Mondial	3.2 Red/Crema RHD ZFFWD21C000077339
77340	Mondial	3.2 Cabriolet 88 ZFFXC26A5J0077340
77341	Testarossa	Red/Crema RHD
77342	Testarossa	Black/Beige RHD
77343	Testarossa	88 Red/Tan LHD US ZFFSG17A1J0077343
77345	Testarossa	Red/Black LHD ZFFAA17B000077345
77346	328	GTS
77347	328	GTS 88 ZFFXA20AXJ0077347
77351	328	GTS
77353	328	GTS 88 Red/Tan ZFFXA20A5J0077353
77354	328	GTS 88 Red/Tan ZFFXA20A7J0077354
77357	Mondial	3.2 Cabriolet 88 ZFFXC26A0J0077357
77360	Testarossa	Red/Tan
77361	Testarossa	88 LHD US ZFFSG17A3J0077361
77362	Testarossa	Red
77364	328	GTS Red/Black ZFFWA20B000077364
77365	328	GTB 88 ZFFXA19A5J0077365
77366	328	GTS Red/Black
77368	328	GTS 88 Red ZFFXA20D000077368 eng. # F105C04012849
77372	328	GTS 88 Red/Tan ZFFXA20A9J0077372
77373	Mondial	3.2 88 Red/Tan then Prugna/light tan ZFFXD21A3J0077373 Sunroof
77375	328	GTS 88 ZFFXA20A4J0077375
77378	328	GTB Red/Black
77384	328	GTS 88 Red/Tan ZFFXA20A5J0077384
77389	Testarossa	Red/Black
77392	Testarossa	Red/Beige ZFFAA17B0000 77392DDF
77394	328	GTB 5/88 Red/Tan ZFFXA19A1J0077394
77396	328	GTS 88 ZFFXA20A1J0077396
77398	328	GTS Red/Tan ZFFWA20B000077398
77400	328	GTS 88 ZFFXA20AXJ0077400
77401	328	GTB 88 Red/Black LHD EU
77403	Mondial	3.2 88 Red RHD ZFFE21D000077403 eng. # F105C040012661
77404	Mondial	3.2 Cabriolet 88 ZFFXC26A5J0077404
77407	Testarossa	Red/Tan LHD
77409	Testarossa	88 LHD US ZFFSG17A5J0077409
77410	Testarossa	
77412	328	GTB
77414	328	GTB Black/black ZFFWA19B0000
77415	328	GTS 88 ZFFXA20A1J0077415
77419	Testarossa	88 Red/Tan LHD
77420	328	GTS 88 ZFFXA20A5J0077420
77423	F40	ZFFGJ34B000077423, new to I
77424	F40	ZFFGJ34B000077424, new to I
77426	Testarossa	88 Red/Tan LHD US ZFFSG17A5J0077426
77427	Testarossa	881/2 Red/Tan LHD US ZFFSG17A7J0077427
77428	Testarossa	88 LHD US ZFFSG17A9J0077428
77429	Testarossa	88 Red/Tan LHD US ZFFSG17A0J0077429
77435	328	GTS 88 Red ZFFXA20D000077435 eng. # F105C40013050
77436	328	GTS 88 Black/beige ZFFWA20B00077436
77437	328	GTS 88 ZFFXA20A0J0077437
77439	328	GTS 88 Red/Tan ZFFXA20A4J0077439
77440	Mondial	3.2 Cabriolet 88 ZFFXC26A9J0077440
77444	Testarossa	88 Black/Black LHD US ZFFSG17A7J0077444 Speedlines
77446	328	GTS 88 Red/Tan LHD
77447	412	88 ZFFYD24C000077447
77448	328	GTB Red/Black LHD ZFFWA19B000077448
77451	328	GTS 6/88 Rosso Corsa/Nero LHD EU
77452	328	GTB black
77453	328	GTS 88 Black/Black ZFFXA20A9J0077453
77455	328	GTS 88 ZFFXA20A2J0077455
77458	Mondial	3.2 Cabriolet 88 ZFFXC26A6J0077458
77459	Mondial	3.2 Cabriolet black/Crema LHD ZFFWC26B0000 77459NPY

s/n	Type	Comments
77460	Testarossa	88 Red/Black LHD US ZFFSG17A5J0077460 J0077460
77462	Testarossa	88 Red/Tan LHD US ZFFSG17A9J0077462
77463	Testarossa	88 LHD US ZFFSG17A0J0077463
77467	328	GTS Red/Black 77467JJJ
77470	328	GTS 88 ZFFXA20A9J0077470
77471	328	GTS
77472	328	GTB Rosso Corsa/Tan LHD EU ZFFWA19B000077472 77472NGV
77473	328	GTS Red/Crema
77477	412	black met./black Manual ZFFYD25B000077477 77477JOJ
77478	Testarossa	88 LHD US ZFFSA17A0J0077478
77479	Testarossa	88 LHD US ZFFSA17A2J0077479
77480	Testarossa	Grigio/Tan
77481	Testarossa	88 Red/Tan LHD US ZFFSG17A2J0077481
77482	Testarossa	88 LHD US ZFFSG17A4J0077482
77484	Testarossa	Red/Black two mirrors, five bolts wheels
77488	328	GTS 88 ZFFXA20A6J0077488
77490	328	GTS 5/88 Rosso Corsa FER 300/9/Tan ZFFXA20A4J0077490
77492	328	GTS 88 ZFFXA20A8J0077492
77493	328	GTS 88 ZFFXA20AXJ0077493
77495	328	GTS Red ZFFWA20B000077495
77496	328	GTS 88 Red/Black ZFFWA20B000077496
77497	Mondial	3.2 88 Red/Tan LHD
77499	412	i 8/88 dark Blue/tan manual LHD eng. # 12455
77501	Testarossa	88 LHD CH ZFFSA17S000077501
77502	Testarossa	88 LHD EU ZFFAA17B000077502
77507	328	GTS 88 Red/Black LHD
77509	328	GTS 88 Black then Yellow/Black ZFFXA20AXJ0077509
77511	328	GTS 88 Red ZFFXA20D000077511 eng. # F105C04013144
77513	328	GTS 88 Red/Black
77514	Mondial	3.2 88 Red/Black LHD ZFFWD21B000077514
77515	Mondial	3.2 Cabriolet 5/88 Red/Tan ZFFXC26A3J0077515
77516	Testarossa	88 Red RHD ZFFAA170000077516
77518	Testarossa	88 Red/Red LHD US ZFFSG17AXJ0077518
77519	Testarossa	88 LHD US ZFFSG17A1J0077519
77521	Testarossa	88 White/black LHD colour coded spoilers black wheels
77523	328	GTS 88 Red/Tan ZFFCA20S0000
77524	328	GTS 88 Red/Black LHD ZFFWA20B000077524 eng.# 13138
77526	328	GTS 88 Prugna/Crema LHD
77528	328	GTS 88 ZFFXA20A3J0077528
77530	328	GTS 88 Red/Black ZFFXA20A1J0077530
77531	328	GTS 88 White/Crema ZFFXA20A3J0077531
77532	Mondial	3.2 Cabriolet 88 ZFFXC26A3J0077532
77534	F40	88 Red ZFFGJ34B000077534
77535	Testarossa	
77537	Testarossa	Red/Black ZFFSA17S000077537
77538	Testarossa	88 LHD US ZFFSG17A5J0077538
77541	328	GTS 88 ZFFXA20A6J0077541
77545	328	GTS 88 Red/Black ZFFXA20A3J0077545
77549	Mondial	3.2 Cabriolet 88 ZFFXC26A9J0077549
77550	Mondial	3.2 Cabriolet Red/Tan LHD
77551	Testarossa	88 LHD US ZFFSG17A8J0077551
77552	Testarossa	
77553	Testarossa	Black/Black
77556	328	GTS 88 Red/Tan ZFFXA20A8J0077556
77557	328	GTS 88 Red/Black LHD EU
77559	328	GTS 88 ZFFXA20A3J0077559
77561	Testarossa	88 LHD US ZFFSG17A0J0077561
77562	328	GTS Red/Black ZFFCA20S000077562
77563	328	GTS 88 ZFFXA20A5J0077563
77564	328	GTS 88 Red/Black ZFFXA20A7J0077564
77565	Mondial	3.2 88 Black/Red LHD ME ZFFWA21T0J0077565
77566	Mondial	3.2 Cabriolet 88 ZFFXC26A9J0077566
77568	328	GTS 88 Red ZFFXA20A4J0077568 eng. # 4012849
77569	328	GTS 88 Azzurro Met./Creme ZFFXA20A6J0077569
77570	F40	ZFFGJ34B000077570
77572	328	GTS 88 Red/Black LHD
77575	Mondial	3.2 Cabriolet 89Red/Crema LHD EU ZFFWC26B000077575
77576	F40	ZFFGJ34B000077576, new to I
77577	Testarossa	88 LHD US ZFFSG17A4J0077577
77578	Testarossa	88 Red/Tan LHD US ZFFSG17A6J0077578
77579	Testarossa	Red/Tan LHD
77582	328	GTS 88 ZFFXA20A9J0077582
77584	328	GTS Red/Black ZFFWA20B000077584
77592	Mondial	3.2 Cabriolet 88 ZFFXC26AXJ0077592
77593	Testarossa	
77595	Testarossa	88 LHD US ZFFSG17A6J0077595
77596	Testarossa	88 Red LHD CH ZFFSA17S000077596 eng. # 13360
77598	328	GTS 88 Red/Tan ZFFXA20A2J0077598
77600	328	GTS
77601	328	GTS 88 ZFFXA20D000077601
77602	328	GTSi ZFFXA20A0J0077602
77604	328	GTB 88 LHD SWE ZFFCA19S000077604
77606	328	GTS Red/Black LHD
77608	Mondial	3.2 Cabriolet 5/88 Red/Tan LHD ZFFXC26AXJ0077608
77609	Testarossa	88 White/White LHD US ZFFSG17A2J0077609
77612	412	88 Blue/Magnolia eng. # 12509
77613	412	White/Crema LHD EU
77615	328	GTS 88 ZFFXA20A9J0077615
77616	328	GTS 88 Red/Black ZFFWA20B000077616 77616DO
77617	328	GTS Red/Black
77620	328	GTB 88 Red/Tan LHD
77621	328	GTS 5/88 Red/Black ZFFXA20A4J0077621
77622	328	GTS 88 ZFFXA20A6J0077622
77623	328	GTS Red/Tan
77626	F40	ZFFGJ34B000077626, new to F
77627	Testarossa	88 Red/BlackLHD US ZFFSG17A4J0077627
77628	Testarossa	88 LHD US ZFFSG17A6J0077628
77629	Testarossa	88 LHD US ZFFSG17A8J0077629
77630	328	GTS Red/Black LHD
77633	328	GTS 88 Red ZFFXA0D000077633 eng. # F105C04013213
77635	328	GTS 88 Red/Tan ZFFXA20A4J0077635
77637	328	GTS Red/Black ZFFWA20B000077637
77638	328	GTB Rosso Corsa/Tan LHD SWE ZFFCA19S000077638
77639	328	GTB Dark green met Crema ZFFWA19B000077639
77640	328	GTS 88 ZFFXA20A8J0077640
77642	Mondial	3.2 QV Cabriolet 6/88 Red/Tan LHD ZFFXC26AXJ0077642
77647	328	GTS Black/Crema ZFFWA20B0000
77648	328	GTS 88 ZFFXA20A2J0077648
77650	328	GTS Red/Black LHD ZFFWA20B000077650
77652	328	GTS 88 Red/Tan ZFFXA20A4J0077652
77656	Mondial	3.2 Cabriolet 88 Black/Tan LHD ZFFXC26AXJ0077656
77657	Testarossa	Red/Tan ZFFSA17S000077657
77659	Testarossa	88 Red LHD SWE ZFFSA17S000077659
77661	Testarossa	88 Red/Tan LHD US ZFFSG17A4J0077661
77664	Testarossa	88 LHD US ZFFSG17AXJ0077664
77665	Testarossa	Red/Black LHD CH ZFFSA17S000077665
77668	328	GTS 88 ZFFXA20A8J0077668
77669	328	GTS 88 Red/Tan ZFFXA20AXJ0077669
77670	328	GTS LHD CH ZFFCA20S000077670
77672	328	GTB Red/Black ZFFWA19B000077672
77673	GTS	Turbo Red/Black
77675	Mondial	3.2 88 ZFFXD21A8J0077675
77676	F40	Red/Black w. Red cloth seats LHD EU ZFFGJ34B000077676

s/n	Type	Comments
77677	412	grey metallic/tan
77678	Testarossa	88 LHD US ZFFSA17A8J0077678
77679	Testarossa	ZFFAA17C000077679
77680	Testarossa	88 LHD US ZFFSG17A8J0077680
77682	328	GTB 88 Red/Black
77684	328	GTS 88 Black/Black RHD ZFFXAZ0D000077684 eng. # 13203
77685	328	GTB Red/Black
77687	328	GTS Red/Crema
77688	328	GTS 88 Red/Tan ZFFXA20A3J0077688
77689	328	GTS 88 Red/Tan LHD
77690	Testarossa	Red/Black LHD ZFFAA17B000077690
77691	328	GTB 88 ZFFXA19A7J0077691
77692	328	GTS 88 ZFFXA20D000077692
77693	Mondial	3.2 Cabriolet Red/Black LHD
77694	Mondial	3.2 Red/Tan LHD CH ZFFCD21S0000 sunroof
77697	328	GTS 88 ZFFXA20A4J0077697
77699	328	GTS Red/Black
77701	328	GTS 88 ZFFXA20A2J0077701
77705	Mondial	3.2 Cabriolet 88 ZFFXC26A8J0077705
77706	Testarossa	88 Rosso Corsa/Crema RHD UK
77707	Testarossa	Black/Black LHD ZFFAA17B000077707
77709	Testarossa	88 LHD US ZFFSG17A6J0077709
77711	Testarossa	ZFFAA17C000077711
77712	Testarossa	88 White/Black LHD US ZFFSG17A6J0077712
77713	Testarossa	88 LHD US ZFFSG17A8J0077713
77714	Testarossa	88 Red/Black LHD US ZFFSG17AXJ0077714
77715	Testarossa	
77716	Testarossa	88 LHD US ZFFSG17A3J0077716
77723	328	GTS 88 Blue met./tan LHD SWE ZFFCA20S000077723
77725	328	GTS 88 ZFFXA20A5J0077725
77726	328	GTS 88 Red/Black
77728	328	GTS 88 Red/Tan ZFFXA20A0J0077728
77732	F40	ZFFGJ34B000077732, new to CH
77734	328	GTS 88 Black/Tan ZFFXA20JAP0077734
77737	328	GTS 88 Grey Alloy/Dark Blue ZFFXA20A1J0077737
77741	328	GTS 88 ZFFXA20A3J0077741
77742	328	GTS 88 Red/Red LHD
77744	Mondial	3.2 89 Red/Beige RHD ZFFE21D000077744 eng. # F105C04013085
77745	F40	ZFFGJ34B000077745, new to J
77746	328	GTS Red/Black
77749	GTB	Turbo Red/Black ZFFKA27B000077749 77749NEO
77750	328	GTB Red/Black
77754	328	GTS 88 Red/Tan ZFFXA20A1J0077754
77756	Mondial	3.2 Cabriolet 88 Red/Tan LHD ZFFXC26A3J0077756
77758	Testarossa	Black/Black LHD
77759	Testarossa	88 LHD US ZFFSG17AXJ0077759
77761	Testarossa	Red/Tan
77762	Testarossa	88 Yellow/Black LHD US ZFFSG17AXJ0077762
77763	Testarossa	88 LHD US ZFFSG17A1J0077763
77774	328	GTS 88 Azzurro/Black LHD
77775	328	GTS 88 ZFFXA20A9J0077775
77777	328	GTS 88 ZFFXA20A2J0077777
77778	GTS	Turbo 88 Red/Tan LHD EU
77779	328	GTS Red/Black ZFFWA20B000077779
77781	Mondial	3.2 Red/beige LHD
77782	Mondial	3.2 Cabriolet 88 ZFFXC26A4J0077782
77783	Testarossa	88 Red/Tan LHD US ZFFSG17A7J0077783
77784	Testarossa	88 LHD US ZFFSG17A9J0077784
77785	328	GTS 7/88 Red/Tan Convex wheels, no ABS
77787	328	GTS 88 Black/Crema
77788	328	GTB 88 Red/Tan LHD US ZFFWA19B000077788 77788NWA
77795	328	GTS
77798	Mondial	3.2 Cabriolet 88 Red/Tan ZFFXC26A8J0077798
77799	Mondial	3.2 88 Red(Tan ZFFXD21A4J0077799 Sunroof
77800	F40	ZFFGJ34B000077800, new to E
77802	Testarossa	88 Red RHD ZFFAA17C000077802 eng. # F105B13879
77804	Testarossa	88 Black/tan LHD US ZFFSG17A0J0077804
77805	Testarossa	88 Black/Tan LHD US ZFFSG17A2J0077805
77806	328	GTS 88 Black/Bordeaux LHD
77807	328	GTS 88 Red/Crema ZFFXA20A7J0077807 exported to EU
77808	328	GTB 88 ZFFXA19A2J0077808
77810	328	GTB Red
77815	Mondial	3.2 Cabriolet Red/Crema RHD
77816	Mondial	3.2 Cabriolet
77819	Testarossa	88 LHD US ZFFSG17A2J0077819
77820	Testarossa	Red/Crema LHD
77822	328	GTS 88 ZFFXA20A3J0077822
77826	328	GTS 88 Red/Black ZFFWA20B000077826
77830	328	GTB 88 Red/Black LHD EU
77831	Mondial	3.2 Cabriolet 88 ZFFXC26A2J0077831
77832	Mondial	3.2 Red/Black LHD 77832BYB
77833	F40	Red, new to B
77835	Testarossa	88 LHD US ZFFSG17A0J0077835
77837	Testarossa	88 Red/Black LHD EU ZFFAA17B000077837
77841	328	GTS 88 Red/Black LHD ZFFWA20B000077841
77842	328	GTB Red/Black
77844	GTS	Turbo Red/Black
77846	328	GTS 88 Red/Crema LHD ZFFWA20B000077846
77847	Mondial	3.2 Red/Tan LHD CH ZFFCD21S0000
77848	Mondial	3.2 Cabriolet Red/beige ZFFWC26B000077848
77849	412	88 silver/black LHD ZFFYD25B000077849
77850	Testarossa	Red/Crema RHD
77852	Testarossa	88 LHD US ZFFSG17A0J0077852
77853	Testarossa	88 Red/Crema LHD US ZFFSG17A2J0077853
77854	328	GTS Competizione Conversion Rosso Corsa/Black 77854SBB
77855	Testarossa	88< White/Tan LHD US ZFFSG17A6J0077855
77856	Testarossa	88 Red/Crema ZFFAA17B000077856
77858	328	GTS 88 Rosso Corsa/creme ZFFXA20A2J0077858
77862	328	GTS Rosso/tan
77863	328	GTS 88 Rosso Corsa/Beige ZFFXA20A6J0077863
77867	Mondial	3.2 Cabriolet Red/Black ZFFWC26B000077867
77868	Mondial	3.2 Red LHD ZFFWD21B000077868
77869	412	88 Dark Blue ZFFYD24C000077869
77870	Testarossa	88 LHD US ZFFSG17A2J0077870
77875	328	GTS 88 Red/Black ZFFWA20B000077875 77875WYR
77880	328	GTS 88 Red/Black ZFFWA20B000077880
77881	328	GTS 88 Red/Black
77883	328	GTS 88 Red/Black ZFFWA20B000077883
77884	Mondial	3.2 QV Rosso Corsa/Tan LHD ZFFWD21B000077884 77884SIS
77885	Mondial	3.2 Cabriolet 88 Red/Tan LHD ZFFXC26A3J0077885
77886	Testarossa	88 LHD US ZFFSA17A4J0077886
77887	Testarossa	Rosso/nero
77888	Testarossa	Red/Black
77889	Testarossa	88 Red/Tan LHD ZFFSG17A1J0077889
77890	Testarossa	Red/Black LHD
77891	328	GTB 88 Red/Crema LHD CH ZFFCA19S000077891
77892	328	GTS
77896	328	GTS 88 ZFFXA20AXJ0077896
77899	328	GTS Red/Crema
77903	F40	88
77905	Testarossa	88 Red/Tan LHD US ZFFSG17A6J0077905
77906	Testarossa	88 Red/Tan ZFFSG17A8J0077906
77907	Testarossa	88 Red/Tan LHD US ZFFSA17S0000
77911	328	GTS 88 ZFFXA20A2J0077911
77912	328	GTSi 88< White Black ZFFXA20A4J0077912
77916	328	GTS 88 ZFFXA20A1J0077916
77918	Mondial	3.2 88 Red/Tan
77920	F40	Yellow then Red/Black ZFFGJ34B000077920, new to F

s/n	Type	Comments
77921	Testarossa	6/88 Red/Black LHD US ZFFSG17A4J0077921
77923	Testarossa	88 LHD US ZFFSG17A8J0077923
77927	328	GTS Red/Tan ZFFWA20B000077927
77929	328	GTS 88 ZFFXA20AXJ0077929
77931	328	GTS Red/Black ZFFAA17B000078342
77937	Mondial	3.2 Cabriolet 88 Red/Tan LHD ZFFXC26A7J0077937
77938	Testarossa	88 LHD US ZFFSG17AXJ0077938
77941	Testarossa	Rosso Corsa/Black LHD EU 77941ANY
77942	328	GTS 88 Red/Black LHD
77944	GTB	Turbo
77945	328	GTS 88 ZFFXA20A8J0077945
77947	328	GTS 88 ZFFXA20A1J0077947
77949	328	GTS 88 Red/Black LHD EU
77951	328	GTS Red/Crema LHD EU
77952	Mondial	3.2 Cabriolet 88 ZFFXC26A3J0077952
77960	Testarossa	Red/Crema RHD ZFFAA17C000077960
77961	Testarossa	88 LHD US ZFFSG17A5J0077961
77962	Testarossa	White/Beige ZFFAA17B000077962
77964	412	Automatic 88 Blue met./tan LHD
77965	Testarossa	88 Red/Black LHD EU
77967	328	GTB Black/Crema
77968	328	GTB Red/Tan LHD CH ZFFCA19S000077968
77969	328	GTS 88 ZFFXA20A0J0077969
77971	328	GTS 88 Red/Black LHD EU
77972	328	GTS Red/Black ZFFWA20B000077972
77978	F40	Red/Red cloth ZFFGJ34B000077978, new to F
77980	Testarossa	88 Red RHD ZFFAA17C000077980 eng. # F115C13306
77981	Testarossa	88 Red/Tan LHD ZFFSG17A0J0077981
77982	Testarossa	88 LHD US ZFFSG17A2J0077982
77983	Testarossa	Red/Black LHD
77984	328	GTB
77986	328	GTS 88 ZFFXA20A0J0077986
77990	Testarossa	88 Red/Tan LHD US ZFFSG17A1J0077990
77991	Testarossa	88 LHD US ZFFSG17A3J0077991
78004	Mondial	3.2 Red/Black LHD ZFFWD21B000078004 661
78005	Mondial	3.2 Cabriolet 88 Red/Tan ZFFXC26A7J0078005
78006	Testarossa	88 Rosso Corsa, Nero Nero Carpets 01/08/88
78013	328	GTS 88 ZFFXA20A8J0078013
78015	328	GTS 88 ZFFXA20A1J0078015
78017	328	GTS 88 Red/Black LHD
78018	328	GTB 88 Red LHD SWE ZFFCA19S000078018
78019	328	GTS 88 Red/Tan ZFFXA20A9J0078019
78022	Mondial	3.2 Cabriolet 88 ZFFXC26A7J0078022
78024	GTB	Turbo 88 Red/Crema LHD EU
78028	328	GTS 7/88 Red/Tan ZFFXA20AXJ0078028
78029	328	GTS 88 Red/Black LHD CH ZFFCA20S000078029
78030	328	GTS 88 Yellow/Black LHD EU
78034	Mondial	3.2 88 Red RHD ZFFXE21D000078034 eng. # F105A0204013587
78035	Mondial	3.2 Cabriolet 88 ZFFXC26A5J0078035
78036	F40	Red/Red cloth ZFFGJ34B000078036, new to GB, full LM spec
78037	328	GTB 88 Red LHD SWE ZFFCA19S000078037
78040	328	GTS 88 ZFFXA20A0J0078040
78042	328	GTS Red/Black LHD JP ZFFXA20JAP0078042
78043	328	GTS 88 Red RHD ZFFWA20C000078043
78044	328	GTS 88 ZFFXA20A8J0078044
78045	GTS	Turbo 88 Red/White LHD EU
78046	328	GTS 88 Red/Tan LHD SWE ZFFCA20S000078046
78048	Mondial	3.2 Cabriolet 88 Rosso Corsa/Tan LHD ZFFC26A3J0078048
78050	Testarossa	88 LHD US ZFFSA17A0J0078050
78051	Testarossa	88 LHD US ZFFSG17A4J0078051
78052	Testarossa	88 Red/Black LHD US ZFFSG17A6J0078052
78053	Testarossa	88 Red/Tan LHD US ZFFSG17A8J0078053
78055	Testarossa	88 LHD
78057	Testarossa	
78058	Testarossa	88 LHD US ZFFSG17A7J0078058
78059	Testarossa	88 Red

s/n	Type	Comments
78062	Testarossa	88 Red/Tan
78063	Testarossa	88 Rosso Corsa/Black LHD ZFFWA20B000078063
78065	328	GTS 88 Rosso/nero LHD ZFFWA20B000078065
78072	Mondial	3.2 88 ZFFXD21A5J0078072
78073	Mondial	3.2 Cabriolet 88 ZFFXC26A2J0078073
78074	412	i 9/88 Blue/Tan ZFFYD24C000078074
78075	Testarossa	88 Red/Tan LHD US ZFFSG17A7J0078075
78076	Testarossa	Rosso Corsa/Black LHD ZFFAA17B000078076 78076HWU
78078	328	GTS 88 Red/Tan LHD ZFFXA20A3J0078078
78081	328	GTS 88 Red/Black LHD
78082	328	GTS 88 Red/Tan ZFFXA20A5J0078082
78083	GTS	Turbo 88 Red/Tan LHD EU
78084	328	GTS 88 ZFFXA20A9J0078084
78086	328	GTS 88 Red/Crema LHD CH ZFFCA20S000078086
78087	328	GTS Red/Black ZFFWA20B000078087
78095	328	GTB Red/Black 78095NBE
78106	Mondial	3.2 Cabriolet 88 ZFFXC26A2J0078106
78107	F40	ZFFGJ34B000078107, new to I
78109	Testarossa	
78110	Testarossa	88 LHD US ZFFSG17A5J0078110
78112	328	GTB 88 ZFFXA19A3J0078112
78115	328	GTS 7/88 Rosso Corsa/Crema ZFFXA20A5J0078115
78118	328	GTB black/beige ZFFWA19B000078118 78118NIG
78119	328	GTS 88 ZFFXA20A2J0078119
78122	F40	Red/Red cloth ZFFGJ34B000078122, new to GB
78123	412	Automatic 88 dark Green/Black LHD
78124	Testarossa	88 Red/Black LHD US ZFFSG17A5J0078124
78125	Testarossa	Red/Black
78128	328	GTS Rosso/nero ZFFWA20B000078128
78131	328	GTS Rosso Corsa/Crema LHD CH ZFFCA20S000078131
78132	328	GTB Red LHD
78135	328	GTS 88 Red/Black LHD
78140	Testarossa	
78141	Testarossa	88 Red/Tan LHD US ZFFSG17A5J0078141
78142	Testarossa	Red/crema & brown eng. # 14327
78143	Testarossa	Koenig Spider Conversion 88 White then Yellow/black LHD EU ZFFAA17B000078143 Twin Turbo ex-Mike-Tyson
78144	Testarossa	88 Red
78146	328	GTS 88 Red/Black LHD
78152	328	GTS Red/Tan ZFFXA20A0J0078152
78153	328	GTS Red
78156	Mondial	3.2 Cabriolet Red/Black LHD ZFFWC26BD000 78156NEO
78157	Testarossa	7/88 Red/Tan LHD US ZFFSG17A9J0078157
78158	Testarossa	Red/Black LHD
78162	328	GTS 88 Red/Black LHD EU ZFFWA20B000078162
78166	328	GTB 88 ZFFXA19A4J0078166
78167	328	GTS 88 Red/Black LHD
78168	328	GTS Red
78171	Mondial	3.2 88 Black LHD ZFFXD21A7J0078171
78172	F40	Red/Red cloth ZFFGJ34B000078172, new to A
78173	412	GTi Red/Red Manual
78176	328	GTS 88 ZFFXA20A3J0078176
78178	328	GTS 88 ZFFXA20A7J0078178
78179	328	GTS Red/Black ZFFWA20B0000
78185	Mondial	3,2
78186	Testarossa	88 Rosso Corsa/Crema
78188	Testarossa	88 LHD US ZFFSG17A9J0078188
78189	Testarossa	88 ZFFSG17A0J0078189
78190	Testarossa	Red/Crema
78192	Testarossa	88 LHD US ZFFSG17A0J0078192
78193	Testarossa	88 LHD US ZFFSG17A2J0078193
78200	328	GTB 88 Red LHD SWE ZFFCA19S000078200
78202	GTS	Turbo 88 Red/Tan LHD EU

s/n	Type	Comments
78204	Mondial	3.2 Cabriolet 7/88 Red/Tan ZFFXC26A2J0078204
78206	F40	Red/Red cloth ZFFGJ34B000078206
78209	Testarossa	88 LHD US ZFFSG17A2J0078209
78211	Testarossa	Red/Black
78214	328	GTS
78216	328	GTS Red/Tan
78218	328	GTS 88 Red/Tan ZFFXA20A4J0078218
78219	328	GTS 7/88 Black/Tan ZFFXA20A6J0078219
78220	328	GTS Red/Tan LHD EU
78225	328	GTB 88 ZFFXA19A5J0078225
78226	328	GTS 88 ZFFXA20A3J0078226
78227	328	GTS Red/Black LHD ZFFWA20B000078227 78227ZIV
78229	328	GTS 7/88 Red/Tan ZFFXA20A9J0078229
78231	328	GTS 88 Red/Creme Red carpets ZFFWA20C000078231 eng. # 12869
78232	328	GTS 89 Red ZFFXA20D000078232 eng. # F105C04013409
78233	328	GTS 88 ZFFXA20D000078233
78234	328	GTS
78235	GTS	Turbo 88 dark Red/Sabbia LHD EU
78238	Mondial	3.2 Cabriolet 88 ZFFXC26A8J0078238
78239	F40	Red/Red cloth ZFFGJ34B000078239, new to F
78240	Testarossa	Red/Beige ZFFSA17S000078240
78241	Testarossa	7/88 Red/Tan LHD US ZFFSG17A9J0078241
78242	Testarossa	88 Red/Tan LHD US ZFFSG17A0J0078242
78243	Testarossa	88 Black/Black LHD US ZFFSG17A2J0078243
78244	412	i 88 Grey LHD EU
78246	Testarossa	88 Red LHD SWE ZFFSA17S000078246
78247	Testarossa	black/black then Bugatti Blue/Crema LHD 512 TR front and rims F512M rear
78248	Testarossa	Red/Tan
78249	328	GTS Red/Black
78250	328	GTS 88 ZFFXA20A0J0078250
78251	328	GTS 88 ZFFXA20A2J0078251
78254	328	GTS Red/Crema RHD UK
78257	328	GTS
78259	328	GTS Red/Crema RHD Colour coded rear aerofoil
78264	328	GTS 88 Rosso/Crema
78267	Testarossa	Red/Black LHD
78268	Testarossa	Red/Tan 78268MUL
78269	Testarossa	88 Red/Tan LHD US ZFFSG17A9J0078269
78272	328	GTS 88 Red/Black ZFFXA20AXJ0078272
78275	328	GTS Rosso Corsa/Crema Rear Spoiler 26.09.88 5,420 miles.
78276	328	GTS 88 ZFFXA20A7J0078276
78277	328	GTS LHD CH ZFFCA20S000078277
78279	328	GTS Rosso Corsa/Black ZFFWA20B000078279 78279LUG
78280	328	GTS 88 ZFFXA20D000078280
78282	Mondial	3.2 Cabriolet 88 ZFFXC26A0J0078282
78284	328	GTS 88 ZFFXA20A6J0078284
78285	328	GTSi 88 Black/tan ZFFXA20A8J0078285
78286	Testarossa	88 LHD US ZFFSG17A9J0078286
78287	Testarossa	88 Red/Tan LHD US ZFFSG17A0J0078287
78288	Testarossa	88 Red/Tan LHD US ZFFSG17A2J0078288
78291	328	GTS 88 Red/Tan LHD ZFFXA20A3J0078291
78292	328	GTS 88 Red ZFFXA20D000078292 eng. # F105C04013767
78297	328	GTSi 88 Black/Crema ZFFXA20A4J0078297
78299	328	GTS 88 Red/Black
78301	Mondial	3.2 Cabriolet 88 Grigio/Tan ZFFXC26A0J0078301
78303	328	GTS
78305	Testarossa	88 LHD US ZFFSG17A9J0078305
78306	Testarossa	88 LHD US ZFFSG17A0J0078306
78307	Testarossa	Red/Black
78310	328	GTB Red/Black
78311	328	GTS 88 Red/Tan LHD CH ZFFCA20S000078311
78312	328	GTS 88 Red/Tan ZFFXA20A7J0078312
78313	328	GTS medium metallic Blue/Crema
78318	328	GTS Red/Black RHD
78319	Mondial	3.2 Cabriolet 88 ZFFXC26A8J0078319
78320	Testarossa	Rosso Corsa/Tan LHD CH ZFFSA17S000078320 78320OEO
78321	F40	Red/Red cloth ZFFGJ34B000078321, new to NL
78322	Testarossa	88 Red/Tan LHD US ZFFSG17A9J0078322
78323	Testarossa	88 Red/Tan LHD US ZFFSG17A0J0078323
78324	Testarossa	88 LHD US ZFFSG17A2J0078324
78329	F40	ZFFGJ34B000078329
78331	328	GTB Red/Black
78332	328	GTS
78333	F40	88 Red/Red LHD
78334	328	GTS
78335	328	GTS black ZFFWA20C
78339	412	
78341	Testarossa	88 Red/Black LHD US ZFFSC17A2J0078341
78342	Testarossa	Red/Black ZFFAA17B000078342
78343	Testarossa	Red/Magnolia 78343MWH
78344	Testarossa	Red/Tan
78345	Testarossa	88 Black/Tan LHD US ZFFSG17AXJ0078345
78346	328	GTB Red/Black LHD ZFFWA19B000078346
78348	328	GTS 88 ZFFXA20A6J0078348
78349	328	GTS 88 ZFFXA20A8J0078349
78350	328	GTS 7/88 Red/Tan ZFFXA20A4J0078350
78351	328	GTS 88 Red/Tan ZFFXA20A6J0078351
78353	328	GTS
78355	328	GTS 88 Black RHD UK ZFFWA20C000078355 eng. # F10SAS/PB14078
78357	Mondial	3.2 Cabriolet 88 ZFFXC26A5J0078357
78358	Testarossa	88 Red LHD ZFFAA17C000078358
78359	Testarossa	Red/Crema
78362	Testarossa	88 Red/Tan LHD US ZFFSG17AXJ0078362
78363	328	GTS 88 Rosso Corsa/Crema Rosso Carpets RHD UK ZFFWA20C000076055
78365	328	GTS Red/Tan LHD CH ZFFCA20S000078365
78366	328	GTS 88 Yellow/Black ZFFXA20A8J0078366
78367	328	GTS 88 Red/Black LHD
78370	328	GTS 88 Red RHD UK eng. # 14162
78373	Mondial	3,2
78375	F40	89 ZFFGJ34B000078375
78376	328	GTS 88 Red/Red LHD CH
78377	328	GTS 88 ZFFXA20A2J0078377
78379	328	GTS 88 ZFFXA20A6J0078379
78382	328	GTS
78383	328	GTS Red LHD ZFFWA20B000078383
78385	328	GTS 88 ZFFXA20A1J0078385
78387	Mondial	3.2 Cabriolet 88 ZFFXC26A3J0078387
78389	Testarossa	88 Red RHD ZFFAA17C000078389 eng. # F113B14294
78390	Testarossa	Red/Black 78390YMS
78391	Testarossa	Red/Black
78392	Testarossa	Red/Black ZFFAA17B000
78393	Testarossa	88 LHD US ZFFSG17AXJ0078393
78394	Testarossa	88 LHD US ZFFSG17A1J0078394
78395	Testarossa	88 LHD US ZFFSG17A3J0078395
78396	Testarossa	88 LHD US ZFFSG17A5J0078396
78399	328	GTS Red/Crema ZFFWA20C000078399
78400	328	GTS 88 Red/Tan
78401	328	GTS 88 ZFFXA20A6J0078401
78403	328	GTB 88 Red/Black LHD
78404	328	GTS
78405	328	GTS 88 Red/Tan ZFFXA20A3J0078405 possibly parted out
78407	Mondial	3.2 Cabriolet 88 ZFFXC26A5J0078407
78408	Mondial	3.2 88 ZFFXD21A1J0078408
78409	Testarossa	88 Red/Tan LHD US ZFFSG17AXJ0078409
78411	Testarossa	88 Red/Black LHD EU ZFFAA17B000 78411JJJ
78412	Testarossa	88 Red/Black LHD
78413	Testarossa	88 Red/Black LHD US ZFFSG17A1J00
78414	Testarossa	88 LHD US ZFFSG17A3J0078414
78416	328	GTS
78417	328	GTS Blue metallic RHD

s/n	Type	Comments
78420	328	GTS
78421	328	GTS 88 ZFFXA20A1J0078421
78424	Mondial	Red/Black LHD ZFFWT21B000078424
78425	Mondial	3.2 Cabriolet Red/Black
78426	F40	Red then candy Red then Yellow RHD UK ZFFGJ34B000078426 ex-Sultan of Brunei
78430	Testarossa	88 Black/Tan LHD US ZFFSG17A1J0078430
78432	328	GTS 88 ZFFXA20A6J0078432
78433	Mondial	3.2 88 Rosso Corsa/Nero
78435	328	GTS 88 Rosso Corsa/Tan ZFFXA20A1J0078435
78438	328	GTS Red/Magnolia RHD UK ZFFWA20C000078438
78440	328	GTS 88 Grigio/Grey US ZFFXA20ASJ0078440
78443	Mondial	3.2 Red/Black LHD ZFFWD21B0000
78444	F40	89 ZFFGJ34B000078444, new to I
78445	412	Automatic
78446	Testarossa	Red/Tan RHD
78447	Testarossa	88 LHD US ZFFSG17A7J0078447
78448	Testarossa	88 LHD US ZFFSG17A9J0078448
78449	328	GTS
78453	328	GTS 88 Red/Tan ZFFXA20A3J0078453
78454	328	GTS
78455	328	GTS 88 ZFFXA20A7J0078455
78457	328	GTS 88 ZFFXA20A0J0078457
78459	Testarossa	88 LHD US ZFFSG17A3J0078459
78460	Mondial	3.2 Cabriolet 88 ZFFXC26A9J0078460
78462	F40	89 Red/Red cloth ZFFGJ34B000078462, new to F
78463	328	GTS 88 ZFFXA20A6J0078463
78465	328	GTS 88 Rosso Corsa Magnolia RHD UK ZFFWA20C000078465
78466	328	GTS 88 Red/Tan ZFFXA20A1J0078466
78471	328	GTS 10/88 Rosso Corsa/Crema Rosso Carpets ZFFWA20C000078471 Rear Spoiler
78472	Mondial	3.2 Cabriolet Red/Crema LHD
78473	Mondial	3.2 Cabriolet 88 ZFFXC26A7J0078473
78474	328	GTS 88 Black/Tan ZFFXA20A0J0078474
78475	328	GTS
78477	328	GTS Rosso/black ZFFWA20B000078477
78478	328	GTS 88 ZFFXA20A8J0078478
79479	328	GTS 89 Red/Tan ZFFXA20A2K0079479
78480	328	GTS
78481	328	GTS Red/Tan ZFFCA20S0000
78482	328	GTS
78484	328	GTS 88 ZFFXA20A3J0078484
78486	328	GTS 88 ZFFXA20A7J0078486
78487	Testarossa	
78489	Testarossa	88 Red/Tan LHD US ZFFSG17A1J0078489
78490	Testarossa	88 LHD US ZFFSG17A8J0078490
78491	Testarossa	88 LHD US ZFFSG17AXJ0078491
78492	Testarossa	88 LHD US ZFFSG17A1J0078492
78495	Testarossa	Red
78496	Testarossa	LHD CH ZFFSA17S000078496
78498	328	GTS 88 ZFFXA20A3J0078498
78499	328	GTS
78501	328	GTS 88 Red/Black ZFFWA20B000078501
78502	GTS	Turbo Red 88 Red/Black LHD EU
78504	328	GTS 88 Red/Tan US ZFFXA20A5J0078504
78506	328	GTS 88 ZFFXA20A9J0078506
78507	Mondial	3.2 Cabriolet 9/88 Red/Tan Manual ZFFXC26A9J0078507
78509	F40	Red/Red ZFFGJ34B000078509, new to F
78510	328	GTS
78511	328	GTS 88 Red/Crema ZFFXA20A2J0078511
78515	328	GTS Red/Crema RHD
78517	328	GTB 89 Rosso Corsa/Crema RHD
78518	328	GTS 11/88 Rosso Corsa/Crema Rosso Carpets RHD
78519	Mondial	3.2 88 ZFFXD21AXJ0078519
78520	Mondial	3.2 Cabriolet 88 ZFFXC26A1J0078520
78521	328	GTS
78522	F40	89 Yellow LHD
78524	328	GTS

s/n	Type	Comments
78525	328	GTS 89 ZFFXA20A2J0078525
78533	F40	88 Yellow/Red Plexi windows ZFFGJ34B000078533, new to F
78534	Testarossa	88 Blue LHD SWE ZFFSA17S000078534
78535	Testarossa	Red/Black RHD
78537	Testarossa	Red/Black LHD EU
78540	328	GTB
78543	328	GTS
78545	328	GTS
78548	328	GTS 88 Red ZFFXA20D000078548 eng. # F105C04014228
78549	Testarossa	88 Red LHD US ZFFSG17A4J0078549
78553	Testarossa	Sbarro Alcador #3/3 88 Grey/Red then Red Metallic LHD EU
78555	328	GTB 88 ZFFXA19A4J0078555
78559	328	GTS 88 Red RHD ZFFWA20C000078559
78560	328	GTS 88 Red ZFFXA20D000078560 eng. # F105C04014224
78561	328	GTS 88 Red ZFFXA20D000078561 eng. # F105B04014227
78562	328	GTS 88 Red RHD UK ZFFWA20C00078562 eng. # 13724
78564	Testarossa	88 Red/Tan LHD US ZFFSG17A0J0078564
78565	Testarossa	88 Red/Tan LHD US ZFFSG17A2J0078565
78566	Testarossa	9/88 White/tan LHD US ZFFSG17A40078566 Brown dash & console
78567	Testarossa	88 LHD US ZFFSG17A6J0078567
78571	328	GTB
78573	328	GTS Red/Crema RHD ZFFWA20C000078573 Colour-coded rear aerofoil
78577	328	GTB
78581	328	GTS 88 Red ZFFXA20D000078581 eng. # F105C04012874
78583	328	GTB
78584	GTS	Turbo Red
78585	328	GTS 88 Red/Tan ZFFXA20A9J0078585
78587	328	GTB Rosso Corsa/Nero LHD EU 78587KKG
78588	328	GTS 88 Red/Tan ZFFXA20A4J0078588
78589	328	GTS
78591	Testarossa	Red/Tan LHD ZFFAA17B000078591 Double low mirror Red spoilers F355 wheels shields
78593	412	
78595	328	GTS Red/Crema RHD ZFFWA20C000078595
78597	328	GTB 88 Rosso Corsa(300/9)/Beige(Tan-VM 3218) Rosso carpets ZFFWA20C000078597 eng. #14081 colour-coded rear aerofoil
78598	328	GTS 88 ZFFXA20D000078598
78599	328	GTS Red/Black
78600	328	GTS 88 ZFFXA20A1J0078600
78604	328	GTS 88 Red LHD SWE ZFFCA20S000078604
78605	412	i Red/Black manual ZFFY025B00078605 78605ERE
78608	Testarossa	Red/Crema RHD
78610	408	ZFFBX37X0K0078610 also numbeRed ZFFBX37X0H0070183
78611	328	GTB
78614	328	GTS 88 ZFFXA20A1J0078614
78615	328	GTB
78617	328	GTS 88 Red/Crema
78618	328	GTB 88 Yellow/Black LHD
78619	Mondial	3.2 Cabriolet 88 ZFFXC26A9J0078619
78622	F40	Red/Red, new to D
78623	F40	88, new to I
78625	Testarossa	88 Red/Tan LHD US ZFFSG17A5J0078625
78626	Testarossa	88 LHD US ZFFSG17A7J0078626
78629	328	GTS Red/Black ZFFWA20B0000
78630	328	GTS 88 ZFFXA20A3J0078730
78631	328	GTS
78633	328	GTS 88 Red ZFFXA20D000078633
78636	328	GTS Rosso Corsa/Black LHD ZFFWA20B000078636 78636HHM
78637	328	GTS
78639	Mondial	3.2 Cabriolet 88 ZFFXC26A4J0078639

s/n	Type	Comments
78642	Testarossa	88 Red RHD eng. # 14448
78644	328	GTS Red/Crema RHD ZFFWA20C000078644
78650	328	GTS
78651	328	GTS 88 ZFFXA20A7J0078651
78652	328	GTS Red/Crema RHD 2 low mirrors ZFFWA20C000078652
78653	328	GTS Red
78654	328	GTS Red/Black
78659	Testarossa	Red/Crema ZFFSA17S0000
78661	328	GTS
78663	328	GTS
78666	Mondial	3.2 88 Black/tan LHD ZFFXD21A1J00
78668	328	GTS 88 Black/Crema LHD ZFFXA20A2J0078668
78669	328	GTS
78672	Mondial	3.2 Red/Black LHD
78673	F40	Red/Red
78674	Testarossa	88 Red/Tan RHD Eng # 14494
78675	Testarossa	88 Black/Black LHD US ZFFSG17A9J0078675
78676	Testarossa	88 LHD US ZFFSG17A0J0078676
78677	Testarossa	Red/Black
78678	Testarossa	Red/Black LHD ZFFAA17T0J0078678
78679	328	GTS Rosso/tan
78680	328	GTB 88¢, Red/Tan ZFFXA19A7J0078680
78682	328	GTS 88 ZFFXA20A7J0078682
78683	328	GTS Rosso Corsa 300/9/Crema RHD ZFFWA20C000078683
78684	Mondial	3.2 Cabriolet 88 Black/tan ZFFXC26A9J0078684
78685	328	GTS Red/Crema RHD ZFFWA20C000078685 Colour-coded rear aerofoil
78686	328	GTS 88 ZFFXA20A4J0078686
78687	328	GTS
78688	328	GTS 88 ZFFXA20A8J0078688
78689	328	GTB 88 Blu Chiaro Metallic (503/C)/Tan Blu carpets ZFFWA20C000078689 eng. # 14741
78690	Mondial	3.2 Cabriolet 88 Rosso Corsa/Beige ZFFXC26A4J0078690
78692	Testarossa	Red/Black LHD ZFFAA17B000078692 78692ESR
78695	Testarossa	88 LHD US ZFFSG17A4J0078695
78698	328	GTS 88 ZFFXA20A0J0078698
78699	328	GTS Red/Black ZFFWA20B000078699 78699BOT
78702	328	GTB 88 ZFFXA19A2J0078702
78704	328	GTS 88 ZFFXA20A2J0078704
78705	328	GTS Black/tan LHD EU ZFFWA20B000078705 78705WMK
78707	Mondial	3.2 Cabriolet 88 ZFFXC26A6J0078707
78709	Testarossa	Red/Black ZFFAA17B000078709 78709GTL
78711	Testarossa	88 LHD US ZFFSG17A9J0078711
78712	Testarossa	88 Black/Tan LHD US ZFFSG17A0J0078712
78714	328	GTB 89 Red/Tan ZFFXA19A9J0078714
78715	328	GTS 88 Red/Tan RHD UK ZFFWA20C000078715 eng. # 14083
78716	328	GTS 88 ZFFXA20A9J0078716
78718	328	GTB 88 Yellow/Black LHD
78719	328	GTS
78720	328	GTS 88 ZFFXA20A0J0078720
78721	328	GTB Red/Crema RHD ZFFXA19C000078721
78722	Mondial	3.2 Rosso Corsa/Black LHD ZFFWD21B000078722 78722PKD
78723	328	GTS Red/Tan
78724	328	GTS Red/Beige
78728	Testarossa	88 Black/Black LHD US ZFFSG17A4J0078728
78729	Testarossa	88 LHD US ZFFSG17A6J0078729
78730	328	GTS 88 ZFFXA20A3J0078730
78731	328	GTB 88 Red/Black ZFFWA19B000078731 78731DND
78733	328	GTS 88 ZFFXA20A9J0078733
78737	Mondial	3,2
78739	328	GTS Red/Tan ZFFWA20B000078739
78740	328	GTS 88 ZFFXA20A6J0078740
78741	328	GTS

s/n	Type	Comments
78742	F40	88, new to CH
78743	Testarossa	88 LHD US ZFFSG17A0J0078743
78746	Testarossa	88 LHD US ZFFSG17A6J0078746
78750	Testarossa	88 LHD US ZFFSG17A8J0078750
78751	Testarossa	88 Red/Black LHD US ZFFSG17AXJ0078751
78755	328	GTS
78756	328	GTB
78760	328	GTS
78766	328	GTS 88 Red/Black then White/Black LHD EU ZFFWA20B0000 78766AKS
78767	Mondial	3.2 Cabriolet 88 Red/Tan ZFFXC26A2J0078767
78768	328	GTS Red/Black
78771	328	GTB
78772	Mondial	3.2 Cabriolet 88 LHD ZFFXC26A6J0078772
78773	328	GTS
78774	GTS	Turbo 88 Red/Crema LHD EU
78776	F40	Red/Red ZFFGJ34B000078776, new to I
78777	Testarossa	Red/Black ZFFAA17B000078777
78780	Testarossa	88 LHD US ZFFSG17A6J0078780
78781	412	i Automatic 88 Blue/Crema RHD UK ZFFYD24C000078781
78783	Mondial	3.2 Cabriolet last RHD UK
78784	328	GTB 88 Red/Black LHD ZFFWA19S000078784
78785	Testarossa	88 Rosso Corsa/Crema RHD ZFFAA17C000078785
78786	328	GTS 88 Red/Tan LHD
78787	328	GTB 88 Red ZFFWA19B000078787
78789	328	GTS LHD CH ZFFCA20S000078789
78790	328	GTS 88 Red/Black RHD
78791	328	GTS 9/88 Red/Black LHD ZFFXA20A1J0078791
78792	328	GTS Red/Black LHD EU 78792MSP
78794	F40	89 ZFFGJ34B000078794
78795	Testarossa	
78797	Testarossa	88 LHD US ZFFSG17A1J0078797
78798	Testarossa	88 LHD US ZFFSG17A3J0078798
78799	Testarossa	White/beige
78800	328	GTS 88 ZFFXA20A9J0078800
78804	GTS	Turbo Red/Black ZFFZA28B000078804
78806	328	GTS 88 ZFFXA20AXJ0078806
78808	328	GTS Red/Crema LHD CH ZFFCA20S0000
78812	Testarossa	89 Red/Beige RHD UK ZFFAA17C000078812
78813	Testarossa	88 LHD US ZFFSG17A6J0078813
78820	328	GTS Rosso Corsa/Nero Nero Carpet
78821	328	GTS Red/Crema LHD CH ZFFCA20S0000
78823	328	GTS 88 ZFFXA20AXJ0078823
78826	Mondial	3.2 Red/Tan RHD ZFFWD21C000078826 Sunroof
78827	328	GTS LHD CH ZFFCA20S000078827
78828	328	GTS Red/Crema RHD eng. # 14880
78829	F40	89 Red/Red cloth ZFFGJ34B000078829
78831	Testarossa	Red/Black ZFFAA17B000078831
78833	Testarossa	88 Red/Tan ZFFSG17A1J0078833
78835	328	GTS 89 ZFFXA20A4K0078835
78841	328	GTS Red/Crema LHD ZFFCA20S000078841
78842	328	GTS 88 Red/Crema
78844	Mondial	3.2 Red/Black LHD ZFFWD21B000078844
78845	328	GTS 88 Rosso Corsa/Tan ZFFXA20A7K0078845
78847	Testarossa	88 Red/Tan LHD US ZFFSG17A1J00
78853	Testarossa	88 ¢ Rosso Corsa/Beige LHD US ZFFSG17A7J0078853
78854	Testarossa	88 Black/Black LHD US ZFFSG17A9J0078854
78856	Testarossa	black/Red LHD EU ZFFTA17B000078856
78861	Mondial	3.2 88 Dark Grey Black LHD
78863	328	GTS 89 ZFFXA20A9K0078863
78869	Testarossa	Red/Black 78869CDV
78871	Testarossa	88 Red/Tan LHD US ZFFSG17A9J0078871
78875	328	GTS 89 ZFFXA20A5K0078875
78876	328	GTS Red/Black
78877	328	GTS 89 metallic Blue chiaro/Crema ZFFXA20A9K0078877
78881	328	GTB 89 Red/Tan ZFFXA19A4K0078881
78883	328	GTS 89 Red/Tan ZFFXA20A4K0078883

s/n	Type	Comments
78885	328	GTS 89 ZFFXA20A8K0078885
78886	Testarossa	88 LHD US ZFFSG17A0J0078886
78887	Testarossa	88 LHD US ZFFSG17A2J0078887
78889	Testarossa	White Black LHD
78890	Testarossa	
78892	328	GTS 89 Red/Beige US ZFFXA20A5K0078892
78894	328	GTB 10/88 Red/Tan ZFFXA19A2K0078894
78895	Mondial	3.2 Cabriolet last #810/810 89 Red/Black LHD EU
78898	328	GTS 89 ZFFXA20A6K0078898
78900	328	GTB Red/Black ZFFWA19B000078900
78901	328	GTS 89 ZFFXA20A2K0078901
78902	328	GTS
78904	Testarossa	Red/Black
78907	Mondial	3.2 89 Rosso Corsa/Nero LHD EU
78909	328	GTS
78910	328	GTS Red/Crema RHD ZFFWA20C000078910
78912	328	GTS 89 White/black US LHD
76916	Testarossa	Red/Black
78918	328	GTS
78920	Testarossa	Rosso Corsa/Crema LHD ZFFAA17B000078920 78920LTU
78925	328	GTS 89 ZFFXA20A5K0078925
78927	328	GTS 89 Argento/Black LHD ZFFWA20B000078927
78929	328	GTS Red/Black
78932	328	GTS 89 ZFFXA20A2K0078932
78933	328	GTS
78934	328	GTS 88 Rosso/Cream ZFFWA20C000078934
78935	328	GTS Red/Tan ZFFWA20B000078935
78936	412	Automatic 88 Grigio Titanio Sabbia RHD
78937	Testarossa	88 LHD US ZFFSG17A2J0078937
78938	Testarossa	88 Red/Black LHD US ZFFSG17A4J0078938
78939	Testarossa	88 LHD US ZFFSG17A6J0078939
78940	Testarossa	88 LHD US ZFFSG17A2J0078940
78941	328	GTS 89 Rosso Corsa/Tan ZFFXA20A3K0078941
78942	328	GTS Black/Black ZFFWA20B000078942 78942VFC
78943	328	GTS 89 ZFFXA20A7K0078943
78944	328	GTS Rosso Corsa/black ZFFWA20B000078944
78949	Mondial	3.2 Red/Black LHD ZFFWD21B0000
78951	328	GTS Red ZFFWA20B000078951
78953	Testarossa	88 LHD US ZFFSG17A0J0078953
78954	Testarossa	88 Black/Tan LHD US ZFFSG17A2J0078954
78956	Testarossa	
78957	Testarossa	88 LHD US ZFFSG17A8J0078957
78958	Testarossa	88 Black/Black LHD US ZFFSG17AXJ0078958
78961	Testarossa	88 Red/Tan LHD EU
78967	328	GTS 89 Red/Tan ZFFXA20AXK0078967
78971	328	GTS 89 Red/Black ZFFXA20A1K0078971
78972	328	GTS 88 Red RHD UK ZFFWA20C00078972 eng. # 14762
78974	Testarossa	88 LHD US ZFFSG17A8J0078974
78978	Mondial	3.2 Red
78979	328	GTS 89 Black/Tan ZFFXA20A6K0078979
78982	328	GTS
78984	Mondial	3.2 Red Bordeaux LHD 78984SNB
78985	328	GTS 89 ZFFXA20A1K0078985
78987	328	GTS 89 Rosso Corsa/tan ZFFXA20A5K0078987
78989	328	GTS 89 ZFFXA20A9K0078989
78991	Testarossa	88 Red/Black LHD US ZFFSG17A8J0078991
78994	Testarossa	88 Red LHD ZFFAA17T0J0078994
78997	328	GTS 89 Red/Crema LHD EU ZFFWA20B0000 78997IIH
78998	GTS	Turbo 89 Red/Black ZFFA28B000078998
78999	328	GTS 89 Rosso (300/9) Crema ZFFWA20C000078999 eng. # 14687
79000	328	GTS 89 ZFFXA20A2K0079000
79003	328	GTS Rosso/nero ZFFWA20B000079003
79004	328	GTS 89 ZFFXA20AXK0079004
79005	328	GTB Red/Black LHD
79007	Testarossa	Red/Black LHD
79008	Testarossa	White/black LHD ZFFAA17B000079008 eng. #15491 colour coded spoilers
79009	Testarossa	88 LHD US ZFFSG17AXJ0079009
79013	328	GTS 89 ZFFXA20A0K0079013
79016	328	GTS
79019	328	GTS 89 Red/Tan ZFFXA20A1K0079019
79021	328	GTS 89 Metallic Blue chiaro/Crema ZFFXA20AXK0079021
79022	328	GTS 88 Red/Tan LHD ZFFWA20B0000
79023	328	GTS 89 ZFFXA20A3K0079023
79024	412	
79025	412	Automatic 89 Metallic Chiaro Blue/Crema RHD ZFFYD24C000079025
79026	Testarossa	88 Red/Black LHD ZFFAA17B0000
79027	Testarossa	Red/Black LHD
79029	Testarossa	88 Red/Tan LHD US ZFFSG17A5J0079029
79030	Testarossa	88 White/Tan LHD US ZFFSG17A1J0079030
79033	328	GTS 89 Black/Tan US ZFFXA20A6K0079033
79034	328	GTS Rosso Corsa/Black RHD
79035	328	GTS
79036	328	GTS
79037	328	GTS 89 White Red ZFFXA20A3K0079037
79039	328	GTS 89 Red/Crema US ZFFXA20A7K0079039
79041	GTB	Turbo Red/Tan
79042	328	GTS Red/Black ZFFWA20B000079042 79042DCZ
79043	328	GTB 88 Rosso/tan ZFFCA19S000079043
79045	Testarossa	88 Red/Tan LHD US ZFFSG17A3J0079045
79046	Testarossa	88 Red/Tan LHD US ZFFSG17A5J0079046
79047	Testarossa	
79049	Mondial	3.2 LHD EU ZFFWD21B000079049
79051	328	GTS
79053	328	GTS
79054	328	GTB 89 Red/Tan ZFFXA19A7K0079054
79057	328	GTS 89 White/Tan ZFFXA20A9K0079057
79058	328	GTS 89 Red/Tan ZFFXA20A0K0079058
79060	328	GTS 89 ZFFXA20A9K0079060
79064	Testarossa	Red/Tan LHD CH ZFFSA17S0000
79065	Testarossa	88 Red BlackLHD US ZFFSG17A9J0079065
79067	Testarossa	Red/Black 79067TYB
79069	Testarossa	
79070	Testarossa	88 LHD US ZFFSG17A2J0079070
79071	F40	LHD EU ZFFGJ34B000079071
79072	F40	89 ZFFGJ34B000079072, new to D
79074	328	GTB 89 ZFFXA19A2K0079074
79075	328	GTS
79076	328	GTB 89 Red/Tan ZFFXA19A6K0079076
79078	328	GTS 89 ZFFXA20A6K0079078
79083	328	GTS Red/Tan
79084	328	GTS 88 Red/Tan ZFFXA20A1K0079084
79087	Mondial	3.2 Blue Black LHD ZFFWD21B000079087
79088	328	GTS 89 ZFFXA20A9K0079088
79090	328	GTS 89 ZFFXA20A7K0079090
79095	328	GTS
79096	328	GTS 89 ZFFXA20A8K0079096
79099	F40	89 ZFFGJ34B000079099, new to I
79101	Testarossa	Red/Crema LHD CH ZFFSA17S000079101
79104	Mondial	3.2 Red/Black LHD EU
79105	GTB	Turbo dark Blue/Blue ZFFZA27B000079105
79108	328	GTS Red/Black
79109	328	GTS 89 Black/Black
79112	328	GTB Red/Black
79113	328	GTS 89 ZFFXA20A4K0079113
79114	328	GTS 89 Rosso (300/9)/Crema (VM 3997) RHD ZFFWA20C000079114 Eng. # 14697
79115	328	GTS 89 Red/Tan ZFFXA20A8K0079115
79119	Testarossa	88 LHD US ZFFSG17A6J0079119
79120	Testarossa	Red/Black ZFFAA17B000079120 79120NJJ
79121	Mondial	3.2 89 Red Crema RHD ZFFWD21C000079121
79123	328	GTS Red/Tan
79124	328	GTB 89 ZFFXA19A2K0079124
79127	Mondial	3.2 Red/beige LHD
79129	328	GTS Red/Black LHD SWE ZFFCA20S000079129

s/n	Type	Comments
79130	328	GTS 89 Red/Tan ZFFXA20A4K0079130
79132	328	GTS 89 ZFFXA20A8K0079132
79133	F40	Red/Black ZFFGJ34B000079133, new to D
79134	Testarossa	89 Rosso Corsa/Crema ZFFAA17C000079134 eng. # 15094
79136	Testarossa	89 Red/Tan LHD US ZFFSG17A4K0079136
79137	Testarossa	89 LHD US ZFFSG17A6K0079137
79138	412	GT 88 Rosso Corsa/Beige Manual RHD ZFFYD25C000079138
79140	328	GTS 89 ZFFXA20A7K0079140
79142	328	GTS 89 ZFFXA20A0K0079142
79144	Mondial	3.2 Black/Crema LHD ZFFWD21B000079144
79149	328	GTS 89 ZFFXA20A3K0079149
79150	GTB	Turbo Red/Black
79154	328	89 LHD US ZFFSG17A6K0079154
79155	Mondial	3.2 Red/Black LHD
79156	328	GTS 89 ZFFXA20A0K0079156
79157	328	GTS
79158	328	GTS 89 ZFFXA20A4K0079158
79160	328	GTS 89 ZFFXA20A2K0079160
79163	328	GTS Red/Black ZFFWA20B000079163
79164	328	GTS Red/Tan
79167	F40	89 Red ZFFGJ34B000079167, new to D
79168	Testarossa	89 Silver/Red LHD US ZFFSG17A6K0079168
79169	Testarossa	89 LHD US ZFFSG17A8K0079169
79170	Mondial	3.2 QV 1/89 dark metallic Blue/tan LHD EU
79171	328	GTS 89 ZFFXA20A7K0079171
79173	328	GTS 89 Blue Metallic Beige ZFFXA20A0K0079173
79174	328	GTS 89 Red/Black ZFFWA20B000079174
79175	328	GTS 89 ZFFXA20A4K0079175
79178	328	GTS Red/Crema RHD
79181	328	GTS
79186	328	GTS black/Crema ZFFXA20A9K00
79190	328	GTS 88 Black/Black ZFFXA20A0K0079190
79192	328	GTS 89 Red/Black US ZFFXA20A4K0079192
79193	328	GTS
79194	328	GTS 89 Red/Tan ZFFXA20A8K0079194
79196	328	GTB Red/Tan LHD CH ZFFCA19S000079196
79197	F40	89 ZFFGJ34B000079197, new to B
79198	Testarossa	
79199	Testarossa	Red/Red LHD ZFFAA17B000079199
79200	Testarossa	89 LHD US ZFFSG17A9K0079200
79201	Mondial	3.2 Red/Black
79202	328	GTS 89 Red/Tan
79204	328	GTS 89 Rosso Corsa/Tan ZFFXA20A7K0079204
79207	Mondial	3.2 Red/Black
79208	328	GTS 89 ZFFXA20A4K0079208
79210	328	GTS 89 ZFFXA20A2K0079210
79211	328	GTB Red/Black
79212	328	GTS 89 White/White ZFFXA20A6K0079212
79213	412	Blue metallic/tan LHD ZFFYD24B000079213
79214	Testarossa	89 LHD US ZFFSG17A9K0079214
79215	Testarossa	Red/Crema
79216	Testarossa	89 Red/Black LHD ZFFAA17B000079216
79219	Testarossa	88 Red/Tan ZFFSG17AXJ0079219
79220	Testarossa	89 LHD US ZFFSG17A4K0079220
79222	328	GTB Twin Turbo race-prepa Red Rosso/tan
79223	GTS	Turbo Red/Black LHD EU
79227	Mondial	3.2 Red/Beige LHD 79227ICG
79230	328	GTS 89 ZFFXA20A8K0079230
79231	328	GTS 89 Red/Tan LHD ZFFXA20AXK00
79232	328	GTS 89 ZFFXA20A1K0079232
79234	Testarossa	89 Red/Tan LHD US ZFFSG17A4K0079234
79235	Testarossa	89 Yellow LHD US ZFFSG17A6K0079235
79236	Testarossa	Koenig Spider Conversion by Koenig Red Brown LHD Twin Turbo
79244	328	GTS 89 ZFFXA20A8K0079244
79246	328	GTS 89 ZFFXA20A1K0079246
79249	Testarossa	Red/Tan
79251	Testarossa	89 Red/Beige LHD US ZFFSG17A4K0079251
79252	Testarossa	89 Red/Tan LHD ZFFSG17A6K0079252
79253	Testarossa	89 LHD US ZFFSG17A8K0079253
79255	328	GTS 89 ZFFXA20A2K0079255
79256	328	GTS black/black
79257	328	GTS Red/Crema ZFFCA20S0000 79257NKC
79258	328	GTS 89 ZFFXA20D000079258
79260	Mondial	3,2
79263	328	GTS 4/89 Red/Tan ZFFXA20A1K0079263
79265	328	GTS 89 ZFFXA20A5K0079265
79266	F40	89 Red/Black w. Red cloth ZFFGJ34B000079266, new to D
79267	412	Automatic
79268	412	dark Blue/black
79271	Testarossa	89 LHD US ZFFSG17AXK0079271
79272	Mondial	3.2 89 Red RHD ZFFE21D000079272 eng. # 4014259
79276	328	GTS 89 ZFFXA20AXK0079276
79278	Mondial	3.2 89 Red/Black
79279	328	GTS 89 ZFFXA20A5K0079279
79281	328	GTS 11/88 Rosso Corsa/Tan ZFFXA20A3K0079281
79282	328	GTS 89 Red/Tan ZFFXA20A5K0079282
79284	F40	89 Red/Red cloth ZFFGJ34B000079284, new to F
79288	Testarossa	
79289	Testarossa	89 LHD US ZFFSG17A7K0079289
79292	328	GTS Red/Tan
79293	328	GTS 89 ZFFXA20AXK0079293
79294	328	GTS 88 Red ZFFXA20D000079294 eng. # F10SC04015609
79299	328	GTS 89 ZFFXA20A0K0079299
79300	328	GTS 89 ZFFXA20A3K0079300
79302	F40	89 Red/Black w. Red cloth ZFFGJ34B000079302, new to F
79304	Testarossa	Red/Black LHD driving school car fitted with two sets of pedals
79306	Testarossa	Red/Tan LHD
79307	Testarossa	Red/Crema LHD
79311	Testarossa	89 White/Tan LHD US ZFFSG17A7K0079311
79312	Testarossa	Red
79316	GTS	Turbo 89 Rosso Corsa/cream LHD ZFFZA28B000079316 79316WWP
79318	328	GTS 89 ZFFXA20A0K0079318
79319	Mondial	3,2
79320	328	GTS 89 Red/an ZFFXA20A9K0079320
79321	328	GTS Red/Tan
79322	328	GTS Red/Crema RHD UK ZFFWA20C000079322
79323	328	GTS Red/Black ZFFWA20B000079323 79323AJG
79324	328	GTS 89 Red/Crema LHD
79325	Testarossa	Red/Tan RHD ZFFAA17C000079325
79326	Testarossa	89 LHD US ZFFSG17A9K0079326
79327	Testarossa	89 LHD US ZFFSG17A0K0079327
79328	Testarossa	89 LHD US ZFFSG17A2K0079328
79332	328	GTB 88 Rosso/Nero & Crema RHD eng. # 15542
79334	328	GTS 89 Argento/Black LHD
79336	Mondial	3.2 Blue Crema RHD ZFFWD21C000079336
79338	328	GTS 89 Red/Black LHD
79339	328	GTS 89 ZFFXA20A8K0079339
79342	Testarossa	89 Red/Tan ZFFSG17A7K0079342
79343	Testarossa	Spider Conversion by Straman 89 White ZFFSG17A9K0079343
79345	Testarossa	Red ZFFAA17B0000
79347	Testarossa	LHD CH ZFFSA17S000079347
79348	Mondial	3.2 last RHD UK Red/Magnolia RHD UK
79349	328	GTB 89 ZFFXA19A4K0079349
79350	328	GTS Red/Crema RHD
79353	328	GTS 89 ZFFXA20A2K0079353
79355	GTS	Turbo Red/Black ZFFZA28B0000
79356	328	GTS 89 Black/Black ZFFXA20A8K0079356
79357	328	GTS
79358	328	GTS 89 Red/Tan ZFFXA20A1K0079358
79362	Testarossa	89 LHD US ZFFSG17A2K0079362
79363	Testarossa	89 LHD US ZFFSG17A4K0079363

s/n	Type	Comments	s/n	Type	Comments
79366	328	GTS 89 Black/Red	79487	Testarossa	89 Red/Black LHD US ZFFSG17A0K0079487
79367	328	GTS	79490	F40	89 ZFFGJ34B000079490
79373	328	GTS Red/Tan	79491	328	GTS 89 Black/tan USZFFXA20A3K0079491
79374	328	GTS 89 Rosso Corsa/Beige ZFFXA20D000079374	79496	328	GTS 89 Red ZFFXA20D000079496 eng. # F105C04015963
79376	328	GTS 89 ZFFXA20A3K0079376	79497	328	GTB
79377	F40	Red/Red cloth, new to B	79498	328	GTS
79378	Testarossa	89 Black/Grey LHD	79503	Mondial	t Cabriolet LHD ZFFKC33B000079503
79379	Testarossa	89 Red/Tan LHD US ZFFSG17A8K0079379	79505	Testarossa	89 Prugna RHD eng. # 15234
79381	Testarossa	Red/Tan	79506	Testarossa	89 LHD US ZFFSG17A0K0079506
79383	328	GTS Rosso Corsa/Cream ZFFWA20C000079383	79507	Testarossa	89 LHD US ZFFSG17A2K0079507
79384	Mondial	3,2	79508	Testarossa	89 LHD US ZFFSG17A4K0079508
79385	Mondial	t 3.4 Cabriolet 89 Red/Black LHD ZFFKC33C000079385	79509	Mondial	t Competition Conversion
			79510	328	GTS 89 Black/Tan ZFFXA20A3K0079510
79392	328	GTB 89 Red/Tan US ZFFXA19A5K0079392	79511	328	GTS black/black 79511PJJ
79393	328	GTS 11/88 Red/Crema RHD UK ZFFWA20C000079393	79517	328	GTS 89 ZFFXA20A6K0079517
			79519	328	GTS Red/Cream RHD ZFFWA20C000079519
79394	328	GTS 89 Rosso Corsa/Beige ZFFXA20D000079394 eng. # F105D04015614	79520	328	GTS 89 Black/Black LHD
			79522	Testarossa	89 Red/Black LHD US ZFFSG17A9K0079522
79397	328	GTS 89 Red/Tan ZFFXA20A0K0079397	79524	Testarossa	89 LHD US ZFFSG17A2K0079524
79399	Testarossa	11/88 Red/Tan ZFFSG17A3K0079399	79525	412	i Automatic ZFFYD240000079525
79400	Testarossa	89 White/Tan LHD US ZFFSG17A6K0079400	79526	328	GTS 89 Red/Tan ZFFXA20A7K0079526
79402	Testarossa	Red/Black ZFFAA17B0000	79528	328	GTS 89 ZFFXA20A0K0079528
79404	Testarossa	89 Red/Tan LHD EU	79534	328	GTS 89 ZFFXA20A6K0079534
79405	328	GTS 89 ZFFXA20A6K0079405	79535	328	GTB
79407	328	GTS 89 ZFFXA20AXK0079407	79537	F40	89 Red ZFFGJ34B000079537, new to B
79408	328	GTS 89 Red/Black RHD ZFFWA20C000079408	79539	Testarossa	89 Black/Red LHD US ZFFSG17A4K0079539
79412	328	GTS 89 Black/Black LHD	79547	328	GTS 89 Red/Crema LHD
79413	328	GTS 89 Giallo Fly/Naturale LHD	79550	328	GTS 89 Rosso Corsa/Tan LHD EU
79414	328	GTS 89 ZFFXA20A7K0079414	79551	328	GTS 89 Red/Tan ZFFXA20A6K0079551
79417	Testarossa	89 LHD US ZFFSG17A1K0079417	79552	Mondial	3.2 Red/Black ZFFWD21B000
79419	Testarossa	89 LHD US ZFFSG17A5K0079419	79556	328	GTS 89 Red, ZFFWA20B000079556
79422	328	GTB 89 ZFFXA19AXK0079422	79557	328	GTB Red/Tan ZFFCA19S000079557
79423	328	GTS 89 ZFFXA20A8K0079423	79559	Testarossa	Red/Black
79424	328	GTS 89 Red/Tan ZFFXA20AXK0079424	79562	Testarossa	89 LHD US ZFFSG17AXK0079562
79425	GTS	Turbo	79563	Testarossa	Red/Black
79426	Mondial	3.2 89 Red RHD ZFFE21D000079426 eng. # F105C04015442	79564	Testarossa	Red/Black LHD ZFFAA17B000079564 79564WFC
79427	328	GTS 89 ZFFXA20A5K0079427	79565	Testarossa	89 LHD US ZFFSG17A5K0079565
79431	328	GTB 89 Red/Crema LHD	79568	328	GTS 89 ZFFXA20A1K0079568
79432	F40	89 Red/Red seats LHD ZFFGJ34B000079432, new to D	79569	328	GTS Red/Black ZFFWA20B0000 79569DSC
			79570	328	GTS 89 ZFFXA20AXK0079570
79434	Testarossa	Red/Black	79571	328	GTS 89 Red/Crema
79435	Testarossa	Red	79572	328	GTS 89 Red/Tan ZFFWA20B000079572
79437	Testarossa	Red LHD ZFFAA17B000079437	79573	Mondial	t Competition Conversion
79438	Testarossa	89 Blue/Tan LHD US ZFFSG17A9K0079438	79575	F40	89 Red/Red cloth, new to GB
79439	Testarossa	89 LHD US ZFFSG17A0K0079439	79581	328	GTS 89 ZFFXA20A4K0079581
79440	412	89 RHD	79582	328	GTS 89 Red RHD UK eng. # 15721
79443	328	GTS 89 ZFFXA20A3K0079443	79583	328	GTS 89 ZFFXA20A8K0079583
79445	328	GTS 89 ZFFXA20A7K0079445	79584	328	GTS Red/Black
79447	Mondial	3.2 89 Red RHD ZFFE21D000079447 eng. # F105A0204015443	79585	328	GTS Red/Black
			79591	328	GTS 12/88 Red/Tan US ZFFXA20A7K0079591
79448	328	GTS 89 Black Metallic/Black ZFFXA20A2K0079448	79593	Testarossa	Spider Conversion by Lorenz & Rankl Red/Black
79450	328	GTS Red/Black LHD ZFFWA20B000079450	79594	Testarossa	89 Black/Crema LHD US ZFFSG17A1K0079594 ex-Mike Tyson
79452	GTS	Turbo 89 Red/Black LHD EU	79595	Testarossa	89 Black/Black LHD US ZFFSG17A3K0079595
79453	Mondial	t Red/Black	79596	Mondial	t first
79457	328	GTS LHD EU ZFFWA20B000079457	79597	328	GTS 89 ZFFXA20A8K0079597
79461	328	GTS 89 ZFFXA20A5K0079461	79599	328	GTS 89 Red/Black LHD ZFFXA20A1K00
79462	328	GTB Red/Tan LHD CH ZFFCA19S0000	79600	328	GTB 88 Silver/Black Manual ZFFZA19B000079600
79463	328	GTS 89 ZFFXA20A9K0079463	79601	328	GTS 89 ZFFXA20A6K0079601
79464	328	GTS 89 Red/Black	79603	328	GTB 89 Red/Tan LHD CH ZFFCA19S000079603 exported to Canada
79465	328	GTS 89 ZFFXA20A2K0079465			
79469	Mondial	t Cabriolet silver metallic/black LHD	79604	328	GTS 89 dark Red/Crema
79472	328	GTB	79606	328	GTS 89 ZFFXA20A5K0079606
79475	328	GTS 11/89 Black/tan ZFFXA20A5K0079475	79608	F40	Red, new to SA
79479	328	GTS 89 ZFFXA20A2K0079479	79609	412	89 Grey/Red LHD
79481	328	GTS Red/Tan LHD CH ZFFCA20S000079481	79613	Testarossa	LHD CH ZFFSA17S000079613
79482	F40	Red/Black w. Red cloth seats LHD EU ZFFGJ34B000079482, new to B	79617	Testarossa	12/88 White/Grey US ZFFSG17A9K0079617
			79624	328	GTS 89 ZFFXA20A7K0079624
79485	Testarossa	89 Rosso/Nero ZFFAA17B000079485 79485SWG	79627	328	GTS
79486	Testarossa	89 Red/Black LHD US ZFFSG17A9K0079486			

s/n	Type	Comments
79628	328	GTB Red/Black ZFFWA19B000079628 79628WKW
79629	328	GTS 89 Red/Tan ZFFXA20A6K0079629
79633	Testarossa	
79634	Testarossa	
79635	Testarossa	Red/Beige LHD
79636	Testarossa	89 LHD US ZFFSG17A2K0079636
79638	328	GTS 89 ZFFXA20A7K0079638
79644	328	GTS 89 ZFFXA20A2K0079644
79645	328	GTS
79653	Testarossa	Red/Black
79654	F40	Red/Red cloth ZFFGJ34B000079654, new to E
79655	F40	Rosso Corsa/Red & black LHD EU ZFFGJ34B000079655, new to MEX
79657	328	GTS 89 ZFFXA20A0K0079657
79658	328	GTS 89 Rosso Corsa/Nero
79659	328	GTB 89 ZFFXA19A8K0079659
79661	328	GTS Red/Cream RHD ZFFWA20C000079661 shields
79663	328	GTB 12/88 Rosso Corsa/Tan ZFFXA19AXK0079663
79664	328	GTS Rosso Corsa/Black LHD ZFFWA20B000079664
79665	328	GTS 89 ZFFXA20AXK0079665
79668	Testarossa	89 LHD US ZFFSG17A4K0079668
79669	Testarossa	89 Red/Tan LHD US ZFFSG17A6K0079669
79671	Mondial	3.2 last
79672	328	GTB 89 ZFFXA19A0K0079672
79675	328	GTS Rosso Corsa/black ZFFWA20B000079675
79676	328	GTS 89 Rosso Corsa/Tan ZFFXA20A4K0079676
79678	328	GTS 89 ZFFXA20A8K0079678
79679	328	GTB Blu Sera/Beige ZFFWA19B000079679 79679JJJ
79680	328	GTS Red
79682	328	GTS Red/Black
79683	Testarossa	89 LHD US ZFFSG17A0K0079683
79684	Testarossa	89 White then Rosso Corsa/Tan LHD ZFFSG17A2K0079684
79685	Testarossa	Spider Conversion by Koenig Red Tobacco LHD
79687	F40	5/90 Red/Black Red seats ZFFGJ34B000079687 , new to CH
79688	Testarossa	89 Red/Tan LHD Matsuda Collection
79689	Testarossa	89 Black/Tan LHD US ZFFSG17A1K0079689
79692	328	GTS 89 Red/Tan LHD ZFFXA20A2K00
79693	328	GTS Red/Black ZFFWA20B0000
79694	328	GTS 89 Red/Tan ZFFXA20A6K0079694
79695	328	GTB
79696	328	GTS 89 Red/Crema ZFFXA20AXK0079696
79700	GTS	Turbo LHD EU ZFFZA28B000079700
79701	328	GTS 89 Red/Tan ZFFXA20AXK0079701
79705	328	GTS
79710	328	GTB 89 ZFFXA19A4K0079710
79712	328	GTS
79714	328	GTS 89 Red/Tan ZFFXA20A8K0079714
79715	Testarossa	Red
79716	Testarossa	Red/Red ZFFSA17S0000
79717	Testarossa	Dark Blue Black LHD
79718	Testarossa	White/tanZFFAA17B000079718 79718KMA
79719	F40	89 ZFFGJ34B000079719
79721	328	GTS 89 ZFFXA20A5K0079721
79723	328	GTS 89 Red/Tan LHD EU ZFFCA20S0000 79723EXE
79726	Mondial	t Red/Tan
79729	328	GTS 89 ZFFXA20AXK0079729
79730	328	GTB 89 ZFFXA19AXK0079730
79732	412	GT Blue/Black Manual ZFFYD25B000079732
79733	Testarossa	89 LHD US ZFFSG17A0K0079733
79734	328	GTS 89 Red/Tan LHD
79736	Mondial	t Red/Black LHD
79737	328	GTS 89 Red/Tan ZFFXA20A9K0079737
79739	328	GTS 89 Red/Tan hide ZFFCA20S000079739
79740	328	GTS 89 ZFFXA20A9K0079740
79742	Mondial	t Red/Black LHD ZFFKD32B000079742
79743	328	GTS 89 Black/Tan LHD ZFFXA20A4K00
79744	328	GTS Rosso Corsa/Tan Hide/Rosso Carpets,/Rear Spoiler 13.04.89
79745	328	GTS 89 ZFFXA20A8K0079745
79747	328	GTS Red/Tan
79750	Testarossa	Black Red LHD
79755	GTS	Turbo Red/Tan
79756	328	GTB 89 Red/Tan ZFFXA19A6K0079756
79758	328	GTS
79759	328	GTS 89 ZFFXA20A8K0079759
79761	328	GTS 89 ZFFXA20A6K0079761
79763	F40	89 Red/Red seats LHD ZFFGJ34B000079763, new to I
79765	Testarossa	89 Red/Black RHD ZFFAA17C000079765 eng. # 15768
79768	Testarossa	Prugna Tan LHD
79772	328	GTB Red/Black ZFFWA19B000079772 79772HHH
79773	328	GTS 89 ZFFXA20A2K0079773
79774	328	GTS Red/Black
79775	328	GTS 89 ZFFXA20A6K0079775
79778	328	GTS 89 Yellow/black & Red, was Red/Red alloy body US ZFFXA20A1K00
79779	328	GTS
79780	328	GTS 12/88 Red/Tan ZFFXA20AXK0079780
79782	Testarossa	89 White/White LHD US ZFFSG17A2K0079782
79783	F40	89 ZFFGJ34B000079783
79787	GTS	Turbo 89 Red/Black ZFFZA28B000079787
79790	328	GTS 89 ZFFXA20A2K0079790
79792	Mondial	t Red/Black LHD
79793	328	GTS Red/Red
79794	328	GTS 89 Red/Tan ZFFXA20AXK0079794
79795	328	GTS 89 ZFFXA20A1K0079795
79797	328	GTS 89 ZFFXA20A5K0079797
79798	Testarossa	Red/Black LHD
79800	Testarossa	Red/Crema
79801	F40	89, new to D
79804	328	GTS 89 Black Red ZFFXA20A9K0079804
79805	328	GTS 89 Red/Black ZFFXA20A0K0079805
79807	Mondial	t Red/Black LHD ZFFWA20B0000 79807NTT
79809	328	GTS 2/89 Rosso Corsa/Crema RHD UK
79810	328	GTS 89 ZFFXA20A4K0079810
79812	328	GTS 89 White/black then Rosso Corsa/Black ZFFXA20A8K0079812
79815	Testarossa	89 White/White LHD US ZFFSG17A2K0079815
79817	Testarossa	89 LHD US ZFFSG17A6K0079817
79818	Mondial	t Red/Black LHD
79819	328	GTB Rosso Corsa/black ZFFWA19B000079819 79819GJG
79822	328	GTS 89 Black/Tan ZFFXA20A0K0079822
79823	328	GTS Rosso Corsa/Crema RHD ZFFWA20C000079823
79825	328	GTS 89 ZFFXA20A6K0079825
79827	328	GTS 12/88 Red/Tan ZFFXA20AXK0079827
79829	328	GTS 89 ZFFXA20A3K0079829
79831	Testarossa	89 LHD US ZFFSG17A0K0079831
79834	Testarossa	89 LHD US ZFFSG17A6K0079834
79837	328	GTS 89 Red ZFFXA20D000079837 eng. # F105C04016239
79839	328	GTS 89 ZFFXA20A6K0079839
79840	328	GTS 89 Red/Tan ZFFXA20A2K0079840
79842	F40	89 Red LHD
79844	328	GTS 3/89 Red/Black RHD ZFFXA20D000079844 eng. # F105C04016303
79845	328	GTS 89 Red/Tan ZFFXA20A1K0079845
79846	328	GTS 89 ZFFXA20A3K0079846
79847	412	i blu
79851	Testarossa	89 Red/Tan ZFFSG17A6K0079851 ex-Wayne Gretzky
79853	328	GTB Rosso Corsa/Nero Rosso Carpets, rear spoiler, 24.2.89,
79855	328	GTS 89 Rosso Corsa/Beige ZFFXA20A4K0079855

s/n	Type	Comments
79857	328	GTS
79858	Mondial	t 89 Red/Black LHD
79860	328	GTS 89 Red/Tan ZFFXA20A8K0079860
79862	328	GTS 89 Red/Tan ZFFXA20A1K0079862
79863	328	GTS 89 ZFFXA20A3K0079863
79864	Testarossa	Black/Tan LHD
79865	Testarossa	Red/Black LHD EU
79867	Testarossa	89 White/Black LHD US ZFFSG17AXK0079867
79868	Testarossa	89 LHD US ZFFSG17A1K0079868
79869	F40	89 Rosso Corsa/black & Red, new to D
79870	F40	Red/Red seats LHD ZFFGJ34B000079870, new to D
79873	328	GTS 89 ZFFXA20A6K0079873
79874	328	GTS 89 ZFFXA20D000079874 eng. # F105C04016387 288 GTO Replica Red
79875	328	GTS 89 ZFFXA20AXK0079875
79876	328	GTS 89 ZFFXA20A1K0079876
79879	328	GTS 89 Red/Tan ZFFXA20A7K0079879
79881	328	GTS 89 ZFFXA20A5K0079881
79883	F40	Valeo Red/Red cloth ZFFGJ34B000079883 ex-Commendatore Agnelli
79884	Testarossa	
79887	288	GTO Evoluzione #2/6
79888	288	GTO Evoluzione #5/6 Rosso Corsa/Red & Black ZFFPX16X0J0079888 eng. # F114CKEV004
79889	288	GTO Evoluzione #6/6 ZFFPX16X0J0079889
79890	F40	LM Michelotto #1 Red/Black w. Red cloth
79891	F40	LM Michelotto #2 Red, Pozzi 24 h Daytona 2000,
79896	328	GTS Red Red
79900	328	GTS 89 ZFFXA20A5K0079900
79901	328	GTS 89 ZFFXA20A7K0079901
79902	F40	89 Red/Black w. Red cloth ZFFGJ34B000079902, new to D
79903	F40	
79906	Testarossa	Red/Tan LHD
79909	Testarossa	89 LHD US ZFFSG17A0K0079909
79914	328	GTS 89 Red ZFFXA20A5K0079914
79915	328	GTS 89 ZFFXA20A7K0079915
79917	328	GTS 89 White/Tan ZFFXA20A0K0079917
79918	328	GTS 89 Red/Crema
79919	328	GTB Rosso Corsa/Black LHD 79919UMU
79920	328	GTS Red/beige RHD ZFFWA20C0000
79921	328	GTS 89 ZFFXA20A2K0079921
79922	F40	CSAI-GT (LM GTE) 89 ZFFGJ34B000079922, new to E
79923	Testarossa	
79924	Testarossa	LHD EU ZFFAA17B000079924
79926	Testarossa	88
79927	Testarossa	Red/Tan LHD
79930	Testarossa	Red/Tan RHD
79934	F40	89 ZFFGJ34B000079934, new to D
79936	Mondial	t Rosso Corsa/Tan LHD ZFFKD32B000079936 79936NAU Sunroof
79938	328	GTS 89 Rosso Corsa Crema RHD eng. # 16532
79945	328	GTS 89 ZFFXA20A5K0079945
79946	328	GTB
79947	328	GTS 89 Red/Brown ZFFXA20A9K0079947
79948	Testarossa	Blue metallic Tan LHD
79954	Testarossa	Red/Tan LHD CH ZFFSA17S0000
79955	328	GTS 89
79956	Testarossa	89 LHD US ZFFSG17A9K0079956
79957	Testarossa	Spider Conversion by Straman 89 Black/Black LHD US ZFFSG17A0K0079957
79961	328	GTS 89 ZFFXA20A3K0079961
79962	328	GTS Red ZFFWA20B000079962
79963	Testarossa	89 Red/Tan LHD
79964	328	GTS
79967	328	GTS 89 ZFFXA20A4K0079967
79968	328	GTS 89 Rosso Corsa/Tan ZFFXA20A6K0079968
79970	328	GTS 89 ZFFXA20A4K0079970
79971	F40	89 Red/Black w. Red cloth ZFFGJ34B000079971, new to D
79974	Testarossa	89 LHD US ZFFSG17A0K0079974
79975	Testarossa	89 Red/Beige LHD US ZFFSG17A2K0079975
79976	Testarossa	89 LHD US ZFFSG17A4K0079976
79978	GTS	Turbo 89 Red/Black LHD EU
79979	328	GTS 89 Red/Tan LHD
79981	328	GTS 89 ZFFXA20A9K0079981
79982	328	GTS 89 Red/Tan ZFFXA20A0K0079982
79984	328	GTS 1/89 Rosso Corsa/Tan
79985	328	GTS 89 Red/Tan LHD ZFFXA20A6K0079985
79987	328	89 Red/Tan
79988	F40	Red/Red Cloth, new to D, ex-Michael Schumacher
79991	Testarossa	89 Rosso/Nero ZFFAA17B000079991
79992	Testarossa	89 White/White LHD US ZFFSG17A2K0079992
79995	328	GTS
79997	328	GTS
80001	328	GTS 1/89 Red/Tan LHD US ZFFXA20A9K0080001
80002	328	GTS 89 Red/Tan LHD US ZFFXA20A0K0080002
80003	328	GTS 89 Red/Tan ZFFXA20A2K0080003
80007	Testarossa	89 LHD US ZFFSG17A9K0080007
80009	Testarossa	
80813	328	GTS 89 Silver/black LHD ZFFXA20A4K00
80014	328	GTS 89 Red/Tan ZFFXA20A7K0080014 exported to Europe
80016	Mondial	t Red/Tan LHD
80018	328	GTS 89 Red ZFFXA20D000080018 eng. # F105C04016291
80019	328	GTS Red/Tan LHD US ZFFXA20A6K0080019
80021	328	GTS Red/Tan LHD US ZFFXA20A4K0080021
80022	F40	89 Red/Red cloth tan seats LHD ZFFGJ34B000080022, new to I, ex-Nigel Mansell
80024	Testarossa	89 Black/Black LHD US ZFFSG17A9K0080024
80025	Testarossa	89 Rosso Corsa/Tan LHD US ZFFSG17A0K0080025
80026	Testarossa	89 Black/Crema LHD US ZFFSG17A2K0080026
80029	328	GTB 89 Red/Tan LHD US ZFFXA19A2K0080029
80030	328	GTS 89 ZFFXA20A5K0080030
80032	328	GTS 89 Red/Tan LHD US ZFFXA20A9K0080032
80033	328	GTS Red
80034	Mondial	t Red/Black LHD EU
80036	328	GTS 89 Red/Tan LHD US ZFFXA20A6K0080036
80037	328	GTS 89 LHD US ZFFXA20A8K0080037
80038	328	GTS 89 Red/Tan ZFFXA20AXK0080038
80039	328	GTS 89 Red/Tan ZFFXA20A1K0080039
80040	Testarossa	Red/Black
80041	Testarossa	89 LHD US ZFFSG17A9K0080041
80042	Testarossa	89 Black/grey LHD US ZFFSG17A0K0080042
80047	328	GTS 89 ZFFXA20A0K0080047
80048	328	GTS Red/Black RHD
80049	328	GTS 89 Black/tan LHD US ZFFXA20A4K0080049
80050	328	GTB 89 Red/Tan LHD US ZFFXA19A4K0080050
80052	328	GTS 89 Red/Tan-brown LHD US ZFFXA20A4K0080052
80054	328	GTB 89 Red/Tan LHD US ZFFXA19A1K0080054
80056	328	GTS 89 ZFFXA20A1K0080056
80057	F40	89, new to I
80058	Testarossa	
80059	Testarossa	Grey/Black LHD EU ZFFAA17B0000
80060	Testarossa	White/magnolia LHD ZFFAA17B000080060
80064	328	GTS 89 ZFFXA20A0K0080064
80066	328	GTS 89 ZFFXA20A4K0080066
80067	328	GTS Red/Black ZFFWA20B0000
80071	328	GTS 89 ZFFXA20A8K0080071
80072	328	GTS Red
80074	F40	89, new to I
80075	Testarossa	89 Red/Tan LHD US ZFFSG17A4K0080075
80078	Testarossa	Red/Tan
80080	Testarossa	
80081	328	GTB Red/Tan
80082	328	GTS Red/Black

s/n	Type	Comments
80083	328	GTS 89 ZFFXA20A4K0080083
80084	328	GTS 89 ZFFXA20A6K0080084
80090	328	GTS 89 Rosso Corsa/Nero LHD EU
80095	Testarossa	Rosso/Nero ZFFAA17B000080095
80097	Mondial	t LHD EU ZFFKD32B000080097
80098	328	GTB
80100	328	GTS 89 ZFFXA20A0K0080100
80101	328	GTB Red/Tan
80105	328	GTS 89 ZFFXA20AXK0080105
80109	F40	89 Red/Black w.Red cloth seats EULHD ZFFGJ34B000080109, new to I
80111	Testarossa	1/89 Red/Crema then Blue/Tan ZFFSG17A4K0080111
80112	Testarossa	89 LHD US ZFFSG17A6K0080112
80113	Testarossa	89 Red/Tan LHD US ZFFSG17A8K0080113
80114	Testarossa	Red/Tan ZFFSA17S000080114
80118	328	GTB Red/Black LHD CH ZFFCA19S000080118
80120	328	GTS 89 Red/Tan LHD EU ZFFXA20A6K0080120
80121	Mondial	t Red/Black
80122	328	GTB Red/Tan LHD EU ZFFWA19B000080122 80122GKG
80125	328	GTS 89 ZFFXA20A5K0080125
80126	328	GTS 89 White then Giallo Modena/tan LHD US ZFFXA20A7K0080126
80127	F40	89 Red/Black w.Red cloth seats ZFFGJ34B000080127, new to I
80128	Testarossa	89 Red/Black RHD ZFFAA17C000080128
80130	Testarossa	89 Red/Black LHD US ZFFSG17A8K0080130
80135	328	GTB Red/Tan
80137	328	GTS Rosso Corsa/Black LHD ZFFWA20B000080137
80138	Mondial	t
80139	328	GTB Red
80142	328	GTS 89 Red/Tan LHD US ZFFXA20A5K0080142
80143	328	GTS 89 Red/Tan LHD US ZFFXA20A7K0080143
80144	Testarossa	89 LHD US ZFFSG17A8K0080144
80146	Testarossa	89 Red LHD SWE ZFFSA17S000080146
80148	Testarossa	89 Red/Tan LHD US ZFFSG17A5K0080148
80152	Mondial	t Yellow/Black
80153	328	GTS Black/grey
80154	328	GTS Black
80155	Mondial	t Black Crema LHD
80156	328	GTS Red/Black LHD EU
80157	328	GTB
80158	328	GTS 89 LHD US ZFFXA20A9K0080158
80159	328	GTS 89 Red/Tan LHD US ZFFXA20A0K0080159
80160	328	GTS Red/Tan LHD CH ZFFCA20S000080160
80161	F40	89, new to F
80162	Testarossa	89 White/tan LHD US ZFFSG17AXK0080162
80163	Testarossa	Red/Tan LHD US
80165	Testarossa	89 Red/Tan LHD US ZFFSG17A5K0080165
80167	328	GTB Rosso Corsa/Black LHD ZFFWA19B000080167 shields
80168	328	GTS Red/Black ZFFWA20B000080168
80170	328	GTS Red/Black LHD EU ZFFWA20B000080170
80171	328	GTS
80172	Mondial	t Red/Black
80174	328	GTS 89 Red/Tan LHD US ZFFXA20A7K0080174
80175	328	GTS 89 ZFFXA20A9K0080175
80176	Testarossa	
80177	Testarossa	89 Red/Tan LHD US ZFFSG17A1K0080177
80180	Testarossa	89 Red/Tan LHD US ZFFSG17A1K0080180
80181	Mondial	t Red/Black sport seats LHD EU ZFFKD32B000080181 80181NWW sunroof
80182	328	GTS 89 LHD US ZFFXA20A6K0080182
80183	328	GTB 89 Red/Black
80184	328	GTS 89 Black/tan LHD US ZFFXA20AXK0080184
80187	Mondial	t Red/Tan LHD
80189	328	GTS Dark Blue/black LHD EU
80190	328	GTB Red/Black LHD JP ZFFXA19JAP0080190
80192	328	GTS 89 ZFFXA20A9K0080192

s/n	Type	Comments
80193	F40	89 Rosso Corsa/Black & Red cloth LHD ZFFGJ34B000080193 window-code F496 MO, new to F
80194	412	LHD Manual EU ZFFYD25B000080194
80197	Testarossa	89 White/Black LHD US ZFFSG17A7K0080197
80198	Testarossa	89 LHD US ZFFSG17A9K0080198
80199	Mondial	t Red/Black LHD
80200	328	GTS 89 Rosso Corsa/Beige LHD US ZFFXA20A4K0080200
80205	Mondial	t Red/Black LHD
80208	328	GTS 89 Blue LHD SWE ZFFCA20S000080208
80209	328	GTB Red/Black LHD EU
80210	328	GTS 89 Red/Tan LHD US ZFFXA20A7K0080210
80211	F40	89 Red/Black w. Red cloth LHD EU ZFFGJ34B000080211
80213	Testarossa	Red/Tan
80215	Testarossa	89 ZFFSG17A5K0080215
80216	Mondial	t Dark metallic Red/Crema LHD EU
80218	328	GTS 89 Red LHD
80219	328	GTS Red/Tan
80220	328	GTS Rosso Corsa/Black 80220TRU
80221	328	GTS 89 Red/Tan LHD US ZFFXA20A1K0080221
80228	Testarossa	Red/Cream LHD CH ZFFSA17S000080228
80230	Testarossa	89 LHD US ZFFSG17A1K0080230
80232	Testarossa	Red;black
80234	Testarossa	89 Red/Black LHD US ZFFSG17A9K0080234
80235	Testarossa	Red/Black 80235CKE
80236	Mondial	t Red/Black LHD ZFFKD32B000080236
80237	328	GTS Red/Tan
80239	328	GTS 89 ZFFXA20A9K0080239
80240	328	GTS
80245	328	GTS 89 Rosso Corsa/Tan ZFFXA20A4K0080245
80246	328	GTS
80248	F40	89 Red/Black w.Red cloth seats LHD ZFFGJ34B000080248, new to J
80252	F40	89 Red/Black w. Red cloth LHD EU ZFFGJ34B000080252, new to I
80256	328	GTS
80260	328	GTS Rosso Corsa/Cream RHD ZFFWA20C000080260
80261	328	GTS Red/Crema
80262	328	GTS 89 ZFFXA20A4K0080262
80265	Testarossa	Red/Tan LHD US
80268	Testarossa	89 Red/Tan LHD ZFFSG17A4K0080268
80269	Testarossa	89 LHD US ZFFSG17A6K0080269
80270	Mondial	t Red/Black LHD EU
80272	328	GTS Red/Crema
80274	328	GTS Red/Black
80276	Mondial	t Red/Black ZFFKD32B000080276 80276NJJ
80277	328	GTS 89 Red/Beige US ZFFXA20A6K0080277
80280	328	GTS Red/Black LHD EU ZFFWA20B000080280
80281	328	GTB 89 Black/black LHD US ZFFXA19A1K0080281
80285	Testarossa	89 LHD US ZFFSG17A4K0080285
80286	Testarossa	Red/Tan LHD EU
80287	Testarossa	Red/Black ZFFAA17B000080287
80288	Testarossa	Red/Black
80289	Testarossa	Red/Crema brown dashboard
80290	Testarossa	89 Red/Black LHD EU ZFFAA17B000080290
80291	Testarossa	89 White/Tan LHD US ZFFSG17AXK0080291
80292	Mondial	t 90 Red/Black LHD sunroof
80293	328	GTS Red/Crema RHD UK ZFFWA20C000080293 shields
80295	328	GTS
80299	328	GTS 89 LHD US ZFFXA20A5K0080299
80301	328	GTS White/black
80302	328	GTS Red/Crema
80304	F40	89 Red/Black w.Red cloth seats LHD EU ZFFGJ34B000080304, new to D
80305	F40	89 Red LHD EU ZFFGJ34B000080305, new to D
80306	Mondial	t 89 Grey/tan LHD EU ZFFKC33B000080306
80307	328	GTS LHD CH ZFFCA20S000080307

s/n	Type	Comments
80308	328	GTS Red/Black LHD EU
80309	328	GTS 89 ZFFXA20A4K0080309
80310	328	GTS
80313	328	GTS 89 Black/black LHD US ZFFXA20A6K0080313
80314	328	GTS Red/Crema LHD ZFFWA20B0000
80316	328	GTS Rosso Corsa/black LHD CH ZFFCA20S000080316
80320	Testarossa	Red/Tan LHD CH ZFFSA17S0000
80321	Testarossa	89 Red/Black LHD US ZFFSG17A4K0080321
80323	328	GTS 89 Rosso Corsa/tan LHD US ZFFXA20A9K0080323
80325	328	GTS Red/Black LHD
80326	328	GTS Red/Black LHD EU ZFFWA20B000080326
80327	328	GTS Red/Black ZFFWA20B000080327
80329	328	GTS 89 ZFFXA20AXK0080329
80330	328	GTS Red/Black LHD EU
80331	328	GTB 89 Red LHD SWE ZFFCA19S000080331
80333	328	GTS 89 Red/Tan LHD US ZFFXA20A1K0080333
80339	Mondial	t Cabriolet first Red/Crema LHD ZFFKC33B000080339
80340	328	GTS 3/89 Argento/Nero
80342	328	GTB Red/Black LHD
80343	328	GTS 89 ZFFXA20A4K0080343
80345	Mondial	t Red/Black LHD ZFFKD32B000080345
80347	328	GTB silver/Red 80347GHE
80349	328	GTS 89 LHD
80350	GTB	Turbo 89 Red/Black ZFFZA27B000080350
80351	F40	89 Red/Black w. Red cloth LHD EU ZFFGJ34B000080351, new to D
80352	Testarossa	Red
80356	Testarossa	89 LHD US ZFFSG17A1K0080356
80357	Mondial	t Blu Sera/Beige LHD 80357 NAX
80360	328	GTS 89 Red/Tan ZFFXA20A4K0080360
80361	F40	Yellow/Black Cloth
80362	328	GTS 89 ZFFXA20A8K0080362
80364	328	GTB 89 Red/tobacco LHD US ZFFXA19A5K0080364
80367	328	GTS 89 Red/Crema RHD eng. # 16674 or ZFFXA20D000080367 eng. # F105C04016822
80368	328	GTB Red/Black LHD ZFFWA19B000080368
80369	F40	89 Red/Black w. Red cloth LHD EU ZFFGJ34B000080369, new to D
80371	Testarossa	89 Red/Red LHD US ZFFSG17A8K0080371
80372	Testarossa	Red/Tan LHD
80376	328	GTS Red/Crema RHD UK ZFFWA20C000080376
80377	328	GTB 89 Red/Tan LHD US ZFFXA19A3K0080377
80381	Mondial	3.2 Red/Tan LHD CH ZFFCD21S000080381
80382	328	GTB Red/Black ZFFFC33B000081283 80382TXT
80383	328	GTS White/Crema
80384	328	GTS 89 LHD
80385	328	GTS
80386	328	GTS White/tan LHD US
80388	Testarossa	Red/Beige RHD UK
80390	Testarossa	89 Black/Crema LHD US ZFFSG17A1K0080390
80391	Mondial	t Rosso Corsa/Black LHD ZFFKD32B000080391 sunroof
80393	328	GTS 89 Red ZFFXA20D000080393 eng. # F105C04016682
80394	328	GTS Rosso Corsa/Crema ZFFWA20B000080394
80395	328	GTS Black/black LHD EU ZFFWA20B0000
80396	328	GTS Red
80398	328	GTS
80399	Mondial	3.2 Cabriolet 89 Rosso met./tan
80401	328	GTS RHD
80403	F40	89, new to I
80404	Testarossa	89 LHD US ZFFSG17A8K0080404
80407	Testarossa	89 Red/Black LHD EU
80408	Testarossa	89 LHD US ZFFSG17A5K0080408
80415	Mondial	t 89 Red/Black LHD EU ZFFKD32B000080415
80417	328	GTS Red/Black ZFFWA20B000080417 80417FZT
80419	328	GTB
80421	F40	89, new to I
80422	Testarossa	Red/Tan LHD ZFFAA17B000080422
80425	Testarossa	89 White/tan LHD US ZFFSG17A5K0080425
80427	328	GTS 89 ZFFXA20AXK0080427
80428	328	GTS
80429	328	GTS Red/Black LHD US
80431	328	GTS 89 Red/Black LHD US ZFFXA20A1K0080431
80433	328	GTS 89 Blu chiaro/Tan ZFFXA20A5K0080433
80435	328	GTS Red/Black or tan LHD EU
80436	328	GTS Red/Black LHD EU
80438	F40	89 Red/Black w Red cloth LM Spec. LHD EU ZFFGJ34B000080438, new to J
80439	412	GT Dark Blue/dark Blue LHD EU
80440	Testarossa	Spider Conversion by Pininfarina Black/Biscuit Tan Piping RHD ex-Sultan of Brunei
80448	328	GTS 89 ZFFXA20A7K0080448
80449	328	GTS 89 Black/Crema LHD US ZFFXA20A9K0080449
80450	Mondial	t 89 Red/Black LHD ZFFKD32B000080450
80451	328	GTS 89 Rosso Corsa/Nero ZFFXA20D000080451 eng. # F10C04017137
80454	328	GTS 89 Red LHD SWE ZFFCA20S000080454
80455	328	GTB
80456	Testarossa	ZFFAA17C000080456
80458	Testarossa	Grey/Red LHD EU ZFFAA17B000080458
80459	Testarossa	89 LHD US ZFFSG17A0K0080459
80460	Testarossa	89 Red/Tan LHD US ZFFSG17A7K0080460
80463	328	GTB 89 Red LHD SWE ZFFCA19S000080463
80464	328	GTS
80465	328	GTS 89 Black/black LHD US ZFFXA20A7K0080465
80467	Mondial	t Red/beige LHD ZFFKD32B000080467
80468	328	GTB Grey/Crema RHD
80469	328	GTS
80470	328	GTS
80471	328	GTS 89 Red/Tan LHD EU ZFFWA20B000080471 80471KHP
80473	F40	89 Black/black LHD EU ZFFGJ34B000080473, new to D
80475	Testarossa	Yellow/dark green
80481	328	GTS 89 Red/Tan LHD US ZFFXA20A5K0080481
80483	328	GTSi 89 Blue Chiaro Tan ZFFXA20A9K0080483
80484	328	GTS
80485	Mondial	t Black/grey LHD EU
80487	328	GTS 89 Black/Crema ZFFXA20A6K0080487
80488	328	GTS Red/Tan
80489	328	GTS 89 ZFFXA20AXK0080489
80492	Testarossa	ZFFAA17C000080492
80495	Testarossa	Red/Black LHD ZFFAA17B000080495
80496	Mondial	t Red/Crema LHD
80500	328	GTS 89 ZFFXA20A5K0080500
80501	328	GTS 89 Black/Black ZFFXA20A7K0080501
80503	328	GTS Red/Tan LHD CH ZFFCA20S000080503
80504	328	GTS Red/Black
80506	328	GTS Red/Crema RHD UK
80507	328	GTS
80508	Testarossa	Red/dark Red LHD CH ZFFSA17S0000
80509	Testarossa	89 White/Tan ZFFSG17A0K0080509
80510	Testarossa	89 Red/Tan LHD US ZFFSG17A7K0080510
80511	Testarossa	Black/Black
80513	Mondial	t
80514	328	GTS 89 Red ZFFXA20D000080514 eng. # F105C04016216
80515	328	GTS 88 black/grey ZFFWA20B000080515
80517	328	GTS Red/Tan LHD EU ZFFWA20B000080517
80521	328	GTB Red/Black LHD EU
80523	328	GTB 89 Red/Black
80525	F40	
80528	Testarossa	White/Black
80529	Testarossa	89 Red/Black LHD US ZFFSG17A6K0080529
80531	Mondial	t Red/Black LHD ZFFKD32B000080531

s/n	Type	Comments
80532	328	GTS Red/Black
80533	328	GTS 89 Red/Tan LHD US ZFFXA20A9K0080533
80535	328	GTS 89 Red/Tan LHD US ZFFXA20A2K0080535
80536	328	GTS Red/Crema RHD UK
80537	Mondial	t Red/Tan
80539	328	GTS 89 Red/Black LHD US ZFFXA20AXK0080539
80540	328	GTS Red/Tan
80543	F40	89, new to GB
80544	412	i Blu Sera/black Manual 80544MNC
80547	328	GTS Red/Crema RHD ZFFWA20C000080547
80548	328	GTS 89 Black Crema LHD CDN
80549	328	GTS Red/Crema RHD UK ZFFWA20C000080549
80550	328	GTS Red/Crema
80554	328	GTS 89 ZFFXA20A6K0080554
80556	328	GTS 89 Red/Tan ZFFXA20AXK0080556
80559	Testarossa	2/89 Giallo Modena/Black LHD US ZFFSG17A4K0080559
80560	Testarossa	89 LHD US ZFFSG17A0K0080560
80561	Testarossa	Red/Black
80563	GTB	Turbo Red/Black LHD EU
80571	328	GTS 89 ZFFXA20A6K0080571
80572	328	GTS Red/Black ZZFWA20B000080572
80573	328	GTS 89 ZFFXA20AXK0080573
80574	F40	89 Rosso, new to I
80575	Testarossa	89 LHD US ZFFSG17A2K0080575
80576	Testarossa	89 Red LHD US ZFFSG17A4K0080576 eng. # 10400
80577	Testarossa	89 Red/Black LHD US ZFFSG17A6K0080577
80578	Testarossa	Red/Black
80579	Testarossa	Black/Black LHD EU
80580	Testarossa	Red/Black
80582	Testarossa	Red
80587	328	GTS Red/Black
80593	328	GTS 89
80594	328	GTS
80595	328	GTS 89 Red/Tan LHD US ZFFXA20A9K0080595
80598	Testarossa	89 Red/Tan LHD US ZFFSG17A3K0080598
80600	Testarossa	
80601	Mondial	t 89 Rosso/nero LHD EU ZFFK032B000080601 80601WAW ass. # 2836
80602	328	GTS Red/Tan LHD EU
80604	328	GTS Red/Black LHD EU ZFFWA20B000080604
80605	348	tb 91 Red RHD ZFFFA35D000080605
80608	328	GTS 3/89 black/black ZFFXA20A3K0080608
80613	F40	89 Red/Black w Red cloth LHD EU ZFFGJ34B000080613
80615	Testarossa	Giallo/nero, Yellow wheels& int. Details LHD CH , ZFFSA17S0000
80617	Testarossa	89 Rosso/Beige LHD US ZFFSG17A3K0080617
80618	Testarossa	Red/Black then custom fitted tan leather LHD
80619	Mondial	t Silver/dark Blue LHD EU
80620	328	GTB Rosso Corsa/tan LHD CH ZFFCA19S000080620 80620NHQ
80622	328	GTS 89 Red/Tan ZFFXA20A8K0080622
80623	328	GTS Red/Black LHD EU
80628	328	GTB Black
80630	328	GTS Red/Red
80631	F40	89 Yellow/black cloth LHD EU, new to F
80632	Testarossa	
80633	Testarossa	89 LHD US ZFFSG17A1K0080633
80635	Testarossa	88 Rosso/Nero ZFFAA17B000080635
80636	Testarossa	Red/Red LHD EU ZFFAA17B000080636
80638	Testarossa	Red/Crema RHD UK
80639	Mondial	t Red/Black LHD EU ZFFKD32B000080639
80640	328	GTB
80642	328	GTS Red/Black ZFFWA20B000080642 80642CZB
80643	328	GTS Red/Crema RHD UK
80647	328	GTS Red/Crema RHD UK
80648	328	GTB Giallo Modena/Black 80648NEL
80650	328	GTS 89 ZFFXA20A2K0080650
80651	F40	89 Red/Black w. Red cloth LHD EU ZFFGJ34B000080651, new to F
80652	412	Automatic Silver/black RHD UK
80655	Testarossa	89 Red/Tan LHD US ZFFSG17A0K0080655
80658	Mondial	jaune/noir
80660	GTB	Turbo Red/Black LHD EU
80661	328	GTS Red/Crema RHD UK
80662	328	GTS 89 Red/Tan ZFFXA20A9K0080662
80663	328	GTS Blue
80665	328	GTS 89 ZFFXA20A4K0080665
80667	328	GTB 89 Red/Tan LHD US ZFFXA19A1K0080667
80669	328	GTS 89 ZFFXA20A1K0080669
80670	Testarossa	89 LHD US ZFFSG17A7K0080670
80671	Testarossa	89 Red/Tan ZFFSG17A9K0080671 Carfax & Autocheck entry
80672	Testarossa	89 LHD US ZFFSG17A0K0080672
80674	Testarossa	Red/Crema
80677	328	GTS
80682	328	GTB Red/Black
80683	328	GTS 89 Red ZFFXA20D000080683 eng. # F105C04016858
80685	328	GTS Red/Crema RHD UK ZFFWA20C000080685
80687	F40	89 Red/Black w. Red cloth LHD EU ZFFGJ34B000080687, new to I
80688	412	GT Rosso Corsa/Crema ZFFYD25C000080 eng. # F101E01116068
80689	Testarossa	89 Red/Tan LHD US ZFFSG17A6K0080689
80690	Testarossa	89 Red LHD SWE ZFFSA17S000080690
80691	Testarossa	Yellow/Black LHD
80692	F40	89, new to I
80693	F40	89 Red/Black w. Red cloth LHD EU ZFFGJ34B000080693, new to D
80694	F40	89 Red/Black w. Red Cloth LHD , new to J
80695	F40	89 Red/Red Cloth LHD, new to I
80696	F40	89 Red/Black w. Red cloth LHD EU ZFFGJ34B000080696, new to B
80697	F40	89 Red/Black w.Red cloth LHD EU ZFFGJ34B000080697, new to I
80698	F40	89 Red/Black w.Red cloth LHD EU ZFFGJ34B000080698, new to I
80699	F40	89 Red/Black w.Red cloth LHD EU ZFFGJ34B000080699, new to B
80700	F40	89 Red/Black w.Red cloth LHD EU ZFFGJ34B000080700, new to I
80701	F40	89 Red/Black w. Red cloth LM convers. LHD EU ZFFGJ34B000080701, new to the US
80702	F40	89 Red/Black w Red Cloth LHD EU, new to I
80703	F40	Red/Black w Red cloth LHD EU ZFFGJ34B000080703, new to F
80704	F40	89 Red/Black w. Red cloth LHD EU ZFFGJ34B000080704, new to F
80705	F40	89 Red/Black w.Red cloth LHD EU ZFFGJ34B000080705, new to SA
80706	F40	89 Red/Black w. Red cloth LHD EU ZFFGJ34B000080706, new to F
80707	F40	89 Red LHD ZFFGJ34B000080707, new to I
80708	F40	89 Red/Black w.Red cloth LHD EU ZFFGJ34B000080708, new to I
80709	F40	89 Red/Black w.Red cloth LHD EU ZFFGJ34B000080709, new to I
80710	F40	89 Red/Black w.Red cloth LHD EU ZFFGJ34B000080710 , new to I
80711	F40	89 Red/Black w. Red cloth LHD EU ZFFGJ34B000080711, new to F
80712	F40	Red/Black w.Red cloth LHD EUZFFGJ34B000080712, new to A
80713	F40	89 Red LHD ZFFGJ34B000080713, new to CH
80714	F40	89 Red/Black w. Red cloth LHD EU ZFFGJ34B000080714, new to CH
80715	F40	89 Red/Red cloth LHD EU ZFFGJ34B000080715, new to I
80716	F40	Red/Black Red cloth LHD, new to CH

s/n	Type	Comments
80717	F40	89 Red/Black w. Red cloth LHD EU ZFFGJ34B000080717, new to F
80718	F40	89 Red/Black w Red cloth LHD EU ZFFGJ34B000080718, new to I
80719	F40	Red/Black w. Red cloth LHD EU ZFFGJ34B000080719, new to I
80720	F40	89 Red LHD ZFFGJ34B000080720, new to I
80721	F40	Red/Black w Red cloth LHD EU ZFFGJ34B000080721, new to B
80722	F40	89 Red/Black w. Red cloth LHD EU ZFFGJ34B000080722, new to F
80723	F40	89 Red/Black w. Red cloth LHD EU ZFFGJ34B000080723, new to I
80724	F40	Red/Black w Red cloth LHD EU ZFFGJ34B000080724, new to I
80725	F40	Red/Black w.Red cloth seats ZFFGJ34B000080725,, new to I
80726	F40	Competizione Conversion 89 Red/Black w. Red cloth LHD EU ZFFGJ34B000080726, new to A
80727	F40	89, new to F
80728	F40	89, new to I
80729	F40	Red/Black w Red cloth LHD EU ZFFGJ34B000080729, new to F
80730	F40	89 Red/Black w.Red cloth LHD EU ZFFGJ34B000080730, new to B
80731	F40	89 Rosso Corsa/Red LHD EU ZFFGJ34B000080731 eng. # 16159, new to F
80732	F40	LM conversion 89 Red/Black w Red cloth LHD EU ZFFGJ34B000080732, new to I
80733	F40	89 Red/Black w Red cloth LHD EU ZFFGJ34B000080733, new to GB
80734	F40	Red/Black w Red cloth LHD EU ZFFGJ34B000080734, new to I
80735	F40	Competizione Conversion 89 Red/Black w Red cloth LHD EU ZFFGJ34B000080735, new to I
80736	F40	89, new to F
80737	F40	89, new to I
80738	F40	Red/Black LHD EU ZFFGJ34B000080738, new to F
80739	F40	Red/Black LHD EU ZFFGJ34B000080739, new to NL
80740	F40	89, new to I
80741	F40	89 Red/Black w.Red cloth LHD EU ZFFGJ34B000080741, new to I
80742	F40	CSAI-GT 89 Rosso Corsa then White & Yellow bottom Red stripe seperating the White top from the Red bot MonteShell livery/Black & Red Cloth LHD EU ZFFGJ34B000080742, new to I, CSAI˙GT Conversion by Michelotto form 91 to 92
80743	F40	89, new to F
80744	F40	89 Red/Black w.Red cloth EULHD ZFFGJ34B000080744, new to I
80745	F40	89 Red/Black w. Red cloth LHD EU ZFFGJ34B000080745, new to F
80746	F40	89, new to CH
80747	F40	89 Red LHD EU ZFFGJ34B000080747, new to I
80748	F40	89 Red/Black w Red cloth LHD EU ZFFGJ34B000080748, new to D
80749	F40	89 Red Yellow Stripe/black w Red cloth LHD EU ZFFGJ34B000080749, new to A, race modified
80750	F40	89 Red/Black w.Red cloth LHD EU ZFFGJ34B000080750, new to F
80751	F40	89 Yellow/Black cloths seats, new to F
80752	F40	89 Red/Black w. Red Cloth LHD EU ZFFGJ34B000080752, new to F
80753	F40	89 Red/Black w Red cloth LHD EU ZFFGJ34B000080753, new to F
80754	F40	89 Red/Black w. Red cloth LHD ZFFGJ34B000080754, new to F
80755	F40	89, new to F
80756	F40	89 Dark green met/grey leather RHD UK ZFFGJ34B000080756 ex-Sultan of Brunei
80757	F40	89 Red/Black w. Red cloth LHD EU ZFFGJ34B000080757, new to F
80758	F40	89 Red/Black w Red cloth LHD EU ZFFGJ34B000080758, new to F
80759	F40	89 Red/Black w Red Cloth LHD EU ZFFGJ34B000080759, new to D
80760	F40	89 Rosso Corsa/Red & Black ZFFGJ34B000080760, new to D
80761	F40	89, new to F
80762	F40	89 Red/Black w. Red cloth LHD EU ZFFGJ34B000080762 ass. #01309, new to NL
80763	F40	89, new to F
80764	F40	89, new to F
80765	F40	89 Red/Black w. Red cloth LHD EU ZFFGJ34B000080765, new to F
80766	F40	89 Red/Black w.Red cloth LHD EU ZFFGJ34B000080766, new to F
80767	F40	89 Red/Black w Red Cloth LHD, new to J
80768	F40	89 Red/Black w. Red Cloth LHD EU , new to F
80769	F40	89, new to F
80770	F40	89 Red/Black w Red cloth LHD EU ZFFGJ34B000080770, new to F
80771	F40	LM Conversion by Cavallino Racing, Netherlands, 89 Red/Black w.Red cloth LHD EU ZFFGJ34B000080771, new to NL
80772	F40	89 Red/Red, new to F
80773	F40	89 Red/Black w Red cloth LHD EU ZFFGJ34B000080773, new to F
80774	F40	Red/Black w Red cloth LHD EU ZFFGJ34B000080774, new to F
80775	F40	89 Red/Black w Red cloth LHD EU ZFFGJ34B000080775, new to F
80776	F40	89 Red/Black w.Red cloth LHD EU ZFFGJ34B000080776, new to I
80777	F40	89 Red/Black w.Red cloth LHD EU ZFFGJ34B000080777, new to I
80778	F40	Competizione Conversion 89 Red/Black w.Red cloth LHD EU ZFFGJ34B000080778, new to NL
80779	F40	89 Red/Black w Red cloth LHD ZFFGJ34B000080779, new to F
80780	F40	Competizione Conversion 89 Red/Black w Red cloth LHD ZFFGJ34B000080780 eng. # 18686
80781	F40	89 Red/Black w Red cloth LHD EU ZFFGJ34B000080781, new to D
80782	F40	Competizione Conversion 89 Yellow/black w.black cloth LHD EU ZFFGJ34B000080782, new to NL
80783	F40	89 Rosso Corsa/black w.Red cloth LHD EU ZFFGJ34B000080783, new to CH
80784	F40	89, new to B
80785	F40	89 Red/Black w. Red Cloth LHD EU ZFFGJ34B000080785, new to F
80786	F40	89 Red/Black w. Red cloth LHD EU ZFFGJ34B000080786, new to F
80787	F40	89 Red/Black w Red cloth LHD EU ZFFGJ34B000080787, new to F
80788	Mondial	t 11/89 Rosso Corsa/Crema LHD
80789	328	GTB 89 Red/Crema
80790	328	GTS 89 Red ZFFXA20D000080790 eng. # F105C04016776
80792	328	GTS
80793	328	GTS Red/Black
80794	Mondial	t 89 Rosso Corsa/Black LHD EU ZFFKD32B0000 80794XXX
80797	328	GTS 89 ZFFXA20AXK0080797
80798	328	GTS Red/Tan LHD EU ZFFWA20B000080798
80799	328	GTS 89 Red/Beige LHD US ZFFXA20A3K0080799
80800	Testarossa	89 LHD US ZFFSG17A5K0080800
80802	Testarossa	custom citrus Yellow/black
80804	328	GTS Yellow/black later Red/Black ME ZFFWA20T0K0080804
80805	328	GTB Red/Tan

s/n	Type	Comments
80806	328	GTS 89 Red ZFFXA20D000080806 eng. # F105C04016962
80810	328	GTB Red/Black LHD EU ZFFWA19B000080810
80811	328	GTS
80813	328	GTS 89 Silver/Black US ZFFXA20A4K0080813
80818	Testarossa	
80819	Testarossa	Red/Black LHD EU
80820	Mondial	t Red
80821	328	GTB
80822	328	GTS 89 Red/Tan LHD US ZFFXA20A5K0080822
80823	328	GTS
80829	328	GTS 89 Red ZFFXA20D000080829 eng. # F105C04016903
80830	328	GTS 89 ZFFXA20A4K0080830
80831	328	GTS Red/Black
80832	Testarossa	89 LHD US ZFFSG17A7K0080832
80834	Testarossa	Red/Black LHD EU
80838	328	GTS 89 Red ZFFXA20D000080838 eng. # F105C04016980
80839	328	GTS
80840	328	GTB QV Red/Crema RHD ZFFWA20C000080840
80843	328	GTS 89 ZFFXA20A2K0080843
80844	328	GTS 89 Red ZFFXA20D000080844 eng. # F105C04017030
80845	Testarossa	89 LHD US ZFFSA17A3K0080845
80846	Testarossa	89 Black/Black ZFFSA17S000080846
80847	Testarossa	89 Red/Black LHD US ZFFSG17A9K0080847
80848	Testarossa	
80849	Testarossa	89 LHD US ZFFSG17A2K0080849
80850	F40	89 Red/Black w black LHD EU ZFFGJ34B000080850, new to F
80851	F40	89 Red/Black w.Red cloth LHD EU ZFFGJ34B000080851, new to F
80852	F40	89 Red/Black w.Red cloth LHD EU ZFFGJ34B000080852, new to F
80853	F40	LM 89 Rosso/Nero ZFFGJ34B000080853, new to F
80854	F40	89 Red/Black w.Red cloth LHD EU ZFFGJ34B000080854, new to I
80855	F40	89, new to I
80856	F40	89, new to F
80857	F40	89 Red/Black w Red cloth LHD EU ZFFGJ34B000080857, new to F
80858	F40	89, new to F
80859	F40	89, new to NL
80860	F40	89, new to F
80861	F40	89, new to CH
80862	F40	89 Red/Black w Red cloth LHD EU ZFFGJ34B000080862, new to F
80863	F40	89 Red/Black w.Red cloth LHD EU ZFFGJ34B000080863
80864	Mondial	t Black/tan LHD
80866	328	GTS 89 Red RHD UK ZFFWA20C000080866
80868	328	GTS
80869	F40	89 Red/Black w.Red cloth LHD EU ZFFGJ34B000080869
80872	F40	89 Yellow LHD
80873	Testarossa	Red/Tan LHD CH ZFFSA17S000080873
80874	Testarossa	Red/Black LHD EU ZFFAA17B0000 modified front
80875	Testarossa	89 Red/Black LHD US ZFFSG17A3K0080875
80876	Testarossa	89 Red/Black LHD US ZFFSG17A5K0080876
80877	Testarossa	3/89 White/Black ZFFSG17A7K0080877
80878	Mondial	t Red/Crema LHD EU
80881	Testarossa	Red/Black
80882	328	GTB 89 Red/Black LHD US ZFFXA19A5K0080882
80884	Mondial	t 90 Red/Black
80885	328	GTS Red/Black LHD EU ZFFWA20B000080885
80886	328	GTS Red/Crema RHD UK
80887	328	GTB Red/Crema
80888	328	GTS Red/Crema LHD EU ZFFWA20B000080888 80888PXV
80889	328	GTS 3/89 Black/Black ZFFXA20A4K0080889
80894	Mondial	t Red/Black
80896	328	GTS 89 Red/Tan LHD US ZFFXA20A1K0080896
80897	328	GTS Red
80898	328	GTS 89 Red/Black LHD EU ZFFWA20B000080898
80899	328	GTS 89 Red ZFFXA20D000080899 eng. # F105C040016970
80900	328	GTS Red/Black LHD SWE ZFFCA20S000080090
80901	328	GTS 89 Red/Tan LHD US ZFFXA20A1K0080901
80903	328	GTS
80904	328	GTS Red/Black LHD EU
80905	328	GTS Red/Red LHD CH ZFFCA20S000080905
80906	Testarossa	Red/Crema RHD
80908	348	ts
80909	Testarossa	89 Red/Tan LHD US ZFFSG17A5K0080909
80910	Testarossa	89 LHD US ZFFSG17A1K0080910
80911	Mondial	t Rosso/nero
80912	328	GTS 89 ZFFXA20A6K0080912
80915	328	GTS
80916	328	GTS Red/Tan LHD US
80918	328	GTS Red/Black LHD
80920	328	GTS 3/89 Rosso Corsa//tan LHD US ZFFXA20A5K0080920
80922	328	GTB Red/Black RHD ZFFWA19C000080922 Colour-coded rear aerofoil
80923	412	GT 89 Grey Manual LHD EU ZFFYD25B000080923
80925	Testarossa	89 Red/Tan LHD EU ZFFSA17S000080925
80929	328	GTS 89 ZFFXA20A1K0080929
80935	328	GTS Red/Black ZFFWA20B000080935
80936	328	GTS 89 Red/Black LHD
80938	328	GTS 3/89 Red/Tan LHD US ZFFXA20A2K0080938
80939	Testarossa	ZFFAA17C000080939
80943	Testarossa	89 LHD US ZFFSG17A5K0080943
80946	328	GTS 89 ZFFXA20A1K0080946
80948	328	GTS 89 Red ZFFXA20D000080948 eng. # F105C04017047
80949	328	GTS 89 ZFFXA20A7K0080949
80950	Mondial	t Cabriolet Red/Black ZFFKC33B000080950
80952	328	GTS Red/Black LHD EU
80953	328	GTS 89 Red/Tan ZFFXA20A9K0080953
80954	328	GTB Red/Tan
80958	Testarossa	89 LHD US ZFFSG17A7K0080958
80960	Testarossa	
80962	328	GTS Conciso by Michalak 89 Red/Crema & black LHD EU ZFFWA20B000080962
80963	328	GTS Red/Black LHD EU
80965	328	GTS Red/Tan RHD UK ZFFWA20C000080965
80968	328	GTS 89 Black/black LHD US ZFFXA20A0K0080968
80969	328	GTS Red/White
80970	328	GTS Red/Black ZFFWA20B000080970
80971	328	GTS Red/Black LHD EU
80973	Testarossa	89 LHD US ZFFSA17A1K0080973
80975	Testarossa	Black Red LHD EU
80976	Testarossa	Red/Tan
80977	Testarossa	89 Red/Tan LHD US ZFFSG17A0K0080977
80978	Testarossa	89 Red/Black LHD US ZFFSG17A2K0080978
80981	328	GTS 89 Red/Tan LHD US ZFFXA20A3K0080981
80983	328	GTS 89 ZFFXA20A7K0080983
80987	328	GTS 89 Black/Crema RHD ZFFXA20D000080987 eng. # F105C04017250
80990	328	GTS 89 ZFFXA20A4K0080990
80994	Testarossa	Red/Crema ZFFAA17B000080994 80994IMY
80997	328	GTS Red/Black RHD UK
80998	328	GTB
80999	328	GTS Red/Tan LHD CH ZFFCA20S000080999
81000	328	GTS 89 Red/Tan ZFFXA20A1K0081000

s/n	Type	Comments
81002	328	GTB 89 Rosso/Nero LHD EU ZFFWA20B000081002
81004	328	GTS Red/Black LHD EU ZFFWA19B000081002
81005	328	89 Red/Black ZFFWA20B000081005
81006	328	GTS Red/Crema LHD ME ZFFWA20T0K0081006
81007	Testarossa	89 Red RHD ZFFAA17C000081007 eng. # F113A17283
81008	Testarossa	89 LHD US ZFFSA17A3K0081008
81009	Testarossa	
81011	412	Cabriolet Conversion by Pavesi Red/Black LHD EU
81013	328	GTS Red/Black
81014	328	GTS 89 ZFFXA20A1K0081014
81015	328	GTS
81016	328	GTS 89 ZFFXA20A5K0081016
81019	328	GTS Red/Black LHD EU
81022	328	GTS 89 ZFFXA20A0K0081022
81024	Testarossa	Red/Tan LHD
81025	Testarossa	Black/Tan LHD
81026	Testarossa	Red/Beige LHD EU
81028	328	GTS 89 Black/tan LHD US ZFFXA20A1K0081028
81029	328	GTS 89 Red/beige RHD ZFFXA20D000081029 eng. # F105C04017262
81032	328	GTS Red/Tan ZFFWA20B000081032
81034	328	GTS Red/Crema
81037	328	GTS
81043	Testarossa	Metallic black
81044	Testarossa	White/Tan LHD EU
81046	Testarossa	89 Red/Tan LHD US ZFFSG17A2K0081046
81047	328	GTS
81048	Testarossa	Red;Crema LHD EU
81051	328	GTS Black/black JP LHD ZFFXA20JAP0081051
81052	328	GTS
81053	328	GTB 89 Red/Tan LHD US ZFFXA19A4K0081053
81054	328	GTS 6/89 Rosso Corsa/Nero
81056	328	GTS 89 Metallic grey/grey LHD US ZFFXA20A6K0081056
81058	328	GTS 89 Red/Tan US ZFFXA20AXK0081058
81060	328	GTS 89 ZFFXA20A8K0081060
81062	328	GTS 89 ZFFXA20A1K0081062
81063	328	GTS
81066	328	GTB 89 Red/Black LHD US ZFFXA19A2K0081066
81067	Mondial	t Red/Tan LHD EU
81069	328	GTS Red/Tan LHD CH ZFFCA20S0000
81070	328	GTS
81071	328	GTS Red/Black
81073	Testarossa	89 Blue Chiaro RHD ZFFAA17C000081073 eng. # F113B17337
81074	Testarossa	Red/Red seats LHD EU
81078	Mondial	t Red/Crema LHD EU
81080	328	GTS Black/black LHD EU ZFFWA20B000081080
81081	328	GTS 89 Black/tan LHD US ZFFXA20A5K0081081
81082	328	GTB Dark Blue/black RHD UK
81084	Mondial	t Black/Crema
81086	328	GTS Red/Black LHD EU
81089	328	GTS Red/Black LHD EU ZFFCA20S0000
81089	328	GTS Red/Black LHD CH ZFFCA20S000081089
81092	Testarossa	Red/Black
81094	Testarossa	Red Red LHD
81095	412	GT Blue/Crema RHD UK
81096	412	GT dark metallic Blue/dark Blue LHD EU
81105	Mondial	t3.4 89 Red/Crema
81106	328	GTS 89 Blue/Crema LHD EU ZFFWA20B000081106 81106SDF
81108	328	GTB 88 Red RHD eng. # 17312
81110	328	GTS
81112	328	GTS Red/all dark Red
81113	328	GTS 89 ZFFXA20A3K0081113
81114	328	GTS 89 Rosso Corsa/Black Colour-coded roof LHD ZFFWA20B000081114 81114YIQ
81115	328	GTS 89 ZFFXA20A7K0081115
81117	Testarossa	89 LHD US ZFFSA17A8K0081117
81118	Testarossa	89 black/black LHD EU 81118PTB
81121	F40	89 Red/Black w.Red cloth LHD EU ZFFGJ34B000081121
81123	328	GTS White/black LHD EU
81124	328	GTS Red
81125	328	GTS Black/black LHD ZFFWA20B00008125 81125FYK
81126	GTB	Turbo Red/Tan LHD EU
81131	328	GTS 89 Red/Tan LHD US ZFFXA20A5K0081131
81132	328	GTS 89 Red/Crema
81133	328	GTS 89 Red/Tan LHD US ZFFXA20A9K0081133
81136	Testarossa	Red/Black LHD EU ZFFAA17B0000
81137	Testarossa	89 LHD US ZFFSG17A5K0081137
81138	Testarossa	89 Red/Black LHD US ZFFSG17A7K0081138
81139	Testarossa	89 LHD US ZFFSG17A9K0081139
81140	Testarossa	Red/Black LHD EU
81143	328	GTB 89 Grey/black LHD EU ZFFCA195 000081143, ex-Obrist
81144	328	GTS Red/Black LHD EU
81147	328	GTS Red/Black LHD EU ZFFWA20B000081147 81147DUR
81151	328	GTS 89 ZFFXA20A0K0081151
81153	328	GTS 89 Red/Tan LHD US ZFFXA20A4K0081153
81160	328	GTS Red/Black LHD EU
81161	328	GTS 89 ZFFXA20A3K0081161
81164	328	GTS
81166	328	GTB Red/Black LHD EU
81167	328	GTS
81168	328	GTB Red/Black
81169	328	GTS Red//beige
81170	328	GTS 89 Chiaro Blue/Grey RHD UK ZFFWA20C0000 eng. # 17404
81171	Testarossa	89 White/Light Grey LHD US ZFFSG17A5K0081171
81172	Testarossa	89 White/Tan LHD US ZFFSG17A7K0081172
81176	328	GTS Blue
81179	328	GTS Red/Black LHD
81182	328	GTS 89 Red/Tan LHD US ZFFXA20A0K0081182
81184	328	GTS 89 Rosso Corsa/Black ZFFXA20D000081184 eng. # F105C04017405
81186	328	GTS 89 Red/Tan LHD US ZFFXA20A8K0081186
81187	328	GTB or GTB Turbo Red/Black
81188	328	GTS
81189	Testarossa	
81190	Testarossa	Red/Crema LHD EU
81192	Testarossa	Red/Tan
81194	Mondial	t Cabriolet 89 Red/Black LHD EU ZFFKC33B000081194 81194NMX
81196	328	GTS 89 ZFFXA20A0K0081196
81197	328	GTS
81201	328	GTS black/black LHD EU ZFFWA20B00081201 81201IKD
81203	328	GTB 4/89 Silver/black LHD US ZFFXA19A8K0081203
81206	Testarossa	89 LHD US ZFFSG17A9K0081206
81207	Testarossa	89 Red/Black ZFFSG17A0K0081207
81208	Testarossa	Red/Tan LHD EU ZFFAA17B000081208 81208IWO
81212	328	GTS 89 Blue RHD UK eng. # 17427 288 GTO conversion Red/Tan
81213	328	GTS Black/black LHD EU ZFFWA20B000081213
81216	328	GTS 89 Red ZFFXA20D000081216 eng. # F105C040017443
81217	Testarossa	89 Red/Black RHD UK ZFFXA17C000081217
81218	Testarossa	Red/Black ZFFAA17B000081218
81224	328	GTS Red/Black
81225	328	GTS 89 Red/Tan LHD US ZFFXA20A3K0081225
81228	Mondial	t Cabriolet Red/Black ZFFKC33B000081228

s/n	Type	Comments
81230	328	GTS 89 Red ZFFXA20D000081230 eng. # F105C04017432
81234	412	Black/grey EU
81236	Testarossa	89 LHD US ZFFSG17A7K0081236
81240	Testarossa	4/89 Red/Tan RHD ZFFAA17C00081240
81241	Testarossa	89 Red/Tan LHD US ZFFSG17A0K0081241
81244	328	GTS Red/Black LHD EU
81245	328	GTS 89 Black/Black LHD US ZFFXA20A9K0081245
81248	Mondial	t Cabriolet Red/beige
81249	328	GTB Red/Black LHD ZFFWA19B000081249 81249KWE
81253	328	GTS
81257	Testarossa	89 Red/Tan LHD US ZFFSG17A4K0081257
81259	348	tb
81261	328	GTS 89 Rosso Corsa/Tan LHD ZFFCA20S0000 81261TXT
81263	328	GTS 89 White/Grey ZFFXA20A0K0081263
81264	328	GTS 89 Rosso Corsa/Crema
81265	328	GTS Yellow/black LHD EU ZFFWA20B000081265 81265WQE
81268	328	GTS Red/Tan
81269	328	GTS 89 Red/Black & Red LHD US ZFFXA20A1K0081269
81270	328	GTS 89 Red ZFFXA20D000081270 eng. # F105B04017493
81271	328	GTS 89 Red/Tan LHD US ZFFXA20AXK0081271
81274	Testarossa	Koenig Specials Yellow Yellow LHD EU
81275	Testarossa	89 LHD US ZFFSG17A6K0081275
81276	Testarossa	89 Red LHD US ZFFSG17A8K0081276
81279	328	GTB Silver/tan 81279SPB
81280	328	GTS 89 Rosso Corsa Rosso & Nero
81281	328	GTS Red/Tan
81283	Mondial	t Cabriolet Red/Black ZFFFC33B000081283 81283NBE
81284	328	GTS Yellow/dark Red LHD CH ZFFCA19S000081284
81286	328	GTB Rosso Corsa/Black LHD ZFFWA19B000081286 81286MPC Colour-coded rear aerofoil
81293	Testarossa	4/89 Grey/Tan LHD US ZFFSG17A8K0081293
81294	328	GTS Red/Black LHD EU
81295	328	GTS Red/Black
81296	328	GTS 89 Red/Tan ZFFXA20A4K0081296
81297	328	GTS Red/Crema LHD EU ZFFWA20B000081297
81298	Mondial	t Cabriolet 89 Blu Sera/Blue ZFFFC33A9K0081298
81300	328	GTB Red/Black LHD EU ZFFWA19B000081300
81301	328	GTS Red/Black LHD EU
81305	Testarossa	89 Yellow/Black LHD US ZFFSG17A0K0081305
81307	328	GTS ZFFZA28B000081307
81309	328	GTS 89 Red/Tan LHD US ZFFXA20A9K0081309
81311	328	GTS
81315	328	GTS Red/Black LHD EU ZFFWA20B000081315
81316	328	GTS
81317	328	GTS Red/Black
81318	Mondial	t Red/Crema RHD UK
81321	328	GTS Red/Crema
81323	328	GTS 89 White/beige LHD US ZFFXA20A3K0081323
81325	328	GTS Red/Black LHD EU
81329	328	GTS Red/Black LHD EU ZFFWA20B000081329
81334	F355	Berlinetta F1 ??, too early VIN for F355 probably a 348 or 355 Prototype or more B1334 =111334, Red/Black LHD
81335	Testarossa	89 Red/Black LHD US ZFFSG17A9K0081335
81336	Mondial	t 89 Red/Black ZFFKD32B000081336
81337	328	GTS 89 Red/Black LHD US ZFFXA20A3K0081337
81338	328	GTS Red/Crema RHD UK
81340	328	GTS 89 Rosso Corsa/Nero ZFFWA20B000081340 81340OKU
81341	328	GTS
81342	Mondial	t 89 Red/Tan US ZFFFD32AXK0081342
81344	328	GTS 89 Rosso Corsa/Tan LHD US ZFFXA20A0K0081344
81345	F40	89 Red/Black w.Red cloth LHD EU ZFFGJ34B000081345
81349	348	tb Prototype 89 Red/Black LHD EU ZFFKA35B000081349
81350	Testarossa	
81355	Testarossa	89 Rosso Corsa/Beige LHD US ZFFSG17A4K0081355
81356	Testarossa	89 White/tan LHD US ZFFSG17A6K0081356
81362	328	GTS 89 ZFFXA20A2K0081362
81363	Mondial	t Red/Tan ZFFKD32B000081363
81369	412	Automatic Black/dark Red RHD UK
81370	Testarossa	Red/Tan
81371	Testarossa	Red/Black LHD EU
81373	Testarossa	89 Red/Tan LHD US ZFFSG17A6K0081373
81374	Mondial	t Cabriolet 89 Red/Tan LHD Manual US ZFFFC33AXK0081374
81375	328	GTS White/White LHD EU ZFFWA20B000081375
81376	328	GTS 89 ZFFXA20A2K0081376
81378	328	GTS 89 ZFFXA20A6K0081378
81379	328	GTS 89 Red/Crema RHD UK ZFFWA20C000081379
81380	Mondial	t Cabriolet 89 US ZFFFC33A5K0081380
81381	328	GTS Red/Black
81384	328	GTB Red
81385	328	GTS 89 Black/Black LHD US ZFFXA20A3K0081385
81386	Testarossa	Black Red JP LHD ZFFSA17JAP0081386
81387	Testarossa	89 LHD US ZFFSG17A6K0081387
81388	Testarossa	89 Red/Tan LHD US ZFFSG17A8K0081388
81389	Testarossa	89 White/tan brown dash LHD US ZFFSG17AXK0081389
81390	Mondial	t Cabriolet 89 Red/Tan Manual LHD US ZFFFC33A8K0081390
81391	328	GTS Red/Black LHD EU
81394	328	GTS Red/Crema RHD UK ZFFWA20C000081394
81396	Mondial	t cabriolet 89 LHD US ZFFFC33A9K0081396
81398	328	GTS 89 Silver/Red
81400	328	GTS 89 ZFFXA20A6K0081400
81403	Testarossa	89 Blue RHD eng. # 17720
81406	Testarossa	Red/Black LHD CH ZFFSA17S000081406
81407	Testarossa	89 LHD US ZFFSG17A8K0081407
81408	Testarossa	89 White,/White & black LHD US ZFFSG17AXK0081408
81410	328	GTB Rosso/tan
81412	328	GTS
81414	328	GTS Red/Black LHD EU ZFFWA20B000081414
81417	328	GTS
81423	Testarossa	Red/Black
81424	Testarossa	89 Dark Blue Metallic/Dark Blue LHD US ZFFSG17A8K0081424
81426	Testarossa	89 Red/Black LHD US
81427	328	GTS 89 Red LHD SWE ZFFCA20S000081427
81429	328	GTS
81430	328	GTS
81433	328	GTS black/black
81434	328	GTS black/black ZFFWA20B000081434
81436	328	GTB Red/Black LHD JP ZFFXA19JAP0081436
81438	Testarossa	Red/Tan
81440	Testarossa	89 Red/Tan LHD US ZFFSG17A6K0081440
81441	Testarossa	89 LHD US ZFFSG17A8K0081441
81442	Testarossa	Koenig Specials 89 Red/Tan LHD US ZFFSG17AXK0081442
81446	328	GTS
81447	328	GTS 89 Red/Black
81449	328	GTS 89 Yellow/Black LHD
81450	328	GTB
81451	328	GTS 8/89 Rosso/Nero ZFFWA20B000081451
81455	Testarossa	89 Rosso Corsa/Tan RHD UK ZFFAA17C000081455

s/n	Type	Comments
81456	Testarossa	Red
81458	Testarossa	Red/Black
81459	Testarossa	Red/Black LHD EU
81462	328	GTS Red/Crema RHD UK
81463	328	GTS Red/Tan LHD CH ZFFCA20S000081463
81466	328	GTS Black/tan LHD EU ZFFWA20B000081466
81467	328	GTS 89 Red/Black ZFFXA20D000081467 eng. # F105C04017728
81468	328	GTS Red/Black LHD EU ZFFWA20B000081468
81469	328	GTS 89 White Black LHD US ZFFXA20A9K0081469
81470	412	i Automatic black/crema RHD UK ZFFYD24C000081470
81471	Testarossa	Red/Beige LHD ZFFAA17B000081471 81471DDA
81474	Testarossa	Red
81475	Testarossa	Rosso Corsa/Black LHD EU 81475FIH
81477	Testarossa	89 Red/Tan LHD US ZFFSG17A7K0081477
81479	Testarossa	89 Red LHD SWE ZFFSA17S000081479
81481	Mondial	t Cabriolet 89 US ZFFFC33A0K0081481
81484	328	GTS Red/Crema ZFFWA20B0000
81485	328	GTS 5/89 Black/black LHD US ZFFXA20A7K0081485
81486	328	GTS 89 Red/Black LHD US ZFFXA20A9K0081486
81487	Mondial	t Cabriolet 89 US ZFFFC33A1K0081487
81488	328	GTB 89 Metallic Dark Blue/Dark Red RHD UK ZFFWA19C000081488
81489	328	GTS Rosso/crema
81490	328	GTS dark Blue/tan ZFFWA20B000081490 81490LYT
81491	328	GTS Red/Tan
81492	328	GTS 89 Red ZFFXA20D000081492 eng. # F105C04017816
81493	Testarossa	89 RHD ZFFAA17C000081493
81494	Testarossa	Black/Black LHD EU
81495	Testarossa	Red/Black LHD
81496	Testarossa	89 Red/Tan LHD US ZFFSG17A0K0081496
81497	Testarossa	Red/Tan LHD EU
81498	Mondial	t 89 Red/Tan LHD US ZFFFD32A8K0081498
81499	328	GTS Red/Black
81501	328	GTS Red/Black LHD
81502	328	GTS
81504	Mondial	t 89 Red/Tan LHD ZFFFD32AXK0081504
81507	328	GTS 89 ZFFXA20A2K0081507
81511	Testarossa	89 Red/Tan LHD US ZFFSG17A3K0081511
81513	Testarossa	89 Black/Black ZFFSG17A7K0081513
81514	Mondial	t 89 Red/Tan US ZFFFD32A2K0081514
81515	Mondial	t Cabriolet 89 Red/Tan LHD US ZFFFC33A2K0081515
81516	328	GTS 89 Red/Black LHD ZFFWA20B0000 81516CSO
81517	328	GTB Dark Blue/black
81520	Mondial	t Cabriolet Black/tan LHD ZFFFD32A8K0081520
81521	328	GTS 89 Rosso Corsa/Crema Rosso Carpets Rear Spoiler
81523	328	GTS 89 black/tan
81524	328	GTS Yellow/black
81525	328	GTS Red/Black 81525KDI
81527	328	GTS 89 ZFFXA20A8K0081527
81529	328	GTS Red/Black ZFFWA20B0000
81531	328	GTS 89 Red ZFFXA20D000081531 eng. # F105C04017872
81533	328	GTS
81534	Mondial	t Cabriolet 89 US ZFFFC33A6K0081534
81536	Testarossa	Red/Tan LHD EU ZFFAA17B000081536
81538	Testarossa	Rosso/nero LHD EU
81540	Testarossa	Red/Black
81542	Testarossa	
81543	Testarossa	89 Red ZFFSA17S000081543
81544	Testarossa	89 LHD US ZFFSG17A7K0081544
81545	Mondial	t Cabriolet 89 US
81546	328	GTS
81547	328	GTS
81548	328	GTS Red/Black LHD EU
81549	328	GTS Red/Black ZFFWA20B0000
81551	Mondial	t Cabriolet 89 Red/Tan ZFFFC33A6K0081551
81552	328	GTS QV 89 Rosso (Fer 300)/Crema hide (VM 3997) Rosso carpets ZFFWA20C000081552 eng. # 17582
81553	328	GTB Red/Black
81554	328	GTS Red/Tan RHD ZFFXA20D000081554 eng. # F105C04017888
81555	328	GTS White
81563	Mondial	t Cabriolet 89 Black/black
81564	328	GTB Red/Tan LHD
81565	328	GTS Red/Black LHD EU ZFFWA20B000081565
81566	328	GTS Red/Tan LHD US
81567	328	GTS Red/Black
81569	328	GTB 89 Prugna/Crema LHD US ZFFXA19A6K0081569
81570	328	GTS 89 Black/tan LHD US ZFFXA20A9K0081570
81575	Mondial	t 89 Red/Crema LHD US ZFFFD32A0K0081575
81576	328	GTS Red/Black LHD EU
81577	328	GTS 89 Yellow/black LHD US ZFFXA20A1K0081577
81579	328	GTS 89 Rosso Corsa/Crema
81580	328	GTS 89 ZFFXA20A1K0081580
81581	F40	89 Red/Black w.Red cloth LHD EU ZFFGJ34B000081581
81584	Testarossa	Red/dark Red LHD EU ZFFAA17B000081584
81585	Testarossa	Red/Black ZFFAA17B000081585
81587	Testarossa	Red/Black
81588	Mondial	t Cabriolet 5/89 White/Red LHD Manual ZFFFC33A7K0081588
81589	328	GTS Red/Black
81590	328	GTS
81592	328	GTB
81593	GTS	Turbo Red/Black LHD EU
81595	328	GTS 89 Black/Black LHD US ZFFXA20A3K0081595
81597	328	GTB 89 ZFFXA19A0K0081597
81598	Mondial	t Cabriolet 89 Red/Tan LHD US ZFFFC33AXK0081598
81600	Testarossa	89 RHD ZFFAA17C000081600
81601	Testarossa	Rosso Corsa/black LHD EU ZFFAA17B000081601 81601HIT
81603	Testarossa	Black/black LHD
81604	Testarossa	Nero/Beige LHD CH ZFFSA17S000081604
81605	Mondial	t 89 Prugna/Tan ZFFFD32A5K0081605 Tubi Exhaust
81606	328	GTS Rosso Corsa/Black LHD EU ZFFWA20B000081606 81606VTE
81608	328	GTS 89 ZFFXA20A8K0081608
81609	328	GTS 89 Azzurro Blue/Red LHD US ZFFXA20AXK0081609
81611	Mondial	t 3.4 Cabriolet 89 Black/Maroon ZFFFC33A9K0081611
81613	328	GTS
81615	328	GTS Red/Crema LHD EU
81616	348	tb Prototype 89 Red/Black LHD ZFFKA35B000081616 Strange wooden gear lever
81617	348	tb first Red/Black
81618	Testarossa	Red/Beige ZFFAA17B000081618 81618FCE
81620	Testarossa	89 Red RHD ZFFAA17C000081620 eng. # F113B18035
81622	Testarossa	89 Yellow/Crema LHD US ZFFSG17A1K0081622
81623	328	GTS 89 Red/Black
81624	328	GTS
81626	328	GTS 89 Red/Tan RHD ZFFXA20D000081626 eng. # F105C04017877
81628	328	GTS 89 Red/Tan LHD US ZFFXA20A3K0081628

s/n	Type	Comments
81629	Mondial	t Cabriolet 89 US ZFFFC33A6K0081629
81630	328	GTS 89 Red/Tan LHD CH ZFFCA20S000081630
81632	328	GTS 89 Red/Black LHD US ZFFXA20A5K0081632
81633	328	GTS 88 Red/Tan RHD
81634	Testarossa	89 RHD ZFFAA17C000081634
81635	Testarossa	Red/Crema
81636	Testarossa	Red/Crema LHD EU ZFFAA17B000081636
81638	Testarossa	89 LHD US ZFFSG17A5K0081638
81639	Mondial	t Red/Black LHD
81641	328	GTS 5/89 Azzurro/Crema LHD US ZFFXA20A6K0081641
81642	328	GTS
81645	328	GTS 89 Metallic Red/Red LHD US ZFFXA20A3K0081645
81646	328	GTS Yellow
81648	328	GTS 89 Giallo Modena/black LHD US ZFFXA20A9K0081648
81650	348	tb 90 RHD ZFFFA35D000081650
81651	348	ts first Red/Black
81655	Testarossa	89 LHD US ZFFSG17A5K0081655
81657	328	GTS Red
81660	328	GTS 89 White/Red LHD US ZFFXA20AXK0081660
81661	Mondial	t Cabriolet 89 Black/Tan ZFFFC33A2K0081661
81662	328	GTS 89 ZFFXA20A3K0081662
81664	328	GTB Red/Black ZFFWA19B000081664
81665	328	GTSi 89 White/Red LHD US ZFFXA20A9K0081665
81666	328	GTS
81667	Testarossa	89 LHD US ZFFSA17AXK0081667
81669	Testarossa	LHD EU ZFFAA17B000081669
81673	Testarossa	Red/Black LHD EU
81676	348	tb Red/Tan LHD
81678	328	GTS Red/Magnolia RHD UK ZFFWA20C000081678 shields
81679	328	GTS Red/Tan ZFFCA20S0000
81681	328	GTS Red/Tan
81682	328	GTS Red/Crema RHD UK ZFFWA20C000081682
81684	328	GTS 89 Yellow/black LHD US ZFFXA20A2K0081684
81686	328	GTS 89 Red/Tan LHD US ZFFXA20A6K0081686
81687	328	GTS 89 Red LHD SWE ZFFCA20S000081687
81689	Testarossa	89 Silver Crema LHD ZFFSGA17A0K0081689 ex-Don Johnson
81690	Testarossa	89 LHD US ZFFSG17A7K0081690
81691	Testarossa	Red/Black LHD EU ZFFAA17B000081691
81695	328	GTB 89 Red/Tan LHD SWE ZFFCA19S000081695
81696	328	GTS 89 Rosso Corsa/magnolia RHD UK eng. # 18127
81698	Mondial	t Red/Black&Red inserts
81702	328	GTS 89 ZFFXA20A0K0081702
81703	328	GTS Silver/Bordeaux RHD ZFFWA20C000081703
81705	Testarossa	ÙTestanero^ Black/tan LHD EU ZFFAA17B000081705
81707	328	89 Rosso Corsa/Tan LHD US ZFFSG17A9K0081707
81708	Testarossa	89 Red/Tan LHD US ZFFSG17A0K0081708
81709	Testarossa	89 Red/Tan LHD US ZFFSG17A2K0081709
81710	Mondial	t Red/Black
81713	328	GTS Red/Black
81715	328	GTS Rosso Corsa/Tan LHD ZFFXA20A9K0081715 Colour-coded rear aero-foil
81717	328	GTS 8/89 Rosso Corsa/Beige LHD EU
81719	328	GTS 8/89 Rosso Corsa/Crema RHD UK ZFFWA20C000081719
81720	328	GTB 89 Red RHD eng. # 18156
81721	Testarossa	89 Red RHD ZFFAA17C000081721 eng. # F113B18204
81722	Testarossa	89 LHD US ZFFSG17A5K0081722
81723	Testarossa	Spider Conversion 89 White/Red LHD US ZFFSG17A7K0081723
81725	Testarossa	Red/Black LHD
81726	Mondial	t Cabriolet Red
81731	412	
81732	328	GTB
81734	328	GTS
81735	328	GTS
81737	412	Blue EU
81740	Mondial	t Red/Black
81747	328	GTS Red/Black
81748	328	GTS 89 Red LHD SWE ZFFCA20S000081748
81749	328	GTS Red/Crema RHD UK ZFFWA20C000081749
81750	328	GTB 89 Red/Black LHD US ZFFXA19A4K0081750
81752	Testarossa	89 Giallo Modena/Black 81752MVJ
81757	Mondial	t Cabriolet 89 Black Red ZFFFC33A4K0081757
81758	328	GTB Yellow/black LHD EU ZFFWA19B000081758
81759	328	GTS Red/Crema ME LHD ZFFWA20T0K0081759 81759NRG
81760	328	GTS Red/Crema RHD UK ZFFWA20C000081760
81761	328	GTS Black/tan
81763	328	GTS 89 Red/Tan ZFFXA20A9K0081763
81765	328	GTS Rosso Corsa/Black ZFFWA20B000081765 81765SPH
81766	328	GTB Red/Crema RHD UK
81767	328	GTS 89 Yellow/Tan LHD US ZFFXA20A6K0081767
81771	Testarossa	5/89 Blu Sera met./Red ZFFSG17A7K0081771
81772	Testarossa	89 LHD US ZFFSG17A9K0081772
81774	Mondial	t Cabriolet 89 Red/Tan LHD US ZFFFC33A4K0081774
81777	328	GTS Blue Chiaro/Crema dark Blue dash RHD UK ZFFWA20C000081777
81779	328	GTS 89 Rosso (Fer 300)/Crema (VM 3997) ZFFWA20C000081779 eng. # 18236 feat. in TV-series ÙThe Brief^
81781	328	GTS 89 Red/Tan LHD US ZFFXA20A0K0081781
81783	328	GTS Red/Black
81785	348	tb Red/Tan LHD
81786	Testarossa	89 Red/Tan LHD US ZFFSG17A9K0081786
81790	Testarossa	Red/Black ZFFAA17B000081790
81791	Mondial	t 89 Red/Tan LHD US ZFFFD32A6K0081791
81793	328	GTS Red/Black LHD EU ZFFWA20B000081793
81796	328	GTS Red/Black LHD EU
81797	Mondial	t Cabriolet Red/Black
81799	328	GTS 89 Rosso Corsa/Black RHD ZFFWA20C000081799
81801	Mondial	t 89 Black/Tan US ZFFFD32A5K0081801 sun-roof Tubi
81802	Mondial	t 89 Rosso/Beige LHD US ZFFFD32A7K0081802
81803	412	GT last RHD 12.09.89 Blu Sera 22.2./Crema Blue Carpets Manual
81804	Testarossa	89 LHD US ZFFSG17A7K0081804
81805	Testarossa	89 LHD US ZFFSG17A9K0081805
81807	Testarossa	Red/Black 81807IGO
81808	Mondial	t 89 Black/Tan LHD US, maybe a Typo with 81801
81809	Mondial	t Cabriolet 89 White/Blue Blue top Manual LHD US ZFFFC33A8K0081809
81811	328	GTS
81812	328	GTS 89 ZFFXA20A7K0081812
81813	328	GTS 89 Red/Tan ZFFXA20A9K0081813
81814	328	GTS 89 ZFFXA20A0K0081814
81815	Mondial	t 89 Red/Tan ZFFFD32A5K0081815
81816	328	GTS 89 ZFFXA20A4K0081816
81817	328	GTS 89 ZFFXA20A6K0081817
81818	328	GT? ZFFZA2?B000081818
81819	328	GTS Red/Crema EU
81820	Mondial	t 89 US ZFFFD32A9K0081820
81821	Mondial	t Valeo 89 Grey Grey ZFFFD32A0K0081821

s/n	Type	Comments
81822	Mondial	t 89 US ZFFFD32A2K0081822
81823	Mondial	t Cabriolet Red/Black ZFFKC33B0000
81824	328	GTS Red/Black LHD
81825	328	GTS 6/89 Red/Tan LHD US ZFFXA20A5K0081825
81827	328	GTS 89 Red/Tan LHD US ZFFXA20A9K0081827
81828	328	GTS 89 Rosso Corsa/Black LHD EU ZFFWA20B0000 81828CGO
81829	328	GTB 89 Grey/tan LHD EU ZFFWA19B000081829
81830	328	GTS Red
81834	Mondial	t 89 US ZFFFD32A9K0081834
81835	Mondial	t 89 Black/tan Manual US ZFFFD32A0K0081835
81836	Testarossa	89 Red RHD ZFFAA17C000081836
81838	Testarossa	89 Red/Black ZFFAA17B000081838
81839	Testarossa	Rosso Corsa/Black LHD EU ZFFAA17B000081839 81839WMS
81841	Testarossa	89 LHD US ZFFSG17A2K0081841
81844	Mondial	t Cabriolet 89 Red/Black LHD US ZFFFC33AXK0081844
81845	328	GTS 89 ZFFXA20A0K0081845
81846	328	GTS Red
81847	328	GTS Black ZFFWA20B000081847
81850	Mondial	t Cabriolet 89 Red/Crema US ZFFFC33A5K0081850
81851	328	GTS 89 Red/Tan LHD US ZFFXA20A6K0081851
81852	328	GTS 89 ZFFXA20A8K0081852
81854	328	GTB
81855	Testarossa	89 LHD US ZFFSA17A0K0081855
81856	Testarossa	89 LHD US ZFFSG17A4K0081856
81857	Testarossa	Yellow/black
81858	Testarossa	Red/Crema LHD CH ZFFSA17S000081858
81860	328	GTS 89 Black/tan LHD US ZFFXA20A7K0081860
81861	Mondial	t 89 Black/Tan ZFFFD32A1K0081861
81862	Mondial	t 89 US ZFFFD32A3K0081862
81863	328	GTB Red/Black LHD EU
81864	328	GTS 90 Yellow/black LHD US
81865	328	GTS 89 Red/beige ZFFXA20D000081865 eng. # F10SC04017888
81866	328	GTS 89 Red/Tan ZFFXA20A8K0081866.
81868	328	GTS 89 Red-black/tan LHD US ZFFXA20A1K0081868
81872	Testarossa	89 Red White ZFFSG17A2K0081872
81873	Testarossa	89 Red/Crema LHD US ZFFSG17A4K0081873
81876	Mondial	t Cabriolet 89 Red/Tan LHD US ZFFFC33A1K0081876
81878	328	GTS Red/Crema
81879	328	GTB Red/Crema RHD UK
81880	Mondial	t Cabriolet 89 US ZFFFC33A3K0081880
81881	Mondial	t Cabriolet 89 Red/Black ZFFFC33A5K0081881
81883	Mondial	t Cabriolet 89 black/tan ZFFFC33A9K0081883
81885	Mondial	t Cabriolet 89 White/tan LHD Manual US ZFFFC33A2K0081885
81887	328	GTS 6/89 Red/Tan LHD US ZFFXA20A5K0081887
81888	328	GTS 89 Red/Tan ZFFXA20A7K0081888
81889	328	GTS 89 Red ZFFXA20D000081889 eng. # F105C04018324
81891	Testarossa	89 Rosso Corsa/Black & Red cloth sports seats LHD ZFFAA17B000081891 81891CSX shields
81892	Testarossa	Red/Tan ZFFAA17B000081892
81894	Testarossa	Red/Black LHD
81895	Testarossa	White ZFFAA17B000081895
81896	Mondial	t Cabriolet 89 Black/Tan ZFFFC33A7K0081896
81899	Mondial	t Cabriolet 89 Black/Tan LHD US ZFFFC33A2K0081899, was White
81900	Mondial	t Cabriolet 89 Red/Tan LHD US ZFFFC33A5K0081900
81901	Mondial	t Cabriolet 89 Red/Tan ZFFFC33A7K0081901
81902	Mondial	t Cabriolet 89 US ZFFFC33A9K0081902

s/n	Type	Comments
81904	328	GTS 89 Yellow/black LHD US ZFFXA20A1K0081904
81907	328	GTB 89 Rosso Corsa/Nero RHD UK eng. # 18473
81909	Mondial	t Cabriolet 89 Red/Tan LHD US ZFFFC33A1K0081909
81910	328	GTS 89 ZFFXA20A7K0081910
81912	Testarossa	Red/Crema, RHD
81913	Testarossa	White/White then Yellow/beige LHD ME
81914	Mondial	t Cabriolet 89 Red/Tan ZFFFC33A5K0081914
81915	Testarossa	89 LHD US ZFFSG17A5K0081915
81916	Mondial	t Coupé 89 Red/Tan LHD US ZFFFD32A0K0081916
81917	Mondial	t Cabriolet 89Black/black LHD US ZFFFC33A0K0081917
81918	Testarossa	Red/Black LHD
81919	Testarossa	Red/Tan ZFFSA17S000081919
81920	Mondial	t Cabriolet 6/89 Red/Tan Black Top Manual ZFFFC33A0K0081920
81921	Testarossa	Red/Black LHD EU
81923	Mondial	t Cabriolet 89 Red/Black LHD US ZFFFC33A6K0081923
81924	328	GTS
81925	328	GTS Red/Crema EU
81928	328	GTS 89 Red/Tan LHD US
81929	Mondial	t Cabriolet Black/black
81930	328	GTS 89 Giallo Modena/black LHD US ZFFXA20A2K0081930
81932	328	GTS 89 ZFFXA20A6K0081932
81933	328	GTS 89 Red ZFFXA20D000081933 eng. # F10SC04018489
81934	Testarossa	89 LHD US ZFFSA17A7K0081934
81936	Mondial	t Cabriolet 89 Rosso Corsa/Tan ZFFFC33A4K0081936
81939	Mondial	t Cabriolet 89 US ZFFFC33AXK0081939
81942	328	GTS Red/Crema
81943	Mondial	t Cabriolet 89 Red/Tan Manual ZFFFC33A1K0081943
81944	GTS	Turbo Red/Black
81945	328	GTS 6/89 Red/Tan LHD US ZFFXA20A4K0081945
81946	GTB	Turbo Red/Tan LHD EU
81947	Mondial	t Cabriolet 89 Red/Tan LHD US ZFFFC33A9K0081947
81948	328	GTS 89 Rosso Corsa/Tan ZFFXA20AXK0081948
81949	328	GTS
81950	GTS	Turbo Red/Black LHD EU
81951	328	GTS 89 ZFFXA20AXK0081951
81955	Mondial	t Cabriolet 89 Red/Tan LHD US ZFFFC33A8K0081955
81956	Testarossa	89 Red/Tan LHD US ZFFSG17A8K0081956
81957	Testarossa	89 LHD US ZFFSG17AXK0081957
81958	Mondial	t Cabriolet 89 Red/Tan LHD US ZFFFC33A3K0081958
81959	Mondial	t Cabriolet 89 Red/Tan LHD US ZFFFC33A5K0081959
81961	Testarossa	
81962	Testarossa	Red/Tan LHD EU
81963	Mondial	t Cabriolet 89 LHD US ZFFFC33A7K0081963
81964	Mondial	t Cabriolet 89 Blu Sera/Tan LHD US ZFFFC33A9K0081964
81965	328	GTS Red/Black LHD
81966	328	GTS 89 ZFFXA20A1K0081966
81967	328	GTS 8/89 Red/Tan LHD US ZFFXA20A3K0081967
81968	Mondial	t Cabriolet 89 Black/Tan Manual LHD US ZFFFC33A6K0081968
81970	Mondial	t Cabriolet 89 ZFFFC33A4K0081970
81971	328	GTS Red
81972	328	GTB Rosso Corsa/Black LHD ZFFWA19B000081972 81972FMW Colour-coded rear aerofoil

s/n	Type	Comments
81973	Mondial	t Cabriolet 6/89 Rosso Corsa/Crema ZFFFC33AXK0081973
81974	Mondial	t 89 Red/Tan ZFFFD32A3K0081974
81975	Mondial	t Cabriolet 89 US ZFFFC33A3K0081975
81976	Mondial	t Cabriolet 89 Red/Crema LHD US ZFFFC33A5K0081976
81977	328	GTS 89 Red/Tan LHD US ZFFXA20A6K0081977
81979	F40	89 Red/Black w Red cloth LHD EU ZFFGJ34B000081979
81980	Mondial	t 89 US ZFFFD32A9K0081980
81981	328	GTS Red/Black
81982	Testarossa	89 Black/black LHD US ZFFSG17A9K0081982
81984	Mondial	t Cabriolet 89 Red/Tan LHD US ZFFFC33A4K0081984
81986	328	GTS Red/Black LHD EU ZFFWA20B000081986 81986PPK
81987	Mondial	t Cabriolet 89 Red/Tan LHD US ZFFFC33AXK0081987
81990	Mondial	t Cabriolet 89 US ZFFFC33AXK0081990
81991	Mondial	t Cabriolet 89 Red/Tan LHD US ZFFFC33A1K0081991
81993	Mondial	t Cabriolet 89 US ZFFFC33A5K0081993
81996	328	GTS Red/Beige LHD ZFFWA20B000081996
81997	328	GTS Red/Crema RHD UK
81998	Mondial	t Cabriolet 89 Black/tan ZFFFC33A4K0081998
82001	412	i Dark Blue/tan LHD EU ZFFYD25B000082001
82002	412	89 Dark Blue/Crema LHD EU ZFFYD25B00008200
82004	Testarossa	89 Rosso/nero LHD US ZFFSG17A2K0082004
82005	Testarossa	89 Black/black LHD US ZFFSG17A4K0082005
82006	Testarossa	Red/Red LHD EU
82008	Testarossa	Red/Tan
82011	Mondial	t Cabriolet 90 Red/Tan ZFFKC33B000082011
82012	Mondial	t Cabriolet 89 Red/Tan LHD US ZFFFC33A3K0082012
82014	328	GTS 04.08.89 Rosso Corsa/Crema Rosso Carpets/Rear Spoiler
82015	328	GTS 9/89 Rosso Corsa/Nero ZFFWA20B000082015 82015WDI
82016	Mondial	t 89 Rosso Corsa/Beige ZFFFD32A2K0082016
82019	Mondial	t Cabriolet 89 Red/Tan LHD US ZFFFC33A6K0082019
82020	328	GTS 89 Dark Blue/black ZFFCA20S000082020
82021	328	GTS
82022	Mondial	t Cabriolet 89 Red/Tan LHD US ZFFFC33A6K0082022
82023	328	GTS 89 Red/Tan LHD US ZFFXA20A7K0082023
82024	Testarossa	Red/Black Manual ZFFAA17B000082024
82025	Testarossa	Red/Tan LHD EU ZFFAA17B000082025
82026	Testarossa	Red/Crema & Red LHD EU
82028	328	GTS 89 Red/Tan LHD US ZFFXA20A6K0082028
82030	328	GTS 89 Red/Tan LHD US ZFFXA20A4K0082030
82031	328	GTS Red/Black
82032	Mondial	t Cabriolet 89 Black/tan LHD US ZFFFC33A9K0082032
82033	328	GTS
82036	Mondial	t Cabriolet 89 Black/Tan ZFFFC33A6K0082036
82040	Mondial	t Cabriolet 89 White/Tan LHD manual ZFFFC33A8K0082040
82043	Mondial	t Cabriolet 89 Metallic Black/Tan Manual US ZFFFC33A3K0082043
82049	328	GTS 89 ZFFXA20A3K0082049
82050	328	GTS Red
82052	Mondial	t Cabriolet 89 Black/tan LHD US ZFFFC33A4K0082052
82054	328	GTS 89 Red/Tan LHD US ZFFXA20A7K0082054
82055	328	GTS Red/Black
82056	Mondial	t Cabriolet 89 Black/tan LHD US ZFFFC33A1K0082056
82059	Mondial	t 89 US ZFFFD32A9K0082059
82060	Testarossa	
82061	Mondial	t Cabriolet 89 Red/Tan ZFFFC33A5K0082061
82062	Testarossa	
82063	Testarossa	Red/Black LHD EU
82067	328	GTS Rosso Corsa/Black LHD EU 82067DBF
82068	328	GTS 89 White/tan LHD US ZFFXA20A7K0082068
82069	328	GTS 89 ZFFXA20A9K0082069
82070	Mondial	t Cabriolet 89 Black Dark Tan Black Hartz Cloth Top ZFFFC33A6K0082070
82073	Mondial	t Cabriolet 89 Black/tan LHD US ZFFFC33A1K0082073
82077	Mondial	t Cabriolet 89 Black Grey Manual ZFFFC33A9K0082077
82078	328	GTS 89 White/tan LHD US ZFFXA20AXK0082078
82079	Testarossa	89 Red/Tan LHD US ZFFSG17A0K0082079
82080	Testarossa	89 Red/Black LHD ZFFSG17A7K0082080
82083	Mondial	t Cabriolet 89 Red/Tan ZFFFC33A4K0082083
82090	Mondial	t Cabriolet 89 Rosso Corsa/Tan Manual ZFFFC33A1K0082090
82092	328	GTS 89 Red/Black LHD US ZFFXA20A4K0082092
82093	Mondial	t Cabriolet 89 Giallo Modena/Black Manual US ZFFFC33A7K0082093
82095	328	GTS 89 White dark Red LHD US ZFFXA20AXK0082095
82097	Mondial	t 89 US ZFFFD32A6K0082097
82100	Mondial	t Cabriolet 89 US ZFFFC33A0K0082100
82102	328	GTS 89 Red/Tan LHD ZFFXA20A3K0082102
82106	328	GTS Red/Black EU
82107	Mondial	t 89 Red/Tan LHD
82109	328	GTS Rosso Corsa/black LHD ZFFWA20B000082109
82111	Mondial	t Cabriolet 89 US ZFFFC33A5K0082111
82112	328	GTB 89 Rosso Corsa/black LHD
82113	348	tb
82114	Mondial	t Cabriolet 89 Red/Tan LHD US ZFFFC33A0K0082114
82117	Testarossa	89 RHD ZFFAA17C000082117
82118	Mondial	t Cabriolet 89 US ZFFFC33A8K0082118
82120	Testarossa	89 Red/Tan LHD US ZFFSG17A4K0082120
82121	Mondial	t 3.4 Cabriolet 6/89 Red/Tan Black top Manual ZFFFC33A8K0082121
82122	328	GTS Red/Crema LHD CH ZFFCA20S000082122
82124	328	GTB Rosso Corsa Crema Rosso Carpet
82125	328	GTS 89 Metallic Black/Crema ZFFXA20A4K0082125
82126	Mondial	t Cabriolet Red/Black LHD EU
82127	328	GTS 89 ZFFXA20A8K0082127
82128	328	GTS Red/Tan RHD UK
82130	328	GTS Rosso Corsa/Crema Hide/Rosso/Rear Spoiler, 05.01.90
82131	Mondial	t Cabriolet 89 White Red ZFFFC33A0K0082131
82133	328	GTS 89 ZFFXA20A3K0082133
82134	Mondial	t Cabriolet 89 LHD US ZFFFC33A6K0082134
82135	Mondial	t 89 US ZFFFD32A1K0082136
82136	Mondial	t Red/Tan LHD US ZFFFD32A1K0082136
82137	Testarossa	black metallic/black LHD EU ZFFAA17B000082137
82138	Testarossa	Red/Black
82139	Mondial	t Cabriolet 89 White/dark Blue LHD US ZFFFC33A5K0082139
82141	Testarossa	Red/Black 82141JYC
82142	Mondial	t Cabriolet 89 Red/Tan LHD US ZFFFC33A5K0082142
82143	Testarossa	Red/Black
82148	328	GTS 89 ZFFXA20A5K0082148
82150	328	GTS 89 Red/Tan LHD US ZFFXA20A3K0082150
82152	328	GTS 89 ZFFXA20A7K0082152
82153	412	
82154	Mondial	t Cabriolet 89 ZFFFC33A1K0082154
82155	Testarossa	89 Red/Tan LHD US ZFFSG17A1K0082155
82156	Mondial	t 89 Red/Tan LHD US ZFFFD32A7K0082156
82159	Mondial	t Cabriolet 89 Red/Tan LHD US ZFFFC33A0K0082159

s/n	Type	Comments
82160	Testarossa	Red/Black LHD
82161	Mondial	t Cabriolet Red Brown
82162	Mondial	t Cabriolet 89 Red/Tan LHD US ZFFFC33A0K0082162
82164	328	GTS Blue
82165	Mondial	t Cabriolet 89 US ZFFFC33A6K0082165
82166	328	GTS Red/Black
82169	328	GTS
82171	328	GTS 89 ZFFXA20A0K0082171
82172	Mondial	t 3.4 Cabriolet 89 Red/Tan Red carpet ZFFFC33A3K0082172
82173	328	GTS 89 Red/Tan LHD US ZFFXA20A4K0082173
82176	Mondial	t Cabriolet 89 ZFFFC33A0K0082176
82178	Testarossa	Rosso Corsa/black LHD EU ZFFAA17B000082178 82178QPA
82179	Testarossa	Koenig Red/all Red LHD ZFFAA17B000082179
82180	Testarossa	Red/dk Red LHD CH
82181	Testarossa	89 LHD US ZFFSG17A2K0082181
82182	Mondial	t Cabriolet 89 Red/Tan ZFFFC33A6K0082182
82183	328	GTS Red/Black LHD CH ZFFCA20S000082183
82184	328	GTB Red/Black
82185	328	GTS Red/Red
82189	Mondial	t Cabriolet 89 Blu Sera Navy LHD US
82191	328	GTS Yellow/black LHD EU ZFFWA20B000082191
82192	Testarossa	Red LHD EU
82194	Testarossa	Red/Black LHD EU
82195	Mondial	t Cabriolet 89 Red/Tan LHD US ZFFFC33A4K0082195
82196	Testarossa	89 LHD US ZFFSG17A4K0082196
82197	Testarossa	89 Red/Tan LHD US ZFFSG17A6K0082197
82198	Mondial	t Cabriolet 7/89 Sera Blue/dark Blue then White/Red Manual LHD US ZFFFC33AXK0082198
82200	Mondial	t 89 US ZFFFD32A6K0082200
82201	328	GTS
82203	Mondial	t Cabriolet 89 US ZFFFC33AXK0082203
82206	328	GTS 6/89 Red/Black LHD ZFFXA26A4K0082206
82208	328	GTS Red/Crema RHD UK ZFFWA20C000082208
82209	328	GTS Red/Black LHD EU
82210	328	GTS 89 Red/Tan or Crema LHD US ZFFXA20A6K0082210
82211	Mondial	t 3.4 89 Blu Medio Metallizzato/Grey ZFFKD32B000082211
82214	Testarossa	Red/Black LHD EU
82215	Mondial	t Cabriolet 89 US ZFFFC33A6K0082215
82216	Testarossa	Red/Black LHD EU
82218	Mondial	t Cabriolet 90 Black/Black Manual ZFFFC33A1K0082218
82220	Testarossa	90 Red RHD ZFFAA17C000082220 eng. # F113B18498
82221	Testarossa	Red/Tan LHD
82222	Mondial	t Cabriolet 89 Red/Tan LHD US ZFFFC33A3K0082222
82223	Testarossa	Red/beige LHD US
82224	Testarossa	LHD EU ZFFAA17B000082224
82226	Mondial	t Cabriolet Red/Tan LHD US ZFFFC33A0K0082226
82227	328	GTS
82230	328	GTS 89 Red ZFFXA20D000082230 eng. # F10SC04018652
82231	328	GTS 89 Red/Crema LHD US ZFFXA20A3K0082231
82233	328	GTS 89 ZFFXA20A7K0082233
82234	328	GTB 89 Rosso Corsa/Beige LHD
82235	Mondial	t Cabriolet 89 Red Grey LHD US ZFFFC33A1K0082235
82237	Testarossa	89 Black/Black LHD US ZFFSG17A3K0082237
82238	Mondial	t Cabriolet 89 Red/Tan ZFFFC33A7K0082238
82242	Mondial	t 89 US ZFFFD32A0K0082242
82243	328	GTS Red/Black RHD UK

s/n	Type	Comments
82245	328	GTS 89 Red/Black LHD US ZFFXA20A3K0082245
82246	Mondial	t Cabriolet 89 Rosso Corsa/Nero LHD Manual US ZFFFC33A6K0082246
82247	328	GTS 89 Red/Tan ZFFXA20A7K0082247
82248	328	GTS Red/Crema RHD UK
82252	Testarossa	89 Red/Tan LHD US ZFFSG17AXK0082252
82253	Testarossa	Red/Tan ZFFSG17A1K0082253
82255	Mondial	t Cabriolet 89 ZFFFC33A7K0082255
82256	328	GTS
82257	Mondial	t Cabriolet 89 Black/Tan ZFFFC33A0K0082257
82258	328	GTS Red/Tan LHD CH ZFFCA20S000082258
82259	328	GTS 89 Red/Tan LHD US ZFFXA20A3K0082259
82260	328	GTS 89 Red/Tan ZFFXA20AXK0082260
82262	Mondial	t Cabriolet 89 ZFFFC33A4K0082262
82263	328	GTS 89 Red/Tan LHD US ZFFXA20A5K0082263
82264	328	GTS
82265	328	GTS 89 Red/Tan LHD US ZFFXA20A9K0082265
82266	Mondial	t Cabriolet 89 Red/Tan ZFFFC33A1K0082266
82269	Testarossa	7/89 Red/Tan ZFFSG17A5K0082269
82270	Testarossa	89 Rosso Corsa/Beige RHD UK ZFFAA17C000082270
82272	Testarossa	Red/Tan RHD UK ZFFAA17C000082272
82273	Testarossa	89 LHD US ZFFSG17A7K0082273
82275	Mondial	t Cabriolet 89 Red/Tan LHD US ZFFFC33A2K0082275
82276	328	GTS Rosso Corsa/Beige LHD CH ZFFCA20S000082276
82277	348	ts 89 LHD US ZFFFA36A4K0082277
82279	Mondial	t Cabriolet 89 Red/Tan LHD US ZFFFC33AXK0082279
82280	328	GTB
82281	348	ts 89 LHD US ZFFFA36A6K0082281
82282	328	GTB Red/Crema RHD UK
82283	Mondial	t Cabriolet 89 White/Tan ZFFFC33A1K0082283
82285	328	GTS 89 LHD US ZFFXA20A4K0082285
82286	328	GTS 89 Red/Tan LHD US ZFFXA20A6K0082286
82287	Mondial	t 89 Red/beige US ZFFFD32A0K0082287
82289	328	GTS 89 Red/Tan LHD US ZFFXA20A1K0082289
82292	348	ts 90 Red/Black LHD US ZFFFA36A0K0082292
82295	Mondial	t Cabriolet 89 US ZFFFC33A8K0082295
82297	Testarossa	Red/Black
82298	Testarossa	Red/Black LHD EU ZFFAA17B000082298
82299	Mondial	t Cabriolet 89 Red ZFFFC33A5K0082299
82300	Testarossa	Red/Tan
82301	348	ts 89 LHD USZFFFA36A8K0082301
82303	Mondial	t Cabriolet 89 Red/Black LHD US ZFFFC33A3K0082303
82304	Testarossa	Red/Tan LHD
82305	Testarossa	7/89 Red/Black LHD US ZFFSG17A5K0082305
82306	Testarossa	7/89 Black/tan LHD US ZFFSG17A7K0082306
82307	Mondial	t Cabriolet 89 Red/Tan LHD US ZFFFC33A0K0082307
82308	328	GTB Red/Crema RHD UK ZFFWA19C000082308
82310	GTB	Turbo Red/Black LHD EU
82311	348	ts 89 Red/Black LHD US ZFFFA36A0K0082311
82313	328	GTS Red/Tan LHD CH ZFFCA20S000082313
82314	348	ts 89 Red/Black LHD US
82315	Mondial	t Cabriolet 89 Red/Tan LHD US ZFFFC33AXK0082315
82317	328	GTS 89 Red/Crema & Red RHD UK ZFFWA20C000082317
82319	Mondial	t 89 Red/Black LHD US ZFFFD32A9K0082319
82321	348	ts 89 Red/Tan ZFFFA36A3K0082321
82322	Testarossa	LHD EU ZFFAA17B000082322
82323	Mondial	t Cabriolet 89 US ZFFFC33A9K0082323
82324	Testarossa	Red/Black LHD EU
82325	348	LHD US FNA recall
82326	Testarossa	89 Red/Tan LHD US ZFFSG17A2K0082326
82327	Mondial	t Cabriolet 89 Rosso/Beige US ZFFFC33A6K0082327

s/n	Type	Comments
82328	F355	Berlinetta Challenge probably a Prototype 95 Yellow/Black Manual LHD EU ZFFNA41B000082328 feat. in the James Bond Movie Die Another Day
82330	348	ts 89 Red/Black LHD US ZFFFA36A4K0082330
82331	328	GTS
82332	328	GTB 89 giallo/nero LHD ZFFXA19A2K0082332
82333	348	ts 89 Red/Black LHD US ZFFFA36AXK0082333
82334	Mondial	t Cabriolet 89 Red/Tan LHD US ZFFFC33A3K0082334
82335	328	GTS 89 ZFFXA20A4K0082335
82337	348	ts 89 LHD US Red/Black US ZFFFA36A7K0082337
82338	Mondial	t Cabriolet 89 Red/Tan LHD US ZFFFC33A0K0082338
82340	328	GTS 89 Red LHD SWE ZFFCA20S000082340
82341	Mondial	t Cabriolet 89 US ZFFFC33A0K0082341
82343	Mondial	t Cabriolet LHD US ZFFFC33A7K0082343
82344	Mondial	t Cabriolet 89 Red/Tan LHD US ZFFFC33A6K0082344
82347	348	tb Challenge 89 Rosso Corsa/black LHD US ZFFFA35A8K0082347
82348	Mondial	t 89 Black/Tan ZFFFC33A3K0082348
82351	Mondial	t 89 Red/Tan LHD US ZFFFD32A5K0082351
82353	348	tb 89 LHD US ZFFFA35A3K0082353
82354	Mondial	t Cabriolet 89 Black/beige LHD US ZFFFC33A9K0082354
82356	328	GTS 89 Red/Tan ZFFXA20A1K0082356
82357	Mondial	t Cabriolet 89 White/tan Manual US ZFFFC33A4K0082357
82360	348	tb 89 Red/Black LHD US ZFFFA35A0K0082360
82361	328	GTS
82362	Mondial	t Red/TanLHD EU ZFFKD32B00082362 82362IUI
82363	328	GTS Red/Crema RHD UK ZFFWA20C000082363
82364	Mondial	t Cabriolet 89 Red/Black LHD US ZFFFC33A1K0082364
82365	348	tb 89 Red/Black LHD US ZFFFA35AXK0082365
82367	Mondial	t Cabriolet 89 Black/black US ZFFFC33A7K0082367
82370	Mondial	t Cabriolet 89 Red/Tan black top US ZFFFC33A7K0082370
82371	348	tb 89 Red/Black LHD US ZFFFA35A5K0082371
82372	Testarossa	89 Black/Black LHD US ZFFSG17A9K0082372
82373	Mondial	t Cabriolet 89 Red/Tan LHD US ZFFFC33A2K0082373
82374	Testarossa	89 LHD US ZFFSG17A2K0082374
82375	348	tb 89 Red/Black LHD US ZFFFA35A2K0082375
82376	Testarossa	7/89 Red/Tan LHD US ZFFSG17A6K0082376 Twin Turbo
82377	Testarossa	89 Red/Tan LHD US ZFFSG17A8K0082377
82378	Mondial	t Cabriolet 89 Red/Tan LHD US ZFFFC33A1K0082378
82379	Testarossa	89 Red/tobacco LHD US ZFFSG17A1K0082379
83280	Mondial	t Cabriolet bianco/nero
82381	Mondial	t Red/Tan LHD US ZFFFD32A3K0082381
82382	328	GTS
82383	328	GTS 89 Black/Crema LHD US ZFFXA20A4K0082383
82384	Mondial	t Cabriolet 89 Dark Metallic Blue/Tan LHD US ZFFFC33A7K0082384
82385	328	GTS
82386	348	tb 89 Red/Black LHD US ZFFFA35A7K0082386
82388	Mondial	t Cabriolet 89 Black/Crema LHD US ZFFFC33A4K0082388
82389	348	tb Red/Tan LHD
82390	348	tb Red/Black
82391	348	ts 89 Rosso Corsa/black LHD US ZFFFA36A2K0082391
82392	348	tb Red/Tan Red cloth seats LHD ZFFKA35B0000 82392NBZ
82394	Mondial	t Cabriolet 89 Red/Tan LHD US ZFFFC33AXK0082394
82395	348	tb 89 Red/Black LHD US ZFFFA35A8K008239
82396	348	tb 89 LHD US
82397	Mondial	t Cabriolet 89 Black/black LHD US ZFFFC33A5K0082397
82399	348	ts 89 LHD US ZFFFA36A7K0082399
82401	Mondial	t Cabriolet 89 Red/Tan LHD US ZFFFC33A3K0082401
82404	F40	GTE Michelotto #2 89 Blue & Yellow/black w.Red seat LHD EU ZFFGJ34B000082404
82405	Mondial	t Cabriolet 89 Red/Tan LHD US ZFFFC33A0K0082405
82406	Mondial	t Cabriolet 89 US
82407	348	tb 89 LHD US ZFFFA35A0K0082407
82408	Mondial	t Cabriolet Red/Tan LHD US ZFFFC33A6K0082408
82409	328	GTB Red/Black RHD UK
82410	328	GTS Red/Crema RHD UK
82411	328	GTB Yellow/black
82412	Mondial	t Cabriolet 89 US ZFFFC33A8K0082412
82413	328	GTS 89 Rosso Corsa Crema ZFFWA20C0000 eng. # 19183
82414	348	ts 7/89 Red/Black LHD US ZFFFA36AXK0082414
82416	Mondial	t 89 LHD US ZFFFD32A7K0082416
82417	348	tb 89 Red LHD ZFFKA35B000082417
82418	348	tb 89 LHD US ZFFFA35A5K0082418
82420	Mondial	t Cabriolet 89 US ZFFFC33A7K0082420
82423	Testarossa	89 Red/Crema or tan LHD US ZFFSG17A0K0082423
82424	Mondial	t Cabriolet 89 Red/Tan LHD US ZFFFC33A4K0082424
82425	Testarossa	89 Red/Tan LHD EU ZFFAA17B000082425 82425JAG
82426	348	tb 89 Red/Black LHD US ZFFFA35A4K0082426
82427	Testarossa	89 Red/Black LHD ZFFAA17B0000
82428	Mondial	t Cabriolet 7/89 Azzurro/Tan Black top Manual LHD US ZFFFC33A1K0082428
82429	Testarossa	89 Red/Tan LHD US ZFFSG17A1K0082429
82430	Mondial	t first RHD UK Red/Crema RHD UK
82431	Mondial	t 3.4 Cabriolet 7/89 Rosso Corsa/Tan Tan top LHD US ZFFFC33A1K0082431
82432	328	GTB Red/Crema
82433	328	GTS
82434	Mondial	t Cabriolet 89 Red/Tan LHD US ZFFFC33A7K0082434
82435	328	GTS 89 Red/Black LHD US ZFFXA20A8K0082435
82436	348	ts 89 Red/Black LHD US ZFFFA36A9K0082436
82438	Mondial	t Cabriolet 89 Red/Tan LHD US ZFFFC33A4K0082438
82439	328	GTS 89 Red/Tan LHD US ZFFXA20A5K0082439
82441	348	tb Red/Black
82442	Mondial	t Cabriolet 89 US ZFFFC33A6K0082442
82443	348	tb 90 Rosso Corsa/Black LHD ZFFKA35B000082443 82443NQE shields colour coded sills
82444	348	tb Red/Tan LHD
82445	Mondial	t 89 Red/Tan ZFFFD32A3K0082445
82447	Mondial	t Cabriolet 89 US ZFFFC33A5K0082447
82449	348	tb 89 Red/Black LHD US ZFFFA35A5K0082449
82451	Mondial	t Cabriolet 89 Black/custom black & Red interior ZFFFC33A7K0082451
82455	Mondial	t Cabriolet 89 Red/Tan LHD US ZFFFC33A4K0082455
82457	GTS	Turbo Red LHD EU
82458	Mondial	t Cabriolet 89 Red/Tan LHD US ZFFFC33AXK0082458 Autocheck conf.
82459	328	GTB 89 Rosso Corsa Crema RHD UK ZFFWA19C0000 eng. # 19229
82460	348	ts 89 Red/Black LHD US ZFFFA35A4K0082460
82461	328	GTS 89 Red/Tan ZFFXA20A9K0082461
82462	Mondial	t Cabriolet 89 Red/Crema LHD US ZFFFC33A1K0082462

s/n	Type	Comments
82463	328	GTB Red/Black RHD UK
82464	348	tb 89 Red/Black LHD US
82466	Mondial	t Cabriolet 89 US ZFFFC33A9K0082466
82468	348	ts 89 Red/Black LHD US ZFFFA36A0K0082468
82469	348	tb 89 Red/Black LHD
82472	Mondial	t Cabriolet 89 Red/Tan ZFFFC33A4K0082472
82473	Testarossa	Red/Black LHD EU
82474	Testarossa	Red/Crema LHD
82475	Mondial	t 89 ZFFFD32A1K0082475
82476	Testarossa	89 Red LHD US ZFFSG17AXK0082476 eng. # 19222
82479	Mondial	t Cabriolet 89 Rosso Corsa/Tan Manual ZFFFC33A7K0082479
82480	F40	89 Red
82482	328	GTS 18.08.89 Rosso Corsa/Nero RHD UK ZFFWA20C000082482
82483	Mondial	t Cabriolet 89 Red/Tan LHD US ZFFFC33A9K0082483
82484	328	GTB Red/Crema RHD UK
82485	328	GTS 89 Rosso Corsa Crema RHD UK ZFFWA20C0000eng. # 19199
82486	Mondial	t Black/tan ZFFKD32B0000 sunroof
82487	328	GTB
82489	328	GTS 89 ZFFXA20A9K0082489
82490	Mondial	t Cabriolet 89 Red/Tan LHD US ZFFFC33A6K0082490
82491	348	tb Red/Black LHD EU
82494	Mondial	t Cabriolet 89 Red/Tan US ZFFFC33A3K0082494
82496	Testarossa	89 Red/Black LHD US ZFFSG17A5K0082496
82497	Testarossa	89 Rosso Corsa/Tan LHD US ZFFSG17A7K0082497
82498	Mondial	t Cabriolet 89 Black/Tan LHD US ZFFFC33A0K0082498
82499	Testarossa	89 LHD US ZFFSG17A0K0082499
82500	Testarossa	89 LHD US ZFFSG17A3K0082500
82502	Mondial	t Cabriolet 89 Black/Tan Manual US ZFFFC33A9K0082502
82503	328	GTS Red/Black
82508	Mondial	t Cabriolet 89 US ZFFFC33AXK0082508
82510	Mondial	t Cabriolet first RHD UK Red/Black RHD UK ZFFKC33C000082510
82511	Mondial	t Cabriolet 89 Red/Black Manual LHD US ZFFFC33AXK0082511
82513	348	tb
82514	348	tb Red/Black
82515	Mondial	t 89 US ZFFFD32A9K0082515
82517	Mondial	t 3.4 89 Red/Black LHD EU ZFFKD32B000082517 82517AOA Sunroof
82518	Testarossa	
82519	Mondial	t 89 ZFFFC33A4K0082519
82521	348	tb Challenge Red/Black LHD ZFFKA35B000082521
82522	Testarossa	89 White/Tan LHD US ZFFSG17A2K0082522
82523	Mondial	t Cabriolet 89 US ZFFFC33A6K0082523
82524	328	GTS 89 ZFFXA20A7K0082524
82526	328	GTB 89 Red/brown LHD US ZFFXA19A4K0082526
82527	Mondial	t Cabriolet 89 LHD US ZFFFC33A3K0082527
82530	Mondial	t Cabriolet 89 Red/Tan LHD US ZFFFC33A3K0082530
82531	328	GTS 89 Red/Tan LHD US ZFFXA20A4K0082531
82533	Mondial	t Cabriolet 89 Red/Tan LHD US ZFFFC33A9K0082533
82534	348	tb Challenge
82535	348	ts 89 LHD US ZFFFA35A9K0082535
82536	348	ts 89 Red/Black LHD US ZFFFA36A2K0082536
82538	348	ts 89 LHD US
82539	Mondial	t Cabriolet 8/89 Red/Tan LHD US ZFFFC33AXK0082539
82541	348	ts 89 Red/Black LHD US
82543	Mondial	t Cabriolet 89 Red/Tan US ZFFFC33A1K0082543
82544	Testarossa	90 Red/magnolia LHD ME ZFFAA17T0K0082544
82545	348	tb 89 Red/Black LHD US ZFFFA35A1K0082545
82546	Testarossa	Red/Black LHD EU
82547	Mondial	t 89 Black/grey LHD US ZFFFD32A0K0082547
82550	Mondial	t Cabriolet 89 Black/Crema US ZFFFC33A9K0082550
82553	Mondial	t 89 US ZFFFD32A6K0082553
82554	328	GTS Red/Crema RHD UK
82555	348	ts 89 Red/Black LHD ZFFFA36A6K0082555.
82557	348	ts 89 Red/Black LHD US ZFFFA36AXK0082557
82558	328	GTS 89 ZFFXA20A2K0082558
82559	Mondial	Cabriolet 89 ZFFFC33ASK0082559
82560	328	GTS 89 Red/Crema RHD UK ZFFWA20C000082560
82561	348	ts 89 LHD US
82562	348	tb Red
82563	Mondial	t Cabriolet 89 LHD US ZFFFC33A7K0082563
82565	348	ts 89 Red/Black LHD US ZFFFA36A9K0082565
82566	328	GTB 89 Red/Tan LHD ZFFXA19A5K00
82567	Mondial	t Cabriolet 89 LHD US ZFFFC33A4K0082567
82569	348	ts 89 Red/Black LHD US ZFFFA36A6K0082569
82571	Mondial	t Cabriolet 89 US ZFFFC33A6K0082571
82573	348	GTB silver/black
82574	Mondial	t 89 Red/Tan US ZFFFD32A3K0082574 Sunroof
82576	348	ts 89 Red/Tan LHD US ZFFFA36A3K0082576
82577	Mondial	t 89 Rosso/Nero ZFFKD32B000082577
82578	348	tb 89 Red/Tan LHD US ZFFFA35A5K0082578
82580	Mondial	t 89 Red/Tan LHD Manual ZFFFD32A9K0082580
82581	Testarossa	89 Red/Tan
82582	348	tb Rosso/nero LHD EU ZFFKA35B000082582
82583	Mondial	t 89 Red/Tan leather LHD US ZFFFD32A4K0082583
82584	Testarossa	89 LHD US ZFFSG17A2K0082584
82585	348	ts 89 Red/Black LHD US ZFFFA36A4K0082585
82587	Mondial	t 89 Black/tan LHD US ZFFFD32A1K00 sunroof
82589	348	ts 89 Rosso Corsa/tan LHD US ZFFFA36A1K0082589
82590	348	ts 89 LHD US ZFFFA36A8K0082590
82591	348	ts 89 Red/Tan LHD US ZFFFA36AXK0082591
82592	348	tb 89 LHD US ZFFFA35AXK0082592
82593	348	ts 89 Red/Tan LHD US ZFFFA36A3K0082593
82594	348	ts 89 LHD US ZFFFA36A5K0082594
82595	348	ts 89 Red/Tan LHD US ZFFFA36A7K0082595
82596	348	ts 8/89 Red/Tan LHD US ZFFFA36A9K0082596
82597	348	ts 89 Red/Tan LHD US ZFFFA36A0K0082597
82598	348	tb 89 LHD US ZFFFA35A0K0082598
82599	348	ts 89 LHD US ZFFFA36A4K0082599
82600	348	ts 89 Red/Tan LHD US ZFFFA36A7K0082600
82601	348	ts 89 Red/Tan LHD US ZFFFA36A9K0082601
82602	328	GTB Red/Crema
82603	328	GTS 90 Rosso Corsa/Magnolia LHD eng.# 19285 ass. # 28455
82605	328	GTS Red/Black RHD UK ZFFWA20C000082605
82606	328	GTS Chiaro Blue/Crema RHD UK
82607	348	ts 89 LHD US ZFFFA36AXK0082607
82608	348	ts 89 Red/Tan LHD US ZFFFA36A1K0082608
82609	348	ts 89 LHD US ZFFFA36A3K0082609
82610	348	ts 89 Red/Tan LHD US ZFFFA36AXK0082610
82611	348	ts 89 LHD US ZFFFA36A1K0082611
82612	348	ts 89 Red/Black LHD US ZFFFA36A3K0082612
82613	348	tb Challenge #89/100 89 Red/Black LHD US ZFFFA36A5K0082613 Tubi Speedline wheels
82614	348	ts 89 Red/Tan & Red then Candy Paint Chameleon/Black colour coded roof LHD US ZFFFA36A7K0082614 colour coded Rims Tubi
82615	348	ts 89 LHD US Red/Tan ZFFFA36A9K0082615
82616	348	ts 89 Red/Tan LHD US ZFFFA36A0K0082616
82617	348	ts 89 LHD US ZFFFA36A2K0082617
82618	348	ts 89 Red/Tan LHD US ZFFFA36A4K0082618
82619	348	ts 89 LHD US ZFFFA36A6K0082619

s/n	Type	Comments
82620	348	ts 89 LHD US ZFFFA36A2K0082620
82621	348	ts 89 White Black LHD US ZFFFA36A4K0082621
82622	328	GTS 89 ZFFXA20A7K0082622
82628	348	tb Red/Black Sport Seats LHD EU French version
82629	348	ts 89
82630	348	ts 89 Red/Black LHD US ZFFFA36A7K0082631
82631	348	ts 89 LHD US ZFFFA36A7K0082631
82632	348	ts 8/89 Rosso Corsa/Tan LHD US ZFFFA36A9K0082632 ex- Michael Glazier
82633	348	ts 89 Red/Tan LHD US ZFFFA36A0K0082633
82634	348	tb 89 Red/Black LHD USZFFFA35A0K0082634
82635	348	ts Red/Crema LHD US ZFFFA36A4K0082635
82636	348	ts 89 Red/Tan LHD US ZFFFA36A6K0082636
82637	348	ts 89 Red/Black LHD US ZFFFA36A8K0082637
82638	348	ts 89 Red/Black LHD US ZFFFA36AXK0082638
82639	348	tb 89 LHD US
82640	348	ts 8/89 Red/Black LHD US ZFFFA36A8K0082640 Norwood Turbo modified
82641	348	ts 89 LHD US ZFFFA36AXK0082641
82642	348	ts 89 LHD US ZFFFA36A1K0082642
82643	348	tb Red/Black LHD US ZFFFA35A1K0082643
82644	Testarossa	Red/Crema EU
82645	348	tb Red/Black LHD EU
82649	Testarossa	89 Black/Black ZFFSG17A4K0082649
82650	Testarossa	89 LHD US ZFFSG17A0K0082650
82651	348	ts 89 Red/Tan LHD US ZFFFA36A2K0082651
82652	348	ts 89 Red/Tan LHD US ZFFFA36A4K0082652
82653	348	ts 89 LHD US ZFFFA36A6K0082653
82654	348	ts 89 Red/Tan LHD US ZFFFA36A8K0082654
82655	348	ts 89 LHD US
82656	348	ts 89 Red LHD US
82657	348	ts 89 LHD US ZFFFA36A3K0082657
82658	348	ts 89 LHD US ZFFFA36A5K0082658
82659	348	ts 89 Red/Black LHD US ZFFFA36A7K0082659
82660	348	ts 89 Red/Black LHD US ZFFFA36A3K0082660
82661	348	ts 89 LHD US ZFFFA36A5K0082661
82662	348	ts 89 Red/Tan LHD US ZFFFA36A7K0082662
82663	348	ts 89 Dark metallic Red/Tan LHD US ZFFFA36A9K0082663
82664	348	ts 89 Red/Tan LHD US ZFFFA36A0K0082664
82665	348	ts 89 Red LHD US ZFFFA36A2K0082665
82666	Testarossa	Red
82669	328	GTB
82670	328	GTS Red/Black
82672	328	GTS 89 ZFFXA20A0K0082672
82673	348	ts 89 LHD US ZFFFA35AXK0082673
82674	348	ts 89 Red/Black or tan LHD US ZFFFA36A3K0082674
82675	348	ts 89 LHD US
82676	348	ts 89 Red/Black LHD US ZFFFA36A7K0082676
82677	348	tb 89 Anthracite/black LHD US ZFFFA35A7K0082677
82678	348	ts 89 Red/Black LHD US ZFFFA36A0K0082678
82679	348	ts 89 LHD US
82680	348	tb 89 LHD US
82681	348	ts 89 Red & Black/Beige LHD US ZFFFA36A0K0082681
82682	348	tb Series Speciale 89 Giallo Modena Beige LHD US ZFFFA35A0K0082682
82683	348	tb 89 Red/Tan LHD US ZFFFA36A4K0082683
82684	348	ts 89 Red/Black LHD US ZFFFA36A6K0082684, damaged
82685	348	tb 89 LHD US
82686	348	ts 89 Red/Tan LHD US ZFFFA36AXK0082686
82687	348	ts 89 Red/Tan LHD US ZFFFA36A1K0082687
82688	328	GTB Red/Tan LHD CH ZFFCA19S0000
82689	Testarossa	
82690	348	tb Red/Black LHD EU
82694	F40	89 Red/Red cloth, new to F
82695	F40	89 Red/Black w Red cloth LHD EU ZFFGJ34B000082695, new to NL
82697	Testarossa	Red ZFFAA17TOK00
82698	Testarossa	Red Dark Red RHD UK
82699	348	ts Red/Tan LHD US ZFFFA36A4K0082699
82700	Testarossa	Red/Black
82705	328	GTS Red/Crema RHD UK ZFFWA20C000082705
82708	Mondial	t
82709	F40	89 Red/Black w Red cloth gold wheels LHD EU ZFFGJ34B000082709, new to NL
82713	Mondial	t
82714	Mondial	t Red/Tan Brown Carpets LHD
82715	Testarossa	89 LHD US ZFFSA17A0K0082715
82718	Testarossa	Red LHD CH ZFFSA17S000082718
82719	Testarossa	89 LHD US ZFFSG17AXK0082719
82720	Mondial	t Red/Crema RHD UK
82722	Mondial	t Red/Black ZFFKD32B000084722
82723	328	GTS
82724	328	GTS 89 ZFFXA20A4K0082724
82726	328	GTS 89 Red/Tan LHD US ZFFXA20A8K0082726
82727	F40	89 Red/Black w Red cloth LHD EU ZFFGJ34B000082727, new to NL
82728	F40	89 Red/Black w.Red cloth LHD EU ZFFGJ34B000082728, new to I
82733	Mondial	t 3.4 Cabriolet 90 Red/Crema RHD ZFFKC33C000082733
82734	328	GTB last RHD UK
82736	328	GTS
82737	Testarossa	89 Jet Black/Grey LHD EU ZFFAA17B000082737
82741	Testarossa	89 LHD US ZFFSG17A3K0082741
82745	F40	89, new to I
82749	Mondial	t 90 Red/Crema RHD ZFFKD32C000082749 82749NRC sunroof
82750	Testarossa	Red/Crema LHD CH
82751	Testarossa	7/89 Silver/Red then black int.LHD US ZFFSG17A6K0082751
82752	Testarossa	89 Rosso/tan LHD US ZFFSG17A8K0082752 exported to Europe
82754	328	GTS 89 ZFFXA20A2K0082754
82756	328	GTS
82760	328	GTS 89 ZFFXA20A8K0082760
82761	F40	89 Red/Black w Red cloth LHD EU ZFFGJ34B000082761, new to I
82766	328	GTS 89 Black/tan LHD US ZFFXA20A9K0082766
82768	Testarossa	White
82769	Testarossa	Rosso Corsa/Black LHD EU ZFFAA17B000082769 82769JOG
82772	Testarossa	89 LHD US ZFFSG17A3K0082772
82773	Testarossa	89 Red/Black LHD ZFFSG17A5K0082773
82776	328	GTS 89 Rosso Corsa/Crema RHD UK
82777	328	GTS 89 Red/Crema LHD US ZFFXA20A3K0082777
82778	328	GTS 89 ZFFXA20A5K0082778
82779	F40	89 Red/Black w.Red cloth LHD EU ZFFGJ34B000082779, new to I
82780	F40	89, new to I
82784	Testarossa	89 RHD ZFFAA17C000082784
82788	Testarossa	89 LHD US ZFFSG17A7K0082788
82789	Testarossa	89 LHD US ZFFSG17A9K0082789
82790	Testarossa	89 Red/Tan LHD US ZFFSG17A5K0082790
82791	Testarossa	7/89 Red/Tan LHD US ZFFSG17A7K0082791
82793	328	GTB Red/Tan LHD CH ZFFCA17S000082793 shields
82795	F40	89 Red/Black w.Red cloth LHD EU ZFFGJ34B000082795, new to CH
82796	Mondial	t black/black
82797	Mondial	t Red/Crema RHD UK
82799	348	tb Red/Black LHD ZFFKA35B000082799
82802	328	GTS 89 ZFFXA20A9K0082802
82804	Testarossa	89 LHD US ZFFSA17AXK0082804
82807	Testarossa	88 Rosso Corsa/black LHD US ZFFAA17B000082807
82810	328	GTS 89 Red/Tan LHD US ZFFXA20A8K0082810

s/n	Type	Comments
82811	F40	89 Red/Black w.Red cloth LHD EU ZFFGJ34B000082811, new to I
82812	F40	89 Red/Black w.Red cloth LHD EU ZFFGJ34B000082812, new to I
82813	328	GTS Red/Tan LHD US
82814	328	GTS 10/89 Rosso Corsa300/9/Crema RHD UK
82815	328	GTS 89 ZFFXA20A7K0082815
82816	Mondial	t Cabriolet Red
82817	Testarossa	Red/Crema RHD
82819	348	tb Red/Black LHD EU
82820	348	tb Red/Black
82822	Testarossa	Red/Black
82823	Mondial	t Cabriolet Rosso Corsa/Crema ZFFKC33B000082823 82823N0O
82824	Mondial	t
82825	F40	89 ZFFGJ34B000082825 RHD Conversion
82827	Testarossa	Red/Black
82828	Testarossa	
82830	Testarossa	89 Black/tan LHD US ZFFSG17A2K0082830
82831	328	GTS 89 black/black LHD US ZFFXA20A5K0082831
82832	328	GTS Red/Black
82833	328	GTS
82834	328	GTS 90 Rosso Corsa/Magnolia RHD ZFFWA20C0000 Colour Coded Roof
82835	328	GTS Red/Black
82836	Testarossa	90 dark Blue/Tan ZFFSM17A0L0082836
82839	F40	89, new to CH
82840	F40	89 Red/Black w. Red cloth LHD ZFFGJ34B000082840, new to I
82841	348	tb Red/Black ZFFKA35B000082841 ass. # 00022
82842	348	tb 11/89 Rosso/Nero LHD EU ZFFKA35B000082842
82843	348	tb Red/Black LHD EU
82844	348	tb LHD
82845	Mondial	t Cabriolet Red/Black LHD ZFFKC33B000082845
82846	Mondial	t 89 Red RHD UK eng. # 19623
82847	Testarossa	Blu Sera/Beige 82847CYX
82851	Testarossa	89 White/tan LHD US ZFFSG17AXK0082851
82852	Testarossa	89 Red LHD US ZFFSG17A1K0082852
82855	F40	89 Red/Red, new to E
82857	348	ts Red ZFFKA36B000082857
82858	348	ts Yellow/Black LHD EU
82859	348	ts Red/Black LHD EU ass. # 01258
82862	348	GT Competizione LM Conversion Red/Black LHD Challenge grill with F355 lights
82864	GTS	Turbo 90 Red/Black ZFF2AZ8B000082864
82866	328	GTS 89 Red RHD UK eng. # 19237
82867	328	GTS 89 Red/Black LHD US 328 GTS 89 ZFFXA20A4K0082867
82868	328	GTS 89 Rosso Corsa/black LHD
82869	Mondial	t Cabriolet Red/Black ZFFKC33B000082869 82869NRE
82870	F40	89, new to I
82871	F40	89 Red/Black w Red cloth LHD EU ZFFGJ34B000082871, new to D
82873	328	GTS 89 Red/Black LHD ZFFWA20B0000
82874	328	GTS Red/Black RHD UK ZFFWA20C000082874
82876	328	GTS 89 Red/Black ZFFXA20A5K0082876
82879	348	tb Red/Black LHD EU
82881	348	tb Francorchamps Red Yellow stripe/Red cloth LHD EU ZFFKA35B000082881 ass. # 00077
82885	328	GTS 89 Red/Tan ZFFXA20A6K0082885
82886	F40	89 Red/Black w.Red cloth LHD EU ZFFGJ34B000082886, new to J
82887	Mondial	t Cabriolet black/darkRed,
82888	Mondial	t Blue/Blue RHD ZFFKD32C000082888
82889	328	GTS 89 Red/Tan LHD US ZFFXA20A3K0082889
82890	Testarossa	89 Red RHD ZFFAA17C000082890
82891	Testarossa	90 Black/Black LHD CDN ZFFSM17A8L0082891
82892	Testarossa	Red/Black
82895	Testarossa	Red/Crema RHD UK
82896	Testarossa	89 Red/Tan LHD US ZFFSG17AXK0082896
82897	Testarossa	89 LHD US ZFFSG17A1K0082897
82902	Testarossa	89 LHD US ZFFSG17A1K0082902
82904	F40	89, new to D
82905	F40	89, new to D
82906	328	GTB 8/89 Verde Scuro tan LHD ZFFXA19A3K00
82907	328	GTS
82908	328	GTS Red/Crema RHD ZFFWA20C000082908
82910	328	GTS
82911	328	GTS 89 Rosso Corsa/Crema RHD UK ZFFWA20C0000 eng. # 19542
82914	328	GTS 89 Rosso Corsa/Beige ZFFXA20A9K0082914
82915	328	GTS Red/Tan LHD
82916	328	GTS 89 ZFFXA20A2K0082916
82920	348	tb Rosso/nero LHD EU ZFFKA35B00082920
82921	Mondial	t
82922	F40	89 Red/Black w Red cloth LHD EU ZFFGJ34B000082922, new to D
82927	Testarossa	89 LHD US ZFFSG17A6K0082927
82928	Testarossa	89 LHD US ZFFSG17A8K0082928
82931	328	GTS 89 LHD LHD US US ZFFXA20A5K0082931
82932	328	GTS 8/89 Red/Tan ZFFXA20A0K0082932
82933	328	GTS 89 Rosso Corsa/Beige LHD US ZFFXA20A2K0082933
82935	Mondial	t 3.4 Cabriolet
82937	348	tb 89 Red/Black LHD EU
82939	348	tb Challenge
82940	F40	89 Red/Black w.Red cloth LHD EU ZFFGJ34B000082940, new to D
82941	F40	89 Red/Black w.Red cloth LHD EU ZFFGJ34B000082941, new to D
82942	Mondial	t 3.4
82946	348	tb Red/Black LHD EU
82947	328	GTS Red/Black RHD ZFFWA20C000082947
82949	328	GTS Red/Crema RHD UK
82950	328	GTS Red/Black or Crema EU
82951	328	GTS Red/Crema
82952	Testarossa	89 Chiaro Blue/Crema LHD US ZFFSG17A5K0082952
82953	Testarossa	89 Red/Black LHD US ZFFSG17A7K0082953
82954	Testarossa	89 Rosso/Crema RHD UK ZFFAA17C000082954 82954KRE
82955	Testarossa	89 Red/Tan LHD US ZFFSG17A9L0082955
82956	Testarossa	90 LHD US ZFFSG17A0L0082956
82958	F40	89 Red/Black w.Red cloth LHD EU ZFFGJ34B000082958, new to I
82959	328	GTS 89 Dark Blue/tan ZFFXA20A9K0082959
82960	328	GTS 89 ZFFXA20A5K0082960
82961	328	GTS
82964	328	GTS Red/Black RHD UK
82965	328	GTS 1/90 Rosso Corsa/Crema RHD UK ZFFWA20C000082965 Rear Spoiler
82966	F40	89 Red/Black w.Red cloth LHD EU ZFFGJ34B000082966
82967	Testarossa	Red/Tan LHD EU
82968	Testarossa	89 Red LHD SWE ZFFSA17S000082968
82969	Mondial	t Cabriolet 91 Yellow/Black
82971	Testarossa	90 LHD US ZFFSG17A7L0082971
82973	348	ts
82975	328	GTS Red
82976	328	GTS Red
82977	F40	89 Red/Black w Red cloth LHD EU ZFFGJ34B000082977, new to D
82978	F40	89 Red/Black w Red cloth LHD EU ZFFGJ34B000082978, new to D
82979	Mondial	t grey/tan
82980	328	GTS Rosso/Crema RHD UK ZFFWA20C000082980 eng. # 19097
82983	Testarossa	Red/Black LHD EU ZFFAA17B000082983
82984	Testarossa	Red/Tan LHD

s/n	Type	Comments
82987	Testarossa	89 White/tan LHD US ZFFSG17A0L0082987
82988	348	tb Red/Black LHD EU ZFFKA35B000082988
82989	328	GTS
82990	348	tb 91 Yellow RHD ZFFFA35D000082990
82992	348	tb Red/Black LHD EU ZFFKA35B000082992
82993	348	tb Challenge
82994	348	tb Red/Black LHD EU
82996	F40	89 Red/Black w Red cloth LHD EU ZFFGJ34B000082996, new to D
82999	328	GTS
83001	328	GTS 89 Red/Black
83003	328	GTS Red/Tan LHD EU
83004	Testarossa	Red/Crema RHD UK ZFFAA17C000083004
83006	Testarossa	Red/Tan Two low mirrors five-bolt wheels Red spoilers shields
83007	Testarossa	90 LHD US ZFFSG17A0L0083007
83008	Testarossa	90 Red LHD US ZFFSG17A2L0083008
83012	328	GTS
83013	Mondial	t
83014	Mondial	t 90 Rosso/Crema ZFFKD32C000083014
83015	F40	89 Red/Black w Red cloth LHD EU ZFFGJ34B000083015, new to D
83016	F40	89 Red/Black w.Red cloth LHD EU ZFFGJ34B000083016, new to F
83017	328	GTB last
83021	Testarossa	Red/Black LHD
83022	Testarossa	89 Red/Tan LHD US ZFFSG17A7L0083022
83023	Mondial	t Cabriolet 90 Rosso/Nero ZFFKC33B000083023
83024	Mondial	t Red/light Crema
83026	Testarossa	90 LHD US ZFFSG17A4L0083026
83032	GTS	Turbo
83033	F40	89 Red/Black w.Red cloth LHD EU ZFFGJ34B000083033, new to CH
83034	Mondial	t Red/Crema
83037	Testarossa	89 Black Metallic RHD ZFFAA17C000083037 eng. # F113B019576
83038	Testarossa	Black/Red LHD EU ZFFAA17B000083038
83040	Testarossa	90 Rosso Corsa/tan LHD US ZFFSG17A9L0083040
83041	328	GTS Red
83047	328	GTS Red/Black RHD UK ZFFWA20C000083047
83050	Mondial	t Red/beige RHD
83051	F40	89, new to I
83052	F40	89 Red/Black w.Red cloth LHD EU ZFFGJ34B000083052, new to I
83053	Mondial	t Cabriolet Red/Tan
83055	348	ts Red/Black LHD EU
83062	348	tb Rosso Corsa/black ZFFKA35B000083062 ass. #0103
83064	348	tb Red/Black LHD ZFFKA35B0000 ass. # 00139 83064EYE
83066	Mondial	t Red/Crema RHD ZFFKD32C000083066 Ass # 00654
83068	Testarossa	90 LHD US ZFFSG17A9L0083068
83069	F40	89, new to I
83071	Testarossa	
83072	Testarossa	Grey/Crema LHD
83075	328	GTS last Red/Crema RHD UK ZFFWA20C000083075
83079	Testarossa	Red/Tan ZFFSA17S000083079
83081	Testarossa	89 Red LHD SWE ZFFSA17S000083081
83085	348	tb Red/Red & black LHD ZFFKA35B000083085
83087	Mondial	t 3.4 90 Red/Crema RHD Manual ZFFKD32C000083087 Sunroof
83088	F40	89 Red/Black w.Red cloth LHD EU ZFFGJ34B000083088, new to GB
83089	F40	89 Red/Black w Red cloth LHD EU ZFFGJ34B000083089, new to F
83091	328	GTS Red/Crema RHD UK ZFFWA20C000083091 shields colour-coded rear aerofoil
83092	328	GTS last RHD UK
83093	328	GTS Red/Tan LHD CH ZFFCA20S000083093
83094	GTS	Turbo Red/Black
83095	328	GTS
83096	Testarossa	Spider Conversion by Pininfarina Silver Blue/Black RHD ex-Sultan of Brunei probably a F90 Conversion
83097	Testarossa	90 LHD US ZFFSG17A5L0083097
83098	Testarossa	90 LHD US ZFFSG17A7L0083098
83100	348	tb Challenge
83101	348	tb Red/Black LHD ZFFKA35B000083101
83102	348	tb Red
83103	348	tb Yellow/Black LHD LHD EU ZFFKA35B000083103
83104	Mondial	t 3.4 Red/Crema RHD ZFFKD32C000083104
83105	328	GTS
83106	F40	89 Red/Black w Red cloth LHD EU ZFFGJ34B000083106, new to B
83108	348	tb 91 Red RHD ZFFKA35C000083108
83109	348	tb Red/Black RHD UK ass. # 01186
83110	348	ts Red/Tan LHD EU
83112	Testarossa	90 Red/Tan RHD UK ZFFAA17C000083112 eng. # F113B19812
83117	348	ts Red/Tan LHD
83121	348	tb Red/Black LHD EU
83122	Testarossa	90 ZFFAA17B000083122
83124	Mondial	t 3.4 Red with Crema hide. Red carpets ZFFKD32000083124.
83125	F40	89 Red/Black Red seats ZFFGJ34B000083125, new to GB
83126	F40	89 Red/Black w.Red cloth LHD EU ZFFGJ34B000083126
83130	348	tb Challenge Red & Yellow/Red seats LHD ZFFKA35B000083130 golden non-original wheels rear spoiler
83132	348	tb Red/Black LHD ZFFKA35B000083132
83133	Testarossa	90 LHD US ZFFSG17A5L0083133
83136	328	GTS last, Red/Tan LHD EU
83137	GTB	Turbo last
83139	Testarossa	Dark Grey/Grey RHD UK ZFFAA17C000083139
83142	Testarossa	Black/Black LHD EU
83143	Testarossa	90 Red/Black LHD ZFFSG17A8L0083143
83145	F40	89 Red/Black w.Red cloth LHD EU ZFFGJ34B000083145, new to GB
83148	GTS	Turbo 90 LHD EU
83149	Testarossa	90 Black/tan LHD US ZFFSG17A9L0083149
83150	Testarossa	90 Giallo Fly/tan LHD US ZFFSG17A5L0083150
83151	Testarossa	90 Red/Red ZFFSG17A7L0083151
83152	Testarossa	Red/Black LHD
83154	Testarossa	90 Red/Tan LHD US ZFFSG17A2L0083154
83155	348	tb Red/Black LHD EU ZFFKA35B0000 83155PQP 14 ass. # 00167
83156	348	tb Red/Black LHD EU
83158	GTS	Turbo last
83162	Mondial	t 3.4 90 Red/Crema hide Red carpets, RHD, ZFFKD32C000083162
83163	Mondial	t Red/Tan LHD EU
83164	F40	89, new to E
83165	F40	89 Red/Black w Red cloth LHD EU ZFFGJ34B000083165, new to B
83168	Testarossa	90 Red/Tan LHD US ZFFSG17A2L0083168
83169	Testarossa	90 Rosso Corsa/Tan LHD US ZFFSG17A4L0083169
83170	Testarossa	2/90 Nero/Nero ZFFAA17B000083170
83172	Testarossa	89 Rosso Corsa/Black ZFFAA17B000083172 83172NTQ
83174	Mondial	t 89 Red/Tan LHD
83175	F40	89 Red/Black w.Red cloth LHD EU ZFFGJ34B000083175
83176	Testarossa	Red/Red
83178	Testarossa	89 Anthracite/Black RHD UK ZFFAA17C000083178 eng. # 17661
83183	Mondial	t
83184	Mondial	t

s/n	Type	Comments
83185	F40	89 Red/Black w.Red cloth LHD EU ZFFGJ34B000083185, new to B
83187	Mondial	t 3.4 Red/Tan LHD EU ZFFKD32B000083187 83187MOC shields
83193	Mondial	t Cabriolet
83194	F40	89 Red/Black w.Red cloth LHD EU ZFFGJ34B000083194, new to GB
83195	F40	89 Red/Black w.Red cloth LHD EU ZFFGJ34B000083195, new to D
83196	Mondial	t Red/Tan
83197	348	tb 90 LHD
83198	348	tb 89 Red/Black ZFFKA35B000083198
83201	Testarossa	89 Red/Black
83202	Testarossa	Red/Black LHD EU ZFFAA17B000083202
83204	Testarossa	90 LHD US ZFFSG17A2L0083204
83205	Testarossa	Red
83206	348	tb Rosso/nero
83209	Mondial	t 3.4 Cabriolet Rosso Crema RHD ZFFKC33C000083209 ass. # 19619
83212	Testarossa	Red/Black
83213	Testarossa	90 Black/Red LHD US ZFFSG17A3L0083213
83215	F40	89 Red/Black Red seats LHD EU ZFFGJ34B000083215, new to E
83220	Testarossa	Red/beige ZFFAA17T0K00
83221	Testarossa	90 LHD US ZFFSG17A2L0083221
83222	Testarossa	90 Red/Black LHD US ZFFSG17A4L0083222
83223	Testarossa	Rosso Corsa/Black LHD ZFFAA17B000083223 83223NSF shields
83225	Testarossa	90 LHD US ZFFSG17AXL0083225
83230	Testarossa	90 LHD US ZFFSG17A3L0083230
83231	Testarossa	90 LHD US ZFFSG17A5L0083231
83232	Testarossa	90 Red/Tan LHD US ZFFSG17A7L0083232
83233	Mondial	t Cabriolet Red/Black RHD UK ZFFKC33C000083233
83234	F40	89 Red/Black w.Red cloth LHD, new to J
83235	F40	89 Red/Black w.Red cloth LHD EU ZFFGJ34B000083235, new to GB
83242	Testarossa	90 Red/Tan LHD US ZFFSG17AXL0083242
83246	Testarossa	89 ZFFAA17B000083246 eng. # 19931
83247	Testarossa	Black/Red LHD ZFFAA17B000083247
83249	F40	89, new to CH
8325?	348	GTB 08/93 Red/Black probably wrong in a chain of 89 to 90 production
83250	348	tb Rosso Corsa/black LHD EU ZFFKA35B000083250 ass. # 00199 83250KUE
83252	Mondial	t Cabriolet Red/Black
83253	Mondial	t 3.4 Cabriolet 90 Rosso Corsa (300/9)/Crema RHD ZFFKC33C000083253
83254	Testarossa	Red/Black LHD EU ZFFAA17B000083254
83257	Mondial	t 3.4 Cabriolet 90
83258	Mondial	t 3.4 90 Rosso Red/all Crema ZFFKC33C000083258
83260	F40	89 Red LHD EU ZFFGJ34B000083260, new to E
83261	F40	89 Red/Black w.Red cloth LHD EU ZFFGJ34B000083261, new to I
83362	348	tb 90 Rosso/Nero ZFFKA35B000083262
83263	348	tb Red/Black LHD EU ZFFKA35B000083263
83265	Mondial	t Cabriolet Red/Grey RHD ZFFKC33C000083265
83267	Testarossa	90 Red/Tan LHD US ZFFSG17A4L0083267 Tubi
83272	F40	89 Red/Black w Red cloth LHD EU ZFFGJ34B000083272 ass. # 01959, new to CH
83273	Testarossa	90 Red/Tan LHD US ZFFSG17AXL0083273
83274	Mondial	t Cabriolet Red/Black
83276	348	tb Red/Black
83277	Mondial	t Cabriolet Red/Crema LHD
83278	Mondial	t Red/Black ZFFKD32B000083278 ass # 00698
83280	Mondial	t Cabriolet 89 White/black LHD CH ZFFFC33S000083280
83282	Testarossa	90 Black/tan LHD US ZFFSG17A0L0083282

s/n	Type	Comments
83284	F40	89 Red/Black w.Red cloth LHD EU ZFFGJ34B000083284, new to GB
83290	Mondial	t
83291	Mondial	t Cabriolet Red/Tan LHD
83293	Mondial	t Cabriolet Red/Black RHD UK
83294	348	tb Red/Black ZFFKA35B0000 ass. # 00735 83294DAM
83295	348	tb Red
83296	348	tb Red/Black LHD EU ZFFKA35B000083296
83297	348	tb Red/Crema LHD EU
83300	F40	89, new to I
83301	F40	89 Yellow/black LHD EU ZFFGJ34B000083301, new to I
83303	Mondial	t White/black
83308	Testarossa	90 Red/Tan LHD US ZFFSG17A3L0083308
83309	Testarossa	90 LHD US ZFFSG17A5L0083309
83311	Mondial	t Cabriolet Red/Black LHD EU
83312	Mondial	t Cabriolet Red/Black LHD EU
83313	F40	89 Red/Black w.Red cloth LHD EU ZFFGJ34B000083313, new to I
83314	Mondial	t Cabriolet dark metallic Blue/grey
83315	F355	GTS prototype?
83319	348	tb Red/Black LHD EU
83322	Mondial	t Cabriolet Red/Black LHD EU ZFFKC33B000083322
83324	Testarossa	90 Black/black LHD US ZFFSG17A1L0083324
83325	Testarossa	Red/Crema ZFFSA17S0000
83327	Testarossa	Red/Tan LHD US
83329	F40	89 Red/Black w. Red seats LHD EU ZFFGJ34B000083329, new to GB
83330	F40	89 Red/Black w Red cloth LHD EU ZFFGJ34B000083330, new to GB
83331	Mondial	t Cabriolet Red/Crema RHD ZFFKD32C000083331
83332	348	tb Red/Black
83335	F40	89 Red/Black w Red cloth LHD EU ZFFGJ34B000083335
83336	Mondial	t Red/Black
83339	Testarossa	90 Red/Crema LHD US ZFFSG17A3L0083339
83342	Testarossa	90 LHD US ZFFSG17A3L0083342
83345	Mondial	t Cabriolet Red/Black
83346	F40	89, new to I
83349	348	tb 2/90 Rosso/Nero ZFFKA35B000083349
83351	348	tb Red/Black LHD
83352	Mondial	t 90 Red RHD UK eng. # 20351
83356	Testarossa	90 LHD US ZFFSG17A3L0083356
83357	Testarossa	90 Red LHD US ZFFSG17A5L0083357
83358	Testarossa	Red/Black LHD EU
83361	Testarossa	90 LHD US ZFFSG17A7L0083361
83362	348	tb 90 Red
83363	348	tb Red/Black
83366	348	tb Red/Black LHD EU ZFFKA35B000083366
83367	Mondial	t Cabriolet 90 Blu Sera Metallizzato/Blu Scuro ZFFKC33B000083367
83368	F40	89 Red/Black w.Red cloth LHD EU ZFFGJ34B000083368, new to CH
83369	F40	89 Red/Black w.Red cloth LHD EU ZFFGJ34B000083369, new to D
83370	Mondial	t Red/Tan
83373	Testarossa	Blue/beige EU
83374	Testarossa	Red
83376	Testarossa	
83383	Testarossa	90 ZFFSM17A5L0083383
83384	Testarossa	90 Red/Tan LHD US ZFFSG17A8L0083384
83386	Mondial	t Cabriolet Red/Crema
83388	F40	90 Red/Black w.Red cloth LHD EU ZFFGJ34B000083388, new to I
83389	Mondial	t Cabriolet
83392	Testarossa	90 White/tan LHD US ZFFSG17A7L0083392
83395	348	tb Red/Black Red seats LHD EU ZFFKA35B000083395 golden BBS rims rear spoiler "race look"

s/n	Type	Comments
83399	F40	89 Red/Black w.Red cloth LHD EU ZFFGJ34B000083399
83400	Testarossa	Red/Crema RHD ZFFAA17C000083400
83401	Mondial	t Cabriolet Red
83402	Mondial	t black/tan
83403	Testarossa	Red
83405	F40	GTE Conversion 89 Red/green LHD US ZFFMN34A1L0083405
83406	F40	89, new to I
83407	F40	89 Red/Black w.Red cloth Black windows LHD EU ZFFGJ34B000083407, new to I
83408	F40	89 Red/Black w.Red cloth LHD EU ZFFGJ34B000083408, new to B
83409	Mondial	t 3.4 Cabriolet 90 Blu Sera Crema RHD ZFFKD33C000083409 ass. # 00810
83412	348	ts Red/Black LHD EU
83413	F40	Competizione Conversion 89 Red LHD EU ZFFGJ34B000083413, new to I
83415	Testarossa	90 ZFFSM17A3L0083415
83419	Mondial	t White/Crema LHD EU
83420	Testarossa	Red/Crema LHD EU
83421	Testarossa	90 Red/Tan LHD US ZFFSG17AXL0083421
83422	Testarossa	90 Red/Tan LHD US ZFFSG17A1L0083422
83424	F40	89
83425	Mondial	t Cabriolet Red/Crema RHD UK
83428	Testarossa	90 LHD US ZFFSG17A2L0083428
83429	Testarossa	Red
83431	Testarossa	Red/Black JP LHD ZFFSA17JAP0083431
83432	Testarossa	90 Red/Crema LHD US ZFFSG17A4L0083432
83433	Testarossa	90 LHD US ZFFSG17A6L0083433
83434	Testarossa	90 Red/Tan LHD US ZFFSG17A8L0083434 ass.# 00190
83435	Testarossa	90 Red/Tan LHD US ZFFSG17AXL0083435
83436	Testarossa	90 Nero/Beige LHD US ZFFSG17A1L0083436
83437	Mondial	t Red/Tan
83439	Mondial	t Cabriolet 3/90 Blu Sera Metallizzato/Grigio ZFFKC33B000083439
83440	F40	89, new to GB
83441	F40	89 Red/Black w.Red cloth LHD EU ZFFGJ34B000083441, new to I
83445	Testarossa	Red/Black LHD ZFFAA17B000083445 colour coded spoilers White Speedline rims
83446	Testarossa	Yellow/Black LHD EU
83447	Testarossa	Red/Brown LHD CH ZFFSA17S000083447
83449	Testarossa	90 Red/Black LHD US ZFFSG17AXL0083449
83452	Testarossa	90 Red/beige LHD US ZFFSG17AXL0083452
83455	348	tb Red LHD
83456	F40	89 Red/Black w.Red cloth LHD EU ZFFGJ34B000083456, new to J
83457	Mondial	t Cabriolet
83458	Testarossa	Black Metallic/Light Grey LHD EU
83460	Testarossa	89 Rosso Corsa/Tan ZFFSA17S000083460 eng. # F113A040*20169*
83461	Testarossa	90 Red/Tan LHD US ZFFSG17A0L0083461
83462	Mondial	t black/black
83464	Testarossa	90 LHD US ZFFSG17A6L0083464
83468	Testarossa	90 Black/Black
83470	Mondial	t Cabriolet Red /Black
83472	Testarossa	Red/Black ZFFSA17S000083472
83473	Testarossa	90 Red/Tan LHD US ZFFSG17A7L0083473
83474	F40	89 Rosso Corsa/black w.Red cloth LHD EU ZFFGJ34B000083474, new to CH
83475	F40	89, new to I
83476	Testarossa	Red/Black
83477	Testarossa	Red LHD
83480	Testarossa	Green/Brown LHD EU
83483	Testarossa	90 Black/Black LHD US ZFFSG17AXL0083483
83484	Mondial	t Cabriolet Grey/black LHD EU ZFFKC33B000083484
83487	F40	89 Red/Black w.Red cloth LHD EU ZFFGJ34B000083487
83489	Testarossa	90 LHD US ZFFSG17A0L0083489
83492	Testarossa	90 Rosso Corsa/Black LHD US ZFFSG17A0L0083492
83494	F40	89 Red/Red seats LHD ZFFGJ34B000083494, new to CH
83495	F40	89, new to I
83496	F40	89 Red/Red seats LHD ZFFGJ34B000083496, new to I
83497	F40	89 Red/Black w Red cloth LHD EU ZFFGJ34B000083497, new to CH
83498	F40	Competizione Conversion 89 Yellow/then Red/Black Red cloth LHD EU ZFFGJ34B000083498, new to I
83499	F40	89 Red/Black w.Red cloth LHD EU ZFFGJ34B000083499, new to I
83500	F40	Competizione Conversion 89 Red/Black w.Red cloth LHD EU ZFFGJ34B000083500
83501	F40	89 Red/Black w.Red cloth LHD EU ZFFGJ34B000083501, new to I
83502	F40	89 Red/Black w.Red cloth LHD EU ZFFGJ34B000083502, new to MEX
83503	F40	89 Red/Black w.Red cloth LHD EU ZFFGJ34B000083503, new to B
83504	F40	89, new to Dubai
83505	F40	89 Red/Black w.Red cloth LHD EU ZFFGJ34B000083505, new to B
83506	F40	89 Red ZFFGJ34B000083506
83507	Testarossa	90 LHD US ZFFSG17A9L0083507
83508	Testarossa	90 Red/Tan LHD US ZFFSG17A0L0083508
83509	Mondial	t Red/Black
83510	Mondial	t Red/Black LHD EU
83511	Testarossa	Red/Tan
83515	Mondial	t Cabriolet 90 Rosso/Nero ZFFKC33B000083515
83516	Testarossa	90 Red/Black LHD US ZFFSG17AXL0083516
83517	Testarossa	90 LHD US ZFFSG17A1L0083517
83520	Testarossa	90 LHD US ZFFSG17A1L0083520
83523	Mondial	t Cabriolet 90 Grigio Metallizzato/Nero ZFFKC33B000083523
83526	Testarossa	90 Blu Chiaro met./Tan RHD UK
83527	Testarossa	90 White/Red LHD US ZFFSG17A4L0083527
83528	Testarossa	90 LHD US ZFFSG17A6L0083528
83531	Testarossa	ZFFAA17C000083531
83533	Testarossa	90 Rosso Corsa/tan LHD US ZFFSG17AXL0083533 Shields
83534	Testarossa	10/89 Red/Tan LHD US ZFFSG17A1L0083534
83536	Testarossa	Red/Black Two low mirrors
83539	Testarossa	90 LHD US ZFFSG17A0L0083539
83540	Testarossa	90 Black/Crema LHD US ZFFSG17A7L0083540
83541	Testarossa	90 Red/Black LHD US ZFFSG17A9L0083541
83544	Mondial	t Cabriolet Sbarro Christelle Silver/Red LHD CH ZFFFC33S000083544
83546	Testarossa	
83548	Testarossa	90 Red/White LHD US ZFFSG17A1L00
83551	Testarossa	90 Red/Tan LHD US ZFFSG17A1L0083551
83555	Testarossa	90 Red/Tan LHD US ZFFSG17A9L0083555
83556	Testarossa	11/89 Red/Tan LHD US ZFFSG17A0L0083556
83557	Testarossa	Black/black LHD EU
83560	348	tb Zagato Elaborazione Yellow/black LHD EU ZFFKA35B000083560
83563	Testarossa	90 LHD US ZFFSG17A8L0083563
83568	Testarossa	90 Red/Tan LHD US ZFFSG17A7L0083568
83570	Testarossa	89 Yellow RHD ZFFAA17C000083570 eng. # 20405
83571	F40	89 Red/Black w Red cloth LHD EU ZFFGJ34B000083571, new to A
83572	F40	89 Red/Black w.Red cloth LHD EU ZFFGJ34B000083572, new to B
83574	F40	89 Red/Black w Red Cloth LHD
83577	Testarossa	90 LHD US ZFFSG17A8L0083577
83578	Testarossa	90 LHD US ZFFSG17AXL0083578
83583	Mondial	t 3.4 Cabriolet 91 Red/Black RHD UK ZFFKD33C000083583 ass. # 01161

s/n	Type	Comments
83584	Mondial	t Rosso Corsa/Black LHD ZFFKD32B000083584 83584YXF shields sunroof
83585	F40	89 Red/Black w.Red cloth LHD EU ZFFGJ34B000083585, new to CH
83586	F40	89 Red/Black w.Red cloth LHD EU ZFFGJ34B000083586
83587	F40	89 Red/Black w.Red cloth LHD EU ZFFGJ34B000083587, new to B
83590	Testarossa	90 black/black LHD US ZFFSG17A0L0083590
83592	Testarossa	90 Red/Tan LHD US ZFFSG17A4L0083592
83593	Testarossa	LHD EU ZFFAA17B000083593
83597	Testarossa	90 Red RHD ZFFAA17C000083597 eng. # F113A20380
83598	Testarossa	90 Red/Cream ZFFAA17B000083598
83600	Testarossa	black/d. Red LHD ZFFSA17JAP0083600 colour coded spoilers non-original wheels, rear spoiler
83601	F40	
83602	F40	89 Red/Black w Red cloth LHD EU ZFFGJ34B000083602, new to B
83606	Mondial	t
83608	Testarossa	Red/Tan LHD CH ZFFSA17S000083608
83610	Testarossa	90 LHD US ZFFSG17A2L0083610
83615	Testarossa	89 Dark Blue RHD ZFFAA17C000083615 eng. # F113B20455
83616	Testarossa	90 Red/Tan LHD US ZFFSG17A3L0083616
83617	Mondial	t Cabriolet Chiaro Blue/Blue LHD EU
83618	348	tb Dark Blue
83619	F40	89 Red/Black w Red cloth LHD EU ZFFGJ34B000083619, new to B
83620	F40	89, new to B
83621	F40	89 Rosso Corsa/black w.Red cloth LHD EU ZFFGJ34B000083621 eng. # 20293, new to CH
83622	Mondial	t
83623	Testarossa	90 LHD US ZFFSG17A0L0083623
83626	Testarossa	89 Red RHD ZFFAA17C000083626
83627	Testarossa	Red/Tan LHD
83628	Testarossa	90 LHD US ZFFSG17AXL0083628
83629	Testarossa	90 LHD US ZFFSG17A1L0083629
83632	Mondial	t Cabriolet Red/TanLHD CH ZFFFC33S000083632
83633	348	tb 90 Met. Black/Black ZFFKA35B000083633 ass. #00350
83634	F40	89 Red/Black w Red cloth LHD EU ZFFGJ34B000083634, new to I
83635	F40	89, new to CH
83636	F40	89, new to I
83637	F40	89, new to I
83639	Mondial	t Red/Tan ZFFFD32S000083639
83640	Mondial	t 90 RHD UK
83642	Testarossa	90 Red/Black LHD US ZFFSG17A4L0083642
83643	Testarossa	90 LHD US ZFFSG17A6L0083643
83645	Testarossa	Red/Black LHD
83647	Testarossa	90 LHD US ZFFSG17A3L0083647
83650	F40	89 Red/Black w Red cloth LHD EU ZFFGJ34B000083650, new to the US
83651	F40	89 Red LHD EU ZFFGJ34B000083651, new to I
83652	Mondial	t Cabriolet Red/Crema RHD ZFFKC33C0000
83653	Testarossa	90 LHD US ZFFSG17A9L0083653
83658	Testarossa	90 Silver/Red LHD US ZFFSG17A8L0083658
83659	Testarossa	90 Red/Tan LHD US ZFFSG17AXL0083659
83660	Testarossa	90 Red/Tan LHD US ZFFSG17A6L0083660
83662	Testarossa	Red/Black
83663	Testarossa	90 Red/Black LHD US ZFFSG17A1L0083663
83667	F40	Competizione Conversion 89 Red/Black w.Red cloth LHD EU ZFFGJ34B000083667, new to B
83668	F40	89 Red LHD EU ZFFGJ34B000083668, new to I
83669	F40	89 Red/Black w Red cloth LHD EU ZFFGJ34B000083669, new to I
83671	Testarossa	90 LHD US ZFFSG17A0L0083671
83675	Testarossa	90 Red/Black LHD US ZFFSG17A8L0083675
83676	Testarossa	90 Red dark tan LHD ZFFSG17AXL00
83677	F40	Competizione Conversion 89 Red/Black w Red cloth LHD EU ZFFGJ34B000083677
83680	Testarossa	90 Yellow/tan LHD US ZFFSG17A1L0083680
83681	Testarossa	90 Black/black LHD US ZFFSG17A3L0083681
83682	Mondial	t Cabriolet 90 Red RHD ZFFKC33C000083682
83684	Mondial	t Red/Tan LHD
83686	348	tb Red/Black LHD EU
83688	348	tb
83689	F40	89 Red/Black w Red cloth LHD EU ZFFGJ34B000083689, new to B
83690	F40	Red/Black w.Red cloth LHD EU ZFFGJ34B000083690, new to I
83691	Testarossa	90 LHD US ZFFSG17A6L0083691
83695	Testarossa	90 Silver/Maroon LHD US ZFFSG17A3L0083695
83696	Testarossa	89 Red/Tan LHD US ZFFSG17A5L0083696
83697	Testarossa	90 Red/Tan LHD US ZFFSG17A7L0083697
83699	Mondial	t Cabriolet
83704	Mondial	t
83705	F40	Red/Black w Red LHD EU ZFFGJ34B000083705, new to I
83706	F40	Red/Black w Red cloth LHD EU ZFFGJ34B000083706, new to B
83710	Testarossa	90 Red/Tan LHD ZFFSG17A6L0083710
83713	Testarossa	Red/Crema Red parts in doors and seats ZFFSA17S0000
83714	Testarossa	90 Red/Tan LHD US ZFFSG17A3L0083714
83715	Mondial	t Cabriolet Red/Crema
83718	348	tb 90 Rosso/Nero ZFFKA35B000083718
83719	348	tb Red/Black LHD EU ZFFKA35B000083719 ass. # 00407
83721	F40	Red/Black w.Red cloth LHD EU ZFFGJ34B000083721, new to I
83722	F40	Red/Black w.Red cloth LHD EU ZFFGJ34B000083722, new to E
83724	Testarossa	90 Rosso/Nero ZFFAA17B000083724
83726	Testarossa	Red/Black
83727	Testarossa	90 Red/Tan LHD US ZFFSG17A1L0083727
83728	Testarossa	90 Black/BlackLHD US ZFFSG17A3L0083728
83729	Testarossa	90 Black/Black LHD US
83733	348	tb Red/Black LHD
83734	348	tb Rosso Corsa/Black LHD ZFFKA35B000083734 83734SDX shields
83735	F40	Red/Red Cloth LHD
83737	F40	Red/Black w Red cloth LHD EU ZFFGJ34B000083737, new to CH
83738	F40	Red/Black w.Red cloth LHD EU ZFFGJ34B000083738, new to I
83741	Testarossa	90 White/tan LHD US ZFFSG17A6L0083741
83742	Testarossa	90 LHD US ZFFSG17A8L0083742
83743	Testarossa	90 LHD US ZFFSG17AXL0083743
83749	348	tb Red
83750	348	tb Red/Black LHD EU
83752	348	tb 90 Rosso Corsa/Black LHD EU ZFFKA35B000083752 ass. # 00430 83752WWP shields colour-coded sills
83753	F40	89, new to I
83754	F40	Red/Black w Red cloth LHD EU ZFFGJ34B000083754, new to I
83755	Testarossa	Yellow
83759	Testarossa	90 Canna di Fucile/Dove Grey LHD US ZFFSG17A3L0083759
83760	Testarossa	90 Red/Tan LHD US ZFFSG17AXL0083760
83764	Testarossa	90 LHD US ZFFSG17A7L0083764
83765	348	tb Red/Black LHD EU
83769	F40	89, new to I
83770	F40	Red/Black w. Red cloth LHD EU ZFFGJ34B000083770, new to I
83771	Mondial	t 90 Red/Black LHD EU ZFFKD32B000083771
83772	Mondial	t Red/Black LHD EU ZFFKD32B0000
83773	Testarossa	90 Silver/Blue LHD US ZFFSG17A8L0083773
83774	Testarossa	
83775	Testarossa	90

s/n	Type	Comments
83776	Testarossa	Red/Tan
83777	Testarossa	Red/beige LHD US
83779	Mondial	t Red/Black LHD ZFFKD32B000083779
83780	Mondial	t Red/Tan LHD EU ZFFKD32B0000
83782	348	tb Red/Black ZFFKA35B000083782 ass.# 00475
83783	F40	Red/Black w Red cloth LHD EU ZFFGJ34B000083783, new to I
83784	F40	
83785	Mondial	t Red/Tan LHD CH 83785NDP sunroof
83786	Mondial	t Cabriolet Red/Crema RHD UK
83789	Testarossa	Red/Black 83789NVQ
83790	Testarossa	90 Giallo FER 102/Tan LHD US ZFFSG17A8L0083790
83791	Mondial	t Red/Tan LHD EU
83793	348	tb Red/Black LHD EU
83794	348	tb Red/Black ass. # 00488
83795	348	tb Red/Black LHD
83796	348	tb 90 Rosso Corsa/black
83797	348	tb Red/Black Red spoilers
83798	348	tb Red/Black LHD EU ZFFKA35B000083798 83798DUO
83799	F40	89, new to I
83800	F40	89, new to I
83801	Testarossa	90 Yellow Dark Blue LHD EU
83802	Testarossa	90 Red/Tan LHD US ZFFSG17A0L0083802
83803	Testarossa	90 Red/Tan LHD US ZFFSG17A2L0083803
83807	Testarossa	90 LHD US ZFFSG17AXL0083807
83809	Mondial	t 90 Red/Tan LHD CH ZFFFD32S000083809:
83810	348	tb Red/Black LHD US
83811	348	tb Red/Black LHD EU ZFFKA35B000083811
83814	348	tb Red/Black LHD EU ZFFKA35B000083814
83815	F40	Red/Black w Red cloth LHD EU ZFFGJ34B000083815, new to I
83816	F40	Red/Black w Red cloth LHD EU ZFFGJ34B000083816, new to I
83819	Testarossa	90 Rosso Corsa/Beige LHD US ZFFSG17A6L0083819 Tubi
83820	Testarossa	Red/Crema LHD EU
83821	Testarossa	
83822	Testarossa	
83825	348	tb Red/Black LHD EU
83827	348	tb Rosso Corsa/Crema
83828	348	tb Red/Black
83830	F40	Red/Black w.Red cloth LHD EU ZFFGJ34B000083830, new to I
83832	Testarossa	90 Red/Tan LHD US ZFFSG17A9L0083832
83834	Testarossa	Dark Blue Dark Red
83837	Testarossa	Red/Crema RHD UK ZFFAA17C000083837
83838	Testarossa	90 Rosso Corsa/tan LHD US ZFFSG17AXL0083838
83839	Testarossa	90 LHD US ZFFSG17A1L0083839
83840	Testarossa	90 LHD US ZFFSG17A8L0083840
83841	Testarossa	90 Red/Beige LHD US ZFFSG17AXL0083841
83845	F40	Red/Black w.Red cloth LHD EU ZFFGJ34B000083845, new to CH
83846	F40	Red/Black w.Red cloth LHD EU ZFFGJ34B000083846, new to CH
83847	348	tb Yellow/Black LHD EU
83848	348	tb Red/Crema LHD EU
83858	Testarossa	90 Black/Tan LHD US ZFFSG17A8K0883858
83859	Testarossa	90 Red/Tan US ZFFSG17A7L0083859
83862	F40	Red/Black w Red cloth LHD EU ZFFGJ34B000083862, new to I
83863	F40	Red/Black w.Red cloth LHD EU ZFFGJ34B000083863, new to I
83867	348	tb Red/Tan LHD EU
83872	Testarossa	90 Red/Tan LHD US ZFFSG17AXL0083872
83873	Testarossa	90 White/Tan LHD US ZFFSG17A1L0083873
83874	F40	Red/Black w.Red cloth LHD EU ZFFGJ34B000083874, new to CH
83875	F40	Red/Black w.Red cloth LHD EU ZFFGJ34B000083875, new to CH
83876	F40	89, new to CH
83877	348	tb Red/Bordeaux
83879	F40	Red black Red seats
83883	Testarossa	90 Rosso/Nero ZFFAA17B000083883
83886	Testarossa	
83887	Testarossa	Red/Tan LHD EU
83888	Testarossa	12/89 Red/Tan LHD US ZFFSG17A3L0083888
83889	Testarossa	12/89 Black/Grey US HD ZFFSG17A5L0083889
83890	Testarossa	Red/Tan LHD
83892	348	tb Red/Crema ZFFKA35B0000
83898	F40	Red/Black w.Red cloth LHD ZFFGJ34B000083898, new to D
83899	F40	89, new to GB
83900	Testarossa	
83901	Testarossa	90 LHD US ZFFSG17A2L0083901
83902	Testarossa	90 Red/Black LHD US ZFFSG17A4L0083902
83903	Testarossa	90 Red/Tan LHD US ZFFSG17A6L0083903
83904	Testarossa	Yellow/Black LHD EU
83905	Testarossa	90 Red/Tan LHD US ZFFSG17AXL0083905
83906	Testarossa	90 Red/Tan LHD US ZFFSG17A1L0083906
83907	Testarossa	90 LHD US ZFFSG17A3L0083907
83908	Mondial	t Cabriolet dark Blue/dark Blue
83912	348	tb Challenge Red/Tan w.Red cloth seat LHD EU
83915	F40	Red/Black w Red cloth LHD EU ZFFGJ34B000083915, new to GB
83916	F40	Red/Black w Red cloth LHD EU ZFFGJ34B000083916
83917	F40	Michelotti Red/Black ZFFGJ34B000083917, new to I
83922	348	tb Dark metallic Blue/tan LHD CH ZFFFA35S000083922
83926	348	tb Red/Black LHD ZFFKA35B000083926 83926RDE
83928	Testarossa	Red/Black LHD
83930	Testarossa	Red/Black LHD EU ZFFAA17B000083930
83931	F40	Red LHD EU ZFFGJ34B000083931, new to I
83932	F40	new to DK
83935	Testarossa	FZ 93 by Zagato Red/Black LHD CH ZFFSA17S000083935
83936	Testarossa	Black Crema LHD EU
83938	348	tb Red then silver ZFFKA35B000083938
83939	348	tb Challenge
83944	348	tb Red/Black
83945	Testarossa	90 LHD US ZFFSG17A0L0083945
83946	Testarossa	90 Red/Tan LHD US ZFFSG17A2L0083946
83947	Testarossa	90 LHD US ZFFSG17A4L0083947
83948	F40	new to Dubai
83949	F40	new to I
83950	F40	new to I
83951	Mondial	t 3.4 90 Red/Magnolia, RHD, ZFFKD32C000083951 eng. #2184
83958	Testarossa	90 White/Tan LHD US ZFFSG17A9L0083958
83959	Testarossa	90 LHD US ZFFSG17A0L0083959
83960	Mondial	t Cabriolet Red
83961	F40	new to I
83962	F40	new to I
83963	348	ts Black
83965	348	tb (?) Red/Black LHD EU
83969	Testarossa	90 LHD US ZFFSG17A3L0083969
83970	Testarossa	Red/Black LHD EU
83972	F40	new to I
83973	F40	new to I
83974	Mondial	t 90 Black/Tan LHD
83975	Mondial	t Dark Blue
83976	Testarossa	Red/Black
83977	Testarossa	
83979	Mondial	t Cabriolet Red/Black ZFFKC33B000083979
83980	348	tb Red/Black ZFFKA35B000083980
83981	348	tb 90 Silver/Black ZFFKA35B000083981 ass. # 00732
83986	F40	new to I
83987	F40	new to I

s/n	Type	Comments
83990	Testarossa	90 Red/Crema LHD US ZFFSG17A5L0083990
83991	Testarossa	90 LHD US ZFFSG17A7L0083991
83994	Testarossa	Red/Black RHD UK
83995	Testarossa	90 LHD US ZFFSG17A4L0083995
83997	348	tb Red/Black LHD
83999	348	tb 90 Red/Tan LHD CH ZFFFA35S000086400
84003	F40	Red ZFFGJ34B000084003, new to GB, ex-King Hussein of Jordan
84004	F40	Red/Black w Red cloth LHD EU ZFFGJ34B000084004
84005	F40	Red, new to I
84006	Mondial	t Cabriolet Red/Tan LHD EU
84008	Mondial	Red/Tan, LHD EU ZFFKD32B000084008
84011	Testarossa	Red LHD
84012	Testarossa	90 Red/White LHD US ZFFSG17A9L0084012
84013	Testarossa	Grey/Bordeaux LHD EU ZFFAA17B000084013
84021	F40	Red/Black w Red cloth LHD EU ZFFGJ34B000084021, new to I
84022	F40	Red/Red ZFFGJ34B000084022, new to I
84026	Testarossa	90 Red/Tan LHD US ZFFSG17A9L0084026
84027	Testarossa	90 Red/Black LHD
84028	Testarossa	90 LHD US ZFFSG17A2L0084028
84029	Testarossa	
84030	348	tb Red/Black
84032	348	tb 90 Red/Black challenge seats LHD
84036	F40	
84037	F40	89 Red/Black w Red cloth LHD EU ZFFGJ34B000084037, new to D
84041	Testarossa	90 Black/Black LHD USZFFSG17A5L0084041
84042	Testarossa	90 LHD US ZFFSG17A7L0084042
84043	Testarossa	90 LHD US ZFFSG17A9L0084043
84044	Testarossa	90 Rosso Corsa/Beige & Red LHD US ZFFSG17A0L0084044
84045	348	tb Red/Tan LHD
84046	348	tb Red/Black LHD EU
84050	348	tb Yellow/Black LHD EU
84051	F40	90 Red/Black-Red seats LHD EU ZFFGJ34B000084051, new to GB
84052	F40	Red/Black w. Red cloth LHD EU ZFFGJ34B000084052, new to F
84055	Testarossa	90 LHD US ZFFSG17A5L0084055
84056	Testarossa	90 Red/Tan LHD USZFFSG17A7L0084056
84057	Testarossa	Red/Black ZFFAA17B000084057 ass. #00973 84057YIY
84067	Testarossa	90 Red LHD SWE ZFFSA17S000084067
84068	Mondial	t Cabriolet 91 Red ZFFL33D000084068 eng. # F119D04021818
84069	348	ts 90 Red RHD ZFFA36D0000084069
84070	F40	90 Red/Black w.Red cloth LHD EU ZFFGJ34B000084070, new to GB
84071	F40	90 Red/Black w.Red cloth LHD EU ZFFGJ34B000084071, new to D
84077	Mondial	t Red/Tan JP LHD ZFFFC33JAP0084077
84080	Testarossa	90 LHD US ZFFSG17A4L0084080
84082	348	Challenge dark Blue Yellow stripe/Red cloth
84083	348	tb Red/Black
84086	Mondial	t 90 Red/Black LHD ZFFKD32B0000
84087	Mondial	t Cabriolet Yellow/Black ZFFKC33B000084087
84089	F40	Red/Red ZFFGJ34B000084089, new to GB
84090	F40	12/92 Red/Black & Red LHD EU ZFFGJ34B000084090 ass. # 00990, new to D
84091	Testarossa	Red/Tan
84092	Testarossa	90 LHD US ZFFSG17A0L0084092
84096	Testarossa	90 Red/Tan LHD US ZFFSG17A8L0084096
84097	Testarossa	90 Red/Tan LHD US ZFFSG17AXL0084097
84098	Mondial	t Cabriolet Red/Crema
84099	348	tb Red/Crema LHD EU ZFFKA35B000084099 84099PNI ass. # 00845
84104	F40	Red/Black w.Red cloth LHD EU ZFFGJ34B000084104, new to GB
84105	F40	90 Red/Black w Red cloth LHD EU ZFFGJ34B000084105, new to D
84106	F40	Red/Black, new to GB

s/n	Type	Comments
84107	348	tb 89 LHD US
84108	348	tb 89 LHD US
84111	Testarossa	Red
84112	Testarossa	RHD
84113	Testarossa	90 Rosso Corsa/Tan LHD US ZFFSG17A4L0084113
84114	Testarossa	90 Red/Tan LHD US ZFFSG17A6L0084114
84115	F40	new to D
84116	F40	
84121	Mondial	t Cabriolet 89 Black/Black Manual
84122	F40	90 Red/Black w.Red cloth LHD EU ZFFGJ34B000084122, new to I
84123	F40	Red/Black w Red Cloth LHD, new to J
84124	348	tb 89 LHD US
84125	348	tb 89 LHD US
84128	Testarossa	
84129	Testarossa	90 LHD US ZFFSG17A8L0084129
84130	Testarossa	90 LHD US ZFFSG17A4L0084130
84131	Testarossa	90 Red/beige LHD US ZFFSG17A6L0084131
84132	F40	90 Red LHD EU ZFFGJ34B000084132, new to I
84133	F40	90 Red/Red cloth mod. rearwing ZFFGJ34B000084133a. # 00999, new to E
84135	348	tb Red/Black LHD EU
84137	348	tb
84139	F40	Red/Black w Red Cloth LHD, new to J
84140	F40	Rosso Corsa/Black & Red cloth LHD ZFFGJ34B000084140 ass. # 01062, new to D
84141	348	tb 89 Red/Black LHD US ZFFAF35AK00084141
84142	348	tb 89 LHD US
84143	Testarossa	90 Red/Tan LHD US ZFFJG17A2L0084143 brown dash & carpets
84144	Testarossa	Red/Black LHD
84147	F40	new to I
84148	F40	90 Red/Black w.Red cloth LHD EU ZFFGJ34B000084148, new to J
84151	348	Red
84154	F40	new to I
84155	F40	new to I
84156	F40	Red/Black w Red Cloth LHD EU ZFFGJ34B000084156 ass. # 01063, new to J
84158	348	tb Challenge Red/Red seats LHD
84161	Testarossa	Red/Tan LHD
84162	F40	new to I
84163	F40	90 Red/Black w Red cloth LHD EU ZFFGJ34B000084163 ass. # 01073, new to D
84167	348	tb 89 LHD US
84168	348	tb 89 LHD US
84169	F40	new to SA
84170	F40	new to SA
84171	348	tb 89 LHD US
84172	348	tb 89 LHD US
84173	Mondial	t Cabriolet Red/Black
84176	F40	Red/Black w Red Cloth LHD, new to J
84177	F40	90 Red/Black w Red cloth LHD EU ZFFGJ34B000084177 ass. # 01137, new to D
84178	348	tb Black/Black LHD EU
84179	F40	90 Red/Black w.Red cloth LHD EU ZFFGJ34B000084179
84181	348	tb Red/Tan LHD EU ZFFKA35B000084181 ass. # 00928
84182	348	tb Red/Tan LHD EU ZFFKA35B000084182
84183	F40	90 Red/Black w Red cloth LHD EU ZFFGJ34B000084183, new to MEX
84184	F40	90 Red/Black w Red cloth LHD EU ZFFGJ34B000084184, new to CH
84185	F40	new to I
84186	348	tb 89 LHD US
84187	348	tb 89 LHD US
84188	Testarossa	90 LHD US ZFFSG17A2L0084188
84189	Testarossa	90 LHD US ZFFSG17A4L0084189
84190	Testarossa	90 Red/Black LHD US ZFFSG17A0Z0084190
84191	F40	90 Red/Black w Red cloth LHD EU ZFFGJ34B000084191, new to I

s/n	Type	Comments
84192	F40	90 Red/Black w.Red cloth LHD EU ZFFGJ34B000084192, new to GB
84195	348	tb Challenge LHD
84198	348	GTB Red/Black LHD EU ass. # 00965
84201	348	ts Red/Black
84203	348	tb 90 Red/Black LHD EU
84204	348	tb 90 Red/Black
84206	348	tb 89 LHD US
84207	348	tb 89 LHD US
84208	F40	90 Red/Black w Red cloth LHD EU ZFFGJ34B000084208 ass. # 01174, new to D
84209	F40	GTE 90 Red/Black w Red cloth LHD EU ZFFGJ34B000084209, new to D, LM conversion
84210	Testarossa	
84211	Testarossa	90 Red then Grey then Red/Tan LHD US ZFFSG17A4L0084211
84212	348	tb Red/Tan
84213	348	tb Black Red Cloth LHD EU ZFFKA35B000084213 Modified
84215	348	tb Red LHD
84217	348	tb red/tan ZFFKA35B000084217
84219	348	tb 89 LHD US
84220	348	tb 89 LHD US
84221	F40	Red/Black w.Red cloth LHD EU ZFFGJ34B000084221 ass. # 01146, new to D
84222	F40	Red/Black w.Red cloth LHD EU ZFFGJ34B000084222, new to J
84223	Testarossa	90 Red/Tan. LHD US ZFFSG17A0L0084223
84224	Testarossa	90 Red LHD US ZFFSG17A2L0084224
84226	348	tb Red
84228	348	tb 90 Rosso Corsa/Black Red piping LHD ZFFKA35B000084228 ass. # 01016 84228MTT Colour coded sills
84231	348	tb Yellow/Black LHD EU ZFFKA35B000084231 ass. # 01002
84234	348	Challenge Red Blue Red cloth seat LHD
84235	348	tb 89 LHD US
84236	F40	90 Red/Black w Red cloth LHD EU ZFFGJ34B000084236 , new to D
84237	F40	90 Red/Black w Red cloth LHD EU ZFFGJ34B000084237, new to J
84241	348	tb
84242	348	tb Red BlackLHD
84245	Testarossa	Red/Tan ZFFAA17B000084245
84247	348	tb Red/Crema LHD EULHD
84248	348	GT Competizione Corsa (GTC) # 1/11 Rosso Corsa/black & Red seats rear spoiler, first "competizione", by Michelotto
84250	F40	new to D
84251	F40	new to SWE
84256	348	tb Red/Black ZFFKA35B0000
84258	348	tb Red/Tan
84263	348	tb Red
84264	F40	Red/Black w.Red cloth LHD EU ZFFGJ34B000084264, new to D
84265	Testarossa	90 LHD US ZFFSG17A5L0084265
84267	Testarossa	
84270	Testarossa	Red/Black
84271	F40	Red/Black w Red Cloth LHD, new to J
84272	F40	new to D
84274	Mondial	t 3.4 6/90 Rosso Corsa/tan LHD CH ZFFFD32S0000 89326NPV
84275	348	tb Red/Black LHD EU ZFFKA35B000084275
84282	348	tb Rosso Black LHD EU ZFFKA35B000084282 ass. # 01112
84283	Mondial	t Cabriolet 4/90 Red/Black LHD EU ZFFKC33B000084283
84284	Testarossa	90 Red/Tan ZFFSG17A9L0084284
84285	Testarossa	90 Red/Tan LHD US ZFFSG17A0L0084285
84287	Testarossa	LHD EU ZFFAA17B000084287
84289	F40	Red, new to I
84290	F40	new to D
84291	348	tb Red/Black
84292	348	tb black metallic/black LHD EU
84293	348	tb/ts Black/black LHD EU ass. # 01080
84297	Mondial	t LHD darkBlue
84298	Mondial	t Red/Crema
84301	Testarossa	
84302	Testarossa	90 LHD US ZFFSG17A7L0084302
84303	Testarossa	90 LHD US ZFFSG17A9L0084303
84304	Testarossa	90 Red/Beige RHD UK ZFFAA17C000084304
84306	Testarossa	90 Red/Tan LHD US ZFFSG17A4L0084306
84307	F40	Red/Black w.Red cloth LHD EU ZFFGJ34B000084307 ass. # 01288, new to I
84308	F40	90 Red/Black w Red cloth LHD EU ZFFGJ34B000084308 ass. # 01314, new to D
84310	348	tb Red
84311	348	tb Zagato Elaborazione
84314	348	tb 90 Red/Black LHD
84317	Testarossa	90 silver/dark Red LHD ZFFAA17B0000 ass. # 01444
84319	Testarossa	90 Red/Beige
84320	Testarossa	Red/Black RHD
84322	Testarossa	90 Red/Tan LHD US ZFFSG17A2L0084322
84325	F40	Red/Black w Red Cloth LHD, new to J
84326	F40	LM 90 Red/Black w.Red cloth LHD EU ZFFGJ34B000084326 Harmann mod., new to D
84328	348	tb Red/Tan LHD EU ZFFKA35B000084328 84328ANF ass. # 01508
84329	348	tb Red/Tan LHD EU ZFFKA35B000084329
84335	Mondial	t Green
84337	Testarossa	Red/Black LHD
84338	Mondial	t Cabriolet
84339	Testarossa	90 Red LHD US ZFFSG17A8L0084339
84340	Testarossa	
84343	F40	Red/Black w.Red cloth LHD EU ZFFGJ34B000084343 ass. # 01357, new to D
84344	F40	new to D
84348	348	tb Red/Black LHD 84348CMB
84349	348	tb Rosso Corsa/Tan LHD ZFFKA35B000084349 84349JJJ shields colour-coded sills
84351	Mondial	t Cabriolet Red/Black
84353	Testarossa	90 Red/Tan LHD US ZFFSG17A2L0084353
84354	Testarossa	90 Red/Tan LHD US ZFFSG17A4L0084354
84355	Testarossa	90 White LHD US ZFFSG17A6L0084355
84361	F40	Red/Black w.Red cloth LHD EU ZFFGJ34B000084361, new to I
84362	F40	
84364	348	tb Rosso Corsa/black LHD EU ZFFKA35B000084364 ass. # 01211
84365	348	tb Red/Black LHD
84367	348	tb Red/Black
84369	Mondial	t 90 Red LHD SWE ZFFFD32S000084369
84370	Mondial	t Red/Tan ZFFKD32B000084370 ass # 01520
84371	F40	
84372	Testarossa	Red/Black
84374	Testarossa	90 Rosso Corsa/Tan LHD US ZFFSG17AXL0084374
84375	F40	Red/Black w.Red cloth LHD EU ZFFGJ34B0000 ass. # 01357, new to E
84376	F40	90 black/Crema ZFFGJ34B000084376, new to D
84377	348	tb Yellow/Black LHD EU ZFFGJ34B000084376 ass. # 01358
84379	348	tb Red/Tan LHD
84381	348	tb 89 Red/Black
84383	Testarossa	Red/Tan RHD UK
84385	Testarossa	90 LHD US ZFFSG17A4L0084385
84386	Testarossa	90 Red/Tan LHD US ZFFSG17A6L0084386 ass # 01243
84387	Testarossa	90 LHD US ZFFSG17A8L0084387
84388	Mondial	t Red/Black
84389	F40	Red/Black w Red Cloth LHD, new to J
84390	F40	90 Red/Black w Red cloth LHD EU ZFFGJ34B000084390, new to J

s/n	Type	Comments
84391	348	tb Red
84394	348	tb Bleu Cuir Beige LHD 84394DIH
84395	348	tb Red
84397	Testarossa	91 Red/Black LHD
84399	Testarossa	Red/Tan LHD EU
84400	Testarossa	89 Red/Tan LHD US ZFFSG17A7L0084400
84401	Testarossa	90 White/black LHD US ZFFSG17A9L0084401
84402	Mondial	t Green LHD ZFFKC33B000084402
84404	F40	Rosso Corsa/Black & Red cloth LHD ZFFGJ34B000084404 ass. # 01388, new to D
84405	F40	new to E
84408	348	tb Red/Black LHD
84410	348	tb Challenge
84411	348	tb Black/Bordeaux ZFFKA35B00084411 ass.# 01273 84411DWV
84413	Testarossa	
84415	Testarossa	90 Black/black LHD US ZFFSG17A9L0084415
84417	Testarossa	90 Red/Tan LHD US ZFFSG17A2L0084417
84418	Testarossa	Red/Tan
84419	F40	Rosso Corsa/Black & Red cloth LHD ZFFGJ34B000084419 ass. # 01409, new to D
84420	F40	90 Red/Black w Red cloth LHD EU ZFFGJ34B000084420, new to CH
84426	Mondial	t Red/beige ZFFKD32B000084426 84426KOE
84427	Mondial	t Cabriolet
84428	Testarossa	Red/Crema LHD CH ZFFSA17S0000
84430	Testarossa	Black/Tan LHD EU
84433	F40	new to I
84434	F40	90, Rosso Corsa/black w Red Cloth LHD EU ZFFGJ34B000084434, new to D
84435	348	tb Yellow Yellow LHD EU
84439	348	tb Red/Black
84441	Mondial	t Cabriolet Red/Black
84443	F40	90 Red/Black w Red cloth LHD EU ZFFGJ34B000084443, new to I
84444	F40	90 Red/Black w Red cloth LHD EU ZFFGJ34B000084444, new to D
84445	Testarossa	90 Red LHD US ZFFSG17A7L0084445
84447	Testarossa	Silver/grey LHD US
84448	Testarossa	Red/Cream LHD ZFFSA17S000084448
84451	Testarossa	Dark Blue met.
84452	F40	90 Red/Black w Red cloth LHD EU ZFFGJ34B000084452
84453	Mondial	t Red LHD 13/12/2001
84454	F40	90 Red/Black w Red cloth LHD EU ZFFGJ34B000084454, new to I
84455	F40	90 Red/Black w Red cloth LHD EU ZFFGJ34B000084455, new to B
84456	F40	Red/Black w.Red cloth LHD EU ZFFGJ34B000084456 ass. # 01260, new to B
84457	F40	Red/Black w.Red cloth LHD EU ZFFGJ34B000084457, new to GB
84461	348	tb Red/Black LHD ZFFKA35B000084461 Red stitches
84463	348	tb Red/Tan LHD EU ass. # 01327
84464	Testarossa	Red/Black EU
84466	F40	Red/Black w.Red cloth LHD EU ZFFGJ34B000084466, new to J
84467	F40	new to GB
84468	F40	90 Red/Black w Red cloth LHD EU ZFFGJ34B000084468
84469	Mondial	t Cabriolet 90 Black/Tan LHD CH ZFFFC33S000084469
84471	Testarossa	90 Black/Tan LHD US ZFFSG17A8L0084471
84472	Testarossa	90 LHD US ZFFSG17AXL0084472
84474	F40	90 Red/Black w Red cloth LHD EU ZFFGJ34B000084474, new to D
84477	348	tb
84479	348	tb Red/Black
84481	F40	90 Red/Black w Red cloth LHD EU ZFFGJ34B000084481, new to J
84482	F40	90 Red/Black w Red cloth LHD EU ZFFGJ34B000084482, new to NL
84484	Testarossa	90 Red/Tan RHD UK ZFFAA17C000084484 ass. # 01334
84485	Testarossa	Red/Black ZFFAA17B000084485 ass. # 01369
84486	Testarossa	Red/Tan ZFFAA17B000084486
84488	F40	90 Red/Black w Red cloth LHD EU ZFFGJ34B000084488, new to B
84489	348	tb Red/Crema LHD ZFFKA35B000084489
84490	348	tb Red/Red
84491	348	ts LHD GTS Look
84493	348	tb Red
84494	F40	90 Red/Black w Red cloth LHD EU ZFFGJ34B000084494, new to D
84496	Testarossa	90 Black/Black LHD US ZFFSG17A2L0084496
84497	Testarossa	90 White/Tan LHD US ZFFSG17A4L0084497
84500	F40	Red/Black w.Red cloth seats LHD, new to J
84501	F40	GTE Red/Black w. Red cloth LHD EU, new to I
84503	F40	LM GTE Evoluzione II #4/6 Red/Black w Red cloth EU ZFFGJ34B000084503 eng. # 007
84506	F40	new to D
84512	F40	90 Red/Black w Red cloth LHD EU ZFFGJ34B000084512
84513	F40	Red/Black w.Red cloth LHD, new to J
84514	F40	new to I
84515	Testarossa	Red/Black LHD EU
84516	Testarossa	90 Red/Tan LHD US ZFFSG17A4L0084516
84517	Testarossa	silver/bordeaux LHD
84519	Mondial	t Red/Tan LHD CH ZFFFD32S000084519
84520	Mondial	t Cabriolet Red/Black LHD EU ZFFKD32B000084520
84521	F40	90 Red/Black w Red cloth LHD EU ZFFGJ34B000084521, new to B
84522	Mondial	t Cabriolet 90 ZFFKC33B000084522
84527	Testarossa	90 Red/Cream ZFFAA17B000084527
84528	Testarossa	Red/Black LHD
84529	F40	Red/Black w Red Cloth LHD, new to J
84530	F40	90 Red/Black w Red cloth LHD EU ZFFGJ34B000084530, new to J
84535	348	tb Red/Black LHD EU ass. # 01386
84537	348	tb 3/94 Rosso/Nero LHD ZFFKA35B0000 ass.# 01414 84537KWP
84538	F40	new to I
84539	F40	Red/Black w Red cloth LHD, new to J
84543	F40	90 Red/Black w Red cloth LHD EU ZFFGJ34B000084543, new to D
84545	Testarossa	90 LHD US ZFFSG17A0L0084545
84546	Mondial	t
84547	348	ts 90 LHD US ZFFFG36A6L0084547
84548	348	ts 90 LHD US ZFFFG36A8L0084548
84556	F40	Red/Black w.Red cloth LHD, new to I
84557	F40	90 Red/Black w Red cloth LHD EU ZFFGJ34B000084557, new to A
84559	Mondial	t Cabriolet Red/Crema LHD CH ZFFFC33S000084559
84560	F40	new to B
84561	348	LHD US
84562	348	ts 90 Rosso Corsa/Black LHD US ZFFFG36A2L0084562
84563	348	ts 90 LHD US ZFFFG36A4L0084563
84564	348	ts 90 LHD US
84567	348	tb 90 Red/Black LHD
84568	348	tb Red/Black
84569	348	tb Red/Black ZFFKA35B0000
84571	348	tb Rosso Corsa/black LHD EU ZFFKA35B000084571 ass. #01449 84571KPP
84573	F40	90 Red/Black w Red cloth LHD EU ZFFGJ34B000084573, new to the US
84574	F40	90 ZFFGJ34B000084574 RHD Conversion
84576	Mondial	t Red/Tan LHD CH ZFFFD32S000084576
84578	Testarossa	Red/Crema LHD EU
84579	Testarossa	Black/Tan & Crema ZFFSA17S000084579 84579YFW
84580	Testarossa	90, Red Black, LHD EU
84581	Testarossa	Red/Crema ZFFSA17S000084581

s/n	Type	Comments
84583	F40	90 Red/Black w Red cloth LHD EU ZFFGJ34B000084583, new to I
84584	348	tb Red/Black ZFFKA35B000084584
84585	348	tb
84587	348	tb Red/Black LHD EU ZFFKA35B000084587
84591	F40	90 Red/Black w Red cloth LHD EU ZFFGJ34B000084591, new to J
84592	F40	new to SA
84595	Testarossa	90 Black/Black LHD US ZFFSG17A4L0084595
84596	Testarossa	90 Red/Tan LHD US ZFFSG17A6L0084596
84597	Testarossa	
84601	348	tb Metallic Black Crema LHD EU
84602	348	tb Red/Black LHD
84603	348	tb Red/Tan RHD UK ZFFKA35B000084603
84604	348	tb Red/Black LHD EU ZFFKA35B000084604 ass. # 01474
84607	F40	new to I
84608	F40	90 Red/Black w.Red cloth LHD EU ZFFGJ34B000084608, new to GB
84610	Mondial	t Red/Tan
84611	F40	4/90 Red/Black w Red cloth LHD EU ZFFGJ34B000084611 ass. # 01631, new to GB
84612	Mondial	t
84614	Testarossa	90 Red/Tan LHD US ZFFSG17A4L0084614
84616	Testarossa	90 Yellow/black LHD US ZFFSG17A8L0084616
84617	Testarossa	90 LHD US ZFFSG17AXL0084617
84618	Testarossa	
84620	348	tb Red/Black LHD ZFFKA35B000084620
84621	348	tb 9/90 Rosso Corsa/Black LHD ZFFKA35B000084621 84621XPW shields
84622	348	tb Red/Black ZFFKA35B0000 ass. # 01492 84622XMW
84624	348	tb Red BlackLHD ZFFKA35B000084624
84625	F40	90 Redblack w/Red cloth LHD EU ZFFGJ34B000084625, new to I
84626	F40	90 Red/Black w.Red cloth LHD EU ZFFGJ34B000084626
84629	Mondial	t Cabriolet
84631	Testarossa	90 Red/Tan LHD US ZFFSG17A4L0084631
84632	Mondial	t Cabriolet
84633	Testarossa	90 Red/Tan LHD US ZFFSG17A8L0084633
84634	Testarossa	90 Red/Black LHD US ZFFSG17AXL0084634
84636	348	tb black/black ZFFKA35B0000
84637	348	tb Red/Black LHD EU ZFFKA35B000084637 ass. # 01542
84638	348	tb LHD
84642	F40	90 Red LHD EU ZFFGJ34B000084642, new to F
84643	F40	
84644	F40	90 Red/Black w Red cloth LHD EU ZFFGJ34B000084644 ass. # 01729, new to CH
84646	Mondial	t Red/Black
84647	Mondial	t Cabriolet 90 Silver/Crema then Rosso Corsa/Black ZFFKC33B000084647 84647QCQ
84648	F40	90 Red/Black w Red cloth LHD EU ZFFGJ34B0000 ass. # 01675, new to GB
84649	Testarossa	90 Red/Tan LHD US ZFFSG17A1L0084649
84650	Testarossa	
84651	Testarossa	90 LHD US ZFFSG17AXL0084651
84653	Testarossa	Red/Black
84656	348	tb
84657	348	tb Red, LHD
84658	348	tb Red/Black LHD EU
84661	Testarossa	Red/Tan
84662	F40	90 Red LHD EU ZFFGJ34B000084662, new to A
84663	F40	90 Red/Black w.Red cloth LHD EU ZFFGJ34B000084663, new to F
84664	F40	new to I
84665	Mondial	t Cabriolet 90 Red/Tan LHD US ZFFFK33A8L0084665
84666	Mondial	t 4/90 Rosso/Beige ZFFKD32B000084666
84667	F40	90 Red/Black w Red cloth LHD EU ZFFGJ34B000084667, new to D
84669	Testarossa	90 LHD US ZFFSG17A7L0084669
84670	Testarossa	Red/Tan LHD EU
84671	Testarossa	90 Black/Black LHD US ZFFSG17A5L0084671
84672	Testarossa	90 Red/Tan LHD US ZFFSG17A7L0084672
84673	Testarossa	90 Red/Tan LHD US ZFFSG17A9L0084673
84674	Testarossa	90 LHD US ZFFSG17A0L0084674
84675	348	ts Red
84677	348	tb 90 Red/Black LHD EU ZFFKA35B000084677
84679	348	tb Red/Black LHD EU
84682	F40	90 Red/Black w.Red cloth LHD EU ZFFGJ34B000084682 ass. # 01800
84683	F40	90 Red/Black w Red cloth LHD EU ZFFGJ34B000084683, new to GB
84684	F40	90 Red/Black w Red cloth LHD EU ZFFGJ34B000084684
84685	348	ts
84686	F40	90 Red/Black w Red cloth LHD EU ZFFGJ34B000084686 ass. # 01818, new to D
84688	Testarossa	90 Red/Tan LHD US ZFFSG17A0L0084688
84689	Testarossa	90 Red/Crema LHD US ZFFSG17A2L0084689
84690	Testarossa	90 LHD US ZFFSG17A9L0084690
84691	Testarossa	90 Red/Tan LHD US ZFFSG17A0L0084691
85694	348	ts Red/Black 85694NBO
84695	348	tb Red/Black LHD EU
84696	348	tb Red/Black LHD EU
84698	348	tb Red
84700	F40	Red/Black w Red cloth LHD EU ZFFGJ34B000084700 ass. # 01887
84701	F40	new to I
84702	F40	
84705	F40	90 Red/Black w Red cloth LHD EU ZFFGJ34B000084705 ass. # 01846, new to D
84706	Testarossa	90 Red/Tan LHD US ZFFSG17A9L0084706
84707	Testarossa	90 Red/Tan LHD US ZFFSG17A0L0084707
84708	Testarossa	90 Red/Black LHD US ZFFSG17A2L0084708
84709	Testarossa	90 White/Tan LHD CDN ZFFSM17A3L0084709
84711	Testarossa	Red/Crema RHD UK
84712	348	tb Yellow/black LHD EU ZFFKA35B000084712
84713	348	tb
84714	348	tb Red/Black LHD
84716	348	tb Challenge Red Red cloth seat LHD EU
84718	348	tb Red/Black 84718KBO
84719	F40	90 Red/Black w Red cloth LHD EU ZFFGJ34B000084719, new to D
84720	F40	90 Red/Black w Red cloth LHD EU ZFFGJ34B000084720
84721	Mondial	t
84722	Mondial	t Red/Black
84723	F40	Red/Black w.Red cloth LHD EU ZFFGJ34B000084723 ass. # 01847, new to D
84724	Mondial	t Cabriolet Red/beige RHD ZFFKC33C000084724
84725	Mondial	t Cabriolet Red
84726	Testarossa	Red/Tan LHD
84727	Testarossa	Red/Black LHD EU
84729	F40	1st US 90 Red/Black w.Red cloth LHD US ZFFMN34A1L0084729 ass. # 1653, new to the US
84730	F40	Red/Black w.Red cloth LHD EU ZFFGJ34B000084730 ass. # 01781, new to GB
84731	F40	90 Red LHD EU ZFFGJ34B000084731 ass. # 01849, new to D
84732	F40	90 Red/Black w Red cloth LHD EU ZFFGJ34B000084732
84733	348	tb Red/Black LHD EU
84738	F40	90 Red/Black w Red cloth LHD EU ZFFGJ34B000084738, new to A
84739	F40	90 Red/Black w.Red cloth LHD EU ZFFGJ34B000084739, new to I
84742	F40	90 Red/Black w.Red cloth LHD EU ZFFGJ34B000084742

s/n	Type	Comments
84746	Testarossa	Red/Black ZFFAA17B000084746
84747	Testarossa	90 Red/Tan LHD US ZFFSG17A1L0084747
84751	Testarossa	Red/Black
84752	Testarossa	Red/Tan LHD
84755	348	tb Red/Black LHD
84756	348	tb Rosso Corsa/black LHD ZFFKA35B000084756 ass. # 01657 84756ADX
84757	348	tb Dark Blue/black LHD EU ass. # 01658
84758	348	91 Red/Black LHD EU
84759	348	tb Red/Black LHD
84760	F40	90 Red/Black w Red cloth LHD EU ZFFGJ34B000084760, new to SWE
84761	F40	Red/Black w.Red cloth RHD UK ZFFGJ34B000084761 ass. # 01885, new to CH
84764	F40	90 Red/Black w. Red cloth LHD EU ZFFGJ34B000084764, new to D
84769	Testarossa	90 LHD US ZFFSG17A0L0084769
84770	Testarossa	90 LHD US ZFFSG17A7L0084770
84771	Testarossa	90 White/Tan ZFFSG17A9L0084771
84773	Testarossa	90 LHD US ZFFSG17A2L0084773
84776	348	tb Red/Black LHD EU ZFFKA35B000084776 ass. # 01670
84778	348	Barchetta Conversion 90 Red/Red cloth LHD EU ZFFGJ36B000084778
84779	348	tb 90 Blu Sera Metallizzato/Blue LHD EU ZFFKA35B000084779
84780	F40	90 Red/Black w.Red cloth LHD EU ZFFGJ34B000084780, new to D
84781	F40	90 Red/Black w.Red cloth LHD EU ZFFGJ34B000084781 ass. # 01921, new to CH
84782	F40	90 Rosso Corsa/Black & Red cloth LHD ZFFGJ34B000084782 ass. # 01922, new to CH
84783	F40	90 Red/Black w.Red cloth LHD EU ZFFGJ34B000084783
84784	Testarossa	90 Red/Black LHD US ZFFSG17A7L0084784
84785	Testarossa	Red/Black JP LHD ZFFSA17JAP0084785
84790	348	ts Red/Tan LHD
84791	348	tb Canna di Fucile/black ZFFKA35B000084791 ass. # 01690
84792	348	tb Black/black LHD EU ZFFKA35B000084792
84793	348	tb Rosso Corsa/black LHD EU 84793MRZ
84794	F40	90 Red LHD EU ZFFGJ34B000084794, new to A
84795	F40	90 Red/Black w.Red cloth LHD EU ZFFGJ34B000084795, new to J
84796	Mondial	t Red/Black LHD
84799	Testarossa	Red/Black LHD EU
84800	Testarossa	Rosso Corsa ZFFAA17B000084800
84801	Testarossa	Rosso Corsa/Crema LHD EU ZFFAA17B000084801 84801SXB
84802	Testarossa	90 Red/Tan LHD US ZFFSG17A5L0084802
84803	Testarossa	90 LHD US ZFFSG17A7L0084803
84804	Testarossa	90 LHD US ZFFSG17A9L0084804
84805	348	ts 90 Red/Tan LHD US ZFFFG36A2L0084805
84806	348	tb 90 Rosso Corsa/black LHD EU ZFFKA35B000084806 84806FWG ass.# 01692
84807	348	tb Yellow/black LHD ZFFKA35B000084807 ass. # 01699 84807AHX
84808	348	Koenig F48 Yellow/black LHD EU
84810	348	tb Zagato Elaborazione Metallic anthractite/Tan LHD EU
84812	F40	new to I
84813	F40	90 Rosso Corsa/Black & Red cloth LHD ZFFGJ34B000084813 ass. # 01975 Yellow painted headlamp covers, new to D
84814	F40	90 Red/Black w.Red cloth LHD EU ZFFGJ34B000084814, new to I
84816	Mondial	t Red/beige, sunroof
84819	Mondial	t Cabriolet
84820	Testarossa	Red/Black LHD
84821	Testarossa	Red/Black
84822	Testarossa	Red/Beige RHD
84824	Testarossa	90 LHD US ZFFSG17A4L0084824
84825	Testarossa	90 ZFFSM17A5L0084825
84827	348	tb Argento/Black LHD EU ZFFKA35B000084827 ass. # 01716
84829	348	tb Red/Tan LHD EU ass. # 01737
84830	348	tb
84833	F40	90 Red/Black w Red cloth LHD EU ZFFGJ34B000084833 ass. # 02021, new to D
84834	F40	90 Red/Black w.Red cloth LHD EU ZFFGJ34B000084834, new to J
84835	Mondial	t Red/Black N-KK 615 KK
84838	F40	LM Conversion 90 Red/Black w.Red cloth LHD US ZFFMN34A6L0084838 ass. # 02605, new to the US
84839	Testarossa	Red/Black LHD EU
84840	Testarossa	Red/Black LHD
84841	Testarossa	Red/Black
84842	Testarossa	Red/Tan
84843	Testarossa	90 Red/Tan RHD UK ZFFAA17C000084843 eng. # F113B21692
84848	348	tb Red/Black LHD EU ZFFKA35B000084848
84849	348	tb Red/Black LHD EU
84850	F40	90 Red/Black w.Red cloth LHD EU ZFFGJ34B000084850, new to GB
84851	F40	90 Red/Black w.Red cloth LHD EU ZFFGJ34B000084851, new to I
84852	Mondial	t black/Crema
84854	Mondial	t Cabriolet Red/Black LHD EU
84855	F40	
84857	Testarossa	90 Black/black LHD US ZFFSG17A8L0084857
84858	Testarossa	90 Red/Tan LHD US ZFFSG17AXL0084858
84859	Testarossa	Red/Black
84860	Testarossa	Red
84861	Testarossa	90 LHD US ZFFSG17AXL0084861
84862	Testarossa	90 LHD US ZFFSG17A1L0084862
84863	Testarossa	90 Red/Tan LHD US ZFFSG17A3L0084863
84869	348	tb 90 Rosso/Nero LHD ZFFKA35B000084869
84871	F40	Red/Black w Red cloth LHD EU ZFFGJ34B000084871 ass. # 02000, new to D
84872	F40	new to GB
84874	F40	
84875	F40	90 Red/Black w Red cloth LHD EU ZFFGJ34B000084875
84876	Testarossa	90 Red/Tan US ZFFSG17A1L0084876
84880	348	tb Red/Black
84881	348	tb Red/Black ZFFKA35B000084881
84883	348	tb Challenge Red-White-Green LHD
84885	F40	90 Red/Black w.Red cloth LHD EU ZFFGJ34B000084885 ass. # 02041, new to D
84886	F40	Red/Black w Red cloth LHD EU ZFFGJ34B000084886 ass. # 02060, new to D
84887	F40	90 Red/Black w Red cloth LHD EU ZFFGJ34B000084887, new to I
84888	Mondial	t Grey/Red
84890	Mondial	t Cabriolet Black/Crema LHD EU ZFFKC33B000084890 84890OOO
84894	Testarossa	Black/Tan
84895	Testarossa	Red/Black LHD ZFFAA17B000084895
84896	Testarossa	90 Rosso/Beige LHD EU ZFFAA17B000084896
84897	Testarossa	90 Black/Tan LHD US ZFFSG17A9L0084897
84900	Testarossa	Red/Crema RHD UK ZFFAA17C000084900
84901	F40	90 Red/Black w.Red cloth LHD EU ZFFGJ34B000084901, new to I
84902	F40	90Red/Black w.Red cloth LHD EU ZFFGJ34B000084902
84903	Mondial	t Cabriolet Yellow/Black
84904	Mondial	t Red/Black LHD EU ZFFKD32B0000
84906	348	tb Red
84907	348	tb Red/Black LHD
84908	348	tb Red/Black LHD EU
84911	348	tb Red/Black LHD EU
84913	Testarossa	90 LHD US ZFFSG17A3L0084913
84917	Testarossa	90 LHD US ZFFSG17A0L0084917
84918	Testarossa	90 Red/Black US ZFFSG17A2L0084918

s/n	Type	Comments
84920	F40	90 Redblack w/Red cloth LHD EU ZFFGJ34B000084920, new to I
84921	F40	90 Red/Black w.Red cloth LHD EU ZFFGJ34B000084921
84927	348	tb Red/Black
84928	348	tb Rosso Corsa/black LHD EU ZFFKA35B000084928 ass. # 01839
84932	Testarossa	Red/Black LHD EU ZFFAA17B000084932
84933	Testarossa	Red/Tan LHD EU
84934	Testarossa	90 Red/Tan ZFFSG17A0L0084934
84935	Testarossa	90 LHD US ZFFSG17A2L0084935
84937	Testarossa	Scuro Blue/Crema ME LHDZFFAA17T0L0084937
84940	348	tb Red/Tan LHD ZFFFA35S000084940 ass.# 01754 84940NEZ
84941	F40	new to I
84944	F40	90 Red/Black w.Red cloth LHD US ZFFMN34A6L0084944 ass. # 2248, new to the US
84945	348	tb Red/Black EU
84946	348	tb 90 Dark Blue/tan LHD
84949	348	tb Red/Black RHD UK ass. # 01856
84954	Testarossa	90 White/tan LHD US ZFFSG17A6L0084954
84955	Testarossa	90 Red/Tan LHD US ZFFSG17A8L0084955
84956	Testarossa	90 Black/Crema LHD US ZFFSG17AXL0084956
84957	Testarossa	90 LHD US ZFFSG17A1L0084957
84958	F40	90 Red/Black w.Red cloth LHD EU ZFFGJ34B000084958, new to I
84959	F40	90 Red/Black w.Red cloth LHD EU ZFFGJ34B000084959, new to J
84962	348	tb Red/Tan LHD CH ZFFFA35S000084962
84963	Mondial	t Cabriolet Red/Tan LHD
84968	348	tb Red/Black LHD
84970	Testarossa	90 LHD US ZFFSG17A4L0084970
84972	Testarossa	90 ZFFSM17A7L0084972
84974	Testarossa	Red/beige LHD EU ZFFAA17B000084974
84975	Testarossa	90 Red RHD UK ZFFAA17C000084975
84876	Testarossa	90 Red/Tan
84977	F40	90 Red/Black w.Red cloth LHD US ZFFMN34A6L0084977 ass. # 2486, new to the US
84978	F40	90 Red/Black w Red cloth LHD EU ZFFGJ34B000084978 ass. # 02061, new to CH
84980	Mondial	t Red/Black
84983	348	tb Red/Black LHD EU
84984	348	tb Red/Black LHD LHD EU
84986	Testarossa	
84987	348	tb Rosso Corsa/Crema LHD ZFFKA35B000084987 ass. # 01913 84987OUU shields colour-coded sills
84990	Testarossa	Yellow/Black LHD EU
84991	Testarossa	
84992	Testarossa	90 LHD US ZFFSG17A3L0084992
84996	F40	90 Red/Black w Red cloth LHD EU ZFFGJ34B000084996, new to I
84997	F40	90 Red/Black w Red cloth LHD EU ZFFGJ34B000084997, new to E
84998	Mondial	t Red/Tan LHD ZFFKD32B000084998 84998HFM
85000	348	tb Red/Tan
85003	348	tb 90 Red/Tan ZFFKA35B000085003
85004	348	Challenge Yellow/black w.Blue seats LHD EU ZFFKA35B000085004
85006	348	tb Red/Black LHD EU ass. # 02038
85010	Testarossa	90 LHD US ZFFSG17AXL0085010
85012	Testarossa	Red/Black 85012KZE
85015	F40	LM GTE Conversion Conversion by Michelotto #4/6 95 Red/Black w.Red cloth LHD US ZFFMN34A6L0085015 ass. # 2528 eng. # 002, new to the US
85016	F40	Red/Black w Red Cloth LHD, new to J
85017	Mondial	t Red ZFFKD32B000085017
85018	Mondial	t Red/Black
85019	348	tb Red/Black LHD EU ZFFKA35B000085019
85021	348	tb Rosso/nero, GTB look, ZFFKA35B000085021
85027	Testarossa	90 Yellow/Crema RHD UK ZFFAA17C000085027
85028	Testarossa	90 Red/Tan LHD US ZFFSG17A7L0085028
85029	Testarossa	90 Yellow/beige LHD US ZFFSG17A9L0085029
85030	Testarossa	Red/Black LHD EU
85031	Testarossa	90 Red/Black RHD UK ZFFAA17C000085031
85032	F40	90 Red/Black w Red cloth LHD EU ZFFGJ34B000085032, new to I
85033	348	tb Red/Tan LHD EU
85034	F40	90 Red/Black w.Red cloth LHD EU ZFFGJ34B000085034, new to GB
85036	Mondial	t Cabriolet 90 Rosso Corsa/Nero ZFFKC33B0000
85039	348	tb Red/Black LHD EU ass. # 01977
85041	348	GT Competizione/358/378 GT 358 GT/378 Rosenmaier-Conversion Red/Black cloth LHD EU
85044	348	tb Red/Crema ZFFFA35S000085044
85046	Testarossa	90 Red/Tan LHD US ZFFSG17A9L0085046
85047	Testarossa	90 LHD US ZFFSG17A0L0085047
85050	Testarossa	Red/Beige RHD UK
85051	Testarossa	90 LHD
85052	Testarossa	3/90 Red/Crema LHD US ZFFSG17A4L0085052
85053	348	tb Rosso/tan
85054	F40	90 Red/Black w Red cloth LHD EU ZFFGJ34B000085054, new to I
85055	F40	90 Red/Black w Red cloth LHD EU ZFFGJ34B000085055 ass. # 02124, new to J
85056	Mondial	t Red
85057	Mondial	t Cabriolet Red/Black ZFFKC33B0000
85060	348	tb 90 Rosso/Nero ZFFKA35B000085060
85062	348	tb Red/Black LHD EU
85065	348	tb 90 Silver/Black ZFFKA35B000085065
85066	Testarossa	90 Black/Crema LHD US ZFFSG17A4L0085066
85067	Testarossa	Red LHD
87069	348	ts Red/Crema RHD ZFFKA36C000087069 shields
85070	Testarossa	Red/Black
85071	Testarossa	Metallic black/tan LHD CH ZFFSA17S000085071
85073	F40	90 Red/Black w. Red cloth LHD US ZFFMN34A6L0085073 ass. # 2451, new to the US
85074	F40	Dark anthracite/black Red piping LHD EU ZFFGJ34B000085074, new to B, RHD Conversion ex-Sultan of Brunei
85077	348	tb 90 Rosso/Nero ZFFKA35B000085077 shields colour-coded sills
85081	348	tb
85083	Testarossa	90 Red/Tan LHD US ZFFSG17A4L0085083
85084	Testarossa	90 Red/Tan LHD US ZFFSG17A6L0085084
85085	Testarossa	Red/Black LHD EU ZFFAA17B000085085
85088	348	ts Red/Black LHD EU
85089	Testarossa	90 Red/Tan LHD US ZFFSG17A5L0085089
85093	F40	new to I
85094	F40	90 Rosso Corsa/Black & Red cloth LHD ZFFGJ34B000085094 ass. # 02203, new to CH
85095	Mondial	t 6/90 Nero/Beige ZFFKD32B000085095
85097	Mondial	t Cabriolet Red/Black LHD ZFFKC33B000085097
85099	348	tb Red/Black LHD EU
85102	F40	90 Red/Black w Red cloth LHD EU ZFFGJ34B000085102
85103	348	tb Red/Red cloth racing seats ZFFKA35B000085103 ass. # 02035 85103HSK shields colour-coded sills
85108	Testarossa	Red/Tan LHD CH ZFFSA17S0000
85112	348	tb 90 Rosso Corsa Crema RHD ZFFKA35C000085112 ass. # 02202
85113	F40	Red/Black w.Red cloth LHD EU ZFFGJ34B000085113 ass. # 03869, new to J

s/n	Type	Comments
85114	F40	90 Red/Black w Red cloth LHD US ZFFMN34A6L0085114 ass. # 2599, new to the US
85115	Mondial	t Red/Black LHD EU ZFFKD32B000085115
85120	348	tb 90 Red/Black LHD EU
85123	348	tb Yellow/Black LHD EU
85124	Testarossa	
85126	Testarossa	90 LHD US ZFFSG17A7L0085126
85128	Testarossa	Red/Black LHD EU ZFFAA17B000085128 85128PFA
85129	Testarossa	4/90 Black/Tan LHD US ZFFSG17A2L0085129
85130	Testarossa	90 LHD US ZFFSG17A9L0085130
85132	Testarossa	Red/Black LHD EU
85133	F40	Red, new to SA
85134	F40	90 Red/Black w Red cloth LHD EU ZFFGJ34B000085134, new to E
85135	Mondial	t 90 Rosso/Nero ZFFAA17B0000 85135GEU
85139	348	tb Challenge
85141	F40	90 Red/Black w Red cloth LHD EU ZFFGJ34B000085141
85142	348	ts
85143	348	tb Red/Black
85145	348	ts 90 Red/Black LHD colour coded roof & spoilers ZFFKA36B000085145 non-original wheels
85147	Testarossa	
85148	Testarossa	90 LHD US ZFFSG17A6L0085148
85149	Testarossa	90 LHD US ZFFSG17A8L0085149
85150	Testarossa	90 White/Dark Blue LHD US ZFFAA17B000085150 85150QQB shields
85151	F40	90 Red/Black w Red cloth LHD US ZFFMN34A6L0085151 ass. # 2604, new to the US
85152	F40	Red/Black w Red Cloth LHD, new to I
85153	F40	90 Red/Black w Red cloth LHD EU ZFFGJ34B000085153, new to CH
85155	Mondial	t 5/90 Red/Black LHD EU ZFFKD32B000085155
85156	Mondial	t Cabriolet 90 Red/Crema
85158	348	tb Challenge Red/Red cloth seat
85159	F355	GTS F1 ??, to early VIN for F355, Black
85164	Testarossa	Red/Black
85171	348	tb
85172	F40	Red/Black w Red Cloth LHD, new to J
85173	F40	90 Red/Black w Red cloth LHD EU ZFFGJ34B000085173, new to GB
85174	Mondial	t Rosso/nero
85176	Mondial	t Cabriolet Rosso Corsa/Tan LHD EU ZFFKC33B0000 85176KIK
85178	Mondial	t Cabriolet 90 Red
85182	348	tb Red/Black LHD
85183	348	tb black/black LHD
85184	348	tb F355-Conversion Red LHD EU ZFFKA35B000085184
85189	Testarossa	90 LHD US ZFFSG17A9L0085189
85190	348	tb
85191	F40	90 Red/Black w Red cloth LHD EU ZFFGJ34B000085191, new to I
85192	F40	91 Red LHD EU ZFFGJ34B000085192, new to CH
85198	348	tb Red/Black ZFFKA35B000085198 ass. #02118 85198PEW
85201	348	tb 90 Red/Black ass. # 02120 85201ZMR
85205	Testarossa	
85206	Testarossa	
85208	Testarossa	90 LHD US ZFFSG17A9L0085208
85209	Testarossa	Giallo Modena/tobacco LHD US
85210	F40	90 Red/Black w Red cloth LHD US ZFFMN34A9L0085210 ass. # 2694, new to the US
85211	F40	90 Red/Black w Red cloth LHD EU ZFFGJ34B000085211, new to J
85212	348	tb Challenge 94 Red/Red ZFFFA35S000085212
85217	348	tb
85219	348	tb 90 anthracite/Red LHD EU ZFFKA35B000085219 ass. # 02138 85219OFU
85221	348	tb Challenge Red Red cloth seats LHD EU
85224	Testarossa	
85225	Testarossa	90 Red RHD ZFFAA17C000085225
85226	F40	91 Red/Black w.Red cloth LHD US ZFFMN34A0M0085226 eng. # 05950, new to the US
85228	Testarossa	90 ZFFSM17A3L0085228
85230	F40	90 Red/Black w Red cloth LHD EU ZFFGJ34B000085230, new to I
85231	F40	Red/Red cloth, new to E
85232	Mondial	t Red/Black ZFFKD32B000085232 ass. #02398 85232XAF
85234	Mondial	t Cabriolet 90 Blue/Blue
85239	348	tb Silver
85241	348	tb Red/Black LHD EU ZFFKA35B000085241
85243	Testarossa	90 Black/Black LHD US ZFFSG17A0L0085243
85244	Testarossa	Chiaro Blue/Crema LHD US
85246	Testarossa	Red/Tan ZFFSA17S0000
85249	Testarossa	90 LHD US ZFFSG17A1L0085249
85250	F40	Red/Red Cloth LHD, new to I
85251	F40	90 Red/Black w Red cloth LHD EU ZFFGJ34B000085251
85252	348	tb 90 red/beige ZFFFA35S000085252
85256	F40	
85260	348	tb Challenge Red
85264	Testarossa	Red/Tan LHD
85265	Testarossa	Yellow/Brown LHD
85267	Testarossa	90 LHD US ZFFSG17A3L0085267
85269	F40	90 Red/Black w Red cloth LHD US ZFFMN34A6L0085269 ass. # 2567, new to the US
85270	F40	Red/Red Cloth LHD EU ZFFGJ34B000085270, new to J
85271	F40	90 Red/Black w Red cloth LHD EU ZFFGJ34B000085271, new to E
85272	F40	90 Red/Black w Red cloth LHD EU ZFFGJ34B000085272
85279	348	tb Red/Tan
85280	Testarossa	Sera Blue/dark Blue LHD EU
85284	Testarossa	90 Red/Tan RHD ZFFAA17C000085284 eng. # 22190
85287	Testarossa	Red/Black LHD
85288	348	tb Red/Black LHD CH ZFFFA35S000085288 ass. # 02049
85289	F40	new to I
85290	Mondial	t Red/Black LHD EU ZFFKD32B000085290
85293	348	ts Red/Black LHD EU
85296	348	tb black/black LHD ass. # 02190 85296WLQ
85297	348	tb Challenge Street Version 90 White/black LHD EU ZFFKA35B000085297
85300	Testarossa	Red/Black LHD EU
85303	Mondial	t Cabriolet 89 US
85304	Testarossa	
85306	Testarossa	90 LHD US ZFFSG17A9L0085306
85307	Mondial	t Cabriolet 5/90 Red/Tan ZFFKK33A9L0085307
85308	F40	90 Rosso Corsa/black-Red LHD EU ZFFGJ34B000085308, new to I
85309	Mondial	t Cabriolet 90 Red
85312	348	tb Red/Tan LHD
85317	F40	90 Red/Red cloth LHD ZFFGJ34B000085317, new to GB
85318	F40	90 Red/Black w Red cloth LHD US ZFFMN34A6L0085318 ass. # 02664, new to the US
85320	Mondial	t Yellow/black LHD EU
85322	Testarossa	black metallic/Crema LHD
85324	Testarossa	Red/Black LHD ZFFAA17B000085324 ass. # 02205
85325	Testarossa	Rosso Corsa/Tan LHD ZFFSA17B000085325 85325AFG

s/n	Type	Comments
85326	Testarossa	90 LHD US ZFFSG17A4L0085326
85328	348	tb (?) Red/Tan LHD EU
85335	F40	90 Red/Black w Red cloth LHD EU ZFFGJ34B000085335, ass. # 02469, new to I
85336	F40	90 Red/Black w Red cloth LHD US ZFFMN34A6L0085336 ass. # 2696, new to the US
85337	348	tb Red/Beige LHD CH ZFFFA35S000085337
85341	Testarossa	90 ZFFSM17AXL0085341
85344	348	tb Red/Tan
85348	Testarossa	90 Red/Tan LHD US
85351	348	tb dark metallic Blue/grey LHD EU ZFFKA35B000085351
85355	348	tb Red/Tan LHD
85356	Mondial	t Cabriolet 89 Red/Black ZFFKC33B000085356
85357	F40	90 Red/Black w Red Cloth LHD EU ZFFGJ34B000085357, new to J
85358	F40	new to I
85359	Mondial	t Red/Black LHD EU
85360	Mondial	t Cabriolet 90 ZFFFK33A2L0085360
85361	Testarossa	90 ZFFSM17A5L0085361
85363	Testarossa	Rosso Corsa/Black & Red cloth seat centres Red stitching LHD ZFFAA17B000085363 ass. # 02222 85363HSM shields 512-nose
85364	Testarossa	90 Red/Light Grey, LHD ZFFSG17A1L0085364
85365	Testarossa	Red/Black LHD EU ZFFAA17B000085365 ass. # 02225
85367	Testarossa	90 Rosso (300/9)/Nero RHD UK ZFFAA17C000085367 Eng. # 22321
85368	348	ts Red/Black LHD EU
85371	348	tb Red/Tan ZFFFA35B000085371
85372	348	tb Challenge Red/Black w.Red seats
85373	348	tb Red/Black US
85376	Mondial	t Cabriolet Red/Beige LHD 85376FYF
85377	F40	new to I
85379	Mondial	t Red
85380	Testarossa	Red/Crema RHD UK
85381	Testarossa	90 LHD US ZFFSG17A1L0085381
85383	Testarossa	90 LHD US ZFFSG17A5L0085383
85384	Testarossa	90 Red/Tan LHD US ZFFSG17A7L0085384
85385	Testarossa	90 Red/Black LHD US ZFFSG17A9L0085385
85389	348	ts 90 Red/Tan LHD US ZFFFG36A8L0085389
85390	348	ts Blue/Tan LHD US
85391	348	tb Red/Black
85396	F40	Red/Black w.Red cloth LHD EU, new to E
85397	F40	new to I
85400	Testarossa	Red/Black LHD EU
85403	Testarossa	90 LHD US ZFFSG17A7L0085403
85406	348	ts 90 LHD US ZFFFG36A4L0085406
85407	348	ts 90 White/tan LHD US ZFFFG36A6L0085407
85408	348	ts Red/Black RHD UK
85414	348	tb Red/Crema
85415	F40	new to I
85416	F40	90 Red/Black w Red cloth LHD US ZFFMN34A6L0085416 ass. # 2658, new to the US
85417	Mondial	t Blue
85419	Mondial	t 90 Rosso/nero LHD ZFFKD32B000085419 85419GQK ass. # 2551 Sunroof
85420	Testarossa	Red/Black
85422	Testarossa	90 Red/Tan ZFFSG17A0L0085422
85423	Testarossa	Red/Black LHD EU ZFFAA17B000085423
85427	348	ts 90 Red/Tan LHD US ZFFFG36A1L0085427
85428	348	ts Red/Crema Colour coded roof RHD
85430	348	tb Rosso Corsa/Black LHD EU 85430PPK
85433	348	tb Red/Black LHD EU
85434	348	tb
85435	F40	Red/Black w.Red cloth LHD, new to J
85436	F40	new to I
85438	Mondial	t Cabriolet Red
85439	Mondial	t Cabriolet 90 Red/Tan Manual LHD US ZFFFK33A4L0085439
85440	Testarossa	90 LHD US ZFFSG17A2L0085440
85441	Testarossa	90 Red/Black LHD US ZFFSG17A4L0085441
85445	Testarossa	90 White Crema Suede LHD US ZFFSG17A1L0085445
85446	348	ts 90 Red/Tan LHD US ZFFFG36A5L0085446
85449	348	tb 90 Red/Black LHD EU
85453	348	tb Red/Black
85454	F40	90 Red/Black w Red cloth LHD US ZFFMN34A6L0085454 ass. # 2663, new to the US
85455	F40	Red LHD, new to I
85458	Mondial	t Cabriolet Red/Crema
85459	Testarossa	90 LHD US ZFFSG17A1L0085459
85461	Testarossa	90 Red/Black
85463	Testarossa	Red/Tan LHD CH
85464	Testarossa	90 Red/Tan LHD US ZFFSG17A5L0085464
85466	348	ts 6/90 Grigio Titanio met./Black/Black LHD US ZFFFG36A0L0085466
85467	348	ts Yellow Crema RHD ass. # 02517
85473	348	tb Challenge Red/Black & Red cloth seats LHD ZFFFA35S000085473
85474	F40	90 Red/Black w Red cloth LHD EU ZFFGJ34B000085474, new to J
85475	F40	new to I
85476	Mondial	t Red/Tan LHD EU ZFFKD32B000085476
85477	Mondial	t Cabriolet Yellow/Black LHD EU ZFFKC33B000085477
85478	Mondial	Cabriolet Red/Black LHD EU ZFFKC33B000085478
85481	Testarossa	90 LHD US ZFFSG17A5L0085481
85482	Testarossa	90 LHD US ZFFSG17A7L0085482
85483	Testarossa	Red/Black
85484	Testarossa	black/black ZFFAA17B000085484 85484EBQ
85485	Testarossa	Red/Black LHD EU ZFFAA17B000085485
85486	348	ts 90 LHD US ZFFFG36A6L0085486
85487	348	ts
85488	348	ts Red/nero LHD
85489	348	tb Red/Black LHD EU
85492	348	tb Red/Black LHD EU
85494	F40	new to CH
85495	F40	Red/Black w Red cloth LHD EU ZFFGJ34B000085495 ass. # 02535, new to I
85498	Mondial	t Cabriolet Red/Black LHD
85499	Testarossa	Red/Black
85500	Testarossa	90 RHD ZFFAA17C000085500
85501	Testarossa	90 Red/Black LHD US ZFFFG36A8L0085506
85504	Testarossa	90 Red/Black RHD ZFFAA17C000085504
85505	348	ts
85506	348	ts 90 LHD US
85507	Mondial	t Cabriolet 90 Red/Tan LHD US ZFFFK33A6L0085507
85508	348	ts Red/Tan ZFFFA36S000085508 85508NYL
85511	Testarossa	91Red/Tan LHD EU ZFFSA17S000085511
85513	348	tb 90 Red RHD ZFFKA35C000085513
85514	F40	90 Red/Black w Red cloth LHD EU ZFFGJ34B000085514, new to J
85515	F40	Red LHD, new to GB
85516	F40	90 Red/Black w Red cloth LHD US ZFFMN34A6L0085516 ass. # 2794, new to the US
85518	Mondial	t Red LHD CH ZFFFD32S000085518
85519	Mondial	t Cabriolet Red/Tan RHD UK ZFFKC33C000085519
85521	Testarossa	Red/Black LHD EU ZFFAA17B000085521
85522	Testarossa	Red/Black
85523	Testarossa	Red/Tan LHD US
85524	Testarossa	90 White Black LHD ZFFSG17A8L0085524
85526	348	tb LHD EU ZFFKA35B000085526
85530	348	tb Red/Black LHD EU ZFFKA35B000085530 ass. # 02430
85532	348	tb 90 Rosso/Nero ZFFKA35B000085532
85533	348	ts Red/Crema LHD ZFFKA36C000085533
85534	F40	90 Red/Black w Red cloth LHD EU ass. # 02564, new to I

s/n	Type	Comments
85535	F40	Red/Red Cloth, new to J
85536	Mondial	t Red/Black LHD EU
85538	Mondial	t Cabriolet 90 ZFFKC33B000085538
85540	Testarossa	Yellow/black LHD EU ZFFAA17B00085540 ass. # 02424
85541	Testarossa	90 LHD US ZFFSG17A8L0085541
85545	348	tb Red/Tan LHD ass. # 02464
85546	348	tb Challenge Yellow/Black LHD EU ZFFKA35B000085546
85550	348	tb Challenge Yellow/black LHD EU
85551	348	tb Red/Black
85553	348	ts Grey or silver LHD CH ZFFFA36S000085553
85554	F40	new to I
85555	F40	90 Red/Black w Red cloth LHD EU ZFFGJ34B000085555, new to CH
85557	Mondial	t Cabriolet Red/Black LHD EU
85558	Mondial	t Cabriolet 90 Red/Tan ZFFFK33A1L0085558
85559	Mondial	t Cabriolet 90 Red/Black LHD EU
85563	Testarossa	90 Red LHD SWE ZFFSA17S000085563
85565	Testarossa	90 Rosso Corsa/Beige LHD US ZFFSG17A0L0085565
85567	348	tb Red
85568	348	tb Red/Black LHD EU ZFFKA35B000085568
85571	348	tb Black/Crema LHD EU
85573	Mondial	t Cabriolet 90 US ZFFFK33A8L0085573
85574	F40	90 Red/Black w Red cloth LHD EU ZFFGJ34B000085574, new to I
85575	F40	90 Red/Black w Red cloth LHD US ZFFMN34A6L0085575 ass. # 2747, new to the US
85578	Testarossa	90 LHD US ZFFSG17A9L0085578
85582	Testarossa	90 Red/Tan LHD US ZFFSG17A0L0085582
85583	Testarossa	90 LHD US ZFFSG17A2L0085583
85584	Testarossa	90 RHD ZFFAA17C000085584
85591	348	tb Red/Tan LHD EU
85593	Mondial	t 90 Red LHD SWE ZFFFD32S000085593
85594	F40	Rosso Corsa/black w. Red cloth LHD EU ZFFGJ34B000085594 ass. # 02749, new to F, specially adopted for Clay Regazzoni
85595	F40	90 Red/Black w Red cloth LHD EU ZFFGJ34B000085595, new to I
85596	F40	90 Red/Red cloth LHD US ZFFMN34A6L0085596 ass. # 2823, new to the US
85597	Mondial	t
85598	Mondial	t Cabriolet Red/Black ZFFKC33B000085598 85598PHP
85600	Testarossa	90 Black/tan LHD US ZFFSG17A9L0085600
85601	Testarossa	Red
85602	Testarossa	90 Red/Tan LHD USZFFSG17A2L0085602
85603	Testarossa	90 White/Blue LHD US ZFFSG17A4L0085603
85604	Testarossa	90 Black/Black LHD US ZFFSG17A6L0085604
85610	348	tb Red/Black ZFFKA35B000085610 ass. # 02512
85613	F40	Red/Black w Red Cloth LHD, new to J
85614	F40	Red/Black w Red cloth LHD EU ZFFGJ34B000085614 ass. # 02600, new to I
85615	Mondial	t Cabriolet 90 LHD US ZFFFK33A9L0085615
85618	Testarossa	90 Red LHD SWE ZFFSA17S000085618
85619	Testarossa	90 Rosso Corsa/Tan LHD US ZFFSG17A8L0085619
85620	Mondial	t Red
85621	Mondial	t Cabriolet
85622	Mondial	t 3.4 Cabriolet 91 Rosso (FER 300/9)/Crema RHD, ass. # 04018 eng. # 85622
85623	Mondial	t Cabriolet
85624	348	ts Rosso RHD
85625	348	tb Red White-black LHD
85628	348	tb
85631	348	ts Red/Black LHD CH ZFFFA36S000085631
85632	F40	90 Red/Black w Red cloth LHD EU ZFFGJ34B000085632, new to J
85633	F40	Red/Black w Red cloth LHD EU, new to D

s/n	Type	Comments
85635	Mondial	t Cabriolet White/dark Blue LHD EU ZFFKC33B000085635
85638	Testarossa	
85640	348	tb Red/Black
85644	348	tb Red/Tan
85650	348	tb 90 Red LHD SWE ZFFFA35S000085650
85651	F40	90 Red/Black w Red cloth LHD EU ZFFGJ34B000085651 ass. # 02659, new to I
85652	F40	Red, new to CH
85658	Testarossa	90 LHD US ZFFSG17A7L0085658
85659	Testarossa	90 LHD US ZFFSG17A9L0085659
85660	Testarossa	Black/tan JP LHD
85661	Testarossa	90 Red/Tan LHD US ZFFSG17A7L0085661
85663	348	tb Red/Black
85664	348	tb Red/Black
85668	348	tb anthracite metallic/Red ZFFKA35B0000 ass. # 02584
85669	348	ts ZFFKA36C000085669
85671	F40	new to GB
85672	F40	90 Red/Black w Red cloth LHD US ZFFMN34A6L0085672 ass. # 2767, new to the US
85673	Mondial	t Red/Crema
85674	Mondial	t Cabriolet 90 Red/Tan ZFFFU33A3L0085674
85675	Mondial	t Cabriolet 90 Blu/Grey
85676	Testarossa	Red
85678	Testarossa	90 Red/Black US ZFFSM17A1L0085678 Red calipers
85679	Testarossa	90 Red/Tan LHD US ZFFSG17A4L0085679
85680	Testarossa	90 LHD US ZFFSG17A0L0085680
85682	348	ts
85683	348	tb Red/Black LHD EU
85684	348	tb Blue/black
85686	348	tb Red/black ZFFKA35B000085686
85687	348	tb Red/Black LHD EU
85688	348	tb 90 Red/beige
85690	F40	Competizione Conversion by Michelotto 7/90 Red & Blue then Red/Black w.Red cloth ZFFGJ34B000085690 LHD EU ass. # 02746 eng. # 22707 temp. eng. # 22769, new to I new to B
85691	F40	
85694	348	ts Rosso Corsa FER300/9/Black LHD ZFFKA36B000085694 85694NBO ass. # 02704
85696	Testarossa	90 RHD ZFFAA17C000085696
85697	Testarossa	
85698	Testarossa	90 Red/beige LHD US ZFFSG17A8L0085698
85699	Testarossa	90 LHD US ZFFSG17A8L0085698
85700	Testarossa	Yellow/Black LHD EU ZFFAA17B000085700
85702	348	tb Red/Black
85703	348	tb Red/Black LHD EU
85706	348	tb
85708	348	ts
85709	348	ts 90 Rosso/Beige CH ZFFFA36S000085709
85710	F40	Red/Black w.Red cloth LHD EU ZFFGJ34B000085710, new to I
85711	F40	90 Rosso Corsa/Black & Red cloth LHD ZFFGJ34B000085711 ass. # 02824, new to CH
85712	F40	Red/Black w.Red cloth LHD US ZFFMN34A0L0085712 ass. # 02825, new to the US
85714	Mondial	t Cabriolet 90 Sera Blue/tan LHD US ZFFFK33A0L0085714
85716	Testarossa	Red/Black LHD EU
85717	Testarossa	90 US ZFFSM17A7L0085717
85718	Testarossa	90 RHD ZFFAA17C000085718
85719	Testarossa	
85720	Testarossa	Red/Black LHD EU
85721	Testarossa	90 Red/Tan LHD US ZFFSG17AXL0085721
85727	348	tb Red/Black LHD EU ZFFKA35B000085727
85731	F40	90 Red/Black w Red cloth LHD EU ZFFGJ34B000085731, new to CH
85732	F40	90 Red/Black w Red cloth LHD US ZFFMN34A6L00 ass. # 02841, new to the US

s/n	Type	Comments
85735	Testarossa	90 Red/Crema LHD EU
85737	Testarossa	90 LHD US ZFFSG17A3L0085737
85742	348	ts Red/Tan LHD EU
85743	348	tb 90 Rosso Corsa/Black LHD EU
85744	348	tb Red/Black LHD
85746	348	tb Red/Black LHD EU
85747	348	ts 4/90 Rosso Corsa/Beige RHD UK ZFFKA36C000085747 exported to NZ
85748	348	ts 8/90 Rosso/Beige LHD CH ZFFFA36S000085748
85749	F40	Red/Black w.Red cloth LHD EU ZFFGJ34B000085749, new to I
85750	F40	Red/Black w.Red cloth LHD EU ZFFGJ34B000085750 ass. # 02931, new to CH
85758	Testarossa	Rosso Corsa/Black LHD EU ZFFAA17B000085758 85758YML
85763	348	tb
85766	348	tb 8/90 Rosso/Nero ZFFFA35S000085766
85768	F40	90 Rosso Corsa/Red & black ZFFGJ34B000085768 ass. # 02748, new to D
85769	F40	90 Red/Black w Red cloth LHD EU ZFFGJ34B000085769, new to CH
85771	Mondial	t Cabriolet 90 Metallic Blue/Crema LHD US ZFFFK33A1L0085771
85774	Testarossa	90 Red/Tan LHD US ZFFSG17A9L0085774
85775	Testarossa	Red/Tan
85777	Testarossa	90 US
85779	348	ts 90 Red RHD ZFFKA36B000085779
85780	348	tb 91 Rosso Corsa/Magnolia LHD ZFFKA35B000085780 85780SKA
85786	348	tb Koenig F48 Red
85787	F40	90 Red/Black w Red cloth LHD EU ZFFGJ34B000085787, new to I
85788	F40	90 Red/Black w Red cloth US ZFFMN34A6L0085788 ass. # 2875, new to the US
85795	Testarossa	90 Red/Black LHD US ZFFSG17A6L0085795
85796	Testarossa	90 Rosso Corsa/Tan LHDUS ZFFSG17A8L0085796
85798	Testarossa	
85799	Testarossa	90 Black/Black LHD US ZFFSG17A3L0085799 512 TR Front End
85801	348	tb Yellow
85807	F40	
85808	F40	90 Red/Black w Red cloth LHD EU ZFFGJ34B000085808, new to CH
85810	348	ts Red/Crema RHD
85811	348	ts Red/Crema RHD UK ZFFKA36C000085811 ass. # 02782
85816	Testarossa	90 LHD US ZFFSG17AXL0085816
85819	Testarossa	90 Red/Crema LHD US ZFFSG17A5L0085819
85820	Testarossa	Red/Black
85822	348	ts Red/Tan LHD EU ZFFKA36B000085822
85823	348	tb 90 Rosso/Nero
85825	348	tb Red/Black LHD EU
85826	348	tb Koenig Red/Black LHD EU ass. # 02774
85827	F40	Red/Black w Red cloth ZFFGJ34B000085827, new to I
85828	F40	90 Red/Black w Red cloth LHD EU ZFFGJ34B000085828, new to CH
85829	F40	90 Red/Black w Red cloth LHD US ZFFMN34A6L0085829 ass. # 2906, new to the US
85831	Mondial	t Cabriolet 90 ZFFFK33A4L0085831
85832	348	ts Red
85833	348	tb Red/Black LHD EU
85834	348	ts Red/Tan LHD CH ZFFFA36S000085834
85835	Testarossa	
85836	Testarossa	90 Dark Blue/Crema LHD US ZFFSG17A5L00
85837	Testarossa	90 LHD US ZFFSG17A7L0085837
85839	Testarossa	8/90 Bianco Avus/Nero RHD ZFFAA17C000085839
85843	348	tb Red/Black
85845	348	tb Yellow/black 85845FDX ass. # 02777
85846	F40	90 Red/rblack w ed cloth LHD EU ZFFGJ34B000085846, new to GB
85847	F40	90 Red/Black w Red cloth LHD EU ZFFGJ34B000085847, new to D
85849	348	ts Red/Tan RHD UK ZFFKA36C000085849
85850	348	tb Red/Black RHD ZFFKA35C000085850
85851	Mondial	t Cabriolet Red/Black
85852	348	tb 90 Rosso Corsa/Black RHD ZFFKD32C000085854? ass. # 03049 85853
85854	348	tb 90 Rosso Corsa/Black ZFFKD32C000085854 ass. # 03049
85855	348	tb Red/Crema RHD UK ZFFKA35C000085855 ass. # 03067
85862	Testarossa	90 Red/Tan LHD US ZFFSG17A6L0085862
85863	Testarossa	90 LHD US ZFFSG17A8L0085863
85866	F40	90 Red/Black w Red cloth LHD EU ZFFGJ34B000085866, new to MEX
85867	F40	90 Red/Black w Red cloth LHD EU ZFFGJ34B000085867 ass. # 03026, new to CH
85868	Mondial	t Cabriolet 90 US ZFFFK33A5L0085868
85870	348	ts Red/Brown LHD EU
85871	348	ts ZFFKA36000085871
85874	348	tb Red
85875	348	tb Red/Black LHD EU
85881	Testarossa	90 Red/Black LHD US ZFFSG17AXL0085881
85882	Testarossa	Red/Tan LHD EU
85884	Testarossa	90 Red/Tan LHD US ZFFSG17A5L0085884
85885	Testarossa	Red/Black LHD EU
85886	F40	Red/Black w.Red cloth LHD, new to MEX
85887	F40	90 Red/Black w Red cloth LHD US ZFFMN34A6L0085887 ass. # 2968, new to the US
85889	Mondial	t Cabriolet
85890	348	ts Red/Crema RHD UK
85892	348	ts 90 Black/Black LHD US ZFFFG36A6L0085892
85893	348	ts Serie Speciale 90 Black/Tan LHD US ZFFFG36A8L0085893
85894	348	ts Red/Tan
85895	348	tb Red/Black LHD EU 85895HFP
85897	348	tb 90 Red/Tan
85898	348	tb Red/Black LHD EU
85901	Testarossa	90 LHD US ZFFSG17A1L0085901
85904	Testarossa	90 Rosso/Beige ZFFAA17B000085904
85905	F40	new to GB
85906	F40	90 Red/Black w Red cloth LHD EU ZFFGJ34B000085906 ass. # 03065, new to D
85907	348	ts White/tan
85908	Mondial	t
85909	Mondial	t Cabriolet Red/Tan LHD EU
85912	348	ts 90 LHD US ZFFFG36A8L0085912
85913	348	tb Challenge Red/Red cloth seats then Giallo/Nero LHD CH ZFFFA35S000085913 ass. # 02722
85918	Testarossa	90 Silver/Dark Blue RHD UK ZFFAA17C000085918
85921	Testarossa	90 Black/Crema RHD UK ZFFAA17C000085921 eng. # F113B22691
85923	Testarossa	90 ZFFSM17AXL0085923
85924	F40	
85925	F40	90 Red/Black w Red cloth LHD US ZFFMN34A6L0085925 ass. # 3094, new to the US
85926	Mondial	t Rosso Corsa/Beige LHD CH ZFFFD32S000085926
85927	Mondial	t Cabriolet 90 Red/Tan ZFFFK33A6L0085927
85928	348	ts 90 Red/Crema RHD ZFFKA36C000085928 shields
85929	348	ts 90 LHD US ZFFFG36A3L0085929
85930	348	ts Serie Speciale 90 Blue/Tan LHD US ZFFFG36AXL0085930
85934	348	tb Red/Black ZFFKA35B000085934

s/n	Type	Comments
85935	Mondial	t Cabriolet
85936	348	ts
85937	Testarossa	90 Red/Magnolia RHD UK ZFFAA17C000085937 eng.# 22793
85938	Testarossa	5/90 Red/Tan LHD US ZFFSG17A2L0085938
85939	Testarossa	Red/Crema
85941	Testarossa	90 Red/Tan LHD US ZFFSG17A2L0085941
85942	Testarossa	90 Red/Tan LHD US ZFFSG17A4L0085942
85943	F40	90 Red/Black w Red cloth LHD EU ZFFGJ34B000085943, new to CH
85944	F40	90 Red/Black w Red cloth LHD EU ZFFGJ34B000085944, new to J
85950	348	ts 90 LHD US ZFFFG36A5L0085950
85955	348	tb 91 Red/Black ZFFKA35B000085955
85956	Testarossa	91 Red Bordeaux LHD US ZFFSG17A4L0085956
85957	Testarossa	
85960	Testarossa	Rosso Corsa/Black ZFFAA17B000085960 85960ZRV
85962	F40	Red/Black ZFFGJ34B000085962, new to CH
85963	F40	90 Red/Black w.Red cloth LHD US ZFFMN34A3L0085963 ass. # 02995, new to the US
85964	Mondial	t Red/Tan
85965	Mondial	t Cabriolet Red/Black LHD EU ZFFKC33B000085965 VIN shows Coup/
85966	Mondial	t Cabriolet 90 Black/black ZFFFK33A5L0085966
85968	348	ts Red/Tan LHD EU
85969	348	ts 90 Red/Tan LHD US ZFFFG36A4L0085969
85970	348	ts 90 LHD US ZFFFG36A0L0085970
85972	348	tb
85974	348	tb Red/Black ZFFKA35B000085974
85975	Testarossa	90 Rosso/Nero ZFFAA17B000085975
85976	Testarossa	90 LHD US ZFFSG17AXL0085976
85978	Testarossa	90 Giallo Modena/black LHD US ZFFSG17A3L0085978
85980	Testarossa	Red Magnolia LHD
85981	F40	Red/Black w.Red cloth LHD EU ZFFGJ34B000085981 ass. # 03076, new to I
85982	F40	Competizione Conversion Yellow/Red LHD US ZFFMN34A7L0085982 ass. # 2932, new to the US
85983	F40	90 Red/Black w Red cloth LHD EU ZFFGJ34B000085983, new to SWE
85987	348	ts 90 Red/Tan ZFFFG36A6L0085987
85989	348	tb Red
85990	348	tb Red/Black LHD EU
85991	348	tb 90 Red/Black LHD EU ZFFKA35B000085991
85992	348	tb 90 Red LHD SWE ZFFFA35S000085992
85995	Testarossa	90 RHD ZFFAA17C000085995
85997	Testarossa	90
85998	Testarossa	90 Yellow/Black LHD US ZFFSG17A9L0085998
86000	F40	90 Red/Black w Red cloth LHD EU ZFFGJ34B000086000, new to CH
86001	F40	Red/Black w Red cloth LHD EU ZFFGJ34B000086001 ass. # 03027, new to D
86003	Mondial	t 91 Red/Tan RHD ZFFKD32C000086003
86006	348	ts 90 LHD US ZFFFG36A4L0086006
86007	348	ts 90 Red/Tan LHD US ZFFFG36A6L0086007
86011	348	tb Red/Black LHD EU
86012	348	tb
86015	Testarossa	Yellow/Black LHD EU
86016	Testarossa	8/90 Rosso/Beige ZFFAA17B000086016
86018	Testarossa	90 LHD US ZFFSG17A9L0086018
86019	F40	90 Red/Black w Red cloth LHD EU ZFFGJ34B000086019, new to CH
86020	F40	90 Red/Black w Red cloth LHD EU ZFFGJ34B000086020, new to D
86024	348	ts 90 Rosso Corsa/Tan LHD US ZFFFG36A6L0086024 ass.# 02912
86028	348	tb
86029	348	tb Red

s/n	Type	Comments
86031	Testarossa	90 LHD US ZFFSG17A1L0086031
86032	Testarossa	90 ZFFSM17A2L0086032
86033	Testarossa	Red/Magnolia 86033DXY
86036	Testarossa	Red/Tan
86037	F40	90 Red/Black w Red cloth LHD EU ZFFGJ34B000086037, new to J
86038	F40	new to I
86040	348	tb Red/Tan
86043	348	ts 90 Red/Tan LHD US ZFFFG36AXL0086043
86044	348	tb 90 LHD US
86045	348	tb Red CH ZFFFA35S000086045
86047	348	tb Challenge Red/Black LHD EU
86048	348	tb 90 Red/Tan LHD US ZFFFG35A7L0086048
86049	348	ts 90 LHD US ZFFFG35A9L0086049
86051	Testarossa	90 LHD US ZFFSG17A7L0086051
86052	Testarossa	90 Black LHD SWE ZFFSA17S000086052
86053	Testarossa	90 LHD US ZFFSG17A0L0086053
86054	Testarossa	
86056	F40	90 Red/Black w Red cloth LHD US ZFFMN34A6L0086056 ass. # 03079, new to the US
86057	F40	90 Red/Black w Red cloth LHD EU ZFFGJ34B000086057 ass. #04113, new to CH
86058	F40	90 Red/Black w Red cloth LHD EU ZFFGJ34B000086058 ass. # 03170, new to D
86060	Mondial	t Red/Crema
86062	348	tb 6/90 Red/Black LHD US ZFFFG36A3L0086062
86063	348	tb 10/90 Red/Black LHD ZFFKA35B000086063 86063PFF
86066	348	tb ZFFKA35C00086066
86068	348	ts 90 LHD US
86070	Testarossa	90 White/dark Blue LHD US ZFFSG17A0L0086070
86071	Testarossa	90 RHD ZFFAA17C000086071
86072	Testarossa	black metallic/black LHD EU
86075	F40	90 Red/Black w Red cloth LHD EU ZFFGJ34B000086075, new to CH
86076	F40	Red/Black w.Red cloth LHD EU ZFFGJ34B000086076, new to GB
86077	Mondial	t
86079	Mondial	t Cabriolet 90 Chiaro Blue/tan LHD US ZFFFK33A5L0086079
86081	348	tb 90 Red LHD SWE ZFFFA35S000086081
86083	348	tb Red/Black LHD EU
86084	348	tb 90 Red RHD UK ZFFKA35C000086084
86086	348	ts 90 Black/Tan LHD US ZFFFG36A6L0086086
86087	348	ts 90 Black/black LHD US ZFFFG36A8L0086087
86089	Testarossa	90 Grey/black LHD US ZFFSG17AXL0086089
86090	Testarossa	90 US
86091	Testarossa	Black Bordeaux LHD
86092	Testarossa	90 LHD US ZFFSG17AXL0086092
86093	Testarossa	90 LHD US ZFFSG17A1L0086093
86095	Mondial	t Cabriolet Red/Tan
86096	348	ts Red/Tan LHD ZFFFA36S000086096
86097	F40	90 Red/Black w Red cloth LHD EU ZFFGJ34B000086097
86100	348	tb
86101	F40	90 Red/Black w Red cloth LHD EU ZFFGJ34B000086101, new to CH
86102	F40	90 Red/Red cloth LHD EU ZFFGJ34B000086102 ass. # 04522, new to J
86103	348	ts Red/Tan LHD ZFFKA36B000086103
86104	348	ts 90 Black/Tan LHD US ZFFFG36A4L0086104
86105	348	ts 90 LHD US
86106	348	ts Red/Crema ZFFKA36C000086106
86107	Testarossa	Red/Black LHD EU
86109	Testarossa	90 White RHD ZFFAA17B000086109
86110	Testarossa	90 Red/Black RHD ZFFAA17C000086110
86111	Testarossa	90 Red/Tan LHD US ZFFSG17AXL0086111
86112	Testarossa	Red/Tan LHD CH ZFFSA17S0000
86113	Mondial	t Red/Tan ZFFKD32B000086113 ass. # 03120

s/n	Type	Comments
86114	Mondial	t
86115	Mondial	t Cabriolet 90 Rosso Corsa/Beige LHD US ZFFFK33A5L0086115
86116	348	ts
86118	F40	90 Red/Black w Red cloth LHD US ZFFMN34A6L0086118 ass. # 3014, new to the US
86121	348	tb Red/Crema RHD UK
86122	F40	Red/Black w.Red seats LHD EU ZFFGJ34B000086122 ass. # 04493, new to D
86123	348	ts 10/90 Silver Metallic/Black then Rosso Corsa/Beige LHD US ZFFFG36A8L0086123
86126	Testarossa	
86135	F40	90 Red/Black w Red cloth LHD EU ZFFGJ34B000086135 ass. #03076, new to D
86137	348	tb Red/Tan LHD EU
86139	F40	90 Red/Black w Red cloth LHD EU ZFFGJ34B000086139, new to J
86141	348	ts 90 Red/Tan LHD US ZFFFG36AXL0086141
86142	348	ts 90 LHD US ZFFFG36A1L0086142
86143	348	ts ZFFKA36B000086143 86143NPO wrekked, probably parted out
86144	F40	90 Red/Black w Red cloth LHD EU ZFFGJ34B000086144, new to J
86146	Testarossa	Giallo Modena/Nero LHD EU
86147	Testarossa	90 Rosso Corsa RHD
86152	Mondial	t Cabriolet 90 Black/Black Manual LHD US ZFFFK33A0L0086152
86153	348	ts
86154	F40	90 Red/Black w Red cloth LHD EU ZFFGJ34B000086154, new to I
86155	348	tb Yellow/Black LHD EU ZFFKA35B000086155 ass. # 03132
86157	348	tb Red/Red LHD EU
86159	F40	90 Red/Black w Red cloth LHD EU ZFFGJ34B000086159, new to J
86160	348	tb 90 LHD US ZFFFG35A1L0086160
86161	348	ts 90 Red/Tan LHD US ZFFFG36A5L0086161
86162	348	ts 90 LHD US ZFFFG36A7L0086162
86164	348	ts Red/Red LHD US ZFFFA36S0000 ass. # 02952
86165	Testarossa	90 White/tanLHD US ZFFSG17A0L0086165
86166	Testarossa	90 Red/Tan LHD US ZFFSG17A2L0086166
86170	Testarossa	90 LHD US ZFFSG17A4L0086170
86172	348	tb Red
86173	F40	90 Red/Black w.Red cloth LHD US ZFFMN34A1L0086173 ass. # 3066, new to the US
86174	F40	LM 90 Rosso/Rosso ZFFGJ34B000086174, new to I
86177	348	tb Red/Tan LHD ZFFFA35S0000 ass. # 3184 86177NIX
86178	348	ts 90 Red/Tan LHD US ZFFFG36A0L0086178
86179	348	ts Black/black
86180	Testarossa	90 Red/Tan LHD US ZFFSG17A7L0086180
86181	Mondial	t Cabriolet Black/Crema LHD EU
86182	348	ts Red/Crema RHD ass. # 03135
86183	Testarossa	6/90 Black/Tan LHD US ZFFSG17A2L0086183
86184	Testarossa	90 LHD US ZFFSG17A4L0086184
86185	Testarossa	
86186	Testarossa	90 LHD US ZFFSG17A8L0086186
86187	Testarossa	90 Rosso/Nero ZFFAA17B000086187
86189	Mondial	t Red/Crema RHD UK ZFFKD32C000086189
86190	Mondial	t Cabriolet LHD US ZFFFK33A8L0086190
86191	F40	Red/Black w Red cloth LHD EU ZFFGJ34B000086191 ass. # 03259, new to D
86192	Testarossa	90 Yellow/Tan LHD US ZFFSG17AXL0086192
86193	348	tb Red/Black
86195	348	tb Challenge Red Red cloth seats LHD CH ZFFFA35S000086195
86196	348	ts 90 Red/Tan LHD LHD US ZFFFG36A2L0086196
86197	348	ts 90 Red/Tan LHD US ZFFFG36A4L0086197
86199	F40	90 Red/Black w Red cloth LHD EU ZFFGJ34B000086199, new to J
86200	348	tb Red/Crema RHD UK 86200NLD
86201	348	tb Red/Crema LHD EU
86202	Testarossa	90 Red/Tan LHD USZFFSG17A2L0086202
86204	Testarossa	90 USLHD
86205	Testarossa	90 US ZFFSG17A8L0086205
86206	Testarossa	6/90 Red/Tan LHD ZFFSG17AXL0086206
86207	Testarossa	90 LHD US ZFFSG17A1L0086207
86209	F40	90 Red/Black w Red cloth LHD US ZFFMN34A6L0086209 ass. # 3148, new to the US
86211	348	tb 90 Silver LHD US ZFFFG35A3L0086211
86212	348	ts 90 LHD US ZFFFG36A7L0086212
86218	348	ts Red
86219	Mondial	t Chiaro Blue Crema LHD EU
86221	348	ts Red/Black LHD
86222	Testarossa	90 LHD US ZFFSG17A8L0086222
86224	Testarossa	90 US
86225	Testarossa	Red/Black
86226	Testarossa	Red/Black LHD EU
86227	Testarossa	90 Red/Tan LHD US ZFFSG17A7L0086227
86229	F40	90 Red/Black w Red cloth LHD EU ZFFGJ34B000086229
86230	F40	7/90 Red/Black w Red cloth LHD US ZFFMN34A6L0086230 ass. # 3112, new to the US
86232	348	ts 90 Red/Tan LHD US ZFFFG36A2L0086232, heavily damaged
86233	Testarossa	
86234	348	tb Red/Crema RHD UK ZFFKA35C000086234
86235	348	tb Red/Tan
86237	348	tb 90 Red/Crema LHD ZFFKA35B000086237 colour coded spoilers
86238	348	ts 90 Red/Tan LHD US ZFFFG36A3L0086238
86239	348	ts 90 Red/Crema LHD US ZFFFG36A5L0086239
86240	348	ts Yellow/Black & Yellow RHD ZFFKA36C000086240 ass. # 03215
86242	Testarossa	90 Red/Tan ZFFSG17A3L0086242
86243	Testarossa	Black Bordeaux LHD EU ZFFAA17B000086243
86244	Testarossa	90 Red/Black LHD US ZFFSG17A7L0086244
86247	Mondial	t Cabriolet 90 Rosso Corsa/Tan LHD US Manual ZFFFK33A0L00
86248	F40	90 Red/Black w Red cloth LHD US ZFFMN34A6L0086248 ass. # 3092, new to the US
86249	348	tb Red/Tan LHD CH ZFFFA35S000086249
86252	348	tb Red/Black LHD ZFFKA35B000086252 86252HZQ
86253	348	ts Challenge Conversion 90 Giallo Modena/Black LHD US ZFFFG36AXL0086253
86254	348	ts 90 LHD US ZFFFG36A1L0086254
86255	348	ts 90 LHD US ZFFFG36A3L0086255
86256	348	ts Red/Black LHD
86257	348	ts Yellow/Crema LHD EU
86258	348	tb RHD
86259	348	ts
86261	Testarossa	90 Red/Tan LHD US ZFFSG17A7L0086261
86262	Testarossa	Red/Black ZFFAA17B000086262
86263	Testarossa	90 Red RHD UK ZFFAA17C000086263
86264	Testarossa	Red/Black LHD ZFFAA17B000086264
86265	Testarossa	90 US ZFFSM17A3L0086265
86266	Mondial	t Black/Crema ZFFKD32B0000
86267	F40	90 Red/Black w Red cloth LHD EU ZFFGJ34B000086267 ass. # 03311, new to GB
86268	F40	90 Red/Black w Red cloth LHD US ZFFMN34A6L0086268 ass. # 3111, new to the US
86269	348	tb Red/Black LHD EU
86271	F40	90 Red/Black w Red cloth LHD EU ZFFGJ34B000086271

s/n	Type	Comments
86273	348	ts 90 Grey/Black LHD US ZFFFG36A5L0086273
86274	348	ts 7/90 Chiaro Blue/Tan LHD US ZFFFG36A7L0086274
86275	348	ts 90 Verde Scuro/Tan LHD US ZFFFG36A9L0086275
86276	348	ts 90 White/Black LHD US ZFFFG36A0L0086276
86277	Mondial	t Cabriolet Red/Crema RHD
86279	F40	90 Red/Black w Red cloth LHD EU ZFFGJ34B000086279, new to J
86286	F40	90 Red/Black w Red cloth LHD EU ZFFGJ34B000086286, new to I
86287	348	tb Challenge Red/Black
86288	348	tb
86290	348	tb
86291	348	ts 90 LHD US ZFFFG36A7L0086291
86292	348	ts 90 Red/Tan LHD US ZFFFG36A9L0086292
86293	348	ts 90 Red/Tan LHD US ZFFFG36A0L0086293
86294	348	ts 90 LHD US ZFFFG36A2L0086294
86295	Mondial	t 90 White/tan LHD
86296	Mondial	t 91 Red/Crema RHD UK ZFFKD32C000086296 sunroof
86298	F40	90 Rosso Corsa/black w Red cloth LHD EU ZFFGJ34B000086298 ass. # 04717, new to CH
86299	Testarossa	Red/Black
86300	Testarossa	90 LHD US ZFFSG17A2L0086300
863xx	348	tb ZFFKA35B0000863xx Ex-Menem
86303	Testarossa	Red/Black LHD EU
86304	Testarossa	Red/Black LHD EU ZFFAA17B000086304
86306	Mondial	t Cabriolet FNA show car 90 White/Black LHD US ZFFFK33A1L0086306
86307	F40	90 Red/Black w Red cloth LHD EU ZFFGJ34B000086307, new to I
86309	348	tb Red/Black LHD EU
86310	348	tb 90 LHD US ZFFFG35A5L0086310
86312	348	ts 90 LHD US ZFFFG36A0L0086312
86313	348	ts 90 Red LHD US ZFFFG36A2L0086313
86314	348	ts 90 Red/Crema LHD LHD US ZFFFG36A4L0086314
86316	F40	90 Red/Black w Red cloth LHD EU ZFFGJ34B000086316, new to CH
86317	Testarossa	Red/Crema LHD EU ZFFAA17B000086317
86318	Testarossa	90 LHD US ZFFSG17AXL0086318
86320	Testarossa	Red/Black LHD EU
86321	Testarossa	Red/Black
86322	Testarossa	90 Red/Beige LHD US ZFFSG17A1L0086322
86325	F40	90 Red/Black w Red cloth LHD US ZFFMN34A6L0086325 ass. # 3176, new to the US
86326	F40	90 Red/Black w Red cloth LHD EU ZFFGJ34B000086326, new to I
86329	348	tb Silver Crema RHD UK
86330	348	tb
86332	Testarossa	90 US
86335	Testarossa	90 LHD US ZFFSG17AXL0086335
86336	Testarossa	Red/Black LHD EU
86340	348	tb 90 Red/Tan LHD US ZFFFG35A3L0086340
86341	348	tb Red
86344	348	tb Red/Tan ZFFFA35S0000 ass. # 03267
86345	F40	90 Red/Black w Red cloth LHD US ZFFMN34A6L0086345 ass. # 3207, new to the US
86346	348	ts Red/Crema colour coded roof RHD UK ZFFKA36C000086346 Colour-coded sills
86347	348	ts Red/Black LHD
86348	348	ts black/black
86350	348	tb 90 LHD US
86351	348	ts Black LHD ZFFKA36B000086351
86352	348	ts Red/Black LHD
86353	348	ts Red/beige 86353NCB
86354	Testarossa	90 Red/Tan LHD US ZFFSG17A3L0086354
86355	Testarossa	91 LHD US ZFFSG17A3M0086355
86356	Testarossa	91 LHD US ZFFSG17A5M0086356
86358	Testarossa	Red/Black
86360	348	tb 90 Redtan ZFFFG35A9L0086360
86361	348	tb Red/Tan LHD
86362	348	tb Red
86364	Mondial	t 3.4 Cabriolet 90 White White LHD US ZFFFK33A4L0086364
86365	F40	90 Red/Black w Red cloth LHD EU ZFFGJ34B000086365, new to A
86366	348	tb Challenge Red/Tan LHD EU
86371	Testarossa	black metallic/black LHD EU ZFFAA17B0000 ass.# 03340 86371DDC
86372	Testarossa	91 White/tan LHD US ZFFSG17A3M0086372
86374	Testarossa	91 LHD US ZFFSG17A7M0086374
86375	Testarossa	Red/Tan
86376	Testarossa	91 Red/Tan LHD US ZFFSG17A0M0086376
86378	348	ts Red/Black ZFFKA36B000086378
86380	348	tb 90 LHD US
86381	348	tb Red/Crema LHD
86383	348	tb Red/Tan RHD ZFFKA35C000086383 shields
86384	F40	90 Red/Black w Red cloth LHD EU ZFFGJ34B000086384 ass. # 03417, new to I
86386	348	ts Red/Black LHD EU
86387	348	ts
86388	348	tb 90 Grey/grey LHD US ZFFFG35A9L0086388
86389	348	tb 90 LHD US
86390	F90	Conversion on Testarossa ZFFAA17C000086390
86391	348	ts
86393	Testarossa	Red/Black LHD EU
86396	Testarossa	90 Red/Tan LHD CH
86397	Testarossa	91Red/Tan LHD US ZFFSG17A8M0086397
86398	Testarossa	Red/Black LHD CH ZFFSA17S000086398
86399	Mondial	t Cabriolet Red/Black LHD EU
86400	348	tb Red/Tan LHD CH ZFFFA35S000086400
86401	F40	90 Red/Black w Red cloth LHD EU ZFFGJ34B000086401 ass. # 03419, new to GB
86403	F40	LM Red/Black w.Red cloth LHD US ZFFMN34A3L0086403 ass. # 3280, new to the US
86405	Testarossa	90 Black RHD ZFFAA17C000086405
86410	348	ts 90 Red/Tan LHD US ZFFFG36A0L0086410
86411	Testarossa	91 Rosso Corsa FER 300/9/tan LHD US ZFFSG17A9M0086411 ex-David Letterman
86412	Testarossa	
86413	Testarossa	Red/Black
86414	Testarossa	91 Red/Crema LHD US ZFFSG17A4M0086414
86415	Testarossa	Red
86416	Testarossa	91 Yellow/black LHD US ZFFSG17A8M0086416
86417	348	tb
86418	348	tb Red/Crema RHD UK ZFFKA35C000086418
86419	348	tb Red/Tan
86420	F40	7/90 Red/Black w Red cloth LHD US ZFFMN34A6L0086420 ass. #03224, new to the US
86421	F40	90 Red/Black w Red cloth LHD EU ZFFGJ34B000086421, new to GB
86423	Mondial	t Cabriolet Red/Tan LHD US ZFFFK33A5L0086423
86424	348	ts 90 LHD US
86425	348	ts 7/90 Black/Black LHD US ZFFFG36A2L0086425
86426	348	ts 90 Black/Tan LHD US ZFFFG36A4L0086426
86427	348	ts 90 Red/Tan LHD US ZFFFG36A6L0086427
86428	348	ts 90 Black/Crema LHD US ZFFFG36A8L0086428
86429	348	ts 90 LHD US ZFFFG36AXL0086429
86430	348	ts 90 Giallo Modena/black LHD US ZFFFG36A6L0086430 ass. # 03213
86432	Testarossa	91 LHD US ZFFSG17A6M0086432
86435	Testarossa	
86436	Testarossa	91 Red/Tan LHD US ZFFSG17A3M0086436
86437	Testarossa	91 Red/Tan LHD US ZFFSG17A5M0086437

s/n	Type	Comments
86438	F40	90 Red/Black w.Red cloth LHD US ZFFMN34A0L0086438 ass. # 03258, new to the US
86439	F40	90 Red/Black w Red cloth LHD US ZFFMN34A6L0086439 ass. # 03281, new to the US
86440	F40	Red/Black w Red cloth ZFFGJ34B000086440 LHD EU ass. # 03496, new to GB
86441	Mondial	t Cabriolet Red/Tan LHD US ZFFFK33A7L0086441
86442	Mondial	t Cabriolet Red/Black RHD UK ZFFKC33C000086442
86443	348	ts 90 Black/black LHD US ZFFFG36A4L0086443
86444	348	ts 90 LHD US ZFFFG36A6L0086444
86445	348	ts 90 White/tan LHD US ZFFFG36A8L0086445
86446	348	ts 90 Silver/Red LHD US ZFFFG36AXL0086446
86447	348	tb Challenge 90 LHD US ZFFFG35AXL0086447
86448	348	tb Dark Blue/tan LHD CH ZFFFA35S0000
86449	348	tb Red/Crema RHD UK ZFFKA35C000086449 ass. # 03393
86451	348	ts Red/Crema RHD UK
86452	Testarossa	91 LHD US ZFFSG17A1M0086452
86453	Testarossa	91 Yellow/tan LHD US ZFFSG17A3M0086453
86454	Testarossa	91 LHD US ZFFSG17A5M0086454
86455	Testarossa	91 Red/Tan LHD US ZFFSG17A7M0086455
86456	Testarossa	91 Red/Tan LHD US ZFFSG17A9M0086456
86457	Testarossa	91 Red/Tan LHD US ZFFSG17A0M0086457
86458	Testarossa	91 White/Blue LHD US ZFFSG17A2M0086458
86459	F40	90 Red/Black w Red cloth LHD US ZFFMN34A6L0086459 ass. # 3257, new to the US
86460	F40	90 Red/Black w Red cloth LHD EU ZFFGJ34B000086460, new to I
86461	Mondial	t Red/Crema
86463	Mondial	t Cabriolet Red/Tan LHD US ZFFFK33A6L0086463
86464	348	ts 7/90 Bianco FER 100/Dark Red LHD ZFFFG36A1L0086464 ass. # 03212
86465	348	ts 90 LHD US ZFFFG36A3L0086465
86466	348	ts 90 White Blue LHD US ZFFFG36A5L0086466
86467	348	ts 90Red/Tan LHD US ZFFFG36A7L0086467
86468	348	tb 90 LHD US ZFFFG35A7L0086468
86469	Testarossa	Red/Tan ZFFSA17A9G0086469
86471	Testarossa	91 LHD US ZFFSG17A5M0086471
86472	Testarossa	91 Red/Black LHD US ZFFSG17A7M0086472
86473	Testarossa	91 Red/Tan LHD US ZFFSG17A9M0086473
86474	Testarossa	91 LHD USZFFSG17A0M0086474
86478	F40	90 Red/Black w Red cloth LHD US ZFFMN34A6L00 86478 ass. # 3294, new to the US
86479	F40	90 Red/Black w Red cloth LHD EU ZFFGJ34B000086479, new to GB
86480	Mondial	t Cabriolet 90 ZFFK33A6L0086480
86481	348	ts 90 Grey/Red LHD US ZFFFG36A1L0086481
86482	348	ts 90,, black/Crema ZFFFG36A3L0086482
86483	348	ts 90 Red/Black LHD US ZFFFG36A5L0086483
86484	348	ts 90 Red/Black LHD US ZFFFG36A7L0086484
86485	348	tb 90 Chiaro Blue/beige LHD US ZFFFG35A7L0086485
86489	348	ts Red/Magnolia RHD UK ZFFKA36C000086489 ass. # 03388
86490	Testarossa	91 Red/Tan ZFFSG17A9M0086490
86491	Testarossa	91 LHD US ZFFSG17A0M0086491
86492	Testarossa	91 Red/Tan LHD US ZFFSG17A2M0086492
86493	Testarossa	91 White/Crema LHD US ZFFSG17A4M0086493
86494	Testarossa	91 LHD US ZFFSG17A6M0086494
86495	Testarossa	91 Black/Crema LHD US ZFFSG17A8M0086495
86498	F40	90 Red/Black w Red cloth LHD US ZFFMN34A6L0086498 ass. # 3334, new to the US
86499	F40	90 Red/Black w Red cloth LHD EU ZFFGJ34B000086499, new to I
86500	Mondial	t Cabriolet 7/90 White/White LHD US ZFFFK33A8L0086500
86501	348	ts 90 LHD US ZFFFG36A3L0086501
86502	348	ts 90 LHD US ZFFFG36A5L0086502
86503	348	ts 90 LHD US ZFFFG36A7L0086503
86504	348	ts 7/90 Roso Corsa FER 300/9/Tan LHD US ZFFFG36A9L0086504 ass. # 03302
86505	348	ts Red/Crema RHD UK ZFFKA36C000086505
86507	348	tb 90 Red/Tan LHD US ZFFFG35A2L0086507
86508	Testarossa	90 Red/Black LHD US ZFFSM17A3L0086508
86509	Testarossa	90 LHD US ZFFSM17A5L0086509
86511	Testarossa	90 Red Crema RHD
86514	F40	Red/Black w.Red cloth LHD EU ZFFGJ34B000086514 ass. # 03527
86516	Mondial	t Red
86517	F40	90 Red/Black w Red cloth LHD US ZFFMN34A6L0086517 ass. # 3356, new to the US
86518	F40	90 Red/Black w Red cloth LHD US ZFFMN34A6L0086518 ass. # 3383, new to US
86519	F40	90 Red/Black w Red cloth LHD US ZFFMN34A6L0086519 ass. # 3426, new to US
86520	Mondial	t Cabriolet 90 LHD US
86521	348	ts 90 Yellow/black LHD US ZFFFG36A9L0086521
86522	348	ts 90 LHD US ZFFFG36A0L0086522
86523	348	ts 90 Giallo Modena/Tan LHD US ZFFFG36A2L0086523
86524	348	ts 90 LHD US ZFFFG36A4L0086524
86525	348	ts 90 Red ZFFKA36B000086525
86529	Testarossa	Red/Black LHD EU ZFFAA17B000086529
86531	Testarossa	Red/Black LHD
86532	Testarossa	Red/Black LHD EU ZFFAA17B000086532 86532YEW
86533	Mondial	t Red ZFFKD32B000086533
86535	348	90 LHD US
86536	F40	90 Red/Black w Red cloth LHD US ZFFMN34A6L0086536 ass. # 3418, new to the US
86537	F40	90 Red/Black w Red cloth LHD EU ZFFGJ34B000086537
86538	Mondial	t Cabriolet Red/Black LHD EU ZFFKC33B000086538 86538MAM
86539	348	ts 90 Red/Tan US ZFFFG36A6L0086539
86540	348	ts 90 Red/Tan LHD US ZFFFG36A2L0086540
86541	348	ts 90 Rosso Corsa/Black LHD US ZFFFG36A4L0086541
86542	348	ts 90 Red/Black LHD US ZFFFG36A6L0086542
86544	348	ts Red/Crema colour coded roof RHD ZFFKA36C000086544 shields colour coded sills
86545	Testarossa	90 Nero/Nero LHD EU ex-Jean Blaton
86548	Testarossa	Red/Tan
86549	Testarossa	Red/Black JP LHD ZFFSA17JAP0086549
86551	Mondial	t Cabriolet Red/Tan LHD US ZFFFK33A3L0086551
86552	Mondial	t Blue LHD ZFFKD32B000086552
86553	Mondial	t Red/Black ZFFKD32B000086553 86553PCJ
86554	F40	90 Red/Black w Red cloth LHD US ZFFMN34A2L0086554 ass. # 3459, new to the US
86555	F40	90 Red/Black w Red cloth LHD US ZFFMN34A4L0086555 ass. # 3427, new to US
86556	348	ts 90 LHD US ZFFFG36A6L0086556
86557	348	ts 7/90 Yellow/black LHD US ZFFFG36A8L0086557
86558	348	ts 90 Red/Black LHD US ZFFFG36AXL0086558
86559	348	ts 90 LHD US
86561	348	ts 9/90 Rosso/Cream ZFFKA36C000086561

s/n	Type	Comments
86562	348	tb 10/90 Rosso Corsa/Beige ZFFKA35C000086562
86563	348	tb 90 Giallo Modena/Black/brown LHD US ZFFFG35A1L0086563
86565	Testarossa	Red/Black LHD
86566	Testarossa	Red/Black ZFFAA17B000086566 ass. # 03405 86566FTR
86567	512	TR (?) Red
86570	Mondial	t Cabriolet 90 Red/Tan LHD US ZFFFK33A7L0086570
86572	F40	Red/Black w.Red cloth LHD EU ZFFGJ34B000086572 ass. # 03613 eng. # 23894, new to I
86573	348	ts 90 White/tan LHD US ZFFFG36A6L0086573
86574	348	ts 7/90 Red/Tan LHD US ZFFFG36A8L0086574
86575	348	ts 90 Nero Daytona/Black LHD US ZFFFG36AXL0086575
86576	348	ts 90 Black/Black LHD US ZFFFG36A1L0086576
86577	348	Spider Red/Black RHD
86579	348	ts 90 Rosso Corsa (300/9) Crema RHD ZFFKA36C000086579 ass. # 23732
86581	348	tb Red/Crema LHD EU
86582	F40	90 Rosso Corsa/black w Red LHD US ZFFMN34A7L0086582 ass. # 3447, new to the US
86583	Testarossa	Red LHD 86583WKA
86586	Testarossa	ZFFAA17C000086586
86587	Testarossa	90 RHD ZFFAA17C000086587
86588	Testarossa	Red/Black
86589	Mondial	t Cabriolet 90 White/Red Manual LHD US ZFFFK33A6L0086589
86591	F40	90 Red/Black w Red cloth LHD EU ZFFGJ34B000086591, new to I
86592	348	ts 90 Red/Tan LHD US ZFFFG36AXL0086592
86593	348	ts 90 Silver/Red LHD US ZFFFG36A1L0086593
86594	348	ts 90 Yellow/tan LHD US ZFFFG36A3L0086594
86595	348	ts 90 LHD US
86596	348	ts 90 Red LHD SWE ZFFFA36S000086596
86597	Testarossa	90 Red RHD ZFFAA17C000083597 eng. # F113A20380
86599	348	ts
86600	F40	Red/Black w.Red cloth LHD EU ZFFGJ34B000086600
86601	348	ts Red/light beige RHD UK ZFFKA36C000096601 86601NKJ
86602	F40	90 Red/Black w Red cloth LHD US ZFFMN34A7L0086602 ass. # 3460, new to the US
86603	Testarossa	Red/Black LHD EU
86608	Testarossa	Red/Black LHD
86609	F40	90 Red/Black w Red cloth LHD EU ZFFGJ34B000086609 eng. # F120AB23816
86611	Mondial	t Red/Black LHD EU
86612	348	ts 90 LHD US
86613	348	ts 90 LHD US
86614	348	ts 90 LHD US ZFFFG36A5L0086614
86615	348	ts 90 LHD US ZFFFG36A7L0086615
86616	348	ts 90 LHD US ZFFFG36A9L0086616
86617	348	ts Zagato Elaborazione Red/Tan LHD EU
86619	348	ts
86620	F40	90 Red/Black w Red cloth LHD US ZFFMN34A0L0086620 ass. # 3557, new to the US
86621	Testarossa	black/black
86622	Testarossa	91 White/Black LHD EU ZFFAA17T0L0086622 86622NJE ass. # 03815
86626	F90	Conversion on Testarossa ZFFAA17C000086626
86627	Mondial	t 91 Red/Tan LHD ZFFKD32B0000 ass.# 04166
86628	Mondial	t Cabriolet 90 Black/black LHD US ZFFFK33A1L0086628
86629	F40	new to I
86630	348	LHD US
86631	348	ts 90 LHD USZFFFG36A5L0086631
86632	348	ts 90 Red/Tan LHD US ZFFFG36A7L0086632
86633	348	ts 90 Rosso Corsa/tan LHD US ZFFFG36A9L0086633
86634	348	ts 90 Red/Tan LHD US ZFFFG38A0L0086634
86635	348	ts Red Bordeaux LHD
86637	348	ts
86638	348	ts 91 Rosso Corsa/Black Red Carpets ZFFKA36C000086638 86638NEG
86639	348	tb 90 LHD US ZFFFG35A8L0086639
86640	F40	90 Red/Black w.Red cloth LHD US ZFFMN34A6L0086640 ass. # 3993, new to the US
86645	Testarossa	Black/Dark Red LHD CH ZFFSA17S000086645
86646	Testarossa	Red/Black LHD EU
86647	Mondial	t Cabriolet 90 Black/Black LHD US ZFFFK33A5L0086647
86648	F40	90 Red/Black w Red cloth LHD EU ZFFGJ34B000086648 ass. # 03652, new to I
86649	348	ts 90 LHD US ZFFFG36A2L0086649
86650	348	ts 90 Red/Tan LHD EU
86651	348	ts 90 Nero FER 1240/Black LHD US ZFFFG36A0L0086651
86652	348	ts 8/90 Red/Tan LHD US ZFFFG36A2L0086652
86653	348	ts 90 Black/Tan LHD US ZFFFG36A4L0086653
86654	348	ts
86657	348	tb 92 Red/Crema ZFFFA35S000086657 ass. # 03455
86658	F40	90 Red/Black w Red cloth LHD US ZFFMN34A3L0086658 ass. # 3574, new to the US
86659	Testarossa	Red/Crema LHD EU
86660	Testarossa	
86661	Testarossa	Red/Tan LHD EU
86665	Mondial	t Red/Black ZFFKD32B000086665 ass. # 4229, eng. # 24463
86666	Mondial	t Cabriolet 90 White/Red Red dash, LHD US ZFFFK33A9L0086666
86667	F40	91 Red/Black w Red cloth LHD EU ZFFGJ34B000086667, new to F, ex-M. Perrin,Cartier
86668	348	ts 90 Grey/black-grey LHD US ZFFFG36A6L0086668
86669	348	ts 90 White/Red LHD US ZFFFG36A8L0086669
86670	348	ts 90 White White LHD US ZFFFG36A4L0086670
86671	348	ts 90 Red/Tan LHD US ZFFFG36A6L0086671
86672	348	ts 90 Red/Tan LHD US ZFFFG36A8L0086672
86673	348	ts 90 Rosso Corsa/tan LHD US ZFFFG36AXL0086673
86674	348	ts 90 White/black LHD US ZFFFG36A1L0086674
86675	348	ts 90 Black/Red LHD US ZFFFG36A3L0086675
86676	348	ts Red/Crema RHD UK ass. # 03677
86677	348	ts Yellow/Black LHD ZFFKA36B000086677
86678	F40	90 Red/Black w Red cloth LHD US US ZFFMN34A9L0086678 ass. # 3592, new to the US
86679	Testarossa	Red/Black
86680	Testarossa	Red/Black
86681	Testarossa	
86684	Testarossa	Red/Tan
86685	Mondial	t Red/Black LHD EU ZFFKD32B000086685
86686	F40	Red/Black w Red cloth LHD EU ZFFGJ34B000086686 ass. # 03696, new to I
86687	F40	90 Red/Black w Red cloth LHD EU ZFFGJ34B000086687
86688	Mondial	t Cabriolet 90 Red/Tan LHD US ZFFFK33A8L0086688
86689	348	ts 90 Red/Tan LHD US ZFFFG36A3L0086689
86690	348	ts 90 Red/Tan LHD US ZFFFG36AXL0086690
86691	348	ts 90 Red/Tan LHD US ZFFFG36A1L0086691
86692	348	ts 90 Red/Tan LHD US ZFFFG36A3L0086692

s/n	Type	Comments
86693	348	ts 90 Black/tan LHD US ZFFFG36A5L0086693
86694	348	ts 8/90 White/Black US ZFFFG36A7L0086694
86695	348	ts 90 LHD US ZFFFG36A9L0086695
86696	348	ts 90 Black/black LHD US ZFFFG36A0L0086696
86697	F40	90 Red/Black w Red cloth LHD US ZFFMN34A2L0086697 ass. # 3558, new to the US
86698	Testarossa	94 black/black ZFFSA17S000086698
86700	Testarossa	Yellow/black
86703	Testarossa	90 RHD ZFFAA17C000086703
86704	Mondial	t Cabriolet 90 Rosso Corsa/Beige Manual LHD US ZFFFK33A2L0086704
86706	348	tb 90 LHD US ZFFFG35A8L0086706
86707	F40	new to CH
86708	F40	90 Red/Black w. Red cloth LHD US ZFFMN34A3L0086708 ass. # 3575, new to the US
86709	Mondial	t Cabriolet 90 blu/cream
86711	Testarossa	Red/Black LHD
86713	Testarossa	Red/Black LHD
86715	Mondial	t Cabriolet 90 ZFFFK33A7L0086715
86716	348	ts 90 Grigio Titanio/Bordeaux LHD US ZFFFG36A2L0086716
86717	348	ts 90 Yellow/black LHD US ZFFFG36A4L0086717
86718	348	ts 90 Rosso Corsa/Tan LHD US ZFFFG36A6L0086718 Tubi
86719	348	ts 90 Red/Tan LHD US ZFFFG36A8L0086719
86720	348	ts 90 LHD US ZFFFG36A4L0086720
86721	348	ts 90 Black/black LHD US ZFFFG36A6L0086721
86722	348	ts 90 LHD US ZFFFG36A8L0086722
86723	348	ts 90 Red/Tan, black LHD US ZFFFG36AXL0086723
86724	348	ts 90 Black/Tan LHD US ZFFFG36A1L0086724
86725	F40	90 Red/Black w Red cloth LHD EU ZFFGJ34B000086725, new to F
86726	F40	90 Red/Black w Red cloth LHD US ZFFMN34A5L0086726 ass. # 3633, new to US
86730	Testarossa	Red LHD
86731	Testarossa	Red
86734	Mondial	t Cabriolet 90 Sera Blue/Tan LHD US ZFFFK33A0L0086734
86735	348	ts 90 Red/Tan LHD US ZFFFG36A6L0086735
86736	348	ts 90 Red/Tan LHD US ZFFFG36A8L0086736
86737	Testarossa	91 LHD US ZFFSG17A6M0086737
86738	Testarossa	91 LHD US ZFFSG17A8M0086738
86739	Testarossa	91 Rossa Corsa/Black LHD US ZFFSG17AXM0086739
86740	Testarossa	91 Grey/Red LHD US ZFFSG17A6M0086740
86741	Testarossa	91 LHD US ZFFSG17A8M0086741
86742	Testarossa	91 White/tan LHD US ZFFSG17AXM0086742
86743	348	ts Red/Tan LHD
86744	348	tb Red/Black RHDUK ZFFKA35C000086744 ass. # 04004
86745	F40	90 Red/Black w Red cloth LHD EU ZFFGJ34B000086745, new to I
86746	F40	90 Red/Black w.Red cloth LHD US ZFFMN34A0L0086746 ass. # 3651, new to the US
86747	Testarossa	91 Red/Black LHD US ZFFSG17A9M0086747
86748	Testarossa	91 LHD US ZFFSG17A0M0086748
86749	Testarossa	91 LHD US ZFFSG17A2M0086749
86750	Testarossa	9/90 Rosso Corsa/Tan LHD US ZFFSG17A9M0086750
86751	Testarossa	91 LHD US ZFFSG17A0M0086751
86752	Testarossa	91 Red/Tan LHD US ZFFSG17A2M0086752
86753	Mondial	t Cabriolet 90 Red/Tan LHD US ZFFFK33A4L0086753
86754	348	ts 90 Red/Beige US ZFFFG36AXL0086754
86755	Testarossa	91 Red/Tan ZFFSG17A8M0086755
86756	Testarossa	9/90 Red/Tan LHD US ZFFSG17AXM0086756
86757	Testarossa	91 Red/Tan LHD US ZFFSG17A1M0086757
86758	Testarossa	91 LHD US ZFFSG17A3M0086758
86759	Testarossa	91 LHD US ZFFSG17A5M0086759
86760	Testarossa	91 Black/black LHD US ZFFSG17A1M0086760
86762	F40	90 Red/Black w Red cloth LHD EU ZFFGJ34B000086762 eng. # 24106, new to GB
86763	F40	90 Red/Black w Red cloth LHD US ZFFMN34A0L0086763, new to the US
86764	Testarossa	91 Red/Tan LHD US ZFFSG17A9M0086764
86765	Testarossa	91 White/Tan LHD US ZFFSG17A0M0086765
86766	Testarossa	90 ZFFSM17A3L0086766
86767	Testarossa	90 ZFFSM17A5L0086767
86768	Testarossa	Red/Crema LHD EU ZFFSA17S000086768
86769	F40	Red/Black w.Red cloth LHD
86770	348	ts White White LHD
86771	Mondial	t Cabriolet 90 Red/Tan LHD US ZFFFK33A6L0086771
86772	348	ts 90 Red/Tan LHD US ZFFFG36A1L0086772
86773	348	ts 90 LHD US ZFFFG36A3L0086773
86781	348	tb 90 Black/Tan LHD US ZFFFG35A0L0086781 shields
86782	F40	90 Red/Black w Red cloth LHD EU ZFFGJ34B000086782, new to B
86783	F40	90 Red/Black w Red cloth LHD US ZFFMN34A6L0086783 ass. # 3661, new to the US
86784	F90	Conversion on Testarossa ZFFAA17C000086784
86789	Testarossa	90 Rosso/Crema RHD ZFFAA17C000086789
86791	Mondial	t Cabriolet 90 LHD US ZFFFK33A1L0086791
86792	F40	90 Red/Black w Red cloth LHD EU ZFFGJ34B000086792
86793	Mondial	t Red/Black LHD EU
86794	Mondial	t Cabriolet Black/Crema LHD EU ZFFFC33S0000
86798	Testarossa	Red/Tan ZFFAA17B000086798
86799	Testarossa	black metallic/Crema LHD EU
86801	348	tb 90 Yellow/black GTB paint scheme
86802	F40	90 Red/Black w Red cloth LHD EU ZFFGJ34B000086802 ass. # 03853, new to I
86803	F40	90 Red/Black w Red cloth LHD US ZFFMN34A8L0086803 ass. # 3716, new to the US
86806	Testarossa	90 ZFFAA17B000086806
86807	Testarossa	Red/Black LHD EU
86808	Testarossa	90 LHD
86810	Mondial	t Cabriolet 90 LHD US ZFFFK33A1L0086810
86815	512	TR Prototype 92 Red/Black LHD ZFFLG40A9N0086815
86816	348	ts 90 Red ZFFKA36B000086816
86820	F40	90 Red/Black w Red cloth LHD EU ZFFGJ34B000086820 ass. # 03854, new to CH
86821	F40	90 Red/Black w Red cloth LHD US ZFFMN34AXL0086821, new to the US
86824	Testarossa	91 Red/Tan LHD US ZFFSG17A1M0086824
86825	Testarossa	91 Red/Tan LHD US ZFFSG17A3M0086825
86826	Testarossa	9/90 Red/Tan LHD US ZFFSG17A5M0086826
86827	Testarossa	91 ZFFSG17A7M0086827
86829	Mondial	t Cabriolet 90 Red/Tan LHD US ZFFFK33A0L0086829
86830	Testarossa	91 Black/tan LHD US ZFFSG17A7M0086830
86831	Testarossa	91 LHD US ZFFSG17A9M0086831
86832	Testarossa	91 LHD US ZFFSG17A0M0086832
86833	Testarossa	91 Red/Tan LHD US ZFFSG17A2M0086833
86834	Testarossa	91 Rosso Corsa/Beige LHD ZFFSG17A4M0086834
86835	Testarossa	91 Red/Tan LHD US ZFFSG17A6M0086835
86836	Testarossa	91
86838	348	tb Red/Crema EU
86839	F40	new to GB
86840	F40	90 Red/Black w Red cloth LHD US ZFFMN34A3L0086840 ass. #03744, new to the US

s/n	Type	Comments
86841	Testarossa	91 LHD US ZFFSG17A1M0086841
86842	Testarossa	91 Red/Tan LHD US ZFFSG17A3M0086842
86843	Testarossa	91LHD US ZFFSG17A5M0086843
86844	Testarossa	91 Red/Tan LHD US ZFFSG17A7M0086844
86845	Testarossa	91 Red/Tan LHD US ZFFSG17A9M0086845
86846	Testarossa	91 Red/Tan LHD US ZFFSG17A0M0086846
86848	Mondial	t Cabriolet 90 Graphite Met./tan LHD US ZFFFK33A4L0086848
86849	348	ts Red/beige
86851	348	tb
86852	348	ts Red
86853	348	ts 90 Red/brown LHD US ZFFFG36A1L0086853 ass. # 03623
86854	348	ts 90 black over black leather LHD US ZFFFG36A3L0086854
86855	Mondial	t Cabriolet 90 Red/Crema LHD CH
86856	348	tb
86857	348	tb 90 Red/Tan LHD US ZFFFG35A7L0086857
86858	F40	90 Red/Black w Red cloth LHD EU ZFFGJ34B000086858, new to GB
86859	F40	90 Red/Black w Red cloth LHD US ZFFMN34A2L0086859 ass. # 3793, new to the US
86860	Testarossa	91
86861	Testarossa	91 Yellow/Dark Grey LHD US ZFFSG17A7M0086861
86862	Testarossa	10/90 Bianco Avus/Beige LHD US ZFFSG17A9M0086862
86863	Testarossa	90 Red/Crema LHD ZFFSM17A1L0086863
86864	Testarossa	90 ZFFSM17A3L0086864
86865	Testarossa	90 ZFFSM17A5L0086865
86866	Mondial	t Cabriolet 90 LHD USZFFFK33A6L0086866
86868	348	ts Red/Black RHD UK ass. # 03625
86869	348	ts 90 Red LHD US ZFFFG36A5L0086869
86870	348	ts 90 LHD US
86871	348	ts 90 Black/Tan LHD US ZFFFG36A3L0086871
86872	348	ts 90 LHD US ZFFFG36A5L0086872
86874	348	tb 90 LHD US ZFFFG35A7L0086874
86875	348	tb
86877	F40	90 Red/Black w Red cloth LHD EU ZFFGJ34B000086877, new to MEX
86878	F40	9/90 Red/Black w Red cloth LHD US ZFFMN34A6L0086878 ass. # 3805, new to the US, wrecked
86881	Testarossa	91 Yellow/Black
86882	Testarossa	Red/Black LHD EU
86883	Testarossa	91 Red
86884	Testarossa	Red/Crema RHD UK ZFFAA17C000086884 ass. # 04024
86888	348	ts 90 Red/Tan LHD US ZFFFG36A9L0086888
86889	348	ts 90 LHD US ZFFFG36A0L0086889
86890	348	ts 90 LHD US ZFFFG36A7L0086890
86891	348	ts 90 Red/Tan LHD US ZFFFG36A9L0086891
86893	348	ts 90 Blu Chiaro Crema Colour coded roof RHD ZFFKA36C000086893 ass. # 03723
86894	Mondial	t Cabriolet 90 LHD US ZFFFK33A0L0086894
86896	F40	90 Red/Black w Red cloth LHD EU ZFFGJ34B000086896 ass. # 03964, new to GB
86897	F40	90 Red/Black w Red cloth LHD US ZFFGJ34B000086897 ass. # 4334, new to the US
86898	Testarossa	Red/Tan LHD CH ZFFSA17S000086898
86899	Testarossa	
86900	Testarossa	Red/Black LHD EU
86901	348	ts 90 White/Tan LHD US
86903	Testarossa	90 Red/magnolia LHD EU ass. # 04094
86906	348	ts 90 Black/Tan LHD US ZFFFG36A7L0086906
86907	348	ts 90 LHD US ZFFFG36A9L0086907
86908	348	ts 90 LHD US ZFFFG36A0L0086908
86909	348	ts 90 LHD US ZFFFG36A2L0086909
86910	348	ts 90 White/Tan LHD US ZFFFG36A9L0086910
86911	348	ts Red/Crema RHD
86912	348	tb 90 LHD US ZFFFG35A0L0086912
86913	348	tb 90 LHD US ZFFFG35A2L0086913
86914	Mondial	t Cabriolet 9/90 Red/Tan LHD US ZFFFK33A2L0086914
86915	F40	90 Red/Black w Red cloth LHD EU ZFFGJ34B000086915, new to B
86916	F40	90 Red/Black w Red cloth LHD US ZFFMN34AXL0086916 ass. #03760, new to the US
86917	Testarossa	Red/Crema RHD UK
86923	348	ts Red/Black ass. # 03678
86924	348	ts Red/Crema LHD EU
86925	348	ts 90 Red/Tan LHD US ZFFFG36A0l0086925
86926	348	ts 90 Red/Tan LHD US ZFFFG37A2L0086926
86927	348	ts 90 LHD US ZFFFG36A4L0086927
86928	348	ts 90 Red/Black LHD US ZFFFG36A6L0086928
86929	348	ts Red/Black LHD
86930	348	ts Red/Crema RHD
86931	348	ts Red/Crema Red racing seats RHD UK ZFFKA36C000086931 Rear wing, stripe
86932	348	tb RHD
86933	348	tb 90 Red/Tan LHD US ZFFFG35A8L0086933
86934	Mondial	t Cabriolet 90 Red/Tan Manual LHD US ZFFFK33A8L0086934
86935	F40	Red/Black w Red cloth LHD EU ZFFGJ34B000086935 ass. # 04025 eng. # 24414, new to CH
86936	F40	90 Red/Black w Red cloth LHD US ZFFMN34A5L0086936 ass. # 3887 LM wing, new to the US
86937	Testarossa	Red/Tan LHD
86940	Testarossa	Red/Black LHD EU ZFFAA17B000086940 86940HAA
86943	Mondial	t Redtan
86946	348	ts 90 LHD US ZFFFG36A8L0086946
86947	348	ts Challenge 90 Red/Black LHD US ZFFFG36AXL0086947
86948	348	ts 90 Red/Tan LHD US ZFFFG36A1L0086948
86949	348	ts 90 LHD US ZFFFG36A3L0086949
86950	Mondial	t Cabriolet 90 LHD US ZFFFK33A6L0086950
86951	Mondial	t Cabriolet 90 Red/Tan LHD US ZFFFK33A8L0086951
86953	F40	90 Red/Black w Red cloth LHD EU ZFFGJ34B000086953, new to D
86954	F40	90 Red/Black w Red cloth LHD US ZFFMN34A7L0086954 ass. # 03824, new to the US
86955	Testarossa	91 Black Burgundy LHD US ZFFSG17A5M0086955
86956	Testarossa	91 Dark Green tan LHD US ZFFSG17A7M00
86957	Testarossa	90 black/tan LHD US ZFFSG17A0L0086957
86958	Testarossa	91 Red/Tan US ZFFSG17A0M0086958
86959	Testarossa	91 Red/Tan LHD US ZFFSG17A2M0086959
86960	Testarossa	90 Red/Tan LHD US ZFFSG17A9M0086974
86963	348	ts 90 Black/black LHD US ZFFFG36A8L0086963
86964	348	ts 90 Red/Tan LHD US ZFFFG36AXL00
86965	348	ts 90 Chiaro Blue/black then Yellow/Tan LHD US ZFFFG36A1L0086965
86966	348	ts 90 Chiaro Blue/black LHD US ZFFFG36A3L0086966
86967	Mondial	t Red/Black
86969	348	ts 90 Rosso/Beige ZFFKA36C000086969
86970	348	tb 90 LHD US ZFFFG36A3L0086970
86971	Mondial	t Cabriolet 90 LHD US ZFFFK33A3L0086971
86972	F40	Red/Black w Red cloth LHD EU ZFFGJ34B000086972 ass. # 04168
86973	F40	90 Red/Black w Red cloth LHD US ZFFMN34A0L0086973 ass. # 3889, new to US
86974	Testarossa	91 Yellow/black LHD US
86975	Testarossa	90 LHD US ZFFSG17A2L0086975
86976	Testarossa	91 LHD US ZFFSG17A2M0086976
86977	Testarossa	90 Red/Tan LHD US ZFFSG17A6L0086977

s/n	Type	Comments
86978	Testarossa	91 LHD US ZFFSG17A6M0086978
86979	Testarossa	91 Red/Tan LHD US ZFFSG17A8M0086979
86981	348	ts Red/Black
86983	348	ts RHD
86986	Mondial	t (Cabriolet) LHD
86987	F40	90 Red/Black w Red cloth LHD EU ZFFGJ34B000086987, new to I
86988	F40	90 Red/Black w Red cloth LHD EU ZFFGJ34B000086988, new to I
86989	F40	90 Red/Black w Red cloth LHD EU ZFFGJ34B000086989, new to GB
86990	Mondial	t Cabriolet 90 Black/Tan Manual ZFFFK33A7L0086990
86991	348	tb
86992	F40	90 Red/Black w Red cloth LHD US ZFFMN34A4L0086992 ass. # 3868, new to the US
86993	Testarossa	91 Red/Tan LHD US ZFFSG17A2M0086993
86994	Testarossa	91 LHD US ZFFSG17A4M0086994
86995	Testarossa	90 Red/Tan then White/Red LHD US ZFFSG17A8L0086995 ass. # 04430
86996	Testarossa	91 LHD US ZFFSG17A8M0086996
86997	Testarossa	90 LHD US ZFFSG17A1L0086997
86998	Testarossa	91 Red/Tan LHD US ZFFSG17A1M0086998
86999	348	ts Red/Black LHD EU
87000	348	ts Red/Black LHD
87004	Mondial	t Red/Crema & Red sport seats Red piping RHD UK ZFFKD32C000087004 ass. # 05501 87004NKU
87006	F40	90 Red/Black w Red cloth LHD EU ZFFGJ34B000087006, new to I
87007	F40	90 Red/Black w Red cloth LHD EU ZFFGJ34B000087007, new to I
87008	Mondial	t Met. Black light Grey LHD EU ZFFKD32B0000
87009	Mondial	t Cabriolet 90 Black/Black LHD US ZFFFK33A0L0087009 Tubi
87010	Mondial	t Cabriolet 90 LHD US ZFFFK33A7L0087010
87011	F40	90 Red/Black w Red cloth LHD US ZFFMN34A2L0087011 ass. # 3938, new to the US
87012	Testarossa	90 LHD US ZFFSG17A2L0087012
87013	Testarossa	90 Black/Crema LHD US ZFFSG17A4L0087013
87014	Testarossa	90 US ZFFSM17A5L0087014
87015	Testarossa	91 LHD US ZFFSM17A5M0087015
87016	Testarossa	10/90 Black 1290/Tan LHD EU ZFFAA17B000087016
87017	Testarossa	Black
87018	348	tb Red/Black LHD EU
87023	Mondial	t Red/Black
87024	Mondial	t 3.4 91 Silver/dark Blue RHD UK ZFFKD32C000087024 ass. # 05719
87025	F40	90 Red/Black w Red cloth LHD EU ZFFGJ34B000087025, new to GB
87026	F40	new to GB
87027	Mondial	t Cabriolet 90 Red/Tan LHD US ZFFFK33A2L0087027
87028	Mondial	t Cabriolet 90 Red/Black LHD US ZFFFK33A4L00
87029	Mondial	t Cabriolet 90 Red/Tan LHD US ZFFFK33A6L0087029
87030	F40	90 Red/Black w Red cloth LHD US ZFFMN34A6L0087030 ass. # 3927, new to the US
87031	F40	90 Red/Black w Red cloth LHD US ZFFMN34A8L0087031 ass. # 3992, new to the US
87033	Testarossa	Red BlackLHD EU ZFFAA17B000087033
87034	Testarossa	Red/Crema RHD UK ZFFAA17C000087034
87037	Testarossa	
87038	348	tb 90 Red/Tan LHD CH ZFFFA35S000087038
87039	348	tb Red/Black LHD
87041	F40	90 Red/Black w Red clothLHD US ZFFMN34A0L0087041 ass. # 3965, new to the US
87042	348	ts Red/Tan LHD ZFFFA36S000087042 ass. # 03909
87043	F40	90 Red/Black w Red cloth LHD EU ZFFGJ34B000087043, new to D
87047	Mondial	t Cabriolet 90 LHD US ZFFFK33A8L0087047
87052	348	ts 90 Red/Tan RHD ZFFKA36C000087052
87055	Testarossa	Red/Black
87056	Testarossa	Red/Crema RHD UK
87057	Testarossa	Red/Black
87059	Testarossa	
87064	Mondial	t 90 Rosso Corsa/Tan LHD ZFFKD32B000087064
87065	Mondial	t Cabriolet 90 LHD US ZFFFK33AXL0087065
87066	F40	Red/Black w.Red cloth LHD US ZFFMN34A5L0087066 ass. # 4010, new to the US
87069	348	ts Red/Crema RHD UK ZFFKA36C000087069
87073	Testarossa	
87075	F40	90 Red/Black w.Red cloth LHD US
87077	348	ts 90 LHD US
87078	348	ts 90 LHD US ZFFFG36A1L0087078
87079	348	ts 90 Red/Tan LHD US ZFFFG36A3L0087079
87080	348	ts 90 Yellow/tan LHD US ZFFFG36AXL0087080
87081	348	ts 90 Black/tan LHD US ZFFFG36A1L0087081
87084	Mondial	t Cabriolet 90 ZFFFK33A3L0087084
87085	F40	90 Red/Black w Red cloth LHD US ZFFMN34A9L0087085, new to the US
87086	348	tb Red/Tan LHD
87087	348	tb Red/Black
87088	348	ts Rosso/tan
87089	348	ts Red/Crema RHD ass. # 03876
87090	Mondial	t Cabriolet Red/Black LHD EU ZFFKC33B000087090
87091	348	ts 90 LHD US ZFFFG36A4L0087091
87092	348	ts 90 Red/Tan LHD US ZFFFG36A6L0087092
87093	348	ts 90 Red/Tan LHD US ZFFFG36A8L0087093
87094	348	ts 90 Rosso Corsa/Tan LHD US ZFFFG36AXL0087094
87095	Testarossa	91 Red/Tan LHD US ZFFSG17A8M0087095
87096	Testarossa	90 Red/Crema LHD US ZFFSG17A1L0087096
87097	Testarossa	90 LHD US ZFFSG17A3L0087097
87098	Testarossa	90 LHD US ZFFSG17A5L0087098
87099	Testarossa	90 Red/Tan LHD US ZFFSG17A7L0087099
87100	Testarossa	90 LHD US ZFFSG17AXL0087100
87101	Mondial	t Red/Black LHD EU
87102	Mondial	t Cabriolet 10/90 Sera Blue/Tan LHD US ZFFFK33A1L0087102
87103	F40	90 Red/Black w Red cloth LHD EU ZFFGJ34B000087103, new to the EU
87104	F40	90 Red/Black w Red cloth LHD US ZFFMN34A9L0087104 ass. # 4044, new to the US
87105	348	tb Red/Tan ZFFFA35S0000
87107	348	ts Red/Tan LHD EU
87108	348	ts 90 Rosso/Beige LHD US ZFFFG36A6L0087108
87109	348	ts 90 LHD US ZFFFG36A8L0087109
87110	348	ts 90 Red/Tan LHD US
87111	348	ts 90 LHD US ZFFFG36A6L0087111
87112	348	ts 90 LHD US ZFFFG36A8L0087112
87113	Testarossa	90 Red/Tan US ZFFSG17A8L0087113
87114	Testarossa	90 Red/Black w.Red cloth LHD US ZFFSG17AXL0087114
87115	Testarossa	90 LHD US ZFFSG17A1L0087115
87116	Testarossa	90 Black/black US ZFFSG17A3L0087116
87117	Testarossa	90 Black/Tan LHD US ZFFSG17A5L0087117
87118	Testarossa	90 Black/tan LHD US ZFFSG17A7L0087118
87121	Mondial	t Cabriolet Valeo 90 Black/Grey then White/Red ZFFFK33A5L0087121

s/n	Type	Comments
87122	F40	90 Red/Black w Red cloth LHD US ZFFMN34A0L87122 ass. # 4056, new to the US
87123	F40	90 Red/Black w Red cloth LHD EU ZFFGJ34B000087123, new to I
87124	348	ts 90 LHD US ZFFFG36A4L0087124
87125	348	ts 90 Red/Tan LHD US ZFFFG36A6L0087125
87126	348	ts 90 LHD US ZFFFG36A8L0087126
87127	348	ts 90 Red/Tan LHD US ZFFFG36AXL0087127
87129	348	ts Yellow
87131	Testarossa	91 White/Tan LHD US ZFFSG17A8M0087131
87132	Testarossa	90 LHD US ZFFSG17A8M0087131
87133	Testarossa	91 LHD US ZFFSG17A1L0087132
87134	Testarossa	90 Red/Tan LHD US ZFFSG17A5L0087134
87135	Testarossa	90 LHD US ZFFSG17A7L0087135
87136	Testarossa	90 US
87137	Testarossa	11/90 Silver/Red US ZFFSG17A0L0087137
87138	Testarossa	90 LHD US ZFFSG17A2L0087138
87139	Testarossa	91 LHD US ZFFSM17A1M0087139
87140	Testarossa	90 US ZFFSM17AXL0087140
87141	Testarossa	Red/Tan ZFFAA17B000087141
87142	Mondial	t Cabriolet 90 LHD US ZFFFK33A2L0087142
87143	F40	90 Red/Black w Red cloth LHD EU ZFFGJ34B000087143 ass. # 04315
87144	F40	90 Red/Black w Red cloth LHD US ZFFMN34AXL0087144 ass. # 04123, new to the US
87145	348	ts 90 Black White LHD ZFFFG36A1L0087145
87146	348	ts 90 Rosso Corsa/Beige LHD US ZFFFG36A3L0087146
87147	348	ts 90 LHD US ZFFFG36A5L0087147
87149	348	ts
87151	348	ts 90 LHD US ZFFFG36A7L0087151
87152	348	ts 90 Red/Tan LHD US ZFFFG36A9L0087152
87153	348	tb 90 Red/Tan LHD CH ZFFFA35S000087153 ass.# 03875
87154	Testarossa	Red/Black LHD CH ZFFSA17S000087154
87155	Testarossa	Red/Crema
87156	Testarossa	Red/Tan LHD
87157	Testarossa	Red/Black LHD EU
87161	F40	90 Red/Black w Red cloth LHD US ZFFMN34AXL0087161 ass. # 04122, new to the US
87162	348	ts
87167	348	ts 90 LHD US
87168	348	ts 91 Medio Blue/grey LHD US ZFFFFG36AZL0087168
87169	348	ts 90 LHD US ZFFFG36A4L0087169
87170	348	ts 90 White/black LHD US ZFFFG36A0L6087170 Tubi Shields
87171	348	ts 90 LHD US ZFFFG36A2L0087171
87173	348	tb 90 White/Red LHD US ZFFFG35A4L0087173
87174	Testarossa	Rosso Corsa/black 87174MKP
87178	Testarossa	Red/Tan LHD EU ZFFAA17B000087178
87180	Mondial	t Cabriolet 90 Red/Tan LHD US ZFFFK33AXL0087180
87181	F40	90 Red/Black w.Red cloth LHD US ZFFMN34A5L0087181 ass. # 04084, new to the US
87182	348	ts Rosso Corsa/beige EU
87183	348	ts
87184	348	ts Red/Black
87185	348	ts Red/Black LHD
87186	348	ts Red/Black LHD
87188	348	ts 90 White/tan LHD US ZFFFG36A8L0087188
87189	348	ts 90 Red/Black LHD US ZFFFG36AXL0087189
87190	348	ts 90 LHD US ZFFFG36A6L0087190
87192	Testarossa	Red/Tan LHD CH ZFFSA17S0000
87193	Testarossa	Red Body Conversion created by Bob Houghton (MHT)
87195	F90	Conversion on Testarossa ZFFAA17C000087195
87198	Mondial	t3.4 Cabriolet 90 Black/tan LHD US ZFFFK33A7L0087198 eng. # 24442
87199	Mondial	t Cabriolet Red/Black LHD EU ZFFKC33B0000
87200	F40	90 Red/Black w Red cloth LHD US ZFFMN34A5L0087200 ass. # 04147, new to the US
87201	348	ts
87202	348	ts Red/beige RHD ZFFKA36C000087202 87202NFF
87203	348	ts Challenge
87206	348	ts 90 LHD US ZFFFG36A6L0087206
87207	348	ts 90 Red/Tan LHD US ZFFFG36A8L0087207
87208	348	ts 90 LHD US ZFFFG36AXL0087208
87209	348	ts 90 Nero FER 1240/Crema LHD US ZFFFG36A1L0087209 ass. # 03932
87210	348	ts 90 Red/Tan LHD US ZFFFG36A8L0087210
87211	348	tb Red/Tan LHD EU
87216	Testarossa	Red/Black
87217	Testarossa	90 Red/Tan LHD EU
87218	Mondial	t Cabriolet 90 LHD US
87219	F40	90 Red/Black w Red cloth LHD US ZFFMN34A4L0087219 ass. # 04227, new to the US
87223	348	ts White/dark Red ZFFKA36B0000
87225	Mondial	t Cabriolet Yellow/Tan JP LHD ZFFFC33JAP0087225
87226	348	ts 90 LHD US ZFFFG36A1L0087226
87227	348	ts 90 Yellow/black LHD US ZFFFG36A3L0087227
87228	348	ts 90 White/Red LHD US ZFFFG36A5L0087228
87229	348	ts 90 Black/Tan LHD US ZFFFG36A7L0087229
87230	348	tb Red/Black
87231	Testarossa	90 US
87232	Testarossa	90 Red/Tan LHD US ZFFSG17A5L0087232
87233	Testarossa	90 Red dark tan LHD US ZFFSG17A7L00
87234	Testarossa	90 Black/Tan US ZFFSG17A9L0087234
87235	Testarossa	90 White/all dark Blue LHD US ZFFSG17A0L0087235
87236	Testarossa	90 Red LHD US ZFFSG17A2L0087236
87237	F40	90 Red/Black w Red cloth LHD US ZFFMN34A6L0087237 ass. # 4187, new to the US
87238	Mondial	t Cabriolet 90 White/tan LHD US ZFFFK33A4L0087238 Autocheck conf.
87240	348	ts 90 Red/Tan RHD UK ZFFKA36C000087240
87242	348	ts Red/Black LHD EU
87244	348	ts 90 LHD US ZFFFG36A3L0087244
87245	348	ts 90 Red/Tan LHD US ZFFFG36A5L0087245
87246	348	ts 90 Red/Tan LHD US ZFFFG36A7L0087246
87247	348	ts 90 Red/Tan LHD US ZFFFG36A9L0087247
87248	348	ts 90 White/black LHD US ZFFFG36A0L0087248
87250	Testarossa	90 Yellow/black LHD US ZFFSG17A7L0097250
87251	Testarossa	90 Red/Tan LHD US ZFFSG17A9L0087251
87252	Testarossa	90 black/tan LHD US ZFFSG17A0L0087252
87253	Testarossa	90 LHD US ZFFSG17A2L0087253
87254	Testarossa	90 Red/Tan LHD US ZFFSG17A4L0087254
87255	Testarossa	90 LHD US ZFFSG17A6L0087255
87256	F40	90 Red/Black w Red cloth LHD US ZFFGJ34B000087256 ass. # 4242, new to the US
87257	Mondial	t Cabriolet 90 Red/Tan LHD US ZFFFK33A8L0087257
87258	348	ts Red Brown LHD
87259	348	ts
87260	348	ts 90 Giallo Modena/dark Blue LHDZFFKA36B000087260 87260MVM ass. # 03903
87261	F40	Red/Black w Red cloth LHD EU ZFFGJ34B000087261
87262	348	ts
87263	Mondial	t Silver/black
87264	348	ts 90 Red/Tan LHD US ZFFFG36A9L0087264 Tubi 360 wheels
87265	348	ts 90 LHD US ZFFFG36A0L0087265

s/n	Type	Comments
87266	348	ts 90 Black/Black LHD US ZFFFG36A2L0087266
87267	348	ts 90 LHD US
87269	Testarossa	90 US
87270	Testarossa	90 Red/Tan LHD US ZFFSG17A2L0087270
87271	Testarossa	90 US
87272	Testarossa	90 black/tan LHD US ZFFSG17A6L0087272
87273	Testarossa	90 Red/Tan LHD US ZFFSG17A8L0087273
87274	Testarossa	90 LHD US ZFFSG17AXL0087274
87275	F40	91 Red/Black w Red cloth LHD EU ZFFGJ34B000087275 ass. # 04243, new to the US
87276	Mondial	t Cabriolet Valeo 90 Rosso Corsa/tan LHD US ZFFFK33A1L0087276
87278	348	ts 90 Red/Tan RHD UK ZFFKA36C000087278 ass.# 04073
87280	348	ts Red/Black LHD
87282	348	ts 90 Red/Tan LHD US ZFFFG36A0L0087282
87283	348	ts 90 Red/Crema ZFFFG36A2L0087283
87284	348	ts 90 Red/Tan ZFFFG36A4L0087284 ass. # 04049
87285	348	ts 90 Red/Tan LHD US ZFFFG36A6L0087285
87286	348	ts 10/90 Red/Tan LHD US ZFFFG36A8L0087286
87287	348	tb Red/Tan LHD
87288	Mondial	t Cabriolet 91 White RHD ZFFFL33D000087288 eng. # F119D04024568
87289	Testarossa	90 Yellow/Black LHD US ZFFSG17A1L00
87290	Testarossa	90 LHD US ZFFSG17A8L0087290
87291	Testarossa	90 US
87292	Testarossa	90 LHD US ZFFSG17A1L0087292
87293	Testarossa	90 Rosso Corsa/Beige LHD US ZFFSG17A3L0087293
87294	Testarossa	91 Red/Tan LHD US ZFFSG17A3M0087294
87295	Mondial	t Cabriolet 90 White Black LHD US ZFFFK33A5L0087295
87296	348	ts 90 Rosso/Beige ZFFKA36C000087296
87301	348	ts 90 Rossa Corsa/Tan LHD ZFFFG36A0L0087301
87302	348	ts 90 LHD US ZFFFG36A2L0087302
87303	348	ts 90 LHD US ZFFFG36A4L0087303
87304	348	tb Red/beige CH LHD ZFFFA35S000087304 ass. # 03983 87304 NXD
87305	Mondial	t Cabriolet 91 Red/Black RHD ZFFFL33D000087305 eng. # F119D04024669
87306	F40	91 Red/Black w Red cloth LHD US ZFFMN34AXL0087306 ass. # 04293, new to the US
87307	F40	91 Rosso Corsa/black w Red cloth LHD EU ZFFGJ34B000087307 ass. # 04368, new to GB
87308	Testarossa	91 black/all Red LHD EU ZFFAA17B0000 87308WPM ass. # 04435
87312	Testarossa	Black/Crema ZFFSA17S0000
87313	Testarossa	
87314	Testarossa	Red LHD
87315	348	ts 91 Rosso (Fer 305/9)/Crema colour coded roof ZFFKA36C000087315 eng. # 24044 ass. # 04128
87319	348	ts 90 LHD US ZFFFG36A8L0087319
87320	348	ts 90 LHD US ZFFFG36A4L0087320
87321	348	ts 90 Red/Tan LHD US ZFFFG36A6L0087321
87322	348	ts 90 Yellow/black LHD US ZFFFG36A8L0087322
87324	F40	10/90 Red/Black w.Red cloth LHD US ZFFMN34A1L0087324 ass. # 4314, new to the US
87325	F40	Red/Black w Red cloth LHD EU ZFFGJ34B000087325 ass. # 04411, new to GB
87328	Testarossa	91 Red/Black LHD EU ZFFTA17B000087328
87333	348	ts 90 Rosso/Beige ZFFFA36S000087333
87336	348	ts Red/Black LHD EU ZFFKA36B000087336
87339	348	ts 90 LHD US ZFFFG36A3L0087339
87340	348	ts Challenge 90 Rosso Corsa NART stripe/tan w.Red US ZFFFG36AXL0087340
87341	348	ts 90 Red/beige LHD US ZFFFG36A1L0087341
87342	348	ts 91 Red/Tan LHD US ZFFFG36A3L0087342
87344	F40	91 Red/Black w Red cloth LHD EU ZFFGJ34B000087344, new to CH
87345	F40	91 Red/Black w Red cloth LHD US ZFFMN34A7M0087345 ass. # 4386, new to the US, ex-Lee Iacocca
87346	Testarossa	Red/Crema LHD EU
87351	Testarossa	Rosso Corsa/beige ZFFSA17S000087351
87352	Mondial	t Cabriolet 90 LHD US ZFFFK33A2L0087352
87353	348	ts
87355	Testarossa	91 US
87356	348	ts Red/Black
87357	348	ts 90 LHD US ZFFFG36A5L0087357
87358	348	ts 90 Red/Tan LHD US ZFFFG36A7L0087358
87359	348	ts 90 Red/Tan LHD US ZFFFG36A9L0087359
87360	348	ts 90 Red/Tan LHD US ZFFFG36A9L0087359
87361	348	tb 90 Red/Tan LHD ZFFFG36A5L0087360
87362	F40	91 Red/Black w Red cloth LHD EU ZFFGJ34B000087362, new to GB
87363	F40	91 Red/Black w Red cloth LHD US ZFFMN34A9M0087363 ass. # 4353, new to the US
87367	Testarossa	White/tan ZFFAA17B000087367
87368	Testarossa	90 US ZFFSM17A7L0087368
87369	Testarossa	91 LHD US ZFFSM17A7M0087369
87370	Testarossa	91 Red/Black LHD US ZFFSM17A3M0087370
87371	Testarossa	91 Red/Black LHD US ZFFSM17A5M0087371
87372	348	ts
87373	348	ts Red/Black & Red colour coded roof ZFFKA36B000087373 ass. # 04303 87373NWR shields colour coded sills
87375	348	ts Red/Black LHD EU ZFFKA36B000087375
87376	348	ts Red/Black LHD EU
87378	348	ts 90 Red/Tan LHD US ZFFFG36A2L0087378 ass. # 04102 Tubi
87379	348	ts 90 LHD US
87380	348	ts 90 Red/Tan LHD US ZFFFG36A0L0087380
87381	348	ts 90 LHD US ZFFFG36A2L0087381
87382	348	tb Rosso Corsa/beige LHD CH ZFFFA35S000087382
87383	Testarossa	91US
87384	Testarossa	91LHD US ZFFSG17A4M0087384
87385	Testarossa	91 Red/Black LHD US ZFFSG17A6M0087385
87386	Testarossa	91 Red/Black LHD US ZFFSG17A8M0087386
87387	Testarossa	91 Black/Black LHD US ZFFSG17AXM0087387
87388	Testarossa	91 Black/black LHD US ZFFSG17A1M0087388
87389	Mondial	t Cabriolet 90 Red/Tan LHD US ZFFFK33A3L0087389 Autocheck conf.
87391	348	ts Rosso Corsa FER 300/9/Crema colour-coded roof RHD UK ZFFKA36C000087391 ass. # 04177 Shields colour-coded sills
87394	348	ts Red/Black LHD ZFFKA36B000087394
87395	348	ts 90 Red/Tan ZFFFG36A2L0087395
87396	348	tb 90 LHD US ZFFFG36A4L0087396
87397	348	ts 90 LHD US ZFFFG36A6L0087397
87398	348	ts 10/90 Red/Tan LHD US ZFFFG36A8L0087398 ass. # 04137
87399	348	tb Red/Crema ass. # 04108
87400	F40	91 Red/Black w Red cloth LHD US ZFFMN34A0M0087400 ass. # 4391, new to the US
87401	F40	91 Red/Black w Red cloth LHD EU ZFFGJ34B000087401, new to CH
87402	Testarossa	91 LHD US ZFFSG17A2M0087402
87403	Testarossa	91 White/Light Grey LHD US ZFFSG17A4M0087403
87404	Testarossa	91 LHD US ZFFSG17A6M0087404
87405	Testarossa	91 Red/Tan LHD US ZFFSG17A8M0087405
87406	Testarossa	91 Red/Black LHD US ZFFSG17AXM0087406
87407	Testarossa	91 Red/Tan LHD US ZFFSG17A1M0087407

s/n	Type	Comments
87408	Testarossa	91 Red/Tan LHD US ZFFSG17A3M0087408
87409	Testarossa	91 Red/Tan LHD US ZFFSG17A5M0087409
87410	Testarossa	91 LHD US ZFFSG17A1M0087410
87411	348	ts Red RHD
87413	348	ts 90 Red/Tan LHD US ZFFFG36A0L0087413
87414	348	ts 90 LHD US ZFFFG36A2L0087414
87415	348	ts 90 Red/Black LHD US ZFFFG36A4L0087415
87416	348	ts 90 Red/Tan LHD US ZFFFG36A6L0087416
87417	348	tb Red/Tan LHD CH ZFFFA35S000087417
87418	Mondial	t Cabriolet 91 Red RHD ZFFFL33D000087418 eng. # F105D04024767
87419	F40	91 Red/Black w Red cloth LHD US ZFFMN34AXM0087419 ass. # 4389, new to the US
87420	F40	Red/Black w.Red cloth LHD EU ZFFGJ34B000087420
87422	348	tb Red/Black LHD JP ZFFFA35JAP0087422
87423	Testarossa	91 White/tan LHD US ZFFSG17AXM0087423
87424	Testarossa	91Red/Crema LHD US ZFFSG17A1M0087424
87425	Testarossa	91 LHD US ZFFSG17A3M0087425
87426	Testarossa	91 Black/black LHD US ZFFSG17A5M0087426
87427	Testarossa	91Red/Tan LHD US ZFFSG17A7M0087427
87429	Mondial	t Cabriolet 90 Red/Tan LHD US ZFFFK33A0L0087429 eng. # 24013
87430	348	ts Black/tan LHD US
87431	348	ts 90 Red/Tan LHD US ZFFFG36A2L0087431
87432	348	ts 90 Black/Tan LHD US ZFFFG36A4L0087432
87433	348	ts 90 LHD US ZFFFG36A6L0087433
87434	348	ts 90 LHD US ZFFFG36A8L0087434
87436	F40	91 Red/Black w Red cloth LHD US ZFFMN34A1M0087436 ass. # 4433, new to the US
87439	348	ts Red/Tan LHD US
87440	512	TR Prototype 92 Metallic Black Grey LHD US ZFFLG40A8N0087440
87441	348	tb Red
87442	Testarossa	91 Red/Beige Red carpets RHD UK ZFFAA17C000087442
87443	Testarossa	black/Dark Red LHD
87445	Testarossa	Red/Black LHD EU ass. # 04429
87446	Testarossa	90 Rosso/Crema RHD ZFFAA17C0000 eng. # 24733
87447	Testarossa	Red/Black LHD EU
87448	Mondial	t Cabriolet 90 Red/Tan black soft top Manual LHD US ZFFFK33A4L0087448
87449	348	ts 10/90 Red/Black ZFFFG36AXL0087449
87450	348	ts 90 LHD US ZFFFG36A6L0087450
87451	348	ts 90 Red/Tan LHD US ZFFFG36A8L0087451
87452	348	ts 90 LHD US ZFFFG36AXL0087452
87454	F40	11/90 Rosso Corsa FER 300/9/black w.Red cloth LHD US ZFFMN34A1M0087454 ass. # 04412, new to the US
87455	F40	White/black ZFFGJ34B000087455 RHD Conversion, new to GB, ex-Sultan of Brunei
87456	F40	91 Red/Black w Red cloth LHD EU ZFFGJ34B000087456
87465	Testarossa	Red/Black RHD UK
87466	Testarossa	Rosso Corsa/Black LHD ZFFAA17B000087466
87467	Mondial	t Cabriolet 90 Black/Tan LHD US ZFFFK33A8L0087467
87468	348	ts 90 LHD US ZFFFG36A3L0087468
87469	348	ts 10/90 Red/Tan LHD US ZFFFG36A5L0087469
87470	348	ts 10/90 White then Yellow/tan LHD US ZFFFG36A1L0087470
87471	348	ts 90 LHD US ZFFFG36A3L0087471
87473	F40	91 Red/Black w. Red cloth LHD US ZFFMN34A5M0087473 ass. # 4461, new to the US
87474	F40	91 Red/Black w Red cloth LHD EU ZFFGJ34B000087474 ass. # 05119, new to D
87476	348	ts Brown/tan LHD EU ZFFKA36T0L00087476 ass. # 04053
87478	348	ts Red/Crema RHD ass. # 04203
87479	Mondial	t 3.4 Cabriolet Rosso Corsa/Crema Rosso Carpets
87481	Testarossa	91 LHD US ZFFSM17A1M0087481
87482	Testarossa	91 US
87483	Testarossa	91 Red/Black LHD US ZFFSM17A5M0087483
87484	Testarossa	91 LHD US ZFFSM17A7M0087484
87485	Testarossa	91 Rosso Corsa/Black LHD CN ZFFSM17A9M0087485
87486	Mondial	t Cabriolet 90 Red/Tan LHD US ZFFFK33A1L0087486
87487	348	ts 90 LHD US ZFFFG36A7L0087487
87488	348	ts 90 Red/Tan LHD US ZFFFG36A9L0087488
87489	348	ts 90 LHD US ZFFFG36A0L0087489
87490	348	ts 90 Red/Black LHD US ZFFFG36A7L0087490
87491	348	tb Red/Crema Red cloth seats LHD EU
87493	F40	91 Red/Black w Red cloth LHD EU ZFFGJ34B000087493 ass. # 4468, new to the US
87494	F40	Rosso Corsa/Black & Red cloth LHD ZFFGJ34B000087494 ass. # 04548, new to GB
87498	348	ts Red
87499	348	ts
87501	Testarossa	91 Rosso Corsa/Beige
87504	Testarossa	Red/Black LHD EU
87505	Mondial	t Cabriolet 90 LHD US ZFFFK33A1L0087505
87506	348	ts 90 Red/Black LHD US ZFFFG36A7L0087506
87507	348	ts 90 LHD US ZFFFG36A9L0087507
87508	348	ts 90 Red/Tan LHD US ZFFFG36A0L0087508
87509	348	ts 90 LHD US ZFFFG36A2L0087509
87511	F40	91 Red/Black w Red cloth LHD US ZFFMN34A9M0087511 ass. # 4561, new to the US
87512	F40	91 Red/Black w Red cloth LHD EU ZFFGJ34B000087512 ass. # 05017, new to CH
87514	348	ts
87518	Testarossa	Red/Crema RHD UK
87519	Testarossa	Red/Black LHD EU
87521	Testarossa	Red/Tan LHD US
87524	Mondial	t Cabriolet 90 LHD US ZFFFK33A5L0087524
87525	348	ts 90 Red/Tan LHD US ZFFFG36A0L0087525
87526	348	ts 90 LHD US ZFFFG36A2L0087526
87527	348	ts 90 Red/beige LHD US ZFFFG36A4L0087527
87528	348	ts 90 Red/Tan ZFFFG35A4L0087528
87529	348	ts 90 Red/Tan
87530	F40	91 Red/Black w Red cloth LHD US ZFFMN34A2M0087530 ass. # 4547, new to the US
87531	F40	91 Yellow/black & Red ZFFGJ34B0000 ass. # 4462, new to GB, ex-Rod Stewart
87533	348	ts
87537	Testarossa	Red/Black LHD EU ZFFAA17B000087537 ass. # 04524
87540	Testarossa	91 Rosso Corsa/black ZFFAA17B000087540, Engine # 24771
87543	Mondial	t Cabriolet 90 LHD US ZFFFK33A9L0087543
87544	348	ts Challenge 90 Black/tan w. Red cloth seats LHD US ZFFFG36A4L0087544
87545	348	ts 90 LHD US ZFFFG36A6L0087545
87546	348	ts 90 Black/Crema & tan LHD US ZFFFG36A8L0087546
87547	348	ts 90 Rosso Corsa/Tan LHD US ZFFFG36AXL0087547
87549	F40	91 Red/Black w Red cloth LHD US ZFFMN34A1M0087549 ass. # 4592 Tubi, new to the US
87550	F40	91 Red/Black w Red cloth LHD EU ZFFGJ34B000087550, new to CH
87551	348	tb Challenge
87555	348	ts Red/Black
87556	Testarossa	Red/Black LHD ZFFAA17B000087556 colour coded spoilers non-original wheels

s/n	Type	Comments
87557	Testarossa	Testa d'Oro by Colani Red/Blue LHD ZFFAA17B00087557
87560	Testarossa	Red
87561	Testarossa	Grey/Crema EU
87562	Mondial	t Cabriolet 90 ZFFFK33A2L0087562
87563	348	Spider 91 Red/Tan LHD US ZFFFG36A8L0087563
87564	348	ts 90 LHD US ZFFFG36AXL0087564
87565	348	ts 90 Black/tan LHD US ZFFFG36A1L0087565
87566	348	ts 90 Red/Tan LHD US ZFFFG36A3L0087566
87568	F40	91 Red/Black w.Red cloth LHD US ZFFMN34A5M0087568 ass. # 4651, new to the US
87569	F40	Red/Black w.Red cloth LHD EU ZFFGJ34B000087569 ass. # 04521, new to CH
87571	348	ts 90 Red LHD ZFFKA36TOL0087571
87572	348	tb 10/90 Red/Tan LHD US ZFFFG35A7L0087572
87573	348	tb 10/90 Red/Tan LHD US ZFFFG35A9L0087573
87574	348	tb 90 Black/Tan LHD US ZFFFG35A0L0087574 ass. # 04405
87575	348	tb 90 Anthracite White LHD US FFFG35A2L0087575
87582	348	ts 90 LHD US ZFFFG36A1L0087582
87583	348	ts 90 Red/Tan LHD US ZFFFG36A3L0087583
87584	348	ts 90 LHD US ZFFFG36A5L0087584
87585	348	ts 90 LHD US ZFFFG36A7L0087585
87587	348	ts 90 Red LHD SWE ZFFFA36S000087587
87588	F40	91 Red/Black w Red cloth LHD US ZFFMN34A1M0087588, new to the US
87589	F40	91 Red/Black w Red cloth LHD US ZFFMN34A2M0087589 ass. # 4724, new to the US
87590	F40	91 Red/Black w.Red cloth LHD EU ZFFGJ34B000087590, new to CH
87591	348	ts
87597	Testarossa	91 Black/Black LHD EU ZFFAA17B000087597 87597DYR
87598	Testarossa	
87602	348	tb Red/Black LHD EU
87603	348	tb Zagato Elaborazione Red/Tan LHD CH ZFFFA35S0000
87604	348	ts 5/91 Rosso Corsa/tan LHD US ZFFFG36A7L0087604
87605	348	ts 90 Rosso Corsa/Tan LHD US ZFFFG36A9L0087605
87606	348	ts 90 LHD US ZFFFG36A0L0087606
87607	348	ts 90 Red/Tan LHD US ZFFFG36A2L0087607
87608	F40	91 Red/Black w Red cloth LHD US ZFFMN34A2M0087608 ass. # 4773, new to the US
87609	F40	91 Red/Black w Red cloth LHD EU ZFFGJ34B000087609, new to I
87612	348	ts
87614	348	ts Red/Black ZFFKA36B000087614
87617	Testarossa	Red/Black
87621	348	tb Red/Tan LHD
87622	348	tb 90 LHD US ZFFFG35A7L0087622
87623	348	ts 90 Red/Tan LHD US ZFFFG36A0L0087623
87624	348	ts 90 Red/Tan LHD US ZFFFG36A2L0087624
87625	348	ts 90 LHD US ZFFFG36A4L0087625
87626	348	ts 90 LHD US ZFFFG36A6L0087626
87627	F40	91 Red/Black w Red cloth LHD US ZFFMN34A6M0087627 ass. # 4828, new to the US
87628	F40	91 Red/Black w Red cloth LHD EU ZFFGJ34B000087628 ass. # 05089, new to CH
87631	348	ts Red/Black
87632	348	ts Red/Black-Red ZFFKA36B000087632 ass. #04383
87633	348	ts Red/Black LHD CH ZFFFA36S000087633
87634	Testarossa	Red/Tan LHD
87635	Testarossa	91 Rosso/Nero LHD EU ZFFAA17B000087635
87636	Testarossa	Rosso Corsa/Tan LHD ZFFSA17S000087636
87637	Testarossa	90Rosso/Nero LHD CH ZFFSA17SS00087637
87640	348	tb
87641	348	ts 90 LHD US ZFFFG36A2L0087641
87642	348	ts 90 Red/Tan LHD US ZFFFG36A4L0087642
87643	348	ts 90 Black/tan ZFFFG36A6L0087643
87644	348	ts 90 Black/tan LHD US ZFFFG36A8L0087644
87645	348	ts
87646	F40	91 Red/Black w.Red cloth LHD US ZFFMN34AXM0087646 ass. # 4897, new to the US
87650	348	ts Red/Black
87651	348	ts
87654	Testarossa	Red/Crema ZFFAA17B0000
87660	348	ts 11/90 Black/tan LHD US ZFFFG36A6L0087660
87661	348	ts 90 Yellow/black LHD US ZFFFG36A8L0087661
87662	348	ts 90 Black/black, black roof panel US ZFFFG36AXL0087662
87663	348	ts 11/90 Bianco FER 100/Tan ZFFFG36A1L0087663
87664	348	tb Rosso Corsa/Black LHD EU ZFFKA36B000087664 ass. #04444 87664NDW shields
87665	F40	91 Red/Black w Red cloth LHD US ZFFMN34A3M0087665 ass. # 4963, new to the US
87666	F40	91 Red/Black w Red cloth LHD EU ZFFGJ34B000087666, new to CH
87671	348	ts Red/Tan LHD EU ass. # 04452
87674	Testarossa	Red/Black LHD EU
87676	F40	Red/Red Cloth LHD
87677	Testarossa	Silver/Black RHD
87679	348	ts 90 Red/Tan LHD US ZFFFG36A5L0087679
87680	348	ts 90 Red/Tan LHD US ZFFFG36A1L0087680
87681	348	ts 90 Red/Tan LHD US ZFFFG36A3L0087681
87682	348	ts 90 Red/beige LHD US ZFFFG36A5L0087682
87683	348	ts
87684	F40	91 Red/Black w Red cloth LHD EU ZFFGJ34B000087684, new to I
87685	348	tb Red/Tan
87688	Mondial	t Black/Black LHD ZFFFD32JAP0087688
87690	348	ts Black Metallic Black
87691	Testarossa	
87695	Testarossa	
87696	Testarossa	Grigio
87698	348	ts 90 LHD US ZFFFG36A9L0087698
87699	348	ts 90 Red/beige LHD US ZFFFG36A0L0087699
87700	348	ts 90 Red/Tan LHD US ZFFFG36A3L0087700
87701	348	ts 90 LHD US ZFFFG36A5L0087701
87703	348	ts Red/Black LHD EU
87704	F40	91 Red/Black w Red cloth LHD EU ZFFGJ34B000087704, new to A
87706	348	ts
87708	348	ts Dark Blue/Crema LHD CH ZFFFA36S0000 black/black
87712	Testarossa	
87714	Testarossa	
87715	Testarossa	Red/Black ZFFAA17B000087715
87717	Testarossa	91 Black/Tan US
87718	348	ts 90 White/Black Black roof LHD US ZFFFG36A0L0087718
87719	348	ts 90 Chiaro Blue/black LHD US ZFFFG36A2L0087719
87720	348	ts 90 Red/Black or grey LHD US ZFFFG36A9L0087720
87721	348	ts 90 Rosso Corsa/Tan LHD US ZFFFG36A0L0087721
87722	348	ts Red/Black RHD UK
87723	F40	Red/Black w Red Cloth LHD EU ZFFGJ34B000087723 ass. # 04630, new to I

s/n	Type	Comments
87728	Mondial	t Cabriolet 90 Red/Crema LHD US ZFFFK33AXL0087728
87730	Testarossa	4/91 Grigio Titanio/Blu Scuro ZFFAA17C000087730
87733	Testarossa	Yellow/black LHD EU
87735	348	tb
87736	348	ts 90 LHD US
87737	348	ts Challenge 90 Red/Black & tan LHD US ZFFFG36A4L0087737
87738	348	ts 90 LHD US ZFFFG36A6L0087738
87739	348	ts 90 LHD US
87741	348	ts 90 Red/Black LHD ZFFKA36B0000
87742	F40	91 Red/Black w Red cloth LHD EU ZFFGJ34B000087742, new to GB
87746	Mondial	t Cabriolet 90 Black/Crema LHD US ZFFFK33A1L0087746
87747	Mondial	t Cabriolet 90 White/Tan manual LHD US ZFFFK33A3L0087747
87748	Testarossa	91 Red/Tan LHD US ZFFSG17A5M0087748
87749	Testarossa	91 Red/Tan LHD US ZFFSG17A7M0087749
87750	Testarossa	Yellow/black LHD US
87751	Testarossa	91 Red/Tan LHD US ZFFSG17A5M0087751
87752	Testarossa	91 Red/Tan LHD US ZFFSG17A7M0087752
87753	Testarossa	91 Red/Tan LHD US ZFFSG17A9M0087753
87755	348	ts 90 Red/Tan LHD US ZFFFG36A6L0087755
87756	348	ts 90 Red/Tan LHD US ZFFFG36A8L0087756
87757	348	ts 90 Red/Tan US ZFFFG36AXL0087757
87758	348	ts 90 Red/Crema RHD ZFFKA36C000087758 shields colour-coded sills
87759	348	ts Black
87761	Mondial	t Cabriolet 90 LHD US ZFFFK33A8L0087761
87762	348	tb 91 Red/Tan RHD UK ZFFFA35D000087762
87763	F40	91 Red/Black w Red cloth LHD US ZFFMN34A3M0087763 ass. # 4962, new to the US
87764	F40	Red, new to I
87766	348	tb 91 RHD ZFFFA35D000087766
87767	348	ts 91 Red/Tan LHD US ZFFSG17A9M0087767
87768	Testarossa	91 Red/Tan LHD US ZFFSG17A0M0087768
87769	Testarossa	91 Red/Tan LHD US ZFFSG17A2M0087769
87770	Testarossa	91 Red/Tan LHD US ZFFSG17A9M0087770
87771	Testarossa	91 LHD US ZFFSG17A0M0087771
87772	Testarossa	91 LHD US ZFFSG17A2M0087772
87774	348	ts 12/90 Red/Beige LHD US ZFFFG36AXL0087774
87775	348	ts 90 LHD US ZFFFG36A1L0087775
87776	348	ts 12/90 Red/Tan LHD US ZFFFG36A3L0087776
87781	F40	90 Red/Black w.Red cloth LHD EU ZFFGJ34B000087781
87782	Mondial	t Cabriolet 90 Red/Tan LHD US ZFFFK33A5L0087782
87783	348	ts 91 Red RHD ZFFFA36D000087783
87784	F40	Red/Black w.Red cloth LHD EU ZFFGJ34B0000 ass. # 04692, new to GB
87785	F40	91 Red/Black w Red cloth LHD US ZFFGJ34B000087785 ass. #05309, new to E
87786	Testarossa	91 LHD US ZFFSG17A2M0087786
87787	Testarossa	91 LHD US ZFFSG17A4M0087787
87788	Testarossa	91 White black ZFFSG17A6M0087788
87789	Testarossa	91 LHD US ZFFSG17A8M0087789
87790	Testarossa	91 Silver/black LHD US ZFFSG17A4M0087790
87791	Testarossa	91Red/Crema LHD US ZFFSG17A6M0087791
87793	348	ts 90 LHD US ZFFFG36A3L0087793
87794	348	ts 90 Red/Tan ZFFFG36A5L0087794
87795	348	ts 90 Red/Tan LHD US ZFFFG36A7L0087795
87796	348	ts Rosso Corsa/Crema RHD UK ZFFKA36C000089634 ass. # 04509
87798	348	ts White/black colour coded roof LHD EU
87799	348	ts Red/Crema ZFFFA36S0000
87802	Mondial	t Cabriolet 90 Red/Tan LHD US ZFFFK33A7L0087802
87803	F40	91 Red/Black w.Red cloth LHD EU ZFFGJ34B000087803 ass. #04693, new to I
87804	F40	91 Red/Black w Red cloth LHD US ZFFMN34A2M0087804 ass. # 5393, new to the US
87805	Testarossa	91 LHD US ZFFSG17A2M0087805
87806	Testarossa	2/91 Silver/Tan LHD US ZFFSG17A4M0087806
87808	Testarossa	91 Rosso Corsa/Tan LHD US ZFFSG17A8M0087808
87809	Testarossa	91 LHD US ZFFSM17A9M0087809
87810	Testarossa	91 White/Tan LHD US ZFFSM17A5M0087810
87811	348	tb
87812	348	tb 90 LHD US ZFFFG35A1L0087812
87813	348	ts 90 Red/Tan LHD US ZFFFG36A5L0087813
87814	348	ts 90 White/Red LHD US ZFFFG36A7L0087814
87815	348	ts 90 LHD US
87819	Mondial	t Cabriolet 91 Red/Tan ZFFFK33A2L0087819
87820	F40	91 Red/Black w Red cloth LHD US ZFFGJ34B000087820, new to B
87821	F40	91 Red/Black w Red cloth LHD US ZFFMN34A2M0087821 ass. # 5481, new to the US
87822	348	ts 91 RHD ZFFFA36D000087822
87826	Testarossa	90 Rosso/Nero ZFFAA17B000087826
87827	Testarossa	Red
87828	Testarossa	
87830	348	tb 91 Rosso/Beige LHD CH ZFFFA35S000087830 ass. # 04605
87831	348	ts 12/90 Nero Daytona/Tan LHD US ZFFFG36A7L0087831
87832	348	ts 90 Rosso Corsa/Black LHD US ZFFFG36A9L0087832
87833	348	ts 90 LHD US ZFFFG36A0L0087833
87834	348	ts 90 Red/Tan ZFFFG36A2L0087834
87835	348	ts Red
87836	348	ts Red
87837	348	ts 92 Red/Tan LHD EU
87838	Mondial	t Cabriolet 90 Red/Black LHD US ZFFFK33A6L0087838
87839	348	tb 91 White Crema RHD ZFFFA35D000087839
87840	348	ts 91 Red RHD ZFFFA36D000087840
87841	Testarossa	Silver/Black RHD UK modified to 512 TR
87845	Testarossa	Red/Black LHD EU
87846	F40	91 Red/Black w Red cloth LHD EU ZFFGJ34B000087846 ass. # 04694, new to I
87850	348	ts Red/Crema EU
87851	348	ts Yellow/Black LHD
87852	348	ts Red/Tan ZFFKA36B000087852 87852NSL
87853	348	ts Red
87855	Mondial	t Cabriolet 90 Black/Tan LHD US ZFFFK33A6L0087855
87857	348	ts 91 Red RHD ZFFFA36D000087857
87858	F40	91 Red/Black w Red cloth LHD EU ZFFGJ34B000087858, new to GB
87859	F40	91 Red/Black w Red cloth LHD US ZFFMN34A5M0087859, new to the US
87860	Mondial	t Red/Black JP LHD ZFFF032JAP0087860
87862	Testarossa	Red/Black LHD EU
87863	Testarossa	black metallic/Red ZFFAA17B0000 ass.# 04998 eng. # 25317
87864	Testarossa	anthracite metallic/tan
87865	Testarossa	Red
87867	Testarossa	Rosso Corsa/Black LHD ZFFAA17B000087867 87867AKB shields Hamann bodykit including rear wing and F355 style nose
87871	F40	91 Red/Black w Red cloth LHD EU ZFFGJ34B000087871
87872	Mondial	t Cabriolet 90 LHD US ZFFFK33A6L0087872
87873	348	ts 91 Red RHD ZFFFA36D000087873
87874	F40	91 Red then Yellow/black w Red cloth LHD EU ZFFGJ34B000087874, new to I
87875	Mondial	t Cabriolet Red/Crema LHD CH ZFFFC33S0000 ass. # 05274

s/n	Type	Comments
87876	348	ts 90 LHD US ZFFFG36A7L0087876
87877	348	ts 90 Black/Tan LHD US ZFFFG36A9L0087877
87878	348	ts 90 Black Crema LHD US ZFFFG36A9L0087877
87879	348	ts 90 Red/Black LHD US ZFFFG36A2L0087879 ass. # 05001
87880	348	ts 12/90 Red/Tan LHD US ZFFFG36A9L0087880
87884	Testarossa	
87886	Testarossa	Red/Black LHD EU ZFFAA17B000087886
87888	348	tb 90 LHD US ZFFFG35A1L0087888
87889	348	ts Red
87891	348	ts 1/91 Rosso/Nero ZFFKA36B000087891
87892	348	ts Silver/Red
87893	Mondial	t 91 Black/Tan LHD Manual US ZFFFK3343L0087893
87894	F40	91 Red/rblack w ed cloth LHD EU ZFFGJ34B000087894, new to A
87895	F40	91 Red/Black w Red cloth LHD US ZFFMN34A9M0087895 ass. # 5739, new to the US
87896	348	ts 91 LHD US ZFFRG36A4M0087896
87897	348	ts 91 Rosso Corsa/Tan colour coded roof LHD US ZFFRG36A6M0087897
87898	348	ts 12/90 Red/Tan LHD US ZFFRG36A8M0087898
87900	Testarossa	Red/Red cloth
87908	Mondial	t Cabriolet 90 LHD US ZFFFK33A1L0087908
87909	348	ts 91 Blue RHD ZFFFA36D000087909
87910	F40	91 Red/Black w Red cloth LHD EU ZFFGJ34B000087910, new to I
87911	Testarossa	Red/Black LHD
87912	Testarossa	Red/Black
87916	F40	Red/Black w Red Cloth
87917	348	ts 91 Red/Tan LHD US ZFFRG36A8M0087917
87918	348	ts 91 Metallic Black/Crema LHD US ZFFRG36AXM0087918
87920	Testarossa	Red/Tan LHD EU
87926	348	ts White Black LHD EU
87927	348	ts Red/Black
87930	Mondial	t Cabriolet 90 Red/Tan ZFFFK33A5L0087930, ex- Goldie Hawn, Kurt Russel
87931	F40	91 Red/Black w Red cloth LHD EU ZFFGJ34B000087931, new to GB
87932	F40	91 Red/Black w Red cloth LHD US ZFFMN34A0M0087932 ass. # 5720, new to the US
87934	348	ts 91 Rosso Corsa/Beige LHD US ZFFRG36A8M0087934
87935	348	ts 91 Red/Tan LHD US ZFFRG36AXM0087935
87939	Testarossa	Red/Crema RHD ZFFTA17C000087939
87940	Testarossa	
87944	348	tb metal black/black LHD CH ZFFFA35S000087944
87945	412	i silver/tan ZFFYD25B000087945 past-production model?
87947	348	ts 92 Red RHD ZFFFA36D000087947
87948	F40	new to I
87949	Mondial	t Cabriolet 90 LHD US ZFFFK33A4L0087949
87950	348	ts dark grey/dark Red LHD
87953	348	ts 91 Red/Tan LHD US ZFFRG36A1M0087953
87954	348	ts 91Chiaro Blue/Tan ZFFRG36A3M0087954
87955	348	ts 91 Red/beige LHD US ZFFRG36A5M0087955
87958	Testarossa	Red/Black
87959	Testarossa	Red/Black LHD EU
87960	Testarossa	Red
87962	Testarossa	Yellow/Black
87963	Testarossa	Red/Tan RHD
87966	348	tb 90 Red/Tan LHD US ZFFFG35A6L0087966
87968	F40	91 Red/Black w Red cloth LHD EU ZFFGJ34B000087968 ass. # 04827, new to D
87969	F40	91 Red/Black w Red cloth LHD US ZFFMN34A1M0087969 ass. # 5865, new to the US
87970	Mondial	t Cabriolet 90 LHD US ZFFFK33A6L0087970
87973	348	ts Yellow/black LHD EU ZFFKA36B000087973
87975	348	ts 91 Red/Tan LHD US ZFFRG36A0M0087975
87976	348	ts 91 Red/Crema LHD US ZFFRG36A2M0087976
87977	348	tb 91 Red/Black LHD US ZFFRM35A1M0087977
87979	Testarossa	Red/Black LHD EU ZFFAA17B000087979 87979FPK
87980	Testarossa	Red/Black
87981	Testarossa	
87984	F40	91 Red/Black w Red cloth LHD EU ZFFGJ34B000087984
87985	348	ts 91 Red RHD ZFFFA36D000087985
87990	F40	91 Red/Black w Red cloth LHD EU ZFFGJ34B000087990, new to I
87991	Mondial	t Cabriolet 90 Black/tan LHD US ZFFFK33A3L0087991
87993	348	ts Red/Black LHD EU ZFFKA36B000087993
87994	348	ts Red/Black LHD EU ass. # 04747
87995	348	ts 91 LHD US
87996	348	ts 91 Red/Tan LHD US ZFFRG36A8M0087996
87999	Testarossa	Red
88008	Mondial	t Cabriolet 90 Sera Blue/tan LHD US ZFFFK33A3L0088008
88011	Testarossa	
88012	348	ts Red/Black ZFFKA36B000088012
88013	348	ts 90 Red/Black
88014	348	ts 91 Red/Tan LHD US ZFFRG36A4M0088014
88015	348	ts 91 Black/black LHD US ZFFRG36A6M0088015
88017	Testarossa	Red/Black
88018	Testarossa	
88020	Testarossa	Black/Black LHD
88022	348	ts 91 Red RHD ZFFFA36D000088022
88027	F40	Red/Black w.Red cloth LHD EU ZFFGJ34B000088027, new to D
88028	Mondial	t Cabriolet Valeo Red/Tan LHD US ZFFRK33AM0088028
88031	348	ts Red/Black
88032	348	ts 91 Yellow/tan LHD US ZFFRG36A6M0088032
88033	348	ts 91 Red/Tan LHD US ZFFRG36A8M0088033
88034	F40	Red/Yellow LHD US ZFFMN34A6M0088034 ass. # 5833, new to the US
88035	Testarossa	91 LHD US ZFFSM17A5M0088035
88037	Testarossa	Red/Tan LHD EU
88039	Testarossa	91 Red/Tan LHD EU ZFFAA17B000088039 88039VOE ass.# 05341
88042	348	ts Red LHD SWE ZFFFA36S000088042
88047	F40	3/91 Red/Black w Red cloth LHD EU ZFFGJ34B000088047 ass. #04887, new to GB
88048	Mondial	t Cabriolet 91 LHD US ZFFRK33A6M0088048
88050	348	tb 90 Silver/black LHD US ZFFFG35A4L0088050
88053	348	ts 91 Red/Tan LHD US ZFFRG36A3M0088053
88054	348	ts 91 Red with Crema leather, LHD US ZFFRG36A5M0088054
88056	Testarossa	Red/Black LHD EU ZFFAA17B0000 88056RAI
88059	Testarossa	White Black LHD
88061	348	ts 91 Red RHD ZFFFA36D000088061
88066	F40	91 Red/Black w Red cloth LHD EU ZFFGJ34B000088066, new to D
88067	348	tb Red/Tan LHD
88072	348	ts 91 Black/Tan LHD US ZFFRG36A7M0088072
88073	348	ts 91 LHD US ZFFRG36A9M0088073
88075	Testarossa	
88079	Testarossa	Red/Tan LHD
88080	348	ts Red/Black LHD ZFFFA36JAP0088080 ass. # 04658 colour coded roof black rims rear spoiler

s/n	Type	Comments
88081	348	ts Red/Tan LHD US
88083	F40	Red/Black w Red cloth LHD EU ZFFGJ34B000088083 ass. # 04898, new to D
88084	348	tb Red/Tan LHD EU
88085	348	ts Red
88087	348	ts Rosso Corsa/Black colour coded roof LHD EU ZFFKA36B000088087 88087NSW
88088	348	ts Dark Blue/Crema LHD CH ZFFFA36S0000
88089	348	ts Rosso Corsa/Tan Rosso Carpets RHD
88090	348	ts 2/91 Rosso/Beige RHD AUS ZFFFA36D000088090
88091	348	ts 2/91 Rosso/Beige ZFFRG36A0M0088091
88092	348	ts 91 LHD US ZFFRG36A2M0088092
88095	Testarossa	Red/Black 88095AWP
88096	Testarossa	
88101	F40	91 Red/Black w. Red cloth LHD EU ZFFGJ34B000088101, new to I
88104	348	ts Red/Tan LHD EU
88106	Mondial	t Cabriolet 91 Nero/Beige Manual LHD US ZFFRK33A5M0088106
88110	Mondial	t Red/Crema RHD UK
88111	F40	91 Rosso Corsa/black w Red cloth LHD EU ZFFGJ34B000088111 ass. #05273, new to CH
88112	F40	91 Red/Black w Red cloth LHD EU ZFFGJ34B000088112 ass. # 05373, new to CH
88118	F40	91 Red/Black w Red cloth LHD EU ZFFGJ34B000088118
88119	Testarossa	91 Red/Crema RHD UK
88120	F40	91 Red/Black w Red cloth LHD EU ZFFGJ34B000088120, new to I
88121	F40	91 Red/Black w Red cloth LHD EU ZFFGJ34B000088121
88123	348	tb 91 Red RHD ZFFFA35D000088123
88126	348	ts Red
88127	348	ts 91 Red RHD ZFFFA36D000088127
88128	348	ts Yellow/black LHD ZFFFA36JAP0088128 colour coded roof
88129	F40	91 Rosso Corsa/black w Red LHD US ZFFMN34A6M00 ass. # 5991, new to the US
88135	F40	91 Red/Black w Red cloth LHD EU ZFFGJ34B000088135
88136	Testarossa	Red/Black LHD EU
88138	348	tb
88139	F40	91 Red/Black w Red cloth LHD EU ZFFGJ34B000088139 ass. # 04942, new to D
88142	348	ts
88147	Mondial	t Cabriolet 91 LHD US ZFFRK33A8M0088147
88148	Mondial	t Cabriolet
88161	348	ts Red
88162	348	ts 91 Red RHD ZFFFA36D000088162
88163	Testarossa	Red/Black LHD EU
88166	F40	91 Red/Black w Red cloth LHD EU ZFFGJ34B000088166, new to CH
88167	F40	91 Red/Black w Red cloth LHD EU ZFFGJ34B000088167, new to D
88169	Mondial	t Cabriolet Red/Black LHD ZFFKC33B000088169
88171	F90	Candy Red/Black, on 91 Testarossa RHD ZFFAA17C000088171 eng. # 25586 6-speed transmission
88172	Testarossa	Red
88173	Testarossa	Red/Black LHD EU ZFFAA17B000088173
88175	Testarossa	91 LHD US ZFFSM17AXM0088175
88176	348	tb Red/Black LHD CH ZFFFA35S0000 ass. # 05543
88177	348	tb 90 White White LHD US ZFFFG35A6L0088177
88180	348	ts Red/Tan LHD
88181	348	ts Red/White RHDUK ZFFKA36C000088181 ass. # 04975, GTS ?
88184	Mondial	t Cabriolet 91 Red/Tan LHD US Manual ZFFRK33A3M0088184
88185	Mondial	t Cabriolet Red/Black LHD
88187	F40	91 Red/Black w Red cloth LHD EU ZFFGJ34B000088187, new to I
88188	Mondial	t Cabriolet 91 Rosso Corsa/Crema LHD ZFFKC33B000088188
88189	Testarossa	Red/Tan LHD EU
88190	Testarossa	Red/Black LHD CH ZFFSA17S000088190
88191	Testarossa	91 Rosso/Nero LHD ZFFAA17B000088191
88196	348	ts Red/Red cloth seats
88198	348	ts Red/Tan RHD ZFFKA36C000088198 ass. # 05009
88199	348	ts 91 RHD ZFFFA36D000088199
88201	F40	91 Red/Black w Red cloth LHD US ZFFMN34AXM0088201 ass. # 6024, new to the US
88203	F40	CSAI-GT GTC Michelotti modified Orange & green/Red cloth LHD EU ZFFGJ34B000088203 ass. # 05482, new to CH
88209	Testarossa	Black/Tan
88214	348	tb Red/Tan LHD CH ZFFFA35S0000
88217	348	ts 91 RHD ZFFFA36D000088217
88221	F40	91 Red/Black w Red cloth LHD EU ZFFGJ34B000088221, new to I
88223	348	tb 91 LHD US ZFFRM35AXM0088223
88228	Testarossa	black metallic/light grey
88232	348	tb 91 LHD US ZFFRM35A0M0088232
88233	348	tb Red/Black
88234	348	ts Red/Black
88237	348	ts Red/Crema RHD ZFFKA36C000088237
88240	Mondial	t Cabriolet Red/Tan LHD US ZFFRK33A9M0088240
88241	F40	91 Red/Black w Red cloth LHD EU ZFFGJ34B000088241, new to CH
88242	F40	91 Red/Black w Red cloth LHD EU ZFFGJ34B000088242, new to D
88243	Mondial	t Cabriolet Red/Tan LHD EU
88244	348	tb Red
88249	Testarossa	91 LHD US ZFFSM17A2M0088249
88250	Testarossa	91 LHD US ZFFSM17A9M0088250
88251	F40	91 Red/Black w Red cloth LHD US ZFFMN34A3M0088251 ass. # 5677, new to the US
88252	348	tb Red/Tan LHD EU ZFFKA35S000 ass. # 05870
88253	348	tb
88254	348	ts Red/Tan colour coded roof
88257	Mondial	t
88260	348	tb Red/Tan, Tan LHD
88264	Testarossa	
88267	Testarossa	Red/Tan RHD UK ZFFAA17C000088267 ass. # 05495 88267BVR
88268	Testarossa	Red/Tan LHD ZFFTA17B000088268
88270	348	tb Red
88271	348	tb Red/Red LHD
88272	348	tb 91 LHD US
88275	348	ts 91 Red RHD ZFFFA36D000088275
88278	F40	Red/Black w. Red cloth LHD EU ZFFGJ34B000088278 ass. # 05037 Enkei wheels, new to I
88285	Testarossa	Red/Black LHD EU
88287	Mondial	t Cabriolet RHD Manual UK ZFFKD32C000088287 Sunroof
88289	348	tb 91 LHD US ZFFRM35A7M0088289
88290	348	tb Red/Tan LHD ZFFFA35S000088290
88291	348	ts Red/Black LHD EU ZFFKA36B000088291
88292	348	ts 89 Rosso Corsa/Black ZFFFA36A8K0088292
88293	348	ts Red/Black LHD
88294	348	ts Red/Tan
88295	348	ts
88298	Mondial	t Cabriolet 91 Chiaro Blue/tan LHD US ZFFRK33A7M0088298
88299	F40	91 Redblack w/Red cloth LHD EU ZFFGJ34B000088299, new to CH
88301	456	GT first

s/n	Type	Comments
88302	Testarossa	Yellow/Black LHD EU ZFFAA17B000088302
88310	348	tb 92 Red RHD ZFFFD35D000088310
88311	348	tb Red/Red
88313	348	ts
88316	F40	91 Red/Black w Red cloth LHD EU ZFFGJ34B000088316, new to I
88322	Testarossa	Yellow/Black LHD EU
88325	Testarossa	Yellow/Black LHD EU ZFFAA17B000088325
88329	348	ts Red/Black LHD EU
88330	348	ts
88332	348	ts Red/Black LHD US colour coded roof & spoilers
88333	Mondial	t Cabriolet 91 LHD US ZFFRK33A5M0088333
88335	348	tb 91 LHD US ZFFRM35AXM0088335
88340	Testarossa	
88342	348	tb Red/Black LHD EU
88343	348	ts Red/Tan RHD UK
88349	Testarossa	
88350	348	ts
88351	348	ts 91 Red RHD ZFFFA36C0000088351
88353	Mondial	t Cabriolet 91 Rosso Corsa/Beige Manual LHD US ZFFRK33A0M0088353
88354	F40	3/91 Red/Black w Red cloth LHD EU ZFFGJ34B000088354 ass. # 05057, new to I
88355	Mondial	t 90 Red/Crema
88357	Testarossa	Black/Tan LHD EU
88358	Testarossa	Red/Crema
88359	Testarossa	Red/Tan LHD CH ZFFSA17S0000
88361	Testarossa	Red/Black LHD EU
88362	Testarossa	Yellow/black LHD EU
88364	Testarossa	prugna/Crema ZFFAA17B000088364 brown dash
88365	348	ts Red/Crema RHD UK
88366	348	tb Red/Tan LHD EU
88370	348	ts Red
88371	348	ts
88374	F40	91 Rosso Corsa/black w Red LHD US ZFFMN34A8M0088374 ass. # 6054, new to the US
88375	F40	91 Red/Black w Red cloth LHD EU ZFFGJ34B000088375, new to CH
88376	F40	91 Red/Black w Red cloth LHD EU ZFFGJ34B000088376, new to I
88377	348	tb 91 Red/Black ZFFKA35B000088377
88378	Testarossa	Red/Black LHD CH ZFFSA17S000088378 rear-wing
88379	348	ts
88380	Testarossa	91 Black/Black LHD ZFFSM17A0M0088380
88381	Testarossa	91 Black/black LHD US ZFFSM17A2M0088381
88382	Testarossa	Black/dark Red
88383	Testarossa	Red/Tan LHD
88384	348	ts Red/Tan RHD UK
88386	348	tb 91 Red/Tan LHD US ZFFRG35A6M0088386
88387	348	ts Red/Black ZFFKA36B000088387
88388	348	ts F355 conversion Rosso Corsa/Black colour-coded roof LHD ZFFKA36B000088388 shields
88390	348	ts 91 RHD ZFFFA36D000088390
88391	348	ts Red
88392	Testarossa	White/tan LHD US
88393	348	ts Challenge
88394	Mondial	t Cabriolet 91 Red/Tan LHD US ZFFRK33A3M0088394
88395	F40	91 Red/Black w Red cloth LHD EU ZFFGJ34B000088395, new to I
88396	Testarossa	Red
88397	348	ts Red/Crema LHD EU ZFFKA36B000088397 ass. # 04920
88398	348	ts Red/Tan LHD EU
89399	348	ts 91 Giallo Modena then Red/Nero RHD ZFFKA36C000089399
88402	Testarossa	Yellow/black LHD CH ZFFSA17S000088402
88403	Testarossa	Koenig Red/Black LHD EU
88404	348	tb Red/Tan
88405	348	ts Red/Crema RHD UK ZFFKA36C000088405
88408	Mondial	t Cabriolet 91 Red/Tan Manual LHD US ZFFRK33AXM0088408
88409	F40	91 Red/Black w Red cloth LHD EU ZFFGJ34B000088409 ass. # 05223, new to CH
88413	348	ts Red/Black
88414	Testarossa	Red/Black RHD UK
88415	Testarossa	Red/Tan
88420	348	ts Black/Black LHD EU
88421	348	ts Red/Black LHD EU
88422	348	tb Red/Black LHD EU
88423	F40	3/91 Red/Black w Red cloth LHD US ZFFMN34A6M0088423 ass. # 06127
88424	348	ts
89427	348	ts Red/Black
88428	Mondial	t Cabriolet 91 Red/Tan LHD US ZFFRK33A5M0088428 ex-Brandon Wang
88429	F40	2/91 Red/Black w Red cloth LHD EU ZFFGJ34B000088429 ass. # 05224, new to I
88431	Testarossa	Red LHD
88432	348	ts Red/Tan
88433	348	ts Red/Black LHD EU
88434	348	tb 91 LHD US ZFFRM35A1M0088434
88435	Mondial	t Red/Black LHD EU ZFFK032B000088435 88435NAH
88438	Testarossa	White/tan LHD CH ZFFSA17S0000
88439	Testarossa	Rosso Corsa/black LHD EU ZFFAA17B000088439 ass. # 05692 88439AUE shields
88440	Testarossa	Red/Black LHD EU
88442	Mondial	t Cabriolet Red/Black LHD EU
88444	348	ts
88446	F40	91 Red/Black w Red cloth LHD EU ZFFGJ34B000088446, new to I
88447	Mondial	t Cabriolet 91 Black/beige LHD US ZFFRK33A9M0088447
88449	348	ts Red/Black ZFFKA36B000088449 ass.# 05022
88451	F40	91 Rosso Corsa/black w Red LHD US ZFFMN34A0M0088451 ass. # 06170, new to the US
88452	Mondial	t Silver/dark Red (?)
88456	Testarossa	Red/Tan LHD EU
88457	Mondial	t Cabriolet Red
88458	Testarossa	91 Rosso/Crema RHD UK ZFFAA17C000088458
88459	Testarossa	91 Rosso Corsa/Crema Bordeaux Carpet RHD UK ZFFAA17C0000 88459PMP
88460	Mondial	t Cabriolet Red/Tan LHD CH
88465	F40	91 Red/Black w Red cloth LHD EU ZFFGJ34B000088465, new to the US
88466	F40	91 Red/Black w Red cloth LHD EU ZFFGJ34B000088466, new to I
88476	Testarossa	Black Crema LHD EU
88479	348	tb 91 Black/Red LHD US ZFFRG35A2M0088479
88480	348	ts Red/Black LHD EU
88483	F40	91 Red/Black w Red cloth LHD EU ZFFGJ34B000088483, new to I
88484	F40	91 Red/Black w Red cloth LHD EU ZFFGJ34B000088484, new to I
88486	348	tb 91 Red/Tan RHD ZFFKA35C000088486
88487	Mondial	t Cabriolet Red/Crema RHD UK
88490	Testarossa	Red/Tan ZFFAA17B000088490 88490DHX
88491	Testarossa	
88493	Testarossa	91 Red/Black LHD ZFFAA17B0000
88495	Mondial	t Cabriolet 4/91 Black/black LHD EU ZFFKC33B000088495
88497	348	ts Red/Black LHD EU ZFFKA36B000088497
88498	348	ts Red/Black
88499	348	ts 91 Red RHD ZFFFA36D000088199
88500	348	ts Red/Black LHD EU
88501	F40	Red/Black w Red Cloth LHD EU ZFFGJ34B000088501 ass. # 05332, new to B

s/n	Type	Comments
88502	F40	91 Red/Black w Red cloth LHD EU ZFFGJ34B000088502 ass. # 05331, new to E Red/Black
88504	Testarossa	Red/Black
88507	Testarossa	Red/Black LHD EU 88507EKG
88512	Testarossa	91 Red RHD UK ZFFAA17C000088512
88513	F40	GTC LM Michelotto #4/19 91 Red/Black w.Red cloth PT LHD ZFFGX34X000088513
88516	348	ts Red/Black LHD
88518	F40	91 Red/Black w Red cloth LHD EU ZFFGJ34B000088518, new to I
88519	F40	91 Red/Black w Red cloth LHD EU ZFFGJ34B000088519 ass. # 05615, new to A
88520	F40	LM Michelotto #5/19 91 Red/Black w.Red cloth LHD ZFFGX34X0L0088520
88521	F40	LM Michelotto #3/19 91 Red/Black w. Red cloth LHD ZFFGX34X0L0088521
88522	F40	LM Michelotto #6/19 91 Rosso Corsa/black w Red cloth LHD ZFFGX34X000088522 eng. # 410B005 ex-Albert Uderzo
88523	F40	LM Michelotto #7/19 91 Red/Black w.Red cloth LHD ZFFGX34X000088523
88524	F40	LM Michelotto #8/19 91 Red/Black w.Red cloth LHD ZFFGX34X000088524
88527	348	ts 91 LHD US ZFFRG36A0M0088527
88528	348	tb 91 Rosso Corsa/Tan LHD US ZFFRG36A2M0088528
88530	348	ts 91 Red
88531	Mondial	t 91 black/black LHD EU ZFFKD32B000088531
88532	348	tb 91 LHD US ZFFRM35A1M0088532
88536	348	ts 91 Blue Brown LHD
88537	F40	LM 91 Red/Black w Red cloth LHD EU ZFFGJ34B000088537, new to I
88538	F40	91 Red/Black w Red cloth LHD EU ZFFGJ34B000088538 ass. #05382, new to D
88540	348	tb 91 Red/Crema LHD EU
88542	348	ts 91 Red/Black
88543	348	ts 91 LHD US
88544	348	ts Red/Tan LHD US ZFFRG36A0M0088544
88548	Testarossa	91 Rosso Corsa/Tan LHD US ZFFSM17A1M0088548
88549	Testarossa	91 Red/Black LHD CN ZFFSM17A3M0088549
88550	F40	91 Red/Black w Red cloth LHD EU ZFFGJ34B000088550
88551	F40	91 Red/Black w Red cloth LHD EU ZFFGJ34B000088551, new to D
88555	348	tb 91 Red/Black LHD EU
88558	348	ts 91 LHD US ZFFRG36A0M0088558
88559	348	ts 2/91 Black/Tan then Red/Tan LHD US ZFFRG36A2M0088559
88560	348	ts 91 White/beige LHD US ZFFRG36A9M0088560
88561	Testarossa	91 Red/Black
88562	Testarossa	10/90 Rosso/Beige LHD US ZFFSM17A6M0088562
88563	Testarossa	LHD US ZFFSG17A0M0088563
88564	Testarossa	2/91 Red/Tan LHD ZFFSG17A0M00 ass. # 05737 Brown dash 360 Modena wheels
88565	Testarossa	91 Red/Black LHD US ZFFSG17A2M0088565
88566	F40	Red/Black w Red cloth LHD EU ZFFGJ34B000088566 ass. # 05394, new to I
88567	F40	91 Red/Black w Red cloth LHD EU ZFFGJ34B000088567 ass. # 05401, new to D
88573	348	ts Red
88575	348	tb Red/Black LHD
88576	348	ts 91 Red/Black LHD US ZFFRG36A2M0088576
88577	348	ts 91 White/black LHD US ZFFRG36A4M0088577
88578	Testarossa	91 Black/tan LHD US ZFFSG17A0M0088578
88579	Testarossa	91 LHD US ZFFSG17A2M0088579
88580	Testarossa	91 LHD US ZFFSG17A9M0088580
88581	Testarossa	91 LHD US ZFFSG17A0M0088581
88582	Testarossa	91 Red/Tan LHD US ZFFSG17A2M0088582
88583	F40	91 Red/Black w. Red cloth LHD US ZFFMN34A6M0088583, new to the US
88584	F40	91 Red/Black w Red cloth LHD EU ZFFGJ34B000088584, new to GB
88585	Mondial	t Rosso Corsa/Black ZFFKD32B000088585 ass. # 05990
88588	348	ts Red/Black
88590	348	ts Rosso Corsa/black ZFFKA36B000088590 ass. # 05086
88591	348	tb 91 Black/Tan LHD US ZFFRG35A7M0088591
88594	348	ts Serie Speciale Series I 91 LHD US ZFFRG36A4M0088594
88595	348	ts 91 Yellow/Black LHD US ZFFRG36A6M0088595
88597	Testarossa	91 LHD US ZFFSG17A4M0088597
88598	Testarossa	91 Red/Black LHD US ZFFSG17A6M0088598
88599	Testarossa	91 White/tan LHD US ZFFSG17A8M0088599
88600	Testarossa	91 LHD US ZFFSG17A0M0088600
88601	Testarossa	91 LHD US ZFFSG17A2M0088601
88602	Mondial	t Cabriolet 91 Red/Tan LHD US ZFFRK33A6M0088602
88604	F40	91 Red/Black w Red cloth LHD EU ZFFGJ34B000088604, new to I
88605	F40	91 Red/Black w Red cloth LHD EU ZFFGJ34B000088605, new to GB
88606	348	ts Red/Black LHD EU ZFFRG36A36B000088606
88611	348	tb Red/Black LHD EU
88612	348	tb 91 Rosso/Crema ZFFKA35B000088612
88613	348	ts 91 Red/Crema LHD US ZFFRG36A4M0088613
88614	348	ts 91 Yellow/black LHD US ZFFRG36A6M0088614
88617	Testarossa	91 LHD US ZFFSG17A6M0088617
88618	Testarossa	91 Black/Black LHD US ZFFSG17A8M0088618
88619	Testarossa	91 Silver/beige LHD US ZFFSG17AXM0088619
88621	F40	91 Red/Black w.Red cloth LHD ZFFGJ34B000088621, new to D
88622	F40	91 Red/Black w Red cloth LHD EU ZFFGJ34B000088622, new to GB
88624	348	ts
88627	348	tb
88629	348	tb 91 Rosso Corsa/Red & black LHD US ZFFRM35A5M0088629
88632	Testarossa	91 Red/Tan LHD US ZFFSG17A2M0088632
88633	Testarossa	91 Black/Tan LHD US ZFFSG17A4M0088633
88634	Testarossa	91 LHD US ZFFSG17A6M0088634
88635	Testarossa	Blue
88636	F40	91 Red/Black w Red cloth LHD EU ZFFGJ34B000088636
88637	F40	91 Red/Black w Red cloth LHD US ZFFMN34A3M0088637 ass. # 06253, new to the US
88638	F40	Red/Black w Red cloth LHD EU ZFFGJ34B0000 ass. # 05580, new to GB
88640	348	tb
88641	348	tb Red/Black LHD ZFFKA36B000088641
88642	348	ts Challenge Red/Black LHD EU
88643	348	ts Red
88644	348	tb Red/Black w.Red cloth seats LHD EU
88646	348	ts 91 Yellow/black LHD EU ZFFRG36A8M0088646
88650	Testarossa	Red/Black
88651	Testarossa	silver/Dark Blue LHD EU ZFFAA17B000088651 88651PSS
88652	F40	91 Red/Black w Red cloth LHD EU ZFFGJ34B000088652 ass. # 05616, new to CH
88653	F40	91 Red/Black w Red cloth LHD EU ZFFGJ34B000088653, new to GB
88655	348	ts Red
88658	348	ts Red/Black LHD EU
88660	348	tb Red/Black LHD EU 88660NKB

s/n	Type	Comments
88661	348	ts 91 Argento Nürburgring/Red LHD US ZFFRG36A4M0088661
88662	Testarossa	Red/Black LHD EU
88663	Testarossa	Red/Tan LHD CH ZFFSA17S000088663
88665	Testarossa	Red/Black LHD EU
88666	Testarossa	Red/Tan
88668	F40	91 Red/Black w Red cloth LHD US ZFFMN34A3M0088668 ass. # 6428, new to B
88669	F40	91 Red/Black w Red cloth LHD EU ZFFGJ34B000088669 ass. # 05599, new to D
88671	348	ts Yellow LHD
88672	348	ts 90 Red/Tan US
88673	348	ts 91 Red RHD ZFFKA36B000088673
88674	348	ts Red
88677	348	ts 91 Red/Black LHD US ZFFRG36A8M0088677
88678	348	ts Red/Tan LHD US ZFFRG36AXM0088678
88679	348	ts 91
88680	348	tb 91 dark Blue/Tan LHD US ZFFRG35A6M0088680
88681	Testarossa	Yellow/black ZFFAA17B000088681
88683	348	Challenge Red LHD
88685	Testarossa	Red/Black LHD EU ZFFAA17B000088685
88686	F40	91 Red/Black w. Red cloth LHD EU ZFFGJ34B0000686 ass # 05639, new to D
88687	F40	Red/Black w. Red cloth LHD EU ZFFGJ34B000088687 ass. # 05678, new to D
88688	348	ts 91 Red/Black LHD ZFFKA36B000088688
88691	348	GTS Red LHD EU
88695	348	ts 91 LHD US ZFFRG36AXM0088695
88696	348	ts 91 LHD US ZFFRG36A1M0088696
88697	348	ts
88699	348	ts Red/Black LHD
88701	Testarossa	White/Crema
88704	Testarossa	Black/Black LHD
88705	F40	91 Red/Black w Red cloth LHD EU ZFFGJ34B000088705, new to I
88706	F40	91 Red/Black w Red cloth LHD US ZFFMN34A7M0088706 ass. # 6463, new to the US
88711	348	ts Black Red LHD EU
88712	348	ts 91 Red/Tan LHD US ZFFRG36A6M0088712
88713	348	ts 91 Red/Tan LHD US ZFFRG36A8M0088713
88714	348	ts Red/Tan LHD EU ZFFFA36S000088714 ass. # 05485
88717	Testarossa	Red Black-Red Cloth LHD EU
88720	Testarossa	Red
88721	Testarossa	Red/Black LHD EU
88724	F40	Red/Black w Red Cloth LHD, new to D
88729	348	ts Red/Black LHD EU
88730	F40	Red/Black w Red cloth LHD EU ZFFGJ34B000088730 ass. # 05740, new to I
88731	348	ts 91 LHD US ZFFRG36AXM0088731
88732	348	ts 91 LHD US ZFFRG36A1M0088732
88733	348	tb 91 Sera Blue/grey LHD US ZFFRG35A1M0088733
88739	Testarossa	91 Black/Black LHD EU
88740	Testarossa	Red/Tan LHD EU
88742	Mondial	t Red/Black ZFFKD32B000088742
88743	F40	91 Red/Black w. Red cloth LHD EU ZFFGJ34B000088743 ass. # 05758, new to D
88744	348	ts Red/Black EU ZFFKA36B000088744
88746	348	ts Red/Black LHD
88748	348	ts Red/Black LHD EU ZFFKA36B000088748
88749	348	ts 91 Black/Red LHD US ZFFRG36A7M0088749
88751	348	tb Red/Black LHD
88753	Testarossa	91 Red/Black LHD ZFFAA17B000088753
88756	Testarossa	Red/Black LHD EU ZFFAA17B000088756
88759	348	tb Red/beige LHD
88760	Mondial	t Cabriolet 91 Red/Tan LHD US ZFFRK33A2M0088760
88761	F40	91 Red/Black w Red cloth LHD EU ZFFGJ34B000088761, new to I
88765	348	ts Red/Black LHD EU ZFFKA36B0000
88766	348	ts Red/Black
88767	F40	Red/Black w Red cloth LHD EU ZFFGJ34B000088767 ass. # 05773, new to I
88769	348	ts
88773	Testarossa	
88774	Testarossa	
88775	Testarossa	Red/Black Double low mirrors
88777	348	tb Rosso Corsa/Black LHD ZFFKA35B000088777 88777NYM 355 wheels Colour-coded sills
88778	Mondial	t Cabriolet Rosso/Nero ZFFFC33S000088778
88779	F40	GTE Rosso Corsa/black w. Red cloth seats ZFFGJ34B000088779, new to MEX
88780	348	ts Red/Black LHD EU ZFFKA36B000 ass. # 05406
88782	348	ts Yellow/black LHD EU ZFFKA36B000088782 ass. # 05407
88784	348	ts Rosso Corsa/black LHD EU ZFFKA36B000088784
88789	Testarossa	Red/Tan LHD EU
88790	Testarossa	Red/Black LHD
88791	Testarossa	91 Yellow/Black LHD US ZFFSG17A0M00 enginge rebuilt with turbo
88792	Testarossa	91 LHD US ZFFSG17A2M0088792
88794	348	tb Challenge
88796	Mondial	t Cabriolet Dark Blue/Tan RHD UK ZFFKC33C000088796
88797	F40	91 Red/Black w Red cloth LHD EU ZFFGJ34B000088797, new to D
88803	F40	Red/Black w.Red cloth LHD US ZFFMN34A5M0088803, new to the US
88804	348	tb 91 Red/Tan LHD US ZFFRG35A9M0088804
88806	Mondial	t Cabriolet Red/Black
88807	Testarossa	91 Red/Tan LHD US ZFFSG17A0M0088807
88808	Testarossa	91 Red/Black LHD US ZFFSG17A2M0088808
88809	Testarossa	91 LHD US ZFFSG17A4M0088809
88810	Testarossa	91 Red/Crema LHD US ZFFSG17A0M0088810
88811	Mondial	t Cabriolet 91 LHD US ZFFRK33A4M0088811
88812	348	tb 91 Red LHD EU
88813	348	ts 91 LHD US
88814	348	ts 91 LHD US
88815	Mondial	t black/black LHD EU ZFFKD32B000088815 88815NYE
88816	F40	Red/Black w Red cloth LHD EU ZFFGJ34B000088816 ass. # 05834, new to D
88818	348	ts Red/Black
88819	348	ts Red/Crema LHD EU
88820	348	ts Red/Black & Red sports seats LHD ZFFKA36B000088820 ass. # 05468 88820HSV colour-coded sills non-standard rear grill shields
88821	F40	91 Red/Black w Red cloth LHD EU ZFFGJ34B000088821, new to I
88822	348	tb Red/Black LHD EU
88823	348	tb Rosso/cuoio LHD ZFFKA35B000088823
88824	Testarossa	91 Giallo Modena/Black US ZFFSG17A0M0088824
88825	Testarossa	91 Black/Tan LHD US ZFFSG17A2M0088825
88826	Testarossa	91 White dark Red LHD US ZFFSG17A4M0088826 Black carpets
88827	Testarossa	2/91 White/WhiteLHD US ZFFSG17A6M0088827
88828	Testarossa	91 White/Red LHD US ZFFSG17A8M0088828
88829	Testarossa	3/91 Sera Blue Metallic/Tan LHD US ZFFSG17AXM0088829
88830	348	tb Challenge
88834	348	tb Red/Black LHD
88835	F40	91 Red/Black w. Red LHD EU ZFFGJ348000088835
88837	348	ts Red/Tan LHD EU
88838	348	tb Red/Black LHD EU Red carpets

s/n	Type	Comments
88841	Mondial	t Cabriolet Red/White LHD EU ZFFKC33B0000
88842	Testarossa	91 Yellow/black LHD US ZFFSG17A2M0088842
88843	Testarossa	91 Black/black LHD US ZFFSG17A4M0088843
88844	Testarossa	91 Black/Crema LHD US ZFFSG17A6M0088844
88850	348	ts Rosso/nero LHD EU ZFFKA36B000088850 ass.# 05510
88853	F40	Red/Black w.Red cloth LHD EU ass. #05876, new to I
88854	F40	91 Red/Black w Red cloth LHD EU ZFFGJ34B000088854, new to I
88855	348	tb Red
88864	Testarossa	Red/Black LHD EU ZFFAA17B000088864 ass. # 06010
88865	Testarossa	Red/Tan LHD CH ZFFSA17S000088865
88866	Testarossa	Red/Black & Red grey stripe LHD ZFFAA17B000088866
88867	Testarossa	Spider Conversion by Pininfarina black metallic/Red LHD EU
88869	348	ts Black/Black LHD
88872	F40	Red/Red Cloth
88873	F40	91 Red/Black w Red cloth LHD EU ZFFGJ34B000088873, new to I
88874	348	tb 91 Red/Black LHD US ZFFRG35A8M0088874
88875	348	ts Red/Crema RHD UK ZFFKA36C000088875
88876	348	ts Red/Tan LHD EU
88877	348	ts Red/Black
88881	Testarossa	Red Magnolia LHD
88885	Testarossa	91 Rosso Corsa/black LHD EU ZFFAA17B000088885 88885ALE
88892	348	ts Red/Black LHD EU ZFFKA36B000088892 ass. # 05562 88892HKS
88893	348	ts Red/Black LHD EU
88894	Mondial	t Dark Blue LHD
88895	F40	91 Red/Black w Red cloth LHD EU ZFFGJ34B000088895, new to I
88896	F40	91 Red/Black w Red cloth LHD US ZFFMN34A5M0088896, new to the US
88897	348	ts Red Brown LHD EU
88899	Testarossa	Rosso Corsa/black & Red sport seatsLHD EU ZFFAA17B000088899 88899PHK
88900	Testarossa	91 Rosso Corsa/Black LHD ZFFAA17B000088900 88900XKY
88901	348	ts 91 Rosso Corsa/Tan LHD US
88903	Testarossa	Yellow/Black LHD EU
88906	348	ts Red/Black LHD EU
88907	348	ts
88911	Mondial	t Cabriolet 91 Yellow/black LHD US ZFFRK33A8M0088911
88912	F40	Red/Black w.Red cloth LHD ass. # 05908, new to I
88913	F40	91 Red/Black w Red cloth LHD EU ZFFGJ34B000088913, new to I
89516	348	tb Red/Tan LHD CH ZFFFA35S000089516
88917	Testarossa	
88918	Testarossa	Red/Crema RHD UK ZFFAA17C000088918
88922	Testarossa	Red
88923	348	ts 91 LHD US ZFFRG36A8M0088923
88924	348	ts 91 LHD US
88925	348	tb Challenge Speciale 91 Rosso Corsa/Black RHD ZFFFA35D000088925
88926	348	ts Red/Crema LHD
88928	348	ts 91 LHD EU
88932	F40	91 Red/Black w Red cloth LHD EU ZFFGJ34B000088932, new to I
88934	348	ts Red/Tan LHD EU ZFFKA36B000088934
88937	348	ts Red/Tan LHD EU
88941	348	ts 3/91 Black/Black LHD US ZFFRG36AXM0088941
88947	348	ts Red/Black LHD EU ZFFKA36B000088947
88951	F40	91 Red/Black w Red cloth LHD EU ZFFGJ34B000088951 ass. #05979, new to GB
88952	348	ts 91 LHD US
88954	348	ts
88956	348	ts
88959	348	ts 91 Black/Tan LHD US ZFFRG36A7M0088959
88960	F40	91 Red/Black w Redcloth LHD EU ZFFGJ34B000088960, new to Dubai
88962	Testarossa	
88963	Testarossa	Red/Black LHD
88964	Testarossa	jaune/noir
88967	348	ts Red/Black ZFFKA36B000088967
88970	F40	91 Red/Black w Red cloth LHD EU ZFFGJ34B000088970, new to I
88973	348	ts Yellow/Black LHD EU
88975	Mondial	t Cabriolet 91 Rosso Corsa/Tan LHD US ZFFRK33A1M0088975
88976	Testarossa	91 Rosso Corsa/Tan LHD US
88977	Testarossa	91 Red/Tan LHD ZFFSG17A3M0088977
88978	Testarossa	91 Black/Black LHD US ZFFSG17A5M0088978
88979	Testarossa	91 LHD US ZFFSG17A7M0088979
88980	Testarossa	91 LHD US ZFFSG17A3M0088980
88981	348	ts Red/Black LHD EU
88983	348	ts 91 Red/Black ZFFKA36B000088983
88994	348	ts Red/Black
88985	348	ts 91 LHD US ZFFRG36A8M0088985
88986	348	ts 91 Red/Tan LHD US ZFFRG36AXM0088986
88987	348	tb Challenge 3/91 Giallo Fer 102 then Red & Yellow/black Red racing seats then Yellow/Red LHD US ZFFRG35AXM0088987 ass. # 6017
88988	348	ts
88990	F40	91 Red/Black w Red cloth LHD EU ZFFGJ34B000088990, new to GB
88991	F40	91 Red/Black w Red cloth LHD US ZFFMN34AXM0088991, new to the US
88992	348	ts Red LHD
88993	348	ts Red/Black LHD ZFFKA36B000088993
88994	348	ts Red/Black LHD ZFFKA36B000088994
88996	Mondial	t Cabriolet Red/Tan LHD EU ass. # 06519
88997	Testarossa	Red/Black
88998	Testarossa	91 LHD US ZFFSG17A0M0088998
89000	Testarossa	91 Black/Tan LHD US ZFFSG17A3M0089000
89001	Testarossa	91 Black/Tan LHD US ZFFSG17A5M0089001
89002	Testarossa	91 Red/Tan LHD US ZFFSG17A7M0089002
89005	348	ts Red/Black
89006	348	ts Red/Black
89008	348	ts Red/Black LHD
89009	F40	91 Red/Black w Red cloth LHD EU ZFFGJ34B000089009, new to I
89010	F40	91 Red/Black w Red cloth LHD EU ZFFGJ34B000089010, new to GB
89012	348	ts 91 LHD US ZFFRG36A5M0089012
89013	348	ts Red White RHD ass. # 05889
89015	Testarossa	91 LHD US ZFFSG17A5M0089015
89016	Testarossa	91 LHD US ZFFSG17A7M0089016
89017	Testarossa	91 LHD US ZFFSG17A9M0089017
89018	Testarossa	91 Red/Black LHD US ZFFSG17A0M0089018
89019	Testarossa	91 LHD US ZFFSG17A2M0089019
89020	Testarossa	91 Red/Tan LHD US ZFFSG17A9M0089020
89021	Testarossa	91 Red/Black LHD EU ZFFAA17B0000
89024	348	ts Giallo Modena/Black Black Top LHD EU ZFFKA36B000089024 89024KHE
89027	348	ts
89028	F40	91 Red/Black w Red cloth LHD EU ZFFGJ34B000089028, new to I
89030	Mondial	t Red/Black
89031	348	ts 91 LHD US ZFFRG36A9M0089031
89033	348	ts 91 Rosso Corsa/Crema RHD UK ZFFKA35C000089033
89034	348	ts Red/Beige LHD EU ass. # 05890
89035	Mondial	t Cabriolet 3/91 Rosso Corsa/Tan Manual LHD US ZFFRK33A2M0089035
89036	348	tb Red/Black
89037	F40	91 Red/Black w Red cloth LHD EU ZFFGJ34B000089037

s/n	Type	Comments
89039	348	ts Red/Black LHD EU
89040	348	ts 91 Red/Beige LHD US ZFFRG36AXM0089040
89042	Testarossa	Red/beige ZFFAA17C000089042
89047	F40	Red/Black w.Red cloth LHD EU ZFFGJ34B000089047 ass. # 06083, new to GB
89048	F40	91 Red/Black w Red cloth LHD EU ZFFGJ34B000089048 ass. # 06084, new to I
89051	348	ts 91 Red/Tan LHD US ZFFRG36A4M0089051
89052	Testarossa	Red/Black
89055	Mondial	t Red/Tan
89060	348	ts 91 LHD US ZFFRG36A5M0089060
89061	348	ts Red/Black RHD UK ZFFKA36C000089061 ass. # 05915
89062	Testarossa	Yellow;black
89067	F40	Red/Black w.Red cloth LHD EU ZFFGJ34B000089067 ass. # 06104, new to D
89069	348	ts Red/Black LHD EU
89070	348	ts 91 LHD US ZFFRG36A8M0089070
89071	348	ts 91 LHD US ZFFRG36AXM0089071
89073	Testarossa	
89074	Testarossa	Red/Black LHD EU
89080	Testarossa	Red/Black LHD EU
89084	348	tb 91 Rosso Corsa/Beige LHD US ZFFRG35A6M0089084
89085	F40	91 Red/Black w Red cloth LHD EU ZFFGJ34B000089085, new to GB
89086	F40	91 Red/Black w Red cloth LHD US ZFFMN34A8M0089086, new to the US
89087	348	tb 91 Rosso Corsa with Nero interior ZFFKA3580089087
89088	348	tb Blue metalic
89090	348	ts Red/Tan LHD LHD US ZFFRG36A3M0089090
89091	348	ts 91 Black/Tan
89093	348	ts 91 LHD US
89094	Mondial	t Cabriolet 91 LHD US ZFFRK33A7M0089094
89095	348	ts 91LHD US ZFFRG36A2M0089095
89096	348	ts Rosso Corsa/Black LHD EU 89096WVR ass. # 05896
89099	348	ts Red/Black
89100	512	TR first
89102	348	tb Red/Black LHD EU
89103	348	tb 91 Red/Tan LHD EU ZFFKA35B000089103 ass. # 05932 89103NMX
89105	F40	9 1Red/Black w Red cloth LHD EU ZFFGJ34B000089105, new to D
89106	Mondial	t Cabriolet Red/Black LHD
89107	348	ts 91 Black/Beige LHD US ZFFRG36A5M0089107
89108	348	ts 91 LHD US ZFFRG36A7M0089108
89109	Testarossa	White
89111	Testarossa	91 Red/Tan LHD
89113	Testarossa	Red/Crema RHD UK
89115	348	ts Red/Black LHD EU
89120	F40	91 Red/Black w Red cloth LHD EU ZFFGJ34B000089120, new to I
89121	F40	Red/Black w. Red cloth LHD EU ZFFGJ34B000089121 ass. # 06147, new to D
89123	348	tb Red/Black LHD ZFFKA35B000089123 ass. # 05965
89126	348	ts 91 LHD US ZFFRG36A9M0089126
89127	348	ts 91 Red/Tan LHD US ZFFRG36A0M0089127
89129	348	ts Red/Black LHD EU ass. # 05974
89133	348	ts Black/Black RHD UK
89138	F40	91 Red/Black w Red cloth LHD EU ZFFGJ34B000089138
89139	F40	91 Red/Black LHD
89140	F40	91 Red/Black w Red cloth LHD EU ZFFGJ34B000089140, new to GB
89143	Testarossa	Red/Tan
89144	Testarossa	Red/Tan LHD
89145	348	ts 91 Red/Tan LHD US ZFFRG36A2M0089145
89146	348	ts 3/91 Black/tan LHD US ZFFRG36A4M0089146 ass. # 06027 355 Lightweight body conversion
89149	Mondial	t 3.4 91 Red/Black LHD ZFFKD32B000089149
89152	348	tb black metallic/black
89153	348	ts Black/black RHD UK
89154	348	tb Red
89155	Mondial	t Cabriolet 91 LHD US ZFFRK33A1M0089155
89158	Testarossa	Red/Tan LHD EU
89160	F40	91 Red/Black w Red cloth LHD EU ZFFGJ34B000089160, new to D
89161	F40	91 Red/Black w Red cloth LHD EU ZFFGJ34B000089161, new to I
89164	348	ts 91 Red/Tan LHD US ZFFRG36A6M0089164
89165	348	ts 91 Red/Black LHD US ZFFRG36A8M0089165
89166	512	TR Red/Tan LHD ZFFLA40B000089166 Ass # 06434
89167	F40	91 Red/Red ZFFGJ34B000089167
89168	Testarossa	Red/Black
89171	348	ts Red/Black LHD EU ZFFKA36B000089171
89174	348	ts
89175	348	tb Red/Black
89178	Testarossa	91 Black/black LHD US ZFFSM17AXM0089178
89179	Testarossa	91 Black/tan LHD US ZFFSG17A2M0089179
89180	F40	91 Red/Black w Red cloth LHD EU ZFFGJ34B0000 ass. # 06191, new to D
89181	348	tb 91 Black/Black LHD US ZFFRG35A4M0089181
89183	348	ts 3/91 Red/Tan LHD US ZFFRG36AXM0089183
89184	348	ts LHD US ZFFRG36A1M0089184
89187	348	ts
89188	348	ts Red/Tan LHD US
89191	348	ts Red/Crema
89192	Testarossa	91 LHD US ZFFSG17A5M0089192
89193	Testarossa	91 Red/Tan LHD US ZFFSG17A7M0089193
89194	Testarossa	91 Red/Tan LHD US ZFFSG17A9M0089194
89195	Testarossa	91 LHD US ZFFSG17A0M0089195
89198	Testarossa	91 LHD US ZFFSG17A6M0089198
89199	348	tb Red/Black LHD EU
89200	F40	91 Red/Black w Red cloth LHD EU ZFFGJ34B000089200, new to GB
89201	F40	91 Red/Black w Red cloth LHD EU ZFFGJ34B000089201 ass. # 06251, new to D
89202	348	ts 91 Red/Tan LHD US ZFFRG36AXM0089202
89203	348	ts 3/91 White/tan LHD US ZFFRG36A1M0089203
89205	348	ts Red/Black LHD ZFFKA36B000089205 shields
89208	348	tb 91 Rosso Corsa/Black LHD
89209	Mondial	t 91 Black/tan LHD, ZFFKD32B000089209
89210	Testarossa	91 Red/Tan LHD US ZFFSG17A3M0089210
89211	Testarossa	91 Red/Tan ZFFSG17A5M0089211
89212	Testarossa	91 LHD US ZFFSG17A7M0089212
89213	Testarossa	91 LHD US ZFFSG17A9M0089213
89214	Testarossa	91 Red/Tan LHD US ZFFSG17A0M0089214
89215	Mondial	t Cabriolet 91 LHD US ZFFRK33A4M0089215
89216	F40	91 Red/Black w Red cloth LHD US ZFFMN34A6M0089216, new to the US
89217	Testarossa	91 Metallic black/Crema LHD US ZFFSG17A6M0089217
89218	Testarossa	91 Red/Tan & Black LHD US ZFFSG17A8M0089218
89221	348	ts 91 LHD US ZFFRG36A3M0089221
89222	348	ts 91 LHD US ZFFRG36A5M0089222
89229	348	tb 91 Grigio Metallizzato/Nero ZFFKA35B000089229
89231	F40	Red/Black w Red cloth LHD EU ZFFGJ34B000089231 ass. # 06252, new to I
89233	Testarossa	Red/Black ZFFAA17B000089233 89233WVQ
89238	348	ts Rosso Corsa/Red LHD ZFFKA36B000089238 ass. # 06131 89238CUZ shields colour-coded rear grill colour-coded sills

s/n	Type	Comments
89240	348	ts 91 White/tan leather LHD US ZFFRG36A7M0089240,
89241	348	ts 91 LHD US ZFFRG36A9M0089241
89242	348	tb Red/Black LHD EU
89244	348	ts dark Blue/tan ZFFKA35B000089244 ass. # 06088
89245	Testarossa	Red/Black LHD EU
89246	Testarossa	Red/Black
89249	F40	Rosso Corsa then Dino Blue/black w Red cloth LHD EU ZFFGJ34B000089249, new to D
89250	F40	91 Red/Black w Red cloth LHD EU ZFFGJ34B000089250, new to GB
89251	348	tb 91 Red ZFFKA35C000089251
89252	Testarossa	Red/Black
89253	Testarossa	Red/Tan
89256	348	ts Red/Black LHD EU
89257	348	ts Red/beige ZFFKA36B00089257 ass. # 06134
89259	348	ts 91 LHD US
89260	348	ts 91 ZFFRG36A2M0089260
89261	348	tb Red/Red cloth reacaro seats LHD EU
89262	348	tb LHD EU ZFFKA35B000089262
89263	348	ts 91
89266	Testarossa	Grey/Red LHD EU ZFFAA17B000089266
89268	F40	Red/Black w Red cloth LHD EU ZFFGJ34B000089268 ass. # 06294, new to D
89270	348	ts Red/Crema RHD UK
89273	348	ts
89275	Mondial	t Cabriolet 91 LHD US ZFFRK33A0M0089275
89276	348	ts Red/Crema LHD EU ZFFKA36B000089276
89277	348	ts Red/Black
89278	348	ts 3/91 Rosso Corsa/Tan LHD US ZFFRG36AXM0089278
89279	348	ts 3/91 Red/Tan LHD US ZFFRG36A1M0089279
89280	348	tb 3/91 90 Red/Black LHD EU ZFFKA35B000089280
89282	348	tb 3/91 Dark Blue Dark Blue LHD EU
89284	Testarossa	
89287	Testarossa	LHD
89288	F40	91 Red/Black w Red cloth LHD EU ZFFGJ34B000089288, new to MEX
89289	F40	Red/Black w Red cloth LHD EU ZFFGJ34B000089289 ass. # 06327, new to D
89290	Mondial	t Cabriolet Red ZFFKC33B000089290
89293	348	ts 3/91 Rosso Corsa/Black colour-coded roof LHD ZFFKA36B000089293 89293XPF shields colour-coded sills
89297	348	ts 3/91 LHD US
89298	348	ts 3/91 Black/black LHD US ZFFRG36A5M0089298
89300	Testarossa	Red/Black LHD ZFFAA17B000089300
89305	Testarossa	Black/grey
89307	F40	91 Red/Black w Red cloth LHD EU ZFFGJ34B000089307 ass. # 06346, new to GB
89308	F40	91 Red/Black w Red cloth LHD EU ZFFGJ34B000089308 ass. # 06328, new to D
89311	Testarossa	91 Rosso/Nero ZFFAA17B000089311
89315	348	ts 3/91 Red/Crema RHD UK
89316	348	ts 3/91 Red/Tan LHD US ZFFRG36A3M0089316 355-rear grille set-up
89317	348	ts 3/91 LHD US ZFFRG36A5M0089317
89318	348	tb 3/91 Red/Black LHD ZFFKA35B000089318 ass. # 06240
89319	348	tb 3/91 Rosso Corsa/Tan LHD EU ZFFKA35B000089319 ass. # 06174 89319EKE
89321	F40	91 Red/Black w Red cloth LHD EU ZFFGJ34B000089321 ass. # 06461, new to F
89322	F40	Red/Black w Red cloth LHD EU ZFFGJ34B000089322 ass. # 06347, new to D
89323	348	tb 3/91 Red/Crema RHD ZFFKA35C000089323
89325	Testarossa	Red/beige w.Red cloth seats LHD EU
89326	Mondial	t Rosso Corsa/tan LHD CH ZFFFD32S000089326 89326NPV
89328	F40	91 Red/Black w Red cloth LHD EU ZFFGJ34B000089328, new to D
89330	348	ts 3/91 Red/Black LHD EU ZFFKA36B000089330 ass. # 06219
89333	348	ts 3/91 Red/Black LHD EU
89335	Mondial	t Cabriolet 91 Red/Tan LHD US ZFFRK33A3M0089335
89336	F40	91 Red/Black w Red cloth LHD US ZFFMN34A5M0089336, new to the US
89337	348	ts 3/91 Rosso Corsa/Tan LHDUS ZFFRG36A0M0089337
89338	348	ts 3/91 White Black LHD US ZFFRG36A2M0089338
89340	F40	91 Red/Black w Red cloth LHD EU ZFFGJ34B000089340, new to GB
89341	F40	91 Red/Black w Red cloth LHD EU ZFFGJ34B000089341, new to D
89342	348	tb Red/Black LHD EU ZFFKA35B000089342
89344	Mondial	t Red/Crema RHD UK ZFFKD32C000089344 sunroof
89345	348	tb 91 LHD US ZFFRM35A7M0089345
89346	348	tb 91 Rosso Corsa/Beige RHD ZFFFA35D000089346
89350	348	ts Red/Black LHD colour coded roof
89353	348	ts 91 Black/black LHD US ZFFRG36A9M0089353
89354	348	ts 91 LHD US ZFFRG36A0M0089354
89355	F40	91 Red/Black w Red cloth LHD EU ZFFGJ34B000089355, new to I
89356	F40	91 Red/Black w Red cloth LHD EU ZFFGJ34B000089356, new to GB
89359	348	tb
89360	348	tb 91 Black/black LHD US ZFFRG35A4M0089360
89362	Mondial	t Cabriolet 91 Chiaro Blue/tan LHD US ZFFRK33A6M0089362
89366	348	ts Red/Black
89367	348	ts Red/Black LHD EU ZFFKA36B000089367 Red skirts & roof
89370	F40	Red/Black w.Red cloth LHD EU ZFFGJ34B000089370 ass. # 06493, new to I
89371	F40	Red/Black w Red cloth LHD EU ZFFGJ34B000089371 Plexi side windows, new to GB
89372	348	ts 91 LHD US ZFFRG36A2M0089372
89373	348	ts 91 LHD US ZFFRG36A4M0089373
89374	348	tb Red/Black ZFFKA35B0000 ass. # 06258
89375	348	tb Red/Black LHD EU ZFFKA35B000089375 ass. # 06302 89375RVR
89377	Testarossa	LHD
89378	Testarossa	Red/Crema RHD UK
89380	Testarossa	91 Rosso Corsa/Beige ZFFSA17S000089380
89381	Testarossa	Red/Crema LHD
89382	F40	91 Red/Black w Red cloth LHD US ZFFMN34A1M0089382, new to the US
89383	348	ts Rosso Corsa/Black LHD ZFFKA36B000089383 shields
89385	F40	91 Red/Black w Red cloth LHD US ZFFGJ34B000089385, new to F
89386	F40	new to I
89387	348	tb Red/Black LHD EU ass. # 06304
89391	348	ts Red/beige
89392	348	ts 91 Red/Tan special-ordeRed Red carpets LHD US ZFFRG36A8M00
89393	348	ts 91 Red/Tan LHD US ZFFRG36AXM0089393
89394	348	tb 3/91 Red/Crema LHD EU
89395	348	tb Challenge Red/Black LHD EU ZFFKA35B000089395
89397	Testarossa	Red/Crema LHD CH ZFFSA17S000089397
89399	348	ts Yellow/Black RHD ZFFKA36C000089399

s/n	Type	Comments	s/n	Type	Comments
89400	F40	Red/Black w.Red cloth LHD EU ZFFGJ34B000089400 ass. # 06494	89484	F40	91 Red/Black w. Red cloth LHD EU ZFFGJ34B000089484, new to I
89401	F40	91 Red/Black w Red cloth LHD EU ZFFGJ34B000089401, new to F	89485	F40	new to I
89402	F40	91 Red/Black w Red cloth LHD EU ZFFGJ34B000089402, new to CH	89487	348	tb Red/Crema LHD EU ZFFKA35B000089487
89404	348	ts Red/Black LHD EU ass. # 06299	89488	348	ts 3/91 Rosso Corsa FER 300/9/Tan LHD US ZFFRG36AXM0089488
89407	F40	91 Red/Black w Red cloth LHD EU ZFFGJ34B000089407	89489	348	ts 91 LHD US ZFFRG36A1M0089489
89408	348	ts 91 Red/Black LHD EU	89490	348	ts Red/Black LHD ZFFFA36JAP0089490 colour coded roof
89410	348	tb	89491	Testarossa	Yellow/Black LHD
89411	348	ts 91 LHD US ZFFRG36A8M0089411	89492	Testarossa	LHD
89412	348	tb	89493	Testarossa	Red/Tan ZFFAA17B000089493 ass.# 06567 89493ZZC
89413	Mondial	t Cabriolet 91 LHD US ZFFRK33A8M0089413	89498	Mondial	t Cabriolet 91 LHD US ZFFRK33A9M0089498
89414	Mondial	t Cabriolet black/tan, black top, LHD EU	89499	348	ts Rosso Corsa/Black colour-coded roof LHD ZFFKA36B000089499 ass. # 06425 89499DXV colour-coded sills
89415	F40	Competizione Conversion 91 Red & White/black w.Red cloth LHD EU ZFFGJ34B000089415	89502	348	ts LHD EU ZFFKA36B000089502
89416	F40	91 Red/Black & black LHD EU ZFFGJ34B0000 ass. # 06553	89503	F40	Red/Black & Red Cloth ZFFGJ34B000089503 ass. # 06712, new to I
89417	Mondial	t Red/Black LHD ZFFKD32B0000 sunroof	89504	F40	Red/Black w Red cloth LHD EU ZFFGJ34B000089504 ass. # 06722, new to I
89418	348	ts LHD	89508	348	ts 3/91 Red/Tan LHD US ZFFRG36A1M0089508
89419	Testarossa		89509	Testarossa	Red/Black LHD ZFFAA17B000089509 ass. # 06565
89421	F40	91 Red/Black w Red cloth LHD EU ZFFGJ34B000089421	89512	Testarossa	91 Red/Tan LHD US ZFFSG17A8M0089512
89424	348	tb black/magnolia LHD ZFFKA35B000089424	89513	Testarossa	91 Red/Tan LHD US ZFFSG17AXM0089513
89425	348	ts 91 Red/Black LHD EU ZFFKA36B000089425	89514	Testarossa	91 LHD US ZFFSG17A1M0089514
89427	348	ts Red/Black LHD EU ZFFKA36B0000	89515	348	ts dark Blue/tan RHD ZFFKA36C000089515
89430	F40		89516	348	tb 91 Red/Tan LHD CH ZFFFA35S000089516
89431	F40	Matte Black/Black leather ZFFGJ34B000089431, new to A, RHD Conversion, ex-Sultan of Brunei	89517	Mondial	t Cabriolet 91 LHD US ZFFRK33A9M0089517
89432	Mondial	t Cabriolet 91 Red then Blu Chiaro/tan LHD US ZFFRK33A1M0089432	89518	348	ts Red/grey LHD EU ZFFKA36B000089518
89433	Testarossa	Red/Tan	89519	348	ts Red White LHD EU
89434	Testarossa	Red/Black LHD ZFFAA17B000089434 89434YSS ass. # 06539	89520	348	ts Red/Black LHD EU
89435	Testarossa	Black/beige	89521	F40	91 Red/Black w Red cloth LHD EU ZFFGJ34B000089521, new to I
89438	348	ts Red/Tan ZFFFA36S0000 ass. # 06281	89522	F40	91 Red/Black w Red cloth LHD EU ZFFGJ34B000089522, new to D
89441	F40	91 Red/Black w Red cloth LHD US ZFFMN34A2M0089441 ass. # 07866 Tubi, new to the US	89523	F40	91 Red/Black w Red cloth LHD US ZFFMN34A4M0089523, new to the US
89442	348	ts Red/Black	89525	Mondial	t 91 Red/Black LHD EU ZFFKD32B000089525
89446	348	tb Yellow/Black	89527	348	ts 91 Red/beige LHD US ZFFRG36A5M0089527
89448	348	tb 91 LHD US ZFFRM35A6M0089448	89528	Testarossa	91 Red/Tan LHD US ZFFSG17A1M0089528
89450	348	ts 91 Yellow/black LHD US ZFFRG36A7M0089450	89529	Testarossa	91 LHD US ZFFSG17A3M0089529
89451	348	ts 91 Red/Tan LHD US ZFFRG36A9M0089451	89530	Testarossa	91 LHD US ZFFSG17AXM0089530
89453	Testarossa		89531	Testarossa	91 LHD US ZFFSG17A1M0089531
89455	Testarossa	Red/Black LHD	89532	Testarossa	91 Red/Tan LHD US ZFFSG17A3M0089532
89457	348	ts 91 Red/magnolia RHD UK ZFFKA36C000089457	89534	348	tb
89458	Mondial	t Cabriolet 91 Red/Tan LHD US ZFFRK33A8M0089458	89536	Mondial	t Cabriolet 91 Red/Tan LHD US ZFFRK33A2M0089536
89459	F40	Red/Black w Red cloth LHD EU ZFFGJ34B000089459 ass. # 06612, new to I	89537	348	ts 91 Red ZFFKA36B000089537
89460	F40	91 Red/Black w Red cloth LHD EU ZFFGJ34B000089460, new to I	89538	348	ts Red/Black LHD EU
			89540	F40	91 Red/Black w Red cloth LHD EU ZFFGJ34B000089540 ass. # 06745, new to D
89461	348	ts Black/Black was Red/Black LHD EU	89541	F40	new to I
89463	348	ts Red/Black ass. # 06404	89542	Mondial	t Cabriolet Red/Black RHD UK
89465	F40	7/91 Rosso/Nero w Red cloth LHD EU ZFFGJ34B000089465, new to D, race modified	89546	348	ts 91 LHD US ZFFRM35A6M0089546
89466	F40	91 Rosso/Nero w.Red cloth LHD EU ZFFGJ34B000089466 ass. # 06671, new to D	89548	Testarossa	91 Red/Tan LHD US ZFFSG17A7M0089548
89469	348	tb Red/Black LHD EU ass. # 06382	89549	Testarossa	91 White/Red LHD US ZFFSG17A9M0089549
89470	348	ts 91 Red/Tan LHD US ZFFRG36A2M0089470	89550	Testarossa	91 LHD US ZFFSM17A4M0089550
89472	512	TR 92 Red/Tan LHD US ZFFLG40A9N0089472	89551	Testarossa	91 LHD US ZFFSM17A6M0089551
89475	Testarossa	91 ZFFAA17B000089475	89552	348	ts Red/Tan RHD UK
89476	Testarossa	Red/Black	89553	348	ts 91 Red LHD ZFFKA36B000089553
89478	Mondial	t Black/black	89555	348	tb White/Crema RHD ZFFFA35D000089555
89479	Mondial	t Cabriolet 91 LHD US ZFFRK33A5M0089479	89556	Mondial	t Cabriolet 91 LHD US
			89558	Mondial	t Cabriolet 91 Black/black ZFFRK33A1M0089558
89480	348	ts Red/Crema LHD EU	89559	F40	91 Red/Black w Red cloth LHD EU ZFFGJ34B000089559, new to CH
89483	348	ts Red/Black LHD EU	89560	F40	new to the US

s/n	Type	Comments	s/n	Type	Comments
89561	348	tb Red/Black LHD EU ZFFKA35B000089561 ass. #06457	89653	F40	91 Red/Black w Red cloth LHD US ZFFMN34A6M0089653, new to the US
89562	348	tb Red/Tan	89654	F40	Red/Black w Red cloth LHD EU ZFFGJ34B000089654 ass. # 06921, new to D
89563	348	tb 91Silver/Black & Red Suede LHD US ZFFRG35A7M0089563 ass. # 06624	89655	F40	91 Red/Black w Red cloth LHD EU ZFFGJ34B000089655 ass. # 06920, new to D
89566	348	ts Red/Black LHD	89663	348	ts 91 LHD US ZFFRG36A2M0089663
89568	348	ts 91 Red/Tan LHD US ZFFRG36A8M0089568	89664	348	ts 91 Red/Tan LHD US ZFFRG36A4M0089664
89569	348	ts 91 Red/Tan LHD US ZFFRC36AXM0089569	89666	348	ts
89571	Testarossa	91 Red/Black LHD US ZFFSM17A1M0089571	89668	Testarossa	Yellow/black LHD EU
89572	F40	Red/Black w.Red LHD EU ZFFGJ34B000089572	89671	Testarossa	Rosso Corsa ZFFAA17B000089671
89577	Mondial	t Cabriolet 91 LHD US ZFFRK33A5M0089577	89673	F40	91 Red/Black w Red cloth LHD EU ZFFGJ34B000089673, new to I
89578	F40	91 Red/Black w Red cloth LHD EU ZFFGJ34B000089578, new to I	89674	F40	91 Red/Black w Red cloth LHD EU ZFFGJ34B000089674, new to I
89579	F40	new to I	89678	348	ts Red/Black LHD ZFFKA36B000089678
89580	F40	91 Red/Black w. Red cloth LHD US ZFFMN34A5M0089580, new to the US	89679	348	ts 91 Rosso/Beige LHD EU ZFFKA36B000089679
89582	348	tb red Italian stripe/black ZFFKA35B000089582 ass. # 06483	89682	348	ts 91 LHD US ZFFRG36A6M0089682
89588	348	ts 91 Rosso Corsa/Tan LHD US ZFFRG36A3M0089588	89683	348	ts 91 Red/Beige/Tan LHD US ZFFRG36A8M0089683
89589	348	ts 91 LHD US ZFFRG36A5M0089589	89685	512	TR 92 ZFFLG40A4N0089685
89591	Testarossa	Black/Red LHD	89686	512	TR 92 ZFFLG40A6N0089686
89592	Testarossa	White	89687	512	TR 92 Red/Black LHD US ZFFLG40A8N0089687
89596	Mondial	t Cabriolet 91 Red/Tan LHD US ZFFRK33A9M0089596	89688	Testarossa	92 Black/Red LHD US
89597	F40	91 Red/Black w Red cloth LHD EU ZFFGJ34B000089597, new to D	89691	348	tb Red/Tan RHD UK
89598	F40	new to D	89692	F40	Red/Black w Red Cloth LHD, new to I
89600	348	tb 92 Red/Tan LHD	89693	F40	91 Red/Black w.Red cloth LHD EU ZFFGJ34B000089693 ass. # 07001, new to I
89603	348	ts Challenge Yellow/Red Cloth Blue roof LHD EU ZFFKA36B0000 ass. # 06551 89603AXS	89698	348	ts Red/Black LHD EU
89606	348	ts 91 Red/Tan LHD US ZFFRG36A1M0089606	89700	348	ts 91 LHD US ZFFRG36A4M0089700
89607	348	ts 91 Red/Black LHD US ZFFRG36A3M0089607	89701	348	ts 91 Rosso Corsa/Tan LHD US ZFFRG36A6M0089701
89608	348	ts 91 Red/Crema RHD ZFFFA36D000089608	89703	Testarossa	Red/Black
89609	Testarossa	91 LHD US ZFFSG17A1M0089609	89704	Testarossa	Black/black
89610	Testarossa	91 Red LHD US ZFFSG17A8M0089610	89705	Testarossa	Red/Black LHD EU
89611	Testarossa	91LHD US ZFFSG17AXM0089611	89706	Testarossa	Red/Black LHD EU
89613	Testarossa	91 Red/Tan LHD US ZFFSG17A3M0089613	89708	Testarossa	Red/Crema LHD ZFFAA17B00089708
89614	348	ts Red/Tan	89709	348	ts Red/Beige LHD EU
89615	348	tb 91 Grey/Beige RHD ZFFKA35C000089615 shields	89710	F40	91 Red/Black w Red cloth LHD US ZFFMN34A3M0089710, new to the US
89616	F40	91 Red/Black w Red cloth LHD EU ZFFGJ34B000089616, new to I	89711	F40	new to GB
89617	F40	91 Red/Black w Red cloth LHD EU ZFFGJ34B000089617, new to GB	89712	F40	91 Red/Black w Red cloth LHD EU ZFFGJ34B000089712, new to GB
89618	348	tb Red/Black	89715	348	ts Red/Tan
89619	348	tb Silver	89717	F40	91 Red/Black w Red cloth LHD EU ZFFGJ34B000089717
89625	348	ts 91 Red/Black LHD US ZFFRG36A5M0089625	89720	348	ts 4/91 Red/Tan LHD US ZFFRG36AXM0089720
89626	348	ts 91 Red/Black LHD US ZFFRG36A7M0089626	89721	348	ts 91 Black/tan LHD US ZFFRG36A1M0089721
89628	Testarossa	91 LHD US ZFFSG17A5M0089628	89724	Testarossa	Rosso Corsa/Black LHD ZFFAA17B000089724 89724WKD
89629	Testarossa	91 LHD US ZFFSG17A7M0089629	89727	512	TR 92 Red/Black LHD US ZFFLG40A5N0089727
89630	Testarossa	91 Red/Tan LHD US ZFFSG17A3M0089630	89729	348	ts 91 Yellow/Black RHD UK ZFFKA36C000089729 ass. # 06527
89631	Testarossa	91 White/black LHD US ZFFSG17A5M0089631	89730	F40	91 Red/Black w Red cloth LHD EU ZFFGJ34B000089730, new to GB
89632	Testarossa	91 LHD US ZFFSG17A7M0089632	89731	348	tb Red/Tan ZFFKA35B0000
89633	Testarossa	Black	89733	348	ts Red/Crema LHD EU
89634	348	ts Red/Crema RHD UK	89734	348	ts Red/Black ZFFKA36B000089374 ass. # 06808
89635	F40	new to I	89735	348	ts 91 Black/black LHD US ZFFRG36A1M0089735
89636	F40	Red/Black w Red Cloth LHD, new to B	89736	348	ts 91 LHD US ZFFRG36A3M0089736
89638	348	tb Red/Black LHD EU ZFFKA35B000089638	89737	512	TR 92 Rosso Corsa/Black ZFFLG40A8N0089737
89639	348	tb 91 LHD CDN ZFFRM35A2M0089639	89738	512	TR 92 Red/Tan LHD US ZFFLG40AXN0089738
89640	348	ts Red/Black LHD	89745	Testarossa	
89645	348	ts 91 Red/Black LHD US	89749	F40	new to I
89646	348	ts 91 Red/Black LHD US ZFFRG36A2M0089646 FNA	89750	F40	91 Red/Black w Red cloth LHD EU ZFFGJ34B000089750, new to GB
89647	Testarossa	91 Red/Tan LHD US ZFFSG17A9M0089647	89752	348	tb 91 LHD US ZFFRM35A9M0089752
89648	Testarossa	LHD			
89649	Testarossa				
89651	348	ts Red/Tan LHD CH ZFFFA36S0000			

s/n	Type	Comments
89753	348	ts 91 White/black LHD US ZFFRG36A3M0089753
89754	348	ts 91 Chiaro Blue/Crema LHD US ZFFRG36A5M0089754
89755	512	TR 92 Red/Tan LHD US ZFFLG40AXN0089755
89756	512	TR 92 Red/Tan LHD US ZFFLG40A1N0089756
89757	Testarossa	Red/beige LHD EU ZFFAA17B000089757
89764	348	ts Red/Black
89767	F40	91 Red/Black w Red cloth LHD US ZFFMN34AXM0089767, new to the US
89768	F40	91 Red/Black w. Red cloth LHD EU ZFFGJ34B000089768 ass. # 07141, new to I
89769	F40	91 Red/Black w Red cloth LHD EU ZFFGJ34B000089769, new to J
89771	348	tb Red/Black LHD
89772	348	ts 91 Black/Black LHD US ZFFRG36A7M0089772
89773	348	ts 91 LHD US ZFFRG36A9M0089773
89774	Testarossa	Red/Black LHD EU ZFFAA17B000089774
89781	F40	Red/Black w Red cloth LHD EU ZFFGJ34B000089781 ass. # 07213, new to CH
89782	F40	91 Red/Black w Red cloth LHD US ZFFMN34A6M0089782 LM-wing Red calipers, new to the US
89784	348	ts Red/Black LHD US
89789	348	tb Red/Black shields
89791	348	ts 91 Black/black LHD US ZFFRG36A0M0089791
89792	348	ts 91 Black/Black LHD US ZFFRG36A2M0089792
89796	Testarossa	91 LHD US ZFFSM17A3M0089796
89798	Testarossa	91 LHD US ZFFSG17A8M0089798
89799	F40	Red/Black w Red cloth LHD EU ZFFGJ34B000089799 ass. # 07211, new to the US
89800	Mondial	t Blue
89803	348	tb Black/Black LHD EU
89804	348	ts Red/Black LHD EU
89805	348	tb 91 LHD US ZFFRM35A4M0089805
89808	348	tb Red/Black LHD ass. # 06701
89809	348	tb Black/black ZFFKA35B0000 ass. # 06705
89810	348	ts 91 Rosso Corsa/Tan LHD US ZFFRG36A0M0089810
89811	348	ts 91 LHD US ZFFRG36A2M0089811
89814	Testarossa	91 Red/Tan LHD US ZFFSG17A2M0089814
89815	Testarossa	91 Red/Tan LHD US ZFFSG17A4M0089815
89817	Testarossa	91 LHD US ZFFSG17A8M0089817
89818	Testarossa	91 Red/Tan LHD US ZFFSG17AXM0089818
89819	Testarossa	91 Silver/brown Blue int. later LHD US ZFFSG17AM0089819
89821	F40	91 Red then Yellow/Red cloth LHD EU ZFFGJ34B000089821 ass. #07244, new to CH
89824	348	ts Rosso Corsa/Black LHD EU ZFFKA36B000089824 ass. # 06855 89824PKI
89826	348	ts Red RHD UK ZFFKA36C000089826
89829	348	ts 91 White/black LHD US ZFFRG36AXM0089829
89830	348	ts 91 Black/tan LHD US ZFFRG36A6M0089830
89831	Testarossa	91 Silver/Black LHD US ZFFSG17A2M0089831
89832	Testarossa	91 Red/Tan LHD US ZFFSG17A4M0089832
89833	Testarossa	91 Red/Tan LHD US ZFFSG17A6M0089833
89837	F40	91 Red/Black w Red cloth LHD US ZFFMN34A5M0089837, new to the US
89838	F40	91 Red/Black w Red cloth LHD EU ZFFGJ34B000089838
89841	348	ts Red/Black
89844	F40	Red
89845	348	ts Red/Black LHD EU
89846	348	tb 91 Red LHD EU ZFFKA35B000089846
89847	348	ts 91 Black/tan LHD US ZFFRG36A1M0089847
89848	348	ts 91 Black/tan LHD US ZFFRG36A3M0089848
89849	Testarossa	Red/Black LHD EU ZFFAA17B0000
89853	Testarossa	Silver LHD ZFFAA17B000089853
89854	F40	Red/Black w.Red cloth seats LHD, new to CH
89858	Mondial	t Cabriolet 5/91 Rosso Corsa/Tan LHD US ZFFRK33A2M0089858
89859	348	ts Red/Black
89860	348	ts Yellow/black LHD EU
89861	348	ts Red/Black LHD EU ZFFKA36B000089861 ass. # 06927
89862	348	tb Red/Black
89863	348	tb 91 LHD US ZFFRM35A7M0089863
89864	348	ts 91 Rosso Corsa/Crema RHD UK
89865	348	tb Red ZFFKA35B000089865
89867	348	ts 91 Red/Tan LHD US ZFFRG36A7M0089867
89868	348	ts 91 Black met./Crema LHD US ZFFRG36A9M0089868
89870	Testarossa	Red/Black LHD EU ZFFAA17B0000
89872	Testarossa	Red/Black ZFFAA17B000089872 89872DXS ass. # 06863
89875	F40	Rosso Corsa/black w Red cloth LHD EU ZFFGJ34B000089875 ass. # 07278, new to CH
89878	Testarossa	Red/Black LHD ZFFSA17JAP0089878 colour coded spoilers non-original wheels, Red steering wheel
89879	512	TR
89881	348	ts Silver/Black
89884	348	tb Red/Black LHD EU ZFFKA35B000089884 ass. # 06884
89886	348	ts 91 Red/Tan LHD US ZFFRG36A0M0089886
89887	348	ts 91 Red/Tan LHD US ZFFRG36A2M0089887
89888	F40	91 Red/Black w Red cloth LHD US ZFFMN34A0M0089888, new to the US
89889	F40	Red/Black ZFFGJ34B000089889, new to I
89890	Mondial	t grey/black
89891	348	ts 91 Rosso/Beige ZFFKA36B000088891
89893	Testarossa	Red/Black LHD EU ZFFAA17B000089893
89894	Testarossa	Red/Black LHD EU
89895	Testarossa	91 Rosso Corsa/Crema RHD UK
89896	348	ts 91 LHD US
89897	348	ts 91 LHD US
89899	F40	Red/Red Cloth
89900	348	tb 4/91 Giallo Modena/Tan LHD US ZFFRG35AXM0089900
89902	348	tb Chiaro Blue/Grey RHD UK
89904	348	ts 91 LHD US ZFFRG36A9M0089904
89905	348	ts 91 LHD US ZFFRG36A0M0089905
89907	348	tb
89908	F40	91 Red/Black w Red cloth LHD EU ZFFGJ34B000089908 ass. # 07299, new to I
89909	Mondial	t Cabriolet 91 Red/Tan LHD US ZFFRK33A4M0089909
89912	Testarossa	Red/Tan LHD ZFFSA17S000089912 89912SQI rear spoiler
89913	Testarossa	91 Black/black LHD EU
89917	348	ts Red/Black
89918	348	ts Red/Black ZFFKA36B000089918 ass. # 6994
89919	348	ts Red/Black LHD EU
89921	348	tb 91 LHD US ZFFRM35A6M0089921
89924	348	ts 91 Red/Tan LHD US ZFFRG36A4M0089924
89925	348	ts 91 LHD US ZFFRG36A6M0089925
89926	F40	91 Red/Black w Red cloth LHD EU ZFFGJ34B000089926, new to I
89928	348	tb 91 LHD US ZFFRG35AXM0089928
89929	Testarossa	Red/Black LHD EU
89931	Testarossa	Red/Black LHD EU ZFFAA17B000089931 89931HNP
89936	348	ts
89937	348	ts Red/Black ZFFKA36B000089937
89938	348	ts Red/Black
89941	348	tb Red/Black w.Red cloth seats LHD EU ZFFKA35B000089941
89942	348	tb Red/Black
89943	348	ts 91 Red/Tan LHD US ZFFRG36A8M0089943

s/n	Type	Comments
89944	F40	91 Red/Black w Red cloth LHD US ZFFMN34A6M0089944, new to the US
89945	F40	91 Red/Black w Red cloth LHD EU ZFFGJ34B000089945, new to I
89946	Mondial	t Cabriolet 91 Red/Black
89947	Mondial	t Cabriolet 91 Black/tan LHD US ZFFRK33A1M0089947
89948	Testarossa	Red/Black LHD EU
89951	Testarossa	91 Red/Black LHD EU ZFFAA17B000089951
89952	Testarossa	Black Red
89953	Testarossa	Red/Tan
89959	348	ts Red/Black LHD EU
89961	348	tb Red/Tan LHD
89964	348	ts 91 Red/Tan LHD US ZFFRG36A5M0089964
89965	F40	new to I
89971	Testarossa	Red/Tan LHD
89973	348	ts Red/Crema RHD UK
89975	348	ts Rosso Corsa/Black LHD EU 89975AWK
89976	348	ts Dark Blue Crema LHD EU
89977	348	tb 91 Rosso Corsa ZFFFA35S000089977
89978	348	tb 91 LHD US ZFFRM35A2M0089978
89980	348	ts 91 LHD US ZFFRG36A3M0089980
89981	348	ts 91 LHD US ZFFRG36A5M0089981
89982	F40	91 Red/Black w Red cloth LHD EU ZFFGJ34B000089982, new to CH
89983	F40	91 Red/Black w Red cloth LHD EU ZFFGJ34B000089983 ass. #07384, new to I
89984	Mondial	t Cabriolet 91 LHD US ZFFRK33A7M0089984
89985	Testarossa	
89987	Testarossa	Red/Black LHD
89990	F40	91 Red/Black w Red cloth LHD EU ZFFGJ34B000089990
89991	Testarossa	91 LHD US ZFFSM17A1M0089991
89992	348	ts 91 Red LHD SWE ZFFFA36S000089992
89993	348	ts 91 Rosso Corsa/Beige ZFFKA36B000089993
89997	348	ts 91 Blue RHD ZFFFA36D000089997
89998	348	tb 92 Yellow/black
89999	348	ts 91 LHD US ZFFRG36A2M0089999
90000	F40	Red/Black w.Red cloth LHD US ZFFMN34AXM0090000, new to the US
90001	F40	GTE Conversion by Michelotto Yellow & Blue then Red/Red LHD EU ZFFGJ34B000090001 Michelotto build # 001, new to I
90002	348	tb 91 Red/Tan LHD US ZFFRG35A5M0090002
90004	Testarossa	91 LHD US ZFFSM17A4M0090004
90005	Testarossa	91 LHD US ZFFSM17A6M0090005
90008	Testarossa	91 LHD US ZFFSG17A2M0090008
90009	Testarossa	91 Red/Tan LHD US ZFFSG17A4M0090009
90010	348	ts 92 Red RHD ZFFFA36D000090010
90012	348	ts
90015	348	ts Red/Black LHD ZFFKA36B000090015
90018	348	tb
90019	348	ts 91 LHD US ZFFRG36A2M0090019
90020	F40	91 Red/Black w Red cloth LHD EU ZFFGJ34B000090020, new to I
90021	Mondial	t Cabriolet 91 LHD US ZFFRK33A7M0090021
90022	512	TR 92 Red/Tan LHD US ZFFLG40A5N0090022
90023	512	TR 92 ZFFLG40A7N0090023
90024	Testarossa	91 LHD US ZFFSG17A0M0090024
90025	Testarossa	91 Red/Tan LHD US ZFFSG17A2M0090025
90027	Testarossa	5/91 Red/Tan ZFFSG17A6M0090027
90030	348	ts Red/Tan LHD
90032	348	ts Yellow/black
90035	348	tb 91 LHD US ZFFRM35A8M0090035
90037	348	ts 91 Red/Tan LHD US ZFFRG36A4M0090037
90038	F40	91 Red/Black w Red cloth LHD EU ZFFGJ34B000090038, new to I
90043	Testarossa	91 LHD US ZFFSG17A4M0090043
90044	Testarossa	91 ZFFSG17A6M0090044
90045	Testarossa	91 Red/Tan LHD US ZFFSG17A8M0090045
90046	Testarossa	91 Red/Beige LHD US ZFFSG17AXM0090046
90047	Testarossa	91 LHD US ZFFSG17A1M0090047
90048	Testarossa	91 Red/Tan LHD US ZFFSG17A3M0090048
90049	F40	91 Red/Black w Red cloth LHD EU ZFFGJ34B000090049, new to I
90050	348	ts
90053	348	ts Black/black LHD
90058	348	ts 91 Red with tan interior US ZFFRG36A1M0090058
90059	F40	91 Red/Black w Red cloth LHD US ZFFMN34AXM0090059, new to the US
90060	Mondial	t Cabriolet 91 Red/Tan LHD US ZFFRK33A6M0090060
90064	Testarossa	Red/Black LHD
90065	348	ts Red/Black LHD CH ZFFFA36S000090065
90066	348	ts Red/Black
90067	348	ts Red/Black LHD EU
90068	348	ts 91 LHD US
90069	348	tb Zagato Elaborazione
90070	348	tb Yellow/black w. Red cloth LHD EU ass. # 06888
90071	348	tb GT/C Conversion Red/Crema RHD UK ZFFKA35C000090071
90073	348	ts 91 LHD US ZFFRG36A8M0090073
90074	F40	91 Red/Black w Red cloth LHD EU ZFFGJ34B000090074, new to GB
90076	Mondial	t Cabriolet Dark Blue metallic Dark Blue ZFFFC33JAP0090076 ass. # 07850
90077	Mondial	t Cabriolet Red/Crema RHD Manual ZFFKC33C000090077 shields
90078	F40	91 Red/Black w Red cloth LHD EU ZFFGJ34B000090078, new to D
90080	Testarossa	91 Yellow/black
90087	Testarossa	
90090	348	tb 91 ZFFRM35A5M0090090
90091	348	tb Red/Black ZFFKA35B000090091
90094	348	ts 91 LHD USZFFRG36A5M0090094
90095	F40	91 Red/Black w Red cloth LHD EU ZFFGJ34B000090095, new to GB
90096	Mondial	t Cabriolet 91 Rossa Corsa/tan Black top LHD US ZFFRK33A5M0090096
90097	512	TR 92 Red/Tan LHD US ZFFLG40A3N0090097
90099	Testarossa	Red/Tan ZFFSA17S0000
90100	Testarossa	Black/Crema
90102	Testarossa	Red/Tan LHD CH ZFFSA17S000090102
90104	Mondial	t Red
90105	348	ts Red/Tan LHD CH ZFFFA36S000090105
90107	Mondial	t
90110	348	tb Red/Black LHD
90111	348	tb Red/Black
90113	348	tb Challenge
90114	348	ts 91 LHD US ZFFRG36A7M0090114
90115	F40	91 Red/Black w Red cloth LHD US ZFFMN34A5M0090115, new to the US
90116	F40	91 Red/Black w Red cloth LHD EU ZFFGJ34B000090116, new to CH
90118	Testarossa	Red/Black LHD
90121	Testarossa	Red/Black ass. # 07130
90124	Testarossa	Red/Black
90125	125	S Replica Rosso Barchetta, Replica done by the Factory
90127	348	ts Red/Crema RHD UK
90133	348	tb Red/Black ZFFKA35B000090133 ass.# 07198 90133WZP
90134	348	tb 91 Black/Black 90134MYC
90135	348	ts 91 Yellow/Black ZFFRG36A4M0090135
90136	F40	91 Red/Black w Red cloth LHD EU ZFFGJ34B000090136, new to F
90138	Mondial	t Cabriolet 91 Red/Tan LHD US ZFFRK33A6M0090138
90142	Testarossa	5/92 Rosso/Crema ZFFAA17C000090142
90144	Testarossa	Red/Black LHD EU
90145	348	ts Rosso Corsa/tanLHD ZFFFA36S000090145 ass. # 07456
90146	348	ts Red/Black LHD
90148	348	ts 91 Red/Black LHD EU

s/n	Type	Comments
90152	348	tb Challenge Red/Black
90153	348	tb 91 LHD US ZFFRM35A3M0090153
90154	348	ts 91 White/Red LHD US ZFFRG36A8M0090154
90155	F40	Red/Black w.Red cloth LHD EU ZFFGJ34B000090155 ass. # 07538, new to D
90156	Testarossa	Red/Black
90161	Testarossa	Red/beige ZFFAA17C000090161 90161MFC
90162	Testarossa	Red LHD JP ZFFSA17JAP0090162
90163	348	tb 91 LHD US ZFFRG35A7M0090163
90164	348	ts
90165	348	ts
90169	348	tb
90173	348	ts 5/91 Black/Black LHD US ZFFRG36A1M0090173
90174	F40	new to I
90175	Mondial	t Cabriolet 91 White/tan LHD US ZFFRK33A1M0090175
90179	Testarossa	Yellow/black
90180	Testarossa	Red/Crema LHD EU ZFFAA17B000090180
90182	512	TR Red/Black EU
90183	F40	91 Red/Black w Red cloth LHD US ZFFMN34A0M0090183, new to the US
90186	348	ts
90188	348	tb Silver ZFFKA35B000090188
90192	348	tb Red/Magnolia RHD UK ass. # 07116
90193	348	ts 91 Grey/Red LHD US ZFFRG36A7M0090193
90194	F40	new to GB
90196	Mondial	t Cabriolet 91 Red/Tan LHD US ZFFRK33A9M0090196
90197	Testarossa	Red/Tan ass.# 07184
90198	Mondial	t Cabriolet 91 LHD US
90200	Testarossa	Red/Black LHD EU
90202	512	TR 92 Red/Tan LHD US ZFFLG40A7N0090202
90203	348	ts
90204	348	ts Red/Tan LHD EU
90207	348	tb Red/Black LHD ZFFKA35B000090207
90210	348	tb 91 Black/black LHD US
90211	348	ts 92 Red RHD ZFFFA36D000090211
90212	348	ts 91 Yellow Black LHD US ZFFRG36A7M0090212 ass. # 06873
90213	F40	Red/Black w.Red cloth LHD EU ZFFGJ34B000090213 ass. # 07635, new to D
90214	Testarossa	Blu Sera/Tan LHD
90216	Testarossa	Red/Crema EU
90218	Testarossa	7/91 Giallo Modena/Nero ZFFAA17B000090218
90220	Testarossa	Red/Black
90221	512	TR 92 Red/Tan LHD US ZFFLG40A0N0090221
90222	512	TR 92 ZFFLG40A2N0090222
90223	F40	91 Red/Black w Red cloth LHD US ZFFMN34A8M0090223, new to the US
90224	348	ts Red/Black LHD EU
90227	348	tb Red/Black
90229	348	tb
90231	348	ts 91 Black/Black US ZFFRG36A0M0090231 ex- Bob Bondurant
90232	Mondial	t Cabriolet Nero FER1240/Tan LHD EU ZFFKC33B000090232 ass. # 07256
90233	Mondial	t Cabriolet 91 LHD US ZFFRK33A0M0090233
90234	348	tb Red/Black & Red cloth seats LHD EU ass. # 07023
90235	F40	91 Red/Black w Red cloth LHD US ZFFGJ34B000090235
90238	348	tb Red/Tan LHD
90241	F40	91 Red/Black w Red cloth LHD US ZFFGJ34B000090241, new to CH
90242	F40	91 Red/Black w. Red cloth LHD US ZFFGJ34B000090242, new to I
90245	348	ts Red/Black LHD EU
90248	348	tb Red/Black LHD EU
90250	348	ts 91 Black/black LHD US ZFFRG36A4M0090250

s/n	Type	Comments
90251	Testarossa	
90254	Testarossa	Yellow/black
90257	512	TR Red LHD
90258	Testarossa	Red/Tan LHD
90259	F40	Red/Red seats LHD ZFFGJ34B000090259, new to D
90260	512	TR 92 Red/Tan ZFFLG40AXN0090260
90262	348	ts Red/Black LHD EU
90267	348	tb
90268	348	ts 91 LHD US
90270	Mondial	t Cabriolet 91 LHD US ZFFRK33A6M0090270
90271	Testarossa	Red/Black LHD EU ZFFAA17B000090271
90273	Testarossa	Red/Black ZFFAA17B000090273
90274	Testarossa	Red/Black LHD EU
90276	Testarossa	Red/Black
90278	F40	91 Red/Black w Red cloth LHD EU ZFFGJ34B000090278 ass. # 07721, new to I
90279	F40	91 Red/Red ZFFMN34A2M0090279 ass. # 07868, new to the US, ex-Nicolas Cage
90284	348	tb Red/Black
90285	348	ts 5/91 Red/Black LHD US ZFFRG36A1M0090285
90286	348	ts 91 Red/Black LHD US ZFFRG36A3M0090286
90287	348	ts 91 Red/Tan LHD US ZFFRG36A5M0090287
90288	348	ts
90290	348	ts 91 Red/Crema LHD SWE ZFFFA36S000090290
90292	Testarossa	Red/Black
90293	Testarossa	Red/Tan LHD
90295	Testarossa	91 Metallic Red/Black LHD US ZFFSM17A8M0090295
90296	Testarossa	Red/Black sport seats LHD ZFFSM17AXM0090296 colour coded spoilers rear spoiler
90297	348	ts 91 LHD US ZFFRG36A8M0090297
90298	348	ts 91 Red/Black LHD US ZFFRG6AXM0090298
90300	348	ts Red/Black LHD
90304	348	ts 91 Yellow/black LHD US ZFFRG36A1M0090304
90305	348	ts 91 Yellow/Black LHD US ZFFRG36A3M0090305
90306	Mondial	t Cabriolet 91 Red/Tan LHD US ZFFRK33A1M0090306
90311	Testarossa	Red LHD
90314	Testarossa	
90316	F40	Red/Black w Red cloth LHD EU ZFFGJ34B000090316, new to CH
90318	348	ts Red/Black
90322	348	tb 91 Rosso Corsa/Nero ZFFKA35B000090322
90323	348	tb 91 Yellow/Black LHD US colour coded roof ZFFRG36A5M0090323
90324	348	ts 91 LHD US ZFFRG36A7M0090324
90325	348	ts 91 Fly Yellow/black LHD US ZFFRG36A9M0090325
90327	Testarossa	5/91 Black/Grey ZFFSG17A7M0090327
90328	Testarossa	91 LHD US ZFFSG17A9M0090328
90329	Testarossa	White/tan LHD US
90330	Testarossa	91 Red/Crema LHD US ZFFSG17A7M0090330
90333	Testarossa	91 LHD US ZFFSG17A9M0090328
90334	F40	Red/Black w Red cloth LHD EU ZFFGJ34B000090334, new to D
90335	F40	Red/Black w Red cloth LHD EU ZFFGJ34B000090335, new to I
90338	348	tb Red/Beige LHD EU ZFFRG36B000090338
90339	348	ts Red/Black ass. # 07294
90340	348	ts 91 Red/Tan LHD US ZFFRG36A5M0090340
90341	348	ts 91 LHD US ZFFRG36A7M0090341
90342	348	tb 91 LHD US ZFFRM35A6M0090342
90344	348	Red
90345	F40	91 LHD
90348	Testarossa	4/92 Rosso/Nero ZFFSG17A4M0090348

411

s/n	Type	Comments
90350	Testarossa	91 Red/Black LHD EU ZFFSG17A2M0090350
90351	Testarossa	91 LHD US ZFFSG17A4M0090351
90352	Testarossa	91 Red/Black LHD US ZFFSG17A6M0090352
90353	F40	Red/Black w Red cloth LHD EU ZFFGJ34B000090353, new to GB
90354	F40	92 Red/Black w Red cloth LHD US ZFFMN34AXN0090354, new to the US
90355	348	tb Red/Black
90356	348	ts Red/Black
90358	348	ts 91 Rosso Corsa/Tan LHD US ZFFRG36A2M0090358
90359	348	ts 91 LHD US ZFFRG36A4M0090359
90360	348	ts Red/Crema RHD UK ZFFKA36C000090360
90363	348	ts LHD EU ZFFKA36B000090363
90365	Testarossa	Red/Black LHD EU ZFFAA17B000090365
90366	Testarossa	
90368	Testarossa	Red/Crema LHD
90369	Testarossa	91 Red LHD JP ZFFSA17J000090369 RHD conversion
90370	Testarossa	Red/Black LHD EU ZFFAA17B000090370 90370ITR
90373	F40	92 Red/Black w Red cloth LHD EU ZFFGJ34B000090373, new to I
90375	F355	Berlinetta Red/Black LHD
90376	348	tb 91 LHD US ZFFRM35A1M0090376
90377	348	ts 91 Black/Red LHD US ZFFRG36A6M0090377
90378	348	ts 5/91 Sera Blue/Tan LHD US ZFFRG36A8M0090378 Tubi Shields
90379	348	ts 91 Red/Tan LHD US ZFFRG35A8M0090379
90381	348	ts Red/Black LHD
90382	348	ts Red/Black LHD EU ZFFKA36B000090382 ass. # 07290
90383	348	ts Red/Black LHD
90385	Testarossa	Dark Blue/black LHD EU ass. # 07419
90390	Testarossa	Red/Black LHD
90391	F40	92 Red/Black w Red cloth LHD EU ZFFGJ34B000090391 ass. # 07813, new to CH
90392	Mondial	t Cabriolet 91 Red/Tan LHD US ZFFRK33A9M0090392
90393	348	ts
90394	348	tb Red/Black LHD EU ZFFKA35B000090394
90396	348	ts 5/91 Azzurro met. FER505/C/Dark Blue LHD US ZFFRG36AXM0090396
90397	348	ts 91 LHD US ZFFRG36A1M0090397
90398	348	ts 91 Blue Chiaro Metallic/Tan LHD US ZFFRG36A3M0090398 ass. # 07091
90399	348	ts 90 Red/Black ME LHD ZFFKA36T0L0090399 ass. # 07157
90402	348	ts Challenge Red/Black
90404	Testarossa	Rosso Corsa/Black LHD ZFFAA17B000090404 90404WFY shields
90406?	Testarossa	Red/Black LHD
90407	Testarossa	Red/Crema LHD
90409	Testarossa	Red/Black ZFFAA17B000090409
90413	348	tb Red/Black LHD ZFFKA35B000090413
90414	348	tb 91 LHD US ZFFRM35A5M0090414
90415	348	ts 91 Red/Tan LHD US ZFFRG36AXM0090415
90416	348	ts 91 Red/Tan LHD US ZFFRG36A1M0090416
90417	348	ts 5/91 Red/Tan LHD US ZFFRG36A3M0090417
90419	348	tb
90423	348	ts Red
90425	Testarossa	
90426	Testarossa	Red/Black LHD EU
90430	F40	91 ZFFGJ34B000090430, new to GB
90431	348	ts 92 RHD ZFFFA36D000090431
90434	348	ts 91 Rosso Corsa/Beige LHD US ZFFRG36A3M0090434
90435	348	GTS 91 Red LHD US ZFFRG36A5M0090435
90436	348	tb Red/Tan ZFFFA35S000090436
90439	348	ts 91 Rosso Corsa/Black 90439MPE
90442	512	TR 92 Red/Tan LHD US ZFFLG40A5N0090442

s/n	Type	Comments
90446	F40	92 Red/Black w Red cloth LHD US ZFFMN34A4N0090446, new to the US
90447	F40	92 Red/Black w Red cloth Perspex window LHD EU ZFFGJ34B000090447, new to D
90448	Mondial	t Cabriolet Red/Tan LHD EU
90450	348	tb Red/Black ZFFKA35B000090450 ass. #07692
90451	Mondial	t Cabriolet 91 LHD US
90452	348	tb 91 Red/Black LHD US ZFFRM35A2M0090452
90453	348	ts 91 Red/Tan LHD US ZFFRG36A7M0090453
90454	348	ts 91 Rosso Corsa/Tan LHD US ZFFRG36A9M0090454
90455	348	ts 91 Red/Tan LHDUS ZFFRG36A0M0090455
90456	348	tb Red/Tan LHD EU
90458	348	ts Red/Black LHD EU ZFFKA36B000090458 90458MDS
90461	Mondial	t Cabriolet 91 Black/Beige LHD US ZFFRK33A2M0090461
90463	Testarossa	Red/Tan LHD EU
90467	F40	92 Red/Black w Red cloth LHD EU ZFFGJ34B000090467, new to CH
90469	348	ts
90470	348	tb Red Black-Red LHD ZFFKA35B000090470
90472	348	ts 91 Red/Tan LHD US ZFFRG36A0M0090472
90473	348	ts 91 Red/Tan LHD US ZFFRG36A2M0090473
90474	348	ts 91 Red/Tan LHD US ZFFRG36A4M0090474
90475	348	tb 91Rosso Corsa/black colour coded roof LHD CH ZFFFA35S000090475 90475NAA
90478	348	ts
90484	Testarossa	LHD
90485	F40	92 Red/Black w Red cloth LHD EU ZFFGJ34B000090485, new to GB
90486	F40	92 Red/Black w Red cloth LHD EU ZFFGJ34B000090486, new to GB
90488	348	ts 91 Red/Tan LHD US ZFFRG36A4M0090488
90489	348	ts 91 Red/Tan LHD US ZFFRG36A6M0090489
90490	348	ts 91 Red/Tan LHD US ZFFRG36A2M0090490
90491	348	tb Red/Crema LHD
90492	348	tb Red/Black LHD EU
90494	348	tb Red/Crema RHD UK ZFFKA35C000090494
90495	348	tb Yellow/Black LHD EU ass. # 07298
90496	348	tb 91 LHD US ZFFRM35A0M0090496
90498	348	ts Red/Tan LHD
90508	F40	CSAI-GT Michelotn 92 Red/Red cloth LHD EU ZFFGJ34B000090508, new to I
90510	348	ts 91 LHD US ZFFRG36A4M0090510
90511	348	ts 91 Red/Tan LHD US ZFFRG36A6M0090511
90512	348	ts Red/Cream RHD ZFFKA36C000090512 shields
90513	348	tb Red/Black LHD ZFFKA35B000090513
90516	348	ts 91 Red/Tan LHD US ZFFRG36A5M0090516
90517	348	ts 91 Red/Tan LHD US ZFFRG36A7M0090517
90520	F40	92 Red/Black w Red cloth LHD US ZFFMN34A6N0090520
90521	348	ts Red/Black
90523	Testarossa	Red/Tan LHD
90528	F40	92 Red/Black w Red cloth LHD US ZFFMN34A6N0090528, new to the US
90529	F40	92 Red/Black w Red cloth LHD EU ZFFGJ34B000090529, new to GB
90530	Mondial	t Cabriolet Red/Tan
90531	348	ts 91Yellow/Black & tan LHD US ZFFRG36A1M0090531
90532	348	ts
90534	348	tb Red
90535	348	tb Red/Bordeaux LHD ZFFFA35S000090535
90536	348	tb 91 LHD US ZFFRM35A8M0090536
90537	348	ts 91 LHD US
90538	348	ts 91 Black Crema LHD US ZFFRG36A4M0090538
90539	348	ts 91 Black/Black LHD EU ZFFKA36B000090539 ass. # 07438

s/n	Type	Comments
90544	Testarossa	
90549	F40	92 Red/Black w Red cloth LHD EU ZFFGJ34B000090549, new to GB
90550	Mondial	t Black/Grey LHD EU ZFFKD32B000090550 Sunroof
90551	348	ts
90553	348	tb Red/Black
90554	348	tb 91 Red LHD SWE ZFFFA35S000090554
90555	348	ts 91 Black/Black leather & suede US ZFFRG36A4M0090555
90556	348	ts 91 Black/tan LHD US ZFFRG36A6M0090556
90557	348	ts 91 Red/Black ZFFRG36A8M0090557
90568	F40	7/91 Rosso Corsa/Red & Black LHD US ZFFMN34A7N0090568 eng. # 28265 ass. # 08003, new to theUS, Michelotto Specifications
90569	F40	92 Red/Black w Red cloth LHD EU ZFFGJ34B000090569, new to GB
90573	348	tb 91 Red LHD US ZFFRM35A3M0090573
90576	348	ts 91 Red/Black LHD US ZFFRG36A1M0090576
90577	348	ts 91 Red/Black LHD US ZFFRG36A3M0090577
90578	348	ts 6/91 Argento met. FER 101/C/grey LHD US ZFFRG36A5M0090578
90579	348	ts Red/Black colour-coded roof LHD ZFFKA36B000090579 Colour-coded sills
90581	348	ts Red/Black
90584	Testarossa	Red/Black
90586	348	ts 92 Black RHD ZFFFA36D000090586
90587	F40	92 Red/Black w Red cloth LHD EU ZFFGJ34B000090587, new to D
90592	348	tb Red/Black LHD EU ZFFKA35B000090592 ass. # 07805
90593	348	ts 91 Silver/light Grey LHD US ZFFRG36A1M0090593
90594	348	ts 98 Silver/Black LHD US ZFFRG36A3W0090594
90595	348	ts 91 Silver/black LHD LHD US ZFFRG36A5M0090595
90598	348	ts Silver/grey LHD US
90601	Mondial	t 3.4 Cabriolet 91 Rosso Corsa (Fer300/12)/Crema (VM3997) manual ZFFKC33C000090601 eng. # 28047 ass. # 07558
90604	348	ts
90606	Testarossa	
90607	Mondial	t Cabriolet 92 LHD US ZFFRK33A2N0090607
90608	F40	92 Red/Black w Red cloth LHD EU ZFFGJ34B000090608, new to I
90610	348	ts Red
90611	348	tb Rosso Corsa/Nero LHD ZFFKA35B000090611 90611XDD
90612	348	tb Red/Tan
90613	348	tb 91 LHD US ZFFRM35A0M0090613
90614	348	ts 91 Grigio metallic/dark Red LHD US ZFFRG36A5M0090614
90615	348	ts 91 White Black LHD US ZFFRG36A7M0090615
90616	348	ts 91White/light grey LHD US ZFFRG36A9M0090616
90617	348	ts Red/Black
90620	Testarossa	Red/Tan LHD EU ZFFAA17B000090620 90620BKZ, ass. # 07623
90621	Testarossa	black/black LHD
90622	Testarossa	Red/beige LHD US
90626	F40	new to I
90627	Mondial	t Cabriolet silver/black LHD EU ZFFKC33B000090627
90628	348	ts Red/Crema RHD UK ass. # 07454
90629	348	tb Metallic Black Crema LHD
90631	348	tb Red/Black LHD
90632	348	ts 91 Black LHD US ZFFRG36A7M0090632
90633	348	ts 91 LHD US ZFFRG36A9M0090633
90634	348	ts 91 Red/Tan LHD US ZFFRG36A0M0090634
90635	348	ts Red/Bordeaux ZFFKA36B000090635 ass.# 07569
90636	348	ts Black Crema
90638	348	ts Red/Black
90640	Testarossa	Red/Tan
90641	Testarossa	Red
90642	Testarossa	Yellow/black LHD
90645	F40	92 Red/Black w Red cloth LHD EU ZFFGJ34B000090645 ass. # 08004, new to I
90646	Mondial	t medium metallic Blue/tan LHD EU
90649	348	tb 91 LHD US ZFFRM35AXM0090649
90650	348	tb
90653	348	ts 6/91 Rosso/Beige LHD US ZFFRG36A4M0090653
90654	348	ts 91 Red/Tan LHD US ZFFRG36A6M0090654
90655	348	ts 91 Rosso Corsa/Tan colour coded roof LHD US ZFFRG36A8M0090655 Ansa Exhaust colour coded sills
90660	348	tb
90662	Testarossa	Red LHD EU
90663	Testarossa	Red/Black
90667	F40	92 Red/Black w Red cloth LHD EU ZFFGJ34B000090667, new to I
90669	348	ts Red/Crema RHD ZFFKA36C000090669
90672	348	ts 92 LHD US ZFFRG36A6N0090672
90673	348	ts 92 Red/Tan LHD US ZFFRG36A8N0090673
90674	348	ts 92 Red/Tan LHD US ZFFRG36AXN0090674
90676	348	ts Red/Black ZFFKA36B000090676
90677	348	ts Red/Black LHD
90678	348	tb Blue Black LHD EU
90679	348	tb 91 LHD US
90680	F40	92 Dark silver/black ZFFGJ34B000090680 RHD Conversion ex-Sultan of Brunei
90684	Testarossa	Red/Tan LHD
90686	F40	92 Red/Black w Red cloth LHD EU ZFFGJ34B000090686, new to CH
90690	348	ts 92 Red/Tan LHD US ZFFRG36A8N0090690
90691	348	ts 92 Red/Tan LHD US ZFFRG36AXN0090691
90692	348	ts 92 LHD US
90694	348	tb
90698	Testarossa	Red/Black LHD EU ZFFAA17B000090698
90704	348	ts
90705	F40	92 Red/Black w Red cloth LHD EU ZFFGJ34B000090705
90706	Mondial	t Red/Black
90707	F40	92 Red/Black w Red cloth LHD EU ZFFGJ34B000090707, new to I
90709	348	ts Red
90710	348	ts 6/91 Red/Tan LHD US ZFFRG36AXN0090710
90711	348	ts 92 Red/Tan LHD US ZFFRG36A1N0090711
90712	348	ts 92 Red/beige LHD US ZFFRG36A3N0090712
90713	348	ts 7/91 Rosso Corsa/Nero ZFFKA36B000090713
90717	512	TR 7/91 Black/black LHD US ZFFLG40A7N0090717 Tubi Yellow calipers
90718	Testarossa	91 Yellow/Black LHD EU ZFFAA17B000090718
90721	Testarossa	
90724	Mondial	t Cabriolet 92 LHD US ZFFRK33A6N0090724
90726	F40	92 Red/Black w Red cloth LHD EU ZFFGJ34B000090726, new to I
90727	348	tb Red/Black LHD
90728	348	ts 92 LHD US ZFFRG36A7N0090728
90729	348	ts 92 LHD US ZFFRG36A9N0090729
90730	348	ts 92 Red/Tan LHD US ZFFRG36A5N0090730
90731	Mondial	t Cabriolet 92 Red/Tan LHD US ZFFRK33A3N0090731
90733	348	ts Red/Black
90738	Testarossa	Yellow/Black ZFFAA17B000090738 5 bolts wheels 2 low mirrors
90740	Testarossa	Yellow/black LHD EU

s/n	Type	Comments
90745	F40	92 Red/Black w Red cloth LHD EU ZFFGJ34B000090745
90747	348	ts 7/91 Red/Tan LHD US ZFFRG36A0N0090747
90748	348	ts 92 Red/Tan LHD US ZFFRG36A2N0090748
90749	348	ts 92 Rosso Corsa/Tan LHD US ZFFRG36A4N0090749
90750	348	ts Red/Black LHD EU
90753	348	tb
90754	348	tb Red/Crema ZFFFA35S0000
90755	F40	92 Red/Black w Red cloth LHD EU ZFFGJ34B000090755, new to I
90756	Testarossa	Red/Black LHD ZFFAA17B000090756 colour coded spoilers non-original wheels
90758	Testarossa	Red/Black ZFFAA17B000090758
90759	Testarossa	92 Black/black LHD 512 TR nose & wheels
90760	Testarossa	Red/Black LHD
90761	348	ts Red/Crema RHD UK
90762	348	tb Red/Black LHD EU
90763	Mondial	t Cabriolet 92 Red/Tan LHD US ZFFRK33A5N0090763
90765	348	tb Red/Black LHD
90766	348	ts 92 Red/Tan LHD US ZFFRG36A4N0090766
90767	348	tb Challenge 92 Red/Black LHD US ZFFRG35A3R0090767
90768	348	ts 92 Red/Tan LHD US ZFFRG36A8N0090768
90769	348	ts Red/Tan
90770	348	ts Red/Black LHD EU
90773	348	tb 91 Red/Crema LHD US ZFFRG35A1M0090773
90774	Testarossa	Yellow FER 102/black ZFFAA17B000090774 ass.# 07775
90780	348	tb 92 RHD ZFFFA35S000090780
90785	348	ts 7/91 Nero FER 1240/tan LHD US ZFFRG36A8N0090785
90786	348	ts 92 Yellow/black LHD US ZFFRG36AXN0090786
90788	348	ts Red/Tan n LHD EU
90791	512	TR 92 Red/Black ZFFLG40A8N0090791
90793	Testarossa	
90795	348	ts Red/Black
90797	512	TR 92 Black/tan LHD US ZFFLG40A9N0090797
90798	512	TR Grey/black LHD US ZFFLG40A0N0090798
90799	F40	92 Red/Black w Red cloth LHD US ZFFMN34A4N0090799 ass.# 08112, new to the US
90801	Mondial	t Cabriolet 92 White/Navy Blue navy Blue top US ZFFRK33A9N0090801
90802	Mondial	t Cabriolet Rosso Corsa/Black LHD ZFFKC33B000090802 90802NZE AZE Aluminium wheels
90804	Mondial	t Cabriolet Yellow/Black
90805	348	ts Red/Black LHD EU ZFFRG36B000090805 ass.# 07753
90806	348	ts Red/Tan LHD EU ass.# 07748
90807	348	ts Red/Black LHD EU
90810	348	ts 92 Yellow/black LHD EU ZFFRG36A3N0090810
90811	348	tb 91 LHD CDN ZFFRM35A4M0090811
90812	Mondial	t Cabriolet Valeo Red/Crema RHD UK
90815	Testarossa	Red/Black LHD EU ZFFAA17B000090815
90816	Testarossa	Red/Black LHD EU ZFFAA17B000090816 ass.# 07828 90816ZG0
90817	512	TR 92 ZFFLG40A0N0090817
90818	Mondial	t Cabriolet 92 Black/Tan black top LHD US ZFFRK33A4N0090818
90820	Mondial	t Cabriolet Red/Tan LHD EU ZFFKC33B0000
90822	348	tb Rosso Corsa/Black LHD ZFFKA35B000090822 90822PPZ shields
90823	348	ts Red/Black LHD EU ZFFKA36B000090823
90828	348	ts 91 Giallo Modena/Black LHD US ZFFRG36A0N0090828
90829	348	ts 92 Yellow/Black LHD US ZFFRG36A2N0090829
90830	F40	92 Red/Black w Red cloth LHD EU ZFFGJ34B000090830 ass.# 08111, new to CH
90832	F40	12/91 Red/Black w Red cloth LHD EU ZFFGJ34B000090832, new to I
90834	Testarossa	Red/Black
90837	512	TR 92 Red/Tan LHD US ZFFLG40A6N0090837
90838	512	TR 92 Red/Black LHD US ZFFLG40A8N0090838
90840	348	ts Red/Crema RHD ZFFKA36C000090840
90846	348	ts 7/91 Red/Black LHD US ZFFRG36A2N0090846
90847	348	ts 92 LHD US ZFFRG36A4N0090847
90848	348	tb 91 Yellow/black LHD US ZFFRM35A5M0090848
90851	Testarossa	Rosso Corsa/Black LHD EU ZFFAA17B0000 90851FXS
90854	Testarossa	Red/Tan
90855	512	TR 92 Black/Black LHD US ZFFLG40A8N0090855
90856	348	ts Rosso Corsa/black LHD EU ZFFKA36B000090856 90856FCG
90859	348	tb
90862	348	ts 92 LHD US ZFFRG36A0N0090862
90863	Mondial	t Cabriolet 92 Red/Tan LHD US ZFFRK33A9N0090863
90864	F40	new to I
90865	348	92, in 2000 rebuilt as Enzo Ferrari F1 Prototype no. M3 Rosso Corsa/Black LHD F140*M3*90865 gold rims Luca Badoer signature on dash
90866	Mondial	t Cabriolet Prugna/Crema LHD CH ZFFFC33S000090866
90868	Testarossa	LHD CH ZFFSA17S000090868
90870	Testarossa	91 Red/Tan LHD CH ZFFSA17S000090870
90871	512	TR 92 ZFFLG40A6N0090871
90872	512	TR 92 ZFFLG40A8N0090872
90874	348	ts Red/Black ZFFKA36B000090874 ass.#07839
90877	348	ts Red/Cream RHD ZFFKA36C000090877
90878	348	tb 92 Red/Black LHD US ZFFRG35A2N0090878
90881	348	ts 92 Red/Black LHD US ZFFRG36A4N0090881
90882	348	tb 91 Red/Black LHD US ZFFRM35A5M0090882
90883	Mondial	t Red/Black
90884	F40	91 ZFFGJ 34B000090884
90885	Mondial	t 3.4 92 Red/Crema RHD UK ZFFKD32C000090885 ass.# 08303
90886	Mondial	t Red/Tan LHD EU
90889	Testarossa	91 Red/Black LHD EU ZFFAA17B000090889 ass.# 07848 90889HAW
90890	Testarossa	Red/Black LHD
90892	Testarossa	Rosso Corsa/Beige & black sport seats
90893	512	TR 92 ZFFLG40A5N0090893
90896	348	ts
90898	348	tb Red/Black
90900	348	tb Red/Tan LHD CH ZFFFA35S000090900
90901	348	ts 92 LHD US ZFFRG36A6N0090901
90902	348	ts 7/91 Red/Black LHD US ZFFRG36A8N0090902 ass.# 08068
90903	Mondial	t 94 Rosso/Crema ZFFKD32B000090903
90904	Mondial	t Cabriolet 92 LHD US ZFFRK33A8N0090904
90906	Testarossa	Black/black
90909	512	TR 92 ZFFLG40A5N0090909
90910	512	TR 92 Red/Crema LHD US ZFFLG40A1N0090910
90911	348	ts Red/Black LHD EU ZFFKA36B000090911 ass.# 07882
90913	348	ts Red/Black LHD EU ZFFKA36B000090913
90914	348	ts
90915	348	tb Grey

s/n	Type	Comments
90917	348	tb Rosso Corsa/black ZFFKA35B000090917 90917SKB
90918	348	ts
90919	348	ts 92 Black/black LHD US ZFFRG36A3N0090919
90920	F40	92 Red/Black w Red cloth LHD EU ZFFGJ34B000090920, new to GB
90923	Testarossa	Yellow/black LHD
90927	512	TR 92 Silver/black ZFFLG40A7N0090927
90930	348	ts 92 Black/black LHD US ZFFRG36A2N0090930
90932	348	ts Red/Black LHD ZFFKA36B0000 ass. # 07887 90932PWS
90935	348	ts Red/Black LHD EU ZFFKA36B000090935 ass. # 07906
90936	348	tb Red/Black
90940	348	ts Red Brown
90941	348	tb 91 LHD US ZFFRM35A6M0090941
90942	Mondial	t 92 Red
90944	Testarossa	92 Red
90948	512	TR 92 ZFFLG40A4N0090948
90949	512	TR 92 ZFFLG40A6N0090949
90950	Mondial	t Cabriolet Dark Blue Crema LHD EU
90951	348	ts Red Black
90952	348	ts Red/Crema LHD EU
90953	348	ts Red/Black
90954	348	ts Challenge
90955	348	ts 91 Black RHD UK ZFFKA36C000090955
90956	Mondial	t Cabriolet 92 ZFFRK33A5N0090956
90957	F40	92 Red/Black w Red cloth LHD EU ZFFGJ34B000090957, new to CH
90960	Testarossa	Yellow/Black ZFFAA17C000090960 shields
90963	512	TR 92 ZFFLG40A0N0090963
90967	348	tb 91 LHD US ZFFRM35A2M0090967
90968	Mondial	t
90969	F40	91 Red/Black w Red cloth ZFFGJ34B00090969 ass. # 8317, new to I
90971	348	ts 92 ZFFRG36A5N0090971
90974	512	TR Red/Black
90977	Testarossa	Yellow/black
90982	348	ts
90984	348	ts Red/Tan LHD EU
90985	348	tb 92 LHD US ZFFRG35A3N0090985
90987	F40	92 Red/Black w Red cloth LHD US ZFFMN34A5N0090987, new to the US
90989	348	ts 92 Red/Tan LHD US ZFFRG36A2N0090989
90991	348	tb Rosso Corsa/black sports seats LHD ZFFKA35B000090991 ass. # 08108 90991KHM colour-coded sills shields
90992	348	tb Red/Black LHD EU ZFFKA35B000090992
90993	512	TR Rosso Corsa/Black LHD EU ZFFLA40B000090993 90993NHY ass. # 08977
90996	Testarossa	Red/Black LHD EU
90999	Testarossa	Red/Tan LHD
91001	F40	92 Red/Black w Red cloth LHD EU ZFFGJ34B000091001 two wings, new to CH
91003	348	ts Red/Black LHD EU
91004	348	ts Red/Black
91007	348	tb 92 LHD US ZFFRM35A6N0091007
91008	348	tb Red
91009	348	ts 92 LHD US ZFFRG36A2N0091009
91013	348	tb 91 RHD ZFFFA35D000091013
91014	Testarossa	Black/Red
91021	F40	92 Red/Black w Red cloth LHD US ZFFMN34AXN0091021, new to the US
91023	348	ts Red/Black
91024	348	ts 91 Rosso Corsa/Nero ZFFKA36B000091024 ass. # 07967
91025	348	ts
91029	348	tb 91 Red/Tan LHD US ZFFRM35A5N0091029
91030	Mondial	t Cabriolet 92 LHD US ZFFRK33A0N0091030
91033	Testarossa	Red/Black LHD
91034	Testarossa	Red/Black LHD EU ZFFAA17B000091034
91037	Testarossa	Red/Black LHD EU ZFFAA17B000091037
91038	348	tb Challenge Red/Black w.Red cloth seats LHD EU
91039	F40	11/91 Red/Black w Red cloth LHD EU ZFFGJ34B000091039 ass. # 08318, new to CH
91041	348	ts 91 Red ZFFKA36B000091041
91042	348	ts Red/Tan
91043	348	ts Red
91045	348	ts Red/Tan LHD ME ZFFKA36T0L0091045
91047	F40	92 Red/Black w Red cloth LHD US ZFFMN34A6N0091047, new to the US
91048	348	ts Red/Crema RHD ZFFKA36C000091048 shields colour-coded sills
91049	348	ts 92 Red/Tan LHD US ZFFRG36A3N0091049
91051	Testarossa	
91053	Testarossa	Grey/black LHD EU
91054	348	ts 91 White/Red
91055	Testarossa	Red/Tan LHD
91057	348	tb 92 Black/Tan LHD US ZFFRG35A0N0091057
91058	348	tb
91059	Mondial	t Cabriolet 92 Red/Tan LHD US ZFFRK33A2N0091059
91060	348	ts Red
91061	348	ts Red/Black ZFFKA36B000091061
91062	348	ts Red/Crema LHD EU
91063	F40	92 Red/Black w Red cloth LHD US ZFFMN34A4N0091063 LM wing Red calipers, new to the US
91065	348	ts 92 Red/Tan LHD US ZFFRG36A1N0091065
91067	348	tb Red/Black LHD EU 91067MFY
91069	Testarossa	Rosso Corsa/black LHD EU ZFFAA17B000091069 91069MYK
91071	Testarossa	
91073	Testarossa	Black/Crema LHD ZFFAA17B000091073 91073AKM
91074	512	TR Red
91076	348	ts 92 Red/Tan LHD US ZFFRG36A6N0091076
91078	F40	92 Red/Black gold & Red seats ZFFGJ34B000091078 LHD EU ass. #08319, new to I
91082	348	tb 92 LHD US ZFFRM35A9N0091082
91084	348	ts Red/Crema ZFFFA36S0000
91085	348	ts
91086	Testarossa	Red/Crema or White LHD CH ZFFSA17S000091086
91089	Testarossa	Red/Black LHD EU ZFFAA17B000091089
91091	Testarossa	Red
91093	348	tb Red/Black
91094	348	ts 92 Red/Tan LHD US ZFFRG36A8N0091094
91095	Mondial	t Cabriolet 92 LHD US
91096	Mondial	t Cabriolet 92 ZFFRK33A8N0091096
91097	F40	92 Red/Black w Red cloth LHD US ZFFMN34AXN0091097, new to the US
91098	Mondial	t Cabriolet Red/Black
91099	348	ts Red/Black ZFFKA36B000091099
91100	348	ts Red/Black ZFFKA36B000091100
91103	512	TR 92 Red/Beige LHD US ZFFLG40AXN0091103
91108	Testarossa	Red/Black LHD EU
91110	348	tb Red/Black
91113	348	ts 92 LHD US
91114	348	ts Red/Crema RHD UK
91117	F40	Red/Black w.Red cloth LHD EU ZFFGJ34B000091117, new to CH
91118	348	ts 92 Red/Black LHD ZFFKA36B0000 GTS Look
91123	Testarossa	Red/Black LHD JP ZFFSA17JAP0091123
91124	Testarossa	Red/Black LHD EU ZFFAA17B000091124 91124VOR
91126	Testarossa	Red/Black LHD EU
91127	Testarossa	black then Red/Black ZFFAA17B000091127
91128	348	tb 7/91 Red/Tan LHD US ZFFRG35A8N0091128
91129	348	tb Red/Tan LHD CH ZFFFA35S000091129

s/n	Type	Comments
91130	348	ts 92 Red/Tan LHD US ZFFRG36A8N0091130
91131	348	tb 92 silver/black LHD EU
91134	Mondial	t Cabriolet 92 Red/Tan LHD US ZFFRK33A1N0091134
91135	F40	92 Red/Black w Red cloth LHD EU ZFFGJ34B000091135, new to the US
91136	F40	92 Red/Black w Red cloth LHD EU ZFFGJ34B000091136 ass. # 08447, new to CH
91137	348	ts 91 Red/Black LHD EU ZFFKA36B0000 91137YCQ ass. # 8070
91139	348	tb 92 LHD US ZFFRM35A1N0091139
91140	348	ts Red/Black JP LHD ZFFFA36JAP0091140
91141	348	ts 92 Red/Tan LHD US ZFFRG36A2N0091141
91142	Mondial	t Cabriolet
91150	348	tb Red
91152	348	ts
91153	348	ts Red/Tan LHD EU
91154	348	ts 92 Red/Tan LHD US ZFFRG36A0N0091154
91155	Mondial	t Red/Crema RHD ZFFKD32C000091155
91164	348	ts Red/Black
91166	348	ts Rosso Corsa/black LHD EU ZFFKA36B000091166 ass. # 08109
91167	348	tb Dark Green Black LHD EU
91168	348	tb Rosso Corsa/Black LHD EU ZFFKA35B000091168 ass. # 08296 91168ADS
91170	F40	92 Red/Black w Red cloth LHD EU ZFFGJ34B000091170
91171	348	tb Challenge
91173	Mondial	t Cabriolet 92 White/Navy Blue Manual LHD US ZFFRK33A0N0091173
91174	F40	new to I
91175	Mondial	t Vert fonc/ Cuir Havane 91175NYM
91177	348	ts 92 Red/Tan LHD US ZFFRG36A1N0091177
91179	Testarossa	9/91 Rosso/Beige ZFFAA17B000091179
91180	Testarossa	
91182	Testarossa	Red/Tan LHD EU
91184	512	TR 8/91 Rosso Corsa/Tan ZFFLG40A3N0091184
91185	348	tb 92 LHD US
91188	348	ts Red/Black ass. # 08138
91192	348	ts Red/Crema RHD ZFFKA36C000091192
91193	F40	92 LHD EU ZFFGJ34B000091193, new to CH
91194	Mondial	t Cabriolet Black/Tan
91195	348	tb 92 LHD US ZFFRM35A0N0091195
91197	348	ts 92 Red/Tan LHD US ZFFRG36A7N0091197
91198	Testarossa	Red/Black LHD EU ZFFAA17B000091198
91199	Testarossa	
91202	Testarossa	Red/Black LHD
91206	348	tb 8/91 Black then Red/Black LHD US ZFFRG35A6N0091206
91208	348	tb 8/91 Black then Red/Black LHD US ZFFRG35A6N0091208
91210	Mondial	t Cabriolet 92 Black/black LHD US ZFFRK33A2N0091210
91211	F40	92 Red/Black w Red cloth LHD EU ZFFMN34A4N0091211, new to the US
91212	F40	92 Rosso Corsa/black w Red cloth LHD EU ZFFGJ34B000091212 ass. # 08448, new to CH
91213	348	ts 92 Red/Beige LHD US ZFFRG36A1N0091213
91216	Testarossa	Red/Crema LHD EU
91218	Testarossa	Red/Crema LHD CH ZFFSA17S000091218
91219	Testarossa	Red/Black LHD EU
91224	348	ts Rosso Corsa/Black LHD EU ZFFKA36B000091224
91225	348	GTS Red/Black LHD EU ass. # 08181
91227	348	tb
91229	F40	92 Red/Black w.Red cloth LHD EU ass. # 08449, new to CH
91230	F40	92 Yellow/black ZFFGJ34B000091230 LHD EU Twin rear wing, new to CH
91231	348	ts 92 Red/Tan LHD US ZFFRG36A3N0091231
91232	348	ts Black/Black RHD UK ZFFKA36C000091232
91234	512	TR 92 Red/Tan LHD US ZFFLG40A3N0091234

s/n	Type	Comments
91235	F40	92 Red/Black w Red cloth LHD EU ZFFGJ34B000091235
91236	Testarossa	Red/Tan RHD UK
91238	F40	Matte black/charcoal leather RHD UK ex-Sultan of Brunei
91239	Testarossa	Red/Black LHD EU ZFFAA17B00091239 ass. # 08366
91240	348	ts Red/Black LHD EU 91240PAV
91242	348	ts Red/Black LHD
91246	Mondial	t Cabriolet 92 White/Tan LHD US ZFFRK33A1N0091246
91247	F40	92 Red/Black w Red cloth LHD EU ZFFGJ34B000091247 ass. # 08522, new to CH
91248	348	tb 92 LHD US ZFFRM35A6N0091248
91253	Testarossa	10/91 Rosso/Beige ZFFAA17B000091253
91254	Testarossa	Black/black LHD EU
91255	Testarossa	Red/Tan LHD EU
91256	Testarossa	Red/Tan LHD EU
91257	Testarossa	Red/Crema LHD
91258	Mondial	t Cabriolet 92 Black/Black LHD US ZFFRK33A8N0091258
91260	348	ts Black/black ZFFKA36B0000
91263	348	ts 92 LHD US ZFFRG36A5N0091263
91264	Mondial	t Cabriolet Dark Blue/Tan LHD ZFFKC33B000091264
91265	F40	92 Red/Black w Red cloth LHD EU ZFFGJ34B000091265, new to I
91266	348	ts RHD
91267	512	TR Red/Tan LHD US
91268	Testarossa	Red/brown
91273	348	ts Red/Tan
91274	F40	92 Red LHD
91278	348	tb 92 Red/Black LHD US ZFFRG35A5N0091278
91279	348	tb 91 Rosso Corsa/Ceam RHD
91282	F40	92 Red/Black w Red cloth LHD US ZFFMN34A5N0091282, new to the US
91283	F40	91 Grigio Matt/Grey ZFFGJ34B000091283 RHD Conversion, new to E, ex-Sultan of Brunei
91286	512	TR 92 Red/Tan LHD US ZFFLG40A0N0091286
91287	Testarossa	Red/Black LHD EU ZFFAA17B000091287
91288	512	TR Red
91289	Testarossa	Red/Crema RHD
91292	Mondial	t Cabriolet 92 LHD US
91293	348	ts Challenge
91294	348	ts Black/black
91297	348	tb Red/Black LHD ZFFRA36JAP0091297 colour coded spoilers
91298	348	tb 92 LHD US ZFFRM35AXN0091298
91300	Mondial	t Cabriolet Black/Crema
91301	F40	92 LHD EU ZFFGJ34B000091301, new to CH
91302	348	ts 92 Rosso Corsa/Crema colour coded roof RHD UK ZFFKA36C00091302 ass. # 08273 eng. # 28630 Red callipers colour coded sills & front & rear valances
91303	348	ts
91305	348	tb Red/Black LHD 91305EVO
91306	348	tb Red/Black LHD
91307	512	TR
91315	348	ts 92 Red/Tan LHD US ZFFRG36A9N0091315
91316	348	ts Red/Tan w Red cloth LHD EU
91317	348	tb
91319	F40	92 Red/Black w Red cloth LHD EU ZFFGJ34B000091319, new to D
91322	Mondial	t Cabriolet 92 White/White LHD US ZFFRK33A2N0091322
91323	Testarossa	Red/Black LHD EU
91324	Testarossa	Red/Crema LHD CH ZFFSA17S0000
91326	Testarossa	Red
91329	348	ts Red/Black LHD EU ZFFKA36B000091329 ass. # 08272
91330	348	ts Red/Black
91332	348	ts Red/Tan LHD EU

s/n	Type	Comments
91334	348	ts Red/Tan CH ZFFFA36S000091334
91335	348	GTB black/beige
91337	F40	92 Red/Black w Red cloth LHD EU ZFFGJ34B000091337, new to CH
91338	Mondial	t Cabriolet Red/Black
91339	348	ts Red/Crema Colour-coded roof RHD UK ass. # 08310 ZFFRA36C000091339 Colour-coded sills
91341	512	TR 92 ZFFLG40A4N0091341
91343	Testarossa	Red/Black LHD
91344	Testarossa	Red/Black
91345	Testarossa	LHD
91346	Mondial	t Cabriolet 92 White/Red LHD Manual US ZFFRK33A5N0091346 ass. # 06807
91347	348	ts Red/Beige LHD EU ZFFKA368000091347
91350	348	tb 92 LHD US ZFFRM35A8N0091350
91354	Mondial	t Cabriolet Red/Crema RHD UK
91356	F40	92 Red/Black w Red cloth LHD EU ZFFGJ34B000091356
91365	348	ts Red/Tan
91368	348	tb Red/Crema LHD EU ZFFKA35B000091368 ass. # 08512
91369	348	tb Red/Black LHD EU ass. # 08416
91370	348	tb 92 Red/Tan LHD US ZFFRG35A4N0091370
91374	Mondial	t Cabriolet 92 LHD US ZFFRK33AXN0091374
91375	512	TR 92 Yellow/black LHD US ZFFLG40AXN0091375
91377	Testarossa	92 Red/Red JP LHD ZFFSA17JAP0091377 RHD Conversion
91383	348	ts Red/Black LHD ZFFKA36B000091383
91385	348	tb 92 Red/Black ZFFKA35B000091385
91387	348	tb Red/beige LHD CH ZFFFA35S0000
91388	Mondial	t Rosso Corsa/Black LHD EU 91388NMM
91390	512	TR 92 ZFFLG40A6N0091390
91391	Testarossa	Red/Tan LHD CH ZFFSA17S000091391 91391FMG
91392	Testarossa	Red/Tan LHD CH ZFFSA17S000091392 ass. # 08364
91395	Mondial	t Cabriolet 92 Black/black LHD US ZFFRK33A7N0091395
91403	348	tb Red/Black LHD
91406	348	tb 92 LHD US ZFFRM35A9N0091406
91407	F40	92 Red/Black w Red cloth LHD US ZFFMN34AXN0091407, new to the US
91408	F40	new to CH
91409	512	TR 92 Red/Crema LHD US ZFFLG40A1N0091409
91412	Testarossa	Grey/Crema or black LHD
91413	348	ts 10/91 Rosso Corsa/Beige ZFFKA36B000091413
91416	348	ts Yellow/black
91417	348	ts Red/Black LHD EU
91418	348	ts
91419	348	ts Red/Black
91424	348	ts Red/Crema LHD
91427	348	ts Red/Crema LHD
91432	348	ts Red/Black
91433	Mondial	t Cabriolet 92 Red/Tan LHD USZFFRK33A0N0091433
91434	F40	92 Red/Black w Red cloth LHD US ZFFMN34A2N0091434, new to the US
91436	F40	92 Red/Black w Red cloth LHD EU ZFFGJ34B000091436, new to D
91438	Testarossa	Red/Black LHD 91438BYZ
91443	348	ts Red/Black LHD ZFFKA36B000091443 ass. # 08458
91446	348	ts Red/Crema ZFFKA36B000091446 91446TMC, ass. # 08472
91447	Mondial	t Cabriolet Red/Black ZFFKC33C000091447
91448	Mondial	t Red/Black
91449	512	TR 92 Red/Tan LHD US ZFFLG40A2N0091449
91453	Testarossa	Red/Black LHD
91454	Mondial	t Cabriolet 92 Red/Tan LHD US ZFFRK33A8N0091454
91455	348	ts Red/Tan LHD EU
91456	348	ts Grey/Light Grey ME ZFFRA36T0P0091456
91457	348	ts Red/beige LHD US
91458	348	ts
91460	348	ts Red/Black LHD EU
91461	348	ts Red/Black LHD EU
91463	Mondial	t Red/Crema
91464	F40	92 Red/Black w Red cloth LHD EU ZFFGJ34B000091464 ass. # 08677, new to CH
91465	512	TR 92 Red/Beige LHD US ZFFLG40A0N0091465
91468	Testarossa	Red/Black LHD EU ZFFAA17B000091468
91470	Mondial	t 91 Red/Black ZFFKD32B000091470
91471	F40	92 Red/Black w Red cloth LHD US ZFFMN34A8N0091471, new to the US
91472	348	ts 91 Red/Black EU ZFFKA36B000091472
91473	348	ts Red/Black LHD ZFFKA36B000091473 91473VCE
91475	348	ts 92 Black/Black LHD EU ZFFKA36B000091475
91477	348	ts Red/Black LHD EU
91478	348	ts Red/Black LHD EU
91479	Mondial	t 7/92 Blu Sera Metallizzato/Cream ZFFFD32S000091479
91480	Mondial	t Cabriolet 92 LHD US ZFFRK33A9N0091480
91481	F40	Red/Black w Red cloth LHD EU ZFFGJ34B000091481 ass. # 08678, new to CH
91482	512	TR 92 Red/Tan LHD US ZFFLG40A8N0091482
91483	512	TR 92 ZFFLG40A2N0091483
91486	Testarossa	Red/Black LHD CH ZFFSA17S0000
91489	Mondial	t Red/Black LHD EU
91491	F40	new to CH
91492	512	TR 92 Red/Tan LHD US ZFFLG40A3N0091492
91496	Testarossa	Yellow/black
91498	Mondial	t Cabriolet Red/Black
91499	F40	92 Red/Black w Red cloth LHD US ZFFMN34A8N0091499, new to the US
91500	Mondial	t Cabriolet 92 Red/Crema LHD US ZFFRK33A0N0091500
91502	F40	92 Red/Black w Red cloth LHD EU ZFFGJ34B000091502 ass. # 08680, new to D
91503	348	tb 92 ZFFRM35A7N0091503
91504	348	tb 92 Red/Tan LHD US ZFFRG35AXN0091504
91505	348	tb
91510	512	TR 92 ZFFLG40A1N0091510
91511	512	TR Red/Crema LHD
91512	512	TR 92 Red/Tan LHD US ZFFLG40A5N0091512
91513	Testarossa	Red/Black
91517	F40	92 Red/Black w Red cloth LHD EU ZFFGJ34B000091517, new to GB
91519	Mondial	t Cabriolet 92 Red/Crema LHD US ZFFRK33AXN0091519
91521	348	ts LHD CH ZFFFA36S000091521
91522	348	ts
91524	348	ts Red/Black LHD EU
91526	348	ts 92 Red/Tan LHD US ZFFRG36A0N0091526
91528	512	TR 92 Red/Tan LHD US ZFFLG40A9N0091528
91529	512	TR 92 Red/Tan LHD US ZFFLG40A0N0091529
91532	512	TR
91533	512	TR Red
91534	F40	92 Red/Black w Red cloth LHD EU ZFFGJ34B000091534 ass. # 08775, new to CH
91535	Mondial	t Blue/Tan LHD EU
91536	Mondial	t Cabriolet Yellow/black LHD EU
91537	F40	92 Red/Black w Red cloth LHD US ZFFMN34A1N0091537, new to the US
91538	Mondial	t Cabriolet 92 Red/Black LHD US ZFFRK33A3N0091538
91540	348	tb 92 Red LHD SWE ZFFFA35S000091540
91543	348	ts 92 Giallo Modena/Black LHD EU ZFFKA36B000091543
91546	348	ts 92 Red/Black LHD ZFFRA36B000091546
91547	348	ts 92 Red/Tan LHD US ZFFRG36A8N0091547

s/n	Type	Comments
91548	348	ts
91549	512	TR 92 Red/Tan LHD US ZFFLG40A6N0091549 Tubi
91550	512	TR 92 ZFFLG40A2N0091550
91552	Testarossa	Red/Black LHD EU
91553	Testarossa	Red
91555	F40	92 Red/Black w Red cloth LHD EU ZFFGJ34B000091555 ass. # 08836, new to D
91557	Mondial	t Cabriolet 92 Black/Beige LHD US ZFFRK33A7N0091557
91559	Mondial	t Red/Black LHD EU
91562	348	tb Red/Black
91567	512	TR 92 ZFFLG40A8N0091567
91568	512	TR 92 Red/Tan LHD US ZFFLG40AXN0091568
91569	512	TR Red
91572	Testarossa	black/black
91573	F40	91 Red/light brown LHD EU ZFFGJ34B000091573 ass. # 08838, new to GB
91575	F40	92 Red/Black w Red cloth LHD US ZFFMN34A9N0091575, new to the US
91576	Mondial	t Cabriolet 92 LHD US ZFFRK33A0N0091576
91577	348	ts Chiaro Blue Dark Grey RHD UK
91578	348	ts 92 Red/Tan LHD US ZFFRG36A8N0091578
91580	512	TR 92 LHD US ZFFLG40A0N0091580
91581	512	TR 92 Red/Tan LHD US ZFFLG40A2N0091581
91585	Mondial	t anthracite metallic/grey LHD EU
91587	348	tb Red/Tan LHD EU
91588	348	ts 92 Red/Tan LHD EU
91589	512	TR 92 Red/Tan LHD US ZFFLG40A7N0091589 Autocheck confirmed
91591	512	TR
91592	F40	92 Red/Black w Red cloth LHD EU ZFFGJ34B000091592, new to DK
91593	Mondial	t Cabriolet 92 Red/Black LHD EU ZFFKC33B00091593
91597	348	GTS Red/Black
91600	348	tb Red/Black
91601	348	ts Red/Black ZFFKA36B000091601
91604	348	ts Prugna/Crema RHD UK ZFFKA36C0000
91605	Mondial	t Dark grey/dark Red LHD EU ZFFKD32B000091605
91606	512	TR 92 Red/Black ZFFLG40A3N0091606
91609	Testarossa	Red/Black LHD
91610	Testarossa	Black/tan LHD
91611	F40	92 Red/Black w Red cloth LHD EU ZFFGJ34B000091611, new to I
91612	Mondial	t Cabriolet 92 Red
91613	348	tb 92 LHD US ZFFRM35A3N0091613
91614	348	tb Red/Black
91615	348	tb black/black ZFFKA35B000091615 ass. # 08644
91620	348	ts Red/Black
91621	348	ts 92 LHD US ZFFRG36A5N0091621
91622	348	ts Red/Crema LHD EU
91626	Testarossa	91 Red/Black LHD EU ZFFAA17B000091626
91628	Testarossa	Red/Black
91630	F40	92 Red/Black w Red cloth LHD EU ZFFGJ34B000091630, new to MEX
91631	Mondial	t Cabriolet Red/Black
91635	348	tb Red/Black LHD ZFFKA35B000091635 ass. # 8702
91639	348	ts Red LHD ZFFFA36S000091639
91640	512	TR 92 Black/Black LHD US ZFFLG40A3N0091640
91641	512	TR 9/91 Yellow/Black ZFFLG40A5N0091641
91642	Testarossa	
91644	512	TR 92 Black/black LHD US ZFFLG40A3N0091640
91647	F40	92 Red/Black w Red cloth LHD EU ZFFGJ34B000091647
91649	F40	92 Red/Black w Red cloth LHD EU ZFFGJ34B000091649, new to A
91652	348	ts
91653	348	ts 92 Red/Tan LHD US ZFFRG36A7N0091653
91655	348	tb Red
91658	348	tb
91659	348	ts Red/Crema LHD ZFFKA36B000091659 F355 rear grill Nitrous injected badging
91660	512	TR 92 Black/black LHD US ZFFLG40A9N0091660
91661	512	TR 92 Black/black LHD US
91662	Mondial	t Blu sera/Grey 91662NHX
91663	512	TR 92 Yellow/black ZFFLG40A4N0091663
91667	Testarossa	Red/Black LHD EU ZFFAA17B000091667
91668	F40	Competition Conversion 92 Red & green/black w Red cloth LHD EU ZFFGJ34B000091668 ass. # 09001 eng. # 29102, new to D
91669	Mondial	t Cabriolet Red/Black ZFFKC33B0000
91670	348	ts 92 Black/Black LHD US ZFFRG35A5N0091670
91673	348	ts 92 Red/Beige LHD US ZFFRG36A2N0091673
91680	512	TR 92 ZFFLG40A4N0091680
91681	Mondial	t 92 Black/Grey ZFFKD32B000091681
91682	512	TR 92 ZFFLG40A8N0091682
91687	F40	92 Red/Black w Red cloth LHD EU ZFFGJ34B000091687, new to I
91689	Mondial	t Cabriolet Yellow/Black LHD EU
91695	348	ts Red/Black
91697	348	ts 92 Red/Tan LHD US ZFFRG36A5N0091697
91698	348	tb Red/Crema ZFFFA35S0000
91699	512	TR 92 Red/Crema LHD US ZFFLG40A3N0091699
91701	512	TR 92 Red/beige LHD US ZFFLG40A8N0091701
91704	Testarossa	Yellow/black
91706	F40	92 Red/Black w Red cloth LHD EU ZFFGJ34B000091706, new to F
91708	348	tb 92 Rosso Corsa/Beige ZFFRM35A3N0091708
92710	Mondial	t Cabriolet 93 Rosso Corsa/Tan ZFFKC33C000092710 eng. # 29868
91712	348	tb Red LHD ZFFKA35B000091712
91713	348	tb Red/Black
91715	348	ts 92 Rosso Corsa/Nero ZFFKA36B000091715 91715AIH
91716	348	ts 92 Red/Black LHD EU ZFFKA36B000091716
91718	348	ts Black/tan
91720	512	TR 92 Red/Tan LHD US ZFFLG40A1N0091720
91721	512	TR 92 Red/Tan ZFFLG40A3N0091721
91723	Testarossa	Red/Black LHD EU
91724	512	TR 92 LHD US ZFFLG40A9N0091724
91725	512	TR 92 White/Red LHD US ZFFLG40A0N0091725
91727	F40	92 Red/Black w Red cloth LHD EU ZFFGJ34B000091727, new to B
91729	348	ts 92 Red/Tan LHD US ZFFRG36A3N0091729
91733	348	ts Red
91734	348	ts Red
91735	348	ts Red/Black LHD
91736	348	tb Red
91739	Testarossa	Red/Tan
91741	512	TR 92 Black/all Red LHD US ZFFLG40A9N0091741
91742	512	TR 92 Black/Crema LHD US ZFFLG40A0N0091742
91743	512	TR 92 Yellow/black LHD ZFFLG40A2N0091743
91744	F40	new to I
91746	348	ts 92 LHD US ZFFRG35A1N0091746
91747	348	tb Rosso Corsa/Black LHD EU ZFFKA35B000091747
91751	348	ts Red/Black LHD EU ZFFKA36B000091751 shields. Colour-coded roof panel
91752	348	ts Blu Sera/Crema LHD EU ZFFKA36B000091752 ass. # 08776
91754	348	ts 92 Silver/Grey LHD US ZFFRG36A2N0091754

s/n	Type	Comments
91755	F40	92 Red/Black w Red cloth LHD EU ZFFGJ34B000091755 ass. # 09166, new to I
91757	512	TR 92 Yellow/tobacco LHD US ZFFLG40A2N0091757
91758	512	TR 92 Sera Blue/tan LHD US ZFFLG40A4N0091758
91759	512	TR 92 Argento/Red LHD US ZFFLG40A6N0091759 eng. # 29190
91761	Testarossa	Rosso Corsa/black LHD EU ZFFAA17B0000 ass. # 08674 91761SWL
91762	Testarossa	Red/Crema
91776	348	ts 92 LHD US
91764	Mondial	t Cabriolet Red
91765	348	tb Red/Crema
91767	348	ts Red/Black
91768	348	ts Red
91771	348	ts Red/Tan LHD EU
91773	F40	92 Red/Black w Red cloth LHD EU ZFFGJ34B000091773, new to CH
91776	348	ts 92 LHD US ZFFRG36A1N0091776
91781	512	TR 92 Blu Sera Metallic/Dark Blue ZFFLG40AXN0091781
91784	348	tb
91790	348	tb Red/Black LHD
91791	348	ts Red/Black RHD UK ZFFKA36C000091791 ass. # 08684
91793	F40	92 Red/Black w Red cloth LHD EU ZFFGJ34B000091793, new to F
91795	348	tb ZFFRM35A2N0091795
91796	348	ts 92 Black/black LHD US ZFFRG36A7N0091796 Tubi Speedline Wheels Shields Carbon fiber F355 taillight conversion
91800	Testarossa	Red/Black LHD EU ZFFAA17B000091800
91801	Mondial	t Cabriolet 91 Rosso Corsa/Nero ZFFKC33B000091801 91801NSY
91803	348	ts 92 Rosso Corsa Crema
91805	348	ts
91809	348	ts Koenig Red/Black LHD
91810	348	ts 92 Black/Black LHD US ZFFRG36A8N0091810
91812	F40	92 Red/Black w Red cloth LHD EU ZFFGJ34B000091812, new to F
91813	Mondial	t silver/black ZFFKD32B000091813 ass. # 09198
91814	348	tb 92 Red LHD SWE ZFFFA35S000091814
91815	Testarossa	Red/Black
91816	Testarossa	Red/Black LHD EU
91819	348	ts Red/Crema RHD UK ZFFKA36C000091819
91821	Mondial	t Cabriolet Rosso Corsa/Black LHD ZFFKC33B000091821 91821NMS shields
91822	F40	92 Red/Black w Red cloth LHD EU ZFFGJ34B000091822 eng. # F120A00029499, new to B
91834	348	ts Red/Black LHD EU ZFFKA36B000091834 ass. # 08866
91835	348	ts Red
91836	348	ts Red
91837	348	ts 5/92 Giallo Modena/Nero ZFFKA36B000091837
91838	348	ts Red/Black LHD EU ZFFKA36B000091838 ass. # 08906
91839	348	ts 92 LHD US ZFFRG36AXN0091839
91840	348	ts Red/Crema RHD UK ZFFKA36C000091840
91844	Testarossa	Rosso Corsa/Beige ZFFSA17S000091844
91845	Testarossa	Koenig Competition 96 pajett-Red-metallic Daimler colour with Crema interior LHD
91847	Testarossa	Red/Tan LHD
91848	512	TR 92 ZFFLG40A5N0091848
91849	F40	Red/Black w.Red cloth LHD, new to J
91850	F40	92 Red/Black w Red cloth LHD US ZFFMN34A5N0091850 ass. # 09005 eng. # 29359, new to the US
91854	348	ts Yellow
91857	348	ts Black/dark Red LHD EU ZFFKA36B000091857 ass. # 08917
91858	348	ts 92 Black Red LHD US ZFFRG36A3N0091858
91859	348	tb Red LHD
91861	348	tb 92 ZFFRM35A0N0091861
91864	348	ts Red/Black LHD
91871	Testarossa	LHD
91873	Testarossa	Sera Blue/Crema LHD CH ZFFSA17S000091873
91874	Testarossa	Red/Tan LHD CH ass. # 08810
91876	F40	Red/Red Cloth, new to J
91877	348	tb Yellow/black LHD EU ass. # 8943
91878	348	ts Red/Black LHD
91879	348	ts 92 Yellow/black LHD US ZFFRG36A0N0091879
91882	Mondial	t Silver
91886	512	TR 92 Black/black LHD US ZFFLG40A2N0091886
91888	F40	92 Red/Black w Red cloth LHD EU ZFFGJ34B000091888, new to F
91889	348	tb Red/Tan LHD EU ZFFKA35B000091889
91890	348	tb Yellow/Black LHD EU
91893	348	ts Red/Black LHD EU
91896	348	ts 92 White/Tan LHD US ZFFRG36A0N0091896
91897	348	ts Red/Crema RHD ZFFKA36C000091897
91899	348	tb Red
91900	Mondial	t Cabriolet 92 Red/Tan LHD US ZFFRK33A5N0091900
91901	Testarossa	LHD
91902	Testarossa	92 Red/Crema LHD
91905	F40	Red/Black w.Red cloth LHD EU ZFFGJ34B000091905 ass. # 09299, new to B
91907	348	tb Red/Black LHD EU ZFFKA35B000091907 ass. # 09008
91912	F40	92 Red/Black w Yellow cloth LHD US ZFFMN34A1N0091912 ass. # 9142, new to the US
91915	Testarossa	Red/Black
91916	Testarossa	Red/Tan LHD
91917	512	TR 92 ZFFLG40A9N0091917
91922	348	tb black/Crema
91923	Testarossa	Red/Tan, last Testarossa
91925	512	TR Grey/dark Red LHD EU
91926	F40	92 Red/Black w Red cloth LHD EU ZFFGJ34B000091926, new to F
91927	348	ts Red
91928	348	ts 92 Black/Tan LHD US ZFFRG36A9N0091928
91932	348	ts Red/Black
91935	512	TR 92 Black/Black US ZFFLG40A0N0091935
91936	512	TR 92 ZFFLG40A2N0091936
91937	512	TR 10/91 Red/Tan LHD US ZFFLG40A4N0091937
91938	512	TR 92 LHD US ZFFLG40A6N0091938
91939	512	TR 92 Red/Tan LHD US ZFFLG40A8N0091939
91940	348	ts
91941	348	tb 92 Rosso Corsa/Tan CN LHD ZFFRM35A9N0091941
91943	F40	92 Red/Black w Red cloth LHD EU ZFFGJ34B000091943 ass. # 09381, new to B
91946	512	TR 92 Red/Tan LHD US ZFFLG40A5N0091946
91947	512	TR 92 LHD US ZFFLG40A7N0091947
91948	512	TR 92 Red/Tan LHD US ZFFLG40A9N0091948
91949	512	TR 92 Grigio Titanio/black ZFFLG40A0N0091949
91950	512	TR 92 ZFFLG40A7N0091950
91951	512	TR 2/92 Rosso/Beige LHD US ZFFLG40A9N0091951
91952	512	TR Red
91953	Mondial	t Cabriolet Valeo 92 Red/Tan LHD US ZFFRK33A4N0091953
91954	348	ts Red/Black LHD ZFFKA36B000091954
91956	348	ts 92 LHD US
91958	348	ts 92 Red Red LHD US ZFFRG36A7N0091958

s/n	Type	Comments
91959	348	ts Red/Tan
91961	348	tb Yellow/black LHD CH ZFFFA35S0000 ass. # 08799
91962	348	tb Yellow/black
91963	F40	92 Red/Black w Red cloth LHD US ZFFMN34A7N0091963 ass. # 9242, new to the US
91964	512	TR Red/Tan LHD US
91965	512	TR 92 Red/Tan LHD US ZFFLG40A9N0091965
91966	512	TR 92 Red/Tan LHD US ZFFLG40A0N0091966
91968	512	TR 92 Rosso Corsa/tan ZFFLG40A4N0091968
91969	512	TR 92 Red/Tan LHD US ZFFLG40A6N0091969
91971	348	tb
91972	348	tb Black/Red LHD ZFFKA35B000091972
91973	348	tb
91974	348	ts Red/Crema
91975	348	ts Black/Black LHD ZFFKA36B000091975 91975SMO
91976	348	ts 92 Red ZFFKA36B000091976
91977	F40	92 Red/Black w Red cloth LHD EU ZFFGJ34B000091977
91979	F40	GTE Michelotto 92 Red/Black w.Red cloth LHD EU ZFFGJ34B000091979, new to D
91980	348	ts 92 LHD US ZFFRG36A0N0091980
91981	348	tb 12/92 Giallo Modena/Nero ZFFRG35A0N0091981
91982	512	TR 92 Red/Tan ZFFLG40A9N0091982
91983	512	TR 92 ZFFLG40A0N0091983
91984	512	TR 92 Red/Tan LHD US ZFFLG40A2N0091984
91985	512	TR 10/91 Rosso Corsa/Tan LHD US ZFFLG40A4N0091985
91986	512	TR 92 Red/Tan LHD US ZFFLG40A6N0091986
91987	512	TR 92 ZFFLG40A8N0091987
91990	348	ts Red/Black
91991	348	ts 92 Red/Black LHD US
91992	348	ts Red/Black LHD EU ZFFKA36B000091992
91993	348	ts Red/Black LHD EU
91994	348	ts Yellow
91998	F40	Red/Black leather LHD EU ZFFGJ34B000091998, new to D
91999	348	tb Red/Tan
92001	348	tb 92 ZFFRM35AXN0092001
92002	512	TR 92 Red/Tan LHD US ZFFLG40A9N0092002
92003	512	TR 92 Rosso Corsa/tan LHD US ZFFLG40A0N0092003
92004	512	TR 92 ZFFLG40A2N0092004
92007	348	ts 92 Red/Tan & Red LHD US ZFFRG36A3N0092007
92009	512	TR 92 Red/Tan ZFFLG40A1N0092009
92010	512	TR 92 Red/Tan LHD US ZFFLG40A8N0092010 Tubi
92011	512	TR White/White LHD US ZFFLG40AXN0092011
92012	348	tb Red
92013	348	tb Red/Black
92015	Mondial	t Cabriolet Rosso Corsa/black LHD EU ZFFKC33B000092015, probably lost ist drivetrain to 312 P Replica below
92015	312	Mondial Modificato 312P replica using Mondial t drivetrain in Sweden ZFFKC33B000092015
92016	F40	92 Red/Black w Red cloth LHD EU ZFFGJ34B000092016, new to B
92017	F40	92 Rosso Corsa/black w Red cloth LHD US ZFFGJ34B000092017 ass. # 9144, new to the US
92019	348	ts Red/Black LHD EU
92020	Mondial	t 92 Nero/Black Black top LHD Manual US ZFFRJ33A2N0092020
92024	348	ts 93 Rosso Corsa/Beige ZFFKA36B000092024
92025	348	ts 91 Rosso Corsa/Beige ZFFKA36B000092025
92026	348	ts 92 LHD US ZFFRG36A7N0092026
92027	F40	92 Red/Black w Red cloth LHD EU ZFFGJ34B000092027 ass. # 09499, new to I
92028	348	tb
92031	348	ts Red/Black LHD
92032	512	TR 92 Red/Tan LHD US ZFFLG40A7N0092032
92033	512	TR 92Red/Tan ZFFLG40A9N0092033
92034	512	TR 92 ZFFLG40A0N0092034
92035	512	TR 92 Red/Tan ZFFLG48A2N0092035
92036	512	TR 92 Red/Tan LHD US ZFFLG40A4N0092036
92037	512	TR 92 Red/Tan LHD US ZFFLG40A6N0092037
92039	348	tb Red
92040	F40	11/91 Rosso Corsa/black w Red cloth LHD US ZFFGJ34B000092040 ass. # 9168, new to the US
92042	348	ts 92 Red/Black LHD US ZFFRG35A3N0092042
92043	348	tb Red/Black LHD EU ass. # 09106
92045	348	ts 92 Red Brown LHD US ZFFRG36A0N0092045
92046	348	ts 92 LHD US ZFFRG36A2N0092046
92048	512	TR
92049	348	ts Yellow/black LHD EU
92050	512	TR 92 LHD US ZFFLG40A9N0092050
92051	512	TR 92 Red/Tan LHD US ZFFLG40A0N0092051 ass. # 09040
92052	512	TR 92 Red/Tan LHD US ZFFLG40A2N0092052
92053	512	TR 92 LHD US ZFFLG40A4N0092053
92057	348	ts 8/93 White then Rosso Corsa/black ZFFKA36C000092057
92058	348	tb
92059	F40	92 Red/Black w Red cloth Black wheels LHD EU ZFFGJ34B000092059, new to F
92060	Mondial	t Cabriolet 92 Giallo Modena/Nero ZFFKC33B000092060
92062	348	tb Red/Crema ZFFKA35B0000
92063	348	ts 92 LHD US ZFFRG36A2N0092063
92065	348	ts Red/Tan LHD ZFFKA36B000092065 ass. # 09152 92065DST
92066	348	ts Yellow/Black LHD
92067	348	tb 92 Red/Tan LHD US ZFFRM35A7N0092067
92068	348	tb Rosso
92070	512	TR 92 ZFFLG40A4N0092070
92071	512	TR LHD US ZFFLG40A6N0092071
92072	512	TR 92 Red/Tan LHD US ZFFLG40A8N0092072
92073	512	TR 92 Red/Tan LHD US ZFFLG40AXN0092073
92074	512	TR 92 Red/Tan LHD US ZFFLG40A1N0092074
92075	512	TR 92 ZFFLG40A3N0092075
92077	348	ts Rosso Corsa/Black LHD EU ZFFKA36B0000 ass. # 09160 92077HCU shields
92078	F40	92 Red/Black w Red cloth LHD US ZFFMN34A0N0092078 ass. # 9297, new to the US
92080	348	tb Red/Black LHD ZFFKA35B000092080
92082	348	ts 92 LHD US ZFFRG36A6N0092082
92083	512	TR 92 Red/Tan LHD US ZFFLG40A2N0092083
92084	512	TR 92 Red/Tan LHD US ZFFLG40A4N0092084
92085	512	TR 92 ZFFLG40A6N0092085
92086	512	TR 92 Rosso Corsa/tan ZFFLG40A8N0092086
92087	512	TR 92 ZFFLG40AXN0092087
92092	348	ts Dark Red LHD CH ZFFFA36S000092092
92093	348	tb Red LHD
92094	348	tb Red/Black
92096	348	tb
92097	F40	92 Red/Black w Red cloth LHD EU ZFFGJ34B000092097 ass. # 09498
92099	Mondial	t Red/Crema RHD UK sunroof
92100	348	ts 92 Red/Tan LHD US ZFFRG36A4N0092100
92101	512	TR 92 Red/Black LHD US ZFFLG40A0N0092101
92102	512	TR 92 Red/Tan LHD US ZFFLG40A2N0092102
92103	512	TR 92 Red ZFFLG40A4N0092103
92104	512	TR 92 Red/Tan ZFFLG40A6N0092104
92105	512	TR 92 ZFFLG40A8N0092105
92106	512	TR 92 White & black/black LHD US ZFFLG40AXN0092106
92108	348	ts 91 Red/Tan LHD US ZFFRG35A7N0092108

s/n	Type	Comments
92112	348	ts Red/Black Colour-coded sills colour-coded roof ZFFKA36B000092112 ass. # 09165 92112YVR
92115	Mondial	t Cabriolet 92 LHD US ZFFRK33A2N0092115
92116	F40	92 Red/Black w Red cloth LHD US ZFFMN34A4N0092116 ass. # 9300
92120	F40	92 Red/Black w Red cloth LHD EU ZFFGJ34B000092120 ass. # 09626, new to I
92121	348	ts 92 Red/Tan LHD US ZFFRG36A1N0092121
92123	348	tb Red/Black LHD EU
92124	512	TR 92 White/White LHD US ZFFLG40A1N0092124
92125	512	TR 92 White Blue ZFFLG40A3N0092125
92126	512	TR 92 White/Red LHD US ZFFLG40A5N0092126
92127	512	TR 92 ZFFLG40A7N0092127
92128	512	TR 92 Red/dark tan LHD US ZFFLG40A9N0092128 ass. # 09141
92129	512	TR 92 Giallo Modena/Black LHD US ZFFLG40A0N0092129
92131	348	ts
92132	348	tb Challenge White/Red/Yellow Shell livery EU ZFFRM35A3N0092132
92133	348	ts 12/91 Rosso Corsa/Black ZFFKA36B00092133
92136	F40	Red/Black w Red Cloth LHD, new to J
92137	348	ts 92 Red/Tan LHD US ZFFRG36A5N0092137
92138	348	tb
92139	348	tb Red/Black LHD EU
92142	348	ts 92 Red/Crema LHD CH ZFFFA36S000092142
92143	512	TR 92 Yellow/black LHD US ZFFLG40A5N0092143
92144	512	TR 92 Yellow/black LHD US ZFFLG40A7N0092144
92145	512	TR 92 Yellow/black LHD US ZFFLG40A9N0092145
92146	512	TR 92 Yellow/black LHD US ZFFLG40A0N0092146
92147	512	TR 92 Red/Tan LHD US ZFFLG40A2N0092147
92148	512	TR 92 Red/Tan LHD US ZFFLG40A4N0092148 Tubi
92153	F40	92 Red/Black w Red cloth LHD US ZFFMN34AXN0092153 ass. # 9382, new to the US
92155	348	ts Challenge 92 Red Yellow stripes/Red LHD US ZFFRG36A7N0092155
92156	348	tb
92158	348	ts 92 Yellow/Black LHD EU
92160	512	TR White/Black LHD
92161	512	TR 92 Red/TanLHD US ZFFLG40A7N0092161
92162	512	TR 92 Black/tan LHD US ZFFLG40A9N0092162
92163	512	TR 92 Blue LHD US ZFFLG40A0N0092163
92164	512	TR 92 LHD US ZFFLG40A2N0092164
92165	512	TR 92 Black/tan LHD US ZFFLG40A4N0092165
92166	512	TR 92 White/Black LHD US ZFFLG40A6N0092166
92167	348	tb Red/Black LHD ZFFRA35JAP0092167 colour coded spoilers
92171	F40	92 Red/Black w Red cloth LHD EU ZFFGJ34B000092171, new to CH
92173	348	ts 92 LHD US ZFFRG36A9N0092173
92174	348	ts 92 Red/Tan LHD US ZFFRG35A9N0092174 Tubi
92175	348	tb Red
92176	512	TR 92LHD US ZFFLG40A9N0092176
92177	512	TR 92 Black/Crema LHD USZFFLG40A0N0092177
92178	512	TR 92 Rosso/nero LHD US ZFFLG40A2N0092178
92179	512	TR 92 LHD
92180	512	TR 92 Red/Tan LHD US ZFFLG40A0N0092180
92181	512	TR 92 Red/Tan LHD US ZFFLG40A2N0092181
92182	512	TR 92 Red/Tan LHD US ZFFLG40A4N0092182
92183	348	tb Yellow/Black LHD
92185	348	ts Red/Black LHD
92189	F40	92 Red/Black w Red cloth LHD US ZFFMN34A9N0092189 ass. # 9384, new to the US
92191	348	ts 92 LHD US ZFFRG36A0N0092191
92192	348	tb Red/Tan LHD EU
92193	348	ts 92 Red/Tan
92194	512	TR Red/Crema ZFFLA40B000092194
92195	512	TR 92 LHD US ZFFLG40A2N0092195
92196	512	TR 92 LHD US ZFFLG40A4N0092196
92197	348	tb 92 ZFFRM35A9N0092197
92198	348	ts Red/Tan LHD EU
92200	512	TR 92 Red/Tan LHD US ZFFLG40A2N0092200
92201	512	TR 92 Red/Crema ZFFLG40A4N0092201
92202	512	TR 92 Red/Tan LHD US ZFFLG40A6N0092202
92208	348	ts 92 LHD US ZFFRG36A2N0092208
92209	512	TR 92 LHD US ZFFLG40A9N0092209
92210	512	TR 92 Red/Tan LHD US ZFFLG40A5N0092210
92211	512	TR 92 ZFFLG40A7N0092211
92212	512	TR 92 Red/Tan LHD US ZFFLG40A9N0092212
92213	512	TR 92 Red/Tan LHD US ZFFLG40A0N0092213
92214	512	TR 92 Red/Tan LHD US
92215	512	TR 92 Red/Tan LHD US ZFFLG40A4N0092215
92216	Mondial	t Cabriolet 92 ZFFRK33A8N0092216
92217	348	tb Red/Black LHD ZFFKA35B000092217
92219	348	tb 92 Red RHD ZFFFA35D000092219
92220	512	TR 92 LHD US ZFFLG40A8N0092220
92221	512	TR 92 Red/Tan LHD US ZFFLG40AXN0092221
92222	512	TR 92 Red/Tan LHD US ZFFLG40A1N0092222
92223	512	TR 11/91 Red/Tan LHD US ZFFLG40A3N0092223
92224	512	TR 92 Red/Tan LHD US ZFFLG40A5N0092224
92226	348	ts
92227	348	ts Red
92230	348	ts 92 Red/Tan ZFFRG36A6N0092230
92231	348	ts 11/91 Red/Tan LHD US ZFFRG36A8N0092231
92233	F40	92 Red/Black w Red cloth LHD US ZFFMN34A8N0092233 ass. # 9462, new to the US
92234	Mondial	t Cabriolet 92 Red/Black LHD US ZFFRK33AXN0092234
92235	F40	LM #9/20 92 Red/Red cloth ZFFGX34X000092235 ex-Sultan of Brunei, (ex)-Matsuda Collection
92236	F40	LM #10/20 92 Red/Black w.Red cloth LHD ZFFGX34X000092236
92237	F40	LM Stradale #11/20 92 Red/Black w Red LHD ZFFGX34X000092237 ex-Obrist
92238	F40	LM #12/20 92 Red/Black w.Red cloth ZFFGX34X000092238
92240	512	TR Rosso Corsa/Black ZFFLA40B000092240 92240NYV
92241	348	tb 92 Yellow/Black LHD US ZFFRG35A9N0092241
92242	348	tb Red/Tan CH ZFFFA35S000092242
92243	F40	Red/Black w.Red cloth LHD EU ass. # 11380
92246	348	ts Red/Black 92246VQZ
92248	F40	92 Red/Black w Red cloth LHD EU ZFFGJ34B000092248, new to I
92250	348	ts 92 ZFFRG36A1N0092250
92254	512	TR Costa Smeralda Blue/turquoise LHD EU ZFFLA40B000092254
92257	348	ts Red/Crema LHD CH ZFFFA36S0000
92258	348	tb Red/Crema RHD
92259	348	GTS Red/beige RHD UK
92261	348	tb Red/Tan LHD ZFFKA35B000092261 ass. # 09370 92261XSM
92262	348	tb 92 ZFFRM35A5N0092262
92265	F40	Red/Black w.Red cloth LHD US ZFFMN34AXN0092265 ass. # 9464, new to the US

s/n	Type	Comments
92267	348	ts 92 Red/Black LHD US ZFFRG36A7N0092267
92268	512	TR Red/Red ZFFLA40B000092268
92269	512	TR Red/Tan ZFFLA40S000092269
92270	512	TR Red/Tan ZFFLA40B000092270
92271	512	TR Red/Black ZFFLA40B0000
92272	512	TR black/black
92275	348	tb Red/Black LHD EU ZFFLA35B000092275
92277	F40	LM Conversion 91 Red/Black w Red cloth LHD EU ZFFGJ34B000092277 ass. # 09693, new to F
92278	Mondial	t Blue
92279	Mondial	t Cabriolet 92 Nero FER 1240/Tan & black top LHD US ZFFRK33AXN0092279 ass. # 09360
92280	348	ts 92 Red/Black LHD US ZFFRG36AXN0092280
92282	512	TR Red LHD EU
92284	512	TR Red/Tan LHD EU
92286	512	TR Yellow/black
92290	348	ts Yellow/Black LHD EU ZFFKA36B000092290 ass. # 09288
92296	F40	92 Red/Black w Red cloth LHD US ZFFMN34AXN0092296 ass. # 09496, new to the US
92297	512	TR Red/Black
92299	348	ts 92 Red/Tan LHD US ZFFRG36A9N0092299
92300	512	TR Red/Black LHD EU ZFFLA40B000092300
92305	348	tb 92 Red/Tan LHD US ZFFRG35A9N0092305
92310	348	ts Red/Black LHD EU
92311	348	ts Red/Black LHD EU
92312	348	ts Red/Black
92313	F40	Red/Black w Red Cloth, new to J
92316	Mondial	t Cabriolet 92 ZFFRK33A1N0092316
92317	512	TR Red/Black ZFFLA40B000092317 LHD EUR
92318	348	ts 92 ZFFRG36A9N0092318
92320	512	TR Red/Black LHD EU ZFFLA40B000092320
92321	F40	91 Red/Red & Black ZFFMN34A7N0092321
92323	512	TR Red/Black LHD EU
92326	348	ts 14.04.92, RossoCorsa/Crema Hide/Rosso Carpets RHD ZFFKA36C000092326 Colour-coded sills
92327	348	tb 92 Rosso Corsa/Black ZFFRM35A7N0092327
92330	348	ts White Black LHD EU
92331	348	ts Red/Beige 92331ZFC
92333	Mondial	t Cabriolet Red/Tan ZFFKC33B000092333
92336	F40	12/92 Red/Black w Red cloth LHD US ZFFMN34A7N0092336 ass. # 9500 eng. # 29856, new to the US
92337	348	ts 92 Red/Black LHD US ZFFRG36A2N0092337
92339	512	TR Red/Black LHD
92345	512	TR Red/Black LHD EU
92346	512	TR Red/Black
92348	348	ts Red/Black
92349	348	ts black metallic/black
92350	348	ts Red/Black
92352	348	ts Red/Black ass. # 09369 92352BQQ
92353	F40	ass. # 09787, new to I
92355	Mondial	t 3.4 Cabriolet Red/Black LHD EU
92354	Mondial	t Cabriolet 92 ZFFRK33A9N0092354
92356	348	ts 92 Black/Crema LHD US ZFFRG36A6N0092356
92358	348	ts Red/Crema, Red carpets RHD UK ZFFKA36C000092358
92359	348	ts Red/Tan
92361	512	TR Red/Black LHD EU
92362	512	TR Red/Black LHD EU ZFFLA40B000092362
92364	512	TR 92 Red/Black ZFFLA40B000092364
92365	Mondial	t black/Red LHD EU ZFFKO32B0000 ass. # 09397 92365NFK
92366	348	ts
92370	348	ts Red
92371	F40	92 Red/Black w Red cloth LHD EU ZFFGJ34B000092371 ass. # 09862
92372	348	tb 92 ZFFRG35A2N0092372
92374	Mondial	t Red
92375	Mondial	t Red/Crema RHD ZFFKD32C000092375
92376	348	ts 92 black/Crema LHD US ZFFRG36A1N0092376
92377	348	ts 92 Red/Tan LHD US ZFFRG36A3N0092377
92378	348	tb Red/Crema RHD UK ZFFKA35C000092378 ass. # 09344
92379	348	ts Red/Black LHD ZFFRA36JAP0092379
92382	512	TR Red/Black LHD EU
92383	512	TR Red/Black
92385	512	TR Red/Black Red sport seats LHD ZFFFLA40B000092385 non-original wheels, Hamann rear spoiler
92386	348	ts Red/Crema ZFFFA36S0000
92388	348	ts Red/Black LHD EU ZFFKA36B000092388
92390	348	ts Red/Black LHD EU ZFFKA36B000092390
92391	348	ts Red/Crema RHD ass. # 09388
92392	F40	92 Red/Black w Red cloth LHD EU ZFFGJ34B000092392, new to SA
92393	Mondial	t Cabriolet Valeo 92 Red/Tan LHD US ZFFRK33A8N0092393
92395	348	ts 92 White/Black LHD US ZFFRG36A5N0092395
92396	F40	Red/Black w.Red cloth LHD US ZFFMN34A3N0092396 ass. # 09627, new to the US
92397	512	TR 3/92 Rosso/Nero LHD EU ZFFLA40B000092397 92397NBQ
92399	512	TR Red/Black LHD EU
92401	512	TR Red/Black LHD EU
92410	512	TR Red/Black LHD EU ZFFLA40B000092410 92410NTO
92411	512	TR Red/Black LHD EU
92412	F40	
92414	512	TR 92 Red/Black ZFFLA40B000092414
92415	512	TR Red/Black
92416	348	ts 92 Black/Black LHD US ZFFRG36A9N0092416
92418	348	tb
92420	348	ts Rosso Corrsa/Black LHD ZFFKA36B000092420 colour-coded sills shields
92422	348	ts Red/Black
92423	348	ts 92 Red ZFFKA36B000092423
92425	Mondial	t Cabriolet Silver/Black LHD EU
92427	F40	new to F
92428	512	TR 92 Red/Magnolia ZFFLA40C000092428 ex-Elton John
92430	512	TR Red/Black LHD EU
92431	512	TR Red/back LHD
92436	348	ts 92 Black/black LHD US ZFFRG366A4N0092436
92437	348	ts Red/Black LHD EU ass. # 09489
92438	348	ts Red/Black LHD EU ZFFKA36B000092438
92439	F40	92 Red/Black w Red cloth LHD US ZFFMN34A6N0092439 ass. # 9630, new to the US
92440	Mondial	t Cabriolet 92 Giallo Modena/Nero LHD EU ZFFKC33B000092440
92441	Mondial	t Cabriolet Valeo 92 Red/Black LHD US ZFFRK33A4N0092441
92442	512	TR Red/Black
92444	348	tb Yellow/black LHD CH ZFFFA35S000092444 ass. # 09361
92445	F40	92 Red/Black w Red cloth LHD EU ZFFGJ34B000092445 ass. # 09865, new to D
92446	348	tb 93 Red RHD UK ZFFFA35D000092446
92448	348	tb Red/Black RHD UK
92451	F40	92 Red/Black w Red cloth LHD EU ZFFGJ34B000092451
92452	Mondial	t Red/Black 92452ANA
92453	348	ts Red LHD ZFFKA36B00092453
92454	348	ts Red/Black LHD EU

s/n	Type	Comments
92456	348	ts 92 Black/black LHD US ZFFRG36AXN0092456
92459	348	tb Red/Black LHD EU ZFFKA35B000092459 ass. # 09486
92461	348	tb 92 ZFFRM35A0N0092461
92462	348	tb 92 Black/tan LHD US ZFFRG35A3N0092462
92463	F40	92 Red/Black w Red cloth LHD US ZFFMN34A3N0092463 ass. # 9752, new to the US
92465	Mondial	t Cabriolet 92 Black/Tan LHD US ZFFRK33A7N0092465
92466	512	TR Red/Black
92467	512	TR Red/Black
92468	512	TR Red/Black ZFFLA40B000092468 ass.# 09372 92468NFA
92469	512	TR Red/Black LHD EU ZFFLA40B000092469
92470	512	TR Red
92471	512	TR Red LHD
92472	348	ts Red/Black
92473	348	ts Red/Black LHD EU
92478	512	TR 92 Red/Tan US ZFFLG40A3N0092478,
92480	348	tb 92 Rosso Corsa/Black CDN LHD ZFFRM35A4N0092480
92482	Mondial	t Cabriolet 92 White/tan LHD US ZFFRK33A7N0092482
92484	F40	new to Dubai
92489	512	TR Red/Black LHD EU
92491	348	ts Red/Black LHD EU
92494	512	TR 92 Red/Tan LHD US ZFFLG40A1N0092494
92495	512	TR 92 Rosso Corsa/tan LHD US ZFFLG40A3N0092495
92496	348	ts 93 Red RHD UK ZFFKA36L000092496
92499	348	tb Red/Crema
92501	F40	92 Red/Black w.Red cloth LHD US ZFFMN34A7N0092501 ass. # 09754, new to the US
92502	512	TR 92 LHD US ZFFLG40A7N0092502
92503	Mondial	t 92 Red/Crema LHD EU ZFFKD32B000092503 ass. # 09505
92505	512	TR Red/Black LHD EU
92506	512	TR Yellow/black LHD ZFFLA40B000092506
92507	512	TR Red/Black LHD EU
92510	512	TR
92511	348	ts Red/Black
92512	348	ts Red/Black LHD EU ZFFFA36S000092512
92513	348	ts 11/91 Black/tan US ZFFRG36A7N0092513
92516	348	ts Challenge Red/Black LHD ZFFKA36B000092516
92518	348	ts 92 Red/Black LHD ZFFRA36A4N0092518
92520	348	tb Red/Crema RHD ZFFKA35C000092520
92521	F40	Red/Black w Red Cloth LHD, new to D
92524	512	TR Red/Crema RHD ZFFLA40C000092524
92527	512	TR 2/92 Rosso Corsa/Crema ZFFLA40B000092527
92528	512	TR 92 Red/Black LHD EU ZFFLA40B000092528
92530	348	ts 92 Red/Tan RHD ZFFKA36C000092530
92531	348	ts 92 black/beige LHD US ZFFRG36A9N0092531
92533	348	tb Challenge
92535	348	ts Red/Black
92536	348	tb Red/Black LHD EU ZFFKA35B000092536 ass. # 09543
92538	348	ts 92 RedCrema LHD US ZFFRA36AXN0092538
92539	348	tb Red/Crema RHD ass. # 09632
92540	Mondial	t Red/Tan LHD EU
92541	F40	LM Conversion 92 Red/Black w.Red cloth LHD US ZFFMN34A8N0092541 ass. # 9790, new to the US
92542	512	TR 92 White/black LHD US ZFFLG40A8N0092542
92543	512	TR 92 Rosso Corsa/Nero ZFFLA40B000092543
92544	512	TR 92 Red/Black LHD EU ZFFLA40B0000 ass.# 09397 92544KYK
92549	512	TR Black/tan
92550	348	ts 92 Sera Blue/tan LHD US ZFFRG36A2N0092550
92552	348	ts Red/Black LHD EU
92559	Mondial	t 92 Black/Black ZFFKD32B000092559
92560	F40	Red/Red seats LHD ZFFGJ34B000092560 ass. # 10001, new to GB
92562	512	TR Rosso/Nero ZFFLA40B000092562
92563	512	TR Argento/Black
92568	512	TR 3/92 Rosso Corsa/Nero ZFFLA40B000092568
92569	348	ts 92 Silver/black LHD US ZFFRG36A1N0092569
92570	348	ts Black/black
92572	348	ts
92573	348	ts
92574	348	ts Red/Crema RHD UK ass. # 09532
92575	348	tb Red/Black LHD EU
92576	348	tb Red/Black LHD EU
92578	348	ts 92 Red Metallic/Tan LHD US ZFFRA36A0N0092578
92579	512	TR 92 Red/Tan LHD US ZFFLG40A9N0092579
92580	512	TR 92 ZFFLG40A5N0092580
92581	512	TR 92 Black/Magnolia LHD US ZFFLG40A5N0092580
98582	512	TR 92 Red/Black ZFFLG40A7N0092581
92583	512	TR Red/Black LHD EU
92584	F40	
92585	512	TR 92 LHD US ZFFLG40A4N0092585
92586	512	TR 92 Red/Black LHD US ZFFLG40A6N00
92587	512	TR 92 Red/Black LHD US ZFFLG40A8N0092587
92588	348	ts 92 White/Tan LHD US ZFFRG36A5N0092588
92589	512	TR
92590	348	ts Red/Black & Red LHD ZFFKA36B000092590 ass. # 09588
92591	348	ts Red/Black LHD ZFFKA36B000092591 92591VCZ shields
92592	F40	92 Red/Black w Red cloth LHD EU ZFFGJ34B000092592
92593	512	TR
92596	348	tb Blue/beige
92598	512	TR 92 Red ZFFLG40A2N0092598
92599	512	TR 92 LHD US ZFFLG40A4N0092599
92600	512	TR 92 Red/Tan LHD US ZFFLG40A7N0092600
92601	512	TR 92 Red/Tan LHD US ZFFLG40A9N0092601
92602	512	TR 92 Black/Crema LHD US ZFFLG40A0N0092602
92605	F40	Red/Black w Red cloth LHD EU ZFFGJ34B000092605 ass. # 09944, new to D
92607	348	ts 92 Black/Tan LHD US ZFFRG36A5N00
92608	348	ts Red/Black ZFFKA36B000092608
92609	348	ts Red/Black LHD EU ZFFKA36B0000
92610	348	ts Red/Black
92613	348	tb Rosso Corsa/Black LHD EU ZFFKA35B000092613 ass. #09686 92613ISE
92614	348	tb Red/Black & Red cloth seats LHD EU ZFFKA35B000092614
92616	512	TR 92 Silver/Light Grey LHD US ZFFLG40A0N0092616
92617	512	TR Koenig 92 silverdark grey LHD US ZFFLG40A2N0092617 ass. # 09716
92618	512	TR Race Conversion 92 Silver/black LHD US ZFFLG40A4N0092618
92619	512	TR 92 LHD US ZFFLG40A6N0092619
92621	512	TR 92 Red/Black LHD ZFFLA40B000092621
92622	F40	Red/Black w.Red cloth LHD US ZFFMN34A8N0092622 ass. # 09788, new to the US
92623	Mondial	t Red/Black ZFFKD32B000092623
92624	Mondial	t Red
92625	348	ts 92 Black/black LHD US ZFFRG36A7N0092625

s/n	Type	Comments
92627	348	ts Red
92635	512	TR 92 Black/Black LHD US ZFFLG40A4N0092635
92636	512	TR 92 Black/Black LHD US ZFFLG40A6N0092636
92637	512	TR 92 White/Tan LHD US ZFFLG40A8N0092637
92638	512	TR Red/Black ZFFLA40B000092638 ass. # 09740 EU 92638NYD
92639	512	TR
92640	512	TR Red/Black LHD EU ZFFLA40B0000
92642	F40	92 Red/Black w Red cloth LHD EU ZFFGJ34B000092642 ass. # 10003, new to I
92643	348	tb Red/Tan RHD
92644	348	ts 12/91 Black/Black LHD US ZFFRG36A0N0092644
92645	348	ts 12/91 Rosso Corsa/Nero ZFFKA36B000092645
92647	348	ts Red/Black 92647KHW
92650	348	tb Red/Black
92652	348	ts 92 LHD US ZFFRA36A8N0092652
92653	512	TR 92 Silver/Black ZFFLG40A6N0092653
92654	512	TR 92 LHD US ZFFLG40A8N0092654
92656	512	TR Red/Crema LHD EU
92659	512	TR Rosso Corsa/Black LHD ZFFLA40B000092659 shields
92660	F40	92 Red/Black w.Red cloth LHD US ZFFMN34A5N0092660 ass. # 9863, new to the US
92661	Mondial	t Red/Black
92663	348	ts 92 Giallo Modena/Black LHD US ZFFRG36A4N0092663
92665	348	ts Yellow/Black-Yellow RHD UK ZFFKA36C000092665
92669	348	tb Red/Tan
92670	348	tb 93, ZFFKA35B000092670
92671	348	tb Red/Black LHD
92672	512	TR 92 LHD US ZFFLG40AXN0092672
92673	512	TR 92 White/Black LHD ZFFLG40A1N0092673 Tubi ex-Will Clark, San Francisco Giants
92676	512	TR Yellow/black LHD EU ZFFLA40B00092676
92678	F40	Red/Black w. Red cloth LHD EU ZFFGJ34B000092678 ass. # 10073, new to D
92681	348	tb 92 White Black LHD ZFFRG36A6N0092681
92686	348	ts 91
92687	348	tb Red/Black
92689	348	tb Red
92690	512	TR 92 Red/Black LHD US ZFFLG40A1N0092690
92691	512	TR Red/Black LHD ZFFLA40B000092691 F512 M rims
92692	512	TR Red/Black
92694	512	TR Red/Black LHD EU ZFFLA40B000092694 92694QLQ
92696	F40	new to I
92697	Mondial	t dark Green met./black LHD EU ZFFKD32B000092697 ass. # 9761
92698	Mondial	t Cabriolet Red/Crema LHD EU
92699	348	ts 92 Red/Tan LHD US ZFFRG36A3N0092699
92700	348	ts Red/Black LHD EU
92704	348	ts Red/Tan LHD CH ZFFFA36S000092704
92708	F40	92 Red/Black w Red cloth LHD US ZFFMN34A7N0092708 ass. # 9941, new to the US
92709	Mondial	t Red/Black
92710	Mondial	t Cabriolet Red
92712	512	TR Red/Black LHD EU ZFFLA40B0000
92713	512	TR Red/Black
92714	512	TR Red/Black
92718	348	ts Yellow/Black LHD ZFFKA36B000092718 Colour-coded sills, colour-coded roof
92722	348	ts Red/Crema RHD UK ass. # 09634 plastic targa roof, not metal
92726	F40	new to I
92727	Mondial	t Blue Chiaro/black LHD EU ZFFKD32B000092727
92728	Mondial	t Cabriolet 92 ZFFRK33A2N0092728
92730	512	TR Red
92731	512	TR Red/Black LHD EU
92733	512	TR Red/Black LHD
92735	348	ts 92 Chiaro Blue/tan LHD US ZFFRG36A3N0092735
92736	348	ts Red/Black
92737	348	ts Red/Black LHD EU
92738	348	ts Rosso Corsa/black
92739	F40	92 Red/Black w Red cloth LHD US ZFFMN34A7N0092739 ass. # 10002, new to the US
92740	348	ts Red/Tan LHD EU
92744	F40	Red/Black w Red cloth LHD EU ZFFGJ34B000092744 ass. # 10125, new to I
92750	512	TR Red/Crema
92752	348	ts
92753	348	ts 92 Yellow/Black LHD US ZFFRG36A5N00 colour coded roof
92758	348	ts 92 Red/Black LHD US ZFFRA36A2N0092758
92759	348	tb Red/Black ZFFKA35B0000
92762	F40	92 Red/Black w Red cloth LHD EU ZFFGJ34B000092762 ass. # 10177, new to D
92763	512	TR Red/Black LHD EU ZFFLA40B000092763
92766	512	TR Red/Black LHD EU ZFFLA40B0000 92766VMV
92770	348	ts 92 LHD US ZFFRA36A3N0092770
92771	348	tb 92 Red/Tan LHD US ZFFRG35A5N0092771
92775	348	ts 92 Red/Tan ZFFRG36A4N0092775
92776	348	ts 92 Blue grigio Grey LHD ZFFKA36C000092776 ass. # 9687
92779	F40	92 Red/Black w Red cloth LHD US ZFFMN34A8N0092779 ass. # 10004, new to the US
92780	Mondial	t Red/Black LHD EU
92783	512	TR Red/Black LHD ZFFLA40B000092783
92784	512	TR Red/Black LHD EU
92793	348	ts black metallic/black LHD EU ZFFKA36B0000
92794	348	ts 92 ZFFRG36A8N0092794
92796	348	ts 92 Red LHD ZFFKA35B000092796
92798	F40	new to I
92800	Mondial	t Cabriolet Red/Black
92804	512	TR Rosso Corsa/Black cloth drivers sports seat LHD ZFFLA40B000092804 92804VJV
92806	512	TR Red/Black LHD EU
92807	348	ts Red/Tan
92808	348	ts Red/Black LHD
92809	348	ts Red/Black LHD EU
92811	348	ts Red/Tan LHD EU ZFFKA36B000092811 ass. # 9774 92811FDM
92812	348	tb Serie Speciale Series I #1/100 92 LHD US ZFFRG35A4N0092812, first
92813	348	ts 92 Verde Scuro (603/C)/Crema ZFFRG36A8N0092813
92816	F40	92 Red/Black w Red cloth LHD US ZFFMN34AXN0092816 ass. # 10122, new to the US
92818	Mondial	t Red/Black RHD UK
92822	512	TR black/Red LHD EU
92823	512	TR
92826	348	ts
92828	348	ts Yellow/Black
92831	348	ts 92 LHD US ZFFRA36A8N0092831
92832	348	tb
92834	348	ts Red/Black LHD EU
92835	F40	Red/Black w Red cloth LHD EU ZFFGJ34B000092835 ass. # 10246, new to D

s/n	Type	Comments
92837	Mondial	t Cabriolet Valeo 92 Red/Tan LHD US ZFFRK33A7N0092837
92838	512	TR Red/Black LHD EU
92839	512	TR Red/Black LHD EU
92840	512	TR Red/Black LHD EU
92841	512	TR Red/Black LHD EU ZFFLA40B000092841
92842	512	TR Yellow/Black LHD EU
92843	512	TR F512 M Conversion Red/Black LHD EU ZFFLA40B000092843 92843DYO
92844	348	ts Red/Crema ZFFFA36S0000
92845	348	ts Red/Black colour coded roof LHD ass. # 09772
92847	348	ts 92 Red/Black
92852	348	tb Red/Black LHD EU
92854	348	tb Black/Tan
92855	F40	92 Red/Black w Red cloth LHD EU ZFFGJ34B000092855, new to I
92856	Mondial	t Red/Black LHD
92858	512	TR
92859	512	TR 92 Red/Black LHD ZFFLA40B0000
92860	512	TR Red/Black LHD EU ZFFLA40B000092860
92862	512	TR Red/Black
92864	348	ts Red/Black LHD
92865	F40	92 Red/Black w Red cloth LHD EU ZFFGJ34B000092865
92867	348	ts giallo/nero
92869	348	ts dark grey met./black ZFFKA36B0000 ass. # 9825 92869MXX
92873	F40	92 Red/Black w Red cloth LHD US ZFFMN34A0N0092873 ass. # 10074, new to the US
92876	512	TR Red/Black LHD EU
92877	512	TR black/black LHD
92878	512	TR 92 ZFFLA40B000092878
92880	512	TR Red/Black LHD EU
92882	348	ts 792 Red/Tan LHD CH ZFFFA36S000092882
92883	348	ts
92885	348	ts Red/Black/Beige inserts LHD EU ZFFKA36B000092885 92885DAS
92886	348	ts black/dark tan LHD ZFFKA36B0000 92886DKS
92887	348	ts Red/Black LHD EU colour coded roof
92888	348	ts 92 LHD US ZFFRA36A4N0092888
92889	348	ts 92 LHD US ZFFRA36A6N0092889
92891	348	tb 92 Red ZFFRA35B000092891
92892	F40	Red/Black w Red Cloth LHD EU ZFFGJ34B000092892 ass. # 10305, new to I
92893	Mondial	t dark metallic Blue/dark Blue LHD EU
92894	Mondial	t Cabriolet Rosso Corsa/Black LHD EU
92895	512	TR Rosso Corsa/Black LHD ZFFLA40B000092895 92895DAM
92896	512	TR Red/Black LHD EU ZFFLA40B000092896 ass. # 09959
92899	512	TR Rosso Corsa/black LHD EU ZFFLA40B000092899 92899YPF
92900	512	TR Rosso Corsa/black LHD EU ZFFLA40B000092900
92905	348	ts Challenge Yellow
92906	348	ts Red/Black LHD EU
92909	348	ts
92911	512	TR 92 Red/Black LHD US ZFFLG40A2N0092911 Tubi
92913	Mondial	t Red/Black
92914	F40	92 Red/Black w Red cloth LHD US ZFFMN34AXN0092914, new to the US
92915	512	TR black/black LHD ZFFLA40B000092915 ass. # 10124 non-original wheels, Koenig rear spoiler
92917	512	TR
92919	512	TR Red/Black LHD EU
92921	348	ts Red/Black ass. # 09852
92923	348	ts Red/Black LHD EU ZFFKA36B000092923
92925	348	ts Red/Black
92927	512	TR 92 Red/Tan LHD US ZFFLG40A6N0092927
92928	Mondial	t Cabriolet 92 Black Metallic Black Manual LHD US ZFFRK33AXN0092928
92930	F40	new to I
92931	512	TR 92 LHD US ZFFLG40A8N0092931
92934	512	TR Red/Black LHD EU
92935	512	TR Red/Black LHD
92936	512	TR Red/Tan
92938	348	ts Red
92944	348	ts 92 Rosso Corsa/Beige LHD US ZFFRA36AXN0092944
92945	512	TR 92 Red/Black LHD US ZFFLG40A8N0092945
92947	Mondial	t Red
92948	F40	92 Red/Black w Red cloth LHD EU ZFFGJ34B000092948, new to D
92949	512	TR 92
92950	512	TR Red/Black LHD EU
92951	512	TR 92 Red/Black
92952	512	TR Yellow/black
92953	512	TR 92 Red/Black LHD EU ZFFLA40B000092953
92955	348	ts Red/Tan
92956	348	ts black met./Crema black LHD ZFFKA36B000092956 ass. # 09896
92957	348	ts
92959	348	Red/Black Red sport seats Replica look F40 rear spoiler Testarossa sides 355 rear grille aftermarket rims
92960	F40	92 Red/Black w Red cloth LHD US ZFFMN34A6N0092960 ass. # 10176, new to the US
92961	348	ts Red/Crema RHD ass. # 09828
92962	348	tb Red/Crema LHD
92963	512	TR 92 White/Crema LHD US ZFFLG40AXN0092963
92964	Mondial	t Cabriolet Valeo Light Blue Blue RHD UK ZFFKC33C000092964
92966	512	TR 92 Black/black LHD US ZFFLG40A5N0092966
92967	512	TR 92 Red/Black LHD EU ZFFLA40B000092967 ass. # 09956
92968	512	TR 92 Giallo Modena/Black LHD US ZFFLG40A9N0092968
92969	512	TR Yellow/black ZFFLA40B000092969
92970	512	TR 92 Rosso Corsa/Nero ZFFLA40B000092970
92973	348	ts Rosso Corsa/Black Colour-coded roof LHD ZFFKA36B000092973 ass. # 09907 92973NCZ colour-coded sills
92978	F40	92 Red/Black w Red cloth LHD US ZFFMN34A3N0092978 ass. # 10178, new to the US
92980	348	tb Red
92981	512	TR 92 LHD US ZFFLG40A1N0092981
92982	512	TR 92 LHD US ZFFLG40A3N0092982
92984	512	TR Red/Black
92985	512	TR Tenue green/brown LHD EU ZFFLA40B000092985
92987	348	ts Red/Black LHD
92989	348	ts Red/Tan LHD EU
92994	F40	92 Red/Black w Red cloth LHD EU ZFFGJ34B000092994 ass. # 10374, new to I
92995	348	ts Red/Crema RHD UK
92996	512	TR Yellow/Black LHD EU
92997	348	ts 92 LHD US ZFFRA36A9N0092997
93001	512	TR
93004	512	TR
93006	348	ts
93007	348	ts Red/Black LHD 93007XMH
93013	F40	92 Red/Black w Red cloth LHD US ZFFMN34AXN0093013 ass. # 10304, new to the US
93014	Mondial	t Cabriolet Red/Tan
93015	348	ts Red/Crema LHD EU

s/n	Type	Comments	s/n	Type	Comments
93016	348	tb Serie Speciale Series I Challenge #2/100 Red/Tan LHD US ZFFRG35A7N0093016	93127	512	TR Red/Black LHD EU
93018	512	TR	93133	348	ts 93 Rosso Corsa Crema Colour coded roof RHD UK UK ZFFKA36C000093133 ass. # 10066
93019	512	TR Rosso Corsa/tan			
93021	512	TR Red/Black LHD EU	93134	348	ts
93023	348	ts Red/beige LHD EU body color coded sills ZFFFA36S000093023	93137	Mondial	t 92 Rosso Corsa/tan LHD CH ZFFFD32S0000 93137NSP sunroof
93024	348	ts 92 Red LHD	93138	Mondial	t
93026	348	ts Red/Black ZFFKA36B000093026	93139	F40	92 Red/Black w Red cloth LHD US ZFFMN34AXN0093139 ass. # 10518, new to the US
93031	F40	Red LHD, new to D			
93032	Mondial	t Red/beige LHD EU ZFFFD32S000093032	93140	512	TR Yellow/Black LHD EU
93033	Mondial	t Yellow/Black LHD EU ZFFKD32B000093033	93142	512	TR Red/Black LHD EU
93034	348	ts Red/Black RHD ZFFKA36C000093034 shields	93144	512	TR 92 Red/Tan LHD US ZFFLG40A1N0093144
93036	512	TR Yellow/Black	93149	348	ts Red LHD
93037	512	TR Red/Black LHD	93153	348	ts Challenge
93042	348	ts Yellow/black	93155	Mondial	t Red/Tan
93044	348	ts Black LHD ZFFKA36B000093044	93156	Mondial	t Cabriolet Red/Black LHD EU
93048	F40	92 Red/Black w Red cloth LHD US ZFFMN34A7N0093048 ass. # 10248, new to the US	93157	F40	92 Red/Black w Red cloth LHD EU ZFFGJ34B000093157 , new to I
			93161	348	ts 92 LHD US ZFFRA36A5N0093161
93049	Mondial	t 3.4 93 Metallic Blue Medio/Crema ZFFKD32C000093049	93162	348	Red/Black
			93164	348	ts Red/Black LHD EU ZFFKA36B000093164
93050	348	ts Red/Tan colour coded roof RHD UK ZFFKA36C000093050 ass. # 09986	93165	348	ts Red/Black
			93167	512	TR 92 Black/black LHD US ZFFLG40A2N0093167
93051	348	ts 92 ZFFRA36A9N0093051			
93052	348	ts 92 LHD US ZFFRA36A9N0093051	93173	Mondial	t Red/Tan
93053	512	TR Red/Crema LHD EU	93174	Mondial	t 93 ZFFKD32B000093174 (maybe wrong, indicated as 39174)
93055	F40				
93056	512	TR Red/Black LHD ZFFLA40B000093056	93175	F40	92 Red/Black w Red cloth LHD US ZFFMN34AXN0093175
93062	348	ts Red/Black LHD EU ZFFKA36B000093062			
93064	348	ts Red/Black LHD	93176	348	tb 92 RHD ZFFKA35C000093176
93065	F40	92 Red/Black w Red cloth LHD US ZFFMN34A7N0093065 ass. # 10373, new to the US	93181	348	ts
			93183	348	ts Red Red ass. # 10174
			93185	512	TR 92 Red/Tan LHD US ZFFLG40A4N0093185
93066	Mondial	t Rosso Corsa/Tan	93187	512	TR Red/Black
93067	Mondial	t Cabriolet 92 LHD US ZFFRK33A0N0093067	93189	512	TR Red/Black
93068	348	ts	93190	512	TR Red/Crema ZFFLA40S0000
93070	348	tb	93191	348	tb Serie Speciale Series I #3/100 92 Red LHD US ZFFRG35A3N0093191
93077	348	ts Red/Black LHD EU			
93083	348	tb 92 Grigio Titanio/Bordeaux LHD EU ZFFKA36B000093083 ass. # 10131 93083DWV	93192	Mondial	t Red ZFFKD32B000093192
			93193	F40	92 Red/Black w.Red cloth ZFFGJ34B000093193 LHD EU ass. #10438, new to D
93086	F40	92 Red/Black w Red cloth LHD EU ZFFGJ34B000093086, new to D			
			93195	348	tb Silver/black LHD EU ZFFKA35B000093195
93089	512	TR Silver/Red LHD EU	93197	348	ts Dark Green Tan RHD UK ass. # 10149
93093	512	TR Red/Black LHD EU	93199	348	ts Red/Tan LHD EU
93099	Mondial	t 92 Silver LHD	93203	512	TR 92 Red/Tan LHD US ZFFLG40A2N0093203
93102	348	ts Rosso Corsa/Black LHD ZFFKA36B000093102 ass. # 10133	93209	Mondial	t Red/Tan LHD
			93210	Mondial	t Cabriolet 93 Black Grey LHD ZFFRK33A8P0093210
93103	F40	92 Rosso Corsa/black w Red LHD US ZFFMN34A0N0093103 ass. # 10440, new to the US			
			93211	F40	92 Red/Black w Red cloth LHD US ZFFMN34A3N0093211 ass. # 10646, new to the US
93104	Mondial	t 89 Red/Tan Manual LHD CH ZFFFD32S000093104			
			93212	348	tb Series Speciale Series I #4/100 92 LHD US ZFFRG35A7N0093212
93105	Mondial	t Red/Black ZFFKD32B000093105 ass. # 10581			
			93213	348	ts Serie Speciale Series I
93106	348	ts 92 LHD US ZFFRA36A8N0093106	93216	348	ts Red/Crema
93107	348	tb Red/Black LHD CH ZFFFA35S0000	93217	348	ts Red/Tan LHD EU ZFFKA36B000093217 ass. # 10207
93108	512	TR Red LHD			
93109	512	TR 92 Red/Tan LHD US ZFFLG40AN0093109	93219	348	ts Red/Tan LHD EU ZFFKA36B000093219 ass. # 10320
93110	512	TR 92 Rosso Corsa/Beige LHD US ZFFLG40A6N0093110			
			93221	512	TR 92 Black/Red LHD US ZFFLG40A4N0093221 ..
93118	348	ts Rosso Corsa/Black ZFFKA36B000093118 93118KMF			
			93222	512	TR Red/Black
93120	512	TR Red/Black LHD EU ZFFA40B000093120 ass.# 10158 93120PSP	93223	512	TR Red/Black
			93226	512	TR 92 Rosso Corsa/Nero ZFFLA40B000093226
93121	F40	Red/Black LHD, new to I	93228	Mondial	t 3.4 Grey/bordeaux hide LHD EU
93122	Mondial	t Red/Crema	93229	F40	new to I
93123	Mondial	t Cabriolet Valeo 92 Rosso Corsa/Beige LHD US ZFFRK33A6N0093123	93230	348	tb Red/Black LHD
			93231	348	tb Yellow/black LHD ZFFKA35B000093231 ass. # 10150
93124	348	ts 92 LHD US ZFFRA36AXN0093124			
93125	512	TR 92 Red/Tan LHD US ZFFLG40A8N0093125	93233	348	ts Black

s/n	Type	Comments
93240	512	TR 92 Red/Tan LHD US ZFFLG40A8N0093240
93248	348	tb Challenge
93250	348	ts 92 LHD US ZFFRA36A4N0093250
93251	348	ts Red/Tan
93254	348	ts Red/Crema LHD
93256	F40	new to I
93257	Mondial	t Red/Tan LHD EU
93258	512	TR 92 Black/Black LHD US ZFFLG40A5N0093258
93259	512	TR Yellow/black LHD EU
93261	512	TR Red/Black LHD EU
93264	348	tb
93265	348	tb Black/black ZFFKA35B000093265
93268	512	TR 92 Anthracite/black LHD EU ZFFLG40A8N0093268
93273	348	ts Red/Black LHD EU
93274	F40	92 Red/Black w Red cloth LHD EU ZFFGJ34B000093274 ass. # 10519, new to I
93276	512	TR Red/Black LHD EU
93278	512	TR Red/Red LHD EU
93281	348	tb Red/Black
93283	348	ts Rosso Corsa Crema Rosso Carpets, 11.6.93
93284	512	TR 92 Rosso/Beige ZFFLA40B000092284
93285	348	ts Red/Black
93290	F40	92 Red/Black w Red cloth LHD US ZFFMN34A3N0093290 ass. # 10648, new to the US
93291	Mondial	t Cabriolet 93 ZFFRK33A1P0093291
93294	512	TR Geneva Show Car Red/Tan
93295	512	TR Red/Tan
93299	348	tb Challenge 92 Black Crema ZFFRG35A1N0093299
93300	348	tb Challenge
93302	348	ts
93303	348	ts Rosso Corsa/Nero
93305	348	ts Red/Black LHD EU
93308	F40	Red/Black w Red LHD, new to MEX
93310	512	TR Rosso Corsa/Black LHD ZFFLA40B000093310 93310SZB
93313	512	TR Red LHD
93314	512	TR Red White LHD EU
93315	512	TR Red/Black LHD EU
93322	348	ts Red/Black LHD
93325	F40	92 Red/Black w Red cloth LHD EU ZFFGJ34B000093325 ass. # 10520, new to I
93326	Mondial	t Cabriolet Red
93328	512	TR Red/Black LHD EU
93331	512	TR Red/Black
93332	512	TR silvergrey metallic/black LHD EU
93336	348	tb Red/Black LHD EU ZFFKA35B000093336 93336QNL
93337	348	ts 92 LHD US ZFFRA36A5N0093337
93338	348	ts
93340	348	ts
93343	F40	92 Red/Black w Red cloth LHD EU ZFFGJ34B000093343 ass. # 10573, new to D
93344	Mondial	t Red/Black LHD EU
93348	512	TR 92 Red/Tan LHD US ZFFLG40A6N0093348
93349	512	TR Red/Black LHD
93352	348	tb Blue
93354	348	ts Red/Cream colour-coded roof RHD ZFFKA36C000093354 Shields colour-coded sills
93355	348	ts Red/Black
93357	348	ts Red
93360	348	ts 92 Rosso Corsa/Nero LHD EU ZFFKA36B000093360
93363	348	Speciale 92
93364	Mondial	t Cabriolet 92 Blu Sera Metallizzato/Beige LHD CH ZFFFC33S0000
93365	512	TR nero Daytona/black LHD EU ZFFLA40B000 ass. # 10430
93366	512	TR Red/Black EU
93367	348	tb Red/Black LHD ZFFRA35JAP0093967
93369	512	TR Red/Black EU ZFFLA40B000093369 93369KFD
93370	512	TR 92 Black/Crema LHD EU ZFFLA40B000093370
93371	348	tb Red/Black LHD
93377	348	ts
93380	F40	92 Rosso Corsa/Black & Red cloth LHD ZFFGJ34B000093380 ass. # 10574, new to I
93382	Mondial	t Cabriolet 93 Yellow/black LHD US ZFFRK33A4P0093382
93383	512	TR 92 LHD US ZFFLG40A8N0093383
93384	512	TR Red/Black LHD EU
93386	512	TR 92 Black/Crema LHD EU ZFFLA40B000093386
93387	348	tb Serie Speciale Series I #5/100 92 Red/Black LHD US ZFFRG35A9N0093387
93390	348	ts Red
93397	F40	new to I
93398	Mondial	t 93 Blu Chiaro/Cream RHD Manual ZFFKD32C000093398
93401	512	TR Rosso Corsa ZFFLA40B000093401
93402	512	TR Red/Black LHD EU ZFFLA40B000093402 93402RVE
93403	512	TR 92 Red/Black LHD EU ZFFLA40B000093403
93404	512	TR Red/Black LHD EU
93406	348	tb Red/Black
93407	348	ts 92 LHD US ZFFRA36A0N0093407
93409	F40	Red/Black w Red cloth LHD US ZFFGJ34B000093409 ass. # 10649, new to D
93411	348	ts 92 Rosso Corsa/Black CDN LHD ZFFRA36A2N0093411
93412	348	ts 92 LHD US ZFFRA36A4N0093412
93413	348	ts
93415	348	ts
93417	348	ts Grey Light Grey RHD UK ass. # 10410
93418	512	TR 92 LHD US ZFFLG40A1N0093418
93419	512	TR Yellow/Black LHD EU ass. # 10465
93420	512	TR Rosso Corsa/black
93422	512	TR Red/Black LHD EU ass. # 10462
93427	348	ts Red/Tan LHD CH ZFFFA36S000093427
93428	F40	92 Red/Black w Red cloth LHD US ZFFMN34A6N0093428 ass. # 10736, new to the US
93429	Mondial	t Cabriolet 93 Red/Tan ZFFRK33A4P0093429
93430	348	ts 92 LHD US ZFFRA36A6N0093430
93431	348	tb Serie Speciale Series I Challenge #4/100, Black-Multi LHD US ZFFRG35A8N0093431
93432	348	ts Red/Crema RHD UK ZFFKA36C000093432 ass. # 10441
93434	348	ts Red/Black LHD EU ass. # 10408
93436	512	TR Red/Black LHD EU
93437	512	TR White Black LHD EU
93438	512	TR 92 Metallic Black/Black LHD EU ZFFLA40B000093438
93441	512	TR Red
93442	348	tb Red/Crema RHD UK
93443	348	tb Red/Black LHD EU
93444	F40	92 Red/Black w Red cloth LHD EU ZFFGJ34B000093444
93446	348	ts 92 LHD US ZFFRA36AXN0093446
93454	348	ts 3/92 Rosso Corsa/Nero ZFFKA36B000093454
93455	512	TR 92 White/Crema LHD US ZFFLG40A7N0093455
93456	512	TR 92 Yellow/Black EU ZFFLA40B000093456 eng. # 30789
93457	512	TR Red/Black LHD EU
93462	348	tb Black/Black
93463	348	tb Yellow/black LHD EU
93464	F40	92 Rosso Corsa/black w.Red cloth LHD EU ZFFGJ34B000093464 ass. # 10737, new to D
93465	348	ts 92 LHD US ZFFRA36A3N0093465
93466	348	tb

s/n	Type	Comments
93467	348	ts Red
94470	348	ts 93 Red RHD ZFFKA36C000094470
93474	512	TR Red
93477	512	TR Red/Black
93478	512	TR Red/Crema
93480	348	tb 92 Rosso Corsa (300/12)/Nero ZFFKA35B000093480 eng. # 30724 ass. # 10371
93482	F40	new to I
93484	348	ts 92 LHD US ZFFRA36A7N0093484
93485	348	tb Serie Speciale Series I #7/100 92 Rosso Corsa/tan LHD US ZFFRG35A9N0093485 USA
93489	348	ts Red/Black
93491	Mondial	t
93494	512	TR 92 LHD LHD US ZFFLG40A6N0093494
93498	512	TR Geneva Show Car Yellow/black
93499	512	TR Silver
93500	F40	Red/Black w Red Cloth LHD EU ass. # 10738, new to D
93501	Mondial	t Cabriolet Valeo 93 Black/Tan LHD US ZFFRK33A8P0093501
93502	348	ts 92 White/black LHD US ZFFRA36A5N0093502
93503	348	tb Red/Black ZFFKA35B000093503
93506	348	ts Red/Crema LHD CH ZFFFA36S000093506 ass. # 10417
93507	348	ts Challenge Red Black-Red Cloth LHD
93512	Mondial	t Cabriolet 93 Metallic Grey/Red LHD US ZFFRK33AP0093512
93514	512	TR Red/Black LHD ZFFLA40B000093514
93515	512	TR Red/Black LHD
93518	F40	92 Red/Black w Red cloth LHD US ZFFMN34A7N0093518 ass. # 10739, new to the US
93519	Mondial	t Red/Black LHD EU
93520	348	ts 92 LHD US ZFFRA36A7N0093520
93522	348	tb Metallic black/grey RHD UK ZFFKA35C000093522
93523	348	tb Serie Speciale Series I #9/100 92 LHD US ZFFRG35A2N0093523 eng. # 30850
93524	348	ts Red/Crema LHD
93527	348	ts Red/Black
93530	512	TR 92 ZFFLG40A6N0093530
93534	512	TR Red/Black
93535	512	TR Red/Black
93536	F40	Red
93538	348	ts 92 LHD US ZFFRA36A4N0093538
93539	348	tb Red/Black ZFFKA35B000093539 ass. # 10444 93539CIB
93540	348	tb Red/Black LHD
93543	348	ts Red/Tan RHD UK ZFFKA36C000093543
93548	512	TR Red/Black LHD ZFFLA40B000093548
93549	512	TR Red/Tan LHD EU ZFFLA40B000093549
93552	512	TR Red/Black
93553	512	TR LHD EU ZFFLA40B000093553
93554	F40	92 Red/Black w Red Cloth LHD EU ZFFGJ34B000093554, new to F
93555	Mondial	t Dark Blue metallic Tan LHD ZFFFD32S000093555 ass. # 11230
93556	348	ts 92 Red/Tan LHD US ZFFRA36A6N0093556
93557	348	tb
93559	348	tb Challenge 93 White-Red/Tan RHD
93561	348	ts Red/Black
93565	348	ts Red/Black
93566	512	TR 92 White Beige LHD US ZFFLG40A5N0093566
93570	348	ts Black/Black LHD
93571	512	TR Black/Black LHD EU ZFFLA40B000093571
93572	F40	Red/Black w.Red cloth LHD EU ZFFGJ34B000093572 ass. # 10793, new to I
93573	Mondial	t Cabriolet Valeo 93 White Beige LHD ZFFRK33A0P0093573
93575	348	tb Red/Black LHD
93577	348	ts 92 Red/Black LHD ZFFRA36A3W0093577
93579	348	ts Red/Black LHD ass. # 10529
93582	348	ts Red/Black
93589	F40	last US-Model 92, Red/Black w Red cloth LHD US ZFFMN34A8N0093589 ass. # 10856, new to the US
93592	348	tb Red/Black
93593	348	tb Serie Speciale Series I 92 White/Tan LHD US ZFFRG35A1N0093593
93594	348	ts 92 LHD US ZFFRA36A3N0093594
93595	348	ts Yellow
93596	348	ts
93599	348	Challenge
93601	512	TR 5/92 Rosso Corsa/Nero ZFFLA40B000093601
93602	512	TR 93 White/Tan LHD US ZFFLG40A1P0093602
93602	348	GT Competizione LM Conversion Red/Tan Yellow seats LHD ZFFKA35B000093602 VIN is confirmed for an US-512 TR, VIN-plate for 348 shows the S/N as well (error by factory or a Űre-designed^ VIN-plate?)
93605	512	TR black/black ZFFLA40B000093605
93606	F40	92 Red/Black w Red cloth LHD EU ZFFGJ34B000093606 ass. # 10794, new to D
93607	F40	92 Red/Black w Red cloth LHD US ZFFMN34AN0093607, new to the US, past production US-Car?
93609	348	tb Red/Black
93616	348	ts Red/Black ZFFRA36B000093616
93617	348	ts
93619	512	TR Red/Black
93621	512	TR
93626	348	tb 92 Rosso Corsa/Nero LHD ZFFKA35B000093626 93626PQY ass. # 10530
93627	F40	92 Red/Black w Red cloth LHD US ZFFMN34A1N0093627 ass. # 10860, new to the US, past production US-Car?
93629	348	tb Serie Speciale #10/100 92 Yellow/Tan LHD ZFFRG35A7N0093629
93630	348	ts Serie Speciale Series I #11/100 92 Red/Black LHD US ZFFRA36A3N0
93632	348	ts Red/Black
93633	348	ts Red/Black LHD
93634	512	TR Red/Black LHD ass. #10664
93637	512	TR Red/Black LHD EU ass. # 10664
93640	512	TR 92 Red/Black
93642	512	TR Red Red LHD
93643	F40	Red/Black w Red Cloth LHD EU, new to I
93646	348	tb Challenge 93 Giallo Modena/Black w.Red cloth seats LHD ZFFKA35B000093646
93648	348	tb Challenge Yellow/Black & Red LHD EU ZFFKA35B000093648
93650	348	ts Red/Black LHD EU
93651	348	ts Red/Black LHD EU
93653	348	ts Red/Black LHD EU ZFFKA36B000093653
93654	F40	92 Red/Black w Red clothLHD EU ZFFGJ34B000093654, new to D
93657	512	TR Red/Black LHD EU ZFFLA40B000093657 ass. # 10667
93658	512	TR Red/Black LHD EU ZFFLA40B000093658
93660	512	TR Grey
93662	348	tb Red/Black LHD EU
93663	348	tb Serie Speciale Series I #12/100 Black/grey LHD US ZFFRG35A7N0093663
93664	348	ts 92 LHD US ZFFRA36A9N0093664
93666	348	ts Red/Black LHD EU colour coded roof & skirts
93667	F40	92 Red/Black w.Red cloth LHD EU ZFFGJ34B000093667
93669	F40	Red/Black w.Red cloth LHD EU ZFFGJ34B000093669 ass. # 10951, new to D
93671	512	TR Red LHD EU
93675	512	TR black/black LHD EU
93676	512	TR Yellow/Black LHD EU ZFFLA40B000093676

s/n	Type	Comments
93677	F40	Red/Black w Red Cloth LHD ZFFGJ34B000093677, new to I
93678	348	tb Red/Black
93681	348	ts 92 Red/Tan RHD ZFFFA36D000093681
93683	348	ts Rosso Corsa/Black LHD CH ZFFFA36S000093683
93684	348	ts Red/Tan
93688	Mondial	t 92 black/tan RHD ZFFKD32C000093688 probably 93688
93690	512	TR Black/black LHD
93691	512	TR Red/Tan
93694	F40	new to I
93695	348	tb Challenge Rosso Corsa/black LHD ZFFKA35B000093695 ass. # 10655 93695KIP
93696	348	tb 92 Red LHD SWE ZFFFA35S000093696
93697	348	tb 92 ZFFRG35A2N0093697
93698	348	ts 92 LHD US ZFFRA36A4N0093698
93701	348	ts Red/Black LHD EU
93702	348	ts Red/Black
93703	348	ts Red/Black LHD
93704	Mondial	t Cabriolet Red/Black LHD EU
93706	512	TR Red/Black LHD
93708	512	TR Red/Black ZFFLA40B000093708 ass. # 10713
93710	F40	92 Rosso Corsa/Black & Red cloth LHD EU ZFFGJ34B000093710 ass. # 10996, new to D
93711	F40	new to I
93713	348	tb Red/Black LHD EU
93714	348	tb Red
93716	348	ts
93719	348	ts 4/92 Rosso Corsa/Black LHD EU ZFFKA36B000093719 93719KXC
93724	512	TR
93726	512	TR Redall dark Red LHD EU ZFFLA40B0000 93726
93728	F40	92 Red/Black w Red cloth LHD EU ZFFGJ34B000093728, new to I
93731	348	tb Serie Speciale Series I #13/100 92 Red/Red cloth seats LHD US
93732	348	ts Serie Speciale Series I #14/100 92 Black/Tan LHD US ZFFRA36A0N0093732 ass. 10557 eng. # 30961
93733	348	ts Red/Tan CH
93737	348	ts Red LHD ZFFKA36B000093737
93738	Mondial	t Cabriolet Red/Black LHD EU
93739	512	TR Red
93745	F40	92 Red/Black w Red cloth ZLHD EU FFGJ34B000093745, new to I
93746	348	tb Red/Black LHD
93747	348	tb 93 Red RHD UK ZFFKA35C000093747
93748	348	ts 92 LHD US ZFFRA36A4N0093748
93749	348	ts Dark Blue/Crema RHD UK ZFFKA36C000093749
93751	Mondial	t Cabriolet
93752	Mondial	t Red/Black LHD EU ZFFKD32B0000 93752RDR eng.# F129B37602
93753	Mondial	t
93754	Mondial	t Cabriolet Silver/Black LHD EU
93755	Mondial	t Cabriolet 93 ZFFRK33A6P0093755
93756	Mondial	t Blue
93757	512	TR Red/Black LHD
93760	512	TR Red/Black LHD EU
93761	512	TR Red/Black LHD EU
93762	F40	92 Red/Black w Red cloth LHD EU ZFFGJ34B000093762 ass. # 11000, new to D
93765	348	tb 92 ZFFRG35A4N0093765
93766	348	ts Red/Black LHD EU
93768	348	tb Red/Tan LHD EU
93775	348	tb Red/Black LHD EU ass. # 10455
93777	512	TR Red/Tan ZFFLA40B000093777 93777YGL
93779	F40	92 Red/Black w Red cloth LHD EU ZFFGJ34B000093779 ass. # 11071, new to I
93781	348	tb Yellow/black LHD CH ZFFFA35S0000
93783	348	ts 92 LHD US ZFFRA36A6N0093783
93784	348	ts Red/Black RHD ZFFKA36C000093784 shields
93785	348	ts 92 Black/black LHD CH ZFFFA36S0000
93787	348	ts 3/92 Yellow/Black LHD ZFFRG36A5N0093787
93789	348	ts Red/Black
93795	512	TR Red/Black
93796	F40	92 Red/Black w Red cloth LHD EU ZFFGJ34B000093796, new to I
93797	348	tb Red/Black LHD EU
93799	348	tb Serie Speciale Series I 92 Red/Tan LHD US ZFFRG35AXN0093799
93801	348	ts Red/Black ZFFFA36S0000
93802	348	ts Redblack LHD EU
93805	348	ts Red/Black
93807	Mondial	t Red/Black
93808	512	TR Red/Black
93809	512	TR 92 Argento Nürburgring/Bordeaux LHD EU ZFFLA40B000093809
93810	512	TR Red/Tan LHD ZFFLA40S000093810
93812	512	TR Red/Black
93813	F40	Competizione Conversion Red & Yellow/Red cloth ZFFGJ34B000093813 ass. # 11073 eng.# 31293
93817	348	ts 92 LHD US ZFFRA36A8N0093817
93818	348	ts 92 Black/Grey RHD UK ZFFKA36C000093818 ass. # 10743
93819	348	ts Red/Black LHD EU
93820	348	ts Red/Crema LHD
93821	348	ts Red/Tan
93823	348	ts Red/Black
93824	Mondial	t Cabriolet Red/Black
93825	512	TR Red/Tan ZFFLA40S000093825
93826	512	TR Red/Black
93827	512	TR
93828	348	ts
93831	F40	92 Red/Black w Red cloth LHD EU ZFFGJ34B000093831, new to I
93835	348	ts Silver
93836	348	ts 92 Red/Tan LHD US ZFFRG36A3N0093836
93837	348	ts Challenge Red & White-Blue-White stripe/black LHD ZFFRA36JAP0093837
93841	348	ts Red/Black LHD EU
93842	Mondial	t Cabriolet Red/Tan LHD
93845	512	TR Red/Black LHD EU
93847	512	TR Red/Black LHD EU
93848	F40	92 Red/Black w Red cloth LHD EU ZFFGJ34B000093848, new to J
93849	348	ts Serie Speciale Series I Challenge 92 LHD US ZFFRG35AXN0093849
93851	348	ts 92 LHD US ZFFRA36A8N0093851
93852	348	tb Challenge
93856	348	Blue/black
93858	Mondial	t Red
93862	512	TR Red/Black ZFFLA40B0000
93864	F40	LM Conversion 92 Red/Black w.Red cloth LHD EU ZFFGJ34B000093864 ass. # 11099, new to D
93866	348	tb Red/Black LHD ZFFKA35B000093866 window 938660UV
93871	348	ts 92 Red/Black LHD
93873	348	ts Red
93875	348	ts Red/Black LHD 93875XPR
93876	348	ts Red/Black LHD EU
93879	512	TR Dark metallic Blue/Crema LHD EU ZFFLA40B000093879
93881	512	TR 92 Red/Black ZFFLA40B000093881
93883	348	tb Grey/Tan LHD EU
93890	348	ts Rosso Corsa/Black colour-coded roof LHD ZFFKA36B000093890 93890DHA Colour-coded sills

s/n	Type	Comments
93892	F40	92 Red/Black w Red cloth LHD EU ZFFGJ34B000093892, new to I
93895	512	TR Red/Crema LHD EU
93896	512	TR Silver
93898	348	tb Serie Speciale Series I #18/100 Red/Tan LHD US ZFFRG35A1N0093898
93899	348	tb Red LHD ZFFKA35B000093899
93901	348	ts 92 Red/Tan LHD US ZFFRG36AXN0093901
93902	348	ts Blue
93908	F40	92 Red/Black w Red cloth LHD EU ZFFGJ34B000093908 ass. # 11100, new to D
93910	512	TR Red/Black LHD EU
93911	512	TR Red/Black EU
93912	512	TR Blue Met./black LHD
93913	512	TR Red/Black
93914	512	TR Red/Black-Red LHD EU
93916	348	tb Red/Tan LHD
93917	348	tb Red/Black LHD
93919	348	ts Red/Tan LHD EU
93920	348	ts Red/Tan LHD
93922	348	ts Red/Tan LHD
93925	F40	92 Red/Black w Red cloth LHD EU ZFFGJ34B000093925, new to D
93927	512	TR Red/Black
93928	512	TR Red/Black LHD EU ZFFLA40B000093928
93931	512	TR Red/Black ZFFLA40B0000
93934	348	tb Red/Black LHD ZFFKA35B0000
93935	348	ts
93936	348	ts 92 Rosso Corsa/black LHD EU ZFFKA36B000093936 ass. # 10980
93938	348	ts Red/Black ZFFKA36B0000
93939	348	ts Red/Tan
93940	348	ts Red/Black
93942	F40	92 Red/Black w Red cloth ZFFGJ34B000093942 LHD EU ass. # 11184, new to I
93945	512	TR Red/Black
93947	512	TR Koenig 92 Yellow/Black was black in 95 LHD EU ZFFLA40B000093947
93950	348	tb Serie Speciale Series I #15/100 Red/Tan LHD US ZFFRG35AXN0093950
93953	348	ts 93 Red RHD ZFFFA36D000093953
93954	348	ts Red/Black LHD
93955	348	ts Black/Black LHD EU ZFFKA36B000093955 ass. # 10905
93957	348	ts Red ZFFKA36B000093957 ass. #10923
93690	512	TR Nero/Nero
93961	Mondial	t Cabriolet 93 Giallo Modena/Nero EU ZFFKC33B000093961
93960	F40	92 Red/Black w Red cloth LHD EU ZFFGJ34B000093960, new to D
93962	512	TR Red/Black LHD EU
93965	512	TR Red/Black 93965XWM
93967	348	tb LHD JP ZFFRA35JAP0093967
93971	348	ts 92 Black/Tan LHD US ZFFRG36A9N0093971
93976	348	ts Red/Tan LHD EU
93977	F40	92 Red/Black w Red cloth LHD EU ZFFGJ34B000093977, new to D
93979	512	TR Red/Crema LHD EU rearwing
93981	348	tb Red/Black
93982	512	TR Red/Tan LHD EU ZFFLA40B000093982 ass. #11111 93982XYM
93984	512	TR Red/Black
93986	348	tb Rosso Corsa/Black LHD EU ZFFKA35B000093986 ass.# 10903 93986TYU Challenge
93988	348	
93991	348	ts Yellow/black LHD EU
93994	348	ts Rosso Corsa/Black Red cloth racing seats LHD ZFFKA36B000093994 ass. # 10957 93994JNC shields
93995	F40	92 Red/Black w Red cloth LHD EU ZFFGJ34B000093995 ass. # 11236, new to I
93996	512	TR Yellow/black
93997	512	TR Red/Black LHD EU
93998	512	TR Red/Black LHD
93999	512	TR Red/Black
94001	348	tb Serie Speciale Series I #20/100 Red/Black LHD US ZFFRG35AXN0094001
94003	348	tb
94004	348	ts Red/Crema RHD UK
94005	348	ts Red/Tan
94006	348	ts Red/Black LHD
94008	348	ts Red/Black LHD EU
94011	F40	Red/Black w Red cloth ZFFGJ34B000094011 LHD EU ass. # 11237, new to D
94012	512	TR Red/Crema RHD UK ZFFLA40C000094012 ass. # 11114
94014	512	TR Red/Crema LHD ZFFLA40B000094014 modified front grill and spoiler, non-original wheels
94016	512	TR 92 Red/Tan ZFFLA40S000094016
94018	512	TR black/black LHD EU
94020	348	tb Red/Tan RHD UK
94021	348	tb nero/crema
94023	348	ts 92 Black/tan ZFFRG36A0N0094023
94024	348	ts Red
94026	348	ts Red/Black
94030	F40	Michelotto Conversion 92 Rosso Corsa/black w Red cloth LHD EU ZFFGJ34B000094030 ass. # 11238, new to I
94031	Mondial	t Cabriolet Red/Black LHD EU
94032	512	TR Red/Tan LHD EU
94034	512	TR Red/Tan ZFFLA40S000094034
94035	512	TR Red/Crema LHD EU
94037	512	TR Red/Crema CH
94039	348	tb Serie Speciale Series I #21/100 92Lightgreen Red then Black/black LHD US ZFFRG35A2N0094039
94043	348	ts Red/Black ZFFFA36S000094043
94049	F40	92 Red/Black w Red cloth LHD EU ZFFGJ34B000094049 ass. # 11240, new to I
94056	512	TR Red/Black LHD EU ZFFLA40B000094056
94059	348	tb Red/Black
94060	348	tb
94062	348	ts 92 Rosso Corsa (300/12)/Beige (VM 3218) RHD ZFFKA36B000094062 ass. # 10743 eng.# 31356
94067	F40	92 Red/Black w Red cloth LHD EU ZFFGJ34B000094067
94068	Mondial	t Cabriolet Yellow/Black LHD EU
94069	512	TR Red/Black LHD EU
94070	512	TR EU
94072	512	TR Yellow/black LHD EU
94073	512	TR 92 Red/Tan LHD CH ZFFLA40S000094073
94074	512	TR White Red LHD EU
94075	348	tb 92 Black/Black LHD US ZFFRG35A6N0094075
94076	348	tb Red/Black LHD EU
94078	348	ts 4/92 Nero FER 1240/Black ZFFRG36A3N0094078
94081	348	ts Red/Black LHD EU
94084	348	ts 92 Red/Black & Red Sports Seats
94085	F40	92 Red/Black w Red cloth LHD EU ZFFGJ34B000094085 ass. # 11311, new to GB
94089	512	TR Yellow/Black-Red cloth LHD EU
94094	348	tb Red/Black
94096	348	tb
94102	F40	92 Red/Black w Red cloth LHD EU ZFFGJ34B000094102
94106	512	TR Red/Tan LHD EU
94109	348	tb Red/Black LHD ZFFFA35S0000
94112	348	ts
94113	348	ts 92 Red/Tan LHD CH ZFFFA36S000094113 ass. # 11102
94114	348	tb Serie Speciale Series I #22/100 92 Black/black US

s/n	Type	Comments
94117	348	ts LHD EU ZFFKA36B000094117
94118	348	ts Red/Black LHD EU ZFFKA36B000094118 ass. #11108
94119	F40	92 Red/Black w Red cloth LHD EU ZFFGJ34B000094119, new to I
94120	Mondial	t Cabriolet Silver
94124	512	TR Red/Tan LHD EU
94125	512	TR Yellow//Yellow w.black cl. seats LHD EU ZFFLA40B000094125
94126	348	tb 92 Rosso Corsa/Black LHD EU ZFFKA35B000094126 ass. # 11061 94126ZET
94128	348	tb Red/Black LHD EU ZFFKA35B000094128 ass. # 11049
94129	348	ts 93 Grey/Grey RHD ZFFKA36C000094129
94130	348	ts Red/Black
94133	348	ts Red/Black RHD UK conversion
94135	348	ts Rosso Corsa/Black LHD ZFFKA36B000094135 94135JRZ colour coded sills shields
94136	F40	92 Red/Black w Red cloth LHD EU ZFFGJ34B000094136 eng. # F120A00031596
94138	512	TR Red/Black LHD EU
94139	512	TR LHD CH ZFFLA40S000094139
94141	512	TR Rosso Corsa/Crema RHD UK ZFFLA40C000094141
94142	512	TR Blue/grey RHD ZFFLA40C000094142
94143	512	TR 92 Red/Crema leather ZFFLA40C000094143
94147	348	ts Red/Crema RHD UK
94148	348	ts 92 LHD US ZFFRA36A7N0094148
94151	348	ts Red/Tan
94153	348	ts black
94154	512	TR Red/Black
94155	F40	92 Red/Black w Red cloth LHD EU ZFFGJ34B000094155, new to I
94156	348	ts Grey/Light Grey LHD ME ZFFRA36T0P0094156
94159	348	tb Red/Black
94161	348	tb Red/beige ZFFKA35B000094161 ass. # 11109
94163	348	tb 92 Red/Crema ZFFKA35B000094163
94164	348	ts Red
94165	348	tb 92 LHD US ZFFRM35A6N0094165
94169	348	ts Red/Black
94171	Mondial	t Cabriolet 92 Red ZFFKC33B000094171
94172	F40	92 Red/Black w Red cloth LHD EU ZFFGJ34B000094172, new to I
94173	348	ts Yellow/Black LHD
94174	512	TR 93 LHD US ZFFLM40AXP0094174
94175	512	TR 93 LHD US ZFFLM40A1P0094175
97176	348	GTS Red/Black
94177	512	TR 92 Red/Black LHD EU
97178	348	GTS Red/Black
94181	348	tb Yellow/Black
94182	348	ts Dark Blue Crema RHD UK ass. # 11092
94188	348	ts Red/Black LHD EU ZFFKA36B000094188 ass. # 11171
94190	F40	92 Red/Black w Red cloth LHD EU ZFFGJ34B000094190 ass. # 11315, new to I
94191	512	TR Red/Black EU
94195	512	TR Red/Black
94197	348	tb Red/Black LHD ZFFKA35B000094197
94198	348	tb Serie Speciale Series I Challenge #30/100 93 Yellow/black LHD US ZFFRG35A7P0094198
94201	348	ts Red/Black LHD EU
94204	456	GT Anthracite Black LHD
94207	512	TR Red/Crema
94208	Mondial	t Cabriolet Black/Tan
94209	F40	92 Red/Black w Red cloth LHD EU ZFFGJ34B000094209
94210	512	TR Red/beige LHD EU ZFFLA40C0000
94211	512	TR Red/Black LHD EU
94214	348	tb 92 LHD US ZFFRM35A4N0094214
94221	348	ts Red/Crema
94222	348	ts Black/black-tan ZFFKA36B000094222
94224	Mondial	t Cabriolet Red/Black
94225	F40	LM Stradale 92 Red/Black w Red cloth LHD EU ZFFGJ34B000094225, new to GB
94226	512	TR Red/Tan LHD CH ZFFLA40S000094226
94228	512	TR Red/Black ZFFLA40B000094228
94234	348	ts Black/Black RHD UK ZFFKA36C000094234
94235	348	ts Red/Black LHD ZFFKA36B000094235 94235CDM ass.# 11211 shields colour-coded sills
94236	348	ts Red/Black LHD EU ZFFKA36B000094236
94237	348	ts
94238	348	ts Yellow/black EU
94239	348	ts Red/Tan LHD EU ass. # 11218
94240	348	ts Red/Black
94242	Mondial	t Cabriolet Red/Black LHD EU
94243	F40	Red black w.Red cloth LHD EU ZFFGJ34B000094243, new to I
94245	512	TR Red/Black LHD ZFFLA40B000094245
94248	512	TR Red/Black LHD EU ZFFLA40B000094248 ass. #11357
94249	348	ts 92 LHD US ZFFRA36A2N0094249
94250	348	tb Red/Black LHD EU ZFFKA35B000094250 ass. # 11212
94254	348	ts Red/Black
94257	348	ts Red/Black LHD
94258	348	ts
94260	F40	92 Red/Black w Red cloth LHD EU ZFFGJ34B000094260, new to GB
94262	512	TR Red/Beige 94262PDY
94264	512	TR Red/Black w.Red cloth seats LHD EU
94266	348	tb Red/Black LHD
94267	348	tb Red/Black LHD
94268	348	GTB Serie Speciale Black/Black RHD ZFFKA35C000094268
94269	348	ts Serie Speciale Series I #31/100 93 Black/black LHD US ZFFRG36A6P0094269
94272	348	ts Red/Black
94273	348	ts Red/Tan LHD EU
94274	348	ts Rosso Corsa/Black Red cloth racing seat LHD ZFFKA36B000094274 ass. # 11250 94274QYA Colour coded sills
94276	Mondial	t Cabriolet Rosso Corsa/tan black top LHD EU ZFFKC33B0000
94277	F40	Red/Black w Red cloth LHD EU ZFFGJ34B000094277, new to CH
94283	348	tb 92 LHD US ZFFRM35A1N0094283
94285	348	tb Serie Speciale Challenge #32/100 93 Red/Red cloth seat LHD US ZFFRG35A2P0094285
94287	348	ts
94294	F40	92 Red/Black w Red cloth LHD EU ZFFGJ34B000094294, new to I
94295	512	TR Black
94298	512	TR Red/Black
94299	512	TR nero/Rosso scuro LHD EU ZFFLA40S000094299
94300	348	ts 92 LHD US ZFFRA36A9N0094300
94304	348	ts Rosso Corsa ZFFFA36S000094304
94305	F355	GTS Red/Black LHD
94310	Mondial	t Cabriolet Yellow/black LHD
94313	512	TR Red/Black
94318	348	tb Red
94319	348	tb Red/Crema
94320	348	ts
94322	348	ts Red/Black
94324	348	ts Red/Black LHD
94327	F40	Red/Black w Red cloth LHD EU ZFFGJ34B000094327, new to B
94328	Mondial	t Grey Black EU
94333	512	TR Red/Black LHD EU ZFFLA40B000094333
94335	348	tb 92 LHD US ZFFRM35A5N0094335

s/n	Type	Comments
94336	348	ts Serie Speciale Series I 93 Red/Black LHD CDN ZFFRA36A8N0094336
94337	348	tb 92 Red/Tan ZFFKA35B000094337 ass # 11288 color coded skirts
94338	348	ts metal black/sand CH
94340	348	ts Red/Red sport seats ZFFKA36B000094340
94341	348	ts Red/Black
94343	348	ts Red/Black LHD
94344	F40	Red/Black w Red cloth LHD EU ZFFGJ34B000094344 ass. # 11546, new to D
94345	Mondial	t Cabriolet Red/Crema LHD EU
94346	512	TR Red/Tan modified to LHD ZFFLA40C000094346
94347	512	TR Red/Black
94348	512	TR 4/93 White/Bordeaux LHD US ZFFLG40A7P0094348
94349	512	TR 93 Black/Black ZFFLG40A9P0094349
94350	512	TR 93 Black/tan LHD US ZFFLG40A5P0094350
94351	348	ts 92 LHD US ZFFRA36A4N0094351
94352	348	ts 92 LHD US ZFFRA36A6N0094352
94354	348	tb Red/Tan LHD US ZFFKA35B000094354 ass. # 11319 94354KSO
94357	348	ts Red/Black LHD EU
94361	Mondial	t Cabriolet
94362	F40	GTE (CSAI-GT)/IMSA Michelotto LM 92 Red/Black w.Red cloth LHD EU ZFFGJ34B000094362, new to I
94363	512	TR 93 LHD US ZFFLG40A3P0094363
94364	512	TR 93 Black/tan LHD US ZFFLG40A5P0094364
94365	512	TR 93 LHD US ZFFLM40A6P0094365
94366	512	TR 93 LHD US ZFFLM40A8P0094366
94367	512	TR Rosso/tan
94370	348	tb Serie Speciale Challenge #33/100 93 Red/Red LHD ZFFRG35A4P0094370 eng. # 31652
94372	348	ts Serie Speciale Series I #34/100 Red/Tan LHD US ZFFRG36AXP0094372
94373	348	ts Red/Crema RHD UK ZFFKA36C000094373
94374	348	ts Red/Black LHD
94379	512	TR Red/Black LHD
94381	512	TR Red/Black
94382	512	TR Red/Black LHD EU
94386	348	tb 92 Grigio LHD
94389	348	ts
94392	348	ts Red/Black
94394	348	ts 92 Red/Black ZFFKA36B000094394
94395	Mondial	t Cabriolet Black/Black 94395RBR
94396	F40	92 Red/Black w Red cloth LHD EU ZFFGJ34B000094396
94397	512	TR 92 Red RHD ZFFLA40C000094397
94399	512	TR 92 Red/Tan LHD ZFFLA40B0000
94400	512	TR Red/Tan LHD EU ZFFLA40B000094400
94401	348	ts Red/Black ZFFKA36B000094401
94404	348	tb Red/Black
94405	348	ts Red/Black
94407	348	ts Red/Black LHD EU ass. # 11352
94409	348	ts Yellow/black LHD
94410	348	ts Red/Black
94412	Mondial	t Cabriolet
94413	F40	92 Red/Black w Red cloth LHD EU ZFFGJ34B000094413 ass. #11549, new to F
94414	512	TR Red/Black LHD EU ZFFLA40B000094414
94416	512	TR Yellow/black
94417	512	TR Rosso Corsa/Red & black LHD EU ZFFLA40B000094417 94417UVE
94418	512	TR Red/Tan LHD EU ZFFLA40B000094418
94420	348	tb Red/Black ZFFKA35B000094420
94421	348	tb Serie Speciale #1/4 Maranello Speciale UK RHD
94422	348	ts 92 Red/Tan LHD
94423	348	ts 92 Black/Tan LHD US ZFFRA36A3N0094423
94424	348	ts Red/Black LHD EU ZFFKA36B000094424 ass. # 11396
94425	348	ts Red/Black
94426	348	ts Red
94428	348	ts Red/Black ZFFKA36B000094428
94430	F40	92 Red/Black w Red cloth LHD EU ZFFGJ34B000094430, new to GB
94431	512	TR 08.01.93 Rosso Corsa/Crema RHD UK
94434	348	tb 93 ZFFRG35A4P0094434
94436	512	TR Red/Black
94439	F40	92 Red/Black w Red cloth LHD EU ZFFGJ34B000094439
94440	348	ts Red/Black LHD ZFFKA36B000094440 ass. # 11421 94440ISI
94442	Mondial	t 3.4 92 Rosso Corsa/Beige LHD CH ZFFFD32S000094442
94443	F40	Red/rblack w ed cloth LHD EU ZFFGJ34B000094443 ass. #11550, new to D
94445	512	TR Red/Black
94446	512	TR Red/Tan LHD EU ZFFLA40S000094446
94453	348	ts Serie Speciale Series I # 36/100 93 White/tan LHD US ZFFRG36AXP0094453
94454	348	ts Red/Black ZFFKA36B000094454
94455	348	ts Metallic black/light grey
94456	348	ts Red/Tan LHD EU
94459	Mondial	t Red/Black White LHD EU ZFFKD32B000094459 94459VIV
94460	F40	Competizione Conversion Red/Black w Red cloth LHD EU ZFFGJ34B000094460 ass. # 11623, new to B
94461	512	TR 92 Red LHD SWE ZFFLA40S000094461
94462	512	TR Red/Tan LHD
94464	512	TR Red/Black
94466	348	tb Red/Tan ZFFKA35B000094466
94470	348	ts Red RHD UK ZFFKA36C000094470
94471	348	ts 92 Yellow/Black LHD
94472	348	ts Dark Blue/Red colour coded roof LHD EU
94477	F40	new to I
94478	512	TR Red/Black ZFFLA40B000094478
94479	512	TR Red/Black LHD
94481	512	TR Rosso Corsa/Black & Red 94481VJQ
94482	512	TR Red/Black ZFFLA40C000094482
94483	348	GT Competizione Blue & Yellow/Red Seats LHD EU
94485	348	tb Red/Crema RHD UK
94487	348	ts Rosso Corsa/Black 94487IRQ
94493	F40	
94494	512	TR Red/Black LHD EU ZFFLA40B000094494
94495	512	TR Red/Tan LHD CH ZFFLA40S000094495
94496	512	TR Red/Tan LHD CH ZFFLA40S000094496
94498	512	TR Red/Black ZFFLA40B000094498
94501	348	Challenge Red/Black
94502	348	tb Serie Speciale Series I Challenge 93 Yellow/black LHD US ZFFRG35A6P0094502
94503	348	ts Red
94504	348	Spider 94 LHD US
94506	512	TR 93 Black/Black LHD US ZFFLM40A9P0094506
94507	512	TR 93 Black/Black LHD US ZFFLM40A0P0094507
94508	512	TR 93 LHD US ZFFLM40A2P0094508
94509	512	TR 93 Black/Black LHD US ZFFLM40A4P0094509
94510	Mondial	t Red/Black LHD
94511	F40	
94512	512	TR Red/Black ZFFLA40B000094512
94514	512	TR Red/Black ZFFLA40B000094514 94514UFE ass. # 11522
94516	512	TR Red/Black RHD UK ZFFLA40C000094516
94520	348	ts
94521	348	ts
94522	348	tb
94524	348	ts black metallic/black LHD EU ZFFKA36B000094524
94526	348	ts Red/Black

s/n	Type	Comments
94527	Mondial	t Cabriolet Red/Crema RHD ZFFKC33C000094527
94528	F40	92 Red/Black w Red cloth LHD EU ZFFGJ34B000094528, new to I
94530	512	TR 92 Red/Black LHD ZFFLA40B0000
94532	512	TR ZFFLA40D000094532
94535	348	tb Red/Black ass. #11477
94536	348	tb Red/Crema ZFFFA35S0000
94537	348	ts 93 LHD US ZFFRG36A5P0094537
94540	348	GT Competizione #55 94 LHD
94545	F40	92 Red/Black w Red cloth LHD EU ZFFGJ34B000094545, new to I
94546	512	TR Silver
94547	512	TR 92 Yellow/Black LHD EU ZFFLA40B000094547
94548	512	TR Red/Black LHD CH ZFFLA40S000094548
94552	348	ts Challenge
94554	F40	92 Red/Black w Red cloth LHD EU ZFFGJ34B000094554
94555	348	ts Red LHD ZFFKA36B000094555
94559	348	ts Red/Tan ZFFKA36B000094559
94561	F40	92 Rosso Corsa/black w Red cloth LHD EU ZFFGJ34B000094561 Tubi, new to I
94562	F40	Red/Black w Red Cloth LHD EU, new to D
94563	512	TR Red/Crema RHD UK ZFFLA40C000094563 shields
94564	512	TR Red/Black LHD EU ZFFLA40B000094564
94567	F40	Red/Black w Red cloth LHD EU
94570	348	tb Serie Speciale Series I #39/100 93 Black/tan LHD US ZFFRG35A1P0094570 512 TR wheels Tubi
94571	348	ts Red/Crema
94574	348	ts Red/Tan LHD EU ZFFKA36B000094574
94577	348	ts black/black LHD ZFFRA36JAP0094577
94578	F40	new to B
94579	F40	92 Red/Black w Red cloth LHD EU ZFFGJ34B000094579, new to I
94580	512	TR Yellow/black RHD UK ZFFLA40C00094580
94582	348	tb
94583	512	TR Red/Crema LHD CH ZFFLA40S0000
94584	512	TR Red/Black LHD
94586	348	tb Red/Black
94588	348	ts Red/Tan LHD
94590	348	ts Red/Black LHD EU
94592	348	GTS Red/Crema
94594	Mondial	t Cabriolet 92 ZFFKL338000094594
94595	Mondial	t Cabriolet
94596	F40	92 Red/Black w Red cloth LHD EU ZFFGJ34B000094596
94598	512	TR
94599	512	TR Yellow/black
94600	512	TR Black/Black LHD
94604	348	tb Red/Black LHD CH ZFFFA35S000094604 94604EIE
94605	348	ts Red/Tan LHD
94607	348	ts Red
94609	348	ts
94610	348	ts
94612	F40	92 Red/Black w Red cloth LHD EU ZFFGJ34B000094612 ass . #11808, new to D
94613	F40	new to I
94618	512	TR Red/Tan ZFFLA40B000094618 94618YNI
94619	348	tb Red/Black ZFFKA35B000094619 ass. #11564 94619DPR
94620	348	tb Red/Black LHD EU
94621	348	tb Serie Speciale #2/4 Maranello Speciale 93 Rosso Corsa/Crema RHD UK
94622	348	ts Red/Tan LHD CH ZFFFA36S0000
94625	348	ts Red/Black ZFFKA36B0000
94629	F40	92 Red/Black w Red cloth LHD EU ZFFGJ34B000094629 ass. #11807, new to D
94630	512	TR 93 LHD US ZFFLM40AXP0094630
94631	512	TR ZFFLA40C000094631
94632	512	TR Red/Black ZFFLA40B000094632
94635	512	TR Red/Black LHD EU
94638	348	tb Red/Black
94639	348	tb Serie Speciale Series I 93 Red/Tan LHD US ZFFRG35A0P0094639
94640	348	ts Red/Black LHD
94642	348	ts Red/Black LHD
94643	348	ts Red/Black LHD ZFFKA36B000094643
94647	F40	92 Red/Black w Red cloth LHD EU ZFFGJ34B000094647, new to I
94648	512	TR
94649	348	ts Serie Speciale Yellow/Tan
94656	348	ts Red/Black LHD
94659	348	ts Rosso Corsa/black GTS look LHD
94663	Mondial	t Cabriolet 92 dark Blue grey/black LHD EU 94663USU
94664	F40	new to E
94665	512	TR anthracite metallic/black LHD EU
94666	512	TR Red/Black LHD EU
94667	512	TR Red/Black LHD EU ZFFLA40B000094667 94667XWW
94668	512	TR Red/Black LHD EU ZFFLA40B000094668
94673	348	ts Red/Black LHD EU
94677	348	ts Red/Black LHD ZFFKA36B0000
94680	F40	92 Red/Black w Red cloth LHD EU ZFFGJ34B000094680, new to DK
94685	512	TR Red/Black LHD ZFFLA40B0000
94687	512	TR 93 LHD US ZFFLM40A6P0094687
94688	348	tb Red/Black ass. #11640 GTB look
94692	512	TR Red/Black
94694	512	TR Red/Black LHD EU ZFFLA40B000094694
94696	512	TR 92 Rosso Corsa/Nero ZFFLA40B000094696
94700	348	ts Yellow/black LHD EU ZFFKA36B000094700 ass. #11653
94702	348	ts Red/Black LHD EU
94705	348	tb Red/Black
94706	348	tb Serie Speciale Series I 93 Black/black LHD US ZFFRG35A0P0094706
94708	512	TR Red/Black LHD EU ass. #11757 94708MMZ
94710	512	TR Red/Black LHD EU ZFFLA40B000094710
94711	512	TR Red/Tan
94712	512	TR Red
94713	F40	Red/Black w Red cloth LHD EU ZFFGJ34B000094713 ass. #11883, new to I
94715	F40	92 Red/Black w Red cloth LHD EU ZFFGJ34B000094715
94716	348	ts black/black
94717	348	ts 7/92 Giallo Modena/Nero LHD EU ZFFKA36B000094717 ass. #11688
94720	Mondial	t 3.4 94 RHD Rosso (300/12) with Nero hide and Rosso carpets.
94722	348	tb Red/Tan
94725	512	TR 93 Red/Black LHD US ZFFLM40AXP0094725
94726	512	TR 93 LHD US ZFFLM40A1P0094726
94727	512	TR Red/Tan RHD
94728	512	TR Red/Beige RHD UK ZFFLA40C000094728
94729	512	TR ZFFLA40C000094729
94732	348	ts Red LHD ZFFKA36B000094732
94735	348	ts Red/Black LHD
94737	512	TR
94738	512	TR
94742	348	ts Red/Crema CH ZFFFA36S000094742
94743	F40	92 Red/Black w Red cloth LHD EU ZFFGJ34B000094743, new to F
94744	512	TR 93 LHD US ZFFLG40A4P0094744
94745	512	TR 93 Rosso Corsa/Beige LHD US ZFFLG40A6P0094745 probably parted out
94746	512	TR 93 Black/Black LHD US ZFFCG40A8P00
94747	512	TR 93 LHD US ZFFLG40AXP0094747
94748	512	TR 93 Black/black LHD US ZFFLG40A1P0094748

s/n	Type	Comments
94750	348	ts White/black then Red/Black LHD EU ZFFKA36B000094750 94750AII
94752	348	ts Red/Black
94756	348	tb Red/Black LHD EU ZFFKA35B000094756
94757	348	tb 95 Chiaro Azzura Crema RHD UK
94758	348	tb Serie Speciale #42/100 93 Red/Black LHD US ZFFRG35A8P0094758 eng. # 31978
94759	F40	Red/Black leather ZFFGJ34B000094759 RHD Conversion ex-Sultan of Brunei
94760	512	TR 93 Black/black LHD US ZFFLG40A2P0094760
94761	512	TR 93 Yellow/Black leather LHD US ZFFLG40A4P0094761
94762	512	TR 93 Sera Blue/tan LHD US ZFFLG40A6P0094762
94763	512	TR 93 LHD US ZFFLG40A8P0094763
94765	Mondial	t Cabriolet Red/Crema LHD EU
94768	348	ts Red/Black ZFFKA36B000094768 ass. # 11742
94770	348	ts Red/Crema LHD ZFFKA36B000094770
94772	F40	92 Red/Black w Red cloth LHD EU ZFFGJ34B000094772, new to DK
94774	348	tb Red/Black LHD EU
94778	512	TR 93 LHD US ZFFLM40A9P0094778
94779	512	TR 93 LHD US ZFFLM40A0P0094779
94780	512	TR 93 Black/Black CDN LHD ZFFLM40A7P0094780
94781	512	TR 93 LHD US ZFFLM40A9P0094781
94783	348	ts Red/Black LHD EU ZFFKA36B000094783 ass. # 11727
94786	Mondial	t Cabriolet Red/Tan LHD EU
94788	Mondial	t Cabriolet Red/Crema LHD EU
94791	348	tb Serie Speciale Series I #43/100 93 White/tan LHD US ZFFRG35A6P0094791
94793	F40	92 Red/Black w Red cloth LHD EU ZFFGJ34B000094793 ass. # 11962, new to I
94794	512	TR Red/Black LHD
94797	512	TR Black metallic/black LHD EU ZFFLA40B000094797
94801	348	ts Red/Black LHD
94804	F40	92 Red/Black w Red cloth LHD EU ZFFGJ34B000094804 ass. # 11963
94809	512	TR Red/Black
94810	512	TR Red/Black LHD EU
94811	512	TR Spider Conversion Black/dark Red
94813	512	TR Red/Black LHD EU
94816	348	ts 92 Rosso Corsa/Beige LHD EU ZFFKA36B000094816
94817	348	ts Rosso Corsa/Tan ZFFKA36B000094817 ass. # 11790 94817WHP
94822	348	tb Rosso Corsa/Tan LHD EU 94822FWG
94825	348	ts black/black
94826	F40	92 Red/Black w Red cloth LHD EU ZFFGJ34B000094826, new to GB
94827	Mondial	t Cabriolet Red/Black
94828	512	TR Red/Black
94833	348	ts Red/Black LHD EU ZFFKA36B000094833 ass. # 11775
94838	348	tb Rosso Corsa/Black LHD 94838SAF
94839	348	ts
94840	348	Series Speciale Series I #44/100 93 Red/Tan LHD ZFFRG35A4P0094840
94843	348	ts Red/Black LHD
94845	F40	92 Red/Black w Red cloth LHD EU ZFFGJ34B000094845, new to GB
94846	Mondial	t Bleu sierra Beige LHD 94846 " YKY
94847	512	TR Red/Black
94848	512	TR Red/Black LHD EU
94851	512	TR Red
94852	512	TR Red/Black LHD EU ZFFLA40B000094852
94856	348	tb 93 LHD SWE ZFFFA35S000094856
94858	348	ts Red/Black LHD
94859	348	ts 92 Rosso Corsa/Beige ZFFKA36B000094859

s/n	Type	Comments
94860	348	ts Rosso Corsa/black LHD EU ZFFKA36B000094860 ass. # 11823 94860FSW
94862	348	ts 7/92 Rosso Corsa/Nero ZFFKA36B000094862
94863	348	ts Black/black LHD ZFFKA36B000094863
94864	F40	92 Red/Black w Red cloth LHD EU ZFFGJ34B000094864, new to GB
94866	512	TR Red/Black LHD EU ZFFLA40B000094866
94870	512	TR Red/Black LHD EU ZFFLA40B000094870
94872	348	tb Red/Black LHD EU
94873	348	tb Serie Speciale Series I 93 Sera Blue/tan LHD US ZFFRG35A8P0094873
94876	348	ts Rosso Corsa/black LHD EU ZFFKA36B000094876 ass. # 11840 94876XFD
94879	F40	92 Red/Black w Red cloth LHD EU ZFFGJ34B000094879, new to GB
94885	512	TR Yellow/black LHD CH ZFFLA40S0000
94886	512	TR Yellow/black LHD CH ZFFLA40S000094886
94889	348	tb Red/Black LHD EU ZFFKA35B000094889 ass. # 11837
94891	348	ts Red/Tan LHD CH ZFFFA36S0000
94893	Mondial	t Red
94895	348	ts Red/beige ZFFKA36B000094895 ass.# 11868 94895LER
94896	348	ts Red/Black ZFFKA36B000094896
94897	348	ts Black/black LHD EU ZFFKA36B000094897
94898	512	TR Red/Black
94899	512	TR 93 Red LHD ZFFLA40S000094899
94900	512	TR Red/Black LHD EU ZFFLA40B000094900
94901	512	TR Blue
94902	512	TR Red/Tan
94908	348	ts Challenge Red/Tan LHD CH ZFFFA36S0000
94909	Mondial	t Cabriolet Yellow/Black LHD EU ZFFKC33B000094909
94913	348	ts Red/Black LHD EU ZFFKA36B000094913
94914	348	ts Serie Speciale
94916	512	TR Red/Tan LHD CH ZFFLA40S000094916
94917	512	TR Red/Tan
94918	512	TR 93 Rosso Corsa/Crema RHD UK ZFFLA40C000094918
94919	512	TR Red/Black
94921	348	tb Red/Black LHD EU ZFFKA35B000094921 ass. # 11867
94922	348	tb Serie Speciale Series I Challenge #46/100 93 Rosso Corsa/black & Red LHD USZFFRG35A6P0094922
94927	348	ts Challenge Red/Red cloth LHD EU ZFFKA36B000094927 ex-Peter Worm converted to Street trim
94931	512	TR Red/Black LHD
94932	512	TR Red/Black LHD CH ZFFLA40S000094932
94933	512	TR black/tan
94935	512	TR Red/Black LHD
94939	348	ts 91 Red/Black RHD ZFFKA36C000094939
94940	Mondial	t ZFFKD32B000094940
94946	348	ts Serie Speciale Series I #47/100 93 Yellow/Tan LHD US ZFFRG35A0P0094946
94948	512	TR black/tan ZFFLA40B000094948
94950	348	ts
94954	348	tb Serie Speciale Series I #48/100 93 Red/Tan LHD US ZFFRG35A8P0094954
94955	348	ts Yellow/black LHD CH ZFFFA36S000094955
94957	348	ts Red/Black LHD EU
94958	348	ts 93 Red/Black LHD EU ZFFKA36C000094958
94960	348	ts Red/Black LHD EU ass. # 11926
94963	512	TR Red/Black ZFFLA40B0000
94964	512	TR Rosso Corsa/Black LHD ZFFLA40B000094964 94964DNX
94966	512	TR Red/Black
94969	348	tb Black/black LHD EU ZFFKA35B000094969 ass. # 11927
94970	348	tb Red/Black ass. # 11925

s/n	Type	Comments
94971	348	tb Serie Speciale Series I #49/100 93 Red/Black LHD US ZFFRG35A8P0094971
94974	348	ts 93 Red/Tan LHD ZFFRG36B000094974
94977	512	TR Red/Crema LHD EU ZFFLA40B000094977
94979	512	TR
94982	348	tb Red/Black LHD EU ZFFKA35B000094982 ass. # 11980
94986	348	ts 93 Rosso Corsa Nero ZFFKA36B000094986
94987	348	ts Red/Black LHD EU ZFFKA36B000094987 ass. # 11937
94988	Mondial	t Red/Tan
94991	348	ts Serie Speciale Series I #50/100 93 Rosso Corsa/Tan Red Racing OMP Seats LHD US ZFFRG36A5P0094991
94992	348	ts Red/Tan LHD EU
94993	512	TR Red/Black LHD EU
94994	512	TR Red/Crema LHD EU
94996	512	TR Red/Black LHD EU
94999	348	tb Red/Black
95000	348	tb Serie Speciale Challenge 93 Purple Met LHD US ZFFRG35A5P0095000
95002	348	ts 92 Black Metallic/Black
95003	348	ts Red/Black LHD EU ass. # 11953
95006	348	ts Red ZFFKA36B000095006 ass. # 11977
95009	512	TR Red/Black LHD EU
95010	512	TR Red
95011	512	TR Red/Black
95015	348	tb Red/Black
95017	348	ts Serie Speciale 93 LHD US ZFFRG36A6P0095017
95018	348	ts Chiaro Blue/Crema
95020	Mondial	t Cabriolet silver/Red
95022	348	ts
95023	348	ts Red/Black LHD EU
95027	512	TR Black/Tan LHD EU
95031	348	tb Yellow/Black
95033	348	tb Black Light Grey
95035	348	ts 93 LHD US ZFFRG36A8P0095035
95036	348	ts
95038	348	ts Rosso Corsa/black LHD EU ZFFKA36B000095038 ass. # 11988 95038SPY 355 rear & side modifications
95040	348	ts Red/Black ZFFKA36B0000 ass. # 12004 95040WHK
95044	512	TR Yellow/black LHD EU
95045	512	TR Red/Black
95046	Mondial	t Cabriolet Black/Crema LHD EU ZFFFC33S0000
95049	348	tb Rosso/tan Red wheels, GTB look, LHD EU ZFFFA35B000095049
95050	348	ts Red/Tan LHD EU
95051	348	ts Red/Black
95054	348	ts Yellow/TanLHD EU ZFFKA36B000095054 ass. # 12009
95056	348	ts 8/92 Rosso Corsa/Nero LHD EU ZFFKA36B000095056
95061	512	TR 7/94 Blu Sera Metallizzato/Crema ZFFLA40S000095061
95062	Mondial	t Cabriolet Valeo 92 Red/Tan RHD ZFFKC33C000095062
95066	348	ts 93 ZFFRG36A8P0095066
95067	348	ts Brown met./Brown then Red/Black LHD EUR ZFFKA36B000095067
95069	348	ts Red/Black LHD ZFFKA36B000095069
95070	348	ts Red/Black
95073	512	TR Red/Black LHD CH ZFFLA40S000095073
95074	512	TR 92 Blu Sera metallic/tan LHD CH ZFFLA40S000095074
95076	512	TR 93 Sera Blue/Tan LHD US ZFFLG40A5P0095076
95077	512	TR 93 LHD US ZFFLG40A7P0095077
95078	Mondial	t black/tan
95080	348	tb Red/Black LHD ZFFKA35B000095080
95081	348	tb 92 Red RHD ZFFKA35C000095081
95082	348	ts Serie Speciale 92 Red/Tan LHD US ZFFRG36A6P0095082
95088	348	ts Red/Black ass. # 12036
95089	512	TR 93 LHD US ZFFLG40A3P0095089
95090	512	TR 93 Red/Crema LHD US ZFFLG40AXP0095090
95092	512	TR Red/Black ZFFLA40B000095092 ass. # 12216 95092SHF
95093	512	TR Silver Bordeaux RHD UK ZFFLA40C000095093
95094	Mondial	t Cabriolet Red/Crema LHD EU ZFFKC33B000095094
95098	348	ts Serie Speciale #56/100 93 black/tan LHD US ZFFRG36AXP0095098
95099	348	ts Red/Black LHD CH
95102	348	ts Red/Black LHD EU ZFFKA36B000095102 ass. # 12074
95104	348	ts Red
95105	512	TR Red/Black sport seats LHD EU ZFFLA40B000095105 ass. # 12244 95105XSW
95106	512	TR Red/Black LHD EU ZFFLA40B0000
95107	512	TR Red/Crema LHD
95108	512	TR Red/Tan
95111	348	tb Red/Black
95113	348	tb Yellow Crema LHD EU ZFFFA35S000095113 ass. # 11976
95114	348	Serie Speciale Series I #57/100 7/92 White/black LHD US ZFFRG36A4P0095114
95117	348	ts Red/Black LHD EU ZFFKA36B000095117
95123	512	TR Red/Tan
95124	512	TR Grigio Titanio/Burgundy
95125	512	TR Red LHD ZFFLA40B000095125
95126	Mondial	t Cabriolet Red/Tan LHD EU 95126ZOZ
95127	348	tb Red/Black LHD EU
95130	348	ts Serie Speciale Series I #58/100 93 Red/Black LHD US ZFFRG36A2P0095130
95132	348	ts Red/Black LHD
95136	348	ts Red/Black LHD
95137	512	TR Red LHD
95138	512	TR Red/Crema LHD EU ZFFLA40B000095138
95140	512	TR 93 Nero Met/Grey RHD UK ZFFLA40C000095140 eng. # 32660
95143	348	tb Red/Crema
95147	348	ts Serie Speciale Series I #59/100 93 Red/Tan LHD US ZFFRG36A8P0095147
95148	348	ts Serie Speciale Series I #60/100 93 Red/Tan LHD US ZFFRG36AXP0095148
95150	348	ts Red/Tan LHD EU ZFFKA36B000095150 ass. # 12129
95151	348	ts Red LHD ZFFKA36B000095151
95152	348	ts Red/Black
95153	512	TR 93 Red/Black LHD EU ZFFLA40B000095153
95159	348	tb Red/Black LHD EU ass. # 12109
95162	348	ts Serie Speciale Series I #61/100 93 Yellow/black LHD US ZFFRG36A4P0095162
95170	512	TR Red/Tan
95172	512	TR ZFFLA40C000095172
95173	512	TR Rosso Corsa/black LHD EU ZFFLA40B000095173 95173RAL
95174	Mondial	t Cabriolet 1/6/93 Red/Tan LHD ZFFFC33S000095174
95176	348	tb Red/Black
95178	348	ts Serie Speciale #62/100 93 Black/black & Grey LHD US ZFFRG36A8P0095178
95181	348	ts silvergrey metallic or Red/Tan LHD EU ZFFKA36B000095181
95184	348	ts Red/Black LHD EU ZFFKA36B000095184 ass. # 12143
95187	512	TR Red Black-Red LHD EU ZFFLA40B000095187
95188	512	TR 5/93 Rosso Corsa/Nero LHD EU ZFFLA40B000095188
95189	512	TR Red/Tan LHD CH ZFFLA40S000095189

s/n	Type	Comments
95193	348	tb
95194	348	ts Serie Speciale Series I #63/100 93 Red/Tan LHD US ZFFRG36A6P0095194
95195	348	ts Red/Black LHD EU ZFFKA36B0000
95197	348	ts Red/Black LHD ZFFKA36B000095197
95202	512	TR Red/Tan LHD
95204	512	TR Rosso Corsa/tan LHD EU ZFFLA40B000
95206	512	TR 93 LHD
95208	348	tb Rosso Corsa/black LHD ZFFKA35B000095208 ass. # 12175 95208OGZ
95209	348	tb black/tan LHD
95210	348	ts Serie Speciale #64/100 93 Black/Black LHD US ZFFRG36A0P0095210
95212	348	ts Red/Black LHD
95218	512	TR
95219	512	TR Red/Black LHD EU
95222	Mondial	t Red/Black ZFFKC33B0000
95223	512	TR Red/Beige 95223WAH
95224	348	tb Challenge Red/Black LHD EU ZFFKA35B000095224 ass. #12179
95226	348	ts Red/Black LHD ass. # 12178
95227	348	ts Serie Speciale 93 LHD ZFFRG36A6P0095227
95228	348	ts Red/Tan LHD CH ZFFFA36S0000
95229	512	TR
95230	348	ts Red LHD ZFFKA36B000095230
95232	348	ts Yellow/black ZFFKA36B000095232
95233	512	TR Red/Tan LHD EU ZFFLA40B000095233 ass. #12350 95233WAH
95235	512	TR Red
95236	512	TR Red/Black LHD
95242	348	ts Serie Speciale Series I Challenge #66/100 93 black/black LHD US ZFFRG36A2P0095242
95243	348	ts Serie Speciale Series I 93 Red/Black LHD US ZFFRG36A4P0095243
95248	348	ts 93 Red/Black LHD EU ZFFKA36B000095248
95249	F40	92 Rosso Corsa/Nero w Red cloth LHD EU ZFFGJ34B000095249 ass. #12111, new to I
95252	512	TR 93 LHD US ZFFLM40A9P0095252
95253	512	TR 93 Black/Black LHD US ZFFLG40A1P0095253
95254	Mondial	t Cabriolet Red/Black LHD EU ZFFKC33B000095254
95255	348	tb Red/Black
95256	348	tb Challenge Black/Crema Red cloth seats ZFFKA35B000095256
95258	F40	93 Red LHD
95260	348	tb Red/Crema RHD ZFFKA35C000095260 ass. # 12288
95261	348	ts Yellow
95264	512	TR 93 Black/Tan LHD US ZFFLG40A6P0095264
95265	512	TR 7/92 White/Tan LHD US ZFFLG40A8P0095265
95266	512	TR 93 Red/Tan LHD US ZFFLG40AXP0095266
95267	512	TR 93 Red/Tan LHD US ZFFLG40A1P0095267
95268	512	TR 93 White/black LHD US ZFFLG40A3P0095268
95269	F40	92 Red/Black w Red cloth LHD EU ZFFGJ34B000095269, new to FIN
95270	Mondial	t Red then black/black LHD EU
95273	348	tb Red/Black LHD colour coded spoilers
95274	348	tbSerie Speciale Series I 93 LHD US ZFFRG35A2P0095274
95277	348	ts Red/Crema LHD EU ZFFKA36B0000 ass. # 12198
95278	348	ts Red/Black LHD
95279	348	ts Rosso Corsa/black
95280	512	TR 93 Red/Black Red/Black LHD ZFFLG40A4P00
95281	512	TR 93 Black/grey LHD US ZFFLG40A6P0095281
95282	512	TR 93 Black/black LHD US ZFFLG40A8P0095282
95283	512	TR 93 LHD US ZFFLG40AXP0095283

s/n	Type	Comments
95284	512	TR 10/93 Rosso Corsa/Tan LHD US ZFFLG40A1P0095284
95285	F40	Rosso Corsa/black w Red cloth LHD EU ZFFGJ34B000095285 ass. # 12113, new to NL
95288	348	tb Red/Tan ZFFKA35B0000
95290	348	ts 93 ZFFRG36A2P0095290
95291	348	ts Red/Tan LHD colour coded roof
95296	512	TR 92 Black/Black LHD US ZFFLG40A8P0095296
95297	512	TR 93 Red/Tan LHD US ZFFLG40AXP0095297
95298	512	TR 93 LHD US ZFFLG40A1P0095298
95299	512	TR 93 LHD US ZFFLG40A3P0095299
95300	512	TR 93 Red/Tan LHD US ZFFLG40A6P0095300
95301	F40	92 Red/Black w Red cloth LHD EU ZFFGJ34B000095301
95302	Mondial	t Cabriolet
95303	348	ts
95304	348	tb Serie Speciale #3/4 Maranello Speciale Red RHD UK
95305	348	ts
95311	348	ts Red/Black
95312	512	TR 93 Black/tan LHD US ZFFLG40A2P0095312
95313	512	TR 93 LHD US ZFFLG40A4P0095313
95314	512	TR 93 LHD US ZFFLG40A6P0095314
95315	512	TR 93 Red/Tan Daytona seats LHD US ZFFLG40A8P0095315 shields sports exhaust Red calipers painted rear deck lid
95316	512	TR 93 Black/Tan LHD US ZFFLG40AXP0095316
95317	F40	92 Red/Black w Red cloth LHD EU ZFFGJ34B000095317
95319	348	tb Serie Speciale Series I #70/100 93 Red/Tan LHD US ZFFRG35A9P0095319
95321	348	tb Red/Black LHD ass. # 12234
95322	348	ts Serie Speciale Series I #71/100 93 Red/Tan LHD US ZFFRG36A0P0095322 eng. # 32918
95323	348	ts 93 Red LHD JP ZFFRA36JAP0095323
95329	512	TR 93 Red/Tan LHD US ZFFLG40A8P0095329
95330	512	TR 93 Black Grey LHD US ZFFLG40A4P0095330
95331	512	TR 93 Red/Tan LHD US ZFFLG40A6P0095331
95332	512	TR 93 LHD US ZFFLG40A8P0095332
95333	Mondial	t Cabriolet dark metallic Blue/black LHD EU
95336	348	tb Red/Black LHD
95339	348	ts Black
95341	348	ts Red/Black
95344	512	TR Black/black LHD CH ZFFLA40S0000
95346	512	TR 92 Red RHD ZFFLA40D000095346 eng. # F1 1 3D04032762
95347	512	TR Red/Black
95349	348	tb Rosso Corsa/Black LHD ZFFKA35B000095349 Colour-coded sills
95354	348	ts Red/Black LHD EU ZFFKA36B000095354
95355	348	GTS Red/Black LHD EU colour coded roof
95356	348	ts Red/Black ZFFKA36B000095356 95356DPL Colour coded sills
95357	348	ts Red
95358	512	TR 93 Giallo Modena/Nero ZFFLA40B000095358
95362	Mondial	t Red/Black LHD EU
95363	348	tb Serie Speciale Series I #72/100 9/93 Red/Tan LHD US ZFFRG35A1P0095363 eng. # 32834
95365	348	tb Red/Black
95366	348	ts Serie Speciale Series I #73/100 9/92 Red/Tan LHD US ZFFRG36A9P0095366
95370	348	ts Red/Black
95372	F40	Red/Black w Red Cloth LHD
95374	512	TR Red/Black LHD ZFFLA40B000095374
95376	512	TR Dark Blue Cognac LHD
95377	512	TR Red
95378	348	tb

s/n	Type	Comments
95380	348	GT Competizione ÙFactory^ (CSAI-GT) # 2/11 White Shell livery/stoffa Vigogna, converted from 348 tb by Michelotto
95381	348	ts Red/Crema RHD ZFFKA36C000095381 Colour-coded sills
95382	348	ts Red/Tan LHD
95383	348	ts Red/Tan LHD EU
95384	348	ts Red/Black LHD 95384IWH
95385	348	ts Red/Black ZFFKA36B0000
95386	348	tb Rosso/nero
95387	512	TR Red/Black LHD CH ZFFLA40S000095387 ass. # 12347
95388	512	TR Red/Tan LHD CH ZFFLA40S000095388
95389	512	TR Red
95392	Mondial	t Cabriolet Red/Black LHD EU ZFFKC33B000095392
95393	348	tb Red/Black
95396	348	ts 93 ZFFRG36A7P0095396
95400	348	tb Serie Speciale Series I Challenge 93 LHD USA
95401	348	Challenge
95402	512	TR 93 Red RHD ZFFLA40D000095402
95403	512	TR Red/Tan RHD UK ZFFLA40C000095403 eng. # 32829
95405	512	TR Red
95406	512	TR Red/Black LHD EU ZFFLA40B000095406 95406EQG shields
95407	Mondial	t Blue/black
95408	348	tb Serie Speciale Series I 93 LHD US ZFFRG35A8P0095408
95410	348	tb Challenge Red ZFFKA35B000095410
95411	348	ts 93 Red/Crema Red Carpets RHD ZFFKA36C000095411
95412	348	ts Red/Tan LHD CH ZFFFA36S0000
95414	348	ts Red/Black LHD
95416	348	ts Red/Black LHD ass. # 12355
95417	512	TR Red/Crema LHD EU
95420	512	TR
95422	Mondial	t Valeo Red/Crema RHD UK
95423	348	tb Red/Black RHD UK ZFFKA35C000095423
95425	348	tb Challenge Red/Black
95426	348	ts Serie Speciale Series I 93 Black/tan LHD US ZFFRG36A1P0095426
95430	348	ts Rosso/nero LHD ZFFKA36B000095430
95434	512	TR Red/Black ZFFLA40B000095434
95436	512	TR Red/Black LHD EU
95437	Mondial	t Cabriolet 93 ZFFRK33A2P0095437
95440	348	tb Red/Black ZFFKA35B000095440
95441	348	ts Red
95443	348	ts Red/Black
95444	348	ts Red/Black
95446	348	ts Red/Black LHD EU
95448	F40	LM #14/20 Red/Black w.Red cloth LHD ZFFGX34X000095448
95449	F40	LM #15/20 Red/Black w.Red cloth seats LHD ZFFGX34X000095449
95450	348	tb LM White-Green-Orange (Totip), was Red
95451	348	Spider 94 Red/beige
95456	348	ts
95465	512	TR 93 Rosso Corsa/Crema RHD UK ZFFLA40C000095465 ass. # 12525 95465NFF
95467	Mondial	t 92 Red/Black LHD EU ZFFKD32B000095467
95468	348	tb Serie Speciale Series I #77/100 93 Red/Tan LHD US ZFFRG35A4P0095468
95471	348	ts Serie Speciale Series I #78/100 9/92 Black/Tan ZFFRG36A6P0095471
95473	348	ts Rosso Corsa/Black LHD ZFFKA36B000095473 95473HXX
95477	348	ts Red/Black
95478	348	ts Serie Speciale #78?/100 93 LHD
95479	512	TR Red/Black
95480	512	TR Black Crema RHD UK
95481	512	TR Red
95483	512	TR Red/Black LHD EU
95484	Mondial	t Cabriolet Red/Black LHD CH ZFFFC33S000095484 95484NKP
95485	348	tb 93 Rosso Corsa Magnolia RHD UK ZFFKA35C000095485
95486	348	tb Red/Tan CH ZFFFA35S000095486
95488	348	ts Red/Tan RHD UK ZFFKA36C000095488 ass. # 12782
95491	348	ts Giallo Modena/Black colour-coded roof LHD ZFFKA36B0000 ass. #12408 95491XYM shields colour-coded sills
95497	512	TR Red/Black EU
95500	348	tb 92 Bianco Avus/Rosso RHD AUS ZFFRA35D000095500
95501	Mondial	t Red/Tan
95502	348	tb Challenge
95505	348	ts Serie Speciale Series I #79/100 93 Yellow/black LHD US ZFFRG36A8P0095505
95508	348	ts Yellow/Black & Yellow sport seats colour coded roof LHD EU
95510	348	ts Red/Black LHD EU ZFFKA36B000095510
95512	Mondial	t Cabriolet 93 Grigio
95517	Mondial	t Black/Red
95519	348	tb 93 Red/Black LHD EU ZFFKA35B000095519 eng. # 32786
95520	348	tb Challenge Red/Black ZFFKA35B000095520
95522	348	ts Red/Tan LHD EU ZFFKA36S000095522 ass. # 12544
95523	348	ts Red/Black LHD EU
95524	348	tb Red LHD ZFFKA35B000095524
95527	348	ts Rosso Corsa/Black LHD ZFFKA36B000095527 ass. # 12450 95527UBC
95530	512	TR Red
95532	512	TR Red/Black LHD EU
95533	Mondial	t Cabriolet Valeo 93 Red/Tan LHD US ZFFRK33A9P0095533
95535	348	tb Red/Black
95538	348	ts Red/Tan LHD CH ZFFFA36S000095538 ass. # 12571
95540	348	ts Red/Black LHD EU ZFFKA36B0000 ass. # 12470 95540ORT
95542	348	ts Red/Black
95545	512	TR Red/Black LHD ZFFLA40JAP0095545
95550	Mondial	t Cabriolet Red
95552	348	ts Rosso Corsa/Black LHD EU ZFFKA36B000095552 ass. # 12476 95552HIX shields colour-coded sills
95555	348	ts Red Red LHD EU ZFFKA36B000095555 ass. # 12494
95556	348	ts Red/Black LHD EU ass. # 12513
95558	348	ts Red RHD
95559	348	ts
95560	512	TR Red/Black LHD ZFFLA40JAP0095560
95561	512	TR
95563	512	TR Red/Crema RHD ZFFLA40C000095563
95565	Mondial	t Red/Crema LHD EU
95568	348	tb Red/Black LHD EU ZFFKA35B000095568
95569	348	ts Serie Speciale Series 1 #80/100 93 Silver/Blue LHD US ZFFRG36A1P00 eng. # 32990
95571	348	ts dark grey met. LHD ZFFKA36B000095571
95573	348	ts Red/Black LHD EU
95574	348	ts Red/Black
95575	348	ts Red/Black LHD ZFFKA36B000095575
95576	512	TR Red/Black LHD EU ZFFLA40B000095576
95579	512	TR 92 Red RHD ZFFLA40D000095579
95581	Mondial	t Black/Black LHD EU
95585	348	ts Red/Crema RHD UK
95587	348	ts Rosso Corsa/Crema LHD EU ZFFKA36B000095587
95590	348	ts Rosso Corsa/Nero LHD 95590RCQ
95592	Mondial	t Red
95594	512	TR Red/Tan LHD CH ZFFLA40S000095594

s/n	Type	Comments	s/n	Type	Comments
95595	348	ts Serie Speciale Series I # 79?/100 Yellow/black LHD US	95706	Mondial	t Cabriolet Red/Crema Manual ZFFKC33B000095706
95598	Mondial	t Cabriolet 93 Blue/grey LHD US ZFFRK33A4P0095598	95711	512	TR Red/Black
95602	348	ts Rosso Corsa/black LHD EU ZFFKA36B000095602 95602LTZ	95712	Mondial	t Red/Black LHD EU
			95713	Mondial	t Red/Black
95604	348	ts	95714	348	tb Red/Crema LHD CH ZFFFA35S000095714
95613	Mondial	t Cabriolet Red/Tan black top ZFFFC33S000095613 95613NBV	95715	348	tb Red/Black LHD
95614	348	tb Red/Black JP LHD	95716	348	tb Red/Black
95616	348	tb Red/Black LHD EU	95717	348	ts Red/Tan LHD CH ZFFFA36S0000
95617	348	ts Red p2000 GB	95718	348	ts Red/Black LHD
95618	348	tb Serie Speciale Series I #4/4 Rosso Corsa/Crema RHD UK ZFFKA35C000095618 #4/4 Speciale for Maranello Con.	95719	348	ts 94 Red/Black ZFFKA36B000095719
			95721	348	ts
			95722	Mondial	t Cabriolet Red/all tan ZFFKC33B000095722
95619	348	ts Serie Speciale Series I #81/100 9/92 Red/Crema LHD US ZFFRG36A1P0095619	95723	512	TR Red/Beige RHD ZFFLA40C000095723
			95728	Mondial	t Red/Black EU
			95729	Mondial	t Cabriolet 93 Red/Tan ZFFRK33A4P0095729
95625	512	TR Dark grey/dark Red AUS RHD ZFFLA40D000095625	95732	348	tb Red/Black
			95734	348	ts Serie Speciale Series I #94/100 93 Black/black LHD US ZFFRG36A1P0095734
95629	Mondial	t Red/Tan LHD EU			
95630	348	tb Red/Tan ZFFKA35B000095630 ass. #12496 95630EQG	95736	348	ts Red/Black LHD EU ass. # 12713
			95738	348	ts Rosso Corsa/black LHD EU ZFFKA36B000095738 ass.# 12733 95738KPP Colour-coded sills
95631	348	tb Red/Black			
95633	348	tb Serie Speciale Series I 93 LHD US ZFFRG35A4P0095633	95739	Mondial	t Cabriolet 92 Rosso Corsa/Beige ZFFKC33B000095739
95634	348	ts Red LHD	95741	512	TR Red/Black LHD
95638	348	ts Red/Black LHD	95742	512	TR
95640	512	TR Red/Tan	95743	512	TR Red/Black LHD ZFFLA40B000095743 95743MMD
95645	Mondial	t 4/93 Rosso Corsa/Nero ZFFKD32B000095645	95746	348	tb Red/Black LHD EU ZFFKA35B000095746 ass. # 12664
95647	512	TR 93 Rosso Corsa/Nero ZFFLA40B000096647	95749	348	ts Red/Black Red cloth LHD EU ZFFKA36B000095749 ass. # 12718
95649	348	tb Red/Black LHD EU			
95650	348	ts 93 ZFFRG36A6P0095650	95751	348	ts Red p2000 B
95651	348	ts 92 Rosso Corsa/Crema LHD CH ZFFFA36S000095651	95753	348	ts Red
			95755	512	TR Red/Crema RHD
95653	348	tb Red/Black ZFFKA36B0000	95757	512	TR Red/Black LHD EU
95656	512	TR Rosso Corsa/Crema RHD UK ZFFLA40C000095656	95760	348	tb Series Speciale #87/100 94 Red/Tan LHD ZFFRG35A0P0095760
95658	512	TR Red Red LHD	95762	348	tb Red/Black LHD ZFFKA35B0000
95660	512	TR 93 Grigio Met/Crema RHD ZFFLA40C000095660 eng. # 33095	95763	348	ts Serie Speciale Series I #88/100 10/92 Red/Tan LHD US ZFFRG36A8P0095763
95661	Mondial	t Cabriolet Valeo 93 Red/Tan ZFFRK33A7P0095661	95770	512	TR 92 RHD ZFFLA40D000095770
			95772	512	TR Red/Black ZFFLA40B000095772
95665	348	ts Red/Crema LHD EU	95773	512	TR Yellow/Black LHD EU
95666	348	ts Red/Black LHD	95774	512	TR Red/Black & Red Cloth LHD EU
95669	348	ts Red/Black ass. # 12644 95669KKS	95778	348	ts Serie Speciale Red/Tan
95672	348	ts Red	95780	348	ts Red/Black LHD
95674	512	TR Red LHD	95783	Mondial	t Red
95676	512	TR Red/Black ZFFLA40B000095676	95784	512	TR Red
95677	512	TR Red/Black	95787	512	TR Red/Black LHD
95678	Mondial	t Red/Black LHD	95796	348	ts Red/Black LHD ZFFKA36B000095796
95680	348	tb	95798	Mondial	t Red/Black
95681	348	ts Red/Black LHD EU ZFFKA35B000095681 ass. # 12564	95800	512	TR Red/Tan ZFFLA40B000095800 ass. #12859 95800TVC
95683	348	ts Serie Speciale Series 1 #84/100 93 Red/Black LHD US ZFFRG36AXP0095683 , last US	95801	512	TR Blu Sera FER 504/C/beige LHD EU ZFFLA40B000095801 ass. # 13123
			95803	512	TR Red/Crema RHD UK
			95805	348	tb Red
95686	348	ts silver/Bordeaux LHD ZFFKA36B000095686 95686WNM	95806	348	tb Red/Tan ZFFKA35B000095806
			95807	348	tb Rosso/nero LHD EU ZFFKA35B000095807 95807DYX
95687	348	ts Red/Black LHD EU ZFFKA36B000095687 ass. # 12665			
			95808	348	tb Rosso Corsa/Black LHD ZFFKA35B000095808 95808TEC Colour-coded sills
95691	512	TR Red/Black			
95693	512	TR Red/Black	95809	348	ts Serie Speciale #90/100 93 Red/Tan LHD ZFFRG36A6P0095809
95694	512	TR Red/Black			
95697	Mondial	t Cabriolet 93 ZFFRK33A6P0095697	95818	512	TR Red/Black LHD Red calipers
95699	348	tb Challenge Red/Red cloth seat LHD EU ZFFKA35B000095699	95819	Mondial	t Grey/dark grey LHD EU
			95820	348	tb Serie Speciale Series I #91/100 93 Yellow LHD US ZFFKA35A3P0095820 eng. # 33193
95701	348	ts Serie Speciale Series I 93 Red/Beige LHD US ZFFRG36A8P0095701			
			95821	348	tb Giallo FER 102 Black RHD ZFFKA35B000095821 ass. # 12720 shields
95703	348	ts Rosso Corsa/Black LHD ZFFKA36B000095703 ass. # 12686			
95704	348	ts Red/Black			

s/n	Type	Comments
95822	348	tb Red/Black
95824	348	ts Red/Tan
95826	348	Challenge Yellow
95827	348	ts Red/Black LHD EU
95828	F40	Last roadcar 93 Red/Black w Red cloth LHD EU ZFFGJ34B000095828
95829	512	TR Silver/Bordeaux ZFFLA40B000095829 95829BMV shields
95830	512	TR Dark Grey metallic LHD EU
95831	512	TR Red/Black LHD EU ZFFLA40B000095831
95835	348	tb Rosso Corsa/Black LHD CH ZFFFA35S000095835 95835FNF shields
95836	348	tb Red/Black ZFFKA35B000095836 ass.# 12735 shields
95837	348	tb Red/Black LHD EU
95838	348	ts
95840	348	ts Red/Black
95841	348	ts Red/Black
95843	Mondial	t Cabriolet Valeo 93 Red/Tan ZFFRK33A2P0095843
95848	512	TR 93 Red/Tan LHD US ZFFLG40AXP0095848
95850	348	tb Red/Crema RHD ZFFKA35C000095850 ass. # 12866
95851	348	tb Challenge
95853	348	ts Serie Speciale Series I #92/100 10/92 Black/Tan LHD US ZFFRG36A9P0095853
95854	348	ts Rosso Corsa/Beige LHD CH ZFFFA36S000095854
95855	348	ts Red/Black
95856	348	ts Red/dark tan LHD
95859	512	TR 93 Rosso Corsa/Nero w.Red cloth seats LHD EU ZFFLA40B000095859
95860	512	TR 93 Red/Black ZFFLA40B000095860
95862	512	TR Red/Black
95863	512	TR Red/Black
95865	348	tb Serie Speciale Series I #93/100 93 LHD US ZFFRG35A3P0095865
95867	348	tb Red/Black
95868	348	ts Red/Crema
95870	348	tb Red/Black LHD EU
95871	348	ts Black/black & dark Red LHD EU ZFFKA36B0000 ass. # 12862
95873	Mondial	t Red/Crema LHD
95874	512	TR Red/Black LHD EU
95877	512	TR LHD EU ZFFLA40B000095877
95878	512	TR Red/Black LHD EU
95879	Mondial	t Black/Tan LHD ZFFKD32B000095879 ass. # 13696
95883	348	ts Serie Speciale Series I #94/100 93 Black/Black LHD ZFFRG36A7P0095883
95885	348	ts Yellow/Yellow-dark Blue LHD EU
95886	348	ts Red/Tan LHD EU ZFFKA36B000095886
95887	348	ts
95890	512	TR Red/Black LHD EU ZFFLA40B000095890
95894	Mondial	t Cabriolet Red/Black LHD
95895	348	tb 94 Rosso Corsa/Tan RHD ZFFKA35C000095895 eng. # 33328
95896	348	tb
95898	348	ts 93 Rosso Crema RHD ZFFKA36C000095898 ass. # 12913
95899	348	ts Serie Speciale Red/Tan LHD
95900	348	ts 93 Black/Black ZFFKA38B000095900 ass. # 12870
95901	348	ts 93 Red ZFFKA36B000095901
95902	348	ts 93 Rosso Corsa/Nero LHD EU ZFFKA36B000095902
95903	Mondial	t Cabriolet Valeo 93 Red/Tan LHD
95904	512	TR 93 LHD US ZFFLG40A5P0095904
95905	512	TR 93 Red/Tan LHD US ZFFLG40A7P0095905
95906	512	TR 93 Rosso Corsa/Beige LHD US ZFFLG40A9P0095906
95907	512	TR 93 Red/Tan LHD US ZFFLG40A0P0095907
95908	512	TR 93 Red/Tan LHD US ZFFLG40A2P0095908

s/n	Type	Comments
95909	Mondial	t Rosso Corsa/Black LHD ZFFKD32B000095909 95909SDS
95914	348	ts Red/Tan LHD CH ZFFFA36S0000
95916	348	ts Red/Black ass. #12890
95917	Mondial	t Cabriolet Black/grey ZFFKC33B000095917 95917OZO
95918	Mondial	t Cabriolet 93 Red/Tan LHD US ZFFRK33A7P0095918
95919	512	TR Red/Black LHD EU
95923	512	TR Red/Black ZFFLA40B000095923 95923SPM
95924	Mondial	t Cabriolet Valeo 93 ZFFRK33A2P0095924
95925	348	tb Red/Black
95926	348	tb dark metallic Blue/tan
95928	348	ts Serie Speciale Series I 93 Red/Tan LHD US ZFFRG36A3P0095928
95933	Mondial	t Red/Tan
95937	512	TR Red/Red seats LHD ZFFLA40JAP0095937 other mirrors, complete race interior, black non-original wheels, Koenig rear spoiler
95944	348	ts Red/Tan LHD EU
95951	512	TR Red/Black JP LHD
95954	512	TR Red/Back
95955	Mondial	t Cabriolet Yellow/Black LHD EU
95956	348	tb Red/Black LHD EU ZFFKA35B000095956 ass. # 12884
95957	348	tb Red/Black LHD EU ass. # 12864
95959	348	ts Serie Speciale Series I #97/100 93 Red/Black LHD US ZFFRG36A3P0095959
95962	348	ts
95963	348	ts Red/Tan
95964	348	Spider 94 LHD US ZFFRG43A0R0095964
95965	512	TR 92 Red RHD ZFFLA40D000095965 eng. # F111D04033565
95968	512	TR Red/Tan LHD CH ZFFFA36S0000
95971	Mondial	t Cabriolet Valeo 11/92 Black/Tan ZFFRK33A0P0095971 ass. # 13107
95974	348	tb Red/Black
95976	348	ts Red
95977	348	ts Red/Crema LHD ZFFKA36B000095977 shields
95978	348	ts
95980	348	Spider 94 Red LHD US ZFFRG43A9R0095980
95983	512	TR Red/Tan LHD CH ZFFLA40S000095983
95984	512	TR Red White LHD CH ZFFLA40S000095984
95985	512	TR 93 Red/Black RHD ZFFLA40D000095985
95988	348	tb Blue Dark Blue LHD EU
95989	348	tb Red/Black ZFFKA35B000095989 95989HQH shields colour coded sills
95990	348	tb Red/Black LHD EU
95991	348	ts Serie Speciale Series I #98/100 10/92 Red then Black/Black ZFFRG36AXP0095991
95992	348	tb Red/Tan
95993	348	ts
95996	348	Spider 94 LHD US ZFFRG43A2R0095996
95998	512	TR Red/Crema
96000	512	TR
96002	512	TR Red/Tan
96003	Mondial	t Cabriolet 93 Rosso Corsa/Beige LHD US ZFFKC33B000096003 96003BJB
96005	348	tb Challenge 3/93 Rosso Corsa/Nero LHD ZFFKA35B000096005 ass. # 12914 96005SHM probably street-converted
96006	348	tb Red/Black
96009	348	ts Red/Crema LHD EU
96010	348	ts 93 Red/Black LHD
96013	348	Spider 1/93 Red/Tan LHD US ZFFRG43A7R0096013
96016	512	TR Red/Tan
96019	Mondial	t Red/Tan LHD CH ZFFFD32S000096019
96025	348	ts Red/Black LHD EU ZFFKA36B000096025 ass. # 12958
96026	348	ts Red/Black LHD ass. # 12952
96028	348	Spider 94 Red/Tan ZFFRG43A9R0096028

s/n	Type	Comments
96029	Mondial	t Cabriolet Red/Black LHD EU
96031	512	TR Yellow/Black LHD CH ZFFLA40S000096031
96032	512	TR Red/Tan LHD EU
96033	512	TR Red/Black LHD EU
96036	348	ts black/black LHD EU ZFFKA36B000096036
96039	348	ts Red/Tan LHD EU
96042	348	ts 1/93 Black/Tan LHD US ZFFRG43A3R0096042 ex-Wayne Gretsky
96044	Mondial	3.2 Competizione Conversion Red/Black
96045	512	TR Rosso Corsa/Black LHD ZFFLA40S000096045 96045LQL shields
96046	512	TR Red/Tan ZFFLA40S000096046 ass.#12808
96047	512	TR Red/Black LHD CH ZFFLA40S0000
96048	512	TR Red/Crema RHD UK ZFFLA40C000096048 ass. # 13242
96051	348	tb Red/Black LHD EU
96056	348	ts 94 Red/Black colour coded roof LHD EU ZFFKA36B0000 96056IHL ass. # 12961
96057	348	Spider 94 Blue chiaro Crema & Blue top LHD US ZFFRG43A5R0096057
96059	512	TR 93 Chiaro Blue/Magnolia ZFFLA40C000096059 eng. # 33461
96060	512	TR LHD EU ZFFLA40B000096060
96064	348	GT Competizione ÜFactory˜ (CSAI-GT) # 03/11 first built by Michelotto Red/Black LHD EU ZFFKA35B000096064
96065	348	GTB Competizione Yellow/black LHD EU, probably no Competizione
96066	348	tb 93 Red/Tan RHD ZFFKA35C000096066
96067	348	ts Red/Tan LHD
96068	512	TR Red
96069	348	ts Red/Black ZFFKA36B0000
96071	348	ts Red/Black ZFFKA36B000096071
96072	348	Spider 94 Red/Tan LHD US ZFFRG43A1R0096072
96074	Mondial	t Cabriolet Valeo 93 Blue Black LHD ZFFRK33A8P0096074
96076	512	TR Red/Red cloth seats
96079	348	tb Red/Black -Red LHD ZFFKA35B000096079 ass. # 12997
96080	348	tb black/light grey
96083	Mondial	t Cabriolet Rosso Corsa/Crema LHD EU
96084	348	ts Red/Black
96086	348	ts Yellow/Black colour coded roof LHD EU ZFFKA36B000096086
96088	348	Spider 1/93 Red/Black Black top LHD US ZFFRG43A5R0096088
96089	Mondial	t Red/Black
96092	512	TR Red/Tan LHD EU
96093	512	TR Red/Black LHD
96094	348	tb Yellow/black LHD 2001
96097	348	tb Red/Tan LHD CH ZFFFA35S000096097 ass. # 12937
96098	348	ts Dark Blue/Tan LHD EU
96100	348	ts black/Red
96101	348	ts Red/Black LHD EU ZFFKA36B000096101 ass. # 13032
96105	512	TR Red/Tan LHD CH ZFFLA40S0000
96107	512	TR Yellow/Black LHD
96108	348	tb Red/Black LHD EU ZFFKA35B000096108 ass. #12993 96108MBL
96110	348	tb Red/Tan
96111	348	ts Red/Black ZFFKA36B000096111 ass. # 13355
96112	348	ts 93 Red RHD ZFFRA36D000096112
96113	348	ts 93 Red/Black LHD
96115	Mondial	t Cabriolet Red/Black LHD CH ZFFFC33S0000
96116	348	Spider 94 Black/Crema LHD US, parted out?
96119	512	TR Red/Tan
96123	348	tb Red/Tan ZFFKA35B000096123 ass # 13018
96127	348	ts Red/Tan
96128	348	ts Red/Black LHD ZFFKA36B000096128 ass. #13051 96128YPX
96129	348	ts Red/Black ZFFKA36B0000 ass. # 13011 96129AJT
96130	348	ts Yellow/Black LHD EU ZFFKA36B000096130 ass. #13031
96131	348	Spider 94 Red/Tan LHD US ZFFRG43A2R0096131
96138	348	tb Red/Black
96140	Mondial	t Cabriolet Red/Black
96142	348	ts White Black LHD EU
96145	348	ts Red/Black LHD EU
96146	348	Spider 94 White/Tan LHD US ZFFRG43A4R0096146
96147	Mondial	t 3.4 93 Grigio Metallizzato/Beige CH ZFFFD32S000096147 96147NKG
96148	Mondial	t Cabriolet Valeo 93 Red/Tan ZFFRK33A0P0096148
96149	512	TR Red/Black
96151	512	TR Red/Black LHD CH
96156	348	ts Red/Tan LHD EU ZFFKA36B000096156 ass. # 13372
96159	348	ts Red/Black LHD
96160	348	Spider 94 Red/Black LHD US ZFFRG43A9R0096160
96162	512	TR 93 LHD US ZFFLG40A3P0096162
96163	512	TR Red
96164	512	TR White Black LHD EU
96165	512	TR 93 LHD US ZFFLG40A9P0096165
96166	512	TR 93 Red/Tan LHD US ZFFLG40A0P0096166
96171	348	ts Rosso Corsa/Crema colour coded roof LHD EU ZFFKA36B000096171 ass. # 13389
96173	348	ts Red/Black LHD EU
96174	348	Spider 5/93 Yellow/Tan LHD US ZFFRG43A9R0096174
96177	512	TR 93 LHD US ZFFLG40A5P0096177
96178	512	TR 93 Rosso Corsa/Black LHD US ZFFLG40A7P0096178
96179	512	TR 93 Red/Black ZFFLG40A7P0096179
96180	512	TR 93 Red/Crema LHD US ZFFLG40A5P0096180
96181	348	tb Red/Black LHD EU ZFFKA35B000096181 ass. #13069
96182	348	tb Challenge
96183	348	tb Red/Tan LHD CH ZFFFA35S0000
96184	348	ts black/black LHD
96185	348	ts Rosso/nero painted in GTS look
96189	348	Spider 94 Black/Black LHD US ZFFRG43A0R0096189
96190	Mondial	t Coupé Red LHD
96191	512	TR 93 Red/White LHD US ZFFLG40AXP0096191
96192	512	TR 93 Rosso Corsa/Tan LHD US ZFFLG40A1P0096192
96193	512	TR 93 LHD US ZFFLG40A3P0096193
96194	512	TR 93 Red/Tan LHD US ZFFL640A5P0096194
96195	512	TR 93 Rosso Corsa/Beige LHD US ZFFLG40A7P0096195
96198	348	ts Red/Black
96202	348	ts
96204	348	Spider 94 Red/Tan ZFFRG43A3R0096204
96205	Mondial	t Cabriolet Red/Black
96206	512	TR 93 black/black LHD US ZFFLG40A8P0096206 ass. # 13403
96207	512	TR 93 Red/Tan LHD US ZFFLG40AXP0096207
96208	512	TR 93 Red/Tan LHD US ZFFLG40A1P0096208
96209	512	TR 93 Red/Tan LHD US ZFFLG40A3P0096209
96210	348	Challenge Red & Yellow/Red LHD EU
96211	348	tb Challenge
96212	348	tb Red/Tan
96217	348	Spider 94 Red/Tan ZFFRG43A1R0096217
96220	512	TR 93 Red/Tan LHD US ZFFLG40A2P0096220
96221	512	TR 93 LHD US ZFFLG40A4P0096221
96222	512	TR 93 Red/Tan LHD ZFFLG40A6P0096222
96223	512	TR 93 LHD US ZFFLG40A8P0096223

s/n	Type	Comments
96224	512	TR 93 Red/Black LHD US ZFFLG40AXP0096224
96225	348	tb Red/Black LHD EU ZFFKA35B000096225
96227	348	tb Challenge Red/Tan w. black cloth seats LHD CH ZFFFA35S000096227
96228	348	ts Red/bordeaux
96230	348	ts Red/Black LHD
96232	348	ts Red/Black LHD ass. # 13087
96233	348	Spider 94 Red/Crema LHD US ZFFRG43AXR0096233
96235	Mondial	t Cabriolet Valeo 12/92 Rosso Corsa/Tan LHD US ZFFRK33A6P0096235 Tubi Speedline wheels shields
96237	512	TR 93 LHD US ZFFLM40A7P0096237
96238	512	TR Red/Tan
96239	512	TR Red/Tan LHD CH ZFFLA40S000096239
96241	348	tb Red/Black LHD ZFFKA35B000096241
96242	348	ts Red/Black LHD EU ZFFKA36B000096242 ass.# 13432 96242ORZ
96243	348	ts Red/Black
96244	456	GT Light Blue/tan LHD EU ZFFSD44B000096244 ass. # 13700
96245	348	ts Red/Black
96247	348	ts Red/Black LHD EU ass. # 13065
96249	348	Spider 94 Red/Tan LHD LHD US ZFFRG43A3R0096249
96250	Mondial	t Cabriolet Valeo Red/Black LHD
96252	512	TR Red/Black
96253	512	TR 93 Red/Crema LHD CH ZFFLA40S000096253 96253SFS
96254	512	TR Red/Black LHD CH ZFFLA40S000096254
96258	348	ts Red p2000 B
96262	512	TR Red/Tan
96263	348	Spider 94 Red/Tan LHD US ZFFRG43A8R0096263
96265	Mondial	t Cabriolet Black/Tan
96269	512	TR Red/Beige 96269EDE
96273	348	Spider 94 LHD US
96275	348	ts Rosso Corsa/Black colour coded roof LHD ZFFKA36B000096275 ass. #13096 96275LOF colour-coded sills shields black wheels
96277	512	TR Red/Tan
96278	348	Spider 94 Red/Tan LHD US ZFFRG43AXR0096278
96280	512	TR Red/Black LHD EU ZFFLA40S000096280 96280UMU
96283	512	TR Red/Black LHD EU
96284	512	TR Red/Black
96287	348	ts 4/93 Giallo Modena/Nero & Giallo colour coded roof ZFFKA36B000096287
96292	512	TR Red/Black LHD EU ZFFLA40B000096292
96293	512	TR Red/Black LHD EU ZFFLA40B0000
96295	Mondial	t Cabriolet Red/Black
96299	512	TR Yellow/Black LHD EU
96300	348	tb 94 Red/Black LHD EU
96303	348	ts Rosso Corsa/Black colour-coded roof LHD ZFFKA36B000096303 ass. # 13429 Colour-coded sills
96305	348	ts Red/Black LHD EU ZFFKA36B000096305 ass. # 13097
96307	348	ts Red/Black LHD EU
96308	348	ts Red/Black
96311	512	TR Red/Black LHD JP ZFFLA40JAP0096311
96313	512	TR Red
96315	348	tb Red/Black LHD ZFFKA35B000096315 shields colour-coded front lip spoiler
96317	348	tb Red/Black LHD EU
96318	348	ts Red/Black LHD EU
96324	Mondial	t Cabriolet Rosso/Crema LHD EU
96325	Mondial	t Cabriolet Valeo 93 Red/Tan LHD US ZFFRK33A7P0096325
96332	348	ts Red/Black LHD EU ZFFKA36B000096332
96341	512	TR Red/Crema RHD UK ass. # 13711
96342	512	TR Red/Black LHD EU
96343	512	TR Red/Black LHD EU
96344	512	TR Red/Black LHD EU
96350	348	ts
96353	348	ts Red/Black
96354	Mondial	t Cabriolet Giallo Modena/Nero LHD EU 96354MDY
96355	Mondial	t Cabriolet Yellow
96356	512	TR Black/black
96357	512	TR Red
96362	348	ts Red/Black LHD EU ZFFKA36B000096362 ass. # 13195
96363	348	ts Red/Black LHD
96365	348	ts Red/Crema EU
96368	348	ts Yellow/black
96369	Mondial	t Cabriolet Red/Tan LHD CH ZFFFC33S0000
96372	512	TR Red/Black LHD gold BBS rims, black windows, huge rear race spoiler
96377	348	ts Red/Black
96382	512	TR Giallo Modena/Black LHD EU 96382AXE
96383	512	TR Red/Black
96385	Mondial	t Cabriolet Red/Black LHD ZFFKC33B000096385
96386	512	TR Red/Crema RHD ME ZFFLA40T0P0096386 Modified body rear wing
96392	348	ts Red/Black LHD EU
96393	348	ts Red/Black LHD
96394	Mondial	t Cabriolet Giallo Modena/Black LHD EU 96354MDY
96397	348	tb Challenge
96400	512	TR 93 Red/Tan LHD US ZFFLG40A4P0096400
96401	512	TR 93 Red/Tan LHD US ZFFLG40A6P0096401
96403	512	TR 93 White/Crema LHD US ZFFLG40AXP0096403
96404	512	TR 93 Black/tan LHD US ZFFLG40A1P0096404
96408	348	ts Red/Black
96409	348	ts Red/Black LHD EU ZFFKA36B000
96414	512	TR 93 Red/Tan LHD US ZFFLG40A4P0096414
96415	512	TR 1/93 Yellow/Tan LHD US ZFFLG40A6P0096415 Tubi
96416	512	TR 93 Red/Crema LHD US ZFFLG40A8P0096416
96417	512	TR 93 Rosso Corsa/Tan LHD ZFFLG40AXP00
96418	512	TR 93 Red/Tan LHD US ZFFLG40A1P0096418 ass.# 13366
96419	348	ts Red/Black shields
96421	348	ts Red/Black LHD EU
96422	348	ts Red/White
96423	348	ts Red/Black, 355 rims, and all the black borders painted Red
96425	348	tb Red/Black EU
96426	348	tb Red/Black
96427	348	tb Red/Black LHD EU ZFFKA35B000096427
96428	Mondial	t Red/Black LHD EU
96432	512	TR 1/93 Rosso Corsa/Black LHD ZFFLA40B000096432
96433	348	ts Red/Black LHD EU ZFFKA36B000096433 ass. # 13460
96435	348	ts Competizione Conversion by Michelotto 93 Rossa Corsa/Black LHD EU ZFFKA36B000096435 ass. # 13505
96437	348	ts Red/Black
96439	348	tb Red/Black LHD
96440	348	tb Challenge
96441	512	TR Yellow
96442	512	TR black/black LHD ZFFLA40B000096442 non-original wheels, Koenig rear spoiler
96443	512	TR Red/Black
96444	512	TR Red/Tan LHD CH ZFFLA40S000096444
96445	512	TR Red/Black
96446	348	ts Red/Black LHD ass. # 13484
96447	348	ts Red/Black
96448	348	GTS Red/Black LHD

s/n	Type	Comments	s/n	Type	Comments
96449	348	ts Red/Black LHD	96554	348	Spider 94 black/Grey black top LHD ZFFRG43A8R0096554
96452	348	tb Red/Black LHD EU ZFFKA35B000096452 ass. # 13385	96555	348	Spider 94 Black/Black LHD US ZFFRG43AXR0096555
96453	Mondial	t Cabriolet 93 Yellow ZFFKC33B000096453	96556	348	ts
96454	512	TR Rosso Corsa/tan LHD CH ZFFLA40S000096454 96454QOQ	96558	348	ts Red/Black
			96559	348	ts Red LHD
96455	512	TR Red/Black	96560	348	ts Red/Black LHD EU ass. # 13533
96456	512	TR Rosso Corsa/Black LHD 96456SYM	96561	348	tb
96459	348	tb 93 Rosso Corsa Nero EU ZFFKA35B0000	96563	512	TR Red/Black LHD
96461	348	ts Red/Tan LHD EU	96564	512	TR Red Red LHD
96463	348	ts Red/Tan	96565	512	TR Red/Black ZFFLA40B000096565
96464	Mondial	t Cabriolet Red/Black 96464QDQ	96566	512	TR 93 Red/Black LHD EU ZFFLA40B000096566
96466	512	TR	96567	512	TR Red/Black EU
96472	348	tb Red/Black LHD	96568	348	Spider 94 Black/Tan LHD US ZFFRG43A8R0096568 Aftermarket shields chromed wheels
96473	348	ts Red/Tan			
96476	348	ts 93 Rosso Corsa/Beige LHD CH ZFFFA36S000096476			
96483	348	tb Red/Black LHD EU ZFFKA35B000096483 ass. # 13427	96571	348	ts Red/Crema ZFFKA36B000096571 96571SHH colour coded sills shields
96484	348	tb Red/Black LHD EU ZFFKA35B000096484	96574	348	GT Competizione 93 LHD
96486	348	tb Red/Black 96486AXY	96575	348	GT Competizione LM Conversion Red/Red seats LHD ZFFKA35B000096575
96488	348	ts Red/Black ass. # 13333			
96489	348	ts Red/Tan LHD EU	96577	512	TR 93 Red/Black LHD ZFFLG40AXP0096577
96496	348	tb Red/Black			
96497	348	tb Red/Tan LHD	96578	512	TR 93 Blue/Tan LHD ZFFLG40A1P0096578
96498	348	tb Challenge Red/Black ZFFKA35B000096498	96579	512	TR Rosso Corsa/Black LHD EU ZFFLA40B000096579 96579WYI
96499	348	tb Red/Tan			
96500	348	ts Red/Tan LHD	96581	512	TR 93 Black/Black LHD EU
96502	348	ts Red/Tan LHD	96583	348	Spider 94 Red/Crema LHD US ZFFRG43A4R0096583
96508	512	TR Red			
96509	512	TR Yellow/Black LHD EU	96584	348	ts Red/Black LHD EU ZFFKA36B000096584 ass. # 13622
96510	Mondial	t Red/Tan LHD EU			
96511	Mondial	t Red/Crema LHD EU	96588	348	tb
96512	348	ts Red/Tan LHD	96590	348	tb LHD EU ZFFKA35B000096590
96514	348	ts Red/Black LHD EU	96591	512	TR 93 Rosso Corsa/Nero LHD EU ZFFLA40B0000 96591
96515	348	tb Red/Black LHD			
96516	348	Spider 94 Red/Tan LHD ZFFRG43A0R00	96592	512	TR Red/Black LHD EU
96517	348	Spider 94 Red/Tan LHD US ZFFRG43A2R0096517	96595	512	TR black/black EU
			96596	348	Spider 94 LHD US ZFFRG43A2R0096596
96518	348	Spider 94 Red/Black LHD US ZFFRG43A4R0096518	96597	348	Spider 94 Red/Black LHD US ZFFRG43A4R0096597
96519	348	Spider 94 Black/black LHD US ZFFRG43A6R0096519	96598	348	ts Rosso Corsa/Black colour-coded roof LHD ZFFKA36B000096598 shields colour-coded sills
96520	348	Spider 94 Yellow/black LHD US ZFFRG43A2R0096520	96601	348	ts Red/Black LHD EU
			96604	348	Spider Red/Black LHD EU ZFFKA34B000096604
96523	512	TR Red/Crema LHD CH ZFFLA40S000096523 96523SFS	96605	512	TR Red LHD
96524	512	TR Red/Black ZFFLA40B0000	96606	512	TR Grey/tan LHD EU ZFFLA40B000096606
96525	512	TR	96607	512	TR 93 Red/Crema ZFFLA40B000096607
96529	348	tb Red/Tan LHD	96608	512	TR Red/Black LHD
96530	348	Spider 94 Red/Tan LHD US ZFFRG43A5R0096530	96610	348	Spider 94 Rosso Corsa/Tan LHD US ZFFRG43A3R0096610
96531	348	Spider 94 Red/Tan LHD US ZFFRG43A7R0096531	96612	512	TR
			96613	348	ts Rosso Corsa/Black LHD ZFFKA36B000096613 ass. # 13580 colour-coded sills shields
96532	348	Spider 94 Red/Tan LHD US ZFFRG43A9R0096532			
96533	348	Spider 94 Rossa Corsa/Tan ZFFRG43A0R0096533	96614	348	ts 93 Red ZFFKA36B000096614
			96616	348	tb Red/Black
96534	348	Spider 94 Red/Tan LHD US ZFFRG43A2R0096534	96618	512	TR Yellow/black LHD EU
			96620	512	TR Red/Black LHD ZFFLA40B000096620
96535	512	TR Red/Black LHD ZFFLA40JAP0096535	96622	348	Spider 94 Red/Tan LHD US ZFFRG43AXR0096622
98537	512	TR Red/Black LHD EU ZFFLA40B000096537			
96539	348	ts Red/Tan LHD CH ZFFRG36S0000	96623	348	Spider 94 Red/Tan LHD US ZFFRG43A1R0096623
96542	348	tb Challenge Red/Black cloth LHD EU Street converted	96624	348	ts Red/Black
			96629	348	tb Red/Black LHD ass. # 13723
96543	348	tb Red Brown LHD CH ZFFFA35S000096543	96630	456	GT Dark Blue
96544	348	ts Yellow/black	96631	Mondial	t Red/Black
96545	348	ts LHD EU ZFFKA36B000096545	96632	512	TR Red
96547	348	GT/C Frankfurt Show Car # 04/11 93 Red/Black Red Cloth seats LHD	96634	512	TR Red/Black
			96636	348	tb Black Crema LHD CH ZFFFA35S000096636
96549	512	TR Red/Black LHD ZFFLA40B000096549	96637	348	Spider 94 LHD US ZFFRG43A1R0096637
96552	512	TR Red/Black LHD EU			
96553	512	TR Red/Black LHD EU ZFFLA40B0000	96638	348	ts Challenge Red/Red cloth

s/n	Type	Comments
96642	348	tb Red/Black LHD EU ass. # 13728
96643	348	tb Red/Black LHD EU ZFFKA35B000096643 ass. # 13745
96646	512	TR 93 Rosso Corsa/Nero ZFFLA40B000096646
96647	512	TR Red/Black LHD EU ZFFLA40B0000
96648	512	TR Red/Black
96649	348	Spider 94 Yellow/Black LHD US ZFFRG43A8R0096649
96650	348	Spider 1/93 Bianco 100 Ferr/Tan LHD US ZFFRG43A4R0096650
96654	348	ts Red/Crema LHD EU ZFFKA36B000096654 ass. # 13630
96655	348	tb 94
96657	512	TR 93 Red/Black LHD US ZFFLG40A8P0096657
96658	512	TR Red/Black LHD EU
96659	512	TR Red/Black
96663	348	ts Red/Black ZFFFA36S000096663
96664	348	Spider 94 Black/black LHD US ZFFRG43A4R0096664
96665	348	ts Red/Black LHD EU
96666	348	ts Red/Black colour-coded roof LHD EU ZFFKA36B000096666 ass. # 13631 Colour-coded sills
96670	348	GTB Red/Black LHD EU
96671	348	GTS Yellow/Black
96672	512	TR Red
96674	512	TR Red/Black LHD ZFFLA40JAP0096674
96676	348	Spider 94 Red/Black LHD US ZFFRG43A0R0096676
96678	348	ts
96679	348	ts Red/Black, last tb?
96681	348	GT Competizione Stradale #2/50 Red/Blue cloth LHD ZFFVA35B00096681
96683	512	TR 93 Red/Black LHD US ZFFLG40A9P0096683 Autocheck confirmed
96686	512	TR 94 Red/Black LHD ZFFLA40B0000
96689	512	TR Red/Black ZFFLA40B0000
96690	348	Spider 94 LHD US ZFFRG43A5R0096690
96691	348	Spider 94 Red/Tan LHD US ZFFRGU3A7R0096691
96692	348	ts Red/Black LHD
96693	348	ts Red/Black LHD
96694	348	ts 5/93 Rosso Corsa/Nero ZFFKA36B000096694
96696	348	ts Red/Black ZFFKA36B0000
96699	512	TR Red/Black LHD EU ZFFLA40B000096699
96700	512	TR Red/Black LHD 96700ZHC
96701	512	TR Yellow/black
96702	512	TR Metallic black/black LHD EU
96704	348	Spider 2/93 Red/Tan LHD US ZFFRG43A1R0096704
96705	348	Spider 94 Red/Tan LHD US ZFFRG43A3R0096705
96706	348	Spider 94 Red/Crema LHD ZFFRG43A5R0096706
96707	348	ts Red/dark Red LHD EU ZFFKA36B000096707 ass.# 13686
96708	348	Spider 94 LHD US
96709	348	ts 6/93 Rosso Corsa/Nero LHD EU ZFFKA36B000096709 96709XXS ass. # 13742
96711	456	GT Metallic Blue
96712	512	TR Black/Black LHD EU ZFFLA40B0000
96713	512	TR Red/Black
96716	512	TR Red/Tan LHD EU ZFFLA40B000096716 96716AYY
96718	348	Spider 2/93 Rosso Corsa FER 300/12/Tan black top LHD US ZFFRG43A1R0096718
96719	348	Spider 2/93 Nero FER 1240/Black LHD US ZFFRG43A3R0096719
96720	348	Spider 94 ZFFRG43AXR0096720
96722	348	ts Red/Black LHD EU ZFFRG36B000096722
96725	512	TR 93 LHD US ZFFLG40AXP0096725
96726	348	tb 93 Rosso Corsa/Rosso LHD CH ZFFFA35S000096726 ass. # 13655
96727	512	TR 93 Red LHD US ZFFLG40A3P0096727
96728	512	TR 93 Red/Tan ZFFLG40A5P0096728
96729	512	TR 93 Red/Black LHD US ZFFLG40A7P0096729
96730	512	TR 93 LHD US ZFFLG40A3P0096730
96731	512	TR 93 Red/Black LHD US ZFFLG40A5P0096731
96732	348	ts Red Brown LHD EU
96733	348	Spider 94 Red/Tan LHD US ZFFRG43A8R0096733
96734	348	Spider 94 LHD US ZFFRG43AXR0096734
96735	348	Spider 94 Red/Tan LHD US ZFFRG43A1R0096735
96739	348	ts Rosso Corsa/Black LHD US 96739MGU
96740	348	ts Red/Crema LHD EU
96741	456	GT black metallic/tan
96742	512	TR 94 Giallo Modena/Black LHD US ZFFLG40A6R0096742
96748	348	Spider 94 Red/Black LHD US ZFFRG43AXR0096748
96749	348	Spider 94 Red/Black LHD US ZFFRG43A1R0096749
96750	348	Spider 94 ZFFRG43A8R0096750
96752	348	ts Red/Tan LHD
96754	348	ts Challenge Red/Tan Red seats LHD ZFFKA36B000096754 colour coded roof Red front and rear grill plexi headlights
96756	348	tb White/black JP LHD ZFFRA35JAP0096756
96757	512	TR Red LHD ZFFLA40B000096757
96759	512	TR Red/Black LHD EU
96760	512	TR Red/Black LHD CH ZFFLA40S000096760
96761	512	TR Red/Tan LHD CH ZFFLA40S000096761
96762	348	ts Red/Tan
96763	348	Spider 94 LHD US ZFFRG43A6R0096763
96764	348	Spider 94 dark Blue/tan ZFFRG43A8R0096764
96765	348	Spider 94 Black/Crema LHD US ZFFRG43AXR0096765
96766	348	Spider Black/tan LHD US ZFFRG43A1R0096766
96767	348	Spider 94 ZFFRG43A3R0096767
96771	456	GT verde/tan LHD EU ZFFSD44B000096771 ass. # 14293
96773	512	TR Red/brown
96774	512	TR Yellow/Black LHD
96775	512	TR Red/Black LHD EU ZFFLA40B000096775 ass. # 13697
96776	512	TR Red/Black LHD CH ZFFLA40S000096776
96778	348	Spider 94 Red/Tan LHD US ZFFRG43A8R0096778
96779	348	Spider 94 LHD US ZFFRG43AXR0096779
96780	348	ts Red/Tan LHD ZFFRG36B000096780
96782	348	ts 2/94 LHD EU ZFFKA36B000096782
96786	512	TR Red/Black
96787	512	TR Red/Black
96790	512	TR Red & black/black LHD EU ZFFLA40B000096790
96791	512	TR Black/black LHD EU ZFFLA40B000096791 96791YXS
96792	348	Spider 94 LHD US
96793	348	Spider 94 Red/Tan LHD US ZFFRG43A4R0096793
96794	348	Spider 94 Red/Tan ZFFRG43A6R0096794 rebodied as F355 Spider
96795	348	ts Red/Crema
96801	456	GT Silver/Blue LHD EU
96804	512	TR Silver/Red LHD EU
96807	348	ts Red/Black LHD EU
96808	348	Spider 94 Red/Tan ZFFRG43A2R0096808
96809	348	Spider 94 Red/Tan LHD US ZFFRG43A4R0096809
96810	348	Spider 94 LHD US ZFFRG43A0R0096810
96812	348	ts Black/Black LHD

s/n	Type	Comments
96819	512	TR Red/Black LHD ZFFLA40B000096819 F512 M rims
96820	512	TR Red/Black LHD EU ZFFLA40B000096820
96821	512	TR IAA Show car Red/Tan LHD EU ZFFLA40B000096821
96823	348	ts Red/Tan LHD
96824	348	GTS Red/Black LHD EU ZFFUA36B000096824 ass. # 13951
96825	348	ts Black/Red LHD ZFFKA36B000096825 ass. # 13956 96825EYU
96826	348	GTS Red/Black LHD EU ass. # 13958
96827	348	GTS Red/Crema LHD EU ZFFUA36B0000 ass. # 13993
96829	348	ts Red/Black LHD
96830	348	Spider Yellow/black LHD EU
96836	512	TR black/black LHD EU
96837	348	ts Red/Red LHD
96838	348	Spider Silver/black
96839	348	Spider
96841	512	TR 94 Black/black LHD US ZFFLG40A8R0096841
96842	512	TR 94 Red/Crema LHD US ZFFLG40AXR0096842
96843	512	TR 94 Red/Tan LHD US ZFFLG40A1R0096843
96844	348	GTB Silver/Black LHD EU ZFFUA35B000096844 ass. # 14115
96845	348	GTB Challenge Yellow/black LHD EU
96847	512	TR 94 Rosso Corsa/Bordeaux LHD EU ZFFLA40B000096847 96847QCT JB Design modified
96850	512	TR Red/Black LHD EU
96851	512	TR Red/Black LHD
96852	348	ts Red/Tan ZFFFA36S0000 96852
96854	348	GT Competizione Stradale #1/50
96857	348	GTS Red/Black LHD
96859	348	Spider 94 Black/Light Grey LHD US ZFFRG43A8R0096859
96860	348	Spider 94 Rosso Corsa/Black LHD US ZFFRG43A4R0096860
96861	348	Spider 94 Red/Tan LHD US ZFFRG43A6R0096861
96867	348	ts Red
96869	348	tb Red/Crema LHD EU
96871	348	ts Red/Black LHD EU
96873	348	Spider 94 LHD US ZFFRG43A2R0096873
96874	348	Spider 94 LHD US ZFFRG43A4R0096874
96875	348	Spider 94 Red/Tan LHD US ZFFRG43A6R0096875
96876	512	TR Rosso Corsa/Tan LHD SWE ZFFLA40S000096876 968760CO
96877	512	TR Red/Tan LHD CH ZFFLA40S0000
96879	512	TR Rosso Corsa/black LHD CH ZFFLA40S0000 96879WMW
96882	348	ts Red/Tan
96883	348	GTS Rosso Corsa/Black & Red colour-coded roof LHD ZFFUA36B000096883 Challenge wheels colour-coded sills shields
96885	348	Spider 94 Red/Tan LHD US ZFFRG43A9R0096885
96886	348	Spider 94 Red/Crema LHD US ZFFRG43A0R0096886
96887	348	Spider 94 LHD US ZFFRG43A2R0096887
96888	348	GTB Competizione Conversion 93 Red-White-Blue (US-Flag) ZFFRG35A9P00 Bridgestone Supercar Series
96889	512	TR 94 Red/Tan LHD US ZFFLG40A3R0096889
96890	512	TR 94 Red/Tan LHD US ZFFLG40AXR0096890
96891	512	TR 94 Rosso Corsa/Tan LHD US ZFFLG40A1R0096891
96892	348	tb Dark Blue Crema LHD EU
96893	348	tb Red
96894	348	ts Rosso Corsa/Beige ZFFFA36S000096894
96895	348	GTS 94 Black/Bordeaux ZFFUA36B000096895
96896	348	GTS Red/Black
96897	348	Spider 94 Black Grey LHD US ZFFRG43A5R0096897
96898	348	Spider 94 ZFFRG43A7R0096898
96899	348	Spider 94, Red/Tan LHD US ZFFRG43A9R0096899
96900	512	TR 94 LHD US ZFFLG40A9R0096900
96901	512	TR 94 LHD US ZFFLG40A0R0096901
96902	512	TR 94 Black/Black LHD US ZFFLG40A2R0096902
96905	348	ts Rosso Corsa/black colour coded roof
96906	348	ts
96907	348	Spider 94 Red/Tan LHD US ZFFRG43A4R0096907
96908	348	Spider 94 Red/Tan LHD US ZFFRG43A6R0096908
96910	512	TR 94 Black/grey LHD US ZFFLG40A1R0096910
96911	512	TR 94 ZFFLG40A3R0096911
96912	512	TR 94 Red/Tan LHD US ZFFLG40A3R0096911
96913	512	TR Red/Tan LHD EU
96916	348	ts Red/Black ass. # 14023
96917	348	ts Red/Black Red cloth seats LHD EU
96918	348	Spider 94 Red/Tan Black top LHD US ZFFRG43A9R0096918
96919	348	Spider 94 Red/Tan LHD US ZFFRG43A0R0096919
96920	348	Spider 94 Red/Tan ZFFRG43A7R0096920 Tubi
96921	512	TR
96922	512	TR Red/Tan LHD ZFFLA40B0000
96926	348	GTS first Red/Black LHD EU
96927	348	ts Red/Tan LHD CH ZFFFA36S0000
96928	348	GTS Red/Black
96930	348	Spider 94 Red/Tan LHD US ZFFRG43AXR0096930
96931	348	Spider 94 Red/Tan LHD US ZFFRG43A1R0096931
96934	512	TR Red/Tan LHD EU ZFFLA40B000096934
96935	512	TR Black
96937	348	GTB first
96938	348	tb Dark Blue/tan LHD CH ZFFFA35S0000
96941	348	GTS Red/Black LHD col. cod. roof ZFFUA36B000096941 ass. # 14067
96942	348	Spider 94 LHD US ZFFRG43A6R0096942
96943	348	Spider 94 Red/Tan LHD US ZFFRG43A8R0096943
96945	512	TR Red/Black LHD EU ZFFLA40B000096945
96947	512	TR Red Black LHD ZFFLA40B000096947 shields
96948	348	tb Challenge Red/Black LHD ZFFKA35B000096498
96949	348	GT Competizione
96951	348	GTS
96953	348	Spider 94 Red/Tan LHD US ZFFRG43A0R0096953
96954	348	Spider 94 LHD US ZFFRG43A2R0096954
96955	348	Spider 94 Red/Tan LHD US ZFFRG43A4R0096955
96956	456	GT 4/94 Nero/Crema ZFFSD44B000096956
96957	512	TR Red/Black
96959	512	TR Red/Black-Red LHD EU ZFFLA40B000096959
96960	512	TR Red/Black LHD
96962	348	GTB Red/Black LHD
96963	348	GTS Yellow/Black LHD EU ass. # 14091
96964	348	ts last ts
96966	348	tb Red/Black LHD CH ZFFFA35S000096966 ass. # 13815
96968	512	TR Black/Tan ZFFLA40B0000
96969	512	TR Red/Black
96970	512	TR Red/Tan LHD
96972	348	GTB Challenge
96973	348	tb Red/Black

s/n	Type	Comments
96974	348	Spider 94 Red/Crema LHD US ZFFRG43A8R0096974 , 355 look
96975	348	Spider 94 Red/Tan LHD US ZFFRG43AXR0096975
96976	348	Spider 94 LHD US ZFFRG43A1R0096976
96977	348	Spider 94 Red/Tan LHD US ZFFRG43A3R0096977
96980	456	GT canna di fucile/dark Red ZFFSD44B000096980 96980NXK
96981	512	TR Red/Tan LHD
96983	512	TR Red/Tan LHD ZFFLA40JAP0096983
96984	348	GTB Yellow/Black LHD EU ZFFUA35B000096984 ass. # 14157
96985	348	ts Red/Crema ZFFFA36S000096985
96986	348	Spider 3/94 Red/Tan US ZFFRG43A4R0096986 ass. # 13886 355 Wheels
96987	348	Spider 94 Nero Fer 1240/tan LHD US ZFFRG43A6R0096987
96988	348	Spider 94 Yellow/Black LHD US ZFFRG43A8R0096988
96993	512	TR Blu Sera/dark Red ZFFLA40B000096993
96994	512	TR Red/Black LHD
96996	348	tb Red/Black LHD EU
96997	348	ts Red/Tan LHD
96998	348	Spider 94 LHD US ZFFRG43A0R0096998
96999	348	Spider 94 Red/Tan LHD US ZFFRG43A2R0096999
97000	348	Spider 94 Red/Tan LHD US ZFFRG43A3R0097000
97002	512	TR 94 Red/Tan LHD US ZFFLG40A4R0097002
97003	512	TR 94 Red/Beige LHD ZFFLG40A6R0097003
97004	512	TR 94 Red/Tan LHD US ZFFLG40A8R0097004
97005	512	TR 94 LHD US ZFFLG40AXR0097005
97007	348	GTB Red/Black LHD EU ZFFUA35B000097007 ass. # 14174
97008	348	ts Red/Tan LHD CH ZFFFA36S0000
97009	348	Spider 94 Red/Beige ZFFRG43AXR0097009
97010	348	Spider 94 Red/Tan LHD US ZFFRG43A6R0097010
97011	348	Spider 94 ZFFRG43A8R0097011
97013	348	tb Red/?
97014	348	ts Red/Black
97015	512	TR Red/Black LHD EU ZFFLA40B000097015
97019	348	tb Red/Black LHD EU ZFFUA35B000097019 ass. # 14195
97020	348	GTS Red/Crema LHD CH ZFFFA36S000097020
97021	348	Spider 94 Red/Tan LHD US ZFFRG43A0R0097021
97022	348	Spider 4/93 Giallo Modena/Black yellow inserts yellow stitching LHD US ZFFRG43A2R0097022 ass.# 13918 yellow center console Black & Yellow aftermarket steering wheel Tubi
97023	348	Spider 94 Black/grey LHD US ZFFRG43A4R0097023
97025	348	ts Rosso Corsa/beige LHD CH ZFFFA36S000097025
97026	512	TR 94 Yellow/black LHD US ZFFLG40A7R0097026
97027	512	TR 94 Red/Tan LHD US ZFFLG40A9R0097027
97028	512	TR 94 Red/Tan LHD US ZFFLG40A0R0097028
97029	512	TR 94 Red/Black LHD US ZFFLG40A2R0097029
97030	512	TR 94 Red/Black LHD ZFFLG40A9R0097030
97033	348	Spider 4/93 Red/Tan black top ZFFRG43A7R0097033
97034	348	Spider 94 Red/Tan ZFFRG43A9R0097034
97035	348	Spider 4/93 Red/Beige ZFFRG43A0R0097035
97036	348	GTS Red/Tan LHD CH ZFFFA36S0000
97037	348	ts Red/Tan
97038	512	TR 94 Red/Black LHD ZFFLG40A3R00
97039	348	GTS Red/Tan LHD
97041	512	TR Red/Black LHD ZFFLA17B000097041 97041GTL
97042	512	TR Red/Black
97043	348	Spider 94 Red/Tan Black Top Black Calipers US ZFFRG43AXR0097043
97044	348	Spider 94 LHD US ZFFRG43A1R0097044
97045	348	Spider 94 Red/Beige LHD US ZFFRG43A3R0097045
97046	348	Spider 94 Red/Tan LHD US ZFFRG43A5R0097046
97047	348	GTB Red/Black LHD EU
97052	512	TR Black/Black LHD EU 97052RWO
97053	348	Spider 94 Red/Tan LHD US ZFFRG43A2R0097053
97054	512	TR Yellow/black LHD EU ass. # 14087
97055	512	TR 93 giallo Modena/nero LHD EU ZFFLA40B000097055 97055XKL
97057	512	TR 93 Black/Black LHD
97058	456	GT Le Mans Blue metallic/Crema
97062	Mondial	t Cabriolet Valeo 95 Bianco Avus/Magnolia ZFFKC33B000097062
97069	348	ts 95 Red RHD ZFFRA36D000097069
97070	Mondial	t Cabriolet Dark metallic green/all tan LHD EU ZFFKC33B000097070
97072	512	TR Red/Tan
97077	512	TR Spider Nero FER 1240 then black metallic ZFFLA4 C000097077, one digit missing in VIN, probably a prototype
97079	512	TR black/black
97082	Mondial	t Cabriolet Black Crema LHD EU
97083	348	Spider 94 Red/Tan LHD US ZFFRG43A0R0097083 Red/Tan leather
97084	348	Spider 94 ZFFRG43A2R0097084
97085	348	Spider 94 Red/Tan LHD US ZFFRG43A4R0097085
97086	348	Spider 94 Red/Tan black soft top tan boot LHD US ZFFRG43A6R00
97087	348	Spider 94 Red/Tan LHD US ZFFRG43A8R0097087
97088	348	Spider 94 White/Tan LHD US ZFFRG43AXR0097088
97089	348	Spider 94 Black/Tan LHD US ZFFRG43A1R0097089
97090	348	Spider 94 Black/tan ZFFRG43A8R0097090
97091	512	TR Red/Black
97092	512	TR Red/Black LHD
97096	Mondial	t Cabriolet Red/Tan LHD EU
97097	456	GT Blue/Tan ZFFSD44B000097097
97098	348	Spider 94 ZFFRG43A2R0097098
97099	348	Spider 94 Red/Crema LHD US ZFFRG43A4R0097099
97100	348	Spider 94 Giallo Modena/Black LHD US ZFFRG43A7R0097100
97102	348	GTS Yellow/Black LHD EU
97103	348	GTS 93 Nero Carbone Metallizzato/Nero LHD EU ZFFKA36B0000
97104	348	GTS Red/Black LHD EU ZFFUA36B000097104
97108	512	TR Red/Tan LHD CH ZFFLA40S000097108
97109	512	TR Red/Black ZFFLA40S0000
97110	348	Spider 94 Yellow/Black ZFFRG43AXR0097110
97111	348	Spider 94 Red/Tan LHD US ZFFRG43A1R0097111
97112	348	Spider 94 Red/Tan LHD US ZFFRG43A3R0097112
97113	348	GTS Red/Tan LHD EU ZFFUA36B000097113 ass. # 14141
97116	348	ts Rosso/nero LHD EU ZFFUA36B000097116 97116KAX
97117	512	TR Red/Black LHD EU
97120	512	TR black met. LHD EU
97123	348	Spider 94 Red/Tan LHD US ZFFRG43A8R0097123
97124	348	Spider 4/93 Red/Tan ZFFRG43AXR0097124

s/n	Type	Comments
97130	512	TR 9/93 Rosso Corsa/Beige LHD CH ZFFLA40S000097130
97131	512	TR Red/Black LHD EU ZFFLA40B0000 97131VFZ
97132	512	TR Red/Black LHD EU ZFFLA40B000097132 ass. # 14138
97133	348	Spider 94 Red/Tan LHD US ZFFRG43A0R0097133
97134	348	Spider 4/93 Red/Tan LHD US ZFFRG43A2R0097134 ass. # 14027
97135	348	Spider 94 LHD US ZFFRG43A4R0097135
97136	348	Spider 4/93 Red/Tan LHD US ZFFRG43A6R0097136
97137	348	GTS Challenge Red
97142	Mondial	t 3.4 Red/Crema LHD CH ZFFFD32S000097142 97142NAF
97143	512	TR Red/Black LHD EU
97145	512	TR Red/Black LHD EU
97146	512	TR Silver/black
97147	456	GT Red/Black
97148	348	Spider 94 LHD US ZFFRG43A2R0097148
97149	348	Spider 94 Black/Black LHD US ZFFRG43A4R0097149
97150	348	Spider 94 LHD US ZFFRG43A0R0097150
97155	Mondial	t Cabriolet Red/Black LHD EU
97156	512	TR 4/94 Red/Black LHD ZFFLA40B000097156 ass. #14190
97158	512	TR Red/Black LHD EU ZFFLA40B000097158
97159	348	Spider 5/93 Red/Tan LHD US ZFFRG43A7R0097159
97160	348	Spider 94 Red/Tan LHD US ZFFRG43A3R0097160
97161	348	Spider 94 LHD US ZFFRG43A5R0097161
97162	348	GTS Red/Black LHD EU
97163	348	GTS
97165	348	GTS Red/Black
97166	Mondial	t Black/Black LHD CH ZFFFD32S000097166
97167	Mondial	t Cabriolet Red/Black LHD EU ZFFKC33B000097167
97168	512	TR metallic Red/dark brown LHD EU ZFFLA40B000097168
97172	456	GT Argento Nürburgring/Blue LHD EU
97173	348	Spider 94 Red/Tan LHD US ZFFRG43A1R0097173
97174	348	Spider 94 LHD US ZFFRG43A3R0097174
97175	348	Spider 94 Red/Tan LHD US ZFFRG43A5R0097175
97176	348	GTS Rosso Corsa/Black Red cloth driver's racing seat LHD EU ZFFUA36B000097176 ass. #14598 97176YIP
97177	348	GTS
97178	348	GTS Red/Black
97181	512	TR Red/Black LHD EU
97182	512	TR LM Blue met./black was Red/Black LHD EU ZFFLA40B000097182
97183	512	TR Red/Black ZFFLA40B000097183
97184	348	Spider 94 Yellow/Black Black top LHD US ZFFRG43A6R0097184
97185	348	Spider 94 Black/black LHD US ZFFRG43A8R0097185
97186	348	Spider 94 LHD US ZFFRG43AXR0097186
97187	348	Spider 94 LHD US ZFFRG43A1R0097187
97191	348	GTS Red/Black LHD EU ZFFUA36B000097191
97194	512	TR Red/Black LHD EU
97195	512	TR 93 Red/Black hide
97196	348	Challenge LHD
97199	348	ts Red/Black LHD
97200	348	Spider 94 Red/Tan ZFFRG43A0R0097200
97201	348	Spider 94 Red/Tan US ZFFRG43A2R0097201
97202	348	Spider 94 LHD US ZFFRG43A4R0097202
97203	456	GT Grigio Titanio grey/tan LHD EU
97204	456	GT Daytona black/black LHD EU ZFFSD44B000097204 ass. # 14581
97205	512	TR black/black LHD EU ZFFLA40B000097205
97206	512	TR Red/Black LHD EU
97212	348	Spider 94 Red/Tan LHD US ZFFRG43A7R0097212
97213	348	ts 94 Red/Tan, black top LHD US ZFFRG43A9R0097213
97214	348	Spider 94 Red/Tan LHD US ZFFRG43A0R0097214
97215	456	GT Dark Blue/Tan LHD EU ZFFST44B000097215
97217	512	TR Rosso Corsa/Black LHD EU ZFFLA40B000097217 97217KMA
97224	348	Spider 94 Red/TanLHD US ZFFRG43A3R0097224
97225	348	Spider 5/93 Yellow/Black ZFFRG43A5R0097225
97226	348	Spider 94 Yellow/Black LHD US ZFFRG43A7R0097226
97228	456	GT Metallic Blue/Tan LHD
97230	512	TR Red/Tan LHD CH ass. #14215
97232	348	GTS 93 Blu Pozzi/Beige ZFFUA36B000097232
97233	348	GTS Red/Black LHD
97234	512	TR 89 Black/Black LHD
97235	456	GT Black/tan
97236	348	Spider 5/93 Sera Blue/Grey Black Soft Top US ZFFRG43AXR0097236
97237	348	Spider 94 Red/Tan Manual US ZFFRG43A1R0097237
97238	348	Spider 94 Red/Beige LHD US ZFFRG43A3R0097238
97239	456	GT Dark Blue/Crema LHD EU
97240	348	Spider 94 LHD US ZFFRA43AXR0097240
97241	Mondial	t Cabriolet Red/Black LHD ZFFKC33B000097241
97242	348	GTB Challenge Rosso Corsa/Black & Red LHD ZFFUA35B000097242 97242KKW
97243	348	tb Red/Black ZFFUA35B0000
97245	512	TR 94 Red/Tan LHD US ZFFLG40A8R0097245
97246	512	TR 94 LHD US ZFFLG40AXR0097246
97247	512	TR 94 Red/Tan LHD US ZFFLG40A1R0097247
97248	512	TR 94 Black/tan LHD US ZFFLG40A3R00
97250	348	Spider 94 Red/beige LHD US ZFFRG43A4R0097250
97251	348	Spider 94 Red/Tan LHD US ZFFRG43A6R0097251
97252	348	Spider 94 LHD US ZFFRG43A8R0097252
97253	348	GTB 94 Rosso/Black
97254	456	GT Red/Black LHD EU
97258	512	TR Red/Tan
97259	512	TR 94 Yellow/black LHD US ZFFLG40A8R0097259
97260	512	TR 94 ZFFLG40A4R0097260
97261	512	TR 94 Black/black LHD US ZFFLG40A6R0097261
97262	348	Spider ZFFUA43C000097262
97263	348	Spider 94 Red/Tan LHD US ZFFRA43A0R0097263
97264	348	Spider 94 Red/Crema LHD US ZFFRG43A4R0097264
97265	348	Spider 94 Red/Tan LHD US ZFFRG43A6R0097265
97268	348	GTB 94 Rosso Corsa/Black ZFFUA35B000097268 ass. # 14243
97271	512	TR 94 Rosso Corsa/Black
97272	512	TR 94 ZFFLG40A0R0097272
97273	512	TR 94 LHD US ZFFLG40A2R0097273
97274	512	TR 94 LHD US ZFFLG40A4R0097274
97275	348	Spider Red/Black
97276	348	Spider 94 Black/tan LHD US ZFFRG43A0R0097276
97277	348	Spider 94 LHD US ZFFRG43A2R0097277
97278	348	Spider 94 LHD US ZFFRG43A4R0097278

s/n	Type	Comments
97279	456	GT Verde Silverstone/Tan LHD EU ZFFSD44B000097279
97280	456	GT British Racing green/tan LHD EU ZFFSD44B000097280
97281	Mondial	t Cabriolet Red/Black LHD EU
97282	348	GT Competizione Stradale #4/50 Rosso Corsa/Red cloth & black LHD EU ZFFUA35B000097282 ass. # 14247 97282SWA
97283	348	GTB Challenge Red/Black
97284	512	TR Red/Black
97285	512	TR Red/Tan LHD ZFFLA40S000097285
97288	348	Spider Red/Crema
97289	348	Spider Red/Black
97290	348	Spider 94 Yellow/Black ZFFRG43A5R00972
97291	348	Spider 94 Red/Tan LHD US ZFFRG43A7R0097291
97293	Mondial	t Cabriolet Red/Tan LHD EU
97294	348	tb Red/Black ZFFUA35B000097294
97296	348	GT Competizione Corsa ˆFactoryˆ # 05/11 LHD
97297	512	TR Red/Tan LHD CH ZFFLA40S000097297
97298	512	TR Red/Black LHD CH ZFFLA40S0000
97299	512	TR Red/Black LHD
97302	348	Spider 94 Red/Tan LHD US ZFFRG43A8R0097302
97303	348	Spider 94 Rosso Corsa/Tan US ZFFRG43AXR0097303 ass. # 14204
97304	456	GT Blue Swaters/Tan ZFFSD44B000097304 ass.# 14726 97304NCJ
97305	456	GT Silver/Black LHD EU
97306	Mondial	t Cabriolet 93 Red/Black RHD UK ZFFRL33D000097306 eng. # F119G04034720
97307	348	GTB Challenge
97308	348	GTB Red/Black LHD
97310	512	TR Spider Pininfarina Sera Blue metallic/black RHD UK, one of three Factory Spiders
97313	512	TR 94 Yellow/Black LHD ZFFLA40B000097313
97315	348	Spider 94 Red/Tan LHD US ZFFRG43A6R0097315
97316	348	Spider 94 LHD US ZFFRG43A8R0097316
97317	348	Spider 94 LHD US ZFFRG43AXR0097317
97318	456	GT Red/Tan LHD EU
97321	348	GTB Challenge Red
97323	512	TR Rosso Corsa/Crema Rosso Carpets 10.01.94
97325	512	TR Red/Black-Red
97326	348	Spider 93 Rosso Corsa (300/12)/Nero Rosso carpets ZFFUA43C000097326 eng. # 34818 ass. # 14505
97327	348	ts
97328	348	Spider 94 LHD US ZFFRA43A2R0097328
97329	348	Spider 94 Red/Tan LHD US ZFFRG43AXR00
97330	348	Spider 94 Blu Sera/crema black top US ZFFRG43A2R0097330
97331	456	GT 94 Red/Black LHD EU ZFFSD44B000097331
97332	456	GT Anthracite Red LHD EU
97333	348	GTB Red/Tan LHD
97334	348	GTB 94 Red;tan ZFFUA35B000097334
97336	512	TR Red/Black LHD EU ZFFLA40B000097336
97337	512	TR Red/Black
97338	512	TR Red/Black
97339	512	TR Red/Black
97341	348	Spider 94 Silver/black LHD US ZFFRG43A7R0097341
97342	348	Spider 94 Red/Tan LHD US ZFFRG43A9R00
97343	348	Spider 94 Red/Tan LHD US ZFFRG43A0R0097343
97344	456	GT Yellow/Black LHD EU
97352	348	Spider Red/Black LHD
97353	348	Spider Red/Black LHD EU
97354	348	Spider 94 Red/Tan LHD US ZFFRG43A5R0097354
97355	348	Spider 94 LHD US ZFFRG43A7R0097355
97356	456	GT swaters Blue/beige ZFFSD44B000097356
97357	348	GTB Red LHD EU ZFFUA35B000097357
97358	348	Spider 94 LHD US ZFFRA43A0R0097358
97360	Mondial	t Cabriolet 93 Red/Tan RHD ZFFKC33C000097360
97361	512	TR Yellow/Black
97363	512	TR Red
97364	512	TR Rosso Corsa/Tan LHD EU ZFFLA40B000097364 97364IIP
97367	348	Spider 94 Red & Tan/Black & Tan, ZFFRG43A3R0097367
97368	348	Spider 94 Red/Crema LHD US ZFFRG43A5R0097368
97369	348	Spider 94 Red/Tan LHD US ZFFRG43A7R0097369
97371	348	Spider Red/Black
97372	348	Spider Red/Crema LHD EU
97374	512	TR Red/Black LHD EU ZFFLA40B000097374
97375	512	TR Red/Tan
97377	348	Spider Red/Black LHD
97378	348	Spider Red/Black ZFFUA43S0000
97379	348	Spider Red/Black LHD EU ZFFUA43B000097379 ass. # 14250
97380	348	Spider 94 Red/Tan LHD US ZFFRG43A6R0097380
97381	348	Spider 94 Sera Blue/light grey LHD US ZFFRG43A8R0097381
97382	348	Spider 94 Red/Black LHD US ZFFRA43A8R0097382
97384	456	GT Swaters Blue Blue LHD EU
97385	Mondial	t Cabriolet Red/crema ZFFFC33S000097385, 97385-NKX
97386	512	TR Red/Black LHD ZFFLA40B000097386 97386AWW
97388	512	TR Red/Black RHD UK ZFFLA40C000097388
97389	348	Spider Yellow/black LHD EU
97390	348	Spider 94 Black ZFFUA43B000097390
97391	348	Spider black/black
97393	348	Spider 94 Red/Tan ZFFRG43A4R0097393
97394	348	Spider Red
97397	Mondial	t Cabriolet Valeo Red/Black
97401	348	Spider Red/Black LHD EU
97402	348	Spider 93 Rosso Corsa/Nero LHD EU ZFFUA43B000097402
97403	348	Spider Red/Black LHD EU ZFFUA43B0000
97405	348	Spider 94 Red/Tan ZFFRG43A7R0097405
97406	348	Spider 94 LHD US ZFFRA43A7R0097406
97407	456	GT dark metallic Blue/tan EU
97411	512	TR Red/Black EU
97412	512	TR Red/Black LHD EU
97413	348	Spider Red/Black LHD EU ZFFUA43B000097413 97413NMJ
97416	348	Spider Red/Crema RHD ZFFUA43C000097416
97417	348	Spider 94 LHD US ZFFRG43A3R0097417
97418	348	Spider 94 LHD US ZFFRA43A3R0097418
97419	456	GT Black Grey
97420	456	GT Red/Black
97421	Mondial	t Cabriolet Red/Black LHD CH ZFFFC33S000097421
97422	512	TR Red/Black LHD EU ZFFLA40B0000
97427	512	TR 94 Red/Tan LHD
97429	348	Spider Yellow/Black RHD UK ass. # 14605
97430	348	ts
97436	512	TR Red/Black ZFFLA40B000097436
97438	348	Spider Red/Black ass. # 14312
97443	348	GTB Challenge Yellow/Red cloth seat LHD EU
97445	Mondial	t Cabriolet Red/Black
97447	512	TR 93 Red/Black LHD ZFFLA40B000097447 converted to RHD
97449	512	TR Red Black-Red LHD EU
97453	348	Spider Red/Black EU
97454	348	Spider 94 LHD US ZFFRA43A7R0097454

s/n	Type	Comments
97456	348	GTB Competizione Stradale 94 Red/Black ZFFUA35B000097456 ass. # 14403 97456KHW
97457	512	TR black/black LHD EU
97460	456	GT Silver/Blue LHD EU ZFFSD44B000097460
97463	512	TR Red/Black LHD
97465	512	TR Red/Black LHD EU
97466	348	Spider Red/Black LHD ZFFUA43B000097466
97467	348	Spider Red/Black LHD EU
97468	348	Spider 95 Giallo Modena/Black LHD ZFFUA43B000097468 97468NKQ
97469	348	Spider Red Matsuda Collection
97471	348	tb Black/Black ass. # 14421
97472	512	TR 95 Red/Tan ZFFLG40A8R0097472
97476	512	TR Red/Black LHD EU
97477	512	TR Red/Black w.Red cloth seats LHD EU
97478	512	TR 93 Yellow/Black RHD ZFFLA40C000097478
97481	348	Spider Red/Black LHD EU ZFFUA43B000097481
97484	348	GTB 94 Red/Black LHD ZFFUA35B0000 ass. #14435 GTB look
97485	348	GTB Red/Black LHD ZFFUA35B000097485 ass. # 14477
97488	456	GT Dark Blue/Dark Blue LHD EU ZFFPR41B000103958
97491	512	TR Red/Black LHD CH ZFFLA40B000097491
97497	348	Spider White/black
97498	348	Spider 94 LHD US ZFFRA43A5R0097498
97500	348	GTB Yellow/Black
97501	456	GT Nero metallizzato/tan LHD EU ZFFSD44B000097501 ass. #14939
97502	456	GT Light Blue/Tan LHD
97504	512	TR Red/Crema LHD EU
97505	512	TR Red/Black LHD EU
97507	512	TR Red/Black
97509	348	Spider Red/Crema LHD EU
97511	348	Spider Red/Black LHD EU
97513	456	GT LHD
97514	456	GT Anthracite/dark Red LHD EU ZFFSD44B000097514
97518	512	TR Red/Tan LHD CH ZFFLA40S000097518
97519	512	TR Red/Tan LHD
97522	348	Spider
97524	348	Spider 6/93 Red/Tan ZFFRG43A4R0097524
97526	348	GT Competizione Stradale Red/Red cloth ass. LHD EU # 14501
97528	512	TR Red/Tan
97529	456	GT Dark Blue LHD
97532	512	TR Black/Crema LHD CH ZFFLA40S000097532
97535	348	Spider Grey or Silver
97536	348	Spider Red/Black
97537	348	Spider Red
97538	348	Spider 94 LHD US ZFFRA43A2R0097538
97540	348	GT Competizione # 14/50 Red/Black w Red cloth seats LHD EU
97541	348	Spider Red/Black LHD CH ZFFUA43S000097541 ass. # 14659
97544	456	GT Dark Blue/grey
97547	348	GT Competizione Corsa (GTC)
97548	512	TR Blue Crema LHD
97549	348	Spider Black/Black LHD EU
97551	348	Spider Red/Tan LHD EU
97553	348	GT Competizione-LM ˆFactoryˆ Repsol livery LHD EU
97555	348	Spider Red/Tan LHD EU
97558	456	GT dark grey/Red, black front seats ZFFSD44B000097558
97559	512	TR Red/Black LHD EU ZFFLA40B000097559
97561	512	TR Red/Black LHD EU
97563	348	Spider 95 Rosso Corsa/Crema White top LHD EU ZFFUA43B000097563 97563NXM
97564	348	Spider Yellow/Black LHD EU
97565	348	Spider Red/Tan LHD US
97566	348	Spider 94 Red/Tan LHD US ZFFRA43A7R0097566
97568	348	GTB Red/Black LHD
97569	348	Spider Red/Black LHD CH ZFFUA43S0000
97571	456	GT Black/black LHD EU 97571NKR
97572	512	TR Red/Black LHD EU
97573	512	TR Red/Black
97574	512	TR Red/Black LHD CH ZFFLA40S0000
97575	512	TR Red/Black LHD EU ZFFLA40B000097575
97577	348	GTS Red/Black LHD ZFFUA43B000097577
97580	348	Spider 2/94 Rosso Corsa/Nero ZFFUA43B000097580
97582	348	GTB Challenge Red/Black LHD EU ZFFUA35B0000
97583	348	Spider
97584	512	TR 94 Rosso Metallizzato/Tan LHD US ZFFLG40A8R0097584
97585	512	TR Red/Black LHD EU ZFFLA40B000097585 ass. #14617
97586	456	GT Le Mans Blue/Tan LHD
97587	512	TR dark metallic Blue/black LHD EU
97588	512	TR Red/Black LHD EU
97589	512	TR Red/Black LHD
97595	348	Spider Red/Black LHD EU ZFFUA43B000097595 ass. # 14688
97596	348	tb Red/Black LHD ZFFUA35B000097596 F355 nose F355 wheels shields
97597	348	GTB Red/Black LHD EU ass. # 14770
97598	512	TR 94 Red/Tan ZFFLG40A8R0097598
97599	512	TR 94 Yellow/black ZFFLG40AXR0097599 major left side collision probably parted out
97602	512	TR Red/Tan
97603	512	TR Red/Black ZFFLA40B000097603
97604	512	TR 94 Black/grey LHD US ZFFLG40AXR0097604
97606	348	Spider Black/black LHD EU ZFFUA43B000097606
97608	348	Spider 94 Black/grey LHD US ZFFRG43AXR0097608
97609	348	Spider 94 Red/Crema ZFFRA43AXR0097609
97611	348	GTB Red/Black
97612	Mondial	t
97616	512	TR Yellow/Black 97616AAW
97619	348	Spider
97621	348	Spider Red ZFFUA43B000097621
97622	348	Spider 93 Red/Black LHD EU ZFFUA43B000097622
97624	Mondial	t Cabriolet Red
97627	456	GT Black
97630	512	TR Yellow/black
97631	512	TR Red
97632	348	tb 93 Red RHD ZFFRA35D000097632
97633	348	Spider 94 dark metallic Blue then Red/Crema LHD EU ZFFUA43B000097633 97633NFA ass. # 14509
97634	348	Spider Red/Black LHD
97636	348	Spider Red/Black LHD EU ZFFUA43B000097636 ass. # 14470
97637	348	Spider 94 Black/Tan LHD US ZFFRG43A6R0097637
97638	348	Spider 94 Black/Black LHD US ZFFRG43ABR0097638
97640	456	GT Swaters Blue/Tan LHD EU
97642	512	TR Red/Beige RHD UK ZFFLA40C000097642 ass. # 14755
97643	512	TR White/Black
97645	348	Spider 94 LHD US ZFFRG43A5R0097645
97647	348	Spider Red/Black LHD ZFFUA43B000097647
97648	348	Spider Red/Black
97649	348	Spider 94 LHD US ZFFRA43A0R0097649
97651	348	Spider 94 Red/Tan LHD US ZFFRG43A0R0097651

s/n	Type	Comments
97652	348	Spider 94 Red/Tan LHD US ZFFRG43A2R0097652
97653	456	GT 94 Black/Tan or black LHD EU ZFFSD44B000097653
97656	512	TR
97657	348	Spider 94 Red/Tan LHD US ZFFRG43A1R0097657
97658	348	Spider 94 Red/Tan LHD US ZFFRG43A3R0097658
97659	348	Spider 94 Rosso Corsa/Black ZFFRA43A3R0097659
97660	348	Spider Red/Black
97661	348	Spider Red/Black LHD EU
97662	348	Spider Rosso Corsa/Black LHD ZFFUA43B000097662 97662NTR shields colour-coded rear grill
97663	348	Spider Red/Black LHD EU ZFFUA43B000097663
97665	456	GT 3/94 Canna Di Fucile Metallizzato/Nero ZFFSD44B000097665
97666	512	TR Red/Tan LHD EU
97667	512	TR Hamann Red/Red seats LHD
97668	512	TR Red/Black LHD EU
97669	348	Spider 94 Red/Tan ZFFRG43A8R0097669
97670	348	Spider 94 LHD US ZFFRA43A2R0097670
97675	348	Spider Red/Tan EU
97677	456	GT Metallic Blue/Blue
97678	512	TR Black/Black LHD EU ZFFLA40B0000
97679	512	TR Black/Black LHD EU
97680	512	TR Black/Black LHD EU ZFFLA40B0000 97680APW
97681	348	Spider 94 Yellow/Black Black top US ZFFRA43A7R0097681
97683	348	Spider Red/Black RHD ZFFUA43B000097683
97684	348	Spider Red/Black LHD EU ZFFUA43B000097684 ass. # 14507
97686	348	Spider Black/Black LHD EU
97687	348	Spider 94 Yellow/black LHD US ZFFRG43AXR0097687
97688	Mondial	t Cabriolet Yellow/black LHD EU
97692	348	Spider 94 Yellow/Black ZFFRA43A1R0097692
97693	348	Spider Red/Black LHD
97694	348	Spider
97695	348	Spider Red LHD ZFFUA43B000097695
97697	348	Spider Red/Black LHD EU ZFFUA43B000097697
97698	Mondial	t last
97702	512	TR Blue Pozzi/Sabbia ZFFLA40D000097702
97704	348	Spider Red/Black LHD EU
97705	348	Spider Red/Black LHD EU ZFFUA43B000097705
97707	348	Spider Red/Black LHD
97709	348	Spider Red/Crema RHD UK
97718	348	Spider Red
97719	348	Spider 94 Azzurro Blue Blue LHD US ZFFRG43A8R0097719
97720	348	Spider 94 Sera Blue/tan LHD US ZFFRG43A4R0097720
97723	512	TR Red/Tan LHD CH ZFFLA40S000097723
97725	512	TR Red/Tan LHD CH ZFFLA40S000097725
97726	348	Spider 94 LHD US ZFFRA43A3R0097726
97727	348	Spider 94 Giallo Modena/black LHD ZFFRG43A7R0097727,
97728	348	Spider
97729	348	Spider Red/Black LHD
97731	348	Spider 7/93 Giallo Modena/Nero ZFFUA43B000097731
97732	348	Spider Yellow/Black LHD EU
97733	Mondial	t Cabriolet last Red/Red
97737	512	TR Red/Tan LHD CH ZFFLA40S000097737
97738	348	Spider 94 LHD US ZFFRA43AXR0097738
97739	348	Spider 94 LHD US ZFFRG43A3R0097739

s/n	Type	Comments
97740	348	Spider 94 Rosso Corsa/Crema Hide/Rosso Carpets
97742	348	Spider Red/Black
97744	348	Spider 94 Red/Tan LHD EU ZFFUA43B000097744 97744UXU # ass. 14588
97745	456	GT Dark Blue/Crema
97748	512	TR Red/Black LHD EU
97749	512	TR ZFFLA40C00097749
97750	348	Spider 94 Red/Tan LHD US ZFFRA43A0R0097750
97751	348	Spider 94 Light Blue/Crema LHD US ZFFRG43A4R0097751
97752	348	Spider Red/Black LHD EU
97757	456	GT Dark Blue/White LHD
97758	512	TR Yellow/Black LHD CH ZFFLA40S0000
97760	512	TR Red/Crema
97761	348	Spider 94 LHD US ZFFRA43A5R0097761
97762	348	Spider 94 Chiaro Blue/black LHD US ZFFRG43A9R0097762
97764	348	Spider 93 Giallo Modena/Nero LHD EU ZFFUA43B000097764
97766	348	Spider Yellow/black LHD EU ZFFUA43B00097766 ass. # 14600
97770	512	TR 5/94 Red/Black
97771	512	TR 95 Rosso Corsa/Beige LHD CH ZFFLA40S000097771
97772	348	Spider 94 Silver/Black & dark navy Blue LHD US ZFFRG43A1R0097772
97775	348	Spider Red/Black LHD EU ZFFUA43B0000
97776	348	Spider 8/93 Rosso Corsa/Nero LHD EU ZFFUA43B000097776 ass. # 14604
97777	348	Spider Red/Black LHD EU ZFFUA43B0000
97778	348	Spider Red/Black LHD EU ZFFUA43B0000
97783	348	Spider 94 Pearl Silver/Black, Black Soft Top ZFFRG43A6R0097783
97784	348	Spider ZFFUA43C000097784
97785	348	Spider Red/Black LHD ZFFUA43B000097785
97786	348	Spider Red/Black ZFFUA43B000097786 ass. # 14638
97789	348	Spider Red/Black LHD EU ZFFUA43B0000
97791	456	GT Argento Nürburgring/Black LHD EU
97792	512	TR Speciale #1/15 Rosso monza (dark Red)/tan JP LHDZFFLA40JPN0097792
97794	348	Spider 94 Charcoal/dark Blue LHD US ZFFRG43A0R0097794
97795	348	Spider Red/Black LHD
97796	348	Spider
97798	348	Spider Bianco 100/Red LHD ZFFUA43B000097798 shields
97799	348	Spider Silver/Black LHD EU ZFFUA43B000097799
97802	512	TR red/tan ZFFLA40S000097802
97803	512	TR Yellow/black
97805	348	Spider 94 LHD US ZFFRG43A1R0097805
97807	348	Spider Red/Black LHD EU ZFFUA43B0000 ass. #14660
97808	348	Spider Giallo Modena/Nero LHD EU ZFFUA43B000097808 ass. # 14684
97815	348	Spider Red/Black LHD EU ZFFUA43B0000
97817	348	Spider Red/Black
97818	348	Spider Yellow/Black LHD
97819	348	Spider Red/Black LHD EU ZFFUA43B000097819 ass. # 14685
97821	348	Spider 94 Tour De France Blue/Beige LHD US ZFFRG43AXR0097821
97823	456	GT 93 Swaters Blue/tan LHD EU ZFFSD44B000097823 ass. # 15113 97823NYF
97824	456	GT English Green Tan LHD EU
97825	348	Spider 94 Black/Beige ZFFRG43A7R0097825
97827	348	Spider
97829	348	Spider
97830	348	Spider Sera Blue/Crema LHD EU

s/n	Type	Comments
97831	348	tb Challenge 94 Red/Black
97832	348	GTB Red/Crema
97835	348	GTS Red/Black RHD UK ZFFUA36C000097835 ass.# 14780
97836	348	Spider 94 Red/Tan LHD US ZFFRG43A1R0097836
97839	348	Spider Red/Black LHD EU
97841	348	Spider 94 Rosso Corsa/Beige LHD EU ZFFUA43B000097841
97843	456	GT Dark Blue/dark grey LHD EU ZFFSD44B000097843
97846	348	tb
97847	348	Spider 94 Red/Tan LHD US ZFFRG43A6R0097847
97855	456	GT 94 Dark Blue met./dark Blue LHD
97858	348	Spider 9/93 Red/Tan LHD US ZFFRG43A0R0097858
97859	348	Spider Yellow/black LHD EU
97861	348	Spider Red/black LHD EU
97863	348	Spider Red/Tan LHD EU ZFFUA43B000097863
97864	348	GTB Red/Black ZFFUA35B000097864 97864HSQ Colour-coded sills
97866	456	GT Argento Nürburgring/Black LHD EU ZFFSD44B0000 97866III
97868	512	TR Speciale Rosso Monza
97869	348	tb Challenge #21/32 94 Red/Black & tan ZFFRG35A6R0097869
97871	348	Spider Red/Tan EU
97873	348	Spider Red
97874	348	Spider Red/Tan LHD ZFFUA43B000097874
97878	456	GT Le Mans Blue/Tan LHD EU ZFFSD44B000097878
97879	512	TR Yellow/Black LHD EU
97880	348	Spider Metallic Blue Crema
97881	F40	LM #16/20 93 Rosso Corsa/black w.Red cloth LHD US ZFFGX34A3N0097881 eng. # 016 Gearbox # 18
97884	348	Spider Rosso/tan LHD EU ZFFUA43B000097884
97885	348	Spider Red/Tan ZFFUA43B000097885
97888	456	GT Dark Blue/Tan LHD EU
97890	348	GTB Red/Black LHD EU
97891	512	TR Red/Tan
97892	348	GTS Black/tan
97893	F40	LM #18/20 Red/Black w.Red cloth LHD
97895	348	Spider Red/Tan ZFFUA43B000097895
97896	348	Spider Silver/Red LHD EU
97897	348	Spider Red/Crema LHD EU ZFFUA43B000097897 ass. # 14797
97899	348	GTB 11/93 Rosso Corsa/Beige ZFFUA35B000097899
97901	456	GT Red/Black LHD
97902	512	TR Red/Tan LHD CH ZFFLA40S000097902
97904	F40	LM #19/20 93 Red/Red cloth LHD US ZFFGX34AXN0097904
97905	348	GTB Serie Speciale Series II Challenge 94 Red/Tan LHD US ZFFRG35A6R0097905 Converted to street trim
97911	348	GTB Red/Tan LHD
97912	456	GT 94 Verde Ingelse FER 606/Beige LHD EU ZFFSD44B000097912 ass. # 15230
97913	456	GT Red/Crema LHD EU ZFFSO44B0000 97913FIF
97917	348	Spider Red/Crema
97918	348	Spider Red/Black LHD EU
97919	348	Spider Red/Black LHD EU ZFFUA43B000097919 ass.# 14839
97920	348	Spider 4/94 Rosso Corsa/Nero ZFFUA43B000097920
97921	348	Spider Yellow/Black LHD ZFFUA43B000097921
97923	348	GT Competizione Stradale Red Red LHD EU ass. # 14911
97924	456	GT black metallic/black
97925	456	GT Silvergrey Black LHD EU
97926	512	TR Red/Black LHD
97927	512	TR Red/Black
97928	348	Spider Black/Black LHD EU
97929	348	Spider Red/Black LHD EU
97930	456	GT Le Mans Blue/White
97931	456	GT Rosso Monza
97933	348	GT Competizione Corsa "Factory" #6/11 LHD
97934	456	GT Grey/black
97935	456	GT black/tan LHD ZFFSD44B000097935
97936	348	GTB Red/Black LHD EU
97937	348	GTS Challenge Red
97938	348	GTB Challenge #193/222 9/93 Black/Black LHD US ZFFRG35AXR0097938
97939	348	Spider 94 Red/Tan LHD US ZFFRA43A9R0097939
97940	348	Spider Red/Tan LHD EU
97941	512	TR Red/Tan LHD CH ZFFLA40S000097941
97942	456	GT Swaters Blue/Crema
97947	348	Spider Red/Black & Red LHD EU
97950	456	GT Black/Black LHD EU ZFFSD44B000097950
97951	456	GT Black/Black
97952	348	ts
97953	348	Spider 93 Yellow/Black RHD ZFFUA43C000097953 shields
97954	348	GTB Red/beige LHD CH ZFFUA35S000097954
97955	348	GTB Yellow/Black & Red LHD ZFFUA35B000097955 97955DWS
97958	512	TR Rosso Corsa/Nero LHD EU ZFFLA40B000097958 97958IKR
97959	512	TR Red/Tan LHD CH ZFFLA40S0000
97961	456	GT Black/Crema
97963	348	Spider Red/Black LHD
97964	348	Spider 94 LHD US ZFFRA43A8R0097964
97965	348	tb Serie SpecialeSeries II Challenge Stradale #9/32 94 Rosso Corsa FER300/Tan LHD US ZFFRG35A2R0097965 ass. # 15031 eng. # F119G040-35437
97966	348	GTB Red
97967	348	Spider 94 Red/Tan LHD US ZFFRG43A5R0097967
97968	512	TR Red/lack LHD EU
97969	512	TR Red/Tan LHD CH ZFFLA40S000097969
97971	456	GT 94 Rosso Monza/black LHD EU
97975	348	GTB Red/Crema ass. # 14890
97976	348	GTB Red/Black LHD EU
97977	348	GTB Rosso Corsa/black LHD EU ZFFUA35B000097977
97978	348	Spider 94 LHD US ZFFRG43AXR0097978
97981	456	GT Le Mans Blue/Crema LHD EU
97982	348	Spider Yellow/black
97983	348	Spider Red/Black ass.# 14943
97985	348	tb Challenge Stradale #24/32 94 Rosso Corsa/Tan LHD US ZFFRG35A8R0097985
97987	348	Spider Red/Black
97988	348	tb
97991	456	GT Swaters Blue/light grey LHD EU
97994	348	Spider 94 Yellow/Black LHD EU ZFFUA43B000097994
97996	348	Spider 94 Rosso Corsa/Black LHD CDN ZFFRA43AXR0097996
97997	348	GTS 95 Red/Tan LHD EU
97998	348	Spider Silver
97999	348	tb Challenge Red
98001	456	GT TDF Blue/Crema LHD EU ZFFSD44B000098001
98002	512	TR Red/Black LHD EU
98003	512	TR Red/Tan ZFFLA40S0000
98004	348	Spider Red ZFFUA43B000098004
98005	348	Spider 95 Red/Black LHD ZFFUA43B000098005
98006	348	Spider Red/Black LHD EU
98007	348	Spider 94 LHD US ZFFRG43A0R0098007

s/n	Type	Comments
98008	348	Spider 94 rossa Corsa/palomino black top LHD US ZFFRG43A2R00
98013	348	Spider Red/Black LHD EU ZFFUA43B000098013
98015	348	Spider 94 LHD US
98016	348	Spider 94 Red/Tan ZFFRG43A1R0098016
98017	348	Spider Red/Tan LHD EU
98018	348	Spider 94 Red/Black LHD US ZFFRA43A3R0098018
98019	348	GTS Yellow/black LHD CH ZFFUA36S0000
98021	456	GT Dark Blue/Tan LHD EU
98022	456	GT 94 Silver/Bordeaux LHD EU ZFFSD44B000098022
98024	348	Spider Red/Black LHD EU ZFFUA43B000098024
98025	348	Spider Black/black LHD US
98027	348	Spider 94 LHD US ZFFRG43A6R0098027
98028	348	GTB Red/Tan LHD EU ass. #14884
98029	348	Spider Yellow/black LHD EU
98032	512	TR Speciale Rosso Monza JP LHD ZFFLA40JPN00
98033	512	TR Speciale Rosso Monza/tan JP LHD ZFFLA40JPN0098033
98035	348	Spider Red/Black LHD
98036	348	Spider 94 Red/Tan LHD US ZFFRG43A7R0098036
98037	348	Spider 9/93 Black/Tan black top LHD US ZFFRA43A7R0098037
98038	348	GTS Red/Black
98039	348	Spider
98040	348	GT Anthracite Cuir Bordeaux 98040IHI
98041	456	GT Dark Blue/Tan LHD EU
98044	348	Spider White Black LHD EU
98046	348	Spider 94 Red/Tan LHD US ZFFRG43AXR0098046
98047	348	Spider 94 Rosso Corsa/Tan LHD US ZFFRG43A1R0098047 ass. #14887
98048	348	Spider 93 Yellow/Black RHD ZFFUA43D000098048
98050	456	GT British Racing Green Black LHD EU ZFFSD44B000098050
98051	456	GT anthracite metallic/black
98052	512	TR Speciale dark Red JP ZFFLA40JPN0098052
98053	512	TR
98054	456	GT Blue ZFFSD44C000098054
98055	348	tb
98056	348	GTS Red/Black
98057	348	Spider Red/Tan
98058	348	Spider 94 Red/Black LHD US ZFFRG43A6R0098058
98060	456	GT Blue/Creme ZFFSD44B000098060
98061	456	GT dark Blue/tan ZFFSD44B000098061 98061HKH
98063	512	TR Black LHD EU
98064	348	GTB Blue
98065	348	tb Challenge Red/Tan LHD US ZFFRG35A4R0098065
98066	348	Spider 94 LHD US ZFFRG43A5R0098066
98067	348	Spider 94 LHD US ZFFRG43A7R0098067
98070	456	GT Dark Blue Black
98072	512	TR Red/Black 98072SFP
98075	348	GT Competizione Corsa (GTC) #18/50 Red/Black & Red cloth LHD EU
98076	348	ts Challenge Stradale 94 Rosso Corsa/Nero LHD US ZFFRG36A0R0098076
98077	348	Spider 94 Black/tan LHD US ZFFRG43AXR0098077
98082	348	Spider Red/Black RHD
98083	348	Spider 94 Yellow/Crema LHD US ZFFRG43A5R0098083
98084	348	Spider 94 Red/Tan LHD US ZFFRG43A7R0098084 98087YYO
98086	348	GTB 94 Red/Black RHD UK ZFFUA35D000098086
98087	348	GTS Red/Black LHD EU ZFFUA36B000098087
98088	512	TR Red/Black EU
98089	512	TR Red/Black LHD EU
98090	348	Spider 94 Rosso Corsa/tan LHD US ZFFRG43A2R0098090
98091	348	GTS Red/Black
98095	348	GTB Black/grey RHD UK ZFFUA35C000098095
98096	348	tb Challenge Rosso Corsa/Tan & Red Cloth LHD ZFFRG35A4R0098096 ass. #15070
98097	456	GT dark Blue/Crema LHD CH ZFFSD44S000098097
98098	456	GT Swaters Blue/Crema LHD EU
98100	512	TR Rosso Corsa/Black LHD EU
98101	348	Spider 94 Red/Tan LHD US ZFFRG43A3R0098101
98103	348	GTB Red/Black LHD CH ZFFUA35S000098103
98105	348	GT Competizione Red/Black w.Red cloth seats LHD EU ass. #15095
98106	348	ts Challenge 94 Rosso Corsa/Nero LHD US ZFFRG36A5R0098106
98107	348	GTS Rosso/Rosso
98111	348	Spider 94 Yellow/Black black top LHD US ZFFRG43A6R0098111
98112	348	Spider Red/Crema RHD UK
98113	348	Spider 94 Black/tanLHD US ZFFRA43A8R0098113
98114	348	GTB Red/Tan LHD EU
98115	348	GTB Red/Black
98116	456	GT Dark metallic Blue Crema LHD EU
98120	348	Spider 94 Black/black LHD US ZFFRG43A7R0098120
98123	348	Spider 94 LHD US ZFFRG43A2R0098123
98124	348	Spider 94 LHD US ZFFRG43A4R0098124
98125	348	Spider 94 Red/Black LHD US ZFFRG43A6R0098125
98126	348	tb Challenge #25/32 94 Silver/Nero then Red/Tan LHD US
98129	512	TR Red/Black
98131	348	Spider 94 Yellow/black LHD US ZFFRG43A1R0098131
98132	348	Spider 94 Yellow/black LHD US ZFFRG43A3R0098132
98133	348	Spider 94 Red/Tan LHD US ZFFRG43A5R0098133
98134	348	Spider 94 Red LHD SWE ZFFUA43S000098134
98135	348	Spider 94 Black RHD ZFFXA43C000098135 eng. #F119H35386
98137	348	GTB JP LHD ZFFUA35JPN0098137
98141	348	GTS 94 Red/Crema LHD CH ZFFUA36S000098141
98142	348	Spider 94 Red/Tan LHD US ZFFRG43A6R0098142
98143	348	Spider 94 Red/Tan ZFFRG43A8R0098143
98144	348	Spider 94 LHD US ZFFRA43A8R0098144
98147	348	ts Challenge 94 Black/Tan LHD US ZFFRG36A8R0098147
98148	456	GT darkmetallic Blue/Red LHD EU ZFFSD44B000098148
98149	456	GT Swaters Blue Blue LHD EU
98153	348	Spider 94 Red/Tan black top LHD US ZFFRG43A0R0098153
98154	348	Spider 94 LHD US ZFFRG43A2R0098154
98155	348	Spider Yellow
98157	348	GTS Red/Tan LHD EU ZFFUA36S0000 ass. #14985 98157AXS
98158	348	GTS Red/Black ZFFRG36S000098158
98159	348	ts Challenge Stradale 94 Rosso Corsa/Nero ZFFRG36A4R0098159
98161	456	GT Dark Blue m./black LHD EU ZFFSD44B000098161
98162	348	Spider 94 LHD US ZFFRG43A1R0098162

s/n	Type	Comments	s/n	Type	Comments
98163	348	Spider 94 Red/Tan ZFFRG43A3R0098163	98233	348	Spider 94 Red/Tan LHD US ZFFRG43A9R0098233
98164	348	Spider 94 Red/Tan LHD US ZFFRG43A5R0098164	98234	348	Spider 94 LHD US ZFFRA43A9R0098234
98167	348	GTS Yellow/Black LHD CH ZFFUA36S000098167	98235	348	Spider
98168	456	GT Gunmetal grey/dark Red LHD EU	98241	512	TR Nero/grigio LHD ZFFRG43A9R0098233 ZFFRG40B00098241
98170	F50	Prototype #2 Red/Black LHD EU ZFFTA46B000098170	98242	348	Spider 94 Red/Tan LHD US ZFFRG43AXR0098242
98171	512	TR Red/Crema	98243	348	Spider 10/93 Yellow then Red/Tan LHD US ZFFRG43A1R0098243 ass. # 15105
98172	348	Spider 94 Black/black LHD US ZFFRG43A4R0098172	98247	348	tb Challenge 94 ZFFRM35A9R0098247
98173	348	Spider 9/93 Red/Tan black top LHD US ZFFRG43A6R0098173	98248	348	tb Challenge #32/32 94 black/black later Yellow/Red ZFFRM35A0R0098248
98174	348	Spider 94 LHD US ZFFRA43A6R0098174	98249	456	GT Anthracite/black
98176	348	ts Challenge #8/13 94 Rosso Corsa & Yellow/Black & Red LHD US ZFFRG36A4R0098176	98251	512	TR Red/Beige LHD CH ZFFLA40S000098251
			98252	348	Spider 94 Red/Beige LHD US ZFFRG43A2R0098252
98178	348	GTS 94 Red/Tan LHD CH ZFFUA36S000098178	98253	348	Spider 10/93 Red/Tan LHD US ZFFRG43A4R0098253
98179	456	GT Argento Nürburgring met./black LHD EU ZFFSD44B000098179	98254	348	Spider 94 Rosso Corsa Magnolia ZFFUA43C000098254
98181	512	TR Red/Black	98256	348	Spider silver/dark Blue ZFFUA43B000098256
98182	348	Spider LHD US ZFFRG43A7R0098182	98257	348	GTS Red/Tan LHD CH ZFFUA36S000098257
98183	348	Spider 94 ZFFRG43A9R0098183	98260	512	TR Red/Black LHD CH ZFFLA40S000098260
98184	348	Spider 95 Red/Crema LHD CH ZFFUA43S000098184#.	98262	348	Spider 94 LHD US ZFFRG43A5R0098262
			98263	348	Spider 94 LHD US ZFFRG43A7R0098263
98185	348	Challenge Light Blue Red cloth seats LHD EU	98264	348	Spider 94 Black/Black LHD US ZFFRA43A7R0098264
98186	348	GTS Red/Tan LHD CH ZFFUA36S0000	98265	348	GTB Challenge Red-White LHD
98187	348	ts Black/Tan LHD US	98266	348	Spider Yellow/black LHD EU ZFFUA43B000098266
98188	348	ts Challenge Stradale #4/13 94 Rosso Corsa/Red LHD US ZFFRG36A0R0098188	98269	456	GT Black Metallic Tan LHD EU
98189	456	GT LHD EU ZFFSD44B000098189	98270	456	GT 94 Blue/Tan LHD ZFFSD44B000
98191	512	TR Red/Tan LHD CH ZFFLA40S000098191	98271	512	TR Red/Black
98192	348	Spider 94 Black/Black LHD US ZFFRG43AXR0098192	98272	348	Spider 94 Red/Tan ZFFRG43A8R0098272
98193	348	Spider 94 Black/black LHD US ZFFRG43A1R0098193	98273	348	Spider 94 Red/Tan LHD US ZFFRG43AX40098273
98194	348	Spider 94 Black/Beige LHD US ZFFRG43A3R0098194	98274	348	Spider 94 White/Black ZFFRG43A1R0098274
98195	348	Spider	98275	348	Spider Red/Crema RHD ZFFUA43C000098275
98197	348	tb Challenge Stradale #2/32 94 Silver/dark Red LHD US ZFFRG35AXR0098197	98276	348	Spider Black/black LHD US
			98277	348	Spider Titanio/bordeaux ZFFUA43B000098277 ass.# 15637 shields
98200	512	TR Red/Black LHD CH ZFFLA40S000098200	98279	456	GT 1/94 Blu Tour De France/Beige LHD EU ZFFSD44B000098279
98201	512	TR Red/Black LHD	98280	512	TR Red/Black
98202	348	Spider 94 Black/Tan LHD US ZFFRG43A9R0098202	98281	512	TR Red/Black LHD EU ZFFLA40B000098281
98203	348	Spider 94 Black/tan LHD US ZFFRG43A0R0098203	98282	348	Spider 94 Nero FER 1240/Tan LHD US ZFFRG43A0R0098282
98204	348	Spider 94 Black/Black LHD US ZFFRA43A0R0098204	98283	348	Spider 94 Black/Beige LHD US ZFFRG43A2R0098283
98207	348	ts Red/Tan LHD CH ZFFFA36S0000 ass. #15146	98284	348	Spider 94 LHD US ZFFRG43A4R0098284
			98285	348	GTB Red/Tan LHD CH ZFFUA35S0000
98208	348	ts 94 Red/Tan ZFFRG36A2R0098208	98286	348	GTS Red/Black RHD UK ass. # 15099
98209	456	GT dark Blue/black LHD EU	98287	348	Spider 94 Argento/Black LHD EU ZFFUA43B000098287
98212	348	Spider 94 Black/tan LHD US ZFFRG43A1R0098212	98288	348	Spider black/black LHD ZFFUA43B000098288
98213	348	Spider 94 Yellow/tan LHD US ZFFRG43A3R0098213	98289	456	GT Monaco Blue Black LHD
			98291	512	TR Red/Black
98215	348	GTB Red/Tan LHD CH ZFFUA35S000098215	98292	348	Spider 94 Black/tan LHD US ZFFRG43A3R0098292
98219	456	GT Rosso Monza/black LHD EU	98293	348	Spider 94 LHD US ZFFRG43A5R0098293
98220	512	TR Red/Black LHD	98294	348	Spider Yellow/tan LHD US ZFFRG43A7R0098294
98221	512	TR Red/Black LHD EU			
98222	348	Spider 94 Red/Black LHD US ZFFRG43A4R0098222	98297	348	GTS Red/Tan LHD CH ZFFUA36S0000
98223	348	Spider 94 Red/Tan ZFFRG43A6R0098223	98299	456	GT Dark Blue/Tan LHD EU
98224	348	Spider 94 LHD US ZFFRG43A8R0098224	98302	348	Spider 94 Sera Blue/Tan LHD US ZFFRG43A2R0098302
98226	348	GT Competizione Corsa ^Factory^ # 07/11 Red/Black Red cloth seats LHD EU ZFFUA35B000098226	98303	348	Spider 94 Sera Blue/tan LHD US ZFFRG43A4R0098303
			98304	348	Spider 94 LHD US ZFFRA43A4R0098304
98228	348	GTS Red/Black LHD EU ass. # 15218	98305	348	GTB Red/Tan LHD EU
98229	456	GT dark met. Blue/tan LHD CH ZFFSD44S000098229	98308	348	Spider Red/Black EU
98232	348	Spider 94 LHD US ZFFRG43A7R0098232	98310	456	GTA dark Blue/crema LHD EU ZFFS044B000098310

s/n	Type	Comments
98311	512	TR Red/Black LHD EU ZFFLA40B000098311
98312	348	Spider 10/93 Verde Scuro/Tan black top tan LHD US ZFFRG43A5R0098312
98313	348	Spider 94 Dark Green Met. then Red/Black black top LHD US ZFFRG43A7R0098313
98314	348	Spider giallo/nero LHD
98316	348	ts Blue Black LHD EU
98317	348	GTS Red/Black LHD CH ZFFUA36S0000
98318	456	GT Red/Tan LHD US
98319	456	GT dark Blue/tan ZFFSD44B000098319
98321	512	TR Rosso Corsa/Black LHD CH ZFFLA40S000098321 98321PFZ
98322	348	Spider 94 LHD US ZFFRA43A6R0098322
98323	348	Spider 94 Red/Black LHD US ZFFRG43AXR0098323
98324	348	Spider 10/93 Rosso metallizzato/tan LHD US ZFFRG43A1R0098324
98325	348	GTB 8/93 Red/Black
98326	348	Spider Red/Black LHD
98327	348	GTB Rosso Corsa/Nero LHD EU ZFFUA35S000098327 ass. # 15237
98328	456	GT Yellow/tan
98332	348	Spider 94/black LHD ZFFRG43A0R0098332
98333	348	Spider 94 Canna di Fucile met. FER 703/C/Tan LHD US ZFFRG43A2R0098333
98334	348	Spider 94 LHD US ZFFRG43A4R0098334
98335	348	GTS Black
98337	348	Spider Azzurro Blue Black LHD EU
98339	456	GT Le Mans Blue/magnolia LHD EU ZFFSD44B000098339
98342	348	Spider 94 Grigio Titanio met./Black LHD US ZFFRG43A3R00
98343	348	Spider 94 Black/Black LHD US ZFFRG43A5R0098343
98345	F355	offiicial first
98347	348	Spider Red/brown repainted from Blue? 355 body ZFFUA43B000098347
98351	512	TR Red/Tan
98353	348	Spider 94 Black/Black LHD US ZFFRG43A8R0098353
98354	348	Spider 94 black/black LHD US ZFFRG43AXR0098354
98355	348	Spider 10/93 Black/tan LHD US ZFFRG43A1R0098355
98356	348	Spider Red/Black LHD EU
98361	512	TR Red/Black ZFFLA40B000098361 98361OUG
98364	348	Spider 94 Yellow/black LHD US ZFFRG43A2R0098364
98365	348	Spider 94 Silver/Blue/Blue & black LHD US ZFFRG43A4R0098365
98367	348	GT Competizione Corsa ˆFactoryˆ # 8/11 94 Red/Red cloth LHD EU
98368	348	GTS Red/Black ZFFUA36S000098368
98369	456	GT 94 Dark Blue/Tan LHD EU ZFFSD44B000098369
98371	348	ts Rosso Fiorano/Crema ZFFUA36B000098371 ass. # 15597
98374	348	Spider 94 LHD US ZFFRG43A5R0098374
98375	348	Spider 94 LHD US ZFFRG43A7R0098375
98376	348	ts Serie Speciale II #5/15 94 Red/Tan LHD
98378	348	GTS Red/Black LHD CH ZFFUA36S0000
98379	348	Spider 94 Rosso Corsa/Nero ZFFUA43B000098379
98380	456	GT Black/Tan LHD
98383	512	TR Red/Black LHD
98384	348	Spider 94 Hyperion Blue dark Blue navy top LHD US ZFFRG43A8R00
98385	348	Spider 94 Dark Blue/Blue LHD US ZFFRG43AXR0098385
98387	348	GTS Red/Black
98388	348	Spider Red/Black LHD EU
98389	348	ts Challenge Stradale 94 Rosso Corsa/Tan colour coded roof LHD US ZFFRG36AXR0098389
98391	456	GT Blue Black LHD ZFFSD44B000098391
98392	456	GT Red/Tan LHD CH ZFFSD44S000098392
98393	456	GT Blue Brown LHD
98396	348	Spider 94 Azzurro Blue Blue Blue top LHD US ZFFRG43A4R0098396
98397	348	Spider 94 LHD US ZFFRG43A6R0098397
98398	348	GTS Red/Black LHD EU
98399	348	tb Challenge #4/32 10/93 Black/tan LHD US ZFFRG35A0R0098399 ass. # 15268 eng. # 119 G 040 35553
98400	348	GT Competizione #23/50 95 Red/Red ZFFUA35B000098400
98401	456	GT Black/Tan LHD
98402	456	GT Blue LHD ZFFSD44C000098402
98405	348	Spider 94 Blue Blue Blue top LHD US ZFFRG43A1R0098405
98406	348	Spider 94 Fucile grey/dark Blue
98407	348	Spider 94 LHD US ZFFRG43A5R0098407
98408	348	GTB Red/Tan
98409	348	ts
98411	456	GT silvergrey metallic/black LHD EU
98413	456	GT Blue Crema LHD
98414	348	ts Challenge 94 LHD US
98415	512	TR
98416	348	Spider 10/93 charcoal/dark grey & Blue interior ZFFRG43A6R0098416
98417	348	Spider 94 Grey/dark Blue LHD US ZFFRG43A8R0098417 ex-Nicholas Cage
98418	348	Spider 94 LHD US ZFFRG43AXR0098418
98419	348	ts Red/Black
98420	348	Spider Red/Crema RHD UK
98421	348	ts 94 Red RHD ZFFRA350000098421
98423	456	GT dark Blue/Crema LHD
98424	456	GT 94 Rosso (Fer 300/12)/Nero Nero carpets ZFFSD44C000098424 eng. # 35944 ass. # 15590 aluminium callipers
98428	348	Spider 94 LHD US ZFFRG43A2R0098428
98429	348	Spider 94 Red LHD US ZFFRG43A4R0098429
98430	348	GTS Red/Crema
98431	348	ts Challenge Stradale #10/13 94 Grigio/black LHD US ZFFRG36A5R0098431
98432	348	tb Challenge 94 Yellow/Black LHD ZFFRG35A5R0098432
98433	456	GT silvergrey metallic/black LHD ZFFSD44B000098433
98436	512	TR
98437	512	TR 95 Rosso Corsa/Crema RHD UK ZFFLA40C000098437
98438	348	Spider 10/93 Red/Tan LHD US ZFFRG43A5R0098438
98439	348	Spider 94 Red/Tan LHD US ZFFRG43A7R0098439
98440	348	Spider 94 Red/Tan ZFFRG43A3R0098440 ass. # 15262
98441	348	GTS Red
98444	348	GTB Black/Black LHD EU
98446	456	GT Canna di Fucile/Bordeaux ZFFSD44B000098446 ass.# 15588
98447	512	TR Red/Crema RHD ZFFLA40C000098447
98448	512	TR Red
98449	348	Spider 94 LHD US ZFFRG43AXR0098449
98450	348	Spider 10/93 Black/black LHD US ZFFRG43A6R0098450
98451	348	ts 11/93 Giallo Modena/Black colour coded roof LHD ZFFRG36A0R0098451
98452	348	tb Challenge #5/32 94 Yellow/Black LHD US ZFFRG35A0R0098452 eng. # 35667
98454	348	Spider Red/Black RHD ass. # 15459
98455	348	Spider 94 LHD US ZFFRA43A3R0098455
98456	456	GT Red/Black LHD EU

s/n	Type	Comments
98457	512	TR Yellow/Black LHD EU ZFFLA40B000098457
98458	456	GT canna di fucile/tan ZFFSP44B000098458
98459	456	GT 94 LHD EU
98460	348	Spider 94 Black/Black LHD US ZFFRG43A9R0098460
98461	348	Spider 94 Black/Tan ZFFRG43A0R0098461
98462	348	Spider 94 Yellow/black LHD US ZFFRG43A2R0098462
98465	348	GTB Red/Black
98466	348	ts Challenge #12/13 94 Yellow/black Roll Cage & Seats ZFFRG36A2R0098466
98467	348	GTB Red/Black LHD EU
98468	456	GT Dark Blue met/tan LHD EU ZFFSD44B000098468
98470	512	TR 94 black/black LHD US ZFFLG40A9R0098470
98472	348	Spider 94 Rosso Monza/black LHD US ZFFRG43A5R0098472
98473	348	Spider 94 Red/Black LHD US ZFFRG43A7R0098473
98476	348	Spider Red/Tan RHD UK ZFFUA43C00009847
98477	348	Spider 94 LHD US ZFFRA43A2R0098477
98479	456	GT Rosso Monza/Beige ZFFSD44B000098479 98479YDF
98481	512	TR 94 Yellow/tan LHD US ZFFLG40A3R0098481
98482	512	TR Red/Black LHD
98483	348	Spider 94 LHD US ZFFRG43AXR0098483
98484	348	Spider 94 Red/Tan LHD US ZFFRG43A1R0098484
98485	348	Spider 94 LHD US ZFFRG43A3R0098485
98487	348	ts Challenge #2/13 94 Yellow/Black ZFFRG36AXR0098487
98488	348	tb
98490	456	GT Silver Dark Red LHD
98492	456	GT TdF Blue/Crema LHD CH ZFFSD44S0000 98492NQC
98493	512	TR 94 LHD US ZFFLG40AXR0098493
98494	512	TR
98495	348	Spider 94 LHD US ZFFRG43A6R0098495
98496	348	Spider 94 LHD US
98497	348	ts Challenge 94 Black/tan LHD US ZFFRG36A2R0098497
98498	348	tb Challenge #10/32 94 Yellow/black w Red Cloth LHD US ZFFRG35A2R0098498 ass. # 15423
98499	348	Spider 94 Red Crema RHD UK ZFFUA43C000098499 ass. # 15473
98500	348	Spider 11/93 Rosso Corsa/Tan LHD US ZFFRA43A4R0098500
98501	F355	Berlinetta 94 LHD
98505	512	TR 94 Yellow/Black LHD US ZFFLG40A2R0098505
98506	512	TR Red/Black LHD
98507	348	Spider 94 LHD US ZFFRG43A9R0098507
98508	348	Spider 94 LHD US ZFFRG43A0R0098508
98509	348	GTB Red/Black LHD EU
98510	348	tb Red/Black LHD EU ZFFUA35B000098510 ass. # 15712
98512	348	Spider 94 Red/Crema LHD LHD US ZFFRA43A0R0098512
98515	348	Spider 94 LHD US
98516	456	GT English Green/light Grey RHD UK
98517	512	TR Red/Black LHD EU
98518	512	TR black metallic/light grey LHD EU ZFFLA40B000098518 98518HDW shields
98519	348	Spider 94 LHD US ZFFRG43A5R0098519
98520	348	Spider 94 Red/Tan LHD US ZFFRG43A1R0098520
98521	348	Spider 94 Red/Tan LHD US ZFFRG43A3R0098521
98522	348	GTB Red/Black
98523	348	GTB Challenge

s/n	Type	Comments
98525	348	GTB Challenge Black/Red
98527	456	GT Dark Blue/Tan
98528	512	TR 94 LHD US ZFFLG40A3R0098528
98531	348	Spider 94 Red/Tan LHD US ZFFRG43A6R0098531
98532	348	Spider 94 Red/Tan LHD US ZFFRG43A8R0098532
98533	348	Spider 94 Red/Tan LHD US ZFFRG43AXR0098533
98534	348	Spider 94 LHD US ZFFRG43A1R0098534
98535	348	Spider 94 Red/Tan LHD US ZFFRG43A3R0098535
98536	348	Spider 94 Red/Tan LHD US ZFFRG43A5R0098536
98537	348	Spider 94 Rosso Corsa/Beige LHD US ZFFRG43A7R0098537
98538	512	TR 94 Rosso Monza/Tan LHD US ZFFLG40A6R0098538
98540	512	TR Red/Black LHD EU
98541	512	TR Red/Tan LHD EU Koenig rear spoiler
98542	348	tb Challenge Red/Red LHD EU ass. # 15742, window 98542PAT
98543	348	Spider 94 Red/Tan LHD US ZFFRG43A2R0098543
98544	348	Spider 94 Red/Tan LHD US ZFFRG43A4R0098544
98545	348	Spider 94 Red/Tan LHD US ZFFRG43A6R0098545
98546	348	Spider 94 LHD US ZFFRG43A8R0098546
98547	348	Spider 94 LHD US ZFFRG43AXR0098547
98548	348	Spider 94 Red/Tan LHD US ZFFRG43A1R0098548
98549	456	GT Dark Grey Green LHD CH ZFFSD44S000098549
98550	456	GT Red/all Red LHD
98552	512	TR Red/Black LHD EU
98553	512	TR Yellow/black F512 M conversion
98554	348	Spider 94 Red/Tan Black top LHD US ZFFRG43A7R0098554
98555	348	Spider 94 Red/Tan LHD US ZFFRG43A9R0098555
98556	348	Spider 94 LHD US ZFFRG43A0R0098556
98557	348	Spider 94 Red/Tan LHD US ZFFRG43A2R0098557
98558	348	Spider 94 Red/Tan LHD US ZFFRG43A4R0098558
98559	348	Spider 12/93 Red/Tan LHD US ZFFRG43A6R0098559 ass. # 15451 Tubi
98560	348	Spider 94 Red/Tan LHD US ZFFRG43A2R0098560
98561	456	GT NART Blue/Tan LHD EU
98562	456	GT 96 Rosso metallizato (311/C)/Beige (VM 3218) Beige carpets RHD UK ZFFSD44C000098562 aluminium callipers eng. # 35992 ass. # 15612
98564	512	TR 94 Blue TdF LHD US ZFFLG40A7R0098564
98567	348	Spider 94 Yellow/Black LHD US ZFFRG43A5R0098567
98568	348	Spider 94 Yellow/black LHD US ZFFRG43A7R0098568
98569	348	Spider 94 Yellow/Black LHD US ZFFRG43A9R0098569
98570	348	Spider 94 Yellow/black LHD US ZFFRG43A5R0098570
98571	348	Spider 94 LHD US ZFFRG43A7R0098571
98572	348	Spider 94 LHD US ZFFRG43A9R0098572
98573	348	Spider 94 Red/Tan LHD US ZFFRG43A0R0098573
98574	456	GT Black Grey LHD EU
98578	348	tb Challenge Stradale #6/32 11/93 Yellow/Black LHD US ZFFRG35A0R0098578 eng. # 35824

s/n	Type	Comments
98579	348	Spider 94 Red/Tan ZFFRG43A1R0098579
98580	348	Spider 95 Red/Tan LHD US ZFFR643A5S0098580
98581	348	Spider 94 Red/Black LHD US ZFFRG43AXR0098581
98582	348	Spider 94 Yellow/Black LHD US ZFFRG43A1R0098582 ass.# 15524
98583	348	Spider 1/94 Rossa Corsa/Black LHD US ZFFRG43A3R0098583
98584	348	Spider 94 LHD US ZFFRG43A5R0098584
98589	512	TR Yellow
98590	348	Spider Yellow Dark Red LHD CH ZFFUA43S000098590 ass. #15266 98590NOC
98591	348	tb Challenge #11/32 94 Yellow then Red/Black Red cloth LHD US ZFFRG35A3R0098591 ass. # 15440
98593	348	tb
98597	456	GT Dark Blue Crema LHD EU
98598	456	GT Dark green/Crema LHD EU ZFFSD44B000098598
98599	512	TR Red/beige LHD CH ZFFLA40S0000
98600	512	TR Red
98601	348	Spider Red/Tan LHD CH ZFFUA43S0000 ass. #15265
98602	348	Spider Yellow/black LHD
98605	512	TR Red
98606	348	Spider Dark Blue/Crema or White LHD EU
98607	348	Spider Silver Tan LHD EU
98608	456	GT Dark Blue/Tan
98609	456	GT Black Grey LHD EU
98610	512	TR Yellow/dark Blue LHD CH ZFFLA40S000098610
98611	512	TR Red/Black
98614	348	tb
98615	348	Spider 94 ZFFRG43A1R0098615
98616	348	Spider 94 Red/Black LHD US ZFFRG43A3R0098616
98617	348	Spider 94 Red/Black LHD US ZFFRG43A5R0098617
98618	348	Spider 94 LHD US ZFFRG43A7R0098618
98619	456	GT 12/94 Argento Metallizzato/Nero LHD CH ZFFSD44S00098619
98624	348	Spider 94 black/black LHD US ZFFRG43A2R0098624
98625	348	Spider 94 Black/Black LHD US ZFFRG43A000098625
98626	348	Spider 94 Black/Black LHD US ZFFRG43A6R0098626
98627	348	Spider 94 Black/Black LHD US ZFFRG43A8R0098627
98628	348	Spider 94 LHD US ZFFRG43A2S0098628
98629	348	GTB 94 Red/Black LHD CH ZFFUA35S000098629
98632	456	GT light metallic Blue-grey/black LHD EU
98633	512	TR 94 LHD US ZFFLG40A0R0098633
98634	512	TR 94 Black/Black LHD US ZFFLG40A2R0098634
98635	348	Spider 95 Black/Black LHD US ZFFRG43AXS0098635
98636	348	Spider 2/94 Nero FER 1240/Black LHD US ZFFRG43A1S0098636
98637	348	Spider 95 black/black LHD US ZFFRG43A3S0098637
98638	348	Spider 94 LHD US ZFFRG43A5S0098638
98639	348	Spider 94 LHD US ZFFRG43A7S0098639
98640	348	GTB 94
98641	348	GTB Challenge Red/Black Red Cloth LHD EU ass. # 15510
98642	456	GT Dark Blue met./beige RHD UK
98643	456	GT Dark Green Tan EU
98644	456	GT Dark metallic Blue/tan LHD
98645	512	TR 94 Black/black LHD US ZFFLG40A740098645
98646	512	TR 94 Azzurro Hyperion Metallic/Dark Blue LHD US ZFFLG40A9R0098646
98647	348	Spider 94 Black/tan LHD US ZFFRG43A6S0098647
98648	348	Spider 94 LHD US ZFFRG43A8S0098648
98649	348	Spider 2/94 Black/Tan LHD US ZFFRG43AXS0098649 ass. # 15892
98651	348	tb 94 ZFFRG35A6R0098651
98652	348	GTS Red/Black LHD
98653	348	ts 94 ZFFRG36A1R0098653
98655	456	GT Rosso Monza/Crema RHD UK ZFFSD44C000098655
98656	512	TR 94 Red/Tan US L HD ZFFLG40A1R0098656
98657	512	TR 94 Red/Tan US ZFFLG40A3R0098657
98658	512	TR 94 Red/all tan LHD US ZFFLG40A5R0098658
98661	348	Spider Yellow/dark Red RHD UK ZFFUA43C000098661
98662	348	Spider 94 Red/Beige RHD ZFFUA43D000098662 eng. # F105C035835
98664	348	Spider Red/Crema RHD UK ass. # 15655
98666	456	GT Black/Black
98668	456	GT silver/tan LHD EU ZFFSD44B000098668
98669	512	TR 2/94 Red/Tan LHD US ZFFLG40AXR0098669
98671	348	tb Challenge #8/32 94 Rosso Corsa/Black LHD ZFFRG35A1R0098671
98673	F355	Berlinetta Challenge 95 LHD US ZFFPR41A1S0098673
98674	F355	Berlinetta 95 Yellow/Black LHD US ZFFPR41A3S0098674
98676	348	GT Competizione Corsa ˆFactoryˆ # 9/11 Red/Black LHD ZFFUA35JPN0098676
98681	348	Spider Blue
98683	348	tb Challenge Red/Black Red cloth LHD EU ZFFUA35B000098683 ass. #15606
98684	F355	Challenge Red/Black LHD EU
98689	348	Spider 94 LHD US ZFFRA43A6R0098689
98690	456	GT 3/94 Blu Swaters/Beige LHD CH ZFFSD44S000098690
98691	348	GTB Red
98693	348	Spider 94 Canna di Fucile/Black LHD ZFFRG43A5S0098963
98694	348	GTB Black/black one sport seat LHD EU ZFFUA35B000098694 Red calipers
98695	348	GTB Challenge # 16/32 94 Red/Black LHD US ZFFRG35A4R0098695 eng. # 35779
98696	348	ts 94 Red/Tan ZFFRG36A8R0098696
98697	348	Spider 93 Red RHD ZFFUA43D000098697 eng. # F119H35884 or eng. # F105C035884
98698	348	GTS Red/Black LHD EU ZFFUA36B000098698 ass. # 15689
98699	348	GTS Black/Black LHD
98700	348	GTS Red/Black LHD EU ass. # 15705
98701	348	GTS Red/Black LHD EU ZFFUA36B000098701 ass. # 15682
98702	456	GT Blue/Cream ZFFSD44C000098702
98703	456	GT 94 Canna Di Fucile Metallizzato/Rosso ZFFSD44B000098703
98705	512	TR Red/Black ZFFLA40B000098705
98706	512	TR Red/Black LHD EU
98708	348	Spider
98709	348	Spider 94 Red/Black LHD US ZFFRA43A8R0098709
98710	348	GTS Red/Black LHD EU
98713	348	GTS Red/Black
98714	456	GT silver/Red
98716	512	TR Red/Black w. Red cloth seats LHD EU ZFFLA40B000098716
98717	512	TR Red/Black ZFFLA40B0000 98717JWJ
98718	512	TR Red/Black w. Red cloth seats LHD EU
98719	348	GTS black/black ZFFUA36B000098719 LHD EU ass. #15597

s/n	Type	Comments
98721	348	Spider 93 Red RHD ZFFUA43D000098721 eng. # F119H35883
98723	348	ts Red/Black
98725	348	Spider 95 Red RHD ZFFUA43D000098725 eng. # 36054
98726	456	GT Swaters Blue/Tan RHD UK
98730	512	TR 94 Rosso Corsa/Nero ZFFLA40B000098730 98730TJV
98731	348	tb Serie Speciale Series Challenge Stradale 94 Red/Black LHD US ZFFRG35A4R0098731
98732	348	Spider Yellow/Black RHD UK
98733	348	Spider 93 Blue RHD ZFFUA43D000098733 eng. # F119H35898
98734	348	ts 94 ZFFRG36A1R0098734
98735	348	GTS Serie Speciale Series II Challenge Stradale # 4/13 94 Red/Tan colour coded roof LHD US ZFFRG36A3R0098735
98736	348	GTS Serie Speciale Series II # 4/15 2/94 Red/Black LHD ZFFRG36A5R0098736
98737	348	ts Serie Speciale II 94 Red/Black US ZFFRG36A7R0098737
98739	456	GT dark Blue
98740	512	TR Black/Black LHD EU
98741	512	TR 94 LHD US ZFFLG40A3R0098741
98742	512	TR Red/Black
98743	348	ts 94 ZFFRG36A2R0098743
98746	348	Spider 94 Blu Chiaro Met/Grigio RHD UK eng. # 36163 ass. # 15750
98747	348	Spider 94 Red RHD ZFFUA43D000098747 eng. # F119F36076
98748	348	Spider 93 Red RHD ZFFUA43D000098748 eng. # F119436102
98749	348	GT Competizione #9/50 Red/Red RHD ZFFUA35C000098749 ex-Brunei
98752	456	GT silver/black ZFFSD44B000098752 98752SSX
98754	512	TR Red/Black LHD ZFFLA40B000098754
98755	348	GTB
98757	348	tb Challenge
98759	348	Challenge Red/Black
98762	456	GT Silver/Black LHD
98764	512	TR 95 Red RHD ZFFLA40D000098764 eng. # F115D04036292
98765	512	TR Red/Black LHD EU ZFFLA40B000098765
98767	348	tb Serie Speciale Challenge #12/32 94 black & green/black ZFFRG35A3R0098767
98771	348	GTS Serie Speciale Series II # 8/15 94 Red/Black LHD US ZFFRG36A7R0098771 eng. # 36169
98772	348	ts 94 ZFFRG36A9R0098772
98773	348	GTS Serie Speciale Series II #10/15 94 Yellow/black LHD US ZFFRG36A0R0098773
98774	456	GT Yellow/dark Blue LHD EU
98775	348	Spider Red/Black
98777	512	TR 94 Red RHD ZFFLA40D000098777 eng. # F113004036067
98780	348	GTS Serie Speciale Series II # 14/15 94 Red/Tan LHD US ZFFRG36A8R0098780
98781	348	Spider Dark Grey Dark Red RHD UK ZFFUA43C000098781 ass.#15665
98783	348	GTS Serie Speciale Series II #11/15 2/94 Yellow/Black LHD US ZFFRG36A3R0098783 eng. # 36221
98784	348	GTS Serie Speciale Series II #12/15 Yellow/black LHD US ZFFRG36A5R0098784
98785	348	ts 94 ZFFRG36A7R0098785
98786	456	GT Green/tan
98789	512	TR Red/Crema LHD EU
98790	512	TR Red/Black LHD EU 98790FWS
98791	348	tb Challenge #26/32 94 Grigio Met./Red US ZFFRG35A0R0098791
98792	348	GTS Red/Black LHD
98793	348	GTS Dark Blue/black ZFFUA36B0000
98794	348	Spider Chiaro Blue Crema RHD UK
98797	348	GTS Rosso Corsa/Black colour-coded roof LHD ZFFUA36B000098797 98797YMS shields F355 wheels
98799	456	GT Carbon Black/Tan LHD EU
98800	456	GT 3/94 Nero Metallizzato/Beige LHD EU ZFFSD44B000098800
98801	512	TR Red/Black LHD EU
98802	512	TR Red/Black ZFFLA40B000098802
98803	348	GTS Red/Black
98804	348	GTS Red/Black LHD EU
98806	348	tb Challenge Stradale 94 Red/Tan LHD US ZFFRG35A9R0098806 Factory Challenge Car
98808	348	GTS Red/Black LHD EU ZFFUA36B000098808
96809	348	Spider 94
98813	348	GTB Challenge
98815	348	GTS Red/Black
98817	348	tb Challenge 94 Red/Tan ZFFRG35A3R0098817
98818	348	tb 94 ZFFRG35A5R0098818
98822	456	GT Dark Blue Crema LHD CH
98823	456	GT 94 Grey Black LHD
98826	348	tb Challenge Yellow/black- Tan LHD EU ZFFKA35B000098826
98827	348	ts 94 Rosso Corsa/Nero ZFFUA36B000098827
98828	348	GTS Red/Black colour coded roof ZFFUA36B000098828
98829	348	GTS Red/Black LHD EU
98831	348	GTS 94 Black/Black LHD EU ZFFUA36B000098831
98832	348	tb Challenge Stradale #3/32 94 Red/Black LHD US ZFFRG35AXR0098832
98933	512	TR Black/Beige
98839	456	GT 95 Swaters Blue/Tan RHD UK ZFFSD44C000098839 Tan carpets
98843	348	tb Challenge Stradale #18/32 94 Red/Black LHD US ZFFRG35A4R0098843 Speedline wheels
98845	348	Spider
98847	348	Spider ZFFUA43C000098847
98849	348	Spider 8/94 Rosso Corsa/Nero ZFFUA43C000098849
98850	456	GT Azzurro Hyperion/Blue LHD EU
98853	348	GTS Red/Black LHD EU ZFFUA35B000098853 ass. # 15832
98855	348	tb Challenge 94 Rosso Corsa/Black ZFFRG35A0R0098855
98856	348	tb Challenge 94 Red/Black LHD US ZFFRG35A2R0098856
98857	348	tb Challenge Stradale #30/32 94 Yellow/black LHD US ZFFRG35A4R0098857
98858	348	tb Challenge #28/32 2/94 Yellow/Black LHD US ZFFRG35A6R0098858
98859	348	Spider
98860	348	Spider 2/94 Red RHD ZFFUA43C000098860
98861	348	Spider 2/94 Red/Crema RHD
98862	456	GT 2/94 Dark Blue/Tan RHD UK
98863	456	GT 2/94 Dark Green Brown LHD
98864	512	TR 2/94 Red
98866	348	Spider 2/94 Red/Black RHD ZFFUA43D000098866 eng. # F119H36246
98867	348	Spider 2/94 Blue RHD UK ZFFUA43D000098867
98868	348	Spider 2/94 Black/Tan LHD US ZFFRG43A0S0098868
98869	348	Spider 95 Black/Tan LHD US ZFFRG43A2S0098869
98870	348	Spider 2/94 Black/Tan LHD US ZFFRG43A9S0098870 ass. # 15918
98871	348	Spider 95 Black/tan LHD US ZFFRG43A0S0098871 Yellow calipers
98872	348	Spider 95 Yellow/black LHD US ZFFRG43A2S0098872

s/n	Type	Comments
98873	348	Spider 95 Yellow/black LHD US ZFFRG43A4S0098873
98875	456	GT 94 Dark Blue/Dark Blue EU
98879	512	TR 94 Red/Black ZFFLA40B000098879
98880	348	Spider 94 Red/Black RHD UK
98881	348	Spider 3/94 Yellow/Black ZFFRG43A3S0098881
98882	348	Spider 95 ZFFRG43A5S0098882
98883	348	Spider 95 Giallo Modena/Black LHD US ZFFRG43A7S0098883
98884	348	Spider 95 Yellow/Tan LHD US ZFFRG43A9S0098884 355 upgrades
98886	456	GT 94 Rosso Fiorano/Tan LHD EU
98887	456	GT 94 Blue Scuro Crema ZFFSD44C000098887 98887NDE eng. # 36064 ass. # 15734
98891	348	Spider 95 silver/black and top LHD US ZFFRG43A6S0098891
98892	348	Spider 95 Rosso Corsa/Black LHD US ZFFRG43A8S0098892
98893	348	Spider 95 Red/Black LHD US ZFFRG43AXS0098893
98898	456	GT 94 Dark Blue/Crema LHD CH ZFFSD44S0000
98899	456	GT 94 Azzurro Monaco/beige 1 of 3 cars with 9mm. Bullet proof Armor converted by Pavessi
98900	456	GT
98901	348	Spider 95 Red/Black LHD US ZFFRG43A5S0098901
98902	348	Spider 95 Red/Black LHD US ZFFRG43A7S0098902
98903	348	Spider 95 Red/Black LHD US ZFFRG43A9S0098903
98904	348	Spider 95 ZFFRG43A0S0098904
98906	348	tb 7/94 Rosso Corsa/Tan then Nero/Nero ZFFUA35B000098906
98907	348	ts Series Speciale #15/15 94 Black/Black ZFFRG36A6R0098907
98911	456	GT 94 Le Mans Blue metallic/tan LHD EU
98914	348	Spider 95 LHD US ZFFRG43A3S0098914
98915	348	Spider 95 Red/Black LHD US ZFFRG43A5S0098915
98916	348	Spider 95 Red/Black LHD USZFFRG43A7S0098916
98917	348	Spider 95 Red/Black LHD US ZFFRG43A9S0098917
98918	F355	Berlinetta 94 Red/Black
98919	348	GT Competizione 94 Red
98921	512	TR 94 Red/Black
98924	456	GT 94 Blue/Blue
98925	348	Spider 95 Yellow/black LHD US ZFFRG43A8S0098925
98926	348	Spider 95 LHD US ZFFRG43AXS0098926
98927	348	Spider 94 Yellow/black LHD US ZFFRG43A1S0098927
98928	348	Spider 95 LHD US ZFFRG43A3S0098928
98933	512	TR 94 Black/beige
98934	456	GT 94 Blue/tan
98935	456	GT 94 ZFFSD44C000098935
98936	348	Spider 95 LHD US ZFFRG43A2S0098936
98937	348	Spider 95 Black/black LHD US ZFFRG43A4S0098937
98938	348	Spider 95 Black/tan LHD US ZFFRG43A6S0098938
98939	348	Spider 95 LHD US ZFFRG43A8S0098939
98940	348	Spider 95 LHD US
98941	F355	Berlinetta 94 Red/Black LHD EU
98944	512	TR 94 Red/Black LHD EU ZFFLA40B000098944
98945	512	TR 94 Red/Black LHD EU
98946	456	GT 94 ZFFSD44C000098946
98947	456	GT 94 RHD UK ZFFSD44C000098947
98949	348	Spider 95 Silver/black LHD US ZFFRG43A0S0098949
98950	348	Spider 3/94 White/Blue LHD US ZFFRG43A7S0098950
98951	348	Spider 95 Verde scuro Met./Tan LHD US ZFFRG43A9S0098951
98952	348	Spider 95 Dark green/tan LHD US ZFFRG43A0S0098952
98953	F355	Berlinetta 94 Red/Black LHD EU
98954	F355	Berlinetta 94 Red/Black LHD EU
98956	512	TR 94 Red/Black ZFFLA40B0000
98957	512	TR 94 Red LHD
98958	456	GT 94 ZFFSD44C000098958
98960	456	GT 94 Dark Blue/Crema LHD EU
98961	348	Spider 95 LHD US ZFFRG43A1S0098961
98962	348	Spider 95 Red/Tan LHD US ZFFRG43A3S0098962 355 front
98963	348	Spider 3/94 Grigio Titanio/Black LHD US ZFFRG43A5S0098963 ass. # 16195
98964	348	Spider 95 Grey LHD US ZFFRG43A7S098964
98966	F355	GTS 94 Red/Tan Manual ZFFPA42B000098966 ass.# 16953 98966NKV
98967	512	TR 94 White/black LHD EU ZFFLA40B000098967
98968	512	TR 94 Red Hamann modified
98969	456	GT 94 Dark Blue/Tan
98970	456	GT 94 ZFFSD44C000098970
98971	348	Spider 95 LHD US ZFFRG43A4S0098971
98972	348	Spider 95 Silver/black LHD US ZFFRG43A6S0098972
98976	F355	Berlinetta 94 Red/Black
98977	F512	M 94 Yellow/black
98978	512	TR 94 Red/Black
98979	512	TR 94 Red/Black ZFFLA40B000098979
98983	348	Challenge 94 Yellow/Yellow & Red cloth LHD EU
98984	348	GTB 94 Red/Black LHD ass. # 15964
98985	348	ts
98989	456	GT 94 Blue/tan LHD EU ZFFSD44B000098989
98993	348	GTB
98995	348	GTS 94 Red/Black LHD EU ZFFUA36B000098995 ass. # 15693
98997	348	GT/C-LM Factory 94 White Red & Green LHD CH ZFFUA35S000098997
98998	348	GTS 94 Red/Tan
98999	348	GTB 94 Red/Tan CH ZFFUA35S000098999
99000	348	Spider 94 Blue/beige
99002	456	GT 94 Dark Blue/Crema LHD
99003	456	GT 94 Silver/Black RHD UK ZFFSD44C000099003
98904	348	Spider 95
99005	512	TR 94 Red/Black
99006	348	GTB 94 Rosso Corsa/Black ZFFUA35B000099006 99006XWH
99007	348	GT Competizione #36/50 94 Red/Red sports seats RHD ZFFUA35C000099007 shields
99010	348	ts 9/94 Rosso Corsa/Crema Rosso Carpets
99011	348	GTS 94 black/black
99013	456	GT 94 Dark Blue/Tan
99017	348	GTB 94 Red/Black ZFFUA35B000099017 99017HKI
99019	348	GTC #37/50 94 RHD
99020	348	GTS 94 Red
99022	348	GTS 94 Red/Crema RHD UK ZFFUA36C000099022
99023	348	GTS 94 Red/Crema LHD CH ZFFUA36S0000
99025	456	GT 94 Verde Inglese/Tan
99028	512	TR 94 Red/Black LHD EU
99029	512	TR 94 Red/Black
99031	348	GTC #38/50 94 RHD
99033	348	GTS 94 Rosso Corsa/Crema RHD ZFFUA36C000099033 shields
99034	348	ts 94 Rosso Corsa/Crema colour coded roof ZFFUA36S000099034 99034GLU
99035	348	GTS 94 Red/Tan

s/n	Type	Comments
99036	348	Spider 94 Yellow/Black RHD UK ass. # 16103
99037	456	GT
99040	512	TR 94 Red/Black LHD EU ZFFLA40B000099040 99040FNE
99044	348	GT Competizione Stradale #39/50 94 Red/Black & Red RHD ZFFUA35C000099044 ass. #15926
99046	348	GTS 94 Red/Crema Red carpets ZFFUA36C000099046
99047	348	GTS 94 Yellow/Black LHD EU
99050	456	GT 94 Swaters Blue/Crema LHD EU ZFFS04B00099050 99050XKD ass. # 15938
99051	456	GT 94 Black/grey LHD EU
99054	348	GTB 94 Red
99056	348	GTB Competizione #40/50 94 Rosso Corsa/Red sports seats RHD ZFFUA35C000099056 shields
99058	348	Spider
99061	456	GT 94 Silver/black ZFFSD44B000099061
99065	512	TR 94 Red/Black
99068	348	GT Competizione #41/50 94 Rosso Corsa 300/12/Red eng. RHD ZFFUA35C000099068 eng. # 15967
99069	348	ts 94 Red/Black
99070	348	GTS 94 Red/Crema RHD UK
99072	348	GTS 94 Red/Red LHD CH ZFFUA36S0000
99073	456	GT 94 Dark Blue/tan LHD EU
99074	456	GT 7/94 Rosso Monza then Argento Nürburgring/Black LHD EU ZFFSD44B000099074
99077	512	TR 94 Red/Crema RHD
99079	348	GTB Challenge 94 Red
99080	348	GT Competizione #42/50 94 Red/Red RHD ZFFUA35C000099080
99082	348	GTS 94 Red/Black RHD UK
99084	348	ts
99086	456	GT 5/94 Canna Di Fucile Metallizzato/Nero ZFFSD44B000099086
99088	512	TR 94 Red/Crema RHD
99089	512	TR 94 Black
99090	348	GT Competizione Corsa 94 Red/Black w. Red Cloth LHD EU ZFFUA35B000099090
99091	348	GT Competizione Stradale #43/50 94 Red/Red RHD UK ZFFUA35C000099091 ass. # 16024
99094	348	GTS 94 Rosso Corsa/tan colour coded roof LHD CH ZFFUA36S000099094 ass. # 16097 99094ZAV
99095	348	GTS
99098	456	GT 94 Yellow/Black LHD EU
99099	348	GT Competizione Stradale
99101	512	TR 94 Red/Black
99102	348	GT Competizione
99104	348	GT/C #48/50 94 Red/Black Red cloth seats ZFFUA35B0000
99105	348	GT Competizione Corsa #46/50 94 Red/Black w.Red cloth
99107	348	Competizione Corsa ˆFactoryˆ #10/11 94 Red/Black & Red LHD
99110	456	GT 94 dark Blue/tan LHD EU ZFFSD44B000099110 99110PMA
99111	512	TR 94 Red/Tan
99115	348	GTS 94 Red/Black LHD ZFFUA36B000099115 ass. # 15988
99116	348	GTS 94 Red/Black
99117	348	GTS 94 Red/Black LHD
99118	348	GTB Challenge 94 Red LHD EU ZFFUA35B000099118
99121	456	GT 94 LHD
99122	456	GT 94 Black/tan LHD EU ass. # 16004
99123	456	GT 94 Rosso Monza/Crema RHD ZFFSD44C000099123
99125	512	TR 94 Red/Black RHD ZFFLA40C000099125
99126	512	Berlinetta 4/94
99133	456	GT 94 Black Light Grey LHD

s/n	Type	Comments
99135	512	TR
99137	512	TR 94 Red/Crema RHD UK ass. # 16148
99138	348	GTB 94 Red/Crema RHD ZFFUA35C000099138 ass. # 15942
99139	348	GTS 94 Red/Black LHD EU ZFFUA36B000099139 ass. # 16013
99140	348	GTS 94 Red/Black LHD EU ass. # 16025
99141	348	GTS 94 Red/Black LHD EU
99143	348	Competizione Corsa ˆFactoryˆ #50/50 or #11/11 94 LHD
99144	348	Spider 94 Red
99145	456	GT 94 Silver/Black LHD EU ZFFSD44B000099145
99146	456	GT 94 Dark Blue/light Blue
99150	348	GTB
99151	348	GTS 94 Red/Black LHD EU ZFFUA36B000099151
99153	348	GTS 94 Red/Tan
99154	F355	Berlinetta 94 Red/Black LHD EU ZFFPA41B000099154
99155	348	GTS 94 Red/Black LHD EU ZFFUA36S0000
99156	F355	GTS 94 LHD
99158	456	GT
99160	512	TR 94 Red/Black LHD EU
99162	348	GTB 94 Red/Crema RHD ZFFUA35C000099162 ass. #15943
99163	F355	Berlinetta 94 Red/Tan ZFFPA41B000099163 Challenge rear grill shields
99166	348	Spider
99167	348	Spider 95 Red/Tan LHD US ZFFRG43A8S0099167
99169	456	GT
99172	348	GTB
99173	F355	Berlinetta 94 Giallo Modena/black LHD EU
99174	348	Spider 94 Yellow/Black LHD CH ZFFUA43S0000
99175	348	Spider 95 Red/Tan LHD US ZFFRG43A7S0099175
99176	348	Spider 4/94 Red/Tan LHD US ZFFG43A9S0099176 ass. # 16239
99178	348	Spider 4/94 Yellow/Black LHD EU
99179	512	TR
99181	456	GT 4/94 dark metallic Blue/tan LHD
99182	456	GT 4/94 Metallic Black/black LHD EU ZFFSD44S000099182
99183	456	GT 4/94 Red
99184	348	GTS 4/94 Red/Beige RHD UK ass. # 15950
99187	348	Spider 4/94 Red/Tan LHD US ZFFRG43A3S0099187
99188	348	Spider 4/94 LHD US ZFFRG43A5S0099188
99190	512	TR 4/94 Red/Black LHD EU ZFFLA40B000099190
99191	512	TR 4/94 Red/Black
99192	512	TR 4/94 Giallo Fer 102 RHD ZFFLA40C000099192 ass. # 16233 eng. # F113D040 *36640* uses VIN plate ZFFTA17C000057192
99193	456	GT 4/94 Canna di Fucile/dark Red LHD CH ZFFSD44S000
99194	348	Spider 4/94 LHD US ZFFRG43A0S0099194
99195	348	Spider 4/94 Red/Tan tan boot LHD US ZFFRG43A2S0099195
99196	348	Spider 4/94 Rosso Corsa/tan LHD CH ZFFUA43S000099196 ass. #16137 99196NSX
99197	348	GTS last 4/94
99198	348	GTS 4/94 Red
99199	F355	Berlinetta 4/94 Red/Black
99206	348	Spider 4/94 Red/Tan LHD US ZFFRG43A3S0099206
99207	348	Spider 4/94 Rosso Corsa/Beige LHD US ZFFRG43A5S0099207
99208	F355	Berlinetta 4/94
99209	F355	Berlinetta 4/94 Red/Crema RHD UK
99211	348	Spider 4/94 Black/Black LHD

s/n	Type	Comments
99212	348	Spider 4/94 Red/Tan LHD
99213	512	TR 4/94 Red/Crema RHD
99214	512	TR 4/94 Red/Black RHD UK
99215	512	TR 4/94 Red/Crema LHD CH ZFFLA40S000099215
99216	456	GT 4/94 Yellow/Black LHD CH ZFFSD44S000099216
99217	348	Spider 4/94 Red/Tan LHD US ZFFRG43A8S0099217
99218	348	Spider 4/94 Red/Tan LHD US ZFFRG43AXS0099218
99219	348	Spider 4/94 black/Crema LHD EU ZFFUA43B000099219
99220	F355	Berlinetta 4/94 Red/Black
99221	348	GTS 4/94 Red
99222	348	Spider 4/94 Red/Tan LHD CH ZFFUA43S000099222
99223	348	Spider 4/94 Blu Chiaro/Rosso LHD US ZFFRG43A3S0099223
99224	512	TR 4/94 ZFFLA40C000099224
99225	348	Spider 4/94 Giallo Modena/Black LHD US
99226	456	GT 4/94 Anthracite/Tan LHD
99228	456	GT 4/94 Metallic Blue then Yellow/all Blue JP LHD ZFFSD44JPN0099228 sports exhaust
99229	348	GTB 4/94 Red
99230	348	Spider 4/94 Red/Black LHD CH ZFFUA43S000099230
99231	348	Spider 4/94 Red/Tan LHD US ZFFRG43A2S0099231
99232	348	Spider 4/94 Red/Tan LHD US ZFFRG43A4S0099232
99233	348	Spider 4/94 Red/Tan LHD US ZFFRG43A6S0099233
99234	348	Spider 4/94 green/brown black top ZFFUA43B000099234
99236	512	TR 4/94 ZFFLA40C000099236
99238	456	GT 4/94 Carbon black/grey LHD EU ZFFSD44B000099238 99238WQP
99239	456	GT 4/94 Rosso Monza/Black LHD EU
99240	456	GT 4/94 Dark green/tan LHD
99242	348	Spider 4/94 Red/Black LHD EU
99243	348	Spider 4/94 Red/Crema ZFFRG43A9S0099243
99244	348	Spider 4/94 Rosso Corsa/Tan black top ZFFRG43A0S0099244
99245	348	Spider 4/94 Red/Tan ZFFRG43A2S0099245
99247	348	Spider 4/94 White the Red/Black LHD EU 99247WYP
99249	512	TR 4/94 Red/Black
99251	456	GT 4/94 Rosso Corsa/Nero LHD EU ZFFSD44B000099251
99252	456	GT 4/94 Blu Le Mans/Crema LHD CH ZFFSD44S000099252
99253	F355	Berlinetta 4/94 Red/Red seats LHD ZFFPA41B000099253 gold BBS rims rear spoiler "race look" Challenge grill
99254	348	Spider 4/94 Red/Tan LHD EU ass. # 16317
99255	348	Spider 4/94 Rosso Corsa FER 300/12/tan LHD US ZFFRG43A5S0099255
99256	348	Spider 4/94 Red/Tan LHD US ZFFRG43A7S0099256
99257	348	Spider 4/94 Red/Tan LHD US ZFFRG43A9S0099257
99258	456	GT 4/94 Black/grey
99259	348	Spider 4/94 Red/Black LHD EU
99260	512	TR 4/94 Red
99261	512	TR 4/94 Red/Black LHD EU
99262	456	GT 4/94 Swaters Blue/grey ZFFSD44B000099262
99264	456	GT 4/94 Dark grey/tan
99265	F355	Berlinetta 4/94 Rosso Corsa/Nero ZFFPA41B000099265
99267	348	Spider 4/94 LHD US ZFFRG43A1S0099267
99268	348	Spider 4/94 Red/Tan LHD US ZFFRG43A3S0099268
99269	348	Spider 4/94 LHD US ZFFRG43A5S0099269
99271	348	Spider 4/94 black/black LHD EU
99272	512	TR 4/94 Red
99274	456	GT 4/94 dark Blue/grey ZFFSD44B000099274
99276	456	GT 4/94 Argento Nürburgring/Red LHD CH
99278	348	Spider 4/94 Red/Tan US ZFFRG43A6S0099278
99279	348	Spider 4/94 Red/Crema LHD US ZFFRG43A8S0099279
99280	348	Spider 4/94 Red/Tan LHD US ZFFRG43A4S0099280
99284	512	TR 4/94 ZFFLA40C000099284
99287	456	GT 4/94 Verde Silverstone
99289	F355	GTS 4/94 Rosso/nero LHD EU ZFFPA42B000099289
99290	348	Spider 4/94 Red/Tan LHD US ZFFRG43A7S0099290
99291	348	Spider 4/94 Red/Black LHD US ZFFRG43A9S0099291
99292	348	Spider 4/94 Red/Black LHD US ZFFRG43A0S0099292
99293	348	Spider 4/94 Yellow/Black LHD EU
99294	348	Spider 4/94 Red/Black LHD EU
99295	512	TR 4/94 Rosso/Crema RHD UK ZFFLA40C000099295 eng. # 36765
99299	456	GT 4/94 Le Mans Blue/Light Grey RHD
99300	F355	Berlinetta 4/94 Red/Black
99301	348	Spider 4/94 RHD
99302	348	Spider 4/94 Rosso Corsa/Black LHD US ZFFRG43AXS0099302
99303	348	Spider 4/94 Red/Black LHD US ZFFRG43A1S0099303
99304	348	Spider 4/94 Red/Tan LHD US ZFFRG43A3S0099304
99306	348	Spider
99308	512	TR 4/94 Red/Black LHD EU
99309	456	GT 4/94 Swaters Blue/Tan LHD ZFFSD44B000099309
99310	456	GT 4/94 Canna di Fucile/light grey LHD EU
99311	456	GT 4/94 Dark Blue/Magnolia LHD
99312	F355	Berlinetta 4/94 Red/Black LHD EU
99313	348	Spider 4/94 Yellow/black LHD US ZFFRG43A4S0099313
99314	348	Spider 4/94 Yellow/Black LHD US ZFFRG43A6S0099314
99315	348	Spider 4/94 Yellow/Black ZFFRG43A8S0099315 ass. # 16348
99316	348	Spider 4/94 Yellow/Yellow & black
99319	512	TR 4/94 Dark Blue/crema LHD EU ZFFLA40S000099319 99319IAK
99325	348	Spider 4/94 Red/Black LHD US ZFFRG43A0S0099325
99326	348	Spider 4/94 Yellow/Black LHD US ZFFRG43A2S0099326
99327	348	Spider 4/94 Yellow/Black ZFFRG43A4S0099327
99328	348	Spider 4/94 Black/Black LHD
99329	348	Spider 4/94 Red/Black LHD EU ZFFUA43B000099329 ass. # 16336
99330	348	Spider 4/94 Yellow/Black
99332	512	TR 4/94 Red/Crema
99333	456	GT 4/94 dark Blue/tan 99333QUB
99335	456	GT 4/94 Blue Le Mans/Blu Scuro RHD ZFFSD44C000099335
99336	F355	Berlinetta 4/94 Red/Black ZFFPA41B000099336 99336NHZ
99337	348	Spider 4/94 Giallo Modena/Black LHD US ZFFRG43A7S0099337
99338	348	GTS 95 Giallo Fer 102/Black LHD US ZFFRG43A9S0099338 ass. # 16336 Black Calipers Shields

s/n	Type	Comments
99339	348	Spider 95 Black/Black LHD US ZFFRG43A0S0099339
99341	348	Spider 94 Red/Black LHD
99342	348	Spider 94 Black/Tan EU
99344	512	TR 94 Red/Black RHD UK ZFFLA40C000099344
99347	456	GT 94 Blue TdF/Tan RHD UK ZFFSD44C000099347
99348	F355	Berlinetta 94 Dark grey/Red
99349	348	Spider 95 LHD US ZFFRG43A3S0099349
99350	348	Spider 95 Black/BlackLHD US ZFFRG43AXS0099350
99351	348	Spider 95 Black/Beige ZFFRG43A1S0099351
99352	348	Spider 4/94 Black/black LHD US ZFFRG43A3S0099352
99354	348	Spider 94 Red/Black LHD
99355	512	TR 94 Yellow/black ZFFLA40B0000099355 99355FSM
99356	512	TR 95 Red/Tan RHD
99355	F355	GTS 94 White/black
99357	456	GT 94 Verde Inglese/Tan LHD EU
99358	456	GT 6/94 darkGrey/Grey ZFFS044B000099358
99361	348	Spider 95 Rosso Corsa/Beige LHD US ZFFRG43A4S0099361
99362	348	Spider 95 LHD US ZFFRG43A6S0099362
99366	456	GT 94 Verde Inglese/Tan RHD AU ZFFSE44D000099366
99367	512	TR
99368	512	TR 94 Red/Black LHD EU
99369	348	Spider 95 Red/Tan LHD
99370	456	GT 94 dark Blue metallic/tan LHD EU
99371	456	GT 94 british racing green/tan EU
99375	F512	M first 94 Red/Black EU
99376	348	Spider 95 Red/Tan LHD US ZFFRG43A6S0099376
99377	348	Spider 95 Yellow LHD US ZFFRG43A8S0099377
99381	456	GT 94 dark metallic Blue/tan EU ZFFSD44B000099381
99383	F355	Berlinetta 94 Black/Black LHD EU
99384	348	Spider 95 Red/Tan LHD US ZFFRG43A5S0099384
99385	348	Spider 95 Red/Tan LHD US ZFFRG43A7S0099385
99386	348	Spider 95 ZFFRG43A9S0099386
99387	348	Spider 95 Rossa Corsa/Tan LHD US ZFFRG43A0S0099387
99388	348	Spider 95 Rosso Corsa/Nero ZFFUA43B000099388
99389	348	Spider 94 Red/Black LHD EU ZFFUA43B000099389
99391	512	TR
99393	456	GT 94 Dark Blue/dark Blue LHD EU ZFFSD44B000099393
99394	456	GT 94 Giallo Modena then Titanium/black LHD EU ZFFSD44B000099394
99395	348	Spider 95 Red/Tan LHD US ZFFRG43AXS0099395
99396	348	Spider 95 Rosso Corsa/Beige LHD US ZFFRG43A1S0099396
99397	348	Spider 95 Rosso Corsa/Tan ZFFRG43A3S0099397
99398	348	Spider 95 Red/Tan LHD US ZFFRG43A5S0099398
99399	348	Spider 94 Red/Black
99400	348	Spider 94 Red/Black
99401	F40	LM #20/20 94 Red/Black w.Red cloth seats LHD
99402	512	TR 94 Nero Metallizzato/Grigio Chiaro RHD UK ZFFLA40C000099402
99405	456	GT 94 black/black LHD EU
99406	456	GT 94 Black/Black LHD EU ZFFSD44B00099406
99407	348	Spider 95 Rosso Corsa/Tan LHD US ZFFRG43A2S0099407
99408	348	Spider 95 Red/Tan LHD US ZFFRG43A4S0099408
99409	348	Spider 95 Rosso Corsa/Tan black top LHD US ZFFRG43A6S0099409
99410	348	Spider 95 Red/Black LHD EU ZFFUA43B000099410 ass. #16404
99412	348	Spider 94 Rosso/nero LHD EU ZFFUA43B000099412
99416	456	GT 94 Red/Black LHD EU
99417	512	TR 94 Red/Black probably 94417
99419	348	Spider 95 ZFFRG43A9S0099419
99420	348	Spider 95 Red/Tan LHD US ZFFRG43A5S0099420
99421	348	Spider 4/94 Rosso Corsa FER 300/12/tan boot LHD US ZFFRG43A7S0099421 ass. # 16452
99422	348	Spider 4/94 Red/Tan LHD US ZFFRG43A9S0099422
99428	456	GT 4/94 black/black ZFFSD44B000099428
99429	456	GT 4/94 Black/Tan ZFFSD44B000099429
99430	456	GT 4/94 Canna di Fucile/Black LHD EU ZFFSD44B000099430
99431	348	Spider 4/94 Red/Tan LHD US ZFFRG43AXS0099431
99432	348	Spider 4/94 Red/Tan LHD US ZFFRG43A1S0099432
99433	348	Spider 95 Rosso Corsa/Tan LHD US ZFFRG43A3S0099433
99434	348	Spider Red/Black
99437	F355	Berlinetta 94 Rosso Corsa/Crema Rosso Carpets RHD UK
99439	512	TR 94 Black/Black LHD EU ZFFLA40B0000
99442	456	GT 94 Red
99443	348	Spider 95 Red/Tan LHD US ZFFRG43A6S0099443
99444	348	Spider 95 Red/Tan LHD US ZFFRG43A8S0099444
99445	348	Spider 95 Red/Tan LHD US ZFFRG43AXS0099445
99446	348	Spider 95 ZFFRG43A1S0099446
99447	348	Spider 94 Yellow/Black LHD EU ZFFUA43B000099447 ass. # 16483
99448	348	Spider 94 Black/Black LHD EU ZFFUA43B000099448 ass. # 16468
99450	512	TR 94 Rosso Corsa/Black LHD EU ZFFLA40B000099450 99450FDE
99452	456	GT 94 Black/black LHD EU
99453	456	GT 94 Blu Swaters/Beige ZFFSD44B000099453
99454	456	GT 94 Black/Light Grey RHD UK
99456	456	GT 94 Red ZFFSD44B000099456
99457	348	ts
99458	348	Spider 95 Red/Tan LHD US ZFFRG43A8S0099458
99459	348	Spider 95 Red/Tan LHD US ZFFRG43AXS0099459
99460	348	Spider 95 Red/Beige LHD US black top ZFFRG43A6S0099460 ass. # 16504
99462	512	TR 94 Red/Crema RHD ZFFLA40C000099462 Testarossa nose
99463	512	TR 7/94 Rosso Corsa/Nero LHD CH ZFFLA40S000099463
99466	456	GT 94 Monaco Blue/Tan LHD
99467	348	Spider 94 Yellow/black LHD EU
99469	348	Spider 94 Red/Crema ZFFUA43C000099469
99470	348	Spider 95 Red/Tan LHD US ZFFRG43A9S0099470
99471	348	Spider 5/94 Red/Black LHD US ZFFRG43A0S0099471
99472	348	Spider 95 LHD US ZFFRG43A2S0099472
99473	F355	Berlinetta 94 Red/Black

s/n	Type	Comments
99474	512	TR 94 Red/Black LHD EU
99475	512	TR 94 Red/Black LHD ZFFLA40B000099475
99476	456	GT 95 Metallic Blue/Black LHD
99477	456	GT 94 Dark Blue/Crema LHD EU ZFFSD44B000099477
99479	348	Spider 94 blu Pozzi/blu scuro LHD EU
99481	348	Spider 95 Red/Black LHD US ZFFRG43A3S0099481
99482	348	Spider 95 Red/Black LHD US ZFFRG43A5S0099482
99483	348	Spider 6/94 Rosso Corsa/Black LHD US ZFFRG43A7S099483
99485	F355	Berlinetta 95
99486	512	TR 94 Red/Black RHD UK ZFFLA40C000099486 ass. # 16559
99487	512	TR 94 Red/Black RHD UK ZFFLA40C000099487
99488	456	GT 94 Nero Met (Fer 901/C) Nero LHD ZFFSD44B000099488 eng. # 36701 ass. # 16351
99489	456	GT 94 Red/Black LHD
99492	456	GT 94 Dark metallic Blue/Crema LHD CH ZFFSD44S000
99493	348	Spider 95 LHD US ZFFRG43AXS0099493
99494	348	Spider 95 Yellow/Black LHD US ZFFRG43A1S0099494
99495	348	Spider 95 Black/Black LHD US ZFFRG43A3S0099495
99496	348	Spider 94 Red/Tan LHD CH ZFFUA43S0000 ass. #16457
99498	512	TR 94 Red/Black LHD EU ass. # 16584
99499	512	TR 94 Black/Crema EU
99500	456	GT 95 Grey Blue LHD US ZFFSP44A3S0099500 ex-Mike Tyson
99501	456	GT 94 Black/Black
99502	456	GT 6/94 Blu Le Mans/Beige LHD EU ZFFSD44B000099502 99502XYF
99503	348	Spider 8/94 Rosso Corsa/Nero ZFFUA43B000099503
99504	348	Spider 94 Silver/Black RHD UK
99505	348	Spider 95 Black/black LHD US ZFFG43A2S0099505
99506	348	Spider F355 Spider conversion 95 black/black LHD US ZFFRG43A4S0099506
99507	348	Spider 95 Black/Black LHD US ZFFRG43A6S0099507
99508	F355	Berlinetta
99509	F355	Berlinetta 94 Red/Black
99510	512	TR 94 Red/Black LHD EU
99511	512	TR 94 Red/Tan RHD UK
99512	456	GT 94 Silver/Red LHD EU ZFFSD44B000099512
99514	456	GT 94 Black
99515	348	Spider 94 Blue Met./Crema
99516	348	Spider 94 Silver
99517	348	Spider 95 Black/BlackLHD US ZFFRG43A9S0099517
99518	348	Spider 5/94 black/black Black top LHD US ZFFRG43A0S0099518 Tubi
99519	348	Spider 5/94 Giallo Fer 102/ Black LHD US ZFFRG43A2S0099519
99521	F355	Berlinetta 94
99524	456	GT 94 Swaters Blue Crema LHD EU
99525	456	GT 94 Dark Blue/tan EU
99526	456	GT 94 Black/White RHD UK
99527	348	Spider 94 Red/Black LHD EU
99528	348	Spider 94 Giallo Modena/Nero ZFFUA43C000099528 shields
99529	348	Spider 95 Black/Black ZFFRG43A5S0099529
99530	348	Spider 95 Yellow/black LHD US ZFFRG43A1S0099530
99531	348	Spider LHD US ZFFRG43A3S0099531
99533	F355	Berlinetta 94 Red/Black ZFFPA41B000099533 ass. # 16582 99533NAK
99535	512	TR 94 Yellow/black
99536	456	GT 94 Red/Black LHD EU
99538	456	GT 6/94 dark/grey & clear grey ZFFSO44B000099358
99539	348	Spider 94 black/tan LHD EU ZFFUA43B000099539 ass. # 16544
99540	348	Spider 95 Giallo Modena/black LHD ZFFRG43A4S0099540,
99541	348	Spider 95 Yellow/black LHD US ZFFRG43A6S0099541
99542	348	Spider 95 LHD US ZFFRG43A8S0099542
99544	F355	Berlinetta 94 Dark Blue/Grey LHD ZFFPA41B000099544
99546	512	TR 94 Red/Tan LHD ZFFLA40B000099546
99548	456	GT 94 Blue/Crema LHD EU
99551	348	Spider 94 Red/Crema
99552	348	Spider 95 Giallo Modena/Black LHD ZFFUA43S000099552
98553	512	TR 94 modified into a F512 M
99554	512	TR
99555	F355	Berlinetta Challenge 94 Metallic black/black LHD EU
99558	348	Spider 94
99559	348	Spider 5/94 Yellow/Black LHD US ZFFRG43A3S0099559 ass. # 16592
99560	456	GT 94 black/tan LHD EU ZFFSD44B000099560
99561	456	GT 94 Swaters Blue/Crema
99562	456	GT 94 Black/black LHD EU
99563	F355	GTS 94 Red/Black LHD EU
99564	F355	Berlinetta 94 Red/Black Manual ZFFPA41B00099564 ass.# 16622 99564NXH
99565	F355	Berlinetta 94 Argento Metallizzato/Nero Manual ZFFPA41B000099565 ass.# 16654
99566	348	Spider 95 Black/Tan LHD US ZFFRG43A0S0099566
99567	348	Spider 95 LHD US ZFFRG43A2S0099567
99568	348	Spider 95 Black/tan LHD US ZFFRG43A4S0099568
99569	348	Spider 95 Black/tan LHD US ZFFRG43A6S0099569
99570	512	TR 94 Black/Black LHD EU
99571	512	TR 94 Red/Crema LHD EU
99572	456	GT 94 Blue/Blue LHD
99573	456	GT 94 Le Mans Blue/Crema LHD EU ZFFSD44B000099573
99574	456	GT
99575	348	Spider 94 Red/Black LHD ZFFUA43B000099575
99577	F355	Berlinetta 94 Red/Tan LHD EU
99578	348	Spider 95 Black/Tan LHD US ZFFRG43A7S0099578
99579	348	Spider 95 Black/Tan LHD US ZFFRG43A9S0099579
99580	348	Spider 95 Black/tan LHD US ZFFRG43A5S0099580
99581	348	Spider 94 Red/Black RHD
99582	512	TR
99584	456	GT 94 Dark Blue/dark Blue LHD EU ZFFSD44B000099584 99584ISX
99587	348	Spider 5/94 black/black LHD EU ZFFUA43B000099587
99589	F355	Berlinetta 94 Red/Tan ZFFPA41B000099589 99589NOC
99590	348	Spider 95 LHD US ZFFRG43A8S0099590
99591	348	Spider 95 LHD US ZFFRG43AXS0099591
99593	512	TR 94 Le Mans Blue RHD ZFFLA40D000099593 eng. #13379
99594	456	GT 94 Nero Tropicale/black LHD EU ass. # 16436
99595	456	GT 94 dark Blue/tan LHD
99597	348	Spider 94 Yellow/Black LHD EU ass. # 16579

s/n	Type	Comments
99598	F355	Berlinetta 94 Yellow/Black
99600	348	Spider 95 Red/Tan Black Top LHD US ZFFRG43A7S009960
99601	348	Spider 95 Red/Tan LHD US ZFFRG43A9S0099601
99602	348	Spider 95 LHD US ZFFRG43A0S0099602
99603	348	Spider 95 Red/Tan LHD US ZFFRG43A2S0099603
99604	512	TR 94 White/Tan LHD
99605	512	TR 94 Red/Crema RHD ZFFLA40C000099605
99606	456	GT 94 Rosso Monza/Black LHD EU
99608	456	GT
99612	348	Spider 95 Red/Tan LHD US ZFFRG43A3S0099612
99613	348	Spider 95 Rosso Corsa/Tan LHD US ZFFRG43A5S0099613
99614	348	Spider 95 Red/Tan LHD US ZFFRG43A7S0099614
99615	348	Spider 94 Red/Black ass. # 16730
99617	512	TR 94 Red
99618	456	GT 94 Dark Green/Brown LHD EU
99619	456	GT 94 Verde Mugello/Black LHD EU
99620	456	GT 94 dark brown/black LHD EU
99622	F355	Berlinetta 94 Red ZFFPA41B000099622
99623	F355	Berlinetta 95 Yellow LHD highly race modified
99624	348	Spider 95 LHD US ZFFRG43AXS0099624
99625	348	Spider 95 Red/Tan ZFFRG43A1S0099625
99627	348	Spider last 94
99630	456	GT 94 Silver grey/Tan LHD
99631	456	GT 94 silver Red stripe ZFFSD44B000099631
99632	456	GT 94 Rosso Monza/Grey RHD UK ZFFSD44C000099632 ass. # 16667
99633	F355	Berlinetta 94 Red White & Blue Silverstone Racing School livery/Black LHD Manual ZFFPA41B000099633
99634	348	GTB last 94
99635	F355	Berlinetta 95 Red/Black LHD EU ZFFUA43B000099410 ass. #16404
99636	348	Spider 95 ZFFRG43A6S0099636
99637	348	Spider 94 Red/Black ass. # 16605
99639	348	Spider 94 Yellow/black LHD EU
99641	512	TR 94 Red/Crema RHD
99642	456	GT 94 dark green/Crema & green LHD ZFFSD44JPN0099642
99643	456	GT 94 Verde Scuro FER 603/C/tan ZFFSD44B000099643 ass. #16552 99643HMM
99647	348	Spider 95 Red/Tan LHD US ZFFRG43A0S0099647
99648	348	Spider 95 Red/Tan LHD US ZFFRG43A2S0099648
99649	348	Spider 94 Yellow/black LHD EU
99650	348	Spider 94 Red/Black LHD EU
99656	456	GT 94 Blue/crema beige carpets ZFFSD44B000099656
99657	F355	Berlinetta 94 LHD EU
99659	348	Spider
99660	348	Spider 94 Anthracite/Black LHD EU
99661	348	Spider 94 Black/Black LHD ZFFUA43A000099661 ass.# 16711
99662	348	Spider 94 Red/Black LHD
99663	348	Spider 8/94 Rosso Corsa Crema
99664	F512	M FX Conversion 94 ZFFLA40C000099664
99665	F512	M FX Conversion 94 ZFFL40C000099665
99667	456	GT 94 anthracite/tan
99668	456	GT
99669	F355	Berlinetta 94 Red/Black LHD EU ZFFPA41B000099669 ass. # 16715 99669NYF
99672	348	Spider 95 Red/Tan LHD US ZFFRG43AXS0099672
99673	348	Spider 95 Red/Beige LHD US ZFFRG43A1S0099673
99675	348	Spider 94 Red/Black LHD EU
99676	F512	M 94 Red/Black EU ZFFVA40B000099676
99678	456	GT 94 bianco Avus/black LHD EU
99679	456	GT 94 Blue/Tan ZFFSD44B000099679
99682	F355	Berlinetta 94 Red/Tan LHD ZFFPA41B000099682
99683	F355	Berlinetta 94 Red/Tan LHD EU
99685	348	Spider 94 Red/Black LHD
99687	348	Spider 94 Yellow/Black LHD EU
99688	F512	M 94 Red/Black LHD EU
99689	F512	M 94 White/black LHD EU
99690	456	GT 94 Grey
99691	456	GT
99692	456	GT 94 Dark Blue/Beige LHD ZFFSD44S000099692
99693	F355	Berlinetta 94 chiaro Blue/dark tan Manual LHD EU ZFFPA41B000099693 ass. # 16727 99693NCV
99694	F355	Berlinetta 94 dark Blue/Black LHD
99695	348	Spider 94 Anthracite/Black RHD UK
99696	348	Spider 94 Rosso Corsa/Black LHD ZFFUA43B000099696 99696QIB
99697	348	tb 95
99698	348	Spider Serie Speciale 95 Red/Tan LHD US ZFFRG43A6S0099698
99699	348	Spider 95 Rosso Corsa Fer 300/12/Tan LHD US ZFFRG43A8S0099699 Ass. # 16655 Black Calipers
99702	456	GT 94 silver/black LHD EU ZFFSD44B000099702
99703	456	GT 94 Blue RHD ZFFSE44D000099703 eng. # F1161B37236
99704	F355	Berlinetta 94 Red/Black LHD EU
99705	F355	Berlinetta 95 Green LHD
99706	456	GT 95 LHD US ZFFSP44A1S0099706
99707	348	Spider 4/94 Rosso Corsa/Beige LHD US ZFFRG43A3S0099707
99708	348	Spider 95 LHD US ZFFRG43A5S0099708
99709	348	Spider 94 Red/Tan ZFFUA43S000099709
99710	348	Spider 94 Red/Black ass. # 16763
99711	348	Spider
99714	F355	Berlinetta 94 Red/Black LHD EU
99715	F355	Berlinetta 94 Red/Black & Red
99716	348	Spider 5/94 Rosso Corsa/Tan LHD US ZFFRG43A4S0099716
99717	348	Spider 5/94 ZFFRG43A6S0099717
99720	348	Spider 5/94 Red/Black LHD EU
99722	F512	M 5/94 Red/Black LHD EU ZFFVA40B000099722
99724	456	GT 5/94 Blue/Black EU
99725	456	GT 5/94 Black/Grey LHD
99727	F355	Berlinetta 5/94 Red/Black LHD EU
99728	F355	Challenge 5/94 Yellow
99729	348	Spider 5/94 Yellow/black LHD US ZFFRG43A2S0099729
99730	348	Spider 5/94 Yellow/black LHD US ZFFRG43A9S0099730
99731	348	Spider 5/94 LHD US ZFFRG43A0S0099731
99732	348	Spider 5/94 Red/Crema LHD ZFFUA43S000099732
99733	F512	M 5/94 Rosso/nero & Rosso LHD CH ZFFVA40B000099733
99735	456	GT 5/94 Blue/tan LHD US ZFFSP44A8S0099735
99736	456	GT 5/94 Silver/Black LHD ZFFSD44B000099736 Yellow stitching
99739	F355	Berlinetta 5/94 Red/Black
99740	348	Spider 5/94 Yellow/Black LHD US ZFFRG43A1S0099740
99741	348	Spider 5/94 Red/Tan LHD US ZFFRG43A3S0099741
99742	348	Spider 5/94 British Racing Green/Tan LHD US ZFFRG43A5S0099742
99743	512	TR last 94
99744	F512	M 95 Red/Tan LHD US ZFFVG40A5S0099744

s/n	Type	Comments
99745	348	Spider 94 Red RHD ZFFUA43D000099745 eng. # F115C37122
99748	456	GT 94 Black/Bordeaux LHD
99750	348	Spider 95 ZFFRG43A4S0099750
99752	348	Spider 94 Red/Black LHD
99754	348	Spider
99755	348	Spider 95 Red RHD UK ZFFUA43D000099755
99757	F512	M 95 Red/Tan LHD US ZFFVG40A3S0099757
99758	F512	M #3/75 95 Rosso Corsa/Tan LHD US ZFFVG40A5S0099758
99759	456	GT 94 Black/Black LHD
99761	456	GT 94 Dark grey/tan
99763	348	Spider 95 Red/Tan RHD UK ZFFUA43D000099763
99764	348	Spider 94 Red/Black
99765	348	Spider 94 Red/Black
99766	F355	Berlinetta 94 Silver/Black LHD EU ZFFPA41B000099766
99767	F355	Berlinetta 94 Red/Black LHD
99768	F355	Berlinetta 95
99769	F512	M 95 LHD US ZFFVG40AXS0099769
99770	F512	M 95 Red/Tan LHD US ZFFVG40A6S0099770
99774	348	Spider 95 Red/Black RHD ZFFUA43D000099774 eng. # F119H37193
99775	348	Spider 94 Red/Black LHD EU
99776	348	Spider 94 Red/Black LHD EU
99777	348	Spider 95 Yellow LHD SWE ZFFUA43S000099777
99782	F512	M 94 black/black LHD EU ZFFVAYB000099782 99782NPF
99783	456	GT 94 Dark Blue/Tan LHD EU, feat. in the movie "Ronin"
99784	456	GT 94 Dark Blue LHD
99785	456	GT 95 Blu Sera Metallic/Tan Manual LHD US ZFFSP44A1S0099785
99786	348	Spider 94 Black RHD ZFFUA43D000099786 eng. # F119H37228
99787	348	Spider 94 Red/Black LHD EU ZFFUA43B000099787
99788	F355	Berlinetta 94 Red/Black
99790	F355	Berlinetta 94 Red/Black LHD
99791	F355	Berlinetta Challenge 94 Red/Black then Yellow after Challenge Conversion then Rosso Corsa & White silver mirrors with Ital. stripe ZFFPA41B000099791 ass. # 16789
99792	F355	Berlinetta 94 Red RHD UK ZFFPA41C000099792
99793	F512	M 94 Red/Black LHD
99794	F512	M 94 Red/Black LHD EU ZFFVA40B000099794
99796	456	GT 94 Black/black LHD ZFFSD44B000099796
99798	348	Spider 94 Red RHD ZFFUA43D000099798 eng. # F119D37300
99800	F355	Berlinetta 94 Red/Black LHD EU
99801	F355	Berlinetta 94 Red/Black LHD EU
99802	F355	Berlinetta 94 Red/Black LHD EU
99804	F355	Berlinetta
99805	F512	M 94 Red/Black LHD
99807	456	GT 94 Verde Mugello met./cuoio LHD EU
99808	456	GT 94 Blue/Brown EU
99809	456	GT 94 Rosso Monza/grey LHD EU
99810	348	Spider 94 Grey LHD SWE ZFFUA43S000099810
99812	348	Spider 94 Red
99814	F355	Berlinetta 94 Rosso Corsa/Nero LHD EU ZFFPA41B000099814
99815	F355	Berlinetta 94 Red/Black LHD EU
99816	F355	Berlinetta 95 Rosso Corsa/Nero RHD UK Manual ZFFPA41C000099816
99817	F512	M 94 Red
99818	F512	M Paris Show Car 94 Red/Black EU ZFFVA40B00099818
99819	456	GT 94 Dark Blue/Black EU
99821	456	GT
99823	348	Spider
99824	F355	Berlinetta 94 Red/Black LHD EU
99825	F355	Berlinetta 94 Red/Black LHD EU
99826	F355	Berlinetta 94 Red/Black LHD EU
99827	F355	Berlinetta 94 Red/Black
99828	F355	Berlinetta 95 Prugna Metallizzato/Crema RHD UK ZFFPA41C000099828
99829	F512	M 96 black/Crema LHD EU
99830	F512	M 94 Red/Tan ZFFVA40B000099830
99832	456	GT 94 Dark Blue/tan LHD EU 99832MKP
99833	456	GT 94 Red
99835	348	ts
99837	F355	Berlinetta 94 Red/Black LHD
99838	F355	Berlinetta 94 Red/Black
99840	F355	Berlinetta Red/Crema RHD
99841	F512	M Red/Black LHD EU ZFFVA40B000099841 99841NES
99842	F512	M 1/95 Rosso Corsa/Nero LHD EU ZFFVA40B000099842
99843	348	tb Challenge 95 Red/Red LHD US ZFFRG35A4R0099843
99844	456	GT ZFFSD44C000099844
99846	348	Spider Yellow/Black LHD EU ZFFUA43B000099846 ass. # 16870
99847	348	Spider Giallo Modena/black RHD UK
99849	F355	Berlinetta Red/Black LHD manual ZFFPA41B000099849 99849OVO
99850	F355	Berlinetta Red/Black LHD
99854	F512	M Paris Show Car 94 Yellow/Black LHD EU
99855	456	GT 94 ZFFSD44B000099855
99857	456	GT Rosso Corsa 300/12/Black RHD ZFFSD44C000099857
99858	348	Spider
99860	F355	Berlinetta Red/Tan LHD
99861	F355	GTB Red/Black 99861YQY
99864	F355	Berlinetta
99865	F512	M Red/Black EU
99866	F512	M Spider Conversion by Lorenz & Rankl Red/Tan LHD CH ZFFVA40S000099866, Bernd Pischetsrieder
99868	456	GT Blue/Light Grey LHD
99869	456	GT ZFFSD44C000099869
99871	348	Spider
99873	F355	Berlinetta Red/Black
99874	F355	Berlinetta Red/Black LHD EU ZFFPA41B000099874 Ass # 16853
99875	F355	Berlinetta Red/Black LHD EU ZFFPA41B000099875
99876	F355	Berlinetta Red/Black LHD EU
99877	F512	M Red/Black LHD EU
99878	F512	M 94 Red/Black LHD EU ZFFVA40B000099878
99881	456	GT Dark Blue/Crema ZFFSD44S000
99882	348	Spider
99883	348	Spider Red/Crema RHD UK
99885	F355	Berlinetta Red/Black sport seats LHD ZFFPA41B000099885
99886	F355	Berlinetta Red/Black
99890	F512	M Red/Black CH
99891	456	GT black/light grey LHD EU
99893	F40	Competizione Conversion last, Red/Red cloth ZFFGJ34B000099893
99895	F512	M dark Blue then Rosso Corsa/Black LHD ZFFVA40B000099895 99895NZK
99898	F355	Berlinetta Red/Black, repainted silver? LHD EU
99899	F355	Berlinetta Red/Black ZFFPA41B000099899
99900	348	Spider dark Blue metallic (Blu scuro)/CremaLHD
99901	348	Spider Red/Crema RHD UK
99902	F355	Berlinetta 95 LHD US ZFFPR41A6S0099902
99904	F512	M Red/Black LHD EU ZFFVA40B000099904 99904NIG
99907	456	GT Green Tan RHD
99909	348	Spider Red/Crema LHD ZFFUA43B000099909
99912	F355	Berlinetta Red/Tan LHD

s/n	Type	Comments
99914	F355	Berlinetta 95 LHD US ZFFPR41A2S0099914
99916	F512	M Red/Black
99918	456	GT ZFFSD44B000099918
99919	456	GT
99920	348	Spider Red/Crema
99922	F355	Berlinetta 95 LHD US ZFFPR41A1S0099922
99925	F355	Berlinetta Silver/Black LHD EU ZFFPA41B000099925
99926	F355	Berlinetta Red/Black LHD EU
99927	F355	Berlinetta Red/Black
99929	456	GT Dark Blue/Tan LHD EU
99930	456	GT dark Blue/tan LHD ZFFSD44B000099930
99931	456	GT
99932	456	GT 94 Blue RHD ZFFSE44D000099932 eng. # 37481
99934	348	Spider Red/Black
99935	348	Spider
99936	F355	Berlinetta 95 LHD US ZFFPR41A1S0099936
99940	F512	M Red/Black LHD EU
99941	456	GT 95 Argento Nürburgring/Dark Blue LHD US ZFFSP44A0S0099941
99942	456	GT 95 Silverstone Green Tan LHD US ZFFSP44A2S0099942
99944	456	GT silver grey/black LHD EU
99945	456	GT Argento Nürburgring/Red ZFFSD44B0000
99948	F355	Berlinetta 95 Black/Black Manual LHD ZFFPR41A8S0099948 Quicksilver Exhaust
99951	F512	M RAI show car 95 Red/Black LHD EU ZFFVA40B0000 99951NSF ass. #17220
99952	F512	M 95 Rosso Corsa/black ZFFVA40B000099952
99953	456	GT Green
99954	456	GT Rosso Monza/Black RHD UK
99956	456	GT Dark Blue Beige LHD
99957	456	GT 95 Rosso Monza/tan LHD US ZFFSP44A4S0099957
99958	F355	Berlinetta 95 Canna di fucile/tan LHD US ZFFPR41A0S0099958
99959	F355	Berlinetta Red/Black LHD US
99960	348	Spider Black/Black LHD EU
99964	F512	M Red/Black LHD ZFFVA40B000099964
99966	456	GT 95 LHD US ZFFSP44A5S0099966
99968	456	GT Grey/Grey LHD EU
99970	456	GT ZFFSD44C000099970
99971	456	GT 94 Rosso Crema RHD ZFFSD44C000099971 ass. # 16950
99972	456	GT ZFFSD44C000099972
99973	F355	Berlinetta 95 Silver/Black LHD US ZFFPR41A7S0099973
99974	F512	M Red/Tan EU ZFFVA40B0000
99975	F512	M Red/Black EU
99977	456	GT 95 Swaters Blue/Crema LHD US ZFFSP44AXS0099977
99978	456	GT 95 Blue Metallic/Tan LHD US ZFFSP44A1S0099978
99979	456	GT Black/Bordeaux LHD EU ZFFSD44B000099979
99981	456	GT
99982	F355	Berlinetta 95 LHD US ZFFPR41A8S0099982
99983	F512	M Red
99985	456	GT Rosso Monza/black LHD EU
99987	456	GT 95 Rosso Monza/Tan LHD US ZFFSP44A2S0099987
99988	456	GT 95 Dark Blue/tan LHD US ZFFSP44A4S0099988
99989	456	GT Blue/Tan EU
99992	F512	M Red/Black LHD EU ZFFVA40B000099992 99992ZVN
99993	F512	M 94 Rosso Corsa/Nero & Red sports seats LHD EU ZFFVA40B000099993 ass. # 17264 99993NWA
99994	456	GT Dark met.Blue/Crema ZFFSD44B000099994
99995	456	GT Verde Silverstone/Cuoio LHD EU ZFFSD44B000099995 ass. # 16946
99996	456	GT dark Blue/tan ZFFSD44B000099996
99997	456	GT
99998	456	GT 95 Pozzi Blue/Beige LHD US ZFFSP44A7S0099998
99999	456	GT Argento, 99999 is probably multi-used by factory
99999	F50	Prototype #3 Ferrari Press Demo Car, Geneva & Tokyo show car Red/Red & Black LHD 99999 is probably multi-used by factory
99999	F50	Prototype #4 Red/Black & Red LHD EU ZFFTA46B000099999, 99999 is probably multi-used by factory
99999	F50	Prototype #5 99999 is probably multi-used by factory
99999	F50	Prototype #6 99999 is probably multi-used by factory
100000	F355	Berlinetta 95 Red/Tan RHD ZFFPR41D000100000 eng. # F129G38098
100004	F355	Berlinetta
100005	F355	Berlinetta 95 Red/Tan LHD US ZFFPR41A5S0100005
100007	F512	M 94 Red/Black EU
100008	F512	M 94 black/black
100011	456	GT 94 Canna di Fucile Met. FER 703/C/black
100012	456	GT 94 ZFFSD44C000100012
100013	F355	Berlinetta 94 Red/Black LHD
100014	F355	Berlinetta 94 Red/Black LHD
100016	F355	Berlinetta 95 LHD US ZFFPR41AXS0100016
100017	F355	GTS Red/Black A0017NHT
100020	F512	M 1994 Bologna show car 94 Yellow/Black LHD
100021	456	GT 94 Dark Blue/Black LHD ZFFSD44B0100021
100022	456	GT 94 Black/Black LHD
100023	456	GT 95 Red/Tan LHD US ZFFSP44A2S0100023
100024	456	GT 94 Blu Le Mans/Tan RHD
100027	F355	Berlinetta 94 Rosso Corsa/Black LHD EU ZFFPA41B000100027 ass. #16956 A0027QFQ
100028	F355	Berlinetta
100032	F512	M Hamann 94 Red/Red & black LHD EU ZFFVA40B000100032
100034	456	GT 94 LHD ZFFSD44B000100034
100035	456	GT 94 Silver/Black LHD
100036	456	GT 94 Dark Blue/Tan RHD
100037	F355	Berlinetta 95 LHD US ZFFPR41A7S0100037
100038	F355	GTS 94 Red/Black Colour coded roof ZFFPA42B000100038 A0038NZP
100040	F355	Berlinetta 94 Red/Black LHD EU ZFFPA41B000100040
100041	F355	Berlinetta 94 Rosso Corsa/black ZFFPA41B000100041
100042	F355	Berlinetta 94 Yellow/black LHD EU ZFFPA41B000100042 A0042EZE ass. # 16966
100043	F512	M 94 Argento Nürburgring 101/C/ FER 101/C ZFFVA40B000100043 ass. # 17510 eng. #37769
100045	456	GT 95 LHD US ZFFSP44A1S0100045
100048	456	GT
100049	F355	Berlinetta 94 Black/Black RHD UK ZFFPA41C000100049 A0049NAA Black calipers shields
100050	F355	Berlinetta 95 LHD US ZFFPR41AXS0100050
100051	F355	Berlinetta Challenge 94 ZFFPA41B000100051
100052	F355	Berlinetta 94 Yellow RHD
100054	F355	Berlinetta 94 Red LHD EU ZFFPA41B000100054
100056	F512	M 94 Red/Black
100057	F512	M 94 Red/Black
100059	456	GT 7/94 Canna di Fucile Met. FER 703/C/Tan LHD US ZFFSP44A1S0100059
100060	456	GT 94 Red/Crema RHD

s/n	Type	Comments
100062	F355	GTS 94 Red/Black LHD EU ZFFPA42B000100062
100063	F355	Berlinetta 94 Rosso Barchetta/Tan LHD EU
100065	F355	Berlinetta 94 Red/Black
100066	F355	GTS
100067	F355	Berlinetta 94 Red/Black LHD EU
100070	456	GT 94 Blu Pozzi 521 D.S./Crema
100071	456	GT 95 LHD US ZFFSP44A2S0100071
100072	F355	Berlinetta 94 Red/Crema RHD UK
100073	F355	Berlinetta 95 Red/Black LHD US ZFFPR41A0S0100073
100074	F355	Berlinetta 94 Red/Black
100075	F355	Berlinetta 94 Red/Tan LHD ZFFPA41B000100075
100077	F355	Berlinetta
100078	F355	Berlinetta 94 Red/Black LHD EU
100079	456	GT 95 Azzurro/Blue LHD US ZFFSP44A7S0100079
100081	456	GT 94 Red/Crema LHD
100082	F512	M 94 Red/Black & Red
100083	F512	M 94 Red/Black & Red ZFFVA40B000100083
100084	F355	Berlinetta 95 Yellow/Black LHD US ZFFPR41A5S0100084
100085	F355	GTS 94 Red/Black ZFFPA42B000100085
100087	F355	Berlinetta 94 Yellow/black
100088	F355	Berlinetta 94 Red/Black LHD
100090	F355	Berlinetta 94 Red LHD ZFFPA41B000100090
100091	456	GT 94 Dark Blue/Tan LHD
100092	456	GT 95 Verde Mugello/Beige Manual LHD US ZFFSP44AXS0100092
100093	F355	Berlinetta
100094	F512	M #6/75 95 Giallo Modena/Black US ZFFVG40AXS0100094
100096	F355	Berlinetta 94 Red/Red Manual ZFFPA41C000100096 Challenge rear grill ex-Sultan of Brunei Aftermarket Automatic Gearbox by Prodrive, later removed
100098	F355	Berlinetta 94 Dark Blue
100099	F355	Berlinetta 94 Red/Black LHD
100100	F355	Berlinetta 94 Yellow/Black ZFFPA41B000100100
100101	F355	Berlinetta 94 Blue ZFFPA41B000100101
100102	F355	Berlinetta 94 Black/Black LHD
100103	456	GT 95 Red LHD US ZFFSP44050100103
100104	456	GT 94 Canna di Fucile/Tan LHD
100105	456	GT 94 Grigio Ingrid 720/Crema RHD shields
100106	456	GT 95 LHD US ZFFSL44A1S0100106
100107	F512	M Hamann 94 Red/Black LHD black windows, Hamann wheels, front spoiler & rear spoiler
100108	F355	Berlinetta 95 LHD US ZFFPR41A4S0100108
100109	F355	GTS 94 Grey/Red
100111	F355	Berlinetta 94 Black/Bordeaux LHD EU
100112	456	GT 94 Yellow/Black LHD
100113	F355	Berlinetta 94 Red/Black LHD EU ZFFPA41B000100113 ass. # 17039
100116	456	GT 95 Black/Tan LHD US ZFFSP44A9S0100116
100118	456	GT 95 Blue/Tan LHD US ZFFSL44A8S0100118
100120	F355	Berlinetta 94 ZFFPA41C000100120
100121	F355	Berlinetta 95 Black/Tan LHD US ZFFPR41A7S0100121
100122	F355	Berlinetta 94 Red/Black LHD
100123	F355	Berlinetta 94 Rosso Corsa/Black LHD Manual ZFFPA41B000100123 A0123XSD
100125	F355	Berlinetta 94 Red/Black LHD EU
100128	456	GT 95 Black/Tan LHD US ZFFSP44A5S0100128
100129	456	GT 94 Green/Tan RHD
100131	F355	Berlinetta 94 Red Black & Red Sports seats LHD ass. #17653
100132	F355	Berlinetta 95 Swaters Blue/Tan LHD US ZFFPR41A1S0100132
100135	F355	Berlinetta 94 Yellow/Black
100136	F355	Berlinetta 94 Red/Black LHD
100139	456	GT 95 Black/Tan LHD US ZFFSP44A S0100139
100140	456	GT 95 Black/Black LHD US ZFFSP44A6S0100140
100141	456	GT 94 Blue/Beige LHD ZFFSD44S000100141
100142	456	GT 95 Rosso Monza Metallic/Tan LHD US ZFFSL44A5S0100142
100143	F512	M 94 Yellow/Black LHD EU
100144	F355	Berlinetta 10/94 Argento Nürburgring 101/C/Rosso Rosso Carpets
100147	F355	Berlinetta 95 LHD ZFFPA41B000100147
100150	F355	Berlinetta
100151	456	GT 95 Green/Tan LHD US ZFFSP44A0S0100151
100153	456	GT 94 Red LHD
100154	F512	M #8/75 9/94 Giallo Modena/Black ZFFVG40A2S0100154
100155	F355	Berlinetta 94 Red/Black ZFFPA41S000100155
100156	F355	Berlinetta 95 Gunmetal Grey/Tan LHD US ZFFPR41A4S0100156
100158	F355	Berlinetta
100163	456	GT 94 Red/Black
100164	456	GT 94 Verde Inglese/Tan LHD US ZFFSP44A9S0100164
100165	456	GT 94 black metallic/black
100166	456	GT 94 black/black LHD JP ZFFSD44JPN0100166
100168	F355	Berlinetta 94 ZFFPA41C000100168
100169	F355	Berlinetta 7/94 Rosso Fiorano Metallic/Black Manual ZFFPA41A2S0100169
100173	F355	Berlinetta 94 Red/Black LHD
100174	456	GT 94 Dark Blue/Grey LHD
100175	456	GT 94 Light Blue/Light Grey LHD ZFFSD44B000100175
100176	456	GT 95 LHD US ZFFSP44A5S0100176
100177	456	GT 94 Rosso Monza (FER 311/C)/Crema RHD ZFFSD44C000100177 Black calipers
100178	F512	M 94 Red/Black LHD EU
100180	F355	Berlinetta 95 Red/Tan LHD US ZFFPR41A1S0100180
100181	F355	GTS 94 Red LHD
100183	F355	Berlinetta 94 Red/Black LHD
100184	F355	Berlinetta 94 Red LHD SWE ZFFPA41S000100184
100185	F355	GTS 94 Red/Black LHD
100187	456	GT 95 Rosso Monza/Tan LHD US ZFFSP44AXS0100187
100188	456	GT 95 LHD US ZFFSP44A1S0100188
100191	F512	M 94 Red/Black LHD ZFFVA40B000100191
100192	F355	Berlinetta 94 RHD ZFFPA41C000100192
100194	F355	Berlinetta Red/Black LHD
100195	F355	Berlinetta 94 Red/Tan
100198	F355	GTS
100199	456	GT 95 Nero Carbone Metallizzato/Rosso ZFFSD44B000100199
100200	456	GT 95 Rosso Monza/Black LHD US ZFFSP44A9S0100200
100202	F512	M #9/75 95 Black/Tan LHD ZFFVG40A9S0100202
100203	F355	Berlinetta 94 Red/Black
100204	F355	Berlinetta 95 Red/Tan LHD US ZFFPR41A0S0100204
100205	F355	Berlinetta 94 Red/Black LHD
100206	F355	Berlinetta 94 Red/Black LHD EU Sports exhaust
100208	F355	GTS 94
100210	F355	GTS 94
100211	456	GT 95 LHD US ZFFSP44A3S0100211
100212	456	GT 95 Swaters Blue/Tan LHD US ZFFSP44A5S0100212
100213	456	GT 95 ZFFSD44C000100213 ex-Sultan of Brunei
100217	F355	Berlinetta 95 Red/Tan LHD ZFFPR41A9S0100217

s/n	Type	Comments
100219	F355	Berlinetta 95 Yellow/Black Manual LHD US ZFFPR41A2S0100219
100221	F355	Spider 94 Red/Black
100222	456	GT 95 Canna di Fucile Met. FER 703/C/tan LHD US ZFFSP44A8S0100222
100223	456	GT 94 Dark Blue/Tan LHD ZFFSD44S000100223
100225	F355	Berlinetta 94 Red/Black
100227	F355	Berlinetta 7/94 Red/Tan LHD US ZFFPR41A1S0100227
100228	F355	Berlinetta 95 Red/Black LHD US ZFFPR41A3S0100228
100230	F355	Berlinetta 94 LHD JP ZFFPA41JPN00100230
100232	456	GT 94 ZFFSL44A6S0100232
100233	456	GT 95 Canna di Fucile Met. FER 703/C/Dark Blue LHD US
100234	456	GT 95 Canna di Fucile/Blue LHD US ZFFSP44A4S0100234
100235	456	GT 95 Grigio Titanio/Black LHD US ZFFSP44A6S0100235
100236	456	GT 95 LHD US ZFFSP44A8S0100236
100241	F355	Berlinetta 95 LHD US ZFFPR41A6S0100241
100243	F355	Berlinetta 95 Red/Black LHD US ZFFPR41AXS0100243
100245	456	GT 94 Dark Blue/Black LHD
100246	456	GT 95 LHD US ZFFSP44A0S0100246
100247	456	GT 94 Rosso Monza/Tan LHD US ZFFSP44A2S0100247
100249	F355	Berlinetta 94 Red/Black LHD EU ZFFPA41B000100249
100250	F355	Berlinetta 95 Red/Black LHD US ZFFPR41A7S0100250
100251	F355	Berlinetta 95 Yellow/Black LHD US ZFFPR41A9S0100251
100252	F355	GTS 94 Red/Black LHD
100254	F512	M 95 Black/Tan LHD US ZFFVG40A6S0100254
100255	456	GT 94 Rosso Monza/black ZFFSD44S000100255
100257	456	GT 95 Rosso Monza/tan LHD US ZFFSP44A5S0100257
100258	456	GT 95 Rosso Monza/Tan LHD ZFFSP44A7S0100258
100260	F355	Berlinetta 94 Red/Black LHD
100263	F355	Berlinetta 95 LHD US ZFFPR41A5S0100263
100264	F355	Berlinetta 95 LHD US ZFFPR41A7S0100264
100269	456	GT 95 Burgundy/Grey Manual, LHD US ZFFSP44A1S0100269
100270	456	GT 95 Giallo Modena/black LHD US ZFFSP44A850100270
100271	F355	Berlinetta 10/94 Nero Carbone Metallizzato/Nero Manual ZFFPA41B000100271
100272	F355	Berlinetta 94 Red/Black LHD ZFFPA41B000100272 shields
100274	F355	Berlinetta 95 Red/Tan LHD US ZFFPR41AXS0100274
100275	F355	Berlinetta 95 Red/Black LHD US ZFFPR41A1S0100275
100277	F355	GTS 94 Red/Black LHD EU
100278	F355	GTS 94 Rosso Corsa/black colour-coded roof Manual LHD EU ZFFPA42B000100278 ass. # 17274 A0278NZT Challenge rear grill shields
100279	F512	M 94 Red/Black ZFFVA40B000100279
100280	456	GT 94 Dark Green/Brown LHD
100281	456	GT Cabriolet Conversion by Straman #1/3 95 Black/Black LHD US ZFFSP44A2S0100281
100282	456	GT 95 Black/Light grey LHD US ZFFSP44A4S0100282
100287	F355	Berlinetta 95 LHD US ZFFPR41A8S0100287
100288	F355	Berlinetta 95 Red/Tan LHD Manual ZFFPR41AXS0100288 challenge grill red calipers Tubi
100289	F355	GTS 94 Red/Black LHD EU ass. # 17275
100290	F355	GTS 94 Red/Black
100291	F512	M #11/75 95 Black/Beige LHD US ZFFVG40A1S0100291
100292	456	GT 94 LHD EU ZFFSD44B000100292
100294	456	GT 95 Argento Nürburgring 101/C/Black Manual LHD US ZFFSP44A0S0
100296	F355	Berlinetta 94 Red/Black LHD
100298	F355	Berlinetta 95 LHD US ZFFPR41A2S0100298
100299	F355	Berlinetta 95 LHD US ZFFPR41A4S0100299
100301	F355	GTS 94 Yellow/Black RHD ZFFPA42C000100301
100302	456	GT 94 Blu Le Mans/Crema LHD
100307	F355	Berlinetta 94 Red/Black LHD ZFFPR41B000100307
100308	F355	Berlinetta
100309	F355	Berlinetta 95 LHD CDN
100310	F355	Berlinetta 95 Red/Tan Manual LHD US ZFFPR41AXS0100310
100311	F355	Berlinetta 95 Red/Tan LHD US ZFFPR41A1S0100311
100314	456	GT
100315	456	GT 95 Silver/black LHD US ZFFSP44A4S0100315
100317	F355	Berlinetta 94 Silver/Red LHD EU
100318	F355	GTS 95 Red/Crema ZFFPA42C000100318 eng. #36300
100319	F355	Berlinetta 95 Red/Tan LHD US ZFFPS41A0S0100319
100321	F355	Berlinetta 9/94 Rosso Corsa/Black Manual LHD US ZFFPR41A4S0100321
100322	F355	Berlinetta 95 Red/Black LHD US ZFFPR41A6S0100322
100323	F355	GTS 94 Giallo Modena/black
100324	F512	M 5/96 Rosso Corsa/Nero ZFFVA40B000100324
100325	456	GT 94 Grey/Tan LHD US ZFFSP44A7S0100325
100328	F355	GTS
100329	F355	Berlinetta 95 Yellow/Black Manual LHD US ZFFPR41A9S0100329
100330	F355	Berlinetta 95 Yellow/black Manual LHD US ZFFPR41A5S0100330 temp. Challenge converted ex-Peter Sachs
100333	456	GT 95 Grey/Beige LHD US ZFFSP44A6S0100333
100334	456	GT 95 Grigio Titanio met./Tan LHD US ZFFSP44A8S0100334
100336	456	GT 94 Verde Mugello/Tan RHD
100337	F355	GTS 94 Rosso Corsa/tan
100339	F355	Berlinetta 95 Black/Black LHD US ZFFPR41A1S0100339
100340	F355	Berlinetta 95 Black/Black Manual LHD US ZFFPR41A8S0100340 Capristo Stage III exhaust Challenge Grill
100342	F355	Berlinetta 94 Red/Tan LHD
100343	F355	GTS 94 Red/Black LHD EU ZFFPB42B000100343 ass. # 17293
100345	456	GT 95 Canna di Fucile Met. FER 703/C/Tan LHD US ZFFSP44A2S0100345 Yellow calipers
100346	456	GT 95 Dark Blue/Tan LHD ZFFSP44A4S0
100347	456	GT 94 dark Metallic Blue/tan
100348	456	GT 95 dark Blue/tan LHD CH ZFFSP44A4S0100348
100351	F355	Berlinetta 95 LHD US ZFFPR41A2S0100351
100352	F355	GTS 94 Red/Crema RHD UK ass. # 17283
100353	F355	GTS 95 RHD UK
100354	F355	Berlinetta 95 Black LHD US ZFFPR41A8S0100354
100355	456	GT 94 Dark Blue/Tan LHD
100357	456	GT 95 LHD US ZFFSP44A9S0100357
100358	456	GT 95 LHD US ZFFSP44A0S0100358
100360	456	GT 95 Rosso/Grigio RHD ass. # 17497 eng. # 37884

s/n	Type	Comments
100363	F355	Berlinetta 95 Black/Tan Manual LHD US ZFFPR41A9S0100363
100364	F355	Berlinetta 95 Black/Grey LHD US ZFFPR41A0S0100364
100365	F355	Berlinetta 95 Red/Tan manual LHD US ZFFPR41A2S0100365
100366	F355	Berlinetta 95 Red/Black LHD CDN ZFFPS41A9S0100366
100368	F355	Spider 97? charcoal/black
100369	456	GT 95 Swaters Blue/Tan LHD US ZFFSP44A5S0100369
100370	456	GT 94 black/grey
100373	F355	Berlinetta 94 dark Red/Tan
100376	F355	Berlinetta 95 Red/Tan Manual LHD US ZFFPR41A7S0100376
100377	F355	Berlinetta 9/94 Rosso Corsa/Beige LHD US ZFFPR41A9S0100377
100380	F512	M 95 Red/Tan LHD US ZFFVG40A0S0100380
100381	456	GT 95 Dark Green/Tan LHD ZFFSP44A0S0100831
100382	550	Maranello 94 Red ZFFZR49B000100382
100383	456	GT 95 LHD US ZFFSP44AXS0100383
100384	F355	Berlinetta 94 Dark Blue/Black LHD
100385	F355	Berlinetta Challenge 9/94 Rosso Corsa then Silver/Red seats LHD US ZFFPR41A8S0100385
100386	F355	Berlinetta 9/94 Rosso Corsa/Beige LHD US ZFFPR41AXS0100386
100387	F355	Berlinetta 95 Red/Tan LHD US ZFFPR41A1S0100387
100391	F512	M 94 Rosso Corsa/Black LHD ZFFVA40B000100391 A0391NHX
100393	456	GT 9/94 British Racing Green/beige LHD US ZFFSP44A2S0100393
100394	456	GT 95 Green/Tan LHD US ZFFSP44A4S0100394
100396	F355	Berlinetta 94 Black/Black LHD ZFFPA41C000100396
100397	F355	Berlinetta 95 LHD US ZFFPR41A4S0100397
100398	F355	Berlinetta 95 Rosso Corsa/Tan Manual LHD US ZFFPR41A6S0 challenge grille
100399	F355	GTS
100402	F512	M 94 Red
100404	F355	GTS 94 Blue/Crema
100405	456	GT 95 Verde Silverstone/Tan LHD US ZFFSP44A5S0100405
100406	456	GT 95 Metallic Black/Tan LHD ZFFSP44A7S0100406
100408	F355	Berlinetta 94 Yellow/black
100410	F355	Berlinetta 95 Red/Tan Manual LHD US ZFFPR41A3S0100410
100411	F355	Berlinetta 95 Rosso Corsa/Tan LHD Manual US ZFFPR41A5S0100411
100414	F512	M 95 Red/Tan LHD US ZFFVG40A2S0100414
100415	456	GT 95 Silver/Black LHD
100417	456	GT 95 Green/Crema ZFFSP44A1S0100417
100418	456	GT 95 Blue/Tan LHD US ZFFSP44A3S0100418
100420	F355	Berlinetta 95 Red/Tan LHD US ZFFPR41A6S0100420
100421	F355	Berlinetta 95 LHD US ZFFPR41A8S0100421
100422	F355	Berlinetta 95 Red/Tan manual LHD US ZFFPR41AXS0100422
100423	F355	Berlinetta 95 Red/Black Manual LHD CDN ZFFPS41A6S0100423
100424	F355	GTS 94 Red/Black ZFFPA42B000100424
100425	F512	M 94 Rosso Corsa/nero & Rosso
100427	456	GT 94 Rosso Monza/Crema LHD
100428	456	GT 95 Swaters Blue/Tan LHD US ZFFSP44A6S0100428
100429	456	GT 95 LHD US ZFFSP44A8S0100429
100432	F355	Berlinetta 9/94 Red/Tan LHD US ZFFPR41A2S0100432 Challange Grill
100433	F355	Berlinetta Competition Conversion by Servizio, FL 95 Red/Red & black LHD US ZFFPR41A4S0100433 ass. # 17465
100434	F355	Berlinetta 94 Rosso Fiorano/Bordeaux LHD
100437	456	GT 95 Dark Blue/Tan LHD EU ZFFS044B000100437
100438	456	GT 95 LHD US
100439	456	GT 95 Swaters Blue/Tan LHD ZFFSP44A0S0100439
100441	F355	Berlinetta 95 Red/Tan Manual LHD US ZFFPR41A3S0100441
100442	F355	Berlinetta 95 Red/Tan LHD US ZFFPR41A5S0100442
100443	F355	Berlinetta 95 LHD US ZFFPR41A7S0100443
100444	F355	GTS
100445	F355	GTS 94 Red/Black
100446	F355	GTS 94 Red/Black EU ZFFPA42B000100446
100447	F512	M 95 Rosso Corsa/Beige LHD US ZFFVG40A6S0100447
100449	456	GT 95 Blu Tour de France 522/Cuoio LHD US ZFFSP44A3S0100449
100450	456	GT 95 Grey/Tan LHD US ZFFSP44A S0100450
100451	F355	Berlinetta 94 Red/Black LHD ZFFPA41B000100451 Challenge grill shields
100452	F355	Berlinetta 94 Yellow/black Manual RHD ZFFPA41C000100452
100453	F355	Berlinetta 95 Rosso Corsa/Nero Manual LHD US ZFFPR41AXS0100453
100454	F355	Berlinetta 95 Red/Black Manual LHD US ZFFPR41A1S0100454
100455	F355	Berlinetta 95 Red/Beige LHD CDN ZFFPS41A8S0100455
100457	F355	GTS 94 Red/Black
100458	F355	GTS 94 Red/Crema Manual LHD ZFFPA42B000100458 Challenge rear grill shields
100459	F512	M 94 Red/Black LHD EU
100460	456	GT 94 dark Metallic Blue/White
100461	456	GT 94 Blu Tour de France 522/tan
100462	456	GT 95 LHD US ZFFSP44A6S0100462
100463	F355	Challenge 95 Red/Black LHD US
100464	F355	Berlinetta 94 Yellow then Red LHD
100465	F355	Berlinetta 95 Rosso Corsa/Black Manual LHD US ZFFPR41A6S0100465
100466	F355	Berlinetta 95 Red/Black LHD US ZFFPR41A8S0100466
100470	F355	GTS 94 Red/Black LHD
100471	F355	GTS 94 Rosso Corsa/black LHD EU
100472	F512	M 95 LHD US ZFFVG40A5S0100472
100473	456	GT 94 Green LHD
100474	456	GT 95 LHD US ZFFSP44A2S0100474, ex Charlie Sheene
100475	456	GT 95 Grey/Tan LHD US ZFFSP44A4S0100475
100476	F355	Berlinetta 94 dark Red/Tan LHD ZFFPA41B000100476
100477	F355	Berlinetta
100478	F355	Berlinetta 95 dark Red/Tan LHD US ZFFPR41A4S0100478
100479	F355	Berlinetta 95 Rosso Monza/Tan LHD US ZFFPR41A6S0100479
100480	F355	GTS 94 Red/Black LHD EU
100482	F355	GTS 95 Red/Tan colour coded roof Manual LHD ZFFPA42B000 ass. # 17463
100483	F512	M #14/75 95 Grigio/Beige LHD US ZFFVG40AXS0100483
100484	456	GT 95 Verde Silverstone Met. FER 607/Tan ZFFSP44A5S0100484
100485	456	GT 95 Blue/Tan LHD US ZFFSP44A7S0100485
100487	F355	Berlinetta 94 Dark Blue/tan
100488	F355	Berlinetta 95 Yellow/Black LHD US ZFFPR41A7S0100488
100489	F355	Berlinetta 95 Yellow/Black LHD US ZFFPR41A9S0 Yellow calipers challenge grill

s/n	Type	Comments
100490	F355	GTS 95 Yellow/Black RHD
100494	456	GT 94 Black/Black LHD
100495	456	GT 95 Verde Silverstone/Tan LHD US ZFFSP44AXS0100495
100496	F355	GT 94 Red/Black, 512 front, rear spoiler
100497	F355	Berlinetta 95 Yellow/beige LHD US ZFFPR41A8S0100497 Tubi
100498	F355	Berlinetta 95 Black/black LHD US ZFFPR41AXS0100498 Tubi
100501	F355	GTS 94
100505	456	GT 94 Silver/black ZFFSD44B000100505
100506	456	GT 95 LHD US ZFFSP44A0S0100506
100507	456	GT 95 Dark Green LHD US ZFFSP44A2S0100507
100508	F355	Berlinetta 95 Black/Tan Manual LHD US ZFFPR41A9S0100508 Challenge Grille
100509	F355	Berlinetta 95 Red/Tan LHD CDN ZFFPS41A5S0100509
100510	F355	Berlinetta 94 RHD
100514	F355	Berlinetta 94 Silver/Red ZFFPA41B000100514
100519	456	GT 94 dark Metallic Blue/Crema
100522	F355	GTS 94 Yellow/black & Yellow sports seats ZFFPA42B000100522 ass. # 17506 A0522NIB
100523	F355	Berlinetta 95 Red/Black ZFFPA41B000100523
100525	F355	Berlinetta 94 Red/White RHD ZFFPA41C000100525 shields
100526	F355	Berlinetta 94 Red/White RHD UK
100527	456	GT
100528	F512	M 95 Rosso Corsa/Beige LHD US ZFFVG40A6S0100528
100530	456	GT 94 dark Blue/Crema LHD EU
100534	F355	Berlinetta 94 Yellow LHD
100536	F355	GTS 94 Blu Tour de France/Dark Blue RHD UK ZFFPA42C000100536 ass. # 17529
100537	F355	Challenge 95 Red/Tan LHD CDN ZFFPS41AXS0100537
100538	F355	Berlinetta 95 Black/Light Grey LHD US ZFFPR41A7S0100538
100539	F355	Berlinetta 95 LHD US ZFFPR41A9S0100539
100540	F512	M #18/75 Rosso Corsa/Beige LHD US ZFFUG40A7S0100540
100541	456	GT 95 Black/Tan LHD US ZFFSP44A2S0100541
100542	F355	Berlinetta 95 LHD US
100544	F355	Berlinetta 94 Rosso Corsa/Black Manual ZFFPR41B000100544 ass. #17378 A0544KIE
100545	F355	Berlinetta 94 Red/Black shields
100547	F355	Berlinetta 94 Red LHD
100548	F355	GTS 94 Yellow/Black & Yellow RHD UK
100550	F355	Berlinetta 95 Red/Tan LHD US ZFFPR41A8S0100550
100551	F355	Berlinetta 95 LHD US ZFFPR41AXS0100551
100553	F355	GTS 95 Red RHD ZFFPA42D000100553 eng. # F129B38043
100554	F512	M 94 RHD UK ZFFVA40B000100554
100557	F355	Berlinetta 94 Yellow/Black LHD
100558	F355	Berlinetta 94 Red/Black LHD
100560	F355	GTS 94 Red/Black LHD
100563	F355	Berlinetta 95 Red/Tan LHD US ZFFPR41A6S0100563
100564	F355	Berlinetta 95 Red/Tan LHD US ZFFPR41A8S0100564
100565	F512	M 94 Red/Black EU
100566	F512	M 95 Red/Tan LHD US ZFFVG40A3S0100566
100567	456	GT 94 Silver/Black LHD
100569	456	GT 94 Le Mans Blue/Tan LHD ZFFSD44B000100569 A0569SFD
100570	F355	Berlinetta 94 Red/Tan LHD
100571	F355	Berlinetta 10/94 Rosso Corsa/Nero ZFFPR41B000100571
100573	F355	GTS 94 grey metallic/black
100574	F355	Berlinetta 94 Red/Black RHD UK ZFFPA41C000100574
100575	F355	Berlinetta 10/94 Red/Tan LHD US ZFFPR41A2S0100575
100576	F355	Berlinetta 95 Red/Tan LHD US ZFFPR41A4S0100576
100577	F512	M 94 Red/Black & Red EU
100578	456	GT 94 Dark Blue/Black LHD
100579	456	GT 95 Le Mans Blue/Crema RHD ZFFSD44C000100579 eng. # 38051 ass. # 17720
100580	456	GT 95 Rosso Monza/Tan LHD US ZFFSP44A1S0100580 Yellow Calipers
100581	F355	Berlinetta 94 ZFFDA41C000100581
100584	F355	Berlinetta 95 LHD CDN ZFFPS41A8S0100584
100585	F355	Berlinetta 95 Red/Tan manual LHD US ZFFPR41A5S0100585 Tubi rear challenge grill
100586	F355	Berlinetta 95 Red/Tan LHD US ZFFPR41A7S0100586
100588	456	GT 94 Dark Blue Met./tan RHD ZFFSE44D000100588 eng. # F116B37933
100589	456	GT 94 Verde Silverstone Met. FER 607/tan LHD CH ZFFSD44S000
100590	F512	M #20/75 95 Red/Beige LHD US ZFFVG40A0S0100590
100593	F355	Berlinetta 3/95 Rosso Corsa/Beige Manual LHD US ZFFPR41A4S0100593
100594	F355	Berlinetta 95 Red/Black LHD US ZFFPR41A6S0100594
100595	F355	Berlinetta 94 Red/Crema LHD ZFFXR41B000100595
100598	F512	M 94 Red/Black LHD
100599	456	GT 94 Dark Blue/Crema LHD
100600	456	GT 95 Le Mans Blue/crema blu medio upper dash & inserts LHD US ZFFSP44A3S0100600
100602	F512	M #21/75 95 Red/Tan LHD US ZFFVG40A3S0100602
100603	F355	Berlinetta 94 ZFFPA41C000100603
100606	F355	Berlinetta 95 LHD CDN ZFFPS41A3S0100606
100607	F355	Berlinetta 95 Black/Black LHD US ZFFPR41A0S0100607
100608	F355	Berlinetta Challenge 95 Red Yellow stripe/black & Red LHD US ZFFPR41A2S0100608
100612	456	GT 95 Azzurro Hyperion/Grigio Scuro RHD ZFFSD44C000100612
100613	456	GT 95 LHD US ZFFSL44A7S0100613
100614	F355	Berlinetta 94 Red/Crema RHD
100615	F355	Berlinetta 95 LHD CDN ZFFPS41A4S0100615
100616	F355	Berlinetta 95 Red/Black LHD US ZFFPR41A1S0100616
100617	F355	Berlinetta 95 LHD US ZFFPR41A3S0100617
100618	F355	Berlinetta 94 Red/Black
100619	F355	Berlinetta 94 Red/Black
100621	F355	GTS 94 Yellow/Black LHD EU
100622	F355	GTS 94 dark Metallic Blue/black LHD EU ZFFPR41B000100622
100623	456	GT 94 Le Mans Blue/Dark Blue LHD ZFFSD44B0000100623
100624	456	GT 95 LHD US ZFFSP44A6S0100624
100626	F512	M #22/75 95 Red/Beige LHD US ZFFVG40A6S0100626 Eng. # 38220 Tubi
100627	F355	Berlinetta
100629	F355	Berlinetta 95 LHD CDN ZFFPS41A4S0100629
100630	F355	Berlinetta 95 Yellow/Black LHD US ZFFPR41A6S0100630 Tubi exhaust
100631	F355	Berlinetta 95 dark Red/Beige LHD US ZFFPR41A8S0100631
100633	F355	GTS 94 Dark Blue/Crema LHD EU
100634	F355	GTS 94 Yellow/black
100635	456	GT 94 dark Blue met./black
100638	F512	M 95 LHD US ZFFVG40A2S0100638
100639	F355	Berlinetta 95 Yellow/black LHD CDN ZFFPS41A7S0100639
100640	F355	Berlinetta 95 LHD US ZFFPR41A9S0100640

s/n	Type	Comments
100641	F355	Berlinetta 95 Rosso Barchetta/Tan LHD US ZFFPR41A0S0100641
100642	F355	Berlinetta 94 Red/Black ZFFPA41B000100642
100643	F355	Berlinetta 94 Red/Black LHD EU ZFFPA41B000100643 A0643DUM
100645	F355	GTS 94 Red/Black
100646	F512	M 94 Red/Black LHD EU
100647	456	GT 94 Red/Black LHD
100648	456	GT 95 LHD US ZFFSP44A9S0100648
100652	F355	Berlinetta 95 LHD CDN ZFFPS41AXS0100652
100653	F355	Berlinetta 10/94 Yellow/Black LHD US ZFFPR41A7S0100653
100654	F355	Berlinetta 95 Red/Beige & Tan ZFFLHD US PR41A9S0100654
100655	F355	Berlinetta 94 Red/Black sport seats A0655IHK
100656	F355	Berlinetta 94 Red/Black LHD EU
100658	F355	GTS 94 Red/Black
100659	456	GT 94 Rosso Monza/Black LHD
100661	456	GT 95 LHD US ZFFSL44A7S0100661
100662	F512	M #24/75 95 Red/Black LHD US ZFFVG40AXS0100662
100663	F355	Berlinetta
100664	F355	Berlinetta 95 LHD CDN ZFFPS41A6S0100664
100665	F355	Berlinetta 95 Yellow/black LHD US ZFFPR41A3S0100665
100666	F355	Berlinetta 95 Rosso Barchetta/Tan Manual LHD US ZFFPR41A5S0100666
100669	F355	Berlinetta 94 LHD
100670	F355	GTS 94 LHD EU
100672	456	GT 94 Dark Blue/Crema LHD
100673	456	GT 95 Blue/Crema LHD US ZFFSP44A8S0100673 ass. # 17719
100675	F512	M 95 LHD US ZFFVG40A8S0100675
100676	F355	GTS
100678	F355	Berlinetta 95 Silver/Black LHD US ZFFPR41A1S0100678
100679	F355	Berlinetta 95 Rosso Barchetta/Beige Manual LHD US ZFFPR41A3S0
100680	F355	Berlinetta 94 dark Red/Tan LHD
100682	F355	GTS 94 Red/Black LHD
100685	456	GT 94 ZFFSD44B000100685
100686	456	GT 94 Dark Blue/Black RHD
100687	456	GT 94 dark Green/Tan LHD ZFFSD44S000100687
100688	F355	GTS
100689	F355	Berlinetta 95 Rosso Barchetta/Tan LHD US ZFFPR41A6S0100689
100690	F355	Berlinetta 95 Rosso Barchetta/Tan then Yellow/black LHD US ZFFPR41A2S0
100691	F355	Challenge
100692	F355	Berlinetta 94 Yellow/black
100694	F355	GTS 94 Red/Black
100695	F355	GTS 11/94 Giallo Modena/Nero colour coded roof Manual ZFFPA42B000100695
100696	F355	GTS 94 Red/Black colour-coded roof LHD EU ZFFPA42B000100696 Black calipers Challenge rear grill shields
100697	F355	GTS 94 Red/Black ZFFPA42B000100697
100700	456	GT 95 Blue/Crema LHD US ZFFSP44A7S0100700
100701	456	GT 95 LHD US ZFFSL44A4S0100701
100702	F512	M 95 Rosso Monza/Tan LHD US ZFFVG40A7S0100702
100704	F355	Berlinetta Challenge 10/94 Rosso Barchetta & Yellow/Tan Red sports seats LHD US ZFFPR41A9S0100704 ass. # 17663
100705	F355	Berlinetta 95 Red/Tan LHD US ZFFPR41A0S0100705
100706	F355	Berlinetta 94 Yellow/Black
100707	F355	Berlinetta 94 LHD
100708	F355	GTS 94 Red/Black
100709	F355	GTS 94 Rosso Corsa/Black colour-coded roof LHD ZFFPA42B000100709 shields
100711	F355	GTS 94 Red/Black LHD
100712	F355	GTS 95 Rosso Corsa/black LHD EU ZFFPA42B000100712
100713	F355	GTS 94 Red/Black LHD EU
100714	F355	Berlinetta 94 Blu Le Mans/Nero Nero Carpets
100716	456	GT 95 LHD US ZFFSP44A0S0100716
100717	456	GT 95 Nero Carbone Metallizzato/Beige LHD CDN ZFFSL44A8S0100717
100718	F512	M #27/75 95 Black/Tan LHD US ZFFVG40A0S0100718
100720	F355	Berlinetta 95 Red/Tan LHD US ZFFPR41A7S0100720
100721	F355	Berlinetta 95 Red/Tan LHD US ZFFPR41A9S0100721
100723	F355	Berlinetta 94 Yellow/black ZFFPA41B000100723
100724	F355	GTS 2/95 Rosso Corsa/Nero ZFFPA42B000100724
100725	F355	GTS 94 Red/Black LHD EU ZFFPA42B000100725
100726	F355	GTS 94 Red/back LHD EU
100727	F512	M 94 Red/Black EU
100728	456	GT 94 Black/Black LHD
100729	456	GT
100730	456	GT 95 Nero Carbone Metallizzato/Grigio Chiaro LHD CH ZFFSD44S000100730
100732	F355	Berlinetta 95 LHD ZFFPR41A3S0100732
100733	F355	Berlinetta 95 LHD ZFFPR41A5S0100733
100736	F355	Berlinetta 94 Yellow/Black Sports seats Yellow seat centres LHD Manual ZFFPA41B000100736
100737	F355	GTS 95 Red/Black LHD EU Manual ZFFPA42B000100737
100738	F355	GTS 94 Yellow/black ZFFPA42B000100738 ass. # 17668
100739	F355	GTS 12/94 Red/Black
100741	456	GT 95 Dark Blue/Crema LHD US ZFFSP44AS0100741
100742	456	GT 11/94 Verde Mugello Metallic/Tan LHD US ZFFSP44A1S0100742
100743	F512	M 95 LHD US ZFFVG40AXS0100743
100745	F355	Berlinetta 95 Red/Tan LHD US ZFFPR41A1S0100745
100746	F355	Berlinetta 95 Red/Tan Manual LHD US ZFFPR41A3S0100746 Tubi Challenge Grill
100747	F355	Berlinetta 94 Red/Black LHD ass. # 17490
100748	F355	Berlinetta 94 Red/Black LHD ass. # 17491
100755	456	GT 95 Rosso Barchetta/Tan LHD US ZFFSP44AXS0100755
100756	F512	M #28/75 grey/tan LHD US
100757	F355	Berlinetta 95 Red/Tan LHD US ZFFPR41A8S0100757
100758	F355	Berlinetta 95 Red/Tan LHD US Manual ZFFPR41AXS0100758
100759	F355	Berlinetta 4/95 Rosso Corsa/Nero ZFFPA41B000100759
100760	F355	Berlinetta modified by Hankook 94 Red/Black
100761	F355	Berlinetta 95 Yellow/Black Black carpets
100763	F355	GTS 94 Red/Black ZFFPA42B000100763 Challenge rear grill
100770	F355	Berlinetta 95 Red/Tan LHD US ZFFPR41A0S0100770
100771	F355	Berlinetta 10/94 Red/Black Manual LHD US ZFFPR41A2S0100771
100773	F355	GTS 94 Red/Black
100774	F355	GTS
100775	F355	GTS 95 Nero 901/C/Cartier Red colour coded roof ZFFPA42B000100775
100776	456	GT 95 Dark Blue Metallic/Tan LHD US ZFFSP44A7S0100776
100778	456	GT 95 dark Red/Tan LHD US ZFFSP44A0S0100778 Tubi
100779	F512	M Red/Black & Red EU ZFFVG40B0000100779
100780	F512	M 95 Red/Tan LHD US ZFFVG40A5S0100780

s/n	Type	Comments	s/n	Type	Comments
100782	F355	Berlinetta Rosso Barchetta/tan	100865	456	GT 95 dark Red/Tan LHD US ZFFSP44A6S0100865
100785	F355	GTS Red/Black			
100786	F355	GTS Red/Tan	100867	456	GT silver/black
100787	F355	GTS Red/Black manual ZFFPA42B000100787	100868	F355	Berlinetta 95 Red/Tan Manual LHD US ZFFPR41A6S0100868
100790	F355	GTS Red/Black LHD manual ZFFPA42B000100790	100869	F355	GTS
100792	F355	GTS Red/Tan LHD EU	100872	F355	GTS 95 Rosso Corsa/Nero ZFFPA42B000100872
100794	456	GT Verde Silverstone Met. FER 607/tan	100873	F355	GTS
100795	456	GT 95 Blue/Tan LHD US ZFFSP44A0S0100795 Shields	100874	F355	GTS Rosso Barchetta/Black
			100876	F512	M Red/Black & Red LHD EU
100796	456	GT Blu Le Mans/GrigioBlack Carpets 06.01.95	100877	456	GT 95 LHD US ZFFSP44A2S0100877
100797	F512	M 95 LHD US ZFFVG40A0S0100797	100878	456	GT ZFFSD44C000100878
100799	F512	M LHD	100881	F355	Berlinetta 95 Red LHD SWE ZFFPA41S000100881
100801	F355	Berlinetta Red/Black Sport seats A0801DMW			
100802	F355	Berlinetta 95 Silver/Black LHD	100882	F355	GTS Red/Red & Yellow Seats
100803	F355	Berlinetta Red/Black LHD EU	100884	F355	GTS Red/Tan LHD
100804	F355	Berlinetta Challenge 95 silver/black then Silver Yellow & Red stripe LHD US ZFFPR41A2S0100804	100885	F355	GTS 95 Red/Black LHD
			100886	F355	GTS Yellow/Black Manual ZFFPA42B000100886
100805	F512	M 96 Red ZFFVA40D000100805 eng. # 34485	100888	F355	Berlinetta 95 Burgundy Beige LHD US ZFFPR41A1S0100888
100806	550	Maranello 95 Silver LHD			
100807	456	GT 95 Blue RHD ZFFSE44D000100807	100890	456	GT Cabriolet Conversion by Straman #2/3 95 Swaters Blue/tan ZFFSP44A550100890
100809	F355	GTS Yellow/Black			
100812	F355	Berlinetta Red Black-Red RHD	100892	F355	Berlinetta 95 LHD US ZFFPR41A3S0100892
100813	F355	Berlinetta Red/Black LHD EU	100894	F355	GTS 95 Red/Tan LHD EU ZFFPA42B000 ass. # 18077 A0894WDW
100815	F355	Berlinetta			
100816	F355	Berlinetta 95 Red/Black Manual LHD US ZFFPR41A9S0100816	100895	F355	GTS 2/95 Rosso Corsa/Nero Manual ZFFPA42B000100895
100817	F512	M Red/Black LHD EU	100896	F355	GTS Red/Crema
100819	456	GT 95 Red/Tan LHD US ZFFSP44AXS0100819	100897	F355	Berlinetta LHD
100822	F355	Berlinetta Red Black& Red seats colour coded roof LHD ZFFPA42B000100822 modified front spoiler black non-original wheels rear spoiler modified rear gril	100898	F355	GTS Red/Black
			100900	F512	M 95 Yellow/Black ZFFVA40B000100900
			100902	456	GT Blue/Crema
			100903	456	GT 95 Giallo Modena (Fer 102)/Beige (A 4208-Tan) ZFFSD44C000100903 eng. # 38395 ass. # 18019 aluminium calipers
100823	F355	Berlinetta silvergrey metallic/black			
100825	F50	pre-series Model, Red LHD			
100827	F355	Berlinetta 95 Rosso Barchetta/tan LHD US ZFFPR41A3S0100827			
			100904	F355	Berlinetta 95 LHD US ZFFPR41A6S0100904
100828	F512	M Red/Black LHD ZFFVA40B000100828	100905	F355	GTS Red/Tan
100829	456	GT Rosso Monza/Black LHD	100906	F355	GTS Yellow/Crema LHD ME ZFFPA42T0S0100906
100830	456	GT dark Blue met./black			
100831	456	GT 95 Green/Tan LHD US ZFFSP44A0S0100831	100908	F355	GTS Red/Black EU
			100909	F355	Yellow/black LHD
100832	F355	GTS Yellow/Black LHD EU	100910	F355	GTS Blue
100833	F355	Berlinetta Red/Black Manual RHD ZFFPA41C000100833	100911	F512	M Koenig Competition Evolution dark Blue/all dark Blue LHD ZFFVA40JPN0100911
100834	F355	Berlinetta 95 dark Red/Tan LHD US ZFFPR41A0S0100834	100912	456	GT 95 LHD US ZFFSP44A0S0100912
			100913	456	GT Silver/Black LHD
100835	F355	Berlinetta 95 LHD CDN ZFFPS41A7S0100835	100915	F355	Berlinetta 95 Yellow/Black LHD US ZFFPR41A0S0100915
100837	F355	GTS Red/Tan LHD EU			
100840	456	GT 95 black/black LHD US ZFFSP44A1S0100840	100916	F355	Berlinetta
			100917	F355	GTS Rosso Corsa/Black LHD EU A0917QJQ
100841	456	GT Dark Blue/Dark Blue RHD	100918	F355	GTS 95 Red/Black LHD EUR ZFFPA42B000100918 ass. 18118
100844	F355	Berlinetta 11/94 Rosso Barchetta/Tan LHD US ZFFPR41A3S0100844			
100845	F355	Berlinetta Red/Black ZFFPA41S000100845	100919	F355	GTS Red/Tan
100846	F512	M 95 Blue Scuro ZFFVA40D000101846 eng. # 39296	100920	F355	GTS Red/Black
			100921	F355	GTS Red/Black ZFFPA42B000100921
100850	F355	GTS Red/Black LHD EU	100923	456	GT silver/bordeaux ZFFSD44B000100923
100851	F355	GTS Red/Crema & Black sports seats Manual colour-coded roof LHD ZFFPA42B000100851 shields	100924	456	GT Swaters Blue metallic/tan
			100925	456	GT Blue/Tan RHD ZFFSD44C000100925
			100926	F355	Berlinetta 95 Yellow/Black LHD US ZFFPR41A5S0100926
100852	F512	M Red/Black LHD ZFFVA40B000100852 Blue steering wheel, Hamann rear spoiler			
			100927	F355	Berlinetta 95 LHD CDN ZFFPS41A1S0100927
100853	F355	Berlinetta Red/Black Red stitching RHD Black calipers	100928	F355	GTS
			100934	456	GT 95 Blu Le Mans/Beige LHD ZFFSD44B000100934
100855	456	GT 95 Black/Black Manual LHD US ZFFSP44A3S0100855			
			100935	456	GT silver/black ZFFSD44B000100935
100856	F355	Berlinetta 95 Rosso Barchetta/Beige Manual LHD US ZFFPR41AXS0100856	100936	456	GT
			100937	F355	Berlinetta 95 Yellow/black LHD US ZFFPR41AXS0100937
100857	F355	Berlinetta 95 Rosso Barchetta/Beige ZFFPR41AX50100857			
			100938	F355	GTS 95 Red/Black LHD ZFFPA42S000100938
100859	F355	GTS Yellow/Black	100939	F355	GTS Red/Black A0939LKL
			100941	F355	GTS Silver/black Manual ZFFPA42B000100941

s/n	Type	Comments
100943	F355	GTS Rosso/nero LHD ZFFPA42B000100943
100945	456	GT Dark Blue/Black LHD ZFFSO44B000100945
100946	456	GT 95 Rosso Monza/tan LHD CH ZFFSD44D000100946
100947	456	GT Green/Tan LHD US ZFFSP44A8S0100947
100948	F355	Berlinetta 95 Red/Black LHD US ZFFPR41A450100948 LHD
100949	F355	Berlinetta Red/Black RHD UK ZFFPA42C000100949 ass. # 18452
100950	F512	M Hamann modified
100951	F355	GTS Silver/Blue LHD colour coded roof
100952	F355	GTS 2/95 Rosso Corsa/Nero LHD ZFFPA42B000100952
100954	F355	GTS Red/Black LHD EU
100957	456	GT Blue/Beige LHD ZFFSD44B000100957
100958	456	GT Verde Silverstone Met. FER 607/Bordeaux LHD EU
100960	F355	Berlinetta 95 Yellow/Black LHD US ZFFPR41A5S0100960
100961	F355	Berlinetta 95 LHD CDN ZFFPS41A1S0100961
100964	F355	GTS Black/Tan RHD ass. # 18452
100969	456	GT 2/95 Azzurro Monaco/Nero ZFFSD44C000100969
100970	456	GT 95 Black/Tan US ZFFSP44A3S0100970 crashed in 2005
100971	F355	Berlinetta 95 LHD US ZFFPR41AXS0100971
100972	F355	Challenge Red
100976	F355	Berlinetta 95 Argento Nürburgring 101/C/Blue Hide ZFFPA41B000100976
100977	F355	Berlinetta Red/Black LHD EU
100978	F355	Berlinetta Grey/Black LHD EU
100981	456	GT 95 Dark Blue Grey LHD US ZFFSP44A8S0100981
100983	F355	Berlinetta 95 Black/Tan LHD US ZFFPR41A6S0100983
100984	F355	GTS 1/95 Nero/Nero Nero Carpets
100986	F355	Spider 95 Red/Tan LHD US ZFFPR48A4S0100986, first US-Spider
100987	F355	Berlinetta 1/95 Blu Le Mans/Grigio Scuro ZFFPA41B000100987
100988	F355	Berlinetta Red/Black Manual ZFFPA41B000100988 ass.# 17712 A0988GOU
100989	F355	Berlinetta Yellow/Black LHD Manual ZFFPA41B000100989 shields
100990	F512	M Red/Black LHD EU
100993	456	GT 95 Verde Silverstone/Tan LHD US ZFFSP44A4S0100993
100994	F355	Berlinetta 95 Black/Tan LHD LHD US US ZFFPR41A0S0100994
100995	F355	Berlinetta Red/Tan
100996	F355	Berlinetta Red/Tan LHD
100997	F355	Berlinetta Red/Black
100999	F355	Berlinetta Red/Black
101000	F355	Berlinetta Yellow/black ZFFPA41B000101000
101002	F512	M Red/Black LHD EU A1002NCQ
101003	456	GT Dark Blue/Crema LHD
101004	456	GT 95 Pearl White/Tan LHD US ZFFSP44A3S0101004
101005	456	GT 95 Grey/Black LHD US ZFFSP44A5S0101005
101006	F355	Berlinetta 95 Black/tan LHD US ZFFPR41A1S0101006
101007	F355	Berlinetta Red/Black LHD CH ZFFPA41S000
101009	F355	Berlinetta Red/Black
101010	F355	Berlinetta Red/Black
101011	F355	Berlinetta Red/Black ZFFPA41B000101011
101014	456	GT Blu Swaters/Black LHD EU
101015	456	GT 95 ZFFSP44A8S0101015
101016	456	GT 95 Blue/Tan US ZFFSP44AXS0101016
101017	F355	Berlinetta 95 Red/Black LHD US ZFFPR41A6S0101017
101018	F355	GTS

s/n	Type	Comments
101019	F355	GTS Rosso Corsa/Crema LHD CH ZFFPA42S000101019
101020	F355	Berlinetta Yellow/Black ZFFXR14B000101020 ass. # 17772
101021	F355	Berlinetta silver/black ZFFPA41B000101021 ass. # 17773 rear Challenge grill
101023	F355	Berlinetta 95 Red/Black
101024	F355	Berlinetta 95 Red/Black
101025	F512	M #32/75 95 Black/Black LHD US
101027	456	GT black/tan LHD EU ZFFSD44B000101027
101028	456	GT
101029	F355	Berlinetta 95 LHD US ZFFPR41A2S0101029
101030	F355	Berlinetta 95 LHD CDN ZFFPS41A3S0101030
101031	F355	Berlinetta
101032	F355	Berlinetta Red/Black
101033	F355	Berlinetta Red/Black
101036	F512	M Red Brown LHD EU
101039	456	GT Dark Blue LHD
101040	F355	Berlinetta 95 Silver/Black LHD US ZFFPR41A1S0101040
101041	F355	GTS Red/Black
101042	F355	Berlinetta
101045	F355	Berlinetta 12/94 Rosso Corsa/Nero ZFFPA41B000101045
101046	F355	Challenge Red/Black & Red cloth sport seats then black/black LHD ZFFZR41B000 ass. # 18147 A1046DPW
101047	F355	Berlinetta verde metallic/beige
101050	456	GT 95 Swaters Blue/Tan LHD ZFFSP44AXS0101050
101052	F355	Berlinetta 95 Canna di Fucile Met. FER 703/C/Beige Manual LHD US ZFFPR41A8S0 Rear challenge grill shields
101053	F355	Berlinetta Red/Tan ZFFPA41S000101053
101056	F355	Berlinetta Red/Black-Red
101058	F355	Berlinetta
101060	456	GT Dark Blue/Crema LHD ZFFSP46B000101060
101061	456	GT Dark Blue/Tan LHD
101062	456	GT Rosso Corsa/Tan Red Carpet 1.8.95
101063	F355	Berlinetta 95 Blue/Brown LHD US ZFFPR41A2S0101063
101064	F355	Berlinetta Yellow/Black
101065	F355	GTS Red/Tan LHD CH ZFFPA42S000
101067	F355	Berlinetta 95 Red/Black LHD EU Manual
101068	F355	Berlinetta 6/95 Rosso Corsa/Beige LHD CH ZFFPA41S000101068
101070	F355	GTS Red/Crema RHD UK
101071	F512	M Red/Black LHD EU
101073	456	GT dark Blue/Crema ZFFSD44S000101073
101074	456	GT ZFFSD44C000101074
101077	F355	GTS Rosso/tan
101078	F355	Berlinetta Red/Black LHD
101079	F355	Berlinetta Red/Black
101081	F355	Berlinetta Silver/Black-Red Red stitching RHD UK
101082	F355	Berlinetta 11/94 dark Blue/Tan LHD US ZFFPR41A6S0101082
101083	F355	Berlinetta 95 LHD CDN ZFFPS41A2S0101083
101085	456	GT 95 Swaters Blue/Beige Manual LHD US ZFFSP44A7S0101085
101087	F512	M 95 Red/Tan LHD US ZFFVG40A7S0101087
101088	F355	Berlinetta Red/Black
101089	F355	Berlinetta Red/Black
101090	F355	Berlinetta 95 Red/Black
101091	F355	Berlinetta Rosso Corsa/Black LHD Manual ZFFPA41B000101091 A1091XDF ass. # 17923
101092	F355	Berlinetta 95 Swaters Blue/Tan LHD ZFFPR41A9S0101092
101093	F355	Berlinetta 95 Black/Tan LHD US ZFFPR41A0S0101093
101095	F355	GTS Red
101097	F512	M Red/Black LHD EU

s/n	Type	Comments
101098	456	GT 95 Dark Blue/black LHD EU ZFFSP44B000101098 A1098NYA
101099	F512	M 95 LHD US ZFFVG40A3S0101099
101100	F355	Berlinetta Red/Black LHD EU
101101	F355	Berlinetta Red/Black ZFFPA41B000101101
101102	F355	Berlinetta Red/Black LHD EU
101103	F355	Berlinetta Red/Black
101104	F355	Berlinetta 95 LHD US ZFFPR41A1S0101104
101105	F355	Berlinetta Red/Tan
101108	F512	M Rosso Corsa/Nero LHD EU
101109	456	GT 95 LHD US ZFFSP44A6S0101109
101110	456	GT Black/Red LHD
101111	F512	M #34/75 95 Black Met./Tan LHD US ZFFVG40A0S0101111
101112	F355	Berlinetta Rosso Corsa/Black LHD ZFFPA41B000101112 A1112DCW
101116	F355	Berlinetta 95 Yellow/Black LHD US ZFFPR41A8S0101116
101117	F355	Berlinetta 95 Green/Crema LHD US ZFFPR41AXS0101117
101120	F512	M 95 LHD US ZFFVG40A1S0101120
101121	F512	M Iding Power dark Blue/black LHD ZFFVA40JPN010112 non-original wheels, Iding Power decals
101122	F512	M Red/Black LHD EU
101124	F355	Berlinetta Red/Black LHD EU ZFFPA41B000
101125	F355	Berlinetta Red/Black LHD ZFFPA41B000101125 shields
101126	F355	Berlinetta Red/Black ZFFPA41B000101126
101127	F355	Berlinetta 95 Rosso Corsa/Nero Manual LHD EU ZFFPA41B000101127
101128	F355	Berlinetta 12/94 Verde Silverstone Met. FER 607/Tan LHD US ZFFPR41A4S0101128
101129	F355	Berlinetta 95 Yellow/Black LHD ZFFPR41A6S0101129
101131	456	GT Dark Green/Brown LHD
101132	F512	M Red/Black EU
101133	456	GT 95 dark green/tan ZFFSP44B000101133 A1133NIE
101135	F512	M Rosso Corsa/Black LHD ZFFVA40B000101135 A1135VEV
101137	F355	Berlinetta Red/Black LHD ZFFPA41B000 A1137UGL
101138	F355	Berlinetta Red/Black LHD EU
101139	F355	Berlinetta Red/Black
101140	F355	Berlinetta Red/Crema RHD UK ZFFPA41C000101140
101141	F355	Berlinetta 95 White/Black LHD US ZFFPR41A7S0101141
101142	F355	Berlinetta Red/Tan LHD EU
101143	F355	Spider 95 Dark Blue/Tan LHD US ZFFPR48A3S0
101144	F512	M Red/Black LHD EU ZFFVA40B000
101145	F512	M Red/Black LHD EU
101146	F355	Spider Dark Blue/Light Brown RHD
101148	F355	Berlinetta Red/Black
101151	F355	Berlinetta Red/Black
101152	F355	Berlinetta 95 Red/Tan LHD US ZFFPR41A1S0101152
101153	F355	Berlinetta Red/Tan
101154	F355	GTS 95 LHD US ZFFPR42A7S0101154
101157	F512	M Red/Black
101158	456	GT 95 Green Metallic/Beige
101159	F355	GTS 95 Yellow/Crema LHD ZFFPA42B000101159
101160	F355	GTS Rosso Barchetta/brown ZFFPA42B000101160
101161	F355	Berlinetta Red/Black LHD ZFFPA41B000101161 Challenge grille
101164	F355	Berlinetta Red RHD
101166	456	GT LHD US
101167	F355	Berlinetta LHD ZFFPA41JPN00101167
101170	F512	M Red/Black + Red LHD EU ZFFVA40B000 ass. # 18165 A1170MAM
101171	F512	M Red/Black LHD EU
101172	456	GT Red/Black LHD
101174	F355	GTS Verde Mugello FER 608/Crema Green stitchings RHD UK ass. # 18185
101175	F355	GTS
101177	F355	Berlinetta 95 LHD US ZFFPR41A6S0101177
101178	F355	Berlinetta 95 LHD US ZFFPR41A8S0101178
101179	F355	Berlinetta 95 Red/Tan LHD US ZFFPR41AXS0101179
101181	F355	Berlinetta Silver/Red LHD EU
101184	F512	M #36/75 95 Red/Beige LHD US ZFFVG40A5S0101184
101185	456	GT Blue/Black LHD
101186	456	GT 95 Burgundy/Tan LHD ZFFSP44A2S0101186 Tubi
101187	F355	Berlinetta 95 LHD CDN ZFFPS41A3S0101187
101188	F355	Berlinetta Rosso Corsa/tan
101189	F355	Berlinetta 95 Rosso Barchetta/Tan LHD US ZFFPR41A2S0101189
101190	F355	Berlinetta 95 Silver/Black LHD US ZFFPR41A9S0101190
101191	F355	Berlinetta 95 Yellow/Black Manual ZFFPR41A0S0101191 ass. # 18087
101192	F355	Berlinetta 95 Yellow/Black LHD US ZFFPR41A2S0101192
101194	F355	Berlinetta 94 Giallo Modena/Nero LHD EU ZFFPA41B000101194
101198	456	GT 95 Black/Tan LHD US ZFFSP44A9S0101198 Tubi
101200	F355	Berlinetta Yellow/Black LHD EU
101201	F355	Berlinetta 95 Black/Tan ZFFPR41AXS0101201
101202	F355	Berlinetta 95 LHD US ZFFPR41A1S0101202
101203	F355	Berlinetta Red/Black
101204	F355	Berlinetta Red/Black ZFFPA41B000101204
101205	F355	Berlinetta Rosso/nero
101207	F355	Berlinetta Red/Tan
101210	F355	Berlinetta Red/Tan
101211	456	GT 95 dark Blue met./Crema LHD EU ZFFSP44B000101211 A1211NVL
101212	456	GT 95 LHD US ZFFSP44AXS0101212
101213	F512	M #37/75 95 Rosso Corsa/tan LHD US ZFFVG40A8S0101213
101216	F355	Berlinetta 95 Rosso Corsa/Beige LHD US ZFFPR41A1S0101216
101217	F355	Berlinetta 95 Silver/Blue LHD US ZFFPR41A3S0101217
101218	F355	Berlinetta Red/Black LHD
101219	F355	Berlinetta
101220	F355	Berlinetta 95 LHD CDN ZFFPS41A8S0101220
101222	F355	Berlinetta Rosso Corsa/black LHD EU
101223	F355	Berlinetta 95 Red/Black LHD
101224	F355	Challenge
101225	456	GT 1/95 Verde Mugello/Tan LHD US ZFFSP44A8S0101225
101226	F355	Berlinetta 95 Black Metallic/Bordeaux Manual
101227	456	GT Blue/Blue LHD ZFFSD44B000101227
101229	F512	M 95 Red LHD EU
101230	F355	GTS 95 Red/Black colour coded roof LHD ZFFPA42S000101230 ass. # 17979
101234	F355	Berlinetta 95 Red/Black LHD EU
101236	456	GT 95 Green/Green LHD ZFFSP44B000101236
101237	F512	M 95 LHD US ZFFVG40A0S0101237
101240	F355	Berlinetta Red/Black
101241	F355	Berlinetta Red/Black LHD
101242	F355	Berlinetta Red/Black
101243	F355	Berlinetta dark Red/Tan RHD ZFFPA41C000101243
101244	F355	Berlinetta
101245	F355	GTS 95 Red/Black racing seats colour coded roof ZFFPA42D000101245 eng. # F429B68657

s/n	Type	Comments
101246	F355	GTS 95 LHD US ZFFPR42A1S0101246
101247	F355	GTS 95 Yellow LHD SWE ZFFPA42S000101247
101248	456	GT Grey/Tan LHD
101249	456	GT 95 Dark Blue/Crema LHD
101250	456	GT Cabriolet Conversion by Straman #3/3 1/95 Rosso Monza then Rosso Corsa/Beige LHD US ZFFSP44A7S0101250 Ass. # 18308
101251	F512	M #39/75 95 Black/Black LHD US ZFFVG40A5S0101251 Eng. # 38599 Tubi
101252	F512	M Yellow/Black
101253	F355	Berlinetta Red/Black ZFFTA41B000101253
101256	F355	Berlinetta black/black sport seats LHD JP ZFFPA41JPN0101256 Red calipers Challenge grill black non-original wheels modified rear bumper interior carbon parts
101257	F355	GTS Red/Crema RHD Manual ZFFPA42C0001101257 shields
101259	F355	GTS 95 Rosso Corsa/Nero RHD UK
101261	F512	M Red/Tan LHD CH
101263	F512	M #40/75 95 Red/Tan LHD US ZFFVG40A1S0101263
101264	456	GT dark Blue/grey
101267	F355	Challenge Red/Black & Red seats LHD EU
101269	F355	Berlinetta
101270	F355	GTS
101271	F355	GTS 95
101272	F355	GTS 95 Red/Tan manual LHD US ZFFPR42A2S0101272
101273	F355	Spider 95 Rosso Barchetta/Tan LHD US ZFFPR48A5S0101273
101274	F512	M Red/Black LHD EU ZFFVA40B000101274 A1274GCG
101275	F512	M Red/bordeaux LHD EU ZFFVA40B000101275
101277	456	GT 4/95 Argento Nürburgring 101/C/Bordeaux LHD EU ZFFSD44B000101277
101280	F355	GTU started for Yellow-Magic-Teams 06.02.00 24h Daytona
101281	F355	Berlinetta Challenge Yellow
101282	F355	Berlinetta Rosso Barchetta/Crema RHD UK ass. # 18183
101284	F355	GTS 95 Rosso Barchetta/Tan LHD US ZFFPR42A9S0101284
101285	F355	GTS Red/Tan LHD EU ass. # 18250
101289	456	GT Green/Crema LHD
101291	456	GT 95 Azzurro Monaco/Grigio Chiaro RHD ZFFSD44C000101291
101292	F355	Berlinetta Dark Green/Tan
101294	F355	Berlinetta Red/Black
101297	F355	GTS 95 Red RHD ZFFPA42D000101297 eng. # F129B38674
101298	F355	GTS Red/Black LHD ass. #18295
101300	F355	Challenge Red Twin Training car, one steering wheel
101302	F512	M 95 LHD US ZFFVG40A7S0101302
101304	456	GT Verde Silverstone Met. FER 607/Tan A1304NKZ
101305	F355	Challenge Black/Red Cloth seats LHD EU
101306	F355	Challenge Yellow then Red/Red
101308	F355	Berlinetta
101309	F355	GTS 95 Rosso Corsa/Magnolia eng. # 38800 ZFFPA42C000101309
101310	F355	GTS 95 LHD US ZFFPR42A6S0101310
101311	F355	GTS 95 Red LHD SWE ZFFPA42S000101311
101312	F355	Spider 95 LHD US ZFFPR48A0S0101312
101313	F512	M 95 Rosso Corsa/Nero ZFFVA40B000101313
101314	F512	M Red/Black-Red sport seats EU
101315	F512	M Geneva show Car black met./Red LHD CH ZFFVA40S000101315
101316	456	GT ZFFSD44B000101316
101317	456	GT 95 Azzurro Monaco/Sabbia LHD US ZFFSP44A2S0101317
101318	F355	Berlinetta Red/Black
101319	F355	Berlinetta Red/Black LHD EU ass. # 18217
101320	F355	Challenge Red & Yellow "Cricket & Co" livery/Red ass. # 18276
101321	F355	Berlinetta Red
101322	F355	GTS Red/Crema RHD ass. # 18395
101323	456	GT Dark Blue/Blue LHD
101325	F355	GTS Anthracite/Red LHD
101329	F355	GTS 95 Red RHD ZFFPA42D000101329
101330	456	GT dark grey/black
101331	F355	Berlinetta Red/Black
101332	F355	Berlinetta Red/Crema LHD EU
101333	F355	Berlinetta Red/Black LHD EU ZFFPA41B000101333
101336	F355	GTS 95 Giallo Modena Fer 102/Black Manual LHD US ZFFPR42A2S0101336
101338	F355	Challenge Rosso Corsa/Red & Black LHD
101339	F512	M #42/75 95 Red/Tan LHD US ZFFVG40A8S0101339 Tubi Speedline wheels
101343	456	GT 10/95 Rosso Monza/Beige LHD CH ZFFSD44S000101343
101344	456	GT
101345	F355	Berlinetta 95 Rosso Corsa/tan Manual LHD EU ZFFPA41B000101345 A1345PCJ ass. # 18227
101346	F355	Berlinetta Red/Black
101347	F355	Berlinetta Red/Blue Manual ZFFPA41B000101347 ass.# 17829
101348	F355	Berlinetta Red/Crema RHD
101350	F355	GTS 95 Giallo Modena/Nero then Grigio Titanio RHD AUS ZFFPA42D000101350
101351	F355	GTS 95 Yellow/Black LHD US ZFFPR42A9S0101351
101352	F355	Challenge Red/Black & Red seat ZFFPA41B000101352
101353	F512	M 95 LHD US ZFFVG40A2S0101353
101354	F512	M #44/75 95 Black/tan LHD US ZFFVG40A4S0101354 Tubi
101355	456	GTA Yellow/Black ZFFS044B000101355 A1355GYR
101356	456	GT Monaco Blue/tan ZFFSP44B000
101357	456	GT Black/Red LHD
101358	F355	Challenge
101360	F355	Berlinetta Red/Tan LHD
101363	F355	Berlinetta 1/95 Blue Scuro Met. 516/C/Tobacco Brown Manual LHD US ZFFPR41A3S0101363 ex-Peter Kalico
101365	F355	Berlinetta 95 Yellow RHD ZFFPA41D000101365 eng. # F129B38670
101366	F512	M #45/75 95 Red/Beige LHD US ZFFVG40A0S0101366
101367	F512	M UK
101368	F512	M FX Conversion ZFFBA40C000101368
101370	456	GT 95 Verde Mugello/Nero ZFFSP44B000101370
101372	F355	Berlinetta Rosso Barchetta/tan
101373	F355	Berlinetta Red/Tan EU
101374	F355	Berlinetta
101377	F355	GTS 95 Yellow LHD SWE ZFFPA42S000101377
101379	F512	M 95 Red LHD US ZFFVG40A9S0101379
101380	F512	M 95 LHD US ZFFVG40A5S0101380
101381	456	GT ZFFSD44B000101381
101382	456	GT
101383	456	GT 95 Swaters Blue/Crema LHD CH ZFFSD44S000101383
101384	456	GT 95 dark Blue/Black RHD
101385	456	GT
101386	F355	Berlinetta White/Black LHD EU
101387	F355	Challenge Red/Black & Red cloth then Silver/Red Sports Seat EU A1387YLL
101390	F355	Challenge
101393	F355	Berlinetta
101394	456	GT Blue/Tan RHD
101395	456	GT dark Blue met./light grey

s/n	Type	Comments	s/n	Type	Comments
101396	456	GT ZFFS044C000101396	101469	F355	Berlinetta 95 Red/Tan LHD US
101397	F512	M 95 LHD US ZFFVG40A0S0101397			ZFFPR41A8S0101469
101398	F512	M 95 LHD CDN	101470	F355	Challenge
101399	F512	M 95 LHD US ZFFVG40A4S0101399	101471	F355	GTS 95 Red/Tan LHD US ZFFPR42A8S0101471
101400	F355	Berlinetta Red/Tan LHD EU	101473	F512	M Red/Black-Red LHD EU
101401	F355	GTS 95 Red/Red & Tan LHD	101474	456	GT Black/grey ZFFSP44B000
101403	F355	Challenge Red/Red sport seats ZFFPA41B000101403	101476	456	GT 95 Black/Tan LHD US ZFFSP44A0S0101476
101404	F355	Challenge	101477	F355	Berlinetta 95 Black/Crema LHD
101405	F355	Berlinetta	101479	F355	Berlinetta Rosso Corsa/Tan LHD ZFFPA41B000101479 A1479IKE shields
101407	F355	GTS 4/95 Rosso Corsa/Crema & Red Manual ZFFPA42B000101407	101482	F355	Berlinetta 95 Red RHD ZFFPA41D000101482 eng. # 38770
101408	456	GT ZFFSD45C000101408	101483	F355	Berlinetta 95 Giallo Modena/Black LHD US ZFFPA41A2S0101483
101409	456	GT ZFFSD44C000101409	101485	F355	GTS Challenge Black, repainted Red?
101410	456	GT 4/95 Rosso Corsa/Nero RHD ZFFSE44D000101410 eng. # F116B38823	101486	F512	M Yellow/Black LHD
101411	F512	M #51/75 95 Red/Tan LHD US ZFFVG40A1S0101411	101488	456	GT Black/Red LHD
			101489	456	GT Red/Beige LHD
101413	F355	Berlinetta	101491	F355	Berlinetta 95 Black/Tan LHD US ZFFPR41A1S0101491
101414	F355	Berlinetta 95 Red LHD SWE ZFFPA41S000101414	101492	F355	Challenge LHD
101415	F355	Berlinetta 95 Rosso Corsa/Tan ZFFPA41B000101415	101493	F355	GTS Black/Black
101418	F355	Berlinetta Red/Black manual LHD ZFFPA41B000101418 A1418YSL	101494	F355	GTS 95 Red/Tan Manual LHD US ZFFPR42A9S0101494
101419	F355	Berlinetta 95 Grey White LHD US ZFFPR41A4S0101419	101496	F355	Challenge
			101502	F355	Challenge Red RHD
101420	F355	Berlinetta LHD ZFFPA41JPN0101420	101503	F355	Berlinetta 95 LHD US ZFFPR41A4S0101503
101422	456	GT Verde/nero LHD	101504	F355	Challenge
101424	456	GT 95 Rosso Rubino/Tan LHD US ZFFSP44A3S0101424 Tubi	101505	F355	GTS Red/Crema LHD CH ZFFPA42S000101505
101425	F355	Challenge Red	101506	F355	GTS silver/black ZFFPA42B000101506
101426	F355	Challenge Red/Red ZFFPA41B000101426 A1426YNL ass. # 18318	101507	F355	Berlinetta
101427	F355	Challenge White & Blue/black & Red seat	101508	F355	Challenge
101428	F355	Berlinetta Challenge Dark Blue/tan LHD EU ZFFPA41B000101428 A1428MXT	101509	F355	Challenge Red
101429	F355	Berlinetta 95 Red RHD ZFFPA41D000101429 eng. # F129B38741	101511	F512	M Red/Black LHD EU
101430	F355	Berlinetta Red/Black LHD Challenge grille	101513	456	GT
101431	F355	GTS Red/Black RHD UK	101514	456	GT LHD US
101432	F355	GTS Red/Black	101515	F355	Challenge RHD
101435	F512	M 95 Red/Black LHD ZFFVA40B000	101517	F355	Berlinetta 95 Red/Tan LHD US ZFFPR41A4S0101517
101436	456	GT	101518	F355	Berlinetta 95 Black RHD ZFFPA41D000101518 eng. # F129B38855
101438	F355	Challenge Red/Red cloth	101520	F355	GTS Red/Tan LHD
101443	F355	Challenge 95 Red LHD US ZFFPR41A1S0101443	101523	F355	Challenge Red/Black LHD
101444	F355	Berlinetta Black/Red LHD EU ass. # 18372	101524	F512	M Red/Black LHD EU ZFFVA40B000 A1524JCJ
101445	F355	GTS 95 LHD US ZFFPR42A7S0101445	101525	F512	M Red/Black LHD ZFFVA40B000101525
101448	456	GT Black/Black LHD ZFFSP44B000101448	101528	F355	Challenge Black/Red Cloth RHD ass. # 18448
101449	456	GT 96 Rosso Monza/Tan RHD ZFFSE44D000101449	101529	F355	Berlinetta 95 LHD US ZFFPR41A0S0101529
101450	456	GT Light Blue/Grey LHD	101531	F355	GTS Verde inglese FER 606/beige Manual ZFFPA42B000101531 ass. # 18698
101451	F355	Berlinetta Red/Black & Red sport seats LHD EU ZFFPA41B000101451	101532	F355	Challenge Red/Black Red Seats LHD EU
101453	F355	Challenge Red	101533	F355	Berlinetta 95 Argento Nürburgring 101/C/Nero ZFFPA41B000101533
101454	F355	Challenge	101535	F355	Challenge
101457	F355	GTS Red/Crema RHD Red roof UK ZFFPA42C000101457	101536	F355	Spider 95 LHD US ZFFPR48A0S0101536
			101539	456	GT
101459	F355	Berlinetta 95 Yellow RHD ZFFPA41D000101459 eng. # F129B38755 or # 38756	101540	456	GT Carbon black metallic/black LHD ZFFSD44B000101540
101460	F512	M Red/Black-Red LHD EU ZFFVA40B000 A1460JVJ	101541	F355	Berlinetta Challenge Rosso/nero RHD ZFFPA41C000101541
101461	F512	M Rosso Corsa/black LHD EU ZFFVA40B000101461 A1461QUQ	101542	F355	Berlinetta 95 LHD US ZFFPS41A8S0101542
101462	456	GT 3/95 Blu Swaters/Blu Scuro ZFFSD44B000101462 A1462EJZ	101543	F355	GTS 95 Giallo Modena/Black colour coded roof LHD US ZFFPR42A7S0101543
101465	F355	Challenge Red/Black LHD ZFFPA41B000101465	101544	F355	GTS
			101546	F355	Challenge
101466	F355	Challenge Yellow	101547	F355	Berlinetta Red/Tan LHD
101468	F355	Challenge	101550	F512	M ZFFVA40C000101550
			101551	F512	M Red/Black & Red sports seats LHD EU ZFFVA40B000101551 ass. #18571
			101552	456	GT 95 Verde Silverstone/Tan LHD US ZFFSP44A1S0101552
			101554	F355	Challenge RHD
			101555	F355	GTS Yellow/black LHD CH ZFFPA42S000101555

s/n	Type	Comments
101557	F355	Berlinetta Competizione Geneva Autoshow Car Red/Black ZFFPA41B000101557
101558	F355	Berlinetta 2/95 Giallo Modena/Blue LHD EU ZFFPA41B000101558
101559	F355	Challenge Black/Black LHD EU ass. # 18428
101561	F355	Spider 95 Red/Black LHD US ZFFPR48AXS0101561
101562	F355	Spider 95 LHD US ZFFPR48A1S0101562
101563	F512	M Red/Tan LHD EU
101564	456	GT 4/95 Nero Carbone Metallizzato/Nero ZFFSP44B000101564
101565	456	GT ZFFSD44C000101565
101566	456	GT Red/Tan
101569	F355	Berlinetta Red/Black
101570	F355	Berlinetta Black/Black LHD EU
101571	F355	Berlinetta Red/Tan
101574	F355	Spider 95 Red/Tan Manual ZFFPR48A8S0101574
101575	F355	Berlinetta 95 Red/Tan LHD US ZFFPR41A7S0101575
101576	F512	M Rosso Corsa/Black LHD EU A1576VYV
101577	F512	M Red/Black LHD EU ZFFVA 40B000101577 A1577ZTZ eng. # 38919
101578	456	GT Red/Black
101579	456	GT 95 Rosso Corsa/Beige RHD AUS ZFFSE44D000101579
101580	F355	Berlinetta
101581	F355	Berlinetta 95 Red/Red RHD ZFFPA41D000101581
101582	F355	Berlinetta Yellow/black
101584	F355	Challenge Blue & Orange
101585	F355	Berlinetta Red Black & Red LHD EU ZFFPA41B000101585 ass. #18456
101586	F355	Spider 95 Red/Tan LHD US ZFFPR48A4S0101586
101589	F512	M 97 Yellow/black EU ZFFVA403000101589#,
101591	456	GT
101592	456	GT 95 Red/Black LHD US ZFFSP44A2S0101592
101593	F355	Berlinetta Red/White RHD
101594	F355	Competizione Conversion Red
101595	F355	Challenge Red/Black LHD EU
101596	F355	Berlinetta
101597	F355	Challenge Red
101598	F355	Spider 95 LHD US ZFFPR48A0S0101598
101599	F355	Berlinetta 95 Grigio Titanio met./Bordeaux Manual LHD US ZFFPR41AXS0101599
101600	F355	GTS Black/Black LHD ass #18569
101601	F355	Berlinetta Red/Black LHD JP ZFFPA42JPN0101601
101602	F512	M Red/Black EU
101603	F512	M UK
101604	456	GT
101606	F355	Berlinetta Red/Black, RHD
101607	F355	Berlinetta silvergrey metallic/black
101608	F355	Berlinetta Black/Grey LHD
101609	F355	Berlinetta Challenge Black/Red LHD ZFFPA41B000101609 shields, feat. in Jamiroquai's Cosmic Girl Music Video, ex-Jay Kay
101610	F355	Challenge
101611	F355	Spider 95 LHD US ZFFPR48AXS0101611
101614	F355	GTS 95 Red/Black RHD ZFFPA42D000101614
101615	F512	M Rosso Corsa/Nero & Rosso LHD CH ZFFVA40S000101615
101616	456	GT Dark Blue/Red LHD
101617	456	GT Silver/Black RHD ZFFS044C000101617
101618	456	GT verde scuro/beige LHD CH ZFFSD44S000101618
101619	F355	Berlinetta Red/Crema RHD UK
101622	F355	Berlinetta dark Blue/black ZFFPA41B000101622
101623	F355	Berlinetta Challenge Red & Yellow/Red Cloth then Yellow LHD ass. # 18497 A1623VOQ
101624	F355	Spider 95 LHD US ZFFPR48A8S0101624
101625	F355	Berlinetta 95 Black/Beige Manual LHD US ZFFPR41A7S0101625
101627	F355	GTS 95 Red RHD ZFFPA42D000101627 eng. # F129B39103
101628	F512	M Red/Black EU
101629	F512	M grey metallic/black EëU LHD ZFFVA40B000101629 A1629 MCM
101630	456	GT Silver/Black LHD
101633	F355	Berlinetta Red/Black ZFFPA41B000101633
101635	F355	Challenge
101636	F355	Berlinetta 95 Black/Tan LHD US ZFFPR41A1S0101636
101638	F355	Challenge Red/Black ass. # 18473
101639	F355	GTS Red/Tan
101640	F355	Challenge
101641	F512	M Yellow/Black LHD EU
101643	456	GT 95 LHD US ZFFSP44A4S0101643
101645	F355	Berlinetta
101646	F355	Spider 95 LHD US ZFFPR48A7S0101646
101648	F355	GTS
101650	F355	Challenge
101651	F355	Challenge Red & silver
101652	F355	Berlinetta
101654	F512	M UK
101655	456	GT dark grey/tan LHD EU
101658	F355	Berlinetta 95 Rosso Barchetta/Tan manual LHD US ZFFPR41A0S0101658
101660	F355	Challenge
101661	F355	GTS Red/Black
101665	F355	Challenge
101670	F355	Spider 95 LHD US ZFFPR48A4S0101670
101672	F355	GTS
101674	F355	Challenge
101676	F512	M FX Conversion ZFFBA40C000101676
101679	456	GT 95 Blue/Black ZFFSP44S000101679
101681	F355	Berlinetta 95 LHD US ZFFPR41A6S0101681
101683	F355	Berlinetta Rosso Barchetta/Tan LHD EU ass. # 18670
101685	F355	Challenge
101687	F355	GTS 95 Red/Tan LHD US ZFFPR42A9S0101687
101689	F355	GTS black/black LHD EU ass. # 18749 A1689LSI
101690	F512	M Yellow/Black LHD EU ZFFVG40A3S0102690
101691	F512	M UK
101692	456	GT Red/Black LHD
101693	456	GT 95 Blu Le Mans (Fer 516/C)/Beige RHD AUS ZFFSE44D000101693 eng. # 39309 ass. # 18904 aluminium calipers
101694	F355	Spider Red/Tan
101698	F355	GTS 95 LHD US ZFFPR42A3S0101698
101700	F355	Berlinetta 95 LHD US ZFFPS41A0S0101700
101701	F355	GTS Yellow/Black
101702	F355	GTS Red/Black
101705	456	GT Metallic Black/Grey LHD
101706	456	GT 95 Hyperion Blue/Dark Blue LHD US ZFFSP44A2S0101706
101709	F355	Berlinetta Red/Black LHD EU
101710	F355	Berlinetta Challenge Pink/Black LHD EU ZFFPA41B000101710 Rear wing glass head- lights
101711	F355	Berlinetta Rosso/nero Sportseats Red inserts Manual LHD ZFFPA41B0001017110 ass. # 18564 A1711FYO
101712	F355	GTS 95 Rosso Barchetta/Tan LHD US ZFFPR42A4S0101712
101713	F355	Berlinetta 95 Red RHD ZFFPA41D000101713 eng. # F129C39081
101714	F355	GTS Red/Black
101715	F355	GTS
101716	F512	M Giallo Modena/black EU
101717	F512	M Red/beige RHD UK ZFFVA40C000101717 shields

475

s/n	Type	Comments
101720	F355	Challenge
101721	F355	Berlinetta Red/Black LHD
101722	F355	Berlinetta Red/Black
101724	F355	GTS 95 LHD US ZFFPR42A0S0101724
101725	F355	GTS 95 Yellow/Black LHD US ZFFPR41A0S0101725
101727	F355	GTS Rosso Barchetta/Tan LHD EU
101730	F512	M Red/Crema LHD
101731	456	GT 95 dark Blue/Beige
101734	F355	Berlinetta black/black
101735	F355	Berlinetta Black/Dark Green dark green dash LHD ass. #18591
101736	F355	Challenge White Yellow then Yellow/Yellow & black LHD ZFFPA41B000101736
101738	F355	Berlinetta Red/Tan LHD JP ZFFPA41JPN0101738 golden non-original wheels
101740	F355	GTS Red/Black ZFFPA42S000101740
101741	F355	GTS 95 LHD US ZFFPA42A0S0101741
101742	F512	M various colours EU ZFFVA40C000101742 competition modified
101743	456	GT Metallic Red/Tan LHD
101744	456	GT ZFFSD44C000101744
101745	456	GT 95 LHD US ZFFSP44A1S0101745
101748	F355	Berlinetta 95 Yellow/Black
101749	F355	Berlinetta 4/95 Rosso Corsa/Nero ZFFPA41B000101749
101750	F355	Berlinetta Black/Tan ZFFPA41B000101750
101754	F355	GTS 95 Red/Tan LHD US ZFFPR42A9S0101754
101756	F512	M Red/Tan RHD UK
101757	456	GT Carbon black metallic/grey
101759	F355	Challenge Blue
101760	F355	Berlinetta metalic dark Blue then giallo fly/Tan ZFFPA41B000101760
101763	F355	Berlinetta 95 black/black LHD US ZFFPR41A8S0101763
101765	F355	GTS Black/Crema LHD EU ZFFPA42B000101765
101767	F355	GTS 95 Red/Tan LHD US ZFFPA42A7S0101767
101768	F512	M Red/Black LHD EU ZFFVA40B000101768
101769	456	GT Canna di Fucile Met. FER 703/C/light grey LHD ZFFSP44B000
101770	456	GT 94 Argento Metallizzato/Nero RHD UK ZFFSD44C000101770
101771	456	GT 97 Red RHD ZFFSE44D000101771 eng. # F116B39375
101774	F355	Challenge
101779	F355	GTS Red/Black LHD EU
101781	F512	M Black/Black EU
101783	456	GT Nero Daytona/Bordeaux LHD
101784	456	GT anthracite metallic/dark grey
101785	F355	Berlinetta Yellow/Black ass. # 18624
101786	F355	Challenge Purple & Yellow then Ducati mat Black/Black Manual ZFFPA41B000101786 ex- De Cecco & De Bernardi
101789	F355	Berlinetta 95 Rosso Corsa/tan ZFFPA42C000101789
101791	F355	GTS Red/Black LHD EU ZFFPA42B000101791
101792	F355	GTS 95 Red/Tan colour coded roof LHD
101794	F512	M Red/Black Red sport seats LHD ZFFVA40B000101794
101796	456	GTA 95 Black/Black LHD US ZFFSP44A7S0101796
101799	F355	Berlinetta Red/Tan LHD
101800	F355	Challenge White
101801	F355	Berlinetta
101802	F355	Berlinetta 95 Black/Tan Manual LHD US ZFFPR41A3S0101802
101804	F355	GTS Red/Black ZFFPA42B000101804
101805	F355	GTS Red/Crema Manual RHD ZFFPA42C000101805
101807	F512	M Red/Black & Red EU
101808	F512	M Yellow/Black & Yellow LHD EU ZFFVA40B000101808
101810	456	GT Black/Magnolia RHD ZFFSD44C000101810
101814	F355	Berlinetta
101816	F355	GTS Black/Black
101818	F355	GTS 95 Red/Tan LHD US ZFFPR42A9S0101818 ass. # 20111
101819	F355	GTS 95 Verde Mugello/Tan manual LHD US ZFFPR42A0S0101819 ass. # 20418
101821	456	GT Dark Blue/Crema LHD
101822	456	GT Dark Blue/Crema ZFFSP44S0000101822
101823	F355	Challenge
101826	F355	Berlinetta
101829	F355	GTS Red/Black manual rear challenge grill ZFFPA42B000 A1829PXU
101831	F355	GTS 95 LHD US ZFFPR42A1S0101831 ass. # 20421
101832	F355	GTS 95 Red/Tan LHD US ZFFPR42A3S0101832 ass. # 20427
101833	F512	M Red/Black LHD EU
101836	456	GT 95 Black/Black LHD US ZFFSP44A4S0101836 Tubi
101837	550	Maranello ZFFZR49B011101837
101839	F355	Berlinetta Red/Black LHD ZFFPA41B000101839
101840	F355	Berlinetta
101841	F355	Berlinetta 95 Giallo Modena/Tan LHD US ZFFPR41A2S0101841
101842	F355	GTS Red/Black manual A1842IIS
101843	F355	GTS 95 Red RHD ZFFPA42D000101843 eng. # F129B59245
101844	F355	GTS 95 LHD US ZFFPR42AXS0101844 ass. # 20436
101845	F355	GTS 95 LHD US ZFFPR42A1S0101845 ass. # 20476
101846	F512	M 95 Blue RHD ZFFVA40D000101846
101847	F512	M Red/Black LHD EU
101850	F355	Challenge Red & green Dutch Tricolore stripe/black Red seats Manual LHD EU ZFFPA41B000 A18500PV
101852	F355	Challenge Yellow/black-Red seat, modified to 355 Twin Training Car
101853	F355	Berlinetta Red Light Grey RHD ass. # 18760
101854	F355	Berlinetta Rosso Corsa/Tan LHD CH ZFFPA41S000101854 A1854NMO challenge grill
101855	F355	GTS Red Black-Red ZFFPA42C000101855
101857	F355	GTS 95 LHD US ZFFPR42A8S0101857 ass. # 20504
101858	F355	Spider Yellow/Black LHD EU, ex Eddie Irvine?
101860	F355	Spider 95 Red/Tan LHD US
101863	F355	Berlinetta Red/Black A1863 OCV
101864	F355	Berlinetta Red/Black ZFFPA41B000101864 shields
101866	F355	Berlinetta Red/Crema
101869	F355	Spider 95 LHD US ZFFPR48A5S0101869
101870	F355	Spider 95 LHD US ZFFPR48A1S0101870
101871	F355	Spider 95 Red/Tan LHD US ZFFPR48A3S0101871
101872	F512	M 95 Rosso Corsa/Crema RHD UK ZFFVA40C000101872
101873	F512	M Red White RHD UK ZFFVA40C000101873
101874	456	GT dark Blue met./tan
101875	456	GT 95 Grey/Tobacco LHD ZFFSP44A3S0101875
101876	F355	Berlinetta 95 Yellow/black Yellow seat centres
101877	F355	Berlinetta 95 Metallic black/Grey ZFFPA41C000101877
101878	F355	Berlinetta 95 Red/Tan LHD US ZFFPR41A3S0101878 challenge grill
101881	F355	Berlinetta Red/Black
101882	F355	Spider 95 LHD US ZFFPR48A8S0101882
101883	F355	Spider 95 Silver/black LHD US ZFFPR48AXS0101883 ass. # 19489

s/n	Type	Comments
101885	F512	M Red/Black EU ZFFVA40B000101885
101886	456	GT 95 ZFFSP44B000101886
101887	F355	Challenge 95 Red LHD US ZFFSP44AXS0101887
101888	456	GT ZFFSD44C000101888
101890	F355	Berlinetta Red/Black LHD EU ass. # 18839
101892	F355	Berlinetta 95 Red RHD ZFFPA41D000101892 eng. # F129B39235
101902	F355	Challenge Red/Black
101903	F355	Spider
101904	F355	Berlinetta Argento Nürburgring 101/C/black
101911	F512	M Red/Black LHD EU ZFFVA40B000101911
101912	456	GT 95 Verde Inglese FER 606/Tan ZFFSP44A5S0101912 ass.# 19020
101913	456	GT Red/Black LHD EU
101914	456	GT ZFFSD44C000101914
101915	F355	Berlinetta
101916	F355	Berlinetta 95 Red/Black LHD US ZFFPR41A7S0101916
101918	F355	GTS Metallic Dark Blue/Light Grey ZFFPA42C000101918.
101919	F50	pre-series, Red LHD EU
101920	456	GT anthracite metallic/black
101922	F355	Spider Red/Black
101924	F512	M 95 Red/Black then Yellow/black EU ZFFVA00008000101924 eng. # 39388
101926	456	GT 95 Swaters Blue/Tan ZFFSP44A5S0101926
101927	456	GT Silver/Black ZFFSP44B000101927
101930	F355	Berlinetta Red/Black
101931	F355	Berlinetta black/Red ZFFPR41B000101931 ass # 18313
101932	F355	Berlinetta 95 Argento Nürburgring 101/C/Black LHD EU
101934	456	GT Canna di Fucile Met. FER 703/C/tan LHD EU
101937	F512	M Red/Black EU
101938	456	GT
101940	F355	Berlinetta Red/Crema RHD UK
101942	F355	Berlinetta Red/Black
101943	F355	Berlinetta Red/Black
101946	456	GT Black/Black LHD
101947	456	GT dark Blue met./dark Blue
101948	F355	Spider Silver/Dark Blue LHD EU ass. # 18858
101949	F355	Berlinetta 95 Red/Black LHD US ZFFPR41A0S0101949
101950	F512	M Hamann Red/Black then White/d. grey seats LHD EU ZFFVA40B000101950 full Hamann body kit, White rims
101952	456	GT 95 Blu Le Mans (Fer 516/C)/Crema (VM3997) ass. # 19240 Black calipers
101953	456	GT Black/Grey LHD
101954	F355	Berlinetta Yellow/Black RHD
101955	F355	Challenge Yellow
101958	F355	Spider Argento Nürburgring/Black LHD EU ass. # 18934
101959	F355	Spider Red/Black
101963	F355	GTS Black/Black LHD EU
101964	456	GT 95 Rosso Corsa/Crema Red Carpet ZFFSD44C000101964
101965	456	GT 4/95 Argento Metallizzato/Nero ZFFSP44S000101965
101966	456	GT
101967	F512	M Yellow/Black EU
101968	F355	Berlinetta Red/Tan LHD EU ass. # 18879
101970	F355	Berlinetta Red/Black
101971	F355	Berlinetta Yellow/Black sportsseats Yellow piping LHD EU ZFFPR41B000 A1971NLV Yellow Challenge grille
101973	F355	Berlinetta Black/Black LHD
101974	F355	GTS Red/Black ZFFPA42B000
101976	F355	Spider Rosso Barchetta/Tan LHD EU
101977	456	GT
101978	456	GT 4/95 Silver/Red Manual ZFFSP44A2S0101978
101979	456	GT 95 LHD US ZFFSP44A4S0101979
101980	F512	M Red/Black
101982	F355	Berlinetta Red/Black LHD EU
101984	F355	Berlinetta Red/Black-Red
101985	550	Maranello Grigio Titanio met./Crema RHD ZFFZR49C000101985
101988	F355	GTS Red/Black LHD
101991	456	GT british racing green/tan
101992	F512	M Red/Black EU
101993	F512	M Red/Black LHD
101995	F355	Challenge Yellow
101996	F355	Berlinetta 95 Rosso Corsa/Nero LHD EU ZFFPA41B000101996
101997	F355	Berlinetta Red/Tan & Red ZFFPR41B000101997
101999	F355	GTS Yellow/Black LHD
102003	456	GT 96 Argento Metallizzato/Nero ZFFSP44B000102003
102005	456	GT 95 Rosso Monza/Tan LHD US ZFFSP44AXS0102005
102008	F355	Berlinetta Red/Black LHD
102012	F355	GTS Red/Black
102013	F355	GTS Modena Yellow/black M-W 5969 D
102016	456	GT Mugello green metallic/black Prova MO 2601 SEFAC I
102017	456	GT 95 LHD US ZFFSP44A6S0102017
102018	F512	M Yellow/black EU
102019	F512	M Red/Black LHD EU ZFFVA40B000102019
102027	F355	GTS Red/Black colour coded roof ZFFPR42B000102027 ass. # 18933 shields
102028	F355	Spider Red/Black LHD EU
102031	456	GT 95 Verde Silverstone Met. FER 607/tan LHD US ZFFSP44A0S0102031
102032	F512	M Black/Black
102036	F355	Berlinetta 95 Red RHD ZFFPA41D000102036 eng. # F129C39408
102037	F355	GTS ZFFPR42B000102037
102038	F355	GTS Nero Carbone/Red LHD
102039	F355	GTS Argento Nürburgring/Black LHD EU
102040	F355	Spider Rosso Barchetta/black ZFFPR48B000102040
102041	F355	Spider
102043	456	GT 95 Le Mans Blue/Beige RHD ZFFSE44D000102043 eng. # F116B39494
102045	F355	GTS Yellow/Black
102046	F355	Berlinetta Red/Black
102048	F355	Berlinetta Red/Black EU
102051	F355	GTS Red crema
102052	F355	GTS Red/Black EU
102054	F355	Spider
102055	456	GT Blue/Black
102057	F512	M Yellow/Black LHD EU
102058	F512	M Red/BlackEU
102060	F355	GTS Red/Black LHD
102061	F355	Challenge
102062	F355	GTS Yellow/Black LHD
102063	F355	GTS 95 Red RHD ZFFPA42D000102063 eng. # 39431
102064	F355	Spider Yellow/black LHD ZFFPR48B000102064 shields
102066	F355	Berlinetta 95 LHD US ZFFPR41A2S0102066
102067	F355	Berlinetta Rosso Corsa/black ZFFPA41B000102067 ass. # 18966 A2067NQQ
102069	456	GT ZFFSD44C000102069
102071	F512	M Red/Black RHD UK ZFFVA40C000102071
102072	F355	Berlinetta Challenge Conversion Red/Black then matt Red/Red LHD ZFFPR41B000102072 ass. # 18978
102074	F355	GTS 95 Red/Black LHD US ZFFPR42B000102074
102076	F355	Berlinetta Red/Black LHD EU

s/n	Type	Comments
102078	F355	GTS Rosso Corsa/black Manual colour coded roof LHD CH ZFFPR42S000102078 ass. # 18968 A2078NHV
102079	F355	Spider Yellow/Black
102080	F355	Spider Modena Yellow/black
102081	456	GT 95 Swaters Blue/Tan LHD US ZFFSP44A4S0102081
102082	456	GT Gunmetal grey
102083	F512	M Red UK
102084	F512	M Red UK
102085	F355	Berlinetta Red/Black LHD EU ass. # 18980
102086	F355	Berlinetta Red/Tan ZFFPR41B000102086
102088	F355	Berlinetta 95 Blue Crema Manual LHD US ZFFPR41A1S0102088
102091	F355	GTS Yellow/Black Challenge grille
102093	F355	Spider
102094	456	GT black Crema RHD ZFFSD44C000102094
102095	456	GT Metallic Red/Beige LHD
102097	F512	M Red/Crema RHD UK
102098	F355	Berlinetta Black/Tan
102100	F355	Berlinetta dark Blue met./Crema CH ZFFPR41S000
102104	F355	GTS 95 Red RHD ZFFPA42D000102104 eng. # F129B39448
102105	F355	Spider dark green LHD
102106	F355	Spider Red/Black LHD
102107	F512	M Red
102108	456	GT 95 Green Metallic/Tan Manual LHD US ZFFSP44A9S0102108
102109	456	GT English green/tan
102110	456	GT 7/95 Nero Carbone Metallizzato/Nero ZFFSP44B000102110
102111	F355	Berlinetta Red/Black
102112	F355	Berlinetta Red/Black ZFFPR41B000102112
102113	F355	Berlinetta Dark Blue Crema RHD
102114	F355	GTS Grey
102115	F355	GTS Red/Black LHD EU
102116	F355	GTS Red/Black colour coded roof ZFFPR42B000
102118	F355	GTS Red/Black LHD CH ZFFPR42S000102118
102119	F355	Spider Silver/Black
102120	F512	M 96 Yellow/Black RHD ZFFVA40D000102120
102122	456	GT Blue met./Beige
102125	F355	Berlinetta 95 Blue/Tan Manual LHD US ZFFPR41A3S0102125
102126	F355	Berlinetta 95 Nero Daytona Metallic/Red Manual LHD CDN
102127	F355	GTS Red/Black ZFFPR42B000102127
102129	F355	GTS Red/Black
102130	F355	GTS Red/Crema RHD UK
102131	F355	Spider LHD, Red/Black
102132	F355	Spider Black LHD ZFFPR48B000102132
102134	F512	M 96 Rosso Corsa carbon sports seats trimmed in magnolia Red alcantara inserts RHD UK ZFFVA40C000102134
102137	F355	Berlinetta
102138	F355	Berlinetta 95 LHD US ZFFPR41A1S0102138
102139	F355	GTS Red/Black ZFFPR42B000102139
102142	F355	GTS Yellow/black
102143	F355	Spider F1 black metallic/tan ZFFPR48B000 A2143NXK
102144	F355	Spider Red/Black LHD
102145	F355	Spider Red/Black LHD EU
102148	456	GT Silver/Black ZFFSD44B000
102149	456	GT Blu Tour de France 522/Crema LHD CH
102150	F355	Berlinetta 96 Red/Crema interior, Red carpets ZFFPA41C000102150 03/01
102152	F355	Berlinetta 95 Red LHD SWE ZFFPR41S000102152
102154	F355	GTS Red/Black LHD ZFFPR42B000102154
102155	F355	GTS Black/Black LHD EU
102156	F355	GTS ZFFPA42C000102156
102157	F355	Spider Red/Crema ZFFPR48B000102157
102158	F355	Spider Red/Black LHD
102161	F512	M Red UK
102163	456	GT Dark Blue/Tan LHD
102164	F355	Berlinetta
102166	F355	Berlinetta 95 Red/Tan LHD USZFFPS41A0S0102166
102167	F355	GTS 9/95 Giallo/Nero Manual
102168	F355	GTS 95 black/Red LHD CDN
102171	F355	Spider Red/Black LHD ZFFPR48B000102171 black Speedline rims Challenge grill shields
102174	456	GT NART Blu/Tan ZFFSP44B000102174
102176	F512	M 6/95 Giallo Modena/Nero LHD CH ZFFVA40S000102176
102179	F355	Berlinetta black/Red
102181	F355	Berlinetta Red/Tan ZFFPR42B000102181
102182	F355	GTS Black/Tan LHD EU ZFFPR42B000102182 ass. #19135
102185	F355	Spider Red/Black
102186	F512	M 8/95 Rosso Corsa/Nero & Red RHD UK ZFFVA40C000102186
102188	456	GT Silver/Black LHD ZFFSP44B000102188 456 M front
102189	456	GT silver/black ZFFSP44B000102189
102190	F355	Berlinetta Red
102193	F355	GTS Yellow/black ZFFPR42B000102193
102194	F355	GTS Red/Black colour coded roof LHD EU ZFFPR42B000102194 ass. # 19141
102195	F355	GTS Red/Black colour coded roof LHD EU ZFFPR42S000102195 A2195NHV challenge grill
102196	F355	Spider Yellow/Black LHD EU
102197	F355	Spider Black/Black LHD EU
102198	F355	Spider Yellow/black
102199	456	GTA Matt Black/Black RHD ZFFSD44C000102199 ex-Sultan of Brunei
102200	456	GT Dark (Swaters?) Blue/black ZFFSP44B000102200
102203	F355	Berlinetta Yellow ZFFPR41B000102203
102205	F355	Berlinetta 95 White Grey LHD US ZFFPR41A1S0102205
102207	F355	GTS Yellow/Black
102208	F355	GTS Red/Crema LHD EU
102209	F355	Berlinetta White Grey LHD US
102213	456	GT 95 LHD ZFFSP44A6S0102213
102214	F512	M Yellow/black LHD CH ZFFVA40S000102214
102215	F512	M Silver/Black LHD EU
102218	F355	Berlinetta 95 Rosso Barchetta/Tan LHD US ZFFPR41AXS0102218
102219	F355	GTS Rosso Barchetta Black-Red sportseats LHD EU barch. Red roof
102220	F355	GTS
102221	F355	GTS Red/Black LHD EU
102222	F355	Spider Red/Black LHD Manual ZFFPR48B000102222 Shields Black calipers
102223	F355	Spider 95 Yellow/Black soft top
102226	456	GT Blue LHD
102228	F512	M Red/Tan CH
102230	F355	Berlinetta Rosso Barchetta/tan
102231	F355	Berlinetta Yellow/black RHD Challenge grill
102233	F355	GTS Red/Tan ZFFPR42S000102233
102234	F355	Spider F1 Giallo Modena/Black LHD EU ZFFPR48B000102234 A2234NKL ass. # 19128
102235	F355	Spider Rosso Corsa/black Challenge Grill
102237	F355	Spider Red/Tan
102238	F355	Spider Red/Black ZFFPR48B000102238 ass.# 19143
102240	456	GT 95 Blue RHD ZFFSE44D000102240
102244	F355	Berlinetta 95 Rosso Corsa/Beige LHD US ZFFPR41A0S0102244
102247	F355	Spider 99 Silver/Blue Manual LHD EU ZFFPR48B000102247
102248	F355	Spider (F1) LHD EU ZFFPR48B000102248
102250	F355	Spider Red/Black LHD EU
102251	F355	Spider Red/Black

s/n	Type	Comments
102253	456	GT Blue/Black LHD
102258	F355	Spider Yellow/Black LHD EU Yellow calipers
102260	F355	Spider Red/Black
102261	F355	Spider
102262	F355	Berlinetta F1 Red/Black LHD
102263	F355	Berlinetta Silver/Bordeaux LHD ZFFPR41B000102263 A2263NFQ
102264	F355	Berlinetta Red/Tan RHD UK
102266	456	GT Le Mans Blue/black
102267	456	GT/GTA 95 LHD US ZFFSL44A2S0102267
102268	F512	M 96 Rosso Corsa/Nero ZFFVA40B000102268
102270	F355	Berlinetta Black/Tan RHD ZFFPA41C000102270 ass. # 19167 A2270TFT
102271	F355	Berlinetta 95 LHD US ZFFPR41A3S0102271
102273	F355	GTS Rosso Corsa/Black LHD ZFFPR42B000102273 A2273NSX
102274	F355	GTS Red/Black
102275	F355	GTS Red/Crema RHD UK A2275NDX
102277	F355	Spider Yellow/Black LHD
102278	F355	Spider Red/Black
102279	456	GT 95 Nero Carbone Metallizzato/Nero ZFFSP44B000102279
102283	F355	Berlinetta Blue/Tan RHD UK ass. # 19198
102285	F355	Berlinetta 95 LHD US ZFFPS41A8S0102285
102286	F355	GTS F1 Red/Black LHD EU A2286NXM
102287	F355	GTS Yellow/Black
102289	F355	Spider Red/Black LHD Sports exhaust
102291	F355	Spider Red/Black
102293	456	GT Argento Nürburgring 101/C/Nero Nero Carpets 14.3.96
102294	F512	M Red/Black LHD EU ZFFVA40B000102294
102295	F355	Berlinetta Yellow/Black
102296	F355	Berlinetta Yellow/Black RHD UK
102297	F355	Berlinetta 95 LHD US ZFFPR41AXS0102297
102298	F355	Berlinetta Rosso Corsa/nero racing seats LHD CH ZFFPR41S000
102299	F355	GTS Red/Red cloth seats manual ZFFPR42B000 A2299NFD
102300	F355	GTS black metallic/black ZFFPR42B000
102301	F355	GTS 6/95 Blue Le Mans/Tan Blue Carpets
102302	F355	GTS Red/Tan LHD SWE ZFFPR42S000102302
102303	F355	Spider Rosso Corsa/Black LHD Manual ZFFPR48B000102303 A2303NCL shields
102304	F355	Spider 95 Yellow/Black LHD EU ZFFPR48B000102304 A2304NFU
102309	F355	GTS Red/Black
102310	F355	Berlinetta
102311	F355	Berlinetta 95 LHD CDN ZFFPS41A5S0102311
102313	F355	GTS
102314	F355	GTS Red/White RHD ZFFPR42C000102314
102315	F355	Spider Red LHD SWE ZFFPR48S000102315
102316	F355	Spider Red/Black LHD EU
102317	F355	Spider Yellow/Black LHD EU
102320	F512	M Red/Black & Red LHD EU ZFFVA40B000102320
102322	F355	Berlinetta Red/Black ZFFPA41C000102322
102323	F355	Berlinetta 95 LHD US ZFFPR41A7S0102323
102324	F355	Berlinetta medium Metallic/green/tan
102327	F355	GTS 95 Argento Nürburgring 101/C/Blu Medio
102328	F355	GTS Red/Crema LHD
102330	F355	Spider Red/Black ass. # 19229
102331	456	GT Black/Tan LHD ZFFSP44B000 A2331NSD
102332	456	GT 6/95 Blue/rust Red LHD US ZFFSP44A3S0102332 , crashed
102334	F355	Berlinetta Red/Black ZFFPR41B000102334
102335	F355	Berlinetta Black/grey
102338	F355	GTS Red/Black LHD EU
102339	F355	GTS
102340	F355	GTS
102341	F355	Spider Yellow/black
102342	F355	Spider black/black, tuned by Inden Designs
102343	F355	Spider Red/Black LHD EU
102345	456	GT 12/96 Argento Metallizzato/Nero LHD CH ZFFSP44S000102345
102347	F355	Berlinetta Yellow/Black LHD EU ZFFPR41B000102347 ass. #19294
102348	F355	Berlinetta NART Blue/tan ZFFPR41B000102348
102349	F355	Berlinetta Red/Crema Manual RHD UK Challenge rear grill
102350	F355	Berlinetta Red/Black LHD EU
102351	F355	GTS Red/Black
102353	F355	GTS Dark Grey Black RHD UK
102356	F355	Spider Red/Black LHD EU
102357	F355	Spider Red/Black
102358	456	GT Red/Black LHD
102361	F355	Berlinetta 95 Red RHD ZFFPA41C000102361
102362	F355	Berlinetta 95 Red/Tan LHD US ZFFPR41A6S0102362
102364	F355	GTS Red/Black
102365	F355	GTS
102366	F355	GTS Red/Black RHD
102370	456	GT Dark Blue/Tan RHD
102371	456	GT Dark Blue/Crema LHD
102373	F355	Berlinetta
102374	F355	Berlinetta
102376	F355	Berlinetta Red LHD SWE ZFFPR41S000102376
102377	F355	Berlinetta 95 Red RHD ZFFPA41D000102377 eng. # F12B39698
102378	F355	GTS Dark Blue/Tan LHD EU ZFFPR42B000102378
102379	F355	GTS 5/95 Rosso Corsa/Nero Manual LHD EU
102380	F355	GTS 95 Red with CrÈme #ZFFPA42C000102380
102381	F355	Spider Red/Black
102383	F355	Spider Red/Black LHD EU
102384	456	GT
102385	456	GT 95 LHD US ZFFSP44A2S0102385
102386	F355	Berlinetta Red/Red & Black Manual ZFFPR41B000102386 ass.# 19320 A2386NVT
102388	F355	Berlinetta
102390	F355	GTS Red/Black LHD EU ass. # 19311
102391	F355	GTS 95 Red Crema RHD ZFFPA42C000102391 ass. # 19317
102392	F355	GTS Black White RHD UK ZFFPA42C000102392 ass# 19325
102393	F355	Spider Red/Tan LHD ZFFPR48S000102393
102394	F355	Spider Giallo Modena/Black A2394NML
102395	F355	Spider Red/Black LHD EU ass. # 19284
102396	456	GT Dark Blue/Crema LHD
102399	F355	Berlinetta Red/Black
102401	F355	Berlinetta 95 LHD US ZFFPR41A1S0102401
102402	F355	Berlinetta Red/Black LHD CH ZFFPR41S000102402
102403	F355	GTS Red/Black Red roof LHD EU ZFFPR42B000102403 ass. # 19315
102404	F355	GTS Red/Black
102406	F355	Spider Red/Black LHD EU
102408	F355	Spider silver/black LHD EU ZFFPR48B000102408
102409	456	GT dark Blue met./Crema ZFFSD44C000102409
102410	456	GT dark Blue/tan
102411	F512	M Red/Black LHD EU ZFFVA40B000102411 A2411FDF
102412	F355	Berlinetta Red/Tan
102415	F355	Berlinetta Red/Black
102417	F355	Challenge
102420	F355	Spider Red/Black ZFFPR48B000102420
102422	F512	M Rosso Corsa/black LHD EU ZFFVA40B000102422 A2422INK
102423	F512	M Red/Black & Red EU
102424	F355	Berlinetta 95 LHDUS ZFFPR41A2S0102424
102425	F355	Berlinetta Nürburgring Silver/Red LHD EU
102427	F355	Berlinetta

s/n	Type	Comments
102428	F355	Berlinetta LHD
102437	F355	Berlinetta 95 Red/Tan LHD US ZFFPR41A0S0102437
102439	F355	Berlinetta 95 Black/Tan Manual RHD ZFFPR41C000102439 A2439PIP
102441	F355	Berlinetta Red LHD SWE ZFFPR41S000102441
102442	F355	GTS black/black
102444	F355	Berlinetta F1 95 Rot/Brown
102447	F355	Spider Black/Black LHD EU ZFFPR48B000102447
102450	F355	Berlinetta 95 LHD LHD US ZFFPR41A3S0102450
102455	F355	Spider Red/Black
102456	F355	Berlinetta 95 Red/Tan LHD US ZFFPR41A4S0102456
102457	F355	Berlinetta Challenge 95 Black/Black Red seats LHD US ZFFPR41A6S0102457 Silver calipers
102458	F355	Berlinetta 95 Red/Tan LHD US ZFFPR41A8S0102458
102459	F355	Berlinetta 95 LHD US ZFFPR41AXS0102459 ass. # 19345
102460	F355	Berlinetta 95 Red/Tan LHD US ZFFPR41A6S0102460 ass. # 19318
102462	F512	M Red/Black LHD EU
102466	F355	Spider Red/Black LHD EU
102467	F355	Berlinetta 95 Red/Tan LHD US ZFFPR41A9S0102467 ass. # 19327
102468	F355	Berlinetta 95 Red/Tan LHD US ZFFPR41A0S0102468
102469	F355	Berlinetta 95 Red/Tan LHD US Manual ZFFPR41A2S0102469 ass. # 19366
102470	F355	Berlinetta 5/95 Rosso Corsa/Tan LHD ZFFPR41A9S0102470 ass. # 19465
102472	F355	GTS Red/Black LHD Red roof EU ass.# 19404
102473	456	GT Dark Blue Dark Blue LHD LHD
102475	456	GT Black/Black LHD
102477	F355	GTS 95 Red RHD ZFFPA42D000102477 eng. # F129839747
102478	F355	Berlinetta 95 Red RHD ZFFPA42D000102478
102479	F355	Spider Red/Black LHD Matsuda collection
102481	F355	Spider Black/Black
102482	F355	Spider Red/Black LHD EU ass. # 19423
102483	F355	Spider
102487	456	GT Dark Blue/Tan RHD
102489	F355	Berlinetta Red/Crema LHD EU
102490	F355	Berlinetta
102492	F355	Berlinetta Red/Black EU
102493	F355	GTS Red/Black
102496	F355	Berlinetta
102498	F355	Spider Red/Black ZFFPR48B000102498
102499	F512	M Red/Black EU
102500	456	GT 95 Blue/Crema LHD ZFFSP44A9S0102500
102501	456	GT 95 Blu Swaters/Blu Scuro LHD ZFFSP44B000102501
102503	F355	Berlinetta Rosso Barchetta/Tan LHD
102504	F355	Berlinetta Yellow/Black ZFFPR41B000102504
102508	F355	GTS Red/Black
102509	F355	GTS Bordeaux Light Brown RHD ZFFXR42C000102509
102510	456	GT 95 Le Mans Blue/Tan US
102512	456	GT Silver/Tan LHD CH ZFFSP44S000102512
102513	456	GT dark Blue/grey
102514	F355	Berlinetta Red/Black
102516	F355	Berlinetta
102518	F355	Berlinetta Yellow/Black Manual ZFFPR41B000102518 ass.# 19448 A2518WDW
102519	F355	GTS Red/Black LHD EU
102522	F355	GTS 95 Rosso Corsa Magnolia ZFFPA42C000102522 eng. # 39896
102523	F355	Spider Red/Black LHD EU ZFFPR48B000102523
102530	F355	GTS Blue/White
102531	F355	GTS Red/Black
102532	F355	GTS Red/Black LHD EU
102533	F355	Berlinetta Red/Crema RHD UK
102534	F355	GTS Red/Black RHD
102536	F512	M Red/Black LHD
102537	456	GT 95 LHD US ZFFSP44AXS0102537
102538	456	GT Dark Blue Bordeaux LHD
102539	F355	Berlinetta Blu Tour de France 522/Crema ZFFPR41B000102539 A2539FDF ass. # 19453
102543	F355	GTS Red/Black LHD
102544	F355	GTS Red/Black
102545	F355	GTS Red/Crema
102546	F355	Spider Red/Black
102547	F355	Berlinetta Red/Crema
102548	F512	M Red/Black + Red EU
102549	456	GT Red LHD SWE ZFFSP44S000102549
102550	456	GT dark green/tan
102551	F355	Berlinetta Red/Black LHD EU ZFFPR41B000102551
102552	F355	Berlinetta 95 Blu Le Mans/Beige ZFFPR41B000102552
102555	F355	Berlinetta 95 Red/Tan LHD US ZFFPR41A6S0102555 ass. # 19483
102556	F355	Berlinetta LHD
102557	F355	GTS Dark green/brown
102559	F355	GTS Red
102563	456	GT black/black
102564	F355	Berlinetta Rosso Corsa/black ZFFPR41B000102564 ass. # 19468 A2564QZQ
102567	F355	Berlinetta 95 LHD US ZFFPR41A2S0102567 ass. # 19495
102569	F355	GTS Red/Black LHD Manual ZFFPR42B000102569
102570	F355	Berlinetta Red/Crema RHD
102571	F355	GTS 95 RHD
102572	F355	Spider Yellow/Black LHD EU ZFFPR48B000102572 Sports exhaust
102573	F512	M Red/Black LHD EU ZFFVA40B000102573 Ass # 19837
102574	456	GT 95 Black Brown LHD US ZFFSP44A5S0102574
102575	456	GT Dark Blue/tan ZFFSP44B000102575
102578	F355	Berlinetta 95 LHD CDN ZFFPS41A1S0102578 ass. # 19502
102579	F355	Berlinetta 95 Red/Tan LHD US ZFFPR41A9S0102579 ass. # 19498
102581	F355	Berlinetta 96 Red/Black
102582	F355	GTS
102583	F355	GTS 95/6 Red/Tan ZFFPA42C000102583
102584	F355	Spider Red/Black LHD EU ZFFPR48B000102584
102585	F512	M Red Black-Red EU
102586	456	GT Dark Blue/Tan LHD
102587	456	GTA Silver LHD ZFFSP44B000102587
102588	F355	Berlinetta Yellow/Black LHD EU ZFFPR41B000102588 ass. # 19500
102589	F355	Red/Black
102590	F355	Challenge Yellow
102591	F355	Berlinetta 95 Rosso Corsa/Beige LHD US ZFFPR41AXS0102591 ass. # 19531
102592	F355	GTS Giallo/nero Black Kevlar baquets ZFFPA42B000102592
102594	F355	Berlinetta Red
102595	F355	GTS Red
102596	F355	Spider Red/Black
102597	F355	Spider Red/Black LHD EU
102598	F512	M Silver Bordeaux LHD EU
102604	F355	GTS Giallo Modena/Black sportseats LHD colour coded roof ZFFPR42B000 A2604NAB challenge grill Speedline wheels
102605	F355	Berlinetta Red/Grey RHD ZFFXR41C000102605 rear challenge grill
102606	F355	GTS Yellow/Black ZFFPA42C000102606

s/n	Type	Comments
102607	F355	GTS Red/Crema RHD
102608	F355	Spider Red/Black LHD
102610	F355	Spider Red/Crema RHD UK
102611	F512	M Red Black-Red LHD EU
102612	456	GT 95 LHD US ZFFSP44A9S0102612
102613	456	GT dark Blue/tan ZFFSD44B000102613 A2613NWF
102615	F355	Berlinetta 95 Red/Tan LHD US ZFFPR41A9S0102615 ass. # 19535
102616	F355	GTS Yellow/Black ZFFPR42B0000102616
102617	F355	GTS 95 Giallo Modena/black Manual LHD EU ZFFPR42B000102617 A2617NXY ass. # 19552
102618	F355	Berlinetta Red/Crema RHD UK
102619	F355	GTS
102621	F355	Spider Red/Black LHD EU
102623	F355	Spider 95 LHD US ZFFPR48A0S0102623 ass. # 19509
102624	F512	M Red/Black LHD
102625	456	GT Silver Tan LHD
102629	F355	Berlinetta 95 LHD US ZFFPR41A9S0102629 ass. # 19553
102632	F355	GTS Red/Crema
102634	F355	Berlinetta
102635	F355	Spider Red/Black LHD
102638	456	GT 95 Blu Swaters Tan ZFFSP44A5S0102638
102639	456	GT Blue/Black LHD
102642	F355	Berlinetta 95 Red/Tan LHD US ZFFPR41A1S0102642 ass. # 19574
102643	F355	GTS
102645	F355	Berlinetta Yellow/Black RHD UK
102646	F355	GTS
102647	F355	Spider Red/Black LHD EU ZFFPR48B000102647
102648	F355	Spider Red/Black LHD
102649	F355	Spider 95 LHD US ZFFPR48A7S0102649 ass. # 19518
102651	456	GT NART Blue/Grey LHD CH ZFFSP44S000102651 A2651NKF
102652	456	GT Silver/Black LHD EU ZFFSP44B000102652
102654	F355	Berlinetta 95 Red LHD SWE ZFFPR41S000102654
102655	F355	Berlinetta 95 Rosso Corsa/tan Manual US ZFFPR41A2S0102655 ass. # 19582
102657	F355	GTS Rosso Corsa/Black
102658	F355	Berlinetta
102660	F355	Spider Red/Black LHD EU
102661	F355	Spider Red/Black ZFFPR48B000102661 Challenge grill
102662	F355	Spider Red;black LHD
102663	F355	Spider 95 Rosso Corsa/Tan Manual LHD US ZFFPR48A1S0102663
102667	F355	Berlinetta Red/Black LHD EU
102668	F355	Berlinetta Red/Black LHD
102669	F355	Berlinetta 95 Rosso Corsa/Tan LHD CDN ZFFPS41A4S0102669 ass. # 19533
102670	F355	Berlinetta 95 Rosso Corsa/tan ZFFPR41A9S0102670 ass. # 19594
102671	F355	GTS Red/Black
102672	F355	GTS Yellow/Black Yellow stiching LHD ZFFPR42B000102672
102673	F355	GTS black
102674	F355	GTS
102676	F355	Spider Black/Black LHD EU ZFFPR48B000102676 ass. # 19597
102679	456	GT dark Blue/Crema
102680	F355	Berlinetta 95 Red/Tan LHD US ZFFPR41A9S0102680 ass. # 19593
102681	F355	Berlinetta 95 Red/Tan LHD US ZFFPR41A0S0102681 ass. # 19599
102682	F355	GTS Rosso Corsa/Black LHD Manual ZFFPR42B000102682 A2682NKS
102683	F355	GTS Rosso Corsa/Black colour-coded roof LHD ZFFPR42B000102683 ass. # 19631 A2683NXG
102684	F355	Berlinetta
102685	F355	
102686	F355	Spider Yellow/Black LHD
102687	F355	Spider Rosso Corsa/Black Manual LHD ZFFPR48B000102687 ass. # 19625
102688	F355	Spider 95 Manual LHD SWE ZFFPR42S000102688
102689	F355	Spider 95 Red/Tan US, LHD ZFFPR48A8S0102689 ass. # 19549
102690	F512	M 95 Red/Tan LHD US ZFFVG40A3S0102690
102691	456	GT Dark Blue/White LHD
102692	456	GT
102696	F355	Berlinetta 95 Red/Tan LHD US ZFFPR41A2S0102696 ass. # 19606
102697	F355	GTS Challenge
102700	F355	Spider
102701	F355	Spider Red/Black
102702	F355	Spider
102703	F355	Spider 95 Red/Tan LHD Manual US ZFFPR48A9S0102703 ass. # 19555 Tubi
102704	F512	M #53/75 95 Rosso Corsa/Tan LHD US ZFFVG40AXS0102704
102705	456	GT Dark Blue Crema LHD ZFFSP44S000102705
102706	456	GT black/Red crashed very heavily
102708	F355	Berlinetta 95 LHD US ZFFPR41A5S0102708 ass. # 19509
102709	F355	GTS Red/Black EU
102713	F355	Spider 95 dark Blue/Black LHD EU
102716	F355	Spider 95 Red/Tan Manual LHD US ZFFPR48A7S0102716 ass. # 19557
102717	F355	Spider 95 LHD US ZFFPR48A9S0102717 ass. # 19585
102718	456	GT black/Crema ZH 68618 CH
102720	456	GT Blue Brown LHD
102721	F355	Berlinetta 95 Giallo Modena/Nero challenge grill
102722	F355	Berlinetta 95 Red/Black LHD US ZFFPR41AXS0102722 ass. # 19637
102729	F355	Spider 95 LHD US ZFFPR48A5S0102729 ass. # 19622
102730	F512	M Red/Black EU
102729	F355	Spider 95 Giallo Modena/Black manual ZFFPR48A5S0102729
102730	F512	M Red/Black
102731	456	GT Dark Blue/Crema LHD
102732	456	GT 95 Blu Swaters/tan
102733	F355	Berlinetta LHD ZFFPR41JPN0102733
102734	F355	Berlinetta Rosso Corsa/nero & Red alcantara centers LHD CH ZFFPR41S000102734
102735	F355	Berlinetta 95 Yellow/Black LHD US ZFFPR41A8S0102735 ass. # 19661
102736	F355	GTS 95 (1996 model year) Rosso Corsa/Black LHD ZFFPR42B000102736 ass. # 19664 Black calipers shields
102738	F355	GTS Red/Black LHD CH ZFFPR42S000102738 Challenge grille
102739	F355	GTS
102741	F355	Spider Black Crema LHD EU
102742	F355	Spider 6/95 Yellow Modena (Fer 102)/Black ZFFPR48A8S0102742 ass. # 19589
102743	F355	Spider 95 Black/Black LHD US ZFFPR48AXS0102743 ass. # 19638
102744	F512	M UK
102745	456	GT Dark Blue/Crema LHD ZFFSP44S000102745
102746	456	GT Dark Blue/Crema LHD
102748	F355	Berlinetta 95 Giallo Modena/Black Manual ZFFPR41A6S0102748 ass. # 19670
102749	F355	GTS 95 Rosso Corsa/black Manual LHD EU ZFFPR42B000102749 A2749PFP ass. # 19663
102750	F355	GTS Red/Tan LHD EU
102751	F355	Berlinetta

s/n	Type	Comments
102755	F355	Spider 95 LHD US ZFFPR48A6S0102755 ass. # 19635
102756	F355	Spider 95 Yellow/Tan Manual LHD US ZFFPR48A8S0102756 ass. # 19651
102757	F512	M UK
102758	456	GT ZFFSD44C000102758
102759	456	GT Black/Tan RHD ZFFSD44C000102759
102760	F355	Berlinetta 12/95 Giallo Modena/black sport seats ZFFPR41B000102760
102764	F355	Berlinetta 95 Yellow/Black LHD US ZFFPR41A4S0102764 ass. # 19705 Shields, Red calipers
102766	F355	Berlinetta Red
102767	F355	Spider Silver/Black LHD EU ZFFPR48B000102767
102768	F355	Spider 95 Giallo Modena Tobacco Manual LHD US ZFFPR48A4S0102768 ass. # 19660
102770	F512	M 95 Red/Tan LHD US ZFFVG40A1S0102770
102771	456	GT ZFFSD44C000102771
102772	456	GT Blue Meti/Beige 16 ED
102773	F355	Berlinetta Red/Black
102774	F355	Berlinetta Yellow/Black LHD Sportsseats
102777	F355	Berlinetta 95 LHD US ZFFPR41A2S0102777 ass. # 19771
102778	F355	GTS Red/Black LHD EU ZFFPR42B000102778 ass. # 19707
102779	F355	GTS Red/Black LHD
102780	F355	GTS
102781	F355	Spider 95 Yellow/Black Manual LHD US ZFFPR48A7S0102781 ass. # 19682
102782	F355	Spider 95 Yellow/Black Manual LHD US ZFFPR48A9S0102782 ass. # 19708
102784	456	GT
102785	456	GT Blu Le Mans (Fer 516/C)/Tan RHD ZFFSP44C000 eng. # 40383
102786	F355	Spider 95 Yellow/Black Manual LHD US ZFFPR48A6S0102786 ass. # 19685
102787	F355	Spider 95 Red/Tan Black top LHD ZFFPR48A8S0102787 ass. # 19773
102788	F355	Spider 95 Black/Tan Manual ZFFPR48RXS0102788 ass. # 19777
102789	F355	Spider Yellow/Black LHD EU ass. # 19875
102790	F355	Spider Red/Tan LHD EU
102792	F355	Spider 8/95 Rosso Corsa/black Manual LHD EU ZFFPR48B000102792 A2792WKW
102793	F355	Spider dark Metallic/green/brown
102796	F512	M #55/75 95 Red/Tan LHD US ZFFVG40A8S0102796
102797	456	GT Dark Blue Crema RHD
102798	456	GT 8/95 Nero Daytona/Tan Tan Carpets
102803	456	GT Blue
102804	456	GT Dark Green Tan LHD
102805	F355	Spider 95 Yellow/Black
102806	F355	Berlinetta Red/Black LHD 3rd light
102809	F355	GTS Red/Black LHD
102810	F355	GTS Red/Black LHD ZFFPR42B000102810
102813	F50	pre-series, Red LHD EU ZFFTA46B000102813
102814	F355	Berlinetta 95 Red/Tan ZFFPR41A4S0102814
102815	F512	M 95 Red/Tan LHD US ZFFVG40A8S0102815
102817	456	GT 95 LHD US ZFFSP44A5S0102817
102819	F355	Berlinetta Red/Black LHD
102820	F355	Berlinetta Red/Black
102821	F355	GTS Red/Black LHD EU
102822	F355	GTS Red/Black
102823	F355	Berlinetta Red/Black
102824	F355	GTS Red/Black
102825	F355	GTS Red/Black LHD EU
102826	F355	Spider Canna di Fucile Tan
102827	F355	Spider Red/Black LHD EU
102828	F512	M Red LHD ZFFVA40JPN0102828
102829	456	GT Black Green LHD
102830	456	GT 95 Black/Tan LHD ZFFSP44A8S0102830
102831	F355	Berlinetta 6/95 Rosso Corsa/black Manual
102832	F355	Berlinetta
102834	F355	GTS Red/Black
102837	F355	GTS Yellow/black ZFFPR42B000102837
102841	F512	M 95 Red/Tan LHD US ZFFVG40A9S0102841
102842	456	GT Swaters (?) Blue metallic/medium Blue
102843	456	GT
102844	F355	Berlinetta Red/Tan
102847	F355	GTS
102849	F355	GTS Dark Blue/tan ZFFPR42B000
102851	F355	GTS Yellow/Black LHD EU ZFFPR42B000102851 ass. 19772
102852	F50	pre-series, Argento Nürburgring 101/C/ then Red/Black ZFFTA46B000102852 ass. # 19693 RHD UK-Conversion ex-Sultan of Brunei
102853	F355	Spider Rosso/nero LHD ZFFPR48B000102853
102855	456	GT 95 Nero/Rosso ZFFSP44B000102855
102856	456	GT Argento Nürburgring 101/C/Black LHD ZFFSP44B000102856 A2856BJB
102860	F355	Berlinetta Red/Black ZFFPA41B000102860
102862	F355	GTS Red/Black
102864	F355	GTS Red/Black
102865	F355	Spider Yellow/Black LHD
102866	F355	Spider Yellow/Black LHD EU
102867	F512	M 2/96 Rosso Corsa/Black & Red RHD UK
102868	456	GT Dark Blue/grey ZFFSP44B000102868 A2868LWL
102869	456	GTA Argento Nürburgring 101/C/Nero Nero Carpets, 09.11.95
102871	F355	Berlinetta Red/Tan ZFFPR41B000102871 shields
102873	F355	GTS
102874	F355	GTS
102876	F355	GTS 96 Blue/Blue and grey hide
102878	F355	Spider 95 LHD US ZFFPR48A0S0102878 ass. # 19781
102879	F355	Spider 95 Black/Tan LHD US ZFFPR48A2S0102879
102880	F512	M Red UK
102881	456	GT Canna di Fucile Met. FER 703/C/light grey ZFFSP44B000102881
102882	456	GT Dark Blue/Black LHD
102883	F355	Berlinetta 95 Black/Tan LHD US ZFFPR41A1S0102883 ass. # 19786
102884	F355	Berlinetta 95 Red/Tan LHD CDN ZFFPS41A8S0102884 ass. # 19789
102885	F355	GTS Red/Crema LHD EU
102886	F355	GTS Red/Black LHD EU
102889	F355	GTS 95 Red RHD ZFFPR42D000102889 eng. # F129B40252
102890	F355	Spider Yellow Blue Manual RHD ZFFPR48C000102890
102891	F355	Spider 6/95 Argento Nürburgring/Black LHD US ZFFPR48A3S0102891 ass. # 19817
102892	F355	Spider 95 LHD US ZFFPR48A5S0102892 ass. # 19784
102893	F512	M UK
102894	456	GT Dark Blue Blue
102895	456	GT 95 Rosso Fiorano Beige LHD US ZFFSP44A3S0102895
102898	F355	Berlinetta 8/96 Rosso Corsa/Beige RHD ZFFPR41D000102898
102899	F355	GTS Red/Black
102902	F50	Pre Production Red/Black & Red LHD EU ZFFTA46B000102902
102904	F355	Spider 95 LHD US ZFFPR48A8S0102904 ass. # 19807
102905	F355	Spider 95 Dark Green/tan LHD US ZFFPR48AXS0102905 ass. # 19794
102906	F512	M #57/75 95 Black/Tan LHD US ZFFVG40A0S0102906
102907	456	GT 95 Argento Nürburgring 101/C/ Blu Scuro ZFFSP44B000102907

s/n	Type	Comments
102910	F355	Berlinetta 95 Black Tobacco Manual LHD US ZFFPR41A0S0102910 ass. # 19823
102912	F355	GTS Red/Black
102913	F355	GTS Red/Black LHD
102914	F355	GTS
102915	F355	Spider ZFFPR48C000102915
102916	F355	Spider 95 Blu Tour de France 522/Tan LHD US ZFFPR48A4S0102916 ass. # 19815
102917	F355	Spider 95 Rosso Barchetta/Tan LHD US ZFFPR48A6S0102917 ass. # 19835
102918	F355	Spider 95 LHD US ZFFPR48A8S0102918 ass. # 19827
102919	F512	M Red/Black EU
102924	F355	GTS 8/95 Rosso Corsa/Nero LHDEU
102926	F355	GTS black
102927	F355	GTS
102928	F355	GTS Red/Black
102929	F355	Spider 95 Rosso Barchetta/Tan LHD US ZFFPR48A2S0102929 ass. # 19821
102930	F355	Spider 95 dark Green met./Tan Manual black top, LHD US ZFFPR48A9S0102930 ass. # 19819
102932	F512	M 95 LHD US ZFFVG40A1S0102932
102933	456	GT Le Mans Blue metallic/tan M 2912 UM E
102935	F355	Berlinetta 95 LHD US ZFFPR41A5S0102935 ass. # 19891
102936	F355	Berlinetta 95 LHD CDN ZFFPS41A1S0102936 ass. # 19855
102939	F355	GTS 95 Rosso Corsa Magnolia RHD Colour coded roof ZFFPR42C000102939 ass. # 28455 eng. # 40302
102940	F355	Spider 95 LHD US ZFFPR48A1S0102940 ass. # 19831
102941	F355	Spider 95 Red/Tan LHD US ZFFPR48A3S0102941 ass. # 19833
102942	F355	Spider 95 LHD US ZFFPR48A5S0102942 ass. # 19849
102943	456	GT
102944	F355	Spider Red/Black LHD
102945	F512	M 95 LHD US ZFFVG40AXS0102945
102946	456	GT ZFFSP44C000102946
102947	456	GT 95 emerald green tan LHD US ZFFSP44A7S0102947
102948	F355	GTS Red/Black
102949	F355	Berlinetta 95 Black/Black LHD US ZFFPR41A5S0102949 ass. # 19857
102950	F355	Berlinetta 96 Yellow RHD ZFFFR41D000102950 eng. # F129B040319
102952	F355	GTS Black/Black
102954	F355	Spider 95 LHD US ZFFPR48A1S0102954 ass. # 19853
102955	F355	Spider 95 Red/Tan Red calipers LHD US ZFFPR48A3S0102955 ass. # 19852
102956	F355	Spider 6/95 Red/Black ZFFPR48A5S0102956 ass. # 19859
102958	F512	M Red/Black EU
102963	F355	Berlinetta 95 Red LHD ZFFPR41AXS0102963 ass. # 19862
102965	F355	GTS Yellow/Black LHD EU
102966	F355	GTS Red/Black ZFFPR42B000102966
102967	F355	GTS
102968	F355	Spider 95 Red/Black RHD ZFFPR48C000102968, ex Sultan of Burnei
102969	F355	Spider 95 LHD US ZFFPR48A3S0102969 ass. # 19865
102970	F355	Spider 95 LHD US ZFFPR48AXS0102970 ass. # 19863
102971	F512	M Rosso Corsa/Red & black LHD EU ZFFVA40B000102971 A2971SDX
102972	456	GT
102973	456	GT 95 LHD US ZFFSP44A8S0102973
102974	F355	Berlinetta 95 non Metallic/Green/Crema
102975	F355	Berlinetta Red LHD ZFFPR41JPN0102975
102977	F355	GTS
102978	F355	GTS Red/Black cloth LHD CH ZFFPR42S000102978
102979	F355	Berlinetta 95 Red/Black LHD
102980	F355	Spider 95 Verde Inglese FER 606/tan LHD US ZFFPR48A2S0102980 ass. # 19953
102981	F355	Spider 95 Red/Tan LHD US ZFFPR48A4S0102981 ass. # 19867
102982	F355	Spider 95 Red/Tan LHD US ZFFPR48A6S0102982 ass. # 19874
102983	F355	Spider 95 Sebring Blue metallic/cuoio naturale LHD ex-Luca di Montezemolo
102984	F512	M Rosso Corsa/black LHD EU ZFFVA40B000102984 A2984WYP Yellow lip on front spoiler
102986	F355	Berlinetta Red/Black LHD EU
102987	F355	Berlinetta Red/Tan LHD
102988	F355	Berlinetta 95 Red/Tan LHD US ZFFPR41A5S0102988 ass. # 19811
102989	F355	Berlinetta 95 Yellow/black LHD CDN ZFFPS41A0S0102989 ass. # 19894
102991	F355	GTS Red/Black ZFFPR42B000102991
102992	F355	GTS Red/Crema RHD ZFFPR47C000102992
102993	F355	Spider 95 Rosso Corsa/Tan Manual LHD US ZFFPR48A5S0102993 ass. # 19869
102994	F355	Spider 95 Red/Tan LHD US ZFFPR48A2S0102994 ass. # 19887
102995	F355	Spider 95 Rosso Corsa/Tan Manual LHD US ZFFPR48A4S0102995 ass. # 19893
102996	F355	Spider Yellow/Black LHD EU Red calipers
102997	F512	M Red/Black & Red UK LHD ZFFVA40B000102997 shields
102998	456	GT Argento/black LHD EU
102999	456	GT
103000	F355	Berlinetta
103002	F355	Berlinetta 95 Red RHD ZFFPR41D000103002 eng. # F129B40381
103003	F355	GTS Yellow/Black
103005	F355	GTS Red/Black RHD UK ZFFPR42C000103005
103006	F355	Spider 95 LHD US ZFFPR48A3S0103006 ass. # 19901
103007	F355	Spider 95 Rosso Corsa/Beige Manual LHD US ZFFPR48A5S0103007 ass. # 19889
103008	F355	Spider 7/95 Rosso Corsa FER 300/12/Beige LHD US ZFFPR48A7S0103008 ass. # 19909
103009	F355	Spider Yellow/Black LHD
103010	F512	M #61/75 95 Black/Tan LHD US ZFFVG40A4S0103010
103011	456	GT Dark Blue/Tan RHD
103012	456	GT 95 Black/Tan LHD US ZFFSP44A1S0103012
103015	F355	Berlinetta 95 Rosso Barchetta/Tan LHD US ZFFPR41A1S0103015 ass. # 19928
103016	F355	GTS Red/Black LHD EU
103017	F355	GTS 96 Rosso Corsa/Nero Manual LHD EU
103018	F355	GTS
103019	F355	Spider 94 Black/Black RHD ZFFPR48C000103019
103020	F355	Spider 7/95 Red/Tan LHD US ZFFPR48A8S0103020 ass. # 19903
103021	F355	Spider 95 Red/Tan LHD US ZFFPR48AXS0103021 ass. # 19913
103022	F355	Spider Red/Black
103023	F512	M Red/Black
103024	456	GT
103025	F355	Berlinetta Red/Tan ZFFPR41B000103025
103026	F355	Berlinetta Red Black-Red LHD EU
103027	F355	Berlinetta 95 Rosso Barchetta/Tan LHD US ZFFPR41A8S0103027 ass. # 19949
103031	F355	Spider 95 LHD US ZFFPR48A2S0103031 ass. # 19915
103032	F355	Spider 95 LHD US ZFFPR48A4S0103032 ass. # 19938

s/n	Type	Comments
103033	F50	Pre - Production Red/Black & Red LHD EU ZFFTA46B000103033 ex-Sultan of Brunei
103034	F50	Pre - Production LHD EU ZFFTA46B000103034 ex-Sultan of Brunei
103035	456	GT Dark Green Bordeaux RHD
103036	456	GT Blue Dark Grey LHD
103037	F355	Berlinetta Black/Tan LHD EU
103038	F355	Berlinetta 95 Rosso Barchetta/Beige LHD US ZFFPR41A2S0103038 ass. # 19909
103040	F355	GTS Red/Black-Redcloth seat centers sports seats LHD EU ZFFPR42B000103040
103041	F355	GTS
103042	F355	GTS Red/Tan
103043	F355	Spider 95 Red/Tan LHD US ZFFPR48A9S0103043 ass. # 19941
103044	F355	Spider 95 Red/Tan Manual LHD US ZFFPR48A0S0103044 ass. # 19945
103045	F355	Spider 95 Red LHD US ZFFPR48A2S0103045 ass. # 19978
103047	F50	Pre Production Silver ZFFTA46B000103047 RHD Conversion ex-Sultan of Brunei
103048	456	GT 95 Verde Silverstone/Tan LHD US ZFFSP44A0S0103048
103049	456	GT Dark Blue/Tan RHD ZFFSP44C000103049
103050	F355	Berlinetta Black/Tan LHD EU
103052	F355	Berlinetta Yellow/Black LHD
103055	F355	GTS Red/Crema RHD UK
103057	F355	Spider ZFFPR48C000103057
103058	F355	Spider 95 LHD US ZFFPR48A0S0103058 ass. # 19981
103059	F355	Spider 7/95 Red/Tan Black top Manual LHD US ZFFPR48A2S0103059 ass. # 19983
103060	F355	Spider 95 Red/Tan Manual LHD US ZFFPR48A9S0103060 ass. # 19989
103061	456	GT 95 Argento Nürburgring 101/C/Metallic/Grey ZFFSP44C000103061
103064	F355	Berlinetta 95 Dark Grey/Red Manual LHD US ZFFPR41A3S0103064 ass. # 19975
103066	F355	GTS Red/Black LHD
103067	F355	GTS
103068	F355	GTS Red/Tan LHD EU
103069	F355	Spider 95 Yellow/black LHD US ZFFPR48A5S0103069 ass. # 19967
103070	F355	Spider 95 Yellow/Black LHD US ZFFPR48A1S0103070 ass. # 19972
103071	F355	Spider 95 LHD US ZFFPR48A3S0103071 ass. # 20002
103072	F355	Spider 7/95 Yellow/Black LHDUS ZFFPR48A5S0103072 ass. # 19986
103075	456	GT black/Red
103076	F355	Berlinetta Red/Black
103077	F355	Berlinetta Red/Crema RHD UK
103079	F355	GTS Red/Black
103080	F355	GTS 95 Red/Black Manual LHD EU ZFFPR42B000103080
103081	F355	GTS Red/Crema ZFFPR42C000103081
103082	F355	Spider 95 LHD US ZFFPR48A8S0103082 ass. # 20010
103083	F355	Spider 95 LHD US ZFFPR48AXS0103083 ass. # 20006
103084	F355	Spider 7/95 Giallo Modena/Black Manual LHD US ZFFPR48A1S0103084 ass. # 20012
103085	F355	Spider 95 Yellow/Tan LHD US ZFFPR48A3S0103085 ass. # 20035
103086	F512	M Red/Tan LHD CH
103087	456	GT 95 Green met./Tan LHD US ZFFSP44AXS0103087
103088	F355	Berlinetta Red/Black
103090	F355	Berlinetta 95 LHD US ZFFPR41A4S0103090 ass. # 20068
103092	F355	GTS Red/Black LHD EU
103094	F355	Spider 7/95 Black/Tan Manual LHD US ZFFPR48A4S0103094 ass. # 20047
103095	F355	Spider 95 Black/Tan LHD US ZFFPR48A6S0103095 ass. # 20031
103096	456	GT 95 Silver/Black LHD US ZFFSP44A0S0103096
103097	F50	#1/349 first production car 95 Rosso Corsa FER 300/12 Yellow Stripe on Waist Line/Black & Red LHD EU ZFFTA46B000103097, ex-'Beurlysë
103098	F355	Berlinetta Red/Black LHD EU
103099	456	GT 95 Blue LHD US ZFFSP44A6S0103099
103100	456	GT Light Blue/White LHD
103101	F355	Berlinetta Red ZFFPR41B000103101
103103	F355	GTS 9/95 Rosso Corsa/Nero Rosso
103104	F355	Spider 7/95 Black/Tan LHD US Manual ZFFPR48A3S0103104 ass. # 20057
103105	F355	Spider 95 Black/Tan LHD US ZFFPR48A5S0103105 ass. # 20070
103108	F355	Spider 95 dark Blue/tan Manual LHD US ZFFPR48A0S0103108 ass. # 20072
103109	F355	Spider 95 Black/Tan LHD US ZFFPR48A2S0103109 ass. # 20086
103111	F355	Spider (F1) LHD EU ZFFPR48B000103111
103113	456	GT Verde Silverstone Met. FER 607/Beige-green LHD
103114	F50	#2/349 Red/Black Red LHD EU ass. # 19963
103115	F355	Berlinetta F1 95 Rosso Corsa/Black LHD Manual A3115NXO Red calipers shields
103116	F355	Berlinetta 95 Red/Tan LHD ZFFPR41A7S0103116 ass. # 20023 Red calipers Tubi
103117	F355	Berlinetta Red/Tan
103119	F355	Berlinetta Red/Black Manual RHD ZFFPR41C000103119
103121	F355	GTS met. Blue;tan
103122	F355	GTS Red/Beige A3122TAT
103123	F512	M 95 Red/Black LHD US ZFFVG40A6S0103123
103125	456	GT 95 Verde Pino/tan LHD US ZFFSP44A3S0103125
103127	F355	Spider 95 LHD US ZFFPR48A4S0103127 ass. # 20077
103128	F355	Spider 95 Black/Tan LHD US ZFFPR48A6S0103128 ass. # 20107
103129	F355	Berlinetta Red LHD ZFFPR41B000103129
103131	F355	Berlinetta
103134	F355	Spider Red/Black LHD
103138	456	GT 95 Dark Metallic/Green Crema LHD US ZFFSL44A7S0103138
103139	F50	# 03/349 Red/Black Red LHD EU
103141	F355	Spider 95 LHD US ZFFPR48A9S0103141 ass. # 20090
103142	F355	Spider 95 NART Blue Metallic/Tan Manual ZFFPR48A0S0103142 ass. # 20115
103145	F355	Berlinetta RHD, Red/Black
103148	F512	M 95 Red/Black LHD US ZFFVG40A0S0103148
103150	456	GT 95 LHD US ZFFSP44A2S0103150
103152	F355	Spider 8/95 Argento Nürburgring/Nero Manual ZFFPR48A3S0103152 ass. # 20179
103153	F355	Spider 95 Argento Nürburgring/Nero Manual US ZFFPR48A5S0103153 ass. # 20147
103154	F355	Berlinetta 95 LHD US ZFFPR41A4S0103154 ass. # 20060
103155	F355	Berlinetta Red/Black LHD EU
103156	F355	Berlinetta Gunmetal grey metallic/black
103158	F355	GTS Red/Black LHD
103159	F355	GTS Red/Black LHD EU ZFFPR42B000103159
103160	F355	GTS Red/Black LHD
103161	F355	GT silvergrey metallic/black
103162	456	GT ZFFSP44C000103162
103163	F355	Berlinetta Rosso Corsa/black
103165	F355	(?) Red/Black
103166	F50	# 04/349 Red LHD EU ass. # 20039
103167	F355	Spider 95 Rosso Barchetta Beige Manual ZFFPR48A5S0103167 ass. # 20117

s/n	Type	Comments
103168	F355	Spider 95 LHD US ZFFPR48A7S0103168 ass. # 20119
103169	F355	Berlinetta 95 Red/Tan Manual RHD UK
103170	F355	GTS Rosso Barchetta/black
103171	F355	Spider Blue Grey
103172	F355	Spider Red/Black
103173	F355	Spider 95 Gialio Modena/Rosso ZFFPR48C000103173 eng.# 40535 ass. # 20067 ex- Burnei
103174	F355	Spider Red
103175	F355	Spider 96 Blue Crema RHD ZFFPR48D000103175
103177	456	GT 96 Le Mans Blue Black RHD ZFFSL44D000103177
103178	456	GT Swaters Blue metallic/dark grey
103180	F355	Spider 95 LHD US ZFFPR48A8S0103180 ass. # 20122
103181	F355	Spider 95 Verde Silverstone Met. FER 607/Tan LHD Manual US ZFFPR48AXS0103181 ass. # 20140
103182	F355	Spider 7/95 Verde Silverstone Met. FER 607/Tan Manual LHD US ZFFPR48A1S0103182 ass. # 20142
103185	F355	Berlinetta Red/Crema EU
103186	F355	Berlinetta Metallic/Black Grey-black RHD UK
103187	F355	GTS Argento Nürburgring 101/C/black Manual LHD EU ZFFPR42B000103187 ass. # 20066
103188	F355	GTS Red/Black
103189	F512	M 95 Yellow/black LHD US ZFFVG40A3S0103189
103190	456	GTA Venezia Break Forrest Green Metallic/Black ZFFSP44C000103190
103191	F355	Spider ZFFTR48C000103191
103193	F50	# 05/349 Red/Black Red LHD EU
103194	F355	Spider 95 Rosso metallizzato tan US ZFFPR48A8S0103194 ass. # 20155
103195	F355	Spider 95 Rosso Barchetta/Tan LHD US ZFFPR48AXS0103195 ass. # 20148
103196	F355	Spider 95 Yellow/Black LHD US ZFFPR41A9S0103196 ass. # 20112
103197	F355	Berlinetta Red/Black ZFFPA41B000103197 A3197HXH
103199	F355	Berlinetta
103205	F355	GTS Black/Tan LHD Manual ZFFPR42B000103205 A3205QAQ
103207	F355	Spider
103209	F355	GTS Red/Tan
103210	F355	GTS Red/Black colour coded roof
103211	F355	Spider Yellow/Black RHD UK
103212	456	GTA Dark Blue/tan RHD ZFFWP50C000103212 shields
103214	F355	Spider Yellow/black
103217	F355	Spider Yellow/Black RHD
103219	456	GT ZFFSP44C000103219
103220	F50	# 06/349 Red/Black Red LHD EU
103221	F355	Spider 95 Blu Sera/tan LHD US ZFFPR48A7S0103221 ass. # 20157
103222	F355	GTS 95 Red/Crema LHD ZFFPR48A9S0103222 ass. # 20171
103223	F355	Spider 95 Yellow/BlackLHD US ZFFPR48A0S0103223 ass. # 20173
103224	F355	Berlinetta 95 Red/Black LHD US ZFFPR41AXS0103224 ass. # 20159
103225	F355	Berlinetta Red/Black
103227	456	GT
103228	F355	GTS Red/Black ZFFPR42B000 103228 ass. # 20102
103229	F355	GTS Red/Black
103231	F355	Spider Rosso/nero
103232	F355	Spider
103237	F355	Berlinetta 96 Red/Tan LHD US ass. # 20974
103238	F355	Berlinetta Red/Black LHD EU ZFFPR42B000103238
103241	F355	Spider Red/Crema RHD UK
103242	F355	Spider Yellow/Black
103245	456	GT 96 black/black
103246	456	GT Pininfarina Special Automatic Conversion 97 Black/Black LHD ZFFPR44A4S0103246 customized Automatic ex-Sultan of Brunei
103247	F50	# 07/349 Red LHD EU ass. # 20130
103248	F355	Spider 8/95 Black/Tan LHD Manual US ZFFPR48A5S0103248 ass. # 20187
103249	F355	Spider 95 Rosso Barchetta FER 312/Tan Manual LHD US ZFFPR48A7S0103249 ass. # 20182
103250	F355	Berlinetta
103251	F355	Berlinetta (F1) 96 LHD US ZFFXR41A0T0103251 ass. # 21047
103252	F355	Berlinetta Blue/tan LHD Challenge grill
103259	F355	Spider Yellow LHD ZFFPR48B000103259
103260	F512	M #65/75 95 Red/Black LHD US ZFFVG40A5S0103260
103261	456	GT ZFFSP44C000103261
103262	456	GT dark Blue met./grey
103263	F355	Spider 95 Rosso Monza/Tan LHD US ZFFPR48A1S0103263 ass. # 20207
103264	F355	Spider 95 Black/tan LHD US ZFFPR48A3S0103264 ass. # 20212
103265	F355	Spider 95 Rosso Corsa/Tan Manual LHD US ZFFPR48A5S0103265 ass. # 20225
103266	F355	Berlinetta 95 Yellow/Black Manual ZFFPR41A4S0103266 ass. # 20286
103269	F355	Spider Yellow/Black EU
103271	F355	Spider Red/Crema RHD UK ZFFPR48C000103271
103272	F512	M Red/Black LHD EU
103274	F50	# 08/349 Red LHD EU
103277	F355	Spider Yellow/Black LHD EU
103278	F355	Berlinetta
103279	F355	Spider 95 LHD US ZFFPR48A5S0103279 ass. # 20232
103280	F355	Spider 95 Red/Tan LHD US ZFFPR48A1S0103280 ass. # 20215
103281	F355	Berlinetta
103283	F355	Berlinetta Red LHD
103284	F355	GTS 95 Rosso Corsa/Crema sports seats Red seat centre Red stitching ZFFPR42C000 eng. # 40610 ass. # 20151
103285	F355	Spider
103288	F50	# 09/349 First US spec deliveRed F50 Red/Black LHD US ass. # 20242
103289	F50	# 10/349 LHD US ass. # 20331
103290	F50	# 11/349 Rosso Corsa/black & Red LHD US ass. # 20376
103291	F50	# 12/349 Red LHD US
103292	456	GT ZFFSP44C000103292
103294	F355	Spider 95 Red/Tan LHD US ZFFPR48A1S0103294 ass. # 20218
103295	F355	Spider 95 Rosso Corsa/Tan Manual LHD US ZFFPR48A3S0103295 ass. # 20228
103296	F355	Spider 95 Red/Tan LHD US ZFFPR48A5S0103296 ass. # 20230
103300	456	GT Dark Blue/Tan RHD
103301	F50	# 13/349 Red
103302	F355	Berlinetta 95 Yellow/Black US ZFFPR41A4S0103302 ass. # 20643
103304	F355	GTS Yellow/black
103306	F355	Spider Red/Black
103307	F355	Spider Nürburgring Silver Crema RHD ass. # 20236
103308	F355	GTS Venice Azzurro Hyperion/Nero Hide and Carpets 12.10.95
103310	F355	GTS
103313	456	GT 95 LHD US ZFFSP44A4S0103313
103314	F355	Spider 95 LHD US ZFFPR48A3S0103314 ass. # 20221

s/n	Type	Comments
103315	F355	Spider 95 Red/Tan Manual LHD US ZFFPR48A5S0103315 ass. # 20234
103316	F355	Berlinetta 95 LHD US ZFFPS41A9S0103316 ass. # 20210
103319	F355	GTS Dark Blue/Black
103320	F355	GTS Red/Black LHD EU ZFFPR42B000103320 Sports exhaust F1 GTS badge on rear
103321	F355	GTS Red/Black LHD Red roof
103322	F355	Spider Red/Black LHD EU
103323	F355	Berlinetta Red/Black
103325	F512	M 95 Red/Black LHD US ZFFVG40A7S0103325
103327	456	GT Grey/Tan LHD
103328	F50	# 14/349 Red/Black & Red LHD EU ZFFTA46B000103328
103329	F355	Spider 95 Red/Tan LHD US ZFFPR48A5S0103329 ass. # 20256
103330	F355	Spider 95 Red/Tan LHD ZFFPR48A1S0103330 ass. # 20260 Challenge grille Tubi
103331	F355	Spider 95 Red/Black LHD US ZFFPR48A3S0103331 ass. # 20258
103334	F355	GTS black metallic/black colour coded roof Manual LHD EU ZFFPR42B000103334 ass. # 20185
103335	F355	GTS Yellow/Black LHD
103336	F355	GTS Red/Black LHD ZFFPR42T0S0103336
103337	F355	Spider Silver/Red
103340	F355	Berlinetta Rosso Corsa/Black RHD
103341	F355	GTS Yellow/Black LHD EU Yellow roof ZFFPR42B000103341 ass. # 20263 A3341ZJJ
103342	F355	Spider 95 Red/Black LHD US ZFFPR48A8S0103342 ass. # 20276
103343	F355	Spider 95 LHD US ZFFPR48AXS0103343 ass. # 20279
103344	F355	Berlinetta 95 Black/Black LHD US ZFFPR41A9S0103344 ass. # 20659 silver calipers shields dark green rims ex-Bill Medley
103345	F355	GTS Giallo Modena/black
103346	F355	Spider Yellow/Black LHD EU
103347	F355	Spider 95 Red/Crema Manual RHD ZFFPR48C000103347
103348	F355	Challenge Red/Crema
103350	F50	# 15/349 Rosso Corsa/black Red LHD US ZFFTG46A8S0103350 Tubi
103351	F50	# 16/349 Red/Black Red LHD US ass. # 20481
103352	F512	M Red/Tan CH ZFFVA40S000103352
103353	456	GT Blue/Tan LHD
103355	F50	# 17/349 96, Yellow/Black LHD Matsuda Collection Japan
103356	F355	Spider 95 Giallo Modena/Beige LHD US ZFFPR48A8S0103356 ass. # 20266
103357	F355	Spider 95 LHD US ZFFPR48AXS0103357 ass. # 20302
103358	F355	Spider 8/95 Black/tan Manual LHD US ZFFPR48A1S0103358 ass. # 20283
103361	F355	GTS Red/Black LHD ass. # 20208
103362	F355	GTS Red/Tan LHD EU
103363	F355	Spider Red/beige RHD ZFFPR48C000103363
103366	F512	M Red
103367	456	GT Anthracite Black LHD
103368	456	GT ZFFSP44C000103368
103369	F355	Spider 95 Black/Tan Manual LHD US ZFFPR48A6S0103369 ass. # 20304
103370	F355	Spider 95 Nero/Nero LHD US ZFFPR48A2S0103370 ass. # 20310
103371	F355	Berlinetta 95 Black/Tan LHD US ZFFPR41A1S0103371 ass. # 20715
103372	F355	Berlinetta
103373	F355	Berlinetta Red LHD JP ZFFPR41JPN0103373
103374	F355	GTS Yellow/Black
103375	F355	GTS Modena Yellow/black
103376	F355	GTS black/Red
103377	F355	Spider Rosso Barchetta/black Manual LHD ZFFPR48B000103377
103378	F355	GTS
103380	456	GT ZFFSP44C000103380
103382	F50	# 18/349 Red/Black Red LHD EU
103383	F355	Spider 95 Grey/Crema LHD US ZFFPR48A0S0103383 ass. # 20308
103384	F355	Spider 95 LHD US ZFFPR48A2S0103384 ass. # 20337
103385	F355	Spider Giallo Modena/Black Manual LHD US ZFFPR48A4S0103385 ass. # 20312
103387	F355	GTS Red/Black LHD EU ZFFPR42B000103387
103388	F355	GTS Yellow/Black LHD EU
103389	F355	GTS Red/Black LHD
103390	F355	Spider Nürburgring Silver/Red LHD EU
103391	F355	Berlinetta Red/Black RHD UK
103392	F355	Berlinetta
103394	F355	Berlinetta met grey/black
103396	F512	M F1 FX Conversion Dark Blue Meti/black UK ZFFVA40C000103396 ass. # 20344 ex-Sultan of Burnei
103397	456	GT Blue Crema LHD
103398	456	GT Argento Nürburgring 101/C/black LHD
103399	F355	Spider 95 Yellow/Black LHD Manual US ZFFPR48A4S0103399 ass. # 20314
103400	F355	Spider 95 Yellow/Black LHD US ZFFPR48A7S0103400 ass. # 20319
103401	F355	Berlinetta 95 Verde Silverstone/Tan LHD US ZFFPR41A6S0103401 ass. # 20773
103402	F355	GTS Yellow/black colour coded roof Manual ZFFPR42B000103402 A3402PSA
103404	F355	Berlinetta
103407	F355	Berlinetta 95 Red RHD ZFFPR41D000103407 eng. # F129B40748
103408	F50	# 19/349 Red/Black LHD EU ass. # 20245
103409	F512	M Red/Black LHD JP ZFFVA40JPN0103409
103414	F355	Spider 95 LHD US ZFFPR48A7S0103414 ass. # 20325
103415	F355	Spider 95 Yellow/Black LHD US ZFFPR48A9S0103415 ass. # 20333
103416	F355	Spider 95 Yellow/Black manual, ZFFPR48A0S0103416 ass. # 20328
103417	F355	Berlinetta 10/95 Red/Black ZFFPR41AXS0103417
103420	F355	GTS Red/Black LHD
103422	F355	Berlinetta Red/Black
103425	456	GT Red/Black ZFFSP44B000 A3425QKQ
103426	F355	Berlinetta
103429	456	GT Black
103430	F355	Spider 95 Yellow/Tan LHD US ZFFPR48A5S0103430 ass. # 20335
103431	F355	Spider 95 LHD US ZFFPR48A7S0103431 ass. # 20355
103432	F355	Berlinetta Red/Tan
103433	F355	GTS Red/Black
103435	F50	# 20/349 Red/Black Red LHD EU ass. # 20267
103436	F355	GTS Nürburgring Silver Brown LHD
103439	F355	GTS Dark Green metallic/Tan
103440	F355	GTS 95 Yellow/Black LHD ZFFPR42B000103440 Shields colour-coded roof 1996 Model
103441	F355	GTS Rosso Corsa/Black colour-coded roof LHD Manual ZFFPR42B000103441 A3441YUT shields sports exhaust
103442	F355	GTS Red/Black manual ZFFPR42B000 A3442YIT
103443	F355	GTS Red/Black
103444	F355	GTS Red/Black LHD
103445	F355	GTS Red/Black
103447	F355	GTS
103448	F355	GTS Red/Black manual colour coded roof ZFFPR42B000103448 A3448KKE
103451	F355	Berlinetta Red/Black LHD EU
103453	F355	GTS Red/Black LHD EU ZFFPR42B000103453
103454	F355	GTS Red/Beige

s/n	Type	Comments
103457	F355	Spider Yellow/Black LHD EU
103458	F355	Spider Red/Black LHD
103459	456	GT Blue/Tan LHD
103461	456	GT Black Crema LHD
103462	F50	# 21/349 Rosso Corsa/black Red LHD EU ass. # 20268
103466	F355	Berlinetta Red/Black LHD ZFFPR41B000103466 A3466DIM
103467	F355	GTS
103468	F355	GTS Red/Black ZFFPR42B000103468
103471	F355	Spider 95 Grigio Alloy/Oxford Blue Manual ZFFPR48A8S0103471 ass. # 20383
103472	F355	Spider 95 Silver/Black LHD US ZFFPR48AXS0103472 ass. # 20379
103473	F355	Spider 95 Argento Nürburgring 101/C/black-black top LHD US Manual ZFFPR48A1S0103473 ass. # 20381
103474	F355	Spider 11/95 Argento/Dark Navy & Black Dark Navy Top LHD US ZFFPR48A3S0103474 ass. # 20401
103475	F50	# 22/349 Red/Black & Red seats LHD EU ass. # 20269
103476	F355	Spider 95 Red/Tan LHD US ZFFPR48A7S0103476 ass. # 20375
103479	F355	Berlinetta dark Red/Black
103480	F355	Berlinetta Red/Black
103482	F355	Berlinetta 96 Silver/Red Cartier interior LHD EU A3482ZJJ
103483	F355	Challenge Red
103485	F355	Spider 95 Red/Tan LHD US ZFFPR48A8S0103485 ass. # 20389
103486	F355	Spider 95 Red/Tan Manual LHD US ZFFPR48AXS0103486 ass. # 20371
103487	F355	Spider 95 Red/Tan LHD US ZFFPR48A1S0103487 ass. # 20373
103488	F50	# 23/349 Red/Black & Red LHD EU No side mirrors
103489	F50	# 24/349 Rosso Corsa/black & Red LHD EU ZFFTA46B000103489
103490	F50	# 25/349 Red LHD EU
103491	F50	# 26/349 Red LHD EU
103492	F50	# 27/349 LHD US
103493	F50	# 28/349 Red/Black & Red LHD EU ass. # 20525
103494	F50	# 29/349 Rosso Corsa/black Red LHD US
103495	F50	# 30/349 Red/Black & Red LHD EU ass. # 20527
103496	F50	# 31/349 Rosso Barchetta/nero then Yellow/Black/Red LHD EU
103497	F50	# 32/349 95 Giallo Modena/Black & Yellow LHD EU ZFFTA46B000103497 ass. #20584
103498	F50	# 33/349 Red LHD EU
103499	F50	# 34/349 Red/Black Red LHD EU ZFFTA46B000103499 ass. # 20662
103500	F50	# 35/349 Red/Black Red LHD US ass. # 20583
103501	F50	# 36/349 2/96 Rosso Corsa/Nero ZFFTA46B000103501
103504	F512	M 95 Black/Black LHD US ZFFVG40A7S0103504
103505	F355	Berlinetta Yellow/black
103508	F355	Berlinetta Red ZFFPR41B000103508
103509	F355	Berlinetta 96 Red/Tan ZFFPR41B000103509
103511	F355	GTS 4/96 Rosso Corsa/Nero Manual LHD EU ZFFPR42B000103511 ass. # 20390
103512	F355	GTS Red/Black LHD ZFFPR42B000103512
103514	F355	Spider 95 Rosso Corsa/Tan Manual Black Top LHD US ZFFPR48A0S0103514 ass. # 20407
103515	F355	Spider 95 Rosso Corsa/tan black top LHD EU ZFFPR42A250103515 ass. # 20388
103516	456	GT Blu Swaters/charcoal ZFFSP44B000103516
103518	F355	Berlinetta Red/Black ZFFPR41B000103518
103519	F355	Berlinetta LHD EU ZFFPR41B000103519
103522	F355	Berlinetta Red/Black LHD EU
103523	F355	Berlinetta 01/98 Red/Black ZFFPR41B000103523
103524	F355	Berlinetta Red/Black LHD
103525	F355	Spider 95 Red/Beige LHD US ZFFPR48A5S0103525 ass. # 20415
103526	F355	Spider 95 Red/Black LHD US ZFFPR48A7S0103526 ass. # 20405
103527	F355	Spider 95 Red/Tan Manual LHD US ZFFPR48A9S0103527 ass. # 20403
103532	F355	Berlinetta Red/Black LHD
103535	F355	Berlinetta Red/Black LHD EU
103536	F355	GTS Red/Tan colour coded roof LHD EU ass. # 20451
103538	F355	Spider 95 LHD US ZFFPR48A3S0103538 ass. # 20409
103539	F355	Spider 8/95 Rosso Corsa 300/12/Tan Manual LHD US ZFFPR48A5S0103539 ass. # 20433
		Rear Challenge Grill Tubi Shields
103542	F512	M 95 LHD US ZFFVG40A4S0103542
103548	F355	GTS Red/Black LHD
103550	F355	Spider 95 Red/Tan Manual LHD US ZFFPR48A4S0103550 ass. # 20425
103551	456	GT Dark Blue/Tan LHD
103556	F355	Berlinetta Red/Black
103557	F355	Berlinetta Red/Black & Red Red stitching RHD UK
103558	F355	Berlinetta Yellow/black & Yellow ZFFPR41S000103558
103559	F355	GTS Red/Black LHD EU
103561	F355	Spider 95 Red/Tan Manual LHD US ZFFPR48A9S0103561
103562	F355	Spider 95 LHD US ZFFPR48A0S0103562 ass. # 20475
103564	456	GT Blue/Tan RHD
103571	F355	Berlinetta Yellow/black CH ZFFPR41S000103571
103572	F355	GTS Red/Black LHD EU
103574	F355	Spider 95 Red/Tan LHD US ZFFPR48A7S0103574 ass. # 20459
103575	456	GT 96, ZFFSD44B000103575
103576	456	GT silver/black LHD CH ZFFSP44S000
103577	F512	M Red/Black EU
103579	F355	GTS Red/Black
103580	F355	Berlinetta Black/Black RHD UK ass. # 20484
103582	F355	Berlinetta 95 LHD US ZFFPS41A8S0103582 ass. # 20490
103584	F355	Spider 95 Yellow/Black LHD US ZFFPR48AXS0103584 ass. # 20457
103585	F355	Spider 95 Yellow/Black LHD US ZFFPR48A1S0103585 ass. # 20466
103587	456	GT Gunmetal grey met./grey
103589	F512	M Red/Black/Black sport seats LHD EU ZFFVA40B000103589
103591	F355	Berlinetta Red/Black LHD
103592	F355	Berlinetta Red/Black
103593	F355	Berlinetta 95 Black/Dark Green LHD ZFFPR41B000103593
103594	F355	Berlinetta Green/Bordeaux LHD EU no cavallino on rear, black wheelcaps
103598	F355	Spider 95 Yellow/black ZFFPR48AXS0103598 ass. # 20478
103600	F355	Spider Rosso Monza/Tan LHD
103601	F512	M #69/75 95 Red/Tan LHD US ZFFVG40A5S0103601
103602	F355	Berlinetta Red/Black LHD EU
103603	F355	Berlinetta Red/Black LHD
103606	F355	GTS aune/noir
103609	F355	Spider 95 Yellow/Black LHD US ZFFPR48A0S0103609 ass. # 20489
103610	F355	Spider 9/95 Yellow/Black US ZFFPR48A7S0103610 ass. # 20487
103611	456	GT Black/Black RHD ZFFSP44B000103611
103612	F512	M Red/Black LHD

s/n	Type	Comments	s/n	Type	Comments
103615	F355	Berlinetta	103703	F355	Berlinetta Red/BlackSport seats Red inserts ZFFPR41B000103703 ass. # 20620 A3703SWX shields
103619	F355	GTS Red/Black			
103621	F355	Spider 95 LHD US ZFFPR48A1S0103621 ass. # 20501	103705	F355	Berlinetta 95 Red/Tan LHD US ZFFPR41A4S0103705 ass. # 20811
103622	F355	Spider 95 Swaters Blue/Tan LHD US ZFFPR48A3S0103622 ass. # 20485	103708	F355	GTS Red/Black LHD EU ZFFPR42B000103708 ass. # 20607 A3708XYO
103627	F355	Berlinetta Red/Black			
103629	F355	Berlinetta Red/Black	103710	F355	Spider
103630	F355	GTS Red/Black ZFFPR42B000 ass. # 20531	103711	F355	Spider 95 LHD US ZFFPR48A2S0103711 ass. # 20577
103632	F355	Spider			
103633	F355	Spider 9/95 Swaters Blue/Tobacco Manual LHD US ZFFPR48A8S0103633 ass. # 20528	103712	F355	Spider 95 Dark Green/Tan LHD US ZFFPR48A4S0103712 ass. # 20580
103634	F355	Spider 95 LHD US ZFFPR48AXS0103634 ass. # 20530	103713	456	GT Blue/tan
			103714	456	GT Black Crema LHD
103641	F355	GTS	103715	F512	M Red/Black EU ZFFVA40B000 Ass # 20603
103642	F355	Berlinetta Rosso Barchetta/Black LHD EU	103716	F355	Berlinetta Red/Black & Red Seats ZFFPR41B000103716 A3716WMP
103646	F355	Spider			
103647	F355	Spider 95 Blu Tour de France Beige Manual LHD US ZFFPR48A8S0103647 ass. # 20513	103721	F355	GTS Rosso Corsa/black A3721XRU
			103722	F355	GTS Red/Black
103648	456	GT Blue/Tan LHD ZFFSP44B000103648	103723	F355	GTS Red/Black Red stitching LHD
103651	550	Maranello	103725	F355	Spider 95 Verde Silverstone FER 607/Tan US Manual ZFFPR48A2S0103725 ass. # 20622
103652	F355	Berlinetta			
103653	F355	Spider 95 ZFFPR48C000103653 RHD	103726	F355	Spider 95 Red/Tan LHD US ZFFPR48A4S0103726 ass. # 20598
103654	F355	Berlinetta NART Blue/tan ZFFPR41S000103654			
103655	F355	GTS Red/Black	103729	F512	M #71/75 95 Black/Tan LHD US ZFFVG40A9S0103729
103656	F355	GTS 95 Red/Black colour coded roof LHD US ZFFPR42A8S0103656 ass. # 20586	103731	F355	Berlinetta 95 LHD US ZFFPR41A5S0103731 ass. # 20780
103658	F355	Spider Black/Black RHD UK			
103659	F355	Spider 95 LHD US ass. # 20536	103732	F355	Berlinetta 10/95 Red/Tan Manual LHD US ZFFPR41A7S0103732 ass. # 20767
103660	F355	Spider 95 Rosso Barchetta/Tan LHD US ZFFPR48A0S0103660 ass. # 20541	103735	F355	Berlinetta 95 LHD US ZFFPS41A7S0103735 ass. # 20663
103661	456	GT Dark Grey Tan LHD			
103662	456	GT Yellow/Black RHD ZFFSP44C000103662	103737	F355	GTS 95 Giallo Modena/Nero LHD Manual EU ZFFPR42B000103737 A3737NQQ
103663	F512	M #70/75 95 Black/Tan LHD US ZFFVG40A5S0103663 ass. # 20627	103738	F355	Spider Rosso Corsa/black RHD
103664	F355	Berlinetta Red/Black	103739	F355	Spider 95 Red/Tan LHD US ZFFPR48A2S0103739 ass. # 20613
103665	F355	Berlinetta Red/Black LHD			
103666	F355	Berlinetta Red/Crema RHD UK	103740	456	GT Black LHD
103667	F355	Berlinetta Red	103744	F355	Berlinetta Red/Tan LHD
103668	F355	GTS 95 Red/Black Manual LHD EU ZFFPR42B000 A3668WKP ass. # 20572	103746	F355	Berlinetta
			103747	F355	Berlinetta 95 Red/Black LHD US ZFFPR41A9S0103747 ass. # 20764
103669	F355	GTS Red/Tan ZFFPR42S000103669			
103671	F355	Spider 15.11.95 Rosso Corsa/Nero, Red Carpet	103749	F355	GTS Red/Black LHD EU ZFFPR42B000103749 ass. # 20675
103672	F355	Spider 95 Rosso Barchetta BeigeLHD US ZFFPR48A7S0103672 ass. # 20558	103750	F355	GTS 95 LHD US ZFFPR42A0S0103750 ass. # 20652
103673	F355	Spider 95 Rosso Monza/Tan LHD US Manual ZFFPR48A9S0103673 ass. # 20568	103752	F355	Spider 95 Red/Tan Manual ZFFPR48A5S0103752 ass. # 20605 challenge grill
103675	456	GT 95 Canna di Fucile Met. FER 703/C/Black Manual LHD US ZFFSP44A5S0			
103679	F355	Berlinetta Red/Black manual ZFFPR41B000103679 A3679OYM challenge grill	103753	F355	Spider 10/95 Rosso Corsa/Tan Manual Black Top LHD US ZFFPR48A7S0103753 ass. # 20615
103680	F355	Berlinetta 95Red/Tan ManualLHD US ZFFPR41A3S0103680 ass. # 20733	103756	F355	Spider 10/95 Giallo Modena/Beige ZFFXR48A0V0103756
103682	F355	Berlinetta 95 Red RHD ZFFPR41D000103682 eng. # F129BA1085	103757	F355	Berlinetta Red/Black LHD ZFFPR41B000103757 ass. # 21398
103683	F355	Spider Red/Black	103758	F355	Berlinetta Red/Black ZFFPR41B000
103684	F355	GTS 95 Red Manual LHD US ZFFPR42A2S0103684 ass. # 20597	103760	456	GT 11/95 Blue/Tan LHD US ZFFSP44A7S0103760 Tubi ex-NBA Player Juwan Howard
103685	F355	Spider Blue			
103686	F355	Spider 95 LHD US ZFFPR48A7S0103686 ass. # 20637	103761	456	GT 95 Le Mans Blu/Grey LHD ZFFSP44A9S0103761 ass. # 21215
103689	F355	Berlinetta Red/Black LHD	103763	456	GTA Verde Silverstone/Tan ZFFWP50B000103763
103690	F355	Berlinetta Red/Black LHD EU			
103693	F355	Berlinetta Red	103764	456	GTA Argento Nürburgring/Red LHD
103696	F355	GTS 95 Black/Tan Manual LHD US ZFFPR42A9S0103696 ass. # 20623	103765	F355	Spider 95 LHD US ZFFPR48A3S0103765 ass. # 20619
103698	F355	Spider 95 Blue Metallic/Blue LHD US ZFFPR48A3S0103698 ass. # 20603	103766	F355	Spider 95 Rosso Corsa/Beige LHD US ZFFPR48A5S0103766 ass. # 20640
103699	F355	Spider 95 Green/Tan Manual LHD US ZFFPR48A5S0103699 ass. # 20574	103767	F355	Spider 10/95 Rosso Corsa/Tan LHD US ZFFPR48A7S0103767 ass. # 20645
103700	456	GT	103768	F355	Spider 95 Red/Tan LHD US ZFFPR48A9S0103768 ass. # 20647
103701	456	GT Black/black ZFFSP44S000			

s/n	Type	Comments
103769	F355	Spider 95 Red/Crema LHD US ZFFPR48A0S0103769 ass. # 20650
103770	F355	Spider 95 LHD US ZFFPR48A7S0103770 ass. # 20654
103771	F355	Spider 95 Red/Tan LHD US ZFFPR48A9S0103771 ass. # 20670
103772	F355	Spider 95 Red/Black LHD US ZFFPR48A0S0103772 ass. # 20684
103773	F355	Spider 95 Silver/Red LHD US ZFFPR48A2S0103773 ass. # 20714
103775	456	GTA Dark Blue/tan
103777	F355	Spider 95 Red/Tan Manual US ZFFPR48A0S0103777
103778	F355	Spider 95 Red/cream
103779	F512	M Spider Conversion #72/75 95 Black/Black & Red Alcantara LHD US ZFFVG40A2S000103779
103780	F512	M #73/75 95 Black/Tan LHD US ZFFVG40A9S0103780
103782	F355	Berlinetta Red/Tan LHD
103783	F355	Spider
103784	F355	Berlinetta
103785	F355	Spider 95 Red/Tan LHD US Manual ZFFPR48A9S0103785 ass. # 20758
103787	F355	GTS Red/Black LHD
103788	F355	Spider 10/95 Rosso Corsa/Tan LHD US ZFFPR48A4S0103788 ass. # 20673
103790	456	GT black/black
103791	456	GTA Black/Tan LHD
103792	F512	M Red/Black EU
103793	456	GT
103794	F50	#37/349 Argento Nürburgring 101/C/Black & Yellow then Rosso Milano/Black & Yellow LHD EU ass. # 20681
103795	F355	Berlinetta Red LHD ZFFPR41B000103795
103800	F355	GTS Red/Black
103801	F355	GTS Red/Black X LHD
103802	F355	Spider 95 Red/Tan LHD US ZFFPR48A5S0103802 ass. # 20726
103803	F355	Spider 95 Red/Black LHD US ZFFPR48A7S0103803 ass. # 20688
103804	F355	Spider 95 LHD US ZFFPR48A9S0103804 ass. # 20717
103806	F50	#038/349 Yellow/black Red LHD US ZFFTG46A3S0103806 ass. # 20661 Tubi
103807	F512	M #75/75 last US 95 Giallo Modena/Blu Scuro ZFFVG40A9S0103780 F40 sport seats
103808	456	GT green
103810	F355	Berlinetta Red/Tan LHD
103813	F355	GTS Yellow/Black LHD
103815	F355	Spider 95 Red/Black LHD US ZFFPR48A3S0103815 ass. # 20712
103816	F355	Spider 10/95 Black/Tan LHD US ZFFPR48A5S0103816 ass. # 20735
103817	F512	M 3/96 Rosso Corsa/Nero ZFFVA40B000103817
103818	456	GT
103820	Enzo Ferrari	F1 probably assigned by Factory to a post-production Enzo
103821	F355	Spider Argento Nürburgring/black
103822	F50	# 39/349 Red/Black Red LHD EU ass. # 20682
103823	F355	Berlinetta Red/Black LHD EU
103825	F355	Berlinetta Red/Black
103826	F355	GTS 05/96 Red/Black
103827	F355	GTS Red/Black
103828	F355	GTS Red/Black LHD
103829	F355	Spider Rosso Corsa/Black LHD Manual ZFFPR48B000103829 A3829AYA Challenge rear grill shields
103830	F355	Spider (F1) ZFFPR48B000103830 eng. F129C41193
103831	F355	Spider 95 Black/Tan LHD US ZFFPR48A1S0103831 ass. # 20752 Tubi shields
103832	F355	Spider 95 White/Bordeaux LHD US ZFFPR48A3S0103832 ass. # 20751
103833	F512	M Red/Black LHD EU
103834	F355	Spider Dark Blue/Tan LHD EU
103836	F50	# 40/349 Red LHD US
103839	F355	GTS 95 Red/Black LHD US ZFFPR42A5S0103839 ass. # 20762
103841	F355	Spider 96 Red/Black Manual LHD EU ZFFPR48B000 A3841VMV ass. # 20718
103842	F355	Spider Rosso Corsa 300/12/Crema RHD Manual ZFFPR48C000103842
103843	F355	Spider 95 LHD US ZFFPR48A8S0103843 ass. # 20786
103848	F355	Berlinetta Red/Black Sports seats Red inserts ZFFPR41B000103848
103849	F355	Berlinetta 95 LHD US ZFFPS41A0S0103849 ass. # 20760
103850	F50	# 41/349 Red/Black Red LHD US
103851	F50	# 42/349 Red/Black Red LHD US
103854	F355	GTS 10/95 Rosso Corsa/Tan Manual LHD US ZFFPR42A1S0103854 ass. # 20756
103856	F355	Spider 95 LHD US ZFFPR48A6S0103856 ass. # 20766
103858	456	GT Blue
103859	F355	Berlinetta Red/Black RHD UK ZFFPR41C000103859
103860	F355	GTS Red/Black LHD
103863	F355	Spider Red/Black
103864	F355	Spider Silver
103865	F50	# 43/349 Red/Black Red LHD EU
103866	F355	Spider 95 Black/Tan Manual LHD US ZFFPR48SXA0103866 ass. # 20770
103867	456	GT 95 Nero/Rosso LHD CDN ZFFSP44A3S0103867
103870	F355	Berlinetta Yellow/Black LHD
103871	F355	Berlinetta Red/Black
103872	F355	Berlinetta 95 Silver/Black LHD US ZFFPR41A1S0103872 ass. # 20822
103873	F355	Berlinetta 95 LHD US ZFFPR41A3S0103873 ass. # 20788
103877	F355	Spider 95 Black/Beige LHD US ZFFPR48A3S0103877 ass. # 20782
103879	F50	# 44/349 Red LHD US ass. # 20772
103880	F512	M 3/96 Nero Carbone Metallizzato/Rosso ZFFVA40B000103880
103882	F355	Berlinetta Red/Black LHD EU
103883	F355	Berlinetta 95 Rosso Barchetta/Tan LHD US ZFFPR41A6S0103883 ass. # 20843
103885	F355	Challenge 96, Yellow/black,
103887	F355	GTS 95 Red/Tan LHD US ZFFPR42A5S0103887 ass. # 20816
103889	F355	Spider 95 LHD US ZFFPR48AXS0103889 ass. # 20789
103890	F355	Spider 95 Silver/Black Manual LHD US ZFFPR48A6S0103890 ass. # 20841
103891	F355	Berlinetta Geneva show car Rosso Corsa/Tan ZFFXR41B000103891
103892	F512	M Red/Black EU ZFFVA40B000
103893	F50	# 45/349 Red LHD EU
103895	F355	Berlinetta Rosso/crema RHD ZFFPR41C000103895
103896	F355	Berlinetta 95 LHD US ZFFPR41A4S0103896 ass. # 20795
103898	F355	Berlinetta Rosso Corsa/black Manual LHD CH ZFFPR41S000103898 A3898NFW
103899	F355	GTS Red/Black LHD EU
103901	F355	GTS 95 Red/Tan LHD US ZFFPR42A6S0103901 ass. # 20793
103902	F355	Spider Red/Black
103904	F355	Spider 95 Silver/Black LHD US ZFFPR48A2S0103904 ass. # 20850
103905	F512	M 96 Nero/Nero ZFFVA40B000103905 A3905AWQ

s/n	Type	Comments
103906	F355	Berlinetta 95 LHD US ZFFPR41A3S0103906 ass. # 20813
103907	F50	# 46/349 Rosso Corsa/black Red LHD US ass. # 20810
103908	F355	Berlinetta 95 Black/Black & black top, LHD US ZFFPR41A2S0103908 ass. # 20819
103909	F355	Spider 95 Black/Tan LHD
103910	F355	Berlinetta Yellow/black LHD CH ZFFPR41S000
103915	F355	Spider 11/95 Silver/Black LHD US Manual ZFFPR48A7S0103915 ass. # 20864
103916	F355	Spider 95 Yellow/Tan LHD US ZFFXR48A0S0103916 ass. # 20862
103917	F512	M Red/Black
103919	F355	Berlinetta Red/Black
103921	F50	# 47/349 11/95 Azzurro California then Rosso Corsa/Black & Red inserts LHD US ZFFTG46A3S0103921
103922	F50	# 48/349 Red/Black LHD US
103923	F355	Berlinetta F1 95 Black/Black LHD US ZFFPR41A3S0103923 ass. # 20825
103925	F355	Berlinetta dark Blue/tan
103926	F355	GTS Red/Black ZFFPR42B000103926 ass. # 20817
103927	F355	GTS 95 Red/Tan LHD US ZFFPR42A2S0103927 ass. # 20836
103928	F355	Spider Yellow/Black LHD EU
103930	F355	Spider 95 Yellow/Black Manual, LHD US ZFFPR48A3S0103930 ass. # 20830
103931	456	GT
103933	F355	Berlinetta 95 Yellow/Black LHD LHD US ZFFPR41A6S0103933 ass. # 20868 Chrome DAS wheels
103934	F355	Berlinetta 11/95 Yellow/Black US ZFFPR41A8S0103934 ass. # 20846
103936	F50	# 49/349 Red/Black Red LHD EU ass. # 20751
103938	F355	GTS Red/Black LHD EU
103940	F355	Spider Red/Crema Manual RHD ZFFPR48C000103940
103941	F355	Spider 95 Yellow/Black Manual LHD US ZFFPR48A8S0103941 ass. # 20856
103942	F355	Spider 95 LHD US ZFFPR48AXS0103942 ass. # 20870
103944	550	Maranello silver/tan, LHD
103947	F355	Berlinetta 95 Silver/Black LHD US ZFFPR41A6S0103947 ass. # 20921
103948	F355	Berlinetta Red/Tan ZFFPR41JPN00103948
103950	F50	Yellow/all black LHD EU ass. # 20800
103951	F355	GTS Rosso Corsa/Black sports seats colour-coded roof ZFFPR42B000103951 A3951XLU shields rear challenge grill
103952	F355	GTS 11/95 Giallo Modena/Black colour coded roof LHD US ZFFPR42A1S0103952 ass. # 20872 Rear Challenge grille
103953	F355	Spider Red/Black LHD ZFFPR48B000103953 Black calipers
103954	F355	Spider
103955	F355	Spider 95 Yellow/Black LHD US ZFFPR48A8S0103955 ass. # 20875
103956	456	GT Dark Blue/Tan RHD
103957	F512	M FX Conversion ZFFVA40C000103957
103958	F355	Berlinetta Rosso/nero LHD ZFFPR41B000103958 ass.# 20865
103959	F355	Berlinetta 95 Red/Tan LHD ZFFPR41A2S0103959 ass. # 20896
103960	F355	Berlinetta 95 LHD US ZFFPR41A9S0103960 ass. # 20880
103962	F355	Berlinetta Red/Tan ZFFPR41S000103962
103963	F355	GTS Red/Black
103964	F50	Rosso Corsa/black & Red LHD
103965	F355	GTS 95 LHD US ZFFPR42AXS0103965 ass. # 20891
103967	F355	Spider 95 Silver/Blue metallic/White LHD US ZFFPR48A4S0103967 ass. # 20894 rear wing
103970	F512	M Red/Crema & Red cloth seat centres RHD UK ZFFVA40C000103970
103973	F355	Berlinetta 95 LHD US ZFFPR41A7S0103973 ass. # 20908
103974	F355	Berlinetta 95 Red/Tan LHD US ZFFPR41A9S0103974 ass. # 20902
103975	F355	Berlinetta 95 Red/Tan LHD US
103976	F355	GTS Red/Black LHD EU ZFFPR42B000103976 ass. # 20897 A3976YKF
103978	F50	LHD US
103981	F355	Spider
103982	F355	Spider 95 Red/Tan tan top LHD US ZFFPR48A0S0103982 ass. # 20900
103983	F512	M Red/Black LHD EU
103985	F355	Berlinetta Rosso/nero
103986	F355	Berlinetta 95 LHD US ZFFPR41A5S0103986 ass. # 20912
103987	F355	Berlinetta 95 Red/Tan LHD US ZFFPR41A7S0103987 ass. # 20910
103989	F355	GTS Yellow/black ZFFPR42B000103989
103990	F355	GTS 95 Red/Black colour coded roof Manual LHD US ZFFPR42A9S0103990 ass. # 20906 Tubi Challenge Grill
103991	F355	Spider 95 Red/Tan LHD EU ZFFPR48B000103991, ex-Baron Laidlaw
103992	F50	Red LHD EU
103993	F50	Red/Black LHD US
103995	F355	Spider 95 Red/Tan black accents manual LHD US ZFFPR48A9S0103995 ass. # 20914
103996	456	GT ZFFSP44C000103996
104000	F355	Berlinetta Red/Black LHD EU
104001	F50	Red LHD
104003	F355	Berlinetta Red/Black LHD
104004	F355	GTS Rosso Corsa/Black LHD Manual ZFFPR42B000104004 A4004DMO shields
104005	F355	GTS 95 Red/Black Manual LHD US ZFFPR42A5S0104005 ass. # 20918
104006	F355	Spider Red/Crema RHD UK ZFFPR48C000104006 ass. # 20917 Challenge grill
104007	F50	# 55/349 Rosso Corsa/black Red LHD EU ZFFPR42B000
104008	F355	Spider 95 LHD US ZFFPR48A1S0104008 ass. # 20945
104009	F355	Spider 95 Argento Nürburgring 101/C/Red Manual Black Top LHD US ZFFPR48A3S0104009 ass. # 20950
104010	F512	M Red LHD EU ZFFVA40B000104010
104011	F355	Berlinetta Giallo Modena/black
104014	F355	GTS Red/Black
104015	F355	GTS Red/Black LHD EU A4015YXT
104016	F355	GTS 95 LHD US ZFFPR42AXS0104016 ass. # 20972
104017	F355	Spider Red/Black Manual ZFFPR48B000104017
104019	F355	Spider 95 Red/Tan LHD US ZFFPR48A6S0104019 ass. # 20933
104021	F50	# 56/349 11/95 Rosso Corsa/Black & Red LHD US ZFFTG46A5S0104021 ass. # 21071
104023	456	GT Venezia Cabriolet 96 Forrest Green/Black ZFFSP44C000104023
104026	F355	Berlinetta
104027	F355	Berlinetta 95 Rosso Corsa/Tan Manual LHD US ZFFPR41A2S0104027 ass. # 20935
104028	F355	Berlinetta Red/Black
104029	F355	GTS Red/Black
104030	F355	GTS
104031	F355	Spider Blue/tan Blue top LHD ZFFPR48B000104031
104033	F355	Spider 95 Red/Tan LHD US ZFFPR48A0S0104033 ass. # 20948
104034	F355	Spider 95 Red/Tan LHD US ZFFPR48A2S0104034 ass. # 20947

s/n	Type	Comments
104035	F50	# 57/349 Red/Black Red LHD EU
104037	F355	Berlinetta Black/Black LHD EU
104038	F355	Berlinetta Red/Black LHD EU
104039	F355	Berlinetta 11/95 Rosso Barchetta/Tan LHD US ZFFPR41A9S0104039 ass. # 20969
104040	F355	Challenge
104043	F355	GTS 95 LHD US ZFFPR42A2S0104043 ass. # 20962
104044	456	GT 95 LHD ME ZFFSP44T0S0104044
104045	F355	Spider
104046	F355	Spider 95 Red/Tan LHD US ZFFPR48A9S0104046 ass. # 20976
104047	456	GTA Blue LHD
104049	F50	# 58/349 Red/Black LHD US ZFFTG46A5S0104049
104053	F355	Berlinetta
104054	F355	Berlinetta 95 Red/Tan LHD US ZFFPR41A5S0104054 ass. # 20988
104055	F355	Berlinetta Challenge 95 Red/Tan then Silver/Black LHD US ZFFPR41A7S0104055 ass. # 20984
104056	F355	GTS Red/Crema
104057	F355	GTS 96 Rosso Corsa/Black Manual LHD EU ZFFPR42B000 A4057ALQ ass. # 20982
104058	F355	Spider 96 LM Blue Crema RHD ZFFPR48C000104058 ass. # 20995
104059	F355	Spider 95 Red/Tan LHD US ZFFPR48A7S0104059 ass. # 20986
104060	F355	Spider 11/95 Rosso Corsa/Tan Manual LHD US ZFFPR48A3S0104060 ass. # 20978
104061	F355	Spider 95 LHD US ZFFPR48A5S0104061 ass. # 20993
104062	456	GT Dark Blue/Tan LHD ZFFWP50B000104062
104063	F50	#59/349 Red/Black Red LHD US
104064	F50	#60/349 Red/Black Red LHD US ZFFTG46A1S0104064 Norwood Turbocharged
104065	F512	M #74/75 95 LHD US ZFFVG40A1S0104065
104068	F355	Berlinetta 96 Argento/Blu Scuro
104072	F355	GTS Red/Black LHD
104073	F355	Spider 95 Red/Tan Black top LHD US ZFFPR48A1S0104073 ass. # 20991
104074	F355	Spider 95 Black Crema LHD US ZFFPR48A3S0104074 ass. # 21012
104075	F355	Spider 96 Black/Tan Manual LHD US ZFFPR48A5S0104075 ass. # 21 026
104076	456	GT Azzurro California/Black LHD EU
104077	F512	M Red UK
104078	F50	#61/349 Rosso Barchetta/black & Red LHD U ZFFTA46B000104078
104079	F355	Berlinetta Red/Black
104080	F355	Berlinetta Red/Black ZFFPR41B000104080 A4080HSM
104082	F355	Berlinetta Red/Black A4082HFM
104084	F355	GTS Rosso Corsa/Black LHD Manual ZFFPR42B000104084 ass. # 21009 A4084XXF shields
104086	F355	GTS Red/Black
104087	F355	Spider 95 Black/Tan LHD US ZFFPR48A1S0104087 ass. # 21013
104088	F355	Spider 95 Grigio Titanio met./Black Manual, LHD US ZFFPR48A3S0104088 ass. # 21038
104089	F355	Spider 95 LHD US ZFFPR48A5S0104089 ass. # 21025
104090	F355	Spider 95 Black/Tan Manual ZFFPR48A1S0104090 ass. # 21014 Tubi
104092	F50	# 62/349 Black LHD US ZFFTG46A6S0104092
104094	F355	Berlinetta Giallo Modena/black LHD
104096	F355	Berlinetta 95 Red/Tan LHD US ZFFPR41AXS0104096 ass. # 20980
104101	F355	Challenge
104104	F355	Berlinetta Challenge 95 Rosso Corsa/Tan Manual
104106	F50	# 63/349 Red LHD EU
104111	F355	Berlinetta Blue/tan
104112	F355	Berlinetta 95 LHD US ZFFPR41A4S0104112 ass. # 21028
104114	F355	Berlinetta Red/Black LHD
104118	456	GT Le Mans blu/tan LHD EU
104119	F512	M Red/Crema LHD UK
104120	F50	# 64/349 Red/Black Red LHD US
104121	F50	# 65/349 Red LHD US
104124	F355	Berlinetta 96 Red/Black Manual LHD EU ZFFPR41B000 A4124RTE ass. # 21030
104125	F355	Challenge Red
104126	F355	Challenge
104130	F355	GTS
104133	F512	M Red/Crema Red racing seats RHD ZFFVA40C000104133
104134	F512	M Red/Black LHD
104135	F50	#67/349 Red LHD EU
104136	F355	Berlinetta Red/Black
104137	F355	Berlinetta Red/Black
104138	F355	Berlinetta Red/Black LHD EU
104139	F355	Berlinetta Yellow/black
104145	F355	Spider Red/Crema
104146	F355	Spider Dark Blue/Tan ZFFPR48C000104146
104147	456	GT Le Mans blu/tan
104148	F512	M Red/Black RHD UK ZFFVA40C000104148
104149	F50	#68/349 Red LHD US
104150	F355	Berlinetta Red/Black LHD EU manual ZFFPR41B000104150 ass. # 21050 A4150XAF
104152	F355	Berlinetta Challenge Red/Black then Rosso Corsa/Red LHD ZFFPR41B000104152 rear wing black wheels
104155	F355	GTS Red/Black LHD
104156	F355	GTS 96 Rosso Barchetta Black RHD ZFFPR42D000104156
104157	F355	Spider Rosso Corsa/Black LHD EU crashed, probably completely wrecked
104159	F355	Spider Red/Black LHD EU
104160	F355	Berlinetta Green Black LHD EU
104161	F512	M Black/Black
104163	F50	#69/349 Rosso Corsa/black Red LHD EU ZFFTA46B0000104163
104166	F355	Berlinetta Challenge Red then Red & White/Red Cloth LHD Manual ZFFPR41B000104166 ass. # 21129 A4166ADS
104168	F355	Berlinetta Red/Black ZFFPR41B000104168
104171	F355	Berlinetta
104172	F355	Berlinetta Red/Black LHD
104173	F355	Spider 3/96 Giallo Modena/Nero
104174	F355	Spider LHD JP ZFFPR48JPN0104174
104175	456	GTA Yellow/dark Blue black dash ZFFWP50B000104175
104176	F512	M Red/Black EU
104177	F50	#70/349 11/95 Rosso Corsa/black & Red LHD US ZFFTG46A3S0104177 ass. # 21330 eng. # 40796
104178	F355	Berlinetta Red/Black
104179	F355	Berlinetta Red/Black & Red ZFFPR41B000104179
104180	F355	Berlinetta Red;tan
104181	F355	GTS
104182	F355	Challenge 95 Red/Black & tan ZFFPR41A3S0104182 ass. # 21160
104184	F355	Challenge
104185	F355	GTS Yellow/Black LHD Challenge grille
104188	456	GTA Sebring Blue Crema LHD
104190	F355	Berlinetta Red/Tan rear Challenge grille
104191	F50	# 71/349 LHD US
104192	F50	# 72/349 Red/Black LHD US
104194	F355	Berlinetta Red/Black ZFFPR41B000104194 ass. #21113 A4194LXG
104196	F355	Challenge
104198	F355	GTS Red/Black LHD
104199	F355	GTS Red/Black

s/n	Type	Comments
104201	F355	Spider Yellow/Black LHD EU
104202	F355	Spider 95 LHD US ZFFPR48A8S0104202 ass. # 21116
104203	456	GTA 96 Argento Nürburgring 101/C/black LHD ZFFWP50B000104203
104205	F355	Berlinetta Rosso Corsa/Nero & Rosso racing seats ass. # 21136
104206	F50	# 73/349 Yellow/black LHD EU ass. # 21031
104208	F355	Berlinetta Yellow/black LHD ZFFPR41B000104208 ass. #21156
104209	F355	Berlinetta Red/Crema RHD ass. # 21102
104210	F355	Berlinetta Challenge 95 Red/Red LHD LHD US ZFFPR41A4S0104210 ass. # 21188
104215	F355	Spider
104218	F355	Berlinetta Red/Black LHD
104219	F355	Berlinetta 95 Red/Black Manual LHD ass.# 21158 A4219BKT
104220	F50	# 74/349 11/95 Rosso Corsa/Black & Red ZFFTG46A0S0104220 ass. # 21434 ex- Mike Tyson
104221	F355	Berlinetta Yellow/Black LHD
104222	F355	Berlinetta Red/Black LHD EU
104223	F355	Challenge 95 LHD
104224	F355	Berlinetta Red/Black sports seats Red seat centres LHD Manual ZFFPR41B000104224 shields
104225	F355	Berlinetta Red/Crema Manual RHD ZFFPR41C000104225 ass. # 21130 shields
104227	F355	Berlinetta Red/Tan LHD
104230	F512	M Red/Black LHD EU
104231	F355	Berlinetta Rosso Corsa/black LHD EU
104233	F355	Challenge
104234	F50	# 75/349Red/Black Red inserts EULHD ZFFTA46B000
104235	F355	Berlinetta Red/Black LHD EU
104236	F355	Berlinetta Challenge 96 Red/Black RHD ZFFPR41C000104236 eng. # F129C44623
104238	F355	Berlinetta Red/Tan LHD
104239	F355	GTS Red/Black
104241	F355	Spider
104243	456	GT Anthracite/Red LHD
104244	F512	M Red/Crema RHD UK
104247	F355	Berlinetta Yellow/black
104248	F50	# 76/349 Red/Black Red LHD US
104249	F355	Challenge White
104250	F355	Berlinetta 95 Red/Tan Manual LHD US ZFFPR41A5S0104250 ass. # 21145
104252	F355	Challenge LHD
104253	F355	GTS dark Blue LHD
104254	F355	GTS Red/Black sports seats colour-coded roof RHD Manual ZFFPR42C000104254 Shields
104255	F355	Spider Yellow/Black LHD
104257	456	GT Dark Blue/Tan LHD
104259	F355	Berlinetta Red/Black
104260	F355	Berlinetta Rosso Corsa/Black LHD Manual ZFFPR41B000104260 A4260LYG
104261	F355	GTS
104262	F50	95 Red/Black & Red LHD ZFFTG46A5S0
104263	F50	# 77/349 Red/Black LHD US ZFFTG46A7S0104263
104265	F355	Berlinetta Red/Black LHD
104266	F355	Berlinetta Challenge Red/Red Manual ZFFRR41B000104266
104267	F355	Berlinetta Red/Creme
104270	F355	GTS Dark Blue/dark Blue ZFFPR42B000104270
104271	F355	GTS Black/Black LHD EU A4271QGB rear challenge grill
104273	F512	M Red LHD
104274	456	GT
104275	F355	Berlinetta Red/Black
104277	F50	# 78/349 LHD EU
104279	F355	Berlinetta
104281	F355	Berlinetta 12/95 Rosso Corsa/Tan Manual LHD US ZFFPR41A5S0104281 ass. # 21175
104284	F355	Berlinetta Yellow/black
104286	F355	Spider 95 LHD US ZFFPR48A7S0104286 ass. # 21101
104288	F512	M Red/Crema RHD UK
104289	F355	Berlinetta Rosso Corsa/Black LHD Manual ZFFPR41B000104289 A4289JJJ shields
104291	F355	Challenge Yellow/Red cloth ass. # 21234
104295	F355	Berlinetta FIA GT #1/1 96 Red/Black LHD ZFFPR41B000104295 driven by Arturo Merzario
104299	F355	GTS light Blue Metallic/RHD
104301	456	GT Dark Blue/White LHD
104305	F355	Berlinetta Red/Black
104306	F355	Challenge Red/Black
104310	F355	Spider 95 Red/Tan LHD US ZFFPR48A0S0104310, light fire damage
104311	F355	Spider 95 LHD US ZFFPR48A2S0104311 ass. # 21110
104312	F355	Spider 96 Black RHD ZFFPR48D000104312 eng. # 41707
104313	F512	M Geneva Show Car Yellow/Black LHD ZFFVA40S000104313
104314	F50	#79/349 Rosso Corsa/black & Red LHD EU ZFFTA46B000 ass. # 21147
104316	F355	Challenge Red/Red sport seats LHD ZFFPR41B000104316 A4316AYK
104317	F355	Berlinetta Red/Black Cloth ZFFPR41B000104317 A4317
104318	F355	Berlinetta Rosso Corsa/Black ZFFXR41B000104318 A4318KSV
104319	F355	Berlinetta Dark Blue/Grey RHD ZFFPR41B000104319 Black calipers shields
104321	F355	Berlinetta Challenge 95 Red White Blue/Red seats LHD US ZFFPR41A2S0104321 ass. # 21282 ex-Tommy Hilfiger
104325	F355	GTS 96 Red RHD ZFFPR42D000104325 eng. # F129B41619
104326	F355	Spider 95 Swaters Blue/Bordeaux LHD US ZFFPR48A4S0104326 ass. # 21135
104327	F512	M Red/Black CH
104328	F50	# 80/349 Red/Black Red LHD EU ZFFTA46B000104328
104329	F355	Berlinetta Red/Black
104330	F355	Berlinetta 3/96 silver/black then Rosso Corsa/Nero LHD EU ZFFPR41B000104330
104331	F355	Berlinetta Red/Black LHD
104332	F355	Berlinetta Red/Black LHD EU
104333	F355	Berlinetta Yellow/Black LHD EU
104335	F355	Berlinetta
104336	F355	GTS 95 Red/Tan LHD US ZFFPR42A6S0104336 ass. # 21186
104337	F355	Spider 95 dark green/tan tan roof LHD US ZFFPR48A9S0104337 ass. # 21139
104338	F355	Spider 95 Dark Green/Tan LHD US ZFFPR48A0S0104338 ass. # 21157
104339	F355	Challenge 96 Red RHD ZFFPR48D000104339 eng. # F129B41562
104340	F512	M Red/Black & Red EU
104341	F50	# 81/349 Red/Black LHD EU ass. # 21207
104342	F355	Berlinetta Red/Black ZFFPR41B000104342
104343	F355	Berlinetta dark Blue LHD
104344	F355	Berlinetta Rosso Corsa/Black sports seats LHD Manual ZFFPR41B000104344 A4344PJJ Challenge wheels shields
104346	F355	Berlinetta Red/Black LHD
104347	F355	Berlinetta 96 Red/Tan Manual LHD EU ZFFPR41B000104347
104348	F355	Berlinetta Red/Black
104349	F355	Berlinetta 95 LHD US ZFFPR41A2S0104349 ass. # 21232
104350	F355	Berlinetta 96 Red RHD ZFFPR41D000104350

s/n	Type	Comments
104352	F355	Spider Red/Crema RHD UK
104353	F355	Spider 95 Verde Silverstone/Tan LHD US ZFFPR48A7S0104353 ass. # 21162
104355	F50	# 82/349 Red/Black Red LHD EU ass. # 21250
104356	456	GT Blue LHD ZFFSP44B000104356
104357	F355	Spider 95 Blue Metallic/Tan LHD US ZFFPR48A4S0104357 ass. # 21164
104358	F355	Spider 95 LHD US ZFFPR48A6S0104358 ass. # 21194
104359	F355	Berlinetta 96 Rosso Barchetta RHD ZFFPR41D000104359 eng. # F129B41897
104360	F355	Spider 96 Red RHD ZFFPR48D000104360 eng. # 41732
104365	F355	Spider 96 Red/Black LHD US ZFFXR48A1T0104365 ass. # 21240
104366	F355	GTS 96 LHD US ZFFXR42A2T0104366 ass. # 21271
104367	F50	# 83/349 Red/Black Red LHD EU ZFFTA46B000
104368	456	GT ZFFSP44C000104368
104369	F355	Spider 95 Verde Mugello/Tan LHD US ZFFPR48A0S0104369 ass. # 21209
104370	F355	Spider 95 dark green metallic/tan LHD US ZFFPR48A7S0104370 ass. # 21206 Yellow wheels challenge grill
104373	F355	GTS
104374	F355	Spider 96 LHD US ZFFXR48A2T0104374 ass. # 21283
104375	F355	GTS 96 Rosso Corsa/Tan Manual LHD US ZFFXR42A3T0104375 ass. # 21300
104377	F355	Berlinetta Challenge 95 Red then Red White & Blue/Red US ZFFPR41A7S0104377 ass. # 21269
104378	F355	Challenge
104379	F355	Berlinetta 96 Red/Tan LHD US ZFFXR41A9T0104379
104380	F355	Berlinetta Red/Crema LHD
104382	F50	# 84/349 Red/Black LHD EU ZFFTA46B000104382
104384	F355	Spider 95 LHD US ZFFPR48A7S0104384
104385	F355	Spider 12/96 Giallo Modena/Blu RHD ZFFPR48D000104385
104388	F355	Spider 96 LHD US ZFFXR48A2T0104388
104389	F355	GTS 96 Red/Tan Manual LHD US ZFFXR42A3T0104389
104390	F355	Berlinetta Challenge 95 Silver Neon green racing stripe/Black cloth LHD US ZFFPR41AXS0104390 ass. # 21289 green Challenge grille White Challenge wheels carbon fiber wing
104391	F355	Challenge Light Green LHD
104392	F355	Berlinetta 96 LHD US ZFFXR41A1T0104392 ass. # 21466
104393	F355	Spider 96 Rosso Corsa/Beige Manual AUS RHD ZFFPR48D000104393
104394	F355	Spider 96 Red/Tan Manual RHD ZFFPR48D000104394 eng. # F129B41826
104395	F355	Spider 96 Red/Tan LHD CDN ZFFXR48AXT0104395 ass. # 21874
104396	F50	# 85/349 Rosso Corsa LHD EU
104397	456	GT
104398	F355	Spider 95 LHD US ZFFPR48A7S0104398 ass. # 21216
104399	F355	Spider 95 LHD US ZFFPR48A9S0104399 ass. # 21227
104401	F355	GTS
104402	F355	Spider 12/96 Yellow/Black Manual ZFFXR48A3T0104402 ass. # 21293
104403	F355	GTS 96 Black/Black LHD US ZFFXR42A4T0104403 ass. # 21382
104404	F355	Berlinetta Challenge 95 Rosso Corsa/Rosso Manual LHD LHD US ZFFPR41A6S0104404 ass. # 21314 eng. # 41792
104406	F355	Berlinetta 96 LHD US ZFFXR41A8T0104406 ass. # 21487
104407	F355	Challenge LHD
104408	F355	GTS 96 Red RHD ZFFPR42D000104408 eng. # F129B41871
104409	F50	# 86/349 2/96 Rosso Corsa/Nero LHD EU ZFFTA46B000104409
104410	456	GT Swaters Blue metallic/dark grey
104411	456	GT Silver/Black LHD
104413	F355	Spider 96 Red/Black Manual LHD US ZFFXR48A8T0104413 ass. # 21315
104414	F355	GTS 96 Rosso Barchetta/TanLHD US ZFFXR42A9T0104414 ass. # 21451
104415	F355	Berlinetta Challenge 95 Red/Tan LHD US ZFFPR41A0S0104415 ass. # 21295
104416	F355	Challenge
104418	F355	Berlinetta 96 Red/Tan LHD US ZFFXR41A4T0104418 ass. # 21482
104420	F355	Berlinetta 96 Rosso 300/12/Crema RHD ZFFPR41C000104420 eng. # 41781 ass. # 21308
104422	F50	# 87/349 LHD EU
104423	456	GT 5/96 Blue Le Mans/Tan & Blue RHD ZFFSP44C000104423
104424	F355	Berlinetta Challenge black/black LHD black non-original wheels black windows Challenge grill probably reconverted to Berlinetta
104425	F355	Spider 96 Red/Black LHD US ZFFXR48A4T0104425 ass. # 21362 black calipers
104426	F355	Berlinetta Challenge 95 Red/Red LHD US ZFFPR41A5S0104426 ass. # 21327
104427	F355	Challenge White
104428	F355	Berlinetta 96 LHD US ZFFXR41A7T0104428 ass. # 21530
104429	F355	GTS Yellow/black LHD ZFFPR42JPN0104429 gold BBS rims
104430	F355	Spider Red/Black Manual LHD EU ZFFPR48B000104430 ass. # 21273
104432	F355	Berlinetta Red/Black
104433	F355	Berlinetta Red/Black LHD EU
104434	F355	Challenge White/Red seats LHD Challenge grill black wheels
104435	F355	GTS Red/Crema RHD UK
104437	456	GT Silver/Black LHD
104440	F355	Spider 96 Swatters Blue/Blue LHD US ZFFXR48A0T0104440 ass. # 21333
104441	F355	Berlinetta 95 LHD US ZFFPR41A1S0104441 ass. # 21353
104442	F355	Berlinetta Challenge LHD JP ZFFPR41JPN0104442
104443	F355	Berlinetta 96 LHD US ZFFXR41A3T0104443 ass. # 21550
104444	F355	Spider Red/Black
104446	F355	GTS Red/Tan ZFFPR42B000
104448	F355	Spider Red/Black LHD EU ZFFXR48B000104448
104449	F355	Spider Red/Magnolia
104450	456	GT Dark Blue met./beige RHD ZFFSP44C000104450 A4450NEE
104451	456	GT 4/96 Argento Metallizzato/Nero ZFFWP44B000104451 A4451NHB
104452	F355	Spider 96 Blue/Blue LHD US ZFFXR48A7T0104452 ass. # 21361
104453	F355	Berlinetta Challenge 95 Red/Red LHD US ZFFPR41A8S0104453 ass. # 21338
104454	F355	Berlinetta Challenge LHD
104455	F355	Berlinetta 96 Black/Grey LHD US ZFFXR41AXT0104455 ass. # 21514 challenge grill
104457	F355	GTS Red/Beige
104459	F355	Spider Red/Black LHD EU ZFFPR48B000104459

s/n	Type	Comments
104461	F355	Challenge 95 Red/Black & Red LHD CH ZFFPR41S000104461
104463	456	GT silvergrey metallic/black
104464	F355	Spider 96 Rosso Barchetta/Tan LHD US ZFFXR48A3T0104464 ass. # 21386
104465	F355	Berlinetta 95 LHD US ZFFPR41A4S0104465 ass. # 21371
104466	F355	Challenge Red LHD
104467	F355	Berlinetta 96 Red/Tan LHD US ZFFPR41A6T0104467 ass. # 21612
104468	F355	GTS Red/Black
104470	F355	Spider
104472	F355	GTS Red/Black LHD EU ZFFPR42B000104472
104473	F355	GTS Red/Black LHD
104474	F355	Spider Red/Black LHD EU ZFFPR48B000104474 ass. # 21319
104475	F355	GTS Red/Tan
104476	F355	Berlinetta Red/Black Manual LHD ZFFPR41B000104476 ass.# 21875 A4476NAB
104477	F355	Spider 96 LHD US ZFFXR48A1T0104477 ass. # 21359
104478	F355	Berlinetta Challenge White & Blue/black ass. # 21408
104479	F355	Challenge
104480	F355	Challenge
104481	F355	Berlinetta
104482	F355	Spider Yellow/Black LHD US
104483	F355	GTS Yellow/Black LHD US
104486	F355	Spider
104487	F355	Challenge black & Yellow then White/Blue Black Blue sports seats Manual LHD ZFFPR41B000104487
104489	F355	Spider 96 Black/Black Manual LHD US ZFFXR48A8T0104489 ass. # 21389
104490	F355	Berlinetta Challenge 95 Yellow/black LHD US ZFFPR41A3S0104490 ass. # 21390
104491	F355	Challenge
104492	F355	Berlinetta Red/Black
104496	F355	Spider Red/Black LHD manual ZFFPR48B000 A4496AM
104497	F355	Spider Red/Black ZFFPR48B000
104500	F355	Berlinetta Red/Black
104501	F355	Berlinetta Red/Crema RHD UK ZFFPR41C000104501 Black calipers
104503	F355	Spider 96 Red/Tan LHD US ZFFXR48A9T0104503 ass. # 21415
104504	F355	Berlinetta Challenge 95 Yellow then grey Italian stripe/black LHD US ZFFPR41AXS0104504 ass. # 21430
104505	F355	Challenge
104507	F355	Berlinetta Challenge Red/Black Red cloth racing seats LHD CH ZFFPR41S000104507 Challenge rear grill shields Blue suede-rimmed steering wheel
104508	F355	GTS Red/Tan ZFFXR42B000104508
104509	F355	GTS Red/Black
104510	F355	Spider Red/Black LHD EU
104511	F355	Berlinetta silvergrey metallic/black
104513	F355	Berlinetta Challenge Red RHD ZFFPR41B000
104514	F355	GTS 96 Red/Black LHD EU ZFFPR42B000 A4514UAL ass. # 21453
104515	F355	Challenge
104516	F355	Berlinetta Challenge 95 Bordeaux LHD US ZFFPR41A6S0104516 ass. # 21444
104517	F355	Spider 96 Red/Tan LHD US ZFFXR48A9T0104517 ass. # 21423
104518	F355	GTS Blue Crema LHD EU ZFFPR42B000104518
104520	F355	Spider Yellow dark Blue dark Blue top RHD UK
104522	F355	Challenge Red-White Red Cloth LHD
104523	F355	Challenge 96 White-light Blue then pale Yellow two black stripes/black & Red sport seats LHD ass.# 21475
104525	F355	Berlinetta Red/Crema LHD
104526	F355	GTS Red/Black LHD
104527	F355	GTS Green Tan RHD UK
104528	F355	Spider Red/Black LHD EU ass. # 21412, conflict with 104529
104529	F355	Spider Red/Black conflict with 104528
104530	F355	Berlinetta Red/Black
104531	F355	Spider 96 Red/Tan LHD US ZFFXR48A3T0104531 ass. # 21418
104532	F355	Challenge Yellow/Black RHD
104533	F355	Berlinetta Red/Black ZFFPR41B000104533
104534	F355	Spider 96 Red RHD ZFFPR48D000104534 eng. # F129B41924
104535	F355	GTS Red/Black
104536	F355	Spider Yellow/Black LHD EU ZFFPR48B000104536 ass. #21430
104537	F355	Spider 96 Red RHD ZFFPR48D000104537
104539	F355	Challenge Yellow/Black & Red LHD
104540	F355	Berlinetta Red/Black
104542	F355	Challenge Red LHD EU ZFFPR41B000104542
104544	F355	Berlinetta 96 Black/Tan LHD CDN ZFFPS41A3T0104544 ass. # 21352
104545	F355	Spider 96 LHD US ZFFXR48A3T0104545 ass. # 21436
104546	F355	Challenge Red Black Red cloth RHD UK ZFFPR41C000104546 ass. # 21484
104547	F355	GTS
104548	F355	Challenge Light Blue LHD
104549	F355	Challenge
104550	F355	Berlinetta Red
104551	F355	Berlinetta Argento Nürburgring/Green LHD EU
104553	F355	Berlinetta Rosso Corsa/Black LHD Manual ZFFPR41B000104553 A4553DZC
104555	F355	Spider 96 dark Blue met/Black Black top Manual LHD EU ZFFPR48B000 A4555SXU ass. # 21489
104557	F355	Spider Red/Black
104558	F355	GTS
104559	F355	Berlinetta 96 LHD CDN ass. # 21370
104560	F355	Spider 2/96 Rosso Scuderia FER. 323/Tan Black Top LHD CDN ZFFXR48AXT0104560 ass. # 21899
104561	F355	GTS 96 LHD US ZFFXR42A0T0104561 ass. # 21457
104562	F355	Spider 96 Red/Tan Manual LHD US ZFFXR48A3T0104562 ass. # 21455 rear challenge grill
104563	F355	Spider 96 Argento Nürburgring 101/C/ Metallic/(Fer 101/C)/Black LHD US ZFFXR48A5T0104563 ass. # 21508
104564	F355	Spider 96 dark green/tan, LHD US ZFFXR48A7T0104564 ass. # 21480
104565	F355	GTS 96 Yellow/Black LHD US ZFFXR42A8T0104565 ass. # 21503
104566	F355	Spider 96 LHD US ZFFXR48A0T0104566 ass. # 21474
104567	F355	Spider 96 Red/Tan LHD US ZFFXR48A2T0104567 ass. # 21494
104568	F355	Spider 96 Red/Tan LHD US ZFFXR48A4T0104568 ass. # 21514
104570	456	GT/GTA 96 Verde Silverstone Met. FER 607/tan & green RHD
104571	F512	M Red/Black LHD EU
104572	F512	M UK
104574	F355	Berlinetta Red/Black ZFFPR41B000104574 ass. # 21553
104575	F355	Challenge White & Red then black/Red cloth RHD ZFFPR41B000104575
104576	F355	Berlinetta Red/Black
104577	F355	Berlinetta
104578	F355	Berlinetta 96 Red RHD ZFFPR41D000104578 eng. # F129B42064
104580	F355	GTS Red/Black Manual ZFFPR42B000104580 ass. #21550

s/n	Type	Comments
104581	F355	GTS
104583	456	GT Dark Blue/Tan LHD
104584	456	GT 96 Blu Le Mans/Beige RHD UK ZFFWP44C000104584 aluminium calipers eng. # 42085 ass. # 21705
104586	F355	GTS 96 Black Curcio Tan RHD ZFFPR42D000104586
104587	F355	Spider
104588	F355	Spider Yellow/black
104589	F355	Spider Red/Black Red stitching RHD ZFFPR48C000104589
104590	F355	Spider 96 Red RHD AUS ZFFPR48D000104590
104592	F355	Challenge Yellow/Red cloth then silver LHD EU
104595	F355	Challenge Yellow/Black LHD
104596	F355	Challenge Red/Black RHD
104599	F512	M Black
104601	F355	Berlinetta Challenge
104603	F355	GTS 96 Red/Black Red stitching LHD EU ZFFPR42B000104603 shields
104604	F355	GTS Red/Crema RHD UK
104605	F355	Spider Red/Black LHD EU
104606	F355	Spider Red/Black
104611	456	GT dark Blue/black LHD
104612	456	GT ZFFWP44C000104612
104613	F512	M Red/Black UK
104614	F355	Challenge Black/Black LHD EU
104615	F355	Challenge Red LHD
104616	F355	Berlinetta Rosso Corsa/Black A4616RDQ
104617	F355	Berlinetta Red/Crema
104618	F355	Challenge Red/Black then Giallo Modena
104619	F355	GTS Red/Black & Red Sportseats
104621	F355	Berlinetta Rosso Corsa 300/12/Brown RHD ZFFPR42C000104621 Black calipers Challenge grill
104622	F355	Spider Red/Black LHD EU
104623	F355	Spider Red/Black RHD
104626	456	GT ZFFWP44C000104626
104629	F355	Challenge LHD
104632	F355	Berlinetta
104633	F355	Challenge RHD
104634	F355	GTS Modena Yellow/black
104636	F355	GTS Red/Crema RHD
104638	F355	Spider Rosso Corsa/black LHD ZFFPR48B000104638
104639	456	GTA Black LHD
104640	F355	Challenge
104642	F355	Spider
104643	F355	Spider Blue/Crema RHD Manual ZFFPR48C000104643
104644	F355	Spider 8/96 Rosso Corsa/BeigeZFFPR48D000104644 eng. # F129B42175
104645	F355	Berlinetta Challenge Red/Black LHD EU A4645PEJ
104646	F355	Berlinetta Challenge 96 Yellow & Blue/Black & Red Cloth Manual LHD EU ZFFPR41B000104646
104647	F355	Berlinetta Red/Black LHD
104649	F355	Berlinetta Red/Crema Red stitching RHD UK ZFFPR41C000104649 Black calipers
104651	F355	GTS Red/Black LHD
104652	F355	GTS
104653	456	GT Anthracite LHD
104656	F355	Spider 96 Yellow/Black Manual LHD ZFFPR48B000
104657	F355	Spider Red/Black LHD EU ZFFPR48B000104657 ass. # 21739
104658	F355	Spider Red/Crema
104660	F355	Challenge
104661	F355	Challenge Yellow
104662	F355	Berlinetta Red/Black LHD EU Red calipers
104664	F355	Berlinetta 96 Rosso Corsa/Black & Red RHD Manual UK
104666	F355	GTS black/light grey & black ZFFPR42B000104666
104667	456	GT Canna di Fucile Met. FER 703/C/Crema
104668	F512	M Yellow/Black RHD UK
104669	456	GT 96 Green RHD ZFFWL44D000104669
104671	F355	GTS Red/Black RHD UK
104672	F355	Spider Red/Crema RHD UK
104673	F355	Spider 96 Red RHD ZFFPR48D000104673 eng. # F129B42272
104674	F355	Challenge 97 silver then Red, Yellow & silver ZFFPR41B000104674 Michelotto specifications
104675	F355	Challenge Dark Blue then Black ACI/CSAI passport #.03950
104676	F355	Challenge ass. # 21658
104677	F355	Challenge Silver Yellow
104678	F355	Challenge Yellow
104679	F355	Berlinetta Red/Crema LHD EU Sport seats with Red inserts
104680	F512	M 97 Rosso Corsa/Crema Rosso Carpets RHD UK A4680ND
104681	456	GT 96 Blu Sebring/Beige ZFFWP44B000104681
104684	F355	GTS Yellow/Black LHD EU colour coded roof ZFFPR42B000104684
104687	F355	Berlinetta Red/Black LHD
104689	F355	Challenge multiple color changes, White/black, Shell colours, Red/Black cloth
104693	F355	GTS Silver/Blue LHD EU ZFFPR42B000104693 ass.# 21702
104694	F512	M Yellow/Black LHD CH
104695	F355	GTS Rosso Corsa/black
104698	F355	Berlinetta LHD ZFFPR41B000104698
104699	F355	Challenge
104700	F355	Challenge
104701	F355	Berlinetta Red/Black ZFFPR41B000104701 shields
104702	F355	Challenge Red LHD
104703	F355	Challenge
104704	F355	Berlinetta 3/96 dark Blue met./dark Blue ZFFPR41B000 ass. # 21717 A4704PPY
104705	F355	Berlinetta Red/beige RHD A4705NTK
104706	F355	GTS Red/Black
104711	F355	Challenge Rosso Corsa/nero
104713	F355	Berlinetta Rosso Corsa/Black LHD Manual ZFFPR41B000104713 A4713PAY
104714	F355	Berlinetta Dark Blue/Tan LHD EU
104715	F355	Berlinetta Silver LHD
104717	F355	Berlinetta Gunmetal grey metallic/tan
104718	F355	Challenge Black
104721	F355	GTS Giallo Modena/black
104723	456	GT ZFFWP44C000104723
104724	F355	Berlinetta Red/Black ZFFXR41B000 104724
104725	F355	Berlinetta Challenge Blue & orange/black
104726	F355	Berlinetta Red/Black LHD ZFFXR41B000104726 shields
104727	F355	Berlinetta Red/Tan LHD EU
104728	F355	Berlinetta Grey/Black
104731	F355	Berlinetta LHD JP ZFFPR41JPN0104731
104736	F512	M Red/Black LHD EU
104740	F355	Spider 1/96 Rosso Corsa/Tan LHD US ZFFXR48A1T0104740 ass. # 21516
104741	F355	Spider 96 Red/Tan LHD US ZFFXR48A3T0104741 ass. # 21536
104742	F355	Spider 96 Red/Black LHD US ZFFXR48A5T0104742 ass. # 21555
104743	F50	# 88/349 Red LHD US
104744	F50	# 89/349 95 Red/Black & Red LHD US ZFFTG46ATS0104744
104745	F50	# 90/349 Red LHD US
104746	F50	# 91/349 Red/Black LHD US
104747	F50	# 92/349 11/95 Red Red & black LHD US ZFFTG46A7S0104747
104748	F355	Spider 96 Red/Black

s/n	Type	Comments
104751	F355	Spider 96 LHD US ZFFXR48A6T0104751 ass. # 21542
104752	F355	Spider 96 LHD US ZFFXR48A8T0104752 ass. # 21549
104753	F355	Spider 96 Red/Tan LHD US ZFFXR48AXT0104753 ass. # 21568
104754	F50	# 94/349 Red/Black Red LHD US
104755	F50	# 95/349 LHD US ZFFTG46A6S0104755
104756	F50	# 96/349 Red LHD US
104757	F50	# 97/349 LHD US
104758	F50	# 98/349 Red/Black & Red LHD US
104759	F50	# 99/349 LHD US
104760	F50	# 100/349 LHD EU
104761	F50	# 101/349 Red/Black LHD EU
104762	F50	# 102/349 Red/Black Red LHD EU
104765	F355	Spider 96 Red/Tan Manual LHD US ZFFXR48A6T0104765 ass. # 21569
104766	F355	Spider 96 LHD US ZFFXR48A8T0104766 ass. # 21581
104767	F355	Spider 96 Rosso Corsa/Tan manual LHD US ZFFXR48AXT0104767 ass. # 21579
104768	F50	# 103/349 Red/Black Red LHD EU ass. # 21552
104769	F50	# 104/349 Red/all black LHD EU ZFFTA46B000104769
104770	F50	# 105/349 Red/Black Red LHD EU
104771	F50	# 106/349 Red/Black LHD EU
104772	F50	# 107/349 Rosso Corsa/black Red LHD EU ZFFTA46B000104772
104773	F50	# 108/349 LHD EU
104775	F50	# 109/349 Silver/black LHD EU ZFFTA46B000104775 exported to Japan
104776	F50	# 110/349 Yellow LHD EU
104777	456	GT ZFFWP44C000104777
104778	F355	Spider 96 LHD US ZFFXR48A4T0104778 ass. # 21597
104779	F355	Spider 96 Rosso Corsa/Tan Manual LHD US ZFFXR48A6T0104779 ass. # 21590
104780	F355	Spider 96 Red/Tan LHD US ZFFXR48A2T0104780 ass. # 21603
104781	F50	# 111/349 Red/Black Red LHD US
104782	F50	# 112/349 Red/Black Red LHD EU golden wheels
104783	F50	# 113/349 LHD EU
104785	F50	# 114/349 Red/Black Red LHD EU
104786	F50	# 115/349 Red/Black Red LHD EU ZFFTA46B000104786 ass. # 22040
104787	F50	# 116/349 Red/Black Red LHD EU
104788	F50	# 117/349 Red/Black Red LHD EU
104789	F50	# 118/349 LHD US
104790	F50	# 119/349 Red LHD US ass. # 22078
104791	456	GT Le Mans Blue/Tan LHD
104792	F355	Spider 96 Red/Tan LHD US ZFFXR48A9T0104792 ass. # 21606
104794	F50	# 120/349 LHD US ZFFTG46A5S0104794
104795	F50	# 121/349 Red/Black Red LHD US
104796	F50	# 122/349 LHD US
104797	F50	# 123/349 Red/Black LHD US
104798	F50	# 124/349 95 Giallo Fly Black LHD US ZFFTG46A2S0104798 ex-Ralph Lauren
104799	F50	# 125/349 95 Black/black LHD US ZFFTG46A4S0104799
104800	F50	# 126/349 Red/Black LHD EU
104801	F50	# 127/349 Red LHD EU
104802	F50	# 128/349 Red/Black LHD EU
104803	F50	# 129/349 Red LHD EU
104804	F50	# 130/349 Yellow/black Yellow LHD EU
104805	456	GT 96 Yellow/black ZFWP44C000104805
104806	F355	Spider 96 Red/TanLHD US ZFFXR48A5T0104806 ass. # 21528
104807	F355	Spider 96 LHD US ZFFXR48A7T0104807 ass. # 21635
104808	F355	Spider 96 LHD US ZFFXR48A9T0104808 ass. # 21645
104810	F355	Berlinetta 96 Rosso Corsa/Beige ZFFPR41D000104810 eng. # F129B41771
104813	F355	Berlinetta Rosso Barchetta/Crema RHD ZFFPR41C000104813
104814	F355	Berlinetta Red/Black LHD
104815	F355	Berlinetta Yellow;black
104816	F355	Berlinetta 96 Black/Tan LHD ZFFXR41A5T0104816 ass. # 21652
104817	F355	Berlinetta 96 Black/Tan Manual LHD US ZFFXR41A7T0104817 ass. # 21695
104818	F355	Berlinetta 96 Black/Tan Manual LHD US ZFFXR41A9T0104818 ass. # 21708
104820	F355	Spider 96 LHD US ZFFXR48AXT0104820 ass. # 21655
104821	F355	Spider 96 Red/Tan Manual LHD US ZFFXR48A1T0104821 ass. # 21659
104822	F355	Spider 96 Red/Black manual LHD US ZFFXR48A3T0104822 ass. # 21663
104823	F355	GTS 96 LHD US ZFFXR42A4T0104823 ass. # 21520
104824	F355	Spider Red/Black
104825	F355	Spider Red/Black LHD EU ZFFPR48B000 # 21760
104826	F355	GTS (F1) LHD EU ZFFPR42B000104826
104827	F355	GTS Red/Black
104829	F355	Berlinetta 96 Black/Tan LHD US ZFFXR41A3T0104829 ass. # 21770
104830	F355	Berlinetta 96 Yellow/black Yellow inserts LHD US ZFFXR41AXT0104830 ass. # 21788 challenge grill
104833	456	GT ZFFWP44C000104833
104834	F355	Spider 96 Blue Blue LHD US ZFFXR48AXT0104834 ass. # 21671
104835	F355	Spider 96 LHD US ZFFXR48A1T0104835 ass. # 21677
104837	F355	Berlinetta 6/96 Rosso Corsa/Beige Manual RHD
104839	F355	Spider Red
104841	F355	Challenge Red &Yellow/Red LHD
104842	F355	Berlinetta Challenge Red/Black & Red Manual ZFFPR41B000104842
104845	F355	Berlinetta Rosso RHD
104847	456	GT dark grey/tan
104848	F355	Spider 96 Swaters Blue/Blue LHD US ZFFXR48AXT0104848 ass. # 21682
104849	F355	Spider 95 Red/Tan LHD US ZFFXR48A1T0104849 ass. # 21692
104851	F355	Spider 96 Verde Silverstone/Tan LHD US ZFFXR48AXT0104851 ass. # 21684
104852	F355	Spider 96 LHD US ZFFXR48A1T0104852 ass. # 21704
104853	F355	Berlinetta Challenge 96 Giallo Fly/Black RHD ZFFPR41C000104853 eng. # F129B42193 Full roll cage
104854	F355	Challenge
104855	F355	GTS Red/Black
104856	F355	GTS Red/Black LHD
104857	F355	GTS Red/Black
104858	F355	GTS 96 Red/Tan LHD US ZFFXR42A1T0104858 ass. # 21554
104859	F355	GTS 96 Rosso Corsa/Tan Manual LHD US ZFFXR42A3T0104859 ass. # 21584
104860	F355	GTS 96 Red/Tan LHD US ZFFXR42AXT0104860 ass. # 21609
104861	F355	GTS 96 Red/Tan LHD US ZFFXR42A1T0104861 ass. # 21636
104862	F355	GTS 96 Red/Tan colour coded roof LHD US ZFFXR42A3T0104862 ass. # 21679
104867	F355	Berlinetta Challenge Red/Red racing seats
104868	F355	Berlinetta Challenge Rosso/nero
104869	F355	GTS Red/Black LHD EU

s/n	Type	Comments
104871	F355	GTS 96 Red/Tan LHD US ZFFXR42A4T0104871 ass. # 21590
104872	F355	GTS 96 Rosso Barchetta/Tan LHD US ZFFXR42A6T0104872 ass. # 21734
104873	F355	Spider 96 LHD US ZFFXR48A9T0104873 ass. # 21710
104874	F355	Spider 95 Yellow/Black LHD US ZFFXR48A0T0104874 ass. # 21723
104875	F355	Spider 96 Yellow/Black Manual LHD US ZFFXR48A2T0104875 ass. # 21716
104879	F355	Spider
104881	F355	GTS Red/Tan LHD EU
104882	F355	GTS Carbon black metallic/tan
104883	F355	GTS 96 Yellow/Black LHD US ZFFXR42A0T0104883 ass. # 21728
104884	F355	GTS 96 Yellow/Black Manual LHD US ZFFXR42A2T0104884 ass. # 21753
104885	F355	Spider 96 Yellow/Yellow & Black Manual LHD US ZFFXR48A5T0104885 ass. # 21725
104886	F355	Spider 2/96 Giallo Modena Fer 102/Black Manual LHD US ZFFXR48A7T0104886 ass. # 21744 Challenge grill Tubi
104887	F355	Spider 96 Yellow/Black LHD US ZFFXR48A9T0104887 ass. # 21747
104888	F355	Spider 96 Yellow/Black LHD US ZFFXR48A0T0104888 ass. # 21736
104889	F355	Spider 96 Yellow/Black LHD US ZFFXR48A0T0104889 ass. # 21751
104890	456	GT 96 Black/Black LHD ZFFWP44B000104890
104891	456	GT Red/Black
104893	F355	Berlinetta Red/Black LHD EU
104894	F355	Challenge
104895	F355	Challenge Red
104896	F355	GTS 96 Black/Beige colour coded roof LHD US ZFFXR42A9T0104896 ass. # 21762
104897	F355	GTS 96 black/black LHD US ZFFXR42A0T0104897 ass. # 21795
104898	F355	Spider 96 LHD US ZFFXR48A3T0104898 ass. # 21772
104899	F355	Spider 96 Black/Beige Manual LHD US ZFFXR48A5T0104899 ass. # 21774 Shields Rear Challenge Grill Tubi
104900	F355	Spider 96 Yellow/Tan Manual LHD US ZFFXR48A8T0104900 ass. # 21782
104901	456	GT 96 Le Mans Blue/Crema LHD ZFFWP44B000104901
104902	456	GT 96 Canna di Fucile Met. FER 703/C/beige LHD ZFFWP44B000104902 A4902NQQ black windows
104906	F355	Spider 96 LHD US ZFFXR48A9T0104906 ass. # 21785
104907	F355	Spider 96 LHD US ZFFXR48A0T0104907 ass. # 21802
104908	F355	Spider 96 Blue/Tan LHD US ZFFXR48A2T0104908 ass. # 21793 Tubi
104909	456	GT black/tan LHD EU
104911	550	Maranello 97 Silver/Black LHD EU ZFFZR49B000104911
104912	550	Maranello Silver/black LHD
104914	F512	M Modena Yellow/black & Yellow LHD EU ZFFVA40B000104914
104918	F355	GTS 96 Red/Beige Manual LHD US ZFFXR42A4T0104918 ass. # 21807
104920	F355	Spider 96 LHD US ZFFXR48A3T0104920 ass. # 21818
104921	F355	Berlinetta
104922	F355	Berlinetta Red/Black Red stitchings RHD UK ZFFPR41C000104922
104924	F355	Berlinetta 96 Yellow/BlackLHD US ZFFXR41A8T0104924 ass. # 21862
104925	F355	GTS Red/Black LHD
104927	F355	GTS Red LHD
104928	F512	M Yellow/black EU
104929	F355	Spider Geneva show car, Yellow/black
104930	F355	GTS Red/Black LHD
104931	F355	Spider 96 Giallo Modena/Nero Manual ZFFXR48B000104931
104932	F355	Spider 96 Black/Black LHD US ZFFXR48AXT0104932 ass. # 21850
104933	F355	Spider 96 LHD US ZFFXR48A1T0104933 ass. # 21837
104935	F355	Berlinetta Red/Black LHD EU Sports exhaust
104937	F355	GTS 96 Red RHD ZFFXR42D00010937 eng. # F129B42319
104938	F355	GTS 96 LHD US ZFFXR42AXT0104938 ass. # 22036
104940	F355	Spider Rosso Corsa/Black LHD Manual ZFFXR48B000104940 ass. # 22015 A4940NRL shields
104941	F50	# 131/349 Red LHD EU ass. # 22289
104942	F512	M Rosso Corsa/Black & Red Sports seats LHD ZFFVA40B000104942 A4942KJE Harman modified deep front spoiler
104943	F355	Spider Grigio Alloy/dark Blue ZFFXR48B000
104945	F355	Berlinetta 97 Giallo Modena/Nero Manual ZFFXR41B000104945
104946	F355	Berlinetta Red/Black LHD
104949	F355	GTS Yellow/Black LHD EU
104950	F355	GTS Red/Black ZFFXR42B000104950
104951	F355	Spider Yellow/Black LHD EU
104953	F355	Spider 96 Rosso Corsa/Tan LHD US ZFFXR48A7T0104953 ass. # 21846
104954	F355	Spider 96 Rosso Corsa/Beige ManualLHD US ZFFXR48A9T0104954 ass. # 21869
104955	F355	Spider 96 Rosso (300/12)/Crema ZFFXR48C000104955 eng. # 42308 ass. # 21857
104956	F512	M Rosso Corsa/Black LHD ZFFVA40B000104956 A4956DMM shields
104958	F355	Berlinetta
104959	F355	Berlinetta dark Blue/Black Sports seats ZFFXR41B000104959 A4959NBU
104960	F355	Berlinetta Red/Black LHD EU
104961	F355	Berlinetta medium Metallic Blue/tan
104962	F355	Berlinetta
104963	F355	GTS
104964	F355	GTS 96 LHD US ZFFXR42A0T0104964 ass. # 22043
104966	F355	Spider
104967	F355	Spider 96 Dark Blue/Tan LHD US ZFFXR48A7T0104967 ass. # 21860
104968	F355	Spider 96 Red/Crema RHD ZFFXR48D000104968
104969	F50	# 133/349 Black/black & Red LHD EU
104970	F512	M Rosso Corsa/Nero LHD EU ZFFVA40B000104970
104971	F355	Berlinetta Yellow/black
104972	F355	Berlinetta 96 Silver/Black Manual LHD US ZFFXR41A8T0104972 ass. # 21939
104974	F355	GTS black/black ZFFXR42B000104974 ass.# 21882 shields Red calipers
104978	F355	Spider Yellow/black ZFFXR48B000 A4978NHE
104979	F355	Spider 96 LHD US ZFFXR48A3T0104979 ass. # 21865
104980	F355	Spider 96 Red/Tan LHD US ZFFXR49AXT0104980 ass. # 21883 shields Challenge grille
104981	F50	# 134/349 LHD EU
104982	550	Maranello ÑPininfarina Rossaî #1/1 Red/Grey Geneva Show Car 2001 at Michelin
104983	F50	# 135/349 Red/Black LHD EU
104984	F512	M Rosso Corsa/black EU ZFFVA40B000104984
104987	F355	Berlinetta Red/Black
104988	F512	M 96 Red LHD
104990	F355	GTS

s/n	Type	Comments
104991	F355	GTS 96 LHD US ZFFXR42A3T0104991 ass. # 22047
104992	F355	Spider Red/Black LHD EU
104993	F355	Spider Red/Tan LHD EU
104995	F355	Spider
104996	F355	Spider 96 Red/Tan Manual LHD US ZFFXR48A3T0104996 ass. # 21886
104997	F50	# 136/349 Red/Black Red LHD EU
104998	F512	M Rosso Corsa/Black LHD ZFFVA40B000104998 A4998WTR
104999	F355	Berlinetta Red/Black
105000	F355	Berlinetta Red/Tan LHD ZFFXR41B000105000
105002	F355	Berlinetta 96 Red/Tan RHD ZFFXR41D000105002 eng. # F129B42378
105004	F355	GTS 96 Red/Tan LHD US ZFFXR42A6T0105004 ass. # 22049
105005	F355	Spider NART Blue/White LHD EU
105006	F355	Spider
105008	F355	Spider 2/96 Rosso Corsa/Tan Manual LHD US ZFFXR48A4T0105008 ass. # 21892
105009	F50	# 137/349 96 Rosso Corsa/black & Red LHD EU
105010	550	Maranello Silver/black LHD EU
105015	F355	Berlinetta Red/Crema RHD UK
105017	F355	GTS Yellow/black LHD EU
105019	F355	GTS Red/White RHD ZFFXR42C000105019
105020	F355	Spider Red
105021	F355	Spider black/Red LHD EU
105022	F355	Spider 96 Red/Beige Manual LHD US ZFFXRA-BA9T0105022 ass. # 21922
105023	F355	Spider 96 Red/Tan Manual LHD US ZFFXR48A0T0105023 ass. # 21902
105024	F50	# 138/349 Red/Black Red LHD EU
105027	F355	Challenge Black/Bordeaux LHD EU ZFFXR41B000105027
105028	F355	Spider
105029	F355	Berlinetta 96 Silver/Black LHD US ZFFXR41A9T0105029 ass. # 22076
105030	F355	Berlinetta Red/Black
105032	F355	GTS Yellow/Black LHD
105033	F355	GTS 96 Rosso Corsa/tan LHD US ZFFXR42A2T0105033 ass. # 22062
105034	F355	Spider Silver/Black dark Blue top LHD EU
105036	F355	Spider 96 Red/Tan LHD US ZFFXR48A9T0105036 ass. # 21906
105037	F355	Spider 96 Red RHD ZFFXR48D000105037 eng. # F129C42377
105038	F50	LHD EU
105039	550	Maranello Red/Black
105040	F512	M Red UK
105041	F355	Berlinetta Red/Black LHD EU
105042	F355	Berlinetta Red/Black LHD EU ZFFXR41B000105042 ass. # 22103
105044	F355	Berlinetta Black/Crema ZFFXR41B000105044
105046	F355	GTS Red/Tan LHD EU ass. # 21972
105048	F355	Spider Red
105049	F355	Spider 96 Rosso Corsa/Nero ZFFXR48B000105049
105050	F355	Spider Met. black/black RHD
105051	F355	Spider 96 Red/Tan LHD Manual US ZFFXR48A5T0105051 ass. # 21942
105052	F355	Spider 96 Red/Tan LHD US ZFFXR48A7T0105052 ass. # 21927
105053	F50	#140/349 96 Red/Black & Red LHD EU ZFFTA46B000105053 ass.# 22451 Koenig exaust
105055	F355	Berlinetta Rosso Barchetta/black
105056	F355	Berlinetta 96 Black/Black LHD US ZFFXR41A1T0105056 ass. # 22024 Challenge grille
105058	F355	GTS Red/Black LHD
105059	F355	GTS black/black
105060	F355	GTS 96 LHD US ZFFXR42A5T0105060 ass. # 22067
105061	F355	Spider Red/Black
105062	F355	Spider
105063	F355	Spider
105064	F355	Spider 96 Red/Beige LHD US ZFFXR48A3T0105064 ass. # 21952
105066	F50	# 141/349 Yellow/Black LHD ass. # 22470
105067	550	Maranello silvergrey metallic/Red
105068	F512	M EU
105071	F355	Berlinetta Red/Tan LHD
105074	F355	GTS 4/96 Rosso Corsa/Nero ZFFXR42B000105074
105075	F355	GTS 96 Yellow RHD ZFFXR42D000105075 eng. # F129C42324
105076	F355	Spider Rosso/nero LHD ZFFXR48B000105076
105078	F355	Spider Verde Silverstone Met. FER 607/Tan Hide/Green Carpets 21.04.96
105079	F355	Spider 96 Rosso Corsa/Tan & Black/Tan Manual LHD US ZFFXR48A5T0105079 ass. # 21939
105080	F355	Spider 96 Red/Black LHD CDN ZFFXR48A1T0105080 ass. # 21915
105081	F50	# 134/349 Rosso Corsa/black & Red LHD EU
105082	F512	M Rosso Corsa/Black Sports seats LHD EU ZFFVA40B000105082 A5082XHD
105083	F512	M Red/Black LHD EU
105084	F355	Berlinetta Yellow/black
105085	F355	Berlinetta Red/Black
105089	F355	GTS
105090	F355	GTS 96 Black/Tan Manual LHD US ZFFXR42A3T0105090 ass. # 22064
105091	F355	Spider 96 Metallic/Blue Bordeaux LHD
105092	F355	Spider Red White Red stitches RHD
105093	F355	Spider 96 LHD US ZFFXR48AXT0105093 ass. # 21963
105094	F355	Spider 3/96 Rosso Corsa/Tan LHD Manual US ZFFXR48A1T0105094 ass. # 21980
105095	F50	6/96 Giallo Modena/full Nero LHD EU ZFFTA46B000105095
105096	550	Maranello Red/Tan ass. #22513
105097	F512	M Red/Black LHD EU
105098	F512	M ZFFVA40C000105098
105099	F355	Berlinetta
105100	F355	Berlinetta Red/Black
105101	F355	Berlinetta Red/Black Racing seats ZFFXR41B000105101
105102	F355	Spider Red/Black
105104	F355	GTS 96 Red Creme ZFFXR42C000105104 eng. # 42421
105105	F355	GTS 96 LHD US ZFFXR42A1T0105105 ass. # 22073
105107	F355	Spider Red/Black LHD
105108	F355	Spider Red ZFFXR48B000105108
105109	F355	Spider 96 Blu Tour de France 522/Red Manual LHD US ZFFXR48AXT0105109 ass. # 22008
105110	F355	Spider 96 Blue RHD ZFFXR48D000105110 eng. # F129C42413
105111	F50	6/96 Rosso Corsa/Nero & Rosso LHD EU ZFFTA46B000105111
105112	F512	M Red/Black LHD JP ZFFVA40JPN105112
105113	F512	M 96 Bordeaux Mastuda Collection Japan
105114	F355	Berlinetta 96 Red/Cream RHD Manual
105115	F355	Berlinetta 3/96 Rosso Corsa/Tan Manual LHD US ZFFXR41A2T0105115 ass. # 22187
105116	F355	Berlinetta Red/Black LHD ZFFXR41JPN0105116
105120	F355	Spider Red/Black
105123	F355	Spider 96 Black/Black LHD Manual US ZFFXR48A4T0105123 ass. # 22017
105124	F355	Spider 96 Black/Black LHD US ZFFXR48A6T0105124 ass. # 22005 Speedline wheels Tubi

s/n	Type	Comments
105125	550	Maranello Grigio Titanio met./Bordeaux EU
105126	550	Maranello silvergrey metallic/Red
105127	F355	Berlinetta Red/Black LHD EU ass. # 22148
105129	F355	Berlinetta Red/Black
105130	F355	Berlinetta Red/Black
105131	F355	Berlinetta
105132	F355	GTS Yellow/Black RHD UK
105133	F355	GTS 96 Black/Light Grey LHD US ZFFXR42A6T0105133 ass. # 22062
105134	F355	Spider Red/Black LHD EU ZFFXR48B000105134 ass. # 22108
105136	F355	Spider Red then dark grey/Black LHD EU Manual ZFFXR48B000105136
105137	F355	Spider Red
105138	F355	Berlinetta F1 95 Black/Black LHD US ZFFXR48A6T0105138 ass. # 21969
105139	F50	Red/Black-Red, LHD EU
105143	F355	Berlinetta
105147	F355	GTS 96 Black/Black LHD US ZFFXR42A6T0105147 ass. # 22106
105148	F355	Berlinetta 96 Red/Tan LHD ZFFXR41AXT0
105149	F355	Spider
105150	F355	Spider Red/Black, RHD
105151	F355	Spider 96 Giallo Modena/Black Manual LHD US ZFFXR48A9T0105151 ass. # 22011
105154	F355	Berlinetta Red/Tan LHD
105155	F355	Berlinetta Red/Black LHD EU
105156	F355	Berlinetta Red/Black probably more 105155
105157	F355	Berlinetta Red/Black LHD EU
105158	F355	GTS 96 Red/Black & Red RHD UK A5158NIS
105159	F355	GTS 96 LHD US ZFFXR42A2T0105159 ass. # 22091
105161	F355	Spider 96 Red/Black/Black Carpets LHD ZFFXR48B000 eng. # 42576
105163	F355	Spider 3/96 Giallo Modena/Black manual LHD US ZFFXR48A5T0105163 ass. # 22021
105164	F355	Spider 96, Yellow/Black manual LHD US ZFFXR48A7T0105164 ass. # 22027
105165	F50	96 Red/Black Red LHD EU
105168	F355	Berlinetta Red/Black
105170	F355	Berlinetta Yellow/Black LHD EU
105171	F355	Berlinetta Dark Green Dark Brown RHD UK
105174	F355	Spider Manual
105175	F355	GTS 96 Red/Beige LHD US ZFFXR42A0T0105175 ass. # 22167
105176	F355	Spider 6/96 Rosso Corsa/Black LHD Manual ZFFXR48B000105176 A5176NFW
105177	F355	Spider Red/Black LHD EU ZFFXR48B000105177
105178	F355	Spider 96 Black/Tan LHD US Manual ZFFXR48A7T0105178 ass. # 22038 Shields Rear Challenge Grill
105179	F355	Spider F1 96 Red RHD ZFFXR48D000105179 eng. # F129C42406
105180	F50	Yellow LHD EU
105182	456	GTA RHD
105184	F355	Berlinetta 96 Red/Tan LHD ZFFXR41AXT0105184 ass. # 22242
105185	F355	GTS 96 Red/Black LHD EU ZFFXR42B000105185
105186	F355	GTS Red/Black LHD EU ZFFXR42B000105186
105187	F355	GTS giallo fly/black ZFFXR42B000105187
105188	F355	Spider
105189	F355	Spider 96 Black/Tan LHD US ZFFXR48A1T0105189 ass. # 22284
105190	F355	Spider 96 LHD US ZFFXR48A8T0105190 ass. # 22240
105191	F355	GTS
105192	F355	GTS
105193	F50	LHD EU
105194	456	GT Silver/Black LHD
105195	F355	Berlinetta Challenge 96 Rosso Corsa/Nero RHD ZFFPR41C000105195
105196	F512	M Red/Tan RHD
105198	F355	Berlinetta
105201	F355	GTS Red/Black LHD EU ass. # 22119
105204	F355	Spider 96 Metallic/Blue/Tan LHD CDN ZFFXR48A4T0105204 ass. # 21947
105205	F50	Rosso Barchetta LHD EU
105207	F355	GTS 96 LHD CDN ZFFXR42A9T0105207 ass. # 21871
105208	F355	Challenge
105209	F512	M Rosso Corsa/Crema Rosso Carpets RHD UK ZFFVA40C000105209
105212	F355	Berlinetta Red/Black LHD ZFFXR41JPN0105212
105213	F355	GTS Yellow/Black LHD EU Manual ZFFXR41B000105213 ass. #22415
105214	F355	GTS Rosso/nero
105215	F355	GTS Red/Tan LHD EU ZFFXR42B000105215
105216	F355	Spider 96 Red/Crema RHD Red carpets ZFFXR48C000105216
105217	F355	Spider 96 LHD CDN ZFFXR48A2T0105217 ass. # 21957
105218	F355	GTS Challenge Light Blue LHD SWE ZFFPR42S000105218
105219	F355	Spider black/black
105220	F50	Red LHD EU
105222	F355	GTS 96 LHD CDN ZFFXR42A5T0105222 ass. # 21877
105223	F512	M 97 Rosso Corsa/Nero ZFFVA40B000105223
105224	F355	Spider
105226	F355	Berlinetta dark Blue metallic/Crema
105227	F355	Berlinetta Red/Tan
105228	F355	Berlinetta Yellow/black
105229	F355	Berlinetta Red/Black LHD EU
105230	F355	Berlinetta Red/Black ZFFXR41B000105230
105231	F355	Berlinetta Rosso Corsa/Black LHD EU ZFFXR41B000105231 A5231NPF
105232	F355	Berlinetta
105233	F355	Berlinetta
105235	F50	Red LHD EU
105237	F355	GTS 96 LHD CDN ZFFXR42A7T0105237 ass. # 21919
105238	F512	M 97 Rosso Corsa/Crema ZFFVA40C000105238
105239	F355	Spider 96 Rosso Corsa/Crema manual RHD ZFFXR48D000105239 eng. # F129C42614
105240	F355	Spider silver/black
105245	F355	Berlinetta 96 Yellow/Black LHD US ZFFXR41A4T0105245 ass. # 22279
105246	F355	Berlinetta 96 Black/Black LHD US ZFFXR41A6T0105246 ass. # 22516
105249	F355	GTS Red/Black ZFFXR42B000105249 A5249NHE
105250	F50	LHD EU
105251	456	GT Green Tan RHD
105252	F355	GTS 96 Red/Tan LHD US
105253	F355	GTS 96 Red/Tan LHD US ZFFXR42A5T0105253 ass. # 22195
105255	F355	Spider Red/Black LHD ZFFXR48B000105255
105262	F355	GTS 96 Black/Black LHD US ZFFXR42A6T0105262 ass. # 22199
105263	F355	GTS 96 Rosso Barchetta/Tan LHD US ZFFXR42A8T0105263 ass. # 22176
105266	F512	M Rosso Corsa/Black & Red LHD ZFFVA40B000105266 ass. # 22088 A5266WPP
105267	456	GTA Dark Green/Brown LHD
105269	F355	Spider
105270	F355	Spider
105275	F355	GTS 96 Red/Tan LHD US ZFFXR42A4T0105275 ass. # 22223
105276	F355	GTS 96 Red/Tan LHD US ZFFXR42A6T0105276 ass. # 22203
105277	F355	GTS 96 Red/Tan LHD US ZFFXR42A8T0105277 ass. # 22215

s/n	Type	Comments	s/n	Type	Comments
105278	F355	Spider Red/Black ZFFXR48B000105278 A5278NHD ass. # 22181	105339	F355	Berlinetta 96 LHD US ZFFXR41A2T0105339 ass. # 22503
105279	F512	M Red/Black Red sportseats LHD EU ZFFVA40B000 A5279KKE	105340	F355	Berlinetta 96, Red/Tan Manual LHD US ZFFXR41A9T010534 ass. # 22524 348 18" wheels
105280	456	GTA Argento/Black A5280NII	105343	F355	GTS Yellow/black
105281	F355	Spider Red/Black	105345	F355	Spider Red/Black LHD EU
105282	F355	Spider 4/96 Rosso Corsa/Nero RHD ZFFXR48C000105282	105347	F355	Spider 96 Rosso Corsa/tan LHD US ZFFXR48A4T0105347 ass. # 22282 Tubi shields Challenge grille
105284	F355	Spider Yellow/Black RHD Manual ZFFXR48B000105284 shields	105348	F355	Berlinetta Yellow/black
105286	F355	Berlinetta Red/Black Challenge grille	105349	F355	Berlinetta Red/Black
105287	F355	Challenge Red	105351	F355	GTS
105288	F355	Berlinetta 96 Red/Black	105352	F512	M Black/Black LHD EU
105290	F355	GTS 96 Red/Tan LHD US ZFFXR42A0T0105290 ass. # 22206	105353	456	GT Silver/Black LHD
105291	F355	GTS 96 Black/Black LHD US ZFFXR42A2T0105291 ass. # 22225 Polished Speedline wheels Tubi	105354	F355	GTS Blue Brown LHD
			105357	F355	Berlinetta Red/Black
			105359	F355	Berlinetta Silver/Black ZFFXR41B000105359 A5359NSU
105292	F355	GTS 96 Yellow/BlackLHD US ZFFXR42A4T0105292 ass. # 22257	105361	F355	GTS
105293	F355	Spider Red/Black LHD EU	105363	F355	GTS Red/Black
105295	456	GTA 97Black/Grey ZFFWP50A8V0105295	105365	F355	Spider 96 LHD US ZFFXR48A6T0105365 ass. # 22286
105297	F355	Spider Yellow/Black LHD EU	105367	456	GT 4/96 Blu Le Mans/Beige ZFFWP44B000105367
105299	F355	Berlinetta Red/Tan LHD	105368	F355	Berlinetta 96 Red/Black LHD US ZFFXR48A1T0105368 ass. # 22260
105300	F355	Berlinetta Red/Black LHD EU Sportseats Challenge grille sports exhaust	105369	F355	Spider 96 LHD US ZFFXR48A3T0105369 ass. # 22296
105301	F355	Berlinetta Red/brown			
105303	F355	GTS	105370	F355	Berlinetta Rosso Corsa/Black & Red sportseats Manual ZFFXR41B000105370 A5370NHY shields
105304	F355	GTS Red/Crema RHD			
105305	F355	GTS Red/Crema Manual RHD ZFFXR42C000105305 Black calipers			
105306	F355	Spider Yellow/Black LHD EU	105375	F355	GTS Red/Black LHD EU
105307	F355	Spider 96 Red/Tan LHD CDN ZFFXR48A3T0105307 ass. # 22217	105378	F355	Spider 96 Red/Tan LHD US ZFFXR48A4T0105378 ass. # 22307
105308	F512	M 96 White/Crema Blue inserts Carbon Seats ZFFVA40C000105308	105379	F355	Spider 96 LHD US ZFFXR48A6T0105379 ass. # 22314
105309	456	GT Silver/all light brown ZFFWP44B000105309	105380	F355	Spider 96 LHD US ZFFXR48A2T0105380 ass. # 22320
105310	F355	Spider 96 Red/Tan LHD CDN ZFFXR48A3T0105310 ass. # 22233			
105311	F355	Spider 96 LHD CDN ZFFXR48A5T0105311 ass. # 22248	105382	456	GT ZFFWP44C000105382
105312	F355	Berlinetta Blue/Red LHD EU	105383	F355	Berlinetta 96 Red/Black RHD ZFFXR41B000105383 ass. # 22366
105313	F355	Berlinetta Red/Tan LHD	105385	F355	Berlinetta Red/Tan ZFFXR41B000
105314	F355	GTS Dark Blue/Tan sports seats Blue seat centres colour-coded roof RHD UK ZFFXR42C000105314	105386	F355	Berlinetta Red/Black LHD EU ZFFXR41B000105386 ass. # 22376 A5386NOP
			105388	F355	GTS Red/Black ZFFYR42B000105388
105315	F355	GTS 96 Red/Tan LHD US ZFFXR42A1T0105315 ass. # 22907	105390	F355	Spider 96 met. black/grey ZFFXR48B000105390
105316	F355	GTS 96 LHD US ZFFXR42A3T0105316 ass. # 22876	105392	F355	Spider 96 Red/Tan Manual LHD US ZFFXR48A9T0105392 ass. # 22324
105317	F355	Spider Red/Tan LHD EU ZFFXR48B000	105393	F355	Spider 96 LHD US ZFFXR48A0T0105393 ass. # 22298
105318	F355	Spider black/black			
105319	F355	Spider 96 Le Mans Blue/Black ZFFXR48B000105319 04/1996	105394	F355	Spider 96 Yellow/Red Yellow soft top ZFFXR48A2T0105394 ass. # 22345
105320	F355	Spider Red/Black	105395	F512	M 7/96 Rosso Corsa/Nero EU ZFFVA40B000105395 A5395SCB
105321	F355	Spider 96 LHD CDN ZFFXR48A8T0105321 ass. # 22266	105396	456	GT ZFFWP44B000105396
105322	F355	Berlinetta Red/Crema RHD UK	105397	F355	Berlinetta Red/Black LHD EU
105323	F355	GTS	105400	F355	GTS Red/Black LHD EU
105326	F355	GTS Black/Black LHD EU Manual ZFFXR42B000105326 ass. # 22262	105401	F355	GTS Red/Black LHD
			105402	F355	GTS Red/Black
105328	F355	GTS 96 LHD CDN ZFFXR42AXT0105328 ass. # 22253	105403	F355	GTS Red
			105404	F355	Spider Black/Black LHD EU ass. # 22332
105329	F355	GTS 96 LHD CDN ZFFXR42A1T0105329 ass. # 22312	105405	F355	Spider 96 Giallo Modena/Black LHD US ZFFXR48A3T0105405 ass. # 22326
105332	F355	Spider Red/Black ZFFXR48B000105332	105406	F355	Spider 96 LHD US ZFFXR48A5T0105406 ass. # 22339
105333	F355	Spider 3/96 TdF Blue/Blue black dash manual ZFFXR48A4T0105333 ass. # 22250	105407	F355	Spider 4/96 Rossa Barchetta/Crema Manual LHD ZFFXR48A7T0105407 ass. # 22330
105334	F355	Berlinetta	105408	F355	Berlinetta Red/Black
105335	F355	Berlinetta	105409	F355	Berlinetta Red Black-Red sportseats LHD EU ass. # 22402
105337	F512	M Red/Black EU			
105338	456	GT black metallic/tan			

s/n	Type	Comments
105411	456	GT Canna di Fucile Met. FER 703/C/Tan LHD ZFFWP44B000105411 parted out
105412	F355	Berlinetta Red/Tan
105413	F355	Berlinetta Yellow/Black LHD EU ZFFXR41B000105413 ass. # 22415
105416	F355	GTS 97 Le Mans Blue/Magnolia colour coded roof Manual ZFFXR42B000105416 ass. # 22356 A5416NAL ex- Michael Schumacher
105418	F355	Spider silvergrey metallic/black
105419	F355	Spider 96 Blue Metallic/Tan LHD US ZFFXR48A3T0105419 ass. # 22336
105420	F355	Spider 96 LHD US ZFFXR48AXT0105420 ass. # 22343
105421	F355	Spider 96 Red/Tan LHD US ZFFXR48A1T0105421 ass. # 22358
105422	F355	Spider Yellow/black ZFFXR48B000105422
105423	F355	Spider Red/Black ZFFXR48B000 A5423NMR
105425	456	GT ZFFWP44C000105425
105426	F355	Berlinetta Red
105428	F355	Berlinetta dark Red/Black LHD EU ZFFXR41B000105428
105429	F355	GTS Red/Black
105430	F355	GTS Rosso barc;black
105432	F355	Spider 96 LHD US ZFFXR48A6T0105432 ass. # 22362
105433	F355	Spider 96 Red/Tan LHD US ZFFXR48A8T0105433 ass. # 22369
105434	F355	Spider 96 Red/Tan LHD US ZFFXR48AXT0105434 ass. # 22389
105435	F355	Berlinetta dark Blue met./black
105439	F355	Berlinetta Rosso Corsa/Black sports seats LHD Manual ZFFXR41B000105439 A5439EWE shields chrome windscreen surround
105442	F355	GTS Red/Black
105444	F355	Spider Red/Black LHD EU
105445	F355	Spider 96 LHD US ZFFXR48A4T0105445 ass. # 22372
105446	F355	Spider 96 LHD US ZFFXR48A6T0105446 ass. # 22391
105447	F355	Spider 96 LHD US ZFFXR48A8T0105447 ass. # 22400
105450	F355	Berlinetta 5/96 Rosso Corsa/Nero manual ZFFXR42B000105450 A5450XMY
105451	456	GT Metallic/Green/Beige LHD
105454	F355	GTS
105456	F355	Spider
105457	F355	Spider 96 Red/Tan LHD US ZFFXR48A0T0105457 ass. # 22405
105458	F355	Spider 4/96 Yellow/Black Manual LHD US ZFFXR48A2T0105458 ass. # 22383
105459	F355	Spider 96 LHD US ZFFXR48A4T0105459 ass. # 22374
105462	F355	Berlinetta Red/Black LHD EU A5462CYC
105463	F355	Berlinetta Red/Black ZFFXR41B000105463
105464	F355	GTS Red/Black LHD
105466	F355	GTS Red/Black
105467	F355	Spider Dark Blue Black
105468	F355	Spider Red/Black LHD EU ass. # 22387
105469	F355	Spider 7/96 Giallo Modena/Nero ZFFXR48B000105469
105471	F355	Spider Yellow/Black LHD Manual EU ZFFXR48B000105471 A5471NCU
105473	F355	Berlinetta Red/Black
105475	F355	Berlinetta Red/Black
105477	F355	GTS Red/Black
105480	F355	Spider Red/Black
105482	F355	Spider Rosso Corsa/Black LHD Manual ZFFXR48B000105482 ass. # 22422 A5482NPP shields
105486	F355	Berlinetta Red/Tan LHD EU
105487	F355	Berlinetta
105488	F355	GTS Rosso Corsa/Red ZFFXR42B000105488
105489	F355	GTS Red/Black
105490	F355	GTS Rosso Corsa/black A5490NMP
105491	F355	Spider Silver/Blue or black
105492	F355	Spider Yellow then Red/Black LHD ZFFXR48B000105492 ass. # 22432
105494	F355	Spider black/black LHD EU
105495	F355	GTS Red/Black ZFFXR42B000105495
105496	F355	GTS Rosso Barchetta/Black RHD ass. # 22444
105497	F355	GTS Black/Black LHD
105498	F355	Berlinetta jaune/noir
105499	F355	Berlinetta Red/Black LHD EU ZFFXR41B000105499
105501	F355	Berlinetta Red/Black
105503	F355	Spider Red/Black LHD EU ZFFXR48B000105503 ass. # 22443
105504	F355	Spider Yellow/Black LHD
105506	F355	Berlinetta 96 Dark Blue/Black RHD ZFFXR41D000105506
105507	F355	Spider 96 LHD US ZFFXR48A0T0105507 ass. # 22407
105508	F355	Spider 4/96 Yellow/Black Manual LHD US ZFFXR48A2T0105508 ass. # 22413
105509	F355	Spider 96 Red/Black LHD US ZFFXR48A4T0105509 ass. # 22506
105510	F355	Spider Red/Black LHD ZFFXR48B000105510
105512	F355	Spider Yellow/Black LHD EU ZFFXR48B000105512 ass. # 22457
105513	F355	Berlinetta 96 Red RHD ZFFXR41D000105513 eng. # F129C43260
105515	456	GT 96 Rosso Monza Metallic/Crema RHD ZFFWL44D000105515
105516	F512	M last, LHD EU ZFFVA40B000105516
105518	F355	Berlinetta Challenge Red/Red RHD ZFFPR41C000105518 A5518NHY
105520	F355	GTS Rosso Corsa/Crema Colour-coded roof LHD Manual ZFFXR42B000105520 A5520 NOU
105523	F355	Spider 96 LHD US ass. # 22453
105524	F355	Spider
105525	F355	Spider 96 Rosso Corsa/Black LHD CDN ZFFXR48A2T0105525 ass. # 22462
105526	F355	Spider 96 LHD US ZFFXR48A4T0105526 ass. # 22519
105527	F355	Spider Black/Black LHD US ZFFXR48A6T0105527 ass. # 22534
105529	456	GT 96 Blu Swaters/Beige ZFFWP44B000105529
105530	456	GTA Monaco Blue/tan LHD EU ZFFWP50B000105530 A5530NPE
105532	F355	Spider 96 Red/Black Manual LHD EU ZFFXR48B000105532
105533	F355	Spider 96 LHD CDN ZFFXR48A1T0105533 ass. # 22479
105534	F355	Spider 96 Red/Tan LHD CDN ZFFXR48A3T0105534 ass. # 22476
105535	F355	Spider 96 LHD CDN ZFFXR48A5T0105535 ass. # 22484
105536	F355	Spider 96 Yellow/Tan LHD CDN ZFFXR48A7T0105536 ass. # 22489
105537	F355	Spider 96 Red/Black LHD CDN ZFFXR48A9T0105537 ass. # 22498
105538	F355	Challenge 96 Grigio TitanioBlack RHD ZFFPR41C000105538
105540	F355	Berlinetta LHD JP ZFFPR41JPN0105540
105541	F355	GTS Red/Crema RHD UK
105542	550	Maranello 96 Silver/Black LHD EU
105543	456	GT ZFFWP44C000105543
105544	F355	Spider Rosso Corsa/Tan LHD Manual EU ZFFXR48B000105544 ass. # 22475 A5544NMM shields
105547	F355	Berlinetta 96 LHD US ZFFXR41A9T0105547 ass. # 22530
105548	F355	Berlinetta Challenge Red/Black
105550	F355	Spider 96 Red/cream
105551	F355	Spider Rosso Corsa/black LHD EU

s/n	Type	Comments
105552	F355	Spider 97 Red/Black LHD EU ZFFXR48B000105552 ass. # 22515
105553	F355	Spider 96 Silver Grey/Bordeaux Manual ZFFXR48A7T0105553 ass. # 22577
105556	550	Maranello 96 Argento Nürburgring 101/C/Nero LHD
105559	F355	Berlinetta 96 Rosso Corsa/Tan Manual LHD US ZFFXR41A5T0105559 ass. # 22532
105561	F355	GTS Argento Nürburgring 101/C/light Grey & Carbon racing seats colour coded roof Manual LHD EU A5561NHQ ass. # 22511
105563	F355	Spider Black/Black
105564	F355	Spider Rosso Corsa/Crema LHD Manual ZFFXR48B000105564 A5564NMA shields
105565	F355	Spider 96 Red/Beige LHD US ZFFXR48A3T0105565 ass. # 22544
105566	F355	Spider 96 LHD US ZFFXR48A5T0105566 ass. # 22553
105567	456	GTA Red/Crema LHD ZFFWP50B000105567
105570	F355	Berlinetta Red/Black LHD EU ZFFXR41B000105570 ass. # 22563
105573	F355	Berlinetta 96 Rosso Corsa/Tan Manual LHD US ZFFXR41AXT0105573 ass. # 22572
105575	F355	GTS 96 Red/Black Manual LHD EU ZFFXR42B0000105575 ass.# 22552 A5575NJL
105576	F355	Spider Yellow/Black LHD EU
105577	550	Maranello Argento Nürburgring/black
105578	F355	Spider
105579	F355	Spider Red/Black RHD ZFFXR48C000105579
105580	F355	Spider Dark Blue/Brown
105581	F355	Spider 96 LHD US ZFFXR48A1T0105581 ass. # 22546
105582	F355	Spider 96 Red/Tan LHD US ZFFXR48A3T0105582 ass. # 22548
105583	F355	Berlinetta Red/Black
105584	456	GTA Red/Tan LHD
105586	F355	Berlinetta 5/96 Black/tobacco Manual LHD US ZFFXR41A8T0105586 ass. # 22631
105588	F355	GTS Rosso Corsa/black A5588NQG
105589	F355	Berlinetta Red/Black LHD US
105592	F355	Spider 96 Red/Tan LHD US ZFFXR48A6T0105592 ass. # 22567
105593	F355	Spider 96 LHD US ZFFXR48A8T0105593 ass. # 22574
105595	F355	Berlinetta 96 Yellow/Black LHD US ZFFXR41A9T0105595 ass. # 22566 Tubi
105596	F355	Berlinetta 96 Black/Black LHD US ZFFXR41A0T0105596 ass. # 22593
105597	F355	Berlinetta Yellow/Black
105599	456	GT ZFFWP44C000105599
105600	F355	GTS 96 Red RHD ZFFXR42D000105600
105602	F355	Spider Rosso Corsa with Crema Hide and Rosso Carpets 01.06.96
105604	F355	Spider 96 Red/Tan LHD US ZFFXR48A9T0105604 ass. # 22579
105605	F355	Berlinetta bleu/tan
105606	F355	Berlinetta 96 LHD US ZFFXR41AXT0105606 ass. # 22641
105607	F355	GTS Red/Black EU
105608	F355	GTS 97 Yellow/Black
105612	F355	Spider 96 Rosso Corsa/tan LHD Manual US ZFFXR48ABT0105612 ass. # 22584
105614	F355	Spider 96 Red/Tan LHD US ZFFXR48A1T0105614 ass. # 22588
105617	F355	GTS Red/Tan LHD EU
105618	F355	GTS Rosso Corsa/black Manual ZFFXR42B000105618 A5618III challenge grill
105620	F355	Spider 96 Rosso Corsa/Nero ZFFXR48B000105620
105622	F355	Spider 12/96 Rosso Corsa/Nero Manual ZFFXR48C000105622
105623	F355	Spider 96 Red/Tan LHD US ZFFXR48A2T0105623 ass. # 22604
105624	F355	Spider 96 Red/Tan Manual LHD US ZFFXR48A4T0105624 ass. # 22597
105625	F355	Berlinetta Red/Crema RHD UK
105627	456	GTA Blue/Blue ZFFWP50C000105627
105628	F355	Berlinetta Red/Tan ZFFXR41B000105628
105629	F355	Berlinetta Red/Black LHD
105630	F355	Berlinetta Red/Black black/Red seats LHD ZFFXR41B000
105631	F355	GTS Red/Black LHD EU ZFFXR42B000105631 Non-original wheels
105632	F355	GTS Red/Black
105633	F355	GTS Red/Black LHD EU Red carpets
105634	F355	Spider Red/Black ZFFXR48B000105634
105635	F355	Spider 96 Red/Tan Manual LHD US ZFFXR48A9T0105635 ass. # 22600
105636	F355	Spider 96 Red/Tan LHD US ZFFXR48A0T0105636 ass. # 22615
105637	F355	Spider 96 LHD US ZFFXR48A2T0105637 ass. # 22621
105640	F355	Spider Red/Black LHD Sportseats, 3rd light
105646	F355	Spider Red/Crema RHD UK
105647	F355	Spider 96 LHD US ZFFXR48A5T0105647 ass. # 22607
105648	F355	Spider 96 LHD US ZFFXR48A7T0105648 ass. # 22623
105649	F355	Spider 96 LHD US ZFFXR48A1T0105649 ass. # 22633
105651	F355	Berlinetta Red/Black sport seats LHD ZFFXR41B000105651 shields White Speedline rims Challenge grill
105652	F355	Berlinetta Red/Black & Red
105654	F355	GTS Red/Black LHD EU
105656	F355	GTS Red/Tan LHD EU ZFFXR42B000105656
105657	F355	Spider dark Blue/black LHD ZFFXR48B000 A5657ZMZ
105658	F355	Spider
105659	F355	Spider 96 LHD US ZFFXR48A1T0105659 ass. # 22644
105660	F355	Spider 96 LHD US ZFFXR48A8T0105660 ass. # 22650
105661	F355	Spider 96 LHD US ZFFXR48AXT0105661 ass. # 22657
105662	F355	Spider Yellow/Black LHD EU
105666	F355	Berlinetta
105667	F355	Spider Red/Black ass. # 22628
105668	F355	Berlinetta Red
105669	F355	GTS
105671	F355	Spider Black/Black RHD ZFFXR48C000105671 Red calipers shields
105672	F355	Spider 96 Red/Tan LHD US ZFFXR48A4T0105672 ass. # 22661
105673	F355	Spider 96 Red/Tan Manual ZFFXR48A6T0105673 ass. # 22665
105674	F355	Spider 96 Rosso Corsa FER 300/12/Black Manual LHD US ZFFXR48A8T0105674 ass. # 22670
105676	456	GTA Verde Silverstone Met. FER 607/Crema RHD
105677	550	Maranello 96 Rosso Corsa/Nero ZFFZR49B000105677 A5677NPI
105679	F355	Berlinetta Silver/Red LHD EU
105682	F355	GTS Red/Black LHD EU
105683	F355	Spider 6/96 Rosso Corsa/Nero ZFFXR48B000105683
105684	F355	Spider Red/Black Red stitching ZFFXR48B000105684 A5684ZVZ
105685	F355	Spider
105686	F355	Spider 96 LHD US ZFFXR48A4T0105686 ass. # 22691
105687	F355	Spider 96 Red/Black LHD US ZFFXR48A6T0105687 ass. # 22689
105690	456	GT black/black LHD EU A5690NRV
105691	F355	Berlinetta Red/Black LHD

s/n	Type	Comments
105692	F355	Spider 96 Giallo Modena/Black ZFFXR48C000105692
105693	F355	GTS 96 Dark Blue/Tan LHD EU
105695	F355	GTS 96 Rosso Corsa/Black LHD EU ZFFXR42B000105695 A5695MWM ass.# 22675
105696	F355	Spider Red/Black LHD EU ass. # 22648
105698	F355	Spider 96 Red/Tan LHD US ZFFXR48A0T0105698 ass. # 22701
105699	F355	Spider 5/96 Black/Tan Manual LHD US ZFFXR48A2T0105699 A5699KDE ass.# 22683
105700	F355	Spider 96 Rosso Corsa/Tan LHD US ZFFXR48A5T0105700 ass. # 22704
105701	456	M GTA ZFFWP50C000105701
105705	F355	Berlinetta Red/Black RHD UK
105706	F355	GTS Red/Tan
105707	F355	GTS Red/Black
105708	F355	GTS Red/Black LHD EU A5708EZE
105709	F355	Spider 96 Red ZFFXR48B000105709
105712	F355	Spider 96 Black/Black LHD US ZFFXR48A1T0105712 ass. # 22685
105713	F355	Spider 5/96 Verde Silverstone Met. FER 607/Tan Manual LHD US ZFFXR48A3T0105713 ass. # 22674 ex-Tommy Hilfiger
105716	456	GTA Dark Blue/Crema
105718	F355	Berlinetta Red/Black LHD EU
105720	F355	Berlinetta
105722	F355	GTS 96 Rosso Corsa/Nero ZFFXR42B000105722
105723	F355	Spider Dark Blue/Crema LHD EU ZFFXR48B000105723 ass. #22697 Challenge Grill
105724	F355	Spider 96 Red/Tan Manual LHD US ZFFXR48A8T0105724 ass. # 22710
105725	F355	Spider 96 Red/Tan Manual LHD US ZFFXR48AXT0105725 ass. # 22715
105726	F355	Spider 96 Red/Beige Manual LHD US ZFFXR48A1T0105726 ass. # 22724
105728	550	Maranello
105729	550	Maranello Red/Black LHD
105730	F355	Berlinetta Red
105731	F355	Berlinetta Red/Black
105732	F355	Berlinetta Red/Black
105733	F355	GTS Red/Tan ZFFXR42B000105733
105735	F355	GTS Red/Black LHD ZFFXR42B000
105737	F355	Spider Red/Black LHD ZFFXR48B000105737, ex-Diego Maradonna
105738	F355	Spider 96 LHD US ZFFXR48A8T0105738 ass. # 22744
105739	F355	Spider 96 LHD US ZFFXR48AXT0105739 ass. # 22719
105740	F355	Spider 96 LHD US ZFFXR48A6T0105740 ass. # 22730
105741	456	GTA Green Crema RHD ZFFWP50C000105741
105743	456	GTA 97 Argento Metallizzato/Nero LHD EU ZFFWP50B000105743
105744	F355	Berlinetta Red/Black
105746	F355	Berlinetta Red/Black LHD EU ass. # 22729
105749	F355	Spider Red/Crema
105750	F355	Spider 96 Red/Tan LHD US ZFFXR48A9T0105750 ass. # 22735
105751	F355	Spider 5/96 Rosso Corsa/Tan Manual LHD US ZFFXR48A0T0105751 ass. # 22738
105752	F355	Spider Red/Tan LHD US ZFFXR48A2T0105752 ass. # 22748
105755	456	GT
105757	F355	Berlinetta Red/Black
105758	F355	Berlinetta Red/Black ZFFXR41B000
105760	F355	GTS Red/Black
105761	F355	GTS Red/Black LHD ZFFXR42B000
105764	456	GTA Light Blue Dark Grey LHD ZFFWP50B000105764
105767	456	GT Dark Blue/Black LHD
105768	F50	Red LHD EU
105769	F50	Red LHD EU
105770	F50	Red/Black & Red, LHD EU
105772	F50	LHD EU
105773	F50	# 158/349 Red/Black Red LHD EU ass. # 22772
105774	F50	Red/Black Red LHD EU
105777	550	Maranello Red/Black
105779	456	GTA 96 Blue RHD ZFFWL50D000105779
105780	456	GT silver/black ZFFWP44B000105780 A5780NCG
105781	F50	# 161/349 Red/Black Red LHD EU
105782	F50	LHD EU
105783	F355	GTS Red/Black LHD
105785	456	GTA 96 Le Mans Blue/RHD ZFFWP50C000105785
105787	456	GTA 97 Argento Metallizzato Nero LHD ZFFWP50B000105787
105789	F50	LHD US
105790	F50	LHD EU
105792	456	GT ZFFWP44B000105792, ex-Per Gessle
105794	456	GT 96 Blue RHD ZFFWL44D000105794
105797	F355	Berlinetta 11/96 Rosso Corsa/Beige ZFFXR41B000105797
105798	F355	Berlinetta Red/Black LHD
105799	F355	Berlinetta Red/Black
105800	F50	96 Red LHD EU ZFFTA46B000105800
105801	550	Maranello 10/96 Rosso Corsa/Beige ZFFZR49B000105801
105802	456	GT 96 Blu Le Mans/Crema ZFFWP44B000105802
105803	F355	Berlinetta Red/Black RHD UK
105804	F355	GTS
105805	F50	Red LHD EU
105806	F355	GTS Rosso Corsa/Beige, Rosso Carpet
105807	F355	Spider Red/Black LHD
105808	F355	Spider 96 Yellow/Black ZFFXR48B000105808
105810	F50	96 Rosso Corsa/Black & Red LHD EU ZFFTA46B000105810 eng. # 43104
105811	550	Maranello 96 Red ZFFZR49B000105811
105813	F355	Berlinetta Red/Black LHD ZFFXR41B000105813 A5813WIW
105814	F355	Berlinetta Red/Black
105816	F355	Berlinetta 96 Rosso Corsa magnolia RHD ZFFXR41C000105816 Black calipers Challenge grill
105818	F355	GTS Yellow/Black & Yellow LHD EU
105819	F355	GTS 96 Rosso Corsa/Nero ZFFXR42B000105819
105820	F50	LHD EU
105821	550	Maranello Red/Tan LHD EU
105822	456	GTA Grigio Titanio met./Light Grey LHD
105823	F355	GTS
105824	F355	Spider Yellow Crema LHD EU
105828	F355	Berlinetta 96 Red ZFFXR41B000105828
105833	F355	GTS Red/Black LHD EU
105834	550	Maranello Yellow/black LHD EU
105835	F50	LHD EU
105838	456	GTA ZFFWP50C0000105838
105839	F355	GTS Red/Crema RHD ZFFXR42C000105839 ass. # 22836 Black calipers
105840	F355	Spider Red/Tan LHD EU
105842	F355	Spider Yellow/Black LHD EU
105843	F355	Spider Red/Crema RHD UK
105844	F355	Berlinetta Red/Black
105846	F355	Berlinetta Yellow/Black LHD EU
105847	F355	Berlinetta 96 Red/Tan LHD ZFFXR41A2T0105847
105849	550	Maranello GTO Prodrive Conversion Yellow/black ZFFZR49B000105849 Converted to 550 GTO by Prodrive
105850	F50	# 168/349 LHD EU

s/n	Type	Comments	s/n	Type	Comments
105852	F355	Berlinetta 96 Rosso Corsa/Tan Manual LHD US ZFFXR41A3T0105852 ass. # 22807	105918	F355	Berlinetta Red/Black LHD EU
105853	F355	GTS Red/Crema LHD EU	105919	F355	Berlinetta 7/96 Red/Tan LHD EU ZFFXR41B000105919 ass. # 22856
105855	F355	GTS Red/Crema	105920	F355	Berlinetta dark Blue/Tan LHD ZFFXR41B000105920, ass. #22850
105856	F355	GTS 96 LHD US ZFFXR42A2T0105856 ass. # 22897	105921	F355	Berlinetta Red/Crema sports seats RHD Manual UK ZFFXR41C000105921 Black calipers shields Challenge rear grill
105857	F355	GTS 96 LHD CDN ZFFXR42A4T0105857 ass. # 22810
105858	F355	Spider british racing green/tan	105922	F355	Berlinetta 96 Red/Tan Manual LHD US ZFFXR41A9T0105922 ass. # 22873 Shields Tubi
105859	F355	Spider Yellow/Black LHD EU
105861	F355	Spider 96 Blue Le Mans/Tan LHD US ZFFXR41A7T0105861	105924	550	Maranello silvergrey metallic/black, ass. #23112
105862	F355	Spider 96 LHD US ZFFXR48A9T0105862 ass. # 22819	105925	F50	# 173/349 Red/Black Red LHD EU ZFFTA46B000105925
105863	550	Maranello	105926	456	GT Dark Blue/Black LHD
105864	550	Maranello Yellow/black LHD EU ZFFZR49B000105864	105927	456	GT Nero/Crema A5927NYX ass. #23229
105865	F50	# 169/349 LHD	105928	456	GTA 97 Black/Brown LHD US ZFFWP50A5V0105928
105866	456	GTA Black/Black LHD
105867	456	GT ZFFWP50C000105867	105929	F355	Spider 95 Red Naturale Manual
105868	456	GTA 97 Black/Tan LHD ZFFWP50A2V0105868	105931	F355	GTS
105870	F355	Berlinetta Yellow/Black LHD	105933	F355	GTS 96 LHD CDN ZFFXR42A5T0105933 ass. # 22849
105871	F355	Berlinetta Red/Black ZFFXR41B000105871 ass. # 22801 A5871AWA
105874	F355	Berlinetta 5/96 Rosso Corsa/Tan LHD US ZFFXR41A2T0105874 ass. # 22831	105934	F355	Spider Rosso Corsa/black Manual LHD EU ZFFXR48B000105934
105935	F355	Spider Silver/Red LHD EU ZFFXR48B000105935
105875	F355	GTS Yellow/Black
105876	F355	GTS Red/Black	105936	F355	Spider
105877	F355	GTS	105937	F355	Spider 96 LHD US ZFFXR48A3T0105937 ass. # 22913
105878	550	Maranello
105879	550	Maranello 97 Argento Nürburgring 101/C/Black & BordeauxZFFZR49B000105879 ass. # 23059 ex-Michael Schumacher	105938	F355	Spider 96 LHD CDN ZFFXR48A5T0105938 ass. # 22889
105939	550	Maranello medium Metallic/Blue/tan
105940	F50	# 174/349 Yellow/black LHD EU
105880	F50	# 170/349 LHD EU	105941	456	GTA 96 Blu Sebring/Beige ZFFWP44B000105941 Tan steering wheel rim
105881	456	GTA 97 Blu Swaters/Beige ZFFWP50B000105881
105883	456	M GTA 97 Silver/Grey ZFFWP50A9V0105883	105942	456	GTA ZFFWP50C000105942
105884	F355	GTS 96 Red/Tan LHD CDN ZFFXR42A7T0105884 ass. # 22821 Challenge grille	105946	F355	Berlinetta Black/Black
105947	F355	Berlinetta Red/Black LHD
105948	F355	Berlinetta 96 Rosso Corsa/Nero Manual LHD EU ZFFXR41C000105948
105887	F355	Spider 8/96, Rosso Corsa/Nero Nero Carpets
105888	F355	Spider 96 Blue/Beige	105950	F355	Berlinetta 96 LHD US ZFFXR41A3T0105950 ass. # 22884
105889	F355	Spider 96 LHD US ZFFXR48A7T0105889
105890	F355	Spider 96 Yellow/Blue Blue top LHD CDN ZFFXR48A3T0105890 ass. # 22838 Tubi	105951	F355	GTS Red/Black & Red
105953	F355	GTS Dark Blue/Black RHD ZFFXR42C000105953 Black calipers
105894	550	Maranello Silver/Bordeaux LHD EU
105895	F50	# 171/349 Red LHD EU	105954	550	Maranello medium Metallic/Blue/tan
105896	456	GTA 97 Metallic/Black/Tan LHD ZFFWP50A7V0105896	105955	F50	# 175/349 LHD EU
105957	456	GTA 97 Verde Silverstone Met. FER 607/Tan LHD US ZFFWP50A1V0105957
105897	F355	Berlinetta Red/Tan LHD
105898	456	GT/GTA LHD US	105958	456	GTA 97 Verde Silverstone Metallic/Tan LHD US ZFFWL50A9V0105958
105899	F355	Berlinetta Red/Black & Red
105901	F355	Berlinetta Red/Crema RHD UK ZFFXR41C000105901 Black calipers shields	105960	F355	Spider Red/Black LHD EU
105963	F355	Spider 96 Yellow/Black LHD US ZFFXR48A4T0105963 ass. # 22903
105903	F355	Berlinetta Red/Tan LHD US ZFFXR41A5T0105903 ass. # 22863 Tubi	105964	F355	Spider 96 Rosso Corsa/Tan Manual LHD CDN ZFFXR48A6T0105964 ass. # 22867
105904	F355	Berlinetta black/black
105905	F355	GTS Red LHD ZFFXR42B000105905	105967	F355	Berlinetta Rosso Corsa/crema ZFFXR41B000105967
105908	F355	GTS 96 LHD US ZFFXR42A6T0105908 ass. # 22826
105968	F355	Berlinetta Red/Black LHD EU Red calipers
105909	550	Maranello Red/Red & Tan LHD EU ZFFZR49B000105909	105969	550	Maranello ZFFZR49B000105969
105970	F50	#176/349 Rosso Corsa/black & Red LHD EU ZFFTA46B000105970 ass. #23103
105910	F50	# 172/349 Yellow LHD EU
105911	F355	Spider Yellow/black ZFFXR48B000105911	105972	456	GTA Nürburgring silver/black
105912	F355	Spider Red/Black	105973	456	GTA silver/black
105913	F355	Spider Red/Crema RHD ZFFXR48C000105913 ass. # 22881	105975	F355	Berlinetta
105977	F355	Berlinetta 96 Black/Tan US ZFFXR41A1T0105977 ass. # 22895
105915	F355	Spider 96 Red/Beige LHD US ZFFXR48A4T0105915	105978	F355	GTS Red/Black LHD
105979	F355	GTS Black/Black
105916	F355	Spider 96 Rosso Corsa/Beige Manual LHD CDN ZFFXR48A6T0105916 ass. # 22853	105980	F355	GTS Red/Crema RHD
105981	F355	Spider Red/Black LHD EU
105917	F355	Berlinetta Red/Black ZFFXR41B000105917	105982	F355	Spider Red/Black LHD EU

s/n	Type	Comments
105983	F355	Spider
105984	F355	Spider 96 Yellow/Black LHD US ZFFXR48A1T0105984 ass. # 23030
105985	F50	# 177/349 LHD EU
105986	456	GTA argento/Red ZFFWP50B000105986 A5986NIP
105988	456	GTA 97 Black/Tan US ZFFWP50A1V0105988
105989	F355	Berlinetta 11/96 Giallo Modena/Nero ZFFXR41B000105989
105991	F355	Berlinetta (F1) LHD EU ZFFXR41B000105991
105992	F355	Berlinetta Red/Black LHD EU ass. # 22929
105993	F355	Berlinetta Yellow/Black RHD Manual ZFFXR41C000105993
105994	F355	Berlinetta 96 Bright Yellow/Black LHD US ZFFXR41A1T0105994 ass. # 22920 Challenge grill Red calipers
105998	F355	Spider Dark Blue
105999	F355	Spider Red/Black Manual ZFFXR48B000105999
106001	456	GTA ZFFWP50C000106001
106003	456	GTA 7/96 Blue Tour de France/Tan ZFFWL50A8V0106003
106004	F355	Spider Red/Crema RHD UK ZFFXR48C000106004
106005	F355	Spider 96 LHD US ZFFXR48A3T0106005 ass. # 22943
106007	F355	Berlinetta Red/Black LHD EU
106008	F355	Berlinetta Anthracite/Tan LHD
106009	F355	Berlinetta Red/Tan LHD EU
106010	F355	Berlinetta
106011	F355	Berlinetta 96 LHD US ZFFXR41A6T0106011 ass. # 22939
106012	F355	GTS Red/Black
106013	F355	GTS Red/Black & Red ZFFXR42B000106013
106014	F355	GTS
106016	F355	Spider Red/Tan LHD
106017	F355	Spider 96 Red/Tan Manual LHD US ZFFXR48AXT0106017 ass. # 22955
106018	F355	Spider Red/Crema RHD UK
106019	550	Maranello Black/Black, LHD
106020	456	GTA 6/97 Blu Le Mans/Beige
106021	456	GTA Targa Conversion 97 Blue/Black ZFFWP50A4V0106021 ex-Shaquille OiNeill
106023	F355	Berlinetta Red/Black & Red
106024	F355	Berlinetta Red/Black
106026	F355	Berlinetta RedCrema Manual RHD ZFFXR41C000106026 A60260
106027	F355	GTS Yellow/Black LHD EU A6027UGU
106028	F355	GTS Red/Black
106029	F355	Spider Red/Black LHD EU ZFFXR48B000106029 ass. # 22965
106030	F355	Spider Red/Black LHD EU ZFFXR48B000
106032	456	GTA Dark Green Crema LHD
106034	456	GTA 97 Verde Silverstone Met. FER 607/Tan/Tan ZFFWP50A2V0106034
106036	F355	Berlinetta 97 Rosso Corsa/Nero Manual ZFFXR41B000106036
106037	F355	Berlinetta carbon black/black ZFFXR41B000106037
106041	F355	GTS Red/Black LHD
106042	F355	GTS Red/Black LHD ZFFXR42B000106042
106044	F355	Spider anthracite/Red
106045	F355	Spider d`Blue/Crema
106046	456	GTA ZFFWP50C000106046
106047	456	GTA 97 Blue/Tan ZFFWP50A0V0106047
106048	F355	Berlinetta Red/Crema Manual LHD ZFFXR41B000 A6048XVU
106050	F355	Berlinetta Rosso Corsa/Black LHD Manual EU ZFFXR41B000 A6050KWH ass. # 23009
106051	F355	Berlinetta Red/Black ZFFXR41B000106051
106052	F355	Berlinetta Red/Tan LHD EU ZFFXR41B000 ass. # 23011
106053	F355	GTS 97 Red/Black Manual LHD ZFFXR42B000
106054	F355	GTS Carbon Black
106056	F355	Spider Red/Black
106059	F355	Berlinetta Red/Black-Red
106062	F355	Berlinetta 8/96 Nero Carbone Metallizzato/Nero Manual ZFFXR41B000106062
106064	F355	GTS Yellow/black
106067	F355	Spider Rosso/tan LHD ZFFXR48B000106067
106069	F355	Spider 96 Nero Carbone Metallizzato/Nero ZFFXR48B000106069 A6069PSP
106071	F355	Berlinetta Red/Black
106073	F355	Berlinetta Red/Black
106074	F355	Berlinetta Red/Black
106075	F355	Berlinetta Red/Black LHD EU ZFFXR41B000106075 ass. # 23060
106077	F355	Berlinetta
106079	F355	GTS Red/Tan ZFFXR42B000106079
106082	F355	Spider Nero Carbonio/Black Manual LHD EU ZFFXR48B000106082 ass. # 23028
106083	F355	Spider Red/Black LHD EU ZFFXR48B000106083 Red calipers DOT & EPA converted
106084	F355	Berlinetta Red/Black
106085	F355	Berlinetta 8/96 Rosso Corsa/Nero Manual ZFFXR41B000106085
106086	F355	Berlinetta Red/Tan LHD
106087	F355	Berlinetta Red/Black
106088	F355	GTS Red//black manual LHD EU ZFFXR42B000106088 ass. # 23016 A6088ELE
106089	F355	GTS Red/Black ZFFXR42B000
106091	F355	GTS Red Black-Red LHD EU
106094	F355	Spider 97 Blu Sebring/Blu Scuro Blue top ZFFXR48B000106094
106095	F355	Berlinetta 96 Blu Le Mans/Blu Scuro ZFFXR41B000106095
106096	F355	Berlinetta Red/Black LHD EU
106098	F355	GTS Red,
106099	F355	GTS Red/Black
106101	F355	Spider Red/Black LHD EU
106104	550	Maranello Chiaro Blue/brown LHD EU
106106	550	Maranello 97 Grigio Titanio/beige ZFFZR49B000106106
106108	550	Maranello Red/Tan
106112	550	Maranello Red
106113	F355	Spider 96 Black/Black Manual US ZFFXR48A6T0106113 ass. # 22949
106114	F355	Spider 96 LHD US ZFFXR48A8T0106114 ass. # 23004
106115	F355	Spider 96 Black LHD US ZFFXR48AXT0106115 ass. # 22973
106116	550	Maranello Silver/black ZFFZR49B000106116
106118	550	Maranello Argento Nürburgring 101/C/Bordeaux LHD
106119	F355	Spider 96 Yellow/Black LHD Manual US ZFFXR48A7T0106119 ass. # 23022
106120	550	Maranello Silver/black LHD EU
106121	F355	Spider 96 LHD US ZFFXR48A5T0106121 ass. # 22980
106122	F355	Spider 96 Red/Tan LHD US ZFFXR48A7T0106122 ass. # 22993
106124	550	Maranello Metallic/black/tan LHD EU ZFFZR49B000106124
106125	550	Maranello silver/Bordeaux ZFFZR49B000106125
106126	F355	Spider 96 Red/Tan LHD US ZFFXR48A4T0106126 ass. # 23008
106127	F355	Spider 6/96 Rosso Corsa/Tan Manual LHD US ZFFXR48A6T0106127 ass. # 23020
106128	F355	Spider 96 Rosso Corsa/Tan Manual LHD US ass. # 23062
106129	550	Maranello
106131	550	Maranello Paris Show Car 96 LHD EU ZFFZR49B000106131

s/n	Type	Comments
106134	456	GTA nero/nero
106135	F50	#178/349 Red/Black & Red LHD EU ZFFTA46B000 ass. # 23148
106136	550	Maranello Silver/Bordeaux LHD EU ZFFZR49B000106136
106137	456	GTA 97 Blue Metallic/Tan Manual LHD US ZFFWP50A1V0106137
106139	F50	# 179/349 Red LHD EU
106140	456	GT Black Crema LHD
106141	456	GTA d`Blue/d`Blue
106143	456	GTA 97 LHD US ZFFWP50A7V0106143
106145	F50	Red/Black & Red ZFFTA46B000
106147	456	GTA 97 Canna di Fucile Met. FER 703/C/Tan Manual
106150	F50	# 180/349 LHD EU
106151	456	GT
106152	456	GTA Dark Grey Light Grey LHD ZFFWP50B000106152
106153	F355	Berlinetta Red/Tan ZFFXR42B000106153
106154	F355	GTS Red/Black
106155	F355	GTS Blu Pozzi 521 D.S./black
106157	F355	Spider Yellow/Black LHD
106159	F355	Spider 96 Red/Tan LHD US ZFFXR48A8T0106159 ass. # 23068
106160	456	GT Hyperion Blue/Blu Scuro ZFFWP44B000 ex-King of Sweden
106161	456	GTA 97 Verde Silverstone/Tan LHD US ZFFWP50A9V0106161
106163	F355	GTS Red/Black LHD EU
106165	F355	GTS Red/Black LHD EU ZFFXR42B000106165
106167	F355	Spider Red/Black ZFFXR48B000106167
106168	F355	Spider Red/Black
106169	F355	Spider 96 LHD US ZFFXR48A0T0106169 ass. # 23082
106170	456	GTA 97 Black/Black ZFFWP50AXV0106170
106172	F355	Berlinetta 96 Red/Tan LHD US ZFFXR41A8T0106172 ass. # 23099
106175	F355	GTS Red/Crema LHD EU
106176	F355	GTS 96 Le Mans Blue/Tan LHD US Challenge grille, Tubi painted top
106177	F355	GTS 96 Red/Beige ZFFXR42P000106177 eng. # F129C43535
106179	F355	Spider 96 Red/Tan LHD US ZFFXR48A3T0106179 ass. # 23090
106180	F355	Spider 96 Red/Tan LHD US ZFFXR48AXT0106180 ass. # 23094
106182	F355	Spider 96 Rosso Corsa/Beige
106184	456	GTA 97 Black/Tan LHD US ZFFWP50AXV0106184
106185	F355	Berlinetta 96 Red/Tan US ZFFXR41A6T0106185 ass. # 23106
106186	F355	Berlinetta 9/96 Rosso Corsa/Nero RHD ZFFXR41D000106186
106187	F355	GTS Dark Blue/Crema LHD EU
106188	F355	GTS 96 Green/Tobacco LHD US ZFFXR42A3T0106188 ass. # 23120
106189	F355	GTS 96 Red/Crema Sports Seats Red cloth inserts Red Carpets ZFFXR4D000106189 ass. # 23121
106190	F355	Spider 6/96 Rosso Corsa/Nero ZFFXR48B000106190
106192	F355	Spider 96 Red Met./Tan Manual LHD US ZFFXR48A6T0106192 ass. # 23109
106195	456	GTA
106197	F355	Berlinetta 96 Red/Tan LHD US ZFFXR41A2T0106197 ass. # 23129
106199	F355	GTS Red/Black ass. # 23127
106201	F355	GTS 96 LHD US ZFFXR42A2T0106201 ass. # 23123
106202	F355	Spider Red/Black
106205	F355	Spider 96 LHD US ZFFXR48A0T0106205 ass. # 23126
106206	F355	Spider 96 LHD US ZFFXR48A2T0106206 ass. # 23130
106207	456	GT/GTA Blue LHD
106208	456	GTA dark Red/Tan RHD ZFFWP50C000106208
106211	F355	Berlinetta 96 Red/Tan LHD US ZFFXR41A3T0106211 ass. # 23159
106212	F355	GTS
106214	F355	GTS 96 LHD US ZFFXR42A0T0106214 ass. # 23141
106215	F355	Spider Black/Black Manual LHD A6215QLQ
106218	F355	Spider 96 LHD CDN ZFFXR48A9T0106218
106219	456	GT Dark Blue Crema RHD
106221	F355	Berlinetta Rosso Barchetta/Cream RHD Manual ZFFXR41C000106221
106222	F355	Berlinetta 96 Red/Tan LHD US ZFFXR41A8T0106222 ass. # 23139 Challenge grille
106226	F355	GTS 96 ZFFXR42A7T0106226 ass. # 23157
106227	F355	Spider 96 Red/Black LHD ZFFXR48B000106227 rear challenge grille
106228	F355	Spider Red/Black LHD EU ZFFXR48B000106228 ass. # 23154
106229	F355	Spider Red/Black Manual RHD ZFFXR48C000106229
106230	F355	Spider 96 Red/Tan LHD US ZFFXR48AXT0106230 ass. # 23148
106231	F355	Spider 96 LHD CDN ZFFXR48A1T0106231 ass. # 23152
106233	456	GTA dark Blue met./tan LHD ZFFWP50B000 A6233NGO
106234	F355	Berlinetta 96 Rosso Corsa/Crema Rosso Carpets
106235	F355	Berlinetta 6/96 Rosso Corsa/Beige LHD US ZFFXR41A6T0106235 ass. # 23164
106236	F355	GTS Red/Black ass. # 23179
106237	F355	GTS Red/Crema Black roof RHD ZFFXR42C000106237
106238	F355	GTS 96 Red/Tan LHD US ZFFXR42A3T0106238 ass. # 23171
106239	F355	Spider 3/97 Rosso Corsa/Nero ZFFXR48B000106239
106240	F355	Spider 96 Rosso/Nero LHD ZFFXR48B000106240 eng. # 43636 ass. # 23172
106241	F355	Spider
106242	F355	Spider 96 LHD CDN ZFFXR48A6T0106242 ass. # 23176
106244	456	GTA 97 Swaters Blue/Tan LHD US ZFFWP50A2V0106244
106246	456	GTA 96 Silver RHD ZFFWL50D000106246
106248	F355	Berlinetta 96 Red/Tan LHD US ZFFXR41A4T0106248 ass. # 23181
106249	F355	Berlinetta Red/Black LHD JP
106250	F355	GTS Red/Crema RHD
106251	F355	GTS 96 Red/Tan LHD US ZFFXR42A6T0106251 ass. # 23204
106252	F355	GTS 96 LHD CDN ZFFXR42A8T0106252 ass. # 23173
106253	F355	Spider Red LHD
106254	F355	Spider Blue/tan
106255	F355	Spider Red/Black ZFFXR48B000
106256	F355	Spider 8/96 Rosso Corsa/Nero, Red Carpet
106257	F355	Spider 96 LHD US ZFFXR48A8T0106257 ass. # 23191
106259	F355	Berlinetta
106260	F355	Berlinetta Red Manual ZFFXR41JPN0106260
106261	F355	GTS F1 Red/Crema & Red Red roof RHD UK ZFFXR42C000 ass. # 23190 A6261NDJ
106262	F355	GTS 96 Rosso Barchetta/Black US ZFFXR42A0T0106262 ass. # 23199
106263	F355	GTS 96 LHD CDN ZFFXR42A2T0106263 ass. # 23201
106264	F355	Spider Red/Tan ZFFXR48B000106264
106265	F355	Spider Red/Black

s/n	Type	Comments
106266	F355	Spider Red/Crema Manual RHD ZFFXR48C000106266
106267	F355	Spider 96 Red/Tan black top LHD US ZFFXR48A0T0106267 ass. # 23185
106268	456	GTA 97 LHD US ZFFWP50A5V0106268
106274	F355	GTS
106275	F355	GTS 97 Yellow/Black Manual LHD CDN ZFFXR42A9T0106275 ass. # 23218
106276	F355	Spider Red/Black LHD Manual ZFFXR48B000106276 Ass # 23205 shields
106277	F355	Spider
106282	456	GTA 96 Blue/RHD ZFFWP50C000106282
106284	F355	Berlinetta Red/Black
106285	F355	Berlinetta
106286	F355	Berlinetta 96 Red/Crema Manual RHD ZFFXR41B000106286, 97 Model Year
106290	F355	Spider Red/Crema RHD
106294	456	GT black/black
106295	456	GT 97 Black/Grey LHD US ZFFWP50A8V0106295
106298	F355	Berlinetta Red/Black RHD ass. # 23250
106299	F355	GTS 96 Red/Black LHD ZFFXR42B00106299 ass. # 23235 E# 43700
106300	F355	GTS Red/Black
106307	456	GTA 97 LHD US ZFFWP50A0V0106307
106308	456	GTA 97 Black/Tan LHD US ZFFWP50A2V0106308
106309	F355	Berlinetta 28.9.96 Canna de Fucile/Nero, Nero Carpet
106311	F355	GTS Red/Black ZFFXR42B000106311
106312	F355	GTS Red/Black LHD
106319	456	GT Grigio Titanio grey/all bordeaux ZFFWP44B000106319
106320	456	GTA Dark Blue/Tan
106321	F355	Berlinetta Red
106324	F355	Berlinetta
106325	F355	GTS Red/Black LHD ZFFXR42B000106325
106326	F355	GTS Red/Tan
106327	F355	GTS 96 Rosso Corsa/Nero LHD EU ZFFXR42B000106327
106332	456	GTA
106334	F355	Berlinetta 96 Argento Metallizzato/Grigio Chiaro LHD EU ZFFXR41B000106334 A6334KDH
106335	F355	Berlinetta Red/Black LHD ZFFXR41B000106335
106336	F355	Berlinetta Red/Black LHD EU
106337	F355	GTS Red/Black
106339	F355	GTS Le Mans Blue metallic/tan
106340	F355	Spider
106344	456	GT Red/Black LHD
106345	456	GTA 97 LHD US ZFFWP50A8V0106345
106346	F355	Berlinetta Red/Black
106347	F355	Berlinetta Red/Black LHD EU
106348	F355	Berlinetta Red/Black ZFFXR41B000
106349	F355	GTS Red/Black LHD EU
106350	F355	GTS Red/Black
106352	F355	Spider 97 Blu Le Mans/Black Manual ZFFXR48C000106352
106358	456	GTA 97 Blue/Tan LHD US ZFFWP50A6V0106358
106359	F355	Berlinetta Red/Black LHD EU
106362	F355	GTS Red/Black LHD
106364	F355	GTS Red/Black LHD ZFFXR42B000106364
106368	F355	Berlinetta Red/Black LHD
106369	456	GTA 97 Verde Silverstone Metallic/Tan LHD US ZFFWP50A0V0106369
106370	456	GTA 97 LHD US ZFFWP50A7V0106370
106371	F355	Berlinetta IAA '99 show car, Dimex stand, Imola modified, Rosso Corsa/black ZFFXR41B000106371 ass. # 23296 A6371XUU
106373	F355	Berlinetta Rosso Corsa/Black Manual ZFFXR41B000106373
106375	F355	GTS Red/Black LHD EU ZFFXR42B000
106376	F355	GTS Red Black-Red LHD EU
106377	F355	Spider
106382	456	GT Dark Blue/Tan LHD
106383	456	GTA 9/96 Swaters Blue/Tan ZFFWP50A5V0106383
106384	F355	Berlinetta Rosso Corsa/Beige Manual ZFFXR41B000106384 "355 F1 Berlinetta" badge at rear
106386	F355	Berlinetta Rosso Corsa/Black Manual ZFFXR41B000106386 A6386DKM
106387	F355	GTS Red/Black
106388	F355	GTS Rosso Corsa/black LHD ZFFXR42B000106388 ass. # 23330
106389	F355	GTS Rosso Corsa/black ZFFXR42B000106389
106395	F50	# 181/349 Red LHD
106396	F355	Spider 97 Red/Tan LHD US ZFFXR48A7V0106396 ass. # 23234
106397	F355	Spider 97 Red/Tan LHD US Manual ZFFXR48A9V0106397 ass. # 23212
106398	F355	Spider 97 LHD US ass. # 23215
106400	F50	# 182/349 Red/Black Red LHD EU ZFFTA46B000106400
106401	F355	Spider 97 Red/Tan LHD US ZFFXR48A7V0106401 ass. # 23222
106402	F355	Spider 97 LHD US ZFFXR48A9V0106402 ass. # 23226
106403	F355	Spider 7/96 Red/Tan Manual LHD US ZFFXR48A0V0106403 ass. # 23231
106404	550	Maranello GTC Rosso Scuderia
106405	F50	# 183/349 Red/Black & Red LHD ZFFTA46B000106405
106406	F355	Spider 97 Red/Tan LHD US ZFFXR48A6V0106406 ass. # 23239 challange grill
106407	F355	Spider 97 LHD US ZFFXR48A8V0106407 ass. # 23245
106408	F355	Spider 7/96 Red/Tan black top Manual LHD US ZFFXR48AXV0106408 ass. # 23248
106409	F355	Spider 97 LHD US ZFFXR48A1V0106409 ass. # 23251
106410	F50	# 184/349 LHD
106413	F355	Berlinetta Red/Black LHD EU ZFFXR41B000106413
106414	F355	Berlinetta Red/Tan LHD 3rd light
106415	F50	# 185/349 Red LHD
106416	F355	Spider 97 Red/Tan LHD US ZFFXR48A9V0106416 ass. # 23255
106417	F355	Spider 97 Red/Tan LHD US ZFFXR48A0V0106417 ass. # 23261
106418	F355	Spider 97 Red/Tan LHD US ZFFXR48A2V0106418 ass. # 23266
106419	F355	Spider 97 LHD US ZFFXR48A4V0106419 ass. # 23263
106420	F50	# 186/349 96 Red/Black LHD ZFFTA46B000106420
106421	F355	Spider 97 LHD US ZFFXR48A2V0106421 ass. # 23281
106422	F355	Spider 97 Red/Tan LHD US ZFFXR48A4V0106422 ass. # 23275
106423	F355	Spider 97 LHD US ZFFXR48A6V0106423 ass. # 23273
106424	F355	Spider 97 Red/Tan LHD US ZFFXR48A8V0106424 ass. # 23270
106425	F50	# 187/349 Red/Black & Red LHD EU ZFFTA46B000106425
106426	550	Maranello 96 Rosso Corsa/Naturale LHD
106427	F355	Spider 97 Red/Tan LHD US ZFFXR48A3V0106427 ass. # 23279
106428	F355	Spider 97 Red/Tan LHD US ZFFXR48A5V0106428 ass. # 23287
106429	F355	Spider 7/96 Rosso Corsa/Tan Manual LHD US ZFFXR48A7V0106429 ass. # 23291 Tubi

s/n	Type	Comments
106430	F50	# 188/349 Red LHD EU ass. # 23311
106431	F355	Spider 97 Red/Tan LHD US ZFFXR48A5V0106431 ass. # 23295
106432	F355	Spider 97 Red/Tan LHD US ZFFXR48A7V0106432 ass. # 23300
106433	F355	Spider 97 Red/Black LHD Manual US ZFFXR48A9V0106433 ass. # 23307
106434	F355	Spider 97 Red/Tan LHD US ZFFXR48A0V0106434 ass. # 23310
106435	F50	# 189/349 Red/Black Red LHD EU
106436	F355	Spider 97 LHD US ZFFXR48A4V0106436 ass. # 23314
106437	F355	Spider 97 Red/Tan LHD US ZFFXR48A6V0106437 ass. # 23316
106438	F355	Spider 97 Red/Tan LHD US ZFFXR48A8V0106438 ass. # 23328 black calipers
106440	F50	# 190/349 LHD EU
106441	F355	Spider 97 Rosso Corsa/Tan Manual LHD US ZFFXR48A8V0106441 ass. # 23319
106442	F355	Spider 97 Red/Tan LHD US ZFFXR48AXV0106442 ass. # 23324
106443	F355	Spider 97 Red/Tan LHD US ZFFXR48A1V0106443 ass. # 23337
106444	F355	Spider 97 Red/Tan LHD US ZFFXR48A3V0106444 ass. # 23335
106445	F50	# 191/349 Red/Black Red LHD EU ZFFTA46B000106445
106446	F355	Spider 9/96 Rosso Corsa/Beige Manual LHD US ZFFXR48A7V0106446 ass. # 23340
106447	F355	Spider 7/96 Rosso Corsa/Tan LHD US ZFFXR48A9V0106447 ass. # 23346
106448	F355	Spider 97 Red/Black LHD LHD US US ZFFXR48A0V0106448 ass. # 23343
106449	F355	Spider 97 Red/Beige LHD EU ZFFXR48A2V0106449 ass. # 23353
106450	F50	# 192/349 Rosso Corsa/black & Red ass. # 23380
106451	550	Maranello Red/Tan, LHD
106452	F355	Berlinetta Silver/Black LHD EU
106455	F50	# 193/349 LHD EU
106456	550	Maranello Grigio Titanio met./bordeaux ZFFZR49B000106456
106458	550	Maranello Grey/Bordeaux LHD EU
106460	F50	# 194/349 Red LHD EU
106461	F355	Berlinetta Red
106464	F355	Spider Red/Crema RHD UK
106465	F50	# 195/349 Yellow/black Yellow LHD EU
106466	F355	Spider 7/96 Rosso Corsa/Tan LHD US ZFFXR48A2V0106466 ass. # 23358
106467	F355	Spider 97 Rosso Corsa FER300/12 DS/Tan Manual LHD US ZFFXR48A4V0106467 ass. # 23360
106468	F355	Spider 97 Red/Tan Manual LHD US ZFFXR48A6V0106468 ass. # 23372 Rear Challenge Grill
106469	456	GT Black/Tan LHD
106470	F50	# 196/349 LHD EU
106471	550	Maranello ZFFZR49B000106471
106474	F355	Berlinetta Silver/Tan
106475	F50	# 197/349 Red/Black & Red LHD EU ZFFTA46B000106475 ass. # 23468
106478	550	Maranello Dark Grey/Tan LHD
106479	F355	Spider Yellow/Dark Blue LHD
106480	F50	# 198/349 Red/Black LHD EU ass. # 23519
106481	F355	Spider Yellow/Black RHD
106482	F355	Spider 97 Silver/Black Manual LHD US ZFFXR48A0V0106482 ass. # 23364
106483	F355	Spider 97 Black/Black LHD US ZFFXR48A2V0106483 ass. # 23377
106484	F355	Spider 7/96 Black/Black Manual LHD US ZFFXR48A4V0106484 ass. # 23419
106485	F50	# 199/349 Red LHD EU
106486	550	Maranello Grigio Titanio met./Bordeaux LHD EU ZFFZR49B000 A6486NRZ
106488	F355	Berlinetta Red/Black ZFFXR41B000106488
106489	F355	Berlinetta Red/Black LHD ass. # 23378
106490	F50	# 200/349 Red LHD EU
106493	F355	Berlinetta 1/97 Rosso Corsa/Nero Manual ZFFXR41B000106493
106494	F355	Berlinetta Fly Giallo/black Manual LHD EU ZFFXR41B000106494 A6494PDA challenge grill
106495	F50	# 201/349 Red LHD EU ass. # 23596
106496	F355	Berlinetta Rosso Corsa CS stripe/Black LHD Manual ZFFXR41B000106496 A6496MDY shields
106497	F355	Spider 96 Rosso Corsa/Crema RHD UK ZFFXR48C000106497
106498	F355	Spider 97 Black/Tan LHD US ZFFXR48A4V0106498 ass. # 23379
106500	F50	# 202/349 Red LHD EU ass. # 23618
106501	F355	Spider 97 Nero Carbonio Met./Beige LHD US ZFFXR48A0V0106501 ass. # 23383
106502	F355	Spider 97 Swaters Blue/Dark Blue, Dark Blue dashboard LHD US ZFFXR48A2V0106502 ass. # 23386
106503	456	GTA Dark Grey Black LHD
106505	F50	# 203/349 Black/black Red LHD EU
106506	550	Maranello Grigio/Bordeaux, Bordeaux Carpets, LHD
106507	F355	Berlinetta Red/Black
106510	F50	# 204/349 Giallo Modena/Black LHD EU ZFFTA46B000
106512	F355	Berlinetta Red/Black
106514	F355	Spider Red/Beige LHD EU ZFFXR48B000106514 Exported to the US
106515	F50	# 205/349 Rosso Corsa/black Red LHD EU ass. # 23671
106516	F355	Spider Red/Black LHD EU
106518	F355	Spider 7/96 Swaters Blu/Dark Blue Blue top Manual LHD US ZFFXR48A6V0106518 ass. # 23403
106520	F50	# 206/349 Red LHD EU
106521	F355	Spider 97 Giallo Modena/Black Manual LHD US ZFFXR48A6V0106521 ass. # 23398
106522	456	GT anthracite tan
106525	F50	# 207/349 Red LHD EU
106526	550	Maranello black/tan ZFFZR49B000
106527	F355	GTS Red/Black ZFFXR42B000106527
106528	F355	GTS Red/Black RHD UK
106530	F50	# 208/349 Red/Black & Red LHD ZFFTA46B000106530 Front lip spoiler adjustable rear wing
106531	F355	Spider Yellow/Black
106532	F355	Spider 97 LHD US ZFFXR48A0V0106532 ass. # 23415
106534	F355	Spider 97 Giallo Modena/Black LHD US Manual ZFFXR48A4V0106534 ass. # 23433
106535	F50	# 209/349 Yellow/Black LHD EU
106536	F355	Spider 97 Yellow/Black LHD Manual US ZFFXR48A8V0106536 ass. # 23410
106537	F355	Spider 97 LHD US ZFFXR48AXV0106537 ass. # 23417
106538	456	GTA 96 Grigio Titanio met./Bordeaux RHD ZFFWL50D000106538
106539	550	Maranello Red/Black
106540	F50	# 210/349Red LHD EU,
106543	F355	Berlinetta 96 Canna di Fucile Bordeaux RHD UK ZFFXR41C000106543 A6543NFR
106544	F355	Berlinetta 97 Black/Tan LHD US ZFFXR41A4V0106544 Tubi exhaust
106548	F355	GTS 97 Rosso Corsa/Tan Manual LHD US ZFFXR42A3V0106548 ass. # 23435
106549	550	Maranello Yellow
106550	F50	# 211/349 Yellow LHD EU ass. # 23787

s/n	Type	Comments
106551	550	Maranello Red/grey LHD EU
106552	F355	Spider 97 LHD US ZFFXR48A6V0106552 ass. # 23428
106553	F355	Spider 97 Giallo Modena FER102/Black Manual ZFFXR48A8V0106553 ass. # 23423 Tubi
106555	F50	# 212/349 Rosso Corsa/Black & Red LHD EU ZFFTA46B000106555 Tubi
106558	550	Maranello Red/Black LHD EU
106560	F50	# 213/349 Red/Black Red LHD EU
106563	F355	GTS Red/Black
106564	550	Maranello Red/Black, VIN reported to be ZFFTA46B000106564 (F50)
106565	F50	# 214/349 Red/Black Red LHD EU ZFFTA46B000106565
106567	F355	GTS 97 LHD US ZFFXR42A7V0106567 ass. # 23438
106568	F355	Spider 97 LHD US ZFFXR48AXV0106568 ass. # 23458
106569	F355	Spider 97 Black/Tan Manual LHD US ZFFXR48A1V0106569 ass. # 23440
106570	F50	# 215/349 Red LHD EU
106571	F355	Spider 7/96 black/tan Manual LHD US ZFFXR48AXV0106571 ass. # 23443
106575	F50	# 216/349 Red LHD EU
106576	F355	Berlinetta Red/Crema Manual RHD UK
106577	F355	Berlinetta 97 Le Mans Blue Crema carbon fiber sports seats LHD US ZFFXR41A8V0
106580	F50	# 217/349 LHD EU, ass. # 23936
106581	F355	GTS 97 Red/Black LHD US ZFFXR42A1V0106581 ass. # 23446
106582	F355	Spider
106583	F355	Spider 97 Black/Tan Manual LHD US ZFFXR48A6V0106583 ass. # 23445
106584	F355	Spider 97 Black/Tan Manual LHD US ZFFXR48A8V0106584 ass. # 23450
106585	F50	# 218/349 LHD EU
106588	F355	Berlinetta 97 Rosso Corsa/Black Manual LHD US ZFFXR41A2V0106588 ass.# 23462
106589	F355	Berlinetta 97 Rosso Corsa/Black LHD Manual US ass. # 23466
106590	F50	# 219/349 LHD EU ZFFTA46B000106590
106593	F355	GTS Red/Black
106594	F355	GTS Red/Black LHD EU
106595	F50	# 220/349 Rosso barchetta/black LHD ZFFTA46B000106595
106596	F355	GTS ZFFPR42A9S0106596
106597	F355	GTS 97 Yellow/Black colour coded roof LHD US ZFFXR42A5V0106597 ass. # 23529 Challenge Grille
106598	F355	Spider 97 Black/Brown LHD US ZFFXR42A7V0106598 ass. # 23538
106599	F355	Berlinetta
106600	F50	# 221/349 LHD
106601	F355	Spider Red/Crema RHD ZFFXR48C000106601 Black calipers
106602	F355	Spider 97 Red/Black Manual LHD US ZFFXR48A6V0106602 ass. # 23453
106603	F355	Berlinetta F1-conversion RHD ZFFXR41C000106603
106604	F355	Berlinetta 97 LHD US ZFFXR41A7V0106604 ass. # 23483
106605	F50	# 222/349 Rosso Corsa LHD EU ZFFTA46B000
106606	F355	Berlinetta 97 Black/Light Grey Manual LHD US ZFFXR41A0V0106606 ass. # 23486 Tubi Challenge Grill
106607	F355	Berlinetta 97 LHD US ZFFXR41A2V0106607 ass. # 23474
106610	F50	# 223/349 LHD EU
106611	F355	GTS Red/Black
106612	F355	GTS Rosso/black ZFFXR42B000106612
106613	F355	Spider Red/Crema RHD UK ZFFXR42C000106613 ass. # 23463
106614	F355	Spider Red/Crema Manual RHD ZFFXR48C000106614
106615	F50	# 224/349 Red/Black Red LHD EU
106616	456	GTA 97 Swaters Blue/Tan LHD US ZFFWP50A2V0106616 Tubi
106617	F355	Berlinetta 3/97 Rosso Corsa/Nero ZFFXR41B000106617
106618	F355	Berlinetta 97 LHD US ZFFXR41A7V0106618 ass. # 23491
106619	F355	Berlinetta 97 LHD US ZFFXR41A9V0106619 ass. # 23488
106620	F50	# 225/349 Red LHD EU
106621	F355	Berlinetta 97 Black/Beige Manual LHD US ZFFXR41A7V0106621 ass. # 23496
106622	F355	Berlinetta Red LHD JP ZFFPR41JPN0106622
106624	F355	GTS Red/Black colour-coded roof LHD Manual ZFFXR42B000106624 shields
106625	F50	# 226/349 LHD EU
106627	F355	Spider 96 Giallo Modena/Nero Manual RHD UK ZFFXR48C000106627 A6627NVT
106628	F355	Spider 96 Yellow RHD ZFFPA48D000106628 eng. # F129C43949
106629	456	GTA 97 Black/Tan LHD US ZFFWP50A0V0106629
106630	F50	# 227/349 Red LHD
106634	F355	Berlinetta Red LHD ZFFPR41JPN0106634 Challenge grille
106635	F50	# 228/349 Red/Black LHD EU
106638	F355	GTS 97 LHD US ZFFXR42A4V0106638 ass. # 23511
106639	F355	Spider 97 Rosso Barchetta/Beige Manual LHD US ZFFXR48A7V0106639 ass. # 23494
106640	F50	# 229/349 LHD
106641	F355	Spider 97 LHD US ZFFXR48A5V0106641 ass. # 23499
106642	F355	Spider 11/96 Rosso Corsa/Nero RHD ZFFXR48D000106642
106643	456	GTA 97 Black/Black LHD ZFFWP50A5V0106643
106644	456	GTA 97 LHD US ZFFWP50A7V0106644
106645	F50	# 230/349 Red LHD EU
106646	F355	Berlinetta 96 Rosso Corsa/Cream sports seats Red seat centres RHD Manual ZFFXR41C000106646 Red calipers shields
106647	F355	Berlinetta 97 Giallo Modena/black LHD US ZFFXR41A3V0106647 ass. # 23508
106649	F355	Berlinetta Red/Black LHD ZFFXR41JPN0106649
106650	F50	# 231/349 LHD
106653	F355	GTS 8/96 Red/Tan Manual LHD US ZFFXR42A0V0106653 ass. # 23555
106655	F50	# 232/349 Red/all black LHD EU ZFFTA46B000106655
106656	F355	Spider 97 Red/Black LHD US ZFFXR48A7V0106656 ass. # 23472
106658	456	GTA 97 Black/Tan LHD US ZFFWP50A7V0106658
106659	F355	Berlinetta Red/White Red stitching RHD
106660	F50	# 233/349 Red LHD
106661	F355	Berlinetta 97 Yellow/black Manual LHD US ZFFXR41A8V0106661 ass. # 23540 Challenge grille
106663	F355	Berlinetta Red/brown LHD ZFFXR41JPN0106663
106665	F50	# 234/349 LHD EU
106666	F355	GTS 95 Red/Black RHD UK
106667	F355	GTS 97 Black/Black LHD Manual US ZFFXR42A0V0106667 ass. # 23576
106669	F355	Spider 96 Blue Le Mans/grigio RHD ZFFXR48C000106669 ass. # 23541
106670	F50	# 235/349 Red LHD
106671	F355	Spider 97 Rosso Barchetta/Black Manual LHD US ZFFXR48A3V0106671 ass. # 23520

s/n	Type	Comments
106672	456	GTA 97 LHD US ZFFWP50A1V0106672
106673	456	GTA 97 Blue/Tan LHD US ZFFWP50A3V0106673
106674	F355	Berlinetta Yellow/Black
106675	F50	# 236/349 Red LHD
106676	F355	Berlinetta Red/Tan LHD EU
106677	F355	Berlinetta Red/Crema ZFFXR41C000106677
106678	F355	Berlinetta 8/96 Silver/Black Manual LHD US ZFFXR41A3V0106678 ass. # 23550
106680	F50	# 237/349 LHD
106682	F355	GTS 97 Silver/Black LHD US ZFFXR42A7V0106682 ass. # 23604
106683	F355	Spider Red/Black LHD EU
106685	F50	# 238/349 Giallo Modena/black & Red LHD EU ZFFTA46B000106685
106686	F355	Spider 97 LHD US ZFFXR48A5V0106686 ass. # 23523
106687	456	GTA 97 Blue/Tan LHD US ZFFWP50A3V0106687
106688	F355	Berlinetta Red/Black LHD EU ZFFXR41B000106688 ass. # 23553
106689	F355	Berlinetta Red
106690	F50	# 239/349 Red/Red LHD EU
106691	F355	Berlinetta
106692	F355	Berlinetta 97 Black/Tan LHD US ZFFXR41A8V0106692
106693	F355	Berlinetta Red/Black LHD
106694	F355	GTS 96, Rosso/Crema Rosso Carpets, 28/09/96
106695	F50	# 240/349 LHD EU
106696	F355	GTS 97 Rosso Corsa/Tan Manual
106697	F355	Spider Yellow/black EU
106698	F355	Spider Red/Cream RHD Manual ZFFXR48C000106698
106699	F355	Spider 97 Swaters Blue/Tan LHD US ZFFXR48A3V0106699 ass. # 23571
106700	F50	# 241/349 LHD EU
106701	456	GTA 97 LHD US ZFFWP50A4V0106701
106702	F355	Berlinetta Canna di Fucile Met. FER 703/C/Beige A6702FBL
106705	F50	# 242/349 Red LHD
106706	F355	Berlinetta 97 LHD US ZFFXR41A4V0106706 ass. # 23571
106708	F355	GTS Red/Crema colour coded roof RHD UK
106709	F355	GTS 97 LHD US ZFFXR42A1V0106709
106710	F50	# 243/349 Red LHD
106711	F355	Spider Red/Black
106712	F355	Spider
106713	F355	Spider 97 Swaters Blue FER 512/C/Tan black top Manual LHD US ZFFXR48A4V0106713 ass. # 23565 Tubi
106714	456	GTA ZFFWP50C000106714
106715	F50	# 244/349 Red/Black LHD EU ZFFTA46B000106715
106718	F355	Berlinetta
106719	F355	Berlinetta 97 Red/Tan LHD US ZFFXR41A2V0106719 ass. # 23584
106720	F50	# 245/349 Red/Black Red LHD EU
106721	F355	Berlinetta 97 Rosso Corsa 300/12 DS/Tan Manual LHD US ZFFXR41A0V0106721 ass. # 23587
106722	F355	GTS Red/Black ass. # 23591
106724	F355	Spider
106725	F50	# 246/349 Red LHD EU
106727	F355	Spider 97 Verde Mugello/Tan LHD US ZFFXR48A4V0106727 ass. # 23573
106728	456	GTA ZFFWP50C000106728
106729	F355	Berlinetta Red/Black & Red LHD EU
106730	F50	# 247/349 Red/Black LHD EU
106731	F355	Berlinetta Red White RHD
106733	F355	Berlinetta 97 LHD US ZFFXR41A7V0106733
106734	F355	Berlinetta
106735	F50	# 248/349 99 Rosso Corsa/black LHD EU ZFFTA46B000106735
106736	F355	GTS Red/Black
106737	F355	GTS 96 Rosso Corsa Nero ZFFXR42B000 eng. # 44073 ass. # 23606
106739	F355	Spider
106740	F50	# 249/349 Red LHD EU
106741	F355	Spider 97 LHD US ZFFXR48A9V0106741 ass. # 23598
106742	456	GTA ZFFWP50C000106742
106745	F50	# 250/349 Red LHD EU
106748	F355	Berlinetta 97 Black/Tan LHD US ZFFXR41A9V0106748
106749	F355	GTS Red/Black LHD EU
106750	F50	# 251/349 Rosso Corsa/black& Red LHD EU ZFFTA46B000106750
106751	F355	GTS Red/Black
106752	F355	Spider Red/Black RHD ZFFXR48C000106752 ass. #23610
106754	F355	Spider 97 Silver/Black LHD US ZFFXR48A7V0106754
106755	F50	# 252/349 Red LHD
106756	F355	Spider 9/96 Giallo Modena/Beige Manual Black Top LHD US ZFFXR48A0V0106756
106757	456	GTA Silver/Black LHD
106760	F50	# 253/349 Rosso Corsa/Black & Red LHD EU ass. # 24644
106761	F355	Berlinetta Red/Crema RHD
106762	F355	Berlinetta Red/Black RHD UK
106763	F355	Berlinetta 97 Red/Tan Manual LHD US ZFFXR41A5V0106763
106765	F50	# 254/349 Red/Black LHD EU ZFFTA46B000106765
106767	F355	Spider 96 Rosso Corsa/Nero black top LHD ZFFXR48B000106767
106768	F355	Spider 96 Rosso Corsa/Nero RHD UK ZFFXR48C000106768
106769	F355	Spider 97 Le Mans Blue/Tan LHD US ZFFXR48A9V0106769 ass. # 23612
106770	F50	# 255/349 Red/Black & Red LHD,
106771	F355	Spider 97 Red/Tan, US ZFFXR48A7V0106771
106772	456	GT Blue/White LHD ZFFWP50B000106772
106774	F355	Berlinetta Argento Nürburgring 101/C/Red
106775	F50	# 256/349 Red LHD EU
106778	F355	Berlinetta 97 Blue Chiaro Tan LHD US ZFFXR41A7V0106778
106779	F355	GTS Red/Black LHD
106780	F50	# 257/349 Red LHD EU
106781	F355	GTS Red/Black LHD EU
106783	F355	Spider 96, Rosso Corsa, Crema Rosso Carpets 06/11/96.
106784	F355	Spider 97 Red/Tan LHD US ZFFXR48A5V0106784
106785	F50	# 258/349 Rosso Corsa/Black & Red LHD EU first in D, then exported to Japan
106786	F355	Spider 9/96 Rosso Corsa/Tan LHD US ZFFXR48A9V0106786
106787	456	GT/GTA LHD US
106788	F355	Berlinetta Red/Black ZFFXR41B000106788 ass. # 23651
106789	F355	Berlinetta Red/Black LHD
106790	F50	# 259/349 Red/Black Red LHD EU
106791	F355	Berlinetta Red/Black LHD EU
106793	F355	Berlinetta 97 LHD US ZFFXR41A3V0106793
106795	F50	# 260/349 LHD
106796	F355	GTS Rosso Corsa/Black LHD Manual ZFFXR42B000106796 ass. # 23667 A6796YXF shields
106798	F355	Spider 97 LHD US ZFFXR48A5V0106798
106799	F355	Spider 97 LHD US ZFFXR48A7V0106799
106800	F50	# 261/349 Rosso Corsa/Black & Red LHD ZFFTA46B000106800

s/n	Type	Comments
106802	456	GTA 97 Argento Nürburgring 101/C/Black LHD US ZFFWP50AXV0106802
106803	456	GTA 97 Mugello Green/Beige LHD US ZFFWP50A1V0106803
106805	F50	#262/349 LHD EU
106806	F355	Berlinetta Red/Black ZFFXR41B000106806
106810	F50	#263/349 LHD
106811	F355	GTS Black Yellow & black LHD black wheels
106812	F355	GTS Red/Black colour coded roof LHD EU ZFFXR42B000106812 sport exhaust
106813	F355	Spider türkis/black
106814	F355	Spider 97 Rosso Corsa/Tan LHD US ZFFXR48AXV0106814 Red calipers Challenge grille
106815	F50	#264/349 4/96 Rosso Corsa/Nero & Red LHD EU ZFFTA46B000106815 shields
106816	F355	Spider 97 LHD US ZFFXR48A3V0106816
106817	456	GT 5/97 Blu Le Mans/Blu Scuro ZFFWP50B000106817
106818	456	GTA anthracite Red LHD
106820	F50	#265/349 96 Rosso Corsa/black Red LHD EU ZFFTA46B000106820
106821	F355	Berlinetta Argento Nürburgring 101/C/black
106822	F355	Berlinetta Red/Tan
106824	F355	Berlinetta 97 Rosso Barchetta Black Manual ZFFXR41AXV0106824
106825	F50	#266/349 Rosso Corsa/black & Red LHD ZFFTA46B000106825
106826	F355	GTS Silver/Black silver roof LHD EU Challenge grille
106829	F355	Spider 97 LHD US ZFFXR48A1V0106829
106830	F50	#267/349 Red/Black & Red LHD EU ZFFTA46B000
106831	F355	Spider 97 LHD US ZFFXR48AXV0106831
106832	456	GTA 12/96 Le Mans Blue/Blue LHD EU ZFFWP50B000106832
106835	F50	#268/349 LHD
106839	F355	Berlinetta 97 Azzurro Monaco/black LHD ZFFXR41A1V0106839
106840	F50	#269/349 Red/Black LHD EU
106841	F355	GTS Red/Black LHD EU
106842	F355	GTS F1 Red/Black colour coded roof LHD EU ZFFXR42B000106842
106844	F355	Spider 97 LHD US ZFFXR48A8V0106844
106845	F50	#270/349 97 Red/Red & black ZFFTA46B000106845
106846	F355	Berlinetta 97 Red/Black LHD US ZFFXR48A1V0106846
106850	F50	#271/349 Rosso Corsa/black & Red LHD EU
106851	F355	Berlinetta Red/Black
106855	F50	#272/349 Giallo Modena/black LHD EU ZFFTA46B000106855
106856	F355	Berlinetta 97 Red/Tan LHD US ZFFXR41A1V0106856
106857	F355	GTS Red/Black
106858	F355	GTS Rosso/Nero
106860	F50	#273/349 Red/Black Red LHD EU
106861	F355	Spider 97 Argento Nürburgring 101/C/Dark Blue Manual LHD US ZFFXR48A8V0106861
106862	F355	Spider 9/96 Red/Tan LHD US ZFFXR48AXV0106862
106865	F50	#274/349 LHD
106867	F355	Berlinetta Red/Black LHD EU ZFFXR41B000106867
106869	F355	Berlinetta 97 LHD US ZFFXR41AXV0106869
106870	F50	Koenig Specials #275/349 Red/all black LHD EU Twin Turbo
106872	F355	GTS Red/Black ZFFXR42B000106872 A6872HZV
106874	F355	Spider 97, Red/Tan LHD US ZFFXR48A6V0106874
106875	F50	#276/349 LHD EU
106876	F355	Spider 97 Black/Tan LHD US ZFFXR48AXV0106876
106880	F50	#277/349 Giallo Modena/all black LHD EU
106882	F355	Berlinetta Red
106884	F355	GTS Red/Black LHD ZFFXR42B000106884
106885	F50	#278/349 LHD
106886	F355	GTS Red/Black Red roof LHD
106887	F355	Spider 97 Black/Tan Manual LHD US ZFFXR48A4V0106887 wrecked
106888	F355	Spider 97 Black/Tan LHD US ZFFXR48A6V0106888
106889	F355	Spider 97 LHD US ZFFXR48A8V0106889
106890	F50	#279/349 Red LHD
106893	550	Maranello Le Mans Blue/tan LHD EU
106895	F50	#280/349 97 Rosso Corsa/Nero & Red LHD EU ZFFTA46B000106895 ass #25138
106896	550	Maranello Red/Black LHD EU ZFFZR49B000
106897	550	Maranello Red/Black
106898	550	Maranello Silver/all Red LHD EU
106900	F50	#281/349 Red LHD EU ZFFTA46B000106900 ex-King Hussein of Jordan
106902	Enzo Ferrari	F1 Red/Black ZFFCZ56B000106902 ass.# 57016, probably assigned by Factory to a post-production Enzo
106905	F50	#282/349 LHD
106910	F50	#283/349 LHD
106912	550	Maranello Yellow/Black, LHD ZFFZR49B000106912
106915	F50	#284/349 Giallo Modena/black
106916	F355	Spider Red
106917	F355	Berlinetta Red/Black
106919	F355	Berlinetta Red/Black ZFFXR41B000106919
106920	F50	#285/349 LHD
106925	F50	#286/349 Red/Black Red LHD EU
106926	550	Maranello Red/Tan LHD
106927	550	Maranello Red/Black
106928	F355	Spider Red/Black
106929	F355	Spider Red/Black LHD EU
106930	F50	#287/349 LHD
106931	F355	Spider Red/Black
106932	F355	Spider Red/Black
106935	F50	#288/349 LHD
106940	F50	#289/349 Red LHD EU
106943	F355	Spider 97 LHD US ZFFXR48AXV0106943
106944	F355	Spider 97 Cana di Fucile/Tan LHD US ZFFXR48A1V0106944
106945	F50	#290/349 97 Rosso Corsa/Nero ZFFTA46B000106945
106946	F355	Spider 97 Rosso Barchetta/Tan LHD US ZFFXR48A5V0106946
106948	F355	Berlinetta 97 Red/Black LHD ZFFXR41B000106948
106949	F355	Berlinetta Red/Black sports seats Manual LHD ZFFXR41B00010694 sports seats exported to the UK
106950	F50	#291/349 LHD EU ZFFTA46B0000106950
106951	F355	Berlinetta Red/Black LHD EU
106952	F355	Berlinetta
106955	F50	#292/349 Red/Black LHD EU ass. #25438
106956	550	Maranello black/black
106957	550	Maranello Red/Black LHD EU
106958	F355	Spider Red/Black LHD ass. #23763
106959	F355	Spider 97 Red/Tan Red stitching LHD US, ZFFXR48A3V0106959 tan dash & steering wheel
106960	F50	#293/349 Red LHD EU
106963	F355	Berlinetta 96 Red RHD ZFFXR41D000106963 eng. #F129C44284
106964	F355	Berlinetta Red/Black LHD Red challenge grille
106965	F50	#294/349 Red/Black Red LHD EU
106968	F355	Berlinetta 97 Black/Tan Manual LHD US ZFFXR41A1V0106968

s/n	Type	Comments
106969	F355	Spider 11/96 355 Spider Rosso Corsa/Nero LHD Manual EU ZFFXR48B000106969
106970	F50	# 295/349 5/97 Rosso Corsa/black & Red LHD EU ZFFTA46B000106970
106971	550	Maranello Rosso Corsa/Black Red cloth sports seats LHD ZFFZR49B000106971
106972	550	Maranello Red/Black
106973	F355	Spider Rosso Corsa/black manual ZFFXR48B000106973 A6973FAL ass. # 23788
106975	F50	# 296/349 LHD
106976	F355	Spider 97 Swaters Blue/Tan dark Blue dash, beltline and top Manual LHD US ZFFXR48A3V0106976
106977	456	GTA Nürburgring silver/Red
106979	F355	Berlinetta 97 Black/Tan Manual LHD US ZFFXR41A6V0106979
106980	F50	# 297/349 Rosso Corsa/black & Red LHD EU
106982	F355	Spider
106985	F50	# 298/349 Giallo Modena/Black LHD, converted to RHD
106987	F355	GTS 96 Yellow RHD ZFFXR42D000106987
106988	F355	Spider 9/96 LHD US ZFFXR48AXV0106988 Tubi Challenge Grill
106989	F355	Spider 97 LHD US ZFFXR48A1V0106989
106990	F50	# 299/349 Red/Black & Red LHD EU ZFFTA46B000106990
106991	F355	Spider 96 Yellow RHD ZFFXR48D000106991 eng. # F129C44298
106993	F355	Berlinetta 97 LHD US ZFFXR41A0V0106993
106995	F50	# 300/349 Red/Black & Red LHD EU ZFFTA46B000106995 ass. # 26583
106998	F355	GTS 97 Red/Tan & Red roof LHD US ZFFXR42A1V0106998
106999	550	Maranello Red/Black LHD EU
107000	F50	# 301/349 Rosso Corsa/black & Red LHD EU
107002	F355	GTS 97 Yellow/Black LHD US ZFFXR42A8V0107002 ass. # 23844 challange grill tinted windows
107004	F355	Spider 97 Black/Black Manual LHD US ZFFXR48A2V0107004
107005	F50	# 302/349 Red LHD EU Tinted headlight covers in between
107007	F355	Spider
107009	F355	Berlinetta 97 Red/Tan Manual LHD US ZFFXR41A9V0107009
107010	F50	# 303/349 Red/Black & Red LHD EU ZFFTA46B000107010
107011	F355	Berlinetta Red/Crema Red dash LHD US ZFFXR41A7V0107011
107014	F355	GTS Red/Black Manual RHD ZFFXR42C000107014
107015	F50	#304/349 Rosso Corsa/Black LHD ex-Michael Schumacher
107016	550	Maranello 3/97 Rosso Corsa/Nero ZFFZR49B000107016
107018	F355	GTS 97 LHD US ZFFXR42A1V0107018
107019	F355	Spider 97 LHD US ZFFXR48A4V0107019
107020	F50	# 305/349 Yellow/Black LHD
107021	F355	Spider 12/95 White/Navy Blue & Crema seats Blue Top Manual JAP ZFFXR48JPN0107021
107022	F355	Spider Blue/Dark Grey RHD AU
107023	456	GTA 97 Black/Tan LHD ZFFWP50A2V0107023
107024	456	GTA 97 Black/Beige LHD US ZFFWP50A4V0107024
107025	F50	# 306/349 Yellow/black & Yellow LHD
107027	F355	Berlinetta 97 LHD US ZFFXR41A0V0107027
107030	F50	# 307/349 Yellow/black LHD EU
107031	550	Maranello Red/Black LHD EU
107032	550	Maranello Metallic/grey/black
107034	F355	GTS Yellow/Black Manual RHD ZFFXR42C000107034
107035	F50	# 308/349 Rosso Corsa/black & Red LHD EU
107036	F355	GTS 97 Red/Tan LHD US ZFFXR42A3V0107036

s/n	Type	Comments
107037	F355	Spider
107038	F355	Spider 97 Yellow/Black LHD ZFFXR48A8V0107038
107039	F355	Spider 97 Rosso Corsa/Tan Manual LHD US ZFFXR48AXV0107039
107040	F50	# 309/349 Red LHD EU
107041	456	GT 97 Black/Black LHD ZFFWP50A4V0107041
107042	F355	Berlinetta
107043	F355	Berlinetta 97 Rosso Corsa/Tan Manual LHD US ZFFXR41A9V0107043 Challenge rear grill
107044	F355	Berlinetta LHD JP ZFFXR41JPN0107044
107045	F50	# 310/349 Red/Black & Red LHD EU ZFFTA46B000107045
107046	550	Maranello 99 Argento Nürburgring 101/C/Red LHD EU ZFFZR49B000107046
107050	F50	# 311/349 Silver LHD EU
107051	F355	GTS
107052	F355	GTS 97, Red/Tan LHD US ZFFXR42A1V0107052
107053	F355	GTS 97 LHD US ZFFXR42A3V0107053
107054	F355	Spider
107055	F50	# 312/349 LHD
107056	F355	Spider 97 Red/Tan LHD US ZFFXR48AXV0107056
107057	456	GTA Dark Blue/Tan
107058	456	GTA 10/96 Argento Nürburgring 101/C/Nero LHD US ZFFWP50AXV0107058
107060	F50	# 313/349 Yellow/black LHD EU
107062	F355	Berlinetta Red/Black LHD EU Red carpets, 3rd light
107064	F355	Berlinetta 97 Red/Tan LHD US ZFFXR41A6V0107064
107065	F50	# 314/349 Red/Black & Red
107066	F355	Berlinetta 97 Rosso Corsa/Tan Manual ZFFXR41AXV0107066
107068	F355	Berlinetta 97 LHD US
107069	F355	GTS 97 LHD US ZFFXR42A7V0107069
107070	F50	# 315/349 Red/Black LHD EU
107071	F355	Spider
107072	F355	Spider 9/96 Rosso Corsa/Tan Manual LHD US ZFFXR48A8V0107072
107074	550	Maranello Red
107075	F50	# 316/349 LHD
107076	456	GTA 97 Silver/Black LHD US ZFFWP50A1V0107076
107077	456	GTA 97 LHD US ZFFWP50A3V0107077
107078	F355	Berlinetta Rosso Corsa/Black Manual LHD EU ZFFXR41B000 A7078AAS
107080	F50	# 317/349 7/97 Rosso Corsa/black & Red LHD EU ZFFTA46B000107080
107081	F355	Berlinetta Rosso Corsa/beige LHD EU
107082	F355	Berlinetta Yellow/Black RHD UK
107083	F355	Berlinetta 97 Red/Tan LHD US ZFFXR41AXV0107083
107084	F355	GTS
107085	F50	# 318/349 LHD
107086	F355	GTS 97 Red/Tan Red top LHD US ZFFXR42A7V0107086
107087	550	Maranello Sbarro iTornadoï Yellow & black/Crema ZFFZR49B000107087
107088	550	Maranello
107089	F355	Spider Nero/Crema Hide/Nero Carpets 25.01.97
107090	F50	# 319/349 Rosso Corsa/all black LHD EU
107091	F355	Spider 97 Red/Tan LHD US ZFFXR48A1V0107091
107092	F355	Spider 97 Rosso Corsa/Tan LHD US ZFFXR48A3V0107092
107093	456	GT Grigio TitanioBlack LHD
107094	456	GTA 97 Dark Blue Metallic/Tan LHD US ZFFWP50A3V0107094
107095	F50	# 320/349 Red/Black LHD EU ZFFTA46B000107095

s/n	Type	Comments
107099	F355	Berlinetta Blue Le Mans/Tan Blue Carpets 05.12.96
107100	F50	# 321/349, EU
107101	550	Maranello Canna di Fucile Met. FER 703/C/grey LHD EU
107103	F355	Berlinetta 97 Red/Tan LHD US ZFFXR41A1V0107103 ass. # 23987
107104	F355	GTS Red/Crema RHD UK
107105	F50	# 322/349 98 Rosso Corsa/Nero ZFFTA46B000107105
107106	F355	GTS 10/96 Black/Tan LHD US ZFFXR42A9V0107106
107107	F355	GTS 97 LHD CDN ZFFXR42A0V0107107
107109	F355	Spider 97 Red/Tan LHD US ZFFXR48A5V0107109
107110	F50	# 323/349 LHD
107111	456	GTA 97 Rosso Monza/Tan LHD ZFFWP50AXV0107111
107113	F355	Berlinetta
107114	F355	Berlinetta Red/Black
107115	F50	# 324/349 Red/Black & Red LHD EU ZFFTA46B000107115
107116	550	Maranello Silver/all Bordeaux LHD EU
107117	550	Maranello silver/black, LHD EU ass. # 23867 ZFFZR49B000107117
107119	F355	GTS 97 Rosso Corsa/Crema Rosso Carpets Colour Coded RHD ZFFXR42C000107119
107120	F50	# 325/349 Red LHD EU ass. # 26551
107121	F355	GTS 97 LHD US ZFFXR42A5V0107121
107123	F355	Spider 97 Red/Tan LHD US ZFFXR48AXV0107123
107124	F355	Spider 97 LHD US ZFFXR48A1V0107124
107125	F50	# 326/349 7/97 Rosso Corsa/black & Red LHD EU ass. # 26552
107126	F355	Spider 97 LHD US ZFFXR48A5V0107126
107127	456	GTA 97 Black Dark Tan LHD ZFFWP50A3V0107127
107128	456	GTA 97 Silver/Black LHD US ZFFWP50A5V0107128
107129	F355	Berlinetta Red/Tan ZFFXR41B000107129
107130	F50	# 327/349 Yellow LHD EU
107131	550	Maranello Blue
107133	F355	Berlinetta Red/Black
107134	F355	Berlinetta
107135	F50	# 328/349 Rosso Corsa/black & Red ZFFTA46B000107135
107136	F355	
107137	F355	Berlinetta Red/Crema RHD UK A7137NBG
107138	F355	Spider 97 LHD US ZFFXR48A1V0107138
107139	F355	Spider 97 LHD US ZFFXR48A3V0107139
107140	F50	# 329/349 Rosso Corsa/black & Red LHD EU ZFFTA46B000107140
107141	F355	Spider 97 Red/Tan LHD US ZFFXR48A1V0107141
107142	456	GTA 97 Blue Metallic/BlueLHD US ZFFWP50AXV0 ex- Will Smith
107144	F355	Berlinetta (F1) LHD EU ZFFXR41B000107144
107145	F50	# 330/349 Red/Black & Red LHD EU ZFFTA46B000107145
107148	550	Maranello black/dark Red ZFFZR49B000107148
107149	F355	Berlinetta 97 Red/Black Red sport seats RHD
107150	F50	# 331/349 LHD
107151	F355	Spider 97 LHD US
107152	F355	Spider 97 Red/Tan LHD US ZFFXR48A6V0107152
107153	F355	Spider 97 LHD US ZFFXR48A8V0107153
107154	F355	Spider 97 Red/Tan LHD US ZFFXR48AXV0107154
107155	F50	# 332/349 LHD
107156	456	GT Anthracite/Tan LHD
107157	456	GTA 97 Rosso Corsa (Fer 300/R) Nero ZFFWP50C000107157 Eng. # 45829 Ass. # 25359
107159	F355	Berlinetta Red/Black
107160	F50	# 333/349 Red/all black LHD EU ZFFTA46B000107160
107161	F355	Berlinetta 96 Rosso Corsa/Nero ZFFXR41C000107161
107163	550	Maranello 97 Silver/black LHD EU ZFFZR49B000107163 exported to the US
107164	F355	Berlinetta Red/Crema RHD UK
107165	F50	# 334/349 Red/Black & Red LHD ZFFTA46B000107165 ass. # 26792
107167	F355	Spider 97 Red/Tan Manual LHD US ZFFXR48A8V0107167
107168	F355	Spider 97 LHD US ZFFXR48AXV0107168
107169	F355	Spider 97 Red LHD US ZFFXR48A1V0107169
107170	F50	# 335/349 Red LHD EU
107172	F355	Berlinetta Red/Tan LHD EU
107174	F355	Berlinetta Red/Black & Red LHD EU ZFFXR41B000107174 ass. # 23991
107175	F50	# 336/349 LHD
107176	550	Maranello Red/Black LHD EU
107177	550	Maranello Red/Tan
107178	F355	Berlinetta
107180	F50	# 337/349 LHD
107181	F355	Spider
107182	F355	Spider 97 Yellow/black Manual LHD US ZFFXR48A4V0107182
107183	F355	Spider 96 Red/Tan LHD US ZFFXR48A6V0107183
107184	F355	Spider 97 LHD US
107185	F50	# 338/349 Red/Red seats LHD ZFFTA46B000107185
107187	F355	Berlinetta (F1) LHD EU ZFFXR41B000107187
107188	550	Maranello dark Blue met./black ZFFZR49B000
107190	F50	# 339/349 Rosso Corsa/black & Red LHD EU ZFFTA46B000107190
107191	F355	Berlinetta Red/Black ass. # 23994
107193	F355	Berlinetta Red/Black A7193RYE
107195	F50	#340/349 Giallo Modena/black LHD EU ZFFTA46B000 ass. # 26964
107196	F355	Spider 97 Metallic/Blue/tan LHD US ZFFXR48A4V0107196
107197	F355	Spider 97 Red/Tan Manual LHD US ZFFXR48A6V0107197
107198	F355	Spider 97 Black Metallic/Tan ManualLHD US ZFFXR48A8V0107198
107200	F50	# 341/349 Yellow/Black LHD ass. # 26965 eng. # 46931
107201	550	Maranello 97 Red/Black LHD ZFFZR49B000107201.
107202	456	GTA Rosso Monza/tan LHD ZFFWP50C000
107203	F355	Berlinetta Grigio Titanio met./Black LHD EU ZFFXR41B000 ass. # 24018 A7203IPX
107205	F50	# 342/349 Red/Black & Red LHD ZFFTA46B000107205 ass. # 26966
107206	F355	Berlinetta Red/Black LHD EU
107208	F355	Berlinetta Yellow/black ZFFXR41B000107208
107210	F50	# 343/349 LHD
107211	F355	Spider 97 Black/Tan LHD US ZFFXR48A7V0107211
107212	F355	Spider 97 LHD US ZFFXR48A9V0107212
107215	F50	# 344/349 Silver LHD EU
107216	F355	Berlinetta Red/Black LHD EU
107217	F355	Berlinetta Red/Black
107220	F50	# 345/349 Red/Black & Red LHD EU
107221	F355	Berlinetta dark Blue/tan
107222	F355	GTS Red
107223	F355	Spider 97 Red/Beige LHD US ZFFXR48A3V0107223
107224	F355	Spider 97 Red/Tan ManualLHD US ZFFXR48A5V0107224

s/n	Type	Comments
107225	F50	# 346/349 LHD
107227	F355	Spider 97 Red/Tan LHD US ZFFXR48A0V0107227
107228	456	GTA 97 Argento Nürburgring 101/C/black ZFFWP50B00107228
107229	456	GTA 97 ZFFWP50C000107229
107230	F50	# 347/349 Yellow/black LHD EU
107231	F355	Berlinetta Red/Black LHD
107233	F355	Berlinetta Red/Black LHD EU
107235	F50	# 348/349 LHD
107239	550	Maranello Metallic black/Crema LHD EU ZFFZR49B000107239
107240	F50	# 349/349 Red/Black LHD, official last
107241	F355	Spider
107242	F355	Spider 97 Rosso Corsa/Tan Manual LHD US ZFFXR48A7V0107242
107243	F355	Spider 97 LHD US ZFFXR48A9V0107243
107248	550	Maranello Red/Black
107249	550	Maranello Red LHD ZFFZR49B000107249
107250	550	Maranello Red ZFFZR49B000107250
107252	F355	Berlinetta Red/Black LHD EU
107254	F355	Berlinetta Red/Black LHD EU
107255	F355	GTS Red, LHD,
107256	F355	Spider 97 LHD US ZFFXR48A7V0107256
107257	F355	Spider 97 LHD US ZFFXR48A9V0107257
107258	F355	Spider 97 Tour de France/Blue Blue Top Manual LHD US ZFFXR48A0V0107258
107259	550	Maranello
107260	550	Maranello Metallic black/Bordeaux LHD EU
107261	550	Maranello Grigio Titanio
107266	550	Maranello Red/Black ZFFZR49B000
107267	F355	Berlinetta Red/Black
107268	F355	Berlinetta Red/Black ZFFXR41B000107268 shields
107269	F355	Berlinetta F1 Red/Black LHD ZFFXR41B000107269
107270	F355	Berlinetta Red/Crema RHD UK ZFFXR41C000107270 Red calipers shields
107271	F355	Berlinetta Red
107272	F355	Spider Rosso Corsa/Black Manual ZFFXR48B000107272
107273	550	Maranello Black/black ZFFZR49B000
107275	550	Maranello Silver/black
107276	550	Maranello
107278	550	Maranello Metallic grey/black
107279	550	Maranello Grigio Titanio met./black ZFFZR49B000
107281	550	Maranello 97 Red/Black LHD EU ZFFZR49B000107281 EPA & Dot converted
107282	550	Maranello 96 Argento Metallizzato/Nero EU ZFFZR49B000107282
107283	550	Maranello LHD EU ZFFZR49B000107283
107284	550	Maranello Silver/black LHD EU ZFFZR49B000107284
107285	550	Maranello Red/Black
107286	550	Maranello Rosso/tan
107287	550	Maranello Red/Black LHD EU
107288	550	Maranello Red/Black LHD EU
107289	550	Maranello
107290	F355	Berlinetta Challenge Red RHD ZFFXR41C000107290 A7290NVV
107291	550	Maranello Red/Black, LHD
107294	550	Maranello Red/Black LHD EU ZFFZR49B000107294
107295	550	Maranello 1/97 Rosso Corsa/Beige ZFFZR49B000107295
107296	550	Maranello 97 Rosso Corsa/Beige ZFFZR49B000107296
107297	550	Maranello Rosso Corsa/Black LHD EU ZFFZR49B000107297 A7297ULU ass. # 24194 silver mesh front grill
107298	550	Maranello Red LHD ZFFZR49B000107298
107301	550	Maranello Red/Black

s/n	Type	Comments
107302	550	Maranello Yellow/Crema
107303	550	Maranello
107305	550	Maranello Red/Black LHD ZFFZR49B000107305
107306	550	Maranello Dark Blue/black LHD EU ZFFZR49B000107306
107307	550	Maranello anthracite/black LHD EU
107309	F355	GTS 97 Red/Tan colour coded roof LHD US ZFFXR42A1V0107309
107310	456	GT 97 Rosso Monza Metallic/Beige Manual LHD US ZFFWP44AXV0
107311	F355	GTS 10/96 Giallo Modena/Black Manual LHD US ZFFXR42AXV0107311
107312	F355	Spider 97 Grigio Alloy/Dark Blue Manual LHD CDN ZFFXR48A2V0107312
107313	F355	Berlinetta Yellow/Black
107315	456	GT 97 Blue/Tan LHD US
107317	F355	Berlinetta Red/Black LHD Manual ZFFXR41B000107317
107318	456	GTA 97 silver/black carbon fiber accents LHD US ZFFWP50AXV0
107319	456	GTA 97 Verde Mugello/Tan ZFFWP50A1V0107319
107320	F355	GTS Red/Black colour coded roof
107321	F355	GTS Rosso Corsa/black A7321KJE
107323	F355	Spider Red/Black LHD EU
107324	F355	Spider 97 Black/black black top LHD US ZFFXR4BA9V0107324 Challenge grille Tubi
107325	F355	Spider Black/Black Red Seats LHD US ZFFXR48A0V0107325
107329	456	GTA 97 LHD US ZFFWP50A4V0107329
107330	456	GTA 97 LHD US ZFFWP50A0V0107330
107334	F355	Spider Red
107336	F355	Spider 97 LHD US ZFFXR48A5V0107336
107337	F355	Spider 97 Silver Metallic/Black Manual LHD US ZFFXR48A7V0107337
107341	456	GTA 11/96 Grigio Titanio Met. FER 704/C/Black LHD ZFFWP50A5V0107341 Tubi
107343	F355	Berlinetta Red/Black
107344	F355	GTS Red/Black LHD color-coded roof sportsexhaust
107346	F355	Spider Rosso/nero ZFFXR48B000107346
107348	F355	Spider Red/Black LHD EU ZFFXR48B000107348
107349	F355	Berlinetta Red/Black
107351	F355	Berlinetta Red/Black
107352	456	GTA 97 Swaters Blue/Blue LHD ZFFWP50AV0107352 ass. # 24366
107353	F355	Berlinetta Red/Black LHD EU ZFFXR41B000107353
107355	F355	Challenge
107356	F355	GTS Yellow/black ZFFXR42B000107356
107358	F355	Spider
107359	F355	Spider Black Bordeaux LHD EU ass. #24394
107363	F355	Berlinetta Red/Black LHD EU ZFFXR41B000107363 ass. # 24216
107364	F355	Berlinetta Red/Tan LHD
107365	F355	Berlinetta Yellow/black ZFFXR41B000107365 ass. #24223 A7365WTZ
107367	F355	GTS Red/Black LHD
107368	F355	Spider Red/Black
107369	F355	Spider Red/Black LHD EU
107371	F355	Berlinetta 97 Rosso/Tan LHD US ZFFXR1A4V0107371
107373	F355	Berlinetta LHD JP ZFFPR41JPN0107373
107376	F355	GTS 97 LHD US ZFFXR42A5V0107376
107377	F355	GTS 97 Giallo Fly/black ZFFXR42D000107377 eng. # F129C44648
107378	F355	Spider 97 Blue Metallic/Beige Manual LHD US ZFFXR48AXV0107378
107380	F355	Spider 96 Rosso Corsa/Beige RHD AUS ZFFXR48D000107380

s/n	Type	Comments
107381	F355	Berlinetta 10/96 Giallo Modena/Black manual LHD US Manual ZFFXR41A7V0107381
107386	F355	Berlinetta 96 Red RHD ZFFXR41D000107386 eng. # F129C44683
107387	F355	GTS 97 LHD US ZFFXR42AXV0107387
107388	F355	Spider
107389	F355	Spider 97 LHD CDN ZFFXR48A4V0107389
107390	F355	Spider 97 Red RHD ZFFXR48D000107390 eng. # F129C44653
107391	456	GTA 97 LHD US ZFFWP50A9V0107391
107392	456	GTA 97 LHD US ZFFWP50A0V0107392
107393	F355	Berlinetta 97 Black/Tan Manual LHD US ZFFXR41A3V0107393
107398	F355	GTS Rosso Corsa/Crema
107399	F355	GTS 97 Rosso Barchetta/Black LHD US ZFFXR42A6V0107399
107400	F355	Spider
107404	456	GTA 97 Black/Beige LHD US ZFFWP50A3V0107404
107405	F355	Berlinetta 97 Yellow/Black Manual LHD US ZFFXR41A6V0107405
107410	F355	GTS
107411	F355	GTS 97 Red/Tan LHD US ZFFXR42A3V0107411
107413	F355	Spider Red/Crema ZFFXR48C000107413 ass. # 24132
107414	F355	Spider 97 Red/Tan LHD US ZFFXR48AXV0107414
107418	F355	Berlinetta 97 Rosso Corsa/Tan Manual LHD US ZFFXR41A4V0107418
107423	F355	GTS 97 LHD US ZFFXR42AXV0107423
107424	F355	Spider Rosso Corsa/Crema Rosso Carpets RHD Manual ZFFXR48C000107424
107426	F355	Spider 97 Rossa Corsa Beige Manual LHD US ZFFXR48A6V0107426
107428	456	GTA Monza Red metallic/Crema
107431	F355	Berlinetta Grigio Titanio met./tan
107432	F355	Berlinetta LHD ZFFXR41B000107432
107433	F355	Berlinetta
107434	F355	Berlinetta 97 LHD US ZFFXR41A2V0107434
107437	F355	Spider 97 Red/Tan Manual LHD US ZFFXR48A0V0107437
107438	F355	Spider 97 LHD US ZFFXR48A2V0107438
107440	456	GTA Dark Blue/Tan LHD
107441	F355	Berlinetta Red/Black
107443	F355	Berlinetta
107445	F355	GTS
107449	F355	Spider 97 Blue Chiaro Metallic/Tan ManualLHD US ZFFXR48A7V0107449
107450	F355	Spider 97 Rosso Corsa/Tan Manual LHD US ZFFXR48A3V0107450 shields Red calipers
107454	F355	Berlinetta Red/Black
107455	F355	Berlinetta
107456	F355	Berlinetta Red/Black
107457	F355	Berlinetta 2/97 Rosso Corsa/Cuoio ZFFXR41C000107457
107459	F355	GTS 97 Blue Le Mans/Tan Blue Carpets colour-coded roof RHD Manual ZFFXR42C000107459 A7459NYM Challenge rear grill
107460	F355	GTS Red/Crema RHD UK
107461	F355	Spider 97 LHD US ZFFXR48A8V0107461
107462	F355	Spider 97 Red/Tan Manual LHD US ZFFXR48AXV0107462
107464	456	GT 7/97 Blu Le Mans/Beige ZFFWP50C000107464
107468	F355	Berlinetta 3/97 Rosso Corsa/Crema RHD Manual UK ZFFXR41C000107468 ass. # 24260
107469	F355	Berlinetta Red/Crema ZFFXR41C000107469 ass. # 24263
107470	F355	GTS Red/Black LHD EU
107472	F355	GTS
107473	F355	Spider 97 Red/Tan LHD US ZFFXR48A4V0107473
107474	F355	Spider 97 Black/Tan LHD Manual US ZFFXR48A6V0107474
107475	F355	Spider 11/96 Nero FER 1240 DS/Tan Beige canvas top & leather Boot cover Manual LHD US ZFFXR48A8V0107475 Tubi Chromed Challenge grille
107477	456	GTA Blue TdF/tan ZFFWP50B000107477
107478	F355	Berlinetta Red
107480	F355	Berlinetta Red/Black LHD EU Challenge grille
107481	F355	Berlinetta Red/Black ZFFXR41B000107481 ass. # 24365
107484	F355	GTS
107485	F355	GTS
107486	F355	Spider 97 LHD US ZFFXR48A2V0107486
107487	F355	Spider 97 Giallo Modena/Black Manual Black Top LHD US ZFFXR48A4V0107487
107489	456	GT
107492	F355	Berlinetta Blue/tan LHD
107493	F355	Berlinetta Red/Black Bordeaux carpets
107494	F355	Berlinetta
107496	F355	GTS Red/Black ZFFXR42B000107496
107497	F355	GTS Giallo Modena/Nero Nero Carpets 01.01.97
107498	F355	Spider 97 Yellow/Black LHD US ZFFXR48A9V0107498
107499	F355	Spider 97 Swaters Blue dark Blue LHD US ZFFXR48A0V0107499
107500	F50	post production LHD EU ZFFPA46B000107500
107501	F355	Spider 11/96 Grigio Titanio met./Tan Manual LHD US ZFFXR48A5V0107501
107502	456	GT Dark Blue/Tan LHD
107505	F355	Berlinetta Red/Black LHD EU
107507	F355	Berlinetta
107510	F355	GTS Yellow/Black LHD EU ZFFXR42B000107510 ass. # 24561
107511	F355	GTS Red/Crema RHD UK
107512	F355	Spider 97 LHD US ZFFXR48AXV0107512
107513	F355	Spider 97 LHD US ZFFXR48A1V0107513
107514	456	GTA 98 Grigio Titanio Nero ZFFWP50B000107514
107515	F50	post production Red/Black LHD EU ass. # 23500 ordeRed by Sultan of Brunei but not deliveRed
107517	F355	Berlinetta
107519	F355	Berlinetta Red/Black LHD EU ass. #24347
107520	F50	post production LHD EU ordeRed by Sultan of Brunei but not deliveRed
107521	F355	Berlinetta 98 Yellow/Black Manual RHD ZFFXR41C000107521 Black calipers Challenge rear grill shields
107523	F355	GTS Rosso Corsa/Black colour-coded roof LHD Manual ZFFXR42B000107523 A7523SYX shields
107524	F355	Spider 97 Black/Tan LHD US ZFFXR48A6V0107524
107525	F355	Spider 97 LHD US ZFFXR48A8V0107525
107526	F355	GTS 97 LHD US ZFFXR48AXV0107526
107528	456	GTA Dark Blue/Crema ZFFWP50B000107528
107529	F355	Berlinetta Red/Black
107530	F50	post production Red/Black & Red LHD EU ZFFTA46B000107530 ass. # 23574
107531	F355	Berlinetta Red/Black
107532	F355	Berlinetta Red/Black A7532XAM
107533	F355	Berlinetta Red/Black LHD EU
107535	F355	Berlinetta 97 Yellow/Black Manual LHD ZFFXR41B000
107536	F355	Berlinetta Rosso Corsa/Black Manual ZFFXR41B000107536
107538	F355	Berlinetta
107539	F355	Spider 97 Red/Tan Manual, LHD US ZFFXR48A8V0107539
107540	F355	Spider 97 LHD US ZFFXR48A4V0107540
107543	F355	Berlinetta Red

s/n	Type	Comments	s/n	Type	Comments
107545	F50	post production Red LHD EU ZFFTA46B000107545	107615	550	Maranello Red/Black LHD EU ZFFZR49B000107615
107547	F355	Berlinetta Red/Tan LHD manual ZFFXR41B000107547 A7547WFA	107616	550	Maranello
107548	F355	Spider 97 Red/Tan LHD US extra front spoiler non-original wheels RSD spoiler at the rear Challenge grill	107617	550	GTO FIA Conversion by Prodrive Rosso black
			107618	550	Maranello NART Blue FER 503/C/tan ZFFZR49B000107618 ass. #24417 A7618RKR
107549	F355	Spider 97 ZFFXR48A0V0107549	107619	550	Maranello
107550	F355	Spider 97 LHD US ZFFXR48A7V0107550	107620	550	Maranello ZFFZR49C000107620
107551	F355	Spider 97 LHD US ZFFXR48A9V0107551	107621	550	Maranello Grigio Titanio met./Bordeaux EU ZFFZR49B000107621
107554	F355	Berlinetta Red/Black	107623	550	Maranello Red/Tan LHD EU
107555	F355	Berlinetta Red/Tan LHD Red calipers, Challenge grille	107624	550	Maranello Yellow/Black LHD
			107625	550	Maranello Black/black LHD EU
107558	F355	Berlinetta Red/Tan LHD EU	107627	550	Maranello Grigio Titanio met./Bordeaux LHD EU
107559	F355	Berlinetta Red/Black LHD EU ZFFXR41B000107559 A7559IPH	107628	550	Maranello 97 silver/Maroon ZFFZR498000107628
107560	F50	post production Red/Red & black ZFFTA46B000107560 ass. # 23809 ordeRed by Sultan of Brunei but not deliveRed	107630	550	Maranello black/black then Grigio Titanio met./black LHD EU ZFFZR49B000107630
			107632	550	Maranello 1/97 Grigio Titanio Metallizzato 3238/Bordeaux ZFFZR49B000107632
107561	F355	Spider F1 97 Yellow/Tan LHD US ZFFXR48A1V0107561	107633	550	Maranello GTS Conversion by Italtecnica 01 Light Green then Red ZFFZR49B000107633
107562	F355	Spider F1 11/96 Yellow/Black LHD US ZFFXR48A3V0107562 Rear Challenge Grill	107635	456	GT 97 Le Mans Blue Tobacco LHD US ZFFWP44A5V0107635
107565	F50	post production	107636	456	GT ZFFWP44C000107636
107569	F355	Berlinetta dark Blue/black ZFFXR41B000107569	107637	456	GTA 97 LHD US ZFFWP50A4V0107637
			107639	456	GT ZFFWP44C000107639
107570	F355	Berlinetta Red/Black LHD EU	107640	456	GTA 97 Grigio Titanio met./black US ZFFWP50A4V0107640
107571	F355	Spider 97 Giallo Modena/Black Manual LHD US ZFFXR48A4V0107571	107642	456	GTA 97 Black/Tan ZFFWP50A8V0107642
107572	F355	Spider 97 Swaters Blue/Tan LHD US ZFFXR48A6V0107572	107645	456	GTA ZFFWP50A8V0106345
107573	F355	Spider 97 Rosso Corsa/Tan Manual LHD US ZFFXR48A8V0107573 Capristo Exhaust Challenge Grille shields	107647	F355	Spider 97 LHD US ZFFXR48A0V0107647
			107648	F355	Spider 97 Red/Tan Manual LHD US ZFFXR48A2V0107648
107575	F50	post production Red/Black & Red LHD EU ordeRed by Sultan of Brunei but not deliveRed	107649	550	Maranello Rosso Corsa/black
			107650	F355	Spider 97 Red/Tan LHD US ZFFXR48A0V0107650 Red calipers shields
107578	F355	Berlinetta Red/Black LHD ZFFXR41B000107578	107651	550	Maranello 97 Blu Swaters/black ZFFZR49B000107651 A7651HWS
107579	F355	Berlinetta Red/Black LHD EU	107652	F355	Spider 97 Red/Tan LHD US ZFFXR48A4V0107652
107580	F355	Berlinetta Yellow/black LHD shields			
107582	F355	Berlinetta Rosso/Tan LHD	107653	550	Maranello Red/Black LHD EU
107583	F355	Spider 97 Blu Tour de France 522/Beige LHD US ZFFXR48B000107583	107654	F355	Spider 97 LHD US ZFFXR48A8V0107654
			107655	550	Maranello Red/Black LHD EU ZFFZR49B000
107584	F355	Spider 97 Red/Tan LHD US ZFFXR48A2V0107584	107656	F355	Spider 97 LHD US ZFFXR48A1V0107656
107585	F355	Spider 97 Red/Tan LHD US ZFFXR48A4V0107585	107657	550	Maranello Red/Black ZFFZR49B000107657
107586	F355	Berlinetta Yellow/Black LHD Challenge grille	107658	F355	Spider 97 LHD US ZFFXR48A5V0107658
107587	F355	Berlinetta Dark Grey/Red	107660	F355	Spider 97 LHD US ZFFXR48A3V0107660
107588	F355	Berlinetta 97 Rosso Corsa/Nero LHD Manual ZFFXR41B000107588 ass. #24611	107661	550	Maranello Black/tan LHD EU ZFFZR49B000107661
107589	F355	GTS 97 Black met./Bordeaux LHD ZFFXR41B000107589 3rd brake light	107662	F355	Spider 97 LHD US ZFFXR48A7V0107662
			107663	550	Maranello Grigio Titanio met./Red EU
107593	550	Maranello Red/Black	107665	F355	Spider 97 LHD US ZFFXR48A2V0107665
107595	550	Maranello Red/Black LHD EU	107666	550	Maranello Grigio Titanio met./Bordeaux LHD EU
107596	550	Maranello 97 Rosso Corsa/Nero ZFFZR49B000107596			
107597	550	Maranello Grigio Titanio met./Red LHD EU ZFFZR49B000107597	107667	F355	Berlinetta
			107668	F355	Berlinetta 97 LHD US ZFFXR41A5V0107668
107600	550	Maranello Red/Tan ZFFZR49B000107600	107669	F355	Berlinetta 97 Yellow/Black RHD ZFFXR41D000107669
107601	550	Maranello 97 black metallic/Red LHD Matsuda Collection	107670	F355	GTS 7/97 Rosso Corsa/Beige Manual LHD US ZFFXR42A5V0107670
107602	550	Maranello Red/Black Daytona seats LHD EU ZFFZR49D000107602	107672	F355	GTS 97 Red/Black RHD ZFFXR42D000107672
107603	550	Maranello Red/Crema LHD EU ZFFZR49B000107603	107675	F355	GTS Dark Green Crema RHD UK
			107677	F355	GTS 97 Red/Tan LHD US ZFFXR42A8V0107677
107607	550	Maranello 97 Dark Blue/tan LHD EU ZFFZR49B000 A7607MYM	107679	F355	Berlinetta Red/Crema RHD UK
			107680	F355	Berlinetta
107609	550	Maranello	107682	F355	Berlinetta 1/97 Blu Le Mans/Beige Manual RHD UK ZFFXR41C000107682
107610	550	Maranello 12/96 Rosso Corsa/Nero ZFFZR49B000107610			
			107683	F355	Berlinetta 97 LHD US ZFFXR41A1V0107683
107611	550	Maranello Red/beige	107684	F355	GTS Rosso Corsa/Crema, Rosso Carpet
107612	550	Maranello Red/Black	107688	F355	Spider Red/Black ZFFXR48B000107688

s/n	Type	Comments	s/n	Type	Comments
107689	F355	Spider 97 Red/Tan LHD US ZFFXR48A5V0107689	107755	F355	Berlinetta Red/Black RHD UK ass. # 24564
107690	F355	Spider 97 Red/Tan LHD US ZFFXR48A1V0107690	107760	F355	Spider 97 LHD US ZFFXR48A7V0107760
107691	F355	Berlinetta Red/Crema RHD UK	107761	F355	Spider 97 Rosso Corsa/Beige LHD US ZFFXR48A9V0107761
107692	F355	Berlinetta 11/96 Bianco FER 100/Tan Manual LHD US ZFFXR41A2V0107692	107762	F355	Spider 97 Red/Tan LHD US ZFFXR48A0V0107762
107693	F355	GTS Red White RHD	107763	F355	Spider 97 Yellow/Black Manual LHD US ZFFXR48A2V0107763
107694	F355	GTS 97 LHD US ZFFXR42A8V0107694	107764	456	GT Grigio TitanioTan LHD
107697	F355	Spider 97 Yellow/Tan Manual LHD US ZFFXR48A4V0107697	107766	550	Maranello Red/Black
			107767	550	Maranello dark Blue met./tan
107698	F355	Spider 97 Black/Black Manual LHD US ZFFXR48A6V0107698	107768	F355	Berlinetta Red/Tan LHD ZFFXR41JPN0107768 Challenge grill
107699	F355	Spider Silver/Dark Red ZFFXR48D000107699	107771	F355	Spider 97 Yellow/Black LHD US ZFFXR48A1V0107771
107700	456	GTA Blue Crema RHD			
107703	F355	Berlinetta 97 Rosso Corsa/Crema Manual RHD UK ZFFXR41C000107703 ass. # 24489	107772	F355	Spider 97 LHD US ZFFXR48A3V0107772
			107773	F355	Spider 97 LHD US ZFFXR48A5V0107773
107704	F355	Berlinetta 1/97 Azzurro Hyperion met. FER 517/C/Dark Blue Manual LHD US ZFFXR41A5V0107704	107774	F355	Spider 97 Black/Tan LHD US ZFFXR48A7V0107774
			107775	456	GT 97 Blu Le Mans/Beige ZFFWP50B000107775
107706	F355	GTS Dark Green Brown RHD UK	107776	550	Maranello Red/Black LHD EU ZFFZR49B000107776 A776MAY
107707	F355	Spider 97 LHD US ZFFXR48A3V0107707			
107708	F355	Spider 97 Yellow/Black LHD US ZFFXR48A5V0107708	107777	550	Maranello Dark Blue/black
			107778	F355	Berlinetta Blue/tan LHD ZFFXR41JPN0107778
107709	F355	Spider 97 Yellow manual LHD US ZFFXR48A7V0107709	107783	F355	Spider 97 Red/Black LHD US ZFFXR48A8V0107783
107710	F355	Spider Rosso Corsa/Nero RHD AUS ZFFXR48D000107710	107784	F355	Spider 97 Black/Black US ZFFXR48AXV0107784
107715	F50	post production	107785	F355	Spider 97 Blue ZFFXR48A1V0107785
107718	F355	Berlinetta Red/Black LHD ZFFXR41JPN0107718 Challenge grill shields	107786	F355	Spider 97 Blue/Tan Manual LHD US ZFFXR48A3V0107786
107720	F355	GTS	107787	456	GT Silver/Black LHD
107721	F355	Spider F1 97 Yellow/Black LHD US ZFFXR48A8V0107721	107788	550	Maranello Red
			107790	F355	Berlinetta Red/Black LHD JP ZFFPR41JPN0107790
107722	F355	Spider 11/96 Nero FER 1240 DS/Tan LHD US ZFFXR48AXV0107722 ass. # 24495	107793	F355	GTS Red/Black LHD EU shields
			107796	F355	Spider 97 LHD US ZFFXR48A6V0107796
107724	F355	Spider 98 Grigio TitanioRHD ZFFXR48D000107724	107797	F355	Spider 97 Red/Tan LHD Manual US ZFFXR48A8V0107797
107725	550	Maranello Dark grey/black LHD EU ZFFZR49B000107725 A7725MGC	107798	F355	Spider 97 Red/Tan Manual LHD US ZFFXR48AXV0107798
107726	550	Maranello 96 Argento Metallizzato/Bordeaux ZFFZR49B000107726	107799	F355	Spider 97 Rosso Corsa/Tan Manual LHD US ZFFXR48A1V0107799
107727	F355	Berlinetta Dark Blue/Tan Manual RHD ZFFXR41C000107727 Black calipers	107800	456	GTA Grigio TitanioTan LHD
			107801	550	Maranello Red/Black
			107802	550	Maranello Red/Black
107728	F355	Berlinetta 97 Argento Nürburgring 101/C/Black LHD US ZFFXR41A8V0107728 Challenge grill Speedline wheels Tubi	107803	550	Maranello 97 Red/Black LHD EU ZFFZR49B000107803
			107805	F355	Berlinetta LHD JP ZFFXR41JPN0107805
107732	F355	GTS Dark Blue Crema RHD	107807	F355	GTS 6/97 Rosso Corsa/Nero ZFFXR42B000107807
107733	F355	Spider 97 LHDUS ZFFXR48A4V0107733			
107734	F355	Spider 97 Red/Tan LHD US ZFFXR48A6V0107734	107808	F355	Spider 97 Red/Tan Manual LHD US ZFFXR48A9V0107808
107735	F355	Spider 97 LHD US ZFFXR48A8V0107735	107809	F355	Spider 97 LHD US ZFFXR48A0V0107809
107736	F355	Spider 97 Red RHD ZFFXR48D000107736	107810	F355	Spider 97 Red/Tan LHD US ZFFXR48A7V0107810
107737	456	GT Silver/Black LHD EU			
107738	456	GTA 97 Argento Metallizzato/Bordeaux RHD ZFFWP50C000107738	107811	F355	Spider 97 Yellow/Black LHD US ZFFXR48A9V0107811
107740	550	Maranello Red/Black LHD EU	107812	456	GT Black/Black LHD
107741	550	Maranello Red/Black ZFFZR49B000107741	107814	550	Maranello
107742	F355	Berlinetta	107815	F355	Berlinetta 97 Blue/Tan ZFFXR41B000107815
107743	F355	Berlinetta Red/Black RHD UK	107816	F355	Berlinetta Challenge 97 Blu Tour de France 522/Red Manual LHD ZFFXR41B000107816
107744	F355	Berlinetta			
107745	550	Maranello Rosso/nero LHD ZFFZR49B000107745	107817	F355	Spider 97 Yellow/Black LHD US ZFFXR48AXV0107817
107748	F355	Spider Red/Tan LHD US	107818	F355	Spider 97 Black/Tan LHD US ZFFXR48A1V0107818
107749	F355	Spider 12/96 dark Blue Metallic/Tan Manual, ZFFXR48A8V0107749 Telaio states "Dicember" as production month	107819	F355	Spider 97 LHD US ZFFXR48A3V0107819
			107820	F355	Spider 97 Swaters Blue/Beige Manual LHD US ZFFXR48AXV0107820
107750	F355	Spider 97 Red/Tan LHD US ZFFXR48A4V0107750	107821	456	GT Blue Brown LHD
107751	F355	Spider 97 Red/Tan LHD US ZFFXR48A6V0107751	107825	F355	Berlinetta Red/Black LHD EU
107753	550	Maranello Red/Black LHD EU ZFFZR49B000107753			

s/n	Type	Comments	s/n	Type	Comments
107826	F355	Berlinetta 3/97 Rosso Corsa/Nero ZFFXR41B000107826	107903	F355	GTS Red/Black RHD
107828	F355	Challenge Yellow LHD	107904	F355	Spider 97 LHD US ZFFXR48A5V0107904
107829	F355	Challenge	107905	456	GT Dark green/Tan Green stitching RHD ZFFWP44C000107905
107830	F355	GTS Red/Black,	107907	456	GTA 97 LHD US ZFFWL50A2V0107907
107831	F355	GTS Red/Black LHD ZFFXR42B000107831 Black calipers Challenge grill	107908	456	GTA
107832	F355	Spider 97 Yellow/Black LHD US ZFFXR48A6V0107832	107909	456	GTA Argento Nürburgring 101/C/Nero Nero Carpets 28.3.97
107833	F355	Spider 97 Rosso Corsa/Tan Manual LHD US ZFFXR48A8V0107833	107910	456	GT Nürburgring Silver Tan RHD
107834	F355	Spider 97 Red/Tan Manual LHD US ZFFXR48AXV0107834	107913	456	GTA Grigio Titanio met./Rosso Nero Carpets, 23.4.97
107835	F355	Spider 97 LHD US ZFFXR48A1V0107835	107915	F355	GTS 97 Red/Black painted Red top challenge grill LHD US ZFFXR42A9V0107915
107837	456	GTA Black/Tan LHD ZFFWP50B000107837	107916	550	Maranello 96 Red/Red RHD ZFFZR49C000107916 ex-Sultan of Brunei
107839	550	Maranello 2/97 Verde Inglese FER 606/Nero ZFFZR49B000107839	107917	550	Maranello Red/Tan, LHD, ZFFZR49B000107917
107842	F355	Berlinetta Grigio Titanio met./Black LHD EU ass. # 24680	107918	456	GT 97 Blue/magnolia Manual ZFFWP44A6V0107918
107843	F355	Berlinetta Red/Black LHD EU	107919	F355	Berlinetta Red/Black A7919BGG
107844	F355	Berlinetta Challenge 97 Red Red Cloth Manual ZFFXR41B000107844	107920	F355	Berlinetta Yellow/Black LHD EU ZFFXR41B000 A7920EPZ
107845	F355	Challenge	107924	F355	GTS Red/Crema RHD UK
107847	F355	GTS Rosso Corsa/Black LHD Manual ZFFXR42B000107847 A7847WMP	107925	F355	Spider Rosso/nero
			107926	F355	Spider 97 Blu Le Mans/Beige RHD AUS ZFFXR48D000107926
107848	F355	Spider Rosso/nero LHD EU	107927	F355	Spider 97 LHD US ZFFXR48A6V0107927
107849	F355	Spider	107928	F355	Spider 97 LHD US ZFFXR48A8V0107928
107850	F355	Spider Blu Tour de France/Beige Blue Carpet Manual ZFFXR48C000107850	107929	F355	Spider 97 Rosso Corsa/Tan Manual LHD US ZFFXR48AXV0107929
107851	F355	Spider Dark Blue/Tan	107930	F355	GTS 97 Red/Tan LHD US ZFFXR42A5V0107930
107852	456	GTA black/black	107931	550	Maranello ZFFZR49C000107931
107855	550	Maranello Red/Black LHD	107933	F355	Spider 97 LHD CDN ZFFXR48A1V0107933
107856	F355	Berlinetta Rosso	107934	F355	GTS Red/Black ZFFXR42C000107934
107857	F355	Berlinetta Silver	107935	F355	GTS Rosso Corsa/Black RHD UK Manual ZFFXR42C000 ass. # 24721
107858	F355	Berlinetta Red/Black RHD UK			
107859	F355	Challenge Red & Yellow	107936	F355	Spider 97 Red/Tan LHD US ZFFXR48A7V0107936
107860	F355	Challenge			
107862	F355	GTS	107937	F355	Spider 97 Rosso Corsa/Tobacco Manual, LHD US ZFFXR48A9V0107937
107864	F355	Challenge Red Red Cloth RHD			
107865	550	Maranello Grigio Titanio	107938	F355	Spider 97 Red/Tan Black Top Manual LHD US ZFFXR48A0V0107938
107868	F355	Berlinetta Challenge Red & Blue/Red cloth RHD ZFFXR41C000107868 ass. # 24715			
			107939	F355	Spider 97 LHD US ZFFXR48A2V0107939
107869	F355	Berlinetta Challenge 97 Silver American Stripe/Black Manual ZFFXR41A4V0107869	107940	F50	post production Red/Black & Red LHD EU
			107941	F355	GTS Red/Black Red stitching RHD Manual ZFFXR42C000107941
107870	F355	Spider Red/Black			
107871	F355	Spider Dark Blue Black LHD EU	107942	F355	GTS
107873	F355	Spider Red/Black LHD EU	107944	456	GTA Silver/Red LHD ZFFWP50JPN0107944
107874	F355	Spider Red/Crema RHD UK	107945	550	Maranello ZFFZR49C000107945
107877	456	GTA 97 dark Blue met./Tan ZFFWP50A2V0107877	107946	550	Maranello 97 Red/Beige ZFFZR49A0V0107946
			107948	F355	Challenge Rosso Barchetta/Tan-Red Seats
107878	456	GTA Grigio Titanio met./Black	107949	F355	Challenge
107879	456	GTA 2/97 black/grey ZFFWP50A6V0107879	107950	F355	GTS Red/Black RHD ass. # 24746
107882	F355	Berlinetta Challenge 97 LHD US ZFFYR41A7V0107882	107952	F355	Berlinetta Challenge Red/Red cloth RHD Manual UK ZFFXR41C000107952 Shields rear wing
107885	F355	Spider RAI Sow Car Giallo Modena/black ZFFXR48B000107885			
			107953	F355	Challenge Red/Red cloth RHD ass. # 24787
107886	F355	Spider Red/Black LHD EU	107954	F355	Berlinetta Challenge 97 Red/Tan & Red LHD US ZFFYR51B000107954
107887	456	GTA 97 Argento Nürburgring FER 101/C/Red LHD US ZFFWP50A5V0107887			
			107955	456	GT Bordeaux Tan LHD
107888	550	Maranello 97 Rosso Corsa/Tan ZFFZR49A1V0107888	107957	F355	Challenge Red Black-Red
			107959	550	Maranello LHD ZFFZR49C000107959
107889	550	Maranello ZFFZR49C000107889	107960	550	Maranello 97 Red/Tan LHD US ZFFZR49A5V0107960
107890	550	Maranello ZFFZR49C000107890			
107892	F355	Berlinetta Challenge 97 Rosso Corsa/black AUS ZFFXR41D000107892 eng. # F101C45179	107961	F355	Berlinetta Challenge 97 LHD US ZFFXR41A3V0107961
			107962	F355	Berlinetta Challenge 97 LHD US ZFFXR41A5V0107962
107893	F355	Berlinetta 97 Red/Black LHD US ZFFXR41A1V0107893			
			107963	456	GT Swaters Blue metallic/tan
107895	F355	Berlinetta 97 Red/Tan LHD CDN	107966	F355	Challenge Red/Red Cloth RHD ass. # 24785
107896	550	Maranello Grigio Titanio met./black RHD UK	107968	F355	Challenge
107898	F355	GTS 97 Red RHD ZFFXR42D000107898 eng. # F129B45160	107969	F355	Challenge Red
107899	F355	Spider 97 LHD US ZFFXR48A5V0107899	107970	F355	Challenge Red/Black LHD
107901	456	GTA			

s/n	Type	Comments
107971	F355	Challenge Red
107972	550	Maranello Silver/black RHD UK
107973	550	Maranello 97 Swaters Blue Fer513/C/Tan Daytona seats ZFFZR49A3V0107973
107974	456	GT Silver/Black LHD
107975	456	GT Red/Black LHD
107976	F355	Challenge 97 Black/Black LHD ZFFXR41B000107976
107977	F355	Challenge Green
107978	F355	Berlinetta Red/Black ass. # 23881
107979	F355	Berlinetta Challenge
107980	F355	Berlinetta Challenge Red White stripe LHD US ZFFXR41A7V0107980
107981	F355	Berlinetta Challenge 97 Green/black then Red LHD US ZFFXR41A9V0107981
107982	F355	Challenge 97 Red
107983	F355	Challenge Red Yellow stripe White wheels LHD Matsuda Collection Japan
107984	F355	Challenge Red - Blue
107985	550	Maranello Metallic/Grey/Crema RHD ZFFZR49C000107985
107986	550	Maranello
107987	F355	Challenge 97 Yellow/Red Cloth LHD EU ass. # 24875
107988	F355	Berlinetta Challenge black
107989	F355	Challenge
107990	F355	Berlinetta Challenge 97 Yellow/Black Manual LHD US ZFFXR41AXV0
107991	F355	Berlinetta Red-Yellow LHD JP ZFFXR41JPN0107991
107993	F355	Challenge Red Black-Red LHD EU
107994	F355	Challenge
107995	F355	GTS Rosso Corsa/Black colour coded roof ZFFXR42B000107995 A7995ACQ shields
107996	F355	Spider 97 Red/Black LHD EU manual ZFFXR48B000 ass. # 24766 A7996AFQ
107997	F355	Spider 1/97 Rosso Corsa/Tan LHD US ZFFXR48A5V0107997
107998	F355	Spider 97 LHD US ZFFXR48A7V0107998
107999	550	Maranello Dark Blue/grey LHD EU ZFFZR49B000107999
108000	550	Maranello Grigio Titanio met./black LHD EU
108001	550	Maranello Red
108002	550	Maranello
108003	550	Maranello Grigio Titaniometallic/black HH-HH 295
108004	550	Maranello Red/Black LHD EU
108005	F355	Berlinetta Grey Red
108006	F355	GTS Red/Black ass. # 24793
108007	F355	GTS Red/Black
108008	F355	GTS Red/Black ZFFXR42B000108008
108009	F355	Spider 97 Red/Tan LHD US ZFFXR48A6V0108009
108010	F355	Spider 97 LHD US ZFFXR48A2V0108010
108012	F355	GTS 97 Rosso Corsa/Nero ZFFXR42B000108012
108013	F355	GTS Red/Black LHD EU
108014	F355	Spider Giallo Modena/Black LHD Manual ZFFXR48B000108014 A8014FCL ass. # 24791 Yellow challenge grill
108015	F355	Spider 97 Yellow/Black LHD US ZFFXR48A1V0108015
108016	F355	Spider 97 Yellow/Black LHD US ZFFXR48A3V0108016
108018	F355	Berlinetta Red/Crema Manual RHD ZFFXR41C000108018
108019	F355	GTS Red/Black ass. # 24831 ZFFXR42B000108019
108022	F355	Spider
108023	F355	Spider 1/97 Yellow/Black Manual LHD US ZFFXR48A0V0108023
108024	F355	Spider 97 Yellow/Black LHD US ZFFXR48A2V0108024
108025	550	Maranello 97 Red/Black LHD EU ZFFZR49B000108025
108028	550	Maranello 97 Rosso Corsa/Nero ZFFZR49B000108028
108029	550	Maranello silver grey Metallic/LHD,
108031	F355	GTS Red/Black
108033	F355	Spider Red/Black
108034	F355	Spider
108035	F355	Spider 97 Black/Tan LHD US Manual ZFFXR48A7V0108035
108036	F355	Spider 1/97 Black/Beige LHD US ZFFXR48A9V0108036
108038	550	Maranello Red/Black EU
108039	F355	Berlinetta Yellow/Black LHD EU
108040	F355	Berlinetta Red/Black LHD EU
108041	F355	Berlinetta Silver/Black LHD EU
108042	F355	Berlinetta Black Crema RHD UK ass. # 24873
108044	F355	Spider
108045	F355	Spider (F1) 97 LHD US ZFFXR48AXV0108045
108046	F355	Spider 97 Black/Black LHD US ZFFXR48A1V0108046
108047	550	Maranello 97 Le Mans Blue/black LHD EU ZFFZR49B000108047 ass. # 24854 A8047WFP
108049	550	Maranello Red/Black LHD EU ZFFZR49B000108049
108050	F355	Berlinetta Red/Crema RHD
108051	F355	Berlinetta Silver/Black
108052	F355	Berlinetta
108053	F355	Spider Red/Black LHD EU
108054	F355	Spider 97 Blue Le Mans/Tan Blue top LHD US ZFFXR48A0V0108054
108055	F355	Spider 97 Black/Black Manual LHD US ZFFXR48A2V0108055
108056	F355	Spider 97 LHD US ZFFXR48A4V0108056
108057	550	Maranello silver/Bordeaux
108059	550	Maranello Rosso Corsa/black
108060	F355	Berlinetta Red/Tan
108062	F355	Berlinetta Dark Blue/Tan
108063	F355	Berlinetta Red/Crema RHD UK
108064	F355	Berlinetta Red/Black RHD UK
108066	F355	Spider 97 LHD US ZFFXR48A7V0108066
108067	F355	Spider 97 LHD US ZFFXR48A9V0108067
108069	550	Maranello
108070	550	Maranello Black/Crema LHD EU ZFFZR49B000108070 Sports exhaust
108072	F355	Berlinetta Red/Black Manual LHD ZFFXR41B000108072
108074	F355	Berlinetta Red/Crema Manual RHD ZFFXR41C000108074 Black calipers
108075	F355	Spider
108076	F355	Spider 97 LHD US ZFFXR48AXV0108076
108077	F355	Spider 97 LHD US ZFFXR48A1V0108077
108078	F355	Spider 97 Rosso Barchetta/Tan LHD US ZFFXR48A3V0108078
108079	550	Maranello Red
108082	F355	Berlinetta Blu Pastello/Tan LHD EU
108083	F355	Berlinetta 9/97 Rosso Corsa/Nero Manual ZFFXR41C000108083
108086	F355	Spider Rosso Corsa/Black LHD Manual ZFFXR48B000108086 A8086SGB shields
108087	F355	Spider 97 Red/Black LHD US ZFFXR48A3V0108087
108088	550	Maranello
108090	550	Maranello Red/Black ZFFZR49B000108090
108091	F355	GTS 97 Rosso/Blu colour-coded roof Manual RHD ZFFXR42C000108091 eng. # 45242 ass. # 24758 shields
108094	550	Maranello Grigio Titanio/black ZFFR49B000108094
108096	550	Maranello
108097	550	Maranello
108098	550	Maranello 97 Grigio Titanio met./Bourdeaux US ZFFZR49AXV0108098

519

s/n	Type	Comments
108101	550	Maranello Red/Black
108102	550	Maranello Silver/black
108103	550	Maranello Swaters Blue/dark Blue LHD US ZFFZR49AXV0108103 Tubi
108104	550	Maranello 97 Red/Black LHD EU ZFFZR49B000108104 A8104HTV ass. # 24961
108105	550	Maranello Grigio Titanio met./Bordeaux LHD EU ZFFZR49B000108105
108106	550	Maranello 97 Grigio Titanio Metallizzato 3238/Bordeaux ZFFZR49C000108106
108107	550	Maranello 97 LHD US ZFFZR49A7V0108107
108108	550	Maranello 97 Grigio Titanio met./Dark Blue ZFFZR49A9V0108108
108115	456	GTA Verde Silverstone/Tan RHD
108117	550	Maranello Silver LHD ZFFZR49B000108117
108120	F355	Berlinetta 97 Rosso Barchetta LHD US ZFFXS41A0V0108120
108121	F355	GTS Yellow/Black Manual RHD ZFFXR42C000108121
108123	F355	Spider 97 Blue/Crema ass. # 24898
108124	F355	Spider 97 Red/Black LHD
108125	F355	Spider 97 RHD
108126	F355	Spider 97 LHD CDN ZFFXR48AXV0108126
108127	550	Maranello Blue LHD ZFFZR49B000108127
108128	550	Maranello Red/Black
108129	550	Maranello Silver/black LHD EU
108130	F355	Berlinetta Challenge 97 Red/Black RHD ZFFXR41D000108130 eng. # F129C45432
108131	456	GTA 97 Swaters Blue/tan LHD US ZFFWP50AXV0108131
108132	F355	Berlinetta 97 Red/Black LHD CDN ZFFXS41A7V0108132
108133	F355	Berlinetta 97 argento
108134	F355	Spider Red/Black
108135	F355	Spider
108137	F355	Spider 97 LHD CDN ZFFXR48A4V0108137
108141	550	Maranello 97 Silver/black LHD EU
108143	F355	GTS 97 Black/Tan LHD US ZFFXR42A9V0108143
108145	F355	Berlinetta Challenge 97 Black/Red Cloth LHD US ZFFXR41A0V0108145 ass. # 25118
108146	F355	Spider 1/97 Grigio Titanio met./Black LHD Manual US ZFFXR48A5V0108146
108147	F355	Challenge Red & White LHD EU rear challenge grill rear wing
108148	F355	Spider 97 Red/Black ZFFXR48B000108148
108149	F355	Spider 97 Metallic/Blue/Tan LHD CDN ZFFXR48A0V0108149
108150	F355	Spider 97 Black RHD ZFFXR48D000108150 eng. # F129C45435
108155	F355	Berlinetta Challenge 97 Red/Black LHD US ZFFXR41A3V0108155
108156	F355	GTS Black/White RHD ZFFXR42C000108156
108159	F355	Spider 2/97 Rosso Corsa/Nero ZFFXR48B000108159
108161	F355	Spider 97 LHD CDN ZFFXR48A1V0108161
108162	550	Maranello Grigio Titanio met./Bordeaux or black LHD EU ZFFZR49B000108162 ass. # 25047 Non-original wheels Converted to 550 GT Rosso Corsa/Black
108165	F355	Berlinetta 97 Black/Tan Manual LHD ZFFXR41A6V0108165
108166	F355	Challenge 97 Red/Red
108167	F355	Challenge
108169	F355	Berlinetta black/tan
108170	F355	GTS 97 LHD US ZFFXR42A1V0108170
108171	F355	Spider 97 Rosso Corsa/black Manual LHD EU ZFFXR48B000108171 A8171WER ass.# 24977
108172	F355	Spider
108173	F355	Spider 1/97 Yellow/Black Manual LHD US ZFFXR48A8V0108173
108174	F355	Spider 97 LHD CDN ZFFXR48AXV0108174
108176	550	Maranello LHD EU ZFFZR49B000108176
108177	550	Maranello silver/black EU
108179	F355	Challenge Red & grey/Black & Red LHD EU
108180	F355	Challenge Metallic Blue & Yellow
108181	F355	GTS
108182	F355	Spider Red/Black Manual
108183	F355	Spider 03/97 Blu Tour de France 522/Beige RHD ZFFXR48C000 ass. # 25022 eng. # 45499
108184	F355	Spider 97 Red/Tan LHD US ZFFXR48A2V0108184
108186	F355	Spider 97 Red/Tan LHD US ZFFXR48A6V0108186
108188	550	Maranello Red/Black LHD EU
108190	550	Maranello Dark Blue/dark Blue LHD EU
108191	F355	Berlinetta 97 LHD US ZFFXR41A7V0108191 challange grill black windows
108192	F355	Berlinetta Challenge 97 Blue/Red LHD ZFFXR41B000108192 ass. # 24916
108193	F355	Challenge Red
108195	F355	GTS
108196	F355	Spider
108197	F355	Spider 1/97 Black/Tan manual LHD US ZFFXR48A0V0108197
108198	F355	Spider 2/97 Rosso Corsa/Tan Manual LHD US ZFFXR48A2V0108198
108199	F355	Spider 97 LHD US ZFFXR48A4V0108199
108206	F355	GTS 97 LHD US ZFFXR42A7V0108206
108207	F355	Challenge
108210	F355	Spider 97 Rosso Corsa/Crema ZFFXR48C000108210
108211	F355	Spider 97 LHD US ZFFXR48A1V0108211
108212	F355	Spider 97 Red/Tan LHD US ZFFXR48A3V0108212
108214	550	Maranello Red/Black
108223	F355	Berlinetta Yellow/black
108225	F355	Berlinetta Red/Black Manual RHD ZFFXR41C000108225
108226	F355	GTS 97 Black/Tan Manual LHD US ZFFXR42A2V0108226
108228	F355	Challenge Light Red
108230	F355	Spider Red/Black/Black softtop LHD ZFFXR48B000108230
108232	F355	Spider 97 Black/Tan Manual LHD US ZFFXR48A9V0108232 Tubi
108233	F355	Spider 97 Blue/tan ZFFXR48A0V0108233
108234	550	Maranello Rosso Corsa/black ZFFZR49B000108234 A8234GKU
108235	550	Maranello Silver/black LHD EU
108236	550	Maranello 97 Red/Crema & burgundy LHD EU ZFFZR49B000108236 federalized by Amerispec Tubi
108237	550	Maranello Red/Black LHD
108238	F355	GTS 97 Rosso Monza/Tan Manual LHD US ZFFXR42A9V0108238
108240	F355	Challenge Red/Black
108241	F355	Challenge Red/Black & Red seat LHD EU
108242	F355	Spider 4/97 Rosso Corsa/Nero Manual ZFFXR48B000108242
108243	F355	Spider
108244	F355	Spider
108245	F355	Spider 97 Red/Tan LHD US ZFFXR48A7V0108245
108246	F355	Spider 97 LHD US ZFFXR48A9V0108246
108248	550	Maranello Yellow/black ZFFZR49B000108248
108249	550	Maranello Red/Black sports seat ZFFZR49B000108249 A8249YIA
108253	F355	GTS 97 LHD US ZFFXR42A5V0108253
108255	F355	Spider 97 Rosso Corsa/black Manual LHD EU ZFFXR48B000108255 A8255DRO
108256	F355	Spider 97 Azzurro California LHD CDN ZFFXR48A1V0108256
108258	F355	Spider 2/97 Black/Tan Manual LHD US ZFFXR48A5V0108258 probably parted out

s/n	Type	Comments
108259	F355	Spider 97 Red/Tan LHD US ZFFXR48A7V0108259
108260	F355	Spider 97 Yellow/Black Black top Manual LHD US ZFFXR48A3V0108260
108262	F355	Berlinetta Red/Black LHD JP ZFFXR41JPN0108262
108265	F355	GTS 97 Black saddle LHD US ZFFXR42A1V0108265
108266	F355	Spider Geneva Show Car Blue EU
108267	F355	GTS Red/Black LHD EU ZFFXR42B000108267 black Challenge rear
108268	F355	GTS Red/Black
108269	F355	Spider Black LHD ZFFXR48B000108269
108270	F355	Spider 97 Red/Tan LHD US ZFFXR48A6V0108270
108271	F355	Spider 97 LHD US ZFFXR48A8V0108271
108272	F355	Spider 97 LHD US ZFFXR48AXV0108272
108275	550	Maranello 97 Rosso/Crema & Bordeaux RHD ZFFZR49C000108275 eng. #45667 Ass, #25241
108279	F355	GTS Grigio Titanio met./Black LHD EU ZFFXR42B000108279
108281	F355	Spider 97 LHD US ZFFXR48A0V0108281
108282	F355	Spider 97 LHD US ZFFXR48A2V0108282
108283	F355	Spider 97 Red/Tan LHD US ZFFXR48A4V0108283
108284	F355	Spider 97 Azzurro Monaco/Cream Manual LHD US ZFFXR48A6V0108284
108285	550	Maranello 97 LHD US ZFFZR49A9V0108285
108286	550	Maranello 97 LHD US ZFFZR49A0V0108286
108287	550	Maranello 97 Black/Black ZFFZR49A2V0108287
108291	F355	GTS Geneva Show Car Blu Metallizato/Tan
108292	F355	GTS Red/Black Red roof LHD EU ass. # 25070
108294	F355	Spider Dark Blue Crema manual LHD EU ZFFXR48B000108294 A8294XAD ass. # 25187
108295	F355	Spider 2/97 Rosso Corsa/Tan LHD US ZFFXR48A0V0108295
108296	F355	Spider 97 LHD US ZFFXR48A2V0108296
108297	F355	GTS Dark Blue/Crema RHD
108298	550	Maranello
108299	550	Maranello
108300	550	Maranello 6/97 Rosso Corsa/Cuoio Naturale ZFFZR49C000108300
108302	550	Maranello Red/Crema RHD UK
108303	550	Maranello
108308	F355	Berlinetta Dark Blue Blue LHD ZFFXR42B000108308
108309	F355	GTS Rosso Corsa/black Sports seats Colour coded roof LHD EU ZFFXR42B000108309 ass. #25103 A8309LOZ
108311	F355	GTS 97 Rosso (FER300/12DS)/Crema Colour coded roof ZFFXR42C000108311 eng. # 45516 ass. # 25056
108312	F355	GTS
108318	F355	GTS Giallo Modena/black
108319	F355	GTS
108320	F355	Spider Silver/Black dark Blue roof LHD Silver/Black challenge grille,
108322	456	GT 97 Silver/Bordeaux ZFFWP44C000108322
108323	456	GTA Grigio Titanio met./Bordeaux Bordeaux Carpets, 30/04/97
108324	550	Maranello
108328	F355	Berlinetta Yellow/navy Blue ZFFXR41B000108328 ass # 25277 A8328DWH
108331	F355	GTS Yellow/Black RHD UK ZFFXR42B000010833
108332	F355	GTS black/black LHD EU
108335	456	GTA
108336	456	GT 97 Grigio TitanioBlack LHD US ZFFWP44A0V0108336
108337	550	Maranello Metallic Black/Bordeaux LHD EU
108338	550	Maranello 97 Sebring Blue metallic/cuoio naturale LHD EU ZFFZR49B000108338 A8338UFL
108339	550	Maranello Silver/black LHD EU ZFFZR49B000108339 Sports exhaust
108341	F355	Berlinetta Rosso
108344	F355	GTS Red/Black ZFFXR42B000108344 LHD
108345	F355	GTS Red/Black
108348	550	Maranello 97 Grigio Titanio met./Cartier leather
108350	F355	Berlinetta Challenge 97 Red/Tan Manual LHD US ZFFXR41A1V0108350, rebuilt to Berlinetta
108351	F355	Berlinetta Challenge 97 White LHD US ZFFXR41A3V0108351
108355	F355	Berlinetta Red/Black Red stitching RHD Manual UK ZFFXR41C000108355 ass. # 25029 shields
108357	F355	Berlinetta Red
108359	550	Maranello Red/Tan LHD EU ZFFZR49B000108359 A8359BST Red calipers
108361	F355	Spider 97 Red/Tan Manual LHD US ZFFXR48A9V0108361
108362	F355	Spider 97 Giallo Modena/Black Manual LHD US ZFFXR48A0V0108362
108363	F355	Spider 97 Yellow/Black LHD US ZFFXR48A2V0108363
108364	F355	Spider 97 Giallo Modena FER 102 DS/Black LHD Manual US ZFFXR48A4V0108364
108365	F355	Spider 2/97 Black/BlackLHD US ZFFXR48A6V0108365
108366	F355	Spider 97 LHD US ZFFXR48A8V0108366
108367	456	GTA 97 LHD US ZFFWP50A6V0108367
108369	550	Maranello White/black then Grigio Titanio met./black LHD EU ZFFZR49B000108369
108371	F355	Berlinetta Dark Blue/Tan LHD EU Manual ZFFXR41B000108371
108372	F355	GTS Red/Black LHD
108374	F355	GTS 97 Red/Black LHD
108375	F355	Spider 97 Yellow/Black LHD US ZFFXR48A9V0108375 Tubi
108376	F355	Spider 97 Rosso Barchetta/Tan LHD US ZFFXR48A0V0108376
108377	F355	Spider 97 Red/Tan LHD US ZFFXR48A2V0108377
108378	F355	Spider 97 LHD US ZFFXR48A4V0108378
108380	550	Maranello Silver/black LHD EU
108381	550	Maranello 97 Azzurro California 524/Black ZFFZR49B000108381
108382	550	Maranello Red/Black EU ZFFZR49B000108382 A8382BJT
108384	F355	Berlinetta 97 Blue Beige
108385	F355	GTS 97 Red/Tan LHD US ZFFXR42A0V0108385
108387	F355	GTS 97 Le Mans Blue/Blu Scuro RHD AUS ZFFXR42D000108387 eng. # F129C45634
108388	F355	Spider 97 Grigio Titanio met./tan LHD Manual US ZFFXR48A7V0108388
108389	F355	Spider 97 LHD CDN ZFFXR48A9V0108389
108390	F355	Spider 97 Yellow RHD ZFFXR48D000108390 eng. # F129C45684
108391	550	Maranello Converted to 550 GTO Prodrive Grigio Titanio met./tan then Black & Blue Menx Livery after Conversion ZFFZR49B000108391
108394	F355	Berlinetta NWorld Tour Cari, 97 Rosso Barchetta/Tan LHD US ZFFXR41AXV0108394
108397	F355	GTS black
108398	F355	GTS 97 RHD
108399	F355	Spider Dark Blue Crema RHD UK
108400	F355	Spider 97 Red/Tan Manual LHD US ZFFXR48A4V0108400
108401	F355	Spider 97 Red/Tan LHD US ZFFXR48A6V0108401
108402	F355	Berlinetta
108403	456	(M) GT LHD EU ZFFWP44B000108403

s/n	Type	Comments	s/n	Type	Comments
108404	F355	Berlinetta Red/Crema RHD ZFFXR41C000108404 shields	108477	550	Maranello Grigio Titanio/Burgundy LHD EU ZFFZR49B000108477
108405	550	Maranello Red/Black	108478	550	Maranello Red/Black LHD ZFFZR49B000108478
108406	550	Maranello Red/all tan LHD EU ZFFZR49B000	108480	F355	Berlinetta
108407	550	Maranello silver/black ZFFZR49B000108407 A8407APS	108483	F355	GTS Red/Black LHD EU
108408	F355	Spider Red/Crema RHD ass. # 25223	108484	F355	GTS 97 black/tan LHD US ZFFXR42A2V0108484
108411	F355	GTS Red/Black LHD EU	108485	F355	GTS 97 Red/Black LHD US Manual ZFFXR42A4V0108485
108412	F355	GTS	108487	F355	Spider F1 97 Red/Tan LHD US ZFFXR48A9V0108487
108413	F355	Spider 97 Red/Tan LHD US ZFFXR48A2V0108413	108488	F355	Spider 97 Rosso Corsa/Tan Manual LHD US ZFFXR48A0V0108488
108414	F355	Spider 97 Red/Tan LHD US ZFFXR48A4V0108414	108489	456	GTA 97 Argento/Black ZFFWP50A9V0108489
108415	F355	Spider 97 LHD CDN ZFFXR48A6V0108415	108491	550	Maranello GTS Conversion Silver/Bordeaux later Yellow/black LHD EU ZFFZR49B000 ass. # 25485
108416	456	GTA Black/Grey LHD			
108418	550	GTO Prodrive ALMS/ELMS Rosso Scuderia			
108421	F355	Berlinetta	108492	550	Maranello Red/Black-Red
108424	F355	GTS 98 Rosso Corsa/Beige LHD EU ZFFXR42B000108424	108493	550	Maranello Red/Tan LHD EU
			108495	F355	Spider
108425	F355	GTS	108496	F355	GTS Red/Black LHD EU ass. # 25291 Sportsexhaust
108426	F355	GTS 97, Black/Tan, LHD US ZFFXR42AXV0108426 challenge grill.	108497	F355	GTS Giallo Modena
108427	F355	Spider	108499	F355	Spider Blue Black LHD EU
108428	F355	Spider 97 Red/Tan LHD US ZFFXR48A4V0108428	108500	F355	Spider Giallo Modena
			108501	F355	Spider 97 Giallo Modena LHD US ZFFXR48AXV0108501
108432	550	Maranello 97 Argento Nürburgring 101/C/Nero ZFFZR49B000108432 A8432IWX	108502	F355	Spider 97 Rossa Corsa/Tan Manual LHD US ZFFXR48A1V0108502
108433	550	Maranello Blue/Tan, LHD			
108434	550	Maranello Blu Pozzi 521 D.S./black ZFFZR49B000			
108435	550	Maranello 97 Canna di Fucile Met. FER 703/C/tan LHD EU ZFFZR49B000108435 A8435LGG	108503	F355	Spider 97 Red/Black Red Stitching Manual LHD CDN ZFFXR48A3V0108503
			108504	456	GT 97 Grigio Titanio Tan LHD
108436	F355	Berlinetta 97 Rosso Corsa/Crema Manual RHD ZFFXR41C000108436	108505	550	Maranello Grigio Titanio met./black LHD EU
			108506	550	Maranello Red/Black LHD EU
108437	F355	Berlinetta 97 LHD US ZFFXR41A2V0108437	108508	F355	Berlinetta Giallo Modena
108439	F355	GTS Red/Black	108509	F355	Berlinetta 97 LHD US ZFFXR41A1V0108509
108440	F355	GTS	108513	F355	GTS 98 Blu Sebring/Blu Scuro ZFFXR42B000108513
108441	F355	Spider Red/Crema RHD UK			
108442	F355	Spider 97 Red/Tan LHD US ZFFXR48A9V0108442	108514	F355	Spider Blue metallic/light grey
			108515	F355	Spider
108443	F355	Spider 97 Red/Tan LHD US ZFFXR48A0V0108443	108516	F355	Spider 97 Red/Tan LHD US ZFFXR48A1V0
108444	F355	Spider 97 LHD CDN ZFFXR48A2V0108444	108517	F355	Spider 97 Rossa Corsa/Tan Manual LHD US ZFFXR48A3V0108517
108446	550	Maranello Red/Tan	108518	456	GTA Metallic/Blue Brown LHD
108447	550	Maranello Giallo Modena/Black LHD ZFFZR49B000108447 A8447CCZ	108519	550	Maranello Red/Crema, LHD, ZFFZR49B000108519
108449	550	Maranello Silver/black	108522	550	Maranello 97 LHD US ZFFZR49A8V0108522
108450	F355	Berlinetta 97 Giallo Modena/Nero RHD UK ZFFXR41C000108450 ass. # 25265	108523	550	Maranello 97 Grigio Titanio metallic/Red LHD US ZFFZR49AXV0108523
108452	F355	Berlinetta Red/Crema RHD UK A8452RGR	108526	F355	GTS Red Red LHD EU
108454	F355	GTS Red/Black	108529	F355	Spider Red/Crema & Red Manual RHD ZFFXR48C000108529
108455	F355	GTS 97 LHD US ZFFXR42A6V0108455			
108456	F355	Spider 97 Red/Tan LHD US ZFFXR48A9V0108456	108530	F355	Spider 97 Rosso Corsa/Beige Manual LHD US ZFFXR48A6V0108530
108457	F355	Spider 97 LHD US ZFFXR48A0V0108457	108531	F355	Spider 97 Blue Dark Blue LHD US ZFFXR48A8V0108531
108458	F355	Spider 97 Red/Tan LHD US ZFFXR48A2V0108458	108532	F355	Spider 97 Yellow/Black LHD US ZFFXR48AXV0108532
108460	456	GTA Grigio Titanio metallic/Red	108533	F355	Spider 97 LHD CDN ZFFXR48A1V0108533
108462	550	Maranello Silver/black LHD EU, converted to 550 GTO by Prodrive, Red	108534	456	GT Grigio Titanio Tan LHD
			108535	550	Maranello Bluemetallic/tan
108463	550	Maranello Silver/black LHD EU	108536	550	Maranello GT Conversion by XL Racing Team Red White roof/black White rear wing eng. # 44501
108464	550	Maranello 97 Green ZFFZR49B000108464			
108466	F355	Berlinetta Giallo Modena 4305			
108467	F355	Berlinetta	108538	550	Maranello 97 Yellow/Black LHD US ZFFZR49A1V0108538
108470	F355	GTS Red/Black LHD EU ass. # 25278			
108471	F355	Spider	108542	F355	GTS 97 Black/Black LHD Manual US ZFFXR42A1V0108542
108472	F355	Spider 97 Red/Tan LHD US ZFFXR48A7V0108472	108543	F355	GTS 97 Red/Tan Manual LHD US ZFFXR42A3V0108543
108473	F355	Spider 97 Giallo Modena/BlackLHD US ZFFXR48A9V0108473	108545	F355	Spider Red/Black LHD EU ZFFXR48B000108545
108474	F355	Spider 97 LHD CDN ZFFXR48A0V0108474			
108476	550	Maranello Silver/black			

s/n	Type	Comments
108546	F355	Spider Blue/Tan LHD EU
108547	F355	Spider 97 LHD US ZFFXR48A1V0108547
108548	F355	Spider 97 Red/Tan LHD US ZFFXR48A3V0108548
108551	550	Maranello Blue/black LHD EU
108552	550	Maranello 5/97 Grigio Titanio met./Bordeaux
108553	550	Maranello 97 LHD US ZFFZR49A8V0108553
108556	F355	Berlinetta 97 Yellow/Black LHD US ZFFXR41AXV0108556
108557	F355	GTS Rosso Corsa 322
108559	F355	GTS 97 LHD US ZFFXR42A7V0108559
108561	F355	Spider Rosso Corsa 322/Black
108562	F355	Spider 97 Blu Sebring/Blu Scuro Manual LHD US ZFFXR48A8V0108562
108563	F355	Spider 97 Red/Tan LHD US ZFFXR4BAXUD108563
108564	456	GT Argento Nürburgring 101/C/ 101
108565	550	Maranello Silver/black LHD U ZFFZR49B000108565
108566	550	Maranello
108568	550	Maranello 97 Grigio Titanio LHD US ZFFZR49AXV0108568
108569	F355	Berlinetta Red/Black LHD EU
108571	F355	Berlinetta Black/Crema ZFFXR41B000108571 ass. # 25393
108572	F355	Berlinetta 97 Yellow/Black LHD US Manual ZFFXR41A8V0108572
108573	F355	Berlinetta 97 Rosso Corsa 322/Beige Manual LHD US ZFFXR41AXV0108573
108574	F355	GTS 97 Rosso Corsa/Nero Manual ZFFXR42B000108574
108575	F355	Spider Yellow/Black
108576	F355	Spider 97 Metallic/Black Light grey
108577	F355	Spider 97 Red/Tan LHD US ZFFXR48AXV0108577
108578	F355	Spider 97 LHD US ZFFXR48A1V0108578
108580	550	Maranello Azzurro California
108582	550	Maranello Red/Tan RHD ZFFZR49C000108582 Black calipers
108583	550	Maranello 97 LHD US ZFFZR49A6V0108583
108585	550	Maranello 97 Red/Tan LHD US ZFFZS49A4V0108585
108586	F355	Berlinetta Red/Tan
108589	F355	Berlinetta Red/Black sport seats, LHD
108591	F355	Spider Giallo Modena/Black LHD Manual EU ZFFXR48B000 A8591FSW
108592	F355	Spider 97 Black/black LHD EU ZFFXR48B000 ass. # 25396 A8592DVM
108593	F355	Spider 97 Rosso Corsa 322 LHD US ZFFXR48A8V0108593
108594	F355	Spider 97 Swatters Blue/tan LHD US ZFFXR48AXV0108594
108595	F355	Spider 97 LHD US ZFFXR48A1V0108595
108598	550	Maranello
108600	550	Maranello Black/black, ex-Eddie Irvine
108602	F355	Berlinetta 97 ZFFXR41B000108602 LHD Metallic/Carbon Black/Black
108603	F355	Berlinetta Yellow/black ZFFXR41B000108603 A8603EDY ass. # 25427
108604	F355	Berlinetta Red/Black LHD EU
108605	F355	Berlinetta 97 Red/Tan LHD US ZFFXR41A8V0108605 Factory indicates Giallo Modena
108606	F355	Berlinetta 97 LHD US ZFFXR41AXV0108606
108607	F355	Spider Black/Tan LHD EU
108608	F355	Spider Giallo Modena/Black LHD Manual ZFFXR48B000108608 A8608KKE
108609	F355	Spider 97 LHD US ZFFXR48A8V0108609
108610	F355	Spider F1 97 Silver/Red LHD US ZFFXR48A4V0108610
108611	456	GTA 97 Argento Nürburgring 101/C/ Bordeaux RHD ZFFWP50C000108611
108612	550	GTO Prodrive Red White & green
108614	550	Maranello 5/97 Verde Inglese FER 606/Naturale ZFFZR49B000108614
108615	550	Maranello 97 Rosso Corsa/Nero & Red Red piping LHD EU ZFFZR49B000 A8615PAH
108616	F355	Berlinetta 00 Argento Nürburgring 101/C/ 101/Charcoal ZFFXR41B000108616
108617	F355	Berlinetta Argento Nürburgring 101/C/ 101/Bordeaux A8617VZQ
108618	F355	Berlinetta Red/Black
108619	F355	Berlinetta Red/Black
108621	F355	Berlinetta 97 LHD US ZFFXR41A6V0108621
108622	F355	Spider 97 Silver/Blue LHD EU ZFFXR488000108622
108623	F355	Spider Yellow/Black
108624	F355	Spider Red/Black LHD ZFFXR48B000108624 A8624FIW
108625	F355	Spider 97 LHD US ZFFXR48A6V0108625
108626	F355	Spider 97 LHD US ZFFXR48A8V0108626
108628	550	Maranello Grigio Titanio met./black LHD EU
108629	550	Maranello 4/97 Nero Carbone Metallizzato/Bordeaux ZFFZR49B000108629
108630	550	Maranello Grigio Titanio met./Bordeaux LHD EU ZFFZR49B000108630
108632	F355	Berlinetta Red/Black ZFFXR41B000
108633	F355	Berlinetta Blue/Brown
108635	F355	Berlinetta Red/Black LHD EU ass. # 25458
108636	F355	Berlinetta 3/97 Nero 1240/Tan Manual LHD US ZFFXR41A8V0108636
108638	F355	Spider 97 Red/Tan Black Top LHD US Manual ZFFXR48A4V0108638
108639	F355	Spider 97 LHD US ZFFXR48A6V0108639
108640	F355	Spider 97 White/Grey Manual LHD US ZFFXR48A2V0108640 Borla exhaust
108641	456	GTA 97 Silver/RHD ZFFWP50C000108641
108647	456	GTA Blu TdF/nero ZFFWP50B000108647
108648	456	GTA Silver/dark Blue ZFFWP50B000108648
108650	456	GTA Argento Nürburgring 101/C/Black LHD ZFFWP50B000108650
108655	456	GTA Black Bordeau LHD
108656	456	GT Swaters Blue/Tan LHD
108657	F355	Spider Red/Black ZFFXR48B000108657
108658	F355	Berlinetta Grey/Black
108659	F355	Berlinetta Blu Pozzi 521 D.S./cuoio naturale
108662	F355	Spider Yellow/black ZFFXR48B000
108663	F355	Spider 97 LHD US ZFFXR48A3V0108663
108664	F355	Spider 97 Sebring Metallic/Blue/Tan LHD US ZFFXR48A5V0108664
108665	F355	Spider 97 Verde Mugello Beige LHD US ZFFXR48A7V0108665
108667	F355	Berlinetta Nürburgring silver met./cuoio naturale
108669	F355	Berlinetta Red/Black
108670	F355	Berlinetta Yellow/Black LHD ZFFXR41B000108670 Black calipers
108671	F355	Berlinetta Rosso Corsa/Black Manual LHD EU A8671CAB
108672	F355	Spider Red/Black
108674	F355	Spider 97 LHD US ZFFXR48A8V0108674
108675	F355	Spider 97 Rosso Corsa/Tan manual LHD US ZFFXR48AXV0108675
108677	F355	Berlinetta 97 LHD US ZFFXR41A0V0108677
108678	F355	GTS Red/Black LHD EU ZFFXR42B000108678
108679	F355	GTS 4/97 Rosso Corsa/Charcoal ZFFXR42B000108679
108680	F355	GTS 97 Swaters Blue Natural LHD US ZFFXR42A2V0108680
108681	F355	Spider Red/Black LHD EU
108682	F355	Spider Blue/black ZFFXR48B000108682
108683	F355	Spider Black/Black RHD
108684	F355	Spider 3/97 Rosso Corsa/Tan black top LHD US ZFFXR48A0V0108684
108685	F355	Spider 97 Red LHD US ZFFXR48A2V0108685

s/n	Type	Comments
108688	F355	Berlinetta 97 Red/Naturale Manual LHD US ZFFXR41A5V0108688
108689	F355	GTS Red/Black LHD
108690	F355	GTS Red/Black LHD
108691	F355	GTS 97 Red/Tan LHD US ZFFXR42A7V0108691
108694	F355	Spider 3/97 Argento Nürburgring 101/C/ Dark Blue Manual LHD US ZFFXR48A3V0108694
108695	F355	Spider 97 Giallo Modena/Black Manual LHD US ZFFXR48A5V0108695
108696	F355	Berlinetta Red/Black
108697	F355	Berlinetta 97 Red/Tan LHD US ZFFXR41A6V0108697
108698	F355	GTS Red/Black LHD EU
108699	F355	GTS 97 Red/Black
108700	F355	GTS 97 Red/Tan LHD US ZFFXR42A4V0108700
108702	F355	Spider Red/Black LHD EU
108703	F355	Spider Red LHD ZFFXR48B000108703
108704	F355	Spider 97 LHD US ZFFXR48A2V0108704
108705	F355	Spider 97 LHD US ZFFXR48A4V0108705
108706	F355	Spider 97 LHD US ZFFXR48A6V0108706
108707	F355	Spider 97 Black/Black Manual LHD US ZFFXR48A8V0108707
108708	550	Maranello 97 Rosso Corsa black LHD US ZFFZR49A0V0108708 shields
108709	550	Maranello 4/97 NART Blue/Beige LHD US ZFFZR49A2V0108709
108711	550	Maranello Grigio Titanio met./Red LHD EU
108712	550	Maranello 97 Rosso Barchetta/Tan LHD US ZFFZR49A2V0 ex- Michael Jordan
108713	550	Maranello Grigio Titanio met./Bordeaux RHD UK
108715	550	Maranello Argento Nürburgring 101/C/Naturale LHD EU
108716	550	Maranello Silver/Black RHD ZFFZR49C000108716
108717	550	Maranello 97 Giallo Modena/Bordeaux LHD US ZFFZR49A1V0108717
108718	550	Maranello Grigio Titanio met./black ZFFZR49B000108718
108719	550	Maranello Grigio Titanio met./black
108720	550	Maranello Silver/Black RHD ZFFZR49C000108720
108721	550	Maranello 97 LHD US ZFFZR49A3V0108721
108722	F355	Berlinetta Red/Tan LHD EU
108723	F355	Berlinetta Grigio Titaniometallic/Red AR 686 FA l
108724	F355	Berlinetta 3/97 Rosso Barchetta/Tan LHD US ZFFXR41A5V0108724
108726	F355	GTS green/brown
108727	F355	GTS 97 Black/Tan LHD US ZFFXR42A2V0108727
108729	F355	Spider Red/Black
108730	550	Maranello Grigio Titanio met./black LHD
108732	550	Maranello Silver/black RHD LHD UK
108733	550	Maranello 97 Black/Crema Daytona seats ZFFZR49AXV0108733 shields
108734	456	GT 97 Grigio Titanio Metallizzato 3238/Charcoal ZFFWP44B000108734
108735	F355	Berlinetta Dark Blue Crema RHD UK
108736	F355	Berlinetta 97 LHD US ZFFXR41A1V0108736
108737	F355	Berlinetta 97 Yellow/black LHD US ZFFXR41A3V0108737 Stebro exhaust Challenge grille
108738	F355	GTS Red/Black ZFFXR42B000108738
108739	F355	GTS Dark Blue/Tan
108740	F355	Spider Yellow/Black LHD EU
108741	F355	Spider 97 Red/Beige LHD US ZFFXR48A8V0108741
108742	F355	Spider 97 Red/Tan LHD US ZFFXR48AXV0108742
108746	550	Maranello Grigio Titanio met./black
108748	550	Maranello Red/Black RHD ZFFZR49C000108748
108749	550	Maranello 97 Grigio Titanio/Red LHD US ZFFZR49A3V0108749 Fiorano package 550 Barchetta wheels F50 braking system ex- Charlie Sheen
108750	F355	Berlinetta 97 Red/Tan LHD US ZFFXR41A6V0108750
108751	F355	Berlinetta 97 Red/Tan Manual LHD US ZFFXR41A8V0108751 Capristo exhaust rear challenge grill
108755	F355	Spider 97 Black/Black Manual LHD US ZFFXR48A8V0108755
108756	F355	Spider 97 Black/Tan LHD US ZFFXR48AXV0108756
108758	F355	Berlinetta Yellow/Black
108759	550	Maranello Grigio Titanio met./Bordeaux
108762	550	Maranello 97 LHD US ZFFZR49A6V0108762
108763	F355	Berlinetta Yellow/black Manual ZFFXR41B000108763 ass.# 25532 A8763NAS
108764	F355	Berlinetta Red/beige RHD
108765	F355	Berlinetta 97 LHD US ZFFXR41A8V0108765
108766	F355	GTS Yellow/black
108767	F355	GTS Yellow/black ZFFXR42B000108767 A8767MNZ
108768	F355	Spider Red/Crema ZFFXR48B000 ass. # 25581
108770	F355	Spider 97, Blu Tour de France 522/Tan Manual LHD US ZFFXR48A4V0108770
108771	F355	Spider 4/97 Argento Nürburgring/Black LHD US Car ZFFXR48A6V0108771
108772	F355	Spider 97 LHD US ZFFXR48A8V0108772
108773	456	GT silver/black
108774	550	Maranello Red/Tan Red spoilers LHD EU ZFFZR49B000108774
108775	550	Maranello Argento Nürburgring 101/C/Bordeaux RHD ZFFZR49C000108775
108776	550	Maranello 97 LHD US ZFFZR49A6V0108776
108779	F355	Spider 97 Swaters Blue/Tan Blue Top Manual ZFFXR48A4V0108779
108780	F355	GTS Red/Crema RHD UK
108781	F355	GTS 97 Black/GreyLHD US ZFFXR42A8V0108781
108782	F355	Spider Dark Blue/Tan LHD ZFFXR48B000108782
108783	F355	Spider Yellow Dark Blue LHD EU
108784	F355	Spider Silver/black ZFFXR48C000108784
108785	F355	Spider 97 LHD US ZFFXR48A6V0108785
108786	F355	Spider 4/97 Black/Tan black top LHD US ZFFXR48A8V0108786 Tubi
108787	F355	Spider 97 Grigio Titanio met./black & Red LHD Manual CDN ZFFXR48AXV0108787
108788	550	Maranello Dark Green
108790	550	Maranello
108791	550	Maranello Red/Tan RHD ZFFZR49C000108791
108792	550	Maranello 97 Red/Tan LHD US ZFFZR49A4V0108792
108793	F355	Berlinetta Red/Black LHD
108794	F355	Berlinetta 97, Rosso Nero Nero Carpets 26.4.97
108795	F355	GTS Yellow/Black sportseats LHD EU ZFFXR42B000108795
108796	F355	GTS 5/97 Rosso Corsa/Nero colour coded roof LHD EU ZFFXR42B000108796 ass. # 25625 A8796NMW shields
108797	F355	GTS 97 Rosso Corsa/Crema Manual RHD UK ZFFXR42C000108797
108799	F355	Spider
108800	F355	Spider 97 LHD US ZFFXR48A9V0108800
108801	F355	Spider 97 Red/Tan LHD US ZFFXR48A0V0108801
108802	F355	Spider 97 Red/Tan LHD US ZFFXR48A2V0108802
108803	F355	Spider 97 LHD CDN ZFFXR48A4V0108803
108804	456	GT Dark Blue Black LHD ZFFWP44B000108804

s/n	Type	Comments
108805	550	Maranello Red/Tan
108806	550	Maranello 97 Blu Le Mans/Grigio Scuro ZFFZR49B000108806
108807	550	Maranello Red/Black LHD EU
108810	F355	GTS Red/Black LHD EU
108813	F355	Spider Red/Crema Manual ZFFXR48C000108813
108814	F355	Spider 97 LHD US ZFFXR48A9V0108814
108815	F355	Spider 97 Red/Sand Manual, LHD US ZFFXR48A0V0108815
108816	F355	Spider 97 Black/Tan Manual LHD US ZFFXR48A2V0108816
108817	F355	Spider 97 LHD CDN ZFFXR48A4V0108817
108818	550	Maranello 97 Grigio Titanio met./Bordeaux LHD Manual ZFFZR49B000108818 A8818HDF
108819	550	Maranello Red/Black
108822	F355	Berlinetta
108823	F355	Berlinetta 97 Grigio TitanioMetallic/Tan Manual LHD US ZFFXR41A7V0108823
108825	F355	Berlinetta 97 Grigio TitanioMetallic/Tan Manual LHD
108826	F355	GTS Dark Blue/Tan LHD EU
108827	F355	Spider Dark Blue/Crema RHD ZFFXR48C000108827 Black calipers
108828	F355	Spider
108829	F355	Spider 97 LHD US ZFFXR48A0V0108829
108830	F355	Spider 97 Rosso/Beige LHD US ZFFXR48A7V0108830
108831	F355	Spider 97 LHD US ZFFXR48A9V0108831
108835	550	Maranello Red/Black LHD EU
108836	550	Maranello Red/Black ZFFZR49B000
108837	F355	Berlinetta Red/Black LHD EU
108842	F355	GTS Red/beige ZFFXR42B000108842 A8842NIX
108844	F355	Spider
108845	F355	Spider 97 LHD US ZFFXR48A9V0108845
108846	F355	Spider 97 Red/Beige US ZFFXR48A0V0108846
108848	550	Maranello Red/Tan
108849	550	Maranello Argento Nürburgring 101/C/black
108850	550	Maranello silver/black
108855	F355	GTS Red/Black colour coded roof LHD EU ZFFXR42B000108855 ass.# 25693
108856	F355	Spider
108858	F355	Spider 4/97 Rosso Corsa/Tan LHD US ZFFXR48A7V0108858
108859	F355	Spider 97 Red/Beige LHD US ZFFXR48A9V0108859
108860	F355	Spider 97 Red/Tan LHD US ZFFXR48A5V0108860
108861	456	GT Dark Blue LHD
108863	550	Maranello black/tan
108866	F355	Berlinetta Silver Dark Blue
108867	F355	Berlinetta Yellow/Black LHD EU
108869	F355	Berlinetta Carbon black metallic/White
108870	F355	Berlinetta Red/Black LHD EU ZFFXR41B000108870 ass. # 25708
108871	F355	GTS Red/Black Red roof LHD
108872	F355	GTS Blue/Crema
108873	F355	Spider 97 RHD
108874	F355	Spider 97 Giallo Modena/Black Manual LHD US ZFFXR48A5V0108874
108875	F355	Spider 97 LHD US ZFFXR48A7V0108875
108876	F355	Spider 97 LHD US ZFFXR48A9V0108876
108877	456	M GTA
108878	550	Maranello Silver/black LHD EU
108879	550	Maranello Argento Nürburgring 101/C/
108880	550	Maranello Argento Nürburgring 101/C/ or Azzurro California
108881	550	Maranello 97 Rosso Corsa/Nero ZFFZR49B000108881
108883	F355	Berlinetta Silver/Green Manual LHD EU ZFFXR41B000108883 A8883NAK
108884	F355	Berlinetta Red
108885	F355	Berlinetta Red/Black LHD
108886	F355	Berlinetta 97 Rosso Corsa/Nero ZFFXR41B000108886 Ass # 25722 A8886NMD
108888	F355	GTS Rosso Corsa 322
108889	F355	Spider 97 LHD US ZFFXR48A7V0108889
108890	F355	Spider 97 LHD US ZFFXR48A3V0108890
108891	F355	Spider 97 Red/Tan LHD US ZFFXR48A5V0108891
108892	F355	Spider 97 LHD US ZFFXR48A7V0108892
108893	F355	Spider 97 LHD US ZFFXR48A9V0108893
108895	550	Maranello Grigio Titanio grey/black LHD ZFFZR49B000
108896	550	Maranello Argento Nürburgring 101/C/ LHD EU ZFFZR49B000108896
108897	550	Maranello black/black ZFFZR49B000108897
108898	550	Maranello Grigio Titanio met./Bordeaux LHD EU
108899	F355	Berlinetta Grigio Titanio met./Bordeaux LHD EU ZFFXR41B000108899 challenge grill
108902	F355	Berlinetta 97 Rosso Corsa/Black Manual LHD EU ZFFXR41B000108902 A8902NXZ ass. # 25724
108904	F355	Spider 5/97 Giallo Modena/Blu Scuro ZFFXR48C000108904
108905	F355	Spider 97 Black/Tobacco Manual LHD US ZFFXR48A1V0108905
108906	F355	Spider 97 Grigo Titanum/Maroon LHD US ZFFXR48A3V0108906
108907	F355	Spider 97 Rosso Corsa 322 LHD US ZFFXR48A5V0108907
108908	F355	Spider 97 Rosso Corsa 322/Tan Black Top Manual LHD US ZFFXR48A7V0108908
108910	F355	Berlinetta Red/Black & Red
108913	F355	Berlinetta Red/Tan LHD EU ass. # 25750
108914	F355	Spider
108916	F355	Spider Red/Crema Manual ZFFXR48C000108916
108917	F355	Spider 97 Verde Silverstone Met. FER 607/Tan LHD US ZFFXR48A8V0108917
108918	F355	Spider 97 Grigio Titanio met./Bordeaux LHD US ZFFXR48AXV0108918
108919	F355	Spider 97 Bianco Avus 100/Tan Tan Dash & Steering Wheel & door panels Manual LHD US ZFFXR48A1V0108919 ass. # 25784 Rear Challenge Grill Tubi
108920	F355	Spider 97 Grigio Titanio met./Bordeaux LHD US ZFFXR48A8V0108920
108921	F355	GTS 97 Red/Tan LHD US ZFFXR48AXV0108921
108922	F355	Berlinetta Red/Tan shields
108923	F355	Berlinetta F1 97 Yellow/Black RHD ZFFXR41D000108923
108925	F355	Berlinetta Giallo Modena 4305
108927	550	Maranello 97 LHD US ZFFZR49A1V0108927
108928	550	Maranello 97 Black/black LHD US ZFFZR49A3V0108928
108929	F355	GTS Red/Black colour coded roof LHD EU A8929ISX
108930	F355	Berlinetta Rosso Corsa 322
108931	F355	Berlinetta Red/Tan LHD EU
108934	F355	Berlinetta 97 Red/Black LHD US ZFFXR41A5V0108934
108935	F355	Berlinetta Red/Tan LHD EU
108938	F355	Spider F1 4/97 Red/Tan LHD US ZFFXR48A5V0108938 Red calipers Tubi rear challenge grill
108939	550	Maranello 97 Red/Black LHD EU ZFFZR49A8V0108939
108940	550	Maranello 97 LHD US ZFFZR49A4V0108940
108941	F355	Spider 97 Yellow/black LHD US ZFFXR48A5V0108941

s/n	Type	Comments
108942	F355	Spider 97 Grigio Titanio met./Tan LHD Manual US ZFFXR48A7V0108942 Red calipers Tubi Challenge rear grill
108943	F355	Berlinetta Rosso Corsa 322
108945	F355	Berlinetta Silver Grey Black LHD EU
108946	F355	Berlinetta Giallo Modena 4305/Black LHD EU ass. # 25801
108948	F355	Spider Red/Tan black stitchings LHD ZFFXR48B000108948 ass. # 25782
108949	F355	Spider Red/Black ZFFXR48B000108949 Black Calipers
108951	550	Maranello Rosso Corsa/black LHD
108953	550	Maranello Rosso Corsa 322
108954	550	Maranello 97 LHD US ZFFZR49A4V0108954
108955	550	Maranello 97 LHD US ZFFZR49A6V0108955
108956	F355	Spider 97 Nero Daytona 1240/black LHD US Manual ZFFXR48A7V0108956
108957	F355	Spider 97 Rosso Barchetta/tan LHD Manual US ZFFXR48A9V0108957
108958	F355	Spider 97 Red/Tan Manual, LHD US ZFFXR48A0V0108958
108959	550	Maranello 8/97 Rosso Corsa/Beige ZFFZR49C000108959
108960	550	Maranello 97 Argento Nürburgring 101/C/ RHD AUS ZFFZR49D000108960
108961	550	Maranello Silver/dark Blue
108962	550	Maranello 97 Dark metallic Blue/cream ZFFZR49B000108962
108963	456	GT Silver/Red LHD
108964	F355	Berlinetta Nero 1240/Black LHD
108965	F355	Berlinetta Rosso Corsa 322/black EU
108966	F355	Berlinetta Red/Black LHD EU ZFFXR41B000108966 ass. # 25783
108967	F355	Berlinetta Giallo Modena 4305/Black LHD EU
108969	550	Maranello 97 Red/Tan LHD ZFFZR49A6V0108969
108970	550	Maranello 97 Grigio Titanio met./Red ZFFZR49A2V0108970, feat. in the movie îThe Family Manî
108973	550	Maranello Silver/Black LHD EU ZFFZR49B000109073
108974	550	Maranello Grigio Titanio met./Bordeaux ZFFZR49B000108974
108976	550	Maranello 9/97 Rosso Corsa/Nero ZFFZR49C000108976
108979	550	Maranello 97 Blu Sebring/Tan LHD US ZFFZR49A9V0108979, ex-Steve Young
108980	550	Maranello 97 LHD US ZFFZR49A5V0108980
108981	550	Maranello 4/97 Red/Tan LHD US ZFFZR49A7V0108981
108983	550	Maranello 97 Grigio Titanio met./Bordeaux ZFFZR49B000108983
108984	F355	Berlinetta Giallo Modena 4305/Black
108985	F355	Berlinetta 97 LHD CDN ZFFXS41A5V0108985
108986	F355	GTS 97 Red LHD
108987	F355	GTS 97 Le Mans Blue Metallic/Sand Manual, LHD US ZFFXR42A6V0108987
108988	F355	GTS 97 Red LHD
108989	F355	Spider Black/Black
108990	F355	Spider 97 Rosso Corsa/Nero ZFFXR48B000108990
108991	F355	Spider Modena Yellow/black
108992	F355	Spider
108993	F355	Spider Red/Tan
108995	550	Barchetta Pininfarina Pininfarina Prototype dark Blue met/bordeaux
108998	550	Maranello Argento Nürburgring 101/C/black
108999	F355	Berlinetta 97 Black Grey LHD US ZFFXR41A0V0108999 Tubi exhaust
109000	F355	Berlinetta 97 LHD CDN ZFFXS41A6V0109000
109001	F355	Berlinetta 97 Red RHD ZFFXR41D000109001 eng. # F129C46328
109002	F355	GTS 6/97 Rosso Corsa/Nero RHD UK
109003	F355	GTS Argento Nürburgring 101/C/
109004	F355	GTS Giallo Modena
109005	F355	Spider Red/Black LHD EU ZFFXR48B000109005 ass. # 25813
109007	F355	Spider 97 Rosso Corsa 322 LHD US ZFFXR48A7V0109007
109008	F355	Spider 97 LHD US ZFFXR48A9V0109008
109009	456	GTA Silver/Black LHD
109010	550	Maranello Rosso Corsa 322/black
109011	550	Maranello Dark Blue/Tan ZFFZR49C000109011
109012	550	Maranello 6/97 Rosso Corsa/Beige LHD US ZFFZR49A1V0109012
109013	550	Maranello 97 Grigio Titanio LHD US ZFFZR49A3V0109013
109015	550	Maranello Black/tan
109017	550	Maranello 97 LHD US ZFFZR49A0V0109017
109018	F355	GTS 97 TdF Blue Grigio Scuro Blue Carpets RHD
109019	550	Maranello 97 Grigio Titanio met./Verde matching dash, black carpets LHD US ZFFZR49A4V0109019
109020	F355	Spider 97 Grigio Titanio met. LHD US ZFFXR48AXV0109020
109021	F355	Spider 97 LHD CDN ZFFXR48A1V0109021
109022	F355	Spider 97 LHD CDN ZFFXR48A3V0109022
109026	550	Maranello Red/Black LHD EU
109027	550	Maranello 6/97 Grigio Titanio Metallizzato/Bordeaux LHD US ZFFZR49B000109027 A9027SDU
109028	550	Maranello Grigio Titanio met./Bordeaux RHD UK
109030	F355	Berlinetta 97 Rosso Corsa 322 LHD US ZFFXR41AXV0109030
109032	F355	Berlinetta Red/Black LHD EU
109034	F355	Spider 97 Le Mans Blu/Magnolia eng. 46342
109035	F355	Spider Red/Crema Manual RHD ZFFXR48C000109035 shields
109036	F355	Spider 97 Giallo Modena 4305LHD US ZFFXR48A3V0109036
109037	F355	Spider 97 LHD US ZFFXR48A5V0109037
109038	F355	Spider 97 LHD US ZFFXR48A7V0109038
109039	456	GT 97 Blu Le Mans/Grigio hide eng. # 47038 ass. # 26858
109040	550	Maranello Argento Nürburgring 101/C/
109041	550	Maranello 97 Red/Black LHD US ZFFZR49A8V0109041
109042	550	Maranello 97 Red/Tan LHD US ZFFZR49AXV0109042
109043	550	Maranello Blue/tan or brown
109044	F355	Berlinetta
109045	F355	Berlinetta 97 Bianco Avus 100/Tan LHD US ZFFXR41A1V0109045
109047	F355	GTS 97 Red/Black ZFFXR42B000109047
109049	F355	Spider 97 Rosso Corsa, Tan Rosso Carpets 30/05/97
109050	F355	Spider 97 Rosso Corsa/Nero Manual RHD UK ZFFXR48C000109050
109051	F355	Spider 97 LHD US ZFFXR48AXV0109051
109052	F355	Spider 97 Giallo Modena 4305 LHD US ZFFXR48A1V0109052
109053	F355	Spider 97 Red/Tan Manual LHD US ZFFXR48A3V0109053
109055	550	Maranello 97 Grigio Titanio met./tan ZFFZR49B000109055
109056	550	Maranello 97 Argento Nürburgring 101/C/black LHD US ZFFZR49AXV0109056
109057	550	Maranello 97 Red/Tan LHD US ZFFZR49A1V0109057
109058	550	Maranello 97 Nero 1240/BlackLHD US ZFFZR49A3V0109058 shields
109060	F355	Berlinetta 97 Black/Beige RHD UK ZFFXR41C000109060

s/n	Type	Comments
109061	F355	Berlinetta 97 Argento Nürburgring 101/C/Black LHD US ZFFXR41AXV0109061 Autocheck conf.
109062	F355	GTS Red/Black
109063	550	Maranello green/black
109064	F355	GTS (F1) LHD EU ZFFXR42B000109064
109065	F355	GTS 97 Rosso Corsa Magnolia ZFFXR42C000109065 eng.# 46587
109066	F355	Spider 97 Red/Tan
109067	F355	Spider 97 LHD US ZFFXR48A3V0109067
109068	F355	Spider 97 Red/Tan LHD Manual US ZFFXR48A5V0109068
109069	F355	Spider 97 LHD US ZFFXR48A7V0109069
109070	456	GT Dark Blue/Tan LHD
109071	550	Maranello Argento Nürburgring 101/C/black
109073	550	Maranello Argento Nürburgring 101/C/black LHD EU
109074	550	Maranello Silver/black LHD EU
109075	F355	Spider 97 Red/Tan
109076	F355	Berlinetta 97 Blue/Tan LHD ZFFXR41A1V0109076
109078	F355	GTS Yellow/Black LHD EU Challenge grille
109080	F355	Spider Red/beige RHD
109081	F355	Spider Giallo Modena 4305/Black RHD ZFFXR48C000109081 ass. # 25897
109082	F355	Spider 97 Rosso Corsa 322/Tan LHD US ZFFXR48AXV0109082
109083	F355	Spider 97 Red/Black LHD US ZFFXR48A1V0109083
109084	F355	Spider 97 Red/Tan LHD US ZFFXR48A3V0109084
109086	550	Maranello Red/Tan
109087	F355	Berlinetta
109088	550	Maranello Grigio Titanio met.Bordeaux RHD UK
109089	550	Maranello 97 LHD US ZFFZR49A3V0109089
109091	F355	Berlinetta Rosso Corsa 322
109092	F355	GTS Red/Black Manual ZFFXR42B0000109092 A9092NXI
109093	F355	GTS Giallo Modena 4305
109095	F355	Spider
109097	F355	Spider 97 Blu Tour de France 522/Tan Blue top LHD Manual US ZFFXR48A1V0109097
109098	F355	Spider 97 Rosso Corsa 322 LHD US ZFFXR48A3V0109098
109099	F355	Spider 97 Red/Tan LHD US ZFFXR48A5V0109099
109101	550	Maranello 97 Red/Black LHD US ZFFZR49A0V0109101
109103	550	Maranello 6/97 Rosso Corsa/Beige ZFFZR49B000109103
109104	550	Maranello Grigio Titanio met./NeroLHD ZFFZR49B000109104 A9104SWK
109105	F355	Berlinetta
109107	F355	GTS F1 Yellow/black , first F1
109108	F355	GTS Red
109110	F355	Spider Yellow/Black
109111	F355	Spider
109112	F355	Spider 97 Red/Tan LHD US ZFFXR48A4V0109112
109113	F355	Spider 97 Red/Tan LHD US ZFFXR48A6V0109113
109114	F355	Spider 97 Nero 1240/Tan LHD US ZFFXR48A8V0109114
109115	550	Maranello Red/Black LHD EU ZFFZR49B000109115
109116	550	Maranello 97, Black/Black,
109117	550	Maranello Argento Nürburgring 101/C/black
109118	550	Maranello 97 Blue/bordeaux
109119	F355	Berlinetta Argento Nürburgring 101/C/Black
109122	F355	Berlinetta 97 Red/Tan, LHD US ZFFXR41A4V0109122
109124	F355	GTS Red/Black LHD EU ZFFXR42B000109124
109125	F355	GTS Red/Tan LHD EU
109126	F355	Spider Le Mans Blue/Tan RHD
109127	F355	Spider 97 Giallo Modena/Black Manual, LHD US ZFFXR48A6V0109127
109128	F355	Spider 97 Red/Tan LHD US ZFFXR48A8V0109128
109129	F355	Spider 97 Nero 1240/Tan Manual LHD US ZFFXR48AXV0109129 Challenge grille Tubi
109132	550	Maranello 5/97 Red/Tan LHD US ZFFZR49A0V0109132
109133	550	Maranello 97 Grigio Titanio met./Tan LHD US ZFFZR49A2V0109133
109134	550	Maranello 97 Red/Tan US ZFFZR49A4V0109134
109136	F355	Berlinetta 97 Rosso Corsa 322/Tan Manual, LHD US ZFFXR41A4V0109136
109137	F355	GTS 97 Rosso Corsa/Black sport seats manual LHD ZFFXR42B000109137 A9137NAT shields
109139	F355	GTS 97 Red/Black LHD
109140	F355	Spider 97 Red/Crema RHD UK
109141	F355	Spider 97 Rosso Corsa/Nero RHD UK ZFFXR48C000109141
109142	F355	Spider 97 LHD US ZFFXR48A2V0109142
109143	F355	Spider 97 Giallo Modena/Black LHD US ZFFXR48A4V0109143
109144	F355	Spider 97 Black/Tan Manual, LHD US ZFFXR48A6V0109144
109145	550	Maranello 97 Grigio Titanio met./black
109147	550	Maranello Grigio Titanio met.
109148	550	Maranello 97 Argento Nürburgring 101/C/Black LHD EU A9148FOR ass. # 26167
109150	F355	Berlinetta 97 Red/Black
109152	F355	GTS 97 Red/Black
109154	F355	Spider
109156	F355	Spider 97 Nero 1240 LHD US ZFFXR48A2V0109156
109157	F355	Spider 97 Rosso Corsa/Tan Black Top Manual LHD US ZFFXR48A4V0109157
109158	F355	Spider 97 LHD US ZFFXR48A6V0109158
109160	550	Maranello 97 Red/Crema
109161	550	Maranello 7/97 Black/Beige LHD US ZFFZR49A7V0109161
109162	550	Maranello 97 LHD US ZFFZR49A9V0109162
109163	550	Maranello 97 British Racing Green tobacco LHD US ZFFZR49A0V0109163
109164	F355	Berlinetta 97 Yellow/Black ass. # 25992
109165	F355	Berlinetta 97 Rosso Corsa 322
109166	F355	Berlinetta 97 Red
109167	F355	Berlinetta 97 Red/Black
109168	F355	Berlinetta 97 Nero 1240
109169	F355	Spider 97 Rosso Corsa 322 LHD US ZFFXR48A0V0109169
109170	F355	Spider 97 Rosso Corsa 322/Tan LHD US ZFFXR48A7V0109170
109171	F355	Spider 97 Red/Black LHD US ZFFXR48A9V0109171
109173	F355	Spider 97 Yellow//black US
109174	550	Maranello 6/97 Black/beige LHD EU ZFFZR49B000109174
109175	550	Maranello 97 Black/green or black LHD EU
109176	550	Maranello 97 Grigio Titanio met.
109177	550	Maranello 97 silver grey/black LHD US ZFFZR49A0V0 Yellow calipers
109178	F355	Berlinetta 97 Yellow/black ZFFXR41B000109178
109179	F355	Berlinetta 97 Red/Black A9179NYO
109180	F355	Berlinetta 97 Nero FER 1240 DS/Black Manual LHD ZFFXR41B000109180
109182	F355	Berlinetta 97 Red/Black LHD ZFFXR41B000109182
109183	F355	Berlinetta 97 Red
109184	F355	Spider 97 Argento Nürburgring 101/C/ LHD US ZFFXR48A7V0109184

s/n	Type	Comments	s/n	Type	Comments
109185	F355	Spider 97 Black/Tan Manual LHD US ZFFXR48A9V0109185	109250	550	Maranello 97 Grigio Titanio met. LHD US ZFFZR49A6V0109250
109186	F355	Spider 97 LHD US ZFFXR48A0V0109186	109251	F355	Berlinetta Red/Black ZFFXR41B000109251
109187	F355	Spider 97 Black/Black LHD US ZFFXR48A2V0109187	109252	F355	Berlinetta Red/Black LHD EU
109188	456	GT 97 TdF Blu	109253	F355	Berlinetta Red/Black ZFFXR41B000 ass. # 26099
109189	550	Maranello 97 BLu Le Mans/Bordeaux LHD US ZFFZR49A7V0109189	109255	550	Maranello 97 Red/Black
109191	550	Maranello 97 Grigio Titanio met.	109256	F355	Spider Rosso Corsa 322/Black
109192	550	Maranello 97 Grigio Titanio met./dark Red	109257	F355	Spider Red/Tan
109195	F355	Berlinetta 97 Red/Black	109258	F355	Spider Rosso Corsa 322
109196	F355	Berlinetta 97 Red/Tan ZFFXR41B000	109259	F355	Spider Black/Tan LHD EU
109197	F355	Berlinetta Rosso Corsa/Tan LHD Manual ZFFXR41B000109197 A9197NEV shields	109260	F355	Spider
			109261	550	Maranello 97 LHD US ZFFZS49A5V0109261
109201	F355	Spider 97 Giallo Modena/Black LHD US ZFFXR48A3V0109201	109262	456	GTA 97 Argento Nürburgring 101/C/Bordeaux ZFFWP50B000109262
109202	F355	Spider 97 Grigio Titanio met./Dark Blue Manual LHD US ZFFXR48A5V0	109265	F355	Berlinetta Rosso Corsa 322
			109267	456	GT 98 LHD US ZFFWP44AXW0109267
109203	F355	Spider 97 Red/Tan LHD US ZFFXR48A7V0109203	109269	550	Maranello 97 Rosso Barchetta/tan LHD US ZFFZS49AXV0109269
109204	F355	Spider 97 Black/Black LHD US ZFFXR48A9V0109204	109270	456	GTA Blue Crema LHD
			109271	F355	Berlinetta F1 Red/Black & Red Sportseats LHD
109205	550	Maranello Red/Black	109273	456	GTA 98 Argento Nürburgring 101/C/ LHD US ZFFWP50A0W0109273
109206	550	Maranello 97 Red/Black LHD EU ZFFZR49B000	109274	550	Maranello 97 Argento Nürburgring 101/C/black LHD US ZFFZR49A9V0109274
109207	550	Maranello Rosso Barchetta 320			
109208	550	Maranello Red/Tan	109275	456	GTA
109211	F355	Berlinetta 97 Red/Black Manual LHD EU ZFFXR41B000109211	109276	550	Maranello 97 Grigio Titanio met. LHD US ZFFZS49A7V0109276
109212	F355	Berlinetta Red/Tan LHD EU	109277	456	GT Rosso Corsa 322
109214	F355	Spider 97 Argento Nürburgring 101/C/Light Grey LHD US ZFFXR48A1V0109214	109279	F355	Berlinetta Grigio Titanio met./Bordeaux Manual LHD ZFFXR41B000109279
109215	F355	Spider 97 Giallo Modena/BlackLHD US ZFFXR48A3V0109215	109280	F355	Berlinetta Rosso Corsa 322
			109281	F355	GTS Yellow/Black Yellow roof RHD UK
109216	F355	Spider 97 LHD US ZFFXR48A5V0109216	109282	F355	GTS
109217	F355	Spider 97 Giallo Modena/nero LHD US ZFFXR48A7V0109217	109283	F355	GTS Rosso Corsa 322/Crema RHD UK
			109284	F355	Spider Dark Blue/Tan LHD EU
109218	456	GT California Blue/Tan LHD ZFFWP44B000109218	109286	F355	Spider (F1) Black/Black LHD EU
			109287	F355	Spider 8/97 Giallo Modena/Nero Manual LHD EU ZFFXR48B000109287
109219	550	Maranello 97 Argento Nürburgring 101/C/Dark Blue LHD US ZFFZS49A6V0			
			109288	F355	Berlinetta Red/Black LHD EU
109220	550	Maranello 97 Grigio Titanio met. LHD US ZFFZR49A8V0109220	109289	456	GTA 98 Le Mans Blue LHD US ZFFWP50A4W0109289
109221	550	Maranello 97 Yellow/Black US ZFFZR49AXV0109221	109291	F355	Berlinetta Red/Black-Red sport seats
			109292	F355	GTS Red/Crema sports seats colour-coded roof RHD UK ZFFXR42C000109292 shields Black calipers
109224	F355	Berlinetta Red/Black ass. # 26063			
109225	F355	Berlinetta Giallo Modena/black ZFFXR41B000109225			
			109293	F355	Spider Red/Black
109226	F355	Spider Blu TdF	109295	F355	Spider Giallo Modena/Black LHD EU
109229	F355	Spider 97 LHD US ZFFXR48A3V0109229	109297	F355	Spider Giallo Modena
109230	F355	Spider 97 Rosso Corsa 322 LHD US ZFFXR48AXV0109230	109299	F355	Berlinetta Red/Black ZFFXR41B000109299
			109300	F355	Berlinetta Red/Black LHD ass. # 26142
109231	F355	Spider 97 Red/Tan Manual LHD US ZFFXR48A1V0109231	109304	F355	Spider Blu Tour de France 522/beige EU
			109305	F355	Spider Rosso Barchetta/Black LHD EU
109232	F355	Spider 97 Black/Tan LHD US ZFFXR48A3V0109232	109306	F355	Spider Nero 1240
			109307	F355	Spider Black
109233	456	GTA Dark Blue/Tan ZFFWP50C000109233	109308	F355	Spider Yellow/Black LHD EU
109235	550	Maranello 97 LHD US ZFFZS49A4V0109235	109311	F355	Berlinetta Rosso Corsa 322
109238	F355	Spider Nero 1240	109315	F355	Spider Red/Bordeaux-black ZFFXR48B000
109239	F355	Berlinetta Grigio Titanio met./Bordeaux LHD EU	109318	F355	Spider 97 Grigio Titanio met./Bordeaux ZFFXR48B000109318
109241	F355	Berlinetta Rosso Corsa 322	109322	F355	Berlinetta Argento Nürburgring 101/C/Black LHD
109242	F355	Berlinetta Modena Yellow/black			
109243	F355	Spider Black/Black LHD EU	109324	F355	Spider Red/Black LHD ZFFXR48B000109324
109244	F355	Spider F1 97 Grigio Titanio met./Bordeaux EU ZFFXR48B000109244, A9244NWW	109326	F355	Spider Red/Black LHD
			109327	F355	GTS Blue/Magnolia
109245	F355	Spider 97 Red/Tan Manual LHD US ZFFXR48A1V0109245	109328	F355	Spider black/black ZFFXR48B000109328
			109329	F355	Berlinetta Rosso Corsa 322
109246	F355	Spider 97 LHD US ZFFXR48A3V0109246	109330	F355	Berlinetta Rosso Corsa 322
109247	456	GTA 98 Grigio Titanio met./BlackLHD US ZFFWP50AXW0109247	109331	F355	Berlinetta 97 Giallo Modena/Black manual LHD US ZFFXR41A2V0109331
109249	550	Maranello 97 Red/Black Daytona seats ZFFZR49AXV0109249	109332	F355	GTS
			109333	F355	GTS 97 Giallo Modena 4305/tan LHD US ZFFXR42A8V0109333

s/n	Type	Comments
109334	F355	Spider Yellow/Black LHD EU
109335	F355	Spider 97 Yellow/Black LHD US ZFFXR48A2V0109335
109336	F355	Spider Nero 1240
109339	F355	Berlinetta 98 Rosso Corsa/Nero ZFFXR41B000109339
109340	F355	Berlinetta Rosso Corsa 322
109343	F355	GTS
109345	F355	Spider Blue/Tan RHD ZFFXR48C000109345 Challenge rear grill
109346	F355	Spider 97 LHD US ZFFXR48A7V0109346
109347	F355	Spider F1 97 Giallo Modena 4305/Black LHD US ZFFXR48A9V0109347
109349	F355	Berlinetta Argento Nürburgring 101/C/
109350	F355	Berlinetta 97 Red/dark tan Manual LHD US ZFFXR41A6V0109350
109351	F355	Berlinetta
109352	F355	Spider Red/Black LHD EU
109354	F355	Spider 97 Rosso Corsa 322/Tan LHD US ZFFXR48A6V0109354 Polished factory wheels
109355	F355	Spider 97 LHD US ZFFXR48A8V0109355
109356	F355	Spider 97 Rosso Corsa 322 LHD US ZFFXR48AXV0109356
109357	F355	Berlinetta F1 10/97 Nero/Bordeaux ZFFXR41B000109357
109358	F355	Berlinetta Rosso Fiorano 321/Naturale LHD
109359	F355	Berlinetta Dark Blue/Tan dark Blue seat centers ZFFXR41C000109359
109360	F355	Berlinetta 97 Yellow/black LHD US ZFFXR41A9V0109360
109361	F355	GTS Blu TdF/tan ZFFXR42B000109361 A9361NSR
109362	F355	GTS Red/Black
109363	F355	GTS Red/Crema RHD
109365	F355	Spider Dark Blue/Black manual RHD ZFFXR48C000109365 ass. # 26497
109366	F355	Spider 97 Red/Tan LHD US ZFFXR48A2V0109366
109367	F355	Spider 97 LHD US ZFFXR48A4V0109367
109368	F355	Spider 97 Rosso Corsa 322/Tan LHD US ZFFXR48A6V0109368
109369	F355	Berlinetta Red/Black Manual ZFFXR41C000109369
109372	F355	Berlinetta 97 Rosso Corsa/black manual LHD CDN ZFFXS41AXV0109372
109373	F355	GTS Rosso Corsa 322/Tan ZFFXR42B000109373
109374	F355	GTS Yellow/Black LHD EU
109375	F355	GTS 97 Giallo Modena/black, RHD eng.# 46748 ass.# 26453
109376	F355	Spider Black/Tan manual ZFFXR48B000109376
109377	F355	Spider 97 Grigio Titanio met./Black LHD US ZFFXR48A7V0109377
109378	F355	Spider 97 Yellow/Black LHD Manual US ZFFXR48A9V0109378
109379	F355	Spider 97 Red/Tan LHD US ZFFXR48A0V0109379
109380	F355	Berlinetta Red/Crema RHD Manual ZFFXR41C000109380 shields
109382	F355	GTS Red/Tan ZFFXR42B000109382
109383	F355	GTS Rosso Corsa 322
109384	F355	GTS Red/Crema RHD UK
109385	F355	Spider 97 Viola Asprey/Crema RHD ZFFXR48C000109385
109386	F355	Spider 5/97 Rosso Corsa 322/Tan Manual LHD US ZFFXR48A8V0109386
109387	F355	Spider 97 Black/Black Manual LHD US ZFFXR48AXV0109387
109388	F355	Spider 97 Red/Black LHD US ZFFXR48A1V0109388
109389	F355	Spider 97 Rosso Corsa 322/Tan LHD US ZFFXR48A3V0109389
109393	F355	Berlinetta 97 Red/Black RHD ZFFXR41D000109393
109394	F355	GTS Rosso Barchetta/Black LHD EU
109395	F355	GTS
109396	F355	Spider 97 Rosso Corsa 322
109397	F355	Spider 97 Blue/Tan Dark Blue top LHD US ZFFXR48A2V0109397
109398	F355	Spider 5/97 Rosso Corsa 322 DS/Tan Manual LHD US ZFFXR48A4V0109398
109399	F355	Spider 97 Yellow/Tan LHD US ZFFXR48A6V0109399
109400	F355	Spider 97 Red/Tan LHD US ZFFXR48A9V0109400
109404	F355	GTS Black/Black
109405	F355	GTS Grigio Titanio met./bordeaux ZFFXR42B000
109406	F355	GTS
109407	F355	Spider 97 LHD US ZFFXR48A1V0109407
109408	F355	Spider 97 Yellow/black LHD US ZFFXR48A3V0109408
109409	F355	Spider 6/97 Argento Nürburgring 101/C/navy Blue Blue Top Manual LHD US ZFFXR48A5V0109409
109410	F355	Spider 97 LHD US ZFFXR48A1V0109410
109411	F355	Berlinetta 98 Grigio Titanio met./Asprey purple Manual RHD ZFFXR41C000 eng. # 47064 A9411NEQ
109413	F355	GTS Rosso Corsa 322/Crema Manual RHD ZFFXR42C000109413 shields
109414	F355	Spider 97 Argento Nürburgring 101/C/
109415	F355	Spider 97 Blue/Tan Manual LHD US ZFFXR48A0V0109415
109416	F355	Spider 97 LHD US ZFFXR48A2V0109416
109417	F355	Spider 97 Argento Nürburgring 101/C/ LHD US ZFFXR48A4V0109417
109418	F355	Spider 97 Rosso Monza/Tan LHD US ZFFXR48A6V0109418
109419	F355	Berlinetta Rosso Corsa 322 LHD
109420	F355	Berlinetta Yellow/Black
109421	F355	Berlinetta Rosso Corsa 322/black then Asprey Grey/Purple
109423	F355	GTS Red
109424	F355	GTS Red/Black LHD EU
109426	F355	GTS
109427	F355	Spider 97 LHD US ZFFXR48A7V0109427
109428	F355	Spider 97 Red/Tan LHD US ZFFXR48A9V0109428
109429	F355	Spider 97 Red/Tan LHD US ZFFXR48A0V0109429
109430	F355	Spider 97 Giallo Modena 4305/Black LHD US ZFFXR48A7V0109430
109431	F355	Berlinetta Rosso Corsa 322/Black LHD
109432	F355	Berlinetta Rosso Corsa 322/Black LHD
109433	F355	Berlinetta 8/97 Rosso Corsa 322/Beige ZFFXR41C000109433
109434	F355	GTS F1 IAA-Show Car Giallo Modena/Black LHD EU ass. #26586
109436	F355	GTS Red/Crema RHD UK
109437	F355	Spider 97 Nero 1250/Black LHD US Manual ZFFXR48AXV0109437
109438	F355	Spider 97 Red/Beige LHD US ZFFXR48A1V0109438
109439	F355	Spider 97 Red/Tan LHD US ZFFXR48A3V0109439
109440	F355	Spider 6/97 Nero 1250/Tan Manual LHD US ZFFXR48AXV0109440
109441	F355	Berlinetta Rosso Corsa 322/Black LHD EU
109442	F355	Berlinetta Rosso Corsa 322/Crema ZFFXR41C000109442
109445	F355	GTS Red/Crema RHD
109446	F355	Spider Nero Metalizzato/Cuoio LHD ZFFXR48B000109446
109447	F355	Berlinetta Red/Crema LHD

s/n	Type	Comments
109448	F355	Spider 97 Red/Tan LHD US ZFFXR48A4V0109448
109449	F355	Spider 97 Rosso Corsa/tan LHD US ZFFXR48A6V0109449 Rear Challenge grille
109450	F355	Spider 97 Black/Beige LHD US Manual ZFFXR48A2V0109450
109451	F355	Berlinetta 97 Rosso Corsa 322 LHD ZFFXR41B000109451
109452	F355	Berlinetta 97 Rosso Corsa 322
109454	F355	Berlinetta Dark Blue LHD
109456	F355	Spider Red/Black LHD EU
109457	F355	Berlinetta Yellow/Black LHD
109458	F355	Spider Giallo Modena/Black
109459	F355	Spider Red/Crema RHD UK
109460	F355	Berlinetta 97 Argento Nürburgring 101/C/Black ZFFXR41B000109460
109461	F355	Berlinetta 97 Rosso Corsa 322/black ZFFXR41B000109461
109462	F355	Berlinetta Rosso rubino/black RHD ZFFXR41C000109462
109463	F355	GTS Rosso Corsa 322/Black LHD Manual EU ZFFXR42B000109463 A9463NRZ shields
109464	F355	Berlinetta Deep Metallic/Red/Crema LHD
109465	F355	Berlinetta Rosso Corsa 322/Black LHD
109467	F355	Spider Le Mans Blue/tan ZFFXR48B000
109468	F355	Spider
109469	F355	Spider Yellow/Black Manual RHD ZFFXR48C000109469 Black calipers
109470	550	Maranello 10/97 Rosso Corsa/Beige ZFFZS49A6V0109740
109471	F355	Berlinetta 97 Rosso Corsa 322
109472	F355	Berlinetta Rosso Corsa 322/tan
109473	F355	GTS Rosso Corsa 322/Black LHD EU ZFFXR42B000109473
109474	F355	GTS Rosso Corsa 322
109475	550	Maranello Red
109476	F355	GTS Rosso Corsa 322
109477	F355	Spider same s/n was seen on a 550 Maranello bodypart in the factory
109478	F355	Spider Dark Blue, was Red/Black LHD EU
109479	550	Maranello Red
109480	F355	Spider Red/Crema Red stitching Manual RHD ZFFXR48C000109480 Black calipers shields
109481	550	Maranello Red
109482	550	Maranello Grigio Titanio
109483	550	Maranello Dark Blue
109484	F355	GTS Nero 1250
109485	F355	GTS Rosso Corsa 322/Black LHD EU ZFFXR42B000109485 ass. #26606
109486	550	Maranello Yellow
109487	550	Maranello Silver
109488	550	Maranello Red
109489	550	Maranello Red
109491	F355	Berlinetta 97 Rosso Corsa 322
109493	F355	Berlinetta 97 Rosso Corsa 322
109494	F355	Berlinetta 97 Rosso Corsa 322/Tan LHD EU
109495	F355	Berlinetta Bianco/Crema LHD
109496	F355	Berlinetta Rosso Corsa 322
109497	F355	Spider
109500	F355	Spider Yellow/Black RHD
109501	F355	Berlinetta Rosso Corsa 322/Black LHD Manual EU ZFFXR41B000109501
109502	F355	Berlinetta Giallo Modena
109503	F355	Berlinetta Red/Tan
109504	F355	Berlinetta Rosso Corsa 322
109505	F355	Berlinetta Rosso Corsa 322
109506	F355	Berlinetta Rosso Corsa 322
109507	F355	Berlinetta Rosso Corsa 322/Black LHD EU ZFFXR41B000109507 ass. # 26652
109508	F355	Spider 97, Yellow/Black LHD EU ZFFXR48B000109508
109509	F355	Spider Giallo Modena/Black LHD EU ZFFXR48B00010950 A9509NOQ
109512	F355	Spider Argento Nürburgring 101/C/black LHD
109513	F355	Spider LHD ZFFXR48B000109513
109514	F355	Spider Red/Black LHD EU
109515	F355	GTS Rosso Corsa 322/black ZFFXR42B000109515
109517	550	Maranello 5/97 Grigio Titanio met./Red LHD US ZFFZR49A9V0109517 Tubi
109519	550	Maranello Dark Blue/Crema
109520	550	Maranello dark Blue/grey
109521	456	GT
109522	550	Maranello 97 Black/Black US ZFFZR49A2V0109522
109523	550	Maranello Red/Crema RHD UK
109524	550	Maranello Dark Blue/Crema RHD UK
109525	550	Maranello 8/97 Grigio Titanio met./Charcoal ZFFZR49C000109525
109527	550	Maranello 97 Argento Nürburgring 101/C/black LHD US ZFFZR49A1V0109527
109528	550	Maranello Grigio Titanio met./Bordeaux RHD UK
109529	550	Maranello Rosso Corsa 322/black RHD UK ZFFZR49C000109529 ass. # 26503
109530	550	Maranello Red/Black ZFFZR49B000
109531	456	GTA Dark Blue Crema RHD
109532	550	Maranello Dark Blue/all Red LHD US
109533	550	Maranello Verde Silverstone Met. FER 607/tan
109534	456	GTA 98 Grigio Titanio (3238)/Nero (A8500) RHD ZFFWP50C000109534 Eng. # 47052 Ass. # 26905
109535	456	GT
109536	550	Maranello 97 Grigio Titanio met.
109537	550	Maranello Yellow/Black, LHD US Factory indicates Verde Silverstone
109538	550	Maranello Red/Black LHD EU
109540	456	GTA 10/97 Rosso Monza/Grigio Scuro ZFFWLS0D000109540 eng. # F116C47048
109541	550	Maranello Rosso Corsa 322 LHD EU ZFFZR49B000109541
109542	550	Maranello Grigio Titanio met./black LHD EU
109543	550	Maranello 97 Argento Nürburgring 101/C/
109544	550	Maranello Grey Burgundy RHD ZFFZR49C000109544
109545	550	Maranello Rosso Corsa 322/black ZFFZR49B000109545
109546	550	Maranello Rosso Corsa 322
109547	550	Maranello Rosso Corsa 322
109548	550	Maranello Grigio Titanio met./Bordeaux LHD EU
109549	550	Maranello Dark Blue/tan
109550	550	Maranello Blue
109551	550	Maranello Rosso Corsa 322/tan LHD EU A9551SIU
109552	550	Maranello Grigio Titanio met.
109554	550	Maranello
109555	550	Maranello 8/97 Argento Nürburgring 101/C/Blu Scuro ZFFZR49B000109555
109556	F355	Berlinetta Rosso Corsa 322/tan RHD UK
109557	550	Maranello Rosso Corsa 322/Crema LHD EU ZFFZR49B000109557
109558	550	Maranello Rosso Corsa 322/tan LHD EU Sportsexhaust by Rosenmaier
109559	550	Maranello Red/grey LHD EU ZFFZR49B000 ex-Michael Schumacher
109560	550	Maranello Rosso Corsa 322
109561	550	Maranello Rosso Corsa 322/black ZFFZR49C000109561
109562	550	Maranello Rosso Corsa 322/Black ZFFZR49B000109562 shields
109563	550	Maranello Rosso Corsa 322/black
109564	550	Maranello 97 Giallo Modena/Black LHD EU ZFFZR49B000109564 exported to the US

s/n	Type	Comments
109565	550	Maranello Black/Crema LHD EU ZFFZR49B000109565 A9565 KHH Factory indicates Giallo Modena 4305
109566	550	Maranello 97 Black/Tan LHD ZFFZR49B000109566
109567	550	Maranello 6/97 Giallo Modena 4305/Black ZFFZR49A2V0109567
109568	550	Maranello 97 Argento Nürburgring 101/C/BlackLHD US ZFFZR49A4V0109568
109569	550	Maranello 97 Rosso Corsa 322/Tan LHD US ZFFZR49A6V0109569
109570	550	Maranello 97 Yellow/Bordeaux RHD ZFFZR49C000109570 Factory indicates Rosso Corsa 322
109571	550	Maranello 97 Rosso Corsa 322 ZFFZR49C000109571
109572	550	Maranello Rosso Corsa 322/black
109573	550	Maranello 97 Nero 1250/tan Black Inserts LHD US ZFFZR49A8V0109573
109574	550	Maranello 97 Nero 1250
109575	550	Maranello 10/97 Argento Nürburgring 101/C/dark Blue RHD UK ZFFZR49C000109575 A9575NJJ Blue Carpets
109576	550	Maranello Rosso Corsa 322/Crema RHD UK
109577	550	Maranello 97 Rosso Corsa 322 LHD US ZFFZR49A5V0109577
109578	550	Maranello 97 Nero 1250 LHD US ZFFZR49A7V0109578
109579	550	Maranello Metallic/black/tan LHD EU Sports exhaust Factory indicates Blu TdF
109580	550	Maranello Rosso Corsa/Crema Hide/Rosso Carpets/Red Stitching 14.08.97
109581	550	Maranello 97 Red/Tan, LHD, ZFFZR49AJV0109581
109582	550	Maranello 97 LHD US ZFFZR49A9V0109582
109583	550	Maranello 97 Red/tan, LHD, US ZFFZR49A0V0109583
109584	550	Maranello Red/Black RHD UK
109585	550	Maranello RHD
109586	550	Maranello 97 Yellow/black Yellow piping LHD US ZFFZR49A6V0109586
109587	550	Maranello 97 Rosso Corsa/Beige LHD US ZFFZR49A8V0109587
109588	550	Maranello 97 LHD US ZFFZR49AXV0109588
109590	456	GTA Grigio Titanio met./Black LHD ZFFWP50B000109590
109592	550	Maranello Red/Black LHD EU ZFFZR49B000109592
109593	550	Maranello Red/Black
109595	F355	Berlinetta Rosso Corsa 322
109596	F355	Berlinetta Rosso Corsa 322/Black LHD EU ZFFXR41B000109596
109597	F355	Berlinetta Rosso Corsa 322/Black ZFFXR41B000109597
109598	F355	Berlinetta Rosso Corsa 322
109599	F355	Berlinetta Rosso/tan RHD ZFFXR41C000109599
109601	F355	GTS Black/Black
109602	F355	Spider 98 Grigio Titanio met./Blue LHD Manual ZFFXR48B000109602 A9602NDC Blue dash and steering wheel
109603	F355	Spider 98 LHD US ZFFXR48AXW0109603
109604	F355	Spider 6/97 Rosso Corsa/Tan Manual LHD US ZFFXR48A1W0109604
109608	550	Maranello Red/Black LHD ZFFZR49B000109608
109609	550	Maranello 8/97 Rosso Corsa/Cream ZFFZR49B000109609
109610	F355	Berlinetta Rosso Corsa 322/tan ZFFXR41B000109610
109611	F355	Berlinetta Grigio Titanio met./Black sports seats LHD ZFFXR41B000109611 shields
109614	F355	Berlinetta Modena Yellow/black
109615	F355	Berlinetta 98 Red/Tan LHD US ZFFXR41A3W0109615
109616	F355	GTS Red/Cream Colour-coded roof Manual RHD ZFFXR42C000109616
109617	F355	GTS Red White RHD
109618	F355	Spider Red ZFFXR48B000109618
109620	F355	Spider Grigio Titanio met. Bordeaux RHD
109621	F355	Spider 98 LHD US ZFFXR48A1W0109621
109622	F355	Spider 98 LHD US ZFFXR48A3W0109622
109623	456	GT Black Bordeau LHD
109624	550	Maranello Grigio Titanio met./White LHD EU
109626	F355	Berlinetta 97 Red RHD ZFFZR49D000109626 eng. # F129C47020
109627	550	Maranello 97 LHD US ZFFZR49A5V0109627
109630	F355	Berlinetta Yellow/black LHD ZFFXR41B000109630White non-original wheels modified Challenge grill
109631	F355	Berlinetta 97 Red/Black LHD EU ZFFXR41B000109631 ass. #26697
109634	F355	Berlinetta 98 Rosso Barchetta/Tan Black CarpetsLHD US ZFFXR41A7W0109634
109635	F355	Berlinetta 6/97 Rosso Corsa/Tan LHD US ZFFXR41A9W0109635
109639	F355	Spider Red/Black LHD EU ass. # 26650
109640	F355	Spider 6/97 Grigio Titanio met./Black Manual LHD US ZFFXR48A5W0109640
109641	F355	Spider 6/97 Rosso Corsa/Black LHD US ZFFXR48A7W0109641 Tubi
109642	F355	Spider 98 Rosso Corsa/Tan LHD US ZFFXR48A9W0109642
109644	550	Maranello 97 Grigio Titanio met./tan LHD EU ZFFZR49B000109644 A9644TIU ass. # 26874
109646	550	Maranello 97 Dark Blue Metallic/Tan LHD US ZFFZS49A3V0109646
109648	550	Maranello 98
109649	F355	Berlinetta 98 Rosso Corsa/Black RHD
109650	F355	Berlinetta 98 LHD CDN ZFFXS41AXW0109650
109651	F355	GTS 98 Rosso Corsa/Nero colour coded roof Manual LHD US ZFFXR42A9W0109651
109652	F355	GTS 98 Yellow/Black LHD US ZFFXR42A0W0109652
109653	F355	Spider Yellow/Black LHD ZFFXR48B000109653 ass. # 26668
109654	F355	Spider Red/Tan ZFFXR48B000
109655	F355	Spider 98 Red/Black LHD EU ZFFXR48B000109655
109656	F355	Spider 98 Yellow/Black Manual RHD ZFFXR48C000109656 Challenge rear grill Yellow stitching
109657	F355	Spider Red/Black
109658	F355	Spider 98 Grigio Titanio met./Black Black top LHD US ZFFXR48A2W0109658
109659	F355	Spider 98 Yellow/Black Manual LHD US ZFFXR48A4W0109659 Challenge Grill Tubi
109660	F355	Spider 98 Red/Tan LHD Manual US ZFFXR48A0W0109660
109662	550	Maranello Verde Inglese/tan
109664	550	Maranello 97 LHD US ZFFZR49A0V0109664
109665	550	Maranello 97 Red/Tan LHD US ZFFZR49A2V0109665
109667	F355	Berlinetta Red/Black
109668	F355	Berlinetta Red/Tan
109670	F355	Berlinetta 6/97 NART Blue/Tan Manual LHD US ZFFXR41A0W0109670 ass. # 26763
109673	F355	Spider Giallo Modena/Black LHD
109674	F355	Spider 7/97 Blu Tour de France 522/Beige Manual LHD EU ZFFXR48B000109674
109675	F355	Spider 98 LHD US ZFFXR48A2W0109675
109676	F355	Spider 98 Yellow/Black LHD US ZFFXR48A4W0109676
109677	F355	Spider 97 Rosso Corsa/Tan LHD US Manual ZFFXR48A6W0109677
109678	F355	Spider 98 LHD US ZFFXR48A8W0109678

s/n	Type	Comments	s/n	Type	Comments
109680	550	Maranello Titan Grey ZFFZR49B000109680	109755	F355	Spider 98 Rosso Corsa/Beige Manual LHD CDN ZFFXR48A0W0109755
109681	550	Maranello Gunmetal grey/dark grey LHD EU	109759	550	Maranello Metallic/black/tan LHD EU ZFFZR49B000109759
109682	550	Maranello 6/97 Swaters Blue/tan LHD US ZFFZR49A2V0109682	109763	F355	Berlinetta 98 Black/Tan Manual LHD US ZFFXR41A7W0109763
109683	550	Maranello 97 LHD US ZFFZR49A4V0109683	109764	F355	Berlinetta 98 Black/Tan LHD US ZFFXR41A9W0109764
109684	F355	Berlinetta Red/Black	109765	F355	GTS Red/Black RHD UK A9765NDC
109685	F355	Berlinetta Red/Black ZFFXR41B000109685	109767	F355	Spider Grigio Titanio met./Bordeaux Manual LHD ZFFXR48B000109767 shields
109688	F355	Berlinetta 97 Red/Tan ZFFXR41D000109688 eng. # F129C47097	109769	F355	Spider Dark Blue Black LHD EU Blue Dash
109690	F355	GTS 98 Yellow/Black LHD US ZFFXR42A8W0109690	109770	F355	Spider 98 Giallo Modena/Black Black top manual LHD US ZFFXR48A7W0109770
109693	F355	Spider 97 Red RHD ZFFXR48D000109693 eng. # F129C46987	109771	F355	Spider 98 Grigio Titanio met./Black Manual LHD US ZFFXR48A9W0109771
109694	F355	Spider 97 Red/Tan LHD US ZFFXR48A6W0109694	109780	F355	GTS White Blue LHD
109695	F355	Spider 98 Rossa Corsa/Tan LHD US ZFFXR48A8W0109695	109781	F355	GTS Red/Black Manual LHD
109696	F355	Spider 98 LHD US ZFFXR48AXW0109696	109783	F355	GTS Red/Black RHD
109699	550	Maranello 97 Red/Tan LHD EU	109784	F355	GTS 98 Rosso Corsa/Tan Manual LHD US ZFFXR42A6W0109784
109701	550	Maranello 97 LHD US ZFFZR49A2V0109701	109785	F355	Spider Red/Black RHD ZFFXR48C000109785 Challenge rear grill Shields
109702	550	Maranello 97 Rosso Corsa/Black LHD US ZFFZS49A9V0109702	109786	F355	Spider 98 LHD US ZFFXR48A0W0109786
109704	F355	Berlinetta Red	109787	F355	Spider 98 LHD US ZFFXR48A2W0109787
109705	F355	Berlinetta Red/Crema RHD UK ZFFXR41C000109705	109792	550	Maranello Grey/Blue, LHD ZFFZR49B000109792
109706	F355	Berlinetta Red/Crema RHD UK	109793	F355	Berlinetta Red/Black LHD EU
109707	F355	Berlinetta 97 Red RHD ZFFXR41D000109707 eng. # F129C47098	109795	F355	Berlinetta 7/97 Grigio Titanio Metallizzato 3238/Cuoio Naturale Manual ZFFXR41B000109795
109708	F355	Berlinetta 98 Red/Tan LHD US ZFFXR41AXW0109708	109798	F355	Berlinetta 98 Red/Tan LHD US ZFFXR41A4W0109798
109710	F355	Berlinetta	109799	F355	GTS Red/Black Red roof manual LHD EU ZFFXR42B000 ass. # 26930 A9799NEL
109712	F355	Spider Blu Tour de France 522/tan			
109714	F355	Spider 98 Grigio Titanio Blue RHD ZFFXR48D000109714	109800	F355	Spider 10/97 Blu Pozzi/Blu Scuro LHD US ZFFXR48B000109800 A9800EKE
109715	F355	Spider 98 Red/Tan ZFFXR48AXW0109715	109801	F355	Spider Giallo Modena FER 4305/DS/Black ZFFXR48B000109801 ass. # 26954
109716	F355	Spider 98 LHD US ZFFXR48A1W0109716	109803	F355	Spider 98 Green Metallic/Tan Manual LHD US ZFFXR48A7W010980
109717	F355	Spider 98 Rosso Barchetta/tan black top Manual LHD US ZFFXR48A3W0109717	109804	F355	Spider 98 Red/Tan LHD US ZFFXR48A9W0109804
109718	456	GTA Light Grey Black RHD ZFFWP50C000109718	109805	F355	Spider 98 Black/Tan Black Top Manual LHD US ZFFXR48A0W0109805
109719	550	Maranello Red/Black	109806	550	Maranello Black/Bordeaux, LHD
109723	456	GTA Silver/Black LHD	109808	550	Maranello Grigio Titanio met./Bordeaux LHD EU
109724	F355	Berlinetta Red/Black ass. # 26727	109809	550	Maranello Grigio Titanio met.
109725	F355	Berlinetta	109811	F355	Berlinetta Red/Black
109726	F355	Berlinetta 98 LHD US ZFFXR41A1W0109726	109812	F355	Berlinetta Rosso Corsa/Crema Hide/Rosso Carpets 1.10.97
109727	F355	Berlinetta 98 LHD US ZFFXR41A3W0109727	109814	F355	Berlinetta 7/97 Yellow/Black LHD US ZFFXR41A9W0109814
109729	F355	GTS Red/Black	109817	F355	Spider Red/Black LHD EU
109730	F355	GTS Red	109818	F355	Spider Red/Black
109731	F355	GTS Red/Black LHD EU	109819	F355	Spider 9/97 Nero/Beige Manual LHD US ZFFXR48A0W0109819
109732	F355	GTS Rosso Corsa Nero Nero Carpet Manual transmission	109820	F355	Spider 98 LHD US ZFFXR48A7W0109820
109734	F355	Spider Red/Black	109821	550	Maranello Grigio Titanio met./light grey
109736	F355	Spider 98 LHD US ZFFXR48A7W0109736	109822	550	Maranello Blue ZFFZR49B000109822
109737	456	GT Grigio Titanio met./Bordeaux LHD	109823	550	Maranello Silver/naturale LHD EU
109738	550	Maranello Silver/Black LHD	109824	F355	GTS Silver Tan LHD Manual
109739	550	Maranello 97 LHD US ZFFZR49A5V0109739	109827	F355	Berlinetta 9/97 Rosso Corsa/Nero Manual RHD ZFFXR41C000109827Challenge grill
109740	550	Maranello 97 LHD US ZFFZS49A6V0109740	109828	F355	Berlinetta F1 98 Rosso Corsa/Black LHD US ZFFXR41A9W0109828
109743	F355	Berlinetta 97 Canna Di Fucile Metallizzato/Naturale ZFFXR41B000109743	109829	F355	GTS Silver
109744	F355	Berlinetta 97 Rosso Corsa/Magnolia Manual ZFFXR41C000109744 Black calipers shields	109830	F355	Spider Red/Black LHD EU
109746	F355	Berlinetta LHD JP ZFFXR41JPN0109746	109831	F355	Spider Red/Black LHD Manual EU ZFFXR48B000109831
109747	F355	GTS Red Brown LHD	109832	F355	Spider Red/Black LHD EU ZFFXR48B000109832
109748	F355	GTS Red/Black LHD EU ZFFXR42B000109748 ass. # 26911			
109750	F355	GTS 98 Red/Black LHD US ZFFXR42A0W0109750			
109752	F355	Berlinetta			
109753	F355	Spider 98, Yellow/black LHD US ZFFXR48A7W0109753			
109754	F355	Spider 7/97 Grigio Titanio/Dark Grey LHD US ZFFXR48A9W0109754			

s/n	Type	Comments
109833	F355	Spider 98 Red/Tan LHD US ZFFXR48A5W0109833
109834	F355	Spider 98 LHD US ZFFXR48A7W0109834
109835	550	Maranello Grigio Alloy/black
109836	550	Maranello 97 Grigio Titanio met./black LHD EU
109837	550	Maranello 97 Grigio Titanio met./Black US ZFFZR49A5V0109837
109838	550	Maranello 97 LHD US ZFFZR49A7V0109838
109839	F355	Berlinetta Red ZFFXR41B000109839
109841	F355	Berlinetta Rosso Corsa 322/Black ZFFXR41B000109841
109842	F355	GTS Grigio Titanio Tan colour coded roof LHD ZFFXR42B000109842 Red calipers
109844	F355	GTS Red/Tan ZFFXR42B000109844 ass. # 29958
109846	F355	Spider
109848	F355	Spider 97 Rosso Corsa/Crema RHD UK
109849	550	Maranello 98 Grigio Titanio met./black LHD EU ZFFZR49B000109849 A9849BKG
109850	550	Maranello Black/black
109851	550	Maranello Grigio Titanio met./black RHD UK
109852	F355	Berlinetta Red/Black RHD UK ZFFXR41B000109852
109854	F355	Berlinetta Red/Black manual ZFFXR41B000 A9854BCB
109855	F355	Berlinetta 98 Canna di Fucile Met. FER 703/C/Bordeaux Manual LHD US ZFFXR41A1W0109855
109856	F355	Berlinetta 98 Yellow/black LHD US ZFFXR41A3W0109856
109857	F355	GTS
109858	F355	Spider Yellow/black
109859	F355	Spider F1 97 Giallo Modena/Nero LHD EU ZFFXR48B000109859 ass. # 26987 A9859IDI
109860	F355	Spider Red/Black LHD EU ZFFXR48B000109860 ass. # 27005
109866	F355	Berlinetta Red/Black LHD
109867	F355	Spider 98 LHD US ZFFXR48A0W0109867
109868	F355	Spider 98 LHD US ZFFXR48A2W0109868
109869	F355	Spider Red/Black LHD EU
109870	F355	Spider Red/Black
109872	F355	Berlinetta 98 Burgundy/tan Manual ZFFXR41A1W0109872
109874	F355	Berlinetta F1 IAA-Show Car, Red/Black LHD EU
109876	F355	Berlinetta Red/Black ZFFXR41B000109876
109879	F355	Spider Yellow/Black LHD EU
109880	F355	Spider 98 Yellow/Black Manual
109882	F355	Berlinetta Red/Black ZFFXR41B000109882
109884	F355	Spider F1 IAA-Show Car Rosso Corsa/naturale ZFFXR48B000109884
109885	456	GTA Grigio Titanio met. met./bordeaux
109887	456	GTA 98 Rosso Corsa/BlackLHD US ZFFWP50A2W0109887
109888	456	GTA 98 LHD US ZFFWP50A4W0109888
109889	456	GTA 98 Silver/Crema LHD US ZFFWP50A6W0109889
109890	456	GTA 98 Blue/Tan LHD US ZFFWP50A2W0109890
109891	456	GT 98 Grigio Titanio met./Black LHD US ZFFWP44A9W0109891
109894	456	GT "Sergio Pininfarina" Ocean Blue met./Crema & brown cuoio piping LHD ZFFWP44B000109894 A9894ISI Cuoio dash & steering wheel Factory indicates PPG-colour Grigio Titanio met.
109896	456	GT Red/Black LHD ZFFWP44B000109896
109897	456	GT Black/Black LHD ZFFWP44B000109897
109900	550	Maranello 97 Grigio Titanio met./Bordeaux RHD UK ZFFZR49C000109900 Black calipers
109902	550	Maranello 97 argento/bordeaux RHD AUS
109903	550	Maranello 97 Silver/Blue LHD US ZFFZR49A3V0109903
109904	550	Maranello 7/97 Grigio Titanio Silver/Red ZFFZR49A5V0109904 ass. # 27024
109905	550	Maranello 97 Grigio Titanio met. LHD US ZFFZR49A7V0109905
109906	550	Maranello 97 LHD US ZFFZS49A3V0109906
109907	550	Maranello black/Bordeaux LHD ZFFZR49J000109907
109909	F355	Berlinetta 98 LHD CDN ZFFXS41A3W0109909
109910	550	Maranello
109912	550	Maranello Dark Blue/Bordeaux RHD ZFFZR49C000109912
109913	550	Maranello 97 LHD US ZFFZR49A6V0109913
109914	550	Maranello 7/97 Grigio Titanio met.3238/bordeaux LHD US ZFFZR49A8V0109914
109915	550	Maranello 98 Grigio Titanio met./bordeaux Cartier int. US ZFFZR49AXV0109915
109918	550	Maranello
109919	550	Maranello 98 Rosso Corsa/tan LHD US ZFFZR49A5W0109919 ass. # 27091
109920	550	Maranello 98 Rosso Corsa/Tan LHD US ZFFZR49A1W0109920
109922	550	Maranello 98 Rosso Corsa/Blu Scuro RHD UK ZFFZR49C000109922
109923	550	Maranello
109924	F355	GTS 97 RHD ZFFXR42D000108924 eng. # F129B46075
109925	550	Maranello 98 Grigio Titanio Metallic/Bordeaux LHD US ZFFZR49A0W0109925
109926	550	Maranello 98 Blu Tour de France 522/Beige LHD US ZFFZR49A2W0109926
109927	550	Maranello 98 LHD US ZFFZR49A4W0109927
109928	550	Maranello 98 LHD US ZFFZR49A6W0109928
109931	550	Maranello 97 Black/Bordeaux AUS RHD ZFFZR49D000109931 WP6997
109932	550	Maranello Blu Tour de France 522/Tan
109934	550	Maranello Dark Blue/tan LHD EU ZFFZR49B000109934 A9934KHP shields
109935	550	Maranello Silver/Bordeaux, LHD
109937	F355	Berlinetta 4/98 Argento Nürburgring 101/C/Blu Scuro ZFFXR41B000109937
109938	F355	Berlinetta Red/Black ZFFXR41B000
109943	F355	Spider Red/Black LHD EU
109944	F355	Berlinetta Red/Black
109945	F355	Spider Red/Black LHD EU
109946	F355	Spider Red/Black LHD
109948	550	Maranello Red/naturale LHD EU
109949	550	Maranello Red/Black
109950	550	Maranello 98 Grigio Titanio met./bordeaux LHD EU ZFFZR49B000109950
109951	456	GTA ZFFWP50C000109951
109954	F355	Berlinetta Rosso Corsa/Black manual LHD EU ZFFXR41B000109954 ass. # 27016 A9954HWH shields
109959	F355	Spider Red Black-Red LHD
109961	550	Maranello Grigio Titanio met.
109962	550	Maranello silver/black ZFFZR49B000109962
109963	550	Maranello Silver/black LHD EU
109964	550	Maranello Silver/bordeaux LHD EU ass. # 27303 ZFFZR49B000109964
109965	550	Maranello Red/Black ZFFZR49B000109965
109966	550	Maranello
109967	550	Maranello 98 Red/Tan LHD US ZFFZR49A5W0109967
109968	550	Maranello Blue/tan
109971	F355	Berlinetta Dark Blue/Tan
109872	F355	Berlinetta
109977	F355	Spider 98 Red/Black manual LHD EU ZFFXR48B000109977
109978	F355	Spider Yellow/black ZFFXR48B000109978
109979	F355	Spider Yellow/Black LHD EU ZFFXR48B000109979
109980	550	Maranello Red/Black LHD EU ZFFZR49B000109980

s/n	Type	Comments
109981	550	Maranello 97 Argento Nürburgring 101/C/Bordeaux ZFFZR49B000109981
109982	550	Maranello Dark Blue/Tan LHD ZFFZR49B000109982 A9982VWQ
109983	550	Maranello Grigio Titanio met./black EU
109985	550	Maranello 98 Blu Tour de France 522/tan LHD US ZFFZR49A7W0109985
109992	F355	GTS Red ZFFXR42B000109992
109993	F355	Spider Red/Black ZFFXR48B000109993
109994	F355	Spider Red/Black
109999	550	Maranello Rosso Corsa/Crema LHD EU ZFFZR49B000 A9999PKY
110000	550	Maranello Red/Crema LHD EU ZFFZR49B000110000 ex-Father of Heinz-Harald Frentzen
110001	550	Maranello Azzurro California 524/tan RHD UK
110002	456	GTA Grey Crema LHD
110004	F355	Berlinetta Red/Tan ZFFXR41B000
110009	F355	GTS Red/Crema colour coded roof LHD
110010	F355	Spider F1 Red/Black LHD
110011	550	Maranello
110012	F355	Spider Black/Tan LHD
110013	F355	Spider 8/97 Giallo Modena/Blu Scuro ZFFXR48B000110013
110015	550	Maranello Red/Black ZFFZR49B000110015
110017	550	Maranello black/black LHD ZFFZR49B000110017
110021	F355	Berlinetta 98 Yellow/Black
110024	F355	Berlinetta Silver/Naturale
110026	F355	Berlinetta Black/Black LHD EU ZFFXR41B000110026 ass. #27078
110027	F355	Berlinetta Red/Black
110030	F355	Spider Azzurro California 524/cuoio LHD EU ZFFXR48B000110030
110031	550	Maranello Red/Tan ZFFZR49B000110031 B0031JFJ 25
110032	550	Maranello Silver/Bordeaux ZFFZR49B000110032
110035	550	Maranello 98 LHD US ZFFZR49C000110035
110036	550	Maranello 98 ZFFZR49A7W0110036
110037	550	Maranello 98 LHD US ZFFZR49A9W0110037
110040	F355	Berlinetta Red
110041	F355	GTS Red/Black
110042	F355	Berlinetta Yellow/Black LHD EU
110043	F355	Berlinetta 97 Red ZFFXR41D000110043 eng. # F129C47380
110044	F355	GTS Dark Blue Crema RHD UK ZFFXR42C000110044 ass. # 27177
110045	F355	GTS 98 Red/Black colour coded roof LHD CDN ZFFXR42A6W0110045 Tubi
110046	F355	Spider Red/Black LHD
110047	F355	Spider 98 LHD CDN ZFFXR48A0W0110047
110048	F355	Spider 97 Argento Nürburgring 101/C/Blue & Black Manual RHD AUS ZFFXR48D000110048
110049	550	Maranello silver/black LHD EU
110052	550	Maranello 98, Swaters Blue Magnolia
110054	550	Maranello 98 LHD US ZFFZR49A9W0110054
110055	550	Maranello 98 Blue/Crema LHD US ZFFZR49A0W0110055
110056	456	GTA 98 Black/Tan US ZFFWP50A8W0110056
110057	F355	Berlinetta Red/Black LHD EU
110058	F355	Berlinetta Red/Black LHD EU
110061	F355	GTS Black/Black LHD
110062	F355	GTS 98 Black/Black Manual, LHD US ZFFXR42A6W0110062
110063	F355	Spider Black/Black Manual LHD EU ZFFXR48B000110063 ass. # 27102 Red calipers
110064	F355	Spider
110065	F355	Spider Silver Bordeaux
110068	456	GTA Dark Blue/Crema LHD
110069	550	Maranello 98 Argento Nürburgring 101/C/Blu Scuro ZFFZR49B000110069
110071	550	Maranello Grigio Titanio met./Bordeaux
110072	550	Maranello 98 LHD US ZFFZR49A0W0110072
110073	550	Maranello 98 Grigio Titanio Metallic/Black LHD US ZFFZR49A2W0110073
110077	F355	Spider 98 Black/Tan Manual
110079	F355	GTS 98 LHD US ZFFXR42A1W0110079
110081	F355	Spider Red/Black LHD EU ZFFXR48B000110081 B0081VSV
110082	F355	Spider Red/Black ZFFXR48B000110082
110083	F355	Spider Yellow/Black LHD EU
110085	550	Maranello 97 Rosso Corsa/Black LHD EU ZFFZR49B000110085 B0085ENZ
110086	550	Maranello ZFFZR49B000110086
110088	550	Maranello 98 LHD US ZFFZR49A4W0110088
110089	550	Maranello 98 LHD US ZFFZR49A6W0110089
110090	550	Maranello 98 Blue/tan LHD US ZFFZR49A2W0110090
110091	550	Maranello Grigio Titanio met./Red LHD US ZFFZR49A4W0110091 Tubi exhaust
110092	456	GTA 8/97 Red Crema ZFFWP50C000110092
110093	F355	Berlinetta Red/Black LHD
110096	F355	Berlinetta Red/Crema Manual RHD ZFFXR41C000110096 rear Challenge grill
110100	F355	Spider Red/Black LHD
110101	F355	Spider 97 Red/beige RHD Manual B0101NZC
110102	F355	Spider 97 Rosso Corsa/Crema Manual ZFFXR48C000110102
110103	550	Maranello Grigio Titanio met./Bordeaux RHD UK
110104	550	Maranello Grigio
110105	550	Maranello 98 LHD US ZFFZR49A0W0110105
110106	550	Maranello 98 LHD US ZFFZR49A2W0110106
110109	F355	Berlinetta F1
110110	F355	Berlinetta 98 LHD US ZFFXR41A0W0110110
110114	F355	Spider Red/Crema RHD ZFFXR48C000110114
110119	550	Maranello ZFFZR49C000110119
110121	456	GT 00 Argento Nürburgring 101/C/Blu Scuro RHD AUS ZFFWL50D000
110122	550	Maranello 98 Grigio Titanio met./tan LHD US ZFFZR49A0W0110122
110128	F355	GTS Red/Black ZFFXR42B000
110129	F355	GTS 97 Silver/Bordeaux ZFFXR42D000110129 eng. # F129C47475
110130	F355	Spider silver/tan ZFFXR48B000110130
110131	F355	Spider Le Mans Blue/tan LHD US ZFFXR48A0W0110131
110133	F355	GTS 98 LHD US ZFFXR42A3W0110133
110135	550	Maranello ZFFZR49C000110135
110136	550	Maranello ZFFZRA49C000110136
110137	550	Maranello 98 LHD US ZFFZR49A2W0110137
110138	550	Maranello 98 Black/Tan ZFFZR49A4W0110138
110139	F355	Spider F1 Red/Black ZFFXR48B000110139
110141	F355	Berlinetta 98 LHD US ZFFXR41A0W0110141
110143	F355	Berlinetta Silver/Black LHD JP ZFFPR41JPN0110143
110144	F355	GTS Rosso Corsa/Black Manual ZFFXR42B000110144 B0144JJJ challenge grill
110145	F355	GTS 97 Rosso Corsa Crema RHD ZFFXR42C000110145
110146	F355	GTS 98 Black/Black Manual ZFFXR42A1W0110146
110147	F355	Spider 98 Black/Tan LHD US ZFFXR48A4W0110147
110148	550	Maranello
110150	550	Maranello 10/97 Black/Black LHD US ZFFZR49A5W0110150
110151	550	Maranello 98 Blue NART Tan LHD US ZFFZR49A7W0110151
110155	F355	Berlinetta Red/White RHD
110156	F355	Berlinetta 98 Red/Tan LHD US ZFFXR41A2W0110156
110157	F355	GTS 98 Grey White EU ZFFXR42B000110157

s/n	Type	Comments
110159	F355	GTS 98 Yellow/Black LHD ZFFXR42AXW0110159
110160	F355	Spider 98 Rosso Corsa/black LHD EU ZFFXR48B000110160
110161	F355	Spider Red/Black LHD ZFFXR48B000110161
110162	F355	Spider 98 Yellow/Black LHD US ZFFXR48A0W0110162
110163	550	Maranello Grigio Titanio met./black RHD UK ZFFZR49C000110163
110165	550	Maranello 98 Red/Tan LHD US ZFFZR49A7W0110165
110166	550	Maranello 98 Grigio Titanio met./bordeaux ZFFZR49A9W0110166
110167	550	Maranello LHD US
110168	456	GTA silver grey/grey RHD
110169	F355	Berlinetta F1 98 Rosso Corsa/Nero RHD UK ZFFXR48A0W0110169
110171	F355	Berlinetta 98 Blu Tour de France 522/Tan LHD US ZFFXR41A9W0110171
110174	F355	GTS Red/Black LHD EU ZFFXR42B000
110175	F355	GTS Dark Blue/Tan LHD
110177	F355	Spider Red/Black manual ZFFXR48B000 B01770V0
110179	F355	Spider 98 LHD US ZFFXR48A6W0110179
110181	550	Maranello Red/Black RHD
110182	550	Maranello 98 Blu Tour de France 522/Beige LHD US ZFFXR49A7W0110182 ass. # 27482
110183	550	Maranello 98 LHD US ZFFXR49A9W0110183
110184	550	Maranello LHD
110185	456	GT Dark Blue/black
110186	F355	Berlinetta F1 10/97 Rosso Barchetta 320 DS/Tan ZFFXR41A0W0110186
110187	F355	Berlinetta F1 98 Red/Tan ZFFXR41A2W0110187
110188	F355	Berlinetta Red/Crema ZFFXR41C000110188
110189	F355	Berlinetta 98 Red/Tan Manual LHD US ZFFXR41A6W0110189
110191	F355	GTS Red/Black LHD
110192	F355	GTS
110195	F355	Spider Rosso Corsa/Crema Manual RHD
110196	550	Maranello
110197	550	Maranello
110199	550	Maranello Grigio Titanio met./bordeaux LHD US ZFFZS49A7W0110199
110202	F355	Spider F1 Red/Tan RHD UK ass. # 27458
110203	F355	Berlinetta
110204	F355	Berlinetta 98 black/tan LHD US ZFFXR41A9W0110204
110207	F355	GTS Red White RHD UK ZFFXR42C000110207 ass. # 27254
110208	F355	GTS 98 Red/Tan LHD US ZFFXR42A8W0110208
110209	F355	Spider Red/Black ZFFXR48B000110209
110210	F355	Spider 97 Blu Pozzi 521 D.S./Dark Blue Manual LHD US ZFFXR48A9V0110210
110212	550	Maranello Grigio Titanio met./Bordeaux RHD UK
110214	550	Maranello 98 LHD US ZFFZS49AXW0110214
110215	456	GTA 1/98 Argento Nürburgring 101/C/Bordeaux LHD JP ZFFWP50JPN0110215
110216	F355	Berlinetta F1 Red/Black ZFFXR41B000
110217	F355	Berlinetta F1 Red LHD
110218	F355	Berlinetta F1 Red/Black LHD EU ZFFXR41B000110218 ass. # 27366
110219	F355	Berlinetta 97, Argento Nürburgring 101/C/Nero Hide/Nero Carpets, 31.10.97
110220	F355	Berlinetta 98 LHD US ZFFXR41A7W0110220
110221	F355	GTS Red/Crema Sportseats Red stitching colour coded roof RHD UK challenge grille, Red stitchings shields
110222	F355	GTS 98 LHD US ZFFXR42A2W0110222
110223	F355	Spider Rosso Corsa/Black LHD Manual ZFFXR48B000110223 B0223BWB Challenge grill
110224	F355	Spider
110225	F355	Spider 98 Black/Tan Manual LHD US ZFFXR48A9W0110225
110226	550	Maranello 98 Grigio Titanio met./tan RHD UK
110227	550	Maranello Red/Tan RHD UK
110230	456	GTA Silver/Dark Blue LHD
110233	F355	Berlinetta F1 Black/black ZFFXR41B000110233
110234	F355	Berlinetta 98 LHD US ZFFXR41A7W0110234
110235	F355	GTS Red/Black LHD
110236	F355	GTS Red/Crema Red roof RHD ZFFXR42C000110236
110237	F355	GTS 98 Red/Tan Manual LHD US ZFFXR42A4W0110237
110239	F355	Spider Red/Crema Manual RHD ZFFXR48C000110239
110240	F355	Spider 98 LHD US ZFFXR48A5W0110240
110241	550	Maranello Grigio Titanio met./Bordeaux LHD EU ZFFZR49B000110241
110242	550	Maranello nero/tan
110243	550	Maranello Grigio Titanio met./Bordeaux RHD UK B0243WPW
110246	F355	Berlinetta F1 Red/Black LHD ZFFXR41B000110246 ass. # 27373 B0246NCU
110247	F355	Berlinetta F1 Red/Black LHD EU
110250	F355	GTS NART Blue Black Dark Blue roof LHD EU ass. # 27293
110251	F355	GTS
110252	F355	GTS 98 LHD US ZFFXR42A0W0110252
110253	F355	Spider
110254	F355	Spider
110255	F355	Spider 98 Yellow/Black LHD US ZFFXR48A7W0110255 Autocheck conf.
110256	550	Maranello White/black LHD EU
110257	550	Maranello ZFFZR49B000110257
110260	456	GTA Blu Tour de France 522/Beige, Blue Carpet
110261	F355	Berlinetta F1 98 Rosso Corsa LHD ZFFXR41B000110261
110262	F355	Berlinetta F1
110263	550	Maranello LHD US
110264	F355	Berlinetta Red/Black LHD EU
110266	F355	GTS Red/Black manual Red roof LHD EU ZFFXR42B000110266 B0266TAT
110267	F355	GTS Red White RHD UK ZFFXR42C000110267 ass. # 27314
110268	F355	Spider
110269	F355	Spider 98 LHD US ZFFXR48A7W0110269
110270	F355	Spider 98 LHD US ZFFXR48A3W0110270
110271	550	Maranello Metallic grey
110273	550	Maranello 98 Blu Swaters/Beige & dark Blue LHD EU ZFFZR49B000110273
110275	456	GTA 98 ZFFWP50C000110275
110276	F355	Berlinetta F1 Red/Black LHD
110277	F355	Berlinetta F1 98 Yellow/Black RHD ZFFXR41C000110277, ex-Sultan of Burnei
110280	F355	GTS Red/Black-Red ZFFXR42B000110280 ass. # 27328 B0280
110282	F355	GTS Dark Blue LHD JP ZFFXR42JPN0110282
110283	F355	Spider Silver/Black RHD
110284	F355	Spider 9/97 Red/Beige LHD US ZFFXR48A3W0110284
110285	F355	Spider (F1) 98 ZFFXR48A5W0110285
110288	550	Maranello Red/Crema or tan LHD
110291	F355	Berlinetta F1 Red/Black LHD EU ZFFXR41B000 ass.# 27383 B0291NEE
110292	F355	Berlinetta F1 Red/Black LHD ZFFXR41JPN0110292 Challenge grill
110294	F355	Berlinetta Grigio Titanio met./Tan LHD EU ZFFXR41B000110294

s/n	Type	Comments
110296	F355	GTS 1/98 Rosso Corsa/Crema Colour Coded Roof Manual ZFFXR42C000110296
110297	F355	Spider Giallo Modena/Nero Nero Carpets 23.10.97
110298	F355	Spider 98 Yellow/Black LHD US ZFFXR48A3X0110298
110299	F355	Spider 9/97 Yellow/Black Manual LHD US ZFFXR48A5W0110299
110300	550	Maranello 98 Grigio Titanio met./Bordeaux LHD EU ZFFZR49B000 B0300XWK
110302	550	Maranello
110305	F355	Berlinetta F1 Red/Black LHD EU Challenge grille, Red calipers
110306	F355	Berlinetta ZFFXR41B000110306
110307	F355	Berlinetta F1 Red/Black LHD EU ZFFXR41B000
110309	F355	GTS (F1) LHD EU ZFFXR42B000110309
110310	F355	GTS 98 Red/Black LHD ZFFXR42B000110310
110313	F355	Spider (F1) 98 ZFFXR48A6W0110313
110314	550	Maranello 10/97 Rosso Corsa/Black LHD Manual ZFFZR49B000110314 B0314PFY shields
110317	550	Maranello 98 Rosso Corsa/Tan Red stitching LHD EU ZFFZR49B000110317 Red calipers
110318	550	Maranello LHD US
110320	F355	Berlinetta F1 Rosso Corsa/Tan LHD EU B0320NAX
110323	F355	GTS Yellow/black ZFFXR42B000110323
110324	F355	GTS Black/Black
110326	F355	Spider Yellow/Black LHD
110328	F355	Spider Red/Crema ZFFXR48C000110328
110329	550	Maranello 11/97 Rosso Barchetta/Beige ZFFZR49B000110329
110330	550	Maranello Grigio Titanio met./black
110331	550	Maranello Red/Black
110332	550	Maranello Grigio Titanio met./black LHD EU ZFFZR49B000110332
110333	456	GTA Dark Blue/Tan LHD
110334	F355	Berlinetta F1 Red/Black LHD
110335	F355	Berlinetta F1 Red/Black ZFFXR41B000110335
110336	F355	Berlinetta F1 Red/Black LHD EU ZFFXR41B000110336 ass. #27487 B0336NDU
110339	F355	GTS Red/Black LHD EU
110340	F355	GTS Red/Black manual ZFFXR42B000 ass. # 27372 B0340IFI
110343	F355	GTS 97 Red/Black LHD EU
110345	550	Maranello
110346	550	Maranello LHD US
110347	456	GTA 98 Rosso Fiorano/Tan US ZFFWP50A8W0110347
110349	F355	Berlinetta F1 Red/Black Sports seats LHD EU
110353	F355	GTS silver/black
110356	F355	Spider Red/Black LHD
110357	F355	
110358	550	Maranello Grigio Titanio met. met./burgundy
110359	550	Maranello LHD EU ZFFZR49B000110359
110360	550	Maranello Blu Tour de France 522/Crema LHD EU ZFFZR49B000110360
110361	550	Maranello Grigio Titanio met./tan LHD ZFFZR49B000110361
110362	550	Maranello LHD US
110372	550	Maranello Silver/all Red LHD EU
110374	550	Maranello Silver/black RHD UK
110375	456	GTA 98 Blu Pozzi 521 D.S./Tan ZFFWP50A2W0110375
110376	F355	GTS Red/Black LHD ZFFXR42B000110376
110380	456	GTA 98 Blue/Tan ZFFWP50A6W0110380
110382	456	GT Silver/Black LHD
110384	456	GTA 98 Grigio Titanio Metallic/Tan ZFFWP50A3W0110384
110386	550	Maranello LHD US
110391	550	Maranello LHD US
110392	F355	Berlinetta Black/Black LHD
110393	F355	Berlinetta Red/Black
110394	F355	Berlinetta Rosso/black ZFFXR41B000110394
110397	F355	Berlinetta Red/Black
110398	F355	Berlinetta Red/Tan LHD
110400	F355	Berlinetta 98 Red/Black Manual ZFFXR41B000110400 ass. #27329
110402	F355	Berlinetta Dark Blue/Tan LHD EU
110403	F355	Spider Red/Black ZFFXR48B000
110404	F355	Spider Red/Black LHD
110406	F355	Berlinetta Yellow/Black LHD
110407	F355	Berlinetta Red/Black LHD ZFFPR41JPN0110407
110408	F355	Berlinetta Red/Black LHD
110409	F355	Berlinetta (F1) LHD EU ZFFXR41B000110409
110410	F355	Spider Red/Black LHD
110412	F355	Berlinetta
110413	F355	Berlinetta Rosso Corsa/Crema Hide 17.10.97
110414	F355	Berlinetta 98 LHD US ZFFXR41A9W0110414
110415	F355	Berlinetta 98 Argento Nürburgring 101/C/Bordeaux LHD US Manual ZFFXR41A0W0110415
110416	F355	Berlinetta 98 LHD US ZFFXR41A2W0110416
110421	F355	Berlinetta Red/Black LHD
110422	F355	Spider 98 Red/Black manual ZFFXR48B000 B0422GSG ass. # 27410 Challenge grill
110423	F355	Berlinetta Yellow/Tan LHD
110430	F355	Berlinetta F1 97 Yellow/Black ZFFXR41D000110430 eng. # F129C47716
110433	F355	Berlinetta 98 Rosso/Beige Manual LHD US ZFFXR41A2W0 ass.# 27442
110435	F355	Spider Red/Tan
110436	F355	Spider 98 Yellow/Black RHD ZFFXR48D000110436 eng. # F129C47708
110438	F355	Spider F1 97 Green RHD ZFFXR48D000110438 eng. # F129C47749
110441	F355	Berlinetta 98 Red/Tan LHD US ZFFXR41A1W0110441
110442	F355	GTS
110444	F355	GTS F1 Red/Black LHD EU
110445	F355	GTS F1 98 Red/Black LHD ZFFPXRB42B000110455 eng.# 47809
110447	F355	Spider F1 Red/Black
110449	F355	Spider 97 Rosso Corsa/Tan manual
110450	F355	Berlinetta Red/Black Manual ZFFXR41B000110450
110452	F355	Berlinetta 10/97 Rosso Corsa/Charcoal ZFFXR41C000110452
110453	F355	Spider 9/97 Black/Black ZFFXR48A0W0110453
110454	F355	Spider 9/97 Yellow/Black Manual ZFFXR48A2W0110454
110455	F355	GTS 9/97 Red/Black LHD
110459	F355	Berlinetta Red/Black LHD EU ass. # 27585
110460	F355	Berlinetta Blue Tour De France/Tan Blue Carpets 24.10.97
110461	F355	Berlinetta 98 Yellow/Black ZFFXR41A7W0110461
110462	F355	Berlinetta 98 Silver/Black ZFFXR41A9W0110462
110464	F355	Berlinetta F1 98 Giallo Modena/Nero RHD AUS ZFFXR41D000110464 eng. # F129C47816
110465	F355	GTS F1 Red/Black LHD EU ZFFXR42B000110465 ass. # 27502
110466	F355	Spider F1 Red/Black LHD EU ZFFXR48B000110466
110467	F355	Berlinetta 98 Yellow/Black Manual, ZFFXR41A8W0110467
110468	F355	GTS 98 Black Manual ZFFXR42A1W0110468
110469	F355	Spider Black/Black LHD
110470	F355	Spider Yellow/Black RHD UK
110471	456	GT Yellow/Black LHD ZFFWP44B000110471
110472	F355	GTS F1 Red/Black Red targa roof LHD

s/n	Type	Comments
110473	F355	Spider F1 Rosso Fiorano 321/Crema RHD UK ZFFXR48C000 ass. # 27511 eng. # 47819 Black calipers Challenge rear grill
110475	F355	Berlinetta Red/Crema RHD UK
110476	F355	Berlinetta 98 Yellow/black ZFFXR41A9W0110476
110477	F355	Berlinetta Red/Black LHD
110478	F355	GTS 98 Red/Tan LHD US ZFFXR42A4W0110478
110482	F355	Berlinetta
110483	F355	Berlinetta 98 Black/Tan LHD US Manual ZFFXR41A6W0110483
110485	F355	GTS 98 Rosso Barchetta Tan Manual ZFFXR42A1W0110485
110487	F355	GTS F1 Red/Black LHD ZFFXR42B000110487
110489	F355	Spider F1 97 Giallo Modena/Blu Scuro ZFFXR48C000110489 Red calipers Challenge rear grill Blue dash & steering wheel
110491	F355	GTS 98 Rosso Barchetta/Tan LHD US ZFFXR42A7W0110491
110492	F355	Spider 98 Red/Tan LHD US Manual ZFFXR48AXW0110492
110493	F355	Spider 98 Red/Tan LHD US Manual ZFFXR48A1W0110493
110494	456	GT Dark Blue/grey ZFFWP44B000110494
110496	F355	Berlinetta Challenge Red/Red seats ZFFXR41B000110496
110499	F355	Berlinetta 98 Yellow/black Manual ZFFXR1AXW0110499
110500	F355	Berlinetta Cornes Special Edition dark Red/Black Red stitching LHD ZFFXR41JPN0110500 Challenge grill shields, one of 20
110501	F355	GTS Red/Black LHD ZFFPA42B000110501 shields
110502	F355	GTS 98 Yellow/Black LHD US ZFFXR42A8W0110502
110503	F355	Spider 9/97 Grigio Titanio met. 3238/Blue ZFFXR48A0W0110503
110504	456	GTA 98 Black/Grey LHD ZFFWP50A9W0110504
110506	F355	Berlinetta F1 98, Rosso Corsa/Nero/Nero Carpets 04/02/98
110508	F355	Spider F1 Red/Crema RHD UK
110509	F355	Berlinetta 98 Rosso Corsa/Tan Manual ZFFXR41A9W0110509 rear Challenge grill shields
110510	550	Maranello Grigio Titanio met./Tan ZFFZR49C000112510
110511	F355	GTS 98 Yellow/Black LHD US ZFFRXR42A9W0
110513	F355	Spider (F1) 98 ZFFXR48A3W0110513
110514	456	GT 4/98 Grigio Titanio met./Tobacco ZFFWP44B000
110516	F355	Berlinetta F1 Red LHD
110517	F355	Berlinetta F1 97 Nero Daytona/Nero RHD UK ZFFXR41C000110517
110518	F355	GTS (F1) 98 ZFFXR42A1W0110518
110521	F355	Berlinetta 98 Giallo Modena/Black Manual ZFFXR41AXW0110521
110522	F355	Spider (F1) 98 ZFFXR48A4W0110522
110523	F355	Spider 10/97 Red/Tan Manual ZFFXR48A6W0110523 rear challenge grill crashed & repaiRed
110524	456	GTA
110525	F355	Berlinetta F1 10/97 Rosso Corsa/Nero ZFFXR41B000110525
110526	F355	Berlinetta F1 Red White RHD UK ass. # 27639
110528	F355	Spider F1 Black/Tan RHD UK
110529	F355	Berlinetta Red/Tan ZFFXR41B000
110530	F355	Berlinetta 98 Rosso Corsa/Beige Manual ZFFXR41A0W0110530
110532	F355	Berlinetta 98 Red
110533	F355	Spider 10/97 Rosso Corsa/Tan Manual ZFFXR48A9W0110533
110534	456	GT dark Blue/Tan ZFFWP44B000110534 B0534JJJ
110535	F355	Berlinetta F1 Red/Tan ZFFXR41B000110535
110537	F355	Berlinetta RHD UK
110540	F355	Berlinetta Red/Beige
110542	F355	GTS 98 Rosso Corsa/Tan manual LHD ZFFXR42A9W0110542 Challange Grill Red Calipers Tubi
110543	F355	Spider 98 Red/crema hide, Red carpets ZFFXR48B000110543
110544	F355	Spider 98 Yellow/black ZFFXR48A3W0110544
110545	F355	Berlinetta F1 97 Rosso Corsa/Nero ZFFXR41B000110545
110547	F355	Berlinetta F1 97 Rosso Corsa/Crema ZFFXR41C000110547
110549	F355	Spider F1 Black/Black RHD ZFFXR48C000110549
110550	F355	Berlinetta black/tan ZFFXR41B000110550 ass. # 27610 B0550MAY shields
110552	F355	Spider 98 Yellow/black ZFFXR48A2W0110552
110553	F355	Spider (F1) 98 ZFFXR48A4W0110553
110556	F355	Berlinetta F1 Red/Black
110557	F355	Berlinetta F1 Red/Black LHD EU
110559	F355	Berlinetta Red/Black
110561	F355	Spider F1 Red/Tan LHD EU
110564	F355	Spider Red/Black LHD
110565	F355	Spider 98 Blue Tour de France Tan LHD US ZFFXR48A0W0110565
110566	456	GTA Grigio Titanio met./Bordeaux RHD ZFFWP50C000110566 shields
110567	F355	Berlinetta F1 Red/Black LHD Red carpets
110569	F355	Berlinetta F1 Red/Black sports seats LHD EU ZFFXR41B000110569 shields Red calipers
110570	F355	Berlinetta F1 Dark Blue Crema ZFFXR41C000110570
110572	F355	GTS Red/Black LHD
110573	550	Maranello LHD US
110574	F355	Spider 12/97 Argento Nürburgring 101/C/Nero LHD Manual ZFFXR48B000110574 B0574ZRZ
110575	F355	Spider 98 Grigio Titanio met./Bordeaux Manual ZFFXR48A3W0110575
110576	F355	Spider 10/97 Grigio Titanio 3238/Black Black top Manual LHD ZFFXR48A5W0110576
110581		Berlinetta F1 Rosso Corsa/Crema Hide/Rosso Carpets 12.11.97
110582	F355	GTS F1 Red/Black LHD EU ZFFXR42B000110582
110583	F355	Spider F1 Red/Black LHD EU
110584	F355	GTS Yellow/Black LHD EU
110585	F355	Spider 98 Azzurro California/Blue LHD US ZFFXR48A6W0110585 Challenge grille
110586	F355	Spider 98 Red Manual ZFFXR48A8W0110586
110587	F355	Spider 98 Tour de France blue/crema navy dash & top ZFFXR48AXW0110587
110588	456	GT Blu Pozzi 521 D.S./Naturale LHD ZFFWP44B000
110590	F355	Berlinetta F1 Red/Tan
110591	F355	Berlinetta F1 98 Rosso Corsa/Nero LHD EU ZFFXR41B000 ass. # 27830 Challenge grille
110592	F355	Berlinetta F1 Red/Crema RHD
110597	F355	Spider (F1) 98 ZFFXR48A2W0110597
110598	F355	Spider (F1) 98 ZFFXR48A4W0110598
110601	F355	Berlinetta F1 1/98 Rosso Corsa/Nero ZFFXR41B000110601
110602	F355	Berlinetta F1 Black Dark Green then Red/green LHD ZFFXR41B000
110604	F355	Berlinetta F1 or GTS F1 Red/Black LHD EU
110607	F355	Spider 98 Rosso Corsa/beige ZFFXR48A1W0110607

s/n	Type	Comments	s/n	Type	Comments
110608	F355	Spider 98 Red/Tan LHD US ZFFXR48A3W0110608	110697	550	Maranello 98 Grigio Titanio met./Bordeaux LHD US ZFFZR49A7W0110697
110609	F355	Spider (F1) 98 ZFFXR48A5W0110609	110698	550	Maranello 98 Grigio Titanio met./dark Blue LHD US ZFFZR49A9W0110698
110610	456	GTA	110699	550	Maranello 98 Black/Black, US ZFFZR49A0W0110699
110612	F355	Berlinetta F1 98 Rosso Corsa/Nero LHD EU ZFFXR41B000110612	110700	F355	Berlinetta 98 Grigio Titanio RHD ZFFXR41D000110700 eng. # F129C48090
110613	F355	Berlinetta F1 98 Rosso Corsa/Nero LHD EU ZFFXR41B000110613	110701	550	Maranello 98 LHD US ZFFZR49A5W0110701
110614	F355	Berlinetta F1 12/97 Azzurro California 524/Crema ZFFXR41C000110614	110702	550	Maranello 98 LHD US ZFFZR49A7W0110702
110616	F355	GTS F1 Red/Black LHD	110703	550	Maranello 98 Giallo Modena/Black LHD US ZFFZR49A9W0110703 ass. # 27858 Tubi
110617	F355	GTS	110704	550	Maranello 98 Grigio Titanio met./black LHD US ZFFZR49A0W0110704
110618	F355	Spider 98 Red/Tan LHD US ZFFXR48A6W0110618	110715	F355	Berlinetta 10/98 NART Blue Crema LHD ZFFXR41B000110715 ass. # 27630
110619	F355	Spider (F1) 98 ZFFXR48A8W0110619	110716	F355	Berlinetta 98 Rosso Corsa/Nero ZFFXR41B000110716
110620	F355	Spider 98 Yellow/Black Manual US ZFFXR48A4W0110620	110717	F355	Spider 10/97 Nero Daytona/Tan manual ZFFXR48A8W0110717
110621	F355	GTS (F1) 98 ZFFXR42A5W0110621	110719	F355	Berlinetta Red/Black ZFFXR41B000110719
110622	456	GT Silver/Red LHD	110720	F355	Spider 98 Rosso Fiorano 321/Tan Manual ZFFXR48A8W0110720
110624	550	Maranello Grigio Titanio met./bordeaux LHD EU	110721	F355	Berlinetta 2/98 Rosso Corsa/Beige ZFFXR41B000110721
110625	550	Maranello	110722	F355	Berlinetta ZFFXR41B000110722 Red/Black
110626	550	Maranello Grigio Titanio met./Red LHD EU	110723	F355	Spider (F1) 98 ZFFXR48A3W0110723
110627	456	GT Silver/Black LHD EU	110725	F355	Berlinetta 10/98 Rosso Corsa/Nero ZFFXR41B000110725
110629	550	Maranello Red/Crema Black piping	110726	F355	Spider 98 Yellow/black ZFFXR48A9W0110726
110630	550	Maranello Grigio Titanio met./Blue LHD EU	110729	550	Maranello Grigio Titanio met./Bordeaux LHD
110631	550	Maranello Red/Tan	110731	550	Maranello Silver LHD EU ZFFZR49B000110731
110632	456	GT Black LHD	110733	456	GT dark Blue/tan
110633	550	Maranello Red/Black LHD	110735	F355	GTS F1 Blu Pozzi 521 D.S.Bordeaux Blue roof RHD UK ZFFXR42C000110735
110634	F355	GTS Yellow/black	110737	F355	Berlinetta Blu Pozzi 521 D.S./Tan LHD EU ZFFXR41B000110737
110635	550	Maranello 2/98 Rosso Corsa/Beige ZFFZR49B000110635	110738	F355	Berlinetta 10/97 Azzurro Califonia/Crema Manual ZFFXR41A2W0110738
110636	550	Maranello 97 Met. Black/Tan	110739	F355	Berlinetta F1 Grigio Titanio met./Black LHD EU
110638	550	Maranello Red/Black LHD ZFFZR49B000110638	110743	550	Maranello 98 Silver/Black ZFFZR49C000110743
110642	456	GT 98 Grey/Grey ZFFWP44B000110642	110744	550	Maranello Silver/black RHD UK
110644	550	Maranello Black/bordeaux LHD EU ZFFZR49B000110644	110745	456	GT Silvergrey Black LHD
110645	550	Maranello Yellow ZFFZR49B000110645	110747	F355	GTS F1 Red/Black Sports seats LHD EU ass. # 27769
110648	550	Maranello Dark Blue/black LHD EU	110750	F355	Berlinetta Red/Black LHD EU Red carpets
110650	550	Maranello Grigio Titanio met./bordeaux ZFFZR49B000	110752	F355	Spider Yellow/Black LHD
110653	550	Maranello black/grey LHD ZFFZR49B000110653	110753	F355	Spider 98 Red/Black LHD ZFFXR48A1W0110753
110655	550	Maranello Red/Black ZFFZR49B000110655	110754	F355	Spider 98 Black/Tan ZFFXR48A3W0110754
110657	456	M GT Dark Blue/tan ZFFWP44B000	110755	550	Maranello Black/grey LHD EU
110658	550	Maranello Red/Tan	110758	550	Maranello 98 Rosso Corsa/Crema ZFFZR49C000110758
110659	550	Maranello Red/Tan ZFFZR49B000110659 B0659MOZ	110759	456	GTA
110660	550	Maranello Grigio Titanio met./bordeaux LHD EU	110761	F355	Spider F1 Blue Dark/Blue RHD ZFFXR48C000110761 Challenge grill
110661	550	Maranello Grigio Titanio met./black LHD EU	110763	F355	GTS Yellow/Black LHD EU
110665	550	Maranello Silver/black LHD EU ZFFZR49B000110665	110764	F355	Spider Red/Crema RHD UK
110666	456	GTA 97 Red/Black LHD ZFFWP50B000110666	110765	F355	Spider 98 Rosso Barchetta/tan ZFFXR48A8W0110765
110667	456	GTA 98 Rosso Corsa/Cuoio Naturale RHD UK ZFFWP50C000110667	110766	F355	Spider 98 Silver/Black LHD US Manual ZFFXR48AXW0110766
110668	456	GTA 98 Blue/Tan LHD US ZFFWP50A6W0110668	110767	550	Maranello Yellow/black LHD EU ZFFZR49B000110767
110672	456	GTA 98 Black/Tan ZFFWP50A8W0110672	110768	550	Maranello Red/Black ZFFZR49B000110638
110673	456	GTA Yellow Crema LHD	110769	550	Maranello Grey/Bordeaux
110674	F355	Spider Silver/Black LHD EU	110770	550	Maranello Red/Black
110675	550	Maranello 98 LHD US ZFFZR49A8W0110675	110771	456	GTA Black/Black
110676	550	Maranello 98 Red/Tan LHD US ZFFZR49AXW0110676	110773	F355	Spider F1 98 Blue RHD ZFFXR48D000110773
110677	550	Maranello 98 Grigio Titanio Metallic/Bordeaux LHD US ZFFZR49A1W0110677	110774	F355	GTS F1 Red/Black LHD EU
110678	550	Maranello 98 LHD US ZFFZR49A3W0110678	110775	F355	GTS
110679	550	Maranello 98 LHD US ZFFZR49A5W0110679	110776	F355	Spider Red/Black LHD EU ass. # 28157
110682	456	GTA Silver/Black LHD			
110686	550	Maranello 98 LHD US ZFFZR49A2W0110686			
110692	550	Maranello Silver/black RHD UK			
110696	550	Maranello			

s/n	Type	Comments
110777	F355	Spider 98 Blu Tour de France 522/Crema black piping Manual US ZFFXR48A4W0110777 Tubi
110778	F355	Spider 98 Blu Tour de France 522/tan Manual US ZFFXR48A6W0110778
110779	550	Maranello Red/Black
110780	550	Maranello 1/98 Nero/Nero ZFFZR49B000110780 B0780MAZ
110783	456	GT Dark Blue Crema LHD ZFFWP44B000110783
110784	F355	Berlinetta Red/Black
110785	F355	GTS Red/Black
110786	F355	GTS 98 Rosso Corsa/Crema Manual RHD UK ZFFXR42C000110786 B0786NWX
110787	F355	Spider (F1) 98 ZFFXR48A7W0110787
110788	F355	Spider 98 Blue/Tan Manual Manual ZFFXR48A9W0110788
110789	F355	Spider (F1) 98 ZFFXR48A0W0110789
110790	550	Maranello Silver/black
110792	550	Maranello Red/all Crema LHD EU
110793	550	Maranello 98 LHD US ZFFZR49A3W0110793
110794	456	M GTA Grigio Titanio met./Black LHD
110796	F355	GTS F1 12/97 Rosso Corsa Nero RHD
110797	F355	Spider F1
110799	F355	GTS Red/Black ZFFXR42B000110799
110800	F355	GTS Red;tan
110801	F355	Spider Dark Blue/Tan Manual RHD ZFFXR48C000110801 B0801NXK Black calipers shields
110802	F355	Spider 1/98 Blu Tour de France 522/tan ZFFXR48AXW0110802
110803	F355	Spider 98 Yellow/Black LHD US ZFFXR48A1W0110803
110804	550	Maranello Black/black ZFFZR49B000110804 B0804DAP
110806	550	Maranello Silver/black then Rosso Corsa/black sports seats ZFFZR49B000110806 B0806WME
110808	456	GTA 98 Blu Pozzi 521 D.S./Tan US ZFFWP50A7W0110808
110811	F355	GTS F1 Rosso Corsa/Crema Red Alcantara inserts sports seats RHD Red calipers, rear Challenge grill colour-coded roof
110814	F355	Berlinetta 98 Rosso Corsa/Crema RHD UK ZFFXR41C000110814
110815	F355	GTS Titanium/Black LHD Manual ZFFXR42B000110815
110816	F355	Berlinetta RHD
110817	F355	Spider 98 Red/Tan LHD ZFFXR48A1W0110817, ex-Ivana Trump
110818	F355	Spider (F1) 98 ZFFXR48A3W0110818
110819	550	Maranello 5/98 Red/Black LHD ZFFZR49B000110819
110820	550	Maranello Red/Crema RHD ZFFZR49C000110820
110821	550	Maranello Argento Nürburgring 101/C/Nero Hide/Nero Carpets 02.01.98
110823	550	Maranello 98 LHD US ZFFZR49A8W0110823
110824	F355	GTS
110826	F355	GTS F1 Red/Crema RHD UK
110831	F355	Spider
110832	F355	Spider 98 Blue/Tan, Blue Top Manual ZFFXR48A8W0
110833	F355	Spider 98 Yellow/Black Manual LHD ZFFXA48AXW0110833
110834	550	Maranello
110835	550	Maranello Red/Black LHD EU
110837	550	Maranello silver/black
110838	456	GT 98 Argento Nürburgring 101/C/Blu Scuro ZFFWP44C000110838
110840	F355	GTS
110841	F355	Spider F1 98 Red RHD ZFFXR48D000110841 eng. # 48159
110842	F355	GTS
110843	F355	Berlinetta 12/97 Rosso Corsa/Beige Manual ZFFXR41B000110843
110844	F355	Berlinetta
110846	F355	Spider 98 Red/Tan LHD US ZFFXR48A8W0110846
110847	F355	Spider (F1) 98 ZFFXR48AXW0110847
110848	550	Maranello 12/97 Blu Pozzi/Beige ZFFZR49B000110848
110849	550	Maranello 8 Grigio Titanio met./bordeaux hide
110853	F355	Berlinetta Red, ex - Sultan of Burnei
110855	F355	GTS F1 Blue/Black LHD
110857	F355	Berlinetta Challenge Red Red & Black LHD ZFFXR41B000 rear wing
110860	F355	Spider Rosso Corsa/Beige, Nero Carpet
110861	F355	Spider 10/97 Giallo Modena with Britto-artwork Decals/Black Manual ZFFXR48A4W0110861 ex- Romero Britto
110862	F355	Spider 10/97 Rosso Corsa/Tan ZFFXR48A6W0110862 Tubi
110863	550	Maranello Grigio Titanio met./Red LHD EU
110866	550	Millennio Red, later dark Blue met. & silver
110869	F355	Berlinetta F1 98 Yellow/Black ZFFXR41A6W0110869
110870	F355	GTS F1 Red/Black LHD EU ZFFXR42B000 ass# 27898
110871	F355	GTS F1 Rosso Corsa/Tan Hide/Rosso Carpets 22.01.98
110872	F355	Berlinetta Rosso Corsa/black ZFFXR41B000110872
110876	F355	Spider (F1) 98 ZFFXR48A6W0110876
110877	F355	Spider 98 dark Blue/tan ZFFXR48A8W0110877
110880	550	Maranello 98 RHD
110885	F355	GTS Red/Black LHD EU
110886	550	Millennio Red, converted 550 Millennio Evoluzione, Blue & silver or 110866
110891	F355	Spider (F1) 98 ZFFXR48A2W0110891
110892	F355	Spider 98 Blue Metallic/Beige Manual ZFFXR48A4W0110892
110894	550	Maranello 98 Rosso Corsa/Nero & Red sports seats ZFFZR49B000110894
110895	550	Maranello Dark Blue/black LHD EU
110896	550	Maranello 98 Red/Naturale, LHD ZFFZR49A2W0110896
110897	456	GTA 98 Black/Grey LHD US ZFFWP50AXW0110897
110899	F355	GTS 98 Red RHD UK
110900	F355	GTS F1 98 WhiteBordeaux ZFFXR42A9W0110900 crashed, parted out
110902	550	Maranello 98 LHD modified by Sbarro as XXL red, destroyed
110903	F355	Spider
110904	F355	GTS Black/Black LHD
110905	F355	Spider 98 Red/Tan Manual ZFFXR48A9W0110905
110906	F355	Spider 98 ZFFXR48A0W0110906
110907	550	Maranello
110908	550	Maranello
110909	550	Maranello 98 LHD US ZFFZS49A1W0110909
110913	F355	Berlinetta F1 98 Red RHD ZFFXR41D000110913 eng. # F129C42233
110914	F355	GTS F1 98 Azzurro California Bordeaux LHD US ZFFXR42A9W0110914
110916	F355	Berlinetta Red/Black LHD EU
110917	F355	Berlinetta Red/Black LHD EU ass. #28106
110918	F355	GTS Rosso Corsa/black sports seats colour coded Roof manual ZFFXR42B000110918 ass. # 28118 B0918RYR challenge grill Red calipers shields
110919	F355	GTS Blu Tour de France 522/Beige RHD UK
110920	F355	Spider 98 Rosso Corsa/Nero LHD EU ZFFXR48B000110920 ass. # 28217

s/n	Type	Comments
110922	550	Maranello Red/Crema RHD ZFFZR49C000110922
110924	550	Maranello 98 Blu Pozzi 521 D.S./Beige
110925	550	Maranello 98 Red/Tan LHD US ZFFZR49A5W0110925
110927	F355	Berlinetta F1 98 Red/Sand ZFFXR41A5W0110927
110928	F355	Berlinetta F1 98 Yellow/black ZFFXR41A7W0110928
110929	F355	GTS (F1) 98 ZFFXR42A0W0110929
110932	F355	Berlinetta 98 Red/Black Manual ZFFXR41B000110932 ass.# 28187 B0932PYA
110933	F355	GTS Red/Black LHD ZFFXR42B000110933 ass. #28135
110934	F355	GTS 98 Red/Crema Red roof- RHD UK ZFFXR42C000 ass. # 27968 eng. # 48260
110935	F355	Spider Rosso
110936	F355	Spider Red/Black LHD EU
110937	550	Maranello Silver/black RHD UK
110938	550	Maranello Red/Crema Red stitching RHD UK ZFFZR49C000110938 Red calipers
110939	550	Maranello 98 LHD US ZFFZS49AXW0110939
110940	550	Maranello 98 Red/Tan LHD US ZFFZR49A1W0110940
110943	F355	GTS F1 98 Yellow/Black colour coded roof LHD US ZFFXR42A5W0110943
110944	F355	GTS F1 98 Blu Pozzi 521 D.S.RHD ZFFXR42D000110944 eng. # F129C48324
110946	F355	Berlinetta Red/Black
110948	F355	GTS Red/Black colour coded roof manual ZFFXR42B000110948 B0948OFO
110949	F355	Spider 98 Yellow/Black LHD EU ass. # 28407 Challenge grille Red calipers
110950	550	Maranello 98 Red
110951	550	Maranello Grey LHD EU
110952	550	Maranello Red/Black LHD EU ZFFZR49B000110952
110953	550	Maranello 98 ZFFZR49AXW0110953
110954	550	Maranello 98 Grigio Titanio met./bordeaux LHD US ZFFZR49A1W0110954
110955	456	M GTA
110956	F355	Berlinetta F1 98 Rosso Corsa/Tan ZFFXR41A1W0110956 Tubi Shields
110957	F355	GTS F1 98 Black/Black ZFFXR42A5W0110957
110958	F355	Berlinetta F1
110959	F355	GTS F1 1/98 Rosso Corsa/Beige ZFFXR42D000110959
110964	F355	GTS Red/Black
110966	550	Maranello 98 LHD US ZFFXR49A8W0110966
110967	550	Maranello 98 Dark Blue/Tan LHD US ZFFZR49AXW0
110970	456	GT Grigio Titanio met./Black LHD ZFFWP44B000110970
110971	F355	Berlinetta F1 98 Rosso Barchetta Natural LHD US ZFFXR41A8W0110971
110973	F355	GTS 98 LHD ZFFXR42A3W0110973
110974	F355	Berlinetta Red/Black LHD ZFFXR41B000110974
110975	F355	Berlinetta Yellow/Black LHD EU ZFFXR41B000110975
110977	F355	GTS Red/Black
110979	F355	Spider (F1) 98 ZFFXR48A5W0110979
110980	550	Maranello Bordeaux Tan LHD ZFFZR49B000110980
110981	550	Maranello Silver/grey ZFFZR49B000110981 B0981HUC
110982	550	Maranello 98 LHD US ZFFZR49A6W0110982
110984	456	GTA 98 LHD ZFFWP50A5W0110984
110985	F355	Berlinetta F1 98 Yellow RHD ZFFXR41D000110985 eng. # F129C48328
110987	F355	GTS F1 Red/Black Red Roof LHD EU
110988	F355	GTS F1 98 Giallo Modena/Black LHD US ZFFXR42A5W0110988 Challenge grill
110990	F355	Berlinetta 9/98 Argento Nürburgring/Bordeaux ZFFXR41B000110990
110992	F355	GTS Bruxelles Show Car Yellow/Black LHD EU ZFFXR42B000110992
110993	F355	Spider 98 Rosso Barchetta/Tan US ZFFXR48AXW0110993
110994	F355	Spider 98 Giallo Modena/Black Manual ZFFXR48A1W0110994
110995	550	Maranello 98 Red
110996	550	Maranello 1/98 Blu Tour de France 522/Crema ZFFZR49C000110996
110997	550	Maranello Red/grey Sportseats, rollbar LHD EU
110998	F355	98 Yellow/Black
111002	F355	GTS F1 11/97 Rosso Corsa/Tan colour coded roofLHD US ZFFXR42A4W0111002
111007	F355	Spider (F1) 98 ZFFXR48A4W0111007
111008	F355	Spider 11/97 Yellow/Black Manual ZFFXR48A6W0111008 Shields
111009	550	Maranello Black/Cream LHD
111011	550	Maranello Red/Black, LHD ZFFZR49B000111011
111012	F355	Berlinetta F1 98 Red/Tan ZFFXR41A5W0111012
111013	F355	Berlinetta F1 1/98 Giallo Modena/Nero ZFFXR41A7W0111013
111015	F355	GTS F1 98 Yellow black & yellow sport seats yellow stitching colour coded roof ZFFXR42A2W0111015 Challenge grille red calipers
111016	F355	Berlinetta Red/Crema
111017	F355	Berlinetta Red/Tan LHD
111021	F355	GTS Red/Crema RHD UK
111023	550	Maranello Red/Black ZFFXR49C000111023
111024	F355	Berlinetta F1 98 Red/Tan ZFFXR41A1W0111024
111025	F355	GTS F1 Red/Crema LHD EU
111026	F355	GTS F1 98 Tour De France Blue Bordeaux LHD US ZFFXR42A7W0111026
111027	F355	Berlinetta 98 Black/black LHD Red calipers
111028	F355	Berlinetta 98 Black/black LHD
111030	F355	Berlinetta Yellow/black Manual ZFFXR41B000111030 B1030QEB
111032	F355	GTS 97 Nero Nero Nero Carpets. 10/12/97
111033	F355	Berlinetta F1 Red/Black
111034	F355	GTS F1 Red/Black LHD
111036	F355	GTS F1 98 Yellow/Black Yellow roof LHD US ZFFXR42AXW0 Red calipers
111037	F355	GTS Red/Crema RHD UK
111038	F355	Spider 98 Grigio Titanio met./Blue Blue Top Manual ZFFXR48A4W0111038 Rear Challenge Grill
111039	F355	Spider 98 Yellow/Black LHD US ZFFXR48A6W0111039
111040	F355	Berlinetta 98 Blue RHD ZFFXR41D000111040 eng. # F129C48417
111042	550	Maranello 98 LHD US ZFFZR49A7W0111042
111043	550	Maranello 98 Grigio Titanio met./bordeaux LHD US ZFFZR49A9W0111043
111044	550	Maranello 98 LHD US ZFFZR49A0W0111044
111045	550	Maranello Grigio Titanio met./black repeated
111046	550	Maranello
111047	550	Maranello 98 Black/Tan LHD US ZFFZR49A6W0111047
111050	550	Maranello 98 LHD US ZFFZR49A6W0111050
111056	F355	Berlinetta F1 99 Red/Crema
111058	F355	Berlinetta F1 98 Rosso Corsa/Tan Tan Carpets RHD ass. # 27999
111060	F355	Spider 98 Silver/Black ZFFXR48A8W0111060
111061	F355	Spider 98 Black/White Manual ZFFXR48AXW0111061
111066	F355	Spider 98 Yellow/black Manual ZFFXR48A9W0111066
111067	F355	Spider (F1) 98 ZFFXR48A0W0111067

s/n	Type	Comments
111068	F355	Berlinetta F1 Black/Black LHD EU
111072	F355	Spider 11/97 White/Beige Manual ZFFXR48A4W0111072
111075	F355	Spider 98 Grigio Titanio met./Blue Manual ZFFXR48AXW0111075
111076	F355	Spider (F1) 98 ZFFXR48A1W0111076
111081	F355	Berlinetta Red/Black LHD EU ZFFXR41B000111081
111082	F355	Berlinetta F1 Yellow/Black LHD EU ZFFXR41B000111082
111088	F355	Berlinetta F1 98/02 Red
111090	F355	Berlinetta F1 98 Red/Black/Black carpets ZFFXR41B000111090
111091	F355	Berlinetta F1 Yellow/black sports seats ZFFXR41B000111091 ass. # 28001 Challenge grill B1091NMS
111097	F355	Berlinetta Red/Black LHD ZFFXR41JPN0111097
111099	F355	Berlinetta F1 Bruxelles Show Car Grey LHD EU
111101	F355	Berlinetta F1 Red/Black sport seats ZFFXR41B000111101 ass. # 28031 B1101NWY
111104	F355	Berlinetta F1 Red/Black ZFFXR41B000
111106	F355	Berlinetta
111107	F355	Berlinetta
111109	F355	Berlinetta F1 4/98 Black/Black LHD ZFFXR41B000111109
111110	F355	Berlinetta F1 Red/Black ZFFXR41B000111110
111113	F355	Berlinetta F1 Silver Bordeaux LHD ZFFXR41B000111113 Challenge rear grill shields
111114	F355	Berlinetta F1 98 Red/Black LHD
111118	F355	Berlinetta (F1) LHD EU ZFFXR41B000111118
111123	F355	GTS 98 Black ZFFXR42A5W0111123
111124	456	GTA 98 Grigio Titano/Crema LHD US ZFFWP50A4W0111124
111125	F355	GTS Red/Black B1125FYK
111127	456	GTA Grigio Titanio met./Black RHD
111128	456	GTA 12/97 Argento Nürburgring/Bordeaux US ZFFWP50A1W0111128
111130	456	GTA 6/97 Blu Le Mans/Beige RHD
111131	F355	Spider Black/Bordeaux
111135	550	Maranello 2/98 Blu Pozzi/Blu Scuro ZFFZR49B000111135
111137	550	Maranello 98 Grigio Titanio met./Rosso RHD ZFFZR49C000111137
111138	550	Maranello 98 Silver/Bordeaux ZFFZR49A9W0111138
111139	550	Maranello 98 Rosso Fiorano 321
111140	F355	Berlinetta F1 Red/Black LHD
111141	F355	Berlinetta F1 Red/Black LHD EU ZFFXR41B000111141 ass. # 28125
111144	550	Maranello Black/Tan, LHD
111148	F355	Berlinetta F1 Red Black-Red LHD
111149	F355	Berlinetta F1 LHD, Red
111151	F355	Spider 98 Rosso Corsa/Crema Manual RHD UK ZFFXR48C000111151
111152	550	Maranello Black/Black ZFFZR49B000111152
111153	550	Maranello Dark Blue/tan LHD EU
111154	550	Maranello British Racing green/tan
111155	550	Maranello 2/98 Rosso Corsa/Nero ZFFZR49B000111155 B1155WIF shields
111156	F355	Berlinetta F1 Red/Black
111157	F355	Berlinetta F1 Red Black-Red sportseats LHD EU
111158	F355	Berlinetta F1 Rosso Corsa/nero ZFFXR41B000111158
111159	F355	Berlinetta (F1) 98 ZFFXR41A2W0111159
111160	F355	Berlinetta (F1) 98 ZFFXR41A2W0111159
111161	F355	Berlinetta F1 98 Red/Tan ZFFXR41A0W0111161
111163	550	Maranello Silver/tan LHD EU
111165	550	Maranello Red/Black RHD ZFFZR49C000111165 shields
111166	550	Maranello
111167	F355	Berlinetta F1 98 McLaren black paint tiny Blue line/tan LHD ZFFXR41A1W0111167
111168	F355	Berlinetta F1 11/97 Argento Nürburgring/Black ZFFXR41A3W0111168
111169	F355	Berlinetta F1 98 Blue Metallic/Tan ZFFXR41A5W0111169
111170	F355	Berlinetta (F1) 98 ZFFXR41A1W0111170
111171	550	Maranello 2/98 Grigio Titanio Metallizzato/Nero ZFFZR49B000111171
111172	550	Maranello Red/Black
111174	550	Maranello 98 LHD US ZFFZS49A7W0111174
111175	F355	Berlinetta F1 11/97 Giallo Modena/Black ZFFXR41A0W0111175
111176	F355	Berlinetta F1 98 Giallo Modena/Black ZFFXR41A2W0111176
111177	F355	Berlinetta F1 98, Black/Tan ZFFXR41A4W0111177
111178	F355	GTS F1 98, Black/Black ZFFXR42A8W0111178
111179	F355	Maranello Red/Black LHD
111180	550	Maranello (Sebring) Blue/tan LHD EU
111181	550	Maranello Red/Black EU
111182	550	Maranello Grigio Titanio met./Bordeaux
111183	456	GTA Black ZFFWP50B000111183
111185	F355	Berlinetta F1 97 Rosso Corsa/Black ZFFXR41A3W0111185
111186	F355	GTS F1 98 Black/Black LHD US ZFFXR42A7W0111186
111187	F355	GTS F1 98 Red/Tan ZFFXR42A9W0111187
111188	F355	Spider F1 Red/Black ZFFXR48B000
111189	F355	Spider F1 98 Rosso Corsa/Crema RHD UK ZFFXR48C000111189
111190	F355	Spider F1 97 Blu Pozzi/Crema RHD AUS ZFFXR48D000111190
111192	550	Maranello
111196	F355	Berlinetta F1 98 Red/Tan LHD ZFFXR41A8W0111196 Red calipers
111197	F355	Berlinetta F1 98 Rosso Corsa/Tan Sport Seats ZFFXR41AXW0111197 Tubi
111198	F355	Berlinetta F1 98 Giallo Modena/Black ZFFXR41A1W0111198 Challenge Grille Tubi
111199	F355	Spider F1 Yellow Dark Blue Dark Blue roof LHD EU ZFFXR41W0111199
111201	F355	Spider F1 98 Red RHD ZFFXR48D000111201
111205	550	Maranello Blu Tour de France 522/Crema Hide 01.02.98
111206	F355	GTS Red/Black
111207	F355	Berlinetta F1 98 Red/Tan LHD US ZFFXR41A9W0111207 Tubi Rear challenge grill Red calipers
111208	F355	Berlinetta F1 12/97 Black/Black ZFFXR41A0W0111208 Tubi Rear Challenge grill
111209	F355	Berlinetta F1 98 Red/Black LHD US ZFFXS41A7W0111209
111210	F355	GTS F1 98 Red/Black RHD UK ZFFXR42D000111210 eng. # F129C48499
111213	550	Maranello Blue/tan LHD EU
111214	F355	Berlinetta 98 Red/Black Manual ZFFXR41A9W0111214
111215	550	Maranello 98 Grigio Titanio met./black White stitching LHD US ZFFZR49A1W0
111217	F355	Berlinetta F1 98 Tan LHD US ZFFXR41A1W0111217
111218	F355	Berlinetta F1 98 Red/Tan ZFFXR41A3W0111218
111219	F355	Berlinetta 98 Grigio Titanio Blue LHD US ZFFXR41A5W0111219
111221	F355	Spider F1 ZFFXR480000111221
111223	550	Maranello Dark Metallic/green/tan ZFFZR49B000111223
111225	550	Maranello 98 Red/Tan ZFFZR49A4W0111225
111226	550	Maranello Spider Conversion by Straman 98 Red/Tan LHD US ZFFZR49A6W0111226

s/n	Type	Comments
111228	F355	Berlinetta 98 LHD ZFFXR41A6W0111228
111229	F355	Berlinetta F1 ZFFXR41A8W0111229
111230	F355	Berlinetta F1 12/97 Rosso Barchetta/Tan US ZFFXR41A4W0111230 Challenge Rear Grill
111231	F355	Berlinetta 3/98 Rosso Corsa/Nero ZFFXR41D000111231
111232	F355	GTS F1 98 Rosso Corsa/Nero LHD EU ZFFXR42B000111232
111233	F355	Spider F1 Bruxelles Show Car Blu Pozzi 521 D.S./all dark Blue LHD EU ZFFXR48B000
111235	F355	GTS 98 Rosso Crema Rosso carpets
111242	F355	Berlinetta F1
111243	F355	Berlinetta F1 12/97 Yellow/Black ZFFXR41A2W0111243
111244	F355	Berlinetta (F1) 98 ZFFXR41A4W0111244
111245	F355	Berlinetta F1 98 Grigio Titanio met./Charcoal Sport Seats ZFFXR41A6W0111245
111247	F355	Berlinetta 98 Red/Tan LHD
111248	F355	GTS Red/Black
111250	550	Maranello Rosso Corsa/dark brown ZFFZR49B000111250
111252	550	Maranello
111253	550	Maranello
111254	F355	GTS
111255	F355	Berlinetta F1 12/97 Rosso Corsa/Tan LHD US ZFFXR41A9W0111255 Rear Challenge Grille
111256	F355	Berlinetta F1 98 Red/Tan ZFFXR41A0W0111256
111257	F355	Berlinetta F1 98 Black/Tobacco ZFFXR41A2W0111257
111262	550	Maranello Silver/black ZFFZR49B000111262
111263	550	Maranello 3/98 Grigio Titanio Metallizzato 3238/Beige LHD US ZFFZR49A1W0111263
111264	550	Maranello 3/98 Rosso Barchetta/Beige ZFFZR49A3W0111264
111265	456	GTA 4/98 Grigio Titanio Metallizato/Nero
111266	F355	Berlinetta
111267	F355	Berlinetta F1
111268	F355	GTS F1 Red/Black
111270	F355	Spider F1 Black/Tan LHD EU
111271	F355	GTS Red/Black LHD
111272	F355	Spider 12/97 Giallo Modena 4305 DS/Black LHD US ZFFXR48A1W0111272
111273	F355	Spider 2/98 Argento Nürburgring 101/C/Black Manual ZFFXR48A3W0111273
111274	F355	Spider 98 Red/Tan Manual ZFFXR48A5W0111274
111279	F355	Berlinetta F1 Bruxelles Show Car Red LHD
111280	F355	Berlinetta F1
111283	F355	Spider 98 Blu Tour de France 522/Tan LHD US ZFFXR48A6W0111283
111284	F355	Spider 12/97 Rosso Corsa/Tan Black top Manual ZFFXR48A8W0111284 Rear Challenge Grill Tubi
111285	F355	Spider (F1) 98 ZFFXR48AXW0111285
111287	550	Maranello 98 Red/Black LHD EU ZFFZR49B000111287
111288	550	Maranello Red/Crema & burgundy RHD ZFFZR49C000111288 Red calipers
111289	550	Maranello
111292	F355	Berlinetta
111297	F355	Spider 12/97 NART Blue/Tan Manual ZFFXR48A6W0111297
111298	F355	Spider 98 Rosso Corsa/Beige Manual ZFFXR48A8W0111298
111299	F355	Spider (F1) 98 ZFFXR48AXW0111299
111300	550	Maranello Grigio Titanio met./Bordeaux LHD EU
111301	550	Maranello Dark Blue/all Blue LHD EU ZFFZR49B000111301
111302	F355	Berlinetta F1 Red/Black & Red LHD ZFFXR41B000111302 Red calipers
111303	550	Maranello Blue Tour De France/Tan Daytona Seats 03.04.98
111304	550	Maranello Blu Tour de France 522/tan RHD UK
111305	456	GTA Dark Blue/dark Blue ZFFWP50C000111305
111306	F355	Berlinetta F1 Red/Black LHD EU ass. # 28306
111308	F355	Berlinetta F1 8/98 Giallo Modena/Nero RHD ZFFXR41C000111308
111311	456	GTA Dark Blue/dark Blue ZFFWP50C000111305
111312	F355	Spider 98 Blu Tour de France 522/Tan Manual ZFFXR48A9W0111312
111313	F355	Spider 98 Silver/Black Manual ZFFXR48A0W0111313 HRE wheels Tubi
111314	F355	Spider 12/97 Black/Tan ZFFXR48A2W0111314
111315	550	Maranello Silver/black ZFFZR49B000111315
111316	550	Maranello Metallic/black/brown or Red & grey
111317	550	Maranello 98 Blu Tour de France 522/Tan Daytona seats ZFFZR49A9W0111317
111318	550	Maranello 98 Silver/Black US ZFFZR49A0W0111318
111320	F355	Berlinetta F1 Red/Black B1320SDS
111325	F355	GTS F1 Red/Black LHD EU ZFFXR42B000111325 ass. # 28411
111327	F355	Spider 98 Red/Beige LHD US ZFFXR48A0W0111327
111328	F355	Spider 98 Red/Black LHD US ZFFXR48A2W0111328
111329	F355	Spider 98 Red/Tan LHD US ZFFXR48A4W0111329
111330	550	Maranello 98 Argento Nürburgring 101/C/black LHD EU ZFFZR49B000111330 B1330DXH
111331	550	Maranello Red/Black
111332	550	Maranello
111333	550	Maranello 98 Grigio Titanio met./Dark Blue ZFFZR49A7W0111333
111334	F355	Berlinetta F1 Red/Black ZFFXR41B000111334
111336	F355	Berlinetta F1 Red/Black LHD EU
111337	F355	Berlinetta F1 Silver/Black-Red LHD
111338	F355	Berlinetta F1 98/01 Red
111341	F355	Spider 98 Black/tan LHD US
111342	F355	Spider 98 Black/Tan US ZFFXR48A7W0111342
111343	F355	Spider 98 LHD ZFFXR48A9W0111343
111344	F355	Spider 98 Red/Black US ZFFXR48A0W0111344
111345	550	Maranello Red
111346	550	Maranello 98 ZFFZR49A5W0111346
111347	550	Maranello 98 ZFFZR49A7W0111347
111351	F355	Berlinetta F1 Red/Black ZFFXR41B000111351 B1351PHP
111352	F355	Berlinetta F1 Grigio Titanio met./black
111353	F355	Berlinetta F1 Red/Black LHD EU ZFFXR41B000111353
111354	F355	Berlinetta F1 black/black LHD EU
111356	F355	Spider (F1) 98 ZFFXR48A7W0111356
111357	F355	Spider 98 blu NART tan ZFFXR48A9W0111357
111358	F355	Spider 98 LHD US ZFFXR48A0W0111358
111359	550	Maranello
111360	550	Maranello Silver/black RHD UK
111361	550	Maranello 1/98 Black/tan LHD US ZFFZR49A1W0111361
111362	550	Maranello 98 NART Blue/tan LHD US ZFFZR49A3W0111362
111367	F355	GTS F1 98 Yellow/Black LHD USZFFXR42A0W0111367
111369	F355	Spider F1 98 Rosso Corsa/Crema RHD UK ZFFXR48C000111369
111372	456	M GT Grigio Titanio met./Black LHD ZFFWP44B000 111372 , first 456 M GT
111373	456	M GT Silver Tan LHD
111374	550	Maranello 98 ZFFZR49AXW0111374
111375	550	Maranello 98 ZFFZR49A1W0111375

s/n	Type	Comments
111377	F355	Berlinetta F1 98 Rosso Corsa/Nero ZFFXR41B000111377
111382	550	Maranello 98 ZFFZR49A9W0111382
111383	F355	Berlinetta F1 Red/Black LHD ZFFXR41B000111383 B1383FAF
111385	F355	Berlinetta F1 Red/Black LHD
111386	550	Maranello 98 Grigio Titanio met./green LHD US ZFFZR49A6W0111386
111389	F355	Berlinetta F1 Red/Black LHD EU
111391	550	Maranello 98 White/dark Red/Black stitching LHD US ZFFZR49AXW0111391
111395	F355	Berlinetta F1 Red/Black LHD EU
111396	456	M GTA 99 Silver/Blue LHD ZFFWP50A2X0111396
111398	456	M GTA 99 Black ZFFWP50A6X0111398
111402	F355	Berlinetta (F1) 98 ZFFXR41A7W0111402
111405	F355	GTS F1 99 Black/Tan US ZFFXR42A4W0111405
111406	F355	GTS
111407	F355	Spider
111408	F355	Berlinetta (F1) 98 ZFFXR41A8W0111408
111411	F355	GTS F1 98 Red/Tan colour coded roof ZFFXR42AXW0111411 Red calipers
111413	F355	GTS
111415	F355	Berlinetta F1 98 Rosso Corsa/Tan LHD US ZFFXR41A5W0111415
111417	F355	GTS F1 ZFFXR42A0W0111417
111418	F355	Spider F1 Yellow/Black LHD EU
111419	F355	Spider F1 3/98 Giallo Modena/Nero RHD UK ZFFXR48C000111419 ass. # 28455 Challenge rear grill shields
111420	F355	Berlinetta Challenge Red Red & black ZFFXR41B000 rear wing
111421	F355	GTS F1
111422	456	M GTA Blue/Tan LHD
111424	F355	Berlinetta F1 98 Red/Crema LHD US ZFFXR41A6W0111424 ass. # 28275
111427	F355	GTS F1 1/98 Rosso Barchetta 320 DS/Tan colour coded roof ZFFXR42A3W0111427
111429	F355	GTS 98 Blu NART/Beige RHD UK ZFFXR42C000111429
111430	F355	Spider Yellow/Dark Blue LHD EU ZFFXR48B000111430
111431	456	GTA last 456 GT Dark Blue/Tan LHD
111432	F355	Berlinetta F1 7/98 Rosso Corsa/Cream ZFFXR41C000111432
111433	F355	Berlinetta F1 98 Black/Black US ZFFXR41A7W0111433
111435	F355	GTS F1 Red/Black LHD colour-coded roof ZFFXR42B000111435 Red calipers shields
111436	F355	GTS F1 98 Red/Tan colour coded roof LHD US ZFFXR42A4W0111436
111438	F355	Berlinetta Challenge Red/Black LHD ZFFXR41B000111438 B1438NAI
111440	F355	Spider Red/Black LHD
111441	F355	Spider 98 LHD CDN ZFFXR48A9W0111441
111443	F355	Berlinetta F1 98 Rosso Corsa/Tan ZFFXR41AXW0111443
111446	F355	GTS 98 LHD ZFFXR42A7W0111446
111447	F355	Spider F1 98 Le Mans Blue/Blue Blue top LHD EU ZFFXR48B000111447
111449	F355	Spider Red/Black LHD EU ZFFXR48B000111449 ass. #28503
111450	F355	Berlinetta F1 Rosso Corsa/Crema Rosso Carpets 13.3.98
111451	F355	Berlinetta F1 98 Yellow/Tan LHD US ZFFXR41A9W0111451
111452	F355	GTS F1 98 Red/Tan ZFFXR42A2W0111452
111454	F355	Challenge Yellow/Black/Red cloth seat Manual RHD UK ZFFXR51C000 ass. # 28658 B1454MMM
111457	F355	Berlinetta F1 98 Silver/Black LHD US ZFFXR41AXW0111457
111459	F355	GTS F1 4/98 Red/Black ZFFXR42B000111459
111460	F355	GTS F1 98 Yellow/Black LHD US ZFFXR42A1W0111460 challenge grill
111462	F355	Spider F1 Azzuro California/Cream RHD ZFFXR48C000111462
111463	F355	Berlinetta 98 LHD US ZFFXR41A5W0111463
111466	F355	Berlinetta 98 LHD ZFFXR41A0W0111466
111467	F355	GTS F1 Red/Black LHD EU
111468	F355	GTS F1 Rosso Corsa/Crema Colour Coded Roof RHD ZFFXR42C000111468 Challenge rear grill shields
111471	F355	Berlinetta 98 Grigio Titanio met./Burgundy Manual LHD US ZFFXR41A4W0111471
111472	F355	Berlinetta Challenge Yellow/Red seats LHD RSD ZFFXR41JPN0111472extra front spoiler non-original wheels Challenge grill modified rear bumper rear spoiler RSD decals
111473	F355	Spider Rosso Corsa/Crema Rosso Carpets, 20.03.98
111474	F355	Spider 98 LHD US ZFFXR42A2W0111474
111477	F355	Berlinetta F1 Silver/Red
111478	F355	Berlinetta F1 Red/Beige LHD US ZFFXR41A7W0111478 Red calipers, Challenge grille
111481	F355	Spider F1 Red White RHD UK ass. # 28554 Red calipers
111482	F355	Spider F1 98 Red RHD ZFFXR48D000111482 eng. # F129C48855
111483	F355	Challenge 98 Red met.
111484	F355	Challenge silver-Red LHD
111485	F355	Berlinetta 98 Silver/tobacco Manual LHD US ZFFXR41A4W0111485
111486	F355	Spider Red/Crema RHD UK ass. # 28551 Red calipers
111489	550	Maranello 98 Silver RHD ZFFZR49D000111489 eng. # F133A48896
111492	F355	Berlinetta F1 98 Red/Tan LHD US ZFFXR41A1W0111492
111494	F355	GTS F1
111496	F355	Challenge 98 White/Red then Red/Red LHD ZFFXR41B000
111497	F355	Challenge Red LHD
111498	F355	Berlinetta (F1) 98 ZFFXR41A2W0111498
111503	F355	Spider 98 Silver/Blue Blue top LHD US ZFFXR48A0W0110503
111504	F355	GTS F1 Red/Black ZFFXR42B000111504
111505	F355	GTS F1 8/98 Rosso Corsa/Nero & Red colour coded roof ZFFXR42B000111505 B1505NSG
111507	F355	Challenge Red & White
111509	F355	GTS 98 LHD US ZFFXR42A5W0111509
111514	F355	Berlinetta F1 98 Yellow/Black ZFFXR41A7W0111514
111515	F355	GTS F1 Rosso Corsa/Black painted black top ZFFXR42B000 B1515NRU
111516	F355	GTS F1 Nero/bordeaux LHD ZFFXR42B000111516
111518	F355	Challenge Red/Red cloth LHD ZFFXR41B000111518 ass. # 28625
111520	F355	GTS Red/Black ZFFXR42B000111520
111521	F355	GTS 98 LHD US ZFFXR42A6W0111521
111525	550	Maranello Red/Tan JP LHD ZFFZR49J000111525
111529	550	Maranello 98 Grigio Titanio met (3238)/Blu ZFFZR49C000111529 eng. # 48896 ass. # 28709 Red calipers
111532	550	Maranello
111534	456	GT silver/black ZFFWP44B000111534
111536	456	GT Grigio Titanio met. Bordeaux LHD ZFFWP44B000
111537	456	M GTA NART Blue/tan
111538	456	M GTA 99 Grey/ZFFWP50A7X0111538
111539	456	M GTA 99 Argento Nürburgring 101/C/Bordeaux ZFFWP50A9X0111539

s/n	Type	Comments
111540	456	M GT Blu Pozzi 521 D.S./tan
111541	456	M GT Blu Tour de France 522/Tan LHD
111543	456	M GT NART blu/tan LHD ZFFWP44B000111543 B1543NVZ
111545	F355	Challenge Light Green
111547	550	Maranello silver/black LHD EU
111549	550	Maranello Grigio Titanio met./black
111550	550	Maranello Oro Chiaro Metalizzato/Black LHD ZFFZR49B000111550 B1550FYY
111553	F355	Berlinetta F1 Red/Black LHD
111556	F355	GTS Rosso Corsa/black ZFFXR42B000111556 B1556QDQ
111558	F355	GTS
111559	550	Maranello Grigio Titanio Tan RHD ZFFZR49C000111559
111560	550	Maranello 98 Giallo Modena/Black & White LHD LHD US ZFFZR49A7W0111560 ass. # 28737
111562	F355	Berlinetta F1 Dark Blue/Tan LHD ZFFXR41B000111562
111564	F355	Berlinetta F1 1/98 Black/Tan ZFFXR41A0W0111564 rear Challenge grille
111567	F355	Spider Red/Black LHD
111568	F355	Spider Red/Black LHD EU
111569	F355	Spider (F1) 98 ZFFXR48A2W0111569
111571	550	Maranello Silver/black LHD EU
111572	550	Maranello 98 Silver/Black. ZFFZR49A3W0111572
111573	550	Maranello 98 ZFFZR49A5W0111573
111574	F355	Berlinetta F1 Giallo Modena Nero 01.03.98
111575	F355	Berlinetta F1 98 Giallo Modena/Black LHD US ZFFXR41A5W0111575
111576	F355	GTS F1 Red/Tan ZFFXR42B000111576
111579	F355	Berlinetta 98 Yellow RHD ZFFXR41D000111579
111581	F355	Spider 98 Grigio Titanio met./Bordeaux LHD US ZFFXR48A3W0111581
111582	F355	Spider 98 LHD ZFFXR48A5W0111582
111586	550	Maranello 98 Yellow/black LHD US ZFFZR49A3W0111586
111588	F355	Berlinetta F1 98 Black/Tan ZFFXR41A3W0111588
111590	F355	GTS F1 Rosso/nero LHD ZFFXR42B000111590
111592	F355	Berlinetta Challenge 98 Yellow/Red LHD ZFFXR41B000 ass. # 28687
111593	F355	Challenge
111594	F355	GTS Rosso Corsa/Crema Hide/Colour Coded Roof 12.03.98
111595	F355	Spider Red/Black manual ZFFXR48B000111595 ass.# 28669 B1595JJJ
111596	F355	Spider 98 Yellow/Black ZFFXR48A5W0111596
111597	F355	Spider 98 black/black ZFFXR48A7W0111597
111599	550	Maranello
111600	550	Maranello Red/Black/Black carpets Porsche tiptronic gearbox, ex Sultan of Brunei
111601	F355	Berlinetta F1 Red/Tan ZFFXR41B000111601
111603	F355	Berlinetta F1 98 Black/Tan ZFFXR41A6W0111603
111607	F355	Berlinetta 98 Yellow/Black LHD US Manual ZFFXR41A3W0111607
111609	F355	Spider 98 LHD US ZFFXR48AXW0111609
111613	550	Maranello Blu Pozzi 521 D.S./bordeaux
111614	550	Maranello 98 Grigio Titanio met./Bordeaux LHD USZFFZR49A4W0111614
111616	F355	Berlinetta F1 98 Black/Black LHD US ZFFXR41A4W0111616
111617	F355	GTS F1 Blu TdF/Beige B1617NHD
111619	550	Maranello 98 Grigio Titanio met./Black LHD
111620	F355	Challenge Geneva Show Car 98, Red/Red cloth then Black LHD EU ass. # 28720
111621	F355	GTS 98 Rosso Corsa/Crema Manual Bordeaux Carpets RHD UK ZFFXR42C000111621
111622	F355	Spider Yellow/Black LHD

s/n	Type	Comments
111623	F355	Spider 98). Rosso Corsa/Tan LHD US ZFFXR48A4W0111623 Red calipers shields Challenge grille Tubi
111624	F355	Spider 98 LHD US ZFFXR48A6W0111624
111625	550	Maranello 3/98 Grigio Titanio met./Cuoio Naturale ZFFZR49B000111625
111626	550	Maranello
111627	550	Maranello 98 Metallic/Black/Black US ZFFZR49A2W0111627
111628	550	Maranello 98 Yellow/Black US ZFFZR49A4W0111628
111631	F355	Berlinetta F1 98 Giallo Modena/Black LHD US ZFFXR41A0W0111631
111634	F355	Spider F1 Red/Black LHD EU
111635	F355	Berlinetta Challenge 98 LHD US ZFFXR41A8W0111635
111638	F355	Spider 98 Red/Tan LHD US ZFFXR48A6W0111638
111639	550	Maranello GenËve Motor Show car Rosso Fiorano 321/black
111641	550	Maranello 98 LHD US ZFFZR49A7W0111641
111642	550	Maranello 98 LHD US ZFFZR49A9W0111642
111644	F355	Berlinetta F1 98. Blu Tour de France 522/Tobacco LHD US ZFFXR41A9W0111644
111645	F355	GTS F1 5/98 Rosso Corsa/Nero ZFFXR42B000111645
111646	F355	GTS F1 GenËve Motor Show car Red/Crema LHD EU
111647	F355	Spider (F1) LHD EU ZFFXR48B000111647
111648	F355	Challenge Argento Nürburgring 101/C/Red cloth ZFFXR41B000111648 ass. # 28748 B1648NJO
111649	F355	Berlinetta 98 Argento Nürburgring 101/C/BlackLHD CDN ZFFXS41A2W0111649 Red calipers
111651	F355	Spider Red/Black LHD
111652	F355	Spider 98 Rosso Fiorano 321/Tan Manual LHD US ZFFXR48A0W0111652
111653	550	Maranello 3/98 Blu Pozzi/Cuoio Naturale ZFFZR49B000111653
111654	550	Maranello Red/Tan LHD ZFFZR49B000111654
111655	550	Maranello 98 Rosso Corsa/Beige LHD US ZFFZR49A7W0111655
111656	550	Maranello 98 LHD US ZFFZR49A9W0111656
111658	F355	Berlinetta F1 98 LHD US ZFFXR41A9W0111658
111660	F355	GTS F1 Rosso Corsa/black Red inserts LHD EU ZFFXR42B000111660 ass. # 28765 B1660NPA
111661	F355	Spider F1 98 dark Blue/tan LHD EU
111662	F355	Challenge Red LHD ZFFXR41B000111662 ass. # 28762
111663	F355	GTS (F1) LHD EU ZFFXR42B000111663
111664	F355	Spider 98 dark Blue/Grey ZFFXR48B000111664 B1664LAL
111665	F355	Spider 98 LHD US ZFFXR48A9W0111665
111667	550	Maranello Grigio Titanio met./all Bordeaux LHD EU
111669	550	Maranello 98 Grigio Titanio met./Black ZFFZR49A7W0111669
111670	550	Maranello 98 LHD US ZFFZR49A3W0111670
111671	F355	Berlinetta F1 98 LHD US ZFFXR41A1W0111671
111672	F355	Berlinetta F1 98 Red/Black LHD US ZFFXS41A8W0111672 Tubi Challenge grille
111675	F355	Spider F1 98 Red/Black leather
111676	F355	Challenge Red Red Cloth LHD
111678	F355	GTS 98 Rosso Corsa/Crema 14.03.98
111679	F355	Spider Black/Tan LHD EU sport exhaust
111680	F355	Spider 98 LHD US ZFFXR48A5W0111680
111681	550	Maranello LHD EU ZFFZR49B000111681
111682	550	Maranello Red/Black LHD EU
111683	550	Maranello 98 Red/Tan LHD US ZFFZR49A1W0111683

s/n	Type	Comments
111686	F355	GTS (F1) 98 ZFFXR42A5W0111686
111688	F355	Challenge Red/Black
111690	F355	GTS Red/Black ZFFXR42B000111690
111691	F355	Spider
111692	F355	Spider 98 LHD US ZFFXR48A1W0111692
111693	F355	Spider 98 LHD US ZFFXR48A3W0111693
111695	550	Maranello silver/tan
111696	550	Maranello Grigio Titanio met./bordeaux LHD EU
111697	550	Maranello Light Blue/black
111698	F355	GTS F1 Red/Black LHD EU ZFFXR41B000
111699	F355	Berlinetta F1 Blue/Tan LHD
111702	F355	GTS F1 98 Yellow/Black LHD US ZFFXR42AXW0111702
111703	F355	Spider
111704	F355	GTS
111705	F355	Spider 98 LHD US ZFFXR48A6W0111705
111706	F355	Spider 98 Red/Tan LHD US ZFFXR48A8W0111706
111708	550	Maranello Red/Tan LHD EU
111710	550	Maranello Grigio Titanio met./black LHD EU race converted
111713	F355	GTS F1 98 Rosso Barchetta Tan ZFFXR42A4W0111713
111714	F355	GTS F1 98 LHD CDN ZFFXR42A6W0111714
111715	F355	Spider F1 Genève Motor Show car 98 Rosso Corsa/Beige LHD EU ZFFXR48B000111715
111716	F355	Berlinetta
111717	F355	Berlinetta Challenge 98 Blue LHD US ZFFXR41AXW0111717
111719	F355	Spider Red/Black LHD
111720	F355	Spider Yellow/Black Yellow stitching RHD UK ZFFXR48C000111720 ass. # 28845
111721	F355	Spider 98 Yellow/Black LHD US ZFFXR48A4W0111721 shields Challenge grille
111722	550	Maranello Silver/green
111724	550	Maranello Argento Nürburgring 101/C/Bordeaux ZFFZR49B000111724 B1724DXX Bordeaux dash & steering wheel
111725	550	Maranello
111726	F355	Berlinetta F1 Blu Tour de France 522/dark Blue EU
111727	F355	Berlinetta F1 3/98 Rosso Corsa/Beige ZFFXR41B000111727
111728	F355	Berlinetta F1 98 Red/Black LHD ZFFXR42A8W0111729
111729	F355	GTS F1 98, Rosso Corsa/Tan LHD US ZFFXR42A8W0111729
111733	F355	GTS
111734	F355	Spider 98 Black LHD US ZFFXR48A2W0111734
111736	550	Maranello 98 Grigio Titanio met./bordeaux
111739	F355	Berlinetta F1 98 Grigio Titanio met.Blue ZFFXR41B000111739
111740	F355	Berlinetta F1 98 Red/Tan ZFFXR41B000111740 ass.# 28873
111744	F355	GTS F1 98 Yellow/Black LHD US ZFFXR42A4W0111744
111745	F355	Berlinetta 98 RHD UK
111746	F355	GTS Red/Black LHD front and rear spoilers by Elbu Tuning
111748	F355	Spider 98 LHD US ZFFXR48A2W0111748
111749	F355	Spider 98 Blu TdF 522/Tan LHD US ZFFXR48A4W0111749
111752	550	Maranello Red/Crema Red piping RHD Manual ZFFZR49C000111752 shields
111756	F355	GTS 98 LHD US ZFFXR42A0W0111756
111758	F355	Spider F1 Yellow/Black LHD
111759	F355	GTS Rosso Corsa/Tan Rosso Carpets 01.04.98
111760	F355	Spider Red/Black LHD
111761	F355	Spider 98 Black/Tan Manual LHD US ZFFXR48A5W0111761
111762	F355	Spider 98 Red/Tan LHD manual US ZFFXR48A7W0111762
111763	550	Maranello Yellow/Black LHD ZFFZR49B000111763
111764	550	Maranello
111766	550	Maranello 98 Silver ZFFZR49D0001 11766 eng. # F133A49170
111772	F355	GTS F1 98 Red/Tan LHD US ZFFXR42A9W0111772
111773	F355	Spider F1 Yellow/Black Yellow stitching RHD UK ass. # 28915
111774	F355	Berlinetta Challenge 98 Yellow, Red & black Motorola livery LHD US ZFFXR41A0W0111774
111775	F355	GTS Red/Black LHD EU
111776	F355	Spider Rossa Corsa/Nero 01.03.98
111777	F355	Spider 98 LHD US ZFFXR48A9W0111777
111779	550	Maranello 98 LHD US ZFFZR49A3W0111779
111780	550	Maranello 98 GrigioTitanio/Dark Blue LHD US ZFFZR49AXW0111780 Red calipers Tubi 575M wheels, feat. in the movie iBad Boys IIi
111781	550	Maranello 98 Black/tan LHD US ZFFZR49A1W0111781
111782	F355	Berlinetta F1 Red/Black
111785	F355	GTS F1 98 Red/Tan LHD US ZFFXR42A7W0111785
111786	F355	Spider F1 98 Yellow/Black RHD UK ZFFXR48D000111786 eng. # F129C49190
111787	F355	Berlinetta Challenge 98 Rosso Barchetta/Black & Red Manual LHD US ZFFXR41A9W0111787
111788	F355	GTS Rosso Corsa/Black colour coded roof LHD EU ZFFXR42B000 B1788QWQ shields
111789	F355	Spider Red/Black LHD ZFFXR48B000111789 ass. # 28933
111790	F355	Spider Red/Crema RHD UK
111791	F355	Spider 98 Black/Tan Manual LHD US ZFFXR48A3W0111791
111792	550	Maranello 98 LHD US ZFFZR49A6W0111792
111793	550	Maranello 98 LHD US ZFFZR49A8W0111793
111794	550	Maranello 98 Black/Tan ZFFZR49AXW0111794
111795	550	Maranello 98 Black/Tan LHD US ZFFZR49A1W0111795
111800	456	M GT Tour De France Blue Brown LHD
111801	456	M GT dark Blue met./Crema ZFFWP44B000111801
111802	456	M GT Blu Pozzi 521 D.S.Bordeaux LHD
111803	456	M GTA Grigio Titanio met. Blue LHD
111806	456	M GTA Dark Blue/Tan
111809	456	M GTA 99 ZFFWP50A1X0111809
111810	456	M GTA 99 Blue Naturale LHD US ZFFWL50A3X0111810
111811	F355	Berlinetta F1 Black/Black LHD EU B18110D0
111812	F355	Berlinetta F1 Yellow/Black ZFFXR41B000111812
111817	F355	Berlinetta F1 Red/Black LHD
111818	360	Modena Challenge
111820	F355	GTS F1 98 Blu Pozzi 521 D.S./Tan LHD US ZFFXR42A5W0111820
111821	F355	GTS F1 98 LHD CDN ZFFXR42A7W0111821
111822	F355	Berlinetta 98 Silver/Tan ZFFXR41B000111822
111824	F355	Berlinetta Red White RHD
111828	F355	Spider 98 LHD US ZFFXR48A0W0111828
111829	F355	Spider 98 LHD US ZFFXR48A2W0111829
111830	550	Maranello 98 LHD US ZFFZR49AXW0111830
111831	550	Maranello 98 NART Blue/tan LHD US ZFFZR49A1W0111831
111832	550	Maranello 98 LHD US ZFFZR49A3W0111832
111833	F355	Berlinetta F1 Red
111838	F355	Berlinetta 03/98 dark Metallic/Blue
111839	F355	Berlinetta
111840	F355	Berlinetta Challenge 98 Yellow & Black/Red LHD Manual US ZFFXR41A9W0111840
111841	F355	Spider Red/Black Manual ZFFXR48B000111841 ass. # 28964 challenge grill

s/n	Type	Comments
111842	F355	Spider 98 Black/Tan Manual LHD US ZFFXR48A5W0111842
111843	F355	Spider 98 NART Blue/Blue & Tan, Navy Blue Top, LHD US ZFFXR48A7W0
111844	550	Maranello 98 Grigio Titanio met./Dark Blue LHD US ZFFZR49AXW0111844
111845	550	Maranello 98 Black/Beige LHD US ZFFZR49A1W0111845
111846	550	Maranello 98 LHD US ZFFZR49A3W0111846
111848	F355	Berlinetta F1
111849	F355	Berlinetta F1 Red/Black
111850	F355	GTS F1 98 Grigio Titanio met./Black LHD US ZFFXR42A3W0111850
111851	F355	Berlinetta Yellow/black LHD Challenge grill shields Speedline rims dark windows
111853	F355	Berlinetta 3/98 Rosso Corsa/Nero Hide
111855	F355	Spider 3/98 Blue Nart/Tan Blue Carpets
111856	F355	Spider 98 Black/Tan LHD Manual US ZFFXR48A5W0111856
111857	F355	Spider 98 NART Blue/Beige manual LHD US ZFFXR48A7W0111857
111859	550	Maranello Black/black LHD EU
111860	550	Maranello LHD
111861	550	Maranello 98 Red/Tan LHD US ZFFZR49AXW0111861
111862	F355	Berlinetta F1 98 Rosso Corsa/Nero ZFFXR41B000111862
111863	F355	Berlinetta F1 Red/Black B1863FIF
111865	F355	Spider F1
111866	F355	GTS (F1) 98 ZFFXR42A7W0111866
111867	F355	Spider F1 Red/Crema RHD UK
111869	F355	Berlinetta Challenge 98 black silver stripes/black LHD US ZFFXR41A0W0111869
111870	F355	GTS 98 Red
111871	F355	Spider 98 LHD US ZFFXR48A1W0111871
111872	F355	Spider 98 Red/Tan LHD US ZFFXR48A3W0111872
111875	550	Maranello Blue metallic/White RHD ZFFZR49C000111875
111876	550	Maranello
111879	F355	Berlinetta F1 Red/Black LHD ZFFXR41B000111879 ass. # 29008 B1879RVR
111880	F355	Berlinetta F1 Red LHD
111881	F355	GTS F1 98 Black/Black ZFFXR42B000111881
111882	F355	Spider F1 98 Blu Pozzi 521 D.S./Tan Blue top tan top cover LHD US ZFFXR48A6W0111882 Tubi challenge grill Red calipers
111884	550	Maranello 98 Grigio Titanio
111885	F355	Spider 98 LHD US ZFFXR48A1W0111885
111886	F355	Spider 98 LHD US ZFFXR48A3W0111886
111887	F355	Spider 98 Rosso Corsa/Tan LHD US ZFFXR48A5W0111887 Challenge grille
111888	550	Maranello Blu Pozzi 521 D.S./White LHD EU
111889	550	Maranello 98 Metallic/Black/Black LHD ZFFZR49B000111889 B1889DIX
111890	550	Maranello
111891	550	Maranello
111892	F355	Spider dark Blue met./tan
111893	F355	Berlinetta F1 Yellow/Black LHD EU
111894	F355	Berlinetta F1 Red/grey sport seats
111896	F355	GTS F1 Red/Black
111897	456	GTA 98 Black Grey LHD
111898	F355	Spider F1 98 Red/Tan Black top LHD US ZFFXR48AXW0111898
111899	F355	Spider 98 Red/Tan Manual LHD US ZFFXR48A1W0111899
111900	F355	Challenge Red/Black Red seats LHD EU
111901	F355	GTS Red/Crema Red stitching RHD ZFFXR42C000111901
111902	F355	Spider 98 Black/Tan LHD US ZFFXR48A8W0
111903	F355	Spider 98 Burgundy Brown LHD US ZFFXR48AXW0111903
111904	550	Maranello Red/Crema ZFFZR49B000111904
111906	550	Maranello Red/Black LHD EU
111907	550	GTS 98 Nero Nero Carpets, 17.4.98
111911	F355	GTS F1 Red/Black ZFFXR42B000111911
111912	F355	Spider F1
111913	F355	Spider F1 98 Red/Tan LHD US ZFFXR48A2W0111913
111914	F355	Spider F1 98 LHD US ZFFXR48A4W0111914
111917	F355	Berlinetta 98 Red ZFFXR41B000111917
111919	F355	Spider Rosso Corsa/Tan, Red Carpet 23.3.98
111920	F355	Spider 98 Yellow/Black Black top black boot LHD Manual US ZFFXR48AXW0
111921	550	Maranello Blu Pozzi 521 D.S./Crema
111922	550	Maranello black/bordeaux
111923	550	Maranello Azzurro California met./Blue
111924	550	Maranello Grigio Titanio met./black
111925	456	M GTA 99 Silver/Black LHD ZFFWP50A3 0111925
111927	F355	Berlinetta F1 Red
111928	F355	Berlinetta F1 Red/Crema RHD UK
111931	F355	Spider F1 98 Rosso Barchetta Tan LHD US ZFFXR48A4W0111931
111932	F355	Spider F1 98 Red/Tan LHD US ZFFXR48A6W0 Red calipers, Challenge grille
111933	F355	Challenge 98 Red LHD
111934	F355	GTS Challenge Red EU
111935	F355	Spider 98 Silver/Blue Blue Top Manual LHD US ZFFXR48A1W0111935 Challenge Grill
111936	F355	Spider 2/98 Rosso Corsa/Tan Manual LHD US ZFFXR48A3W0111936
111937	550	Maranello dark non met. Blue/Tan LHD EU B1937DYT
111940	550	Maranello Modena Yellow/black
111942	F355	Berlinetta F1 3/98 Rosso Corsa/Nero ZFFXR41B000111942
111945	F355	Spider F1 Rosso Corsa/Nero, Bordeaux Carpet
111946	F355	Spider F1 98 Rosso Corsa/Beige LHD US ZFFXR48A6W0111946
111947	F355	Spider F1 98 Red/Tan LHD US ZFFXR48A8W0111947
111948	F355	Berlinetta Red/Black LHD EU
111949	F355	GTS 98 Yellow ZFFXR42B000111949
111950	F355	Spider giallo/nero
111951	F355	Spider 98 Yellow/Black Yellow stittching LHD Manual US ZFFXR48AXW0111951
111953	550	Maranello Red/Crema Red calipers LHD EU ZFFZR49B000111953
111954	550	Maranello Grigio Titanio met./Red LHD EU
111955	550	Maranello 98 Grigio Titanio/Blue LHD EU ZFFZR49B000111955 B1955PUG ass.# 29174
111957	550	Maranello JP LHD ZFFZR49J000111957
111962	F355	GTS F1
111963	F355	GTS F1 Red/Black-Red
111964	F355	Spider F1 98 Red/Tan LHD US ZFFXR48A8W0111964
111965	F355	Spider F1 98 LHD US ZFFXR48AXW0111965
111966	F355	Berlinetta Challenge Dark Blue/Red then Rosso Corsa/Black & Red ZFFXR41B000111966 ass. # 29094 B1966NYI rear wing
111967	F355	GTS 98 Nero/Nero colour coded roof Nero Carpets RHD UK ZFFXR42C000111967
111968	F355	Spider 98 Grigio Titanio met. Bordeaux LHD US ZFFXR48A5W0111968
111969	F355	Spider 2/98 Blue NART/Naturale Manual Dark Blue Top LHD US ZFFXR48A7W0111969
111970	550	Maranello Rosso Corsa/black ZFFZR49B000111970
111971	550	Maranello 98 Nero Daytona/Nero ZFFZR49B000111971
111972	550	Maranello 98 Blue TdF/Crema Blue carpet LHD EU ZFFZR49B000111972
111973	550	Maranello
111974	550	Maranello Red JP LHD ZFFZR49J000111974
111976	456	M GT Metallic/Gold Black LHD

s/n	Type	Comments
111979	F355	GTS F1 Red/Black LHD EU
111981	F355	Spider F1 98 Silver/Black Manual LHD US ZFFXR48A8W0 ex-Shaquille OiNeal
111982	F355	Spider F1 98 LHD US ZFFXR48AXW0111982
111985	F355	Berlinetta Red/Black LHD Manual ZFFXR41B000111985
111986	F355	Spider Red/Crema Manual ZFFXR48C000111986 Red calipers shields Challenge Grill
111987	F355	Spider 98 LHD US ZFFXR48A9W0111987
111988	550	Maranello Red/Black LHD EU ZFFZR49B000111988 B1988MWW
111990	550	Maranello Red/Black LHD EU ZFFZR49B000111990 B1990HKU
111991	550	Maranello 98 Grigio Titanio Metallizzato 3238/Nero ZFFZR49B000111991
111992	F355	Berlinetta F1 Silver/Black LHD
111994	F355	GTS F1
111995	F355	GTS F1 Red/Black Sports seats colour coded roof LHD EU ass. # 29122
111996	F355	Spider F1 Red/Crema ZFFXR48C000111996
111997	456	GTA
111998	F355	Spider F1 98 Red/Tan LHD US ZFFXR48A3W0111998
111999	F355	Challenge Red/Black Manual LHD ZFFXR41B000111999
112001	F355	Spider 98 LHD US ZFFXR48A8W0112001
112002	F355	Spider 98 Grigio Titanio met./Black LHD US ZFFXR48AXW0112002 challenge grill
112003	550	Maranello Red/Black LHD EU ZFFZR49B000112003
112004	550	Maranello 4/98 Rosso Corsa/Nero LHD EU ZFFZR49B000112004
112007	456	M GT Metallic/Blue Black LHD
112009	F355	Berlinetta F1 Argento Nürburgring 101/C/Blue Scuro Blue Carpets 01.04.98
112010	F355	Spider
112011	F355	GTS F1 Red/Black LHD
112012	F355	Spider F1 98 LHD US ZFFXR48A2W0112012
112013	F355	Spider F1 98 Red/Black LHD US ZFFXR48A4W0112013
112016	F355	GTS Dark Blue Black Dark Blue roof LHD EU
112017	F355	Spider 98 Yellow/Black leather interior with Yellow stitching
112018	F355	Spider 98 Black/Black LHD US ZFFXR48A3W0112018 Tubi exhaust
112019	550	Maranello 98 Argento Nürburgring 101/C/Nero ZFFZR49B000112019
112020	550	Maranello LHD EU ZFFZR49B000112020
112021	550	Maranello
112022	550	Maranello Grigio Titanio met./Bordeaux LHD EU
112023	456	M GT 99 Grigio Ingrid 720/Cream
112024	F355	Berlinetta F1 Black/Black LHD EU
112028	F355	GTS F1 Red/Black
112029	F355	Spider F1 98, Blu Pozzi 521 D.S./Grey LHD US ZFFXR48A8W0112029
112030	F355	Spider F1 98 LHD US
112031	F355	Berlinetta Challenge 98 LHD US ZFFXR41A3W0112031
112032	F355	GTS 4/98 Red/Black LHD EU Manual ZFFXR42B000112032 B2032KIK
112033	F355	GTS Black/Black RHD ZFFXR42C000112033 Black calipers shields
112034	F355	Spider 98 Blu Tour de France 522/Sand Manual, LHD US ZFFXR48A1W0112034
112035	F355	Spider 98 Blue Metallic/Tan LHD US ZFFXR48A3W0112035
112036	550	Maranello Black/brown LHD EU
112037	550	Maranello Silver/bordeaux-black
112039	550	Maranello Red/Black LHD EU
112040	456	M GTA Rosso Corsa/Grigio Blue Piping Blue Carpets 01.05.00
112041	F355	Berlinetta Red/Black LHD EU
112043	F355	GTS F1 98 LHD US ZFFXR42A1W0112043
112045	F355	Spider F1 3/98 VerdeSilverstone/Tan Beige Top LHD US ZFFXR48A6W0112045
112047	F355	Spider F1 98 Grigio Titanio RHD ZFFXR48D000112047
112049	F355	Berlinetta 98 Red/Black LHD EU ZFFXR41B000112049
112050	F355	Spider F1 98 Red/Crema LHD EU
112051	F355	Spider 98 Blue TdF/tan RHD UK ZFFXR48C000 B205DWD eng. # 49395 ass. # 29165
112052	550	Maranello Red/Black ZFFZR59B000112052 B2052SDO
112054	550	Maranello Red/Black LHD EU ZFFZR49B000112054
112055	550	Maranello Silver LHD
112057	F355	Spider 98 Blue
112058	F355	Berlinetta F1 98 Black/Beige ZFFXR41A1W0112058
112061	F355	GTS F1 Red/Black LHD EU ass. # 29185
112062	F355	GTS F1 98 Red/Black
112063	F355	GTS Yellow/Black Sports seats Yellow roof LHD EU
112064	F355	Spider Blue/Tan
112065	F355	Spider 98 Silver Dark Blue LHD US ZFFXR48A1W0112065
112066	F355	Spider (F1) 98 ZFFXR48A3W0112066
112067	F355	Spider 98 Red RHD ZFFXR48D000112067 eng. # F129B49444
112068	F355	Spider 98 LHD US
112069	550	Maranello Dark Blue/Cream LHD ZFFZR49B000112069 B2069XTC
112070	550	Maranello Red/Black
112072	456	M GTA 9/98 Nero/Nero RHD ZFFWP50C000112072
112073	F355	Berlinetta F1 98 Rosso Corsa/Tan ZFFXR41A8W0112073 Red Brembo calipers rear challenge grill Tubi
112074	F355	Berlinetta F1 98 Grigio Titanio met./dark tan LHD US ZFFXR41AXW0112074
112075	F355	Berlinetta F1 98 Red/Black Sportsseats RHD UK ZFFXR41D000112075 eng. # F129C49482
112078	F355	Spider F1 Red/Black
112079	F355	Spider F1 Red/Black LHD
112080	F355	Berlinetta Challenge 98 Red/Tan & black seats LHD US ZFFXR41A5W0112080
112081	F355	GTS Red/Black
112083	F355	Spider 98 LHD US ZFFXR48A3W0112083
112084	550	Maranello Red/Tan LHD EU
112085	550	Maranello black/tan
112087	550	Maranello Red/Tan LHD EU
112089	F355	Berlinetta Yellow/Black LHD EU
112090	F355	Berlinetta F1 Red LHD
112091	F355	Berlinetta F1 98 Rosso Corsa/Tan LHD US ZFFXR41AXW0112091
112092	F355	Berlinetta F1 98 Rosso Corsa/black Red stit-ching LHD US ZFFXR41A1W0112092 Red calipers
112093	F355	GTS F1 Dark Blue Red LHD EU ZFFXR42B000112093 ass. # 29217
112096	F355	Spider Black/Tan LHD ZFFXR48B000112096 ass. # 29212 Red
112098	F355	Spider (F1) 98 ZFFXR48A5W0112098
112099	F355	Spider 98 Black/Black black top LHD US ZFFXR48A7W0112099
112100	550	Maranello Black/LHD
112101	F355	Spider F1 98 Rosso Corsa/Tan Red calipers
112102	550	Maranello
112103	550	Maranello 98 Argento Nürburgring 101/C/Metallic/Dark Blue RHD ZFFZR49C000112103 eng. # 49504
112104	456	GTA 99 Blu Tour de France 522/Tan LHD ZFFWP50A1X0112104

s/n	Type	Comments
112106	F355	Berlinetta F1 98 Rosso Corsa/Tan LHD US ZFFXR41A8W0112106
112107	F355	Berlinetta F1 98 Red/Tan LHD US ZFFXR41AXW0112107
112111	F355	Spider F1 White Red LHD
112112	F355	Berlinetta F1 Challenge Conversion 98 black/black then Yellow/Red seats LHD US ZFFXR41A3W0112112
112113	F355	GTS Yellow/black LHD EU
112114	F355	GTS 98 Argento Nürburgring 101/C/black LHD ZFFXR42B000112114 ass. # 29233 B2114LBL
112115	F355	Spider Silver RHD ZFFXR48C000112115
112116	550	Maranello silver/black ZFFZR49B000112116
112117	550	Maranello Red/Black LHD EU
112118	550	Maranello Grigio Titanio met./Bordeaux
112120	456	M GT Dark Blue/Crema LHD
112123	F355	Berlinetta F1 98 Black/Black LHD US ZFFXR41A8W0112123
112124	F355	Berlinetta F1 98 LHD US
112126	F355	GTS F1 Red/Tan LHD EU
112127	F355	Spider
112128	F355	Berlinetta Red/Black LHD ZFFXR41B000112128
112129	F355	Spider Red/Black LHD EU
112130	F355	Spider 98 Yellow/Black LHD EU ZFFXR48B000112130
112132	F355	Spider 98 Silver/Blue LHD US ZFFXR48A1W0112132
112133	550	GTS Conversion by Wieth Red/Black, then Yellow
112135	550	Maranello 5/98 Argento Nürburgring 101/C/Bordeaux, Nero Carpet
112136	550	Maranello
112140	F355	Berlinetta F1 Red/Black
112141	F355	Berlinetta 98 Red/Tan ZFFXR41B000112141
112142	F355	Berlinetta F1 Silver/Tan LHD EU
112143	F355	Berlinetta F1
112145	F355	Berlinetta F1 98 Yellow LHD US ZFFXR41A7W0112145
112146	F355	Berlinetta F1 4/98 Black/Tan LHD US ZFFXR41A9W0112146
112147	F355	Berlinetta F1 98 LHD US ZFFXR41A0W0112147
112148	456	M GT silver/black
112150	F355	GTS F1 Grigio Titanio met./bordeaux ZFFXR42B000112150 Assembly# 29269
112152	F355	GTS F1 Silver/Black LHD
112153	F355	GTS F1 Red/Black DH-04039
112154	F355	GTS F1
112155	F355	GTS F1 98 LHD US ZFFXR42A1W0112155
112156	F355	GTS F1 98 LHD US ZFFXR42A3W0112156
112158	F355	Spider F1 Red/Black
112160	F355	Spider F1 Red/White RHD ZFFXR48C000112160 B2160NMM
112161	F355	Spider 98 LHD US ZFFXR48A8W0112161
112162	F355	Spider F1 98 Red/Tan LHD US ZFFXR48AXW0112162
112163	F355	Spider 98 LHD US ZFFXR48A1W0112163
112164	F355	Spider F1 98 Giallo Modena/Nero LHD US ZFFXR48A3W0112164 Tubi
112166	F355	Berlinetta Red/Black
112169	F355	Berlinetta
112170	F355	GTS Red/Black Red roof LHD EU
112171	F355	GTS Giallo Modena/Nero LHD EU B2171WMW
112172	F355	GTS 98 Rosso Corsa/Beige Manual ZFFXR42B000112172
112173	F355	GTS
112174	F355	GTS
112177	F355	Spider Silver/Black LHD EU
112178	F355	Spider
112179	F355	Spider Red/Crema Manual RHD UK Challenge rear grill
112180	F355	Spider 98 Yellow/black LHD US ZFFXR48A1W0112180
112181	F355	Spider Grigio Titanio met./Dark Blue LHD US ZFFXR48A3W0112181
112182	F355	Spider F1 98 LHD US ZFFXR48A5W0112182
112183	550	Maranello Silver/black LHD EU ZFFZR49B000112183
112185	550	Maranello Red/Black LHD EU
112186	550	Maranello 98 Grigio Titanio met./Bordeaux LHD ZFFZR49B000112186
112187	550	Maranello Red/Black
112188	550	Maranello Black/Black RHD ZFFZR49C000112188 Red calipers
112189	550	Maranello 98 LHD US ZFFZR49A9W0112189
112193	360	Modena Challenge Prototype, IAA Frankfurt 2001 show Car, Red/Red cloth LHD EU ass. # 30125
112194	F355	Berlinetta F1 98 LHD CDN ZFFXS41A3W0112194
112195	456	M GTA dark green LHD
112196	456	M GT Silver Bordeaux LHD
112198	456	M GT black/tan ZFFWP44B000
112199	456	M GTA Red/Black RHD
112201	456	M GT Grigio Titanio met./Bordeaux LHD
112202	F355	Spider F1 Blu Pozzi 521 D.S./all Scuro Blue LHD EU ZFFXR48B000112202
112203	F355	Berlinetta (F1) 98 ZFFXR41A6W0112203
112204	F355	Spider F1 Red/Black LHD EU ZFFXR48B000 ass. # 29268 B2204NWD
112206	F355	Spider (F1) LHD EU ZFFXR48B000112206
112207	F355	Berlinetta 98 Giallo Modena/Black ZFFXR41D000112207
112209	550	Maranello 98 NART Blue/Crema LHD US ZFFZR49A0W0112209
112210	F355	GTS F1 Red/Black LHD
112211	F355	GTS F1 Red/Black ZFFXR42B000112211 ass.# 29300 B2211TPT
112212	F355	GTS F1 Silver LHD
112213	F355	Spider F1 98 Argento/black LHD EU
112214	F355	Spider F1 Yellow/Black LHD EU ass. # 29292
112215	F355	Spider F1 98 LHD CDN ZFFXR48A5W0112215
112216	F355	Berlinetta Red/beige RHD UK
112217	F355	Spider 98 LHD CDN ZFFXR48A9W0112217
112218	550	Maranello 98 ZFFZR49A1W0112218
112219	550	Maranello 98 Grigio Titanio met./bordeaux LHD US ZFFZR49A3W0112219 Sunroof
112220	550	Maranello 98 LHD US ZFFZR49AXW0112220
112222	F355	Berlinetta F1 98 LHD CDN ZFFXS41A4W0112222
112223	F355	GTS F1 4/98 Giallo Modena/Nero ZFFXR42B000112223
112224	F355	GTS F1 98 Black/Tan LHD US ZFFXR42A5W0112224
112226	F355	Spider F1
112227	F355	Spider F1 Red/Black challenge grill ZFFXR48B000 ass. # 29309 B2227NGC
112228	F355	Berlinetta 98 Red/Crema Manual RHD ZFFXR41C000112228
112229	F355	Spider Silver/black ZFFXR48B000112229 B2229FYW
112231	550	Maranello 98 Grigio Titanio Metallizzato 3238/Grigio Chiaro LHD US ZFFZR49A4W0112231 ass. # 29411
112232	550	Maranello 98 Blu Tour de France 522/tan US ZFFZR49A6W0112232
112233	550	Maranello 98 Black/tan LHD US ZFFZR49A8W0112233
112234	F355	Berlinetta F1 Grigio Titanio met./Black LHD ZFFXR41B000112234 Momo steering wheel with button (rather then paddle) gear change
112235	F355	Berlinetta F1 98 LHD CDN ZFFXS41A2W0112235
112238	F355	Spider F1 Grigio ZFFXR48B000112238

s/n	Type	Comments
112240	F355	Spider F1 Red/Tan ZFFXR48B000112240
112241	F355	Berlinetta Red/Black RHD UK
112242	F355	Spider Red/Black ZFFXR48B000112242
112244	550	Maranello 98 Red/Tan LHD US ZFFZR49A2W0112244
112245	550	Maranello 3/98 Red/Beige LHD US ZFFZR49A4W0112245
112246	550	Maranello 98 Black/Black LHD US ZFFZR49A6W0112246
112247	550	Maranello 98 dark Red/dark tan LHD US ZFFZR49A8W0112247
112250	F355	GTS F1 98 Red/Tan LHD US ZFFXR42A6W0112250 Red calipers
112251	F355	Spider F1 Red/Black LHD EU
112252	F355	Spider F1 Red/Black LHD
112253	F355	Spider F1 98 Dark Blue/tan
112254	F355	Spider F1 98 LHD CDN ZFFXR48A4W0112254
112255	F355	Berlinetta Red/Black
112256	F355	Berlinetta Red/Crema RHD UK
112258	F355	Spider Black/bordeaux Red LHD EU ZFFXR48B000112258
112259	F355	Spider F1 99 Rosso Corsa/black LHD US
112262	F355	Berlinetta F1 Red
112263	F355	Berlinetta F1 98 Nero/Beige LHD CDN ZFFXS41A7W0112263
112264	F355	GTS F1 98 Red/Tan LHD US ZFFXR42A6W0112264
112265	F355	Spider F1 Red/Crema LHD EU ZFFXR48B000112265 ass. # 29352
112266	F355	Spider F1 Yellow/Black LHD
112267	F355	Spider F1 Yellow/Black LHD
112269	F355	Spider Red/Black LHD EU
112271	550	Maranello 98 Silver/Black LHD US ZFFZR49A5W0112271
112272	550	Maranello 98 Rosso Barchetta/Brown LHD US ZFFZR49A7W0112272
112273	550	Maranello 98 Grigio Titanio met./Bordeaux LHD US ZFFZR49A9W0112273
112274	F355	Berlinetta F1 Red LHD
112275	F355	GTS Red/beige RHD
112277	F355	GTS F1 98 Rosso Corsa/Nero ZFFXR42B000112277 B2277AWA
112280	F355	Berlinetta Challenge 98 Red LHD US ZFFXR41A2W0112280
112281	F355	Berlinetta Challenge 98 Red LHD US ZFFXR41A4W0112281
112283	F355	Berlinetta F1 98 Red/Black ZFFXR41B000112283 ass.# 29394 B2283SWB
112286	550	Maranello 98 LHD US ZFFZR49A7W0112286
112287	550	Maranello 98 Rosso Corsa/Black LHD US ZFFZS49A3W0112287
112290	F355	GTS F1 Red/Black LHD
112291	F355	Spider F1 Yellow/Black ZFFXR48B000112291
112292	F355	Spider F1 98 Giallo Modena/Nero LHD CDN ZFFXR48A1W0112292
112294	F355	Berlinetta Red/Black LHD
112295	550	Maranello Black/black, LHD EU ZFFZR49B000112295
112296	550	Maranello Grigio Titanio met./black LHD ZFFZR49B000112296
112297	550	Maranello Grey/black LHD EU
112298	550	Maranello silver/black, RHD
112299	456	M GT 99 Dark Green Tan ZFFWP44A3X0112299 ass. # 30325, Hilfiger
112302	F355	GTS F1 98 Red/Tan, ZFFXR42AXW0112302
112303	F355	Spider F1 Black/black ZFFXR48B000112303
112304	F355	Spider F1 98 Giallo Modena/Tan dash, steering wheel & top LHD US ZFFXR48A4W0112304
112305	F355	Spider F1 98 Red/Tan, LHD US ZFFXR48A6W0112305
112306	F355	Berlinetta dark Blue metallic/black ZFFXR41B000112306
112308	360	Modena LHD
112309	550	Maranello 98 Rosso Corsa/Beige RHD UK ZFFZR49C000112309
112311	456	M GT Grigio Titanio met. metallic/black
112312	F355	Berlinetta F1 Red/Black ZFFXR41B000112312 ass. #29424
112313	F355	Berlinetta F1 5/98 Giallo Modena/Nero LHD EU ZFFXR41B000112313 rear challenge grille shields
112315	F355	GTS F1 98, Rosso Corsa/Beige ZFFXR42A8W0112315
112316	F355	Spider F1 Metallic/Blue/Tan LHD
112318	F355	Spider Red/Black RHD
112319	F355	Spider (F1) 98 ZFFXR48A6W0112319
112320	F355	Spider F1 98 LHD US ZFFXR48A2W0112320
112321	F355	Berlinetta Challenge 98 LHD US ZFFXR41A1W0112321
112322	F355	GTS Yellow/black ZFFXR42B000112322
112323	550	Maranello Red/Black ZFFZR49B000112323
112325	550	Maranello Red
112326	550	Maranello 97 Red/Black RHD ZFFZR49D000112326 eng. # F133A49737
112329	F355	GTS F1 Red Black-White LHD
112330	F355	GTS F1 Giallo Modena/Nero Nero Carpets/Colour Coded Roof 12.05.98
112331	F355	Spider F1 Yellow/black Yellow stitching Blue top RHD Challenge grill shields
112332	F355	Spider F1 Black/Black RHD UK ZFFXR48C000112332
112333	F355	Spider F1 5/98 Grigio Titanio Metallizzato 3238/Blu Scuro LHD Manual US ZFFXR48A0W0112333
112334	F355	Spider F1 3/98 Nero Daytona Metallic/TanBlack Top LHD US ZFFXR48A2W0112334
112336	F355	Berlinetta Challenge 98 LHD US ZFFXR41A3W0112336
112338	550	Maranello Rosso Corsa
112340	550	Maranello Red/Tan LHD EU Sportsexhaust, Red carpets
112343	F355	Berlinetta F1 silver
112344	F355	Berlinetta F1 black/black & Red
112345	F355	GTS F1 98 Rosso Corsa/Nero ZFFXR42C000112345
112346	F355	GTS F1 Red/Black sports seats colour-coded roof RHD ZFFXR42C000112346 Black calipers
112348	F355	Spider F1 98 Rosso Corsa/Tan LHD US ZFFXR48A2W0112348
112349	F355	Spider F1 98 LHD US ZFFXR48A4W0112349
112350	F355	Spider F1 98 LHD CDN ZFFXR48A0W0112350
112352	F355	Berlinetta Red/Black LHD EU rear challenge grill
112353	F355	Berlinetta Silver/Black LHD
112354	F355	GTS Red/Black
112357	550	Maranello 98 silver/Dark Blue LHD EU ZFFZR49B000112357
112358	550	Maranello Red/Black LHD ZFFZR49B000112358
112359	456	M GT Silver/Black LHD
112360	F355	Berlinetta F1 98 Red LHD
112361	F355	GTS F1 grigio/bordeaux
112363	F355	GTS
112364	F355	Spider F1 Grigio Titanio met./Black RHD UK
112365	F355	Spider F1 98 Yellow RHD ZFFXR48C000112365 eng. # 49704
112366	F355	Spider F1 98 Blu Tour de France 522/Tan LHD US ZFFXR48A4W0112366
112367	F355	Spider F1 98 Verde Zeltweg 610/Tan LHD US ZFFXR48A6W0112367
112368	F355	Berlinetta Red/Tan LHD
112370	550	Maranello 6/98 Black/black LHD ZFFZR49B000112370
112372	550	Maranello 6/98 Argento Nürburgring 101/C/Nero ZFFZR49B000112372

s/n	Type	Comments	s/n	Type	Comments
112373	550	Maranello Grey/Bordeaux ZFFZR49B000112373	112450	550	Maranello 98 LHD US ZFFZS49AXW0112450
112374	456	M GT Dark Blue/Tan LHD	112452	F355	Berlinetta F1 Grigio Titanio met. metallic/dark Blue ass. # 29594
112377	F355	GTS F1 Yellow/black	112454	F355	Berlinetta F1 Red/Black
112378	F355	GTS F1 98 Black/Tan Daytona Seats Black Piping ZFFXR42AXW0112378 Black Calipers	112457	F355	Spider F1 98 Red/Tan LHD US ZFFXR48A7W0112457
112379	F355	Spider F1 Rosso Corsa/Crema Rosso Carpets 05.05.98	112458	F355	Spider F1 98 Black/Tan Sport Seats LHD US ZFFXR48A9W0112458
112380	F355	Spider F1 98 LHD US ZFFXR48A9W0112380	112459	F355	Spider F1 Rosso Barchetta/Black LHD CDN ZFFXR48A0W0112459
112381	F355	Spider F1 98 Black/Black LHD US ZFFXR48A0W0112381	112460	F355	Berlinetta
112382	F355	Spider F1 98 Yellow/Black LHD US ZFFXR48A2W0112382	112461	550	Maranello 98 LHD US ZFFZR49AXW0112461
			112462	550	Maranello 98 Silver/Black ZFFZR49A1W0112462
112386	550	Maranello Dark green/green & Crema LHD EU	112463	550	Maranello 98 LHD US ZFFZR49A3W0112463
112388	550	Maranello Red/Black	112464	550	Maranello 98 LHD US ZFFZS49AXW0112464
112390	456	M GTA Red RHD	112466	F355	Berlinetta F1 5/98 Rosso Corsa/Nero sports seats LHD EU ZFFXR41B000112466 ass. # 29604 B2466PAZ Challenge grille Red calipers
112391	F355	Berlinetta F1 Black Red LHD EU			
112392	F355	GTS F1 98 Red/Black LHD EU			
112394	F355	GTS F1 98 Giallo Modena/Nero RHD AUS ZFFXR42D000112394			
			112470	456	M GT silver/black
112395	F355	Spider F1	112472	F355	Spider F1 Blue/Tan LHD EU ZFFXR48B000112472
112396	F355	GTS F1 98 Red/Black LHD			
112397	F355	Spider F1 98 Red/Tan ZFFXR48A4W0112397	112473	550	Maranello .../Bordeaux dashboard with matricola only, probably "borrowed" from F355
112398	F355	Spider F1 98 Red/Black			
112398	F355	Spider F1 98 Red/Black LHD US ZFFXR48A6W0112398	112473	F355	Spider F1 98 Rosso Corsa/Beige LHD US ZFFXR48A5W0112473
112399	F355	Berlinetta Rosso/nero	112474	F355	Spider F1 98 Red/Tan LHD US ZFFXR48A7W0 Red Calipers Challenge Grill Shields
112401	F355	Spider 98 LHD CDN ZFFXR48A2W0112401			
112402	550	Maranello Silver/grey Daytona seats, Red carpets LHD EU	112476	F355	Spider
			112477	550	Maranello 98 Red/Tan LHD US ZFFZR49A3W0112477
112405	550	Maranello Red/Black RHD UK ZFFZR49C000112405	112478	550	Maranello 98 Red/Tan LHD US ZFFZR49A5W0112478
112411	F355	Berlinetta F1 Red/Black LHD EU	112479	550	Maranello 4/98 Red/Beige LHD ZFFZR49A7W0112479
112412	F355	Spider F1			
112413	F355	Spider F1 98 Blu Pozzi 521 D.S. Beige LHD EU ZFFXR48A9W0112413	112480	550	Maranello 4/98 Red/Tan Daytona seats LHD US ZFFZR49A3W0112480
112414	F355	Spider F1 4/98 Rosso Corsa/Tan LHD US ZFFXR48A0W0112414	112481	550	Maranello 98 LHD US ZFFZR49A5W0112481
112415	F355	Spider F1 98 Red/Tan LHD CDN ZFFXR48A2W0112415	112483	F355	Berlinetta F1 Yellow/Black LHD ZFFXR41B000112483
112416	F355	Berlinetta Dark Blue/Blue LHD EU	112484	F355	Berlinetta F1 black/black
112417	F355	GTS Rosso Corsa/Black colour coded roof LHD Manual EU ZFFXR42B000112417 B2417MSY	112485	F355	Berlinetta F1 Red/Tan B2485WKP
			112486	F355	GTS F1 nero/nero ZFFXR42B000112486 B2486PSP
112424	F355	Spider F1 4/98 NART Blue Tobacco LHD US ZFFXR48A3W0112424 Challenge Grill			
			112487	F355	GTS (F1) 98 ZFFXR42A4W0112487
112425	F355	Spider F1 98 LHD US ZFFXR48A5W0112425	112488	F355	Spider F1 98 LHD US ZFFXR48A7W0112488
112426	F355	Spider F1 98 Silver/BlackLHD CDN ZFFXR48A7W0112426 Tubi	112489	F355	Spider F1 98 Red/Tan LHD US ZFFXR48A9W0112489
112428	F355	Berlinetta Red/Crema sports seats Red stitching RHD UK ZFFXR41C000112428 ass. # 29532 Red calipers shields	112490	F355	Berlinetta 99 Silver/Black Manual LHD US ZFFXR41A2W0112490
			112491	F355	Spider 98 Grigio Titanio met./black manual ZFFXR48B000112491
112430	550	Maranello 98 Argento Nürburgring 101/C/Nero ZFFZR49B000112430	112492	F355	Spider 98 Blu Tour de France 522/Tan-black RHD ZFFXR48D000112492
112431	F355	Spider (F1) LHD EU ZFFXR48B000112431	112493	550	Maranello Grigio Titanio met./Bordeaux GB RHD ZFFZR49C000112493
112432	550	Maranello			
112435	F355	Berlinetta F1 Black/black ZFFXR41B000112435	112494	550	Maranello 98 Red/Red & Grey RHD UK ZFFZR49C000112494, crashed
112437	F355	Berlinetta F1 Rosso Corsa 322DS/Black sports seats RHD ZFFXR41C000112437 Challenge grill shields	112495	550	Maranello 98 LHD US ZFFZR49A5W0112495
			112496	550	Maranello 98 Blu Tour de France 522/tan LHD US ZFFZR49A7W0112496
112440	F355	Spider F1 98 Blu Pozzi 521 D.S./Tan LHD US ZFFXR48A1W0112440	112502	F355	Spider
112441	F355	Spider F1 98 Yellow/Black LHD US ZFFXR48A3W0112441	112503	F355	Spider F1 98 Giallo Modena/Black & Yellow Black Top LHD US ZFFXR48AXW0112503 Yellow Calipers Rear Challenge Grill
112442	360	Modena Grigio Alloy/Blue Scuro, Blue Carpet 20.04.2001 probably 122442			
			112504	F355	Spider F1 98 LHD US ZFFXR48A1W0112504
112443	F355	Berlinetta 98 Red RHD/navy Blue, dash, headliner & wheel, US ZFFXR41A4W0112443	112505	F355	Berlinetta 98 Red RHD ZFFXR41D000112505 eng. # F129B49872
112444	F355	GTS Red/Black LHD	112506	F355	Berlinetta 98 Red/Tan RHD UK ZFFXR41D000112506 eng. # F129C49873
112446	360	Modena 98 Rosso Barchetta/tan LHD			
112447	550	Maranello Blu Tour de France 522/black LHD EU ZFFZR49B000 B2447AVE ass. # 29650	112509	550	Maranello 99 Swaters Blue Black RHD ZFFZR49C000112509
112449	550	Maranello silver/black			

s/n	Type	Comments
112510	550	Maranello Grigio Titanio Tan RHD Black piping, stitching and carpets ZFFZR49C000
112511	550	Maranello Grigio Titanio met./Crema
112512	456	M GTA 5/98 Grey/Black ZFFWP50A5X0112512
112513	F355	Berlinetta F1 Rosso Corsa/nero ZFFXR41B000112513
112515	F355	Berlinetta F1 98 Rosso Corsa/Nero ZFFXR41B000112515
112516	F355	Spider F1 Dark Blue Crema LHD Red calipers Blue dash
112517	F355	Spider F1 Blu Pozzi 521 D.S./Crema
112518	F355	Spider 4/98 Giallo Modena/Black LHD US ZFFXR48A1W0112518
112519	F355	Spider F1 98 Red/Tan LHD US ZFFXR48A3W0112519
112520	F355	Spider F1 98 Grigio Titanio met./Black LHD US ZFFXR48AXW0112520
112522	F355	GTS Giallo Modena/Rosso Rosso Carpets Sports Seats 1.8.98
112523	F355	GTS Nero/tan sports seats colour coded roof RHD ZFFXR42C000112523 Red calipers
112524	550	Maranello Yellow/black LHD EU
112525	550	Maranello 98 Verde Silverstone Met (Fer 607)/Crema Tan piping, upper dashboard & steering wheel ZFFZR49C000112525 eng. # 50010 ass. # 29791
112526	550	Maranello
112527	550	Maranello 7/98 Rosso Corsa/Cream ZFFZR49D000112527
112528	456	M GT Black Naturale LHD
112529	F355	Berlinetta F1 Red/Black
112530	F355	Berlinetta F1 98 Red/Tan ZFFXR41B000112530
112531	F355	Berlinetta F1 8/98 Rosso Corsa/crema Rosso carpets RHD UK
112532	F355	Berlinetta F1 7/98 Rosso Corsa/Nero RHD UK ZFFXR41C000112532 Red calipers shields
112533	F355	GTS F1 Red Black-Red LHD EU ZFFXR42B000112533
112535	F355	GTS F1 Rosso Corsa/Black colour-coded roof LHD ZFFXR42B000112535 B2535VSV shields Challenge wheels Red F1 paddles
112536	F355	GTS Red/Crema LHD
112540	F355	Spider F1 98 Argento Nürburgring 101/C/Nero Nero Carpets ZFFXR48C000112540
112541	F355	Spider F1 98 Yellow Modena/Black RHD UK
112542	F355	Berlinetta Grigo Alloy/black LHD EU manual ZFFXR41B000112542 B2542XAF Silver calipers shields
112544	F355	Berlinetta
112545	F355	GTS Grigo Alloy/Grey LHD manual ZFFXR42B000112545 B2545FMX shields
112549	456	M GTA 98 Argento Nürburgring 101/C/Bordeaux ZFFWP50B000112549
112551	456	M GT Grigio Ingrid/Dark Grey LHD
112553	456	M GT 7/98 Nero Carbone Metallizzato/Nero ZFFWP44B000112553 ass. # 29820
112554	F355	GTS 98 Grigio Titanio met./Black colour coded roof LHD US ZFFXR42A4W0112554
112555	550	Maranello 98 Turquoise/black light Blue stittching LHD EU Fiorano Handling package
112557	550	Maranello 98 Nero Daytona/Cuoio Naturale ZFFZR49B000112557
112559	456	M GT Blu Tour de France 522/black King of Sweden
112561	F355	Berlinetta F1 98 Rosso Corsa/Black Red inserts LHD US ZFFXR41AXW0112561
112562	F355	Berlinetta F1 98 Red/Tan LHD US ZFFXR41AW00112562
112563	F355	Berlinetta F1 98 LHD CDN ZFFXS41A8W0112563
112564	F355	Spider F1 Yellow/Black LHD EU
112565	F355	Spider F1 Red/Tan LHD
112567	F355	GTS Rosso Corsa/Black LHD Manual ZFFXR42B000112567 B2567HCV shields
112568	F355	Spider Red/Black
112569	550	Maranello Red/Tan LHD Manual ZFFZR49B000112569 B2569SJO
112570	550	Maranello Grigio Titanio met./Black LHD ZFFZR49B000112570 B2570KXB
112571	550	Maranello Grigio Titanio met./black LHD
112572	456	M GTA 99 Blu Tour de France 522/Tan ZFFWP50A1X0112572
112573	F355	Berlinetta F1 Red/Black LHD ZFFXR41B000112573 Challenge grill
112574	F355	Berlinetta F1 Red/Black Rear Challenge grille
112575	F355	Berlinetta F1 4/98 Black/Black ZFFXR41AXW0112575
112579	F355	Spider F1 5/98 Rosso Corsa/Beige LHD EU ZFFXR48B000112579 Challenge grille Red calipers
112581	F355	GTS 98 ZFFXR42A7W0112581
112583	550	Maranello Red/Black LHD EU ZFFZR49B000112583
112584	550	Maranello Dark Blue/grey LHD EU
112585	550	Maranello Grigio Titanio met./bordeaux
112586	456	M GT Black/Tan LHD
112587	456	M GT Tour De France Blue Crema LHD EU ZFFWP50B000 B2587NDZ
112592	F355	Berlinetta F1 4/98 Rosso Barchetta/Crema ZFFXR41AXW0112592
112593	F355	Spider F1 4/98 Red/Black LHD EU Red calipers
112594	F355	Spider F1 Yellow/Black LHD EU
112595	F355	Spider F1 Red/Black LHD
112596	F355	GTS (F1) 98 ZFFXR42A9W0112596
112597	F355	Spider Yellow/Black LHD EU ZFFXR48B000
112598	456	M GT 98 Black/black LHD EU ZFFWP44B000112598 B2598NXQ
112599	F355	Berlinetta F1 Rosso Corsa/Black sports seats LHD ZFFXR41B000112599 B2599MHY shields Yellow dials
112603	F355	Berlinetta (F1) 98 LHD US ZFFXS41A5W0112603
112604	F355	Spider F1 Red/Black ZFFXR48B000
112605	F355	Spider F1 Red/Black LHD ZFFXR48B000112605
112607	F355	GTS Red/Black LHD EU
112608	F355	Spider Red/Black LHD Manual ZFFXR48B000112608 Challenge rear grill
112609	F355	Spider Dark Green Tan LHD EU ZFFXR48B000112609
112610	550	Maranello Grigio Titanio met./bordeaux LHD EU ZFFZR49B000112610
112611	550	Maranello Silver/black LHD EU
112612	550	Maranello 5/98 Grigio Titanio Metallizzato/Blu Scuro ZFFZR49B000112612
112613	456	M GT 6/98 Grigio Titanio Metallizzato 3238/Blu Scuro ZFFWP44B000112613
112614	456	M GTA 99 ZFFWP50A2X0112614
112616	F355	Berlinetta F1 Rosso Corsa/Tan LHD B2616HTV
112617	F355	Berlinetta F1 98 Rosso Corsa /nero LHD EU
112618	F355	Berlinetta F1 Red/Black
112619	F355	GTS F1 98 Black/Tan ZFFXR42A6W0112619
112620	F355	Spider F1 98 Blu Tour de France 522/Crema LHD EU ZFFXR48B000112620
112621	F355	Spider F1 Blu Pozzi 521 D.S./tan
112622	F355	Berlinetta 5/98 Giallo Modena/Nero Manual RHD UK
112623	F355	GTS 98 Red/Black Manual LHD EU ZFFXR42B000 B2623AMQ ass. # 29718
112624	F355	Spider Silver LHD
112625	550	Maranello Red/Black
112626	550	Maranello Yellow/black LHD EU
112627	550	Maranello Grigio Titanio met./black ZFFZR49B000112627 B2627QYT

s/n	Type	Comments	s/n	Type	Comments
112628	456	GT 7/98 Grigio Titanio Metallizzato 3238/Bordeaux ZFFWP44B000112628	112698	550	Maranello 99 Tour De France Blue RHD ZFFZR49D000112698 eng. # 50109
112631	F355	GTS F1 98 Grigio Titanio met./Bordeaux LHD EU ZFFXR42B000112631 ass. # 29733 B2631QZQ	112703	F355	GTS F1 Red/Black LHD EU ZFFXR42B000112703 B2703ASA
112632	F355	GTS F1 Grigio Titanio Black LHD EU colour coded roof LHD ZFFXR42B000112632	112704	F355	GTS (F1) 98 ZFFXR42A8W0112704
112633	F355	Spider met. black/tan ZFFXR48B000112633 Silver calipers	112705	F355	Spider F1 dark Blue/tan
			112706	F355	Spider F1 98 Black/Tan LHD US ZFFXR48A2W0112706 Red Calipers Rear Challenge Grill Shields
112634	F355	Spider F1 98 NART Blue/Tan Blue stitching & piping LHD US ZFFXR48A3W0112634 after-market Shields	112707	F355	Spider F1 98 Nero/Beige LHD US ZFFXR48A4W0112707
112635	F355	Spider 98 Azzurro Hyperion/Navy LHD US ZFFXR48A5W0112635	112708	F355	Berlinetta 6/98 Rosso Corsa/Crema Black carpets Manual RHD
112638	550	Maranello 98 Grigio Titanio Metallizzato 3238/Blu Scuro ZFFZR49B000112638 Silver calipers	112709	F355	GTS 98 Rosso Corsa/Nero ZFFXR42B000112709
			112711	550	Maranello Grigio Titano/Bordeaux & Black Daytona Seats ZFFZR49B000112711 B2711XFI
112639	550	Maranello Red/Black LHD	112713	550	Maranello 98 Grigio Titanio Bordeaux RHD UK
112640	550	Maranello Rosso/black ZFFZR49B000112640	112717	F355	Spider F1 Silver/Burgundy LHD B2717IDI
112642	456	M GTA 98 Black/Black LHD ZFFWP50B000112642	112718	F355	Spider F1 Rosso/nero LHD
112643	F355	Berlinetta (F1) LHD EU ZFFXR41B000112643	112719	F355	Spider F1 Red/Tan RHD ZFFXR48C000112719 Red calipers shields wheels
112645	F355	GTS F1 98 Black/black colour coded roof ZFFXR42A7W0112645 Challenge grille Tubi	112720	F355	Spider F1 98 Black/Black LHD US ZFFXR48A7W0112720
112646	F355	Spider F1 Red/Black LHD EU	112721	F355	Spider F1 4/98 Rossa Corsa/Tan LHD US ZFFXR48A9W0112721
112647	F355	Spider F1 98 LHD US ZFFXR48A1W0112647			
112648	F355	Spider F1 4/98 Rosso Corsa/Tan LHD US ZFFXR48A3W0112648	112723	550	Maranello Grigio Titanio met./bordeaux
			112724	F355	Spider
112649	F355	Spider F1 Blue/Crema Blue top LHD	112726	550	Maranello Grigio Titanio met./Bordeaux RHD ZFFZR49C000112726 Silver calipers
112651	F355	Berlinetta Green/Tan RHD ZFFXR41C000112651	112727	550	Maranello Dark Blue/tan RHD UK
112652	F355	GTS Red LHD ZFFXR42B000112652	112728	456	M GT black/tan
112653	550	Maranello Black/tan Red calipers LHD EU	112729	456	M GTA 99 ZFFWP50A8X0112729
112656	456	M GT Blue/Tan LHD	112732	F355	GTS (F1) 98 ZFFXR42A2W0112732
112657	F355	Berlinetta F1 Rosso/tan LHD ZFFXR41B000112657	112733	F355	Spider Yellow/black
			112734	F355	GTS F1 Black/Black LHD EU
112658	F355	Berlinetta F1 98 Red/Tan LHD US ZFFXR41A3W0112658	112735	F355	Spider F1 98 Rosso Corsa/Tan LHD US ZFFXR48A9W0112735
112660	360	Modena F1 Red/Black ZFFYR51B000112660	112736	F355	Spider F1 98 Yellow/Black LHD US ZFFXR48A8W0112736
112662	F355	Spider F1 98 LHD US ZFFXR48A8W0112662			
112663	F355	Spider F1 98 Yellow/Black LHD US ZFFXR48AXW0112663	112739	F355	Spider 98 Azzurro/Crema RHD
			112740	456	M GT Dark Blue Crema LHD ZFFWP44B000112740
112664	F355	GTS Blu Tour de France 522/tan ZFFXR41B000112664	112742	F355	Berlinetta F1 98 Red/Tan LHD ZFFXR41A3W0112742
112666	F355	Spider Verde Zeltweg/Beige Green Carpet	112743	F355	GTS F1 Yellow/Black LHD EU
112667	550	Maranello dark green/cuoio	112744	F355	GTS F1 Blue Le Mans Tan LHD EU ZFFXR42B000112744 Challenge grille
112668	550	Maranello LHD EU ZFFZR49B000112668			
112670	360	Modena Red/beige RHD	112745	F355	Spider F1 Red/Black LHD
112671	456	M GTA 99 ZFFWP50A3X0112671	112746	F355	Spider F1 Blu Tour de France 522/Blu Scuro Hide/Blu Carpets 20.6.98
112672	F355	F1 Silver			
112673	F355	Berlinetta F1 98 Rosso Corsa/Beige ZFFXR41D000112673 eng. # F129C50033	112747	F355	Spider F1 5/98 Black/Black LHD US ZFFXR48A5W0112747 Rear challenge grill Asanti wheels
112674	F355	GTS F1 98 ZFFXR42A3W0112674			
112675	F355	Spider F1 Red/Black LHD EU ZFFXR48B000112675 ass. # 29781	112748	F355	Spider 5/98 Rosso Corsa/Tan ZFFXR48A7W0112748
112676	F355	Spider F1 98 Yellow/Black LHD US ZFFXR48A8W0112676 Challenge grille shields	112749	F355	Spider F1 98 LHD US
			112751	F355	Spider Red/Black LHD
112677	F355	Spider F1 98 LHD US ZFFXR48AXW0112677	112754	550	Maranello Silver/black RHD UK ZFFZR49C000112754
112679	F355	GTS Red/Crema LHD EU			
112680	F355	Spider Black/Black LHD EU	112755	456	M GT silver/black
112684	456	M GTA 99 Black/Tan ZFFWP50A1X0112684	112756	456	M GTA Blu Tour de France 522/Tan Blue piping RHD ZFFWP50C000112756 Black calipers shields
112687	F355	GTS F1 Yellow/black ZFFXR42B000 B2687ZTZ			
112689	456	M GT dark Blue/tan	112758	F355	Berlinetta (F1) 98 LHD US ZFFXS41A1W0112758
112690	F355	Spider F1 98 Yellow/Black LHD US ZFFXR48A2W0112690			
			112759	F355	Berlinetta Red LHD
112691	F355	Spider F1 98 Red/Tan LHD US ZFFXR48A4W0112691	112760	F355	GTS F1 98 Yellow/Black RHD UK ZFFXR42D000112760 eng. # F129C50141
112693	F355	Berlinetta Rosso Corsa with Crema Hide and Rosso Carpets11.06.98	112762	F355	Spider F1 98 LHD US ZFFXR48A1W0112762
112694	F355	GTS Red/Black LHD	112763	F355	Spider F1 98 LHD US ZFFXR48A3W0112763
112695	F355	Spider Yellow/black LHD EU	112764	F355	Berlinetta 98 Black/Black ZFFXR41C000112764
112696	550	Maranello 98 Red/Tan LHD EU			
112697	550	Maranello			

s/n	Type	Comments
112765	F355	GTS Black/Black & Red LHD EU
112766	F355	Spider 5/98 Giallo Modena 4305 DS/Black Manual LHD EU ZFFXR48B000112766 EPA & DOT converted
112767	F355	Spider Argento Nürburgring 101/C/ Bordeaux Manual RHD UK Challenge Grille Red calipers
112768	550	Maranello 98 LHD US ZFFZR49A3W0112768
112769	550	Maranello 98 Black/Black LHD US ZFFZR49A5W0112769
112770	550	Maranello 98 Silver/Black LHD US ZFFZR49A1W0112770
112771	456	M GT Black/Dark Grey LHD
112772	F355	Berlinetta F1 98 LHD ZFFXR41B000112772
112774	F355	GTS F1 Red/Black LHD EU
112775	F355	GTS F1 Yellow/Black LHD Challenge grille
112776	F355	Spider F1 98 Yellow/Black
112777	F355	Spider F1 98 Giallo Modena/Nero, Yellow stitching, Nero Carpet ZFFXR48C000112777
112778	F355	Spider F1 98 Silver/Bordeaux LHD US ZFFXR48A5W0112778
112779	F355	Spider F1 98 Blu Pozzi 521 D.S./Beige Blue Top LHD US ZFFXR48A7W0112779 Challenge Grille Red Calipers
112780	F355	Berlinetta Grigio Titanio met./Bordeaux LHD EU
112781	F355	Berlinetta Red/Black, Red painted Challenge grill; .ZFFXR41B000112781
112783	F355	Spider Red/Crema RHD UK ZFFXR48C000112783 Red calipers Shields, Challenge grill
112784	550	Maranello 98 Silver/Maroon LHD US ZFFZR49A1W0112784
112785	550	Maranello 98 LHD US ZFFZR49A3W0112785
112786	550	Maranello 98 Blu Pozzi 521 D.S./medium & dark Blue two-tone interior ZFFZR49A5W0
112787	456	M GT Grigio Titanio met./Red LHD ZFFWP44B000112787 B2787 NJJ
112788	456	M GTA Dark Blue/Crema Blue piping RHD ZFFWP50C000112788
112789	F355	Berlinetta F1
112792	F355	GTS F1 Red/Black LHD EU ZFFXR42B000112792 ass.# 29907 B2792PKP
112794	F355	Spider F1 Red/Crema
112795	F355	Spider F1 98 LHD US ZFFXR48A5W0112795
112796	F355	Spider F1 98 Red/Tan LHD US ZFFXR48A7W0112796
112797	F355	Berlinetta 98 Red
112798	F355	Spider 6/98 Rosso Corsa/Nero LHD EU ZFFXR48B000 B2798XKF
112800	550	Maranello 98 Zeltweg green/black LHD US ZFFZR49A6W0112800
112801	550	Maranello 98 Silver/Black ZFFZR49A8W0112801
112802	550	Maranello 98 Red Metallic/Tan LHD US ZFFZR49AXW0112802
112803	F355	Berlinetta 98 Red/Tan LHD US
112804	F355	Berlinetta F1 98, Grigio Titanio met./Medium Grey ZFFXR41AXW0112804
112807	F355	Spider F1 Black Dark Tan LHD
112808	F355	Spider F1 Rosso Corsa/Black LHD ZFFXR48B000112808 shields
112809	F355	Spider F1 98 Black/Tan LHD US ZFFXR48A1W0112809
112810	F355	Spider F1 98 Rosso Corsa/tan LHD US ZFFXR48A8W0112810
112813	F355	Berlinetta
112814	F355	GTS 98 Red RHD ZFFXR42D000112814
112815	550	Maranello
112816	550	Maranello Grigio Titanio met./tan LHD EU
112818	456	M GT Black/Black LHD
112819	456	M GT
112821	F355	Berlinetta (F1) 98 ZFFXR41AXW0112821
112824	F355	GTS F1 Red/beige ZFFXR42B000112824
112825	F355	Spider F1 Grigio Titanio met./bordeaux
112826	F355	Spider F1 98 NART Blue/Tan dark Blue top LHD US ZFFXR48A1W0112826
112827	F355	Spider F1 98 Red/Tan LHD US ZFFXR48A3W0112827
112828	F355	Berlinetta F1 Rosso Corsa/Tan B2828HWM
112829	F355	Spider Red/Black LHD
112830	F355	Spider Red/Crema RHD UK
112834	360	Modena Red/Black
112835	F355	Berlinetta F1 98 Dark Green/Dark Grey ZFFXR41B000112835 ass.# 29952 B2385KZE
112836	F355	Berlinetta F1 98 Rosso Corsa/Nero ZFFXR41B000112836
112837	F355	Berlinetta F1 Yellow LHD
112839	F355	GTS F1 Red/Tan ZFFXR42C000112839
112840	F355	GTS F1 98 Red/Black ZFFXR42A5W0112840 ass. # 29954
112841	F355	GTS (F1) 98 ZFFXR42A7W0112841
112842	F355	Spider F1 Red/Crema RHD ZFFXR48C000112842 Challenge rear grill shields
112845	F355	Spider 98 Black/Tan LHD ZFFXR48A5W0112845
112847	550	Maranello 98 Grigio Titanio met./Bordeaux RHD ZFFZR49C000112847 eng. # 50301 ass. # 30061
112848	550	Maranello
112850	456	M GTA 98 Dark Blue/Tan RHD ZFFWL50D000112850 eng. # F116C51390
112851	F355	Spider Yellow Blue LHD EU
112852	F355	Berlinetta F1 Red/Black LHD
112853	F355	Berlinetta F1 Red/Black LHD
112854	F355	Berlinetta F1 98 Rosso Corsa/Crema ZFFXR41C000112854
112857	F355	Spider F1 Red/Tan ZFFXR48B000112857
112858	F355	Spider F1 black/bordeaux B2858BAB
112860	F355	Spider 98 Maroon Tan Manual ZFFXR48A1W0112860
112861	F355	Spider (F1) 98 ZFFXR48A3W0112861
112863	550	Maranello Red/beige & bordeaux RHD UK B2863WWR
112864	550	Maranello 98 Blu Tour de France 522/Tan RHD
112865	456	M GTA 98 Blu Tour de France 522/Tan Blue Carpets 13/08/98
112866	F355	Berlinetta Silver ZFFXR41B000112866
112870	F355	GTS F1
112874	F355	Berlinetta 98 Red/Black LHD US ZFFXR41A9W0112874
112875	F355	Spider
112876	F355	Spider 98 Grigio Titanio Bordeaux Manual ZFFXR48A5W0112876
112877	F355	Spider 98 LHD ZFFXR48A7W0112877
112878	550	Maranello Blue/brown
112879	550	Maranello Grigio Titanio met./Bordeaux RHD UK ZFFZR49C000112879
112880	550	Maranello Blu Pozzi 521 D.S./tan ZFFZR49D000112880 eng. # F129C50316
112883	456	M GT 99 Silver Bordeaux LHD ZFFWP44A1X0112883
112885	360	Modena F1 Giallo Modena/Blu Scuro LHD EU ZFFYR51B000112885
112886	550	Maranello GTO Conversion by Prodrive Grigio Titanio met./all Bordeaux LHD EU, then GTO04 Red
112888	550	Maranello Grigio Titanio met./all bordeaux LHD EU ZFFZR49B000112888 Amerispec conversion
112889	550	Maranello 98 dark Blue/black LHD ZFFZR49B000112889 B2889YP
112891	550	Maranello Blue/tan ZFFZR49B000112891 ex-Uday Hussein, destroyed
112892	550	Maranello Grigio Titanio Bordeaux LHD

s/n	Type	Comments
112894	456	M GTA 98 Silver/Black LHD EU ZFFWP50B000112894 exported to the US
112895	360	Modena Red LHD EU
112896	360	Modena F1 Rosso Fiorano/naturale carpets LHD EU ZFFYR51B000112896
112897	360	Modena F1 White Black LHD ZFFYR51B000112897
112899	456	M GT 4/99 Blu Tour de France 522/Beige ZFFWP44B000112899
112900	456	M GT Black Crema LHD
112902	F355	Spider F1 98 Red RHD ZFFXR48D000112902 eng. # F129C50174
112903	F355	Berlinetta 98 Red/Tan Manual ZFFXR41A1W0112903
112904	F355	Berlinetta 5/98 Rosso Corsa/Tan Manual ZFFXR41A3W0112904
112906	360	Modena 99 Black/Tan LHD Manual EU ZFFYR51B000112906
112907	360	Modena 00 Red/Black LHD EU ZFFYR51B000112907
112908	360	Modena Red/Black LHD EU ZFFYR51B000
112912	F355	Berlinetta F1 Blue Black LHD EU ZFFXR41B000112912
112913	F355	Berlinetta F1 Red/Black LHD
112914	F355	Berlinetta ZFFXR41B000112914
112916	F355	Berlinetta F1 98 Red/Tan RHD UK ZFFXR41D000112916 eng. # F129C50251
112920	F355	Berlinetta F1 Red/Black
112921	F355	Berlinetta F1 silver/black
112927	F355	Berlinetta F1 Grigio Titanio met./black ZFFXR41B000112927
112931	F355	Berlinetta F1 Yellow/Black LHD EU
112934	F355	Berlinetta F1 7/98 Rosso Corsa/Nero ZFFXR41B000112934
112935	F355	Berlinetta F1 98 Grigio Titanio met./Bordeaux sports seats RHD ZFFXR41C000112935 Red calipers
112936	F355	Berlinetta Red/Crema RHD UK
112937	F355	Berlinetta F1 Red/Nero ZFFXR41B000112937
112938	F355	Berlinetta F1 Red/Black LHD
112940	F355	GTS F1 7/98 Rosso Corsa/Nero LHD EU ZFFXR42B000112940
112941	F355	Berlinetta F1 98 Red LHD
112943	F355	Spider F1 99 Rosso Corsa/Tan LHD ZFFXR48A3X0112943 Red calipers rear challenge grill
112946	F355	Berlinetta 98 Rosso Corsa/Crema RHD UK ZFFXR41C000112946
112947	F355	GTS Red/Tan ZFFXR42B000112947 ass. # 30040
112948	F355	Berlinetta F1 Red/Black LHD ZFFXR41B000112948
112952	F355	GTS F1
112953	F355	Spider F1 98 Giallo Modena/Nero ZFFXR48B000112953
112954	F355	Spider (F1) 99 ZFFXR48A8X0112954
112955	F355	Spider F1 99 Black/tan black piping & black carpeting US ZFFXR48AXX0112955
112957	F355	Spider Dark Blue Dark Blue LHD
112960	F355	GTS F1 Rosso Corsa/Black sportseats Red stitching colour coded roof LHD EU ZFFXR42B000 B2960APA sport exhaust challenge grille
112961	F355	Spider Red/Black LHD EU ZFFXR48B000112961
112963	F355	Spider F1 99 Grigio Titanio met./bordeaux ZFFXR48A9X0112963
112964	F355	Spider F1 99 Rosso/beige ZFFXR48A0X0112964 challenge grill Red calipers Tubi
112965	F355	Berlinetta Rosso Corsa/Crema Bordeaux Carpet Manual RHD ZFFXR41C000112965
112966	F355	GTS
112967	F355	GTS 99 Rosso Corsa/Black & Red cloth inserts Racing Seats colour coded roof Manual ZFFXR42A5X0112967 Challenge Grill Tubi
112968	F355	Spider Silver Bordeaux LHD
112969	F355	Berlinetta F1 99 Rosso Corsa/Nero ZFFXR41B000112969 B2969LYG
112971	F355	Berlinetta F1 98 RHD ZFFXR41C000112971
112972	F355	GTS F1 Red/Black
112973	F355	GTS F1
112975	F355	Spider F1 98 Rosso Corsa/Tan ZFFXR48A5X0112975
112976	F355	Spider F1 99 Giallo Modena/Black ZFFXR48A7X0112976
112977	F355	Berlinetta 99 Black/Black LHD ZFFXR41ASX0112977
112978	F355	Spider F1 99 Yellow/Black ZFFXR48A0X0112978
112979	F355	Berlinetta F1 Red/Black ZFFXR41B000112979
112980	F355	Berlinetta F1 Rosso Corsa Nero
112982	F355	GTS dark Blue metallic, LHD
112983	F355	GTS F1 1/99 Rosso Corsa/Nero ZFFXR42C000112983
112984	F355	Spider F1 Red/Black LHD
112985	F355	Spider F1 Red/Black LHD
112986	F355	Spider F1 99 Giallo Modena/Nero ZFFXR48C000112986
112987	F355	Berlinetta Red/Black LHD EU
112988	550	Maranello
112989	F355	Spider 98 Red/Crema RHD
112994	F355	GTS F1 98 Giallo Modena/Black RHD
112996	F355	Spider F1 Dark Blue/Dark Blue LHD EU
113000	F355	Berlinetta F1 Blue/brown sport seats LHD Challenge grill
113001	F355	Berlinetta F1 98 Yellow/Black RHD ZFFXR41D000113001
113004	F355	Spider F1 8/98 Argento Nürburgring 101/C/Blu Scuro ZFFXR48C000113004
113005	F355	Spider (F1) 99 ZFFXR48A8X0113005
113006	F355	Spider (F1) 99 ZFFXR48AXX0113006
113008	F355	Berlinetta (F1) 99 ZFFXR41A0X0113008
113013	F355	Berlinetta F1
113015	F355	Spider F1 Rosso Corsa/Black ZFFXR48B000113015 shields
113017	F355	Spider 99 Red/Tan LHD ZFFXR48A4X0113017
113018	F355	Spider F1 99 Yellow/Black LHD US ZFFXR48A6X0113018
113019	F355	Berlinetta 98 Rosso Corsa/Crema RHD UK Manual ZFFXR41C000113019
113020	F355	Berlinetta (F1) 99 ZFFXR41A1X0113020
113025	F355	GTS 99 Yellow/Black ZFFXR42A2X0113025
113026	F355	Spider F1 98 RossoCorsa/Crema ZFFXR48C000113026
113027	F355	Spider F1 99 Blu Pozzi 521 D.S./Blue ZFFXR48A7X0113027
113028	F355	Spider (F1) 99 ZFFXR48A9X0113028
113029	F355	GTS Red/White
113030	F355	Spider Red/White Red piping RHD UK ass. # 30176
113031	F355	Spider (F1) 99 ZFFXR48A9X0113031
113032	F355	Berlinetta F1 Red/Black LHD
113033	F355	Berlinetta F1
113037	F355	Spider F1 98 Yellow/Black Black top LHD ZFFXR48B000113037
113038	F355	Spider F1 99 Blu Tour de France 522/Tan ZFFXR48A1X0113038
113039	F355	Spider F1 99 Silver/Black ZFFXR48A3X0113039
113040	F355	GTS Red/Crema RHD UK
113041	F355	Spider 98 Rosso Corsa/Crema ZFFXR48C000113041
113043	F355	Berlinetta F1 Red/Black LHD EU
113044	F355	Berlinetta F1 Red/Black EU ZFFXR41B000113044 LHD ass. # 30201

s/n	Type	Comments
113046	F355	Spider F1 Red/Black LHD EU ZFFXR48B000113046 ass. # 30196
113048	F355	Spider F1
113049	F355	Berlinetta Dark Blue/Brown LHD
113050	F355	GTS Red*Black LHD EU
113051	F355	GTS
113052	F355	Spider Giallo Modena/Nero 01.08.98
113053	F355	Berlinetta F1 Red/Black LHD EU
113054	F355	Berlinetta F1
113058	F355	Spider F1 Red/Black LHD
113059	F355	Spider F1 Blu Pozzi 521 D.S./Tan LHD ZFFXR48B000113059
113060	F355	Spider F1 Dark Blue/Dark Blue LHD
113061	F355	Spider Red/Black ZFFXR48B000113061
113064	F355	Berlinetta F1 Argento Nürburgring 101/C/black ass. # 30226
113066	F355	GTS (F1) 99 ZFFXR42A5X0113066
113067	F355	Spider F1 99 Red/Black ZFFXR48B000113067
113068	F355	Spider F1 98 Rosso Corsa/Black RHD
113069	F355	Spider F1 99 Yellow/black LHD ZFFXR48A1X0113069
113070	F355	Spider F1 99 Red/Tan ZFFXR48A8X0113070
113071	F355	Berlinetta 98 Black/black LHD ZFFXR41B000113071
113072	F355	Berlinetta Red/Black RHD ZFFXR41C000113072
113073	F355	GTS Grey/Black LHD ZFFXR42B000113073
113074	F355	Berlinetta F1 Red/Black LHD
113075	456	GTA 99 dark Blue LHD
113077	F355	Berlinetta (F1) 99 ZFFXR41A8X0113077
113079	F355	Spider F1 Red/Crema RHD UK ass. # 30241
113080	F355	Spider 99 Red/Black LHD ZFFXR48A0X0113080
113081	F355	Spider F1 99 Black/Bordeaux ZFFXR48A2X0113081
113083	F355	Spider Rosso Fiorano/Crema RHD UK
113084	F355	Berlinetta Red/Black ZFFXR41B000113084 B3084ARS rear challenge grill
113087	F355	GTS (F1) 99 ZFFXR42A2X0113087
113088	F355	Spider F1 98 Blu TdF/Blu medio ZFFXR48A1X0113088
113089	F355	Spider F1 99 Grigio Titanio met./Black ZFFXR48A7X0113089
113090	F355	Spider F1 99 Red/Black ZFFXR48A3X0113090
113091	F355	Berlinetta Rosso Corsa/nero LHD EU
113093	F355	GTS
113094	F355	Spider dark Blue/tan RHD B3094EIE
113096	F355	Berlinetta F1 98 Red/Black ZFFXR41C000113096
113098	F355	Spider F1 99 Blue TdF/tan Dark Blue Top ZFFXR48A1X0113088
113100	F355	Spider F1 Red/Tan ZFFXR48B000113100
113101	F355	Spider (F1) 99 ZFFXR48A4X0113101
113102	F355	Spider F1 99 Argento Nürburgring 101/C/Black ZFFXR48A6X0113102
113103	F355	Berlinetta Red/Black LHD EU
113104	F355	GTS Rosso Corsa/Red & black B3104API
113105	F355	Berlinetta F1 Red/Black LHD
113108	F355	Berlinetta F1 98 Red RHD ZFFXR41D000113108 eng. # F129C50562
113110	F355	Spider F1 Rosso/black ZFFXR48B000
113112	F355	Spider F1 98 Rosso Corsa/Nero ZFFXR48C000113112
113114	F355	Spider Yellow/Black LHD EU ZFFXR48B000 ass. # 30289 B3114YLT
113115	F355	Spider Red/Black LHD EU ZFFXR48B000113115 Challenge rear grill shields
113116	456	M GTA Grigio Titanio Tan LHD
113117	456	M GT Black/Black ZFFWP50B000113117 B3117NXG
113118	456	M GTA Blue Crema LHD EU ZFFWP50B000113118
113120	456	M GT Grigio IngridDark Grey LHD EU ZFFWP44B000
113121	456	M GT Black/Black ZFFWP44B000113121
113122	456	M GT 99 LHD US ZFFWL44A8X0113122
113125	550	Maranello 99 Grigio Titanio met./Bordeux & Black LHD EU ZFFZR49B000113125 ass. # 30141
113126	550	Maranello dark Red/Black LHD EU ZFFZR49B000113126
113128	550	Maranello Red/Black
113134	550	Maranello Red/Black LHD EU
113135	550	Maranello TdF or NART Blue/tan LHD EU
113136	550	GTO Conversion by Prodrive
113137	550	Maranello Grigio Titanio met./black LHD ZFFZR49B000113137
113138	550	Maranello NART Blue/Crema Black piping LHD EU ZFFZR49B000 ass. # 30267
113139	550	Maranello 98 LHD US ZFFZR49AXW0113139
113140	550	Maranello 98 LHD US ZFFZR49A6W0113140
113141	550	Maranello 98 Red/Black LHD US ZFFZR49A8W0113141
113142	550	Maranello 98 LHD US ZFFZR49AXW0113142
113143	550	Maranello 98 LHD US ZFFZR49A1W0113143
113144	550	Maranello 98 LHD US ZFFZR49A3W0113144
113145	550	Maranello 8/98 Black/Black LHD US ZFFZR49A5W0113145
113147	550	Maranello 99 Blu Tour de France 522/Tan LHD US ZFFZR49A7X0113147
113148	550	Maranello 99 Azzurro California 524/light grey LHD US ZFFZR49A9X0113148
113150	456	M GT Gold Black LHD
113152	456	M GT Blu Pozzi 521 D.S.dark grey
113153	456	M GT Dark Blue/Tan LHD
113154	456	M GTA Silver/Black-Red RHD
113161	456	M GTA 99 LHD US ZFFWL50A2X0113161
113163	550	Maranello Red/Black LHD EU
113166	550	Maranello Dark Blue/all dark Blue LHD EU
113167	550	Maranello
113168	550	Maranello
113169	550	Maranello
113171	550	Maranello 99 Argento Nürburgring 101/C/Nero RHD UK ZFFZR49C000113171 Black calipers shields
113173	550	Maranello 98 LHD US ZFFZS49A4W0113173
113174	550	Maranello Yellow/black LHD EU
113175	550	Maranello Black Crema LHD
113176	550	Maranello Azzurro California 524/black
113177	550	Maranello Dark Grey Bordeaux LHD EU ZFFZR49B000113177
113178	550	Maranello Rosso Corsa/Black LHD ZFFZR49B000113178 B3178TTB shields gold gearstick
113179	550	Maranello dark Blue/Crema ZFFZR49B000113179 black & Crema dashboard bordeaux steering wheel
113180	550	Maranello Silver/bordeaux LHD EU ZFFZR49B000113180
113181	550	Maranello Dark Blue/tan
113182	550	Maranello 99 Black/Red LHD EU ZFFZR49B000113182 Custom Built for Michael Schumacher
113183	550	Maranello 00 Silver/Crema LHD EU
113184	550	Maranello Red/grey LHD EU
113186	550	Maranello Rosso Corsa/Tan RHD ZFFZR49C000113186
113187	550	Maranello 98 Rosso Corsa/Beige RHD ZFFZR49C000113187
113188	550	Maranello 98 Silver RHD ZFFZR49D000113188 eng. # 50617
113189	456	M GT 99 Rosso Barchetta tan US ZFFWP44A1X0113189

s/n	Type	Comments
113190	456	M GT 99 Tour de France Blue metallizato (522)/Grigio (A4304) Dark Blue (A4307) upper dashboard, windscreen surround, steering wheel, headlining rear shelf, & door inserts ZFFWP50C000113190 eng. # 50631 ass. # 30452 Red calipers
113193	F355	Berlinetta F1 Red/Red & Black LHD
113194	F355	Berlinetta F1 99 Rosso Corsa/Nero LHD EU ZFFXR41B000113194 Red calipers
113196	F355	Berlinetta F1 Red/Black ZFFXR41B000113136 B3196WIK
113200	F355	Berlinetta F1 99 Grigio Titanio met./Black Manual ZFFXR41A3X0113200
113203	F355	Berlinetta F1 98 Red/Black RHD UK ZFFXR41D000113203 eng. # F129C50594
113207	F355	GTS F1 Red/Black LHD ZFFXR42B000113207 Red calipers
113208	F355	GTS F1 98 Rosso Corsa/Nero ZFFXR42B000113208
113209	F355	GTS F1 99 Black/Tan colour coded roof US ZFFXR42A1X0113209
113210	F355	GTS 99 LHD ZFFXR42A8X0113210
113211	F355	GTS F1 99 Red/Black US ZFFXR42AXX0113211
113212	F355	GTS F1 99 Giallo Modena/Black ZFFXR42A1X0113212 Red calipers
113213	F355	GTS F1 99 Yellow/Black Yellow roof LHD US ZFFXR42A3X0113213 Red calipers
113214	F355	Spider F1 98 Blue ZFFXR48B000113214
113215	F355	Spider F1
113216	F355	Spider F1 98 Dark Blue/Tan LHD EU
113218	F355	Spider F1 silver/black
113219	F355	Spider F1 98 Grigio Titanio Bordeaux LHD EU
113220	F355	Spider F1 98 Red/Black LHD ZFFXR48B000 B3220UYU
113222	F355	Spider F1 Red/Black LHD
113223	F355	Spider F1 Red;black
113224	F355	Spider
113225	F355	Spider F1 98 Red/Black RHD UK ZFFXR48C000113225 ass. # 30352
113226	F355	Spider F1 99 Red/Black ZFFXR48A2X0113226
113227	F355	Spider (F1) 99 ZFFXR48A4X0113227
113228	F355	Spider 99 ZFFXR48A6X0113228
113229	F355	Spider F1 99 ZFFXR48A8X0113229
113231	F355	Berlinetta Yellow/black
113235	F355	Berlinetta (F1) LHD EU ZFFXR41B000113235
113237	F355	Berlinetta Black/Black LHD
113238	F355	GTS 98 Red/Black LHD EU
113239	F355	Spider Red/Black LHD
113240	F355	Spider Yellow/Black LHD
113241	F355	Spider F1 6/98 Blu Pozzi/Cuoio Naturale LHD ZFFXR48B000113241
113242	F355	Spider 98 Red/Black ZFFXR48B000113242
113243	F355	Spider F1 98 Red/Black LHD EU ZFFXR48B000 ass. # 30379 B3243DVM
113244	456	M GT Grigio Ingridblack LHD
113245	456	M GTA Dark Blue/Tan LHD
113246	456	GT Metallic grey
113247	456	M GTA
113250	550	Maranello Silver/black LHD EU ZFFZR49B000 B3250IAF Red calipers
113251	550	Maranello
113252	550	Maranello Grigio Titanio met.
113253	550	Maranello Metallic black/brown LHD EU ZFFZR49B000113253 B3253JJJ
113257	550	Maranello Blue/Crema
113259	550	Maranello Blue/black RHD
113260	550	Maranello Silver/Red Black inserts black piping RHD ZFFZR49C000113260 Black calipers
113261	550	Maranello
113262	550	Maranello Silver/Black RHD ZFFZR49C000113262 shields
113263	550	Maranello 98 Grigio Titanio met./Bordeaux RHD UK ZFFZR49C000113263
113264	550	Maranello
113265	550	Maranello Nero Daytona/Crema 01.08.98
113266	550	Maranello Red/all tan RHD UK
113267	550	Maranello
113268	F355	Berlinetta F1 Red/Black LHD EU
113270	F355	Berlinetta F1 Red/Black LHD EU
113271	F355	Berlinetta F1 Red/beige
113273	F355	Berlinetta F1 98 Red/Tan LHD ZFFXR41B000
113275	F355	Berlinetta F1 98 Rosso Corsa/Crema RHD UK ZFFXR41C000113275
113279	F355	Berlinetta F1 Dark Blue Blue LHD JP ZFFPR41JPN0113279 Challenge grille
113281	F355	GTS F1 Red/Black LHD
113283	F355	GTS F1 98 Rosso Corsa/Black LHD ZFFXR42B000113283 B3283RVR shields
113284	F355	GTS F1 98 Red/Black ZFFXR42B000113284
113286	F355	GTS
113287	F355	GTS F1
113288	F355	Spider F1
113289	F355	GTS F1 98 Rosso Corsa/Crema colour coded Roof RHD UK ZFFXR42C000113289 shields
113290	F355	GTS F1 99 Red/Tan colour coded roof LHD US ZFFXR42AXX0113290 Red calipers
113292	F355	Spider F1 98 Black/Tan LHD EU
113295	F355	Spider F1 Blue/Tan LHD
113296	F355	Spider F1 99 Black/Black LHD EU ZFFXR48B000113296 B3296OWO
113297	F355	Spider Blue natural black top
113298	F355	Spider F1 98 dark Blue/black RHD ZFFXR48C000113298
113299	F355	Spider F1 98 Rosso Corsa/Crema Rosso Carpets/01.08.98
113300	F355	Spider F1 99 Black/Tan LHD US ZFFXR48AXX0113300
113301	F355	Spider F1 99 Verde Mugello/Tan Tan top LHD US ZFFXR48A1X0 Shields Challenge Grill
113302	F355	Spider F1 99 Red/Tan ZFFXR48A3X0113302
113303	F355	Spider F1 99 Black/Tan LHD US ZFFXR48A5X0113303
113304	F355	Spider F1 6/99 Silver/Black LHD ZFFXR48A7X0113304
113305	F355	Spider F1 99 Grigio Titanio met./Bordeaux ZFFXR48A9X0113305 Rear challenge grill Red calipers
113306	F355	Spider F1 99 Red/Tan LHD US ZFFXR48A0X0113306
113307	F355	Berlinetta 98 Red/Tan LHD EU ass. # 30415
113308	F355	GTS 98 Venice Azzurro Hyperion/Nero 12.10.98
113309	F355	Berlinetta Red/Black LHD
113310	F355	Berlinetta Red/Black
113311	F355	Berlinetta F1 Rosso Corsa/Crema Rosso Carpets, 01.08.98
113313	F355	GTS 98 Giallo Modena/Nero colour coded roof Manual LHD EU ZFFXR42B000113313 ass. # 30396 B3313KVE black calipers
113315	F355	GTS black/black
113316	F355	GTS Black Crema LHD EU ZFFXR42B000113316 ass. #30450
113317	F355	Spider Yellow/black
113318	F355	Spider Dark Blue/Tan LHD EU ZFFXR48B000113318
113319	F355	Spider (F1) 99 ZFFXR48A9X0113319
113320	F355	Spider 99 light Blue met./Black ZFFXR48A5X0113320
113321	456	GT 98 Argento Nürburgring 101/C/Nero ZFFWP44B000113321
113322	456	M GT Grigio Titanio met./Black LHD
113323	456	M GT Silver/Nero LHD B3323NYA
113325	456	M GTA black/tan ZFFWP50B000 B3325NAO
113326	456	M GTA dark Blue/Tan
113329	550	Maranello dark Blue/Crema LHD EU ZFFZR49B000

s/n	Type	Comments
113331	550	Maranello 8/98 Grigio Titanio Metallizzato 3238/Bordeaux ZFFZR49B000113331
113332	550	Maranello Grigio Titanio met./black LHD ZFFZR49B000113332
113336	550	Maranello 99 LHD US ZFFZR49AXX0113336
113337	550	Maranello 99 LHD US ZFFZR49A1X0113337
113338	550	Maranello 99 Blue/tan LHD US ZFFZR49A3X0113338
113339	550	Maranello 99 Red/Tan LHD US ZFFZR49A5X0113339
113340	550	Maranello 99 LHD US ZFFZR49A1X0113340
113341	550	Maranello 99 Rosso Corsa/Tan Daytona Seats LHD US ZFFZR49A3X0113341 ass. #30601 Tubi Shields
113342	550	Maranello 99 Rosso Corsa/beige LHD US ZFFZR49A5X0113342
113343	550	Maranello 99 Grigio Titanio LHD black US ZFFZR49A7X0113343
113344	550	Maranello 99 LHD US ZFFZS49A3X0113344
113346	F355	Berlinetta F1 Red
113350	F355	Berlinetta F1 Red/Crema RHD UK
113351	F355	Berlinetta F1
113353	F355	Berlinetta F1 Red/Black ZFFXR41B000111353
113354	F355	Berlinetta F1 99 Silver Crema & Blue LHD US ZFFXR41A8X0113354
113355	F355	Berlinetta 99 LHD ZFFXR41AXX0113355
113356	F355	Berlinetta F1 99 Grigio Titanio met. Grey LHD US ZFFXR41A1X0113356
113358	F355	Berlinetta 99 LHD ZFFXR41A5X0113358
113359	F355	Berlinetta F1 99 Yellow/Black ZFFXR41A7X0113359
113361	F355	Berlinetta F1 98 Rosso Chiaro/Black ZFFXR41A7W0113361 Capristo Exhaust
113362	F355	Berlinetta F1 98 Red/Tan LHD US ZFFXR41A9W0113362
113364	F355	GTS F1 Yellow/Black LHD EU ZFFXR42B000113364 ass. # 30447
113365	F355	GTS F1 Black/Black LHD EU, Dieter Bohlenës Car
113370	F355	GTS F1 Metallic Blue/black & Yellow LHD
113371	F355	GTS F1 Red/Black LHD ZFFXR42B000113371 ass. # 30533 B3371HSH challenge grill Sports exhaust
113372	F355	GTS F1 Red/Black
113373	F355	Spider F1 Silver Dark Blue LHD
113374	F355	Spider F1 Red/Crema black top Crema hood cover LHD EU ZFFXR48B000113374
113376	F355	Spider F1 Red/Black ZFFXR48B000113376
113377	F355	Spider F1 Dark Blue/Tan LHD ZFFXR48B000113377
113378	F355	Spider F1 98 Giallo Modena/Black RHD ZFFXR48C000113378
113379	F355	Spider
113383	F355	Berlinetta F1 Red/Black ZFFXR41B000111383 might be 111383
113384	F355	Berlinetta 99 Yellow/Black ZFFXR41A6X0113384
113385	F355	GTS Red/Black LHD EU ZFFXR42B000113385
113388	F355	GTS Yellow/Black LHD
113389	F355	GTS
113391	F355	Spider F1 98 Red/Black LHD ZFFXR48B000
113393	F355	Spider
113394	F355	Spider Red/Black Red stitching RHD ZFFXR48C000113394 Red calipers
113396	F355	Spider 99 Giallo Modena/Black Manual ZFFXR48A5X0113396
113397	F355	Spider 99 Black/Tan ZFFXR48A7X0113397
113399	550	Maranello black/black
113400	550	Maranello silver/Bordeaux ZFFZR9B000113400
113404	550	Maranello Grigio Titanio met./black LHD EU Silver calipers
113405	550	Maranello Canna De Fucile/Nero, Nero Carpet
113406	550	Maranello
113407	550	Maranello 99 Black then Silver/black Red stitching LHD US ZFFZR49A7X0113407
113408	550	Maranello 99 Grigio Titanio met./Bordeaux & carbon fiber LHD US ZFFZR49A9X0
113409	550	Maranello 99 Red/Tan LHD US ZFFZR49A0X0113409
113410	550	Maranello 7/98 TdF Blue 522/Ivory LHD US ZFFZR49A7X0113410 ass. # 30649
113411	550	Maranello 99 LHD US ZFFZR49A9X0113411
113412	550	Maranello 99 Grigio Titanio met./dark Blue LHD US ZFFZR49A0X0113412
113413	550	Maranello 99 LHD US ZFFZS49A7X0113413
113414	550	Maranello 98 Black/Bordeaux ZFFZR49D000113414 eng. # F113A50868
113416	456	GT 98 Grigio Titanio met./Bordeaux LHD EU ZFFWP44B000113416
113417	456	M GT 99 ZFFWP44AXX0113417
113420	456	M GTA Blue/Tan RHD
113421	456	M GT Titan/Red RHD
113422	456	M GTA 99 ZFFWP50A9X0113422
113427	F355	Berlinetta F1 3/99 Rosso Corsa/Nero ZFFXR41B000113427 ex- Real Madrid player Mijatovic
113428	F355	Berlinetta F1 Red/Black LHD
113429	F355	Berlinetta F1 Red/Black LHD ZFFXR41B000113429 Red calipers
113430	F355	Berlinetta F1 Red/Tan ZFFXR41B000113430
113431	F355	Berlinetta F1 98 Argento Nürburgring 101/C/ Nero LHD ZFFXR41B000113431 B3431AFS
113434	F355	Berlinetta F1 Red/Tan LHD
113445	F355	Berlinetta F1 98 Rosso Corsa/Nero RHD UK ZFFXR41C000113445
113446	F355	Berlinetta F1
113447	F355	Berlinetta F1 Rosso/nero Red stitching RHD ZFFXR41C000113447 Black calipers shields
113448	F355	Berlinetta F1 Red/Tan Red sports seats stitching RHD ZFFXR41C000113448 shields
113449	F355	Berlinetta F1 98 Red/Tan RHD UK ZFFXR41C000113449 Challenge rear grill shields
113453	F355	GTS F1 Red/Black LHD EU
113454	F355	GTS F1 Red/Tan LHD EU B3454HSS
113456	F355	GTS F1 Rosso Corsa/Nero LHD ZFFXR42B000113456
113457	F355	GTS F1 Red/Black LHD
113459	F355	GTS F1 Red Dark Blue RHD UK
113460	F355	GTS F1
113461	F355	GTS F1 98 Rosso CorsaCrema Colour-coded roof RHD ZFFXR42C000113461 B3461NPG Challenge rear grill
113462	F355	GTS F1 Red/Black RHD UK ZFFXR42C000113462
113463	F355	GTS (F1) 99 ZFFXR42A4X0113463
113464	F355	GTS F1 99 California Blue Dark Blue LHD US ZFFXR42A6X0113464
113465	F355	Spider 98 Blu Pozzi/Blu Scuro LHD EU ZFFXR48B000113465
113466	F355	Spider Red
113467	F355	Spider F1 Blu Pozzi 521 D.S./Beige LHD EU ZFFXR48B000113467
113469	F355	Spider F1 Red/Black LHD ZFFXR48B000113469 ass. # 30587
113471	F355	Spider F1 Yellow/Black LHD EU
113472	F355	Spider F1 99 Argento Nürburgring 101/C/Bordeaux ZFFXR48B000113472
113473	F355	Spider F1 8/98 Giallo Modena/Nero ZFFXR48C000113473
113474	F355	Spider F1 7/98 Rosso Fiorano 321/Tan ZFFXR48AXX0113474 Challenge Grille
113475	F355	Spider F1 98 Red/Tan ZFFXR48A1X0113475
113476	F355	Spider F1 99 Yellow/Black ZFFXR48A3X0113476 Red calipers

s/n	Type	Comments	s/n	Type	Comments
113477	F355	Spider F1 99 Green Tan black top ZFFXR48A5X0113477	113539	360	Modena F1 Red/Tan LHD EU ZFFYR51B000
113478	F355	Spider F1 99 Black/Tan ZFFXR48A7X0113478	113545	456	M GT Dark Blue/Tan LHD
113479	F355	Spider F1 99 Rosso Corsa/Tan ZFFXR48A9X0113479	113547	456	M GTA
113480	F355	Spider F1 99 Red/Tan LHD US ZFFXR48A5X0113480	113548	456	M GTA 99 ZFFWP50A9X0113548
			113549	456	M GTA 99 Black Naturale LHD ZFFWP50A0X0113549
113481	F355	Spider (F1) 99 ZFFXR48A7X0113481	113550	F355	Berlinetta F1 Dark Grey Crema LHD
113482	F355	Spider F1 98 Red RHD ZFFXR48D000113482	113551	F355	GTS F1 Red/Black Red stitchings Red roof LHD EU Red calipers
113483	F355	Berlinetta Red/Black ZFFXR41B000113483	113557	F355	Berlinetta F1 Red/Black LHD EU ZFFXR41B000113557 ass. # 30667
113484	F355	Berlinetta Red/Black Manual			
113487	550	Maranello black/tan, LHD	113559	F355	Berlinetta F1 Rossa Corsa/black ZFFXR41B000113559
113488	F355	GTS			
113489	F355	GTS 99 White Black LHD US ZFFXR42A0X0113489 Challenge grille	113560	F355	Berlinetta Red/Black ZFFXR41B000113560
			113561	F355	Berlinetta F1 Red/Black LHD EU
113491	F355	Spider Red RHD	113567	F355	GTS F1 Rosso Corsa/Black colour-coded roof LHD ZFFXR42B000113567 B3567STB shields challenge grill
113492	F355	Spider 99 LHD ZFFXR48A1X0113492			
113493	F355	Spider (F1) 99 ZFFXR48A3X0113493			
113494	F355	Spider 99 Giallo Modena/Black ZFFXR48A5X0113494	113568	F355	GTS F1 Argento Nürburgring 101/C/Bordeaux colour coded roof ZFFXR42B000113568 B3568ZEJ tinted windows Bordeaux dash & steering wheel rear challenge Grill carbon door sills
113495	F355	Spider 99 Black/Black black top LHD US ZFFXR48A7X0113495			
113496	F355	Spider 9/98 Rosso Corsa/Beige RHD ZFFXR48D000113496			
			113569	F355	GTS F1 Yellow/Black LHD EU
			113570	F355	GTS
113497	F355	Spider 98 Red/Tan RHD UK ZFFXR48D000113497	113572	F355	Spider F1 98 Red/Black LHD EU ZFFXR48B000113572
113500	456	M GTA Black White RHD	113573	F355	Spider F1 Silver Bordeaux LHD EU
113501	456	M GTA	113574	F355	Spider Red/Black
113502	456	M GT Argento	113575	F355	Spider (F1) 99 ZFFXR48A5X0113575
113503	456	M GTA Dark Blue Crema RHD	113576	F355	Spider F1 99 Rosso Corsa/Tan ZFFXR48A7X0113576
113504	456	M GTA Dark Blue Crema RHD			
113505	456	M GTA 7/98 Tour De France Blue Crema LHD US ZFFWP50A2X0113505	113577	F355	Spider F1 99 Blu Pozzi 521 D.S./tan Blue top tan cover ZFFXR48A9X0113577
113506	456	M GTA 99 ZFFWP50A4X0113506	113578	F355	Berlinetta Red/Black LHD EU ZFFXR41B000113578 ass. #30683 Red calipers shields Challenge grill
113507	550	Maranello Red/Red-black, LHD			
113508	550	Maranello Blu Pozzi 521 D.S./Cuoio ZFFZR49B000113508			
113509	550	Maranello Red/beige ZFFZR49B000113509	113579	F355	GTS Red/Black
113510	550	Maranello 99 dark Blue met./Bordeaux Dark Blue piping LHD EU	113580	F355	GTS Red White RHD
			113581	F355	GTS 99 Red/Tan Red roof LHD US ZFFXR42AXX0113581 Tubi
113513	550	Maranello 99 Rosso Corsa Nero RHD UK ZFFZR49C000113513			
			113582	F355	Spider 98 Red Crema
113514	550	Maranello	113583	F355	Spider Rosso Corsa/Nero Hide/Rosso Carpets/15.08.98
113516	550	Maranello 99 LHD US ZFFZR49A1X0113516			
113517	550	Maranello 99 LHD US ZFFZR49A3X0113517	113585	550	Maranello 10/98 Silver
113518	550	Maranello WSR Michelin/Car and Driver Speed-Record-Car 99 Grigio Titanio LHD US ZFFZR49A5X0 Red Calipers	113586	550	Maranello 98 Black LHD
			113588	550	Maranello Dark Blue/Crema black inserts RHD ZFFZR49C000113588 shields
113519	550	Maranello 99 LHD US ZFFZR49A7X0113519	113589	550	Maranello
113520	550	Maranello 99 Metallic/black/naturale LHD US ZFFZR49A3X0113520	113590	550	Maranello
			113591	550	Maranello 99 Black/Tan ZFFZR49A4X0113591
113521	550	Maranello 99 Yellow/Black US ZFFZR49A5X0113521	113592	550	Maranello 99 Yellow/Tan ZFFZR49A6X0113592 Zeuna Starker stage II exhaust
113522	550	Maranello 99 ZFFZR49A7X0113522	113593	550	Maranello 99 LHD US ZFFZR49A8X0113593
113523	550	Maranello 99 ZFFZR49A9X0113523			
113524	550	Maranello 99 ZFFZR49A0X0113524	113594	550	Maranello 99 Red/Tan LHD US ZFFZR49AXX0113594
113525	550	Maranello 99 Blue/tan ZFFZR49A2X0113525			
113526	550	Maranello 99 Black Metallic/Natural Daytona Seats ZFFZR49A4X0113526	113595	550	Maranello 99 Black/bordeaux LHD US ZFFZR49A1X0113595
113528	550	Maranello 99 Grigio Titanio met./black LHD US ZFFZR49A8X0113528	113596	F355	Berlinetta F1 Red/Black Red piping LHD EU Red calipers
			113597	F355	Berlinetta F1 Yellow/Black LHD
113531	360	Modena Rosso Barchetta/naturale LHD EU ZFFYR51B000113531	113598	F355	Berlinetta F1 Yellow/Black LHD
			113599	F355	Berlinetta F1 Dark Grey Black LHD
113532	360	Modena NART Blue/Crema ZFFYR51B000113532	113600	F355	Berlinetta F1 Red/Black ZFFXR41B000113600
			113601	F355	Berlinetta F1 Black/Black LHD EU Challenge grille calipers
113533	360	Modena Rosso Fiorano 321/Crema LHD EU ZFFYR51B000 Challenge grille			
			113604	F355	Berlinetta F1 Red/Black LHD
113534	360	Modena Metallic/grey/dark Blue LHD EU ZFFYR51B000113534	113605	F355	Berlinetta F1 Blue/Crema
			113606	F355	Berlinetta F1 Red/Black LHD EU
113535	360	Modena F1 Red/Black ZFFYR51B000	113607	F355	Berlinetta F1 8/98 Azzurro California 524/Blue Scuro RHD Challenge grille
113536	360	Modena Yellow/black LHD EU ZFFYR51B000			
113537	360	Modena Press presentation Car Yellow/black LHD ZFFYR51B000	113609	F355	Berlinetta F1 98 Rosso Corsa/Crema RHD
			113610	F355	Berlinetta (F1) 99 ZFFXR41A0X0113610

s/n	Type	Comments
113611	F355	Berlinetta (F1) 99 ZFFXR41A2X0113611
113612	F355	Berlinetta F1 Blue/tan LHD ZFFXR41JPN0113612
113615	F355	GTS F1 Red/Crema LHD
113616	F355	GTS F1 Red/Crema ZFFXR42C000113616
113617	F355	GTS (F1) 99 ZFFXR42A5X0113617
113618	F355	GTS (F1) 99 ZFFXR42A7X0113618
113619	F355	Spider F1 Red/Black LHD EU, 3rd light
113620	F355	Spider F1 Red ZFFXR48B000113620
113621	F355	Spider F1 Silver/Black LHD
113622	F355	Spider F1 Rosso Corsa/Crema
113623	F355	Spider Yellow/Black RHD UK
113624	F355	Spider F1 Red/beige RHD ZFFXR48C000113624
113625	F355	Spider F1 99 Rosso Barchetta Tan LHD US ZFFXR48A5X0113625
113626	F355	Spider F1 99 Red/Tan ZFFXR48A7X0113626
113627	F355	Spider (F1) 99 ZFFXR48A9X0113627
113628	F355	Spider F1 99 Blu Tour de France 522/Tan LHD US ZFFXR48A0X0113628
113633	F355	Berlinetta Red/Tan RHD UK
113634	F355	GTS
113636	F355	GTS 7/98 Argento Nürburgring/Black LHD ZFFXR42A9X0113636
113637	F355	GTS 7/98 Blu Tour de France 522/crema ZFFXR42A0X0113637
113638	F355	GTS (F1) 99 ZFFXR42A2X0113638
113642	F355	Spider Red White RHD ZFFXR48C000113642
113643	F355	Spider 99 Blu Tour de France 522/Bordeaux RHD UK ZFFXR48C000113643
113644	F355	Spider Red/Crema Manual RHD ZFFXR48C000113644
113645	F355	Spider 9/98 Giallo Modena/Nero ZFFXR48C000113645
113646	F355	Spider 99 Silver Dark Blue LHD US ZFFXR48A2X0113646
113647	F355	Spider 99 Blu Tour de France 522/Tan Manual ZFFXR48A4X0113647
113648	F355	Spider 99 Red/Tan Manual ZFFXR48A6X0113648
113651	550	Maranello Red/Black ZFFZR49B000113651
113653	550	Maranello 99 Grey Black ZFFZR49B000113653
113655	550	Maranello Grigio Titanio met./black LHD EU ZFFZR49B000113655 B3655SFG
113656	550	Maranello Titan grey/Bordeaux ZFFZR49B000113656
113657	550	Maranello Rosso Corsa/Black LHD EU B3657KFZ
113659	550	Maranello 98 Red/Beige RHD ZFFZR49C000113659
113660	550	Maranello 5/99 Rosso Corsa/Beige ZFFZR49C000113660
113662	550	Maranello Meridian Edition 99 Argento Nürburgring 101/C/Black ZFFZR49A1X0113662
113663	550	Maranello 99 ZFFZR49A3X0113663
113664	550	Maranello 99 Green/green & beige US ZFFZR49A5X0113664
113665	550	Maranello 99 ZFFZR49A7X0113665
113666	F355	Berlinetta F1 Red/Black
113667	F355	Berlinetta F1 Red/Black LHD EU
113668	F355	Berlinetta F1 Red/Black ZFFXR41B000 B3668ANG
113669	F355	Berlinetta F1 Giallo Modena/black LHD EU ZFFXR41B000113669 ass. # 30793 B3669SUU
113671	F355	Berlinetta F1 99 Black/Black LHD ZFFXR41B000113671
113673	F355	Berlinetta F1 Black/Black LHD EU
113674	F355	Berlinetta F1 Rosso/nero black LHD ZFFXR41B000113674
113675	F355	Berlinetta F1 Red/Black LHD
113678	F355	Berlinetta F1 Red/Black LHD
113679	F355	Berlinetta F1 1/99 Rosso Corsa (322/DS)/black ZFFXR41B000113679 ass # 30833 B3679YHW
113680	F355	Berlinetta F1 Red/Black
113681	F355	Berlinetta F1 10/98 Rosso Corsa/Crema RHD UK ZFFXR41C000113681
113685	F355	Berlinetta F1 98 Red RHD ZFFXR41D000113685 eng. # F129C51093
113686	F355	GTS F1 Red/BlackZFFXR42B000113686
113687	F355	GTS F1 Grigio Titanio met. Tan LHD EU
113688	F355	GTS F1 Rosso Corsa ZFFXR42C000113688 ass. # 30831
113690	F355	Spider F1 Rosso Corsa/tan Red piping RHD ZFFXR48C000
113691	F355	Spider F1 Rosso Corsa/Crema Hide/Rosso Carpets 06.11.98
113692	F355	Spider F1 Tour De France Blue Grey
113693	F355	Spider F1 99 Black/Black LHD US ZFFXR48A0X0113693, ex-Nicolas Cage
113694	F355	Spider (F1) 99 ZFFXR48A2X0113694
113695	F355	Spider F1 99 Rosso Barchetta/Black ZFFXR48A4X0113695 Rear challenge grille Tubi
113696	F355	Spider F1 99 Rosso Corsa/Beige ZFFXR48A6X0113696 Challenge rear Grill Red calipers Tubi shields
113697	F355	Spider F1 99 Red/Tan LHD ZFFXR48A8X0113697
113698	F355	Spider (F1) 99 ZFFXR48AXX0113698
113699	F355	Spider F1 99 Red/Tan LHD ZFFXR48A1X0113699 Challenge grill Red calipers
113700	F355	Spider F1 99 Giallo Modena/Black Yellow stitching LHD US ZFFXR48A4X0113700 shields Red calipers challenge grill
113702	F355	Spider (F1) 99 ZFFXR48A8X0113702
113703	F355	Spider (F1) 99 ZFFXR48AXX0113703
113705	F355	Berlinetta Red Black-Red LHD EU
113706	F355	Berlinetta Red Red LHD
113707	F355	Berlinetta Red/Crema Manual RHD UK ZFFXR41C000113707 ass. # 30796
113710	F355	Spider
113711	F355	Spider 9/98 Grigio Titanio Metallizzato 3238/Bordeaux Manual RHD UK
113712	F355	Spider 99 Red/Tan Manual RHD UK
113713	F355	Spider
113715	F355	Spider
113717	F355	Spider Dark Blue Crema RHD UK
113719	550	Maranello dark Blue/brown dark Blue dash ZFFZR49B000
113721	550	Maranello Red/Crema
113725	550	Maranello Grigio Titanio met./Red Red calipers EU
113733	550	Maranello 99 ZFFZR49A9X0113733
113734	550	Maranello 99 Red/Tan Daytona Seats ZFFZR49A0X0113734
113735	550	Maranello 99 Black/Black ZFFZS49A7X0113735
113737	F355	Berlinetta Red/Black LHD ZFFXR41B000113737
113739	550	Maranello Grigio Titanio met./Bordeaux ZFFZR49B000113739
113740	F355	Berlinetta F1 Yellow/Black ZFFXR41B000113740
113745	F355	Berlinetta F1 98 Giallo Modena Nero RHD
113751	F355	GTS F1 99 Red/Tan Colour coded roof LHD EU ZFFXR42B000113751 ass. # 30891 White stencilled shields
113752	F355	GTS F1 Red/Black LHD EU
113753	F355	GTS F1 Red/Black colour coded Roof LHD EU
113754	F355	GTS F1 Argento Nürburgring 101/C/Bordeaux, Nero Carpet 1.10.98

s/n	Type	Comments
113755	F355	GTS F1 Black/Black RHD ZFFXR42C000113755 B3755NYZ
113758	F355	GTS F1 99 Red/Tan ZFFXR42A1X0113758
113760	F355	GTS (F1) 99 ZFFXR42AXX0113760
113761	F355	GTS F1 98 Red/Tan colour coded roof ZFFXR42A1X0113761
113762	456	M GT Grigio Titanio met./grey
113766	F355	Spider F1
113767	F355	Spider F1 99 Red/Tan ZFFXR48A3X0113767
113768	F355	Spider F1 99 Black/Tan ZFFXR48A5X0113768
113769	F355	Spider F1 99 Red/Tan stitching black top ZFFXR48A7X0 Red calipers challenge grille
113770	F355	Spider (F1) 99 ZFFXR48A3X0113770
113771	F355	Spider F1 99 Argento Nürburgring 101/C/Black ZFFXR48A5X0113771 Red piping & stitching challenge grill Red calipers
113772	F355	Spider F1 99 Black Crema LHD US ZFFXR48A7X0113772
113773	F355	Spider (F1) 99 ZFFXR48A9X0113773
113774	F355	Spider F1 98 Blu NART/Grey ZFFXR48D000113774 eng. # F129C51201
113778	F355	Berlinetta Red/Crema sports seats Red stitching Manual RHD ZFFXR41C000113778 Challenge rear grill
113779	F355	Berlinetta
113780	F355	GTS 98 Black RHD ZFFXR42D000113780 eng. # F129C51155
113781	F355	Spider Rosso/nero LHD ZFFXR48B000113781
113782	F355	Spider Rosso Corsa/Black LHD Manual ZFFXR48B000113782 ass. #30859 B3782PGZ shields
113783	F355	Spider Red/Black LHD
113784	F355	Spider Red/Black LHD EU
113785	F355	Spider Yellow/Black LHD EU ZFFXR48B000113785
113786	F355	Spider Red/Black
113787	F355	Spider Rosso Corsa/Black LHD Manual EU ZFFXR48B000113787 B3787PPZ challenge grill
113788	F355	Spider Giallo Modena/Black LHD Manual EU ass. # 30923
113791	550	Maranello Silver grey met Black ZFFZR49B000113791 ass. # 31061
113792	550	Maranello 99 Red/Black LHD CH ZFFZR49S000113792 EPA & DOT converted
113793	550	Maranello Grigio Titanio met./bordeaux ZFFZR49B000113793 B3793SWK
113794	550	Maranello 98 Grey/Black LHD EU ZFFZR49B000 B3794MHB
113796	550	Maranello Silver/black LHD EU
113797	550	Maranello Silver/black LHD EU ZFFZR49B000113797 shields
113798	550	Maranello Red/Black ZFFZR49B000113798
113800	550	Maranello Grey/black RHD UK
113801	550	Maranello dark Red/beige & bordeaux RHD ZFFZR49C000113801
113802	550	Maranello Rosso Fiorano 321/tan Bordeaux piping RHD Red calipers shields
113803	550	Maranello 98 Blue Tour De France/Blue Rosso Carpets RHD ZFFZR49C000113803
113804	550	Maranello
113805	550	Maranello 9/98 Black/black ZFFZR49A8X0113805
113806	456	M GT 10/98 Grigio Titanio met./Charcoal LHD ZFFWP44B000113806
113809	456	M GT Black Crema LHD
113811	456	M GT 97 black/beige ZFFWP44B000113811 shields
113812	456	M GT Yellow/black LHD ZFFWP44B000 B3812NWI
113813	456	M GT silver/grey
113815	456	M GT Silver/Black LHD
113816	456	M GT Red/Tan ZFFWP44B000113816
113818	456	M GT 00 Red RHD ZFFWL44D000113818
113819	456	M GTA silver/Crema EU
113821	456	M GTA 99 Grigio Titanio met./Rosso ZFFWP50C000113821 eng. # 51014 ass. # 30804 Rosso calipers
113824	456	M GTA 7/99 Rosso Fiorano 321/Nero RHD
113825	456	M GTA 99 ZFFWP50A9X0113825
113826	456	M GTA 99 ZFFWP50A0X0113826
113827	456	M GTA 99 Grigio Titanio met./Black ZFFWP50A2X0113827
113828	456	M GTA 99 Black Naturale ZFFWP50A4X0113828
113829	456	M GTA 99 Grigio IngridTan ZFFWP50A6X0113829
113832	F355	Berlinetta F1 Red/Black LHD EU
113835	F355	Berlinetta F1 Red/Tan
113839	F355	Berlinetta F1 Red/Tan
113840	F355	Berlinetta F1
113841	F355	Berlinetta F1
113842	F355	Berlinetta F1 99 Swaters Blue/Tan ZFFXR41AXX0113842
113844	F355	Berlinetta F1 Red/Black RHD UK
113848	F355	GTS F1 99 Red/Black LHD ZFFXR42B000113848
113850	F355	GTS F1 98 Silver/Black Hide
113851	F355	GTS F1 Red/Black
113852	F355	GTS F1 98 Blu Pozzi/Blu Scuro ZFFXR42B000113852
113853	F355	GTS F1
113854	F355	GTS F1
113857	F355	GTS F1 99 Grigio Titanio/Black ZFFXR42A3X0113857
113858	F355	GTS F1 99 Argento Nürburgring 101/C/Blu Scuro LHD ZFFXR42A5X0113858
113859	F355	GTS (F1) 99 ZFFXR42A7X0113859
113860	F355	Spider F1 99 Black Hide ZFFXR48B000 113 860#,
113862	F355	Spider F1 Black met./Bordeaux ZFFXR48B000113862
113865	F355	Spider F1 98 Rosso Corsa/Nero ZFFXR48C000113865
113866	F355	Spider F1 11/98 Rosso Corsa/Cream ZFFXR48C000113866
113867	F355	Spider F1
113868	F355	Spider F1 Yellow/Black RHD UK
113869	F355	Spider Rosso
113870	F355	Spider F1 99 Black/Tan Manual ZFFXR48A7X0113870
113871	F355	Spider F1 99 Red/Tan LHD US ZFFXR48A9X0113871
113872	F355	Spider (F1) 99 ZFFXR48A0X0113872
113873	F355	Spider F1 99 Red/Tan ZFFXR48A2X0113873 Tubi
113874	F355	Spider F1 99 Red/Tan ZFFXR48A4X0113874
113879	F355	Berlinetta Red/Crema Red Piping RHD UK
113881	F355	GTS Rosso Corsa/Black colour-coded roof LHD Manual ZFFXR42B000113881 B3881POZ shields
113882	F355	GTS Yellow/Black Speciale Sportsseats
113883	550	Maranello Grigio Titanio met./bordeaux ZFFZR49B000
113884	550	Maranello
113885	550	Maranello Red/Black ZFFZR49B000
113886	550	Maranello Red/Tan ZFFZR49B000113886 B3886HMI shields
113888	550	Maranello Red/Black
113892	550	Maranello
113893	550	Maranello 98 Verde Zeltweg/Tan RHD ZFFZR49C000113893 eng. # 51404 ass. # 31186 Red calipers
113894	550	Maranello 3/99 Argento Nürburgring 101/C/Nero RHD ZFFZR49C000113894

s/n	Type	Comments
113895	550	Maranello 5/99 Grigio Titanio Metallizzato 3238/Bordeaux ZFFZR49A2X0113895
113896	550	Maranello 99 ZFFZR49A4X0113896
113897	550	Maranello 99 Grigio Titanio met./Natural LHD ZFFZR49A6X0113897
113898	550	Maranello 99 Red/Tan LHD US ZFFZR49A8X0113898 Tubi exhaust
113899	550	Maranello 99 ZFFZR49AXX0113899
113900	550	Maranello Blue
113902	456	M GT
113903	456	M GT Blu Pozzi 521 D.S./Crema
113904	456	M GT Dark Blue/Black LHD
113906	456	M GT 11/98 champagne Blue LHD ZFFWP44B000113906
113907	456	M GT Grigio Titano Bordeaux LHD
113909	456	M GT 05.01.99 Rosso Corsa/Nero Hide/Rosso Carpets RHD
113912	456	M GTA 01.11.98 Grigio Titanio met./Bordeaux Hide/Nero Carpets LHD
113913	456	M GTA 11/99 Blu Tour de France 522/Beige
113915	456	M GTA 99 Grigio Titanio met. Grey LHD ZFFWP50A0113915
113916	456	M GTA 99 Nero Daytona Met./Sabbia ZFFWP50A1X0113916
113917	456	M GTA Silver Dark Blue LHD
113923	456	M GTA Metallic/Blue/Tan LHD
113924	F355	Berlinetta F1 silver/black LHD EU ZFFXR41B000113924 ass. # 31038 B3924YFW
113928	F355	Berlinetta F1 Rosso Corsa/Black Manual LHD ZFFXR41B000113928 shields
113929	F355	Berlinetta F1 Red/Black LHD EU
113932	F355	Berlinetta F1 Red/Cream RHD ZFFXR41C000113932 Black calipers
113933	F355	Berlinetta F1 99 Rosso Corsa/Tan RHD ZFFXR41C000113933
113934	F355	Berlinetta F1
113935	F355	Berlinetta F1 Rosso Corsa/Crema Bordeaux
113936	F355	Berlinetta F1 Dark Blue/Dark Blue ZFFXR41A8X0113936
113938	F355	Berlinetta 99 LHD ZFFXR41A1X0113938
113939	F355	Berlinetta F1 99 Rosso Corsa/tan ZFFXR41A3X0113939
113940	F355	Berlinetta (F1) 99 ZFFXR41AXX0113940
113941	F355	Berlinetta F1 99 Blue/Tan LHD ZFFXR41A1X0113941
113942	F355	Berlinetta F1 99 Red/Tan ZFFXR41A3X0113942
113943	F355	Berlinetta (F1) 99 ZFFXR41A5X0113943
113944	F355	Berlinetta F1 99 Argento Nürburgring 101/C/Bourdeaux ZFFXR41A7X0113944
113945	F355	Berlinetta (F1) 99 ZFFXR41A9X0113945
113949	F355	GTS F1 Red/Crema LHD EU
113950	F355	GTS F1 Red/Black ZFFXR42B000
113951	F355	GTS F1 Red/Crema LHD EU
113952	F355	GTS F1 Red/Black LHD
113953	F355	GTS F1 Red/Crema ZFFXR42B000113953
113954	F355	GTS F1 Rosso Corsa/Crema Colour Coded Roof 01.03.99
113955	F355	GTS F1
113958	F355	Spider F1 98 Rosso Corsa/Nero LHD EU ZFFXR48B000113958 ass. # 31021 B3958FWF
113959	F355	Spider F1 98 Blu Tour de France 522/Beige Blue top LHD ZFFXR48B000 B3959DHD
113960	F355	Spider F1 Black/Black LHD EU Challenge grille
113961	F355	Spider F1 Black Red
113962	F355	Spider F1
113963	F355	Spider F1 Red/Black LHD EU
113964	F355	Spider F1 Red/Crema ZFFXR48C000113964
113965	F355	Spider F1 Red/Crema Red stitching RHD ZFFXR48C000113965 Window code B6276RDR on one side window B3965NYM on the other Red calipers Challenge rear grill shields
113966	F355	Spider F1
113967	F355	Spider F1
113968	F355	Spider F1 Red/Crema RHD ZFFXR48C000113968 Red calipers
113970	F355	GTS Red/Black LHD EU
113971	F355	GTS Red/Black LHD EU
113974	F355	GTS
113975	550	Maranello
113976	550	Maranello Black/Cuoio ZFFZR49B000113976
113978	550	Maranello Dark green/tan green dash
113982	550	Maranello Grigio Titanio met./Bordeaux ZFFZR49B000113982 B3982SMG
113984	550	Maranello Silver/Black ZFFZR49B000113984
113985	550	Maranello
113986	550	Maranello 99 black/black LHD EU
113987	550	Maranello dark Blue/tan RHD ZFFZR49C000113987
113989	550	Maranello 99 Argento Nürburgring 101/C/Bordeaux RHD UK ZFFZR49C000113989
113990	550	Maranello Dark Blue/Tan RHD UK ZFFZR49C000113990
113991	550	Maranello
113995	550	Maranello Blu Tour de France 522/black
114001	456	M GTA 98 Verde/Tabacco
114002	456	M GTA Grigio Titanio met. Crema LHD
114003	456	M GTA 98 Blu Tour de France 522/Grigio Scuro LHD EU ZFFWP50B000114003 B4003NKW
114004	456	M GTA
114005	456	M GT
114007	456	M GTA 99 ZFFWP50A2X0114007
114013	360	Modena F1 Red/brown LHD EU ZFFYR51B000
114014	360	Modena RHD UK ZFFYR51C000114014
114015	360	Modena F1 99 Rosso Corsa/Tan LHD US ZFFYR51AXX0114015
114018	550	Maranello LHD EU ZFFZR49B000114018
114019	550	Maranello Yellow/Black LHD ZFFZR49B000114019
114020	456	M GT Grigio Titanio met./Black LHD
114021	360	Modena F1 99 LHD US ZFFYR51A5X0114021
114022	F355	Berlinetta F1 Red/Black ZFFXR41B00011402
114024	F355	Berlinetta F1 Rosso Corsa/Black LHD ZFFXR41B000114024 B4024DKC black calipers
114025	F355	Berlinetta F1 99, Grigio Titanio met./black hide
114027	F355	Berlinetta Red/Black LHD
114030	F355	Berlinetta F1 Red/Black LHD EU
114035	F355	Berlinetta F1 Red/Black LHD
114037	F355	Berlinetta Black
114039	F355	Berlinetta F1
114040	F355	Berlinetta Rosso/sabbia RHD
114041	F355	Berlinetta (F1) 99 ZFFXR41A3X0114041
114043	F355	GTS F1 Red/Black LHD EU Challenge grille, carbon top
114044	F355	GTS F1 Red/Black LHD EU
114045	F355	GTS F1 Red/Tan LHD ZFFXR42B000 Red calipers, 3rd light
114046	F355	GTS Giallo Modena/Black & Yellow colour coded roof LHD EU B4046HPV
114047	F355	GTS F1 Red/Tan LHD EU Red carpets
114049	F355	Spider F1
114050	F355	Spider F1
114051	F355	Spider F1
114052	F355	Spider F1 Red/Crema
114054	F355	GTS Rosso Corsa/Black Colour-coded roof LHD Manual ZFFXR42B000114054 B4054AEQ Red calipers
114055	F355	GTS 1/98 Black/bordeaux Black Seats Manual LHD EU ZFFXR42B000 B4055IKK ass. # 31159
114056	F355	Spider Blue/Beige RHD AUS
114059	456	M GT Black/Tan LHD
114061	456	M GT Blue/Grey RHD
114062	456	M GT 99 ZFFWP44A4X0114062
114063	456	M GTA 99 Silver ZFFWP50A1X0114063
114067	550	Maranello Grigio Titanio met./bordeaux

s/n	Type	Comments
114068	550	Maranello Grigio Ingrid 720/crema
114069	550	Maranello Ingridgrey/tan Red calipers, quilted luggage tray LHD EU
114070	550	Maranello Black/Black grey piping LHD ZFFZR49B000114070 Black calipers
114071	550	Maranello Red/Tan ZFFZR49B000
114076	550	Maranello Red
114077	550	Maranello
114080	F355	Berlinetta F1 Red/Black LHD EU ass. # 31167
114082	F355	Berlinetta F1 Red/Tan ZFFXR41B000114082
114087	F355	Berlinetta F1 99, Grigio Titanio Metallic/Black ZFFXR41A5X0114087
114088	F355	Berlinetta F1 99 Silver/Black LHD US ZFFXR41A7X0114088 Red calipers rear Challenge grille
114093	F355	GTS F1 99 Rosso Corsa/Nero ZFFXR42B000114093
114096	F355	GTS F1 98 Black/Tan LHD ZFFXR42B000114096 ass. # 31182
114097	F355	Berlinetta F1 Yellow/Black LHD
114098	F355	GTS F1
114100	F355	GTS F1 99 Yellow/Black Yellow stitching Yellow roof LHD US ZFFXR42A6X0114100
114101	F355	GTS F1 99 Black/beige colour coded roof ZFFXR42A8X0114101 shields Challenge grille Tubi
114102	F355	GTS F1 99 Argento Nürburgring 101/C/Dark Blue Light Grey Stitching dark Blue dashboard & steering wheel Manual ZFFXR42AXX0114102 Carbon Fiber Top rear Challenge Grill
114103	F355	Spider F1 Red/Black
114104	F355	Spider black/tan LHD ZFFXR48B000 ass. #31208 Red calipers sport exhaust
114106	F355	Spider F1 99 Red/Tan ZFFXR48A8X0114106
114107	F355	Spider F1 Red/Tan Black top US ZFFXR48AXX0114107
114108	F355	Spider F1 99 Red/Tan ZFFXR48A1X0114108
114109	F355	Spider (F1) 99 ZFFXR48A3X0114109
114110	F355	Spider F1 99 Rosso Corsa/Tan ZFFXR48AXX0114110 Tubi Shields Speedline Wheels Rear Challenge Grill
114111	F355	Spider (F1) 99 ZFFXR48A1X0114111
114112	F355	Berlinetta Red/Black LHD
114113	F355	GTS Red/Black LHD
114114	F355	Berlinetta
114116	F355	Spider 99 Blu Tour de France 522/Tan ZFFXR48A0X0114116
114117	F355	Spider (F1) 99 ZFFXR48A2X0114117
114118	F355	Spider 99 Yellow/Black LHD US ZFFXR48A4X0114118
114119	F355	Spider 99 Black/Tan Manual ZFFXR48A6X0114119
114120	456	M GT dark Blue met./Tan LHD
114121	456	M GT 00 Grigio Titanio Metallizzato 3238/Nero ZFFWP44B000 B4121BTB
114122	F355	Challenge Red/Red seats LHD
114124	456	M GT 99, Argento Nürburgring 101/C/Bordeaux 2.4.99
114125	456	M GT 99 Argento Nürburgring 101/C/Black ZFFWP44A2X0114125
114126	456	M GTA Silver/Black LHD
114128	456	M GTA 99 LHD US ZFFWP50A3X0114128
114131	456	M GTA 99 Black/Tan ZFFWL50A9X0114131
114132	550	Maranello 99 Azzurro California 524/Blue & White LHD EU ZFFZR49B000114132
114134	550	Maranello Metallic/black/black LHD EU
114135	550	Maranello 5/99 Blu Tour De France/Beige ZFFZR49B000114135
114137	550	Maranello silver/bordeaux ZFFZR49B000 B4137XSE
114138	550	Maranello Black/black LHD EU ZFFZR49B000 B4138KTZ
114139	550	Maranello Silver/black LHD EU ZFFZR49B000114139
114140	550	Maranello 99 Red/Black LHD EU ZFFZR49B000114140
114141	F355	Spider F1 99 Yellow/Black LHD
114142	550	Maranello 99 Black/Black Daytona seats silver piping LHD EU ZFFZR49B000114142 exported to the US
114143	550	Maranello 98 Silver/Bordeaux & Black
114144	550	Maranello Argento Nürburgring 101/C/Bordeaux RHD ZFFZR49C000114144 ass. # 31329 Black calipers shields
114145	550	Maranello 98 Argento Nürburgring 101/C/Bordeaux Black carpets RHD UK Red calipers
114147	550	Maranello
114148	550	Maranello Rosso Corsa/Nero 24.11.98
114151	F355	Berlinetta F1 Red/Black LHD EU ass. # 31263
114153	F355	Berlinetta F1 Red/Black RHD UK ass. # 31281
114154	F355	Berlinetta F1 99 Black/tan LHD US ZFFXR41A5X0114154 Challenge grill
114158	F355	Berlinetta F1 99, Yellow/Black LHD US ZFFXS41A7X0114158
114160	F355	GTS F1 Rosso Scuderia FER. 323/black Sportseats Red stitching colour coded roof LHD EU ZFFXR42B000114160 ass. # 31278 B4160KDH glass engine hood shields Red-painted engine
114167	F355	Spider F1 99 Red/Black ZFFXR48B000114167
114168	F355	Spider F1 11/98 Rosso Corsa/Sabbia RHD UK
114169	F355	Spider F1 99 Red/Tan US ZFFXR48AXX0114169
114170	F355	Spider F1 99 Yellow/Black ZFFXR48A6X0114170
114171	F355	Spider F1 9/98 Giallo Modena/Black Yellow stitching LHD US ZFFXR48A8X0 Yellow calipers
114172	F355	Spider (F1) 99 ZFFXR48AXX0114172
114173	F355	Spider F1 99 Yellow/Black LHD US ZFFXR48A1X0114173
114174	F355	Spider (F1) 99 ZFFXR48A3X0114174
114175	F355	Spider (F1) 99 ZFFXR48A5X0114175
114178	F355	Spider (F1) 99 ZFFXR48A0X0114178
114180	F355	Berlinetta 98 Rosso Corsa/Nero RHD Manual UK ZFFXR41C000114180 Black calipers shields
114181	F355	Berlinetta 99 black/Crema ZFFXR41A8X0114181
114182	F355	GTS Red/Black ZFFXR42B000
114183	F355	GTS Red/Black
114184	F355	GTS Red/Black LHD
114187	F355	Spider 99 Rosso Corsa/Black Manual ZFFXR48A1X0114187
114188	F355	Spider 99 Yellow/Black LHD US ZFFXR48A3X0114188
114189	F355	Spider 99 LHD US ZFFXR48A5X0114189
114190	F355	Spider (F1) 99 ZFFXR48A1X0114190
114191	456	M GT Black/Tan LHD
114192	456	M GT 99 Blu TdF/Beige ZFFWP44B000114192 B4192UJU
114193	456	M GT 98 Blu Pozzi 521 D.S./Tan LHD ZFFWP44B000114193
114195	456	M GT Argento/Nero LHD EU
114197	456	M GT Grigio Ingrid 720/Tan ZFFWP44C000114197
114198	456	M GTA Dark Blue/Tan LHD
114199	456	M GTA 99 Dark Blue/Tan LHD ZFFWP050B000114199
114200	456	M GT Grigio Titanio met./dark Blue ZFFWP44B000114200
114204	550	Maranello Grigio Titanio met./black ZFFZR49B000114204
114205	550	Maranello Rosso Fiorano 321/Crema LHD EU ZFFZR49B000114205 B4205MXX
114209	550	Maranello Blue/sabbia

s/n	Type	Comments
114211	550	Maranello Blue TdF beige ZFFZR49B000114211
114213	550	Maranello Silver/black ZFFZR49B000
114215	550	Maranello Grigio/Rosso LHD EU ZFFZR49B000114215
114216	550	Maranello 99 Grigio Titanio met./bordeaux LHD US ZFFZR49A5X0114216
114217	550	Maranello 99 Grigio Titanio met./bordeaux LHD US ZFFZR49A7X0114217
114218	550	Maranello 99 Argento Nürburgring 101/C/Nero Daytona seats ZFFZR49A9X0114218
114219	550	Maranello 10/98 Le Mans Blue/Crema LHD US ZFFZR49A0X0114219 Tubi
114220	550	Maranello 99 ZFFZR49A7X0114220
114221	550	Maranello 99 Rosso Corsa/tan LHD US ZFFZR49A9X0114221
114222	550	Maranello 99 ZFFZR49A0X0114222
114224	F355	Berlinetta Red LHD JP ZFFPR41JPN0114224 Challenge grille
114226	F355	Berlinetta (F1) LHD EU ZFFXR41B000114226
114227	F355	Berlinetta F1 Dark Blue/Crema LHD EU ZFFXR41B000
114228	F355	Berlinetta F1 Red/Black LHD EU
114232	F355	Berlinetta F1 Red/Tan ZFFXR41B000114232
114233	F355	Berlinetta F1 99 Rosso Corsa/Tan LHD US ZFFXR41A1X0114233
114234	F355	Berlinetta F1 10/98 Yellow/Black Yellow piping LHD US ZFFXR41A3X0114234 Challenge grill
114235	F355	Berlinetta F1 99 Silver/black LHD US ZFFXR41A5X0114235 Rear Challange Grill Shields Red Calipers
114236	F355	Berlinetta F1 10/98 Verde Silverstone Met. FER 607/Tan LHD ZFFXR41A7X0114236 ass. # 31289
114238	550	Maranello
114243	F355	GTS F1 Rosso/nero
114244	F355	GTS F1 Yellow/Black LHD
114246	F355	GTS F1 Yellow/black
114249	F355	GTS F1 Rosso Corsa/Crema
114250	F355	GTS F1 1/99 Giallo Modena/Nero ZFFXR42C000114250
114251	F355	GTS F1 black/black RHD
114253	F355	GTS Dark Blue/Crema LHD
114254	F355	Spider F1 Rosso Corsa/Crema RHD ZFFXR48C000114253 Challenge rear grill
114255	F355	Spider F1 99 Black/Brown ZFFXR48A3X0114255
114256	F355	Spider F1 99 Argento Nürburgring 101/C/Black ZFFXR48A5X0114256
114257	F355	Spider F1 99 Black/Tan Black top ZFFXR48A7X0114257
114258	F355	Spider (F1) 99 ZFFXR48A9X0114258
114259	F355	Spider F1 99 Rosso Corsa/Black LHD US ZFFXR48A0X0114259
114260	F355	Spider F1 99 Black/Tan LHD US ZFFXR48A7X0114260 hand painted Shields
114261	F355	Spider F1 99 Grey/Black LHD US ZFFXR48A9X0114261
114262	F355	Spider (F1) 99 LHD US ZFFXR48A0X0114262
114263	F355	Spider F1 99 Rosso Corsa/Beige LHD US ZFFXR48A2X0114263
114264	F355	Spider F1 99 Black/Tan LHD US ZFFXR48A4X0114264
114265	F355	Spider F1 99 Rosso Corsa/Beige LHD US ZFFXR48A6X0114265
114266	F355	Spider F1 99 Blue/Tan LHD US ZFFXR48A8X0114266
114267	F355	Spider F1 99 LHD US ZFFXR48AXX0114267
114268	F355	Spider F1 99 Red/Tan LHD US ZFFXR48A1X0114268
114269	F355	Spider (F1) 99 LHD US ZFFXR48A3X0114269
114270	F355	Spider F1 99 NART Blue/Tan LHD US ZFFXR48AXX0114270
114272	F355	Berlinetta Red LHD
114275	F355	Berlinetta F1 Silver/Black LHD US
114277	F355	GTS Red/Black LHD EU
114278	F355	GTS Red/Tan LHD
114281	F355	GTS 99 Black/Tan LHD US ZFFXR42A3X0114281
114283	F355	Spider 99 Black/Black Manual LHD US ZFFXR48A8X0114283 Tubi shields Red calipers
114284	F355	Spider (F1) 99 LHD US ZFFXR48AXX0114284
114285	F355	Spider Red/Tan LHD US ZFFXR48A1X0114285
114286	F355	Spider 99 Black/Beige Manual LHD US ZFFXR48A3X0114286
114287	F355	Spider (F1) 99 LHD US ZFFXR48A5X0114287
114288	F355	Spider (F1) 99 LHD US ZFFXR48A7X0114288
114289	F355	Spider 99 Monaco Blue/dark Blue LHD US ZFFXR48A9X0114289
114292	456	M GT 99 Blu Pozzi/Beige ZFFWP44B000114292
114295	456	M GT Black/Black LHD ZFFWP44B000114295
114297	456	M GT Black/Black LHD
114299	456	M GT Silver/Black RHD
114301	456	M GTA Blu Pozzi 521 D.S./White LHD ZFFWP50B000114301
114303	456	M GTA Grigio Titanio met./Black ZFFWP50B000114303
114304	456	M GTA Rosso Fiorano/Crema LHD
114305	456	M GTA 1/99 Blu Le Mans/Beige ZFFWP50B000114305
114306	456	M GTA Titanium/Black RHD ZFFWP50C000114306
114307	456	M GTA 99 Nero Daytona/Crema Nero Carpets 06/09/99
114308	456	M GTA 10/98 Black/Tan LHD US ZFFWP50A5X0114308 Red Calipers
114309	456	M GTA 99 Black/Black ZFFWP50A7 0114309
114310	550	Maranello Metallic/black/tan LHD EU ZFFZR49B000114310
114311	550	Maranello Grigio Titanio met./Crema LHD EU
114312	550	Maranello black/Crema
114314	550	Maranello Red
114315	550	Maranello LHD EU ZFFZR49B000114315
114316	550	Maranello Grigio Titianio met./black ZFFZR49B000114316
114317	550	Maranello
114319	550	Maranello Red/Tan, LHD
114321	550	Maranello black/black
114322	550	Maranello Red/Black LHD EU
114323	550	Maranello Yellow
114324	550	Maranello Rosso Fiorano/Crema RHD UK Bordeaux das & steering wheel
114325	550	Maranello
114326	550	Maranello
114327	550	Maranello 1/99 Blu Tour de France 522/Beige RHD UK ZFFZR49C000114327
114328	550	Maranello
114329	550	Maranello Dark Blue/tan ZFFZR49C000114329
114330	550	Maranello 99 Red/Tan ZFFZR49A3X0114330
114331	550	Maranello 99 Grigio Titanio met./tan LHD US ZFFZR49A5X0114331
114332	550	Maranello 99 ZFFZR49A7X0114332
114333	550	Maranello 99 Blu Tour de France 522/tan LHD US ZFFZR49A9X0114333
114334	550	Maranello 99 ZFFZR49A0X0114334
114335	550	Maranello 99 ZFFZR49A2X0114335
114337	550	Maranello 99, Grigio Titanio met./Bordeaux
114338	F355	Spider F1 10/98 Giallo Modena/Black RHD ZFFXR48C000114338
114339	F355	Berlinetta F1 Red/Tan LHD EU B4339SWD
114340	456	M GT 99 Black/Beige Manual ZFFWP44A6X0114340 Scuderia Shields

s/n	Type	Comments	s/n	Type	Comments
114344	550	Maranello 8/99 Blu Tour de France 522/Beige LHD EU ZFFZR49B000114344 B4344EYL	114422	F355	Berlinetta F1 98 Blu Tour de France 522/Beige RHD UK ZFFXR41C000114422
114347	550	Maranello 98 Rosso Corsa/Beige ZFFZR49B000114347	114425	F355	Berlinetta F1 Red/Black LHD EU
			114429	F355	Spider F1 Red/Black
114349	550	Maranello Grigio Titanio met./Bordeaux LHD EU	114431	F355	Spider F1 Yellow/Black LHD EU ZFFXR48B000114431
114350	550	Maranello black/black	114432	F355	Spider F1 99 Red/Tan LHD US ZFFXR48AXX0114432
114353	550	Maranello Black/black			
114354	550	Maranello Silver/black ZFFZR49B000114354	114433	F355	Spider (F1) 99 LHD US ZFFXR48A1X0114433
114355	550	Maranello Red/Tan, LHD,	114434	F355	Spider F1 99 Yellow/BlackLHD US ZFFXR48A3X0114434
114356	550	Maranello Red/Black Red calipers & stitchings LHD EU B4356QST	114435	F355	Spider (F1) 99 LHD US ZFFXR48A5X0114435
114357	550	Maranello 11/98 Rosso Corsa/Nero ZFFZR49B000114357	114436	F355	Spider F1 Red/Tan LHD US ZFFXR48A7X0114436
114358	550	Maranello Red/Black LHD EU	114437	F355	Spider F1 99 Red/Black ZFFXR48A9X0114437
114359	550	Maranello Blu Tour de France 522/Crema LHD EU	114438	F355	Spider F1 99 Yellow/black, LHD ZFFXR48A0X0114438
114360	550	Maranello Dark Blue/dark brown	114439	F355	Spider F1 99 Blu Tour de France 522/Tan LHD US ZFFXR48A2X0114439
114361	550	Maranello Silver/black ZFFZR49B000114361			
114362	550	Maranello Black/naturale LHD EU	114440	F355	Spider F1 99 Red/Tan LHD US ZFFXR48A9X0114440
114363	550	Maranello Red/Black LHD EU			
114365	550	Maranello Dark Blue/black	114441	F355	Spider F1 99 Black/tan, USLHD ZFFXR48A0X0114441
114366	550	Maranello Red/Black LHD EU			
114367	550	Maranello 99 Tour De France Blue ZFFZR49A4X0114367	114442	F355	Spider F1 99 Silver/black LHD US ZFFXR48A2X0114442 Rear Challenge grille
114368	550	Maranello 99 ZFFZR49A6X0114368	114443	F355	Spider (F1) 99 LHD US ZFFXR48A4X0114443
114369	550	Maranello 99 Grigio Titanio met./Burgundy ZFFZR49A8X0114369	114444	F355	Spider F1 10/98 Grigio Titanio met./Black LHD US ZFFXR48A6X0114444 Challenge Grill
114370	550	Maranello 99 Red/Tan LHD US ZFFZR49A4X0114370	114445	F355	Spider F1 99 Red/Black Black top LHD US ZFFXR48A8X0114445
114372	550	Maranello 99 Yellow/Naturale ZFFZR49A8X0114372	114446	F355	Spider F1 99 Red/Tan LHD US ZFFXR48AXX0114446
114373	550	Maranello 11/98 Red/Tan LHD US ZFFZR49AXX0114373	114447	F355	Spider F1 99 black/tan LHD US ZFFXR48A1X0114447
114374	550	Maranello 99 Red/Black LHD US ZFFZR49A1X0114374	114448	F355	Spider F1 99 Red/Tan LHD US ZFFXR48A3X0114448
114375	550	Maranello 99 Red/Tan Daytona seats LHD ZFFZR49A3X0114375 elds Red calipers Speedline Corse wheels	114449	F355	Spider F1 99 Red, LHD US ZFFXR48A5X0114449
114376	550	Maranello 99 Grigio Titanio met./bordeaux LHD US ZFFZR49A5X0114376	114450	F355	Spider F1 99 Red/Tan Bordeaux piping LHD US ZFFXR48A1X0114450
114377	550	Maranello silver/black RHD ZFFZR49C000114377	114451	F355	Spider F1 99 Grigio Titanio met./black LHD US ZFFXR48A3X0 shields challenge grill silver calipers
114378	550	Maranello Grigio Titanio met./Red LHD US	114452	F355	Spider F1 99 LHD US ZFFXR48A5X0114452
114379	550	Maranello Silver/black RHD UK	114453	F355	Berlinetta Red/Black
114380	550	Maranello Grigio Titanio met./black RHD UK ZFFZR49C000114380	114454	F355	Spider (F1) 99 LHD US ZFFXR48A9X0114454
			114455	F355	Spider F1 99, Giallo Modena/Black LHD US ZFFXR48A0X0114455
114381	F355	Berlinetta Red/Tan LHD EU			
114383	550	Maranello 99 Blu Tour de France 522/Crema Blue piping RHD ZFFZR49C000114383	114456	F355	Spider F1 99 Black/TanLHD US ZFFXR48A2X0114456
114385	550	Maranello Blu Tour de France 522/Beige RHD	114457	F355	Spider F1
114391	F355	Berlinetta Red/Tan Manual	114458	F355	GTS F1 99 Silver/Black LHD ZFFXR42B000
114393	456	M GT	114461	F355	GTS F1 Rosso Corsa/black colour coded roof ZFFXR42B000114461 ass. # 31530 B4461MPY
114394	F355	Berlinetta Red/Crema Manual RHD UK ZFFXR41C000 ass. # 31558	114462	F355	GTS Red/Black
114397	F355	Berlinetta F1 Red/Black LHD ZFFXR41B000114397	114465	F355	GTS F1 Red/Crema LHD
			114466	F355	GTS F1 Rosso/tan LHD ZFFXR42B000114466
114398	F355	Berlinetta Red/Black ZFFXR41B000114398	114467	F355	GTS F1 Red/Black LHD
114399	550	Maranello Red	114468	F355	GTS F1 6/99 Nero Daytona/Beige ZFFXR42B000114468
114400	F355	Berlinetta F1 3/99 Rosso Corsa/Nero ZFFXR41B000114400	114469	F355	GTS F1 Yellow/Black LHD EU
114412	F355	Berlinetta F1 11/98 Grigio Titanio Metallizzato 3238/Bordeaux ZFFXR41B000114412	114470	F355	GTS F1 Red/Black LHD EU ZFFXR42B000
			114472	F355	GTS F1 Red White RHD
114416	F355	Berlinetta F1 98 Rosso/Nero LHD EU ZFFXR41B000114416	114476	F355	Spider 99, Blu Tour de France 522/Sabbia Blue piping LHD US ZFFXR48A8X0114476
114417	F355	Berlinetta F1 99, Red/Tan LHD US ZFFXR41A0X0114417	114477	F355	Spider 99 Black/Tan Manual LHD US ZFFXR48AXX0114477
114418	F355	Berlinetta F1 10/98 dark Blue/Beige LHD US ZFFXR41A2X0114418	114478	F355	Spider Blue/tan ZFFXR48A1X0114478
114419	F355	Berlinetta F1	114479	F355	Spider 99 Red/Tan LHD Manual US ZFFXR48A3X0114479 golden calipers challenge grill
114420	F355	Challenge Red LHD			
114421	F355	Berlinetta Red/Crema ZFFXR41C000114421	114480	F355	Spider 99 Red/Tan LHD US ZFFXR48AXX0114480

s/n	Type	Comments	s/n	Type	Comments
114481	F355	Spider 99 Yellow/Black Manual LHD US ZFFXR48A1X0114481 Tubi Challenge Grill Autocheck con	114543	F355	Berlinetta F1 11/98 Rosso Corsa/Nero Manual LHD US ZFFXR41A5X0114543
114482	F355	Spider 99 Rosso Corsa/Beige Manual LHD US ZFFXR48A3X0114482	114544	F355	Berlinetta F1 99 Rosso Corsa 322 DS3/Tan LHD US ZFFXR41A7X0114544
114483	F355	Spider 99 Red/Tan LHD Manual ZFFXR48A5X0114483	114545	F355	Berlinetta F1 99 Giallo Modena/Black LHD US ZFFXR41A9X0114545
114484	F355	Spider 99 Black/Grey Manual LHD US ZFFXR48A7X0114484	114546	F355	Berlinetta F1 99 Silver/Black LHD US ZFFXR41A0X0114546
114486	F355	Spider Silver/Black LHD US ZFFXR48A0X0114486	114557	F355	Spider F1 Black/Tan LHD EU
			114559	F355	Spider F1 Red/Black LHD EU
114487	F355	Spider 99 Argento Nürburgring 101/C/Black ManualLHD US ZFFXR48A2X0114487	114561	F355	Spider F1 99 Silver/Black RHD
			114562	F355	Spider F1 Red/Black
114488	F355	Spider F1 99 Grigio Titanio bordeaux, LHD US ZFFXR48A4X0114488	114563	F355	Spider F1 99 Rosso Corsa/Beige RHD ZFFXR48D000114563
114489	F355	GTS F1 99 Silver/Blue LHD US ZFFXR42AXX0114489	114564	F355	Spider F1 99 Argento RHD ZFFXR48D000114564 eng. # F129C52027
114490	F355	Spider 99 Red/Tan Manual LHD US ZFFXR48A2X0114490	114565	F355	Spider F1 99 Black/Black LHD US ZFFXR48A7X0114565
114491	F355	Spider 99 Argento Nürburgring 101/C/Black Manual LHD US ZFFXR48A4X0114491 Challenge Rear Grill	114566	F355	Spider F1 99 Red/TanLHD US ZFFXR48A9X0114566
			114567	F355	Spider F1 99 Black/BlackLHD US ZFFXR48A0X0114567
114492	456	M GT	114568	F355	Spider F1 99, Blu Tour de France 522/Tan LHD US ZFFXR48A2X0114568
114493	456	GT 2/99 Grigio Titanio Metallizzato/Blu Scuro ZFFWP44B000114493	114569	F355	Spider F1 99 Silver/Black LHD US ZFFXR48A4X0114569
114495	456	GT 98 Nero Daytona/Crema	114570	F355	Spider (F1) 99 LHD US ZFFXR48A0X0114570
114496	F355	Challenge Red/Black LHD	114571	F355	Spider (F1) 99 LHD US ZFFXR48A2X0114571
114497	456	M GT Black/Black LHD	114572	F355	Spider (F1) 99 LHD US ZFFXR48A4X0114572
114500	456	M GT 1/99 Argento Nürburgring 101/C/Blu Scuro LHD ZFFWP44B000114500	114573	F355	Spider F1 99 Daytona black/cuoio LHD US ZFFXR48A6X0114573
114501	456	GT 99 Blu Tour de France 522/Grigio Scuro ZFFWP44B000114501	114574	F355	Spider (F1) 99 LHD US ZFFXR48A8X0114574
114502	456	M GT 99 Blu Tour de France 522/Crema ZFFWP44B000114502 ass. # 31633 sunroof	114575	F355	Spider 1/99 dark Blue met./black Blue top Manual LHD US ZFFXR48AXX0114575
114504	456	M GTA 99 Dark Blue/tan LHD ZFFWP44B000114504	114576	F355	Spider (F1) 99 LHD US ZFFXR48A1X0114576
			114577	F355	Spider F1 99 Blue/Naturale LHD US ZFFXR48A3X0114577
114505	456	M GTA 3/99 Blu Tour De France/Carta Da Zucchero ZFFWP44B000114505	114578	F355	Spider (F1) 99 LHD US ZFFXR48A5X0114578
114506	456	M GT 99 Silver Bordeaux LHD ZFFWP44B000114506	114579	F355	Spider F1 11/98 Blu Pozzi 521 D.S./Tan Blue piping LHD US ZFFXR48A7X0114579
114509	456	M GTA 99 Blue/Tan LHD EU ZFFWP50B000114509	114580	F355	Spider (F1) 99 LHD US ZFFXR48A3X0114580
114510	456	M GT 99 Silver/Green LHD	114581	F355	Spider F1 99 Tour de France Blu 522/Tan LHD US ZFFXR48A5X0114581 Rear Challenge Grill
114511	456	M GTA 99 dark Blue/Tan LHD US ZFFWP50A2X0114511	114583	F355	Spider F1 1/99 Rosso Corsa/Beige black top LHD US ZFFXR48A9X0114583 shields
114512	456	M GTA 99 Black/black ZFFWP50A4X0114512	114584	F355	Spider 99 Rosso Corsa/Tan LHD US ZFFXR48A0X0114584
114513	456	M GTA 99 LHD US ZFFWP50A6X0114513			
114514	456	M GTA 99 Black/Tan US ZFFWP50A8X0114514	114585	F355	Spider F1 99 Red/Tan LHD US ZFFXR48A2X0114585
114515	456	M GTA 99 Argento/Bordeaux RHD ZFFWP50C000114515 Black calipers	114586	F355	Spider F1 99 LHD US ZFFXR48A4X0114586
			114587	F355	Spider F1 99 Red/Tan LHD US ZFFXR48A6X0114587
114516	456	M GT/GTA Blu Tour de France 522/Crema RHD ZFFWP50C000114516 shields	114588	F355	Spider F1 99 Argento Nürburgring 101/C/Black LHD US ZFFXR48A8X0114588
114519	F355	Spider 99 YellowBlack LHD	114589	F355	Spider 99 LHD US ZFFXR48AXX0114589
114523	550	Maranello 99 ZFFZS49A8X0114523	114590	F355	Spider F1 99 Red/Tan Red stitching LHD US ZFFXR48A6X0 Challenge grille
114525	F355	Berlinetta 99 Yellow/Black LHD US ZFFXR41A3X0114525	114591	F355	Spider F1 99 Giallo Modena/Black LHD US ZFFXR48A8X0114591 ass. # 31780
114526	F355	Berlinetta			
114527	F355	Berlinetta 1/99 Rosso Corsa/Crema Manual RHD	114592	F355	GTS F1 99 Black/Tan Black top LHD US
114530	F355	Berlinetta F1 Red/Tan LHD	114594	F355	GTS F1 Red/Black LHD EU ZFFXR42B000114594
114533	F355	Berlinetta F1 Blu TdF/grigio LHD			
114534	F355	Berlinetta F1 Rosso Corsa Nero	114595	F355	GTS F1 Rosso Corsa/Black colour coded roof LHD EU B4595DHM
114535	F355	Berlinetta F1 Yellow/Black LHD EU			
114536	F355	Berlinetta F1 Grigio Titanio met. Bordeaux LHD EU	114596	F355	GTS F1 Le Mans Blue Crema LHD
			114597	F355	GTS F1 Red/Tan Red roof LHD EU ZFFXR42B000114597 ass. #31684
114537	F355	Berlinetta F1 Red/Black ZFFXR41B000114537 ass. #31762 B4537CCB	114598	F355	GTS F1 Red/Black Red roof LHD ZFFXR42B000114598 ass. # 31685
114541	F355	Berlinetta F1 99 Grigio Titanio met./Charcoal LHD US ZFFXR41A1X0114541	114599	F355	GTS F1 11/98 Giallo Modena/Nero LHD US ZFFXR42A1X0114599
114542	F355	Berlinetta F1 99 Black/Tan LHD US ZFFXR41A3X0114542 Red calipers challenge grill	114601	F355	GTS F1 99 Black/Black LHD US ZFFXR42A6X0114601

s/n	Type	Comments	s/n	Type	Comments
114602	F355	GTS F1	114672	456	M GT silver/bordeaux B4672NFJ
114603	F355	GTS F1	114673	456	M GTA 11/98 Nero DS 1250/Tan LHD US ZFFWP50A6X0114673 ass.# 31776
114606	F355	GTS Red/Black LHD			
114607	F355	GTS Rosso Corsa/Crema RHD manual ZFFXR42C000114607 shields	114677	550	Maranello 99 Red/Tan ZFFZR49A8X0114677
			114678	550	Maranello 99 Black/Grey LHD US ZFFZR49AXX0114678
114608	F355	Spider Red/Black LHD			
114609	F355	Spider Red/Black LHD	114680	550	Maranello
114611	456	M GT Nart Blue/Tan LHD	114684	F355	Berlinetta Yellow/Black LHD EU
114612	456	M GT 99 Silver/Black ZFFWP44B000114612	114686	F355	Berlinetta Red/Black LHD
114613	456	M GT Silver/Black LHD	114688	F355	Berlinetta Red/Black ZFFXR41B000114688
114614	456	M GT Red/Black LHD ZFFWP44B000114614 B4614EQE	114689	F355	Berlinetta 99 Yellow/Black Yellow Inserts Manual LHD US ZFFXR41A0X0114689 ass. #31885 Tubi Shields Challenge Grill Black Calipers
114618	456	M GT Black/Tan LHD			
114619	456	M GT Ingridgrey/black ZFFWP44B000114619			
114621	456	M GTA Grigio Titanio met./Black LHD	114690	F355	Berlinetta 99 Grigio Titanio met./Bordeaux Manual LHD US ZFFXR41A7X0114690
114622	456	M GTA Dark Green Crema LHD			
114623	456	M GTA 99 Silver/Blue LHD US ZFFWP50A2X0114623	114691	F355	Berlinetta dark Blue met./Crema Manual RHD UK ZFFXR41C000114691 B4691ISI Red calipers shields
114624	456	M GTA LHD US ZFFWP50A4X0114624			
114625	456	M GTA 99 Grigio Titanio met./navy LHD US ZFFWP50A6X0114625	114692	F355	Berlinetta Black/Black RHD ZFFXR41C000114692
114626	456	M GTA 99 Giallo Modena/Black Daytona Seats LHD US ZFFWP50A8X0114626	114693	F355	Berlinetta 99 Rosso Corsa/Nero RHD UK ZFFXR41C000114693
114627	456	M GTA LHD US ZFFWP50AXX0114627	114694	F355	Berlinetta Dark Blue/Tan RHD ZFFXR41C000114694 Red calipers
114631	550	Maranello Red/Black LHD EU ZFFZR49B000114631	114702	F355	Berlinetta F1 Red/Black LHD EU ZFFXR41B000114702 ass. # 31807
114633	550	Maranello Dark Blue/tan	114706	F355	Berlinetta F1 Red
114635	550	Maranello	114707	F355	Berlinetta F1 Red/Black LHD
114636	550	Maranello Red/Black	114709	F355	Berlinetta F1 Red/Black ZFFXR41B000114709 B4709LWD
114638	550	Maranello 99 Rosso Corsa/Tan US ZFFZR49A9X0114638 Shields			
114639	550	Maranello 99 ZFFZR49A0X0114639	114711	F355	Berlinetta F1
114640	550	Maranello 99 ZFFZR49A7X0114640	114713	F355	Berlinetta F1 Argento Bordeaux B4713YFX
114641	550	Maranello 99 silver/black, LHD ZFFZR49A9X0114641	114714	F355	Berlinetta 99 Red RHD ZFFXR41D000114714
			114716	F355	Berlinetta F1 11/98 Argento Nürburgring/Blue LHD US ZFFXR41AXX0114716 Red Calipers Tubi
114642	550	Maranello 99 Grigio Ferro/Dark Blue ZFFZR49A0X0114642			
114643	550	Maranello 99 ZFFZR49A2X0114643	114717	F355	Berlinetta F1 99 Black/Beige LHD US ZFFXR41A1X0114717
114644	550	Maranello 99 ZFFZR49A4X0114644	114718	F355	Berlinetta 99 LHD US ZFFXR41A3X0114718
114645	550	Maranello 99 ZFFZR49A6X0114645	114719	F355	Berlinetta (F1) 99 LHD US ZFFXR41A5X0114719
114646	550	Maranello 99 Blue NART Naturale ZFFZR49A8X0114646	114720	F355	Berlinetta F1 99 Giallo Modena/Black LHD US ZFFXR41A1X0114720
114647	550	Maranello 99 grigio/grey US ZFFZR49AXX0114647	114721	F355	Berlinetta F1 99 Giallo Modena/Black LHD US Z FFXR41A3X0114721
114648	550	Maranello 99 Red/Black LHD US Tubi exhaust ZFFZR49A1X0114648 ass. # 31815	114723	F355	Berlinetta 99 Rossa Corsa/Black LHD US ZFFXR41A7X0114723
114649	550	Maranello 99 Grigio Ferro Bordeaux ZFFZR49A3X0114649	114724	F355	Berlinetta F1
114650	550	Maranello 99 Dark Blue Crema LHD ZFFZR49AXX0114650	114728	F355	Berlinetta F1 silver grey/Red LHD
114651	550	Maranello 99 ZFFZR49A1X0114651	114733	F355	Spider F1 98 Red RHD ZFFXR48D000114733 eng. # F129C52206
114652	550	Maranello 99 Black/TanLHD ZFFZR49A3X0114652	114734	F355	Spider (F1) 99 LHD US ZFFXR48A4X0114734
114653	550	Maranello 99 Argento Medium Grey ZFFZR49A5X0114653	114735	F355	Spider F1 99 Yellow/Black Yellow stitching ZFFXR48A6X0114735 challenge grill Red calipers
114654	550	Maranello 99 Red/Black US ZFFZR49A7X0114654	114736	F355	Spider F1 99 Red/Tan LHD US ZFFXR48A8X0114736
114655	550	Maranello 99 ZFFZR49A9X0114655	114737	F355	Spider (F1) 99 LHD US ZFFXR48AXX0114737
114656	550	Maranello 99 Nero D.S. 1250 Tan ZFFZR49A0X0114656 ass. # 31772	114738	F355	Spider F1 99 Yellow/Black LHD US ZFFXR48A1X0114738
114657	550	Maranello 99 Argento Nürburgring 101/C/Dark Blue LHD ZFFZR49A2X0114657	114739	F355	Spider (F1) 99 LHD US ZFFXR48A3X0114739
114658	550	Maranello 99 Rosso Corsa/tan ZFFZR49A4X0114658 Fiorano package Red calipers Tubi	114740	F355	Spider F1 99 Red/Tan red piping Black Top LHD US ZFFXR48AXX0114740
			114741	F355	Spider F1 99 Blu Tour de France Metallic/BeigeLHD US ZFFXR48A1X0114741
114662	550	Maranello			
114664	F355	Spider blu/grigio LHD	114742	F355	Spider F1 99 Red/Tan LHD US ZFFXR48A3X0114742
114666	360	Modena Red/Tan LHD EU ZFFYR51B000	114743	F355	Spider F1 99 Red/Tan LHD US ZFFXR48A5X0114743
114667	360	Modena Red/Black LHD EU ZFFYR51B000114667 ass. # 32262	114744	F355	Spider (F1) LHD US ZFFXR48A7X0114744
114668	360	Modena	114745	F355	Spider (F1) 99 LHD US ZFFXR48A9X0114745
114670	456	M GT Black/Marron B4670RQR	114746	F355	Spider (F1) 99 LHD US ZFFXR48A0X0114746
114671	456	M GT Argento Nürburgring 101/C/black			

s/n	Type	Comments
114747	F355	Spider F1 99 Yellow/Black LHD CDN LHD US ZFFXR48A2X0114747
114749	F355	GTS F1 Black/Black painted top
114750	F355	GTS F1 Red/Black
114752	F355	GTS F1 99 Yellow/Black LHD US ZFFXR42A5X0114752
114753	F355	GTS F1 99 Red/Black Red piping Red top LHD US ZFFXR42A7X0114753
114754	550	Maranello 99 Red/Tan LHD US ZFFXR42A9X0114754
114755	F355	GTS F1 99 NART Blue/Tan LHD US ZFFXR42A0X0114755 Tubi exhaust
114759	F355	GTS Red/Black
114760	F355	GTS Red/Black LHD EU ZFFXR42B000114760
114761	F355	GTS Yellow/Black Yellow roof LHD EU ZFFXR42B000114761 ass.# 31920
114762	F355	GTS F1 99 Red/Black LHD US ZFFXR42A8X0114762
114763	F355	GTS 99 Red manual LHD US ZFFXR42AXX0114763
114764	F355	GTS 99 LHD US ZFFXR42A1X0114764
114765	F355	GTS (F1) 99 LHD US ZFFXR42A3X0114765
114766	F355	GTS
114767	F355	GTS
114768	F355	GTS
114769	F355	Spider 1/99 Rosso Corsa/Nero ZFFXR48B000114769
114770	F355	Spider 99 Red/Black LHD EU
114772	F355	Spider 99 LHD US ZFFXR48A1X0114772
114773	F355	Spider 11/98 Black/Beige Manual LHD US ZFFXR48A3X0114773 Tubi
114774	F355	Spider 4/99 Rosso Corsa/Crema Manual RHD UK ZFFXR48C000114774
114775	F355	Spider
114779	456	M GT 99 Black/Black LHD ZFFWP44B000114779
114781	456	M GT 7/99 Blu Scuro/Beige LHD EU B4781UGU
114783	456	M GT 99 Grigio Titanio met./black ZFFWP44B000114783 B4783WIW
114785	456	M GT 99 Black/Dark Grey LHD ZFFWP44B000114785 B4785 QGQ
114786	456	M GTA 99 Rosso Monza/tan Bordeaux piping & stitching ZFFWP44A2X0 Red calipers shields
114787	456	M GT 99 Silver/Black LHD US ZFFWP44A4X0114787
114788	456	M GT 99 Azzurro California 524/Tan ZFFWP44A6X0114788
114789	456	M GT 99 Silver/Blue ZFFWP44A8X0114789
114790	456	M GT 99 Red/Tan ZFFWP44A4X0114790
114791	456	M GT 99 Blu Tour de France 522/Tan ZFFWP44A6X0114791 Tubi
114794	456	M GTA 99 Blue/Tan LHD
114796	456	M GTA
114797	456	M GTA 99 Grigio Titanio met./Bordeaux Bordeaux Carpets
114798	456	M GTA
114800	456	M GTA 99 Blue Tour de France/Beige,Blue Carpet
114805	550	Maranello 99 Red/Black
114808	550	Maranello 99 Grigio Titanio met./black LHD EU
114809	550	Maranello 99 Red/Black LHD EU Red calipers
114811	550	Maranello 99 Red/Black ZZFFZR49B000114811
114812	550	Maranello 99 Black/Black ZFFZR49B000114812 LHD
114813	550	Maranello 99 Argento Nürburgring 101/C/Rosso LHD EU ZFFZR49B000114813 Fiorano package Ansa exhaust
114815	550	Maranello 99 Red/Black LHD EU
114816	550	Maranello 99 silver/Red
114818	550	Maranello 99 Dark metalluc Blue/Crema ZFFZR49B000
114821	550	Maranello 99 Dark green/tan
114823	550	Maranello 99 Blue Metallic/TanLHD ZFFZR49A4X0114823
114824	550	Maranello 99 LHD US ZFFZR49A6X0114824
114825	550	Maranello 99 Red/Beige
114826	550	Maranello 99 Dark Blue/Bordeaux RHD UK
114827	550	Maranello Rosso Fiorano 321/Cream RHD ZFFZR49C000114827 Red calipers Bordeaux dash & steering wheel
114828	550	Maranello
114829	550	Maranello
114831	550	Maranello Blue Meti/Tan,
114835	550	Maranello JP LHD ZFFZR49J000114835
114836	360	Modena Black/grey
114837	360	Modena RHD UK ZFFYR51C000114837
114839	F355	Berlinetta Rosso Corsa/Black manual ZFFXR41B000114839 B4839PKQ challenge grill
114840	F355	Berlinetta Black/black
114844	F355	Berlinetta 97 Rosso Corsa/Crema RHD UK ZFFXR41C000114844
114848	F355	Berlinetta F1 Red/Tan LHD ZFFXR41B000114848
114849	F355	Berlinetta (F1) B4849AUB
114850	F355	Berlinetta F1 Red/Black LHD
114852	F355	Berlinetta F1 Red/Tan ZFFXR41B000114852
114853	F355	Berlinetta F1 98 Blu Tour de France 522/Crema ZFFXR4F1B000
114854	F355	Berlinetta F1 99 Argento Nürburgring 101/C/black Carbon Fiber Racing Seats LHD ZFFXR41A0X0 challenge grill silver calipers
114863	F355	Berlinetta F1 Red LHD JP ZFFPR41JPN0114863 Rear wing
114866	F355	Spider F1 Red/Black LHD EU
114867	F355	Spider (F1) LHD EU ZFFXR48B000114867
114868	F355	Spider F1
114870	F355	Spider F1 Black Brown LHD EU
114873	F355	Spider F1 Red/Tan LHD
114874	F355	Spider F1 99 Red/Black ZFFXR48A9X0114874
114875	F355	GTS F1 Grigio Titanio met./Dark Grey colour coded roof LHD ZFFXR42B000114875 ass.# 32006
114877	F355	GTS Black LHD ass. # 32040
114879	F355	GTS F1 Red/Black Colour coded roof ZFFXR42B000114879 ass. # 32079 B4879YIT
114880	F355	GTS F1 Black bordeaux Red LHD EU ZFFXR42B000114880 ass. #32090
114882	F355	GTS F1 99 Red/Tan colour coded roof LHD US ZFFXR42A7X0114882
114885	F355	GTS F1 99 Red/Crema
114887	F355	GTS black/black
114888	F355	GTS Yellow/black
114889	F355	GTS Red/Black
114890	F355	GTS
114891	F355	GTS 99 Nero/Nero Manual ZFFXR42C000114891
114892	F355	GTS 3/99 Rosso Corsa/Nero ZFFXR42C000114892
114893	F355	Spider Red/Black LHD EU
114894	F355	Spider Red/Black LHD EU
114895	F355	Spider Rosso Corsa/black LHD EU Manual ZFFXR48B000114895 ass. # 32017
114896	F355	Spider Red/Black LHD EU ZFFXR48B000114896
114897	F355	Berlinetta F1 99 Red/Tan LHD US ZFFXR41A7X0114897
114898	F355	Spider (F1) 99 LHD US ZFFXR48A1X0114898
114899	F355	Spider F1 99 Rosso Corsa/Nero LHD US ZFFXR48A3X0114899
114900	F355	Spider (F1) 99 LHD US ZFFXR48A6X0114900
114901	F355	Spider F1 99 Silver/dark Blue Manual LHD US ZFFXR48A8X0114901

s/n	Type	Comments	s/n	Type	Comments
114902	F355	Spider F1 99 Black/Black black top LHD US ZFFXR48AXX0114902 Red calipers	114955	550	Maranello 99 Silver/charcoal US ZFFZR49AXX0114955
114903	F355	Spider F1 99 Yellow/Black/Black piping LHD US ZFFXR48A1X0114903	114956	550	Maranello 99 Black/black LHD US ZFFZR49A1X0114956 Sunroof
114904	F355	Spider F1 99 Red/Tan LHD US ZFFXR48A3X0114904	114957	550	Maranello 99 Grigio Titanio met./Charcoal ZFFZR49A3X0114957
114905	F355	Spider F1	114958	550	Maranello 99 ZFFZR49A5X0114958
114906	F355	Spider F1 Argento Nürburgring 101/C/Bordeaux, Bordeaux Carpet	114959	550	Maranello 99 Blu Pozzi 521 D.S./Beige Blue piping ZFFZR49A7X0114959
114907	F355	Spider F1	114960	550	Maranello 99 Rosso Rubino/tan ZFFZR49A3X0114960
114908	F355	Spider F1 Red/Crema RHD UK SF shields			
114909	F355	Spider F1 99 Nero Daytona/Sabbia RHD UK ZFFXR48C000114909	114961	550	Maranello 99 Grigio Titanio Metallizzato/Nero ZFFZR49A5X0114961
114910	F355	Spider F1	114962	550	Maranello 99 Blu Tour de France 522/Tobacco Daytona seats ZFFZR49A7X0114962
114911	F355	Spider 99 Black Metallic/Tan Tan top LHD US ZFFXR48A0X0114911	114963	550	Maranello 99 ZFFZR49A9X0114963
114912	F355	Spider 99 Blu Pozzi 521 D.S. Naturale Manual LHD US ZFFXR48A2X0114912 cuoio tonneau top Red calipers	114964	550	Maranello 99 Grigio Titanio LHD ZFFZR49A0X0114964
			114966	360	Modena Red/Black manual LHD EU ZFFYR51B000
114913	F355	Spider 12/99 Giallo Modena/Black Manual LHD US ZFFXR48A4X0114913	114967	360	Modena Red/Black LHD EU ZFFYR51B000
114914	360	Modena Yellow/black LHD EU ZFFYR51B000114914 Black calipers shields	114968	360	Modena Red/Black LHD EU ZFFYR51B000
			114974	456	M GT 99 Argento Nürburgring 101/C/Bordeaux ZFFWP44B000114974 B4974TOT
114915	360	Modena Red/Black LHD EU ZFFYR51B000			
114916	360	Modena Red/Tan	114976	456	M GT Blu Pozzi 521 D.S./Tan LHD
114917	360	Modena Blu Tour de France 522/tan Manual LHD EU ZFFYR51B000 B4917NXH	114977	456	M GT
			114978	456	M GTA Silver Bordeaux LHD
114918	360	Modena 11/99 Silver/dark Grey LHD EU ZFFYR51B000114918	114979	456	M GTA LHD US ZFFWP50A8X0114979
114919	456	M GT Grigio Titanio Bordeaux LHD ZFFWP44B000114919	114980	456	M GTA Blue/White RHD ZFFWP50C000114980
			114983	456	M GTA
114922	456	M GT Black/Tan LHD ZFFWP44B000114922	114985	550	Maranello Zeltweg green/tan
114923	456	M GT Blue/tan LHD	114986	550	Maranello black/black
114924	456	M GT dark Blue/Crema ZFFWP44B000 B4924DDD	114988	550	Maranello Argento Nürbugring/Blu Scuro LHD ZFFZR49B000114988
114925	456	M GTA Nero Daytona/black ZFFWP50B000114925	114989	550	Maranello Rosso Corsa/Black LHD EU B4989JJJ
			114990	550	Maranello 99 NART Blue/tan LHD EU ZFFZR49B000114990
114926	456	M GTA Blue/Crema			
114927	456	M GTA 99 Black/Black LHD US ZFFWP50A0X0114927	114991	550	Maranello Grey/Tan
			114992	550	Maranello Red/Black Sportsseats, sportsexhaust
114928	456	M GTA 99 Grigio Titanio met./Black LHD US ZFFWP50A2X0114928 Tubi	114993	550	Maranello Grigio Titanio met./Bordeaux RHD ZFFZR49C000114993 Black calipers
114929	456	M GTA 99, Blu Tour de France 522/Tan LHD US ZFFWP50A4X0114929	114994	550	Maranello Red/Crema Red piping RHD UK
			114995	550	Maranello
114930	456	M GTA 99 Grigio Titanio Metallic/Bordeaux LHD US ZFFWP50A0X0114930	114996	550	Maranello Silver RHD UK
			114997	550	Maranello 99 Grigio Titanio Metallizzato 3238/Crema RHD UK ZFFZR49C000114997
114931	456	M GTA 99 Black/Light Grey LHD US ZFFWP50A2X0114931 ass. # 32109	114998	550	Maranello 99 Zeltweg green/tan RHD UK ZFFZR49C000114998 ass. # 32097 eng. # 52329
114938	550	Maranello blu/Crema			
114939	550	Maranello 99 Blu Pozzi 521 D.S./tan LHD EU ZFFZR49B000114939	115000	550	Maranello 99 RHD
114940	550	Maranello IngridGrey Dark Grey LHD ZFFZR49B000114940	115002	550	Maranello Grigio Titanio met./Crema black piping RHD ZFFZR49C000115002 Black calipers
114941	550	Maranello			
114942	550	Maranello Black/black LHD EU	115003	550	Maranello
114943	550	Maranello	115004	550	Maranello Silver/Black RHD ZFFZR49C000115004 shields Red calipers
114944	550	Maranello 99 Verde Silverstone Met. FER 607/Tan & Green Green piping green dash & steering wheel LHD EU ZFFZR49B000114944 B4944XPA	115005	550	Maranello 99 RHD
			115007	550	Maranello Grigio Titanio met./Black RHD ZFFZR49C000115007
			115008	360	Modena F1 Red/Tan LHD ZFFYR51B000115008
114945	550	Maranello Red/Black LHD EU	115009	F355	Spider F1 99 Tour De France Blue/Crema RHD UK
114946	550	Maranello GTO Conversion Black/tan LHD			
114948	550	Maranello Blu Pozzi 521 D.S./tan LHD EU	115010	F355	Spider F1 Giallo Modena/Nero Carpet, Nero Carpets 1.8.99
114949	550	Maranello 98 Grigio Titanio Metallizzato 3238/Blu ScuroZFFZR49B000114949			
			115012	F355	GTS F1 Dark Blue/Crema Blue stitching colour coded roof RHD ZFFXR42C000115012 ass # 32181 Black calipers
114951	550	Maranello Grigio Titanio met./black or dark Blue LHD EU			
114952	550	Maranello 12/98 Yellow/black Daytona seats LHD US ZFFZR49A4X0114952 Tubi red calipers shields	115013	360	Modena 99 Red/Tan Manual ZFFYR51A0X0115013
			115014	360	Modena F1 99 ZFFYR51A2X0115014
114953	550	Maranello 99 ZFFZR49A6X0114953	115015	360	Modena F1 99 LHD US ZFFYR51A4X0115015
114954	550	Maranello 99 Grigio Titanio met./dark Blue LHD US ZFFZR49A8X0114954			

s/n	Type	Comments	s/n	Type	Comments
115016	360	Modena Blu Tour de France 522/light Blue LHD US ZFFYR51A6X0115016	115079	F355	Spider F1 1/99 Giallo Modena/Black LHD US ZFFXR48A3X0115079
115017	360	Modena 99, Grigio Titanio 3238/Bordeaux LHD US ZFFYR51A8X0115017	115080	F355	Spider (F1) 99 LHD US ZFFXR48AXX0115080
115018	360	Modena Yellow/black LHDUS ZFFYR51AXX0115018, ex-Nicolas Cage	115081	F355	Spider (F1) 99 LHD US ZFFXR48A1X0115081
115019	360	Modena 99 Yellow/Black US Manual ZFFYR51A1X0115019	115082	F355	Spider (F1) 99 LHD US ZFFXR48A3X0115082
115020	360	Modena 99 Black/Black ZFFYR51A8X0115020	115083	F355	Spider (F1) 99 LHD US ZFFXR48A5X0115083
115021	550	Maranello 99 Argento Nürburgring 101/C/Bordeaux Bordeaux Carpet RHD UK ZFFZR49C000115021	115084	F355	Spider F1 Black/Black RHD UK SF shields
			115087	F355	Spider F1 3/99 Rosso Corsa/Crema RHD ZFFXR48C000115087 Black calipers
115022	550	Maranello 99 Argento Nürburgring 101/C/Bordeaux ZFFZR49C000115022	115088	F355	Spider F1 Red/beige RHD ZFFXR48C000115088 B5088MMM
115025	F355	Berlinetta Dark Blue/Tan Manual LHD EU ZFFXR41B000115025 ass. # 32208	115089	F355	Spider F1 Rosso Corsa/Crema Red Carpet 1.3.1999
115036	F355	Berlinetta F1	115090	F355	Spider F1 99 Grigio Titanio met./Carta de Zucherro Hide 01/05/99.
115037	F355	Berlinetta F1 3/99 Rosso Corsa/Black RHD UK	115091	F355	Spider F1 99 Blu TdF/Tan ZFFXR48B000115091
115038	F355	Berlinetta F1 Blue Tour de France/Crema Hide/Blue Carpets 11.02.99	115092	F355	GTS F1 NART Blue/cuoio
115039	F355	Berlinetta F1 Rosso Corsa/Crema Hide/Rosso Carpets 01.03.99	115094	F355	GTS F1
			115096	F355	GTS F1 99 Rosso Corsa/Nero ZFFXR42C000115096
115040	F355	Berlinetta F1	115097	F355	GTS
115041	F355	Berlinetta F1 3/99 Rosso Corsa/Crema ZFFXR41C000115041	115098	F355	GTS F1 99 Rosso Corsa/Black Colour coded roof RHD
115042	F355	Berlinetta F1 Red White RHD ZFFXR41C000115042	115099	F355	GTS F1 Blu Pozzi 521 D.S.Bordeaux ZFFXR42C000115099
115043	F355	Berlinetta F1	115100	F355	GTS F1 3/99 Rosso Corsa/Black RHD ZFFXR42C000115100 Red calipers Challenge rear grille
115044	F355	Berlinetta F1 Red/Crema RHD UK			
115045	F355	Berlinetta F1	115101	F355	GTS F1 Blue Tour De France/Tan Hide/Blue Carpets 01.04.99
115048	F355	Berlinetta F1 Rosso Corsa/Crema Bordeaux Carpet			
			115102	F355	GTS F1 99 Blu Tour de France 522/Beige RHD Blue carpets
115056	F355	Berlinetta F1 Red/Black Red stitching LHD ZFFXR41JPN0115056 Red challenge grill	115103	F355	GTS F1 99 Rosso Corsa Crema Colour coded roof RHD
115058	F355	Spider F1 Silver Dark Blue LHD EU ZFFXR48B000115058 ass. # 32207	115104	F355	GTS F1
			115105	F355	GTS 99 Red ZFFXR42B000115105
115059	F355	Spider F1 Red/Black LHD EU ZFFXR48B000115059	115108	F355	Spider Red/Black LHD EU
			115109	F355	Spider Black/Tan LHD EU ZFFXR48B000115109
115060	F355	Spider F1 Rosso Corsa/Black LHD ZFFXR48B000115060 ass. # 32260 B5060FXL shields	115110	F355	Spider Rosso Corsa/Black LHD Manual ZFFXR48B000115110 B5110MSY
115061	F355	Spider F1 Red/Black ZFFXR48B000115061 Red calipers shields	115111	F355	Spider (F1) 99 LHD US ZFFXR48A6X0115111
			115112	F355	Spider 12/98 Black/Black Red stitching Manual LHD US ZFFXR48A8X0115112 Red calipers
115062	F355	Spider F1 98 Black/Black LHD EU ZFFXR48B000115062	115113	F355	Spider 99 Rosso Fiorano/Naturale LHD US ZFFXR48AXX0115113
115063	F355	Spider F1 Red/Black LHD EU ZFFXR48B000115063 ass. # 32282	115114	F355	Spider 99 Red/Tan Manual LHD US ZFFXR48A1X0115114 Challenge Grille Tubi Shields
115064	F355	Spider F1 99 Red/Black ZFFXR48B000115064			
115065	F355	Spider F1 Yellow/Black LHD			
115066	F355	Spider F1 Red/Black	115115	F355	Spider 99 Rosso Corsa/Beige Manual LHD US ZFFXR48A3X0115115
115067	F355	Spider F1 99 Black/Beige LHD US ZFFXR48A7X0115067			
			115116	F355	Spider F1 1/99 Black/Tan black top Manual LHD US ZFFXR48A5X0115116
115068	F355	Spider F1 99 Yellow /Black LHD US ZFFXR48A9X0115068			
			115117	F355	Spider 1/99 NART Blue 523/Tan Manual LHD US ZFFXR48A7X0115117 Shields Challenge Grill
115069	F355	Spider (F1) 99 LHD US ZFFXR48A0X0115069			
115070	F355	Spider F1 99 Argento Nürburgring 101/C/Black LHD US ZFFXR48A7X0115070			
			115118	F355	Spider (F1) 99 LHD US ZFFXR48A9X0115118
115071	F355	Spider F1 99 Black/Tan LHD US ZFFXR48A9X0115071	115120	456	M GT Silver/Black LHD
			115121	456	M GT Dark Blue/Grey LHD
115072	F355	Spider F1 11/98 Blu Tour de France 522/Tan LHD US ZFFXR48A0X0115072	115122	456	M GTA Blue/Tan LHD
			115123	456	M GTA Grigio Titanio met./charcoal ZFFWP50B000115123
115073	F355	Spider (F1) 99 LHD US ZFFXR48A2X0115073	115124	550	Maranello Red/Bordeaux ZFFZR49B000115124 shields
115074	F355	Spider F1 12/98 Rosso Corsa/Beige LHD US ZFFXR48A4X0115074 shields Yellow calipers			
			115125	550	Maranello Grigio Titanio met./tan LHD EU ZFFZR49B000115125 B5125FPS
115075	F355	Spider 99 LHD US ZFFXR48A6X0115075			
115076	F355	Spider F1 1/99 Rosso Corsa/Tan LHD US ZFFXR48A8X0115076 Yellow dials	115126	550	Maranello Red/Black ZFFZR49B000115126
			115128	550	Maranello 98 Black/Black ZFFZR49B000115128
115077	F355	Spider F1 1/99 Yellow reconstructed black leather seats Yellow fiber piping LHD US ZFFXR48AXX0115077 Yellow dials	115130	550	Maranello Grigio Titanio met./brown LHD EU
			115132	550	Maranello Black/tan
115078	F355	Spider F1 1/99 Silver/Dark Blue LHD US ZFFXR48A1X0115078			

s/n	Type	Comments	s/n	Type	Comments
115134	550	Maranello Black/black LHD EU ZFFZR49B000115134	115178	550	Maranello 99 Pozzi Blue/light Blue leather Daytona seats ZFFZR49A6X0115178 shields Red calipers
115135	550	Maranello Black/black LHD EU ZFFZR49B000115135	115179	550	Maranello 99 Red/Tan ZFFZR49A8X0115179
115136	550	Maranello Blu Tour de France 522/grey LHD EU	115180	550	Maranello 99 ZFFZS49A9X0115180
			115181	360	Modena Red/Black LHD EUManual ZFFYR51B000
115137	550	Maranello 99 Grey Grigio Titanio Bordeaux RHD ZFFZR49D000115137	115182	360	Modena 99 Red/Black Manual ZFFYR51B000 B5182NIW
115138	550	Maranello 99 Black/tan LHD US ZFFZR49A5X0115138	115183	360	Modena F1 99 grigio Alloy/blu scuro LHD EU ZFFYR51B000115183
115139	550	Maranello Blu Tour de France 522/Dark Blue LHD US ZFFZR49A7X0115139	115185	360	Modena Red/Black
115140	550	Maranello 99 Rosso barchetta/Tan ZFFZR49A3X0115140	115186	456	M GT 3/99 Nero/Sabbia LHD ZFFWP44B000 B5186CIC
115141	550	Maranello 99 Red/Tan LHD US ZFFZR49A5X0115141	115188	456	M GT 99 Nero Daytona/Beige ZFFWP44B000115188
115142	550	Maranello 99 Grigio Titanio bordeaux US ZFFZR49A7X0115142	115190	456	M GT dark Red/Tan LHD
			115191	456	M GT Grigio Titanio met./Black LHD
115143	550	Maranello 99 Silver/Black ZFFZR49A9X0115143 ass. # 32269	115192	456	M GT 8/99 Grigio Titanio met./Bordeaux ZFFWP44B000115192 B5192EIE
115144	550	Maranello 99 Grigio Titanio (3238)/Bordeaux Nero piping & stitching ZFFZR49C000115144 eng. # 52468 ass. # 32217 shields Fiorano handling pack	115193	456	M GT Grigio Titanio met. Tan LHD ZFFWP4B000115193
			115195	456	M GT Black/Tan LHD
			115196	456	M GT Grigio Titanio met./Black LHD
115146	F355	Spider F1 Silver/Black Carbon interior LHD US ZFFXR48A3X0115146 Tubi DAS wheels	115197	456	M GT 99 ZFFWP44AXX0115197
			115200	456	M GTA Black/black LHD ZFFWP50B000115200
115147	F355	Spider 1/99 Giallo Modena/Black LHD US ZFFXR48A5X0115147	115203	456	M GT Silver/Black LHD ZFFWP50B000115203
			115204	456	M GTA Blue/Tan LHD
115148	F355	Spider F1 99 Silver/Black LHD US ZFFXR48A7X0115148	115205	456	M GTA 99 Nero Daytona Tan ZFFWP50A0X0115205
115149	F355	Spider F1 99 Silver Bordeaux LHD US ZFFXR48A9X0115149 Red calipers	115206	456	M GTA 99 LHD US ZFFWP50A2X0115206
			115207	456	M GTA 99 Grigio Titanio Tan LHD US ZFFWP50A4X0 Silver calipers shields
115150	F355	Spider (F1) 99 LHD US ZFFXR48A5X0115150			
115151	F355	Spider F1 99 Silver tan LHD US ZFFXR48A7X0	115208	456	M GTA 99 Blu Tour de France 522/Tan LHD US ZFFWP50A6X0115208
115152	F355	Spider (F1) 99 LHD US ZFFXR48A9X0115152			
115153	F355	Spider F1 99 Blu Tour de France 522/Tan Blue top LHD US ZFFXR48A0X0115153	115209	456	M GTA 99 Black Bordeaux LHD US ZFFWP50A8X0115209
115154	F355	Spider F1 99 Black/Tan LHD US ZFFXR48A2X0115154	115210	456	M GTA 99 Black/Tan ZFFWP50A4X0115210
115155	F355	Spider (F1) 99 LHD US ZFFXR48A4X0115155	115211	456	M GTA 99 Grigio Titanio Charcoal ZFFWP50A6X0115211
115156	F355	Spider (F1) 99 LHD US ZFFXR48A6X0115156	115212	F355	Berlinetta Red/Black LHD
115157	F355	Spider F1 99 Rosso Corsa/Tan LHD US ZFFXR48A8X0115157	115213	456	M GTA
			115214	456	M GTA
115158	F355	GTS F1 Red/Black	115216	550	Maranello 99 Red/Tan ZFFZR49B000115216
115159	F355	GTS F1 Black/Black LHD EU ZFFXR42B000115159 ass. #32225	115219	550	Maranello 99 Black/black LHD EU ZFFZR49B00115219 exported to the US
115160	F355	Spider Red/Black LHD EU	115220	550	Maranello silver/black
115161	F355	Spider Red/Black LHD EU ZFFXR48B000115161	115222	550	Maranello 3/99 Argento Nürburgring 101/C/Nero LHD ZFFZR49B000115222
115162	360	Modena Geneva Car Show 99 Rosso Corsa/nero LHD EU ZFFYR51B000	115224	550	Maranello Melbourne Motor Show, black/tan RHD
115163	360	Modena Geneva Car Show 99 Rosso Corsa/beige LHD EU ZFFYR51B000	115225	550	Maranello 1/99 Argento Nürburgring/charcoal black piping ZFFZR49A0X0 ass. # 32436
115164	360	Modena F1 Red	115226	550	Maranello 99 Blue TdF/Blue ZFFZR49A2X0115226
115166	456	M GT Dark Blue/bordeaux ZFFWP44B000			
115167	456	GTA Azzurro California 524/Black ZFFWP50B000115167 B5167NYS	115228	550	Maranello 99 Grigio Titanio met./Bordeaux RHD UK ZFFZR49C000115228
115168	550	Maranello 99 Blu Tour de France 522/Crema ZFFZR49A3X0115168	115229	550	Maranello
			115234	F355	Spider F1 Rosso Corsa/Crema, Bordeaux Carpet
115169	550	Maranello 99 Red/Tan ZFFZR49A5X0115169	115235	F355	Spider F1 99 Red Crema RHD
115170	550	Maranello 99 Nero/Cuoio Naturale ZFFZR49A1X0115170 Tubi	115236	F355	Spider F1 Yellow/Black ZFFXR48C000115236
			115238	F355	Spider Red White RHD
115171	550	Maranello Silver/black LHD US ZFFZR49A3X0115171	115239	F355	Spider F1 Red/Black
			115240	F355	Spider
115172	550	Maranello 99 ZFFZR49A5X0115172	115241	F355	Spider F1 dark Blue/beige RHD ZFFXR48C000115241 B5241VFV
115173	550	Maranello 99 ZFFZR49A7X0115173			
115174	550	Maranello 99 Rosso Corsa/Tan US ZFFZR49A9X0115174	115247	F355	Spider F1 99, Red Metallic/Beige LHD US ZFFXR48A9X0115247
115175	550	Maranello 99 Grigio Titanio Metallic/Black ZFFZR49A0X0115175	115248	360	Modena F1 Yellow/black LHD EU ZFFYR51B000115248
115176	550	Maranello 99 Argento Nürburgring 101/C/Black ZFFZR49A2X0115176	115249	360	Modena F1 Red/Black LHD EU ZFFYR51B000
115177	550	Maranello 99 ZFFZR49A4X0115177	115250	360	Modena F1 99 ZFFYR51A3X0115250

s/n	Type	Comments
115251	360	Modena F1 99 Grigio Alloy/dark Blue & Blue dash US
115252	360	Modena F1 Giallo Modena/Nero, Nero Carpet 27.5.99
115255	360	Modena F1 99 Giallo Modena Nero Nero Carpet RHD
115258	456	M GTA Silver/Black LHD
115259	456	M GTA 99 Rosso Fiorano 321/Tan LHD US ZFFWP50A1X0115259
115265	550	Maranello Red/Black ZFFZR49B000115265 Red calipers shields
115266	550	Maranello Red/Black
115267	550	Maranello Silver/bordeaux LHD
115268	550	Maranello Red/Tan LHD EU ZFFZR49B000115268
115269	550	Maranello 99 Grigio Titanio met./bordeaux LHD EU ZFFZR49B000115269
115270	550	Maranello Grigio Titanio met./black LHD EU ZFFZR49B000115270
115272	550	Maranello 99 Grigio Titanio met./Bordeaux LHD EU ZFFZR49B000115272
115273	550	Maranello Red/Black
115274	550	Maranello LHD EU ZFFZR49B000115274
115275	550	Maranello Black/black
115277	F355	Berlinetta Rosso Corsa Nero Bordeaux Carpet Manual
115279	F355	Berlinetta F1 Rosso Corsa/Crema RHD ZFFXR41C000115279
115281	F355	Berlinetta F1 13.05.99 Rosso Corsa/Crema Rosso Carpets
115282	F355	Berlinetta F1 99 Rosso Corsa/Crema Sports seats RHD UK ZFFXR41C000115282 ass. # 32462 Red calipers
115283	F355	Berlinetta F1
115284	F355	Berlinetta F1 Red/Black RHD UK ZFFXR41C000115284
115285	F355	Berlinetta F1
115286	F355	Berlinetta F1 Red/Crema & Red ZFFXR41C000115286
115287	F355	Berlinetta F1 99 Blu Tour de France 522/Crema Manual RHD ZFFXR41C000115287
115288	F355	Berlinetta F1 Giallo/nero sports seats RHD ZFFXR41C000115288 Black calipers shields
115289	F355	Spider F1 Red/Black LHD EU ZFFXR48B000115289 Red calipers
115290	F355	Spider F1 99 Blu Tour de France 522/Beige ZFFXR48B000115290
115291	F355	Spider F1 Rosso Corsa/Black LHD ZFFXR48B000115291 B5291IK
115295	F355	Spider (F1) LHD EU ZFFXR48B000115295
115296	F355	Spider F1 Rosso/nero ZFFXR48B000115296
115299	F355	Spider F1 Argento Nürburgring 101/C/Nero B5299SMX ass. # 32461
115302	F355	Spider F1 Black/Black LHD EU
115303	F355	Spider F1 Red/Black LHD converted to RHD UK
115304	F355	Spider F1 Dark Blue Grey LHD EU
115305	F355	Spider F1 Yellow/Black LHD
115306	F355	Spider F1 Red/Black LHD
115308	F355	Spider F1 5/99 Blu NART/Crema RHD AUS ZFFXR48D000115308 eng. # F129C52752
115309	F355	Spider F1 99 Red RHD ZFFXR48D000115309 eng. # F129C52778
115310	F355	Spider F1 99 Rosso Corsa/Black RHD ZFFXR48D000115310 eng. # F129C52789
115311	F355	Spider F1 99 Red/Tan LHD US ZFFXR48A3X0115311 Red calipers challenge grill
115312	F355	Spider (F1) 99 LHD US ZFFXR48A5X0115312
115313	F355	Spider F1 1/99 Black/Black LHD US ZFFXR48A7X0115313
115314	F355	Spider F1 99 Rosso Fiorano 321/Tan LHD US ZFFXR48A9X0115314 Challenge grille
115315	F355	Spider (F1) 99 ZFFXR48A0X0115315
115316	F355	Spider 99 Silver/Black LHD US ZFFXR48A2X0115316
115317	F355	Spider F1 99 Black/Black Black top LHD US ZFFXR48A4X0115317 Red calipers shields
115318	F355	Spider (F1) 99 LHD US ZFFXR48A6X0115318
115319	F355	Spider F1 99 Grigio Titanio met./Grey LHD US ZFFXR48A8X0115319
115320	F355	Spider F1 99 Blue/Tan LHD US ZFFXR48A4X0115320
115321	F355	Spider F1 99 Yellow/Black LHD US ZFFXR48A6X0115321 Shields
115322	F355	Spider F1 99 Zeltweg Green Crema LHD US ZFFXR48A8X0115322
115323	F355	Spider (F1) 99 LHD US ZFFXR48AXX0115323
115324	F355	Spider (F1) 99 LHD US ZFFXR48A1X0115324
115325	F355	Spider 99 LHD ZFFXR48A3X0115325
115326	F355	Spider F1 99 Red/Black LHD US ZFFXR48A5X0115326
115327	F355	Spider (F1) 99 LHD US ZFFXR48A7X0115327
115328	F355	Spider F1 99 Silver/BlackLHD US ZFFXR48A9X0115328
115329	F355	Spider (F1) 99 LHD US ZFFXR48A0X0115329
115330	F355	Spider (F1) 99 LHD US ZFFXR48A7X0115330
115331	F355	Spider F1
115332	F355	Spider F1 99 Yellow/Black RHD ZFFXR48C000115332
115336	F355	Spider F1 99 Rosso Corsa/Crema RHD UK ZFFXR48C000115336
115339	F355	GTS F1 99 Rosso Corsa/Nero ZFFXR42C000115339
115340	F355	GTS F1 Red/Crema Colour coded roof RHD ZFFXR42C000115340 Black calipers
115341	F355	GTS F1 Red/Black RHD
115342	F355	GTS F1 12.4.99 Rosso Corsa/Crema Bordeaux Carpet
115343	F355	GTS F1
115344	F355	GTS F1
115345	F355	GTS F1 99 Rosso Corsa/Crema RHD
115346	F355	GTS Rosso Corsa/Crema Rosso Carpets 01.03.99
115347	F355	GTS Red/Crema-Red RHD UK
115349	F355	Spider 99 Grigio Titanio RHD ZFFXR48D000115349 eng. # F129C52736
115350	F355	Spider 99 Grigio IngridDark Blue RHD ZFFXR48D000115350
115351	F355	Spider (F1) 99 LHD US ZFFXR48A4X0115351
115352	F355	Spider 99 Red/Tan LHD US ZFFXR48A6X0115352
115353	F355	Spider (F1) 99 LHD US ZFFXR48A8X0115353
115354	F355	Spider 99 Rosso Corsa/Crema RHD UK Manual ZFFXR48C000115354
115355	456	M GT 2/99 Grigio Titanio Metallizzato 3238/Bordeaux ZFFWP44B000115355
115357	456	M GT 99 Grigio Ingrid 720/Charcoal ZFFWP44B000115357
115359	456	M GTA Blu Pozzi 521 D.S./Tan LHD
115360	456	M GTA 99 Nero Daytona/Crema ZFFWP50B000115360
115364	550	Maranello Black LHD
115365	550	Maranello Grigio Titanio met./Bordeaux
115366	550	Maranello Red/Black Black ZFFZR49B000115366
115367	550	Maranello Grigio Titanio met./tan LHD EU
115368	550	Maranello Red/Black LHD EU
115369	550	Maranello Red/Black
115370	550	Maranello Red/Black
115372	550	Maranello Blue/Crema LHD EU ZFFZR49B000115372
115373	550	Maranello 99 Red/Black LHD EU ZFFZR49B000115373 exported to the US
115374	550	Maranello 99 Rosso Corsa Brown ZFFZR49A6X0115374
115375	550	Maranello 99 ZFFZR49A8X0115375
115376	550	Maranello 99 ZFFZR49AXX0115376
115377	550	Maranello 99 ZFFZR49A1X0115377

s/n	Type	Comments	s/n	Type	Comments
115378	550	Maranello 99 Black/Tan Daytona seats black piping ZFFZR49A3X0115378	115430	F355	Spider (F1) 99 LHD US ZFFXR48A0X0115430
115379	550	Maranello 99 Grigio Titanio met./bordeaux LHD US ZFFZR49A5X0	115431	F355	Spider (F1) 99 LHD US ZFFXR48A2X0115431
115380	550	Maranello 99 Giallo Modena/Black & Yellow ZFFZR49A1X0115380	115432	F355	Spider (F1) 99 Blu Tour de France 522/Tan Blue top, dash, carpets and wheel LHD US ZFFXR48A4X0115432 Challenge grill Capristos
115381	550	Maranello 99 Canna di Fucile Met. FER 703/C/Tan US ZFFZR49A3X0115381	115433	F355	Spider F1 5/99 Nero/Beige LHD US ZFFXR48A6X0115433 Shields
115382	550	Maranello 99 Silver/black LHD US ZFFZR49A5X0115382	115434	F355	Spider F1 Series Fiorano #4/100 Yellow/Black LHD US ZFFXR48A8X0115434
115383	550	Maranello 99 ZFFZR49A7X0115383	115436	F355	Spider Series Fiorano 3/99 Rosso Corsa 322 DS/Black Red Stitching Black top Manual LHD EU ZFFXR48B0x0115436 Red Calipers Shields
115384	550	Maranello 99 Yellow/black LHD ZFFZS49A3X0115384	115437	F355	Spider Red/-
115385	550	Maranello 99 ZFFZS49A5X0115385	115438	F355	Spider Black/Red LHD EU ZFFXR48B000115438 ass. # 32624
115386	550	Maranello 99 grey/red RHD UK	115439	F355	Spider Red/Black LHD
115388	F355	Spider F1 Red/Black LHD EU ZFFXR48B000 ass. # 32595 B5388OKM	115440	F355	Spider 99 Grigio Titanio Blu Scuro LHD EU ZFFXR48B000115440
115389	F355	Spider F1 Yellow/black ZFFXR48B000 ass. # 32613 B5389YWF	115441	F355	Spider F1 99 Grigio Ingrid 720/Sabbia LHD US ZFFXR48A5X0115441
115391	F355	Spider Red/Black ZFFXR48B000	115442	F355	Spider (F1) 99 LHD US ZFFXR48A7X0115442
115392	F355	Spider 99 Red/Tan LHD US ZFFXR48A7X0115392	115443	F355	Spider (F1) 99 LHD US ZFFXR48A9X0115443
115393	360	Modena Geneva Car Show Rosso Fiorano 321/cuoio naturale ZFFYR51B000115393	115444	F355	Spider (F1) 99 LHD US ZFFXR48A0X0115444
115398	F355	Spider F1 Yellow/black LHD EU B5398YWF	115445	F355	Spider 99 Giallo Modena/Black Manual LHD US ZFFXR48A2X0115445
115402	456	M GT Grigio Titanio met./black ZFFWP44B000115402	115446	F355	Spider 99 Rosso Corsa/Beige ManualLHD US ZFFXR48A4X0115446
115403	456	M GT Blu Pozzi 521 D.S./crema ZFFWP44B000	115447	F355	Spider 99 Red/Tan LHD US ZFFXR48A6X0115447
115404	456	GT 99 Argento Nürburgring 101/C/Nero ZFFWP44B000115404	115448	F355	Spider F1 99 Giallo Modena/Yellow & Black Manual LHD US ZFFXR48A8X0115448 Shields Tubi Rear Challenge Grill
115405	456	M GT Dark Blue/Crema LHD ZFFWP44B000115405 B5405RTR	115449	F355	Spider 99 Red/Tan LHD Manual US ZFFXR48AXX0115449
115406	456	M GT 99 Black/Black LHD US ZFFWP44A4X0115406	115451	360	Modena Rosso Corsa/black LHD EU B5451NHQ
115407	456	M GTA Grey/Black LHD	115453	360	Modena
115409	456	M GTA 99 Blu Tour de France 522/Beige LHD US ZFFWP50A5X0115409	115454	360	Modena Red/Black Manual ZFFYR51B000115454
115410	456	M GTA 99 Grigio Ingrid 720/Crema LHD US ZFFWP50A1X0115410	115462	360	Modena N-GT Red/Grey, converted to Challenge converted to N-GT
115411	456	M GTA 99 IngridGrey/Sabbia LHD ZFFWP50A3 0115411	115463	360	Modena (F1) Red/Black
115412	456	M GTA 99 Blu Tour de France 522/Crema LHD US ZFFWP50A5X0115412	115464	360	Modena 99 Red/Black LHD Manual EU ZFFYR51B000
115413	456	M GTA 99 customized Silver/Grey LHD US ZFFWP50A7X0115413	115466	360	Modena Red/Black ZFFYR51B000115466 black painted rear panel non Challenge-grill
115414	456	M GTA 99 Silver/Tan LHD US ZFFWP50A9X0115414	115467	360	Modena Red/Black Manual LHD EU ZFFYR51B000115467 Challenge grill black front lights front spoiler "Check point" rear spoiler Hamann wheels
115415	456	GTA 99 Grigio Titanio met./Bordeaux ZFFWP50A0X0115415	115468	360	Modena Red/Black Manual ZFFYR51B000115468
115416	456	M GTA 99 LHD US ZFFWP50A2X0115416	115469	F355	Spider F1 99 Yellow/Black LHD US Challenge grille
115417	456	M GTA 99 Grigio Ingrid 720/Dark Blue LHD US ZFFWL50AXX0115417	115470	360	Modena modified by PERO Dragonfish, Red/Black LHD ZFFYR51B000115470 ass. # 32857
115418	F355	Spider F1 Red/Black LHD	115471	360	Modena Black/black Manual LHD US
115419	F355	Spider F1 Red/Black LHD	115472	360	Modena Yellow/black RHD UK
115420	F355	Spider F1 Red/Black LHD	115473	360	Modena Yellow/black Manual RHD UK ZFFYR51C000115473
115421	F355	Spider Dark Blue/Dark Blue LHD EU	115474	360	Modena F1 Red/Black LHD EU ZFFYR51B000
115422	F355	Spider F1 99, Dark Blue Metallic/Bordeaux LHD US ZFFXR48A1X0115422	115475	360	Modena Red/Black LHD EU ZFFYR51B000
115423	F355	Spider F1 99 Red/Black ZFFXR48A3X0115423	115476	360	Modena F1 Red/Black
115424	F355	Spider F1 99 Giallo Modena/Black LHD US ZFFXR48A5X0115424	115479	550	Maranello Dark Grey Black LHD ZFFZR49B000115479
115425	F355	Spider F1 99 Red/Tan LHD US ZFFXR48A7X0115425	115481	550	Maranello Blue/brown LHD EU
115426	F355	Spider F1 Series Fiorano first Spider Serie Fiorano fitted with F1 g/c 99 LHD US ZFFXR48A9X0115426	115482	550	Maranello Black/black LHD EU ZFFZR49B000115482
115427	F355	Spider F1 Series Fiorano #1/100, Geneva Show car 99 Red/Beige LHD US ZFFXR48A0X0115427	115483	550	Maranello dark Blue/light brown
			115486	550	Maranello Black/all Crema LHD EU
115428	F355	Spider F1 99 Black/Tan LHD US ZFFXR48A2X0115428	115487	550	Maranello Grigio Titanio met./black ZFFZR49B000
115429	F355	Spider 99 Grigio Titanio met./Red LHD US ZFFXR48A4X0115429	115488	550	Maranello Red LHD

s/n	Type	Comments	s/n	Type	Comments
115489	550	Maranello Red/Tan ZFFZR49B000115489	115549	F355	GTS 4/99 Rosso Corsa/Nero ZFFXR42B000115549
115491	550	Maranello Black/tan LHD EU	115550	360	Modena Red/Black LHD EU ZFFYR51B000
115492	550	Maranello Grigio Titanio met./bordeaux ZFFZR49B000115492	115553	456	M GTA Nero Daytona/Bordeaux Bordeaux Carpets 23.6.99
115493	550	Maranello Silver/black LHD EU	115554	456	M GTA Grigio Titanio met. Bordeaux RHD
115494	550	Maranello 99 Black RHD ZFFZR49D000115494 eng. # F133A168634	115555	550	Maranello Black/dark grey or black LHD EU Fiorano handling pack
115495	550	Maranello 99 ZFFZR49A7X0115495	115557	550	Maranello 99 Rosso Corsa/tan RHD UK ZFFZR49C000115557 Red calipers
115496	550	Maranello 99 LHD US ZFFZR49A9X0115496	115560	456	M GT Blu Tour de France 522/Beige
115497	550	Maranello 99 ZFFZR49A0X0115497	115562	456	M GT 99 LHD US ZFFWP44A7X0115562
115498	550	Maranello 99 Silver/Black LHD US ZFFZR49A2X0115498	115564	456	M GTA Silver/Black RHD
115499	550	Maranello Black/Black LHD US ZFFZR49A4X0115499	115565	456	M GTA Grigio Titanio met./Black RHD
115501	550	Maranello 99 Red/beige LHD US ZFFZR49A9X0115501	115566	456	M GTA Silver/all dark Blue ZFFWP50C000115566
115502	550	Maranello 99 ZFFZR49A0X0115502	115570	360	Modena Red/Black, LHD
115503	550	Maranello 99 TdF Blue Grey ZFFZR49A2X0115503	115572	F355	Berlinetta 99 Red/Black LHD ZFFXR41B000115572 Challenge grill
115504	550	Maranello 99 ZFFZR49A4X0115504	115578	F355	Berlinetta 99 Black/Black Manual LHD US ZFFXR41A7X0115578
115505	550	Maranello 99 ZFFZR49A6X0115505	115579	F355	Berlinetta 99 Red/Tan LHD US ZFFXR41A9X0115579
115506	550	Maranello 99 ZFFZR49A8X0115506	115580	F355	Berlinetta 99 Rosso Corsa/Tan LHD Manual US ZFFXR41A5X0115580 Challenge grille
115507	550	Maranello 99 Red/Tan LHD ZFFZR49AXX0115507	115581	F355	Berlinetta 3/99 Grigio Titanio met./Black Manual LHD US ZFFXR41A7X0115581 Shields
115509	550	Maranello 99 Grigio Titanio/Charcoal ZFFZR49A3X0115509	115582	F355	Berlinetta 99 Red/Tan LHD US ZFFXR41A9X0115582
115510	550	Maranello 2/99 Rosso Corsa/Beige Daytona seats LHD ZFFZR49AXX0115510	115583	F355	Berlinetta (F1) 99 LHD US ZFFXR41A0X0115583
115511	550	Maranello 2/99 Nero Daytona(1250)/tan LHD US ZFFZR49A1X0115511 ass.# 32654	115584	F355	Berlinetta 99 LHD US ZFFXR41A2X0115584
115512	550	Maranello 99 ZFFZR49A3X0115512	115585	F355	Berlinetta 99 Giallo Modena/Tan Manual, LHD US ZFFXR41A4X0115585
115513	550	Maranello 99 Black/black LHD US ZFFZR49A5X0115513	115586	F355	Berlinetta 99 Black/Black LHD US ZFFXR41A6X0115586 shields
115514	550	Maranello 99 Red/Tan LHD ZFFZR49A7X0115514	115587	F355	Berlinetta (F1) 99 LHD US ZFFXR41A8X0115587
115515	550	Maranello 99 Yellow/Black ZFFZS49A3X0115515	115588	F355	Berlinetta 3/99 Blu Pozzi 521 D.S.Blue LHD US ZFFXR41AXX0115588
115516	550	Maranello 99 Red/Black JP ZFFZR49J000115516	115589	F355	Berlinetta (F1) 99 LHD US ZFFXR41A1X0115589
115520	360	Modena Giallo Modena Nero Nero Carpets	115590	F355	Berlinetta 99 Red/Tan Manual LHD US ZFFXR41A8X0115590 Challenge Grill
115522	360	Modena Yellow/Black RHD	115591	F355	Berlinetta 99 Red/Tan LHD US ZFFXR41AXX0115591
115524	456	M GT 99/05 Silver	115592	F355	Berlinetta 3/99 Rosso Corsa/Tan LHD Manual US ZFFXR41A1X0115592 challenge grill shields Red calipers Tubi
115525	456	M GT black/bordeaux ZFFWP44B000115525 damaged in 2005	115593	F355	Berlinetta 99 Giallo Modena/Nero Manual LHD US ZFFXR41A3X0115593 shields Red calipers Rear challenge grill
115526	456	M GTA Rosso Fiorano Crema LHD ZFFWP50B000115526	115594	F355	Berlinetta 3/99 Argento Nürburgring/Black manual LHD US ZFFXR41A5X0115594 Shields Challenge grille
115532	F355	Berlinetta F1 Red/Black LHD modified Challenge grill sports exhaust other logo on the hood black Speedline rims black windows	115595	F355	Berlinetta
115533	F355	Spider F1 Series Fiorano 99 LHD US ZFFXR48AXX0115533	115599	550	Maranello 99 Black/black LHD US
115534	F355	Spider F1 99 Yellow/Black LHD US ZFFXR48A1X0115534 Challege Grill Shields Tubi	115600	F355	Berlinetta F1 Black/Black LHD EU Red calipers
			115601	F355	GTS F1 98 Black/Black
115535	F355	Spider F1 99 Grigio Titanio Navy LHD US ZFFXR48A3X0115535	115602	F355	Berlinetta F1 Titan Grey ZFFXR41B000115602
115536	F355	Spider F1 99 Yellow/Black Yellow piping LHD US ZFFXR48A5X0115536 Rear Challenge grill Tubi	115603	F355	Berlinetta F1 99 Grigio Titanio met. Grey LHD US ZFFXR41A2X0115603
115537	F355	Spider F1 99 Nero Daytona/Tan LHD US ZFFXR48A7XD115537	115604	F355	Berlinetta F1 99 Rosso Corsa/Tan LHD US ZFFXR41A4X0115604
115538	F355	Spider F1 99 Red/Beige LHD US ZFFXR48A9X0115538 Challenge grille, Red calipers	115605	F355	Berlinetta 99 LHD US ZFFXR41A6X0115605
115539	F355	Spider F1 Rosso Corsa/Nero Nero Carpets	115606	F355	Berlinetta F1 99 Nart Blue Naturale LHD US ZFFXR41A8X0115606
115540	F355	Spider F1	115607	F355	Berlinetta (F1) 99 LHD US ZFFXR41AXX0115607
115541	F355	Spider F1 99 Rosso Corsa/Nero ZFFXR48C000115541			
115542	F355	Spider	115608	F355	Berlinetta F1 99 Le Mans Blue Metallic/Tan LHD US ZFFXR41A1X0115608
115545	F355	Spider F1 Rosso Corsa/Crema Hide/Rosso Carpets/Red Calipers 22.4.99	115609	F355	Berlinetta F1 99 Blu Tour de France 522/Tan LHD US ZFFXR41A3X0115609
115546	F355	GTS F1 LHD			

s/n	Type	Comments
115610	F355	Berlinetta F1 99 Silver/Blue LHD US ZFFXR41AXX0115610
115611	F355	Berlinetta F1 99 Black/Tan LHD US ZFFXR41A1X0115611
115612	F355	Berlinetta 99 Red/Tan LHD US ZFFXR41A3X0115612
115613	F355	Berlinetta F1 99 Giallo Modena/Black LHD US ZFFXR41A5X0115613
115614	F355	Berlinetta F1 99 Red/Tan LHD US ZFFXR41A7X0115614
115615	F355	Berlinetta F1 99 Red/Tan, LHD US ZFFXR41A9X0115615
115616	F355	Berlinetta F1 99 Rosso Corsa/Tan LHD US ZFFXR41A0X0115616
115622	360	Modena Red/Black ZFFYR51B000115622
115623	F355	Berlinetta F1 Red/Black LHD ZFFXR41JPN0115623 Red calipers
115624	F355	Spider F1 Series Fiorano RHD The "extra" South African Car, probably the only RHD-Fiorano
115625	F355	Spider LHD
115626	F355	GTS F1 Yellow/black
115627	F355	GTS F1 5/99 Rosso Corsa/Nero LHD EU ZFFXR42B000115627 ass. # 32615
115628	F355	GTS F1 Red/Black colour coded roof ZFFXR42B000115628 B5628KFF
115629	F355	GTS F1 Red/Black LHD EU ZFFXR42B000
115630	F355	GTS F1 Red/Black ZFFXR42B000115630
115631	F355	GTS F1 99 Argento Nürburgring 101/C/Nero ZFFXR42B000115631
115632	F355	GTS F1 99 Giallo Modena/Nero colour coded roof LHD ZFFXR42B000115632
115633	F355	GTS F1 99, Grigio Titanio met./Black
115634	F355	GTS F1 Red/Black colour coded roof LHD EU ZFFXR42B000 B5634DLM
115635	F355	GTS F1 Red/Black LHD EU ZFFXR42B000115635
115636	F355	GTS F1 Red/Black LHD
115637	F355	GTS F1 Black/Black LHD
115639	F355	GTS F1 Blue Blue LHD EU 3rd light
115640	F355	GTS F1 4/99 Rosso Corsa/Nero colour coded roof LHD EU B5640HMM
115641	F355	GTS F1 Rosso Corsa/Black colour-coded roof LHD Manual ZFFXR42B000115641 B5641QHB shields
115642	F355	GTS F1 Yellow/dark Blue colour coded roof LHD EU
115643	F355	GTS F1 99 Red/Tan LHD US ZFFXR42A5X0115643
115644	F355	GTS F1 99 Silver/Red LHD US ZFFXR42A7X0115644
115645	F355	GTS (F1) 99 LHD US ZFFXR42A9X0115645
115646	F355	GTS F1 99 Rosso Corsa/Black Red stitching colour coded roof LHD US ZFFXR42A0X0115646 Challenge grille Shields
115647	F355	GTS (F1) 99 LHD US ZFFXR42A2X0115647
115648	F355	GTS F1 99, Grigio Titanio met./Bordeaux colour coded roof LHD US ZFFXR42A4X0115648 Shields aluminum calipers Challenge grilles
115649	F355	GTS F1 99 Rosso Corsa/Black Red stitching LHD US ZFFXR42A6X0115649 Red calipers
115650	F355	GTS (F1) 99 LHD US ZFFXR42A2X0115650
115651	F355	GTS F1 98 Giallo Modena/BlackLHD US ZFFXR42A4X0115651
115652	F355	GTS F1 3/99 Rosso Corsa/Tan LHD US ZFFXR42A6X0115652
115653	F355	GTS F1 99 Red/Tan LHD US ZFFXR42A8X0115653 Red calipers
115654	F355	GTS F1 99 Black/Tan LHD US ZFFXR42AXX0115654
115655	F355	GTS F1 99 Rosso Corsa Crema LHD US ZFFXR42A1X0115655 Challenge grille, Red calipers
115656	F355	GTS F1 99 Black/BlackLHD US ZFFXR42A3X0115656
115657	F355	GTS F1 99 Silver/Black colour coded roof LHD US ZFFXR42A5X0115657 shields Challenge grille Red calipe
115660	F355	GTS Red/Black LHD EU ZFFXR42B000115660
115661	F355	GTS 99 Silver then Dark Blue/Black colour-coded roof LHD ZFFXR42B000115661 shields
115662	F355	GTS Red/Black Red roof LHD EU ass. #32680
115663	F355	GTS Black/Black LHD EU B5663IIK ass. #32681
115664	F355	GTS Red/Black LHD EU
115666	F355	GTS Yellow/Black LHD
115667	F355	GTS Red LHD ZFFXR42B000115667
115668	F355	GTS Red/Black
115669	F355	GTS Red/Black LHD EU ZFFXR42B000115669 ass. # 32730
115670	F355	GTS Rosso Corsa/Black Colour-coded roof LHD Manual ZFFXR42B000115670 B5670WER
115671	F355	GTS (F1) 99 LHD US ZFFXR42AXX0115671
115672	F355	GTS (F1) 99 LHD US ZFFXR42A1X0115672
115673	F355	GTS 99 Yellow/Black LHD US ZFFXR42A3X0115673 Challenge grille
115674	F355	GTS 99 Rosso Corsa/Beige Manual LHD US ZFFXR42A5X0115674
115675	F355	GTS 99 Yellow/black Manual LHD US ZFFXR42A7X0115675 ass. # 32784
115676	F355	GTS 99 Yellow/Black LHD US ZFFXR42A9X0115676
115677	F355	GTS (F1) 99 LHD US ZFFXR42A0X0115677
115678	F355	GTS 99 Silver/Black, LHD US ZFFXR42A2X0115678
115679	F355	GTS 99 Yellow/Black LHD US ZFFXR42A4X0115679
115680	F355	GTS 99 Argento Nürburgring 101/C/Bordeaux Colour Coded Roof Manual ZFFXR42C000 eng. # 53011 ass. # 33743
115681	360	Modena Red/Black LHD EU ZFFYR51B000
115682	456	M GT English green/tan ZFFWP44B000115682
115683	456	M GT grey/black
115684	456	M GT Argento Nürburgring 101/C/Black ZFFWP44B000115684 B5684SHB
115686	456	M GTA Grigio Titanio Tan LHD ZFFWP50B000115686
115687	456	M GT Black/Black LHD
115688	F355	Berlinetta Red/Black LHD EU
115689	F355	Berlinetta Yellow/black LHD Challenge grill
115691	360	Modena Spider F1 black RHD
115692	F355	Berlinetta F1 3/99 Giallo Modena/Black LHD US ZFFXR41A5X0115692
115693	F355	Spider F1 Red/Black LHD EU ZFFXR48B000115693 ass. # 33179 shields Red calipers Challenge grill
115694	F355	Spider F1 99 Black/Black LHD EU
115695	F355	Spider F1 Rosso Corsa/black ZFFXR48B000115695 B5695FWW challenge
115696	F355	Spider F1 99 Argento Nürburgring 101/C/ Blu Scuro ZFFXR48B000115696 shields
115697	F355	Spider F1 Red/Black
115699	F355	Spider F1 99 Blu Tour de France 522/Beige ZFFXR48B000115699 black calipers shields
115700	F355	Spider F1 Yellow Crema LHD EU
115701	F355	Spider 99 Yellow RHD ZFFXR48D000115701
115704	F355	Spider F1 94 Red Metallic/Black LHD US ZFFXR48A0X0115704
115705	F355	Spider F1 99 Red/Black LHD CDN ZFFXR48A2X0115705 Challenge grille shields
115706	F355	Spider (F1) 99 LHD US ZFFXR48A4X0115706
115707	F355	Spider
115709	F355	Spider
115710	F355	Spider F1 99 Rosso Corsa/Crema Bordeaux Carpet RHD UK ZFFXR48C000115710

s/n	Type	Comments	s/n	Type	Comments
115716	F355	Spider 99 Yellow/Black Manual LHD US ZFFXR48A7X0115716	115787	456	M GT Dark Blue/Crema LHD
115717	F355	Spider 99 Red/Black LHD Manual US ZFFXR48A9X0115717 Tubi	115788	456	M GT Silver/Black LHD
			115789	F355	Spider 99 Red/Tan LHD US
115719	F355	Spider 99 black/tan Manual LHD US ZFFXR48A2X0115719	115791	456	M GT Dark Blue Crema
			115792	456	M GTA 99 Blu Pozzi 521 D.S./tan Blue piping LHD US ZFFWP50A8X0115792
115720	F355	Spider (F1) 99 LHD US ZFFXR48A9X0115720	115793	456	M GTA 99 Grigio Titanio met./Navy US ZFFWP50AXX0 ass. # 32889
115721	F355	Spider 99 LHD US ZFFXR48A0X0115721			
115722	F355	Spider 99 Black/Tan LHD US ZFFXR48A2X0115722	115796	550	Maranello Red/Black LHD EU ZFFZR49B000115796
115723	F355	Spider Red/Crema RHD	115797	550	Maranello Grey/Black LHD EU
115724	F355	Spider	115800	550	Maranello Red/Black LHD EU
115727	F355	Spider (F1) 99 LHD US ZFFXR48A1X0115727	115801	550	Maranello 4/98 Nero Daytona/Nero ZFFZR49B000115801
115728	360	Modena Red/Black LHD EU ZFFYR51B000	115802	550	GTS Yellow & Green Rhino's Livery then matt Black/Black LHD EU ZFFZR49B000115802
115729	360	Modena Red/Black LHD EU ZFFYR51B000			
115731	456	M GTA Black/Black LHD	115803	550	Maranello silver LHD EU
115732	456	M GTA 99 Blue Metallic/Crema LHD US ZFFWP50A1X0115732	115805	550	Maranello NART Blue/tan ZFFZR49B000115805
115733	456	M GTA 99 LHD US ZFFWP50A3X0115733	115807	550	Maranello Silver/Black LHD
115735	550	Maranello Silver/black LHD EU ZFFZR49B000115735	115809	550	Maranello Metallic/black/black LHD EU ZFFZR49B000115809 B5809DKA
115736	550	Maranello Silver/black LHD EU ZFFZR49B000115736	115810	550	Maranello 99 dark Blue/tan ZFFZR49B000115810 B5810IAM
115737	550	Maranello Red/Black LHD EU ZFFZR49B000115737 B5737MJJ ex- Tommy Haas	115811	550	Maranello Rafanelli GTO Conversion LHD s/n GTO01
115738	550	Maranello Red	115812	550	Maranello Rosso Fiorano/naturale LHD EU ZFFZR49B000115812
115741	550	Maranello Red/Black			
115742	360	Modena	115813	550	Maranello Rosso Corsa/crema ZFFZR49B000115813
115745	550	Maranello 99 Red//black LHD EU ZFFZR49B000 B5745FIH	115816	550	Maranello 99 Blu Pozzi 521 D.S./beige Blue piping LHD US ZFFZR49A1X0115816
115747	550	Maranello Dark Blue/tan			
115749	550	Maranello Azzurro California 524/tan LHD EU	115817	550	Maranello 99 ZFFZR49A3X0115817
115751	550	Maranello 99 ZFFZR49AXX0115751	115818	550	Maranello 99 ZFFZR49A5X0115818
115752	550	Maranello 99 Red/Tan LHD US ZFFZR49A1X0115752	115819	550	Maranello 99 ZFFZR49A7X0115819
			115820	550	Maranello 99 ZFFZR49A3X0115820
115753	550	Maranello 99 Daytona black/beige ZFFZR49A3X0115753	115821	550	Maranello 99 ZFFZR49A5X0115821
			115822	550	Maranello 99 ZFFZR49A7X0115822
115754	550	Maranello 3/99 Rosso Barchetta/Tan ZFFZR49A5X0115754	115823	550	Maranello 99 LHD US ZFFZR49A9X0115823
			115824	550	Maranello 99 Blue/tan LHD US ZFFZR49A0X0115824
115755	550	Maranello 5/99 Grigio Titanio met./Bordeaux Daytona seats ZFFZR49A7X0115755	115825	550	Maranello 3/99 Black/Grey ZFFZR49A2X0115825
115756	550	Maranello 99 ZFFZR49A9X0115756			
115757	550	Maranello 99 ZFFZR49A0X0115757	115826	550	Maranello 99 Black/Black ZFFZR49A4X0115826
115758	550	Maranello 99 ZFFZR49A2X0115758			
115759	550	Maranello 99 Black/black LHD US ZFFZR49A4X0115759 Tubi	115827	550	Maranello 99 Blu Pozzi 521 D.S. Light Grey ZFFZR49A6X0115827
115760	550	Maranello 99 ZFFZS49A5X0115760	115828	550	Maranello 99 Blue/Beige US ZFFZR49A8X0115828
115761	550	Maranello 99 Rosso Corsa/Crema RHD UK ZFFZR49C000115761	115829	550	Maranello 99 ZFFZR49AXX0115829
115763	550	Maranello Dark Blue Crema RHD	115830	550	Maranello 99 ZFFZR49A6X0115830
115767	360	Modena N-GT Red/Black Red calipers & stitchings LHD EU converted to N-GT by MSB ZFFYR51B000	115831	550	Maranello 99 ZFFZR49A8X0115831
			115832	550	Maranello 99 ZFFZR49AXX0115832
			115833	550	Maranello 99 ZFFZR49A1X0115833
115768	360	Modena Red	115834	550	Maranello 7/99 Argento Nürburgring 101/C/Beige Daytona seats ZFFZR49A3X0115834 shields
115772	456	M GT Dark Blue/tan ZFFWP44B000115772			
115773	456	M GT Black Green LHD			
115774	456	M GTA 99 Grigio Ingrid 720/Naturale & Black ZFFWP50A6X0115774	115835	550	Maranello 99 ZFFZR49A5X0115835
			115836	550	Maranello 99 ZFFZR49A7X0115836
115775	456	M GTA 99 Grigio IngridSabbia LHD ZFFWP50A8 0115775	115837	550	Maranello 99 ZFFZR49A9X0115837
			115838	550	Maranello 99 Red/Tan LHD US ZFFZR49A0X0115838
115778	F355	Berlinetta Yellow/Black LHD EU			
115779	F355	Berlinetta Red/Black LHD	115839	550	Maranello 99 Yellow/Black LHD ZFFZR49A2X0115839
115780	F355	Spider F1 Yellow/Black LHD			
115781	F355	GTS F1 99 Blu Pozzi/Beige ZFFXR42B000115781	115841	550	Maranello Red/Black LHD ZFFZR49J000115841
115782	F355	GTS F1 99 Yellow/Black & Yellow ZFFXR42A8X0115782	115844	360	Modena Red/Black LHD EU ZFFYR51B000
			115845	456	M GT Grigio Ingrid 720/Crema LHD
115783	F355	GTS dark Blue LHD	115846	456	M GTA Melbourne Motor Show 2000 silver/Blue RHD
115784	360	Modena F1 99 Rosso Corsa/Nero ZFFYR51B000115784			
			115847	456	M GTA 99 Grigio Titanio met./Grey LHD US ZFFWP50A7X0115847
115785	360	Modena F1 Yellow/black			
115786	360	Modena Challenge Red/Red cloth	115848	456	M GTA 99 ZFFWP50A9X0115848

575

s/n	Type	Comments
115850	F355	Berlinetta 99 Silver/Blue silver stitching Manual LHD US ZFFXR41A8X0115850 silver calipers challenge rear grill
115851	F355	Berlinetta 99 LHD US ZFFXR41AXX0115851
115852	F355	Berlinetta (F1) 99 LHD US ZFFXR41A1X0115852
115853	F355	Berlinetta 99 Red/TanLHD US ZFFXR41A3X0115853
115854	F355	Berlinetta (F1) 99 Red/Tan LHD LHD US ZFFXR41A5X0115854
115855	F355	Berlinetta 99 Rosso Corsa/Beige Manual LHD US ZFFXR41A7X0115855
115856	F355	Berlinetta 3/99 Yellow/Black LHD US ZFFXR41A9X0115856
115857	F355	Berlinetta (F1) 99 LHD US ZFFXR41A0X0115857
115858	F355	Berlinetta F1 99 Rosso Corsa/Tan LHD US ZFFXR41A2X0115858
115859	F355	Berlinetta F1 99 Red/Tan LHD US ZFFXR41A4X0115859
115860	F355	GTS (F1) 99 LHD US ZFFXR42A2X0115860
115861	456	M GTA
115867	F355	Berlinetta F1 99 Red/Tan LHD ZFFXR41B000115867
115868	360	Modena 99 Rosso Corsa/nero leather & Red cloth manual ZFFYR51B000115868 challenge grill aftermarket wheels
115869	360	Modena F1 Red/Black LHD EU ZFFYR51B000115869
115870	360	Modena F1 99 Giallo Modena/Nero RHD AUS ZFFYR51D000115870
115872	360	Modena F1 Yellow/black RHD ZFFYR51C000115872
115874	456	M GT Silver/Black LHD ZFFWP44B000 B5874WMR
115875	550	Maranello 99 Giallo Modena/Bordeaux RHD AUS ZFFZR49D000 eng. # 53144
115877	Enzo Ferrari	F1 ZFFCZ56B000 probably assigned by Factory to a post-production Enzo
115886	F355	Berlinetta (F1) 99 LHD US ZFFXR41A7X0115886
115887	F355	Berlinetta 99 Silver/Black US ZFFXR41A7X0115886
115890	F355	Berlinetta F1 99 Grigio Titanio bordeaux LHD US ZFFXR41A9X0115890
115891	F355	GTS F1 99 Red/TanLHD US ZFFXR42A2X0115891
115892	360	Modena Red/Black LHD EU ZFFYR51B000115892
115893	360	Modena F1 Red/Black LHD EU ZFFYR51B000
115895	360	Modena F1 Red/Black
115898	456	M GTA 99 Black/Tan LHD US ZFFWP50A2X0115898
115899	550	Maranello 99 Red/Tan US ZFFZR49A9X0115899
115900	550	Maranello 99 British racing green/tan LHD US ZFFZR49A1X0115900
115903	F355	GTS 99 LHD US ZFFXR42A5X0115903
115904	360	Modena Red/Red cloth seats
115905	360	Modena F1 Red/Black LHD EU ZFFYR51B000115905 Black calipers Challenge rear grill
115906	360	Modena F1 Red/Black LHD EU ZFFYR51B000115906
115907	456	M GT Silver/Black LHD ZFFWP50B000115907
115908	456	M GTA 99 LHD US ZFFWP50A1X0115908
115909	F355	Spider F1 11/99 Yellow Blue LHD EU ZFFXR48B000115909 Black Calipers
115910	F355	Spider F1 99 Blue/Tan brown LHD EU ZFFXR48B000 ass. # 33143 B5910HDS
115912	F355	Spider F1 99 Red/Black LHD EU ZFFXR48B000115912
115914	F355	Spider F1 Rosso Corsa/black LHD EU ZFFXR48B000115914 ass. # 33159 B5914PZZ
115916	F355	Spider 99 Yellow ZFFXR48B000115916
115917	F355	Spider F1 Red/Black LHD EU ZFFXR48B000115917 ass. # 33176
115918	F355	Spider F1 Yellow/black ZFFXR48B000115918
115919	F355	Spider F1 black/tan
115920	F355	Spider F1 Silver Dark Blue LHD
115921	F355	Spider F1 Grigio Titanio met./Black LHD EU ZFFXR48B000115921 ass. # 33196 shields
115922	F355	Spider F1 Blu Pozzi 521 D.S./Tan LHD EU
115923	F355	Spider F1 Red/Tan LHD EU ZFFXR48B000115923
115924	F355	Spider F1 00 Red/Black Black Top LHD EU ZFFXR48B000115924 Tubi shields DOT & EPA release
115925	F355	Spider F1 Red/Black
115927	F355	Berlinetta F1 Red/Black LHD ZFFXR48B000115927
115930	F355	Spider (F1) LHD EU ZFFXR48B000115930
115931	F355	Spider F1 99 Red RHD ZFFXR48D000115931 eng. # F129C053260
115932	F355	Spider F1 99 Red RHD ZFFXR48D000115932 eng. # F129C53315
115933	F355	Spider 99 Red RHD ZFFXR48D000115933 eng. # F129C53336
115934	F355	Spider F1 99 Silver/Blue/Crema LHD ZFFXR48A6X0115934
115935	F355	Spider F1 Series Fiorano #7/100, 99 Giallo Modena/Black LHD US ZFFXR48A8X0115935
115936	F355	Spider F1 Series Fiorano 99 Black/Tan LHD US ZFFXR48AXX0115936
115937	F355	Spider Series Fiorano #21/100 99 Black/tan Manual LHD US ZFFXR48A1X0115937
115938	F355	Spider F1 99 Red/Tan LHD US ZFFXR48A3X0115938 FNA
115939	F355	Spider 99 LHD US ZFFXR48A5X0115939
115940	F355	LHD US
115941	F355	Spider F1 99 Yellow/Black Yellow stitchings LHD US ZFFXR48A3X0115941
115942	F355	Spider F1 99 Yellow/Black LHD US ZFFXR48A5X0115942
115943	F355	Spider F1 99 Blu Pozzi 521 D.S./Tan Blue piping LHD US ZFFXR48A7X0115943
115944	F355	Spider 99 LHD US ZFFXR48A9X0115944
115945	F355	Spider F1 99 Red/Tan LHD US ZFFXR48A0X0115945
115946	F355	Spider F1 99 Red/Tan LHD US ZFFXR48A2X0115946
115947	F355	Spider F1 99 Giallo Modena/Black LHD US ZFFXR48A4X0115947
115948	F355	Spider (F1) 99 LHD US ZFFXR48A6X0115948
115949	F355	Spider F1 99 Red/Tan LHD US ZFFXR48A8X0115949
115950	F355	Spider (F1) 99 LHD US ZFFXR48A4X0115950
115951	F355	Spider F1 99 Yellow/Black LHD US ZFFXR48A6X0115951
115952	F355	Spider 99 Black/Tan black piping LHD US ZFFXR48A8X0115952
115953	F355	Spider F1 99 Blue/Tan trim aluminum accents LHD US ZFFXR48AXX0115953
115954	F355	Spider (F1) 99 ZFFXR48A1X0115954
115955	F355	Spider F1 99 Red/Tan LHD US ZFFXR48A3X0115955 Shields Rear Challenge Grill
115956	F355	Spider F1 99 Red/Tan LHD US ZFFXR48A5X0115956 Challenge grille
115957	F355	Spider F1 99 Blu Tour de France 522/Tan LHD US ZFFXR48A7X0115957
115958	F355	Spider (F1) 99 LHD US ZFFXR48A9X0115958
115959	F355	Spider 99 Red/Black LHD US ZFFXR48A0X0115959

s/n	Type	Comments
115960	F355	Spider F1 99 silver/black LHD US ZFFXR48A7X0115960
115961	F355	Spider (F1) 99 LHD US ZFFXR48A9X0115961
115962	F355	Spider F1 99 Yellow/Black Sparco racing seats LHD US ZFFXR48A0X0115962
115963	F355	Spider F1 99 Grigio Ingrid 720/Black LHD US ZFFXR48A2X0115963 Red calipers shields Tubi
115964	F355	Spider F1 99 Yellow/Black LHD US ZFFXR48A4X0115964
115965	F355	Spider F1 99 Rosso Corsa/Beige LHD US ZFFXR48A6X0115965
115966	F355	Spider (F1) 99 LHD US ZFFXR48A8X0115966
115967	F355	Spider (F1) 99 LHD US ZFFXR48AXX0115967
115968	F355	Spider F1 99 Nero Daytona Black LHD US ZFFXR48A1X0115968
115969	F355	Spider F1 99 Grigio Titanio met./Black LHD US ZFFXR48A3X0115969
115970	F355	Spider F1 99 Black/Black LHD US ZFFXR48AXX0115970 shields rear challenge Grill Red calipers
115971	F355	Spider F1 99 NART Blue/Tan LHD US ZFFXR48A1X0115971 Rear Challenge Grill Shields Red Calipers
115972	F355	Spider F1 Series Fiorano 99 LHD US ZFFXR48A3X0115972
115973	F355	Spider F1 99 Rosso Corsa/Tan LHD US ZFFXR48A5X0115973 Red Calipers
115974	F355	Spider (F1) 99 LHD US ZFFXR48A7X0115974
115975	F355	Spider 99 Yellow/Black Yellow piping LHD CDN ZFFXR48A9X0115975
115976	F355	Spider F1 99 Grigio Titanio met./Black LHD US ZFFXR48A0X0115976
115977	F355	Spider (F1) 99 LHD US ZFFXR48A2X0115977
115980	F355	Spider F1 5/99 Azzurro California 524/Crema ZFFXR48C000115980
115981	F355	Spider F1
115982	F355	Spider F1 Silver/Black RHD ZFFXR48C000115982 shields
115983	F355	Spider F1
115984	F355	Spider F1
115985	F355	Spider F1 Rosso Corsa Nero Bordeaux Carpet
115986	F355	Berlinetta F1 Yellow/Black RHD
115989	456	M GT Black
115992	F355	Spider Yellow/black ZFFXR48B000115992
115993	F355	Spider Giallo Modena/Black LHD EU ZFFXR48B000115993 B5993AQQ
115995	F355	Spider Blu TdF/crema LHD ZFFXR48B000115995
115997	F355	Spider Red/Black LHD EU
115998	F355	Spider Le Mans Blue/Tan LHD EU
116000	F355	Spider 9/97 Silver/Black manual LHDEU ZFFXR48B000116000 EPA & DOT converted, out of range built-date
116002	F355	Spider
116003	360	Modena F1 Rosso Corsa/black Manual ZFFYR51B000116003 B6003NGE
116004	360	Modena Grigio Alloy/dark Blue LHD EU ZFFYR51B000
116005	360	Modena F1 Red/Black LHD EU ZFFYR51B000
116009	456	M GT Dark Blue/Tan LHD Manual ZFFWP44B000116009 B6009IDG
116010	456	M GT titangrey/brown ZFFWP44B000116010
116011	456	M GT Blue Brown
116012	456	M GT Dark Blue/Crema LHD
116013	456	M GT 99 Silver Bordeaux ZFFWP44A1X0116013
116014	456	M GT 99 LHD US ZFFWP44A3X0116014
116015	456	M GTA 99 Black/Tan ZFFWP50A0X0116015
116016	456	M GTA 99 IngridGrey Dark Blue LHD US ZFFWL50A8X0116016
116017	456	M GTA
116019	550	Maranello black/black ZFFZR49B000116019
116022	550	Maranello 99 ZFFZR49A2X0116022
116023	550	Maranello 99 ZFFZR49A4X0116023
116024	360	Modena 99 Red/Black LHD EU ZFFYR51B000 EPA & DOT converted
116025	360	Modena Rosso Corsa/tan Manual ZFFYR51B000116025 B6025NXX
116026	360	Modena Red/Tan LHD
116027	360	Modena 99 Red ZFFYR51B000116027
116034	360	Modena F1 6/99 Rosso Corsa/Nero LHD EU ZFFYR51B000116034
116035	360	Modena Red
116036	360	Modena F1 Red/Black LHD EU ZFFYR51B000
116038	360	Modena F1 Red/Black LHD
116040	360	Modena Yellow/black RHD UK
116045	456	M GT Blue/Crema ZFFWP44B000116045
116046	456	M GT 99 Grigio Ingrid 720/Tan ZFFWP44B000116046
116047	456	M GT Silver/Black LHD
116048	456	M GT Grigio Titanio met./Tan silver stittching LHD ZFFWP44B000116048
116049	456	M GTA black/black
116050	456	M GTA 99 LHD US ZFFWP50A2X0116050
116051	456	M GTA 99, Grigio IngridSabbia ZFFWP50A4X0116051.
116052	456	M GTA 99 LHD ZFFWP50A6 0116052
116053	456	M GTA Silver Dark Blue RHD
116057	550	Maranello Grigio Titanio black & Red ZFFZR49B0116057
116058	550	Maranello 99 Blu Tour de France 522/light grey LHD EU ZFFZR49B000116058 ass. # 33264
116059	550	Maranello 99 Argento Nürburgring 101/C/Bordeaux ZFFZR49B000116059
116060	550	Maranello Dark Blue/tan
116061	550	Maranello 00 Blu Tour de France 522/Beige ZFFZR49B000116061
116063	550	Maranello Red/Black
116064	550	Maranello Black/tan LHD EU
116065	550	Maranello Black/Crema LHD EU
116066	550	Maranello Grigio Titanio met./Tan LHD ZFFZR49B000116066
116067	F355	Spider F1 99 Black/Beige LHD
116069	550	Maranello Black/Blue LHD EU, damaged, probably written off
116070	550	Maranello Grigio Titanio met./black EU ZFFZR49B000116070
116071	550	Maranello Grigio Titanio met./black LHD EU
116073	550	Maranello 99 Blue ZFFZR49B000116073
116074	550	Maranello Grigio Titanio grey/blackZFFZR49B000116074 B6074JMT
116075	550	Maranello Black/black LHD EU
116076	550	Maranello Black/Blue
116080	550	Maranello Red/Black
116081	550	Maranello Grigio Titanio met./tan LHD EU ZFFZR49B000116081
116082	550	Maranello black/black
116083	550	Maranello 99 dark Grey/Bordeaux ZFFZR49B000116083
116085	550	Maranello 99 Blu Tour de France 522/Beige RHD AUS ZFFZR49D000116085
116086	550	Maranello 99 Blu Nart/Natural LHD US ZFFZR49A6X0116086
116087	550	Maranello 99 Blu Tour de France 522/Tan LHD ZFFZR49A8X0116087
116088	550	Maranello 99 ZFFZR49AXX0116088
116089	550	Maranello 99 ZFFZR49A1X0116089
116090	550	Maranello 99 ZFFZR49A8X0116090
116091	550	Maranello 99 Silver/Black LHD ZFFZR49AXX0116091
116092	550	Maranello 99 Rosso Corsa/Nero ZFFZR49A1X0116092
116093	550	Maranello 99 ZFFZR49A3X0116093 Autocheck
116094	550	Maranello 99 Black/Tan LHD ZFFZR49A5X0116094

s/n	Type	Comments
116095	550	Maranello 4/99 Blue met./Black ZFFZR49A7X0116095
116096	550	Maranello 4/99 Rosso Corsa/cuoio Daytona seats LHD US ZFFZR49A9X0116096 Red calipers
116097	550	Maranello 4/99 ZFFZR49A0X0116097
116098	550	Maranello 4/99 Red/Tan Daytona seats ZFFZR49A2X0116098
116099	550	Maranello 4/99 Silver/Bordeaux ZFFZR49A4X0116099 ass. # 33209
116100	550	Maranello 4/99 Grigio Titanio met./Black LHD ZFFZR49A7X0116100
116101	550	Maranello 99 Black/Tan ZFFZR49A9X0116101
116102	550	Maranello 99 Silver/Black ZFFZR49A0X0116102
116103	550	Maranello 99 ZFFZR49A2X0116103
116104	550	Maranello 99 Nero ZFFZR49A4X0116104
116105	550	Maranello 99 Blu Tour de France 522/Tan ZFFZR49A6X0116105
116106	550	Maranello 99 ZFFZR49A8X0116106
116107	550	Maranello 99 ZFFZR49AXX0116107
116108	550	Maranello 99 ZFFZS49A6X0116108
116109	550	Maranello 99 ZFFZS49A8X0116109
116110	550	Maranello
116115	360	Modena F1 12/01 Rosso Corsa/Nero ZFFYR51B000116115
116116	360	Modena F1 Red/Tan LHD
116118	360	Modena Rosso/nero
116119	360	Modena 99 LHD
116121	360	Modena 99 Grigio Alloy/black Manual LHD EU ZFFYR51B000116121 B6121NZU ass.# 33232
116123	360	Modena Blue/tan LHD
116124	550	Maranello nero Daytona met./tan
116125	360	Modena F1 Red/Black LHD EU ZFFYR51B000
116127	360	Modena F1 99 Yellow/Black LHD EU ZFFYR51B000116127
116128	360	Modena F1 Red/Black LHD EU ZFFYR51B000
116131	360	Modena F1 Red/Tan LHD EU ZFFYR51B000
116132	360	Modena F1 Black/black LHD US ZFFYR51A2X0116132 Red calipers
116133	360	Modena F1 99 LHD US ZFFYR51A4X0116133
116138	360	Modena F1 Red/Black RHD UK ZFFYR51C000
116139	456	M GT 99 Anthracite ZFFWP44B000116139
116140	456	M GT Grigio Titanio met./bordeaux
116141	456	M GTA Grigio Ingrid 720/Blue.ZFFWP50B000116141
116143	456	M GTA 99 LHD US ZFFWP50A9X0116143
116145	550	Maranello Blu Tour de France 522/Beige Blue piping RHD UK
116149	360	Modena Red/Black LHD EU ZFFYR51B000
116150	360	Modena Yellow/black LHD EU ZFFYR51B000
116151	360	Modena (F1) black/Red seats LHD with shields front + rear Challenge grill BBS rims Hamann front + rear spoilers and rear bumper
116152	360	Modena Red/Tan Manual LHD EU ZFFYR51B000116152 shields non-original wheels Challege grill front + rear spoilers (RSD)
116153	360	Modena Red/Black
116155	360	Modena Red/Black LHD EU ZFFYR51B000
116156	360	Modena F1 99 Red/beige LHD EU ZFFYR51B000116156
116158	360	Modena F1 Yellow/black LHD EU ZFFYR51B000116158
116160	360	Modena F1 7/99 Rosso Corsa/Nero LHD ZFFYR51B000116160 Rear Challenge grille
116161	360	Modena 99 Yellow/black LHD ZFFYR51B000116161
116162	360	Modena Black/black LHD EU
116163	360	Modena F1 Red/Black LHD EU ZFFYR51B000
116166	360	Modena F1 Silver/Black LHD ZFFYR51B000
116167	360	Modena F1 Grigio Alloy/dark Blue LHD EU ZFFYR51B000116167 ass. # 33339
116169	360	Modena F1 Red/Black
116170	360	Modena F1 Grigio Alloy/Crema LHD ZFFYR51B000116170
116171	360	Modena F1 Yellow/black LHD EU ZFFYR51B000 B6171NTL
116172	360	Modena F1 99 Black/tan LHD US ZFFYR51A3X0116172
116173	360	Modena F1 99 Black/Tan black piping US ZFFYR51A5X0116173 Capristo Exhaust
116174	360	Modena F1 99 Rosso Corsa/Black Red stitching ZFFYR51A7X0116174
116175	360	Modena F1
116177	360	Modena F1 99 ZFFYR51A2X0116177
116179	360	Modena F1 99 Red/Black ZFFYR51A6X0116179
116180	360	Modena (F1) 99 ZFFYR51A2X0116180
116181	360	Modena F1 99 Rosso Corsa Nero Nero Carpets, 20.07.99
116182	360	Modena F1
116183	360	Modena F1 99 Rosso Corsa/Nero 3.06.99
116184	360	Modena
116186	360	Modena (F1) Yellow/black LHD EU ZFFYR51B000
116187	360	Modena F1 Red/Tan JP LHD ZFFYR51J0000116187
116188	456	M GT Grigio/black LHD ZFFWP44B000116188 B6188MZC
116191	F355	Spider F1 Red/Black LHD
116194	F355	Spider F1 Series Fiorano 99 LHD EU One of three "extra" Italian Cars
116195	F355	Spider F1 Red/Black LHD EU ZFFXR48B000116195 Ass # 33395
116196	F355	Spider F1 Grigio Titanio dark Blue dark Blue top LHD
116197	F355	Spider F1 Blu Pozzi 521 D.S.Brown LHD EU ZFFXR48B000116197
116199	F355	Spider F1 Dark Blue Crema LHD EU ZFFXR48B000116199
116201	F355	Spider F1 Series Fiorano 99 LHD EU One of three "extra" Italian Cars
116203	F355	Spider F1 Silver Dark Blue LHD EU
116206	F355	Spider Red/Black LHD
116208	F355	Spider 99 Rosso Corsa/Tan LHD ZFFXR48B000116208 B6208SAB
116210	F355	Spider F1 Black/Black LHD ZFFXR48B000
116211	F355	Spider F1 99 Black/Tan LHD US ZFFXR48A4X0116211
116212	F355	Spider F1 99 Giallo Modena/Black LHD US ZFFXR48A6X0116212
116213	F355	Spider 99 LHD US ZFFXR48A8X0116213
116214	F355	Spider F1 99 Yellow/Black LHD US ZFFXR48AXX0116214
116215	F355	Spider F1 99 Grigio Titanio 3238/BlackLHD US ZFFXR48A1X0116215 challenge grill
116216	F355	Spider F1 6/99 Rosso Corsa/Beige LHD US ZFFXR48A3X0116216
116217	F355	Spider F1 99, Black/Black LHD ZFFXR48A5X0116217
116218	F355	Spider (F1) 99 LHD US ZFFXR48A7X0116218
116219	F355	Spider F1 Series Fiorano #11/100 99 Yellow/black LHD US ZFFXR48A9X0116219 shields rear Challenge grille Red calipers
116220	F355	Spider F1 99 White bordeaux, LHD US ZFFXR48A5X0116220
116221	F355	Spider F1 6/99 Rosso Corsa/Beige LHD US ZFFXR48A7X0116221
116222	F355	Spider (F1) 99 LHD US ZFFXR48A9X0116222
116223	F355	Spider F1 99 Red/Tan LHD US ZFFXR48A0X0116223Challenge grill Red calipers
116224	F355	Spider F1 Series Fiorano #14/100 99 Black/Black LHD US ZFFXR48A2X0116224

s/n	Type	Comments	s/n	Type	Comments
116225	F355	Spider 99 Red/Tan Black Top Tan Leather Boot Manual LHD US ZFFXR48A4X0116225 Challenge Rear Grill Tubi	116264	F355	Spider F1 Series Fiorano 99 Blu Tour de France 522/Dark Blue LHD US ZFFXR48A3X0116264 Tubi Red calipers
116226	F355	Spider (F1) 99 LHD US ZFFXR48A6X0116226	116265	F355	Spider (F1) 99 LHD US ZFFXR48A5X0116265
116227	F355	Spider F1 99 Black/Tan Black piping LHD US ZFFXR48A8X0116227 Challenge grille shields	116266	F355	Spider F1 Series Fiorano 99 Yellow/black LHD US ZFFXR48A7X0116266
116228	F355	Spider F1 99 Black/Black LHD US ZFFXR48AXX0116228	116267	F355	Spider F1 Series Fiorano #60/100, 99, Black/Bordeaux LHD US ZFFXR48A9X0116267
116229	F355	Spider F1 Series Fiorano #15/100 99 White/Bordeaux then Yellow/Black black top LHD US ZFFXR48A1X0116229	116268	F355	Spider 99 LHD US ZFFXR48A0X0116268
			116269	F355	Spider F1 Series Fiorano 99 Yellow/Black LHD US ZFFXR48A2X0116269
116230	F355	Spider F1 Series Fiorano #16/100 Giallo Modena/Nero LHD US ZFFXR48A8X0116230 Shields Red Calipers Rear Challenge Grill Tubi	116270	F355	Spider (F1) 99 LHD US ZFFXR48A9X0116270
			116271	F355	Spider (F1) 99 LHD US ZFFXR48A0X0116271
			116272	F355	Spider F1 99 Black/Black LHD US ZFFXR48A2X0116272
116231	F355	Spider F1 99 Rosso Corsa/Tan LHD US ZFFXR48AXX0116231 Rear Challenge Grill Red calipers shields	116273	F355	Spider (F1) 99 LHD US ZFFXR48A4X0116273
			116274	F355	Spider (F1) 99 LHD US ZFFXR48A6X0116274
116232	F355	Spider (F1) 99 LHD US ZFFXR48A1X0116232	116275	F355	Spider F1 99 Rosso Corsa/Sabbia Red piping RHD ZFFXR48C000116275 shields
116233	F355	Spider 99 Dark Blue/Tan LHD US ZFFXR48A3X0116233	116276	F355	Spider F1
116234	F355	Spider F1 4/99 Grey/Bordeaux LHD US ZFFXR48A5X0116234	116279	F355	Spider Red/Black LHD
			116280	F355	Spider F1
116235	F355	Spider F1 4/99 Giallo Modena/Natural LHD US ZFFXR48A7X0116235	116281	F355	Spider
			116282	F355	Spider F1 Yellow/Black LHD JP ZFFXR48JPN0116282
116236	F355	Spider F1 99 Rosso Corsa/Tan Black Piping LHD US ZFFXR48A9X0116236 Shields Challenge Grill Red Calipers	116284	F355	Spider Black/Black LHD
			116285	F355	Spider Silver/Black LHD EU
			116286	F355	Spider Red/Black ZFFXR48B000116286
116237	F355	Spider (F1) 99 LHD US ZFFXR48A0X0116237	116287	F355	Spider 99 Rosso Corsa/Nero Manual LHD EU ZFFXR48B000116287
116238	F355	Spider F1 5/99 Black/Tan LHD US ZFFXR48A2X0116238			
			116290	F355	Spider (F1) 99 LHD US ZFFXR48A4X0116290
116239	F355	Spider F1 99 Rosso Corsa/Tan LHD US ZFFXR48A4X0116239	116291	F355	Spider Series Fiorano manual , first (?) with manual transmission
116240	F355	Spider (F1) 99 LHD US ZFFXR48A0X0116240			
116241	F355	Spider F1 99 Rosso Corsa/Tan LHD US ZFFXR48A2X0116241 Tubi	116292	F355	Spider Series Fiorano # 10/100 99 Rosso Corsa/Tan Manual LHD US ZFFXR48A8X0116292
116242	F355	Spider (F1) 99 LHD US ZFFXR48A4X0116242			
116243	F355	Spider F1 Series Fiorano #8/100 99 Red/Tan LHD US ZFFXR48A6X0116243	116293	F355	Spider 99 Red/Beige LHD US ZFFXR48AXX0116293 Tubi Red calipers
116244	F355	Spider (F1) 99 LHD US ZFFXR48A8X0116244	116294	F355	Spider (F1) 99 LHD US ZFFXR48A1X0116294
116245	F355	Spider F1 99 Giallo Modena/BlackLHD US ZFFXR48AXX0116245	116295	F355	Spider 99 LHD US ZFFXR48A3X0116295
			116296	F355	Spider 7/99 Black/Black LHD US ZFFXR48ASX0116296
116246	F355	Spider F1 Series Fiorano #22/100 99 Black/black LHD US ZFFXR48A1X0116246 Red calipers Tubi shields	116297	F355	Spider (F1) 99 LHD US ZFFXR48A7X0116297
			116298	F355	Spider (F1) 99 LHD US ZFFXR48A9X0116298
116247	F355	Spider (F1) 99 LHD US ZFFXR48A3X0116247	116299	F355	Spider 99 Blu Tour de France 522/Tan LHD US ZFFXR48A0X0116299
116248	F355	Spider (F1) 99 LHD US ZFFXR48A5X0116248			
116249	F355	Spider F1 Series Fiorano #23/100 99 Nero Daytona/Black LHD US ZFFXR48A7X0116249	116300	F355	Spider 99 LHD US ZFFXR48A3X0116300
			116301	F355	Spider Series Fiorano # 18/100 99 Yellow/Black LHD US ZFFXR48A5X0116301
116250	F355	Spider F1 Series Fiorano #24/100 99 Rosso Corsa/Tan LHD US ZFFXR48A3X0116250	116302	F355	Spider 99 Black/Beige Manual LHD US ZFFXR48A7X0116302 Red calipers Rear Challenge grill
116251	F355	Spider #25/100 99 Red/Tan LHD US ZFFXR48A5X0116251			
116252	F355	Spider F1 99 Grigio Titanio met./Tan LHD US ZFFXR48A7X0116252	116303	F355	Spider 4/99 Black/Black Manual LHD US ZFFXR48A9X0116303 Red calipers shields
116253	F355	Spider (F1) 99 LHD US ZFFXR48A9X0116253	116304	F355	Spider Series Fiorano #19/100 99 Yellow/BlackLHD US ZFFXR48A0X0116304
116254	F355	Spider (F1) 99 LHD US ZFFXR48A0X0116254			
116255	F355	Spider F1 99 Blu Tour de France 522/Tan LHD US ZFFXR48A2X0116255	116305	F355	Spider Series Fiorano #20/100 99 Rosso Barchetta/Tan manual LHD US ZFFXR48A2X0116305 Challenge Grille shields Red Calipers
116256	F355	Spider F1 99 Black/Tan LHD US ZFFXR48A4X0116256			
116257	F355	Spider (F1) 99 LHD US ZFFXR48A6X0116257	116306	F355	Spider 99 Blu Tour de France 522/Beige LHD US ZFFXR48A4X0116306
116258	F355	Spider (F1) 99 LHD US ZFFXR48A8X0116258	116307	F355	Spider 99 Black/Black Manual LHD US ZFFXR48A6X0116307
116259	F355	Spider F1 Series Fiorano 99 Yellow/Black LHD US ZFFXR48AXX0116259 Tubi			
			116308	F355	Spider 99, Yellow/Black LHD US ZFFXR48A8X0116308
116260	F355	Spider F1 99 Yellow/Black LHD US ZFFXR48A6X0116260	116309	F355	Spider 99, deep Blue/Tan Blue accents Blue top LHD US ZFFXR48AXX0116309
116261	F355	Spider (F1) 99 LHD US ZFFXR48A8X0116261			
116262	F355	Spider F1 Series Fiorano #30/100 99 Giallo Modena/Black LHD US ZFFXR48AXX0116262	116310	F355	Spider 5/99 Grigio IngridTan Black Stitching LHD US ZFFXR48A6X0116310
116263	F355	Spider F1 Series Fiorano #67/100, 99, Black/Black LHD US ZFFXR48A1X0116263	116311	F355	Spider 99 Red/Beige Manual LHD US ZFFXR48A8X0116311
			116312	F355	Spider (F1) 99 LHD US ZFFXR48AXX0116312

s/n	Type	Comments	s/n	Type	Comments
116313	F355	Spider 99 Red/Tan LHD US ZFFXR48A1X0116313	116397	550	Maranello Black/tan LHD EU
116314	F355	Spider Red/Crema RHD UK ZFFXR48C000116314 Challenge Grill	116400	550	Maranello 99 Red/Tan RHD AUS ZFFZR49D000116400 eng. # F103A53744
116315	F355	Spider 99 Giallo Modena/Nero Manual RHD UK ZFFXR48C000116315	116401	550	Maranello 99 NART Blue/tan LHD US ZFFZR49AXX0116401 Cargraphic exhaust
116316	360	Modena Red/Tan LHD EU ZFFYR51B000 shields	116402	550	Maranello 99 Argento Nürburgring 101/C/Naturale ZFFZR49A1X0116402 16/10/99
116317	360	Modena Red/Black LHD EU ZFFYR51B000			
116318	360	Modena 99 Red/Black LHD Manual EU ZFFYR51B000116318	116403	550	Maranello 99 Blu Pozzi 521 D.S./Beige ZFFZR49A3X0116403
116320	360	Modena Yellow/Blue LHD EU ZFFYR51B000	116404	550	Maranello 99 Yellow/Black US ZFFZR49A5X0116404
116326	360	Modena Red/Black LHD EU ZFFYR51B000			
116327	360	Modena F1 Dark Blue/dark Blue LHD EU ZFFYR51B000	116405	550	Maranello 99 ZFFZR49A7X0116405
			116406	550	Maranello 99 Silver/Tan US ZFFZR49A9X0116406
116328	360	Modena F1 00 Red/Black LHD EU ZFFYR51B000116328	116407	550	Maranello 99 Grigio Titanio met./black LHD US Red piping ZFFZR49A0X0116407
116329	360	Modena F1 00 silver/tan ZFFYR5 B0 0116329			
116331	360	Modena F1 Red/Black LHD EU ZFFYR51B000	116408	550	Maranello 99 ZFFZR49A2X0116408
116333	360	Modena 99 Red ZFFYR51B000116333	116409	550	Maranello 6/99 Giallo Modena 4305 D.S./Black US ZFFZR49A4X0116409
116334	360	Modena Red/Black			
116335	360	Modena F1 Red/Black LHD EU ZFFYR51B000 rear challenge grill	116410	550	Maranello 99 Silver/black LHD US ZFFZR49A0X0116410
116336	360	Modena F1 Red/Black	116411	550	Maranello 99 ZFFZR49A2X0116411
116337	360	Modena F1 Red/Black LHD EU ZFFYR51B000	116413	550	Maranello 1/00 Verde Zeltweg/Beige Green inserts green piping Green Carpet RHD ZFFZR49C000116413
116339	360	Modena F1 Red/Black ZFFYR51B000			
116342	360	Modena F1 Silver/Black LHD EU ZFFYR51B000116342			
116343	360	Modena F1 Black/grey LHD EU ZFFYR51B000	116414	550	Maranello Light Blue Black RHD ZFFZR49C000116414 Grey piping
116345	360	Modena F1 7/99 Rosso Corsa/Nero ZFFYR51B000116345	116415	550	Maranello Grigio Titanio met./black RHD UK
			116416	550	Maranello Red/Black
116346	360	Modena F1 6/99 Rosso Corsa/Nero LHD EU ZFFYR51B000 B6346NIP	116420	360	Modena Rosso Corsa/beige
			116421	360	Modena Red/Tan EU ZFFYR51B000
116349	360	Modena 99 Grigio/Bordeaux LHD EU ZFFYR51B000116349	116422	360	Modena 99 Rosso Corsa/Black LHD Manual ZFFYR51B000116422 B6422NMS Red calipers
116350	360	Modena F1 11/99 Giallo Modena/Nero RHD AUS ZFFYR51B000116350	116423	360	Modena F1 99 Yellow/Black LHD US ZFFYR51A2X0116423
116351	360	Modena F1 99 Red/medium Grey lighter Grey carpets LHD US ZFFYR51A3X0116351 Red calipers rear challenge grill Tubi shields	116425	456	M GTA 2/00 Grigio Alloy Blue Blue Carpets.
			116426	F355	GTS Blue/grey
			116427	F355	Spider Red/Crema RHD UK
116352	360	Modena F1 99 ZFFYS51AXX0116352	116428	F355	Spider
116353	360	Modena F1 99 Yellow/black LHD US ZFFYS51A1X0116353	116430	456	M GTA 99 Blu Tour de France 522/Crema ZFFWP50B000116430
116354	360	Modena F1 99 ZFFYS51A3X0116354	116434	360	Modena 00 Rosso Corsa/black LHD EU ZFFYR51B000116434
116355	360	Modena 99 Red/Black LHD			
116357	360	Modena F1 Rosso Corsa Nero Rosso Carpets ZFFYR51C000	116436	360	Modena F1 Rosso Corsa/Nero LHD EU ZFFYR51B000116436
116358	360	Modena F1 Black/Crema RHD UK ZFFYR51C000	116438	360	Modena Yellow/black
			116441	360	Modena Red/Black LHD EU ZFFYR51B000
116364	360	Modena 99 Red LHD	116442	360	Modena 99 Blue LHD US ZFFYR51A6X0116442
116365	456	M GT Blue Crema LHD ZFFWP44B000116365	116443	360	Modena 99 Red/Black Manual LHD US ZFFYR51A8X0116443
116367	456	M GT 99 black/tan ZFFWP44B000116367			
116368	456	M GT black/tan ZFFWP44B000116368	116444	360	Modena 99 Grigio Titanio 3238/Bordeaux LHD Manual US ZFFYR51AXX0116444
116369	456	M GT dark Blue/tan			
116373	456	M GT Silver/Black LHD	116445	360	Modena (F1) 99 ZFFYR51A1X0116445
116374	456	M GT Silver/Black LHD	116447	360	Modena 99 Yellow/Black Yellow stitching & piping Manual LHD US ZFFYR51A5X0116447
116376	456	M GT 99 LHD US ZFFWP44A4X0116376			
116377	456	M GT 99 Silver/Bordeaux ZFFWP11A6X0116377	116449	360	Modena F1 Silver/black ZFFYR51B000
			116452	360	Modena F1 Yellow/black LHD EU ZFFYR51B000
116378	456	M GTA Dark Green/Tan	116454	360	Modena 99 Rosso Corsa 322 D.S./Black Manual EU ZFFYR51B000
116379	456	M GTA 99 LHD US ZFFWP50A5X0116379			
116380	456	M GTA 99 Grigio Ingrid 720/black LHD US ZFFWP50A1X0116380	116456	360	Modena F1 99 Rosso/Nero ZFFYR51B000
			116457	360	Modena F1 Grigio Alloy/black LHD EU ZFFYR51B000
116383	550	Maranello Metallic/black/tan LHD EU			
116385	550	Maranello Rosso Corsa/tan	116459	360	Modena Silver/black LHD EU ZFFYR51B000116459
116386	550	Maranello Red/Black LHD EU ZFFZR49B000			
116389	550	Maranello Blu Tour de France 522/light grey LHD EU B6389PWS	116460	360	Modena F1 Rosso/nero LHD ZFFYR51B000116460
116390	550	Maranello Grigio Titanio met./black LHD EU	116461	360	Modena F1 Grigio Alloy/Red ZFFYR51B000
116392	550	Maranello Red/Black LHD EU ZFFZR49B000116392	116463	360	Modena F1 Red/Black
			116464	360	Modena F1 Red/Black LHD EU ZFFYR51B000116464
116393	550	Maranello Grigio Titanio met./cognac LHD EU			
116394	550	Maranello Red/Black	116468	360	Modena F1 Red/Tan LHD EU ZFFYR51B000
116396	550	Maranello silver/black			

s/n	Type	Comments
116470	360	Modena F1 99 Rosso Fiorano Naturale LHD US ZFFYR51A0X0116470
116471	360	Modena F1 99 ZFFYR51A2X0116471
116472	360	Modena F1 99 Grigio Alloy/bordeaux Black piping & stitchings LHD US ZFFYR51A4X0116472
116482	F355	Spider F1 Red/Tan ZFFXR48B000116482
116483	F355	Spider F1 Black/Black LHD ZFFXR48B000116483 ass. # 33671
116484	F355	Spider F1 Red/Black LHD EU
116485	F355	Spider F1 Yellow/Black LHD EU ZFFXR48B000116485 ass. # 33685
116486	F355	Spider F1 Red/Black LHD EU
116487	F355	Spider F1 98 Red/Black LHD EU ZFFXR48B000116487
116489	F355	Spider F1 Series Fiorano 99 LHD EU One of three "extra" Italian Cars
116491	F355	Spider F1 99 Red/Black RHD UK ZFFXR48D000116491 eng. # F129C53987
116493	F355	Spider F1 Series Fiorano #47/100 99 Rosso Corsa/Tan LHD US ZFFXR48A7X0116493 FNA
116494	F355	Spider F1 Series Fiorano 99 Yellow/Black LHD US ZFFXR48A9X0116494
116495	F355	Spider F1 Series Fiorano #49/100 99 Silver/Black LHD US ZFFXR48A0X0116495 rear challenge grill shields Red calipers
116496	F355	Spider F1 Series Fiorano #50/10 99 Red/Tan LHD US ZFFXR48A2X0116496
116497	F355	Spider Series Fiorano 99 Red/Tan manual LHD US ZFFXR48A4X0116497
116498	F355	Spider (F1) 99 ZFFXR48A6X0116498
116499	F355	Spider F1 Series Fiorano #62/100 99 Blu Pozzi 521 D.S./Blue LHD US ZFFXR48A8X0116499
116500	F355	Spider Series Fiorano 99 Silver/Black Manual LHD Z FFXR48A0X0116500
116501	F355	Spider F1 Series Fiorano #64/100 99 Black/Black ZFFXR48A2X0116501 shields Red calipers
116502	F355	Spider Series Fiorano 99 LHD
116503	F355	Spider (F1) 99 ZFFXR48B000116503
116504	F355	Spider (F1) 99 ZFFXR48A8X0116504
116505	F355	Spider F1 Series Fiorano #69/100 99 Grigio Titanio met./navy ZFFXR48AXX0116505
116506	F355	Spider F1 Series Fiorano #80/100 99 Grigio Titanio met./Black, ZFFXR48A1X0116506
116507	F355	Spider F1 Series Fiorano #86/100 99/Grigio alloy/Charcoal ZFFXR48A3X0116507 ass. # 33752
116508	F355	Spider (F1) 99 ZFFXR48A5X0116508
116509	F355	Spider F1 Series Fiorano #42/100 99 Giallo Modena/black Yellow piping US ZFFXR48A7X0116509
116510	F355	Spider 99 ZFFXR48A3X0116510
116511	F355	Spider F1 Series Fiorano 99 Yellow/Black US ZFFXR48A5X0116511
116512	F355	Spider F1 Series Fiorano #90/100 Silver/Black ZFFXR48A7X0116512
116513	F355	Spider F1 99 Pozzi Blue/Tan dark blue upper dash,steering wheel & piping Blue top ZFFXR48A9X0116513 red calipers
116514	F355	Spider (F1) 99 ZFFXR48A0X0116514
116515	F355	Spider F1 Series Fiorano #55/100 99 Giallo Modena/Black ZFFXR48A2X0116515
116516	F355	Spider F1 99 Blu Pozzi 521 D.S./Tan LHD US ZFFXR48A4X0116516 never advertised as Fiorano
116517	F355	Spider (F1) 99 ZFFXR48A6X0116517
116518	F355	Spider Series Fiorano #100/100 Yellow/Blue & Yellow sport seats Blue top manual LHD US ZFFXR48A8X0116518 shields
116519	F355	Spider F1 Series Fiorano #59/100? ZFFXR48AXX0116519
116520	F355	Spider F1 Series Fiorano #65/100 6/99 Red/Black ZFFXR48A6X0116520
116521	F355	Spider F1 Series Fiorano #31/100 6/99 Le Mans Blue Navy Top/Sabbia ZFFXR48A8X0116521
116522	F355	Spider F1 Series Fiorano 99 Red/Tan ZFFXR48AXX0116522
116523	F355	Spider (F1) 99 ZFFXR48A1X0116523
116524	F355	Spider F1 Series Fiorano #71/100, 99 Silver/Black US ZFFXR48A3X0116524
116525	F355	Spider F1 Series Fiorano #13/100 Black/Black LHD US ZFFXR48A5X0116525
116526	F355	Spider (F1) 99 ZFFXR48A7X0116526
116527	F355	Spider F1 Series Fiorano #76/100 99 Black/Tan LHD US ZFFXR48A9X0116527
116528	F355	Spider (F1) 99 ZFFXR48A0X0116528
116529	F355	Spider F1 99 Yellow/Black US ZFFYR4BAZX0116529
116530	F355	Spider F1 Series Fiorano #82/100 99 Red/Tan LHD ZFFXR48A9X0
116531	F355	Spider (F1) 99 ZFFXR48A0X0116531
116532	F355	Spider F1 Series Fiorano #84/100, 99, Silver/Black, US ZFFXR48A2X0116532
116533	F355	Spider F1 Series Fiorano #87/100 99 Rosso Corsa/Tan ZFFXR48A4X0116533
116534	F355	Spider F1 Series Fiorano #88/100 99 Yellow/Tan ZFFXR48A6X0116534
116535	F355	Spider F1 99 Red/Tan ZFFXR48A8X0116535
116536	F355	Spider (F1) 99 ZFFXR48AXX0116536
116537	F355	Spider F1 Series Fiorano #98/100, 99, Rosso Corsa/Black LHD US ZFFXR48A1X0116537
116538	F355	Spider (F1) 99 ZFFXR48A3X0116538
116539	F355	Spider F1 99 Rosso Corsa/Beige ZFFXR48A5X0116539
116540	F355	Spider F1 99 Rosso Corsa/Beige RHD UK ZFFXR48C000116540
116542	F355	Spider Yellow/black ZFFXR48B000116542
116543	F355	Spider Dark Blue/Black LHD
116544	F355	Spider Rosso Corsa/Black manual LHD EU ZFFXR48B000116544 ass. # 33655 B6544YDT
116545	F355	Spider Giallo/nero LHD ZFFXR48B000116545
116546	F355	Spider Red/Black LHD EU
116547	F355	Spider Black/Black Manual ZFFXR48B000116547 shields
116548	F355	Spider Grey Black LHD EU ass. # 33693
116549	F355	Spider Red/Black ZFFXR48B000116549
116550	F355	Spider Red/Black LHD EU
116551	F355	Spider Red/Black LHD
116553	F355	Spider
116555	F355	Spider (F1) 99 LHD US ZFFXR48A3X0116555
116556	F355	Spider Series Fiorano 99 Red/Brown Manual LHD US ZFFXR48A5X0116556
116557	F355	Spider (F1) 99 LHD US ZFFXR48A7X0116557
116558	F355	Spider 5/99 Rosso Rosso Corsa/Tan Maunal LHD US ZFFXR4A89X0
116559	F355	Spider Series Fiorano #35/100 5/99 Black/Black Manual ZFFXR48A0X0 challenge grill Red calipers shields
116560	F355	Spider Series Fiorano #36/100 5/99 Grigio Titanio met./Bordeaux Manual LHD US ZFFXR48A7X0116560
116561	F355	Spider Series Fiorano #38/100 99 Blu Tour de France Metallic/Tan Manual LHD US ZFFXR48A9X0116561
116562	F355	Spider Series Fiorano #59/100 Manual ZFFXR48A0X0116562
116563	F355	Spider 99 Red/Tan LHD US ZFFXR48A2X0116563
116564	F355	Spider (F1) 99 ZFFXR48A4X0116564
116565	F355	Spider (F1) 99 ZFFXR48A6X0116565
116566	F355	Spider 99 Yellow/Black Manual ZFFXR48A8X0116566 Challenge Grill Red Calipers Tubi

s/n	Type	Comments
116567	F355	Spider Series Fiorano #52/100 99 Yellow/black Manual US ZFFXR48AXX0116567
116568	F355	Spider Series Fiorano #40/100 99 Grigio Titanio met./Black ZFFXR48A1X0116568
116569	F355	Spider (F1) 99 ZFFXR48A3X0116569
116570	F355	Spider Series Fiorano #34/100 99 black/black black top Manual ZFFXR48AXX0116570 shields red cailpers rear challenge grill
116571	F355	Spider 99 Rosso Corsa/Beige Manual ZFFXR48A1X0116571 Shields Red Calipers
116572	F355	Spider Series Fiorano # 56/100, 99 Rosso Corsa/Tan Manual ZFFXR48A3X0116572 one of 10 6 Speed
116573	F355	Spider (F1) 99 ZFFXR48A5X0116573
116574	F355	Spider Series Fiorano #74/100 99 Rosso Corsa/Tan Manual ZFFXR48A7X0116574
116575	F355	Spider Series Fiorano #78/100 99 Red/Crema LHD ZFFXR48A9X0116575 ass. # 33885
116576	F355	Spider Series Fiorano 99 Manual ZFFXR48A0X0116576
116577	F355	Spider Series Fiorano 99 Manual ZFFXR48A2X0116577
116578	F355	Spider (F1) 99 LHD US ZFFXR48A4X0116578
116579	F355	Spider (F1) 99 ZFFXR48A6X0116579
116581	360	Modena F1 99 Silver/Black LHD EU ZFFYR51B000116581 ass. # 33624
116583	360	Modena Red/Black
116584	360	Modena Red/Black LHD ZFFYR51B000116584 eng. 54075 ass # 33789
116586	360	Modena 99 Rosso Corsa/Black Manual LHD US ZFFYR51A8X0116586 Tubi Red Calipers Shields
116587	360	Modena F1 99 Yellow/Black Yellow Piping Manual LHD US ZFFYR51AXX0116587 Red Calipers Tubi
116588	360	Modena 99 Red/Tan Manual ZFFYR51A1X0116588
116589	360	Modena 99 Yellow/black Manual LHD US
116590	360	Modena 99 LHD US ZFFYS51A4X0116590
116591	360	Modena 99 Yellow/Black ZFFYS51A6X0116591
116592	360	Modena F1 99 LHD US ZFFYS51A8X0116592
116594	360	Modena F1
116595	360	Modena F1 black/black LHD ZFFYR51B000116595 Silver calipers Challenge rear grill hields
116596	360	Modena F1 Silver/black
116597	360	Modena F1 99 Red/Black LHD
116598	360	Modena F1 Red Brown LHD
116600	360	Modena F1 7/99 Giallo Modena/Blu Scuro ZFFYR51B000116600
116604	360	Modena (F1) LHD EU ZFFYR51B000116604
116607	360	Modena F1 Red
116608	360	Modena F1 Black/Black LHD EU ZFFYR51B000B6608ETE
116609	360	Modena Challenge Red/Tan LHD ZFFYR51B000116609
116610	360	Modena F1 Silver/black LHD EU ZFFYR51B000
116611	360	Modena F1 99 Rosso Corsa/Crema ZFFYR51B000116611
116612	360	Modena F1 Red/Black
116613	360	Modena F1 Dark Grey metallic/Grey ZFFYR51B000
116616	360	Modena F1 99 Rosso Corsa/Beige ZFFYR51B000116616
116617	360	Modena F1 Red/Tan LHD EU ZFFYR51B000 Challenge grille
116619	360	Modena F1 Red/Black LHD EU ZFFYR51B000
116620	360	Modena F1 Grigio Titanio 3238/black
116623	360	Modena F1 00 silver/black LHD
116625	360	Modena F1 Red/Black LHD EU ZFFYR51B000116625
116627	360	Modena F1 Red/Black
116628	360	Modena 99 Black/tan LHD

s/n	Type	Comments
116629	360	Modena F1 99 Red/Tan LHD US ZFFYR51A0X0116629
116631	360	Modena F1 99 Silver/all dark Blue LHD US ZFFYR51A9X0116631 Red calipers
116632	360	Modena F1 99 ZFFYR51A0X0116632
116633	360	Modena F1 99 Red/Black LHD US ZFFYR51A2X0116633
116634	360	Modena F1 99 Grigo/Black ZFFYR51A4X0116634
116635	360	Modena F1 99 Yellow/Naturale LHD ZFFYR51A6X0116635
116636	360	Modena F1 99 Silver/Black US ZFFYR51A8X0116636
116637	360	Modena F1 99 ZFFYR51AXX0116637
116639	360	Modena F1 LHD US ZFFYR51A3X0116639
116641	360	Modena F1 99 Grigio Alloy/black LHD US ZFFYS51A6X0116641
116644	360	Modena F1 Red/Black RHD ZFFYR51C000116644 Challenge rear grill shields Stripe
116645	360	Modena F1 99 Red/Crema ZFFYR51C000116645
116646	360	Modena F1 Red/Black RHD UK ZFFYR51C000
116647	360	Modena
116648	360	Modena F1 Red/Black RHD UK ZFFYR51C000 Red calipers
116649	360	Modena Dark Blue/black RHD UK ZFFYR51C000116649
116658	456	M GTA Black/Tan LHD
116659	456	M GT Verde Zeltweg/Crema ZFFWP44B000116659
116661	456	M GT Blu Pozzi 521 D.S./Tan LHD ZFFWP44B000116661
116663	456	M GT Silver/Black LHD
116664	456	M GT Blu Pozzi 521 D.S./Tan LHD
116665	456	M GT 99 Rosso Barchetta Tan Manual ZFFWP44A0X0116665
116666	456	M GTA Dark Blue/Black LHD
116668	456	M GT 99 Grigio Ingrid 720/Sabbia Manual
116669	456	M GTA 99 ZFFWP50A3X0116669
116670	456	M GT 99 Red/Black ZFFWP50AXX0116670
116671	550	Maranello Argento Nürburgring 101/C/black ZFFZR49B000116671
116672	550	Maranello Grigio Titanio met./Bordeaux
116673	550	Maranello Black/black LHD EU
116675	550	Maranello 99 Rosso Corsa/Nero ZFFZR49B000116675
116676	550	Maranello 99 Grigio Ingrid 720/dark Red black piping ZFFZR49B000116676
116677	550	Maranello Rosso Corsa/grey sports seats ZFFZR49B000116677 Red calipers shields
116678	550	Maranello Red/Crema LHD EU
116679	550	Maranello Silver/black
116681	550	Maranello Blu Tour de France 522/tan LHD EU ZFFZR49B000116681
116682	550	Maranello Metallic/black/tan LHD EU
116683	550	Maranello Rosso Corsa/Tan LHD ZFFZR49B000116683 ass. # 33853
116685	550	Maranello Silver LHD ZFFZR49B000116685
116686	550	Maranello Black/tan
116688	550	Maranello Black/black ZFFZR49B000
116689	550	Maranello nero/nero ZFFZR49B000116689
116690	550	Maranello Black/tan LHD EU
116692	550	Maranello 99 Black/Beige RHD AUS ZFFZR49D000116692
116693	550	Maranello 99 Blue NART RHD AUS ZFFZR49D000116693 eng. # F133A54027
116694	550	Maranello 99 Sebring Blue/tan, US ZFFZR49A7X0116694
116695	550	Maranello 99 Giallo Modena/Black Daytona seats Yellow inserts LHD US ZFFZR49A9X0116695 Tubi
116696	550	Maranello 99 ZFFZR49A0X0116696

s/n	Type	Comments
116697	550	Maranello 99 Grigio Alloy/Black ZFFZR49A2X0116697
116698	550	Maranello 99 ZFFZR49A4X0116698
116699	550	Maranello 99 Grigio Titanio met./black LHD US ZFFZR49A6X0116699
116700	550	Maranello 99 ZFFZR49A9X0116700
116701	550	Maranello 99 ZFFZR49A0X0116701
116702	550	Maranello 99 Red/Black ZFFZR49A2X0116702
116703	550	Maranello 99 ZFFZR49A4X0116703
116705	550	Maranello 6/99 Black/Crema ZFFZR49A8X0116705
116706	550	Maranello 99 Nero Daytona Metallic/Black ZFFZS49A4X0116706
116707	550	Maranello 99 Red/Black ZFFZS49A6X0116707
116708	550	Maranello 99 ZFFZS49A8X0116708
116710	550	Maranello LM Conversion 99 Rosso Corsa/Nero then orange/black when converted ZFFZR49C000116710
116711	550	Maranello
116712	550	Maranello 2/00 Rosso Corsa/Beige ZFFZR49C000116712
116713	550	Maranello Black/Black RHD Red calipers shields ZFFZR49C000116713
116714	550	Maranello Dark Blue/tan RHD UK ZFFZR49B000 B6714HWM
116715	550	Maranello
116718	550	Maranello Argento Nürburgring 101/C/Nero Nero Carpets, 10.08.99
116721	360	Modena F1 Black/black LHD EU ZFFYR51B000
116722	360	Modena F1 Rosso Corsa
116723	360	Modena F1 Red/Crema RHD UK ZFFYR51C000
116724	360	Modena 99 Rosso Corsa (322DS)/Nero Red Stitching Red calipers, RHD UK ZFFYR51C000116724 eng. # 54107 ass. # 33838
116725	360	Modena F1 Red RHD
116726	360	Modena F1 99 Rosso Corsa/Nero ZFFYR51C000116726
116727	456	M GTA 99 ZFFWP50A2X0116727
116728	456	M GTA 00 Black/Tan LHD ZFFWP50A2Y0116728
116729	456	M GTA Blu Tour De France,Tan Tan Carpets
116730	456	M GTA 00 Blu Tour de France 522/Beige RHD
116731	456	M GTA dark Red/Tan RHD
116735	456	M GTA Argento Nürburgring 101/C/Nero Nero Carpets 23.03.00
116736	360	Modena 99 LHD US ZFFYR51A1X0116736
116737	360	Modena F1 Red/Black LHD EU
116738	360	Modena F1 7/99 Rosso Corsa/Beige ZFFYR51B000116738
116739	360	Modena F1 Silver/black LHD EU
116740	360	Modena F1 Blu Pozzi 521 D.S./dark Blue LHD EU ZFFYR51B000116740 ass. # 33856
116743	360	Modena F1 99 Grigio Alloy/Black LHD
116745	360	Modena F1
116748	360	Modena F1 Black/all naturale LHD EU
116749	360	Modena F1 Red/Black LHD EU shields Red calipers
116750	360	Modena F1 Grigio Alloy/black ZFFYT53B000116750
116752	360	Modena Red/Black ZFFYR51B000
116753	360	Modena F1 99 Red/Tan US ZFFYR51A1X0116753
116754	360	Modena F1 99 Giallo Modena/Black Yellow Piping ZFFYR51A3X0116754
116755	360	Modena F1 99 Rosso Corsa/Tan LHD US ZFFYR51A5X0116755
116756	360	Modena F1 99 Red/Tan LHD US ZFFYR51A7X0116756
116757	360	Modena F1 99 Red/Tan LHD ZFFYR51A9X0116757
116758	360	Modena F1 99 Red/Tan ZFFYR51A0X0116758 Red calipers challenge grill shields
116759	360	Modena F1 99 Argento Nürburgring 101/C/Dark Blue LHD US ZFFYR51A2X0116759
116760	360	Modena F1 99 Yellow/Black US ZFFYR51A9X0116760
116761	360	Modena F1 99 Yellow/Black LHD US ZFFYR51A0X0116761
116762	360	Modena F1 99 Grigio Titanio Silver/Black Daytona Seats LHD US ZFFYR51A2X0116762 Tubi BBS Challenge Wheels Black Calipers
116770	456	M GT Alloy Grey Black LHD
116771	F355	Spider F1 Black/Tan LHD tan hood cover
116772	F355	Spider F1 Blue/Tan LHD
116774	F355	Spider F1 Red/Black LHD
116777	F355	Spider Red/Tan
116778	F355	Spider 99 Yellow/Black LHD Manual EU ZFFXR48B000116778
116779	456	M GT 99 ZFFWP44A4X0116779
116780	456	M GT 99 Blue Tobacco LHD ZFFWP44A0 0116780
116781	456	M GTA 99 Argento Titano/Bordeaux LHD ZFFWP50A8X0116781 black calipers
116782	456	M GTA 99 Blu Tour de France 522/Tan ZFFWP50AXX0116782
116783	456	M GTA 99 Blue/Magnolia Blue piping ZFFWP50A1X0116783
116784	456	M GTA 99 Blue Tour De France/Beige ZFFWP50A3X0116784
116785	F355	Spider F1 Dark Blue/Tan LHD
116786	F355	Spider F1 99 Red/Black LHD EU ZFFXR48B000116786
116787	F355	Spider F1 Dark Blue/Blue LHD EU
116788	F355	Spider F1 8/99 Argento Nürburgring 101/C/Blu Scuro LHD EU ZFFXR48B000116788
116791	F355	Spider F1 Black/Black LHD EU ZFFXR48B000116791
116792	F355	Spider F1 Rosso Corsa/Nero LHD EU B6792ESO
116793	F355	Spider F1 99 Red/Tan LHD US ZFFXR48A8X0116793
116794	F355	Spider (F1) 99 ZFFXR48AXX0116794
116795	F355	Spider F1 99 Blu Pozzi 521 D.S./Tan ZFFXR48A1X0116795 Autochcheck conf
116796	F355	Spider F1 Series Fiorano #9/100 99 Blu Pozzi 521 D.S./Tan Blue top ZFFXR48A3X0116796
116797	F355	Spider F1 Series Fiorano 99 Red/Black ZFFXR48A5X0116797
116798	F355	Spider F1 Series Fiorano #94/100 99 Tour de France/Tan ZFFXR48A7X0116798 Shields Red Calipers Rear Challenge Grill
116799	F355	Spider F1 Series Fiorano #93/100 99 ZFFXR48A9X0116799
116800	F355	Spider (F1) 99 ZFFXR48A1X0116800
116801	F355	Spider F1 99 Red/Tan LHD US ZFFXR48A3X0116801
116802	F355	Spider F1 99 Yellow/Black US ZFFXR48A5X0116802
116803	F355	Spider F1 99 Red/Tan ZFFXR48A7X0116803
116804	F355	Spider F1 99 Rosso Corsa/Crema Red piping RHD UK ZFFXR48C000116804 ass. # 33913
116805	F355	Spider F1 99 Blu Tour De France Beige RHD UK ZFFXR48C000116805
116807	F355	Spider Red/Black
116808	F355	Spider Red/Black Manual LHD EU ZFFXR48B00016808 B6808UA
116809	F355	Spider Black/Tan Beige top manual ZFFXR48B000 B6809BGT rear challenge grill gold calipers
116810	F355	Spider Series Fiorano official last with Manual 99 Manual US ZFFXR48A4X0116810
116811	F355	Spider (F1) 99 ZFFXR48A6X0116811
116812	F355	Spider official last 99 ZFFXR48A8X0116812

s/n	Type	Comments	s/n	Type	Comments
116813	360	Modena 99 Blu Pozzi/Cuoio Naturale ZFFYR51B000116813	116877	360	Modena F1 Frankfurt Show Car Azzurro California 524/dark Blue LHD EU ass. # 34038
116814	360	Modena Red/Tan ZFFYR51B000116814	116879	360	Modena F1 Red/Tan LHD EU ZFFYR51B000
116816	360	Modena Red/Black manual ZFFYR51B000116816	116880	360	Modena
			116881	360	Modena Red/Tan LHD EU ZFFYR51B000
116817	360	Modena Red/Black Red stitching manual ZFFYR51B000116817 Challenge rear grill	116882	360	Modena F1 Yellow/black LHD EU ZFFYR51B000116882
116818	360	Modena Rosso/nero & Rosso LHD ZFFYR51B000116818	116883	360	Modena Red/Beige LHD
			116884	360	Modena F1
116819	360	Modena Red/Black LHD EU ZFFYR51B000116819 B6819UBU	116885	360	Modena
			116886	360	Modena F1 grigio alloy/black ZFFYR51B000116886 ass. #34071 B6886XND rear Challenge grill
116821	360	Modena Yellow/black LHD EU			
116822	360	Modena Yellow ZFFYR51B000116822			
116823	360	Modena Red/Black LHD EU	116887	360	Modena F1 Rosso Corsa/Black
116824	360	Modena (F1) Red/Black sport seats LHD EU B6824JJJ Challenge grill shields	116888	360	Modena F1 Red/Black LHD ZFFYR51B000116888
116826	360	Modena Red/Black LHD EU ZFFYR51B000116826	116889	360	Modena F1 Grigio Titanio 3238/bordeaux LHD
			116890	F355	Spider F1 Series Fiorano LHD US
116827	360	Modena Red shields	116893	360	Modena F1 Red/Tan LHD EU shields
116828	360	Modena nero/nero ZFFYR51B000116828	116894	360	Modena F1 Grigio Alloy/black LHD EU ZFFYR51B000
116829	360	Modena (F1) LHD EU ZFFYR51B000116829			
116831	360	Modena Red/Black & Red	116895	360	Modena F1 Red/Black LHD EU
116833	360	Modena 99 Red/Tan ZFFYR51AXX0116833 gun metal Novitec wheels Red calipers rear challenge grill	116900	360	Modena F1 Black/black LHD EU Challenge grille
			116901	360	Modena F1 99 Rosso Corsa/Beige ZFFYR51B000116901
116834	360	Modena 99 Black/Tan Manual US ZFFYR51A1X0116834	116902	360	Modena F1 9/99 Rosso Corsa/Sabbia ZFFYR51D000116902
116835	360	Modena 99 Red/Tan Manual ZFFYR51A3X0116835	116904	360	Modena F1 99 Red/Black LHD US ZFFYR51A7X0116904
116836	360	Modena F1 99 ZFFYR51A5X0116836	116905	360	Modena F1 99 Gregio Alloy Black ZFFYR51A9X0116905
116837	360	Modena 99 Red/Black & Red stitching, US ZFFYR51A7X0116837			
116838	360	Modena F1 99 LHD US ZFFYR51A9X0116838	116906	360	Modena F1 99 Red/Tan LHD US ZFFYR51A0X0116906 Challenge Rear Grill
116839	360	Modena 99 Yellow/Black Manual LHD US ZFFYR51A0X0116839	116907	360	Modena F1 99 Red/Tan LHD US ZFFYR51A2X0116907
116840	360	Modena 99 Rosso Corsa/tan Manual LHD US ZFFYR51A7X0116840 Tubi Challenge grille shields	116908	360	Modena 99 Red/Black LHD US ZFFYR51A4X0116908
116841	360	Modena Silver/black LHD US Manual ZFFYR51A9X0116841 Red calipers	116909	360	Modena F1 99 LHD US ZFFYR51A6X0116909
			116910	360	Modena F1 99 LHD US ZFFYR51A2X0116910
116842	360	Modena F1 99 Red/Tan Manual LHD US ZFFYR51A0X0116842	116911	360	Modena F1 99 Giallo Granturismo (Maserati Colour)/Black LHD US ZFFYR51A4X0116911
116843	360	Modena F1 99 LHD US ZFFYS51A7X0116843	116912	360	Modena F1 99 Rosso Corsa/Beige LHD US ZFFYR51A6X0116912 Tubi shields red calipers rear challenge grill
116844	360	Modena 10/99 Giallo Modena/Nero Nero Carpet			
116845	360	Modena Red/Black	116913	360	Modena F1 99 Silver bordeaux US ZFFYR51A8X0116913
116846	360	Modena Argento Nürburgring 101/C/Bordeaux Hide/Nero Carpets 20.8.99	116914	360	Modena F1 99 Rosso Corsa/Beige LHD US ZFFYR51AXX0116914
116847	360	Modena			
116848	360	Modena Yellow/black LHD shields	116915	360	Modena F1 99 Red/Tan LHD US ZFFYR51A1X0116915
116852	360	Modena F1 dark Blue/tan LHD EU			
116853	360	Modena F1 Red/Tan LHD	116917	360	Modena F1 99 LHD US ZFFYR51A5X0116917
116855	360	Modena F1 Koenig Giallo/nero	116918	360	Modena F1 99 Grigio Alloy/Tan ZFFYR51A7X0116918
116856	360	Modena F1 Red/Black			
116857	360	Modena Red/brown ZFFYR51B000119603 shields	116921	360	Modena F1 99 Blue/Red ZFFYS51A1X0116921
			116922	360	Modena
116859	360	Modena F1 Nero/tan ZFFYR51B000116859	116923	360	Modena F1 Red/Black RHD
116860	360	Modena F1 Metallic/black/naturale LHD EU ZFFYR51B000	116924	360	Modena F1 Grigio Titanio 3238/bordeaux RHD UK
116861	360	Modena Red/Black LHD EU ZFFYR51B000116861	116925	360	Modena F1 Black/Black RHD ZFFYR51C000116925 Yellow calipers shields
116863	360	Modena F1 99 Red/Black ZFFYR51B000116863	116926	360	Modena
			116929	360	Modena Yellow/Black RHD ZFFYR51C000116929
116865	360	Modena F1 Yellow/black			
116867	360	Modena F1 Silver/Black LHD	116931	360	Modena F1 8/99 Argento Nürburgring 101/C/Blue ZFFYR51C000116931
116869	360	Modena F1			
116870	360	Modena F1 Black/black LHD EU ZFFYR51B000	116932	360	Modena
116872	360	Modena F1 Franfkurt Show Car AvD 100 years-exhibition Argento Nürburgring 101/C/black LHD EU ZFFYR51B000116872	116934	360	Modena F1 Red/Crema RHD UK Red piping ZFFYR51C000116934
			116935	360	Modena
116875	360	Modena F1 Rosso Corsa/brown	116937	360	Modena
116876	360	Modena F1 Red/Tan LHD EU ZFFYR51B000	116938	360	Modena F1 10.9.1999 Blue Tour de France/Beige Blue Carpet

s/n	Type	Comments
116939	360	Modena
116940	360	Modena F1 Grigio Alloy/black RHD UK ZFFYR51C000116940
116941	360	Modena F1 1.9.99 Rosso Corsa/Nero Bordeaux Carpet
116942	360	Modena
116950	F355	Spider F1 Dark Blue/Tan ZFFXR48B000116950 Black calipers
116952	456	M GT Black/Black LHD ZFFWP44B000116952
116953	456	M GT IngridGrey Dark Blue LHD
116954	456	M GT Nero/Nero LHD EU ass. # 34149
116956	456	M GT Black/Tan LHD
116958	456	M GT Silver/Black LHD
116960	456	M GT Silver/Black ZFFWP44B000116960
116962	456	M GTA Franfkfurt Show Car Grigio Ingrid 720/Bordeaux LHD EU
116963	456	M GTA Blue/Tan LHD
116964	456	GT Nero/Nero ZFFWP50B000116964
116965	456	M GTA 99 ZFFWP50A7X0116965
116966	456	M GTA Grigio Titanio met. Bordeaux RHD ZFFWP50C000116966
116971	550	Maranello 8/99 Rosso Corsa/Nero LHD ZFFZR49B000116971
116972	550	Maranello Red/Tan LHD EU
116973	550	Maranello Silver/dark grey LHD EU
116974	550	Maranello Franfkfurt Show Car Grigio Alloy/dark Blue LHD EU ZFFZR49B000116974
116975	550	Maranello silver/Red ZFFZR49B000116975
116978	550	Maranello Red/Black LHD
116980	550	Maranello Blu Pozzi 521 D.S./Crema ZFFZR49B000
116981	550	Maranello Rosso Fiorano/tan LHD EU ZFFZR49B000 B6981JIT
116982	550	Maranello 99 ZFFZR49A1X0116982
116983	550	Maranello 99 ZFFZR49A3X0116983
116984	550	Maranello 99 ZFFZR49A5X0116984
116985	550	Maranello 99 ZFFZR49A7X0116985
116986	550	Maranello 99 Silver Light Grey LHD ZFFZR49A9X0116986
116987	550	Maranello 99 ZFFZR49A0X0116987
116988	550	Maranello 99 Rosso Corsa/tan Red stitching & piping ZFFZR49A2X0116988 Red calipers shields
116989	550	Maranello 99 Blu Pozzi 521 D.S./Bordeaux ZFFZR49A4X0116989 , 9/9/99
116990	550	Maranello 99 Grigio Titanio met./grey LHD US ZFFZR49A0X0116990
116991	550	Maranello 99 Black/Tan Daytona seats ZFFZR49A2X0116991 Capristo exhaust
116993	550	Maranello 99 ZFFZR49A6X0116993
116994	550	Maranello 7/99 Grigio Alloy/black ZFFZR49A8X0116994 shields Grigio Titanio calipers 575M wheels
116995	550	Maranello 99 ZFFZR49AXX0116995
116996	550	Maranello 99 ZFFZR49A1X0116996
116999	550	Maranello 1.9.99, Rosso/Corsa, Crema Rosso Carpet
117000	550	Maranello Silver/Bordeaux RHD B7000EMO Silver calipers
117001	550	Maranello 1.09.99 Nero Daytona/Crema Nero Carpets Fiorano package
117003	360	Modena
117004	550	Maranello Silver/Black ZFFZR49C000117004
117005	550	Maranello Blu Tour de France 522/Tan RHD ZFFZR49C000117005
117006	550	Maranello Red/Crema Red piping RHD ZFFZR49C000117006 Red calipers
117007	550	Maranello 99 Blue Tour De France Beige ZFFZR49C000117007
117014	456	M GT Blu Pozzi 521 D.S./Magnolia
117015	456	M GTA 9/99 Argento Nüurburgring/Nero ZFFWP50B000117015
117016	456	M GTA Black/Tan LHD ZFFWP50B000117016
117017	456	M GTA dark Blue/tan ZFFWP50B000
117018	456	M GTA 99 Blu Pozzi/Beige ZFFWP50B000117018 ass. # 34373
117022	550	Maranello 99 Red/Black LHD
117023	456	M GT Silver/bordeaux ZFFWP44B000
117024	456	M GT Blue/Tan LHD
117025	456	M GT TdF Blue Grey LHD
117030	456	M GTA Dark Blue/Tan RHD ZFFWP50C000117030
117032	550	Maranello Blu Pozzi 521 D.S./tan ZFFZR49B000
117033	550	Maranello 7/99 Rosso Corsa/Nero ZFFZR49B000117033
117034	550	Maranello Blu Pozzi 521 D.S./tan LHD EU ZFFZR49B000117034
117035	550	Maranello black/black ZFFZR49B000117035 B7035QAA
117036	550	Maranello 99 Yellow/Black Daytona seats Yellow piping US ZFFZR49A7X0117036
117037	550	Maranello 00 Blu Pozzi 521 D.S./Beige ZFFZS49A1Y0117037
117038	550	Maranello Redtan, LHD
117039	F355	Spider 99 Yellow/Black LHD US ZFFXR48A1X0117039 Red calipers
117040	F355	Berlinetta last
117044	360	Modena 99 Nero Daytona/Cuoio Naturale ZFFYR51B000117044
117045	360	Modena Red/Tan Manual ZFFYR51B000117045
117047	360	Modena Red/Black LHD EU
117048	360	Modena 99 Grigio Alloy/Blu Scuro Manual ZFFYR51B000117048
117049	360	Modena IAA Frankfurt show car, Pininfarina stand Yellow/black & Yellow LHD EU
117051	360	Modena
117060	360	Modena F1 Red/Black LHD EU
117062	360	Modena F1 Red/Black LHD EU ZFFYR51B000117062
117064	360	Modena F1 99 Rosso Corsa/Nero ZFFYR51B000117064
117066	360	Modena Silver/Black LHD
117068	360	Modena Grigio Alloy/black
117070	360	Modena F1 10/99 Rosso Corsa/Nero RHD AUS ZFFYR51D000117070
117071	360	Modena F1 Yellow/black RHD UK ZFFYR51D000117071 eng. # F131B5451
117074	360	Modena F1 Red/Crema RHD UK
117075	360	Modena
117076	360	Modena F1 Red/Black RHD ZFFYR51C000117076
117078	360	Modena Red/Tan RHD ZFFYR51C000117078
117082	F355	Spider
117083	360	Modena F1 White JP LHD ZFFYR51J000117083
117085	360	Modena Red/Black
117090	550	Maranello Dark green/naturale-green LHD EU
117091	550	Maranello 99 Red/Black LHD EU ZFFZR49B000117091
117092	550	Maranello Grigio Titanio met./beige
117093	550	Maranello Titan Grey LHD ZFFZR49B000117093
117094	550	Maranello Red/Tan ZFFZR49B000117094 ass. #34325
117095	550	Maranello silver/grey ZFFZR49B000117095
117096	550	Maranello Grigio Titanio met./black LHD EU ZFFZR49B000
117097	550	Maranello Grigio Titanio met./black LHD EU ZFFZR49B000
117098	550	Maranello
117099	550	Maranello IAA Frankfurt show car Black/Crema Black piping LHD EU ass. # 34372 B7099CPM
117102	550	Maranello silver/black
117103	550	Maranello Blu Pozzi 521 D.S./Crema LHD EU ZFFZR49B000117103

s/n	Type	Comments	s/n	Type	Comments
117105	550	Maranello Zeltweg green/tan LHD EU ZFFZR49B000117105	117173	360	Modena Red/Crema LHD EU ZFFYR51B000117173
117106	550	Maranello	117174	360	Modena Red/Black
117107	550	Maranello Red/Black ZFFZR49B000117107	117175	360	Modena Red/Black LHD EU ZFFYR51B000117175
117108	550	Maranello Titan Grey LHD ZFFZR49B000117108	117176	360	Modena 99 Red/Black LHD EU ZFFYR51B000
117109	550	Maranello	117178	360	Modena Red/Black
117110	550	Maranello GT ZFFZR49B000117110	117179	360	Modena 99 Metallic/Silver/Black LHD ZFFYR51B000117179
117111	550	Maranello Blu Pozzi 521 D.S.All bordeaux ZFFZR49B000117111	117180	360	Modena Red/Black
117112	550	Maranello Metallic/black/tan LHD EU ZFFZR49B000117112 B7112JIL	117182	360	Modena Yellow/black Manual ZFFYR51B000117182
117113	550	Maranello Blu NART Cuoio Naturale	117185	360	Modena Grigio Titanio 3238/Black ZFFYR51B000117185
117114	550	Maranello Black/Black Grey stitching LHD ZFFZR49B000117114 B7114 JPL	117186	360	Modena Black/Black LHD ZFFYR51B000117186
117115	550	Maranello Red/Black	117187	360	Modena Yellow/Black RHD ZFFYR51C000117187 Challenge rear grill shields Hamann rear spoiler and body ki
117116	550	Maranello Silver/all Red LHD EU			
117117	550	Maranello 00 Blue TdF/Tan LHD EU ZFFZR49B000117117			
117118	550	Maranello Red/Black ZFFZR49B000117118 B7118XSX	117188	360	Modena Silver/Black
117119	550	Maranello 99 Yellow/Black LHD EU ZFFZR49B000117119 Yellow calipers	117194	360	Modena 10/99 Giallo Modena/Nero ZFFYR51C000117194
			117195	360	Modena Red/Tan
117120	550	Maranello Rosso Fiorano/black LHD EU	117197	360	Modena Red/Crema-Red JP LHD
117121	550	Maranello Red/Tan ZFFZR49B000117121	117201	360	Modena Red/Bordeaux
117123	550	Maranello Black/bordeaux LHD ZFFZR49B000	117205	360	Modena F1 Rosso Corsa/Black Red alcantara inserts ZFFYR51B000117205 B7205AYI shields
117124	550	Maranello Red/Black LHD ZFFZR49B000117124	117206	360	Modena F1 Red/Black Red stitching ZFFYR51B000 challenge grills
117125	550	Maranello Dark Blue/tan LHD EU			
117126	550	Maranello Blu Pozzi 521 D.S./Crema	117207	360	Modena F1 Red/Black ZFFYR51B000117207
117127	550	Maranello Black/Black LHD EU ZFFZR49B000117127	117208	360	Modena Red/Black
			117209	360	Modena F1 Red/Black LHD EU ZFFYR51B000 B7209SVX shields
117128	550	Maranello 99 Nero Daytona/Nero LHD EU ZFFZR49B000117128	117211	360	Modena F1 Grigio Titanio 3238/black LHD EUR ZFFYR51B000117211
117129	550	Maranello Fiorano 99, black/black			
117130	550	Maranello Red/Black LHD EU	117212	360	Modena F1 99 Rosso Corsa/Beige sports seats ZFFYR51B000117212
117131	550	Maranello Grigio Titanio met./bordeaux LHD ZFFZR49B000117131	117214	360	Modena F1 Red/Tan LHD EU
117132	550	Maranello Red	117215	360	Modena F1 Red/Tan LHD EU ZFFYR51B000117215
117133	550	Maranello 00 Black/Bordeaux Daytona seats ZFFZR49A3Y0117133 shields Red calipers Tubi	117216	360	Modena F1 Grigio Alloy/black LHD EU
117134	550	Maranello Yellow/all naturale LHD US	117217	360	Modena F1 10/99 Giallo Modena/Nero ZFFYR51B000117217
117135	550	Maranello			
117136	550	Maranello Grigio Alloy/Black RHD ZFFZR49C000117136 Silver calipers shields	117218	360	Modena F1 99 Giallo Modena/Black LHD EU ZFFYR51B000117218
117142	550	Maranello Argento Nürburgring 101/C/Bordeaux 05.11.99	117219	360	Modena F1 Red/Black LHD EU
			117222	360	Modena F1 IAA Frankfurt show car Rosso Corsa/naturale LHD EU ass. # 34239
117144	550	Maranello 99 Rosso Corsa/Crema Red stitching RHD ZFFZR49C000117144 Red calipers shields	117223	360	Modena F1 Yellow/black LHD EU ZFFYR51B000117223
117145	550	Maranello WSR 99 Grigio Titanio met./Bordeaux RHD	117225	360	Modena F1 99 Grigio Titanio 3238/tan LHD EU
117151	360	Modena Silver/black	117227	360	Modena F1 Red/Black
117152	360	Modena Yellow/black ZFFYR51B000	117229	360	Modena F1 Yellow/black LHD EU ZFFYR51B000 shields
117153	360	Modena Rosso/tan ZFFYR51B000117153			
117156	360	Modena Yellow/Black sport seats LHD ZFFYR51B000117156 Red calipers	117232	360	Modena
			117233	360	Modena 99 Red RHD ZFFYR51D000117233 eng. # 54439
117157	360	Modena Red/Black LHD EU ZFFYR51B000117157	117235	360	Modena F1 10/99 Rosso Corsa/Sabbia ZFFYR51D000117235
117158	360	Modena Yellow/black LHD EU ZFFYR51B000117158	117237	360	Modena Rosso RHD
			117238	360	Modena F1 Red/Black RHD ZFFYR51C000117238 shields
117160	360	Modena 99 Yellow/Black LHD Manual EU ZFFYR51B000117160	117240	360	Modena
117162	360	Modena Red/Black LHD	117242	456	M GTA 00 Grigio Titanio met./black ZFFWP50A3Y0117242
117164	360	Modena Grigio Titanio 3238/bordeaux LHD EU			
117165	360	Modena Red/Black LHD	117243	360	Modena F1 9/99 Rosso Corsa/Beige Bordeaux Carpet
117166	360	Modena Black/tan LHD EU			
117167	360	Modena Red/Black	117244	360	Modena Black/black-Red JP LHD ZFFYR51J000117244
117168	360	Modena IAA Frankfurt show car Black/black LHD EU ass. # 34181			
117169	360	Modena Red/Tan Manual rear challenge grill	117252	456	M GT 99 Argento Nürburgring 101/C/Rosso LHD EU ZFFWP44B000117252
117171	360	Modena N-GT Red, N-GT 004			
117172	360	Modena Red/Black Manual ZFFYR51B000117172	117253	456	M GT Blu Tour de France 522/brown LHD EU

s/n	Type	Comments	s/n	Type	Comments
117254	456	M GT 99 Rosso Corsa/Beige ZFFWP44B000117254	117330	360	Modena Red/Black LHD
117255	456	M GT silver/green	117332	360	Modena F1 Red/Black Sportsseats
117256	456	M GT Grigio Titanio met./black ZFFWP44B000	117334	360	Modena F1 00 Red/Black & Red ZFFYR51B000117334 Red cloth seat centres Red transmission tunnel Red lower dash & paddles
117257	456	M GT Black Naturale LHD			
117261	456	M GT Grigio Titanio met./Black LHD ZFFWP44B000			
			117336	360	Modena F1 Rosso Fiorano/brown LHD EU
117262	456	M GT Black/Tan LHD ZFFWP44B000	117338	360	Modena F1
117263	456	M GT Dark Green Tan LHD ZFFWP44B000117263	117339	360	Modena F1 Red/Black LHD EU ZFFYR51B000117339
117264	456	M GT Black/Tan	117343	360	Modena
117265	456	M GT 00 ZFFWP44A9Y0117265	117344	360	Modena F1 Red/Black LHD
117266	456	M GT 00 ZFFWP44A0Y0117266	117345	360	Modena F1 Red/Black LHD ZFFYR51B000117345 ass. # 34422 Red calipers, shields
117267	456	M GTA Black/Tan			
117268	456	M GTA Blue NART/tan dark Blue dash ZFFWP50B000117268	117346	360	Modena F1 Rosso Corsa/Black LHD EU ZFFYR51B000117346 B7346XTU swing up doors by Car Line Tuning
117269	456	M GTA 00 ZFFWP50A1Y0117269			
117270	456	M GTA 00 ZFFWP50A8Y0117270			
117271	456	M GTA 00 Black/Tan LHD ZFFWP50AXY0117271	117351	360	Modena F1 99 Rosso Fiorano 321/Cuoio LHD EU ZFFYR51B000117351
117272	456	M GTA 00 dark Grey/Black ZFFWP50A1Y0117272	117352	360	Modena F1 Red/Black
			117356	360	Modena F1 Red/Black
117273	456	M GTA 00 ZFFWP50A3Y0117273	117358	360	Modena F1 black/bordeaux
117277	360	Modena 99 LHD US ZFFYS51A5X0117277	117359	360	Modena (F1) LHD EU ZFFYR51B000117359
117278	360	Modena F1 99 LHD US ZFFYS51A7X0117278	117361	360	Modena F1 99 Blu NART/Beige ZFFYR51B000117361 B7361SDX
117279	360	Modena F1 99 Red/Black LHD US ZFFYS51A9X0117279	117364	360	Modena F1 Red/Black LHD EU
117280	360	Modena F1 99 LHD US ZFFYS51A5X0117280	117368	360	Modena F1 Red/Black
117281	360	Modena F1 99 Argento Nürburgring 101/C/Tan LHD US ZFFYS51A7X0117281 ass. # 34297 Tubi	117371	360	Modena (F1) 99 ZFFYR51A3X0117371
			117372	360	Modena F1 99 Giallo Modena/Black LHD US ZFFYR51A5X0117372
117282	360	Modena Black/black	117373	360	Modena F1 99 LHD US ZFFYR51A7X0117373
117283	360	Modena Red/Black LHD EU	117374	360	Modena F1 99 LHD US ZFFYR51A9X0117374
117284	360	Modena 99 Rosso Corsa/Nero Manual LHD EU ZFFYR51B000117284 B7284PPP	117375	360	Modena F1 99 Grigio Titanio 3238/Bordeaux LHD US ZFFYR51A0X0117375
117289	360	Modena Red/Black LHD EU	117376	360	Modena F1 99 Grigo Alloy/Grey Daytona Seats ZFFYR51A2X0117376 Rear Challange Grill Yellow Calipers
117291	360	Modena grigio alloy/black Manual ZFFYR51B000117291 rear challenge grill			
117293	360	Modena Rosso Corsa/tan	117377	360	Modena (F1) 99 LHD LHD US ZFFYR51A4X0117377
117296	360	Modena 00 Red/Tan LHD EU Manual ZFFYR518000117296			
			117378	360	Modena (F1) LHD US ZFFYR51A6X0117378
117299	360	Modena Red/Black	117379	360	Modena F1 99 Rosso Corsa/Tan
117300	360	Modena Red/Tan RHD ZFFYR51B000117300	117380	360	Modena F1 99 Red/Tan LHD US ZFFYR51A4X0117380
117303	360	Modena F1 99 Blue/Black US ZFFYR51A8X0117303	117381	360	Modena F1 99 Red/Black LHD US ZFFYR51A6X0117381
117304	360	Modena 99 Silver Met./Charcoal Manual LHD US ZFFYR51AXX0117304	117382	360	Modena F1 99 Red/Tan LHD US ZFFYR51A8X0117382
117305	360	Modena F1 99 LHD US ZFFYR51A1X0117305			
117306	360	Modena	117383	360	Modena 99 Yellow/black Yellow stitchings LHD US ZFFYR51AXX0117383 shields
117307	360	Modena 99 Giallo Modena/Black Manual LHD US ZFFYR51A5X0117307			
			117384	360	Modena 99 LHD US ZFFYR51A1X0117384
117308	360	Modena F1 99 LHD US ZFFYR51A7X0117308	117385	360	Modena F1 99 LHD US ZFFYR51A3X0117385
117309	360	Modena 99 Red/Tan Manual LHD US ZFFYR51A9X0117309	117386	360	Modena F1 99 LHD US ZFFYR51A5X0117386
			117387	360	Modena F1 99 LHD US ZFFYR51A7X0117387
117310	360	Modena F1 99 LHD US ZFFYR51A5X0117310	117388	360	Modena F1 99 LHD US ZFFYR51A9X0117388
117311	360	Modena 99 Silver/Navy Blue Manual LHD US ZFFYR51A7X0117311 Tubi Shields Red Calipers	117389	360	Modena F1 99 Red/Tan US
			117390	360	Modena F1 99 ZFFYR51A7X0117390
117312	360	Modena 99 Grigio Alloy Metallic/Pale Blue Manual LHD US ZFFYR51A9X0117312	117393	360	Modena F1 99 Rosso Corsa/Beige
			117394	360	Modena F1 10/99 Rosso Corsa/Crema ZFFYR51C000117394
117313	360	Modena 99 Blu Pozzi/Tan Manual ZFFYR51A0X0117313 Shields			
			117396	360	Modena F1 Yellow/Black RHD UK ZFFYR51C000117396 B7396NJZ
117314	360	Modena 99 Red/Black Manual US ZFFYR51A2X0117314			
			117397	360	Modena Red/Tan LHD
117315	360	Modena 99 Red/Tan LHD US ZFFYR51A4X0117315	117398	360	Modena
			117399	360	Modena F1 Grigio Alloy Blue Scuro Blue Carpet RHD
117317	360	Modena Red/Black RHD Manual ZFFYR51C000117317 Challenge rear grill			
			117400	360	Modena
117318	360	Modena	117401	360	Modena F1 00 Rosso Corsa/Crema sports seats RHD UK ZFFYR51C000117401 Red calipers Challenge grille shields
117320	360	Modena 99/09 Red Fascinio Motor Sport modified			
117321	360	Modena Black/black LHD EU ZFFYR51B000117321	117402	360	Modena
			117404	360	Modena
117326	360	Modena F1 Red/Black Sport seats LHD EU	117405	360	Modena

s/n	Type	Comments
117407	550	Maranello Swaters Blue/tobacco LHD EU ZFFZR49B000117407
117408	550	Maranello Black/tan LHD ZFFZR49B000117408
117409	550	Maranello silver/black
117410	550	Maranello 99 Red/Black LHD EU ZFFZR49B000
117411	550	Maranello
117413	550	Maranello Red/Black LHD EU ZFFZR49B000117413
117414	550	Maranello Grigio Titanio met./black ZFFZR49B000117414
117415	550	Maranello WSR Yellow/black LHD EU
117419	550	Maranello WSR Blu Pozzi 521 D.S./bordeaux LHD EU ZFFZR49B000117419
117421	550	Maranello Grigio Titanio met.
117422	550	Maranello 00 Black/Black ZFFZS49A4Y0117422 , 11/30/99,
117423	550	Maranello 00 Black/Tan ZFFZS49A6Y0117423 Red calipers Tubi
117424	550	Maranello 00 Grigio Titanio Light Grey ZFFZS49A8Y0117424
117425	550	Maranello 00 ZFFZS49AXY0117425
117426	550	Maranello 9/99 Red/Black ZFFZS49A1Y0117426 ass. # 34774
117427	550	Maranello 00 ZFFZS49A3Y0117427
117428	550	Maranello 00 ZFFZS49A5Y0117428
117429	550	Maranello Grigio Titanio met./bordeaux RHD UK ZFFZR49C000117429
117430	550	Maranello WSR Grigio Titanio met./bordeaux RHD UK
117431	550	Maranello WSR 00 Grigio Titanio met./bordeaux RHD UK
117433	550	Maranello Grigio
117437	456	M GT 00 NART Blue/Crema ZFFWP44B000
117438	456	M GT Dark Blue/Crema LHD
117440	456	M GTA 00 ZFFWP50A7Y0117440
117441	456	M GTA 00 Blue Black LHD ZFFWP50A9Y0117441
117443	360	Modena F1 Red/Tan LHD EU rear Challenge grille
117445	360	Modena Red/Black sports seats manual ZFFYR51B000117445
117447	360	Modena Red/Black LHD EU
117449	360	Modena Red/Black LHD EU
117450	360	Modena Black/bordeaux & black LHD EU ZFFYR51B000
117453	360	Modena Red
117455	360	Modena Red/Crema
117456	360	Modena Black/tan LHD EU
117457	360	Modena Red/Black LHD EU
117460	360	Modena Yellow/black LHD Manual ZFFYR51B000117460
117461	360	Modena Red/Black LHD EU
117462	360	Modena 99 Yellow/Black Daytona Seats Manual LHD US ZFFYR51A6X0117462 Rear Challenge Grill Red Calipers Shields
117463	360	Modena 99 Red/Tan Manual LHD US ZFFYR51A8X0117463
117464	360	Modena 99 Yellow/Black LHD manual US ZFFYR51AXX0117464
117465	360	Modena 99 Red/Black Red stitching Manual LHD US ZFFYR51A1X0117465 Red calipers rear Challenge grille
117466	360	Modena (F1) LHD US ZFFYR51A3X0117466
117467	360	Modena 00 Black/Black ZFFYR51A5X0117467
117468	360	Modena F1 99 ZFFYR51A7X0117468
117469	360	Modena F1 99 ZFFYR51A9X0117469
117470	360	Modena F1 99 LHD US ZFFYS51AXX0117470
117471	360	Modena Yellow/Black LHD
117476	360	Modena F1 Rosso/nero LHD ZFFYR51B000117476
117477	360	Modena F1 Silver/all naturale LHD EU ZFFYR51B000 B7477MIP
117480	360	Modena F1 Red/Black ZFFYR51B000117480
117481	360	Modena F1 Silver/black LHD EU
117482	360	Modena F1 Red/Tan
117483	360	Modena 11/99 Red/Black Red calipers
117484	360	Modena (F1) Red
117485	360	Modena F1 Red/Black LHD EU
117486	550	Maranello Black/tan
117490	360	Modena F1 10/99 Blu Tour de France 522/Crema dark Blue dash ZFFYR51B000
117493	360	Modena Red/Black LHD
117495	360	Modena F1 Black/beige B74950SB
117497	360	Modena F1 Blu Pozzi 521 D.S.Bordeaux LHD ZFFYR51B000117497 B7497WAK
117499	360	Modena Red/Black LHD EU ZFFYR51B000117499
117501	360	Modena F1 99 titanium/dark Red ZFFWP44B000120128
117503	360	Modena F1 Red/Black LHD EU ZFFYR51B000117503
117505	360	Modena Red/Tan ZFFYR51B000117505
117506	360	Modena F1 Grigio Titanio grey/black ZFFYR51B000
117507	360	Modena F1 Red/Black LHD EU ZFFYR51B000117507 B7507TIQ
117509	360	Modena silver/black LHD
117511	360	Modena F1 Red/Black
117512	360	Modena F1 Red/Black shields
117513	360	Modena F1 Red
117515	360	Modena F1 Red
117516	360	Modena F1 99 black/black ZFFYR51B000 B7516ZUV
117518	360	Modena F1 Red/Tan LHD EU Gold calipers
117520	360	Modena F1 Grigio alloy/black
117522	360	Modena F1
117523	360	Modena F1 Blue TdF/black ZFFYR51B000117523 rear challenge grill
117526	360	Modena F1 10/99 Grigio Alloy/Blu Scuro LHD EU ZFFYR51B000117526 Red calipers
117528	360	Modena F1 Red/Black ZFFYR51B000117528
117532	360	Modena F1 Grigio Titanio 3238/Black ZFFYR51B000117532 B7532KCD
117533	360	Modena F1 Dark Blue/Tan LHD ZFFYR51B000117533 rear challenge
117534	360	Modena F1 black/black
117536	360	Modena F1 Red/Black Red calipers
117539	360	Modena (F1) 99 ZFFYR51A4X0117539
117540	360	Modena F1 11/99 Rosso Corsa/Nero LHD US ZFFYR51A0X0117540
117541	360	Modena F1 99 Giallo Modena/Black LHD US ZFFYR51A2X0117541
117542	360	Modena F1
117543	360	Modena F1 99 Grigio Alloy/Blue Grey Piping LHD US ZFFYR51A6X0117543
117544	360	Modena F1 99 Grigio Alloy/black LHD US ZFFYR51A8X0117544
117545	360	Modena F1 99 Rosso Barchetta/Tan ZFFYR51AXX0117545
117546	360	Modena F1 99 Argento Nürburgring 101/C/Black LHD US ZFFYR51A1X0117546
117550	360	Modena F1 99 Black/Black LHD US ZFFYR51A3X0117550
117551	360	Modena F1 99 LHD US ZFFYR51A5X0117551
117552	360	Modena F1 99 LHD US ZFFYR51A7X0117552
117553	360	Modena
117555	360	Modena F1 99 Red RHD UK ZFFYR51C000117555
117557	360	Modena
117559	360	Modena F1 Red/Rosso
117566	360	Modena F1 Blu Pozzi 521 D.S./all tan JP LHD
117571	360	Modena Silver/black LHD EU ZFFYR51B000117571
117575	360	Modena Grigio Titanio 3238/black EU

s/n	Type	Comments	s/n	Type	Comments
117576	360	Modena silver/black Manual ZFFYR51B000117576	117648	456	M GT Blue/beige
117577	360	Modena Red/Tan LHD EU	117649	456	M GT Grigio Ingrid 720/black ZFFWP44B000117649
117578	360	Modena Red/Tan LHD	117651	550	Maranello Red/Tan
117579	360	Modena silver/bordeaux	117660	550	Maranello Blu Tour de France 522/tan LHD EU
117580	360	Modena Grigio Alloy/black LHD EU ZFFYR51B000117580 B7580Ö	117661	550	Maranello 00 Rosso Corsa/black Daytona seats LHD EU
117581	360	Modena 00 Yellow/Black Manual LHD EU ZFFYR51B000117581 Harman Spoilers	117663	550	Maranello 00 Silver/Black LHD EU ZFFZR49B000117663
117585	360	Modena titan grey/black LHD ZFFYR51B000117185 shields non-original wheels front + rear Challenge grill front + rear spoiler	117665	550	Maranello 00 LHD US ZFFZS49A8Y0117665
			117666	550	Maranello 00 Red/Tan LHD US ZFFZS49AXY0117666
			117667	550	Maranello 00 ZFFZS49A1Y0117667
117586	360	Modena Red/Black	117668	550	Maranello 00 Verde British Racing/Tan Daytona Seats ZFFZS49A3Y0117668 Black Calipers Shields
117587	360	Modena Red/Black LHD EU
117588	360	Modena Red/Black ZFFYR51B000 B7588DKM
117590	360	Modena 1/00 Rosso Corsa/Beige RHD ZFFYR51D000117590 eng. # 55019	117669	550	Maranello 00 Grigio Titanio met./naturale LHD US ZFFZS49A5Y0117669
117591	360	Modena F1 99 ZFFYS51A0X0117591	117670	550	Maranello WSR
117592	360	Modena	117672	550	Maranello
117593	360	Modena Giallo Modena/Nero Hide/Nero Carpets 06.11.99	117673	550	Maranello
			117674	550	Maranello
117594	360	Modena Red/Black RHD	117675	550	Maranello Red/Black LHD
117596	360	Modena	117676	360	Modena Challenge Red/Black, LHD EU ass. # 35145
117599	360	Modena F1 Red/Black
117601	360	Modena F1 Red/Black modified by DigiTec	117677	550	Maranello Yellow/black LHD ZFFZR49J000117677
117602	360	Modena F1
117603	360	Modena (F1) LHD EU ZFFYR51B000117603	117680	456	M GT 00 Silver/Blue LHD
117604	360	Modena F1 Yellow/Black LHD EU ZFFYR51B000117604	117685	456	M GT 99 Blu Tour de France 522/tan LHD EU ZFFWP44B000 B7685IFK ass. #35651
117609	360	Modena F1 Red	117686	456	M GT 00 Dark Blue/cream dark Blue dash
117610	360	Modena F1 Black/tan ZFFYR51B000 B7610KMD	117687	456	M GT Grigo Alloy/dark Blue
			117688	456	M GTA 00 Titantgrey Grey LHD ZFFWP50AXY0117688
117611	360	Modena F1 Red/Black LHD EU
117612	360	Modena F1 99 Rosso Corsa/nero LHD EU	117689	456	M GTA 00 ZFFWP50A1Y0117689
117613	360	Modena F1 99 Rosso Corsa/Nero LHD EU ZFFYR51B000117613	117691	456	M GTA Grigio Ingrid 720/tan LHD ZFFWP50JPN0117691
117614	360	Modena F1 Nero/naturale ZFFYR51B000117614	117693	456	M GTA 01 Yellow/Black LHD ZFFWP50JPN0117693
117616	360	Modena F1 Red/Black sport seats ZFFYR51B000117616	117695	550	Maranello Red ZFFZR49B000117695
			117697	550	Maranello grigio alloy/black EU
117617	360	Modena (F1) 99 Black/Crema ZFFYR51D000117617 eng. # F131B54976	117702	550	Maranello black/tan
			117703	360	Modena F1 Red/Black
117619	360	Modena F1 00 Red RHD AUS ZFFYR51D000117619	117706	550	Maranello Grigio Titanio met./Black ZFFZR49B000117706 Grigio Titanio painted spoilers
117620	360	Modena F1 99 LHD US ZFFYR51A9X0117620
117621	360	Modena 99 LHD US ZFFYR51A0X0117621	117707	550	Maranello 00 Blu Tour de France 522/Sabbia RHD AUS ZFFZR49D000117707
117622	360	Modena F1 99 Grigio Alloy/black LHD US ZFFYR51A2X0117622
			117708	550	Maranello 00 ZFFZS49A0Y0117708
117623	360	Modena F1 99 LHD US ZFFYR51A4X0117623	117709	550	Maranello 00 Black/Tan ZFFZS49A2Y0117709
117624	360	Modena F1 99 Rossa Corsa/Tan LHD US ZFFYR51A6X0117624 Shields Challenge grill 19" black Hamann wheels Red calipers	117710	550	Maranello 00 ZFFZS49A9Y0117710
			117711	550	Maranello 00 ZFFZS49A0Y0117711
			117712	550	Maranello 00 Yellow/black LHD US ZFFZS49A2Y0117712
117625	360	Modena F1 99 Rosso Fiorano Metallic/Tan LHD US ZFFYR51A8X0117625
			117713	550	Maranello Dark Blue/Cream Black piping RHD ZFFZR49C000117713
117627	360	Modena F1 99 Grigio IngridMetallic/Crema LHD US ZFFYR51A1X0117627
			117715	550	Maranello Argento
117628	360	Modena F1 99 Grigio Ingrid 720/Black LHD US ZFFYR51A3X0117628 Rear Challenge Grill Shields	117716	550	Maranello
			117717	550	Maranello Dark Blue/Crema RHD UK
			117721	550	Modena Blu Pozzi 521 D.S./tan ZFFYR51B000
117630	360	Modena 99 Argento Nürburgring 101/C/Nero ZFFYR51A1X0117630	117722	360	Modena Red/Black manual LHD EU B7722KOE
			117724	360	Modena Red/Black LHD
117631	360	Modena F1 99 Grigio Titanio 3238/black or bordeaux LHD US ZFFYR51A3X0117631	117725	360	Modena Giallo Fly/Dark Blue manual ZFFYR51B000117725 B7725KFE
117632	360	Modena F1 99 ZFFYR51A5X0117632	117726	360	Modena 99 Red/Black Manual LHD EU ZFFYR51B000
117634	360	Modena F1 Rosso Corsa/Nero, Bordeaux Carpet
117636	360	Modena F1 99 Grigio Titanio 3238/Black RHD ZFFYR51C000117636	117727	360	Modena 99, Blu Pozzi 521 D.S./tan Manual LHD EU ZFFYR51B000117727
117638	360	Modena	117728	360	Modena 99 Yellow/black Yellow stittching LHD EU ZFFYR51B000117728 Challenge Grill
117640	360	Modena F1 Red/Crema RHD
117642	456	M GTA 97 Black/Tan ZFFWP50AV0117642	117729	360	Modena Rosso/tan LHD ZFFYR51B000117729 Red calipers
117647	456	M GT 00 Blu Pozzi/Bordeaux ZFFWP44B000117647

s/n	Type	Comments
117732	360	Modena Argento Nürburgring 101/C/dark Blue LHD EU
117733	360	Modena silver/black manual
117734	360	Modena 01 Nero Daytona/Tan Manual LHD EU ZFFYR51B000117734 Black Calipers Capristo Exhaust
117735	360	Modena Red/Black LHD EU
117736	360	Modena 10/99 Rosso Corsa/Nero ZFFYR51B000117736
117737	360	Modena Red/Black LHD EU
117738	360	Modena F1 Red/Black LHD EU ZFFYR51B000117738
117739	360	Modena Grigio Alloy/black LHD
117741	360	Modena (F1) LHD EU ZFFYR51B000117741
117743	360	Modena Red/Black LHD EU
117744	360	Modena LHD EU ZFFYR51B000117744
117745	360	Modena 99, Rosso Fiorano 321/Sabia
117746	360	Modena Red/Crema RHD UK
117748	360	Modena
117749	360	Modena 99 Yellow Matsuda Collection Japan
117751	360	Modena Challenge Red ZFFYR51B000117751
117752	360	Modena Challenge LHD EU ass. # 35235
117757	360	Modena F1 Grigio Titanio 3238/black RHD UK
117759	360	Modena F1 Black/tan
117760	360	Modena F1 Rosso Corsa/Black LHD EU ZFFYR51B000117760 B7760AXS shields
117762	360	Modena F1 Red/Black LHD ZFFYR51B000117762 ass.# 34763 shields
117763	360	Modena F1 Red/Black LHD EU
117766	360	Modena F1 Red/Tan LHD ZFFYR51B000117766 Challenge rear grill
117767	360	Modena F1 Black/dark grey LHD EU
117768	360	Modena F1 12/99 Rosso Corsa/Nero LHD EU ZFFYR51B000117768
117769	360	Modena F1 Red/Black LHD EU
117770	360	Modena F1 00 Red BlackLHD EU ZFFYR51B000117770
117771	360	Modena 99 Silver/Black LHD EU ZFFYR51B000117771
117772	360	Modena F1 Silver
117773	360	Modena Red/Black
117776	360	Modena F1 Rosso Corsa/nero
117777	360	Modena F1 Red/Black LHD ZFFYR51B000117777
117781	360	Modena F1 Red/Black LHD EU ZFFYR51B000117781
117784	360	Modena F1 Yellow/black & Yellow sports seats ZFFYR51B000117784 B7784ADK
117787	360	Modena F1 Red Aftermarket trims
117788	360	Modena F1 Red/Black LHD
117789	360	Modena F1 Red/Tan sport seats LHD ZFFYR51B000117789
117791	360	Modena F1 Red/Black
117792	360	Modena F1 99 Rosso Corsa/Nero ZFFYR51B000117792
117793	360	Modena F1 Red/Black ass. # 34952
117796	360	Modena F1 99 Nero/Beige ZFFYR51B000117796
117799	360	Modena Yellow/black Manual LHD EU ZFFYR51B000 ass. # 34967 B7799MPT
117803	360	Modena Light Blue/Tan LHD
117808	360	Modena F1 Silver/black LHD EU
117813	360	Modena F1 Red/Black LHD
117818	360	Modena Silver/black
117819	360	Modena F1 99 Rosso Corsa/Beige RHD AUS ZFFYR51D000117819
117820	360	Modena F1 99 Rosso Corsa/Beige ZFFYR51D000117820
117822	360	Modena F1 00 Rosso Corsa Nero RHD AUS ZFFYR51D000117822 eng. # 55104
117823	360	Modena 99 Grigio Alloy RHD ZFFYR51D000117823 eng. # 55250
117825	360	Modena F1 99 Yellow/Black LHD ZFFYR51A5X0117825
117826	360	Modena F1 99 Grigio Alloy Metallic/Charcoal Daytona seats LHD US ZFFYR51A7X0117826 Tubi shields front & rear challenge grill black calipers
117827	360	Modena F1 99 ZFFYR51A9X0117827
117828	360	Modena F1 99 ZFFYR51A0X0117828
117829	360	Modena F1 99 Silver/black LHD US ZFFYR51A2X0117829
117830	360	Modena F1 99 Grigio Blue Blue LHD US ZFFYR51A9X0117830
117831	360	Modena 99, Blu Tour de France 522/Beige LHD US ZFFYR51A0X0117831
117832	360	Modena F1 99 Rosso Corsa/Beige LHD US ZFFYR51A2X0117832 ass. # 34825
117833	360	Modena F1 99 Silver/Black ZFFYR51A4X0117833 Red Calipers Tubi Rear Challenge grill
117834	360	Modena F1 99 Rosso Corsa/Tan ZFFYR51A6X0117834
117835	360	Modena (F1) LHD EU ass. # 35324
117836	360	Modena F1 99 ZFFYR51AXX0117836
117837	360	Modena F1 99 Giallo Modena/Black LHD US ZFFYR51A1X0117837
117838	360	Modena F1 99 ZFFYR51A3X0117838
117839	360	Modena F1 99 ZFFYR51A5X0117839
117840	360	Modena F1 99 ZFFYR51A1X0117840
117841	360	Modena F1 99 ZFFYR51A3X0117841
117842	360	Modena F1 99 Rosso Corsa ZFFYR51A5X0117842
117843	360	Modena F1 99 Yellow/Black US ZFFYR51A7X0117843 Shields
117844	360	Modena F1 99 Red/Tan LHD US ZFFYR51A9X0117844
117845	360	Modena F1 99 Grigio Alloy Dark Blue ZFFYR51A0X0117845
117847	360	Modena F1 99 Yellow/Black LHD US ZFFYR51A4X0117847
117848	360	Modena F1 99 Grigio Titanio Navy ZFFYR51A6X0117848
117849	360	Modena F1 99 Giallo Modena/Black ZFFYR51A8X0117849 Red calipers
117850	360	Modena F1 99 Argento Nürburgring 101/C/Bordeaux LHD US ZFFYR51A4X0117850 Shields Silver Calipers
117851	360	Modena F1 99 Black/Black US ZFFYR51A6X0117851
117852	360	Modena F1 99 Silver/Black Bordeaux Piping ZFFYR51A8X0117852
117853	360	Modena F1 99 Black/tan LHD US ZFFYR51AXX0117853
117854	360	Modena F1 99 Grigio Alloy Black LHD US ZFFYR51A1X0117854 Front Challenge grilles
117855	360	Modena (F1) 99 ZFFYR51A3X0117855
117856	360	Modena F1 99 ZFFYR51A5X0117856
117857	360	Modena F1 99 Grigio Alloy/dark Blue LHD US ZFFYR51A7X0117857
117858	360	Modena F1 99 ZFFYS51A3X0117858
117859	360	Modena F1 99 Grigio Alloy Metallic/Dark Blue LHD US ZFFYS51A5X0117859
117860	360	Modena
117863	360	Modena
117864	360	Modena
117866	360	Modena
117867	360	Modena F1 11/00 Rosso Corsa/Beige ZFFYR51C000117867
117868	360	Modena F1 Grigio Titanio 3238/Black LHD
117870	360	Modena
117871	360	Modena F1 99 Grigio Alloy/Blu Scuro Sports seats RHD UK ZFFYR51C000117871 Red calipers Challenge grill
117872	360	Modena

s/n	Type	Comments
117873	360	Modena F1 Yellow/Black RHD ZFFYR51C000117873
117874	360	Modena
117875	360	Modena
117876	360	Modena F1 1/00 Giallo Modena/Nero ZFFYR51C000117876
117877	360	Modena
117878	360	Modena
117882	360	Modena
117884	360	Modena F1 1/00 Argento Nürburgring 101/C/Nero ZFFYR51C000117884
117889	360	Modena F1 Hamann Red/dark LHD ZFFYR51J000117889 Red sport seats Red steering wheel Hamann front spoiler and rear bumper shields Red calipers Challenge grill
117901	360	Modena F1 White/Black ZFFYR51J000117901
117905	456	M GT Nero/Bordeaux LHD EU B7905DVO
117906	456	M GT 00 ZFFWP44AXY0117906
117908	456	M GTA 11/99 Black/Tan LHD ZFFWP50A9Y0117908
117909	456	M GTA 00 ZFFWP50A0Y0117909
117910	456	M GTA 00 Black/Tan Black Piping ZFFWP50A7Y0117910
117911	456	M GT 00 Grigio Titanio Metallizzato 3238/Bordeaux ZFFWP44B000117911 black over Grigio Titanio shields
117913	456	M GT Black/dark Red B7913KXD
117914	456	M GT Blue/tan
117915	456	M GTA Silver/Black LHD EU
117925	550	Maranello Black/black LHD ZFFZR49B000117925
117926	550	Maranello Silver/grey ZFFZR49B000
117927	550	Maranello Blu ZFFZR49B000117927
117929	550	Maranello Black/black ZFFZR49B000117929
117932	550	Maranello Grigio alloy/bordeaux LHD EU
117934	550	Maranello Grigio Titanio met./black LHD EU ZFFZR49B000117934
117937	550	Maranello 00 Grigio Titanio Metallizzato 3238/Beige ZFFZR49B000117937
117939	550	Maranello 00 ZFFZS49A8Y0117939
117940	550	Maranello 00 Red/Tan LHD ZFFZS49A4Y0117940
117941	550	Maranello 00 ZFFZS49A6Y0117941
117942	550	Maranello 00 Azzurro California 524/Blue ZFFZS49A8Y0117942
117944	550	Maranello Blu Tour De France Crema Blue Carpet RHD
117945	550	Maranello Grigio Alloy/Black RHD
117948	550	Maranello 00 Verde Zeltweg FER 610/Beige ZFFZR49C000117948
117950	550	Maranello Blu Le Mans/Grigio Scuro Hide, 1.12.99
117953	360	Modena 99 Rosso Corsa/Cuoio LHD Manual ZFFYR51B000117953 B7953FXL shields
117954	360	Modena Red/Black Manual LHD EU ZFFYR51B000 B7954DCO
117955	360	Modena Red/Black LHD
117956	360	Modena Black/black LHD
117960	360	Modena Red/Black LHD EU ZFFYR51B000117960
117962	360	Modena Silver/Blue/black LHD EU ZFFYR51B000117962
117964	360	Modena Red/Black LHD EU ZFFYR51B000117964
117965	360	Modena 00 Grigo Alloy/Blue
117966	360	Modena Yellow/black LHD EU
117967	360	Modena Red/Black ZFFYR51B000117967
117968	360	Modena Red/Black LHD EU ZFFYR51B000117968
117975	360	Modena Black/Crema LHD EU
117976	360	Modena 99 Swaters Blue/Blue Manual ZFFYR51A4X0117976 Tubi
117977	360	Modena 99 Red/Tan LHD US ZFFYR51A6X0117977
117978	360	Modena ZFFYR51A8X0117978
117979	360	Modena 99 Red/Tan LHD US ZFFYR51A8X0117978
117980	360	Modena 99 White/Grey Red Stitching Red piping Manual LHD US ZFFYR51A6X0117980
117981	360	Modena F1 99 Grigio Titanio Grey LHD US ZFFYR51A8X0117981
117982	360	Modena silver/Red, RHD
117983	360	Modena 99 Rosso Corsa/Tan Manual RHD UK ZFFYR51C000117983 Challenge rear grille Red calipers shields
117984	360	Modena Rosso Corsa/Nero, Red Carpet 19.11.99
117988	360	Modena Red/Black LHD EU
117995	360	Modena Red/Black LHD
117996	360	Modena Rosso Scuderia/black
117997	360	Modena Red/Black LHD EU shields
118000	360	Modena F1 Rosso Corsa/Black LHD EU B8000DZC
118003	360	Modena F1 Red/Black LHD EU
118004	360	Modena F1 Red/Black LHD EU ZFFYR51B000118004
118005	360	Modena F1 Yellow/black ZFFYR51B000 B8005AKK
118006	360	Modena F1 11/99 Rosso Corsa/Nero ZFFYR51B000118006
118007	360	Modena F1 00 Argento Nürburgring 101/C/Blue LHD EU ZFFYR51B000118007
118010	360	Modena F1 00 Yellow/Black Yellow piping & stitching EU ZFFYR51B000118010 Tubi Black Calipers Front & Rear Challenge Grills
118012	360	Modena F1 Red/Black LHD ZFFYR51B000118012 B8012MSF OZ wheels
118013	360	Modena F1 Red/Black LHD EU
118015	360	Modena silver/black ZFFYR51B000118015
118016	360	Modena F1 00 Rosso Corsa/Beige ZFFYR51B000118016
118019	360	Modena F1 3/00 Blu Pozzi/Grigio Scuro ZFFYR51B000118019
118021	550	Maranello Red/Black window
118022	360	Modena F1 Yellow/black Rear Challenge grille shields tan & black dashboard
118024	360	Modena F1 Giallo Modena/black, LHD EUR ZFFYR51B000118024
118025	360	Modena F1 LHD EU
118027	360	Modena F1 Red/Black
118029	360	Modena F1 Black/black LHD EU
118030	360	Modena F1 Red/Black LHD ZFFYR51B000118030
118032	360	Modena F1 00 Argento Nürburgring 101/C/Dark Red LHD EU ZFFYR51B000118032
118034	360	Modena Anthracite/azzurro LHD EU
118036	360	Modena F1 Grigio Titanio 3238/cuoio LHD
118037	360	Modena F1 custom Grigio Quartz/naturale LHD EU B8037VIW
118038	360	Modena F1
118040	360	Modena F1 Red/Black LHD EU ZFFYR51B000118040
118041	360	Modena F1 1/00 Rosso Corsa/Beige ZFFYR51B000118041
118044	360	Modena F1 99 Red/Black LHD EU
118047	360	Modena F1 99 Black RHD ZFFYR51D000118047 eng. # F131B55261
118049	360	Modena Red/Tan
118050	360	Modena F1 Melbourne Motor Show Car light Blue metallic/Blue RHD,
118051	360	Modena F1 99 Blu Tour de France 522/Pale Blue LHD US ZFFYR51A1X0118051 Tubi red calipers shields

s/n	Type	Comments
118053	360	Modena F1 99 Red/Black LHD US ZFFYR51A5X0118053
118054	360	Modena F1 99 Giallo Modena/Nero ZFFYR51A7X0118054
118055	360	Modena F1 99 Azzurro California Metallic/Dark Blue LHD US ZFFYR51A9X0118055
118056	360	Modena F1 99 Rosso Burgundy/Tan LHD US ZFFYR51A0X0118056
118057	360	Modena F1 99 Red/Tan ZFFYR51A2X0118057 Hamann wheels challenge grill shields
118059	360	Modena F1 99 ZFFYR51A6X0118059
118062	360	Modena F1 Dark Blue LHD US
118063	360	Modena F1 99 Yellow/Black LHD ZFFYR51A8X0118063
118064	360	Modena 99 Red/Tan LHD US ZFFYR51AXX0118064
118065	360	Modena 99 Red/Black LHD US ZFFYR51A1X0118065
118066	360	Modena F1 99 Black/BlackLHD US ZFFYR51A3X0118066
118067	360	Modena F1 99 Red/Tan US ZFFYR51A5X0118067
118068	360	Modena F1 99 Grigio Titanio 3238/Grey LHD US ZFFYR51A7X0118068
118069	360	Modena 99 Grigio Titanio 3238/Grey LHD
118070	360	Modena F1 99 Rosso Corsa/Black LHD US ZFFYR51A5X0118070 Sunroof
118071	360	Modena F1 1/00 Grigio Alloy/Bordeaux LHD US ZFFYR51A7X0118071 Red calipers
118072	360	Modena F1 99 ZFFYR51A9X0118072
118073	360	Modena F1 99 ZFFYR51A0X0118073
118074	360	Modena F1 99 Red/Tan LHD US ZFFYR51A2X0118074
118075	360	Modena F1 99 Grigio black LHD US ZFFYR51A4X0118075
118076	360	Modena F1 99 ZFFYR51A6X0118076
118077	360	Modena F1 99 ZFFYR51A8X0118077
118078	360	Modena 99 Grigio Titanio 3238/Black LHD US ZFFYR51AXX0118078
118080	360	Modena 99 Grigio Titanio 3238/dark Blue Daytona Seats LHD US ZFFYR51A8X0118080 Red Calipers
118081	360	Modena F1 99 ZFFYR51AXX0118081
118082	360	Modena F1
118083	360	Modena F1 00 Red/Tan LHD US ZFFYR51A3X0118083
118084	360	Modena (F1) 99 ZFFYR51A5X0118084
118085	360	Modena F1 99 ZFFYS51A1X0118085
118086	360	Modena F1 99 ZFFYS51A3X0118086
118087	360	Modena
118089	360	Modena
118090	360	Modena F1 11/99 Rosso Corsa/Nero ZFFYR51C000118090
118094	360	Modena F1 Red/Crema RHD ZFFYR51C000118094 Red calipers Challenge rear grill
118096	360	Modena
118097	360	Modena
118100	360	Modena
118103	360	Modena
118105	360	Modena
118106	360	Modena F1 00 Rosso Corsa/Nero RHD UK ZFFYR51C000118106
118113	360	Modena
118115	360	Modena N-GT Michelotto #002M
118121	360	Modena 99 Silver/beige LHD US ZFFYR51A7X0118121
118122	360	Modena 99 Rosso Corsa/Beige LHD US ZFFYR51A9X0118122
118123	360	Modena F1 99 ZFFYR51A0X0118123
118124	360	Modena F1 99 Red/Tan ZFFYR51A2X0118124
118125	360	Modena 99 Red/Tan Manual ZFFYR51A4X0118125
118126	360	Modena 99 Giallo Modena aftermarket Stradale decal stripes/Black LHD Manual US ZFFYR51A6X0118126 Rear Challenge grill Yellow calipers aftermarket shields Tubi Hamann front spoiler, side wings & rear diffuser Novitech 19" wheels Brembo brake upgrade
118127	360	Modena 99 Yellow/black LHD US ZFFYR51A8X0118127
118128	360	Modena 99 Red/Tan manual US ZFFYR51AXX0118128 Rear Challenge Grill Shields
118129	360	Modena 99 Red/Tan LHD US ZFFYR51A1X0118129
118130	360	Modena F1 99 ZFFYR51A8X0118130
118131	360	Modena F1 99 LHD US ZFFYR51AXX0118131
118132	360	Modena F1 99 ZFFYR51A1X0118132
118133	360	Modena 00 Azzurro California 524/Carta Da Zucchero Manual RHD UK ZFFYR51C000118133
118134	360	Modena
118142	360	Modena Rosso Corsa/Black LHD Manual ZFFYR51B000118142 B8142SSX
118143	360	Modena Red/Black LHD EU ZFFYR51B000118143
118150	360	Modena Red/Black LHD EU ZFFYR51B000118150
118151	360	Modena 00 Red/Black LHD, EU ZFFYR51B000118151
118152	360	Modena Yellow/Black LHD ZFFYR51B000118152
118153	360	Modena Red/Black
118155	360	Modena Spider Red/Tan LHD EU, ZFFYT53B0000118155 protoype?
118157	360	Modena F1 Dark Blue/brown LHD EU
118163	360	Modena F1 Red/Black LHD EU
118165	360	Modena Red/Black LHD EU
118166	360	Modena Red/Black
118167	360	Modena F1 12/99 Grigio Titanio 3238/black ZFFYR51B000118167 B8167FSD shields
118168	360	Modena F1 Grigio Alloy/dark Blue LHD EU
118169	360	Modena F1 grigio alloy/black
118170	360	Modena F1 00 Red/Black LHD EU ZFFYR51B000118170
118171	360	Modena F1 00 Red/Black LHD EU ZFFYR51B000118171
118175	360	Modena F1 Yellow/black
118177	360	Modena F1 Red/Tan ZFFYR51B000118177
118178	360	Modena F1 00 Yellow/blackLHD EU ZFFYR51B000118178
118182	360	Modena
118184	360	Modena F1 Red/Black LHD EU ZFFYR51B000118184
118185	360	Modena F1
118188	360	Modena F1
118189	360	Modena 1/00 Argento Nürburgring 101/C/Nero RHD ZFFYR51D000118189 eng. # F131B55690
118191	360	Modena F1 99 ZFFYR51A6X0118191
118192	360	Modena 99 Blu Tour de France/Tan LHD US ZFFYR51A8X0118192
118193	360	Modena F1 99 LHD US ZFFYR51AXX0118193
118194	360	Modena F1 99 Giallo Modena/Black LHD US ZFFYR51A1X0118194 Capristo exhaust
118195	360	Modena F1 99 Silver/Black ZFFYR51A3X0118195
118196	360	Modena F1 99 Black/Black LHD US ZFFYR51A5X0118196
118197	360	Modena F1 99 ZFFYR51A7X0118197
118198	360	Modena F1 12/99 Grigio Titanio 3238/Charcoal LHD US ZFFYR51A9X0118198
118199	360	Modena F1 99 Red/Black LHD US ZFFYR51A0X0118199

s/n	Type	Comments	s/n	Type	Comments
118200	360	Modena F1 99 Red/Tan LHD US ZFFYR51A3X0118200	118271	550	Maranello 00 Silver/Bordeaux ZFFZS49A3Y0118271 Red Calipers
118201	360	Modena F1 99 LHD US ZFFYR51A5X0118201	118272	550	Maranello 11/99 Yellow/Black Daytona Seats Yellow piping ZFFZS49A5Y0118272 Yellow calipers
118202	360	Modena F1 99 ZFFYR51A7X0118202
118203	360	Modena F1 99 Blu Pozzi 521 D.S./ Grey ZFFYR51A9X0118203 Tubi Challenge Grill Shields	118273	550	Maranello 1/00 Grigio Titanio Metallizzato 3238/Bordeaux LHDZFFZS49A7Y0118273
118204	360	Modena F1 99 ZFFYR51A0X0118204	118274	550	Maranello 00 ZFFZS49A9Y0118274
118205	360	Modena F1 99 ZFFYR51A2X0118205	118275	550	Maranello 00 Grigio Titanio met./Bordeaux LHD ZFFZS49A0Y0118275
118206	360	Modena F1 99 Grigio Titanio LHD ZFFYR51A4X0118206	118276	550	Maranello 00 ZFFZS49A2Y0118276
118207	360	Modena F1 99 ZFFYR51A6X0118207	118277	550	Maranello 00 Giallo Modena/Black ZFFZS49A4Y0118277
118208	360	Modena F1 99 ZFFYR51A8X0118208
118209	360	Modena F1 12/99 Rosso Corsa/Beige LHD US ZFFYR51AXX0118209	118278	550	Maranello 00 Grigio Titanio met./Black LHD ZFFZS49A6Y0118278
118210	360	Modena F1 99 ZFFYR51A6X0118210	118279	550	Maranello
118211	360	Modena F1 99 ZFFYR51A8X0118211	118281	550	Maranello Dark green/tan & green RHD UK
118212	360	Modena F1 99 NART Blue/Tan LHD US ZFFYR51AXX0118212 Red calipers challenge grill	118283	550	Maranello Red JP LHD ZFFZR49J000118283
118285	360	Modena Spider F1 light Blue metallic/black, driveris presentation 2000, Lucais car
118213	360	Modena F1 99 Red/Tan LHD US ZFFYR51A1X0118213	118288	550	Maranello Grigio Titanio met./bordeaux
118289	550	Maranello Grigio Titanio met./naturale LHD EU ZFFZR49B000118289
118214	360	Modena F1 99 ZFFYR51A3X0118214
118215	360	Modena F1 99 Rosso Corsa/Tan LHD US ZFFYS51AXX0118215	118291	550	Maranello Red/Black
118292	550	Maranello Red/Black
118218	360	Modena F1 Giallo Modena/Nero Hide/Nero Carpets 1.1.00	118293	550	Maranello 00 Black/black LHD EU ZFFZR49B000118293 export to the US
118219	360	Modena F1 Grigio Titanio 3238/Black	118294	550	Maranello
118220	360	Modena F1 1/00 Rosso Corsa/Nero ZFFYR51C000118220	118295	550	Maranello Grigio Titanio met./black
118296	550	Maranello
118221	360	Modena F1 00 Tour de France Blue (522)/Beige dark Blue stitching upper dashboard & steering wheel ZFFYR51C000118221 Eng. # 55600 Ass. # 35317 Alloy callipers shields	118298	550	Maranello Grigio Titanio Red RHD ZFFZR49C000118298 Red calipers
118300	550	Maranello 00 Rosso Corsa/Tan RHD ZFFZR49C000118300 shields
118301	550	Maranello 3/00 GrigioTitanio crema RHD
118223	360	Modena	118306	360	Modena 00 Grey manual ZFFYR51B000118306
118224	360	Modena F1 Red/Crema Red stitches RHD ZFFYR51C000118224	118310	360	Modena Red/Tan LHD EU ZFFYR51B000118310
118225	360	Modena	118311	360	Modena Red/Tan
118226	360	Modena Red/Black	118312	360	Modena (F1) LHD EU ZFFYR51B000118312
118227	360	Modena	118318	360	Modena 1/00 Argento Nürburgring 101/C/Nero ZFFYR51B000118318
118229	360	Modena F1 Silver Bordeaux
118246	456	M GT Red/Black LHD ZFFWP44B000118246	118320	360	Modena F1 Red/Black
118247	456	M GT Silver/Black LHD	118322	360	Modena 00 Nero/Nero Manual ZFFYR51B000118322 B8322BIT
118248	456	M GT 00 ZFFWP44A3Y0118248
118249	456	M GT 00 Yellow/Tan Black Piping ZFFWP44A5Y0118249	118323	360	Modena Red/Black LHD ZFFYR51B000118323 EPA/DOT by Amerispec
118250	456	M GT 00 ZFFWP44A1Y0118250	118327	360	Modena Silver/black
118251	456	M GT Silver Grey Black LHD	118328	360	Modena Grigio Alloy/black ZFFYR51B000118328
118253	456	M GTA 00 Grigio Titanio met./Black ZFFWP50A2Y0118253
118329	360	Modena Grigo Alloy/dark Blue ZFFYR51B000118329
118254	456	M GTA 12/99 Blu Tour de France 522/Tan ZFFWP50A4Y0118254 Red Calipers
118330	360	Modena Dark Blue/Black LHD
118255	456	M GTA 00 Black/Tan ZFFWP50A6Y0118255	118331	550	Maranello Red/Black
118256	456	M GTA 00 Blu Tour de France 522/Tan piped Blue ZFFWP50A8Y0	118333	360	Modena Red/sabbia LHD EU
118335	360	Modena Silver/Black manual
118257	456	M GTA 00 ZFFWP50AXY0118257	118336	360	Modena Red/Black manual ZFFYR51B000 B8336RXE
118258	456	M GTA 00 Grigio Titanio met./Black ZFFWP50A1Y0118258
118337	550	Maranello black/bordeaux
118260	550	Maranello Grigio Titanio met./Red LHD ZFFZR49B0118260 B8260MDM	118340	360	Modena Black/tan
118341	360	Modena Rosso Scuderia FER. 323/black LHD EU ZFFYR51B000 B8341LQG
118261	550	Maranello Grigio Argento/Nero LHD EU ZFFZR49B000118261
118344	360	Modena 99 Blue TdF/Navy Blue Manual LHD EU ZFFYR51B000118344
118263	550	Maranello Argento Nürburgring 101/C/Bordeaux LHD B8263MLO
118347	360	Modena Red/Black manual ZFFYR51B000118347 B8347TLQ
118264	550	Maranello
118265	550	Maranello 1/00 Nero Daytona/Beige ZFFZR49B000118265	118348	360	Modena Rosso
118349	360	Modena Red/Black
118266	550	Maranello Black/Tan EU converted to US spec.	118350	360	Modena Rosso Corsa/Black LHD Manual ZFFYR51B000118350 B8350MSP
118267	550	Maranello Blu Pozzi 521 D.S./tan ZFFZR49B000118267 B8267ZYC
118351	360	Modena Red/Black Manual ZFFYR51B000118351 B8351CIZ
118270	550	Maranello Argento Nürburgring 101/C/Black ZFFZR49D000118270
118354	360	Modena Red

s/n	Type	Comments
118355	360	Modena 99 Grigio Alloy/black LHD US ZFFYR51AXX0118355
118356	360	Modena F1 99 ZFFYR51A1X0118356
118357	360	Modena 99 Giallo Modena/Black Manual LHD US ZFFYR51A3X0118357
118358	360	Modena 99 Silver/Black Manual US ZFFYR51A5X0118358
118359	360	Modena 99 Yellow/black LHD US ZFFYR51A7X0118359 Red calipers
118360	360	Modena 99 Yellow/black Yellow stitching LHD US ZFFYR51A3X0118360
118361	360	Modena 99 Red/Tan Daytona Seats Manual ZFFYR51A5X0118361 Shields
118362	360	Modena F1 99 ZFFYR51A7X0118362
118363	360	Modena F1 99 Silver/black Racing seats Red stitching ZFFYR51A9X0118363 Red calipers rear Challenge grille
118366	360	Modena F1 Grigio Titanio 3238/black ZFFYR51B000
118368	360	Modena Challenge Silver/Red cloth
118371	360	Modena F1 Silver/black LHD EU
118372	360	Modena F1 Silver/black
118375	360	Modena F1 Red/Crema LHD ZFFYR51B000118375
118377	360	Modena F1 Black/Black LHD Red calipers
118380	360	Modena F1 00 Rosso Corsa/Black LHD EU ZFFYR51B000118380 Challenge Rear Grill
118381	360	Modena F1 black/black then Rosso Scuderia FER. 323/Black LHD EU ZFFYR51B00 B8381KWP front challenge grill
118383	360	Modena (F1) LHD EU ZFFYR51B000118383
118385	360	Modena F1 Red/Black ZFFYR51B000
118386	360	Modena F1 00 Black/Tan ZFFYR51B000118386
118390	360	Modena F1 ZFFYR51A1X0118390
118391	360	Modena F1 99 Red/Bordeaux LHD US ZFFYR51A3X0118391
118392	360	Modena F1 99 Red/Tan LHD US ZFFYR51A5X0118392 shields Challenge grille Red calipers Tubi
118393	360	Modena F1 99 Argento Nürburgring 101/C/Black LHD US ZFFYR51A7X0118393
118394	360	Modena F1 99 ZFFYR51A9X0118394
118395	360	Modena F1 99 Black/light Grey ZFFYR51A0X0118395
118396	360	Modena F1 99 Red/Tan LHD US ZFFYR51A2X0118396
118397	360	Modena F1 99 Rosso Corsa/Tan ZFFYR51A4X0118397
118398	360	Modena F1 99 ZFFYR51A6X0118398
118399	360	Modena F1 99 ZFFYR51A8X0118399
118400	360	Modena F1 99 Yellow/Black LHD US ZFFYR51A0X0118400 Sunroof
118401	360	Modena F1 99 ZFFYR51A2X0118401
118402	360	Modena F1 99 Grigio Titanio Dark Blue LHD US ZFFYR51A4X0118402
118403	360	Modena F1 99 ZFFYR51A6X0118403
118404	360	Modena F1 99 Yellow/Black Yellow piping LHD US ZFFYR51A8X0118404
118405	360	Modena F1 99 dark Red/Crema black stitching LHD US ZFFYR51AXX0118405 shields
118406	360	Modena F1 99 Grigio alloy navy ZFFYR51AIX0118406
118407	360	Modena F1 99 Yellow/black LHD US ZFFYR51A3X0118407 Challenge Grill Shields
118408	360	Modena F1 99 ZFFYR51A5X0118408
118409	360	Modena F1 99 Argento Nürburgring 101/C/two tone Bordeaux ZFFYR51A7X0118409 Red Calipers
118410	360	Modena 99 Blu Tour de France 522/Blu Scuro LHD US ZFFYR51A3X0118410 shields and Red calipers
118411	360	Modena F1 99 Grigio Titanio/black ZFFYR51A5X0118411
118412	360	Modena F1 99 ZFFYR51A7X0118412
118413	360	Modena F1 99 ZFFYR51A9X0118413
118414	360	Modena F1 99 Yellow/Black Daytona seats Yellow Stitching LHD US ZFFYR51A0X0118414
118415	360	Modena F1 99 Red/Tan LHD US ZFFYR51A2X0118415
118416	360	Modena F1 99 Blu Pozzi 521 D.S.Natural Blue Piping Blue Inserts ZFFYR51A4X0118416 Rear Challenge Grill Red Calipers Shields Tubi
118417	360	Modena F1 99 Yellow/Black US ZFFYR51A6X0118417 Autocheck
118418	360	Modena F1 99 Red/Tan LHD US ZFFYR51A8X0118418
118419	360	Modena F1 99 Argento Nürburgring 101/C/Black LHD US ZFFYR51AXX0118419
118420	360	Modena F1 99 ZFFYR51A6X0118420
118421	360	Modena F1 99 Rosso Corsa/Beige LHD US ZFFYR51A8X0118421
118422	360	Modena F1 99 Blu Tour de France 522/Tan LHD US ZFFYR51AXX0118422
118423	360	Modena F1 99 ZFFYS51A6X0118423
118424	360	Modena F1 Black RHD ZFFYR51C000118424
118425	360	Modena F1 00 Argento Nürburgring 101/C/Nero sport seats LHD rear challenge grill
118426	360	Modena F1 Red/Black Red stitching RHD ZFFYR51C000118426
118433	360	Modena Spider F1 00 Blu Tour de France 522/Cuoio LHD EU ZFFYT53B000118433 Carbon fiber Hamann spoiler package shields Yellow Calipers Rear Challenge Grill DOT/EPA conversion
118434	456	M GTA 00 Black/Tan ZFFWP50A6Y0118434
118435	360	Modena Challenge LHD EU
118436	360	Modena Challenge Yellow LHD EU ass. # 35374
118437	360	Modena Challenge F1 Red-silver/black LHD EU ass. # 35371
118438	456	M GT Dark Blue/Crema LHD
118439	456	M GTA 00 Blu Tour de France 522/Tan ZFFWP50A5Y0118439 Tubi Yellow calipers
118440	360	Modena Challenge 00 Red LHD EU ZFFYR51B000118440 ass. # 35352
118441	360	Modena Challenge F1 Red/Black LHD EU ass. # 35413
118442	360	Modena Challenge Red then dark Blue Italian stripe LHD EU ZFFYR51B000118442 ass. # 35414
118443	360	Modena Challenge Red & Yellow then black/Red then Red LHD EU ZFFYR51B000118443 ass. # 35417
118444	456	M GT met. Black/Tan LHD EU ZFFWP44B000118444
118445	456	M GT Black/black ZFFWP44B000118445
118446	456	M GTA 00 Nero D.S. 1240/Tan US ZFFWP50A2Y0118446 ass. # 35984
118447	456	M GTA 00 Grigio Titanio Light Grey LHD ZFFWP50A4Y0118447
118448	456	M GT Silver/Black LHD
118450	456	M GT Grigio Titanio met./Black LHD
118451	456	M GT Silver/Black LHD
118452	456	M GT Silver/Black LHD
118453	456	M GTA 00 ZFFWP50AXY0118453
118454	360	Modena 99 Blu Pozzi 521 D.S./Tan navy Blue stitching manual LHD US ZFFYR51A1X0118454
118455	360	Modena F1 99 ZFFYR51A3X0118455
118457	360	Modena F1 99 ZFFYR51A7X0118457
118458	360	Modena 99 US ZFFYU51A9Y0118458
118459	360	Modena Challenge converted to N-GT Michelotto, N-GT 007 LHD EU ass. # 35437
118460	360	Modena Challenge Red LHD EU ZFFYR51B000118460 ass. # 35440

s/n	Type	Comments
118461	360	Modena F1 00 Rosso Corsa/Cuoio LHD ZFFYT53B000125117 B8461UXE
118462	360	Modena 00 Yellow/Black LHD US ZFFYS51A7Y0118462 Tubi
118464	360	Modena F1 00 Giallo Modena/Nero ZFFYR51C000118464
118465	550	Maranello Grigio Titanio met./all bordeaux LHD EU
118466	550	Maranello 00 Nero Daytona 910/Tan Black Piping LHD EU ZFFZR49B000118466
118471	550	Maranello Red/Black
118472	550	Maranello Grigio Titanio met./black LHD EU
118475	550	Maranello 00 Blu Tour de France 522/beige LHD US ZFFZS49A8Y0118475
118476	550	Maranello 00 ZFFZS49AXY0118476
118477	550	Maranello 00 Barachetta Red crema Daytona seats ZFFZS49A1Y0118477
118478	550	Maranello 00 ZFFZS49A3Y0118478
118479	550	Maranello 00 Rosso Corsa/Tan & Black Daytona Seats black piping ZFFZS49A5Y0118479 Shields Red calipers
118480	550	Maranello 00 Black/Light Grey ZFFZS49A1Y0118480
118481	550	Maranello 00 Black/black LHD US ZFFZS49A3Y0118481
118482	550	Maranello 00 ZFFZS49A5Y0118482
118483	550	Maranello 00 Black/Black ZFFZS49A7Y0118483
118484	550	Maranello 00 dark Blue/Grey LHD ZFFZS49A9Y0118484 ass. # 35523
118485	550	Maranello 00 Grigio Titanio bordeaux ZFFZS49A0Y0118485
118486	550	Maranello 00 ZFFZS49A2Y0118486
118487	550	Maranello 00 Black/Black ZFFZS49A4Y0118487
118488	550	Maranello 00 ZFFZS49A6Y0118488
118489	550	Maranello 00 Black/Black ZFFZS49A8Y0118489
118490	550	Maranello ZFFZS49A4Y0118490
118491	550	Maranello 12/99 Red/Tan ZFFZS49A4Y0118490
118492	550	Maranello 00 ZFFZS49A8Y0118492
118493	550	Maranello 00 ZFFZS49AXY0118493
118494	550	Maranello 00 ZFFZS49A1Y0118494
118495	550	Maranello 00 Red/Black LHD US ZFFZS49A3Y0118495
118496	550	Maranello 00 Grigio Titanio met./black Daytona seats Red inserts LHD ZFFZS49A5Y0118496 shields Red calipers
118497	550	Maranello 00 Grigio Titanio met./Bordeaux ZFFZS49A7Y0118497
118498	550	Maranello 00 ZFFZS49A9Y0118498
118499	550	Maranello 00 Yellow/Black ZFFZS49A0Y0118499
118503	550	Maranello 00 Grigio Titanio met./Dark Navy Blue ZFFZS49A9Y0118503
118504	360	Modena Red RHD AUS ZFFYR51D000118504
118505	360	Modena Silver/black RHD UK Sportseats
118506	360	Modena Blue TdF/brown Manual RHD ZFFYR51C000118506 rear challenge grill
118507	360	Modena
118511	360	Modena Red/Black RHD ZFFYR51C000118511 Red calipers shields
118513	360	Modena
118516	360	Modena Argento
118518	360	Modena Challenge F1 99 Red/Black & Red then Nero/Nero then Red & White LHD EU ZFFYR51B000118518 ass. # 35475
118519	360	Modena Challenge LHD EU ass. # 35459
118520	360	Modena Challenge F1 00 Black& Yellow/Red LHD EU ZFFYR51B000 ass. # 35562
118521	360	Modena Challenge Red LHD EU ass. # 35482
118522	360	Modena Challenge F1 Motor Show Melbourne Car Red/Black LHD ass. #35513 eng. #55777
118523	360	Modena Challenge LHD EU ass. # 35522
118524	360	Modena Challenge F1 Yellow/black LHD EU ZFFYR51B000118524 ass. # 35545
118525	360	Modena Challenge LHD EU ass. # 35564
118526	360	Modena Challenge F1 00 Blu Pozzi 521 D.S./Black LHD EU ZFFXR51B000118526 ass. # 35566 exported to the US
118527	360	Modena Challenge F1 01 Yellow & Black/Black LHD EU ass. # 35570
118528	360	Modena Challenge F1 00 Yellow/Black then Grigio Titanio 3238/Red LHD ZFFYR51B000 ass. # 35572
118529	360	Modena Challenge White then Red then dark green then Red LHD EU ZFFYR51B000118529 ass. # 35599
118530	360	Modena Challenge Red &Yellow then White & orange LHD EU ZFFYR51B000118530 ass. # 35601
118531	360	Modena Challenge Red/Black LHD EU ZFFYR51B000118531 ass. # 35614
118532	360	Modena Challenge Yellow LHD EU ass. # 35617
118533	360	Modena Challenge/N-GT N-GT 011 Red LHD EU ass. # 35619
118534	360	Modena Challenge Silver LHD EU ZFFYR51B000118534 ass. # 35645 rear wing
118535	360	Modena Challenge Yellow LHD EU ZFFYR51B000118535 ass. # 35648
118536	360	Modena Challenge 00 Yellow LHD EU ZFFYR51B000118536 ass. # 35650 gearbox # 2196 GranAM aerodynamics upgrades
118537	360	Modena Challenge 99 Red/Red LHD EU ZFFYR51B000118537 ass. # 35653
118538	360	Modena Challenge Yellow/Black LHD EU ZFFYR51B000118538 ass. # 35656
118539	360	Modena Challenge 99 Silver-Yellow/Black LHD EU ZFFYR51B000 ass. # 35678
118540	360	Modena F1 99 ZFFYR51A5X0118540
118541	360	Modena F1 99 ZFFYR51A7X0118541
118542	360	Modena F1 00 Rosso Corsa/Nero RHD UK ZFFYR51C000118542
118544	456	M GT 00 ZFFWP50A2Y0118544
118545	456	M GTA 00 Black/Sabbia LHD ZFFWP50A4Y0118545
118546	456	M GTA 00 ZFFWP50A6Y0118546
118547	456	M GTA 00 Grigio IngridSabia & Natural ZFFWP50A8Y0118547 Tubi
118549	456	M GTA 00 Grigio Titanio met./Black RHD ZFFWP50C000118549
118550	550	Maranello 03/00 Rosso Corsa/Beige ZFFZR49C000118550
118551	550	Maranello 00 Blu Tour de France 522/Crema RHD UK ZFFZR49C000118551
118552	550	Maranello silver/black RHD
118553	550	Maranello Blue Tour de France/Blue Scuro
118555	360	Modena Grigio Titanio 3238/black LHD EU White stitchings
118556	360	Modena 00 Rosso Corsa/Nero LHD EU ZFFYR51B000118556
118557	360	Modena Red/Tan ZFFYR51B000118557
118559	360	Modena 00 Red LHD
118560	360	Modena 99 Argento Nürburgring 101/C/dark Blue LHD EU ZFFYR51B000118560 ass. # 35703 Black wheels Grigio Titanio calipers Challenge grille
118562	360	Modena Red/Black
118565	360	Modena Red/all cuoio Manual ZFFYR51B000
118566	360	Modena Red/Black
118567	360	Modena Red/Black LHD EU Red calipers, Red stitchings
118569	360	Modena Red/Black LHD EU ZFFYR51B000
118570	360	Modena black/black

s/n	Type	Comments
118571	360	Modena (F1) LHD EU ZFFYR51B000118571
118573	360	Modena Silver/black Manual ZFFYR51B000118573
118574	360	Modena Red/Black LHD EU ZFFYR51B000118574 black calipers Hamann OZ wheels
118575	360	Modena 00 Rosso Corsa/Crema Manual ZFFYR51C000118575
118577	360	Modena Red
118578	360	Modena Red/Black RHD UK
118579	360	Modena
118580	360	Modena F1 dark Red/Tan
118582	360	Modena Red/Black LHD
118589	360	Modena F1 Red/Tan
118590	360	Modena F1 black/tan sport seats ZFFYR51B000118590
118592	360	Modena F1 Red/Beige LHD EU ZFFYR51B000118592
118598	360	Modena F1 Silver/black LHD EU
118599	360	Modena F1 Red/Black
118601	360	Modena F1 Red/Black ZFFYR51B000118601
118603	360	Modena F1 00 Rosso Corsa/Beige ZFFYR51B000118603
118605	360	Modena F1 2/00 Rosso Corsa/Nero ZFFYR51B000118605
118606	360	Modena F1 99 Rosso Fiorano Naturale LHD US ZFFYR51A9X0118606 Scuderia Shields
118607	360	Modena F1 99 Grigio Ingrid 720/Tan Sport Seats ZFFYR51A0X0118607 Tubi
118608	360	Modena F1 99 ZFFYR51A2X0118608
118609	360	Modena F1 99 Red Grey LHDUS ZFFYR51A4X0118609
118610	360	Modena F1 99 Red/Tan ZFFYR51A0X0118610
118611	360	Modena F1 99 Giallo Modena/Black LHD US ZFFYR51A2X0118611
118612	360	Modena F1 00 Red/Black ZFFYR51A4X0118612
118616	360	Modena
118617	360	Modena F1 Red/Black RHD UK ZFFYR51C000118617
118618	360	Modena F1 Silver/Black RHD UK
118631	456	M GTA Grigio Titanio met./Black LHD
118633	360	Modena Challenge F1 White, converted to GTR Red/Black w.Red cloth seat LHD EU ZFFYR51B000118633 ass. # 35764
118634	360	Modena Challenge 00 Yellow/Black Manual LHD EU ZFFYR 518000118634 ass. # 35680
118635	360	Modena Challenge Black LHD EU ZFFYR51B000118635 ass. # 35766
118636	360	Modena Challenge F1 00 Silver/Black LHD ZFFYR51B000 ass. # 35769
118637	360	Modena Challenge Red/Red LHD EU ZFFYR51B000118637 ass. # 35771 eng. # 35863 gearbox # 2274
118638	360	Modena Challenge F1 00 Silver then Orange/Red LHD EU ZFFYR51B000 ass. # 35774
118639	360	Modena Challenge F1 00 Red/Black LHD EU ZFFYR51B000118639 ass. # 35777
118640	360	Modena Challenge Red LHD EU ZFFYR51B000118640 ass. # 35803
118641	360	Modena Challenge Silver,Black LHD Red inserts ZFFYR51B000118641 no race history
118642	360	Modena Challenge White LHD EU ZFFYR51B000118642
118643	360	Modena Challenge F1 00 Argento Nürburgring CS stripe/Grey LHD EU ZFFYR51B000118643 ass. # 35827
118645	360	Modena F1 00 Rosso Corsa/Beige LHD ZFFYR51B000118645 Red calipers shields
118646	360	Modena F1 Blue/blackLHD
118647	360	Modena F1 Grigio Alloy/black LHD EU
118649	360	Modena F1
118650	360	Modena F1 Argento Nürburgring 101/C/black ZFFYR51B000118650
118651	360	Modena Dark Grey Metallic/
118652	360	Modena F1 Dark Blue Metallic/
118655	360	Modena F1 00 Grigio Titanio 3238/Navy LHD EU ZFFYR51B000118655
118656	360	Modena F1 00 Grigio Alloy/Bordeaux ZFFYR51B000118656
118659	360	Modena F1 Red/Black LHD
118661	360	Modena F1 Red/Black LHD
118663	360	Modena Challenge Rosso Corsa/Black & Red seat
118664	360	Modena F1 3/00 Rosso Corsa/Nero & Red sport seats ZFFYR51B000118664
118665	360	Modena 00 Rosso/nero LHD
118666	360	Modena F1 99 Silver/Grey ZFFYR51A5X0118666 Red calipers shields
118667	456	M GT Black/grey ZFFWP44B000
118669	456	M GT Dark Blue/Tan LHD ZFFWP44B000118669
118670	360	Modena F1 99 Black Burgundy Daytona seats black piping black ZFFYR51A7X0118670 shields Red calipers rear Challenge grille
118671	360	Modena F1 99 Giallo Modena 4305 D.S./Black LHD US ZFFYR51A9X0118671
118672	360	Modena 99 Red/Black LHD US ZFFYR51A0X0118672
118673	360	Modena F1 99 Grigio Titanio 3238/Black ZFFYR51A2X0118673 shields
118674	360	Modena F1 99 Black/Beige Daytona Seats ZFFYR51A4X0118674 Red Calipers Tubi
118675	360	Modena F1 99 ZFFYR51A6X0118675
118676	360	Modena F1 99 Silver/Black Yellow stitching ZFFYR51A8X0118676 ass.# 35788 Shields, Red Calipers
118677	360	Modena F1 99 Yellow/black LHD US ZFFYR51AXX0118677
118679	456	M GT Silver Bordeaux LHD ZFFWP44B000118679
118680	456	M GT dark Red/Tan LHD
118684	456	M GTA Dark Blue Crema RHD
118686	456	M GT Grigio Titanio met./black ZFFWP44B000118686
118687	456	M GT Geneva Show Car Blu Tour de France, 29.2.2000
118688	456	M GTA
118689	456	M GTA Grigio Ingrid 720/Tan RHD ZFFWP50C000118689 Gold calipers shields
118691	550	Maranello Red/Tan ZFFZR49B000118691 LHD B8691XYD
118694	550	Maranello
118696	550	Maranello Red/Black ZFFZR49B000
118698	550	Maranello Argento Nürburgring 101/C/
118699	550	Maranello Grigio Titanio met./black LHD
118701	550	Maranello 00 Red/Tan ZFF2S49A3Y0118701
118702	550	Maranello 00 Rossa Corsa/Black LHD EU ZFFZR49B000118702 B8702LAR
118703	550	Maranello Grigio Titanio met./cognac
118704	550	Maranello silver/black
118705	550	Maranello 00 Red/Tan Red stitching, US ZFFZS49AXY0118705
118706	550	Maranello 00 Red/beige LHD US ZFFZS49A1Y0118706
118707	550	Maranello 00 ZFFZS49A3Y0118707
118708	550	Maranello 00 ZFFZS49A5Y0118708
118709	550	Maranello 00 ZFFZS49A7Y0118709
118710	550	Maranello 00 Red/Crema ZFFZS49A3Y0118710
118711	550	Maranello 00 Grigio Titanio met./Black ZFFZS49A5Y0118711
118712	550	Maranello 00 Silver/Grey ZFFZS49A7Y0118712
118713	550	Maranello 00 ZFFZS49A9Y0118713

s/n	Type	Comments	s/n	Type	Comments
118714	550	Maranello 00 Blu Pozzi 521 D.S. Beige ZFFZS49A0Y0118714	118775	360	Modena Challenge/N-GT Michelotto Red-green-Blue/Red cloth # N-GT 003, other sources say # 02
118715	550	Maranello 00 Blu Le Mans Sabbia ZFFZS49A2Y0118715	118776	360	Modena Challenge F1 Geneva Show Car at AGS Racing 03/01 Silver-Yellow/Red then Red/Red LHD EU ZFFYR51B000118776 ass. # 35932
118716	550	Maranello 00 Red/Beige ZFFZS49A4Y0118716
118717	550	Maranello 00 Grigio Titanio met./dark Blue, silver stitching ZFFZS49A6Y0118717	118777	360	Modena Challenge LHD EU ZFFYR51B000118777 ass. # 35934
118718	550	Maranello 00 ZFFZS49A8Y0118718
118719	550	Maranello 00 ZFFZS49AXY0118719	118778	360	Modena Challenge F1 black/Bordeaux ZFFYR51B000118778
118720	550	Maranello 00 Argento Nürburgring 101/C/Red ZFFZS49A6Y0118720	118779	360	Modena Challenge 00 Red ZFFYR51D000118779
118721	550	Maranello 00 ZFFZS49A8Y0118721	118780	360	Modena Challenge LHD EU ZFFYR51B000118780 ass. # 35959
118722	550	Maranello 00 ZFFZS49AXY0118722
118723	550	Maranello 00 Red/Tan Daytona seats US ZFFZ549A1Y0118723 ass. # 36201 Red Calipers Tubi	118781	360	Modena Challenge/N-GT Michelotto 00 Silver/Black racing stripes LHD EU ZFFYR51B000118791 ass. # 35978 converted to 016M Red/Red eng. # F131B-N 021
118724	360	Modena Red/beige Manual ZFFYR51B000118724
118725	360	Modena Silver
118726	360	Modena 99 Light Silver-Blue black LHD EU ZFFYR51B000	118782	360	Modena Challenge Street Press Kit Car at Geneva AutoShow Silver, 360 Challenge Street Car ZFFYR51B000118782
118727	360	Modena black/black Manual LHD EU B8727VMG
118729	360	Modena Grigio Titanio 3238/bordeaux Manual LHD EU	118783	360	Modena Challenge F1 00 Yellow & Red then Red then Red-White-Yellow/Red LHD EU ZFFYR51B000 ass. # 35980 converted to Grand-Am spec
118730	360	Modena
118731	360	Modena Black/black LHD EU ZFFYR51B000118731
118735	360	Modena Red/Black	118784	360	Modena Challenge F1 00 Argento Nürburgring 101/C/Red then N-GT look Red ZFFYR51B000118784 ass. # 36029
118737	360	Modena Red/Black LHD ZFFYR51B000118737
118738	360	Modena Red/Black LHD EU
118740	360	Modena Red/Black LHD ZFFYR51B000118740	118785	360	Modena Challenge F1 00 White/Red ZFFYR51B000118785 ass. # 35981
118741	360	Modena 2/00 Rosso Corsa/Nero Manual ZFFYR51B000118741	118786	360	Modena Challenge White LHD EU ZFFYR51B000118786 ass. # 35983
118746	360	Modena Red/Black ZFFYR51B000118746	118787	360	Modena Challenge LHD EU ZFFYR51B000118787 ass. # 36033
118747	360	Modena 00 Blue Pozzi LHD
118748	360	Modena F1 99 ZFFYR51A7X0118748	118788	360	Modena Challenge F1 01 Yellow/Black then Red/Red then Grigio Titanio ZFFYR51B000118788 ass. # 36035 rear GrandAm sanctioned wing
118749	360	Modena F1 99 ZFFYS51A3X0118749
118750	360	Modena Dark Blue/Black RHD ZFFYR51C000118750 Red calipers
118751	360	Modena Red/Black ZFFYR51C000118751	118789	360	Modena Challenge F1 01 Silver/Red cloth ZFFYR51B000118789
118753	360	Modena Challenge 00 Red ZFFYR51B000118753	118790	360	Modena Challenge F1 Yellow/Red & Black ZFFYR51B000118790 ass. # 36068
118755	360	Modena N-GT Red, Green & Blue/Red
118761	360	Modena Challenge ZFFYR51B000118761	118791	360	Modena Challenge F1 Red LHD EU ZFFYR51B000118791 ass. # 36071
118763	360	Modena Challenge Silver LHD EU ZFFYR51B000118763 ass. # 35829	118792	360	Modena Challenge 00 White LHD EU ZFFYR51B000118792
118764	360	Modena Challenge F1 00 Silver/Red stripe/Red LHD EU ZFFYR51B000 ass. # 35831	118793	360	Modena Challenge White Blue stripes/Red LHD EU ZFFYR51B000118793 ass. # 36093
118765	360	Modena Challenge F1 00 Argento Nürburgring 101/C/ Metallic/& Blue stripes/Red LHD ZFFYR51B000 ass. # 35856	118794	360	Modena F1 Red
118797	360	Modena F1 00 Black/Bordeaux LHD EU
118799	360	Modena Challenge F1 00 Red/Red ZFFYR51B000118799
118766	360	Modena Challenge/N-GT Michelotto convertRed to N-GT 001, Red-White-Green LHD EU ass. # 35859	118802	360	Modena F1 12/99 Nero Daytona/Grigio Scuro LHD EU ZFFYR51B000
118803	360	Modena blu Tour de France met./beige LHD EU ZFFYR51B000118803 Piero Ferrariis car (?), Modena F1 Silver
118767	360	Modena Challenge F1 00 Red Red LHD ZFFYR51B000 ass. # 35862
118805	360
118768	360	Modena Challenge F1 00 Silver/Black LHD EU ass. # 35864	118806	360	Modena F1 Silver/black
118807	360	Modena F1 Red
118769	360	Modena Challenge White ZFFYR51B000118769	118808	360	Modena F1 Yellow/black LHD EU
118770	360	Modena Challenge F1 00 Silver & Blue/Red cloth LHD EU ZFFYR51B000118770 ass. #35868	118809	360	Modena Rosso Corsa/black LHD EU ZFFYR51B000118809
118811	360	Modena F1 Rosso Corsa/black LHD EU
118771	360	Modena Challenge F1 converted to N-GT Red/Black LHD EU ZFFYR51B000118771 ass. # 35903	118813	360	Modena F1 Yellow/black LHD EU
118815	360	Modena F1 Yellow/black
118816	360	Modena Challenge F1 00 Red/Red LHD EU ZFFYR51B000118816
118772	360	Modena Challenge F1 00 Yellow/Red LHD EU ZFFYR51B000 ass. # 35905
118817	360	Modena Challenge F1 00 Brown Metallic/then Black/black LHD ZFFYR51B000118817 ass. # 36098 to the US
118773	360	Modena Challenge Red ZFFYR51B000118773
118774	360	Modena Challenge 00, Meteor Orange Metallic/Red LHD EU ZFFYR51B000118774 ass. # 35926
118818	360	Modena Challenge F1 00 Dark Blue Metallic/Black & Red ZFFYRS1B000118818

s/n	Type	Comments
118820	360	Modena F1 Yellow/black LHD EU ZFFYR51B000118820 ass. # 36208 B8890PKS
118822	360	Modena F1 00 Rosso Corsa/black LHD EU ZFFYR51B000118822 ass. #35761 B8822WAH black calipers Challenge grille shields
118823	360	Modena F1 1/00 Rosso Corsa/Nero LHD EU ZFFYR51B000118823
118826	360	Modena 00 Yellow/Black LHD Manual ZFFYR51B000116826
118827	360	Modena F1 Red/Black LHD EU ZFFYR51B000118827 B8827FKG
118831	360	Modena F1 00 Rosso Corsa/Nero ZFFYR51B000118831
118833	360	Modena Red
118834	360	Modena F1 Silver/Blue ZFFYR51B000118834
118836	360	Modena
118837	360	Modena F1 Giallo Modena/black LHD EU ZFFYR51B000118837
118841	360	Modena F1 Red/Black LHD EU ZFFYR51B000118841
118842	360	Modena F1 Red/Black LHD EU ZFFYR51B000118842
118844	360	Modena F1 1/00 Rosso Corsa/Nero LHD EU ZFFYR51B000118844 Challenge rear grill
118845	360	Modena F1 Red/Tan
118847	360	Modena F1 00 Rosso Corsa/Beige ZFFYR51B000118847
118850	360	Modena F1 Rosso Corsa/Crema LHD EU ZFFYR51B000118850
118855	360	Modena F1 Red/Black LHD EU ZFFYR51B000118855
118857	360	Modena F1 00 Argento Nürburgring 101/C/Nero LHD ZFFYR51B000118857
118859	360	Modena F1 2/00 Rosso Corsa/Nero ZFFYR51B000118859
118860	360	Modena F1 00 Rosso Corsa/Tan ZFFYR51D000118860
118861	360	Modena F1 99 ZFFYR51A3X0118861
118862	360	Modena F1 99 ZFFYR51A5X0118862
118863	360	Modena F1 99 Argento Nürburgring 101/C/ Grey LHD US ZFFYR51A7X0118863
118864	360	Modena F1 99 Yellow/Tan ZFFYR51A9X0118864
118865	360	Modena F1 99 Black/black LHD US ZFFYR51A0X0118865
118866	360	Modena F1 99 Red/Black ZFFYR51A2X0118866 crashed & fire damaged
118867	360	Modena F1 99 Grigio Titanio 3238/Black & Charcoal ZFFYR51A4X0118867 ass. # 35842 rear Challenge grille
118868	360	Modena F1 99 ZFFYR51A6X0118868
118869	360	Modena F1 99 Yellow/Black LHD US ZFFYR51A8X0118869
118870	360	Modena F1 99 Black LHD US ZFFYR51A4X0118870
118871	360	Modena F1 99 Red/Tan US ZFFYR51A6X0118871
118872	360	Modena 99 Rosso Corsa/Tan ZFFYR51A8X0118872
118873	360	Modena F1 99 Red/Tan LHD US ZFFYR51AXX0118873 shields rear challenge grill Red calipers
118874	360	Modena F1 99 Rosso Fiorano 321/black LHD US ZFFYR51A1X0118874 rear Challenge grill
118875	360	Modena F1 99 Red/tan ZFFYR51A3X0118875
118876	360	Modena F1 99 Red/Tan LHD US ZFFYR51A5X0118876
118877	360	Modena F1 99 ZFFYR51A7X0118877
118878	360	Modena F1 99 Yellow/Tan ZFFYR51A9X0118878
118879	360	Modena F1 99 Silver/Black LHD US ZFFYR51A0X0118879
118880	360	Modena F1 99 ZFFYR51A7X0118880
118881	360	Modena F1 99 ZFFYR51A9X0118881
118882	360	Modena F1 12/99 Rosso Corsa/Beige ZFFYR51A0X0118882
118883	360	Modena F1 99 Silver/black LHD US ZFFYR51A2X0118883
118884	360	Modena F1 99 Red/Tan LHD US ZFFYR51A4X0118884
118885	360	Modena F1 99 ZFFYR51A6X0118885
118886	360	Modena F1 99 ZFFYR51A8X0118886
118887	360	Modena F1 99 Silver/bordeaux LHD US ZFFYR51AXX0118887
118888	360	Modena F1 99 ZFFYR51A1X0118888
118889	360	Modena F1 99 Argento Nürburgring 101/C/Cuoio LHD US ZFFYR51A3X0118889
118890	360	Modena F1 99 Red/Crema LHDUS ZFFYR51AXX0
118891	360	Modena F1 99 Rosso Fiorano 321/Crema Red piping ZFFYR51A1X0118891 ass. # 36046 shields
118892	360	Modena F1 99 Silver/Black LHD US ZFFYR51A3X0118892
118893	360	Modena F1 3/00 Argento Nürburgring 101/C/Charcoal LHD US ZFFYR51A5X0118893
118894	360	Modena F1 99 ZFFYR51A7X0118894
118895	360	Modena F1 99 Yellow/Tan LHD US ZFFYR51A9X0118895
118896	360	Modena F1 99 Yellow/black Yellow piping LHD US ZFFYR51A0X0118896
118897	360	Modena F1 99 Red/Tan Red stitching LHD US ZFFYR51A2X0118897 Shields
118898	360	Modena F1 99 Red/Tan CDN LHD ZFFYS51A9X0118898
118899	360	Modena F1 99 ZFFYS51A0X0118899
118900	360	Modena F1 99 Grigio Titanio Silver/Black LHD US ZFFYS51A3X0118900
118903	360	Modena F1 00 Argento Nürburgring 101/C/Bordeaux RHD UK ZFFYR51C000118903
118904	360	Modena F1 2/00 Blu Tour de France 522/Beige ZFFYR51C000118904
118905	360	Modena F1 Silver/Black RHD ZFFYR51C000118905
118906	360	Modena F1 99 Rosso Fiorano Beige
118907	360	Modena F1 Red/Black RHD ZFFYR51C000118907 Challenge rear grill
118908	360	Modena F1 3/00 Rosso Corsa/Nero ZFFYR51C000118908 Nero Carpets
118909	360	Modena
118910	360	Modena F1 Red/Black RHD UK
118912	360	Modena F1 00 Rosso Corsa/Nero RHD UK ZFFYR51C000118912
118914	360	Modena
118915	360	Modena Titanio/Black
118929	456	M GT NART Blue Crema LHD
118930	456	M GT 00 GT Verde Zeltweg/Beige ZFFWP44B000118930
118931	456	M GT 00 Blu Tour de France 522/Beige ZFFWP44B000118931
118932	456	M GTA 00 Blu Nero ZFFWP50B000118932
118933	456	M GT Black Crema LHD
118934	550	Maranello Red/Black
118935	550	Maranello Black/tan LHD EU Red calipers
118936	456	M GTA 00 Le Mans Blue black
118939	360	Modena F1 Dark Blue/tan LHD EU
118941	360	Modena F1 00 Black/Black White stitching ZFFYR51B000118941 Red calipers Rear Challenge grille shields
118942	360	Modena F1 Black/bordeaux LHD EU
118943	360	Modena F1 Red/Black LHD EU
118945	360	Modena F1 Red/Black LHD
118946	456	M GT Silver/black ZFFWP44B000118946
118948	456	GT Rosso Rubino/Crema ZFFWP50B000118948

s/n	Type	Comments
118949	456	M GTA Blu TdF/cuoio LHD ZFFWP50B000118949
118950	456	M GTA Grigio Ingrid 720/Blu
118951	550	Maranello Red/Black LHD EU ZFFZR49B000 B8951RZZ
118952	550	Maranello 00 Silver/black LHD US ZFFZS49A5Y0118952
118953	550	Maranello Grigio Titanio met./bordeaux
118957	550	Maranello
118959	550	Maranello 3/00 Argento Nürburgring 101/C/Bordeaux ZFFZR49C000118959
118960	360	Modena Spider F1 Motor Show, Melbourne Yellow/grey LHD
118961	360	Modena Spider F1 giallo/nero LHD EU ZFFYT53B000118960
118962	360	Modena Spider F1 Geneva Auto Show at Pininfarina Rosso Corsa/black
118963	360	Modena Spider F1 12/00 Rosso Corsa/black LHD ZFFYT53B000118963 B8963NWE rear spoiler
118964	456	M GT Verde Zeltweg/Tan Green piping green dash & steering wheel RHD ZFFWP44C000118964
118965	456	M GTA Silver/black ZFFWP50B00118965
118967	456	M GTA 00 ZFFWP50A8Y0118967
118968	456	M GTA
118969	550	Maranello Black/Black LHD ZFFZR49B000118969 shields
118972	550	Maranello Red/Crema
118973	550	Maranello Blu Tour de France 522/Crema LHD EU ZFFZR49B000
118974	550	Maranello
118975	550	Maranello black/black
118977	550	Maranello Geneva Show Car Blu Tour de France ZFFZR49B000118977
118978	550	Maranello black/black ZFFZR49B000 B8978SPX
118979	550	Maranello Grigio Titanio met./grey ZFFZR49B000118979
118980	550	Maranello Red/Black LHD EU ZFFZR49B000
118981	550	Maranello 8/01 Rosso Corsa/Beige ZFFZR49D000118981
118982	550	Maranello 00 Red/Tan ZFFZS49A3Y0118982
118983	550	Maranello 00 Grigio Titanio 3238/Black ZFFZS49A5Y0118983
118984	550	Maranello 00 Grigio Titanio 3238/Bordeaux ZFFZS49A7Y0118984 ass. # 36319
118985	550	Maranello 00 Red/Beige LHD ZFFZS49A9Y0118985
118986	550	Maranello 00 ZFFZS49A0Y0118986
118991	360	Modena F1 NART Blue/Naturale
118992	360	Modena Red/Black Sport seats manual ZFFYR51B000118992
118995	360	Modena Rosso Corsa/Black LHD Manual ZFFYR51B000118995 B8995WFZ Red calipers shields
118996	360	Modena Red/Tan
118997	360	Modena Black/black
118998	360	Modena Red/Black ZFFYR51B000118998
118999	360	Modena Red/Black
119002	360	Modena Red ZFFYR51B000119002
119003	360	Modena Silver/black LHD EU
119008	360	Modena
119011	360	Modena Silver/black LHD EU
119016	360	Modena Red/Black ZFFYR51B000119016 B9016YDW
119017	360	Modena Yellow ZFFYR51B000119017
119018	360	Modena Red/Black LHD EU
119019	360	Modena Red/Crema ZFFYR51B000119019
119021	360	Modena F1 99 ZFFYR51A8X0119021
119022	360	Modena Red/Beige LHD ZFFYR51AXX0119022
119023	360	Modena F1 99 ZFFYR51A1X0119023
119024	360	Modena 99 Rosso Corsa/Tan Manual LHD US ZFFYR51A3X0119024
119025	360	Modena 99 Black/Tan Manual ZFFYR51A5X0119025
119026	360	Modena 99 Red/Black LHD US
119027	360	Modena 99 Rosso Corsa/Tan Manual ZFFYR51A9X0119027 Sunroof Tubi
119028	360	Modena 99 Grigio Titanio Metallic/Tan Manual LHD US ZFFYR51A0X0119028
119029	360	Modena 99 Silver/Black Manual ZFFYR51A2X0119029
119030	360	Modena F1 99 ZFFYR51A9X0119030
119031	360	Modena F1 99 ZFFYR51A0X0119031
119032	360	Modena 99 Grigio Titanio 3238/Pale Blue Manual LHD US ZFFYR51A2X0119032
119033	360	Modena F1 99 ZFFYR51A4X0119033
119034	360	Modena 99 Yellow/Black Yellow Piping Manual LHD US ZFFYR51A6X0119034 Black Calipers
119035	360	Modena 99 Yellow/black LHD US ZFFYR51A8X0119035
119036	360	Modena 99 Black/Black Manual ZFFYR51AXX0119036 Front & Rear challenge grills Tubi
119037	360	Modena F1 99 ZFFYR51A1X0119037
119038	360	Modena F1 99 ZFFYR51A3X0119038
119039	360	Modena 99 Silver/Black LHD US ZFFYR51A5X0119039
119040	360	Modena F1 99 ZFFYS51A6X0119040
119041	360	Modena Red RHD ZFFYR51C000119041
119043	360	Modena Red/beige Manual RHD ZFFYR51C000119043 B9043NKD
119044	360	Modena
119045	360	Modena Silver Bordeaux RHD
119046	360	Modena 4/00 Grigio Titanio 3238/Bordeaux Bordeaux Carpet
119048	360	Modena 3/00 Rosso Corsa/Nero RHD ZFFYR51C000119048
119049	360	Modena Red/beige RHD UK
119050	360	Modena
119053	360	Modena (F1) Red/brown LHD EU
119060	360	Modena Challenge F1 Red ZFFYR51B000119060
119061	360	Modena Dark Blue
119062	360	Modena Challenge ZFFYR51B000119062
119063	360	Modena Challenge ZFFYR51B000119063
119064	360	Modena Challenge Red ZFFYR51B000119064
119067	360	Modena Challenge ZFFYR51B000119067
119068	360	Modena Challenge F1 Black & Silver/black & Red LHD ZFFYR51B000 ass. # 36160 converted to GT spec.
119069	360	Modena Challenge F1 00 Black/Red LHD ZFFYR51B000
119070	360	Modena Challenge Black ZFFYR51B000119070
119071	360	Modena Challenge F1 00 Red ZFFYR51B000119071
119072	360	Modena Challenge F1 Red ZFFYR51B000119072
119073	360	Modena Challenge/N-GT Red/green/White Giesse-livery ZFFYR51B000119073, converted to s/n N-GT 000
119074	360	Modena Challenge F1 Red & Yellow/black & Red seat then matt black ZFFYR51B000119074 ass. # 36232
119075	360	Modena Challenge Black ZFFYR51B000119075
119076	360	Modena Challenge Red & Red/Yellow chequeRed stripe ZFFYR51B000119076
119077	360	Modena Challenge Red ZFFYR51B000119077
119078	360	Modena Challenge Blue ZFFYR51B000119078
119079	360	Modena Challenge White ZFFYR51B000119079
119080	360	Modena Challenge Yellow then Red ZFFYR51B000119080 ass. # 36270

s/n	Type	Comments	s/n	Type	Comments
119081	360	Modena Challenge/N-GT Conversion # N-GT 008M Light Blue then Black ZFFYR51B000119081	119191	360	Modena F1 00 Rosso Corsa/Nero RHD UK ZFFYR51C000119191
119083	360	Modena Challenge Red ZFFYR51B000119083	119192	360	Modena F1 Red/Black ZFFYR51C000119192
119084	360	Modena Challenge F1 Black ZFFYR51B000119084	119194	360	Modena F1 00 Rosso Corsa/Crema RHD UK ZFFYR51C000119194
119085	360	Modena Challenge Blue ZFFYR51B000119085	119195	360	Modena
119086	360	Modena Challenge Red ZFFYR51B000119086	119196	360	Modena F1 3/00 Giallo Modena/Nero ZFFYR51C000119196
119087	360	Modena Challenge F1 Red ZFFYR51B000119087	119199	360	Modena
			119211	360	Modena F1 Red/Tan
119088	360	Modena Challenge F1 Red/Black & Red cloth LHD EU ZFFYR51B000119088	119212	360	Modena
			119213	360	Modena Hyperion Blue/Blue JP LHD ZFFYR51J000119213
119089	360	Modena Challenge Silver ZFFYR51B000119089			
119090	360	Modena Challenge 00 LHD	119221	360	Modena Spider 5/00 Blu Tour de France 522/Cuoio LHD ZFFYT53B000119221
119091	360	Modena F1 Red/Tan			
119094	360	Modena F1 Red/Tan LHD EU Black calipers shields	119222	360	Modena Spider F1 Grigio Alloy/Black LHD
			119223	360	Modena Spider F1
119095	360	Modena F1 Silver/black	119224	456	M GT 00 ZFFWP44A5Y0119224
119099	360	Modena Red/Tan	119225	456	M GTA 00 Blue/Tan ZFFWP50B000119225
119100	360	Modena F1 00 Rosso Corsa/Nero ZFFYR51B000119100	119227	456	M GTA 00 Blu Tour de France 522/Tan ZFFWP50A6Y0119227
119101	360	Modena F1 3/00 Rosso Corsa/Nero ZFFYR51B000119101	119229	360	Modena Spider F1 01 Silver/Dark Grey LHD EU ZFFYT53B000119229 rear challenge grill silver calipers
119102	360	Modena F1 Rosso/black ZFFYR51B000119102			
119104	360	Modena F1 Red/Black	119230	360	Modena Spider F1 Yellow/Black LHD ZFFYT53B000119230
119105	360	Modena F1 00 Rosso Fiorano 321/Nero LHD ZFFYR51B000119105			
			119231	360	Modena Spider
119106	360	Modena F1 Dark Blue Metallic/	119232	360	Modena Spider
119110	360	Modena F1 Red/Black	119233	360	Modena Spider Yellow Garage Franchorchamps demonstrator driven by Rubens Barichello in Spa
119112	360	Modena F1 Red/Black LHD EU			
119113	360	Modena F1 Red/brown LHD EU			
119115	360	Modena F1 Red/Black LHD EU	119234	456	M GT Dark Blue Crema LHD ZFFWP44B000119234
119116	360	Modena Red/Tan LHD EU			
119117	360	Modena F1 Blu Tour de France 522/tan LHD EU	119235	550	Maranello Grigio Alloy/Crema LHD
119119	360	Modena F1 Yellow/Black LHD EU ZFFYR51B000119119	119238	550	Maranello Blue/tan
			119242	550	Maranello 00 Giallo Modena/black Yellow piping ZFFZS49A1Y0119242
119122	360	Modena F1 Red/Tan sports seats			
119127	360	Modena F1 Red/Black	119243	550	Maranello 00 Red/Tan ZFFZS49A3Y0119243
119129	360	Modena F1 grigio alloy/tan	119244	550	Maranello 00 Black/Tan US ZFFZS49A5Y0119244 Red calipers
119134	360	Modena F1 00 Giallo Modena/Nero ZFFYR51B000119134			
			119245	550	Maranello 00 Rosso Corsa/Sabbia black piping ZFFZS49A7Y0119245
119136	360	Modena F1 Red/Black LHD EU			
119137	360	Modena F1 99 Grigio alloy Metallic/Blue LHD EU ZFFYR51B000119137	119246	550	Maranello 00 Rosso Fiorano 321/Crema black piping ZFFZS49A9Y0119246 ass. # 36405
119138	360	Modena F1 Red/Black	119247	550	Maranello 00 Red/Tan ZFFZS49A0Y0119247
119140	360	Modena F1 Black/Black LHD EU ZFFYR51B000119140 B9140LLT Red calipers BBS wheels shields	119248	550	Maranello 2/00 Red/Black ZFFZS49A2Y0119248
			119249	550	Maranello 00 ZFFZS49A4Y0119249
			119250	550	Maranello 00 ZFFZS49A0Y0119250
119142	360	Modena F1 Argento Nürburgring 101/C/dark Blue LHD EU	119251	550	Maranello 00 Grigio Titanio met./Brown LHD ZFFZS49A2Y0119251
119144	360	Modena F1 silver/black rear grill	119252	550	Maranello 00 Silver/Black US ZFFZS49A4Y0119252
119145	360	Modena F1 00 Blu Tour de France 522/Beige ZFFYR51B000119145			
			119253	550	Maranello 00 ZFFZS49A6Y0119253
119147	360	Modena Red/Tan LHD	119254	550	Maranello 00 ZFFZS49A8Y0119254
119149	360	Modena ZFFYR51B000119149	119255	550	Maranello 00 ZFFZS49AXY0119255
119150	360	Modena IngridGrey Black LHD	119256	550	Maranello
119151	360	Modena Grigio Alloy/Black LHD EU	119257	550	Maranello Dark Blue/Tan RHD
119166	360	Modena F1 Grigio Alloy	119263	456	M GT Dark Blue/Tan LHD
119168	360	Modena	119264	456	M GT 00 ZFFWP44A6Y0119264
119169	360	Modena F1 Grigio Titanio 3238/bordeaux RHD UK	119265	456	M GT(A) 00 dark Blue met./tan B2965PAP
			119267	456	M GTA 4/00 Argento Nürburgring/Light Grey ZFFWP50A7Y0119267 ass. # 37062
119170	360	Modena F1 99 Yellow/Black LHD US ZFFYR51A3X0119170			
			119268	456	M GTA 00 ZFFWP50A9Y0119268
119171	360	Modena F1 99 ZFFYS51AXX0119171	119269	456	M GTA 00 Grigio Titanio met./Black LHD ZFFWP50A0Y0119269
119172	360	Modena F1 99 ZFFYS51A1X0119172			
119173	360	Modena F1 99 ZFFYS51A3X0119173	119271	360	Modena (F1) LHD EU ZFFYR51B000119271
119174	360	Modena F1 99 ZFFYS51A5X0119174	119272	360	Modena Red/Tan Manual ZFFYR51B000119272
119175	360	Modena F1 99 ZFFYS51A7X0119175			
119176	360	Modena F1 Red/Tan RHD rear Challenge grill	119275	360	Modena Red/Black LHD EU ZFFYR51B000119275
119180	360	Modena Red/Beige			
119183	360	Modena F1	119276	360	Modena Red/Black
119187	360	Modena F1 Rosso Corsa/Nero Hide 1.3.00	119277	360	Modena Red/Black LHD EU
119189	360	Modena F1 Blu Tour de France 522/Nero RHD			

s/n	Type	Comments
119278	360	Modena Grigio Ingrid 720/dark Blue LHD EU
119280	360	Modena 00 Rosso Corsa/Beige Manual ZFFYR51B000119280
119281	360	Modena Red/Black LHD EU ZFFYR51B000119281 Challenge rear grill
119282	360	Modena Silver/tan LHD EU ZFFYR51B000119282
119283	360	Modena 00 Rosso Corsa/Black Manual LHD EU ZFFYR51B000119283
119284	360	Modena Red/Tan manual LHD EU ZFFYR51B000119284 B9284FAP rear challenge grill
119286	360	Modena Red/Black Red stitching Manual LHD EU ZFFYR51B000119286 B9286XPM
119287	360	Modena Black/black manual LHD ZFFYR51B000119287
119288	360	Modena 00 Rosso Corsa/Beige Manual ZFFYR51B000119288
119289	360	Modena Red/Black
119290	360	Modena Red/Black Manual LHD EU ZFFYR51B000119290
119291	360	Modena Grigio Alloy/Black LHD EU B9291WZZ
119294	360	Modena Red/Black Manual ZFFYR51B000119294
119295	360	Modena 00 Rosso Corsa/Nero Manual ZFFYR51B000119295
119296	360	Modena Yellow/black LHD EU ZFFYR51B000119296
119297	360	Modena Red/Black LHD EU
119298	360	Modena Red/Black LHD EU
119299	360	Modena Red/Black LHD EU ZFFYR51B000119299
119300	360	Modena Dark Blue/Crema LHD EU
119303	360	Modena Rosso Corsa/Black LHD Manual ZFFYR51B000119303 B9303DJC shields
119304	360	Modena 99 Red/Black LHD EU ZFFYR51B000119304
119306	360	Modena Silver/blackLHD EU ZFFYR51B000119306
119307	360	Modena 00 Red/Black LHD EU ZFFYR51B000119307, ex Willi Weber
119308	360	Modena 99 Black/Tan LHD EU ZFFYR51B000119308 Shields Red calipers Challenge grille
119309	360	Modena Red/Tan with Red sports seats
119310	360	Modena F1 99 Red/Black ZFFYR51A4X0119310
119311	360	Modena 99 Grigio Ingrid 720/Sabbia LHD US ZFFYR51A6X0119311 Rear Challenge grille
119312	360	Modena 99 Metallic/Black/Black LHD US ZFFYR51A8X0119312
119313	360	Modena F1 99 ZFFYR51AXX0119313
119314	360	Modena F1 99 ZFFYR51A1X0119314
119315	360	Modena F1 99 Rosso Corsa/Black Red stitching Manual ZFFYR51A3X0119315 ass.# 36452 Red calipers Rear Challenge Grill
119316	360	Modena 12/99 Yellow/Black Manual LHD US ZFFYR51A5X0119316 Challenge Grill
119317	360	Modena 99 Yellow/Black LHD US ZFFYR51A7X0119317
119318	360	Modena 99 dark Blue/tan dark Blue piping LHD US ZFFYR51A9X0119318
119319	360	Modena F1 99 ZFFYR51A0X0119319
119320	360	Modena
119325	360	Modena 00 Grigio Titanio 3238/Bordeaux Manual RHD UK ZFFYR51C000119325
119329	360	Modena
119331	360	Modena (F1) Red/Tan LHD EU
119334	360	Modena White/black
119337	360	Modena Challenge Silver ZFFYR51B000119337
119338	360	Modena Challenge F1 3/00 Rosso Corsa/black & Red ZFFYR51B000119338
119339	360	Modena Challenge ZFFYR51B000119339
119340	360	Modena Challenge Red ZFFYR51B000119340 ass. # 36400
119341	360	Modena Challenge Yellow ZFFYR51B000119341
119342	360	Modena Challenge Red ZFFYR51B000119342
119343	360	Modena Challenge F1 Yellow ZFFYR51B000119343
119344	360	Modena Challenge Red White ZFFYR51B000119344
119345	360	Modena Challenge Red ZFFYR51B000119345
119346	360	Modena Challenge dark Blue Metallic/and Yellow then Red ZFFYR51B000119346 driven by Vanina Ickx, daughter of Jackie Ickx
119347	360	Modena Challenge Red & Light Green ZFFYR51B000119347
119348	360	Modena Challenge ZFFYR51B000119348
119349	360	Modena Challenge/N-GT Conversion # N-GT 003M Silver, then Red-White-Green/Dark Blue ZFFYR51B000119349
119350	360	Modena Challenge Yellow ZFFYR51B000119350
119351	360	Modena Challenge Red then Blue/Red/Black Red racing seats LHD ZFFYR51B000119351
119352	360	Modena Challenge White ZFFYR51B000119352
119353	360	Modena Challenge Red & White/Red cloth seat ZFFYR51B000119353 ass. # 36441
119354	360	Modena Challenge Red LHD EU ZFFYR51B000119354
119355	360	Modena Challenge ZFFYR51B000119355
119356	360	Modena Challenge/N-GT Conversion # N-GT 006 Red ZFFYR51B000119356
119357	360	Modena Challenge White, then Dark Blue/Black ZFFYR51B000119357
119358	360	Modena Challenge F1 Red ZFFYR51B000119358
119359	360	Modena Challenge ZFFYR51B000119359
119360	360	Modena Challenge ZFFYR51B000119360
119361	360	Modena F1 Red/Cuoio ZFFYR51B000119361
119363	360	Modena F1 Yellow/black EU Sportseats LHD
119364	360	Modena Red/beige
119368	360	Modena F1 Red/Black
119370	360	Modena grey/beige ass. # 36376
119371	360	Modena F1 Geneva Auto Show 00 Rosso Corsa
119372	360	Modena F1 Red
119373	360	Modena F1 Rosso Corsa/Nero ZFFYR51B000119373
119374	360	Modena F1 00 Giallo Modena/Black sport seats LHD EU ZFFYR51B000119374 shields
119376	360	Modena F1 3/00 Blu Tour de France 522/Cuoio ZFFYR51B000119376 Red calipers
119378	360	Modena F1 Black/black ZFFYR51B000119378 Red calipers shields
119379	360	Modena (F1) Argento Nürburgring 101/C/tan ZFFYR51B000119379
119381	360	Modena F1 Grey/Black
119382	360	Modena F1 Black/Naturale LHD EU B9382LYT
119384	360	Modena F1 Dark Blue
119386	360	Modena F1 Yellow
119389	360	Modena Red
119391	360	Modena F1 00 Silver/black
119392	360	Modena (F1) LHD EU ZFFYR51B000119392
119393	360	Modena F1 00 Silver/black ZFFYR51B000119393
119395	360	Modena F1 Black/black
119396	360	Modena F1 Grigio Titanio 3238/black LHD EU ZFFYR51B000119396 B9396BAV Blue calipers shields aftermarket rear grill Challenge wheels
119397	360	Modena F1 Rosso Corsa/black EU
119398	360	Modena F1 Rosso Corsa/Black LHD ZFFYR51B000119398 Challenge rear grill shields
119399	360	Modena (F1) dark Blue met./tan

s/n	Type	Comments
119401	360	Modena F1 00 Argento Nürburgring 101/C/Blu Scuro LHD EU ZFFYR51B000119401
119403	360	Modena F1 Red/naturale
119405	360	Modena F1 Yellow/black
119407	360	Modena F1 Red/Black
119408	360	Modena F1 Grigio Titanio 3238/naturale LHD EU ass .# 36595 ZFFYR51B000119408
119409	360	Modena F1 00 Yellow/tan LHD EU ZFYR51B000119409 B9409MPV
119410	360	Modena F1 Metallic/Black/Crema LHD EU ZFFYR51B000119410 Challenge Grill
119413	360	Modena F1 Grigio Titanio 3238/bordeaux LHD EU
119415	360	Modena F1 Red/Black LHD EU ZFFYR51B000119415
119417	360	Modena Red/Tan ZFFYR51B000119417
119418	360	Modena Red
119420	360	Modena F1 Red/Black LHD EU ZFFYR51B000119420
119421	360	Modena F1 Red/grey LHD EU
119423	360	Modena F1 Red/Black LHD EU ZFFYR51B000119423
119424	360	Modena F1 Red/Black LHD EU
119425	360	Modena F1 Red
119426	360	Modena F1 4/00 Grigio Titanio Metallizzato 3238/Cuoio ZFFYR51B000119426
119427	360	Modena F1 Grigio Alloy/black
119428	360	Modena F1 4/00 Grigio Alloy/Crema ZFFYR51B000119428
119429	360	Modena F1 Red/Black LHD EU B9429WOQ
119433	360	Modena F1 Dark Blue/Black sport seats LHD ZFFYR51B000119433 Challenge rear grill shields Challenge wheels
119434	360	Modena F1 01 Rosso Corsa/Nero ZFFYR51B000119434
119435	360	Modena F1 Red/Black LHD EU ZFFYR51B000119435
119436	360	Modena F1 00 Red blackLHD EU ZFFYR51B000119436
119439	360	Modena F1 Red/Black ZFFYR51B000119439 B9439KLB
119441	360	Modena F1 Red/Black ZFFYR51B000 Rear Challenge Grill
119442	360	Modena F1 Red/Black
119443	360	Modena F1 dark Blue/black
119444	360	Modena F1 Red/Black LHD EU
119446	360	Modena F1 00 Red/Black LHD EU ZFFYR51B000119446 challenge grill shields
119447	360	Modena F1 Red/Tan LHD EU
119448	360	Modena F1 Yellow/black LHD EU
119450	360	Modena F1 00 Grigio Alloy/Blu Scuro RHD AUS ZFFYR51D000119450
119452	360	Modena 99 Light Silver/Blue black LHD ZFFYR51A2X0
119453	360	Modena F1 99 Silver/Black Grey Piping LHD US ZFFYR51A4X0119453 Challenge Grille Aluminum Calipers
119454	360	Modena F1 99 Yellow/Black Yellow stitching ZFFYR51A6X0119454 Shields Front & Rear Challenge Grills Tubi
119455	360	Modena F1 99 Red/Black Daytona Seats Red Stitching LHD US ZFFYR51A8X0119455
119456	360	Modena F1 99 Black/Black ZFFYR51AXX0119456
119457	360	Modena F1 99 Black/Black LHD US ZFFYR51A1X0119457
119458	360	Modena F1 99 Rosso Barchetta/tan LHD US ZFFYR51A3X0119458
119459	360	Modena F1 99 ZFFYR51A5X0119459
119460	360	Modena F1 99 Grigo alloy/Blue-grey LHD US ZFFYR51A1X0119460
119461	360	Modena F1 99 LHD US ZFFYR51A3X0119461
119462	360	Modena F1 99 Silver/Black LHD US ZFFYR51A5X0119462
119463	360	Modena F1 99 ZFFYR51A7X0119463
119464	360	Modena F1 99 Red/Tan LHD ZFFYR51A9X0
119465	360	Modena F1 Red/Tan ZFFYR51A0X0119465
119466	360	Modena F1 99 Red/Tan LHD US ZFFYR51A2X0119466
119467	360	Modena F1 99 Rosso Corsa/Black LHD US ZFFYR51A4X0119467
119468	360	Modena F1 99 Blu NART/Tan Daytona seats ZFFYR51A6X0119468 Tubi Rear Challenge Grille Red Calipers
119469	360	Modena F1 99 ZFFYR51A8X0119469
119470	360	Modena F1 99 ZFFYR51A4X0119470
119471	360	Modena F1 99 Red Naturale LHD US ZFFYR51A6X0119471
119472	360	Modena F1 99 ZFFYR51A8X0119472
119473	360	Modena F1 99 Yellow/Black LHD US ZFFYR51AXX0119473
119474	360	Modena F1 99 Black/Black LHD US ZFFYR51A1X0119474
119475	360	Modena F1 12/99 Yellow/Black US ZFFYR51A3X0119475 ex- Ahmad Rashad
119476	360	Modena F1 99 Rosso Corsa/Beige LHD US ZFFYR51A5X0119476
119477	360	Modena F1 99 Red/Tan ZFFYR51A7X0119477
119478	360	Modena F1 99 ZFFYR51A9X0119478
119480	360	Modena F1 99 Yellow/Black ZFFYR51A7X0119480 Front & Rear Challenge Grills
119481	360	Modena F1 99 Blue Metallic/Tan LHD US ZFFYR51A9X0119481
119482	360	Modena F1 99 Red/Tan ZFFYR51A0X0119482 shields
119483	360	Modena F1 99 Black/Black ZFFYR51A2X0119483
119484	360	Modena F1 99 Grigio Alloy Metallic/Black LHD US ZFFYR51A4X0119484
119485	360	Modena F1 99 Red/Tan LHD US ZFFYR51A6X0119485
119486	360	Modena F1 99 Yellow/Black Daytona seats LHD US ZFFYR51A8X0119486
119488	360	Modena F1 Rosso Corsa/Nero, Red Carpet 04.04.2000
119491	360	Modena F1 12/00 Rosso Corsa/Crema ZFFYR51C000119491
119493	360	Modena F1 4/00 Giallo Modena/Beige ZFFYR51C000119493
119494	360	Modena
119498	360	Modena F1 Red/Black ZFFYR51C000119498
119500	360	Modena F1 Red/Black RHD
119501	360	Modena
119502	360	Modena F1 Rosso Corsa/Nero Hide/Nero Carpets 23.03.00
119503	360	Modena Challenge ZFFYR51B000119503
119504	360	Modena F1 Red/Tan RHD UK
119506	360	Modena F1 3/00 Nero Daytona/Beige ZFFYR51C000119506
119507	360	Modena F1 00 Rosso Corsa/Nero ZFFYR51C000119507
119508	360	Modena Dark Blue Sabbia Red stitching RHD ZFFYR51C000119508 Red calipers Challenge rear grill
119515	360	Modena F1 Red/Tan LHD
119521	360	Modena Spider F1 driveris presentation 2000, driven by Schumacher Red/Black LHD EU ZFFYT53B000119521
119522	456	M GT Grigio Titanio met./Black
119523	456	M GT 00 Yellow/Black LHD
119525	360	Modena 99 Yellow/Black Yellow piping LHD US ZFFYR51A3X0119525
119526	360	Modena 99 Black/Naturale Manual LHD US ZFFYR51A5X0119526

s/n	Type	Comments
119527	360	Modena 99 Red/Tan Manual LHD US ZFFYR51A7X0119527
119528	360	Modena 99 Silver/Black Manual ZFFYR51A9X0119528 Tubi Challenge Grill
119529	360	Modena Challenge White ZFFYR51B000119529 ass. # 36603
119530	360	Modena Challenge Yellow ass. # 36606
119531	360	Modena Challenge Red ZFFYR51B000119531 ass. # 35608
119532	360	Modena Challenge F1 Red then multi colouRed Yellow & Blue then White & black/black Red sport seats LHD EU ZFFYR51B000119532 ass. # 36611
119533	360	Modena Challenge F1 Red/Black w.Red cloth seat LHD EU ZFFYR51B000119533 ass. # 36635
119534	360	Modena Challenge Yellow ZFFYR51B000119534
119535	360	Modena Challenge Rosso Corsa/black, then Yellow/Red seats LHD ZFFYR51B000119535 ass. # 36641
119536	360	Modena Challenge Fluorescent Orange ZFFYR51B000119536 ass. # 36643
119538	360	Modena F1 3.4.00 Rosso Corsa/Nero Hide
119540	360	Modena F1 Red/Black RHD ZFFYR51C000119540 Red calipers shields
119541	456	M GT 00 ZFFWP44B000119541
119542	456	M GTA Grigio Titanio met./nero ZFFWP50B000119542
119544	550	Maranello Black/sabbia LHD EU
119545	550	Maranello met black/tan LHD EU ZFFZR49B000 B9545WYP
119548	550	Maranello Silver/black LHD EU ZFFZR49B000119548
119550	550	Maranello Silver/bordeaux LHD EU ZFFZR49B000119550
119552	550	Maranello Red/Black LHD EU ZFFZR49B000119552
119554	550	Maranello Nero/nero ZFFZR49B000119554
119555	550	Maranello Black/Black LHD
119556	550	Maranello Red/Crema ZFFZR49B000
119557	550	Maranello black/black
119558	550	Maranello Silver/grey LHD EU
119559	550	Maranello Grigio Titanio met./Black
119560	550	Maranello 00 Grigio Alloy/Blue LHD EU ZFFZR49B000119560
119562	550	Maranello Grigio Titanio met./Blue LHD EU
119563	550	Maranello black/Crema ZFFZR49B000119563
119564	550	Maranello Black/all tan LHD EU
119565	550	Maranello Red/Black LHD EU
119566	550	Maranello Grigio Titanio met./black LHD EU
119568	550	Maranello TdF or NART Blue/tan LHD EU
119570	550	Maranello Red/Crema LHD EU
119571	550	Maranello Rosso Corsa/Tan ZFFZR49B000119571
119572	550	Maranello Blu NART/Tan
119573	550	Maranello 00 Red/Tan ZFFZS49A2Y0119573
119574	550	Maranello 00 ZFFYS49A4Y0119574
119575	550	Maranello 00 Red/Tan LHD US ZFFZS49A6Y0119575
119576	550	Maranello 00 Yellow/Black ZFFZ549A8Y0119576
119577	550	Maranello 00 Black/Black LHD ZFFZS49AXY0119577 ass. # 36835
119578	550	Maranello 00 Grigio Ingrid 720/Naturale ZFFZS49A1Y0119578
119579	550	Maranello 00 Blu Tour de France 522/Beige ZFFZS49A3Y0119579
119580	550	Maranello 00 Silver/Black ZFFZS49AXY0119580
119581	550	Maranello 00 ZFFZS49A1Y0119581
119582	550	Maranello 00 Blu Pozzi 521 D.S./Light Blue ZFFZS49A3Y0119582
119583	550	Maranello 00 Grigio Titanio Tan ZFFZS49A5Y0119583
119584	550	Maranello 00 ZFFZS49A7Y0119584
119585	550	Maranello 00 Silver/Black LHD ZFFZS49A9Y0119585
119586	550	Maranello 00 ZFFZS49A0Y0119586
119587	550	Maranello 00 ZFFZS49A2Y0119587
119588	550	Maranello 00 ZFFZS49A4Y0119588
119589	550	Maranello 00 Blu Tour De France Beige ZFFZS49A0Y0119586
119592	550	Maranello dark Blue/tan ZFFZR49C000119592 B9592YRI
119593	550	Maranello
119598	550	Maranello Red/Black LHD ZFFZR49J000119598
119601	360	Modena Challenge Red ZFFYR51B000119601
119602	360	Modena Challenge F1 00 Black/Black ZFFYR51B000119602
119603	360	Modena Challenge Red ZFFYR51B000119603
119604	360	Modena Challenge Turqouise ZFFYR51B000119604
119605	360	Modena Challenge Red/Black ZFFYR51B000119605
119606	360	Modena Challenge 00 Black/black LHD ZFFYR51B000
119607	360	Modena Challenge
119608	360	Modena Challenge F1 01 Red/Black ZFFYR51B000119608 ass. # 36712
119609	360	Modena Challenge F1 Red/Red cloth then black ZFFYR51B000119609 ass. # 36759
119610	360	Modena Challenge 01 Yellow/Black ZFFYR51B000119610
119611	360	Modena F1 Black/tan
119612	360	Modena Spider F1 00 Grigio Titanio Dark Blue LHD US ZFFYU51A9Y0119612
119617	360	Modena F1 00 ZFFYU51A8Y0119617
119618	360	Modena F1 00 LHD US ZFFYU51AXY0119618
119619	360	Modena F1 00 Grigio Titanio 3238/Navy Blue grey stittching ZFFYU51A1Y0119619 Red calipers
119620	360	Modena F1 00 Red/Tan LHD US ZFFYU51A8Y0119620
119621	360	Modena F1 00 Metal Grey Silver/Dark Blue US ZFFYU51AXY0119621
119622	360	Modena F1 00 Blu NART/Beige ZFFYU51A1Y0119622
119623	Enzo Ferrari	F1 assigned by Factory to a post-production Enzo Rosso Corsa/Black ZFFCZ56B000119623
119630	456	M GTA Blu Tour de France 522/Tan LHD ZFFWP50C000119630
119636	456	M GTA 00 Blue/Crema ZFFWP50A1Y0119636
119637	456	M GTA 00 silver/black ZFFWP50A3Y0119637
119638	456	M GTA 4/00 Argento Nürburgring/Bordeaux US ZFFWP50A5Y0119638 ass. # 37157
119639	456	M GTA 00 Grigio Titanio Bordeaux Nero Carpet ZFFWP50C000119639
119640	456	M GTA Grigio Titanio met. Crema RHD ZFFWP50C000119640
119641	360	Modena Blue met./tan
119642	360	Modena Red
119643	360	Modena Red/Black LHD EU ZFFYR51B000119643
119646	360	Modena Dark Blue/black
119649	360	Modena Silver/bordeaux
119650	360	Modena Rosso Corsa/black
119653	360	Modena Red/Black
119654	360	Modena Red/Black
119656	360	Modena Grigio Titanio 3238/black
119658	360	Modena F1 Yellow/black & Yellow stitching & inserts LHD EU ZFFYR51B000119658 B9658YAW
119660	360	Modena Black/black & Yellow LHD EU

s/n	Type	Comments
119661	360	Modena Grigio Alloy/Black LHD EU ZFFYR51B000119661
119662	360	Modena Red/Black Red stitching LHD EU ZFFYR51B000119662 Challenge rear grill shields
119663	360	Modena Black/black LHD ZFFYR51B000
119666	360	Modena Red/Black LHD EU ZFFYR51B000119666
119668	360	Modena 00 Red/BlackLHD EU ZFFYR51B000119668, crashed, repairable?
119669	360	Modena silver/tan ZFFYR51B000119669
119671	360	Modena 00 Blue TdF/tan Manual LHD US ZFFYU51A3Y0119671
119672	360	Modena F1 00 ZFFYU51A5Y0119672
119673	360	Modena F1 00 ZFFYU51A7Y0119673
119674	360	Modena 00 Red/Tan LHD US ZFFYU51A9Y0119674
119675	360	Modena F1 00 ZFFYU51A0Y0119675
119677	360	Modena
119678	360	Modena
119679	360	Modena Rosso Corsa/Nero Rosso Carpets 17.4.00
119680	360	Modena Red/Crema Red stitching RHD ZFFYR51C000119680 Challenge rear
119683	360	Modena Silver/black Manual ZFFYR51C000119683
119685	360	Modena Grigio Titanio 3238/bordeaux
119686	360	Modena Alloy Grey Black ZFFYR51C000119686
119687	360	Modena Red/Crema
119690	360	Modena Challenge Red ZFFYR51B000119690
119691	360	Modena Challenge F1 00 light Green/Black LHD EU ZFFYR51B000119691
119692	360	Modena Challenge F1 00 Yellow/black Red stitching ZFFYR51B000119692 ass. # 36797 Challenge rear grill shields Challenge wheels
119695	360	Modena F1 00 Grigio Titanio Metallizzato 3238/Bordeaux ZFFYR51B000119695
119697	360	Modena F1
119698	360	Modena F1 Red/Black LHD EU
119699	360	Modena F1
119700	360	Modena F1 grey Metallic/
119701	360	Modena Rosso Barchetta/cuoio Red sport seats LHD EU ZFFYR51B000119701 B9701SCM challenge grill
119702	360	Modena F1 Red/Black ZFFYR51B000119702
119703	360	Modena F1 4/00 Rosso Corsa/Nero LHD EU ZFFYR51B000119703
119704	360	Modena F1 Yellow/Black ZFFYR51B000119704 ass.# 36744 B9704HKD
119707	360	Modena F1 ëlmolaí Red/Black Sport seats LHD EU ZFFYR51B000119707 ass. # 36748 B9707YZR shields headlight cleaners
119711	360	Modena Red/Black LHD EU ZFFYR51B000119711 B9711KLB Red calipers shields
119713	360	Modena F1 Rosso Corsa/Black Red piping LHD EU B0713WJJ
119715	360	Modena Yellow/bordeaux LHD EU
119716	360	Modena F1 Red/Tan LHD EU ZFFYR51B000119716
119717	360	Modena F1 00 Rosso Corsa/Nero ZFFYR51B000119717
119718	360	Modena F1 Blue LHD ZFFYR51B000119718
119721	360	Modena F1 00 Red RHD AUS ZFFYR51D000119721 eng. # 57084
119723	360	Modena F1 00 Black RHD AUS ZFFYR51D000119723
119725	360	Modena F1 00 Argento Nürburgring 101/C/Blue ZFFYU51A0Y0119725 Tubi Red Calipers Challenge Grille
119726	360	Modena F1 00 Rosso Corsa/Beige ZFFYU51A2Y0119726 rear challenge gril Red calipers
119728	360	Modena 00 Red/Tan LHD US ZFFYU51A6Y0119728
119729	360	Modena F1 00 ZFFYU51A8Y0119729
119731	360	Modena F1 00 Red/Tan Daytona Seats LHD US ZFFYU51A6Y0119731
119732	360	Modena F1 00 ZFFYU51A8Y0119732
119733	360	Modena F1 00 LHD US ZFFYU51AXY0119733
119735	360	Modena F1 00 LHD US ZFFYU51A3Y0119735
119736	360	Modena F1 00 Black/Beige ZFFYU51A5Y0119736
119738	360	Modena F1 00 Black/Tan LHD US ZFFYU51A9Y0119738 Tubi GFG Wheels Shields
119739	360	Modena F1 00 ZFFYU51A0Y0119739
119740	360	Modena F1 00 ZFFYU51A7Y0119740
119741	360	Modena F1 00 Yellow/Black LHD US ZFFYU51A9Y0119741
119744	360	Modena F1 Rosso Corsa Nero Red stitching RHD ZFFYR51C000119744 shields
119746	360	Modena
119748	360	Modena F1 00 Rosso Corsa/Sabbia RHD ZFFYR51C000119748
119749	360	Modena F1 6/00 Rosso Corsa/Nero ZFFYR51C000119749
119751	360	Modena F1 Red/Black RHD
119753	360	Modena
119754	360	Modena Spider F1 00 Silver/Black
119755	360	Modena F1 Red/Crema RHD ZFFYR51C000119755
119756	360	Modena F1
119758	360	Modena F1 Silver/bordeaux RHD UK Challenge grille
119759	360	Modena F1 Silver/Black
119760	360	Modena F1 Argento Nürburgring 101/C/ FER 101/C/Black silver stitching RHD ZFFYR51C000119760 shields
119762	360	Modena
119764	360	Modena F1 00 Argento Nürburgring 101/C/Blu Scuro ZFFYR51C000119764 rear challenge grill
119766	360	Modena
119767	360	Modena (F1) Red/Crema RHD UK Red calipers
119768	360	Modena F1 5/00 Grigio Titanio Metallizzato 3238/Bordeaux ZFFYR51C000119768 Nero Carpet
119771	360	Modena F1 00 Argento Nürburgring 101/C/ Nero Rear Challenge Grill
119772	360	Modena
119784	550	Maranello 00 Black met./Black Red sports seats Red stitching LHD ZFFZR49B000119784 Red calipers
119785	550	Maranello 00 Red/Tan LHD ZFFZR49B000119785
119787	550	Maranello 00 Grigio Titanio/Red LHD ZFFZR49B000 B9787ZOQ
119789	550	Maranello 00 Black/Black LHD EU ZFFZR49B000119789
119793	550	Maranello 7/00 Grigio Titanio Metallizzato 3238/Nero ZFFZR49B000119793
119794	550	Maranello 00 Grigio Titanio/dark Blue ZFFZR49B000
119795	360	Modena F1 00 Yellow/bordeaux Yellow stitching Shields
119796	550	Maranello 00 Rosso Barchetta/Tan Daytona Seats ZFFZS49A0Y0119796
119797	550	Maranello 00 ZFFZS49A2Y0119797
119798	550	Maranello 00 Grigio Titanio met./black LHD US ZFFZS49A4Y0119798
119799	550	Maranello 00 Red/Tan Daytona Seats ZFFZS49A6Y0119799 Red calipers shields
119800	550	Maranello 00 ZFFZS49A9Y0119800
119801	550	Maranello 00 Grigio Titanio met./charcoal ZFFZS49A0Y0119801
119802	550	Maranello
119803	550	Maranello 00 silver

s/n	Type	Comments	s/n	Type	Comments
119804	550	Maranello 00 Argento Nürburgring 101/C/ Bordeaux Bordeaux Carpet, RHD	119882	360	Modena Dark Blue/Tan RHD ZFFYR51C000119882 Red calipers shields Challenge rear grill
119805	550	Maranello			
119806	550	Maranello	119884	360	Modena 00 Rosso Corsa/Nero Manual RHD UK ZFFYR51C000119884
119807	550	Maranello			
119811	456	M GT 00 Silver/Black Daytona seats LHD ZFFWP44A9Y0119811	119886	360	Modena Rosso Corsa/Nero Manual ZFFYR51C000119886
119812	550	Maranello 00 Silver/tan LHD EU	119887	360	Modena F1 00 Argento Nürburgring 101/C/Black silver stitching ZFFYR51C000119887 Eng. # 57293 Ass. # 37005
119815	550	Maranello 00 Black/black LHD EU			
119817	550	Maranello			
119818	550	Maranello Grigio Titanio met./bordeaux LHD EU ZFFZR49B000119818			
			119888	360	Modena 00 Rosso Corsa/Nero RHD UK ZFFYR51C000119888
119819	550	Maranello Black/Dark Green sports seats LHD Manual ZFFZR49B000119819 shields	119892	360	Modena F1 01 Rosso Corsa Nero ZFFYR51B000119892
119821	550	Maranello dark Blue/White			
119825	550	Maranello black/tan	119893	360	Modena Challenge F1 00 Rosso Corsa/black w.Red cloth seat LHD EU ZFFYR51B000119893 ass. # 36837
119826	550	Maranello 00 Blu Tour de France 522/Beige ZFFZR49B000119826			
119827	550	Maranello black/black ZFFZR49B000119827	119894	360	Modena Challenge 00
119828	550	Maranello Black/tan LHD	119895	360	Modena F1 Red/beige LHD EU ZFFYR51B000119895
119829	550	Maranello 00 Grigio Titanio met./Nero ZFFZR49B000119829			
			119896	360	Modena F1 Ingridgrey/black ZFFYR51B000
119830	360	Modena Yellow,/Black Manual ZFFYR51A3X0119830 probably wrong, un in a chain of Maranellos, probably ZFFYR51A3X0119038	119898	360	Modena F1 Red/Black LHD EU ZFFYR51B000119898
			119899	360	Modena F1 Red/Black LHD EU
			119900	360	Modena F1 Red/Black LHD EU Rear Challenge grille
119831	550	Maranello 6/00 Blu NART/Beige ZFFZR49D000119831	119901	360	Modena F1 01 Rosso Corsa Italian stripe/Nero & Red sportseats Red stitching ZFFYR51B000119901 B9901FKA Challenge rear grill Challenge wheels
119832	550	Maranello 00 ZFFZS49A0Y0119832			
119833	550	Maranello 00 ZFFZS49A2Y0119833			
119834	550	Maranello 00 ZFFZS49A4Y0119834			
119835	550	Maranello 00 ZFFZS49A6Y0119835	119902	360	Modena Blue/tan
119836	550	Maranello 00 Grigio Titanio met./bordeaux LHD US ZFFZS49A8Y0119836	119905	360	Modena F1 Argento Nürburgring 101/C/black LHD EU ZFFYR51B000
119837	550	Maranello 00 ZFFZS49AXY0119837	119907	360	Modena F1 Yellow/black Yellow stitching LHD EU
119838	550	Maranello 00 ZFFZS49A1Y0119838			
119839	550	Maranello 00 ZFFZS49A3Y0119839	119908	360	Modena F1 Red/naturale LHD EU
119840	550	Maranello 00 Blu Tour de France 522/Natural ZFFZS49AXY0119840 , 6/27/02	119910	360	Modena F1 Grigio Titanio 3238/Black LHD
			119911	360	Modena F1 Red/Black Red stitching LHD EU ZFFYR51B000119911 Black calipers shields
119841	550	Maranello 00 Grigio Titanio met./Black ZFFZS49A1Y0119841			
			119914	360	Modena F1 Red/Black
119846	456	M GTA dark Blue/tan	119915	360	Modena F1 00 Giallo Modena/Blu Scuro ZFFYR51B000119915
119847	456	M GTA 00 Grigio IngridTan LHD ZFFWP50A3Y0119847			
			119917	360	Modena Orange/black LHD
119848	456	M GTA 00 ZFFWP50A5Y0119848	119918	360	Modena F1 Red/Tan LHD EU
119849	456	M GTA 00 ZFFWP50A7Y0119849	119919	360	Modena F1 00 Grigio Alloy/Blu Scuro ZFFYR51B000119919 B9919YKP
119850	456	M GTA 00 ZFFWP50A3Y0119850			
119853	360	Modena	119920	360	Modena F1 Red/Black
119855	360	Modena (F1) LHD EU ZFFYR51B000119855	119921	360	Modena F1
119858	360	Modena Silver/bordeaux LHD EU Red calipers	119922	360	Modena F1 Red LHD ZFFYR51B000119922
119860	360	Modena Red/Black LHD EU	119923	360	Modena F1 00 Red/Black EU ZFFYR51B000119923
119862	360	Modena Grigio Titanio 3238/black LHD EU			
119864	550	Maranello Blu Tour de France 522/tan	119924	360	Modena F1 Red/Black, Rosso Corsa sticker, Red s
119866	360	Modena Silver/black			
119870	360	Modena (F1) LHD EU ZFFYR51B000119870	119925	360	Modena (F1) LHD EU ZFFYR51B000119925
119872	360	Modena Red/Black LHD	119926	360	Modena F1 GrigioAlloy/nero LHD EU
119874	360	Modena 6/00 Giallo Modena/Nero RHD ZFFYR51D000119874 eng. # F131B57067	119927	360	Modena F1 00 Red/Black LHD EU ZFFYR51B000
119875	360	Modena 00 Argento RHD ZFFYR51D000119875 eng. # F131F57132	119931	360	Modena F1 Rosso/nero ZFFYR51B000119931
			119932	360	Modena F1 Black/black LHD EU ZFFYR51B000119932
119876	360	Modena 00 Grigio Titanior/Crema Daytona seats charcoal piping Manual ZFFYU51A1X0119876 charcoal dash Tubi front & rear challenge grill Red calipers	119934	360	Modena F1 black/black ZFFYR51B000119934
			119935	360	Modena F1 dark Blue met./Crema LHD EU ZFFYR51B000 B9935PIK
119877	360	Modena 00 Yellow/black Yellow stitching Manual LHD US ZFFYU51A1Y0119877 Tubi rear grill ex-Juan Pablo Montoya	119939	360	Modena F1 Black/Black sport seats ZFFYR51B000119939 ass.# 36926 Shields Challenge grill
119879	360	Modena F1 00 ZFFYU51A5Y0119879	119940	360	Modena F1 Red/Black LHD
119880	360	Modena 00 Yellow/black LHD US Yellow piping ZFFYU51A1Y0119880	119941	360	Modena F1 4/00 Argento Nürburgring 101/C/Nero ZFFYR51B000119941
119881	360	Modena F1 00 ZFFYU51A3Y0119881	119942	360	Modena F1 Red/Black Rear Challenge grille shieldsRed calipers

s/n	Type	Comments	s/n	Type	Comments
119948	360	Modena F1 Rosso Corsa/Nero Red calipers ZFFYR51B000119948	120014	456	M GTA 00 Blu Tour de France 522/Tan Daytona seats ZFFWP50A5Y0120014 Red Calipers Shields
119950	360	Modena F1 5/00 Rosso Corsa/Nero ZFFYR51B000119950	120015	456	M GTA 00 Grigio Ingrid 720/Tan ZFFWP50A7Y0120015 grey calipers
119951	360	Modena (F1) Blu Pozzi 521 D.S./tan LHD EU	120018	550	Maranello Grigio Titanio met./Crema black piping RHD ZFFZR49C000120018 Red calipers shields
119954	360	Modena F1 Red/Black			
119959	360	Modena Tit.grey/Red			
119960	360	Modena F1 Red "COBRA Sticker"//tan LHD EU	120019	360	Modena Challenge LHD EU
119966	360	Modena F1 Yellow/black LHD EU	120020	360	Barchetta Speciale #1/1 silver/tan, Montezemoloës wedding present
119969	360	Modena F1 Rosso Corsa/black LHD EU ZFFYR51B000119969 B9969AAY	120021	360	Modena Red/Black LHD EU ZFFYR51B000120021
119970	360	Modena F1 00 Grigio Titanio 3238/Black LHD EU ZFFYR51B000119970	120026	360	Modena F1 00 Red/Tan LHD EU ZFFYR51B000120026
119971	360	Modena orange/black	120028	360	Modena F1 Red/Black LHD EU ZFFYR51B000120028
119973	360	Modena F1 00 Rossa Corsa Black EU ZFFYR51B000119973	120029	360	Modena F1 Red/Black
119974	360	Modena F1 4/00 Grigio Titanio Metallizzato 3238/Bordeaux ZFFYR51B000119974	120033	456	M GTA Blu Pozzi 521 D.S./Crema ZFFWP50C000
119977	360	Modena argento/nero	120034	456	M GTA 00 Grigio Titanio met./Grey with piping ZFFWP50A0Y0120034
119978	360	Modena F1 Grigio Titanio 3238/black LHD EU ZFFYR51B000 B9978KDH	120037	456	M GT Grigio Titanio met./Bordeaux LHD ZFFWP44B000120037 C0037ZLV
119979	360	Modena F1 00 Red/Beige ZFFYU51A9Y0119979	120038	456	M GT Dark Blue/tan
119980	360	Modena F1 00 Blu Tour de France 522/Tan & dark Blue LHD US ZFFYU51A5Y0119980 TdF Blue paddle shifters Hamann body kit Painted air boxes Tubi	120039	360	Modena Spider F1 Rosso Corsa/Black
			120042	360	Modena 6/00 Rosso Corsa/Crema RHD UK
			120043	360	Modena Dark Blue/Tan
119981	360	Modena (F1) 00 ZFFYU51A7Y0119981	120044	360	Modena 5/00 Blu Tour de France 522/Blu Scuro ZFFYR51C000120044
119982	360	Modena F1 00 Red/Tan LHD US ZFFYU51A9Y0119982	120045	550	Maranello
119983	360	Modena F1 00 Blu Pozzi 521 D.S./Tan LHD US ZFFYU51A0Y0119983 Shields Red Calipers	120046	550	Maranello
			120047	550	Maranello
119984	360	Modena F1 00 Blu Tour de France 522/tan LHD US ZFFYU51A2Y0119984	120049	550	Maranello Blue/Tan ZFFZR49B000120049
119985	360	Modena F1 00 Red/Black LHD US ZFFYU51A4Y0119985	120050	360	Modena F1 Red/Black LHD EU
			120051	550	Maranello Red/Black LHD EU ZFFZR49B000120051
119986	360	Modena F1 00 Grigio Titanio 3238/Dark Grey LHD US ZFFYU51A6Y0119986	120054	360	Modena F1 00 ZFFYU51A6Y0120054
119987	360	Modena F1 00 ZFFYU51A8Y0119987	120055	360	Modena F1 00 Grigio Titanio 3238/TanLHD US ZFFYU51A8Y0120055 Red Calipers Shields
119988	360	Modena F1 00 Red/Tan ZFFYU51AXY0119988	120056	360	Modena 00 Grigio Alloy Bordeaux Manual
119989	360	Modena F1 00 Red/Black LHD US ZFFYU51A1Y0119989	120057	360	Modena 00 ZFFYU51A1Y0120057
119990	360	Modena F1 00 LHD US ZFFYU51A8Y0119990	120058	360	Modena F1 00 ZFFYU51A3Y0120058
119991	360	Modena F1 00 ZFFYU51AXY0119991	120061	360	Modena Black Brown LHD
119992	360	Modena F1 00 Red/Tan US ZFFYU51A1Y0119992			ZFFYR51B000120061 Black calipers Challenge rear grill shields
119993	360	Modena F1 00 Blu Tour de France/Tan Daytona seats Black Inserts LHD US ZFFYU51A3Y0119993 Challenge Rear Grill Red Calipers Shields GFG Wheels Tubi	120063	360	Modena black/black
			120064	360	Modena Silver/black LHD EU ZFFYR51B000
			120065	360	Modena (F1) LHD EU ZFFYR51B000120065
			120067	360	Modena Yellow/black LHD EU
119994	360	Modena F1 00 Silver/Black Daytona seats ZFFYU51A5Y0119994 shields Red calipers	120068	360	Modena 00 Grigio Titanio 3238/Black Manual ZFFYR51B3Y0120068
119995	360	Modena F1 00 Giallo Modena/Black LHD Manual US ZFFYU51A7Y0119995	120069	360	Modena 00 Grigio Titanio 3238/BlackManual EU ZFFYR51B000120069
119996	360	Modena F1 00 Yellow/black LHD EU ZFFYU51A9Y0119996	120070	360	Modena F1 Red/Black LHD EU
			120073	360	Modena F1 Red/Tan LHD EU
119997	360	Modena F1 00 Rosso Corsa/Tan Tubi shields rear Challenge grille	120074	360	Modena F1 00 Rosso Corsa/Nero ZFFYR51B000120074 C0074ZBC
119998	360	Modena F1 00 ZFFYU51A2Y0119998	120075	360	Modena F1 Grigio Alloy/black
119999	360	Modena F1 00 ZFFYU51A4Y0119999	120079	360	Modena F1 Red/Black
120000	360	Modena F1 00 Yellow/Black LHD US ZFFYU51A5Y0120000	120080	360	Modena F1 00 Blu Pozzi 521 D.S./tan LHD US ZFFYU51A7Y0120080
120001	360	Modena Spider 00 Black/Black LHD	120083	360	Modena F1 00 Silver RHD ZFFYR51D000120083 eng. # F131B57609
120003	360	Modena F1 Red/Crema RHD			
120007	360	Modena	120087	360	Modena F1 Red/Black
120008	360	Modena F1 Red/Black + Red sport seats LHD ZFFYR51J000120008 shields Red calipers Red Challenge grill front + side + rear spoilers Hamann modified	120088	360	Modena F1 silver/grey sports seats C0088DMK
			120089	360	Modena F1 Silver/black LHD
			120091	360	Modena F1 Silver LHD ZFFYR51B000120091
			120092	360	Modena F1 Argento Nürburgring 101/C/Bordeaux ZFFYR51B000120092 C0092OEE shields
120010	360	Modena Grigio Titanio met. JP LHD ZFFYR51J000120010			
120012	360	Modena F1 Black/tan	120095	360	Modena F1
			120096	360	Modena Red/Black ZFFYR51B000120096

s/n	Type	Comments
120097	360	Modena Challenge F1 Red/Black LHD EU ZFFYR51B000120097
120098	360	Modena
120100	360	Modena Spider
120101	550	Maranello Ingridgrey/all naturale LHD EU ZFFZR49B000 Gold calipers
120102	550	Maranello Grigio Titanio met./blackLHD EU ZFFZR49B000120102 C0102ITB shields Challenge wheels
120111	360	Modena Red/Tan LHD manual ZFFYR51B000120111
120113	360	Modena F1 Dark Blue/grey LHD ZFFYR51B000120113
120114	550	Maranello 7/00 Blu Pozzi/Carta Da Zucchero ZFFZS49A8Y0120114
120115	550	Maranello 00 ZFFZS49AXY0120115
120116	360	Modena F1 00 Rosso Corsa/Tan LHD US ZFFYU51A2Y0120116
120117	550	Maranello 00 Black/Black ZFFZS49A3Y0120117
120118	360	Modena F1 00 ZFFYU51A6Y0120118
120119	360	Modena F1 00 Argento Nürburgring/Tan ZFFYU51A8Y0120119
120121	550	Maranello
120124	456	M GT 00 Nero Daytona/tan ZFFWP44A6Y0120124 aluminum calipers
120125	456	M GT 00 ZFFWP44A8Y0120125
120126	456	M GT 00 Rosso Fiorano Metallic/Grey bordeaux piping ZFFWP44AXY0120126
120127	456	M GTA 00 ZFFWP50A7Y0120127
120128	456	M GT silver/black LHD ZFFWP44B000120128
120130	456	M GT silver/black
120131	456	M GT Black/Tan LHD
120134	360	Modena grey/black
120136	550	Maranello Grigio Titanio met./tan
120137	550	Maranello Grigio Titanio met./cuoio LHD ZFFZR49B000120137
120139	550	Maranello Blu Pozzi/tan ZFFZR49B000120139 C0139FCJ
120141	550	Maranello Red/Black LHD
120145	550	Maranello 00 Silver/black sports seats silver stitching LHD ZFFZR49B000120145 Red calipers shields
120148	550	Maranello 9/00 Blu Pozzi/Blu Scuro LHD EU ZFFZR49B000120148
120150	550	Maranello Torino show car 00 Dark Blue LHD US ZFFZS49A1Y0120150
120151	550	Maranello 00 Blu Tour de France Light Grey Daytona Seats Navy Piping ZFFZS49A3Y0120151 Red Calipers
120152	550	Maranello 00 ZFFZS49A5Y0120152
120153	550	Maranello 00 ZFFZS49A7Y0120153
120154	550	Maranello 00 Silver/black LHD US ZFFZS49A9Y0120154
120155	550	Maranello 00 Rosso Corsa/Beige ZFFZS49A0Y0120155
120156	550	Maranello 00 Red/Tan LHD US ZFFZS49A2Y0120156
120157	550	Maranello 00 ZFFZS49A4Y0120157
120158	550	Maranello
120159	550	Maranello 00 Blu Tour de France 522/tan LHD US ZFFZS49A8Y0120159
120160	550	Maranello 00 ZFFZS49A4Y0120160
120161	550	Maranello blu/tan RHD
120162	550	Maranello 5/00 Blue Tour de France/Blue White piping ZFFZS49A8Y0120162 Tubi silver calipers shields Blue aftermarket wheels
120163	550	Maranello 00 ZFFZS49AXY0120163
120164	550	Maranello 00 Azuro California/Blue ZFFZS49A1Y0120164
120165	550	Maranello dark Blue,RHD
120166	550	Maranello 00 Rosso Corsa/Black ZFFZS49A5Y0120166
120167	550	Maranello 00 Grigio/Tan LHD ZFFZS49A7Y0120167
120170	550	Maranello 00 ZFFZS49A7Y0120170
120171	550	Maranello 00 Grigio Titanio met./all Blue LHD US ZFFZS49A9Y0120171
120172	550	Maranello 01 Dark Blue/Tan RHD ZFFZR49D000120172
120174	360	Modena F1 7/00 Rosso Corsa/Cream ZFFYR51C000120174
120175	360	Modena Red/Black
120176	360	Modena F1 00 Rosso Corsa/Nero LHD EU ZFFYR51B000120176
120178	360	Modena F1 00 Giallo Modena/Nero ZFFYR51B000120178
120180	360	Modena F1 00 Blu Tour de France 522/navy Daytona seats grey inserts LHD US ZFFYR51A0Y0120180 factory sunroof Tubi Red calipers
120181	360	Modena F1 00 Red/Black ZFFYU51A2Y0120181
120182	360	Modena F1 00 ZFFYU51A4Y0120182
120183	360	Modena F1 00 ZFFYU51A6Y0120183
120184	360	Modena 00 Grigio Titanio 3238/Tan LHD
120185	360	Modena Argento Nürburgring 101/C/Blue Scuro, Blue Carpet
120186	360	Modena Red/Black
120187	360	Modena F1 Red/Black ZFFYR51B000120187
120189	360	Modena F1 grigio alloy/black
120190	360	Modena F1 00 Yellow/Black & Yellow Yellow Stitching LHD US ZFFYU51A3Y0120190 Avus Wheels Shields
120191	360	Modena F1 00 ZFFYU51A5Y0120191
120192	360	Modena F1 00 Grigo Alloy/Black ZFFYU51A7Y0120192 rear challenge grill
120193	360	Modena F1 00 Red/Tan LHD US ZFFYU51A9Y0120193
120195	360	Modena F1 Red/Crema ZFFYR51C000120195
120196	360	Modena Red/Crema RHD Manual ZFFYR51C000120196
120197	360	Modena Red/Tan ZFFYR51B000120197
120199	360	Modena F1 Red/Black LHD
120201	360	Modena F1 black/tan ZFFYR51B000 C0201ZSC
120204	360	Modena F1 Red
120205	360	Modena F1 00 Rosso Corsa/Tan LHD US ZFFYU51A1Y0120205
120206	360	Modena F1 00 ZFFYU51A3Y0120206
120207	360	Modena F1 00 Red/beige LHD US ZFFYU51A5Y0120207
120208	360	Modena F1 00 Silver/Blue LHD US ZFFYU51A7Y0120208
120209	360	Modena F1 Red/Black LHD ZFFYR51B000120209
120212	360	Modena Black/black
120213	360	Modena F1 Grigio Alloy/bordeaux LHD EU
120215	360	Modena F1 00 ZFFYU51A4Y0120215
120216	360	Modena F1 00 Rosso Corsa/Tan ZFFYU51A6Y0120216
120217	360	Modena F1 00 Grigio Titanio 3238/Black LHD US ZFFYU51A8Y0120217
120218	360	Modena 00 Rosso Corsa/Tan Daytona seats US ZFFYU51AXY0120218 Shields
120219	360	Modena F1 00 ZFFYU51A1Y0120219
120220	360	Modena 00 Rosso Corsa/black ZFFYR51B000120220 C0220CZB
120221	360	Modena F1 Daytona Black Crema-black ZFFYR51C000120221
120222	360	Modena Spider
120224	360	Modena silver met./black
120229	360	Modena 00 LHD US ZFFYU51A4Y0120229
120230	360	Modena F1 00 Yellow/Black LHD US ZFFYU51A0Y0120230
120231	360	Modena F1 00 ZFFYU51A2Y0120231

s/n	Type	Comments	s/n	Type	Comments
120232	360	Modena F1 00 Grigio Titanio Metallic/Black LHD US ZFFYU51A4Y0120232	120305	360	Modena F1 00 Red BlackLHD US ZFFYU51A5Y0120305
120233	360	Modena F1 00 ZFFYU51A6Y0120233	120306	360	Modena F1 00 Blu Tour de France 522/Crema ZFFYU51A7Y0120306
120234	360	Modena F1 Silver/black LHD EU ZFFYR51B000120234	120308	360	Modena F1 Red/Black LHD EU ZFFYR51B000120308
120235	360	Modena	120311	360	Modena F1 00 Yellow Metallic/Black LHD US ZFFYU51A0Y0120311
120236	360	Modena 00 Rosso Corsa/Crema RHD UK ZFFYR51C000120236	120312	360	Modena F1 00 Grigio Titanio 3238/Charcoal Daytona Seats ZFFYU51A2Y0120312 Red Calipers
120241	360	Modena Red/Red & black & Crema			
120242	360	Modena F1 00 ZFFYU51A7Y0120242	120313	360	Modena F1 00 Red/Tan LHD US ZFFYU51A4Y0120313
120243	360	Modena F1 00 Grigio Titanio 3238/Dark Blue LHD US ZFFYU51A9Y0120243	120314	360	Modena F1 00 ZFFYU51A6Y0120314
120244	360	Modena F1 00 Red/Beige Daytona seats black inserts LHD US ZFFYU51A0Y0120244 shields Front & rear Challenge grilles Tubi Red calipers	120316	360	Modena F1 Red/Tan ZFFYR51B000120316
			120317	360	Modena F1 Red/Tan
120245	360	Modena F1 00 Yellow/black LHD US ZFFYU51A2Y0120245 Rear Challenge grille Black Calipers Shields	120319	360	Modena F1 00 Silver/Black LHD US ZFFYU51A5Y0120319
			120320	360	Modena F1 Grigio Titanio 3238/beige LHD US ZFFYU51A1Y0120320
120246	360	Modena F1 00 Rosso Corsa/Black LHD US ZFFYU51A4Y0120246	120321	360	Modena F1 00 Grigio Ingrid 720/Sabbia Black Piping ZFFYU51A3Y0120321
120247	360	Modena			
120248	360	Modena F1 Rosso Corsa/Nero Nero Carpet	120322	360	Modena F1 00 ZFFYU51A5Y0120322
120249	360	Modena argento/nero	120323	360	Modena F1 00 Silver/Red ZFFYU51A7Y0120323
120250	456	M GT 00 ZFFWP44A0Y0120250			
120251	456	M GTA 00 Grigio Ingridsabbia LHD CDN ZFFWL50A3Y0120251	120324	360	Modena
			120326	360	Modena F1 Grigio Titanio 3238/black LHD EU
120252	456	M GT 00 ZFFWP44A4Y0120252	120327	360	Modena F1 5/00 Grigio Alloy/Cuoio LHD EU ZFFYR51B000120327
120253	456	M GT 00 ZFFWP44A6Y0120253			
120254	456	M GTA 00 Black/Tan LHD US ZFFWL50A9Y0120254	120329	360	Modena F1 00 Red/Black LHD US ZFFYU51A8Y0120329
120256	456	M GT silver/black	120330	360	Modena F1 00 ZFFYU51A4Y0120330
120257	456	M GT 00 dark Blue/dark Blue ZFFWP44A3Y0120257	120331	360	Modena F1 00 ZFFYU51A6Y0120331
			120332	360	Modena F1 00 Rosso Corsa/Tan ZFFYU51A8Y0120332
120260	360	Modena Red/Tan			
120261	360	Modena 00 Grigio Alloy/Carta Da Zucchero Manual RHD UK ZFFYR51C000120261	120333	360	Modena
			120334	360	Modena F1 Red/Tan
120264	360	Modena 00 Grigio Alloy/black LHD US ZFFYU51A6Y0120264	120339	360	Modena F1 00 Red/Tan Daytona Seats LHD ZFFYU51A0Y0120339 Challenge Grills Shields Red Calipers
120265	360	Modena			
120269	360	Modena Red/Black RHD	120340	360	Modena F1 00 ZFFYU51A7Y0120340
120271	360	Modena F1 00 ZFFYU51A3Y0120271	120341	360	Modena F1 00 Blu Pozzi 521 D.S./Red Blue Piping ZFFYU51A9Y0120341 Red Calipers Rear Challenge Grille
120272	360	Modena 00 Black/Black manual LHD EU ZFFYR51B000120272 C0272YAX Red calipers shields			
			120342	360	Modena F1 00 ZFFYU51A0Y0120342
120273	360	Modena	120344	360	Modena F1 Red LHD EU
120277	360	Modena 00 Red/Tan Daytona seats Manual ZFFYU51A4Y0120277 aftermarket shields Red calipers Challenge grille Tubi	120346	360	Modena 00 Yellow ZFFYR51D000120346 eng. # F131B57716
			120347	360	Modena F1 00 Yellow/naturale Sport seats ZFFYU51AXY0120347 shields Red calipers
120279	360	Modena 00 Giallo Modena/Nero manual US ZFFYU51A8Y0120279	120348	360	Modena F1 00 Rosso Corsa/Black LHD US ZFFYU51A1Y0120348
120280	360	Modena F1 00 ZFFYU51A4Y0120280			
120281	360	Modena 00 Rosso Corsa/Nero Manual LHD EU ZFFYR51B000120281	120349	360	Modena F1 00 Argento Nürburgring 101/C/Black LHD US ZFFYU51A3Y0120349
120282	360	Modena	120350	360	Modena F1 00 Grigio Alloy/Black LHD US ZFFYU51AXY0120350 shields Challenge grill silver calipers
120283	360	Modena Spider F1 00 NART Blue/cuoio ZFFYT53B000120283			
120285	360	Modena 00 Red/Black Manual	120351	360	Modena
120287	360	Modena	120352	360	Modena F1 5/00 Rosso Corsa/Beige ZFFYR51B000120352
120288	360	Modena Grigio Titanio 3238/Black RHD			
120289	360	Modena Argento Nürburgring 101/C/Grey & Black alcantara Manual ZFFYR51B000120289 ass. # 37490 MAE modified	120353	360	Modena F1 Yellow/black ZFFYR51B000120353
			120355	360	Modena F1 00 Argento/Black LHD US ZFFYU51A9Y0120355
120291	360	Modena 00 Rosso Corsa/Beige Manual LHD US ZFFYU51A9Y0120291	120356	360	Modena F1 00 Black/Black LHD US ZFFYU51A0Y0120356
120292	360	Modena Red/Tan RHD UK	120357	360	Modena F1 00 ZFFYU51A2Y0120357
120293	360	Modena	120358	360	Modena F1 00 Black/Dark Grey LHD US ZFFYU51A4Y0120358 Tubi Shields Rear Challenge Grill Red calipers
120296	360	Modena F1 silver/black			
120297	360	Modena F1 00 Red/Black ZFFYR51B000120297			
120302	360	Modena F1 00 Grigio Titanio Metallic/Bordeaux LHD US ZFFYU51AXY0120302	120359	360	Modena F1 00 Argento Nürburgring 101/C/Charcoal LHD US ZFFYU51A6Y0120359
120303	360	Modena F1 00 ZFFYU51A1Y0120303			
120304	360	Modena F1 00 ZFFYU51A3Y0120304	120362	360	Modena F1 00 Red/Tan ZFFYU51A6Y0120362

s/n	Type	Comments
120363	360	Modena F1 00 Giallo Modena 4305 D.S./black LHD US ZFFYU51A8Y0120363
120364	360	Modena F1 00 Grigio Titanio 3238/Grigio piped Charcoal LHD US ZFFYU51AXY0120364 silver calipers Rear Challenge Grill
120365	360	Modena F1 00 Yellow/black Daytona seats LHD US ZFFYU51A1Y0120365 front & rear Challenge grille
120366	360	Modena F1 00 ZFFYU51A3Y0120366
120367	360	Modena F1 Red/Tan RHD ZFFYR51C000120367 Challenge rear grill
120369	550	Maranello 00 Silver/black & grey LHD US ZFFZS49A8Y0120369
120370	550	Maranello 00 Nero/Nero ZFFZR49C000120370
120372	550	Maranello Grigo Ingrid/Red & Crema seats Red stitching Red steering wheel & dash
120373	550	Maranello 00 Grigio Titanio Red ZFFZS49AXY0120373
120374	550	Maranello Grigio Titanio met./bordeaux Daytona seats LHD EU shields
120375	550	Maranello 00 Grigio Titanio met./Bordeaux ZFFZS49A3Y0120375 Red calipers
120376	550	Maranello Grigio Titanio met./tan LHD
120377	550	Maranello 00 Yellow/Black, USZFFZS49A7Y0120377
120378	550	Maranello 00 silver/black ZFFZR49C000120378
120380	550	Maranello 00 ZFFZS49A7Y0120380
120381	550	Maranello Nero Daytona/Nero 13.07.00
120382	550	Maranello dark Blue met./beige JP LHD
120383	550	Maranello 00 Blu Pozzi 521 D.S./dark Blue LHD US ZFFZS49A2Y0120383
120385	550	Maranello 00 Nero Daytona/Beige ZFFZR49B000120385
120386	550	Maranello 00 silver/black ZFFZS49A8Y0120386
120388	550	Maranello Grigio Titanio met./black LHD EU ZFFZR49B000120388
120389	550	Maranello Grigio Titanio met./bordeaux
120390	550	Maranello Grigio Titanio met./tan LHD EU ZFFZR49B000120390
120393	550	Maranello 00 Red/Tan ZFFZR49B000120393
120394	550	Maranello Blu Tour de France 522/dark Blue Yellow piping RHD ZFFZR49C000120394 Silver calipers shields
120395	456	M GT Black/Tan LHD
120396	456	M GT 00 ZFFWP44A6Y0120396
120397	456	M GT Grigio Titanio met./Black ZFFWP44B000120397 C0397WPK White stencilled shields
120398	456	M GTA Blu Pozzi 521 D.S./dark Blue ZFFWP50B000
120400	456	M GTA 00 Blue Metallic/Pale Blue ZFFWP50AXY0120400
120401	360	Modena F1 00 Rosso Corsa/Tan ZFFYR51D000120401
120403	360	Modena Silver/black LHD EU
120404	360	Modena Red/Black ZFFYR51C000120404
120406	360	Modena Argento Nürburgring 101/C/light Blue LHD EU ZFFYR51B000120406
120409	360	Modena
120411	360	Modena Yellow/black ZFFYR51B000120411
120412	360	Modena Black/black LHD
120415	360	Modena 7/00 Argento Nürburgring 101/C/Nero Manual ZFFYR51C000120415
120417	360	Modena (F1) LHD EU ZFFYR51B000120417
120419	360	Modena 00 Rosso Corsa/Nero, Bordeaux Carpet, RHD ZFFYR51C000120419
120420	360	Modena Red/Black ZFFYR51B000120420
120422	360	Modena (F1) 00 ZFFYU51A9Y0120422
120424	360	Modena Rosso Corsa/Black LHD EU ZFFYR51B000120424
120425	360	Modena 00 Rosso Corsa/Nero Manual ZFFYR51B000120425
120427	360	Modena black/tan
120430	360	Modena Red/Black
120431	360	Modena Red/Black LHD EU ZFFYR51B000120431
120432	360	Modena
120433	360	Modena Red/Black manual ZFFYR51B000120433
120434	360	Modena F1 Grigio Titanio 3238/Black
120437	360	Modena F1 Salone delli Automobile Torino show car Red/Black
120438	360	Modena F1 Argento Nürburgring 101/C/black ZFFYR51B000
120439	360	Modena F1 Silver/Black LHD ZFFYR51B000120439
120440	360	Modena Dark Blue/Tan LHD
120441	360	Modena Silver/Black LHD
120442	360	Modena F1 Red/Black LHD EU
120443	360	Modena F1 Red/Black
120444	360	Modena F1 Grigio Titanio 3238/black LHD EU
120447	360	Modena F1 Red/Black LHD EU
120448	360	Modena F1 Red/Crema bordeaux piping RHD ZFFYR51C000120448 Challenge rear grill shields
120449	360	Modena F1 Yellow/Black Rear Challenge grille
120453	360	Modena F1 Red/Black LHD EU rear Challenge grille shields
120456	360	Modena Red/Tan LHD
120457	360	Modena F1 Rosso Corsa/Crema Bordeaux Carpet RHD
120458	360	Modena F1 Grigio Titanio 3238/grey LHD EU ZFFYR51B000120458
120459	360	Modena Red/Black LHD
120461	360	Modena F1 Grigio Titanio 3238/black LHD EU ZFFYR51B000120461 shields
120462	360	Modena F1 Azzurro California 524/black LHD EU
120464	360	Modena F1 Red/Black LHD EU C0464MSB
120468	360	Modena F1 Red/Black ZFFYR51B000120468
120469	360	Modena F1 Red/Black ZFFYR51B000120469 C0469AQL
120471	360	Modena F1 00 Yellow/black Yellow piping ZFFYU51A0Y0120471 challenge grill sunroof
120472	360	Modena F1 00 Silver/Black LHD US ZFFYU51A2Y0120472 Red calipers
120473	360	Modena F1 00 Rosso Corsa/tan black piping ZFFYU51A4Y0120473 ass. # 37546 Red calipers
120474	360	Modena F1 00 Argento Nürburgring 101/C/Bordeaux RHD UK
120476	360	Modena F1 Red/Black ZFFYR51B000120476 C0476IZR
120479	360	Modena (F1) grigio alloy/blu scuro
120480	360	Modena F1 00 ZFFYU51A1Y0120480
120481	360	Modena F1 00 Silver/Black ZFFYU51A3Y0120481
120482	360	Modena F1 00 ZFFYU51A5Y0120482
120488	360	Modena F1 Black/Bordeaux LHD ZFFYR51B000120488 Red calipers shields
120489	360	Modena F1 00 Red/Black LHD EU ZFFYR51B000120489 Red calipers shields
120490	360	Modena F1 8/00 Argento Nürburgring 101/C/Nero ZFFYR51B000120490
120491	360	Modena F1 5/00 Giallo Modena/Blu Scuro ZFFYR51B000120491
120492	360	Modena 6/00 Rosso Corsa/Tan Manual LHD EU ZFFYR51B000120492
120495	360	Modena F1 grigio alloy/black ZFFYU51A3Y0120495
120496	360	Modena F1 00 White Red LHD US ZFFYU51A5Y0120496

s/n	Type	Comments
120497	360	Modena F1 00 Silver/Charcoal ZFFYU51A7Y0120497
120498	360	Modena
120502	360	Modena F1 Red/Black ZFFYR51B000 Red calipers shields challege grill
120503	360	Modena F1 TdF or NART Blue/sabbia LHD EU
120504	360	Modena F1 Red/Black LHD EU ZFFYR51B000120504 C0504MFB Sportsseats rear challenge grill
120506	360	Modena 00 Silver/Blue ZFFYU51A4Y0120506
120507	360	Modena (F1) 00 ZFFYU51A6Y0120507
120508	360	Modena 00 Blue met./Crema ZFFYU51A8Y0120508
120509	360	Modena F1 Yellow/black LHD EU
120511	360	Modena F1 Red/Black LHD EU
120514	360	Modena (F1) 00 ZFFYU51A3Y0120514
120515	360	Modena (F1) 00 ZFFYU51A5Y0120515
120516	360	Modena Spider LHD EU ZFFYT53B000120516
120520	360	Modena F1 Red
120523	360	Modena F1 00 Black/Beige ZFFYU51A4Y0120523
120524	360	Modena 00 Red/Brown ZFFYU51A6Y0120524
120525	360	Modena F1 00 Red/Black ZFFYU51A8Y0120525
120526	360	Modena F1 00 Silver/Black ZFFYR51B000120526 C0526IOR Black calipers
120527	360	Modena Red/Tan LHD
120528	360	Modena F1 Red/Black
120529	360	Modena F1 00 Rosso Corsa/Nero ZFFYR51B000120529 C0529HYI
120530	360	Modena Red/Black LHD EU ZFFYR51B000120530
120532	360	Modena F1 00 Rosso Corsa/Nero ZFFYR51B000120532 C0532KTA
120533	360	Modena F1 00 Yellow/Black ZFFYU51A7Y0120533
120534	360	Modena F1 Grigio Titanio 3238/black
120536	360	Modena Red/Black
120537	360	Modena 7/00 Rosso Corsa/Nero ZFFYR51C000120537
120538	360	Modena 6/00 Grigio Titanio 3238/Nero Nero Carpet Manual
120539	360	Modena 00 silver/black White stitching ZFFYU51A8Y0120539
120540	360	Modena 00 Red RHD ZFFYR51D000120540 eng. # 57960
120541	360	Modena 00 Red/Tan Manual ZFFYU51A6Y0120541 wrecked but very repairable
120542	360	Modena dark Blue/tan Manual RHD ZFFYR51C000120542
120543	360	Modena Red/Black LHD EU
120545	360	Modena 00 Argento Nürburgring 101/C/Black Daytona seats LHD ZFFYU51A3Y0120545 H&R wheels apristo Stage III exhaust shields
120546	360	Modena 00 Black/tan Manual ZFFYU51A5Y0120546 Red calipers challenge grill
120547	360	Modena (F1) 00 ZFFYU51A7Y0120547
120548	360	Modena 7/00 Argento Nürburgring 101/C/Nero Manual ZFFYU51C000120548
120549	360	Modena Red/Black LHD EU ZFFYR51B000120549 ass. # 37687
120550	360	Modena 00 Red Sand Manual ZFFYU51A0Y0120550 Shields Rear Challenge Grill
120551	360	Modena (F1) 00 ZFFYU51A9Y0120551
120552	360	Modena (F1) 00 Rossa Corsa/Tan Manual ZFFYU51A0Y0120552 Shields Rear Challenge Grill
120553	360	Modena 00 Blu Tour de France 522/Crema RHD UK ZFFYR51C000120553
120556	360	Modena (F1) 00 ZFFYU51A8Y0120556
120557	360	Modena 00 Red/Tan Manual ZFFYU51AXY0120557 Tubi Red Calipers Challenge Grills ex-Randy Johnson
120558	360	Modena Red/Black BBS wheels
120559	360	Modena Silver/Black RHD
120560	360	Modena Red/Black LHD
120563	360	Modena 00 Red/Black LHD US ZFFYU51A5Y0120563
120564	360	Modena (F1) 00 ZFFYU51A7Y0120564
120565	360	Modena 00 Red/Black manual US ZFFYU51A9Y0120565
120566	360	Modena Red/Crema RHD
120567	360	Modena Red/Black LHD Manual EU ZFFYR51B000120567 Red calipers
120568	360	Modena 00 Silver/Black LHD EU ZFFYR51B000120568
120569	360	Modena 00 Dark Blue Metallic/Cuoio Sport seats Manual ZFFYU51A6Y0120569 Red calipers challenge grill
120570	360	Modena (F1) 00 ZFFYU51A2Y0120570
120571	360	Modena LHD EU
120572	360	Modena 00 Argento Nürburgring 101/C/Blu Scuro dark Blue dash Manual RHD UK ZFFYR51C000120572 Silver calipers
120573	360	Modena Spider F1 01 Red/Black LHD EU ZFFYT53B000120573
120574	360	Modena Spider LHD EU ZFFYT53B000120574
120575	360	Modena F1 modified by Kˇnigseder Red/Black Challenge grille
120578	360	Modena F1 Red/Black LHD EU ZFFYR51B000120578
120579	360	Modena F1 00 Grigio Titanio Nero
120580	360	Modena (F1) 00 ZFFYU51A5Y0120580
120581	360	Modena F1 00 Giallo Modena/Black ZFFYU51A7Y0120581 challenge grille
120582	360	Modena
120583	360	Modena F1 00 Red/Black RHD UK ZFFYR51C000120583
120584	360	Modena F1 00 Red/Beige sports seats ZFFYR51B000120584 Red calipers colour-coded front intake grills
120585	360	Modena F1 00 Argento Nürburgring 101/C/Bordeaux ZFFYU51A4Y0120585
120586	360	Modena F1 00 Yellow/Black ZFFYU51A6Y0120586
120590	360	Modena F1 Grigio Titanio 3238/bordeaux
120593	360	Modena (F1) 00 ZFFYU51A3Y0120593
120594	360	Modena F1 Red LHD ZFFYR51B000120594
120596	360	Modena
120601	360	Modena F1 00 Yellow/Black ZFFYU51A9Y0120601
120602	360	Modena F1
120603	360	Modena F1 9/00 Rosso Corsa/Beige ZFFYR51C000120603
120604	360	Modena F1 Rosso Barchetta/black LHD EU ZFFYR51B000120604 ass.# 37765
120605	360	Modena F1 Red/Black ZFFYR51B000
120606	360	Modena F1 Black/cuoio LHD
120608	360	Modena
120610	360	Modena (F1) 00 ZFFYU51AXY0120610
120612	360	Modena F1 Rosso Corsa/tan
120615	360	Modena (F1) 00 ZFFYU51A9Y0120615
120618	360	Modena Red/Black LHD
120620	456	M GTA Black Crema
120621	456	M GT Black/Crema ZFFWP44B000
120622	456	M GTA 00 LHD US ZFFWL50A1Y0120622
120623	456	M GT
120625	456	M GT Dark Blue/Light Brown RHD
120627	456	M GT Silver/black ZFFWP44B000120627
120628	456	M GTA
120629	550	Maranello dark Blue/Crema
120630	550	Maranello 00 ZFFZS49A4Y0120630

s/n	Type	Comments
120631	550	Maranello 00 Grigio Titanio met./black LHD EU ZFFZR49B000120631 Silver calipers shields
120632	550	Maranello Silver/Black LHD EU ZFFZR49B000120632
120633	550	Maranello 00 Black/Tan ZFFZS49AXY0120633
120634	550	Maranello 00 Argento Nürburgring 101/C/Nero RHD UK ZFFZR49C000120634
120635	550	Maranello Silver/black ZFFZR49B000120635
120636	550	Maranello 7/00 Grigio Titanio met./black LHD EU
120637	550	Maranello Dark Blue/Blue
120638	550	Maranello 00 ZFFZS49A9Y0120638
120639	550	Maranello Black/Black LHD EU ZFFZR49B000120639
120640	550	Maranello 00 ZFFZS49A7Y0120640
120641	360	Modena Silver/Black LHD
120643	550	Maranello Black/Crema LHD
120645	550	Maranello 9/00 Blu Tour De France/Beige ZFFZR49C000120645
120646	550	Maranello Silver/bordeaux
120647	550	Maranello 00 ZFFZS49AXY0120647
120648	550	Maranello
120649	550	Maranello 00 Nuovo Nero Daytona/Nero LHD CDN ZFFZS49A3Y0120649
120651	550	Maranello Red/Black ZFFZR49B000
120654	550	Maranello Red/Black ZFFZR49B000
120655	550	Maranello 00 Blu Pozzi 521 D.S./Crema LHD US ZFFZS49A9Y0120655
120656	550	Maranello Blu Pozzi 521 D.S./dark Blue LHD EU
120657	550	Maranello 00 ZFFZS49A2Y0120657
120658	550	Maranello Black/Crema ZFFZR49B000120658
120659	550	Maranello SilverBlue/black
120660	550	Maranello 00 ZFFZS49A2Y0120660
120661	550	Maranello Black/black ZFFZR49B000120661
120662	550	Maranello
120663	550	Maranello 00 ZFFZS49A8Y0120663
120664	550	Maranello Red LHD ZFFZR49B000120664
120666	550	Maranello Light Grey Black LHD
120667	550	Maranello 00 Rosso Corsa/Nero RHD AUS ZFFZR49D000120667
120668	550	Maranello Red/Black
120669	550	Maranello Grigio Titanio met./black LHD
120670	550	Maranello 00 ZFFZS49A5Y0120670
120671	550	Maranello Red/Tan LHD EU ZFFZR49B000
120672	550	Maranello 00 Black/Black ZFFZS49A9Y0120672
120673	550	Maranello Grey Anthracite LHD
120674	550	Maranello 00 Blue TdF/tan Daytona seats Blue piping LHD EU ZFFZR49B000120674 ass.# 38346 aluminum calipers
120675	550	Maranello Dark Metallic Blue/tan
120676	550	Maranello 00 ZFFZS49A6Y0120676
120677	550	Maranello Blue/Tan LHD
120678	550	Maranello Grey Black LHD ZFFZR49B000120678
120680	550	Maranello 00 Silver/Crema Daytona Seats Black Inserts Black piping ZFFZS49A8Y0120680
120681	550	Maranello
120682	550	Maranello Red/Black Red inserts RHD ZFFZR49C000120682
120683	550	Maranello 1/01 Blu Tour de France 522/Crema ZFFZR49C000120683
120684	550	Maranello Nero Daytona/Crema
120685	550	Maranello
120687	360	Modena Spider F1 Red/Black ZFFYT53B000120687 C0687NCZ ass. # 37718
120688	360	Modena Spider Red/Black LHD
120689	360	Modena Spider F1 Red/Black LHD
120690	360	Modena Spider (F1) LHD EU ZFFYT53B000120690
120692	360	Modena 00 Giallo Modena/Nero Manual ZFFYR51B000120692
120693	360	Modena Red/Black ZFFYR51B000120693
120694	360	Modena 00 Red/Tan LHD US ZFFYU51A9Y0120694
120695	360	Modena 00 Silver/Black Manual ZFFYU51A0Y0120695
120696	360	Modena 00 Rosso Corsa/black LHD US ZFFYU51A2Y0120696
120699	360	Modena 00 Black/Black US ZFFYU51A8Y0120699
120700	360	Modena (F1) 00 ZFFYU51A0Y0120700
120701	360	Modena (F1) 00 ZFFYU51A2Y0120701
120702	360	Modena
120704	360	Modena 00 Red/Black LHD EU ZFFYR51B000120704
120706	360	Modena 00 Yellow/Black Manual ZFFYU51A1Y0120706
120707	360	Modena 00 Grigio Titanio 3238/charcoal ZFFYU51A3Y0120707
120708	360	Modena 00 Black ZFFYU51A5Y0120708
120711	360	Modena Red/Tan
120713	360	Modena 00 Grigio Titanio 3238/Black Manual ZFFYU51A9Y0120713 Shields
120714	360	Modena (F1) 00 ZFFYU51A0Y0120714
120715	360	Modena (F1) 00 ZFFYU51A2Y0120715
120716	360	Modena Argento Nürburgring 101/C/Nero, Nero Carpet
120717	360	Modena dark Blue/tan silver calipers
120718	360	Modena Red/Black LHD EU
120719	360	Modena Grigio Titanio 3238/Bordeaux LHD ZFFYR51B000120719
120720	360	Modena (F1) 00 ZFFYU51A6Y0120720
120721	360	Modena (F1) 00 ZFFYU51A8Y0120721
120722	360	Modena
120723	360	Modena Red/Black LHD EU
120725	360	Modena Red/Tan LHD ZFFYR51B000120725
120726	360	Modena F1 00 Silver/Black ZFFYU51A7Y0120726
120727	360	Modena (F1) 00 ZFFYU51A9Y0120727
120728	360	Modena 00 Red/Black ZFFYU51A0Y0120728
120729	360	Modena Red/Crema Red stitches RHD ZFFYR51C000120729
120731	360	Modena 00 Grigio Alloy/Black Manual ZFFYR1B000120731 eng. # 58174
120733	360	Modena Silver/black LHD US ZFFYU51A4Y0120733
120734	360	Modena 00 Silver/Black Daytona Seats Grey Pipping Manual ZFFYU51A6Y0120734 Challenge Grill
120735	360	Modena (F1) 00 ZFFYU51A8Y0120735
120738	360	Modena 00 Rosso Corsa/Tan RHD
120739	360	Modena 00 Blue/Tan Manual US ZFFYU51A5Y0120739
120740	360	Modena 00 Rosso Corsa/Tan Daytona Seats Beige piping Manual ZFFYU51A1Y0120740 Front & Rear Challenge Grill Red Calipers shields
120742	360	Modena Blue/Tan LHD
120744	360	Modena (F1) 00 ZFFYU51A9Y0120744
120745	360	Modena
120748	360	Modena F1 00 Rosso Corsa/Tan ZFFYU51A6Y0120748
120753	360	Modena (F1) 00 ZFFYU51AXY0120753
120754	360	Modena F1 LHD EU
120755	360	Modena F1 Grigio Titanio 3238/Black
120756	360	Modena
120757	360	Modena F1 Red/Black LHD EU ZFFYR51B000120757
120759	360	Modena (F1) 00 ZFFYU51A0Y0120759
120760	360	Modena F1 Red/Tan RHD ZFFYR51C000120760
120761	360	Modena F1 Alloy Grey Crema RHD

s/n	Type	Comments	s/n	Type	Comments
120766	360	Modena (F1) 00 ZFFYU51A8Y0120766	120835	360	Modena Spider F1 Red/brown LHD EU ZFFYT53B000120835
120767	360	Modena F1 Alloy Grey Black RHD	120836	360	Modena Spider F1 Red/Tan ZFFYT53B000120836
120768	360	Modena 00 Rosso Corsa/Tan RHD			
120772	360	Modena (F1) 00 ZFFYU51A3Y0120772	120837	360	Modena Spider F1 Red/Black LHD EU ZFFYT53B000120837
120773	360	Modena F1 Silver/black LHD EU ZFFYR51B000120773	120838	360	Modena Grigio Titanio 3238/black LHD
120775	360	Modena F1 Red Natural ZFFYR51B000120775 Challenge rear grill	120841	360	Modena 00 Red/Black manual ZFFYR51B000 C0841FSK
120778	360	Modena (F1) 00 ZFFYU51A4Y0120778	120842	360	Modena 00 Grigio Titanio 3238/Black ZFFYU51A9Y0120842
120779	360	Modena			
120780	360	Modena F1 7/00 Argento Nürburgring 101/C/Blu Scuro ZFFYR51C000120780	120843	360	Modena (F1) 00 ZFFYU51A0Y0120843
120781	360	Modena F1 8/00 Rosso Corsa/Nero ZFFYR51C000120781	120844	360	Modena Red/Sabbia Manual ZFFYR51C000120844
120783	360	Modena F1 7/00 Rosso Scuderia /Nero ZFFYR51B000120783	120848	360	Modena titan grey/black ZFFYU51AXY0120848 challenge grill shields
120784	360	Modena (F1) 00 ZFFYU51AXY0120784	120850	360	Modena modified by Hamann, Red/Black LHD Manual ZFFYR51B000
120785	360	Modena (F1) 00 ZFFYU51A1Y0120785			
120786	456	M GT 8/00 Argento Nürburgring 101/C/Nero ZFFWP44B000120786	120851	360	Modena 00 Rosso Corsa/Nero RHD UK ZFFYR51C000120851
120787	456	M GT Grigio Titanio met./black ZFFWP44B000 C0787HDM	120852	360	Modena 00 Red/Tan Manual LHD EU ZFFYR51B000120852 Red Calipers
120790	360	Modena F1 Red/Black LHD ZFFYR51B000120790	120854	360	Modena (F1) 00 ZFFYU51A5Y0120854
			120855	360	Modena
120792	456	M GTA 01 Blue Blue Scuro RHD ZFFWP50C000120792	120858	360	Modena
			120860	360	Modena F1 Red/Tan
120793	456	M GT Silver/Black LHD	120861	360	Modena F1 00
120794	456	M GT 00 Grigio Titanio Metallizzato 3238/Crema ZFFWP44B000120794	120862	360	Modena F1 Silver/black LHD EU
			120866	360	Modena F1 Red/Black LHD EU ZFFYR51B000120866
120795	456	M GTA 00 Grigio Titanio Metallizzato 3238/Bordeaux RHD UK ZFFWP50C000120795	120867	360	Modena F1 Black/tan
			120868	360	Modena F1 Red/Black
120797	456	M GT Blue grigio LHD ZFFWP44B000120797	120872	360	Modena F1 Red/Black LHD EU Rear Challenge grille
120798	456	M GT 99 Black/Tan ZFFWP50AXY0120798			
120799	360	Modena Argento/Black ZFFYR51C000120799	120876	360	Modena F1 Red/Black
120801	360	Modena ZFFYR51C000120801	120877	360	Modena F1 00 Yellow/Black LHD ZFFYU51A6Y0120877
120802	360	Modena F1 Yellow/Black US ZFFYU51A8Y0120802	120879	360	Modena F1 00 Red/Tan LHD ZFFYU51AXY0120879 Front & Rear Challenge Grills Tubi
120804	550	Maranello 8/00 Nero D.S. 1250/Black ZFFZS49A0Y0120804 Fiorano Package Tubi Red calipers shields	120880	360	Modena
			120887	360	Modena (F1) 00 ZFFYU51A9Y0120887
120805	550	Maranello	120888	360	Modena F1 8/00 Rosso Corsa/Nero ZFFYU51A0Y0120888
120806	360	Modena Spider F1			
120807	550	Maranello dark Metallic/green/brown & green LHD EU Gold calipers	120889	360	Modena F1 00 Red/Beige ZFFYU51A2Y0120889
120808	550	Maranello	120891	360	Modena F1
120809	550	Maranello flfl Argento Nürburgring 101/C/Nero ZFFZR49B000120809	120892	360	Modena F1 00 Red/Tan US ZFFYU51A2Y0120892 Red calipers shields
120811	550	Maranello Silver/black	120893	360	Modena F1 00 Rosso Corsa/Tan ZFFYU51A4Y0120893 shields rear challenge grille Tubi Red calipers
120812	550	Maranello 00 Red RHD ZFF2R49D0000120812 eng. # F133A58543			
120813	550	Maranello	120894	360	Modena (F1) 00 ZFFYU51A6Y0120894
120814	550	Maranello Grigio Titanio bordeaux	120895	360	Modena F1 00 Red/Tan LHD ZFFYA51B000
120815	550	Maranello 00 ZFFZS49A5Y0120815	120896	360	Modena F1 Red/Crema RHD ZFFYR51C000120896
120817	550	Maranello 00 Grigio Alloy/Tan Daytona seats LHD ZFFZS49A9Y0120817 shields Alluminium calipers Tubi			
			120897	360	Modena
120818	550	Maranello Silver/Black ZFFZR49B000120818	120898	360	Modena F1 Red/Tan LHD ZFFYR51B000
120820	550	Maranello 00 ZFFZS49A9Y0120820	120899	360	Modena F1 Blue/Tan ZFFYR51B000120899
120822	550	Maranello 00 Red/Tan ZFFZR49B000120822	120900	360	Modena F1 Rosso Corsa/Black LHD EU ZFFYR51B000120900 C0900KKF
120823	550	Maranello Dark Blue/tan			
120824	550	Maranello	120903	360	Modena F1 Grigio Alloy/Crema LHD EU
120825	550	Maranello 00 ZFFZS49A8Y0120825	120904	360	Modena F1 00 Red/Tan LHD US ZFFYU51A5Y0120904
120826	550	Maranello 00 ZFFZS49AXY0120826			
120827	550	Maranello 00 Monaco Blue/Sabbia Blu Piping ZFFZS49A1Y0 Tubi ex-NBA Star Brian Shaw	120905	360	Modena F1 8/00 Verde Zeltweg/Cuoio ZFFYU51A7Y0120905 Carbon fiber paddles, Daytona seats, tobacco dash and steering wheel, shields
120828	550	Maranello 00 ZFFZS49A3Y0120828			
120829	550	Maranello 00 ZFFZS49A5Y0120829			
120830	550	Maranello 00 ZFFZS49A1Y0120830	120906	360	Modena (F1) 00 ZFFYU51A9Y0120906
120833	456	M GTA 00 ZFFWP50A8Y0120833	120907	360	Modena F1 00 Giallo Modena/black LHD EU
120834	456	M GT 00 Grigio Titanio met./Tan Manual ZFFWP44A4Y0120834 Shields	120908	360	Modena F1 7/00 Argento Nürburgring 101/C/Blu Scuro ZFFYR51B000120908
			120913	360	Modena F1 Yellow/black ZFFYR51B000120913

s/n	Type	Comments
120914	360	Modena F1 00 Rosso Corsa/tan RHD ZFFYR51D000120914 eng. # 5B269
120915	360	Modena (F1) 00 ZFFYU51AXY0120915
120916	360	Modena F1 00 Yellow/tan ZFFYU51A1Y0120916
120917	360	Modena Spider 01 Rosso Corsa/Nero ZFFYT53B000120917
120920	360	Modena Spider Light Blue/Tan LHD
120921	360	Modena Spider F1 Red/Black LHD
120922	360	Modena Spider F1 Red/Black LHD ZFFYT53B000120922
120923	456	M GT Dark Blue/Tan LHD ZFFWP44B000120923 C0923ZUV
120924	456	M GTA 03 Blu Tour de France 522/Tan LHD US ZFFWL50A630129924
120925	456	M GTA Argento/Black
120926	456	M GT Silver/Black LHD
120927	456	M GT Argento Nürburgring 101/C/Bordeaux Black piping RHD ZFFWP44C000120927
120928	456	M GTA Argento/Black
120929	456	M GTA 00 ZFFWP50AXY0120929
120933	360	Modena 00 Grigio Titanio 3238/Black Manual LHD ZFFYU51A1Y0120933
120934	360	Modena 00 Red/Tan RHD
120935	360	Modena Red/Black LHD C0935PXS
120936	360	Modena 00 Red/Black Manual LHD EU ZFFYR51B000120936
120937	360	Modena 00 Yellow/black LHD US Yellow stitchings,
120938	360	Modena 00 Grigio Titanio Pale Blue Manual LHD ZFFYU51A0Y0
120939	360	Modena 01 Rosso Corsa/Black Manual LHD EU ZFFYR51B000120939 Challenge rear Grill Red calipers probably exported to the US
120940	360	Modena (F1) 00 ZFFYU51A9Y0120940
120941	360	Modena (F1) 00 ZFFYU51A0Y0120941
120942	360	Modena Red/Black LHD
120943	360	Modena Red/Tan LHD EU ZFFYR51B000120943
120944	360	Modena (F1) 00 ZFFYU51A6Y0120944
120945	360	Modena
120947	360	Modena (F1) 00 Rosso Corsa/Black ZFFYU51A1Y0120947
120948	360	Modena 00 Blu Pozzi 521 D.S./Beige Manual ZFFYU51A3Y0120948
120949	360	Modena F1 Red/Black LHD EU ZFFYR51B000120949
120950	360	Modena F1 Yellow/Black LHD
120951	360	Modena (F1) 00 ZFFYU51A3Y0120951
120952	360	Modena F1 00 Red/Tan ZFFYU51A5Y0120952
120953	360	Modena F1 Grigio Titanio Blue LHD EU ZFFYR51B000120953
120955	360	Modena Spider 01 Grigio Titanio 3238/Black/Black Soft Top Manual
120958	360	Modena (F1) 00 ZFFYU51A6Y0120958
120959	360	Modena 00 Grigio Titanio 3238/Black ZFFYU51A8Y0120959
120960	360	Modena F1 00 Rosso Corsa Nero Nero Carpet ZFFYR51C000120960
120962	360	Modena F1 Grigio Titanio 3238/black ZFFYR51B000120962
120963	360	Modena F1 Grigio Alloy/Crema ZFFYR51B000120963
120965	360	Modena Yellow/black LHD
120966	360	Modena (F1) 00 ZFFYU51A5Y0120966
120967	360	Modena F1 00 Red/Tan ZFFYU51A7Y0120967
120968	360	Modena (F1) 00 ZFFYU51A9Y0120968
120969	360	Modena
120972	360	Modena F1 Red/Tan LHD ZFFYR51B000120972
120973	360	Modena F1 Red/Black & Red LHD EU ZFFYR51B000120793 ass.# 38032 C0973WHX
120975	360	Modena F1 00 Yellow RHD ZFFYR51D000120975 eng. # F133B58351
120977	360	Modena F1 00 Red/Black Daytona Seats ZFFYU51AXY0120977 Challenge grill shields Tubi
120978	360	Modena F1 00 Red/Beige ZFFYU51A150120978
120982	360	Modena F1 Silver/black LHD EU
120984	360	Modena (F1) 00 ZFFYU51A7Y0120984
120985	360	Modena (F1) 00 ZFFYU51A9Y0120985
120986	360	Modena F1 00 Argento Nürburgring 101/C/Nero RHD UK ZFFYR51C000120986
120989	360	Modena (F1) LHD EU ZFFYR51B000120989
120991	360	Modena F1 00 Yellow/black racing seats Yellow inserts Yellow stitching ZFFYU51A4Y0120991 Tubi shields Challenge grilles
120992	360	Modena (F1) 00 ZFFYU51A6Y0120992
120993	360	Modena F1 00 Tan Red Piping ZFFYU51A8Y0120993 Red Calipers
120994	360	Modena F1 00 Argento Nürburgring 101/C/dark Blue RHD ZFFYR51C000120994 eng. # 38068 Silver Calipers
120995	360	Modena F1 LHD
121000	360	Modena F1 00 Grigio Titanio 3238/Dark Grey ZFFYU51AXY0121000
121003	360	Modena 01 Red/Black LHD EU ZFFYR51B000121003 Red Calipers
121004	360	Modena F1 00 Rosso Corsa/Nero RHD AUS ZFFYR51D000121004
121005	360	Modena F1 00 LHD US ZFFYU51A9Y0121005 eng. # F131B58349
121006	360	Modena 00 Silver/Maroon Manual US ZFFYU51A0Y0121006
121007	360	Modena 00 Yellow/Black ZFFYU51A2Y0121007
121008	360	Modena F1 00 Rosso Fiorano/Sabbia ZFFYU51A4Y0121008 sunroof
121009	360	Modena (F1) 00 ZFFYU51A6Y0121009
121010	360	Modena
121012	360	Modena F1 Red/Tan LHD ZFFYR51B000 C1012VFR
121015	360	Modena 7/00 Rosso Corsa/Nero Manual ZFFYR51B000 C1015WKA
121016	360	Modena F1 Red/Black ZFFYR51B000121016 C1016ZCO
121017	360	Modena F1 00 Silver/Black LHD EU ZFFYR51B000121017
121018	360	Modena F1 00 Rosso Corsa/Black LHD EU C1018FYS
121021	360	Modena 8/00 Rosso Corsa/Beige Manual ZFFYU51A7Y0121021 shields Tubi
121022	360	Modena F1 00 Black/Tan LHD ZFFYU51A9Y0121022
121023	360	Modena F1 grigio alloy/black LHD EU C1023YXH
121025	360	Modena
121026	360	Modena F1 Yellow/black LHD EU Yellow stitching ZFFYR51B000121026 ass. #38125 C1026GGT rear challenge grill
121027	360	Modena F1 Silver/black LHD EU
121028	360	Modena 8/00 Argento Nürburgring 101/C/Nero LHD EU Manual ZFFYR51B000121028 C1028FWG
121033	360	Modena (F1) 00 ZFFYU51A3Y0121033
121034	360	Modena F1 00 Blu Tour de France 522/Tan Daytona Seats Blue piping ZFFYU51A5Y0121034 shields silver calipers Rear Challenge Grill
121035	360	Modena 00 Yellow/Black Daytona Seats Manual ZFFYU51A7Y0121035 Red Calipers
121036	360	Modena 00 Red/Tan LHD ZFFYU51A9Y0
121037	360	Modena (F1) 00 ZFFYU51A0Y0121037

s/n	Type	Comments	s/n	Type	Comments
121038	360	Modena 00 Blu Tour de France 522/Beige Manual RHD ZFFYR51C000121038 Red calipers shields	121105	456	M GT Dark Blue Dark Blue RHD ZFFWP44C000121105
			121106	456	M GTA Paris Motorshow Car Silver/Black
121039	360	Modena Red/Tan	121107	456	M GTA 00 ZFFWP50A6Y0121107
121044	360	Modena F1 00 Rosso Fiorano 321/naturale LHD US ZFFYU51A8Y0121044 Shields Tubi Challenge Grille	121108	456	M GTA 00 Silver ZFFWP50A8Y0121108
			121109	456	M GTA 00 Grigio Titanio met./Black US ZFFWP50AXY0121109
121045	360	Modena F1 00 Grigio Titanio 3238/Black ZFFYU51AXY0121045 Rear Challenge Grill Silver Calipers	121110	456	M GTA 00 Black TanZFFWP50A6Y0121110
			121111	360	Modena Spider F1 Black/Black LHD
			121112	360	Modena Spider Red/Black LHD EU ZFFYT53B000121112
121046	360	Modena F1 00 Red/Tan ZFFYU51A1Y0121046	121113	360	Modena Spider (F1) LHD EU ZFFYT53B000121113
121047	360	Modena			
121049	360	Modena F1 2/00 Rosso Corsa/Crema alcantara seat centres RHD ZFFYR51C000121049 Red calipers shields	121115	360	Modena (F1) LHD EU ZFFYR51B000121115
			121116	360	Modena Red/Black LHD EU ZFFYR51B000121116
121051	360	Modena F1 Silver Light Blue LHD	121117	360	Modena 00 Grigio Titanio 3238/Bordeaux Manual ZFFYU51A9Y0121117
121053	360	Modena Spider F1 Red/Black LHD EU ZFFYT53B000121053	121118	360	Modena Yellow/black
121054	360	Modena Spider F1 Red/Black LHD ZFFYT53B000121054	121119	360	Modena Red/Black Red stitchings CA LHD ZFFYU51A2Y0121119
121057	360	Modena F1 Red/Black ZFFYR51B000 C1057BOZ	121120	360	Modena
121058	360	Modena F1 00 Yellow/Black LHD EU ZFFYR51B000121058	121121	360	Modena black/black ZFFYR51B000 C1121SRT
			121122	360	Modena
121059	360	Modena (F1) Red/Tan	121123	360	Modena 00 Grigio Titanio bourdeaux ZFFYU51A4Y0121123
121060	360	Modena F1 00 Rosso Corsa/Beige			
121061	360	Modena (F1) 00 ZFFYU51A8Y0121061	121124	360	Modena
121062	360	Modena 00 Grigio Alloy navy Blue manual ZFFYU51AXY0121062 Red calipers	121125	360	Modena 00 Yellow/black LHD US Yellow piping ZFFYU51A8Y0121125
121064	360	Modena F1 00 Rosso Barchetta black	121126	360	Modena 00 Giallo Modena/Nero Manual ZFFYU51AXY0121126 Tubi Red calipers
121065	550	Maranello 9/00 Blu Tour de France 522/Crema ZFFZR49C000121065	121128	360	Modena Red/Black manual LHD ZFFYR51B000
121067	550	Maranello 10/00 Argento Nürburgring 101/C/Blu Scuro EU ZFFZR49B000121067	121130	360	Modena 00 Red/Black Manual
			121131	360	Modena Red/Tan
121070	550	Maranello Blue/Tan & Black	121132	360	Modena (F1) 00 ZFFYU51A5Y0121132
121071	550	Maranello	121133	360	Modena (F1) 00 ZFFYU51A7Y0121133
121073	550	Maranello 00 Argento Nürburgring 101/C/Bordeaux LHD EU ZFFZR49B000121073 EPA & DOT specifications	121135	360	Modena F1 dark Blue met./tan ZFFYT53B000121135
			121138	360	Modena
121076	550	Maranello Paris Motorshow Car Silver/Grey	121139	360	Modena F1 00 Rosso Corsa/Testa Di Moro ZFFYR51B000121139
121077	550	Maranello 00 ZFFZS49A0Y0121077			
121078	550	Maranello 2/01 Rosso Corsa/Beige ZFFZR49C000121078	121141	360	Modena F1 00 Red/Tan ZFFYU51A6Y0121141
			121142	360	Modena F1 Rosso Corsa/tan LHD US
121079	550	Maranello 00 black/naturaleZFFZS49A4Y0121079	121143	360	Modena F1 8/00 Rosso Corsa/Nero LHD EU ZFFYR51B000121143
121081	550	Maranello Red/Tan	121144	360	Modena
121082	550	Maranello 00 Grigio Titanio Metallic/Black ZFFZS49A4Y0121082	121147	360	Modena F1 Silver/black LHD
			121150	360	Modena 00 Grey/Blue ZFFYU51A7Y0121150
121084	550	Maranello 00 Nero D.S. 1250/black ZFFZR49D000121084.ass. # 38520 eng. # 5872 rear wing	121151	360	Modena F1 00 Silver Dark Grey US ZFFYU51A9Y0121151 wrecked
			121152	360	Modena (F1) LHD EU ZFFYR51B000121152
121085	550	Maranello 00 Nero Daytona Metallic/Natural Daytona seats black inserts ZFFZS49AXY\0121085 Tubi	121153	360	Modena F1 00 Rosso Corsa/Nero ZFFYR51C000121153
			121154	360	Modena F1 Grigio Titanio 3238/Bordeaux, Nero Carpet
121087	550	Maranello 00 ZFFZS49A3Y0121087	121155	360	Modena F1 00 Red /Tan ZFFYR51B000121155
121088	550	Maranello black/black LHD	121156	360	Modena F1 Rosso Corsa/Tan LHD ZFFYR51B000121156 Red calipers shields Challenge rear grill
121089	550	Maranello Black DarkRed ZFFZR49B000121089			
121091	550	Maranello 00 Grigio Titanio met./GreyZFFZS49A5Y0121091	121159	360	Modena (F1) 00 ZFFYU51A3Y0121159
121093	550	Maranello 3/01 Blu Tour de France 522/Sabbia ZFFZR49C000121093	121160	360	Modena F1 00 Grigio Titanio charcoal ZFFYU51AXY0121160
121094	550	Maranello Grigio Titanio met./cuoio ZFFZR49B000121094	121161	360	Modena F1 00 Silver/Black ZFFYU51A1Y0121161
121095	550	Maranello Red/Tan	121163	360	Modena
121096	550	Maranello Burgundy LHD	121165	360	Modena (F1) 00 ZFFYU51A9Y0121165
121097	550	Maranello	121166	360	Modena (F1) 00 ZFFYU51A0Y0121166
121098	550	Maranello Silver/black ZFFZR49B000121098	121167	360	Modena
121099	550	Maranello 10/00 Rosso Corsa/Tan LHD Red calipers Shields	121170	360	Modena F1
			121171	550	Maranello Red/Tan LHD
121100	550	Maranello Rosso Corsa/black sport seats	121172	550	Maranello Red/Black Sport seats
121103	456	M GT Blu Pozzi 521 D.S./Tan LHD	121173	360	Modena F1 00 Yellow/Tan ZFFYU51A8Y0121173
121104	456	M GT Silver/black ZFFWP44B000			

s/n	Type	Comments
121174	360	Modena 00 Blue/Black ZFFYU51AXY0121174
121175	360	Modena F1 00 Grigio Alloy/Blue Scuro Light Blue piping LHD EU ZFFYR51B000121175 ass. # 38244 C1175HDF Red calipers
121176	360	Modena F1 Red/Tan LHD ZFFYR51B000121176
121177	360	Modena
121178	360	Modena F1 Red/Black ZFFYR51B000121178
121179	550	Maranello 00 ZFFZS49A8Y0121179
121180	550	Maranello 00 Blu Pozzi 521 D.S. Beige ZFFZS49A4Y0121180
121181	550	Maranello 00 Yellow/Black ZFFZS49A6Y0121181
121182	550	Maranello 00 ZFFZS49A8Y0121182
121183	550	Maranello 00 Black/black LHD US ZFFZS49AXY0121183 Red calipers
121184	550	Maranello 00 Black/Beige Daytoya Seats ZFFZS49A1Y0121184
121185	550	Maranello 00 Black/Black ZFFZS49A3Y0121185
121186	550	Maranello 00, Blu Tour de France 522/Bordeaux ZFFZS49A5Y0121186
121187	550	Maranello 00 Blue Metallic/Blue ZFFZS49A7Y0121187
121188	550	Maranello 00 Silver/Black & grey silver stitching ZFFZS49A9Y0 Silver Calipers
121189	550	Maranello 00 ZFFZS49A0Y0121189
121190	550	Maranello 00 Blu Pozzi 521 D.S. Naturale ZFFZS49A7Y0121190
121191	550	Maranello 00 Dark Green Metallic/Tan ZFFZS49A9Y0121191 Red Calipers
121192	550	Maranello 00 Grigio alloy/ivory Daytona seats ZFFZS49A0Y0121192 shields
121193	456	M GT black/black
121194	550	Maranello 00 ZFFZS49A4Y0121194
121195	550	Maranello 00 Rosso Corsa/Black ZFFZS49A6Y0121195
121196	550	Maranello 00 Red/Tan ZFFZS49A8Y0121196
121197	550	Maranello 00 Blu Tour de France 522/Tan ZFFZS49AXY0121197
121198	456	M GTA Black/black LHD EU ZFFWP50B000121198 window C1198NVV
121199	456	M GTA 3/01 Nero/Grigio Scuro LHD ZFFWP50A4Y0121199
121200	456	M GTA 00 Silver/black ZFFWP50B000121200
121203	360	Modena Red/brown LHD EU ZFFYR51B000121203
121204	360	Modena Red/Black ZFFYR51B000 C1204HDC
121205	360	Modena 00 Canna di Fucile Met. FER 703/C/black manual
121206	360	Modena 00 Rosso Corsa/Nero Manual RHD UK ZFFYR51C000121206 C1206KKK
121208	360	Modena 01 Rosso Corsa/ Black LHD EU ZFFYR51B000121208 exported to the US
121209	360	Modena Red/Black Red stitching RHD ZFFYR51C000121209
121210	360	Modena Red/Black
121212	360	Modena
121213	360	Modena Rosso Corsa/Crema ZFFYR51B000
121215	360	Modena 00 Silver/Black Daytona Seats Manual ZFFYU51A9Y0121215
121220	360	Modena F1 00 Rosso Corsa/nero
121221	360	Modena F1 00 Blu Tour de France Metallic/Dark Blue ZFFYU51A4Y0121221
121222	360	Modena (F1) 00 ZFFYU51A6Y0121222
121223	360	Modena (F1) 00 ZFFYU51A8Y0121223
121224	360	Modena F1 00 Red/Black ZFFYU51AXY0121224
121226	360	Modena F1 00 Grigio Titanio 3238/Charcoal
121227	360	Modena Spider F1 Paris Motorshow Car Silver/Blue
121228	360	Modena F1 Silver/black
121229	360	Modena F1 00 Red/Black LHD EU ZFFYU51B000121229
121230	360	Modena F1 Red/Black LHD
121231	360	Modena F1 00 Silver/Black ZFFYU51A7Y0121231 Front Challenge grilles
121233	360	Modena F1 00 ZFFYU51A0Y0121233
121234	360	Modena F1 00 Rosso Corsa/Tan Red stitching ZFFYU51A2Y0121234
121236	360	Modena
121237	360	Modena F1 9/00 Rosso Corsa/Crema ZFFYU51C000121237
121238	360	Modena Spider F1 01 Red/Black LHD EU ZFFYT53B000121238
121239	360	Modena F1 Red/Black JP LHD ZFFYU51J000121239
121240	360	Modena (F1) 00 ZFFYU51A8Y0121240
121241	360	Modena F1
121242	360	Modena (F1) 00 ZFFYU51A1Y0121242
121243	360	Modena F1 00 NART Blue/Tan ZFFYU51A3Y0121243
121244	360	Modena F1 00 Black/Tan US ZFFYU51A5Y0121244
121245	360	Modena F1 00 Rosso Corsa/Tan ZFFYU51A7Y0121245
121246	360	Modena F1 Silver/Black RHD ZFFYU51C000121246 Red calipers
121247	360	Modena F1 8/00 Rosso Corsa/Beige ZFFYU51B000121247
121248	360	Modena F1 Red/Black LHD EU
121249	360	Modena (F1) LHD EU ZFFYU51B000121249
121250	360	Modena Spider F1 01,Yellow/Black LHD EU ZFFYT53B000121250 converted to US specs
121251	360	Modena (F1) 00 ZFFYU51A2Y0121251
121253	360	Modena (F1) 00 ZFFYU51A6Y0121253
121254	360	Modena 00 Silver ZFFYU51A8Y0121254
121255	360	Modena F1 00 Red/Tan US ZFFYU51AXY0121255
121257	360	Modena F1 00 Rosso Corsa/Nero RHD UK ZFFYU51C000121257
121258	360	Modena
121259	360	Modena F1 Grigio Alloy/black LHD EU
121261	360	Modena (F1) 00 ZFFYU51A5Y0121261
121262	360	Modena (F1) 00 ZFFYU51A7Y0121262
121263	360	Modena F1 00 Red/Crema LHD US ZFFYU51A9Y0121263
121264	360	Modena Challenge F1 00 Silver/Bordeaux Manual ZFFYU51A0Y0121264 rear challenge Grill
121265	360	Modena F1 Yellow/black LHD EU ZFFYU51B000121265
121266	360	Modena
121270	360	Modena Paris Motorshow Car Red/Tan
121271	360	Modena F1 00 Red/Tan
121273	360	Modena F1 00 Rosso Corsa/Tan ZFFYU51A1Y0121273
121274	360	Modena F1 00 Argento Nürburgring 101/C/Bordeaux ZFFYU51A3Y0121274
121275	360	Modena F1 00 Red/Tan US ZFFYU51A5Y0121275
121276	360	Modena F1 00 Grey/Black US ZFFYU51A7Y0121276
121277	360	Modena F1 silver ZFFYR51B000121277
121278	360	Modena
121279	360	Modena F1 Rosso Corsa/Crema RHD ZFFYU51C000 Red calipers Challenge rear grill shields
121280	360	Modena
121281	360	Modena F1 black/Crema
121283	360	Modena F1 00 Silver/Black ZFFYU51A4Y0121283
121284	360	Modena (F1) 00 ZFFYU51A6Y0121284

s/n	Type	Comments	s/n	Type	Comments
121285	360	Modena F1 00 Yellow/black ZFFYU51A8Y0121285 Tubi Challenge Grill Shields	121338	360	Modena Spider (F1) LHD EU ZFFYT53B000121338
			121340	456	M GT 00 ZFFWP44A6Y0121340
121286	360	Modena F1 00 Silver/Black ZFFYU51AXY0121286	121342	456	M GTA Grigio Titanio met./Black LHD ZFFWP50B000121342
121287	360	Modena (F1) 00 ZFFYU51A1Y0121287	121344	360	Modena Red ZFFYR51B00121344
121289	360	Modena	121346	360	Modena F1 00 Rosso Corsa/Nero ZFFYR51B000121346
121290	360	Modena			
121291	360	Modena F1 Red/Tan LHD EU	121347	360	Modena F1 Dark Blue/Tan Tan steering wheel & dashboard, Red calipers
121293	360	Modena Silver/black LHD EU ZFFYR51B000121293	121349	360	Modena Rosso Corsa/Black
121295	360	Modena F1 00 Black/Black Daytona Seats ZFFYU51A0Y0121295 Shields Rear Challenge Grill Red Calipers	121350	360	Modena F1 00 Giallo Modena/Charcoal LHD EU ZFFYR51B000121350 C1350SRL
			121351	360	Modena F1 Red/Black
121296	360	Modena F1 00 Yellow/Black ZFFYU51A2Y0121296	121352	360	Modena F1 Red/Black
			121356	360	Modena
121297	360	Modena F1 00 Black/Tan black piping ZFFYU51A4Y0121297 black calipers Challenge Grill Shields	121357	456	M GT titan/black ZFFWP44B000
			121358	456	M GT Dark Blue/Black LHD
			121359	550	Maranello Black/tan LHD EU ZFFZR49B000121359
121298	360	Modena 00 Grigio Titanio 3238/Dark Blue Manual ZFFYU51A6Y0121298	121360	550	Maranello Red/Black & Red Daytona seats RHD ZFFZR49C000121360
121299	360	Modena F1 00 Yellow/Black Daytona seats Yellow stitching ZFFYU51A8Y0121299 Red calipers shields rear Challenge grille	121361	550	Maranello 00 dark Blue/tan Daytona seats Blue inserts ZFFZS49A8Y0121361silver calipers
			121362	550	Maranello
121300	360	Modena (F1) 00 ZFFYU51A0Y0121300	121365	550	Maranello 00 ZFFZS49A5Y0121365
121301	360	Modena F1 Red/Black RHD	121366	550	Maranello Red/Tan ZFFZR49B000121366
121302	360	Modena Blue/Black & Tan	121367	550	Maranello 00 ZFFZS49A9Y0121367
121303	360	Modena Red/Black LHD EU	121368	550	Maranello 00 Grigio Titanio Blue ZFFZS49A0Y0121368 Red Calipers
121305	360	Modena F1 Red/Black LHD EU			
121306	360	Modena Red/Black ZFFYR51B000121306 Red calipers Red rear challenge grille shields	121369	550	Maranello 00 ZFFZS49A2Y0121369
			121370	550	Maranello 00 Giallo Modena/Nero Yellow stitching ZFFZR49B000121370 C1370NXK
121307	360	Modena			
121308	360	Modena F1 00 Grigio Titanio Grey ZFFYU51A5Y0121308	121371	550	Maranello 01 Argento Nürburgring 101/C/Bordeaux RHD ZFFZR49D000 wrecked
121309	360	Modena 00 Red LHD ZFFYR51B000121309			
121310	360	Modena (F1) 00 ZFFYU51A3Y0121310	121372	550	Maranello 00 Grigio Titanio met./bordeaux LHD US ZFFZS49A2Y0121372
121311	360	Modena F1 00 Yellow/Black Large Racing Seats ZFFYU51A5Y0121311 Shields Tubi Red calipers Rear Challenge Grill F430 19" Challenge Stradale Wheels	121373	550	Maranello Silver/black
			121374	360	Modena Red/Black LHD
			121375	550	Maranello 00 Argento Nürburgring 101/C/Grey Daytona Seats ZFFZS49A8Y0121375 Shields Red Calipers Tubi
121312	360	Modena (F1) 00 ZFFYU51A7Y0121312			
121316	360	Modena F1 Nuovo Nero Daytona/Nero LHD EU ZFFYR51B000 C1316KKY	121376	550	Maranello Blu Pozzi 521 D.S./Tan LHD ZFFZR49B000121376
121317	360	Modena F1 Yellow/black front & rear Challenge grill	121377	550	Maranello Red/Black RHD
			121379	550	Maranello 00 ZFFZS49A5Y0121379
121318	360	Modena F1 00 Metallic/Black Natural ZFFYU51A8Y0121318 rear challenge grill shields	121380	550	Maranello
			121381	550	Maranello Red/Black LHD
			121383	550	Maranello 00 Red/Tan LHD ZFFZS49A7Y0
121319	360	Modena 00 Blue/Tan Daytona seats ZFFYU51AXY0121319 Red calipers Challenge grill	121384	550	Maranello 00 Argento Nürburgring 101/C/Nero ZFFZR49C000121384
			121387	550	Maranello 00 Red/Tan ZFFZS49A4Y0121387
121320	360	Modena F1 00 Grigio Alloy/Dark Blue ZFFYU51A6Y0121320	121388	550	Maranello 00 ZFFZS49A6Y0121388
121321	360	Modena 00 Yellow/Black ZFFYU51A8Y0121321	121389	550	Barchetta Pininfarina pre-production car Red/Tan LHD ZFFZR52B000121389
121322	360	Modena F1 00 Rosso Fiorano Dark Grey ZFFYU51AXY0121322	121390	360	Modena F1 00 Yellow/Black ZFFYR51B000121390
121323	360	Modena			
121324	360	Modena F1 00 Blu NART/Grigio Scuro RHD UK ZFFYU51C000121324 C132411WH	121391	360	Modena Red/Black ZFFYR51B000121391 C1391FTG
121326	456	M GT LHD EU	121392	360	Modena F1 Black/bordeaux LHD EU
121328	456	M GTA 00 ZFFWP50A0Y0121328	121397	360	Modena 00 Silver/Black ZFFYU51A8Y0121397
121329	456	M GTA Dark Blue/Tan LHD ZFFWP50B000121329	121398	360	Modena 00 Rosso Corsa/Tan Manual ZFFYU51AXY0121398 Sunroof Rear Challenge Grill
121330	360	Modena Spider Red/Black			
121331	360	Modena Spider Silver Dark Blue LHD EU ZFFYT53B000121331	121399	360	Modena F1 00 Yellow/Black ZFFYU51A1Y0121399
121334	360	Modena Spider 01, Black/Black manual, LHD EU ZFFYT53B000121334	121400	360	Modena (F1) 00 ZFFYU51A4Y0121400
			121401	360	Modena (F1) 00 ZFFYU51A6Y0121401
121335	360	Modena Spider F1 01 Red BlackLHD EU ZFFYT53B000121335	121402	360	Modena 00 Argento Nürburgring 101/C/Bordeaux Manual RHD UK ZFFYR51C000121402
121337	360	Modena F1 01 Yellow/Black LHD EU ZFFYT53B000121337 Challenge grill Tubi converted to U.S. spec			
			121405	360	Modena 00 Red/Black ZFFYR51B000121405 Black calipers shields

s/n	Type	Comments
121406	360	Modena (F1) 00 ZFFYU51A5Y0121406
121407	360	Modena 00 Black/Tan Manual ZFFYU51A7Y0121407
121408	360	Modena F1 00 Black/Beige ZFFYU51A9Y0121408
121409	360	Modena (F1) 00 ZFFYU51A0Y0121409
121410	360	Modena 00 Red/Tan Manual ZFFYU51A7Y0121410
121412	360	Modena F1 Argento Nürburgring 101/C/Blu Scuro LHD EU ZFFYR51B000121412 ass.# 38458
121413	360	Modena 9/00 Rosso Corsa/Crema bordeaux piping bordeaux stitching Manual RHD ZFFYR51C000121413 Red calipers shields
121414	360	Modena F1 00 Rosso Corsa/Nero ZFFYR51C000121414
121423	360	Modena F1 00 Silver/Red ZFFYR51B000121423
121424	360	Modena 00 Grigio Titanio 3238/Black ZFFYU51A7Y0121424
121425	360	Modena 00 Grigio Ingrid Tan Daytona Seats Manual ZFFYU51A9Y0121425 Front Challenge Grill Aluminum Calipers
121426	360	Modena (F1) 00 ZFFYU51A0Y0121426
121427	360	Modena F1 00 Rosso Corsa/Tan ZFFYU51A2Y0121427
121428	360	Modena F1 00 Yellow/bordeaux LHD US ZFFYU51A4Y0121428
121429	360	Modena Red/Crema
121434	360	Modena F1 Red/Black ZFFYR51B000C1434PPX challenge grill
121437	360	Modena F1 00 Red/Tan LHD ZFFYU51A5Y0 ass. # 38496 Red calipers
121438	360	Modena 00 Black/black LHD US ZFFYU51A5Y0121437
121439	360	Modena (F1) 00 ZFFYU51A9Y0121439
121440	360	Modena F1 00 Grigio Titanio 3238/medium grey light grey stitching ZFFYU51A5Y0121440 shields
121441	360	Modena
121450	360	Modena F1 00 Black/Grey Daytona seats ZFFYU51A8Y0121450 shields challenge grill Red calipers
121451	360	Modena 00 NART Blue/light brown ZFFYU51AXY0121451
121452	360	Modena 00 Rosso Corsa/Nero Manual RHD UK ZFFYR51C000121452
121454	456	M GTA Silvergrey Black LHD ZFFWP50B000121454
121456	456	M GT Titan Grey LHD ZFFWP44B000121456 C5564NJE
121457	456	M GTA Blue/Tan LHD
121458	456	M GTA 01 Grigio Titanio Metallizzato 3238/Grigio Scuro ZFFWP50C000121458
121460	360	Modena 00 Red/Beige Red piping Manual ZFFYU51A0Y0121460
121461	360	Modena 00 Rosso Corsa/Tan Manual LHD US ZFFYU51A2Y0121461
121462	360	Modena Rosso Corsa/Sabbia
121463	360	Modena 1/01 Rosso Corsa/Crema ZFFYR51C000121463
121464	360	Modena Red/Black LHD EU ZFFYR51B000121464
121466	360	Modena (F1) 00 Rosso Corsa/Tan Red Piping Manual ZFFYU51A1Y0121466 Red Calipers Capristo exhaust
121467	360	Modena (F1) 00 ZFFYU51A3Y0121467
121468	360	Modena 00 Blu Tour de France 522/bordeaux Manual RHD ZFFYR51C000121468
121471	360	Modena 00 Grigio Titanio Metallic/Bordeaux Manual ZFFYU51A5Y0121471
121472	360	Modena
121473	360	Modena Grigio Titanio Bordeaux RHD Manual ZFFYR51C000121473
121474	360	Modena 01 Rosso Corsa/nero Manual LHD EU shields Red calipers
121475	360	Modena 00 Yellow/Black Daytona seats Yellow inserts Yellow stitching ZFFYU51A2Y0121475
121476	360	Modena 00 Black/Black ZFFYU51A4Y0121476 Rear Challenge Grille Shields Black Calipers
121477	360	Modena
121478	360	Modena
121479	360	Modena 00 Grigio Titanio 3238/black Manual LHD EU ZFFYR51B000121479
121481	360	Modena 00 Red/Tan Manual ZFFYU51A8Y0121481 Red calipers
121482	360	Modena 00 Grigio Titanio Metallic/Charcoal ZFFYU51AXY0121482 Sunroof Rear Challange Grill
121483	360	Modena (F1) 00 ZFFYU51A1Y0121483
121484	360	Modena
121485	360	Modena F1 Red/Black
121487	360	Modena F1 Red/Black
121488	360	Modena F1 00 Nero Daytona Metallic/Tan black piping ZFFYU51A0Y0121488 Red calipers Tubi
121489	360	Modena F1 00 Silver then Red/Black Manual US ZFFYU51A2Y0121489 Rear Challenge Grill Shields Sunroof
121490	360	Modena F1 00 Nero Daytona Metallic/Naturale LHD ZFFYU51A9Y0121490
121491	360	Modena F1 00 Blue TdF/Tan ZFFYU51A0Y0121491 Shields Tubi
121492	360	Modena F1 Rosso Fiorano 321/tan LHD ZFFYR51B000121492 ass. # 38512 C1492AOU
121497	360	Modena (F1) 00 ZFFYU51A1Y0121497
121498	360	Modena F1 00 Silver/Black ZFFYU51A3Y0121498
121499	360	Modena (F1) 00 ZFFYU51A5Y0121499
121500	360	Modena F1 Yellow/Black LHD ZFFYR51B000121500 shields
121501	360	Modena F1 00 Grigio Titanio 3238/Nero RHD UK ZFFYR51C000121501
121504	360	Modena F1 Red/Tan ZFFYR51B000121504 ass.# 38552 rear challenge grille shields
121508	360	Modena (F1) 00 ZFFYU51A2Y0121508
121509	360	Modena (F1) 00 ZFFYU51A4Y0121509
121510	360	Modena F1 Silver/black LHD US ZFFYU51A9Y0121510
121514	360	Modena F1 00 Argento Nürburgring 101/C/Dark Blue ZFFYU51A8Y0121514
121515	360	Modena (F1) 00 ZFFYU51AXY0121515
121516	360	Modena F1 00 Rosso Corsa/Beige ZFFYU51A1Y0121516 shields, rear Challenge grille Red calipers Tubi
121517	360	Modena
121522	360	Modena F1 00 Yellow/Black ZFFYU51A7Y0121522
121523	360	Modena (F1) 00 ZFFYU51A9Y0121523
121524	360	Modena F1 Red/Tan ZFFYR51B000
121525	360	Modena F1 Red/Black LHD sport seats rear challenge grill special rims
121526	456	M GTA 00 LHD ZFFWP50A4Y0121526
121527	456	M GTA argento/nero
121530	550	Maranello 00 ZFFZS49A5Y0121530
121531	550	Maranello 00 ZFFZS49A7Y0121531
121532	550	Maranello 00 ZFFZS49A9Y0121532
121533	550	Maranello
121534	550	Maranello 11/00 Blu Pozzi/Crema ZFFZR49B000121534
121537	550	Maranello 00 ZFFZS49A8Y0121537
121538	550	Maranello 00 Red/Tan US ZFFZS49AXY0121538
121539	550	Maranello
121540	550	Maranello 00 ZFFZS49A8Y0121540

s/n	Type	Comments	s/n	Type	Comments
121541	550	Maranello Grigio Titanio Brown ZFFZR49B000121541	121601	360	Modena F1 00 Black/Black ZFFYU51A3Y0121601
121542	550	Maranello 00 Blu Pozzi 521 D.S./Tan ZFFZS49A1Y0121542	121602	360	Modena F1 Red/Black RHD
			121604	360	Modena F1 Red/Black
121543	550	Maranello 00 Grigio Titanio met./Black ZFFZS49A3Y0121543 Red calipers	121606	360	Modena F1 00 Rosso Fiorano Tan LHD ZFFYU51A2Y0121606
121545	550	Maranello 00 Argento Nürburgring 101/C/Black ZFFZS49A7Y0121545	121607	360	Modena (F1) 00 ZFFYU51A4Y0121607
			121608	360	Modena F1 00 Rosso Corsa/Tan ZFFYU51A6Y0121608 Tubi Red Calipers
121546	550	Maranello 00 Blu Tour de France Beige Blue piping ZFFZS49A9Y0 Red calipers shields	121609	360	Modena F1 00 Grigio Titanio 3238/Black Daytona seats ZFFYU51A8Y0121609 Tubi Red calipers shields rear challenge grill
121547	550	Maranello 00 Argento Nürburgring 101/C/Black LHD EU ZFFZR49B000			
121548	550	Maranello 00 ZFFZS49A2Y0121548	121610	360	Modena F1 Rosso Corsa/black LHD EU
121549	550	Maranello 00 ZFFZS49A4Y0121549	121611	360	Modena F1 Black/black LHD EU ZFFYR51B000121611
121550	550	Maranello Red/Black ZFFZR49B000121550			
121552	550	Maranello 00 ZFFZS49A4Y0121552	121612	360	Modena F1 00 Red/Black ZFFYR51B000121612 C1612JBG
121553	550	Maranello 00 ZFFZS49A6Y0121553			
121554	550	Maranello 00 Black/Grey ZFFZS49A8Y0121554	121613	360	Modena F1 11/00 Grigio Alloy/Blue ZFFYR51D000121613
121555	550	Maranello	121614	360	Modena (F1) 00 ZFFYU51A1Y0121614
121556	550	Maranello 00 Grigio Titanio Tan ZFFZS49A1Y0121556	121615	360	Modena (F1) 00 ZFFYU51A3Y0121615
			121616	360	Modena F1 00 Red/Tan ZFFYU51A5Y0121616
121557	550	Maranello 00 Silver/Black LHD	121617	360	Modena F1 10/00 Grigio Titanio Metallizzato 3238/Grigio Scuro ZFFYR51B000121617
121558	360	Modena 00 Rosso Corsa/Nero Manual ZFFYR51B000121558			
121559	360	Modena 00 Red/Tan Manual ZFFYU51A8Y0121559	121618	360	Modena F1 Red/Crema RHD ZFFYR51C000121618 Black calipers
121560	360	Modena	121621	360	Modena F1 00 Giallo Modena/Black Daytona Seats Red Piping Black top ZFFYU51A9Y0121621 Red calipers Challenge Grill Shields
121561	360	Modena (F1) 00 ZFFYU51A6Y0121561			
121562	360	Modena Red/Black Sport seats Manual LHD ZFFYR51B000121562			
121564	360	Modena F1 00 Silver/Bordeaux	121622	360	Modena (F1) 00 ZFFYU51A0Y0121622
121565	360	Modena Light Blue Blue LHD	121623	360	Modena F1 00 Red/Tan Daytona Seats ZFFYU51A2Y0121623 Red Calipers, Rear Challenge Grill Shields
121566	360	Modena Black/black LHD EU			
121568	360	Modena 00 Argento/Grey & Black Daytona Seats Manual ZFFYU51A9Y0121568	121624	360	Modena F1 00 Grey/Grey ZFFYU51A4Y0121624
121569	360	Modena Spider F1 Red/Black	121625	360	Modena F1 Red/Black LHD EU
121571	360	Modena 00 Argento Nürburgring 101/C/Black Manual ZFFYU51A9Y0121571	121626	360	Modena F1 10/00 Blu Tour de France 522/Crema ZFFYR51C000121626
121572	360	Modena (F1) 00 ZFFYU51A0Y0121572	121628	360	Modena F1 00 Rosso Corsa/Nero ZFFYR51B000121628 C1628WIF Challenge rear grill shields
121574	360	Modena Red/Black LHD ZFFYR51B000121574			
121576	360	Modena 00 Red/Tan LHD ZFFYU51A8Y0121576	121629	360	Modena F1 RHD
121577	360	Modena Spider F1 01 Red/Black Black top LHD EU ZFFYT53B000121577	121630	360	Modena F1 Red RHD AUS ZFFYR51D000121630
121579	360	Modena Spider F1 Red/Tan	121632	360	Modena F1 00 Rosso Corsa/Tan ZFFYU51A3Y0121632
121580	360	Modena 00 Grigio Titanio Metallic/Black Manual ZFFYU51AXY0121580	121633	360	Modena F1 00 Black/Tan LHD ZFFYU51A5Y0121633
121581	360	Modena Spider F1 01, Red/Black LHD EU ZFFYT53B000121581	121634	360	Modena (F1) 00 ZFFYU51A7Y0121634
121582	550	Maranello 00 Blu Tour de France 522/Grey	121635	360	Modena (F1) 00 ZFFYU51A9Y0121635
121583	360	Modena Spider F1 Red/Black LHD EU ZFFYT53B000121583	121636	360	Modena F1 10/00 Grigio Titanio 3238/black
			121637	360	Modena 11/00 Red
121584	360	Modena Red/Black LHD EU ZFFYR51B000121584	121639	360	Modena F1 00 Red/Tan ZFFYU51A6Y0121639
			121640	360	Modena (F1) 00 ZFFYU51A2Y0121640
121585	360	Modena (F1) 00 ZFFYU51A9Y0121585	121641	360	Modena F1 00 Rosso Corsa/Tan ZFFYU51A4Y0121641
121587	360	Modena Red/Black C1587MAA			
121588	360	Modena 00 Yellow/Black Manual ZFFYU51A4Y0121588	121642	360	Modena F1 Red/Black LHD
			121643	360	Modena F1 Grigio Titanio Bordeaux Nero Carpet
121589	360	Modena Spider F1 Grigio Titanio met. LHD EU ZFFYT53B000121589			
			121645	360	Modena F1 00 Red ZFFYR51B000121645
121591	360	Modena Red/Black LHD EU	121648	360	Modena Challenge 00 ZFFYU51A7Y0121648
121593	360	Modena 00 Yellow/Tan Manual ZFFYU51A8Y0121593 Tubi Challenge Grill	121649	360	Modena F1 00 Black/Black ZFFYU51A9Y0121649 black challenge grill black windows black lights
121594	360	Modena (F1) 00 ZFFYU51AXY0121594			
121596	360	Modena F1 Rosso Corsa/Black LHD ZFFYR51B000121596 C1596EKK Challenge rear grill shields	121650	360	Modena F1 00 Blu NART/Crema LHD ZFFYU51A5Y0121650
			121651	360	Modena F1 00 Red/Tan LHD ZFFYU51A7Y0121651
121597	360	Modena F1 11/00 Giallo Modena/Nero ZFFYR51D000121597	121652	360	Modena 00 Red/Tan LHD ZFFYU51A9Y0121652
121599	360	Modena (F1) 00 ZFFYU51A9Y0121599			
121600	360	Modena F1 00 NART Blue/Tan Daytona Seats ZFFYU51A1Y0121600 Red Calipers Shields	121653	360	Modena F1 00 Nuovo Nero Daytona/Beige ZFFYR51B000121653

s/n	Type	Comments
121655	360	Modena F1 01 Red Metallic/Black LHD EU ZFFYR51B000121655
121657	360	Modena F1 Red/Black Daytona seats Red stitching ZFFYR51B000121657 Challenge wheels Challenge rear grill shields
121659	360	Modena (F1) 00 ZFFYU51A1Y0121659
121660	360	Modena (F1) 00 ZFFYU51A8Y0121660
121661	360	Modena (F1) 00 ZFFYU51AXY0121661
121664	360	Modena F1 Red/Black LHD EU ZFFYR51B000121664
121665	360	Modena (F1) 00 ZFFYU51A7Y0121665
121666	360	Modena F1 00 Yellow/Black Yellow stittching ZFFYU51A9Y0121666 Sunroof Shields Challenge Grill
121667	360	Modena F1 00 Silver/Black ZFFYU51A0Y0121667 Shields Rear Challenge Grill Red Calipers Tubi
121668	360	Modena
121669	360	Modena F1 Giallo Modena/Black LHD ZFFYR51B000121669 shields Yellow tipped F1 paddles
121670	456	M GTA 00 grey/black
121672	456	M GT Black/Tan LHD ZFFWP44B000121672
121673	456	M GTA Black/Black LHD
121676	456	M GTA 00 RHD ZFFWP50C000121676
121679	456	M GT 00 Grigio Titanio Metallizzato 3238/Beige ZFFWP44A1Y0121679
121680	550	Barchetta Pininfarina Geneva Show Car 00 Rosso Corsa/black #001/448 fake-plate pre-production prototype
121682	360	Modena Red/Black ZFFYR51B000121682
121683	360	Modena
121684	360	Modena F1 Rosso Corsa/Black LHD ZFFYR51B000121684
121685	550	Maranello silver/bordeaux LHD
121686	360	Modena F1 Red/Black LHD EU ZFFYR51B000121686
121687	360	Modena (F1) 00 ZFFYU51A6Y0121687
121688	360	Modena (F1) 00 ZFFYU51A8Y0121688
121689	360	Modena F1 01 Blu Pozzi/black ZFFYR51B000121689 exported to the US
121692	360	Modena 00 Red/Black ZFFYR51B000121692
121695	360	Modena (F1) 00 Blue ZFFYU51A5Y0121695
121697	360	Modena (F1) LHD EU ZFFYR51B000121697
121699	360	Modena 00 Grigio Titanio 3238/grey carbon fiber racing seats ZFFYU51A2Y0121699 Shields Challenge
121700	360	Modena F1 00 Argento Nürburgring 101/C/Black ZFFYU51A5Y0121700
121701	360	Modena RHD
121702	360	Modena F1 Red/Black
121703	456	M GT Silver/Black LHD
121710	456	M GTA 01 Grigio Titanio met./Charcoal RHD UK ZFFWP50C000121710
121714	360	Modena 00 Red RHD ZFFYR51D000121714 eng. # F131B59089
121715	360	Modena F1 00 Yellow/Black ZFFYU51A7Y0121715 Shields rear Challenge Grill
121716	360	Modena F1 00 Black/Black & Red Daytona seats ZFFYU51A9Y0121716 challenge grill
121717	360	Modena (F1) 00 ZFFYU51A0Y0121717
121718	360	Modena 00 Grigio Titanio 3238/Bordeaux Manual ZFFYU51A2Y0121718
121719	360	Modena 00 Rosso Corsa/Tan Manual ZFFYU51A4Y0121719 Shields Red Calipers
121720	360	Modena F1 Red/Black RHD
121722	360	Modena (F1) LHD EU ZFFYR51B000121722
121724	360	Modena 10/00 Black
121726	360	Modena 00 Silver/Maroon US ZFFYU51A1Y0121726 Sunroof
121727	360	Modena F1 01 Silver/Charcoal US ZFFYU51A3Y0121727 PRedotech upgrades
121728	360	Modena F1 00 Grigio Titanio 3238/black US ZFFYU51A5Y0121728
121729	360	Modena F1 00 Yellow/Black US ZFFYU51A7Y0121729
121730	360	Modena Silver RHD ZFFYR51C000121730 Challenge rear grill
121732	360	Modena Black/Black Manual ZFFYR51B000 C1732IPA ass. # 38808
121734	360	Modena F1 1/01 Rosso Corsa/Nero ZFFYR51B000121734
121735	360	Modena F1 00 Red/Tan ZFFYR51D000121735 eng. # 59107
121736	360	Modena (F1) 00 ZFFYU51A4Y0121736
121737	360	Modena F1 00 Grigio Titanio 3238/Black ZFFYU51A6Y0121737 Red Calipers
121738	360	Modena (F1) 00 ZFFYU51A8Y0121738
121739	360	Modena (F1) 00 ZFFYU51AXY0121739
121740	360	Modena 00 Titanium/Bordeaux Manual ZFFYU51A6Y0121740 Red calipers rear Challenge grill shields Tubi
121741	360	Modena F1 Grigo Alloy/Crema RHD ZFFYR51C000121741 shields black calipers
121744	360	Modena Red/Tan LHD Black calipers
121745	360	Modena F1 Rosso Corsa/Black LHD ZFFYR51B000121745
121747	360	Modena F1 Grigio Alloy/all dark Blue ZFFYR51B000121747
121749	360	Modena 00 Red/Tan black piping ZFFYU51A2Y0121749 Red calipers challenge grill shields
121750	360	Modena (F1) 00 ZFFYU51A9Y0121750
121751	360	Modena (F1) 00 ZFFYU51A0Y0121751
121752	360	Modena 11/00 Argento Nürburgring 101/C/Nero ZFFYR51C000121752
121758	360	Modena 00 ZFFYU51A3Y0121758
121759	360	Modena 00 ZFFYU51A5Y0121759
121760	360	Modena (F1) 00 ZFFYU51A1Y0121760
121761	360	Modena 00 Grigio Titanio 3238/Black ZFFYU51A3Y0121761
121762	360	Modena F1 00 Blu Tour de France 522/tan LHD US ZFFYU51A5Y0121762
121763	456	M GT 01 Grigio Alloy Blu Scuro ZFFWP44B000121763 C1763NAF
121765	456	M GT 00 Grigio Titanio 3238/Tan Manual ZFFWP44A5Y0121765
121766	456	M GT 00 Blue/Tan ZFFWP44A7Y0121766 damaged in 2005
121767	456	M GT 00 Grigio Titanio met./Dark Blue ZFFWP44A9Y0121767
121769	360	Modena 00 Argento Nürburgring 101/C/Black Manual ZFFYU51A8Y0121769
121770	360	Modena Giallo Modena/black LHD EU ZFFYR51B000121770
121771	360	Modena 00 Rosso Corsa/Crema RHD UK ZFFYR51C000121771
121775	360	Modena (F1) 00 ZFFYU51A3Y0121775
121776	360	Modena 00 Red/Tan US ZFFYU51A5Y0121776
121779	360	Modena 00 Silver Grey Daytona seats piped in black Manual ZFFYU51A0Y0121779 silver calipers rear challenge Grill
121780	360	Modena
121781	360	Modena 00 Rosso Corsa/Black Manual US ZFFYU51A9Y0121781
121782	360	Modena 00 Rosso Corsa 322 D.S./Tan Manual ZFFYU51A0Y0121782
121783	360	Modena F1 Red/Tan
121786	360	Modena Red/all tan LHD EU
121787	360	Modena 00 Grigio Titanio 3238/Bordeaux ZFFYU51AXY0121787
121788	360	Modena 01 Red/Black LHD EU ZFFYR51B000121788
121790	360	Modena F1 Grigio Alloy/black ZFFYR51B000121790

s/n	Type	Comments	s/n	Type	Comments
121791	360	Modena F1 01 Grigio Alloy/black Sports seats LHD EU ZFFYR51B000121791 C1791PHS	121858	550	Maranello 00 Yellow/Black Daytona seats Yellow stitching ZFFZS49A6Y0121858 ass. # 39257 Red calipers
121794	360	Modena F1 00 ZFFYU51A7Y0121794	121859	550	Maranello Silver/black EU ZFFZR49B000121859
121795	360	Modena (F1) 00 ZFFYU51A9Y0121795	121860	550	Maranello 00 ZFFZS49A4Y0121860
121796	360	Modena F1 Red/Black	121861	360	Modena F1 00 Rosso Barchetta Naturale
121799	360	Modena F1 Grigio Titanio 3238/black	121862	360	Modena Spider (F1) LHD EU ZFFYT53B000121862
121800	360	Modena (F1) 00 ZFFYU51A9Y0121800	121863	360	Modena Spider 00 Yellow/black
121801	360	Modena F1 00 Giallo Modena/Black Daytona seats ZFFYU51A0Y0121801 shields Red calipers Challenge grille Tubi	121864	360	Modena Spider F1 silver/black ZFFYT53B000121864 C1864NVV rear grill
121802	360	Modena F1 00 Red/Tan US ZFFYU51A2Y0121802	121865	360	Modena Spider F1 Red/Black LHD
121803	360	Modena F1 Grigio Alloy/Black RHD	121866	360	Modena Spider 01 Grigio Titanio 3238/Black Manual LHD EU ZFFYT53B000121866
121806	360	Modena F1 11/00 Argento Nürburgring 101/C/Nero ZFFYU51AXY0121806	121869	360	Modena Spider 01 Rosso Corsa/Black LHD EU ZFFYT53B000121869
121807	360	Modena F1 00 Black/Black Red piping ZFFYU51A1Y0121807 Factory sunroof Red calipers	121870	360	Modena Spider 00 Black/Tan Manual LHD EU ZFFYT53B000121870 C1870NLQ
121808	360	Modena F1 00 Black/Bordeaux ZFFYU51A3Y0121808 Red calipers	121871	360	Modena Spider F1 00 Black/Tan LHD EU ZFFYT53B000121871
121809	360	Modena F1 Red/Black RHD	121873	360	Modena Spider F1 Red/Black LHD EU ZFFYT53B000121873
121814	360	Modena F1 00 Black/Tan US ZFFYU51A9Y0121814	121874	360	Modena Spider silver grey/grey LHD EU ZTTYT53B000121874 challenge grills shields
121815	360	Modena F1 00 Grigio Titanio 3238/Grey ZFFYU51A0Y0121815	121875	360	Modena Spider F1 00 Red/Black LHD EU ZFFYT53B000121875
121816	360	Modena F1 00 Rosso Barchetta/Tan ZFFYU51A2Y0121816 Red Calipers	121876	360	Modena Spider F1 Grigio Titanio Camel LHD EU ZFFYT53B000121876
121817	360	Modena Red/Black ZFFYR51B000121817	121877	360	Modena Spider F1 01 Yellow/Black LHD EU ZFFYT53B000121877 Hamann modified
121818	360	Modena F1	121880	360	Modena 00 orange/black ZFFYU51A0Y0121880 silver calipers challenge grill shields
121823	360	Modena F1 00 Red/Tan ZFFYU51AXY0121823			
121824	360	Modena F1 00 Red/Tan US ZFFYU51A1Y0121824			
121825	360	Modena F1 Rosso Corsa/Crema LHD EU ZFFYR51B000121825	121881	360	Modena 00 Grigio Titanio Metallizzato/Bordeaux Daytona seats Manual ZFFYU51A2Y0121881 red calipers
121828	360	Modena F1 Red/Tan LHD US			
121829	360	Modena (F1) 00 ZFFYU51A0Y0121829	121882	360	Modena F1 00 Yellow/Black LHD ZFFYU51A4Y0121882
121830	360	Modena (F1) 00 ZFFYU51A7Y0121830			
121831	360	Modena (F1) 00 ZFFYU51A9Y0121831	121883	360	Modena F1 00 Grigio Titanio charcoal & light Grey carpets US ZFFYU51A9Y0121893
121833	360	Modena			
121834	360	Modena F1 Grigio Titanio 3238/Bordeaux ZFFYR51B000121834	121884	360	Modena 00 ZFFYU51A8Y0121884
121836	360	Modena F1 silver/black LHD ZFFYR51B000121836 C1836WIF	121885	360	Modena
			121890	360	Modena black/tan Manual ZFFYR51B000121890
121837	550	Maranello 11/00 Rosso Corsa/Crema ZFFZR49C000121837	121893	360	Modena 00 Red/Tan Manual ZFFYU51A9Y0121893
121838	550	Maranello 00 Black/Tan ZFFZS49A0Y0121838	121894	360	Modena F1 00 Red/Tan & Black ZFFYU51A0Y0121894
121839	550	Maranello 00 ZFFZS49A2Y0121839	121895	360	Modena F1 00 Red/Tan US ZFFYU51A2Y0121895
121840	550	Maranello 00 Grigio Titanio Navy ZFFZS49A9Y0121840	121896	360	Modena 00 Yellow/black manual ZFFYU51A4Y0121896 Red calipers
121842	550	Maranello 00 Blue NART/Tan LHD ZFFZS49A2Y0121842	121899	360	Modena Yellow/Black LHD
121843	550	Maranello 00 Silver/dark Blue ZFFZR49B000121843	121902	360	Modena F1 Red/Black ZFFYR51D000121902
121845	550	Maranello 3/01 Rosso Corsa/Crema ZFFZR49C000121845	121903	360	Modena F1 00 Black/Tan LHD ZFFYU51A8Y0121903
121847	550	Maranello 00 Metallic/Black/Tan black stitching ZFFZS49A1Y0121847	121904	360	Modena 00 Blu Tour de France 522/Grey Manual ZFFYU51AXY0121904 color coded Novitec spoiler rear spoiler Hamann rear diffuser Tubi Asanti color coded rims Red calipers Challenge rear grill ex-Nick Cage
121848	550	Maranello 12/00 Argento Nürburgring 101/C/Nero LHD ZFFZS49A3Y0121848			
121849	550	Maranello			
121850	550	Maranello 00 Red/Tan LHD ZFFZS49A1Y0121850			
121851	550	Maranello 00 Yellow ZFFZS49A3Y0121851	121905	360	Modena (F1) 00 ZFFYU51A1Y0121905
121852	550	Maranello 00 Grigio Titanio met./Bordeaux Grey Stiching ZFFZS49A5Y0121852	121906	360	Modena (F1) 00 ZFFYU51A3Y0121906
			121907	360	Modena F1 00 Rosso Fiorano/Tan ZFFYU51A5Y0121907
121853	550	Maranello 12/00 Rosso Corsa/Sabbia LHD EU ZFFZR49B000121853 18î wheels	121911	360	Modena F1 Red
121854	550	Maranello 00 ZFFZS49A9Y0121854	121913	360	Modena Red/Black LHD EU
121855	550	Maranello	121914	360	Modena F1 Hamann Red/Black LHD ZFFYR51J000121914 shields Challenge grill BBS rims Hamann front spoiler and rear bumper
121856	550	Maranello Grigio Black LHD EU ZFFZR49B000121856			
121857	550	Maranello 00 ZFFZS49A4Y0121857			
			121915	360	Modena (F1) 00 ZFFYU51A4Y0121915

s/n	Type	Comments
121916	360	Modena F1 00 Blu Tour de France Metallic/dark Blue & sabbia Daytona seats ZFFYU51A6Y0121916 Gold Calipers Tubi Carbon Fibre Air Intake Covers Shields Tubi
121917	360	Modena F1 00 Tour de France Blue Tan Daytona seats Blue steering wheel ZFFYU51A8Y0121917 Challenge Grille Tubi Red Calipers Shields
121918	360	Modena
121920	360	Modena F1 Red/Black LHD EU ZFFYR51B000121920
121922	360	Modena F1 00 Rosso Corsa/Nero ZFFYR51B000121922
121923	360	Modena Red/Black LHD ZFFYR51B000121923
121924	360	Modena Red/Black
121925	360	Modena Red/Black ZFFYR51B000121925
121926	360	Modena 00 Red/Black Manual ZFFYU51A9Y0121926
121927	360	Modena (F1) 00 ZFFYU51A0Y0121927
121928	360	Modena 00 ZFFYU51A2Y0121928
121929	360	Modena 00 Silver/Black LHD ZFFYU51A4Y0121929
121930	360	Modena F1 00 Silver/Blue LHD ZFFYU51A0Y0121930
121931	456	M GTA 00 ZFFWP50A2Y0121931
121932	456	M GT 00 Argento Nürburgring 101/C/ Sabbia ZFFWP44A9Y0121932
121933	550	Barchetta Pininfarina Grigio Titanio met./black 4th prototype, new to I
121934	360	Modena Spider 00 Red/Black Manual EU ZFFYT53B000121934
121935	360	Modena Spider F1 00 Silver/Blue ZFFYT53AXY0121935
121937	360	Modena Spider F1 12/00 Blu Tour de France 522/Crema ZFFYT53B000121937
121939	360	Modena Spider 01 Rosso Corsa/Nero ZFFYT53B000121939
121941	360	Modena Spider F1 12/00 Nero/Bordeaux ZFFYT53C000121941
121942	360	Modena Spider Red/Black LHD
121944	360	Modena F1 Rosso Corsa/Black LHD Manual ZFFYR51B000121944 C1944BUV
121945	360	Modena Red/Black LHD EU ZFFYR51B000121945
121946	360	Modena Grigio Titanio 3238/Black
121947	360	Modena (F1) 00 ZFFYU51A6Y0121947
121948	360	Modena (F1) 00 ZFFYU51A8Y0121948
121949	360	Modena (F1) 00 ZFFYU51AXY0121949
121950	360	Modena 00 Silver/black LHD US ZFFYU51A6Y0121950
121951	360	Modena Red/Tan sports seats Manual RHD ZFFYR51C000121951 Red calipers Challenge rear grill shields
121952	360	Modena (F1) 00 ZFFYU51AXY0121952
121953	360	Modena 11/00 Giallo Modena/Naturale Manual ZFFYU51A1Y0121953 Factory Sunroof Tubi
121954	360	Modena 00 Red/Tan LHD US ZFFYU51A3Y0121954
121955	360	Modena (F1) 00 ZFFYU51A5Y0121955
121956	360	Modena 10/00 Grigio Alloy/Dark Blue Manual ZFFYU51A7Y0121956 Rear Challenge Grill
121957	360	Modena RHD
121958	360	Modena (F1) 00 ZFFYU51A0Y0121958
121959	360	Modena 00 Black/Black US ZFFYU51A2Y0121959
121960	360	Modena (F1) 00 ZFFYU51A9Y0121960
121961	360	Modena 00 dark Blue met./tan LHD US ZFFYU51A0Y0121961
121962	456	M GT 1/02 Blu Tour de France 522/Beige ZFFWP44B000121962
121963	456	M GT Dark Blue/Tan LHD ZFFWP44B000121963
121964	456	M GT Grigio Titanio met./brown ZFFWP44B000121964 C1964NGB
121965	456	M GTA Grigio Titanio met./Black
121966	360	Modena F1 00 Silver/Black Daytona Seats ZFFYU51AXY0121966 Challenge rear grill shields Red calipers 19" Axis wheels Tubi
121967	360	Modena F1 00 Red/Beige ZFFYU51A1Y0121967
121968	360	Modena (F1) 00 ZFFYU51A3Y0121968
121969	360	Modena F1 00 Nero/Crema RHD AUS ZFFYR51D000121969
121970	360	Modena (F1) 00 ZFFYU51A1Y0121970
121971	360	Modena (F1) 00 ZFFYU51A3Y0121971
121972	360	Modena (F1) 00 ZFFYU51A5Y0121972
121973	360	Modena (F1) 00 ZFFYU51A7Y0121973
121976	360	Modena (F1) 00 ZFFYU51A2Y0121976
121977	360	Modena (F1) 00 ZFFYU51A4Y0121977
121978	360	Modena F1 00 Argentino Nürburgring/charcoal Daytona seats Grey stitching ZFFYU51A6Y0121978 Silver Calipers
121979	360	Modena F1 Grigio Titanio 3238/Black RHD
121982	360	Modena F1 00 Red/Tan ZFFYU51A8Y0121982 shields Red calipers rear Challenge grill Capristo exhaust
121983	360	Modena (F1) 00 ZFFYU51AXY0121983
121984	360	Modena F1 00 Black/Tan Daytona seats ZFFYU51A1Y0121984
121985	360	Modena (F1) 00 ZFFYU51A3Y0121985
121986	360	Modena F1 Black/tan ZFFYR51B000
121987	360	Modena Red/Black LHD EU
121989	360	Modena 00 Black RHD ZFFYU51D000121989 eng. # F131B59385
121990	360	Modena (F1) 00 ZFFYU51A7Y0121990
121991	360	Modena (F1) 00 ZFFYU51A9Y0121991
121992	360	Modena (F1) 00 ZFFYU51A0Y0121992
121993	360	Modena
121994	360	Modena F1 Red/Black RHD
121995	360	Modena Blue Black
121997	360	Modena silver/black
121998	360	Modena 00 black ZFFYU51A1Y0121998
121999	360	Modena F1 00 Grigio Ingrid 720/Crema ZFFYU51A3Y0121999
122000	360	Modena (F1) 00 ZFFYU51A4Y0122000
122001	360	Modena 00 silver/black LHD ZFFYU51A6Y0122001
122002	360	Modena 11/00 Grigio Titanio 3238/Bordeaux RHD ZFFYR51C000122002 Challenge rear grill
122004	360	Modena Red/Black
122005	360	Modena F1 00 Red/Tan ZFFYU51A3Y0122005
122006	360	Modena F1 00 Rosso Fiorano 321/Beige ZFFYU51A5Y0
122007	360	Modena F1 00 Red/Tan LHD ZFFYU51A7Y0122007
122008	360	Modena (F1) 00 ZFFYU51A9Y0122008
122009	360	Modena (F1) 00 ZFFYU51A0Y0122009
122010	360	Modena Spider F1 1/01 Grigio Alloy/Crema ZFFYT53C000122010
122011	360	Modena Spider Silver/Black LHD
122012	360	Modena Spider (F1) 00 ZFFYT53A0Y0122012
122014	360	Modena Spider 00 Grigio Titanio Metallizzato 3238/Nero ZFFYT53C000122014
122015	360	Modena Spider (F1) 00 ZFFYT53A6Y0122015
122016	360	Modena Spider TdF Blue Light Grey
122017	360	Modena Spider F1 00 Azzurro California 524/Tobacco Blue top LHD ZFFYT53AXY0122017 rear Challenge grille
122018	360	Modena Spider Argento Nürburgring 101/C/ Blu Scuro RHD
122019	360	Modena Spider Yellow/Black
122021	360	Modena Spider 00 ZFFYT53A1Y0122021

s/n	Type	Comments	s/n	Type	Comments
122023	360	Modena Spider 01 Black metallic/Black Daytona seats LHD Manual EU ZFFYT53B000122023 front challenge grill Red calipers Remus exhaust	122090	360	Modena 01 Grigio Alloy/Blu Scuro RHD UK ZFFYR51C000122090
			122092	360	Modena (F1) 00 ZFFYU51A2Y0122092
			122093	360	Modena 00 ZFFYU51A4Y0122093
122024	360	Modena Spider F1 01 Argento Nürburgring 101/C/Blue Scuro ZFFYT53B000122024 DOT/EPA Conversion Tubi Rear Challenge Grill	122095	360	Modena Giallo Modena/Black LHD Manual ZFFYR51B000122095 Black calipers
			122097	360	Modena silver/black Manual ZFFYR51B000122097
122025	360	Modena 01 ZFFYR51C000122025			
122026	360	Modena 01 Argento Nürburgring 101/C/ Blu Scuro ZFFYR51C000122026	122099	360	Modena 00 Red/Black US ZFFYU51A5Y0122099
122027	360	Modena Spider Silver Dark Blue LHD EU ZFFYT53B000122027	122102	360	Modena 00 Giallo Modena/Tan Manual ZFFYU51A1Y0122102 Sunroof GHL exhaust
122028	360	Modena Spider	122103	360	Modena 00 Black/Black CDN ZFFYU51A3Y0122103
122029	360	Modena Spider F1 1/01 Grigio Alloy/Carta Da Zucchero RHD AUS FFYT53D000122029	122105	360	Modena 00 Giallo Modena/Nero Manual LHD CDN ZFFYU51A7Y0122105
122031	360	Modena Spider F1 01 Argento Nürburgring 101/C/Nero RHD UK ZFFYT53C000122031	122109	360	Modena F1 Grigio Titanio 3238/Black LHD ZFFYR51B000122109
122032	360	Modena Spider F1 01 Grigio Alloy Bordeaux RHD ZFFYT53D000122032	122112	360	Modena F1 Red/Black LHD EU ZFFYR51B000122112
122033	360	Modena Spider Grigio Titanio 3238/Black RHD Manual ZFFYT53C000122033	122113	360	Modena Red/Tan LHD EU
			122119	360	Modena F1
122034	360	Modena Spider F1 01 Red RHD ZFFYT53D000122034 eng. # 59567	122121	360	Modena F1 Red/Black
			122123	360	Modena F1
122035	360	Modena Spider F1 1/01 Grigio Titanio Metallizzato 3238/Nero ZFFYT53D000122035	122124	360	Modena F1 Red/Tan ZFFYR51B000 C2124NAS
122036	360	Modena Spider F1 01 Rosso Corsa/Black ZFFYT53D000122036 eng. # F129C122036	122126	360	Modena F1 Argento Nürburgring 101/C/Tan sports seats LHD ZFFYR51B000122126 C2126NHX shields Challenge wheels Challenge rear grill
122037	360	Modena Spider Dark Blue/Tan RHD			
122039	456	M GTA Silver			
122042	456	M GTA	122132	360	Modena F1 Hamann I Yellow/black LHD ZFFYR51B000122132 shields Hamann front + side + rear spoiler rims and rear bumper
122043	360	Modena Red ZFFYR51B000122043			
122044	360	Modena F1 Red/Black LHD EU			
122046	360	Modena F1 00 Giallo Modena/Nero ZFFYR51B000122046	122135	360	Modena (F1) 00 ZFFYU51A5Y0122135
			122136	360	Modena (F1) 00 ZFFYU51A7Y0122136
122049	360	Modena F1 Red LHD ZFFYR51B000122049	122137	360	Modena F1 00 Rosso Corsa/Tan Daytona Seats ZFFYU51A9Y0122137 Tubi Shields Challenge Grills
122052	550	Maranello Red/Tan LHD EU ZFFZR49B000122052			
122053	550	Maranello 00 Rosso Corsa/Tan ZFFZS49A2Y0 Red calipers Tubi shields ex-Michael Schumacher	122138	360	Modena F1 00 Rosso Corsa/Tan ZFFYU51A0Y0122138 Red Calipers Rear Challenge Grill Front Challenge Grills Shields
122054	550	Maranello Argento/Black LHD EU ZFFZR49B000122054	122139	360	Modena F1 00 ZFFYU51A2Y0122139
			122140	360	Modena F1 00 Red/Black US ZFFYU51A9Y0122140
122055	550	Maranello 01 Nuovo Nero Daytona/Nero RHD UK ZFFZR49C000122055	122141	360	Modena (F1) 00 ZFFYU51A0Y0122141
122057	550	Maranello Blu NART/Beige	122142	360	Modena F1 00 Argento Nürburgring 101/C/Naturale Daytona seats ZFFYU51A2Y0122142 silver calipers Tubi
122058	550	Maranello 00 Red/Black ZFFZS49A1Y0122058			
122060	550	Maranello 00 ZFFZS49AXY0122060			
122061	550	Maranello 00 Grigo Ingrid/Sand ZFFZS49A1Y0122061	122143	360	Modena (F1) 00 ZFFYU51A4Y0122143
			122144	360	Modena F1 00 Grigio Titanio 3238/Bordeaux ZFFYU51A6Y0122144 Sunroof
122062	550	Maranello 00 ZFFZS49A3Y0122062			
122064	550	Maranello 00 ZFFZS49A7Y0122064	122145	360	Modena F1 01 Rosso Fiorano 321/Beige Daytona Seats Bordeaux piping, stitching & straps ZFFYU51A8Y0122145 Red Calipers
122065	550	Maranello 00 NART Blue/Crema Blue piping LHD EU ZFFZR49B000			
122068	550	Maranello 00 ZFFZS49A4Y0122068	122146	360	Modena F1 00 Yellow/Black Daytona seats Yellow stitching ZFFYU51AXY0122146
122069	550	Maranello 00 ZFFZS49A6Y0122069			
122070	550	Maranello 00 ZFFZS49A2Y0122070	122147	360	Modena 00 Azzurro California 524/Dark Blue LHD ZFFYU51A1Y0122147
122071	550	Maranello 00 ZFFZS49A4Y0122071			
122074	550	Maranello	122148	360	Modena (F1) 00 ZFFYU51A3Y0122148
122076	550	Maranello 00 Grigio Titanio met./Black LHD ZFFZS49A3Y0122076	122149	360	Modena (F1) 00 ZFFYU51A5Y0122149
			122150	360	Modena F1 00 Red/Tan LHD US ZFFYU51A1Y0122150
122077	550	Maranello 01 Giallo Modena/Nero ZFFZR49B000122077	122151	360	Modena 00 Rosso Corsa/tan US ZFFYU51A3Y0122151 Tubi Red calipers shields
122078	550	Maranello 00 Red/Black Daytona seats CDN ZFFZS49A7Y0122078			
			122152	360	Modena (F1) 00 ZFFYU51A5Y0122152
122081	360	Modena (F1) 00 ZFFYU51A8Y0122081	122153	360	Modena (F1) 00 ZFFYU51A7Y0122153
122082	360	Modena	122154	360	Modena F1 12/00 Grigio Titanio 3238/Bordeaux Daytona Seats ZFFYU51A9Y0122154 Red Calipers Front & Rear Challenge Grille Aftermarket Shields
122085	550	Maranello Dark Blue/White LHD EU			
122086	360	Modena 00 Red/Tan Manual ZFFYU51A7Y0122086			
122088	360	Modena 00 Yellow/Black Manual US ZFFYU51A0Y0122208 Rear Challenge Grill Red Calipers Shields	122155	360	Modena (F1) 00 ZFFYU51A0Y0122155
			122156	360	Modena F1 00 Argento Nürburgring 101/C/Charcoal ZFFYU51A2Y0122156
122089	360	Modena Red/Tan ZFFYR51B000122089	122157	360	Modena (F1) 00 ZFFYU51A4Y0122157

s/n	Type	Comments
122158	360	Modena F1 00 Rosso Corsa/Tan ZFFYU51A6Y0122158
122159	360	Modena 00 Red Creme ZFFYU51A8Y0122159
122160	360	Modena F1 00 Giallo Modena/Black ZFFYU51A4Y0122160 Shields
122165	360	Modena 01 Yellow RHD ZFFYR510000122165
122171	550	Maranello 01 Red/Tan LHD Tubi
122172	550	Maranello Red/Black LHD EU
122174	550	Maranello Red/Black, LHD
122175	550	Maranello Rosso Corsa/black ZFFZR49B000122175
122176	550	Maranello 00 Silver/black then modified by Sbarro as XXL Rosso Scuderia FER. 323/black body modified rear wing front spoiler LHD EU shields
122177	550	Maranello silver/black
122178	550	Maranello 00 Rosso Monza Met./Crema Daytona Seats Red Piping bordeaux dash & steering wheel ZFFZS49A0Y0122178 Tubi Shields Red Calipers
122179	550	Maranello 01 black/black ZFFZR49B000122179
122180	550	Maranello 00 Silver/Tan Daytona Seats ZFFZS49A9Y0122180 Red Calipers Shields Speedline Wheels
122181	550	Maranello
122182	550	Maranello silver ZFFZR49B000122182
122183	550	Maranello 00 Red/Black LHD ZFFZS49A4Y0122183
122184	550	Maranello Dark Blue/naturale LHD
122185	550	Maranello 00 Red/Tan US ZFFZS49A8Y0122185
122186	550	Maranello 00 ZFFZS49AXY0122186
122187	550	Maranello Grigio Titanio met./Bordeaux RHD
122188	550	Maranello 01 Grigio Titanio Metallizzato 3238/Nero LHD ZFFZR49B000122188
122189	550	Maranello Black/tan ZFFZR49B000122189
122190	550	Maranello Silver/black LHD EU
122191	550	Maranello 00 ZFFZS49A3Y0122191
122192	550	Maranello 00 Silver/Blue ZFFZS49A5Y0122192
122193	550	Maranello Blu Pozzi 521 D.S./tan
122194	550	Maranello WSR Red/Black LHD EU iWorld Speed Recordi edition
122195	550	Maranello WSR Silver/black ZFFZR49B000122195
122196	550	Maranello 00 Silver/grey & black LHD US Special grey-black & carbon interior ZFFZS49A2Y0122196
122197	550	Maranello 00 Red/Tan ZFFZS49A4Y0122197
122199	456	M GT 00 dark Blue/tan ZFFWP44B000122219
122200	456	M GT 00 Black/Tan LHD ZFFWP44B000122200
122201	456	M GT 00 Black/Tan ZFFWP44B000122201
122202	360	Modena 00 Yellow/Tan LHD
122203	456	M GTA 00 dark grey/black
122209	360	Modena Spider 00 Red/Black
122211	360	Modena Spider (F1) 00 LHD EU ZFFYT53B000122211
122213	360	Modena Spider F1
122215	360	Modena Spider 00 Grigio Titanio Red LHD EU ZFFYT53B000122215
122216	360	Modena Spider 00 Red/TanLHD EU ZFFYT53B000122216
122217	360	Modena Spider
122218	360	Modena Spider F1 01 Silver/Black LHD EU ZFFYT53B000122218 C218NMM eng. # 59774 ex-Ralf Schumacher
122219	360	Modena Spider (F1) LHD EU ZFFYT53B000122219
122220	360	Modena Red/Black
122223	360	Modena Spider 01 Grigio Titanio 3238/grey LHD EU ZFFYT53B000122223
122224	360	Modena Spider F1 Grigio Alloy/dark Blue
122225	360	Modena Spider
122226	360	Modena Spider 00 Rosso Corsa/Black Manual LHD EU ZFFYT53B000122226
122227	360	Modena Spider F1 01 Blu Tour de France 522/Crema LHD EU ZFFYT53B000122227 exported to the US
122229	360	Modena Spider F1 Grigio Alloy/Blue Scuro
122230	360	Modena Spider Metallic/Blue Black LHD EU ZFFYT53B000122230
122231	360	Modena Spider (F1) LHD EU ZFFYT53B000122231
122233	360	Modena F1 00 light Blue Cartier hide ZFFYU51A5Y0122233
122234	360	Modena Spider F1 01 Red/Black LHD EU ZFFYT53B000122234 shields
122236	360	Modena Spider 01 Yellow/Black LHD EU ZFFYT53B000122236 Shields
122238	360	Modena Spider F1 Rosso Corsa/black
122239	360	Modena Spider Red/Black LHD ZFFYT53B000122239
122240	360	Modena Spider Yellow/Black LHD EU ZFFYT53B000122240
122241	360	Modena Spider F1 01 Red/Tan ZFFYT53B000122241 Tubi Rear Challenge Grill
122242	360	Modena Blue/Tan
122243	360	Modena Argento Red LHD EU ZFFYR51B000122243
122244	360	Modena Red/Black Manual LHD EU Challenge grille
122246	360	Modena 00 Rosso Corsa/Nero ZFFYR51B000122246 C2246NIQ
122247	360	Modena Silver/bordeaux LHD EU ZFFYR51B000122247
122248	360	Modena 01 Argento Nürburgring 101/C/Nero LHD EU ZFFYR51B000122248
122249	360	Modena 12/00 Rosso Corsa/Crema Manual RHD UK ZFFYR51C000122249
122252	360	Modena Rosso Corsa/Black
122254	360	Modena
122255	360	Modena Red LHD
122256	360	Modena Red/Tan LHD ZFFYR51B000122256
122259	360	Modena 01 Rosso Corsa/Crema Manual ZFFYR51C000122259
122260	360	Modena F1 Red/Black
122263	360	Modena F1 Silver/Blue LHD
122264	360	Modena Yellow LHD EU
122265	360	Modena F1 Yellow/Black LHD ZFFYR51B000122265 ass. # 39328
122268	360	Modena F1 Rosso Corsa/nero ZFFYR51B000122268
122270	360	Modena F1 Red/Black LHD EU ZFFYR51B000122270 C2270NWO
122271	360	Modena F1 Rosso Corsa/black LHD ZFFYR51B000122271 C2271NIF
122272	360	Modena F1 Grigio Alloy/Black ZFFYR51B000122272 C2272NOV
122275	360	Modena F1 Red ZFFYR51B000122275
122276	360	Modena F1 Grigio/Dark Blue LHD EU ZFFYR51B000122276
122277	360	Modena F1 01 Rosso Corsa/Nero ZFFYR51B000122277
122278	360	Modena F1 silver/black ZFFYR51B000
122281	360	Modena F1 Yellow/black LHD EU
122283	360	Modena F1 Red/Black ZFFYR51B000
122284	360	Modena F1 Black/bordeaux ZFFYR51B000122284
122285	360	Modena F1 Red/Black
122288	360	Modena F1 Red/Tan LHD EU ZFFYR51B000122288
122290	360	Modena F1 Red/Black LHD EU ZFFYR51B000122290
122291	360	Modena F1 Red/sabbia LHD EU
122296	550	Maranello

s/n	Type	Comments
122303	360	Modena F1 00 Giallo Modena/Nero Daytona Seats ZFFYU51A0Y0122303 Tubi Rear Challenge Grill Red calipers
122304	360	Modena F1 00 Red/Tan US ZFFYU51A2Y0122304
122305	360	Modena (F1) 00 ZFFYU51A4Y0122305
122308	360	Modena F1 00 Red/Tan ZFFYU51A4XY0122308 Red Calipers Shields Rear Challenge Grill
122309	360	Modena F1 00 Rosso Corsa/Tan ZFFYU51A1Y0122309
122311	360	Modena F1 00 Rosso Corsa/Tan ZFFYU51AXY0122311 rear Challenge Grill Capristo exhaust
122312	360	Modena F1 00 Grigio Titanio Metallic/Black ZFFYU51A1Y0122312
122313	360	Modena (F1) 00 ZFFYU51A3Y0122313
122314	360	Modena F1 00 Silver/Black ZFFYU51A5Y0122314 Challenge Grill Red Calipers Tubi
122315	360	Modena (F1) 00 ZFFYU51A7Y0122315
122316	360	Modena F1 00 Red/Black ZFFYU51A9Y0122316
122317	360	Modena F1 00 Red/Tan ZFFYU51A0Y0122317 Sunroof Shields Red Calipers Rear Challenge Grill
122318	360	Modena (F1) 00 ZFFYU51A2Y0122318
122319	360	Modena (F1) 00 ZFFYU51A4Y0122319
122320	360	Modena F1 00 Grigio Titanio 3238/black ZFFYU51A0Y0122320 Red calipers Tubi sunroof
122321	360	Modena F1 00 Black/Black ZFFYU51A2Y0122321
122322	360	Modena F1 00 Yellow/black Sport Seats Yellow Stiching ZFFYU51A4Y0122322 Red Calipers Rear Challenge Grill
122323	360	Modena (F1) 00 ZFFYU51A6Y0122323
122324	360	Modena (F1) 00 ZFFYU51A8Y0122324
122325	360	Modena F1 00 Rosso Corsa/Tan Manual ZFFYU51AXY0122325 Challenge Rear Grill Shields
122326	360	Modena (F1) 00 ZFFYU51A1Y0122326
122327	360	Modena (F1) 00 ZFFYU51A3Y0122327
122328	360	Modena F1 00 Grigio Titanio 3238/Navy & Grey ZFFYU51A5Y0122328 rear challenge grill Red calipers
122329	360	Modena (F1) 00 Yellow/tan ZFFYU51A7Y0122329
122330	360	Modena F1 00 Red/Tan US ZFFYU51A3Y0122330
122331	360	Modena F1 00 Red/Tan Daytona seats ZFFYU51A5Y0122331 shields Red calipers Challenge grille
122332	360	Modena F1 00 Grigio Titanio 3238/Black Carbon Fiber Racing Seats ZFFYU51A7Y0122332 ass. # 39410 eng. # 59700 Gearbox # 5257
122333	360	Modena F1 00 Red/Tan LHD ZFFYU51A9Y0
122334	360	Modena F1 00 Black/beige LHD US ZFFYU51A0Y0122334
122335	360	Modena (F1) 00 ZFFYU51A2Y0122335
122336	360	Modena F1 00 Grigio Titanio Charcoal US ZFFYU51A4Y0122336
122337	360	Modena 00 silver grey/tan LHD ZFFYU51A6Y0122337
122338	360	Modena F1 00 Rosso Corsa/Tan ZFFYU51A8Y0122338
122339	360	Modena F1 Grigio Alloy/Black LHD ZFFYU51AXY0122339
122349	360	Modena Red/Black-Red Red seats JP LHD
122351	360	Modena Challenge Rosso Corsa/Red ZFFYR51B000122351 ass. # 39355
122353	550	Maranello Silver/Black
122355	360	Modena 01 Grey RHD ZFFYR51D000122355 eng. # 59810
122357	456	M GTA 00 ZFFWP50A1Y0122357
122358	456	M GT 00 Grigio Alloy/Dark Blue ZFFWP44A8Y0122358
122359	456	M GTA 00 ZFFWP50A5Y0122359
122360	360	Modena F1 Grigio Titanio 3238/Red LHD EU Red calipers
122362	360	Modena Spider F1 Red/Black RHD AUS ZFFYT53D000122362
122363	360	Modena 00 Argento Nürburgring 101/C/Nero Manual ZFFYU51A7Y0122363
122365	360	Modena F1 00 Argento Nürburgring 101/C/Cream ZFFYU51A0Y0122365 Shields Red Calipers
122366	360	Modena F1 Grigio Titanio 3238/black LHD EU
122368	360	Modena Challenge F1 Red/Black LHD ZFFYR51B000122368 Red calipers
122369	360	Modena F1 Red/Tan
122370	360	Modena F1 00 Rosso Corsa/Tan US ZFFYU51A4Y0122370
122371	360	Modena F1 00 Red/Tan ZFFYU51A6Y0122371
122372	360	Modena F1 00 black/Crema ZFFYU51A8Y0122372
122373	360	Modena F1 00 Grigio Titanio 3238/Dark Blue & Grey Daytona seats ZFFYU51AXY0122373 shields Red calipers rear challenge grill Tubi
122374	456	M GT Dark Grey metallic/Tan
122375	456	M GT 00 Nuovo Nero Daytona Nero ZFFWP44B000 exStefan Effenberg
122376	456	M GT Silver/black ZFFWP44B000
122377	360	Modena Spider (F1) 00 ZFFYT53A7Y0122377
122378	360	Modena Spider F1 01 Red ZFFYT53D000122378 eng. # 57957
122379	360	Modena Spider Red ZFFYT53A0Y0122379
122380	360	Modena Spider Alloy Grey Black RHD
122381	360	Modena Spider Red/Black RHD
122385	360	Modena Spider 01 Rosso Corsa/Crema ZFFYT53C000122385
122387	360	Modena Spider
122390	360	Modena Spider F1 00 Rosso Corsa/Nero ZFFYT53D000122390
122392	360	Modena Spider (F1) 00 ZFFYT53A3Y0122392
122394	360	Modena Spider F1 Yellow/Black LHD LHD EU ZFFYT53B000122394
122395	360	Modena Spider Azzurro California 524/black
122397	360	Modena Spider (F1) 00 ZFFYT53A2Y0122397
122398	360	Modena Spider F1 01 Rosso Corsa/tan ZFFYT53B000122398 C2398NMQ
122400	360	Modena Spider 01 Red/Black Red stitching Manual LHD EU ZFFYT53B000122400
122403	360	Modena Spider F1 00 Rosso Corsa,/Tan LHD EU ZFFYT53B000122403
122404	360	Modena Spider F1 Blu TdF/sabbia ZFFYT53B000122404
122405	360	Modena Spider 01 Red/Black Manual LHD EU ZFFYT53B000122405
122406	360	Modena Spider F1 01 Yellow/black LHD EU ZFFYT53B000122406 exported to the US
122407	360	Modena Spider Blue TdF/Crema RHD ZFFYT53C000122407
122408	360	Modena Spider F1 01 Grigio Titanio 3238/2-tone light & dark grey LHD EU ZFFYT53B000122408 Shields challenge rear Grill LHD EU DOT & EPA releases
122410	360	Modena Spider Grigio Alloy/Black LHD EU C2410NXH
122411	360	Modena Spider
122414	360	Modena Spider F1 00 LHD ZFFYT53B000122414
122415	360	Modena 00 Rosso Fiorano 321/Tobacco ZFFYU51A0Y0122415 Red Carpet
122417	360	Modena 00 Silver Burgundy US ZFFYU51A4Y0122417

s/n	Type	Comments
122418	360	Modena 00 Grigio Ingrid 720/Bordeaux Crema piping Manual ZFFYU51A6Y0122418 rear challenge grill
122420	360	Modena 00 Rossa Corsa/Tan Manual ZFFYU51A4Y0122420
122421	360	Modena 00 Grey ZFFYU51A6Y0122421
122422	360	Modena 00 Red/Black Manual ZFFYU51A8Y0122422 Challenge Grill Shields
122423	360	Modena (F1) 00 ZFFYU51AXY0122423
122424	360	Modena 00 Rosso Corsa/Black Manual LHD ZFFYU51A1Y0122424 front Challenge grille
122425	360	Modena 1/00 Giallo Modena/Nero Gray & Yellow inserts Manual ZFFYU51A3Y0122425 ass. # 33565 Challenge grille
122426	360	Modena 00 Red/Black US manual ZFFYU51A5Y0122426
122427	360	Modena Red
122429	360	Modena 00 Red Metallic/Tan Manual ZFFYU51A0Y0122429 Red calipers Shields Tubi exhaust challenge grill spare tire
122430	360	Modena (F1) 00 ZFFYU51A7Y0122430
122431	550	Maranello 01 Blu Pozzi 521 D.S./Tobacco Manual
122432	360	Modena F1 00 Grigio Titanio 3238/Bordeaux Manual LHD ZFFYU51A0Y0122432 Red Calipers Shields Rear Challenge Grill
122433	360	Modena 01 Grigio Alloy/Blue Blue Piping LHD ZFFYU51A2Y0122433 Sunroof
122434	360	Modena 1/01 Rosso Corsa/Crema ZFFYR51C000122434
122435	360	Modena (F1) 00 ZFFYU51A6Y0122435
122436	360	Modena
122440	360	Modena
122442	360	Modena silver/black
122443	360	Modena F1 Daytona black/black LHD EU
122445	360	Modena F1 00 Dark Blue/Tan ZFFYU51A9Y0122445 Challenge grille F50 brakes
122446	360	Modena Challenge Red/Tan LHD ZFFYU51A0Y0122446
122447	360	Modena F1 00 Red/Tan ZFFYU51A2Y0122447
122448	360	Modena (F1) 00 ZFFYU51A4Y0122448
122449	360	Modena (F1) 00 ZFFYU51A6Y0122449
122450	360	Modena (F1) 00 ZFFYU51A2Y0122450
122451	360	Modena F1 01 Black/black LHD US ZFFYU51A4Y0122451
122452	360	Modena F1 00 Blu NART/Crema ZFFYR51C000122452
122454	360	Modena F1 00 Red/Tan ZFFYU51AXY0122454
122455	360	Modena F1 00 Silver Tan US ZFFYU51A1Y0122455
122457	360	Modena F1 Rosso/nero ZFFYR51B000122457
122459	360	Modena (F1) 00 ZFFYU51A9Y0122459
122464	360	Modena (F1) 00 ZFFYU51A2Y0122464
122465	360	Modena
122467	360	Modena F1 Red/Black LHD EU ZFFYR51B000 C2467NDE
122468	360	Modena F1 Red/Tan RHD
122473	360	Modena (F1) 00 ZFFYU51A3Y0122473
122474	360	Modena F1 Red/White RHD ZFFYR51C000122474
122475	360	Modena (F1) NART or Blu Tour de France 522/tan LHD EU
122476	360	Modena F1 Red/Black LHD
122478	360	Modena Challenge Red/Black LHD ZFFYR51C000122478
122482	360	Modena
122483	360	Modena F1 Silver LHD ZFFYR51B000122483
122485	360	Modena F1 Grigio Titanio 3238/black
122487	360	Modena Red/Black RHD ZFFYR51C000122487
122488	360	Modena F1 Red/Black LHD EU ZFFYR51B000122488 Rear Challenge grille Red calipers shields
122489	360	Modena F1 Dark Blue/grey LHD EU ZFFYR51B000
122490	360	Modena F1 Rosso Corsa/Black LHD EU ZFFYR51B000 C2490XVZ rear challenge grill
122494	360	Modena F1 Black/black ZFFYR51B000122494
122495	360	Modena F1 Red/Black LHD
122496	360	Modena F1 Red/brown
122497	360	Modena Spider F1 01 Red/Black US ZFFYT53A910122497
122503	360	Modena F1 Red/Black ZFFYR51B000122503 rear Challenge grille
122504	360	Modena Spider Rosso Corsa/Beige Bordeaux Carpet Manual Transmission
122505	360	Modena F1 Grigio Titanio 3238/Black RHD
122506	360	Modena
122507	456	M GT 01 Grigio Ingrid/Cuio & Sabbia Daytona Seats ZFFWL44A810122507 Tubi silver callipers 19" Hamann wheels
122509	456	M GTA 01 ZFFWL50A710122509
122510	456	M GTA 01 Grigio Titanio met./Dark Blue LHD ZFFWL50A310122510
122511	456	M GTA 01 Black/Tan ZFFWL50A510122511
122512	456	M GT
122515	550	Maranello 00 ZFFZS49A3Y0122515
122516	550	Maranello 01 Argento/black LHD EU ZFFZR49B000122516
122517	550	Maranello 2/01 Argento Nürburgring 101/C/Nero, Nero Carpet
122519	550	Maranello 00 Grigio Titanio Metallic/Black ZFFZS49A0Y0122519
122520	550	Maranello 00 ZFFZS49A7Y0122520
122521	550	Maranello 01 Rosso Corsa/Nero ZFFZR49B000122521
122522	550	Maranello 00 Grigo Ingrid/Sabbia Daytona Seats ZFFZS49A0Y0122522
122523	550	Maranello
122524	360	Modena Challenge LHD EU
122525	550	Maranello Grigio Titanio met./black ZFFZR49B000122525
122526	550	Maranello 00 Grigio Titanio Metallizzato 3238/Blu Scuro Daytona Seats ZFFZS49A8Y0122526 Alluminium Calipers
122528	550	Maranello Black/Black
122529	550	Barchetta Pininfarina 01 ZFFZR52A110122529
122530	360	Modena Challenge black, LHD, Ferrari UK
122531	360	Modena Challenge F1 01 Verde Zeltweg/Black ZFFYR51B000122530
122532	360	Modena Challenge/N-GT Michelotto # N-GT 012M Red ZFFYR51B000122532
122533	360	Modena Spider F1 Red/Tan LHD
122534	360	Modena Challenge/N-GT Michelotto N-GT #013M
122535	360	Modena Challenge F1 1/01 Rosso Corsa Yellow & Blue/Red & Nero ZFFYR51B000122535
122536	360	Modena Spider (F1) LHD EU ZFFYT53B000122536
122537	360	Modena Challenge Dark Blue metallic
122538	360	Modena Challenge F1 Rosso Corsa/black & Red seat ZFFYR51B000122538
122539	360	Modena Challenge Red then black/Red LHD ZFFYR51B000122541
122541	360	Modena Challenge Red
122542	360	Modena Spider 01 Rosso Corsa/Nero ZFFYT53B000122542
122544	550	Barchetta Pininfarina pre-prototype, prototype #7, giallo modena/black
122546	456	M GTA 01 ZFFWL50A210122546
122547	456	M GT 01 Blu Pozzi 521 D.S. Naturale Manual
122548	456	M GTA Verde Zeltweg/Sabia
122549	456	M GTA Silver
122550	550	Maranello Dark Blue Black RHD ZFFZR49C000122550
122551	550	Maranello Red/Black

s/n	Type	Comments
122554	550	Maranello LHD EU ZFFZR49B000122554
122555	550	Maranello
122557	550	Maranello Red/Black LHD EU
122555	550	Maranello Argento Nürburgring 101/C/ Bordeaux RHD
122557	550	Maranello Red/Black
122558	550	Maranello 01 Blu Blu Tour de France 522/Crema RHD ZFFZR49C000122558 Red calipers shields
122560	550	Maranello Red/Crema
122562	550	Maranello 3/01 Rosso Corsa/Crema Red stitching RHD ZFFZR49C000122562 Red calipers shields
122563	550	Maranello
122564	550	Maranello 1/01 Nuovo Nero Daytona/Nero ZFFZR49B000122564
122566	550	Maranello 12/00 Blu Tour de France 522/Beige ZFFZS49A9Y0122566 ass. # 39755
122567	550	Maranello 01 ZFFZS49A310122567
122569	360	Modena Challenge F1 Dark Green then Argento & orange top ZFFYR51B000122569 ass. # 39757
122570	360	Modena Challenge F1 White ZFFYR51B000122570
122572	360	Modena Challenge Yellow/black
122573	550	Maranello 01 Silver/Black
122574	360	Modena (F1) LHD EU ZFFYR51B000122574
122575	360	Modena Challenge F1 Red/Black ZFFYR51B000122575
122576	360	Modena Challenge 01 LHD
122577	360	Modena Challenge F1 01 Yellow/Black then Blue/Red LHD EU ZFFYR51B000122577
122578	360	Modena Challenge/N-GT Michelotto Green ZFFYR51B000122578 converted to N-GT # 10 M
122579	360	Modena Challenge F1 Green/black then "Bedford Truck Blue"-White/black LHD
122580	360	Modena Spider Rosso Corsa/black & Red sport seats Manual LHD EU ZFFYT53B000122580 C2580NYK
122581	360	Modena Spider
122582	360	Modena Spider
122583	360	Modena Spider 01 Red LHD US ZFFYT53A210122583
122584	360	Modena Spider 01 Rosso Corsa/Tan Bordeaux piping RHD Manual ZFFYT53C000122584
122585	360	Modena Spider 01 Rosso Corsa/Nero LHD ZFFYT53B000122585 C2585NRR
122586	360	Modena Spider 01 Silver/Black LHD EU ZFFYT53B000122586
122588	360	Modena Spider F1 Red/Black LHD EU ZFFYT53B000122588
122589	360	Modena Spider F1 Grigio Alloy/full Blu Scuro ZFFYT53B000122589
122590	360	Modena Spider F1 1/01 Giallo Modena/Nero ZFFYT53C000122590
122591	360	Modena Spider F1
122593	360	Modena Spider F1 01 LHD EU ZFFYT53B000122593 Front/Rear Challenge Grills Shields Tubi
122596	360	Modena Spider F1 01 Yellow/Black
122598	456	M GT black/black LHD
122599	360	Modena Spider F1 01 Azzurro California 524/Carta Da Zucchero ZFFYT53B000122599
122601	360	Modena Spider F1 Red/Black LHD
122602	360	Modena Spider F1 Light Blue met/Blue LHD ZFFYT53B000122602
122603	360	Modena Spider F1 Giallo/nero Gold calipers ZFFYT53B000122603
122605	360	Modena Spider F1 00 Silver/Black LHD EU ZFFYT53B000122605 exported to the US
122606	360	Modena Spider F1 01 Silver Metallic/Beige Daytona Seats Black Top LHD EU ZFFYT53B000122606 Silver Calipers exported to the US
122607	360	Modena Spider F1 Rosso Corsa/Tan LHD ZFFYT53B000122607
122608	360	Modena Spider F1 Red/Black
122609	360	Modena Spider F1 01 Red/Tan LHD EU ZFFYT53B000122609
122610	360	Modena Spider F1 Red/Black
122612	360	Modena Spider (F1) LHD EU ZFFYT53B000122612
122613	360	Modena Spider F1 01 Azzurro Califonia/Cuio Blue piping ZFFYT53A710122613 Rear Challenge Grill Shields
122614	360	Modena Spider F1 12/00 Grigio Alloy/Charcoal ZFFYT53A910122614 Red Calipers Rear Challenge Grill
122615	360	Modena Spider F1 01 Blu Tour de France 522/Crema ZFFYT53C000122615
122616	360	Modena Spider F1 01 Black/Black LHD ZFFYT53B000122616 C2616NXK Red calipers shields
122617	360	Modena Spider F1 01 Giallo Modena/Black Daytona seats Yellow inserts ZFFYT53A410122617 shields Red calipers rear Challenge grille
122618	360	Modena Spider F1 01 Argento Nürburgring 101/C/Black ZFFYT53A610122618
122619	360	Modena Spider 01 Red/Tan ZFFYT53A810122619
122620	360	Modena Spider Grigio Alloy LHD ZFFYT53B000122620
122621	360	Modena Spider
122622	360	Modena F1 Red/Tan LHD EU ZFFYT53B000122622
122623	360	Modena Spider F1 Red/Black ZFFYT53C000122623
122624	360	Modena Spider 01 Red/Black LHD EU
122626	360	Modena Spider Argento Nürburgring 101/C/ Blue Scuro Manual RHD
122627	456	M GTA TdF blue/tan LHD EU
122628	360	Modena F1 Red/Black LHD ZFFYR51B000122628
122629	360	Modena
122632	360	Modena Verde Zeltweg Beige Verde Carpet Manual
122634	360	Modena 01 Grigio Titanio 3238/Black Daytona seats Manual LHD US ZFFYU51A410122634 Tubi Front & Rear challenge grills Red calipers
122635	360	Modena
122637	360	Modena 01 Red/Tan-black LHD US ZFFYU51AX10122637
122639	360	Modena 01 Grigio Titanio 3238/black Grey stittching LHD ZFFYU51A310122639 ass. # 39774
122640	360	Modena
122641	360	Modena black,
122642	360	Modena (F1) 01 ZFFYU51A310122642
122643	360	Modena
122644	360	Modena (F1) 01 ZFFYU51A710122644
122652	360	Modena F1
122653	360	Modena
122654	360	Modena F1 Black/black shields
122655	360	Modena F1 1/01 Rosso Corsa/Nero LHD EU ZFFYR51B000122655
122657	360	Modena F1 Silver/black
122658	360	Modena F1 Red/Black LHD EU ZFFYR51B000122658
122660	360	Modena F1 Red/Black ZFFYR51B000 Digitec modified incl. rear wing
122662	360	Modena F1 01 Blu Tour de France 522/Blu Scuro ZFFYR51B000122662

s/n	Type	Comments
122665	360	Modena F1 Red/Tan LHD
122668	360	Modena F1 Rosso Corsa/tan C2668HXH
122669	456	M GTA 01 Grigio Titanio met./light grey Daytona seats US ZFFWL44A110122669
122670	360	Modena F1 1/01 Rosso Corsa/Beige bordeaux inserts bordeaux piping RHD ZFFYR51C000122670 Red calipers Challenge rear grill shields
122672	360	Modena
122673	360	Modena F1 01 Rosso Corsa/Tan LHD ZFFYU51A310122673
122674	360	Modena F1 01 Grigio IngridCuoio Black Stitching ZFFYU51A510122674 Sunroof
122675	360	Modena F1 Red/Crema Red piping RHD ZFFYR51C000122675
122676	360	Modena 01 Grigio Titanio Bordeaux ZFFYU51A910122676
122677	360	Modena F1 01 Grigio Titanio 3238/Black sports seats grey stitching Black carpeting ZFFYU51A010122677 ass. # 39788 Sunroof Red calipers rear Challenge grill
122678	360	Modena (F1) 01 ZFFYU51A210122678
122679	360	Modena F1 01 Yellow/Black Daytona Seats Yellow Inserts Yellow Stitching US ZFFYU51A410122679 Yellow Calipers Rear Challenge Grill Shields
122680	360	Modena F1
122681	360	Modena F1 01 Yellow/Black ZFFYU51A210122681 challenge grill tubi
122682	360	Modena F1 01 ZFFYU51A410122682
122683	360	Modena F1 01 Yellow/Beige ZFFYU51A10122683 Shields Red Calipers
122684	360	Modena F1 01 Rosso Corsa/Crema ZFFYR51C000122684
122685	550	Maranello 01 Rosso Corsa/Tan ZFFZS49A910122685
122686	550	Maranello 01 Rosso Corsa Black Daytona seats ZFFZS49A010122686 Shields Tubi
122687	550	Maranello 01 ZFFZS49A210122687
122688	550	Maranello 01 ZFFZS49A410122688
122689	550	Maranello 01 ZFFZS49A610122689
122690	550	Maranello 01 ZFFZS49A210122690
122691	550	Maranello 01 ZFFZS49A410122691
122692	550	Maranello 01 ZFFZS49A610122692
122693	550	Maranello 01 ZFFZS49A810122693
122694	550	Maranello 01 Silver/Red LHD ZFFZS49AX10
122696	456	M GTA 01 Grigio Titanio met./tan US ZFFWL50AX10122696
122697	456	M GTA 01 Yellow/Black ZFFWL50A110122697
122699	456	M GTA 01 Blue/Grey ZFFWL50A510122699
122700	456	M GT 01 Grigio Ingrid 720/Dark Blue ZFFWL44A210122700
122701	456	M GTA 01 ZFFWL50AX10122701
122702	456	M GTA 12/01 Argento Nürburgring 101/C/Beige ZFFWP50C000122702
122703	456	M GTA 01 Argento Nürburgring 101/C/Light Grey ZFFWL50A310122703 ass. # 40177
122704	456	M GTA 01 Blu Tour de France 522/Crema Blue Piping ZFFWL50A510122704 Shields Red Calipers
122708	360	Modena
122710	360	Modena
122711	550	Maranello 00 Titanium/Grey/bordeaux LHD
122712	360	Modena
122714	360	Modena F1 01 Grigio Titanio 3238/Nero RHD UK ZFFYR51C000122714 Silver calipers Challenge rear grill
122716	360	Modena Spider (F1) LHD EU ZFFYT53B000122716
122718	360	Modena Spider F1 White/black LHD EU ZFFYT53B000122718
122719	360	Modena Spider (F1) 01 ZFFYT53A110122719
122720	360	Modena Spider 01 Grigio Titanio 3238/Bordeaux Daytona seats ZFFYT53A810122720 Red Calipers
122722	360	Modena Spider (F1) LHD EU ZFFYT53B000122722
122723	360	Modena Spider 01 ZFFYT53A310122723
122724	360	Modena Spider F1 01 Red/Black LHD ZFFYT53A510122724
122725	360	Modena Spider F1 01 Grigio Titanio 3238/Blue Scuro Daytona Seats ZFFYT53A710122725 Grigio Titanio Calipers
122726	360	Modena Spider F1 Grigio Titanio LHD EU ZFFYT53B000122726
122728	360	Modena Spider 01 Argento Nürburgring 101/C/Bordeaux Manual ZFFYT53A210122728 Challenge grille
122729	360	Modena Spider 3/01 Blu Pozzi 521 D.S./Tan US ZFFYT53A410122729
122730	360	Modena Spider F1 01 Red/Tan Daytona seats ZFFYT53A010122730 Red calipers shields Challenge grille
122731	360	Modena Spider F1 01 Red/Crema ZFFYT53A210122731
122732	550	Maranello 01 ZFFZS49A310122732
122733	550	Maranello 01 Argento Nürburgring/charcoal Daytona Seats charcoal upper dash, steering wheel, pillars & roof ZFFZS49A510122733 Aluminum calipers
122734	550	Maranello 01 ZFFZS49A710122734
122735	550	Maranello 01 ZFFZS49A910122735
122736	550	Maranello 01 Rossa Corsa/Tan ZFFZS49A010122736 ass. # 39939 Shields Red calipers
122737	550	Maranello 01 ZFFZS49A210122737
122738	550	Maranello 01 ZFFZS49A410122738
122739	550	Maranello Le Mans Blue Bordeaux RHD ZFFZR49C000122739
122740	550	Maranello 01 ZFFZS49A210122740
122741	550	Maranello 01 Blu Tour de France 522/Tobacco Daytona seats ZFFZS49A410122741 ass. # 39961 Red calipers
122742	550	Maranello 01 Grigio Titan/bordeaux Daytona seats LHD EU ZFFZR49B000 C2742NCC
122743	456	M GT 4/01 Black/Black ZFFWL44A910122743 silver calipers
122744	456	M GT 01 Daytona Black/Tan Daytona seats black inserts ZFFWL44A010122744 shields
122745	456	M GTA 01 Grigio Titanio/Blue LHD US ZFFWL50A810122745
122747	456	M GTA Geneva Sow Car 01 Nero/Sabbia LHD US ZFFWL50A110122747
122748	456	M GTA 2/01 Grigio Titanio met. 3238/light grey ZFFWL50A310 Tubi Exhaust Shields
122751	550	Maranello Titan Grey LHD ZFFZR49B000122751
122752	550	Maranello silver/Crema
122753	550	Maranello 01 Silver/Black ZFFZS49A010122753
122754	550	Maranello 01 Silver/Black Daytona seats ZFFZS49A210122754 Aluminum calipers
122755	550	Maranello Blue ZFFZR49B000122755
122758	550	Maranello 01 ZFFZS49AX10122758
122759	550	Maranello 01 ZFFZS49A110122759
122760	550	Barchetta Pininfarina pre-production, Red/Black, LHD, Kroymans Collection, NL
122761	550	Maranello Green/Crema LHD
122762	550	Maranello 01 Silver/Black LHD ZFFZS49A110122762
122764	550	Maranello 1/01 Grigio Ingrid 720/Cuoio ZFFZS49A510122764
122765	550	Maranello 01 ZFFZS49A710122765
122766	550	Maranello 1/01 Yellow/black Yellow Stitching ZFFZS49A910122766 ass. # 40086 Tubi

s/n	Type	Comments
122767	550	Maranello 01 Grigio Ingrid 720/dark Tan Daytona Seats LHD US
122769	550	Maranello 01 Grigio Titanio met./Tan Daytona Seats Carbon Fibre Inserts ZFFZS49A410122769 Silver Calipers
122770	550	Maranello 01 Grigio Titanio met./brown LHD
122772	550	Maranello 01 ZFFZS49A410122772
122773	550	Maranello 01 Red/Tan EU
122774	550	Maranello 01 ZFFZS49A810122774
122776	360	Modena Spider F1 01 Yellow/black ZFFZS49A110122776
122777	550	Maranello 01 ZFFZS49A310122777
122780	550	Maranello 01 Grigio Titanio met./bordeaux ZFFZR49B000122780
122781	550	Maranello 01 ZFFZS49A510122781
122783	550	Maranello 01 Red/black ZFFZR49B000122783
122784	550	Maranello 1/01 Red/Black Daytona seats Red stitching & piping ZFFZS49A010122784 Red calipers
122785	550	Maranello 01 ZFFZS49A210122785
122787	550	Maranello 01 ZFFZS49A610122787
122788	550	Maranello 01 silver grey/tan ZFFZS49A810122788 Shields
122790	550	Maranello 01 Red/Black
122791	550	Maranello 01 Grigio Ingrid 720/Sabbia
122794	360	Modena (F1) 01 ZFFYU51A410122794
122795	360	Modena 01 Red/Tan Manual ZFFYU51A610122795
122796	360	Modena 01 Red/Tan ZFFYU51A810122796 shields
122797	360	Modena 5/01 Rosso Corsa/Nero Manual ZFFYR51B000122797
122798	360	Modena 01 Red/Tan Manual ZFFYU51A110122798
122801	360	Modena 01 Grigio Titanio 3238/bordeaux LHD US Manual ZFFYU51A810122801 Red calipers bordeaux steering wheel front & rear challenge grill
122803	360	Modena 01 Nuovo Nero Daytona/Nero ZFFYR51B000122803
122804	360	Modena (F1) 01 ZFFYU51A310122804
122805	360	Modena F1 01 Red/Tan Daytona Seats ZFFYU51A510122805 Red Calipers Shields Challenge Grill Tubi
122806	360	Modena Yellow/Black LHD
122809	360	Modena (F1) 01 ZFFYU51A210122809
122813	360	Modena (F1) 01 ZFFYU51A410122813
122814	360	Modena 01 Blu Tour de France Cuoio Daytona seats ZFFYU51A610122814 Grigio Titanio calipers shields
122815	360	Modena F1 01 NART Blue/Tan ZFFYU51A810122815 Tubi Red calipers
122817	360	Modena F1 Yellow/black LHD EU ZFFYR51B000122817
122818	360	Modena F1 01 Argento/black US ZFFYU51A310122818
122820	360	Modena F1 Red/Black LHD EU ZFFYR51B000122820
122823	360	Modena (F1) 01 ZFFYU51A710122823
122824	360	Modena F1 01 Blu Tour de France Dark Blue ZFFYU51A910122824
122825	360	Modena F1 01 Red/Tan ZFFYU51A010122825
122826	360	Modena 01 Red/Black ZFFYU51A210122826
122827		Modena
122831	360	Modena F1 01 Grigio Alloy Blue ZFFYU51A610122831
122832	360	Modena F1 Red/Black ZFFYR51B000122832
122834	360	Modena F1 Rosso Corsa/Black LHD ZFFYR51B000122834 C2834QMQ shields
122835	360	Modena F1 01 Rosso Corsa/Tan ZFFYU51A310122835
122836	360	Modena F1 01 Grigio Titanio 3238/black Daytona seats LHD US ZFFYU51A510122836 Front Challenge Grill
122838	360	Modena F1 Red/Tan
122840	360	Modena F1 01 Red/Tan ZFFYU51A710122840
122841	360	Modena (F1) 01 ZFFYU51A910122841
122842	360	Modena 01 Rosso Corsa/Black sports seats RHD Manual ZFFYR51C000122842 Red calipers
122845	360	Modena 01 Silver, ZFFYU51A610122845
122846	360	Modena (F1) 01 ZFFYU51A810122846
122847	360	Modena 01 Grey/Black ZFFYU51AX10122847
122848	360	Modena (F1) 01 ZFFYU51A110122848
122849	360	Modena F1 01 Rosso Corsa/Tan Daytona seats ZFFYU51A310122849 shields Rear challenge grill Red calipers
122851	360	Modena 01 Rosso Corsa/Crema ZFFYR51C000122851
122855	360	Modena F1 01 Grigio Alloy/all dark Blue LHD US ZFFYU51A910122855
122856	360	Modena F1 01 ZFFYU51A010122856
122860	360	Modena F1 01 Rosso Corsa/Crema Red Stitching Manual LHD US ZFFYU51A210122860 Shields Tubi Red Calipers
122861	360	Modena F1 01 Silver/Black ZFFYU51A410122861 Challenge front & rear grills spare tire
122862	360	Modena Red/Black RHD Red stitching ZFFYR51C000122862 Red calipers Challenge rear grill shields
122867	360	Modena F1 00 Grigio Alloy Blue ZFFYU51A510122867 rear challenge grill Red calipers
122868	360	Modena (F1) 01 Grigio Alloy/Blue Scuro ZFFYU51A710122868 Silver Calipers
122869	360	Modena F1 01 Yellow/Black, US ZFFYU51A910122869
122870	360	Modena Spider Red LHD Manual ZFFYT53B000122870
122873	360	Modena Yellow/tan-White JP LHD ZFFYR51J000122873
122881	360	Modena Yellow/black
122886	360	Modena Challenge Black/Red LHD ZFFYR51B000122886
122887	360	Modena Challenge F1 Red LHD ZFFYA51B000 ass. # 39877
122888	360	Modena Challenge White & Yellow LHD ZFFYR51B000122888
122890	360	Modena 01 grey ZFFYR51B000122890
122891	360	Modena Challenge Yellow/black LHD EU ZFFYR51B000122891
122892	360	Modena Spider (F1) 01 ZFFYT53A410122892
122893	360	Modena Spider (F1) 01 ZFFYT53A610122893
122894	360	Modena Challenge LHD EU
122895	360	Modena Challenge Blue & stickers/Red cloth
122896	360	Modena Spider Yellow/Black LHD EU ZFFYT53B000122896
122897	360	Modena Spider F1 3/01 Rosso Corsa/Beige ZFFYT53D000122897
122898	360	Modena Spider 8/01 Azzurro California 524/Blu Scuro LHD ZFFYT53A510122898
122899	360	Modena Challenge Red White stripe
122900	360	Modena Challenge GTR-Conversion Rosso Corsa Silver & Black ZFFYR51B000122900 ass. # 39938 rear wing
122901	360	Modena Challenge
122902	360	Modena Spider 01 Yellow/black Daytona seats Yellow piping Manual US ZFFYT53A310122902 rear challenge grill silver calipers
122903	360	Modena Challenge Red ZFFYR51B000122903 360 N-GT front
122904	360	Modena Spider 01 Red/Tan Manual ZFFYT53A710122904
122905	360	Modena Spider 01 ZFFYT53A910122905

s/n	Type	Comments	s/n	Type	Comments
122906	360	Modena Challenge F1 Rosso Scuderia ZFFYR51B000122906 ass. # 39954	122956	360	Modena Spider F1 01 Rosso Corsa/Tan ZFFYT53A410122956
122907	360	Modena Challenge Black	122957	360	Modena Spider (F1) 01 ZFFYT53A610122957
122908	360	Modena Spider 4/01 Rosso Corsa/Beige ZFFYT53A410122908	122958	360	Modena Spider F1 01 White/Dark Blue Blue Top ZFFYT53A810122958
122911	360	Modena Challenge F1 black then Yellow & black LHD ZFFYR51B000122911 ass. # 39982	122959	360	Modena Spider (F1) 01 ZFFYT53AX10122959
			122960	360	Modena Spider (F1) 01 ZFFYT53A610122960
122912	360	Modena Spider (F1) 01 ZFFYT53A610122912	122961	360	Modena Spider F1 01 Yellow/Black Daytona seats Yellow piping ZFFYT53A810122961shields Red calipers
122913	360	Modena Challenge F1 01 Red Red LHD ZFFYR51B000122913			
122914	360	Modena Spider 3/01 Rosso Corsa/Crema Bordeaux Carpets Manual RHD ZFFYT53C000122914	122962	360	Modena Spider F1 01 Red/Black LHD ZFFYT53AX10122962
			122963	360	Modena Spider F1 01 ZFFYT53A110122963
122915	360	Modena Spider	122964	360	Modena Spider F1 01 Rosso Corsa/Tan Daytona seats ZFFYT53A310122964
122916	360	Modena Spider Yellow/black ZFFYT53B000122916			
			122965	360	Modena Spider (F1) 01 ZFFYT53A510122965
122917	360	Modena Challenge F1 01 Red Red LHD ZFFYR51B000122917	122966	360	Modena Spider F1 01 Grigio Ingrid 720/Black Daytona Seats ZFFYT53A710122966 Challenge Grill Shields OZ Racing Wheels Red Calipers
122918	360	Modena Spider (F1) 01 ZFFYT53A710122918			
122919	360	Modena Spider 01 Giallo Modena/Blu Scuro ZFFYT53B000122919	122967	360	Modena Spider F1 01 Grigio Titanio 3238/Black ZFFYT53A910122967 Red calipers
122920	360	Modena Challenge F1 Red then matt black/Red sport seat then Red & White/Red ZFFYR51B000122920 ass. # 39993	122968	360	Modena Spider F1 01 Argento Nürburgring 101/C/Bordeaux Black Stitching Black Carpets ZFFYT53A010122968 Tubi challenge rear grill
122921	360	Modena Spider 01 Blu Tour de France 522/Beige ZFFYT53B000122921	122969	360	Modena Spider F1 01 Grigio Titanio 3238/Dark Blue ZFFYT53A210122969
122922	360	Modena Challenge F1 Red/Red cloth seat LHD	122970	360	Modena Spider (F1) 01 ZFFYT53A910122970
122923	360	Modena Spider 01 Red/Black & Tan ZFFYT53A010122923 Front & Rear Challange Grills Red Calipers Shields	122971	360	Modena Spider F1 01 British Racing Green/Cuoio ZFFYT53A010122971
			122972	360	Modena Spider F1 01 Orange met./Tan Daytona seats US ZFFYT53A210122972
122924	360	Modena Challenge F1 00 taped Blue over Rosso Corsa/Red ZFFYR51B000122924 ass. # 40022	122973	360	Modena Spider (F1) 01 ZFFYT53A410122973
122925	360	Modena Spider 01 Grigio Titanio 3238/Burgundy Daytona Seats Manual LHD ZFFYT53A410122925 Red Calipers	122974	360	Modena Spider F1 01 Black/Tan LHD ZFFYT53A610122974
			122975	360	Modena Spider F1 01 Rosso Corsa/Black ZFFYT53A810122975
122927	360	Modena Challenge Dark Blue ZFFYR51B000 ass. # 40025	122977	360	Modena Spider F1 01 Rosso Corsa/Tan ZFFYT53A110122977
122929	360	Modena Spider 3/01 Red/Crema Manual ZFFYT53B000122929	122978	360	Modena Spider F1 Yellow/black LHD
122930	360	Modena Spider 01 Yellow/Black ZFFYT53A810122930 Rear challenge grille	122979	360	Modena Spider (F1) 01 ZFFYT53A510122979
			122981	360	Modena Spider F1
122931	360	Modena Challenge F1 Red/Black JP LHD ZFFYR51J000122931	122982	550	Maranello Grigio Titanio met./Bordeaux
			122984	550	Maranello Dark Blue/Dark Blue
122932	360	Modena Spider (F1) 01 ZFFYT53A110122932	122985	550	Maranello 01 Blu Tour de France 522/Beige RHD UK ZFFZR49C000122985
122933	360	Modena Spider (F1) 01 ZFFYT53A310122933			
122934	360	Modena Spider F1	122986	550	Maranello
122936	360	Modena Spider Black Red LHD EU ZFFYT53B000122936	122987	360	Modena 04/01 Red/Black Manual LHD EU
			122989	360	Modena F1 01 Red/Tan US ZFFYU51A810122989
122937	360	Modena Spider F1 01 ZFFYT53B000122937			
122939	360	Modena Spider F1 01 Rosso/nero LHD Manual ZFFYT53B000122939 shields	122990	456	M GT Grigio Titanio met./Bordeaux black piping RHD ZFFWP44C000122990 Silver calipers
122940	360	Modena Spider F1 Grigio Alloy/dark Blue ZFFYT53B000122940 C2940NXM rear challenge grill			
			122992	456	M GT 01 ZFFWL44A810122992
			122997	360	Modena Spider Red/Black LHD EU ZFFYT53B000122997
122941	360	Modena Spider F1			
122944	360	Modena Spider F1 Rosso Corsa/Tan sports seats LHD ZFFYT53B000122944 C2944NPK Red calipers Challenge rear grill shields	122999	360	Modena Spider F1 black/beige ZFFYT53B000122999 rear grill
			123000	360	Modena Spider F1 01 Yellow/Black LHD ZFFYT53A110123000
122945	360	Modena Spider F1 Rosso Corsa/Tan LHD EU ZFFYT53B000122945 C2945NTB	123001	360	Modena Spider F1 01 black/black sport seats LHD ZFFYT53A310123001 Red calipers shields
122946	360	Modena Spider F1 Argento Nürburgring 101/C/sabbia	123002	360	Modena Spider F1 silver/black
122947	360	Modena Spider black/black	123004	360	Modena Spider F1 01 Red/Tan Red stitching Black top ZFFYT53A910123004
122952	360	Modena Spider F1 01 Blu Tour de France 522/tan Daytona seats Blue piping & inserts ZFFYT53A710122952 Challenge grille Red Calipers			
			123005	360	Modena Spider F1 3/01 Giallo Modena/Nero LHD ZFFYT53A010123005
			123006	360	Modena Spider (F1) 01 ZFFYT53A210123006
122953	360	Modena Spider 01 Silver/Black ZFFYT53A910122953	123007	360	Modena Spider 01 Grigo Ingrid/Cuoio & Tan Manual ZFFYT53A410123007
122954	360	Modena Spider (F1) 01 ZFFYT53A010122954	123008	360	Modena Spider F1 01 Yellow/Black ZFFYT53A610123008
122955	360	Modena Spider F1 01 Grigio Ingrid 720/Black ZFFYT53A210122955			
			123010	360	Modena Spider (F1) 01 ZFFYT53A410123010
			123012	360	Modena 01 Red/Black ZFFYT53A810123012

s/n	Type	Comments
123013	360	Modena Spider 01 Red/Tan ZFFYT53AX10123013, damaged in 2003
123014	360	Modena Spider F1 Giallo Modena/black & Yellow sport seats LHD EU ZFFYT53B000123014 C3014NPC Red calipers shields
123015	360	Modena Spider F1 01 Red/Tan US ZFFYT53A310123015
123016	360	Modena Spider F1 01 Red/Beige ZFFYT53A510123016
123017	360	Modena Spider 5/01 Nero/Beige Manual US ZFFYT53A710123017
123018	360	Modena Spider F1 Red/Black sport seats LHD ZFFYT53B000123018
123019	360	Modena Spider F1 01 Grigio Titanio 3238/Grigio Medio ZFFYT53A010123019 shields
123022	360	Modena Spider (F1) 01 ZFFYT53A010123022
123023	360	Modena Spider (F1) 01 ZFFYT53A210123023
123024	360	Modena Spider F1 Red/White RHD ZFFYR51C000123024
123029	360	Modena Spider (F1) 01 Red/Black ZFFYT53A310123029
123031	360	Modena Spider Red/Tan Daytona seats ZFFYT53B000123031
123032	360	Modena Challenge Yellow/black ZFFYR51B000123032
123033	360	Modena Challenge Red White stripes ZFFYR51B000 ass. # 40073
123035	360	Modena Challenge Yellow ZFFYR51B000123035
123036	360	Modena Challenge F1 Red/Red ZFFYR51B000123036
123037	360	Modena N-GT s/n N-GT 009M, Red
123038	360	Modena Challenge F1 01 Silver Yellow stripe/Red LHD ZFFYR51B000
123041	360	Modena F1 01 Rosso Fiorano Black Manual ZFFYU51A410123041
123042	360	Modena F1 01 Red/Tan LHD ZFFYU51A610123042
123043	360	Modena F1 01 Red/Brown ZFFYU51A810123043
123044	360	Modena F1 Grey/Bordeaux
123048	360	Modena F1 01 Red/Tan ZFFYU51A710123048
123049	360	Modena (F1) 01 ZFFYU51A910123049
123050	360	Modena Red/Black Manual LHD EU ZFFYR51B000123050 ass. # 40153 C3050NFW
123052	360	Modena 01 Rosso Fiorano Metallic/Beige Manual ZFFYU51A910123052
123053	360	Modena (F1) 01 ZFFYU51A010123053
123054	360	Modena F1 01 Silver/Black sports seats Red alcantara inserts Red calipers ZFFYU51A210123054 Red calipers rear challenge grille LC Racing exhaust
123056	360	Modena 01 Rosso Corsa/Nero RHD UK ZFFYR51C000123056 Red calipers
123057	360	Modena F1 Red/Black Sports seats Red inserts ZFFYR51B000
123059	360	Modena Red/beige ZFFYR51B000123059 Red calipers Shields
123060	360	Modena F1 01 Silver/Black ZFFYU51A810123060
123061	360	Modena F1 01 Red/Tan ZFFYU51AX10123061
123062	360	Modena
123063	360	Modena F1 Geneva Show Car Red/Black
123066	360	Modena (F1) 01 ZFFYU51A910123066
123067	360	Modena F1 3/01 Rosso Corsa/Beige ZFFYU51A010123067
123071	360	Modena 01 Red/Black Daytona seats Manual ZFFYU51A210123071 Red calipers shields Tubi Challenge grille
123072	360	Modena F1 00 Argento Nürburgring 101/C/Pale Blue ZFFYU51A410123072
123073	360	Modena F1 Rosso Corsa/Nero Red stitching RHD ZFFYR51C000123073 Red calipers Challenge rear grill shields
123074	550	Barchetta Pininfarina pre-production, IAA Show Car 01 Blue NART/tan US ZFFZR52A210123074 ass. # 40458
123075	550	Barchetta Pininfarina #1/448 - 01 Rosso/nero ZFFZR52A410123075 to ARG
123076	360	Modena F1 4/01 Rosso Corsa/Nero ZFFYR51B000123076
123077	360	Modena
123079	360	Modena (F1) 01 ZFFYU51A710123079
123081	550	Maranello 01 Grigio Titanio Metallizzato 3238/Nero RHD AUS ZFFZR49D000123081
123084	550	Maranello Grigio Titanio met./Bordeaux
123086	550	Maranello 01 ZFFZS49A310123086
123087	550	Maranello Black/Black LHD
123088	550	Maranello
123089	550	Maranello Silver/all bordeaux ZFFZR49B000123089
123090	550	Maranello 01 ZFFZS49A510123090
123091	550	Maranello Argento Nürburgring 101/C/Black LHD EU ZFFZR49B000123091 C3091RGR
123093	550	Maranello Rosso Corsa/black Red stitching
123094	550	Maranello 01 ZFFZS49A210123094
123096	550	Maranello LHD EU ZFFZR49B000123096
123097	456	M GTA 01 Blu Tour de France 522/Tan ZFFWL50A410123097 aluminum calipers
123098	456	M GTA 01 ZFFWL50A610123098
123099	456	M GT 01 Red/Tan Black Piping ZFFWL44A210123099
123100	456	M GT 01 ZFFWL44A510123100
123101	456	M GT 01 Metallic/Blue Crema LHD ZFFWL50A210123101
123102	456	M GTA 01 Grigio Titanio Met./Bordeaux Daytona seats ZFFWL50A410123102 shields red calipers Tubi
123105	456	M GTA 01 ZFFWL50AX10123105
123106	456	M GTA 01 Blu Pozzi 521 D.S./Beige ZFFWL50A110123106
123107	456	M GTA 01 Blu Tour de France 522/Crema Blue Piping ZFFWL50A310123107
123108	360	Modena Challenge 01 Silver/Red & Black Manual ZFFYR51B000123108
123109	360	Modena Challenge F1 Red with black & White then Black/Black & Red racing seats LHD ZFFYR51B000123109 converted to GT spec
123110	360	Modena Challenge F1 Red ZFFYR51B000123110
123112	360	Modena Challenge LHD
123113	360	Modena Challenge/N-GT N-GT #014 01 Whte ZFFYR51B000123113 eng. # F131060492
123114	360	Modena Challenge Black then Red then White & green ZFFYR51B000123114 ass. # 40212 rear spoiler
123115	360	Modena Challenge F1 Bianco Avus Blue stripes/black Red seat ZFFYR51B000123115
123116	360	Modena Challenge Red/Red
123117	360	Modena Challenge black then Rosso Scuderia FER. 323/Black LHD ass. # 40234
123118	360	Modena Spider Red/Black LHD ZFFYT53B000123118
123119	360	Modena Spider F1 01 Yellow/black LHD EU ZFFYT53B000123119
123121	360	Modena Spider F1 01 Black/Grey ZFFYT53A210123121
123122	360	Modena Spider 01 Yellow/Black Daytona seats Yellow piping & stitching US Manual ZFFYT53A410 Tubi Rear challenge grill Red calipers shields
123123	360	Modena F1 01 Argento Nürburgring 101/C/Cuoio ZFFYU51A610123123

s/n	Type	Comments
123124	360	Modena Spider 01 Rosso Corsa/Beige Daytona Seats Manual Black Soft Top ZFFYT53A810123124 Rear Challenge Grille Shields Black Calipers
123125	360	Modena F1 01 Rosso Corsa/Tan ZFFYU51AX10123125
123126	360	Modena Spider 01 Rosso Corsa/Crema Manual RHD UK ZFFYT53C000123126
123128	360	Modena (F1) 01 ZFFYU51A510123128
123129	360	Modena F1 01 Silver/Maroon ZFFYU51A710123129
123131	360	Modena F1 Black/black LHD EU
123134	550	Maranello Black/tan LHD
123135	550	Maranello 01 Grigio Titanio met./dark Blue Daytona seats silver stitching ZFFZS49A110123135 ass. # 40303 shields
123136	550	Maranello Silver/black LHD ZFFZR49B000123136
123140	550	Maranello Silver/black LHD ZFFZR49B000123140
123142	550	Maranello 01 Black/black LHD EU ZFFZR49B000123142 Red calipers shields Scaglietti wheels
123143	456	M GT 01 Blu Pozzi/crema
123144	456	M GT 01 ZFFWL44A310123144
123145	550	Maranello 01 Black/Black RHD ZFFZR49D000123145
123146	360	Modena Spider F1 01 Rosso Corsa/Black and Red LHD
123147	360	Modena Spider 01 Nuovo Nero Daytona/Charcoal manual LHD EU ZFFYT53B000123147 B3147NKS
123149	360	Modena Spider F1 01 Grey/Black Blue cloth top ZFFYT53B000123149 Silver calipers
123151	360	Modena Spider (F1) 01 LHD EU ZFFYT53B000123151
123155	360	Modena Spider 01 Red/Tan LHD ZFFYT53A810
123156	360	Modena Spider F1 01 Red/Black ZFFYT53B000123156
123157	360	Modena Spider Geneva Show Car 01 Rosso Corsa/Charcoal Manual ZFFYT53B000
123158	360	Modena Spider F1 01 Black/Black ZFFYT53A310123158
123159	360	Modena Spider Red/Black
123161	360	Modena Spider
123162	360	Modena Spider F1 5/01 Rosso Corsa/Nero ZFFYT53B000123162
123163	360	Modena F1 01 Rosso Corsa/Beige ZFFYU51A710123163
123164	360	Modena 01 Silver/Black ZFFYU51A910123164
123166	360	Modena (F1) 01 ZFFYU51A210123166
123167	360	Modena (F1) 01 ZFFYU51A410123167
123168	360	Modena F1 3/01 Giallo Modena/Nero ZFFYU51A610123168 Black calipers
123170	360	Modena F1 01 Silver/Black ZFFYU51A410123170
123171	360	Modena (F1) 01 ZFFYU51A610123171
123172	360	Modena F1 4/01 Rosso Corsa/Beige ZFFYR51C000123172
123173	360	Modena Red/Black Manual LHD EU ZFFYR51B000123173 shields Red calipers
123174	360	Modena 01 Red/Beige Daytona seats Manual ZFFYU51A110123174 Challenge grilles Red calipers shields
123175	360	Modena F1 01 Silver/Black ZFFYU51A310123175
123176	360	Modena F1 01 Blu Pozzi 521 D.S./Tan Daytona seats ZFFYU51A510123176 Shields Red calipers rear Challenge grille
123177	360	Modena
123178	360	Modena Alloy Grey Black RHD
123181	360	Modena 01 Grigio Titanio 3238/Black Manual US ZFFYU51A910123181

s/n	Type	Comments
123182	360	Modena F1 01 Grigio Titanio Metallic/Beige ZFFYU51A010123182
123183	360	Modena 01 Silver/Blue LHD ZFFYU51A210123183
123186	360	Modena (F1) 01 ZFFYU51A810123186
123187	360	Modena F1 01 Grigio Titanio 3238/Grey Light Daytona seats Grey Piping ZFFYU51AX10123187 Challenge grille Shields Modena
123188	360	
123189	360	Modena F1 Rosso Corsa/Tan RHD ZFFYR51C000123189
123193	360	Modena 01 Black/Black ZFFYU51A510123193
123196	360	Modena (F1) 01 ZFFYU51A010123196
123199	360	Modena Challenge F1 01 Rosso Corsa & Yellow/Nero ZFFYR51B000123199
123200	360	Modena Challenge Red
123202	360	Modena Challenge F1 01 Red/Red LHD ZFFYR51B000
123203	360	Modena Challenge Yellow/Black LHD
123205	360	Modena Challenge F1 Red
123206	360	Modena Yellow/Black LHD EU ZFFYR51B000123206
123209	360	Modena Spider F1 01 Red/Tan Daytona seats black piping US ZFFYT53A510123209 Challenge grille Tubi
123210	360	Modena Spider 01 Red/Tan ZFFYT53A110123210
123211	550	Maranello 4/01 Nero/Nero ZFFZR49B000123211
123214	360	Modena Spider F1 dark Blue/Grey
123216	550	Maranello 01 ZFFZS49A110123216
123219	360	Modena Challenge 01 Black ZFFYR51B000 ass. # 40308
123220	360	Modena Challenge LHD
123221	360	Modena Challenge F1 White green stripes ZFFYR51B000123221
123223	550	Maranello Geneva Show Car 01 Black/Beige US ZFFZS49A910123223
123225	360	Modena F1 01 Black/Red LHD US ZFFYU51A310123225
123226	360	Modena F1 01 Yellow/black LHD US ZFFYU51A510123226
123227	360	Modena F1 01 Red/Tan Daytona Seats black piping US ZFFYU51A710123227 Shields Red Calipers Capristo Exhaust Rear Challenge Grill
123229	360	Modena (F1) 01 ZFFYU51A010123229
123230	360	Modena Yellow/black LHD EU ZFFYR51B000123230
123231	360	Modena Red JP LHD ZFFYR51J000123231
123232	360	Modena 01 Red/Tan LHD ZFFYU51A010123232
123233	360	Modena F1 Argento Nürburgring 101/C/Black RHD
123235	360	Modena 01 Giallo Modena/bordeaux Daytona Seats Yellow stitching Manual ZFFYU51A610123235 Tubi Hamann rims shields Red calipers
123236	360	Modena F1 Red RHD ZFFYR51C000123236
123238	360	Modena (F1) 01 ZFFYU51A110123238
123239	360	Modena 4/01 Rosso Corsa/Nero Manual ZFFYR51C000123239
123241	360	Modena Red/Black RHD UK
123243	360	Modena Spider
123244	360	Modena Spider 01 Rosso Corsa/Nero ZFFYT53C000123244
123245	360	Modena Spider Red/Black LHD ZFFYT53B000123245
123246	360	Modena Spider Red/Blk
123247	360	Modena Spider (F1) LHD EU ZFFYT53B000123247

s/n	Type	Comments
123250	360	Modena Spider 01 Argento Nürburgring 101/C/Blu Scuro LHD Manual ZFFYT53B000123250 C3250NCG Red calipers shields
123251	360	Modena Challenge F1 Rosso Scuderia ZFFYR51B000123251
123253	360	Modena Spider 01 Rosso Corsa/Black Manual LHD EU ZFFYT53B000123253
123254	360	Modena Challenge Red
123256	360	Modena Challenge
123257	360	Modena Spider F1 silver/black
123258	360	Modena Spider F1 01 Grigio Alloy/Blu Scuro Silver stitching RHD UK ZFFYT53C000123258
123259	360	Modena Spider F1 01 Yellow/Blue Yellow stitching Blue carpet, dashboard, roll bar & top ZFFYT53B000123259 front & rear Challenge Grill
123262	360	Modena Spider F1 01 Red/Black
123263	360	Modena F1 01 ZFFYU51A010123263
123264	360	Modena Spider 01 Red/Tan LHD EU ZFFYR51B000 ass. # 40325 C3264NXC Red calipers challenge grill
123266	360	Modena Spider F1 Red/Crema & Red LHD ZFFYT53B000123266
123267	360	Modena Spider (F1) LHD EU ZFFYT53B000123267
123268	360	Modena Spider
123270	360	Modena Spider F1 Grigio Titanio 3238/black LHD ZFFYT53B000123270
123271	360	Modena Spider F1 black/tan sports seats black seats centres RHD ZFFYT53C000123271 ass. # 40384 Black calipers shields
123273	360	Modena Spider
123276	550	Maranello RHD ZFFZR49C000123276 ass. # 40823
123278	456	M GTA 01 LHD US ZFFWL50A810123278 ass. # 40848
123279	456	M GT? 01 RHD UK ass. # 40874
123280	456	M GT 01 Rosso Fiorano/Charcoal ZFFWL44A010123280 ass. # 40878
123281	456	M GT 01 Blue ZFFWL50A810123281 ass. # 40912
123282	456	M GTA 01 Blu Tour de France Tan ZFFWL50AX10123282
123283	550?	Maranello 01 ZFFZS49A510123283
123284	550	Maranello 01 Red/Tan ZFFZS49A710123284
123285	550	Maranello 01 ZFFZS49A910123285
123286	550	Maranello 01 Giallo Modena/Black Yellow Stitching ZFFZS49A010123286 Shields
123287	550	Maranello 01 Rosso Fiorano 321/sabbia Daytona seats burgundy piping burgundy carpets US ZFFZS49A210 Tubi
123288	550	Maranello 01 ZFFZS49A410123288
123289	550	Maranello 01 Yellow/Black ZFFZS49A610123289
123290	550	Maranello 01 Yellow/Tan LHD ZFFZS49A210
123291	550	Maranello 01 ZFFZS49A410123291
123292	550	Maranello 4/01 Nuovo Nero Daytona/Nero ZFFZR49C000123292
123294	550	Maranello Grigio Titanio met./beige LHD EU ZFFZR49B000123294
123295	550	Maranello 4/01 Rosso Corsa/Beige LHD EU ZFFZR49B000123295 Red calipers
123298	550	Maranello Blue/Crema LHD EU probably owned by Dennis Bergkamp
123301	550	Maranello Silver/black ZFFZR49B000
123302	550	Maranello 01 ZFFZS49A510123302
123303	550	Maranello 01 Rosso Corsa/Tan ZFFZS49A710123303
123304	550	Maranello 01 ZFFZS49A910123304
123305	550	Maranello 01 ZFFZS49A010123305
123306	550	Maranello 01 ZFFZS49A210123306
123307	550	Maranello black
123308	360	Modena (F1) 01 ZFFYU51A710123308
123309	360	Modena F1 01 Grigio Titanio 3238/Black Red Stiching ZFFYU51A910123309 rear challenge grill Red calipers shields
123310	360	Modena Challenge F1 01 Bianco Avus/Nero ZFFYR51B000123310
123311	360	Modena Challenge F1 01 Red/Red & Black Yellow decals ZFFYR51B000123311 eng. # 60768 transaxle # 06061
123312	360	Modena Challenge 01 Silver ZFFYR51B000 ass. # 40414
123313	360	Modena (F1) 01 ZFFYU51A010123313
123316	360	Modena F1 01 Silver/Black ZFFYU51A610123316
123321	360	Modena F1 Rosso Corsa/Nero, Nero Carpet
123322	360	Modena (F1) 01 ZFFYU51A110123322
123323	360	Modena (F1) 01 ZFFYU51A310123323
123324	360	Modena F1 Red/Black RHD ZFFYR51C000123324
123327	360	Modena
123329	360	Modena (F1) 01 ZFFYU51A410123329
123330	360	Modena F1 01 Rosso Corsa/Nero ZFFYR51C000123330
123331	360	Modena F1 01 Red/Red sport seats ZFFYR51B000123331
123332	360	Modena Challenge F1 Red/Black ZFFYR51B000123332
123333	360	Modena 01 Red/Tan ZFFYU51A610123333
123334	360	Modena (F1) 01 ZFFYU51A710123334
123335	360	Modena Red RHD ZFFYR51C000123335
123336	360	Modena Red/Black RHD
123337	360	Modena Challenge F1 Red/Tan LHD, probably reconverted
123338	360	Modena Challenge Yellow ZFFYR51B000123338
123339	360	Modena Grigio Titanio 3238/cuoio naturale manual LHD EU ZFFYR51B000123339 C3339NDD Challenge wheels
123340	360	Modena 01 Black/Crema US ZFFYU51A310123340
123341	360	Modena F1 Red/Black RHD ZFFYR51C000123341
123343	360	Modena F1 Red/Black LHD
123344	360	Modena Red/Black ZFFYR51B000123344
123345	456	M GT? 01 LHD EU ass. # 40968
123346	456	M GT 01 Grigio IngridSaddle LHD ZFFWL44A410123346 ass. # 40987
123347	456	M GTA Alloy Light Grey LHD EU ass. # 41041
123348	360	Modena 01 Red/Beige ZFFYU51A810123348
123349	360	Modena (F1) 01 ZFFYU51AX10123349
123350	360	Modena 01 Grigio Titanio 3238/Burgundy Manual ZFFYU51A610123350 Shields rear Challenge grille Tubi
123351	360	Modena (F1) 01 ZFFYU51A810123351
123352	360	Modena F1 01 Silver Grey black stitching ZFFYU51AX10123352
123353	360	Modena (F1) 01 ZFFYU51A110123353
123354	360	Modena (F1) 01 ZFFYU51A310123354
123355	360	Modena F1 01 Yellow/Black ZFFYU51A510123355
123356	360	Modena F1 01 Grigio Titanio 3238/dark grey ZFFYU51A710123356 shields Challenge grille sunroof
123357	360	Modena F1 01 Argento Nürburgring 101/C/Black ZFFYU51A910123357
123358	360	Modena (F1) 01 ZFFYU51A010123358
123359	360	Modena F1 01 Black/tan Black stitching & piping ZFFYU51A210123359 shields Red calipers
123360	360	Modena F1 01 Grigo Ingrid/Tan ZFFYU51A910123360

s/n	Type	Comments
123361	360	Modena F1 01 Grigio Alloy/Blue & Black ZFFYU51A010123361 Shields Red Calipers Rear Challenge Grill Tubi
123362	360	Modena Spider (F1) LHD EU ZFFYT53B000123362
123365	360	Modena Spider F1 Grigio Titanio Dark Grey LHD ZFFYT53B000123365
123366	360	Modena Spider F1 3/01 Rosso Corsa/Cuoio ZFFYT53B000123366
123367	360	Modena Spider F1 01 Argento Nürburgring 101/C/Nero grey piping & stitching ZFFYT53B000123367 C3367NWA Red calipers
123369	360	Modena Spider 01 White Red White piping Manual LHD EU ZFFYT53B000123369
123370	360	Modena Spider Grigio Allloy/Black
123374	360	Modena Spider F1 Rosso Corsa/Crema Bordeaux Carpet
123384	550	Maranello 01 Grigio Titanio Grey Tan ZFFZS49A010123384
123385	550	Maranello 5/01 Rosso Corsa/Beige ZFFZS49A210123385
123386	550	Maranello 01 Red ZFFZS49A410123386
123387	550	Maranello 01 Rosso Corsa/Beige ZFFZS49A610123387
123391	550	Maranello Grigio Titanio met./grey LHD C3391DWD
123392	550	Maranello Black LHD ZFFZR49B000123392
123393	550	Maranello Red/Black ZFFZR49B000123393
123394	360	Modena (F1) 01 ZFFYU51A410123394
123398	360	Modena F1 01 Rosso Corsa/Black Red stitching ZFFYU51A110123398
123399	360	Modena (F1) 01 ZFFYU51A310123399
123400	360	Modena Red/Tan Sport seats Manual ZFFYR51B000123400 ass.# 40469 C3400NHV
123401	360	Modena Silver Bordeaux ZFFYR51C000123401
123404	360	Modena
123406	360	Modena F1 01 Rosso Corsa/Nero ZFFYR51B000123406
123407	550	Maranello Silver/Black LHD
123409	360	Modena F1 01 silver/bordeauxZFFYR51B000123409 silver calipers
123412	360	Modena F1 00 Yellow/Dark Blue ZFFYU51A210123412
123413	360	Modena
123416	360	Modena dark Red/Black
123419	360	Modena 02 Silver/Black Manual LHD EU ZFFYR51B000123419
123424	360	Modena (F1) 01 ZFFYU51A910123424
123428	360	Modena F1 Red/Tan ZFFYR51B000
123430	360	Modena F1 01 Grigio Titanio 3238/Nero ZFFYR51B000123430
123433	360	Modena Spider F1 01 Rosso Corsa/Beige Red piping & stitching Manual US ZFFYT53AX10123433
123434	360	Modena Challenge F1 Silver/black Red cloth seat then various colours changes then Silver LHD EU ZFFYR51B000123434 shields sliding windows dark grey wheels
123435	360	Modena Challenge
123436	360	Modena Challenge 01 Red ZFFYR51B000 ass. # 40508
123437	360	Modena Challenge Rosso Scuderia ZFFYR51B000123437
123439	360	Modena (F1) LHD EU ZFFYR51B000123439
123441	360	Modena Spider Geneva 2002 Show Car 01 Rosso Corsa/Black ZFFYR53B000123441
123446	360	Modena Spider (F1) Red/Black top
123447	360	Modena Spider 01 Argento Nürburgring 101/C/Blu Scuro Manual ZFFYT53B000123447 C3447NQT

s/n	Type	Comments
123449	360	Modena Spider F1 01 Grigio Titanio 3238/dark Blue LHD EU ZFFYT53B000123449 Rear Challenge Grill Shields
123451	360	Modena Spider F1 Silver Burgundy LHD ZFFYT53B000123451 Red calipers Challenge rear
123452	360	Modena Spider 4/01 Rosso Corsa/Nero ZFFYT53B000123452
123453	360	Modena Spider F1 Red/Crema RHD
123455	360	Modena Spider F1 01 Grigio Alloy/Blu Scuro RHD AUS ZFFYT53D000123455 eng. # 60902
123456	550	Maranello
123458	550	Maranello 01 ZFFZS49A310123458
123459	550	Maranello 01 ZFFZS49A510123459
123460	550	Maranello 01 ZFFZS49A110123460
123461	550	Maranello 01 ZFFZS49A310123461
123462	550	Maranello 01 Argento Nürburgring 101/C/Grigio Scuro & bordeaux bordeaux piping ZFFZS49A510123462
123463	550	Maranello
123464	550	Maranello 01 Grigio Titanio Silver/Grey - Light ZFFZS49A910123464
123465	550	Maranello 01 Verde Zeltweg/Beige RHD UK ZFFZR49C000123465 ass. # 41076
123466	550	Maranello 4/01 Blu Tour de France 522/Beige ZFFZR49B000123466
123467	550	Maranello Grigio Titanio met. or silver/black LHD EU Scaglietti wheels
123468	550	Maranello Red/Black LHD EU ZFFZR49B000123468
123469	550	Maranello 01 ZFFZS49A810123469
123472	550	Maranello
123473	550	Maranello LHD EU ZFFZR49B000123473
123474	550	Maranello 01 ZFFZS49A110123474
123475	550	Maranello black LHD EU ass. # 40714
123476	550	Maranello LHD EU ass. # 40766
123477	550	Maranello Grigio Titanio met./black LHD EUZFFZR49B000 ass. # 40845 Aluminium calipers
123478	550	Maranello Silver/black ZFFZR49B000123478 ass. # 40784
123479	550	Maranello LHD EU ass. # 40768
123480	550	Maranello Black/all bordeaux LHD EU ZFFZR49B000 ass. # 40819 shields
123481	550	Maranello Metallic/black/tan LHD EU ass. # 40805
123482	550	Maranello Blu Tour de France Beige LHD EU ass. # 40822
123483	550	Maranello Black/tan LHD EU ZFFZR49B000 ass. # 40846 Red calipers
123484	456	M GTA 01Blu Tour de France 522/Tan LHD US ZFFWL50A010123484 ass. # 41005
123485	456	M GT? LHD EU ass. # 41049
123486	456	M GT? LHD EU ass. # 41185
123487	456	M GTA Silver/Black LHD EU ass. # 41082
123489	360	Modena F1 01 Red/Tan ZFFYU51A410123489 Tubi shields
123490	360	Modena 01 Argento Nürburgring 101/C/ ZFFYR51B000123419
123494	360	Modena Challenge
123497	360	Modena Challenge Orange then Rosso Scuderia FER. 323/black Red seat ZFFYR51B000123497 ass. # 40623
123499	360	Modena 01 Nero/Beige RHD AUS ZFFYR51D000123499
123500	360	Modena F1 01 Yellow Dark Grey ZFFYU51AX10123500
123501	360	Modena F1 Red/Black RHD
123503	360	Modena Challenge F1 01 Yellow/Red then White/Blue LHD ZFFYR51B000123503
123505	360	Modena F1 01 Grigio Titanio Metallic/Dark Blue ZFFYU51A910123505
123506	360	Modena (F1) 01 ZFFYU51A010123506

s/n	Type	Comments	s/n	Type	Comments
123507	360	Modena F1 Red/Black LHD EU	123561	550	Maranello 01 Argento Nürburgring 101/C/Black Grey stitching ZFFZS49A710123561 ass. # 40839 Red calipers Tubi
123508	360	Modena			
123510	360	Modena N-GT 11/01 Red LHD			
123511	360	Modena F1 Grigio Titanio 3238/tan EU			
123512	360	Modena F1 01 Silver/Bordeaux Daytona Seats ZFFYU51A610123512	123562	550	Maranello 01 Black/Tan Daytona Seats ZFFZS49A910123562 ass. # 40824
123513	360	Modena F1 01 Silver/Blue ZFFYU51A810123513 Novitec Package	123563	550	Maranello 01 Grigio Titanio met./Red ZFFZS49A010123563 ass. # 40879
123514	360	Modena (F1) Black/black ass. # 40616 C3514TJT	123564	550	Maranello 01 ZFFZS49A210123564 ass. # 40849
123515	360	Modena 01 Nuovo Nero Daytona/Nero ZFFYR51C000123515	123565	550	Maranello 01 ZFFZS49A410123565 ass. # 40872
123517	360	Modena Challenge Yellow ZFFYR51B000123517	123566	550	Maranello 01 Red/Tan Daytona Seats ZFFZS49A610123566 ass. # 40931 Shields Red Calipers
123520	360	Modena (F1) 01 ZFFYU51A510123520	123567	550	Maranello 01 Red/Crema ZFFZS49A810123567 ass. # 40883
123521	360	Modena F1 01 Black/Beige Daytona Seats Black Piping ZFFYU51A710123521 Shields Rear Challenge Grille	123568	550	Maranello 01 LHD US ZFFZS49AX10123568 ass. # 40910
123522	360	Modena (F1) 01 ZFFYU51A910123522	123569	550	Maranello Grigio Titanio met./bordeaux LHD EU ZFFZR49B000123569 ass. # 40914
123526	360	Modena Challenge 02 Yellow			
123527	360	Modena Challenge F1 01 Red White stripe/Red LHD EU ZFFYR51B000123527	123570	550	Maranello 01 ZFFZS49A810123570 ass. # 40929
123528	360	Modena Challenge F1 01 Giallo Modena/Rosso LHD ass. # 40734	123571	550	Maranello 01 ZFFZS49AX10123571 ass. # 40963
123529	360	Modena Challenge White & Red LHD ZFFYR51B000123529	123572	550	Maranello 01 Grigio Titanio met./Charcoal ZFFZS49A110123572 ass. # 40981
123531	360	Modena Challenge F1 01 Silver/Black LHD EU ZFFYR51B000123531	123573	550	Maranello LHD EU ass. # 40936
123532	360	Modena F1 01 Giallo Modena/Nero ZFFYT53B000123532	123574	550	Maranello Grigio Titanio met./Crema LHD EU ass. # 40966 Aluminium calipers
123533	360	Modena Spider F1 Red/Tan LHD EU ZFFYT53B000123533	123575	550	Maranello 01 ZFFZS49A710123575 ass. # 40935
123534	360	Modena Spider Yellow/Black LHD ZFFYT53B000123534	123576	550	Maranello LHD EU ass. # 40984
			123577	550	Maranello Silver/Black LHD EU ass. # 40986
123536	360	Modena Spider F1 01 Grigio Titanio Dark Grey US ZFFYT53A910123536	123578	550	Maranello grey/black LHD EU ass. # 41002
			123579	550	Maranello LHD EU ass. # 41022
123537	360	Modena Spider F1 Grigio Alloy ZFFYT53B000123537	123580	550	Maranello Red/Tan LHD EU ZFFYT53B000123580 ass. # 41026
123538	360	Modena Spider alloygrey/black	123581	550	Maranello LHD EU ass. # 41116
123540	360	Modena F1 01 Red/Tan US ZFFYT53A010123540	123582	360	Modena F1 Grigio Titanio 3238/black ZFFYR51B000123582
123541	360	Modena Spider 01 Rosso Corsa/Black Daytona seats Red stitching Manual ZFFYT53A210123541 Shields Red calipers Challenge grille	123587	360	Modena F1 Giallo Modena/Black LHD EU ZFFYR51B000123587 ass.# 40672 B3587FSF Challenge rear grill
			123588	360	Modena F1 Red/Black LHD ZFFYR51B000123588
123542	360	Modena Spider (F1) LHD EU ZFFYT53B000123542	123589	360	Modena 01 Argento Nürburgring 101/C/Blu Scuro Manual RHD UK ZFFYR51C000123589 Silver calipers Blue dash & steering wheel
123544	360	Modena Spider (F1) LHD EU ZFFYT53B000123544			
123546	360	Modena Spider F1 Red ZFFYT53D000123546	123593	360	Modena Rosso/tan LHD ZFFYR51B000123593
123547	360	Modena Spider 01 Giallo Modena/Nero Manual ZFFYT53A310123547	123594	360	Modena F1 Grigio Alloy/Black ZFFYR51B000123594
123548	360	Modena Spider (F1) 01 ZFFYT53A510123548	123595	360	Modena (F1) 01 ZFFYU51A310123595
123551	360	Modena Spider 01 California Azzurro/Sabbia Manual LHD EU ZFFYT53B000123551	123597	360	Modena Rosso Corsa/Black ZFFYR51B000123597
123552	360	Modena Spider 01 Silver/Grey Black stitching ZFFYT53A710123552	123598	360	Modena F1 3/01 Rosso Corsa/Nero ZFFYR51B000123598
123553	360	Modena Spider 01 Red/Tan Daytona Seats manual ZFFYT53A910123553 Shields Red Calipers	123599	360	Modena F1 Grigio Titanio Bordeaux LHD ZFFYR51B000123599 ass. # 40705
			123603	360	Modena F1 01 Rosso Corsa/Beige ZFFYU51A910123603
123554	360	Modena Spider (F1) 01 ZFFYT53A010123554	123605	360	Modena (F1) 01 ZFFYU51A210123605
123555	550	Maranello grigio alloy/tan			
123556	550	Maranello RHD UK ass. # 40763	123606	360	Modena F1 01 Red/Black sports seats RHD Red calipers shields
123557	550	Maranello 01 ZFFZS49A510123557 ass. # 40803	123608	360	Modena F1 01 Grigio Titanio 3238/Bordeaux ZFFYU51A810123608
123558	550	Maranello RHD UK ass. # 40821	123609	360	Modena F1 01 ZFFYU51AX10123609
123559	550	Maranello 01 ZFFZS49A910123559 ass. # 40804	123610	360	Modena F1 01 ZFFYU51A610123610
123560	550	Maranello 01 Rosso Corsa/Tan Red stitching ZFFZS49A510123560 ass. # 40820 shields Red calipers	123612	360	Modena F1 01 Silver Green LHD ZFFYU51AX10123612
			123613	360	Modena F1 01 Argento Nürburgring 101/C/Dark Green ZFFYU51A110123613

s/n	Type	Comments
123614	360	Modena F1 01 Red/Tan Daytona Seats ZFFYU51A310123614 Shields Rear Challenge Grill
123615	360	Modena F1 01 Silver/Black Red piping ZFFYU51A510123615 Red calipers.
123616	360	Modena
123618	360	Modena F1 01 Silver Bordeaux ZFFYU51A010123618
123619	360	Modena (F1) 01 ZFFYU51A210123619
123621	360	Modena Spider 01 Silver/Black LHD Manual ZFFYT53A010123621
123624	360	Modena Spider Grigio Titanio 3238/Beige Manual ZFFYT53A610123624
123625	360	Modena Spider F1 01 Red/Tan LHD ZFFYT53A810123625
123626	360	Modena Spider 7/01 Grigio Titanio 3238/Black LHD eng. # 60989 ZFFYT53B000123626
123627	360	Modena Spider 01 Red/Black Daytona seats LHD Manual ZFFYT53A110123627 Red calipers front & rear Challenge grilles shields
123628	360	Modena Spider F1 Yellow/all Blue
123629	360	Modena Spider F1 Red/Crema ZFFYT53B000123629 B3629MMM rear challenge grill
123630	360	Modena Spider F1 01 Black/Red Daytona Seats ZFFYT53A110123630 Shields
123631	360	Modena Spider Red/Black ZFFYT53B000123631
123632	360	Modena Spider Red/Black LHD EU ZFFYT53B000123632
123633	360	Modena Spider (F1) 01 ZFFYT53A710123633
123634	360	Modena Spider 01 silver grey/Bordeaux Red inserts challenge grill ZFFYT53A910123634 C3629KKK Red calipers
123635	360	Modena Spider (F1) 01 ZFFYT53A010123635
123636	360	Modena Spider 01 Grigio Titanio Bordeaux Manual
123641	360	Modena Spider 01 Grigio Alloy/Dark Blue Manual ZFFYT53A610123641
123642	360	Modena Spider F1 01 Rosso/Black Red piping ZFFYT53A810123642 Red calipers front challenge grill shields Tubi
123644	360	Modena
123646	360	Modena F1 01 Grigio Titanio 3238/Black ZFFYU51A510123646 Tubi Red calipers rear challenge grill
123647	360	Modena (F1) 01 ZFFYU51A710123647
123648	360	Modena (F1) 01 ZFFYU51A910123648
123650	360	Modena (F1) 01 ZFFYU51A710123650
123651	360	Modena
123652	550	Barchetta Pininfarina Argento Nürburgring 101/C/Bordeaux, Jean Todt Speciale, to I
123654	550	Barchetta Pininfarina LHD EU ass. # 41044
123655	550	Barchetta Pininfarina 01 Silver/Red ZFFZR52A010123655
123657	550	Barchetta Pininfarina 01 Red/Black ZFFZR52B000123657
123672	360	Modena Argento Nürburgring 101/C/black LHD EU
123674	550	Barchetta Pininfarina #2/448 01 Blue metallic/tobacco ZFFZR52A410123674 ass. # 40988 new to collector Kalikow, USA
123675	550	Barchetta Pininfarina #3/448 01 Rosso barchetta/nero LHD ZFFZR52A610123675 ass. # 41117
123676	550	Barchetta Pininfarina #4/448 01 ZFFZR52A810123676 US ass. # 41124
123677	550	Barchetta Pininfarina #5/448 JP ass. # 41145
123678	550	Barchetta Pininfarina #6/448 Blu NART/Beige RHD UK ZFFZR52C000123678 ass. # 40933 Red calipers shields
123679	550	Barchetta Pininfarina #7/448 - Rosso/nero sports seats Red stitching LHD EU ZFFZR52B000123679 ass. # 41152 Red calipers Shields , G, first with Nossek-Hardtop
123680	550	Barchetta Pininfarina #8/448 ass. # 41126
123681	550	Barchetta Pininfarina #9/448 4/01 Rosso Corsa/Nero LHD EU ZFFZR52B000123681 ass. # 40847
123682	550	Barchetta Pininfarina #10/448 Rosso/black Red stitching LHD EU ZFFZR52B000 EU ass. # 40875
123683	550	Barchetta Pininfarina #11/448 - Rosso/nero LHD EU ass. # 40881 , to I
123684	550	Barchetta Pininfarina #12/448 01 Grigio Titanio met./Nero ZFFZR52B000123684 C3684NPM hardtop, G
123685	550	Barchetta Pininfarina #13/448 Red/Grey LHD EU ZFFZR52B000123685 ass. # 40982
123686	550	Barchetta Pininfarina #14/448 6/01 Rosso Corsa/Nero ZFFZR52A010123686 ass. # 40964
123687	550	Barchetta Pininfarina #15/448 01 ZFFZR52A210123687 ass. # 40728
123688	550	Barchetta Pininfarina #16/448 01 Blu Tour de France 522/Carta da Zucchero US ZFFZR52A410123688 ass. # 40710 Red calipers Guggenheim Museum show car
123689	550	Barchetta Pininfarina #17/448 5/01 giallo Modena/nero & giallo ZFFZR52B000123689 ass. # 40915
123690	550	Barchetta Pininfarina #018/448 JP ass. # 41020
123691	550	Barchetta Pininfarina #19/448 - Rosso/tan LHD US ZFFZR52A410123691 ass. # 40761
123692	550	Barchetta Pininfarina #20/448 3/01 Red/Tan US ZFFZR52A610123692 ass. # 40782
123693	550	Barchetta Pininfarina #21/448 01 ZFFZR52A810123693 ass. # 40801
123694	550	Barchetta Pininfarina #22/448 - 01 Rosso/nero ZFFZR52AX10123694 ass. # 40595
123695	550	Barchetta Pininfarina #23/448 01 Rosso/nero Red inserts ZFFZR52A110123695 ass. # 40886 , to Michael Jordan, USA
123696	550	Barchetta Pininfarina #24/448 01 Black/Cuoio US ZFFZR52A310123696 ass. # 40735
123697	550	Barchetta Pininfarina #25/448 01 giallo Modena/naturale ZFFZR52A510123697 ass. # 40840 , to US
123698	550	Barchetta Pininfarina #26/448 01 Giallo Modena/Black ZFFZR52A710123698 ass. # 41149 ex-Tommy Hilfiger
123699	550	Barchetta Pininfarina #27/448- 01 Rosso/nero ZFFZR52A910123699 ass. # 40564
123700	456	M GT 02 dark Blue/Crema ZFFWP44B000123700 ass. # 41078 C3700NPP
123701	456	M GT? LHD EU ass. # 41121
123702	456	M GT? LHD EU ass. # 41141
123703	456	M GT? LHD EU ass. # 41151
123704	456	M GT metal black/tan LHD EU ass. # 41224
123705	360	Modena 01 Silver/Black Daytona Seats silver stitching ZFFYU51A610123705 red calipers challenge grill shields
123706	360	Modena (F1) 01 ZFFYU51A810123706
123707	360	Modena F1 01 Rosso Corsa/Beige ZFFYR51C000123707
123709	360	Modena 01 Giallo Modena/Blu Scuro ZFFYR51B000123709
123710	360	Modena Red
123711	360	Modena (F1) 01 ZFFYU51A110123711
123712	360	Modena F1 01 Rosso Corsa/Tan Daytona Seats Red Piping ZFFYU51A310123712 Tubi Shields Red Calipers

s/n	Type	Comments	s/n	Type	Comments
123713	360	Modena F1 01 Silver/Black ZFFYU51A510123713 Sunroof	123756	550	Maranello Red/Tan RHD UK ass. # 41003
123714	360	Modena F1 01 Red/Tan Daytona Seats ZFFYU51A710123714 Shields Rear Challenge Grill Aluminum Calipers	123757	550	Maranello 01 Red/light tan ZFFZS49A210123757 ass. # 41023
			123758	550	Maranello 01 ZFFZS49A410123758 ass. # 41024
123715	360	Modena Spider F1 01 Yellow/Black ZFFYT53A910123715	123759	550	Maranello LHD EU ass. # 41027
			123760	550	Maranello 01 ZFFZS49A210123760 ass. # 41042
123717	360	Modena Spider F1 01 Grigio Alloy Metallic/Dark Blue ZFFYT53A210123717 C4717WKP	123762	456	M GT 01 Grigio Titanio Metallizzato 3238/Grigio Scuro LHD EU ZFFWP44B000123762 ass. # 41264
123719	360	Modena Spider F1 Red/Black LHD	123768	360	Modena F1 Grigio Titanio 3238/black
123720	360	Modena Spider 4/01 Giallo Modena/black Yellow inserts Yellow piping Manual ZFFYT53B000123720 Red calipers shields	123769	360	Modena F1 Black/cuoio naturale ZFFYR51B000
			123771	360	Modena F1 Rosso Fiorano 321/tan LHD EU ZFFYR51B000123771
123721	360	Modena Spider F1 01 Azzurro California 524/Sabbia ZFFYT53A410123721	123774	360	Modena F1 Red/creme
123722	360	Modena Spider (F1) 01 ZFFYT53A610123722	123776	360	Modena 3/01 Argento Nürburgring 101/C/Dark Blue Manual ZFFYU51A710123776 Red calipers rear challenge grill
123723	360	Modena Spider 01 Rosso Fiorano Charcoal Manual ZFFYT53A810123723			
123724	360	Modena Spider F1 LHD EU ZFFYT53B000123724			
			123777	360	Modena (F1) 01 ZFFYU51A910123777
123725	360	Modena Spider F1 3/01 Rosso Corsa/Nero ZFFYT53B000123725	123778	360	Modena Rosso Corsa/Nero, Bordeaux Carpet
			123782	360	Modena F1 01 Yellow/Black Daytona Seats ZFFYU51A210123782 Tubi Shields Tubi Rear Challenge grille
123726	360	Modena Spider 01 Grigio Titanio 3238/Grigio LHD Manual EU ZFFYT53B000123726 Challenge grill nero carbon fiber exterior mirrors Tubi shields			
			123783	360	Modena F1 4/01 Grigio Titanio Metallizzato 3238/Grigio Scuro LHD ZFFYR51B000123783
123727	360	Modena Spider F1 01 Silver/Dark Blue ZFFYT53A510123727	123786	360	Modena Red/Tan Manual ZFFYR51B000
			123788	360	Modena 01 Yellow/Black Manual ZFFYU51A310123788
123729	360	Modena Spider F1 Alloy Grey Dark Grey LHD			
123730	360	Modena Spider	123789	360	Modena (F1) 01 ZFFYU51A510123789
123731	360	Modena Spider F1 01 Azzurro California 524/Tan ZFFYT53A710123731	123791	360	Modena Challenge Red/Red
			123793	360	Modena Spider (F1) 01 ZFFYT53A710123793
123732	360	Modena Spider 01 Yellow/Black ZFFYT53A910123732	123794	360	Modena Spider F1 Blue ZFFYT53D000123794 RHD
123733	360	Modena Spider 01 Nero/Beige Manual ZFFYT53A010123733	123795	360	Modena Spider (F1) 01 ZFFYT53A010123795
			123796	360	Modena Spider 01 Blue TdF/Blue Daytona Seats Crema Inserts Manual ZFFYT53A210123796 Shields Rear Challenge Grill Red Calipers
123734	360	Modena Spider F1 black/black ZFFYT53B000123734			
123735	360	Modena Spider F1 Grigio Alloy/dark Blue ZFFYT53B000123735			
			123797	360	Modena Spider F1 Yellow/black sport seats Yellow stittching ZFFYT53AX20123797 challenge grill
123736	360	Modena Spider 3/01 Nuovo Nero Daytona/Nero Manual ZFFYT53B000123736			
123737	360	Modena Spider F1 01 Blue Metallic/Tan ZFFYT53A810123737	123798	360	Modena Spider F1 01 Red/Tan LHD US
			123799	360	Modena Spider (F1) 01 ZFFYT53A810123799
123738	360	Modena Spider (F1) 01 ZFFYT53AX10123738	123801	360	Modena Spider 01 Red/Tan ZFFYT53A210123801
123739	360	Modena Spider F1 Red/Tan RHD ZFFYT53C000123739 Black calipers Shields			
			123802	360	Modena Spider F1 01 Red/Tan LHD EU ZFFYT53B000123802
123740	360	Modena Spider F1 Grigio Titanio 3238/black ZFFYT53B000123740 C3740QQQ rear challenge grill	123803	360	Modena Spider F1 Red/Tan LHD ZFFYT53B000123803
			123804	360	Modena Spider F1 01 Blu Tour de France 522/Cuoio ZFFYT53B000123804
123741	360	Modena Spider Rosso/nero RHD, ZFFYT53B000123741			
123742	360	Modena Spider F1 01 Azzurro California 524/Navy Blue ZFFYT53A110123742 Tubi	123807	360	Modena Spider F1 Grigio Titanio Light Grey LHD EU ZFFYT53B000123807
			123809	360	Modena Spider F1 Grigio Titanio 3238/Black LHD
123743	360	Modena Spider F1 01 Red/Tan Daytona seats ZFFYT53A310123743 Challenge Grill Shields Red calipers Tubi			
			123810	360	Modena Spider F1 01 Yellow/Black LHD EU ZFFYT53B000123810
123744	360	Modena Spider 6/01 Rosso Fiorano 321/Sabbia ZFFYT53A510123744	123813	360	Modena Spider F1 silver/dark Blue, LHD
123745	360	Modena Spider	123815	360	Modena Spider F1 Red/Tan LHD
123747	550	Maranello 01 ZFFZS49AX10123747 ass. # 40965	123816	360	Modena Spider F1 01 NART Blue/Java LHD EU ZFFYT53B000123816
123748	550	Maranello LHD UK ass. # 40876	123817	360	Modena Spider F1 01 Red/Black LHD EU
123749	550	Maranello Grigio Titanio met./Black ZFFZR49C000123749 ass. # 40843	123818	360	Modena Spider (F1) LHD EU ZFFYT53B000123818
123750	550	Maranello RHD UK ass. # 40882	123819	360	Modena Spider Rosso Corsa/Tan LHD EU ZFFYT53B000123819
123751	550	Maranello Blue/Blue LHD EU ass. # 40928			
123752	550	Maranello RHD UK ZFFZR49C000 ass. # 40880	123822	360	Modena Spider (F1) 01 ZFFYT53AX10123822
123753	550	Maranello RHD UK ZFFZR49C000 ass. # 40930	123823	360	Modena Spider (F1) 01 ZFFYT53A110123823
123754	550	Maranello LHD UK ass. # 40934	123824	360	Modena Spider F1 Alloy Grey Black RHD ZFFYT53C000123824 C3824NFH
123755	550	Maranello 01 ZFFZS49A910123755 ass. # 40983	123825	456	M GT 01 Silver/black LHD ZFFWL44A810

s/n	Type	Comments
123826	360	Modena Spider F1 01 Red/Tan ZFFYT53A710123826 Red Calipers Shields
123827	360	Modena Spider F1 01 Yellow/Black Daytona seats black top US ZFFYT53A910123827 Rear challenge grill Red calipers
123828	360	Modena Spider F1 01 Blu Pozzi 521 D.S./Tan Daytona Seats ZFFYT53A010123828 Red Calipers Front Challenge Grills Shields Dark Blue Stitching
123829	360	Modena Spider (F1) 01 ZFFYT53A210123829
123830	360	Modena Spider F1 Red/Crema RHD
123831	456	M GTA 01 ZFFWL50A610123831 ass. # 41260
123833	550	Maranello 5/01 Nero/Nero LHD EU ZFFZR49B000123833 ass. # 41048
123834	550	Maranello LHD EU ass. # 41046
123835	550	Maranello RHD UK ass. # 41043
123836	550	Maranello LHD EU ass. # 41047
123837	550	Maranello LHD EU ass. # 41079
123838	550	Maranello 01 ZFFZS49A210123838 ass. # 41050
123839	550	Maranello ass. # 41073
123840	550	Maranello LHD EU ass. # 41074
123841	550	Maranello LHD EU ass. # 41077
123842	550	Maranello 01 Rosso Corsa/Couio ZFFZS49A410123842 ass. # 41081 Red calipers shields
123843	550	Maranello 01 Red/Tan Daytona seats ZFFZS49A610123843 ass. # 41083 shields Red calipers tubi
123844	550	Maranello 01 ZFFZS49A810123844 ass. # 41350
123845	550	Maranello 01 ZFFZS49AX10123845 ass. # 41127
123846	550	Maranello 01 Light Blue black LHD ZFFZS49A110123846 ass. # 41150
123847	456	M GTA 01 Grigio Alloy/Tan ZFFWL50AX10123847 Tubi
123848	456	M GTA 01 Silver/Black Daytona seats ZFFWL50A110123848 ass. # 41315 shields
123849	456	M GTA Grigio Titanio met./Red LHD EU ass. # 41319
123850	456	M GTA 01 Grigio Titanio Grey ZFFWL50AX10123850
123851	456	M GTA 01 LHD US ZFFWL50A110123851
123852	456	M GT 01 Grigio Titanio met./Bordeaux ZFFWL44A810 ass. # 41490 Red calipers
123854	360	Modena F1 Red/Black LHD
123855	360	Modena F1 Red/Black
123856	360	Modena Spider 01 Yellow/Black ZFFYU51A510123856
123857	360	Modena F1 01 Red/Beige ZFFYU51A710123857
123858	360	Modena
123860	360	Modena F1 Grigio Titanio 3238/Black ZFFYR51B000123860 C3860IPG Silver calipers
123861	360	Modena F1 01 Nuovo Nero Daytona Crema ZFFYR51B000123861
123863	360	Modena F1 Black RHD ZFFYR51D000123863
123864	360	Modena F1 01 dark Red/Black Red piping ZFFYU51A410123864 Challenge rear grill Shields
123865	360	Modena Red/Black LHD ZFFYR51B000123865 shields
123866	360	Modena F1 Red/Black LHD Challenge grille
123867	360	Modena
123869	360	Modena F1 Blu Tour de France 522/tan
123870	360	Modena (F1) 01 ZFFYU51AX10123870
123871	360	Modena (F1) 01 ZFFYU51A110123871
123872	360	Modena
123876	360	Modena (F1) 01 ZFFYU51A010123876
123877	360	Modena (F1) 01 ZFFYU51A210123877
123878	360	Modena
123879	360	Modena F1 Red/Tan LHD EU ZFFYR51B000123879
123880	360	Modena F1 Red/Black LHD ZFFYR51B000123880
123881	360	Modena Red/Tan sport seats LHD ZFFYR51J000123881 Red calipers shields Challenge grill
123883	360	Modena F1 01 Yellow/Black LHD ZFFYU51A810123883
123884	360	Modena Argento Nürburgring 101/C/black, LHD
123885	360	Modena F1 01 Rosso Corsa/Nero RHD UK ZFFYR51C000123885
123888	360	Modena F1 01 Blu Pozzi 521 D.S./Crema
123889	360	Modena Spider F1 01 Metallic/Grey Black LHD ZFFYT53A910123889
123890	360	Modena Spider (F1) 01 ZFFYT53A510123890
123891	360	Modena Spider 01 Giallo Modena/Black Manual Yellow Stiching ZFFYT53A710123891
123892	360	Modena Spider F1 Rosso Corsa/Black
123895	360	Modena Spider Rosso Corsa/black Manual ZFFYT53B000123895
123897	360	Modena Spider (F1) 01 ZFFYT53A810123897
123898	360	Modena Spider (F1) 01 ZFFYT53AX10123898
123899	360	Modena Spider (F1) 01 Yellow/Black Yellow piping Manual ZFFYT53A110123899
123900	360	Modena Spider Red/Black LHD
123901	360	Modena Spider F1 01 Grigio Alloy/Black & Bordeaux inserts Red stitching Red shift paddles LHD EU ZFFYT53B000123901 shields Challenge grille Red calipers
123903	360	Modena Spider F1 01 Grigio Titanio Metallic/Sabbia ZFFYT53AX10123903 Capristo Exhaust Shields Rear Challenge Grille Silver Calipers
123904	360	Modena Spider (F1) 01 ZFFYT53A110123904
123905	360	Modena Spider Red
123906	360	Modena Spider
123909	360	Modena Spider
123910	360	Modena Spider (F1) 01 ZFFYT53A710123910
123911	360	Modena Spider F1 01 Red/Tan black top US ZFFYT53A910123911
123912	360	Modena Spider F1 01 Yellow/Black Daytona seats ZFFYT53A010123912 Red calipers
123913	360	Modena Spider F1 Silver/Dark Blue Blue top RHD ZFFAT53C000123913
123914	360	Modena Spider F1 01 dark Blue/grey & black challenge grill
123915	360	Modena Spider F1 Silver/black ZFFYT53B000123915
123918	360	Modena Spider F1 01 Red/Tan ZFFYT53A110123918
123919	360	Modena Spider (F1) 01 ZFFYT53A310123919
123921	456	M GTA Grigio Titanio met./beige ZFFWP50B000123921
123922	456	M GT? LHD EU ass. # 41387
123923	456	M GT? LHD EU ass. # 41384
123924	456	M GT? LHD EU ass. # 41420
123926	456	M GT? Grigio Titanio grey/dark Blue LHD EU ZFFWP50B000123926 ass. # 41484
123927	456	M GT 01 Nero/Beige ZFFWP44B000123927 ass. # 41454
123928	456	M GTA Black Crema Daytona seats LHD shieldsTan dashboard, steering wheel & piping
123929	456	M GTA 01 LHD US ZFFWL50A110123929
123930	550	Maranello 01 Argento Nürburgring 101/C/Bordeaux RHD UK ZFFZR49C000123930 ass. # 41119 Silver calipers
123931	550	Maranello Grigio Titanio met./light grey LHD EU ZFFZR49B000 ass. # 41084 C3931PKP
123932	550	Maranello 01 Red/Tan ZFFZR49B000123932 ass. # 41122

s/n	Type	Comments
123933	550	Maranello 01 ZFFZS49A710123933
123934	550	Maranello 4/01 Giallo Modena/Black ZFFZS49A910123934 ass. # 41147
123935	550	Maranello Blue ZFFZR49B000123935 ass. # 41143
123936	550	Maranello Grigio scuro/Black ZFFZR49B000123936
123937	550	Maranello Red/Black LHD ZFFZR49B000123937 ass. # 41181
123938	550	Maranello silver/black LHD EU ass. # 41188
123939	360	Modena Spider F1 Red/Black ZFFYT53B000122939 shields
123941	360	Modena 01 Argento Nürburgring 101/C/ Nero Manual RHD UK
123944	360	Modena 01 Red/Tan Manual ZFFYU51A210123944
123946	360	Modena 01 Argento Nürburgring 101/C/Blu Scuro Manual ZFFYR51C000123946
123948	360	Modena 01 Red/Tan LHD ZFFYU51AX10123948
123951	360	Modena F1 Rosso Corsa/black ZFFYR51B000123951
123955	360	Modena (F1) 01 ZFFYU51A710123955
123958	550	Maranello Silver/Black LHD
123960	360	Modena F1 Red/Tan RHD ZFFYR51C000123960
123961	550	Barchetta Pininfarina pre-production
123962	360	Modena F1 01 Blu Tour de France 522/Brown ZFFYU51A410123962 Shields
123967	360	Modena 01 azzuro LHD
123968	360	Modena Spider 01 Giallo Modena/Black Manual ZFFYT53A510123968
123969	360	Modena Spider (F1) 01 ZFFYT53A710123969
123970	360	Modena Spider Red
123972	360	Modena Spider 01 Red/Black ZFFYT53A710123972
123973	360	Modena Spider
123974	360	Modena Spider 01 Yellow/black ZFFYT53B000123974
123975	360	Modena Spider
123976	360	Modena Spider
123977	360	Modena Spider Red/Black Manual LHD EU C3977NDJ
123978	360	Modena Spider F1 body-conversion by Hamann, Red/Black
123979	360	Modena Spider (F1) 01 ZFFYT53AX10123979
123980	360	Modena Spider F1 black/blackZFFYT53B000123980 C3980QVQ
123982	360	Modena F1 01 Yellow/Black Daytona Seats Yellow Stitching
123983	360	Modena Spider F1 01 Red/Tan ZFFYT53A110123983
123984	360	Modena Spider (F1) 01 ZFFYT53A310123984
123985	360	Modena Spider F1
123986	360	Modena Spider F1 01 black/full Red LHD EU
123988	360	Modena Spider F1 01 Black/black Daytona seats LHD EU ZFFYT53B000123988 shields Red calipers DOT/EPA converted
123990	360	Modena Spider F1 01 Red/Tan RHD ZFFYT53C000123990 Red calipers
123992	360	Modena Spider F1 01 Rosso Corsa/Beige LHD EU ZFFYT53B000123992
123994	360	Modena Spider F1 01 Rosso Corsa/Tan Daytona Seats LHD ZFFYT53A6101 23994 Tubi rear Challenge grill Red calipers shields
123995	360	Modena Spider F1 01 Rosso Corsa/Beige LHD EU ZFFYT53B000123995 C3995JEJ
123996	360	Modena Spider F1
123997	360	Modena Spider F1 Black/Black LHD ZFFYT53B000123997
123998	360	Modena Spider F1 Black/Tan LHD ZFFYT53B000
123999	360	Modena Spider Red/Black ZFFYT53C000123999
124000	360	Modena Spider F1 Red Red RHD
124001	360	Modena Spider (F1) Black
124003	360	Modena Spider F1 Grigio Alloy/dark Blue ZFFYT53B000124003
124004	360	Modena Spider (F1) 01 ZFFYT53A310124004
124005	360	Modena Spider
124006	550	Barchetta Pininfarina #28/448 01 dark Metallic/Red/Tan ZFFZR52J000124006, MatsudaCollection
124007	550	Barchetta Pininfarina #29/448 01 ZFFZR52A310124007 ass. # 41790
124008	550	Barchetta Pininfarina #30/448 4/01 Rosso Corsa/Tan ZFFZR52A510124008 ass. # 41183 Tubi
124009	550	Barchetta Pininfarina #31/448 01 ZFFZR52A710124009 ass. # 41189
124010	550	Barchetta Pininfarina #32/448 10/01 Blu Tour De France/Bordeaux RHD UK ZFFZR52C000124010 ass. # 41142
124011	550	Barchetta Pininfarina #33/448 01 ZFFZR52A510124011 ass. # 41239
124012	550	Barchetta Pininfarina #34/448 01 ZFFZR52A710124012 ass. # 41222
124013	550	Barchetta Pininfarina #35/448 01 Rosso Rosso/tan ZFFZR52A910124013 ass. # 41263, US
124014	550	Barchetta Pininfarina #36/448 06/01 Grigio Titanio met./black Sport seats White stitching US ZFFZR52A010124014 ass. # 41261 grey calipers Shields
124015	550	Barchetta Pininfarina #37/448 06/01 Pozzi blu/Crema, US ZFFZR52A210124015 ass. # 41294
124016	550	Barchetta Pininfarina #38/448 12/01 Rosso Corsa/Grigio Scuro RHD UK ZFFZR52C000124016 ass. # 41186
124017	550	Barchetta Pininfarina #39/448 01 ZFFZR52A610124017 ass. # 41292
124018	550	Barchetta Pininfarina #40/448 01 LHD EU ZFFZR52B000 ass. # 41217
124019	550	Barchetta Pininfarina #41/448
124020	550	Barchetta Pininfarina #42/448 01 LHD EU ZFFZR52B000 ass. # 41220
124021	550	Barchetta Pininfarina #43/448
124022	550	Barchetta Pininfarina #44/448 01 Rosso Corsa/black LHD EU ZFFZR52B000 ass. # 41256
124023	550	Barchetta Pininfarina #45/448 01 titan/bordeaux LHD EU ZFFZR52B000ass. # 41300, I
124024	550	Barchetta Pininfarina #46/448
124025	550	Barchetta Pininfarina #47/448 01 Rosso Corsa 322 D.S./tan LHD EU ZFFZR52B000124025 ass. # 41318
124026	550	Barchetta Pininfarina #48/448 01 JP ass. # 41297
124027	550	Barchetta Pininfarina #49/448 01 Silver/Blue LHD EU ZFF2K52B000124027 ass. # 41353
124028	550	Barchetta Pininfarina #50/448 01 Grigio Titanio/Red ZFFZR52A010124028 ass. # 41314, USA
124029	550	Barchetta Pininfarina #51/448 01 LHD EU ZFFZR52B000124029 ass. # 41348
124030	550	Barchetta Pininfarina #52/448 01 Argento Nürburgring/Blu Scuro LHD EU ZFFZR52B000124030 ass. # 41320
124031	550	Barchetta Pininfarina #53/448 01 ZFFZR52B000124031 ass. # 41354
124032	550	Barchetta Pininfarina #54/448 01 LHD EU ZFFZR52B000124032 ass. # 41356
124033	550	Barchetta Pininfarina #55/448 01 LHD EU ZFFZR52B000124033 ass. # 41542

s/n	Type	Comments	s/n	Type	Comments
124034	550	Barchetta Pininfarina #56/448 01 LHD EU ZFFZR52B000124034 ass. # 41576	124069	550	Barchetta Pininfarina #91/448 Argento Nürburgring 101/C/nero, White stitched RHD AUS
124035	550	Barchetta Pininfarina #57/448 01 Rosso Corsa/black LHD EU ZFFZR52B000124035 ass. # 41487	124070	550	Barchetta Pininfarina #92/448 Rosso LHD EU ZFFZR52B000124070, G
124036	550	Barchetta Pininfarina #58/448 01 LHD EU ZFFZR52B000124036 ass. # 41383	124071	550	Barchetta Pininfarina #93/448 black/Bordeaux LHD EU, ex-Willi Weber
124037	550	Barchetta Pininfarina #59/448 01	124072	550	Barchetta Pininfarina #94/448 01 Red/Black Red stitching LHD EU ZFFZR52B000124072 Red Calipers Shields exported to the US
124038	550	Barchetta Pininfarina #60/448 01 Red/Black LHD ZFFZR52B000124038 ass. # 41572			
124039	550	Barchetta Pininfarina #61/448 01 argento nuerburgring/nero, RHD	124073	550	Barchetta Pininfarina #95/448
			124074	550	Barchetta Pininfarina #96/448 Blu Tour de France 522/Tan LHD EU ZFFZR52B000124074
124040	550	Barchetta Pininfarina #62/448 01 Blue Le Mans/Bordeaux, Blue Carpets	124075	550	Barchetta Pininfarina #97/448 Rosso/nero, D
124041	550	Barchetta Pininfarina #63/448 01 Blu Tour de France 522/dark Red LHD EU ZFFZR52B000124041 C4041NIK ass. # 41385	124076	550	Barchetta Pininfarina #98/448
			124077	550	Barchetta Pininfarina #99/448 Rosso/nero LHD EU ass. # 41388 , D
124042	550	Barchetta Pininfarina #64/448 01 Yellow/black ZFFZR52A510124042 ass. # 41419	124078	550	Barchetta Pininfarina #100/448
			124079	550	Barchetta Pininfarina #101/448
			124080	550	Barchetta Pininfarina #102/448 giallo/nero LHD EU ZFFZR52B000124080 ass. # 41417 , D
124043	550	Barchetta Pininfarina #65/448 01 ZFFZR52A710124043 ass. # 41423	124081	550	Barchetta Pininfarina #103/448 Rosso/tan LHD EU
124044	550	Barchetta Pininfarina #66/448 01 Black ZFFZR52A910124044 ass. # 41449	124082	550	Barchetta Pininfarina #104/448 11/02 Nuovo Nero Daytona/Bordeaux, D
124045	550	Barchetta Pininfarina #67/448 01			
124046	550	Barchetta Pininfarina #68/448 6/01 White/all Blue RHD JP ass. # 41455	124083	550	Barchetta Pininfarina #105/448 Rosso RHD AUS ZFFTA46B000104770 ass. # 41540 eng. # 61729
124047	550	Barchetta Pininfarina #69/448 01 Rosso Corsa/Black ZFFZR52A410124047 ass. # 41505	124084	550	Barchetta Pininfarina #106/448 Rosso/nero LHD EU ass. # 41483 , D
124048	550	Barchetta Pininfarina #70/448 7/01 Rosso Corsa/Beige ZFFZR52A610124048 Red calipers ass. # 41507	124085	550	Barchetta Pininfarina #107/448 Red/Black
			124086	550	Barchetta Pininfarina #108/448
			124087	550	Barchetta Pininfarina #109/448 Rosso/tan, D
124049	550	Barchetta Pininfarina #71/448 01 Red/Black ZFFZR52A810124049 ass. # 41805	124088	550	Barchetta Pininfarina #110/448 Red with Hardtop
124050	550	Barchetta Pininfarina #72/448 01 US ZFFZR52A410124050 ass. # 41513	124089	550	Barchetta Pininfarina #111/448
			124090	550	Barchetta Pininfarina #112/448 blu metallizato/tan LHD EU ass. # 41483, D
124051	550	Barchetta Pininfarina #73/448 01 Swaters Blue/Tan & Blue Blue stitching LHD US ZFFZR52A610124051 ass. # 42317	124091	550	Barchetta Pininfarina #113/448 Red/Black
			124092	550	Barchetta Pininfarina #114/448 Rosso/nero, new to Auto Becker, Düsseldorf, D
124052	550	Barchetta Pininfarina #74/448 01 Giallo Modena/Light Grey & Yellow Yellow stitching ZFFZR52A810124052 ass. # 41570 USA	124093	550	Barchetta Pininfarina #115/448 Rosso/nero & grigio, RHD, NZ
124053	550	Barchetta Pininfarina #75/448 01 ZFFZR52AX10124053 ass. # 41591	124094	550	Barchetta Pininfarina #116/448 01 Rosso Corsa/tan ZFFZR52B000124094 CH
124054	550	Barchetta Pininfarina #76/448 01 Red/Black ZFFZR52A110124054 ass. # 41635 Red Calipers Tubi	124095	550	Barchetta Pininfarina #117/448 Blu Pozzi/Cremaa LHD EU ass. # 41451, CH
			124096	550	Barchetta Pininfarina #118/448
124055	550	Barchetta Pininfarina #77/448 01 ZFFZR52A310124055 ass. # 41659	124097	550	Barchetta Pininfarina #119/448 01 Blu Pozzi 521 D.S. black ZFFZR2B000124097, in CH
124056	550	Barchetta Pininfarina #78/448	124098	550	Barchetta Pininfarina #120/448
124057	550	Barchetta Pininfarina #79/448	124099	550	Barchetta Pininfarina #121/448 Rosso/nero LHD EU ass. # 41453, CH
124058	550	Barchetta Pininfarina #80/448 RHD UK ass. # 41425			
124059	550	Barchetta Pininfarina #81/448 Grigio Alloy/dark Blue ZFFZR52C000124059	124100	550	Barchetta Pininfarina #122/448 blu Daytona/tan LHD EU ass. # 41489, CH
			124101	550	Barchetta Pininfarina #123/448 Red/Black, CH
124060	550	Barchetta Pininfarina #82/448	124102	550	Barchetta Pininfarina #124/448 titan/nero, new to Garage Foitek AG, UrdorfZurich, CH
124061	550	Barchetta Pininfarina #83/448 Rosso Barchetta/black, RHD, UK			
			124103	550	Barchetta Pininfarina #125/448
124062	550	Barchetta Pininfarina #84/448 Silver/Red RHD UK ass. # 41538	124104	550	Barchetta Pininfarina #126/448 Blu Pozzi Tan ZFFZR52B000124104
124063	550	Barchetta Pininfarina #85/448 Rosso/nero, RHD, GB	124105	550	Barchetta Pininfarina #127/448 blu Pozzi/nero, CH
124064	550	Barchetta Pininfarina #86/448 Rosso/nero, RHD, GB	124106	550	Barchetta Pininfarina #128/448
			124107	550	Barchetta Pininfarina #129/448
124065	550	Barchetta Pininfarina #87/448 Red/Black RHD UK ass. # 41599	124108	550	Barchetta Pininfarina #130/448
			124109	550	Barchetta Pininfarina #131/448
124066	550	Barchetta Pininfarina #88/448	124110	550	Barchetta Pininfarina #132/448 01 ZFFZR52A710124110 FL, USA
124067	550	Barchetta Pininfarina #89/448 01 Rosso Corsa/Nero sport seats RHD ZFFZR52C000124067 Tubi Shields Red calipers			
			124111	550	Barchetta Pininfarina #133/448 01 Rossa Corsa/Black Red Stitching ZFFZR52A910124111 ass. # 41758
124068	550	Barchetta Pininfarina #90/448 Red/Black RHD AUS ass. # 41447 , new to AUS			

s/n	Type	Comments
124112	550	Barchetta Pininfarina #134/448 01 Rosso Corsa/Nero Alcantara ZFFZR52A010124112
124113	550	Barchetta Pininfarina #135/448 01 ZFFZR52A210124113
124114	550	Barchetta Pininfarina #136/448
124115	550	Barchetta Pininfarina #137/448
124116	550	Barchetta Pininfarina #138/448
124117	550	Barchetta Pininfarina #139/448 Rosso/grigio, FIN
124118	550	Barchetta Pininfarina #140/448 giallo/...., CH
124119	550	Barchetta Pininfarina #141/448 LHD EU ZFFZR52B000124119
124120	550	Barchetta Pininfarina #142/448 Argento Nürgburgring ZFFZR52B000124120
124121	550	Barchetta Pininfarina #143/448 Rosso Corsa/Nero ZFFZR52B000124121
124122	550	Barchetta Pininfarina #144/448
124123	550	Barchetta Pininfarina #145/448
124124	550	Barchetta Pininfarina #146/448 01 Rosso Corsa/nero sport seats Red stitching LHD Red calipers shields Nossek Hardtop
124125	550	Barchetta Pininfarina #147/448
124126	550	Barchetta Pininfarina #148/448
124127	550	Barchetta Pininfarina #149/448 silver/black ZFFZR52B000124127
124128	550	Barchetta Pininfarina #150/448
124129	550	Barchetta Pininfarina #151/448
124130	550	Barchetta Pininfarina #152/448, grigio alloy/bordeaux
124131	550	Barchetta Pininfarina #153/448
124132	550	Barchetta Pininfarina #154/448
124133	550	Barchetta Pininfarina #155/448
124134	550	Barchetta Pininfarina #156/448 01 Rosso Fiorano 321/naturalenero top ZFFZR52B000, CH
124135	550	Barchetta Pininfarina #157/448 giallo modena blu scuro Yellow stitching blu top ZFFZR52B000, CH
124136	550	Barchetta Pininfarina #158/448
124137	550	Barchetta Pininfarina #159/448
124138	550	Barchetta Pininfarina #160/448
124139	550	Barchetta Pininfarina #161/448 argento nuerburgring/nero, RHD UK
124140	550	Barchetta Pininfarina #162/448
124141	550	Barchetta Pininfarina #163/448 nero daytona/nero, RHD, GB
124142	550	Barchetta Pininfarina #164/448 9/01 Blu Sebring/Blu Scuro Yellow stitching, RHD UK ZFFZR52C000124142, GB
124143	550	Barchetta Pininfarina #165/448
124144	550	Barchetta Pininfarina #166/448 01 Red/Black LHD ZFFZR52A210124144 ass. # 42373, USA
124145	550	Barchetta Pininfarina #167/448 Red/Black ZFFZR52C000124145
124146	550	Barchetta Pininfarina #168/448
124147	550	Barchetta Pininfarina #169/448 01 Yellow/Grey ZFFZR52A810124147 ass. # 41845
124148	550	Barchetta Pininfarina #170/448 01 Rosso Corsa/Black ZFFZR52AX10124148 ass. # 41905 , USA
124149	550	Barchetta Pininfarina #171/448 01 ZFFZR52A110124149 ass. # 41934
124150	550	Barchetta Pininfarina #172/448 01 Grigio Titanio met./bordeaux black dash US ZFFZR52A810124150 ass. # 41953
124151	550	Barchetta Pininfarina #173/448 01 Red/Tan LHD ZFFZR52AX10124151 ass. # 41976
124152	550	Barchetta Pininfarina #174/448 01 Red/Black ZFFZR52A110124152 ass. # 41974 , USA
124153	550	Barchetta Pininfarina #175/448 6/01 Yellow/Black US ZFFZR52A310124153 ass. # 42102
124154	550	Barchetta Pininfarina #176/448 6/01 Silver/Charcoal ZFFZR52A510124154 ass. # 42004
124155	550	Barchetta Pininfarina #177/448 6/01 ZFFZR52A710124155 ass. # 41980
124156	550	Barchetta Pininfarina #178/448 6/01
124157	550	Barchetta Pininfarina #179/448 6/01 Rossa Corsa/Black ZFFZR52A010124157 ass. # 42021
124158	550	Barchetta Pininfarina #180/448 6/01 Rosso Corsa/Beige US ZFFZR52A210124158 ass. # 42024
124159	550	Barchetta Pininfarina #181/448 6/01 ZFFZR52A410124159
124160	550	Barchetta Pininfarina #182/448 6/01 Blu TdF Metallic/Beige US ZFFZR52A010124160 ass. # 42042
124161	550	Barchetta Pininfarina #183/448 6/01 Argento Nürburgring 101/C/black Sport Seats LHD US ZFFZR52A210124161 ass.# 42085 Red calipers Shields
124162	550	Barchetta Pininfarina #184/448 01 ZFFZR52A410124162 ass. # 42141
124163	550	Barchetta Pininfarina #185/448 01 Rosso Corsa/Nero ZFFZR52A610124163 ass. # 42176 Tubi
124164	550	Barchetta Pininfarina #186/448 01 Red/Black ZFFZR52A810124164 ass. # 42203
124165	550	Barchetta Pininfarina #187/448 01 ZFFZR52AX10124165 ass. # 42230
124166	550	Barchetta Pininfarina #188/448
124167	550	Barchetta Pininfarina #189/448, grigio alloy/blu scuro, RHD
124168	550	Barchetta Pininfarina #190/448 01 ZFFZR52A510124168 ass. # 42231
124169	550	Barchetta Pininfarina #191/448 Dark Blue/Black RHD ZFFZR52C000124169 shields, sports seats, Blue dash & steering wheel
124170	550	Barchetta Pininfarina #192/448 Grigio Titanio met./Bordeaux Red Calipers
124171	550	Barchetta Pininfarina #193/448 black/black
124172	550	Barchetta Pininfarina #194/448 Nuovo nero Daytona/nero Grey alcantara dash RHD UK ZFFZR52C000124172
124173	550	Barchetta Pininfarina #195/448
124174	550	Barchetta Pininfarina #196/448
124175	550	Barchetta Pininfarina #197/448
124176	550	Barchetta Pininfarina #198/448
124177	550	Barchetta Pininfarina #199/448 nero/beige, RHD
124178	550	Barchetta Pininfarina #200/448 01 Rosso Corsa/Charcoal RHD UK ZFFZR52C000
124179	550	Barchetta Pininfarina # 201/448 Argento Nürburgring 101/C/Nero, Nero Carpets
124180	550	Barchetta Pininfarina # 202/448 - 01 Rosso Corsa/Black & Red sports seats Red stitching RHD UK ZFFZR52C000124180 shields
124181	550	Barchetta Pininfarina # 203/448 - Red/Tan RHD ZFFZR52C000124181 shields tan dash & steering wheel
124182	550	Barchetta Pininfarina # 204/448 -
124183	550	Barchetta Pininfarina # 205/448 -
124184	550	Barchetta Pininfarina # 206/448 -
124185	550	Barchetta Pininfarina # 207/448 -
124186	550	Barchetta Pininfarina # 208/448 - Red/Tan
124187	550	Barchetta Pininfarina # 209/448 - Rosso/nero
124188	550	Barchetta Pininfarina # 210/448 ñ 01 Rosso Corsa/Nero sports seats RHD ZFFZR52C000124188 Red calipers shields
124189	550	Barchetta Pininfarina # 211/448 02 Blu Tour de France RHD ass. # 42938
124190	550	Barchetta Pininfarina # 212/448 - grigio/nero

s/n	Type	Comments
124191	550	Barchetta Pininfarina # 213/448 ñ 01 Grigio Titanio Metallizzato 3238/Bordeaux sport seats RHD ZFFZR52C000124191
124192	550	Barchetta Pininfarina # 214/448 - dark Blue/tan LHD ZFFZR52B000124192
124193	550	Barchetta Pininfarina # 215/448 -
124194	550	Barchetta Pininfarina # 216/448 -
124195	550	Barchetta Pininfarina # 217/448 - 7/01 Nuovo Nero Daytona/Beige ZFFZR52B000124195
124196	550	Barchetta Pininfarina # 218/448 - Yellow/black ZFFZR52B000
124197	550	Barchetta Pininfarina # 219/448 -
124198	550	Barchetta Pininfarina # 220/448 -
124199	550	Barchetta Pininfarina # 221/448 - Rosso/grigio LHD EU ZFFZR52B000124199, exported to the USA
124200	550	Barchetta Pininfarina # 222/448 -
124201	550	Barchetta Pininfarina # 223/448 -
124202	550	Barchetta Pininfarina # 224/448 - Rosso/nero LHD ZFFZR52B000124202
124203	550	Barchetta Pininfarina # 225/448 - 01 Rosso Corsa/Magnolia EU ZFFZR52B000124203
124204	550	Barchetta Pininfarina # 226/448 - Rosso/nero LHD
124205	550	Barchetta Pininfarina # 227/448 - Red/Black
124206	550	Barchetta Pininfarina # 228/448 -
124207	550	Barchetta Pininfarina # 229/448 - nero/nero LHD EU ZFFZR52B000124207 Red calipers, new to NL
124208	550	Barchetta Pininfarina # 230/448 -
124209	550	Barchetta Pininfarina # 231/448 LHD EU ZFFZR52B000124209
124210	550	Barchetta Pininfarina # 232/448 - Red/all tan black dash & tan roll bars, B
124211	550	Barchetta Pininfarina # 233/448 - Red/Black ZFFZR52B000124211 B4211SHS, B
124212	550	Barchetta Pininfarina # 234/448 ñ Rosso/nero ZFFZR52B000124212, B
124213	550	Barchetta Pininfarina # 235/448 -
124214	550	Barchetta Pininfarina # 236/448 -
124215	550	Barchetta Pininfarina # 237/448 -
124216	550	Barchetta Pininfarina # 238/448 -
124217	550	Barchetta Pininfarina # 239/448 -
124218	550	Barchetta Pininfarina # 240/448 -
124219	550	Barchetta Pininfarina # 241/448 -
124220	550	Barchetta Pininfarina # 242/448 - Red/Black LHD EU ZFFZR52B000124220
124221	550	Barchetta Pininfarina # 243/448 - giallo/nero, NL
124222	550	Barchetta Pininfarina # 244/448 - 01 Red/Black US ZFFZR52A710124222 ass. # 42475, USA
124223	550	Barchetta Pininfarina # 245/448 ñ 01 Argento Nürburgring 101/C/Bordeaux black dash ZFFZR52B000124223, NL
124224	550	Barchetta Pininfarina # 246/448 - Rosso Corsa/black LHD EU ZFFZR52B000124224, NL
124225	550	Barchetta Pininfarina # 247/448 - Argento Nürburgring 101/C/Rosso
124226	550	Barchetta Pininfarina # 248/448 ñ 01 Nero Daytona/tan LHD EU ZFFZR52B000 C4226EBE ass. # 42529, NL
124227	550	Barchetta Pininfarina # 249/448 - titan/nero, NL
124228	550	Barchetta Pininfarina # 250/448 Rosso Corsa/black ZFFZR52B0000124228, NL
124229	550	Barchetta Pininfarina # 251/448 - Grigio Titanio met./cuoio ZFFZR52B0000124229 C4229CBC, NL then F
124230	550	Barchetta Pininfarina # 252/448 - Giallo Modena/black ZFFZR52B0000124230, D/NL

s/n	Type	Comments
124231	550	Barchetta Pininfarina # 253/448 - giallo/black, F
124232	550	Barchetta Pininfarina # 254/448 02 Rosso Dino/black fawn stitching ZFFZR52B000124232 ass. # 42533 ex-Bernie Ecclestone
124233	550	Barchetta Pininfarina # 255/448
124234	550	Barchetta Pininfarina # 256/448 Argento Nürburgring 101/C/Cuoio LHD ZFFZR52B000124234, F
124235	550	Barchetta Pininfarina # 257/448 giallo/nero, in F
124236	550	Barchetta Pininfarina # 258/448 Red/Black sport seats ZFFZR52B000124236 hard-top
124237	550	Barchetta Pininfarina # 259/448 Black/Black LHD CH ZFFZR52B000124237 exported to the US
124238	550	Barchetta Pininfarina # 260/448
124239	550	Barchetta Pininfarina # 261/448
124240	550	Barchetta Pininfarina # 262/448 Red/Black, F
124241	550	Barchetta Pininfarina # 263/448 01 Nuovo Nero Daytona/beige ZFFZR52B000124241
124242	550	Barchetta Pininfarina # 264/448 01 Grigio/beige ZFFZR52B000124242
124243	550	Barchetta Pininfarina # 265/448 01 ZFFZR52A410124243 ass. # 42502
124244	550	Barchetta Pininfarina # 266/448 01 ZFFZR52A610124244 ass. # 42341
124245	550	Barchetta Pininfarina # 267/448 01 Yellow/black ZFFZR52A810124245 ass. # 42346
124246	550	Barchetta Pininfarina # 268/448 01 Azzurro California 524/Crema Blue Stitching ZFFZR52AX10124246 ass. # 42371
124247	550	Barchetta Pininfarina # 269/448 01 Silver US ZFFZR52A110124247 ass. # 42584, USA
124248	550	Barchetta Pininfarina # 270/448 01 US ZFFZR52A310124248 ass. # 42585
124249	550	Barchetta Pininfarina # 271/448 Rosso Corsa/Tan, G
124250	550	Barchetta Pininfarina # 272/448, Rosso/nero, G
124251	550	Barchetta Pininfarina # 273/448, Black/black ZFFZR52B000 C4251QKQ, G
124252	550	Barchetta Pininfarina # 274/448 US
124253	550	Barchetta Pininfarina # 275/448, Silver/Black LHD EU ZFFZR52B000124253
124254	550	Barchetta Pininfarina # 276/448, Red/Black ZFFZR52B000, G
124255	550	Barchetta Pininfarina # 277/448 Yellow/black, black rims
124256	550	Barchetta Pininfarina # 278/448
124257	550	Barchetta Pininfarina # 279/448
124258	550	Barchetta Pininfarina # 280/448 01 Giallo Modena/Blu Scuro LHD EU ZFFZR52B000
124259	550	Barchetta Pininfarina # 281/448, black/tan, LHD,
124260	550	Barchetta Pininfarina # 282/448
124261	550	Barchetta Pininfarina # 283/448 Rosso Corsa/black colour coded Hardtop LHD EU
124262	550	Barchetta Pininfarina # 284/448, Rosso Corsa/nero, Fiorano package, G
124263	550	Barchetta Pininfarina # 285/448
124264	550	Barchetta Pininfarina # 286/448
124265	550	Barchetta Pininfarina # 287/448
124266	550	Barchetta Pininfarina # 288/448
124267	550	Barchetta Pininfarina # 289/448
124268	550	Barchetta Pininfarina # 290/448
124269	550	Barchetta Pininfarina # 291/448
124270	550	Barchetta Pininfarina # 292/448
124271	550	Barchetta Pininfarina # 293/448
124272	550	Barchetta Pininfarina # 294/448 - Rosso/nero, I

s/n	Type	Comments	s/n	Type	Comments
124273	550	Barchetta Pininfarina # 295/448 -	124310	550	Barchetta Pininfarina # 332/448 - Red/Black ZFFZR52B000
124274	550	Barchetta Pininfarina # 296/448 -	124311	550	Barchetta Pininfarina # 333/448 -
124275	550	Barchetta Pininfarina # 297/448 -	124312	550	Barchetta Pininfarina # 334/448 - Blu Tour de France 522/Grigio Scuro ZFFZR52B000124312 Fiorano Handling Package silver calipers
124276	550	Barchetta Pininfarina # 298/448 -			
124277	550	Barchetta Pininfarina # 299/448 - 01 Rosso Corsa/Black Red stiching US ZFFZR52AX10124277 ass. # 42591			
			124313	550	Barchetta Pininfarina # 335/448 - black/grey, G
124278	550	Barchetta Pininfarina # 300/448 - 01 Rosso Corsa/Tan ZFFZR52A110124278	124314	550	Barchetta Pininfarina # 336/448 ñ 02 Rosso Corsa/Black LHD EU ZFFZR52B000
124279	550	Barchetta Pininfarina # 301/448 ñ 01 Rosso Corsa nero nero top ZFFZR52B000124279, CH	124315	550	Barchetta Pininfarina # 337/448 -
			124316	550	Barchetta Pininfarina # 338/448 - Blue TdF/Blue, G
124280	550	Barchetta Pininfarina # 302/448 - blu Pozzi cuoio nero top ZFFZR52B000124280, CH	124317	550	Barchetta Pininfarina # 339/448 - 11/01 Rosso Corsa/Beige ZFFZR52B000124317, G
124281	550	Barchetta Pininfarina # 303/448 - 01 ZFFZR52A110124281 ass. # 42628	124318	550	Barchetta Pininfarina # 340/448 -
			124319	550	Barchetta Pininfarina # 341/448 - Silver/black ZFFZR52B000124319 , G
124282	550	Barchetta Pininfarina # 304/448 ñ EU, in CH	124320	550	Barchetta Pininfarina # 342/448 -
124283	550	Barchetta Pininfarina # 305/448 ñ 10/01 Nero/Cuoio LHD EU ZFFZR52B000124283, CH	124321	550	Barchetta Pininfarina # 343/448 - Rosso/nero, G
124284	550	Barchetta Pininfarina # 306/448 - giallo/nero EU, in CH	124322	550	Barchetta Pininfarina # 344/448 -
124285	550	Barchetta Pininfarina # 307/448 - non-metal dark green/naturale ZFFZR52B000	124323	550	Barchetta Pininfarina # 345/448 01 Rosso/nero LHD EU ZFFZR52B000124323
124286	550	Barchetta Pininfarina # 308/448 - 11/01 Rosso Corsa/Charcoal ZFFZR52D000124286	124324	550	Barchetta Pininfarina # 346/448 8/01 Black/black ZFFZR52B000124324
124287	550	Barchetta Pininfarina # 309/448 - Rosso/nero ZFFZR52B000124287	124325	550	Barchetta Pininfarina # 347/448 -
			124326	550	Barchetta Pininfarina # 348/448
124288	550	Barchetta Pininfarina # 310/448 - 5/02 Nero/Charcoal RHD AUS ZFFZR52D000124288	124327	550	Barchetta Pininfarina # 349/448 Red/Black ZFFZR52B000124327
124289	550	Barchetta Pininfarina # 311/448 - 12/01 Rosso Corsa/Nero ZFFZR52B000124289	124328	550	Barchetta Pininfarina # 350/448
124290	550	Barchetta Pininfarina # 312/448 - MC	124329	550	Barchetta Pininfarina # 351/448 01 Argento Nürburgring 101/C/Blue ZFFZR52A310124329 shields
124291	550	Barchetta Pininfarina # 313/448 - Yellow/Black US ZFFZR52B000124291			
124292	550	Barchetta Pininfarina # 314/448 -Red/Black, CH	124330	550	Barchetta Pininfarina # 352/448 11/01 Nero/Nero ZFFZR52AX10124330
124293	550	Barchetta Pininfarina # 315/448 - Red/Beige LHD EU ZFFZR52B000124293	124331	550	Barchetta Pininfarina # 353/448 01 Red/Tan Sport Seats Red Stitching ZFFZR52A110124331 ass. # 42896 Shields
124294	550	Barchetta Pininfarina # 316/448 - 01 Black/Black ZFFZR52AX10124294			
124295	550	Barchetta Pininfarina # 317/448 - 01 giallo/nero ZFFZR52A110124295 ass. # 42679, USA	124332	550	Barchetta Pininfarina # 354/448 ñ 01 Rosso Barchetta/Black CDN ZFFZR52A310124332
			124333	550	Barchetta Pininfarina # 355/448 Rosso Corsa/Black ZFFZR52D000124333
124296	550	Barchetta Pininfarina # 318/448 - 01 ZFFZR52A310124296 ass. # 42884	124334	550	Barchetta Pininfarina # 356/448 01 ZFFZR52A710124334
124297	550	Barchetta Pininfarina # 319/448 - 01 ZFFZR52A510124297 ass. # 42713	124335	550	Barchetta Pininfarina # 357/448 ñ 01 Rosso/Charcoal carbon fiber accents US ZFFZR52A910124335
124298	550	Barchetta Pininfarina # 320/448 - 01 ZFFZR52A710124298			
124299	550	Barchetta Pininfarina # 321/448 - 02 Giallo Modena/customized Blue Yellow stitching ZFFZR52A910124299	124336	550	Barchetta Pininfarina # 358/448
			124337	550	Barchetta Pininfarina # 359/448 01 Blue/Blue ZFFZR52A210124337 ass. # 42941
124300	550	Barchetta Pininfarina # 322/448 - 01 ZFFZR52A110124300	124338	550	Barchetta Pininfarina # 360/448 - Rosso Corsa/Black USA
124301	550	Barchetta Pininfarina # 323/448 - 9/01 Giallo Modena/Black US ZFFZR52A310 eng. # 63202 ass. # 42771	124339	550	Barchetta Pininfarina # 361/448 01 ZFFZR52A610124339
			124340	550	Barchetta Pininfarina # 362/448 01 ZFFZR52A210124340 ass. # 43005
124302	550	Barchetta Pininfarina # 324/448 - 01 Giallo Modena/Black ZFFZR52A510 Red calipers shields, in the US	124341	550	Barchetta Pininfarina # 363/448 01 ZFFZR52A410124341
			124342	550	Barchetta Pininfarina # 364/448 01 ZFFZR52A610124342
124303	550	Barchetta Pininfarina # 325/448 - 01 Rosso Barchetta/Black US ZFFZR52A710124303 ass. # 42805	124343	550	Barchetta Pininfarina # 365/448 - 01 Blu Pozzi 521 D.S./Bordeaux, US ZFFZR52A810124343
124304	550	Barchetta Pininfarina # 326/448 - 01 Rosso Corsa/Beige ZFFZR52A910124304 ass. # 42809 Red Calipers, USA			
			124344	550	Barchetta Pininfarina # 366/448 01 Rosso Corsa/Tan ZFFZR52AX10124344 ass. # 43062
124305	550	Barchetta Pininfarina # 327/448 - 01 Rosso Corsa/Tan black stitching ZFFZR52A010124305 Red calipers	124345	550	Barchetta Pininfarina # 367/448 01 ZFFZR52A110124345
124306	550	Barchetta Pininfarina # 328/448 -	124346	550	Barchetta Pininfarina # 368/448
124307	550	Barchetta Pininfarina # 329/448 -	124347	550	Barchetta Pininfarina # 369/448 01 Yellow/black yellow stitching ZFFZR52A510124347 red calipers
124308	550	Barchetta Pininfarina # 330/448 -			
124309	550	Barchetta Pininfarina # 331/448 - grigo/black ZFFZR52B000124309 C4309PPP, G			

s/n	Type	Comments
124348	550	Barchetta Pininfarina # 370/448 01 Giallo Modena/Blu Scuro Yellow stitching ZFFZR52A710124348
124349	550	Barchetta Pininfarina # 371/448 01 Black/Black ZFFZR52A910124349 ass. # 43117, USA
124350	550	Barchetta Pininfarina # 372/448 01 ZFFZR52A510124350
124351	550	Barchetta Pininfarina # 373/448 01 Red/Tan ZFFZR52A710124351
124352	550	Barchetta Pininfarina # 374/448 01 ZFFZR52A910124352
124353	550	Barchetta Pininfarina # 375/448 01 Black/Black carbon fiber trim ZFFZR52A010 ex-Ricky Williams
124354	550	Barchetta Pininfarina # 376/448 01 Giallo Modena/Black ZFFZR52A210124354
124355	550	Barchetta Pininfarina # 377/448 01 Yellow ZFFZR52A410124355, USA
124356	550	Barchetta Pininfarina # 378/448
124357	550	Barchetta Pininfarina # 379/448 01 Rosso Corsa/Black ZFFZR52A810124357 shields Red calipers Tubi
124358	550	Barchetta Pininfarina # 380/448, Red/Black, G
124359	550	Barchetta Pininfarina # 381/448
124360	550	Barchetta Pininfarina # 382/448 Rosso Corsa/Nero sports seats LHD ZFFZR52B000124360 shields
124361	550	Barchetta Pininfarina # 383/448 black/Red
124362	550	Barchetta Pininfarina # 384/448 01 Rosso Corsa/Nero ZFFZR52B000124362, G
124363	550	Barchetta Pininfarina # 385/448
124364	550	Barchetta Pininfarina # 386/448 01 Argento Nürburgring 101/C/light Grey LHD EU
124365	550	Barchetta Pininfarina # 387/448 Yellow/black ZFFZR52B000124365
124366	550	Barchetta Pininfarina # 388/448 01 Argento Nürburgring 101/C/Bordeaux & black RHD UK ZFFZR52C000
124367	550	Barchetta Pininfarina # 389/448
124368	550	Barchetta Pininfarina # 390/448 01 Grigio Titanio met./black
124369	550	Barchetta Pininfarina # 391/448 Red/Black ZFFZR52B000, G
124370	550	Barchetta Pininfarina # 392/448 Yellow/black, CH
124371	550	Barchetta Pininfarina # 393/448
124372	550	Barchetta Pininfarina # 394/448 01 ZFFZR52A410124372
124373	550	Barchetta Pininfarina # 395/448 01 Red/Black US ZFFZR52A610124373
124374	550	Barchetta Pininfarina # 396/448 01 Red/Black ZFFZR52A810124374
124375	550	Barchetta Pininfarina # 397/448 01 giallo/nero ZFFZR52AX10124375, USA
124376	550	Barchetta Pininfarina # 398/448
124377	550	Barchetta Pininfarina # 399/448 Silver Burgundy US ZFFZR52A310124377 ass. # 43215
124378	550	Barchetta Pininfarina # 400/448, Rosso/nero & grigio, NZ
124379	550	Barchetta Pininfarina # 401/448 01 LHD US ZFFZR52A710124379
124380	550	Barchetta Pininfarina # 402/448 01 nero/beige ZFFZR52A310124380 , USA
124381	550	Barchetta Pininfarina # 403/448 01 Yellow/black ZFFZR52A510124381
124382	550	Barchetta Pininfarina # 404/448 01 Red/Tan US ZFFZR52A710124382
124383	550	Barchetta Pininfarina # 405/448 02 rossa/crema, RHD, AUS
124384	550	Barchetta Pininfarina # 406/448 01 Rosso Corsa 322D.S./Black ZFFZR52A010124384 Fiorano Package Tubi Red calipers shields
124385	550	Barchetta Pininfarina # 407/448 01 Rosso Corsa/Tan ZFFZR52A210124385 Tubi
124386	550	Barchetta Pininfarina # 408/448 01 titan grey/Bordeaux LHD ZFFZR52J000124386 Red calipers
124387	550	Barchetta Pininfarina # 409/448 01 ZFFZR52A610124387
124388	550	Barchetta Pininfarina # 410/448 10/01 Rosso Corsa/Black & Red Red stitching LHD US ZFFZR52A810124388 Red calipers
124389	550	Barchetta Pininfarina # 411/448 01 Giallo Modena 4305 D.S./Tan Yellow stiching ZFFZR52AX10124389 ass. # 43430 Red calipers
124390	550	Barchetta Pininfarina # 412/448 01 Yellow/black ZFFZR52A610124390
124391	550	Barchetta Pininfarina # 413/448 01 ZFFZR52A810124391
124392	550	Barchetta Pininfarina # 414/448 01 Rosso Barchetta/Bianco Daytona seats Bordeaux inserts & piping ZFFZR52AX10124392 , USA
124393	550	Barchetta Pininfarina # 415/448 01 ZFFZR52A110124393
124394	550	Barchetta Pininfarina # 416/448 01 Red/Black ZFFZR52A310124394 Hardtop
124395	550	Barchetta Pininfarina # 417/448 01 Rosso/nero, Red stitching, ZFFZR52A510124395 USA
124396	550	Barchetta Pininfarina # 418/448
124397	550	Barchetta Pininfarina # 419/448 01 Giallo Modena/Black Daytona seats Yellow inserts & piping ZFFZR52A910124397 shields Red calipers
124398	550	Barchetta Pininfarina # 420/448 Red/Black
124399	550	Barchetta Pininfarina # 421/448
124400	550	Barchetta Pininfarina # 422/448
124401	550	Barchetta Pininfarina # 423/448
124402	550	Barchetta Pininfarina # 424/448 Red/Black ZFFZR52B000
124403	550	Barchetta Pininfarina # 425/448 Red/magnolia, black soft top LHD EU ZFFZR52B000124403
124404	550	Barchetta Pininfarina # 426/448
124405	550	Barchetta Pininfarina # 427/448
124406	550	Barchetta Pininfarina # 428/448
124407	550	Barchetta Pininfarina # 429/448
124408	550	Barchetta Pininfarina # 430/448
124409	550	Barchetta Pininfarina # 431/448 11/01 Rosso Corsa/Nero ZFFZR52B000124409
124410	550	Barchetta Pininfarina # 432/448 Red/Black Euro LHD
124411	550	Barchetta Pininfarina # 433/448
124412	550	Barchetta Pininfarina # 434/448 Yellow/black Yellow stitching LHD EU ZFFZR52B000124412 US-converted
124413	550	Barchetta Pininfarina # 435/448 Red/Crema LHD EU ZFFZR52B000124413
124414	550	Barchetta Pininfarina # 436/448
124415	550	Barchetta Pininfarina # 437/448 Rosso Corsa/Tan LHD EU ZFFZR52B000124415 ass. # 43748 US-converted
124416	550	Barchetta Pininfarina # 438/448 1/02 Rosso Corsa/Beige ZFFZR52C000124416
124417	550	Barchetta Pininfarina # 439/448 Red/Black & black top LHD EU ZFFZR52B000124417 Fiorano package US-converted
124418	550	Barchetta Pininfarina # 440/448 01 Red/Black ZFFZR52A210124418
124419	550	Barchetta Pininfarina # 441/448 01 Rosso Corsa/Grigio Scuro US ZFFZR52A410124419

s/n	Type	Comments	s/n	Type	Comments
124420	550	Barchetta Pininfarina # 442/448 01 ZFFZR52A010124420	124481	360	Modena Spider 01 Argento Nürburgring 101/C/Nero Manual Blue top ZFFYT53B000124481 C4481NCB
124421	550	Barchetta Pininfarina # 443/448	124482	360	Modena Spider 01 Grigio Alloy Navy Blue manual US ZFFYT53A610124482
124422	550	Barchetta Pininfarina # 444/448	124483	360	Modena F1 Red/Black
124423	550	Barchetta Pininfarina # 445/448 - Rosso/nero, RHD, AUS	124484	360	Modena Spider 01 Red/Black Red stitching LHD US Red calipers rear Challenge grille shields
124424	550	Barchetta Pininfarina # 446/448	124485	360	Modena F1 01 Red ZFFYR51B000124485
124425	550	Barchetta Pininfarina # 447/448, nero/grigio, RHD, AUS	124486	360	Modena F1 01 Rosso Corsa/Nero ZFFYR51B000124486
124426	550	Barchetta Pininfarina # 448/448, last	124487	360	Modena F1 5/01 Rosso Corsa/Nero ZFFYR51B000124487
124428	550	Maranello 12/01 Grigio Titanio Metallizzato/Bordeaux RHD AUS ZFFZR49D000124428 ass. # 41123	124491	360	Modena F1 Red/Black LHD EU ZFFYR51B000124491
124429	550	Maranello 9/01 Grigio Titanio Metallizzato/Cream ZFFZR49C000124429	124494	360	Modena 01 dark Blue/BlackLHD EU
124430	550	Maranello RHD UK ass. # 41184	124495	360	Modena
124431	550	Maranello 01 ZFFZS49AX10124431 ass. # 41187	124498	360	Modena Spider F1 Rosso/nero LHD
			124499	360	Modena Spider F1 01 Rosso Corsa/tan ZFFYT53A110124499
124432	550	Maranello 01 Red/Black & Red piping, US ZFFZS49A110124432 ass. # 41223	124500	360	Modena Spider (F1) LHD EU ZFFYT53B000124500
124433	550	Maranello RHD AUS ass. # 41221	124501	360	Modena Spider F1 Red/Black LHD ZFFYT53B000124501
124434	550	Maranello LHD JP ass. # 41218	124504	360	Modena Spider F1 01 Red/Tan ZFFYT53A110124504
124435	360	Modena (F1) 01 ZFFYU51A810124435			
124436	360	Modena	124505	360	Modena Spider (F1) 01 ZFFYT53A310124505
124440	360	Modena Red/Tan RHD ZFFYR51D000124440	124506	360	Modena Spider (F1) 01 ZFFYT53A510124506
124441	360	Modena 01 Argento Nürburgring 101/C/Nero RHD UK ZFFYR51C000124441	124509	360	Modena Spider 01 Silver/Black LHD ZFFYT53A010124509
124443	360	Modena 01 Grigio Titanio Metallic/Grey Manual ZFFYU51A710124443	124510	360	Modena Spider F1 01 Red/Tan ZFFYT531710124510
124445	360	Modena 01 Black/Grigio Scuro Yellow stitching RHD ZFFYR51C000124445	124511	360	Modena Spider F1 Red LHD
124446	360	Modena F1 Red/Black LHD ZFFYR51J000124446	124512	360	Modena Spider F1 Titan Grey/Black ZFFYT53B000124512
124447	360	Modena F1 01 Red/Tan Daytona seats US ZFFYU51A410124447 Tubi rear challenge Grill	124514	360	Modena Spider (F1) LHD EU ZFFYT53B000124514
124449	360	Modena F1 Blu Pozzi 521 D.S./bordeaux LHD EU ZFFYR51B000124449	124515	360	Modena Spider F1 Red/Black LHD
124451	360	Modena (F1) 01 ZFFYU51A610124451	124516	360	Modena Spider 01 Yellow/Black ZFFYT53A810124516 ex-Floyd Mayweather
124452	360	Modena F1 5/01 Grigio Titanio Metallizzato 3238/Charcoal ZFFYR51B000124452	124517	360	Modena Spider F1 01 Grigio Titanio Metallizzato/Charcoal ZFFYT53AX10124517
124455	360	Modena F1 01 Red/Tan ZFFYU51A310124455	124518	360	Modena Spider F1 Grigio Alloy/Charcoal
124456	360	Modena F1 01 Grigio Titanio 3238/Black Daytona seats Red stitching ZFFYU51A510124456 Red calipers	124519	360	Modena Spider F1 01 Silver/Black LHD ZFFYT53B000124519
124458	360	Modena F1 Red Sabbia LHD ZFFYR51B000124458	124520	360	Modena Spider F1 01 Grigio Titanio 3238/grey LHD EU
124461	360	Modena F1 Rosso Corsa/nero racing seats shields	124521	360	Modena Spider F1 Red/Black rear challenge grill Challenge Stradale modified
124462	360	Modena F1 01 Grigio Alloy/Blu Scuro silver stitching RHD ZFFYR51C000124462 Red calipers Challenge rear grill shields	124522	360	Modena Spider F1 01 Rosso Corsa/Nero ZFFYT53B000124522
124468	360	Modena	124523	360	Modena Spider F1 01 Red/Tan US ZFFYT53A510124523
124471	360	Modena Spider 01 Red/Beige Manual ZFFYT53A710124471Red Calipers Shields	124524	360	Modena Spider F1 01 Silver/Black ZFFYT53A710124524
124472	360	Modena Spider	124525	360	Modena Spider F1 Giallo Modena/Black LHD ZFFYT53B000124525 Black calipers
124473	360	Modena Spider (F1) 01 ZFFYT53A510124473			
124474	360	Modena Spider 01 Red/Black ZFFYT53A710124474	124526	360	Modena Spider F1 Red/Black sports seats Red inserts ZFFYT53B000124526
124475	360	Modena Spider Red/Black	124527	360	Modena Spider F1 01 Yellow/Black EU ZFFYT53B000124527
124476	360	Modena Spider F1 Silver/Tan LHD Manual ZFFYT53B000124476 Black calipers Challenge rear grill shields cuoio dash & steering wheel	124528	360	Modena Spider F1 01 Red/Tan LHD US ZFFYT53A410124528
124477	360	Modena Spider Red/White Red stitches RHD ZFFYZ53C001244770	124529	360	Modena Spider F1 01 Silver/Black LHD ZFFYT53A610124529
124478	360	Modena Spider F1 6/01 Rosso Corsa/Nero RHD ZFFYT53D000124478 eng. # F131B61569	124530	360	Modena Spider 01 Azzuro/Black LHD
124479	360	Modena Spider 01 Rosso/Beige Red stitching Manual ZFFYT53A610124479 shields Red calipers Challenge grille	124533	360	Modena Spider (F1) LHD EU ZFFYT53B000124533
124480	360	Modena Spider Black/crema LHD EU ZFFYT53B000124480	124534	360	Modena Spider (F1) 01 ZFFYT53AX10124534
			124535	360	Modena Spider F1 01 Black/Tan ZFFYT53A110124535 Silver Calipers
			124536	360	Modena Spider (F1) 01 ZFFYT53A310124536
			124537	360	Modena Red/Black LHD

s/n	Type	Comments	s/n	Type	Comments
124538	360	Modena Spider F1 Rosso Corsa/black ZFFYT53B000124538	124593	360	Modena F1 5/01 Argento Nürburgring 101/C/Blu Scuro LHD EU ZFFYR51B000124593 C4593HFS
124539	360	Modena Spider F1 01 Black/Tan LHD US ZFFYT53A910124539	124595	360	Modena
124540	360	Modena Spider F1 Grigio Titano/Black - Red inserts RHD ZFFYT53C000124540	124596	360	Modena F1 ZFFYR51B000124596
124541	360	Modena Spider (F1) LHD EU ZFFYT53B000124541	124598	360	Modena F1 Red/Black
124542	360	Modena Spider F1	124600	360	Modena F1 Red/Tan Daytona seats Crema stitching tan dashboard Crema stitching LHD ZFFYR51J000124600 shields BBS rims front + rear Challenge grill
124544	360	Modena Spider F1 Yellow/Black LHD			
124545	360	Modena Spider F1 01 dark Blue/tan LHD EU ZFFYT53A410	124601	360	Modena 01 Red/Tan ZFFYU51AX10124601
124546	360	Modena Spider F1 01 Giallo Modena/Nero ZFFYT53A610124546	124602	550	Maranello RHD AUS ass. # 41298
			124603	550	Maranello 01 Silver/Black LHD ZFFZS49A210 ass. # 41265
124547	360	Modena Spider 01 Silver/Black Red inserts Manual ZFFYT53A810124547 Red calipers Tubi front & rear challenge grills	124604	550	Maranello 01 Rosso Corsa/Beige ZFFZS49A410124604 ass. # 41296
			124605	550	Maranello 01 ZFFZS49A610124605 ass. # 41321
124548	360	Modena Spider Red/Black LHD EU ZFFYT53B000124648	124606	550	Maranello Red/Black ZFFZR49B000124606 ass. # 41382
124552	360	Modena Spider F1 5/01 Rosso Corsa/Nero ZFFYT53B000124552	124607	550	Maranello 01 Blu Tour de France 522/Natura LHD US ZFFZS49AX10124607 ass. # 41539
124553	360	Modena Spider F1 Red LHD ZFFYT53B000124553	124608	550	Maranello 01 LHD US ZFFZS49A110124608 ass. # 41418
124554	360	Modena Spider F1 01 Rosso Corsa/Nero ZFFYT53B000124554	124609	550	Maranello Black Metallic/Tan ZFFZR49B000124609 ass. # 41357
124555	360	Modena Spider F1 01 Silver/Black US ZFFYT53A710124555	124610	550	Maranello 01 Grigio Titanio Grey & Grey Piping & upper dashboard LHD US ZFFZS49AX10124610 ass. # 41424
124556	360	Modena Spider F1 01 Black enamel/Tan ZFFYT53A910124556	124611	550	Maranello Black/black LHD EU ZFFZR49B000124611 ass. # 41422
124557	360	Modena Spider F1 Grigio Alloy met.			
124558	550	Maranello LHD EU ass. # 41216	124612	550	Maranello Red/Tan LHD ZFFZR49B000 ass. # 41452 C4612RIR
124559	550	Maranello RHD UK ass. # 41219			
124560	550	Maranello 01 Grigio Titanio Metallizzato 3238/Bordeaux ZFFZR49B000124560 ass. # 41240	124613	456	M GTA 01 Argento Nürburgring 101/C/Black LHD US ZFFWL50A110124613
			124615	456	M GT 01 Blu Tour de France 522/Tan LHD US ZFFWL44AX10124615 ass. # 41573
124561	550	Maranello ass. # 41257, new to Bangkoc	124616	456	M GT Black Crema LHD
124562	456	M GT 01 ZFFWL44A410124562			
124563	456	M GT Blue/tan	124617	456	M GT 4/02 Argento Nürburgring 101/C/Nero ZFFWP44B000124617
124564	456	M GTA 01 Blu Tour de France 522/Tan LHD US ZFFWL50A310124564 Shields	124618	456	M GT Tour de France/Bordeaux Blue stitching ZFFWL44A510124618 aluminium calipers
124565	550	Maranello 01 Silver Tan LHD ZFFZS49A910124565 ass. # 41225			
124566	550	Maranello 01 Red/Black RHD UK ZFFZR49C000124566 ass. # 41242 shields	124619	456	M GT 01 ZFFWL44A710124619
			124620	360	Modena (F1) 01 ZFFYU51A310124620
124567	550	Maranello 01 black/black LHD EU ass. # 41293	124621	360	Modena 01 Rosso Corsa/Nero RHD AUS ZFFYR51D000124621
124568	550	Maranello 01 Red/Black ZFFZR49B000124568 ass. # 41313	124623	360	Modena F1 Red/Black LHD EU
			124624	360	Modena F1 Red/Tan RHD ZFFYR51C000124624 Red calipers Challenge rear grill shields
124569	550	Maranello 01 Nero/Nero LHD EU ZFFZR49B000124569 ass. # 41262 C4569XIX Red calipers shields			
			124627	360	Modena Spider F1 01 Rosso Corsa/Tan ZFFYT53A610124627
124570	550	Maranello LHD EU ass. # 41317	124628	360	Modena Spider (F1) 01 ZFFYT53A810124628
124571	550	Maranello LHD EU ass. # 41299	124629	360	Modena Spider (F1) 01 ZFFYT53AX10124629
124572	550	Maranello LHD EU ass. # 41322	124631	360	Modena Spider Grigio Titanio Black LHD
124575	360	Modena Blu Tour de France 522/beige Manual LHD EU ZFFYR51B000124575	124632	360	Modena Spider F1 Yellow/black
			124633	360	Modena Spider F1 5/01 Rosso Corsa/Nero ZFFYT53B000124633
124579	360	Modena 01 Black/Black Manual ZFFYU51AX10124579	124635	360	Modena Spider F1 01 Yellow/Black US ZFFYT53A510124635
124580	360	Modena F1 black/black			
124581	360	Modena F1 Red/Black ZFFYR51B000124581	124636	360	Modena Spider (F1) 01 ZFFYT53A710124636
124583	360	Modena dark green/brown ZFFYR51B000124583	124638	360	Modena Spider Dark Blue Metallic/Tan LHD
			124639	360	Modena Spider F1 01 Grigio Titanio 3238/Black Daytona Seats LHD EU ZFFYT53B000124639 Rear Challange Grill Red Calipers shields
124584	360	Modena 6/01 Grigio Alloy/Blu Scuro ZFFYR51C000124584			
124585	360	Modena			
124586	360	Modena Red/Black LHD EU			
124587	360	Modena Red/Tan LHD EU ZFFYR51B000124587	124642	360	Modena Spider F1 Silver/Black LHD
			124643	360	Modena Spider F1 01 Black/Black LHD ZFFYT53A410124643
124589	360	Modena F1 Red/Tan ZFFYR51B000124589 C4589PSZ			
124592	360	Modena F1 01 Rosso Corsa/Nero ZFFYR51B000124592			

s/n	Type	Comments	s/n	Type	Comments
124644	360	Modena Spider 01 Grigio Titanio 3238/Blu Scuro Daytona seats Manual ZFFYT53A610124644 Red calipers Blue dash, steering wheel & roll bars	124709	360	Modena Spider 5/01 Blu Pozzi/Blu Scuro ZFFYT53B000124709
			124712	360	Modena Spider F1
			124713	360	Modena Spider (F1) 01 ZFFYT53AX10124713
124645	360	Modena F1 01 Silver Dark Blue Dark Blue Top ZFFYT53B000124645	124715	360	Modena Spider Red/Black
			124716	360	Modena Spider F1 Yellow/black
124648	360	Modena Spider F1 Rosso/tan LHD EU ZFFYT53B000124648	124717	360	Modena Spider F1 Red/Tan ZFFYT53B000124717
124649	360	Modena Spider (F1) 01 ZFFYT53A510124649	124720	360	Modena Spider F1 Red/Tan ZFFYT53B000124720
124650	360	Modena Spider Rosso Corsa/Black LHD EU ZFFYT53B000124650	124721	360	Modena Spider 01 Grigio Titanio 3238/Black Manual ZFFYT53A910124721
124651	360	Modena Spider 01 Blu Tour de France 522/Cuoio ZFFYT53B000124651	124722	360	Modena Spider Silver/Black LHD ZFFYT53B000124722 C4722NKS
124654	360	Modena Spider	124723	360	Modena Spider Yellow/black ZFFYT53B000 C4723NXG
124655	360	Modena Spider F1 01 Giallo Modena/Black ZFFYT53A010124655	124724	360	Modena Spider F1 01 Grigio Titanio Metallic/Dark Blue
124656	360	Modena Spider 01 Azzurro California 524/dark Blue LHD CDN ZFFYT53A210124656	124726	360	Modena Spider F1 01 argento/black Blue piping Blue top ZFFYT53B000124726
124657	360	Modena Spider 01 Grigio Titanio 3238/Blue Scuro Daytona Seats ZFFYT53A410124657	124729	360	Modena Spider F1 Red/Black ZFFYT53B000 rear challenge grill
124658	360	Modena Spider F1 01 Giallo Modena/Black LHD	124730	360	Modena Spider F1 01 Rosso Corsa/Black Alcantara sports seats LHD ZFFYT53B000124730
124659	360	Modena Spider F1 01 Grigio Alloy/Nero ZFFYT53B000124659	124731	360	Modena Spider F1 Red/Black
124662	360	Modena Spider Red/Tan LHD ZFFYT53B000124662	124732	360	Modena Spider F1 Black/black ZFFYT53B000124732
124663	360	Modena Spider Red/Beige LHD	124734	360	Modena Spider 01 Red/Black LHD EU
124664	360	Modena Spider Red/Black	124735	360	Modena Spider F1 Red/Black LHD EU ZFFYT53B000 125435
124666	360	Modena Spider F1 01 Silver/dark Blue Daytona seats silver stiching dark Blue dash & steering wheel ZFFYT53A510124666 silver calipers 19" & 20" GFG 3 piece chrome wheels Tubi	124736	360	Modena Spider F1 01 Rosso Corsa/Nero ZFFYT53B000124736
			124737	360	Modena Spider (F1) LHD EU ZFFYT53B000124737
124667	360	Modena Spider F1 01 Yellow/Black Yellow piping ZFFYT53A710124667	124738	360	Modena Spider 01 Red/Tan Manual ZFFYT53A410124738
124668	360	Modena Spider F1 Yellow/Black RHD	124739	360	Modena Spider (F1) 01 ZFFYT53A610124739
124669	360	Modena Spider			
124672	360	Modena Spider F1 Rosso Corsa Nero Nero Carpet	124741	360	Modena Spider F1 01 Grigio Titanio 3238/Black Daytona seats Red stitching LHD ZFFYT53A410124741 Tubi rear challenge grille
124674	360	Modena Spider (F1) 01 ZFFYT53A410124674	124742	360	Modena Spider (F1) 01 ZFFYT53A610124742
124676	550	Maranello 01 Nero/Nero LHD UK ZFFZR49C000124676 ass. # 41381 C4676NXW	124743	360	Modena Spider F1 01 Rosso Corsa/Tan ZFFYT53A810124743 Tubi Challenge grill decal shields
124677	550	Maranello 01 Argento Nürburgring 101/C/ Bordeaux RHD UK ass. # 41389	124744	360	Modena F1 01 Red/Tan RHD UK ZFFYR51C000124744
124678	550	Maranello RHD UK ass. # 41448			
124679	550	Maranello 01 LHD US ZFFZS49A210124679 ass. # 41450	124745	360	Modena Spider F1 01 Grigio Titanio Metallic/Dark Blue ZFFYT53A110124745
124680	550	Maranello RHD UK ass. # 41488	124746	360	Modena Spider (F1)
124681	550	Maranello LHD EU ass. # 41486	124748	550	Maranello 7/01 Rosso Corsa/black LHD ZFFZR49B000124748 C4748EPE shields
124682	550	Maranello 01 Blu Tour de France 522/Crema ZFFZR49B000124682	124749	550	Maranello Verde Zeltweg/BeigeZFFZR49B000124749
124683	550	Maranello RHD UK ass. # 41569	124750	550	Maranello White/bordeaux, LHD
124684	550	Maranello LHD EU ass. # 41508	124753	360	Modena 01 Red/Black C4753NWW rear challenge grill
124685	550	Maranello silver ZFFZR49B000124685			
124687	360	Modena F1 Silver/black LHD	124754	360	Modena Yellow,
124689	360	Modena F1 01 Black/black LHD EU ZFFYR51B000124689 Red calipers	124755	360	Modena Red/Black ZFFYR51B000
124690	360	Modena 01 F1 6/01 Rosso Corsa/Nero ZFFYR51B000124690	124758	550	Maranello 01 Bianco Avus/Bordeaux Fiorano package shields
124691	360	Modena Red/Black RHD	124759	456	M GT Black Crema LHD ZFFWP44B000124759
124692	360	Modena Yellow/black ZFFYR51B000124692	124761	456	M GT Silver/Black LHD
124693	360	Modena F1 Red/Black LHD EU ZFFYR51B000124693 Hamann equipped	124763	456	M GTA 01 Blue TdF/Tan ZFFWL50A910124763
124694	360	Modena (F1) 01 ZFFYU51AX10124694	124767	456	M GT 01 Blu Tour de France Metallic/Beige
124695	360	Modena 01 Red/Tan ZFFYU51A110124695	124768	456	M GT 01 Black/Black ZFFWL44A210124768
124696	360	Modena	124769	360	Modena 01 Rosso Corsa/Nero Manual RHD UK ZFFYR51C000124769
124698	360	Modena F1 Red/Black			
124699	360	Modena F1	124770	360	Modena Red/Crema RHD
124702	360	Modena silver/green	124772	360	Modena
124705	360	Modena Grigio Alloy/Blue Scuro, Blue Carpet	124773	360	Modena 01 Red/Tan Manual ZFFYU51A610124773
124706	360	Modena F1 Red/Tan RHD ZFFYR51C000124706			
124707	360	Modena Spider Silver/Bordeaux RHD			
124708	360	Modena Spider			

s/n	Type	Comments	s/n	Type	Comments
124774	360	Modena 01 Blu Tour de France 522/Blu Scuro Manual ZFFYR51C000124774	124856	360	Modena Spider F1 01 Black/Bordeaux Daytona Seats Black Inserts ZFFYT53AX10124856 Shields Rear Challenge Grill Red Calipers
124777	360	Modena 01 Black/tan LHD ZFFYU51A310	124858	360	Modena Spider F1 01 Giallo Modena/Black Daytona seats ZFFYT53A310124858 Red calipers, shields
124781	360	Modena F1 Silver/Black LHD ZFFYR51B000			
124784	360	Modena			
124787	360	Modena F1 01 Argento Nürburgring 101/C/Nero ZFFYR51B000124787	124863	360	Modena Spider (F1) 01 ZFFYT53A710124863
124788	360	Modena F1 LHD	124866	360	Modena Spider (F1) 01 ZFFYT53A210124866
124790	360	Modena F1 01 Giallo Modena/Charcoal ZFFYR51C000124790	124868	360	Modena F1 silver/black ZFFYR51B000124868 C4868JWJ
124791	360	Modena F1 Red/Tan	124869	360	Modena Red/Tan ZFFYR51B000124869
124794	360	Modena	124870	360	Modena F1 Yellow/black ZFFYR51B000124870
124797	360	Modena F1 grigio alloy/black sport seats ZFFYR51B000124797 C4797YPJ	124871	360	Modena F1 01 Grigio Alloy/Blu Scuro ZFFYR51B000124871 C4871TUQ
124801	360	Modena Spider Red/Black Manual ZFFYT53B000124801	124872	360	Modena
			124873	360	Modena Red/Black LHD EU ZFFYR51B000124873
124802	360	Modena Spider 01 Rosso Corsa/Beige			
124803	360	Modena Spider 01 Rosso Corsa/Black LHD Manual ZFFYT53B000124803 C4803ZNZ Red calipers	124875	360	Modena F1 dark Blue/tan ZFFYR51B000124875
			124877	360	Modena 03 Rosso Scuderia FER. 323/Black
124804	360	Modena Spider (F1) 01 ZFFYT53A210124804	124879	360	Modena Spider F1 01 Black/Tan LHD
124805	360	Modena Spider (F1) 01 ZFFYT53A410124805	124880	550	Maranello 01 Red/Tan LHD US ZFFZS49A610124880 ass. # 41456
124806	360	Modena Spider Black/Tan LHD			
124807	360	Modena Spider (F1) 01 ZFFYT53A810124807	124881	550	Maranello 01 LHD US ZFFZS49A810124881
124809	360	Modena Spider Silver/black ZFFYT53B000124809	124882	550	Maranello 01 Black/Beige US ZFFZS49AX10124882 ass. # 41514
124810	360	Modena Spider (F1) LHD EU ZFFYT53B000124810	124883	550	Maranello 01 Yellow/Black LHD US ass. # 41571
124811	360	Modena Spider Nero Daytona/black ZFFYT53B000	124884	550	Maranello 01 Giallo Modena/Black ZFFZS49A310124884 ass. # 41632
124812	360	Modena Spider Red/Black RHD	124885	550	Maranello 01 Yellow/Black ZFFZS49A510124885
124815	360	Modena Spider (F1) 01 ZFFYT53A710124815			
124820	360	Modena Spider F1	124886	550	Maranello 01 Grigio Titanio Metallizzato 3238/Nero ZFFZR49B000124886
124821	360	Modena Spider			
124823	360	Modena Spider F1 Yellow/Black LHD EU ZFFYT53B000124823	124887	550	Maranello Red/Black LHD EU Red calipers shields
124825	360	Modena Spider (F1) LHD EU ZFFYT53B000124825	124888	550	Maranello 01 LHD US ZFFZS49A010124888 ass. # 41658
124831	360	Modena Spider (F1) LHD EU ZFFYT53B000124831	124894	360	Modena 01 Argento Nürburgring 101/C/Blu Scuro ZFFYR51C000124894
124833	360	Modena Spider F1 Red/Black ZFFYT53B000	124898	360	Modena Spider F1 01 Giallo Modena/Black LHD
124835	360	Modena Spider F1 01 Blu Pozzi/Beige ZFFYT53B000124835 C4835DPM			
			124899	360	Modena 01 Rosso Corsa/Beige Daytona Seats Manual ZFFYU51A610124899 Red calipers Shields Rear Challenge grill sunroof Tubi
124836	360	Modena Spider F1
124838	360	Modena Spider F1 Yellow/Blue w.Yellow parts ZFFYT53B000124838			
			124900	360	Modena black/black manual RHD ZFFYR51C000124900
124841	360	Modena Spider F1 01 Nero/Nero ZFFYT53B000124841
124842	360	Modena Spider F1 Azzurro California 524/Black LHD EU	124901	360	Modena 01 Giallo Modena/Nero large Racing Seats LHD Manual ZFFYR51B000124901 C4901QAQ Sports seats BBS Challenge wheels
124843	360	Modena Spider argento			
124844	360	Modena Spider F1 01 Red/Black LHD EU ZFFYT53B000124844	124903	360	Modena F1 Red/Black LHD EU
			124910	360	Modena
124845	360	Modena Spider	124912	360	Modena F1 Red/Black ZFFYR51B000124912 C4912ZQV ass. #41824 rear grill
124847	360	Modena Spider F1 Red/Crema LHD ZFFYT53B000124847			
			124915	360	Modena F1 Grigio Titanio 3238/cuoio EU
124848	360	Modena Spider F1 02 Grigio Titanio Silver/Black ZFFYT53A010124848	124917	360	Modena 01/06 Red
			124923	360	Modena Spider F1 01 Nero/Sabbia RHD AUS ZFFYT53D000124923
124849	360	Modena Spider F1 01 Giallo Senappe/Black stitching & Piping ZFFYT53A210124849Red calipers Rear challenge grill	124924	360	Modena Spider (F1) 01 ZFFYT53A110124924
			124925	360	Modena Spider 01 Argento Nürburgring 101/C/Bordeaux Black Inserts Manual RHD ZFFYT53C000
124850	360	Modena Spider 01 Rosso Corsa/tan Daytona seats ZFFYT53A910124850 Red calipers shields
124851	360	Modena Spider 01 Grigio Alloy/Tan Yellow ZFFYT53A010124851	124926	360	Modena Spider F1 01 ZFFYT53AX10125926
			124927	360	Modena Spider Red/Black
124852	360	Modena Spider (F1) 01 ZFFYT53A210124852	124929	360	Modena Spider 01 ZFFYT53A010124929
124853	360	Modena Spider F1 01 Grigio Alloy/Sabbia ZFFYT53A410124853	124932	360	Modena Spider 01 Argento Nürburgring 101/C/Black Manual ZFFYT53A010124932
124855	360	Modena Spider F1 01 Rosso Corsa/Crema Daytona seats Blue stitching ZFFYT53A810124855 Red calipers front & rear Challenge grille shields	124933	360	Modena Spider 01 Red/Black Red piping Manual LHD EU ZFFYT53B000124933 ass. # 41693 shields Red calipers
			124934	360	Modena Spider 01 LHD EU ZFFYT53A910125934

s/n	Type	Comments	s/n	Type	Comments
124935	360	Modena Spider F1 01 Grigio Titanio/Bordeaux US ZFFYT53A610124935	124994	550	Maranello 01 Black/black LHD EU ZFFZR49B000124994 C4994WDP Tinted windows
124936	360	Modena Spider 01 Giallo Modena/Black Manual ZFFYT53A210125936 C4936RPR Red calipers Challenge rear grill shields	124997	360	Modena
			124999	360	Modena (F1) 01 ZFFYU51AX10124999
			125001	360	Modena (F1) 01 ZFFYU51A210125001
124937	360	Modena Spider 01 Yellow/blackLHD EU ZFFYT53A410125937	125002	360	Modena Spider
			125003	360	Modena Silver/Black RHD ZFFYR51C000125003
124938	360	Modena Spider (F1) 01 ZFFYT53A610125938			
124939	360	Modena Spider 01 Grigio Titanio Nero ZFFYT53B000124939	125007	360	Modena Spider F1 Grigio Titanio 3238/grey sports seats
124940	360	Modena Spider Dark Blue/Crema LHD	125008	360	Modena F1 LHD
124941	360	Modena Spider F1 Red/Black sports seats Red inserts ZFFYT53B000124941	125009	360	Modena F1 Yellow/black
			125010	360	Modena F1 Red/Black LHD
124942	360	Modena Spider 01 Red/Black Daytona seats black top ZFFYT53A310124942 Red calipers shields challenge grill	125011	360	Modena F1 7/01 Blu Tour de France 522/Cream ZFFYR51C000125011
			125013	360	Modena F1 silver grey/black LHD ZFFYR51B000125013 shields BBS rims front + rear Challenge grill
124943	360	Modena Spider (F1) 01 ZFFYT53AX10125943			
124944	360	Modena Spider 01 Red/Tan LHD ZFFYT53A110125944			
			125016	360	Modena F1 01 Red/Tan US ZFFYU51A410125016
124945	360	Modena Spider (F1) 01 ZFFYT53A910125945			
124946	360	Modena Spider F1 Black/Black LHD ZFFYT53B000124946	125017	360	Modena F1 Blue/nero
			125018	360	Modena Spider 01 Red/Black Manual LHD EU ZFFYT53B000125018
124947	360	Modena Spider (F1) LHD EU ZFFYT53B000124947			
124953	360	Modena Spider F1 01 beige metal/Cognac LHD EU	125019	360	Modena Spider F1 Rosso Corsa/Black LHD EU Manual ZFFYT53B000125019 C5019TRT ex-Auto Becker
124954	360	Modena Spider (F1) LHD EU ZFFYT53B000124954			
			125020	360	Modena Spider
124957	360	Modena Spider F1 Alloy Grey Dark Blue LHD	125021	360	Modena Spider (F1) 01 ZFFYT53A810125021
124961	360	Modena Spider F1 Red/Black ZFFYT53B000	125022	360	Modena Spider 01 Argento Nürburgring 101/C/Blu Scuro Manual ZFFYT53C000125022
124962	360	Modena Spider F1 Blu Pozzi 521 D.S./tan ZFFYT53B000124962			
124963	360	Modena Spider (F1) LHD EU ZFFYT53B000124963	125023	360	Modena Spider 01 Argento Nürburgring 101/C/Bordeaux Daytona seats LHD EUR ZFFYT53B000125023
124964	360	Modena Spider F1 Silver/Black ZFFYT53B000124964			
			125025	360	Modena Spider (F1) LHD EU ZFFYT53B000125025
124965	360	Modena Spider F1 01 Blue TdF Metallic/Tan ZFFYT53B000124965	125027	360	Modena Spider (F1) LHD EU ZFFYT53B000125027
124967	360	Modena Spider F1 01 Red/Black ZFFYT53A810124967	125028	360	Modena Spider (F1) LHD EU ZFFYT53B000125028
124968	360	Modena Spider F1 5/01 Argento Nürburgring 101/C/BlackBlack top LHD ZFFYT53AX10 Grigio Titanio Calipers	125029	360	Modena Spider F1 Silver LHD ZFFYT53B000125029
			125030	360	Modena Spider F1 01 Silver/Black LHD EU ZFFYT53B000125030
124969	360	Modena Spider F1 01 Rosso Corsa/Tan ZFFYT53A110124969			
124970	360	Modena Spider F1 01 Silver/Black US ZFFYT53A810124970	125032	360	Modena Spider F1 Azzurro California 524/Blue ZFFYT53B000 C5032SKY
124971	360	Modena Spider F1 01 Argento Nürburgring 101/C/Dark Blue ZFFYT53AX10124971	125033	360	Modena Spider F1 Red/Black ZFFYT53B000
			125034	360	Modena Spider F1 Red/Black LHD
124972	360	Modena Spider F1 01 Red/Black CDN ZFFYT53A110124972	125036	360	Modena Spider F1 01 Silver/Black LHD EU ZFFYT53B000125036
124974	360	Modena Spider (F1) 01 ZFFYT53A510124974			
124975	360	Modena Spider F1 01 Red/Tan ZFFYT53A710124975	125037	360	Modena Spider F1 Red/Black ZFFYT53B000 C5037BLT
			125038	360	Modena Challenge 01 LHD
124976	360	Modena Spider (F1) 01 ZFFYT53A910124976	125039	360	Modena Spider (F1) LHD EU ZFFYT53B000125039
124977	360	Modena Spider F1 01 Rosso Corsa/Nero US ZFFYT53A010124977	125041	360	Modena Spider F1 Black/Black ZFFYT53B000125041
124978	360	Modena Spider 01 Yellow/Blue ZFFYT53A210124978	125042	360	Modena Spider F1 Red/Tan LHD ZFFYR51B000125042 ass. # 41837 rear challenge grill
124979	360	Modena Spider F1 01 Black/Black US ZFFYT53A410124979			
124980	360	Modena Spider F1	125043	360	Modena Spider F1 01 Grigio Titanio 3238/Blu Scuro Blue top ZFFYT53B000125043
124981	360	Modena Spider (F1) 01 ZFFYT53A210124981			
124983	360	Modena Spider F1 01 Yellow/black ZFFYT53A610124983 shields Red calipers	125045	360	Modena Spider F1 Red/Black ZFFYR51B000125045
124984	360	Modena Spider F1 01 Yellow/Black LHD US ZFFYT53A810124984 Red calipers	125047	360	Modena Spider F1 Red/Black ZFFYR51B000125047
124989	456	M GTA 01 black Metallic/LHD EU	125048	360	Modena Spider F1 Grigio Alloy/Blu Scuro ZFFYT53B000125048 Silver calipers shields
124990	550	Maranello 01 LHD US ZFFZS49A210124990			
124992	550	Maranello 01 LHD US ZFFZS49A610124992	125049	360	Modena Spider F1 01 Rosso Corsa Naturale ZFFYT53A810125049
124993	550	Maranello 01 dark Green met./Tobacco LHD EU ZFFZR49B000124993 Converted to U.S. specification			
			125050	360	Modena Spider (F1) 01 ZFFYT53A410125050

s/n	Type	Comments
125051	360	Modena Spider F1 Grigio Alloy Blu Scuro grey piping grey stitching RHD ZFFYT53C000125051 Black calipers
125053	360	Modena Spider 01 Blue/Tan ZFFYT53AX10125053
125054	360	Modena Spider (F1) 01 ZFFYT53A110125054
125055	360	Modena Spider F1 Silver/Black RHD
125059	360	Modena Spider F1 01 Sera Blu/Narural Daytona seats Blue top ZFFYT53A010125059 Shields Challenge Grills
125060	360	Modena Spider (F1) 01 ZFFYT53A710125060
125064	360	Modena F1 Red/Black Red stiching
125067	360	Modena F1 01 Blu Tour de France 522/Beige & Black RHD UK ZFFYR51C000125067
125070	360	Modena F1 Red/Tan LHD ZFFYR51B000125070
125072	360	Modena F1 Red/Black
125073	360	Modena F1 Red/Black LHD
125075	360	Modena F1 9/01 Rosso Corsa/Nero ZFFYR51C000125075
125076	360	Modena F1 dark Blue met./Tan-black ZFFYR51C000125076
125078	360	Modena F1 Red/Black rear challenge grill ZFFYR51B000 C5078MFP
125079	360	Modena F1 Red/Crema RHD ZFFYR51C000125079 Red calipers Challenge rear grill shields
125080	360	Modena F1 Red/Black ZFFYR51B000125080
125083	360	Modena F1
125084	360	Modena F1 Red/Crema RHD UK
125085	360	Modena Spider Red/Black LHD ZFFYT53B000125085
125086	360	Modena Spider (F1) 01 ZFFYT53A310125086
125087	360	Modena Spider 6/01 Rosso Corsa/Nero Manual ZFFYT53B000125087
125088	360	Modena Spider 01 Rosso Corsa/Black Manual LHD EU ZFFYT53B000125088
125092	360	Modena Spider Argento Nürburgring 101/C/ LHD
125094	360	Modena Spider Red/Black
125095	360	Modena Spider Light Blue Metal/Blue
125096	360	Modena Spider 01 Yellow RHD ZFFYT53D000125096 eng. # F131B62397
125097	456	M GTA dark green/tan
125098	456	M GT Blue
125099	456	M GT 01 Grigio Titanio met./Nero LHD EU ZFFWP44B000125099 C5099NHE
125101	456	M GT Grigio Titanio met./Black
125103	360	Modena Spider F1 01 Grigio Alloy/Blu Scuro ZFFYT53B000125103
125104	360	Modena Spider F1 01 Rosso/nero LHD EU ZFFYT53B000125104 C5104PAH
125105	360	Modena Spider F1 Red/Crema Red stitching RHD ZFFYT53C000125105 Black calipers shields
125106	360	Modena Spider F1 Giallo Modena/Black LHD ZFFYT53B000125106 Gold calipers shields
125107	360	Modena Spider F1 Silver/black ZFFYT53B000
125109	360	Modena Spider (F1) 01 ZFFYT53A010125109
125110	360	Modena Spider F1 Red/Tan LHD
125111	360	Modena Spider (F1) LHD EU ZFFYT53B000125111
125113	360	Modena Spider F1 Red/Black LHD
125115	360	Modena Spider F1 silver/black RHD
125117	360	Modena Spider F1 01 Rosso Corsa/Cuoio ZFFYT53B000125117
125120	360	Modena Spider F1 Rosso/tan ZFFYT53B000125120
125121	360	Modena Spider F1 Yellow/Black LHD
125122	360	Modena Spider F1 black/tan LHD ZFFYT53B000125122 Challenge grille Hamann wheels shields
125124	360	Modena Spider F1 dark Blue/grey
125125	360	Modena Spider (F1) 01 ZFFYT53A910125125
125126	360	Modena Spider Grigio Titanio 3238/black
125130	360	Modena Spider F1 Red/Red & beige ZFFYT53B000125130
125131	360	Modena Spider F1 01 Red/Tan ZFFYT53A410125131
125132	360	Modena Spider F1 Red/Tan LHD EU ZFFYT53B000125132
125133	360	Modena Spider F1 Yellow/black Yellow stitching ZFFYT53B000125133 Red calipers Challenge rear grill
125136	360	Modena Spider F1 Grigio Titanio 3238/black ZFFYT53B000
125138	360	Modena Spider F1 02 nero/nero LHD EU ZFFYT53B000125138
125139	360	Modena Spider F1 Grigio Titanio 3238/black EU
125140	360	Modena Spider Light Blue Blue Dark Blue LHD EU ZFFYT53B000125140
125141	360	Modena Spider F1 01 Black LHD ZFFYT53B000125141
125142	360	Modena Spider F1 7/01 Grigio Alloy dark Blue Blue top LHD ZFFYT53B000125142
125143	360	Modena Spider Dark Grey Metallic/
125144	360	Modena Spider F1 Silver/Black LHD ZFFYT53B000125144 rear challenge grill
125145	550	Maranello 01 LHD US ZFFZS49A310125145
125146	550	Maranello 01 LHD US ZFFZS49A510125146
125149	550	Maranello 01 Blu Pozzi 521 D.S. NaturaleLHD US ZFFZS49A010125149
125150	550	Maranello 01 LHD US ZFFZS49A710125150
125153	550	Maranello Dark Blue, Black LHD
125156	550	Maranello 01 Rosso Fiorano Naturale LHD US ZFFZS49A810125156
125157	550	Maranello 01 Grigio Titanio Metallic/Charcoal LHD US ZFFZS49AX10125157
125158	550	Maranello 01 Argento Nürburgring/black ZFFZR49B000125158
125162	360	Modena Spider 01 Rosso Corsa/Tan Manual ZFFYT53A410125162
125163	360	Modena F1 01 Grigio Titanio Tan ZFFYT53A610125163
125164	360	Modena Spider F1 8/01 Rosso Corsa/Nero ZFFYT53C000125164
125165	360	Modena Spider F1 01 Rosso Corsa/tan Daytona seats ZFFYT53AX10125165 Aluminum calipers shields Tubi front Challenge grilles
125166	360	Modena Spider (F1) 01 ZFFYT53A110125166
125167	360	Modena Spider (F1) 01 ZFFYT53A310125167
125168	360	Modena Spider F1 01 Silver/Tan ZFFYT53A510125168 Tubi
125169	360	Modena Spider F1 01 Red/Black ZFFYT53A710125169 Red calipers Challenge grille
125170	360	Modena Spider F1 01 Red/Black US ZFFYT53A310125170
125172	360	Modena Spider F1 01 Yellow/Black ZFFYT53A710125172
125173	360	Modena Spider (F1) 01 ZFFYT53A910125173
125174	360	Modena Spider F1 01 Rosso Corsa/Tan ZFFYT53A010125174 Red Calipers Shields
125175	360	Modena Spider Red/Tan LHD ZFFYT53A210125175
125177	360	Modena Spider 01 Red/Tan ZFFYT53A610125177
125178	360	Modena Spider F1 01 Red/Tan LHD ZFFYT53A810125178
125179	360	Modena Spider F1 01 White ZFFYT53AX10125179
125180	360	Modena Spider (F1) 01 ZFFYT53A610125180
125183	360	Modena Spider
125184	360	Modena Spider F1 alloy

s/n	Type	Comments
125185	550	Maranello Dark blu/nero RHD ZFFZR49C000125185 Red calipers
125186	550	Maranello
125187	550	Maranello 01 Blu Tour de France 522/Blu Scuro RHD ZFFZR49C000125187
125188	550	Maranello Silver/Black RHD ZFFZR49C000125188
125189	550	Maranello
125190	550	Maranello
125191	550	Maranello Silver/Black LHD ZFFZR49B000125191
125192	550	Maranello Black/black ZFFZR49B000125192
125193	456	M GT Silver/tan LHD EU ZFFZR49B000 B5193PKP
125195	550	Maranello
125197	456	M GT Zeltweg green/tan & green Green dash ZFFWP44B000125197
125199	456	M GTA
125200	456	M GT grey/tan LHD EU ZFFWP44B000125200
125203	360	Modena Black/black LHD
125204	360	Modena F1 01 Rosso Corsa/black front & rear challenge grill shields
125207	360	Modena F1 Red/Black
125208	360	Modena F1 dark Blue/Crema & dark Blue
125209	360	Modena F1 Red LHD
125215	360	Modena Spider (F1) 01 ZFFYT53AX10125215
125216	360	Modena Spider (F1) 01 ZFFYT53A110125216
125217	360	Modena Spider F1 01 Fiorano Rosso Naturale Black Stitching ZFFYT53A310125217
125218	360	Modena Spider (F1) 01 ZFFYT53A510125218
125219	360	Modena Spider F1 Alloy Bordeaux LHD
125220	360	Modena Spider 01 Red grey LHD EU EU ZFFYT53B000125220
125221	360	Modena Spider Silver/black Manual ZFFYT53B000125221 C5221XMX Yellow calipers shields blackened rear lights rear diffuser spoiler Hamann modified rear
125222	360	Modena Spider Red/Tan RHD ZFFYT53C000125222
125224	360	Modena Spider (F1) 01 ZFFYT53A010125224
125225	360	Modena Spider F1 01 Red/Tan Daytona seats US ZFFYT53A210125225 Red calipers Front & rear challenge grilles Shields
125227	456	M GTA 01 LHD US ZFFWL50A110125227
125228	456	M GTA
125229	456	M GTA 01 Grigio Titanio met./Black ZFFWL50A510125229
125232	360	Modena Red/Black LHD EU, First 360 seen with Scaglietti wheels
125240	360	Modena Spider F1
125245	360	Modena F1 black/Black sports seats LHD ZFFYR51B000125245 C5245JJJ ass. # 42277 rear challenge grill BBS Wheels rear spoiler
125247	360	Modena Silver/black ZFFYR51B000125247
125249	360	Modena 01 Rosso Corsa/Nero LHD EU ZFFYR51B000125249 Challenge grille, SF shields
125250	360	Modena F1 Red/Tan ZFFYR51B000125250
125251	360	Modena F1 Blue/tan
125252	360	Modena F1 Red/Black RHD ZFFYR51C000125252 Red calipers Red stitching
125253	360	Modena F1 Red/Black ZFFYR51B000125253
125255	360	Modena 01 Red/Black manual ZFFYR51B000125255 C5255AHA challenge grill inox
125259	360	Modena Spider Red/Black LHD
125260	360	Modena Spider
125262	360	Modena Spider Red LHD
125263	360	Modena Spider
125264	360	Modena Spider (F1) 01 ZFFYT53A110125264
125265	360	Modena Spider F1 01 Yellow/Black ZFFYT53A310125265
125266	360	Modena Spider F1 Yellow/Black Yellow piping RHD ZFFYT53C000125266
125267	360	Modena Spider Red/Tan Manual ZFFYT53C000125267
125269	360	Modena Spider F1 01 Red/Crema LHD EU ZFFYT53B000125269
125270	360	Modena Spider 01 Rosso Corsa/Nero manual LHD EU
125272	360	Modena Spider (F1) 01 ZFFYT53A010125272
125273	360	Modena Spider 01 Rosso Corsa/Tan Sport Seats Black Top Manual LHD ZFFYT53A210125273 Shields
125274	360	Modena Spider (F1) 01 ZFFYT53A410125274
125275	360	Modena Spider F1 01 Red/Tan ZFFYT53A610125275
125276	360	Modena Spider black/black Red inserts manual black calipers
125280	360	Modena Spider Grigio Alloy/Black LHD
125282	360	Modena Spider F1 01 Green Tan ZFFYT53A310125282
125283	360	Modena Spider 01 Black/Tan ZFFYT53A510125283
125284	360	Modena Spider F1 01 Silver/Black US ZFFYT53A710125284
125285	360	Modena Spider F1 01 Rosso Fiorano Natural Daytona seats LHD ZFFYT53A910125285 Tubi
125286	360	Modena Spider F1 Red LHD ZFFYT53B000125286
125291	360	Modena Spider F1 Silver/black ZFFYT53B000125291
125292	360	Modena Spider F1 01 Rosso Corsa/Nero Red stitching ZFFYT53B000125292
125293	360	Modena Spider F1 01 LHD ZFFYT53B000125293
125294	360	Modena Spider F1 01 Red/Tan ZFFYT53AX10125294 Shields Red calipers
125295	360	Modena Spider F1 01 Nero Daytona/Crema LHD EU ZFFYT53B000125295 Red calipers shields
125296	360	Modena Spider (F1) LHD EU ZFFYT53B000125296
125297	360	Modena Spider 01 LHD EU ZFFYT53B000125297
125299	360	Modena Spider Red/Black LHD ZFFYT53B000125299
125300	360	Modena Spider 01 Blu Pozzi 521 D.S./Cuoio dark Blue stitching ZFFYT53A110125300
125301	360	Modena Spider 01 Red/Tan ZFFYT53A310125301
125302	360	Modena Spider (F1) 01 ZFFYT53A510125302
125303	360	Modena Spider
125304	360	Modena Spider 9/01 Argento Nürburgring 101/C/Dark Blue ZFFYT53C000125304
125307	456	M GT 01 ZFFWL44A410125307
125310	550	Maranello Red/Tan LHD
125312	550	Maranello Canna de Fucile/Nero
125313	550	Maranello Red/Tan ZFFZR49B000125313
125314	550	Maranello Yellow/black
125315	360	Modena Red/Black Manual ZFFYR51B000125315
125316	360	Modena Black/bordeaux ZFFYR51B000125316 C5316IKI
125317	360	Modena 01 Silver/Black ZFFYR51B000125317 Red calipers
125318	360	Modena Red/Black LHD ZFFYR51B000125318
125321	360	Modena (F1) 01 ZFFYU51A910125321
125322	360	Modena 01 Argento Nürburgring 101/C/Blu Scuro silver stitching RHD UK ZFFYR51C000125322 shields
125324	360	Modena Silver/Black
125325	360	Modena Red/Black
125328	360	Modena Yellow/Blue Yellow stitching Blue safety belts

s/n	Type	Comments
125329	360	Modena Red/Tan LHD ZFFYR51B000125329
125333	360	Modena F1 Grigio Ingrid 720/dark Blue ZFFYR51B000
125334	360	Modena F1 silver/Red
125337	360	Modena Red/Crema
125338	360	Modena Spider 01 Red/Black Daytona Seats Red Inserts Manual ZFFYT53A410125338 Red Calipers Shields Rear Challenge Grill Tubi
125342	360	Modena Spider 01 Grigio Titanio 3238/Black LHD ZFFYT53A610125342
125343	360	Modena Spider Yellow/Black LHD
125344	360	Modena Spider 01 Rosso Corsa/Nero ZFFYT53B000125344
125347	360	Modena Spider (F1) 01 ZFFYT53A510125347
125348	360	Modena Spider Rosso Corsa/tan ZFFYT53B000125348
125350	360	Modena Spider 01 Red Manual LHD EU ZFFYT53B000125350 exported to the US
125351	360	Modena Spider 01 Red/Black LHD EU ZFFYT53B000125351
125352	360	Modena Spider F1 Grigio Alloy/black ZFFYT53B000125352
125353	360	Modena Spider F1 7/01 Grigio Alloy/Blu Scuro ZFFYT53B000 C5353BZT
125354	360	Modena Spider
125356	360	Modena Spider F1 Red/Tan
125357	360	Modena Spider 01 Yellow/Black Yellow Stitching Manual LHD EU ZFFYT53B000125357 Aluminum Calipers EPA & DOT Conversion
125358	360	Modena Spider Black/Black LHD
125359	360	Modena Spider 01 Yellow/Black Manual ZFFYT53A110125359 silver calipers ex-Ralph Lauren
125360	360	Modena Spider F1 black/Bordeaux ZFFYT53B000125360
125361	360	Modena Spider 02 Silver Grey Black RHD ZFFYT53C000125361
125362	360	Modena Spider 7/01 Rosso Corsa/Nero ZFFYT53B000125362
125363	360	Modena Spider Black/Black LHD EU ZFFYT53B000125363
125364	360	Modena Spider
125365	550	Maranello 10/01 Nero/Nero ZFFZR49B000125365
125366	550	Maranello black/black
125367	456	M GTA Dark Blue/Tan LHD ZFFWP50B000125367
125368	456	M GTA 01 Blu Tour de France 522/Naturale LHD US ZFFWL50A810125368
125369	456	M GT 01 Silver/Black LHD
125371	575	M Maranello Geneva Show Car, Daytona Black/Beige
125373	360	Modena Spider F1 6/01 Silver/Grey LHD EU ZFFYT53B000125373 Capristo exhaust Challenge BBS wheels
125376	360	Modena Spider 9/01 Grigio Titanio Metallizzato 3238/Bordeaux ZFFYT53C000125376
125377	575	M Maranello F1 Grigio Titanio met./black Silver stitching LHD ZFFBT55B000125377
125381	575	M Maranello F1 02 Rosso Corsa/Charcoal ZFFBT55B000125381
125384	360	Modena Spider F1 01 Yellow/Black Yellow accents ZFFYT53A010125384 Red calipers
125385	360	Modena Spider (F1) 01 ZFFYT53A210125385
125386	360	Modena Spider F1 01 Red/Tan US ZFFYT53A410125386
125388	456	M GTA 01 Tour de France Blue natural US
125389	360	Modena Spider F1 01 Azzurro California 524/Tan Daytona Seats ZFFYT53AX10125389 Red Calipers Shields Front & Rear Challenge Grilles
125390	360	Modena Spider F1 01 Grigio Alloy/Blue silver stitching RHD ZFFYT53C000125390 Black calipers shields
125391	360	Modena Spider F1 01 Black/Black ZFFYT53A810125391 Challenge grill shields Red calipers
125392	360	Modena Spider Dark Grey Black RHD
125393	360	Modena Spider F1 8/01 Blu Tour de France 522/Sabbia ZFFYT53C000125393
125394	360	Modena Spider F1 01 Rosso Corsa/Tan ZFFYT53A310125394
125396	360	Modena Spider ??? Rosso/tan
125399	360	Modena (F1) LHD EU ZFFYR51B000125399
125400	360	Modena Red/Black
125401	360	Modena F1 Red/Black Red/Black ZFFYR51B000125401 ass. #43030
125402	456	M GT 01 Black/Tan ZFFWL44A910125402
125403	456	M GT titangrey/black
125405	456	M GT 01 Argento Nürburgring 101/C/Nero RHD UK ZFFWP44C000125405
125406	456	M GTA 01 Argento Nürburgring 101/C/Charcoal LHD US ZFFWL50A110125406 Silver calipers
125410	360	Modena F1 Yellow/black
125412	360	Modena Red LHD ZFFYR51B000125412
125413	360	Modena F1 Red/Black LHD
125415	360	Modena F1 Red/Black
125416	360	Modena F1 Blue/all bordeaux
125417	360	Modena F1 Red/Black ZFFYR51B000125417
125418	360	Modena 02 Black/Tan Manual LHD EU ZFFYR51B000125418
125421	360	Modena Spider F1 Yellow/Black RHD ZFFYT53D000125421
125422	360	Modena Spider 01 Red RHD ZFFYT53D000125422 eng. # 63670
125425	360	Modena Spider 8/01 Rosso Corsa/Nero Manual ZFFYT53B000125425 C5425UUE
125427	360	Modena Spider Red/Black LHD EU ZFFYT53B000125427
125428	360	Modena Spider Silver/Black LHD
125429	360	Modena Spider 01 Rosso Corsa/black LHD EU ZFFYT53B000125429 ass. # 42299 C5429CRC
125430	360	Modena Spider F1 IAA Frankfurt Show Car silver/black
125431	360	Modena Spider (F1) LHD EU ZFFYT53B000125431
125432	360	Modena Spider Red/Black
125433	360	Modena Spider (F1) LHD EU ZFFYT53B000125433
125434	360	Modena Spider 01 Rosso Corsa/Nero LHD ZFFYT53B000125434 C5434HYU rear challenge grill
125435	360	Modena Spider Yellow/black
125438	360	Modena Spider Grigio Titanio 3238/terra
125440	360	Modena Spider Red/Black LHD black top manual ZFFYT53B000
125441	360	Modena Spider black/black Manual ZFFYT53B000125441
125442	360	Modena Spider Red/Black ZFFYT53B000125442
125443	360	Modena Spider 01 Silver/Black LHD ZFFYT53A110125443
125444	360	Modena Spider Red/Black Red piping RHD ZFFYT53C000125444 shields
125445	360	Modena Spider 01 Grigio Titanio 3238/black ZFFYT53C000125445
125446	360	Modena Spider 01 Red/Tan ZFFYT53A710125446
125449	360	Modena Spider (F1) 01 ZFFYT53A210125449
125450	360	Modena Spider
125451	360	Modena Spider 01 Argento Nürburgring 101/C/ Dark Blue Manual ZFFYT53A010125451

s/n	Type	Comments
125452	360	Modena Spider
125453	360	Modena Spider 01 Rosso Corsa/Crema Manual ZFFYT53C000125453
125454	360	Modena Spider 9/01 Argento Nürburgring 101/C/Blu Scuro ZFFYT53C000125454
125455	360	Modena Spider F1 Black/Crema black piping RHD ZFFYT53C000125455 Red calipers Challenge rear grill shields
125456	360	Modena Spider (F1) 01 ZFFYT53AX10125456
125457	360	Modena Spider (F1) 9/01 Giallo Modena/Beige ZFFYT53A110125457
125458	360	Modena Spider 01 Blu Tour de France 522/Tan Manual ZFFYT53A310125458
125459	360	Modena Spider 9/01 Rosso Corsa/Bordeaux ZFFYT53C000125459
125460	360	Modena Spider F1 Red/Black LHD EU
125464	360	Modena Spider F1 Grigio Alloy/black
125466	360	Modena Spider F1 Red ZFFYT53B000125466 LHD
125467	360	Modena Spider F1 Red/Black
125468	360	Modena Spider F1 01 Giallo Modena/black ZFFYT53B000125468 major crash in ë05
125470	360	Modena Spider F1 Red/Black ZFFYT53B000
125471	360	Modena Spider silver/black sports seats silver stitching LHD dark Blue top ZFFYT53B000125471 C5471FMP Challenge rear grill
125472	360	Modena Spider F1 Red/Black LHD EU ZFFYT53B000125472 C5472DDC
125473	360	Modena Spider Red/Crema
125474	360	Modena Spider Yellow/Black Sportseats Yellow stitching LHD ZFFYT53B000125474 ass.# 42349 C5474IWE
125477	360	Modena Spider (F1) LHD EU ZFFYT53B000125477
125478	360	Modena Spider F1 01 Black/Black US ZFFYT53A910125478
125479	360	Modena Spider F1 Grigio Alloy/nero ZFFYT53B000125479
125480	360	Modena Spider Red/Tan
125481	360	Modena Spider F1 Rosso Corsa/Black Rosso stitching LHD ZFFYT53B000125481
125482	360	Modena Spider F1 Silver/Black LHD ZFFYT53B000125482
125483	360	Modena Spider F1 01 Red/Crema LHD EU ZFFYT53B000125483
125484	360	Modena Spider (F1) LHD EU ZFFYT53B000125484
125485	360	Modena Spider F1 Argento Nürburgring 101/C/Black LHD EU ZFFYT53B000125485 C5485PRQ
125486	360	Modena Spider F1 8/01 Argento Nürburgring/Blu Scuro ZFFYT53B000125486
125487	360	Modena Spider F1 silver/Black Black top ZFFYT53B000 C5487KRV shields
125489	360	Modena Spider F1 black/tan LHD ZFFYT53B000125489 C5489HGB
125491	360	Modena Spider F1 Grigio Alloy/nero ZFFYT53B000125491
125494	360	Modena Spider F1 01 Silver/black, ZFFYT53A710125494
125496	360	Modena Spider
125497	360	Modena Spider F1 8/01 Rosso Corsa/Nero ZFFYT53C000125497
125498	360	Modena Spider F1
125499	360	Modena Spider F1 01 Grigio Titanio 3238/Tan Daytona Seats ZFFYT53A610125499 Challenge Grille
125501	360	Modena Spider (F1) 01 ZFFYT53A010125501
125506	360	Modena Spider F1 01 Rosso Corsa/Tan US ZFFYT53AX10125506
125508	360	Modena Spider F1 Red/Black LHD
125509	360	Modena Spider F1 01 Red/Tan Daytona Seats ZFFYT53A510125509 Capristo Exhaust Shields Rear Challenge Grille
125512	360	Modena Spider (F1) 01 ZFFYT53A510125512
125514	360	Modena Spider
125518	550	Maranello 01 LHD US ZFFZS49A510125518
125519	550	Maranello 01 LHD US ZFFZS49A710125519
125521	550	Maranello
125522	360	Modena 00 Black/Black
125525	550	Maranello 01 LHD US ZFFZS49A210125525
125526	550	Maranello dark Blue/tan RHD ZFFZR49C000125526
125527	360	Modena F1 01 Red/Tan LHD EU Red calipers
125528	360	Modena F1 nero/nero LHD EU
125531	360	Modena Hamann III Yellow/black LHD ZFFYR51B000125531
125532	360	Modena Red/Black Sports seats Red inserts Manual
125540	360	Modena F1 01 Black/black ZFFYR51B000125540
125544	360	Modena 01 Blu Tour de France 522/Cuoio Manual ZFFYR51B000125544
125547	360	Modena F1 Red/Tan LHD
125553	550	Maranello 01 Rosso Corsa/BlackLHD US ZFFZS49A710125553
125554	550	Maranello 01 LHD US ZFFZS49A910125554
125557	550	Maranello black/black ZFFZR59B000125557
125559	550	Maranello dark Blue/tan
125560	456	M GTA 01 Grigio Ingrid 720/Sabbia brown piping ZFFWL50A010125560
125561	456	M GT Silver/Black LHD ZFFWP44B000125561
125562	456	M GT 01Black/Sand ZFFWL44A910125562
125563	456	M GTA 01 Argento Silver/Grigio
125564	456	M GT Grigio Titanio met./Black ZFFWP44B000125564 C5564NJE
125565	550	Maranello 01 Blu Pozzi 521 D.S./naturale Daytona seats Blue inserts LHD US ZFFZS49A310125565 Fiorano package shields 575M competition brakes Yellow calipers Tubi
125566	550	Maranello Red/Black sport seats LHDEU ZFFZR49B000125566 Scaglietti wheels
125567	550	Maranello
125568	550	Maranello 01 Blu Tour de France 522/Navy Blue Daytona seats Blue dash ZFFZS49A910125568 Red Calipers Tubi shields
125571	550	Maranello 01 Argento Nürburgring 101/C/Bordeaux Daytona seats black dash LHD EU ZFFZR49B000125571 ass. # 42678 C5571PDA eng. # F133ADM *63085* Red calipers shields
125573	360	Modena Spider (F1) 01 ZFFYT53A310125573
125574	360	Modena Spider
125575	360	Modena Spider
125576	360	Modena Spider Red/Black LHD
125577	360	Modena Spider 01 Argento Nürburgring 101/C/Grey Manual Light Grey top ZFFYT53A010125577 shields black calipers
125578	360	Modena Spider 01 Giallo Modena/Black Yellow piping ZFFYT53A210125578
125579	360	Modena Spider
125580	360	Modena Spider F1 01 Giallo Modena/Nero RHD AUS ZFFYT53D000125580
125581	360	Modena Spider 01 Red/Tan US Manual ZFFYT53A210125581
125582	360	Modena Spider 01 Grigio Alloy/Blu Scuro RHD UK ZFFYT53C000125582
125583	360	Modena Spider 01 Grigio Alloy/dark Blue Manual LHD EU rear challenge grill
125584	360	Modena Spider 01 Argento Nürburgring 101/C/Bordeaux US Manual ZFFYT53A810125584
125585	360	Modena Spider 01 Blu Tour de France 522/Crema RHD UK ZFFYT53C000125585

s/n	Type	Comments
125586	360	Modena Spider 01 Rosso Corsa/Sabbia ZFFYT53C000125586
125587	360	Modena Spider (F1) 01 ZFFYT53A310125587
125588	360	Modena Spider 01 Argento Nürburgring 101/C/Black Manual ZFFYT53A510125588
125589	360	Modena Spider 01 Rosso Corsa/Crema Manual ZFFYT53C000125589
125590	360	Modena Spider F1 Red/Black LHD
125592	360	Modena Spider F1 Grigio Titanio Tan LHD
125593	360	Modena Spider F1 02 Grigio Titanio 3238/Black LHD ZFFYT53B000125593 ass. 42457 Challenge Grill
125594	360	Modena Spider F1 01 Rosso Corsa/Nero RHD UK ZFFYT53C000125594
125595	360	Modena Spider (F1) 01 ZFFYT53A710126595
125596	360	Modena Spider Red/Black LHD ZFFYT53B000125596
125597	360	Modena Spider F1 silver/black
125598	360	Modena Spider F1 Grigio Titanio then Nero/Nero LHD ZFFYT53B000125598 C5598ABG converted to Sbarro GT 8 Pink/Black
125600	360	Modena Spider F1 01 Rosso Corsa/Charcoal ZFFYT53B000125600
125603	360	Modena Spider F1 Rosso Corsa/black LHD ZFFYT53B000125603 C5603AHK
125604	360	Modena Spider F1 Red/Black ZFFYT53B000125604
125608	360	Modena Spider F1 Red/Black ZFFYT53B000125608
125609	360	Modena Spider Giallo Modena/Black Yellow stitching LHD ZFFYT53B000125609 C5609DRY rear challenge grill shields
125610	360	Modena Spider F1 titangrey/black
125615	360	Modena Spider F1 Blue ZFFYT53B000125615
125616	360	Modena Spider
125617	360	Modena F1 01 Grigio Alloy/Nero RHD AUS ZFFYR51D000125617
125618	360	Modena Red/Black ZFFYR51B000
125619	360	Modena (F1) 01 ZFFYU51A110125619
125622	360	Modena Red/Black manual EU
125624	360	Modena F1 Red/Tan RHD ZFFYR51C000124624 Red calipers Challenge rear grill shields
125625	360	Modena F1 Blu Pozzi 521 D.S./cuoio ZFFYR51B000125625
125627	360	Modena (F1) 02 ZFFYU51A920125627
125628	360	Modena (F1) 02 ZFFYU51A020125628
125629	360	Modena 02 Azzurro California Sabbia/Grey ZFFYU51A220125629
125630	360	Modena (F1) 02 ZFFYU51A920125630
125631	Enzo Ferrari	F1 02 black/black LHD EU
125636	360	Modena Spider 01 Red/Black Daytona seats Red stitching Manual ZFFYT53A110125636 Red calipers
125637	360	Modena (F1) 01 ZFFYU51A310125637
125639	360	Modena F1 02 Red/Tan ZFFYU51A520125639 Black Calipers Shields
125640	360	Modena (F1) 02 ZFFYU51A120125640
125641	360	Modena F1 02 Red/Tan ZFFYU51A320125641
125642	360	Modena (F1) 02 ZFFYU51A520125642
125643	360	Modena F1 02 Giallo Modena/Black Yellow Sittching ZFFYU51A720125643 Red Calipers Tubi Shields Challenge Rear Grille
125644	360	Modena F1 02 Titanium/Black Daytona seats ZFFYU51A920125644 front & rear challenge grilles Red calipers Tubi
125646	456	M GTA 01 Maroon Tan ZFFWL50AX10125646 ass. #42685
125649	456	M GT Nero/sabbia ZFFWP44B000125649 C5649NQG
125650	456	M GT Silver LHD
125652	360	Modena Black/Tan LHD
125654	360	Modena F1 01 Silver/Grey ZFFYR51B000125654
125655	360	Modena 10/01 Rosso Corsa/Beige ZFFYR51B000125655
125656	360	Modena F1 Red/Black LHD ZFFYR51B000125656 shields Challenge grill Red calipers BBS rims
125657	360	Modena F1 Red/Black LHD ZFFYR51B000125657 Red calipers shields
125658	360	Modena
125659	360	Modena Spider 02 Blu/bianco LHD
125660	360	Modena Spider 02 Grigio Alloy/Blu Scuro Manual ZFFYT53B000126660
125664	360	Modena RHD
125667	360	Modena F1 Red/Tan LHD
125668	360	Modena Grigio Titanio 3238/Black ZFFYR51B000125668 Hamann wheels Red calipers
125669	360	Modena Spider 8/01 Rosso Corsa/Nero Manual ZFFYT53B000125669
125670	360	Modena Spider F1 Fly Giallo/dark Blue Yellow stittching dark Blue top LHD EU ZFFYT53B000 C5670PSI
125672	360	Modena Spider (F1) 01 ZFFYT53A510125672
125673	360	Modena Spider F1 01 Red/Tan ZFFYT53A710125673
125674	360	Modena Spider F1 01 Silver/Blue Blue Top ZFFYT53A910125674
125675	360	Modena Spider Red/Crema RHD ZFFYT53C000125675
125676	360	Modena Spider
125677	456	M GT Blue TdF/Crema
125678	360	Modena Spider Grigio Alloy/blu Manual ZFFYT53B000
125679	360	Modena Spider F1 Yellow/Black RHD
125680	360	Modena Spider F1 01 Yellow, ZFFYT53A410125680
125681	360	Modena Spider F1 01 Red/Tan US ZFFYT53A610125681
125682	360	Modena Spider F1 01 Red/Tan Daytona Seats ZFFYT53A810125682 Shields Red Calipers Challenge Grill Tubi
125684	360	Modena Spider Red/Black LHD ZFFYT53B000125684
125685	360	Modena 01 Yellow/Tan Manual US ZFFYT53A310125685
125686	360	Modena Spider (F1) 01 ZFFYT53A510125686
125687	360	Modena Spider F1 01 ZFFYT53A710125687
125688	360	Modena Spider (F1) 01 ZFFYT53A910125688
125689	360	Modena Spider (F1) 01 ZFFYT53A010125689
125691	360	Modena
125692	360	Modena Spider 01 Red/Black Manual LHD EU ZFFYT53B000125692 EPA & DOT converted
125695	360	Modena Spider 01 Grigio Titanio Dark Blue Manual ZFFYT53A610125695
125696	360	Modena Spider F1 01 Grigio Titanio Bordeaux ZFFYT53A810125696
125697	360	Modena Spider (F1) 01 ZFFYT53AX10125697
125698	360	Modena Spider F1 10/01 Rosso Corsa/Nero ZFFYT53A110125698
125700	360	Modena Spider Red/Black ZFFYT53B000125700 C5700AMA
125701	360	Modena Spider (F1) 01 ZFFYT53A810125701
125702	360	Modena Spider F1 01 Silver Medium Grey ZFFYT53AX10125702
125703	360	Modena Spider (F1) 01 ZFFYT53A110125703
125704	360	Modena Spider (F1) 01 ZFFYT53A310125704
125705	360	Modena Spider (F1) 01 ZFFYT53A510125705
125706	360	Modena Spider
125708	360	Modena Spider Red/Black
125713	360	Modena F1 01 Red/Beige ZFFYU51A410125713 Red Calipers

s/n	Type	Comments	s/n	Type	Comments
125716	360	Modena F1 02 Red/Tan Sports Seats ZFFYU51A820125716 Red Calipers Rear Challenge Grill	125778	360	Modena Spider 01 Giallo Modena/Black Yellow stitching ZFFYT53AX10125778 Challenge grille Red calipers shields Tubi
125717	360	Modena F1 02 Black/Tan Daytona Seats black inserts ZFFYU51AX20125717 front & rear Challenge grill	125779	360	Modena Spider Argento Nürburgring 101/C/ Verde Black inserts Verde Carpet Manual RHD ZFFYT53C000125779
125718	360	Modena F1 02 Grey Beige ZFFYU51A120125718	125781	360	Modena Spider F1 01 Giallo Modena/Nero RHD AUS ZFFYT53D000125781
125719	360	Modena (F1) 02 ZFFYU51A320125719	125782	360	Modena Spider (F1) 01 Grigio Titanio 3238/Blue Scuro Daytona Seats Grey Stitching ZFFYT53A110125782 Red Calipers
125720	360	Modena (F1) 02 ZFFYU51AX20125720			
125721	360	Modena F1 02 Grigio Alloy/Black ZFFYU51A120125721 Tubi challenge grill shields	125783	360	Modena Spider F1 01 Rosso Corsa/Bordeaux & Crema Daytona seats ZFFYT53A310125783 front & rear challenge grilles shields
125722	550	Maranello 01 LHD US ZFFZS49A410125722	125784	360	Modena Spider 01 Red/Red ZFFYT53A510125784
125723	550	Maranello 01 LHD US ZFFZS49A610125723			
125724	550	Maranello 01 LHD US ZFFZS49A810125724	125785	360	Modena Spider
125725	550	Maranello 01 Grigio Titanio met./Grey charcoal LHD US ZFFZS49AX10125725	125786	360	Modena Spider F1 01 Grigio Titanio 3238/dark Blue dark Blue top ZFFYT53A910125786 front & rear challenge grill shields
125727	550	Maranello 01 Grigio Titanio met./Grey ZFFZS49A310125727	125787	360	Modena Spider (F1) 01 Red/Tan Daytona Seats ZFFYT53A010125787 Tubi
125729	550	Maranello 01 LHD US ZFFZS49A710125729	125788	360	Modena Spider F1 01 Daytona Seats ZFFYT53A210125788 Silver Calipers
125731	550	Maranello 01 Rosso Corsa/Tan LHD US ZFFZS49A510125731			
125733	550	Maranello 01 silver/black	125789	360	Modena Spider (F1) 01 ZFFYT53A410125789
125734	550	Maranello Grigio Titanio met./bordeaux ZFFZR49B000125734	125791	360	Modena Spider F1 01 Rosso Corsa/Tan ZFFYT53A210125791
125735	550	Maranello black/black19LHD ZFFZR49B000125735	125792	360	Modena Spider F1 01 Silver/Light Grey ZFFYT53A410125792
125738	360	Modena Blue TdF/Sabbia Manual ZFFYR51B000125738 ass. # 43937 modular wheels Red calipers	125793	360	Modena Spider F1 01 Silver/Black ZFFYT53A610125793
125739	360	Modena F1 Rosso Corsa/black LHD EU challenge grill	125794	360	Modena Spider (F1) 01 ZFFYT53A810125794
			125795	360	Modena Spider F1 9/01 Rosso Corsa/Crema ZFFYT53C000125795
125740	360	Modena F1 02 Red/Tan ZFFYR51B000 rear challenge grill	125796	360	Modena Spider F1 01 Silver/Tan US ZFFYT53A110125796
125741	360	Modena F1 Blu Pozzi 521 D.S.Black LHD			
125742	360	Modena F1 Red/Black ZFFYR51B000 ass. # 43890	125797	360	Modena Spider (F1) 01 ZFFYT53A310125797
			125798	360	Modena Spider F1 01 Rosso Corsa/Beige ZFFYT53A510125798
125744	360	Modena F1 silver/black LHD EU ZFFYR51B000	125799	360	Modena Spider (F1) 01 ZFFYT53A710125799
125745	360	Modena F1 Rosso Corsa/beige Racing seats ZFFYR51B000125745	125800	360	Modena Spider F1 9/01 Giallo Modena/Nero ZFFYT53C000125800
125747	360	Modena Grigo Alloy/Black LHD ZFFYR51B000125747	125801	360	Modena Spider F1 Red Cognac LHD
125749	456	M GTA 01 Silver Metallic/Beige LHD US ZFFWL50A910125749	125802	360	Modena Spider F1 01 Silver Dark Blue ZFFYT53A310125802
125750	456	M GTA 01 LHD US ZFFWL50A510125750	125803	360	Modena Spider (F1) 01 ZFFYT53A510125803
125754	456	M GTA black/tan	125804	360	Modena Spider F1 01 Yellow/Black Daytona seats ZFFYT53A710125804 rear challenge grill shields
125755	456	M GT Black/Tan LHD ZFFWP44B000125755			
125756	456	M GTA 01 Grigio Titanio met./tan ZFFWP50B000125756	125805	360	Modena Spider F1 01 Grigio Titanio 3238/Charcoal Daytona Seats ZFFYT53A910125805 Front & Rear Challenge Grilles Black Calipers Shields
125757	456	M GT Anthracite/Black LHD EU ZFFWP44B000			
125759	550	Maranello 01 Nuovo Nero Daytona/Beige RHD UK ZFFZR49C000 Red Calipers			
			125807	360	Modena Spider F1 01 Grigio Titanio ZFFYT53A210125807
125762	550	Maranello 01 Black/Black Daytona seats LHD US ZFFZS49A510125762 Red calipers	125808	360	Modena Spider F1 01 Red/Tan ZFFYT53A410125808
125763	550	Maranello 01 LHD US ZFFZS49A710125763	125809	360	Modena Spider (F1) ZFFYT53A610125809
125764	550	Maranello 01 Rosso Corsa/Black ZFFZS49A910125764	125810	360	Modena Spider 01 Rosso Corsa/Tan Manual US ZFFYT53A210125810
125765	550	Maranello 01 LHD US ZFFZS49A010125765	125811	360	Modena Spider F1 01 Rosso Corsa/Black Daytona Seats Red Inserts Red Piping Black Top ZFFYT53A410125811 Red Calipers Shields Rear Challenge Grill
125767	360	Modena F1 Red/Tan			
125768	360	Modena F1 01 Red/Tan ZFFYR51B000125768			
125770	360	Modena Spider F1 01 Nero/Nero			
125771	360	Modena Spider 01 Grigio Titanio bordeaux, US ZFFYT53A710125771	125812	360	Modena Spider F1 9/01 Grigio Alloy/Bordeaux LHD EU ZFFYT53B000125812
125772	360	Modena Spider Red/Black Manual ZFFYT53B000	125813	360	Modena Spider 01 Rosso Corsa/Nero RHD UK ZFFYT53C000125813
125773	360	Modena Spider (F1) 01 ZFFYT53A010125773	125815	360	Modena Spider Yellow/Black LHD ZFFYT53B000125815
125775	360	Modena Spider Rosso Corsa/Black Manual LHD EU ZFFYT53B000125775			
125776	360	Modena Spider (F1) 01 ZFFYT53A610125776	125817	360	Modena Spider 01 Rosso Corsa/Tan Manual ZFFYT53A510125817 Tubi Shields
125777	360	Modena Spider Black/black ZFFYT53B000	125818	360	Modena Spider (F1) 01 ZFFYT53A710125818

s/n	Type	Comments
125819	360	Modena Spider F1 01 Yellow/Black ZFFYT53A910125819
125820	360	Modena Spider (F1) 01 ZFFYT53A510125820
125821	360	Modena Spider F1 01 Grigio Alloy/Black LHD EUR ZFFYT53B000125821 C5821NCC
125822	360	Modena Spider F1 01 Argento Nürburgring 101/C/Black silver stitching RHD ZFFYT53C000125822 Red calipers Challenge rear grill shields
125823	360	Modena Spider 01 Grigio Titanio 3238/nero Manual ZFFYT53B000125823 C5823EWE
125824	360	Modena Spider 01 Argento/two tone Grey Daytona seats dark grey piping & inserts Manual ZFFYT53A210125824 Red calipers shields challenge rear Grill
125825	360	Modena Spider F1 01 black/tan black piping ZFFYT53A410125825 Red calipers challenge grill shields
125826	360	Modena Spider (F1) 01 ZFFYT53A610125826
125827	360	Modena Spider (F1) 01 ZFFYT53A810125827
125828	360	Modena Spider F1 01 Yellow/Black ZFFYT53AX10125828
125829	360	Modena Spider 01 Alloy Grey Black ZFFYT53C000125829
125830	360	Modena Spider F1 01 Rosso Corsa Nero Nero Carpet
125832	360	Modena Spider 01 Red/Black ZFFYT53B000
125833	360	Modena Spider 01 Giallo Modena/Natural Manual ZFFYT53A310125833
125834	360	Modena Spider F1 01 Rosso/Black Daytona seats ZFFYT53A510125834 rear challenge grill
125835	360	Modena Spider (F1) 01 ZFFYT53A710125835
125836	360	Modena Spider F1 01 black/black Daytona Seat black top LHD ZFFYT53A910125836 ass. # 42782 Red Calipers front & rear grills
125837	360	Modena Spider F1 01 Black/Black Daytona seats Red inserts & piping ZFFYT53A010125837 Tubi Red calipers front & rear challenge grilles
125838	360	Modena Spider
125839	360	Modena Spider 01 Red/Black LHD
125841	360	Modena Spider (F1) 01 ZFFYT53A210125841
125842	360	Modena Spider F1 01 Tour De France Blue Crema & Blue Daytona seats ZFFYT53A410125842 Shields front & rear Challenge Grills
125843	360	Modena Spider (F1) 01 ZFFYT53A610125843
125844	360	Modena Spider F1 01 Rosso Corsa/Tan ZFFYT53A810125844
125845	360	Modena Spider 01 Rosso Corsa/Tan ZFFYT53AX10125845
125848	360	Modena F1 Grigio Titanio 3238/black ZFFYR51B000
125850	360	Modena F1 02 Rosso Corsa/Tan LHD EU ZFFYR51B000125850
125854	360	Modena F1 Red/Tan
125855	360	Modena F1 01 Yellow/black LHD EU
125858	360	Modena F1 black/black
125859	360	Modena F1 01 Rosso Corsa/Nero ZFFYR51B000125859
125860	360	Modena F1 02 Red/Black ZFFYR51B000125860
125861	360	Modena F1 Grigio Titanio Dark Grey LHD
125862	360	Modena F1 Red/Black
125863	360	Modena F1 01 Black/black LHD EU
125869	360	Modena 01 Rosso Barchetta/Tan & Black Daytona Seats Manual ZFFYU51A210125869
125871	360	Modena
125873	360	Modena Red/Crema ZFFYR51C000125873
125874	360	Modena F1 01 Rosso Corsa/Nero RHD ZFFYR51C000125873
125875	360	Modena
125876	360	Modena F1 Red/Tan LHD
125877	360	Modena F1 Red/Black shields
125879	360	Modena F1 RSD Red/Red race seats LHD ZFFYR51B000125879 RSD front + rear spoilers shields non-original wheels Challenge grill
125880	360	Modena F1 Red/Tan LHD ZFFYR51B000125880 C5880KKV
125882	360	Modena F1 01 Canna Di Fucile Metallizzato/Bordeaux RHD UK ZFFYR51C000125882
125884	360	Modena Spider F1 01 Grigio Metallizzato/Tan RHD Red calipers shields ZFFYT53C000125884
125885	360	Modena
125888	360	Modena F1 silver ZFFYR51B000125888
125889	360	Modena F1 Dark Blue Crema ZFFYR51C000125889
125890	360	Modena Red/Black RHD ZFFYR51C000125890
125892	360	Modena F1 Rosso Corsa/tan Challenge Grill Red calipers
125896	456	M GTA 01 Grigio Titanio met./Dark Blue Daytona seats ZFFWL50A010125896 silver calipers
125897	456	M GTA 01 Rosso Corsa/Tan LHD US ZFFWL50A210125897
125898	456	M GTA 01 dark Blue metallic/tan dark Blue piping ZFFWL50A410125898
125899	456	M GT 01 Grigio Black ZFFWL44A010125899
125902	456	M GT 01 Blue Metallic/Tan ZFFWL44A710125902
125904	360	Modena
125907	360	Modena F1 10/01 Grigio Alloy/Blu Scuro RHD UK ZFFYR51C000125907 Challenge rear grill
125908	360	Modena F1 01 Argento Nürburgring 101/C/Beige ZFFYR51B000125908
125911	360	Modena F1 Red/Tan ZFFYR51B000125911 rear challenge grill
125915	360	Modena F1 Red/Black
125916	360	Modena F1 10/01 Argento Nürburgring 101/C/Blue ZFFYR51B000125916
125920	360	Modena F1 01 Red ZFFYR51B000125920
125921	360	Modena Spider F1 Silver/black RHD ZFFYT53C000
125922	360	Modena Spider silver/black
125923	360	Modena Spider F1 10/01Argento Nürburgring 101/C/Blu Scuro RHD UK
125924	360	Modena Spider 01 Black/Black Manual LHD EU ZFFYT53B000125924 Shields Challenge Grill Tubi Speedline Wheels
125925	360	Modena Spider F1 01 Red/Black US ZFFYT53A810125925
125926	360	Modena Spider F1 01 Blu Tour de France 522/Beige dark Blue piping ZFFYT53AX10125926 Red calipers shields challenge grill
125927	360	Modena Spider 01 Rosso Corsa/Crema RHD UK ZFFYT53C000125927
125929	360	Modena Spider (F1) 01 ZFFYT53A510125929
125930	360	Modena Spider F1 01 ZFFYT53A110125930
125931	360	Modena Spider (F1) 01 ZFFYT53A310125931
125932	360	Modena Spider F1 01 Black/Black Daytona seats grey inserts grey piping ZFFYT53A510125932 Tubi shields Red calipers front & rear challenge grill
125933	360	Modena Spider F1 01 Grigio Titanio Metallic/Black Daytona seats ZFFYT53A710125933 ass. # 42820
125934	360	Modena Spider 01 Black/Tan Daytona Seats Black Inserts Black Piping Manual ZFFYT53A910125934 Front & Rear Challenge Grills Red Calipers Tubi
125935	360	Modena Spider F1 01 Silver/Black ZFFYT53A010125935
125936	360	Modena Spider (F1) 01 ZFFYT53A210125936
125937	360	Modena Spider (F1) 01 ZFFYT53A410125937

s/n	Type	Comments
125938	360	Modena Spider F1 01 Yellow/black Daytona seats ZFFYT53A610125938 Challenge grille shields
125939	360	Modena Spider (F1) 01 ZFFYT53A810125939
125940	360	Modena Spider 01 Rosso Corsa/Nero Manual ZFFYT53B000125940 C5940AXA
125942	360	Modena Spider F1 01 Yellow/Tan
125943	360	Modena Spider (F1) 01 ZFFYT53AX10125943
125944	360	Modena Spider (F1) 01 ZFFYT53A110125944
125945	360	Modena Spider (F1) 01 ZFFYT53A310125945
125947	360	Modena Spider 01 Giallo Modena/Nero Yellow piping Manual ZFFYT53A710125947 rear challenge grill
125948	360	Modena Spider F1 01 nero/black ZFFYT53A910125948
125949	360	Modena Spider F1 01 Red/Black Red inserts Black top ZFFYT53A010125949 Red calipers shields challenge grills
125950	360	Modena Spider (F1) 01 ZFFYT53A710125950 124951
125951	360	Modena Spider 1/02 Grigio Alloy/Blu Scuro Manual ZFFYT53C000125951
125953	360	Modena F1 01 Rosso Corsa Nero ZFFYR51B000125953
125956	360	Modena F1 Black/Tan sport seats shields LHD
125958	360	Modena F1 02 Blu Tour de France 522/Blu Scuro RHD UK ZFFYR51C000125958
125959	360	Modena 01 Grigio Alloy/Crema ZFFYR51C000125959
125961	360	Modena F1 Rosso Corsa/Black LHD ZFFYR51B000125961 challenge Grill
125962	360	Modena F1 Grigio Titanio 3238/black
125965	360	Modena
125966	360	Modena Spider
125971	360	Modena F1 Red ZFFYR51B000125971
125975	360	Modena F1 Red LHD ZFFYR51B000125975
125981	360	Modena F1 01Grigio Alloy/Dark Blue RHD ZFFYR51C000125981
125983	360	Modena F1 Red/Black
125984	360	Modena Red/Black manual ZFFYR51B000125984
125986	360	Modena titangrey/black
125987	360	Modena (F1) LHD EU ZFFYR51B000125987
125990	360	Modena Spider Red/Black Manual ZFFYT53B000125990
125992	360	Modena Spider (F1) 01 ZFFYT53A110125992
125993	360	Modena Spider (F1) 01 ZFFYT53A310125993
125994	360	Modena Spider (F1) 01 ZFFYT53A510125994
125995	360	Modena Spider (F1) 01 ZFFYT53A710125995
125998	360	Modena Spider F1 01 Rosso Corsa/Beige Daytona seats ZFFYT53A210125998 shields Red calipers Tubi
125999	360	Modena Spider F1 01 Yellow/Black US ZFFYT53A410125999
126000	360	Modena Spider 01 Blu Pozzi 521 D.S./cuoio Daytona seats ZFFYT53B000126000 Red calipers front Challenge grilles
126001	360	Modena Spider 01 ZFFYT53A710126001
126003	360	Modena Spider 01 Blue Tour De France/Tan ZFFYT53A010126003
126004	360	Modena Spider (F1) 01 ZFFYT53A210126004
126005	360	Modena Spider (F1) 01 ZFFYT53A410126005
126006	360	Modena Spider 01 Silver Grey ZFFYT53A610126006
126007	360	Modena Spider
126010	360	Modena Spider 01 Red/Tan Daytona seats Red inserts Red stitching tan roll bars ZFFYT53A810126010 shields Red calipers
126011	360	Modena Spider F1 01 Rosso Corsa/Black LHD ZFFYT53AX10
126012	360	Modena Spider F1 01 Red ZFFYT53A110126012
126013	360	Modena Spider F1 01 Grigio Titanio/Charcoal LHD ZFFYT53A310126013 Tubi
126015	360	Modena Spider 01 Argento Nürburgring 101/C/Black Manual ZFFYT53A710126015 Red calipers Shields
126016	360	Modena Spider (F1) 01 ZFFYT53A910126016
126017	360	Modena Spider F1 01 Black Tobacco ZFFYT53A010126017
126018	360	Modena Spider (F1) 01 ZFFYT53A210126018
126019	360	Modena Spider F1 02 Nuovo Nero Daytona/Crema RHD UK ZFFYT53C000126019
126020	550	Maranello 01 Rolls Royce Blue/grigio chiaro Silver Stittching LHD US ZFFZS49AX10126020
126021	550	Maranello black/black ZFFZR49B000126021
126022	550	Maranello Dark Blue/Grey LHD EU
126023	550	Maranello 01 LHD US ZFFZS49A510126023
126027	550	Maranello 01 LHD US ZFFZS49A210126027
126029	550	Maranello silver/black
126030	550	Maranello 01 LHD US ZFFZS49A210126030
126031	550	Maranello 01 Black/Tan Black Piping ZFFZS49A410126031 Shields
126032	550	Maranello 01 LHD US ZFFZS49A610126032
126033	550	Maranello Grey/Dark Grey
126034	550	Maranello 01 Grigio Titanio met./Red LHD US ZFFZS49AX10126034
126035	550	Maranello 01 Rosso Corsa/tan LHD US ZFFZS49A110126035
126036	550	Maranello 01 Black/Black Daytona seats LHD US ZFFZS49A310126036 shields
126037	550	Maranello 01 Red/Tan Daytona seats LHD US ZFFZS49A510126037 shields Red calipers
126038	550	Maranello 01 Argento Nürburgring 101/C/BlackZFFZS49A710126038 Silver calipers
126039	550	Maranello 01 Black/black Daytona seats LHD US ZFFZS49A910126039 Red calipers
126040	550	Maranello 01 LHD US ZFFZS49A510126040
126041	550	Maranello 01 LHD US ZFFZS49A710126041
126042	550	Maranello 01 LHD US ZFFZS49A910126042
126043	550	Maranello 01 LHD US ZFFZS49A010126043
126044	550	Maranello 01 Black/Tan Daytona seats LHD US ZFFZS49A210126044 Aluminum calipers Tubi
126045	550	Maranello 01 LHD US ZFFZS49A410126045
126046	550	Maranello 01 Silver/Black LHD US ZFFZS49A610126046
126047	575	M Maranello F1 Geneva Show Car 02 Rosso Corsa/nero
126049	360	Modena Red/Black
126053	360	Modena Spider F1 Red/Black LHD
126054	360	Modena Spider 01 Yellow Dark Blue Yellow Stitching Yellow Inserts Manual ZFFYT53A610126054
126055	360	Modena Spider F1 01 Verde Zeltweg/Cuoio ZFFYT53B000126055
126057	360	Modena Spider 01 Rosso Corsa/Tan Manual ZFFYT53A110126057
126058	360	Modena Spider silver/black
126059	360	Modena Spider 01 Argento Nürburgring 101/C/ Charcoal Manual ZFFYT53A510126059
126060	360	Modena Spider F1 01 Grigio Alloy/Black LHD EU ZFFYT53B000126060
126061	360	Modena Spider F1 Dark Blue/Tan LHD ZFFYT53B000126061
126062	360	Modena Spider F1 01 Red/Black Manual LHD EU ZFFYT53B000126062 Ansa Exhaust exported to the US
126063	360	Modena Spider 01 Grigio Titanio Dark Blue LHD ZFFYT53A710126063
126064	360	Modena Spider F1 3/02 Nuovo Nero Daytona/Beige ZFFYT53B000126064
126067	360	Modena Spider 01 Black/Black Daytona Seats Manual ZFFYT53A410126067 Red Calipers Remus Exhaust ex-Nicolas Cage

s/n	Type	Comments
126068	360	Modena Spider F1 Red/Black
126071	360	Modena Spider Red
126074	360	Modena F1 12/01 Giallo Modena/Nero ZFFYR51D000126074
126076	360	Modena F1 01 Grigio Titanio Metallizzato 3238/Rosso ZFFYR51D000126076
126077	360	Modena F1 Red RHD ZFFYR51D000126077
126078	360	Modena Silver LHD ZFFYR51B000126078
126080	360	Modena Spider F1 01 Blu Tour de France 522/Crema LHD EU
126081	360	Modena Rosso Corsa/Black Manual LHD EU ZFFYR51B000126081
126083	360	Modena Red/Black ZFFYR51B000 rear challenge grill
126085	360	Modena black/tan manual LHD ZFFYR51B000126085 black rims GT EVO Imola-Modification
126089	360	Modena (F1) 01 LHD US ZFFYU51A310126089
126091	360	Modena
126094	360	Modena F1 Red/Black LHD ZFFYR51B000126094
126097	360	Modena F1 01 Black/tan ZFFYR51B000126097
126098	360	Modena F1 Red/cuoio ZFFYR51B000126098
126099	360	Modena F1 grigio alloy/Bordeaux ZFFYR51B000126099
126100	360	Modena F1 10/01 Rosso Corsa/Nero ZFFYR51B000 ass. # 43075
126104	360	Modena (F1) 01 ZFFYU51A610126104
126107	360	Modena
126114	360	Modena F1 black/grey LHD ZFFYR51B000126114
126115	360	Modena 01/11 Red
126119	360	Modena F1 Red/Black
126123	360	Modena
126124	360	Modena Red/Black
126125	360	Modena F1 11/01 Grigio Alloy/Nero ZFFYR51C000126125
126129	360	Modena F1 01 Red/Tan Daytona seats LHD ZFFYU51A010126129 Red calipers shields
126130	360	Modena F1 Red/Black
126132	360	Modena 01 Rosso Corsa/Sabbia ZFFYR51C000126132
126137	360	Modena F1 02 Rosso Corsa/Nero LHD EU ZFFYR51B000126137
126141	360	Modena 01 Red/Black ZFFYR51B000126141
126143	360	Modena F1 Blu Tour de France 522/Crema LHD EU
126145	360	Modena F1 TdF Blue Crema LHD
126146	360	Modena Red/Black LHD Manual ZFFYR51B000126146
126150	360	Modena F1 silver/blackZFFYR51B000
126154	360	Modena 01 Red/Tan ZFFYU51AX10126154
126155	360	Modena F1 11/01 Argento Nürburgring 101/C/Blu Scuro ZFFYR51C000126155
126160	360	Modena F1 Red LHD ZFFYR51B000126160
126162	360	Modena
126165	456	M GTA 03 Nuovo Nero Daytona/Crema RHD UK ZFFWP50C000126165
126168	360	Modena Spider Black Bordeaux RHD ZFFYT53C000126168
126171	360	Modena Spider (F1) 01 ZFFYT53AX10126171
126172	360	Modena Spider (F1) 01 ZFFYT53A110126172
126174	360	Modena Spider (F1) 01 ZFFYT53A510126174
126175	360	Modena Spider 01 Yellow/Black Daytona Seats Yellow Stitching & Piping Manual ZFFYT53A710126175 Front Challenge Grill Rear Challenge Grill Shields Red Calipers
126176	360	Modena Spider Rosso Corsa/Black LHD Manual ZFFYT53B000126176 shields F430 wheels
126178	360	Modena Spider (F1) 01 ZFFYT53A210126178
126179	360	Modena Spider Dark Blue
126180	360	Modena Spider Black/Black Manual LHD EU
126181	360	Modena Spider 01 Silver/Black, US ZFFYT53A210126181
126182	360	Modena Spider (F1) 01 ZFFYT53A410126182
126185	360	Modena Spider Red/Tan LHD
126187	360	Modena Spider 01 Black/Tan LHD ZFFYT53A310126187
126189	360	Modena Spider F1 01 Nero Daytona/Crema ZFFYT53A710126189 rear Wing
126190	360	Modena Spider (F1) 01 ZFFYT53A310126190
126191	360	Modena Spider (F1) 01 ZFFYT53A510126191
126192	360	Modena Spider F1 01 Red/Black Daytona Seats ZFFYT53A710126192 Shields Challenge Grill Red Calipers
126194	360	Modena Spider (F1) 01 ZFFYT53A010126194
126195	360	Modena Spider (F1) 01 ZFFYT53A210126195
126196	360	Modena Spider F1 01 Giallo Modena/Black Yellow stitching Black soft top ZFFYT53A410126196 Tubi Rear Challenge grill Red calipers shields
126198	360	Modena Spider (F1) 01 ZFFYT53A810126198
126199	360	Modena Spider F1 01 Blu Pozzi Beige ZFFYT53AX10126199
126200	360	Modena Spider (F1) 01 ZFFYT53A210126200
126202	360	Modena Spider (F1) 01 ZFFYT53A610126202
126203	360	Modena Spider F1 01 Silver/Grey Daytona seats black stitching ZFFYT53A810126203 ass. # 43047 front & rear Challenge Grille Hammon Body kit Chrome GFG wheels Capristo Exhaust ex-Gary Sheffield
126204	360	Modena Spider F1 01 Argento Nürburgring 101/C/Charcoal Silver Stitching ZFFYT53AX10126204 Rear Challenge Grill Shields Silver calipers
126206	360	Modena Spider F1 Grigio Titanio 3238/grey ZFFYT53B000
126207	360	Modena Spider F1 01 ZFFYT53A510126207
126208	360	Modena Spider F1 01 Blu Pozzi 521 D.S./Beige Blue Piping ZFFYT53A710126208 Red Calipers
126209	360	Modena Spider F1 Azzurro California Black LHD
126211	360	Modena Spider (F1) 01 ZFFYT53A710126211
126212	360	Modena Spider F1 01 Rosso Corsa/Tan Red stitching Bordeaux piping ZFFYT53A910126212 Red calipers Shields Front & Rear Challenge Grills
126213	360	Modena Spider (F1) 01 ZFFYT53A010126213
126214	360	Modena Spider F1 01 Giallo Modena/Nero ZFFYT53B000126214
126216	360	Modena Spider F1 Grigio Titanio 3238/nero ZFFYT53B000126216
126217	360	Modena Spider F1 01 Silver/Bordeaux Daytona Seats ZFFYT53A810126217 Rear challenge Grill Red Calipers
126218	360	Modena Spider F1 01 Red/Tan ZFFYT53AX10126218
126219	360	Modena Spider F1 01 NART Blue Naturale ZFFYT53A110126219
126221	360	Modena Spider F1 01 Yellow/Black LHD ZFFYT53AX10126221
126222	360	Modena Spider F1 01 Yellow/Black Daytona seats Yellow stitching ZFFYT53A110126222 Rear challenge grill
126223	360	Modena Spider F1 01 Black/Black Daytona seats ZFFYT53A310126223 shields Red calipers front challenge grill Tubi
126224	360	Modena Spider F1 Red LHD ZFFYT53B000126224
126225	360	Modena Spider F1 01 Argento Nürburgring/nero Daytona seats ZFFYT53A710126225 shields Tubi front & rear Challenge grilles
126226	360	Modena Spider (F1) 01 ZFFYT53A910126226

s/n	Type	Comments
126227	360	Modena Spider F1 01 Red/Crema Red piping & inserts US ZFFYT53A010126227
126229	360	Modena Spider F1 black/black ZFFYT53B000
126230	360	Modena Spider Red/Black
126232	360	Modena Spider (F1) 01 ZFFYT53A410126232
126233	360	Modena Spider (F1) 01 ZFFYT53A610126233
126236	360	Modena Spider F1 01 Silver/Black ZFFYT53A110126236
126237	360	Modena Spider F1 01 Grigio Ingrid 720/Creme Black Piping US ZFFYT53A310126237 Tubi Exhaust Rear Challenge Grill
126238	360	Modena Spider F1 01 Red/Tan ZFFYT53A510126238 Red Calipers Shields
126241	360	Modena Spider (F1) 01 ZFFYT53A510126241
126242	360	Modena Spider (F1) 01 ZFFYT53A710126242
126243	360	Modena F1 01 Yellow/Tan ZFFYT53A910126243
126244	360	Modena Spider Red/
126246	360	Modena Spider (F1) 01 ZFFYT53A410126246
126247	360	Modena Spider F1 01 Yellow/Black US ZFFYT53A610126247 Shields
126248	360	Modena Spider (F1) 01 ZFFYT53A810126248
126249	360	Modena Spider F1 01 Black/Tan ZFFYT53AX10126249
126252	360	Modena Spider F1 01 Yellow/Black ZFFYT53AX10126252
126253	360	Modena Spider F1 01 Red then Grigio Alloy/Nero ZFFYT53A110126253
126254	360	Modena Spider F1 silver/dark Blue ZFFYT53B000126254
126257	360	Modena Spider 01 Silver/Red ZFFTYT53A910126257
126258	360	Modena Spider 01 Red ZFFYT53A010126258
126259	360	Modena Spider
126260	360	Modena Spider light Blue
126261	456	M GT Black/Black LHD ZFFWP44B000126261
126262	456	M GT 4/02 Blu Pozzi/Beige ZFFWP44B000126262
126263	456	M GT 5/03 Verde British Racing/Beige ZFFWP44B000126263
126264	456	M GT Nuovo Nero Daytona Meti/Black
126265	456	M GT Nero Daytona/Tan LHD ZFFWP44B000126265 ass.# 43350
126266	456	M GT black/tan
126268	456	M GT silver/black ZFFWP44B000126268
126269	456	M GT Blu Pozzi 521 D.S./tan LHD EU ZFFWP44B000126269 Red calipers
126271	550	Maranello Silver/Black LHD ZFFZR49B000126271
126273	550	Maranello 01 LHD US ZFFZS49A610126273
126277	360	Modena
126278	360	Modena F1 11/01 Rosso Corsa/Nero ZFFYR51B000126278
126281	360	Modena Grigio Alloy/black
126286	360	Modena F1 Red/Black Red stitching ZFFYR51B000126286 Challenge grille
126292	360	Modena F1 01 Argento Nürburgring 101/C/Nero ZFFYR51B000126292
126293	360	Modena F1 Black/black ZFFYR51B000
126303	360	Modena F1 01 silver/black ZFFYR51B000126303
126309	360	Modena F1 Black/Black ZFFYR51B000126309
126311	360	Modena F1 Yellow/black ZFFYR51B000126311
126312	360	Modena F1 01 Grigio Alloy/Carta Da Zucchero LHD EU ZFFYR51B000126312
126319	360	Modena F1 Black/Crema ZFFYR51B000
126320	360	Modena Spider F1 Yellow/black RHD
126321	360	Modena Spider F1 1/02 Giallo Modena/Nero ZFFYT53C000126321
126322	360	Modena Spider Grigio Alloy/Dark Blue silver stitching RHD Manual ZFFYT53C000126322 Silver calipers Challenge rear grill
126323	360	Modena Spider
126324	360	Modena Spider F1 Red/Black ZFFYT53B000126324
126325	360	Modena Spider F1
126326	360	Modena Spider 01 grigio/Black LHD
126327	360	Modena Spider 01 Giallo Modena/Black Yellow Piping Yellow Stitching Manual ZFFYT53A410126327 Shields Red calipers
126328	360	Modena Spider F1 grigio alloy/black ZFFYT53B000126328
126331	360	Modena Spider F1 Red/Black Daytona seats
126333	360	Modena Spider 01 Yellow/black ZFFYT53AX10126333
126334	360	Modena Spider F1 01 Giallo Modena/Black ZFFYT53A110126334
126335	360	Modena Spider
126336	360	Modena Spider F1 01 Grigio Alloy/Cuoio LHD EU ZFFYT53B000126336
126339	360	Modena Spider (F1) 01 ZFFYT53A010126339
126341	360	Modena Spider
126342	360	Modena Spider F1 Silver Bordeaux LHD ZFFYT53B000126342
126344	360	Modena Spider 01 Rosso Corsa/Beige RHD UK ZFFYT53C000126344
126345	360	Modena Spider
126348	360	Modena Spider F1 01 Rosso Corsa/Nero RHD AUS ZFFYT53D000126348
126349	360	Modena Spider F1 01 Azzurro California 524/Black RHD ZFFYT53C000126349
126352	360	Modena Spider F1 01 Silver/RHD ZFFYT53D000126352
126355	456	M GT Dark Blue/Cream Black piping LHD ZFFWP44B000126355
126360	360	Modena Red/Black ZFFYR51B000
126362	360	Modena F1 Black/Tan LHD
126367	360	Modena F1 01 Grigio Titanio 3238/Black ZFFYU51A510126367
126368	360	Modena 12/01 Rosso Corsa/Nero ZFFYR51C000126368
126375	360	Modena
126376	360	Modena F1 Red/Tan ZFFYR51B000126376
126377	360	Modena F1 1/02 Nuovo Nero Daytona/Charcoal ZFFYR51B000126377
126382	360	Modena F1 Red/Black ZFFYR51B000126382 rear challenge grill
126385	360	Modena Spider F1 01 Red/Black US
126387	360	Modena F1 01 Rosso Corsa/Crema RHD UK ZFFYR51C000126387
126388	360	Modena F1 Grigio Alloy/Tan ZFFYR51B000126388 rear challenge grill
126391	360	Modena F1 Rosso/nero LHD ZFFYR51B000126391
126392	360	Modena F1 Grey/Bordeaux sport seats ZFFYR51B000126392 ass. # 43582 rear grill
126393	360	Modena F1 Red/Black LHD ZFFYR51B000
126394	360	Modena Grigio Alloy ZFFYR51B000126394
126395	360	Modena Spider F1 01 Rosso Corsa/Black Daytona Seats Red inserts Red stitching ZFFYT53AX10126395
126396	360	Modena Spider F1 01 Grigio Titanio 3238/Tan ZFFYT53A110126396
126397	360	Modena Spider 01 Blu Tour de France 522/Tan Manual ZFFYT53A310126397 Challenge Grill Red Calipers Tubi Exhaust
126400	360	Modena Spider Red/Black manual
126402	360	Modena Spider F1 Rosso Corsa//black LHD ZFFYT53B000126402 rear challenge grill
126404	360	Modena Spider F1 Azzurro California 524/black Red calipers modular wheels
126405	360	Modena Spider 01 Grigio Titanio 3238/Bordeaux RHD ZFFYT53D000126405
126407	360	Modena Spider F1 Rosso Corsa/Black LHD EU
126409	360	Modena Spider Argento Nürburgring 101/C/Blue Scuro Blue Carpet Manual

s/n	Type	Comments
126410	360	Modena Spider F1 Rosso Corsa/Nero
126411	360	Modena Spider F1 Red/Black ZFFYT53B000126411
126412	360	Modena Spider Blue Met'/Beige
126413	360	Modena Spider
126414	360	Modena Spider 3/02 Rosso Corsa/Nero LHD Manual ZFFYT53B000126414
126415	360	Modena Spider 11/01 Rosso Corsa/Nero Manual ZFFYT53B000126415
126416	360	Modena Spider Red/Tan LHD
126417	360	Modena Spider F1 02 Argento Nürburgring 101/C/Nero ZFFYT53C000126417
126418	360	Modena Spider 3/02 Rosso Corsa/Crema ZFFYT53C000126418
126420	360	Modena Spider F1 Grigio Titanio 3238/Scuro Blue LHD ZFFYT53B000126420 Red calipers
126421	360	Modena Spider F1 Red/Black
126423	360	Modena Spider Red/Tan ZFFYT53C000126423
126424	360	Modena Spider (F1) 01 ZFFYT53A210126424
126425	360	Modena Spider 01 Blu Tour de France Beige Manual ZFFYT53A410126425
126426	360	Modena Spider (F1) 01 ZFFYT53A610126426
126427	360	Modena Spider (F1) 01 ZFFYT53A810126427
126428	360	Modena Spider (F1) 01 ZFFYT53AX10126428
126429	360	Modena Spider (F1) 01 ZFFYT53A110126429
126430	360	Modena Spider (F1) 01 ZFFYT53A810126430
126431	360	Modena Spider (F1) 01 ZFFYT53AX10126431
126432	360	Modena Spider (F1) 01 ZFFYT53A110126432
126433	360	Modena Spider F1 01 Silver/Black ZFFYT53A310126433
126434	360	Modena Spider 01 Red/Beige ZFFYT53A510126434
126435	360	Modena Spider (F1) 01 ZFFYT53A710126435
126436	360	Modena Spider (F1) 01 ZFFYT53A910126436
126437	360	Modena Spider F1 01 Silver/Black ZFFYT53A010126437
126438	360	Modena Spider (F1) 01 ZFFYT53A210126438
126439	360	Modena Spider (F1) 01 ZFFYT53A410126439
126440	360	Modena Spider 01 Rosso Fiorano 321/Beige ZFFYT53A010126440
126442	360	Modena Spider F1 01 Yellow/Black ZFFYT53A410126442
126443	360	Modena Spider F1 01 Giallo Modena/Black Yellow stiching ZFFYT53A610126443 Red Calipers Tubi
126444	360	Modena Spider (F1) 01 ZFFYT53A810126444
126445	360	Modena Spider 01 Yellow Navy Manual ZFFYT53AX10126445
126446	360	Modena Spider F1 01 Giallo Modena/Black Daytona Seats Yellow Piping Yellow Inserts ZFFYT53A110126446 Front Challenge Grill
126447	360	Modena Spider (F1) 01 ZFFYT53A310126447
126448	360	Modena Spider (F1) 01 ZFFYT53A510126448
126449	360	Modena Yellow/black Manual ZFFYR51B000126449
126458	360	Modena (F1) LHD EU ZFFYR51B000126458
126460	360	Modena Spider F1 Red/Black
126461	360	Modena 12/01 Argento Nürburgring 101/C/Nero silver stitching Manual ZFFYR51C000126461 Red calipers shields
126465	360	Modena Titan grey/Bordeaux
126470	360	Modena Red/Black ZFFYR51B000126470 ass. # 43575
126472	360	Modena
126473	360	Modena Rosso Corsa/Tan & brown
126476	360	Modena Red/Black RHD UK ZFFYR51C000126476
126477	360	Modena F1 Giallo/nero Yellow stitching LHD ZFFYR51B000126477
126478	360	Modena F1 Blu Tour de France 522/grey ZFFYR51B000126478
126480	360	Modena Spider
126481	360	Modena Spider F1 Red/Black ZFFYT53B000126481
126486	360	Modena Spider Dark Blue/Crema black seat centres RHD Manual ZFFYT53C000126486 ass. # 43682 Silver calipers shields
126488	360	Modena Spider 01 Rosso Corsa/Beige RHD AUS ZFFYT53D000126488
126489	360	Modena Spider F1 02 Argento Nürburgring 101/C/Blu Scuro ZFFYT53C000126489
126490	360	Modena Spider
126491	360	Modena Spider Red/Black ZFFYT53B000
126492	360	Modena Spider F1
126493	360	Modena Spider F1 Argento Nür./black ZFFYT53B000126493
126494	360	Modena Spider
126497	360	Modena Spider F1 3/02 Argento Nürburgring 101/C/Charcoal ZFFYT53B000126497
126498	360	Modena Spider F1 02 Rosso Corsa/Nero ZFFYT53C000126498
126499	360	Modena Spider
126500	550	Maranello 01 LHD US ZFFZS49A210126500
126501	550	Maranello 01 Blu Tour de France 522/Creme LHD US US ZFFZS49A410126501 Shields
126504	360	Modena Spider F1 01 Red/Tan Daytona seats Red stitching ZFFYT53A010126504 Red calipers shields Challenge grille Tubi
126505	360	Modena Spider 01 Blu Pozzi 521 D.S./tan Daytona seats Blue inserts Blue stitching ZFFYT53A210126505 Red calipers front & rear Challenge grilles
126506	360	Modena Spider (F1) 01 ZFFYT53A410126506
126507	360	Modena Spider F1 01 Yellow/black ZFFYT53A610126507
126508	360	Modena Spider (F1) 01 ZFFYT53A810126508
126509	360	Modena Spider 01 ZFFYT53AX10126509
126510	360	Modena Spider (F1) 01 ZFFYT53A610126510
126511	360	Modena Spider 01 Blu Tour de France 522/Beige ZFFYT53A810126511
126512	360	Modena Spider F1 01 Blue Beige ZFFYT53AX10126512
126513	360	Modena Spider F1 01 Yellow/Black ZFFYT53A110126513
126514	360	Modena Spider F1 01 Giallo Modena/Black ZFFYT53A310126514
126515	360	Modena Spider F1 01 Rosso Fiorano 321/cuoio Daytona seats black piping cuoio dash & steering wheel ZFFYT53A510126515 Challenge grille shields
126517	456	M GTA black/tan ZFFWP50B000126517
126519	456	M GT 02 Zeltweg Green Met./Tan ZFFWL44A020126519
126520	456	M GT 02 Grigio Titanio Black LHD ZFFWL50A220126520
126521	550	Maranello 01 LHD US ZFFZS49AX10126521
126522	550	Maranello 01 Rosso Rubino/dark tan LHD US ZFFZS49A110126522
126523	550	Maranello 01 LHD US ZFFZS49A310126523
126524	550	Maranello 01 LHD US ZFFZS49A510126524
126525	550	Maranello 01 LHD US ZFFZS49A710126525
126526	550	Maranello 01 LHD US ZFFZS49A910126526
126527	550	Maranello 01 LHD US ZFFZS49A010126527
126528	550	Maranello Argento/Black
126529	550	Maranello Silver/Black LHD ZFFZR49B000126529
126530	550	Maranello 01 Grey Black LHD US ZFFZS49A010126530
126531	550	Maranello 01 LHD US ZFFZS49A210126531
126532	550	Maranello TDF Blue/naturale LHD
126533	550	Maranello 01 Black met. LHD EU ex-Dejan Stankovic
126534	550	Maranello 01 Black/Black LHD US ZFFZS49A810126534 Tubi

s/n	Type	Comments
126535	550	Maranello 01 Grigio Titanio met./Dark Blue LHD US ZFFZS49AX10126535
126536	550	Maranello 01 LHD US ZFFZS49A110126536
126537	360	Modena 01 Red/Tan ZFFYU51A410126537
126538	360	Modena F1 01 Grigio Alloy Blu Scuro ZFFYU51A610126538
126539	360	Modena (F1) 01 ZFFYU51A810126539
126540	360	Modena (F1) 01 ZFFYU51A410126540
126541	360	Modena F1 01 Grigio Titanio 3238/Black ZFFYU51A610126541
126542	360	Modena 12/01 Blu Tour de France 522/Carta Da Zucchero Manual ZFFYU51A810126542
126543	360	Modena (F1) 01 ZFFYU51AX10126543
126544	360	Modena F1 01 Rosso Corsa/Nero Black large Sport Seats ZFFYU51A110126544 black calipers
126545	360	Modena F1 01 Red/Tan ZFFYU51A310126545
126549	456	M GTA Silver Bordeaux RHD
126550	360	Modena 01 Black/Black Red piping LHD ZFFYU51A710126550 Red calipers shields black wheels Tubi
126551	360	Modena F1 01 Red/Beige ZFFYU51A910126551 Shields
126555	360	Modena F1 01 Rosso Corsa/Black Daytona seats Red stitching ZFFYU51A610126555 Red calipers shields
126557	360	Modena Red
126559	360	Modena 01 Blue/Tan ZFFYU51A310126559
126560	360	Modena F1 12/01 Rosso Corsa/Nero Red stitching shields ZFFYU51AX10126560
126562	360	Modena F1 Red/beige ZFFYR51B000126562
126564	360	Modena Rosso Corsa/black sports seats Red stitching LHD Manual ZFFYR51B000126564 Challenge rear grill
126565	360	Modena F1 02 Blu Tour de France 522/Beige ZFFYR51B000126565
126568	360	Modena (F1) 01 ZFFYU51A410126568
126571	360	Modena Red/Black
126572	360	Modena Spider F1 Red/Black
126573	360	Modena Spider 01 Argento Nürburgring 101/C/Charcoal Manual ZFFYT53A810126573
126574	360	Modena Spider F1 01 Red/Tan Daytona seats LHD ZFFYT53AX10126574 ass. # 43614 shields Red calipers Challenge grille
126575	360	Modena Spider (F1) 01 ZFFYT53A110126575
126578	360	Modena Spider Red/Black
126579	360	Modena Spider F1 Red/Black
126580	360	Modena Spider F1 02 Red/RHD ZFFYT53D000126580
126581	360	Modena Spider F1 01 Rosso Corsa/Beige/Beige Top ZFFYT53A710126581
126582	360	Modena Spider 01 Red/Tan Manual US ZFFYT53A910126582
126584	360	Modena Spider
126585	360	Modena Spider F1 Rossa Corsa/black
126586	360	Modena Spider F1 Giallo Modena/Black ZFFYT53B000 ass. # 43653
126587	360	Modena Spider F1 Red Red stitching ZFFYT53C000126587 ass. # 43655 shields ex-Peter Andre
126588	360	Modena Spider F1 01 Grigio Titanio Metallizzato 3238/Blu Scuro Daytona seats ZFFYT53AX10126588 Shields silver calipers front & rear Challenge grilles
126589	360	Modena Spider (F1) 01 ZFFYT53A110126589
126590	360	Modena Spider 01 Argento Nürburgring 101/C/ Grey Manual ZFFYT53A810126590
126591	360	Modena Spider
126592	360	Modena Spider Red/Black LHD ZFFYT53B000126592
126594	360	Modena Spider 01 Rossa Corsa/Tan Daytona Seats Manual ZFFYT53A510126594 Red Calipers Rear Challenge Grill
126595	360	Modena Spider (F1) 01 ZFFYT53A710126595
126596	360	Modena Spider F1 01 Black/Tan Daytona seats US ZFFYT53A910126596 Red calipers .Rear grill
126597	360	Modena Spider
126598	360	Modena Spider
126600	360	Modena Spider
126603	360	Modena Spider F1 01 Rosso Barchetta/Natural sport seats ZFFYT53A210126603 front & rear challenge grills silver calipers
126604	360	Modena Spider F1 01 Bleu Monte Carlo Metallic/Crema Daytona seats Blue stitching ZFFYT53A410126604 Rear challenge grill Aluminum calipers
126605	360	Modena Spider F1 02 Dark Blue/Sabbia ZFFYT53C000126605
126606	360	Modena Spider F1 Black/Tan LHD EU ZFFYT53B000126606
126607	456	M GTA 1/02 Blu Tour de France 522/Cuoio ZFFWP50B000126607
126608	360	Modena
126611	360	Modena Red/Crema ZFFYR51C000126611
126612	360	Modena
126613	360	Modena Spider
126614	360	Modena F1 02 Rosso Corsa/Crema ZFFYR51C000126614
126615	456	M GTA Dark Blue/tan ZFFWP50C000
126616	456	M GTA 6/02 Grigio Titanio Metallizzato 3238/Bordeaux ZFFWP50C000126616
126617	456	M GT Blue Crema RHD
126619	456	M GT
126620	456	M GTA Black Crema ZFFWP50C000126620
126621	360	Modena 01 Giallo Modena/Black Manual ZFFYU51A410126621
126623	360	Modena F1 Red/brown
126624	360	Modena F1 01 Rosso Corsa/Black ZFFYU51AX10126624
126625	360	Modena F1
126626	360	Modena Red/Black
126627	360	Modena
126629	360	Modena Red/Black
126631	360	Modena (F1) 01 ZFFYU51A710126631
126632	360	Modena F1 01 Azzurro California 524/Blu Scuro ZFFYR51B000126632
126633	360	Modena F1 02 Rosso Corsa/Beige ZFFYR51C000126633
126635	360	Modena Red/Black LHD ZFFYR51B000126635 shields Red calipers front & rear Challenge grill
126636	360	Modena F1 01 Dark metallic Blue/cream dark Blue dash ZFFYR51B000126636
126637	360	Modena F1 01 Grigio Titanio 3238 then Yellow/Black Daytona seats ZFFYU51A810126637 Tubi
126638	360	Modena Red/Black LHD EU ZFFYR51B000126638
126639	360	Modena
126640	360	Modena
126644	360	Modena (F1) 01 ZFFYU51A510126644
126645	360	Modena F1 metal black/cuoio EU
126651	360	Modena F1 Blu TdF/crema ZFFYR51B000126651
126652	360	Modena F1 01 Black/black Daytona Seats Red inserts LHD US ZFFYU51A410126652
126656	360	Modena F1 Red/Black
126658	360	Modena Spider Alloy Grey Black ZFFYT53C000126658
126659	360	Modena F1 01 Black/Black
126660	360	Modena Spider Alloy Grey Black LHD ZFFYT53B000126660
126661	360	Modena Spider F1 Red/Black LHD EU ZFFYT53B000126661
126662	360	Modena Spider
126664	360	Modena Spider black/tan

s/n	Type	Comments
126665	360	Modena Spider F1 Grigio Titanio 3238/tan
126666	360	Modena Spider 02 Grigio Titanio Nero Nero Carpet Manual RHD ZFFYT53C000126666 Red calipers shields
126667	360	Modena Spider
126668	360	Modena Spider 01 Rosso Corsa/black Manual LHD ZFFYT53B000126668
126669	360	Modena Spider F1 Yellow/blu scuro ZFFYT53B000126669
126672	360	Modena Spider Red/Black RHD Manual ZFFYT53C000126672 Red calipers Challenge rear grill shields
126678	360	Modena Spider Red/Black manual
126679	360	Modena Spider F1 01 Rosso Barchetta Tan Daytona Seats Bordeaux pipimg ZFFYT53A210126679 Front & Rear Challenge Grills Shields
126680	360	Modena Spider 01 Rosso Corsa/Tan Manual ZFFYT53A910126680 shields
126681	360	Modena (F1) 01 ZFFYU51A010126681
126682	360	Modena Spider F1 01, Silver/Black ZFFYT53A210126682
126683	360	Modena Spider (F1) 01 ZFFYT53A410126683
126684	360	Modena Spider (F1) 01 Blu Tour de France 522/Tan Daytona seats Navy Blue dash steering wheel stitching & piping Navy Blue top Manual ZFFYT53A610126684 Shields aluminium calipers Challenge exhaust
126685	360	Modena Spider F1 01 Grigio Titanio Bordeaux Daytona seats ZFFYT53A810126685 Red calipers shields
126686	360	Modena Spider F1 01 Yellow/Black Yellow Stitching ZFFYT53AX10126686 Front Challenge Grilles Rear Challenge Grille Red Calipers Shields
126687	360	Modena Spider (F1) 01 ZFFYT53A110126687
126688	360	Modena Spider F1 01 ZFFYT53A310126688
126689	360	Modena Spider (F1) 01 ZFFYT53A510126689
126690	360	Modena Spider F1 01 Grigio Alloy/Charcoal ZFFYT53A110126690
126691	360	Modena F1 01 Red/Tan US ZFFYU51A310126691
126692	456	M GTA 01 Blu Pozzi 521 D.S./Beige LHD ZFFWP50B000126692
126693	456	M GT 02 Grigio Titanio met./Nero ZFFWP44B000126693
126694	456	M GTA Grigio Titanio met./black
126696	360	Modena argento/tan
126697	360	Modena F1 Grey LHD ZFFFYR51B000126697
126698	360	Modena F1 Silver LHD
126700	360	Modena
126702	360	Modena F1 02 Rosso Corsa/Beige ZFFYR51B000126702
126703	360	Modena 02 Rosso Corsa/Nero Manual ZFFYR51B000126703 Challenge rear grill
126704	360	Modena 5/02 Grigio Titanio Metallizzato/Nero ZFFYR51B000126704
126705	360	Modena
126706	360	Modena F1 Grigio Titanio 3238/Black
126708	360	Modena F1 02 Red/Tan ZFFYR51B000126708
126710	360	Modena
126714	360	Modena Spider Argento/Dark Blue
126715	360	Modena Spider
126716	360	Modena Spider Red/Crema RHD ZFFYT53C000126716 Challenge rear grill
126718	360	Modena Spider Red/Black, black top
126719	360	Modena Spider F1 02 Red Black/Red Stitching Black Top LHD EU ZFFYT53B000126719
126721	360	Modena Spider Alloy Grey Black-Red ZFFYT53C000126721
126722	360	Modena Spider Argento Nürburgring 101/C/Nero sports seats ZFFYT53B000126722
126723	360	Modena 01 Giallo Modena/Black Yellow stitching ZFFYU51A110126723 Tubi Shields Red calipers
126724	360	Modena F1 01 Red/Black ZFFYU51A310126724
126725	360	Modena F1 01 Rosso Corsa/Tan Daytona seats ZFFYU51A510126725 Red calipers front & rear Challenge grilles
126726	360	Modena F1 01 Silver/Tan ZFFYU51A710126726 Hamann Wheels Red Calipers
126727	360	Modena 01 Yellow/Black Manual ZFFYU51A910126727
126732	360	Modena
126733	360	Modena
126734	360	Modena Spider F1 01 Rosso Corso/Beige black piping ZFFYT53A610126734 20" Asanti Wheels
126736	360	Modena Spider F1 01 Rosso Corsa/tan black piping ZFFYT53AX10126736 shields challenge rear grill Red calipers
126740	360	Modena Spider 01 Red/Tan ZFFYT53A110126740 Red Calipers
126741	360	Modena Spider Red/Tan
126742	360	Modena Spider Red/BlackBlack top shields LHD EU
126743	360	Modena Spider F1 Grigio Alloy Blu Scuro Blu Carpet RHD ZFFYT53C000126743
126746	360	Modena
126748	360	Modena Dashboard only!!!, showpiece in factory
126749	360	Modena Spider Red/Black LHD
126750	360	Modena 02 Rosso Corsa/Nero ZFFYR51C000126750
126751	360	Modena F1 Red/Black LHD ZFFYR51B000126751
126752	360	Modena F1 Red/Black
126754	360	Modena Rosso Corsa/Black LHD EUR ZFFYR51B000126754
126756	360	Modena F1 02 Rosso Corsa/Crema RHD ZFFYR51C000126756
126761	360	Modena Red RHD
126762	360	Modena Spider 02 Grigio Titanio Metallizzato 3238/Crema ZFFYT53C000126762
126763	360	Modena F1 Red/Black
126764	360	Modena F1 Red/Black
126765	360	Modena F1 ëEdo Competitioní Conversion Rosso Corsa/black Red stitching ZFFYR51B000126765 challenge rear grill front spoiler
126771	360	Modena F1
126774	360	Modena F1 02 Blu Tour de France 522/Beige ZFFYR51C000126774
126775	360	Modena Spider F1 01 Grigio Titanio Metallizzato Bordeaux ZFFYT53B000126775
126777	360	Modena Spider F1 02 Rosso Corsa/Crema RHD UK ZFFYT53C000126777
126779	360	Modena Spider F1 02 Giallo Modena/Nero RHD UK ZFFYT53C000126779
126781	360	Modena Spider Yellow/black
126783	360	Modena Spider (F1) LHD EU ZFFYT53B000126783
126784	360	Modena Spider F1 02 Rosso Corsa/Black LHD EU ZFFYT53B000 ass. # 43941 Red calipers rear challenge grill
126785	360	Modena Spider F1 Red/Black LHD ZFFYT53B000126785
126787	360	Modena Spider F1 6/02 Rosso Corsa/Nero ZFFYT53C000126787
126789	360	Modena Spider F1 Red/Tan LHD EU ZFFYT53B000126789
126793	360	Modena F1 Red/Black ZFFYR51B000126793
126796	360	Modena F1 Red/Black ZFFYR51B000126796 Red calipers, SF shields, xenon headlights

s/n	Type	Comments
126800	550	Maranello 01 Black/Black LHD US ZFFZS49A310126800
126801	550	Maranello 01 LHD US ZFFZS49A510126801
126802	550	Maranello 01 LHD US ZFFZS49A710126802
126803	550	Maranello 01 Rosso Corsa/Beige LHD US ZFFZS49A910126803 Shields Red Calipers
126804	550	Maranello 01 LHD US ZFFZS49A010126804
126805	550	Maranello 01 LHD US ZFFZS49A210126805
126806	550	Maranello 01 Giallo Modena/Black Daytona seats LHD US ZFFZS49A410126806 shields Red calipers Tubi
126807	550	Maranello 01 Bianco Avus Red ZFFZS49A610126807 ex-Pharrell Williams
126808	360	Modena Spider F1 01 Rosso Corsa/Black Daytona seats silver stitching ZFFYT53A910126808 silver calipers
126809	360	Modena Spider F1 01 Silver/Blue Blue top LHD ZFFYT53A010126809 front & rear challenger grills Tubi
126810	360	Modena Spider (F1) 01 ZFFYT53A710126810
126811	360	Modena Spider F1 01 Silver/Black US ZF1FYT53A910126811
126812	360	Modena Spider F1 01 titan grey/black light grey inserts ZFFYT53A010126812 Red calipers challenge grill shields
126813	360	Modena Spider (F1) 01 ZFFYT53A210126813
126814	360	Modena Spider (F1) 01 ZFFYT53A410126814
126815	360	Modena Spider F1 01 Argento Nürburgring 101/C/Bordeaux ZFFYT53A610126815
126816	456	M GT 02 Blue/magnolia ZFFWP50B000126816
126819	456	M GT 02 Grigio Titanio met./nero US ZFFWL44A120126819
126820	456	M GTA 02 Blu Tour de France Cucio LHD US ZFFWL50A320126820
126821	456	M GTA 02 ZFFWL50A520126821
126822	456	M GT 02 Argento Nürburgring 101/C/Grigio Scuro ZFFWP44B000126822
126832	360	Modena F1 Red
126836	360	Modena F1 Red/Black LHD
126838	360	Modena F1 Red/Black ZFFYR51B000126838 ass. # 44034
126845	360	Modena F1 Black/Tan LHD ZFFYR51B000126845
126846	360	Modena Red/Black LHD
126848	360	Modena Spider F1 12/01 Grigio Titanio Metallizzato 3238/Nero ZFFYT53AX10126848
126849	360	Modena Spider F1 01 Red/Tan Daytona Seats ZFFYT53A110126849 Shields Red Calipers Front & Rear Challenge Grilles
126850	360	Modena Spider 01 Red,Black/Black piping black top ZFFYT53A810126850
126851	360	Modena Spider (F1) 01 ZFFYT53AX10126851
126852	360	Modena Spider 01 Grigio Titanio Bordeaux ZFFYT53A110126852
126856	360	Modena Spider (F1) 01 ZFFYT53A910126856
126857	360	Modena Spider F1 01 Grigio Alloy/black ZFFYT53B000126857
126858	360	Modena Spider Grigio Alloy/Blue LHD ZFFYT53B000126858
126859	360	Modena Spider 2/02 Grigio Alloy/Blu Scuro ZFFYT53C000126859
126860	360	Modena Spider F1 Red/Black LHD EU
126861	360	Modena Spider 01 Silver/Black LHD EU ZFFYT53B000126861
126863	360	Modena Spider 02 Yellow/black Manual LHD EU ZFFYT53B000126863 Challenge Grill
126866	360	Modena Spider
126870	360	Modena Spider
126871	360	Modena Spider
126872	360	Modena Spider
126874	360	Modena Spider Red/Black Red stitching RHD ZFFYT53C000126874 shields rear Challenge grill
126875	360	Modena Spider
126876	360	Modena Spider F1 01 Grigio Alloy/Blue ZFFYT53B000126876
126880	360	Modena Spider F1 Dark Blue/Crema LHD
126882	360	Modena 1/02 Rosso Corsa/Nero ZFFYR51B000126882
126883	360	Modena
126884	360	Modena Spider F1 Grigio Titanio Metallic/Beige RHD UK ZFFYT53C000126884
126885	360	Modena Spider Dark Blue ZFF———J-
126886	456	M GT Bicolore Scaglietti 02 Grigio Nuvolari & Canna di Fucile Met. FER 703/C/Grey ZFFWP44B000 ex-Michael Schumacher
126887	456	M GT 01 Black/Tan ZFFWL44A720126887
126889	360	Modena Spider F1 02 Rosso Corsa/Nero ZFFYT53B000126889
126891	360	Modena Spider F1 Yellow/Black LHD
126892	360	Modena Spider F1 Red Cuoio LHD EU ZFFYT53B000126892
126894	360	Modena Spider F1 2/02 Rosso Corsa/Cuoio ZFFYT53B000126894
126896	575	M Maranello Red,Tan , LHD
126898	575	M Maranello Red/Tan
126899	575	M Maranello F1 Red,Tan, LHD
126902	360	Modena Challenge F1 01 Yellow/Red LHD EU ZFFYR51B000126902
126903	360	Modena Spider Grigio Alloy/Black Manual RHD ZFFYT53C000127903
126905	575	M Maranello F1 02 Nero Daytona/Bordeaux ZFFBT55C000126905
126907	360	Modena Challenge 02 LHD
126908	575	M Maranello F1 grigio titano/Black:
126909	575	M Maranello Red/Black ZFFBT55B000126909
126911	575	M Maranello Geneva Show Car, Argento Nürburgring 101/C/Black
126912	575	M Maranello F1 5/02 Grigio Titanio Metallizzato 3238/Blu Scuro ZFFBT55B000126912
126914	575	M Maranello F1 Silver/Black
126915	575	M Maranello
126916	456	M GT blu/tan
126918	456	M GTA 02 Nuovo Nero Daytona Black RHD
126920	360	Modena F1
126925	360	Modena F1 Red/Black ZFFYT51B000126920
126926	360	Modena F1 Red/Black Rear Challenge grille shields Red calipers
126931	360	Modena Red/Black Manual ZFFYR51B000
126932	360	Modena Yellow/Black
126934	360	Modena F1 Red/Black ZFFYR51B000126934
126935	360	Modena F1
126936	360	Modena F1
126938	360	Modena Red/Black Manual ZFFYR51B000126938
126940	360	Modena F1 Red
126942	360	Modena Spider Red/Tan
126944	360	Modena Spider Red/Black LHD ZFFYT53B000126944
126945	360	Modena F1 Grigio Titanio 3238/Red
126947	360	Modena Challenge F1 Grigio Alloy LHD EU ZFFYR51B000126947
126949	360	Modena Spider Dark Blue Crema black piping RHD ZFFYT53C000126949 Black calipers shields
126950	360	Modena Spider F1 Red/Black LHD ZFFYT53B000126950
126951	360	Modena Spider F1 Red/Black LHD
126953	360	Modena Spider black/tan LHD EU
126954	360	Modena Challenge F1 02 Rosso Corsa/Black
126955	360	Modena Challenge Yellow
126956	360	Modena Spider F1 02 Rosso Corsa/Nero RHD UK ZFFYT53C000126956

s/n	Type	Comments
126957	360	Modena Spider F1 02 Grigio Titanio Metallizzato 3238/Bordeaux LHD EU ZFFYT53B000126957
126958	360	Modena Spider F1 02 Blu Tour de France 522/Beige ZFFYT53B000126958
126959	360	Modena Challenge Yellow LHD ZFFYR51B000126959 ass. # 44241
126960	360	Modena Spider F1 Red/Black ZFFYT53B000
126962	360	Modena Spider F1 Red/Black LHD ZFFYT53B000126962
126966	360	Modena Challenge Black/Black & Red seat ZFFYR51B000126966 ass. # 44261
126969	575	M Maranello F1 02 LHD US ZFFBV55A220126969
126970	575	M Maranello (F1) 02 LHD US ZFFBV55A920126970
126971	575	M Maranello F1 02 Silver/Black LHD US ZFFBV55A020126971
126972	575	M Maranello (F1) 02 LHD US ZFFBV55A220126972
126973	575	M Maranello 02 Grigio Titanio Metallic/Dark Blue Manual LHD US
126974	360	Modena Spider light Blue/black
126975	360	Modena (F1) 01 ZFFYU51A610126975
126976	360	Modena 01 Rosso Corsa/Nero Manual RHD UK ZFFYR51C000126976
126979	360	Modena Spider F1 Blu Pozzi 521 D.S./tan
126980	360	Modena F1 4/02 Rosso Corsa/Nero ZFFYR51B000126980
126982	360	Modena LHD EU ZFFYR51B000126982
126983	360	Modena F1 Silver then Red/all dark Blue ZFFYR51B000126983
126985	360	Modena Challenge F1 02 Argento Nürburgring 101/C/Rosso Challenge Racing seats LHD EU ZFFYR51B000126985
126986	360	Modena Challenge F1 02 silver then Rosso Scuderia FER. 323/black LHD EU ZFFYR51B000126986
126988	360	Modena F1 Red/Black LHD
126994	360	Modena Challenge Red
126997	360	Modena Challenge F1 2/02 Blue & Red/Nero & Red ZFFYR51B000126997
126999	360	Modena F1 Red/Tan ZFFYR51B000126999
127000	360	Modena F1 02 Rosso Corsa/Nero RHD UK ZFFYR51C000127000
127003	360	Modena Challenge White then Black ZFFYR51B000127003 ass. # 44386
127004	360	Modena F1 black/black ZFFYR51B000127004 rear challenge grill
127006	360	Modena Challenge Black ZFFYR51B000127006
127008	360	Modena Spider 2/02 Rosso Corsa/Nero Manual ZFFYT53B000127008
127010	360	Modena Spider F1 02 black/tan ZFFYT53B000127010
127011	360	Modena 01 Dark Green Metallic/Tan ZFFYU51A410127011
127012	360	Modena 01 Red/Tan LHD ZFFYU51A610127012
127013	360	Modena 01 Giallo Modena/Black Yellow stitching Manual ZFFYU51A810127013 Red calipers front & rear challenge grills shields
127014	360	Modena Spider (F1) 01 ZFFYT53AX10127014
127015	360	Modena Spider (F1) 01 ZFFYT53A110127015
127016	360	Modena 01 Red/Tan Manual ZFFYU51A310127016
127017	360	Modena (F1) 01 ZFFYU51A510127017
127018	360	Modena Spider (F1) 01 Azzurro California Dark Blue ZFFYT53A710127018
127019	360	Modena Spider (F1) 01 ZFFYT53A910127019
127020	360	Modena 01 Red/Tan Manual ZFFYU51A510127020
127021	360	Modena F1 01 Yellow/Black Yellow stiching LHD ZFFYU51A710127021 Tubi Front & Rear Challange Grilles Shields
127022	360	Modena (F1) 01 ZFFYU51A910127022
127023	360	Modena Spider F1 01 Red/Tan ZFFYT53A010127023
127024	360	Modena (F1) 01 ZFFYU51A210127024
127025	360	Modena F1 01 Red/Tan Daytona Seats Red Stitching ZFFYU51A410127025 Red Calipers Shields
127026	360	Modena F1 01 Black/Black ZFFYU51A610127026
127027	360	Modena F1 01 Grigio Titanio 3238/Charcoal ZFFYU51A810127027
127028	360	Modena F1 01 ZFFYU51AX10127028
127029	360	Modena 01 ZFFYU51A110127029
127030	360	Modena F1 01 Red/Tan/Black piping on Daytona seats Red Calipers ZFFYU51A810127030 Shields
127031	360	Modena Spider (F1) 01 ZFFYT53AX10127031
127032	360	Modena (F1) 01 ZFFYU51A110127032
127033	360	Modena F1 01 black/tan black inserts black piping ZFFYU51A310127033 LHD Red calipers shields challenge grill
127034	360	Modena F1 01 Red/Tan ZFFYU51A510127034
127035	360	Modena F1 01 Red/Tan LHD ZFFYU51A710127035
127036	360	Modena Spider F1 01 Metallic light Blue/tan LHD EU ZFFYT53B000127036
127038	360	Modena Spider F1 Silver/Black ZFFYT53B000127038 ass. # 44154
127039	360	Modena Spider Red/Black
127040	360	Modena Spider F1 02 Rosso Corsa Nero ZFFYT53B000127040
127042	360	Modena Spider F1 Yellow/black ZFFYT53B000
127044	360	Modena Spider F1 2/02 Grigio Alloy/Nero ZFFYT53B000127044
127046	360	Modena Spider F1 Grigio Alloy/Black ZFFYT53B000127046 Challenge grille
127048	360	Modena Spider F1 Blue TdF/Tan LHD ZFFYT53B000127048
127049	360	Modena Spider F1 Grigio Alloy/black ZFFYT53B000127049
127050	360	Modena Spider F1 3/02 Giallo Modena/Nero ZFFYT53B000127050
127051	360	Modena Spider azzuro/Black LHD
127053	360	Modena Spider 01 Silver/Dark Grey manual ZFFYT53A910127053
127054	360	Modena Spider F1 grigio alloy/Crema Blue piping Blue dashboard and steering wheel Blue top LHD ZFFYT53J000127054 Red calipers shields grigio alloy Challenge grill
127058	456	M GT 02 ZFFWL44A620127058
127059	456	M GT 02 Grigio Alloy/Crema Blue piping Blue dash & carpets ZFFWL44A820127059 Black Calipers
127060	575	M Maranello F1 Silver/all bordeaux ZFFBT55B000
127061	575	M Maranello F1 02 LHD US ZFFBV55AX20127061
127065	575	M Maranello F1 Red/light grey
127066	360	Modena Spider (F1) 02 ZFFYT53A520127066
127067	360	Modena Spider (F1) 02 ZFFYT53A720127067
127068	360	Modena Spider F1 02 Argento/Black Black top ZFFYT53A920127068
127069	360	Modena Spider 01 Silver/Black Manual ZFFYT53A020127069 black Calipers
127070	360	Modena Spider F1 02 Rosso Corsa/Crema RHD UK ZFFYT53C000127070
127071	360	Modena Spider F1 02 Nuovo Nero Daytona Bordeaux RHD ZFFYT53C000127071
127073	360	Modena Spider (F1) 02 ZFFYT53A220127073

s/n	Type	Comments
127074	360	Modena Spider F1 02 Argento Nürburgring 101/C/Black ZFFYT53A420127074
127077	360	Modena Spider (F1) 02 ZFFYT53AX20127077
127078	360	Modena Spider F1 02 Yellow/Black ZFFYT53A120127078
127079	360	Modena Spider
127080	360	Modena Spider 2/02 Rosso Corsa/Nero ZFFYT53B000127080
127082	360	Modena Spider F1 02 ZFFYT53A320127082
127083	360	Modena Spider 02 Black/Black US ZFFYT53A520127083
127085	360	Modena Spider Red/Black ZFFYT53B000
127086	360	Modena Spider F1 02 ZFFYT53A020127086
127087	360	Modena Spider F1 02 Grigio Titanio 3238/Black & Grey ZFFYT53A220127087
127089	360	Modena Spider F1 Yellow/Black LHD ZFFYT53B000127089
127090	360	Modena Spider F1 Azzurro California 524/Charcoal sports seats ZFFYT53B000127090
127094	360	Modena Spider (F1) 02 Grigio Alloy/Tan Grey Stitching ZFFYT53AX20127094 Shields
127095	360	Modena Spider F1 02 Black/Black US ZFFYT53A120127095 damaged in ë05
127096	360	Modena Spider F1 02 Grigio Alloy/Blu Scuro ZFFYT53C000127096
127097	360	Modena Spider F1
127098	360	Modena Spider F1 Red/Tan LHD ZFFYT53B000127098
127100	456	M GT Blue NART RHD ZFFWP44C000127100
127102	360	Modena (F1) 02 ZFFYU51A520127102
127103	360	Modena F1 02 Yellow/Tan ZFFYU51A720127103 Red calipers rear challenge grill
127104	360	Modena F1 02 ZFFYU51A920127104
127105	360	Modena (F1) 02 ZFFYU51A020127105
127107	360	Modena 02 Black/Black LHD ZFFYU51A420127107
127108	360	Modena F1 02 Rosso Corsa/Black ZFFYU51A620127108
127109	360	Modena F1 02 Rosso Corsa/Nero sports seats RHD UK ZFFYR51C000127109 Red calipers Challenge rear grill shields
127110	360	Modena F1 02 Rosso Corsa/Tan US ZFFYU51A420127110 Red calipers, rear challenge grille Tubi
127111	360	Modena 02 Red/Tan US ZFFYU51A620127111
127120	575	M Maranello F1 8/03 Rosso Corsa/Beige ZFFBT55C000127120
127123	456	M GT 02 Blu Pozzi/Beige ZFFWP44B000127123
127124	456	M GTA 02 Blu Tour de France 522/Sabbia RHD UK ZFFWP50C000127124
127125	456	M GT 02 Silver Grey Bordeaux RHD ZFFWP44C000127125
127127	575	M Maranello F1 02 Red/Black ZFFBT55B000127127
127128	575	M Maranello 02 Red/Black ZFFBT55B000127128
127129	575	M Maranello (F1) 02 LHD US ZFFBV55A720127129
127130	575	M Maranello F1 02 Grey Metallic/Black ZFFBV55A320127130 Sunroof Red Calipers
127131	575	M Maranello F1 02 Red/Tan & Black LHD US ZFFBV55A520127131
127132	575	M Maranello (F1) 02 LHD US ZFFBV55A720127132
127133	575	M Maranello Grigio Titanio,Dark Grey LHD
127134	575	M Maranello (F1) 02 LHD US ZFFBV55A020127134
127135	575	M Maranello F1 02 Grigio Titanio met./Naturale Daytona seats LHD US ZFFBV55A220127135
127136	575	M Maranello F1 02 Grigio Titanio met./Charcoal ZFFBT55B000127136
127137	575	M Maranello F1 02 blu NART/beige ZFFBT55B000127141
127138	575	M Maranello F1 02 Nero/Beige ZFFBT55B000127138
127139	575	M Maranello F1 Silver grey/Bordeaux LHD
127140	575	M Maranello F1 02 Black/Tan LHD US ZFFBV55A620127140
127142	575	M Maranello (F1) 02 LHD US ZFFBV55AX20127142
127143	575	M Maranello F1 02 Rosso Corsa/Black LHD US ZFFBV55AX20127142
127144	575	M Maranello F1 5/02 Grigio Titanio Metallizzato/Charcoal LHD EU ZFFBT55B000127144
127145	575	M Maranello F1 02 Nero/Nero LHD US ZFFBV55A520127145
127148	575	M Maranello F1 02 Red/Tan LHD US ZFFBV55A020127148
127149	575	M Maranello F1 Grigio Titanio met./Bordeaux ZFFBT55B000
127150	575	M Maranello black ZFFBT55B000127150
127151	575	M Maranello F1 black/tan EU
127152	575	M Maranello F1 4/02 Argento Nürburgring 101/C/Nero ZFFBT55B000127152
127154	575	M Maranello F1 02 Argento Nürburgring 101/C/Bordeaux & Black Daytona Seats LHD US ZFFBV55A620127154
127155	360	Modena F1 02 Grigio Titanio 3238/Black ZFFYU51A420127155
127159	360	Modena (F1) 02 ZFFYU51A120127159
127160	360	Modena F1 02 Azzurro California 524/Dark Red Daytona seats dark Blue piping ZFFYU51A820127160 Red calipers shields front & rear challenge grill
127161	360	Modena F1 02 Yellow/Black LHD ZFFYU51AX20127161
127163	360	Modena F1 02 Grigio Titanio 3238/Black ZFFYU51A320127163 ass. # 44238
127165	360	Modena 02 Yellow/Black Manual ZFFYU51A720127165 shields rear Challenge grille Tubi Red calipers
127167	360	Modena F1 02 Rosso Fiorano 321/Beige Manual ZFFYU51A020127167
127170	360	Modena 02 Red/Tan ZFFYU51A020127170
127171	360	Modena Spider F1 02 Red/Black US ZFFYT53A220127171
127172	360	Modena Challenge F1 silver/Red
127174	360	Modena Spider 02 dark Red/Tan ZFFYT53A820127174 front Challenge grille
127175	360	Modena Spider F1 02 Rosso Corsa/Tan ZFFYT53AX20127175
127176	360	Modena Spider (F1) 02 ZFFYT53A120127176
127179	360	Modena Challenge White
127180	360	Modena Challenge F1 White/Red then Red/Black w.Red cloth ass. # 44347
127181	360	Modena Spider (F1) 02 ZFFYT53A520127181
127182	360	Modena Spider (F1) 02 ZFFYT53A720127182
127183	360	Modena Spider F1 02 Red/Tan LHD ZFFYT53A920127183
127184	360	Modena Spider F1 02 Grigio Titanio Metallizzato 3238/Nero ZFFYT53B000127184 Challenge rear grill
127185	360	Modena Challenge F1 Rosso Corsa ZFFYR51B000127185 ass. # 44374
127188	360	Modena Spider F1 02 Rosso Corsa/Black Black top US ZFFYT53A820127188
127189	360	Modena Spider (F1) 02 ZFFYT53AX20127189
127190	360	Modena Challenge 02 LHD
127191	360	Modena Spider F1 02 Yellow/Black Yellow Piping US ZFFYT53A820127191 Front & Rear Challenge Grills

s/n	Type	Comments
127192	360	Modena Spider F1 Black LHD ZFFYT53B000127192
127194	360	Modena Spider F1 02 Red/Tan US ZFFYT53A320127194
127195	360	Modena Spider F1 Silver/Black LHD
127197	360	Modena Challenge Red ZFFYR51B000127197
127198	360	Modena Spider Grigio Titano/black LHD EU
127199	360	Modena Spider F1 02 Red/Black RHD ZFFYT53D000127199
127200	360	Modena Spider F1 02 Black/Black LHD ZFFYT53A520127200
127201	360	Modena Spider (F1) 02 ZFFYT53A720127201
127202	360	Modena Spider F1 Red
127203	360	Modena Challenge Red White & black ZFFYR51B000127203 ass. # 44387
127207	360	Modena Spider Red/Black Manual
127208	360	Modena Spider F1 02 ZFFYT53AX20127208
127209	360	Modena Spider (F1) 02 ZFFYT53A120127209
127210	360	Modena Spider F1 Red/Black LHD ZFFYT53B000127210
127211	360	Modena Spider F1 02 Grigio Titanio Metallizzato 3238/Bordeaux RHD UK ZFFYT53C000127211
127212	360	Modena Spider
127213	456	M GT silver/black ZFFWP44B000
127214	456	M GT Blu Tour de France 522/tan ZFFWP44B000127214
127215	456	M GTA
127216	456	M GT 02 Argento Nürburgring 101/C/ ZFFWL44A920127216
127217	456	M GT Grigio Titanio Grey/Tan ZFFWP44B000127217
127218	456	M GT Silver-Blue/Tan LHD ZFFWP50B000127218
127222	575	M Maranello F1 Red,Black, LHD, ZFFBT55B000127222
127223	575	M Maranello F1 6/02 Blu Tour de France 522/Beige LHD US ZFFBV55AX20127223
127225	575	M Maranello F1 Red/Black
127226	575	M Maranello (F1) 02 LHD US ZFFBV55A520127226
127227	360	Modena Spider 02 LHD
127228	575	M Maranello F1 02 Red/Tan LHD US ZFFBV55A920127228
127229	575	M Maranello F1 02 Argento Nürburgring 101/C/Blu Scuro RHD UK ZFFBT55C000127229
127230	575	M Maranello F1 Red,Black LHD, ZFFBT55B000127230
127231	575	M Maranello F1 Blu Pozzi/tan ZFFBT55B000127231
127232	575	M Maranello F1 Red,Black, LHD, ZFFBT55B000127232
127233	575	M Maranello 02 Tour de France Blue Cuoio LHD US ZFFBV55A220127233
127234	575	M Maranello (F1) 02 LHD US ZFFBV55A420127234
127235	360	Modena F1 3/02 Rosso Corsa/Beige ZFFYR51D000127235
127240	360	Modena F1 Grigio Titanio 3238/black ZFFYR51B000127240
127241	360	Modena F1 Red/Black
127243	360	Modena F1 02 Silver/Black/Black carpeting ZFFYU51A120127243
127245	360	Modena Challenge 02 Red ZFFYR51B000127245
127246	360	Modena (F1) 02 ZFFYU51A720127246
127247	360	Modena F1 Red/Black LHD ZFFYR51B000127247
127248	360	Modena F1 Red/Black LHD EU ZFFYR51B000127248
127249	360	Modena F1
127250	360	Modena Challenge F1 silver ZFFYR51B000127250 ass. # 44406
127251	360	Modena Challenge Silver
127252	360	Modena F1 Red/Black
127253	360	Modena F1 02 Rosso Corsa/Beige ZFFYR51B000127253
127254	360	Modena Challenge Argento & green top
127255	360	Modena 02 Rosso Corsa/Tan Manual ZFFYU51A820127255
127256	360	Modena Challenge
127257	360	Modena Challenge Red
127260	360	Modena F1 02 Red/Tan ZFFYU51A120127260
127261	360	Modena Challenge Red ZFFYR51B000127261
127264	360	Modena Challenge Red then Yellow Red orange Marccan livery ZFFYR51B000127264 ass. # 44443
127265	360	Modena Challenge Argento ass. # 44449
127267	360	Modena 02 Rosso Corsa/beige US ZFFYU51A420127267
127269	360	Modena F1 Red/Black
127270	360	Modena Spider F1 01 Yellow/Black Yellow stittching
127273	360	Modena Spider Red
127276	360	Modena Spider 3/02 Blu Tour de France 522/Sabbia ZFFYT53C000127276
127277	360	Modena Spider Grigio Titanio 3238/black ZFFYT53B000127277
127279	360	Modena Spider F1 Rosso Corsa/beige ZFFYT53B000127279
127280	360	Modena Spider 02 Grigio Titanio Metallizzato 3238/Blu Scuro LHD EU ZFFYT53B000127280
127281	360	Modena Spider
127284	360	Modena Spider Red/Black LHD ZFFYT53B000127284
127285	360	Modena Spider F1 02 Red/RHD ZFFYT53D000127285
127287	360	Modena Spider
127288	360	Modena Spider F1 Red/Black
127291	360	Modena Spider Yellow/black LHD ZFFYT53B000127291
127292	360	Modena Spider 3/02 Rosso Corsa/Nero ZFFYT53B000127292
127293	360	Modena Spider F1 Red/Black ZFFYT53B000127293
127294	360	Modena Spider F1 Red/Black Challenge grille
127295	360	Modena Spider F1 02 Red/Tan Daytona Seat Red stitching ZFFYT53A920127295 Challenge Rear Grill Tubi Exhaust Shields
127298	360	Modena Spider 02 Silver/ Blue Daytona Seats Blue Top Manual ZFFYT53A420127298 Black Calipers
127299	360	Modena Spider (F1) 02 ZFFYT53A620127299
127300	360	Modena Spider F1 02 Black/Red ZFFYT53A920127300
127301	360	Modena Spider F1 02 Red/Beige LHD ZFFYT53A020
127302	360	Modena Spider F1 02 Blue TdF/Tan Blue stittching ZFFYT53A220127302
127303	360	Modena Spider F1 02 Red/Tan US ZFFYT53A420127303
127304	360	Modena Spider F1 02 Grigio Titanio 3238/Black US ZFFYT53A620127304
127305	360	Modena Spider (F1) 02 ZFFYT53A820127305
127306	360	Modena Spider (F1) 02 ZFFYT53AX20127306
127307	360	Modena Spider (F1) 02 ZFFYT53A120127307
127308	360	Modena Spider 02 Rosso Fiorano/Tan Daytona seats Manual US
127309	360	Modena Spider (F1) 02 ZFFYT53A520127309
127310	360	Modena Spider F1 02 Azzurro California tan LHD ZFFYT53A120
127311	360	Modena Spider F1 02 Grigio Titanio charcol top & interior. light Grey piping ZFFYT53A320127311

s/n	Type	Comments	s/n	Type	Comments
127312	360	Modena (F1) 02 ZFFYU51A520127312	127385	456	M GT 02 Silver/bordeaux ZFFWP44B000127385
127313	360	Modena Red/Black ZFFYR51B000	127386	456	M GTA 02 Argento Nürburgring 101/C/Black Daytona Seats Grey Inserts Silver Stitching ZFFWL50A720 ass. # 44615 Alluminium calipers
127314	360	Modena F1 02 Yellow/Black Daytona seats Yellow stitching ZFFYU51A920127314 Red calipers shields			
127316	360	Modena F1 Rosso Corsa/tan	127387	456	M GT 02 Blue TdF/Tan Blue piping, dash & steering wheel ZFFWL44A320127387 Silver Calipers
127318	360	Modena SteelBluemet Tan LHD ZFFYR51B000127318			
127320	360	Modena Challenge White ZFFYR51B000127320	127388	456	M GTA 6/02 Grigio Titanio Metallizzato 3238/Charcoal ZFFWL50A020127388
127324	360	Modena Challenge Red ZFFYR51B000127324			
127325	360	Modena F1 3/02 Grigio Titanio 3238/Rosso or Grigio Alloy/Blu Scuro ZFFYR51B000127325	127389	456	M GT 02 ZFFWL44A720127389
			127390	456	M GTA 02 Blue/Tan Daytona Seats Blue Piping ZFFWL50A920127390 Shields
127326	360	Modena Challenge Red ZFFYR51B000127326 ass. # 44490	127391	575	M Maranello F1 Red/Black ZFFBT55B000
127327	360	Modena F1 argento/dark brown ZFFYR51B000	127392	575	M Maranello F1 02 grigio titano/dark tan LHD EU
127331	360	Modena Challenge silver			
127332	360	Modena Challenge F1 Red then Rosso Corsa two Blue & White stripes devided by a line in body colour ZFFYR51B000127332 ass. # 44507	127393	575	M Maranello F1 02 Silver/black LHD EU
			127394	575	M Maranello F1 02 Argento Nürburgring 101/C/Dark Blue LHD US ZFFBV55A420127394, converted to 575 GTZ Zagato in 06, Grigio Silverstone silvergrey double bubble roof/Black
127333	360	Modena F1 Red/Black			
127334	360	Modena Challenge Blue Metallic/ZFFYR51B000127334			
127339	360	Modena F1	127395	575	M Maranello F1 02 Red/Black LHD US ZFFBV55A620127395
127340	360	Modena F1 Metallic/Blue/Tan LHD ZFFYR51J000127340			
127343	360	Modena Challenge F1 02 Yellow/Black LHD	127396	575	M Maranello F1 Silver/black ZFFBT55B000127396
127344	360	Modena Spider (F1) 02 Silver/Black grey stitching manual ZFFYT53A720127344 Aluminum calipers front Challenge grille shields	127397	575	M Maranello F1 02 Rosso Corsa/Nero LHD ZFFBT55B000127397
127345	360	Modena Spider	127399	575	M Maranello (F1) 02 LHD US ZFFBV55A320127399
127346	360	Modena Spider			
127347	360	Modena Spider F1 black/black ZFFYT53B000127347	127400	575	M Maranello F1 Red,Black LHD
			127401	575	M Maranello F1 02 Blue TdF/Tan LHD US ZFFBV55A820127401
127350	360	Modena Spider 02 Red/Black ZFFYT53B000127350			
			127402	575	M Maranello F1 Blu Pozzi 521 D.S./tan
127351	360	Modena Spider (F1) 02 ZFFYT53A420127351	127403	575	M Maranello F1 Yellow/black
127352	360	Modena Spider 02 Red/Tan ZFFYT53A620127352	127404	575	M Maranello 02 Black/BlackLHD US ZFFBV55A320127404
127353	360	Modena Spider F1 Grigio Alloy/Red LHD EU ZFFYT53B000127353	127405	360	Modena Challenge Rosso Corsa/Black & Red seat ZFFYR51B000127405 ass. # 44591
127354	360	Modena Spider F1 02 Argento Nürburgring 101/C/Nero ZFFYT53B000127354	127406	360	Modena F1 2/02 Rosso Corsa/Beige ZFFYR51C000127406
127355	360	Modena Spider 02 Red/Black LHD	127407	360	Modena
127356	360	Modena Spider F1 02 Argento Nürburgring 101/C/Blu Scuro RHD UK ZFFYT53C000127356	127410	360	Modena F1 02 Giallo Modena/Black ZFFYU51A520127410
			127411	360	Modena Challenge
127359	360	Modena silver/dark Blue manual	127415	360	Modena (F1) 02 ZFFYU51A420127415
127360	360	Modena Spider F1 Rosso Corsa/nero US	127416	360	Modena Challenge Orange & White/black & Red seat
127361	360	Modena Spider F1 02 Rosso Corsa/Tan ZFFYT53A720127361			
			127417	360	Modena Challenge Red then Rosso Scuderia ZFFYR51B000127417 ass. # 44563
127362	360	Modena Spider F1 02 Grigio Alloy/Charcoal ZFFYT53B000127362			
			127418	360	Modena F1 Red/Black ZFFYR51B000127418
127365	360	Modena Spider Red/Black ZFFYT53B000127365	127419	360	Modena F1 01 Red/Black
			127421	360	Modena Challenge Red
127366	360	Modena Spider F1 02 Silver/dark Black top ZFFYT53A620127366	127422	360	Modena
			127423	360	Modena Challenge
127367	360	Modena Spider 02 Silver/all Blue scuro Blue soft top Manual ZFFYT53A820127367 Red Calipers	127426	360	Modena F1 02 Rosso Corsa/Nero RHD AUS ZFFYR51D000127426
			127427	360	Modena (F1) ZFFYU51A020127427
127370	360	Modena Spider F1 02 Silver/dark Blue silver stitching dark Blue top ZFFYT53B000127370	127428	360	Modena Spider (F1) 02 ZFFYT53A220127428
			127430	360	Modena Spider F1
127373	360	Modena Spider F1 Red/Tan	127431	360	Modena Spider (F1) 02 ZFFYT53A220127431
127374	360	Modena Spider Rosso Corsa/Black sport seats LHD Manual ZFFYT53B000127374	127432	360	Modena Spider F1 Yellow ZFFYT53B000127432
			127433	360	Modena Challenge Rosso Scuderia ass. # 44657
127375	360	Modena Spider F1 02 Grigio Alloy/Dark Blue USZFFYT53A720127375	127434	360	Modena Spider (F1) 02 ZFFYT53A820127434
			127435	360	Modena Spider F1 02 Rosso Corsa/Black ZFFYT53AX20127435
127376	360	Modena Spider (F1) 02 ZFFYT53A920127376			
127377	360	Modena Spider (F1) 02 ZFFYT53A020127377	127436	360	Modena Spider F1
127381	360	Modena Spider F1	127437	360	Modena Spider F1 02 Silver/Blue ZFFYT53A820127437 challenge grill Tubi
127382	360	Modena Spider F1 02 Red/Natural ZFFYT53A420127382			
			127438	360	Modena Spider F1 Red/Tan LHD EU ZFFYT53B000127438
127383	360	Modena Spider (F1) 02 ZFFYT53A620127383			
			127439	360	Modena Spider F1 Red/Black ZFFYT53B000

s/n	Type	Comments
127440	360	Modena Spider Red/Black
127441	360	Modena Challenge White
127442	360	Modena Spider F1 02 Grigio Ingrid 720/Cuoio Daytona Seats Black Piping ZFFYT53A720127442 Shields Red Calipers Capristo Exhaust Rear Challenge Grill
127444	360	Modena Spider F1 Red/Black LHD ZFFYT53B000127444
127445	360	Modena Spider Geneva Show Car Argento Nürburgring 101/C/)/Grey
127446	360	Modena Spider F1 2/02 Blu Tour de France 522/Beige Blue top ZFFYT53B000127446
127447	360	Modena Spider (F1) 02 ZFFYT53A620127447
127448	360	Modena Spider (F1) 02 ZFFYT53A820127448
127451	360	Modena Spider F1 Red/dark grey ZFFYT53B000127451
127454	360	Modena Spider 02 Yellow/Brown ZFFYT53A320127454 ass. # 44604
127455	360	Modena Spider (F1) 02 ZFFYT53A520127455
127456	360	Modena Spider F1 02 Grigo Alloy Blue Blue soft top ZFFYT53A720127456
127458	575	M Maranello F1 2/02 Grigio Titanio Metallizzato 3238/Nero ZFFBT55B000127458
127459	575	M Maranello F1 Blu Tour de France 522/Tan LHD ZFFBT55B000127459
127460	575	M Maranello F1 Red/Tan LHD
127461	575	M Maranello (F1) 02 LHD US ZFFBV55A420127461
127463	575	M Maranello F1 Grigio Titanio met./Black, LHD
127464	575	M Maranello (F1) 02 LHD US ZFFBV55AX20127464
127465	575	M Maranello F1 Grigio Alloy/black ZFFBT55B000127465
127466	575	M Maranello F1 silver/bordeaux
127467	575	M Maranello
127468	575	M Maranello F1 Red,Black LHD
127469	575	M Maranello F1 Black/Tan LHD EU
127472	360	Modena (F1) 02 ZFFYU51A520127472
127474	360	Modena F1 Red/Black ZFFYR51B000127474
127476	360	Modena Rosso Corsa/black LHD EU manual ZFFYR51B000127476 Red calipers shields
127478	360	Modena 02 Giallo Modena/Black Yellow stitching Manual ZFFYU51A620127478 Red calipers Sunroof challenge grills
127480	360	Modena F1 black/dark Red ZFFYR51B000127480
127481	360	Modena Geneva Show Car, Red Corsa/Black
127483	360	Modena Grigio Titanio 3238/Bordeaux ZFFYR51D000127483
127484	360	Modena (F1) 02 ZFFYU51A120127484
127486	360	Modena Red/Tan Manual LHD EU Red calipers
127488	360	Modena 02 Nero/Nero Manual ZFFYR51B000127488
127490	360	Modena F1 02 Red/Tan ZFFYU51A720127490
127498	360	Modena Challenge F1 03/02 Rosso Corsa/Black ZFFYR51B000127498 ass. # 44605
127499	360	Modena Challenge Silver Red band ZFFYR51B000127499
127500	360	Modena Challenge F1 Red White block then Rosso Scuderia ZFFYR51B000127500 ass. #44622
127502	360	Modena Challenge Dark Blue ZFFYR51B000127502
127503	360	Modena Challenge 02 Yellow
127504	360	Modena Challenge Rosso Corsa & Blue decalls ass. # 44642
127505	360	Modena Challenge black/Yellow and big Scuderia Ferrari emblen on the bonnet
127506	360	Modena Spider
127508	360	Modena Spider 02 Rosso Corsa/Beige Manual ZFFYT53A020127508
127511	360	Modena Spider F1 Red/Black
127513	360	Modena Spider 02 ZFFYT53A420127513
127514	360	Modena Spider (F1) 02 ZFFYT53A620127514
127517	360	Modena Spider F1 Black Bordeaux LHD ZFFYT53B000127517
127519	360	Modena Spider 02 Rosso Fiorano Tan ZFFYT53A520127519
127520	360	Modena Spider (F1) 02 ZFFYT53A120127520
127524	360	Modena Spider F1 Red/Black LHD ZFFYT53B000
127525	360	Modena Spider F1 Red/Black
127529	360	Modena Spider (F1) 02 ZFFYT53A820127529
127530	360	Modena Spider 02 Silver Navy Blue Manual ZFFYT53A420127530 Rear Challenge Grill Tubi
127533	360	Modena Challenge F1 Rosso Scuderia Black & Decker advert LHD ZFFYR51B000127533
127534	360	Modena Challenge ass. # 44665
127535	360	Modena Challenge Yellow ZFFYR51B000127535
127536	360	Modena F1 4/02 Rosso Corsa/Beige ZFFYR51D000127536
127537	360	Modena F1 02 Red/Tan Daytona seats black inserts US ZFFYU51A720127537 Front & rear Challenge grilles
127538	360	Modena Challenge F1 Rosso Corsa/Black & Red seat LHD ass. # 44681
127540	360	Modena 02 Black/Grey ZFFYR51B000127540
127542	360	Modena (F1) 02 ZFFYU51A020127542
127546	360	Modena Grigio Titanio 3238/cuoio Manual ZFFYR51B000127546
127547	360	Modena (F1) 02 ZFFYU51AX20127547
127548	360	Modena Spider Red/Black Red piping LHD ZFFYT53B000127548 rear Challenge grill
127549	360	Modena Spider F1 02 Blu Pozzi 521 D.S./tan LHD EU
127551	360	Modena Spider F1 02 Red/Tan Black Top US ZFFYT53A120127551 Red Calipers
127552	360	Modena Spider F1 02 Grigio Titanio Dark Blue ZFFYT53A320127552
127553	360	Modena Spider 02 ZFFYT53A520127553
127554	360	Modena Spider F1 Yellow/black ZFFYT53B000 rear challenge grill
127555	360	Modena Spider F1 02 Rosso Corsa/Nero ZFFYT53B000127555
127556	360	Modena Spider F1 Red/Black ZFFYT53B000127556
127557	360	Modena Spider Red/Black Manual ZFFYT53B000127557
127559	360	Modena Spider F1 02 Rosso Corsa/Nero ZFFYT53B000127559
127561	360	Modena Spider F1 02 Silver/Black ZFFYT53A420127561 Red calipers Rear challenge grill shields
127562	360	Modena Spider 02 Black/Tan Manual ZFFYT53A620127562
127563	360	Modena Spider F1 02 Rosso Corsa/Crema ZFFYT53C000127563
127569	360	Modena Spider (F1) 02 ZFFYT53A920127569
127570	360	Modena Spider (F1) 02 ZFFYT53A520127570
127571	360	Modena Spider Grigio Titanio 3238/Black Silver stitching LHD Manual ZFFYT53B000127571 Challenge grill
127574	360	Modena Spider F1 Grigio Titanio 3238/black ZFFYT53B000127574 silver Challenge grill Scaglietti rims
127575	360	Modena Spider F1 02 Red/Tan Daytona seats Red stitching ZFFYT53A420127575 Red calipers Rear challenge Grill shields
127576	360	Modena Spider F1 02 Grigio Titanio Metallizzato 3238/Bordeaux ZFFYT53A620127576
127577	360	Modena Spider
127580	575	M Maranello (F1) 02 LHD US ZFFBV55A120127580

s/n	Type	Comments
127581	575	M Maranello F1 02 Silver/Black Daytona seats LHD US ZFFBV55A320127581 shields Red calipers
127582	575	M Maranello F1 02 Argento Nürburgring 101/C/Blu Scuro Grey stitching RHD UK ZFFBT55C000127582
127583	575	M Maranello 02 Rosso Corsa/Tan LHD US ZFFBV55A720127583
127584	575	M Maranello F1 02 Grigio Titanio/black Daytona seats LHD US ZFFBV55A920127584 eng. # 66499 ass. # 44851 shields silver calipers Tubi Fiorano package
127585	575	M Maranello F1 02 Red/Tan LHD US ZFFBV55A020
127586	575	M Maranello F1 02 Grigio Titanio Metallic/Black LHD US ZFFBV55A220127586
127587	575	M Maranello F1 02 Blu Tour de France 522/Tan RHD UK ZFFBT55C000127587
127590	456	M GTA black/black
127591	360	Modena Spider F1 02 Rosso Corsa/tan LHD US
127592	456	M GT Black/?
127593	456	M GTA 04 Blu Pozzi 521 D.S./black ZFFWP50B000127593
127594	456	M GT Black/tan ZFFWP44B000127594
127596	456	M GT 4/02 Argento Nürburgring 101/C/Nero ZFFWP44B000127596
127597	456	M GTA Grigio Alloy/crema LHD
127598	575	Maranello LHD EU
127599	575	M Maranello F1 Yellow/Black ZFFBT55B000127599
127601	575	M Maranello F1 Red/Black ZFFBT55B000127601
127602	575	M Maranello 4/02 Nuovo Nero Daytona/Beige ZFFBT55B000127602
127603	575	M Maranello 02 Grigio Titanio Metallic/dark Red sports seats ZFFBT55B000127603
127609	360	Modena Red/Black
127610	360	Modena F1 02 Rosso Corsa/Nero sports seats ZFFYR51B000127610 ass # 44709 challenge grills
127612	360	Modena F1 3/02 Argento Nürburgring 101/C/Cuoio ZFFYR51B000127612
127613	360	Modena F1 dark Blue/Bordeaux RHD ZFFYR51C000127613 shields Red calipers front + rear Challenge grill
127618	360	Modena 02 Rosso Corsa/Tan ZFFYU51A720127618
127619	360	Modena F1 2/02 Rosso Corsa/Beige ZFFYR51B000127619
127621	360	Modena F1 02 Blu Tour de France 522/Beige ZFFYR51B000127621
127624	360	Modena (F1) 02 ZFFYU51A220127624
127626	360	Modena Red/Black
127630	360	Modena (F1) 02 ZFFYU51A820127630
127631	360	Modena (F1) 02 ZFFYU51AX20127631
127632	360	Modena F1 Rosso Corsa/black ZFFYR51B000127632
127635	360	Modena F1 02 Yellow/Black Daytona seats Yellow Piping ZFFYU51A720127635 Tubi rear Challenge grille
127637	360	Modena F1 Red/Black ZFFYR51B000
127641	360	Modena F1 02 Yellow/Black Yellow Piping & Stitching ZFFYU51A220127641 Tubi Exhaust
127642	360	Modena (F1) 02 ZFFYU51A420127642
127643	360	Modena
127644	360	Modena Spider (F1) 02 ZFFYT53A820127644
127645	360	Modena Spider (F1) 02 ZFFYT53AX20127645
127647	360	Modena Spider (F1) 02 ZFFYT53A320127647
127648	360	Modena Spider F1 4/02 Argento Nürburgring 101/C/Bordeaux ZFFYT53D000127648
127649	360	Modena Spider F1 02 ZFFYT53A720127649
127651	360	Modena Spider Red/Tan Manual ZFFYT53A520127651 shields Challenge Grill
127652	360	Modena Spider F1 02 Rosso Corsa/Nero ZFFYT53C000127652
127654	360	Modena Spider F1 02 Blue/Blue ZFFYT53A020127654
127655	360	Modena Spider 02 black/black LHD US ZFFYT53A220127655
127658	360	Modena Spider 02 Black/Tan ZFFYT53A820127658
127659	360	Modena Spider (F1) 02 ZFFYT53AX20127659
127660	360	Modena Spider F1 Grigo Titanio/black ass. # 44785
127661	360	Modena Spider (F1) LHD EU ZFFYT53B000127661
127662	360	Modena Spider dark Blue/tan
127663	360	Modena Spider F1 Silver/Black ZFFYT53B000127663
127664	360	Modena Spider F1 Red/Black ZFFYT53B000127664
127665	360	Modena Spider 02 Red/Tan ZFFYT53A520127665
127666	360	Modena Spider F1 02 Grigio Titanio 3238/Black Daytona Seats ZFFYT53A720127666 Red Calipers Rear Challenge Grill Shields Tubi
127667	360	Modena Spider 02 Black/Tan ZFFYT53B000127667
127669	360	Modena Spider black/black ZFFYT53B000127669 Red calipers
127670	360	Modena Spider F1 Red/Black ZFFYT53B000127670
127671	360	Modena Spider F1 02 Red/Black Daytona seats Red stitching ZFFYT53A020127671 Tubi Challenge grille Red calipers
127672	360	Modena Spider F1 02 Yellow/tan ZFFYT53A220127672
127673	360	Modena Spider Grigio Titanio tan LHD EUR
127674	360	Modena Spider
127675	360	Modena Spider F1 4/02 Nuovo Nero Daytona/Bordeaux ZFFYT53B000127675
127678	360	Modena Spider 02 ZFFYT53A320127678
127679	360	Modena Spider 02 Rosso Fiorano 321/Cuoio Daytona seats Red inserts & stitching Manual ZFFYT53A520127679 shields rear challenge grill Hamman body kit
127680	360	Modena Spider (F1) 02 ZFFYT53A120127680
127681	360	Modena Spider 02 Rosso Corsa/Black LHD EU ZFFYT53B000127681
127683	360	Modena Spider F1 grigio alloy/sabbia ZFFYT53B000127683
127684	456	M GT TdF Blue met/Crema
127686	575	M Maranello F1 nero Daytona/black
127687	575	M Maranello F1 Grigio Titanio met./black ZFFBT55B000
127688	575	M Maranello dark Blue/tan
127690	575	M Maranello F1 Officially the 100'000 Ferrari 02 Grigio Titanio met./Blue LHD ZFFBT55B000127690 Fiorano Package ex-di Montezemolo
127695	575	M Maranello Black ZFFBT55B000127695
127697	575	M Maranello F1 Silver/Tan LHD ZFFBT55B000127697
127701	360	Modena Black/Black LHD ZFFYR51B000127701
127705	360	Modena Blue/Crema RHD ZFFYR51C000127705
127711	360	Modena F1 02 Yellow/black Daytona seats LHD US ZFFYU51A820127711 Tubi shields Challenge grille Yellow calipers
127714	360	Modena F1 Blu Tour de France 522/black EU ZFFYR51B000127714 Blue Challenge grille
127716	360	Modena F1 02 Black/Tan ZFFYU51A720127716
127720	360	Modena Red/Tan

s/n	Type	Comments
127725	360	Modena F1 02 Blu NART/Beige LHD CDN ZFFYU51A820127725
127726	360	Modena (F1) 02 ZFFYU51AX20127726
127727	360	Modena (F1) 02 ZFFYU51A120127727
127730	360	Modena Spider 04 Rosso Corsa/Crema ZFFYT53B000127730
127731	360	Modena F1 Grey/Brown
127732	360	Modena Spider
127733	360	Modena Spider
127734	360	Modena Spider F1 black/black LHD ZFFYT53B000
127735	360	Modena Spider F1 02 Black/Tan LHD ZFFYT53B000127735
127737	360	Modena Spider F1 Red/Black ZFFYT53B000
127740	360	Modena Spider F1 02 Silver/Black Daytona seats ZFFYT53A420127740 shields Red calipers rear challenge grille Tubi
127741	360	Modena Spider F1 02 Red/Beige ZFFYT53A620127741
127744	360	Modena Spider F1 02 silver dark Blue ZFFYT53B000127744
127746	360	Modena Spider (F1) 02 LHD US ZFFYT53A520127746
127748	360	Modena Spider F1 02 Red/Tan ZFFYT53A920127748
127749	360	Modena Spider (F1) 02 ZFFYT53A020127749
127750	360	Modena Spider F1 02 Grigio Alloy/Blu Scuro Grey stitching RHD ZFFYT53C000127750
127752	360	Modena Spider F1 02 Grigio Alloy/Bordeaux ZFFYT53B000127752
127754	360	Modena Spider (F1) 02 ZFFYT53A420127754
127755	360	Modena Spider F1 Grigio Alloy LHD ZFFYT53B000127755
127757	360	Modena
127759	360	Modena Spider F1 Rosso Corsa/nero ZFFYT53B000127759
127761	360	Modena Spider F1 4/02 Blu Pozzi 521 D.S./Cuoio Daytona seats ZFFYT53A120127761 black calipers
127762	360	Modena Spider F1 02 Grigio Ingrid 720/Tan & Naturale Daytona Seats Beige Top ZFFYT53A320127762 front challenge Grill
127764	360	Modena Spider F1 02 Rosso Corsa/Nero ZFFYT53B000127764
127765	360	Modena Challenge Red & White/Red
127767	575	M Maranello F1 02 Argento Nürburgring 101/C/BlackSilver Stitching LHD US ZFFBV55A620127767 Red Calipers
127768	575	M Maranello (F1) 02 LHD US ZFFBV55A820127768
127769	575	M Maranello (F1) 02 LHD US ZFFBV55AX20127769
127770	575	M Maranello F1 02 Azzurro California 524/Crema Daytona seats black piping Blue dash & steering wheel LHD US ZFFBV55A620127770 shields
127771	575	M Maranello (F1) 02 LHD US ZFFBV55A820127771
127772	575	M Maranello 02 Verde Zeltweg/Cuoio Manual LHD US ZFFBV55AX20127772
127774	575	M Maranello Grigio Titanio/Cuoio LHD ZFFBT55B000127774
127778	575	M Maranello F1 02 Argento Nürburgring 101/C/ mit Bordeaux ZFFBT55B000127778
127779	575	M Maranello F1 Red/Black ZFFBT55B000127779 Red calipers
127780	575	M Maranello F1 Rosso/nero LHD ZFFBT55B000127780
127783	456	M GTA Silver/Black ZFFWP50C000127783
127785	360	Modena Silver/Black RHD ZFFYR51C000127785
127786	456	M GTA Silver/Black LHD ZFFWP50B000127786
127787	456	M GT 02 Argento Nürburgring 101/C/Nero ZFFWP44B000127787
127788	360	Modena F1 4/02 Rosso Corsa/Nero LHD LHD EU ZFFYR51B000127788
127793	360	Modena (F1) 02 ZFFYU51A320127793
127798	360	Modena F1 02 Grey Black ZFFYU51A220127798 Red Calipers
127799	360	Modena Rosso Corsa/Crema Nero Carpet Manual
127804	360	Modena (F1) 02 ZFFYU51A420127804
127806	360	Modena Red/Black
127807	360	Modena F1 02 ZFFYU51AX20127807
127810	360	Modena (F1) 02 ZFFYU51AX20127810
127811	360	Modena 02 Black/Black Manual ZFFYU51A120127811 rear Challenge grille
127812	360	Modena 02 Rosso Corsa/Nero Manual RHD UK ZFFYR51C000127812 rear Challenge grill
127813	360	Modena F1
127818	360	Modena Spider (F1) 02 ZFFYT53A420127818
127819	360	Modena Spider F1 4/02 Rosso Corsa/Crema ZFFYT53C000127819
127820	360	Modena Spider Red/Black sport seats Manual ZFFYT53B000127820
127821	360	Modena Spider F1 Yellow/all dark Blue ZFFYT53B000127821
127824	360	Modena Spider (F1) 02 ZFFYT53AX20127824
127825	360	Modena Spider F1 4/02 Argento Nürburgring/Blu Scuro LHD EU ZFFYT53B000127825
127826	360	Modena Spider silver ZFFYT53B000127826
127827	360	Modena Spider
127832	360	Modena Spider (F1) 02 ZFFYT53A920127832
127833	360	Modena Spider (F1) 02 ZFFYT53A020127833
127834	360	Modena Spider F1 02 Black/Beige Daytona seats ZFFYT53A220127834 shields Red calipers Tubi
127836	360	Modena Spider F1 black/Crema ZFFYT53A220127834 127835
127838	360	Modena Spider F1 02 Grigio Alloy/dark navy Blue Daytona seats contrast stitching ZFFYT53AX20127838 Red calipers shields
127839	360	Modena Spider Red
127840	360	Modena Spider F1 Red/Black LHD ZFFYT53B000127840
127841	360	Modena Spider F1 3/02 Giallo Modena/Nero ZFFYT53B000127841
127842	360	Modena Spider F1 02 Azzurro California 524/Naturale Blue Top ZFFYT53A120127842
127843	360	Modena Spider (F1) 02 ZFFYT53A320127843
127846	360	Modena Spider F1 Black/Crema ZFFYT53B000
127847	360	Modena Spider F1 10/02 Rosso Corsa/Beige ZFFYT53C000127847
127848	360	Modena Spider 02 Red/Black LHD EU ZFFYT53B000127848
127849	360	Modena Spider F1 02 Rosso Corsa/Nero ZFFYT53B000127849
127851	360	Modena Spider F1 02 Red/Tan RHD ZFFYT53D000127851
127852	360	Modena Spider F1 02 Red/Tan US ZFFYT53A420127852
127853	360	Modena Spider (F1) 02 ZFFYT53A620127853
127854	360	Modena Spider F1 Red/Black LHD
127855	360	Modena Spider F1 black/Crema shields Red calipers
127856	575	M Maranello F1 02 Grigio Titanio met./Black Red Calipers ZFFYT53A120127856
127857	575	M Maranello F1 02 Silver/Blue Daytona seats silver stitching LHD US ZFFBV55A720127857 Fiorano pachage Tubi red callipers shields
127858	575	M Maranello F1 03 Grigio Titanio,Black LHD US ZFFBV55A920127858
127859	575	M Maranello F1 Red/Black
127860	575	M Maranello Silver/bordeaux ZFFBT55B000

s/n	Type	Comments
127861	575	M Maranello F1 5/02 Verde British Racing/Nero ZFFBT55B000127861
127862	575	M Maranello F1 4/02 Nero/Nero ZFFBT55B000127862
127865	575	M Maranello F1 Red/Tan LHD ZFFBT55B000127865
127866	575	M Maranello F1 Red/Black LHD ZFFBT55B000127866
127867	575	M Maranello F1 02 Rosso Corsa/Nero ZFFBT55B000127867
127869	360	Modena (F1) 02 ZFFYU51AX20127869
127870	360	Modena F1 02 Nuovo Nero Daytona/Nero ZFFYR51B000127870
127871	360	Modena F1 Red/Black LHD EU ZFFYR51000127871
127872	360	Modena F1 02 Rosso Corsa/Nero ZFFYR51B000127872
127873	360	Modena F1 02 Grigio Ingrid/Natural Daytona Seats ZFFYU51A120127873 Shields Aluminum Calipers
127874	360	Modena F1 Rosso Corsa/Beige
127877	360	Modena (F1) 02 ZFFYU51A920127877
127878	360	Modena F1 02 Black/Black ZFFYU51A020127878 Red Calipers
127880	360	Modena (F1) 02 ZFFYU51A920127880
127883	360	Modena F1 02 Argento Nürburgring 101/C/Nero sports seats Red stitching ZFFYR51B000127883 Challenge rear grill
127886	360	Modena Spider F1 02 Red/Tan black piping Manual ZFFYT53AX20127886 front & rear Challenge grill Shields Tubi Red calipers
127887	360	Modena Spider F1 02 Rosso Corsa/tan Daytona seats black inserts red stitching ZFFYT53A120127887 Challenge grille shields red calipers
127889	360	Modena Spider Red/Black
127890	360	Modena Spider F1 3/02 Argento Nürburgring 101/C/Nero grey piping ZFFYT53B000127890
127891	360	Modena Spider F1 02 Black/Black LHD EU ZFFYT53B000 ass. # 45015
127892	360	Modena Spider (F1) 02 ZFFYT53A520127892
127893	360	Modena Spider (F1) 02 ZFFYT53A720127893
127895	360	Modena Spider Giallo Modena/Black LHD EU ass. # 45000
127896	360	Modena Spider F1 Red/Black LHD ZFFYT53B000127896
127897	360	Modena Spider F1 Red/Black ZFFYT53B000
127899	360	Modena Spider 02 Giallo Modena/Black Daytona Seats Yellow Stitching Manual US ZFFYT53A820127899 ass. # 45089 Shields Rear Challenge Grill
127900	360	Modena Spider F1 02 Black/Naturale ZFFYT53A020127900 Rear Challange Grill Red Calipers
127901	360	Modena Spider F1 02 Rosso Corsa/Tan Red stitching ZFFYT53A220127901
127902	360	Modena Spider F1 4/02 Rosso Corsa/Sabbia Red piping RHD UK
127903	360	Modena Spider Grigio Alloy/Black ZFFYT53C000127903
127904	360	Modena Spider 4/02 Rosso Corsa/Nero Manual ZFFYT53B000127904
127905	360	Modena Spider F1 02 Rosso Corsa/Tan LHD EU ZFFYT53B000127905
127908	360	Modena Spider F1 02 Rosso/Corsa Nero
127909	360	Modena Spider 02 Rosso Corsa/Tan Manual ZFFYT53A720127909
127910	360	Modena Spider (F1) 02 ZFFYT53A320127910
127911	360	Modena Spider F1 02 Red/naturale ZFFYT53A520127911 Red calipers
127912	575	M Maranello F1 02 Grigio Titanio met./Blue Grey Stitching LHD US ZFFBV55A020127912
127913	575	M Maranello 02 Grigio Titanio met./Black Manual LHD US ZFFBV55A220127913, 03-Model,
127914	575	M Maranello (F1) 02 LHD US ZFFBV55A420127914
127915	575	M Maranello F1 02 Yellow/Black & Yellow Yellow Stittching LHD US ZFFBV55A620127915 Tubi Fiorano handling package
127916	575	M Maranello F1 02 Rosso Corsa/Black LHD US ZFFBV55A820127916
127917	575	M Maranello (F1) 02 LHD US ZFFBV55AX20127917
127919	575	M Maranello F1 02 Argento Nürburgring 101/C/Black LHD US ZFFBV55A320127919
127921	575	M Maranello F1 02 Silver/black LHD EU
127922	575	M Maranello 5/02 Nuovo Nero Daytona/Beige LHD ZFFBT55B000127922
127924	575	M Maranello F1 02 Argento Nürburgring 101/C/Blu Scuro ZFFBT55B000127924
127927	575	M Maranello F1 02 Rosso Corsa/Cuoio LHD US ZFFBV55A220127927 shields Red calipers
127928	575	M Maranello F1 medium Blue/Crema
127932	360	Modena F1 02 Grigio Titanio Bordeaux ZFFYU51A220127932 Challenge grille Capristo exhaust
127936	360	Modena (F1) 02 ZFFYU51AX20127936
127939	360	Modena 02 Rosso Barchetta/Beige Red Stitching Manual ZFFYU51A520127939 Shields Rear Challenge Grill
127940	360	Modena F1 Red/Black LHD ZFFYR51B000127940
127941	360	Modena
127942	360	Modena
127944	550	Maranello Blu Pozzi 521 D.S.Crema RHD
127945	360	Modena F1 Red/Crema
127947	360	Modena Red/Black RHD Manual ZFFYR51C000127947 Red calipers Challenge rear grill
127950	360	Modena F1 02 Red/Black Daytona Seats Red Stitching ZFFYU51A420127950 Challenge Grill
127951	360	Modena F1 6/02 Rosso Corsa/Nero ZFFYU51A620127951
127952	360	Modena F1 9/02 Rosso Corsa/Charcoal ZFFYR51C000127952
127954	360	Modena Spider Novitec Rosso Red/Tan Novitec Rosso # F360 020
127955	360	Modena Spider 02 Azzurro California Blu Scuro ZFFYT53B000127955
127956	360	Modena Spider F1 02 Red/Black ZFFYT53A520127956
127957	360	Modena Spider F1 02 Red/Tan ZFFYT53A720127957
127958	360	Modena Spider
127960	360	Modena Spider F1 Red/Black
127962	360	Modena Spider F1 02 Red/Black ZFFYT53B000127962
127964	360	Modena Spider silver/black manual ZFFYT53B000
127965	360	Modena Spider (F1) 02 ZFFYT53A620127965
127966	360	Modena Spider F1 4/02 Argento Nürburgring 101/C/Crema ZFFYT53C000127966
127967	575	M Maranello
127968	360	Modena Spider 02 Blu Tour de France 522/Tan Blue Piping Manual ZFFYT53A120127968 Red Calipers shields
127969	360	Modena Spider (F1) 02 ZFFYT53A320127969
127970	360	Modena Spider (F1) 02 ZFFYT53AX20127970
127971	360	Modena Spider F1 02 Argento Nürburgring 101/C/Nero ZFFYT53C000127971
127972	360	Modena Spider F1 02 Rosso Corsa/Crema ZFFYT53C000127972
127973	360	Modena Spider F1 02 Rosso Corsa/Nero ZFFYT53B000127973

s/n	Type	Comments
127974	360	Modena Spider F1 Grigio alloy/black
127978	360	Modena Spider F1 Red LHD ZFFYT53B000127978
127981	360	Modena Spider F1 02 Nero Bordeaux Daytona seats Manual ZFFYT53A420127981 Challenge rear grill Red calipers
127982	360	Modena Spider F1 5/02 Rosso Corsa/Beige ZFFYT53A620127982
127983	360	Modena Spider F1 02 Rosso Corsa/Tan ZFFYT53A820127983
127984	360	Modena Spider F1 02 Red/Black ZFFYT53C000127984
127985	360	Modena Spider F1 Grigio alloy/Bordeaux ZFFYT53B000127985
127988	360	Modena Spider F1 Red/Black ZFFYT53B000127988
127990	360	Modena Spider F1 Red/Black ZFFYT53B000127990
127991	360	Modena Spider F1 02 ZFFYT53A720127991
127992	360	Modena Spider F1 02 Silver/Black, US ZFFYT53A920127992 ex-Schwartzenegger
127993	360	Modena Spider
127994	360	Modena Spider 02 Yellow ZFFYT53A220127994
127995	360	Modena Spider F1 Red/Black ZFFYT53B000
127996	360	Modena Spider F1 Yellow/black
127998	360	Modena Spider Red/Black Manual ZFFYT53B000
128000	360	Modena Spider F1 02 Argento Nürburgring 101/C/Black ZFFYT53A220128000
128006	360	Modena Spider (F1) 02 ZFFYT53A320128006
128007	360	Modena Spider F1 02 Rosso Corsa/TanDaytona Seats ZFFYT53A520128007 Rear Challenge Grill Shields
128008	360	Modena Spider (F1) 02 ZFFYT53A720128008
128009	360	Modena Spider Argento Nürburgring 101/C/black manual ZFFYT53B000128009
128010	360	Modena Spider F1 Black/Crema Red stitches RHD ZFFYT53C000128010
128011	Enzo Ferrari	F1 Black/Black ZFFCZ56B000128011 ass. # 57950 eng. # 90439 prototype or post-production car assigned with a pre-production S/N
128012	Enzo Ferrari	F1 ZFFCZ56B000128012 prototype or post-production car assigned with a pre-production S/N
128014	Enzo Ferrari	F1 prototipo Yellow/Black then Black/black ZFFCZ56B000128014 ass. #57868 eng. # 90079 round blinkers
128015	456	M GTA nero/tan RHD
128016	456	M GTA Blu TdF/naturale ZFFWP50B000128016
128017	456	M GTA
128018	456	M GTA 02 Grigio Titanio Metallic/Cuoio ZFFWL44AX20128018
128019	360	Modena F1 02 Black/RHD ZFFYR51D000128019
128020	360	Modena Red/beige LHD EU ZFFYR51B000128020
128021	360	Modena (F1) 02 LHD US ZFFYU51AX20128021
128026	360	Modena (F1) 02 ZFFYU51A920128026
128027	360	Modena Red/Black LHD
128029	360	Modena F1 02 Rosso Corsa/Nero ZFFYR51B000128029
128032	360	Modena 02 Yellow/Black Yellow piping Manual ZFFYU51A420128032 Red calipers Shields
128033	360	Modena F1 00 Rosso Corsa/Black Red piping LHD EU ZFFYR51B000128033
128035	360	Modena
128038	360	Modena F1 4/02 Rosso Corsa/Beige ZFFYR51B000128038
128040	360	Modena 02 Grey Grey black piping Manual ZFFYU51A320128040 Tubi
128045	360	Modena Spider
128046	360	Modena Spider F1 Grigio Alloy/Crema dark Blue dash ZFFYT53B000128046
128047	360	Modena Spider F1 02 Rosso Corsa/Nero ZFFYT53B000128047
128048	360	Modena Spider F1 Red/Black LHD ZFFYT53B000128048
128050	360	Modena Spider Grigio Titanio 3238/black ZFFYT53B000128050 Red calipers Challenge rear grill shields
128051	360	Modena Spider F1 8/02 Rosso Corsa/Nero ZFFYT53B000128051
128052	360	Modena Spider F1 5/02 Grigio Titanio Metallizzato 3238/Beige ZFFYT53B000128052
128055	360	Modena Spider Red/Black ZFFYT53B000128055
128057	360	Modena Spider Argento Nürburgring 101/C/Blue Scuro Blue Carpet Manual RHD ZFFYT53C000128057 Silver calipers shields
128058	360	Modena Spider F1 Grigio Titanio 3238/Crema RHD ZFFYT53C000128058
128059	360	Modena Spider F1 5/02 Grigio Titanio Metallizzato3238/Blu Scuro ZFFYT53B000128059
128062	360	Modena Spider silver/black black top LHD
128064	360	Modena Spider (F1) Dark Blue
128073	360	Modena Spider Blue ZFFYT53B000128073
128074	360	Modena Spider 02 grigio Alloy/Blue LHD EU
128076	360	Modena Spider F1 Rosso Corsa/tan RHD
128077	360	Modena Spider 02 Red/Tan Daytona seats black inserts manual ZFFYT53A420128077 shields Red calipers
128078	360	Modena Spider F1 02 ZFFYT53A620128078
128079	360	Modena Spider F1 02 Yellow/Black US ZFFYT53A820128079
128080	360	Modena Spider F1 02 Giallo Modena/Black Yellow inserts & stitching
128081	360	Modena Spider F1 02 Grigio Titanio 3238/Medium Blue ZFFYT53A420128080
128082	360	Modena Spider F1 02 Yellow/black Daytona seats Yellow inserts & Yellow piping ZFFYT53A820128082 Red calipers shields Challenge grille
128083	360	Modena Spider 02 Grigio Titanio 3238/Dark Blue Grey stitching Manual ZFFYT53A620128081 Red calipers
128084	360	Modena Spider F1 02 Grigio Titanio Burgundy Daytona Seats Black top ZFFYT53A120128084
128086	360	Modena Spider F1 02 Rosso Corsa/Tan Daytona Seats Red Piping Red stitching ZFFYT53A520128086 Red calipers Shields Challenge Grill Red Calipers
128087	360	Modena Spider F1 02 Yellow/black US ZFFYT53A720128087
128088	360	Modena Spider F1 02 Rosso Corsa/Beige ZFFYT53A920128088
128089	360	Modena Spider F1 02 Yellow/Black ZFFYT53A020128089
128090	360	Modena Spider 02 Red/Tan ZFFYT53A720128090
128091	360	Modena Spider F1 02 Red/Tan Daytona Seats ZFFYT53A920128091 Tubi Shields
128093	456	M GTA Argento Nürburgring 101/C/Nero ZFFWP50B000128093
128094	456	M GT Dark Blue/black ZFFWP44B000128094
128095	575	M Maranello F1 02 Grigio Titanio Metallizzato 3238/Cuoio ZFFBT55B000128095
128097	575	M Maranello 02 Red/Tan Daytona seats LHD US ZFFBV55A320128097
128098	575	M Maranello F1 6/02 Nero/Cuoio ZFFBT55B000128098
128099	575	M Maranello F1 5/02 Nero/Nero LHD US ZFFBV55A720128099
128100	575	M Maranello Black/Black LHD EU
128101	575	M Maranello F1 02 Argento/Black USLHD ZFFBV55A120128101

s/n	Type	Comments
128102	575	M Maranello (F1) 02 LHD US ZFFBV55A320128102
128103	575	M Maranello F1 Grigio Titanio,Sabbia, LHD
128104	575	M Maranello (F1) 02 LHD US ZFFBV55A720128104
128105	575	M Maranello (F1) 02 LHD US ZFFBV55A920128105
128107	575	M Maranello F1 02 California Blue LHD US ZFFBV55A220128107
128108	575	M Maranello Black/Tan LHD ZFFBT55B000128108
128109	575	M Maranello F1 4/02 Blu Pozzi/Nero ZFFBT55B000128109
128110	575	M Maranello F1 02 Rosso Corsa/Tan LHD US ZFFBV55A220128110 Capriso exhaust
128111	575	M Maranello F1 02 Red/Tan LHD US ZFFBV55A420128111
128114	360	Modena 5/02 Rosso Corsa/Beige ZFFYU51A620128114
128115	360	Modena
128117	360	Modena F1 4/02 Rosso Corsa/Nero ZFFYR51B000128117
128118	360	Modena F1 Red/Black LHD
128119	360	Modena 2/02 Rosso Corsa/Crema ZFFYR51C000128119
128120	360	Modena Spider F1 02 Rosso Corsa/Crema
128122	360	Modena F1 02 Red/Black
128127	360	Modena F1 02 Grigio Alloy/Crema ZFFYR51B000128127
128128	360	Modena F1 02 Yellow/Black ZFFYU51A620128128
128129	360	Modena 02 ZFFYU51A820128129
128130	360	Modena 02 Rosso Corsa/Black ZFFYU51A420128130
128134	360	Modena F1 02 Red/Beige & Tan ZFFYU51A120128134
128135	360	Modena 02 Red/Tan Manual ZFFYU51A320128135
128136	456	M GT Black/black ZFFWP44B000128136
128138	360	Modena Spider F1 Red LHD ZFFYT53B000128138 ass. # 42269
128140	360	Modena Spider F1 Red/Black LHD
128141	360	Modena Spider F1 02 Blu Tour de France 522/Grigio Scuro LHD EU ZFFYT53B000128141 Blue dash
128142	360	Modena Spider Argento Nürburgring 101/C/Grey LHD Manual ZFFYT53B000128142 shields
128143	360	Modena Spider (F1) 02 ZFFYT53A220128143
128144	360	Modena Spider F1 02 Yellow/Black LHD ZFFYT53A420128144
128145	360	Modena Spider (F1) 02 ZFFYT53A620128145
128147	360	Modena Spider F1 Red/Black LHD ZFFYT53B000128147
128150	360	Modena Spider F1 Red/Black LHD ZFFYT53B000128150
128151	360	Modena Spider 02 Grigio Titanio 3238/navy Blue Manual US ZFFYT53A120128151 Red Calipers Tubi Rear Challenge Grill
128152	360	Modena Spider (F1) 02 ZFFYT53A320128152
128153	360	Modena Spider (F1) 02 ZFFYT53A520128153
128154	360	Modena Spider 02 Grigio Titanio 3238/black Grigio Titanio stitching Daytona seats Black top ZFFYT53A720128154 shields front & rear Challenge grilles aluminum calipers
128155	360	Modena Spider 01 Argento Nürburgring 101/C/Blu Scuro RHD UK ZFFYT53C000128155
128157	360	Modena Spider F1 Red/Black ZFFYT53B000128157
128158	360	Modena Spider Red
128159	360	Modena Spider F1 6/02 black/sabbia sports seats ZFFYT53B000128159
128160	360	Modena Spider (F1) 02 ZFFYT53A220128160
128161	360	Modena Spider 02 Dark titainium/Grey ZFFYTS3A420128161
128162	360	Modena Spider (F1) 02 ZFFYT53A620128162
128163	360	Modena Spider F1 02 ZFFYT53A820128163
128164	360	Modena Spider F1 02 Rosso Corsa/Nero RHD UK ZFFYT53C000128164 Red calipers Challenge rear grill shields
128166	360	Modena Spider F1 02 Blu Pozzi 521 D.S./Tan LHD EU ZFFYT53B000128166
128167	360	Modena F1 02 Grigio Titanio 3238/Black ZFFYR51B000128167
128168	360	Modena Spider Red/Black ZFFYT53B000
128169	360	Modena Spider F1 02 Red/Cuoio ZFFYT53B000128169 Red calipers Challenge rear grill shields
128170	360	Modena Spider F1 02 Grigio Titanio Metallic/Charcoal ZFFYT53A520128170
128171	360	Modena Spider (F1) 02 ZFFYT53A720128171
128172	360	Modena Spider F1 02 Red/Tan ZFFYT53A920128172 Red Calipers
128173	360	Modena Spider 02 Grigio Alloy/Blu Scuro ZFFYT53C000128173
128174	360	Modena Spider F1 02 dark Blue/Black LHD EU ZFFYT53B000
128175	360	Modena Spider F1 02 Rosso Corsa/Black LHD EU ZFFYT53B000
128176	360	Modena Spider 5/02 Grigio Titanio Metallizzato 3238/Nero ZFFYT53B000128176
128177	360	Modena Spider F1 02 Rosso Corsa/Black Daytona seats ZFFYT53A820128177
128178	360	Modena Spider (F1) 02 ZFFYT53AX20128178
128179	360	Modena Spider (F1) 02 ZFFYT53A120128179
128180	360	Modena Spider (F1) 02 ZFFYT53A820128180
128181	360	Modena Spider F1 6/02 Argento Nürburgring 101/C/Charcoal ZFFYT53C000128181
128182	456	M GTA 02 ZFFWL50A720128182
128185	456	M GT 6/04 Nuovo Nero Daytona/Nero ZFFWP44B000128185
128188	360	Modena Spider F1 02 Rosso Corsa/Beige LHD
128190	575	M Maranello F1 titan grey/black
128192	575	M Maranello F1 02 Rosso Corsa/Black Daytona seats Red inserts Red piping LHD US ZFFBV55A820128192 Red calipers shields
128194	575	M Maranello 02 Silver/Tan ZFFBB55A020128194
128195	575	M Maranello F1 02 Black Grey LHD US ZFFBV55A320128195 ass. # 45349
128196	575	M Maranello F1 Grigio Titanio met./black ZFFBT55B000
128197	575	M Maranello 02 Red/Black ZFFBT55B000128197
128198	575	M Maranello 02 Silver/Black Daytona seats LHD US Manual ZFFBV55A920128198 Tubi Red calipers
128199	575	M Maranello (F1) 02 Silver/Tan LHD US ZFFBV55A020128199
128200	360	Modena Spider F1 RHD
128202	575	M Maranello 02 Nuovo Nero Daytona Crema RHD UK
128204	575	M Maranello F1 Grigio Titanio met./burgundy ZFFBT55B000128204
128205	575	M Maranello F1 02 Rosso Corsa/Beige Manual LHD US ZFFBV55A220128205
128206	575	M Maranello F1 02 Black/BlackGrey inserts & stitching Aluminium Calipers LHD US ZFFBV55A420
128212	575	M Maranello F1 02 Red/Tan LHD US ZFFBV55AX20128212
128214	360	Modena black/tan
128217	360	Modena (F1) 02 ZFFYU51A520128217
128219	360	Modena F1 02 Nero Nero ZFFYR51B000128219

s/n	Type	Comments
128221	360	Modena 02 Azzurro Califonia/Tan ZTTYU51A720128221 challenge grill
128225	360	Modena 02 Red/Tan ZFFYU51A420128225
128226	360	Modena F1 02 Red/Tan ZFFYR51B000128226 Rear Challenge grille
128225	360	Modena 02 Red/Tan manual ZFFYU51A420128225
128226	360	Modena F1 Red LHD ZFFYR51B000128226
128227	360	Modena F1 Red/Black ZFFYR51B000128227
128230	360	Modena Spider 02 Yellow/black Daytona seats Yellow stitching ZFFYT53A020128230 Red calipers front & rear Challenge grilles shields Tubi
128231	360	Modena 02 Tour de France Blue/Tan LHD ZFFYU51AX20128231 red calipers shields front Challenge grilles
128236	360	Modena (F1) 02 ZFFYU51A920128236
128238	360	Modena Spider Blue TdF/black Manual
128239	360	Modena Spider F1 Red/Black ZFFYT53B000128239
128240	360	Modena Spider 02 ZFFYT53A020128240
128241	360	Modena Spider F1 02 Grigio Titanio 3238/Tan US ZFFYT53A220128241
128242	360	Modena Spider (F1) 02 ZFFYT53A420128242
128244	360	Modena Spider 02 Rosso Corsa/Nero ZFFYT53B000128244
128245	360	Modena Spider (F1) Red/Black Red calipers
128246	360	Modena Spider F1 Red/Black ZFFYT53B000128246
128249	360	Modena Spider F1 02 Red/Black ZFFYT53A720128249
128250	360	Modena Spider F1 02 Black/Grey Daytona Seats Black Inserts Black Piping ZFFYT53A320128250 Red Calipers Rear Challenge Grill
128251	360	Modena Spider (F1) 02 ZFFYT53A520128251
128252	360	Modena Spider
128253	360	Modena Spider F1 Black Crema LHD
128254	360	Modena Spider F1 Yellow/black ZFFYT53B000128254
128255	360	Modena Spider black/brown
128256	360	Modena Spider F1 4/02 Argento Nürburgring 101/C/Blu Scuro ZFFYT53B000128256
128257	360	Modena Spider F1 Red/Black LHD ZFFYT53B000128257
128258	360	Modena Spider (F1) 02 ZFFYT53A820128258
128259	360	Modena Spider 02 Grigio IngridCrema Manual ZFFYT53AX20128259
128260	360	Modena Spider F1 02 Yellow/Black ZFFYT53A620128260 Red calipers rear challenge grill
128261	360	Modena Spider
128263	360	Modena Spider
128264	360	Modena Spider Black/sabbia ZFFYT53B000128264
128265	360	Modena Spider F1 Hamann grigio alloy/black Red stitching LHD ZFFYT53J000128265 Red calipers shields grigio alloy Challenge grill Hamann rear spoiler + rear bumper
128266	360	Modena Spider (F1) 02 ZFFYT53A720128266
128267	360	Modena Spider 02 Black ZFFYT53A920128267
128268	360	Modena Spider (F1) 02 ZFFYT53A020128268
128269	360	Modena Spider F1 Rosso/nero LHD
128270	360	Modena Spider F1 02 Nuovo Nero Daytona/Beige ZFFYT53B000128270
128271	360	Modena Spider 5/02 Rosso Corsa/Beige ZFFYT53B000128271 eng.# 67659
128274	360	Modena Spider 02 Red/Tan US ZFFYT53A620128274
128275	360	Modena Spider 02 Yellow/black ZFFYT53A820128275 Red calipers front & rear Challenge grilles shields
128276	360	Modena Spider 02 Yellow/Black ZFFYT53AX20128276
128277	360	Modena Spider F1 02 Silver/Tan ZFFYT53A120128277
128278	360	Modena Spider F1 02 Grigio Titanio Blue Blue top ZFFYT53A320128278
128279	360	Modena Spider F1 5/02 Rosso Corsa/Nero ZFFYT53B000128279 Red calipers
128280	360	Modena Spider F1 Red/charcoal sport seats ZFFYT53B000128280
128281	575	M Maranello F1 Red,Tan LHD, ZFFBT55B000128281
128283	575	M Maranello F1 02 Blu Pozzi 521 D.S. Cuoio LHD US ZFFBV55A020128283
128284	575	M Maranello 6/02 Rosso Corsa/Nero ZFFBT55C000128284
128285	575	M Maranello 5/02 Rosso Corsa/Nero Manual ZFFBT55B000128285
128287	575	M Maranello F1 Black/black ZFFBT55B000
128288	575	M Maranello F1 02 Grigio Titanio/Black Daytona Seats LHD US ZFFBV55AX20128288 ass. # 45534
128289	575	M Maranello F1 Rosso Corsa/Black sport seats ZFFBT55B000128289
128291	575	M Maranello F1 02 black/black LHD US ZFFBV55AX20128291 Red calipers
128292	360	Modena Spider F1 Red/Tan
128293	575	M Maranello F1 02 Black ZFFBT55B000128293
128294	575	M Maranello 02 Grigio Titanio met./Bordeaux Daytona seats silver stitching Manual LHD US ZFFBV55A520128294 Red calipers
128295	575	M Maranello (F1) 02 LHD US ZFFBV55A720128295
128296	575	M Maranello F1 met. black/tan
128297	575	M Maranello F1 02 Silver/Magnolia Daytona seats ZFFBV55A020128297
128298	575	M Maranello F1 02 black/tan ZFFBT55B000128298
128299	575	M Maranello 02 Rosso Corsa/Nero ZFFBT55B000128299
128301	360	Modena (F1) 02 ZFFYU51A520128301
128302	360	Modena (F1) 02 ZFFYU51A720128302
128305	360	Modena (F1) 02 ZFFYU51A220128305
128311	360	Modena (F1) 02 ZFFYU51A820128311
128318	360	Modena Red/Black
128320	360	Modena F1 02 Verde Zeltweg/Black green stitching ZFFYU51A920128320 Aluminum calipers front & rear Challenge grille
128321	360	Modena (F1) 02 ZFFYU51A020128321
128322	360	Modena Silver
128326	360	Modena Spider 02 Rosso Corsa/Nero Manual ZFFYT53B000128326
128327	360	Modena Spider (F1) LHD EU ZFFYT53B000128327
128328	360	Modena Spider F1 5/02 Argento Nürburgring 101/C/Nero ZFFYT53B000128328
128332	360	Modena Spider 5/02 Argento Nürburgring 101/C/Nero Sports seats silver stitching Manual ZFFYT53C000128332
128334	360	Modena Spider silver/black LHD EU
128338	360	Modena Spider F1 Rosso/nero & crema baquets LHD Xenon ZFFYT53B000128338
128343	360	Modena Spider F1 Giallo/nero LHD ZFFYT53B000128343
128345	360	Modena Spider 02 Red/Black ZFFYT53B000128345
128348	360	Modena Spider 02 Red/Black ZFFYT53A020128349
128349	360	Modena Spider 02 Grigio Titanio Tan Manual ZFFYT53A720128350
128350	360	Modena Spider 02 Yellow/black Manual LHD ZFFYT53A720

s/n	Type	Comments
128351	360	Modena Spider F1 02 Silver/Black ZFFYT53A920128351
128352	360	Modena Spider 02 Blu Tour de France 522/Beige Blue Stitching Beige Dash, Steering Wheel & Roll Bar Manual ZFFYT53A020128352 Shields Challenge Stradale wheels
128353	360	Modena Spider
128355	360	Modena Spider F1 02 Red White Red Stitching Black top ZFFYT53A620128355 Hamann Wheels Tubi
128356	360	Modena Spider F1 02 Grigio Titanio 3238//Grey & Black Daytona Seats Black Piping & Stitching US ZFFYT53A820128356 Silver Calipers Shields
128357	360	Modena Spider (F1) 02 ZFFYT53AX20128357
128358	Enzo Ferrari	F1 ZFFCZ56B000128358
128360	360	Modena Spider F1 02 Rosso Corsa/Tan ZFFYT53AX20128360
128361	360	Modena Spider (F1) 02 ZFFYT53A120128361
128362	360	Modena Spider F1 Silver/Black LHD ZFFYT53C000128362
128363	360	Modena Spider F1 02 Black/Tan Daytona seats Black Piping Manual ZFFYT53A520128363 Tubi
128364	360	Modena Spider F1 02 Red/Tan LHD ZFFYT53A720128364
128365	360	Modena Spider F1 02 ZFFYT53A920128365
128367	360	Modena Spider F1 6/02 Nero/Cuoio ZFFYT53C000128367
128369	456	M GTA 02 ZFFWL50A120128369
128371	456	M GT 02 Silver/Grey grey stitching ZFFWL44A420128371
128372	360	Modena F1 02 Rosso Corsa/Tan ZFFYR51B000128372
128373	360	Modena F1 Rosso Corsa/Black sports seats LHD EU ZFFYR51B000128373 shields Challenge wheels Hamann front spoiler
128376	360	Modena
128377	360	Modena F1 Giallo Modena/Black Yellow stittching LHD EU ZFFYR51B000128377
128378	360	Modena F1 Red/Black LHD
128379	360	Modena (F1) 02 ZFFYU51A920128379
128380	360	Modena 02 Red/Tan US ZFFYU51A520128380
128381	360	Modena F1 02 Giallo Modena/Nero ZFFYU51A720128381
128383	360	Modena F1 Black/Tan LHD
128385	360	Modena F1 02 Red/Beige ZFFYU51A420128385
128386	360	Modena Rosso
128387	360	Modena Red/Black Red piping Manual RHD ZFFYR51C000128387 Challenge grill
128389	360	Modena F1 02 Nero/Grigio Scuro ZFFYR51B000128389
128391	360	Modena (F1) 02 ZFFYU51AX20128391
128392	360	Modena 02 Red/Tan ZFFYU51A120128392 Red calipers front & rear Challenge grilles shields
128393	360	Modena 02 Nero/Nero Manual ZFFYR51B000128393
128394	360	Modena F1 Black/black ZFFYR51B000128394
128395	360	Modena Red/Black LHD
128396	360	Modena F1 02 Red/Tan Daytona seats black inserts ZFFYU51A920128396 Shields Red calipers rear Challenge grille
128397	360	Modena Spider F1 02 Argento Nürburgring 101/C/Blu Scuro ZFFYT53B000128397
128398	360	Modena Spider (F1) LHD EU ZFFYT53B000128398
128401	360	Modena Spider (F1) 02 ZFFYT53A920128401
128402	360	Modena Spider 02 Grigio Titanio Metallizzato/Blu Scuro ZFFYT53A020128402
128403	360	Modena Spider F1 02 Grigio Alloy/Tan ZFFYT53A220128403
128405	360	Modena Spider F1 02 Red/Tan ZFFYT53B000128405
128407	360	Modena Spider F1 02 Yellow/Black US ZFFYT53AX20128407
128408	360	Modena Spider 02 Tour de France Blue/Beige Daytona seats ZFFYT53A120128408 Tubi Aluminum calipers
128409	360	Modena Spider (F1) 02 ZFFYT53A320128409
128410	360	Modena Spider F1 02 Giallo Modena/Nero RHD UK
128412	360	Modena Spider 02 Red/Black ZFFYT53B000128412
128413	360	Modena Spider Yellow/black & Yellow sports seats ZFFYT53B000128413
128416	360	Modena Spider F1 Red/Black ZFFYT53B000
128417	360	Modena Spider F1 Rosso Corsa/beige ZFFYT53B000128417
128418	360	Modena Spider F1 02 Rosso Corsa/Beige ZFFYT53B000128418
128419	360	Modena Spider (F1) 02 ZFFYT53A620128419
128420	360	Modena Spider F1 6/02 Rosso Corsa/Tan ZFFYT53A220128420
128425	360	Modena Spider F1 Rosso Corsa/nero LHD ZFFYT53B000128425
128428	360	Modena Spider (F1) 02 ZFFYT53A720128428
128429	360	Modena Spider F1 02 Red/Cuoio ZFFYT53A920128429
128430	360	Modena Spider
128432	360	Modena Spider F1 02 Giallo Modena/Blu Scuro ZFFYT53B000128432
128433	360	Modena Spider 02 Grey ZFFYT53B000128433
128435	360	Modena Spider Red/Black
128437	360	Modena Spider F1 02 Black/RHD ZFFYT53D000128437
128438	360	Modena Spider (F1) 02 ZFFYT53AX20128438
128439	360	Modena Spider (F1) 02 ZFFYT53A120128439
128440	360	Modena Spider (F1) 02 ZFFYT53A820128440
128443	575	M Maranello F1 silver/black ZFFBT55B000
128444	575	M Maranello (F1) 02 LHD US ZFFBV55A920128444
128445	575	M Maranello F1 02 Red/Beige LHD US ZFFBV55A020128445 Red Calipers Shields
128448	575	M Maranello F1 02 Blu Pozzi 521 D.S./Naturale LHD US ZFFBV55A620128448
128449	575	M Maranello 02 Red LHD US ZFFBV55A820128449
128451	575	M Maranello F1 02 Rosso Corsa/Tan Bordeaux Upper Dash LHD US ZFFBV55A620128451 Red calipers
128453	575	M Maranello Red/Black Manual RHD ZFFBT55C000128453 Red calipers
128456	575	M Maranello (F1) 02 LHD US ZFFBV55A520128456
128457	575	M Maranello (F1) 02 Argento Nürburgring 101/C/Black LHD US ZFFBV55A720128457
128458	575	M Maranello F1 dark Blue met./dark grey ZFFBT55B000
128460	575	M Maranello (F1) 02 LHD US ZFFBV55A720128460
128461	575	M Maranello F1 02 Blu Pozzi 521 D.S. Dark BlueLHD US ZFFBV55A920128461
128463	575	M Maranello (F1) 02 LHD US ZFFBV55A220128463
128464	575	M Maranello 02 Blue with Bordeaux ZFFBT55C000128464
128467	575	M Maranello 02 Grigio Titanio met./Sabbia & Black Daytona Seats LHD US ZFFBV55AX20128467
128468	575	M Maranello F1 02 Argento Nürburgring 101/C/Black Red Stitching LHD US ZFFBV55A120128468 Red Calipers
128469	575	M Maranello 02 Nuovo Nero Daytona/Nero Manual ZFFBT55C000128469

s/n	Type	Comments
128472	575	M Maranello (F1) 02 LHD US ZFFBV55A320128472
128473	575	M Maranello Blue metallic/magnolia
128474	575	M Maranello 02 Red/Tan Manual LHD US ZFFBV55A720128474
128475	575	M Maranello F1 Rosso Corsa/Nero
128476	575	M Maranello F1 7/02 Grigio Titanio Metallizzato 3238/Cuoio ZFFBT55B000128476
128477	456	M GTA dark Blue/tan
128478	456	M GT 03 Red/Black RHD
128479	456	M GT 5/03 Nuovo Nero Daytona/Sabbia LHD ZFFWP44B000128479
128480	456	M GT grey/grey
128481	456	M GT Grigio Titanio met./tan EU
128482	456	M GTA black/tan
128483	456	M GT Bicolore Scaglietti Schumacher Edition 02 Argento & Canne di Fucille/Light Gey & Black Red piping & stitching ZFFWP44B000128483
128484	456	M GT 02 Grigio Titanio met./Sabbia Blue Piping ZFFWL44A620128484 shields aluminium calipers Blue upper dashboard Blue steering wheel
128485	456	M GT Bicolore Scaglietti Grey & dark grey roof/grey ZFFWP44B000128485
128493	360	Modena (F1) 02 ZFFYU51A720128493
128497	575	M Maranello F1 Argento Nürburgring 101/C/Bordeaux
128499	360	Modena F1 02 Argento Nürburgring 101/C/Black ZFFYU51A820128499 front & rear Challenge grills
128500	360	Modena
128502	360	Modena F1 6/02 Nero/Nero ZFFYR51B000128502
128504	360	Modena Rosso Corsa/Nero Red stitching Manual RHD ZFFYR51C000128504 Challenge rear grill shields
128505	360	Modena Spider 6/02 Blu Pozzi/Cuoio ZFFYT53C000128505
128506	360	Modena Spider Rosso Corsa/Black Red stitching LHD Manual ZFFYT53B000128506
128509	360	Modena Spider F1 02 Grigio Titanio 3238/Red LHD EU ZFFYT53B000128509
128512	360	Modena Spider F1 01 Blu Pozzi 521 D.S. Cuoio
128514	360	Modena Spider Red/Black, black top, LHD
128516	360	Modena Spider Blu NART/Tan ZFFYT53B000128516
128519	360	Modena Spider F1 black/black ZFFYT53B000128519 Yellow stitching BBS wheels Red calipers rear Challenge grille
128522	360	Modena Spider F1 02 Grigio Alloy/Blue silver stitching Blue dashboard dark Blue top LHD EU ZFFYT53B000128522 shields Red calipers
128523	360	Modena Spider
128529	360	Modena Spider 02 Grigio Alloy/Blu Scuro Manual ZFFYT53C000128529
128537	360	Modena Spider F1 Grigio Alloy LHD ZFFYT53C000128537
128540	360	Modena Spider 02 Nero/Crema RHD UK ZFFYT53C000128540
128541	360	Modena Spider
128542	360	Modena Spider F1 Red/Black
128545	360	Modena Spider 2/02 Rosso Corsa/Crema ZFFYT53C000128545
128546	360	Modena Spider F1 02 Rosso Corsa/Nero ZFFYT53C000128546
128547	360	Modena Spider F1 Red/Crema ZFFYT53C000128547
128550	360	Modena Spider F1 Rosso/tan ZFFYT53B000128550
128551	360	Modena Spider F1 Rosso/tan LHD EU ZFFYT53B000128551
128553	360	Modena Spider
128554	360	Modena Spider F1 02 Rosso Corsa/Nero ZFFYT53B000128554
128555	360	Modena Spider F1 Red/Black
128561	360	Modena Spider (F1) 02 ZFFYT53A920128561
128562	360	Modena Spider F1 02 Black/Black ZFFYT53A020128562
128563	360	Modena Spider 02 ZFFYT53A220128563
128564	360	Modena Spider F1 02 Black/Black Daytona seats Red piping manual ZFFYT53A420128564 shields Rear challenge grill Red calipers
128565	360	Modena Spider (F1) 02 ZFFYT53A620128565
128566	360	Modena Spider F1 02 Black/Beige ZFFYT53A820128566
128567	360	Modena Spider F1 02 Red/Black ZFFYT53AX20128567 Black Calipers
128568	360	Modena Spider (F1) 02 ZFFYT53A120128568
128569	360	Modena Spider (F1) 02 ZFFYT53A320128569
128570	360	Modena Spider (F1) 02 ZFFYT53AX20128570
128571	360	Modena Spider (F1) 02 ZFFYT53A120128571
128572	360	Modena Spider (F1) 02 ZFFYT53A320128572
128573	360	Modena Spider 02 Yellow/Black Daytona seats Yellow Stitching Black Top US ZFFYT53A520128573 Red calipers shields Front & Rear challenge grills
128574	360	Modena Spider 02 Azzurro California 524/Dark Blue Manual ZFFYT53A720128574
128575	360	Modena Spider F1 02 Rosso Corsa/Tan black piping ZFFYT53A920128575
128576	360	Modena Spider (F1) 02 ZFFYT53A020128576
128577	360	Modena Spider (F1) 02 ZFFYT53A220128577
128578	360	Modena Spider (F1) 02 ZFFYT53A420128578
128579	360	Modena Spider (F1) 02 ZFFYT53A620128579
128580	360	Modena Spider F1 02 Rosso Corsa/Black ZFFYT53A220128580
128581	360	Modena Spider F1 02 Red/Tan ZFFYT53A420128581
128582	360	Modena Spider 02 Grey/Alloy/Dark Blue Manual ZFFYT53A620128582
128583	360	Modena Spider F1 02 Grey/Red Daytona Seats BlackTop ZFFYT53A820128583 Rear Challenge Grill Front "Challenge Style" Grilles Shields Red Calipers
128584	360	Modena Spider (F1) 02 Red/Black Daytona Seats Red Inserts Red Stitching ZFFYT53AX20128584 Front & Rear Challenge Grills Shields
128585	360	Modena F1 02 Blue/?? RHD ZFFYR51C000128585
128586	360	Modena (F1) 02 ZFFYU51A320128586
128587	360	Modena 7/02 Rosso Corsa/Beige ZFFYR51D000128587
128588	360	Modena (F1) 02 ZFFYU51A720128588
128589	360	Modena F1 6/02 Argento Nürburgring 101/C/Nero ZFFYR51B000128589
128600	360	Modena 02 Blue Metallic/Tan Blue stitching ZFFYU51A420128600
128601	360	Modena silver/black
128602	360	Modena F1 Red/Black ZFFYR51B000128602
128603	360	Modena 02 Red/Tan Manual ZFFYR51B000128603
128604	360	Modena F1 02 Nuovo Nero Daytona/Nero RHD AUS ZFFYR51D000128604
128605	360	Modena F1 02 ZFFYU51A320128605
128606	360	Modena F1 5/02 Argento Nürburgring 101/C/Nero ZFFYR51B000128606
128607	360	Modena F1 Blue TdF/Charcoal Sports seats ZFFYR51B000
128608	360	Modena F1 silver/red LHD EU
128612	360	Modena F1 02 Black/Cuoio Daytona seats Black Inserts black stitching ZFFYU51A020128612 Challenge Grill Red Calipers Shields Rear & Front Challenge Grill
128613	360	Modena F1 02 Argento Nürburgring 101/C/Nero ZFFYR51C000128613

s/n	Type	Comments
128614	360	Modena Spider (F1) LHD EU ZFFYT53B000128614
128615	360	Modena Spider F1 02 Rosso Corsa/Tan LHD CDN ZFFYT53A620128615
128618	360	Modena Spider Black/Black silver LHD manual ZFFYT53B000128618
128619	360	Modena Spider TdF Blue Tobacco LHD EU ZFFYT53B000128619
128621	360	Modena Spider F1 02 Black/tan LHD ZFFYT53A120128621
128624	360	Modena Spider F1 Grigio Titanio
128626	360	Modena Spider (F1) LHD EU ZFFYT53B000128626
128627	360	Modena Spider F1 02 Argento Nürburgring 101/C/Black Daytona seats Black soft top ZFFYT53A220128627 Tubi Rear Challenge grill
128628	360	Modena Spider 02 Argento Nürburgring 101/C/Dark Blue Daytona Seats Light Grey Stitching Manual ZFFYT53A420128628 Red Calipers
128629	360	Modena Spider (F1) 02 ZFFYT53A620128629
128630	360	Modena Spider 02 Rosso Corsa/Nero ZFFYT53C000128630
128631	360	Modena Spider F1 02 Argento Nürburgring 101/C/Beige ZFFYT53B000128631
128632	360	Modena Spider F1 Red/Black ZFFYT53B000128632
128633	360	Modena Spider F1 Silver/black LHD ZFFYT53B000128633
128636	360	Modena Spider F1 Red/Black
128637	360	Modena Spider (F1) 02 ZFFYT53A520128637
128639	360	Modena Spider F1 6/02 Rosso Corsa/Nero Red piping Red stitching RHD ZFFYT53C000128639 Challenge rear grill shields
128640	360	Modena Spider F1 02 Blu Tour de France 522/dark Blue
128646	360	Modena Spider Red/Tan LHD ZFFYT53B000
128649	360	Modena Spider F1 02 Red/Tan Red piping ZFFYT53A120128649 front/rear challenge grills Red calipers shields
128651	575	M Maranello F1 02 black/black ZFFBT55B000128651
128652	575	M Maranello Red/Black Manual ZFFBT55B000128652
128655	575	M Maranello F1 02 black/black
128658	575	M Maranello 02 Nero Nero Manual LHD US ZFFBV55A620128658
128659	575	M Maranello F1 silver/black
128660	575	Maranello 02 Silver/blackLHD US ZFFBY53A420128660
128662	575	M Maranello F1 6/02 Nuovo Nero Daytona/Crema ZFFBT55C000128662
128663	575	M Maranello 6/02 Rosso Corsa/Nero ZFFBT55C000128663
128664	575	M Maranello 02 Grigio Titanio Metalleaux/Bordeaux Manual LHD US ZFFBV55A120
128665	575	M Maranello F1 Silver/black
128667	575	M Maranello F1 Argento Nürburgring 101/C/
128668	575	M Maranello F1 Silver/black
128669	575	M Maranello F1 02 Argento Nürburgring 101/C/Blue Scuro RHD UK ZFFBT55C000
128671	575	M Maranello 02 Dark Blue dark tan LHD US ZFFBV55A920
128672	360	Modena Spider F1 02 Silver/Black US
128673	575	M Maranello F1 Grigio Titanio met./dark Red LHD EU
128674	575	M Maranello (F1) 02 LHD US ZFFBV55A420128674
128675	575	M Maranello Grey/Bordeaux
128676	575	M Maranello F1 ex-Michael Schumacher
128678	575	M Maranello (F1) 02 LHD US ZFFBV55A120128678
128679	575	M Maranello F1 Nuovo Nero Daytona/Beige sports seats RHD ZFFBT55C000128679 Red calipers shields
128681	575	M Maranello F1 02 Blu Pozzi 521 D.S./Tan Daytona seats dark Blue stitching LHD US ZFFBV55A120128681Red calipers Fuchs exhaust
128682	575	M Maranello (F1) 02 LHD US ZFFBV55A320128682
128683	575	M Maranello F1 02 Grigio Titanio Metallizzato 3238/Nero ZFFBT55B000128683
128685	575	M Maranello (F1) 02 LHD US ZFFBV55A920128685
128686	575	M Maranello Nero/Nero ZFFBT55B000128686
128688	575	M Maranello (F1) 02 LHD US ZFFBV55A420128688
128689	575	M Maranello (F1) 02 LHD US ZFFBV55A620128689
128691	575	M Maranello F1 02 Rosso Corsa/tan Daytona Seats LHD US ZFFBV55A420128691 Shields
128692	575	M Maranello F1 black/black sport seats ZFFBT55B000128692
128695	575	M Maranello F1 02 Rosso Corsa/Tan Daytona seats LHD US ZFFBV55A120128695 shields
128696	575	M Maranello F1 02 Grigio Titanio 3238/Tan Daytona seats Manual LHD US ZFFBV55A320128696 Tubi shields
128697	575	M Maranello F1 blu/nero
128699	575	M Maranello (F1) 02 LHD US ZFFBV55A920128699
128700	575	M Maranello (F1) LHD EU ZFFBT55B000128700
128702	360	Modena F1 02 Red/Black LHD EU
128704	360	Modena F1 02 Red/Tan Daytona seats Red piping ZFFYU51A520128704 shields Red calipers Challenge grilles
128705	360	Modena
128714	360	Modena 02 Yellow Natural Daytona seats Manual ZFFYU51A820128714 front & rear Challenge grilles shields
128718	360	Modena F1 02 Rosso Corsa/Tan Daytona Seats ZFFYU51A520128718 front & rear challenge grilles Red calipers
128719	360	Modena F1 Red LHD ZFFYR51B000128719
128720	360	Modena Dark Blue Crema & black RHD ZFFYR51C000128720
128722	360	Modena F1 02 Grigio Alloy/Tan LHD EU
128723	360	Modena F1 silver/Blue Scuro LHD EU ZFFYR51B000128723
128724	360	Modena Spider F1 02 Blue NART Metallic/Cuoio ZFFYU51A020128724
128725	360	Modena 02 ZFFYU51A220128725
128727	360	Modena Spider Silver/dark Blue LHD EU ZFFYT53B000128727
128728	360	Modena Spider F1 black/grey
128730	360	Modena Spider F1 Red/Black Red stitching ZFFYT53B000128730
128731	360	Modena Spider (F1) 02 ZFFYT53A820128731
128732	360	Modena Spider (F1) 02 ZFFYT53AX20128732
128733	360	Modena Spider 02 Grigio Titanio 3238/Blue Manual ZFFYT53A120128733
128734	360	Modena Spider F1 02 Nuovo Nero Daytona/Beige ZFFYT53C000128734
128735	360	Modena Spider F1 silver/black
128736	360	Modena Spider Rosso Corsa/Black LHD Manual ZFFYT53B000128736 shields
128737	360	Modena Spider F1 Red/Black
128740	360	Modena Spider F1 02 Rosso Fiorano/Tan ZFFYT53A200128740 Shields Red Calipers
128741	360	Modena Spider 02 Red/Black sport seats manual ZFFYT53A020128741 B8741XIF
128742	360	Modena Spider
128743	360	Modena Spider

s/n	Type	Comments
128748	360	Modena Spider (F1) 02 ZFFYT53A320128748
128749	360	Modena Spider (F1) 02 ZFFYT53A920128749
128750	360	Modena Spider (F1) 02 ZFFYT53A120128750
128751	360	Modena Spider (F1) 02 ZFFYT53A320128751
128752	360	Modena Spider
128754	360	Modena Spider F1 02 Black/Black LHD ZFFYT53B000128754
128755	360	Modena Spider F1 Red/Tan LHD ZFFYT53B000128755
128758	360	Modena Spider F1 02 Rosso Corsa/Beige ZFFYT53A620128758 shields
128759	360	Modena Spider F1 02 Argento Nürburgring 101/C/Black Silver stitching ZFFYT53A820128759
128761	360	Modena Spider Red/Black RHD Manual ZFFYT53C000128761
128764	360	Modena Spider F1 Light Blue/Blue
128765	360	Modena Spider (F1) 02 ZFFYT53A320128765
128766	360	Modena Spider (F1) 02 ZFFYT53A520128766
128767	360	Modena Spider 02 Red/Tan Daytona Seats Manual ZFFYT53A720128767 Challange Grill Tubi Shields
128768	360	Modena Spider F1 Red/Crema
128769	360	Modena Spider F1 02 Grigio Alloy/Blu Scuro ZFFYT53C000128769
128770	575	M Maranello (F1) 02 LHD US ZFFBV55A020128770
128771	575	M Maranello (F1) 02 LHD US ZFFBV55A220128771
128772	575	M Maranello F1 7/02 Rosso Corsa/Nero Red inserts Red piping RHD ZFFBT55C000128772 shields
128773	456	M GTA 03/01 Silver
128775	456	M GTA 02 ZFFWL50A120128775
128776	456	M GT Bicolore Scaglietti Black Metallic & Grigio Titanio met./Red
128778	Enzo Ferrari	F1 works demonstrator, #1/399+1 03 Rosso Corsa/Rosso ZFFCZ56B000128778 ass. #45998
128779	Enzo Ferrari	F1 #2/399+1 03 Red/Red ZFFCZ56B000128779 ass. # 45999 eng. # 68148
128780	Enzo Ferrari	F1 03 Red/Black & Red ZFFCZ56B000128780 ass. # 46048
128781	Enzo Ferrari	F1 works demonstrator, giallo Modena/nero ZFFCZ56B000128781 ass. # 46101
128782	Enzo Ferrari	F1 02 Rosso Corsa/sabbia LHD ZFFCZ56B000128782 ass. # 46116
128783	Enzo Ferrari	F1 nero/black ZFFCZ56B000128783 ass. # 46154
128784	Enzo Ferrari	F1 Red ZFFCZ56B000128784 ass. # 48717, Jean Todt
128785	Enzo Ferrari	F1 ZFFCZ56B000128785 ass. # 48810, new to CH
128786	Enzo Ferrari	F1 02 black/black ZFFCZ56B000128786, badly crashed, probably written off
128787	Enzo Ferrari	F1 03 Rosso Corsa LHD US US ZFFCW56A430128787 ass.# 50445, feat. in the movie "Charlie's Angels 2"
128788	Enzo Ferrari	F1 Blu Tour de France 522/tan ZFFCZ56B000128788 ass.# 50542
128789	Enzo Ferrari	F1
128790	Enzo Ferrari	F1 ZFFCZ56B000128790 ass. # 50601
128791	Enzo Ferrari	F1 ZFFCZ56B000128791
128792	Enzo Ferrari	F1
128793	Enzo Ferrari	F1
128794	Enzo Ferrari	F1 LHD US
128795	Enzo Ferrari	F1
128796	Enzo Ferrari	F1 03 Red/Black LHD US ZFFCW56A530128796
128797	Enzo Ferrari	F1 03 Red/Black & Red LHD US ZFFCW56A730128797
128798	Enzo Ferrari	F1 03 Rosso/nero LHD US ZFFCW56A930128798 ass. # 52225
128799	Enzo Ferrari	F1 10/03 Rosso Corsa/Black LHD US ZFFCW56A030128799 ass. # 51321
128800	Enzo Ferrari	F1 03 LHD US ZFFCW56A330128800
128801	Enzo Ferrari	F1
128802	Enzo Ferrari	F1
128803	Enzo Ferrari	F1
128804	Enzo Ferrari	F1
128805	Enzo Ferrari	F1 Black/Black & Red ZFFCZ56B000128805 ass. # 54685
128806	Enzo Ferrari	F1
128807	Enzo Ferrari	F1
128808	Enzo Ferrari	F1
128809	Enzo Ferrari	F1
128810	Enzo Ferrari	F1 Rosso Corsa/Rosso ZFFCZ56B000128810
128811	Enzo Ferrari	F1 Rosso Corsa/black ass. # 56069
128812	Enzo Ferrari	F1
128813	Enzo Ferrari	F1
128814	Enzo Ferrari	F1 Rosso Corsa/black ZFFCZ56B000128815
128815	Enzo Ferrari	F1 Rosso Corsa/black ass. # 54330
128817	360	Modena (F1) 02 Grigio Titanio 3238/Blue Scuro ZFFYU51A720128817
128818	360	Modena Red/Black LHD
128819	360	Modena F1 Red/Black ZFFYR51B000128819
128820	360	Modena (F1) 02 ZFFYU51A720128820
128822	360	Modena F1 Red/Black LHD EU B8822WAH
128825	360	Modena 02 Rosso Corsa/Tan ZFFYU51A620128825
128826	360	Modena (F1) 02 ZFFYU51A820128826
128829	360	Modena F1 02 Grigio Titanio 3238/Black ZFFYU51A320128829
128830	360	Modena 02 Argento Nürburgring 101/C/Blue Manual ZFFYU51AX20128830 Challenge grille shields Red calipers interior
128833	360	Modena Rosso Corsa/Black Red stitching LHD Manual ZFFYR51B000128833 shields
128834	360	Modena F1 02 Giallo Modena/Black Daytona seats & Yellow stitching US ZFFYU51A720128834 Rear Challenge grill
128835	360	Modena (F1) 02 ZFFYU51A920128835
128839	360	Modena F1 Red/Tan
128842	360	Modena Spider F1 02 Grigio Titanio Metallizzato 3238/Nero Daytona seats Grey piping Grey stitching ZFFYT53A620128842 Red calipers Shields Front & Rear Challenge Grills
128843	360	Modena Spider F1 02 Red/Tan Daytona seats black top LHD ZFFYT53A820128843 shields Red calipers front & rear Challenge grilles
128844	360	Modena Spider
128845	360	Modena Spider F1 Rosso Corsa/Black LHD ZFFYT53B000128845
128846	360	Modena Spider F1 Red/Black ZFFYT53B000128846
128850	360	Modena Spider (F1) 02 ZFFYT53A520128850
128851	360	Modena Spider (F1) 02 ZFFYT53A220128851
128852	360	Modena Spider (F1) 02 ZFFYT53A920128852
128853	360	Modena Spider 6/02 Argento Nürburgring 101/C/Nero Manual LHD EU ZFFYT53B000128853
128854	360	Modena Spider F1 Red/Black ZFFYT53B000128854
128855	360	Modena Red/Black LHD EU ass. # 46003
128856	360	Modena Spider F1 Red/Black LHD
128857	360	Modena Spider (F1) 02 ZFFYT53A820128857
128858	360	Modena Spider 02 Giallo Modena/Black Yellow piping Manual ZFFYT53AX20128858 shields black calipers
128859	360	Modena Spider (F1) 02 ZFFYT53A120128859
128860	360	Modena Spider F1 02 Rosso Corsa/Nero ZFFYT53A820128860
128862	360	Modena Spider F1 Silver grey/Red RHD ZFFYT53C000128862 Red calipers shields

s/n	Type	Comments
128863	360	Modena Spider Silver/Black Red stitching LHD Manual ZFFYT53B000128863 Red calipers shields
128864	360	Modena Spider F1 Red/Tan ZFFYT53B000128864 rear challenge grill
128865	360	Modena Spider F1 02 Red/Black ZFFYT53B000128865
128867	360	Modena Spider (F1) 02 ZFFYT53A020128867
128868	360	Modena Spider F1 02 Argento Nürburgring 101/C/Black ZFFYT53A220128868
128869	360	Modena Spider F1 02 Grigio Titanio 3238/Dark Blue Manual ZFFYT53A420128869
128870	360	Modena Spider Rosso Corsa/Black Red stitching ZFFYT53B000128870
128873	360	Modena Spider F1 02 Black/Black Daytona seats ZFFYT53A620128873 front & rear challenge grills
128874	360	Modena Spider 02 Blu Pozzi 521 D.S./cuoio Daytona seats navy canvas top, piping & stitching ZFFYT53A820128874 Red calipers shields Tubi
128875	360	Modena Spider 02 Silver ZFFYT53AX20128875 ass. # 46098
128878	360	Modena Spider F1 02 Grigio Alloy/Blue Scuro RHD UK
128879	360	Modena Spider Red/Tan
128880	360	Modena Spider Yellow LHD ZFFYT53B000128880
128881	360	Modena Spider F1 Black/tan ZFFYT53B000
128883	360	Modena Spider F1 02 Red/Tan Daytona seats ZFFYT53A920128883 Red Calipers Shields Tubi
128884	360	Modena Spider F1 02 Grigio Titanio Bordeaux ZFFYT53A020128884
128885	360	Modena Spider F1 02 Red/Tan Daytona Seats ZFFYT53A220128885 Challenge Grills Red Calipers Shields
128886	360	Modena Spider F1 02 Grigio Alloy/Dark Blue LHD EU
128887	360	Modena Spider F1 Red/Crema Red piping Red stitching RHD ZFFYT53C000128887 Red calipers Challenge rear grill shields
128888	575	M Maranello 6/02 Nuovo Nero Daytona/Beige ZFFBT55B000128888
128889	575	M Maranello F1 02 Black/Black LHD EU
128890	575	M Maranello F1 02 Red/Tan bordeaux seats ZFFBT55B000128890
128891	575	M Maranello (F1) 02 LHD US ZFFBV55A120128891
128893	575	M Maranello F1 02 Rosso Corsa/Nero LHD ZFFBT55B000128893
128894	575	M Maranello F1 02 Rosso Corsa/Tan LHD US ZFFBV55A720128894 shields Red calipers
128895	575	M Maranello F1 02 Red/Black LHD US ZFFBV55A920128895
128896	575	M Maranello F1 7/02 Grigio Titanio Metallizzato 3238/Bordeaux ZFFBT55C000128896
128897	575	M Maranello F1 black/tan
128898	575	M Maranello (F1) 02 LHD US ZFFBV55A420128898
128900	575	M Maranello F1 Grigio Titanio met./tan ZFFBT55B000128900
128901	575	M Maranello F1 black/all light grey ZFFBT55B000128901
128902	575	M Maranello (F1) 02 LHD US ZFFBV55A220128902
128903	575	M Maranello F1 02 Blue/Red LHD US ZFFBV55A420128903
128905	575	M Maranello 02 Blu Pozzi 521 D.S./beige manual ZFFBT55B000128905
128907	575	M Maranello F1 02 Argento Nürburgring/Charcoal Daytona seats light grey stitching Charcoal upper dashboard & steering wheel LHD US ZFFBV55A120128907 Red calipers
128908	575	M Maranello F1 Argento Nürburgring 101/C/Bordeaux RHD ZFFBT55C000128908 Red calipers shields
128911	360	Modena F1 02 Giallo Modena/Black Yellow stitching LHD ZFFYR51B000128911 Challenge rear grill
128912	360	Modena Red/Black ZFFYR51B000128912
128913	360	Modena F1 02 Black Grey ZFFYU51A320128913
128914	360	Modena F1 02 Red/Tan US ZFFYU51A520128914
128915	360	Modena F1 6/02 Rosso Corsa/Nero ZFFYR51C000128915
128917	360	Modena F1 7/02 Blu Tour de France 522/Crema ZFFYU51A020128917
128918	360	Modena F1 02 Grigio Titanio Red US ZFFYU51A220128918
128920	360	Modena 02 Argento Nürburgring 101/C/Nero RHD UK ZFFYR51C000128920
128921	360	Modena Red/Tan ZFFYR51B000128921
128922	360	Modena Yellow/black
128923	360	Modena (F1) 02 ZFFYU51A620128923
128924	360	Modena F1 Red/Tan ZFFYU51A820128924 shields challenge grill
128925	360	Modena F1 Red/Black ZFFYR51B000128925
128928	360	Modena F1 02 Rosso Corsa/Tan US ZFFYU51A520128928
128929	360	Modena 02 Grigio Titanio 3238/Nero Daytona Seats ZFFYU51A720128929 Rear Challenge Grille Shields
128933	360	Modena F1 Argento Nürburgring 101/C/met./Grigio scuro ZFFYU51A920128933 (US)
128934	360	Modena
128936	360	Modena Spider Silver/Black LHD ZFFYT53B000128936
128937	360	Modena F1
128939	360	Modena Spider
128941	360	Modena Spider F1 black/grey
128942	360	Modena Spider Yellow/black
128943	360	Modena Spider black/tan ZFFYT53B000128943
128947	360	Modena Spider Red/Black ZFFYT53B000128947
128948	360	Modena Spider F1 Red/Black
128950	360	Modena Spider F1 Grigio Titanio grey/black ZFFYT53C000128950
128954	360	Modena Spider F1 02 Yellow/RHD ZFFYT53D000128954
128956	360	Modena Spider F1 02 Grigio Alloy/Blu Scuro sports seats Manual ZFFYT53C000128956 Silver calipers dark Blue dash & steering wheel
128959	360	Modena Spider F1 Red/Black ZFFYT53C000128959 Red calipers Challenge rear grill shields
128961	360	Modena Spider (F1) LHD EU ZFFYT53B000128961
128962	360	Modena Spider 02 Rosso Corsa/Black Manual ZFFYT53A520128962
128964	360	Modena Spider F1 02 Giallo Modena/Nero ZFFYT53A920128964
128965	360	Modena Spider (F1) 02 ZFFYT53A020128965
128966	360	Modena Spider 02 Black tan, US ZFFYT53A220128966
128967	360	Modena Spider F1 02 Red/Tan, US ZFFYT53A420128967

s/n	Type	Comments
128968	360	Modena Spider F1 02 Blu Pozzi 521 D.S./dark Grey Daytona Seats Blue Stitchings, Upper Dashboard & Steering Wheel ZFFYT53A620128968 Rear Challenge Grill Shields Red Calipers
128969	360	Modena Spider F1 02 Yellow/Black ZFFYT53A820128969
128971	360	Modena Spider (F1) 02 ZFFYT53A620128971
128972	360	Modena Spider (F1) 02 ZFFYT53A820128972
128973	360	Modena Spider (F1) 02 ZFFYT53AX20128973
128974	360	Modena Spider 02 Nero Daytona/Tan & Black Manual ZFFYT53A1Z0128974
128975	360	Modena Spider F1 02 Grigio Titanio 3238/Black Daytona seats Gray stitching & piping gray inserts ZFFYT53A320128975 front & rear Challenge grilles Red calipers
128976	360	Modena Spider (F1) 02 ZFFYT53A520128976
128977	360	Modena Spider F1 02 Giallo Modena/Black Yellow stitching ZFFYT53A720128977 shields challenge grilles Red calipers Tubi
128979	360	Modena Spider F1 Argento Nürburgring 101/C/charcoal ZFFYT53A020128979 (US)
128981	360	Modena Spider 02 Rosso Corsa/Beige ZFFYT53A920128981
128983	575	Maranello F1 02 Argento LHD
128984	456	M GT silver/black
128985	456	M GTA 02 ZFFWL50A120128985
128986	456	M GT Blu Pozzi 521 D.S./tan ZFFWP44B000
128988	456	M GT 6/03 Nero Daytona met (506)/Crema Nero piping ZFFWP544C000128988 eng. # 70632 ass. # 47005 Rosso calipers
128990	360	Modena (F1) 02 ZFFYU51AX20128990
128991	360	Modena F1 02 Black/Beige, US ZFFYU51A120128991
128992	360	Modena 02 Argento Nürburgring 101/C/Blu Scuro ZFFYR51C000128992
128993	360	Modena F1 02 Argento Nürburgring 101/C/Blu Scuro ZFFYU51B000128993
128994	360	Modena F1 grigio alloy/black ZFFYR51B000128994
128997	360	Modena silver/black
128998	360	Modena (F1) 02 ZFFYU51A420128998
129001	360	Modena 7/02 Giallo Modena/Nero Yellow piping ZFFYU51A920129001 shields
129002	360	Modena F1 02 Grigio Alloy Blue US ZFFYU51A020129002
129003	360	Modena
129006	360	Modena (F1) 02 ZFFYU51A820129006
129007	360	Modena (F1) 02 ZFFYU51AX20129007
129010	360	Modena silver/Red
129011	360	Modena F1 02 Rosso Corsa/Tan Daytona seats ZFFYU51A120129011 Shields Front & rear challenge grill
129012	360	Modena F1 02 Silver/Blue ZFFYU51A320129012 Rear Challenge Grill
129013	360	Modena F1 10/02 Grigio Titanio Metallizzato 3238/Charcoal Sportseats ZFFYR51B000129013
129015	360	Modena Spider Red/Black
129017	360	Modena Spider 02 Red/Tan ZFFYT53A220129017
129018	360	Modena Spider F1 02 silver/Dark Grey ZFFYT53A420129018
129019	360	Modena Spider F1 02 Blu Pozzi/Tan Daytona Seats Blue Stitching Two Toned Dash ZFFYT53A620129019 Shields Rear Wing Red Calipers Front Challenge Grill, Front Spoiler O.Z. Wheels ex-Missy Elliott
129020	360	Modena Spider 02 Grigio Alloy/Nero Manual RHD UK ZFFYT53C000129020 shields
129022	360	Modena Spider F1 02 Red/Black ZFFYT53B000129022
129026	360	Modena Spider Red/Black front spoiler
129027	360	Modena Spider (F1) 02 ZFFYT53A520129027
129028	360	Modena Spider F1 02 Argento Nürburgring/Black Black Top ZFFYT53A720129028 Challenge Grill Tubi shields
129029	360	Modena Spider F1 02 Grigio Titanio 3238/Black Grey piping ZFFYT53A920129029 Front Challenge Grill Red Calipers Shields
129030	360	Modena Spider F1 Yellow/black
129031	360	Modena F1 ?/black
129033	360	Modena Spider Yellow/black sport seats ZFFYT53B000129033
129036	360	Modena Spider F1 02 Grigio Titanio 3238/Nero ZFFYT53B000129036
129037	360	Modena Spider Red ZFFYT53B000129037
129038	360	Modena Spider F1 02 Red/Beige ZFFYT53AX20129038
129039	360	Modena Spider F1 02 Rosso Corsa/Tan ZFFYT53A120129039
129040	360	Modena Spider F1 8/02 Rosso Corsa/Nero ZFFYT53A820129040
129042	360	Modena Spider (F1) 02 ZFFYT53A120129042
129043	360	Modena Spider 02 Grigo Titano 3238/Black Manual ZFFYT53A320129043
129044	360	Modena Spider F1 02 Giallo Modena/Cuoio Daytona seats black inserts Red stitching LHD CDN ZFFYT53A520129044 Shields Red calipers front & rear Challenge
129045	360	Modena Spider F1 02 Blue Daytona Seats Blue Inserts ZFFYT53A720129045
129047	360	Modena Spider F1
129049	360	Modena Spider
129051	575	M Maranello (F1) 02 LHD US ZFFBV55A620129051
129052	575	M Maranello F1 02 Grigio Titanio met./Blu Scuro light Blue stitching ZFFBT55B000129052 Red calipers
129055	575	M Maranello F1 02 Grigio Titanio Metallizzato 3238/Blu Scuro RHD ZFFBT55D000129055
129056	575	M Maranello (F1) 02 LHD US ZFFBV55A520129056
129058	575	M Maranello (F1) 02 LHD US ZFFBV55A920129058
129059	575	M Maranello F1 02 Nuovo Nero Black LHD?
129060	575	M Maranello F1 2/02 Rosso Corsa/Black RHD
129062	575	M Maranello Red/Black LHD EU
129063	575	M Maranello F1 Rosso Corsa/beige LHD ZFFBT55B000129063
129064	575	M Maranello F1 02 Black Saddle LHD US ZFFBV55A420129064
129065	575	M Maranello F1 Grigio Titanio met./tan ZFFBT55B000129065
129066	575	M Maranello F1 Blu Tour de France 522/sabbia ZFFBT55B000129066
129067	575	M Maranello F1 1/02 Blu Pozzi 521 D.S. Dark Blue LHD US ZFFBV55AX20129067
129068	575	M Maranello F1 02 Argento Nürburgring 101/C/ met./nero LHD US ZFFBV55A120129068
129071	575	M Maranello F1 02 Pozzi Blue/Tan Daytona seats ZFFBV55A120129071 Tubi aluminum calipers
129072	575	M Maranello F1 02 Silver Dark Blue LHD US ZFFBV55A320129072
129074	575	M Maranello F1 02 Rosso/tan ZFFBT55B000129074
129075	575	M Maranello F1 02 Nero Daytona Metallic/Black LHD US ZFFBV55A920129075
129076	575	M Maranello (F1) 02 LHD US ZFFBV55A020129076
129077	575	M Maranello (F1) 02 LHD US ZFFBV55A220129077

s/n	Type	Comments	s/n	Type	Comments
129078	575	M Maranello 02 Red/Black Manual LHD US ZFFBV55A420129078 Red calipers	129140	360	Modena Spider F1 02 Red/Black US ZFFYT53A120129140
129079	575	M Maranello F1 02 Red/Tan LHD US ZFFBV55A620129079	129141	360	Modena Spider F1 02 Red/Tan ZFFYT53A320129141
129080	575	M Maranello F1 02 Nuovo Nero Daytona/Grigio Scuro LHD,ZFFBT55B000129080	129143	360	Modena Spider F1 Red/Black LHD
			129144	360	Modena Spider F1 02 Silver/Black ZFFYT53A020129144
129085	575	M Maranello F1 Grigio Titanio met./all bordeaux ZFFBT55B000129085	129146	360	Modena Spider F1 Rosso Corsa/beige ZFFYT53B000129146
129086	575	M Maranello F1 02 Rosso Corsa/Beige LHD US ZFFBV55A320129086	129147	360	Modena Spider (F1) 02 ZFFYT53A420129147
			129148	360	Modena Spider (F1) 02 ZFFYT53A620129148
129087	575	M Maranello F1 02 Argento Nürburgring 101/C/Black LHD US ZFFBV55A520129087	129149	360	Modena Spider F1 02 Silver/Black Daytona Seats Silver Stiching ZFFYT53A820129149 Shields Silver Calipers Tubi
129092	575	M Maranello F1 02 Rosso Corsa/Black Daytona seats Red piping Red inserts LHD US ZFFBV55A920129092 shields	129150	360	Modena Spider Red/Crema
			129151	360	Modena Spider F1 Red/Crema RHD ZFFYT53C000129151 Red calipers Challenge rear grill
129093	360	Modena 03 Rosso Corsa/Nero LHD Manual ZFFYR51B000129093 Red calipers shields	129152	360	Modena Spider 02 Red/Tan LHD EU
129094	360	Modena (F1) 02 ZFFYU51A920129094	129153	360	Modena Spider 02 Rosso Corsa/Nero Manual ZFFYT53B000129153
129099	360	Modena (F1) 02 ZFFYU51A820129099			
129100	360	Modena Spider F1 Grigio Alloy Blue Scuro Blue Carpet	129155	360	Modena Spider 02 Giallo Modena/Black Manual ZFFYT53A320129155 Shields Rear Challenge Grill Tubi
129101	360	Modena 02 Rosso Corsa/Nero ZFFYR51B000129101			
129104	360	Modena F1 titan grey/dark grey ZFFYU51A820129104 silver Calipers challenge grille	129156	360	Modena Spider F1 02 Rosso Corsa/Beige ZFFYT53A520129156
			129159	360	Modena Spider F1 02 Rosso Corsa/Beige ZFFYT53B000129159
129105	360	Modena F1 Rosso Corsa/Black ZFFYR51B000129105 shields	129160	360	Modena Spider F1 Grigio Alloy/dark Blue
129107	360	Modena 02 Rosso Corsa/Nero ZFFYR51B000129107 ass. # 46231	129161	360	Modena Spider 02 Metal grey/dark Blue Daytona seats ZFFYT53A920129161 Challenge grilles Red calipers shields Tubi
129108	360	Modena (F1) 02 ZFFYU51A520129108			
129109	360	Modena 02 Rosso Corsa/Crema RHD UK ZFFYR51C000129109	129162	360	Modena Spider (F1) 02 ZFFYT53A020129162
			129163	360	Modena Spider (F1) 02 ZFFYT53A220129163
129110	360	Modena Spider F1 02 Rosso Corsa/Tan ZFFYT53B000129110	129164	360	Modena Spider F1 02 Black Charcoal ZFFYT53A420129164
129113	360	Modena Spider 02 Rosso Corsa/Tan Daytona Seats ZFFYT53A920129113 Red Calipers Shields Rear Challenge Grill Xenon Headlights	129166	360	Modena Spider F1 02 Red/Crema
			129167	360	Modena Spider Grigio Titanio 3238/Black ZFFYT53B000129167
129114	360	Modena Spider F1 02 Silver/Black silver stitching ZFFYT53A020129114 Red calipers rear challenge grille shields	129171	360	Modena Spider 02 Rosso Corsa/Tan ZFF4T53B000129171
			129172	360	Modena Spider F1 Red/Black
129115	360	Modena Spider 7/02 Rosso Corsa/Nero manual ZFFYT53B000129115	129173	360	Modena Spider
			129176	360	Modena Spider F1 Rosso Corsa/Tan
129117	360	Modena Spider 02 Rosso Corsa/Nero ZFFYT53B000129117	129177	360	Modena Spider F1 black/Crema ZFFYT53B000
			129178	360	Modena Spider F1 Red/Black
129119	360	Modena Spider (F1) 02 ZFFYT53AX20129119	129181	360	Modena Spider 7/02 Rosso Corsa/Beige Manual ZFFYT53B000129181
129120	360	Modena Spider F1 02 Rosso Corsa/Crema ZFFYT53A620129120			
129121	360	Modena Spider (F1) 02 ZFFYT53A820129121	129187	360	Modena Spider Dark Blue Crema Manual RHD ZFFYT53C000129187 Challenge rear grill
129122	360	Modena Spider F1 02 Silver dark Blue, US ZFFYT53AX20129122	129188	360	Modena Spider 02 Nuovo Nero Daytona/Beige ZFFYT53B000129188
129123	360	Modena Spider 02 Argento Nürburgring 101/C/Bordeaux RHD UK ZFFYT53C000129123	129190	360	Modena Spider F1 Red/Cuoio ZFFYT53B000129190
			129192	360	Modena Spider F1 Grigio Titanio 3238/charcoal ZFFYT53B000129192
129124	360	Modena Spider 02 Red/Black ZFFYT53B000129124 Red calipers shields	129194	360	Modena Spider F1 02 Rosso Corsa/black & Red sport seats Red stitching Manual LHD EU ZFFYT53B000129194
129127	360	Modena Spider 02 Silver/Black manual ZFFYT53A920129127			
129128	360	Modena Spider (F1) 02 ZFFYT53A020129128	129199	360	Modena 02 Grigio Alloy/Blu Scuro ZFFYT53C000129199
129129	360	Modena Spider F1 02 Red/Tan Daytona Seats ZFFYT53A220129129			
			129202	360	Modena Spider F1 7/02 Rosso Corsa/Crema ZFFYT53B000129202
129130	360	Modena Spider F1 02 Rosso Corsa/Tan ZFFYT53A920129130	129204	360	Modena Spider Red/Black
129131	360	Modena Spider	129206	360	Modena Spider 11/02 Giallo Modena/Nero ZFFYT53D000129206
129132	360	Modena Spider F1 Rosso Corsa/tan			
129133	360	Modena Spider F1 Red/Black ZFFYT53B000129133	129207	360	Modena Spider F1 Red/Crema-Red
			129208	360	Modena Spider Red/Black ZFFYT53B000129208
129137	360	Modena Spider F1 British Racing Green/Cuoio & brown ZFFYT53B000129137	129210	360	Modena Spider (F1) LHD EU ZFFYT53B000129210
129138	360	Modena Spider Red/Tan			
129139	360	Modena Spider 02 Grigio Titanio 3238/Black ZFFYT53A520129139	129211	360	Modena Spider F1 Red/Black
			129212	360	Modena Spider F1 Red/Black

s/n	Type	Comments
129216	360	Modena Spider Yellow/black Challenge rear grille, Yellow piping
129219	360	Modena Spider F1 Rosso Corsa/Black Red stitching LHD ZFFYT53B000129219 Red calipers Challenge rear grill Scuderia shields
129220	360	Modena Spider F1 Red/Tan
129224	360	Modena Spider F1 Yellow/Tan LHD EU ZFFYT53B000129224
129225	360	Modena Spider F1 silver/
129226	360	Modena Spider 02 Grigio Titanio Metallizzato 3238/Red ZFFYT53B000129226
129229	360	Modena Spider F1 9/02 Rosso Corsa ZFFYT53C000129229
129232	360	Modena Spider F1 Red/Black LHD
129233	360	Modena Spider F1 Rosso Corsa/nero ZFFYT53B000129233
129235	360	Modena Spider Red/Crema sports seats Red stitching Manual RHD ZFFYT53C000129235 Red calipers shields
129236	360	Modena Spider F1 02 Rosso Corsa/Beige ZFFYT53A320129236
129237	360	Modena Spider F1 02 Rosso Corsa/Black ZFFYT53A520129237
129238	360	Modena Spider F1 02 Red/Black ZFFYT53A720129238
129239	360	Modena Spider F1 02 Red/Tan ZFFYT53A920129239
129240	360	Modena Spider F1 8/02 Rosso Corsa/Beige ZFFYT53A520129240
129241	360	Modena Spider 02 Red/Tan manual ZFFYT53A720129241
129242	360	Modena Spider (F1) 02 ZFFYT53A920129242
129243	360	Modena Spider (F1) 02 Red/Tan ZFFYT53A020129243
129244	360	Modena Spider (F1) 02 ZFFYT53A220129244
129245	360	Modena Spider F1 02 Yellow/Black ZFFYT53A420129245
129246	360	Modena Spider (F1) 02 ZFFYT53A620129246
129247	360	Modena Spider (F1) 02 ZFFYT53A820129247
129248	360	Modena Spider 02 Grigio Titanio Metallic/Grey Manual ZFFYT53AX20129248
129249	360	Modena Spider F1 02 Rosso Corsa/Tan Daytona Seats ZFFYT53A120129249 Shields Red Calipers
129250	360	Modena Spider (F1) 02 ZFFYT53A820129250
129251	360	Modena Spider 02 Rosso Corsa Cuoio Manual ZFFYT53AX20129251
129252	360	Modena Spider (F1) 02 ZFFYT53A120129252
129253	360	Modena Spider (F1) 02 ZFFYT53A320129253
129255	360	Modena Spider F1 02 Rosso Corsa/Tan ZFFYT53A720129255
129256	360	Modena Spider 02 Azzurro California 524/full Dark Navy Blue Daytona Seats Grey Stitching Manual ZFFYT53A920129256 Rear Challenge Grill Silver Calipers
129258	360	Modena Spider Red/Black
129260	360	Modena Spider (F1) 02 ZFFYT53A020129260
129261	360	Modena Spider F1 02 Rosso Corsa/Tan US ZFFYT53A220129261
129264	360	Modena Spider F1 Rosso Corsa/beige ZFFYT53B000129264
129265	360	Modena Spider (F1) 02 ZFFYT53AX20129265
129266	360	Modena Spider (F1) 02 ZFFYT53A120129266
129267	360	Modena Spider F1 03 Red/Black Red Stitching ZFFYT53A320129267
129268	360	Modena Spider F1 02 Red/Tan Tan carpets ZFFYT53B000129268
129270	360	Modena Spider F1 Red/Black Red piping Red stiching RHD ZFFYT53C000129270 Red calipers shields
129271	360	Modena F1 8/02 Grigio Ingrid 720/Sabbia ZFFYU51A520129271
129272	360	Modena F1 Red/Black ZFFYR51B000129272
129273	360	Modena 02 Rosso Corsa Nero ZFFYR51B000129273
129275	360	Modena F1 02 Rosso Corsa 322 D.S./Beige Bordeaux piping & stitching ZFFYU51A220129275 Shields Red calipers Challenge front grill
129276	360	Modena F1 02 Black/Tan ZFFYU51A420129276 Challenge Grill Shields
129277	360	Modena F1 Red/Black
129279	360	Modena F1 02 Grigio Titanio/beige LHD EU
129280	360	Modena (F1) 02 ZFFYU51A620129280
129281	360	Modena (F1) 02 ZFFYU51A820129281
129284	360	Modena (F1) 02 ZFFYU51A320129284
129285	360	Modena F1 02 Grigio Titanio 3238/Bordeaux black piping grey stitching ZFFYU51A520129285 Red calipers
129286	360	Modena Rosso Corsa/black LHD EU challenge grill
129287	360	Modena 7/02 Rosso Corsa/Beige Manual ZFFYR51B000129287
129288	360	Modena F1 dark Blue/tan sport seats ZFFYR51B000
129289	360	Modena 02 dark Red/Black LHD ZFFYU51A220
129290	360	Modena F1 02 Silver/Light Grey ZFFYU51A920129290
129291	360	Modena (F1) 02 ZFFYU51A020129291
129292	360	Modena F1 Rosso Corsa/Black LHD ZFFYR51B000129292
129294	360	Modena (F1) 02 ZFFYU51A620129294
129295	360	Modena 02 Rosso Barchetta/Tan Manual ZFFYU51A820129295
129296	360	Modena
129297	360	Modena F1 Giallo Modena/Black LHD ZFFYR51B000129297 shields Challenge wheels CS-nose
129299	360	Modena (F1) 02 ZFFYU51A520129299
129300	360	Modena F1 02 Argento Nürburgring 101/C/Black Daytona Seats Grey Inserts & Piping ZFFYU51A820129300
129303	575	M Maranello F1 02 Red/Black LHD US ZFFBV55A720129303
129304	575	M Maranello 7/02 Verde Zeltweg/Nero ZFFBT55C000129304
129305	575	M Maranello F1 02 Giallo Modena/Nero LHD US ZFFBV55A020129305
129306	575	M Maranello (F1) 02 LHD US ZFFBV55A220129306
129307	575	M Maranello F1 Verde Zeltweg/Beige, RHD
129310	575	M Maranello 02 Red LHD ZFFBT55B000129310
129311	575	M Maranello F1 8/02 Rosso Corsa/Naturale LHD US ZFFBV55A620129311
129312	575	M Maranello Red/Black
129313	575	M Maranello F1 8/02 Black/tan ZFFBT55B000129313
129314	575	M Maranello (F1) 02 LHD US ZFFBV55A120129314
129315	575	M Maranello (F1) 02 LHD US ZFFBV55A320129315
129316	575	M Maranello F1 02 Red/Beige LHD US ZFFBV55A520129316 Shields
129317	575	M Maranello F1
129319	575	M Maranello F1 02 Rosso Corsa Nero Red stitching LHD US ZFFBV55A020129319 Red calipers Fiorano Handling Package
129320	575	M Maranello F1 12/02 Nero/Nero ZFFBT55C000129320
129322	575	M Maranello F1 7/02 Nuovo Nero Daytona/Beige ZFFBT55B000129322
129323	575	M Maranello F1 02 Rosso Barchetta/Cuoio & Tan LHD US ZFFBV55A220129323 shields
129324	575	M Maranello 02 Blu Tour de France 522/Beige
129332	360	Modena 02 Grigio Titanio Charcoal Manual ZFFYU51AX20129332

s/n	Type	Comments	s/n	Type	Comments
129333	360	Modena (F1) 02 ZFFYU51A120129333	129396	360	Modena Spider F1 Red/brown Red piping ZFFYT53B000 Challenge rear grille, Red calipers,
129334	360	Modena Blu Pozzi/tan Manual ZFFYR51B000129334			
129337	360	Modena (F1) 02 ZFFYU51A920129337	129398	360	Modena Spider F1 10/02 Rosso Corsa/Nero ZFFYT53B000129398
129338	360	Modena (F1) 02 ZFFYU51A020129338			
129339	360	Modena (F1) 02 ZFFYU51A220129339	129399	360	Modena Spider Red/Black
129340	360	Modena	129400	360	Modena Spider Silver ZFFYT53B000129400
129341	360	Modena F1 02 Argento Nürburgring 101/C/Nero ZFFYR51B000129341	129401	360	Modena Spider F1 02 ZFFYT35B000129401
			129402	360	Modena Spider F1 Silver/dark Blue ZFFYT53B000
129344	360	Modena F1 02 Argento Metallizzato/Nero Daytona Seats Manual US ZFFYU51A620129344 Red Calipers Challenge Grille	129405	360	Modena Spider Red/Tan
			129407	360	Modena Spider F1 Rosso Corsa/black ZFFYT53B000129407
129345	360	Modena 02 Rosso Corsa Cuoio Manual ZFFYU51A820129345	129410	360	Modena Spider F1 02 Argento Nürburgring 101/C/Black Black Top LHD EU ZFFYT53B000129410 Front & rear Challenge grills
129347	360	Modena			
129351	360	Modena F1 02 Grigio Titanio 3238/black LHDEU	129411	360	Modena Spider F1 Silver/Black LHD ZFFYT53B000129411
129352	360	Modena (F1) 02 ZFFYU51A520129352			
129354	360	Modena (F1) 02 ZFFYU51A920129354	129414	360	Modena Spider
129355	360	Modena 02 Black/black LHD ZFFYU51A020129355 ass. # 46437 Challenge grill	129415	360	Modena Spider 02 Grigio Ingrid 720/Tan manual Black top ZFFYT53A320129415
			129416	360	Modena Spider (F1) 02 ZFFYT53A520129416
129356	360	Modena (F1) 02 ZFFYU51A220129356	129417	360	Modena Spider F1 02 Rosso Corsa/Beige ZFFYT53A720129417
129357	360	Modena F1 02 Grey/Black ZFFYU51A420129357	129419	360	Modena Spider (F1) 02 ZFFYT53A020129419
129358	Enzo Ferrari	F1 Rosso Corsa/Red seats ZFFCZ56B000129358 ass. # 46328 eng. # 68760	129421	360	Modena Spider (F1) 02 ZFFYT53A920129421
			129422	360	Modena Spider F1 02 Grigio Alloy/Dark Blue RHD ZFFYR53C000129422
129361	360	Modena (F1) 02 ZFFYU51A620129361	129423	360	Modena Spider 02 Black/Tan Daytona seats Manual US ZFFYT53A220129423
129362	360	Modena (F1) 02 ZFFYU51A820129362			
129366	360	Modena 02 Giallo Modena/black & Yellow Daytona seats Yellow Stitching Manual ZFFYU51A520129366 Front & rear Challenge grilles Yellow calipers Shields Yellow Valve Covers	129424	360	Modena Spider (F1) 02 ZFFYT53A420129424
			129425	360	Modena Spider F1 02 Yellow/Tan ZFFYT53A620129425 red calipers
			129426	360	Modena Spider (F1) 02 ZFFYT53A820129426
			129427	360	Modena Spider (F1) 02 ZFFYT53AX20129427
129367	360	Modena F1 02 Red/Tan US ZFFYU51A720129367	129428	360	Modena Spider
			129429	360	Modena Spider (F1) 02 ZFFYT53A320129429
129368	360	Modena	129430	360	Modena Spider 02 Silver/Black ZFFYT53AX20129430
129371	360	Modena F1 02 Red/Tan RHD ZFFYR51D000129371			
			129431	360	Modena Spider F1 02 Blu Tour de France 522/Beige ZFFYT53C000129431
129372	360	Modena 02 Black/Tan Manual ZFFYU51A020129372			
			129432	360	Modena Spider F1 02 Rosso Corsa/Nero ZFFYT53B000129432
129373	360	Modena 02 Black/Black ZFFYU51A220129373	129433	575	M Maranello
129374	360	Modena F1 7/02 Argento Nürburgring 101/C/Blu Scuro ZFFYU51A420129374 Silver Calipers	129434	575	M Maranello F1 10/02 Rosso Scuderia FER. 323/Beige ZFFBT55D000129434
			129435	575	M Maranello (F1) 02 LHD US ZFFBV55A220129435
129376	360	Modena 02 Silver/Dark Blue Manual ZFFYU51A820129376 Factory Sun-Roof Rear Challenge Grill Red Calipers	129438	575	M Maranello (F1) 02 LHD US ZFFBV55A820129438
			129439	575	M Maranello (F1) 02 LHD US ZFFBV55AX20129439
129377	360	Modena F1 02 Rosso Corsa/Tan Daytona Seats ZFFYU51AX20129377	129440	575	M Maranello 02 Red/Black LHD US ZFFBV55A620129440
129378	360	Modena (F1) 02 ZFFYU51A120129378	129441	575	M Maranello 02 grigio titano/grey LHD EU
129381	360	Modena F1 02 Rosso Corsa/Beige ZFFYR51B000129381	129442	575	M Maranello F1 Red/Black
			129443	575	M Maranello (F1) 02 LHD US ZFFBV55A120129443
129383	360	Modena F1 02 Rosso Corsa/Tan Daytona Seats ZFFYU51A520129383 Tubi Front & Rear Challenge Grilles Red Calipers Shields	129444	575	M Maranello F1 6/02 Grigio Titanio/Light Grey LHD US ZFFBT55A320129444 ass. # 46425
129384	360	Modena 02 Rosso Corsa/Tan US ZFFYU51A720129384	129445	575	M Maranello F1 7/02 Red/Tan ZFFBT55B000
			129446	575	M Maranello 02 LHD US ZFFBV55A720129446
129385	360	Modena Spider Yellow/black ZFFYT53B000129385	129447	575	M Maranello F1 02 Rosso Corsa/Beige LHD US ZFFBV55A920129447
129386	360	Modena Spider F1 02 Rosso Corsa/Nero ZFFYT53B000129386	129448	575	M Maranello Metallic/Grey,Bordeaux, RHD
			129449	575	M Maranello black/Bordeaux ZFFBT55B000129449
129388	360	Modena Spider F1 Red/Black ZFFYT53B000			
129392	360	Modena Spider F1 7/02 Rosso Corsa/NeroZFFYT53B000129392	129451	575	M Maranello (F1) 02 LHD US ZFFBV55A020129451
129393	360	Modena Spider F1 7/02 Argento Nürburgring 101/C/Blu Scuro ZFFYT53B000129393	129453	575	M Maranello F1 02 Black/Black RHD ZFFBT55D000129453
129394	360	Modena Spider F1 Red/Black ZFFYT53B000129394			

s/n	Type	Comments
129454	575	M Maranello (F1) 02 LHD US ZFFBV55A620129454
129455	575	M Maranello F1 Silver,Black RHD
129456	575	M Maranello 02 Grey/Tan LHD US ZFFBV55AX20129456
129457	575	M Maranello F1 02 Grigio Titano/Crema LHD US ZFFBV55A120129457
129458	575	M Maranello
129460	575	M Maranello Giallo Modena/Nero
129461	575	M Maranello (F1) 02 ZFFBV55A320129461
129463	575	M Maranello (F1) 02 LHD US ZFFBV55A720129463
129467	575	M Maranello (F1) 02 LHD US ZFFBV55A420129467
129468	575	M Maranello F1 02 Nero Daytona Metallic/Tan LHD US ZFFBV55A620129468
129469	575	M Maranello F1 Red/Black ZFFBT55B000129469
129471	575	M Maranello F1 02 Rosso Fiorano 321/Naturale LHD US ZFFBV55A620129471
129472	575	M Maranello F1 02 Red/Black LHD US ZFFBV55A820129472 Red Calipers
129473	575	M Maranello (F1) 02 LHD US ZFFBV55AX20129473
129474	575	M Maranello (F1) 02 LHD US ZFFBV55A120129474
129475	575	M Maranello F1 02 Silver/Blue LHD US ZFFBV55A320129475
129477	360	Modena 02 Red/Tan LHD EU
129479	575	M Maranello F1 02 Red/Black LHD US ZFFBT55B000129479
129480	575	M Maranello F1 02 Rosso Corsa/Tan LHD US ZFFBV55A720129480
129482	575	M Maranello F1 02 Grigio Alloy Metallic/Dark Blue LHD US ZFFBV55A020129482
129483	575	M Maranello F1 02 Argento Nürburgring 101/C/Cuoio Daytona Seats LHD US ZFFBV55A220129483 ass. # 46604 Fiorano Package Red Calipers Shields Tubi
129484	575	M Maranello F1 02 Black/Tan LHD US ZFFBV55A420129484
129485	575	M Maranello 02 Grigio alloy/grey Daytona seats Silver stitching & piping LHD US ZFFBV55A620129485 shields aluminum calipers
129486	575	M Maranello dark Metallic/Green,Tan, LHD,ZFFBT55B000129486
129487	575	M Maranello F1 Red/Black LHD ZFFBT55B000129487
129489	575	M Maranello F1 Red/Black sports seats LHD ZFFBT55B000129489 shields
129491	575	M Maranello 03 Canna De Fucile Nero Nero Carpet Manual RHD UK ZFFBT55C000
129493	575	M Maranello F1 12/04 Rosso Corsa/Nero LHD ZFFBT55B000129493
129495	575	M Maranello F1 02 Grigio Titanio met./Grey Daytona Seats dark grey stitching LHD US ZFFBV55A920129495 Silver Calipers Shields
129496	575	M Maranello F1 02 Rosso Corsa/Nero ZFFBT55B000
129499	575	M Maranello (F1) 02 LHD US ZFFBV55A620129499
129502	575	M Maranello 02 Black/cream ZFFBT55B000129502
129503	575	M Maranello F1 Red/Tan tan steering wheel ZFFBT55B000
129504	575	M Maranello Red/Black LHD ZFFBT55B000129504
129505	575	M Maranello F1 02 Argento Nürburgring 101/C/Nero RHD AUS ZFFBT55D000129505
129506	575	M Maranello F1 02 Yellow/Blue sports seats Yellow stitching ZFFBT55B000129506 Yellow calipers shields

s/n	Type	Comments
129508	575	M Maranello F1 8/02 Rosso Corsa/Nero ZFFBT55B000129508
129509	575	M Maranello 02 argento/Black LHD
129510	575	M Maranello F1 Red/Tan ZFFBT55B000129510 Red calipers
129512	360	Modena F1 8/02 Rosso Corsa/Nero ZFFYR51B000129512
129513	360	Modena Rosso Corsa/Nero ZFFYU51A320129513
129514	360	Modena F1 02 Yellow/Black ZFFYU51A520129514
129515	360	Modena 02 Azzurro California 524/Blue Manual RHD UK ZFFYR51C000129515
129516	360	Modena Spider 02 dark Blue/Tan ZFFYT53B000129516
129518	360	Modena 02 Silver/Dark Grey ZFFYU51A22U129518
129519	360	Modena 02 Red/Tan Manual ZFFYU51A420129519
129520	360	Modena F1 Red/Black ZFFYR51B000129520
129521	360	Modena F1 Red/Black sport seats ZFFYR51B000129521
129523	360	Modena (F1) 02 ZFFYU51A620129523
129524	360	Modena F1 Red ZFFYR51B000129524
129528	360	Modena (F1) 02 ZFFYU51A520129528
129529	360	Modena 02 Rosso Corsa/Black ZFFYU51A720129529
129530	360	Modena (F1) 02 ZFFYU51A320129530
129534	360	Modena F1 02 Rosso Corsa/Beige Daytona seats ZFFYU51A020129534 shields front & rear Challenge grilles
129535	360	Modena (F1) 02 ZFFYU51A220129535
129537	360	Modena Spider F1 Silver/Dark Blue LHD ZFFYT53B000129537
129538	Enzo Ferrari	F1 Rosso Corsa/Rosso ZFFCZ56B000129538
129539	360	Modena Spider F1 Red/Tan LHD
129541	360	Modena Spider (F1) 02 ZFFYT53A820129541
129542	360	Modena Spider F1 02 Yellow/black Daytona seats Yellow stitching ZFFYT53AX20129542 Tubi
129544	360	Modena Spider Silver/black Manual ZFFYT53B000129544
129545	360	Modena Spider F1 Red/Tan LHD
129547	360	Modena Spider F1 02 Blu Tour de France 522/Grigio Scuro ZFFYT53B000129547
129549	360	Modena Spider (F1) 02 ZFFYT53A220129549
129550	360	Modena Spider (F1) 02 ZFFYT53A920129550
129551	360	Modena Spider F1 02 Giallo Modena/Black ZFFYT53A020129551
129552	360	Modena Spider
129554	360	Modena Spider Dark Metallic/Blue Crema LHD EU ZFFYT53B000129554
129555	360	Modena Spider F1 Red/Black ZFFYT53B000
129556	360	Modena Spider F1 02 silver/dark Blue LHD EU
129557	360	Modena Spider F1 Yellow/Black LHD ZFFYT53B000129557
129558	360	Modena Spider (F1) 02 ZFFYT53A320129558
129559	360	Modena Spider 02 Yellow/Black ZFFYT53A520129559
129561	360	Modena Spider F1 Rosso Corsa Sabbia Bordeaux Carpet RHD
129562	360	Modena Spider Red/Tan
129564	360	Modena Spider F1 Red/Black LHD
129565	360	Modena Spider F1 Yellow/black
129567	360	Modena Spider F1 02 Red/Beige ZFFYT53A420129567
129568	360	Modena Spider F1 02 Yellow/Black US ZFFYT53A620129568
129569	360	Modena Spider (F1) 02 ZFFYT53A820129569
129570	360	Modena Spider F1 9/02 Rosso Corsa/Nero Red inserts Red stitching ZFFYT53C000129570 Red calipers shields

s/n	Type	Comments
129572	360	Modena Spider F1 Red/Black LHD EU ZFFYT53B000129572
129573	360	Modena Spider F1 10/02 Rosso Corsa/Blu Scuro ZFFYT53B000129573
129574	360	Modena Spider F1 02 Red/Black LHD EU
129577	360	Modena Spider F1 02 White Black LHD ZFFYT53A720129577
129578	360	Modena Spider (F1) 02 ZFFYT53A920129578
129579	360	Modena Spider F1 02 Argento Nürburgring/Black ZFFYT53A020129579
129581	Enzo Ferrari	F1 giallo Modena ass. # 46385 ZFFCZ56B000129581
129582	Enzo Ferrari	F1 Rosso Corsa ZFFCZ56B000 ass. # 46478
129583	Enzo Ferrari	F1 Red/Black ZFFCZ56B000129583 ass. # 46551
129585	360	Modena 9/02 Rosso Corsa/Nero ZFFYR51B000129585
129586	360	Modena (F1) 02 ZFFYU51A820129586
129587	360	Modena 02 Red/Tan, US ZFFYU51AX20129587
129590	360	Modena F1 Rosso/tan LHD ZFFYR51B000129590
129591	360	Modena (F1) 02 Silver/Black Daytona Seats ZFFYU51A120129591 Red Calipers Front & Rear Challenge Grills Tubi
129592	360	Modena 02 Silver/Black ZFFYU51A320129592
129593	360	Modena Black/Tan
129594	360	Modena F1 Rosso/Corsa nero ZFFYR51B000129594
129595	360	Modena (F1) 02 ZFFYU51A920129595
129596	360	Modena 9/02 Rosso Corsa/Cuoio Manual ZFFYU51A020129596
129597	360	Modena (F1) 02 ZFFYU51A220129597
129598	360	Modena F1 02 Grigio Titanio 3238/black ZFFYR51B000129598
129599	360	Modena F1 Red/Tan LHD ZFFYR51B000129599
129601	360	Modena 02 Rosso Corsa Nero ZFFYR51B000129601
129602	360	Modena (F1) 02 ZFFYU51A220129602
129603	360	Modena 02 Grigio Titanio Metallizzato 3238/Nero Manual ZFFYU51A420129603
129607	360	Modena (F1) 02 ZFFYU51A120129607
129608	360	Modena 9/03 Rosso Corsa/Cream ZFFYR51C000129608
129609	360	Modena F1 02 Grigio Titanio Metallizzato 3238/Nero ZFFYR51B000129609
129612	360	Modena (F1) 02 ZFFYU51A520129612
129613	360	Modena (F1) 02 ZFFYU51A720129613 129614
129619	360	Modena (F1) 02 ZFFYU51A820129619
129620	360	Modena 02 Rosso Corsa Nero ZFFYR51B000129620
129622	360	Modena F1 02 Grigio Titanio 3238/Black Daytona seats silver stitching ZFFYU51A820129622 shields Red caliper
129623	360	Modena F1 02 Grigio Titanio 3238/Charcoal ZFFYU51AX20129623 Red calipers front & rear Challenge
129624	360	Modena 02 Rosso Corsa/Beige RHD UK ZFFYR51C000129624
129628	360	Modena F1 02 Grigio Titanio 3238/Black Silver stitching ZFFYU51A920129628 front & rear Challenge grill shields
129629	360	Modena Red/Black
129633	360	Modena F1 02 Grey Tan ZFFYU51A220129633
129634	360	Modena (F1) 02 ZFFYU51A420129634
129636	360	Modena Spider F1 02 Giallo Modena/Blu Scuro ZFFYT53B000129636
129637	360	Modena Spider F1 9/02 Rosso Corsa/Nero ZFFYT53C000129637
129639	360	Modena Spider F1 02 Grigio Alloy/Blue Blue top ZFFYT53B000129639
129644	360	Modena Spider 02 Rosso Corsa/Nero ZFFYT53B000129644
129646	360	Modena Spider 02 black/all Red LHD
129655	360	Modena Spider F1 Rosso Corsa White stripes/Black LHD ZFFYT53B000129655 Red calipers shields
129658	360	Modena Spider Rosso Corsa/tan
129659	360	Modena Spider F1 Red/Tan
129661	360	Modena Spider F1 Blu Pozzi 521 D.S./Crema ZFFYT53B000
129662	360	Modena Spider Rosso Corsa/black
129664	360	Modena Spider F1 Red/Black ZFFYT53B000
129666	360	Modena Spider F1 02 Grigio Alloy/Nero ZFFYT53B000129666
129667	360	Modena Spider F1 02 grey/black ZFFYT53B000129667
129668	360	Modena Spider F1 Blue ZFFYT53B000129668
129671	360	Modena Spider F1 Rosso Corsa/black
129672	360	Modena Spider F1 silver/black ZFFYT53B000
129674	360	Modena Spider Red/Black LHD ZFFYT53B000129674
129675	360	Modena Spider F1 02 Rosso Corsa/Nero ZFFYT53B000129675
129676	360	Modena Spider F1 Red/Black ZFFYT53B000129676
129678	360	Modena Spider F1 Grigio Titanio
129679	360	Modena Spider 02 Azzurro California 524/Blu Scuro Manual RHD ZFFYT53C000129679
129684	360	Modena Spider F1 11/02 Verde British racing/Cuoio ZFFYT53B000129684
129685	360	Modena Spider 02 Blu Tour de France 522/Blu Scuro ZFFYT53C000129685
129687	360	Modena Spider F1 2/03 Argento Nürburgring 101/C/Nero ZFFYT53B000129687
129688	360	Modena Spider F1 Red/Black ZFFYT53B000129688 ass. # 47072 rear challenge grill
129689	360	Modena Spider Red/Black sports seats Red stitching Manual LHD ZFFYT53B000129689 Red calipers shields
129690	360	Modena Spider 02 Rosso Corsa/Beige RHD UK ZFFYT53C000129690
129692	360	Modena Spider F1 Silver LHD ZFFYT53B000129692
129695	360	Modena Spider 02 Rosso Corsa/Nero RHD UK ZFFYT53C000129695
129696	575	M Maranello F1 02 Argento Nürburgring 101/C/Nero ZFFBT55B000129696
129697	575	M Maranello Blu Tour de France 522/tan ZFFBT55B000
129698	575	M Maranello F1 Red/Black RHD ZFFBT55C000129698 Red calipers
129699	575	M Maranello F1 Black/Red
129700	575	M Maranello F1 Grigio Titanio met./all brown
129702	575	M Maranello (F1) 02 LHD US ZFFBV55AX20129702
129703	575	M Maranello F1 02 Rosso Corsa/Tan LHD US ZFFBV55A120129703 Shields Red calipers Tubi
129704	575	M Maranello F1 11/02 Argento Nürburgring 101/C/Bordeaux ZFFBT55B000129704
129705	575	M Maranello F1 02 Grigio Ingrid/Blu Scuro LHD US ZFFBV55A520129705
129706	575	M Maranello F1 9/02 Grigio Titanio Metallizzato 3238/Bordeaux ZFFBT55B000129706
129707	575	M Maranello F1 9/02 Argento Nürburgring 101/C/Nero ZFFBT55C000129707
129708	575	M Maranello F1 Red/Black
129710	575	M Maranello (F1) 02 LHD US ZFFBV55A920129710
129711	575	M Maranello 02 Blu Le Mans/Blu Scuro Manual RHD UK

s/n	Type	Comments	s/n	Type	Comments
129714	575	M Maranello F1 02 Grigio Titanio met./Tan Daytona seats dark inserts & piping LHD US ZFFBV55A620129714 shields	129757	360	Modena Spider F1 02 Rosso Barchetta Cuoio Daytona seats US ZFFYT53A920129757 Capristo exhaust shields Rear challenge grill
129715	575	M Maranello	129758	360	Modena Spider (F1) 02 ZFFYT53A020129758
129717	575	M Maranello Red/Black manual ZFFBT55B000129717	129759	360	Modena Spider (F1) 02 ZFFYT53A220129759
129719	575	M Maranello F1 3/03 Blu Nart/Beige ZFFBT55D000129719	129761	Enzo Ferrari	F1 Rosso Corsa/Red ZFFCZ56B0001297961 ass. # 47205 eng. #70738
129722	575	M Maranello 02 LHD US ZFFBV55A520129722	129762	Enzo Ferrari	F1 02 LHD EU ZFFCZ56B000129762 ass. # 46660, new to GER
129723	575	M Maranello	129763	Enzo Ferrari	F1 LHD EU ZFFCZ56B000129763 ass. # 46740, new to GER
129726	575	M Maranello F1 02 Black/Black LHD US ZFFBV55A220129726	129764	Enzo Ferrari	F1 Red/Black ZFFCZ56B000129764 Ass # 46807
129727	360	Modena Spider (F1) 02 ZFFYT53A020129727	129765	Enzo Ferrari	F1 Rosso Corsa FXX stripe/Black LHD ZFFCZ56B000129765 ass. # 46850 Red dials
129728	360	Modena Spider F1 02 Argento Nürburgring 101/C/Tan Daytona seats Black Top ZFFYT53A220129728 Shields Aluminum Calipers	129766	Enzo Ferrari	F1 Rosso Corsa/black ZFFCZ56B000129766 ass. # 46906
129729	360	Modena Spider (F1) 02 ZFFYT53A420129729	129767	Enzo Ferrari	F1 02 Rosso Corsalnero LHD EU ZFFCZ56B000129767 ass. # 46962, new to GER
129730	360	Modena Spider 02 ZFFYT53A020129730	129768	Enzo Ferrari	F1 Rosso Corsa/Black LHD ZFFCZ56B000129768 ass. # 46963
129731	360	Modena Spider F1 02 Blue NART/Tan ZFFYT53A220129731	129770	360	Modena F1 03 Black/Black Daytona seats grey inserts grey stitching & piping US ZFFYU51A120129770 front & rear challenge grilles Red calipers
129732	360	Modena F1 02 Grigio Titanio 3238/Bordeaux Manual ZFFYU51A220	129771	360	Modena F1 02 Yellow/Black ZFFYU51A320129771 ass. # 46822 Challenge grille shields
129733	360	Modena Spider (F1) 02 ZFFYT53A620129733			
129734	360	Modena Spider (F1) 02 ZFFYT53A820129734			
129735	360	Modena Spider F1 02 Black/Natural ZFFYT53AX20129735	129775	360	Modena (F1) 02 ZFFYU51A020129775
129736	360	Modena Spider 02 Argento Nürburgring 101/C/Dark Blue Manual ZFFYT53A120129736	129776	360	Modena (F1) 02 ZFFYU51A220129776
129737	360	Modena Spider (F1) 02 ZFFYT53A320129737	129777	360	Modena F1 Red/Black ZFFYR51B000129777
129738	360	Modena Spider F1 02 Giallo Modena/Black ZFFYT53A520129738	129781	360	Modena F1 02 Blu Tour de France 522/Beige Daytona seats ZFFYU51A620129781 shields rear Challenge grille Tubi
129739	360	Modena Spider 02 Rosso Corsa/Beige Daytona seats Red stitching ZFFYT53A720129739 Red calipers front & rear Challenge grilles	129783	360	Modena Red/Black ZFFYR51B000
129740	360	Modena Spider F1 02 Silver/Black ZFFYT53A320129740	129784	360	Modena (F1) 9/02 Argento Nürburgring 101/C/Nero ZFFYU51A120129784
129741	360	Modena Spider F1 02 Rosso Corsa/Beige ZFFYT53A520129741	129785	360	Modena F1 Silver/all bordeaux ZFFYR51B000129785
129742	360	Modena Spider 02 Black/Black Manual ZFFYT53A720129742 front challenge grill shields	129787	360	Modena Red/Tan Manual ZFFYR51B000
			129790	360	Modena Spider F1 02 Rosso Corsa/Black ZFFYT53A720129790 Red calipers Red inserts Front & Rear challenge grill shields
129743	360	Modena Spider F1 02 Grigio Titanio 3238/Black ZFFYT53A920129743	129791	360	Modena Spider (F1) 02 ZFFYT53A920129791
129744	360	Modena Spider F1 02 Black Red ZFFYT53A020129744 shields Red calipers challenge grille	129792	360	Modena Spider (F1) 02 ZFFYT53A020129792
			129793	360	Modena (F1) 02 ZFFYU51A220129793
			129797	360	Modena Spider (F1) 02 ZFFYT53AX20129797
129745	360	Modena Spider F1 02 Silver/Black ZFFYT53A0129745	129798	360	Modena Spider (F1) 02 ZFFYT53A120129798
			129799	360	Modena Spider (F1) 02 ZFFYT53A320129799
129746	360	Modena Spider 02 Argento Nürburgring 101/C/Black Manual ZFFYT53A420129746	129800	360	Modena Spider F1 02 Azzurro California 524/Crema ZFFYT53A620129800
129747	360	Modena Spider 02 Silver/Black ZFFYT53A420129747 shields Red calipers Front & Rear challenge grilles	129802	456	M GT silver/black LHD EU
			129804	575	M Maranello F1 9/02 Grigio Titanio Metallizzato 3238/Bordeaux ZFFBT55B000129804
129748	360	Modena Spider F1 02 dark Red/Tan Daytona seats Bordeaux piping Black top ZFFYT53A820129748 Shields Black Calipers	129806	575	M Maranello 02 Red/Black Manual LHD US ZFFBV55A020129806
129749	360	Modena Spider (F1) 02 ZFFYT53AX20129749	129807	575	M Maranello (F1) 02 LHD US ZFFBV55A220129807
129750	360	Modena Spider (F1) 02 ZFFYT53A620129750			
129751	360	Modena Spider F1 02 Canna di Fucile Met. FER 703/C/Sabbia ZFFYT53A820129751	129808	575	M Maranello (F1) 02 LHD US ZFFBV55A420129808
129752	360	Modena Spider F1 02 Red/Tan Manual ZFFYT53AX20129752 Rear Challenge Grill Red calipers Shields	129810	575	M Maranello F1 02 Customized Dark Blue/Beige ZFFBT55B000129810
			129812	575	M Maranello 10/02 Nuovo Nero Daytona/Sabbia Black stitching Manual ZFFBT55B000129812
129753	360	Modena Spider (F1) 02 ZFFYT53A120129753			
129754	360	Modena Spider 02 Grigio Alloy/Blue Manual ZFFYT53A320129754 Rear Challenge Grill	129813	575	M Maranello F1 Silver/Black ZFFBT55B000129813
129755	360	Modena Spider F1 02 Argento Nürburgring 101/C/Black grey top ZFFYT53A520129755 shields red calipers	129814	575	M Maranello (F1) 02 LHD US ZFFBV55AX20129814
129756	360	Modena Spider F1 02 Verde Muguello/Tan Black Top ZFFYT53A720129756 Black calipers	129815	575	M Maranello 02 Red/Tan LHD US ZFFBV55A120129815

s/n	Type	Comments
129817	575	M Maranello Red/Black ZFFBT55B000129817
129818	575	M Maranello F1 02 Grigio Titanio Grey Daytona seats LHD US ZFFBV55A720129818 ass. # 46973 Red calipers shields light grey carpeting
129819	575	M Maranello F1 3/03 Grigio Alloy/Nero ZFFBT55C000129819
129820	575	M Maranello F1 Red/Black
129821	575	M Maranello F1 9/02 Grigio Titanio Metallizzato 3238/Cuoio ZFFBT55B000129821
129822	575	M Maranello F1 02 Argento Nürburgring 101/C/Nero Red inserts Red stitching Red piping ZFFBT55C000129822 Red calipers shields
129825	575	M Maranello
129829	575	M Maranello F1 Grigio Titanio met./Scuro Blue LHD ZFFBT55B000129829 shields
129831	575	M Maranello F1 argento/black ZFFBT55B000129831
129832	575	M Maranello F1 1/03 Rosso Corsa/Nero ZFFBT55C000129832
129833	575	M Maranello F1 Silver/all cuoio ZFFBT55B000129833
129837	575	M Maranello 2/02 Grigio Titanio Metallizzato 3238/Cuoio ZFFBT55B000129837
129838	575	M Maranello F1 02 Rosso Corsa/Nero LHD EU ZFFBT55B000129838
129842	575	M Maranello F1 Rosso Corsa/Black LHD ZFFBT55B000129842
129843	575	M Maranello F1 black/black ZFFBT55B000129843
129844	575	M Maranello F1 9/03 Rosso Corsa/Nero ZFFBT55C000129844
129845	575	M Maranello F1 10/02 Rosso Corsa/Nero LHD ZFFBT55C000 converted to Novitec Rosso Rosso Scuderia FER. 323/Black
129848	360	Modena
129851	360	Modena F1 02 Rosso Corsa/Beige RHD AUS ZFFYR51D000129851
129852	360	Modena F1 02 Black/Black Daytona seats ZFFYU51A320129852 Red calipers shields front & rear Challenge grills
129854	360	Modena (F1) 02 ZFFYU51A720129854
129855	360	Modena
129858	360	Modena Spider Red
129861	360	Modena F1 02 Rosso Corsa/Sabbia RHD UK ZFFYR51C000129861
129862	360	Modena Grey/Grey
129863	360	Modena 02 Red/Black sports seats ZFFYR51B000129863 Red calipers Challenge rear grill shields
129866	360	Modena F1 Red/Black ZFFYR51B000129866
129869	360	Modena
129870	360	Modena F1 9/02 Grigio Titanio Metallizzato 3238/Nero ZFFYR51C000129870
129871	360	Modena F1 Black/black ZFFYR51B000129871
129872	360	Modena Spider 02 Rosso Corsa/Nero ZFFYT53B000 rear challenge grill
129873	360	Modena Spider (F1) 02 ZFFYT53A020129873
129874	360	Modena Spider F1 02 Giallo Modena/Black Daytona Seats Yellow Piping Yellow Stitching ZFFYT53A220129874 Shields Rear Challenge Grill
129875	360	Modena Spider (F1) 02 ZFFYT53A420129875
129876	360	Modena Spider F1 02 Yellow/black Yellow piping ZFFYT53A620129876
129877	360	Modena Spider F1 02 Silver/Black Manual ZFFYT53A820129877
129878	360	Modena Red ZFFYR51B000129878
129879	360	Modena Spider 02 Red/Black ZFFYT53B000129879
129880	360	Modena Spider 02 Red/Tan Manual ZFFYT53A820129880
129881	360	Modena Spider (F1) 02 ZFFYT53AX20129881
129882	360	Modena Spider F1 02 Silver/Grey ZFFYT53A120129882
129883	360	Modena Spider F1 02 Rosso Corsa/Tan ZFFYT53A320129883 Challenge Grill Tubi Shields
129884	360	Modena Spider (F1) 02 ZFFYT53A520129884
129885	360	Modena Spider 9/02 Nuovo Nero Daytona/Charcoal Manual ZFFYT53C000129885
129887	360	Modena Spider 9/02 Rosso Corsa/Crema ZFFYT53C000129887
129888	360	Modena Spider F1 02 Rosso Corsa/Nero ZFFYT53B000129888
129891	456	M GT Dark Blue/tan ZFFWP44B000129891
129892	456	M GT Bicolore Scaglietti grigio Nuvolari & grigio Scaglietti/grigio scuro
129893	456	M GT Silver/Black LHD EU ZFFWP44B000
129895	360	Modena (F1) 02 ZFFYU51AX20129895
129896	360	Modena F1 02 Grigio Titanio Tan Daytona Seats ZFFYU51A120129896 Rear Challenge Grill Red Calipers
129900	360	Modena F1 02 Grigio Titanio 3238/Black ZFFYU51AX20129900
129901	360	Modena
129902	360	Modena Rosso Corsa/Black LHD Manual EU ZFFYR51B000129902
129903	360	Modena F1 Red/Black ZFFYR51B000
129904	360	Modena 02 Red/Tan Manual ZFFYU51A720129904
129907	360	Modena F1 silver/grey ZFFYR51B000129907
129908	360	Modena F1 Yellow/black sports seats Yellow stitching ZFFYR51B000
129910	360	Modena F1 02 Grigio Alloy/Black ZFFYU51A220129910 shields Tubi challenge front grill sunroof
129911	360	Modena 10/02 Rosso Corsa/Crema ZFFYR51C000129911
129912	360	Modena
129913	360	Modena F1 Rosso Corsa/Nero LHD EU ZFFYR51B000129913
129914	360	Modena Rosso Corsa/black ZFFYR51B000
129916	360	Modena 02 Yellow/Black Manual ZFFYU51A320129916 Red calipers Front & Rear Challenge Grilles
129917	360	Modena F1 02 Red/Tan LHD ZFFYU51A520
129918	360	Modena F1 Rosso Corsa/Black LHD EU
129923	360	Modena
129924	456	M GTA 03 Blu Tour de France 522/tan Daytona seats navy inserts navy carpet US
129925	456	M GTA 9/02 Grigio Titanio 3238/Grigio Scuro LHD US ZFFWL50A830129925
129926	456	M GT 03 Grigio Titanio Bordeaux LHD US ZFFWL44A430129926
129927	360	Modena Spider (F1) 02 ZFFYT53A820129927
129928	360	Modena Spider (F1) 02 ZFFYT53AX20129928
129929	360	Modena Spider F1 02 Silver/Black Black top US ZFFYT53A120129929 Shields
129930	360	Modena Spider (F1) 02 ZFFYT53A820129930
129931	360	Modena Spider F1 02 Giallo Modena/Blu Scuro ZFFYT53AX20129931
129932	360	Modena Spider 02 Rosso Corsa Cuoio Manual ZFFYT53A120129932
129933	360	Modena Spider (F1) 02 ZFFYT53A320129933
129934	360	Modena Spider F1 02 Giallo Modena/Beige Daytona seats ZFFYT53A520129934 shields Challenge grille
129935	360	Modena Spider F1 02 Red/Tan ZFFYT53A720129935
129936	360	Modena Spider (F1) 02 ZFFYT53A920129936
129938	360	Modena Spider (F1) 02 Grigio Titanio 3238/Blue Daytona Seats Manual Grey Stitching ZFFYT53A220129938 Red Calipers

s/n	Type	Comments	s/n	Type	Comments
129939	360	Modena Spider 02 Grigio Alloy/Blue Daytona Seats Manual ZFFYT53A420129939 Shields	129988	Enzo Ferrari	F1 giallo Modena/black ZFFCZ56B000129988 ass. # 47025
129940	360	Modena Spider F1 02 Silver Dark/Grey ZFFYT53A020129940	129989	Enzo Ferrari	F1 LHD EU ZFFCZ56B000129989 ass. # 47139, new to GER
129941	360	Modena Spider (F1) 02 ZFFYT53A220129941	129990	Enzo Ferrari	F1 LHD EU ZFFCZ56B000129990 ass. # 47140, new to GER
129942	360	Modena Spider F1 02 Rosso Corsa/Black Daytona Seats ZFFYT53A420129942 Shields Red Calipers Front & Rear Challenge Grilles Tubi	129991	Enzo Ferrari	F1 LHD EU ZFFCZ56B000129991 ass. # 47254, new to I
129945	360	Modena Spider (F1) 02 ZFFYT53AX20129945	129993	360	Modena Red/Black ZFFYR51B000
129946	360	Modena Spider (F1) 02 ZFFYT53A120129946	129994	360	Modena titangrey/black
129947	360	Modena Spider F1 02 Rosso Corsa/Tan ZFFYT53A320129947 front & rear challenge grilles Red calipers Tubi	129998	360	Modena
			129999	Enzo Ferrari	F1 03 Red/Black ZFFCZ56B000129999
			130000	360	Modena
129948	360	Modena Spider (F1) 02 Rosso Corsa/Tan Red piping & stitching ZFFYT53A520129948 shields rear Challenge grille	130001	360	Modena Blue/Crema Manual
			130003	360	Modena (F1) 02 ZFFYU51A720130003
			130008	360	Modena
129949	360	Modena Spider F1 02 Silver/Red ZFFYT53A720129949	130010	575	M Maranello F1 Pozzi/black
			130013	360	Modena 02 ZFFYU51AX20130013
129953	360	Modena Spider (F1) 02 ZFFYT53A920129953	130014	456	M GTA silver grey/grey
129954	360	Modena Spider (F1) 02 ZFFYT53A020129954	130015	360	Modena Spider 02 Grigio Alloy/Dark Slate Grey Manual ZFFYT53A320130015
129955	360	Modena Spider 02 black/black ZFFYT53A220129955	130016	360	Modena Spider F1 02 Silver/Blue ZFFYT53A520130016
129956	360	Modena Spider F1 02 Grigio Alloy/dark Blue US ZFFYT53A420129956	130017	360	Modena Spider 02 Red/Tan manual ZFFYT53A720130017
129957	360	Modena Spider F1 02 ZFFYT53A620129957	130018	360	Modena Spider F1 02 Argento Nürburgring 101/C/ Bordeaux Bordeaux Carpet ZFFYT53C000130018
129958	360	Modena Spider			
129959	360	Modena Spider Red/Black ZFFYT53B000			
129960	360	Modena Spider 02 Rosso Corsa/Tan Manual ZFFYT53A620129960 Red calipers	130019	360	Modena Spider Nero/Tan LHD EU
			130022	360	Modena Spider (F1) 02 ZFFYT53A020130022
129961	360	Modena Spider F1 1/03 Giallo Modena/Beige ZFFYT53A820129961	130023	360	Modena Spider 02 Silver/Black Daytona Seats Grey Inserts manual ZFFYT53A220130023 Front & Rear Challenge Grills Red Calipers Shields
129962	360	Modena Spider (F1) 02 ZFFYT53AX20129962			
129963	360	Modena Spider F1 02 Blu Tour de France 522/Tan Blue piping LHD ZFFYT53A120 Front Challenge Grills			
			130024	360	Modena Spider F1 02 Verde Zeltweg/Tan ZFFYT53A420130024
129964	360	Modena Spider	130025	360	Modena Spider (F1) 02 ZFFYT53A620130025
129966	360	Modena Challenge Blue ZFFYR51B000126966 ass. # 44261	130026	360	Modena Spider F1 02 Giallo Modena/Nero Daytona Seats Yellow Stitching ZFFYT53A820130026 Shields
129968	360	Modena Spider (F1) 02 ZFFYT53A020129968			
129969	360	Modena Spider (F1) 02 ZFFYT53A220129969			
129970	360	Modena Spider F1 02 Rosso Corsa/Beige Daytona Seats ZFFYT53A920129970 Red calipers	130027	360	Modena Spider 02 Rosso Corsa/Beige RHD UK ZFFYT53C000130027
			130028	360	Modena Spider F1 02 Argento Nürburgring 101/C/Nero ZFFYT53B000130028
129971	360	Modena Spider F1 02 Red/Tan ZFFYT53A020129971	130031	360	Modena Spider Black Grey LHD ZFFYT53B000130031
129972	360	Modena Spider 02 Red/Tan Black Seat Piping ZFFYT53A220129972	130032	360	Modena Spider (F1) 02 ZFFYT53A320130032
129973	360	Modena Spider (F1) 02 ZFFYT53A420129973	130033	360	Modena Spider (F1) 02 ZFFYT53A520130033
129975	575	M Maranello F1 02 Red/Tan LHD US ZFFBV55A120129975 shields Red calipers Tubi	130034	360	Modena Spider F1 02 Grey/Grey ZFFYT53AX20130034
129976	575	M Maranello F1 02 Nero/Cuoio Daytona seats LHD US ZFFBV55A320129976 ass. # 46984 Tubi	130035	360	Modena Spider F1 02 Grigio Alloy/Rosso Daytona Seats ZFFYT53A920130035 Shields Red Calipers
129977	575	M Maranello F1 02 Silver Charcoal LHD US ZFFBV55A520129977	130036	360	Modena Spider F1 02 Silver/Grey Daytona Seats ZFFYT53A020130036 Challenge Grills
129978	575	M Maranello 02 Grigio Alloy Blue Scuro Manual LHD US ZFFBV55A720129978	130039	360	Modena Spider 02 Yellow/Black Yellow Stitching ZFFYT53A620130039
129979	575	M Maranello F1 02 Grigio Titanio met./Black Daytona seats LHD US ZFFBV55A920129979	130041	360	Modena Spider Red/Crema
			130042	456	M GT Bicolore Schumacher Edition 02 Grigio Titanio & Canna di Fucile bicolore/grey LHD ZFFWP50B000130042
129980	575	M Maranello (F1) 02 LHD US ZFFBV55A520129980			
129981	575	M Maranello 02 Silver/Black LHDUS ZFFBV55A720	130044	456	M GTA 03 Grigio Titanio met./Grey ZFFWL50A330130044
129982	575	M Maranello F1 02 Grigio Titanio Charcoal silver piping Alu calipers LHD US ZFFBV55A920	130045	456	M GTA 03 Grigio Titanio met./Tan Navy piping ZFFWL50A530130045
129983	575	M Maranello F1 11/02 Argento Nürburgring 101/C/Nero Daytona Seats LHD US ZFFBV55A020129983	130046	456	M GT
			130047	456	M GTA Black/tan ZFFWP50B000130047
			130048	456	M GTA 03 Dark Blue/Tan ZFFWL50A030130048
129984	575	M Maranello F1 9/02 Rosso Corsa/Beige Daytona seats black inserts LHD US ZFFBV55A220129984 shields Red calipers	130050	575	M Maranello 02 Blue Metallic/Tan Manual LHD US ZFFBV55A920130050
129985	575	M Maranello F1 02 Rosso Corsa/Black LHD US ZFFBV55A420129985			

s/n	Type	Comments
130051	575	M Maranello F1 1/03 Argento Nürburgring 101/C/Grigio Scuro & charcoal Daytona Seats LHD US ZFFBV55A020130051 shields Silver calipers
130052	575	M Maranello F1 02 Red LHD US ZFFBV55A220130052
130055	575	M Maranello (F1) 02 LHD US ZFFBV55A820130055
130058	575	M Maranello F1 02 Grigio Alloy/Sabbia Daytona seats Black piping Light Blue stitching LHD US ZFFBV55A320130058 Red Calipers Tubi Fiorano handeling package Blue dash & steering wheel
130059	575	M Maranello F1 11/02 Grigio Titanio Metallizzato 3238/Beige LHD US ZFFBV55A520130059
130060	575	M Maranello F1 02 Grigio Titanio Metallizzato 3238/Nero ZFFBT55B000
130062	575	M Maranello (F1) 02 LHD US ZFFBV55A520130062
130063	575	M Maranello F1 black/black sports seats LHD EU ZFFBT55B000130063 Red calipers Scuderia shields
130064	575	M Maranello F1 White/Crema ZFFBT55B000130064
130065	575	M Maranello F1 Red/Tan LHD EU
130066	575	M Maranello (F1) 02 LHD US ZFFBV55A220130066
130069	575	M Maranello 02 Red/Tan Daytona Seats Manual LHD US ZFFBV55A820130069 Shields
130070	575	M Maranello F1 02 Black/eige LHD US ZFFBV55A420130070
130072	575	M Maranello F1 6/03 Blu Tour De France/Beige ZFFBT55B000130072
130074	575	M Maranello F1 03 Blu Pozzi 521 D.S./Tan Daytona Seats Blue Inserts Blue Stitching & Piping LHD US ZFFBV55A120130074 Shields Aluminum Calipers
130075	575	M Maranello
130076	575	M Maranello F1 02 Grigio Titanio met./Nero ZFFBT55B000130076 silver calipers
130077	575	M Maranello F1 metal black/black
130078	575	M Maranello (F1) 02 LHD US ZFFBV55A920130078
130079	575	M Maranello F1 02 NART Blue/tan navy piping & inserts Daytona LHD US ZFFBV55A020130079 Red calipers shields Tubi
130080	575	M Maranello F1 02 Metal Grey/Black Daytona Seats LHD US ZFFBV55A720130080 ass. # 47335 Red Calipers
130081	575	M Maranello (F1) 02 LHD US ZFFBV55A920130081
130082	575	M Maranello F1 02 Rosso Corsa/Crema ZFFBT55C000130082
130084	575	M Maranello F1 Silver/Red ZFFBT55B000130084
130086	575	M Maranello Red/Black LHD,ZFFBT55B000130086
130087	575	M Maranello (F1) 02 LHD US ZFFBV55AX20130087
130088	575	M Maranello F1 Red/Black
130089	575	M Maranello (F1) 02 LHD US ZFFBV55A320130089
130091	575	M Maranello F1 Grigio Titanio met./Beige
130093	575	M Maranello F1 02 Blu Pozzi 521 D.S./Cuoio LHD US ZFFBV55A520130093
130094	575	M Maranello F1 black/tan ZFFBT55B000130094
130095	575	M Maranello F1 02 Silver Charcoal Daytona seats aluminum accents LHD US ZFFBV55A920130095 ass. # 47409
130096	575	M Maranello (F1) 02 LHD US ZFFBV55A020130096
130101	575	M Maranello (F1) 02 LHD US ZFFBV55A020130101
130102	575	M Maranello (F1) 02 Grigio Titanio met./Black LHD US ZFFBV55A220130102
130103	575	M Maranello F1 silver/black EU
130104	575	M Maranello F1 02 Rosso Corsa Sand LHD US ZFFBV55A620130104
130105	575	M Maranello F1 02 LHD US ZFFBV55A820130105
130109	575	M Maranello F1 02 Black/Black LHD US ZFFBV55A520130109
130110	575	M Maranello (F1) 02 LHD US ZFFBV55A120130110
130112	575	M Maranello F1 11/02 Nuovo Nero Daytona/Nero ZFFBT55B000130112
130113	575	M Maranello (F1) 02 LHD US ZFFBV55A720130113
130114	575	M Maranello F1 Yellow/black RHD, Eric Clapton
130116	360	Modena Red/Tan LHD
130118	360	Modena F1 Rosso/crema Tan piping LHD ZFFYR51B000130118 Red calipers
130119	360	Modena (F1) 02 ZFFYU51A420130119
130120	360	Modena Light Blue/Red Manual
130122	360	Modena Silver/black manual ZFFYR51B000130122
130124	360	Modena 02 Red/Black ZFFYU51A820130124
130125	360	Modena F1 02 Rosso Corsa/Sabbia RHD UK ZFFYR51C000130125
130127	360	Modena F1 Red/Black ZFFYR51B000130127
130129	360	Modena (F1) 02 ZFFYU51A720130129
130130	360	Modena Spider F1 02 Grigio Alloy/Nero ZFFYR51C000130130
130133	360	Modena (F1) 02 ZFFYU51A920130133
130134	360	Modena 02 Black/Black Red piping Manual ZFFYU51A020130134 Front & Rear Challenge Grills Shields Red Calipers Capristo Stage 3 Exhaust
130135	360	Modena Red/Black RHD
130136	360	Modena
130137	360	Modena F1 2/03 Argento Nürburgring/Nero ZFFYR51B000130137
130139	360	Modena (F1) 02 ZFFYU51AX20130139
130140	360	Modena 02 Argento Nürburgring 101/C/Naturale Manual ZFFYU51A620130140 Hamann modified
130141	360	Modena 03 Rosso Corsa/Crema ZFFYR51C000130141
130142	360	Modena
130143	360	Modena Spider F1 02 Giallo Modena/Black ZFFYT53A120130143
130144	360	Modena Spider 02 Grigo Alloy/Dark Blue Yellow stitching ZFFYT53A320130144 gold colour calipers shields
130145	360	Modena Spider (F1) 02 ZFFYT53A520130145
130146	360	Modena Spider 02 Red/Black Daytona seats black top ZFFYT53A720130146 shields
130147	360	Modena Spider Red/Black LHD
130149	360	Modena Spider (F1) 02 ZFFYT53A220130149
130150	360	Modena Spider F1 02 Argento/Grey ZFFYT53A920130150
130151	360	Modena Spider F1 02 Black/Tan ZFFYT53A020130151
130152	360	Modena Spider F1 02 Rosso Corsa/Beige ZFFYT53A220130152 Novitec modieefied
130153	360	Modena Spider F1 02 Silver/Black grey seats & top ZFFYT53A420130153
130154	360	Modena Spider F1 11/02 Rosso Corsa/Nero ZFFYT53C000130154
130155	360	Modena Spider F1 02 Nuovo Nero Daytona/Beige Nero Carpet RHD
130160	360	Modena Spider F1 02 Azzurro California 524/Dark Blue ZFFYT53A120130160

s/n	Type	Comments
130161	360	Modena Spider 02 Black/Black Manual ZFFYT53A320130161
130162	360	Modena Spider 02 Silver/Black silver stitching manual ZFFYT53A520130162
130163	360	Modena Spider F1 02 Rosso Corsa/Tan ZFFYT53A720130163
130164	360	Modena Spider (F1) 02 ZFFYT53A920130164
130165	360	Modena Spider F1 02 Giallo Modena/Tan ZFFYT53A020130165
130166	360	Modena Spider F1 02 Blu Tour de France 522/Carta da Zucchero Dark Navy Top ZFFYT53A220130166Tubi front & rear Challenge Grilles Shields
130167	360	Modena Spider F1 02 Rosso Corsa/Tan ZFFYT53A420130167
130168	360	Modena Spider 02 Grigio Titanio 3238/Black US ZFFYT53A620130168
130169	360	Modena Spider F1 02 Azzurro California Crema ZFFYT53A820130169
130171	360	Modena Spider F1 Yellow/tan ZFFYT53B000
130173	360	Modena Spider F1 Grigio Alloy/black RHD
130175	360	Modena Spider 03 Grigio Titanio 3238/Blu Scuro ZFFYT53B000130175
130177	360	Modena Spider 02 Nero Daytona/Black Daytona Seats manual ZFFYT53A720130177 Tubi Challenge rear grill shields
130178	360	Modena Spider 02 Silver/Black ZFFYT53A920130178
130179	360	Modena Spider F1 02 Blu Tour de France 522/Tan & Dark Blue dark Blue stitching Blue dash Blue steering wheel ZFFYT53A020130179 Red calipers shields
130180	360	Modena Spider 02 Red Manual ZFFYT53A720130180
130184	360	Modena Spider (F1) 02 ZFFYT53A420130184
130185	360	Modena Spider (F1) 02 ZFFYT53A620130185
130186	360	Modena Spider F1 Grigio Alloy/Black LHD ZFFYT53B000130186 Silver calipers
130187	360	Modena Spider Red/Black ZFFYT53B000
130188	360	Modena Spider Red/Tan ZFFYT53B000130188
130190	360	Modena Spider RHD
130191	360	Modena Spider (F1) 02 Blu Tour de France 522/Medium Blue ZFFYT53A130191
130192	360	Modena Spider Red/Black Manual Imola modified
130194	360	Modena Spider (F1) 02 ZFFYT53A720130194
130195	360	Modena Spider F1 02 Red/Tan US ZFFYT53A920130195
130197	360	Modena Spider F1 Red/Tan ZFFYT53B000
130199	360	Modena Spider F1 02 Blu Tour De France Blu Scuro
130201	360	Modena Spider F1 Red RHD
130202	Enzo Ferrari	F1 LHD EU ZFFCZ56B000130202 ass. # 47374, new to GER
130203	Enzo Ferrari	F1 LHD EU ZFFCZ56B000130203 ass. # 47407, new to I
130204	Enzo Ferrari	F1 LHD EU ZFFCZ56B000130204 ass. # 47517, new to I
130205	Enzo Ferrari	F1 Red LHD EU ZFFCZ56B000130205 ass. # 47563, new to I
130207	360	Modena Rosso Corsa/Black Manual ZFFYR51B000130207
130208	360	Modena F1 Red/Black
130209	360	Modena F1 Yellow/black ZFFYR51B000
130210	360	Modena
130216	360	Modena Spider F1 Rosso Corsa/beige ZFFYR51B000130216
130217	360	Modena Red/Cream Red piping Red stitching Manual RHD ZFFYR51C000130217 Red calipers
130218	360	Modena Red/Black rear challenge grill
130220	360	Modena Black/Bordeaux
130222	360	Modena F1 Red/Tan ZFFYR51B000
130226	360	Modena Spider Rosso Corsa/Nero
130228	360	Modena Spider F1 Red/Tan LHD EU
130229	360	Modena Spider Red/Black Manual ZFFYT53B000
130230	360	Modena black/tan modular wheels
130231	360	Modena Spider
130232	360	Modena Spider F1 02 Red/Tan LHD EU
130234	360	Modena Spider F1 02 Grigio Titanio 3238/Nero RHD AUS ZFFYT53D000130234
130235	360	Modena Spider
130240	360	Modena Spider F1 black/black Red stitching
130241	360	Modena Spider Rosso Corsa/Black RHD Manual ZFFYT53C000130241 Red calipers
130242	360	Modena Spider
130243	360	Modena Spider 02 ZFFYT53A520130243
130244	360	Modena Spider (F1) 02 ZFFYT53A420130244
130245	360	Modena F1 02 Red/Tan ZFFYU51A920130245 Red calipers shields
130246	360	Modena 11/02 Rosso Corsa/Tan Manual ZFFYU51A020130246
130247	360	Modena (F1) 02 ZFFYU51A220130247
130248	360	Modena Spider (F1) 02 ZFFYT53A420130248
130249	360	Modena Spider (F1) 02 ZFFYT53A620130249
130250	360	Modena Spider 02 Rosso Corsa/Tan Daytona Seats Manual ZFFYT53A220130250 Red Calipers Red Stitching Rear Challenge Grill
130251	360	Modena 02 Black/Black Manual ZFFYU51A420130251
130252	360	Modena Spider 02 Silver/Black US ZFFYT53A620130252
130253	360	Modena (F1) 02 ZFFYU51A820130253
130254	360	Modena Spider F1 02 Yellow/Black Sport Seats Yellow Stitching Manual ZFFYT53AX20130254 Shields Rear Challenge Grill Red Calipers Tubi
130255	360	Modena Spider (F1) 02 ZFFYT53A120130255
130256	360	Modena F1 02 Red/Tan Manual ZFFYU51A320130256
130257	360	Modena Spider (F1) 02 ZFFYT53A520130257
130258	360	Modena Spider F1 02 Grigio Titanio 3238/Navy Blue Daytona seats Navy Blue top ZFFYT53A720130258 Red calipers shields front & rear challenge grill
130259	360	Modena F1 02 Red/Tan US ZFFYU51A920130259
130260	360	Modena (F1) 02 ZFFYU51A520130260
130261	360	Modena Spider (F1) 02 ZFFYT53A720130261
130262	360	Modena Spider 02 Blue/Crema ZFFYT53A920130262
130263	360	Modena Spider (F1) 02 ZFFYT53A020130263
130264	360	Modena Spider 02 Grey/Black ZFFYT53A220130264
130265	360	Modena F1 02 Yellow/Tan ZFFYU51A420130265 Capristo Exhaust ex-Rapper "Bow Wow"
130266	360	Modena 02 Grigio Titanio 3238/Black Daytona Seats manual ZFFYU51A620130266 Red Calipers Tubi
130267	360	Modena (F1) 02 ZFFYU51A820130267
130268	360	Modena Spider 02 Silver/Black manual ZFFYT53AX20130268
130269	Enzo Ferrari	F1 Rosso LHD EU ZFFCZ56B000130269 ass. # 46612
130270	Enzo Ferrari	F1 03 Rosso Corsa/nero LHD US ZFFCW56AX30130270 ass. # 47311
130272	360	Modena F1 3/03 Rosso Corsa/Beige ZFFYR51B000130272 Red calipers shields
130273	360	Modena Red LHD ZFFYR51B000130273
130276	360	Modena
130279	360	Modena F1 02 Rosso Corsa/Nero RHD UK ZFFYR51C000130279
130285	360	Modena F1 Red/Black ZFFYR51B000130285
130288	360	Modena
130295	360	Modena Spider F1 Grigio Alloy/charcoal ZFFYT53B000

s/n	Type	Comments
130299	360	Modena Spider Red/Black ZFFYT53B000130299
130300	360	Modena Spider F1 Red/Black ZFFYT53B000130300
130301	360	Modena Spider 03 Rosso Corsa/Nero RHD UK ZFFYT53C000130301
130303	360	Modena Spider Rosso Corsa/black Manual ZFFYT53B000130303 Rear Challenge grille shields Red calipers
130304	360	Modena Spider F1 11/02 Rosso Corsa/Beige ZFFYT53B000130304
130305	360	Modena Spider Red/Cream Red stitching RHD Manual ZFFYT53C000130305 shields
130309	360	Modena Spider F1 Silver LHD ZFFYT53B000130309
130310	360	Modena Spider Rosso Corsa/Cuoio LHD Manual ZFFYT53B000130310 shields
130313	360	Modena Spider F1 Rosso Corsa/black ZFFYT53B000130313
130315	360	Modena 03 Blu Tour de France 522/Sabbia Manual RHD UK ZFFYR51C000130315 Silver calipers
130316	360	Modena
130320	360	Modena F1 02 Rosso Corsa/Nero RHD UK ZFFYR51C000130320
130322	360	Modena F1 Grigio Titanio 3238/Black Red calipers
130325	360	Modena
130326	360	Modena F1 Red/Black
130330	360	Modena F1 02 Rosso Corsa/Nero RHD UK ZFFYR51C000130330
130336	360	Modena 02 Red/tan Manual ZFFYR51B000130336
130337	360	Modena F1 02 Red RHD ZFFYR51D000130337
130339	360	Modena F1 Red/Black ZFFYR51B000130339
130341	360	Modena F1 03 ZFFYU51A330130341
130342	360	Modena 11/02 Giallo Modena/Nero Yellow stitching Manual ZFFYU51A530130342 front & rear Challenge grilles shields
130343	360	Modena (F1) 03 ZFFYU51A730130343
130344	360	Modena (F1) 03 ZFFYU51A930130344
130345	360	Modena (F1) 03 ZFFYU51A030130345
130346	360	Modena 03 Giallo Modena/Black Manual Yellow Stiching & Piping ZFFYU51A230130346 Challenge Grille Yellow Calipers Shields
130347	360	Modena F1 03 Black/Tan Daytona Seats ZFFYU51A430130347 Shields Red Calipers Front Challenge Grill
130348	360	Modena (F1) 03 ZFFYU51A630130348
130349	360	Modena 02 Silver/Dark Blue ZFFYU51A830130349
130350	360	Modena (F1) 03 ZFFYU51A430130350
130351	360	Modena F1 03 Rosso Corsa/Black ZFFYU51A630130351
130352	360	Modena Spider 03 Rosso Corsa/Nero ZFFYT53B000130352
130353	360	Modena Spider
130355	360	Modena Spider F1 1/03 Rosso Corsa/Nero ZFFYT53B000130355
130359	360	Modena Spider Red/Black
130364	360	Modena Spider F1 Red/Black ZFFYT53B000130364
130367	360	Modena Spider Rosso Corsa/black
130368	360	Modena Spider Black/Beige RHD UK
130370	360	Modena Spider 03 Grigio Titanio Metallizzato 3238/Nero Manual ZFFYT53B000130370
130371	360	Modena Spider F1 02 Red RHD ZFFYT53D000130371
130372	360	Modena Spider F1 03 Giallo Modena/Nero ZFFYT53B000130372 ass # 47537 rear challenge grill
130375	360	Modena Spider 02 Rosso Corsa/Nero Red stitching RHD UK ZFFYT53C000130375 Black calipers shields
130376	360	Modena Spider F1 Red/Tan LHD EU
130378	360	Modena Spider (F1) 03 ZFFYT53A430130378
130379	360	Modena Spider F1 10/03 Grigio Titanio Metallizzato 3238/Charcoal ZFFYT53A630130379
130380	360	Modena Spider (F1) 03 ZFFYT53A230130380
130381	360	Modena Spider 03 Black/Black Manual US ZFFYT53A430130381
130382	360	Modena Spider 03 Silver Dark Blue Manual ZFFYT53A630130382
130383	360	Modena Spider 03 Yellow/Tan Manual ZFFYT53A830130383
130384	360	Modena Spider 03 Rosso Corsa/Black Daytona Seats Manual ZFFYT53AX30130384 Red calipers
130385	360	Modena Spider F1 03 titan grey/tan Daytona Seats dark Blue inserts ZFFYT53A130130385
130386	360	Modena Spider 03 Giallo Modena/Black Manual ZFFYT53A330130386
130387	360	Modena Spider (F1) 03 ZFFYT53A530130387
130388	360	Modena Spider (F1) 03 ZFFYT53A730130388
130389	360	Modena Spider F1 03 White Grey ZFFYT53A930130389
130390	360	Modena Spider (F1) 03 ZFFYT53A530130390
130391	360	Modena Spider 03 Blue/Tan Blue Piping Manual ZFFYT53A730130391 Front Challenge Grille
130392	360	Modena Spider (F1) 03 ZFFYT53A930130392
130393	360	Modena Spider 03 Grigio Titanio Bordeaux Manual LHD ZFFYT53A030 Front & Rear Challenge grilles Shields
130394	360	Modena Spider 03 Yellow/Black ZFFYT53A230130394
130395	360	Modena Spider (F1) 03 ZFFYT53A430130395
130396	575	M Maranello
130398	575	M Maranello 11/02 Nero/Bordeaux Manual ZFFBT55B000130398
130400	575	M Maranello F1 grigio/black LHD EU
130403	575	M Maranello (F1) 02 LHD US ZFFBV55A520130403
130404	575	M Maranello F1 Silver/black ZFFBT55B000
130407	575	M Maranello (F1) 02 LHD US ZFFBV55A220130407
130408	575	M Maranello F1 02 Argento Nürburgring 101/C/Nero ZFFBT55B000130408
130410	575	M Maranello F1 02 Blu Pozzi 521 D.S./Black LHD US ZFFBV55A220130410
130411	575	M Maranello
130412	575	M Maranello 03 Grigio Titanio Metallizzato 3238/Charcoal RHD UK ZFFBT55C000130412
130415	575	M Maranello (F1) 02 LHD US ZFFBV55A120130415
130416	575	M Maranello F1 03 Grigio Titanio Metallizzato 3238/Nero ZFFBT55B000130416
130417	575	M Maranello F1 12/02 Grigio Titanio Metallizzato 3238/Blu Scuro ZFFBT55B000130417
130419	575	M Maranello (F1) 02 LHD US ZFFBV55A920130419
130421	575	M Maranello 02 Black/Black LHD US ZFFBV55A720130421
130422	575	M Maranello (F1) 02 LHD US ZFFBV55A920130422
130426	575	M Maranello (F1) 02 LHD US ZFFBV55A620130426
130427	575	M Maranello (F1) 02 LHD US ZFFBV55A820130427
130429	575	M Maranello (F1) Nero/Tan ZFFBT55B000130429

s/n	Type	Comments	s/n	Type	Comments
130430	360	Modena Spider F1 Red/Black RHD ZFFYT53C000130430 Red calipers Challenge rear grill shields	130482	360	Modena Spider (F1) 03 ZFFYT53AX30130482
			130485	360	Modena Spider black/black
130431	575	M Maranello F1 02 Argento Nürburgring 101/C/Black LHD US ZFFBV55AV20	130486	360	Modena Spider F1 Red/Tan LHD EU ZFFYT53B000130486
130433	575	M Maranello F1 02 LHD US ZFFBV55A320130433	130487	360	Modena Spider Red/Black
			130488	360	Modena Spider F1 02 Red/Black Red stitching LHD EU ZFFYT53B000130488
130434	575	M Maranello F1 02 Rosso Corsa/Tan& Black Daytona Seats LHD US ZFFBV55A520130434	130489	360	Modena Spider
			130490	360	Modena Spider F1 02 Rosso Corsa/Nero sports seats RHD UK ZFFYT53C000130490 Red calipers Challenge rear grill
130437	575	M Maranello F1 02 Argento Nürburgring 101/C/Blu Scuro RHD ZFFBT55D000130437			
130438	575	M Maranello (F1) 02 LHD US ZFFBV55A220130438	130492	360	Modena Spider F1 dark Blue/tan ZFFYT53B000130492
130439	360	Modena F1 03 Titainium/Black silver stitching silver inserts US ZFFYU51A930130439 rear challenge grill tubi	130493	360	Modena Spider F1 Red ZFFYT53B000130493
			130495	360	Modena Spider F1 7/03 Argento Nürburgring 101/C/Nero racing seats RHD UK ZFFYT53C000130495 Front & rear challenge grilles shields
130440	360	Modena F1 03 Black/Tan Daytona seats black inserts black stitching ZFFYU51A530130440 front challenge grill rear challenge grill Red calipers			
			130500	360	Modena Spider
			130501	360	Modena Spider
130441	360	Modena 03 Rosso Corsa Naturale Manual ZFFYU51A730130441	130502	360	Modena Spider F1 Red/Black ZFFYT53B000130502
130442	360	Modena F1 03 Argento Nürburgring 101/C/Black Daytona seats Red stittching ZFFYU51A930130442 Red calipers Shields front & rear Challenge Grill	130504	360	Modena Spider F1 03 Red/Black ZFFYT53B000130504
			130507	456	M GTA 03 ZFFWL50A630130507
			130508	456	M GT Grigio Titanio met./black ZFFWP44B000130508
130443	360	Modena 03 Giallo Modena/Black Sports seats Yellow stitching Yellow inserts Manual ZFFYU51A030130443 Front & Rear challenge grills Tubi	130510	456	M GT silvergrey/black Manual ZFFWP44B000130510
			130511	456	M GT 04 Rosso Corsa/Nero ZFFWP44B000130511
130444	360	Modena F1 03 Red/Tan Daytona seats Black inserts ZFFYU51A230130444 Rear grill Red calipers Tubi	130513	Enzo Ferrari	F1 03 LHD EU ZFFCZ56B000130513 ass. # 47639
			130514	Enzo Ferrari	F1 03 LHD EU ZFFCZ56B000130514 ass. # 47679, new to I
130445	360	Modena F1 03 Black/Black ZFFYU51A430130445	130515	Enzo Ferrari	F1 03 LHD EU ZFFCZ56B000130515 ass. # 47719
130446	360	Modena 03 Grigio Alloy/Dark Grey Manual ZFFYU51A630130446	130516	Enzo Ferrari	F1 04 Rosso Corsa FXX stripe/Black LHD ZFFCZ56B000130516 ass. # 47746
130447	360	Modena (F1) 03 ZFFYU51A830130447	130517	360	Modena (F1) 03 ZFFYU51A330130517
130448	360	Modena F1 02 Yellow/Black ZFFYU51AX30130448	130518	360	Modena (F1) 03 ZFFYU51A530130518
			130519	360	Modena (F1) 03 ZFFYU51A730130519
130449	360	Modena (F1) 03 ZFFYU51A130130449	130520	360	Modena F1 03 Red/Black Daytona seats ZFFYU51A330130520 shields Red calipers
130451	360	Modena F1 Red/Black ZFFYR51B000130451			
130456	360	Modena	130521	360	Modena 03 Black/Black ZFFYU51A530130521
130464	360	Modena F1 02 Rosso Corsa/Nero ZFFYR51C000130464	130522	360	Modena 03 Rosso Corsa Nero Red piping ZFFYU51A730130522 front & rear Challenge grilles shields Yellow calipers
130465	360	Modena Spider (F1) 03 ZFFYT53AX30130465			
130466	360	Modena Spider 03 Grigio Titano Light Grey ZFFYT53A130130466	130523	360	Modena F1 03 Red/Crema ZFFYU51A930130523
130467	360	Modena Spider 03 Black/Tan Manual ZFFYT53A330130467	130524	360	Modena F1 03 Red/Black Daytona Seats Red Stitching ZFFYU51A030130524 eng. # 03360RB257670 Shields Red Calipers Tubi Front Challenge Grills
130468	360	Modena Spider (F1) 03 ZFFYT53A530130468			
130469	360	Modena Spider (F1) 03 ZFFYT53A730130469			
130470	360	Modena Spider (F1) 03 ZFFYT53A330130470	130525	360	Modena F1 03 Rosso Corsa/Black Red stitching LHD US ZFFYU51A230130525 front & rear challenge grilles, Red calipers shields
130471	360	Modena Spider (F1) 03 ZFFYT53A530130471			
130472	360	Modena Spider 03 Red/Beige LHD ZFFYT53A730 Red Calipers Rear Challenge Grille Tubi	130526	360	Modena 03 Red/Tan Manual ZFFYU51A430130526 Challenge grille Red calipers shields
130473	360	Modena Spider (F1) 03 Grigio Titanio 3238/Charcoal ZFFYT53A930130473	130527	360	Modena F1 03 GrigioTitanio/Grey black piping ZFFYU51A630130527 Red Calipers Shields Rear Challenge Grill
130474	360	Modena Spider F1 03 Yellow/Black US ZFFYT53A030130474	130528	360	Modena F1 03 Red Daytona Seats Red Stitching ZFFYU51A830130528 Shields Tubi Red Calipers Rear Challenge Grille
130475	360	Modena Spider (F1) 03 ZFFYT53A230130475			
130476	360	Modena Spider F1 03 Graphite Grey black inserts silver stitching Manual ZFFYT53A430130476 Tubi	130531	360	Modena (F1) 03 ZFFYU51A830130531
			130532	360	Modena 03 Black/Tan ZFFYU51AX30130532
130477	360	Modena Spider (F1) 03 ZFFYT53A630130477	130533	360	Modena (F1) 03 ZFFYU51A130130533
130478	360	Modena Spider (F1) 03 ZFFYT53A830130478	130534	360	Modena F1 03 Red/Black Daytona seats ZFFYU51A330130534 Challenge grills Shields Red calipers
130479	360	Modena Spider 03 Silver/Black ZFFYT53AX30130479			
130480	360	Modena Spider 03 Grigio Titanio 3238/Dark Blue grey piping Blue top Manual ZFFYT53A630130480 Red calipers shields tubi			
130481	360	Modena Spider (F1) 03 ZFFYT53A830130481			

s/n	Type	Comments	s/n	Type	Comments
130540	360	Modena F1 03 Rosso Corsa/Tan Daytona Seats US ZFFYU51A930130540 Red calipers	130604	360	Modena Spider F1 03 Grigio Titanio 3238/Black Daytona Seats Grey Stitching ZFFYT53A930130604 Challenge Grills Shields
130541	360	Modena (F1) 03 ZFFYU51A030130541			
130542	360	Modena (F1) 03 ZFFYU51A230130542	130605	360	Modena Spider 03 Grigio Alloy/Carta da Zucchero tona seats Blue piping dark Blue dash & steering wheel dark Blue top Manual ZFFYT53A030130605 rear challenge grill
130545	360	Modena F1 03 Red/Tan Daytona Seats US ZFFYU51A830130545 Shields Red Calipers Rear Challenge Grill			
130546	360	Modena (F1) 03 ZFFYU51AX30130546	130606	360	Modena Spider F1 03 Rosso Corsa/Sabbia RHD UK ZFFYT53C000130606
130547	360	Modena 03 Rosso Corsa 322 D.S./Tan Daytona Seats Manual ZFFYU51A130130547 Red calipers shields front & rear challanger grilles	130608	360	Modena Spider F1 Rosso Corsa/Tan
			130609	360	Modena Spider F1 02 Yellow/Black Yellow stitching LHD EU Front & rear Challenge grilles shield Red calipers
130548	360	Modena F1 02 Rosso Corsa/Beige RHD UK ZFFYR51C000130548			
130550	360	Modena Grigio Titanio 3238/Black LHD Manual ZFFYR51B000130550	130610	360	Modena Spider 03 Black/Bordeaux Daytona seats Manual black inserts Red stitching black top ZFFYT53A430130610 front & rear Challenge Grills Red calipers
130552	360	Modena 03 Red ZFFYU51A530130552			
130553	360	Modena (F1) 03 LHD US ZFFYU51A730130553			
130554	360	Modena 03 Black/Tan ZFFYU51A930130554	130611	360	Modena Spider (F1) 03 ZFFYT53A630130611
130555	360	Modena	130612	360	Modena Spider F1 Rosso Corsa/Tan ZFFYT53A830130612
130556	360	Modena 03 Rosso Corsa/Nero RHD UK ZFFYR51C000130556			
			130613	360	Modena Spider 03 Grigo Alloy Dark Blue Manual ZFFYT53AX30130613
130559	360	Modena Rosso Corsa/black LHD EU ZFFYR51B000130559 Red calipers			
			130614	360	Modena Spider F1 02 Rosso Corsa/Beige ZFFYT53C000130614
130561	360	Modena (F1) 03 ZFFYU51A630130561			
130563	360	Modena Spider (F1) 03 ZFFYT53AX30130563	130615	575	M Maranello F1 Red/beige ZFFBT55B000130615
130564	360	Modena Spider 03 Yellow/Black Black Piping Manual ZFFYT53A130130564 colour coded wheels	130616	575	M Maranello (F1) 03 LHD US ZFFBV55A930130616
			130617	575	M Maranello 03 NART Blue Cuoio Manual LHD US ZFFBV55A030130617
130565	360	Modena Spider (F1) 03 Grigio Alloy/Blue Daytona Seats ZFFYT53A330130565 Front & Rear Challenge Grilles Alluminium Calipers	130618	575	M Maranello F1 Silver/black ZFFBT55B000130618
130566	360	Modena Spider (F1) 03 ZFFYT53A530130566	130619	575	M Maranello British Racing green/black Green stitching Manual LHD EU ZFFBT55B000130619 ex-Thomas Bscher
130567	360	Modena Spider 03 Grigio Titanio 3238/Tan Manual ZFFYT53A730130567			
130568	360	Modena Spider F1 03 Red/Tan Daytona Seats Red Piping ZFFYT53A930130568	130620	575	M Maranello (F1) 03 LHD US ZFFBV55A030130620
130569	360	Modena Spider (F1) 03 ZFFYT53A030130569	130621	575	M Maranello F1 Red/Black
130570	360	Modena Spider 03 Grigo Alloy Black Manual ZFFYT53A730130570	130622	575	M Maranello
			130624	360	Modena Spider F1 02 Grigio Titanio 3238/black Daytona seats LHD US Red calipers shields front & rear Challenge grilles
130571	360	Modena Spider F1 03 Azzurro California 524/black ZFFYT53A930130571			
130572	360	Modena Spider (F1) 03 ZFFYT53A030130572	130625	575	M Maranello F1 03 Rosso Corsa/Tan Daytona Seats Black stitching & inserts Black piping shields Red calipers LHD US ZFFBV55AX30130625 shields
130573	360	Modena Spider F1 1/03 Argento Nürburgring 101/C/Blu Scuro ZFFYT53A230130573			
130574	360	Modena Spider 03 Azzurro California 524/Tan Black Top US ZFFYT53A430130574			
130575	360	Modena Spider (F1) 03 ZFFYT53A630130575	130627	575	M Maranello (F1) Red/beige
130576	360	Modena Spider 03 Yellow/Black Manual ZFFYT53A830130576	130628	575	M Maranello (F1) 03 Red stitching & piping LHD US ZFFBV55A530130628 Red calipers shields
130581	360	Modena Spider 12/02 Nero/Crema ZFFYT53D000130581			
			130629	575	M Maranello (F1) 03 LHD US ZFFBV55A730130629
130582	360	Modena Spider F1 03 Rosso Corsa/Tan ZFFYT53A330130582			
			130630	575	M Maranello 03 Rosso Corsa/Nero RHD UK ZFFBT55C000130630
130583	360	Modena Spider 03 Red/Tan ZFFYT53A530130583			
			130632	575	M Maranello (F1) 03 LHD US ZFFBV55A730130632
130584	360	Modena Spider			
130588	360	Modena Spider 03 Rosso Corsa/Tan Daytona Seats Manual Black Top ZFFYT53A430130588 Tubi Shields	130633	575	M Maranello 03 Black/Black Yellow stitching LHD US ZFFBV55A930130633
			130634	575	M Maranello F1 4/03 Red/beige LHD EU
130589	360	Modena Spider (F1) 03 ZFFYT53A630130589	130636	575	M Maranello F1 03 Yellow/black LHD EU
130591	360	Modena Spider	130637	575	M Maranello (F1) 03 LHD US ZFFBV55A630130637
130595	360	Modena Spider F1 1/03 Rosso Corsa/Nero ZFFYT53C000130595			
			130640	575	M Maranello (F1) 03 LHD US ZFFBV55A630130640
130597	360	Modena Spider F1 03 Grigio Alloy/Black Daytona Seats ZFFYT53A530130597 Red Calipers rear Challenge Grill			
			130641	575	M Maranello 1/03 Rosso Corsa/Nero sport seats ZFFBT55C000130641
130598	360	Modena Spider 03 Silver/Black ZFFYT53A730130598	130642	575	M Maranello F1 03 Black/tan LHD
			130643	575	M Maranello F1 03 Black/Tan LHD EU ZFFBT55B000130643 Shields
130599	360	Modena Spider			
130601	360	Modena Spider F1 Red/Black & Red seats ZFFYT53B000130601 Red calipers, shields	130644	575	M Maranello F1 03 Rosso Corsa/Charcoal RHD AUS ZFFBT55D000130644
130603	360	Modena Spider F1 Grigio Alloy LHD ZFFYT53B000130603	130645	575	M Maranello (F1) 03 LHD US ZFFBV55A530130645

s/n	Type	Comments
130648	575	M Maranello (F1) 03 LHD US ZFFBV55A030130648
130649	575	M Maranello F1 03 Nuovo Nero Daytona/Nero silver stitching RHD UK ZFFBT55C000130649 Silver calipers
130655	360	Modena (F1) 03 ZFFYU51A430130655
130656	360	Modena F1 03 Black/Black US ZFFYU51A630130656
130657	360	Modena (F1) 03 ZFFYU51A830130657
130659	360	Modena
130662	360	Modena F1 1/03 Rosso Corsa/Beige ZFFYR51B000130662
130663	360	Modena 03 Rosso Fiorano 321/Beige Daytona Seats Manual ZFFYU51A330130663 Red calipers Front & Rear challenge grilles shields
130664	360	Modena F1 03 Rosso Corsa/Black US ZFFYU51A530130664 Red calipers front challenge grille Tubi
130665	360	Modena F1 Titaium grey/all bordeaux ZFFYR51B000130665
130668	360	Modena Spider F1 Red/Black ZFFYR51B000
130669	360	Modena F1 03 Red/Tan ZFFYU51A430130669
130670	360	Modena (F1) 03 ZFFYU51A030130670
130672	360	Modena 03 Rosso Corsa/Nero RHD UK ZFFYR51C000130672
130673	360	Modena Spider F1 Rosso Corsa/Black LHD ZFFYR51B000130673 shields
130674	360	Modena F1 03 Grigio Titanio grey/black ZFFYR51B000130674
130675	360	Modena Red/Black
130678	360	Modena (F1) 03 LHD US ZFFYU51A530130678
130679	360	Modena (F1) 03 LHD US ZFFYU51A730130679
130681	360	Modena F1 Red/Tan ZFFYR51B000130681
130682	360	Modena F1 4/03 Nuovo Nero Daytona/Nero ZFFYR51B000130682
130683	360	Modena Red/Tan ZFFYR51B000
130684	360	Modena F1 03 Rosso/ beige LHD US ZFFYU51A030130684 Front & Rear challenge grills shields Red calipers
130685	360	Modena 03 Red/Tan Daytona Seats Manual ZFFYU51A230130685 Rear Challenge Grill Red Calipers Tubi
130686	360	Modena Red/Crema RHD ZFFYR51C000
130687	Enzo Ferrari	F1 03 LHD EU ZFFCZ56B000130687 ass. # 47785, new to GER
130688	Enzo Ferrari	F1 03 Rosso/nero LHD US ZFFCW56A130130688 ass. # 47820
130689	Enzo Ferrari	F1 03 giallo Modena/nero LHD US ZFFCW56A330130689 ass.# 47864
130692	360	Modena Spider 2/03 Grigio Ingrid 720/Nero Daytona seats silver stitching black top Manual ZFFYT53AX30130692 Shields Red Capliers Rear Challenge Grill
130693	360	Modena Spider 03 Yellow/Black & Yellow Sport Seats ZFFYT53A130130693
130694	360	Modena Spider F1 Grigio Titanio/Nero LHD ZFFYT53B000130694
130695	360	Modena Spider
130696	360	Modena Spider
130697	360	Modena Spider F1 Red/Black ZFFYT53B000130697
130698	360	Modena Spider F1 03 Silver/Blue US ZFFYT53A030130698
130699	360	Modena Spider (F1) 03 ZFFYT53A230130699
130700	360	Modena Spider 03 Rosso Corsa/Beige Manual ZFFYT53A530130700
130701	360	Modena Spider F1 Silver LHD ZFFYT53B000130701
130702	360	Modena Spider F1 03 Silver/Black Black Top LHD EU ZFFYT53B000130702
130704	360	Modena Spider F1 Red/Tan EU
130705	360	Modena Spider F1 Red/Black Daytona seats ZFFYT53B000
130707	360	Modena Spider 03 Yellow/Black Daytona Seats Yellow Piping ZFFYT53A830130707 Shields Challenge Grille
130708	360	Modena Spider 03 Yellow/Black Daytona Seats Yellow Stitching Manual ZFFYT53AX30130708 Challenge GrillShields
130709	360	Modena Spider 03 Argento Nürburgring 101/C/Nero ZFFYT53C000130709
130710	360	Modena Spider F1 03 Rosso Corsa/Nero ZFFYT53C000130710
130711	360	Modena Spider F1 03 Black/Black US ZFFYT53AX30130711
130713	360	Modena Spider black/tan
130714	360	Modena Spider F1 Rosso Corsa/beige Challange wheels
130716	360	Modena Spider F1 Yellow/black ZFFYT53B000130716
130717	360	Modena Spider (F1) 03 LHD US ZFFYT53A030130717
130718	360	Modena Spider (F1) 03 Grigio Titanio 3238/Grey Daytona seats LHD US ZFFYT53A230130718 silver calipers front & back challenge grille
130719	360	Modena Spider F1 03 Red/Black Red stitching US ZFFYT53A430130719 Front & Rear Challenge Grill Red Calipers Shields
130720	360	Modena Spider (F1) Yellow/black LHD EU
130722	360	Modena Spider F1 Black/black ZFFYT53B000
130724	360	Modena Spider 03 Grigio Ingrid 720/Tan Manual ZFFYT53A830130724 Rear Challenge Grill
130725	360	Modena
130726	360	Modena Blue/
130727	Enzo Ferrari	F1 03 Rosso Corsa/nero LHD US ZFFCW56A730130727 ass.# 48022
130728	Enzo Ferrari	F1 03 Red/Red LHD US ZFFCW56A930130728 ass. # 48088
130729	Enzo Ferrari	F1 Rosso/nero ZFFCZ56B000130729 ass. # 47894
130735	360	Modena F1 Grigio Titanio 3238/tan RHD UK ZFFYR51C000130735 Red calipers shields
130740	360	Modena F1 Red/Black
130741	360	Modena Red/Tan sport seats ZFFYR51B000130741
130744	360	Modena F1 Red/Tan Red calipers
130745	360	Modena F1 black/tan ZFFYR51B000130745
130746	360	Modena F1 03 Black/Black LHD US ZFFYU51A730130746
130747	360	Modena
130751	360	Modena F1 metal black/cuoio
130752	360	Modena (F1) 03 LHD US ZFFYU51A230130752
130753	360	Modena (F1) 03 LHD US ZFFYU51A430130753
130754	360	Modena F1 Blue/Tan RHD ZFFYR51C000130754
130759	360	Modena (F1) 03 LHD US ZFFYU51A530130759
130760	360	Modena F1 03 Black/Black Daytona seats ZFFYU51A130130760 rear challenge grille Tubi exhaust
130761	360	Modena Red/Black ZFFYR51B000130761
130763	360	Modena (F1) 03 LHD US ZFFYU51A730130763
130764	360	Modena (F1) 03 LHD US ZFFYU51A930130764
130766	360	Modena 03 Rosso Corsa/Nero Manual RHD UK ZFFYR51C000130766
130771	360	Modena Spider F1 03 Argento Nürburgring 101/C/Black RHD AUS ZFFYT53D000130771
130776	360	Modena Spider F1 03 Black Metallic/Tan Tan Top LHD EU ZFFYT53B000130776 Shields Challenge Grill Capristo Exhaust Hamann Carbon Fiber Aero
130777	360	Modena Spider 1/03 Argento Nürburgring 101/C/Blu Scuro ZFFYT53C000130777 Blu scuro dash & steerig wheel

s/n	Type	Comments	s/n	Type	Comments
130778	360	Modena Spider F1 black/Red ZFFYT53B000130778 ass # 47883 rear challenge grill	130836	575	M Maranello 03 Rosso Corsa/Crema Daytona seats Red stitching Manual LHD US ZFFBV55A130130836 Red calipers
130780	360	Modena Spider F1 2/03 Rosso Corsa/Beige ZFFYT53B000130780	130837	575	M Maranello F1 03 Red/Black LHD US ZFFBV55A330130837
130783	360	Modena Spider 03 Yellow/Black ZFFYT53A230130783	130839	575	M Maranello F1 03 Grey/Grey Daytona Seats LHD US ZFFBV55A730130839
130785	360	Modena Spider F1 03 Red/Tan Daytona seats LHD US ZFFYT53A630130785 silver calipers Shields Tubi	130840	575	M Maranello F1 03 Black LHD US ZFFBV55A330130840
130786	360	Modena Spider 03 Rosso Fiorano 321/Natural Tan Top Manual ZFFYT53A830130786	130841	575	M Maranello 4/03 Blu Tour de France 522/Beige Manual ZFFBT55C000130841 Yellow calipers shields
130787	360	Modena Spider Red/Tan ZFFYT53B000130787	130844	575	M Maranello (F1) 03 LHD US ZFFBV55A030130844
130788	360	Modena Spider F1 12/03 Rosso Corsa/Nero ZFFYT53B000130788	130845	575	M Maranello F1 03 dark Blue/black LHD US ZFFBV55A230130845
130789	360	Modena Spider F1 Yellow/black ZFFYT53B000130789	130846	575	M Maranello Dark met.Blue/Tan dark Blue dash ZFFBT55B000130846
130790	360	Modena Spider silver/tan	130847	575	M Maranello F1 dark grey/brown
130793	360	Modena Spider F1 03 Argento Nürburgring 101/C/Tan Daytona Seats Manual LHD US ZFFYT53A530130793	130848	575	M Maranello F1 03 Grigio Titanio met./Black Daytona seats LHD US ZFFBV55A830130848 shields
130796	360	Modena Spider F1 03 Red/Black LHD	130849	575	M Maranello F1 03 Blu Tour de France 522/Beige blu scuro dash & steering wheel RHD UK ZFFBT55C000130849 Red calipers
130799	360	Modena Spider (F1) 03 ZFFYT53A630130799
130800	360	Modena Spider F1 Red/Tan Daytona seats ZFFYT53B000	130850	575	M Maranello 03 Red/Black LHD
130804	360	Modena Spider 03 Red/Tan manual LHD US ZFFYT53A630130804	130851	575	M Maranello F1 1/03 Argento Nürburgring 101/C/Blu Medio ZFFBT55B000130851
130807	360	Modena Spider F1 black/black ZFFYT53B000130807	130852	575	M Maranello F1 03 Black/Black Daytona Seats LHD US ZFFBV55AX30130852 Shields
130809	360	Modena Spider (F1) 03 ZFFYT53A530130809	130853	575	M Maranello F1 02 Blu Tour de France 522/Cuoio ZFFBT55B000130853
130810	360	Modena Spider F1 Rosso Corsa/tan tan roof Red Calipers	130855	575	M Maranello 03 Red/Black ZFFBT55B000130855
130811	360	Modena Spider (F1) 03 LHD US ZFFYT53A330130811	130856	575	M Maranello F1 03 Canna di Fucile Met. FER 703/C/Cuoio LHD US ZFFBV55A730130856
130813	Enzo Ferrari	F1 Rosso Corsa/Rosso ass. # 47941	130858	Enzo Ferrari	F1 Red/Black ZFFCZ56B000130858 ass. # 47982
130814	575	M Maranello F1 Black/black ZFFBT55B000130814
130815	575	M Maranello F1 03 Grigio Ingrid 720/Tan Daytona seats Black Piping LHD US ZFFBV55A430130815 Tubi Shields	130859	360	Modena Spider F1 03 California Azzurro Tan Daytona Seats ZFFYT53A930130859 Shields Front & Rear Challenge Grill Red Calipers
130816	575	M Maranello 03 Red/Tan LHD US ZFFBV55A630130816	130860	360	Modena Spider F1 03 Rosso Corsa/Tan
130817	575	M Maranello	130862	360	Modena Spider Red/Black ZFFYT53B000
130819	575	M Maranello (F1) 03 LHD US ZFFBV55A130130819	130868	360	Modena Spider (F1) 03 LHD US ZFFYT53AX30130868
130820	575	M Maranello F1 03 Grigio Titanio met./Blue Scuro Daytona Seats LHD US ZFFBV55A830130820 Shields Fiorano Package Red Calipers	130869	360	Modena Spider 03 Grigio Titanio Silver/Blue US ZFFYT53A130130869
			130870	360	Modena Spider 03 NART Blue/Tan Manual ZFFYT53A830130870
130822	575	M Maranello 2/03 Blu Pozzi/Beige manual ZFFBT55B000130822 shield (passenger side only)	130871	360	Modena Spider F1 Red/Tan
			130872	360	Modena Spider 02 Rosso Corsa/Nero Manual ZFFYT53B000
130824	575	M Maranello (F1) 03 LHD US ZFFBV55A530130824	130877	360	Modena F1 Rosso/crema LHD ZFFYR51B000130877
130825	575	M Maranello (F1) 03 LHD US ZFFBV55A730130825	130879	360	Modena Spider F1 03 Red/Tan Daytona Seats Black Inserts LHD US ZFFYT53A430130879 Shields Red Calipers Challenge Grill
130826	575	M Maranello F1 03 Grigio Titanio grey/tan ZFFBT55B000130826	130880	360	Modena Spider 03 Argento Nürburgring 101/C/Nero Daytona seats Manual LHD US ZFFYT53A030130880 black calipers
130828	575	M Maranello F1 03 Yellow/Black LHD US ZFFBV55A230130828 Red calipers
130829	575	M Maranello F1 03 Rosso Corsa/Black LHD US ZFFBV55A430130829	130881	360	Modena Spider F1 Rosso Corsa/black ZFFYT53B000130881
130830	575	M Maranello F1 Grigio Titanio met./bordeaux ZFFBT55B000	130883	360	Modena Spider
			130884	360	Modena Red/Tan Manual RHD ZFFYR51C000130884 rear challenge grill
130831	575	M Maranello (F1) 03 LHD US ZFFBV55A230130831	130885	360	Modena F1 03 Grigio Alloy Blu Scuro RHD
130832	575	M Maranello F1 03 Rosso Barchetta/Beige LHD US ZFFBV55A430130832	130890	360	Modena Spider F1 Rosso Corsa/Beige ZFFYT53B000130890
130833	575	M Maranello	130892	360	Modena Spider F1 Red LHD ZFFYT53B000130892
130834	575	M Maranello F1 black/black
130835	575	M Maranello F1 Silver/black ZFFBT55B000130835	130895	360	Modena Spider F1 03 LHD US ZFFYT53A230130895

s/n	Type	Comments
130896	360	Modena Spider 03 Rosso Corsa/Beige Manual LHD US ZFFYT53A430130896
130897	360	Modena (F1) 03 LHD US ZFFYU51A630130897
130898	360	Modena 03 Red/Tan Daytona seats Manual LHD US ZFFYU51A830130898 shields
130899	360	Modena Rosso Corsa/Beige Bordeaux Carpet
130903	360	Modena Spider 03 NART Blue/Beige RHD ZFFYT53D000130903
130904	360	Modena Spider (F1) 1/03 Argento Nürburgring 101/C/Blu Scuro LHD US ZFFYT53AX30130904
130905	360	Modena Spider (F1) 03 LHD US ZFFYT53A130130905
130906	360	Modena Spider F1 03 Yellow/ Yellow & Black Daytona Seats Black Top US ZFFYT53A330130906 Shields
130907	360	Modena F1 03 Rosso Corsa/Beige ZFFYU51A530130907
130908	360	Modena F1 03 Grigio Alloy/Blu Scuro RHD UK ZFFYR51C000130908
130910	360	Modena F1 Red ZFFYR51B000130910
130911	360	Modena F1 1/03 Rosso Corsa/Nero ZFFYR51B000130911
130914	360	Modena Spider F1 12/02 Rosso Corsa/Nero sport seats ZFFYT53B000130914
130915	Enzo Ferrari	F1 03 Red/Black ZFFCZ56B000130915 ass. # 48044
130916	Enzo Ferrari	F1 giallo Modena ZFFCZ56B000130916 ass. # 48110 Eric Clapton
130917	Enzo Ferrari	F1 03 LHD EU ZFFCZ56B000130917 ass. # 48151, new to I
130918	Enzo Ferrari	F1 03 Rosso Corsa/Rosso LHD US ZFFCW56A330130918 ass.# 48190
130919	575	M Maranello 03 Rosso Corsa/beige Red calipers ZFFBT55D000130919
130921	575	M Maranello F1 03 Grigio Titanio Bordeaux ZFFBT55B000130921
130922	575	M Maranello F1 03 Grigio Titanio Metallizzato 3238/Beige ZFFBT55B000130922
130923	575	M Maranello F1 silver/tan ZFFBT55B000130923
130924	575	M Maranello F1 1/03 Grigio Titanio Metallizzato 3238/Nero silver stitching RHD ZFFBT55C000130924 Red calipers shields
130925	575	M Maranello F1 Blu Tour de France 522/black ZFFBT55B000130925
130926	575	M Maranello Grigio Titanio met./black ZFFBT55B000130926
130927	575	M Maranello F1 black/tan LHD EU
130928	575	M Maranello F1 03 Black/cuoio naturale ZFFBT55B000
130929	575	M Maranello F1 03 Blu Tour de France 522/Crema RHD UK ZFFBT55C000130929
130933	575	M Maranello F1 5/03 Nero Daytona/Nero RHD ZFFBT55C000130933
130935	575	M Maranello F1 Blu Pozzi 521 D.S./cuoio
130936	575	M Maranello F1 Red/Black ZFFBT55B000130936
130938	575	M Maranello F1 Red/Tan ZFF??55B000130938
130940	575	M Maranello argento LHD EU
130941	575	M Maranello F1 5/03 Grigio Titanio Metallizzato 3238/Blu Scuro ZFFBT55C000130941
130944	575	M Maranello F1 dark blue/tan ZFFBT55B000130944
130946	575	M Maranello F1 Rosso Corsa/beige ZFFBT55B000130946 Silver calipers shields
130952	575	M Maranello F1 Red/Black ZFFBT55B000
130954	575	M Maranello F1 Red/Black ZFFBT55B000130954
130955	575	M Maranello F1 metal black/tan LHD EU
130956	575	M Maranello F1 5/03 Grigio Titanio Metallizzato 3238/Beige ZFFBT55B000130956
130957	575	M Maranello F1 Blu Tour de France 522/Naturale ZFFBT55B000130957
130961	575	M Maranello F1 03 Rosso Corsa/Nero ZFFBT55B000130961
130968	575	M Maranello F1 03 Red Black-Red RHD ZFFBT55C000130968
130969	575	M Maranello F1 Red/Black ZFFBT55B000
130974	575	M Maranello F1 03 White/all bordeaux ZFFBT55B000130974
130977	575	M Maranello F1 3/03 Rosso Scuderia/Cuoio ZFFBT55C000130977
130978	575	M Maranello F1 2/03 Rosso Corsa/Nero ZFFBT55C000130978
130980	360	Modena F1 03 Red/Tan LHD ZFFYU51A430130980
130981	360	Modena 03 LHD US ZFFYU51A630130981
130982	360	Modena F1 Nuovo Nero Daytona Sabbia Nero Carpet
130985	360	Modena (F1) 03 LHD US ZFFYU51A330130985
130987	360	Modena 1/03 Rosso Corsa/Nero Red stittching Manual ZFFYR51B000130987
130991	360	Modena F1 03 Rosso Dino Black US ZFFYU51A930130991
130992	360	Modena F1 03 Red/Tan LHD US ZFFYU51A430130992
130993	360	Modena F1 3/03 Rosso Corsa/Nero ZFFYR51C000130993
130995	360	Modena 03 Red/Tan Manual ZFFYU51A330130995
130996	360	Modena F1 Red/Tan ZFFYR51B000130996
130998	360	Modena F1 03 LHD US ZFFYU51A130130998
130999	360	Modena 03 Yellow/Black Yellow Stitching LHD US ZFFYU51A330130999 Front & Rear Challenge Grills Shields
131000	360	Modena F1 Rosso Fiorano Sabbia Bordeaux Carpet RHD
131006	360	Modena F1 Rosso Corsa/Crema Bordeaux Carpet
131007	360	Modena 03 Rosso Corsa/Crema Manual RHD UK Shields Red calipers
131012	360	Modena F1 Red/Black ZFFYR51B000131012
131013	360	Modena F1 Black Crema LHD ZFFYR51B000131013
131014	360	Modena F1 03 Argento Nürburgring 101/C/Nero Nero Carpet RHD UK ZFFYR51C000131014 Red calipers Challenge rear grill
131016	360	Modena 03 Red/Black ZFFYR51B000131016
131018	360	Modena F1 Red/Black
131020	360	Modena F1 03 Rosso Corsa Nero ZFFYR51B000131020
131021	360	Modena
131022	Enzo Ferrari	F1 Rosso Corsa/Rosso ass. # 48216
131023	Enzo Ferrari	F1 black/Red Red gauges LHD ass. #48239 Matsuda-Collection
131024	Enzo Ferrari	F1 03 LHD US ZFFCW56A030131024 ass.# 48261
131025	Enzo Ferrari	F1 03 Rosso Corsa/Rosso LHD US ZFFCW56A230131025 ass. # 48282
131026	Enzo Ferrari	F1 03 Yellow/Black LHD US ZFFCW56A430131026 US ass. # 48322
131027	Enzo Ferrari	F1
131028	Enzo Ferrari	F1 Yellow
131029	360	Modena Spider F1 03 Azzurro California 524/Black ZFFYT53A630131029 challenge egrill shields silver calipers
131031	360	Modena Spider F1 Yellow/Black Sports seats Yellow stitching ZFFYT53B000131031
131032	360	Modena F1 Rosso Corsa/Tan
131033	360	Modena Spider F1 black/black ZFFYT53B000
131035	360	Modena Spider (F1) 03 LHD US ZFFYT53A130131035

s/n	Type	Comments
131036	360	Modena Spider (F1) 03 LHD US ZFFYT53A330131036
131037	360	Modena Spider F1 03 Rosso Corsa/black ZFFYT53B000131037 ass. # 48056 Yellow calipers shields
131038	360	Modena Spider 1/03 Azzurro California 524/Sabbia ZFFYT53C000131038
131039	360	Modena Spider 03 Grigio Titanio Metallizzato 3238/Blu Scuro ZFFYT53B000131039
131040	360	Modena Spider F1 Red/Black
131042	360	Modena Spider F1 03 Nero/Nero ZFFYT53B000131042
131044	360	Modena Spider F1 03 Silver/full navy Blue silver stittching US ZFFYT53A230131044
131045	360	Modena Spider (F1) 03 LHD US ZFFYT53A430131045
131051	360	Modena Spider F1 1/03 Giallo Modena/black Daytona seats LHD US ZFFYT53AX30131051 Tubi front & rear Challenge grilles Yellow calipers shields
131052	360	Modena Spider (F1) 03 LHD US ZFFYT53A130131052
131059	360	Modena Spider F1 03 Triple Black LHD US ZFFYT53A430131059
131060	360	Modena Spider F1 dark Blue/dark Blue ZFFYT53B000131060
131061	360	Modena Spider 03 Rosso Corsa/black LHD
131064	360	Modena Spider F1 3/03 Nuovo Nero Daytona/Nero ZFFYT53B000131064
131067	360	Modena Spider F1 03 LHD US ZFFYT53A330131067
131068	360	Modena Spider 03 Red/TanLHD US ZFFYT53A530131068
131069	360	Modena Spider 12/02 Grigio Alloy/Blu Scuro LHD EU ZFFYT53B000131069
131070	360	Modena Spider
131071	360	Modena F1 4/03 Rosso Corsa/Crema ZFFYR51C000131071
131072	456	M GT dark met. Blue/tan LHD
131074	360	Modena
131075	360	Modena F1 Silver/charcoal sports seats ZFFYR51B000131075 ass # 48192 rear challenge grill
131076	360	Modena F1 Red/Black ZFFYR51B000131076
131078	360	Modena
131079	360	Modena 03 Red/Black ZFFYR51B000131079
131080	360	Modena F1 03 Rosso Corsa/Nero ZFFYR51B000131080
131083	360	Modena F1 Red/Tan
131089	360	Modena F1 Yellow/black ZFFYR51B000131089
131093	360	Modena F1 02/03 Red/Black LHD ZFFYR51B000131093
131096	360	Modena
131097	360	Modena F1 Azzurro California 524/Blu Scuro RHD ZFFYR51C000131097shields
131099	360	Modena F1 Yellow/black
131103	360	Modena Spider F1 Red/Black ZFFYT53B000
131106	360	Modena Spider F1 03 Black/Black LHD US ZFFYT53A930131106
131107	360	Modena Spider 2/03 Rosso Corsa/Tan Manual ZFFYT53A030131107
131110	360	Modena Spider Red/Black
131114	360	Modena Spider (F1) 03 LHD US ZFFYT53A830131114
131115	360	Modena Spider 03 Blu Tour de France 522/Beige Manual ZFFYT53AX30131115
131117	360	Modena Spider 03 Argento Nürburgring 101/C/Blu Scuro RHD UK ZFFYT53C000131117
131118	360	Modena F1
131119	360	Modena Spider F1 Black/Crema ZFFYT53B000
131120	360	Modena Spider F1 Red/Black & Red sports seats Red stitching ZFFYT53B000131120 Challenge rear grill
131121	360	Modena Spider 03 Silver/Grey Manual ZFFYT53AX30132121
131122	360	Modena Spider (F1) 03 LHD US ZFFYT53A730131122
131123	360	Modena Spider 03 Red/Beige Daytona Seats LHD US ZFFYT53A930131123 Rear Challenge Grille Red calipers
131124	360	Modena Spider 03 Grigio Titanio 3238/Blue Scuro Daytona Seats Blue Soft Top LHD US ZFFYT53A030131124 Red Calipers Challenge Grille
131125	360	Modena Spider 03 Rosso Corsa/Crema RHD UK ZFFYT53C000131125
131131	360	Modena Spider 03 Yellow/Black Manual ZFFYT53A830131131
131132	360	Modena Spider (F1) 03 LHD US ZFFYT53AX30131132
131134	360	Modena Spider F1 Red/Black,Red inserts LHD ZFFYT53B000 ass. # 48247
131135	360	Modena Spider F1 02 Rosso Corsa/Nero ZFFYT53B000131135
131137	360	Modena Spider F1 Red/Black EU
131138	360	Modena Spider (F1) 03 LHD US ZFFYT53A030131138
131139	360	Modena Spider 03 Blu Pozzi 521 D.S./Beige LHD US ZFFYT53A230131139
131143	360	Modena Spider F1 Yellow/black ZFFYT53B000
131146	360	Modena Spider F1 03 Red/Tan ZFFYT53AX30131146
131147	360	Modena Spider (F1) 03 LHD US ZFFYT53A130131147
131149	456	M GTA 03 Blu Tour de France 522/Tan Daytona seats Blue dashboard steering wheel piping & stitching ZFFWL50A030131149
131150	456	M GT Nuovo nero/beige ZFFWP44B000131150
131156	360	Modena Spider
131157	360	Modena F1 1/03 Rosso Corsa/Crema ZFFYR51C000131157
131160	360	Modena F1 Red/Black ZFFYR51B000131160 Black calipers
131162	360	Modena F1 Silver/black ZFFYR51B000131162
131163	360	Modena F1 Red/Tan ZFFYR51B000131163
131164	360	Modena F1 03 Grigio Titanio Metallizzato 3238/Bordeaux ZFFYR51C000131164
131166	360	Modena Rosso Corsa
131168	360	Modena Red/Tan sport seats ZFFYR51B000131168 Red calipers Challenge rear grill
131169	360	Modena Grigio Alloy/Crema ZFFYR51B000131169
131170	360	Modena
131172	360	Modena F1 Red/Crema ZFFYR51B000
131176	360	Modena 02 Yellow/Red LHD EU ZFFYR51B000131176
131177	360	Modena F1 Rosso Corsa/black ZFFYR51B000131177
131182	360	Modena F1 03 Black metallic/Grey ZFFYU51A330131182 shields Tubi GFG Wheels
131183	360	Modena dark Blue/Crema ZFFYR51C000131183
131186	360	Modena Spider F1 Rosso Corsa/Black LHD ZFFYT53B000131186
131187	360	Modena Spider F1 Red/Black
131188	360	Modena Spider F1 Red/Black ZFFYT53B000131188
131189	360	Modena Spider (F1) 03 LHD US ZFFYT53A630131189
131190	360	Modena Spider
131192	360	Modena Spider 03 Red/Black ZFFYT53B000131192

s/n	Type	Comments
131193	360	Modena Spider F1 Red/Black ZFFYT53B000131193 Red calipers
131195	360	Modena Spider (F1) 03 LHD US ZFFYT53A130131195
131196	360	Modena Spider 03 Giallo Fly/Black yellow piping Manual LHD US ZFFYT53A330131196 Tubi Shields Challenge Grille
131197	360	Modena Spider 03 Red/Tan Manual ZFFYT53A530131197 Red Calipers Shields
131199	360	Modena Spider 03 Rosso Corsa/Crema ZFFYT53C000131199
131203	360	Modena Spider F1 03 Red/Black LHD US ZFFYT53A730131203
131204	360	Modena Spider 03 Red/Tan Manual ZFFYT53A930131204 Shields Red calipers Tubi
131205	360	Modena Spider F1 Grigio Titanio 3238/black ZFFYT53B000131205
131207	360	Modena Spider
131208	360	Modena Spider F1 Red/Black ZFFYT53B000
131210	360	Modena Spider 4/03 Argento Nürburgring 101/C/Grigio Scuro Manual LHD US ZFFYT53A430131210
131211	360	Modena Spider (F1) 03 LHD US ZFFYT53A630131211
131212	360	Modena Spider F1 03 Rosso Corsa/black ZFFYT53B000131212
131213	360	Modena Spider F1 Grigio Alloy/black ZFFYT53B000
131214	360	Modena Spider F1 Grigio Alloy/Black
131215	360	Modena Spider
131216	360	Modena Spider F1 Red/Black
131219	360	Modena Spider (F1) 03 LHD US ZFFYT53A030131219
131220	360	Modena Spider 3/03 Rosso Corsa/Beige LHD US ZFFYT53A730131220
131221	360	Modena Spider F1 Silver LHD ZFFYT53B000131221
131222	360	Modena Spider
131223	360	Modena Spider Silver/Blue ZFFYT53B000131223
131224	360	Modena Spider 03 Argento Nürburgring 101/C/Black Daytona Seats White Stitching Manual LHD US ZFFYT53A430131224 Front & Rear Challenge Grills Red Calipers
131225	360	Modena Spider 03 Red/Tan Tan Top ZFFYT53A630131225 Shields Alluminum Calipers
131227	360	Modena Spider 2/03 Blu Tour De France 522/Cuoio Manual ZFFYT53B000131227
131228	360	Modena Spider 03 Rosso Corsa/Beige ZFFYT53A130131228 Tubi Shields Rear Challenge Grill Red Calipers
131229	360	Modena Spider 03 Rosso Corsa/Crema Manual ZFFYT53C000131229
131230	360	Modena Spider 03 Yellow/Black Manual ZFFYT53AX30131230
131231	456	M GTA 03 Grigo Ingrid/Tan Daytona seats ZFFWL50A730131231
131232	456	M GT Bicolore Schumacher Edition 03 Nero Daytona & Grigio Alfieri top/bordeaux ZFFWL44A330131232
131234	456	M GTA 03 ZFFWL50A230131234
131235	456	M GTA 03 Grigio alloy/Blue Blue stitching US ZFFWL50A430131235
131237	456	M GTA Blue/Tan RHD
131238	Enzo Ferrari	F1 03 Yellow/black LHD EU ZFFCZ56B000131238 ass. # 48302, new to GER
131239	Enzo Ferrari	F1 03 LHD EU ZFFCZ56B000131239 ass. # 48346, new to CH
131240	Enzo Ferrari	F1 03 LHD US ZFFCW56A630131240 ass.# 48367
131241	Enzo Ferrari	F1 03 Yellow Yellow seats & guages LHD US ZFFCW56A830131241 ass. # 48403
131242	Enzo Ferrari	F1 03 Black/Red Red gauges LHD US ZFFCW56AX30131242 ass. #48414
131243	360	Modena Challenge
131245	360	Modena F1 F2003GA presentation-car
131248	360	Modena 03 Red/Black Manual ZFFYR51B000131248
131253	360	Modena 03 Black LHD US ZFFYU51A030131253
131254	360	Modena 03 Grigio Titanio 3238/Red Daytona Seats Manual LHD US ZFFYU51A230131254 Shields Front & Rear Challenge Grills Red Calipers
131257	360	Modena (F1) ZFFYR51C000131257
131259	360	Modena F1 03 Red/Black RHD ZFFYR51D000131259
131260	360	Modena F1 03 Rosso Corsa/Beige Daytona seats LHD US ZFFYU51A830131260 shields Red calipers Front & Rear challenge
131266	360	Modena F1 Red/Tan
131267	360	Modena 03 Grigio Titanio 3238/black Manual LHD US ZFFYU51A030131267
131268	360	Modena F1 03 Grey Black Daytona Seats LHD US ZFFYU51A230131268 ass. # 48434 Challenge Grille
131269	360	Modena Spider F1 03 Red/Black ZFFYT53A430131269
131271	360	Modena Spider F1 1/03 Rosso Corsa/Nero ZFFYT53B000131271
131273	360	Modena Spider F1 Red/Tan Italian stripe ZFFYT53B000131273 rear Challenge grille shields
131274	360	Modena Spider
131279	360	Modena Spider (F1) LHD EU ZFFYT53B000131279
131281	360	Modena Spider F1 3/03 Rosso Corsa/Beige RHD ZFFYT53C000131281 Red calipers shields
131283	360	Modena Spider F1 03 Red/Tan ZFFYT53A930131283 Red calipers
131284	360	Modena Spider 03 Red/Black Manual US ZFFYT53A030131284
131285	360	Modena Spider 03 Rosso Corsa/Beige Red stitching RHD UK ZFFYT53C000131285 shields
131286	575	M Maranello F1 03 Grigio Alloy/Dark Blue LHD US ZFFBV55A830131286
131287	575	M Maranello F1 4/03 Rosso Corsa/Nero ZFFBT55B000131287
131288	575	M Maranello (F1) 03 LHD US ZFFBV55A130131288
131289	575	M Maranello F1 Titan Grey LHD ZFFBT55B000131289
131290	575	M Maranello
131291	575	M Maranello F1 black/tan ZFFBT55B000131291
131292	575	M Maranello F1 argento/black ZFFBT55B000131292
131293	575	M Maranello F1 03 Grigio IngridCrema LHD US ZFFBV55A530131293
131294	575	M Maranello silver/Red LHD
131297	575	M Maranello (F1) 03 LHD US ZFFBV55A230131297
131298	575	M Maranello F1 Red/Tan ZFFBT55B000131298
131299	575	M Maranello F1 3/03 Rosso Corsa/Nero ZFFBT55D000131299
131300	575	M Maranello (F1) 03 LHD US ZFFBV55A930131300
131302	575	M Maranello F1 2/03 Rosso Corsa/Beige RHD UK ZFFBT55C000131302 Red calipers shields
131303	575	M Maranello (F1) 03 LHD US ZFFBV55A430131303
131304	575	M Maranello 2/03 Nuovo Nero Daytona/Sabbia ZFFBT55C000131304

s/n	Type	Comments
131305	575	M Maranello
131308	575	M Maranello F1 03 Yellow/Black Yellow stitching LHD US ZFFBV55A330131308 Red Calipers Fiorano package shields
131309	575	M Maranello F1 Dark Green/Crema Dark green piping ZFFBT55B000131309
131311	575	M Maranello F1 Rosso/nero Red Stitching LHD ZFFBT55B000131311 Red calipers shields Koenig exhaust
131312	575	M Maranello F1 03 Navy Blue/tan LHD US ZFFBV55A530131312
131315	575	M Maranello (F1) 03 LHD US ZFFBV55A030131315
131316	575	M Maranello F1 03 Blu NART/Beige ZFFBT55B000131316
131318	Enzo Ferrari	F1 Red/Black LHD EU ZFFCZ56B000131318 ass. # 48435
131319	Enzo Ferrari	F1 03 giallo Modena/Naturale Manual LHD US ZFFCW56A830131319 ass. # 48473 Yellow dials
131320	Enzo Ferrari	F1 03 Red/Black LHD US ZFFCW56A430131320 ass. # 48493 crashed & probably written off
131321	Enzo Ferrari	F1 03 LHD EU ZFFCZ56B000131321 ass. # 48495 new to I
131322	Enzo Ferrari	F1 03 LHD US ZFFCW56A830131322 ass. # 48514
131323	Enzo Ferrari	F1 03 LHD US ZFFCW56AX30131323 ass. # 48541
131324	Enzo Ferrari	F1 03 LHD EU ZFFCZ56B000131324 ass. # 48589, new to I
131325	Enzo Ferrari	F1 03 LHD US ZFFCW56A430131325 ass.# 48590
131329	360	Modena 03 Black/Black Daytona seats Manual LHD US ZFFYU51A730131329 Red calipers front & rear Challenge grilles Larini Sports exhaust
131330	360	Modena 03 Black/grey LHD US ZFFYU51A330131330 front & rear Challenge grilles shields
131331	360	Modena F1 Grigio Titanio 3238/light grey
131335	360	Modena F1 03 Yellow/Black ZFFYU51A230131335
131336	360	Modena Grigio Alloy ZFFYR51B000131336
131337	360	Modena 03 Rosso Corsa/Beige Manual ZFFYR51C000131337
131338	360	Modena F1 03 Rosso Corsa/Beige RHD UK ZFFYR51C000131338
131343	360	Modena 03 Red/Tan Manual LHD US ZFFYU51A130131343 Red Calipers Shields
131344	360	Modena (F1) 03 LHD US ZFFYU51A330131344
131345	360	Modena 03 Rosso Corsa/Beige sports seats RHD ZFFYR51C000131345 Red calipers shields
131346	360	Modena Challenge F1 Red/two Blue stripes then Rosso Corsa & Green ZFFYR51B000134346 ass. # 48472
131349	360	Modena (F1) 03 LHD US ZFFYU51A230131349
131350	360	Modena 03 Rosso Corsa/Nero ZFFYR51B000131350
131352	360	Modena Challenge F1 Rosso Scuderia ZFFYR51B000131352 ass. # 48485
131353	360	Modena 03 Red/Beige Manual LHD US ZFFYU51A430131353 Rear Challenge Grill
131356	360	Modena F1 Red/Black
131360	360	Modena Spider 03 Black/Black Red stitching ZFFYT53A130131360
131361	360	Modena Spider (F1) 03 LHD US ZFFYT53A330131361
131362	360	Modena Spider 03 Yellow/Black ZFFYT53A530131362
131363	360	Modena Spider
131365	360	Modena Spider Red ZFFYT53B000131365
131366	360	Modena Spider (F1) 03 LHD US ZFFYT53A230131366
131367	360	Modena Spider F1 03 Rosso Corsa/Tan Daytona seats LHD US ZFFYT53A430131367 shields Red calipers Front & Rear challenge grills Tubi
131368	360	Modena Spider (F1) 03 LHD US ZFFYT53A630131368
131372	360	Modena Spider 03/04 Red
131373	360	Modena Spider Red/Black Manual ZFFYT53B000
131374	360	Modena Spider F1 03 Grigio Titanio 3238/Blue Daytona Seats White Stitching Blue Soft Top LHD US ZFFYT53A130131374 Aluminum Calipers Rear Challenge Grille Shields
131375	360	Modena Spider 03 Azzurro California 524/Crema Daytona Seats Navy Blue Inserts Navy Blue Top Manual LHD US ZFFYT53A330131375 Red calipers shields front and rear grills
131376	360	Modena Spider 03 Red/Beige manual LHD US ZFFYT53A930131376
131378	360	Modena Spider F1 03 Red/Black ZFFYT53A930131378
131383	360	Modena Spider 03 black/black Daytona seats LHD US ZFFYT53A230131383 Red calipers Shields front & rear Challenge grills Tubi
131384	360	Modena Spider F1 03 Red/Tan Daytona Seats black inserts LHD US ZFFYT53A430131384 front & back challenge grill Capistro exhaust
131385	360	Modena Spider (F1) 03 LHD US ZFFYT53A630131385
131387	360	Modena Spider
131390	360	Modena Spider 2/03 Grigio Titanio Metallizzato 3238/Blu Scuro Manual ZFFYT53B000131390
131391	360	Modena 03 Red/Black LHD EU
131392	360	Modena Spider 03 Grigio Alloy/Black Daytona Seats LHD US ZFFYT53A330131392 Tubi front & rear Challenge Grills
131393	360	Modena Spider F1 03 Red/Tan LHD US ZFFYT53A530131393
131394	360	Modena Spider F1 03 Rosso Corsa/Tan Daytona seats LHD US ZFFYT53A730131394 shields rear challenge grill Red calipers
131395	360	Modena Spider 03 Red/Tan Manual LHD US ZFFYT53A930131395
131396	360	Modena Spider black/brown
131397	456	M GTA Blue TdF/tan RHD ZFFWL50D000131397 ass. # 48693
131400	360	Modena 03 Black/Tan LHD US ZFFYU51A930131400
131402	360	Modena Challenge F1 03 Black/Red Cloth Sports Seats LHD
131403	360	Modena F1 Red/Tan ZFFYR51B000131403
131404	360	Modena F1 Yellow/Black, LHD
131405	360	Modena F1 03 Red/Black ZFFYU51A830131405
131406	360	Modena 03 Blue TdF/Tan Manual ZTTYU51AX30131406 Red calipers
131407	360	Modena Challenge Red ass. # 48624
131408	360	Modena Challenge F1 White LHD
131409	360	Modena Challenge ass. # 48646
131411	360	Modena F1 03 Rosso Corsa/Charcoal ZFFYR51B000131411
131412	360	Modena Challenge Argento Nürburgring 101/C/ Blue & Yellow Corona Livery ZFFYR51B000131412 ass. # 48662
131413	360	Modena F1 Red/Black ZFFYR51B000131413
131414	360	Modena Challenge Rosso Corsa ass. # 48666
131417	360	Modena F1 03 Rosso Corsa/Beige LHD US ZFFYU51A430131417
131419	360	Modena Challenge 03 Black ZFFYR51B000131419
131423	360	Modena (F1) 03 LHD US ZFFYU51AX30131423

s/n	Type	Comments
131424	360	Modena Challenge F1 Rosso Scuderia ass. # 48704
131427	360	Modena Spider (F1) LHD EU ZFFYT53B000131427
131428	360	Modena Spider (F1) 03 LHD US ZFFYT53A930131428
131429	360	Modena Spider (F1) 03 LHD US ZFFYT53A030131429
131430	360	Modena Spider F1 03 Red/Tan LHD US ZFFYT53A730131430
131431	360	Modena Spider 03 Black/Black LHD US ZFFYT53A930131431
131432	360	Modena Spider 03 Rosso Corsa/Crema Manual ZFFYT53C000131432
131433	360	Modena Spider
131437	360	Modena Spider F1 Black/Crema LHD ZFFYT53B000131437 Challenge grille
131439	360	Modena Spider F1 03 Red/Tan LHD US ZFFYT53A330131439
131440	360	Modena Spider 03 Red/Black Red stitching LHD US ZFFYT53AX30131440 front & rear challenge grill shields
131441	360	Modena Spider F1 03 Rosso Corsa/Beige LHD US ZFFYT53A130131441
131442	360	Modena Spider Red/Black Manual RHD ZFFYT53C000131442 Red calipers
131443	360	Modena Spider (F1) ZFFYT53C000131443
131445	360	Modena Spider Red/Tan RHD Manual ZFFYT53D000131445
131446	360	Modena Spider F1 03 Rosso Fiorano 321/Crema Daytona seats ZFFYT53A030131446 Shields
131447	360	Modena Spider (F1) 03 LHD US ZFFYT53A230131447
131448	360	Modena Spider 03 Blu Pozzi 521 D.S.Cuoio Blue Dashboard Blue Steering Wheel Manual LHD US ZFFYT53A430131448
131449	360	Modena Spider
131450	360	Modena Spider F1 Red/Black
131453	360	Modena Spider Rosso Corsa/Nero Red Stittching Manual LHD EU
131455	360	Modena Spider F1 03 Black/Tan LHD US ZFFYT53A130131455
131456	360	Modena Spider F1 03 Rosso Corsa/Beige Daytona seats beige piping LHD US ZFFYT53A330131456 shields front Challenge grilles Red calipers
131457	360	Modena Spider F1 04 Red/Tan Daytona Seats ZFFYT53A530131457 Red Calipers Shields Ansa Stainless Exhaust Challenge Front & Rear Grills
131458	360	Modena Spider F1 03 Red/Tan LHD US ZFFYT53A740138458
131461	360	Modena Spider F1 Yellow/black
131462	360	Modena Spider F1 03 Argento Nürburgring 101/C/Nero ZFFYT53B000131462
131463	360	Modena Spider F1 2/03 Rosso Corsa/Nero LHD ZFFYT53J000131463 Red calipers
131464	360	Modena Spider F1 03 Blu Pozzi 521 D.S. Cuoio Daytona Seats Blue Strips LHD US ZFFYT53A230131464 Shields Red Calipers Rear Challenge Grill Tubi
131465	360	Modena Spider F1 03 Silver/Black silver stitching LHD US ZFFYT53A430131465 FNA
131466	360	Modena Spider (F1) 03 LHD US ZFFYT53A630131466
131467	360	Modena Spider 03 Rosso Corsa Naturale Manual LHD US ZFFYT53A830131467
131469	360	Modena Spider F1 03 Giallo Modena Nero RHD ZFFYT53C000131469
131471	456	M GT Grigio Titanio met./grey
131475	360	Modena Challenge
131476	360	Modena Challenge
131477	360	Modena Red/Black ZFFYR51B000
131479	360	Modena Challenge White ZFFYR51B000131479
131480	360	Modena Challenge matt black ZFFYR51B000131480 ass. # 48743
131482	360	Modena Challenge F1 Red & Yellow then Red green White & Yellow ZFFYR51B000131482 ass. # 48763
131484	360	Modena Challenge Yellow Red & orange Marccan livery then Red ZFFYR51B000131484 ass. # 48766
131485	360	Modena 03 Grigio Titanio 3238/Grey Daytona Seats Manual LHD US ZFFYU51AX30131485 FNA Challenge Grill
131488	360	Modena Challenge F1 Rosso Corsa ZFFYR51B000131488 ass. # 48801
131491	360	Modena (F1) 03 LHD US ZFFYU51A530131491
131493	360	Modena F1 2/03 Rosso Corsa/Nero ZFFYR51B000131493
131495	360	Modena Challenge Yellow
131496	360	Modena Blu Pozzi 521 D.S./black ZFFYR51B000
131499	360	Modena Spider F1 03 Azzurro California 524/Carta di Zucchero Blu Blu TopLHD US ZFFYT53AX30131499
131500	360	Modena Spider F1 03 Yellow/Black Daytona seats Yellow inserts, piping, and stitching LHD US ZFFYT53A230131500 shields Red calipers Challenge grill
131501	360	Modena Spider 03 Grigio Titanio 3238/Black Manual LHD US ZFFYT53A430131501
131502	360	Modena Spider 03 Grigio Alloy/Blu Medio grey stitching Manual RHD ZFFYT53C000131502 Red calipers Blue dash & steering wheel
131503	360	Modena Spider
131504	360	Modena Spider F1 03 Rosso Corsa/Nero ZFFYT53B000131504
131505	360	Modena Spider Red/Black ZFFYT53B000 rear challenge grill
131506	360	Modena Spider (F1) 03 LHD US ZFFYT53A330131506
131507	360	Modena Spider F1 03 Silver/Tan Daytona Seats black piping silver stitching LHD US ZFFYT53A530131507 ass. # 48661 Shields Aluminum Calipers
131508	360	Modena Spider F1 03 Black/Black LHD US ZFFYT53A730131508
131509	360	Modena Spider 03 Blu Tour de France 522/Tan Manual US ZFFYT53A930131509
131510	360	Modena Spider (F1) 03 LHD US ZFFYT53A530131510
131511	360	Modena Spider F1 4/03 Rosso Corsa/Beige ZFFYT53C000131511
131515	360	Modena F1 03 Black/Tan LHD US ZFFYT53A430131515
131516	360	Modena Spider F1 03 Black/Tan LHD US ZFFYT53A630131516
131517	360	Modena Spider (F1) 03 LHD US ZFFYT53A830131517
131518	360	Modena Spider (F1) 03 LHD US ZFFYT53A430131518
131519	360	Modena Spider F1 03 Rosso Corsa/Nero RHD UK ZFFYT53C000131519
131523	360	Modena Spider F1 03 Red/Tan US ZFFYT53A330131523
131524	360	Modena Spider F1 03 Red LHD US ZFFYT53A530131524
131525	360	Modena Spider F1 03 Rosso Corsa/Tan US manual ZFFYT53A730131525
131526	360	Modena Spider 03 Black/Tan LHD US ZFFYT53A930131526
131527	360	Modena Spider F1 03 Nuovo Nero Daytona/Crema black inserts Manual RHD ZFFYT53C000 Red calipers

s/n	Type	Comments
131528	360	Modena Spider Silver/Dark Blue Manual ZFFYT53B000131528
131531	575	M Maranello F1 grey/black
131532	575	M Maranello F1 03 Grigio Titanio met./Black LHD US ZFFBV55A830131532
131533	575	M Maranello F1 03 Rosso Corsa/Beige ZFFBT55B000131533
131536	575	M Maranello F1 03 Red/Black ZFFBT55B000131536
131537	575	M Maranello (F1) 03 LHD US ZFFBV55A730131537
131538	575	M Maranello F1 03 Rosso Corsa/Nero ZFFBT55B000131538 Red calipers
131541	575	M Maranello 1/03 Grigio titanio 3238/Black Daytona Seats Manual LHD US ZFFBV55A930131541 ass. # 48596 shields
131542	575	M Maranello F1 5/02 Nuovo Nero Daytona/Grigio Scuro ZFFBT55C000131542
131543	575	M Maranello (F1) 03 LHD US ZFFBV55A230131543
131547	575	M Maranello F1 Rosso Corsa/Tan LHD ZFFBT55B000131547 Bordeaux steering wheel shields
131549	575	M Maranello F1 03 Blu Tour de France 522/Beige RHD
131550	575	M Maranello (F1) 03 LHD US ZFFBV55AX30131550
131551	575	M Maranello Geneva Show Car 03 Rosso Corsa/Cuoio ZFFBT55B000131551
131552	575	M Maranello F1 silver/black RHD
131553	575	M Maranello F1 Grigio Ingrid 720/tan ZFFBT55B000131553
131554	575	M Maranello F1 03 Blu Pozzi 521 D.S.Red LHD US ZFFBV55A730131554
131555	575	M Maranello F1 03 Rosso Corsa/Naturale LHD US ZFFBV55A930131555 Red calipers
131557	575	M Maranello F1 Nero Daytona/black ZFFBT55B000
131559	575	M Maranello (F1) 03 LHD US ZFFBV55A630131559
131560	575	M Maranello F1 03 Argento Nürburgring 101/C/Blu Scuro ZFFBT55C000131560
131562	575	M Maranello F1 03 Argento Nürburgring 101/C/Dark Blue RHD ZFFBT55C000131562 Red calipers shields
131563	575	M Maranello F1 03 LHD US ZFFBV55A830131563
131564	575	M Maranello F1 03 Grigio Titanio met./Black LHD US ZFFBV55AX30131564
131566	575	M Maranello F1 Nero DS1250/Black Sports seats LHD ZFFBT55B000131566 ass. # 48736
131567	575	M Maranello F1 03 Red/Tan ZFFBV55A530131567 Red calipers
131568	575	M Maranello F1 03 Blu Tour de France 522/Beige RHD UK ZFFBT55C000131568
131569	360	Modena Challenge Stradale F1 Geneva Show Car 03 Blue TdF/black LHD ZFFDR57B000131569
131572	360	Modena 03 Silver LHD US ZFFYU51A530131572
131573	360	Modena Challenge LHD EU ZFFYR51B000131573
131574	360	Modena Challenge F1 Red ZFFYR51B000131574 rear spoiler
131577	360	Modena Challenge F1 Red ZFFYR51B000131577 ass. # 48844
131578	360	Modena 03 Nuovo Nero Daytona Beige Nero Carpet Manual RHD
131579	360	Modena Yellow/black ZFFYR51B000131579
131582	360	Modena 03 Black/Black Daytona Seats Manual LHD US ZFFYU51A830131582
131583	360	Modena F1 03 Red/Tan Daytona sets LHD US ZFFYU51AX30131583 Tubi red callipers rear challenge grill
131585	360	Modena F1 Rosso Corsa/beige ZFFYR51B000131585
131587	360	Modena F1 03 Black/Black LHD US ZFFYU51A730131587 Tubi Giovanna Chromed Wheels
131588	360	Modena Red/light beige Manual ZFFYR51C000131588
131589	360	Modena Spider F1 2/03 Rosso Corsa/Nero ZFFYT53B000131589
131596	360	Modena Spider F1 03 Red/Black LHD EU Red calipers
131599	360	Modena Spider (F1) 03 LHD US ZFFYT53A330131599
131601	360	Modena Spider F1 Rosso Corsa/black sport seats ZFFYT53B000131601
131603	360	Modena Spider F1 Red/Tan ZFFYT53B000
131605	360	Modena Spider F1 Red sand EU
131606	360	Modena Spider F1 03 Fly Yellow/Black Daytona seats Yellow stitching LHD US ZFFYT53A730131606 shields rear challenge grill
131607	360	Modena Spider 3/03 Rosso Corsa/Beige LHD US ZFFYT53A930131607
131608	612	Scaglietti F1 silver Ferrari Prensentation Model with Ńborrowedi VIN-plate
131608	360	Modena Spider F1 Rosso Corsa/tan ZFFYT53B000131608
131609	360	Modena Spider F1 Silver/bordeaux ZFFYT53B000131609
131610	360	Modena Spider F1 Grigio Alloy/Blue ass. # 48742
131614	360	Modena Spider F1 black/Crema
131616	360	Modena Spider (F1) 03 LHD US ZFFYT53AX30131616
131617	360	Modena Spider 03 Yellow/black Daytona seats Yellow inserts LHD US ZFFYT53A130131617 challenge grill
131619	360	Modena Spider F1 03 ZFFYT53A530131619
131620	360	Modena Spider (F1) 03 ZFFYT53A130131620
131623	360	Modena Spider F1 3/03 Rosso Corsa/Nero ZFFYT53D000131623
131624	360	Modena Spider (F1) 03 LHD US ZFFYT53A930131624
131625	360	Modena Spider F1 4/03 Rosso Corsa/tan ZFFYT53B000131625
131626	360	Modena Spider 03 Rosso Corsa/Crema Manual RHD UK ZFFYT53C000131626
131627	Enzo Ferrari	F1 Geneva Show Car 03 Red/Black ZFFCZ56B000131627 ass. # 48611 eng. #73366
131628	Enzo Ferrari	F1 Red/Red LHD ZFFCZ56B000131628 ass. # 48639
131629	Enzo Ferrari	F1 03 LHD US ZFFCW56A130131629 ass. # 48659
131630	Enzo Ferrari	F1 03 LHD US ZFFCW56A830131630 ass. # 48710
131631	Enzo Ferrari	F1 03 Red/Red LHD US ZFFCW56AX30131631 ass. # 48789 Red Dials
131632	Enzo Ferrari	F1 03 Red/Black US ZFFCW56A130131632 ass. # 48751
131633	Enzo Ferrari	F1 03 LHD US ZFFCW56A330131633 ass. # 48771
131634	456	M GTA 03 Grigio Ingrid 720/Tan Daytona Seats ZFFWL50A730131634
131635	456	M GTA 03 Black/Tan US ZFFWL50A930131635
131636	456	M GT 4/03 Grigio Titanio Metallizzato 3238/Nero ZFFWP44B000131636
131637	456	M GT 03 Grigio Titanio met./Dark Grey & Black ZFFWL44A730131637 ass. # 49026
131638	456	M GT 03 ZFFWL44A930131638

s/n	Type	Comments
131640	360	Modena F1 Red/Tan
131641	360	Modena (F1) 03 LHD US ZFFYU51A930131641
131642	360	Modena F1 2/03 Rosso Corsa/Nero ZFFYR51B000131642
131643	360	Modena 03Rosso Corsa/Nero LHD EU ZFFYR51B000 Red caipers shields
131644	360	Modena F1 03 Grigio Alloy Black
131645	360	Modena (F1) 03 LHD US ZFFYU51A630131645
131646	360	Modena blu met./tan, Yellow calipers ZFFYR51B000131646
131647	360	Modena 03 Yellow LHD
131650	360	Modena F1 4/03 Rosso Corsa/Tan LHD US ZFFYU51AX30131650
131651	360	Modena F1 3/03 Blue Tour de France Tan RHD UK
131653	360	Modena blu TdF/beige ZFFYR51B000131653
131654	360	Modena 03 Yellow/Black LHD US ZFFYU51A730131654
131655	360	Modena F1 03 Rosso Corsa/Tan Daytona Seats LHD US ZFFYU51A930131655 shields Red calipers
131657	360	Modena Black/Black Manual ZFFYR51B000131657
131660	360	Modena F1 Red/Black ZFFYR51B000131660
131661	360	Modena 03 Red/Beige RHD
131662	360	Modena F1 Red/Black
131663	360	Modena 03 Red/Tan Manual LHD US ZFFYU51A830131663
131664	360	Modena F1 Argento Nürburgring 101/C/black ZFFYR51B000131664
131667	360	Modena 03 Grigio Alloy/dark Blue LHD US ZFFYU51A530131667
131668	360	Modena
131669	360	Modena
131671	360	Modena Spider 03 Red/Tan LHD US ZFFYT53A730131671
131674	360	Modena Spider Yellow
131675	360	Modena Spider F1 03 Rosso Corsa/Beige Daytona seats LHD US ZFFYT53A430131675 Red calipers front & rear Challenge grilles shields
131676	360	Modena Spider (F1) 03 LHD US ZFFYT53A630131676
131677	360	Modena Spider 03 Rosso Corsa/Tan Manual LHD US ZFFYT53A830131677
131678	360	Modena Spider F1 Dark Blue/Crema ZFFYT53B000131678
131679	360	Modena Spider F1 03 Nero/Crema RHD UK ZFFYT53C000131679
131680	360	Modena Spider F1 03 Blue TdF/tan, Geneve Show Car
131682	360	Modena Spider F1 Red/Black ZFFYT53B000131682
131684	360	Modena Spider (F1) 03 LHD US ZFFYT53A530131684
131685	360	Modena Spider F1 03 Rosso Fiorano 321/Tan LHD US ZFFYT53A730131685
131686	360	Modena Spider 03 Yellow/Black Yellow stitching Manual LHD US ZFFYT53A930131686 Yellow calipers challenge grills Tubi
131687	360	Modena (F1) 03 LHD US ZFFYU51A030131687
131688	360	Modena Spider 03 Argento Nürburgring 101/C/Blu Scuro Manual ZFFYT53B000131688
131689	360	Modena Spider 03 Grigio Alloy/Blu Scuro ZFFYT53C000131689
131692	360	Modena Spider Grigio Titanio 3238/grey
131694	360	Modena Spider (F1) 03 LHD US ZFFYT53A830131694
131695	360	Modena Spider F1 03 Black/Tan Black Inserts & Stitching LHD US ZFFYT53AX30131695 Black Rear & Front Challenge Grilles Shields Tubi
131696	360	Modena Spider 03 Black/Black Daytona Seats Red stitching Manual LHD US ZFFYT53A130131696 Red Calipers Front & Rear Challenge Grilles Shields
131697	360	Modena Spider (F1) 03 LHD US ZFFYT53A330131697
131698	360	Modena Spider F1 Grigio Alloy/Cream Black piping RHD ZFFYT53C000131698
131699	360	Modena Spider F1 Red/Black ZFFYT53B000131699
131700	360	Modena Spider F1 Red/Black ZFFYT53B000131700
131702	360	Modena Spider Red/Black sport seats ZFFYT53B000131702 challenge grill
131703	360	Modena Spider F1 03 Red/Black Daytona Seats Red Stitching LHD US ZFFYT53A530131703 Tubi Rear Challenge Grill Shields Red Calipers
131704	360	Modena Spider F1 03 Rosso Fiorano 321/Nero LHD US ZFFYT53A730131704
131705	360	Modena Spider 03 Red/Tan Daytona Seats Manual LHD US ZFFYT53A930131705 Challenge Grill Red Calipers
131706	360	Modena Spider 03 Rosso Corsa/Beige Manual RHD UK ZFFYT53C000131706
131710	360	Modena Spider 03 Red/Black Manual ZFFYT53B000131710
131713	360	Modena Spider F1 3/03 Nuovo Nero Daytona/Cuoio LHD US ZFFYT53A830131713
131714	360	Modena Spider F1 4/03 Grigio Alloy/Blu Medio LHD US ZFFYT53AX30131714
131715	360	Modena Spider (F1) 03 LHD US ZFFYT53A130131715
131718	360	Modena Spider Rosso Corsa/black
131719	360	Modena Spider F1 03 Blu Pozzi 521 D.S./Beige Daytona Seats Blue Piping, Stitching, Steering Wheel & Upper Dashboard LHD US ZFFYT53A930131719 Shields Red Calipers Front Challenge Grills
131720	360	Modena Spider F1 03 Grigio/Black Race Seats LHD US ZFFYT53A530131720 Shields Silver Calipers Challenge Grill Tubi
131721	360	Modena Spider (F1) 03 LHD US ZFFYT53A730131721
131722	360	Modena Spider F1 Grigio Alloy/dark Blue LHD EU
131723	360	Modena Spider F1 Silver/Black ZFFYT53B000131723
131724	360	Modena Spider F1 Red/Black sport seats ZFFYT53B000131724 rear challenge grill
131726	575	M Maranello 03 Red/Black LHD US ZFFBV55AX30131726
131728	575	M Maranello 03 Grigio Titanio met./Bordeaux Manual LHD US ZFFBV55A330131728 Fiorano package
131729	575	M Maranello 03 Grigio Ingrid 720/Tan Daytona seats Manual ZFFBV55A530131729 LHD US ZFFBV55A530131729 shields Red calipers
131730	575	M Maranello (F1) 03 LHD US ZFFBV55A130131730
131732	575	M Maranello 03 Red/Tan Daytona seats Red stitching LHD US ZFFBV55A530131732 Red calipers
131733	575	M Maranello 03 Black/Black Daytona Seats Manual LHD US ZFFBV55A730131733 Shields Tubi Yellow Calipers
131736	575	M Maranello F1 2/03 Rosso Corsa/Nero ZFFBT55B000131736
131737	575	M Maranello F1 4/03 Azzurro California 524/Crema ZFFBT55C000131737
131738	575	M Maranello F1 Grigio Titanio met./tan
131739	575	M Maranello F1 03 Argento Nürburgring 101/C/ Dark LHD US ZFFBV55A830131739

s/n	Type	Comments
131740	575	M Maranello F1 Black/Black ZFFBT55B000131740
131741	575	M Maranello F1 Grigio Titanio met./beige
131742	575	M Maranello F1 2/03 Nero/Cuoio ZFFBT55B000131742
131743	575	M Maranello F2003-GA presentation-car 03 LHD EU
131745	575	M Maranello (F1) 03 LHD US ZFFBV55A330131745
131748	575	M Maranello F1 1/03 Rosso Corsa/Tan LHD US ZFFBV55A930131748
131750	575	M Maranello F1 03 Tour de France Blue Tan Blue piping LHD US ZFFBV55A730131750 shields
131751	575	M Maranello F1 Daytona Black/Black ZFFBT55B000131751 ass. # 48757
131755	575	M Maranello F1 9/03 Rosso Corsa/Nero ZFFBT55C000131755 Red calipers
131756	575	M Maranello F1 03 Red/Black LHD EU
131758	575	M Maranello F1 03 Nero/Beige LHD US ZFFBV55A130131758
131759	575	M Maranello (F1) 03 LHD US ZFFBV55A330131759
131760	575	M Maranello F1 1/06 Rosso Corsa/Cuoio ZFFBT55B000131760
131761	575	M Maranello F1 silver/black ZFFBT55B000131761
131762	575	M Maranello F1 03 Grigio Titanio met./black LHD US ZFFBV55A330131762 ass. # 48953 Tubi
131765	575	M Maranello (F1) 03 LHD US ZFFBV55A930131765
131766	575	M Maranello black/tan ZFFBT55B000131766
131767	575	M Maranello F1 03 Argento Nürburgring 101/C/black ZFFBT55B000131767
131768	575	M Maranello F1 03 Black Naturale LHD US ZFFBV55A430131768
131769	575	M Maranello F1 04 Grigio Alloy/Blu Scuro RHD UK ZFFBT55C000131769 Silver calipers shields
131770	575	M Maranello F1 03 Silver/bordeaux ZFFBT55B000131770
131772	575	M Maranello (F1) 03 LHD US ZFFBV55A630131772
131774	575	M Maranello F1 Red/Black ZFFBT55B000131774
131775	575	M Maranello F1 papers say White Metallic/but is Lamborghini Murcielago Orange/Nero ZFFBT55D000131775 eng. # 74022
131776	575	M Maranello (F1) 03 LHD US ZFFBV55A330131776
131778	575	M Maranello 03 Rosso/Nero
131779	575	M Maranello F1 03 Nuovo Nero Daytona/Sabbia ZFFBT55B000131779
131782	575	M Maranello F1 03 Nero Daytona/Tan LHD US ZFFBV55A930131782
131783	575	M Maranello 03 Blu Pozzi 521 D.S. Dark Blue Manual LHD US ZFFBV55A030131783
131785	360	Modena Rosso Corsa/Beige Bordeaux Carpet Manual
131786	360	Modena F1 03 Argento Nürburgring 101/C/Pale Blue ZFFYLHD US U51A230131786 crashed, parted out
131788	360	Modena nero/bordeaux & nero LHD Manual ZFFYR51B000131788 Red calipers
131790	360	Modena F1 Grigio Titanio 3238/black
131791	360	Modena (F1) 03 LHD US ZFFYU51A630131791
131792	360	Modena 03 Rosso Corsa/Crema Manual ZFFYR51C000131792
131796	360	Modena 03 Red/Tan black accents Manual US ZFFYU51A530131796
131797	360	Modena F1 03 Red/Tan LHD US ZFFYU51A730131797
131799	360	Modena Red/Black manual ZFFYR51B000 rear challenge grill
131800	360	Modena (F1) 03 LHD US ZFFYU51A330131800
131801	360	Modena F1 03 Grigio Titanio 3238/Charcoal Daytona seats silver stitching light grey piping & inserts LHD US ZFFYU51A530131801 shields
131802	360	Modena F1 03 Rosso Corsa/Beige LHD US ZFFYU51A730131802
131805	360	Modena F1 03 black/tan LHD US ZFFYU51A230131805
131806	360	Modena F1 03 Grigio Titanio 3238/Tan Daytona seats black inserts & stitching LHD US ZFFYU51A430131806 Tubi Red calipers Front & Rear Challenge grill
131807	360	Modena Grey/Nero
131811	360	Modena Grigio Alloy/Bordeaux Manual LHD ZFFYR51B000131811 Silver calipers Challenge rear grill
131816	360	Modena 03 Rosso Corsa/Beige Daytona seats black inserts Red stitching LHD US ZFFYU51A730131816 shields
131817	360	Modena 03 Grigio Titanio 3238/Charcoal Daytona seats Silver stitching Manual LHD US ZFFYU51A930131817 Aluminum calipers Rear challenge grill Tubi
131820	360	Modena Spider (F1) 03 LHD US ZFFYT53A930131820
131821	360	Modena Spider F1 3/03 Nuovo Nero Daytona/Crema ZFFYT53C000131821
131822	360	Modena Spider F1 03 Red/Black LHD EU ZFFYT53B000131822 Challenge Stradale front & skirts
131825	360	Modena Spider F1 4/03 Grigio Alloy/Blu Scuro ZFFYT53D000131825
131826	360	Modena Spider F1 03 Black/Tan Daytona Seats LHD US ZFFYT53AX30131826 Shields
131827	360	Modena Spider (F1) 03 LHD US ZFFYT53A130131827
131828	360	Modena Spider (F1) 03 LHD US ZFFYT53A330131828
131829	360	Modena Spider
131830	360	Modena Spider F1 3/03 Grigio Alloy/Blu Medio ZFFYT53B000131830
131832	360	Modena Spider Red/Black ZFFYT53B000131832
131834	360	Modena Spider (F1) 03 LHD US ZFFYT53A930131834
131835	360	Modena Spider F1 03 Blu Tour de France Beige LHD US ZFFYT53A030131835 shields Red calipers front challenge grill
131836	360	Modena Spider
131838	360	Modena Spider F1 Red/Black ZFFYT53B000131838
131839	360	Modena Spider F1 Grigio Titanio grey/grey ZFFYT53B000131839
131840	360	Modena Spider 03 Red/Tan ZFFYT53B000131840
131842	360	Modena Spider F1 Rosso Corsa/beige ZFFYT53B000131842
131843	360	Modena Spider F1 Rosso/all Rosso LHD ZFFYT53B000131843
131845	360	Modena Spider (F1) 03 LHD US ZFFYT53A330131845
131846	360	Modena Spider F1 03 Rosso Corsa/Tan Daytona seats black inserts Black piping Black stitching LHD US ZFFYT53A530131846
131847	360	Modena Spider
131850	360	Modena Spider F1 Red/Black ZFFYT53B000131850
131852	360	Modena Spider (F1) 03 LHD US ZFFYT53A030131852
131853	360	Modena Spider F1 03 Red/Tan US Z FFYT53A230131853

s/n	Type	Comments
131854	360	Modena Spider (F1) 03 LHD US ZFFYT53A430131854
131855	360	Modena Spider F1 03 Rosso Corsa/Beige LHD US ZFFYT53A630131855
131860	360	Modena Spider 03 Rosso Corsa/Nero ZFFYT53B000131860
131862	360	Modena Spider (F1) 03 LHD US ZFFYT53A330131862
131863	360	Modena Spider F1 03 Silver/Black US ZFFYT53A530131863
131864	360	Modena Spider (F1) 03 LHD US ZFFYT53A730131864
131866	360	Modena Spider 03 Argento Nürburgring 101/C/Blu Scuro Manual ZFFYT53B000131866
131868	360	Modena Spider F1 03 Giallo Modena/Nero ZFFYT53B000131868
131870	360	Modena Spider F1 03 Rosso Corsa/Beige LHD US ZFFYT53A230131870
131871	360	Modena Spider (F1) 03 LHD US ZFFYT53A430131871
131872	360	Modena Spider (F1) 03 LHD US ZFFYT53A630131872
131873	360	Modena Spider Rosso Corsa/Crema Nero Carpet Manual RHD ZFFYT53C000 ass. # 49022
131874	456	M GTA Argento Nürburgring 101/C/nero LHD ZFFWP50B000131874
131875	456	M GTA 1/04 Argento Nürburgring 101/C/Nero ZFFWP50C000131875
131876	456	M GT 2/04 Blu Tour de France 522/Blu Medio ZFFWL44A330131876
131877	456	M GTA 03 Nuovo Nero Black RHD
131878	Enzo Ferrari	F1 03 Red Red LHD US ZFFCW56A030 ass. # 48901
131879	Enzo Ferrari	F1 03 Red/Red ZFFCW56A230131879 ass. # 48963
131880	Enzo Ferrari	F1 03 ZFFCZ56B000131880 ass. # 48971
131881	Enzo Ferrari	F1 03 Rosso/Black US ZFFCW56A030131881 ass. # 48979
131882	Enzo Ferrari	F1 03 Rosso Corsa Nero LHD US ZFFCW56A230131882 ass. # 49003, Axl Rose
131883	Enzo Ferrari	F1 03 Red/Black US ZFFCW56A430131883 ass. # 49031
131884	Enzo Ferrari	F1 03 ZFFCW56A630131884 ass. # 49077, new to the US
131885	Enzo Ferrari	F1 03 ass. # 49051, new to East Asia
131886	Enzo Ferrari	F1 03 ass. # 49084 new to Dubai
131887	Enzo Ferrari	F1 03 Rosso Corsa/Nero Red dials ZFFCZ56B000131887 ass. # 49124
131888	360	Modena Spider (F1) 03 LHD US ZFFYT53AX30131888
131890	360	Modena Spider Silver/black manual ZFFYT53B000131890
131894	360	Modena Spider (F1) 03 LHD US ZFFYT53A530131894
131895	360	Modena (F1) 03 LHD US ZFFYU51A730131895
131896	360	Modena Spider (F1) 03 LHD US ZFFYT53A930131896
131897	360	Modena 03 Grigio Titanio 3238/Black Manual LHD US ZFFYU51A030131897
131898	360	Modena 03 Rosso corsa/tan Manual LHD US ZFFYU51A230131898
131900	360	Modena Spider 03 Grigio Alloy/Blu Scuro grey piping Manual RHD ZFFYT53C000131900 Silver calipers
131901	360	Modena Spider
131902	360	Modena 03 Rosso Corsa/Nero Red piping Red stitching Manual RHD UK ZFFYR51C000131902 Red calipers Challenge rear grill shields
131904	360	Modena Spider F1 Red/Black ZFFYT53B000131904
131906	360	Modena F1 3/03 Rosso Corsa/Nero ZFFYR51B000131906
131909	360	Modena F1 03 Black/Tan Daytona Seats Black Piping ZFFYR51B000131909 Front & Rear Challenge Grill Black Calipers
131910	360	Modena Spider 03 Rosso Corsa/Tan LHD US ZFFYT53AX30131910
131911	360	Modena Spider 03 Rosso Corsa/Tan LHD US ZFFYT53A130131911
131912	360	Modena (F1) 03 LHD US ZFFYU51A330131912
131913	360	Modena Spider
131914	360	Modena Spider
131915	360	Modena
131921	360	Modena Spider Grigio Titanio Beige Castoro Carpet Manual
131925	360	Modena Spider 03 Rosso Corsa/Bordeaux Bordeaux roll bars Manual LHD EU ZFFYT53B000131925 shields Red calipers Front & Rear Challenge Grilles Shields
131927	360	Modena Spider (F1) 03 LHD US ZFFYT53A530131927
131928	360	Modena Spider F1 03 Rosso Corsa/Tan Daytona Seats Red Inserts Red Stiching LHD US ZFFYT53A730131928 Red Calipers Front & Rear Challenge Grilles Shields
131929	360	Modena Spider
131930	360	Modena Spider
131934	360	Modena Spider Red/Black ZFFYT53B000
131938	360	Modena Spider (F1) 03 LHD US ZFFYT53AX30131938
131939	360	Modena Spider F1 03 Argento Nürburgring 101/C/ Grey ZFFYT53A130131939 ass. # 49159
131940	360	Modena Spider F1 03 Red/Tan US ZFFYT53A830131940
131941	360	Modena F1 3/03 Nero/Beige Daytona Seats Black Stitching LHD US ZFFYU51AX30131941 Shields Front & rear Challenge Grills Tubi Red Calipers
131942	360	Modena F1 4/03 Rosso Corsa Nero RHD UK
131944	360	Modena F1 Black/black ZFFYR51B000131944
131945	360	Modena F1 Red/Black Red stitching ZFFYR51B000131945 ass.# 49129
131946	360	Modena Spider 03 Red Red/Tan piping Manual LHD ZFFYT53A930131946 Koenig Exhaust
131947	360	Modena (F1) 03 LHD US ZFFYU51A030131947
131948	360	Modena (F1) 03 LHD US ZFFYU51A230131948
131949	360	Modena F1 03 Red/Tan LHD US ZFFYU51A430131949 Tubi rear challenge grill
131950	360	Modena Spider
131951	360	Modena Spider F1 Red/Crema ZFFYT53B000
131953	360	Modena Red/Cuoio ZFFYR51B000131953
131956	360	Modena Spider F1 03 Rosso Corsa/Nero RHD ZFFYT53D000131956
131959	360	Modena Spider (F1) 03 LHD US ZFFYT53A730131959
131960	360	Modena Spider F1 4/03 Argento Nürburgring 101/C/Nero LHD US ZFFYT53A330131960
131961	575	M Maranello Silver/Black manual RHD UK ex-Eric Clapton
131963	575	M Maranello (F1) 03 LHD US ZFFBV55A230131963
131965	575	M Maranello F1 03 Red/Tan Daytona seats Red inserts & stitching LHD US shields
131966	575	M Maranello F1 03 Silver/Black racing seats grey stitching LHD US ZFFBV55A830131966 Tubi Yellow calipers Shields Fiorano Handling package
131967	575	M Maranello F1 03 Grigio Titanio met./grey ZFFBT55B000131967
131968	575	M Maranello F1 4/03 Blu Pozzi 521 D.S./Cuoio Daytona Seats Dark Inserts LHD US ZFFBV55A130131968 Tubi Alluminium Calipers
131970	575	M Maranello argento

s/n	Type	Comments
131975	575	M Maranello (F1) 03 LHD US ZFFBV55A930131975
131976	575	M Maranello F1 5/03 Grigio Titanio met./Blu Medio ZFFBT55B000131976
131978	575	M Maranello (F1) 03 LHD US ZFFBV55A430131978
131979	575	M Maranello (F1) 03 Red/Crema Daytona seats tan piping Manual LHD US ZFFBV55A630131979 shields Red calipers
131983	575	M Maranello F1 03 Silver/Grey Daytona Seats ZFFBV55A830131983 ass. # 49187 Shields
131984	575	M Maranello F1 03 Grigio Titanio met./black LHD US ZFFBT55B000
131985	575	M Maranello 03 Red/Tan Daytona seats Red inserts Red stitching LHD US ZFFBV55A130131985 shields
131986	575	M Maranello 03 Grey/Grey LHD US ZFFBV55A330131986 Red Calipers
131989	575	M Maranello (F1) 03 LHD US ZFFBV55A930131989
131990	575	M Maranello 03 Argento Nürburgring 101/C/Nero Manual ZFFBT55B000131990
131991	575	M Maranello F1 3/04 Nuovo Nero Daytona/Rosso Sports seats ZFFBT55B000131991 modular wheels
131995	575	M Maranello F1 03 Blu Tour de France 522/Cuoio Daytona seats LHD US ZFFBV55A430131995 Red calipers shields
131996	360	Modena Challenge Stradale F1 Geneva Show Car 03 Rosso Scuderia White & Italian colours stripe/Red & black LHD ZFFDR57B000131996
131999	360	Modena Spider F1 03 Red/Tan LHD US ZFFYT53A830131999
132000	360	Modena Spider (F1) 03 LHD US ZFFYT53A930132000
132001	360	Modena Spider (F1) 03 LHD US ZFFYT53A030132001
132002	456	M GTA 03 Silver/Black Grey Piping ZFFWL50A830132002 Silver Calipers
132003	456	M GT 03 Grigio Titanio met./Black ZFFWL44A30132003
132004	456	M GT 03 ZFFWL44A630132004
132006	456	M GTA 03 Blu Tour de France 522/Tan Blue piping ZFFWL50A530132006 shields
132007	456	M GT 03 Canna di Fucile Met. FER 703/C/Sabbia ZFFWL44A130132007 Shields Tubi
132011	360	Modena F1 grigio alloy/dark Blue ZFFYR51B000132011
132012	360	Modena Spider F1 5/03 Argento Nürburgring 101/C/Blu Scuro ZFFYT53B000132012
132013	360	Modena Spider F1 Silver LHD ZFFYT53B000132013
132015	360	Modena Spider 03 Rosso Corsa/Nero Manual ZFFYT53B000132015 shields
132018	360	Modena Spider F1 03 Blu Pozzi/Beige ZFFYT53B000132018
132019	360	Modena F1 Red/Tan
132021	360	Modena Spider 03 Red Cuoio LHD US ZFFYT53A630132021
132022	360	Modena Spider (F1) 03 LHD US ZFFYT53A830132022
132029	360	Modena Spider silver/black ZFFYT53B000132029
132030	360	Modena (F1) 03 LHD US ZFFYU51A730132030
132031	360	Modena Rosso Corsa/Nero Manual ZFFYR51B000132031
132035	360	Modena Spider F1 03 Red/Black Red stitching ZFFYT53B000132035
132037	360	Modena F1 4/03 Rosso Corsa/Nero ZFFYR51B000132037
132040	360	Modena Spider F1 Azzurro California/dark Blue LHD ZFFYT53B000132040
132041	360	Modena Spider (F1) 03 ZFFYT53A130132041
132043	360	Modena (F1) 03 ZFFYU51A530132043
132044	360	Modena Spider
132046	360	Modena Spider F1 03 Blu Tour de France 522/Blu Scuro ZFFYT53B000132046
132047	360	Modena F1 Grigio Titanio 3238/Bordeaux Sports seats ZFFYR51B000132047 ass # 49216 front & rear challenge grills
132049	Enzo Ferrari	F1 03 Red/Red LHD US ZFFCW56AX30132049 ass. # 49105
132050	Enzo Ferrari	F1 03 Rosso Corsa/Rosso LHD US ZFFCW56A630132050 ass. # 49154
132051	Enzo Ferrari	F1 nero/verde ZFFCZ56B000132051 ass. # 49173
132052	Enzo Ferrari	F1 03 LHD US ZFFCW56AX30132052 ass. # 49174
132053	Enzo Ferrari	F1 03 ass. # 49204
132054	Enzo Ferrari	F1 03 LHD US ZFFCW56A330132054 ass. # 49237
132055	Enzo Ferrari	F1 03 ZFFCZ56B000132055 ass. # 49264
132056	Enzo Ferrari	F1 03 LHD US ZFFCW56A730132056 ass. # 49300
132061	360	Modena F1 Red/Black ZFFYR51B000
132064	360	Modena Red/Black
132065	360	Modena Red/Black ZFFYR51B000132065 Red calipers shields
132067	360	Modena (F1) 03 Grigio Titanio 3238/Black LHD US ZFFYU51A830132067
132068	360	Modena F1 Rosso Corsa/black ZFFYR51B000132068
132069	360	Modena F1 Red/Tan EU
132071	360	Modena F1 Red/Black LHD ZFFYR51B000132071 shields
132074		Modena F1 Novitec modified 03 Rosso Corsa/Tan Daytona seats LHD US ZFFYU51A530132074 Rear wing Rear carbon fibre challenge grill Red calipers Front
132075	360	Modena 3/04 Nuovo Nero Daytona/Nero Manual ZFFYR51B000132075
132077	360	Modena (F1) 03 LHD US ZFFYU51A030132077
132081	360	Modena F1 Rosso Corsa/beige ZFFYR51B000132081
132082	360	Modena F1 03 Rosso Corsa Nero ZFFYR51B000132082
132083	360	Modena F1 03 Rosso Corsa 322 D.S./Tan Daytona Seats Manual ZFFYU51A630132083 Shields
132084	360	Modena (F1) 03 LHD US ZFFYU51A830132084
132085	360	Modena Spider F1 dark Blue/black
132086	360	Modena
132088	456	M GTA 03 Grigio Titanio met./Black ZFFWL50A030132088
132089	360	Modena Spider 03 LHD US ZFFYT53A730132089
132090	360	Modena Spider (F1) 03 LHD US ZFFYT53A330132090
132091	360	Modena Spider F1 Black/tan ZFFYT53B000132091
132097	360	Modena Spider silver grey/grey ZFFYT53A430132097
132098	360	Modena Spider F1 03 Blu Pozzi 521 D.S./Sabbia Daytona Seats Blue piping Blue Top LHD US ZFFYT53A830132098 Challenge Rear Grill Shields Red Calipers
132099	360	Modena Spider F1 Grigio Titanio 3238/black Blue top ZFFYT53B000125812
132100	360	Modena Spider 5/03 Rosso Corsa/Beige silver stitching Manual ZFFYT53C000132100 Red calipers shields
132104	360	Modena Spider grigio alloy/black ZFFYT53B000132104
132105	360	Modena Spider (F1) 03 LHD US ZFFYT53A130132105

s/n	Type	Comments
132106	360	Modena Spider 03 Blu Pozzi 521 D.S./Cuoio Manual LHD US ZFFYT53A330132106
132107	360	Modena Spider Black/Tan Black top LHD EU ZFFYT53B000
132109	360	Modena Spider
132113	360	Modena Spider Red/Black
132114	360	Modena Spider (F1) 03 ZFFYT53A230132114
132115	360	Modena Spider F1 03 Grigio Titanio 3238/Black LHD US ZFFYT53A430132115
132116	360	Modena Spider F1 3/03 Rosso Corsa/Nero ZFFYT53C000132116
132118	360	Modena Spider F1 Grigio Titanio 3238/Bordeaux
132121	360	Modena Spider 03 Silver/Grey racing seats Manual LHD US ZFFYT53AX30132121 Red calipers rear challenge grill shields tubi
132122	360	Modena Spider F1 03 Grigio Titanio 3238/Black Daytona seats dark grey stitching LHD US ZFFYT53A130132122 front & rear challenge grills
132123	360	Modena Spider Azzurro California 524/Black LHD Manual ZFFYT53B000132123 Red calipers
132126	360	Modena Spider F1 4/03 Giallo Modena/Nero ZFFYT53B000132126
132127	360	Modena Spider F1 silver/black
132129	360	Modena Spider dark grey/black
132133	360	Modena Spider (F1) 03 LHD US ZFFYT53A630132133
132134	360	Modena Spider (F1) 03 LHD US ZFFYT53A830132134
132135	360	Modena Spider (F1) 03 LHD US ZFFYT53AX30132135
132136	360	Modena Spider 4/03 Argento Nürburgring 101/C/Nero ZFFYT53C000132136
132138	360	Modena Challenge Stradale F1 03 LHD EU
132141	575	M Maranello (F1) 03 LHD US ZFFBV55A930132141
132143	575	M Maranello F1 dark Blue/tan ZFFBT55B000132143
132144	575	M Maranello F1 03 Verde Zeltweg/Cuoio ZFFBT55B000132144
132145	575	M Maranello F1 03 Black/Black Daytona Seats LHD US ZFFBV55A630132145 Yellow calipers Shields Tubi
132146	575	M Maranello Red/Black Manual RHD ZFFBT55C000 Red calipers
132148	575	M Maranello F1 04 Grigio Titanio met./Black Daytona Seats ZFFBT55B000132148
132149	575	M Maranello F1 03 Red/Tan Daytona seats LHD US ZFFBV55A330132149 shields Red calipers
132150	575	M Maranello F1 03 Red/Tan Daytona Seats Red Stitching ZFFBV55AX30132150 Shields Tubi
132152	575	M Maranello (F1) 03 LHD US ZFFBV55A330132152
132153	575	M Maranello 03 Rosso Barchetta/All Cuoio Daytona seats Beige Piping Manual LHD US ZFFBV55A530132153 Yellow calipers Shields
132154	575	M Maranello F1 black/tan ZFFBT55B000132154
132155	575	M Maranello F1 03 Argento Nürburgring 101/C/Bordeaux Black piping ZFFBT55B000132155 Bordeaux steering wheel
132156	575	M Maranello F1 Metallic/grey/brown
132157	575	M Maranello F1 03 Black/Black LHD US ZFFBV55A230132157 written off, parted out, eng. only remaining
132158	575	M Maranello F1 03 Rosso Corsa/Tan LHD US ZFFBV55A430132158
132159	575	M Maranello F1 03 Rosso Corsa/Nero Red stitching ZFFBT55B000132159
132160	575	M Maranello Red/Black
132164	575	M Maranello F1 03 Grigio titanio/Blue Daytona seats LHD US ZFFBV55AX30132164 shields
132165	575	M Maranello 03 Red/Black LHD US ZFFBV55A130132165
132166	575	M Maranello F1 03 Red/Red & black ZFFBT55B000132166 ass. # 49296
132167	575	M Maranello Grigio Ingrid ZFFBT55B000132167
132168	575	M Maranello F1 grey Red Red dash & steering wheel ZFFBT55B000132168
132169	575	M Maranello F1 03 Nero Daytona Metallic/Beige
132170	575	M Maranello 03 Rosso Corsa/Nero Manual RHD UK ZFFBT55C000132170
132173	575	M Maranello 03 LHD US ZFFBV55A030132173
132174	575	M Maranello F1 03 Nero/Nero grey sport seats ZFFBT55B000132174 Fiorano package
132175	575	M Maranello (F1) 03 LHD US ZFFBV55A430132175
132176	575	M Maranello F1 10/03 Silver/Grigio Scuro ZFFBT55B000132176
132177	360	Modena (F1) 03 LHD US ZFFYU51A430132177
132179	360	Modena (F1) 03 LHD US ZFFYU51A830132179
132186	360	Modena Red/Black ZFFYR51B000 rear challenge grill
132187	360	Modena (F1) 03 LHD US ZFFYU51A730132187
132191	360	Modena Rosso Corsa/black ZFFYR51B000132191
132193	360	Modena Red/Black
132195	360	Modena F1 Red/Black ZFFYR51B000132195
132198	360	Modena 5/03 Giallo Modena/Nero ZFFYR51D000132198
132200	360	Modena Spider Black/Black sport seats ZFFYT53B000132200 Red calipers Scaglietti wheels
132201	360	Modena Spider F1 Yellow/black
132204	360	Modena Spider F1 3/03 Grigio Titanio 3238/bordeaux ZFFYT53B000132204
132205	360	Modena Spider F1 dark Blue met./black ZFFYT53B000
132208	360	Modena Spider (F1) 03 LHD US ZFFYT53A030132208
132209	360	Modena Spider F1 Black/Black RHD
132210	360	Modena Spider Red/Black Manual ZFFYT53C000132210
132213	360	Modena Spider F1 5/03 Grigio Alloy/Blu Medio ZFFYT53B000132213
132215	360	Modena Spider (F1) 03 LHD US ZFFYT53A830132215
132216	360	Modena Spider (F1) 03 LHD US ZFFYT53AX30132216
132217	360	Modena Spider F1 03 Rosso Corsa/Beige LHD US ZFFYT53A130132217 Tubi shields Red calipers
132218	360	Modena Spider F1 03 Red/Black & Red LHD ZFFYT53B000132218
132221	360	Modena Spider F1 silver/naturale
132222	360	Modena Spider Red/Black ZFFYT53B000132222 Rear Challenge grille shields
132223	360	Modena Spider F1 Red/Black ZFFYT53B000132223
132224	360	Modena Spider Red/Black ZFFYT53B000132224
132225	360	Modena Spider (F1) 03 LHD US ZFFYT53A030132225
132226	360	Modena Spider F1 03 Silver/Black LHD US ZFFYT53A230132226
132227	360	Modena Spider 03 Grigio Titanio 3238/Dark Blue Dark blue top manual LHD US ZFFYT53A430132227 alluminium calipers Front & rear Challenge grill shields
132228	360	Modena Spider F1 4/03 Nero Daytona black RHD UK

s/n	Type	Comments
132229	360	Modena Spider F1 Rosso Corsa/Black Red piping LHD ZFFYT53B000132229 Red calipers shields
132231	360	Modena Spider F1 Blu Pozzi 521 D.S./tan LHD ZFFYT53B000132231 shields
132232	360	Modena Spider F1 03 Argento Nürburgring 101/C/Charcoal ZFFYT53B000132232
132236	360	Modena Spider (F1) 03 LHD US ZFFYT53A530132236
132237	360	Modena Spider (F1) 03 LHD US ZFFYT53A730132237
132240	360	Modena Spider 4/03 Rosso Corsa/Nero manual ZFFYT53B000132240
132242	360	Modena Spider F1 blu Pozzi/cuoio naturale ZFFYT53B000132242
132243	360	Modena Spider (F1) 03 LHD US ZFFYT53A230132243
132244	360	Modena Spider 03 Rosso Corsa/Tan Manual LHD US ZFFYT53A430132244 Shields challenge grills
132245	360	Modena Spider
132246	360	Modena Spider F1 03 Red/Cream Bordeaux piping RHD ZFFYT53C000132246 Red calipers shields
132247	360	Modena 3/03 Rosso Corsa/Nero ZFFYR51B000132247
132248	360	Modena Red/Black ZFFYR51B000
132252	360	Modena F1 Red/Black ZFFYR51B000132252
132255	360	Modena F1 Rosso Corsa/Black LHD ZFFYR51B000132255 Red calipers shields
132258	360	Modena F1 03 Red/Tan ZFFYU51A430132258 damaged in i05
132260	360	Modena F1 03 Rosso Corsa/Beige ZFFYR51B000132260
132263	360	Modena F1 Rosso Corsa/all tan
132264	360	Modena Spider F1 Red/black
132269	360	Modena Black/Cuoio LHD Manual ZFFYR51B000132269 Silver calipers shields
132271	360	Modena F1 Blu Pozzi/crema Xenon, Red calipers.ZFFYR51B000132271
132272	360	Modena 03 Black/Black Manual LHD US ZFFYU51A930132272
132273	360	Modena F1 Red/Black ZFFYR51B000132273
132276	360	Modena Spider 03 Red/Black LHD US ZFFYT53A630132276
132277	360	Modena Spider (F1) 03 LHD US ZFFYT53A830132277
132278	360	Modena Spider F1 03 Black/BlackLHD US ZFFYT53AX30132278
132279	360	Modena Spider 03 Blu Tour De France Sabbia Blue Carpet Manual RHD
132281	360	Modena Spider Red/Black Manual ZFFYT53B000132281
133284	360	Modena Spider F1 Red/Black
132286	360	Modena Spider (F1) 03 LHD US ZFFYT53A9301322B6
132295	360	Modena Spider 03 Blu Tour de France 522/Sabbia Daytona seats Navy Blue piping manual LHD US ZFFYT53AX30132295
132297	360	Modena Spider 03 Argento Nürburgring 101/C/Nero Manual RHD UK ZFFYT53C000132297 Black calipers
132299	360	Modena Spider F1 03 Rosso Corsa/Beige & Red Sportseats ZFFYT53B000132299 rear challenge grill
132302	360	Modena Spider 03 Black/Crema LHD Manual ZFFYT53B000132302 Silver calipers shields
132303	360	Modena Spider (F1) 03 LHD US ZFFYT53A530132303
132304	360	Modena Spider (F1) 03 ZFFYT53A730132304
132306	360	Modena Spider 03 Rosso Corsa/Nero Bordeaux stitching Manual RHD UK ZFFYT53C000132306 Red calipers Challenge rear grille
132311	360	Modena Spider Red/Tan ZFFYT53B000132311 crashed and written off
132312	360	Modena Spider Red/Black LHD Manual ZFFYT53C000132312 shields
132314	360	Modena Spider 03 Blu Tour de France 522/Beige RHD UK ZFFYT53C000132314 Silver calipers
132316	456	M GT 04 Grigio Titanio Metallizzato 3238/Bordeaux ZFFWP44B000132316
132317	456	M GT 02 Grigio Titanio met. ZFFWL44A530132317 Red Calipers
132319	456	M GTA 03 Rosso Fiorano/Tan US ZFFWL50A430132319
132320	456	M GTA 03 Blu Tour de France 522/Tan ZFFWL50A030132320
132321	456	M GTA Grigio Titanio met./tan
132322	Enzo Ferrari	F1 Rosso Corsa/black & Red ZFFCZ56B000132322 ass. # 49351, new to the UK
132323	Enzo Ferrari	F1 03 Red/Red & black ZFFCW56A430132323 ass. # 49352. eng. # 74477
132324	Enzo Ferrari	F1 03 ZFFCZ56B000132324 ass. # 49367
132325	Enzo Ferrari	F1 03 Red LHD US ZFFCW56A830132325 ass. # 49391
132326	Enzo Ferrari	F1 Red/Black ZFFCZ56B000132326 ass. # 49412
132327	Enzo Ferrari	F1 #115/399+1 03 Red/Red LHD US ZFFCW56A130132327 ass. # 49436
132328	Enzo Ferrari	F1 03 Rosso Corsa/Rosso LHD EU ZFFCZ56B000132328 ass. # 49460, new to F
132329	Enzo Ferrari	F1 3/03 Red/Red LHD US ZFFCW56A530132329 ass. # 49483
132330	Enzo Ferrari	F1 03 LHD EU ZFFCZ56B000132330 ass. # 49505, new to A
132331	Enzo Ferrari	F1 03 Rosso Corsa/Red LHD US ZFFCW56A330132331 ass. # 49532
132332	Enzo Ferrari	F1 03 Black/black LHD US ZFFCW56A530132332 ass. #49546
132333	Enzo Ferrari	F1 03 LHD US ZFFCW56A730132333 ass. # 49584
132334	Enzo Ferrari	F1 03 ass. # 49596
132335	360	Modena Challenge Stradale F1 03 LHD EU
132336	360	Modena Challenge Stradale F1 04 Rosso Scuderia FER. 323/Beige ZFFDT57B000132336
132337	360	Modena Challenge Stradale F1 6/03 Argento Nürburgring 101/C/ CS stripe/Nero leather ZFFDT57B000132337 Black calipers graphite-colouRed wheels, ex-Jean Todt
132338	575	M Maranello F1 silver/black
132343	575	M Maranello F1 5/03 Azzurro California 524/Cream ZFFBT55C000132343
132344	575	M Maranello 03 Grigio Titanio Dark Grey LHD US ZFFBV55A130132344
132345	575	M Maranello F1 black/black & Red black piping ZFFBT55B000132345
132346	575	M Maranello F1 4/04 Verde Zeltweg/Beige RHD ZFFBT55C000132346 Yellow calipers shields
132347	575	M Maranello Grigio Titanio met./black manual ZFFBT55B000132347
132349	575	M Maranello F1 10/03 Grigio Titanio Metallizzato 3238/Bordeaux ZFFBT55C000132349
132350	575	M Maranello F1 03 Black/Sabbia RHD ZFFBT55C000132350 Red calipers shields
132353	360	Modena Spider F1 03 Grigio Titanio Grey black US
132354	575	M Maranello (F1) 03 LHD US ZFFBV55A430132354
132356	575	M Maranello F1 4/03 Rosso Corsa/Nero ZFFBT55B000132356
132357	575	M Maranello 03 Grigio Alloy/Blu Scuro RHD UK ZFFBT55C000132357
132358	575	M Maranello

s/n	Type	Comments
132359	575	M Maranello F1 03 Red/Tan LHD US ZFFBV55A330132359
132360	575	M Maranello F1 7/03 Argento Nürburgring 101/C/Blue Scuro ZFFBT55C000132360
132361	575	M Maranello F1 Red/Black ZFFBT55B000132361
132362	575	M Maranello F1 grey/black ZFFBT55B000132362
132363	575	M Maranello F1 Red/Black ZFFBT55B000132363
132364	575	M Maranello 03 Giallo Modena/Black LHD US ZFFBV55A730132364
132366	575	M Maranello Silver/Black LHD ZFFBT55B000132366
132367	575	M Maranello Black/black ZFFBT55B000132367
132369	575	M Maranello Yellow/black
132374	575	M Maranello (F1) 03 LHD US ZFFBV55AX30132374
132375	575	M Maranello F1 Red/Black ZFFBT55B000132375
132376	575	M Maranello F1 03 Red/Black LHD US ZFFBV55A330132376
132377	575	M Maranello F1 Grigio Titanio black
132378	575	M Maranello
132380	456	M GTA 03 ZFFWL50A730132380
132381	456	M GT 03 Blu Tour de France 522/Tan Daytona Seats Blue Inserts ZFFWL44A330132381 Silver Calipers Shields
132382	360	Modena Spider black/tan; sports seats
132383	456	M GT Bicolore Schumacher Edition 03 very dark Grey & dark Grey/Grey bordeaux stitches US ZFFWL44A730
132384	456	M GTA 5/03 Nero D.S. 1250/Tan Daytona seats black inserts black piping black stitching ZFFWL50A430132384 ass. # 50270 Eng. # 76210 shields
132385	456	M GT Bicolore Schumacher Edition 03 Dark Grey ZFFWL44A030132385
132387	360	Modena F1 03 Rosso Corsa/Nero ZFFYR51B000132387
132388	360	Modena F1 03 Yellow/Black LHD US ZFFYU51A630132388
132390	360	Modena F1 Red/Black ZFFYR51B000132390
132392	360	Modena 03 Rosso Corsa/Nero LHD ZFFYR51B000132392
132394	360	Modena (F1) 03 LHD US ZFFYU51A130132394
132395	360	Modena F1
132396	360	Modena F1
132398	360	Modena F1
132401	360	Modena F1 03 Tour de France Blue/Tan ZFFYU51A530132401
132404	360	Modena F1
132405	360	Modena
132406	360	Modena F1
132407	360	Modena F1
132408	360	Modena F1
132411	360	Modena F1 03 Yellow Black Daytona seats Yellow stitching ZFFYU51A830132411 shields Yellow calipers rear challenge grill Capristo exhaust
132413	360	Modena Spider 03 Silver/Black Daytona seats Manual ZFFYT53A130132413 Shields front & rear Challenge grills Tubi
132416	360	Modena Spider F1
132418	360	Modena Spider F1
132419	360	Modena Spider F1 Nero tan
132420	360	Modena Spider (F1) 03 LHD US ZFFYT53A930132420
132421	360	Modena Spider (F1) 03 LHD US ZFFYT53A030132421
132426	360	Modena Spider F1 Silver/Red ZFFYT53B000132426
132430	360	Modena Spider (F1) 03 LHD US ZFFYT53A130132430
132432	360	Modena Spider F1 8/03 Rosso Corsa/Beige ZFFYT53B000132432
132433	360	Modena Spider (F1) 03 ZFFYT53A730132433
132434	360	Modena Spider F1 blu TdF/beige ZFFYT53B000132434
132436	360	Modena Spider F1 Red LHD ZFFYT53B000132436
132437	360	Modena Spider 03 Rosso Corsa/Beige Manual LHD US ZFFYT53A430132437
132439	360	Modena Spider 5/03 Rosso Corsa/Crema ZFFYT53C000132439
132442	360	Modena Spider (F1) 03 ZFFYT53A830132442
132445	360	Modena Spider (F1) 03 LHD US ZFFYT53A330132445
132446	360	Modena Spider (F1) 03 LHD US ZFFYT53A530132446
132447	360	Modena Spider (F1) 03 LHD US ZFFYT53A730132447
132448	360	Modena Spider 5/03 Argento Nürburgring 101/C/Rosso Manual ZFFYT53B000132448
132449	360	Modena Spider Red/Tan
132450	360	Modena Spider F1 silver/black ZFFYT53B000132450
132451	360	Modena Spider black/Red Manual LHD ZFFYT53B000132451
132453	360	Modena Spider 6/03 Rosso Corsa/Black & Red custom interior Daytona seats manual LHD US ZFFYT53A230132453 Aluminum calipers front & rear Challenge grille shields
132454	360	Modena Spider 03 Black/Tan Black Piping Manual LHD US ZFFYT53A430132454 Shields
132455	360	Modena Spider F1 03 Yellow/Tan LHD US ZFFYT53A630132455
132459	360	Modena F1 03 Yellow/Black LHD US ZFFYU51A330132459 ass. # 49472 Yellow Calipers Shields Challenge Grill
132460	360	Modena F1 03 Red/Tan LHD US ZFFYU51AX30132460
132461	360	Modena (F1) 03 LHD US ZFFYU51A130132461
132462	360	Modena (F1) 03 LHD US ZFFYU51A330132462
132463	360	Modena (F1) 03 LHD US ZFFYU51A530132463
132464	360	Modena (F1) 03 LHD US ZFFYU51A730132464
132465	360	Modena 5/03 Rosso Corsa/Sabbia ZFFYR51C000132465
132468	360	Modena F1 03 Rosso Corsa/Black ZFFLHD US YU51A430132468
132471	360	Modena F1 03 Silver/Black Daytona seats US ZFFYU51A430132471
132472	360	Modena 5/03 Grigio Titanio Metallizzato 3238/Nero Manual RHD ZFFYR51C000132472
132473	360	Modena
132476	360	Modena F1 Rosso Corsa/Black LHD ZFFYR51B000132476 Red calipers shields
132477	360	Modena (F1) 03 LHD US ZFFYU51A530132477
132478	360	Modena 03 Blu Pozzi/Beige Manual ZFFYR51B000132478
132480	360	Modena F1 Red/Black
132484	360	Modena
132485	360	Modena Spider 4/03 Rosso Corsa/Nero ZFFYT53B000132485
132488	360	Modena Spider F1 black/black
132489	360	Modena F1 03 Blu Tour de France 522/Cuoio LHD US ZFFYT53A130132489
132490	360	Modena Spider F1 03 Red/Tan LHD US ZFFYT53A830132490
132491	360	Modena Spider F1 black metallic/tan ZFFYT53B000132491
132494	360	Modena Spider F1 03 Blu Pozzi/Beige ZFFYT53B000132494
132497	360	Modena Spider (F1) 03 ZFFYT53A030132497

s/n	Type	Comments
132498	360	Modena Spider F1 03 Argento Nürburgring 101/C/Black LHD US ZFFYT53A230132498
132499	360	Modena Spider F1 03 Blu Pozzi 521 D.S./Crema Blue piping Blue top LHD US ZFFYT53A430132499 Blue steering wheel, roll bars & dash shields Red calipers Tubi
132500	360	Modena Spider F1 03 Grigio Titanio Metallizzato/Blu Scuro LHD CDN ZFFYT53A730132500
132501	360	Modena Spider
132502	360	Modena Spider F1 grigio alloy/black ZFFYT53B000132502 ass. #49653 rear challenge grill
132504	360	Modena Spider Grigio Alloy/Black LHD ZFFYT53B000132504 Red calipers
132506	360	Modena Spider 03 Red/Tan manual US ZFFYT53A830132506
132507	360	Modena Spider (F1) 03 LHD US ZFFYT53AX30132507
132508	360	Modena Spider F1 03 Grigo Ingrid/Tan Daytona Seats Tan Inserts & Stitching LHD US ZFFYT53A130132508 Shields Red calipers Front & Rear Challenge Grill
132509	360	Modena Spider F1 03 Red/Black LHD US ZFFYT53A330132509 Challenge Grill Shields
132510	360	Modena Spider (F1) 03 LHD US ZFFYT53AX30132510
132511	360	Modena Spider F1 03 Rosso Corsa Crema RHD ZFFYT53C000132511 Red calipers Challenge rear grill shields
132513	360	Modena Spider F1 03 Rossa Corsa/Tan Daytona seats LHD US ZFFYT53A530132513 shields Front & Rear Challenge grill
132514	360	Modena Spider F1 03 Argento Nürburgring 101/C/Blu Scuro LHD US ZFFYT53A730132514
132515	360	Modena Spider F1 03 Red/Crema ZFFYT53B000132515
132516	360	Modena Spider F1
132518	360	Modena Spider (F1) 03 LHD US ZFFYT53A430132518
132520	360	Modena Spider F1 03 Rosso Corsa/Nero RHD UK ZFFYT53C000132520
132523	360	Modena Spider (F1) 03 LHD US ZFFYT53A830132523
132524	360	Modena Spider F1 5/03 Grigio Titanio Metallizzato 3238/Bordeaux LHD US ZFFYT53AX30132524
132525	360	Modena Spider F1 03 Red/Tan Red Stiching LHD US ZFFYT53A130132525
132526	360	Modena Spider F1 Red LHD ZFFYT53B000132526
132527	360	Modena Spider 4/03 Nero Daytona/Crema Manual ZFFYT53C000132527
132532	575	M Maranello F1 grigio/nero
132533	575	Modena (F1) 03 LHD US ZFFBV55A430132533
132535	575	M Maranello F1 black/black ZFFBT55B000132535 Red calipers
132538	575	M Maranello
132539	575	M Maranello F1 03 Blu Tour de France 522/Beige
132545	575	M Maranello F1 silver/tan LHD EU
132547	575	M Maranello F1 12/03 Rosso Corsa/Beige ZFFBT55C000132547
132548	575	M Maranello F1 silver/tan ZFFBT55B000132548 ass.# 49681
132549	575	M Maranello F1 03 Blu Tour de France 522/Beige ZFFBT55B000132549
132550	575	M Maranello (F1) 03 LHD US ZFFBV55A430132550

s/n	Type	Comments
132552	575	M Maranello F1 03 Red/beige Red striped Daytona seats LHD US ZFFBV55A830132552 Fiorano Package Shields Tubi
132553	575	M Maranello F1 Red/Black ZFFBT55B000132553
132556	575	M Maranello F1 Grigio Titanio met./all bordeaux ZFFBT55B000132556
132557	575	M Maranello Rosso CorsaBlack LHD Manual ZFFBT55B000132557 shields
132561	575	M Maranello (F1) 03 LHD US ZFFBV55A930132561
132564	575	M Maranello F1 black/tan
132565	575	M Maranello F1 Red/Black ZFFBT55B000132565
132566	575	M Maranello F1 5/03 Grigio Titanio Metallizzato 3238/Grigio Scuro ZFFBT55B000132566 Fiorano package
132567	575	M Maranello F1 Silver/Blue sports seats ZFFBT55B000132567 Red calipers shields
132570	360	Modena F1 Silver/black ZFFYR51B000
132572	360	Modena (F1) 03 LHD US ZFFYU51AX30132572
132573	360	Modena (F1) 03 LHD US ZFFYU51A130132573
132576	360	Modena F1 Red/Black ZFFYR51B000
132578	360	Modena (F1) 03 LHD US ZFFYU51A030132578
132579	360	Modena 03 Rosso Corsa/Nero RHD ZFFYR51C000132579 Red calipers shields
132582	360	Modena F1 Red/Black ZFFYR51B000
132583	360	Modena 03 Azzurro California 524/tan Daytona seats Blue piping LHD US ZFFYU51A430132583 Tubi front Challenge grilles
132584	360	Modena (F1) 03 LHD US ZFFYU51A630132584
132586	360	Modena F1 Rosso Corsa/black ZFFYR51B000132586 ass. # 49821
132588	360	Modena (F1) 03 LHD US ZFFYU51A330132588
132592	360	Modena Red/Black ZFFYR51B000132592
132593	360	Modena F1 03 Silver/Black US ZFFYU51A730132593
132594	360	Modena Spider F1 3/03 Rosso Corsa/Crema ZFFYR51C000132594
132598	360	Modena Spider (F1) 03 ZFFYT53A630132598
132599	360	Modena Spider (F1) 03 LHD US ZFFYT53A830132599
132600	360	Modena Spider (F1) 03 LHD US ZFFYT53A030132600
132601	360	Modena Spider (F1) 03 LHD US ZFFYT53A230132601
132604	360	Modena Spider Rosso Corsa/Black LHD EU
132605	360	Modena
132607	360	Modena Spider F1 03 Red/Tan ZFFYT53B000132607
132608	360	Modena Spider (F1) 03 LHD US ZFFYT53A530132608
132609	360	Modena Spider F1 5/03 Black/Black & Red Daytona Seats LHD US ZFFYT53A730132609
132610	360	Modena Spider F1 03 Red/BlackLHD US ZFFYT53A330132610
132611	360	Modena Spider (F1) 03 LHD US ZFFYT53A530132611
132614	360	Modena Spider Rosso Corsa/black Manual LHD EU
132617	360	Modena Spider 4/03 Argento Nürburgring 101/C/Charcoal silver stitching Manual LHD US ZFFYT53A630132617 Red Calipers Front Challenge Grill Shields
132618	360	Modena Spider 03 Rosso Corsa/Red LHD US ZFFYT53A830132618
132619	360	Modena Spider F1 03 Argento Nürburgring 101/C/Nero LHD US ZFFYT53AX30132619
132620	360	Modena Spider 03 Blu Tour de France 522/Blu Scuro Manual ZFFYT53C000132620
132621	360	Modena Spider

s/n	Type	Comments
132624	360	Modena Spider F1 black/cuoio ZFFYT53B000132624
132626	360	Modena Spider (F1) 03 LHD US ZFFYT53A730132626
132627	360	Modena Spider F1 03 Rosso Corsa 322 D.S./Tan Red Daytona Seats Stitching & Piping LHD US ZFFYT53A930132627 Rear Challange Grill Sheilds Red Calipers Tubi
132628	360	Modena Spider F1 03 Azzurro California 524/Cuoio 03 LHD US ZFFYT53A030132628
132633	360	Modena Spider (F1) 03 LHD US ZFFYT53A430132633
132634	360	Modena Spider F1 03 Rosso Corsa/Tan LHD US ZFFYT53A630132634
132635	360	Modena Spider Black/Black RHD Manual ZFFYT53C000132635 Challenge rear grill
132636	360	Modena Spider F1 5/03 Blu Tour de France 522/all Blu Scuro ZFFYT53C000132636
132637	360	Modena Spider F1 03 Grigio Titanio 3238/Black Daytona Seats LHD EU ZFFYT53B000132637
132638	360	Modena Spider F1 03 Azzuro California/Cuoio Daytona seats dark navy inserts & dash dark navy top LHD silver calipers
132639	360	Modena Spider F1 Red/Black
132641	456	M GT 03Silver/Black ZFFWL44A330132641 silver calipers shields
132644	Enzo Ferrari	F1 03 ass. # 49564
132645	Enzo Ferrari	F1 03 Rosso Corsa/black LHD US ZFFCW56A430132645 ass. # 49613
132646	Enzo Ferrari	F1 Rosso Corsa/Black ZFFCZ56B000132646 ass. # 49627
132647	Enzo Ferrari	F1 Yellow/black LHD EU
132648	Enzo Ferrari	F1 03 Red/Black LHD US ZFFCW56AX30132648 ass. # 49647
132649	Enzo Ferrari	F1 Yellow/Black Black stitching ZFFCZ56B000132649 ass. # 49676
132650	Enzo Ferrari	F1 03 Yellow/Black LHD US ZFFCW56A830132650 ass. # 49701
132651	Enzo Ferrari	F1 giallo Modena ZFFCZ56B000132651 ass. # 49715
132652	Enzo Ferrari	F1 4/03 black/black & Red LHD US ZFFCW56A130132652 ass. #49735
132653	Enzo Ferrari	F1 03 ZFFCZ56B000132653 ass. # 49756
132654	Enzo Ferrari	F1 03 LHD US ZFFCW56A530132654 ass. # 49777 ex-Ralf Lauren
132655	Enzo Ferrari	F1 03 ZFFCZ56B000132655 ass. # 49797
132656	Enzo Ferrari	F1 03 LHD US ZFFCW56A930132656 ass. # 49817
132657	Enzo Ferrari	F1 03 LHD US ZFFCW56A030132657 ass. # 49843
132658	Enzo Ferrari	F1 Red/Black ZFFCZ56B000132658 ass. # 49825
132659	Enzo Ferrari	F1 ass. # 49864
132660	Enzo Ferrari	F1 ass. # 49876
132661	Enzo Ferrari	F1 03 LHD US ZFFCW56A230132661 ass. # 49896
132662	Enzo Ferrari	F1 Argento Nürburgring 101/C/Tan LHD ZFFCZ56B000132662 ass. # 49921
132663	Enzo Ferrari	F1 03 giallo Modena/nero & giallo LHD US ZFFCW56A630132663 ass. # 49937
132664	Enzo Ferrari	F1 4/03 Black/Black & Red LHD US ZFFCW56A830132664 ass. # 49970
132665	Enzo Ferrari	F1 03 ass. # 49952
132666	360	Modena Challenge Stradale F1 03 LHD EU
132667	360	Modena Challenge Stradale F1 03 grigio alloy/Red LHD EU
132668	360	Modena Challenge Stradale F1 03 LHD EU
132669	360	Modena Challenge Stradale F1 03 Rosso Scuderia FER. 323/Black LHD EU
132670	360	Modena Challenge Stradale F1 03 LHD EU
132671	360	Modena F1 03 Grigio Titanio 3238/black silver stitching LHD US ZFFYU51A130132671 Red calipers front & rear Challenge
132672	360	Modena (F1) 03 LHD US ZFFYU51A330132672
132673	360	Modena (F1) 03 LHD US ZFFYU51A530132673
132674	360	Modena (F1) 03 LHD US ZFFYU51A730132674
132675	360	Modena
132678	360	Modena F1 Red/Black rear wing ass. 49859
132680	360	Modena 03 Rossa Corsa/Tan Manual LHD US ZFFYU51A230132680 shields
132684	360	Modena F1 Red/Black ZFFYR51B000
132685	360	Modena (F1) 03 LHD US ZFFYU51A130132685
132686	360	Modena F1 03 Grey Blue LHD US ZFFYU51A330132686
132688	360	Modena Spider (F1) 03 LHD US ZFFYT53A730132688
132689	360	Modena Spider F1 03 Argento Silver Grey LHD US ZFFYT53A930132689
132690	360	Modena Spider (F1) 03 LHD US ZFFYT53A530132690
132691	360	Modena Spider F1 03 Red/Tan LHD US ZFFYT53A730132691
132695	360	Modena Spider 03 Argento Nürburgring 101/C/Nero silver stitchings LHD US Manual ZFFYT53A430132695
132696	360	Modena Spider 03 Black/Black ManualLHD US ZFFYT53A630132696
132697	360	Modena Spider F1 6/03 Rosso Corsa/Beige LHD US ZFFYT53A830132697
132698	360	Modena Spider F1 03 Yellow/BlackLHD US ZFFYT53AX30132698
132699	360	Modena Spider F1 4/03 Reosso CorsaTan ZFFYT53A130132699
132700	360	Modena Spider Red/Black ZFFYT53B000132700
132701	360	Modena Spider (F1) 03 LHD US ZFFYT53A630132701
132702	360	Modena Spider F1 03 Silver/Tan LHD US ZFFYT53A830132702 Red Calipers
132703	360	Modena Spider (F1) 03 LHD US ZFFYT53AX30132703
132710	360	Modena Spider 6/03 Nero/Grigio Scuro ZFFYT53B000132710
132712	360	Modena Spider 03 LHD US ZFFYT53A030132712
132713	360	Modena Spider (F1) 03 LHD US ZFFYT53A230132713
132714	360	Modena Spider F1 Grigio Titanio Metallizzato Beige ZFFYT53C000132714
132718	360	Modena Spider F1 03 Rosso Corsa/Beige ZFFYT53B000132718
132719	360	Modena Spider (F1) 03 LHD US ZFFYT53A330132719
132720	360	Modena Spider (F1) 03 LHD US ZFFYT53AX30132720
132721	360	Modena Spider 03 Blue/Tan Manual LHD US ZFFYT53A130132721
132722	360	Modena Spider 03 Grigio Titanio 3238/Black Manual LHD US ZFFYT53A330132722 front & rear Challenge grill
132724	360	Modena Spider F1 03 Rosso Corsa/Beige sports seats RHD ZFFYT53C000132724 Red calipers shields
132729	575	M Maranello Red/Black Manual ZFFBT55B000
132733	575	M Maranello F1 03 Metallic/silver/dark Blue LHD EU
132735	575	M Maranello F1 03 Argento Nürburgring 101/C/Bordeaux RHD UK ZFFBT55C000132735 Red calipers shields
132736	575	M Maranello F1 03 Blu NART/Beige ZFFBT55B000132736
132738	575	M Maranello (F1) 03 LHD US ZFFBV55A030132738

s/n	Type	Comments	s/n	Type	Comments
132739	575	M Maranello F1 03 Rosso Fiorano 321/Beige Burgundy inserts Burgundy stitching RHD ZFFBT55C000132739 Red calipers shields, Burgundy upper dash	132801	360	Modena Spider F1 03 Silver/Black LHD US ZFFYT53AX30132801
			132802	360	Modena Spider (F1) 03 LHD US ZFFYT53A130132802
132741	575	M Maranello F1 03 Grigio Titanio grey/black ZFFBT55B000132741	132804	360	Modena Spider F1 Red/Black ZFFYT53B000
			132806	360	Modena Spider (F1) 03 LHD US ZFFYT53A930132806
132743	575	M Maranello (F1) 03 LHD US ZFFBV55A430132743	132808	360	Modena Spider 03 Yellow LHD US ZFFYT53A230132808
132745	575	M Maranello F1 Rosso/tan LHD ZFFBT55B000132745	132809	360	Modena Spider (F1) 03 LHD US ZFFYT53A430132809
132746	575	M Maranello 03 Black dark tan Daytona seats black inserts LHD US ZFFBV55AX30132746 Red calipers	132810	360	Modena Spider (F1) 03 ZFFYT53A030132810
			132811	360	Modena Spider 03 Argento Nürburgring 101/C/Blu Scuro RHD UK ZFFYT53C000132811
132747	575	M Maranello F1 Blue/Black RHD ZFFBT55C000132747 Silver calipers shields	132812	360	Modena Spider F1 5/03 Nuovo Nero Daytona/Crema ZFFYT53C000132812
132750	575	M Maranello Red/all Red	132816	360	Modena Spider Red/Black ZFFYT53B000132816
132753	575	M Maranello F1 White/tan sport seats Blue inserts White stitching LHD ZFFBT55J000132753 shields	132817	360	Modena Spider F1 Red/Tan ZFFYT53B000
			132818	360	Modena Spider (F1) 03 LHD US ZFFYT53A530132818
132754	575	M Maranello F1 03 Rosso Corsa/Charcoal Sports seats LHD EU ZFFBT55B000132754 Red calipers Shields	132819	360	Modena Spider F1 03 Grigio Alloy/Pale Blue Red calipers LHD US ZFFYT53A730132819
			132820	360	Modena Spider 03 Red/Black Red stitching black top Manual ZFFYT53A330132820 shields Red calipers
132755	575	M Maranello
132756	575	M Maranello (F1) 03 LHD US ZFFBV55A230132756	132821	360	Modena Spider F1 03 Argento Nürburgring 101/C/BlackDaytona Seats Silver Stitching LHD US ZFFYT53A330132820 Red Calipers Front & Rear Challenge Grille
132757	575	M Maranello F1 black/Black & Red LHD ZFFBT55B000132757
132758	575	M Maranello F1 Blu Tour de France 522/Crema LHD
132760	575	M Maranello F1 03 Custom Dark Blue Cuoio ZFFBT55B000132760	132822	360	Modena Spider 03 Grigio Titanio 3238/Light Grey Manual LHD US ZFFYT53A730132822
132761	575	M Maranello F1 03 Blue/Bordeaux ZFFBT55B000132761 Red calipers shields	132824	360	Modena Spider F1 Metallic/Red/Tan
			132825	360	Modena Spider F1 Red/Tan
132764	575	M Maranello F1 9/03 Blu Tour De France/Yellow ZFFBT55C000132764	132826	360	Modena Spider Black/Crema ZFFYT53B000132826
132765	575	M Maranello (F1) 03 LHD US ZFFBV55A330132765	132827	360	Modena Spider F1 03 Rosso Corsa/Beige ZFFYT53D000132827
132767	575	M Maranello F1 03 Rosso Corsa/Sabbia ZFFBT55B000132767	132828	360	Modena Spider (F1) 03 LHD US ZFFYT53A830132828
132769	575	M Maranello F1 black/Black/Black sports seats	132829	360	Modena Spider (F1) 03 LHD US ZFFYT53AX30132829
132770	575	M Maranello 03 Argento Nürburgring/Charcoal LHD US ZFFBV55A730132770
132772	360	Modena Rosso Corsa/Black LHD EU	132830	360	Modena Spider F1 6/03 Blu Tour de France 522/Beige Daytona seats Blue inserts Blue stitching LHD US ZFFYT53A630132830 Red calipers Blue dash, steering wheel & roll bars
132773	360	Modena F1 Silver/black ZFFYR51B000132773
132774	360	Modena F1 Red/Tan ZFFYR51B000132774
132775	360	Modena 03 Blue Grey LHD US ZFFYU51A230132775
132776	360	Modena F1 03 Yellow/Black Daytona Seats LHD US ZFFYU51A430132776 shields Challenge wheels Yellow calipers Challenge grille	132831	360	Modena Spider 03 Grigio Alloy/dark Blue silver stiching Manual LHD US ZFFYT53A830132831 aluminum calipers colour coded rear challenge grill
			132832	360	Modena Spider
132777	360	Modena F1 03 Rosso Corsa/Beige LHD US ZFFYU51A630132777	132836	360	Modena 03 Rosso Corsa/Beige Daytona seats Red stitching Manual LHD US ZFFYU51A730132836 Red calipers shields
132781	360	Modena F1 03 Rosso Corsa/Tan Daytona seats LHD US ZFFYU51A830132781 shields front & rear Challenge grills
			132837	360	Modena (F1) 03 LHD US ZFFYU51A930132837
132786	360	Modena F1 Rosso Corsa/nero Red stittching LHD EU ZFFYR51B000	132838	360	Modena (F1) 03 LHD US ZFFYU51A030132838
			132840	360	Modena F1 Blu Tour de France 522/grey
132787	360	Modena (F1) 03 LHD US ZFFYU51A930132787	132842	360	Modena 03 Black/Black & Red Red Piping & Straps LHD US ZFFYU51A230132842 Tubi Exhaust Shields Front & Rear Challenge Grills Red Calipers
132788	360	Modena F1 03 Red/Tan LHD US ZFFYU51A030132788 Red Calipers Shields
132792	360	Modena F1 03 Rosso Corsa/Crema ZFFYR51C000132792
132793	360	Modena Red/Black Red stitching Manual RHD ZFFYR51C000132793 Red calipers Challenge rear grill shields	132843	360	Modena 6/03 Blu Tour de France 522/Beige Manual RHD ZFFYR51C000132843
			132844	360	Modena F1 Red/Black ZFFYR51B000132844
132796	360	Modena Spider black/brown	132848	360	Modena (F1) 03 LHD US ZFFYU51A330132848
132798	360	Modena Spider F1 5/03 Argento Nürburgring 101/C/Blu Scuro ZFFYT53B000132798	132849	360	Modena F1 03 Red/Tan LHD US ZFFYU51A530132849
132799	360	Modena Spider F1 03 Red/Black LHD US ZFFYT53A530132799	132851	360	Modena F1 Red/Black ZFFYR51B000132851 Red calipers
132800	360	Modena Spider (F1) 03 LHD US ZFFYT53A830132800	132853	360	Modena 03 LHD US ZFFYU51A730
			132854	360	Modena F1 03 Giallo Modena/Tan LHD US ZFFYU51A930132854

s/n	Type	Comments
132855	360	Modena Red/Black
132858	360	Modena 03 Yellow/Black Yellow stitching Manual LHD US ZFFYU51A630132858
132859	360	Modena (F1) 03 LHD US ZFFYU51A830132859
132860	360	Modena (F1) 03 LHD US ZFFYU51A430132860
132862	Enzo Ferrari	F1 Argento Nürburgring 101/C/tan ass. # 49921
132863	360	Modena Spider F1 03 Argento Nürburgring 101/C/Black LHD US ZFFYT53AX30132863
132864	360	Modena Spider (F1) 03 LHD US ZFFYT53A130132864
132865	360	Modena Spider F1 03 Argento Nürburgring 101/C/ Beige LHD US ZFFYT53A330132865
132866	360	Modena Spider (F1) 03 LHD US ZFFYT53A530132866
132867	360	Modena Spider F1 Titan Grey LHD ZFFYT53B000132867
132869	360	Modena Spider 6/03 Rosso Corsa/Nero RHD Manual ZFFYT53C000132869 Red calipers Challenge rear grill
132870	360	Modena Spider F1 Rosso Corsa/black ZFFYT53B000132870 rear challenge grill
132871	360	Modena Spider 03 Rosso Corsa/Nero Manual ZFFYT53B000132871
132875	360	Modena Spider (F1) 03 LHD US ZFFYT53A630132875
132876	360	Modena Spider (F1) 03 LHD US ZFFYT53A830132876
132877	360	Modena Spider F1 03 Rosso Corsa/Black Red stitching LHD US ZFFYT53AX30132877 shields Red calipers front & rear Challenge grills Tubi Hamman body kit including sideskirts, front lip, rear diffuser, rear bumper, rear wing, 19" stageRed Hamman Chrome Rim
132879	360	Modena Spider F1 5/03 Rosso Corsa/Nero ZFFYT53C000132879
132880	360	Modena Spider F1 Red/Black ZFFYT53B000
132883	360	Modena Spider (F1) 03 LHD US ZFFYT53A530132883
132884	360	Modena Spider (F1) 03 LHD US ZFFYT53A730132884
132885	360	Modena Spider F1 03 Rosso Corsa/Tan LHD US ZFFYT53A930132885
132886	360	Modena Spider 03 Silver/Dark Grey & light grey Daytona Seats Manual LHD US ZFFYT53A030132886 shields front & rear challenge grills Red Calipers
132887	360	Modena Spider (F1) 03 LHD US ZFFYT53A230132887
132888	360	Modena Spider F1 7/03 Rosso Corsa/Beige LHD US ZFFYT53A430132888
132889	360	Modena Spider 03 Blu Tour de France 522/Blu Scuro ZFFYT53C000132889
132890	360	Modena Spider Grigio Alloy LHD ZFFYT53B000132890
132893	360	Modena Spider F1 6/03 Rosso Corsa/Nero ZFFYT53B000132893
132894	360	Modena Spider F1 Red/Black shields Red calipers rear challenge grill
132895	360	Modena Spider F1 03 Blue/Tan LHD US ZFFYT53A130132895
132896	360	Modena Spider F1 03 Blue/Tan Daytona Seats Blue Inserts Blue top ZFFYT53A330132896 shields aluminum calipers
132897	360	Modena Spider (F1) 03 LHD US ZFFYT53A530132897
132898	360	Modena Spider (F1) 03 LHD US ZFFYT53A730132898
132899	360	Modena Spider
132902	360	Modena Spider Red/Black LHD EU
132904	360	Modena Spider F1 6/03 Rosso Corsa/Beige ZFFYT53D000132904
132905	360	Modena Spider (F1) 03 LHD US ZFFYT53A030132905
132906	360	Modena Spider F1 03 Blue TdF/beige Daytona seats LHD US ZFFYT53A230132906 shields Red calipers Challenge Grill
132907	360	Modena Spider 03 Argento Nürburgring 101/C/ Grey Manual
132909	360	Modena Spider
132915	360	Modena Challenge Stradale F1 03 Black/Light Red LHD ZFFDT57B000132915
132916	360	Modena Challenge Stradale F1 03 Rosso Scuderia Black & Red LHD EU
132917	360	Modena Challenge Stradale F1 LHD EU
132918	360	Modena Challenge Stradale F1 Red/Red LHD ZFFDT57B000132918
132919	360	Modena Challenge Stradale F1 03 Rosso/Rosso LHD ZFFDT57B000132919
132922	575	M Maranello 03 Rosso Corsa/Nero Manual ZFFBT55C000132922
132925	575	M Maranello 03 Red/Tan Manual LHD US ZFFBV55AX30132925
132928	575	M Maranello F1 Red/Black
132929	575	M Maranello F1 black/tan
132934	575	M Maranello F1 6/03 Nuovo Nero Daytona/Bordeaux ZFFBT55B000132934
132935	575	M Maranello F1 Argento Nürburgring 101/C/Blu Scuro ZFFBT55D000132935
132936	575	M Maranello F1 11/03 Rosso Corsa/Beige Daytona seats RHD ZFFBT55C000132936 shields
132939	575	M Maranello 03 Black/Tan black inserts LHD US ZFFBV55AX30132939 Red calipers
132940	575	M Maranello F1 5/03 Argento Nürburgring 101/C/Nero ZFFBT55B000132940
132941	575	M Maranello F1 03 Blu Tour de France 522/tan Daytona seats piped Black Black Daytona inserts LHD US ZFFBV55A830132941
132942	575	M Maranello F1 Rosso Corsa Nero Bordeaux Carpet
132943	575	M Maranello F1 Red/Black Red calipers, scaglietti wheels ZFFBT55B000132943
132946	575	M Maranello F1 Red/Black RHD ZFFBT55C000132946 Red calipers shields
132947	575	M Maranello F1 Dark Blue or Black ZFFBT55B000132947
132950	575	M Maranello F1 03 Grigio Titanio Metallizzato 3238/Nero ZFFBT55B000132950
132952	575	M Maranello F1 2/04 Rosso Corsa/Red & Black sport seats ZFFBT55C000132952
132955	575	M Maranello F1 03 Argento Nürburgring 101/C/Cuoio ZFFBT55B000132955
132959	360	Modena F1 7/03 Giallo Modena/Nero ZFFYR51D000132959
132960	360	Modena Challenge Stradale F1 03 Rosso Scuderia FER. 323/Red & black cloth ZFFDT57B000132960
132961	360	Modena 6/03 Rosso Corsa/Nero ZFFYR51B000132961
132963	360	Modena Challenge Stradale F1 03 Rosso Scuderia FER. 323/black & Rosso LHD ZFFDT57B000132963 ass.# 50124 Windup windows
132966	360	Modena Challenge Stradale F1 03 Red/Red & Black Cloth LHD ZFFDT57B000132966
132969	360	Modena Challenge Stradale F1 03 Rosso Scuderica/Red Italian stripe ZFFDT57B000 ass. # 50594
132970	360	Modena F1 03 Red/Tan LHD ZFFYU51A030
132971	360	Modena (F1) 03 LHD US ZFFYU51A230132971
132972	360	Modena F1 Rosso Corsa/Crema Bordeaux Carpet RHD
132976	360	Modena Challenge Stradale F1 03 Red/Black & Red LHD ZFFDT57B000132976

s/n	Type	Comments
132977	360	Modena (F1) 03 LHD US ZFFYU51A330132977
132978	360	Modena F1 03 LHD US ZFFYU51A530132978
132980	360	Modena F1 Rosso Corsa/tan
132981	360	Modena Spider Blue/Tan LHD Manual ZFFYT53B000132981 shields
132982	360	Modena Spider Blu Tour de France 522/Tan LHD EU ZFFYT53B000132982
132984	360	Modena Spider (F1) 03 LHD US ZFFYT53A030132984
132985	360	Modena Spider F1 03 Azzurro California 524/dark Blue LHD US ZFFYT53A230132985
132986	360	Modena Spider (F1) 03 LHD US ZFFYT53A430132986
132987	360	Modena Spider (F1) 03 Rosso Corsa/Black LHD
132990	360	Modena Spider F1 Rosso CorsaBlack Red stitching LHD ZFFYT53B000132990 Red calipersChallenge rear grill lower front spolier
132991	360	Modena Spider F1 03 Grigio Titanio Metallic/Tan LHD US ZFFYT53A830132991
132992	360	Modena Spider (F1) 03 LHD US ZFFYT53AX30132992
132993	360	Modena Spider F1 03 Yellow/Black LHD US ZFFYT53A130132993
132994	360	Modena Spider 03 Red/Black Red Stitchings LHD US RedCalipers ZFFYT53A330132994
132997	360	Modena Spider 03 Red/Tan Manual LHD ZFFYT53B000
133000	360	Modena Spider F1 Red/Tan
133002	360	Modena Spider (F1) 03 LHD US ZFFYT53A730133002
133003	360	Modena Spider (F1) 03 LHD US ZFFYT53A930133003
133004	360	Modena Spider (F1) 03 LHD US ZFFYT53A030133004
133005	360	Modena Spider 03 Red/Black LHD US ZFFYT53A230
133006	360	Modena Spider
133007	360	Modena Spider F1 03 Grigio Titanio Metallizzato 3238/Cuoio ZFFYT53B000133007 Cuoio dash & steering wheel
133012	360	Modena Spider (F1) 03 LHD US ZFFYT53AX30133012
133013	360	Modena Spider (F1) 03 LHD US ZFFYT53A130133013
133014	360	Modena Spider F1 03 Nero/Nero LHD US ZFFYT53A330133014
133015	360	Modena Spider 03 LHD US ZFFYT53A530133015
133017	Enzo Ferrari	F1 03 ZFFCZ56B000133017 ass. # 50374
133018	Enzo Ferrari	F1 03 Red & Yellow/Red ZFFCZ56B000133018 ass. # 49989
133019	Enzo Ferrari	F1 03 LHD US ZFFCW56A630133019 ass. # 50008
133020	Enzo Ferrari	F1 Red/Red LHD ZFFCZ56B000133020 ass. # 50024
133021	Enzo Ferrari	F1 nero/Rosso ZFFCZ56B000133021 ass. #50059 Willi Weber
133022	Enzo Ferrari	F1 03 LHD US ZFFCW56A630133022 ass. # 50080
133023	Enzo Ferrari	F1 White ZFFCZ56B000133023 ass. # 50101, eng. # 76026
133024	Enzo Ferrari	F1 03 Red/Tan LHD US ZFFCW56AX30133024 ass. # 50115
133025	Enzo Ferrari	F1 03 LHD
133026	Enzo Ferrari	F1 03 Black LHD US ZFFCW56A330133026 ass. # 50152
133027	Enzo Ferrari	F1 Red/Black ZFFCZ56B000133027 eng. #76326 ass.# 50173
133028	Enzo Ferrari	F1 03 Red/Red LHD US ZFFCW56A730133028 ass. # 50181
133029	Enzo Ferrari	F1 ZFFCZ56B000133029
133030	Enzo Ferrari	F1 03 Red/Black LHD US ZFFCW56A530133030 ass. # 50231
133031	Enzo Ferrari	F1 Rosso Corsa/black ZFFCZ56B000133031 ass. #50249
133032	Enzo Ferrari	F1 giallo Modena/nero ZFFCZ56B000133032 ass. # 50267
133033	Enzo Ferrari	F1 03 LHD US ZFFCW56A030133033 ass. # 50274
133034	Enzo Ferrari	F1 03 black/Black Black wheels ZFFCZ56B000133034
133035	Enzo Ferrari	F1 # 60/399+1 03 Rosso/Black Red seats LHD US ZFFCW56A430133035 ass. # 50334
133038	360	Modena Challenge Stradale F1 LHD EU
133043	360	Modena Challenge Stradale F1 03 Rosso Scuderia FER. 323/Red & black LHD ZFFDT57B000133043 ass. # 50318
133044	456	M GTA 03 Grigio Titanio met./grey black piping LHD US
133046	360	Modena 03 Red/Tan Manual LHD US ZFFYU51A530133046
133047	360	Modena (F1) 03 LHD US ZFFYU51A730133047
133049	360	Modena Rosso Corsa/Tan LHD Manual ZFFYR51B000133049 Challenge stradale rear grill script
133050	360	Modena F1 Red/Black
133051	360	Modena Challenge Stradale F1 LHD EU
133052	360	Modena F1 03 Blu Tour de France 522/Tan Daytona seats Blue inserts LHD US ZFFYU51A030133052 Shields Red Calipers Factory Rear Wing
133058	360	Modena 03 Red/Black ZFFYR51B000133058
133059	360	Modena Challenge Stradale F1 03 LHD EU
133060	360	Modena (F1) 03 LHD US ZFFYU51AX30133060
133063	360	Modena Challenge Stradale F1 03 Rosso Scuderia FER. 323/Nero ZFFDT57B000133063
133066	360	Modena (F1) 03 LHD US ZFFYU51A030133066
133069	360	Modena Spider F1 Red/Black rear wing
133072	360	Modena Spider 03 Blu Tour de France 522/Naturale LHD US ZFFYT53A630133072
133073	360	Modena Spider (F1) 03 LHD US ZFFYT53A830133073
133074	360	Modena Spider F1 03 LHD US ZFFYT53AX30133074
133075	360	Modena Spider (F1) 03 ZFFYT53A130133075
133076	360	Modena Spider F1 11/03 Grigio Titanio Metallizzato 3238/Charcoal ZFFYT53B000133076
133082	360	Modena Spider (F1) 03 LHD US ZFFYT53A930133082
133083	360	Modena Spider (F1) 03 LHD US ZFFYT53A030133083
133084	360	Modena Spider F1 03 Red/Beige Red Calipers LHD US ZFFYT53A230133084
133085	360	Modena Spider (F1) 03 LHD US ZFFYT53A430133085
133086	360	Modena Spider F1 03 Nuovo Nero Daytona/Beige RHD UK ZFFYT53C000133086
133087	360	Modena Spider 6/03 Rosso Corsa/Nero sport seats Red stitching ZFFYT53B000133087 Red calipers shields
133089	360	Modena Spider 03 Grigio Titanio 3238/black Daytona seats grey inserts LHD US ZFFYT53A130133089 Red calipers shields front & rear Challenge grille
133090	360	Modena Spider F1 03 Grigio Titanio 3238/Sabbia Manual LHD US ZFFYT53A830133090
133091	360	Modena Spider F1 03 Rosso Corsa/Tan Daytona Seats Black Top ZFFYT53AX30133091 Tan Roll Bars Front & Rear Challange Grills Red Calipers Shields
133092	360	Modena Spider F1 03 Grigio Titanio 3238/charcoal Daytona seats silver grey stitching ZFFYT53A130133092 Red calipers Challenge grille

s/n	Type	Comments
133093	360	Modena Spider dark Blue metallic/tan manual ZFFYT53B000133093
133096	360	Modena Spider F1 03 Argento Nürburgring 101/C/Grigio Scuro ZFFYT53B000133096
133098	360	Modena Spider (F1) 03 ZFFYT53A230133098
133099	360	Modena Spider F1 03 Rosso Corsa/Tan Daytona Seats Black Top LHD US ZFFYT53A430133099 Red Calipers Shields
133100	360	Modena Spider 03 Argento Nürburgring 101/C/Black Daytona seats silver stitching black top Manual ZFFYT53A730133100 silver calipers Tubi
133101	360	Modena Spider (F1) 03 LHD US ZFFYT53A930133101
133102	360	Modena Spider (F1) 03 LHD US ZFFYT53A030133102
133104	360	Modena Spider 03 Rosso Corsa/Nero Manual RHD UK ZFFYT53C000133104
133105	360	Modena Spider F1 Red/Tan RHD
133106	360	Modena Spider F1 grigio alloy/Blue ZFFYT53B000133106 ass. # 50260 rear Challenge grill
133109	360	Modena Spider Titan/Black LHD ZFFYT53B000133109
133111	360	Modena Spider Red/Tan Manual RHD ZFFYT53D000133111
133113	360	Modena Spider (F1) 03 LHD US ZFFYT53A530133113
133114	360	Modena Spider (F1) 03 LHD US ZFFYT53A730133114
133115	360	Modena Spider F1 7/03 Grigio Titanio Metallizzato 3238/Nero Daytona seats Red stitching LHD US ZFFYT53A930133115 Red calipers
133116	360	Modena Spider F1 Grigo Ingrid/Crema Yellow calipers
133117	Enzo Ferrari	F1 03 LHD US ZFFCW56A630133117 ass. # 50051
133118	Enzo Ferrari	F1 5/03 Black/Cuoio Yellow gauges LHD US ZFFCW56A830133118 ass. #50355, ex-Steve Wynn
133122	360	Modena 03 Red/beige Daytona seats black inserts & piping Manual LHD US ZFFYU51A630133122 Front & rear Challenge grilles shields Red calipers
133123	360	Modena F1 Rosso Corsa Nero Bordeaux Carpet
133125	360	Modena Challenge Stradale F1 Rosso Scuderia FER. 323/black LHD EU
133127	360	Modena (F1) 03 LHD US ZFFYU51A530133127
133129	360	Modena Challenge Stradale F1 03 Rosso Scuderia FER. 323/Red & Black Alcantara ZFFDT57B000133129
133132	360	Modena (F1) 03 LHD US ZFFYU51A930133132
133133	360	Modena 6/03 Nuovo Nero Daytona/Sabbia Manual ZFFYR51C000133133
133134	360	Modena Challenge Stradale F1 03 Rosso Scuderia tricolore stripe/Red & black cloth ZFFDT57B000133134 Black calipers
133136	360	Modena F1 Red LHD ZFFYR51B000133136
133137	360	Modena (F1) 03 LHD US ZFFYU51A830133137
133138	360	Modena F1 03 Rosso Corsa/Tan LHD US ZFFYU51AX30133138
133139	360	Modena F1 03 Grigio Titanio Cuoio LHD US ZFFYU51A130133139
133142	360	Modena Challenge Stradale F1 LHD EU
133144	360	Modena (F1) 03 Rosso Corsa/Tan Daytona Seats LHD US ZFFYU51A530133144 Rear Challenge Grill Shields Red calipers
133145	360	Modena (F1) 03 LHD US ZFFYU51A730133145
133146	360	Modena F1 03 Grigio Titanio 3238/Bordeaux Daytona seats Manual LHD US ZFFYU51A930133146 Red calipers Tubi
133147	360	Modena F1 7/03 Giallo Modena/Nero LHD US ZFFYU51A030133147
133149	360	Modena Spider F1 Rosso Corsa/brown
133153	360	Modena Spider 03 Argento Nürburgring 101/C/ Sabbia Manual LHD US ZFFYT53A630133153
133154	360	Modena Spider F1 03 Rosso Corsa/Black LHD US ZFFYT53A830133154 Red Calipers Rear Challenge Grill Front Challenge Style Grilles Shileds
133155	360	Modena Spider F1 03 Red/Tan black top LHD US ZFFYT53AX30133155 ass. # 50237 shields Challenge grille Red calipers
133157	360	Modena Spider F1 7/03 Grigio Titanio 3238/Nero Silver stitching ZFFYT53B000133157
133158	360	Modena Spider F1 Red/Black ZFFYT53B000133158
133160	360	Modena Spider (F1) 03 LHD US ZFFYT53A330133160
133161	360	Modena Spider F1 03 Black/Black Daytona seats silver stitching LHD US ZFFYT53A530133161 challenge grills shields Fuchs exhaust
133162	360	Modena Spider (F1) 03 LHD US ZFFYT53A730133162
133163	360	Modena Spider (F1) 03 LHD US ZFFYT53A930133163
133164	360	Modena Spider F1 03 Grigio alloy/black
133166	360	Modena Spider black metallic/black
133169	360	Modena Spider F1 Yellow/black Yellow stitching ZFFYT53B000133169 Black calipers shields Challenge rear grill
133172	360	Modena Spider F1 03 Black/Black LHD US ZFFYT53AX30133172 ex-Al Harris (Greenbay Packers) Challenge Front & Rear Grilles Shields Red Calipers
133173	360	Modena Spider 03 Red/Beige Manual LHD US ZFFYT53A130133173
133176	360	Modena Spider
133178	360	Modena Spider F1 6/03 Nuovo Nero Daytona/Beige ZFFYT53B000133178
133179	360	Modena Spider F1 03 Rosso Corsa/Nero ZFFYT53B000133179
133183	360	Modena Spider 03 Red/Tan US ZFFYT53A430133183
133184	360	Modena Spider (F1) 03 LHD US ZFFYT53A630133184
133185	360	Modena Spider Red/Black ZFFYT53B000133185
133187	360	Modena Spider F1 6/03 Nero/Nero sports seats Yellow stitching LHD ZFFYT53B000133187 Challenge wheels shields
133188	360	Modena Spider F1 Red/Black ZFFYT53B000
133191	360	Modena Spider 03 Rosso Corsa Naturale Manual LHD US ZFFYT53A330133191
133192	360	Modena Spider F1 03 Red/Black Daytona seats Red stitching LHD US ZFFYT53A530133192 front & rear Challenge grilles shields Red calipers Tubi
133193	360	Modena Spider Red/Black ZFFYT53B000133193
133194	360	Modena Spider F1 Blue/Cream black inserts RHD ZFFYT53C000133194 Yellow calipers Challenge rear grill Shields
133195	360	Modena (F1) 03 LHD US ZFFYU51A030133195
133203	575	M Maranello 03 Grigio Titanio met./Black LHD US ZFFBV55AX30133203
133205	575	M Maranello 03 Grigio Titanio met./black LHD US ZFFBV55A330133205
133207	575	M Maranello F1 03 Grigo/Beige LHD EU ass. # 50295 Red calipers Fiorano package
133208	575	M Maranello

s/n	Type	Comments
133211	575	M Maranello F1 Red/Black ZFFBT55B000133211
133218	575	M Maranello (F1) 03 LHD US ZFFBV55A130133218
133223	575	M Maranello F1 7/03 Giallo Modena/Beige LHD US ZFFBV55A530133223
133227	Enzo Ferrari	F1 Rosso/tan
133228	360	Modena Red/Tan Manual ZFFYR51B000133228
133229	360	Modena Grigio Titanio 3238/black Manual ZFFYR51B000
133231	360	Modena F1 Red/all tan ZFFYR51B000
133232	360	Modena (F1) 03 LHD US ZFFYU51A230133232
133234	360	Modena Spider Dark Blue/Crema RHD ZFFYT53C000133234
133235	360	Modena Challenge Stradale F1
133236	360	Modena 03 Red/Tan Daytona Seats Manual LHD US ZFFYU51AX30133236
133237	360	Modena F1 03 Yellow/Black LHD US ZFFYU51A130133237
133241	360	Modena (F1) 03 LHD US ZFFYU51A330133241
133242	360	Modena 03 Black LHD US ZFFYU51A530133242
133243	360	Modena (F1) 03 LHD US ZFFYU51A730133243
133245	360	Modena Challenge Stradale F1 03 Rosso Corsa/Red LHD EU
133246	360	Modena Challenge Stradale F1
133247	360	Modena Giallo Modena/Black sports seats Yellow stitching LHD Manual ZFFYR51B000133247 Red calipers
133248	360	Modena (F1) 03 LHD US ZFFYU51A630133248
133249	360	Modena (F1) 03 LHD US ZFFYU51A830133249
133250	360	Modena (F1) 03 LHD US ZFFYU51A430133250
133251	360	Modena F1 03 Rosso Corsa/Black Silver Stitching LHD US ZFFYU51A630133251 Red calipers Sunroof Shields Front Challenge Grill Capristo Exhaust
133252	360	Modena F1 6/03 Nuovo Nero Daytona/Nero ZFFYR51B000133252
133253	360	Modena Challenge Stradale F1 7/03 Blu Tour de France 522/Cuoio ZFFDT57B000133253
133254	360	Modena Red/Black Manual ZFFYR51B000
133256	360	Modena (F1) 03 LHD US ZFFYU51A530133256
133257	360	Modena F1 03 Red/Black LHD US ZFFYU51A730133257
133258	360	Modena F1 Red/Tan
133260	360	Modena 03 Grigio Titanio 3238/Black Daytona seats titanium stitching ZFFYU51A730133260 red calipers front & rear Challenge grilles Tubi shields
133262	360	Modena Challenge Stradale F1 03 Rosso Scuderia FER. 323 Italian stripe/Red & black ZFFDT57B000133262 ass. # 50664 Yellow dials
133263	360	Modena Challenge Stradale F1 03 Rosso Scuderia FER. 323/Rosso ZFFDT57B000133263
133265	360	Modena Spider F1 Red/Black ZFFYT53B000133265
133266	360	Modena Spider F1 Red/beige beige top ZFFYT53B000133266
133269	360	Modena Spider F1 Red/Black
133272	360	Modena Spider F1 03 Grigio Titanio 3238/dark Grey black inserts ZFFYT53A530
133273	360	Modena Spider F1 Silver/Black White stitching ZFFYT53B000
133275	360	Modena Spider F1 03 Red/Black US ZFFYT53A930133275
133276	360	Modena Spider
133278	360	Modena Spider F1 03 Argento Nürburgring 101/C/Blu Scuro Blue soft top ZFFYT53B000133278 black calipers
133279	360	Modena Spider F1 Rosso Corsa/Black LHD ZFFYT53B000133279 Red calipers
133280	360	Modena Spider F1 Red/Black ZFFYT53B000133280
133283	360	Modena Spider (F1) 03 LHD US ZFFYT53A830133283
133284	360	Modena Spider F1 Red/Black ZFFYT53B000133284
133287	360	Modena Spider F1 Red/Black LHD EU ZFFYT53B000133287
133288	360	Modena Spider F1 Rosso Corsa/black ZFFYT53B000133288
133289	360	Modena Spider F1 03 Yellow/Black RHD ZFFYT53D000133289
133290	360	Modena Spider (F1) 03 LHD US ZFFYT53A530133290
133291	360	Modena F1 03 Rosso Corsa/Tan ZFFYT53A730133291
133292	360	Modena Spider
133294	360	Modena Spider F1 03 Yellow/black ZFFYT53B000133294
133295	360	Modena Spider F1 Red/Black ZFFYT53B000133295
133296	360	Modena Spider F1 Rosso Corsa/all Tan Tan steering wheel LHD EU
133297	360	Modena Spider
133298	360	Modena Spider (F1) 03 LHD US ZFFYT53AX30133298
133300	360	Modena Spider F1 Rosso Corsa/black ZFFYT53B000133300
133301	360	Modena Spider
133305	360	Modena Challenge Stradale F1 04 Blu Tour de France Naturale ZFFDU57A440133305
133306	360	Modena Challenge Stradale F1 04 LHD US ZFFDU57A640133306
133307	360	Modena Challenge Stradale F1 04 LHD US ZFFDU57A840133307
133308	360	Modena Challenge Stradale F1 04 LHD US ZFFDU57AX40133308
133309	360	Modena Challenge Stradale F1 04 Rosso Scuderia FER. 323/Black & Red Alcantara LHD US ZFFDU57A140133309
133310	360	Modena Challenge Stradale F1 04 LHD US ZFFDU57A840133310
133311	360	Modena Challenge Stradale F1 04 Rosso Scuderia LHD US ZFFDU57AX40133311
133312	360	Modena Challenge Stradale F1 04 Rosso Scuderia LHD US ZFFDU57A140133312
133313	360	Modena Challenge Stradale F1 11/03 Blu Tour de France 522/Beige RHD UK ZFFDT57C000133313
133315	360	Modena (F1) 03 LHD US ZFFYU51A630133315
133316	360	Modena 03 Rosso Corsa/Black ZFFYR51D000133316
133317	360	Modena F1 03 Rosso Corsa/Black Red stitching LHD US ZFFYU51AX30133317 Red calipers shields challenge rear grill
133318	360	Modena F1 03 Rosso Corsa/Tan Daytona seats LHD US ZFFYU51A130133318 front & rear Challenge grilles Red calipers shields
133319	360	Modena F1 Red LHD ZFFYR51B000133319
133323	360	Modena F1 7/03 Azzurro California 524/Sabbia LHD US ZFFYU51A530133323
133324	360	Modena (F1) 03 LHD US ZFFYU51A730133324
133328	360	Modena (F1) 03 LHD US ZFFYU51A430133328
133329	360	Modena F1 03 Rosso Fiorano 321/tan LHD US ZFFYU51A630133329 Red Calipers Front & Rear Challenge Grills
133330	360	Modena 03 Blu Tour de France 522/Crema RHD UK ZFFYR51C000133330
133333	360	Modena (F1) 03 LHD US ZFFYU51A830133333
133334	360	Modena 03 Red/Tan Manual LHD US ZFFYU51AX30133334
133335	360	Modena F1 03 Grigio Alloy Dark Blue LHD US ZFFYU51A130133335 challenge grills shields

s/n	Type	Comments	s/n	Type	Comments
133336	360	Modena F1 03 Giallo Modena/Nero sports seats ZFFYR51B000133336 rear challenge grill Red calipers	133388	360	Modena Spider (F1) 03 LHD US ZFFYT53A030133388
133337	360	Modena F1 Red/Crema ZFFYR51B000 modified rear window	133392	360	Modena Spider F1 Yellow/black ZFFYT53B000133392
133339	360	Modena (F1) 03 LHD US ZFFYU51A930133339	133393	360	Modena Spider F1 grigio alloy/Blue
133340	360	Modena (F1) 03 LHD US ZFFYU51A530133340	133396	575	M Maranello F1 03 Rosso Corsa/Beige ZFFBT55D000133396
133343	360	Modena F1 6/03 Grigio Titanio 3238/Dark Grey Daytona Seats LHD US ZFFYU51A030133343 ass. # 50536 rear challenge grill shields Grigio Titanio calipers	133397	575	M Maranello (F1) 03 LHD US ZFFBV55A530133397
			133399	575	M Maranello F1 Black/black ZFFBT55B000
133344	360	Modena (F1) 03 LHD US ZFFYU51A230133344	133401	575	M Maranello (F1) 03 LHD US ZFFBV55A330133401
133345	360	Modena Challenge Stradale F1 03 Rosso Scuderia FER. 323/Azzurro ZFFDT57C000133345	133402	575	M Maranello F1 Red/Black
			133403	575	M Maranello F1 Rosso Corsa/naturale ZFFBT55B000133403
133347	360	Modena F1 Rosso Corsa/Black Red stitching LHD ZFFYR51B000133347 Red calipers	133404	575	M Maranello F1 03 Silver/Black Daytona Seats White stitching ZFFBV55A930133404 Silver Calipers shields
133348	360	Modena (F1) 03 ZFFYU51AX30133348			
133349	360	Modena F1 03 Rosso Corsa/Nero ZFFYR51C000133349	133406	575	M Maranello F1 Red/Black
			133408	575	M Maranello F1 03 Argento Nürburgring 101/C/Sabbia Daytona seats LHD US ZFFBV55A630133408 Shields Red Calipers
133350	360	Modena Spider LHD US			
133353	360	Modena Spider 03 Grey LHD US ZFFYT53A330133353	133409	575	M Maranello 7/03 Rosso Corsa/Crema sports seats Red stitching Manual RHD ZFFBT55C000133409 Red calipers shields
133354	360	Modena Spider F1 03 Red/Tan Daytona Seats LHD US ZFFYT53A530133354			
			133413	575	M Maranello (F1) 03 LHD US ZFFBV55AX30133413
133356	360	Modena Spider F1 7/03 Grigio Titanio Metallizzato 3238/Bordeaux ZFFYT53B000133356	133414	575	M Maranello F1 Black/tan ZFFBT55B000133414
133358	360	Modena Spider F1 silver then black/bordeaux ZFFYT53B000133358	133415	575	M Maranello F1 Red/Tan ZFFBT55B000133415
133359	360	Modena Spider F1 black/black ZFFYT53B000133359	133417	575	M Maranello (F1) 03 LHD US ZFFBV55A730133417
133364	360	Modena Spider 03 Blu Tour de France 522/Tan Manual LHD US ZFFYT53A830133364 Red calipers	133419	575	M Maranello F1 8/03 Rosso Corsa/Beige LHD US ZFFBV55A030133419
			133420	575	M Maranello F1 03 Grigio Ingrid/Tan LHD US ZFFBV55A730133420
133365	360	Modena Spider F1 03 Black/tan LHD US ZFFYT53AX30	133421	575	M Maranello F1 Red/Black ZFFBT55B000
133366	360	Modena Spider F1 Red/Black rear Challenge grille shields Red calipers	133422	575	M Maranello F1 03 Nuovo Nero Daytona/Nero ZFFBT55B000133422 black calipers
133370	360	Modena Spider (F1) 03 LHD US ZFFYT53A330133370	133424	575	M Maranello F1 03 Red/Crema ZFFBT55B000133424
133371	360	Modena Spider F1 03 LHD US ZFFYT53A530133371	133425	575	M Maranello F1 03 Grigio Titanio met./Grey Daytona seats LHD US ZFFBV55A630133425 Tubi aluminum calipers
133372	360	Modena Spider (F1) 03 LHD US ZFFYT53A730133372			
			133426	575	M Maranello
133373	360	Modena Spider 03 Nuovo Nero Daytona/Beige RHD UK ZFFYT53C000133373	133427	575	M Maranello F1 Black/black ZFFBT55B000133427
133374	360	Modena Spider F1 03 Black LHD ZFFYT53B000133374	133428	575	M Maranello (F1) 03 Red/Tan LHD US ZFFBV55A130133428
133376	360	Modena Spider F1 03 Rosso Corsa/Tan Daytona Seats Red piping & stitching LHD US ZFFYT53A430133376 Red calipers shields	133431	575	M Maranello F1 03 Red/Tan Red stitching LHD US ZFFBV55A130133431
			133432	575	M Maranello 03 Rosso Corsa/Tan LHD US ZFFBV55A330133432
133377	360	Modena Spider F1 03 Red/Tan Black top LHD US ZFFYT53A630133377 Shields Challenge grill Red calipers	133434	360	Modena (F1) 03 ZFFYU51A330133434
			133435	360	Modena F1 03 Rosso Corsa/Tan Daytona Seats Black Inserts Red Stitching LHD US ZFFYU51A530133435 Shields Red Calipers Rear Challenge
133378	360	Modena Spider F1 Grigio Alloy/Blue RHD Black inserts ZFFYT53C000133378			
133379	360	Modena Spider F1 03 black/black ZFFYT53B000133379	133436	360	Modena F1 03 Red/Black & Red ZFFYR51B000133436
133381	360	Modena Spider F1 Red/Tan ZFFYT53B000133381	133440	360	Modena F1 4/03 Rosso Corsa/Beige LHD US ZFFYU51A930133440
133383	360	Modena Spider F1 7/03 Rosso Corsa/Beige ZFFYT53B000133383	133441	360	Modena Challenge Stradale F1 LHD EU
			133442	360	Modena F1 2/04 Rosso Corsa/Beige ZFFYR51B000133442
133384	360	Modena Spider F1 grigio alloy/dark Blue ZFFYT53B000133384			
			133443	360	Modena F1 03 White Red ZFFYU51A430133443
133385	360	Modena Spider F1 03 Grigio Alloy/Blu Medio Blue top ZFFYT53B000133385	133444	360	Modena F1 04 Red/Tan ZFFYU51A640133444
133386	360	Modena Spider F1 03 RedTan Daytona seats red piping & stitching LHD US ZFFYT53A730133386 red calipers shields	133445	360	Modena Challenge Stradale F1 03 Black Italian stripe (later removed)/Brown ZFFDT57B000133445 ass. # 50687
133387	360	Modena Spider (F1) 03 LHD US ZFFYT53A930133387			

s/n	Type	Comments	s/n	Type	Comments
133446	360	Modena Challenge Stradale F1 03 Silver/black LHD ZFFDT57B000133446 ass # 50694 black calipers Shields	133495	Enzo Ferrari	F1 03 Rosso Corsa ZFFCZ56B000133495
			133496	Enzo Ferrari	F1 03 ZFFCZ56B000133496 ass. # 50460, new to GB
133447	360	Modena Challenge Stradale F1 03 Rosso Scuderia FER. 323/Black & Red leather CS Stripe ZFFDT57B000133447 ass. # 50717 Yellow dials	133497	Enzo Ferrari	F1 03 ZFFCZ56B000133497 ass. # 50481, new to E
			133498	Enzo Ferrari	F1
			133499	Enzo Ferrari	F1
133448	360	Modena Challenge Stradale F1 03 Rosso Corsa/Azzurro & Red LHD ZFFDT57B000133448	133500	Enzo Ferrari	F1 03 Rosso Corsa LHD US ZFFCW56A530133500 ass. # 50520
			133502	Enzo Ferrari	F1 03 LHD US ZFFCW56A930133502 ass. # 50581
133449	360	Modena Challenge Stradale F1 03 LHD EU	133503	Enzo Ferrari	F1
133450	360	Modena 03 Rosso Corsa/Tan & Black Daytona seats black inserts & stitching US front & rear Challenge grilles	133504	Enzo Ferrari	F1 #190/399 03 Rosso Corsa/Rosso LHD US ZFFCW56A230133504 ass. # 50613
133451	360	Modena F1 03 Grigio Titanio 3238/Black Grey Inserts & Piping Silver Stitching ZFFYU51A330133451	133505	Enzo Ferrari	F1 03 Red LHD US ZFFCW56A430133505 ass. # 50638
			133506	Enzo Ferrari	F1 Rosso Corsa/black & Red ZFFCZ56B000133506 ass. # 50662
133453	360	Modena			
133457	360	Modena Spider F1 Red/Black ZFFYT53B000133457	133507	Enzo Ferrari	F1 03 LHD US ZFFCW56A830133507 ass. # 50645
133458	360	Modena Spider F1 dark Blue/tan Blue top LHD EU ZFFYT53B000133458	133508	Enzo Ferrari	F1 03 LHD US ZFFCW56AX30133508 ass. # 50680
133459	360	Modena Spider F1 black/black-bordeaux	133509	Enzo Ferrari	F1 03 Yellow/Black LHD US ZFFCW56A130133509 ass. # 50700
133460	360	Modena Spider F1 Black/Black LHD ZFFYT53B000133460 shields	133510	Enzo Ferrari	F1 Red/Red ZFFCZ56B000133510 ass. #50710
133462	360	Modena Spider (F1) 03 LHD US ZFFYT53A830133462	133511	Enzo Ferrari	F1 03 Rosso Corsa/Black LHD US ZFFCW56AX30133511 ass. # 50750
133463	360	Modena Spider F1 03 Rosso Corsa/Tan Daytona seats red Piping LHD US ZFFYT53AX30133463 Capristo exhaust Red calipers Rear Challenge grill shields	133512	Enzo Ferrari	F1 Yellow/black Yellow stitching LHD ZFFCZ56B000133512 ass. # 50757
			133513	Enzo Ferrari	F1 03 LHD US ZFFCW56A330133513 ass. # 50768
133464	360	Modena Spider (F1) 03 LHD US ZFFYT53A130133464	133514	Enzo Ferrari	F1 03 LHD US ZFFCW56A530133514 ass. # 50786
133466	360	Modena Spider F1 Red/Black ZFFYT53B000133466	133515	360	Modena Challenge Stradale F1 7/03 Nero/Cuoio ZFFDT57B000133515
133467	360	Modena Spider F1 Red/Black ass. # 50569 ZFFYT53B000133467	133516	360	Modena Challenge Stradale F1 03 LHD EU
			133517	360	Modena Challenge Stradale F1 03 LHD EU
133469	360	Modena Spider F1 Red/Tan	133518	360	Modena F1 7/03 Rosso Corsa/Beige sports seats LHD ZFFYR51B000133518 rear challenge grill Red calipers shields
133471	360	Modena Spider 6/03 Silver Navy Blue Manual US ZFFYT53A930133471			
133472	360	Modena Spider (F1) 03 LHD US ZFFYT53A030133472	133520	360	Modena F1 03 Black/Black ZFFYU51A730133520 shields Capristo Exhaust Rear challenge grill
133473	360	Modena Spider			
133474	360	Modena Spider F1 Yellow/Black sports seats Yellow stitching ZFFYT53B000133474 ass. # 50588 Red calipers Challenge rear grill shields	133521	360	Modena (F1) 03 ZFFYU51A930133521
			133522	360	Modena Challenge Stradale F1 04 Black/Black LHD ZFFDT57B000133522 Silver calipers
133475	360	Modena Spider F1 Rosso Corsa/Black LHD ZFFYT53B000133475 Red calipers shields	133523	360	Modena Challenge Stradale F1 Blue met./tan & Blue LHD ZFFDT57B000133523
133481	360	Modena Spider 03 Red/Black Daytona seats Red Inserts Red stitching manual LHD US ZFFYT53A130133481 Red calipers Shields rear Challenge Grill front Challenge grills	133526	360	Modena Challenge Stradale F1 03 LHD EU
			133527	360	Modena 03 silver/black ZFFYU51AX30133527
			133528	360	Modena
			133531	360	Modena Challenge Stradale F1 03 LHD EU
133482	360	Modena Spider (F1) 03 LHD US ZFFYT53A330133482	133532	360	Modena F1 03 Grigio Alloy Cuoio ZFFYU51A330133532
133483	360	Modena Spider (F1) 03 LHD US ZFFYT53A530133483	133533	360	Modena Challenge Stradale F1 03 Rosso Scuderia FER. 323/Tessuto Racing Nero/& osso ZFFDT57B000133533
133484	360	Modena Spider F1 Silver/dark Blue ZFFYT53B000133484			
133485	360	Modena Spider F1 Black/black ZFFYT53B000 ass. # 50600	133534	360	Modena Challenge Stradale F1 03 Rosso Scuderia FER. 323/Red LHD ass. # 50815
			133535	360	Modena 03 Red/Black
133486	360	Modena Spider F1 Red/Black ZFFYT53B000133486	133537	360	Modena Challenge Stradale F1 03 LHD EU
			133538	360	Modena Challenge Stradale F1 03 LHD EU
133487	360	Modena Spider F1 Rosso Corsa	133539	360	Modena (F1) 03 ZFFYU51A630133539
133488	360	Modena Spider F1 03 Rosso Corsa/Black ZFFYT53B000133488 eng. # 70045	133540	360	Modena F1 03 Black/Cuoio Daytona seats ZFFYU51A230133540 shields black calipers
133489	360	Modena Spider (F1) 03 LHD US ZFFYT53A630133489	133541	360	Modena F1 03 Blu Tour de France 522/beige ZFFYR51B000133541
133490	360	Modena Spider F1 03 Rosso Corsa/Tan Manual LHD US ZFFYT53A230133490	133544	360	Modena (F1) 03 ZFFYU51AX30133544
			133545	360	Modena F1 03 Argento Nürburgring 101/C/Nero Daytona Seats Grey Stitching ZFFYU51A130133545 shields Front & Rear challenge grills
133491	360	Modena Spider (F1) 03 LHD US ZFFYT53A430133491			
133492	360	Modena Spider			
133494	Enzo Ferrari	F1 03 US ZFFCW56A330133494 ass. # 50417	133546	360	Modena Spider 03 silver/black

s/n	Type	Comments
133548	360	Modena Spider F1 03 Canna Di Fucile Metallizzato/Beige ZFFYT53A730133548
133549	360	Modena Spider F1 03 NART Blue Cuoio Daytona seats ZFFYT53A930133549
133550	360	Modena Spider F1 Grigio Titanio 3238/black
133552	360	Modena Spider F1 Dark Blue/Crema dark Blue piping & soft top Rear Challenge grille dark Blue rollbars
133553	360	Modena Spider
133554	360	Modena Spider
133557	360	Modena Spider F1 red/beige LHD EU black callipers
133560	360	Modena Spider 03 Rosso Corsa/Tan Manual ZFFYT53A830133560
133561	360	Modena Spider (F1) 03 ZFFYT53AX30133561
133562	360	Modena Spider (F1) 03 ZFFYT53A130133562
133563	360	Modena Spider (F1) 03 ZFFYT53A330133563
133567	360	Modena Spider F1 7/03 Argento Nürburgring/Blu Medio ZFFYT53B000133567
133568	360	Modena Spider F1 03 Red/Black ZFFYT53B000133568
133570	360	Modena Spider 03 Red/Beige Front Challenge Grilles Rear Challenge Grille Tubi
133571	360	Modena Spider F1 03 Red/Crema-Red Inserts ZFFYT53A230133571
133572	360	Modena Spider F1 03 Red/Tan Daytona seats Red stitching ZFFYT53A430133572 Front & Rear Challenge Grill Red Calipers Shields
133573	360	Modena Spider 7/03 Rosso Corsa/Nero Manual ZFFYT53C000133573
133575	360	Modena Spider 03 Black/tan (incl. roll bars and steering wheel) ZFFYT53B000133575
133577	360	Modena Spider 03 black/black
133578	360	Modena Spider F1 03 Grigio Alloy/black ZFFYT53B000
133580	360	Modena Spider F1 03 Blu Pozzi Natural & Blue trim ZFFYT53A330133580
133581	360	Modena Spider F1 8/03 Argento Nürburgring 101/C/Nero Daytona Seats ZFFYT53A530133581 Shields Silver Calipers rear challenge grill
133582	360	Modena Spider F1 03 Red/Natural Sportseats LHD EU ZFFYT53B000133582 ass.# 50744 challenge grill
133583	360	Modena Challenge Stradale F1 LHD JP
133586	360	Modena Spider 03 Rosso Corsa/Tan Manual Black Top ZFFYT53A430133586 Front & Rear Challenge Grills Shields
133587	360	Modena Spider F1 03 Blue - Metallic/Tan ZFFYT53A630133587
133588	360	Modena Spider 03 Black ZFFYT53A830133588
133590	360	Modena Spider F1 03 Argento Nürburgring 101/C/Blu Scuro ZFFYT53B000133590
133592	360	Modena Spider
133595	360	Modena Spider F1 03 Blu Tour de France 522/Tan
133597	360	Modena Spider F1 03 Rosso Corsa/Black Racing Seats Red Stitching Manual Black Top ZFFYT53A930133597 Red Calipers Shields
133598	360	Modena Spider 03 Grigio Titanio 3238/dark Grey White stittching /Manual ZFFYT53A030133598
133599	360	Modena Spider (F1) 03 ZFFYT53A230133599
133600	360	Modena Spider F1 03 Red/Tan ZFFYT53A530133600
133601	360	Modena Spider F1 03 Black/Black US ZFFYT53A730133601
133602	360	Modena Spider F1 03 Yellow/black
133603	360	Modena Spider F1 7/03 Black/Black LHD ZFFYT53B000133603 Red calipers shields
133604	360	Modena Spider 03 Grigio Titanio Dark Blue ZFFYT53A230133604
133605	360	Modena Spider F1 7/03 Rosso Corsa/Beige ZFFYT53A430133605
133606	360	Modena Spider (F1) 03 ZFFYT53A630133606
133607	360	Modena Spider F1 03 Red/Beige Daytona seats ZFFYT53A830133607
133608	360	Modena Spider (F1) 03 ZFFYT53AX30133608
133609	360	Modena Spider F1 Rosso Corsa/Nero Daytona seats/Red piping
133610	360	Modena Spider
133611	360	Modena Challenge Stradale F1 03 Red/Black & Red RHD ZFFDT57D000133611
133612	360	Modena Challenge Stradale F1 03 Rosso Scuderia & black Cloth LHD ZFFDT57B000133612
133613	360	Modena Challenge Stradale F1 03 LHD EU
133615	360	Modena Challenge Stradale F1 Rosso Scuderia wind-up windows ZFFDT57D000133611
133617	360	Modena F1 Silver/black ZFFYR51B000 rear challenge grill
133620	360	Modena 03 Giallo Modena/BlackSport seats Yellow stitching Manual LHD ZFFYU51A030 Shields Yellow calipers Front & Rear challenge grills Tubi
133621	360	Modena F1 03 Red/Tan Black Piping Red Calipers ZFFYU51A230133621
133622	360	Modena
133624	360	Modena Challenge Stradale F1 Red/Red Cloth Seats LHD
133625	360	Modena Challenge Stradale F1 9/03 Rosso Corsa/Nero ZFFDT57B000133625 ass. # 50952
133626	360	Modena Challenge Stradale F1 03 Rosso Scuderia FER. 323/black & Red cloth ZFFDT57B000133626
133628	360	Modena 7/03 Rosso Corsa/Beige ZFFYR51B000133628
133630	360	Modena F1 03 Red/Tan ZFFYU51A330133630 Front Challenge Grill Shields Red Calipers
133634	360	Modena (F1) 03 ZFFYU51A030133634
133635	360	Modena F1 03 Red/Tan Red Stitching US ZFFYU51A230133635
133636	360	Modena F1 03 Red/Beige ZFFYU51A430133636
133637	360	Modena Challenge Stradale F1
133638	360	Modena Challenge Stradale F1 03 Rosso Corsa ZFFDT57D000133638
133639	360	Modena F1 03 Rosso Corsa/Beige ZFFYR51B000133639
133640	360	Modena 03 Grey/Black ZFFYR51D000133640
133641	360	Modena (F1) 03 ZFFYU51A830133641
133642	360	Modena F1 03 Silver/black ZFFYR51C000133642
133643	360	Modena Challenge Stradale F1 03 Rosso Scuderia FER. 323/black
133644	360	Modena Spider F1 03 Grigio Titanio Metallizzato 3238/Bordeaux sports seats ZFFYT53B000133644
133645	360	Modena Spider 03 Grigio Titanio Naturale Manual ZFFYT53A530133645
133646	360	Modena Spider F1 03 Rosso Corsa/Tan Daytona seats ZFFYT53A730133646 rear Challenge grill red calipers
133647	360	Modena Spider (F1) 03 ZFFYT53A930133647
133648	360	Modena Spider F1 03 Nero Daytona/Tan Daytona Seats Black Stitching ZFFYT53A030133648 Shields Rear Challenge Grill Tubi
133649	360	Modena Spider F1 03 Red RHD ZFFYT53C000133649
133650	360	Modena Spider 03 Red/Black manual ZFFYT53B000133650
133651	360	Modena Spider 03 Nuovo Nero Daytona/Cuoio ZFFYT53A030133651

s/n	Type	Comments
133652	360	Modena Spider F1 03 Yellow/Black Yellow piping ZFFYT53A230133652 shields
133653	360	Modena Spider (F1) 03 ZFFYT53A430133653
133654	360	Modena Spider F1 9/03 Nero/Rosso Daytona seats black top ZFFYT53A630133654 Red Calipers Red dash, steering wheel & Red rolls bars Shields, Front & Rear grills Tubi
133655	360	Modena Spider F1 03 Rosso Corsa/Tan ZFFYT53A830133655 Front & Rear Challenge Grill Shields Red Calipers
133656	360	Modena Spider 03 Grigio Alloy/Blu Scuro Manual RHD UK ZFFYT53C000133656
133660	360	Modena Spider 03 Blu Pozzi 521 D.S.Tan Daytona seats Manual ZFFYT53A130133660 shields Capristo exhaust
133661	360	Modena Spider 03 Black/Red ZFFYT53A030133661
133662	360	Modena Spider F1 03 Blu Pozzi 521 D.S./Tan Blue piping Blue top ZFFYT53A530133662
133663	360	Modena Spider F1 03 Rosso Fiorano/Black ZFFYT53A730133663
133665	360	Modena Spider 03 Rosso Corsa/Tan Daytona Seats Black Inserts & Stiching Manual ZFFYT53A030133665 Tubi Rear Challenge Grill Red Calipers Shields
133666	360	Modena Spider F1 03 Grigio Titanio 3238/Blue Daytona Seats ZFFYT53A230133666 Front & Rear Challenge Grilles shields Silver Calipers
133667	360	Modena Spider F1 03 Fly Yellow/Black Daytona seats Yellow stitching ZFFYT53A430133667 front & rear Challenge grills Shields Yellow calipers
133668	360	Modena Spider (F1) 03 ZFFYT53A630133668
133669	360	Modena Spider (F1) 03 ZFFYT53A830133669
133670	360	Modena Spider F1 1/03 Grigio Titanio Metallizzato 3238/Nero Daytona seats grigio stitching ZFFYT53C000133670 RHD UK challenge front grilles shields Aluminium calipers
133671	360	Modena Spider F1 black/black ZFFYT53B000133671
133676	360	Modena Spider F1 Rosso/nero LHD ZFFYT53B000133676
133677	360	Modena Spider (F1) 03 ZFFYT53A730133677
133678	360	Modena Spider 03 Blue/Tan ZFFYT53A930133678
133679	360	Modena Spider F1 7/03 Grigio Titanio Metallizzato 3238/Beige ZFFYT53A030133679
133680	360	Modena Spider F1 6/03 Rosso Corsa 322 D.S./Beige ZFFYT53A730133680
133681	360	Modena Spider F1 8/03 Blu Pozzi 521 D.S./Cuoio ZFFYT53A930133681
133682	360	Modena Spider 10/03 Rosso Corsa/Cuoio ZFFYT53B000133682 ass. # 50818
133683	360	Modena Spider F1 03 Blu Pozzi 521 D.S./dark Blue LHD
133684	360	Modena Spider F1 Red/Black
133685	360	Modena Spider 03 Black/Black Grey Piping ZFFYT53A630133685 Aluminum Calipers Daytona Seats Rear Challenge Grille Front Challenge Grilles Shields Tubi
133686	360	Modena Spider 03 Giallo Modena/Tan Daytona Seats Yellow piping & stitching Manual ZFFYT53A830133686 Red calipers shields
133687	360	Modena Spider F1 03 Rosso Corsa/Beige ZFFYT53AX30133687
133688	360	Modena Spider (F1) ZFFYT53A130133688
133689	360	Modena Spider F1 03 Blu Tour de France 522/Beige Daytona seats ZFFYT53A330133689 front & rear Challenge grilles
133690	360	Modena Spider F1 Rosso Corsa/Beige ZFFYT53B000133690
133691	360	Modena Spider
133694	360	Modena Spider 03 Rosso Corsa/Tan Manual US ZFFYT53A730133694
133695	360	Modena Spider 03 Red/Beige ZFFYT53A930133695
133696	360	Modena Spider 03 black/black ZFFYT53A030133696
133697	360	Modena Spider (F1) 03 ZFFYT53A230133697
133698	360	Modena F1 03 Red/Tan ZFFYT53A430133698 Xenon Lights
133699	360	Modena Spider F1 03 Rosso Corsa/Nero silver stitching ZFFYT53C000133699 Red calipers
133702	575	M Maranello F1 03 Grigio Alloy Metallic/Dark Blue LHD US ZFFBV55A530133707
133705	575	M Maranello F1 03 Rosso Corsa/Crema RHD UK ZFFBT55C000133705
133706	575	M Maranello F1 3/04 Rosso Corsa/Nero ZFFBT55D000133706
133707	575	M Maranello F1 04 Canna Di Fucille Sabbia ZFFBV55A530133707
133708	575	M Maranello F1 03 Grigio Titanio met./black Daytona Seats Silver Stitching LHD US ZFFBV55A730133708 Shields
133709	360	Modena Challenge Stradale F1 03 Red LHD
133710	575	M Maranello F1 silver grey/tan LHD US ZFFBV55A530133710 Red calipers
133712	575	M Maranello F1 03 Grigio Ingrid 720/Tan LHD US ZFFBV55A930133712 aluminum calipers
133713	575	M Maranello F1 Blu Pozzi 521 D.S./tan ZFFBT55B000133713
133714	575	M Maranello F1 03 Red/Black Sports seats Red inserts Red calipers shields ZFFBT55B000133714
133716	575	M Maranello F1 03 Blu Tour de France 522/Tan Daytona Seats LHD US ZFFBV55A630133716 Red Calipers
133717	575	M Maranello F1 03 Red/Tan LHD
133719	575	M Maranello F1 03 Argento Nürburgring 101/C/Black Daytona seats LHD US ZFFBV55A130133719 Red calipers
133720	575	M Maranello
133721	575	M Maranello F1 03 Blue Tour de France/Couio Daytona seats LHD US ZFFBV55AX30133721 shields Yellow calipers
133723	575	M Maranello F1 04 Grigio Titanio Metallizzato 3238/Grigio Scuro ZFFBT55B000133723
133725	575	M Maranello 4/04 Blu Tour de France 522/Beige ZFFBT55C000133725 Silver calipers shields
133726	575	M Maranello F1 Grigio Titanio Metallizzato 3238/Red ZFFBT55C000133726
133727	575	M Maranello F1 Rosso Corsa/grey ZFFBT55B000133727
133728	575	M Maranello 04 Rosso Corsa/Cuoio ZFFBT55B000133728
133729	575	M Maranello F1 03 Blue Nettuno Crema LHD US ZFFBV55A430133729
133730	360	Modena F1 Red/Tan Red stitching LHD ZFFYR51J000133730 shields Red calipers
133731	360	Modena F1 03 Red/Tan US ZFFYU51A930133731 front challange grill shields
133733	360	Modena 03 Red/Tan Red stitching Manual ZFFYU51A230133733 Sunroof Challenge front grilles Red calipers
133734	360	Modena F1 03 Grigio Titanio Charcoal ZFFYU51A430133734
133735	360	Modena F1 03 Grigio Titanio Metallic/Grey ZFFYU51A630133735
133737	360	Modena F1 03 Grigio Titanio/Black Daytona Seats White stitching ZFFYU51AX30133737 Red Calipers Tubi Shields Challenge Grille
133739	360	Modena 8/03 Rosso Corsa/Nero Manual ZFFYR51C000133739

s/n	Type	Comments
133740	360	Modena (F1) 03 ZFFYU51AX30133740
133741	360	Modena F1 03 Red/Tan ZFFYU51A130133741
133742	360	Modena F1 03 Giallo Modena/Black Daytona Seats Yellow stitching ZFFYU51A330133742 front & rear Challenge grilles Yellow calipers
133744	360	Modena F1 03 Rosso Corsa/Tan black stitching ZFFYU51A730133744 shields Red calipers
133745	360	Modena (F1) 03 ZFFYU51A930133745
133748	360	Modena (F1) 03 ZFFYU51A430133748
133749	360	Modena F1 03 Red/Tan ZFFYU51A630133749 Red calipers
133752	360	Modena Spider F1 03 Giallo Modena/Blu Medio Manual ZFFYT53B000133752
133757	360	Modena F1 03 Rosso Corsa/Beige RHD ZFFYR51D000133757
133759	360	Modena Spider (F1) 03 ZFFYT53A930133759
133760	360	Modena Spider 7/03 Rosso Corsa/Sabbia Red piping Manual RHD ZFFYT53C000133760 Red calipers shields
133761	360	Modena Challenge Stradale F1 Yellow/black ZFFDT57B000
133762	360	Modena Challenge Stradale F1 03 Rosso Corsa/nero ZFFDT57B000133762
133763	360	Modena Challenge Stradale F1 04 Rosso Scuderia FER. 323/Red & black Cloth LHD ZFFDT57B000133763 ass. # 51028
133764	360	Modena Spider 03 Rosso Corsa/Beige Manual ZFFYT53A230133764
133765	360	Modena Spider (F1) 03 ZFFYT53A430133765
133766	360	Modena Spider (F1) 03 ZFFYT53A630133766
133767	360	Modena Spider F1 03 Rosso Corsa/Beige ZFFYT53A830133767
133768	360	Modena Spider (F1) 03 ZFFYT53AX30133768
133770	360	Modena Challenge Stradale F1 Rosso/nero ZFFDT57B000133770
133771	360	Modena Challenge Stradale F1 03 Red/Red LHD ZFFDT57B000133771
133772	360	Modena Spider (F1) 03 ZFFYT53A130133772
133773	360	Modena Spider (F1) 03 ZFFYT53A330133773
133774	360	Modena Spider F1 03 Yellow/Black Yellow Stitching ZFFYT53A530133774 Red Calipers
133775	360	Modena Spider (F1) 03 ZFFYT53A730133775
133776	360	Modena Spider (F1) 03 ZFFYT53A930133776
133783	360	Modena Challenge Stradale F1 8/03 Rosso Corsa/Tessuto Racing Nero & Rosso ZFFDT57B000133783
133785	360	Modena Spider (F1) 03 ZFFYT53AX30133785
133786	360	Modena Spider 03 Rosso Corsa/Red ZFFYT53A130133786
133787	360	Modena Spider 03 Rosso Corsa/Tan ZFFYT53A330133787
133788	360	Modena Spider F1 03 Red/Tan Daytona Seats ZFFYT53A530133788 Capristo Exhaust Shields
133789	360	Modena Spider F1 03 Silver/Grey Black top ZFFYT53A730133789 Red calipers shields
133795	360	Modena Spider F1 Grigio Alloy/Black ZFFYT53B000133795 Silver calipers
133797	360	Modena Spider F1 Black/tan ZFFYT53B000
133798	360	Modena Spider 03 Argento Nürburgring 101/C/Nero Manual ZFFYT53B000133798 Red calipers shields
133799	360	Modena Spider (F1) 03 ZFFYT53AX30133799
133800	360	Modena Spider F1 03 Grigio Ingrid 720/Sabbia & Black Daytona Seats Black piping ZFFYT53A230133800 Shields
133801	360	Modena Spider (F1) 03 ZFFYT53A430133801
133802	360	Modena Spider F1 03 Red/Tan ZFFYT53A630133802
133803	360	Modena Spider (F1) 03 ZFFYT53A830133803
133804	360	Modena Challenge Stradale F1 03 Yellow/black ZFFDT57B000ass. # 51166
133807	360	Modena 03 Red/Black Manual ZFFYU51A530133807
133808	360	Modena Challenge Stradale F1 04 Rosso Scuderia FER. 323/Red & black LHD US ZFFDU57A840133808
133809	360	Modena (F1) 03 ZFFYU51A930133809
133811	360	Modena 7/03 Red/Tan ZFFYU51A730133811 ass. # 50919 shields
133812	360	Modena F1 03 Rosso Scuderia/Tan Daytona seats Red Stitching ZFFYU51A930133812 shields front & rear challenge grills red calipers Tubi
133815	360	Modena (F1) 03 ZFFYU51A430133815
133816	360	Modena (F1) 03 ZFFYU51A630133816
133817	360	Modena F1 03 Red/Tan ZFFYU51A830133817
133819	360	Modena 03 Red/Tan Black manual ZFFYU51A130133819
133820	360	Modena F1 9/03 Rosso Corsa/Beige ZFFYU51A830133820
133821	360	Modena F1 03 Grey Dark Grey ZFFYU51AX30133821 Red Calipers, Rear Challenge Grill, Shields
133822	360	Modena F1 dark blu/nero Red stittching LHD EU ZFFYR51B000133822
133826	360	Modena F1 03 Silver/Black ZFFYU51A930133826
133827	360	Modena Challenge Stradale F1 Red/Red ZFFDT57B000133827
133828	360	Modena Challenge Stradale F1 Rosso Corsa/Rosso & nero ZFFDT57B000133828
133832	360	Modena Challenge Stradale F1 03 Red/Black Alcantara Red stitching ZFFDT57B000133832
133833	360	Modena Spider F1 Red/Cuoio LHD ZFFYT53B000133833
133835	360	Modena Spider Red/Tan Tan ZFFYT53B000133835
133836	360	Modena Spider (F1) 03 Yellow/Black ZFFYT53A130133836
133837	360	Modena Spider F1 03 Red/Tan ZFFYT53A330133837
133838	360	Modena Spider (F1) 03 ZFFYT53A530133838
133839	360	Modena Spider F1 03 Black/tan ZFFYT53A730133839
133840	360	Modena Spider
133842	360	Modena Spider (F1) LHD EU ZFFYT53B000133842
133843	360	Modena Spider F1 Nero Daytona/tan ZFFYT53B000133843
133844	360	Modena Spider
133845	360	Modena Spider (F1) 03 ZFFYT53A230133845
133846	360	Modena Spider F1 03 Black/Tan Daytona seats black inserts black piping ZFFYT53A430133846
133847	360	Modena Spider F1 03 Silver/Blue/White Stitching ZFFYT53A630133847
133848	360	Modena Spider F1 03 Grigio Titanio 3238/Dark Blue ZFFYT53A830133848
133849	360	Modena Spider (F1) 03 ZFFYT53AX30133849
133850	360	Modena Spider F1 7/03 Rosso Corsa/Charcoal ZFFYT53B000133850
133854	360	Modena Spider (F1) 03 ZFFYT53A330133854
133855	360	Modena Spider F1 03 Black/Tan ZFFYT53A530133855
133856	360	Modena Spider F1 03 Yellow/Black US ZFFYT53A730133856 Shields Front & Rear Challenge Grills Red Calipers
133857	360	Modena Spider F1 03 ZFFYT53A930133857
133858	360	Modena Spider F1 03 Grigio Titanio Light Grey/Black Inserts/Pipe ZFFYT53A030133858
133861	360	Modena Spider 03 Black Red ZFFYT53A030133861
133862	360	Modena Spider (F1) 03 ZFFYT53A230133862
133863	360	Modena Spider F1 8/03 Argento Nürburgring 101/C/Grey ZFFYT53A430133863
133864	360	Modena Spider (F1) 03 ZFFYT53A630133864
133865	360	Modena Spider (F1) 03 ZFFYT53A830133865

s/n	Type	Comments
133867	360	Modena Spider 03 Rosso Corsa/Crema Red inserts Manual RHD ZFFYT53C000133867 Red inserts
133870	360	Modena Spider F1 03 Rosso Corsa/Beige ZFFYT53B000133870
133872	360	Modena Spider (F1) 03 ZFFYT53A530133872
133873	360	Modena Spider (F1) 03 ZFFYT53A730133873
133874	360	Modena Spider F1 03 Red/Tan ZFFYT53A930133874
133875	360	Modena Spider F1 03 Black/Tan US ZFFYT53A030133875
133876	360	Modena Spider (F1) 03 ZFFYT53A230133876
133880	360	Modena Spider (F1) 03 ZFFYT53A430133880
133881	360	Modena Spider F1 03 Black/Black Manual ZFFYT53A630133881
133882	360	Modena Spider F1 03 Rosso Scuderia Cuoio Daytona Seats ZFFYT53A830133882 Red Calipers Front Challenge Grilles Rear Challenge Grille Shields Cuoio Dashboard Cuoio Steering Wheel
133883	360	Modena Spider F1 03 Black/Black Yellow stiching ZFFYT53AX30133883
133885	360	Modena Spider
133886	575	M Maranello F1 03 Grigio Titanio met./tan ZFFBT55B000133886
133888	575	M Maranello F1 04 Nuovo Nero Daytona/Nero ZFFBT55C000133888
133889	575	M Maranello F1 04 Grigio Titanio/Charcoal Daytona Seats Grey Inserts ZFFBV55A840133889 Shields
133890	575	M Maranello F1 03 Giallo Modena/Black Daytona seats Yellow stitching ZFFBV55A030133890 Red calipers shields
133891	575	M Maranello 03 Argento Nürburgring 101/C/bordeaux RHD ZFFBT55C000
133894	575	M Maranello F1 Argento
133896	575	M Maranello 03 silver/black ZFFBT55B000133896
133900	575	M Maranello F1 03 Rosso Corsa/Nero ZFFBT55C000133900
133902	575	M Maranello F1 03 Red/Tan LHD US ZFFBV55A330133902
133903	575	M Maranello F1 3/04 Nuovo Nero Daytona/Crema ZFFBT55C000133903
133905	575	M Maranello (F1) 03 LHD US ZFFBV55A930133905
133906	575	M Maranello F1 12/03 Blu Tour de France 522/Beige ZFFBT55C000133906
133907	575	M Maranello F1 03 Black/Black LHD LHD US ZFFBV55A230133907
133908	575	M Maranello 03 Nuovo Nero Daytona/Beige sports seats black inserts Manual RHD ZFFBT55C000133908 shields
133911	575	M Maranello F1 7/03 Black/Tan LHD US ZFFBV55A430133911
133912	575	M Maranello 03 Dark Blue Crema black piping RHD ZFFBT55C000133912 Silver calipers shields
133914	575	M Maranello 03 Grigio Titanio Metallizzato Bordeaux Manual ZFFBT55C000133914
133915	575	M Maranello F1 Black/Black RHD ZFFBT55C000133915 Red calipers
133916	Enzo Ferrari	F1 03 Rosso Corsa/Rosso LHD US ZFFCW56A330133916 ass. #50793
133917	Enzo Ferrari	F1 Red/Black LHD US ZFFCW56A530133917 ass.# 50837
133918	Enzo Ferrari	F1 03 LHD US ZFFCW56A730133918 ass. # 50853
133919	Enzo Ferrari	F1 03 LHD US ZFFCW56A930133919
133920	Enzo Ferrari	F1 03 LHD US ZFFCW56A530133920
133921	Enzo Ferrari	F1 7/03 Rosso Corsa/Red LHD US ZFFCW56A730133921 ass. # 50962 eng. # 77489
133922	Enzo Ferrari	F1 ZFFCZ56B000133922
133923	Enzo Ferrari	F1 03 silver LHD US ZFFCW56A030133923
133924	Enzo Ferrari	F1 03 black/black & Red LHD US ZFFCW56A230133924 ass. # 51046
133925	Enzo Ferrari	F1 Rosso Corsa/nero ZFFCZ56B000133925 ass. # 51001 eng. # 77490
133926	Enzo Ferrari	F1
133927	Enzo Ferrari	F1 7/03 black/black Yellow gauges ZFFCW56A830133927 ass. # 51080
133928	Enzo Ferrari	F1
133929	Enzo Ferrari	F1 03 Rosso Corsa/Tan Red stitching LHD US ZFFCW56A130133929 ass. # 51129
133930	Enzo Ferrari	F1 ZFFCZ56B000133930
133931	Enzo Ferrari	F1 03 Red/Black LHD US ZFFCW56AX30133931
133932	Enzo Ferrari	F1
133933	Enzo Ferrari	F1 03 LHD US ZFFCW56A330133933
133934	360	Modena Red/Tan ZFFYR51B000
133935	360	F1 03 Red LHD US ZFFCW56A730133935
133941	360	Modena 03 Black/Tan black inserts
133943	360	Modena 03 Grey/Black Grey Stitching Manual ZFFYU51A230133943 Challenge Grill
133945	360	Modena 03 Yellow/Black Yellow Stitching manual ZFFYU51A630133945
133946	360	Modena F1 03 Silver/Grey Daytona Seats Dark Grey Piping ZFFYU51A830133946 Shields Silver Calipers Modular wheels Front Challenge grill Dark Grey dash
133947	360	Modena F1 03 Nero Daytona 506/Grey Daytona seats ZFFYU51AX30133947 rear Challenge grill Tubi
133949	360	Modena 03 Metallic/Black/Tan ZFFYU51A330133949
133950	360	Modena (F1) 03 ZFFYU51AX30133950
133951	360	Modena F1 03 Giallo Modena/Black ZFFYU51A130133951
133954	360	Modena Spider F1 03 Rosso Corsa/Nero ZFFYT53B000133954
133956	360	Modena Spider F1 Red/Red ZFFYT53B000
133957	360	Modena Spider F1 Rosso Corsa/Black LHD EU
133958	360	Modena Spider F1 8/03 Rosso Corsa/Nero ZFFYT53B000133958
133959	360	Modena Spider (F1) 03 ZFFYT53A630133959
133960	360	Modena (F1) 03 ZFFYU51A230133960
133961	360	Modena (F1) 03 ZFFYU51A430133961
133962	360	Modena (F1) 03 ZFFYU51A630133962
133964	360	Modena Spider F1 03 Rosso Corsa/Tan ZFFYT53AX30133964
133965	360	Modena Spider (F1) 03 ZFFYT53A130133965
133967	360	Modena Spider (F1) LHD EU ZFFYT53B000133967
133972	360	Modena Challenge Stradale F1 Yellow/black ZFFDT57B000
133973	360	Modena Spider 03 Azzurro California 524/navy Blue Azzurro Blue inserts Manual ZFFYT53A030133973
133974	360	Modena Spider (F1) 03 ZFFYT53A230133974
133975	360	Modena Spider (F1) 03 ZFFYT53A430133975
133976	360	Modena Spider (F1) 03 ZFFYT53A630133976
133978	360	Modena Challenge Stradale F1 dark Blue/dark Blue ZFFDT57B000133978 ass. # 51181
133981	360	Modena Challenge Stradale F1 03 Rosso Scuderia FER. 323/Red & black LHD ZFFDT57B000133981
133982	360	Modena Challenge Stradale F1 03 Rosso Scuderia FER. 323/Azzurro ZFFDT57B000133982
133983	360	Modena Challenge Stradale F1 03 Rosso Corsa Italian stripe/Tessuto Racing Nero & Rosso ZFFDT57B000133983
133986	360	Modena 03 Argento Nürburgring 101/C/Blu Scuro ZFFYT53B000133986
133988	360	Modena Spider (F1) 03 ZFFYT53A230133988

s/n	Type	Comments
133989	360	Modena Spider (F1) 03 ZFFYT53A430133989
133990	360	Modena Spider (F1) 03 ZFFYT53A030133990
133991	360	Modena Challenge Stradale F1 Rosso Corsa Italian stripes/Red & black cloth ZFFDT57B000133991ass # 51270
133993	360	Modena Spider F1 Red/Black ZFFYT53B000133993
133994	360	Modena Spider F1 silver/dark Blue
133996	360	Modena Challenge Stradale F1 Rosso Corsa/Rosso & Nero Alcantara ZFFDT57B000133996
133997	360	Modena Challenge Stradale F1 Black w.stripe/Red & Black LHD ZFFDT57B000 Black calipers Challenge rear grill shields
133998	360	Modena Spider (F1) 03 ZFFYT53A530133998
133999	360	Modena Spider F1 03 Red/Tan ZFFYT53A730133999 rear challenge grille shields Fuchs exhaust
134000	360	Modena Spider (F1) 03 ZFFYT53A830134000
134001	360	Modena Spider F1 03 Rosso Corsa/Tan Daytona seats ZFFYT53AX30134001 shields front & rear challenge grills Red calipers tubi
134005	360	Modena Spider F1 8/03 Rosso Corsa/Nero ZFFYT53B000134005
134007	360	Modena Spider F1 Red/Black ZFFYT53B000134007
134009	360	Modena Spider 03 Rosso Corsa/Tan Daytona Seats Manual ZFFYT53A430134009 Shields Red Calipers Challenge Front & Rear Grills
134010	360	Modena Spider (F1) 03 ZFFYT53A030134010
134011	360	Modena Spider (F1) 03 LHD US ZFFYT53A230134011
134014	360	Modena Spider F1 Red/Black ZFFYT53B000
134015	360	Modena Spider 03 Grigio Titanio 3238/Dark Blue Daytona Seats ZFFYT53AX30134015 Shields Tubi
134016	360	Modena Spider 03 Yellow/Black Yellow stitching & inserts Manual ZFFYT53A130134016 Shields Yellow calipers challenge grill Tubi
134017	360	Modena Spider 03 Rosso Barchetta/Tan Daytona seats Red stitchings upper dashboard & steering wheel Manual ZFFYT53A330134017 Tubi Front & Rear Challenge grills shields
134018	360	Modena Spider (F1) 03 Red/Tan Manual ZFFYT53A530134018 Shields Challenge Grill Red Calipers
134019	360	Modena Spider 03 Red/Tan Manual ZFFYT53A730134019 Red Calipers
134020	360	Modena Spider
134021	575	M Maranello Grigio Titanio met./Crema black piping RHD UK ZFBT55C000134021 Red calipers
134022	575	M Maranello
134024	575	M Maranello F1 03 Red/Tan RHD ZFFBT55D000134024
134025	575	M Maranello F1 03 black/black LHD ZFFBT55B000134025 ass. # 51050
134027	575	M Maranello Argento Nürburgring 101/C/dark Blue Manual ZFFBT55C000134027
134029	575	M Maranello F1 11/03 Argento Nürburgring 101/C/ Blu Scuro RHD UK
134030	575	M Maranello black/Red
134032	575	M Maranello (F1) 03 LHD US ZFFBV55A330134032
134033	575	M Maranello 03 Azzurro California 524/Cuocio Blue Piping Manual LHD US ZFFBV55A530134033 Red Calipers Tubi
134036	575	M Maranello 03 Grigio Titanio met./Cuoio Daytona Seats Silver Stitching Cuoio Dashboard & Steering Wheel LHD US ZFFBV55A030134036 Tubi Yellow Calipers
134038	575	M Maranello F1 12/03 Rosso Corsa/Beige LHD US ZFFBV55A430134038
134039	575	M Maranello F1 04 Blu Tour de France 522/Beige RHD UK ZFFBT55C000134039
134040	575	M Maranello F1 black/dark grey
134042	575	M Maranello 03 Red/Tan Daytona Seats Red Inserts Manual LHD US ZFFBV55A630134042 Black Calipers Shields
134043	575	M Maranello F1 metal black/Crema
134044	575	M Maranello F1 Red/Tan ZFFBT55B000
134045	575	M Maranello F1 03 Black/Tan Daytona Seats Black Straps Black stitching ZFFBV55A130134045
134046	575	M Maranello F1 titan grey/Bordeaux LHD ZFFBT55B000134046 Red calipers
134047	575	M Maranello F1 03 Azzurro California 524/Cuoio LHD US ZFFBV55A530134047
134048	575	M Maranello
134049	360	Modena Spider F1 04 Red/Black Black Top black calipers ZFFYT53B000134049
134050	360	Modena F1 Grigio Alloy/black ZFFYR51B000134050
134051	360	Modena Spider F1 03 Red/Black Sport seats ZFFYT53A330134051 shields Red calipers
134054	360	Modena (F1) 03 ZFFYU51A930134054
134055	360	Modena F1 03 Red/Tan Daytona Seats Red Stiching ZFFYU51A030134055 Challenge Grill Shields
134056	360	Modena (F1) 03 ZFFYU51A230134056
134057	360	Modena F1 03 Rosso Corsa/Beige ZFFYU51A430134057
134059	360	Modena (F1) 03 ZFFYU51A830134059
134060	360	Modena (F1) 03 ZFFYU51A430134060
134061	360	Modena (F1) 03 ZFFYU51A630134061
134062	360	Modena F1 9/03 Giallo Modena/Nero ZFFYU51A830134062
134063	360	Modena F1 03 Red/Tan ZFFYR51B000134063 Red calipers shields
134064	360	Modena (F1) 03 ZFFYU51A130134064
134065	360	Modena (F1) 03 ZFFYU51A330134065
134066	360	Modena F1 03 Red/Tan ZFFYU51A530134066
134068	360	Modena F1 03 Grigio Titanio 3238/Black ZFFYU51A930134068
134069	360	Modena F1 03 Red/Tan US ZFFYU51A030134069
134070	360	Modena F1 03 Fiorano Rosso Sabia Fiorano Rosso piping ZFFYU51A730134070 Aluminum Calipers
134071	360	Modena (F1) 03 ZFFYU51A930134071
134072	360	Modena F1 Black/black ZFFYR51B000134072
134073	360	Modena F1 03 California Azzurro/Cuoio Daytona Seats ZFFYU51A230134073 Shields Yellow Calipers
134074	360	Modena F1 03 Yellow/black Daytona seats Yellow piping & stitching Daytona seats ZFFYU51A430134074 ass. # 51201 front & rear Challenge grilles Yellow calipers
134075	360	Modena (F1) 03 ZFFYU51A630134075
134076	360	Modena Challenge Stradale F1 03 Red CS stripe/Red leather LHD ZFFDT57B000134076 Black calipers
134077	360	Modena Challenge Stradale F1 9/03 Rosso Corsa/Tessuto Racing Nero & Rosso ZFFDT57B000134077
134078	360	Modena Challenge Stradale F1 03 Rossso Scuderia/Black & Red sport seats LHD EU ZFFDT57B000134078 ass. # 51228
134079	360	Modena Challenge Stradale F1 03 Rosso Scuderia FER. 323/black LHD ZFFDT57B000134079
134080	360	Modena Challenge Stradale F1 metal black/grey LHD
134081	360	Modena F1 silver/bright Red ZFFYR51B000134081
134085	360	Modena Spider F1 Red/Black ZFFYT53B000

s/n	Type	Comments	s/n	Type	Comments
134086	360	Modena Spider F1 04 Rosso Corsa/Nero ZFFYT53B000134086	134137	575	M Maranello F1 Argento Nürburgring 101/C/Black ZFFBT55B000134137
134088	360	Modena Spider 03 Blu Tour de France 522/Tan Manual ZFFYT53A430134088	134139	575	M Maranello F1 Red/Black ZFFBT55B000134139
134089	360	Modena Spider 03 Yellow/Black Black Top Manual US ZFFYT53A630134089	134140	575	M Maranello F1 Red/Black ZFFBT55B000
134090	360	Modena Spider (F1) 03 ZFFYT53A230134090	134141	575	M Maranello (F1) 03 LHD US ZFFBV55A830134141
134091	360	Modena Spider 03 Red/Tan Manual ZFFYT53A430134091 rear challenge grill shields Red calipers	134144	575	M Maranello F1 03 Black/Black LHD US ZFFBV55A330 Tubi Shields Yellow Calipers
134092	360	Modena Spider (F1) 03 ZFFYT53A630134092	134145	575	M Maranello F1 4/04 Nuovo Nero Daytona/Cream ZFFBT55B000134145
134093	360	Modena Spider (F1) 03 ZFFYT53A830134093	134146	575	M Maranello (F1) 03 LHD US ZFFBV55A730134146
134094	360	Modena Spider F1 silver/black ZFFYT53B000134094	134147	575	M Maranello F1 03 Blu Tour de France 522/Beige black inserts RHD UK ZFFBT55C000134147 shields
134097	360	Modena Spider 03 Red/Black RHD Manual ZFFYT53D000134097	134148	575	M Maranello F1 Black /Black silver stitching LHD ZFFBT55B000134148 Red calipers shields
134098	360	Modena Spider 03 Red/Tan ZFFYT53A730134098	134150	575	M Maranello F1 Rosso Corsa Nero RHD ZFFBT55D000134150
134099	360	Modena Spider 03 Rosso Corsa/Tan Manual ZFFYT53A930134099	134151	575	M Maranello F1 03 Rosso Corsa/Beige ZFFBT55B000134151
134100	360	Modena Spider 03 Grigio Titanio Grey Light Manual ZFFYT53A13134100	134152	575	M Maranello (F1) 03 LHD US ZFFBV55A230134152
134101	360	Modena Spider 03 Argento Nürburgring 101/C/charcoal Daytona seats silver stitching ZFFYT53A330134101 Red calipers Challenge grille Tubi Charcoal Roll Bars, Upper Dash Board & Steering Wheel	134153	575	M Maranello 03 Argento Nürburgring 101/C/Black Daytona Seats Red Inserts Red Stitching Manual LHD US ZFFBV55A430134153 Red Calipers Shields Tubi
134102	360	Modena Spider 03 Rosso Corsa/Beige Red Piping Manual ZFFYT53A530134102	134154	575	M Maranello F1 03 Red/Black ZFFBT55B000134154
134103	360	Modena Spider	134155	575	M Maranello 04 Nuovo Nero Daytona/Nero Manual RHD UK ZFFBT55C000134155
134106	360	Modena Spider (F1) 03 ZFFYT53A230134106	134156	575	M Maranello
134107	360	Modena Spider F1 03 Rosso Corsa/Tan Manual ZFFYT53A430134107	134157	575	M Maranello F1 03 Customized Dark Grey/Nero ZFFBT55B000134157
134108	360	Modena Spider 03 Red/Tan Daytona Seats ZFFYT53A630134108	134158	575	M Maranello F1 03 Blu Pozzi 521 D.S./Dark Blue Daytona Seats Blue Dash, Steering Wheel & Pillars LHD US ZFFBV55A330134158 Fiorano Handling Package Shields
134109	360	Modena Spider (F1) 03 ZFFYT53A830134109			
134110	360	Modena Spider (F1) 03 ZFFYT53A430134110			
134111	360	Modena 03 Black/Black	134159	575	M Maranello F1 04 Blu Tour de France 522/Crema ZFFBT55C000134159
134112	360	Modena Spider F1 Red/Black ZFFYT53B000134112			
134116	360	Modena Spider (F1) 03 ZFFYT53A530134116	134163	360	Modena (F1) 03 ZFFYU51A330134163
134117	360	Modena Spider (F1) 03 ZFFYT53A730134117	134164	360	Modena (F1) 03 ZFFYU51A530134164
134118	360	Modena Spider 03 Grey/Dark Grey ZFF ZFFYT53A630134111 YT53A930134118	134165	360	Modena F1 03 Red/Black ZFFYU51A730134165 Tubi Challenge grille shields Red calipers
134119	360	Modena Spider (F1) 03 Red Natural Daytona seats black inserts ZFFYT53A030134119 Red calipers rear challenge grill shields	134166	360	Modena Red/Black
			134167	360	Modena (F1) 03 ZFFYU51A030134167
134120	360	Modena Spider 03 Grigio Titanio Light Grey ZFFYT53A730134120	134168	360	Modena (F1) 03 ZFFYU51A230134168
			134170	360	Modena F1 silver/black
134121	360	Modena Spider 9/03 Argento Nürburgring 101/C/Blu Scuro ZFFYT53C000134121	134173	360	Modena Spider (F1) 03 ZFFYT53A630134173
134122	612	Scaglietti F1 15'000 Red Miles Factory China Tour Car 04 Rosso Corsa Argento Nürburgring nose/Tan LHD Manual EU ZFFAY54B000134122	134174	360	Modena Spider F1 10/03 Rosso Corsa/Nero ZFFYT53A830134174
			134175	360	Modena Spider (F1) 03 ZFFYT53AX30134175
			134176	360	Modena Spider (F1) 03 ZFFYT53A130134176
134123	612	Scaglietti F1 Blu TdF beige ZFFAY54B000	134177	360	Modena Spider 03 Silver/blue Navy piping ZFFYT53A330134177
134124	612	Scaglietti 15'000 Red Miles Factory China Tour Car 04 Argento Nürburgring Rosso Corsa nose/black LHD Manual EU ZFFAY54B000134124	134178	360	Modena Spider 03 Rosso Corsa/Tan Manual ZFFYT53A530134178 Shields Front Challenge Grill Tubi Painted Calipers
134125	612	Scaglietti F1 Black/grey ZFFAY54B000134125 Yellow calipers	134179	360	Modena Spider (F1) 03 ZFFYT53A730134179
			134180	360	Modena Spider
134126	360	Modena F1 03 Rosso Corsa/Beige RHD AUS ZFFYR51D000134126	134182	360	Modena Spider F1 03 Rosso Corsa Brown Red stitching ZFFYT53A730134182 Rear Challenge Grill Shields Red calipers
134129	575	M Maranello F1 Rosso Corsa/tan			
134130	575	M Maranello (F1) 03 LHD US ZFFBV55A330134130	134187	360	Modena Spider (F1) 03 ZFFYT53A630134187
134131	575	M Maranello F1 Red/Black & Red LHD ZFFBT55B000134131	134188	360	Modena Spider F1 03 Black ZFFYT53A830134188
			134189	360	Modena Spider (F1) 03 ZFFYT53AX30134189
134133	575	M Maranello Red/Black	134190	360	Modena Spider 03 dark Blue/dark Blue Manual ZFFYT53B000134190
134134	575	M Maranello F1 Red/Tan ZFFBT55B000134134			
134135	575	M Maranello (F1) 03 LHD US ZFFBV55A230134135	134192	360	Modena Spider F1 Yellow/black sport seats LHD EU

s/n	Type	Comments
134193	360	Modena Spider F1 3/04 Rosso Corsa/Nero ZFFYT53B000134193
134195	360	Modena Spider 03 Silver/Black Silver Stitching Manual ZFFYT53A530134195 Shields Front & Rear Challenge Grills
134196	360	Modena Spider F1 03 Yellow/Black ZFFYT53A730134196
134197	360	Modena Spider 03 Rosso Corsa/Crema RHD UK ZFFYT53C000134197
134198	360	Modena Spider F1 03 Red/Black Red stitching ZFFYT53B000134198 Red calipers
134200	360	Modena Spider 8/03 Red/Crema Daytona seats red stitching Manual ZFFYT53A530134200 shields red calipers front & rear challenge grills
134204	360	Modena Spider F1 03 Nero/Grigio Scuro ZFFYT53A230134204
134205	360	Modena Spider black/black Sports seats Manual RHD ZFFYT53C000
134207	360	Modena F1 Red/Black ZFFYR51B000134207 Red calipers, rear Challenge grille
134209	360	Modena Red/Tan
134211	360	Modena Challenge Stradale F1 Red CS stripe/Black & Red alcantara Red stitching ZFFDT57B000134211 Black calipers
134213	360	Modena F1 Red/Black
134215	360	Modena F1 Silver/Bordeaux
134217	360	Modena F1 Red/Black
134218	360	Modena F1 Red/Black ZFFYR51B000
134220	360	Modena Challenge Stradale F1 04 Black Red & black LHD US ZFFDU57A140134220
134226	360	Modena Challenge Stradale F1 04 Rosso Scuderia FER. 323/Bordeaux & Black alcantara LHD US ZFFDU57A240134226
134228	360	Modena Challenge Stradale F1 Rosso Fiorano 321/Black (all cloth) ZFFDT57B000134228
134229	360	Modena Challenge Stradale F1 04 LHD US ZFFDU57A840134229
134230	360	Modena Challenge Stradale F1 04 Rosso Scuderia FER. 323/Black & Red LHD US ZFFDU57A440134230
134232	360	Modena F1 Rosso Corsa/Tan LHD ZFFYR51B000134232
134234	360	Modena Spider Red/Black
134237	360	Modena Spider 03 Silver/Grey ZFFYT53A630134237
134238	360	Modena Spider F1 03 Azzurro California Tan ZFFYT53A830134238
134240	360	Modena Spider F1 03 Rosso Corsa/Nero ZFFYT53C000134240
134241	360	Modena Spider F1 grey/black
134242	360	Modena Spider Red/Black LHD
134244	360	Modena Spider F1 Black met./black with Red painted calipers
134245	360	Modena Spider F1 03 Red/Tan LHD EU
134247	360	Modena Spider (F1) 03 ZFFYT53A930134247
134248	360	Modena Spider F1 10/03 Blu Pozzi 521 D.S./Cuoio Daytona Seats Blue Stitching ZFFYT53A030134248 Shields Front & Rear Challenge Grille Red Calipers
134250	360	Modena Spider F1 9/03 Rosso Corsa/Nero ZFFYT53C000134250
134251	360	Modena Spider 03 Red/Black ZFFYT53B000134251
134252	360	Modena Spider 03 ZFFYT53A230134252
134253	360	Modena Spider (F1) 03 ZFFYT53A430134253
134254	360	Modena Spider F1 03 Red/Tan Daytona Seats black inserts ZFFYT53A630134254 challenge grill
134255	360	Modena Spider (F1) 03 ZFFYT53A830134255
134256	360	Modena Spider F1 Red/Black ZFFYT53B000134256
134263	360	Modena Spider 04 Rosso Corsa/Beige Manual ZFFYT53B000134263
134264	360	Modena F1 Black/black ZFFYR51B000134364
134265	360	Modena Spider 03 Rosso Corsa/Tan Manual ZFFYT53A030134265
134266	360	Modena Spider (F1) 03 ZFFYT53A230134266
134271	360	Modena Spider Red/BlackLHD EU ZFFYT53B000134271
134273	360	Modena Spider 03 BlueTan Manual ZFFYT53AX30134273
134274	360	Modena Spider (F1) 03 ZFFYT53A130134274
134275	360	Modena Spider F1 03 Rosso Corsa/Black LHD EU ZFFYT53B000
134278	Enzo Ferrari	F1 03 Rosso Dino/nero LHD US ZFFCW56A230134278 ass. # 51215
134279	Enzo Ferrari	F1 03 Rosso Corsa Rosso LHD US ZFFCW56A430134279
134280	Enzo Ferrari	F1 03 Red/Black & Red LHD
134281	Enzo Ferrari	F1 8/03 black/black & Red LHD US ZFFCW56A230134281 ass. # 51289
134282	Enzo Ferrari	F1 8/03 nero/nero Red gauges LHD US ZFFCW56A430134282 ass. # 51321 eng.# 78146, ex-Pharrell Williams
134283	Enzo Ferrari	F1
134284	Enzo Ferrari	F1 Rosso Corsa/nero ZFFCZ56B000134284
134285	Enzo Ferrari	F1 03 LHD US ZFFCW56AX30134285
134286	Enzo Ferrari	F1
134287	Enzo Ferrari	F1 Yellow ZFFCW56A230134287
134288	Enzo Ferrari	F1 03 LHD US ZFFCW56A530134288
134289	Enzo Ferrari	F1 ZFFCZ56B000134289
134290	Enzo Ferrari	F1 Rosso Scuderia FER. 323/Black ass. #51474
134291	Enzo Ferrari	F1 03 Red/Black & Red LHD US ZFFCW56A530134291
134292	Enzo Ferrari	F1 Red
134293	Enzo Ferrari	F1 Red/Black ZFFCZ56B000134293 ass. # 51532
134294	Enzo Ferrari	F1 03 black/black LHD US ZFFCW56A030134294 ass. # 51544 ex-Rod Stewart
134295	Enzo Ferrari	F1
134296	Enzo Ferrari	F1
134297	Enzo Ferrari	F1 03 Red/Black LHD US ZFFCW56A630134297 ass. # 51587
134298	612	Scaglietti F1 dark Blue metallic/Tan LHD EU
134299	612	Scaglietti F1 medium Blue/crema
134300	612	Scaglietti F1 Bordeaux metallic/crema LHD
134301	612	Scaglietti F1 Dark Blue/tan ZFFAY54B000134301
134302	612	Scaglietti F1 Azzurro California 524/Black ZFFAY54B000
134303	612	Scaglietti F1 Blu Tour de France 522/beige Blue piping ZFFAY54B000
134304	612	Scaglietti F1 Rosso Corsa/black ZFFAY54B000134304
134305	612	Scaglietti F1 Azzurro California ZFFAY54B000
134306	575	M Maranello F1 03 Rosso Corsa/Black LHD US ZFFBV55A330134306 Shields Red Calipers Tubi
134307	575	M Maranello F1 Silver/black ZFFBT55B000134307
134308	575	M Maranello F1 Red/Black
134310	575	M Maranello F1 03 Rosso Corsa/tan LHD US ZFFBV55A530134310
134311	575	M Maranello F1 4/04 Rosso Corsa/Cuoio ZFFBT55C000134311
134312	575	M Maranello (F1) 03 LHD US ZFFBV55A930134312
134313	575	M Maranello 04 Red LHD
134314	575	M Maranello F1 9/03 Nero/Beige ZFFBT55B000134314
134315	575	M Maranello F1 03 Grigio Alloy/Dark Blue LHD US ZFFBV55A430134315 Tubi
134316	575	M Maranello (F1) 03 LHD US ZFFBV55A630134316
134317	575	M Maranello F1 03 Black metallic/bordeaux ZFFBT55B000

s/n	Type	Comments
134318	575	M Maranello F1 4/04 Rosso Corsa/Nero ZFFBT55B000134318
134320	575	M Maranello F1 Red/Black sports seats ZFFBT55B000134320 Red calipers shields
134321	575	M Maranello (F1) 03 LHD US ZFFBV55AX30134321
134322	575	M Maranello 03 Argento Nürburgring 101/C/Nero ZFFBT55C000134322
134324	575	M Maranello F1 03 Rosso Corsa/Black LHD US ZFFBV55A530134324
134325	575	M Maranello F1 03 Azzurro California 524/Sand Daytona seats Blue stitching LHD US ZFFBV55A730134325 aluminum calipers
134326	575	M Maranello F1 03 Red/Black LHD US ZFFBV55A930134326
134327	575	M Maranello (F1) 03 LHD US ZFFBV55A030134327
134329	575	M Maranello F1 03 Blu Pozzi 521 D.S./Naturale LHD US ZFFBV55A430134329
134330	575	M Maranello F1 03 Rosso Corsa/Tan LHD US ZFFBV55A030134330 Red calipers shields
134331	575	M Maranello Red/Tan
134332	575	M Maranello (F1) 03 LHD US ZFFBV55A430134332
134333	575	M Maranello F1 03 Blue/Tan LHD US ZFFBV55A630134333 wrecked
134336	575	M Maranello 03 black/light grey LHD US ZFFBV55A130134336
134337	575	M Maranello (F1) 03 LHD US ZFFBV55A330134337
134338	360	Modena F1 03 Rosso Corsa/Tan ZFFYU51A130134338 Shields Red Calipers Capristo exhaust
134339	360	Modena (F1) 03 ZFFYU51A330134339
134340	360	Modena F1 03 Red/Tan ZFFYU51AX30134340 challenge grills ex-Roberto Alomar
134341	360	Modena (F1) 03 ZFFYU51A130134341
134342	360	Modena F1 03 Rosso Corsa 322 D.S./Tan ZFFYU51A330134342 Shields Red calipers
134344	360	Modena (F1) 03 ZFFYU51A730134344
134345	360	Modena F1 1/04 Blu Pozzi/Cuoio ZFFYU51A930134345
134349	360	Modena Challenge Stradale F1 03 Red/Black ZFFDT57B000134349
134356	360	Modena F1 Red/Tan black standard Dashboard ZFFYR51B000134356
134358	360	Modena Challenge Stradale F1 Red/Black ZFFDT57B000134358
134359	360	Modena F1 Red/Tan ZFFYR51B000
134360	360	Modena Red/Tan ZFFYR51B000
134361	360	Modena Challenge Stradale F1 04 Rosso Scuderia/Black & Red LHD US ZFFDU57A840134361
134362	360	Modena F1 03 Rosso Scuderia FER. 323/Cuoio Daytona Seats ZFFYU51A930134362
134363	360	Modena Challenge Stradale F1 Red/Black Red stitching RHD ZFFDT57C000134363 Red calipers Shields Yellow dials
134364	360	Modena black/black ZFFYR51B000134364
134365	360	Modena F1 9/03 Rosso Corsa/Beige ZFFYR51B000134365
134366	360	Modena Challenge Stradale F1 Red Red/Black (all cloth) ZFFDT57B000134366
134368	360	Modena 03 Grigio Titanio Metallizzato 3238/Charcoal Manual ZFFYR51B000134368
134369	360	Modena Challenge Stradale F1 04 LHD US ZFFDU57A240134369
134370	360	Modena Challenge Stradale F1 04 Red/Red LHD US ZFFDU57A940134370
134373	360	Modena Challenge Stradale F1 03 Rosso Scuderia FER. 323/black Italian stripe ZFFDT57B000134373
134374	360	Modena F1 1/04 Argento Nürburgring/Rosso ZFFYR51B000134374
134376	360	Modena Challenge Stradale F1 04 Rosso Scuderia FER. 323/Red ZFFDU57AX40134376
134378	360	Modena Challenge Stradale F1 03 Argento Nürburgring 101/C/Bordeaux RHD UK ZFFDT57C000134378
134380	360	Modena Challenge Stradale F1 Red/Black ZFFDT57B000134380
134381	360	Modena Red/Black ZFFYR51B000134381
134382	360	Modena Challenge Stradale F1 04 Red Red & Black ZFFDU57A540134382
134383	360	Modena Challenge Stradale F1 04 Rosso Scuderia FER. 323/Black & Red ZFFDU57A740134383
134384	360	Modena F1 black/black ZFFYR51B000134384
134385	360	Modena F1 Red/Black
134389	360	Modena Rosso Corsa/Cuoio LHD Manual ZFFYR51B000134389
134391	360	Modena Challenge Stradale F1 04 Rosso Scruderia 323/Red & Black Alcantara LHD US ZFFDU57A640134391
134392	360	Modena Challenge Stradale F1 Argento Nürburgring 101/C/ Nero Nero Carpet RHD
134395	360	Modena F1 Rosso Corsa/black LHD EU ZFFYR51B000
134397	360	Modena F1 03 Black/Black ZFFYU51A630134397
134398	360	Modena Challenge Stradale F1 04 Rosso Scuderia no Stripe/Black & Red LHD US ZFFDU57A940134398
134399	360	Modena Challenge Stradale F1 04 LHD US ZFFDU57A040134399
134401	360	Modena Red
134402	360	Modena F1 dark Blue/tan
134405	360	Modena Challenge Stradale F1 Silver/dark Blue leather ZFFDT57B000134405
134406	360	Modena Challenge Stradale F1 04 Red/Black Red accents LHD US ZFFDU57A440134406
134407	360	Modena Challenge Stradale F1 Red
134409	360	Modena Spider F1 03 Rosso Rubino/tan black inserts Red piping ZFFYT53A930134409 Red calipers shields
134410	360	Modena Spider (F1) 03 ZFFYT53A530134410
134411	360	Modena Spider F1 03 Rosso Corsa/Black ZFFYT53B000134411
134412	360	Modena Spider 03 ZFFYT53A930134412
134413	360	Modena Spider F1 03 Blu Tour De France Natural ZFFYT53A030134413
134419	360	Modena Spider (F1) 03 ZFFYT53A130134419
134420	360	Modena Spider 03 Grigio Alloy/Black Daytona seats silver stitching Black top Manual ZFFYT53A830134420 front & rear challenge grills
134421	360	Modena Spider F1 03 Grigio Alloy/black sports seats silver stitching ZFFYT53C000134421 front & rear challenge grills Scaglietti rims red calipers shields
134424	360	Modena Spider Red/Black
134426	360	Modena Spider (F1) 03 ZFFYT53A930134426
134427	360	Modena Spider F1 03 Rosso Corsa Naturale ZFFYT53A030134427
134428	360	Modena Spider F1 03 Rosso Corsa/nero & Red sport seats LHD EU ZFFYT53B000 headlight cleaners Red calipers shields
134429	360	Modena Spider F1 Silver met/black ZFFYT53B000134429
134432	360	Modena Spider F1 Red/Tan ZFFYT53B000134432
134435	360	Modena Spider (F1) 03 ZFFYT53AX30134435

s/n	Type	Comments	s/n	Type	Comments
134436	360	Modena Spider F1 03 Blu Tour de France 522/Beige Daytona Seats ZFFYT53A130134436 Red Calipers Shields Front & Rear Challenge Grills	134493	360	Modena Spider (F1) 03 ZFFYT53A230134493
			134494	360	Modena Spider 03 ZFFYT53A430134494
			134495	360	Modena Spider
			134497	360	Modena Spider F1 03 Rosso Corsa/Nero ZFFYT53B000134497
134437	360	Modena F1 03 Argento Nürburgring 101/C/Black Sport Seats Silver Stitching ZFFYT53A330134437 Tubi Silver Calipers Shields Front & Rear Challenge Grille	134498	360	Modena Spider black/black LHD
			134499	360	Modena Spider F1 Yellow/black ZFFYT53B000134499
134440	360	Modena Spider F1 Yellow/tan ZFFYT53B000134440	134500	360	Modena Spider F1 04 Nuovo Nero Daytona/Cuoio ZFFYT53B000134500
134442	360	Modena Spider F1 9/03 Rosso Corsa/Nero LHD EU ZFFYT53B000134442	134501	360	Modena Spider 03 Blue TdF/Tan ZFFYT53A830134501 Shields Red Calipers Tubi front & rear Challenge grill Blue headlight lenses protector
134443	360	Modena Spider F1 Yellow/black Yellow stitching front chg, Yellow calipers, SF shields			
134444	360	Modena Spider F1 04 Rosso Corsa/Nero LHD EU ZFFYT53B000134444	134502	360	Modena Spider F1 03 Rosso Corsa/Tan Daytona seats manual ZFFYT53AX30134502 Red calipers front & rear Challenge grille shields
134445	360	Modena Spider (F1) 03 ZFFYT53A230134445			
134446	360	Modena Spider (F1) 03 ZFFYT53A430134446	134503	360	Modena Spider F1 03 Red/Tan ZFFYT53A130134503 Tubi
134447	360	Modena Spider 9/03 Blu Tour De France/Beige ZFFYT53C000134447	134504	360	Modena Spider
134450	360	Modena Spider (F1) Silver/black ZFFYT53B000134450	134505	360	Modena Spider (F1) LHD EU ZFFYT53B000134505
134453	360	Modena Spider 03 Red/Beige Manual LHD US ZFFYT53A130134453 shields Red calipers	134506	360	Modena Spider F1 Red/Black ZFFYT53B000134506
134454	360	Modena Spider F1 03 Red/Tan Daytona Seats Red Stitching ZFFYT53A330134454 Shields Challenge Grille	134509	360	Modena Spider 03 White Light Grey White stitching Manual ZFFYT53A230134509 front challenge grille tubi
134455	360	Modena Spider	134510	360	Modena Spider (F1) 03 ZFFYT53A930134510
134456	360	Modena Spider	134511	360	Modena Spider F1 03 Blu Tour de France 522/Blu Scuro RHD UK ZFFYT53C000134511 Silver calipers shields dark Blue dash & steering wheel
134459	360	Modena Challenge Stradale F1 dark Blue met./Crema ZFFDT57B000134459			
134460	360	Modena F1 03 Argento Nürburgring 101/C/Nero silver stitching LHD ZFFYR51B000134460 Silver calipers shields Challenge wheels	134513	612	Scaglietti F1 Ingridgrey/dark Blue ZFFAY54B000
			134514	612	Scaglietti F1 Blu TdF/Tan ZFFAY54B000134514
134462	360	Modena Challenge Stradale F1 04 LHD US ZFFDU57A340134462	134515	612	Scaglietti F1 Grigio Ingrid 720/black ZFFAY54B000134515
134463	360	Modena (F1) 03 ZFFYU51A430134463	134516	612	Scaglietti F1 Rosso Fiorano ZFFAY54B000
134464	360	Modena Challenge Stradale F1	134518	575	M Maranello F1 black metallic/tan ZFFBT55B000
134465	360	Modena Challenge Stradale F1 Red/Black Alcantara LHD ZFFDT57B000134465	134519	575	M Maranello F1 03 Light Blue Blue LHD US ZFFBV55A930134519
134467	360	Modena F1 Grigio Titanio 3238/charcoal ZFFYR51B000134467	134520	575	M Maranello F1 black/natural ZFFBT55B000134520
134468	360	Modena F1 Red/Black ZFFYR51B000134468	134523	575	M Maranello 04 Pozzi Blue/tan LHD
134470	360	Modena Challenge Stradale F1 12/03 Rosso Scuderia FER. 323/Tessuto Racing Nero & Rosso LHD US ZFFDU57A240134470	134524	575	M Maranello F1 4/04 Grigio Titanio Metallizzato 3238/Beige ZFFBT55B000134524
			134535	575	M Maranello F1 03 Black/Black LHD US ZFFBV55A730134535
134471	360	Modena F1 03 Rosso Corsa/Beige sports seats RHD UK ZFFYR51C000134471 shields	134536	360	Modena 03 Rosso Corsa/Tan Daytona Seats Red Stripes & Piping Manual ZFFYU51A530134536 Tubi GFG Wheels Front & Rear Challenge Grills Red Calipers
134472	360	Modena Challenge Stradale F1 03 Rosso Scuderia FER. 323 CS stripe/Black & Red red stitching RHD ZFFDT57C000134472 Red calipers shields yellow dials			
			134539	360	Modena Challenge Stradale F1 Rosso Scuderia LHD ZFFDT57B000134539
134475	360	Modena F1 Red/Black front challenge grill Red calipers shields	134540	360	Modena Challenge Stradale F1 04 Rosso Scuderia Suede ZFFDU57A840134540
134477	360	Modena 10/03 Grigio Titanio Metallizzato/Grigio Scuro ZFFYR51B000134477	134541	360	Modena Challenge Stradale F1 Rosso Scuderia FER. 323/Black LHD ZFFDT57B000134541
134478	360	Modena Challenge Stradale F1 04 Rosso Scuderia no stripe/Red & Black Alcantara LHD US ZFFDU57A740134478 Capristo stage three exhaust	134542	360	Modena Challenge Stradale F1 04 Rosso Scuderia FER. 323/Red & Black Stradale interior in alcantara ZFFDU57A140134542
			134543	360	Modena Challenge Stradale F1 04 Rosso Scuderia FER. 323/ Rosso & Black Alcantara ZFFDU57A340134543
134480	360	Modena Spider F1 9/03 Nero/Nero sport seats LHD EU ZFFYT53B000134480 black calipers			
134483	360	Modena Spider F1 Red/Tan sport seats	134544	360	Modena Challenge Stradale F1 04 Red/Red LHD US ZFFDU57A540134544 shields
134484	360	Modena Spider (F1) 03 ZFFYT53A130134484			
134485	360	Modena Spider (F1) 03 ZFFYT53A330134485	134547	360	Modena Challenge Stradale F1 04 Rosso Scuderia/Black & Red LHD US ZFFDU57A040134547
134486	360	Modena Spider (F1) 03 ZFFYT53A530134486			
134487	360	Modena Spider			
134490	360	Modena Spider F1 Red/Black Grey stitching ZFFYT53B000134490 Red calipers shields	134548	360	Modena F1 03 Black/Black US ZFFYU51A130134548
134491	360	Modena Spider F1 Rosso Corsa/Black ZFFYT53B000134491	134549	360	Modena Challenge Stradale F1 Red

s/n	Type	Comments	s/n	Type	Comments
134553	360	Modena Challenge Stradale F1 04 LHD US ZFFDU57A640134553	134621	360	Modena Challenge Stradale F1 04 Red Italian stripe/black LHD ZFFDU57A840134621 Red calipers Yellow dials
134554	360	Modena Challenge Stradale F1 04 Rosso Scuderia FER. 323/Black Red inserts LHD US ZFFDU57A840134554	134623	360	Modena F1 Red/Black ZFFYR51B000134623
			134624	360	Modena Challenge Stradale F1 Rosso Scuderia tricolore stripe/Red & black cloth ZFFDT57B000134624
134556	360	Modena 03 Rosso Corsa/Beige ZFFYU51A030134556			
134559	360	Modena Spider (F1) 03 ZFFYT53A630134559	134625	360	Modena Challenge Stradale F1 04 Rosso Scuderia FER. 323/Black LHD US ZFFDU57A540134625
134560	360	Modena Spider			
134563	360	Modena Spider (F1) 03 ZFFYT53A830134563			
134564	360	Modena Spider (F1) 03 ZFFYT53AX30134564	134626	360	Modena Challenge Stradale F1 04 LHD US ZFFDU57A740134626
134565	360	Modena Spider			
134570	360	Modena Spider F1 Red/Tan RHD ZFFYT53D000134570	134628	360	Modena Challenge Stradale F1 Red/Red-Black RHD
134571	360	Modena Spider 03 Red/Tan Manual ZFFYT53A730134571 Tubi Shields Red Calipers Rear Challenge Grill	134633	360	Modena Challenge Stradale F1 Rosso Scuderia FER. 323/Red & black cloth ZFFDT57B000134633 Yellow dials
134572	360	Modena Spider 3/04 Azzurro California/Cream ZFFYT53C000134572	134634	360	Modena Challenge Stradale F1 04 LHD US ZFFDU57A640134634
134573	360	Modena Spider	134635	360	Modena Challenge Stradale F1 03 Rosso Corsa/Tessuto Racing Nero/Rosso RHD ZFFDT57C000134635
134576	360	Modena Spider F1 Red/Black ZFFYT53B000134576			
134578	360	Modena Spider F1 Giallo/all Rosso LHD ZFFYT53B000134578	134638	360	Modena Red/Tan ZFFYR51B000
			134639	360	Modena Challenge Stradale F1 04 Black/Black & Red Suede US ZFFDU57A540134639
134579	360	Modena Spider (F1) 03 ZFFYT53A130134579			
134580	360	Modena Spider	134640	360	Modena Challenge Stradale F1 04 Rosso Scuderia FER. 323 no stripe/Rosso & Nero LHD US ZFFDU57A140134640 black calipers
134581	360	Modena Spider F1 9/03 black/tan ZFFYT53AX30134581 shields front challenge grills			
			134642	360	Modena F1 03 Nero/Nero ZFFYR51C000134642
134582	360	Modena Spider F1 03 Grigio Titanio 3238/Navy Blue ZFFYT53A130134582	134645	360	Modena Spider F1 Silver/dark Blue ZFFYT53B000134645
134583	360	Modena Spider (F1) 03 ZFFYT53A330134583	134646	360	Modena Spider F1 Red/Tan ZFFYT53B000134646
134584	612	Scaglietti silver/black Manual ZFFAY54B000			
134586	612	Scaglietti 04 Nuovo Nero Daytona/Beige manual ZFFAY54B000134586	134647	360	Modena Spider F1 3/04 Azzurro California 524/Blu Scuro ZFFYT53C000134647 Black calipers Challenge rear grill shields
134588	Enzo Ferrari	F1 9/03 red/red & red large seats red gauges LHD US ZFFCW56A630134588 ass. # 51614	134648	360	Modena Spider
			134649	360	Modena grigio alloy/black Manual ZFFYT53B000134649
134589	Enzo Ferrari	F1 Rosso Scuderia FER. 323/Red ass. # 51634	134654	360	Modena Spider Rosso Corsa/black manual LHD EU ZFFYT53B000134654
134590	Enzo Ferrari	F1 03 LHD US ZFFCW56A430134590			
134591	Enzo Ferrari	F1	134659	360	Modena Spider 03 Rosso Corsa/Nero ZFFYT53C000134659
134592	Enzo Ferrari	F1 03 Rosso Corsa/nero LHD US ZFFCW56A830134592			
134593	Enzo Ferrari	F1 ZFFCZ56B000134593	134660	360	Modena Spider
134594	Enzo Ferrari	F1 03 giallo Modena/nero Yellow stitching & gauges LHD US ZFFCW56A130134594	134664	360	Modena Spider Red/Black ZFFYT53B000
			134670	360	Modena Spider 03 Rosso Corsa/Tan Manual RHD UK Red Calipers
134595	Enzo Ferrari	F1 03 Rosso Corsa/Rosso LHD US ZFFCW56A330134595			
134596	Enzo Ferrari	F1	134671	360	Modena Spider (F1) 04 ZFFYT53A940134671
134597	Enzo Ferrari	F1 03 Red/Red & Black LHD US ZFFCW56A730134597	134672	360	Modena Challenge Stradale F1 04 Red w/Italian stripe Red-black LHD ZFFDU57A340
134598	Enzo Ferrari	F1	134673	360	Modena Spider F1 04 Red/Tan LHD ZFFYT53A240134673
134599	Enzo Ferrari	F1			
134600	Enzo Ferrari	F1	134674	360	Modena Spider F1 04 Grigio Titanio 3238/Dark Blue ZFFYT53A440134674
134601	Enzo Ferrari	F1 03 Yellow LHD US ZFFCW56A530134601			
134602	Enzo Ferrari	F1 Red/Crema LHD ZFFCZ56B000134602 ass. # 51847 Black calipers Shields Red dials	134675	360	Modena Challenge Stradale F1 04 Red Red White Italian stripe LHD US ZFFDU57A940134675
134603	Enzo Ferrari	F1 03 LHD US ZFFCW56A930134603			
134604	360	Modena 04 Black/Tan Daytona Seats Manual ZFFYU51A540134604 Front & Rear Challange Grills Shields	134677	360	Modena Spider F1 04 Red/Tan ZFFYT53AX40134677 Shields Challenge Grilles
			134678	360	Modena Spider 04 Grigio Titanio Sabia Blue stitching Manual ZFFYT53A140134678
134605	360	Modena Spider 04 Red/Tan Black Piping Manual ZFFYT53A740134605 Shields Red Calipers	134679	360	Modena 04 Rosso Corsa/Charcoal & Black Daytona Seats grey stitching Manual ZFFYU51A340134679 Tubi BBS Wheels Front & Rear Challenge grilles Shields Challenge Stradale wheels Yellow custom powder coated calipers
134606	360	Modena Spider F1 04 Blu Tour de France 522/Tan ZFFYT53A940134606			
134609	360	Modena Challenge Stradale F1 04 LHD US ZFFDU57A740134609			
134610	360	Modena Challenge Stradale F1 04 LHD US ZFFDU57A340134610	134680	360	Modena Spider F1 04 Argento Nürburgring 101/C/Grigio Medio black piping Manual ZFFYT53AX40134680
134613	360	Modena F1 04 Rosso Corsa/Crema RHD UK ZFFYR51C000134613	134681	360	Modena Spider F1 04 Azzurro California Blue ZFFYT53A140134681
134614	360	Modena Black/tan			

s/n	Type	Comments	s/n	Type	Comments
134682	360	Modena Spider (F1) 04 ZFFYT53A340134682	134741	360	Modena Challenge Stradale F1 04 black CS stripe/black & Red LHD US ZFFDU57A740134741 black calipers
134683	360	Modena Spider 04 Yellow/Black Manual ZFFYT53A540134683			
134684	360	Modena Spider F1 04 Blu Pozzi 521 D.S. Beige ZFFYT53A740134684	134744	360	Modena Spider Red
			134746	360	Modena Spider F1 04 Giallo Modena 4305 D.S./Naturale ZFFYT53A340134746
134685	360	Modena Spider (F1) 04 ZFFYT53A940134685			
134686	360	Modena Spider F1 04 Rosso Corsa/Tan Daytona seats ZFFYT53A040134686 Red calipers shields	134747	360	Modena Spider F1 04 Argento Nürburgring 101/C/Black Daytona seats light grey inserts & piping US ZFFYT53A540134747 Challenge Rear Grill
134687	575	M Maranello F1 10/03 Argento Nürburgring 101/C/Bordeaux ZFFBT55B000134687			
134688	575	M Maranello (F1) 04 LHD US ZFFBV55A840134688	134748	360	Modena Spider 04 Rosso Corsa/Beige ZFFYT53A740134748
134689	575	M Maranello F1 04 Red/Tan LHD LHD US ZFFBV55AX40	134749	360	Modena Spider F1 Azzurro California 524/Blue Blue top LHD EU ZFFYT53B000134749 challenge grill
134691	575	M Maranello (F1) 04 LHD US ZFFBV55A840134691			
			134750	360	Modena Spider
134692	575	M Maranello F1 4/04 Grigio Titanio Metallizzato 3238/Blu Scuro LHD US ZFFBV55AX40134692	134753	360	Modena Spider F1 04 Rosso Corsa/Tan Daytona seats Red Piping ZFFYT53A040134753 shields Red calipers
134694	575	M Maranello F1 Red/Tan ZFFBT55B000134694	134754	360	Modena Spider F1 04 British Racing Green/Black ZFFYT53A240134754
134695	575	M Maranello F1 04 Black/Tan LHD US ZFFBV55A540134695	134755	360	Modena Spider 04 Yellow/Black Daytona Seats Yellow Straps & Stitching Manual ZFFYT53A440134755 Shields Front & Rear Yellow Calipers Challenge Grilles
134696	575	M Maranello			
134698	575	M Maranello (F1) 04 LHD US ZFFBV55A040134698			
134699	575	M Maranello (F1) 04 LHD US ZFFBV55A240134699	134756	360	Modena Spider (F1) 04 ZFFYT53A640134756
			134760	360	Modena Spider
134700	575	M Maranello F1 04 Giallo Modena Nero ZFFBT55C000	134761	360	Modena Spider F1 black/black ZFFYT53B000134761
134703	575	M Maranello (F1) 04 LHD US ZFFBV55A040134703	134762	360	Modena Spider Red/Black ZFFYT53B000134762
134705	575	M Maranello F1 03 Grigio Titanio met./Black Daytona seats Gray stitching LHD US ZFFBV55A440134705 Red Calipers Fiorano handeling package	134765	360	Modena Spider 04 Azzurro California 524/Tan manual ZFFYT53A740134765
			134766	360	Modena Spider F1 04 Red/Tan LHD ZFFYT53A940
134706	575	M Maranello (F1) 04 LHD US ZFFBV55A640134706	134767	360	Modena Spider F1 11/03 Nuovo Nero Daytona/Crema ZFFYT53C000134767
134708	612	Scaglietti F1 Grigio Titanio met./cuoio brown ZFFAY54B000	134770	360	Modena Spider (F1) 04 ZFFYT53A040134770
134709	612	Scaglietti	134771	360	Modena Spider F1 04 Blu Tour de France 522/Sabbia Blue piping ZFFYT53A240134771 rear challenge grill
134715	360	Modena F1 Red/Black ZFFYR51B000134715			
134718	360	Modena Challenge Stradale F1 04 LHD US ZFFDU57A140134718	134772	360	Modena Spider (F1) 04 ZFFYT53A440134772
			134773	360	Modena Spider F1 03 Rosso Scuderia FER. 323/Crema RHD UK ZFFYT53C000134773
134720	360	Modena Challenge Stradale F1 03 Rosso Corsa/Nero RHD UK ZFFDT57C000134720	134774	360	Modena Spider Silver/all Blue Manual ZFFYT53C000134774
134721	360	Modena F1 10/03 Blu Tour de France 522/Beige dark blue piping blue stitching blu scuro dash & steering wheel RHD ZFFYR51C000134721 Red calipers shields	134778	360	Modena Spider Red/Black ZFFYT53B000
			134779	360	Modena Spider F1 11/03 Rosso Corsa/Beige ZFFYT53D000134779
			134781	360	Modena Spider (F1) 04 ZFFYT53A540134781
134724	360	Modena Challenge Stradale F1 12/03 Rosso Scuderia FER. 323/Azzurro ZFFDT57D000134724	134782	360	Modena Spider (F1) 04 ZFFYT53A740134782
			134783	360	Modena Spider (F1) 04 ZFFYT53A940134783
134725	360	Modena Challenge Stradale F1 04 LHD US ZFFDU57A940134725	134784	360	Modena Spider 04 ZFFYT53A040134784
			134785	360	Modena Spider F1 Red/Black ZFFYT53B000134785
134726	360	Modena Challenge Stradale F1 04 Rosso Corsa/Black & Red LHD US ZFFDU57A040134726	134787	575	M Maranello (F1) 04 LHD US ZFFBV55AX40134787
134727	360	Modena Challenge Stradale F1 Red/Red/Black ZFFDT57B000134727	134788	575	M Maranello F1 04 Black/Beige LHD US ZFFBV55A140134788
134728	360	Modena Red/beige ZFFYR51B000134728	134790	575	M Maranello (F1) 04 LHD US ZFFBV55AX40134790
134731	360	Modena Challenge Stradale F1 04 Red/Black & Red ZFFDU57A440134731 No Stripe	134791	575	M Maranello F1 04 LHD US ZFFBV55A140134791
134732	360	Modena Challenge Stradale F1	134792	575	M Maranello (F1) 04 LHD US ZFFBV55A340134792
134733	360	Modena			
134734	360	Modena F1 03 Grigio Titanio Metallizzato 3238/Bordeaux ZFFYR51B000134734	134793	575	M Maranello (F1) 04 LHD US ZFFBV55A540134793
134735	360	Modena F1 3/04 Rosso Corsa/Nero ZFFYR51B000134735	134796	575	M Maranello F1 04 Silver/Black ZFFBV55A040134796 Tubi
134737	360	Modena F1 04 Red/Black Daytona seats Red stitching ZFFYU51A240134737 shields Red calipers front & rear Challenge grilles,	134797	575	M Maranello F1 04 Red/Tan Daytona Seats Red Piping LHD US ZFFBV55A240134797 Shields Tubi

s/n	Type	Comments	s/n	Type	Comments
134798	575	M Maranello 2/04 Rosso Corsa/Beige Manual LHD US ZFFBV55A440134798	134857	360	Modena Spider F1 04 Rosso Corsa/Tan Daytona seats ZFFYT53A140134857 Tan Roll Bars Red Calipers Shields, Front & Rear Challenge Grill
134800	575	M Maranello	134858	360	Modena Spider F1 04 Rosso Scuderia Natural ZFFYT53A340134858 Shields
134801	575	M Maranello F1 grigio alloy/black ZFFBT55B000134801	134859	360	Modena Spider (F1) 04 ZFFYT53A540134859
134802	360	Modena F1 black/grey	134860	360	Modena F1 04 Grigio Titanio Metallic/Black ZFFYU51A140134860
134806	360	Modena Challenge Stradale F1 04 LHD US ZFFDU57A940134806	134862	360	Modena Spider F1 Red/Black ZFFYT53B000134862
134807	360	Modena Challenge Stradale F1 04 Rosso Scuderia FER. 323/ Red Alcantara & black LHD US ZFFDU57A040134807 shields	134863	360	Modena Spider 10/03 Rosso Corsa/Nero manual ZFFYT53B000134863 Red calipers
134809	360	Modena F1 Grigio Titanio 3238/black ZFFYR51B000134809	134864	360	Modena Spider F1 Rosso Corsa/Tan Red stitching LHD EU
134811	360	Modena Challenge Stradale F1 LHD ZFFDU57A240134811	134868	360	Modena Spider (F1) 04 ZFFYT53A640134868
134812	360	Modena Challenge Stradale F1 04 LHD US ZFFDU57A440134812	134869	360	Modena Spider (F1) 04 ZFFYT53A840134869
134813	360	Modena F1 Red/Tan LHD EU ZFFYR51B000134813	134870	360	Modena Spider 04 Yellow/Black Manual ZFFYT53A440134870
134814	360	Modena	134875	360	Modena Spider F1 04 Rosso Corsa/Beige ZFFYT53A340134875
134817	360	Modena Challenge Stradale F1 Red/Red & black ass. # 51835	134876	360	Modena Spider (F1) 04 ZFFYT53A540134876
			134877	360	Modena Spider (F1) 04 ZFFYT53A740134877
134818	360	Modena Challenge Stradale F1 04 Red Italian stripe/black & Red Alcantara LHD US ZFFDU57A540134818 ass. # 52010	134878	360	Modena Spider 03 Blu Tour de France 522/Blu Scuro Manual RHD UK ZFFYT53C000134878 Silver calipers shields
134819	360	Modena Challenge Stradale F1 04 Rosso Scuderia FER. 323/Black& Red ZFFDU57A740134819 Red calipers Tubi	134879	360	Modena Spider F1 03 Rosso Corsa/Crema RHD ZFFYT53C000134879 Red calipers
134821	360	Modena Challenge Stradale F1 11/03 Rosso Corsa/Azzurro ZFFDT57C000134821	134880	360	Modena Spider Red/Black ZFFYT53B000134880
			134881	360	Modena Spider F1 silver/black
134823	360	Modena F1 Red/Black ZFFYR51B000	134882	360	Modena Spider F1 titan grey/black LHD
134825	360	Modena 10/03 Rosso Corsa/Beige ZFFYR51B000134825	134883	360	Modena Spider ZFFYT53B000134883
			134885	360	Modena Spider F1 04 Red/Tan Red stitching challenge grill ZFFYT53A640134885
134826	360	Modena Challenge Stradale F1 Red/Red & black alcantara ZFFDT57B000134826	134886	360	Modena Spider (F1) 04 ZFFYT53A840134886
134827	360	Modena Challenge Stradale F1 03 Yellow/Black RHD Manual ZFFYT51D000134827	134887	360	Modena Spider
134828	360	Modena Challenge Stradale F1 04 Rosso Scuderia Italian Race Stripes Black & Red Alcantara ZFFDU57A840134828	134893	360	Modena Spider F1 03 Rosso Corsa/Tan black piping ZFFYT53A540134893
			134894	360	Modena Spider (F1) 04 ZFFYT53A740134894
134831	360	Modena 03 Nero/Nero Manual ZFFYR51B000134831	134895	360	Modena Spider F1 04 Blu Tour de France 522/Tan Daytona seats Blue stitching Blue top ZFFYT53A940134895 Shields Rear Challenge Grill Yellow Calipers Navy Blue upper dash, steering wheel, tan roll bar hoops
134832	360	Modena F1 Yellow/Black Yellow piping & stitching			
134835	360	Modena Challenge Stradale F1 04 LHD US ZFFDU57A540134835	134896	360	Modena Spider (F1) 04 ZFFYT53A040134896
134836	360	Modena Challenge Stradale F1 04 Red/Black LHD US ZFFDU57A740134836	134897	612	Scaglietti F1 5/04 Nuovo Nero Daytona/Sabbia ZFFAY54B000134897
134837	360	Modena silver/brown ZFFYR51B000134837	134898	612	Scaglietti F1 04 Dark Blue/tan LHD ZFFAY54B000134898
134839	360	Modena Challenge Stradale F1 04 Red & CS stripe/black & Red LHD US ZFFDU57A240134839	134899	612	Scaglietti F1 Grigio Ingrid720/medium Blue ZFFAY54B000134899
			134900	612	Scaglietti Detroit Show Car, Rubino Micalizzato EU ZFFAY54B000134900 ass. # 52619
134840	360	Modena Challenge Stradale F1 04 LHD US ZFFDU57A940134840	134901	612	Scaglietti F1 grey/black LHD EU ZFFAY54B000134901
134841	360	Modena Challenge Stradale F1 Red CS Stripe/Black Red stitching LHD ZFFDT57B000134841	134902	612	Scaglietti F1 8/04 Argento Nürburgring 101/C/Nero ZFFAY54B000134902
134842	360	Modena Spider 03 Azzurro California 524/Blu Medio Manual ZFFYT53C000134842	134903	575	M Maranello 04 Argento Nürburgring 101/C/Black Light Grey Stitching Manual LHD US ZFFBV55A840134903 Silver Calipers Shields Tubi
134847	360	Modena Challenge Stradale F1 04 LHD US ZFFDU57A140134847			
134848	360	Modena Challenge Stradale F1 04 Rosso Corsa/Black LHD US ZFFDU57A340134848	134906	575	M Maranello F1 04 Black/Black LHD US ZFFBV55A340134906
134849	360	Modena Challenge Stradale F1 04 Blue Met./Beige LHD	134907	575	M Maranello 03 Rosso Corsa/Nero RHD UK Manual ZFFBT55C000134907
134852	360	Modena F1 04 Rosso Scurderia/black Daytona seats ZFFYU51A240134852 Novitec modified front & rear, spoiler Red calipers shields	134908	575	M Maranello F1 black/tan Red calipers ZFFBT55B000134908
			134909	575	M Maranello (F1) 04 LHD US ZFFBV55A940134909
134853	360	Modena Spider F1 Red/Black ZFFYT53B000134853	134911	575	M Maranello F1 04 Silver/Grey LHD US ZFFBV55A740134911
134854	360	Modena Spider Red/Black ZFFYT53B000	134912	575	M Maranello (F1) 04 LHD US ZFFBV55A940134912
134855	360	Modena Spider F1 silver/grey			

s/n	Type	Comments
134913	575	M Maranello 04 Blu Pozzi 521 D.S./beige Daytona seats LHD US ZFFBV55A040134913 shields
134914	575	M Maranello F1 black/black & White Daytona Seats
134915	575	M Maranello F1 1/04 Rosso Corsa/Nero Red Inserts LHD US ZFFBV55A440134915 Tubi Shields Red Calipers
134916	575	M Maranello F1 9/03 Grigio Titanio Metallizzato 3238/Nero ZFFBT55B000134916
134917	575	M Maranello 04 Rosso Scuderia FER. 323/Nero RHD UK ZFFBT55C000134917
134918	575	M Maranello (F1) 04 LHD US ZFFBV55AX40134918
134919	575	M Maranello 04 Blu Pozzi 521 D.S./Pale Blue Daytona Seats Manual LHD US ZFFBV55A140134919 Shields
134920	575	M Maranello
134921	575	M Maranello F1 Grigio Titanio met./tan
134922	575	M Maranello F1 04 Blu Pozzi 521 D.S./Grigio Scuro LHD US ZFFBV55A140134922
134923	575	M Maranello F1 10/03 Argento Nürburgring 101/C/Charcoal Daytona seats silver stitching LHD US ZFFBV55A340134923 Red calipers shields Fiorano handling package
134925	575	M Maranello F1 04 Blu Tour de France 522/Beige LHD EU ZFFBT55B000134925
134926	575	M Maranello (F1) 04 LHD US ZFFBV55A940134926
134927	575	M Maranello (F1) 04 LHD US ZFFBV55A040134927
134928	575	M Maranello 04 Grigio Titanio met./Bordeuax Manual LHD US ZFFBV55A240134928
134931	575	M Maranello F1 Nero Nero RHD ZFFBT55D000134931
134937	575	M Maranello F1 black LHD ZFFBT55B000134937
134939	575	M Maranello (F1) 04 LHD US ZFFBV55A740134939
134940	575	M Maranello (F1) 04 LHD US ZFFBV55A340134940
134941	575	M Maranello 04 Grigio Titanio Metallizzato 3238/Crema RHD UK ZFFBT55C000134941
134942	575	M Maranello F1 01/04 Grigio Alloy/Bordeaux ZFFBT55B000134942
134943	575	M Maranello F1 5/04 Nuovo Nero Daytona/Nero ZFFBT55B000134943
134944	575	M Maranello F1 Red/Tan LHD EU ass. #52259
134946	575	M Maranello F1 04 Rosso Corso/Beige Daytona Seats black strips black stitching LHD US ZFFBV55A440134946 Shields Tubi Fiorano Handling package
134948	Enzo Ferrari	F1 03 LHD US ZFFCW56AX30134948 ass. # 51908
134949	Enzo Ferrari	F1 ZFFCZ56B000134949
134950	Enzo Ferrari	F1 03 LHD US ZFFCW56A830134950
134951	Enzo Ferrari	F1 ZFFCZ56B000134951
134952	Enzo Ferrari	F1 03 Red/Black LHD US ZFFCW56A130134952, badly crashed, probably written off
134953	Enzo Ferrari	F1
134954	Enzo Ferrari	F1
134955	Enzo Ferrari	F1
134956	Enzo Ferrari	F1 03 Rosso Corsa/Nero LHD US ZFFCW56A930134956
134957	Enzo Ferrari	F1 03 Rosso Corsa/nero LHD ZFFCZ56B000134957 eng. # 79316
134958	Enzo Ferrari	F1 Rosso Corsa/nero ZFFCZ56B000 ass. # 52123 eng. # 79318
134959	Enzo Ferrari	F1 03 blu Pozzi/cuoio LHD US ZFFCW56A430134959 ass. # 52051 eng. # 79315
134963	360	Modena Challenge Stradale F1 Red/Red & black cloth ZFFDT57B000134963
134964	360	Modena Challenge Stradale F1 12/03 Rosso Scuderia FER. 323/Azzurro LHD US ZFFDU57A540134964
134965	360	Modena Challenge Stradale F1 04 Red Italian stripe/Red & black LHD ZFFDU57A740
134966	360	Modena Challenge Stradale F1 Rosso Scuderia FER. 323/black & Red sport seats LHD EU
134971	360	Modena Challenge Stradale F1 04 LHD US ZFFDU57A240134971
134972	360	Modena Challenge Stradale F1 04 Red/Black & Red Red stitching LHD LHD US ZFFDU57A440134972
134973	360	Modena Challenge Stradale F1 04 Black/Black & Red LHD US ZFFDU57A640134973
134974	360	Modena 03 Nuovo Nero Daytona/Beige Manual ZFFYR51B000134974
134976	360	Modena F1 Red/Black ZFFYR51B000134976 Red calipers shields
134977	360	Modena F1 Red/Black ZFFYR51B000134977
134978	360	Modena 04 Grigio Titano/Nero Manual ZFFYR51B000
134981	360	Modena Challenge Stradale F1 04 LHD US ZFFDU57A540134981
134982	360	Modena Challenge Stradale F1 04 LHD US ZFFDU57A740134982
134984	360	Modena F1 Red/Black ZFFYR51B000134984
134985	360	Modena Challenge Stradale F1 04 LHD US ZFFDU57A240134985
134986	360	Modena Challenge Stradale F1 04 Black/Black ZFFDU57A440134986 Yellow dials Red calipers
134987	360	Modena F1 04 Grigio Titanio 3238/Grey ZFFYU51A340134987
134988	360	Modena Challenge Stradale F1 03 Rosso Scuderia FER. 323/Nero RHD UK ZFFDT57C000134988
134990	360	Modena Red
134993	360	Modena Challenge Stradale F1 Red/Tan RHD
134994	360	Modena 4/04 Rosso Corsa/black ZFFYR51B000134994
134995	360	Modena Spider black/bordeaux
134999	360	Modena Spider (F1) 04 ZFFYT53AX40134999
135001	360	Modena Spider F1 Red/Black
135002	360	Modena Spider Red/Black
135004	360	Modena Spider Red/Black ZFFYT53B000135004
135005	360	Modena Spider F1 04 Red/Tan ZFFYT53AX40135005
135006	360	Modena Spider F1 04 Rosso Corsa/Tan ZFFYT53A140135006
135008	360	Modena Spider F1 Red/Black ZFFYT53B000
135009	360	Modena Spider F1 Red/Tan LHD
135010	360	Modena Spider F1 04 Black/Tan ZFFYT53A340135010
135011	360	Modena Spider F1 04 Rosso Corsa/Tan ZFFYT53A540135011
135012	360	Modena Spider 04 Blu Pozzi 521 D.S./Beige Daytona seatsZFFYT53A740135012 Red Calipers
135014	360	Modena Spider F1 Rosso Sabbia sports seats Red stitching RHD ZFFYT53C000135014 Red calipers Challenge rear grill shields
135016	360	Modena Spider F1 Red/Black ZFFYT53B000135016
135017	360	Modena Spider Red/Tan LHD
135019	360	Modena Spider F1 04 Yellow/Black Yellow Stitching ZFFYT53AX40135019 Shields Yellow Calipers Rear Challenge Grill
135020	360	Modena Spider F1 04 Argento Nürburgring 101/C/Black Daytona seats Silver stitching Black top ZFFYT53A640135020 Rear Challenge grill Red calipers Novitec Rear Wing Tubi

s/n	Type	Comments
135021	360	Modena Spider (F1) 04 ZFFYT53A840135021
135029	360	Modena Spider (F1) 04 ZFFYT53A240135029
135030	360	Modena Spider (F1) 04 ZFFYT53A940135030
135031	360	Modena Spider 03 Argento Nürburgring 101/C/Blu Scuro RHD UK ZFFYT53C000135031
135032	360	Modena Spider F1 1/04 Giallo Modena/Nero Yellow stitching RHD ZFFYT53C000135032 Red calipers Challenge rear grill shields
135033	360	Modena Spider F1 Black/tan ZFFYT53B000
135034	360	Modena Spider F1 Red/Black ZFFYT53B000135034
135035	360	Modena Spider F1 Grigio Titanio/dark Blue ZFFYT53B000135035
135036	360	Modena Spider F1 Red/Black ZFFYT53B000
135038	360	Modena Spider (F1) 04 ZFFYT53A340135038
135039	360	Modena Spider 04 black ZFFYT53A540135039
135045	360	Modena Spider F1 04 Red/Tan Red piping ZFFYT53A040135045
135046	360	Modena Spider F1 04 Rosso Corsa/Beige Daytona Seats ZFFYT53A240135046 Rear Challenge Grill Tubi
135047	360	Modena Spider 04 Grigio Titanio Dark Grey Daytona Seats Grey piping Manual ZFFYT53A440135047 Red calipers front challenge grill
135048	360	Modena Spider 03 Rosso Corsa/Crema ZFFYT53C000135048
135049	360	Modena Spider F1 11/03 Rosso Corsa/Beige ZFFYT53C000135049
135050	360	Modena Spider F1 Red/Black ZFFYT53B000
135053	360	Modena Spider 12/04 Grigio Titanio Metallizzato 3238/Charcoal Manual ZFFYT53AX40135053
135054	360	Modena Spider (F1) 04 ZFFYT53A140135054
135055	360	Modena Spider 04 ZFFYT53A340135055
135057	360	Modena Spider
135061	360	Modena Challenge Stradale F1 04 Red no stripe/Black & Red ZFFDU57A140135061
135062	360	Modena F1 04 Black Metallic/Tan Black stitching ZFFYU51A040135062
135063	360	Modena Challenge Stradale F1 Rosso Scuderia Italian Stripe/Red ZFFDT57B000135063 ass. # 52349
135064	360	Modena Challenge Stradale F1 TdF Blue RHD ZFFDT57C000135064
135066	360	Modena Challenge Stradale F1 04 LHD US ZFFDU57A040135066
135067	360	Modena Spider (F1) ZFFYU51AX40135067
135068	360	Modena Challenge Stradale F1 04 LHD US ZFFDU57A440135068
135069	360	Modena Challenge Stradale F1 Red/Black & Red RHD ZFFDT57C000135069
135071	360	Modena F1 Red/beige sport seats ZFFYR51B000135071 Red calipers
135078	360	Modena Challenge Stradale F1 04 Red/Red & Black ZFFDU57A740135078 ex-Tony Kannan
135079	360	Modena F1 04 Met. Black/Black ZFFYU51A640135079 Shields Rear challenge grill Tubi
135086	360	Modena Challenge Stradale F1 04 Rosso Fiorano/Tan Sport Seats LHD US ZFFDU57A640135086
135087	360	Modena Challenge Stradale F1 04 Argento Nürburgring 101/C/ Stripe/Red ZFFDU57A840135087
135091	360	Modena Challenge Stradale F1 04 Nero Daytona Red & black alcantara Red stitching US ZFFDU57AX40135091
135092	360	Modena Challenge Stradale F1 12/03 Rosso Scuderia FER. 323/Tessuto Racing Nero/Rosso LHD US ZFFDU57A140135092
135093	360	Modena Challenge Stradale F1 03 Argento Nürburgring 101/C/Tessuto Racing Nero & Rosso RHD UK ZFFDT57C000135093 Stripe
135094	360	Modena F1 04 Rosso Corsa/Crema RHD
135097	360	Modena Spider 04 Yellow/Black Manual US ZFFYT53A840135097
135098	360	Modena Spider F1 04 Grigio Titanio 3238/Black ZFFYT53AX40135098
135099	360	Modena Spider F1 04 Red/Tan ZFFYT53A140135099 Capristo Exhaust Front & Rear Challenge Grills Red Calipers Shields
135100	360	Modena Spider Grigio Alloy/charcoal Manual ZFFYT53C000135100
135102	360	Modena Spider F1 grigio alloy/light Blue ZFFYT53B000135102
135103	360	Modena Spider F1 12/03 Nuovo Nero Daytona/Nero ZFFYT53B000135103
135106	360	Modena Spider F1 04 Red/Tan LHD EU ZFFYT53B000135106
135108	360	Modena Spider F1 03 Red/crema RHD ZFFYT53D000135108
135109	360	Modena Spider (F1) 04 ZFFYT53A040135109
135110	360	Modena Spider F1 04 Rosso Corsa/Beige ZFFYT53A740135110
135111	360	Modena Spider (F1) 04 ZFFYT53A940135111
135112	360	Modena Spider Grigio Alloy/Crema black inserts Manual ZFFYT53C000135112
135116	360	Modena Spider F1 04 Red/Tan ZFFYT53A840135116
135117	360	Modena Spider F1 04 Red/Tan Daytona seats black stitching ZFFYT53AX40135117 shields Red calipers
135118	360	Modena Spider (F1) 04 ZFFYT53A140135118
135119	360	Modena Spider (F1) 04 ZFFYT53A340135119
135120	360	Modena Spider F1 3/04 Rosso Corsa/Cream ZFFYT53C000135120
135124	360	Modena Spider F1 04 Red/Tan ZFFYT53A740135124 Tubi Red Calipers Shields rear challenge grill
135125	360	Modena Spider (F1) 04 Rosso Corsa/Tan Daytona Seats Red inserts ZFFYT53A940135125 Shields Red Calipers front Challenge Grills
135126	360	Modena Spider F1 04 Rosso Corsa/Tan Daytona seats US ZFFYT53A040135126 Red calipers shields
135132	360	Modena Spider 04 Yellow/Black Yelllow Stitching Manual ZFFYT53A640135132 Tubi Rear Challenge Grill
135133	360	Modena Spider F1 04 ZFFYT53A840135133
135134	360	Modena Spider (F1) 04 ZFFYT53AX40135134
135136	360	Modena Spider
135139	612	Scaglietti Red/Black ZFFAY54B000135139
135140	612	Scaglietti F1 Argento Nürburgring 101/C/black ZFFAY54B000 135140 ass. # 52699
135141	612	Scaglietti F1 black/tan ZFFAY54B000
135142	612	Scaglietti 6/04 Rosso Corsa/black manual ZFFAY54B000135142
135143	612	Scaglietti F1 Black/black ZFFAY54B000
135148	575	M Maranello F1 11/04 Rosso Corsa/Nero Red inserts ZFFBT55B000
135149	575	M Maranello F1 04 Grigio Titanio met./Black Grey Stitching LHD US ZFFBV55A540135149 Shields
135152	575	M Maranello 04 Silver/Black LHD US ZFFBV55A540135152
135153	575	M Maranello F1 04 Grigio Titanio met./Medium Dark Blue LHD US ZFFBV55A740135153 Red calipers shields Tubi
135157	575	M Maranello (F1) 04 LHD US ZFFBV55A440135157
135158	575	M Maranello (F1) 04 LHD US ZFFBV55A640135158

s/n	Type	Comments
135160	575	M Maranello (F1) Grigio Silverstone/tan
135161	575	M Maranello 04 Grigio Titanio met./Black LHD US ZFFBV55A640135161
135162	575	M Maranello F1 04 NART Blue/Tan LHD US ZFFBV55A840135162
135164	575	M Maranello F1 black metal/sand EU ZFFBT55B000
135165	575	M Maranello F1 04 Black/Black LHD US ZFFBV55A340135165
135166	575	M Maranello F1 Grigio Titanio met./black
135168	575	M Maranello F1 04 Red/Black LHD US ZFFBV55A940
135169	575	M Maranello F1 Fiorano 4/04 Argento Nurburgring/Nero ZFFBT55C000135169
135170	575	M Maranello nero Daytona/tan Fiorano package, 250 GT grille
135171	575	M Maranello F1 04 Rosso Corsa/Charcoal LHD US ZFFBV55A940135171
135172	575	M Maranello F1 silver/black ZFFBT55B000
135173	575	M Maranello F1 Rosso Corsa/black LHD EU ZFFBT55B000
135174	575	M Maranello 04 Rosso Corsa/Tan Manual LHD US ZFFBV55A440 Red calipers shields
135175	575	M Maranello (F1) 04 LHD US ZFFBV55A640135175
135178	575	M Maranello F1 12/03 Rosso Scuderia FER. 323/Rosso ZFFBT55B000135178
135179	575	M Maranello F1 04 Grigio Titanio met./Naturale Daytona seats LHD US ZFFBV55A340135179 aluminium calipers
135181	575	M Maranello F1 Blu Tour de France 522/tan
135182	575	M Maranello (F1) 04 LHD US ZFFBV55A340135182
135183	575	M Maranello F1 4/04 Argento Nürburgring/Nero ZFFBT55C000135183
135185	575	M Maranello F1 04 Rosso Corsa/black LHD EU ZFFBT55B000135185
135186	575	M Maranello (F1) 04 LHD US ZFFBV55A040135186
135189	575	M Maranello F1 04 Blu Pozzi 521 D.S./Beige Daytona seats LHD US ZFFBV55A640135189 shields silver calipers Tubi
135190	575	M Maranello F1 04 Rosso Corsa/tan LHD US ZFFBV55A240
135194	360	Modena F1 04 Rosso Corsa/Crema ZFFYR51C000135094
135199	360	Modena F1 04 Red/Black ZFFYR51B000135199
135201	360	Modena F1 Red RHD ZFFYR51C000135201
135204	360	Modena F1 Red/Tan ZFFYR51B000135204
135209	360	Modena
135211	360	Modena Challenge Stradale F1 04 Rosso Scuderia FER. 323/Red & black LHD US ZFFDU57A540135211
135212	360	Modena Challenge Stradale F1 Red/Black ZFFDT57B000135212 ass. # 52247
135214	360	Modena Challenge Stradale F1 04 Rosso Scuderia & Black Alcantara LHD US ZFFDU57A040135214
135215	360	Modena Challenge Stradale F1 04 TdF Blue Black & Blue ZFFDU57A240135215
135216	360	Modena Challenge Stradale F1 Red/Red RHD
135218	360	Modena Challenge Stradale F1 04 Rosso Corsa/Red & Black Alcantara ZFFDU57A840135218 Red calipers
135219	360	Modena Challenge Stradale F1 04 LHD US ZFFDU57AX40135219
135223	360	Modena Challenge Stradale F1 04 Silver/Black Red stitching LHD US ZFFDU57A140135223
135225	360	Modena Challenge Stradale F1 04 LHD US ZFFDU57A540135225
135226	360	Modena Challenge Stradale F1 04 Giallo Modena/Black Yellow Stittching LHD US ZFFDU57A740135226
135228	360	Modena Spider Red/Black LHD EU
135229	360	Modena Spider F1 Rosso Corsa/Beige RHD ZFFYT53D000135229
135230	360	Modena Spider (F1) 04 ZFFYT53A640135230
135231	360	Modena Spider (F1) 04 ZFFYT53A840135231
135232	360	Modena Spider (F1) 04 ZFFYT53AX40135232
135233	360	Modena Spider F1 silver/black LHD ZFFYT53B000135233
135234	360	Modena Spider F1 Red LHD ZFFYT53B000135234
135236	360	Modena Spider (F1) 04 ZFFYT53A740135236
135237	360	Modena Spider F1 Grigio Titanio 3238/black ZFFYT53B000135237
135238	360	Modena Spider 04 Black/Naturale Manual ZFFYT53A040135238 Shields
135239	360	Modena Spider (F1) 04 ZFFYT53A240135239
135241	360	Modena Spider F1 03 Rosso Corsa/Crema ZFFYT53C000135241
135242	360	Modena Spider 12/03 Grigio Alloy/Blu Medio ZFFYT53C000135242
135243	360	Modena Spider F1 Red/Black ZFFYT53B000135243
135248	360	Modena Spider 04 Black/Black/Black Soft top Manual ZFFYT53A340135248 Tubi Challange grills
135249	360	Modena Spider (F1) 04 ZFFYT53A540135249
135250	360	Modena Spider F1 04 ZFFYT53A140135250
135251	360	Modena Spider F1 03 Rosso Corsa/Nero ZFFYT53C000135251
135255	360	Modena Spider (F1) 04 ZFFYT53A040135255
135256	360	Modena Spider (F1) 04 ZFFYT53A240135256
135259	360	Modena Spider F1 03 Grigio Argento/Nero ZFFYT53B000135259
135260	Enzo Ferrari	F1 04 Red/Black ZFFCZ56B000135260
135262	Enzo Ferrari	F1 giallo Modena/nero
135264	Enzo Ferrari	F1 03 LHD US ZFFCW56A730135264 ass. # 52350
135265	Enzo Ferrari	F1 Red/Red LHD EU ZFFCZ56B000135265 ass. # 52365 Red dials
135267	360	Modena F1 04 Rosso Corsa/Black LHD US ZFFYU51A740135267 Rear challenge grill Capristo exhaust
135270	360	Modena F1 2/04 Rosso Corsa/Nero ZFFYR51B000135270
135277	360	Modena 04 Rosso Corsa/Crema Manual RHD UK ZFFYR51C000135277
135278	360	Modena Black/tan ZFFYR51B000
135279	360	Modena F1 Giallo Modena/Nero LHD EU ZFFYR51B000135279 rear challenge grill
135280	360	Modena 04 Black/Red Manual ZFFYU51AX40135280 shields front & rear challenge grilles Red calipers
135281	360	Modena F1 Black/bordeaux ZFFYR51B000135281
135284	360	Modena 04 Red/Black Red stitching Manual ZFFYU51A740135284 front Challenge grill Tubi shields
135285	360	Modena (F1) 04 ZFFYU51A940135285
135287	360	Modena Challenge Stradale F1 black LHD ZFFDT57B000135287
135292	360	Modena Challenge Stradale F1 Yellow/black
135293	360	Modena Challenge Stradale F1 04 Red/Black
135296	360	Modena Challenge Stradale F1 Rosso Scuderia FER. 323/Black & Red Red stitching LHD ZFFDT57B000135296 ass. # 52396 Yellow dials
135298	360	Modena Challenge Stradale F1 Red/Red Cloth RHD
135299	360	Modena Challenge Stradale F1 04 LHD US ZFFDU57A140135299

s/n	Type	Comments	s/n	Type	Comments
135302	360	Modena Challenge Stradale F1 04 LHD US ZFFDU57A840135302	135359	360	Modena 04 Rosso Corsa/Tan Red stitching Red piping Manual ZFFYU51A140135359 shields
135303	360	Modena Spider 04 Silver/black manual ZFFYT53A740135303 shields Tubi	135360	360	Modena (F1) 04 ZFFYU51A840135360
135304	360	Modena Spider 04 Grigio Titanio Metallizzato 3238/Charcoal Manual ZFFYT53A940135304 red calipers Shields	135361	360	Modena Red/Tan manual ZFFYR51B000135361
			135364	360	Modena (F1) 04 ZFFYU51A540135364
			135368	360	Modena Rosso Corsa Nero Bordeaux Carpet Manual RHD
135307	360	Modena Spider 04 Silver/Black Manual ZFFYT53A440135307	135371	360	Modena Challenge Stradale F1 04 Corsa Red/Black & Red Alcantara LHD US ZFFDU57A540135371
135308	360	Modena Spider 04 Rosso Corsa/Tan manual ZFFYT53A640135308			
135309	360	Modena Spider (F1) 04 ZFFYT53A840135309	135375	360	Modena Challenge Stradale F1 12/03 Rosso Corsa/Nero & Red Alcatara LHD US ZFFDU57A240135375 ass. # 52473 Red calipers
135310	360	Modena Spider F1 04 Blue NART Tan ZFFYT53A440135310			
135312	360	Modena Spider Red/Black Red calipers shields challenge grille			
135313	360	Modena Spider 04 Blu Pozzi 521 D.S./Beige ZFFYT53AX40135313	135378	360	Modena Challenge Stradale F1 04 Rosso Corsa/Red & Black LHD US ZFFDU57A840135378
135314	360	Modena Spider (F1) 04 ZFFYT53A140135314	135379	360	Modena Challenge Stradale F1
135315	360	Modena Spider F1 04 silver grey/black ZFFYT53A340135315 Imola modified front & rear shields	135380	360	Modena Challenge Stradale F1 Red/Red & black ZFFDT57B000135380 ass. # 52566
			135381	360	Modena Challenge Stradale F1 Rosso Scuderia FER. 323/Red-black cloth ZFFDT57B000135381
135316	360	Modena Spider F1 04 Red/Tan ZFFYT53A540135316 Front & Rear Challenge Grills Red Calipers			
			135383	360	Modena Challenge Stradale F1 04 Blue/Tan Leather LHD US ZFFDU57A140135383 Shields
135317	360	Modena Spider F1 04 Rosso Corsa/Crema Daytona seats Red stitching ZFFYT53C000135317	135384	360	Modena Challenge Stradale F1 1/04 Rosso Scuderia FER. 323/Nero ZFFDT57B000135384
135318	360	Modena Spider Red/Black	135386	360	Modena Challenge Stradale F1 04 Black/Black & Red LHD US ZFFDU57A740135386
135320	360	Modena Spider (F1) 04 ZFFYT53A740135320			
135321	360	Modena Spider (F1) 04 ZFFYT53A940135321	135388	360	Modena Spider F1 04 Grey/Black ZFFYT53A840135388
135322	360	Modena Spider (F1) 04 ZFFYT53A040135322			
135324	360	Modena Spider	135389	360	Modena Spider 04 Red/Tan ZFFYT53AX40135389
135325	360	Modena Spider 11/03 Rosso Corsa/Cream ZFFYT53C000135325			
			135390	360	Modena Spider 04 Argento Nürburgring 101/C/ Charcoal grigio scuro stitching grey top Manual ZFFYT53A640135390 shields aluminum calipers
135326	360	Modena Spider Red/Black			
135328	360	Modena Spider F1 04 Rosso Corsa/Beige ZFFYT53A140135328			
135329	360	Modena Spider (F1) 04 ZFFYT53A340135329	135391	360	Modena Spider F1 04 Grigio Titanio Navy US ZFFYT53A840135391
135330	360	Modena Spider 04 Red/Tan Manual ZFFYT53AX40135330 Red Calipers Shields	135392	360	Modena Spider F1 04 Grigio Titanio Pale Blue ZFFYT53AX40135392
135331	360	Modena Spider F1 04 Red/Black US ZFFYT53A140135331	135394	360	Modena Spider F1 Red/Black
135333	360	Modena Spider 04 Grey Blue Manual ZFFYT53A540135333	135395	360	Modena Spider F1 black/cuoio
			135396	360	Modena Spider 04 Silver/black Manual ZFFYT53A740135396
135334	360	Modena Spider (F1) 04 ZFFYT53A740135334	135397	360	Modena Spider 04 Black Manual ZFFYT53A940135397
135335	360	Modena Spider F1 04 Red/Tan ZFFYT53A940135335			
135336	360	Modena Spider F1 04 Rosso Corsa/Beige ZFFYT53A040135336	135398	360	Modena Spider F1 04 Grigio Titanio Metallizzato 3238/Nero ZFFYT53A040135398
135337	360	Modena Spider (F1) 04 ZFFYT53A240135337	135399	360	Modena Spider F1 04 Grigio Titanio 3238/black ZFFYT53A240135399 Shields Red calipers front & rear Challenge grilles
135338	360	Modena Spider F1 Red/Crema Red piping RHD ZFFYT53C000135338 Red calipers			
135339	360	Modena Spider Red/Crema Manual ZFFYT53C000135339	135400	360	Modena Spider F1 04 Black/Black ZFFYT53A540135400
135342	360	Modena Spider 04 Red/Tan Manual US ZFFYT53A640135342	135401	360	Modena Spider
			135402	360	Modena Spider 04 Rosso Corsa/Black Manual Black Top ZFFYT53B000135402 Shields
135343	360	Modena Spider (F1) 04 ZFFYT53A840135343	135404	360	Modena Spider (F1) 04 ZFFYT53A240135404
135344	360	Modena Spider 04 Azzurro Blue Blue ZFFYT53AX40135344	135405	360	Modena Spider 1/04 Nuovo Nero Daytona/Beige Daytona seats Manual ZFFYT53A440135405 Rear challenge grille Shields
135345	360	Modena Spider (F1) 04 ZFFYT53A140135345			
135346	360	Modena Spider (F1) 04 ZFFYT53A340135346			
135347	360	Modena Spider Rosso Corsa/Crema ZFFYT53C000135347	135406	360	Modena Spider 04 Grey/Black Manual ZFFYT53A64013 5406
135348	612	Scaglietti F1 Grigio Ingrid 720/tan ZFFAY54B000	135407	360	Modena Spider F1 04 Black/Black ZFFYT53A840135407 shields
135351	360	Modena F1 Red/Black ZFFYR51B000	135408	360	Modena Spider F1 12/03 Nuovo Nero Daytona/Nero ZFFYT53AX40135408
135354	360	Modena F1 Grigio Titanio 3238/Nero ZFFYR51B000135354 ass. # 52511	135409	360	Modena Spider F1 04 Rosso Corsa/Tan ZFFYT53A140135409 Front & Rear Challenge Grilles Shields
135357	360	Modena F1 1/04 Rosso Corsa/Tan ZFFYU51A840135357 Shields Red calipers			
135358	360	Modena F1 4/04 Giallo Modena/Nero ZFFYR51B000135358	135411	360	Modena Spider F1 Red/Black ZFFYT53B000

s/n	Type	Comments
135413	360	Modena Spider F1 Red/Black ZFFYT53B000
135415	360	Modena Spider F1 5/04 Grigio Titanio Metallizzato 3238/Blu Scuro Manual ZFFYT53A740135415
135416	360	Modena Spider F1 04 Red/Tan LHD ZFFYT53A940135416
135417	360	Modena Spider (F1) 04 ZFFYT53A040135417
135418	360	Modena Spider (F1) 04 ZFFYT53A240135418
135420	360	Modena Spider F1 04 Rosso Corsa/Black ZFFYT53B000
135423	360	Modena Spider 04 Red/Tan manual ZFFYT53A640135423
135424	360	Modena Spider (F1) 04 ZFFYT53A840135424
135425	360	Modena Spider F1 04 Rosso Corsa/Black ZFFYT53AX40135425 Challenge Grill
135426	360	Modena Spider F1 04 Giallo Modena/Nero ZFFYT53A140135426
135428	360	Modena Spider 03 Giallo Modena/Nero RHD UK ZFFYT53C000135428
135433	360	Modena Spider (F1) 04 ZFFYT53A940135433
135434	360	Modena Spider (F1) 04 Yellow/Black Daytona Seats Manual ZFFYT53A040135434 Shields Red Calipers
135435	360	Modena Spider F1 04 Rosso Corsa/Black ZFFYT53A240135435
135436	360	Modena Spider (F1) 04 ZFFYT53A440135436
135437	360	Modena Spider F1 04 Rosso Corsa/Beige RHD UK ZFFYT53C000135437
135438	Enzo Ferrari	F1
135439	Enzo Ferrari	F1 03 Red/Black & Red ZFFCW56A530135439 ass. # 52544, ex-Nicolas Cage
135440	Enzo Ferrari	F1 03 Rosso Corsa/black ZFFCW56A130135440 ass. # 52427
135441	Enzo Ferrari	F1 612 P4/5 Pininfarina Conversion 03 Rosso Corsa/Red & Black Alcantara LHD US ZFFCW56A330135441
135442	Enzo Ferrari	F1
135443	Enzo Ferrari	F1 03 Rosso Scuderia FER. 323/Black & Red LHD US ZFFCW56A730135443 ass. # 52491 eng. # 79709 Tubi
135454	575	M Maranello (F1) 04 LHD US ZFFBV55AX40135454
135455	575	M Maranello Black/black Manual ZFFBT55B000135455 Red calipers shields
135457	575	M Maranello F1 04 Silver/black LHD US ZFFBV55A540135457 Shields modular wheels
135458	575	M Maranello F1 10/04 Grigio Alloy/Blu Scuro ZFFBT55B000135458
135459	575	M Maranello F1 black/Bordeaux sports seats RHD shields Yellow calipers
135460	575	M Maranello 04 Rosso Corsa/Beige LHD US ZFFBV55A540135460
135463	575	M Maranello F1 04 Blu Tour de France 522/Natural LHD US ZFFBV55A040135463 Fiorano handling package
135464	575	M Maranello F1 4/04 Blu NART/Beige ZFFBT55B000135464
135465	575	M Maranello (F1) 04 LHD US ZFFBV55A440135465
135467	575	M Maranello
135469	575	M Maranello F1 Blu Pozzi 521 D.S./charcoal ZFFBT55B000135469
135471	575	M Maranello F1 04 Grey/Blue LHD US ZFFBV55AX40135471
135472	575	M Maranello (F1) 04 LHD US ZFFBV55A140135472
135473	575	M Maranello F1 2/04 Argento Nürburgring 101/C/Nero ZFFBT55B000135473
135474	575	M Maranello F1 Red/Black ZFFBT55B000
135475	575	M Maranello F1 3/04 Nuovo Nero Daytona/Sabbia ZFFBT55C000135475
135478	575	M Maranello F1 11/04 Rosso Corsa/Crema ZFFBT55C000135478
135481	575	M Maranello F1 04 Rosso Scuderia FER. 323/Natural Daytona Seats Natural Stitching on Black Dash LHD US ZFFBV55A240135481 Shields Chrome Front Grill
135482	575	M Maranello F1 04 Nuovo Nero Daytona/Rosso ZFFBT55B000135482
135485	360	Modena Challenge Stradale F1 03 Blu Tour De France no stripe/Cuoio leather ZFFDT57B000135485 Silver calipers
135486	360	Modena F1 Red/Black ZFFYR51B000
135487	575	M Maranello F1 silver LHD
135490	360	Modena F1 04 Blu Pozzi 521 D.S./Natural ZFFYU51AX40135490 Front Challenge grill shields
135495	360	Modena Challenge Stradale F1 04 LHD US ZFFDU57A140135495
135496	360	Modena (F1) 04 ZFFYU51A040135496
135503	360	Modena Challenge Stradale F1 04 LHD US ZFFDU57A740135503
135504	360	Modena F1 04 ZFFYU51A640135504 135505
135506	360	Modena Spider Red/Black Manual ZFFYT53B000
135507	360	Modena Spider F1 04 Rosso Corsa/Beige ZFFYT53A140135507 Shields Red Calipers
135508	360	Modena Spider 04 Rosso Corsa/Tan Manual ZFFYT53A340135508
135509	360	Modena Spider 04 Rosso Corsa/Beige Manual ZFFYT53A540135509
135510	360	Modena Spider F1 Red/Cream RHD ZFFYT53C000135510 Red calipers Challenge rear grill Shields front and rear spoilers
135511	360	Modena Spider 04 Rosso Scuderia Tobacco Manual ZFFYT53A340135511
135512	360	Modena Spider (F1) 04 ZFFYT53A540135512
135513	360	Modena Spider F1 04 Rosso Corsa/Tan ZFFYT53A740135513 shields Red calipers challenge grill Tubi
135514	360	Modena Spider (F1) 04 ZFFYT53A940135514
135515	360	Modena Spider F1 04 Silver/Black ZFFYT53A040135515
135516	360	Modena Spider
135518	360	Modena Spider Red/Black manual ZFFYT53B000
135519	360	Modena Spider F1 3/04 Rosso Corsa/Nero ZFFYT53B000135519
135520	360	Modena Spider (F1) 04 ZFFYT53A440135520
135521	360	Modena Spider F1 04 Rosso Corsa/Tan ZFFYT53A640135521 shields Red calipers
135522	360	Modena Spider F1 04 Rosso Corsa/Tan ZFFYT53A840135522
135523	360	Modena Spider 04 Rosso Corsa/Tan ZFFYT53AX40135523
135524	360	Modena Spider (F1) LHD EU ZFFYT53B000135524
135525	360	Modena Spider F1 Black/Crema ZFFYT53C000135525
135527	360	Modena Spider F1 Red/Black ZFFYT53B000135527
135529	360	Modena Spider F1 04 silver/black ZFFYT53A040135529 rear challenge grill alluminum calipers shields
135530	360	Modena Spider F1 04 Red/Tan ZFFYT53A740135530
135531	360	Modena Spider (F1) 04 ZFFYT53A940135531
135533	360	Modena Spider F1 1/04 Rosso Corsa/Nero sports seats red stitching RHD ZFFYT53C000135533 Yellow calipers Challenge rear grill shields aftermarket wheels
135535	360	Modena Spider F1 Red/Tan black top ZFFYT53B000135535 Fernando Morientes
135537	360	Modena Spider F1 04 ZFFYT53AX40135537
135538	360	Modena Spider F1 04 Rosso Corsa/Beige ZFFYT53A140135538

s/n	Type	Comments
135539	360	Modena Spider (F1) 04 ZFFYT53A340135539
135540	360	Modena Spider 04 Red/Tan Black Top manual ZFFYT53AX40135540
135541	360	Modena Spider (F1) LHD EU ZFFYT53B000135541
135542	360	Modena Spider 6/04 Grigio Alloy/Blu Scuro ZFFYT53C000135542
135543	612	Scaglietti F1 04 Nero/Beige ZFFAY54B000135543
135545	612	Scaglietti F1 dark Blue met./tan ZFFAY54B000
135546	612	Scaglietti F1 03 Blu Tour de France 522/Beige ZFFAY54B000135546
135547	612	Scaglietti F1 black/black ZFFAY54B000135547
135548	612	Scaglietti F1 black/black ZFFA54B000
135550	612	Scaglietti 04 Blu Pozzi/Crema ZFFAY54B000135550
135552	612	Scaglietti F1 04 Blu Pozzi 521 D.S./tan ZFFAY54B000135552
135553	612	Scaglietti F1 04 Blu Mirabeau/Cuoio LHD EU ZFFAY54B000135553
135554	612	Scaglietti F1 04 Argento Nürburgring 101/C/Nero ZFFAY54B000135554
135555	612	Scaglietti F1 Leipzig Show Car 04 blu Pozzi/tan ZFFAY54B000135555 shields
135558	Enzo Ferrari	F1 Red/Black LHD ZFFCZ56B000135558 ass. # 52554
135559	Enzo Ferrari	F1
135560	Enzo Ferrari	F1
135561	Enzo Ferrari	F1 Yellow/black ZFFCZ56B000135561 ass. # 52636
135564	Enzo Ferrari	F1 ZFFCZ56B000135564
135578	360	Modena 04 Rosso Corsa/tan Manual ZFFYU51A240135578 Shields Red calipers front Challenge grille
135582	360	Modena Challenge Stradale F1 04 LHD US ZFFDU57A740135582
135584	360	Modena 04 Red/Black Manual ZFFYU51A840135584 Scuderia Shields Red Calipers
135589	360	Modena F1 04 Grigio Titanio 3238/Blue ZFFYU51A740135589 Shields Challenge Grill
135594	360	Modena 04 dark Blue met./Black Manual ZFFYU51A040135594
135600	360	Modena Challenge Stradale F1 04 Rosso Scuderia FER. 323/black+Red seatsalcantara ZFFDT57B000135600
135601	360	Modena F1 Red/Black LHD ZFFYR51B000135601 Red calipers shields
135602	360	Modena F1 04 Blue Pozzi/Tan ZFFYU51A640135602
135604	360	Modena Spider (F1) 04 Rosso Corsa/tan ZFFYT53AX40135604 ed calipers shields rear Challenge grille
135608	360	Modena Spider Red/Black LHD EU shields Red calipers
135609	360	Modena Spider F1 04 Rosso Corsa/Tan ZFFYT53A940135609 shields Yellow calipers
135610	360	Modena Spider F1 04 Red/Black ZFFYT53A540135610
135611	360	Modena Spider F1 04 Rosso Corsa/Black ZFFYT53A740135611
135612	360	Modena Spider 04 Rosso Corsa/Beige Daytona Seats Manual ZFFYT53A940135612 Shields Rear Challenge Grille Front Challenge Grill Red Calipers
135613	360	Modena Spider F1 04 Rosso Corsa/Crema ZFFYT53C000135613
135615	360	Modena Spider (F1) LHD EU ZFFYT53B000135615
135617	360	Modena Spider 04 Red/Black ZFFYT53A840135617
135618	360	Modena Spider F1 2/04 Rosso Corsa/Black Daytona seats ZFFYT53AX40135618 rear Challenge grill Shields
135619	360	Modena Spider (F1) 04 ZFFYT53A140135619
135620	360	Modena Spider F1 04 Red/Beige Daytona Seats Black Top ZFFYT53A840135620
135621	360	Modena Spider 1/04 Nero/Nero grey stitching Manual ZFFYT53C000135621 Yellow calipers Challenge rear grill shields
135623	360	Modena Spider Rosso Corsa/tan ZFFYT53B000135623
135624	360	Modena Spider F1 silver grey/tan beige top ZFFYT53B000135624
135626	360	Modena Spider F1 4/04 Rosso Corsa/Nero ZFFYT53A940135626
135627	360	Modena Spider F1 04 Rosso Corsa/Nero ZFFYT53A040135627 shields Red calipers Tubi Challenge grille
135628	360	Modena Spider F1 04 Rosso Corsa/Black ZFFYT53A240135628 Red calipers shields rear challenge grill
135629	360	Modena Spider (F1) 04 ZFFYT53A440135629
135632	360	Modena Spider
135633	360	Modena Spider (F1) 04 ZFFYT53A640135633
135634	360	Modena Spider (F1) 04 ZFFYT53A840135634
135635	360	Modena Spider (F1) 04 ZFFYT53AX40135635
135636	360	Modena Spider 04 Red/Tan Manual ZFFYT53A140135636 Shields
135637	360	Modena Spider F1 Grigio Titanio 3238/brown
135640	360	Modena Spider F1 Red/Black ZFFYT53B000135640
135641	360	Modena Spider F1 04 Grigio Titanio Metallizzato 3238/Charcoal ZFFYT53B000135641
135643	360	Modena Spider Rosso Corsa/Black Red stitching LHD Manual ZFFYT53B000135643
135644	360	Modena Spider F1 04 Rosso Corsa/Tan ZFFYT53A040135644
135645	360	Modena Spider F1 04 Red/Tan ZFFYT53A240135645 Shields Rear Challenge Grille Red Calipers
135646	360	Modena Spider 04 Red/Tan Manual ZFFYT53A440135646
135649	360	Modena Spider F1 2/04 Nero Daytona/Crema ZFFYT53C000135649
135650	360	Modena Spider F1 Red/Black ZFFYT53B000135650
135651	360	Modena Challenge Stradale F1 04 LHD US ZFFDU57A040135651
135652	360	Modena Challenge Stradale F1 04 LHD US ZFFDU57A240135652
135655	575	M Maranello 04 Rosso Corsa/Crema RHD UK ZFFBT55C000135655
135657	575	M Maranello F1 Argento Nürburgring 101/C/Black White sitthing ZFFBT55B000
135658	575	M Maranello F1 temp. GT DIMEX-Conversion 3/04 Nuovo Nero Daytona/Beige ZFFBT55B000135658 LHD EU ass. # 52824
135660	575	M Maranello F1 04 Black/black ZFFBT55B000
135661	575	M Maranello F1 Grigio Titanio met./black ZFFBT55B000
135665	575	M Maranello F1 11/05 Nuovo Nero Daytona/Beige ZFFBT55B000135665
135668	575	M Maranello F1 04 Rosso Corsa/Nero ZFFBT55B000135668
135670	575	M Maranello F1 05 Blu Tour de France 522/Grigio Scuro ZFFBT55B000135670
135671	575	M Maranello F1 Rosso Corsa/Black LHD ZFFBT55B000135671
135673	575	M Maranello F1 black/black
135674	575	M Maranello F1 Grigio Titanio met./tan ZFFBT55B000

s/n	Type	Comments
135675	575	M Maranello F1 04 Grigio Titanio Metallizzato 3238/Nero RHD UK ZFFBT55C000135675
135678	575	M Maranello F1 04 Blu Tour de France 522/Sabbia RHD UK ZFFBT55C000135678
135679	575	M Maranello F1 Blue/Crema RHD ZFFBT55C000135679 shields
135680	575	M Maranello F1 04 Black Metallic/Bordeaux LHD US ZFFBV55A840135680
135682	360	Modena 04 Silver/Black ZFFYU51A840135682
135683	360	Modena Challenge Stradale F1 04 Yellow/black & Yellow Alcantara Yellow stitching LHD US ZFFDU57A240135683 Yellow dials
135687	360	Modena 04 Rosso Corsa/Nero ZFFYR51B000135687
135691	360	Modena 04 Blu Tour de France 522/Tan Manual ZFFYU51A940135691 shields Capristo level II exhaust
135692	360	Modena Challenge Stradale F1 04 LHD US ZFFDU57A340135692
135693	360	Modena Challenge Stradale F1 Blu Tour de France CS stripe/Cream RHD ZFFDT57C000135693 Silver calipers Yellow dials
135695	360	Modena F1 Red/Black ZFFYR51B000
135696	360	Modena Challenge Stradale F1 1/04 Nuovo Nero Daytona/Rosso ZFFDT57B000135696
135698	360	Modena F1 Red/Tan ZFFYR51B000135698
135699	360	Modena Challenge Stradale F1 04 Rosso Scuderia FER. 323/Red & Black Alcantera Cloth ZFFDU57A640135699
135700	360	Modena Challenge Stradale F1 Red/Red & black
135706	360	Modena Challenge Stradale F1 04 LHD US ZFFDU57AX40135706
135707	360	Modena F1 04 Rosso Corsa/Nero ZFFYR51B000135707
135711	360	Modena Challenge Stradale F1 04 Giallo Modena no stripe/Black & Yellow Alcantara LHD US ZFFDU57A340135711 Yellow calipers
135713	360	Modena Challenge Stradale F1 3/04 Rosso Corsa/Red & Black ZFFDT57C000135713
135714	360	Modena F1 dark grey ZFFYR51B000135714 ass. # 52953
135715	360	Modena F1 04 Red/Black Red Stitching ZFFYU51A840135715 Front & Rear Challenge Grille Shields ex-Tony Kannan
135718	360	Modena Spider Rosso Corsa/black ZFFYT53B000135718
135719	360	Modena Spider (F1) 04 ZFFYT53A540135719
135720	360	Modena Spider F1 04 Giallo Modena/Nero Black top ZFFYT53A140135720 ass. # 52836 Yellow calipers shields Rear challenge grill Tubi
135721	360	Modena Spider (F1) 04 ZFFYT53A340135721
135722	360	Modena Spider Red RHD ZFFYT53C000135722
135723	360	Modena Spider F1 04 Rosso Scuderia FER. 323/Rosso RHD UK ZFFYT53C000135723
135724	360	Modena Spider F1 04 Rosso Corsa/Crema Red stitching RHD ZFFYT53C000135724 Red calipers shields
135725	575	M Maranello Blue/Tan Manual RHD ZFFBT55C000135725 Silver calipers shields
135727	360	Modena Spider F1 04 Yellow/Black ZFFYT53A440135727
135728	360	Modena Spider F1 04 Yellow ZFFYT53A640135728
135729	360	Modena Spider 04 Silver/Black Daytona seats ZFFYT53A840135729 shields silver callipers
135733	360	Modena
135735	360	Modena Spider F1 Red/Black ZFFYT53B000135735
135736	360	Modena Spider F1 1/04 Rosso Corsa/Nero ZFFYT53B000135736
135738	360	Modena (F1) 04 ZFFYT53A940135738
135739	360	Modena Spider F1 04 Giallo Modena/Black ZFFYT53A040135739 Yellow Calipers Shields
135740	360	Modena Spider F1 04 Giallo Modena/Black Black Top ZFFYT53A740135740 Challenge Rear Grille Yellow calipers Shields
135741	360	Modena Spider 04 Giallo Modena/Dark Grey Daytona seats Yellow stitching Dark Grey soft top Manual ZFFYT53A940135741 Tubi Rear Challenge grill Yellow calipers
135743	360	Modena Spider F1 04 Argento Nürburgring 101/C/Nero RHD UK ZFFYT53C000135743
135745	360	Modena Spider Rosso Corsa/black LHD EU
135746	360	Modena Spider F1 Red/Crema & black alcantara ZFFYT53B000 Red piping
135747	360	Modena Spider F1 10/04 Rosso Corsa/Nero ZFFYT53D000135747
135748	360	Modena Spider (F1) 04 ZFFYT53A140135748
135749	360	Modena Spider 04 TdF Blue Brown Manual ZFFYT53A340135749 Shields
135750	360	Modena Spider F1 Grigio Titanio 3238/black LHD ZFFYT53B000135750
135751	360	Modena Spider F1 04 Rosso Corsa/Black LHD US ZFFYT53A140135751
135752	360	Modena Spider F1 1/04 Rosso Corsa/Beige ZFFYT53C000135752
135754	360	Modena Spider Red/Black
135756	360	Modena Spider F1 04 Red/Black top ZFFYT53A040135756 shields front & rear challenge grills Red calipers
135757	360	Modena Spider F1 04 Red/Tan ZFFYT53A240135757
135758	360	Modena Spider F1 04 Yellow Blue US ZFFYT53A440135758
135759	360	Modena Spider 04 Red/Tan Manual ZFFYT53A640135759
135761	360	Modena Spider F1 04 Nero Daytona/Crema RHD UK ZFFVT53C000135761 Red calipers Silver Challenge rear grill shields
135765	360	Modena Spider F1 04 Red/Black black top LHD US shields Red calipers
135769	612	Scaglietti F1 NART Blue/tan ZFFAY54B000135769
135770	612	Scaglietti F1 Grigio Titanio met./tan EU
135771	612	Scaglietti F1 Grigio Titanio met./black ZFFAY54B000135771
135772	612	Scaglietti F1 silver/tan
135774	612	Scaglietti F1 Dark Blue/Crema ZFFAY54B000
135777	360	Modena Red/Black LHD EU
135778	360	Modena Challenge Stradale F1 Red CS-stripe/Red seats ZFFDT57J000135778 LHD rear spoiler
135780	360	Modena Challenge Stradale F1 04 LHD US ZFFDU57A040135780
135781	360	Modena Challenge Stradale F1 Red & stripe/Black RHD ZFFDT57C000135781 shields
135782	360	Modena Challenge Red Blue & Green ZFFYR51B000135782
135785	360	Modena Challenge Stradale F1 Rosso Scuderia stripe/Red & black RHD ZFFDT57C000135785 Red calipers shields
135789	360	Modena Challenge Stradale F1 Rosso Scuderia FER. 323/Black & Red Red stitching CS Stripe ZFFDT57B000135789
135791	360	Modena F1 5/04 dark Blue/tan ZFFYR51B000135791
135793	360	Modena F1 1/04 Rosso Corsa/Nero ZFFYR51B000135793
135796	360	Modena Challenge Stradale F1 Red Italian stripe/Red
135797	360	Modena Challenge Stradale F1
135798	360	Modena F1 Grigio Titanio 3238/black sport seats ZFFYR51B000135798 Stradale rims
135803	360	Modena Spider Red/beige RHD

s/n	Type	Comments
135804	360	Modena Spider Black/Crema ZFFYT53B000135804
135805	360	Modena Spider (F1) 04 ZFFYT53A940135805
135806	360	Modena Spider (F1) 04 ZFFYT53A040135806
135807	360	Modena Spider (F1) 04 ZFFYT53A240135807
135812	360	Modena Spider Yellow/black manual
135813	360	Modena Spider (F1) 04 ZFFYT53A840135813
135814	360	Modena Spider (F1) 04 ZFFYT53AX40135814
135815	360	Modena Spider F1 04 Black/black Daytona seats White inserts & stitching black top LHD ZFFYT53A140135815 Red calipers
135816	360	Modena Spider F1 01 Rosso Corsa/Tan RHD UK
135817	360	Modena Spider F1 Red/Black ZFFYT53B000135817 Red calipers
135818	360	Modena Spider F1 1/04 Argento Nürburgring 101/C/Nero ZFFYT53B000135818
135820	360	Modena Spider (F1) 04 ZFFYT53A540135820
135821	360	Modena Spider F1 04 Rossa Corsa Tan & Red Daytona Seats Red stitching Black Top ZFFYT53A740135821 Shields Front & Rear Challenge Grilles Red Calipers
135822	360	Modena Spider (F1) 04 ZFFYT53A940135822
135823	360	Modena Spider (F1) 04 Grigio Titanio Cuoio ZFFYT53A040135823 Front & Rear Challenge Grilles Front Shields
135824	360	Modena Spider F1 3/04 Rosso Corsa/Crema ZFFYT53C000135824
135826	360	Modena Spider F1 Hamann Red/Black + Red LHD ZFFYT53B000135826
135827	360	Modena Spider (F1) 04 ZFFYT53A840135827
135830	360	Modena Spider 04 Rosso Barchetta/tan ZFFYT53A840135830 Challenge grilles
135831	360	Modena Spider F1 04 Rosso Corsa/Beige ZFFYT53AX40135831
135832	360	Modena Spider Red/Tan
135834	360	Modena Spider F1 04 Rosso Corsa/Black LHD ZFFYT53B000135834 Red calipers Challenge rear grill shields
135835	360	Modena Spider F1 Red/Black ZFFYT53B000135835
135836	360	Modena Spider F1 Leipzig Show Car 6/04 Rosso Corsa/Nero ZFFYT53B000135836
135841	360	Modena Spider (F1) 04 ZFFYT53A240135841
135844	575	M Maranello F1 5/05 Rosso Corsa/Nero ZFFBT55B000135844
135845	575	M Maranello F1 2/04 Blu NART/Beige ZFFBT55B000135845
135847	575	M Maranello F1 black/tan
135848	575	M Maranello F1 05 Grigio Titanio Metallizzato 3238/Charcoal ZFFBT55C000135848
135849	575	M Maranello F1 5/04 Grigio Titanio Metallizzato 3238/Bordeaux ZFFBT55D000135849
135851	575	M Maranello F1 04 Grigio Titanio Metallizzato 3238/Cuoio Daytona seats black inserts LHD US ZFFBV55A940135851 Fiorano package Red calipers Tubi
135852	575	M Maranello (F1) 04 LHD US ZFFBV55A040135852
135853	575	M Maranello grey/Red ZFFBV55A240135853
135854	360	Modena Spider F1 04 Rosso Corsa/Black LHD EU ZFFYT53B000135854
135855	612	Scaglietti F1 Grigio Titanio met./tan
135856	612	Scaglietti F1 Red/Black ZFFAY54B000
135858	612	Scaglietti F1 01 Grigio Titanio Metallizzato 3238/Nero ZFFAY54B000135858 shields
135859	612	Scaglietti F1 black/black
135860	612	Scaglietti Red/ran
135862	612	Scaglietti F1 7/04 Rosso Corsa/Nero ZFFAY54B000135862
135863	612	Scaglietti F1 04 Argento Nürburgring 101/C/Nero ZFFAY54B000135863
135872	Enzo Ferrari	F1 03 Grigio Titanio met./Bordeaux LHD US ZFFCW56A830135872 ass # 52895
135873	Enzo Ferrari	F1 Red/Black LHD EU ZFFCZ56B000135873 ass. # 53037
135874	Enzo Ferrari	F1
135875	Enzo Ferrari	F1
135876	Enzo Ferrari	F1
135877	Enzo Ferrari	F1
135878	Enzo Ferrari	F1
135879	Enzo Ferrari	F1
135880	Enzo Ferrari	F1 Red/Red ass. # 53170
135881	Enzo Ferrari	F1
135882	Enzo Ferrari	F1 Red/Black
135883	Enzo Ferrari	F1
135884	Enzo Ferrari	F1
135885	Enzo Ferrari	F1
135886	Enzo Ferrari	F1
135887	Enzo Ferrari	F1 Rosso Corsa FXX stripe/Black LHD ZFFCZ56B000135887 ass. # 53292
135888	Enzo Ferrari	F1 03 Black/black ZFFCZ56B000135888 ass. # 53317
135889	Enzo Ferrari	F1 Red/Black ZFFCZ56B000135889 ass. #53335 Red dials
135890	Enzo Ferrari	F1 Red/Black LHD EU ZFFCZ56B000135890
135891	Enzo Ferrari	F1
135892	Enzo Ferrari	F1
135893	Enzo Ferrari	F1
135894	Enzo Ferrari	F1 Rosso Corsa/beige ZFFCZ56B000135894 ass. # 53430
135898	360	Modena Challenge Stradale F1 Rosso/nero ZFFDT57B000135898 Normal windows, no stripe
135905	360	Modena Challenge Stradale F1 04 Rosso Scuderia ital. stripe/Red & Black ZFFDU57A540135905
135906	360	Modena Challenge Stradale F1 Red/Black ZFFDT57B000135906
135908	360	Modena F1 04 Rosso Corsa/Cuoio ZFFYR51B000135908
135911	360	Modena Challenge Stradale F1 Red Italian stripe/black & Red Red stitching ZFFDT57B000135911 Red calipers challenge grille Shields
135914	360	Modena Challenge Stradale F1 04 Black/Red & Black ZFFDU57A640135914 capristo exhaust
135919	360	Modena Challenge Stradale F1 04 LHD US ZFFDU57A540135919
135920	360	Modena Challenge Stradale F1 04 Red Red-black LHD ZFFDU57A140
135922	360	Modena F1 Red/Black ZFFYR51B000
135926	360	Modena Challenge Stradale F1 Yellow/black cloth ZFFDT57B000
135927	360	Modena Challenge Stradale F1 04 Rosso Scuderia ZFFDU57A440135927
135930	360	Modena Spider F1 Blu Pozzi 521 D.S./navy Blue ZFFYT53B000135930
135931	360	Modena Spider F1 Red/Black ZFFYT53B000135931
135933	360	Modena Spider (F1) 04 ZFFYT53A740135933
135934	360	Modena Spider (F1) 04 ZFFYT53A940135934
135936	360	Modena Spider F1 black/black sport seats ZFFYT53B000135936
135939	360	Modena Spider F1 04 Blu Pozzi/Crema LHD EU ZFFYT53B000135939
135940	360	Modena Spider F1 04 Rosso Corsa/Nero ZFFYT53B000135940
135942	360	Modena Spider F1 04 Black/Black ZFFYT53A840135942
135943	360	Modena Spider (F1) 04 ZFFYT53AX40135943
135944	360	Modena Spider (F1) 04 ZFFYT53A140135944
135945	360	Modena Spider (F1) 04 ZFFYT53A340135945
135947	360	Modena Spider F1 Rosso Corsa/black
135949	360	Modena Spider F1 Red/Black

s/n	Type	Comments
135950	360	Modena Spider (F1) 04 ZFFYT53A740135950
135951	360	Modena Spider (F1) 04 ZFFYT53A940135951
135952	360	Modena Spider F1 2/04 Grigio Titanio Metallizzato 3238/Nero ZFFYT53A040135952
135953	360	Modena Spider (F1) 04 ZFFYT53A240135953
135954	360	Modena Spider F1 04 Nuovo Nero Daytona/Crema ZFFYT53C000135954
135957	360	Modena Spider F1 04 Silver/ Natural Daytona Seats ZFFYT53AX40135957 Shields Natural Dash┌┐ Rollbar┌┐ Steering Wheel
135958	360	Modena Spider F1 04 Red/Tan Daytona Seats custome 2tone stittching ZFFYT53A140135958 Red Calipers
135959	360	Modena Spider F1 04 Grigio Titanio 3238/black Daytona seats ZFFYT53A340135959 shields silver calipers front & rear challenge grills
135960	360	Modena Spider F1 04 Red/Tan US ZFFYT53AX40135960
135962	575	M Maranello F1 Red/Black LHD EU
135967	360	Modena Spider F1 04 Red/Black ZFFYT53A240135967
135969	360	Modena Spider F1 Red/Crema ZFFYT53B000
135970	360	Modena Spider (F1) 04 ZFFYT53A240135970
135978	360	Modena Challenge Stradale F1 Red/Black & Red
135982	360	Modena Challenge Stradale F1 04 Silver/Black LHD US ZFFDU57A140135982 Red calipers
135983	360	Modena Challenge Stradale F1 2/04 Rosso Scuderia FER. 323/Tessuto Racing Nero & Rosso ZFFDT57C000135983
135987	360	Modena Challenge Stradale F1 Rosso Scuderia FER. 323/Black & Red LHD ZFFDT57B000135987
135988	360	Modena Challenge Stradale F1 04 Rosso Scuderia FER. 323/black Alcantara LHD US ZFFDU57A240135988 shields
135989	360	Modena Challenge Stradale F1 Rosso Scuderia FER. 323/black ass. # 53127
135990	360	Modena Challenge Stradale F1 Rosso Scuderia FER. 323/black
135992	360	Modena Challenge Stradale F1 04 Red Ital. stripe/Red LHD ZFFDU57A440
135993	360	Modena Challenge Stradale F1 04 Blu Tour de France 522/Beige ZFFDT57B000135993
135994	360	Modena F1 04 Rosso Corsa/Tan ZFFYU51A540135994
135995	360	Modena Challenge Stradale F1 04 LHD US ZFFDU57AX40135995
135996	360	Modena Challenge Stradale F1 04 Rosso Scuderia stripe/Red Alcantara LHD US ZFFDU57A140135996
135998	360	Modena Spider F1 Black/Tan black inserts Manual RHD ZFFYT53C000135998 shields Challenge rear grill
136000	360	Modena Spider (F1) 04 ZFFYT53A540136000
136001	360	Modena Spider F1 04 Red/Natural/Black ZFFYT53A740136001
136002	360	Modena Spider 04 Dark Blue Metallic/Tan Blue Piping & Stitching Manual ZFFYT53A940136002 Red Calipers Shields Tubi
136003	360	Modena Spider (F1) 04 ZFFYT53A040136003
136004	360	Modena Spider F1 04 Grigio Titanio 3238/Dark Blue Daytona Seats ZFFYT53A240136004 Front & Rear Challenge Grills Shields
136006	360	Modena Spider F1 04 Rosso Corsa Nero ZFFYT53D000136006
136007	360	Modena Spider (F1) 04 ZFFYT53A840136007
136008	360	Modena Spider F1 04 Red/cuoio ZFFYT53AX40136008 shields Red calipers Challenge grille
136009	360	Modena Spider F1 04 Red/Tan Daytona seats US ZFFYT53A140136009 front & rear Challenge grilles Red calipers Capristo
136010	360	Modena Spider (F1) 04 ZFFYT53A840136010
136011	360	Modena Spider F1 Red LHD EU
136014	360	Modena Spider F1 04 Blu Tour de France 522/Tan Daytona Seats Blue Inserts Blue Piping & Stitching ZFFYT53A540136014
136015	360	Modena Spider 04 Grigio Alloy/Black Daytona Seats ZFFYT53A740136015
136016	360	Modena Spider (F1) 04 ZFFYT53A940136016
136017	360	Modena Spider F1 04 Red/Tan Red Stitching Red Piping ZFFYT53A040136017
136020	360	Modena Spider F1 04 ZFFYT53A040136020
136021	360	Modena Spider (F1) 04 ZFFYT53A240136021
136022	360	Modena Spider (F1) 04 ZFFYT53A440136022
136023	360	Modena Spider F1 04 Red/Tan Daytona seats ZFFYT53A640136023 Red calipers Front Challenge Grilles Shields
136024	360	Modena Spider F1 Red/Black ZFFYT53B000136024
136025	360	Modena Spider F1 Madrid Motor Show Car Rosso Scuderia FER. 323/Black & Red
136027	360	Modena Spider F1 04 Nero Daytona/Black & Red Inserts Red Stitching ZFFYT53A340136027 Red Calipers Shields Rear Challenge Grill
136028	360	Modena Spider F1 04 Silver/Blue ZFFYT53A540136028 Aluminium calipers Front & Rear Challenge Grilles Tubi
136029	360	Modena Spider F1 04 Rosso Corsa/Beige Daytona Seats Black top ZFFYT53A740136029 Front & Rear Challenge Grills Red Calipers Shields
136030	360	Modena Spider F1 04 RedTan ZFFYT53A340136030
136033	360	Modena Spider F1 04 Blu Pozzi 521 D.S./Cuoio Blue Piping ZFFYT53A940136033
136034	360	Modena Spider F1 04 Giallo Modena/Nero Daytona seats Yellow piping Yellow stiching ZFFYT53A040136034 shields Capristo exhuast front & rear challenge grilles Yellow calipers
136035	360	Modena Spider F1 04 Black/Black ZFFYT53A240136035
136036	360	Modena Spider (F1) 04 ZFFYT53A440136036
136037	360	Modena Spider F1 Grigio Titanio 3238/dark Blue ZFFYT53B000136037
136038	Enzo Ferrari	F1 Red/Black
136040	360	Modena Spider F1 04 Rossa Corsa/Black LHD EU ZFFYT53B000136040
136042	360	Modena Spider F1 04 Rosso Corsa Cuoio ZFFYT53AX40136042 Red Calipers
136043	360	Modena Spider (F1) 04 LHD US ZFFYT53A140136043
136045	360	Modena Spider 04 Red/Tan LHD
136046	360	Modena Spider F1 Red/Black crashed & destroyed
136047	360	Modena Spider (F1) 04 ZFFYT53A940136047
136048	360	Modena Spider (F1) 04 ZFFYT53A040136048
136049	360	Modena Spider F1 04 Red/Tan Daytona seats ZFFYT53A240136049 front & rear challenge grills Red calipers shields Tubi
136050	360	Modena Spider F1 Red/Black ZFFYT53B000136050
136051	360	Modena Spider F1 ZFFYT53B000136051
136052	575	M Maranello 04 Grigio Titanio Metallizzato 3238/Bordeaux RHD UK ZFFBT55C000136052
136053	575	M Maranello F1 04 grey/black LHD EU ZFFBT55B000136053
136055	575	M Maranello
136056	575	M Maranello (F1) 04 LHD US ZFFBV55A340136056
136058	575	M Maranello F1 04 Rosso Corsa/Sabbia RHD UK ZFFBT55C000136058

s/n	Type	Comments	s/n	Type	Comments
136059	575	M Maranello F1 04 Nuovo Nero Daytona/Nero RHD UK ZFFBT55C000136059	136108	360	Modena F1 5/04 Rosso Corsa/Nero ZFFYR51B000136108
136060	Enzo Ferrari	F1 04 Rosso Corsa/black ZFFCZ56B000136060 ass. #56089	136110	360	Modena Challenge Stradale F1 04 black/black & Red LHD US ZFFDU57A440136110
136061	Enzo Ferrari	F1 Black/black ZFFCZ56B000136061 ass. # 56278 eng. # 86764	136112	360	Modena Challenge Stradale F1 Rosso Scuderia FER. 323/Nero LHD EU ZFFDT57B000136112
136062	Enzo Ferrari	F1	136113	360	Modena F1 Red/Tan ZFFYR51B000136113 Red calipers shields
136063	Enzo Ferrari	F1			
136064	Enzo Ferrari	F1	136114	360	Modena F1 12/05 Nuovo Nero Daytona/Nero ZFFYR51B000136114
136065	Enzo Ferrari	F1 03 Yellow/Black LHD US ZFFCW56A630136065	136115	360	Modena Challenge Stradale F1 04 Tour de France Blue Black & Red LHD US ZFFDU57A340136115 Yellow roll bar
136066	Enzo Ferrari	F1 03 LHD US ZFFCW56A830136066			
136067	Enzo Ferrari	F1 ass. # 56389	136119	360	Modena Challenge Stradale F1 Red
136068	Enzo Ferrari	F1 Red/Black ZFFCZ56B000136068 ass. # 56370	136120	360	Modena Challenge Stradale F1 Red/Red & black ZFFDT57B000136120
136069	Enzo Ferrari	F1	136121	360	Modena F1 04 Silver/Black ZFFYU51A640136121
136070	Enzo Ferrari	F1 Grigio Titanio met./black ZFFCZ56B000136070 ass. # 53820	136122	360	Modena Challenge Stradale F1 04 Nero/Nero LHD US ZFFDU57A040136122
136071	Enzo Ferrari	F1 Red LHD ass. # 54864			
136072	Enzo Ferrari	F1 grigio alloy ass. # 56111	136125	360	Modena F1 Red/Black rear challenge grill ZFFYR51B000
136073	Enzo Ferrari	F1 Rosso Corsa/nero ZFFCZ56B000136073			
136074	Enzo Ferrari	F1 Yellow Black stripe/black ZFFCZ56B000136074 ass. # 55312	136127	360	Modena Challenge Stradale F1 3/04 Blu Tour de France 522/Azzurro & Grey LHD US ZFFDU57AX40136127
136075	Enzo Ferrari	F1			
136076	Enzo Ferrari	F1	136128	360	Modena Challenge Stradale F1 NART Blue 643/tan ZFFDT57B000136128 ass. # 53252 shields Yellow dials
136077	Enzo Ferrari	F1			
136078	Enzo Ferrari	F1			
136079	Enzo Ferrari	F1 black/black LHD ZFFCZ56B000136079 ass. # 55274 eng. #84515	136129	360	Modena Challenge Stradale F1 Yellow/Black Yellow stitching No stripe ZFFDT57B000136129
136080	Enzo Ferrari	F1 Yellow/black ZFFCZ56B000136080	136130	360	Modena Challenge Stradale F1 3/04 Rosso Scuderia CS Stripe/ Red & Black ZFFDT57C000136130
136081	Enzo Ferrari	F1 Rosso Corsa/nero Red stitching ZFFCZ56B000136081 ass. # 55252			
136082	Enzo Ferrari	F1	136133	360	Modena Spider
136083	Enzo Ferrari	F1	136136	360	Modena Spider 04 Red/Tan Daytona Seats Manual ZFFYT53A840136136 rear challenge grills Red calipers shields
136084	Enzo Ferrari	F1			
136085	Enzo Ferrari	F1			
136086	Enzo Ferrari	F1	136146	360	Modena Spider
136087	Enzo Ferrari	F1	136147	360	Modena Spider 2/04 Nuovo Nero Daytona/Beige ZFFYT53B000136147
136088	Enzo Ferrari	F1 Rosso Corsa/Black ZFFCZ56B000136088 ass. # 56249			
136089	Enzo Ferrari	F1 Grigio Titanio met./black ZFFCZ56B000136089 ass. # 56331 eng. #86710	136150	360	Modena Spider (F1) 04 ZFFYT53A240136150
			136151	360	Modena Spider (F1) 04 ZFFYT53A440136151
			136152	360	Modena Spider (F1) 04 ZFFYT53A640136152
136090	575	M Maranello Red/Tan	136153	360	Modena Spider (F1) 04 ZFFYT53A840136153
136091	575	M Maranello F1 5/04 Argento Nürburgring/Charcoal ZFFBT55B000136091	136154	360	Modena Spider 04 Red/Tan ZFFYT53AX40136154 Xenon Headlights
136092	575	M Maranello F1 grigio alloy/Blue medio ZFFBT55B000136092 Red calipers	136157	360	Modena Spider (F1) 04 ZFFYT53A540136157
136093	575	M Maranello F1 grey/grey ZFFBT55B0001367093	136159	360	Modena Spider 3/04 Blu Tour de France 522/Beige Manual ZFFYT53C000136159
136094	575	M Maranello F1 black/black LHD EU ZFFBT55B000136094	136160	360	Modena Spider Dark Blue/all tan LHD Manual ZFFYT53B000136160
136096	575	M Maranello F1 04 LHD US ZFFBV55A440136096	136161	360	Modena Spider F1 04 Blu Tour de France 522/Tan Daytona Seats Blue Inserts ZFFYT53A740136161 Shields Front & Rear Challenge Grill Red Calipers
136097	360	Modena (F1) 04 ZFFYU51A240136097			
136098	360	Modena F1 04 Red/Tan Daytona Seats Red Stitching ZFFYU51A440136098 Red Calipers Tubi Shields Front & Rear Challenge Grille			
			136162	360	Modena Spider F1 04 Azzurro California Dark Blue ZFFYT53A940136162
136099	360	Modena Challenge Stradale F1 Red/Black Red stitching ZFFDT57B000136099 black calipers ass.# 54596	136163	360	Modena Spider (F1) 04 ZFFYT53A040136163
			136164	360	Modena Spider (F1) 04 ZFFYT53A240136164
			136165	360	Modena Spider (F1) 04 ZFFYT53A440136165
136101	360	Modena Spider F1 Silver/black ZFFYT53B000136101	136166	360	Modena Spider (F1) 04 ZFFYT53A640136166
			136167	360	Modena Spider Rosso Corsa/Black Manual LHD EU ZFFYT53B000136167
136103	360	Modena Challenge Stradale F1 04 Blu TdF/Red Red stitching LHD US ZFFDU57A740136103 Red shields Red calipers	136168	360	Modena Spider (F1) 04 ZFFYT53AX40136168
			136169	360	Modena Spider 04 Rosso Corsa/Crema RHD UK ZFFYT53C000136169
136104	360	Modena Challenge Stradale F1 04 Grigio Titanio 3238/Bordeaux RHD UK ZFFDT57C000136104	136170	360	Modena Spider 2/04 Rosso Corsa/Nero manual ZFFYT53B000136170
136105	360	Modena silver grey Manual ZFFYR51B000136105	136172	360	Modena Spider (F1) 04 ZFFYT53A140136172
136107	360	Modena Challenge Stradale F1 Red/Black & Red italian stripe ass. # 53289	136173	360	Modena Spider F1 04 Rosso Corsa/Tan Manual ZFFYT53A340136173 Red calipers shields

s/n	Type	Comments
136174	360	Modena Spider F1 04 Grigio Titanio 3238/tan Daytona Seats black inserts ZFFYT53A540136174 ass. # 53464 Challenge Grills shields Tubi
136175	360	Modena Spider (F1) 04 ZFFYT53A740136175
136176	360	Modena Spider
136177	360	Modena Spider F1 Rosso Corsa/Beige RHD AUS ZFFYT53D000136177
136178	360	Modena Spider 04 Black/Tan Daytona Seats Manual ZFFYT53A240136178 Shields Black Calipers Front Challenge Grill
136179	360	Modena Spider F1 04 Rosso Corsa/Tan ZFFYT53A440136179
136181	360	Modena Spider Rosso Corsa/Tan Manual ZFFYT53B000136181
136182	360	Modena Spider (F1) 04 ZFFYT53A440136182
136183	360	Modena Spider (F1) 04 ZFFYT53A640136183
136184	360	Modena Spider F1 04 Black/Black ZFFYT53A840136184
136185	360	Modena Spider F1 3/04 Rosso Corsa/Crema Red stitching ZFFYT53C000136185
136186	360	Modena Spider (F1) 04 ZFFYT53A140136186
136187	360	Modena Spider F1 04 Red/Beige Daytona Seats Red Piping & Red Stitching ZFFYT53A340136187 Rear Challenge Grill
136188	360	Modena Spider
136191	575	M Maranello F1 04 Grigio Titanio met./Pale Blue LHD US ZFFBV55A940136191 ass. # 53322 Red Calipers Shields
136194	575	M Maranello F1 04 Titanium/Charcoal Daytona seats light grey stitching LHD US ZFFBV55A440136194
136195	575	M Maranello F1 04 Red/Tan Daytona seats Red inserts LHD US ZFFBV55A640136195 Tubi Red calipers Fiorano package
136196	575	M Maranello (F1) 04 LHD US ZFFBV55A840136196
136198	575	M Maranello F1 04 Grey Natural LHD US ZFFBV55A140136198
136199	575	M Maranello (F1) 04 LHD US ZFFBV55A340136199
136200	360	Modena F1 1/04 Rosso Corsa/Nero ZFFYR51B000136200
136201	360	Modena F1 04 Red/Tan ZFFYU51A440136201 Shields front & rear Challenge Grills
136202	360	Modena 04 Red/Tan ZFFYU51A640136202
136203	360	Modena Spider (F1) 04 ZFFYT53A840136203
136204	360	Modena Spider F1 04 Argento Nürburgring 101/C/Black Daytona seats grey stitching US ZFFYT53AX40136204 Shields
136205	360	Modena Spider F1 04 Red/Tan ZFFYT53A140136205
136206	360	Modena Spider F1 04 Red ZFFYT53A340136206 shields Tubi
136207	360	Modena Spider (F1) 04 ZFFYT53A540136207
136208	360	Modena Challenge Stradale F1 Rosso Corsa/Black & Red Red stitching LHD ZFFDT57B000136208 Red calipers Yellow dials
136210	360	Modena Spider F1 Red/Black White stitching LHD ZFFYT53B000136210
136212	612	Scaglietti F1 Grigio Titanio met./tan ZFFAY54B000137212
136213	360	Modena Challenge Stradale F1 2/04 Rosso Corsa/Nero ZFFDT57B000136213
136214	360	Modena (F1) 04 ZFFYU51A240136214
136215	360	Modena Challenge Stradale F1 04 Rosso Scuderia FER. 323/Black CS stripe LHD US ZFFDU57A740136215
136218	360	Modena Challenge F1 2/04 Rosso Corsa & orange then Rosso Corsa/Rosso LHD ZFFYR51B000136218 ass. # 53301
136219	360	Modena F1 04 Rosso Corsa/Nero ZFFYR51B000136219

s/n	Type	Comments
136221	360	Modena Challenge Stradale F1 Red/Red seats Yellow stripe, rear spoiler LHD JP ZFFDT57J000136221, Matsuda Collection
136222	360	Modena Challenge Stradale F1 04 Black/Red & Black LHD US ZFFDU57A440136222
136224	360	Modena Challenge Stradale F1 Rosso Scuderia Italian stripe/Red ZFFDT57B000136224 ass. # 53340
136226	360	Modena Challenge F1 Red, Yellow & silver then black/Red ZFFYR51B000136226 ass. # 53331
136227	360	Modena Challenge Stradale F1 Red LHD ZFFDT57B000136227 ass. # 53425
136228	360	Modena F1 3/04 Grigio Titanio Metallizzato 3238/Nero ZFFYR51B000136228
136230	360	Modena Challenge Stradale F1 04 black/black & Red LHD US ZFFDU57A340136230 no CS-stripe
136232	360	Modena F1 04 Rosso Corsa/Crema RHD UK ZFFYR51C000136232
136233	360	Modena Challenge ass. # 53336
136234	360	Modena Challenge Stradale F1 04 Rosso Scuderia FER. 323/Tessuto Racing Nero & Rosso ZFFDT57B000136234
136235	360	Modena Challenge ZFFYR51B000136235
136237	360	Modena Challenge Stradale F1 04 Red/Black Red stitching LHD US ZFFDU57A640136237 silver calipers
136239	360	Modena Challenge Stradale F1 Red LHD
136242	360	Modena Challenge Stradale F1 04 Rosso Scuderia FER. 323/Black LHD EU ZFFDT57B000136242 ass. # 53384
136243	360	Modena Challenge Stradale F1 Red/Red & Black
136246	360	Modena Challenge Stradale F1 Red Black/Red LHD ZFFDT57B000136246 Red calipers shields
136249	360	Modena Challenge Stradale F1 04 LHD US ZFFDU57A240136249
136252	360	Modena F1 04 Rosso Corsa/Beige RHD UK ZFFYR51C000136252
136253	360	Modena Challenge Stradale F1 04 Rosso Corsa/Nero RHD UK ZFFDT57C000136253
136255	360	Modena Challenge F1 Red ZFFYR51B000136255 ass. # 53361
136256	360	Modena Challenge Red-TDS Deco
136257	612	Scaglietti 05 Blu Tour de France 522/Beige RHD UK ZFFAY54C000136257
136258	360	Modena Spider (F1) 04 ZFFYT53A040136258
136259	360	Modena Spider (F1) 04 ZFFYT53A240136259
136260	360	Modena Spider F1 04 Yellow/Black ZFFYT53A940136260
136261	360	Modena Spider F1 04 Red/Black Daytona Seats ZFFYT53A040136261
136262	360	Modena Spider 4/04 Rosso Corsa/BeigeZFFYT53B000136262
136263	360	Modena Spider F1 04 Fly Yellow/Black Daytona Seats Yellow Inserts Yellow Stitching ZFFYT53A440136263 Shields front & Rear Challenge Grills Red Calipers
136264	360	Modena Spider 4/04 Rosso Corsa/Beige ZFFYT53A640136264
136265	360	Modena Spider F1 04 Red/Black LHD EU
136266	360	Modena Spider F1 Geneva Show Car 04 Nero/Pastello Crema ZFFYT53B000136266 ass. # 53500
136267	360	Modena Spider F1 04 Giallo Modena 4305 D.S./Black ZFFYT53A140136267 Rear Challenge Grill Shields Yellow Calipers
136268	360	Modena Spider F1 04 Yellow/Black Daytona Seats ZFFYT53A340136268
136270	360	Modena Spider F1 04 Nuovo Nero Daytona/Nero ZFFYT53C000136270
136274	360	Modena Spider F1 04 RHD ZFFYT53D000136274

s/n	Type	Comments	s/n	Type	Comments
136275	360	Modena Spider (F1) 04 ZFFYT53A040136275	136324	575	M Maranello 04 Grigio Titanio Metallizzato 3238/Sabbia RHD UK ZFFBT55C000136324
136276	360	Modena Spider (F1) 04 ZFFYT53A240136276			
136277	360	Modena Spider (F1) 04 ZFFYT53A440136277	136325	575	M Maranello (F1) 04 LHD US ZFFBV55A440136325
136278	360	Modena Spider 04 Black/Tan			
136280	360	Modena Spider 04 Rosso Corsa/Tan Manual ZFFYT53A440136280	136326	575	M Maranello F1 04 Rosso Corsa/Tan Daytona Seats LHD US ZFFBV55A640136326 Shields Red Calipers
136281	360	Modena Spider (F1) 04 ZFFYT53A640136281			
136282	360	Modena Spider 4/04 Rosso Corsa/Crema ZFFYT53C000136282 Red calipers Challenge rear grill shields	136327	575	M Maranello (F1) 04 LHD US ZFFBV55A840136327
			136328	575	M Maranello F1 04 Black/Crema Daytona Seats Black Stitching LHD US ZFFBV55AX40136328 Yellow calipers Shields
136284	360	Modena Spider F1 12/04 Blu Tour de France 522/Sabbia ZFFYT53B000136284			
136287	360	Modena Spider 04 Black/Tan Black Top Manual ZFFYT53A740136287	136329	575	M Maranello (F1) 04 LHD US ZFFBV55A140136329
136288	360	Modena Spider (F1) 04 ZFFYT53A940136288	136330	612	Scaglietti F1 Argento Nürburgring 101/C/black
136289	360	Modena Spider (F1) 04 ZFFYT53A040136289	136331	612	Scaglietti F1 04 Blue Mirabeau/tan Daytona seats ZFFAY54B000136331
136291	360	Modena Spider Red/Black ZFFYT53B000			
136292	360	Modena Spider F1 Red/Tan ZFFYT53B000136292 Shields Red calipers	136334	612	Scaglietti Grigio Alloy/Black & Grey ZFFAY54B000136334
			136335	612	Scaglietti F1 black/black ZFFAY54B000136335
136294	360	Modena Spider 04 Rosso Corsa/Tan Daytona seats black stripes Manual ZFFYT53A440136294 Tubi shields front & rear Challenge grill	136336	612	Scaglietti Argento Nürburgring 101/C/Bordeaux ZFFAY54B000136336 ass. # 53568
			136337	612	Scaglietti F1 Geneva Show Car, Grigio IngridCuoio ZFFAY54B000136337
136295	360	Modena Spider (F1) 04 ZFFYT53A640136295	136338	612	Scaglietti F1 nero Daytona/beige ZFFAY54B000
136296	360	Modena Spider 04 Blu Tour de France 522/Crema Manual RHD UK ZFFYT53C000136296	136342	360	Modena Challenge Stradale F1 Red/Black ZFFDT57B000136342 ass. # 53382
			136344	360	Modena Challenge Yellow Red & orange Marccan livery then Rosso Corsa & White ZFFYT51B000136344 ass. # 53494
136299	360	Modena Spider F1 Red LHD ZFFYT53B000136299			
136300	360	Modena Spider 04 Grigio Titanio Metallizzato Tan Blue top Blue& tan dash ZFFYT53B000136300	136346	360	Modena Challenge Stradale F1 Rosso Scuderia FER. 323/tan no stripes
			136347	360	Modena Challenge
136301	360	Modena Spider (F1) 04 ZFFYT53A840136301	136348	360	Modena Challenge Stradale F1 04 Rosso Corsa CS stripes/Rosso & Black alcantara LHD US ZFFDU57A440136348
136302	360	Modena Spider (F1) 04 ZFFYT53AX40136302			
136303	360	Modena Spider (F1) 04 ZFFYT53A140136303			
136304	360	Modena Spider (F1) 04 ZFFYT53A340136304	136350	360	Modena 3/04 Rosso Corsa/Crema ZFFYR51C000136350
136306	360	Modena Spider F1 04 Red/Tan Daytona seats shields Red calipers black top ZFFYT53A740136306	136351	360	Modena F1 04 Rosso Corsa/Beige
			136353	360	Modena Challenge Stradale F1 Geneva Show Car Nero CS stripe/black Pastello Rosso ZFFDT57B000136353 ass. # 53561 sliding windows
136307	360	Modena Challenge Stradale F1 Red Italian stripe/Red & black cloth ZFFDT57B000			
136308	360	Modena Spider (F1) 04 ZFFYT53A040136308			
136310	360	Modena Spider F1 04 Rosso Corsa/Tan Daytona seats ZFFYT53A940136310 Tan roll bars Red calipers shields	136356	360	Modena (F1) 04 ZFFYU51A040136356
			136357	360	Modena Challenge Stradale F1 04 Rosso Scuderia FER. 323/Red & Black LHD US ZFFDU57A540136357
136311	360	Modena Challenge Stradale F1 Red/Red-black cloth ZFFDT57B000			
136312	360	Modena Spider (F1) LHD EU ZFFYT53B000136312	136358	360	Modena Challenge Stradale F1 04 Rosso Corsa LHD CDN ZFFDU57A740136358 Red calipers
136313	360	Modena (F1) 04 ZFFYU51A440136313	136362	360	Modena Challenge Stradale F1 Rosso Scuderia FER. 323/Red-black ZFFDT57B000
136315	360	Modena F1 04 Rosso Corsa/Tan Red stitching ZFFYU51A840136315	136363	360	Modena F1 Red/Black ZFFYR51B000
136316	575	M Maranello F1 04 Red/Black Daytona seats Red stitching Red inserts LHD US ZFFBV55A340136316 Red calipers	136364	360	Modena Challenge Stradale F1 04 LHD US ZFFDU57A240136364
			136365	360	Modena Challenge Stradale F1 04 Rosso Scuderia Nero
136317	575	M Maranello F1 04 Grigio Titanio met./Black & Red Daytona seats LHD US ZFFBV55A540136317	136369	360	Modena Challenge Stradale F1 3/04 Rosso Scuderia FER. 323/Tessuto Racing Nero/Rosso ZFFDT57B000136369
136318	575	M Maranello (F1) 04 LHD US ZFFBV55A740136318	136371	360	Modena Challenge Stradale F1 3/04 Rosso Scuderia FER. 323/Tessuto Racing Nero/Rosso LHD US ZFFDU57AX40136371 Red calipers
136319	575	M Maranello (F1) 04 LHD US ZFFBV55A940136319			
136320	575	M Maranello F1 04 Blue Tour De France/Tan Daytona seats Blue stitching LHD US ZFFBV55A540136320 Red calipers shields	136372	360	Modena (F1) 04 ZFFYU51A940136372
			136376	360	Modena F1 Red/Tan
			136377	360	Modena Challenge Stradale F1 04 Rosso Rosso Corsa & Black LHD US ZFFDU57A040136377
136321	575	M Maranello F1 04 Rosso Corsa Naturale LHD US ZFFBV55A740136321	136378	360	Modena (F1) 04 ZFFYU51AX40136378
136322	575	M Maranello F1 04 Silver/Black LHD US ZFFBV55A940136322	136379	360	Modena Challenge Stradale F1 04 Rosso Corsa/Tessuto Racing Nero & Rosso RHD UK ZFFDT57C000136379
136323	575	M Maranello F1 04 NART Blue/Cuoio Daytona Seats White Stitching LHD US ZFFBV55A040136323 Shields Aluminum Calipers	136381	360	Modena F1 Silver/black ZFFYR51B000
			136383	360	Modena 04 Giallo Modena/Nero LHD CDN ZFFYU51A340136383

s/n	Type	Comments
136384	360	Modena Spider F1 Red/Tan Manual LHD EU
136385	360	Modena Spider F1 Rosso/nero LHD Manual ZFFYT53B000136385 Red calipers shields
136388	360	Modena Spider (F1) 04 ZFFYT53A240136388
136389	360	Modena Spider 04 Rosso Corsa/Crema RHD UK ZFFYT53C000136389
136390	360	Modena Spider F1 04 Rosso Corsa/Crema ZFFYT53C000136390
136391	360	Modena Spider F1 9/04 Nero Daytona/Cuoio ZFFYT53B000136391
136392	360	Modena Spider F1 Red/Tan ZFFYT53B000136392
136393	360	Modena Spider F1 3/04 Giallo Modena/Blu Medio ZFFYT53B000136393
136394	360	Modena Spider (F1) 04 ZFFYT53A840136394
136395	360	Modena Spider (F1) 04 ZFFYT53AX40136395
136397	360	Modena Spider F1 Azzurro California 524/black ZFFYT53B000136397
136400	360	Modena Spider (F1) 04 ZFFYT53AX40136400
136401	360	Modena Spider (F1) 04 ZFFYT53A140136401
136402	360	Modena Spider (F1) Rosso Corsa/Black LHD ZFFYT53B000
136403	360	Modena Spider
136406	360	Modena Spider (F1) 04 ZFFYT53A040136406
136407	360	Modena Spider (F1) 04 ZFFYT53A240136407
136408	360	Modena Spider (F1) 04 ZFFYT53A440136408
136409	360	Modena Spider F1 04 White/Black ZFFYT53A640136409
136413	360	Modena Spider (F1) 04 ZFFYT53A840136413
136414	360	Modena Spider F1 04 Black/Red Daytona seats ZFFYT53AX40136414 shields Front Challenge Grilles
136415	360	Modena Spider
136416	360	Modena Spider
136419	575	M Maranello F1 black/black
136420	575	M Maranello F1 Red/Tan ZFFBT55B000136420
136421	575	M Maranello F1 Geneva Show Car, Rosso Corsa/Black ZFFBT55B000136421 ass. # 53570
136422	575	M Maranello F1 04 Rosso Corsa/Nero ZFFBT55B000136422
136424	575	M Maranello F1 04 Rosso Corsa/Beige RHD AUS ZFFBT55D000136424
136425	575	M Maranello F1 04 Argento Nürburgring/tan Daytona seats LHD US ZFFBV55A840136425 red calipers
136426	360	Modena Challenge Stradale F1 04 Rosso Corsa/Rosso ZFFDT57B000136426
136429	360	Modena Spider F1 04 Red/Black ZFFYT53A140136429
136430	360	Modena Challenge Stradale F1 5/04 Rosso Corsa/Tessuto Racing Nero & Rosso ZFFDT57B000136430
136431	360	Modena Spider (F1) 04 ZFFYT53AX40136431
136432	360	Modena (F1) 04 ZFFYU51A140136432
136433	360	Modena Spider F1 04 Red/Tan Tan roll bars shields Red calipers
136434	360	Modena (F1) 04 ZFFYU51A540136434
136435	360	Modena Spider (F1) 04 ZFFYT53A740136435
136436	360	Modena Spider (F1) 04 ZFFYT53A940136436
136437	360	Modena Challenge
136448	360	Modena Yellow/black Manual ZFFYR51B000136448
136452	360	Modena F1 04 Red/Black ZFFYU51A740136452 Shields Red calipers
136453	360	Modena 04 Rosso Corsa/Nero ZFFYR51B000136453
136454	360	Modena (F1) 04 ZFFYU51A040136454
136459	360	Modena F1 04 Red/Black ZFFYU51AX40136459
136460	360	Modena Challenge Stradale F1 04 Argento Nürburgring no Stripe/Rosso & Nero LHD CDN ZFFDU57A940136460
136461	360	Modena F1 Red/Black ZFFYR51B000136461
136464	360	Modena Geneva Show car 12/04 Nero/Beige ZFFYR51B000136464 ass. # 53528
136466	360	Modena Challenge Stradale F1 04 LHD US ZFFDU57AX40136466
136467	360	Modena (F1) 04 ZFFYU51A940136467
136468	360	Modena Challenge Stradale F1 LHD ZFFDU57A40136466
136474	360	Modena (F1) 04 ZFFYU51A640136474
136475	360	Modena Challenge Stradale F1 04 LHD US ZFFDU57A040136475
136477	360	Modena F1 Red/Black ZFFYR51B000136477
136478	360	Modena Challenge Stradale F1 04 Black/Black & Red ZFFDT57B000136478
136480	360	Modena Red/Black ZFFYR51B000
136483	360	Modena Challenge Stradale F1 04 Red LHD US ZFFDU57AX40136483
136484	360	Modena 04 Grigio Titanio Navy Blue manual ZFFYU51A940136484 front & rear Challenge grille
136486	360	Modena F1 Nuovo nero Daytona/crema RHD UK
136487	360	Modena Spider 04 Grigio Titanio 3238/black Manual ZFFYT53A440136487 Red Brake Calipers Shields
136488	360	Modena Spider 04 Red/Tan Daytona seats ZFFYT53A640136488 shields Red calipers
136489	360	Modena Spider 04 Grigio Titanio 3238/Black Daytona seats Manual ZFFYT53A840136489 Red calipers Front & Rear challenge grilles shields Tubi
136490	360	Modena Spider (F1) 04 ZFFYT53A840136489 136490
136492	360	Modena Spider (F1) 04 ZFFYT53A840136492
136493	360	Modena Spider 04 Grigio Alloy Sabbia manual ZFFYT53AX40136493
136494	360	Modena Spider (F1) 04 ZFFYT53A140136494
136497	Enzo Ferrari	F1 Rosso Corsa/nero ZFFCZ56B000136497, GB, Rod Stewart
136500	360	Modena F1 Red/Tan ZFFYR51B000136500
136501	360	Modena Spider F1 04 Rosso Corsa/Tan ZFFYT53A540136501
136502	360	Modena Challenge Stradale F1 Red Italian stripe/black & Red ass. # 54663
136503	360	Modena Spider F1 04 Red/Tan Daytona seats ZFFYT53A940136503 shields Red calipers challenge grill
136504		Modena F1 04 Red/Tan Daytona seats Red Stitching ZFFYU51A040136504 Shields Red Calipers Challenge Rear Grill
136505	360	Modena Spider F1 Red LHD ZFFYT53B000136505
136506	360	Modena (F1) 04 ZFFYU51A440136506
136507	360	Modena Spider (F1) 04 ZFFYT53A640136507
136509	360	Modena Spider F1 04 Argento Nürburgring 101/C/Red Yellow stitching ZFFYT53AX40136509 shields
136510	Enzo Ferrari	F1 #56/399 04 Red/Black EU ZFFCZ56B000136510
136511	Enzo Ferrari	F1 Yellow/black ZFFCZ56B000136511 ass. # 53476
136512	Enzo Ferrari	F1
136513	Enzo Ferrari	F1 Rosso Corsa/Rosso ZFFCZ56B000136513 ass. # 53511
136514	Enzo Ferrari	F1 Red/cuoio ass. # 53532
136515	Enzo Ferrari	F1
136516	Enzo Ferrari	F1
136517	Enzo Ferrari	F1 04 Grigio Titanio met./cuoio ZFFCZ56B000136517 ass. # 53596
136518	Enzo Ferrari	F1
136519	Enzo Ferrari	F1
136520	Enzo Ferrari	F1 Rosso Corsa FXX stripe/Black LHD ZFFCZ56B000136520 ass. # 53639

s/n	Type	Comments	s/n	Type	Comments
136521	Enzo Ferrari	F1 Yellow/black ZFFCZ56B000136521 ass. # 53660	136582	612	Scaglietti Shanghai Show Car Silver/Black
			136583	612	Scaglietti F1 Red/Black ZFFAY54B000136583
136522	Enzo Ferrari	F1	136584	612	Scaglietti F1 Silver/black ZFFAY54B000136584
136523	Enzo Ferrari	F1	136586	612	Scaglietti F1 Azzurro California 524/Crema LHD EU
136524	Enzo Ferrari	F1 Rosso Corsa/Rosso LHD EU ZFFCZ56B000136524	136588	612	Scaglietti F1 5/04 Blu Tour de France 522/Beige ZFFAY54B000136588
136525	360	Modena F1 3/04 Rosso Corsa/Nero ZFFYR51C000136525 Red calipers Challenge rear grill shields	136591	612	Scaglietti F1 Argento Nürburgring 101/C/Black Silver stitching ZFFAY54B000136591
136526	360	Modena Challenge F1 Red White & Blue/black & Red seat then White Red & Blue ZFFYR51B000136526 ass. # 53706	136593	575	M Maranello F1 Red/Tan ZFFBT55B000
			136594	575	M Maranello F1 Grigio Titanio Metallizzato 3238/Cuoio Tan stitching RHD UK ZFFBT55C000136594
136527	360	Modena Challenge F1 Red-White-Blue black & Red seat ZFFYR51B000136527 ass. # 53721	136597	575	M Maranello F1 Silver grey/Bordeaux Red stitching LHD JP ZFFBT55J000136597 Red calipers shields
136531	360	Modena Red/Black LHD ZFFYR51J000136531 shields front + rear Challenge grill	136599	575	M Maranello F1 Red/Black
136533	360	Modena Challenge Stradale F1 04 LHD US ZFFDU57AX40136533	136601	575	M Maranello F1 Red/Tan ZFFBT55B000 ass# 53868
136534	360	Modena (F1) 04 ZFFYU51A940136534	136602	575	M Maranello F1 04 Argento Nürburgring 101/C/Bordeaux LHD US ZFFBV55A440136602 Shields
136536	360	Modena Challenge Stradale F1 Rosso Scuderia FER. 323/Red Italian stripe ZFFDT57B000136536 ass. # 53522	136603	575	M Maranello F1 Red/Black ZFFBT55B000136603
136537	360	Modena Challenge Stradale F1 04 Rosso Scuderia FER. 323/Azzurro ZFFDT57B000136537	136604	575	M Maranello F1 Argento Nürburgring 101/C/tan
136543	360	Modena F1 04 Grigio Titanio 3238/Black Daytona seats grey inserts & stitching ZFFYU51AX40136543 Shields front & rear Challenge grilles Red calipers Capristo exhaust	136606	575	M Maranello (F1) 04 LHD US ZFFBV55A140136606
			136607	575	M Maranello F1 silver/black LHD EU
			136608	575	M Maranello (F1) 04 LHD US ZFFBV55A540136608
136544	360	Modena Challenge Stradale F1 04 Rosso Scuderia CS Stripe/Red & black Alcantara LHD US ZFFDU57A440136544 Red calipers	136610	575	M Maranello
			136611	575	M Maranello F1 GTC 04 Black/Black LHD EU ZFFBT55B000
136545	360	Modena Challenge Stradale F1 04 Rosso Scuderia FER. 323/Azzurro ZFFDT57B000136545	136614	360	Modena F1 Rosso Corsa/Tan ZFFYR51B000
			136615	360	Modena (F1) 04 ZFFYU51A940136615
136547	360	Modena Challenge Stradale F1 Red/Black ZFFDT57B000136547	136617	360	Modena Challenge Stradale F1 04 Rosso Corsa/Nero leather ZFFDT57B000136617
136548	360	Modena Challenge Stradale F1 Red/Red & black cloth ZFFDT57B000136548 ass.# 53583	136622	360	Modena F1 Red/Black ZFFYR51B000
			136623	360	Modena F1 Red/Black
136549	360	Modena F1 04 Red/Black ZFFYR51B000 rear challenge grill	136624	360	Modena Challenge Stradale F1 04 Rosso Corsa/black LHD US ZFFDU57A240136624
136550	360	Modena F1 Red/Black ZFFYR51B000	136625	360	Modena Challenge Stradale F1 04 LHD US ZFFDU57A440136625
136552	360	Modena Challenge Stradale F1 04 Rosso Corsa/Red & black Alcantara LHD US ZFFDU57A340136552 Red calipers	136626	360	Modena 04 Blu Pozzi 521 D.S./Tan Daytona seats Blu Medio inserts Blue Stitching Manual ZFFYU51A340136626 Challenge Grill
136553	360	Modena 04 Rosso Corsa/Crema RHD UK ZFFYR51C000136553	136627	360	Modena
			136630	360	Modena Challenge Stradale F1 Rosso Scuderia FER. 323/Red-black cloth Italian stripe ZFFDT57B000
136557	360	Modena Challenge Stradale F1 Rosso Scuderia FER. 323/Red cloth ZFFDT57B000136557			
136559	360	Modena (F1) 04 ZFFYU51A340136559	136633	Enzo Ferrari	F1
136560	360	Modena Challenge Stradale F1 04 NART Blue/Crema Navy Stitching LHD US ZFFDU57A240136560 Yellow calipers	136635	360	Modena (F1) 04 ZFFYU51A440136635
			136636	360	Modena Challenge Stradale F1 04 Rosso Corsa/Tan LHD US ZFFDU57A940136636
136561	360	Modena 04 Red/Tan Manual ZFFYU51A140136561 Tubi Rear Challenge Grill Shields	136639	360	Modena F1 Rosso Corsa/Tan LHD EU ZFFYR51000136639
136563	360	Modena Red/Tan ZFFYR51B000	136640	360	Modena 04 Rosso Corsa/Beige Manual RHD AUS ZFFYR51D000136640
136564	360	Modena Challenge Stradale F1 Yellow/black ZFFDT57B000136564	136641	360	Modena Challenge Stradale F1 04 Red/Black CS Stripe ZFFDU57A240136641 ass. #53763
136565	360	Modena Challenge Stradale F1 Red/Black & Red ZFFDT57B000	136642	360	Modena Challenge Stradale F1 Rosso Scuderia FER. 323/black mircoscript advert LHD ZFFDT57B000136642 ass. # 53665
136568	360	Modena F1 04 ZFFYU51A440136568			
136569	360	Modena Challenge Stradale F1 04 LHD US ZFFDU57A940136569	136645	360	Modena F1 04 Argento Nürburgring 101/C/Nero silver stitching RHD UK ZFFYR51C000136645 Challenge rear grill
136570	360	Modena Challenge Stradale F1 04 LHD US ZFFDU57A540136570			
136571	360	Modena F1 Red/brown	136646	360	Modena 04 Rosso Corsa/Nero Manual ZFFYR51B000136646
136572	612	Scaglietti Geneva Show Car, Rosso Rubino/Beige ZFFAY54B000136572	136652	360	Modena (F1) 04 ZFFYU51A440136652
136573	612	Scaglietti F1 black/Crema	136653	360	Modena Challenge Stradale F1 04 Black/Black & Red Alcantara LHD US ZFFDU57A940136653
136579	612	Scaglietti F1 Blu Pozzi 521 D.S./grey ZFFAY54B000			
136581	612	Scaglietti F1 Red/brown ZFFAY54B000	136654	360	Modena (F1) 04 ZFFYU51A840136654

s/n	Type	Comments
136655	360	Modena Red/Black ZFFYR51B000136655
136657	360	Modena Challenge Stradale F1 Red CS stripe/Red seats LHD ZFFDT57B000136657 plexi windows
136662	360	Modena Challenge Stradale F1 04 Rosso Corsa/Black Alcantera LHD US ZFFDU57AX40136662 Red calipers
136663	360	Modena Challenge Stradale F1 04 LHD US ZFFDU57A140136663
136667	360	Modena Spider Red/Black ZFFYT53B000
136668	360	Modena Spider F1 04 Rosso Corsa/Nero ZFFYT53B000
136669	360	Modena Spider F1 Red
136671	360	Modena Spider F1 04 Blu Tour de France Tan Blue Top ZFFYT53A840136671
136672	360	Modena Challenge Stradale F1 04 Red/Tan LHD US ZFFDU57A240136672
136678	360	Modena Spider F1 4/04 Rosso Corsa/Black LHD ZFFYT53B000136678
136679	360	Modena Black/Black LHD EU ZFFYR51B000136679
136680	360	Modena Spider 04 Blu Tour de France 522/Tan Daytona seats Blue Piping Manual ZFFYT53A940136680 Shields Red Calipers Blue Dash Challenge
136681	360	Modena Spider 04 Rosso Corsa/Tan Black Top Manual US ZFFYT53A040136681 Shields Front Challenge Grilles Red Calipers
136682	360	Modena Spider 04 Red/Tan LHD ZFFYT53A240
136683	360	Modena Spider (F1) 04 ZFFYT53A440136683
136684	360	Modena Spider F1 Silver/Bordeaux ZFFYT53B000136684 Black calipers bordeaux dash & steering wheel
136685	360	Modena Spider F1 Grigio Alloy/dark grey silver stitching grigio Top ZFFYT53B000136685 Silver calipers
136687	360	Modena Spider (F1) 04 ZFFYT53A140136687
136688	360	Modena Spider (F1) 04 ZFFYT53A340136688
136689	360	Modena Spider 04 Rosso Corsa/Beige Daytona Seats Brown Piping Manual ZFFYT53A540136689 Shields
136692	360	Modena Spider F1 Red/Crema bordeaux inserts RHD ZFFYT53C000136692 Red calipers
136694	360	Modena Spider F1 3/04 Rosso Corsa/Nero ZFFYT53B000136694
136695	360	Modena Spider F1 04 Grigio Ingrid Dark Tan black piping US ZFFYT53A040136695 black calipers
136696	360	Modena Spider 04 Giallo Modena 4305 D.S./Black Daytona Seats Yellow Stitching Black Top Manual LHD US ZFFYT53A240136696 Red Calipers Rear Challenge Grille
136697	360	Modena Spider (F1) 04 ZFFYT53A440136697
136698	360	Modena Spider 04 Nuovo Nero Daytona/Beige black inserts Manual RHD UK ZFFYT53C000136698 Red calipers shields
136699	360	Modena Spider F1 4/04 Rosso Corsa/Black LHD ZFFYT53B000136699
136700	360	Modena Spider F1 Red/Black ZFFYT53B000
136701	360	Modena Spider (F1) 04 ZFFYT53A240136701
136702	360	Modena Spider 04 Silver Charcoal Manual ZFFYT53A440136702 Front & Rear Challenge Grills
136703	360	Modena Spider (F1) 04 ZFFYT53A640136703
136704	360	Modena Spider (F1) 04 ZFFYT53A840136704
136705	360	Modena Spider F1 04 Rosso Corsa/Crema RHD UK ZFFYT53C000136705
136707	575	M Maranello
136708	575	M Maranello 04 Rosso Corsa/Beige ZFFBT55C000136708
136709	575	M Maranello F1 04 grey/grey ZFFBT55B000136709
136711	575	M Maranello F1 5/04 Rosso Corsa/Beige LHD US ZFFBV55A940136711
136716	612	Scaglietti F1 5/04 Argento Nürburgring/Blu Scuro ZFFAY54B000136716
136717	612	Scaglietti F1 04 Rubino Micalizzato/Magnolia ZFFAY54B000136717
136718	612	Scaglietti F1 Grigio Silverstone/black
136719	612	Scaglietti F1 dark Red/Crema ZFFAA54A050136719 ass. # 54384
136720	612	Scaglietti 04 Argento Nürburgring 101/C/Blu Scuro RHD UK ZFFAY54C000136720
136725	Enzo Ferrari	F1 ZFFCZ56B000136725
136726	Enzo Ferrari	F1 Black/Red ZFFCZ56B000136726
136727	Enzo Ferrari	F1 ass. #53963
136728	Enzo Ferrari	F1 Black/bordeaux ZFFCZ56B000136728 ass. # 53983
136729	Enzo Ferrari	F1
136730	Enzo Ferrari	F1 Red/Black ZFFCZ56B000136730 ass. # 54004
136731	Enzo Ferrari	F1
136732	Enzo Ferrari	F1 Rosso Corsa/Black ZFFCZ56B000136732 ass. # 54048
136733	Enzo Ferrari	F1 Black/Black Yellow stitching ass. #54062
136734	Enzo Ferrari	F1
136735	Enzo Ferrari	F1 Red
136736	Enzo Ferrari	F1 Rosso Corsa/nero ass. # 54128
136737	Enzo Ferrari	F1 Rosso Corsa/nero LHD ZFFCZ56B000136737 ass. # 54142
136738	Enzo Ferrari	F1 Red/Black ZFFCZ56B000136738 ass. #54165
136739	Enzo Ferrari	F1 black/black ZFFCZ56B000136739 ass. #54184
136742	Enzo Ferrari	F1 Rosso Corsa/Black ZFFCZ56B000136742
136744	360	Modena F1 04 Rosso Corsa/Tan ZFFYU51A940136744 Shields
136746	360	Modena Challenge Stradale F1 04 Rosso Scuderia FER. 323/Nero ZFFDT57B000
136748	360	Modena F1 04 Rosso Corsa/Beige Daytona seats ZFFYU51A640136748 shields Red calipers front Challenge grilles
136749	360	Modena Challenge Stradale F1 04 LHD US ZFFDU57A040136749
136750	360	Modena Challenge Stradale F1 Red/Black LHD EU
136751	360	Modena Challenge Stradale F1 Red Italian stripe/Red & Black ZFFDT57B000136751 Red calipers ass.# 53918
136752	360	Modena F1 04 Blu Tour de France Crema ZFFYU51A840136752
136753	360	Modena (F1) 04 ZFFYU51AX40136753
136754	360	Modena (F1) 04 Black/Black Manual ZFFYU51A140136754 Front & Rear Challenge Grill
136755	360	Modena Challenge Stradale F1 04 Black/Tan LHD US ZFFDU57A640136755
136758	360	Modena 04 Rosso Corsa/Crema Manual ZFFYR51C000136758
136763	360	Modena Bordeaux metallic/Crema-Red Red dash, Red stearing wheel "Crema" stitching ZFFYR51B000136763
136765	360	Modena Challenge Stradale F1 04 LHD US ZFFDU57A940136765
136766	360	Modena (F1) 04 ZFFYU51A840136766
136767	360	Modena Challenge Stradale F1 dark Blue met./back & Yellow ZFFDT57B000 ass. # 53815
136769	360	Modena Challenge Stradale F1 Red/Black & Red ZFFDT57B000136769 Red calipers Yellow dials
136773	360	Modena Challenge Stradale F1 04 LHD US ZFFDU57A840136773
136775	360	Modena Challenge Stradale F1 04 Giallo Modena/Nero RHD UK ZFFDT57C000136775

s/n	Type	Comments	s/n	Type	Comments
136780	360	Modena F1 Red/Tan ZFFYT51B000136780 shields Red calipers	136846	360	Modena F1 04 Nero Daytona/Crema LHD US ZFFYU51A640136846 exported to the UK
136782	360	Modena (F1) 04 ZFFYU51A640136782	136847	360	Modena Challenge Stradale F1 04 Rosso Corsa Italian Stripe Red & Black LHD US ZFFDU57A040136847 ass. # 53994 Yellow dials Red calipers
136783	360	Modena Challenge Stradale F1 04 Rosso Scuderia/Tan LHD US ZFFDU57A040136783			
136784	360	Modena Challenge Stradale F1 04 Argento Nürburgring 101/C/Black LHD US ZFFDU57A240136784 ass. #53785	136848	360	Modena F1 04 Dark Blue/tan ZFFYR51B000
			136849	360	Modena F1 3/04 Rosso Corsa/Crema ZFFYR51C000136849
136785	360	Modena F1 Red/Black ZFFYR51B000136785	136850	360	Modena Challenge Stradale F1 Rosso Scuderia FER. 323/Red & Black ZFFDT57B000136850 ass. # 53890
136786	360	Modena Spider (F1) 04 ZFFYT53A340136786			
136787	360	Modena Spider F1 04 Yellow/Black Yellow Piping ZFFYT53A540136787 Rear Challenge Grill			
			136852	360	Modena Red/Tan shields,black calipers
			136853	360	Modena (F1) 04 ZFFYU51A340136853
136788	360	Modena Spider (F1) 04 ZFFYT53A740136788	136854	360	Modena (F1) 04 LHD US ZFFYU51A540136854
136789	360	Modena Spider (F1) 04 ZFFYT53A940136789	136855	360	Modena Challenge Stradale F1 04 argento Italian stripe nero LHD US ZFFDU57AX40136855
136794	360	Modena Spider (F1) 04 ZFFYT53A240136794			
136795	360	Modena Spider F1 04 Grigio Titanio 3238/Charcoal & Grigio Medio Daytona Seats Manual ZFFYT53A440136795 Charcoal Upper Dash & Steering Wheel Charcoal Roll Bars Front & Rear Challenge Grill Shields Red calipers	136856	360	Modena Challenge Stradale F1 04 LHD US ZFFDU57A140136856
			136857	360	Modena Challenge Stradale F1 4/04 Rosso Scuderia FER. 323/black & Red LHD EU ZFFDT57B000136857 ass. # 53892
136796	360	Modena Spider F1 04 Red/Black ZFFYT53B000136796 shields black calipers	136858	360	Modena 04 Nuovo Nero Daytona/Nero RHD UK ZFFYR51C000136858
136798	360	Modena Spider (F1) 04 ZFFYT53AX40136798	136859	360	Modena Challenge Stradale F1 Blu NART/Naturale ZFFDT57B000136859 normal windows
136799	360	Modena Spider (F1) 04 ZFFYT53A140136799			
136800	360	Modena Spider (F1) 04 ZFFYT53A440136800			
136801	360	Modena Spider 04 Black/Tan Daytona seats black stitching black inserts ZFFYT53A640136801 front & rear challenge grill shields aluminium calipers	136860	360	Modena Spider 04 Blu Tour de France Beige Manual
			136861	360	Modena F1 3/04 Blu Tour de France 522/Beige LHD ZFFYR51B000136861 Silver calipers tan dash & steering wheel
136802	360	Modena Spider F1 04 Rosso Corsa/Crema Red stitching RHD UK ZFFYT53C000136802 Red calipers shields			
			136863	360	Modena Challenge Stradale F1 Grigio Titanio 3238/black
136805	360	Modena Spider (F1) 04 ZFFYT53A340136805	136864	360	Modena Challenge Stradale F1 Blu Tour de France 522/tan ZFFDT57B000136864 ass. # 53953
136806	360	Modena Spider (F1) 04 ZFFYT53A540136806			
136807	360	Modena Spider (F1) 04 ZFFYT53A740136807			
136809	360	Modena Red/Black RHD ZFFYT53C000	136865	360	Modena (F1) 04 ZFFYU51AX40136865
136811	360	Modena Spider (F1) 04 ZFFYT53A940136811	136866	360	Modena Challenge Stradale F1 04 Argento Nürburgring 101/C/Red LHD US ZFFDU57A440136866
136813	360	Modena Spider 04 Red/Black Manual ZFFYT53A240136813			
136814	360	Modena Spider (F1) 04 ZFFYT53A440136814	136868	360	Modena Challenge Stradale F1 Rosso Scuderia RHD ZFFDT57C000136868
136815	360	Modena Spider 04 Red LHD	136871	360	Modena Challenge Stradale F1 Rosso Scuderia CS Stripe/Black & Red cloth LHD ZFFDT57B000136871 sliding windows
136816	360	Modena Spider F1 4/04 Nuovo Nero Daytona/Beige ZFFYT53C000136816			
136817	360	Modena Spider F1 3/04 Giallo Modena/Nero ZFFYT53B000136817	136877	360	Modena Challenge Stradale F1 04 Red/Black & Red Red stitching LHD ZFFDU57A940 ass. # 53929
136820	360	Modena Spider (F1) 04 ZFFYT53AX40136820			
136821	360	Modena Spider 04 Rosso Corsa/tan Daytona seats black inserts ZFFYT53A140136821	136878	360	Modena F1 3/04 Rosso Corsa/Sabbia bordeaux piping Red stitching RHD ZFFYR51C000136878 Red calipers Challenge rear grill shields
136825	575	M Maranello F1 04 Argento Nürburgring 101/C/Nero ZFFBT55B000136825			
136826	575	M Maranello (F1) 04 LHD US ZFFBV55A440136826	136879	360	Modena Spider 04 Rosso Fiorano 321/Beige RHD AUS ZFFYT53B000136879
136827	575	M Maranello 04 Grigio Titanio Bordeaux Bordeaux Carpet Manual RHD UK	136882	360	Modena Spider (F1) 04 ZFFYT53AX40136882
			136887	360	Modena Spider F1 04 Grigio Alloy/Crema RHD UK ZFFYT53C000136887
136828	575	M Maranello Rosso Corsa Rosso Bordeaux Carpet Manual RHD UK	136890	360	Modena Spider F1 04 Rosso Corsa/Beige ZFFYT53A940136890
136833	360	Modena Challenge Stradale F1 04 LHD US ZFFDU57A040136833	136891	360	Modena Spider F1 silver/black ZFFYT53B000136891
136834	360	Modena Challenge Stradale F1 04 Blu Tour de France 522/Tan LHD US ZFFDU57A240136834 Yellow Calipers Shields	136894	360	Modena Spider F1 04 Red ZFFYT53A640136894
			136895	360	Modena Spider 04 Rosso Corsa/tan Daytona seats ZFFYT53A840136895 front & rear Challenge grilles shields
136835	360	Modena Challenge Stradale F1 04 Yellow LHD ZFFDT57B000136835			
136839	360	Modena Challenge Stradale F1 04 Red Italian stripe Red & black LHD ZFFDU57A140	136897	360	Modena Spider F1 04 Rosso Corsa LHD ZFFYT53B000136897
136840	360	Modena 4/04 Nuovo Nero Daytona/Nero Nero Carpet Manual RHD ZFFYR51C000136840	136898	360	Modena Spider
			136901	360	Modena Spider 04 Rosso Corsa/Beige Manual ZFFYT53AX40136901
136841	360	Modena Challenge Stradale F1 4/04 Rosso Corsa Italian stripe/Red & Black Tessuto Red stitching RHD UK ZFFDT57C000136841 Red calipers Challenge rear grill Shields			

s/n	Type	Comments	s/n	Type	Comments
136902	360	Modena Spider (F1) 04 LHD US ZFFYT53A140136902	136969	360	Modena Challenge Stradale F1 Rosso Corsa/Black & Red LHD ZFFDT57B000136969
136903	360	Modena Spider F1 04 Red/Tan Daytona seats black piping & inserts ZFFYT53A340136903 calipers Challenge grille shields Tubi	136971	360	Modena (F1) 04 LHD US ZFFYU51A940136971
			136972	360	Modena Challenge Stradale F1 Red & CS stripe/black & Red ZFFDU57A340136972 Yellow calipers
136904	360	Modena Spider (F1) 04 ZFFYT53A540136904			
136905	360	Modena Spider F1 4/04 dark Blue/Blu Scuro LHD ZFFYT53B000136905 Black calipers	136973	360	Modena Challenge Stradale F1 04 LHD US ZFFDU57A540136973
136907	360	Modena Spider (F1) 04 ZFFYT53A040136907	136974	360	Modena 04 Rosso Corsa/Crema Red stitching RHD ZFFYR51C000136974 Black calipers Challenge rear grill
136908	360	Modena Spider (F1) 04 ZFFYT53A240136908			
136909	360	Modena Spider (F1) 04 ZFFYT53A440136909			
136910	360	Modena Spider F1 Red/Black ZFFYT53B000136910 Challenge rear grill Red calipers shields	136975	360	Modena Challenge Stradale F1 Silver ZFFDT57B000136975 ass. # 54008
			136976		Modena dark Blue/Crema
136911	360	Modena Spider F1 Black/tan black inserts ZFFYT53C000136911	136978	360	Modena (F1) 04 ZFFYU51A140136978
			136979	360	Modena 04 Grigio Titanio Charcoal Manual ZFFYU51A340136979
136913	575	M Maranello F1 04 black/tan LHD US ZFFBV55AX40136913 Red calipers	136980	360	Modena Challenge Stradale F1 04 Argento/Black & Red ZFFDU57A240136980 Red calipers
136920	575	M Maranello F1 04 Rosso Corsa/Beige LHD US ZFFBV55A740136920			
136921	575	M Maranello F1 6/04 Grigio Titanio Metallizzato 3238/Nero ZFFBT55B000136921	136982	360	Modena F1 Red/beige ZFFYR51B000136982
			136984	360	Modena Challenge Stradale F1 black/beige ZFFDT57B000136984 ass. # 54011
136922	575	M Maranello (F1) 04 LHD US ZFFBV55A040136922	136985	360	Modena Challenge Stradale F1 Red/Black LHD EU ZFFDT57B000136985 ass. # 54029
136923	575	M Maranello F1 6/04 Nero/Nero ZFFBT55B000136923	136993	360	Modena Spider F1 Grigio Titanio grey/black ZFFYT53B000
136926	575	M Maranello 04 Red/Tan LHD US ZFFBV55A840	136994	360	Modena Spider 04 Rosso Corsa/Beige Manual ZFFYT53AX40136994
136927	575	M Maranello (F1) 04 LHD US ZFFBV55AX40136927	136995	360	Modena Spider F1 04 Black/Black ZFFYT53A140136995 Rear Challenge Grille
136931	575	M Maranello F1 Black/black ZFFBT55B000136931	136996	360	Modena Spider F1 04 Rosso Corsa/Beige ZFFYT53A340136996
136932	575	M Maranello (F1) 04 LHD US ZFFBV55A340136932	136997	360	Modena Spider F1 04 Grigio Titanio 3238/Tan ZFFYT53A540136997
136934	575	M Maranello F1 Red/Black ZFFBT55B000136934 Red calipers	136998	360	Modena Spider F1 5/04 Nuovo Nero Daytona/Nero Z LHD EU FFYT53B000136998
136936	612	Scaglietti F1 Grigo Ingrid/black ZFFAY54B00013693	136999	360	Modena Spider F1 Grigio Titanio 3238/bordeaux ZFFYT53B000136999
136939	612	Scaglietti F1 dark Blue/tan ZFFAY54B000136939	137000	360	Modena Spider F1 back/black ZFFYT53B000137000
136940	612	Scaglietti F1 Blu Pozzi 521 D.S./dark Blue ZFFAY54B000136940	137001	360	Modena Spider (F1) 04 ZFFYT53A140137001
136945	612	Scaglietti 05 Blu Mirabeau/Natural LHD US ZFFAA54A950136945 ass. # 54946 silver calipers	137002	360	Modena Spider F1 04 Rosso Corsa/Tan Black Inserts ZFFYT53A340137002 Shields Front & Rear Challenge Grill Red Calipers
136947	360	Modena Challenge Stradale F1 04 Grigio Titanio 3238/Red & black Alcantara LHD US ZFFDU57A440136947 ass. # 54013 Red calipers	137003	360	Modena Spider (F1) 04 Silver/Grey Manual ZFFYT53A540137003 Rear Challenge Grill Shields
			137005	360	Modena Spider
136948	360	Modena F1 4/04 Giallo Modena/Nero Yellow Piping ZFFYU51A340136948 Sunroof Yellow Calipers Shields Front Challenge GrillSunroof Yellow Calipers Shields Front Challenge Grill	137006	360	Modena Spider F1 Rosso Corsa/black Challenge Grill
			137008	360	Modena Spider 04 Silver/Black Daytona seats silver stitching Manual ZFFYT53A440137008 aluminum calipers
136951	612	Scaglietti F1 04 Silver/Black LHD EU	137009	360	Modena Spider (F1) 04 ZFFYT53A640137009
136955	360	Modena (F1) 04 ZFFYU51A040136955	137010	360	Modena Spider (F1) 04 ZFFYT53A240137010
136956	360	Modena F1 04 Rosso Corsa/Cuoio ZFFYU51A240136956	137011	360	Modena Spider (F1) 04 ZFFYT53A440137011
136957	360	Modena Challenge Stradale F1 04 LHD US ZFFDU57A740136957	137015	360	Modena Spider 04 Yellow/Black Daytona seats Yellow stitching Manual ZFFYT53A140137015 Yellow calipers front grills Shields
136961	360	Modena Challenge Stradale F1 Yellow/Red & black cloth ZFFDT57B000	137016	360	Modena Spider (F1) 04 LHD US ZFFYT53A340137016
136963	360	Modena F1 04 Rosso Corsa/Tan ZFFYU51AX40136963	137017	360	Modena Spider F1 04 Black/Black US ZFFYT53A540137017
136964	360	Modena 04 Rosso Corsa/Black Racing seats Manual ZFFYU51A140136964 Red calipers shields Rear challenge grill	137018	360	Modena Spider
			137019	360	Modena Spider
136965	360	Modena Challenge Stradale F1 04 Rosso Scuderia FER. 323 CS stripe/Red & Black LHD US ZFFDU57A640136965 shields Red calipers	137020	360	Modena Spider Rosso Scuderia FER. 323/Tan Manual ZFFYT53A540137020
			137021	360	Modena F1 04 Rosso Corsa/Black Daytona Seats Red Stitching ZFFYT53A740137021 Red calipers Front & Rear Challenge Grill Shields
136966	360	Modena Challenge Stradale F1 Yellow/Black Yellow stitching RHD ZFFDT57C000136966 Challenge rear grill shields Yellow calipers	137024	360	Modena Spider F1 Titan Grey LHD ZFFYT53B000137024

s/n	Type	Comments	s/n	Type	Comments
137025	360	Modena Spider F1 Grigio Titanio 3238/nero ZFFYT53B000137025	137083	360	Modena F1 Giallo Modena/Nero LHD EU ZFFYR51B000137083
137026	360	Modena Spider F1 04 Black/Tan ZFFYT53A640137026	137084	612	Scaglietti 04 Grigio Titanio met./Charcoal Silver stiching ZFFAY54B000137084
137027	575	M Maranello (F1) 04 LHD US ZFFBV55A140137027	137086	612	Scaglietti F1 Grigio Titanio met./Bordeaux ZFFAY54B000137086
137028	360	Modena Spider F1 04 Black/tan LHD US	137087	360	Modena Spider (F1) LHD EU ZFFYT53B000137087
137030	575	M Maranello F1 04 Nuovo Nero Daytona/Beige ZFFBT55B000137030	137088	360	Modena Spider 04 Blue Met./Tan ZFFYT53A640137088
137033	360	Modena Challenge Stradale F1 black & CS stripe/charcoal ZFFDT57B000137033 ass # 54049	137089	360	Modena Spider F1 5/04 Rosso Corsa/Beige Daytona seats ZFFYT53A840137089 Red calipers shields Rear Challange grill
137034	360	Modena Challenge Stradale F1 Rosso Scuderia FER. 323/Black Red stitching LHD ZFFDT57B000137034 ass. # 54051 colour-coded rear diffuser	137090	360	Modena Spider 04 Blu Tour de France 522/Tan Daytona seats Blue Top ZFFYT53A440137090 shields front & rear challenge grillsRed Callpers Shields
137035	360	Modena F1 Giallo Modena/black giallo stitching ZFFYR51B000137035 ass. # 54078 shields	137091	360	Modena Spider F1 4/04 Rosso Corsa/Crema bordeaux piping bordeaux stitching ZFFYT53C000137091 Red calipers Challenge rear grill shields
137037	360	Modena Spider dark Blue/black manual ZFFYR51B000	137092	360	Modena Spider F1 04 Yellow/Black Yellow piping LHD US ZFFYT53A840137092 front & rear challenge grill shields
137038	360	Modena (F1) 04 LHD US ZFFYU51A240137038
137039	360	Modena (F1) 04 ZFFYU51A440137039
137040	360	Modena Challenge Stradale F1 04 Rosso Scuderia CS stripe/black & Red LHD US ZFFDU57A340137040 Red Calipers	137093	360	Modena Spider 04 Red/Tan Manual ZFFYT53AX40137093 Shields Challenge grills Red calipers
137041	360	Modena Challenge Stradale F1 04 LHD US ZFFDU57A540137041	137094	360	Modena Spider (F1) 04 LHD US ZFFYT53A140137094
137042	360	Modena	137095	360	Modena Spider (F1) 04 ZFFYT53A340137095
137043	360	Modena F1 04 Red/Black ZFFYR51B000137043	137096	360	Modena Spider
137049	360	Modena (F1) 04 ZFFYU51A740137049	137100	360	Modena Spider F1 Red/brown ZFFYT53B000137100
137050	360	Modena Challenge Stradale F1 04 LHD US ZFFDU57A640137050	137101	360	Modena Spider 04 Red/Tan Manual ZFFYT53A540137101
137051	360	Modena Challenge Stradale F1 04 Nuovo Nero Daytona/Tessuto Racing Nero/Rosso RHD UK ZFFDT57C000137051	137102	360	Modena Spider 04 Titianium/Cream & Dark Navy Manual Dark Navy Dash, Steering Wheel & Roll Bars ZFFYT53A740137102 Challenge Rear Grill Silver Calipers
137054	360	Modena F1 ZFFYR51B000137054 Scaglietti rims shields Red calipers
137056	360	Modena Challenge Stradale F1 Black ital. stripe/Red & black cloth ZFFDT57B000137056 ass. # 54109	137103	360	Modena Spider F1 04 Grigio Titanio 3238/grey ZFFYT53A940137103 Front & Rear Challenge grill Shields Black Calipers
137057	360	Modena F1 04 Yellow/black Daytona seats Yellow inserts & piping ZFFYU51A640137057 Yellow calipers front & rear Challenge grills shields	137104	360	Modena Spider (F1) 04 ZFFYT53A040137104
137108	360	Modena Spider 04 Black/Black Black Top Manual ZFFYT53A840137108
137058	360	Modena Challenge Stradale F1 04 LHD US ZFFDU57A040137058	137109	360	Modena 04 Red/Tan ZFFYT53AX40137109
137110	360	Modena Spider (F1) 04 ZFFYT53A640137110
137059	360	Modena Challenge Stradale F1 04 LHD US ZFFDU57A240137059	137112	360	Modena Spider 04 Rosso Corsa Sabbia Red stitching RHD ZFFYT53C000137112 Red calipers shields
137060	360	Modena
137063	360	Modena F1 Giallo Modena/Black Yellow stitching ZFFYR51B000137063	137113	360	Modena Spider F1 Black/tan ZFFYT53B000137113
137064	360	Modena Red Manual	137114	360	Modena Spider F1 Rosso Scuderia FER. 323/Red Red stittching ZFFYT53B000137114 Red calipers shields
137066	360	Modena F1 04 Black/Black Yellow stitching, ZFFYU51A740137066 Shields Yellow calipers Challenge front & rear grills
137115	360	Modena Spider (F1) 04 ZFFYT53A540137115
137067	360	Modena (F1) 04 ZFFYU51A940137067	137116	360	Modena Spider F1 04 Rosso Corsa Charcoal ZFFYT53A740137116
137068	360	Modena Challenge Stradale F1 04 Rosso Scuderia LHD US ZFFDU57A340137068 Yellow dials	137117	360	Modena Spider (F1) 04 ZFFYT53A940137117
137118	360	Modena Spider (F1) 04 ZFFYT53A040137118
137069	360	Modena (F1) 04 ZFFYU51A240137069	137120	360	Modena Spider F1 04 Rosso Corsa/Beige ZFFYT53B000137120
137070	360	Modena Challenge Stradale F1
137071	360	Modena F1 black/black	137121	360	Modena Spider F1 Red/Black
137072	360	Modena F1 5/04 Rosso Corsa/Nero ZFFYR51B000137072	137123	360	Modena Spider F1 04 Silver Light Grey US ZFFYT53A440137123
137073	360	Modena F1 Red/Black LHD EU	137124	360	Modena Spider (F1) 04 ZFFYT53A640137124
137074	360	Modena Challenge Stradale F1 Red/Red ZFFDT57B000	137126	360	Modena Spider F1 Rosso Corsa/Crema RHD
137127	360	Modena Spider F1 Rosso Corsa/Black Red stitching LHD ZFFYT53B000137127 Red calipers Red calipers
137075	360	Modena Challenge Stradale F1 Red/Black ZFFDT57B000137075
137076	360	Modena silver/black ZFFYR51B000	137128	360	Modena Spider Red/Black LHD EU
137080	360	Modena Challenge Stradale F1 04 Red Italian stripe/Red LHD ZFFDU47A440	137129	360	Modena Spider F1 4/04 Nuovo Nero Daytona/Nero ZFFYT53B000137129

s/n	Type	Comments
137130	360	Modena Spider 04 Blu Tour de France 522/Tan Blue Piping Manual ZFFYT53A140137130
137131	360	Modena Spider (F1) 04 ZFFYT53A340137131
137133	360	Modena Spider F1 Red/Black
137134	360	Modena Spider F1 Rosso Corsa/black Sports seats LHD ZFFYT53B000137134
137136	360	Modena Spider (F1) 04 ZFFYT53A240137136
137137	360	Modena Spider (F1) 04 Red/Black Red stitching, shields ZFFYT53A440137137 shields Red calipers front & rear Challenge grilles
137138	360	Modena Spider F1 04 Rosso Corsa/tan ZFFYT53A640137138
137139	360	Modena Spider (F1) 04 ZFFYT53A840137139
137140	360	Modena Spider F1 Red/Black ZFFYT53B000137140
137142	360	Modena Spider (F1) 04 ZFFYT53A840137142
137143	360	Modena Spider (F1) 04 ZFFYT53AX40137143
137145	360	Modena Spider F1 04 Grigio Titanio 3238/Blu Scuro RHD UK ZFFYT53C000137145
137148	360	Modena Spider F1 04 Red/Tan ZFFYT53A940137148
137149	360	Modena Spider (F1) 04 ZFFYT53A040137149
137150	360	Modena Spider F1 04 Rosso Corsa/Tan Red stitching ZFFYT53A740137150 Red calipers Front & Rear challenge grilles shields
137151	360	Modena Spider (F1) 04 ZFFYT53A940137151
137152	360	Modena Spider F1 04 Grigio Alloy/Black LHD EU ZFFYT53B000 Challenge Grill Shields Red Calipers
137156	360	Modena 04 Red/Tan Daytona seats Red piping ZFFYU51A840137156 shields Red calipers front & rear Challenge grille
137157	360	Modena Challenge Stradale F1 04 LHD US ZFFDU57A240137157
137159	360	Modena Challenge Stradale F1 Nero Daytona
137160	360	Modena F1 Red/Black LHD EU
137162	360	Modena Challenge Stradale F1 04 Rosso Scuderia FER. 323/Tessuto Racing Nero/Rosso ZFFDT57B000 ass. # 54148
137165	360	Modena F1 6/04 Argento Nürburgring 101/C/Grigio Chiaro ZFFYU51A940137165
137166	360	Modena 04 Nero Daytona Cuoio Daytona seats black piping Manual ZFFYU51A040137166
137167	360	Modena Challenge Stradale F1 04 Red Italian stripe/Red & black LHD US ZFFDU57A540137167
137168	360	Modena F1 04 Argento Nürburgring 101/C/Beige ZFFYU51A440137168 Shields Red Calipers
137170	360	Modena Challenge Stradale F1 04 Giallo Modena/Azzurro & Red cloth ZFFDT57B000137170
137172	360	Modena 04 Grigio Titanio 3238/Nero ZFFYR51B000137172
137173	360	Modena Yellow/black ZFFYR51B000137173
137175	360	Modena F1 04 dark Red/Tan LHD ZFFYU51A140137175
137176	360	Modena Challenge Stradale F1 04 Red & CS-stripe/black & Red LHD US ZFFDU57A640137176
137178	360	Modena Challenge Stradale F1 Rosso Scuderia FER. 323/Red-black cloth Italian stripe ZFFDT57B000
137183	360	Modena Challenge Stradale F1 04 Grigio Titanio 3238/Red & Black LHD US ZFFDU57A340137183 Yellow Calipers
137184	360	Modena (F1) 04 ZFFYU51A240137184
137185	360	Modena F1 04 Black/Black & Red Daytona Seats Red Stitching US ZFFYU51A440137185 Red calipers Shileds
137189	360	Modena Challenge Stradale F1 04 Nuovo Nero Daytona/Cuoio ZFFDT57B000137189
137191	360	Modena Challenge Stradale F1 04 Red w/stripe Red LHD ZFFDU57A240
137192	360	Modena 04 Rosso Corsa/Black Manual ZFFYU51A140137192 Red calipers shields
137195	360	Modena 04 Rosso Corsa/Crema Manual ZFFYR51C000137195
137196	360	Modena Challenge Stradale F1
137197	612	Scaglietti F1 Grigio Titanio met./tan ZFFAY54B000137197 Red calipers
137199	612	Scaglietti F1 6/04 Nuovo Nero Daytona/Nero ZFFAY54B000137199
137201	575	M Maranello (F1) 04 LHD US ZFFBW55A240137201
137202	575	M Maranello
137203	575	M Maranello
137204	575	M Maranello Giallo Modena/Nero Yellow stitching Manual LHD EU
137205	575	M Maranello 04 Nuovo Nero Daytona/Nero RHD UK ZFFBT55C000137205
137206	575	M Maranello
137209	612	Scaglietti F1 dark Blue met./Tan ZFFAY54B000 silver caliper, SF shields
137211	612	Scaglietti F1 black/tan
137212	612	Scaglietti F1 grigio/beige ZFFAY54B000137212
137215	612	Scaglietti Blu Tour de France 522/tan manual ZFFAY54B000137215
137216	612	Scaglietti 5/04 Blu Mirabeau/Beige Manual ZFFAY54B000137216
137217	612	Scaglietti Grigio Titanio met./Grey ZFFAY54B000137217
137220	360	Modena LHD
137221	360	Modena F1 5/04 Rosso Corsa/Black LHD ZFFYR51B000137221 shields
137224	360	Modena F1 04 Grigio Titanio Metallizzato 3238/Cuoio ZFFYU51AX40137224
137225	360	Modena F1 04 Rosso Corsa/Beige LHD CDN ZFFYU51A140137225 Shields black calipers
137228	360	Modena (F1) 04 ZFFYU51A740137228
137229	360	Modena (F1) 04 ZFFYU51A940137229
137230	360	Modena F1 6/04 Nuovo Nero Daytona/Cream ZFFYR51B000137230
137233	360	Modena (F1) 04 ZFFYU51A040137233
137234	360	Modena (F1) 04 ZFFYU51A240137234
137235	360	Modena 04 Silver/Black Daytona seats Manual ZFFYU51A440137235 Shields
137241	360	Modena 04 Red/Black ZFFYU51AX40137241
137244	360	Modena Challenge Stradale F1 04 Blu Tour de France 522/Red & black suede ZFFYU51A540137244 Red calipers
137245	360	Modena F1 04 Blu Tour de France 522/Cuoio LHD US ZFFYU51A740137245
137250	360	Modena 7/04 Rosso Corsa/Beige manual ZFFYR51B000137250 red calipers rear challenge grille
137252	360	Modena 04 Grigio Titanio Grey Manual ZFFYU51A440137252
137253	360	Modena Challenge Stradale F1 04 Bianco Avus thin Italian stripe/Black & Red seats ZFFDT57B000137253 black calipers shields slide windows
137255	360	Modena Challenge Stradale F1 04 Rosso Scuderia FER 323 CS stripe/all black alcantara Red stitching US ZFFDU57A240137255 ass. # 54377 Yellow dials aluminum calipers Tubi
137256	360	Modena Challenge Stradale F1 Red & stripe/black & Red RHD ZFFDT57C000137256 Red calipers
137257	360	Modena Challenge Stradale F1 04 Rosso Corsa CS stripe/Tessuto Racing Nero/Rosso ZFFDT57B000137257

s/n	Type	Comments	s/n	Type	Comments
137262	360	Modena Challenge Stradale F1 04 Argento Nürburgring 101/C/ Ital. stripe/Black LHD US ZFFDU57AX40137262 shields Red calipers Yellow dials	137321	575	M Maranello F1 Red/Tan sport seats ZFFBT55B000137321
			137323	575	M Maranello (F1) 04 LHD US ZFFBV55A540137323
137265	360	Modena Challenge Stradale F1 04 LHD US ZFFDU57A540137265	137324	575	M Maranello (F1) 04 LHD US ZFFBV55A740137324
137266	360	Modena Challenge Stradale F1 04 LHD US ZFFDU57A740137266	137326	575	M Maranello (F1) 04 LHD US ZFFBV55A040137326
137269	360	Modena Challenge Stradale F1 Leipzig Show Car Red/Black & Red	137329	Enzo Ferrari	F1 Red/Red
			137330	Enzo Ferrari	F1 Red/Red ZFFCZ56B000137330
137270	360	Modena Challenge Stradale F1 04 LHD US ZFFDU57A940137270	137331	Enzo Ferrari	F1
			137332	Enzo Ferrari	F1
137271	360	Modena Challenge Stradale F1 04 Rosso Scuderia FER. 323/Azzurro ZFFDT57C000137271	137333	Enzo Ferrari	F1
			137334	Enzo Ferrari	F1
			137335	Enzo Ferrari	F1 Red/Black ass. # 54459
137275	360	Modena Challenge Stradale F1 Black White stripe/Yellow seats black dash RHD	137337	Enzo Ferrari	F1 Rosso Corsa/Black LHD ZFFCZ56B000137337 ass. #54504
137277	360	Modena Challenge Stradale F1 04 Red w/stripe Red LHD ZFFDU57A140	137339	Enzo Ferrari	F1 04 Rosso Corsa/Nero LHD ass. # 54543
			137347	360	Modena F1 4/04 Rosso Corsa/Nero ZFFYR51B000137347
137278	360	Modena Challenge Stradale F1 04 LHD US ZFFDU57A340137278	137352	360	Modena Challenge Stradale F1 04 Red/Black LHD US ZFFDU57A040137352
137279	360	Modena Challenge Stradale F1 Red/Sabbia	137353	360	Modena F1 04 Nuovo Nero Daytona/Cuoio black piping ZFFYU51AX40137353 shields Rear challenge grill
137280	360	Modena Spider 04 Argento Nürburgring/Nero ZFFYT53A940137280 Red calipers			
137281	360	Modena Spider 4/04 Rosso Corsa/Nero ZFFYT53C000137281	137354	360	Modena F1 04 Giallo Modena/Black Daytona seats Yellow stitching ZFFYU51A140137354 shields Yellow calipers
137283	360	Modena Spider dark Blue/Crema ZFFYT53B000137283			
137285	360	Modena Spider (F1) 04 ZFFYT53A840137285	137355	360	Modena Challenge Stradale F1 04 Nuovo Nero Daytona Nero Red Stitching RHD UK Red Calipers
137286	360	Modena Spider 04 black/black Red stitching ZFFYT53AX40137286 challenge grill shields			
137287	360	Modena Spider (F1) 04 ZFFYT53A140137287	137356	360	Modena F1 Red/Black Red calipers challenge grill shields
137288	360	Modena Spider 04 Rosso Corsa/Crema RHD UK ZFFYT53C000137288 challenge rear grill	137357	360	Modena F1 Red/Tan
137291	360	Modena Spider F1 04 Rosso Corsa/Tan ZFFYT53A340137291	137362	360	Modena 04 Rosso Corsa/Beige Manual ZFFYU51A040137362
137292	360	Modena Spider 5/04 Blu Tour de France 522/Cuoio Manual ZFFYT53A540137292 Front & Rear Challenge Grille Shields	137363	360	Modena Challenge Stradale F1 04 Argento Nürburgring 101/C/Red LHD US ZFFDU57A540137363
137293	360	Modena Spider (F1) 04 ZFFYT53A740137293	137366	360	Modena F1 silver/black
137294	360	Modena Spider	137367	360	Modena F1 4/04 Nero/Beige LHD ZFFYR51B000137367
137295	360	Modena Spider			
137296	360	Modena Spider F1 04 Red/Tan Daytona seats ZFFYT53A240137296	137368	360	Modena Challenge Stradale F1 Red/Black & Red LHD EU
137297	360	Modena Spider F1 Red/Red sport seats Red calipers rear Challenge grille shields	137369	360	Modena Challenge Stradale F1 Red/Red & black cloth ZFFDT57B000
137298	360	Modena Spider F1 Red/Tan Tan rollbars	137370	360	Modena Rosso Corsa/Black LHD Manual ZFFYR51B000137370
137300	360	Modena Spider F1 04 Black Grey ZFFYT53A040137300	137372	360	Modena Challenge Stradale F1 04 LHD US ZFFDU57A640137372
137301	360	Modena Spider (F1) 04 ZFFYT53A240137301	137373	360	Modena (F1) 04 ZFFYU51A540137373
137302	360	Modena Spider (F1) 04 LHD US ZFFYT53A440137302	137375	360	Modena F1 Red/Black ZFFYR51B000137375
137303	360	Modena Spider F1 dark grey/black ZFFYT53B000137303	137377	360	Modena Challenge Stradale F1 Silver/Red & black cloth ZFFDT57B000137377
137305	360	Modena Spider F1 04 Rosso Scuderia FER. 323/Nero RHD AUS ZFFYT53D000137305	137378	360	Modena 04 Nuovo Nero Daytona/Nero Red piping/stitching Manual ZFFYR51B000137378
137306	360	Modena Spider (F1) 04 ZFFYT53A140137306	137379	360	Modena Challenge Stradale F1 04 LHD US ZFFDU57A940137379
137307	360	Modena Spider 7/04 Giallo Modena/Nero Manual ZFFYT53A340137307	137380	360	Modena Challenge Stradale F1 04 LHD US ZFFDU57A540137380
137311	360	Modena Spider (F1) 04 ZFFYT53A540137311	137384	360	Modena (F1) 04 ZFFYU51AX40137384
137312	360	Modena Spider F1 04 Rosso Corsa Cuoio ZFFYT53A740137312	137385	360	Modena 04 Red/Tan Daytona Seats Manual ZFFYU51A140137385 Challenge Grill Shields
137313	360	Modena Spider (F1) 04 Rosso Corsa/Black Daytona seats ZFFYT53A940137313 Red calipers shields Front & rear challenge grills	137386	360	Modena Challenge Stradale F1 04 LHD US ZFFDU57A640137386
			137387	360	Modena
137314	360	Modena Spider (F1) 04 LHD US ZFFYT53A040137314	137388	360	Modena Challenge Stradale F1 04 Rosso Corsa/Azzurro ZFFDT57C000137388
137316	360	Modena Spider 04 Rosso Corsa/Crema RHD UK ZFFYT53C000137316	137390	360	Modena Spider F1 Red/Tan ZFFYT53B000
137318	575	M Maranello (F1) 04 LHD US ZFFBV55A140137318	137391	360	Modena Spider F1 04 Rosso Corsa/Beige ZFFYT53A740137391
137320	575	M Maranello (F1) 04 LHD US ZFFBV55AX40137320			

s/n	Type	Comments
137392	360	Modena Spider 04 Red/Tan black inserts Manual ZFFYT53A940137392 Red calipers shields Tubi
137393	360	Modena Spider
137394	360	Modena Spider 04 Nero/Rosso RHD UK ZFFYT53C000137394
137395	360	Modena Spider F1 4/04 Rosso Corsa/Nero ZFFYT53C000137395 Red calipers shields
137397	360	Modena Spider (F1) 04 ZFFYT53A840137397
137399	360	Modena Spider (F1) 04 ZFFYT53A140137399
137400	360	Modena Spider (F1) 04 ZFFYT53A440137400
137401	360	Modena Spider (F1) 04 ZFFYT53A640137401
137402	360	Modena Spider F1 black/tan
137403	360	Modena Spider Red/Black
137404	360	Modena Spider F1 black/black LHD EU ZFFYT53B000
137406	360	Modena Spider (F1) 04 ZFFYT53A540137406
137407	360	Modena Spider 04 Red/Tan Manual ZFFYT53A740137407
137408	360	Modena Spider (F1) 04 ZFFYT53A940137408
137409	360	Modena Spider F1 black/beige RHD ZFFYT53C000137409
137412	360	Modena Spider F1 Red/Crema + Red/Crema dashboard tan top LHD ZFFYT53J000137412 Yellow calipers shields front Challenge grill
137413	360	Modena Spider F1 04 Rossa Corsa/Tan ZFFYT53A240137413 Red Calipers Shields Novitec Exhaust Novitec Rear Defuser Novitec Tail lights 19" Hamann wheels
137414	360	Modena Spider (F1) 04 ZFFYT53A440137414
137415	360	Modena Spider 04 Black/Black Manual ZFFYT53A640137415 Tubi
137416	360	Modena Spider
137419	360	Modena Spider (F1) 04 LHD US ZFFYT53A340137419
137420	360	Modena Spider F1 04 Rosso Corsa/Tan ZFFYT53AX40137420
137421	360	Modena Spider (F1) 04 ZFFYT53A140137421
137422	360	Modena Spider
137423	360	Modena Spider
137427	612	Scaglietti Grigio Titanio met./bordeaux shields ZFFAY54B000137427
137431	612	Scaglietti F1 Grigio Titanio met./tan ZFFAY54B000
137434	612	Scaglietti F1 silver/tan
137435	612	Scaglietti black/tan
137437	612	Scaglietti F1 04 Grigio Titanio met./Black ZFFAY54B000137437
137441	612	Scaglietti 7/04 Blu Mirabeau/Grigio Scuro ZFFAY54B000137441
137445	Enzo Ferrari	F1 Red/Black ZFFCZ56B000137445
137446	612	Scaglietti F1 Grigio Titanio met./naturale ZFFAY54B000137446
137448	612	Scaglietti 9/04 Canna di Fucile Met. FER 703/C/cuoio Manual ZFFAY54B000137448
137455	360	Modena (F1) 04 ZFFYU51A740137455
137456	360	Modena Challenge Stradale F1 04 Black/Black & Red LHD US ZFFDU57A140137456
137458	360	Modena Challenge Stradale F1 04 Rosso Scuderia FER. 323/Tessuto Racing Nero & Rosso Red stitching RHD UK ZFFDT57C000137458 plexi windows
137460	360	Modena Challenge Stradale F1 Rosso Scuderia FER. 323/Red-black cloth ZFFDT57B000
137462	360	Modena Challenge Stradale F1 04 LHD US ZFFDU57A740137462
137463	360	Modena 04 Grigio Titanio 3238/Red Manual ZFFYU51A640137463
137464	360	Modena Challenge Stradale F1 04 LHD US ZFFDU57A040137464
137465	360	Modena F1 04 Nuovo Nero Daytona/Beige RHD UK ZFFYR51C000137465
137468	360	Modena F1 5/04 Nero/Beige ZFFYR51B000137468
137470	360	Modena Challenge Stradale F1 04 Red/Black & Red LHD US ZFFDU57A640137470
137471	360	Modena 04 Red/Tan ZFFYU51A540137471
137475	360	Modena Challenge Stradale F1 04 LHD US ZFFDU57A540137475
137476	360	Modena Challenge Stradale F1 04 LHD US ZFFDU57A740137476
137477	360	Modena
137481	360	Modena Challenge Stradale F1 04 LHD US ZFFDU57A040137481
137482	360	Modena 04 Silver/black Silver stitching ZFFYU51AX40137482 silver calipers front & rear Challenge grilles
137486	360	Modena F1 04 Nuovo Nero Daytona/Crema ZFFYR51C000136486
137487	360	Modena Spider (F1) 04 ZFFYT53A940137487
137488	360	Modena Spider 04 Black/Black Manual ZFFYT53A040137488
137489	360	Modena Spider (F1) 04 LHD US ZFFYT53A240137489
137490	360	Modena Spider F1 6/04 Rosso Corsa/Beige ZFFYT53A940137490
137491	360	Modena Spider 5/04 Blu Tour de France 522/Sabbia Blue dash & steering wheel Manual ZFFYT53C000137491 Red calipers Challenge rear grill shields
137496	360	Modena Spider (F1) 04 LHD US ZFFYT53AX40137496
137497	360	Modena Spider 04 Rosso Corsa/Tan Daytona Seats Manual ZFFYT53A140137497 Shields Red Calipers Front & Rear Challenge Grilles
137501	360	Modena Spider 04 Red/Tan Daytonas Manual ZFFYT53AX40137501
137502	360	Modena Spider (F1) 04 ZFFYT53A140137502
137503	360	Modena Spider F1 04 Silver/Black ZFFYT53A340137503
137504	360	Modena Spider (F1) 04 ZFFYT53A540137504
137505	360	Modena Spider
137513	575	M Maranello F1 12/04 Nero/Nero ZFFBT55D000137513
137514	575	M Maranello F1 04 Blue/Black Red Inserts LHD US ZFFBV55A140137514
137515	575	M Maranello 6/04 Nuovo Nero Daytona/Cuoio ZFFBT55B000137515
137516	575	M Maranello (F1) 04 LHD US ZFFBV55A540137516
137517	575	M Maranello (F1) 04 LHD US ZFFBV55A740137517
137519	360	Modena (F1) 04 ZFFYU51A740137519
137522	360	Modena (F1) 04 ZFFYU51A740137522
137526	360	Modena F1 04 Black/Black ZFFYU51A440137526
137529	360	Modena F1 Red/Black Red stitching ZFFYR51B000137529 Red calipers shields
137530	Enzo Ferrari	F1 ZFFCZ56B000137530
137532	360	Modena Challenge Stradale F1 04 Scuderia Rosso black/Red alcantara ZFFDU57A240137532
137533	360	Modena F1 Red/Cuoio ZFFYR51B000137533
137534	360	Modena 04 Grigio Titanio 3238/Black Manual ZFFYU51A340137534 Rear grill Fuchs exhaust
137535	360	Modena Challenge Stradale F1 04 Rosso Bologna/Red & black Alcantara LHD US ZFFDU57A840137535
137536	360	Modena F1 04 Silver Tan ZFFYU51A740137536
137537	360	Modena 04 Black/Black ZFFYU51A940137537
137540	360	Modena Challenge Stradale F1 Red RHD ZFFDT57C000137540
137542	360	Modena Challenge Stradale F1 Yellow ZFFDT57B000137542 ass. # 54573

s/n	Type	Comments	s/n	Type	Comments
137546	360	Modena Challenge Stradale F1 Red/Tan LHD ZFFDT57B000137546 no CS-stripe	137603	360	Modena Spider F1 7/04 Nero/Nero ZFFYT53B000137603
137547	360	Modena (F1) 04 ZFFYU51A140137547	137604	360	Modena Spider Rosso Scuderia/Cuoio Manual ZFFYT53B000137604 rear challenge grill shields
137548	360	Modena 04 Red/Tan Red stitching Manual ZFFYU51A340137548 rear challenge grill Red calipers shields	137607	360	Modena Spider F1 04 Blu Tour de France 522/Tan ZFFYT53A440137607
137549	360	Modena (F1) 04 ZFFYU51A540137549	137608	360	Modena Spider (F1) 04 ZFFYT53A640137608
137550	360	Modena Challenge Stradale F1 04 LHD US ZFFDU57A440137550	137609	360	Modena Spider 04 Red/Tan Red Stitching Red Piping Manual ZFFYT53A840137609 Red Calipers Ferrari Shields Rear Challenge Grill
137551	360	Modena 04 Grey Black ZFFYU51A340137551			
137555	360	Modena Challenge Stradale F1 Yellow/black RHD ZFFDT57C000137555	137611	575	M Maranello F1 6/04 Blu Tour de France 522/Beige ZFFBT55B000137611
137556	360	Modena Challenge Stradale F1 Red Italian stripe/black ZFFDT57B000137556 shields	137614	575	M Maranello F1 04 Nero Daytona/tan Daytona seats cuoio piping cuoio dash & steering wheel ZFFBT55B000
137558	360	Modena Challenge Stradale F1 04 Red w/stripe Red LHD ZFFDU57A940			
137559	360	Modena (F1) 04 ZFFYU51A840137559	137615	575	M Maranello F1 04 Rosso Corsa/Nero RHD UK ZFFBT55C000137615
137560	360	Modena F1 04 Black/Black Daytona Seats Red Stitching ZFFYU51A440137560 Red Calipers Tubi Shields Rear & Front Challenge Grills	137617	575	M Maranello F1 7/04 Grigio Titanio Metallizzato 3238/Nero ZFFBT55B000137617
137561	360	Modena F1 04 Red/Tan ZFFYU51A640137561 black calipers challenge grill	137621	575	M Maranello F1 04 Grigio Titanio met./Black Silver Stitching LHD US ZFFBV55A240 Red Calipers Shields
137566	360	Modena Challenge Stradale F1 Giallo Modena/black RHD	137622	575	M Maranello F1 Red/Cuoio Naturale ZFFBT55B000
137567	360	Modena Challenge Stradale F1 04 Silver Italian Stripe/Red LHD US ZFFDU57AX40137567 Red Calipers	137625	612	Scaglietti F1 6/04 Verde Zeltweg/Nero ZFFAY54B000137625
137568	360	Modena F1 04 Silver/bordeaux ZFFYU51A940137568	137626	612	Scaglietti 04 Grigio Ingrid/brown Manual LHD EU ZFFAY54B000137626 ass. # 54847
137570	360	Modena 5/04 Blu Tour de France 522/Beige ZFFYR51C000137570	137627	612	Scaglietti F1 04 Grigio Titanio met./Black ZFFAY54B000137627
137572	360	Modena Challenge Stradale F1 04 Red & CS stripe/black & Red Alcantara LHD US ZFFDU57A340137572 Red calipers	137629	612	Scaglietti 04 Blu Mirabeau/Beige RHD UK ZFFAY54C000137629
			137633	612	Scaglietti F1 Blu Mirabeau/cuoio ZFFAY54B000
137574	360	Modena Challenge Stradale F1 04 Blu Tour de France 522/Nero sport seats LHD EU ZFFDT57B000137574 ass.# 54763	137634	612	Scaglietti F1 Azzurro California LHD ZFFAY54B000137634
			137641	612	Scaglietti 04 Grigio Ingrid/Tan LHD EU
137575	360	Modena Spider F1 04 Nero Daytona/Beige ZFFYT53B000137575	137643	612	Scaglietti F1 04 Nuovo Nero Daytona/Beige LHD ZFFAA54A950 ass. # 55155
137577	360	Modena Spider	137646	612	Scaglietti F1 Black/Black
137578	360	Modena Spider F1 04 Black/Black ZFFYT53A140137578	137647	612	Scaglietti F1 Rosso Rubino/Crema LHD EU
			137650	612	Scaglietti 04 Grigio Ingrid/tan ZFFAA54A650137650 ass. # 55346 black dials
137579	360	Modena Spider (F1) 04 ZFFYT53A340137579			
137580	360	Modena Spider	137652	612	Scaglietti F1 Dark green Tan green dash ZFFAY54B000
137581	360	Modena Spider			
137584	360	Modena Spider F1 NART Blue/Red	137655	360	Modena Challenge Stradale F1 04 Rosso Scuderia FER. 323/Tessuto Racing Nero & Rosso LHD US ZFFDU57A740137655
137585	360	Modena Spider (F1) 04 ZFFYT53A940137585			
137586	360	Modena Spider F1 04 Black/Beige Daytona seats ZFFYT53A040137586 Red calipers Shields Front & Rear Challenge grills Tubi	137656	360	Modena Challenge Stradale F1 04 Red/Red & Black LHD US ZFFDU57A940137656
			137658	612	Scaglietti F1 04 Grigio Ingrid 720/Naturale LHD US
137587	360	Modena Spider F1 Red/Black	137659	360	Modena Challenge Stradale F1 04 Grigio Titanio 3238/tan ZFFDU57A440137659
137589	360	Modena Spider 04 Blu Tour de France 522/Blue Daytona seats Manual ZFFYT53A640137589 Shields Red Calipers Blue Roll bar Tubi			
			137663	360	Modena (F1) 04 ZFFYU51A340137663
137590	360	Modena Spider 04 Rosso Scuderia FER. 323/Tan Manual ZFFYT53A240137590 Yellow Calipers Front & Rear Challenge Grille Shields	137664	360	Modena Challenge Stradale F1 04 LHD US ZFFDU57A840137664
			137667	360	Modena 04 Rosso Corsa/Tan manual ZFFYU51A040137667
137591	360	Modena Spider 4/04 Blu Tour de France 522/Tan Blue piping Manual US ZFFYT53A440137591	137668	360	Modena F1 04 ZFFYU51A240137668
			137669	360	Modena (F1) ZFFYU51A440137669
137593	360	Modena Spider 04 Rosso Corsa/Cuoio ZFFYT53B000137593	137670	360	Modena Challenge Stradale F1 04 Rosso Scuderia LHD US ZFFDU57A340137670
137595	360	Modena Spider F1 Red/White ZFFYT53B000137595	137672	360	Modena Red/Crema Manual ZFFYR51C000137672
137596	360	Modena Spider F1 04 Rosso Corsa/Beige ZFFYT53C000137596	137676	360	Modena (F1) 04 ZFFYU51A140137676
			137677	360	Modena Challenge Stradale F1 04 Rosso Scuderia stripe/black & red Alcantara LHD US ZFFDU57A640137677 red calipers
137598	360	Modena Spider (F1) 04 ZFFYT53A740137598			
137599	360	Modena Spider (F1) 04 ZFFYT53A940137599			
137600	360	Modena Spider 04 Nuovo Nero Daytona/Nero RHD UK ZFFYT53C000137600	137678	360	Modena (F1) 04 ZFFYU51A540137678
137601	360	Modena Spider F1 6/04 Grigio Titanio Metallizzato 3238/Nero ZFFYT53B000137601	137679	360	Modena Challenge Stradale F1 04 Grigio Titanio met. Stripe/Black Grey Stitching ZFFYU51A440137669 shields Yellow calipers

s/n	Type	Comments
137680	360	Modena F1 5/04 Rosso Corsa/Crema ZFFYR51C000137680
137681	360	Modena Challenge Stradale F1
137686	360	Modena Challenge Stradale F1 04 LHD US ZFFDU57A740137686
137687	360	Modena 04 Nero B.B. FER1250/Black Manual ZFFYU51A640137687 Shields yellow calipers rear Challenge Grill
137688	360	Modena (F1) 04 ZFFYU51A840137688
137689	360	Modena (F1) 04 ZFFYU51AX40137689
137690	360	Modena Challenge Stradale F1 04 LHD US ZFFDU57A940137690
137693	360	Modena F1 04 Argento Nürburgring 101/C/Cuoio Manual ZFFYU51A140137693
137694	360	Modena Challenge Stradale F1 04 Yellow/Black LHD US ZFFDU57A640137694
137695	360	Modena (F1) 04 ZFFYU51A540137695
137696	360	Modena (F1) 04 ZFFYU51A740137696
137697	360	Modena (F1) 04 Red/Tan ZFFYU51A940137697 Red Calipers Tubi Shields
137699	360	Modena F1 5/04 Rosso Corsa/Nero ZFFYR51C000137699
137702	360	Modena Spider F1 5/04 Giallo Modena/Nero ZFFYT53B000137702
137704	360	Modena Spider F1 Rosso Corsa/Black LHD ZFFYT53B000137704 ass. # 54854 Red calipers shields front & rear challenge grill
137705	360	Modena Spider F1 04 Nero Beige RHD AUS ZFFYT53D000137705
137706	360	Modena Spider (F1) 04 ZFFYT53A640137706
137708	360	Modena Spider F1 Rosso Corsa/black LHD EU ZFFYT53B000137708
137710	360	Modena Spider F1 04 Black/Tan Daytona Seats black Stitching ZFFYT53A840137710 Shields Front & Rear Challenge Grills Red Calipers Capristo Exhaust 20" Chrome Maya Wheels
137711	360	Modena Spider (F1) 04 ZFFYT53AX40137711
137712	360	Modena Spider (F1) 04 Black/Tan Daytona Seats ZFFYT53A140137712 Tubi
137713	360	Modena Spider (F1) 04 Black/Tan Daytona Seats Black Inserts black Piping Manual ZFFYT53A340137713
137716	360	Modena Spider (F1) 04 ZFFYT53A940137716
137717	360	Modena 04 Grigio IngridBlue blue dash ZFFYT53A040137717 rear challenge Grill Tubi
137718	360	Modena Spider (F1) 04 ZFFYT53A240137718
137721	360	Modena Spider
137723	360	Modena Spider F1 04 White/Red Daytona Seats LHD ZFFYT53A640137723 Red Calipers Shields Rear Challenge Grills
137724	360	Modena Spider (F1) 04 ZFFYT53A840137724
137725	360	Modena Spider (F1) 04 ZFFYT53AX40137725
137726	360	Modena Spider (F1) 04 ZFFYT53A140137726
137731	360	Modena Spider black/tan ZFFYT53B000137731
137732	360	Modena Spider F1 04 Blu Tour de France 522/Tan Daytona seats ZFFYT53A740137732 shields rear Challenge grill Capristo exhaust
137733	360	Modena Spider F1 04 Red/Beige Daytona Seats ZFFYT53A940137733 Shields Challenge Grill
137734	360	Modena Spider (F1) 04 ZFFYT53A040137734
137737	360	Modena Spider 04 Red/Tan Manual ZFFYT53A640137737
137738	360	Modena Spider F1 04 Rosso Corsa/Black Daytona Seats Red stitching ZFFYT53A840137738 shields Red calipers
137739	360	Modena Spider F1 04 Nero B/B FER. 1250/Black Daytona seats ZFFYT53AX40137739 shields
137743	360	Modena Spider F1 04 Blu Tour de France 522/Beige Daytona seats Blue piping ZFFYT53A140137743 Red calipers Front & rear challenge grilles Shields
137745	Enzo Ferrari	F1 Red ZFFCZ56B000137745
137746	Enzo Ferrari	F1 Rosso Corsa/black ZFFCZ56B000137746
137747	Enzo Ferrari	F1
137748	Enzo Ferrari	F1
137749	Enzo Ferrari	F1
137750	Enzo Ferrari	F1
137751	Enzo Ferrari	F1
137752	Enzo Ferrari	F1
137753	Enzo Ferrari	F1
137754	Enzo Ferrari	F1 Silver/Red ZFFCZ56B000137754
137756	Enzo Ferrari	F1 Red LHD
137763	360	Modena 04 Rosso Corsa/Tan Manual ZFFYU51A740137763 Sunroof
137764	360	Modena Challenge Stradale F1 04 Argento Nürburgring 101/C/ CS stripe/Tessuto Racing Nero & Rosso ZFFDU57A140137764
137765	360	Modena F1 04 Grigio Alloy/Blue Scuro ZFFYU51A040137765 Red Calipers
137766	360	Modena F1 04 Rosso Corsa/Beige Daytona seats ZFFYU51A240137766 Front & rear Challenge grilles yellow calipers shields
137767	360	Modena Challenge Stradale F1 04 Rosso Corsa/Red Alcantara LHD US ZFFDU57A740137767 Red calipers shields Rear challenge grill
137768	360	Modena
137772	360	Modena 04 Rosso Corsa/Black Red Piping Manual ZFFYU51A840137772 Red Calipers Front & Rear Challenge Grill Shields
137773	360	Modena F1 03 Rosso Corsa/Tan LHD US ZFFYU51AX40137773
137778	360	Modena F1 04 Rosso Corsa/Beige RHD UK ZFFYR51C000137778
137779	360	Modena F1 7/04 Grigio Titanio Metallizzato/Bordeaux ZFFYR51B000137779
137781	360	Modena Challenge Stradale F1 5/04 Rosso Scuderia FER. 323/Azzurro ZFFDT57B000137781
137782	360	Modena (F1) 04 ZFFYU51A040137782
137783	360	Modena F1 04 Silver/grey Medium grey piping & stitching ZFFYU51A240137783 silver calipers Challenge grille Tubi
137784	360	Modena F1 04 Black/Tan Daytona seats black stitching black inserts ZFFYU51A440137784 shields Yellow calipers challenge grill
137785	360	Modena Challenge Stradale F1 04 LHD US ZFFDU57A940137785
137786	360	Modena Challenge Stradale F1 04 Red/Red LHD US ZFFDU57A040137786
137787	360	Modena 04 Rosso Corsa/Crema RHD UK ZFFYR51C000137787
137789	360	Modena Challenge Stradale F1 Red/Black & Red ZFFDT57B000
137791	360	Modena 04 White/Tan Sport Racing Seats Manual ZFFYU51A140137791 Front & Rear Challenge Grille Red Calipers Shields Tubi
137792	360	Modena (F1) 04 ZFFYU51A340137792
137793	360	Modena F1 04 Jet Black/Tan ZFFYU51A540137793
137794	360	Modena Challenge Stradale F1 04 LHD US ZFFDU57AX40137794
137795	360	Modena Challenge Stradale F1 04 Black/Black & Red LHD US ZFFDU57A140137795
137796	360	Modena Challenge Stradale F1 04 Rosso Scuderia FER. 323/Tessuto Racing Nero/Rosso ZFFDT57C000137796
137799	360	Modena F1 black/dark tan ZFFYR51B000137799 ass. # 55173
137801	360	Modena Challenge Stradale F1 04 LHD US ZFFDU57A340137801
137802	360	Modena Challenge Stradale F1 04 Cana di Fucile/Red LHD US ZFFDU57A540137802 Yellow dials Red calipers

s/n	Type	Comments
137803	360	Modena 04 Nero/nero grey stitching ZFFYU51A440137803 Red calipers Challenge grille
137804	360	Modena (F1) 04 ZFFYU51A640137804
137805	360	Modena (F1) 04 ZFFYU51A840137805
137811	360	Modena Spider F1 04 Rosso Corsa/Tan Daytona Seats Black Top US ZFFYT53A340137811 Shields Front & Rear Challenge Grilles Red Calipers
137812	360	Modena Spider F1 04 Yellow /Black Daytona Seats Yellow Stitching ZFFYT53A540137812 Red Calipers Shields
137817	360	Modena Spider (F1) 04 ZFFYT53A440137817
137818	360	Modena Spider F1 04 Rosso Corsa/Tan LHD US ZFFYT53A640137818
137819	360	Modena Spider F1 04 Grigio Titanio 3238/Grey grey top ZFFYT53A840137819
137820	360	Modena Spider 04 Rosso Corsa/Nero ZFFYT53C000137820
137823	360	Modena Spider 04 Rosso Corsa/Beige & Red manual ZFFYT53AX40137823
137824	360	Modena Spider F1 04 Red/Tan LHD ZFFYT53A140
137825	360	Modena Spider (F1) 04 ZFFYT53A340137825
137826	360	Modena Spider (F1) 04 ZFFYT53A540137826
137827	360	Modena Spider F1 04 Nuovo Nero Daytona/Crema RHD UK ZFFYT53C000137827
137828	360	Modena Spider 04 Black/Black Manual ZFFYT53A940137828 Front & Rear Challenge Grille Red calipers
137829	360	Modena Spider (F1) 04 ZFFYT53A040137829
137830	360	Modena Spider F1 04 Black/Tan Daytona seats black inserts Black stitching Red calipers Front & rear Challenge grills Factory Challenge exhaust
137831	360	Modena Spider F1 04 Black/Black ZFFYT53A940137831
137834	360	Modena Spider 04 Nero Daytona/Crema ZFFYT53C000137834
137837	360	Modena Spider F1 04 Azzurro California 524/Blue ZFFYT53B000137837
137838	360	Modena Spider (F1) 04 ZFFYT53A140137838
137839	360	Modena Spider 04 Silver/Black ZFFYT53A340137839
137840	360	Modena Spider (F1) 04 ZFFYT53AX40137840
137841	360	Modena Spider F1 6/04 Argento Nürburgring 101/C/Nero Daytona seats RHD ZFFYT53C000137841 challenge front grilles shields Aluminium calipers
137842	612	Scaglietti F1 blu Pozzi/crema & nero ZFFAY54B000137842
137843	612	Scaglietti F1 7/04 Blu Mirabeau/Cuoio ZFFAY54B000137843
137845	575	M Maranello F1 Grigio Titanio met./tan LHD EU ZFFBT55B000137845 Red calipers
137850	575	M Maranello F1 Red/Tan GTC handling package ZFFBT55B000137850
137851	575	M Maranello F1 04 Black/Sabbia Daytona seat black inserts, stitching and piping LHD US ZFFBV55A840137851
137854	575	M Maranello F1 04 Argento Nürburgring 101/C/Black LHD US ZFFBV55A340137854
137856	575	M Maranello (F1) 04 LHD US ZFFBV55A740137856
137860	360	Modena 04 Black/Black Manual ZFFYU51A540137860
137861	360	Modena F1 04 Grigio Titanio 3238/Black Daytona seats grey inserts ZFFYU51A740137861 shields Red calipers rear challenge grill
137862	360	Modena Challenge Stradale F1 04 Rosso Corsa/full black Red stitching CS stripe LHD US ZFFDU57A140137862 Yellow calipers
137864	360	Modena Challenge Stradale F1
137865	360	Modena F1 5/04 Rosso Corsa/Beige ZFFYR51C000137865
137867	360	Modena F1 04 Red/Tan Daytona Seats Red Stitching ZFFYU51A840137867 Shields Red Calipers Rear Challenge Grill
137868	360	Modena Challenge Stradale F1 Red/Black & Red sport seats ZFFDT57B000137868
137871	360	Modena 04 Yellow/Black Manual ZFFYU51AX40137871
137872	360	Modena Challenge Stradale F1 04 LHD US ZFFDU57A440137872
137873	360	Modena Challenge Stradale F1 04 Rosso Corsa/Nero LHD US ZFFDU57A640137873
137874	360	Modena Red RHD ZFFYR51C000137874
137878	360	Modena F1 04 Grigio Titanio 3238/Bordeaux Daytona Seats ZFFYU51A240137878 Shields Red Calipers Rear Challenge Grill
137880	360	Modena 04 Red/Tan Red piping Manual ZFFYU51A040137880 Shields Red calipers
137881	360	Modena Challenge Stradale F1 04 LHD US ZFFDU57A540137881
137882	360	Modena Challenge Stradale F1 04 Rosso Corsa/Black & Red Alcantara ZFFDU57A740137882 Yellow dials shields
137883	360	Modena Challenge Stradale F1 Rosso Scuderia FER. 323/Red & black LHD ZFFDT57B000137883 ass. # 55370
137884	360	Modena Challenge Stradale F1 04 Rosso Scuderia FER. 323/Tessuto Racing Nero/Rosso ZFFDT57C000137884
137885	360	Modena Spider dark grey/Bordeaux ZFFYT53B000137885
137886	360	Modena Challenge Stradale F1 Red no stripe/Black leather Red stitching, ZFFDT57B000137886 Black calipers
137889	360	Modena F1 04 Rosso Corsa/Tan ZFFYU51A740137889 Rosso Corsa Calipers Rear Challenge Grille Shields
137890	360	Modena (F1) 04 ZFFYU51A340137890
137891	360	Modena (F1) 04 ZFFYU51A540137891
137892	360	Modena Challenge Stradale F1 04 Rosso Scuderia FER. 323/Black-Red LHD US ZFFDU57AX40137892 Shields Yellow Calipers
137893	360	Modena Challenge Stradale F1 04 LHD US ZFFDU57A140137893
137896	360	Modena F1 04 Rosso Scuderia Tan ZFFYU51A440137896
137897	360	Modena 04 Rosso Corsa/Tan Daytona seats Red Stitching Manual ZFFYU51A640137897 Shields Front & Rear challenge grill Red calipers
137898	360	Modena F1 04 Red/Black Red stiching LHD US ZFFYU51A840137898
137899	360	Modena Challenge Stradale F1 04 LHD US ZFFDU57A240137899
137900	360	Modena Challenge Stradale F1 04 Rosso Scuderia LHD US ZFFDU57A540137900
137902	360	Modena f1 black/Crema ZFFYR51B000
137904	360	Modena Challenge Stradale F1 Blue CS Stripe/Tan RHD ZFFDT57C000137904 Shields Yellow dials
137907	360	Modena Spider F1 Grigio Alloy/dark Blue ZFFYT53B000
137909	360	Modena Spider F1 04 Grigio Titanio Grey ZFFYT53A940137909
137910	360	Modena Spider (F1) 04 ZFFYT53A540137910
137911	360	Modena Spider F1 04 Rossa Corsa/Tan Red Stitching & Piping Black Top LHD ZFFYT53A740137911 Rear Challange Grill Shields
137912	360	Modena Spider
137916	360	Modena Spider (F1) 04 ZFFYT53A640137916

s/n	Type	Comments
137917	360	Modena Spider F1 04 Grigio alloy/Navy Blue Daytona seats Light Blue Inserts Grey Stitching ZFFYT53A840137917 front & rear Challenge grilles aluminum calipers
137918	360	Modena Spider (F1) 04 ZFFYT53AX40137918
137919	360	Modena Spider (F1) 04 ZFFYT53A140137919
137920	360	Modena Spider F1 Red/Black ZFFYT53B000137920
137921	360	Modena Spider (F1) 04 ZFFYT53AX40137921
137922	360	Modena Spider (F1) 04 ZFFYT53A140137922
137923	360	Modena Spider (F1) 04 ZFFYT53A340137923
137924	360	Modena Spider (F1) 04 ZFFYT53A540137924
137925	360	Modena Spider Grigio Alloy/Blue ZFFYT53B000
137926	360	Modena Spider
137930	360	Modena Spider (F1) 04 ZFFYT53A040137930
137931	360	Modena Spider F1 04 Rosso Corsa/Beige ZFFYT53A240137931
137932	360	Modena Spider F1 04 Rosso Corsa/Tan Daytona seats black piping & inserts ZFFYT53A440137932 Red calipers shields front & rear challenge grills
137933	360	Modena Spider F1 04 Red/Tan ZFFYT53A640137933
137934	360	Modena Spider F1 Red/Black
137935	360	Modena Spider (F1) 04 ZFFYT53AX40137935
137936	360	Modena Spider (F1) 04 ZFFYT53A140137936
137938	360	Modena Spider Rosso
137939	360	Modena Spider F1 Grigio Alloy/Black LHD ZFFYT53B000137939 Silver calipers shields
137943	360	Modena (F1) 04 ZFFYU51A940137943
137944	360	Modena Challenge Stradale F1 04 LHD US ZFFDU57A340137944
137945	360	Modena (F1) 04 ZFFYU51A240137945
137946	360	Modena F1 04 Grigio Titanio Metallizzato/Charcoal Daytona seats light Blue inserts & piping White stitching ZFFYU51A440137946 front & rear Challenge grilles shields
137952	360	Modena Challenge Stradale F1 Silver/Black LHD
137953	360	Modena 04 Rosso Corsa Naturale Manual ZFFYU51A140137953
137954	360	Modena 04 Grigio Titanio Metallizzato 3238/Beige & Blue Daytona seats Manual ZFFYU51A340137954 Yellow calipers Shields Challenge grill
137955	360	Modena F1 7/04 Rosso Corsa/Beige ZFFYU51A540137955
137956	360	Modena Challenge Stradale F1 04 Black/Black LHD US ZFFDU57AX40137956
137957	360	Modena Challenge Stradale F1 04 Red/Black & Red then Purple-Green/Orange jobdango.com-livery LHD US ZFFDU57A140137957
137961	360	Modena (F1) 04 ZFFYU51A040137961
137962	360	Modena (F1) 04 ZFFYU51A240137962
137963	360	Modena F1 04 Giallo Modena/Nero ZFFYU51A440137963
137964	360	Modena Challenge Stradale F1 04 LHD US ZFFDU57A940137964
137965	360	Modena Challenge Stradale F1 04 LHD US ZFFDU57A040137965
137966	360	Modena Challenge Stradale F1 White/black-Red ZFFDT57B000
137969	360	Modena Challenge Stradale F1 Red/Black ZFFDT57B000137969
137972	360	Modena (F1) 04 ZFFYU51A540137972
137973	360	Modena F1 04 Rosso Scuderia FER. 323/Black Daytona seats Red stitching ZFFYU51A740137973 Front & Rear Challange grilles Shields
137974	360	Modena F1 04 Giallo Modena/black LHD US ZFFYU51A940137974 Yellow calipers shields rear challenge grill
137975	360	Modena Challenge Stradale F1 04 Red/Black Red Stitching LHD US ZFFDU57A340137975 Red Calipers
137976	360	Modena F1 04 Blu Tour de France 522/Beige ZFFYU51A240137976
137978	360	Modena Challenge Stradale F1 Dark Blue/Beige LHD ZFFDT57B000137978 Silver calipers
137980	360	Modena Challenge Stradale F1 Yellow/Dark Blue LHD ZFFDT57B000137980
137981	360	Modena 04 Grigio Titanio 3238/dark grey Daytona seats light grey inserts ZFFYU51A640137981 Challenge grilles shields Red calipers
137982	360	Modena (F1) 04 ZFFYU51A840137982
137983	360	Modena (F1) 04 ZFFYU51AX40137983
137984	360	Modena Challenge Stradale F1 04 LHD US ZFFDU57A440137984
137985	360	Modena Challenge Stradale F1 04 LHD US ZFFDU57A640137985
137986	360	Modena
137988	360	Modena Spider F1 7/04 Rosso Corsa/Beige ZFFYT53D000137988
137990	360	Modena Spider (F1) 04 ZFFYT53A740137990
137991	360	Modena Spider Red/Tan RHD ZFFYT53C000137991 Red calipers shields
137992	360	Modena Spider (F1) 04 ZFFYT53A040137992
137993	360	Modena Spider 04 Rosso Corsa/Beige ZFFYT53A240137993
137994	360	Modena Spider Red/Black manual ZFFYT53B000
137995	360	Modena Spider (F1) 04 LHD US ZFFYT53A640137995
137996	360	Modena Spider 04 Red/Tan Daytona seats black stitching black inserts Manual ZFFYT53A840137996 front & rear challenge grill shields Red calipers
137997	360	Modena Spider (F1) 04 ZFFYT53AX40137997
137999	360	Modena Spider
138000	360	Modena Spider 04 Black/Black ZFFYT53A440138000
138001	360	Modena Spider 04 Grigio Alloy/Sabbia RHD UK ZFFYT53C000138001
138003	360	Modena Spider F1 Rosso Scuderia FER. 323/black ZFFYT53B000138003
138005	360	Modena Spider (F1) 04 LHD US ZFFYT53A340138005
138006	360	Modena Spider (F1) 04 ZFFYT53A540138006
138007	360	Modena Spider 04 Black/Beige & Black Daytona seats Manual ZFFYT53A740138007 front & rear challenge grilles Red calipers
138011	360	Modena Spider F1 6/04 Rosso Corsa/Nero ZFFYT53B000138011
138012	360	Modena Spider 04 White/grey White stitiching ZFFYT53A040138012
138013	360	Modena Spider F1 04 Red/Cream Bordeaux piping RHD Red calipers shields
138014	360	Modena Spider 04 Black/Sabbia sports seats black stitching RHD ZFFYT53C000138014 Red calipers shields
138018	360	Modena Spider (F1) 04 ZFFYT53A140138018
138019	360	Modena Spider 04 Rosso Corsa/Tan Black top Manual ZFFYT53A340138019 Front & Rear Challenge grills Shields
138020	360	Modena Spider 04 Nero/Cuoio ZFFYT53AX40138020
138021	360	Modena Spider Red/Black Manual ZFFYT53B000
138024	360	Modena Spider (F1) 04 ZFFYT53A740138024
138025	360	Modena Spider
138029	F430	F1 Red/Black ZFFYR51B050138029

s/n	Type	Comments
138031	612	Scaglietti 05 Rubino met./Tan Daytona seats black inserts Bordeaux piping, dash & steering wheel LHD US ZFFAA54A550138031 ass. # 55472 shields Red calipers black dials
138032	612	Scaglietti 1/05 Rosso Corsa/Crema ZFFAY54C000138032
138036	612	Scaglietti F1 9/04 Nuovo Nero Daytona/Beige ZFFAY54C000138036
138041	612	Scaglietti 04 Black/Cuoio LHD EU
138043	612	Scaglietti F1 04 Grigio Titanio met./black ZFFAY54B000
138046	612	Scaglietti F1 7/04 Blu Pozzi/Cuoio ZFFAY54B000138046
138048	612	Scaglietti 04 Blu Tour de France 522/Crema RHD UK ZFFAY54C000138048
138051	612	Scaglietti F1 black/Red
138052	612	Scaglietti (F1) 05 LHD US ZFFAA54A250138052 ass. # 55600
138055	612	Scaglietti F1 04 Rosso Rubino met./Tan LHD ZFFAY54B000138055
138056	612	Scaglietti F1 Silver grey/black LHD ZFFAY54B000138056 silver calipers shields
138057	612	Scaglietti F1 silver/tan
138061	612	Scaglietti F1 Rosso Rubino/cream ZFFAY54B000138061
138062	612	Scaglietti F1 Rosso Rubino/tan ZFFAY54B000138062
138063	612	Scaglietti (F1) 05 LHD US ZFFAA54A750138063 ass. # 55656
138064	612	Scaglietti F1 Blue/tan LHD
138069	575	M Maranello F1 Zeltweg Green/Tan ZFFBT55B000 Green piping gold calipers
138071	575	M Maranello F1 05 Argento Nürburgring 101/C/Bordeaux ZFFBT55C000138071
138072	575	M Maranello F1 04 Argento Nürburgring 101/C/ Grey LHD US ZFFBV55A040138072
138073	360	Modena Spider F1 Rosso/nero
138074	575	M Maranello F1 04 Black/Black Daytona seats LHD US ZFFBV55A440138074 Shields
138076	575	M Maranello F1 04 Black Met./Cuoio Daytona Seats Black Piping LHD US ZFFBV55A840138076 Shields
138077	575	M Maranello F1 9/04 Black/Black LHD US ZFFBV55AX40138077 Tubi Shields Silver Calipers
138078	575	M Maranello (F1) 04 LHD US ZFFBV55A140138078
138079	360	Modena 04 Rosso Scuderia FER. 323/Tan Daytona seats black stiching Manual ZFFYU51AX40138079 Front & back challenge grills shields
138082	360	Modena (F1) 04 ZFFYU51AX40138082
138083	360	Modena Challenge Stradale F1 04 LHD US ZFFDU57A440138083
138084	360	Modena (F1) 04 ZFFYU51A340138084
138085	360	Modena F1 8/04 Rosso Corsa/Beige ZFFYU51A540138085
138088	360	Modena (F1) 04 ZFFYU51A040138088
138089	360	Modena F1 04 Blu Pozzi 521 D.S./Cuoio Daytona Seats US ZFFYU51A240138089 Shields Yellow calipers shields
138090	360	Modena (F1) 04 ZFFYU51A940138090
138092	360	Modena Challenge Stradale F1 04 Rosso Scuderia FER. 323/Red & Black Alcantara LHD US ZFFDU57A540138092 Yellow calipers
138093	360	Modena 7/04 Rosso Corsa/Beige Manual ZFFYU51A440138093
138094	360	Modena Challenge Stradale F1 04 Rosso Scuderia no stripe/Red & Black Alcantara LHD US ZFFDU57A940138094
138095	360	Modena Challenge Stradale F1 04 LHD US ZFFDU57A040138095
138098	360	Modena F1 04 Rosso Corsa/Nero RHD UK ZFFYR51C000138098
138100	360	Modena Challenge Stradale F1 04 Silver/Red & Black alcantara LHD US ZFFDU57A040138100
138101	360	Modena Challenge Stradale F1 04 Black/Black & Red US ZFFDU57A240138101
138109	360	Modena Challenge Stradale F1 04 LHD US ZFFDU57A740138109
138116	360	Modena Challenge Stradale F1 04 LHD US ZFFDU57A440138116
138117	360	Modena 04 Nero/Cuoio Manual ZFFYU51A340138117
138118	360	Modena Challenge Stradale F1 04 LHD US ZFFDU57A840138118
138119	360	Modena 04 Red/Beige LHD
138120	360	Modena
138121	360	Modena Challenge Stradale F1 Red/Red-Black Cloth LHD ZFFDT57B000138121
138123	F430	dark Blue metallic/brown LHD
138124	360	Modena White/all Red sport seats Red dashboard LHD ZFFYR51J000138124 front with N-GT look shields BBS rims Challenge grill rear spoiler
138126	360	Modena Challenge Stradale F1 04 Yellow/Black Yellow stitching ZFFDU57A740138126 Yellow calipers
138128	360	Modena
138129	360	Modena Challenge Stradale F1 Red/Black & Red RHD ZFFDT57C000138129 Scuderia shields Yellow dials
138130	360	Modena Challenge Stradale F1 Rosso Scuderia FER. 323/black
138131	360	Modena Challenge Stradale F1 Rosso Corsa ital. Stripe/Black Red stitching LHD EU ZFFDT57B000138131 ass. # 55182 sliding windows
138134	360	Modena 04 Black/Tan Manual ZFFYU51A340138134 Front & Rear Challenge Grills Tubi
138135	360	Modena Challenge Stradale F1 04 LHD US ZFFDU57A840138135
138136	360	Modena F1 04 Rosso Corsa/Tan ZFFYU51A740138136 Red Calipers Rear Challenge Grill Shields Tubi
138138	360	Modena F1 Rosso Corsa/Tan LHD ZFFYR51B000138138 Red calipers shields
138143	360	Modena 04 Rosso Corsa/Tan Manual ZFFYU51A440138143 Capristo Exhaust
138144	360	Modena Challenge Stradale F1 04 Rosso Scuderia CS stripe/Red & black LHD US ZFFDU57A940138144 black calipers BBS Challenge wheels
138145	360	Modena 04 Corsa/natural Daytona seats Natural steering wheel & dash ZFFYU51A840138145 Red calipers shields
138147	360	Modena Challenge Stradale F1 Rosso Scuderia FER. 323/Black/Red Red stitching RHD ZFFDT57C000138147 Red calipers shields
138148	360	Modena Challenge Stradale F1 Rosso Scuderia FER. 323/Black & Red cloth Red stitching LHD ZFFDT57B000138148 Gold calipers Yellow dials
138151	360	Modena 04 Black/Black Red stitching Manual ZFFYU51A340138151 Red calipers front/rear challenge grills shields
138152	360	Modena Challenge Stradale F1 04 Rosso Corsa/Tessuto Racing Nero/Rosso ZFFDU57A840138152
138153	360	Modena Challenge Stradale F1 04 LHD US ZFFDU57AX40138153
138154	360	Modena F1 04 Grigio Titanio 3238/Black Daytona seats grey inserts grey stitching ZFFYU51A940138154 Red calipers shields, front & rear challenge grills

s/n	Type	Comments
138156	360	Modena Challenge Stradale F1 black/Red seats ZFFDT57J000138156 LHD no CS-stripe
138158	360	Modena Spider Red/Black manual ZFFYT53B000138158
138159	360	Modena Spider F1 Red/Black ZFFYT53B000138159
138160	360	Modena Spider (F1) 04 ZFFYT53A440138160
138161	360	Modena Spider (F1) 04 ZFFYT53A640138161
138162	360	Modena Spider (F1) 04 ZFFYT53A840138162
138166	360	Modena Spider F1 Red/Tan ZFFYT53B000138166
138167	360	Modena Spider 04 Black/Black Black top Manual ZFFYT53A740138167 ass.# 55298 Red Calipers Front & Rear Challenge Grilles Shields
138169	360	Modena Spider 04 Nero/Crema RHD UK ZFFYT53C000138169
138170	360	Modena Spider F1 Black/Tan LHD ZFFYT53B000138170 Red calipers Challenge rear grill shields
138171	360	Modena Spider F1 04 Rosso Corsa/Nero rear challenge grill ZFFYT53B000
138172	360	Modena Spider (F1) 04 ZFFYT53A040138172
138173	360	Modena Spider (F1) 04 ZFFYT53A240138173
138174	360	Modena Spider F1 04 Blu Tour de France 522/Tan Daytona Seats ZFFYT53A440138174 Challenge Grille Shields
138175	360	Modena Spider F1 Red/Crema sports seats Red stitching RHD ZFFYT53C000138175 shields
138176	360	Modena Spider black/tan manual ZFFYT53B000
138177	360	Modena Spider F1 Red/Black ZFFYT53B000138177
138178	360	Modena Spider F1 04 Rosso Corsa/Nero ZFFYT53B000138178
138179	360	Modena Spider F1 Rosso Corsa/Black LHD ZFFYT53B000138179 shields
138180	360	Modena Spider (F1) 04 ZFFYT53AX40138180
138181	360	Modena Spider F1 7/07 Nero /Sabbia ZFFYT53C000138181
138183	360	Modena Spider F1 Red/Black ZFFYT53B000
138184	360	Modena Spider F1 Rosso Scuderia FER. 323/all tan
138185	360	Modena Spider (F1) 04 ZFFYT53A940138185
138186	360	Modena Spider (F1) 04 ZFFYT53A040138186
138187	360	Modena Spider F1 8/04 Blu Tour de France 522/Sabbia Blue piping ZFFYT53A240138187 rear Challenge grill Blue power soft top
138189	F430	
138192	612	Scaglietti 04 titanium/black LHD
138194	575	M Maranello F1 9/04 Rosso Corsa/Nero ZFFBT55B000138194
138196	575	M Maranello F1 dark Blue met./all Blue ZFFBT55B000
138200	575	M Maranello F1 GTC 9/04 Rosso Corsa/Nero LHD EU ZFFBT55B000138200 ass. # 55590 Red calipers
138201	575	M Maranello F1 04 Nuovo Nero Daytona/Nero ZFFBT55B000138201
138207	360	Modena Spider 04 Rosso Corsa/Black LHD Manual ZFFYT53B000138207
138208	360	Modena Spider (F1) 04 LHD US ZFFYT53A640138208
138209	360	Modena Spider 04 Giallo Modena/Nero ZFFYT53A840138209
138210	360	Modena Spider 1/04 Rosso Corsa/Crema ZFFYT53C000138210
138211	360	Modena Spider Blu Pozzi 521 D.S./tan Manual ZFFYT53B000
138213	360	Modena Spider 7/04 Nero/Sabbia black piping US ZFFYT53AX40138213 Shields
138214	360	Modena Spider 04 Red/Black Daytona Seats ZFFYT53A140138214 Red Calipers Front Challenge Grill
138220	360	Modena Spider 04 Silver/Black grey piping Manual ZFFYT53A740138220
138221	360	Modena Spider 04 Nero Daytona/Nero Manual ZFFYT53C000138221
138223	360	Modena Spider (F1) 04 ZFFYT53A240138223
138224	360	Modena Spider (F1) 04 ZFFYT53A440138224
138226	360	Modena Spider F1 Grigio Titanio 3238/black ZFFYT53B000138226
138227	575	M Maranello (F1) 04 LHD US ZFFBV55A340138227
138228	360	Modena Spider F1 Verde Zeltweg/Tan ZFFYT53B000138228 ass.# 55745
138229	360	Modena Spider (F1) 04 LHD US ZFFYT53A340138229
138232	360	Modena Spider (F1) 04 LHD US ZFFYT53A340138232
138233	360	Modena Spider (F1) 04 ZFFYT53A540138233
138235	360	Modena Spider F1 7/04 Rosso Corsa/Beige ZFFYT53C000138235
138236	360	Modena Spider F1 7/04 Grigio Titanio Metallizzato 3238/Beige ZFFYT53B000138236
138238	360	Modena Spider 04 Yellow/Black Manual ZFFYT53A440138238
138239	360	Modena Spider F1 10/04 Giallo Modena/Blu Scuro ZFFYT53B000138239
138240	F430	04 Black LHD
138241	360	Modena Spider F1 04 Argento Nürburgring 101/C/Bordeaux ZFFYT53B000138241
138243	360	Modena Spider 04 Grigio Titanio 3238/Black Daytona seats silver stitching Manual LHD US ZFFYT53A840138243 silver calipers shields rear Challenge grill Tubi
138244	360	Modena Spider (F1) 04 ZFFYT53AX40138244
138245	360	Modena Spider (F1) 04 ZFFYT53A140138245
138247	360	Modena Spider F1 black/black Manual ZFFYT53B000138247
138248	360	Modena Spider
138249	360	Modena Spider F1 Red/Crema Red stitching RHD ZFFYT53C000138249 Red calipers Challenge rear grill shields
138252	360	Modena Spider F1 black/tan ZFFYT53B000
138253	360	Modena Spider 04 Rosso Corsa/tan manual ZFFYT53A040138253
138254	360	Modena Spider 04 Rosso Corsa/Beige Manual ZFFYT53A240138254 Red calipers
138257	360	Modena Spider F1 04 Black/Beige beige dash RHD Yellow calipers shields
138259	360	Modena Spider 7/04 Nero Daytona/Nero ZFFYT53C000138259
138260	360	Modena Spider 04 Red/Beige manual ZFFYT53A840138260 Challenge Grill Shields Red Calipers
138261	360	Modena Spider (F1) 04 ZFFYT53AX40138261
138262	360	Modena Spider (F1) 04 ZFFYT53A140138262
138263	360	Modena Spider F1 04 Yellow/Black ZFFYT53A340138263
138264	360	Modena Spider 04 Grigio Alloy/Tan ZFFYT53C000138264
138265	360	Modena Spider
138266	360	Modena Spider F1 Red/Black ZFFYT53B000138266
138271	360	Modena Spider (F1) 04 ZFFYT53A240138271
138272	360	Modena Spider (F1) 04 ZFFYT53A440138272
138279	360	Modena F1 04 Rosso Corsa Nero RHD AUS ZFFYR51D000138279
138282	360	Modena F1 04 Red/Black RHD AUS ZFFYR51D000138282
138283	360	Modena 04 Red/Tan manual ZFFYU51A940138283 Red calipers shields rear challenge grill

s/n	Type	Comments
138291	360	Modena F1 04 Red/Cuoio Daytona seats Beige Stitching, Upper Dash & Steering Wheel ZFFYU51A840138291 front challenge grills shields Tubi
138294	360	Modena F1 04 Black/Black RHD AUS ZFFYR51D000138294
138295	360	Modena (F1) 04 ZFFYU51A540138295
138296	360	Modena Red/Crema Red stitching RHD ZFFYR51C000138296 Red calipers Challenge rear grill shields
138297	360	Modena Spider (F1) 04 LHD US ZFFYT53A540138927
138299	360	Modena 04 Rosso Corsa/Black Daytona seats Red stitching Manual ZFFYU51A240138299 Red calipers shields
138304	360	Modena 04 Red/Black Manual ZFFYU51A240138304
138309	360	Modena Challenge Stradale F1 Rosso Scuderia FER. 323/Black & Red Red stitching LHD ZFFDT57B000138309 Red calipers Yellow dials
138312	360	Modena Challenge Stradale F1 Red
138319	360	Modena Challenge Stradale F1 Red/Red seats LHD ZFFDT57J000138319 no CS-stripe
138320	360	Modena Challenge Stradale F1 6/04 Rosso Corsa/Red & Black RHD UK ZFFDT57C000138320
138323	360	Modena Spider F1 04 Silver/Black ZFFYT53A440138323
138324	360	Modena Challenge Stradale F1 04 Rosso Scuderia FER. 323/black & Red ZFFYU57A940138324 ass. # 55417 Red calipers
138329	360	Modena Challenge Stradale F1 Blue/Cream Blue stitching RHD ZFFDT57C000138329 Red calipers
138330	F430	F1 04 Red/Black Red sport seats LHD EU Red calipers
138331	F430	F1 04 Yellow/cuoio LHD EU
138333	F430	F1 Grigio Titanio met./grey ZFFEZ58B000138333 shields
138334	F430	F1 Dark Grey/Red ZFFEZ58B000138334
138335	F430	F1 Rosso Corsa/Red sport seats LHD EU Red calipers
138336	F430	
138337	F430	F1 Yellow/black sports seats ZFFEZ58B000138337 Yellow calipers Challenge rear grill Yellow dials
138338	360	Modena Challenge Stradale F1 Rosso Scuderia FER. 323/black & Red Alcantara Red stitchingZFFDT57B000138338 Yellow dials
138340	360	Modena Challenge Stradale F1 Black LHD ZFFDT57B000138340
138344	575	M Maranello F1 GTC 05 Rosso Corsa/Nero ZFFBT55B000138344
138345	575	M Maranello F1 Red/Black ZFFBT55B000
138346	Enzo Ferrari	F1 grigio scuro/pelle naturale ZFFCZ56B000138346 ass. # 55368
138351	Enzo Ferrari	F1
138352	Enzo Ferrari	F1 Rosso Corsa/nero
138359	612	Scaglietti (F1) 05 LHD US ZFFAA54A650138359 ass. # 55771
138360	Enzo Ferrari	F1
138364	612	Scaglietti (F1) 05 ZFFAA54AX50138364 ass. # 55894
138365	612	Scaglietti F1 Argento/black ZFFAY54B000138365
138366	612	Scaglietti F1 black/black ZFFAY54B000138366
138368	612	Scaglietti (F1) 05 LHD US ZFFAA54A750138368 ass. # 55828
138370	612	Scaglietti F1 04 Blu Mirabeau/Beige ZFFAY54B000138370
138374	612	Scaglietti 05 Argento Nürburgring 101/C/Black Daytona Seats Manual ZFFAA54A250138374 ass. # 55726 Shields Red Cailpers
138379	612	Scaglietti F1 8/04 Argento Nürburgring 101/C/Nero ZFFAY54B000138379
138381	612	Scaglietti F1 silver/tan LHD EU
138382	612	Scaglietti F1 8/04 Grigio Titanio Metallizzato 3238/Blu Scuro ZFFAY54B000138382
138385	612	Scaglietti F1 04 Grigio Alloy ZFFAY54B000138385
138387	612	Scaglietti 04 Black/Bordeaux ZFFAY54B000138387 Red calipers Shields
138389	612	Scaglietti F1 04 Grigio Titanio met./bordeaux ZFFAY54B000138389
138390	612	Scaglietti F1 grey ZFFAY54B000138390
138394	612	Scaglietti F1 Black orange front & rear/Crema RHD ZFFAY54C000138394
138399	360	Modena 04 Red Red race seats Manual ZFFYR51D000138399 modified to Challenge Stradale Look
138401	360	Modena (F1) 04 ZFFYU51A040138401
138404	360	Modena F1 04 Red/Tan ZFFYR51B000138404
138409	360	Modena F1 04 Black/black ZFFYR51B000138409
138410	360	Modena F1 10/04 Rosso Corsa/Nero ZFFYU51A140138410
138415	360	Modena F1 04 ZFFYU51A040138415
138419	360	Modena Challenge Stradale F1 04 Rosso Scuderia FER. 323/Black & Red RHD AUS ZFFDT57D000138419
138421	360	Modena Challenge Stradale F1 04 Yellow/black & Yellow Alcantara Yellow calipers LHD US ZFFDU57A940138421
138422	360	Modena Challenge Stradale F1 04 LHD US ZFFDU57A040138422
138423	360	Modena Challenge Stradale F1 Rosso scuderia Italian stripe/Red cloth ZFFDT57B000
138426	360	Modena Challenge Stradale F1 04 Yellow/black& Red LHD US ZFFDU54A840138426 no CS-stripe Red calipers Yellow dials
138428	360	Modena Challenge Stradale F1 04 Rosso Scuderia FER. 323/Black LHD US ZFFDU57A140138428
138429	360	Modena Challenge Stradale F1 04 LHD US ZFFDU57A340138429
138430	360	Modena Challenge Stradale F1 Red/Black & Red Red stitching RHD ZFFDT57C000138430 Yellow dials
138431	360	Modena Challenge Stradale F1 04 Rosso Corsa/Nero ZFFDT57B000138431 ass. # 55426
138432	360	Modena Challenge Stradale F1 Rosso Corsa Ital. Stripe/Black LHD EU ZFFDT57B000138432 Sliding windows
138434	360	Modena Challenge Stradale F1 04 LHD US ZFFDU57A740138434
138435	360	Modena Challenge Stradale F1 04 Rosso Scuderia LHD US ZFFDU57A940138435
138436	360	Modena Challenge Stradale F1
138438	360	Modena Challenge Stradale F1 7/04 Grigio Titanio Metallizzato 3238/Nero ZFFDT57B000138438
138439	360	Modena Challenge Stradale F1 04 LHD US ZFFDU57A640138439
138440	360	Modena Challenge Stradale F1 Argento Nurburgring/Black
138441	360	Modena Challenge Stradale F1 04 Rosso Scuderia CS stripe/black & Red sport seats LHD EU ZFFDT57B000
138444	360	Modena Challenge Stradale F1 04 LHD US ZFFDU57AX40138444

s/n	Type	Comments
138446	360	Modena Spider 04 Black Metallic/Beige Manual ZFFYT53A040138446 Red Calipers Shields
138447	360	Modena Spider (F1) 04 ZFFYT53A240138447
138448	360	Modena Spider (F1) 04 ZFFYT53A440138448
138449	360	Modena Spider F1 04 Silver/Black Light stitching Red calipers ZFFYT53A640138449
138450	360	Modena Spider F1 9/04 Blu Tour De France/Beige RHD ZFFYT53C000138450
138452	360	Modena Spider (F1) 04 ZFFYT53A640138452
138453	360	Modena Spider F1 04 Rosso Corsa/Tan Daytona seats Cuoio inserts ZFFYT53A840138453 BBS Challenge wheels red calipers shields Tubi
138454	360	Modena Spider F1 04 Blu Pozzi 521 D.S. Beige Daytona seats navy piping navy top ZFFYT53AX40138454 Red calipers shields
138455	360	Modena Spider (F1) 04 ZFFYT53A140138455
138456	360	Modena Spider 04 Red/Tan
138457	360	Modena Spider F1 04 Blu Tour de France 522/Tan Daytona Seats Navy Blue inserts ZFFYT53A540138457 shields front & rear Challenge grills Red calipers Tubi
138458	360	Modena Spider (F1) 04 ZFFYT53A740138458
138459	360	Modena Spider F1 04 Blu Tour de France 522/Beige ZFFYT53A940138459
138460	360	Modena Spider (F1) 04 ZFFYT53A540138460
138461	360	Modena Spider (F1) 04 ZFFYT53A740138461
138462	360	Modena Spider F1 04 Rosso Corsa/Sabbia RHD ZFFYT53C000138462 Red calipers Challenge rear grill
138463	360	Modena Spider F1 04 Rosso Corsa/Beige ZFFYT53B000138463
138464	575	M Maranello F1 Red/Black ZFFBT55B000
138465	575	M Maranello F1 04 Nero/Beige ZFFBT55B000138465
138466	575	M Maranello
138470	575	M Maranello F1 04 Black/Tan LHD US ZFFBV55A140138470
138471	575	M Maranello (F1) 04 LHD US ZFFBV55A340138471
138472	575	M Maranello (F1) 04 LHD US ZFFBV55A540138472
138474	575	M Maranello F1 10/04 Nero/Cuoio Daytona seats Black inserts Black stitching LHD US ZFFBV55A940138474 Red Calipers Fiorano Package
138477	360	Modena Spider F1 Red/Tan
138478	360	Modena Spider F1 Grigio Titanio 3238/Tan Daytona seats ZFFYT53B000138478 Scaglietti wheels shields Challenge grilles silver calipers
138479	360	Modena Spider 04 Yellow/Black & Yellow Manual ZFFYT53A440138479
138480	360	Modena Spider (F1) 04 ZFFYT53A040138480
138481	360	Modena Spider F1 04 Blu Mirabeau/Crema Daytona seats Blue inserts ZFFYT53A240138481 silver calipers
138482	360	Modena Spider 04 Rosso Corsa/Nero Manual ZFFYT53C000138482
138483	360	Modena Spider
138486	360	Modena Spider (F1) 04 ZFFYT53A140138486
138487	360	Modena Spider (F1) 04 ZFFYT53A340138487
138488	360	Modena Spider (F1) 04 ZFFYT53A540138488
138489	360	Modena Spider (F1) 04 ZFFYT53A740138489
138490	360	Modena Spider (F1) 04 ZFFYT53A340138490
138492	360	Modena Spider F1 Red/Black ZFFYT53B000138492
138494	360	Modena Spider F1 Black Crema ZFFYT53B000
138495	360	Modena Spider 04 Red/Black Daytona seats Red Stitching Manual ZFFYT53A240138495 Challenge Grill Red Calipers
138496	360	Modena Spider (F1) 04 ZFFYT53A440138496
138497	360	Modena Spider (F1) 04 ZFFYT53A640138497
138498	360	Modena Spider (F1) 04 ZFFYT53A840138498
138499	360	Modena Spider 04 custom Azzurro Blue Metallic/Crema dark blue piping blu medio dash & steering wheel Manual RHD ZFFYT53C000138499 Silver calipers shields
138500	360	Modena Spider F1 Red/Black ZFFYT53B000
138501	360	Modena Spider 04 Red/Tan Manual ZFFYT53A440138501
138502	360	Modena Spider (F1) 04 ZFFYT53A640138502
138503	360	Modena Spider F1 04 Rosso Corsa/black Daytona seats Red inserts Red stitching ZFFYT53A840138503 Challenge grilles shields
138504	360	Modena Spider (F1) 04 ZFFYT53AX40138504
138505	360	Modena Spider 04 Rosso Corsa/Crema RHD UK ZFFYT53C000138505
138508	360	Modena Spider F1 04 Grigio Titanio 3238/Cuoio ZFFYT53B000138508
138511	360	Modena Spider (F1) 04 ZFFYT53A740138511
138512	360	Modena Spider 04 Red/Black ZFFYT53A940138512
138513	360	Modena Spider F1 04 Rosso Corsa/Beige black piping ZFFYT53A040138513 Red calipers rear challenge grille
138515	360	Modena Spider F1 04 Red/Black ZFFYT53B000138515
138519	360	Modena Challenge Stradale F1 Red/Black Red stitching ZFFDT57B000138519 ass. # 55494 shields
138520	360	Modena Challenge Stradale F1 04 ZFFDU57A040138520
138521	360	Modena Challenge Stradale F1 Red/Red & black ZFFDT57B000138521
138524	360	Modena Challenge Stradale F1 Rosso Scuderia Ital. Stripe/Black Alcantara LHD ZFFDT57B000138524 rear wing deep front spoiler
138526	360	Modena Challenge Stradale F1 Blu Tour de France 522/tan ZFFDT57B000138526 ass. # 55588
138528	Enzo Ferrari	F1 Rosso Corsa/Rosso, USA
138529	360	Modena Challenge Stradale F1 04 Rosso Scuderia & CS Stripe/Black Red stitching ZFFDU57A740138529 Rosso Scuderia calipers Yellow dials
138530	360	Modena Challenge Stradale F1 04 Rosso Scuderia FER. 323/Black RHD ZFFDT57C000138530 Red calipers Challenge rear grill shields stripe
138531	360	Modena Challenge Stradale F1 Rosso Scuderia FER. 323/black & Red ass. # 39328
138532	360	Modena Challenge Stradale F1 04 Argento Nürburgring 101/C/ CS stripe/Nero Alcantera & Rosso LHD US ZFFDU57A740138532 Red calipers
138533	360	Modena Challenge Stradale F1 8/04 Rosso Scuderia stripe/Nero Red steering wheel & stitching LHD US ZFFDU57A940138533 Yellow dials Red calipers
138536	360	Modena Challenge Stradale F1 04 Blue/Two-tone Blue & gray Alcantara LHD US ZFFDU57A440138536 Yellow dials
138538	360	Modena Challenge Stradale F1 LHD ZFFDU57A840138538
138539	360	Modena Challenge Stradale F1 Black/Black/Red Red stitching RHD ZFFDT57C000138539
138540	360	Modena Challenge Stradale F1 Rosso Corsa/black cloth ZFFDT57B000138540
138542	F430	F1 Blu Pozzi 521 D.S./Blue ZFFEZ58B000138542
138545	F430	F1 Blu Pozzi 521 D.S./tan ZFFEZ58B000138545
138546	F430	F1 1/05 Grigio Titanio Metallizzato 3238/Blu Chiaro ZFFEZ58B000138546

s/n	Type	Comments
138547	F430	F1 silver/tan large sport seats LHD EU shields
138549	F430	F1 Rosso Corsa/beige ZFFEZ58B000138549
138550	F430	F1 black/charcoal ZFFEZ58B000138550
138551	F430	F1 04 Yellow/black ZFFEZ58B000138551
138553	F430	F1 Giallo Modena/Black LHD EU
138554	F430	F1 Red/Black ZFFEZ58B000138554 Red calipers shields Challenge wheels
138555	F430	F1 grey/naturale ZFFEZ58B000138555
138556	F430	F1 Rosso Scuderia FER. 323/tan ZFFEZ58B000
138558	612	Scaglietti grey
138560	612	Scaglietti F1 Blu Tour de France 522/tan ZFFAY54B000138560
138561	612	Scaglietti (F1) 05 ZFFAA54A150138561 ass. # 55946
138562	612	Scaglietti F1 05 Grigio Ingrid 720/Beige Daytona seats LHD US ZFFAA54A350138562 ass. # 55890 Red calipers shields
138565	612	Scaglietti 05 Silver Tan Manual LHD US ZFFAA54A950138565 ass. # 55917 Tubi
138566	612	Scaglietti silver/black Manual RHD ZFFAY54C000138566
138567	612	Scaglietti 11/04 Rosso Corsa/Beige Daytona seats black stitching & inserts LHD US ZFFAA54A250138567 ass. # 55915 shields Red calipers Tubi
138570	612	Scaglietti 05 dark Red/Brown LHD ZFFAY54J000138570
138572	612	Scaglietti 12/05 Grigio Alloy/Carta Da Zucchero Manual ZFFAY54C000138572
138573	612	Scaglietti (F1) 05 LHD US ZFFAA54A850138573 ass. # 55937
138576	612	Scaglietti F1 05 Blu Mirabeau/Cuoio RHD UK ZFFAY54C000138576
138578	612	Scaglietti F1 05 Rosso Corsa/Black ZFFAA54A750138578 ass. # 55962
138579	612	Scaglietti F1 9/04 Nuovo Nero Daytona/Nero White stitching ZFFAY54C000138579
138580	612	Scaglietti Blue/Cuoio Manual ZFFAY54C000138580
138581	612	Scaglietti F1 black/Bordeaux ZFFAY54B0000138581
138583	612	Scaglietti (F1) 05 LHD US ZFFAA54A050138583 ass. # 57152
138585	612	Scaglietti (F1) 05 LHD US ZFFAA54A450138585 ass. # 57303
138586	612	Scaglietti (F1) 05 ZFFAA54A650138586 ass. # 56044
138588	612	Scaglietti (F1) 05 ZFFAA54AX50138588 ass. # 56013
138589	360	Modena
138590	360	Modena Spider F1 04 black/black LHD EU
138591	360	Modena Spider 04 Rosso Corsa/Tan Manual ZFFYT53A940138591
138592	360	Modena Spider (F1) 04 ZFFYT53A040138592
138593	360	Modena Spider (F1) 04 ZFFYT53A240138593
138594	360	Modena Spider F1 04 Silver/ Black Daytona seats Grey inserts Grey stitching ZFFYT53A440138594 Red Calipers front & rear Challenge grills Shields
138595	360	Modena Spider F1 04 Rosso Corsa/Nero LHD CDN ZFFYT53A640138595
138596	360	Modena Spider 7/04 Rosso Corsa/Cream ZFFYT53C000138596
138601	360	Modena Spider (F1) 04 ZFFYT53A840138601
138602	360	Modena Spider F1 04 Grigio Titanio 3238/Blue ZFFYT53AX40138602
138603	360	Modena Spider F1 04 Rosso Rubino/Tan Sport seats ZFFYT53A140138603
138604	360	Modena Spider F1 7/04 Rosso Corsa/Nero ZFFYT53B000138604
138605	360	Modena Spider F1 Red/Black ZFFYT53B000
138607	360	Modena Spider F1 Black/Tan ZFFYT53B000138607
138608	360	Modena Spider (F1) 04 ZFFYT53A040138608
138609	360	Modena Spider (F1) 04 ZFFYT53A240138609
138610	360	Modena Spider F1 04 Rosso Corsa/Tan Daytona Seats Red Stitching ZFFYT53A940138610 Red Calipers Rear Challenge Grill Front Challenge Grilles Shields
138611	360	Modena Spider F1 04 Red/Black ZFFYT53A040138611
138612	360	Modena Spider Red/Tan Manual RHD ZFFYT53C000138612 Red calipers Challenge rear grill shields
138617	360	Modena Spider 04 Rosso Corsa/Beige Manual ZFFYT53A140138617
138618	360	Modena Spider (F1) 04 ZFFYT53A340138618
138619	360	Modena Spider (F1) 04 ZFFYT53A540138619
138620	360	Modena Spider (F1) 04 ZFFYT53A140138620
138621	360	Modena Spider F1 04 Red/Tan ZFFYT53A340138621
138622	360	Modena Spider F1 black/black
138623	360	Modena Spider (F1) 04 ZFFYT53A740138623
138624	360	Modena Spider (F1) 04 ZFFYT53A940138624
138625	360	Modena Spider F1 04 Black/Black ZFFYT53A040138625
138627	360	Modena Spider
138629	360	Modena Spider F1 Paris Show Car Red/Tan ZFFYT53B000138629
138630	Enzo Ferrari	F1 Red LHD
138633	Enzo Ferrari	F1 Rosso Scuderia FER. 323/black seats Red piping ass. # 55651
138634	Enzo Ferrari	F1 Argento Nürburgring 101/C/Black Yellow dials ZFFCZ56B000138634 ass. # 55692
138635	Enzo Ferrari	F1
138636	Enzo Ferrari	F1
138637	Enzo Ferrari	F1
138638	Enzo Ferrari	F1
138639	Enzo Ferrari	F1 04 Rosso Corsa/Nero ZFFCZ56B0001383639 ass. # 55791
138640	Enzo Ferrari	F1 5/04 black/black ass.# 55797
138641	Enzo Ferrari	F1
138642	Enzo Ferrari	F1
138643	Enzo Ferrari	F1 Rosso barchetta/black LHD ZFFCZ56B000138643 ass. # 55867
138644	Enzo Ferrari	F1 5/04 Rosso Scuderia FER. 323/Red ass.# 55892
138645	Enzo Ferrari	F1 Red/Red LHD ZFFCZ56B000138645 ass. # 55893
138646	Enzo Ferrari	F1
138647	Enzo Ferrari	F1 black/tan LHD ZFFCZ56B000138647 ass. # 55933
138648	Enzo Ferrari	F1 ZFFCZ56B000138648
138649	Enzo Ferrari	F1 Rosso Corsa/nero ZFFCZ56B000138649
138650	Enzo Ferrari	F1 Rosso Corsa/Black Red stitching LHD ZFFCZ56B000138650 ass. # 56012 Black calipers shields Yellow dials
138652	360	Modena Challenge Stradale F1 White/Red
138654	360	Modena Challenge Stradale F1 Rosso Corsa/Tan LHD ZFFDT57B000138654 shields sports seats Yellow dials
138655	360	Modena Challenge Stradale F1 04 Red/Black LHD US ZFFDU57A140138655
138656	360	Modena Challenge Stradale F1 04 LHD US ZFFDU57A340138656
138658	360	Modena Challenge Stradale F1 04 LHD US ZFFDU57A740138658
138659	360	Modena Challenge Stradale F1 Rosso Scuderia FER. 323/Black/Red Red stitching RHD ZFFDT57C000138659 Red calipers Yellow dials
138661	360	Modena Challenge Stradale F1 Rosso Scuderia FER. 323/Red-black cloth ZFFDT57B000138661 Plexi slide windows
138663	360	Modena Challenge Stradale F1 04 Grigio Titanio Red & black LHD ZFFDU57A040 Red Calipers

s/n	Type	Comments	s/n	Type	Comments
138664	360	Modena Challenge Stradale F1 Rosso Scuderia FER. 323/Black	138729	360	Modena Challenge Stradale F1 Red CS-stripe/Red seats ZFFDT57J000138729 LHD White Challenge grill
138665	575	M Maranello F1 04 Red/Tan LHD US ZFFBV55A540138665 Scuderia Shields	138731	360	Modena Challenge Stradale F1 Red CS-stripe/Red seats LHD ZFFDT57J000138731 White Challenge grill
138666	575	M Maranello F1 04 Black/Black LHD US ZFFBV55A740138666	138734	360	Modena Challenge Stradale F1 04 ZFFDU57A840138734
138668	575	M Maranello F1 04 Grigio Titanio met./Bordeaux LHD EU ZFFBT55B000138668	138735	360	Modena Challenge Stradale F1 Giallo Modena/Black Alcantara Red stitching LHD ZFFDT57B000138735 Yellow calipers
138669	575	M Maranello F1 Yellow/black			
138671	575	M Maranello F1 04 Grigio Titanio Metallizzato 3238/Nero Daytona seats Platinum Stitching LHD US ZFFBV55A040138671 ass. # 55981 Red Calipers shields	138739	360	Modena Challenge Stradale F1 Rosso Scuderia FER. 323/black ZFFDT57B000138739 wind-up windows no stripe
138672	575	M Maranello 04 Rosso Corsa/tan Manual LHD US ZFFBV55A240138672	138748	360	Modena Challenge Stradale F1 04 Red/Black Red stitching ZFFDU57A840138748 Red Calipers Shields
138673	575	M Maranello (F1) 04 LHD US ZFFBV55A440138673	138749	360	Modena Challenge Stradale F1 04 ZFFDU57AX40138749
138674	360	Modena Spider F1 12/04 Rosso Corsa/Nero ZFFYT53D000138674	138753	360	Modena Challenge Stradale F1 04 ZFFDU57A140138753
138676	360	Modena Spider F1 04 Red/Black ZFFYT53B000138676			
138680	360	Modena Spider F1 Rosso Corsa/Black LHD EU	138760	360	Modena Spider F1 Rosso Corsa/black LHD EU
138685	360	Modena Spider F1 Black/Black LHD EU ZFFYT53B000138685	138762	575	M Maranello (F1) 04 LHD US ZFFBV55A340138762
138686	360	Modena Spider (F1) 04 ZFFYT53A940138686	138763	575	M Maranello F1 9/04 Nero/Cuoio ZFFBT55B000138763 ass. # 56097
138688	360	Modena Spider F1 Rosso Corsa/Black Red stitching LHD ZFFYT53B000138688 Red calipers Challenge rear grill shields deep front & rear spoiler	138764	575	M Maranello F1 11/04 Argento Nürburgring 101/C/Nero LHD US ZFFBV55A740138764
			138765	575	M Maranello F1 1/05 Argento Nürburgring 101/C/Nero LHD US ZFFBV55A940138765 Shields
138690	360	Modena Spider 04 Rosso Corsa/Crema Manual ZFFYT53C000138690 Red calipers	138766	575	M Maranello (F1) 04 LHD US ZFFBV55A040138766
138694	360	Modena Spider			
138695	360	Modena Spider 04 Blue/Tan Manual ZFFYT53AX40138695	138768	575	M Maranello Red/Red sport seats ZFFBT55B000138768
138696	360	Modena Spider F1 Red/Black ZFFYT53B000138696	138769	575	M Maranello F1 05 Grigio Titanio Metallizzato 3238/Nero silver stitching ZFFBT55C000138769 Red calipers
138697	360	Modena Spider F1 04 Rosso Corsa/Nero ZFFYT53B000138697 shields lower front spoiler F430 wheels	138770	575	M Maranello F1 Red/Black
138700	360	Modena Spider (F1) 04 ZFFYT53AX40138700	138771	575	M Maranello F1 GTC Red/Black ZFFBT55B000
138701	360	Modena Spider (F1) 04 ZFFYT53A140138701	138772	575	M Maranello F1 04 Grigio Titanio Bordeaux ZFFBV55A640138772
138702	360	Modena Spider F1 04 BlackTan Black inserts challenge grills Shields Red calipers Challenge Racing exhaust	138773	575	M Maranello F1 Red/beige/black ZFFBT55B000138773
138704	360	Modena Spider F1 04 Red/Black ZFFYT53B000138704	138774	360	Modena Challenge Stradale F1 04 Rosso Scuderia FER. 323/Red & Black ZFFDT57B000138774
138705	360	Modena Spider F1 04 nero/nero			
138706	360	Modena Spider F1 04 Red/Black ZFFYT53B000138706	138775	360	Modena Challenge Stradale F1 Red ital. Stripe/black ZFFDT57B000
138707	360	Modena Spider F1 04 Giallo Modena/Nero Daytona Seats Giallo Stitchings ZFFYT53A240138707 Yellow Calipers	138776	360	Modena Challenge Stradale F1 04 ZFFDU57A240138776
			138777	360	Modena Challenge Stradale F1 04 Rosso Scuderia FER. 323/Beige RHD UK ZFFDT57C000138777
138708	360	Modena Spider F1 8/04 Nero/Nero ZFFYT53A440138708			
138709	360	Modena Spider F1 04 Rosso Corsa/Beige ZFFYT53A640138709	138778	360	Modena Challenge Stradale F1 04 Rosso Scuderia FER. 323/Azzurro ZFFDT57B000138778
138710	360	Modena Spider (F1) 04 ZFFYT53A240138710			
138711	360	Modena Spider F1 04 Grigio Titanio Metallizzato 3238/Bordeaux RHD UK ZFFYT53C000138711	138780	360	Modena Challenge Stradale F1 04 ZFFDU57A440138780
			138781	360	Modena Challenge Stradale F1 04 Blu Tour de France 522/Black & Red Suede ZFFDU57A640138781
138712	360	Modena Spider F1 7/04 Rosso Corsa/Nero ZFFYT53B000138712			
138713	360	Modena Spider F1 04 Black/Black LHD ZFFYT53B000138713 shields Challenge wheels	138782	360	Modena Challenge Stradale F1 Black CS Stripe /Crema RHD ZFFDT57C000138782
138715	360	Modena Spider (F1) 04 ZFFYT53A140138715	138783	360	Modena Challenge Stradale F1 Rosso Scuderia & Italian stripe/black ZFFDT57B000 As.s # 55861
138716	360	Modena Spider (F1) 04 ZFFYT53A340138716			
138717	360	Modena Spider (F1) 04 ZFFYT53A540138717			
138718	360	Modena Spider 04 Red/Tan ZFFYT53A740138718	138784	360	Modena Challenge Stradale F1 Rosso Scuderia FER. 323/Black LHD Red stitching ZFFDT57B000138784 Yellow dials
138719	360	Modena Spider			
138723	360	Modena	138786	360	Modena Challenge Stradale F1 04 RedLHD US ZFFDU57A540138786 Shields Red calipers

s/n	Type	Comments
138787	360	Modena Challenge Stradale F1 04 LHD US ZFFDU57A740138787
138790	360	Modena Challenge Stradale F1 04 LHD US ZFFDU57A740138790
138791	360	Modena Challenge Stradale F1 04 LHD US ZFFDU57A940138791
138793	360	Modena Challenge Stradale F1 7/04 Rosso Corsa/Tessuto Racing Nero & Rosso ZFFDT57B000138793
138795	360	Modena Spider F1 Grigio Alloy/black ZFFYT53B000138795
138798	360	Modena Challenge Stradale F1 04 LHD US ZFFDU57A140138798
138799	360	Modena Spider (F1) 04 ZFFYT53A040138799
138800	360	Modena Challenge Stradale F1 04 LHD US ZFFDU57A640138800
138801	360	Modena Spider (F1) 04 ZFFYT53A540138801
138803	360	Modena Spider F1 Rosso Corsa/Black LHD ZFFYT53B000138803 shields
138804	360	Modena Spider 04 Rosso Corsa Cuoio Manual
138805	360	Modena Spider (F1) 04 ZFFYT53A240138805
138806	360	Modena Spider (F1) 04 ZFFYT53A440138806
138807	360	Modena Spider F1 04 Red/Tan ZFFYT53A640138807
138808	360	Modena Spider F1 Red/Crema
138809	360	Modena Spider 04 Nero Daytona/Crema ZFFYT53C000138809
138812	360	Modena Spider F1 Silver/Black LHD ZFFYT53B000138812 shields
138813	360	Modena Spider (F1) 04 ZFFYT53A140138813
138814	360	Modena Spider F1 04 Rosso Corsa/Beige ZFFYT53A340138814
138815	360	Modena Spider (F1) 04 ZFFYT53A540138815
138816	360	Modena Spider F1 04 Rosso Corsa/Crema RHD UK ZFFYT53C000138816
138817	360	Modena Spider F1 Rosso Corsa/Black sports seats Red stitching LHD ZFFYT53B000138817 Red calipers shields
138818	360	Modena Spider F1 Red/Black ZFFYT53B000138818
138820	360	Modena Spider (F1) 04 ZFFYT53A940138820
138821	360	Modena Spider (F1) 04 ZFFYT53A040138821
138822	360	Modena Spider (F1) 04 ZFFYT53A240138822
138823	360	Modena Spider F1 04 Grigio Titanio 3238/Black Daytona seats silver stitching ZFFYT53A440138823 shields Red calipers front & rear Challenge grilles Challenge exhaust
138824	360	Modena Spider (F1) 04 ZFFYT53A640138824
138825	360	Modena Spider 04 Rosso Corsa/Crema Manual ZFFYT53C000138825
138826	612	Scaglietti (F1) 05 ZFFAA54A050138826 ass. # 56011
138829	612	Scaglietti (F1) 05 ZFFAA54A650138829 ass. # 55980
138831	612	Scaglietti F1 9/04 Nero Daytona/Nero ZFFAY54B000138831
138837	612	Scaglietti F1 Black/black ZFFAY54B000
138838	612	Scaglietti F1 grey/black ZFFAY54C000138838
138840	612	Scaglietti F1 04 Grigio Titanio met./Bordeaux RHD ZFFAY54C000138840
138842	612	Scaglietti F1 grigio titano/black LHD EU ZFFAY54B000138842
138843	612	Scaglietti F1 05 Black/Black & Cuoio ZFFAA54A050138843 ass. # 56092
138844	612	Scaglietti F1 11/04 Nero/Cuoio ZFFAY54B000138844
138846	612	Scaglietti 05 Red/Tan Red stitching Manual ZFFAA54A650138846 ass. # 56016
138847	612	Scaglietti F1 05 Grigio Titanio met./Crema LHD US ZFFAA54A850138847 ass. # 56128
138852	612	Scaglietti 05 Blu Tour de France 522/Cuoio Manual LHD US ZFFAA54A150 ass. # 56152
138854	612	Scaglietti F1 Grigio Titanio met./dark Red LHD ZFFAY54B000138854
138856	612	Scaglietti 04 Blu Mirabeau/Beige RHD UK ZFFAY54C000138856
138858	612	Scaglietti F1 Black/tan ZFFAY54B000
138860	612	Scaglietti F1 9/04 Rosso Corsa/Beige ZFFAY54C000138860
138861	612	Scaglietti F1 11/04 Blu Mirabeau/Beige ZFFAY54C000138861
138862	612	Scaglietti F1 Rosso Corsa/Black LHD ZFFAY54B000138862 shields
138865	612	Scaglietti (F1) 05 LHD US ZFFAA54AX50138865 ass. # 56184
138866	612	Scaglietti F1 04 Grigio Ingrid 720/Cuoio LHD EU ZFFAY54B000
138868	612	Scaglietti (F1) 05 LHD US ZFFAA54A550138868 ass. # 56227
138869	612	Scaglietti 04 Blu Tour de France 522/Sabbia Manual RHD Silver calipers shields
138871	612	Scaglietti 05 Rosso Corsa/Tan Daytona seats Manual ZFFAA54A550138871 ass. # 56327 Red Calipers Shields
138872	612	Scaglietti 04 Rosso Scuderia FER. 323/Crema Red Carpets RHD UK ZFFAY54C000138872
138873	612	Scaglietti (F1) 05 LHD US ZFFAA54A950138873 ass. # 56243
138874	360	Modena Challenge Stradale F1 Rosso Scuderia FER. 323/Black & Red leather LHD ZFFDT57B000138874 Yellow dials
138876	Enzo Ferrari	F1
138877	Enzo Ferrari	F1 Red/Black LHD EU ZFFCZ56B000138877 ass. # 56187 Red dials
138878	Enzo Ferrari	F1 Rosso Scuderia FER. 323/Tan ZFFCZ56B000138878 ass. # 56209 eng. # 86768
138879	Enzo Ferrari	F1 grigio alloy/2 tone grey seats Blue inserts ZFFCZ56B000138879 ass. # 56210
138880	F430	F1 Blu Mirabeau/tan ZFFEZ58B000138880
138881	F430	F1 3/05 Grigio Titanio met./cuoio ZFFEZ58B000138881
138882	F430	F1 Black/bordeaux ZFFEZ58B000
138883	F430	F1 Black/Crema ZFFEZ58B000
138887	F430	F1 1/05 Argento Nürburgring/Bordeaux ZFFEZ58B000138887
138889	575	M Maranello F1 Rosso Scuderia FER. 323/black sport Seats ZFFBT55B000138889
138892	575	M Maranello F1 Silver/bordeaux ZFFBT55B000138892
138893	575	M Maranello F1 11/04 Grigio Titanio Metallizzato 3238/Nero LHD US ZFFBV55A740138893
138895	575	M Maranello F1 Red/Black LHD EU ZFFBT55B000
138896	575	M Maranello F1 04 Grey/Blue LHD US ZFFBV55A240138896
138897	575	M Maranello F1 4/05 Nuovo Nero Daytona/Beige ZFFDT55B000138897 ass # 56508 Red calipers shields
138898	575	M Maranello F1 Silver/grey ZFFBT55B000
138899	575	M Maranello F1 04 Grigio Titanio met./Grey Daytona seats LHD US ZFFBV55A840 black calipers shields
138901	575	M Maranello F1 04 Silver/Black Daytona Seats Grey stitching & Piping LHD US ZFFBV55A240138901 Red Calipers Shields Tubi
138902	575	M Maranello 04 Argento Nürburgring/Nero LHD US ZFFBV55A440138902
138905	360	Modena Challenge Stradale F1 04 LHD US ZFFDU57A940138905
138906	360	Modena Challenge Stradale F1 04 LHD US ZFFDU57A040138906
138907	360	Modena Challenge Stradale F1 05 Rosso Corsa/Nero & Rosso ZFFDT57C000138907

s/n	Type	Comments	s/n	Type	Comments
138908	360	Modena Challenge Stradale F1 8/04 Rosso Corsa/Nero LHD EU ZFFDT57B000138908 ass. # 55924	138973	612	Scaglietti F1 05 Grigio Alloy Charcoal Daytona Seats Light Grey stitching ZFFAA54A250138973 ass. # 56268 Silver Calipers Charcoal Dash & Steering Wheel
138910	360	Modena Challenge Stradale F1 04 Rosso Scuderia Italian Stripe ZFFDU57A240138910	138975	612	Scaglietti (F1) Rosso Corsa/Tan ZFFAY54B000138975
138911	360	Modena Challenge Stradale F1 9/04 Grigio Alloy/Dark Blue Alcantara Black Alcantara Headliner LHD US ZFFDU57A440138911 Red calipers	138979	612	Scaglietti F1 05 Rubino Micalizzato FER324/Black LHD US ZFFAA54A350138979 ass. # 56247
138912	360	Modena Challenge Stradale F1 Red/Black & Red LHD EU	138980	612	Scaglietti F1 1/05 Rubino Micalizzato/Cuoio ZFFAY54C000138980
138913	360	Modena Challenge Stradale F1 Rosso Scuderia FER. 323/black-Red	138983	612	Scaglietti (F1) 05 LHD US ZFFAA54A550138983 ass. # 56267
138914	360	Modena Challenge Stradale F1 04 LHD US ZFFDU57AX40138914	138984	612	Scaglietti Grigio Titanio met./Black silver stitching RHD ZFFAY54C000138984 Black calipers shields
138915	360	Modena Challenge Stradale F1 04 Black/Black & Red LHD US ZFFDU57A140138915 Red calipers Tubi NGT	138987	612	Scaglietti (F1) 05 LHD US ZFFAA54A250138987 ass. # 56294
138916	360	Modena Challenge Stradale F1 black French stripe/Red & black Red stitching ZFFDT57B000138916 ass. # 56018 Yellow dials	138988	612	Scaglietti 04 Argento Nürburgring 101/C/Blu Scuro RHD UK ZFFAY54C000138988
			138989	612	Scaglietti F1 Grigio Ingrid 720/Black LHD EU
			138990	612	Scaglietti F1 05 Nero/Beige ZFFAA54A250138990 ass. # 56350
138917	360	Modena Spider F1 Rosso Corsa/tan ZFFYT53B000138917	138991	360	Modena Challenge Stradale F1 04 Grigio Alloy/dark Blue Cloth LHD US ZFFDU57A640138991 Red calipers no stripe
138920	360	Modena Spider F1 Red Italian stripe/tan ZFFYT53B000138920			
138922	360	Modena Spider 04 Rosso Corsa/Tan Manual black top ZFFYT53A640138922 Red calipers shields front & rear challenge grill	138992	612	Scaglietti 04 Blu Tour de France 522/Crema Blue piping RHD ZFFAY54C000138992 Silver calipers shields
138927	360	Modena Spider 04 Rosso Corsa/Black ZFFYT53A540138927	138994	612	Scaglietti F1 05 Grigio Titanio Metallizzato 3238/Nero RHD UK ZFFAY54C000138984
138931	360	Modena Spider 04 Rosso Corsa/Crema Boreaux carpets Manual RHD UK ZFFYT53C000138931 Red calipers shields front & rear challenge grilles	138995	612	Scaglietti (F1) 05 LHD US ZFFAA54A150138995 ass. # 56354
			138999	612	Scaglietti F1 05 Black/Tan black piping ZFFAY54B000138999 shields
138932	360	Modena Spider 9/04 Rosso Corsa/Crema ZFFYT53C000138932	139000	612	Scaglietti F1 8/04 Blu Pozzi/Naturale ZFFAA54AX50139000 ass. # 56293
138938	360	Modena Spider (F1) 04 ZFFYT53AX40138938	139003	612	Scaglietti F1 Black/Tan ZFFAY54B000139003
138940	360	Modena Spider Red/Tan RHD ZFFYT53C000138940	139007	612	Scaglietti 05 Argento Nürburgring 101/C/Nero RHD UK ZFFAY54C000139007
138941	360	Modena Spider	139010	612	Scaglietti F1 7/05 Rosso Scuderia FER. 323/Nero ZFFAY54B000139010
138944	360	Modena Spider F1 04 Red/Black ZFFYT53B000138944 Red calipers			
138946	360	Modena Spider 04 Red/Tan ZFFYT53A940138946	139014	612	Scaglietti F1 04 Argento Nürburgring 101/C/Grigio Scuro ZFFAY54B000139014
138949	360	Modena Spider 04 Blu Tour de France 522/Beige Manual ZFFYT53C000138949	139015	360	Modena Challenge Stradale F1 04 Giallo Modena no stripe/Black black stittching LHD US ZFFDU57A340139015 Red calipers
138951	360	Modena Spider F1 3/05 Rosso Corsa/Nero ZFFYT53B000138951	139017	360	Modena Challenge Stradale F1 04 Rosso Scuderia CS stripe/Red &Black LHD US ZFFDU57A740139017 Red Calipers
138953	360	Modena Spider (F1) 04 ZFFYT53A640138953			
138954	360	Modena Spider F1 Silver/Black LHD ZFFYT53A440138594	139018	360	Modena Challenge Stradale F1 04 Giallo Modena no stripe/Black Alcantara Yellow stitching LHD US ZFFDU57A940139018
138955	360	Modena Spider F1 10/04 Nero/Sabbia ZFFYT53C000138955	139021	360	Modena Challenge Stradale F1 04 LHD US ZFFDU57A940139021
138956	360	Modena Spider 9/04 Rosso Corsa/Sabbia ZFFYT53C000138956	139022	360	Modena Challenge Stradale F1 04 LHD US ZFFDU57A040139022
138960	360	Modena Spider F1 Red/Black ZFFYT53B000138960	139023	360	Modena Challenge Stradale F1 04 Black Red LHD US ZFFDU57A240139023
138961	360	Modena Spider (F1) 04 ZFFYT53A540138961	139025	360	Modena Challenge Stradale F1 04 LHD US ZFFDU57A640139025
138963	360	Modena Spider Red Sabbia RHD ZFFYT53C000138963 Red calipers shields sports seats	139026	360	Modena Challenge Stradale F1 04 LHD US ZFFDU57A840139026
138964	360	Modena Spider F1 04 Rosso Corsa/Beige RHD UK ZFFYT53C000138964	139027	360	Modena Challenge Stradale F1 04 Rosso Scuderia FER. 323/Black LHD US ZFFDU57AX40139027 Rosso Scuderia Calipers
138967	360	Modena Spider F1 Red/Tan LHD EU			
138968	360	Modena Spider 04 Grigio Alloy/Blu Scuro Manual ZFFYT53A840138968	139030	360	Modena Challenge Stradale F1 04 LHD US ZFFDU57AX40139030
138969	360	Modena Spider F1 Helsinki Motor Show Car 04 Red/Black	139031	360	Modena Challenge Stradale F1 04 Rosso Scuderia/Tessuto Racing Nero & Rosso Red stitching ZFFDU57A140139031
138971	360	Modena Spider			
138972	360	Modena Challenge Stradale F1 04 Rosso Fiorano Italian stripe/black & Red ZFFDT57B000138972	139032	360	Modena Challenge Stradale F1 04 Dark Blue/Tan LHD ZFFDU57A340139032

s/n	Type	Comments	s/n	Type	Comments
139035	360	Modena Challenge Stradale F1 Red/Red-Black LHD ZFFDT57B000139035	139090	360	Modena Spider F1 Red/Black ZFFYT53B000
139036	360	Modena Challenge Stradale F1 Silver/black Alcantara Yellow calipers	139091	360	Modena Spider (F1) 04 Rosso Scuderia no stripe/Black & Red ZFFYT53A540139091 black calipers
139039	360	Modena Challenge Stradale F1 04 Rosso Corsa/Nero & Rosso Alcantara LHD US ZFFDU57A640139039 Red calipers Shields	139092	360	Modena Spider F1 04 Grigio Titanio/Bordeaux ZFFYT53A740139092 shields aluminum calipers front & rear Challenge grilles
139041	360	Modena Challenge Stradale F1 04 ZFFDU57A440139041	139095	360	Modena Spider F1 11/04 Rosso Corsa/Nero ZFFYT53B000139095
139042	360	Modena Challenge Stradale F1 black/Red & black ZFFDT57B000139042	139096	360	Modena Spider F1 04 Rosso Corsa/Tan ZFFYT53A440139096
139046	360	Modena Challenge Stradale F1 04 LHD US ZFFDU57A340139046	139097	360	Modena Spider (F1) 04 ZFFYT53A640139097
139047	360	Modena Spider F1 04 Grigio Titanio Burgundy Daytona Seats ZFFYT53A240139047 Rear Challenge Grille Shields	139098	360	Modena Spider (F1) 04 ZFFYT53A840139098
			139099	360	Modena Spider F1 1/05 Rosso Corsa/Crema ZFFYT53C000139099
139048	360	Modena Challenge Stradale F1 04 LHD US ZFFDU57A740139048	139100	360	Modena Spider 04 Nero Daytona/Sabbia black stitching Manual RHD ZFFYT53C000139100 Red calipers Challenge rear grill shields
139049	360	Modena Spider F1 Red/Black ZFFYT53B000
139050	360	Modena Spider F1 Rosso Corsa/Black ZFFYT53B000139050	139107	575	M Maranello F1 04 Grigio Titanio met./black Daytona seats grey stitching ZFFBV55A940139107 Red calipers
139052	360	Modena Challenge Stradale F1 04 LHD US ZFFDU57A940139052	139109	575	M Maranello F1 GTC 4/05 Grigio Titanio Metallizzato/Cream ZFFBT55C000139109
139053	360	Modena Spider (F1) 04 ZFFYT53A840139053	139110	575	M Maranello (F1) 04 LHD US ZFFBV55A940139110
139054	360	Modena Spider (F1) 04 ZFFYT53AX40139054
139056	360	Modena Spider 04 Argento Metallizzato/Crema RHD UK ZFFYT53C000139056	139113	575	M Maranello F1 Red/Black ZFFBT55B000139113
139061	360	Modena Spider (F1) 04 ZFFYT53A740139061	139115	575	M Maranello (F1) 04 LHD US ZFFBV55A840139115
139062	360	Modena Spider F1 04 Red/tan Daytona seats Black stitching & inserts ZFFYT53A940139062 front & rear Challenge grilles shields	139116	575	M Maranello F1 GTC 05 Rosso Corsa/Nero ZFFBT55B000139116 Red calipers shields
139063	360	Modena Spider (F1) 04 ZFFYT53A040139063	139117	F430	F1 Paris Auto Show car Yellow/black ZFFEZ58B000139117 ass. # 56222
139065	360	Modena Spider F1 Silver/black ZFFYT53B000
139067	360	Modena Spider (F1) 04 ZFFYT53A840139067	139119	F430	F1 Paris Auto Show car Red/Tan
139068	360	Modena Spider (F1) 04 ZFFYT53AX40139068	139120	F430	F1 Paris Auto Show car silver/dark grey ZFFEZ58B000139120
139069	360	Modena Spider 04 Grigio Titanio 3238/Black Daytona Seats manual ZFFYT53A140139069 shields Front & Rear Challenge grills Red calipers	139122	F430	F1 Rosso Scuderia FER. 323/bordeaux ZFFEZ58B000
			139124	612	Scaglietti F1 05 Rosso Corsa/Tan ZFFAA54A650139124 ass. # 56463
139070	360	Modena Spider F1 9/04 Nero Daytona/Crema ZFFYT53C000139070	139126	612	Scaglietti F1 05 Black/black Red stitching LHD US ZFFAA54AX50139126 ass. # 56455 Red calipers
139071	360	Modena Spider 9/04 Rosso Corsa/Crema ZFFYT53C000139071
139072	360	Modena Spider Black LHD ZFFYT53B000139072	139127	612	Scaglietti (F1) 05 LHD US ZFFAA54A150139127 ass. # 56491
139074	360	Modena Spider F1 Red/Black ZFFYT53B000139074	139128	612	Scaglietti F1 05 Blu Tour de France/Sabbia LHD US ZFFAA54A350139128 ass. # 56495
139075	360	Modena Spider F1 Red/Black ZFFYT53B000
139076	360	Modena Spider 04 Grigio Titanio Beige ZFFYT53A940139076	139130	612	Scaglietti F1 05 Titanium/Sabbia Daytona seats ZFFAA54A150139130 ass. # 56504 Aluminum calipers
139077	360	Modena Spider F1 04 Rosso Corsa/Beige Daytona Seats ZFFYT53A040139077 Red Calipers Front Challenge Grilles Shields Beige Roll Bar	139132	612	Scaglietti F1 Grigio Titanio met./black ZFFAY54B000139132
			139133	612	Scaglietti F1 05 Blu Pozzi 521 D.S./Cuoio ZFFAA54A750139133 ass. # 56546 aluminum calipers
139078	360	Modena Spider 04 Alloy/Blue Daytona Seats Manual ZFFYT53A240139078 Front Challenge Grilles Shields	139135	612	Scaglietti (F1) 05 ZFFAA54A050139135
			139139	612	Scaglietti (F1) 05 ZFFAA54A850139139
139080	360	Modena Spider F1 Red/Black LHD EU ZFFYT53B000139080 ass. # 56217	139141	612	Scaglietti F1 11/04 Nero Daytona/Nero ZFFAY54C000139141
139082	360	Modena Spider F1 10/04 Rosso Rubino Bordeaux & Yellow Daytona Seats ZFFYT53A440139082	139144	612	Scaglietti F1 04 Rosso Corsa/Nero RHD ZFFAY54D00139144
			139145	612	Scaglietti F1 05 Black/Black Silver stitching LHD US ZFFAA54A350139145 ass. # 57146 shields Red calipers
139083	360	Modena Spider (F1) 04 ZFFYT53A640139083
139084	360	Modena Spider (F1) 04 ZFFYT53A840139084	139147	612	Scaglietti (F1) 05 ZFFAA54A750139147 ass. # 56656
139085	360	Modena Spider F1 9/04 Rosso Corsa/Crema ZFFYT53C000139085
139087	360	Modena Spider Rosso Corsa/Black LHD Manual ZFFYT53B000139087	139149	612	Scaglietti F1 black/black LHD EU ZFFAY54B000139149
139088	360	Modena Spider F1 Rosso Corsa/Black LHD ZFFYT53B000139088	139151	612	Scaglietti F1 05 Blue Mirabeau/Tan ZFFAA54A950139151 ass. # 56640 Shields
139089	360	Modena Spider F1 Red/Black LHD ZFFYT53B000139089 shields Challenge grill Red calipers

s/n	Type	Comments
139154	612	Scaglietti F1 05 Black/Black Daytona Seats Silver Inserts Silver Stitching ZFFAA54A450139154 ass. # 56637 Sebring Exhaust Shields
139155	612	Scaglietti (F1) silver/black LHD EU Yellow calipers
139157	612	Scaglietti (F1) 05 LHD US ZFFAA54AX50139157 ass. # 56975
139159	612	Scaglietti F1 dark grey/bordeaux LHD EU
139160	612	Scaglietti
139161	612	Scaglietti (F1) 05 ZFFAA54A150139161 ass. # 56618
139166	612	Scaglietti F1 dark Blue met./tan ZFFAY54B000
139167	612	Scaglietti F1 blu TdF/beige ZFFAY54B000139167
139168	612	Scaglietti (F1) 05 dark Red/All Crema Daytona seats Bordeaux piping & stitching LHD US ZFFAA54A450139168 ass. # 56663 shields Yellow calipers
139170	612	Scaglietti 11/04 Rubino Micalizzato/Crema manual RHD ZFFAY54C000139170 Silver calipers
139171	612	Scaglietti F1 04 Blu Tour de France 522/tan RHD ZFFAY54C000139171
139172	612	Scaglietti 04 Grigio Titanio Metallizzato 3238/Bordeaux RHD UK ZFFAY54C000139172
139173	612	Scaglietti F1 1/05 Nero Daytona/Nero ZFFAY54C000139173
139176	360	Modena Challenge Stradale F1 04 LHD US ZFFDU57A540139176
139177	360	Modena Challenge Stradale F1 04 Rosso Scuderia & Black LHD US ZFFDU57A740139177 Red Calipers
139178	360	Modena Challenge Stradale F1 Red RHD ZFFDT57C000139178
139179	360	Modena Challenge Stradale F1 4/05 Rosso Corsa/Tessuto Racing Nero/Rosso ZFFDT57C000139179
139182	360	Modena Challenge Stradale F1 04 LHD US ZFFDU57A040139182
139183	360	Modena Challenge Stradale F1 04 Rosso Scuderia FER. 323/black & Alcantara Red stitching LHD ZFFDU57A240139183 Rosso scuderia calipers
139184	360	Modena Challenge Stradale F1 04 Argento Metallizzato/Beige ZFFDT57B000139184
139187	360	Modena Challenge Stradale F1 05 Rosso Scuderia FER. 323/Black RHD ZFFDT57D000139187
139188	360	Modena Challenge Stradale F1 04 LHD US ZFFDU57A140139188
139189	360	Modena Challenge Stradale F1 Rosso Scuderia Italian Stripe/Red & Black LHD ZFFDT57B000139189 ass. # 56193
139191	360	Modena Challenge Stradale F1 Red/Red & black
139192	360	Modena Challenge Stradale F1 04 Red/Red & black Alcantara Italian tricolor stripe LHD US ZFFDU57A340139192 Red calipers ass. # 56286
139193	360	Modena Challenge Stradale F1 04 LHD US ZFFDU57A540139193
139195	360	Modena Challenge Stradale F1 Rosso Scuderia FER. 323/Red-black cloth ZFFDT57B000
139196	360	Modena Challenge Stradale F1 05 Red w. Stripe/Red ZFFDU57A040139196 Rosso Scuderia Calipers
139197	360	Modena Challenge Stradale F1 04 Black/Beige & black ZFFDU57A240139197
139198	360	Modena Challenge Stradale F1 11/04 Rosso Scuderia Yellow CS Stripe/Red & Black ZFFDT57C000139198
139199	360	Modena Spider 3/05 Argento Nürburgring 101/C/Nero Manual ZFFYT53B000139199
139200	360	Modena Spider F1 Rosso Corsa/Black LHD EU
139201	360	Modena Spider 10/04 Rosso Corsa/Beige Manual ZFFYT53A840139201
139202	360	Modena Spider (F1) 04 ZFFYT53AX40139202
139203	360	Modena Spider (F1) 04 ZFFYT53A140139203
139204	360	Modena Spider F1 04 Rosso Corsa/Beige ZFFYT53B000139204
139205	360	Modena Spider F1 Rosso Scuderia FER. 323/Black LHD ZFFYT53B000139205
139208	360	Modena Spider F1 Rosso Corsa/Black LHD ZFFYT53B000139208 Red calipers shields
139209	360	Modena Spider F1 Black/tan ZFFYT53B000
139210	360	Modena Spider (F1) 04 ZFFYT53A940139210
139211	360	Modena Spider F1 10/04 Giallo Modena/Nero Daytona seats Yellow stitching LHD US ZFFYT53A040139211 Front & Rear Challenge Grilles Shields
139212	360	Modena Spider (F1) 04 ZFFYT53A240139212
139213	360	Modena Spider F1 Rosso Scuderia FER. 323/Black LHD ZFFYT53B000139213 Red calipers Challenge rear grill shields
139214	360	Modena Spider Black/Crema black piping Manual RHD ZFFYT53C000139214 shields
139216	360	Modena Spider F1 Red/Black ZFFYT53B000139216 shields rear Challenge grille Red calipers
139217	360	Modena Spider F1 Red/Black ZFFYT53B000
139218	360	Modena Spider F1 04 Red/Tan RHD ZFFYT53D000139218
139219	360	Modena Spider (F1) 04 ZFFYT53A540139219
139220	360	Modena Spider F1 04 Red/Tan ZFFYT53A140139220
139221	360	Modena Spider (F1) 04 LHD US ZFFYT53A340139221
139222	360	Modena Spider (F1) 04 ZFFYT53A540139222
139223	360	Modena Spider F1 Rosso Corsa/Black Red stittching LHD EU
139224	360	Modena Spider F1 04 Rosso Corsa/Nero ZFFYT53B000139224
139225	360	Modena Spider F1 Silver/black ZFFYT53B000
139227	360	Modena Spider (F1) 04 ZFFYT53A440139227
139228	360	Modena Spider (F1) 04 ZFFYT53A640139228
139229	360	Modena Spider F1 04 Red/Tan ZFFYT53A840139229
139233	360	Modena Spider F1 Black/tan ZFFYT53B000139233
139234	360	Modena Spider F1 1/05 Rosso Corsa/Nero LHD ZFFYT53B000139234
139235	360	Modena Spider 04 Grigio Titanio 3238/Grey Daytona Seats Grey Piping Grey Inserts Manual ZFFYT53A340139235 Shields
139236	360	Modena Spider (F1) 04 ZFFYT53A540139236
139237	360	Modena Spider F1 04 Red/Tan Daytona seats ZFFYT53A740139237 shields Red calipers front & rear Challenge grills
139239	F430	Red LHD EU
139242	F430	F1 Yellow/black ZFFEZ58B000139242
139243	F430	F1 Yellow/all dark Blue ZFFEZ58B000
139245	F430	F1 Black/tan ZFFEZ58B000
139246	F430	F1 Rosso Scuderia FER. 323/charcoal ZFFEZ58B000
139248	F430	F1 Rosso Scuderia FER. 323/black sports seats LHD ZFFEZ58B000139248 Red calipers shields Yellow dials
139249	F430	F1 Yellow/black ZFFEZ58B000
139250	F430	F1 Silver/charcoal ZFFEZ58B000
139251	F430	F1 2/05 Rosso Scuderia FER. 323/Cuoio ZFFEZ58B000139251
139252	F430	F1 12/04 Argento Nürburgring 101/C/Blu Scuro ZFFEZ58B000139252
139253	F430	F1 Rosso Corsa/black

s/n	Type	Comments
139254	F430	F1 Silver/Cuoio Sports seats ZFFEZ58B000139254
139255	F430	F1 black/Cuoio ZFFEZ58B000139255
139256	F430	F1 black/black ZFFEZ58B000
139258	360	Modena Challenge Stradale F1 Rosso Scuderia-Tricolore stripe/Red-black cloth ZFFEZ58B000139258
139259	360	Modena Challenge Stradale F1 Rosso Scuderia stripe/Black & Red LHD ZFFDT57B000139259 Black calipers Challenge rear grill shields
139261	360	Modena Challenge Stradale F1 04 Rosso Scuderia FER. 323/Black & Red alcatara LHD US ZFFDU57A740139261
139262	360	Modena Challenge Stradale F1 04 LHD US ZFFDU57A940139262
139264	360	Modena Challenge Stradale F1 9/04 Rosso Scuderia CS stripe/Red & black cloth ZFFDT57B000139264
139266	360	Modena Challenge Stradale F1 04 LHD US ZFFDU57A640139266
139267	360	Modena Challenge Stradale F1 04 Nero Daytona/Red Leather LHD US ZFFDU57A840139267 Red Calipers
139268	360	Modena Challenge Stradale F1 1/05 Rosso Corsa CS stripe/Black & Red RHD ZFFDT57C000139268 Shields Yellow dials
139270	360	Modena Challenge Stradale F1 Yellow/Black LHD ZFFDT57B000139270
139272	360	Modena Challenge Stradale F1 04 Red/Red LHD US ZFFDU57A140139272
139275	360	Modena Challenge Stradale F1 04 Red stripe/Black Red stitching LHD US ZFFDU57A740139275 Yellow dials
139276	360	Modena Challenge Stradale F1 04 Blu Tour de France Cuoio LHD US ZFFDU57A940139276
139279	360	Modena Challenge Stradale F1 Red black-Red
139280	360	Modena Challenge Stradale F1 04 NART Blue/Black & Red LHD US ZFFDU57A040139280
139281	360	Modena Challenge Stradale F1 Rosso Scuderia FER. 323/TanRHD ZFFDT57C000139281
139284	360	Modena Spider F1 Grigio Titanio 3238/black ZFFYT53B000139284
139285	360	Modena Spider (F1) 04 LHD US ZFFYT53A740139285
139286	360	Modena Spider F1 04 Red/Tan Daytona Seats Red Stitching ZFFYT53A940139286 Red Calipers Shields Front & Rear Challenge Grill
139287	360	Modena Spider (F1) 04 ZFFYT53A040139287
139290	360	Modena Spider 05 Rosso Corsa/Nero Manual ZFFYT53B000139290
139291	360	Modena Spider F1 Rosso Corsa/black LHD EU
139292	360	Modena Spider F1 Rosso Corsa/Black LHD ZFFYT53B000139292 Red calipers shields
139294	360	Modena Spider 04 Black/Black ZFFYT53A840139294
139295	360	Modena Spider F1 04 Red/Tan LHD US ZFFYT53AX40139295
139296	360	Modena Spider (F1) 04 ZFFYT53A140139296
139298	360	Modena Spider (F1) 04 ZFFYT53A540139298
139299	360	Modena Spider F1 04 Red/Tan ZFFYT53A740139299
139300	360	Modena Spider (F1) 04 ZFFYT53AX40139300
139301	360	Modena Spider (F1) 04 ZFFYT53A140139301
139302	360	Modena Spider 04 Red/Black Manual LHD EU ZFFYT53B000
139305	Enzo Ferrari	F1 #399/399+1 Rosso Corsa/nero ZFFCZ56B000139305
139308	F430	F1 Rosso Corsa/black ZFFEZ58B000
139309	F430	F1 Rosso Corsa/Black LHD ZFFEZ58B000139309

s/n	Type	Comments
139314	575	M Maranello F1 10/04 Grigio Titanio Metallizzato 3238/Charcoal ZFFBT55B000139314
139315	575	M Maranello F1 11/04 Rosso Scuderia FER. 323/Beige ZFFBT55C000139315
139316	575	M Maranello F1 dark Blue/beige ZFFBT55B000139316
139317	575	M Maranello F1 GTC silver/black ZFFBT55B000139317 ass. # 56900
139318	575	M Maranello F1 10/04 Nero Daytona/Nero ZFFBT55B000139318
139319	575	M Maranello F1 titanum/black LHD ZFFBT55B000
139322	575	M Maranello 11/04 Nero/Beige ZFFBT55B000139322
139324	575	M Maranello
139325	575	M Maranello
139326	575	M Maranello F1 Red/Black RHD UK ZFFBT55C000139326
139327	575	M Maranello F1 05 Nero/Crema ZFFBT55C000139327
139329	575	M Maranello F1 Grigio Titanio met./black ZFFBT55B000
139332	575	M Maranello F1 Blue/Crema RHD ZFFBT55C000139332 Red calipers Shields
139334	575	M Maranello F1 GTC Red/Black ZFFBT55B000
139336	575	M Maranello 04 LHD US ZFFBV55A240139336
139338	575	M Maranello F1 GTC 1/05 Rosso Corsa/Nero ZFFBT55B000139338
139339	575	M Maranello F1 GTC 1/05 Rosso Scuderia FER. 323/Nero RHD ZFFBT55C000139339 Red calipers shields
139340	360	Modena Challenge Stradale F1 04 Yellow/Black LHD US ZFFDU57A340139340
139341	360	Modena Challenge Stradale F1 04 Nero CS stripe/black & tan sport seats ZFFDT57B000139341 Yellow calipers shields
139344	360	Modena Challenge Stradale F1 9/04 Nero Daytona/Beige RHD Yellow calipers Challenge rear grill shields ZFFDT57C000139344
139348	360	Modena Challenge Stradale F1 04 LHD US ZFFDU57A840139348
139350	360	Modena Challenge Stradale F1 black italan stripe black-Red Red inserts ass.# 56468
139352	360	Modena Challenge Stradale F1 04 Black/Black ZFFDU57AX40139352 ass. # 56513 aluminum calipers
139353	360	Modena Challenge Stradale F1 04 Rosso Scuderia & Black Red Stitchings ZFFDU57A140139353 Rosso Scuderia Calipers Shields Front & Rear Challenge Grills
139354	360	Modena Challenge Stradale F1
139358	360	Modena Challenge Stradale F1 04 LHD US ZFFDU57A040139358
139361	360	Modena Challenge Stradale F1 04 LHD US ZFFDU57A040139361
139362	360	Modena Challenge Stradale F1 04 ZFFDU57A240139362
139365	360	Modena Spider F1 Red/Black ZFFYT53B000139365
139366	360	Modena Spider F1 Red/Black ZFFYT53B000139366
139370	360	Modena Spider Silver/dark Blue Manual ZFFYT53B000139370
139371	360	Modena Spider (F1) 04 ZFFYT53A040139371
139372	360	Modena Spider (F1) 04 ZFFYT53A240139372
139373	360	Modena Spider (F1) 04 ZFFYT53A440139373
139374	360	Modena Spider F1 04 Nuovo Nero Daytona/Crema RHD UK ZFFYT53C000139374
139378	360	Modena Spider F1 05 Bianco/Blue ZFFYT53B000139378, new to Saudi Arabia

s/n	Type	Comments	s/n	Type	Comments
139380	360	Modena Spider F1 04 Rosso Corsa/Beige Daytona seats black inserts black piping ZFFYT53A140139380 shields red calipers challenge grill Tubi	139451	360	Modena Spider (F1) 04 ZFFYT53A940139451
			139452	360	Modena Spider (F1) 04 ZFFYT53A040139452
			139453	360	Modena Spider F1 04 Grigio Titanio 3238/Tan Daytona Seats ZFFYT53A240139453 Tubi Shields Red Calipers
139381	360	Modena Spider 04 Red/Tan Manual ZFFYT53A340139381			
			139454	360	Modena Spider (F1) 04 ZFFYT53A440139454
139383	360	Modena Spider F1 04 Rosso Corsa/Tan ZFFYT53A740139383 Shields Rear Challenge Grille Rosso Corsa Calipers	139457	360	Modena Spider (F1) 04 ZFFYT53AX40139457
			139458	360	Modena Spider (F1) 04 ZFFYT53A140139458
			139459	360	Modena Spider (F1) 04 ZFFYT53A340139459
139387	360	Modena Spider (F1) 04 ZFFYT53A440139387	139460	360	Modena Spider (F1) 04 ZFFYT53AX40139460
139391	360	Modena Spider Red Manual LHD EU	139461	360	Modena Spider 04 Grigio Titanio 3238/Black grey stitching ZFFYT53A140139461 front & rear challenge grill shields
139393	360	Modena Spider (F1) ZFFYT53AX40139393			
139394	360	Modena Spider (F1) 04 ZFFYT53A140139394			
139395	360	Modena Spider (F1) 04 ZFFYT53A340139395	139462	360	Modena Spider F1 4/05 Rosso Corsa/Crema ZFFYT53C000139462
139398	360	Modena Spider F1 3/05 Rosso Corsa/Nero ZFFYT53B000139398			
			139464	360	Modena Spider (F1) 04 ZFFYT53A740139464
139400	360	Modena Spider (F1) 04 ZFFYT53A340139400	139465	360	Modena Spider F1 04 Black/dark Grey black top ZFFYT53A940139465 Red calipers
139401	360	Modena Spider (F1) 04 ZFFYT53A540139401			
139402	360	Modena Spider (F1) 04 ZFFYT53A740139402	139466	360	Modena Spider (F1) ZFFYT53A040139466
139403	360	Modena Spider (F1) 04 ZFFYT53A940139403	139467	360	Modena Spider 04 Red/Tan LHD Manual US ZFFYT53A240139467
139406	360	Modena Challenge Stradale F1 04 Rosso Scuderia CS stripe/Beige leather ZFFDT57B000139406 ass. # 56626 Red calipers			
			139468	360	Modena Spider 05 Rosso Corsa/Crema Manual RHD UK ZFFYT53C000139468
			139470	360	Modena Spider F1 04 Rosso Corsa/Tan Daytona Seats Red Stitching LHD US ZFFYT53A240139470 Tan Rollbars Shields Red Calipers Rear Challenge Grill
139407	360	Modena Challenge Stradale F1 04 LHD US ZFFDU57A940139407			
139408	360	Modena Challenge Stradale F1 04 LHD US ZFFDU57A040139408			
			139471	360	Modena Spider (F1) 04 ZFFYT53A440139471
139413	360	Modena Challenge Stradale F1 04 LHD US ZFFDU57A440139413	139472	360	Modena Spider 04 Red/Tan Manual ZFFYT53A640139472
139414	360	Modena Challenge Stradale F1 04 Grigio Titanio 3238/Black LHD US ZFFDU57A640139414 Red calipers Tinted windows Rear challenge grill shields	139473	360	Modena Spider
			139474	360	Modena Spider 1/05 Rosso Corsa/Crema ZFFYT53C000139474
			139475	360	Modena Spider
139415	360	Modena Challenge Stradale F1 Red/Black ZFFDT57B000139415 ass. # 56568	139477	360	Modena Spider 3/05 Rosso Corsa/Sabbia ZFFYT53C000139477
139417	360	Modena Challenge Stradale F1 04 ZFFDU57A140139417	139478	360	Modena Spider F1 04 Rosso Corsa/Crema ZFFYT53C000139478
139418	360	Modena Challenge Stradale F1 Rosso Scuderia FER. 323/Nero ZFFDT57B000139418 ass. # 56619	139480	360	Modena Spider 11/04 Rosso Corsa/Crema ZFFYT53C000139480
			139482	575	M Maranello (F1) 05 LHD US ZFFBV55A050139482
139419	360	Modena Challenge Stradale F1 04 Rosso Corsa/Black ZFFDU57A540139419	139483	575	M Maranello F1 05 Rosso Corsa/Black Daytona Seats Black stitching LHD US ZFFBV55A250139483 Red calipers shields
139424	360	Modena Challenge Stradale F1 04 ZFFDU57A940139424			
139425	360	Modena Challenge Stradale F1 04 ZFFDU57A040139425	139484	575	M Maranello F1 05 Black/Black Daytona seats Red inserts Red stitching LHD US ZFFBV55A450139484 Red calipers shields
139426	360	Modena Challenge Stradale F1 04 LHD US ZFFDU57A240139426			
			139485	575	M Maranello F1 05 Black/Black LHD US ZFFBV55A650139485
139427	360	Modena Challenge Stradale F1 Rosso Scuderia FER. 323/black			
			139486	575	M Maranello (F1) 05 LHD US ZFFBV55A850139486
139429	360	Modena Challenge Stradale F1 04 ZFFDU57A840139429	139487	575	M Maranello F1 05 Argento Nürburgring 101/C/Black Daytona Seats Red stitching LHD US ZFFBV55AX50139487 Red Calipers Tubi Fiorano Handling Package shields
139430	360	Modena Spider 5/05 Blu Mirabeau/Crema Manual RHD UK			
139435	360	Modena Spider F1 04 Red/Tan ZFFYT53A040139435			
			139489	575	M Maranello F1 Black/Cuoio Sports seats LHD ZFFBT55B000139489
139436	360	Modena Spider (F1) 04 ZFFYT53A240139436			
139440	360	Modena Spider F1 04 Rosso Corsa/Beige ZFFYT53A440139440 Red calipers shields	139490	575	M Maranello (F1) Grigio Silverstone/tan
			139491	575	M Maranello F1 05 Black/Tan LHD US ZFFBV55A150139491
139441	360	Modena Spider (F1) 04 ZFFYT53A640139441			
139442	360	Modena Spider (F1) 04 ZFFYT53A840139442	139492	575	M Maranello F1 GTC 12/04 Rosso Corsa/Nero ZFFBT55B000139492
139443	360	Modena Spider (F1) 04 LHD US ZFFYT53AX40139443			
			139496	612	Scaglietti F1 05 silver/black LHD EU
139445	360	Modena Spider F1 11/04 Grigio Titanio Metallizzato 3238/Nero LHD US ZFFYT53A340139445	139497	612	Scaglietti F1 05 Black/Tan Daytona Seats LHD US ZFFAA54A150139497 ass. # 56732 Red Brake Calipers
139446	360	Modena Spider (F1) 04 ZFFYT53A540139446	139505	612	Scaglietti (F1) 05 LHD US ZFFAA54A750139505 ass. # 56778
139447	360	Modena Spider (F1) 04 ZFFYT53A740139447			
139448	360	Modena Spider F1 04 Black Red/Black stitching ZFFYT53A940139448 Red calipers front & rear challenge grill shields	139508	612	Scaglietti (F1) 05 ZFFAA54A250139508 ass. # 56931
			139510	612	Scaglietti F1 05 Nero/Beige LHD EU Shields Yellow calipers
139449	360	Modena Spider (F1) 04 ZFFYT53A040139449			

s/n	Type	Comments
139511	612	Scaglietti F1 Argento Nürburgring 101/C/Black LHD EU
139512	612	Scaglietti (F1) 05 LHD US ZFFAA54A450139512 ass. # 56802
139514	612	Scaglietti (F1) 05 ZFFAA54A850139514 ass. # 56836
139519	612	Scaglietti (F1) 05 LHD US ZFFAA54A750139519 ass. # 56846
139520	612	Scaglietti (F1) 05 ZFFAA54A350139520 ass. # 56882
139523	612	Scaglietti (F1) 05 ZFFAA54A950139523 ass. # 57643
139527	612	Scaglietti F1 05 Red/Black LHD US ZFFAA54A650139527 ass. # 56972 Shields Red calipers
139531	612	Scaglietti F1 11/04 Blu Mirabeau/Beige RHD UK ZFFAY54C000139531 Silver calipers shields
139532	612	Scaglietti F1 3/05 Nero/Nero ZFFAY54B000139532
139533	612	Scaglietti (F1) 05 dark Blue/tan LHD EU ZFFAY54B000
139536	612	Scaglietti
139538	612	Scaglietti F1 2/05 Argento Nürburgring 101/C/Nero ZFFAY54C000139538
139539	612	Scaglietti 05 Argento Nürburgring 101/C/Nero silver stitching Manual RHD ZFFAY54C000139539 Silver calipers shields
139540	612	Scaglietti F1 05 Red/Tan LHD EU
139541	612	Scaglietti F1 Silverstone grey/cuoio ZFFAY54B000139541
139542	612	Scaglietti 05 Red/Tan LHD EU
139543	612	Scaglietti
139544	612	Scaglietti F1 05 Nero Daytona/Crema RHD UK ZFFAY54C000139544
139545	612	Scaglietti F1 2/05 Nero Daytona/Nero RHD ZFFAY54C000139545 Yellow calipers
139546	F430	05 Red/Black
139547	F430	F1 Red/Black ZFFEZ58B000139547
139548	F430	F1 Yellow/black LHD EU Yellow stitching
139550	F430	F1 Red/Black ZFFEZ58B000139550
139553	F430	F1 1/05 Rosso Corsa/Nero ZFFEZ58B000139553
139555	F430	F1 05 Red/Black ZFFEZ58B000139555
139561	612	Scaglietti (F1) 05 ZFFAA54A650139561 ass. # 56933
139563	612	Scaglietti F1 black/black
139564	612	Scaglietti (F1) black/brown LHD EU
139565	612	Scaglietti
139567	612	Scaglietti F1 Grigio Ingrid 720/cuoio ZFFAY54B000
139570	612	Scaglietti (F1) 05 LHD US ZFFAA54A750139570
139571	612	Scaglietti F1 04 Nero Daytona/Beige ZFFAY54B000139571
139572	612	Scaglietti 04 Black/tan LHD
139573	612	Scaglietti F1 05 Grigio Titanio met./Black ZFFSS54A250139573 silver calipers Shields
139574	612	Scaglietti F1 black/tan ZFFAY54B000139574
139575	612	Scaglietti (F1) 05 LHD US ZFFAA54A650139575 ass. # 57021
139577	612	Scaglietti F1 04 pearl White/White black inserts LHD EU
139578	612	Scaglietti F1 05 Argento Nürburgring 101/C/Bordeaux RHD UK ZFFAY54C000139578 Red calipers shields
139579	612	Scaglietti (F1) 05 ZFFAA54A350139579 ass. # 57105
139580	612	Scaglietti F1 05 Grigio Titanio met./Bordeaux RHD UK ZFFAY54C000139580 Red calipers shields
139581	612	Scaglietti
139582	612	Scaglietti F1 05 Blu Tour de France 522/Blu Scuro RHD UK ZFFAY54C000139582 Silver calipers, Shields
139583	612	Scaglietti F1 1/05 Nero Daytona/Crema ZFFAY54C000139583
139584	612	Scaglietti
139585	612	Scaglietti 05 Grigio Titanio Metallizzato 3238/Beige RHD UK ZFFAY54C000139585
139586	360	Modena Challenge Stradale F1 04 black/Red & black Alcantara LHD US ZFFDU57A240139586
139587	360	Modena Challenge Stradale F1 04 LHD US ZFFDU57A440139587
139589	360	Modena Challenge Stradale F1 04 LHD US ZFFDU57A840139589
139590	360	Modena Challenge Stradale F1 04 Blu Tour de France 522/Non Standard ZFFDT57C000139590
139591	360	Modena Challenge Stradale F1 Red/Black & Red sport seats ital. Stripe LHD EU
139594	360	Modena Challenge Stradale F1 04 LHD US ZFFDU57A140139594
139595	360	Modena Challenge Stradale F1
139598	360	Modena Challenge Stradale F1 04 Grigio/Black LHD US ZFFDU57A940139598
139599	360	Modena Challenge Stradale F1
139600	360	Modena Challenge Stradale F1 04 LHD US ZFFDU57A340139600
139601	360	Modena Challenge Stradale F1 black/black LHD ZFFDT57B000139601 ass #56735
139602	360	Modena Challenge Stradale F1 12/04 Rosso Corsa/Black & Red Red stitching French stripe/Red & black ZFFDT57B000139602 ass. # 56721
139603	360	Modena Challenge Stradale F1 Black tricolore.stripe/Red & black cloth ZFFDT57B000 Yellow calipers
139605	360	Modena Challenge Stradale F1 04 Grigio Titanio 3238/Black Light Grey stitching LHD US ZFFDU57A240139605 Silver Calipers
139606	360	Modena Challenge Stradale F1 12/04 Rosso Scuderia FER. 323/Rosso ZFFDT57B000139606
139609	360	Modena Spider (F1) 04 ZFFYT53A740139609
139610	360	Modena Spider (F1) 04 ZFFYT53A340139610
139611	360	Modena Spider F1 04 Rosso Corsa/Tan Black Top ZFFYT53A540139611 Shields
139612	360	Modena Spider 04 Nero Daytona/Nero Daytona Seats grey piping & stitching manual/black LHD US ZFFYT53A740139612 Shields Red Calipers Front & Rear Challenge Grills temp. CS stripe
139614	360	Modena Spider 04 Red/Tan Daytona seats Manual ZFFYT53A040139614 Shields Yellow calipers Rear Challenge Grill front Challenge
139615	360	Modena Spider (F1) 04 ZFFYT53A240139615
139616	360	Modena Spider (F1) 04 ZFFYT53A440139616
139617	360	Modena Spider F1 04 Red/Tan ZFFYT53A640139617
139618	360	Modena Spider (F1) 04 Black/Black Daytona seats ZFFYT53A840139618 Black/Black Daytona seats
139620	360	Modena Spider (F1) 04 ZFFYT53A640139620
139621	360	Modena Spider (F1) 04 ZFFYT53A840139621
139622	360	Modena Spider F1 04 Silver/Black & Grey Daytona Seats ZFFYT53AX40139622 Front & Rear Challenge Grilles Shields Red Calipers
139623	360	Modena Spider (F1) 04 ZFFYT53A140139623
139624	360	Modena Spider F1 04 Giallo Modena/Beige ZFFYT53A340139624
139625	360	Modena Spider F1 04 Rosso Scuderia FER. 323/Black ZFFYT53A540139625 Red calipers shields
139627	360	Modena Spider (F1) 04 ZFFYT53A940139627

s/n	Type	Comments
139628	360	Modena Spider F1 04 Rosso Corsa/Sabbia Daytona seats Black inserts ZFFYT53A040139628 Shields Calipers Front & Rear Challenge Grille
139629	360	Modena Spider 04 Argento Nürburgring 101/C/Black Daytona seats silver stitching Manual ZFFYT53A240139629 Shields Red Calipers Front & Rear Challenge Grills
139630	360	Modena Spider (F1) 04 ZFFYT53A940139630
139631	360	Modena Spider 04 Red/Tan Red Stitching ZFFYT53A040139631 Red Calipers Shields
139632	360	Modena Spider F1 dark Blue/grey Blue top LHD JP ZFFYT53J000139632 Silver calipers shields
139633	360	Modena Spider (F1) 04 ZFFYT53A440139633
139634	360	Modena Spider (F1) 04 LHD US ZFFYT53A640139634
139635	360	Modena Spider F1 04 Red/Tan Black Piping ZFFYT53A840139635 Yellow Calipers Shields
139636	360	Modena Spider (F1) 04 LHD US ZFFYT53AX40139636
139637	360	Modena Spider 04 ZFFYT53A140139637
139640	360	Modena Spider (F1) 04 ZFFYT53A140139640
139641	360	Modena Spider (F1) 04 LHD US ZFFYT53A340139641
139642	360	Modena Spider F1 11/04 Giallo Modena/Nero ZFFYT53A540139642 Yellow Calipers Rear Challenge Grill Front Challenge Grilles Shields
139643	360	Modena Spider 04 Rosso Corsa/Beige Manual ZFFYT53A740139643
139644	360	Modena Spider (F1) 04 ZFFYT53A940139644
139645	360	Modena Spider (F1) 04 ZFFYT53A040139645
139646	360	Modena Spider 04 Argento Nürburgring 101/C/Nero silver stitching Manual ZFFYT53C000139646 Silver calipers shields
139648	360	Modena Spider
139649	360	Modena Spider F1 Azzurro California 524/Black Blue top ZFFYT53B000139649
139651	360	Modena Challenge Stradale F1 04 Rosso Scuderia FER. 323/Black LHD US ZFFDU57A940139651
139658	360	Modena Challenge Stradale F1 04 Giallo Modena/Blu Scuro ZFFDT57B000139658
139660	360	Modena Challenge Stradale F1 04 LHD US ZFFDU57AX40139660
139662	360	Modena Challenge Stradale F1 04 LHD US ZFFDU57A340139662
139663	360	Modena Challenge Stradale F1 Rosso Scuderia FER. 323/Black & Red Cloth
139664	360	Modena Challenge Stradale F1 Giallo Modena/Black Alcantara Yellow stitching LHD ZFFDT57B000139664ass.# 56839 Yellow dials Sliding windows
139665	360	Modena Challenge Stradale F1 04 Rosso Scuderia FER. 323/Azzurro ZFFDT57B000139665
139666	360	Modena Challenge Stradale F1 04 Red/Black LHD ZFFDU57A040
139667	360	Modena Challenge Stradale F1 04 Nero Daytona/Nero ZFFDT57C000139667
139668	360	Modena Challenge Stradale F1 Red/Red & black Red stitching RHD ZFFDT57C000139668 Red calipers shields
139669	360	Modena Challenge Stradale F1 Red & stripe/Red & black RHD ZFFDT57C000139669 Red calipers shields
139671	360	Modena Challenge Stradale F1
139673	360	Modena Spider (F1) 04 ZFFYT53A540139673
139674	360	Modena Spider (F1) 04 ZFFYT53A740139674
139675	360	Modena Spider F1 04 Yellow/Black ZFFYT53A940139675
139676	360	Modena Spider F1 04 Nero/Tan F1ZFFYT53A040139676 Rear Challenge Grill Shields Red Calipers
139677	360	Modena Spider (F1) 04 LHD US ZFFYT53A240139677
139678	360	Modena Spider (F1) 04 ZFFYT53A440139678
139679	360	Modena Spider (F1) 04 ZFFYT53A640139679
139680	360	Modena Spider (F1) 04 ZFFYT53A240139680
139681	360	Modena Spider (F1) 04 ZFFYT53A440139681
139682	360	Modena Spider F1 04 Blu Pozzi 521 D.S./Tan Daytona seats LHD US ZFFYT53A640139682 Rear challenge grill shields
139683	360	Modena Spider 04 Red/Tan Manual ZFFYT53A840139683
139685	360	Modena Spider F1 04 Silver/Red LHD US ZFFYT53A140139685
139686	360	Modena Spider F1 04 Red/Tan black top LHD US ZFFYT53A340139686 shields Yellow calipers front challenge grills
139687	360	Modena Spider (F1) 04 LHD US ZFFYT53A540139687
139688	360	Modena Spider F1 04 Nero/Daytona Beige ZFFYT53A740139688
139689	360	Modena Spider 04 Red/Tan Manual ZFFYT53A940139689 Rear Challenge Grill
139690	360	Modena Spider F1 04 Red/Tan Daytona Seats Red inserts Red stitching LHD US ZFFYT53A540139690 Red calipers shields
139691	360	Modena Spider (F1) 04 ZFFYT53A740139691
139692	360	Modena Spider (F1) 04 ZFFYT53A940139692
139693	360	Modena Spider (F1) 04 ZFFYT53A040139693
139695	360	Modena Spider (F1) 04 ZFFYT53A440139695
139696	360	Modena Spider F1 04 Rosso Corsa/Beige ZFFYT53A640139696 Challenge Rear Grill
139697	360	Modena Spider 04 Giallo Modena/black Daytona seats Yellow stitching LHD Manual US ZFFYT53A840139697 front & rear Challenge grilles Yellow calipers shields
139698	360	Modena Spider F1 04 Black/Tan LHD Daytona Seats US ZFFYT53AX40139698 Shields Front & Rear Challenge Grills
139699	360	Modena Spider 04 Nuovo Nero Daytona/Beige RHD UK ZFFYT53C000139699 Black calipers
139700	360	Modena Spider F1 05 Rosso Corsa/Nero RHD ZFFYT53C000139700 Challenge rear grill
139702	360	Modena Spider F1 05 Rosso Corsa/Nero ZFFYT53C000139702 Red calipers shields
139703	360	Modena Spider Red/beige Manual RHD ZFFYT53C000139703
139704	360	Modena Spider
139710	360	Modena Challenge Stradale F1 04 Rosso Corsa/Black Red stitching LHD US ZFFDU57AX40139710 shields Red calipers Yellow dials
139711	360	Modena Challenge Stradale F1 Red.tricolore stripe/Red ZFFDT57B000
139712	360	Modena Challenge Stradale F1 Rosso Corsa/Black & Red LHD ZFFDT57B000139712
139714	360	Modena Challenge Stradale F1 04 ZFFDU57A740139714
139715	360	Modena Challenge Stradale F1 Red/Black Red stitching RHD ZFFDT57C000139715 Red calipers shields Yellow dials
139716	360	Modena Challenge Stradale F1 Red/Red & black cloth ZFFDT57B000
139717	360	Modena Challenge Stradale F1 Rosso Scuderia FER. 323/Black & Red LHD EU ZFFDT57B000 shields Red stitching Yellow dials
139718	360	Modena Challenge Stradale F1 04 ZFFDU57A440139718
139719	360	Modena Challenge Stradale F1 04 Red no stripe/Black & Red alcantara Red stitching ZFFDT57B000139719 Red calipers

s/n	Type	Comments
139720	360	Modena Challenge Stradale F1 Red/Black ZFFDT57B000
139722	360	Modena Challenge Stradale F1 04 Rosso Corsa/Tan LHD US ZFFDU57A640139722
139723	360	Modena Challenge Stradale F1 04 Red italian stripe/black black & Red sport seats ZFFDT57B000139723 Red calipers slide windows
139724	360	Modena Challenge Stradale F1 Red/Black LHD ZFFDT57B000139724
139725	360	Modena Challenge Stradale F1 05 LHD US ZFFDU57A140139725
139726	360	Modena Challenge Stradale F1 Rosso Fiorano 321/black ZFFDT57B000139726 ass. # 56960
139729	360	Modena Challenge Stradale F1 1/05 Rosso Scuderia FER. 323/Azzurro ZFFDT57C000139729
139731	360	Modena Spider 04 Black/Black Daytona seats manual Red stitching shields
139739	360	Modena Spider F1 4/05 Rosso Scuderia FER. 323/Nero RHD AUS ZFFYT53D000139739
139740	360	Modena Spider
139741	360	Modena Spider F1 1/05 Rosso Scuderia FER. 323/Crema ZFFYT53C000139741
139742	360	Modena Spider 3/05 Blu Tour de France 522/Crema Manual ZFFYT53C000139742 Red calipers Challenge rear grill shields
139743	360	Modena Spider F1 05 Rosso Corsa/Nero RHD UK ZFFYT53C000139743
139745	360	Modena Spider (F1) 04 ZFFYT53A440139745
139746	360	Modena Spider 04 Red/Tan LHD ZFFYT53A640139746
139747	360	Modena Spider 04 Grigio Titanio 3238/Black Manual ZFFYT53A840139747
139749	360	Modena Spider (F1) 04 ZFFYT53A140139749
139750	360	Modena Spider F1 04 Black/Tan Daytona Seats Black Inserts, Stitching & Piping LHD US ZFFYT53A840139750 Challenge Grills Tubi Shields
139751	360	Modena Spider (F1) 04 ZFFYT53AX40139751
139752	360	Modena Spider 04 Grigio Titanio 3238/Beige Daytona Seats Black soft top Manual ZFFYT53A140139752 Challenge front & Rear Grill Shields silver calipers
139753	360	Modena Spider F1 04 Rosso Scuderia FER. 323/Tan Daytona Seats Red Stiching ZFFYT53A340139753 Shields Red Calipers
139754	360	Modena Spider F1 04 Rosso Corsa/Tan ZFFYT53A540139754
139755	360	Modena Spider F1 1/05 Rosso Corsa/Tan Daytona seats Red inserts ZFFYT53A550139755 rear challenge grille Red calipers shields
139756	360	Modena Spider (F1) 04 ZFFYT53A940139756
139759	360	Modena Spider (F1) 05 ZFFYT53A250139759
139760	360	Modena Spider (F1) 05 ZFFYT53A950139760
139761	360	Modena Spider F1 05 Red/Beige ZFFYT53A050139761
139762	360	Modena Spider (F1) 05 ZFFYT53A250139762
139763	360	Modena Spider F1 05 Red/Beige Daytona Seats ZFFYT53A450139763 Tubi Shields Red Calipers Front Challenge Grill
139764	360	Modena Spider (F1) 05 ZFFYT53A650139764
139765	360	Modena Spider (F1) 05 LHD US ZFFYT53A850139765
139766	360	Modena Spider (F1) 05 LHD US ZFFYT53AX50139766
139767	360	Modena Spider (F1) 05 ZFFYT53A150139767
139768	360	Modena Spider F1 05 Rosso Corsa/Beige ZFFYT53A350139768
139769	360	Modena Spider F1 05 Red/Tan ZFFYT53A550139769
139770	360	Modena Spider F1 05 Rosso Corsa/Beige LHD US ZFFYT53A150139770
139771	360	Modena Spider (F1) 05 LHD US ZFFYT53A350139771
139772	360	Modena Spider (F1) 05 LHD US ZFFYT53A550139772
139773	360	Modena Spider F1 05 Rosso Corsa/Tan Daytona seats ZFFYT53A750139773 Red calipers shields
139774	360	Modena Spider (F1) 05 LHD US ZFFYT53A950139774
139775	360	Modena Spider (F1) 05 ZFFYT53A050139775
139776	360	Modena Spider (F1) 05 ZFFYT53A250139776
139777	360	Modena Spider F1 05 Rosso Corsa/Beige LHD US ZFFYT53A450139777
139778	360	Modena Spider (F1) 05 ZFFYT53A650139778
139779	360	Modena Spider (F1) 05 Red/Tan LHD US ZFFYT53A850139779 Red calipers shields front Challenge grill
139780	360	Modena Spider (F1) 05 ZFFYT53A450139780
139781	360	Modena Spider 05 Red/Black ZFFYT53A650139781
139782	360	Modena Spider (F1) 05 ZFFYT53A850139782
139783	360	Modena Spider (F1) 05 ZFFYT53AX50139783
139784	360	Modena Spider (F1) 05 LHD US ZFFYT53A150139784
139785	360	Modena Spider (F1) 05 LHD US ZFFYT53A350139785
139786	360	Modena Spider (F1) 05 ZFFYT53A550139786
139787	360	Modena Spider (F1) 05 ZFFYT53A750139787
139788	360	Modena Spider (F1) 05 LHD US ZFFYT53A950139788
139789	360	Modena Spider F1 05 Fly Yellow/Black Daytona Seats Yellow Stitching ZFFYT53A050139789 Yellow Calipers
139790	360	Modena Spider (F1) 05 ZFFYT53A750139790
139791	360	Modena Spider (F1) 05 LHD US ZFFYT53A950139791
139792	360	Modena Spider (F1) 05 ZFFYT53A050139792
139793	360	Modena Spider F1 05 Yellow/Black Yellow stitching ZFFYT53A250139793 Yellow calipers Shields Front Challenge Grills
139794	360	Modena Spider (F1) ZFFYT53A450139794
139795	360	Modena Spider F1 05 Silver/Black Silver stitching ZFFYT53A650139795 shields silver calipers front Challenge grill
139796	360	Modena Spider (F1) 05 ZFFYT53A850139796
139797	360	Modena Spider (F1) 05 LHD US ZFFYT53AX50139797
139798	575	M Maranello 5/05 Red/Black Manual
139800	575	M Maranello F1 GTC 05 Grigio Ingrid 720/black ZFFBT55B000139800
139802	575	M Maranello (F1) 05 LHD US ZFFBV55A350139802
139804	575	M Maranello F1 Grigio Alloy/Dark Blue LHD ZFFBT55B000139804 Red calipers shields
139805	360	Modena Challenge Stradale F1 Black/Red LHD
139806	575	M Maranello F1 4/05 Rosso Corsa/Beige LHD ZFFBV55A050139806
139807	575	M Maranello F1 GTC 4/05 Nero/Nero ZFFBT55B000139807
139810	575	M Maranello F1 GTC Rosso Scuderia FER. 323/nero
139811	575	M Maranello F1 05 Black/Tan Daytona seats dark inserts & piping ZFFBV55A450139811 shields Red calipers
139812	575	M Maranello F1 05 Red/Tan Daytona seats black inserts ZFFBV55A650139812 shields Fiorano package
139816	575	M Maranello F1 GTC 3/05 Nero/Nero sportseats RHD ZFFBT55C000139816 Red calipers shields
139817	575	M Maranello F1 Nero Daytona/tan ZFFBT55B000139817

s/n	Type	Comments
139818	575	M Maranello F1 Grigio Titanio met./black
139819	575	M Maranello (F1) 05 LHD US ZFFBV55A950139819
139821	575	M Maranello F1 05 Black/Black Daytona seats LHD US ZFFBV55A750139821 shields
139822	F430	F1 Rosso Corsa/tan
139823	F430	F1 Red/Tan
139824	F430	F1 05 black/black LHD EU shields black calipers
139826	F430	F1 Red/Black ZFFEZ58B000139826
139828	F430	F1 Rosso Corsa/beige racing seats Rosso stitching ZFFEZ58B000139828 shields
139829	F430	F1 Rosso Corsa/Black LHD ZFFEZ58B000139829 shields
139831	F430	F1 black/black
139833	F430	F1 Red/Black
139836	360	Modena Challenge Stradale F1 Red/Black LHD
139839	360	Modena Challenge Stradale F1 Black CS stripe/Black silver stitching LHD ZFFDT57B000139839 Red calipers
139840	360	Modena Challenge Stradale F1 Rosso Corsa/black LHD EU ZFFDT57B000139840
139842	360	Modena Challenge Stradale F1 Red/Black LHD ZFFDT57B000139842
139850	360	Modena Challenge Stradale F1 Red/Black Red stitching ZFFDT57B000139850 ass.# 57088
139855	360	Modena Challenge Stradale F1 Black/Red & black cloth ZFFDT57B000139855 ass. # 57241 no stripe
139856	612	Scaglietti 05 Blu Mirabeau/Beige RHD UK ZFFAY54C000139856
139857	612	Scaglietti 05 Red/Tan Manual RHD AUS
139859	612	Scaglietti F1 10/04 Rosso Rubino/Sabia Daytona Seats Red Piping ZFFAA54A950139859 ass. # 57110 Shields
139862	612	Scaglietti (F1) 05 LHD US ZFFAA54A950139862 ass. # 57150
139863	612	Scaglietti 05 Red/Tan Daytona Seats Black Stitching Manual LHD US ZFFAA54A050139863 ass. # 57139
139866	612	Scaglietti F1 05 Red/Black ZFFAY54B000139866
139867	612	Scaglietti
139869	612	Scaglietti F1 1/05 Nero Carbone Metallizzato/Nero ZFFAY54B000139869
139871	612	Scaglietti F1 05 Black Cuoio LHD US ZFFAA54AX50139871 ass. # 57197
139872	612	Scaglietti F1 1/05 Blu Mirabeau/Beige ZFFAY54C000139872
139873	612	Scaglietti F1 05 black/brown
139875	612	Scaglietti (F1) 05 LHD US ZFFAA54A750139875 ass. # 57229
139879	612	Scaglietti (F1) 05 LHD US ZFFAA54A450139879 ass. # 57207
139883	612	Scaglietti F1 05 Grigo Ingrid/Cuoio Daytona seats ZFFAA54A650139883 ass. # 57268 Aluminum calipers
139884	612	Scaglietti F1 White/Red LHD ZFFAY54B000139884 Red calipers shields
139886	612	Scaglietti F1 05 Red/Tan Red stitching ZFFAA54A150139886 ass. # 57267
139889	612	Scaglietti
139902	360	Modena Challenge Stradale F1 05 Rosso Corsa/Red & Black RHD ZFFDT57D000139902 Red calipers shields Plexi windows
139909	360	Modena Challenge Stradale F1 1/05 Rosso Corsa CSstripe/Tessuto Racing Nero & Rosso ZFFDT57C000139909 Red calipers Red stitching
139912	360	Modena Challenge Stradale F1 3/05 Rosso Scuderia FER. 323/Rosso ZFFDT57C000139912
139914	360	Modena Challenge Stradale F1 1/05 Rosso Scuderia FER. 323/Tessuto Racing Nero/Rosso ZFFDT57C000139914
139915	F430	F1 Rosso Corsa/nero LHD EU
139918	F430	F1 05 Red/Black ZFFEZ58B000139918
139919	612	Scaglietti (F1) 05 LHD US ZFFAA54A150139919 ass. # 57275
139921	F430	F1 silver/black ZFFEZ58B000139921
139924	F430	F1 Yellow/black ZFFEZ58B000139924
139925	F430	F1 Red/Black ZFFEZ58B000
139926	F430	F1 05 black/black sport seats LHD EU
139928	F430	F1 Yellow/black ZFFEZ58B000
139929	F430	F1 Red/Black ZFFEZ58B000
139930	F430	F1 Red/Black ZFFEZ58B000139930
139935	575	M Maranello F1 GTC Silver/black ZFFBT55B000
139937	575	M Maranello F1 GTC 05 Red/Black ZFFBT55B000
139938	575	M Maranello F1 05 Nero Beige
139940	575	M Maranello F1 GTC Black/black ZFFBT55B000139940
139941	575	M Maranello F1 05 Black/Black LHD US ZFFBV55A650139941
139942	575	M Maranello F1 Red/Black
139943	575	M Maranello F1 05 Grigio Alloy/all cuoio ZFFBV55AX50139943
139944	575	M Maranello F1 Black/Black sports seats Red stitching LHD ZFFBT55B000139944 Red calipers shields
139945	575	M Maranello F1 Rosso Corsa/Black ZFFBT55B000139945
139949	575	M Maranello F1 05 Silver/Tan ZFFBV55A050139949
139950	575	M Maranello F1 12/05 Rosso Corsa/Nero ZFFBT55B000139950
139955	F430	F1 05 Red/Black ZFFEZ58B000139955
139966	612	Scaglietti (F1) 05 LHD US ZFFAA54AX50139966 ass. # 57346
139967	612	Scaglietti (F1) 05 LHD US ZFFAA54A150139967 ass. # 57361
139968	612	Scaglietti F1 Blue/tan RHD ZFFAY54C000139968
139969	612	Scaglietti F1 Grigio Titanio FER 3238/Cuoio ZFFAY54B000139969
139971	612	Scaglietti (F1) 05 LHD US ZFFAA54A350139971 ass. # 57306
139972	612	Scaglietti (F1) 05 LHD US ZFFAA54A550139972 ass. # 57385
139974	612	Scaglietti (F1) 05 LHD US ZFFAA54A950139974 ass. # 57342
139975	612	Scaglietti F1 05 Grigio Titanio met./black LHD EU ZFFAY54B000139975
139979	612	Scaglietti F1 1/05 Grigio Titanio Metallizzato 3238/Charcoal Daytona seats light grey stitching LHD US ZFFAA54A850139979 ass. # 57275 or # 57406 shields
139980	612	Scaglietti F1 Red/Black ZFFAY54B000139980
139981	612	Scaglietti (F1) 05 LHD US ZFFAA54A650139981 ass. # 57809
139984	612	Scaglietti F1 05 Grigio Titanio Cuoio Daytona Seats Navy Blue Piping & Inserts LHD US ZFFAA54A150139984 ass. # 57444 Yellow Calipers Shields
139986	612	Scaglietti (F1) 05 LHD US ZFFAA54A550139986 ass. # 57462
139987	612	Scaglietti F1 12/04 Rosso Corsa/Nero ZFFAY54B000139987 Red calipers shields
139989	612	Scaglietti F1 Black/tan ZFFAY54B000
139990	612	Scaglietti F1 Azzurro California 524/dark grey LHD EU
139992	612	Scaglietti (F1) 05 LHD US ZFFAA54A050139992 ass. # 57479
139993	612	Scaglietti (F1) 05 LHD US ZFFAA54A250139993 ass. # 57497

s/n	Type	Comments
139994	612	Scaglietti F1 1/05 Nero/Nero ZFFAY54C000139994
139996	360	Modena Challenge Stradale F1 ass. # 51310
139997	612	Scaglietti (F1) 05 LHD US ZFFA54AX50139997 ass. # 57518
139998	612	Scaglietti 05 Rubino Micalizzato/Beige ZFFAY54C000139998
140000	612	Scaglietti F1 Black/Brown ZFFAY54B000140000 shields Yellow calipers
140003	612	Scaglietti F1 05 argento/tan ZFFAY54B000140003 Black carpets
140004	360	Modena Challenge Stradale F1
140014	360	Modena Challenge Stradale F1 black CS-stripe/Red seats LHD ZFFDT57J000140014
140015	360	Modena Challenge Stradale F1 1/05 Rosso Scuderia FER. 323/Rosso ZFFDT57C000140015
140016	360	Modena Challenge Stradale F1
140017	360	Modena Challenge Stradale F1 3/05 Rosso Corsa/Tessuto Racing Nero & Rosso ZFFDT57C000140017
140018	360	Modena Challenge Stradale F1
140019	360	Modena Spider (F1) 05 ZFFYT53A050140019
140020	360	Modena Spider F1 05 Blu Tour de France 522/Tan Daytona Seats Blue Top LHD US ZFFYT53A750140020 Front & Rear Challenge Grills Shields Red Calipers
140021	360	Modena Spider F1 05 Blue/Tan Daytona seats ZFFYT53A950140021 shields
140022	360	Modena Spider F1 05 Silver/Black LHD ZFFYT53A050
140023	360	Modena Spider (F1) 05 ZFFYT53A250140023
140024	360	Modena Spider F1 05 Grigio Titanio 3238/Black Daytona seats silver stitching LHD US ZFFYT53A450140024 shields rear Challenge grille Tubi
140025	360	Modena Spider F1 05 Red/Tan Daytona Seats Red Inserts LHD US ZFFYT53A650140025 Rear Challenge Grill Red Calipers Shields
140027	360	Modena Spider F1 05 Rosso Corsa/Tan RHD
140028	360	Modena Spider F1 05 Black/Black Manual ZFFYT53A150140028
140029	360	Modena Spider (F1) 05 LHD US ZFFYT53A350140029
140030	360	Modena Spider F1 05 Yellow/Black LHD US ZFFYT53AX50140030 Yellow calipers shields Front & Rear Challenge grill
140031	360	Modena Spider (F1) 05 LHD US ZFFYT53A150140031
140032	360	Modena Spider (F1) ZFFYT53A350140032
140033	360	Modena Spider (F1) 05 ZFFYT53A550140033
140034	360	Modena Spider (F1) 05 ZFFYT53A750140034
140035	360	Modena Spider (F1) 05 LHD US ZFFYT53A950140035
140036	360	Modena Spider (F1) 05 LHD US ZFFYT53A050140036
140037	360	Modena Spider 05 Red Cuoio Daytona Seats Manual ZFFYT53A250140037 Red Calipers Rear Challenge Grille Shields
140041	360	Modena Spider (F1) 05 LHD US ZFFYT53A450140041
140042	360	Modena Spider (F1) 05 ZFFYT53A650140042
140043	360	Modena Spider (F1) 05 ZFFYT53A850140043
140044	360	Modena Spider F1 05 Red/Tan LHD US ZFFYT53AX50140044 shields front & rear Challenge grills
140045	360	Modena Spider F1 05 Red/Tan Daytona Seats Red Inserts LHD US ZFFYT53A150140045 Rear Challenge Grill Red Calipers Shields
140046	360	Modena Spider 05 Red/Black Daytona Seats Red Stitching Manual LHD US ZFFYT53A350140046 Red Calipers Challenge Grille Shields
140047	360	Modena Spider (F1) 05 ZFFYT53A550140047
140049	360	Modena Spider (F1) 05 ZFFYT53A950140049
140050	360	Modena Spider F1 05 Giallo Modena/Black Daytona Seats Yellow Inserts Manual ZFFYT53A550140050 Challenge Grill Shields Yellow Calipers
140051	360	Modena Spider F1 05 Yellow/Black Yellow stitching ZFFYT53A750140051 Yellow calipers shields challenge grill
140052	360	Modena Spider (F1) 05 ZFFYT53A950140052
140053	360	Modena Spider (F1) 05 LHD US ZFFYT53A050140053
140054	360	Modena Spider F1 1/05 Rosso Corsa/Nero ZFFYT53C000140054
140057	360	Modena Spider (F1) 05 ZFFYT53A850140057
140058	360	Modena Spider (F1) 05 LHD US ZFFYT53AX50140058
140059	360	Modena Spider F1 05 Red/Tan LHD US ZFFYT53A150140059
140060	360	Modena Spider (F1) 05 ZFFYT53A850140060
140061	360	Modena Spider (F1) 05 LHD US ZFFYT53AX50140061
140062	360	Modena Spider 05 Silver/Black Manual ZFFYT53A150140062
140063	360	Modena Spider Silver/Black Silver stitching RHD Manual ZFFYT53C000140063
140065	360	Modena Spider F1 12/04 Rosso Corsa/Nero ZFFYT53B000140065
140066	360	Modena Spider 1/05 Grigio Titanio 3238/Bordeaux LHD US ZFFYT53A950140066
140067	360	Modena Spider F1 05 Silver/Black US ZFFYT53A050140067
140068	360	Modena Spider F1 05 Blue/Tan ZFFYT53A250140068
140069	360	Modena Spider F1 05 Blue/Tan Daytona seats Blue top ZFFYT53A450140069 Red calipers
140070	360	Modena Spider (F1) 05 LHD US ZFFYT53A050140070
140071	360	Modena Spider 05 Rosso Corsa/Tan Manual LHD US ZFFYT53A250140071 Red calipers rear challenge grill
140072	360	Modena Spider 05 Red/Tan manual LHD US ZFFYT53A450140072
140073	360	Modena Spider
140076	360	Modena Spider F1 Red/Tan Red stitching RHD UK ZFFYT53C000140076 ass.# 57181
140077	360	Modena Spider 05 Black/Black Daytona seats LHD US ZFFYT53A350140077 front Challenge grilles shields
140078	360	Modena Spider (F1) 05 LHD US ZFFYT53A550140078
140079	360	Modena Spider 1/05 Rosso Corsa/Nero Manual ZFFYT53C000140079
140082	360	Modena Spider (F1) 05 ZFFYT53A750140082
140083	360	Modena Spider F1 2/05 Argento Nürburgring/Nero ZFFYT53C000140083
140084	F430	(F1) 05 LHD US ZFFEW58A750140084
140085	F430	(F1) 05 ZFFEW58A950140085
140086	F430	F1 04 Red/Tan White stitching LHD US ZFFEW58A050 ass. # 57424
140088	F430	F1 04 Giallo Modena/Charcoal Racing Seats Yellow stitching ZFFEW58A450140088 ass. # 57473 Yellow Callipers
140091	F430	F1 Red/Black LHD EU
140093	F430	F1 Red/Black
140094	F430	F1 Red/Black ZFFEZ58B000
140095	F430	F1 Black/Tan LHD ZFFEZ58B000140095
140096	F430	F1 Red/Tan Daytona seats brown inserts tan stitching LHD ZFFEZ58J000140096 Yellow calipers shields
140098	F430	F1 3/05 Rosso Corsa/Nero ZFFEZ58B000140098
140100	F430	(F1) ZFFEZ58B000
140102	F430	F1 black/black LHD EU

s/n	Type	Comments
140105	F430	F1 Novitec modified Rosso Corsa/nero ZFFEZ58B000140105
140106	F430	F1 Red/Black ZFFEZ58B000
140107	F430	Red/Black
140113	F430	F1 Black/Black LHD ZFFEZ58B000140113 Yellow calipers Yellow dials
140114	F430	F1 Red/Black ZFFEZ58B000
140115	F430	F1 Red/Black ZFFEZ58B000140115 Red calipers shields
140116	F430	F1 Red/Tan ZFFEZ58B000
140117	F430	F1 05 Rosso Corsa Black ZFFEZ58B000140117 Red Calipers Shields
140118	F430	F1 Rosso Corsa/Black sports seats Red stittching LHD ZFFEZ58B000140118 Red calipers shields Red dials
140120	F430	F1 05 Rosso Scuderia/black ZFFEZ58B000140120
140123	F430	Red/Black Manual ZFFEZ58B000140123
140125	360	Modena Spider F1 04 Grey/Black ZFFYT53A140140125
140126	360	Modena Spider (F1) 05 LHD US ZFFYT53A150140126
140128	360	Modena Spider (F1) 05 LHD US ZFFYT53A550140128
140129	360	Modena Spider (F1) 05 LHD US ZFFYT53A750140129
140130	360	Modena Spider (F1) 05 LHD US ZFFYT53A350140130
140131	360	Modena Spider (F1) 05 ZFFYT53A550140131
140132	360	Modena Spider (F1) 05 LHD US ZFFYT53A750140132
140133	360	Modena Spider (F1) 05 ZFFYT53A950140133
140136	360	Modena Spider F1 05 Black/Black Daytona seats Red stitching LHD US ZFFYT53A450140136 front & rear challenge grilles Tubi calipers shields
140137	360	Modena Spider (F1) 05 LHD US ZFFYT53A650140137
140138	360	Modena F1 04 Blu Pozzi 521 D.S./Tan dark Blue stitching ZFFYU51A200140138
140139	360	Modena Spider (F1) 05 LHD US ZFFYT53AX50140139
140140	360	Modena Spider (F1) 05 ZFFYT53A650140140
140141	360	Modena Spider F1 05 Rosso Corsa/Tan Daytona seats Red inserts rear challenge grille Red calipers shields
140144	360	Modena Spider (F1) 05 ZFFYT53A350140144
140145	360	Modena Spider 11/04 Grigio Titanio 3238/Grigio Scuro Manual
140146	360	Modena Spider F1 05 Grigio Alloy Dark Blue ZFFYT53A750140146
140147	360	Modena Spider (F1) 05 LHD US ZFFYT53A950140147
140148	360	Modena Spider (F1) 05 LHD US ZFFYT53A050140148
140149	360	Modena Challenge Stradale F1 Blue/White stripe/Crema + Blue sport seats Crema stitching LHDZFFDT57J000140149 White Challenge grill Yellow calipers
140150	360	Modena Spider (F1) 05 LHD US ZFFYT53A950140150
140151	360	Modena Spider (F1) 05 LHD US ZFFYT53A050140151
140152	360	Modena Spider (F1) 05 ZFFYT53A250140152
140153	360	Modena Spider (F1) 05 LHD US ZFFYT53A450140153
140154	360	Modena Spider F1 05 Red/Tan
140156	360	Modena Spider (F1) 05 ZFFYT53AX50140156
140157	360	Modena Spider F1 05 Red/Tan Daytona Seats ZFFYT53A150140157 Shields Front Challenge Grills Red Calipers
140158	360	Modena Spider (F1) 05 LHD US ZFFYT53A350140158
140159	360	Modena Spider (F1) 05 LHD US ZFFYT53A550140159
140160	360	Modena Spider F1 05 Rosso Corsa/tan Daytona seats LHD US ZFFYT53A150140160 Red calipers shields
140161	360	Modena Spider F1 05 Red/Tan Daytona Seats ZFFYT53A350140161 Red Calipers Shields
140162	360	Modena Spider
140163	360	Modena Spider 1/05 Grigio Titanio Metallizzato 3238/Nero Manual ZFFYT53C000140163 ass. #57296
140166	360	Modena Spider (F1) 1/05 Rosso Corsa/Crema Red stitching RHD UK ZFFYT53C000140166 eng. # 89460 ass.# 57325
140167	360	Modena Spider F1 05 Rosso Corsa/Sabbia RHD UK ZFFYT53C000140167
140169	F430	F1 05 Red/Tan LHD ZFFEW58A450140169
140170	612	Scaglietti F1 12/04 Blu Pozzi/Cuoio ZFFAY54B000140170
140176	612	Scaglietti F1 3/05 Argento Nürburgring 101/C/Nero silver stitching LHD US ZFFAA54A850140176 ass. # 57547
140185	612	Scaglietti F1 05 Blue Mirabeau/Carta di Zucchero RHD ZFFAY54C000140185
140189	612	Scaglietti (F1) 05 ZFFAA54A650140189
140195	F430	F1 Red/Black sports seats ZFFEZ58B000140195 ass. # 57357
140196	F430	F1 Nero/bordeaux sports seats ZFFEZ58B000140196 ass. # 57368
140197	F430	F1 05 black/black ZFFEZ58B000140197 shields Yellow calipers
140198	F430	Red/Black
140199	F430	F1 04 Red/Tan LHD ZFFEZ58B000140199
140204	F430	F1 Giallo Modena/black sports seats giallo stitching ZFFEZ58B000140204
140205	F430	F1 Red/Black sports seats ZFFEZ58B000140205 ass. # 57410 shields
140206	F430	F1 Grigio Titanio FER 3238/Cuoio sports seats ZFFEZ58B000140206 shields Yellow dials
140208	F430	F1 Red/Black ZFFEZ58B000140208
140214	F430	F1 Red/Black ZFFEZ58B000140214
140216	F430	F1 Giallo Modena/Nero ZFFEZ58B000140216 Red calipers shields
140218	F430	F1 Nero/Nero Red stittching LHD EU ZFFEZ58B000140218
140219	F430	F1 Red/Black ZFFEZ58B000140219
140220	F430	F1 Red/Black Red stitching ass. # 57456 shields
140224	F430	F1 Silver/black ZFFEZ58B000140224
140226	F430	F1 05 Titan Grey Black ZFFEZ58B000140226
140233	360	Modena Spider (F1) 05 ZFFYT53A250140233
140234	360	Modena Spider (F1) 05 LHD US ZFFYT53A450140234
140235	360	Modena Spider (F1) 05 LHD US ZFFYT53A650140235
140236	360	Modena Spider 05 Rosso Corsa/Crema RHD UK ZFFYT53C000140236
140239	360	Modena Spider F1 05 Rosso Corsa/Beige Daytona Seats ZFFYT53A350140239 front & rear Challenge grilles Shields
140240	360	Modena Spider (F1) 05 ZFFYT53AX50140240
140241	360	Modena Spider F1 05 Rosso Corsa/Tan Daytona Seats ZFFYT53A150140241 Shields Tubi Red Calipers Front Challenge Grill
140242	360	Modena Spider 05 Red/Tan LHD US ZFFYT53A350140242
140243	360	Modena Spider F1 1/05 Rosso Corsa/Black & Red alcantara sports seats Red stitching RHD ZFFYT53C000140243 Red calipers Challenge rear grill shields
140245	360	Modena Spider F1 05 Yellow/Black Daytona Seats Yellow Stitching ZFFYT53A950140245 Shields Front Challenge Grills Yellow Calipers

s/n	Type	Comments
140246	360	Modena Spider F1 05 Argento Nürburgring/Nero Daytona seats silver stitching US ZFFYT53A050140246 Tubi Shields Silver Calipers
140247	360	Modena Spider (F1) 05 ZFFYT53A250140247
140248	360	Modena Spider F1 1/05 Rosso Corsa/Crema bordeaux stitching ZFFYT53C000140248 front & rear Challenge grilles shields
140249	360	Modena Spider Red/Crema ZFFYT53C000140249 ass. # 57457
140251	360	Modena Spider (F1) 05 LHD US ZFFYT53A450140251
140253	360	Modena Spider F1 05 Red/Tan Daytona seats LHD US ZFFYT53A850140253 Tubi Shields Front Challenge Grill
140256	F430	Spider F1 Rosso Corsa/tan ZFFEZ59B000
140257	F430	Giallo Modena Nero
140258	F430	Spider F1 Giallo Modena/Crema ZFFEZ59B000140258
140259	F430	Spider F1 Giallo Modena/Black LHD ZFFEZ59B000140259
140260	F430	Rosso Corsa Crema
140261	F430	Rosso Corsa Rosso
140265	612	Scaglietti (F1) 05 LHD US ZFFAA54A750140265 ass. # 57743
140266	612	Scaglietti (F1) 05 LHD US ZFFAA54A950140266 ass. # 57668
140267	612	Scaglietti
140269	F430	Spider F1 05 Red/Black LHD EU ZFFEZ58B000140269
140270	F430	F1 4/05 Rosso Scuderia FER. 323/Nero ZFFEZ58B000140270
140271	F430	F1 black/tan LHD ZFFEZ58B000140271
140273	F430	F1 Rosso Scuderia FER. 323/Black LHD ZFFEZ58B000
140274	F430	
140277	F430	F1 1/05 Nero/Rosso ZFFEZ58B000140277
140284	F430	F1 05 Red/Black ZFFEZ58B000140284
140293	F430	F1 2/05 Rosso Corsa/Nero ZFFEZ58B000140293
140294	F430	F1 05 Grigio Titanio/Nero LHD EU
140296	F430	F1 8/05 Rosso Corsa/Nero LHD EU ZFFEZ58B000140296
140297	F430	F1 Red/Black LHD EU ZFFEZ58B000
140305	360	Modena Spider F1 05 Rosso Corsa/Tan Daytona seats ZFFYT53A150140305 Red calipers shields
140306	360	Modena Spider (F1) 05 LHD US ZFFYT53A350140306
140307	360	Modena Spider F1 05 Nero Daytona/Crema RHD UK ZFFYT53C000140307
140310	360	Modena Spider (F1) ZFFYT53A550140310
140311	360	Modena Spider (F1) ZFFYT53A750140311
140312	360	Modena Spider (F1) ZFFYT53A950140312
140316	360	Modena Spider 1/05 Argento Nürburgring 101/C/Nero ZFFYT53A650140316
140317	360	Modena Spider (F1) ZFFYT53A850140317
140320	360	Modena Spider F1 2/05 Rosso Corsa/Tan ZFFYT53A850140320
140321	360	Modena Spider (F1) ZFFYT53AX50140321
140322	360	Modena Spider
140324	360	Modena Spider F1 05 Rosso Corsa/Tan ZFFYT53A550140324
140325	360	Modena Spider F1 05 Red/Tan Daytona seats Red piping ZFFYT53A750140325shields Red calipers Capristo exhaust Challenge grill
140330	360	Modena Spider (F1) 05 LHD US ZFFYT53A050140330
140331	360	Modena Spider F1 05 Red/Tan Daytona seats LHD US ZFFYT53A250140331 Front & Rear Red Calipers Shields
140335	360	Modena Spider F1 05 Rosso Corsa/Beige Daytona Seats ZFFYT53AX50140335 Red Calipers Rear Challenge Grill Shields

s/n	Type	Comments
140336	360	Modena Spider (F1) 05 LHD US ZFFYT53A150140336
140337	360	Modena Spider
140338	360	Modena Spider F1 2/05 Rosso Scuderia FER. 323/Nero ZFFYT53C000140338
140340	360	Modena Spider (F1) 05 LHD US ZFFYT53A350140340
140341	360	Modena Spider F1 05 Rosso Corsa/Beige LHD US ZFFYT53A550140341
140342	360	Modena Spider (F1) ZFFYT53A750140342
140344	360	Modena Spider (F1) ZFFYT53A050140344
140345	360	Modena Spider F1 ZFFYT53A250140345
140346	360	Modena Spider F1 05 Yellow Black Daytona seats Yellow Stitching ZFFYT53A450140346 Shields Yellow Calipers Front & Rear Challenge Grills Tubi
140347	360	Modena Spider 05 Argento Nürburgring 101/C/Nero RHD UK ZFFYT53C000140347
140349	575	M Maranello GTC F1 silver/bordeaux LHD EU
140351	575	M Maranello
140354	575	M Maranello (F1) 05 ZFFBV55A750140354
140355	575	M Maranello F1 HGTC 05 Rosso Scuderia FER. 323/Nero Bordeaux Stitching Painted Stradale Stripe Shields
140357	575	Superamerica F1 05 Pearl White/Red ZFFGT61B000140357
140362	612	Scaglietti F1 Blue/tan LHD JP ZFFAY54J000140362 shields
140364	612	Scaglietti F1 05 dark Blue LHD EU
140368	360	Modena Spider
140370	F430	F1 05 Red/Tan ZFFEZ58B000140370
140371	F430	F1 4/05 black/black ZFFEZ58B000140371
140372	F430	F1 Rosso Scuderia FER. 323/Black LHD ZFFEZ58B000140372 shields
140373	F430	F1 Black/bordeaux ZFFEZ58B000
140382	F430	F1 Red/Black ZFFEZ58B000140382
140386	F430	F1 black/bordeaux
140390	F430	F1 05 Red/Black ZFFEZ58B000140390
140391	F430	F1 Red/Black ZFFEZ58B000140391
140394	F430	F1 Red/Black ZFFEZ58B000140394 Shields Red calipers
140395	F430	F1 Rosso Corsa/black Red stitching LHD EU ZFFEZ58B000
140397	F430	F1 Red/Black LHD EU ZFFEZ58B000140397
140402	F430	F1 Rosso Corsa LHD EU ZFFEZ58B000140402
140403	F430	F1 Red/Tan Sport seats LHD EU
140404	F430	F1 Rosso Corsa/Black Red stitching LHD ZFFEZ58B000140404 Red calipers shields Yellow dials
140408	F430	F1 04 Rosso Corsa/Black Red seats ZFFEZ58B000140408
140411	360	Modena Spider F1 05 Giallo Modena/Nero Daytona Seats Yellow Stitching LHD US ZFFYT53A050140411 Front & Rear Challenge Grills Shields Yellow Calipers Tubi
140413	360	Modena Spider F1 Black/Cream black inserts RHD ZFFYT53C000140413 Yellow calipers Shields 23.4.2006 55BDL GB FOC AGM Whittlebury
140414	360	Modena Spider (F1) ZFFYT53A650140414
140415	360	Modena Spider (F1) 05 LHD US ZFFYT53A850140415
140416	360	Modena Spider (F1) ZFFYT53AX50140416
140417	360	Modena Spider (F1) 05 LHD US ZFFYT53A150140417
140420	360	Modena Spider F1 05 Metallic/Black/Tan Daytona seats Front and Rear grills Tubi
140421	360	Modena Spider F1 05 Black/Tan Daytona seats ZFFYT53A350140421 shields Challenge grilles
140422	360	Modena Spider F1 05 Grigio Titanio 3238/Black Black Top ZFFYT53A550140422 Tubi shields

s/n	Type	Comments	s/n	Type	Comments
140423	360	Modena Spider F1 2/05 Rosso Corsa/Beige RHD ZFFYT53C000140423 Red calipers Challenge rear grill shields	140482	F430	F1 05 Black/Tan sports seats LHD ZFFEZ58B000140482 Black calipers shields
140424	360	Modena Spider F1 05 Rosso Corsa/Nero ZFFYT53C000140424 Challenge rear grill	140483	F430	F1 05 Black/black sports seats ZFFEZ58B000140483 Yellow calipers Shields
140425	360	Modena Spider F1 05 Grigio Titanio Metallizzato 3238/Nero Daytona seats ZFFYT53A050140425 front & rear Challenge grilles shields Tubi	140485	F430	F1 05 Argento Nürburgring 101/C/black LHD ZFFEZ58B000140485
			140487	F430	F1 05 Red/Black LHD EU
			140489	F430	(F1) 05 ZFFEW58A050140489
			140491	F430	05 Red/Tan LHD EU
140426	360	Modena Spider (F1) 05 ZFFYT53A250140426	140494	F430	F1 Red/Tan ZFFEZ58B000140494
140428	360	Modena Spider (F1) 05 LHD US ZFFYT53A650140428	140499	F430	F1 Blue mirabeau/sabbia ZFFEZ58B000140499
140431	360	Modena Spider (F1) 05 ZFFYT53A650140431	140505	F430	F1 05 black/black Alcantara ZFFEW58A550140505 Yellow calipers Shields
140432	360	Modena Spider (F1) 05 Rosso Corsa/Crema ZFFYT53C000140432	140509	360	Modena Spider F1 1/05 Rosso Scuderia/Nero ZFFYT53C000140509
140433	F430	(F1) 05 ZFFEW58A650140433			
140434	612	Scaglietti 05 Rosso Corsa/Tan & Red manual LHD US ZFFAA54A450140434 ass. # 57717	140515	360	Modena Spider F1 05 Grigio Alloy/Crema RHD UK ZFFYT53C000140515
140436	575	Superamerica F1 05 Red/Tan ZFFGT61AX50140436	140516	360	Modena Spider F1 3/05 Rosso Corsa/Cream ZFFYT53C000140516
140437	575	Superamerica F1 05 Grigio Silverstone/Beige Daytona seats ZFFGT61A150140437 ass. # 57644 Red calipers shields	140517	360	Modena Spider 05 White Grey ZFFYT53A550140517
			140518	575	M Maranello (F1) ZFFBV55A050140518
			140519	575	M Maranello (F1) ZFFBV55A250140519
140438	612	Scaglietti F1	140522	575	M Maranello 05 Black/Black Manual ZFFBV55A250140522
140440	612	Scaglietti F1 05 Azzurro California 524/Soft Crema LHD US ZFFAA54AX50140440 ass. # 57716	140525	575	M Maranello (F1) ZFFBV55A850140525
			140527	575	M Maranello F1 05 Red/Tan Daytona seats LHD US ZFFBV55A150140527 Capistro exhaust
140441	612	Scaglietti (F1) 05 LHD US ZFFAA54A150140441 ass. # 57688	140528	575	M Maranello 05 Silver/bordeaux LHD ZFFBV55A350140528
140443	F430	F1 05 Rosso Corsa/Beige Shields Red Calipers Challenge Wheels	140529	575	M Maranello (F1) 05 ZFFBV55A550140529
140444	612	Scaglietti (F1) 05 LHD US ZFFAA54A750140444 ass. # 57691	140530	612	Scaglietti (F1) 05 LHD US ZFFAA54A050140530 ass. # 57844
140445	612	Scaglietti F1 05 Black/black Daytona seats Red stitching LHD US ZFFAA54A950140445 ass. # 57723 Red calipers shields	140537	612	Scaglietti F1 05 Grigio Titanio met./Red LHD US ZFFAA54A350140537 ass. # 57893
			140538	612	Scaglietti (F1) 05 LHD US ZFFAA54A550140538 ass. # 57886
140447	612	Scaglietti F1 black/Crema ZFFAY54B000140447	140539	612	Scaglietti 05 Rosso Corsa/Grey Red piping Manual LHD US ZFFAA54A750140539 ass. # 57891 Red calipers
140448	612	Scaglietti (F1) 05 LHD US ZFFAA54A450140448 ass. # 57724			
140449	612	Scaglietti (F1) 05 LHD US ZFFAA54A650140449 ass. # 57721	140540	612	Scaglietti F1 05 Blu Tour de France 522/Beige LHD US ZFFAA54A350140540 ass. # 57885
140450	612	Scaglietti F1 Black/bordeaux ZFFAY54B000140450	140541	612	Scaglietti F1 05 Rosso Corsa/Black LHD US ZFFAA54A550140541 ass. # 57894
140452	612	Scaglietti (F1) 05 LHD US ZFFAA54A650140452 ass. # 57810	140542	612	Scaglietti (F1) 05 LHD US ZFFAA54A750140542 ass. # 57912
140454	612	Scaglietti (F1) 05 LHD US ZFFAA54AX50140454 ass. # 57779	140543	612	Scaglietti F1 3/05 Grigio Titanio Metallizzato 3238/Nero Daytona seats silver stitching LHD US ZFFAA54A950140543 ass. # 57913 Shields Red calipers
140456	612	Scaglietti (F1) 05 LHD US ZFFAA54A350140456 ass. # 57771			
140458	612	Scaglietti F1 05 Black/Black LHD US ZFFAA54A750140458 ass. # 57777			
140459	612	Scaglietti F1 05 Blu Pozzi 521 D.S./Tan Daytona Seats LHD US ZFFAA54A950140459 ass. # 57778 Sunroof Yellow Calipers Shields	140544	612	Scaglietti F1 3/05 Grigio Alloy/Beige ZFFAY54C000140544
			140547	F430	F1 Red/Black ZFFEZ58B000
140464	360	Modena Spider (F1) 05 LHD US ZFFYT53AX50140464	140548	F430	F1 Rosso Corsa/Black LHD EU ZFFEZ58B000140548
140465	360	Modena Spider (F1) ZFFYT53A150140465	140549	F430	F1 Red/Tan ZFFEZ58B000140549
140468	360	Modena Spider F1 05 Rosso Corsa/Black LHD US ZFFYT53A750140468 front & rear challenge grilles Red calipers shields	140550	F430	F1 Red/naturale ZFFEZ58B000140550
			140553	F430	F1 Red ZFFEZ58B000140553
			140556	F430	F1 black/black ZFFEZ58B000140556
			140561	F430	F1 Red/Black LHD EU
140469	360	Modena Spider F1 05 Black/Black Daytona Seats Grigio Dash Leather LHD US ZFFYT53A950140469 Shields	140566	F430	F1 Rosso Corsa/Black LHD ZFFEZ58B000140566 Red dials
140472	360	Modena Spider (F1) 05 LHD US ZFFYT53A950140472	140567	F430	F1 Blue mirabeau/brown LHD ZFFEZ58B000140567
140474	360	Modena Spider F1 3/05 Rosso Corsa/Beige ZFFYT53C000140474	140572	F430	F1 Red/Tan ZFFEZ58B000140572 Red calipers Scuderia shields
140477	360	Modena Spider F1 05 Rosso Corsa/Crema RHD UK ZFFYT53C000140477	140579	F430	F1 Giallo Modena/black ZFFEZ58B000140579
			140580	F430	Spider F1 Red/Black RHD ZFFEZ59C000140580
140479	360	Modena Spider (F1) ZFFYT53A150140479	140584	F430	F1 05 Rosso Scuderia FER. 323/Black Red Stitching LHD US ZFFEW58A550140584 Scuderia Red Calipers Red dials Shields
140481	F430	(F1) 05 LHD US ZFFEW58A650140481			

s/n	Type	Comments
140585	F430	F1 4/05 Rosso Corsa/Cream ZFFEZ58C000140585
140586	F430	F1 05 Rosso Corsa/Tan Daytona seats Rosso piping Rosso stitching ZFFEW58A950140586 Shields Red Calipers
140587	F430	(F1) 05 LHD US ZFFEW58A050140587
140590	612	Scaglietti 05 Nero Daytona/Crema black inserts RHD UK ZFFAY54C000140590
140591	612	Scaglietti 05 Black/Tan RHD UK ZFFAY54C000140591 Red calipers shields
140593	612	Scaglietti F1 05 Rosso Corsa/Crema Red stitching ZFFAY54C000140593 shields
140594	612	Scaglietti F1 05 Rosso Corsa/black ZFFAY54B000
140598	612	Scaglietti (F1) 05 LHD US ZFFAA54A150140598 ass. # 57931
140599	612	Scaglietti F1 Black/black ZFFAY54B000140599
140601	612	Scaglietti (F1) 05 LHD US ZFFAA54A850140601 ass. # 57935
140603	612	Scaglietti (F1) 05 LHD US ZFFAA54A150140603 ass. # 57970
140604	612	Scaglietti (F1) 05 LHD US ZFFAA54A350140604 ass. # 57978
140605	612	Scaglietti
140607	612	Scaglietti F1 05 Black/Bordeaux ZFFAY54B000140607
140610	612	Scaglietti F1 05 Grigio IngridRHD ZFFAY54D000140610
140613	612	Scaglietti F1 Silver/black ZFFAY54B000
140614	612	Scaglietti F1 05 Red/Tan ZFFAA54A650140614
140617	612	Scaglietti F1 05 Rosso Barchetta/Naturale Daytona seats LHD US ZFFAA54A150140617 ass. # 58367 Aluminum calipers shields
140618	612	Scaglietti
140620	612	Scaglietti (F1) 05 LHD US ZFFAA54A150140620 ass. # 57997
140624	360	Modena Spider (F1)
140627	575	M Maranello F1 Black/Tan RHD UK ZFFBT55C000140627
140629	575	M Maranello F1 05 Rosso Corsa/natural Daytona seats Red piping & inserts LHD US ZFFBV55A950140629 natural dash & steering wheel shields Red calipers Fiorano handling package
140630	575	M Maranello F1 05 Red/Black LHD US ZFFBV55A550140630 Red Calipers Shields
140631	575	M Maranello F1 04 Rosso Corsa/Cuoio LHD US ZFFBV55A750140631 Red calipers shields Tubi
140632	360	Modena Spider F1 7/05 Rosso Corsa/Crema ZFFYT53C000140632
140634	F430	F1 Grigio Silverstone Rosso LHD
140635	F430	F1 Argento Nürburgring 101/C/Dark Blue LHD EU
140636	F430	F1 Blu TdF Crema LHD
140637	F430	F1 Blu TdF LHD
140641	360	Modena Spider
140642	360	Modena Spider
140643	360	Modena Spider F1 3/05 Rosso Corsa/Crema ZFFYT53C000140643
140644	360	Modena Spider F1 1/05 Rosso Corsa/Cream ZFFYT53C000140644
140645	360	Modena Spider
140646	360	Modena Spider Red/Crema, feat. in British TV drama 'All in the game'
140650	F430	Red/beige ZFFEZ58B000140650
140651	F430	F1 Rosso Corsa/black & Red
140653	F430	F1 black/black
140659	F430	F1 Rosso Corsa/Black ZFFEZ58B000140659 shields Challenge wheels
140660	F430	F1 Red/Black ZFFEZ58B000140660
140661	F430	F1 05 Argento Nürburgring 101/C/Black LHD US ZFFEW58A850140661
140662	F430	(F1) 05 LHD US ZFFEW58AX50140662
140663	F430	F1 05 Rosso Corsa/Beige Daytona Seats Red Piping LHD US ZFFEW58A150140663 Red Calipers Shields
140664	F430	F1 05 Yellow/Black Daytona Seats Red Stiching LHD US ZFFEW58A350140664 Red Calipers rear wing front spoiler
140665	F430	(F1) 05 ZFFEW58A550140665
140666	F430	(F1) 05 ZFFEW58A750140666
140670	F430	F1 Rosso Scuderia FER. 323/black ZFFEZ58B000140670
140673	F430	F1 Grigio Silverstone/Red RHD ZFFEZ58C000140673 Shields Red calipers
140675	F430	F1 argento/black ZFFEZ58B000140675
140676	F430	F1 Grigio Silverstone/dark Red ZFFEZ58B000140676
140677	F430	F1 Grigio Silverstone/black LHD ZFFEZ58B000140677
140679	F430	F1 Grigio Silverstone/black ZFFEZ58B000140679
140680	F430	F1 Grigio Silverstone/Black ZFFEZ58B000140680
140684	F430	F1 Red/Black ZFFEZ58B000140684
140685	F430	F1 Black/Red-black cloth ZFFEZ58B000
140686	F430	F1 Rosso Scuderia FER. 323/Black & Bordeaux Sports seats Red stitching LHD ZFFEZ58B000140686 Red calipers shields
140699	F430	F1 Rosso Scuderia FER. 323/tan ZFFEZ58B000140699
140700	F430	Spider F1 Pearl White/Red sport seats ZFFEZ59B000140700 shields Red calipers
140702	F430	Spider F1 Red/Black ZFFEZ59B000140702 Red calipers shields
140703	F430	Spider F1 1/06 Rosso Scuderia FER. 323/Cuoio ZFFEZ59B000140703
140704	F430	Spider F1 Rosso Corsa/beige ZFFEZ59B000140704
140706	F430	F1 Rosso Corsa Nero LHD ZFFEZ59B000140706
140707	F430	F1 Nero Brown LHD ass. # 58055
140709	F430	Spider F1 black/tan ZFFEZ59B000140709
140710	F430	Spider F1 7/05 Nero/Cuoio LHD EU ZFFEZ59B000140710
140711	F430	F1 Red/Grey ZFFEZ58B000140711 Red calipers shields Yellow dials
140715	F430	Spider F1 Silver/Black LHD EU
140717	F430	Spider F1 1/06 Giallo Modena/Blu Scuro ZFFEZ59B000140717
140719	575	M Maranello (F1) 05 ZFFBV55AX50140719
140723	575	M Maranello F1 black/black Red calipers 19"alloy wheels
140724	575	M Maranello F1 GTC 11/05 Black/tan & black seats LHD EU ZFFBT55B000 VIN plate reads ZFFBTE55B
140725	575	M Maranello 12/05 Rosso Corsa/Nero Manual ZFFBT55B000140725
140727	F430	F1 black/tan sport seats ZFFEZ58B000140727
140729	F430	F1 Giallo Modena Nero LHD
140730	F430	F1 Red Sabbia sports seats LHD ZFFEZ58B000140730 Red calipers shields sabbia dash and steering wheel
140731	F430	F1 Grigio Titanio met./Bordeaux sport seats ZFFEZ58B000140731 Yellow calipers shields
140732	F430	(F1) 05 LHD US ZFFEW58A550140732
140733	F430	F1 05 Rosso Corsa FER 322/Tan Daytona Seats LHD US ZFFEW58A750140733 Red Calipers shields
140734	F430	5/05 Rosso Corsa/Beige LHD US ZFFEW58A950140734 Red Calipers Shields
140735	F430	(F1) 05 ZFFEW58A050140735
140736	F430	(F1) 05 LHD US ZFFEW58A250140736
140737	F430	Rosso Corsa/Black Red stitching LHD Manual ZFFEZ58B000140737 Red calipers shields Yellow dials

s/n	Type	Comments
140747	F430	F1 Rosso Scuderia FER. 323/Black Sports seats LHD ZFFEZ58B000140747 Yellow dials
140748	F430	(F1) 05 LHD US ZFFEW58A950140748
140749	F430	F1 05 Rosso Corsa/Tan LHD US ZFFEW58A050140749
140750	F430	F1 05 Rosso Corsa/Red LHD US ZFFEW58A750140750
140751	F430	F1 05 Rosso Corsa/Beige & Red Daytona Seats Red Stitching ZFFEW58A950140751 Red Calipers Shields Red dials Challenge wheels
140752	F430	(F1) 05 LHD US ZFFEW58A050140752
140753	F430	F1 3/05 Rosso Corsa/Cuoio LHD US ZFFEW58A250140753
140754	F430	(F1) 05 ZFFEW58A450140754
140755	F430	F1 05 Silver/Medium Grey Daytona Seats Black Inserts piping & stitching ZFFEW58A650140755 Shields silver calipers
140756	F430	(F1) 05 LHD US ZFFEW58A850140756
140760	F430	F1 4/05 Grigio Titanio met./Bordeaux Red stitching RHD ZFFEZ58C000140760 Silver calipers shields
140761	F430	RHD
140763	F430	Rosso Scuderia FER. 323/Black LHD Manual ZFFEZ58B000140763 shields
140764	F430	F1 Red/Crema ZFFEZ58C000140764
140773	F430	F1 Novitec Rosso Corsa/Black sports seats LHD shields lower front spoiler
140774	F430	F1 05 titan/tan LHD EU
140775	F430	(F1) 05 black ZFFEZ58B000140775 burned, written off
140778	F430	(F1) Rosso Scuderia FER. 323/Cuoio tan stitching LHD EU ZFFEZ58B000140778 Red calipers shields Challenge wheels Yellow dials
140781	F430	F1 Red/Black LHD EU ZFFEZ58B000140781
140783	F430	F1 Rosso Scuderia FER. 323/Black LHD ZFFEZ58B000140783
140784	F430	F1 Yellow/black ZFFEZ58B000
140786	612	Scaglietti (F1) Blu Pozzi 521 D.S./tan ZFFAY54B000140786
140794	612	Scaglietti F1 7/05 Rubino Micalizzato/Nero Red piping ZFFAY54B000140794
140795	612	Scaglietti F1 05 Nero/Rosso ZFFAY54B000140795 ZFFAY54B000140795
140796	612	Scaglietti F1 black/tan LHD EU shields Red calipers
140798	612	Scaglietti F1 1/05 Nero Daytona/Beige ZFFAY54B000140798
140800	612	Scaglietti Grey/Crema black piping RHD ZFFAY54C000140800 Red calipers Scuderia shields
140803	612	Scaglietti
140805	612	Scaglietti F1 05 Grigio Titanio/Beige Daytona seats LHD US ZFFAA54A250140805 ass. # 57988 yellow calipers
140806	612	Scaglietti (F1) 05 LHD US ZFFAA54A450140806 ass. # 57995
140807	612	Scaglietti F1 Grigio Titanio met./black Grey piping ZFFAY54B000140807
140810	612	Scaglietti (F1) 05 LHD US ZFFAA54A650140810 ass. # 58088
140811	612	Scaglietti (F1) 05 LHD US ZFFAA54A850140811 ass. # 58327
140812	612	Scaglietti 2/05 Rosso Corsa/Nero ZFFAY54B000140812
140813	612	Scaglietti (F1) Dark Blue/tan ZFFAY54B000140813
140815	612	Scaglietti (F1) 05 LHD US ZFFAA54A550140815 ass. # 58160
140817	612	Scaglietti (F1) 05 LHD US ZFFAA54A950140817 ass. # 58235
140818	612	Scaglietti (F1) 05 LHD US ZFFAA54A050140818 ass. # 58216
140820	612	Scaglietti 05 Grigio Silverstone/Tan Daytona Seats Manual LHD US ZFFAA54A950140820 ass. # 58214 Tinted Windows
140821	612	Scaglietti (F1) 05 ZFFAA54A050140821 ass. # 58234
140823	612	Scaglietti F1 Silver/black ZFFAY54B000
140824	612	Scaglietti F1 Silver/Black RHD ZFFAY54C000140824
140826	612	Scaglietti F1 05 Blu Pozzi/Blu Scuro LHD US ZFFAA54AX50140826 ass. # 58284
140827	612	Scaglietti 6/05 Nero Daytona/Beige ZFFAY54C000140827
140828	612	Scaglietti (F1) 05 LHD US ZFFAA54A350140828 ass. # 58346
140829	612	Scaglietti F1 Grigio Silverstone/bordeaux RHD ZFFAY54C000140829 Silver calipers shields
140837	612	Scaglietti (F1) 05 LHD US ZFFAA54A450140837 ass. # 58243
140839	612	Scaglietti F1 05 Argento Nürburgring 101/C/Blu Scuro LHD US ZFFAA54A850140839 ass. # 58260
140840	612	Scaglietti (F1) 05 LHD US ZFFAA54A450140840 ass. # 58285
140841	612	Scaglietti 05 Silver/black Daytona seats silver stitching LHD US ZFFAA54A650140841 ass. # 58397 shields
140842	612	Scaglietti F1 Silver/cuoio naturale ZFFAY54B000140842
140843	F430	F1 Red ZFFEZ58B000140843
140844	F430	F1 Red LHD EU
140845	F430	F1 Rosso scuderia FER 323/black sports seats ZFFEZ58B000140845 Red calipers Shields
140847	F430	F1 05 Red/Tan ZFFEZ58B000140847 Yellow dials
140852	F430	F1 Grigio Silverstone/black
140853	F430	F1 Grigio Titanio met./Black Sports seats LHD EU ZFFEZ58B000140853 Red dials
140855	F430	F1 Rosso Corsa/Black sports seats LHD ZFFEZ58B000140855 Red calipers shields Challenge wheels Yellow dials
140856	F430	F1 Rosso/Nero ZFFEZ58B000140856
140857	F430	F1 Rosso Scuderia FER. 323/black sports seats ZFFEZ58B000140857
140858	F430	Rosso Corsa/Black LHD Manual ZFFEZ58B000140858
140859	F430	F1 Grigio Alloy LHD ZFFEZ58B000140859
140862	F430	F1 Rosso Scuderia FER. 323/black ZFFEZ58B000140862
140863	F430	F1 medium grey/black ZFFEZ58B000140863 ass. # 58069
140865	F430	F1 Red/Black sport seats Red piping ZFFEZ58B000140865
140866	F430	F1 2/05 Grigio Titanio Metallizzato/Cuoio ZFFEZ58B000140866
140868	F430	F1 Red/Black ZFFEZ58B000140868
140870	F430	F1 05 Rosso Corsa Nero LHD EU ZFFEZ59B000140870 ass. # 58124 Red calipers shields Yellow dials
140873	F430	F1 05 Grigio Silverstone Rosso LHD
140874	575	M Maranello (F1) 05 ZFFBV55A050140874
140875	575	M Maranello (F1) ZFFBV55A250140875
140877	575	M Maranello (F1) 05 ZFFBV55A650140877
140879	575	M Maranello (F1) 05 LHD US ZFFBV55AX50140879
140880	575	M Maranello (F1) 05 LHD US ZFFBV55A650140880
140881	575	M Maranello (F1) 05 ZFFBV55A850140881
140886	F430	F1 05 silver/bordeaux ZFFEZ58B000140886
140887	F430	F1 05 Red/Tan ZFFEZ58B000140887 Yellow dials
140889	F430	F1 Rosso Corsa/Tan Sports seats LHD ZFFEZ58B000140889 ass. # 58165

s/n	Type	Comments
140894	F430	F1 black/black sports seats LHD ZFFEZ58B000140894
140895	F430	F1 05 Rosso Scuderia FER. 323/Black Red stitching & piping LHD EU ZFFEZ58B000140895 ass.# 58143 shields Red calipers
140901	F430	F1 2/05 Rosso Corsa/Nero ZFFEZ58B000140901
140905	F430	F1 05 Red/Black LHD US ZFFEZ58B000140905
140906	F430	F1 05 Red/Black LHD US ZFFEZ58B000
140909	F430	(F1) 05 LHD US ZFFEW58A150141909
140910	F430	F1 nero/nero LHD EU ZFFEZ58B000
140913	F430	F1 2/05 Rosso Corsa/Cuoio ZFFEZ58B000140913
140914	F430	F1 05 Red/Black LHD EU ZFFEZ58B000140914
140918	F430	F1 Giallo Modena/black sport seats ZFFEZ58B000140918
140919	F430	F1 Yellow/black ZFFEZ58B000
140922	F430	F1 Red/Tan ZFFEZ58B000140922 Red calipers
140925	F430	F1 Grigio Silverstone/black sport seats LHD EU ZFFEZ58B000140925
140927	F430	F1 Red/Black ZFFEZ58B000140927
140928	F430	F1 black/black
140929	575	Superamerica F1 05 Yellow/Black LHD Red/Black manual ZFFEZ58B000140934
140934	F430	(F1) 05 ZFFEW58A150140937
140937	F430	F1 05 Rosso Corsa/Tan Daytona seats stitched in Red, ZFFEW58A350140938 Red calipers
140938	F430	F1 Rosso Scuderia FER. 323/Crema Red stitching RHD ZFFEZ58C000 shields Red calipers
140939	F430	(F1) 05 ZFFEW58A150140940
140940	F430	M Maranello F1 05 Rosso Corsa/beige ZFFBT55B000140943
140943	575	M Maranello F1 GTC 05 Black/Black Daytona seats ZFFBV55A650140944 shields
140944	575	M Maranello F1 05 Black/Black Daytona Seats Grey Stitching LHD US ZFFBV55A850140945 Shields Red Calipers
140945	575	M Maranello F1 GTC 05 Grigio Titanio met./Bordeaux LHD US ZFFBV55AX50140946
140946	575	M Maranello F1 05 Red/Tan Daytona seats Red inserts LHD US ZFFBV55A150140947 Fiorano package Red calipers
140947	575	Superamerica 05 Grigio Silverstone ZFFGT61B000140948
140948	575	Superamerica 05 Yellow/black
140949	575	Superamerica F1 05 Red/Tan
140950	575	F1 black/Bordeaux sports seats ZFFEZ58B000140954
140954	F430	(F1) 05 LHD US ZFFEW58A350141958
140958	F430	F1 black 2 Yellow stripes/black ZFFEZ58B000140963
140963	F430	F1 Rosso Corsa/Tan Red stitching LHD ZFFEZ58B000140964
140964	F430	F1 05 black/black LHD EU yellow calipers
140966	F430	F1 2/05 Rosso Scuderia FER. 323/Nero ZFFEZ58B000140967
140967	F430	F1 Rosso Corsa/black
140969	F430	F1 05 Argento Nürburgring 101/C/black Yellow mirrors LHD EU ZFFEZ58B000140970 ass. # 59163
140970	F430	F1 05 Grigio Silverstone/Cuoio LHD ZFFEZ58B000140973 ass. # 58165
140973	F430	F1 Rosso Corsa/black ZFFEZ58B000140974
140974	F430	F1 3/05 Rosso Scuderia/Nero ZFFEZ58B000140980
140980	F430	F1 05 Rosso Corsa/Nero ZFFEZ58B000140981
140981	F430	F1 Red/Tan shields
140983	F430	F1 Rosso Corsa/black ZFFEZ58B000
140985	F430	F1 05 Grigio Silverstone/cuoio naturale ZFFEZ58B000
140991	F430	

s/n	Type	Comments
140993	F430	F1 05 Rosso Scuderia FER. 323/Red sports seats Red stitching LHD ZFFEZ58B000140993 Red calipers shields Red top half of steering wheel
140995	F430	F1 05 Grigio Titanio met./charcoal ZFFEZ58B000
140996	F430	F1 Rosso Corsa/Black Red stitching LHD ZFFEZ58B000140996 Yellow dials
140997	F430	F1 05 black/Crema LHD
140998	F430	F1 05 Rosso Scuderia FER. 323/black ZFFEZ58B000
141000	F430	F1 05 Red/Black ZFFEZ58B000
141006	F430	F1 05 Rosso Corsa/Rosso ZFFEZ58B000141006
141007	F430	Spider F1 Grigo Alloy/black LHD EU ZFFEZ59B000
141009	F430	F1 05 black/black ZFFEZ58B000141009
141010	F430	Spider (F1) 05 LHD US ZFFEW59A150142010
141011	F430	Spider F1 05 black/Crema LHD EU
141012	F430	Spider F1 05 Rosso Corsa/nero ZFFEZ59B000141012 shields carbon brakes Challenge wheels Red calipers
141013	F430	Spider F1 05 Rosso Corsa/Black LHD ZFFEZ59B000141013 Red calipers shields
141015	F430	Spider 05 Red/Black manual ZFFEZ59B000141015
141016	F430	Spider (F1) 05 LHD US ZFFEW59A250142016
141018	F430	Spider F1 5/05 Rosso Scuderia FER. 323/Cuoio ZFFEZ59B000141018
141020	F430	Spider F1 05 Rosso Corsa/Black LHD ZFFEZ59B000141020 Red dials
141021	F430	Spider F1 05 Red/Black ZFFEZ59B000141021 Red calipers
141022	F430	Spider F1 05 Rosso Corsa/black & Red LHD EU ZFFEZ59B000141022 Red calipers shields Challenge wheels Yellow dials
141024	F430	Spider F1 4/05 Argento Nürburgring 101/C/Charcoal ZFFEZ59B000141024 Silver calipers shields dark grey wheels
141027	F430	F1 Rosso Corsa/Black LHD EU ZFFEZ58B000141027
141029	F430	F1 Red/Black ZFFEZ58B000141029
141030	F430	F1 Giallo Modena/Black sports seats Yellow stitching LHD ZFFEZ58B000141030 Yellow calipers Yellow dials
141033	F430	F1 Red/Black ZFFEZ58B000
141037	F430	Spider F1 Red/Black ZFFEZ59B000141037
141038	F430	Spider F1 black/tan ZFFEZ59B000141038
141039	F430	Spider F1 Red/Black LHD
141041	575	M Maranello (F1) 05 ZFFBV55A250141041
141042	F430	F1 05 Grigio Titanio FER 3238/Black Daytona seats ZFFEW58A750141042 shields
141045	F430	F1 Yellow/black ZFFEZ58B000141045 Red calipers Scuderia shields
141046	F430	F1 05 Red/Black sports seats ZFFEZ58B000141046 Red caliepers shields Challenge wheels
141050	F430	F1 05 Red/Tan ZFFEW58A550141050 Yellow dials Yellow calipers shields
141053	F430	Rosso Corsa/black manual LHD ZFFEZ58B000141053 Red calipers Yellow dials
141055	F430	(F1) 05 LHD US ZFFEW58A550141055
141057	F430	F1 3/05 Rosso Corsa/Nero sport seats Red stitching ZFFEZ58B000141057 shields Red calipers
141058	F430	F1 3/05 Rosso Scuderia FER. 323/Nero ZFFEZ58B000141058
141061	F430	F1 Red/Black ZFFEZ58B000141061
141064	F430	F1 Red/Black LHD
141065	F430	F1 Black/black ZFFEZ58B000141065
141066	F430	(F1) 05 LHD US ZFFEW58AX50141066
141067	F430	(F1) 05 ZFFEW58A150141067
141068	F430	F1 Red/beige ZFFEZ58B000141068
141072	F430	(F1) 05 LHD US ZFFEW58A550141072

s/n	Type	Comments
141073	F430	F1 05 Rosso Corsa/Tan Daytona seats black inserts Black piping ZFFEW58A750141073 shields Red calipers
141078	F430	F1 05 Red/Black LHD US ZFFEZ58B000
141079	F430	F1 05 Red/Black ZFFEZ58B000
141085	F430	(F1) 05 LHD US ZFFEW58A850142085
141087	F430	F1 07 Rosso Corsa/Charcoal LHD EU
141088	F430	F1 Rosso Scuderia FER. 323/black ZFFEZ58B000141088
141090	F430	F1 Rosso Scuderia FER. 323/cuoio ZFFEZ58B000141090
141091	F430	F1 Rosso Corsa/Black Sports seats ZFFEZ58B000141091 Red calipers shields Yellow dials
141092	F430	F1 3/05 Black/black then Green (probably decals) black stripe/green & black then Nero/Nero LHD ZFFEZ58B000141092
141094	F430	F1 4/05 Rosso Corsa/Nero ZFFEZ58B000141094
141095	F430	F1 Red LHD ZFFEZ58B000141095
141098	F430	F1 Black/Black Red stitching LHD ZFFEZ58B000141098 Red calipers shields
141099	F430	F1 Black/Black LHD Yellow stitching ZFFEZ58B000141099 Yellow calipers shields Challenge wheels
141100	F430	F1 Red/Tan sports seats ZFFEZ58B000141100 Black calipers shields
141102	F430	F1 black/black sports seats Yellow stiching ZFFEZ58B000141102 Yellow calipers shields
141103	F430	F1 Rosso Scuderia FER. 323/Black Red stitching Red steering wheel LHD ZFFEZ58B000141103 Red calipers shields Yellow dials
141104	F430	F1 05 Nero/Cuoio ZFFEZ58B000141104
141105	F430	F1 Red/Black Red stitching LHD ZFFEZ58B000141105
141108	F430	F1 Red/Black ZFFEZ58B000
141109	F430	(F1) Red/Tan
141111	F430	F1 black/tan
141112	F430	F1 Rosso Scuderia FER. 323/Black Red stitching LHD ZFFEZ58B000141112 shields
141113	F430	F1 Rosso Corsa/Black Red stitching LHD ZFFEZ58B000141113 shields
141114	F430	F1 Rosso Corsa/black ZFFEZ58B000141114 black dials Red calipers Shields
141115	F430	Black/Black ZFFEZ58B000141115
141118	F430	Spider 4/05 Rosso Corsa/Beige ZFFEZ59B000141118
141119	F430	Spider Grigio Silverstone/Bordeaux ZFFEZ59B000 ass. # 58575 eng. # 92322
141120	575	M Maranello F1 Rosso Corsa/Beige ZFFBT55B000141120 ass. # 58400
141121	612	Scaglietti (F1) 05 LHD US ZFFAA54AX50141121 ass. # 58412
141122	575	Superamerica (F1) 05 Grigio Silverstone/Tan LHD
141124	612	Scaglietti F1 05 Silver/Black Grey stitching ZFFAA54A550141124 ass. # 58363
141125	F430	Rosso Corsa/Charcoal ZFFEZ58B000141125 ass. # 58356 eng. # 91838
141126	612	Scaglietti F1 Blue/Tan ZFFAY54B000141126 Red calipers shields
141129	612	Scaglietti F1 05 Black/Black LHD US ZFFAA54A450141129 ass. # 58347
141130	612	Scaglietti F1 Rosso/Corsa Carta da Zucchero ZFFAY54B000141130 ass. # 58567
141131	612	Scaglietti F1 Grigio Silverstone Cuoio ZFFAY54B000141131 ass. # 58368
141134	612	Scaglietti F1 05 Grigio IngridGrey LHD US ZFFAA54A850141134 Shields
141140	612	Scaglietti F1 05 Grigio Ingrid 720/Natural ZFFAY54B000141140
141141	612	Scaglietti
141143	612	Scaglietti F1 05 Black/Black ZFFAA54A950141143 ass. # 58450 Shields
141146	612	Scaglietti F1 05 Blue TdF/tan ZFFAY54B000141146
141149	612	Scaglietti F1 05 Blu Pozzi/Cuoio ZFFAY54B000141149
141153	612	Scaglietti F1 3/05 Verde Zeltweg/Beige ZFFAY54C000141153
141154	612	Scaglietti F1 Red/beige ZFFAY54B000141154
141159	F430	(F1) 05 ZFFEW58A650141159
141160	F430	F1 4/05 Blu Tour de France 522/Cuoio LHD CDN ZFFEW58A250141160
141161	F430	F1 Red/Cream bordeaux piping Red stitching RHD ZFFEZ58C000141161 Red calipers Shields
141162	F430	F1 Grigio Silverstone/Black LHD ZFFEZ58B000141162
141164	F430	F1 Grigio Silverstone/Tan LHD EU
141165	F430	F1 Rosso Corsa/Cuoio LHD ZFFEZ58B000141165 Red calipers shields
141166	F430	F1 black/beige LHD ZFFEZ58B000141166
141167	F430	F1 05 Rosso Corsa/Beige ZFFEW58A550141167
141168	F430	F1 Red/Black ZFFEZ58B000141168
141171	F430	F1 Rosso Corsa/Black sports seats Red stitching LHD ZFFEZ58B000141171 shields Challenge wheels
141172	F430	F1 Red/Black sports seats ZFFEZ58B000141172
141173	F430	F1 black/Red Red sportseats LHD ZFFEZ58J000141173 Red calipers shields
141177	F430	F1 Red/Black LHD ZFFEZ58B000141177
141178	F430	F1 Grigio Silverstone/nero ZFFEZ58B000
141182	F430	F1 05 Grigio Silverstone/nero ZFFEZ58B000
141187	F430	F1 3/05 Grigio Titanio Metallizzato 3238/Nero silver stitching LHD ZFFEZ58B000141187 Red calipers shields
141195	F430	F1 2/05 Rosso Scuderia FER. 323/Nero ZFFEZ58B000141195
141196	F430	F1 Red/Dark grey sports seats LHD ZFFEZ58B000141196 Yellow calipers shields Yellow dials Challenge wheels
141198	F430	(F1?) Red/(black)
141199	F430	F1 Red/Black ZFFEZ58B000
141201	F430	F1 black/black LHD
141203	F430	F1 black/black
141206	F430	F1 Rosso Corsa/Black LHD ZFFEZ58B000141206
141207	F430	(F1) 05 Red/Black LHD US ZFFEW58A250141207
141213	F430	F1 Red/Black ZFFEZ58B000141213
141220	F430	F1 Red/Black ZFFEZ58B000141220
141221	F430	F1 Silver/Black LHD EU
141233	F430	
141234	F430	Spider F1 05 Grigio Alloy Blue aluminum calipers shields
141236	F430	Spider F1 Rosso Scuderia FER. 323/Tan LHD EU
141239	F430	F1 Red/Black ZFFEZ58B000141239
141240	F430	F1 Red/Black ZFFEZ58B000
141243	F430	F1 Red/all tan ZFFEZ58B000
141244	F430	F1 Red/Black ZFFEZ58B000
141246	F430	F1 Rosso Corsa/black LHD EU ZFFEZ58B000141246
141248	F430	F1 Red/Black ZFFEZ58B000
141250	F430	F1 3/05 Rosso Corsa/Nero ZFFEZ58B000141250
141251	F430	F1 05 Rosso Corsa/Black LHD ZFFEZ58B000141251 Red calipers shields
141253	F430	F1 Red/Black LHD ZFFEZ58B000141253
141254	F430	F1 05 Black/Dark Grey Yellow sittching LHD EU ZFFEZ58B000
141256	F430	F1 Grigio Silverstone/Red LHD ZFFEZ58B000141256 Challenge wheels

s/n	Type	Comments	s/n	Type	Comments
141262	575	M Maranello F1 GTC Rosso Rosso Corsa & White chequeRed side stripes/black sport seats LHD EU ZFFBT55B000	141315	F430	05 Red/Black Daytona Seats Red Stitching Manual ZFFEW58A550141315 Red Calioers Shields Red Dials
141264	575	M Maranello F1 Red/Black sports seats Red seat centres Red stitching ZFFBT55B000141264 shields	141316	F430	05 Red/Tan Daytona Seats Manual ZFFEW58A750141316 Red Calipers Shields
141266	575	M Maranello F1 GTC 05 dark grey/black LHD US ZFFBV55A450141266	141317	F430	(F1) 05 ZFFEW58A950141317
			141318	F430	(F1) 05 LHD US ZFFEW58A050141318
141267	575	M Maranello F1 05 black/black LHD EU	141319	F430	(F1) 05 LHD US ZFFEW58A250141319
141268	575	M Maranello F1 05 Rosso Corsa/Nero LHD EU ZFFBT55B000141268	141320	F430	(F1) 05 ZFFEW58A950141320
			141322	F430	F1 4/05 Rosso Scuderia FER. 323/Nero ZFFEZ58B000141322
141269	575	M Maranello F1 05 Rosso Corsa/Nero ZFFBT55B000141269	141325	360	Modena Challenge Stradale F1 Red LHD
141270	575	M Maranello F1 05 Rosso Corsa/Nero ZFFBT55B000	141328	F430	F1 Red/Black LHD ZFFEZ58B000141328
			141333	F430	black/tan manual ZFFEZ58B000141333 Red calipers
141271	575	M Maranello F1 05 Black/Black ZFFBT55B000141271	141336	F430	05 Argento Nürnburgring/cuio LHD EU red calipers
141272	575	M Maranello Silver/Black silver stitching LHD Manual ZFFBT55B000141272 Red calipers	141337	F430	F1 Red/Black/Black stitching shields
			141338	F430	(F1) 05 LHD US ZFFEW58A650141338
141274	575	M Maranello (F1) 05 LHD US ZFFBV55A350141274	141340	F430	F1 Rosso Scuderia FER. 323/Black sports seats Red stitching LHD ZFFEZ58B000141340 Yellow dials
141276	Enzo Ferrari	F1			
141277	612	Scaglietti F1 05 Grigio Silverstone/Black Daytona Seats LHD US ZFFAA54A850141277 ass. # 58498 Shields	141342	F430	F1 Black/Black LHD EU ZFFEZ58B000141342
			141343	F430	F1 Rosso Corsa/Black ZFFEZ58B000141343
			141350	F430	F1 Rosso Scuderia FER. 323/black ZFFEZ58B000141350
141278	612	Scaglietti F1 05 Grigio Titanio met./black LHD EU ZFFAY54B000141278	141351	F430	F1 Rosso Scuderia FER. 323/black ZFFEZ58B000
141279	612	Scaglietti (F1) 05 Grigio IngridCouio Black Stitching LHD US ZFFAA54A150141279 ass. # 58643	141354	F430	Spider F1 black/black ZFFEZ59B000141354
			141357	F430	F1 05 Nero/Cuoio LHD US ZFFEW58AX50141357
141280	612	Scaglietti (F1) 05 LHD US ZFFAA54A850141280 ass. # 58520	141358	F430	F1 05 Yellow/BlackYellow stitching LHD US ZFFEW58A150141358 Shields Yellow Calipers Yellow Dials
141283	612	Scaglietti (F1) 05 LHD US ZFFAA54A350141283 ass. # 58532	141359	F430	
141284	612	Scaglietti F1 05 Black/Tan LHD EU ZFFAY54B000141284 Scaglietti rims	141360	F430	Spider F1 Red/Black ZFFEZ59B000141360
			141363	F430	F1 Red/Black ZFFEZ58B000
141286	612	Scaglietti F1 05 Silver/black LHD US ZFFAA54A950141286 ass. # 58533	141366	F430	F1 Rosso Corsa/Tan LHD ZFFEZ58B000141366 Red calipers shields Yellow dials
141287	612	Scaglietti F1 05 Black/Black LHD US ZFFAA54A050141287 ass. # 58556	141369	F430	(F1) 05 LHD US ZFFEW58A650141369
141288	612	Scaglietti 05 Nero/Sabbia black inserts RHD Manual UK ZFFAA54C000141288 Yellow calipers shierlds Yellow dials	141370	F430	F1 05 Red/Tan Daytona seats black inserts black stitching LHD US ZFFEW58A250141370 Red Calipers Shields
			141371	F430	(F1) 05 ZFFEW58A450141371
141292	612	Scaglietti F1 Titan Grey LHD ZFFAY54B000141292	141372	F430	F1 Rosso Scuderia FER. 323/black ZFFEZ58B000141372
141294	612	Scaglietti (F1) 05 LHD US ZFFAA54A850141294 ass. # 58581	141373	F430	
			141375	F430	Spider F1 grey/grey ZFFEZ59B000141375
141296	612	Scaglietti F1 05 Silver/Black LHD LHD US ZFFAA54A150141296 ass. # 58821	141380	F430	Spider F1 Red/Black ZFFEZ59B000
			141381	F430	Spider F1 Red/Black ZFFEZ59B000
141297	612	Scaglietti F1 11/05 Grigio Titanio Metallizzato 3238/Bordeaux ZFFAY54C000141297	141382	F430	Red/Black & black sport seats manual black calipers shields ZFFEZ58B000141382
141298	612	Scaglietti F1 4/05 Grigio Silverstone/Beige ZFFAY54B000141298	141388	F430	F1 05 Red/beige ass. # 58616 carbon brakes
			141389	F430	F1 05 Rosso Corsa/Black ZFFEW58A150141389 Red calipers shields
141300	612	Scaglietti F1 05 Black/Tan ZFFAY54D000141300	141390	F430	(F1) 05 LHD US ZFFEW58A850141390
141301	612	Scaglietti (F1) 05 LHD US ZFFAA54A150141301 ass. # 58596	141391	F430	(F1) 05 ZFFEW58AX50141391
			141395	F430	Spider F1 05 Grigio Titanio met./tan
141303	612	Scaglietti F1 Black/Tan LHD EU	141396	F430	Spider F1 05 Argento Nürburgring 101/C/black ZFFEZ59B000141396
141304	612	Scaglietti (F1) 05 Grigio Alloy Crema Daytona seats LHD US ZFFAA54A750141304 ass. # 58644 Aluminum calipers shields	141398	F430	05 Red Manual ZFFEZ58B000141398
			141400	612	Scaglietti (F1) 05 LHD US ZFFAA54A350141400 ass. # 58733
141305	612	Scaglietti			
141308	612	Scaglietti F1 05 Grigio Ingrid/tan Daytona seats ZFFAA54A450141308 ass. # 58648 aluminum calipers	141401	612	Scaglietti F1 05 Argento Metallizzato/Nero silver stitching RHD ZFFAY54C000141401 Silver calipers shields
141309	612	Scaglietti F1 05 LHD US ZFFAA54A650141309 ass. # 58681	141403	612	Scaglietti 05 Black/tan Black piping LHD US ZFFAA54A950141403 ass. # 58696
141311	F430	(F1) 05 LHD US ZFFEW58A850141311	141406	612	Scaglietti F1 05 Nero/Beige LHD US ZFFAA54A450141406 ass. # 58682
141312	F430	05 NART Blue/Bordeaux Daytona seats Manual ZFFEW58AX50141312 shields Red calipers	141407	612	Scaglietti (F1) 05 Dark Blue Crema RHD ZFFAY54C000141407 Red calipers shields
141314	F430	(F1) 05 ZFFEW58A350141314			

s/n	Type	Comments
141410	612	Scaglietti (F1) 05 LHD US ZFFAA54A650141410 ass. # 58719
141411	612	Scaglietti F1 05 Grigio Alloy ZFFAY54B000141411
141412	F430	F1 Shanghai Show Car 5/05 Rosso Corsa/Beige ZFFEZ58B000141412
141431	F430	Spider (F1) 05 LHD US ZFFEW59A950141431
141432	F430	Spider 05 Red/Tan LHD US ZFFEW59A050141432
141437	F430	Rosso Scuderia FER. 323/Black Manual ZFFEZ58B000141437
141440	F430	F1 05 Grigio Titanio Burgundy LHD US ZFFEW58A850141440
141441	F430	F1 05 Blu Tour de France 522/Cuoio LHD US ZFFEW58AX50141441
141442	F430	(F1) 05 LHD US ZFFEW58A150141442
141444	F430	
141445	F430	F1 Yellow/black ZFFEZ58B000 141445 # 58653
141446	F430	F1 Yellow/black sport seats ZFFEZ58B000141446
141450	F430	F1 Red/Black Red stitching ZFFEZ58B000141450 Black calipers shields
141456	F430	F1 White/Red LHD ZFFEZ58B000141456
141457	F430	
141459	F430	Rosso Corsa/nero Rosso stitching Manual ZFFEZ58B000141459 Red calipers shields Yellow dials
141460	F430	F1 05 Red/Tan Daytona seats Red stitching LHD US ZFFEW58A350141460 Red calipers
141461	F430	F1 05 Yellow/Black Daytona seats Yellow stitching shields ZFFEW58A550141461
141462	F430	(F1) 05 LHD US ZFFEW58A750141462
141463	F430	(F1) 05 LHD US ZFFEW58A950141463
141467	F430	F1 Red/Tan ZFFEZ58B000141467 Red stitching
141468	F430	Spider F1 Red/Black ZFFEZ59B000
141469	F430	F1 Black LHD ZFFEZ58B000141469
141470	F430	F1 Rosso Scuderia FER. 323/black ZFFEZ58B000141470
141471	F430	F1 black/black LHD EU
141475	F430	F1 05 Grigio Titanio Dark Blue ZFFEW58A550141475
141476	F430	(F1) 05 ZFFEW58A750141476
141477	F430	(F1) 05 LHD US ZFFEW58A950141477
141479	F430	F1 Red/Tan ZFFEZ58B000141479
141482	F430	F1 Red/Black Red stitching ZFFEZ58B000141482 Red calipers Yellow dials
141484	F430	F1 Red/Tan Sport seats BBS rims
141486	F430	05 Nero Daytona/cuoio manual ZFFEZ58B000141486 black calipers Shields
141487	F430	F1 Red/Black ZFFEZ58B000141487
141490	F430	Spider F1 Grigio Titanio met./charcoal Red stitching ZFFEZ59B000141490 Black calipers shields
141491	F430	(F1) 05 ZFFEW58A350141491
141492	F430	F1 05 Red/Tan LHD ZFFEW58A550141492 Red calipers shields Challenge wheels
141493	F430	F1 4/05 Rosso Corsa/Crema ZFFEZ58C000141493
141498	F430	(F1) 05 ZFFEW58A650141498
141499	F430	(F1) 05 ZFFEW58A850141499
141500	F430	F1 05 Nuovo Nero Daytona/Nero ZFFEW58A050141500
141501	F430	Spider (F1) 05 LHD US ZFFEW59A450141501
141502	F430	Spider Red/Tan LHD EU
141505	F430	Spider F1 Red/Black ZFFEZ59B000141505
141506	F430	Spider F1 black/Bordeaux ZFFEZ59B000141506 Yellow dials, black calipers Shields
141507	F430	F1 Red/Black ZFFEZ58B000141507
141510	575	M Maranello (F1) 05 LHD US ZFFBV55A050141510
141511	F430	Spider (F1) 05 LHD US ZFFEW59A750141511
141512	F430	Spider
141513	F430	Spider F1 Grigio Silverstone/black ZFFEZ59B000141513
141517	F430	F1 05 Red/Tan ZFFEW58A650141517
141518	F430	F1 4/05 Giallo Modena/black Yellow stitching ZFFEW58A850141518 Challenge wheels Yellow calipers
141519	F430	4/05 Nero Daytona/Crema Manual RHD ZFFEZ58C000141519 Red calipers shields
141520	F430	Spider F1 black/black
141524	F430	(F1) 05 LHD US ZFFEW58A350141524
141525	F430	F1 05 Rosso Corsa/Beige Daytona Seats Red stitching & piping ZFFEW58A550141525 Red Calipers Shields Challenge wheels
141526	F430	05 Grigio Titanio met./Black White Stitching Manual ZFFEW58A750141526
141527	F430	Spider F1 Giallo Modena/Black LHD EU ZFFEZ59B000141527
141528	F430	(F1) 05 LHD US ZFFEW58A050141528
141529	F430	(F1) 05 LHD US ZFFEW58A250141529
141530	F430	(F1) 05 LHD US ZFFEW58A950141530
141531	F430	Spider F1 05 Blu Tour de France 522/Beige LHD US ZFFEW59A250141531 Shields Red RHD ZFFEZ58X000141534
141534	F430	
141535	F430	Black/black Manual ZFFEZ58B000141535
141539	F430	F1 05 Giallo Modena/Nero LHD US ZFFEW58A550141539
141540	F430	F1 05 Grigio Titanio met./Tan Daytona Seats LHD US ZFFEW58A150141540 Shields Red Calipers
141541	F430	(F1) 05 ZFFEW58A350141541
141542	F430	F1 Rosso Scuderia FER. 323/black ZFFEZ58C000141542
141543	F430	Spider F1 Rosso Corsa/black LHD EU
141546	F430	Spider F1 Rosso Corsa/grigio ZFFEZ59B000141546
141548	F430	(F1) 05 ZFFEZ58A650141548
141549	F430	F1 05 Rosso Corsa/Black ZFFEW58A850141549
141552	F430	Spider F1 05 Yellow/dark Blue Yellow stitching dark Blue top LHD EU
141553	F430	(F1) 05 ZFFEW58AX50141553
141554	F430	F1 05 Grigio Silverstone/Dark Blue Daytona Seats Blue Stitching ZFFEW58A150141554 Silver Calipers Shields Yellow Tach
141555	F430	05 Black/Black Manual LHD US ZFFEW58A350141555 Shields Challenge Wheels
141556	F430	(F1) 05 LHD US ZFFEW58A550141556
141557	F430	Spider F1 05 Grey Silverstone/dark grey LHD LHD US ZFFEW59A950141557
141559	F430	Spider F1 05 Red/Black ZFFEZ59B000
141560	F430	Spider F1 05 Red/Black ZFFEZ59B000141560
141563	F430	(F1) 05 LHD US ZFFEW58A250141563
141564	F430	F1 05 Yellow/Tan LHD US ZFFEW58A450141564
141565	F430	4/05 Rosso Corsa/Cream ZFFEZ58C000141565
141566	F430	F1 05 Rosso Scuderia FER. 323/Black RHD ZFFEZ58C000141566 shields, black calipers
141571	F430	F1 3/05 Red/Tan LHD US ZFFEW58A150141571 Red calipers shields
141572	F430	(F1) 05 LHD US ZFFEW58A350141572
141573	F430	Spider (F1) 05 LHD US ZFFEW59A750141573
141574	F430	Spider F1 4/05 Rosso Corsa/Crema ZFFEZ59C000141574
141575	F430	Spider F1 05 Rosso Corsa/black ZFFEZ59B000141575 Red dials black calipers
141577	F430	Spider F1 05 Black/charcoal ZFFEZ59B000
141578	F430	Spider F1 05 Red/Red sport seats Yellow stitching shields Red dash, steering wheel & rollbars Red soft top ZFFEZ59B000141578 Red calipers

s/n	Type	Comments
141580	F430	F1 05 Red/Beige Daytona seats Red stitching ZFFEW58A250141580 Red calipers shields
141581	F430	F1 05 Grigio Titanio nero LHD US ZFFEW58A450141581
141584	F430	05 Rosso Scuderia FER. 323/Tan Manual RHD AUS ZFFEZ58D0000141584 Red carpets Shields
141585	F430	F1 Rosso Corsa/Red
141586	F430	F1 05 Red LHD EU ZFFEZ58B000
141591	F430	F1 Red LHD ZFFEZ58B000
141593	F430	F1 05 Rosso Corsa/black ZFFEZ58B000141593 Red calipers shields
141597	F430	
141598	F430	F1 05 Grigio Titanio met./cuoio LHD EU ZFFEZ58B000
141600	F430	F1 5/05 Grigio Titanio Metallizzato 3238/Nero ZFFEZ58B000141600
141608	F430	F1 Red/Black Racing seats Rosso stitching ZFFEZ58B000141608
141610	F430	F1 05 Pearl White/black ZFFEZ58B000
141616	F430	F1 05 Red/beige ZFFEZ58B000
141618	F430	F1 Rosso Corsa/Black LHD ZFFEZ58B000141618 Red calipers Challenge wheels
141622	F430	F1 Red/Black sports seats ZFFEZ58B000141622 Red calipers shields
141625	F430	F1 Grigio Silverstone/cuoio ZFFEZ58B000141625 shields
141626	F430	F1 Rosso Corsa/beige ZFFEZ58B000141626 shields
141627	F430	F1 Rosso Corsa/tan ZFFEZ58B000141627
141629	F430	F1 Rosso Scuderia FER. 323/black ZFFEZ58B000141629
141632	F430	F1 Rosso Scuderia FER. 323/black ZFFEZ58B000
141633	F430	F1 05 Black/tan ZFFEZ58B000141633
141634	F430	(F1) Rosso Corsa/Black LHD ZFFEZ58B000141634 ass. # 58815 Red calipers
141635	F430	F1 Yellow/black ZFFEZ58B000141635
141636	F430	F1 4/05 Rosso Corsa/Nero ZFFEZ58B000141636
141638	F430	F1 05 Red/Black LHD EU ZFFEZ58B000
141640	F430	F1 Red/Black ZFFEZ58B000141640
141646	F430	F1 Red/Tan ZFFEZ58B000141646
141651	F430	F1 Silver/Cuoio LHD ZFFEZ58B000141651 Red calipers
141654	F430	F1 Red/Black Red stitching ZFFEZ58B000141654
141656	F430	F1 Red/Black ZFFEZ58B000 ass. # 58880
141661	F430	F1 Red/Tan LHD ZFFEZ58B000141661
141662	F430	F1 Rosso Scuderia FER. 323/Black ZFFEZ58B000141662
141663	F430	Red/Cuoio ZFFEZ58B000141663
141666	F430	F1 Rosso Corsa/black sport seats LHD ZFFEZ58B000141666
141669	575	M Maranello (F1) 05 Red/Tan ZFFBV55A450141669
141670	575	Superamerica (F1) 05 LHD US ZFFGT61A150141670
141671	575	M Maranello dark Blue/black Manual LHD EU
141675	612	Scaglietti F1 05 Grigio Nuvolari/Cuoio Daytona seats gray inserts Gray piping LHD US ZFFAA54A950141675 ass. # 59293 Black calipers Gray dash and steering wheel
141678	612	Scaglietti Blu Pozzi 521 D.S./bordeaux dark Blue dash Manual ZFFAY54B000
141679	612	Scaglietti F1 Blue/tan ZFFAY54B000141679
141681	612	Scaglietti 05 Argento Nürburgring 101/C/Black/Tan inserts & piping LHD US ZFFAA54A450141681 ass. # 58844
141682	612	Scaglietti F1 Grigio Ingrid 720/bordeaux
141684	612	Scaglietti F1 Grigio Titanio met./black ZFFAY54B000
141685	612	Scaglietti F1 05 Grigio Titanio met. Daytona Seats Black Inserts LHD US ZFFAA54A150141685 ass. # 58841 Red Calipers Tubi
141687	612	Scaglietti F1 Black/Crema ZFFAY54B000141687
141689	612	Scaglietti F1 05 Grigio Titanio met./2 tone Grey Daytona seats LHD US ZFFAA54A950141689 ass. # 58989 aluminum calipers shields
141691	612	Scaglietti F1 Silver/black ZFFAY54B000141691
141693	612	Scaglietti F1 dark Blue met./tan LHD ZFFAY54B000141693
141694	612	Scaglietti (F1) 05 LHD US ZFFAA54A250141694 ass. # 58849
141697	612	Scaglietti (F1) 05 LHD US ZFFAA54A850141697 ass. # 58901
141698	575	M Maranello (F1) 05 LHD US ZFFBV55A050141698
141699	612	Scaglietti F1 4/05 Grigio Titanio Metallizzato 3238/Blu Scuro ZFFAY54B000141699
141703	612	Scaglietti (F1) 05 LHD US ZFFAA54AX50141703 ass. # 58992
141704	612	Scaglietti dark Blue/Crema LHD ZFFAY54B000141704
141706	612	Scaglietti (F1) 05 LHD US ZFFAA54A550141706 ass. # 58923
141711	612	Scaglietti (F1) 05 LHD US ZFFAA54A950141711 ass. # 58945
141714	612	Scaglietti (F1) 05 LHD US ZFFAA54A450141714 ass. # 58967
141715	612	Scaglietti (F1) 05 LHD US ZFFAA54A650141715 ass. # 58966
141716	612	Scaglietti F1 05 Grigio Silverstone/black ZFFAY54B000141716
141719	612	Scaglietti F1 black/black LHD EU
141721	612	Scaglietti F1 05 Grigo Ingrid/tan LHD EU ZFFAY54B000
141722	612	Scaglietti (F1) 05 LHD US ZFFAA54A350141722 ass. # 58988
141723	612	Scaglietti F1 05 dark Blue/dark Red LHD EU
141726	612	Scaglietti 05 Dark Silver LHD US ZFFAA54A050141726 ass. # 59025
141727	612	Scaglietti F1 dark Blue met./tan ZFFAY54B000
141729	612	Scaglietti (F1) 05 LHD US ZFFAA54A650141729
141730	612	Scaglietti
141732	612	Scaglietti (F1) 05 LHD US ZFFAA54A650141732
141733	F430	F1 Rosso Scuderia FER. 323/Tan Sport seats
141737	F430	05 Yellow/black manual
141740	F430	(F1) 05 LHD US ZFFEW58A950141740
141741	F430	(F1) 05 ZFFEW58A050141741
141742	F430	Spider F1 05 Rosso Corsa/Natural Daytona Seats LHD US ZFFEW59A450141742 Red Calipers Shields
141743	F430	Spider F1 Black/Black
141744	F430	Spider F1 Red/Tan ZFFEZ59B000141744
141745	F430	F1 05 Red/Black LHD EU ZFFEZ58B000141745
141747	F430	F1 4/05 black/black LHD ZFFEZ58B000141747
141748	F430	Spider (F1) 05 LHD US ZFFEW59A550141748
141752	F430	Spider F1 Red/Black ZFFEZ59B000
141754	F430	F1 05 Rosso Corsa/Beige ZFFEW58A950141754
141755	F430	(F1) 05 LHD US ZFFEW58A050141755
141756	F430	Spider F1 6/05 Rosso Corsa/Beige LHD US ZFFEW59A450141756
141757	F430	Spider (F1) 05 LHD US ZFFEW59A650141757
141758	F430	Spider F1 6/05 Rosso Corsa/Crema RHD ZFFEZ59C000141758 Red calipers shields Yellow dials

s/n	Type	Comments
141759	F430	Spider
141764	F430	F1 Black/black LHD ZFFEZ58B000141764
141765	F430	F1 Red/Black ZFFEZ58B000141765
141766	F430	F1 Rosso Scuderia FER. 323/Tan sports seats tan dash LHD ZFFEZ58B000141766 ass. # 58794 Red calipers shields Yellow dials
141770	F430	Spider F1 black/black
141775	F430	F1 5/05 Argento Nürburgring 101/C/Charcoal Daytona seats grey stitching ZFFEW58A650141775 Red calipers
141776	F430	05 Silver/Bordeaux Silver Inserts LHD US ZFFEW58A850141776
141777	F430	(F1) 05 LHD US ZFFEW58AX50141777
141778	F430	05 Red/Tan Daytona Seats Manual LHD US ZFFEW58A150141778 Red Calipers Shields Challenge Wheels
141779	F430	Spider (F1) 05 LHD US ZFFEW59A550141779
141783	F430	F1 Red/Black ZFFEZ58B000141783
141785	F430	F1 Black/Black ZFFEZ58B000
141787	F430	F1 Rosso Scuderia FER. 323/black ZFFEZ58B000
141788	F430	F1 4/05 Rosso Corsa/Nero LHD ZFFEZ58B000141788
141789	F430	F1 Red/Black LHD ZFFEZ58B000141789
141791	F430	Spider F1 Rosso Corsa/Crema LHD ZFFEZ59B000141791 Red calipers shields
141794	F430	F1 05 black/tan beige stitching sports seats ZFFEZ58B000141794 Yellow calipers shields
141796	F430	F1 05 Grigio Titanio met./Blue silver stitching dark Blue dashboard leather dark Blue top ZFFEW58A350141796 Red calipers Red dials
141797	F430	Spider F1 7/05 Rosso Corsa/Beige LHD US ZFFEW59A750141797 seats brown stitching LHD ZFFEZ58B000141794 shields Yellow calipers
141798	F430	Spider (F1) 05 LHD US ZFFEW59A950141798
141799	F430	
141802	F430	F1 05 Rosso Corsa/Tan LHD US ZFFEW58A550141802 Red Calipers Shields
141803	F430	Spider F1 black/Crema sports seats LHD EU
141804	F430	Spider F1 Red/Red & black ZFFEZ59B000141804
141808	F430	F1 Rosso Corsa/Tan LHD ZFFEZ58B000141808 Red dials
141809	F430	F1 Black/cream ZFFEZ58B000141809
141814	F430	(F1) 05 ZFFEW58A150141814
141815	F430	(F1) 05 LHD US ZFFEW58A350141815
141816	575	M Maranello F1 GTC 05 Rosso Corsa/black ZFFBT55B000141816 shields
141817	575	M Maranello (F1) 05 LHD US ZFFBV55A450141817
141818	575	Superamerica F1 05 Grigio Ingrid 720/Cuoio ZFFGT61B000141818 Shields Silver calipers
141822	575	M Maranello F1 Red/Tan
141831	F430	Spider F1 4/05 Rosso Corsa/Beige ZFFEZ59B000141831
141836	F430	(F1) 05 LHD US ZFFEW58A050141836
141837	F430	F1 05 Red/tan ZFFEZ58B000141837
141839	F430	F1 Red/Black ZFFEZ58B000141839
141845	F430	F1 Grigio Silverstone/Bordeaux LHD ZFFEZ58B000141845
141848	F430	Spider F1 Red/Black sports seats Red stitiching ZFFEZ59B000141848 Red calipers shields
141850	F430	(F1) 05 LHD US ZFFEW58A550141850
141851	F430	F1 05 Red/Tan LHD US ZFFEW58A750141851 Yellow Calipers Shields
141852	F430	05 Silver/Black Manual ZFFEW58A950141852
141853	F430	F1 05 Red/Black sports seats ZFFEZ58B000141853 shields challenge wheels
141854	F430	F1 Giallo Modena/Bordeaux Yellow stitching ZFFEZ58B000141854 Yellow calipers shields black Challenge wheels
141857	F430	Spider F1 Grigio Silverstone/black
141860	F430	Spider F1 Rosso Corsa/Black LHD ZFFEZ59B000141860 shields
141861	F430	F1 Red/Black ZFFEZ58B000
141862	F430	(F1) 05 LHD US ZFFEW58A150141862
141863	F430	F1 05 Rosso Corsa/Beige Daytona Seats Carbon Fiber Inserts Rosso Stitching LHD US ZFFEW58A350141863 Red Calipers Shields Red dials
141864	F430	(F1) 05 LHD US ZFFEW58A550141864
141865	F430	F1 05 Red/Tan LHD US ZFFEW58A750141865
141872	F430	Spider F1 Imola modified Rosso Corsa/Black LHD EU
141875	F430	F1 Red/Tan ZFFEZ58B000
141877	F430	(F1) 05 LHD US ZFFEW58A350141877
141878	F430	(F1) 05 LHD US ZFFEW58A550141878
141879	F430	05 Rosso Scuderia FER. 323/Tan Daytona Seats Red Piping Red stitching Manual ZFFEW58A750141879 Shields Red Calipers 19" Wheels
141880	F430	(F1) 05 LHD US ZFFEW58A350141880
141885	F430	Spider F1 Red/Black LHD ZFFEZ59B000141885
141886	F430	Spider F1 Rosso Corsa/Black & Red Red stitching LHD ZFFEZ59B000141886
141887	F430	Spider F1 Novitec Rosso 05 Red/Black ZFFEZ59B000141887
141888	F430	F1 Red/Tan LHD EU
141889	F430	F1 05 Rosso Corsa/Beige Daytona Seats Red Inserts ZFFEW58AX50141889 Shields Red Calipers
141890	F430	(F1) 05 LHD US ZFFEW58A650141890
141891	F430	F1 05 Black/Black Daytona Seats Red Stitching ZFFEW58A850141891 Shields Red Calipers
141892	F430	(F1) 05 LHD US ZFFEW58AX50141892
141893	F430	05 Yellow/Black Daytona seats Yellow stitching Manual LHD US ZFFEW58A150141893 Red calipers shields challenge wheels
141894	F430	Spider (F1) 05 LHD US ZFFEW9A550141894
141895	F430	Spider (F1) 05 LHD US ZFFEW59A750141895
141897	F430	F1 Red/Black ZFFEZ58B000141897 ass. # 59119
141898	F430	F1 Red/Black LHD EU
141899	F430	F1 4/05 Rosso Corsa/black Red seat centres Red piping Red stitching ZFFEZ58B000141899 Red calipers shields
141903	F430	F1 Rosso Scuderia-Tricolore stripe/black ZFFEZ58B000141903
141905	F430	(F1) 05 LHD US ZFFEW58A450141905
141906	F430	(F1) 05 LHD US ZFFEW58A650141906
141908	F430	05 Grigio Silverstone LHD US ZFFEW58AX50141908
141909	F430	(F1) 05 LHD US ZFFEW58A150141909
141910	F430	Spider F1 05 Rosso Corsa/Tan Red stitching LHD US ZFFEW59AX50141910 Shields Red Calipers
141911	F430	4/05 Rosso Scuderia FER. 323/Nero Manual ZFFEZ58B000141911
141912	F430	Spider F1 05 nero/nero Red stitching ZFFEZ58B000141912
141913	F430	F1 Grigio Silverstone/Black LHD ZFFEZ58B000141913 Challenge wheels Red dials
141915	575	Superamerica F1 05 Red/Beige LHD US ZFFGT61A550141915
141916	575	Superamerica F1 05 Red/Tan Daytona seats Red stitching ZFFGT61A750141916 shields Red calipers
141917	575	Superamerica F1 05 Rosso Corsa/beige Daytona seats LHD US ZFFGT61A950141917 shields Red calipers

s/n	Type	Comments	s/n	Type	Comments
141918	575	Superamerica F1 05 Rosso Corsa/beige Daytona seats LHD US ZFFGT61A050141918 ass. # 59216	142005	F430	(F1) 05 LHD US ZFFEW58A650142005
			142006	F430	(F1) 05 LHD US ZFFEW58A850142006
			142007	F430	(F1) 05 LHD US ZFFEW58AX50142007
141919	575	Superamerica F1 05 Grigio Titanio met./Black Daytona seats Red stitching LHD US ZFFGT61A250141919 Shields Red calipers	142008	F430	Red/Black Red stitching RHD ZFFEZ58C000142008 Red calipers Shields
			142010	F430	Spider (F1) 05 LHD US ZFFEW59A150142010
141920	Enzo Ferrari	F1 # 400/399+1 05 Red/Tan ZFFCZ56B000141920 ass.# 59050 gift to Pope John Paul II, auctioned for charity	142011	F430	F1 6/05 Grigio Silverstone/Nero ZFFEW58B000142011
			142016	F430	Spider F1 05 Grigio Silverstone LHD US ZFFEW59A250142016
141923	612	Scaglietti F1 05 Rosso Corsa/Beige Daytona seats LHD US ZFFAA54A250141923 shields Red calipers Tubi	142017	F430	Spider F1 Red/Black Red inserts RHD ZFFEZ59C000142017 shields Yellow dials
141926	612	Scaglietti F1 Red/Tan ZFFAY54B000141926	142019	575	Superamerica (F1) 05 LHD US ZFFGT61A450142019
141927	612	Scaglietti (F1) 05 LHD US ZFFAA54AX50141927	142020	575	Superamerica (F1) 05 LHD US ZFFGT61A050142020
141928	612	Scaglietti F1 5/05 Blu Mirabeau/Beige ZFFAY54C000141928	142021	575	Superamerica (F1) 05 LHD US ZFFGT61A250142021
141930	612	Scaglietti (F1) 05 LHD US ZFFAA54AX50141930	142022	575	Superamerica 05 LHD US ZFFGT61A450142022 Autocheck
141932	612	Scaglietti F1 05 Grigio Titanio Natural LHD US ZFFAA54A350141932	142023	575	Superamerica (F1) 05 LHD US ZFFGT61A650142023
141939	612	Scaglietti (F1) 05 LHD US ZFFAA54A650141939	142024	575	Superamerica F1 05 Rosso Corsa/Cuoio LHD US ZFFGT61A850142024
141942	612	Scaglietti (F1) 05 LHD US ZFFAA54A650141942	142025	575	Superamerica F1 GTC 05 Red/Tan Daytona seats Red piping & stitching LHD US ZFFGT61AX50142025 Shields
141951	575	Superamerica (F1) 05 LHD US ZFFGT61A950141951	142026	575	Superamerica F1 05 Red/Tan LHD US ZFFGT61A150142026
141952	575	Superamerica (F1) 05 LHD US ZFFGT61A050141952	142028	612	Scaglietti F1 12/05 Grigio Titanio Metallizzato 3238/Bordeaux ZFFAY54C000142028
141953	575	Superamerica 05 Grigio Silverstone/Cuoio LHD US ZFFGT61A250141953 ass. # 59417	142032	612	Scaglietti (F1) 05 LHD US ZFFAA54A550142032
141954	F430	F1 05 black/Bordeaux sport seats LHD US ZFFEW58A650141954	142033	612	Scaglietti F1 4/05 Nuovo Nero Daytona/Beige Daytona seats ZFFAY54C000142033 Yellow calipers shields
141955	F430	Spider Red/Black Red Stitching RHD UK	142035	612	Scaglietti F1 dark Blue met./sabbia ZFFAY54B000
141957	F430	F1 Rosso Scuderia FER. 323/black ZFFEZ58B000	142037	612	Scaglietti F1 Blu Mirabeau/cuoio RHD UK ZFFAY54C000142037
141958	F430	05 Silver/black Manual LHD US ZFFEW58A350141958 Tubi	142039	612	Scaglietti F1 05 blu Mirabeau?/beige & nero ZFFAY54B000142039
141961	F430	F1 05 Grigio Titanio met./dark Red EU ZFFEZ58B000141961	142040	612	Scaglietti Black/Black ZFFAY54B000142040
141964	F430	05 Silver/Black Red Stitching ZFFEW58A950141964	142041	612	Scaglietti F1 05 Red/Tan Daytona seats LHD US ZFFAA54A650142041 Red dials shields Red calipers
141965	F430	(F1) 05 LHD US ZFFEW58A050141965	142042	612	Scaglietti F1 black/black
141966	F430	(F1) 05 LHD US ZFFEW58A250141966	142044	612	Scaglietti F1 Grigio Titanio LHD ZFFAY54B000142044
141967	F430	(F1) 05 ZFFEW58A450141967	142046	612	Scaglietti F1 Blu Pozzi 521 D.S./Crema ZFFAY54B000142046
141970	F430	Spider F1 Grigio Alloy/Dark Blue RHD UK ZFFEZ59C000141970	142048	612	Scaglietti F1 black/Cuoio ZFFAY54B000142048
141974	F430	F1 05 LHD US ZFFEW58A150141974	142049	612	Scaglietti 3/05 Rubino Micalizzato Fer. 3247/Light brown LHD US ZFFAA54A050142049 ass. # 59319 Shields Yellow calipers light brown dash & steering wheel
141975	F430	(F1) 05 LHD US ZFFEW58A350141975			
141976	F430	F1 05 Rosso Corsa/Beige Daytona seats ZFFEW58A550141976 shields Red calipers tinted windows			
141977	F430	(F1) 05 ZFFEW58A750141977	142052	612	Scaglietti F1 Black/black ZFFAY54B000
141978	F430	05 Rosso Corsa/tan Daytona seats manual black inserts LHD US ZFFEW58A950141978 shields	142053	612	Scaglietti F1 dark Blue/dark tan ZFFAY54B000
			142055	612	Scaglietti F1 4/05 Le Mans Blue/tan Blue piping LHD US ZFFAA54A650142055 ass. # 59472 silver calipers
141979	F430	(F1) 05 LHD US ZFFEW58A050141979			
141981	F430	Red/Black ZFFEZ58B000141981 red calipers	142056	612	Scaglietti F1 5/05 Rosso Corsa/Cream ZFFAY54C000142056
141985	F430	(F1) 05 LHD US ZFFEW58A650141985	142059	612	Scaglietti F1 5/05 Grigio Titanio Metallizzato 3238/Bordeaux ZFFAY54B000142059
141986	F430	F1 05 Rosso Corsa/Tan & Black Daytona seats LHD US ZFFEW58A850141986	142061	612	Scaglietti (F1) 05 LHD US ZFFAA54A150142061
141987	F430	F1 05 Rosso Corsa/tan Red Stitching LHD US ZFFEW58AX50141987 Shields Red Calipers	142067	612	Scaglietti F1 black/Bordeaux ZFFAY54B000142067
141988	F430	F1 05 Rosso Corsa/Tan LHD US ZFFEW58A150141988 Red Calipers Shields	142069	612	Scaglietti F1 7/05 Rubino Micalizzato/Cuoio ZFFAY54C000142069
141989	F430	(F1) 05 LHD US ZFFEW58A350141989			
141994	F430	F1 05 Red/Black Red piping LHD ZFFEZ58B000141994			
142000	F430	F1 Giallo Modena/Black sports seats Yellow stitching LHD ZFFEZ58B000142000 shields			
142003	F430	F1 05 Rosso Corsa/Tan LHD US ZFFEW58A250142003 Red calipers shields			
142004	F430	(F1) 05 LHD US ZFFEW58A450142004	142070	F430	F1 Rosso Corsa/nero ZFFEZ58B000142070

s/n	Type	Comments	s/n	Type	Comments
142074	F430	F1 black/black	142135	F430	Spider F1 05 Silver/dark grey White stitching Blue top LHD US ZFFEW59AX50142135 shields
142077	F430	F1 05 Grigio Titanio met./Rosso Grey inserts & Stitching ZFFEW58A950142077 Red Calipers Shields	142138	F430	Spider (F1) 05 Silver/Tan LHD US ZFFEW59A550142138
142078	F430	(F1) 05 LHD US ZFFEW58A050142078	142139	F430	Spider F1 Red/Black ZFFEZ59B000142139
142079	F430	F1 05 Yellow/Black Yellow stitching ZFFEW58A250142079 shields	142141	F430	Spider F1 05 LHD US ZFFEW59A550142141
			142142	F430	Spider (F1) 05 LHD US ZFFEW59A750142142
142080	F430	F1 05 Grigio Titanio met./Dark Blue ZFFEW58A950142080 Shields Aluminum calipers	142144	F430	Spider (F1) 05 ZFFEW59A050142144
			142145	F430	Spider 05 Red/Tan ZFFEW59A250142145
			142147	F430	Spider (F1) 05 Red/Tan/Brown piping LHD US ZFFEW59A650142147 Shields Red Calipers
142081	F430	(F1) 05 LHD US ZFFEW58A050142081	142148	F430	Spider (F1) 05 LHD US ZFFEW59A850142148
142083	F430	F1 1/06 Rosso Scuderia FER. 323/Red ZFFEZ58B000142083 Yellow dials	142149	F430	Spider F1 05 Grigio Silverstone/Bordeaux LHD US ZFFEW59AX50142149 Yellow dials shields Red calipers
142085	F430	(F1) 05 LHD US ZFFEW58A850142085			
142086	F430	F1 05 Silver/Black Daytona seats silver piping silver inserts LHD US ZFFEW58AX50142086	142150	F430	Spider (F1) 05 LHD US ZFFEW59A650142150
142087	F430	F1 5/05 Rosso Corsa/Beige Daytona seats LHD US ZFFEW58A150142087 ass. # 59303 Yellow tach shields Red calipers	142151	F430	Spider (F1) 05 LHD US ZFFEW59A850142151
			142154	575	Superamerica F1 9/05 Nero/Cream ZFFGT61C000142154
142088	F430	(F1) 05 LHD US ZFFEW58A350142088	142156	575	Superamerica F1 05 Black/tan
142090	F430	F1 Grigio Silverstone/Black RHD ZFFEZ58C000142090 shields Yellow dials	142157	575	Superamerica (F1) 05 LHD US ZFFGT61A550142157
142091	F430	F1 06 Grigio Ingrid 720/Blue ZFFEZ58B000142091	142159	575	Superamerica F1 05 Black/Red ZFFGT61B000142159 alu calipers
142092	F430	F1 Yellow/black ZFFEZ58B000142092	142162	FXX	F1 Rosso Corsa White stripe ZFFHX62X000142162 ass. # 64511
142093	F430	F1 Red/Natural White stitching ZFFEZ58B000142093 Red calipers shields Yellow dials	142163	FXX	F1 Nero/Nero ZFFHX62X000142163 black rims, Michael Schumacher
142094	F430	F1 Red/cuoio ZFFEZ58B000142094	142193	F430	Spider (F1) 05 LHD US ZFFEW59A250142193
142095	F430	F1 Rosso Scuderia FER. 323/brown ZFFEZ58B000142095 shields	142198	F430	Spider (F1) 05 LHD US ZFFEW58AX50142198
			142199	F430	F1 05 Giallo Modena/black Yellow calipers shields LHD US ZFFEW58A150142199
142096	F430	F1 grey/grey LHD EU			
142101	F430	(F1) 05 LHD US ZFFEW58A250142101	142200	F430	F1 05 Yellow/black ZFFEW58A450142200
142102	F430	(F1) 05 LHD US ZFFEW58A450142102	142201	F430	(F1) 05 LHD US ZFFEW58A650142201
142103	F430	F1 05 Rosso Corsa/Tan LHD US ZFFEW58A650142103	142202	F430	05 Rosso Corsa/Beige LHD US ZFFEW58A850142202
142104	F430	F1 05 Rosso Corsa/Nero LHD US ZFFEW58A850142104	142205	F430	F1 Rosso Corsa/Red LHD EU
			142210	F430	(F1) 05 LHD US ZFFEW58A750142210
142105	F430	05 Yellow/Black Yellow Stitching Manual ZFFEW58AX50142105 Yellow Calipers Shields	142211	F430	(F1) 05 LHD US ZFFEW58A950142211
			142212	F430	05 Black/Black White Stitching Daytona Seats Manual ZFFEW58A050142212 Shields
142107	F430	Spider 5/05 Rosso Corsa/Cream ZFFEZ59C000142107	142213	F430	(F1) 05 LHD US ZFFEW58A250142213
142115	F430	F1 05 Rosso Scuderia/Black Medium Racing Seats ZFFEW58A250142115 Shields Challenge Wheels Rosso Scuderia Calipers	142214	F430	(F1) 05 LHD US ZFFEW58A450142214
			142215	F430	F1 05 Red/Red sports seats Red stitching RHD ZFFEZ58C000142215 Yellow dials
142116	F430	F1 05 Red/Tan Daytona seats LHD US ZFFEW58A450142116 shields	142220	F430	F1 05 Rosso Scuderia FER. 323/black LHD EU ZFFEZ58B000142220
142117	F430	(F1) 05 LHD US ZFFEW58A650142117	142221	F430	(F1) 05 LHD US ZFFEW58A150142221
142118	F430	F1 05 Rosso Corsa/Tan Red piping & stitching LHD US ZFFEW58A850142118 Red calipers shields	142222	F430	(F1) 05 LHD US ZFFEW58A350142222
			142223	F430	(F1) 05 LHD US ZFFEW58A550142223
			142224	F430	05 Grigio Titanio met./Black Daytona Seats medium Grey Stitching Manual LHD US ZFFEW58A750142224 Red Calipers
142119	F430	(F1) 05 LHD US ZFFEW58AX50142119			
142120	F430	5/05 Nero Daytona/Nero sports seats Yellow stitching Manual RHD ZFFEZ58C000142120 Yellow calipers shields Yellow dials	142225	F430	F1 Rosso/nero LHD EU
			142226	F430	F1 5/05 Grigio Titanio Metallizzato 3238/Cuoio ZFFEZ58B000142226
142121	F430	F1 12/05 Argento Metallizzato/Nero ZFFEZ58C000142121	142227	F430	F1 Rosso/nero LHD EU ZFFEZ58B000142227 Yellow dials
142125	F430	F1 Grigo Silverstone/grey sports seats ZFFEZ58B000142125	142235	F430	F1 4/05 Nero/Nero LHD US ZFFEW58A150142235
142127	F430	F1 Red White stripes/sports seats Red stitching ZFFEZ58B000142127 Red calipers shields Challenge wheels	142236	F430	F1 6/05 Black/tan Daytona seats Black inserts black stitching LHD US ZFFEW58A350142236 Daytona seats aluminum calipers shields
142129	F430	(F1) 05 LHD US ZFFEW58A250142129	142237	F430	(F1) 05 ZFFEW58A550142237
142130	F430	F1 05 Silver/Black LHD US ZFFEW58A950142130 Shields	142238	F430	(F1) 05 LHD US ZFFEW58A750142238
142131	F430	F1 05 Rosso Corsa/Tan black piping LHD US ZFFEW58A050142131 shields Red calipers	142242	F430	F1 Yellow/black & Yellow ZFFEZ58B000142242 Yellow calipers
142132	F430	(F1) 05 LHD US ZFFEW58A250142132	142243	F430	F1 Black/black ZFFEZ58B000
142133	F430	05 Rosso Corsa/Tan Manual LHD US ZFFEW58A450142133 shields Red calipers	142247	F430	(F1) 05 LHD US ZFFEW58A850142247
			142248	F430	F1 05 Red/Black Daytona seats LHD US ZFFEW58AX50142248 shields Red calipers
142134	F430	F1 Red/Black Red inserts Red piping Red stitching RHD ZFFEZ58C000142134 Shields Yellow dials	142249	F430	F1 05 Rosso Corsa/Crema Daytona seats LHD US ZFFEW58A150142249 shields red calipers

s/n	Type	Comments
142250	F430	05 Rosso Scuderia FER. 323/Black LHD US ZFFEW58A850142250
142252	F430	Spider (F1) 05 LHD US ZFFEW59A350142252
142253	F430	Spider
142254	F430	Spider (F1) 05 LHD US ZFFEW59A750142254
142255	F430	Spider F1 05 Nero Daytona Metallic/Tan LHD US ZFFEW59A950142255
142256	F430	Spider (F1) 05 LHD US ZFFEW59A050142256
142257	F430	Spider F1 7/05 Grigio Titanio Metallizzato 3238/Beige LHD US ZFFEW59A250142257
142258	F430	Spider (F1) 05 LHD US ZFFEW59A450142258
142259	F430	Spider F1 05 Yellow/black Daytona seats Yellow piping ZFFEW59A650142259 Yellow dials shields Yellow calipers Challenge grille
142260	F430	Spider F1 05 Rosso Corsa/Tan LHD US ZFFEW59A250142260 shields Red calipers
142261	F430	Spider F1 05 Rosso Corsa/Beige Daytona seats LHD US ZFFEW59A450142261 red calipers Challenge wheels shields
142263	F430	Spider (F1) 05 LHD US ZFFEW59A850142263
142266	F430	Spider (F1) 05 LHD US ZFFEW59A350142266
142267	F430	Spider F1 6/05 Blu Tour de France 522/Cuoio LHD US ZFFEW59A550142267
142270	F430	Spider F1 black/tan LHD EU
142271	F430	Spider (F1) 05 LHD US ZFFEW59A750142271
142273	612	Scaglietti 05 Grigio Ingrid 720/Crema Dark stitching ZFFAA54A550142273 shields
142274	612	Scaglietti F1 black/tan
142275	612	Scaglietti (F1) 05 LHD US ZFFAA54A950142275
142276	612	Scaglietti (F1) 05 LHD US ZFFAA54A050142276
142278	612	Scaglietti F1 Grigio Silverstone/Tan LHD EU ZFFAY54B000142278
142279	612	Scaglietti (F1) 05 LHD US ZFFAA54A650142279
142281	612	Scaglietti
142283	612	Scaglietti F1 05 Black/Beige LHD US ZFFAA54A850142283
142284	612	Scaglietti F1 dark Blue/tan LHD ZFFAY54B000142284
142286	612	Scaglietti F1 05 Argento Nürburgring 101/C/Cuoio Daytona seats LHD US ZFFAA54A350142286 Red calipers Shields
142291	612	Scaglietti F1 6/05 Grigio Metallizzato/Nero ZFFAY54C000142291
142296	612	Scaglietti (F1) 05 LHD US ZFFAA54A650142296
142297	612	Scaglietti 05 Blu Pozzi 521 D.S./Bordeaux Daytona Seats Blue Stitching Manual ZFFAA54A850142297 Yellow calipers
142300	612	Scaglietti (F1) 05 LHD US ZFFAA54A450142300
142303	612	Scaglietti F1 05 Argento Nürburgring 101/C/Black LHD US ZFFAA54AX50142303
142305	612	Scaglietti F1 black/grey ZFFAY54B000142305
142308	612	Scaglietti F1 Black/Black & sabbia RHD ZFFAY54C000142308 Red calipers
142309	612	Scaglietti F1 05 Customized Silver similar to Grigio Titanio met./black LHD EU ZFFAY54B000142309 Yellow calipers
142313	612	Scaglietti F1 Black/Black RHD ZFFAY54C000142313
142315	612	Scaglietti (F1) 05 LHD US ZFFAA54A650142315
142316	612	Scaglietti (F1) 05 LHD US ZFFAA54A850142316
142320	F430	F1 Grigio Silverstone/black ZFFEZ58B000142320
142323	F430	F1 6/05 Rosso Corsa/Nero LHD US ZFFEW58A950142323
142324	F430	(F1) 05 LHD US ZFFEW58A050142324
142325	F430	(F1) 05 LHD US ZFFEW58A250142325
142326	F430	(F1) 05 LHD US ZFFEW58A450142326
142327	F430	(F1) 05 LHD US ZFFEW58A650142327
142328	F430	6/05 Argento Nürburgring 101/C/Blu Scuro silver stitching ZFFEZ58C000142328 Yellow dials shields
142329	F430	
142332	F430	05 Rosso Corsa/Cuoio ZFFEW58AX50142332
142334	F430	(F1) 05 LHD US ZFFEW58A350142334
142335	F430	(F1) 05 LHD US ZFFEW58A550142335
142336	F430	(F1) ZFFEW58A750142336
142337	F430	F1 05 Black/Black Daytona seats ZFFEW58A950142337 shields Red calipers
142338	F430	(F1) 05 LHD US ZFFEW58A050142338
142339	F430	(F1) 05 LHD US ZFFEW58A250142339
142340	F430	F1 Red/Crema Red stitching RHD ZFFEZ58C000142340 shields Yellow dials Red/Black Manual ZFFEZ58B000
142342	F430	
142346	F430	F1 05 Red/Black Daytona Seats LHD US ZFFEW58AX50142346 Shields
142347	F430	(F1) 05 LHD US ZFFEW58A150142347
142348	F430	(F1) 05 LHD US ZFFEW58A350142348
142349	F430	05 Red/Tan LHD US ZFFEW58A550142349
142350	F430	(F1) 05 LHD US ZFFEW58A150142350
142351	F430	Black/Sabbia RHD ZFFEZ58C000142351 Red calipers shields Yellow dials
142352	F430	F1 5/05 Rosso Corsa/Cream ZFFEZ58C000142352
142353	F430	Spider
142357	F430	F1 05 Black/Black Daytona seats LHD US ZFFEW58A450142357 Red dials shields Red calipers
142358	F430	05 Red/Tan Daytona seats Red piping LHD US ZFFEW58A650142358 Red dials shields Red calipers
142359	F430	(F1) 05 LHD US ZFFEW58A850142359
142360	F430	(F1) 05 Grigio Titanio met./Tan LHD US ZFFEW58A450142360
142361	F430	F1 05 Argento Nürburgring 101/C/Black LHD US ZFFEW58A650142361
142362	F430	(F1) 05 LHD US ZFFEW58A850142362
142365	F430	F1 Red/Black sports seats Red stitching ZFFEZ58B000142365 Red calipers shields
142371	F430	(F1) 05 LHD US ZFFEW58A950142371
142372	F430	F1 05 Grigio Titanio met./Blue LHD US ZFFEW58A050142372
142373	F430	(F1) 05 LHD US ZFFEW58A250142373
142374	F430	F1 05 Rossa Corsa/Beige Daytona Seats Red Stitching LHD US ZFFEW58A450142374 Shields
142375	F430	(F1) 05 LHD US ZFFEW58A650142375
142376	F430	(F1) 05 LHD US ZFFEW58A850142376
142377	F430	5/05 Rosso Corsa/Nero ZFFEZ58C000142377
142378	F430	F1 Rosso Scuderia FER. 323/Red & black sports seats Red stitching RHD ZFFEZ58C000142378 Yellow calipers shields Yellow dials
142384	F430	Spider
142385	575	Superamerica 05 Red/Tan Daytona seats Red stitching LHD US ZFFGT61A750142385 Red dials Red calipers
142386	575	Superamerica (F1) 05 LHD US ZFFGT61A950142386
142388	F430	Spider F1 05 Nero Daytona/Cuoio Daytona Seats LHD US ZFFEW59A650142388 Red Calipers Shields Challenge Wheels
142389	F430	Spider F1 05 Black/Beige LHD US ZFFEW59A850142389
142390	F430	Spider F1 05 Black/Black Yellow Stitching Black Top LHD US ZFFEW59A450142390 Shields Yellow Calipers
142391	F430	Spider (F1) 05 LHD US ZFFEW59A650142391
142392	F430	Spider (F1) 05 LHD US ZFFEW59A850142392
142393	F430	Spider (F1) 05 LHD US ZFFEW59AX50142393
142394	575	Superamerica (F1) 05 LHD US ZFFGT61A850142394

s/n	Type	Comments
142395	F430	Spider (F1) 05 LHD US ZFFEW59A350142395
142396	F430	Spider F1 05 Rosso Corsa/Beige Daytona Seats Black Inserts Black Stitching LHD US ZFFEW59A550142396 Shields Red Calipers
142397	F430	Spider (F1) 05 LHD US ZFFEW59A750142397
142398	F430	Spider (F1) 05 LHD US ZFFEW59A950142398
142399	575	Superamerica (F1) 05 LHD US ZFFGT61A750142399
142400	575	Superamerica (F1) 05 LHD US ZFFGT61AX50142400
142401	F430	Spider (F1) 05 LHD US ZFFEW59A550142401
142402	F430	Spider (F1) 05 LHD US ZFFEW59A750142402
142403	F430	(F1) 05 LHD US ZFFEW58A750142403
142405	F430	Spider (F1) 05 LHD US ZFFEW59A250142405
142406	F430	(F1) 05 LHD US ZFFEW58A250142406
142407	F430	(F1) 05 LHD US ZFFEW58A450142407
142410	F430	(F1) 05 LHD US ZFFEW58A450142410
142411	F430	(F1) 05 LHD US ZFFEW58A650142411
142412	F430	(F1) 05 LHD US ZFFEW58A850142412
142414	F430	(F1) 05 LHD US ZFFEW58A150142414
142415	F430	F1 05 Grigio Silverstone/Black Daytona seats grigio scuro stitching LHD US ZFFEW58A350142415 Yellow tach
142416	F430	(F1) 05 LHD US ZFFEW58A550142416
142417	F430	F1 05 Blu Tour de France 522/Beige Daytona seats Blue stitching LHD US ZFFEW58A750142417 Yellow dials
142418	F430	(F1) 05 LHD US ZFFEW58A950142418
142419	F430	05 Rosso Corsa/Tan Manual LHD US US ZFFEW58A050142419 Red Calipers Shields
142423	F430	F1 05 Rosso Corsa/Crema Daytona seats Red ZFFEW58A250142423 Red calipers shields
142424	F430	Spider 05 Red/Black Red dash ZFFEW58A450142424
142426	F430	(F1) 05 LHD US ZFFEW58A850142426
142431	F430	F1 6/05 Azzurro California 524/medium Blue 112807 Daytona Seats ZFFEZ58B000142431 Shields
142432	F430	F1 05 Nero/Nero LHD US ZFFEW58A350142432
142433	F430	(F1) 05 LHD US ZFFEW58A550142433
142434	F430	(F1) 05 LHD US ZFFEW58A750142434
142435	F430	F1 05 Red/Tan LHD ZFFEW58A950
142436	F430	(F1) 05 LHD US ZFFEW58A050142436
142438	F430	Red/Sabbia RHD Manual ZFFEZ58C000142438 Red calipers Shields
142439	F430	F1 Red/Crema RHD Red piping ZFFEZ58C000142439 Yellow dials
142441	F430	Spider (F1) 05 LHD US ZFFEW59A650142441
142442	F430	Spider (F1) 05 LHD US ZFFEW59A850142442
142444	F430	Spider 6/05 Rosso Corsa/Cream Red stitching RHD Manual ZFFEZ59C000142444 Shields Yellow dials
142446	F430	Spider (F1) 05 LHD US ZFFEW59A550142446
142447	F430	Spider (F1) 05 LHD US ZFFEW59A750142447
142449	F430	Spider F1 Red/Black ZFFEZ59B000
142453	575	Superamerica F1 GTC 05 Black/cuoio ZFFGT61B000142453
142454	575	Superamerica (F1) 05 LHD US ZFFGT61A050142454
142456	575	Superamerica F1 05 Black/Tan Daytona seats Black inserts Black stitching LHD US ZFFGT61A450142456 Capristo exhaust Yellow Calipers Yellow dials
142457	575	Superamerica (F1) 05 LHD US ZFFGT61A650142457
142458	575	Superamerica F1 05 Silver/Blue Scuro Silver Calipers Blue Dashboard Blue Steering Wheel LHD US ZFFGT61A850142458
142459	575	Superamerica (F1) 05 LHD US ZFFGT61AX50142459
142463	F430	F1 Red/Black ZFFEZ58B000142463
142465	F430	(F1) 05 LHD US ZFFEW58A750142465
142466	F430	Spider F1 05 Rosso Scuderia FER. 323/tan sport seats ZFFEZ59B000142466
142469	F430	F1 silver/black LHD EU ZFFEZ58B000142469
142471	F430	F1 Red/Black black LHD EU calipers shields
142475	F430	Spider (F1) 05 LHD US ZFFEW59A150142475
142476	F430	05 Red/Black Daytona seats Red stitching Manual LHD US ZFFEW58A150142476 Red calipers shields
142477	F430	F1 Rosso Corsa/tan ZFFEZ59B000142477 Shields Red calipers
142480	F430	F1 dark Grey LHD EU
142481	F430	
142486	F430	Spider F1 05 Grigio Silverstone/bordeaux ZFFEZ59B000142486
142489	F430	(F1) 05 LHD US ZFFEW59AX50142489
142495	F430	Spider F1 Black/tan ZFFEZ59B000142495
142496	F430	F1 Rosso Scuderia FER. 323/black ZFFEZ58B000142496
142500	F430	Spider F1 05 Rosso Corsa/Tan Daytona Seats LHD US ZFFEW59A550142500 Red Calipers Shields
142501	F430	Spider F1 05 Red/Tan Daytona seats LHD US ZFFEW59A950142501 Yellow dials shields
142502	F430	Spider (F1) 05 Blue/All Crema Daytona seats black piping & stitching Blue top LHD US ZFFEW59A050142502 Challenge wheels Yellow calipers shields
142503	F430	Spider (F1) 05 LHD US ZFFEW59A250142503
142504	F430	Spider (F1) 05 LHD US ZFFEW59A450142504
142505	F430	Spider 05 Red/Tan Daytona seats LHD US ZFFEW59A650142505 Red calipers shields
142506	F430	Spider (F1) 05 LHD US ZFFEW59A850142506
142507	F430	Spider (F1) 05 LHD US ZFFEW59AX50142507
142508	F430	Spider (F1) 05 LHD US ZFFEW59A150142508
142509	F430	Spider (F1) 05 LHD US ZFFEW59A350142509
142510	F430	Spider F1 05 Rosso Corsa/Beige Daytona seats LHD US ZFFEW59AX50142510 shields Red Calipers
142511	F430	Spider (F1) 05 LHD US ZFFEW59A150142511
142512	F430	Spider 05 Argento Nürburgring 101/C/Rosso manual LHD EU ZFFEZ59B000
142513	F430	Spider (F1) 05 LHD US ZFFEW59A550142513
142515	F430	
142516	F430	Spider F1 Red/Sabbia Red stitching RHD ZFFEZ59C000142516 Red calipers shields Red
142520	F430	F1 05 Rosso Corsa/Nero LHD CDN ZFFEW58A050142520
142523	F430	(F1) 05 LHD US ZFFEW58A650142523
142524	F430	(F1) 05 LHD US ZFFEW58A850142524
142525	F430	(F1) 05 LHD US ZFFEW58AX50142525
142526	F430	(F1) 05 LHD US ZFFEW58A150142526
142529	F430	F1 05 Red/Tan LHD US ZFFEW58A750142529
142530	F430	(F1) 05 LHD US ZFFEW58A350142530
142531	F430	F1 05 Black/black Daytona seats Red stitching LHD US ZFFEW58A550142531 Red instruments shields Red calipers
142532	F430	(F1) 05 LHD US ZFFEW58A750142532
142539	F430	F1 05 Rossa Corsa/Tan Daytona seats Red stitching LHD US ZFFEW58AX50142539 Red Calipers Shields
142540	F430	05 Black/Black & Grey Grey Piping Grey Stitching LHD US ZFFEW58A650142540
142541	F430	(F1) 05 LHD US ZFFEW58A850142541
142545	F430	(F1) 05 LHD US ZFFEW58A550142545
142546	F430	F1 05 Black/Black LHD US ZFFEW58A750142546 Yellow Calipers
142547	F430	F1 05 Rosso Barchetta/All Crema Daytona seats Red piping & stitching LHD US ZFFEW58A950142547 shields Challenge wheels Yellow calipers
142548	F430	F1 05 Blu Tour de France 522/Tan Daytona Seats LHD US ZFFEW58A050142548 Shields Red Calipers

s/n	Type	Comments
142549	575	Superamerica 05 LHD US ZFFGT61A050142549
142550	575	Superamerica F1 05 Grigio Titanio met./Blue LHD US ZFFGT61A750142550
142551	F430	(F1) 05 LHD US ZFFEW58A050142551
142552	F430	F1 05 Giallo Modena/Nero LHD US ZFFEW58A250142552
142553	F430	(F1) 05 LHD US ZFFEW58A450142553
142554	F430	(F1) 05 LHD US ZFFEW58A650142554
142555	F430	(F1) 05 LHD US ZFFEW58A850142555
142556	F430	(F1) 05 LHD US ZFFEW58AX50142556
142557	F430	(F1) 05 ZFFEW58A150142557
142558	F430	F1 Red/beige RHD ZFFEZ58C000142558
142560	F430	(F1) 05 LHD US ZFFEW58A150142560
142561	F430	F1 05 Black/Tan Daytona seats LHD US ZFFEW58A350142561 shields Red calipers
142562	F430	(F1) 05 LHD US ZFFEW58A550142562
142563	F430	(F1) 05 LHD US ZFFEW58A750142563
142564	F430	05 Red/Beige Daytona Seats manual ZFFEW58AS60142564 Red Calipers Shields
142565	F430	(F1) 05 LHD US ZFFEW58A050142565
142569	575	Superamerica (F1) 05 LHD US ZFFGT61A650142569
142570	575	Superamerica (F1) 05 LHD US ZFFGT61A250142570
142572	575	Superamerica F1 05 Nero Daytona Carbonio/Tan Daytona Seats black straps & piping LHD US ZFFGT61A650142572 Fiorano Package Shields
142574	575	Superamerica F1 7/05 Nero Daytona/Nero ZFFGT61B000142574
142576	575	Superamerica F1 05 Grigio Titanio grey/bordeaux ZFFGT61B000
142598	575	Superamerica F1 05 Red/Naturale Daytona seats ZFFGT61A250142598 Red calipers shields red dials
142599	612	Scaglietti (F1) 05 LHD US ZFFAA54A250142599
142600	575	Superamerica F1 05 Red/Tan LHD US ZFFGT61A750142600
142601	575	Superamerica 05 LHD US ZFFGT61A950142601
142602	575	Superamerica (F1) 05 Rosso Corsa/tan LHD US ZFFGT61A050142602
142603	575	Superamerica (F1) 05 LHD US ZFFGT61A250142603
142604	575	Superamerica (F1) 05 LHD US ZFFGT61A450142604
142605	575	Superamerica F1 05 Daytona seats black inserts & piping LHD US ZFFGT61A650142605 Fiorano package shields aluminum calipers Yellow dials
142606	575	Superamerica F1 05 Red/Tan Daytona seats LHD US ZFFGT61A850142606 Red dials shields
142607	575	Superamerica (F1) 05 Silver LHD US ZFFGT61AX50142607
142609	612	Scaglietti F1 Grigio Titanio met./Red ZFFAY54B000142609
142610	612	Scaglietti (F1) 05 ZFFAA54A850142610
142611	612	Scaglietti F1 7/05 Azzurro California 524/Sabbia LHD ZFFAY54B000142611 sabbia steering wheel shields Yellow dials
142612	612	Scaglietti (F1) 05 LHD US ZFFAA54A150142612
142613	612	Scaglietti
142616	612	Scaglietti (F1) 05 LHD US ZFFAA54A950142616
142618	612	Scaglietti F1 grey/Red ZFFAY54B000142618
142619	612	Scaglietti F1 dark Blue met./Red ZFAY54B000142619
142620	612	Scaglietti F1 Grigo InrGrill/tan
142621	612	Scaglietti 12/05 Grigio Silverstone/Black Manual RHD ZFFAY54C000142621 Silver calipers Red dials
142622	612	Scaglietti F1 Grigio Silverstone/black
142623	612	Scaglietti F1 05 silver/black LHD EU
142625	612	Scaglietti (F1) 05 LHD US ZFFAA54AX50142625
142626	612	Scaglietti F1 5/05 Grigio Silverstone/tan ZFFAY54B000142626
142629	612	Scaglietti F1 Black/Tan ZFFAY54B000142829
142632	612	Scaglietti F1 05 LHD US ZFFAA54A750142632
142633	612	Scaglietti (F1) 05 LHD US ZFFAA54A950142633
142637	612	Scaglietti (F1) 05 LHD US ZFFAA54A650142637
142641	612	Scaglietti F1 Black/black ZFFAY54C000142641
142649	612	Scaglietti F1 05 Blue NART Cuoio White stitching LHD US ZFFAA54A250142649 Red calipers shields
142650	612	Scaglietti F1 5/05 Rubino Micalizzato/Beige ZFFAY54B000142650
142651	612	Scaglietti (F1) 05 LHD US ZFFAA54A050142651
142655	F430	F1 7/05 Rosso Corsa/Beige ZFFEZ58D000142655
142656	F430	(F1) 05 LHD US ZFFEW58A350142656
142657	F430	(F1) 05 LHD US ZFFEW58A550142657
142658	F430	F1 05 Red/Tan Daytona Seats LHD US ZFFEW58A750142658 Challenge Grills Red calipers
142659	F430	(F1) 05 ZFFEW58A950142659
142660	F430	F1 05 Grigio Silverstone/Black Daytona seats LHD US ZFFEW58A550142660 Red dials Red calipers shields
142661	F430	6/05 Rosso Corsa/Crema ZFFEZ58C000142661
142666	F430	(F1) 05 LHD US ZFFEW58A650142666
142667	F430	(F1) 05 LHD US ZFFEW58A850142667
142668	F430	(F1) 05 LHD US ZFFEW58AX50142668
142669	F430	F1 05 Red/Black Daytona seats Red stitching LHD US ZFFEW58A150142669 ed calipers shields
142670	F430	F1 05 Giallo Modena/Nero Daytona seats Yellow stitching LHD US ZFFEW58A850142670 Yellow calipers shields
142671	F430	(F1) 05 LHD US ZFFEW58AX50142671
142674	F430	F1 Red/Black White stripe ZFFEZ58B000142674 shields
142681	F430	F1 05 black/black LHD EU
142684	F430	(F1) 05 LHD US ZFFEW58A850142684
142685	F430	(F1) 05 Red/Tan LHD US ZFFEW58AX50142685
142686	F430	(F1) 05 LHD US ZFFEW58A150142686
142687	F430	F1 05 Rosso Corsa/Beige Red stitching LHD US ZFFEW58A350142687 shields
142688	F430	F1 05 Red/Tan Red stitching LHD US ZFFEW58A550142688 shields Red calipers
142691	F430	F1 05 Silver/Black LHD US ZFFEW58A250142691 Red Calipers Shields
142693	F430	Spider (F1) 05 LHD US ZFFEW59A050142693
142694	F430	F1 05 Grigio Silverstone/Cuoio Daytona Seats Cuoio Piping LHD US ZFFEW58A050142694 Shields Aluminum Calipers
142695	F430	(F1) 05 LHD US ZFFEW58A250142695
142696	F430	(F1) 05 LHD US ZFFEW58A450142696
142697	F430	F1 05 Black/Black Daytona Seats Grey Stitching LHD US ZFFEW58A650142697 Challenge Wheels Shields Silver Calipers Yellow Dials
142698	F430	(F1) 05 LHD US ZFFEW58A850142698
142699	F430	(F1) 05 LHD US ZFFEW58AX50142699
142701	F430	

s/n	Type	Comments
142702	F430	F1 7/05 Blu Tour de France 522/Bordeaux sports seats RHD ZFFEZ58C000142702 Red calipers shields yellow dials
142703	F430	F1 Silver/Black Silver stitching ZFFEZ58B000142703
142705	F430	05 Grigio Titanio met./Bordeaux Daytona seats Manual LHD US ZFFEW58A150142705 shields Red calipers
142706	F430	(F1) 05 LHD US ZFFEW58A350142706
142707	F430	F1 05 Rosso Corsa/Beige Daytona seats LHD US ZFFEW58A550142707 Red calipers shields Yellow dials
142708	F430	(F1) 05 LHD US ZFFEW58A750142708
142709	F430	F1 05 Titanium/charcoal Daytona seats Light grey stitching LHD US ZFFEW58A950142709 shields Tubi Rosso Scuderia calipers
142710	F430	(F1) 05 LHD US ZFFEW58A550142710
142712	F430	F1 Red LHD ZFFEZ58B000142712
142715	F430	Spider (F1) 05 LHD US ZFFEW59A650142715
142716	F430	Spider F1 05 Rosso Corsa/Tan Daytona Seats Red Piping LHD US ZFFEW59A850142716 Shields Red Calipers Challenge Wheels
142717	F430	Spider F1 05 Rosso Corsa/Nero LHD US ZFFEW59AX50142717
142718	F430	Spider (F1) 05 LHD US ZFFEW59A150142718
142719	F430	Spider (F1) 05 LHD US ZFFEW59A350142719
142720	F430	Spider F1 05 Rosso Corsa/Tan Daytona seats LHD ZFFEW59AX50142720 Red calipers shields
142722	F430	Spider F1 05 Rosso Corsa/Beige US Red calipers ZFFEW59A350142722 shields Red dials Red calipers
142723	F430	Spider (F1) 05 LHD US ZFFEW59A550142723
142724	F430	Spider F1 05 Grigio Silverstone Beige Daytona seats ZFFEW59A750142724 shields
142726	F430	Spider (F1) 05 LHD US ZFFEW59A050142726
142727	F430	Spider F1 05 Grigio Silverstone/Beige LHD US ZFFEW59A250142727
142730	F430	Spider (F1) 05 LHD US ZFFEW59A250142730
142731	F430	Spider F1 05 Red/Cuoio Daytona Seats White Stitching LHD US ZFFEW59A450142731 Red Calipers Shields
142732	F430	Spider 05 Red/Tan Daytona seats black inserts Red stitching Manual LHD US ZFFEW59A650142732 Red calipers
142734	F430	Spider F1 05 Black/Black Daytona Seats Red stiching LHD US ZFFEW59AX50142734 Red Calipers Red Tach
142735	F430	Spider (F1) 05 LHD US ZFFEW59A150142735
142736	F430	Spider 6/05 Grigio Silverstone/Nero ZFFEZ59C000142736
142737	F430	Spider
142738	F430	Spider (F1) 05 LHD US ZFFEW59A750142738
142739	F430	F1 Nero/Nero & Yellow sports seats Yellow stitching ZFFEZ58B000142739 Yellow calipers shields graphite Challenge wheels
142741	F430	Spider F1 05 Tour de France/natural Daytona seats LHD US ZFFEW59A750142741 Aluminum calipers shields
142743	F430	Spider (F1) 05 LHD US ZFFEW59A050142743
142744	F430	Spider F1 05 Blue/Tan Daytona seats Blue inserts Blue top LHD ZFFEW59A250142744 Yellow dials aluminum calipers shields
142748	F430	F1 7/05 Rosso Corsa/Beige ZFFEZ58D000142748
142749	F430	Spider (F1) 05 LHD US ZFFEW59A150142749
142750	F430	F1 05 Black/Black LHD US ZFFEW58A650142750
142751	F430	F1 05 Yellow/Black Daytona Seats LHD US ZFFEW58A850142751 Shields Red Calipers Tubi
142752	F430	(F1) 05 LHD US ZFFEW58AX50142752
142755	F430	F1 05 Rosso Corsa/Black LHD EU
142760	F430	Spider F1 05 Rosso Corsa/Beige LHD US ZFFEW59A050142760
142761	F430	Spider (F1) 05 LHD US ZFFEW59A250142761
142762	F430	(F1) 05 LHD US ZFFEW58A250142762
142763	F430	05 Red/Tan LHD US ZFFEW58A450142763
142764	F430	05 Argento Nürburgring 101/C/Nero LHD US ZFFEW58A650142764
142765	F430	Spider F1 05 Red/Beige Daytona seats LHD US ZFFEW59AX50142765 shields Challenge wheels
142766	F430	F1 05 Rosso Corsa/Nero LHD US ZFFEW58AX50142766
142767	F430	F1 05 Black Burgundy Daytona Seats LHD US ZFFEW58A150142767 Shields
142768	F430	Spider F1 05 Rosso Corsa/Beige Daytona Seats Brown inserts LHD US ZFFEW59A550142768
142769	F430	Spider F1 Grigio Silverstone/tan LHD EU ZFFEZ59B000142769
142773	F430	Spider F1 Red/Black ZFFEZ59B000142773
142777	F430	Spider (F1) 05 LHD US ZFFEW59A650142777
142778	F430	Spider (F1) 05 LHD US ZFFEW59A850142778
142779	F430	(F1) 05 LHD US ZFFEW58A850142779
142780	F430	(F1) 05 LHD US ZFFEW58A450142780
142781	F430	Spider (F1) 05 LHD US ZFFEW59A850142781
142782	F430	Spider (F1) 05 LHD US ZFFEW59AX50142782
142783	F430	Spider (F1) 05 LHD US ZFFEW59A150142783
142791	F430	(F1) 05 LHD US ZFFEW58A950142791
142792	F430	(F1) 05 LHD US ZFFEW58A050142792
142793	F430	F1 05 Red/Tan Black inserts LHD US ZFFEW58A250142793
142794	F430	Spider F1 05 Rosso Corsa/Beige Daytona seats Red Stitching LHD US ZFFEW59A650142794 Shields
142795	F430	Spider (F1) 05 LHD US ZFFEW59A850142795
142796	F430	Spider F1 05 Rosso Corsa/Beige LHD US ZFFEW59AX50142796
142804	F430	Spider F1 Silver/black ZFFEZ59B000
142805	F430	Spider (F1) 05 LHD US ZFFEW59A750142805
142806	F430	Spider (F1) 05 LHD US ZFFEW59A950142806
142807	F430	Spider (F1) 05 LHD US ZFFEW59A050142807
142808	F430	Spider (F1) 05 LHD US ZFFEW59A250142808
142809	F430	Spider F1 Red/Tan
142810	F430	Spider (F1) 05 LHD US ZFFEW59A050142810
142811	F430	Spider (F1) 05 LHD US ZFFEW59A250142811
142812	F430	Spider (F1) 05 LHD US ZFFEW59A450142812
142813	F430	Spider (F1) 05 LHD US ZFFEW59A650142813
142819	575	Superamerica (F1) 05 ZFFGT61A350142819
142821	575	Superamerica (F1) 05 LHD US ZFFGT61A150142821
142822	575	Superamerica F1 GTC 05 Grigio Silverstone/black ZFFGT61A350142822
142823	575	Superamerica (F1) 05 LHD US ZFFGT61A550142823
142824	575	Superamerica (F1) 05 LHD US ZFFGT61A750142824
142827	612	Scaglietti F1 05 Nero Daytona Metallic/Tan Daytona seats black stitching ZFFAA54A050142827 aluminum calipers shields
142828	612	Scaglietti F1 05 black/black LHD EU
142829	612	Scaglietti F1 Black/Tan LHD EU
142831	612	Scaglietti (F1) 05 Black/Black Daytona seats LHD US ZFFAA54A250142831 Yellow tach Aluminum calipers
142832	612	Scaglietti F1 dark Blue met./Crema ZFFAY54B000
142833	612	Scaglietti 05 Argento Metallizzato/Cuoio Manual ZFFAY54B000142833
142835	612	Scaglietti F1 7/05 Grigio Silverstone/Nero silver stitching RHD ZFFAY54C000142835 Silver calipers shields
142836	612	Scaglietti F1 Black/Black LHD EU
142837	612	Scaglietti F1 Black/tan ZFFAY54B000
142838	612	Scaglietti (F1) 05 LHD US ZFFAA54A550142838

s/n	Type	Comments
142839	612	Scaglietti F1 4/06 Blu Tour De France/Beige RHD ZFFAY54C000142839 Silver calipers shields Yellow dials
142840	612	Scaglietti F1 05 Blu Tour de France 522/Cuoio LHD ZFFAY54B000142840
142842	612	Scaglietti (F1) 05 LHD US ZFFAA54A750142842
142843	612	Scaglietti (F1) 05 LHD US ZFFAA54A950142843
142844	612	Scaglietti black/tan ZFFAY54B000142844
142845	612	Scaglietti F1 05 Nero/Nero ZFFAY54B000142845
142848	612	Scaglietti F1 Grigio Silverstone/Red ZFFAY54B000142848
142850	612	Scaglietti (F1) 05 LHD US ZFFAA54A650142850
142853	612	Scaglietti (F1) 05 LHD US ZFFAA54A150142853
142854	612	Scaglietti F1 05 nero/tan Daytona seats LHD EU ZFFAY54B000
142855	612	Scaglietti 8/05 Grigio Silverstone/Bordeaux Manual RHD ZFFAY54C000142855
142858	612	Scaglietti F1 05 Grigio Silverstone/Cuoio ZFFAY54B000142858
142862	612	Scaglietti (F1) 05 LHD US ZFFAA54A250142862
142871	F430	Spider (F1) 05 LHD US ZFFEW59A950142871
142872	F430	Spider (F1) 05 LHD US ZFFEW59A050142872
142873	F430	Spider (F1) 05 LHD US ZFFEW59A250142873
142874	F430	Spider (F1) 05 LHD US ZFFEW59A450142874
142875	F430	(F1) 05 LHD US ZFFEW58A450142875
142876	F430	(F1) 05 LHD US ZFFEW58A650142876
142877	F430	F1 05 Red/Tan LHD US ZFFEW58A850142877 Red calipers shields
142878	F430	Spider (F1) 05 LHD US ZFFEW58AX50142878
142879	F430	(F1) 05 LHD US ZFFEW58A150142879
142882	F430	F1 Rosso Corsa/black Red stiching LHD ZFFEZ58B000142882 black dials
142884	F430	F1 Red Red LHD ZFFEZ58B000142884 Yellow dials
142888	F430	Spider (F1) 05 LHD US ZFFEW59A450142888
142889	F430	F1 05 Red/Tan LHD US ZFFEW58A450142889
142890	F430	F1 05 Rosso Corsa/Beige Daytona seats LHD US ZFFEW58A050142890 Red calipers shields
142891	F430	F1 6/05 Argento Nürburgring 101/C/Nero silver stitching LHD US ZFFEW58A250142891 Red calipers shields
142892	F430	Spider (F1) 05 LHD US ZFFEW59A650142892
142893	F430	Spider (F1) 05 LHD US ZFFEW59A850142893
142894	F430	Spider F1 05 Rosso Corsa/Tan Daytona seats black inserts LHD US ZFFEW59AX50142894 Red calipers shields
142895	F430	(F1) 05 LHD US ZFFEW58AX50142895
142901	F430	F1 Red/Tan ZFFEZ58B000142901
142902	F430	(F1) 05 LHD US ZFFEW58A350142902
142903	F430	(F1) 05 LHD US ZFFEW58A550142903
142904	F430	(F1) 05 LHD US ZFFEW58A750142904
142905	F430	Spider (F1) 05 LHD US ZFFEW59A050142905
142906	F430	Spider (F1) 05 LHD US ZFFEW59A250142906
142907	F430	Spider (F1) 05 LHD US ZFFEW59A450142907
142908	F430	Spider (F1) 05 LHD US ZFFEW59A650142908
142909	F430	05 Rosso Fiorano 321/Tan Racing seats Manual LHD US ZFFEW58A650142909 Yellow calipers Carboceramic system shields
142910	F430	6/05 Rosso Corsa/Cream Manual ZFFEZ58C000142910
142911	F430	Spider
142914	F430	Spider F1 Red/Black
142919	F430	Spider (F1) 05 LHD US ZFFEW59A050142919
142920	F430	(F1) 05 LHD US ZFFEW58A550142920
142921	F430	F1 05 Red/Beige Daytona seats LHD US ZFFEW58A750142921 shields Red calipers
142922	F430	(F1) 05 LHD US ZFFEW58A950142922
142923	F430	Spider (F1) 05 LHD US ZFFEW59A250142923
142924	F430	Spider F1 05 Rosso Corsa/Black Daytona seats Red stitching LHD US ZFFEW59A450142924 shields Red calipers
142925	F430	Spider F1 05 Red/Tan sports seats RHD ZFFEZ59C000142925 Black calipers shields tan dash & steering wheel Yellow dials
142926	F430	Spider F1 05 Rosso Corsa/Black LHD EU
142930	F430	Spider F1 Red/Black ZFFEZ59B000
142933	F430	Spider F1 05 Grigio Titanio met./Bordeaux Daytona seats LHD US ZFFEW59A550142933 Yellow dials Red calipers
142934	F430	(F1) 05 LHD US ZFFEW58A550142934
142935	F430	(F1) 05 LHD US ZFFEW58A750142935
142936	F430	(F1) 05 LHD US ZFFEW58A950142936
142937	F430	(F1) 05 LHD US ZFFEW58A050142937
142938	F430	Spider F1 05 Rosso Corsa/Tan Daytona Seats Red Seat Piping & Stitching LHD US ZFFEW59A450142938 Red Calipers Shields
142939	F430	Spider F1 05 Grigio Silverstone Black Daytona Seats Grey piping & stitching LHD US ZFFEW59A650142939 Red Calipers Shields
142942	F430	Spider F1 Red/Crema ZFFEZ59C000142942
142950	F430	F1 05 Grigio Titanio met./Black Daytona Seats LHD US ZFFEW58A350142950 Red Calipers
142951	F430	05 Nero Daytona Metallic/Black Daytona Seats Light Grey Stitching Manual LHD US ZFFEW58A550142951 Shields
142952	F430	(F1) 05 LHD US ZFFEW58A750142952
142953	F430	(F1) 05 LHD US ZFFEW58A950142953
142954	F430	(F1) 05 LHD US ZFFEW58A050142954
142955	F430	Spider (F1) 05 LHD US ZFFEW59A450142955
142956	F430	Spider F1 05 Black/Black LHD US ZFFEW59A650142956
142957	F430	Spider F1 05 Rosso Scuderia FER. 323/Black & Red Daytona Seats Red stittching Black top LHD US ZFFEW59A850142957 Shields Rosso Scuderia Calipers Yellow dials
142959	F430	Spider F1 7/05 Grigio Silverstone/Sabbia ZFFEZ59C000142959
142962	575	Superamerica (F1) 05 ZFFGT61A850142962
142963	575	Superamerica (F1) 05 ZFFGT61AX50142963
142964	575	Superamerica F1 05 Black/Tan Black inserts RHD ZFFGT61C000142964
142965	575	Superamerica
142966	575	Superamerica F1 05 Red/Crema Red piping RHD ZFFGT61C000142966 Red calipers shields Yellow dials
142967	575	Superamerica (F1) 05 LHD US ZFFGT61A750142967
142968	575	Superamerica (F1) 05 ZFFGT61A950142968
142969	575	Superamerica (F1) 05 ZFFGT61A050142969
142970	575	Superamerica 05 Grigio Titanio met./Brown LHD US ZFFGT61A750142970
142971	575	Superamerica 05 Red/Yellow piping Yellow stitching ZFFGT61B000142971 Red calipers
142973	F430	(F1) 05 LHD US ZFFEW58A450142973
142977	F430	(F1) 05 LHD US ZFFEW58A150142977
142978	F430	6/05 Grigio Titanio Metallizzato/Nero ZFFEZ58C000142978
142981	F430	Spider F1 05 Red/Black LHD EU
142984	F430	Spider Black/black Manual ZFFEZ59B000142984
142985	F430	Spider (F1) 05 LHD US ZFFEW59A250142985
142986	F430	F1 05 Giallo Modena/Nero ZFFEW58A250142986
142987	F430	05 Rosso Corsa/Beige Manual LHD US ZFFEW58A450142987
142990	F430	Spider F1 black/tan & black RHD ZFFEZ59C000142990
142994	F430	F1 Red/Black Red stitching ZFFEZ58B000142994

s/n	Type	Comments	s/n	Type	Comments
142997	F430	Spider 05 Rosso Corsa/Beige Daytona seats LHD US ZFFEW59A950142997 Red calipers shields	143063	612	Scaglietti F1 05 Grigio Silverstone/black Daytona seats LHD US ZFFAA54AX50143063 shields
142998	F430	F1 05 Rosso Corsa/Beige Daytona seats Red stripes Red stitching LHD US ZFFEW58A950142998 Red calipers	143064	612	Scaglietti (F1) 05 LHD US ZFFAA54A150143064
142999	F430	(F1) 05 LHD US ZFFEW58A050142999	143067	612	Scaglietti 05 Grigio Ingrid 720/cuoio Daytona Seats cuoio dash & steering wheel Manual ZFFAA54A750143067 Red Calipers
143000	F430	(F1) 05 LHD US ZFFEW58A150143000			
143001	F430	Spider 05 Rosso Corsa/Beige White stitching Manual LHD US ZFFEW59A550143001	143070	612	Scaglietti 1/05 Grigio Titanio Metallizzato 3238/Nero ZFFAY54D000143070
143002	F430	Spider F1 05 Red/Tan Daytona Seats LHD US ZFFEW59A750143002 Red Calipers Shields	143071	612	Scaglietti F1 7/05 Rosso Corsa/Cuoio Daytona Seats LHD US ZFFAA54A950143071 Red Calipers Shields Novitec Rosso Exhaust Avus Rims
143003	F430	Spider F1 05 Red/Tan LHD US ZFFEW59A950143003 Red Calipers			
143004	F430	Spider (F1) 05 LHD US ZFFEW59A050143004	143074	612	Scaglietti F1 Black/tan ZFFAY54B000143074
143005	F430		143077	612	Scaglietti F1 9/05 Blu Mirabeau/Beige LHD US ZFFAA54AX50143077
143007	F430	F1 Red/Black RHD ZFFEZ58C000143007 Red calipers shields Red stitching sports seats	143078	612	Scaglietti (F1) 05 LHD US ZFFAA54A150143078
143011	F430	Spider F1 05 Red/all cuoio ZFFEW59A850143011	143083	612	Scaglietti F1 Le Mans Blue/cuoio LHD EU
143013	F430	F1 05 Red/Black Daytona seats Red inserts LHD US ZFFEW58AX50143013 Yellow dials shields Red calipers	143087	575	Superamerica F1 05 Grigio Titanio met./natural Daytona seats US ZFFGT61A450143087
			143088	575	Superamerica (F1) 05 ZFFGT61A650143088
143014	F430	(F1) 05 LHD US ZFFEW58A150143014	143096	575	Superamerica F1 05 Grigio Silverstone/beige Daytona seats ZFFGT61B000143096 shields
143015	F430	(F1) 05 LHD US ZFFEW58A350143015			
143016	F430	Spider (F1) 05 LHD US ZFFEW59A750143016	143097	575	Superamerica (F1) 05 LHD US ZFFGT61A750143097
143017	F430	Spider F1 05 Rosso Corsa/Tan Daytona Seats LHD US ZFFEW59A950143017 Yellow Calipers Challenge Wheels Shields	143100	575	Superamerica F1 05 Black/black ZFFGT61B000
			143101	575	Superamerica F1 05 Black/black ZFFGT61B000
143018	F430	(F1) 05 LHD US ZFFEW58A950143018	143103	575	Superamerica (F1) 05 LHD US ZFFGT61A950143103
143019	F430	Spider			
143021	F430		143104	575	Superamerica (F1) 05 LHD US ZFFGT61A050143104
143024	F430	F1 Grigio Silverstone/Bordeaux Sports seats LHD ZFFEZ58B000143024 ass. # 60275			
			143105	575	Superamerica (F1) 05 ZFFGT61A250143105
143025	F430	F1 Red/Black ZFFEZ58B000143025 Red calipers shields Challenge wheels	143106	575	Superamerica (F1) 05 LHD US ZFFGT61A450143106
143028	F430	Spider F1 05 White/all bordeaux ZFFEW59A350143028	143107	575	Superamerica F1 05 Red/Tan Daytona seats Red stitching LHD US ZFFGT61A650143107 Red tach
143030	F430	Spider 05 Silver LHD US ZFFEW59A150143030			
143031	F430	(F1) 05 LHD US ZFFEW58A150143031	143109	575	Superamerica (F1) 05 LHD US ZFFGT61AX50143109
143032	F430	(F1) 05 Black/Tan LHD US ZFFEW58A350143032			
			143110	575	Superamerica F1 05 Dark Blue/Tan White stitching tan dash and steering wheel LHD US ZFFGT61A650143110 shields Red calipers
143033	F430	F1 05 Grigio Titanio Metallizzato 3238/Nero LHD US ZFFEW58A550143033			
143034	F430	F1 05 Red/Tan Red stitching Red calipers ZFFEW58A750143034	143111	575	Superamerica (F1) 05 LHD US ZFFGT61A850143111
143035	F430	Spider (F1) 05 LHD US ZFFEW59A050143035	143114	F430	Spider (F1) 05 LHD US ZFFEW59A750143114
143037	F430		143115	F430	05 Rosso Corsa/Beige Manual ZFFEW58A750143115
143038	F430	(F1) 05 LHD US ZFFEW58A450143038			
143040	F430	Spider (F1) 05 LHD US ZFFEW59A450143040	143117	F430	Spider F1 Yellow/Black LHD EU
143043	612	Scaglietti (F1) 05 Black/Black Daytona seats LHD US ZFFAA54A450143043 Red calipers shields tinted windows	143120	F430	F1 05 Grigio Silverstone/Red black stitching black stitching LHD US ZFFEW58A050143120 Yellow calipers
			143121	F430	F1 05 Red/Tan Daytona seats Red piping ZFFEW58A250143121 Red calipers shields
143044	612	Scaglietti			
143047	612	Scaglietti (F1) 05 LHD US ZFFAA54A150143047	143122	F430	F1 8/05 Nero/Nero LHD EU exported to the US
			143123	F430	Spider (F1) 05 LHD US ZFFEW59A850143123
143048	612	Scaglietti (F1) 05 LHD US ZFFAA54A350143048	143124	F430	Spider F1 05 Yellow/Black Daytona Seats Yellow Stitching ZFFEW59AX50143124 Red Calipers Shields
143049	612	Scaglietti F1 titanio/tan ZFFAY54B000143049			
143052	612	Scaglietti F1 05 Grigio Silverstone/Cuoio LHD US ZFFAA54A550143052	143126	F430	Red Red stitching Manual RHD ZFFEZ58C000143126 Red calipers shields Yellow
143055	612	Scaglietti (F1) 05 LHD US ZFFAA54A050143055			
			143127	F430	Spider
143056	612	Scaglietti F1 05 Nero/Cuoio LHD US ZFFAA54A250143056	143128	F430	Spider 6/05 Rosso Corsa/Crema Manual ZFFEW59C000143128
143058	612	Scaglietti F1 8/05 Argento Metallizzato/Beige LHD US ZFFAA54A650143058	143129	F430	6/05 Rosso Corsa/Nero Manual ZFFEZ58C000143129
143059	612	Scaglietti F1 6/05 Nero Daytona/Nero ZFFAY54B000143059	143132	F430	Spider F1 05 Black/Black LHD EU graphite rims
			143133	F430	Spider F1 Red/Black ZFFEZ59B000
143062	612	Scaglietti 05 Nero Daytona/Sabbia Manual ZFFAY54B000143062	143134	F430	F1 7/05 Rosso Scuderia FER. 323/Black LHD ZFFEZ58B000143134 Yellow dials Red calipers

s/n	Type	Comments
143135	F430	Spider F1 05 Silver/Blue/black LHD ZFFEW59X950
143137	F430	Spider (F1) 05 LHD US ZFFEW59A850143137
143138	F430	Spider (F1) 05 LHD US ZFFEW59AX50143138
143139	F430	Spider 05 Red/Tan Daytona seats Red stitching LHD US ZFFEW59A150143139 Red calipers shields
143140	F430	(F1) 05 LHD US ZFFEW58A650143140
143141	F430	(F1) 05 LHD US ZFFEW58A850143141
143142	F430	F1 05 Rosso Scuderia FER. 323/Beige LHD US ZFFEW58AX50143142
143143	F430	Spider F1 05 Giallo Modena/black Yellow piping LHD US ZFFEW59A350143143 Red calipers shields
143144	F430	7/05 Rosso Corsa/Nero ZFFEZ58C000143144
143145	F430	Spider F1 Red/Black sports seats RHD ZFFEZ59C000143145 Red calipers shields Yellow dials
143148	F430	Spider F1 6/05 Nero/Beige ZFFEZ59B000143148
143149	F430	Spider F1 Rosso Corsa/black LHD EU
143152	F430	Spider (F1) 05 LHD US ZFFEW59A450143152
143153	F430	F1 05 Grigio Titanio Tan grey stitching ZFFEW58A450143153 alum. Calipers shields
143154	F430	F1 05 Silver/navy Blue LHD US ZFFEW58A650143154 shields Red calipers
143155	F430	F1 05 Rosso Corsa/Beige Red Piping Red stitching ZFFEW58A850143155 Red Calipers Shields
143156	F430	Spider (F1) 05 LHD US ZFFEW59A150143156
143157	F430	(F1) 05 LHD US ZFFEW58A150143157
143158	F430	Spider (F1) 05 LHD US ZFFEW59A550143158
143159	F430	Spider F1 05 Black/Tan Daytona Seats LHD US ZFFEW59A750143159 Shields
143162	F430	F1 7/05 Rosso Corsa/Crema ZFFEZ58C000143162
143163	F430	Spider 5/05 Rosso Corsa/Crema Manual ZFFEZ59C000143163
143167	F430	F1 Rosso Scuderia FER. 323/black ZFFEZ58B000143167
143170	F430	(F1) 05 LHD US ZFFEW58A450143170
143171	F430	(F1) 05 LHD US ZFFEW58A650143171
143172	F430	F1 05 Rosso Corsa/Beige Daytona seats Red straps piping & stitching LHD US ZFFEW58A850143172 Red Calipers shields
143173	F430	F1 05 Black/Black Daytona seats LHD US ZFFEW58AX50143173 Shields Red Calipers
143174	F430	Spider (F1) 05 LHD US ZFFEW59A350143174
143175	F430	Spider (F1) 05 LHD US ZFFEW59A550143175
143176	F430	Spider (F1) 05 LHD US ZFFEW59A750143176
143180	F430	Spider F1 7/05 Rosso Corsa/Beige ZFFEZ59B000143180
143184	F430	F1 05 Grigio Silverstone/nero ZFFEZ58B000143184
143185	F430	F1 05 Grigio Silverstone/beige sports seats ZFFEZ58B000143185
143186	F430	Spider F1 05 Grigio Titanio Metallizzato 3238/Nero LHD US ZFFEW59AX50143186
143187	F430	Spider (F1) 05 LHD US ZFFEW59A150143187
143188	F430	F1 05 Black/Black LHD US ZFFEW58A150143188 Red calipers shields
143189	F430	F1 05 Rosso Corsa/Beige LHD US ZFFEW58A350143189
143190	F430	F1 05 Rosso Corsa/Black Red stitching Red calipers Shields LHD US ZFFEW58AX50143190
143191	F430	Spider (F1) 05 LHD US ZFFEW59A350143191
143192	F430	(F1) 05 LHD US ZFFEW58A350143192
143194	F430	
143195	F430	
143196	F430	Spider 7/05 Rosso Corsa/Crema ZFFEZ59C000143196
143204	F430	Spider F1 05 Red/Tan Daytona seats black top LHD US ZFFEW59A850143204 shields
143205	F430	Spider (F1) 05 LHD US ZFFEW59AX50143205
143208	F430	Spider black/black Manual ZFFEZ59B000143208
143209	F430	Spider F1 05 Red/Black ZFFEZ59B000143209
143211	F430	Spider F1 05 Grigio Alloy/medium Blue LHD US ZFFEW59A550143211 Challenge Wheels Shields aluminum calipers
143212	F430	Spider (F1) 05 LHD US ZFFEW59A750143212
143213	F430	Spider (F1) 05 LHD US ZFFEW59A950143213
143214	F430	Spider 05 Rosso Corsa/Black Daytona Seats Manual LHD US ZFFEW59A050143214 Red Calipers
143216	F430	Spider F1 7/05 Rosso Corsa/Nero ZFFEZ59C000143216
143217	F430	F1 05 Red Sabbia RHD ZFFEZ58C000143217 Red calipers shields Yellow dials
143220	F430	Spider F1 Red/Tan LHD ZFFEW59B000143220
143222	F430	Spider (F1) 05 LHD US ZFFEW59AX50143222
143223	F430	Spider (F1) 05 LHD US ZFFEW59A150143223
143224	F430	Spider (F1) 05 LHD US ZFFEW59A350143224
143225	F430	Spider F1 05 Grigio Silverstone/Grey Daytona Seats LHD US ZFFEW59A550143225 Alum Calipers Shields
143226	F430	(F1) 05 LHD US ZFFEW58A550143226
143227	F430	F1 05 Red/Tan LHD US ZFFEW58A750143227 Shields Red Calipers
143234	F430	Spider F1 black/beige ZFFEZ59B000143234
143235	F430	F1 nero Daytona/Rosso ZFFEZ58B000143235
143236	F430	Spider F1 05 Red/Tan LHD US ZFFEW59AX50143236
143237	F430	Spider (F1) 05 LHD US ZFFEW59A150143237
143238	F430	Spider (F1) 05 LHD US ZFFEW59A350143238
143239	F430	Spider (F1) 05 LHD US ZFFEW59A550143239
143240	F430	(F1) 05 LHD US ZFFEW58AX50143240
143241	F430	(F1) 05 Red/Tan Daytona Seats Red Stitching LHD US ZFFEW58A150143241 Shields
143242	F430	(F1) 05 LHD US ZFFEW58A350143242
143243	F430	Spider (F1) 05 ZFFEW59A750143243
143250	F430	F1 Red/cuoio ZFFEZ58B000143250
143251	F430	Spider Nero Daytona Black sports seats Red stitching Manual RHD ZFFEZ58C000143251 Red calipers shield Yellow dials
143254	F430	Spider F1 05 RHD Rosso Corsa/Black ZFFEZ59D000143254
143255	F430	Spider F1 05 Yellow/Tan LHD US ZFFEW59A350143255
143256	F430	(F1) 05 LHD US ZFFEW58A350143256
143257	F430	(F1) 05 LHD US ZFFEW58A550143257
143258	F430	Spider (F1) 05 LHD US ZFFEW59A550143258
143259	F430	(F1) 05 LHD US ZFFEW58A950143259
143260	F430	Spider (F1) 05 LHD US ZFFEW59A750143260
143261	F430	Spider (F1) 05 LHD US ZFFEW59A950143261
143265	F430	Spider 7/05 Rosso Corsa/Crema ZFFEZ59C000143265
143272	F430	Spider F1 05 Rosso Scuderia FER. 323/Tan Black insertsLHD US ZFFEW59A350143272
143273	F430	Spider 05 Grigio Silverstone/Grey Daytona Seats manual LHD US ZFFEW59A550143273 Shields
143274	F430	Spider F1 05 LHD US ZFFEW59A750143274
143275	F430	Spider (F1) 05 LHD US ZFFEW59A950143275
143276	F430	F1 05 Rosso Corsa/Cuoio LHD US ZFFEW58A950143276
143277	F430	(F1) 05 LHD US ZFFEW58A050143277
143278	F430	F1 7/05 Rosso Corsa/Nero LHD US ZFFEW58A250143278
143279	F430	(F1) 05 LHD US ZFFEW58A450143279
143282	F430	Spider F1 Red/Crema RHD
143283	612	Scaglietti (F1) 05 ZFFAA54A250143283
143284	612	Scaglietti F1 05 Blu Tour de France 522/Beige RHD ZFFAY54C000143284
143288	612	Scaglietti F1 8/05 Nero/Cuoio LHD US ZFFAA54A150143288

s/n	Type	Comments
143291	612	Scaglietti F1 Blu Pozzi 521 D.S./cuoio ZFFAY54B000
143292	612	Scaglietti
143293	612	Scaglietti F1 Silver
143298	612	Scaglietti (F1) 05 LHD US ZFFAA54A450143298
143300	612	Scaglietti F1 05 Blue/tan RHD
143301	612	Scaglietti F1 05 Nuovo Nero Daytona/Nero RHD ZFFAY54D000143301
143304	612	Scaglietti F1 Grigio Titanio met./tan ZFFAY54B000143304
143305	612	Scaglietti F1 05 Nero Daytona/Nero Daytona Seats Rosso Stitching LHD US ZFFAA54A850143305 Alluminium Calipers
143306	575	Superamerica (F1) 05 LHD US ZFFGT61A150143306
143307	575	Superamerica (F1) 05 LHD US ZFFGT61A350143307
143308	575	Superamerica F1 05 Red/cuoio ZFFGT61B000143308 Red calipers shields
143309	575	Superamerica (F1) 05 LHD US ZFFGT61A750143309
143312	575	Superamerica (F1) 05 LHD US ZFFGT61A750143312
143314	575	Superamerica (F1) 05 LHD US ZFFGT61A050143314
143315	575	Superamerica (F1) 05 LHD US ZFFGT61A250143315
143316	575	Superamerica F1 05 Black/Crema ZFFGT61B000
143318	575	Superamerica F1 05 Rosso Corsa/Beige LHD US ZFFGT61A850143318
143321	575	Superamerica (F1) 05 LHD US ZFFGT61A850143321
143323	575	Superamerica 05 Black/Black LHD US ZFFGT61A150143323 ass. #60901
143326	575	Superamerica F1 GTC 05 Black/Red LHD US ZFFGT61A750143326
143328	575	Superamerica (F1) 05 LHD US ZFFGT61A050143328
143329	575	Superamerica F1 GTC 9/05 Rosso Corsa/Tan ZFFGTE1B000143329
143330	575	Superamerica (F1) 05 LHD US ZFFGT61A950143330
143332	575	Superamerica 05 blu/tan LHD EU ZFFGT61B000143332
143333	575	Superamerica (F1) 05 LHD US ZFFGT61A450143333
143334	575	Superamerica (F1) 05 LHD US ZFFGT61A650143334
143336	575	Superamerica F1 05 Grigio Titanio met./White sport seats LHD JP ZFFGT61J000143336 Yellow calipers Shields
143338	575	Superamerica (F1) 05 LHD US ZFFGT61A350143338
143339	612	Scaglietti (F1) 05 LHD US ZFFGT61A550143339
143340	575	Superamerica F1 05 nero met./Crema black Daytona seats interior RHD ZFFGI61C000143340 Yellow dial
143341	575	Superamerica F1 Frankfurt Show Car 05 Grigio Titano Bordeaux LHD ZFFGT61B000
143342	F430	Spider F1 Red/Black ZFFEZ59B000
143343	F430	F1 Giallo Modena/Nero sports seats Yellow stitching ZFFEZ58B000143343 Silver calipers shields
143349	F430	Spider (F1) 05 LHD US ZFFEW59A150143349
143350	F430	F1 05 Silver/Blue ZFFEW58A650143350
143351	F430	(F1) 05 LHD US ZFFEW58A850143351
143352	F430	F1 05 Red/Tan LHD US ZFFEW58AX50143352
143353	F430	Spider (F1) 05 LHD US ZFFEW59A350143353
143354	F430	Spider F1 05 Black/Beige Daytona seats ZFFEW59A550143354 Shields Yellow Calipers Yellow Dials
143355	F430	Spider (F1) 05 LHD US ZFFEW59A750143355
143356	F430	Spider
143357	F430	Spider Red
143359	F430	Spider F1 Rosso Corsa/tan ZFFEZ59B000143359
143362	F430	Spider F1 05 Rossa Corsa/Tan Daytona Seats ZFFEW59A450143362 Challenge Stradale Wheels Shields Red Calipers
143363	F430	Spider (F1) 05 LHD US ZFFEW59A650143363
143364	F430	(F1) 05 LHD US ZFFEW58A650143364
143365	F430	Spider (F1) 05 LHD US ZFFEW59A550143365
143366	F430	(F1) 05 LHD US ZFFEW58AX50143366
143367	F430	(F1) 05 LHD US ZFFEW58A150143367
143368	F430	Spider Red/Tan manual LHD EU
143372	F430	
143377	F430	Spider F1 Red/Black ZFFEZ59B000143377
143381	F430	(F1) 05 LHD US ZFFEW58A650143381
143382	F430	(F1) 05 LHD US ZFFEW58A850143382
143383	F430	(F1) 05 LHD US ZFFEW58AX50143383
143384	F430	Spider (F1) 05 LHD US ZFFEW59A350143384
143385	F430	F1 05 Black/Charcoal Daytona Seats Silver Stitching LHD US ZFFEW58A350143385 Yellow Calipers Shields
143386	F430	Spider F1 05 Red/Tan Daytona seats Red stitching LHD US ZFFEW59A750143386 Red tach shields Red calipers
143387	F430	Spider F1 05 Rosso/Rosso & black seats ZFFEW59A950143387
143388	F430	Spider F1 Blue
143389	F430	
143395	F430	F1 Red/Tan ZFFEZ58B000143395
143396	F430	(F1) 05 LHD US ZFFEW58A850143396
143397	F430	(F1) 05 LHD US ZFFEW58AX50143397
143398	F430	Spider (F1) 05 LHD US ZFFEW59A350143398
143399	F430	Spider (F1) 05 LHD US ZFFEW59A550143399
143400	F430	F1 05 Nuovo Nero Daytona/Black LHD US ZFFEW58A650143400 Shields Yellow Calipers
143401	F430	Spider (F1) 05 LHD US ZFFEW59AX50143401
143402	F430	Spider (F1) 05 LHD US ZFFEW59A150143402
143403	F430	Spider F1 05 Yellow/black Yellow piping Yellow stitching ZFFEZ59B000143403
143404	F430	Spider
143405	F430	Spider
143406	F430	F1 05 Red/Crema RHD ZFFEZ58C000143406 Red calipers shields Yellow dials
143408	F430	Spider Yellow/black sport seats ZFFEZ59B000143408
143413	F430	Spider F1 Rosso Corsa/nero ZFFEZ59B000143413 shields Challenge wheels
143415	F430	(F1) 05 LHD US ZFFEW58A850143415
143416	F430	(F1) 05 LHD US ZFFEW58AX50143416
143417	F430	(F1) 05 LHD US ZFFEW58A150143417
143418	F430	(F1) 05 ZFFEW58A350143418
143419	F430	Spider (F1) 05 LHD US ZFFEW59A750143419
143420	F430	Spider (F1) 05 LHD US ZFFEW59A350143420
143421	F430	Spider (F1) 05 LHD US ZFFEW59A550143421
143422	F430	
143423	F430	Spider F1 Red/beige RHD UK
143424	F430	F1 9/05 Rosso Corsa/Cream ZFFEZ58C000143424
143425	F430	Spider 7/05 Rosso Corsa/Cream ZFFEZ59C000143425
143426	F430	(F1) 05 LHD US ZFFEW58A250143426
143427	F430	F1 Grigio Silverstone/Cuoio sports seats Silver stitching LHD ZFFEZ58B000143427 challenge wheels Yellow dials
143430	F430	Spider F1 Grigio Silverstone/dark Red dark Red top ZFFEZ59B000143430
143434	F430	Spider F1 05 Rosso/Black LHD US ZFFEW59A350143434

s/n	Type	Comments
143435	F430	Spider F1 05 Grigio Silverstone/Bordeaux Bordeaux top LHD US ZFFEW59A550143435
143436	F430	Spider (F1) 05 LHD US ZFFEW59A750143436
143437	F430	Spider (F1) 05 LHD US ZFFEW59A950143437
143439	F430	F1 7/05 Grigio Silverstone/Nero ZFFEZ58C000143439
143440	F430	F1 7/05 Grigio Silverstone/Nero ZFFEZ58C000143440
143442	F430	F1 Rosso Scuderia FER. 323/tan ZFFEZ58B000143442
143443	F430	F1 Blu Tour de France 522/tobacco ZFFEZ58B000143443
143446	F430	Spider F1 05 Grigio Silverstone/all Tan Daytona seats light Blue piping White stitching black top ZFFEW59A550143446 Yellow dials shields Yellow calipers
143450	F430	(F1) 05 LHD US ZFFEW58AX50143450
143451	F430	(F1) 05 LHD US ZFFEW58A150143451
143452	F430	05 Rosso Corsa/Nero Daytona Seats Rosso Stitching Manual LHD US ZFFEW58A350143452 shields Red Calipers
143453	F430	Spider (F1) 05 LHD US ZFFEW59A750143453
143454	F430	Spider (F1) 05 LHD US ZFFEW59A950143454
143455	F430	Spider (F1) 05 LHD US ZFFEW59A050143455
143456	F430	
143457	F430	Spider
143462	F430	Spider F1 05 Red/Tan ZFFEZ59B000143462
143463	F430	Red/Black manual ZFFEZ58B000143463
143465	F430	(F1) 05 LHD US ZFFEW58A150143465
143466	F430	Spider F1 05 Dark Silver/dark tan LHD US ZFFEW59A550143466
143467	F430	(F1) 05 LHD US ZFFEW58A550143467
143468	F430	(F1) 05 LHD US ZFFEW58A750143468
143469	F430	Spider Dark grey/black Yellow stitchings manual LHD EU Yellow calipers
143470	F430	Spider (F1) 05 LHD US ZFFEW59A750143470
143471	F430	Spider (F1) 05 LHD US ZFFEW59A950143471
143473	F430	F1 8/05 Rosso Corsa/Beige ZFFEZ58C000143473
143475	F430	Spider Red/Tan Manual RHD ZFFEZ59C000143475 Red calipers shields
143478	F430	Spider F1 Grigio Silverstone/black ZFFEZ59B000
143484	F430	Spider (F1) 05 LHD US ZFFEW59A750143484
143485	F430	Spider (F1) 05 LHD US ZFFEW59A950143485
143486	F430	Spider (F1) 05 LHD US ZFFEW59A050143486
143487	F430	Spider F1 Black
143497	F430	Spider (F1) 05 LHD US ZFFEW59A550143497
143498	F430	Spider F1 Red/Black Red stitching LHD ZFFEZ59B000143498 shields
143501	F430	05 Red/Tan Daytona seats LHD US ZFFEW58A150143501 Yellow dials shields Red calipers
143502	F430	Spider (F1) 05 LHD US ZFFEW59A550143502
143507	F430	(F1) 05 LHD US ZFFEW58A250143507
143508	F430	(F1) 05 LHD US ZFFEW58A450143508
143509	F430	(F1) 05 LHD US ZFFEW58A650143509
143512	F430	05 Rosso Corsa/Beige Daytona seats Manual LHD US ZFFEW58A650143512 Red calipers shields
143513	F430	Spider (F1) 05 LHD US ZFFEW59AX50143513
143514	F430	Spider F1 05 Rosso Corsa/Tan Daytona Seats LHD US ZFFEW59A150143514 Red Calipers
143527	612	Scaglietti F1 Grigio Titanio met./Cuoio Silver stitching ZFFAY54B000143527
143534	612	Scaglietti F1 10/05 Grigio Silverstone/Grey LHD US ZFFAA54A150143534
143537	612	Scaglietti F1 7/05 Grigio Silverstone/Nero ZFFAY54B000143537
143540	612	Scaglietti F1 05 Grigio Silverstone/cuoio ZFFAY54B000143540
143541	612	Scaglietti F1 05 Grigio Silverstone/Bordeaux ZFFAY54B000
143542	612	Scaglietti F1 05 Grigio Titanio met./naturale ZFFAY54B000143542
143543	612	Scaglietti (F1) 05 LHD US ZFFAA54A250143543
143546	612	Scaglietti F1 05 Rosso Corsa/Beige RHD AUS ZFFAY54D000143546
143548	612	Scaglietti (F1) 05 ZFFAA54A150143548
143551	612	Scaglietti F1 3/06 Blu Pozzi/Cuoio ZFFAY54B000143551
143554	612	Scaglietti F1 Ingridgrey/cuoio ZFFAY54B000143554
143555	612	Scaglietti F1 Bicolore 05 black & silver/Red LHD US ZFFAA54A950143555 Red dials aluminum calipers
143556	612	Scaglietti (F1) 05 LHD US ZFFAA54A050143556
143558	612	Scaglietti (F1) 05 LHD US ZFFAA54A450143558
143559	612	Scaglietti (F1) 05 LHD US ZFFAA54A650143559
143560	612	Scaglietti (F1) 05 LHD US ZFFAA54A250143560
143561	612	Scaglietti (F1) 05 LHD US ZFFAA54A450143561
143569	F430	Spider F1 Grigio Silverstone/black ZFFEZ59B000143569
143571	F430	Spider (F1) 05 LHD US ZFFEW59A250143571
143572	F430	Spider (F1) 05 LHD US ZFFEW59A450143572
143577	F430	Spider (F1) 05 LHD US ZFFEW59A350143577
143578	F430	Spider (F1) 05 ZFFEW59A550143578
143579	F430	Spider (F1) 05 LHD US ZFFEW59A750143579
143580	F430	Spider (F1) 05 LHD US ZFFEW59A350143580
143581	F430	Spider F1 Black/Tan RHD ZFFEZ59C000143581
143583	F430	Spider F1 05 Red/Black Daytona seats Red stitching ZFFEZ59B000143583 Red calipers shields
143586	F430	Spider F1 05 Rosso Corsa/Tan ZFFEW59A450143586 Red Calipers
143587	F430	Spider F1 05 Grigio Silverstone/Tan Black Stitching LHD US ZFFEW59A650143587 Yellow Calipers Shields
143588	F430	Spider F1 05 Rosso Corsa/Tan Daytona seats LHD US ZFFEW59A850143588 shields Red calipers
143589	F430	Spider
143591	F430	Spider F1 05 Rosso Corsa/Black ZFFEZ59B000
143593	F430	Spider (F1) 05 LHD US ZFFEW59A150143593
143594	F430	Spider (F1) 05 LHD US ZFFEW59A350143594
143595	F430	Spider F1 05 Grigio Silverstone Cuoio & Black Daytona seats Black piping & inserts LHD US ZFFEW59A550143595 Alluminum calipers shields
143597	F430	Spider F1 7/05 Nero Daytona/Beige ZFFEZ59C000143597
143598	F430	Spider
143599	F430	Spider Giallo Modena Burgundy ZFFEZ59D000143599 Carbon Fiber Dash
143600	F430	Spider (F1) 05 LHD US ZFFEW59A550143600
143601	F430	Spider (F1) ZFFEW59A750143601
143602	F430	Spider (F1) 05 LHD US ZFFEW59A950143602
143603	F430	Spider (F1) 05 LHD US ZFFEW59A050143603
143609	F430	Spider F1 05 Grigio Silverstone/Bordeaux Daytona Seats Black Soft Top LHD US ZFFEW59A150143609
143610	F430	Spider F1 Rosso Corsa/Black LHD EU ZFFEZ59B000143610
143611	F430	Spider (F1) 05 LHD US ZFFEW59AX50143611
143612	F430	Spider F1 05 Grigio Silverstone/Tan grey stitching LHD US ZFFEW59A150143612 shields
143613	F430	Spider (F1) 05 LHD US ZFFEW59A350143613
143617	F430	Spider 8/05 Rosso Corsa/Rosso sports seats Red stitching RHD ZFFEZ59C000143617 Yellow calipers shields Yellow dials grey wheels

s/n	Type	Comments	s/n	Type	Comments
143619	F430	F1 05 Red/Black LHD US ZFFEW58A250143619 Red dials	143696	612	Scaglietti (F1) 05 LHD US ZFFAA54A550143696
143620	F430	(F1) 05 LHD US ZFFEW58A950143620	143697	612	Scaglietti F1 3/06 Argento Nürburgring 101/C/Nero ZFFAY54B000143697
143621	F430	(F1) 05 LHD US ZFFEW58A050143621	143698	612	Scaglietti F1 05 Black/all cuoio ZFFAY54B000143698
143622	F430	(F1) 05 LHD US ZFFEW58A250143622	143699	612	Scaglietti F1 05 Grigio Silverstone Sabbia black piping & stitching ZFFAA54A050143699 shields Red calipers
143623	F430	05 Rosso Corsa/Tan Daytona Seats Red stitiching Red Piping Manual LHD US ZFFEW58A450143623 Shields			
143625	F430	F1 Red/Tan Black Inserts RHD ZFFEZ58C000143625	143700	612	Scaglietti F1 dark Blue met./Crema LHD ZFFAY54B000143700
143627	F430	F1 05 Yellow/Black Yellow stitching LHD US ZFFEW58A150143627	143703	612	Scaglietti F1 10/05 Grigio Silverstone/Beige ZFFAY54B000143703
143628	F430	(F1) 05 LHD US ZFFEW58A350143628	143704	612	Scaglietti (F1) 05 LHD US ZFFAA54A050143704
143629	F430	(F1) 05 LHD US ZFFEW58A550143629	143706	612	Scaglietti (F1) 05 LHD US ZFFAA54A450143706
143630	F430	F1 Red/Tan RHD	143707	612	Scaglietti F1 black/Red ZFFAY54B000143707
143631	F430	(F1) 05 Black (DS 1250)/Black Yellow Stitching Manual LHD US ZFFEW58A350143631 Yellow Calipers Shields	143713	F430	(F1) 05 LHD US ZFFEW58A550143713
143632	F430	(F1) 05 LHD US ZFFEW58A550143632	143714	F430	Spider (F1) 05 ZFFEW59A950143714
143633	F430	(F1) ZFFEW58A750143633	143715	F430	(F1) 05 LHD US ZFFEW58A950143715
143635	F430	(F1) 05 LHD US ZFFEW58A550143635	143716	F430	Spider F1 05 Argento Nürburgring/Nero LHD US ZFFEW59A250143716 Yellow dials Red Calipers Shields
143636	F430	(F1) 05 LHD US ZFFEW58A250143636			
143637	F430	(F1) 05 LHD US ZFFEW58A450143637	143717	F430	Spider (F1) 05 LHD US ZFFEW59A450143717
143638	F430	05 Red/Tan Daytona Seats Manual LHD US ZFFEW58A650143638 Red Calipers Shields	143718	F430	(F1) 05 LHD US ZFFEW58A450143718
143640	F430	F1 8/05 Argento Nürburgring 101/C/Grigio Scuro ZFFEZ58C000143640	143719	F430	F1 05 Nero/Black Daytona Seats LHD US ZFFEW58A650143719 Shields Challenge Wheels Sunroof
143642	F430	F1 05 Red/Black Daytona seats Red stitching LHD US ZFFEW58A850143642 Red dials Red calipers shields	143720	F430	Spider (F1) 05 LHD US ZFFEW59A450143720
			143722	F430	Spider F1 7/05 Rosso Scuderia FER. 323/Beige
143643	F430	F1 05 Giallo Modena/Nero Daytona seats LHD US ZFFEW58AX50143643 shields Challenge wheels	143725	F430	Spider (F1) 05 LHD US ZFFEW59A350143725
			143726	F430	Spider (F1) 05 LHD US ZFFEW59A550143726
143644	F430	(F1) 05 LHD US ZFFEW58A150143644	143727	F430	Spider (F1) 05 LHD US ZFFEW59A750143727
143645	F430	(F1) 05 LHD US ZFFEW58A350143645	143728	F430	(F1) 05 LHD US ZFFEW58A750143728
143646	F430	F1 Grigio Titanio met./black RHD ZFFEZ58C000143646	143729	F430	Spider 05 Rosso Scuderia FER. 323/Beige Daytona Seats Red Stitching Manual LHD US ZFFEW59A050143729 Shields Rosso Scuderia
143648	F430	F1 05 Black/Black Daytona Seats Silver Piping LHD US ZFFEW58A950143648 Red Calipers Shields	143730	F430	(F1) 05 NART Blue/Tan Daytona seats Blue stitching dark Blue dash & dark Blue steering wheel LHD US ZFFEW58A550143730 Red calipers shields
143649	F430	(F1) 05 LHD US ZFFEW58A050143649			
143650	F430	F1 05 Black/Black LHD US ZFFEW58A750143650	143731	F430	F1 05 Black/black LHD US ZFFEW58A550143731 ass. # 60828 Yellow tach shields Yellow calipers
143657	F430	F1 Red/Black sports seats Red stitching ZFFEZ58B000143657 Red calipers shields			
			143733	F430	Spider F1 8/05 Rosso Corsa/Crema ZFFEZ59C000143733
143661	612	Scaglietti F1 Black/tan LHD US	143734	F430	F1 Silver/Crema RHD ZFFEZ58C000143734
143665	612	Scaglietti F1 05 Blu Tour de France 522/Beige ZFFAY54C000143665	143743	F430	Spider F1 05 Black/Tan Daytona seats LHD US ZFFEW59A550143743 Shields challenge wheels red calipers
143669	612	Scaglietti F1 05 Nero/Tan ZFFAY54B000143669			
143671	612	Scaglietti F1 Frankfurt Show Car 05 Grigio Ingrid 720/dark grey light grey inserts LHD ZFFAY54B000	143744	F430	05 Silver/all Cuoio LHD US ZFFEW58A550143744 Red calipers shields Yellow tach
143672	612	Scaglietti F1 GTC Frankfurt Show Car 05 Black Naturale LHD ZFFAY54B000	143745	F430	Spider (F1) 05 LHD US ZFFEW59A950143745
			143746	F430	Spider (F1) 05 LHD US ZFFEW59A050143746
143674	F430	Spider F1 nero Daytona/beige ZFFEZ59B000143674	143747	F430	(F1) 05 LHD US ZFFEW58A050143747
			143748	F430	(F1) 05 LHD US ZFFEW58A250143748
143675	F430	Spider F1 blu TdF/beige ZFFEZ59B000143675	143749	F430	F1 05 Rosso Scuderia FER. 323/Red & Black Alcantara Stradale Racing Seats Red Stitching LHD US ZFFEW58A450143749 Yellow Calipers Challenge Wheels Shields, built to CS Stradale spec's
143680	612	Scaglietti (F1) ZFFAA54A150143680			
143682	612	Scaglietti (F1) 05 LHD US ZFFAA54A550143682			
143683	612	Scaglietti F1 05 black/tan ZFFAY54B000143683			
143686	612	Scaglietti F1 Grigio Silverstone/cuoio ZFFAY54B000	143751	F430	Spider 9/05 Nero Daytona/Nero ZFFEZ59C000143751
143688	612	Scaglietti F1 05 Black/beige ZFFAY54B000143688	143753	F430	Spider F1 black/light grey ZFFEZ59B000143753
143690	612	Scaglietti (F1) Grigio Ingrid/Tan LHD EU	143757	F430	F1 05 Red/Black sport seats LHD EU Red calipers BBS wheels
143691	612	Scaglietti F1 Grigio Silverstone/Tan LHD ZFFAY54B000143691			
			143758	F430	F1 05 Silver/Black LHD US ZFFEW58A550143758
143693	612	Scaglietti F1 1/06 Argento Metallizzato/Beige LHD US ZFFAA54AX50143693			

s/n	Type	Comments
143759	F430	Spider F1 05 Black/Tan Black inserts Black piping LHD US ZFFEW59A950143759 Red calipers Shields
143760	F430	Spider (F1) 05 LHD US ZFFEW59A550143760
143761	F430	(F1) 05 LHD US ZFFEW58A550143761
143762	F430	F1 9/05 Rosso Corsa/Beige LHD US ZFFEW58A750143762
143763	F430	F1 05 Red/Black ZFFEW58A950143763 Challenge Wheels Shields Tubi
143764	F430	Spider (F1) 05 LHD US ZFFEW59A250143764 Red/Black Red stitching RHD Manual ZFFEZ58C000143766 Red calipers shields Yellow dials
143766	F430	
143768	F430	Spider F1 8/05 Grigio Silverstone/Nero ZFFEW59C000143768
143774	F430	Spider (F1) 05 LHD US ZFFEW59A550143774
143775	F430	Spider F1 05 Grigio Silverstone/Beige Daytona seats Black Stitching ZFFEW59A750143775
143776	F430	Spider (F1) 05 LHD US ZFFEW59A950143776
143777	F430	05 Rosso Scuderia FER. 323/Black Daytona Seats White Stitching Manual LHD US ZFFEW58A950143777 Red Calipers Yellow Dials Shields
143778	F430	(F1) 05 LHD US ZFFEW58A050143778
143779	F430	(F1) 05 LHD US ZFFEW58A250143779
143780	F430	F1 05 Blu Pozzi 521 D.S./Grey LHD US Aluminum Calipers Shields
143781	F430	Spider Red/Black RHD
143782	F430	Spider
143783	F430	F1 8/05 Rosso Corsa/Crema RHD ZFFEZ58C000143783
143784	F430	F1 Rosso Scuderia FER. 323/black ZFFEZ58B000143784
143785	F430	F1 Red/Black ZFFEZ58B000143785 red calipers
143788	F430	Spider F1 Frankfurt Show Car 05 Argento Nürburgring 101/C/blu Medio White stitching LHD ZFFEZ59B000143788 Silver calipers shields Blue dash & steering wheel
143789	F430	F1 05 Grigo Titano Black LHD ZFFEZ58B000 Frankfurt Show Car
143792	F430	Spider 05 Rosso Corsa FER322/Tan Manual
143793	575	Superamerica 05 Argento Nürburgring 101/C/Grigio & Charcoal Daytona seats Charcoal piping Grigio dash & steering wheel manual LHD US ZFFGT61A550143793 Shields Red Calipers
143795	575	Superamerica (F1) 05 ZFFGT61A950143795
143798	575	Superamerica F1 05 Red/Tan
143799	575	Superamerica (F1) 05 LHD US ZFFGT61A650143799
143802	575	Superamerica F1 05 Black/sabbia ZFFGT61C000143802
143805	575	Superamerica (F1) 05 LHD US ZFFGT61A850143805
143806	575	Superamerica F1 05 Grigio Silverstone/Sabbia RHD UK Red calipers
143807	575	Superamerica F1 05 Grigio Silverstone/Bordeaux Daytona seats Bordeaux lower half of steering wheel & lower dash LHD US ZFFGT61A150143807 red calipers shields red dials
143810	F430	Challenge F1 Frankfurt Show Car 05 Rosso Scuderia FER. 323/Black & Red LHD ZFFEX63X000
143816	F430	F1 Red/White
143817	F430	F1 05 Red/Black ZFFEZ58B000143817 BBS Challenge wheels
143818	F430	(F1) 05 LHD US ZFFEW58A850143818
143819	F430	(F1) ZFFEW58AX50143819
143820	F430	(F1) 05 LHD US ZFFEW58A650143820
143821	F430	Spider 05 Rosso Corsa/Beige Manual LHD US ZFFEW59AX50143821 Red Calipers Shields
143823	F430	Spider
143824	F430	F1 Grigio Silverstone/Bordeaux beige dash LHD ZFFEZ58B000143824 Red calipers shields
143829	F430	(F1) 05 LHD US ZFFEW58A250143829
143831	F430	Spider F1 05 Rosso Corsa/Beige LHD US ZFFEW59A250143831
143832	F430	Spider (F1) 05 LHD US ZFFEW59A450143832
143833	F430	(F1) 05 LHD US ZFFEW58A450143833
143834	F430	Spider (F1) 05 LHD US ZFFEW59A850143834
143836	F430	Spider
143840	F430	Spider F1 Red/Black ZFFEZ59B000143840
143846	F430	(F1) 05 LHD US ZFFEW58A250143846
143847	F430	(F1) 05 LHD US ZFFEW58A450143847
143848	F430	Spider 05 Red/Black LHD US ZFFEW59A850143848
143849	F430	Spider F1 05 Grigio Silverstone/Black LHD US ZFFEW59AX50143849 Shields Challenge Grill
143850	F430	Spider (F1) 05 LHD US ZFFEW59A650143850
143851	F430	Spider (F1) 05 LHD US ZFFEW59A850143851
143852	F430	F1 05 Rosso Scuderia FER. 323/Tan Daytona seats LHD US ZFFEW58A850143852
143858	F430	Spider F1 05 Black/black ZFFEZ59B000143858 Yellow calipers
143859	F430	Spider F1 05 Black/Tan LHD EU
143861	F430	F1 7/05 Nero/Nero ZFFEZ58B000143861
143864	F430	(F1) 05 LHD US ZFFEW58A450143864
143865	F430	Spider (F1) 05 LHD US ZFFEW59A850143865
143866	F430	Spider (F1) 05 Red/Black LHD US ZFFEW59AX50143866
143867	F430	Spider (F1) 05 LHD US ZFFEW59A150143867
143868	F430	05 Blu Tour de France 522/sabbia Daytona seats Black inserts Manual ZFFEW58A150143868
143869	F430	Spider (F1) ZFFEW59A550143869
143871	575	Superamerica F1 05 Grey/Tan RHD UK Silver calipers
143874	F430	Spider F1 05 Black/Crema LHD EU
143878	F430	(F1) 05 Red/Tan Daytona seats Red inserts & stitching LHD US ZFFEW58A450143878 ass. # 60979 Yellow tach Red calipers shields
143879	F430	05 Grigio Silverstone/dark Blue Daytona seats Manual LHD US ZFFEW58A650143879 Red calipers
143880	F430	(F1) 05 LHD US ZFFEW58A250143880
143881	F430	Spider F1 05 Blu Pozzi 521 D.S. Dark Blue LHD US ZFFEW59A650143881
143882	F430	Spider (F1) 05 LHD US ZFFEW59A850143882
143883	F430	Spider (F1) 05 LHD US ZFFEW59AX50143883
143887	F430	Spider F1 05 Red/Crema Red stitching RHD ZFFEZ59C000143887 Red calipers shields Yellow dials
143888	F430	9/05 Rosso Corsa/Nero ZFFEZ58C000143888
143889	F430	
143892	F430	Spider F1 10/05 Black/Black LHD Yellow Calipers Shields ZFFEZ59B000143892
143900	F430	Spider F1 05 Red/Tan LHD EU ZFFEZ59B000143900
143901	F430	Spider F1 Grigio Silverstone LHD ZFFEZ59B000143901
143907	575	Superamerica F1 05 Grigio Silverstone/Black LHD EU ZFFGT61B000143907 shields Yellow dials
143909	575	Superamerica F1 05 Red/Beige bordeaux inserts RHD ZFFGT61C000143909 Red calipers Scuderia shields Yellow dials bordeaux upper dash beige steering wheel
143910	575	Superamerica 05 Grigio Silverstone Fer 740/tan Daytona seats Black stitching Manual ZFFGT61B000143910 ass. # .61213 eng. # 97453 Fiorano handling package shields Red calipers

s/n	Type	Comments	s/n	Type	Comments
143911	575	Superamerica F1 05 Red/Tan Daytona seats ZFFGT61A750143911 Red tach shields Red calipers	143971	F430	Spider (F1) 05 LHD US ZFFEW59A750143971
			143972	F430	(F1) 05 LHD US ZFFEW58A750143972
			143973	F430	F1 05 Silver/Black Daytona seats LHD US ZFFEW58A950143973 eng. # 97592 Red calipers shields Red dials
143912	575	Superamerica F1 05 Black/Tan ZFFGT61B000143912 shields			
143913	575	Superamerica F1 05 Grigio Silverstone/Red RHD ZFFGT61C000143913 shields Yellow dials	143976	F430	F1 9/05 Rosso Corsa/Crema ZFFEZ58C000143976
143918	575	Superamerica (F1) 05 LHD US ZFFGT61AX50143918	143978	F430	Rosso Corsa/Sabbia Red stitching Manual RHD ZFFEZ58C000143978 Red calipers Scuderia shields Red dials
143919	575	Superamerica F1 GTC 05 Red/Black LHD EU			
143920	575	Superamerica (F1) 05 LHD US ZFFGT61A850143920	143979	F430	Spider F1 Sydney Motor Show Car Red/Beige RHD AUS ZFFEZ59D000143979
143921	575	Superamerica (F1) 05 LHD US ZFFGT61AX50143921	143983	F430	(F1) 05 LHD US ZFFEW58A150143983
			143984	F430	Spider (F1) 05 LHD US ZFFEW59A550143984
143923	575	Superamerica F1 9/05 Rosso Corsa/Beige ZFFGT61B000143923	143985	F430	Spider F1 05 Grigio Alloy/Crema LHD US ZFFEW59A750143985
143924	575	Superamerica (F1) 05 LHD US ZFFGT61A550143924	143986	F430	Spider (F1) 05 LHD US ZFFEW59A950143986
			143987	F430	Spider F1 05 Giallo Modena LHD US ZFFEW59A050143987
143925	575	Superamerica F1 9/05 Nero Daytona/Beige black stitching RHD ZFFGT61C000143925 Silver calipers shields red dials	143988	F430	F1 05 Blue/Tan Daytona seats Blue piping LHD US ZFFEW58A050143988 Red dials shields Red calipers
143927	575	Superamerica F1 9/05 Rubino Micalizzato (FER.324)/Tan Silver LHD US ZFFGT61A050143927 ass. # 61558 shields	143989	F430	(F1) 05 LHD US ZFFEW58A250143989
			143990	F430	Spider F1 Yellow/black Yellow seat centers ZFFEZ59C000143990
143929	575	Superamerica F1 GTC 05 Red/Tan Red stitching ZFFGT61B000143929 Red calipers shields	143997	612	Scaglietti F1 Sydney Motor Show Car Black/Beige RHD AUS ZFFAY54D000143997
143931	575	Superamerica F1 05 Red/Tan LHD EU ZFFGT61B000	143999	575	Superamerica F1 05 Grigio Silverstone/Red Racing seats LHD US ZFFGT61A350143999 Yellow dials shields Red calipers
143932	575	Superamerica (F1) 05 LHD US ZFFGT61A450143932			
143934	575	Superamerica F1 05 Red/Tan LHD EU ZFFGT61B000	144003	F430	(F1) 05 ZFFEW58A150144003
			144004	F430	(F1) 05 ZFFEW58A350144004
143936	575	Superamerica (F1) 05 LHD US ZFFGT61A150143936	144009	F430	(F1) 05 LHD US ZFFEW58A250144009
			144010	F430	(F1) 05 LHD US ZFFEW58A950144010
143939	575	Superamerica (F1) 05 LHD US ZFFGT61A750143939	144011	F430	(F1) 05 ZFFEW58A050144011
			144012	F430	Spider F1 Argento Nürburgring 101/C/
143940	575	Superamerica F1 Sydney Motor Show Car 05 Red/Beige RHD AUS ZFFGT61D000143940	144016	F430	(F1) 05 LHD US ZFFEW58AX50144016
			144017	F430	Spider (F1) 05 LHD US ZFFEW59A350144017
143944	F430	Spider F1 05 Red/Tan Daytona seats LHD US ZFFEW59A450143944 Red calipers shields Challenge wheels	144018	F430	Spider F1 05 Grigio Titanio met./black LHD US ZFFEW59A550144018 shields
			144019	F430	F1 05 Rosso Corsa/Tan Daytona seats Rosso piping Red stitching ZFFEW58A550144019 Red calipers shields
143945	F430	Spider (F1) 05 LHD US ZFFEW59A650143945			
143946	F430	Spider F1 05 Black/Black Daytona Seats LHD US ZFFEW59A850143946 Shields	144020	F430	(F1) 05 LHD US ZFFEW58A150144020
			144021	F430	(F1) 05 LHD US ZFFEW58A350144021
143947	F430	(F1) 05 LHD US ZFFEW58A850143947	144022	F430	Spider 9/05 Grigio Silverstone/Blu Scuro ZFFEZ59C000144022
143948	F430	F1 05 Black/Black yellow stitching LHD US ZFFEW58AX50143948 yellow calipers shields			
143949	F430	(F1) 05 LHD US ZFFEW58A150143949	144026	F430	Spider 05 NART Blue/Blu Scuro Manual RHD ZFFEZ59D000144026
143950	F430	Spider F1 Red/Crema black inserts ZFFEZ59C000143950	144027	F430	Spider Red LHD ZFFEW59A650144027
			144028	F430	(F1) 05 LHD US ZFFEW58A650144028
143951	F430	Spider F1 Grigio Silverstone/Red RHD ZFFEZ59C000143951	144029	F430	Spider F1 05 Red/Tan LHD US ZFFEW59AX50144029 ass. # 61138
143952	F430	Spider 6/05 Black/Black silver stitching RHD Manual ZFFEZ59C000143952 Yellow calipers Shields Yellow dials	144030	F430	Spider (F1) 05 LHD US ZFFEW59A650144030
			144031	F430	Spider (F1) 05 LHD US ZFFEW59A850144031
			144032	F430	(F1) 05 LHD US ZFFEW58A850144032
143953	F430		144033	F430	(F1) 05 LHD US ZFFEW58AX50144033
143957	F430	Spider F1 05 Rosso Corsa/Beige Daytona Seats LHD US ZFFEW59A250143957 Red Calipers Shields	144034	F430	(F1) 05 LHD US ZFFEW58A150144034
			144036	F430	Spider F1 Red/Crema RHD ZFFEZ59C000144036 Red calipers Scuderia shields Challenge wheels Red dials
143958	F430	Spider (F1) 05 LHD US ZFFEW59A450143958			
143959	F430	Spider (F1) 05 LHD US ZFFEW59A650143959	144037	F430	Spider
143960	F430	05 Silver/Bordeaux LHD US ZFFEW58A050143960 Yellow dials shields Yellow calipers	144043	F430	(F1) 05 LHD US ZFFEW58A250144043
			144044	F430	Spider (F1) 05 LHD US ZFFEW59A650144044
143961	F430	(F1) 05 LHD US ZFFEW58A250143961	144045	F430	Spider (F1) 05 LHD US ZFFEW59A850144045
143962	F430	(F1) 05 LHD US ZFFEW58A450143962	144046	F430	Spider F1 05 Grigio Silverstone/Grey Daytona seats LHD US ZFFEW59AX50144046 Red tach shields Red calipers
143964	F430	Spider F1 Red/Crema Red inserts ZFFEZ59C000143964			
143966	F430	F1 Sydney Motor Show Car Red/Red Sports seats suede cloth RHD AUS ZFFEZ58D000143966	144047	F430	(F1) 05 ZFFEW58AX50144047
			144048	F430	Spider F1 05 Rosso Corsa/Tan Daytona Seats LHD US ZFFEW59A350144048 Shields Red Calipers Challenge Wheels
143969	F430	Spider (F1) 05 LHD US ZFFEW59A950143969			
143970	F430	Spider (F1) 05 LHD US ZFFEW59A550143970	144049	F430	(F1) 05 LHD US ZFFEW58A350144049

s/n	Type	Comments
144050	F430	(F1) 05 LHD US ZFFEW58AX50144050
144053	F430	
144054	F430	F1 Rosso Corsa/nero Red stitching ZFFEZ58B000144054 shields Yellow dials
144055	F430	F1 Red/Black ZFFEZ58B000144055 shields Yellow dials
144056	F430	Spider F1 Rosso Corsa/Crema Red stitching LHD ZFFEZ59B000144056 Red calipers shields Yellow dials
144057	F430	F1 05 Red/Black ZFFEZ58B000144057
144058	F430	F1 05 Rosso Corsa/Beige RHD ZFFEZ58D000144058
144061	F430	(F1) 05 LHD US ZFFEW58A450144061
144063	F430	Spider F1 05 Grigio alloy/dark Blue silver stitching LHD US ZFFEW59AX50144063
144064	F430	Spider (F1) 05 LHD US ZFFEW59A150144064
144065	F430	Spider (F1) 05 LHD US ZFFEW59A350144065
144067	F430	Spider
144068	F430	Spider
144069	F430	Spider
144075	F430	Spider (F1) 05 LHD US ZFFEW59A650144075
144079	F430	Spider (F1) 05 LHD US ZFFEW59A350144079
144080	F430	Spider (F1) 05 LHD US ZFFEW59AX50144080
144081	F430	(F1) 05 LHD US ZFFEW58AX50144081
144082	F430	(F1) 05 Black/Tan Daytona Seats LHD US ZFFEW58A150144082 Shields Red Calipers Challenge Wheels
144083	F430	(F1) 05 LHD US ZFFEW58A350144083
144084	F430	F1 05 Blu Mirabeau/Tan LHD US ZFFEW58A550144084 ass. # 61246 shields Yellow dials
144085	F430	Spider (F1) 05 LHD US ZFFEW59A950144085
144086	F430	Spider
144099	612	Scaglietti F1 05 black/black LHD EU ass. # 61448
144103	612	Scaglietti F1 Grigio Titanio met./all bordeaux ZFFAY54B000144103
144104	612	Scaglietti F1 black/tan ZFFAY54B000144104
144106	612	Scaglietti F1 grigio/tan
144107	F430	Challenge Silver White orange & green/Red LHD EU ZFFEX63X000
144109	612	Scaglietti F1 05 Grigio Titanio met./Tan ZFFAY54B000144109
144111	612	Scaglietti
144112	612	Scaglietti F1 05 Grigio Titanio met./black ZFFAY54B000144112 Yellow calipers shields
144115	612	Scaglietti F1 Grigio Silverstone/all cuoio ZFFAY54B000144115
144120	F430	Spider (F1) 05 LHD US ZFFEW59A750144120
144121	F430	Spider F1 05 Black/Black LHD US ZFFEW59A950144121
144122	F430	Spider F1 05 Nero/Rosso LHD US ZFFEW59A050144122
144123	F430	Spider F1 05 LHD US ZFFEW59A250144123
144124	F430	F1 05 Nero/Beige LHD ZFFEW58A250144124
144125	F430	(F1) 05 LHD US ZFFEW58A450144125
144126	F430	F1 05 Black/Black LHD ZFFEW58A650144126
144128	F430	Spider F1 Red
144129	F430	Spider F1 9/05 Rosso Corsa/Crema ZFFEZ59C000144129
144130	F430	Spider 11/05 Rosso Corsa/Beige Manual ZFFEZ59C000144130
144131	F430	
144136	F430	Spider F1 05 Red/Beige RHD ZFFEZ59D000144136
144140	F430	Spider 7/05 Rosso Corsa/Black Daytona Seats Red Stitching Manual LHD US ZFFEW59A250144140 Red Calipers Shields
144141	F430	(F1) 05 LHD US ZFFEW58A250144141
144142	F430	(F1) 05 LHD US ZFFEW58A450144142
144143	F430	(F1) 05 LHD US ZFFEW58A650144143

s/n	Type	Comments
144144	F430	Spider (F1) 05 LHD US ZFFEW59AX50144144
144146	F430	F1 1/06 Rosso Corsa/Nero ZFFEZ58B000144146
144147	F430	Spider F1 Rosso Corsa/Cream Red stitching RHD ZFFEZ59C000144147 Red calipers Shields Yellow dials
144148	F430	Red/Cream Red stitching RHD Manual ZFFEZ58C000144148
144154	F430	05 Rosso Corsa/Beige LHD US ZFFEW58A050144154
144155	F430	Spider (F1) 05 LHD US ZFFEW59A450144155
144156	F430	Spider (F1) 05 Rosso Corsa/Beige Daytona Seats Red Piping LHD US ZFFEW59A650144156 Rosso Scuderia Calipers Shields
144157	F430	Spider (F1) 05 LHD US ZFFEW59A850144157
144158	F430	Spider (F1) 05 LHD US ZFFEW59AX50144158
144159	F430	F1 05 Red/Tan Daytona seats Red stitching LHD US ZFFEW58AX50144159
144160	F430	(F1) 05 LHD US ZFFEW58A650144160
144161	F430	(F1) 05 LHD US ZFFEW58A850144161
144163	F430	Spider F1 Red/Black ZFFEZ59B000
144164	F430	Spider F1 10/05 Grigio Silverstone/Nero ZFFEZ59C000144164
144165	F430	
144166	F430	F1 10/05 Rosso Scuderia FER. 323/Sabbia ZFFEZ58C000144166
144168	F430	Spider (F1) 05 LHD US ZFFEW59A250144168
144169	F430	Spider F1 05 Black/Crema Daytona seats black inserts LHD US ZFFEW59A450144169 Red dials shields Red calipers
144170	F430	Spider (F1) 05 LHD US ZFFEW59A050144170
144171	F430	Spider F1 05 Red/Tan Daytona Seats LHD US ZFFEW59A250144171 Red Calipers Shields
144172	F430	(F1) 05 LHD US ZFFEW58A250144172
144173	F430	(F1) 05 LHD US ZFFEW58A450144173
144174	F430	(F1) 05 ZFFEW58A650144174
144175	F430	F1 05 Rosso Corsa/Nero & Red Daytona Seats Red stittching LHD US ZFFEW58A850144175 Yellow dials shields
144177	F430	05 Nuovo Nero Dayton Metallizato Black Manual LHD EU ZFFEZ58B000
144179	F430	Spider F1 05 Black/Tan LHD EU ZFFEZ59B000
144180	F430	Spider
144181	F430	Spider 9/05 Rosso Corsa/Cream Red stitching Manual RHD ZFFEZ59C000144181 burgundy steering wheel shields
144182	F430	
144186	F430	Spider (F1) 05 LHD US ZFFEW59A450144186
144187	F430	Spider F1 05 Grigio Titanio met./Charcoal LHD US ZFFEW59A650144187
144188	F430	(F1) 05 LHD US ZFFEW58A650144188
144189	F430	(F1) 05 LHD US ZFFEW58A850144189
144190	F430	(F1) 05 LHD US ZFFEW58A450144190
144191	F430	Spider F1 05 Rosso Corsa/Nero
144192	F430	Spider 05 black/cuoio ZFFEZ59B000144192
144198	F430	
144199	F430	F1 Red/Black RHD
144202	575	Superamerica F1 05 Azzurro California 524/Light Blue Daytona Seats LHD US ZFFGT61A550144202 Red Calipers Carbon-Ceramic Braking System Red Calipers
144204	575	Superamerica F1 GTC 05 Grigio Silverstone/cuoio ZFFGT61B000144204
144205	575	Superamerica F1 05 Light silver/tan inserts over grey leather centers Daytona seats LHD US ZFFGT61A050144205 Yellow dials shields Yellow calipers
144207	575	Superamerica 05 Red/Tan LHD EU
144210	575	Superamerica GTC 05 Nero Daytona/Cuoio Daytona Seats Black Stitching Manual ZFFGT61A450144210 Yellow Calipers shields

s/n	Type	Comments	s/n	Type	Comments
144211	575	Superamerica (F1) 05 LHD US ZFFGT61A650144211	144290	F430	F1 05 Giallo Modena/Nero LHD US ZFFEW58A850144290
144215	575	Superamerica	144291	F430	Spider F1 Black/Crema RHD ZFFEZ59C000144291 Red calipers shields Yellow dials
144217	575	Superamerica 05 Grigio Silverstone/tan Manual ZFFGT61B000			
144219	575	Superamerica F1 05 Rosso Corsa/Nero LHD EU	144292	F430	Spider Red/beige Manual RHD ZFFEZ59C000144292
144222	575	Superamerica F1 05 Grigio Titanio met./nero ZFFGT61B000144222	144299	F430	Spider (F1) 05 LHD US ZFFEW59A650144299
144223	575	Superamerica F1 05 Grigio Silverstone/Charcoal Racing seats ZFFGT61B000144223 shields	144300	F430	Spider (F1) 05 LHD US ZFFEW59A950144300
			144301	F430	Spider (F1) 05 LHD US ZFFEW59A050144301
			144302	F430	(F1) 05 LHD US ZFFEW58A050144302
144231	575	Superamerica (F1) 05 LHD US ZFFGT61A150144231	144303	F430	(F1) 05 LHD US ZFFEW58A250144303
			144304	F430	(F1) 05 LHD US ZFFEW58A450144304
144232	575	Superamerica (F1) 05 LHD US ZFFGT61A350144232	144315	F430	Spider (F1) 05 LHD US ZFFEW59A050144315
			144316	F430	Spider (F1) 05 LHD US ZFFEW59A250144316
144234	575	Superamerica (F1) 05 LHD US ZFFGT61A750144234	144317	F430	Spider F1 05 Rosso Scuderia Tan Daytona Seats ZFFEW59A450144317 Red Calipers Shields
144235	575	Superamerica F1 05 black/black Daytona Seats Silver stitching LHD EU	144318	F430	F1 05 Giallo Modena/Nero LHD US ZFFEW58A450144318
144237	575	Superamerica (F1) 05 LHD US ZFFGT61A250144237	144319	F430	(F1) 05 LHD US ZFFEW58A650144319
			144320	F430	F1 05 Nero/Nero LHD US ZFFEW58A250144320
144238	575	Superamerica (F1) 05 LHD US ZFFGT61A450144238	144321	F430	Spider 05 Yellow/Black Daytona seats Manual ZFFEW59A650144321 Red calipers shields
144239	575	Superamerica F1 GTC 05 Nero Metallizzato/Rosso 112806 Daytona Seats Nero Stitching LHD US ZFFGT61A650144239	144327	F430	F1 10/05 Rosso Corsa/Crema ZFFEZ58C000144327
			144333	F430	Spider 10/05 Rosso Corsa/Crema ZFFEZ59C000144333
144240	575	Superamerica (F1) 05 LHD US ZFFGT61A250144240	144338	F430	Spider (F1) 05 LHD US ZFFEW59A150144338
144241	575	Superamerica (F1) 05 LHD US ZFFGT61A450144241	144340	F430	Spider Black/Crema
			144342	F430	Spider F1 05 Red/Black LHD
144245	F430	Spider (F1) 05 LHD US ZFFEW59A550144245	144344	F430	Spider
144246	F430	Spider (F1) 05 LHD US ZFFEW59A750144246	144345	F430	Spider
144247	F430	Spider (F1) 05 LHD US ZFFEW59A950144247	144348	F430	Spider F1 Novitec Rosso 06 Red/Black Daytona Seats ZFFEZ59B000144348
144248	F430	Spider F1 05 Nero Carbone Metallizzato/Beige LHD US ZFFEW59A050144248	144349	F430	Spider 9/05 Black/Tan Daytona seats black inserts black stitching LHD manual US ZFFEW59A650144349 shields red calipers
144249	F430	(F1) 05 LHD US ZFFEW58A050144249			
144250	F430	(F1) 05 LHD US ZFFEW58A750144250			
144251	F430	(F1) 05 LHD US ZFFEW58A950144251	144354	F430	Spider F1 Red/Black ZFFEZ59B000144354
144256	F430	Red/Crema bordeaux bordeaux piping inserts Red stitching RHD ZFFEZ58C000144256Shields Yellow dials Enzo Ferrari dash dedication plate Challenge wheels	144356	F430	Spider
			144359	F430	Spider F1 Red with black & Red seats Red stitching ZFFEZ59B000144359 shields
			144360	F430	Spider 05 Black/Beige Daytona Seats Manual LHD US ZFFEW59A550144360 Aluminium Calipers
144257	F430				
144261	F430	Spider F1 05 Red/Black			
144266	F430	Spider F1 05 Rosso Corsa/Beige LHD US ZFFEW59A250144266	144365	F430	Spider 05 Grigio Titanio met./Blu Scuro Daytona Seats Blue Scuro Piping Blue top ZFFEW59A450144365 Silver Calipers shields Blue Scuro Dash & Steering Wheel Blu Scuro Roll Bar Upholstery
144267	F430	F1 05 dark Blue/tan LHD US ZFFEW58A250144267 Yellow calipers shields			
144268	F430	Spider (F1) 05 LHD US ZFFEW59A650144268			
144269	F430	F1 05 Yellow/Black Racing seats Yellow stitching LHD US ZFFEW58A650144269 Yellow dials shields	144368	F430	Spider 10/05 Grigio Silverstone/Crema ZFFEZ59C000144368
			144369	F430	Spider 05 Silver/Red Daytona seats ZFFEW59A150144369 shields
144270	F430	(F1) 05 LHD US ZFFEW58A250144270	144370	F430	Spider F1 Black/black ZFFEZ59C000144370
144271	F430	(F1) 05 LHD US ZFFEW58A450144271	144372	F430	Spider F1 grey/black ZFFEZ59B000144372
144275	F430	Spider F1 Red/Crema Red stitching RHD ZFFEZ59C000144275 Red calipers shields Yellow dials	144377	F430	Spider
			144378	F430	Spider 10/05 Rosso Corsa/Cream ZFFEZ59C000144378
144276	F430	(F1) Red LHD EU	144379	F430	Spider F1 Black/cuoio ZFFEZ59B000
144279	F430	Spider F1 05 Red/Black ZFFEZ59B000144279 Red calipers shields	144380	F430	Spider (F1) 05 LHD US ZFFEW59A050144380
144280	F430	Spider Black/Cuoio tan stitching LHD Manual ZFFEZ59B000144280 Yellow calipers shields Yellow dials	144382	F430	Spider F1 Grigio Silverstone/black ZFFEZ59B000
			144384	F430	Spider
144284	F430	05 Red/Tan Daytona Seats Manual LHD US ZFFEW58A250144284 Shields Red Calipers	144385	F430	Spider F1 05 Red/Tan Daytona seats tan inserts ZFFEZ59B000144385 Red stitching Red dials
144285	F430	Spider (F1) 05 LHD US ZFFEW59A650144285	144390	F430	Spider F1 Grigio Silverstone/Red ZFFEZ59B000144390
144286	F430	Spider F1 05 Grigio Silverstone/Beige LHD US ZFFEW59A850144286	144391	F430	Spider F1 black/Crema sport seats LHD ZFFEZ59B000144359
144287	F430	Spider (F1) 05 LHD US ZFFEW59AX50144287	144393	F430	Spider F1 Red/Cream RHD ZFFEZ59C000144393 Shields Red dials
144288	F430	F1 05 Rosso Scuderia FER. 323/Nero LHD US ZFFEW58AX50144288			
144289	F430	(F1) 05 LHD US ZFFEW58A150144289	144397	F430	Spider F1 dark Blue/tan ZFFEZ59B000144397

s/n	Type	Comments	s/n	Type	Comments
144400	F430	05 Red/Tan Red piping Manual LHD US ZFFEW58A050144400 shields Red calipers	144469	F430	F1 Red/Dark grey ZFFEZ58B000144469
144403	F430	F1 silver/cuoio ZFFEZ58B000144403	144472	F430	F1 10/05 Rosso Scuderia FER. 323/Nero Rosso stitching ZFFEZ58B000144472
144405	F430	Spider (F1) 05 LHD US ZFFEW59A150144405	144476	F430	Spider F1 05 Red/Tan Daytona seats Red stitching black topLHD US ZFFEW59A250144476 Yellow dials shields
144406	F430	Spider (F1) 05 LHD US ZFFEW59A350144406			
144407	F430	Spider F1 05 Red/Tan Daytona seats Red stitching LHD US ZFFEW59A550144407 shields Red calipers Tubi	144477	F430	Spider (F1) 05 ZFFEW59A450144477
			144482	F430	F1 10/05 Rosso Scuderia/Crema RHD ZFFEZ58C000144482 Red calipers shields
144408	F430	(F1) 05 LHD US ZFFEW58A550144408	144487	F430	(F1) 05 LHD US ZFFEW58A550144487
144409	F430	F1 05 Red/Tan LHD US ZFFEW58A750144409 Yellow dials shields	144488	F430	Spider (F1) 05 LHD US ZFFEW59A950144488
144410	F430	(F1) 05 LHD US ZFFEW58A350144410	144489	F430	Spider (F1) 05 LHD US ZFFEW59A050144489
144413	F430	05 Rosso Scuderia FER. 323/Black ZFFEZ58B000144413	144495	F430	F1 10/05 Rosso Corsa/Crema ZFFEZ58C000144495
144416	F430	Spider F1 05 Red/Tan & Black Daytona seats black straps piping & stitching LHD US ZFFEW59A650144416 Red calipers shields	144498	F430	(F1) 05 LHD US ZFFEW58AX50144498
			144499	F430	05 Black/Black LHD US ZFFEW58A150144499
			144500	F430	Spider F1 05 Rosso Corsa/Tan Daytona Seats ZFFEW59A650144500 Red Calipers Shields
144417	F430	Spider (F1) 05 Silver/Red LHD US ZFFEW59A850144417 Red Calipers Shields Challenge Wheels	144501	F430	Spider (F1) 05 LHD US ZFFEW59A850144501
			144502	F430	Spider (F1) 05 LHD US ZFFEW59AX50144502
144418	F430	(F1) 05 LHD US ZFFEW58A850144418	144503	F430	(F1) 05 LHD US ZFFEW58A750144503
144419	F430	F1 05 Grigio Titanio Metallizzato 3238/Beige Daytona seats LHD US ZFFEW58AX50144419 Challenge wheels Yellow dials	144504	F430	(F1) 05 LHD US ZFFEW58A150144504
			144505	F430	F1 Red/Black ZFFEW58B000
			144506	F430	
144420	F430	(F1) 05 LHD US ZFFEW58A650144420	144507	F430	Spider F1 9/05 Argento Nürburing/Red Daytona seats grey stitching colour coded steering wheel
144421	F430	(F1) 05 LHD US ZFFEW58A850144421			
144427	F430	F1 05 Blu Tour de France 522/Tan Daytona Seats LHD US ZFFEW58A950144427 Shields Red Calipers	144510	F430	F1 05 Nero/Nero LHD US ZFFEW58A750144510
			144511	F430	F1 05 Grigio Silverstone/Tan Daytona Seats Black Stitching LHD US ZFFEW58A950144511 Yellow Calipers Shields Tubi
144428	F430	Spider (F1) 05 LHD US ZFFEW59A250144428			
144429	F430	Spider F1 05 Rosso Corsa/Beige Daytona Seats Red Piping & Stitching LHD US ZFFEW59A450144429 Red calipers	144512	F430	F1 05 Rosso Corsa/Beige LHD US ZFFEW58A050144512
			144513	F430	Spider (F1) 05 LHD US ZFFEW59A450144513
144430	F430	Spider (F1) 05LHD US ZFFEW59A050144430	144514	F430	Spider (F1) 05 LHD US ZFFEW59A650144514
144431	F430	F1 05 Rosso Corsa/Beige LHD US ZFFEW58A050144431	144516	F430	
144432	F430	F1 05 Rosso Corsa/Beige LHD US ZFFEW58A250144432 Red Calipers	144526	F430	(F1) 05 LHD US ZFFEW58A050144526
			144527	F430	(F1) 05 LHD US ZFFEW58A250144527
144440	F430	Spider F1 05 Nero/Nero RHD ZFFEZ59D000144440	144528	F430	Spider (F1) 05 LHD US ZFFEW59A650144528
			144529	F430	(F1) 05 Red/Black LHD US ZFFEW58A650144529
144441	F430	(F1) 05 LHD US ZFFEW58A350144441			
144442	F430	(F1) 05 LHD US ZFFEW58A550144442	144530	F430	F1 05 Red/Black ZFFEZ58B000144530
144443	F430	Spider F1 05 Rosso Corsa/Beige Daytona Seats LHD US ZFFEW59A950144443 Red Calipers Shields	144533	F430	Spider (F1) 05 LHD US ZFFEW59AX50144533
			144534	F430	Spider (F1) 05 LHD US ZFFEW59A150144534
			144535	F430	(F1) 05 LHD US ZFFEW58A150144535
144444	F430	Spider (F1) 05 LHD US ZFFEW59A050144444	144536	F430	(F1) 05 LHD US ZFFEW58A350144536
144445	F430	Spider (F1) 05 LHD US ZFFEW59A250144445	144537	F430	(F1) 05 LHD US ZFFEW58A550144537
144446	F430	(F1) 05 LHD US ZFFEW58A250144446	144538	F430	(F1) 05 LHD US ZFFEW58A750144538
144452	F430	(F1) 05 LHD US ZFFEW58A850144452	144545	F430	(F1) 05 LHD US ZFFEW58A450144545
144453	F430	Spider F1 05 Grigio Silverstone/Cuoio & charcoal Daytona seats Charcoal Stitching ZFFEW59A150144453 shields Aluminum Calipers	144546	F430	Spider (F1) 05 LHD US ZFFEW59A850144546
			144547	F430	Spider (F1) 05 LHD US ZFFEW59AX50144547
			144548	F430	(F1) 05 LHD US ZFFEW58AX50144548
144454	F430	Spider F1 05 Rosso Corsa/Beige LHD US ZFFEW59A350144454	144549	F430	F1 05 Yellow/Black Daytona Seats Yellow Stitching LHD US ZFFEW58A150144549 Shields.Challenge Grills Yellow dials Red Calipers
144455	F430	Spider (F1) 05 LHD US ZFFEW59A550144455			
144456	F430	(F1) 05 LHD US ZFFEW58A550144456			
144457	F430	(F1) 05 LHD US ZFFEW58A750144457	144552	612	Scaglietti 06 Grigio Silverstone/Cuoio LHD US ZFFAA54A850144552
144458	F430	(F1) 05 LHD US ZFFEW58A950144458			
144459	F430	10/05 Nero Daytona/Nero Manual ZFFEZ58C000144459	144554	612	Scaglietti (F1) 05 LHD US ZFFAA54A150144554
144462	F430	(F1) 05 LHD US ZFFEW58A050144462	144555	612	Scaglietti F1 05 Nero/Cuoio LHD US ZFFAA54A350144555
144463	F430	Spider (F1) 05 LHD US ZFFEW59A450144463			
144464	F430	Spider F1 05 Rosso Corsa/Beige Daytona Seats LHD US ZFFEW59A650144464 Red Calipers Shields Yellow dials	144556	612	Scaglietti F1 05 Grigio Silverstone/Dark grey ZFFAY54B000144556
			144557	612	Scaglietti (F1) 05 LHD US ZFFAA54A750144557
144465	F430	Spider F1 05 Nero/Black LHD US ZFFEW59A850144465	144561	612	Scaglietti 05 Grigio Silverstone/sabbia Manual ZFFAY54B000144561
144466	F430	(F1) 05 LHD US ZFFEW58A850144466			
144467	F430	F1 05 Red/Tan Daytona seats Red stitching LHD US ZFFEW58AX50144467 Red calipers shields	144562	612	Scaglietti (F1) 05 ZFFAA54A050144562
			144569	575	Superamerica (F1) 05 Black/Black LHD US ZFFGT61A550144569
144468	F430	(F1) 05 LHD US ZFFEW58A150144468			

s/n	Type	Comments
144573	575	Superamerica 05 Blu Le Mans/Blue Daytona seats LHD US ZFFGT61A750144573 Yellow dials Yellow dash & steering wheel Red calipers shields
144574	575	Superamerica (F1) 05 LHD US ZFFGT61A950144574
144575	575	Superamerica (F1) 05 LHD US ZFFGT61A050144575
144576	575	Superamerica F1 05 Red/Tan Daytona seats LHD US ZFFGT61A250144576 Yellow tach Red calipers
144578	575	Superamerica F1 05 black/black LHD EU ZFFGT61B000
144580	575	Superamerica (F1) 05 LHD US ZFFGT61A450144580
144581	575	Superamerica F1 05 Red/all tan ZFFGT61B000
144583	575	Superamerica (F1) 05 LHD US ZFFGT61AX50144583
144584	575	Superamerica (F1) 05 ZFFGT61B000144584
144585	575	Superamerica
144586	575	Superamerica (F1) 05 LHD US ZFFGT61A550144586
144590	575	Superamerica (F1) 05 LHD US ZFFGT61A750144590
144592	575	Superamerica F1 05 Rosso Corsa/Black LHD EU ZFFGT61B000144592
144593	575	Superamerica F1 05 black/black
144594	575	Superamerica (F1) 05 LHD US ZFFGT61A450144594
144597	575	Superamerica (F1) 05 LHD US ZFFGT61AX50144597
144598	575	Superamerica 05 Rosso Corsa/Tan Manual LHD US ZFFGT61A150144598
144599	575	Superamerica (F1) 05 LHD US ZFFGT61A350144599
144600	575	Superamerica F1 05 Rosso Scuderia FER. 323/Crema ZFFGT61B000
144602	575	Superamerica F1 05 Blu Mirabeau/black RHD ZFFGT61C000144602 Silver calipers shields
144605	575	Superamerica (F1) 05 LHD US ZFFGT61A550144605
144606	575	Superamerica (F1) 05 LHD US ZFFGT61A750144606
144609	575	Superamerica F1 GTC 05 Black/beige cuoio stiching LHD US ZFFGT61A250144609 shields
144610	575	Superamerica F1 05 Grigio Alloy/Crema Blue stitching RHD ZFFGT61C000144610 Yellow calipers shields, , black & Crema steering wheel
144612	FXX	F1 05 Rosso Corsa & White stripe/black carbon ZFFHX62X000144612 ass. # 61300, Roman Abramovitch
144613	FXX	F1 05 Rosso Corsa White stripe/black ZFFHX62X000144613 ass. # 61301
144618	F430	Spider (F1) 05 LHD US ZFFEW59A750144618
144619	F430	Spider F1 05 Rosso Corsa/Tan Daytona Seats Red Stitching LHD US ZFFEW59A950144619 Shields Red Calipers
144620	F430	Spider (F1) 05 LHD US ZFFEW59A550144620
144621	F430	Spider
144625	F430	Spider F1 05 Rosso Corsa/Beige LHD US ZFFEW59A450144625
144626	F430	Spider 05 Black/Black Daytona seats Yellow stitching Black top Manual LHD US ZFFEW59A650144626 Yellow Calipers Shields
144627	F430	Spider (F1) 05 LHD US ZFFEW59A850144627
144628	F430	Spider (F1) 05 LHD US ZFFEW59AX50144628
144629	F430	Spider F1 05 Rosso Corsa/Beige Daytona seats LHD US ZFFEW59A150144629 shields
144630	F430	Spider
144633	F430	Spider (F1) 05 LHD US ZFFEW59A350144633
144634	F430	Spider (F1) 05 LHD US ZFFEW59A550144634
144635	F430	Spider (F1) 05 LHD US ZFFEW59A750144635
144636	F430	Spider (F1) 05 LHD US ZFFEW59A950144636
144639	F430	Spider 11/05 Rosso Corsa/Beige ZFFEZ59D000144639
144640	F430	Spider (F1) 05 LHD US ZFFEW59A050144640
144641	F430	Spider (F1) 05 LHD US ZFFEW59A250144641
144642	F430	Spider (F1) 05 LHD US ZFFEW59A450144642
144643	F430	Spider 05 Silver/Black White stitching LHD US ZFFEW59A650144643 Red dials shields Red calipers
144644	F430	Spider F1 05 Dark Blue/dark tan LHD US ZFFEW59A850144644
144645	F430	Spider
144646	F430	Spider
144649	F430	Spider F1 Rosso Corsa/Black LHD ZFFEZ59B000144649 shields
144651	F430	Spider F1 05 Rosso Corsa/Tan Daytona seats ZFFEW59A550144651 Red calipers shields
144652	F430	Spider (F1) 05 LHD US ZFFEW59A750144652
144653	F430	Spider (F1) 05 LHD US ZFFEW59A950144653
144655	F430	Spider F1 11/05 Rosso Corsa/Cream ZFFEZ59C000144655
144657	F430	Spider F1 Red/Black ZFFEZ59B000
144660	F430	Spider (F1) 05 LHD US ZFFEW59A650144660
144661	F430	Spider (F1) 05 ZFFEW59A850144661
144662	F430	Spider (F1) 05 LHD US ZFFEW59AX50144662
144663	F430	Spider (F1) 05 LHD US ZFFEW59A150144663
144664	F430	Spider F1 Red/Crema Red stitching ZFFEZ59C000144664 Red calipers shields Yellow dials
144667	F430	Spider F1 Rosso Scuderia FER. 323/black ZFFEZ59B000144667
144669	F430	Spider (F1) 05 LHD US ZFFEW59A250144669
144670	F430	Spider (F1) 05 LHD US ZFFEW59A950144670
144671	F430	Spider F1 05 Rosso Corsa/Tan Daytona Seats Black Carpets & Piping ZFFEW59A050144671 Red Calipers Shields
144672	F430	Spider (F1) 05 ZFFEW59A250144672
144674	F430	F1 05 Rosso Corsa/Beige RHD ZFFEZ58D000144674
144676	F430	(F1) 05 LHD US ZFFEW58A850144676
144677	F430	(F1) 05 LHD US ZFFEW58AX50144677
144683	F430	(F1) 05 LHD US ZFFEW58A550144683
144684	F430	(F1) 05 LHD US ZFFEW58A750144684
144686	F430	F1 Grigio Silverstone/Black ZFFEZ58C000144686
144687	F430	
144688	F430	F1 Red/Tan Tan dashboard & steering wheel LHD EU shields
144690	F430	F1 05 Red/Tan LHD US ZFFEW58A250144690 Shields Red Calipers
144691	F430	(F1) 05 LHD US ZFFEW58A450144691
144692	F430	F1 05 Grigio Silverstone/Nero Daytona seats LHD US ZFFEW58A650144692 shields red calipers
144693	F430	
144700	F430	(F1) 05 LHD US ZFFEW58A150144700
144701	F430	F1 05 Grigio Titanio met./black Daytona seats LHD US ZFFEW58A350144701
144702	F430	(F1) 05 LHD US ZFFEW58A550144702
144703	F430	F1 05 Rosso Corsa/Tan Daytona Seats Red Stitching LHD US ZFFEW58A750144703 Shields Red Calipers
144704	F430	F1 11/05 Rosso Corsa/Crema sports seats Red stitching ZFFEZ58C000144704 Red calipers shields Red dials
144706	F430	(F1) 05 LHD US ZFFEW58A250144706
144707	F430	F1 05 Silver/Black Daytona Seats silver Stitching LHD US ZFFEW58A450144707 Aluminum Calipers Shields
144708	F430	(F1) 05 LHD US ZFFEW58A650144708
144709	F430	F1 05 Grigio Silverstone/Nero LHD US ZFFEW58A850144709
144711	F430	F1 Argento

s/n	Type	Comments
144714	F430	F1 05 Black/Black Daytona seats Red piping & stitching LHD US ZFFEW58A150144714 ass. # 61881, fitted with launch control Red dials Red calipers shields
144716	F430	(F1) 05 LHD US ZFFEW58A550144716
144719	F430	
144723	F430	(F1) 05 LHD US ZFFEW58A250144723
144724	F430	(F1) 05 LHD US ZFFEW58A450144724
144725	F430	F1 11/05 Argento Metallizzato/Nero LHD US ZFFEW58A650144725
144726	F430	F1 05 Rosso Corsa/Cuoio Daytona Seats LHD US ZFFEW58A850144726 Shields
144729	F430	F1 06 Rosso Corsa/Tan Daytona Seats LHD US ZFFEW58A160144729 Red Calipers Shields Red Dials
144732	612	Scaglietti F1 Grigio Alloy/tan LHD ZFFAY54B000144732
144734	612	Scaglietti F1 06 Grigio Titanio met./Bordeaux LHD EU
144737	F430	(F1) 05 LHD US ZFFEW58A250144737
144739	612	Scaglietti F1 1/06 Argento Nürburgring/Nero ZFFAY54B000144739
144745	612	Scaglietti F1 Grigio Silverstone/tan ZFFAY54B000144745
144746	612	Scaglietti F1 Grigio Silverstone/black ZFFAY54B000144746
144749	F430	(F1) 05 LHD US ZFFEW58A950144749
144750	F430	F1 05 Red/Tan LHD Daytona seats Red stitching US ZFFEW58A550144750 shields Red calipers
144751	F430	F1 05 Red/Tan tan dash & steering wheel LHD US ZFFEW58A750144751 Red dials shields
144752	F430	Spider (F1) 05 LHD US ZFFEW59A050144752
144753	F430	Spider (F1) 05 LHD US ZFFEW59A250144753
144754	F430	Spider (F1) 05 LHD US ZFFEW59A450144754
144757	F430	Spider 11/05 Rosso Corsa/Crema ZFFEZ59C000144757
144758	F430	Spider F1 Red/Beige RHD ZFFEZ59C000144758 Red calipers Yellow dials
144760	F430	Spider F1 Rosso Corsa/Black Red stitching LHD ZFFEZ59B000144760 Red calipers shields Challenge wheels
144762	612	Scaglietti F1 Grigio Silverstone/bordeaux ZFFAY54B000
144763	F430	F1 05 Argento Nürburgring 101/C/Nero Daytona seat White stitching LHD US ZFFEW58A350144763 Red dials shields Red calipers
144764	F430	(F1) 05 LHD US ZFFEW58A550144764
144765	F430	Spider (F1) 05 LHD US ZFFEW59A950144765
144766	F430	F1 05 Red/Tan Daytona seats black Piping LHD US ZFFEW58A950144766 Shields
144767	F430	F1 05 Red/Tan Daytona seats Red piping & stitching LHD US ZFFEW58A050144767 Red calipers shields
144768	F430	Spider (F1) 05 LHD US ZFFEW59A450144768
144769	F430	Spider (F1) 05 LHD US ZFFEW59A650144769
144774	F430	Spider
144782	F430	Spider (F1) 05 ZFFEW59A950144782
144783	F430	Spider 05 Grigio Titanio met./Black Daytona Seats Silver Stitching Manual LHD US ZFFEW59A050144783
144784	F430	(F1) 05 LHD US ZFFEW58A050144784
144785	F430	(F1) 05 LHD US ZFFEW58A250144785
144786	F430	F1 05 Rosso Corsa/Beige LHD US ZFFEW58A450144786
144787	F430	(F1) 05 LHD US ZFFEW58A650144787
144788	F430	Spider F1 05 Rosso Corsa/Beige Daytona Seats LHD US ZFFEW59AX50144788 Red Calipers Shields
144789	F430	Spider F1 05 Red/Tan Daytona seats Red stitching black top ZFFEW59A150144789 shields Red calipers
144795	F430	F1 Red
144796	F430	Spider Grigio Silverstone/Bordeaux ZFFEZ59B000144796 Red calipers shields
144798	F430	Spider F1 Rosso Corsa/Tan LHD EU
144801	F430	Spider (F1) 05 LHD US ZFFEW59A950144801
144802	F430	(F1) 05 LHD US ZFFEW58A950144802
144803	F430	(F1) 05 LHD US ZFFEW58A050144803
144804	F430	F1 05 Grigio Silverstone/Cuoio Cuoio Steering Wheel LHD US ZFFEW58A250144804 Red Calipers
144805	F430	Spider (F1) 05 LHD US ZFFEW59A650144805
144806	F430	Spider (F1) 05 LHD US ZFFEW59A850144806
144810	F430	Spider F1 Red/Cream RHD ZFFEZ59C000144810 Shields Yellow dials
144812	F430	F1 11/05 Rosso Corsa/Crema ZFFEZ58C000144812
144816	F430	05 Red/Tan Daytona Seats Manual LHD US ZFFEW58A950144816 Shields Red Calipers
144817	F430	Spider (F1) 05 LHD US ZFFEW59A250144817
144818	F430	Spider F1 05 Nero/Nero ZFFEW59A450144818
144819	F430	Spider (F1) 05 LHD US ZFFEW59A650144819
144820	F430	(F1) 05 LHD US ZFFEW58A050144820
144822	F430	F1 05 Rosso Corsa/sand LHD US ZFFEW58A450144822 Red stitching
144825	F430	Spider Black/Black grey stitching RHD ZFFEZ59C000144825 Red calipers Scuderia shields Yellow dials
144828	F430	Spider F1 silver/Red ZFFEZ59B000144828
144833	575	Superamerica F1 GTC 05 Grigio Silverstone/cuoio ZFFGT61B000144833
144835	575	Superamerica 05 Grigio Silverstone/Beige Daytona seats LHD Manual US ZFFGT61A050144835 Red calipers Scuderia Shields
144836	575	Superamerica (F1)
144837	575	Superamerica F1 GTC 05 Red/Black ZFFGT61B000144837
144839	575	Superamerica F1 05 Grigio Silverstone/Brown Daytona Seats Charcoal Piping Grey Stitching ZFFGT61A850144839 Charcoal Dashboard Shields
144845	575	Superamerica F1 05 Grigio Silverstone/Cuoio LHD ZFFGT61B000144845 Yellow calipers shields Yellow dials
144847	575	Superamerica (F1) 05 LHD US ZFFGT61A750144847
144848	575	Superamerica F1 05 Black/Black RHD ZFFGT61C000144848 Yellow calipers shields
144849	575	Superamerica 05 Black/cuoio ZFFGT61B000144849
144850	575	Superamerica Red/Black LHD
144853	575	Superamerica 05 Grigio Silverstone/Natural Daytona seats Silverstone piping Light grey stitching Manual ZFFGT61A850144839 shields Fiorano package
144855	575	Superamerica 05 Blue/Crema Daytona seats Blue stitching LHD US ZFFGT61A650144855 Yellow dials Red calipers shields
144856	575	Superamerica
144857	575	Superamerica F1 GTC 05 Grigio Silverstone/Tan Daytona Seats ZFFGT61B000144857
144861	575	Superamerica 05 Red/beige Red stitching LHD US ZFFGT61A150144861 shields
144864	575	Superamerica F1 05 Blue TdF/dark grey
144868	575	Superamerica (F1) 05 LHD US ZFFGT61A450144868
144871	575	Superamerica F1 05 Grigio Silverstone/Cuoio RHD ZFFGT61C000144871 Silver calipers Shields
144875	612	Scaglietti F1 05 black/black LHD EU
144877	612	Scaglietti F1 dark Blue met./all bordeaux ZFFAY54B000

s/n	Type	Comments	s/n	Type	Comments
144878	FXX	F1 Rosso Corsa White stripe ZFFHX62X000144878 ass. # 61302	144959	F430	Spider F1 06 Rosso Corsa/Tan LHD US ZFFEW59A960144959
144879	FXX	F1 05 Rosso Corsa White stripe/black cloth ZFFHX62X000144879 ass. # 61303	144960	F430	Spider (F1) 06 LHD US ZFFEW59A560144960
144880	FXX	F1 05 Rosso Corsa White stripe/Black ZFFHX62X000144880 ass. # 61417	144961	F430	Spider (F1) 06 LHD US ZFFEW59A760144961
144881	FXX	F1 Rosso Corsa White stripe LHD ZFFHX62X000144881 ass. # 61525	144963	F430	10/05 Rosso Corsa/Crema Manual ZFFEZ58C000144963
144882	F430	06 Blu Tour de France 522/Cuoio Blue Stitching Manual LHD US ZFFEW58A960144882 Shields	144968	F430	06 Rosso Corsa/Beige RHD ZFFEZ58D000144968
144888	F430	F1 Red/Tan Tan dashboard & steering wheel shields	144969	F430	F1 06 LHD US ZFFEW58AX60144969
144890	F430	(F1) 06 LHD US ZFFEW58A860144890	144970	612	Scaglietti F1 nero metallizzato/beige nero piping ZFFAY54B000144970
144891	F430	(F1) 06 LHD US ZFFEW58AX60144891	144971	612	Scaglietti F1 dark Blue met./tan ZFFAY54B000
144892	F430	Spider (F1) 06 LHD US ZFFEW59A360144892	144972	612	Scaglietti F1 05 black/tan LHD EU ZFFAY54B000 shields
144896	F430	F1 11/05 Nero/Cream & Black DAytona Seats ZFFEZ58C000144896	144975	612	Scaglietti F1 05 Grigio Titanio Metallizzato 3238/RedZFFAY54B000144975
144897	F430	Spider 10/05 Rosso Corsa/Nero ZFFEZ59C000144897	144977	612	Scaglietti F1 Red/Tan ZFFAY54B000
144899	F430	Spider F1 10/05 Rosso Corsa/Nero ZFFEZ59B000144899	144979	F430	F1 Argento Nürburgring 101/C/black ZFFEZ58B000144979 Challenge wheels
144902	F430	Spider (F1) 06 ZFFEW59A260144902	144980	612	Scaglietti F1 Grigio Silverstone/cuoio ZFFAY54B000144980
144903	F430	Spider 06 Grigio Silverstone/bordeaux grey dash Manual ZFFEW59A460144903	144981	612	Scaglietti F1 05 Grigio Titanio Metallizzato 3238/Nero ZFFAY54B000144981
144904	F430	Spider F1 1/06 Grigio Silverstone/Tan LHD EU ZFFEW59B000144904	144984	612	Scaglietti 3/06 Nero/Nero ZFFAY54C000144984
144905	F430	F1 05 Red/Tan Daytona seats ZFFEW58A850144905 Red dials Red calipers shields	144985	612	Scaglietti F1 11/05 Grigio Silverstone/Sabbia ZFFAY54C000144985
144906	F430	F1 06 Red/Beige Daytona Seats LHD US ZFFEW58A860144906 Red Calipers Shields	144986	F430	Challenge Red ZFFEX63X000144986 ass. # 62216
144907	F430	(F1) 06 LHD US ZFFEW58AX60144907	144987	F430	(F1) 06 LHD US ZFFEW58A160144987
144908	F430	Spider (F1) 06 LHD US ZFFEW59A360144908	144989	F430	F1 Grigio Silverstone/Nero
144913	F430	Spider	144992	F430	F1 black/Red ZFFEZ58B000144992 black dashboard BBS wheels
144915	F430	F1 11/05 Rosso Corsa/Crema ZFFEZ58C000144915	144994	F430	11/05 Rosso Corsa/Crema ZFFEZ58C000144994
144921	F430	Spider F1 06 Rossa Corsa/Tan ZFFEW59A660144921 Shields Red Calipers	144998	F430	F1 06 Red/all cuoio ZFFEW58A660144998
144923	F430	Spider F1 black/black shields LHD EU	145000	F430	(F1) 06 LHD US ZFFEW58A960145000
144926	F430	(F1) 06 LHD US ZFFEW58A360144926	145001	F430	(F1) 06 LHD US ZFFEW58A060145001
144927	F430	(F1) 06 LHD US ZFFEW58A560144927	145008	F430	(F1) 05 LHD US ZFFEW58A360145008
144928	F430	F1 06 Red/Tan Daytona seats Red stitching LHD US ZFFEW58A760144928 ass.# 62078 Red dials shields Red calipers	145009	F430	(F1) 06 LHD US ZFFEW58A560145009
			145010	F430	(F1) 06 LHD US ZFFEW58A160145010
			145012	F430	F1 05 Black/Tan Sports seats RHD ZFFEZ58C000145012
144929	F430	F1 06 Blu Tour de France 522/Beige LHD US ZFFEW58A960144929	145013	F430	
144930	F430	Spider 06 Rosso Corsa/Tan Daytona seats Manual LHD US ZFFEW59A760144930 Red dials carbon shields Red calipers	145015	F430	06 Rosso Corsa/beige Daytona seats LHD US ZFFEW58A060145015 Red calipers shields
			145016	F430	F1 06 Red/Tan Daytona seats LHD US ZFFEW58A260145016 Red calipers shields Red dials
144932	F430	Spider	145017	F430	F1 06 Blu Tour de France 522/Tan Daytona Seats LHD US ZFFEW58A460145017 Shields
144933	F430				
144934	F430	Spider 05 Black/Beige RHD ZFFEZ59D000144934	145018	F430	(F1) 05 LHD US ZFFEW58A660145018
144936	F430	F1 Red/Black ZFFEZ58B000	145020	F430	11/05 Nero Carbone Metallizzato/Crema Manual ZFFEZ58C000145020
144939	F430	F1 06 Giallo Modena/Nero LHD US ZFFEW58A160144939	145022	F430	F1 11/05 Rosso Corsa/Nero ZFFEZ58C000145022
144940	F430	(F1) 06 LHD US ZFFEW58A860144940	145024	F430	F1 11/05 Giallo Modena/Nero ZFFEZ58B000145024
144941	F430	(F1) 06 LHD US ZFFEW58AX60144941	145025	F430	F1 05 Red/Black ZFFEZ58B000
144942	F430	(F1) 06 LHD US ZFFEW58A160144942	145031	F430	F1 06 Nero/Black ZFFEW58A960145031
144943	F430	Spider (F1) 06 LHD US ZFFEW59A560144943	145032	F430	(F1) 06 LHD US ZFFEW58A060145032
144944	F430	Spider F1 06 Rosso Corsa/Beige Daytona Seats ZFFEW59A760144944 Red Calipers Shields	145037	F430	05 Red/Tan LHD EU
144945	F430	Spider 3/06 Grigio Silverstone/Rosso ZFFEZ59C000144945	145038	F430	F1 06 Rosso Corsa/Beige LHD US ZFFEW58A160145038
144946	F430	Spider	145042	F430	Spider F1 Rosso Scuderia FER. 323/Black
144947	F430	Spider	145044	F430	Spider F1 2/06 Grigio Silverstone/Charcoal ZFFEZ59B000145044 Yellow dials Challenge wheels
144949	F430				
144952	F430	Spider F1 black/tan ZFFEZ59B000144952	145045	F430	Spider (F1) 06 LHD US ZFFEW59A060145045
144956	F430	(F1) 06 ZFFEW58A160144956	145046	F430	Spider (F1) 06 LHD US ZFFEW59A260145046
144957	F430	F1 11/05 Rosso Corsa/Beige LHD US ZFFEW58A360144957	145047	F430	Spider (F1) 06 LHD US ZFFEW59A460145047
144958	F430	Spider 06 Rosso Corsa/Tan Daytona seats Manual ZFFEW59A760144958 shields	145048	F430	Spider (F1) 06 LHD US ZFFEW59A660145048

s/n	Type	Comments
145050	F430	Spider F1 05 Red/Crema RHD ZFFEZ59C000145050 Red calipers shields Yellow dials
145051	F430	Spider F1 05 Grigio Silverstone/Grey Daytona seats LHD ZFFEZ59B000145051 Silver calipers
145052	F430	Spider 05 Red/Black Manual ZFFEZ59B000145052
145055	F430	Spider (F1) 06 LHD US ZFFEW59A360145055
145056	F430	Spider F1 06 LHD US ZFFEW59A560145056
145057	F430	Spider (F1) 06 LHD US ZFFEW59A760145057
145058	F430	Spider
145061	F430	Spider (F1) 06 LHD US ZFFEW59A960145061
145062	F430	Spider F1 12/05 Nero/Beige LHD US ZFFEW59A060145062
145063	F430	Spider (F1) 06 ZFFEW59A260145063
145064	F430	Spider (F1) 06 LHD US ZFFEW59A460145064
145065	F430	Spider F1 Red/Black ZFFEZ59B000
145067	F430	Spider
145069	F430	Spider (F1) 06 LHD US ZFFEW59A360145069
145072	F430	Spider (F1) 06 LHD US ZFFEW59A360145072
145073	F430	Spider F1 Red/Tan ZFFEZ59B000
145074	F430	Spider (F1) 05 LHD US ZFFEW59A760145074
145077	F430	Spider 05 Rosso Corsa/Crema Manual RHD ZFFEZ59C000145077 shields
145080	F430	Spider (F1) 06 LHD US ZFFEW59A260145080
145081	F430	Spider (F1) 05 LHD US ZFFEW59A460145081
145083	F430	Spider 06 Giallo Modena/Nero ZFFEW59A860145083
145084	F430	Spider (F1) 06 LHD US ZFFEW59AX60145084
145095	575	Superamerica (F1) 05 LHD US ZFFGT61A250145095
145099	575	Superamerica F1 12/05 Rosso Scuderia FER. 323/Cuoio & black Daytona Seats ZFFGT61AX50145099
145100	575	Superamerica 05 Red/Black ZFFGT61D000145100
145102	575	Superamerica (F1) 05 LHD US ZFFGT61A650145102
145103	575	Superamerica (F1) 05 LHD US ZFFGT61A850145103
145106	575	Superamerica F1 GTC 05 Black/black ZFFGT61B000145106 dark Blue rear lights
145107	575	Superamerica (F1) 05 LHD US ZFFGT61A550145107
145108	575	Superamerica F1 3/05 Rosso Corsa/Nero ZFFGT61C000145108
145113	575	Superamerica (F1) 05 LHD US ZFFGT61A050145113
145114	575	Superamerica (F1) 05 LHD US ZFFGT61A250145114
145117	575	Superamerica (F1) 05 LHD US ZFFGT61A850145117
145120	575	Superamerica (F1) 05 LHD US ZFFGT61A850145120
145121	575	Superamerica F1 05 Grigio Silverstone/Tan LHD EU
145122	575	Superamerica (F1) 05 LHD US ZFFGT61A150145122
145123	575	Superamerica F1 05 Red/Tan ZFFGT61A350145123 Yellow tach shields Red calipers
145124	575	Superamerica GTC 05 Custom ordeRed Quadruple Black/full Black Daytona seats Manual LHD US ZFFGT61A550145124 black calipers black wheels
145125	612	Scaglietti F1 Rosso Monza/Crema ZFFAY54B000145125
145127	612	Scaglietti F1 Bicolore 06 Dark Blue & Light Blue/tan LHD ZFFAA54A760145127
145128	612	Scaglietti F1 10/05 Grigio Silverstone/Tan ZFFAA54A960145128
145129	612	Scaglietti F1 10/05 Grigio Silverstone/Red Daytona seats black inserts ZFFAA54A060145129 ass. # 62511 Red dials Red calipers shields
145131	612	Scaglietti (F1) 06 ZFFAA54A960145131
145132	F430	(F1) 06 LHD US ZFFEW58A460145132
145135	F430	Spider (F1) 05 LHD US ZFFEW59A160145135
145136	F430	(F1) 06 LHD US ZFFEW58A160145136
145137	F430	F1 06 Yellow/Black Daytona seats Yellow inserts & stitching yellow lower half of steering wheel LHD US ZFFEW58A360145137 Yellow dials Red calipers shields
145138	F430	Spider (F1) 06 LHD US ZFFEW59A760145138
145139	F430	Spider (F1) 05 LHD US ZFFEW59A960145139
145140	F430	Spider (F1) 06 LHD US ZFFEW59A560145140
145149	F430	Spider F1 06 Rosso Corsa/Beige ZFFEZ59B000145149
145150	F430	Spider F1 Red/Black Red stiching black roof ZFFEW59A860145150
145155	F430	(F1) 06 LHD US ZFFEW58A560145155
145156	F430	Spider 06 Argento Nürburgring 101/C/Black Manual ZFFEW59A960145156
145157	F430	Spider F1 06 Red/Beige LHD US ZFFEW59A060145157
145158	F430	F1 06 Silver/Tan LHD US ZFFEW58A060145158 Yellow Calipers
145159	F430	(F1) 06 LHD US ZFFEW58A260145159
145160	F430	Spider (F1) 06 LHD US ZFFEW59A060145160
145162	F430	Spider
145171	F430	Spider (F1) 06 ZFFEW59A560145171
145172	F430	Spider F1 06 Blu Pozzi/Cuoio LHD US ZFFEW59A760145172
145173	F430	(F1) 06 Black/black Daytona seats grey inserts grey stitching LHD US ZFFEW58A760145173 shields silver calipers
145174	F430	(F1) 06 LHD US ZFFEW58A960145174
145190	F430	Spider 05 Red/Black Manual ZFFEZ59B000145190
145192	F430	(F1) 06 LHD US ZFFEW58A060145192
145193	F430	(F1) 06 LHD US ZFFEW58A260145193
145194	F430	(F1) 06 LHD US ZFFEW58A460145194
145195	F430	Spider F1 06 Red/Tan Daytona seats Red stitching tan dash & wheel black top LHD US ZFFEW59A860145195 Yellow dials Yellow calipers shields
145200	F430	Spider
145212	F430	Spider (F1) 06 LHD US ZFFEW59A460145212
145213	F430	(F1) 06 Rosso Corsa & Nero/Red & Black LHD US ZFFEW58A460145213
145214	F430	Spider (F1) 06 LHD US ZFFEW59A860145214
145219	F430	Challenge Red White stripe/Red LHD EU ZFFEX63X00 ass. # 62598 pale green mirrors
145231	612	Scaglietti F1 Grigio Silverstone/black ZFFAY54B000
145232	612	Scaglietti F1 Grigio Alloy/all dark Blue ZFFAY54B000
145233	612	Scaglietti F1 Argento Nürburgring 101/C/Tan LHD EU
145234	612	Scaglietti F1 Black/Tan LHD ZFFAY54B000145234
145235	F430	06 Rosso Corsa/Tan Daytona Seats Red piping & Red Stiching Manual LHD US ZFFEW58A360145235 Shields Red Calipers
145236	F430	(F1) 06 LHD US ZFFEW58A560145236
145237	F430	Challenge (F1) Red/Red
145238	F430	(F1) 06 LHD US ZFFEW58A960145238
145239	F430	Challenge Rosso Scuderia FER. 323/Black & Red ZFFEX63X000145239
145246	F430	06 Red/Beige Daytona Seats Manual ZFFEW58A860145246 Red Calipers Shields
145247	F430	Spider (F1) 05 LHD US ZFFEW59A160145247

s/n	Type	Comments
145248	F430	Spider F1 06 Silver/medium Grey Daytona seats grey dash & steering wheel LHD US ZFFEW59A360145248 red calipers shields
145249	F430	Spider F1 12/05 Rosso Corsa/Rosso ZFFEZ59C000145249
145262	F430	(F1) 06 LHD US ZFFEW58A660145262
145263	F430	(F1) 06 ZFFEW58A860145263
145264	F430	Spider F1 06 Grigio Titanio Metallizzato 3238/Beige LHD US ZFFEW59A160145264
145265	F430	Spider (F1) 06 LHD US ZFFEW59A360145265 Red/all tan Manual ZFFEZ58B000
145266	F430	
145267	F430	Spider F1 Dark metallic Blue/bordeaux dark Blue dash & inserts ZFFEZ59B000145267
145268	F430	Spider
145269	F430	Spider F1 1/06 Grigio Silverstone/Nero ZFFEZ59C000145269
145270	F430	
145279	F430	Spider (F1) 05 LHD US ZFFEW59A360145279
145280	F430	Spider F1 Rosso Corsa/Beige sports seats LHD ZFFEZ59B000145280 Red calipers shields Yellow dials
145284	F430	(F1) 06 LHD US ZFFEW58A560145284
145285	F430	(F1) 06 LHD US ZFFEW58A760145285
145286	F430	Spider (F1) 06 ZFFEW59A060145286
145287	F430	Challenge
145288	F430	F1 Red/beige ZFFEZ58B000145288 shields
145290	F430	F1 11/05 Rosso Corsa/Cream Red stitching RHD ZFFEZ58C000145290 Red calipers Shields Yellow dials
145304	F430	Spider (F1) 06 LHD US ZFFEW59A960145304
145305	F430	(F1) 06 LHD US ZFFEW58A960145305
145306	F430	F1 06 Black/Black Daytona seats silver piping ZFFEW58A060145306 Red calipers shields
145307	F430	(F1) 05 LHD US ZFFEW58A260145307
145310	F430	F1 11/05 Rosso Corsa/Cream ZFFEZ58C000145310
145315	F430	F1 Red/Black Red stitching ZFFEZ58B000145315 Red calipers shields
145322	F430	Spider (F1) 06 ZFFEW59A060145322
145323	F430	F1 12/05 Rosso Corsa/Beige LHD US ZFFEW58A060145323
145324	F430	(F1) 06 LHD US ZFFEW58A260145324
145325	F430	Spider (F1) 06 LHD US ZFFEW59A660145325
145329	F430	F1 11/05 Rosso Corsa/Nero ZFFEZ58C000145329
145333	F430	Spider F1 Grigio Silverstone/Black ZFFEZ59B000145333 Yellow dials Yellow calipers
145338	F430	Spider (F1) 06 LHD US ZFFEW59A460145338
145339	F430	Spider (F1) 06 LHD US ZFFEW59A660145339
145340	F430	Spider (F1) 06 LHD US ZFFEW59A260145340
145341	F430	F1 Grigio Silverstone/Tan ZFFEZ58B000145341 Silver calipers shields Yellow dials
145342	F430	Spider F1 06 Red/Cream Red stitching RHD ZFFEZ59C000145342 shields
145347	F430	Spider Red/Black manual LHD EU
145348	F430	Spider F1 Grigio Alloy/Crema ZFFEZ59B000145348 Silver calipers shields Challenge wheels
145353	F430	Spider 06 Grigio Silverstone/Black Daytona Seats Grey Inserts Grey Piping Manual Black Top LHD US ZFFEW59A060145353 Shields Red Calipers
145354	F430	(F1) ZFFEW58A060145354
145355	F430	(F1) 06 LHD US ZFFEW58A260145355
145356	F430	(F1) 06 LHD US ZFFEW58A460145356
145357	F430	Spider (F1) 06 LHD US ZFFEW59A860145357
145358	F430	Spider (F1) 06 LHD US ZFFEW59AX60145358
145359	F430	Spider
145360	F430	F1 12/05 Grigio Silverstone/Bordeaux ZFFEZ58C000145360
145361	F430	F1 Black/black ZFFEZ58C000145361
145368	FXX	F1 Detroit Show car 05 Rosso Corsa White stripe/black & Red LHD ZFFHX62X000145368 ass. # 61843 eng. # 99451
145369	FXX	F1 06 Rosso Corsa White Stripe/black LHD ZFFHX62X000145369 ass. # 61917
145370	FXX	F1 Brussels Show Car 06 Rosso Corsa White stripe/Black ZFFHX62X000145370 ass. # 62035
145376	612	Scaglietti 3/06 Grigio Silverstone/Nero ZFFAY54B000145376
145378	FXX	F1 Blu Tour de France White stripe/Black LHD ZFFHX62X000145378 ass. # 62114
145380	575	Superamerica F1 05 Argento Nürburgring 101,/C/Cuoio sports seats LHD ZFFGT61B000145380 Red calipers Yellow dials cuoio dash & steering wheel
145381	575	Superamerica F1 GTC 05 Black/Black LHD US ZFFGT61A350145381
145382	575	Superamerica F1 05 Rosso Corsa/Nero ZFFGT61B000145382
145383	575	Superamerica F1 05 Grigio Silverstone/Red ZFFGT61C000145383
145386	575	Superamerica (F1) 05 LHD US ZFFGT61A250145386
145389	575	Superamerica F1 05 Nero Daytona/Tan ZFFGT61B000145389
145390	575	Superamerica F1 05 Tour De France Blue Tan ZFFGT61A450145390 Dark Blue Steering Wheel
145393	575	Superamerica F1 GTC 05 Silver/Black Daytona Seats Grey Stitching LHD US ZFFGT61AX50145393 Shields
145396	575	Superamerica (F1) 05 LHD US ZFFGT61A550145396
145397	575	Superamerica (F1) 05 ZFFGT61A750145397
145398	575	Superamerica (F1) 05 LHD US ZFFGT61A950145398
145400	575	Superamerica F1 05 Red/Black Red stitching LHD EU
145401	575	Superamerica (F1) 05 LHD US ZFFGT61A550145401
145402	575	Superamerica F1 05 Giallo Modena/ Black LHD US ZFFGT61A750145402
145403	575	Superamerica (F1) 05 LHD US ZFFGT61A950145403
145404	575	Superamerica 05 silver/tan
145406	575	Superamerica (F1) 05 LHD US ZFFGT61A450145406
145408	575	Superamerica 05 Grigio Silverstone/Bordeaux LHD EU ZFFGT61B000145408
145409	575	Superamerica F1 05 Silver/Tan RHD ZFFGT61C000145409 Silver calipers shields Yellow dials
145414	575	Superamerica (F1) 05 LHD US ZFFGT61A350145414
145415	575	Superamerica (F1) 05 LHD US ZFFGT61A550145415
145417	575	Superamerica 05 Red/Black manual ZFFGT61B000145417
145418	575	Superamerica (F1) 05 LHD US ZFFGT61A050145418
145419	575	Superamerica F1 GTC 05 Black/Black Daytona seats LHD US ZFFGT61A250145419 shields
145420	575	Superamerica F1 05 Rosso Corsa/charcoal Daytona seats ZFFGT61B000145420 shields
145422	575	Superamerica (F1) 05 LHD US ZFFGT61A250145422
145423	575	Superamerica 05 Rosso Corsa/Beige Daytona Seats Manual LHD US ZFFGT61A450145423 Red Calipers Shields
145424	575	Superamerica (F1) 05 Grigio Titanio met./Red
145426	575	Superamerica (F1) 05 LHD US ZFFGT61AX50145426

s/n	Type	Comments	s/n	Type	Comments
145428	575	Superamerica F1 05 Argento Nürburgring 101/C/Black LHD EU	145532	612	Scaglietti F1 06 White/all bordeaux ZFFAA54A560145532
145430	575	Superamerica (F1) ZFFGT61A150145430	145533	612	Scaglietti F1 Grigio Ingrid 720/Blu Scuro LHD ZFFAY54B000145533
145431	575	Superamerica (F1) 05 LHD US ZFFGT61A350145431	145534	612	Scaglietti (F1) 06 LHD US ZFFAA54A960145534
145433	575	Superamerica F1 GTC 05 Black/black ZFFGT61B000145433	145535	612	Scaglietti (F1) 06 LHD US ZFFAA54A060145535
145434	575	Superamerica (F1) 05 LHD US ZFFGT61A950145434	145536	612	Scaglietti (F1) 06 LHD US ZFFAA54A260145536
145436	F430	Spider (F1) 06 LHD US ZFFEW59A460145436	145537	612	Scaglietti (F1) 06 ZFFAA54A460145537
145437	F430	Challenge 06 Argento Nurburgring TdF Blue & White LHD	145538	612	Scaglietti (F1) 06 LHD US ZFFAA54A660145538
145446	F430	Spider (F1) 06 ZFFEW59A760145446	145539	612	Scaglietti (F1) 05 LHD US ZFFAA54A860145539
145447	F430	Spider 06 Red/Tan Manual LHD US ZFFEW59A960145447	145540	612	Scaglietti (F1) 06 LHD US ZFFAA54A460145540
145448	F430	(F1) 06 LHD US ZFFEW58A960145448	145544	F430	F1 Rosso Scuderia FER. 323/Black LHD EU ZFFEZ59B000145544 shields
145449	F430	F1 06 Grigio Titanio/Black Daytona seats Grey stitching LHD US ZFFEW58A060145449 Red calipers shields	145546	F430	Rosso Scuderia FER. 323/Black Manual LHD
145450	F430	Spider F1 06 Red/Tan Daytona Seats Black top LHD US ZFFEW59A960145450 Red Calipers shields	145551	F430	F1 06 black/bordeaux Sport seats bordeaux dash & steering wheel ZFFEZ58B000145551 ass.# 62830 shields
145451	F430	Spider F1 1/06 Rosso Corsa/Cream ZFFEZ59C000145451	145553	F430	Spider F1 11/05 Red/Tan Black top brown piping ZFFEW59A860145553 Red dials Red calipers shields
145452	F430	F1 11/05 Rosso Corsa/Crema sports seats Red stitching RHD ZFFEZ58C000145452 Shields Yellow dials Challenge wheels	145554	F430	(F1) 06 LHD US ZFFEW58A860145554
145453	F430	Spider F1 Rosso Scuderia FER. 323/all Tan sport seats BBS rims tan & carbon fiber steering wheel	145555	F430	(F1) 06 ZFFEW58AX60145555
			145556	F430	Spider
			145557	F430	Spider
145455	F430	F1 06 Black/black ZFFEZ58B000	145558	F430	F1 Black/black ZFFEZ58B000145558
145460	F430	Spider 06 Argento Nürburgring 101/C/Charcoal Manual LHD US ZFFEW59A160145460	145559	F430	F1 Red/Black ZFFEZ58B0014559
			145570	F430	(F1) 06 ZFFEW58A660145570
			145571	F430	Spider (F1) 06 LHD US ZFFEW59AX60145571
145461	F430	(F1) 06 LHD US ZFFEW58A160145461	145572	F430	(F1) 06 LHD US ZFFEW58AX60145572
145462	F430	(F1) 06 LHD US ZFFEW58A360145462	145575	F430	Spider F1 05 Red/Crema Red stitching RHD ZFFEZ59C000145575 Red calipers shields
145463	F430	Spider (F1) 06 LHD US ZFFEW59A760145463			
145464	F430	Spider (F1) 06 LHD US ZFFEW59A960145464	145576	F430	Spider F1 Red
145469	F430	F1 Black	145580	F430	Spider F1 Black/Black LHD EU Yellow stittching
145472	F430	Spider F1 black/tan chrome wheels Yellow calipers	145586	F430	(F1) 06 LHD US ZFFEW58AX60145586
			145587	F430	F1 06 Argento/Red Daytona seats black stitching ZFFEW58A160145587 Challenge wheels shieldsRed calipers
145476	F430	F1 Black/Cuoio LHD ZFFEZ58B000145476 Yellow calipers shields			
145478	F430	F1 Rosso Corsa/Black LHD EU	145588	F430	Spider 06 Nero/Beige LHD US ZFFEW59A560145588
145481	F430	(F1) 06 Red/Black LHD US ZFFEW58A760145481	145595	F430	Spider F1 Red
145482	F430	F1 06 Nero/Nero LHD US ZFFEW58A960145482	145599	F430	Spider F1 Rosso Corsa/Black Red stitching LHD ZFFEZ59B000145599 shields Yellow dials
145483	F430	Spider (F1) 06 LHD US ZFFEW59A260145483	145600	F430	Spider F1 Rosso Corsa/Black Red stitching LHD ZFFEZ59B000145600 Red calipers shields Yellow dials
145484	F430	Spider F1 06 Rosso Corsa/Beige Daytona Seats LHD US ZFFEW59A460145484 Red Calipers			
145485	F430	Spider (F1) 05 LHD US ZFFEW59A660145485	145605	F430	Spider (F1) 06 LHD US ZFFEW59A160145605
145488	F430		145609	F430	Spider F1 Grigio Silverstone/Bordeaux RHD ZFFEZ59C000145609 Yellow calipers Shields Yellow dials
145489	F430				
145490	F430	Spider F1 06 Black/Black RHD ZFFEZ59D000145490	145616	F430	Spider F1 Rosso Corsa/Black LHD ZFFEZ59B000145616 Red calipers shields Challenge wheels Yellow dials
145501	F430	Spider (F1) 06 LHD US ZFFEW59A060145501			
145502	F430	(F1) 06 LHD US ZFFEW58A060145502			
145503	F430	Spider (F1) 06 LHD US ZFFEW59A460145503	145618	F430	Spider F1 Red/Black ZFFEZ59B000145618
145504	F430	Spider F1 06 Rosso Corsa/Black Daytona Seats LHD US ZFFEW59A660145504 Red Calipers Shields	145623	F430	Spider F1 06 Rosso Scuderia FER. 323/Black Daytona seats Red stitching Red inserts LHD US ZFFEW59A360145623 shields Rosso Scuderia calipers
145505	F430	Spider F1 05 Red/Tan Daytona Seats Red Stitching ZFFEW59A860145505 Red Calipers Shields	145624	F430	Spider F1 06 Black/Black Daytona seats grey piping ZFFEW59A560145624 Red calipers shields Challenge wheels
145514	F430	F1 06 Black/cuoio ZFFEZ58B000145514			
145518	F430	Spider F1 06 Grigio Silverstone/Red Daytona seats grey inserts grey dash & steering wheel Red top LHD ZFFEW59A660 Yellow tach shields	145632	F430	Spider F1 Grigio Silverstone/Bordeaux ZFFEZ59B000145632 Black calipers shields
			145633	612	Scaglietti
145519	F430	Spider (F1) 06 LHD US ZFFEW59A860145519	145634	612	Scaglietti (F1) 05 LHD US ZFFAA54A260145634
145520	F430	(F1) 06 LHD US ZFFEW58A260145520	145635	612	Scaglietti F1 12/05 Argento Metallizzato/Beige ZFFAY54B000145635
145530	612	Scaglietti F1 Nero/Tan LHD EU			

s/n	Type	Comments
145636	612	Scaglietti F1 GTC Grigio Silverstone/Tan LHD ZFFAY54B000145636
145637	612	Scaglietti 1/06 Nero Daytona/Crema ZFFAY54C000145637
145639	F430	Spider F1 06 Rosso Corsa/Beige ZFFEW59A760145639
145642	F430	06 Rosso Corsa/Beige Daytona Seats Manual Shields Red Calipers
145643	612	Scaglietti (F1) 05 LHD US ZFFAA54A360145643
145644	F430	
145648	F430	F1 Yellow/black ZFFEZ58B000145648
145650	F430	Spider 06 Blu Mirabeau/Blue Daytona seats light Blue piping & inserts light Blue stitching ZFFEW59A660145650 Red dials aluminum calipers
145651	F430	(F1) 06 ZFFEW58A660145651
145655	F430	Spider F1 Rosso Corsa/Black Red stitching LHD ZFFEZ59B000145655 Yellow dials
145659	F430	Spider (F1) 06 LHD US ZFFEW59A260145659
145660	612	Scaglietti (F1) 06 LHD US ZFFAA54A360145660
145662	F430	1/06 Rosso Corsa/Cream ZFFEZ58C000145662
145663	F430	Spider F1 Red/Crema Red stitching ZFFEZ59C000145663 Yellow calipers shields Yellow dials
145676	F430	Spider (F1) 06 ZFFEW59A260145676
145680	F430	
145688	F430	Spider (F1) 06 ZFFEW59A960145688
145692	F430	F1 06 Grigo Alloy/Magnolia LHD EU
145694	F430	F1 06 Red/Black & Red ZFFEZ58B000145694
145697	F430	
145704	F430	Spider F1 05 Grigio Silverstone/bordeaux ZFFEZ59B000145704
145705	F430	Spider F1 06 Grigio Silverstone/Naturale & Brown Daytona seats brown inserts tan stitching Naturale Dashboard brown steering wheel tan top ZFFEW59A560145705 Yellow dials Challenge wheels
145706	F430	Spider F1 06 Grigio Silverstone/Rosso RHD ZFFEZ59D000145706
145707	F430	Spider (F1) 06 ZFFEW59A960145707
145708	F430	Spider (F1) 06 LHD US ZFFEW59A060145708
145709	F430	Spider F1 06 Yellow/Black ZFFEZ59D000145709
145710	575	Superamerica 05 Red/Black ZFFGT61B000145710
145711	575	Superamerica (F1) 05 LHD US ZFFGT61A950145711
145712	575	Superamerica (F1) 05 LHD US ZFFGT61A050145712
145713	575	Superamerica (F1) 05 ZFFGT61A250145713
145714	575	Superamerica (F1) 05 LHD US ZFFGT61A450145714
145715	575	Superamerica F1 GTC 05 dark Red/All Crema Daytona seats Bordeaux piping & stitching ZFFGT61A650145715 Yellow calipers
145716	575	Superamerica (F1) 05 LHD US ZFFGT61A850145716
145717	575	Superamerica (F1) 05 LHD US ZFFGT61AX50145717
145718	575	Superamerica 05 Grigio Silverstone/Cuoio Daytona seats Charcoal piping & stitching manual ZFFGT61A150145718 Fiorano Package Red calipers Charcoal Dashboard & Steering Wheel
145719	575	Superamerica (F1) 05 LHD US ZFFGT61A350145719
145720	575	Superamerica F1 05 Nero Carbonio/Charcoal Daytona Seats black straps & piping ZFFGT61AX50145720 Red Calipers Shields Charcoal Dashboard & Steering Wheel
145721	575	Superamerica (F1) 05 ZFFGT61A150145721
145723	575	Superamerica (F1) 05 LHD US ZFFGT61A550145723
145724	575	Superamerica (F1) 05 LHD US ZFFGT61A750145724
145725	575	Superamerica (F1) 05 LHD US ZFFGT61A950145725
145726	612	Scaglietti (F1) 06 LHD US ZFFAA54A760145726
145728	575	Superamerica F1 GTC 05 Rosso Corsa/Cuoio LHD US ZFFGT61A450145728 shields
145730	575	Superamerica F1 05 Grigio Silverstone/Bordeaux Daytona seats LHD US ZFFGT61A250145730 shields Red calipers
145731	575	Superamerica (F1) 05 LHD US ZFFGT61A450145731
145732	575	Superamerica (F1) 05 ZFFGT61A650145732
145734	575	Superamerica (F1) 05 LHD US ZFFGT61AX50145734
145735	575	Superamerica (F1) 05 ZFFGT61A150145735
145738	575	Superamerica (F1) 05 LHD US ZFFGT61A750145738
145740	575	Superamerica F1 05 Grigio Silverstone/Red ZFFGT61B000145740
145741	575	Superamerica
145744	575	Superamerica (F1) 05 LHD US ZFFGT61A250145744
145745	575	Superamerica F1 05 Red/Tan ZFFGT61B000145745
145746	612	Scaglietti F1 Kappa by Pininfarina 06 Pozzi Blu/Tobacco A-4480 LHD US ZFFAA54A260145746
145748	FXX	F1 06 Rosso Scuderia White stripe/Black ZFFHX62X000145748 ass. # 62164
145749	FXX	F1 06 Rosso Corsa White stripe/black ZFFHX62X000145749
145753	612	Scaglietti F1 Black/tan LHD EU ZFFAY54B000145753
145754	612	Scaglietti F1 Grigio Titanio met./Black silver stittching LHD EU
145755	612	Scaglietti F1 Blu Mirabeau/tan LHD EU ZFFAY54B000145755 Red brake calipsers
145759	612	Scaglietti F1 nero/Red ZFFAY54B000145759 Red calipers shields
145761	FXX	F1 06 Rosso Corsa White stripe/black ZFFHX62X000145761
145762	FXX	F1 06 Rosso Corsa 322/Black LHD ZFFHX62X000145762 ass. # 62340
145763	FXX	F1 Rosso Corsa ZFFHX62X000145763 ass. #62434
145764	FXX	F1 ZFFHX62X000145764
145765	FXX	F1 06 Rosso Corsa White stripe ZFFHX62X000145765 ass. # 62580
145766	FXX	F1 06 black ital. stripe/Black Black wheels ZFFHX62X000145766
145768	F430	Challenge 06 White then Red ZFFEX63X000145768
145769	F430	Challenge ZFFEX63X000145769
145771	F430	Spider (F1) 06 LHD US ZFFEW59A760145771
145772	F430	Challenge
145779	F430	Spider F1 06 Red/Tan Daytona Seats ZFFEW59A360145779 Red Calipers Shields
145781	F430	Spider F1 Rosso Scuderia FER. 323/Red Red stitching LHD ZFFEZ59B000145781 Red calipers Red dials shields
145782	F430	Spider F1 3/06 Rosso Corsa/Nero ZFFEZ59B000145782
145785	F430	Spider (F1) 06 LHD US ZFFEW59A760145785
145787	F430	F1 1/06 Rosso Corsa/Crema ZFFEZ58C000145787
145791	F430	F1 06 Grigio Silverstone/Red ZFFEW58A060145791

s/n	Type	Comments
145800	F430	Challenge Rosso Corsa White & Black/Red LHD EU ZFFEX63X000145800 one Union Jack- & one French Tricolore-mirror
145817	F430	Spider
145818	F430	Spider F1 06 Black/Crema ZFFEZ59B000
145820	F430	Spider (F1) 06 LHD US ZFFEW59A560145820
145821	F430	Challenge
145829	F430	Spider F1 Rosso Scuderia FER. 323/Black sports seats Red stitching LHD ZFFEZ59B000145829 Yellow calipers Challenge wheels Yellow dials
145830	F430	F1 06 Red/Black ZFFEZ58B000145830
145831	F430	Spider F1 06 Red/Black ZFFEZ59B000145831 shields Red calipers
145837	F430	Spider (F1) 06 ZFFEW59A060145837
145838	F430	Challenge Blue & White ZFFEX63X000145838
145839	F430	F1 06 Blue/Crema RHD ZFFEZ58C000145839 Red calipers shields Yellow dials
145852	F430	Spider F1 06 Yellow/Yellow Daytona seats black stitching Yellow carpets Yellow dash & steering wheel LHD US ZFFEW59A760145852 Yellow tach shields Yellow calipers Challenge wheels
145853	F430	Challenge
145857	F430	Spider F1 Red/Black Red piping ZFFEZ59B000145857
145858	F430	Spider F1 06 black/black
145863	F430	(F1) 06 ZFFEW58A960147863
145867	612	Scaglietti F1 Black/Tan LHD ZFFAY54B000145867
145868	612	Scaglietti F1 06 Black/Black Daytona seats White stitching ZFFAA54A560145868 Yellow dials shields Red calipers
145869	612	Scaglietti F1 06 Nero Daytona/Bordeaux Daytona Seats Black Inserts Black Stitching ZFFAA54A760145869 Shields Black Calipers
145871	612	Scaglietti (F1) 06 ZFFAA54A560145871
145872	612	Scaglietti F1 Grigio Silverstone/all cuoio ZFFAY54B000145872
145873	612	Scaglietti (F1) 05 LHD US ZFFAA54A960145873
145874	F430	Spider (F1) 06 ZFFEW59A660145874
145875	F430	Spider (F1) 06 ZFFEW59A860145875
145877	F430	Spider F1 06 Red/Tan Daytona seats ZFFEW59A160145877 red calipers challenge wheels shields
145881	F430	Spider F1 05 Red/Tan Daytona seats LHD US ZFFEW59A360145881 shields Red calipers Vellano diamondcut wheels
145882	F430	Spider (F1) 06 ZFFEW59A560145882
145883	F430	
145885	F430	
145888	F430	Spider F1 Red/Tan
145891	F430	Spider 06 Red/Tan Daytona seats black top ZFFEW59A660145891 Red dials shields Red calipers,
145892	F430	
145893	F430	
145902	F430	Spider F1 Red/Black ZFFEZ59B000145902
145903	F430	F1 Red/Black LHD EU
145906	F430	Spider (F1) 06 ZFFEW59A460145906
145907	F430	Spider (F1) 06 LHD US ZFFEW59A660145907
145911	F430	F1 Red/Black ZFFEZ58B000145911 shields Challenge wheels
145915	F430	Spider F1 Grigio Silverstone/bordeaux ZFFEZ59B000145915
145921	F430	(F1) 06 ZFFEW58A360146921
145923	F430	Spider (F1) 06 LHD US ZFFEW59A460145923
145924	F430	F1 1/06 Rosso Corsa/Crema ZFFEZ58C000145924
145927	F430	F1 1/06 Rosso Scuderia/Beige ZFFEZ58C000145927
145937	F430	F1 05 Red/Black LHD US ZFFEW58A260145937 ass. # 63206
145938	F430	Spider (F1) 05 LHD US ZFFEW59A660145938
145941	F430	F1 Red/Cream Red stitching RHD ZFFEZ58C000145941 Red calipers shields Yellow dials
145948	F430	Spider F1 Rosso Corsa/Black sports seats grey stitching LHD ZFFEZ59B000145948 Red calipers shields Yellow dials
145949	F430	F1 Red/Black Red stitching ZFFEZ58B000145949 shields Yellow dials
145951	F430	Spider (F1) 05 LHD US ZFFEW59A960145951
145952	F430	Spider (F1) 06 LHD US ZFFEW59A060145952
145953	F430	F1 Red/Black Red stitching ZFFEZ58B000145953 Yellow dials Red calipers shields
145961	F430	Spider F1 06 Grigio Silverstone/Nero & Grey Daytona Seats Grey Stitching Grey Piping ZFFEW59A160145961 Grey Roll Bars Challenge Wheels
145966	612	Scaglietti (F1) 06 ZFFAA54A560145966
145979	599	GTB Fiorano F1 grigio Grigio Titanio met./tan ZFFFD60B000145979
145987	612	Scaglietti 3/06 Grigio Silverstone/Nero Manual ZFFAY54C000145987
145993	F430	F1 Rosso Corsa/Black LHD EU
145997	F430	Spider F1 06 blu TdF/tan LHD EU ZFFEZ59B000
145998	F430	Spider (F1) Rosso Rosso Corsa Top LHD EU
146000	F430	Spider F1 3/06 Grigio Silverstone/Nero ZFFEZ59C000146000
146001	F430	
146003	612	Scaglietti
146008	F430	Spider F1 Yellow/Black
146009	F430	F1 Red/Black
146012	F430	Spider (F1) LHD EU
146013	F430	F1 Red/Crema black inserts RHD ZFFEZ58C000146013 Red calipers shields Yellow dials Challenge wheels
146014	F430	F1 Red/Tan RHD ZFFEZ58C000146014 Shields Yellow dials
146019	F430	Spider F1 Grigio Titanio met./Tan burgundy inserts Tan steering wheel & rollover bars Yellow calipers shields
146026	F430	F1 06 Mexico Blue (Porsche colour)/Tan ZFFEW58AX60146026 Yellow dials
146029	F430	F1 3/06 Argento Nürburgring/Crema RHD ZFFEZ58C000146029 shields Red calipers
146034	575	Superamerica 05 Rosso Corsa/tan Manual ZFFGT51B000146034
146035	575	Superamerica (F1) 05 ZFFGT61A050146035
146040	575	Superamerica F1 05 Grigio Silverstone/cuoio ZFFGT61B000146040
146044	575	Superamerica F1 05 Grigio Silverstone/Black RHD ZFFGT61C000146044 Black calipers Yellow dials
146046	575	Superamerica F1 05 Rosso Scuderia Fer. 323/black ass. # 63404
146047	575	Superamerica (F1) 05 LHD US ZFFGT61A750146047
146049	575	Superamerica F1 05 Rosso Corsa/Beige ZFFGT61B000146049
146050	575	Superamerica GTC 05 Grigio Silverstone/cuoio Cuoio stitching Manual ZFFGT61B000146050 Red calipers shields
146051	575	Superamerica (F1) 05 ZFFGT61A950146051
146052	575	Superamerica F1 GTC 11/05 Nero Daytona/Bordeaux RHD ZFFGT61C000146052 Red calipers shields yellow dials
146055	575	Superamerica 05 pearl White/Red LHD
146062	F430	Spider
146065	F430	F1 Giallo Modena/Black sports seats LHD ZFFEZ58B000146065 Yellow calipers
146083	F430	Spider F1 Red/Tan

s/n	Type	Comments	s/n	Type	Comments
146084	F430	F1 Red/Tan ZFFEZ58B000146084 Red calipers shields Yellow dials	146154	575	Superamerica F1 05 Nero Daytona/Beige LHD US ZFFGT61A850146154
146086	F430	Spider (F1) 06 ZFFEW59A860146086	146155	575	Superamerica F1 05 Rosso Corsa/Beige ZFFGT61AX50146155
146087	F430	(F1) 05 LHD US ZFFEW58A860146087	146156	575	Superamerica (F1) 05 Rosso Corsa/Tan Red dashboard ZFFGT61B000146156
146088	F430	Spider (F1) 06 ZFFEW59A160146088			
146089	F430	Spider (F1) 05 LHD US ZFFEW59A360146089	146159	575	Superamerica F1 05 Grigio Silverstone/Bordeaux ZFFGT61B000146159 Yellow calipers shields Yellow dials
146090	F430	(F1) 06 LHD US ZFFEW58A860146090			
146091	F430	Spider 05 Red/Tan Daytona seats Red stitching black top LHD US ZFFEW59A160146091 Red dials Red calipers			
			146163	575	Superamerica (F1) 05 LHD US ZFFGT61A950146163
146092	F430	Spider (F1) 06 ZFFEW59A360146092	146165	599	GTB Fiorano F1 Rosso Monza/tan sport seats ZFFFD60B000146165 Challenge wheels shields
146097	F430	F1 Rosso Corsa/black Red stitching ZFFEZ58B000146097 Yellow dials			
146099	F430	Spider F1 grigio Grigio Titanio met./tan ZFFEZ59B000146099	146166	612	Scaglietti F1 GTC Grigio Titanio met./Dark grey grey piping grey inserts LHD ZFFAY54B000146166 Red calipers shields
146100	F430	Spider F1 black/black			
146105	F430	F1 Red/Bordeaux ZFFEZ58B000146105 shields Challenge wheels	146170	612	Scaglietti F1 Black/Tan ZFFAY54B000146170
			146175	F430	Spider F1 Grigio Silverstone/Bordeaux ZFFEZ59B000146175 Red calipers shields
146106	F430	Rosso Scuderia FER. 323/beige Racing seats Rosso stitching Manual ZFFEZ58B000146106 shields			
			146178	F430	F1 Grigio Silverstone/Grigio Scuro & Chiaro ZFFEZ58B000146178 shields
146107	F430	Spider (F1) 06 LHD US ZFFEW59A160146107	146180	F430	(F1) 06 LHD US ZFFEW58A960146180
146108	F430	Spider (F1) 06 ZFFEW59A360146108	146181	F430	Spider (F1) 06 ZFFEW59A260146181
146109	F430	Spider F1 05 Giallo Modena/Nero LHD US ZFFEW59A560146109	146182	F430	Spider (F1) 06 ZFFEW59A460146182
			146183	F430	(F1) 05 LHD US ZFFEW58A460146183
146110	F430	Spider (F1) 06 LHD US ZFFEW59A160146110	146184	F430	Spider (F1) 06 LHD US ZFFEW59A860146184
146111	F430	Spider (F1) 06 ZFFEW59A360146111	146185	F430	Spider (F1) 05 LHD US ZFFEW59AX60146185
146115	F430	F1 Rosso Scuderia FER. 323/Sabbia Red stitching RHD ZFFEZ58C000146115 Red calipers Shields black wheels Yellow dials	146192	F430	Spider F1 Rosso Scuderia FER. 323/Black Red stitching LHD Manual EU ZFFEZ459B000146192 Red calipers shields
146116	F430	F1 3/06 Rosso Corsa/Nero ZFFEZ58C000146116	146195	F430	(F1) 06 LHD US ZFFEW58A060146195
			146196	F430	(F1) 06 ZFFEW58A260146196
146118	F430	F1 Grigio Silverstone/Black ZFFEZ58B000146118	146197	F430	(F1) 05 LHD US ZFFEW58A460146197
			146198	F430	(F1) 06 LHD US ZFFEW58A660146198
146119	F430	F1 Red/Black ZFFEZ58B000146119 Red calipers shields	146199	F430	Spider 06 Rosso Corsa/beige Red piping Red stitching ZFFEW59AX60146199 Red calipers shields
146122	F430	Spider F1 Rosso Corsa/Black LHD ZFFEZ59B000146122 Silver calipers shields			
			146200	F430	Spider (F1) 06 ZFFEW59A260146200
146125	F430	Spider (F1) 06 ZFFEW59A360146125	146201	F430	Spider 3/06 Rosso Corsa/Beige Manual ZFFEZ59C000146201
146126	F430	Spider (F1) 06 ZFFEW59A560146126			
146127	F430	Spider F1 06 Grigio Silverstone/Rosso LHD US ZFFEW59A760146127	146202	F430	Spider F1 Red/Sabbia sports seats Red stitching RHD ZFFEZ59C000146202 Shields
146128	F430	Spider (F1) 06 ZFFEW59A960146128	146204	F430	F1 Red/Black ZFFEZ58B000146204
146129	F430	Spider (F1) 06 ZFFEW59A060146129	146206	F430	F1 Red/Black ZFFEZ58B000146206
146133	F430	F1 06 Rosso Corsa/Tan ZFFEZ58B000146133 Red calipers shields	146212	F430	Spider F1 Rosso Scuderia FER. 323/Tan LHD ZFFEZ59B000146212 Red calipers shields Yellow dials
146134	F430	Spider F1 Rosso Corsa/tan Red piping Red stitching tan dash ZFFEZ59B000146134			
			146216	F430	(F1) 06 ZFFEW58A460146216
146136	F430	(F1) 06 ZFFEW58A660146136	146217	F430	06 Black/Black Daytona seats grey inserts silver stitching Manual ZFFEW58A660146217 Enzo style Factory polished wheels Yellow dials
146137	575	Superamerica F1 05 Rosso Corsa/Black LHD US ZFFGT61A850146137 Red Calipers			
146139	575	Superamerica (F1) 05 LHD US ZFFGT61A150146139	146218	F430	Spider (F1) 06 ZFFEW59AX60146218
			146219	F430	Spider 06 Grigio Titanio met./Red ZFFEW59A160146219
146140	575	Superamerica (F1) 05 ZFFGT61A850146140			
146141	575	Superamerica (F1) 05 ZFFGT61AX50146141	146220	F430	Spider (F1) 05 LHD US ZFFEW59A860146220
146142	575	Superamerica (F1) 05 LHD US ZFFGT61A150146142	146221	F430	(F1) 06 ZFFEW58A860146221
			146222	F430	Spider (F1) 06 ZFFEW59A160146222
146143	575	Superamerica (F1) 05 ZFFGT61A350146143	146234	F430	F1 06 Yellow/Black Daytona seats Yellow stitching LHD US ZFFEW58A660146234 Yellow calipers shields
146144	575	Superamerica F1 05 Black/Black Red stittching LHD US ZFFGT61A550146144 Red dials			
			146235	F430	Spider (F1) 05 LHD US ZFFEW59AX60146235
146145	599	GTB Fiorano F1 Rosso Rubina/Tan LHD ZFFFD60B000146165	146236	F430	F1 05 Rosso Corsa/Beige Daytona seats LHD US ZFFEW58AX60146236 Red calipers shields
146147	575	Superamerica (F1) 05 ZFFGT61A050146147			
146148	575	Superamerica (F1) 05 ZFFGT61A250146148	146237	F430	Spider F1 Silver/Tan ZFFEZ59B000146237
146149	575	Superamerica (F1) 05 ZFFGT61A450146149	146240	F430	F1 06 Red/Black Red stitching RHD ZFFEZ58C000146240 shields
146150	575	Superamerica (F1) 05 ZFFGT61A050146150			
146151	575	Superamerica F1 05 Black/black Daytona seats Red inserts Red stitching ZFFGT61A250146151 Tubi shields Red calipers Fiorano handling package	146246	F430	Spider (F1) 06 ZFFEW59A460146246
			146247	F430	Spider (F1) 06 ZFFEW59A660146247
			146248	F430	(F1) 06 ZFFEW58A660146248
			146249	F430	Spider (F1) 06 ZFFEW59AX60146249
146152	575	Superamerica (F1) 05 ZFFGT61A450146152	146250	F430	Spider (F1) 06 LHD US ZFFEW59A660146250
146153	575	Superamerica (F1) 05 LHD US ZFFGT61A650146153	146253	F430	

s/n	Type	Comments
146260	599	GTB Fiorano (F1) 06 Nero Daytona/Crema ZFFFD60B000146260
146264	612	Scaglietti (F1) 06 ZFFAA54A060146264
146265	612	Scaglietti (F1) 06 LHD US ZFFAA54A260146265
146266	612	Scaglietti (F1) 06 ZFFAA54A460146266
146267	612	Scaglietti (F1) 06 LHD US ZFFAA54A660146267
146277	F430	F1 Rosso Corsa/Black Red stitching LHD ZFFEZ58B000146277 Red calipers shields
146278	F430	Spider F1 Grigio Silverstone/Black ZFFEZ59B000146278
146281	F430	Spider (F1) ZFFEW59A660146281
146282	F430	F1 3/06 Giallo Modena/Nero ZFFEW58A660146282
146283	F430	Spider (F1) 06 LHD US ZFFEW59AX60146283
146284	F430	Spider F1 06 Yellow/Black Daytona Seats Yellow Stitching Black Top LHD US ZFFEW59A160146284 Yellow Calipers Shields
146285	F430	Spider (F1) 06 LHD US ZFFEW59A360146285
146286	F430	F1 Grigio Silverstone/cuoio LHD EU
146292	F430	Challenge F1 05 Red & Yellow/Black LHD ZFFEX63X000146292
146294	F430	Challenge F1 06 Rosso Scuderia silver stripe/Black red large racing seats ZFFEX63X000146294
146295	F430	(F1) 06 LHD US ZFFEW58A460146295
146296	F430	(F1) 06 LHD US ZFFEW58A660146296
146297	F430	Spider (F1) 06 ZFFEW59AX60146297
146298	F430	Spider (F1) 06 ZFFEW59A160146298
146299	F430	Spider (F1) 06 ZFFEW59A360146299
146300	F430	Spider (F1) 06 ZFFEW59A660146300
146301	F430	Spider F1 dark Grey/Red LHD EU ZFFEZ59B000
146307	F430	Spider F1 Red/Black ZFFEZ59B000146307 Red calipers shields
146313	F430	(F1) 06 ZFFEW58A260146313
146314	F430	(F1) 06 ZFFEW58A460146314
146315	F430	Spider (F1) 06 ZFFEW59A860146315
146316	F430	Spider (F1) 06 ZFFEW59AX60146316
146319	F430	Spider F1 06 /Black Red stitching ZFFEZ59B000146319 shields Yellow dials
146322	F430	F1 Black/Tan LHDZFFEZ58B000146322 Red calipers shields Red dials Challenge wheels
146323	F430	F1 Rosso Scuderia FER. 323/brown ZFFEZ58B000146323
146325	F430	Spider F1 Rosso Scuderia FER. 323/Black sports seats LHD ZFFEZ59B000146325 Red calipers shields Yellow dials
146327	F430	Challenge GTC-Conversion for 2007 Grand AM-Series 06 Black & Blue/Red LHD ZFFEX63X000146327 ANSA front bumper Crawford wing
146329	F430	(F1) 05 LHD US ZFFEW58A660146329
146330	F430	Spider (F1) 06 ZFFEW59A460146330
146331	F430	Spider F1 Black/Red ZFFEZ59B000146331
146334	F430	Challenge Silver ZFFEX63X000146334
146336	F430	(F1) 05 LHD US ZFFEW58A360146336
146337	F430	F1 06 Red/Tan Daytona seats black inserts, piping & stitching ZFFEW58A560146337 ass. # 63540 Yellow Dials Red calipers shields
146348	F430	(F1) 06 ZFFEW58AX60146348
146349	F430	06 Nero/Nero Manual ZFFEW58A160146349
146350	F430	Spider (F1) 06 ZFFEW59AX60146350
146351	F430	(F1) 06 ZFFEW58AX60146351
146353	FXX	F1 06 Argento Nürburgring 101/C/Black & Red ZFFHX62X000146353 ass. # 62687
146354	FXX	F1 06 Rosso Corsa White stripe/black ZFFHX62X000146354
146355	FXX	F1 06 ZFFHX62X000146355
146356	FXX	F1 06 Bianco Fuji metallizzato (Maserati color) ZFFHX62X000146356 ass. # 62958
146357	FXX	F1 06 Rosso Corsa White stripe/Black ZFFHX62X000146357 ass. # 63035 eng. # 103156
146358	FXX	F1 06 Rosso Corsa White stripe/Black ZFFHX62X000146358 ass. # 63099
146359	FXX	F1 06 Rosso Corsa White stripe/Black ZFFHX62X000146359 ass. # 63161
146360	FXX	F1 06 Celeste dark Blue stripe/Red & Black LHD ZFFHX62X000146360 ass. # 63357 eng. # 102985
146361	FXX	F1 06 Yellow White stripe/Black ZFFHX62X000146361 ass. # 63839 stripes on side rear wings
146362	FXX	F1 06 Rosso Corsa White stripe/black then Orange plastic film LHD ZFFHX62X000146362 ass. # 63765
146363	612	Scaglietti 3/06 Grigio Silverstone/Rosso ZFFAY54B000146363
146364	599	GTB Fiorano F1 Factory Presentation Car 06 Red/Tan sports seats LHD Black calipers shields Yellow dials pentagram wheels used by the factory for the official photo shootings
146365	599	GTB Fiorano F1 Factory Presentation Car 06 Argento/Nero
146373	612	Scaglietti F1 5/06 Blu Tour de France 522/Crema ZFFAY54C000146373
146375	575	Superamerica 05 grigio Silverstone/beige ZFFGT61B000146375
146377	575	Superamerica F1 05 Blu NART/Cuoio RHD ZFFGT61C000146377 Silver calipers shields Yellow dials
146380	575	Superamerica
146385	575	Superamerica F1 05 Grigio Titanio grey/black ZFFGT61C000146385
146388	575	Superamerica F1 05 Red/Black sports seats Red stitching RHD ZFFGT61C000146388 Red calipers shields Yellow dials
146395	575	Superamerica F1 GTC 05 black/dark Red sports seats LHD ZFFGT61B000146395
146396	575	Superamerica F1 05 Grigio Silverstone/beige ZFFGT61B000146396 Red calipers shields
146398	F430	Spider (F1) 06 ZFFEW59A560146398
146401	F430	Spider (F1) 05 LHD US ZFFEW59A160146401
146402	F430	Challenge Silver White orange & green/Red LHD ZFFEX63X000146402
146404	F430	Spider F1 Rosso Corsa/Black Red stitching LHD ZFFEZ59B000146404 Red calipers shields
146405	F430	Spider F1 06 Rosso Rubino/Tan LHD US ZFFEW59A960146405
146406	F430	Spider F1 06 dark Blue met./Tan ZFFEW59A060146406
146407	F430	Challenge silver ZFFEX63X000146407
146408	F430	Challenge F1 Rosso Corsa & Yellow/Red LHD EU ZFFEX63X000146408 ass. # 63551
146409	F430	F1 06 Red/Beige Daytona Seats ZFFEW58A860146409 Red Calipers Shields
146412	F430	Spider (F1) 06 ZFFEW59A660146412
146413	F430	Spider (F1) 06 LHD US ZFFEW59A860146413
146417	F430	Challenge White & Orange/Red ZFFEX63X000146417 ass. # 63587
146418	F430	Challenge F1 06 Rosso Scuderia FER. 323/Black & Red LHD EU ZFFEX63X000146418 ass. # 63538 pale green mirrors
146422	F430	(F1) 06 ZFFEW58A760146422
146423	F430	Spider (F1) 06 ZFFEW59A060146423
146424	F430	Spider (F1) 06 ZFFEW59A260146424
146425	F430	Spider (F1) 06 LHD US ZFFEW59A460146425
146426	F430	(F1) 05 LHD US ZFFEW58A460146426
146427	F430	Spider F1 06 Rosso Corsa/Crema Red Stitching Crema upper, lower dash & steering wheel ZFFEW59A860146427 Red Calipers
146432	F430	

s/n	Type	Comments	s/n	Type	Comments
146433	F430	Challenge Rosso Corsa/Red LHD EU ZFFEX63X000146433 ass. # 63620	146544	612	Scaglietti (F1) 06 ZFFAA54A660146544
146438	F430	Challenge	146545	612	Scaglietti (F1) 05 LHD US ZFFAA54A860146545
146439	F430	Spider (F1) 06 ZFFEW59A460146439	146546	612	Scaglietti F1 Azzurro California 524/Dark grey Daytona Seats light Blue piping ZFFAY54B000146546 Silver calipers
146440	F430	Spider (F1) 06 LHD US ZFFEW59A060146440			
146441	F430	(F1) 06 ZFFEW58A060146441			
146442	F430	Spider (F1) 06 ZFFEW59A460146442	146548	F430	Challenge F1 3/06 Argento Nürburgring 101/C/ Orange & Blue/Red ZFFEX63X000146548
146443	F430	Spider (F1) 06 ZFFEW59A660146443			
146446	F430				
146447	F430		146551	F430	Challenge Baby Blue & White/Red LHD EU ZFFEX63X000146551 ass. # 63729
146449	F430	Challenge Black/Red LHD EU ZFFEX63X000146449 ass. # 63673			
			146552	F430	Challenge Black Red & Blue Men X livery/Red
146453	F430	Spider Red/Black ZFFEZ59B000146453	146556	F430	Challenge Rosso Corsa & White ZFFEX63X000146556
146457	F430	Spider F1 Rosso Corsa/beige Daytona seats ZFFEZ59B000146457			
			146557	F430	Spider (F1) 06 LHD US ZFFEW59AX60146557
146460	F430	(F1) 06 US LHD ZFFEW58A460146460	146558	F430	Spider (F1) 06 ZFFEW59A160146558
146461	F430	Spider (F1) 05 LHD US ZFFEW59A860146461	146559	F430	Spider F1 05 Grigio Silverstone/Bordeaux LHD US ZFFEW59A360146559
146462	F430	Spider (F1) 06 ZFFEW59AX60146462			
146464	F430	F1 3/06 Rosso Corsa/Crema ZFFEZ58C000146464	146560	F430	Spider (F1) 06 ZFFEW59AX60146560
			146561	F430	Spider (F1) 06 LHD US ZFFEW59A160146561
146467	F430	F1 black/tan LHD ZFFEZ58B000146467	146569	F430	Spider F1 black/black ZFFEZ59B000146569
146478	F430	Challenge ZFFEX63X000146478	146573	F430	Challenge Rosso Corsa/Red White stripe LHD EU ZFFEX63X00146573
146479	F430	Spider (F1) 06 ZFFEW59A560146479			
146482	F430	Spider 3/06 Rosso Corsa/Nero ZFFEZ59C000146482	146574	F430	Challenge Rosso Corsa/Red White stripe LHD EU ZFFEX63X00 Yellow mirrors
146490	F430	Spider F1 Red/Tan ZFFEZ59B000146490	146575	F430	Challenge Red ZFFEX63X000146575 ass. # 63748
146497	F430	F1 black/black LHD ZFFEZ58B000146497			
146498	F430	F1 Red/Black ZFFEZ58B000146498	146577	F430	Spider (F1) 06 LHD US ZFFEW59A560146577
146505	F430	Spider F1 Giallo Modena/Black Yellow stitching ZFFEZ59B000	146578	F430	Spider (F1) 06 ZFFEW59A760146578
			146579	F430	Spider F1 06 Black/Black Daytona Seats ZFFEW59A960146579 Yellow dials Yellow Calipers Shields
146508	F430	F1 06 Giallo Modena/Nero Daytona seats LHD US ZFFEW58A660146508 Yellow calipers shields			
			146580	F430	Spider (F1) 06 ZFFEW59A560146580
146509	F430	(F1) 06 ZFFEW58A860146509	146582	F430	F1 06 Grigio Silverstone/Nero LHD CDN ZFFEW58A760146582
146510	F430	Spider (F1) 06 Red/Tan Daytona seats Red stitching LHD US ZFFEW59A660146510 shields Red calipers			
			146584	F430	F1 3/06 Nero Daytona/Crema ZFFEZ58C000146584
146518	F430	Spider (F1) 06 ZFFEW59A060146518	146586	F430	Spider F1 Grigio Silverstone/Red ZFFEZ59B000146586
146519	F430	Spider (F1) 06 ZFFEW59A260146519			
146520	599	GTB Fiorano F1 Geneva Show Car 06 Grigio Silverstone/Grigio Scuro ZFFFD60B000146520 ass. # 63786	146588	F430	Spider F1 Rosso Scuderia LHD ZFFEZ58B000146588
			146589	F430	Spider F1 Blu Pozzi 521 D.S./dark Red LHD ZFFEZ59B000146589
146521	599	GTB Fiorano F1 Grigio Silverstone/Beige Sports seats ZFFFD60B000146521 shields Challenge wheels	146595	F430	Challenge Rosso Corsa White stripe/Red LHD EU ZFFEX63X00146595 ass. # 63779 pale green mirrors
146522	612	Scaglietti F1 GTC Grigio Silverstone/Tan ZFFAY54B000146522 Chrome rims Yellow dials			
			146596	F430	Challenge Red & White/Red LHD EU ZFFEX63X000146596 ass. # 63805
146523	612	Scaglietti F1 Blue/Tan RHD ZFFAY54C000146523 shields			
			146597	F430	Challenge Rosso Corsa/Red White stripe LHD EU ZFFEX63X00146597 black mirrors
146524	612	Scaglietti F1 Black/Tan ZFFAY54B000146524			
146525	612	Scaglietti F1 06 Grigio Ingrid 720/cuoio ZFFAY54B000146525	146600	F430	Spider (F1) 06 ZFFEW59A760146600
			146601	F430	Spider F1 06 Rosso Corsa/Beige ZFFEW59A960146601
146526	612	Scaglietti 06 Grigio Silverstone/Tan LHD EU			
146529	612	Scaglietti F1 3/06 Nero Carbone Metallizzato/Nero ZFFAY54B000146529	146602	F430	Spider (F1) 05 LHD US ZFFEW59A060146602
			146603	F430	Spider (F1) 06 ZFFEW59A260146603
146533	612	Scaglietti F1 Geneva Show Car 06 Nero/Rosso ZFFFD54B000146533 ass. # 63838	146604	F430	Spider (F1) 06 LHD US ZFFEW59A460146604 F1 Red
			146608	F430	
146536	612	Scaglietti F1 Silver Twin Red stripes/Black silver stitching LHD ZFFAY54B000146536	146610	F430	Spider F1 Black/black ZFFEZ59B000146610
			146615	F430	Spider (F1) 06 ZFFEW59A960146615
146537	612	Scaglietti 06 dark Blue/Black ZFFAY54B000146537	146616	F430	Spider (F1) 06 ZFFEW59A060146616
			146617	F430	Spider F1 06 Grigio Silverstone/Black Daytona Seats Beige inserts Silver Stitching ZFFEW59A260146617 Yellow Calipers Shields
146538	612	Scaglietti F1 GTC 06 Daytona black/cuoio ZFFAY54B000146538			
146539	599	GTB Fiorano F1 06 Giallo Modena/Black LHD ZFFFD60B000146539 Yellow calipers shields Yellow dials Challenge wheels	146618	F430	Spider (F1) 06 LHD US ZFFEW59A460146618
			146619	F430	Spider F1 06 Black/Black silver stitching LHD US ZFFEW59A660146619 Yellow calipers shields
146540	612	Scaglietti F1 06 dark Blue/Carta di zucchero & crema cream piping ZFFAY54B000146540			
			146625	F430	Spider F1 Rosso Corsa/Black ZFFEZ59B000146625
146541	612	Scaglietti F1 06 Blue/Naturale Daytona seats Blue stitching ZFFAA54A060146541 black dials silver calipers shields			
			146629	F430	Spider F1 06 Grigio Silverstone/Beige Black Stitching ZFFEW59A960146629 Shields Yellow Calipers
146542	612	Scaglietti (F1) 06 ZFFAA54A260146542			
146543	612	Scaglietti (F1) 06 ZFFAA54A460146543	146631	F430	Spider (F1) 06 ZFFEW59A760146631

s/n	Type	Comments	s/n	Type	Comments
146632	F430	Spider (F1) 06 ZFFEW59A960146632	146726	575	Superamerica F1 GTC 05 Blu Pozzi 521 D.S./tan ZFFGT61B000
146639	F430	(F1) 06 Argento Nürburgring 101/C/Nero Daytona seats light grey straps, piping, & stitching ZFFEW58AX60146639 Silver Calipers shields	146728	599	GTB Fiorano F1 2006 "Panamerica 20000 Car" 06 dark Blue met./Crema LHD, pre-production model, Forza-Magazine test drive car
146642	575	Superamerica F1 05 Red/Black Red stitching RHD ZFFGT61C000146642 Red calipers Shields Red dials	146730	F430	Spider F1 Red/beige ZFFEZ59B000146730 F1 Red
			146736	F430	
146647	575	Superamerica F1 red/tan ZFFGT61B000146647	146738	F430	Spider F1 06 Red/Tan ZFFEZ59B000
			146739	F430	Spider F1 06 Yellow/black ZFFEZ59B000
146653	575	Superamerica F1 05 Black/Red & black ZFFGT61B000146653	146745	F430	Spider F1 06 Red/Black ZFFEZ59B000
			146746	F430	Spider (F1) 06 ZFFEW59A260146746
146659	575	Superamerica F1 05 Rosso Corsa/Tan Red dashboard & steering wheel ZFFGT61B000146659	146747	F430	Spider F1 06 Black/Black Daytona seats ZFFEW59A460146747 shields Yellow calipers
			146748	F430	Spider (F1) 06 LHD US ZFFEW59A60146748
146662	575	Superamerica F1 05 Red/Black	146749	F430	Spider F1 06 Red/tan bordeaux dash & top ZFFEZ59B000146749
146667	575	Superamerica F1 05 blu/sabbia ZFFGT61B000146667	146750	F430	Challenge F1 Black Orange & White/Red LHD EU ZFFEX63X00146750 ass. # 63947
146668	575	Superamerica F1 GTC 05 Black/bordeaux ZFFGT61B000	146753	F430	Spider F1 Rosso Scuderia FER. 323/cuoio LHD EU
146670	F430	Challenge F1 Silver green White & orange/Red LHD EU ZFFEX63X000146670	146754	F430	Rosso Corsa/Black Sports seats LHD Manual ZFFEZ58B000146754
146672	F430	Challenge ZFFEX63X000146672	146756	F430	Spider (F1) 06 ZFFEW59A560146756
146674	F430	F1 06 Rosso Scuderia FER. 323/Cuoio sports seats Red stitching LHD ZFFEZ58B000146674 Red calipers shields Challenge wheels	146758	F430	Spider (F1) 06 ZFFEW59A960146758
			146759	F430	Spider F1 3/06 Rosso Corsa/Cream ZFFEZ59C000146759
146677	F430	Challenge Red White & Black/Red LHD EU ZFFEX63X000146677 Union Jack mirrors	146760	F430	Spider F1 3/06 Rosso Corsa/Crema ZFFEZ59C000146760
146679	F430	Challenge Red White & Black/Red ZFFEX63X000146679 ass. #63851 Union Jack mirrors	146763	F430	Challenge White & Blue/Red LHD EU ZFFEX63X00146763
			146767	F430	(F1) 06 ZFFEW58A860146767
146680	F430	Challenge GT3 06	146768	F430	(F1) 06 LHD US ZFFEW58AX60146768
146681	F430	Challenge Red White & Black/Red LHD EU ZFFEX63X000146681 Union Jack mirrors	146769	F430	Spider (F1) 06 ZFFEW59A360146769
			146775	F430	Spider F1 Red/beige RHD ZFFEZ59C000146775
146682	F430	F1 Grigio Silverstone/black	146776	F430	Spider F1 3/06 Nero Daytona/Nero ZFFEZ59C000146776
146685	F430	Challenge Red ZFFEX63X000146685			
146689	F430	Spider F1 Red/beige LHD ZFFEZ59B000146689	146781	F430	Black/Black Red stitching LHD Manual ZFFEZ58B000146781
146690	F430	Spider F1 Grigio Alloy/Black sports seats Silver stitching ZFFEZ59B000146690	146782	F430	Challenge Rosso Corsa White & Grey stripe/Red LHD EU ZFFEX63X000146782 ass. # 63932
146691	F430	Spider F1 06 Red/Black ZFFEZ59B000146691 Red calipers	146783	F430	Challenge White & Blue/Red LHD EU ZFFEX63X000146783
146692	F430	Spider F1 Geneva Show Car 06 Grigio Silverstone/Tan ZFFEZ59B000146692 ass. # 63908	146785	F430	Challenge Red White & Black Marccain Livery/Red LHD EU ZFFEX63X000146785 ass. # 63957
146693	F430	F1 06 Rosso Scuderia FER. 323/Black ZFFEZ58B000146693 shields Yellow dials	146787	F430	Spider F1 5/06 Rosso Corsa/Black sports seats Red stitching LHD ZFFEZ59B000146787 Yellow dials
146694	F430	F1 Red/Charcoal ZFFEZ58B000146694 ass. # 64004			
146696	F430	Spider (F1) 06 ZFFEW59A260146696	146790	F430	(F1) 06 LHD US ZFFEW58A360146790
146697	F430	Spider (F1) 06 ZFFEW59A460146697	146791	F430	Spider (F1) 06 ZFFEW59A760146791
146698	F430	Spider (F1) 06 ZFFEW59A660146698	146792	F430	Spider 06 Red/Black Sport seats Red stitching ZFFEW59A960146792 Yellow dials shields Red calipers
146699	F430	Spider (F1) 06 ZFFEW59A860146699			
146700	F430	Spider (F1) 06 ZFFEW59A060146700	146793	F430	Spider (F1) 06 ZFFEW59A060146793
146703	F430	Challenge Red/Red LHD	146794	F430	Spider F1 06 Nero/Nero ZFFEW59A260146794
146707	F430	Spider F1 5/06 Dark Blue/Beige ZFFEZ59B000146707	146795	F430	4/06 Rosso Corsa/Crema ZFFEZ58C000146795
146708	575	Superamerica F1 GTC 05 Nuovo Nero Daytona/Cuoio ZFFGT61B000146708	146796	F430	1/06 Nero/Nero ZFFEZ58C000146796
146709	599	GTB Fiorano F1 Rosso Monza/Black LHD ZFFFD60B000146709	146801	F430	Spider 06 Rosso Corsa/Cuoio LHD Manual ZFFEZ59B000146801 Red calipers Yellow dials
146710	575	Superamerica F1 4/06 Rosso Corsa/Nero ZFFGT61C000146710	146802	F430	Challenge Rosso Corsa Yellow, Black & Blue/Red LHD EU ZFFEX63X00146802
146712	F430	Challenge Rosso Corsa/Red LHD EU ZFFEX63X000146712 ass. # 63904	146806	F430	F1 06 Grigio Silverstone/Grey ZFFEW58A360146806 shields
146714	575	Superamerica F1 05 Grigio Silverstone/Tan LHD ZFFGT61B000146714	146807	F430	Spider (F1) 06 LHD US ZFFEW59A760146807
			146808	F430	(F1) 06 ZFFEW58A760146808
146716	F430	Spider F1 06 Grigio Silverstone/Black Daytona Seats Silver Stitching Shields Yellow Calipers	146809	F430	(F1) 06 ZFFEW58A960146809
			146810	F430	Spider 06 Rosso Corsa/Nero ZFFEW59A760146810
146719	575	Superamerica F1 GTC 05 Red/Black ZFFGT61B000	146811	F430	Spider (F1) 06 LHD US ZFFEW59A960146811 Red/Crema Manual ZFFEZ58C000146815
146720	575	Superamerica F1 05 Rosso Scuderia FER. 323/Black ZFFGT61D000146720	146815	F430	

s/n	Type	Comments	s/n	Type	Comments
146816	F430	Challenge Rosso Corsa White & Black/Red LHD EU ZFFEX63X000146816 ass. # 63884 White mirrors	146897	F430	F1 06 Black/Black
			146898	F430	Spider F1 06 Red/Crema Red inserts Red stitching RHD ZFFEZ59C000146898 Red calipers Scuderia shields Challenge wheels Yellow dials
146818	F430	Challenge Rosso Corsa & Silver/Red LHD EU ZFFEX63X00146818 ass. # 64013			
146819	F430	Challenge Rosso Corsa Silver & Black ZFFEX63X000146819	146900	F430	Spider 4/06 Giallo Modena/Nero ZFFEZ59B000146900
146821	F430	Challenge LHD EU ZFFEX63X00146821 ass. # 64006	146901	F430	Spider F1 06 Rosso Corsa/Black sports seats Red stitching LHD ZFFEZ59B000146901
146822	F430	Challenge Black &Yellow/Red LHD EU ZFFEX63X000146822 ass. # 64017	146903	F430	06 Grigio Silverstone/Rosso Daytona seats light grey dashboard & steering wheel LHD US ZFFEW58A160146903 yellow calipers shields
146823	F430	Challenge Black/Red LHD EU ZFFEX63X000146823	146904	F430	Spider (F1) 06 LHD US ZFFEW59A560146904
			146905	F430	Spider (F1) 06 LHD US ZFFEW59A760146905
146825	F430	Challenge Red & pale Green/Red LHD ZFFEX63X000146825 ass. # 64049	146907	F430	Spider (F1) 06 LHD US ZFFEW59A060146907
			146908	F430	Spider (F1) 06 ZFFEW59A260146908
146828	F430	Challenge Red & White/Red LHD EU ZFFEX63X000146828 ass. # 64054	146909	F430	06 Red/Black Manual ZFFEZ58B000146909
			146910	F430	Spider F1 06 Yellow/Cuoio cuoio stitching RHD ZFFEZ59C000146910 Yellow calipers Scuderia shields cuoio steering wheel Yellow dials
146831	F430	Challenge Red & Yellow ZFFEX63X000146831			
146839	575	Superamerica F1 GTC 05 Black/cuoio ZFFGT61B000146839			
			146911	F430	F1 06 Red/Cream Red stitiching RHD ZFFEZ58C000146911 Red calipers Shields
146842	612	Scaglietti F1 Blue/Cuoio ZFFAY54B000146842			
146846	612	Scaglietti (F1) 06 ZFFAA54A060146846	146915	F430	F1 06 Red/Black ZFFEZ58B000146915
146849	612	Scaglietti (F1) 06 LHD US ZFFAA54A660146849	146916	F430	F1 06 Black/Black Yellow stitching LHD ZFFEZ58B000146916 Yellow dials
146851	612	Scaglietti 06 Grigio Silverstone/Nero Daytona seats Grigio Chia Stitching Manual LHD US ZFFAA54A460146851 NGTS Racing Package Shields	146917	F430	Spider F1 06 Red/Black ZFFEZ59B000146917
			146921	F430	(F1) 06 ZFFEW58A360146921
			146922	F430	Spider 06 Yellow/Tan large racing seats Manual ZFFEW59A760146922 Yellow calipers shields
146852	612	Scaglietti F1 dark grey/Red ZFFAY54B000146852	146923	F430	Spider (F1) 06 ZFFEW59A960146923
			146924	F430	Spider (F1) 06 ZFFEW59A060146924
146854	612	Scaglietti (F1) 06 ZFFAA54AX60146854	146928	F430	Spider 5/06 Rosso Corsa/Crema ZFFEZ59C000146928
146864	612	Scaglietti F1 5/06 Grigio Silverstone/tan ZFFAY54C000146864			
146865	612	Scaglietti (F1) 06 ZFFAA54A460146865	146931	F430	F1 06 Red/Black ZFFEZ58B000146931 shields Red stitching Yellow dials
146867	612	Scaglietti (F1) 06 ZFFAA54A860146867	146936	F430	Spider (F1) 06 ZFFEW59A760146936
146868	612	Scaglietti F1 4/06 Grigio Silverstone/Nero ZFFAY54C000146868	146937	F430	Spider (F1) 06 ZFFEW59A960146937
			146940	F430	F1 Grigio Silverstone/Black silver stitching RHD ZFFEZ58C000146940 Shields Challenge wheels
146869	612	Scaglietti F1 1/06 Grigio Ingrid 720/Blu Medio ZFFAY54D000146869			
			146943	F430	Spider (F1) 06 LHD US ZFFEW59A460146943
146870	612	Scaglietti (F1) 06 ZFFAA54A860146870	146944	F430	Spider (F1) 06 ZFFEW59A660146944
146871	612	Scaglietti	146945	F430	Spider (F1) 06 ZFFEW59A860146945
146872	612	Scaglietti F1 06 Blue/Brown LHD EU ZFFAY54B000 ass. # 64313	146946	F430	Spider 06 Grigio Silverstone/Rosso LHD CDN ZFFEW59AX60146946
146876	612	Scaglietti f1 black/Red ZFFAY54B000146876	146958	F430	Spider (F1) 06 ZFFEW59A660146958
146877	599	GTB Fiorano F1 Geneva Show Car 06 Rosso Corsa/Tan ZFFFD60B000146877 Red calipers shields Yellow dials challenge wheels	146960	F430	F1 06 Rosso Corsa/Tan LHD Yellow calipers ZFFEZ58B000146960
			146963	F430	Challenge Red ZFFEX63X000146963
146881	599	GTB Fiorano F1 Geneva Show Car 06 Nero met./Crema ZFFFD60B000146881 ass. # 64002	146968	F430	Challenge Red White & Black/Red LHD EU ZFFEX63X000146968 ass. # 64128 Black mirrors
			146969	F430	Challenge Red & White/Red LHD EU ZFFEX63X000 ass. # 64133
146882	599	GTB Fiorano F1 Geneva Show Car 06 Rosso Monza/Carta di Zucchero ZFFFD60B000146882 ass. # 64033			
			146970	F430	Challenge Rosso Corsa/Red White stripe LHD EU ZFFEX63X000146970
146883	599	GTB Fiorano F1 06 Rosso Corsa/tan ZFFFD60B000146883 crashed & damaged on a roadtest by US magazine Car & Driver	146973	F430	Spider (F1) 06 ZFFEW59A260146973
			146974	F430	Spider F1 06 Grigio Silverstone/Nero ZFFEW59A460146974
146884	F430	(F1) 06 ZFFEW58A160146884	146978	F430	Challenge Rosso Corsa & White
146885	F430	(F1) 06 ZFFEW58A360146885	146980	F430	Challenge White & Yellow Yellow stripe/Red ZFFEX63X000146980 ass. # 64173
146886	F430	Spider 06 Black/black Manual ZFFEZ59B000146886			
146887	F430	Spider 06 Grigio Silverstone/Red LHD Manual ZFFEZ59B000146887 Yellow dials shields	146981	F430	Challenge F1 Red White & Black/Red LHD EU ZFFEX63X000146981 ass. # 64178 Yellow mirrors
146890	F430	Spider F1 06 Red/Tan ZFFEZ59B000146890 Yellow dials			
			146984	F430	Spider (F1) 06 ZFFEW59A760146984
146891	F430	(F1) 06 ZFFEW58A960146891	146985	F430	Spider (F1) 06 ZFFEW59A960146985
146892	F430	(F1) 06 LHD US ZFFEW58A060146892	146986	F430	Spider (F1) 06 ZFFEW59A060146986
146893	F430	Spider 06 Rosso Corsa/Black Daytona seats Red inserts Red stitching Manual ZFFEW59A460146893 shields Red calipers Red Roll bars	146987	F430	Spider (F1) 06 Red Daytona Seats ZFFEW59A260146987 Shields Yellow dials
			146991	F430	Challenge F1 Black White stripe/black w.Red cloth seat ZFFEX63X000146991
146894	F430	Spider (F1) 06 ZFFEW59A660146894	146992	F430	Challenge F1 Orange White black & Blue/Red LHD EU ZFFEX63X000146992
146895	F430	Spider (F1) 06 ZFFEW59A860146895			
146896	F430	Spider (F1) 06 ZFFEW59AX60146896	146997	F430	(F1) 06 ZFFEW58A360146997

s/n	Type	Comments
146998	F430	(F1) 06 ZFFEW58A560146998
146999	F430	(F1) 06 ZFFEW58A760146999
147000	F430	Spider (F1) 06 ZFFEW59AX60147000
147001	F430	Spider (F1) 06 ZFFEW59A160147001
147002	F430	Spider (F1) 06 ZFFEW59A360147002
147003	F430	Spider (F1) 06 LHD US ZFFEW59A560147003
147004	F430	Spider (F1) 06 LHD US ZFFEW59A760147004
147020	F430	Spider (F1) 06 ZFFEW59A560147020
147021	F430	(F1) 06 ZFFEW58A560147021
147022	F430	(F1) 06 ZFFEW58A760147022
147031	F430	(F1) 06 ZFFEW58A860147031
147032	F430	(F1) 06 ZFFEW58AX60147032
147034	F430	Spider (F1) 06 ZFFEW59A560147034
147035	F430	Spider F1 06 Red/Tan Daytona seats Red inserts & stitching ZFFEW59A760147035 Yellow dials shields Red calipers
147036	F430	Spider (F1) 06 LHD US ZFFEW59A960147036
147042	F430	(F1) 06 ZFFEW58A260147042
147044	F430	Spider (F1) 06 ZFFEW59A860147044
147045	F430	Spider 06 Black/Tan Manual LHD US ZFFEW59AX60147045
147046	F430	Spider (F1) 06 ZFFEW59A160147046
147047	F430	Spider (F1) 06 ZFFEW59A360147047
147048	F430	Spider (F1) 06 ZFFEW59A560147048
147049	F430	
147051	F430	F1 Rosso Corsa/Black sports seats LHD ZFFEZ58B000147051 Red calipers shields Yellow dials
147056	F430	06 Black/Tan Daytona seats Manual ZFFEW58A260147056 Yellow calipers shields
147057	F430	Spider (F1) 06 LHD US ZFFEW59A660147057
147058	F430	Spider (F1) 06 ZFFEW59A860147058
147059	F430	Spider (F1) 06 ZFFEW59AX60147059
147060	F430	Spider (F1) 06 ZFFEW59A660147060
147061	F430	Spider F1 3/06 Nero Daytona/Nero ZFFEZ59C000147061
147064	F430	Black/Tan tan stitching LHD Manual ZFFEZ58B000147064 shields Red calipers
147066	F430	Spider (F1) 06 ZFFEW59A760147066
147067	F430	Spider (F1) 06 LHD US ZFFEW59A960147067
147068	F430	Spider (F1) 06 ZFFEW58A960147068
147069	F430	Spider (F1) 06 ZFFEW59A260147069
147070	F430	Spider (F1) 06 ZFFEW59A960147070
147071	F430	Spider (F1) 06 ZFFEW59A060147071
147072	F430	(F1) 06 ZFFEW58A060147072
147073	F430	
147077	F430	Challenge Rosso Corsa & Yellow/Red LHD EU ZFFEX63X00
147078	F430	Spider F1 06 Rosso Corsa/Black LHD ZFFEZ53B000147078 Red calipers shields Yellow dials
147080	F430	Spider (F1) 06 ZFFEW59A160147080
147083	F430	F1 Red/Tan ZFFEZ58B000147083 Red calipers shields Hamann carbon rear spoiler & thin front lip
147086	F430	Spider F1 Grigio Silverstone/dark Red ZFFEZ59B000147086
147097	F430	Challenge Yellow & White/Black LHD EU ZFFEX63X000147097
147098	F430	Challenge 06 Yellow & Black/Red LHD EU ZFFEX63X000147098 ass. # 64297
147099	F430	Challenge Rosso Corsa & White
147100	F430	Challenge Red White stripes ZFFEX63X000147100
147101	F430	Challenge Orange ZFFEX63X000147101
147104	F430	Challenge ZFFEX63X000147104
147107	F430	Spider (F1) 06 ZFFEW59A660147107
147108	599	GTB Fiorano F1 Rosso Corsa/Black LHD ZFFFD60B000147108 Red calipers shields Challenge wheels Yellow dials
147109	599	GTB Fiorano F1 Rosso Corsa/Black sports seats ZFFFD60B000147109 Red calipers shields Yellow dials Challenge wheels
147110	599	GTB Fiorano F1 2006 "Panamerica 20000 Car" 06 Red/Black ZFFFD60B000147110
147111	599	GTB Fiorano F1 Nero Daytona WB508/Tan LHD ZFFFD60B000147111 shields Challenge wheels Yellow dials Auto Koenig demonstrator
147114	599	GTB Fiorano F1 Rosso Corsa/Black LHD EU
147116	599	GTB Fiorano F1 Argento Nürburgring 101/C/nero racing seats ZFFFD60B000147116 shields challenge wheels
147117	599	GTB Fiorano F1 Grigio Silverstone/nero racing seats ZFFFD60B000147117 challenge wheels shields
147118	599	GTB Fiorano F1 Rosso Corsa/Black LHD ZFFFD60B000147118 shields Challenge wheels
147119	599	GTB Fiorano F1 black/black ZFFFD60B000147419
147120	599	GTB Fiorano F1 Red/Tan sports seats ZFFFD60B000147120 Red calipers shields pentagram wheels
147126	612	Scaglietti F1 Grigio Silverstone/cuoio ZFFAY54B000147126 Yellow dials
147132	612	Scaglietti F1 GTC 06 Black/tan ZFFAY54B000
147135	612	Scaglietti F1 Black LHD ZFFAY54B000147135
147137	612	Scaglietti (F1) Red/Tan ZFFAY54B000147137
147142	612	Scaglietti F1 GTC Grigio Silverstone/cuoio ZFFAY54B000147142
147143	612	Scaglietti (F1) 06 ZFFAA54A460147143
147144	612	Scaglietti (F1) 06 ZFFAA54A660147144
147148	612	Scaglietti F1 GTC Black/Bordeaux ZFFAY54B000147148 Chrome rims Red calipers shield
147149	612	Scaglietti 6/06 Azzurro California 524/Sabbia ZFFAY54B000147149
147151	612	Scaglietti F1 5/06 Blu Pozzi 521 D.S./Beige Daytona Seats Blue Scuro Stitching Blue Scuro Dashboard & Steering wheel ZFFAA54A360147151 Yellow Calipers Shields
147152	612	Scaglietti (F1) 06 ZFFAA54A560147152
147153	612	Scaglietti (F1) 06 ZFFAA54A760147153
147154	612	Scaglietti (F1) 06 ZFFAA54A960147154
147155	F430	4/06 Blu Tour de France 522/Crema Blue piping RHD Manual ZFFEZ58C000147155 Silver calipers Yellow dials
147158	F430	Spider F1 06 Rosso Corsa/Cuoio LHD US ZFFEW59A160147158
147160	F430	Spider F1 Rosso Scuderia FER. 323/Black sports seats Red stitching LHD ZFFEZ59B000147160 Red calipers shields Challenge wheels Yellow dials
147161	F430	Spider (F1) 06 ZFFEW59A160147161
147167	F430	Spider (F1) 06 ZFFEW59A260147167
147168	F430	Spider 06 Red/Tan LHD US ZFFEW59A460147168
147170	F430	Spider Black/Crema bordeaux inserts bordeaux piping Red stitching RHD ZFFEZ59C000147170 Yellow calipers Yellow dials
147175	F430	F1 06 Yellow/black ZFFEZ58B000
147180	F430	Spider (F1) 06 ZFFEW59A560147180
147181	F430	Spider F1 06 Rosso Corsa/Naturale Daytona Seats Red Inserts Black Top ZFFEW59A760147181 Red Calipers Shields
147182	F430	Spider (F1) 06 LHD US ZFFEW59A960147182
147197	F430	Spider (F1) 06 ZFFEW59A060147197
147199	F430	Spider (F1) 06 LHD US ZFFEW59A460147199
147200	F430	Challenge F1 Red & White/Red ZFFEX63X000147200 ass. # 64383
147201	F430	Challenge GT3 06 Red ass. # 64387 GT3 rear wing
147203	F430	Spider (F1) 06 Grigio Silverstone/Tan LHD EU
147206	F430	Spider F1 Red/Black sports seats ZFFEZ59B000147206
147207	F430	Spider F1 Rosso Corsa/Tan ZFFEZ59B000147207

s/n	Type	Comments	s/n	Type	Comments
147213	F430	Spider	147323	599	GTB Fiorano F1 nero/nero ZFFFD60B000147323
147220	F430	F1 Black/Red ZFFEZ58C000147220	147324	599	GTB Fiorano F1 Red/Black ZFFFD60B000147324
147224	F430	Spider F1 Grigio Titanio grey/charcoal grey top ZFFEZ59B000147224	147325	599	GTB Fiorano F1 Black/Tan sports seats LHD ZFFFD60B000147325 Yellow calipers Challenge wheels Yellow dials
147225	612	Scaglietti F1 black/black LHD EU			
147226	F430	Spider (F1) 06 ZFFEW59A360147226	147326	599	GTB Fiorano F1 Rosso Corsa/tan LHD EU
147227	F430	Spider (F1) 06 ZFFEW59A560147227	147327	599	GTB Fiorano F1 black/black ZFFFD60B000147327
147228	F430	Spider (F1) 06 LHD US ZFFEW59A760147228			
147229	F430	Spider (F1) 06 ZFFEW59A960147229	147328	F430	Challenge ZFFEX63X000147328
147230	F430	Spider (F1) 06 ZFFEW59A560147230	147329	F430	Challenge Rosso Corsa White stripe/Black ZFFEX63X000147329 ass. # 64527
147233	F430	Challenge Blue & Orange/Black LHD ZFFEX63X000147233	147330	F430	Challenge 06 blue/black ZFFEX63X000147330
147235	F430	Challenge Red & Black ZFFEX63X000143725	147331	F430	Challenge Rosso Corsa two White stripes/Red ZFFEX63X000147331
147240	F430	Spider F1 Rosso Corsa/Black LHD ZFFEZ59B000147240 Red calipers shields Challenge wheels Yellow dials colour-coded rear diffuser	147332	F430	Challenge Red/Red ZFFEX63X000147332 ass. # 64501 French Tricolore mirrors
147242	F430	Challenge Red White & Yellow/Red LHD EU ZFFEX63X000147242 ass. # 64429	147338	F430	(F1) 06 ZFFEW58A160147338
			147339	F430	Spider (F1) 06 LHD US ZFFEW59A56014733
147243	F430	Challenge F1 Red White stripe/Red LHD EU ZFFEX63X000147243 ass. # 64436	147340	F430	Spider (F1) ZFFEW59A160147340
147244	F430	Spider F1 06 Red/Tan ZFFEW59A560147244 shields red calipers red dials	147341	F430	Spider F1 06 Nero Daytona met./Black Yellow stitching & Piping & Inserts ZFFEW59A360147341 Yellow Calipers
147245	F430	Spider (F1) 06 ZFFEW59A760147245			
147246	F430	Spider (F1) 06 ZFFEW59A960147246	147343	F430	Spider F1 06 Red/Cream Red stitching RHD ZFFEZ59C000147343 Red calipers shields Yellow dials
147247	F430	Spider (F1) 06 ZFFEW59A060147247			
147248	F430	Spider (F1) 06 ZFFEW59A260147248			
147250	F430	F1 Red/Black ZFFEZ58B000147250 ass. # 64469	147346	F430	Spider (F1) 06 ZFFEW59A260147346
			147347	F430	(F1) 06 ZFFEW58A260147347
147253	F430	F1 Red/Tan ZFFEZ58B000147253	147348	F430	Spider (F1) 06 ZFFEW59A660147348
147255	F430	F1 Argento Nürburgring 101/C/black ZFFEZ58B000147255	147349	F430	Spider (F1) 06 ZFFEW59A860147349
			147350	F430	Spider (F1) 06 ZFFEW59A460147350
147258	F430	F1 Grigio Silverstone/Tan LHD ZFFEZ58B000147258 Silver calipers shields	147351	F430	Spider F1 06 Rosso Corsa/Black ZFFEW59A660147351
147259	F430	Spider F1 Red/Black LHD EU	147352	F430	Spider (F1) 06 ZFFEW59A860147352
147260	F430	F1 06 Rosso Corsa/Tan LHD ZFFEZ58B000147260 shields	147353	F430	Spider F1 06 Red/Cream Red stitching RHD ZFFEZ59C000147343 Red calipers Shields Yellow dials dedication
147262	F430	F1 06 Yellow/black ZFFEZ58B000147262			
147266	F430	Challenge Red LHD ZFFEX63X000147266 ass. # 64451	147354	F430	Spider F1 06 Rosso Scuderia FER. 323/black White stitching ZFFEZ59B000147354
147267	F430	Challenge F1 Red ZFFEX63X000147267	147356	F430	
147268	F430	Spider (F1) 06 ZFFEW59A860147268	147361	F430	Challenge Rosso Corsa/Red & Black
147269	F430	Spider (F1) 06 ZFFEW59AX60147269	147367	F430	06 Grigio Silverstone/Bordeaux Racing Seats Manual ZFFEW58A860147367 Black Calipers Grey Stitching Challenge Wheels
147270	F430	Spider F1 06 Grigio Silverstone/Red Daytona Seats Black piping ZFFEW59A660147270 Rosso Scuderia calipers Shields			
			147368	F430	Spider (F1) 06 ZFFEW59A160147368
147271	F430	Spider (F1) 06 ZFFEW59A860147271	147369	F430	Spider (F1) 06 ZFFEW59A360147369
147272	F430	Challenge F1 Red & White/Black ZFFEX63X000147272	147370	F430	Spider (F1) 06 ZFFEW59AX60147370
			147371	F430	Spider (F1) 06 ZFFEW59A160147371
147277	F430	F1 Rosso Corsa/Black Red stitching LHD ZFFEZ58B000147277 shields Challenge wheels Yellow dials	147374	F430	
			147377	F430	Challenge F1 Rosso Corsa/Red ZFFEX63X000147377 ass. #64436
147280	F430	F1 Grigio Alloy/Tan ZFFEZ58B000147280 Red dials	147379	F430	Challenge Red
			147383	F430	06 Rosso Corsa/Tan manual ZFFEW58A660147383
147281	F430	F1 Red/Black Red stitching ZFFEZ59B000147281 Red dials	147384	F430	Spider (F1) 06 ZFFEW59AX60147384
147283	F430	(F1) 06 LHD US ZFFEW58A260147283	147385	F430	Spider (F1) 06 ZFFEW59A160147385
147284	F430	Spider (F1) 06 ZFFEW59A660147284	147386	F430	Spider (F1) 06 Red/Black ZFFEW59A360147386
147285	F430	Spider (F1) 06 ZFFEW59A860147285			
147287	F430	Challenge Rosso Corsa & Yellow/Red LHD EU ZFFEX63X00147287 ass. # 64478	147401	F430	Spider F1 Grigio Silverstone/tan ZFFEZ59B000147401 Yellow calipers Yellow dials
147294	F430	Challenge Yellow & Black/Red LHD EU ZFFEX63X00147294 ass. # 64485	147403	F430	06 Blu Pozzi 521 D.S./Tan ZFFEW58A860147403 Yellow dials Red calipers Tubi
147301	F430	Spider (F1) 06 ZFFEW59A260147301			
147302	F430	Spider (F1) 06 ZFFEW59A460147302			
147303	F430	Spider (F1) 06 ZFFEW59A660147303	147405	F430	Spider (F1) 06 ZFFEW59A360147405
147304	F430	Spider (F1) 06 ZFFEW59A860147304	147408	F430	Challenge Red ZFFEX63X000147408
147305	F430	Spider (F1) 06 ZFFEW59AX60147305	147409	F430	Challenge Red White & Blue ZFFEX63X000147409
147308	F430				
147309	F430	Spider F1 3/06 Nero Daytona/Crema black inserts black piping RHD ZFFEZ59C000147309 Yellow calipers shields Yellow dials	147410	F430	Challenge Rosso Corsa two White stripes then White/Red ZFFEX63X000147410
			147411	F430	Challenge Red silver & grey

s/n	Type	Comments	s/n	Type	Comments
147416	599	GTB Fiorano F1 Grigio Silverstone/Tan Sports seats LHD ZFFFD60B000147416 Yellow dials	147548	599	GTB Fiorano F1 06 Grigio Titanio grey/tan ZFFFD60B000147548
147420	599	GTB Fiorano F1 Rosso Scuderia FER. 323/Black Sports seats Challenge wheels ZFFFD60B000147420	147558	F430	Challenge F1 6/06 Grigio Silverstone/Black Red racing seats ZFFEX63X000147558 Challenge GT3 06
147421	599	GTB Fiorano F1 Grigio Silverstone/black ZFFFD60B000147421	147565	F430	
147423	599	GTB Fiorano F1 Grigio Silverstone/Red LHD ZFFFD60B000147423 Yellow dials	147566	F430	Spider F1 Red/Black ZFFEZ59B000147566
			147568	F430	Spider (F1) 06 ZFFEW59A960147568
147425	599	GTB Fiorano F1 Black/Naturale Sports seats ZFFFD60B000147425 Yellow dials pentagram wheels	147569	F430	Spider F1 06 Giallo Modena/Black RHDZFFEZ59D000147569
			147572	F430	Spider 4/06 Rosso Corsa/black manual ZFFEZ59B000147572 Red calipers
147432	612	Scaglietti (F1) 06 ZFFAA54A060147432	147573	F430	Spider (F1) 06 ZFFEW59A260147573
147433	612	Scaglietti (F1) 06 ZFFAA54A260147433	147575	F430	Spider (F1) 06 ZFFEW59A660147575
147444	612	Scaglietti F1 06 Grigio Titanio met./Tan EU ZFFAY54B000147444	147581	F430	(F1) 06 ZFFEW58AX60147581
			147583	F430	Spider (F1) 06 ZFFEW59A560147583
147445	612	Scaglietti F1 Grigio Silverstone/Crema ZFFAY54B000147445	147584	F430	Spider (F1) 06 ZFFEW59A760147584
			147586	F430	Spider F1 Red LHD ZFFEZ59B000147586
147446	612	Scaglietti (F1) 06 ZFFAA54A060147446	147587	F430	Spider F1 Black ZFFEZ59B000147587
147450	612	Scaglietti (F1) 06 ZFFAA54A260147450	147589	F430	6/06 Rosso Corsa/Beige ZFFEZ58C000147589
147452	612	Scaglietti F1 06 Black/Black Silver stitching RHD ZFFAY54C000147452	147590	F430	Spider Red/beige Manual RHD ZFFEZ59C000147590
147453	F430	Challenge Rosso Corsa/Red & Black LHD EU	147596	F430	06 Blue/Tan Daytona Seats Blue piping & Stitching Manual ZFFEW58A160147596 Red Calipers Shields Challenge Wheels
147454	F430	Challenge Rosso Corsa two White stripes/Red ZFFEX63X000147454 ass. # 64224			
			147597	F430	F1 06 Blue/Tan ZFFEW58A360147597 Red Calipers Shields
147460	F430	F1 5/06 Rosso Corsa/Nero Red stitching RHD ZFFEZ58C000147460 Yellow dials	147598	F430	Spider (F1) 06 ZFFEW59A760147598
147463	F430	(F1) 06 ZFFEW58A460147463	147599	F430	Spider (F1) 06 ZFFEW59A960147599
147464	F430	Spider F1 06 Black/Bordeaux LHD ZFFEZ59B000147464 Yellow calipers	147600	F430	Spider (F1) 06 ZFFEW59A160147600
			147601	F430	Spider (F1) 06 ZFFEW59A360147601
147468	F430	Spider (F1) 06 ZFFEW59A560147468	147602	F430	Spider (F1) 06 ZFFEW59A560147602
147469	F430	Spider (F1) 06 ZFFEW59A760147469	147605	F430	F1 Red/sabbia ZFFEZ58C000147605
147471	F430	Spider (F1) 06 ZFFEW59A560147471	147609	F430	Spider F1 Rosso Corsa/Black Red stittching LHD EU
147487	F430	(F1) 06 ZFFEW58A760147487			
147488	F430	F1 Rosso Scuderia FER. 323/tan ZFFEZ58B000147488	147612	F430	Spider F1 Grigio Silverstone/Bordeaux LHD ZFFEZ59B000147612 Red calipers Shields Red dials
147489	F430	F1 black/Crema ZFFEZ58B000147489			
147493	F430	F1 Rosso Corsa/Tan tan stitching LHD ZFFEZ58B000147493 shields	147615	F430	(F1) 06 ZFFEW58A160147615
			147616	F430	Spider (F1) 06 ZFFEW59A560147616
147501	F430	Spider (F1) 06 ZFFEW59AX60147501	147617	F430	Spider (F1) 06 ZFFEW59A760147617
147502	F430	Spider (F1) 06 ZFFEW59A160147502	147618	F430	(F1) 06 ZFFEW58A760147618
147503	F430	Spider (F1) 06 ZFFEW59A360147503	147620	F430	(F1) 06 ZFFEW58A560147620
147504	F430	Spider (F1) 06 ZFFEW59A560147504	147624	F430	F1 Red/Crema sports seats Red stitching RHD ZFFEZ58C000147624 Yellow dials Red calipers shields
147505	F430	F1 Black/Black LHD ZFFEZ58C000147505 Challenge wheels Yellow dials			
			147630	F430	(F1) 06 ZFFEW58A860147630
147506	F430	F1 Red/Black ZFFEZ58B000147506	147631	F430	Spider (F1) 06 ZFFEW59A160147631
147510	F430	F1 06 Grigio Silverstone/red dark grey dash ZFFEW58A960147510	147632	F430	Spider (F1) 06 ZFFEW58A260147632
			147633	F430	Spider (F1) 06 ZFFEW58A360147633
147515	F430	(F1) 06 ZFFEW58A860147515	147634	F430	Spider (F1) 06 ZFFEW59A760147634
147516	F430	F1 06 Rosso Scuderia FER. 323/Black ZFFEW58AX60147516 Shields Red Calipers Yellow dials	147635	F430	Spider (F1) 06 ZFFEW59A960147635
			147636	F430	Spider (F1) 06 ZFFEW59A060147636
			147637	F430	Spider (F1) 06 ZFFEW59A260147637
147517	F430	Spider (F1) 06 ZFFEW59A360147517	147640	F430	Spider F1 5/06 Grigio Silverstone/Rosso ZFFEZ59C000147640
147518	F430	(F1) 06 ZFFEW58A360147518			
147519	F430	(F1) 06 ZFFEW58A560147519	147645	612	Scaglietti (F1) 06 ZFFAA54A660147645
147520	F430	Spider (F1) 06 ZFFEW59A360147520	147646	612	Scaglietti 06 Grigio Silverstone/Beige ZFFAA54A860147646
147524	F430	Spider F1 Rosso Scuderia FER. 323/Black Red stitching LHD ZFFEZ59B000147524 shields Yellow dials			
			147648	612	Scaglietti (F1) 06 ZFFAA54A160147648
			147650	612	Scaglietti (F1) 06 ZFFAA54AX60147650
147528	F430	Spider (F1) 06 ZFFEW59A860147528	147651	612	Scaglietti (F1) 06 ZFFAA54A160147651
147529	F430	Spider (F1) 06 ZFFEW59AX60147529	147652	612	Scaglietti 06 Nero Daytona/Black Manual ZFFAA54A360147652
147530	F430	(F1) 06 ZFFEW58A460147530			
147531	F430	Spider (F1) 06 ZFFEW59A860147531	147656	612	Scaglietti (F1) 06 ZFFAA54A060147656
147532	F430	Spider (F1) 06 ZFFEW59AX60147532	147657	F430	(F1) 06 ZFFEW58A660147657
147533	F430	Spider (F1) 06 ZFFEW59A160147533	147660	612	Scaglietti (F1) 06 ZFFAA54A260147660
147535	F430	Spider F1 06 Verde Zeltweg/Cuoio & tan leather seats ZFFEW59B000147535 Yellow calipers Yellow dials	147661	612	Scaglietti 06 Rubino Micalizzato/Grigio Scuro Manual ZFFAA54A460147661
			147662	F430	Challenge ZFFEX63X000147662
147536	F430	Spider (F1) 06 ZFFEW59A760147536	147666	612	Scaglietti F1 Grigio Titanio/Tan LHD ZFFAY54B000147444
147538	F430	Spider F1 Red/Black ZFFEZ59B000147538			
147543	F430	Spider F1 dark Blue met./tan dark Blue dash ZFFEZ59C000147543	147667	F430	F1 Red/Black ZFFEZ58B000147667
147547	599	GTB Fiorano Red/Tan sport seats Red calipers			

s/n	Type	Comments
147669	F430	F1 Rosso Scuderia FER. 323/Black Red stitching LHD ZFFEZ58B000147669 shields Challenge wheels Bordeaux steering wheel Yellow dials
147674	612	Scaglietti (F1) 06 ZFFAA54A260147674
147676	612	Scaglietti 7/06 Nero/Beige ZFFAY54D000147676
147679	F430	F1 Grigio Titanio met./Black LHD ZFFEZ58B000147679 Yellow calipers Yellow dials
147680	F430	F1 Rosso Corsa/Black sports seats LHD ZFFEZ58B000147680 Red calipers Yellow dials
147685	F430	F1 Rosso Scuderia FER. 323/Black Red stitching LHD ZFFEZ58B000147685 Red calipers shields
147686	612	Scaglietti (F1) 06 ZFFAA54A960147686
147687	612	Scaglietti (F1) 06 ZFFAA54A060147687
147688	F430	Spider (F1) 06 ZFFEW59A860147688
147689	F430	Spider (F1) 06 ZFFEW59AX60147689
147690	F430	Spider (F1) 06 ZFFEW59A660147690
147692	F430	Spider F1 Red/Crema RHD
147695	612	Scaglietti (F1) 06 ZFFAA54AX60147695
147696	F430	(F1) 06 ZFFEW58A560147696
147697	F430	F1 06 Red/Black Daytona Seats Red Stitching ZFFEW58A760147697 Challenge Rims Red dials Red Calipers
147698	F430	Spider (F1) 06 ZFFEW59A060147698
147699	F430	Spider (F1) 06 ZFFEW59A260147699
147700	F430	Spider (F1) 06 ZFFEW59A560147700
147701	F430	F1 5/06 Nero Daytona/Cuoio LHD EU ZFFEZ58B000147701 Challenge wheels Yellow calipers
147704	F430	Spider Grigio Titanio
147709	F430	Spider F1 Rosso Corsa/Black Red stitching LHD ZFFEZ59B000147709 Red calipers shields
147711	612	Scaglietti (F1) 06 ZFFAA54A460147711
147712	612	Scaglietti 06 Grigio Titanio Metallizzato 323B/Nero ZFFAA54A660147712
147713	F430	(F1) 06 ZFFEW58A160147713
147714	F430	(F1) 06 ZFFEW58A360147714
147715	F430	Spider (F1) 06 ZFFEW59A760147715
147716	F430	Spider (F1) 06 ZFFEW59A960147716
147721	612	Scaglietti F1 Grigio Silverstone/black ZFFAY54C000147721
147725	612	Scaglietti 06 Black/black LHD
147733	612	Scaglietti 06 Blu Tour De France/Beige ZFFAA54A360147733
147734	F430	(F1) 06 ZFFEW58A960147734
147735	F430	Spider (F1) 06 ZFFEW59A260147735
147736	F430	Spider (F1) 06 ZFFEW59A460147736
147737	F430	(F1) 06 ZFFEW58A460147737
147741	F430	F1 Red/Crema ZFFEZ58C000147741
147748	612	Scaglietti (F1) 06 ZFFAA54A560147748
147749	612	Scaglietti (F1) 06 ZFFAA54A760147749
147750	F430	(F1) 06 ZFFEW58A760147750
147751	F430	Spider (F1) 06 ZFFEW59A060147751
147752	F430	(F1) 06 ZFFEW58A060147752
147753	F430	Spider (F1) 06 ZFFEW59A260147753
147754	F430	Spider (F1) 06 ZFFEW59A660147754
147755	F430	Spider F1 06 Grigio Silverstone/Rosso Daytona seatsZFFEW59A860147755 shields Red calipers
147756	F430	Spider F1 06 Red/Beige Daytona Seats ZFFEW59AX60147756 Red Calipers Shields
147757	F430	(F1) 06 ZFFEW58AX60147757
147767	F430	Spider (F1) 06 ZFFEW59A460147767
147768	F430	(F1) 06 ZFFEW58A460147768
147769	F430	(F1) 06 ZFFEW58A660147769
147770	F430	Spider (F1) 06 ZFFEW59A460147770
147771	F430	Spider (F1) 06 ZFFEW59A660147771
147772	F430	Spider (F1) 06 ZFFEW59A860147772
147773	F430	Spider (F1) 06 ZFFEW59AX60147773
147775	F430	Spider F1 5/05 Rosso Corsa/Cream ZFFEW59C000147775
147778	612	Scaglietti 9/06 Grigio Silverstone/Sabbia ZFFAY54C000147778
147780	F430	F1 Grigio Titanio met./Red LHD ZFFEZ58B000147780
147782	F430	Grigio Titanio ZFFEZ58B000147782
147787	612	Scaglietti (F1) 06 ZFFAA54A460147787
147788	612	Scaglietti F1 06 Silver/Blue ZFFAA54A660147788
147789	612	Scaglietti (F1) 06 ZFFAA54A860147789
147791	612	Scaglietti (F1) 06 ZFFAA54A660147791
147792	612	Scaglietti (F1) 06 ZFFAA54A860147792
147793	612	Scaglietti (F1) 06 ZFFAA54AX60147793
147794	612	Scaglietti (F1) 06 ZFFAA54A160147794
147798	612	Scaglietti (F1) 06 ZFFAA54A960147798
147799	612	Scaglietti (F1) 06 ZFFAA54A060147799
147800	612	Scaglietti (F1) 06 ZFFAA54A360147800
147802	612	Scaglietti (F1) 06 ZFFAA54A760147802
147803	612	Scaglietti (F1) 06 ZFFAA54A960147803
147806	612	Scaglietti (F1) 06 ZFFAA54A460147806
147807	612	Scaglietti F1 GTC Black/black ZFFAY54C000147807
147808	612	Scaglietti (F1) 06 ZFFAA54A860147808
147809	612	Scaglietti (F1) 06 ZFFAA54AX60147809
147810	612	Scaglietti (F1) 06 ZFFAA54A660147810
147811	612	Scaglietti (F1) 06 ZFFAA54A860147811
147812	612	Scaglietti (F1) 06 ZFFAA54AX60147812
147813	612	Scaglietti (F1) 06 ZFFAA54A160147813
147814	612	Scaglietti (F1) 06 ZFFAA54A360147814
147817	F430	Spider (F1) 06 ZFFEW59A460147817
147826	F430	(F1) 06 ZFFEW58A360147826
147827	F430	Spider (F1) 06 ZFFEW59A760147827
147828	F430	Spider (F1) 06 ZFFEW59A960147828
147829	F430	Spider (F1) 06 ZFFEW59A060147829
147834	F430	F1 Red/light beige ZFFEZ58B000147834
147840	F430	Spider F1 Red/Tan ZFFEZ59B000147840
147842	F430	F1 6/06 Rosso Corsa/Black Red stittching LHD ZFFEZ58B000147842 shields Yellow dials
147843	F430	(F1) 06 ZFFEW58A360147843
147844	F430	(F1) 06 ZFFEW58A560147844
147845	F430	(F1) 06 ZFFEW58A760147845
147846	F430	Spider (F1) 06 ZFFEW59A060147846
147847	F430	(F1) 06 ZFFEW58A060147847
147848	F430	Spider (F1) 06 ZFFEW59A460147848
147849	F430	Spider (F1) 06 ZFFEW59A660147849
147850	F430	Spider (F1) 06 ZFFEW59A260147850
147851	F430	Spider (F1) 06 ZFFEW59A460147851
147861	F430	(F1) 06 ZFFEW58A560147861
147862	F430	(F1) 06 ZFFEW58A760147862
147863	F430	(F1) 06 ZFFEW58A960147863
147865	F430	Spider F1 06 Rosso Corsa/Tan ZFFEW59A460147865 Yellow dials
147866	F430	Spider (F1) 06 ZFFEW59A660147866
147867	F430	Spider (F1) 06 ZFFEW59A860147867
147868	F430	Spider (F1) 06 ZFFEW59AX60147868
147881	F430	(F1) 06 ZFFEW58A060147881
147882	F430	F1 06 ZFFEW58A260147882
147883	F430	Spider (F1) 06 ZFFEW59A660147883
147885	F430	Spider (F1) 06 ZFFEW59AX60147885
147886	F430	Spider (F1) 06 ZFFEW59A160147886
147887	F430	Spider (F1) 06 ZFFEW59A360147887
147888	F430	Spider (F1) 06 ZFFEW59A560147888
147898	F430	(F1) 06 ZFFEW58A660147898
147899	F430	(F1) 06 ZFFEW58A860147899
147900	F430	Spider (F1) 06 ZFFEW59A260147900
147903	F430	Spider (F1) 06 ZFFEW59A860147903
147904	F430	Spider (F1) 06 ZFFEW59AX60147904
147905	F430	Spider (F1) 06 ZFFEW59A160147905
147909	F430	Spider F1 Grigio Silverstone/deep Red leather sports seats ZFFEZ59B000147909 challenge wheels Red calipers Red dials
147911	F430	(F1) 06 ZFFEW58A560147911
147912	F430	(F1) 06 ZFFEW58A760147912
147919	F430	F1 06 Black/black ZFFEZ58B000147919
147920	F430	(F1) 06 ZFFEW58A660147920
147921	F430	Spider (F1) 06 ZFFEW59AX60147921

s/n	Type	Comments	s/n	Type	Comments
147922	F430	Spider (F1) 06 ZFFEW59A160147922	148082	F430	Spider (F1) 06 ZFFEW59AX60148082
147923	F430	Spider (F1) 06 ZFFEW59A360147923	148083	F430	Spider (F1) 06 ZFFEW59A160148083
147924	F430	Spider (F1) 06 ZFFEW59A560147924	148084	F430	6/06 Grigio Titanio Metallizzato/Bordeaux ZFFEZ58C000148084
147926	F430	F1 5/06 Rosso Corsa/Nero ZFFEZ58B000147926	148085	F430	F1 06 Rosso Corsa/Beige RHD ZFFEZ58D000148085
147932	F430	Spider F1 Rosso Corsa/beige Daytona seats ZFFEZ59B000147932 beige rollbars shields	148094	F430	Spider F1 06 Rosso Corsa/nero ZFFEW59B000148094
147934	F430	Spider (F1) 06 ZFFEW59A860147934	148095	F430	Spider F1 06 Rosso Corsa/Beige Daytona seats ZFFEW59A860148095 shields red calipers challenge wheels
147935	F430	Spider (F1) 06 ZFFEW59AX60147935
147936	F430	Spider (F1) 06 ZFFEW59A160147936
147937	F430	(F1) 06 ZFFEW58A160147937	148096	F430	Spider (F1) 06 ZFFEW59AX60148096
147939	F430	Spider (F1) 06 ZFFEW59A760147939	148097	F430	Spider (F1) 06 ZFFEW59A160148097
147940	F430	Spider (F1) 06 ZFFEW59A360147940	148098	F430	Spider (F1) 06 ZFFEW59A360148098
147944	F430	F1 Red/Black ZFFEZ58B000147944	148099	F430	Spider (F1) 06 ZFFEW59A560148099
147954	F430	Spider (F1) 06 ZFFEW59A360147954	148101	F430	Spider (F1) 06 ZFFEW59AX60148101
147955	F430	Spider (F1) 06 ZFFEW59A560147955	148102	F430	F1 06 Red/beige ZFFEW59A160148102
147956	F430	Spider (F1) 06 ZFFEW59A760147956	148103	F430	Spider (F1) 06 ZFFEW59A360148103
147957	F430	Spider (F1) 06 ZFFEW59A960147957	148111	F430	Spider (F1) 06 ZFFEW59A260148111
147958	F430	Spider (F1) 06 ZFFEW59A060147958	148113	F430	F1 06 Rosso Corsa/Nero Daytona Seats Rosso Stitchings ZFFEW58A460148113 Red Calipers
147959	F430	Spider (F1) 06 ZFFEW59A260147959
147960	F430	Spider F1 Rosso Rubino/Sabbia Bordeaux inserts & piping RHD ZFFEZ59C000147960 Silver calipers Yellow dials Challenge wheels	148114	F430	(F1) 06 ZFFEW58A660148114
148115	F430	(F1) 06 ZFFEW58A860148115
148116	F430	Spider (F1) 06 ZFFEW59A160148116
147973	F430	(F1) 06 ZFFEW58A560147973	148117	F430	F1 06 Rosso Corsa/Tan LHD EU
147974	F430	(F1) 06 ZFFEW58A760147974	148121	F430	Spider F1 06 nero/nero ZFFEZ59B000148121
147975	F430	(F1) 06 ZFFEW58A960147975	148122	F430	Spider F1 06 Grigio Titanio met./Black LHD EU
147976	F430	(F1) 06 ZFFEW58A060147976	148127	F430	F1 06 Grigio Silverstone/Rosso ZFFEW58A460148127
147977	F430	Spider (F1) 06 ZFFEW59A460147977
147978	F430	Spider (F1) 06 ZFFEW59A660147978	148128	F430	Spider F1 06 Black/all bordeaux bordeaux top ZFFEW59B000148128
147979	F430	Spider F1 6/06 Nero Daytona/Nero ZFFEZ59C000147979	148131	F430	Spider F1 06 silver/dark Blue ZFFEZ59B000148131
147984	F430	F1 Red/Tan ZFFEZ58B000147984
147992	F430	Spider F1 06 Red/Tan Red Inserts Red Stitching ZFFEW59A060147992 Savini wheels Novitec exhaust Novitec carbon air intake	148133	F430	F1 06 White/black ZFFEZ58B000148133 Challenge grill
148134	F430	(F1) 06 ZFFEW58A160148134
148135	F430	Spider (F1) 06 ZFFEW59A560148135
147993	F430	(F1) 06 ZFFEW58A060147993	148141	F430	Spider (F1) 06 ZFFEW59A060148141
147994	F430	(F1) 06 ZFFEW58A260147994	148143	F430	Spider (F1) 06 ZFFEW59A460148143
147995	F430	(F1) 06 ZFFEW58A460147995	148144	F430	(F1) 06 ZFFEW58A460148144
147996	F430	Spider (F1) 06 ZFFEW59A860147996	148145	F430	(F1) 06 ZFFEW58A660148145
147997	F430	Spider (F1) 06 ZFFEW59AX60147997	148146	F430	(F1) 06 ZFFEW58A860148146
147998	F430	Spider (F1) 06 ZFFEW59A160147998	148147	F430	Spider (F1) 06 ZFFEW59A160148147
147999	F430	(F1) 06 ZFFEW58A160147999	148150	F430	F1 06 Grey/Black silver stitching RHD ZFFEZ58C000148150 shields Yellow dials
148006	612	Scaglietti F1 06 /Black ZFFAY54B000148006 shields Red stitching
148018	612	Scaglietti F1 Berne Grand Prix Edition 06 Grey & Silver/Red & Black ZFFAY54B000148018	148153	F430	Spider F1 06 Red/Tan BBS rims carbon-tan leather steering wheel Red stitching
148158	F430	Spider (F1) 06 ZFFEW59A660148158
148026	612	Scaglietti GTC 5/06 Grigio Silverstone/Nero Manual ZFFAY54B000148026	148159	F430	(F1) 06 ZFFEW58A660148159
148160	F430	(F1) 06 ZFFEW58A260148160
148031	612	Scaglietti F1 GTC 06 Silver/Cuoio ZFFAY54B000148031 Silver calipers shields	148161	F430	Spider (F1) 06 ZFFEW59A660148161
148163	F430	F1 06 Red/Black Red stitching RHD ZFFEZ58C000148163 Red calipers shields
148032	612	Scaglietti 6/06 Blu Tour de France 522/Beige Manual ZFFAY54C000148032
148043	F430	Spider (F1) 06 ZFFEW59A060148043	148164	F430	F1 06 Grigio Silverstone/Grey sports seats RHD ZFFEZ58C000148164 Yellow calipers shields Challenge wheels Yellow dials
148044	F430	Spider (F1) 06 ZFFEW59A260148044
148045	F430	(F1) 06 ZFFEW58A260148045
148046	F430	(F1) 06 ZFFEW58A460148046
148047	F430	06 Rosso Corsa/Beige ZFFEW58A660148047	148172	F430	Spider (F1) 06 ZFFEW59A060148172
148048	F430	Spider (F1) 06 ZFFEW59AX60148048	148173	F430	(F1) 06 ZFFEW58A060148173
148049	F430	Grey/Bordeaux silver stitching black inserts RHD ZFFEZ59C000148049 Silver calipers Yellow dials shields	148174	F430	(F1) 06 ZFFEW58A260148174
148175	F430	Spider (F1) 06 ZFFEW59A660148175
148176	F430	Spider (F1) 06 ZFFEW59A860148176
148057	F430	(F1) 06 ZFFEW58A960148057	148177	F430	Spider (F1) 06 ZFFEW59AX60148177
148058	F430	Spider 06 Rosso Corsa/beige Daytona seats Red stitching ZFFEW59A260148058 Red calipers Challenge wheels shields	148178	F430	Spider (F1) 06 ZFFEW59A160148178
148179	F430	Spider (F1) 06 ZFFEW59A360148179
148181	F430	F1 06 Red ZFFEZ58B000148181
148059	F430	Spider (F1) 06 ZFFEW59A460148059	148188	F430	(F1) 06 ZFFEW58A260148188
148060	F430	Spider (F1) 06 ZFFEW59A060148060	148189	F430	Spider (F1) 06 ZFFEW59A660148189
148061	F430	Spider (F1) 06 ZFFEW59A260148061	148190	F430	(F1) 06 ZFFEW58A060148190
148062	F430	(F1) 06 ZFFEW58A260148062	148191	F430	Spider (F1) 06 ZFFEW59A460148191
148063	F430	(F1) 06 ZFFEW58A460148063	148192	F430	Spider (F1) 06 ZFFEW59A660148192
148064	F430	Spider (F1) 06 ZFFEW59A860148064	148193	F430	Spider (F1) 06 ZFFEW59A860148193
148080	F430	(F1) 06 ZFFEW58A460148080
148081	F430	Spider (F1) 06 ZFFEW59A860148081

s/n	Type	Comments
148200	F430	F1 06 Red/Black sport seats ZFFEZ58B000148200 Red calipers shields Challenge wheels
148205	F430	F1 06 Rosso Scuderia FER. 323/Black Red stitching LHD ZFFEZ58B000148205 shields colour-coded rear diffuser
148208	F430	Spider (F1) 06 ZFFEW59A660148208
148209	F430	Spider (F1) 06 ZFFEW59A860148209
148210	F430	Spider (F1) 06 ZFFEW59A460148210
148211	F430	Spider (F1) 06 ZFFEW59A660148211
148212	F430	Spider (F1) 06 ZFFEW59A860148212
148213	F430	F1 06 red/beige ZFFEZ58B000148213
148218	F430	Spider (F1) 06 ZFFEW59A960148218
148219	F430	Spider 06 Rosso Corsa/Beige Manual ZFFEW59A060148219
148220	F430	F1 06 Rosso Corsa/Black LHD CDN ZFFEW58A560148220 Shields Red calipers Yellow dials
148231	612	Scaglietti F1 GTC 06 Grigio Silverstone/Black ZFFAY54B000148231 Silver calipers shields
148238	599	GTB Fiorano F1 06 Rosso Monza/Beige sports seats LHD ZFFFD60B000148238 Yellow calipers shields Challenge wheels
148240	612	Scaglietti (F1) 06 ZFFAA54A760148240
148241	612	Scaglietti (F1) 06 ZFFAA54A960148241
148245	612	Scaglietti F1 6/06 Grigio Titanio/Bordeaux RHD ZFFAY54C000148245 Red calipers Shields
148250	612	Scaglietti (F1) 06 ZFFAA54AX60148250
148256	612	Scaglietti F1 Black/Black LHD
148259	599	GTB Fiorano F1 06 Grigio Silverstone/charcoal sports seats ZFFFD60B000148259 Red dials challenge wheels
148262	612	Scaglietti F1 7/06 black/beige LHD EU ZFFAY54B000148262
148263	612	Scaglietti (F1) 06 ZFFAA54A860148263
148266	612	Scaglietti 06 Grigio Titanio Metallizzato 3238/Cuoio Manual ZFFAA54A360148266
148276	599	GTB Fiorano F1 06 Rosso Corsa/tan ZFFFD60B000148276
148278	612	Scaglietti (F1) 06 ZFFAA54AX60148278
148279	612	Scaglietti (F1) 06 ZFFAA54A160148279
148280	612	Scaglietti F1 06 Argento Nürburgring 101/C/Bordeaux black inserts LHD EU shields Red lower half of steering wheel
148281	612	Scaglietti (F1) 06 ZFFAA54AX60148281
148288	599	GTB Fiorano F1 06 Red/Black LHD ZFFFD60B000148288 Red calipers shields Challenge wheels Yellow dials
148290	599	GTB Fiorano F1 06 Black/Beige sports seats LHD Red calipers shields Challenge wheels Yellow dials
148293	599	GTB Fiorano F1 06 Grigio Silverstone/Tan LHD EU
148294	599	GTB Fiorano (F1) 06 Rosso Corsa/Black LHD EU
148296	599	GTB Fiorano F1 06 Grigio Alloy/crema ZFFFD60B000148296
148298	599	GTB Fiorano F1 06 Grey/Tan
148299	F430	(F1) 06 ZFFEW58A060148299
148301	F430	Spider F1 06 Grigio Silverstone/nero ZFFEZ59B000148301
148302	F430	Spider F1 06 Rosso Corsa/Black Red sittching LHD EU shields ass. # 65476
148303	F430	F1 06 Grigio alloy/bordeaux black dashboard
148304	F430	F1 06 black/tan ZFFEZ58B000148304 Red calipers
148306	F430	Spider F1 06 Verde Zeltweg/cuoio ZFFEZ59B000148306
148310	F430	Spider (F1) 06 ZFFEW59A860148310
148311	F430	(F1) 06 ZFFEW58A860148311
148312	F430	(F1) 06 ZFFEW58AX60148312
148313	F430	Spider (F1) 06 ZFFEW59A360148313
148314	F430	(F1) 06 ZFFEW58A360148314
148315	F430	Spider (F1) 06 ZFFEW59A760148315
148316	F430	Spider (F1) 06 ZFFEW59A960148316
148317	F430	Spider (F1) 06 ZFFEW59A060148317
148321	F430	F1 06 Grigio Silverstone/Black silver stitching LHD ZFFEZ58B000148321 Black calipers shields Challenge wheels
148322	F430	F1 06 Rosso Scuderia White stripes/Black Red stitching LHD ZFFEZ58B000148322 Red calipers shields Challenge wheels
148327	F430	Spider (F1) 06 ZFFEW59A360148327
148328	F430	(F1) 06 ZFFEW58A360148328
148329	F430	(F1) 06 ZFFEW58A560148329
148330	F430	(F1) 06 ZFFEW58A160148330
148331	F430	(F1) 06 ZFFEW58A360148331
148332	F430	Spider (F1) 06 ZFFEW59A760148332
148333	F430	(F1) 06 ZFFEW58A760148333
148334	F430	Spider F1 06 Nero/Nero ZFFEW59A060148334
148338	F430	F1 05 Rosso Corsa/Black sports seats LHD ZFFEZ58B000148338 ass. # 65551 Red calipers shields Yellow dials
148343	F430	Spider F1 06 Rosso Corsa/Black ZFFEZ59B000148343
148344	F430	Spider (F1) 06 ZFFEW59A360148344
148345	F430	(F1) 06 ZFFEW58A360148345
148346	F430	(F1) 06 ZFFEW58A560148346
148347	F430	Spider (F1) 06 ZFFEW59A960148347
148348	F430	Spider (F1) 06 ZFFEW59A060148348
148351	F430	F1 6/06 Rosso Corsa/Rosso ZFFEZ58C000148351
148352	F430	Spider (F1) 06 ZFFEW59A260148352
148358	F430	Spider F1 06 Black/Black silver stitching LHD ZFFEZ59B000148358 shields Challenge wheels
148360	F430	Spider 06 Red/Tan Daytona seats Red stitching Manual ZFFEW59A160148360 Red calipers
148361	F430	F1 06 Rosso Corsa/beige & black LHD US ZFFEW58A160148361
148368	F430	Spider F1 Red
148375	F430	Spider (F1) 06 ZFFEW59A360148375
148376	F430	(F1) 06 ZFFEW58A360148376
148377	F430	Spider (F1) 06 ZFFEW59A760148377
148379	F430	Spider (F1) 06 ZFFEW59A060148379
148384	F430	Spider F1 06 Grigio Alloy/Blu Scurro RHD ZFFEZ59D000148384
148391	F430	Spider F1 06 Rosso Corsa/Black LHD ZFFEZ59B000148391 shields
148394	F430	(F1) 06 ZFFEW58A560148394
148395	F430	Spider (F1) 06 ZFFEW59A960148395
148396	F430	(F1) 06 ZFFEW58A960148396
148397	F430	Spider (F1) 06 ZFFEW59A260148397
148398	F430	(F1) 06 ZFFEW58A260148398
148399	F430	(F1) 06 ZFFEW58A460148399
148400	F430	Spider (F1) 06 ZFFEW59A960148400
148401	F430	Spider (F1) 06 ZFFEW59A060148401
148402	F430	Spider 06 dark Red metallic/Tan black top Manual ZFFEW59A260148402 yellow dials shields
148409	F430	F1 06 Red/Beige ZFFEZ58B000148409
148418	F430	(F1) 06 ZFFEW58A460148418
148420	F430	Spider (F1) 06 ZFFEW59A460148420
148421	F430	Spider (F1) 06 ZFFEW59A660148421
148422	F430	Spider (F1) 06 ZFFEW59A860148422
148434	F430	Spider (F1) 06 ZFFEW59A460148434
148436	F430	Spider (F1) 06 ZFFEW59A860148436
148437	F430	Spider 06 Red/Tan Daytona seats red stitching ZFFEW59AX60148437 Challenge wheels red calipers shields
148438	F430	Spider (F1) 06 ZFFEW59A160148438
148439	F430	Spider (F1) 06 ZFFEW59A360148439
148446	F430	Spider (F1) 06 ZFFEW59A060148446
148447	F430	Spider F1 06 Grigio Silverstone/Nero Daytona seats Yellow stitching ZFFEW59A260148447 Yellow Calipers Shields
148450	612	Scaglietti (F1) 06 ZFFAA54A760148450
148451	612	Scaglietti (F1) 06 ZFFAA54A960148451

s/n	Type	Comments	s/n	Type	Comments
148454	612	Scaglietti F1 8/06 Grigio Silverstone/Beige LHD ZFFAY54B000148454	148597	F430	Spider (F1) 06 ZFFEW59AX60148597
148459	612	Scaglietti F1 06 black/beige LHD EU	148604	F430	Spider F1 06 Red/Black LHD ZFFEZ59B000148504 Red calipers shields sports seats Red stitching Yellow dials
148463	612	Scaglietti (F1) 06 ZFFAA54A560148463			
148464	612	Scaglietti (F1) 06 ZFFAA54A760148464	148606	F430	F1 06 Red/Black Red stitching LHD ZFFEZ58B000148606 Red calipers shields
148467	612	Scaglietti (F1) 06 ZFFAA54A260148467			
148470	612	Scaglietti 06 black/black beige inserts Manual ZFFAA54A260148470	148608	F430	Spider F1 06 red/black LHD EU
			148609	F430	Spider F1 06 Grigio Silverstone/Rosso ZFFEW59A260148609
148471	612	Scaglietti (F1) 06 ZFFAA54A460148471			
148472	612	Scaglietti F1 06 Grigio Silverstone/Bordeaux ZFFAA54A660148472 Red calipers shields	148610	F430	Spider (F1) 06 ZFFEW59A960148610
			148611	F430	Spider (F1) 06 ZFFEW59A060148611
148475	612	Scaglietti Black/Grey Manual LHD EU	148619	F430	F1 06 Rosso Corsa/Black sport seats Red stitching LHD EU ZFFEZ58B000148619
148477	612	Scaglietti (F1) 06 ZFFAA54A560148477			
148479	612	Scaglietti 06 Nero Carbone Metallizzato/Nero ZFFAA54A960148479	148624	F430	F1 06 Red/Black LHD EU
			148631	F430	Spider (F1) 06 ZFFEW59A660148631
148485	612	Scaglietti (F1) 06 ZFFAA54A460148485	148632	F430	Spider (F1) 06 ZFFEW59A860148632
148486	F430	Spider F1 06 Rosso Corsa/Black LHD ZFFEZ59B000148486 shields Red calipers	148644	F430	(F1) 06 ZFFEW58A260148644
			148645	F430	Spider (F1) 06 ZFFEW59A660148645
148490	F430	F1 06 Rosso Corsa/Dark grey sports seats Red stitching LHD ZFFEZ58B000148490 Red calipers shields Challenge wheels Red dials	148646	F430	(F1) 06 ZFFEW58A660148646
			148647	F430	(F1) 06 ZFFEW58A860148647
			148648	F430	Spider (F1) 06 ZFFEW59A160148648
148491	F430	Spider 06 Rosso Corsa/Black Red stiching LHD ZFFEZ59B000148491 Red calipers Yellow dials	148649	F430	F1 06 Rosso Corsa/Beige Daytona Seats Red Stitching & Piping ZFFEW58A160148649 Red Calipers Shields Yellow dials
148493	F430	F1 06 Rosso Corsa/Black sport seats Red stitching LHD ZFFEZ58B000148493 Red calipers shields	148650	F430	Spider (F1) 06 ZFFEW59AX60148650
			148651	F430	Spider (F1) 06 ZFFEW59A160148651
			148652	F430	Spider (F1) 06 ZFFEW59A360148652
148495	F430	(F1) 06 ZFFEW58A060148495	148660	F430	(F1) 06 ZFFEW58A060148660
148496	F430	Spider (F1) 06 ZFFEW59A460148496	148661	F430	(F1) 06 ZFFEW58A260148661
148497	F430	(F1) 06 ZFFEW58A460148497	148662	F430	F1 06 Rosso Corsa/Beige ZFFEW58A460148662
148498	F430	Spider (F1) 06 ZFFEW59A860148498			
148499	F430	(F1) 06 ZFFEW58A860148499	148665	F430	Spider 06 Rosso Corsa/beige Daytona seats Red piping Red stitching ZFFEW59A160148665 shields
148500	F430	Spider (F1) 06 ZFFEW59A260148500			
148501	F430	Spider (F1) 06 ZFFEW59A460148501			
148503	F430	F1 06 Yellow/black ZFFEZ58B000148503	148666	F430	Spider F1 06 Silver/Light grey Daytona seats black top ZFFEW59A360148666 Challenge wheels Yellow dials
148508	F430	(F1) 06 ZFFEW58A560148508			
148510	F430	F1 06 Rosso Scuderia FER. 323/Beige ZFFEW58A360148510			
			148672	F430	Spider F1 06 Rosso Scuderia
148511	F430	Spider (F1) 06 ZFFEW59A760148511	148674	F430	F1 06 Rosso Scuderia FER. 323/Black LHD ZFFEZ58B000148674 Yellow dials
148512	F430	Spider 06 Black/Black Daytona Seats Yellow Gauges Manual ZFFEW59A960148512 Yellow Calipers			
			148675	F430	F1 06 Red LHD ZFFEZ58B000148675
			148679	F430	Spider (F1) 06 ZFFEW59A160148679
148514	F430	Spider (F1) 06 Anthracite/Red ZFFEW59A260148514	148680	F430	F1 06 Red/Tan ZFFEW58A660148680
			148681	F430	(F1) 06 ZFFEW58A860148681
148515	F430	Spider (F1) 06 ZFFEW59A460148515	148682	F430	Spider (F1) 06 ZFFEW59A160148682
148521	F430	Spider F1 06 Grigio Silverstone/Red ZFFEZ59B000148521	148684	F430	(F1) 06 ZFFEW58A360148684
			148685	F430	(F1) 06 ZFFEW58A560148685
148528	F430	Spider (F1) 06 ZFFEW59A260148528	148689	F430	F1 06 Red/Cream RHD ZFFEZ58C000148689 Red calipers Shields Yellow dials
148529	F430	(F1) 06 ZFFEW58A260148529			
148530	F430	(F1) 06 ZFFEW58A960148530	148699	612	Scaglietti (F1) 06 ZFFAA54A160148699
148531	F430	(F1) 06 ZFFEW58A060148531	148701	599	GTB Fiorano F1 06 Rosso Corsa/beige ZFFFD60B000148701
148532	F430	(F1) 06 ZFFEW58A260148532			
148533	F430	Spider (F1) 06 ZFFEW59A660148533	148710	612	Scaglietti F1 7/06 Nero Daytona/Sabbia Black piping LHD ZFFAY54B000148710
148534	F430	Spider (F1) 06 ZFFEW59A860148534			
148535	F430	Spider (F1) 06 ZFFEW59AX60148535	148711	612	Scaglietti F1 6/06 Grigio Silverstone/tan ZFFAY54B000148711 silver calipers
148547	F430	Spider (F1) 06 ZFFEW59A660148547			
148548	F430	(F1) 06 ZFFEW58A660148548	148712	612	Scaglietti F1 06 Rosso rubino/Crema dark Red dash ZFFAY54B000148712 Red calipers shields
148549	F430	(F1) 06 ZFFEW58A860148549			
148550	F430	Spider (F1) 06 ZFFEW59A660148550	148713	612	Scaglietti F1 GP Edition 7/06 Grigio Silverstone & Silver/Red & black ZFFAY54B000148713
148551	F430	Spider (F1) 06 ZFFEW59A860148551			
148552	F430	Spider (F1) 06 ZFFEW59AX60148552	148727	F430	Spider 06 Rosso Corsa/Beige ZFFEW59A860148727
148557	F430	F1 06 Grigio Silverstone/Red ZFFEZ58B000148557			
			148734	F430	F1 06 Red/Black sports seats Red stitching ZFFEZ58B000148734 Yellow dials
148561	F430	(F1) 06 ZFFEW58A960148561			
148562	F430	Spider F1 06 Nero/Nero ZFFEW59A260148562	148740	F430	Spider (F1) 06 ZFFEW59A060148740
148563	F430	(F1) 06 ZFFEW58A260148563	148741	F430	Spider (F1) 06 ZFFEW59A260148741
148564	F430	Spider (F1) 06 ZFFEW59A660148564	148742	F430	(F1) 06 ZFFEW58A260148742
148565	F430	(F1) 06 ZFFEW58A460148565	148755	F430	Spider (F1) 06 ZFFEW59A260148755
148566	F430	(F1) 06 ZFFEW58A860148566	148756	F430	F1 06 Rosso Corsa/Nero LHD EU
148567	F430	Spider (F1) 06 ZFFEW59A160148567	148766	F430	Spider (F1) 06 ZFFEW59A760148766
148584	F430	F1 06 Red/Black LHD EU	148767	F430	(F1) 06 ZFFEW58A760148767
148587	F430	(F1) 06 ZFFEW58A560148587	148768	F430	(F1) 06 ZFFEW58A960148768
148588	F430	Spider (F1) 06 ZFFEW59A960148588	148769	F430	(F1) 06 ZFFEW58A060148769
148596	F430	(F1) 06 ZFFEW58A660148596			

s/n	Type	Comments	s/n	Type	Comments
148771	F430	Spider (F1) 06 ZFFEW59A060148771	148928	599	GTB Fiorano F1 06 Grigio Silverstone/cuoio Thomas-Sportwagen-demonstrator, burned out, probably written off
148777	F430	F1 06 Black/Black Yellow Stitching ZFFEW58AX60148777			
148778	F430	(F1) 06 ZFFEW58A160148778	148935	612	Scaglietti (F1) 06 ZFFAA54A960148935
148791	F430	Spider (F1) 06 ZFFEW59A660148791	148936	612	Scaglietti (F1) 06 ZFFAA54A060148936
148796	F430	(F1) 06 ZFFEW58A360148796	148939	612	Scaglietti F1 06 Nero/Tan ZFFAY54B000148939
148797	F430	Spider (F1) 06 ZFFEW59A760148797			
148799	F430	Spider (F1) 06 ZFFEW59A060148799	148940	612	Scaglietti F1 06 Black/Cuoio Black inserts LHD ZFFAY54B000148940
148802	F430	(F1) 06 ZFFEW58A560148802			
148803	F430	Spider (F1) 06 ZFFEW59A960148803	148941	612	Scaglietti (F1) 06 ZFFAA54A460148941
148804	F430	Spider (F1) 06 ZFFEW59A060148804	148945	612	Scaglietti (F1) 06 ZFFAA54A160148945
148805	F430	Spider (F1) 06 ZFFEW59A260148805	148949	612	Scaglietti (F1) 06 ZFFAA54A960148949
148806	F430	(F1) 06 ZFFEW58A260148806	148953	599	GTB Fiorano F1 06 black/black ZFFFD60B000148953
148807	F430	Spider (F1) 06 ZFFEW59A660148807			
148808	F430	F1 06 Black met./Grey Red stitching LHD ZFFEZ58B000148808	148957	F430	F1 06 black/black ZFFEZ58B000148957
			148962	F430	F1 06 Rosso Scuderia FER. 323/tan ZFFEZ58B000148962
148809	F430	Spider (F1) 06 ZFFEW58AX60148809			
148813	599	GTB Fiorano (F1) Rosso Corsa/Nero LHD EU	148964	F430	F1 06 Red/Black Red stitching ZFFEZ58B000148964 Red calipers shields
148814	F430	Spider (F1) 06 ZFFEW59A360148814			
148815	F430	Spider (F1) 06 ZFFEW59A560148815	148973	F430	(F1) 06 ZFFEW58AX60148973
148819	612	Scaglietti (F1) 06 ZFFAA54A760148819	148986	F430	Spider (F1) 06 ZFFEW59AX60148986
148820	612	Scaglietti (F1) 06 ZFFAA54A360148820	148987	F430	Spider (F1) 06 ZFFEW59A160148987
148828	612	Scaglietti (F1) 06 ZFFAA54A860148828	148995	F430	(F1) 06 ZFFEW58A960148995
148831	612	Scaglietti F1 GTC 06 Black/Tan LHD ZFFAY54B000148831 Red calipers shields	148996	F430	(F1) 06 ZFFEW58A060148996
			148997	F430	F1 06 Grigio Silverstone/Natural Daytona Seats ZFFEW58A260148997 Red Calipers Shields
148834	599	GTB Fiorano F1 06 black/black LHD EU shields black calipers challenge wheels			
			149004	F430	Spider F1 Red LHD ZFFEZ59B000149004
148835	599	GTB Fiorano F1 06 Nero/Nero sports seats ZFFFD60B000148835 shields Challenge wheels	149011	F430	(F1) 06 ZFFEW58A160149011
			149012	F430	(F1) 06 ZFFEW58A360149012
148846	F430	(F1) 06 ZFFEW58A360148846	149013	F430	(F1) 06 ZFFEW58A560149013
148848	F430	F1 6/06 Rosso Corsa/Cream ZFFEZ58C000148848	149014	F430	(F1) 06 ZFFEW58A760149014
			149017	F430	F1 Blue/Crema LHD
148852	F430	Spider (F1) 06 ZFFEW59A060148852	149019	F430	(F1) 06 ZFFEW58A660149019
148853	F430	Spider (F1) 06 ZFFEW59A260148853	149023	F430	Spider F1 06 Rosso Corsa/beige ZFFEZ59B000149023
148854	F430	(F1) 06 ZFFEW58A260148854			
148855	F430	Spider (F1) 06 ZFFEW59A660148855	149028	F430	Spider F1 7/05 Rosso Scuderia/Nero ZFFEZ59B000149028
148861	F430	Spider F1 06 black/bordeaux ZFFEZ59B000148861			
			149031	F430	(F1) 06 ZFFEW58A760149031
148863	F430	Spider (F1) 06 ZFFEW59A560148863	149032	F430	(F1) 06 ZFFEW58A960149032
148864	F430	Spider (F1) 06 ZFFEW59A760148864	149033	F430	Spider F1 06 red/crema & red beige top ZFFEZ59B000149033
148865	F430	Spider (F1) 06 ZFFEW59A960148865			
148866	F430	Spider (F1) 06 ZFFEW59A060148866	149035	F430	(F1) 06 ZFFEW58A460149035
148867	F430	Spider (F1) 06 ZFFEW59A260148867	149036	F430	(F1) 06 ZFFEW58A660149036
148873	F430	(F1) 06 ZFFEW58A660148873	149037	F430	(F1) 06 ZFFEW58A860149037
148874	F430	(F1) 06 ZFFEW58A860148874	149038	F430	Spider F1 06 Black/Naturale Daytona seats black inserts black top LHD ZFFEW59A160149038 shields red calipers
148875	F430	Spider (F1) 06 ZFFEW59A160148875			
148876	F430	(F1) 06 ZFFEW58A160148876			
148877	F430	Spider (F1) 06 ZFFEW59A660148877	149039	F430	Spider F1 06 Grigio Silverstone/Black Daytona seats white stitching & inserts ZFFEW59A360149039 shields red calipers yellow dials
148878	F430	Spider (F1) 06 ZFFEW59A760148878			
148882	F430	Spider F1 06 Red/Black ZFFEZ59B000148882			
148887	F430	(F1) 06 ZFFEW58A660148887			
148888	F430	(F1) 06 ZFFEW58A860148888	149040	F430	(F1) 06 ZFFEW58A860149040
148889	F430	Spider (F1) 06 ZFFEW59A160148889	149041	F430	Spider (F1) 06 ZFFEW59A160149041
148890	F430	(F1) 06 ZFFEW58A660148890	149042	F430	Spider (F1) 06 ZFFEW59A360149042
148891	F430	Spider (F1) 06 ZFFEW59AX60148891	149043	F430	Spider (F1) 06 ZFFEW59A560149043
148892	F430	Spider F1 06 Red/Tan & Black Daytona Seats Red Stitching ZFFEW59A160148892 Red Calipers Shields	149045	F430	Spider (F1) 06 ZFFEW59A960149045
			149046	F430	Spider F1 06 Red/Tan ZFFEW59A060149046
			149047	F430	Spider (F1) 06 ZFFEW59A260149047
148893	F430	Spider (F1) 06 ZFFEW59A360148893	149048	F430	Spider (F1) 06 ZFFEW59A460149048
148894	F430	Spider (F1) 06 ZFFEW59A560148894	149049	F430	Spider (F1) 06 ZFFEW59A660149049
148895	F430	Spider F1 7/06 Argento Nürburgring 101/C/Nero ZFFEZ59B000148895	149050	F430	Spider 06 Nero/Nero ZFFEW59A260149050
			149051	F430	(F1) 06 ZFFEW58A260149051
148913	612	Scaglietti F1 06 Grigio Silverstone/Cuoio ZFFAB54A360148913	149059	612	Scaglietti F1 06 Grigio Silverstone/Cuoio Daytona Seats dark Grey inserts ZFFAA54A360149059 Aluminum Calipers
148914	612	Scaglietti (F1) 06 ZFFAA54A160148914			
148915	612	Scaglietti (F1) 06 ZFFAA54A360148915	149062	612	Scaglietti F1 06 Grigio Silverstone/brown LHD EU
148916	612	Scaglietti (F1) 06 ZFFAA54A560148916			
148917	599	GTB Fiorano F1 06 Rosso Scuderia FER. 323/Black LHD ZFFFD60B000148917 shields Challenge wheels Yellow dials	149066	612	Scaglietti F1 06 Black/Grey dark grey inserts RHD ZFFAY54C000149066 Yellow calipers shields Yellow dials
148922	599	GTB Fiorano F1 06 Rosso Corsa/Black LHD ZFFFD60B000148922 Red calipers shields Challenge wheels Yellow dials	149067	599	GTB Fiorano F1 06 Red/Black ZFFFD60B000149067

s/n	Type	Comments
149073	612	Scaglietti F1 06 Black/Black silver stitching RHD ZFFAY54C000149073 Yellow calipers Shields
149082	F430	7/06 Rosso Corsa/Crema Bordeaux stitching RHD Manual UK Red calipers
149092	F430	Spider (F1) 06 ZFFEW59A760149092
149094	F430	Spider F1 06 Black/Black RHD ZFFEZ59D000149094
149097	F430	F1 06 Red/Black LHD EU Red stitching Red calipers stradale wheels
149099	F430	(F1) 06 ZFFEW58A860149099
149106	F430	Spider F1 06 Red/Black LHD EU Red stitching Red calipers stradale wheels
149115	F430	F1 06 Red/Black Red stitching ZFFEZ58B000149115 Red calipers shields
149121	F430	(F1) 06 ZFFEW58A860149121
149122	F430	(F1) 06 ZFFEW58AX60149122
149125	F430	Spider F1 06 Rosso Corsa/Black LHD ZFFEZ59B000149125 Yellow dials
149127	F430	(F1) 06 ZFFEW58A960149127
149129	F430	Spider F1 06 Black/Tan RHD ZFFEZ59C000149129 Shields Yellow dials
149133	F430	(F1) 06 ZFFEW58A460149133
149134	F430	(F1) 06 ZFFEW58A660149134
149135	F430	(F1) 06 ZFFEW58A860149135
149142	F430	(F1) 06 ZFFEW58A560149142
149143	F430	(F1) 06 ZFFEW58A760149143
149144	F430	Spider F1 06 dark Blue met./Tan LHD EU Black/Tan ZFFEZ58B000149146 Yellow dials
149146	F430	
149149	F430	(F1) 06 ZFFEW58A860149149
149150	F430	Spider (F1) 06 ZFFEW59A660149150
149151	F430	(F1) 06 ZFFEW58A660149151
149152	F430	Spider (F1) 06 ZFFEW58AX60149152
149156	F430	(F1) 06 ZFFEW58A560149156
149157	F430	(F1) 06 ZFFEW58A760149157
149158	F430	(F1) 06 ZFFEW58A060149158
149159	F430	(F1) 06 ZFFEW58A060149159
149161	F430	Spider (F1) 06 ZFFEW59A060149161
149162	F430	Spider (F1) 06 ZFFEW59A260149162
149163	F430	Spider (F1) 06 ZFFEW59A460149163
149164	F430	Spider (F1) 06 ZFFEW59A660149164
149165	F430	Spider F1 light Blue/tan ZFFEW59B000149165
149168	F430	Spider (F1) 06 ZFFEW59A360149168
149169	F430	Spider (F1) 06 ZFFEW59A560149169
149170	F430	Spider 06 Rosso Corsa/Beige Daytona Seats red Stitching Manual ZFFEW59A160149170 Red Calipers Shields
149171	F430	Spider (F1) 06 ZFFEW59A360149171
149172	F430	Spider (F1) 06 ZFFEW59A560149172
149173	F430	Spider (F1) 06 ZFFEW59A760149173
149174	F430	Spider (F1) 06 ZFFEW59A960149174
149175	F430	Spider (F1) 06 ZFFEW59A060149175
149176	F430	Spider (F1) 06 ZFFEW59A260149176
149178	F430	Spider (F1) 06 ZFFEW59A660149178
149179	F430	F1 06 Rosso Corsa/Tan ZFFEW58A660149179
149180	F430	Spider (F1) 06 ZFFEW59A460149180
149181	F430	Spider F1 06 Nero/Nero ZFFEW59A660149181
149182	F430	Spider (F1) 06 ZFFEW59A860149182
149199	599	GTB Fiorano F1 grey/black LHD EU Red calipers shields
149206	612	Scaglietti F1 06 ZFFAA54A160149206
149207	612	Scaglietti F1 Black/Bordeaux RHD ZFFAY54C000149207 Yellow calipers shields
149208	599	GTB Fiorano F1 06 Nero Daytona met./Nero Red stittching LHD EU Hamann modified
149215	612	Scaglietti F1 GTC Black/black ZFFAY54B000149215
149217	599	GTB Fiorano F1 Rosso Corsa/Black sport seats LHD ZFFFD60B000149217 Red calipers Challenge wheels
149224	612	Scaglietti F1 Grigio Titanio/Bordeaux LHD
149225	F430	(F1) 06 ZFFEW58A960149225
149236	F430	Rosso Scuderia FER. 323/Tan LHD Manual ZFFEZ59B000149236 Red calipers shields Yellow dials
149239	F430	F1 Grey/tan ZFFEZ58B000149239
149240	F430	Spider (F1) 06 ZFFEW59A760149240
149241	F430	Spider F1 06 grey/black ZFFEZ59B000149241
149256	F430	Spider F1 Rosso Scuderia FER. 323/Black ZFFEZ59B000149256
149260	F430	Spider F1 Rosso Corsa/Black sports seats Red stitching LHD ZFFEZ59B000149260 Red calipers shields Challenge wheels
149261	F430	(F1) 06 ZFFEW58A260149261
149262	F430	(F1) 06 ZFFEW58A460149262
149263	F430	(F1) 06 ZFFEW58A660149263
149264	F430	(F1) 06 ZFFEW58A860149264
149267	F430	F1 06 Red/Black ZFFEZ58B000149267 Yellow calipers shields
149268	F430	Spider (F1) 06 ZFFEW59A760149268
149269	F430	Spider (F1) 06 ZFFEW59A960149269
149270	F430	(F1) 06 ZFFEW58A360149270
149271	F430	(F1) 06 ZFFEW58A560149271
149272	F430	F1 Silverstone grey/Red ZFFEZ58B000149272
149274	F430	(F1) 06 ZFFEW58A060149274
149275	F430	(F1) 06 ZFFEW58A260149275
149280	F430	Spider 06 Rosso Corsa/Cuoio Manual ZFFEW59A860149280
149281	F430	(F1) 06 ZFFEW58A860149281
149282	F430	(F1) 06 ZFFEW58AX60149282
149286	F430	Spider (F1) 06 ZFFEW59A960149286
149288	F430	F1 06 Red/Beige Daytona Seats Red Stitching ZFFEW58A060149288 Shields Red calipers
149289	F430	Spider (F1) 06 ZFFEW59A460149289
149290	F430	(F1) 06 ZFFEW58A960149290
149291	F430	(F1) 06 ZFFEW58A060149291
149293	F430	Spider (F1) 06 ZFFEW59A660149293
149294	F430	(F1) 06 ZFFEW58A660149294
149297	F430	Spider F1 Giallo Modena/Red Yellow inserts LHD ZFFEZ59B000149297 Red dash & steering wheel black challenge wheels
149301	F430	Spider (F1) 06 ZFFEW59A160149301
149302	F430	F1 Red/Black ZFFEZ58B000149302
149303	F430	Spider (F1) 06 ZFFEW59A560149303
149305	F430	(F1) 06 ZFFEW58A760149305
149310	599	GTB Fiorano F1 06 Red/Beige sports seats LHD Red calipers shields Challenge wheels Red dials
149314	599	GTB Fiorano F1 06 Black/Grey ZFFFD60B000149314 Yellow calipers shields Challenge wheels
149316	599	GTB Fiorano F1 06 Red/Black LHD EU ZFFFD60B000149316
149317	599	GTB Fiorano 06 dark grey/grey sport seats ZFFFD60B000149317
149321	599	GTB Fiorano F1 Rosso Corsa/Black LHD ZFFFD60B000149321 Red calipers Challenge wheels
149325	599	GTB Fiorano F1 Grigio Silverstone/Bordeaux LHD ZFFFD60B000149325 Silver calipers pentagram wheels
149331	599	GTB Fiorano F1 Rosso Corsa/Black LHD ZFFFD60B000149331 Red calipers Challenge wheels Yellow dials
149336	612	Scaglietti F1 GTC Black/tan ZFFAY54B000149336
149343	612	Scaglietti F1 GTC Black/all Red ZFFAY54B000149343
149346	612	Scaglietti (F1) Paris Show Car 06 Blue/Light Grey ZFFAY54B000149346
149349	F430	Spider (F1) 06 ZFFEW59A760149349
149352	F430	F1 06 Red/Black Red stitching ZFFEZ58B000149352 Red calipers shields
149354	F430	Spider (F1) 06 ZFFEW59A060149354
149355	F430	(F1) 06 ZFFEW58A060149355
149356	F430	Spider (F1) 06 ZFFEW59A460149356

s/n	Type	Comments
149361	F430	F1 7/06 Nuovo Nero Daytona/Nero ZFFEZ58B000149361
149363	F430	F1 9/06 Grigio Alloy/Blu Scuro ZFFEZ58C000149363
149372	F430	(F1) 06 Black/Tan ZFFEW58A060149372
149373	F430	(F1) 06 ZFFEW58A260149373
149377	F430	F1 Black/Cream sports seats LHD ZFFEZ58B000149377 shields Yellow dials
149379	F430	Spider F1 Red/Black LHD EU
149383	F430	(F1) 06 ZFFEW58A560149383
149387	F430	F1 Rosso Scuderia FER. 323/Black ZFFEZ58B000149387
149390	F430	(F1) 06 ZFFEW58A260149390
149391	F430	(F1) 06 ZFFEW58A460149391
149396	F430	Spider (F1) 06 ZFFEW59A560149396
149397	F430	(F1) 06 ZFFEW58A560149397
149398	F430	(F1) 06 ZFFEW58A760149398
149400	F430	(F1) 06 ZFFEW58A160149400
149401	F430	(F1) 06 ZFFEW58A360149401
149403	F430	F1 Grigio Silverstone/Tan sports seats LHD ZFFEZ58B000149403 Yellow calipers shields Yellow dials
149404	F430	F1 Rosso Corsa/Tan sports seats LHD ZFFEZ58B000149404 shields Yellow dials
149406	F430	Spider F1 Giallo Modena/Black Red stitching LHD ZFFEZ49B000149406
149407	F430	Spider (F1) 06 ZFFEW59A660149407
149408	F430	Spider F1 06 Light Blue Metallic/cream LHD ZFFEW59A860149408
149409	F430	(F1) 06 ZFFEW58A860149409
149411	F430	F1 Bianco Avus/Cuoio LHD ZFFEZ58B000149411 Red calipers shields
149413	F430	Spider (F1) 06 ZFFEW59A160149413
149414	F430	Spider (F1) 06 ZFFEW59A360149414
149415	F430	Spider (F1) 06 ZFFEW59A560149415
149416	F430	Spider F1 06 Rosso Corsa/Beige ZFFEW59A760149416
149417	F430	Spider (F1) 06 ZFFEW59A960149417
149418	F430	Spider (F1) 06 ZFFEW59A060149418
149419	F430	Spider (F1) 06 ZFFEW59A260149419
149420	F430	Spider (F1) 06 ZFFEW59A960149420
149421	F430	Spider (F1) 06 ZFFEW59A060149421
149422	F430	Spider F1 06 Red/Tan ZFFEW59A260149422 Red dials
149431	599	GTB Fiorano F1 Grigio Silverstone/Tan LHD EU ZFFFD60B000149431 shields Yellow dials Pentagram wheels
149434	599	GTB Fiorano F1 Silver LHD ZFFFD60B000149434
149444	599	GTB Fiorano F1 06 black/black Yellow dials Yellow calipers LHD EU
149450	F430	F1 8/06 Rosso Corsa/Nero ZFFEZ58B000149450
149454	F430	F1 Rosso Corsa/Tan LHD ZFFEZ58B000149454
149477	F430	Spider (F1) 06 ZFFEW59A560149477
149478	F430	Spider F1 06 Giallo Modena/Nero ZFFEW59A760149478
149479	F430	(F1) 06 ZFFEW58A760149479
149480	F430	Spider (F1) 06 ZFFEW59A560149480
149481	F430	(F1) 06 ZFFEW58A560149481
149483	F430	Spider (F1) 06 ZFFEW59A060149483
149484	F430	Spider (F1) 06 ZFFEW59A260149484
149485	F430	(F1) 06 ZFFEW58A260149485
149486	F430	(F1) 06 ZFFEW58A460149486
149488	F430	Spider F1 Rosso Scuderia FER. 323/Tan LHD ZFFEZ59B000149488 shields tan dash & steering wheel Yellow dials
149490	F430	Spider F1 Rosso Corsa/Tan LHD ZFFEZ59B000149490 Black calipers
149493	F430	(F1) 06 ZFFEW58A160149493
149494	F430	(F1) 06 ZFFEW58A360149494
149495	F430	(F1) 06 ZFFEW58A560149495
149500	F430	(F1) 06 ZFFEW58A560149500
149501	F430	Spider F1 Yellow/black ZFFEZ59B000149501
149505	F430	Spider (F1) 06 ZFFEW59A660149505
149506	F430	06 Red/Tan Manual ZFFEW58A660149506
149510	F430	(F1) 06 ZFFEW58A860149510
149511	F430	(F1) 06 ZFFEW58AX60149511
149512	F430	Spider (F1) 06 ZFFEW59A360149512
149519	F430	(F1) 06 ZFFEW58A460149519
149520	F430	(F1) 06 ZFFEW58A060149520
149522	F430	Spider F1 9/06 Blu Tour De France/Cream ZFFEZ59C000149522
149525	F430	(F1) 06 ZFFEW58AX60149525
149526	F430	(F1) 06 ZFFEW58A160149526
149528	F430	(F1) 06 ZFFEW58A560149528
149533	F430	Spider (F1) 06 ZFFEW59A060149533
149534	F430	Spider (F1) 06 ZFFEW59A260149534
149539	F430	Spider (F1) 06 ZFFEW59A160149539
149545	F430	Spider (F1) 06 ZFFEW59A760149545
149546	FXX	F1 06 Nero no stripe/Nero ZFFHX62X000149546, Michael Schumacher
149547	599	GTB Fiorano F1 First UK RHD 06 Black/dark Red ZFFFD60C000149547 Red calipers shields Challenge wheels Yellow dials
149550	599	GTB Fiorano F1 Black LHD ZFFFD60B000149550 Challenge wheels Yellow dials shields
149552	599	GTB Fiorano F1 06 Black/Cream RHD ZFFFD60C000149552 Red calipers shields Challenge wheels Yellow dials
149563	612	Scaglietti F1 GTC 06 Black LHD ZFFAY54B000149563
149572	F430	F1 06 Red Red stitching ZFFEZ58B000149572 Red calipers Yellow dials
149585	F430	Spider (F1) 06 ZFFEW59A860149585
149591	F430	Spider F1 06 Black/Black RHD ZFFEZ59C000149591 Black calipers
149596	F430	Spider (F1) 06 ZFFEW59A260149596
149597	F430	Spider (F1) 06 ZFFEW59A460149597
149598	F430	Spider (F1) 06 ZFFEW59A660149598
149599	F430	Spider (F1) 06 ZFFEW59A860149599
149604	F430	Spider (F1) 06 ZFFEW59A860149604
149605	F430	Spider (F1) 06 ZFFEW59AX60149605
149606	F430	Spider (F1) 06 ZFFEW59A160149606
149607	F430	Spider (F1) LHD ZFFEW59A360149607
149608	F430	Spider (F1) 06 ZFFEW59A560149608
149609	F430	(F1) 06 ZFFEW58A560149609
149610	F430	(F1) 06 ZFFEW58A160149610
149612	F430	Spider F1 Paris Show Car 06 Blue/Tan Tan dash & steering wheel ZFFEZ59B000149612 Yellow dials
149613	F430	Spider F1 06 Nero/Rosso ZFFEW59A960149613
149614	F430	Spider F1 black/black ZFFEZ59B000149614
149618	F430	(F1) 06 ZFFEW58A660149618
149622	F430	Spider F1 Red/Tan ZFFEZ59B000149622
149624	F430	Spider (F1) 06 ZFFEW59A360149624
149625	F430	Spider (F1) 06 ZFFEW59A560149625
149626	F430	(F1) 06 ZFFEW58A560149626
149627	F430	(F1) 06 ZFFEW58A760149627
149628	F430	(F1) 06 ZFFEW58A960149628
149633	F430	Spider (F1) 06 ZFFEW59A460149633
149634	F430	F1 7/06 Black Met./Tan Daytona seats black stitching ZFFEW58A460149634 red calipers shields
149635	F430	(F1) 06 ZFFEW58A660149635
149636	F430	(F1) 06 ZFFEW58A860149636
149637	F430	Spider (F1) 06 ZFFEW59A160149637
149638	F430	Spider (F1) 06 ZFFEW59A360149638
149645	F430	Spider (F1) 06 ZFFEW59A060149645
149646	F430	Spider (F1) 06 ZFFEW59A260149646
149647	F430	Spider (F1) 06 ZFFEW59A460149647
149648	F430	Spider (F1) 06 ZFFEW59A660149648
149649	F430	(F1) 06 ZFFEW58A660149649

s/n	Type	Comments	s/n	Type	Comments
149656	F430	Spider F1 06 Red/tan Daytona seats US ZFFEW59A560149656 shields yellow calipers	149806	612	Scaglietti F1 GTC 06 Grigio Silverstone/all Rosso 112806 Daytona Seats ZFFAB54A760149806
149658	F430	Spider (F1) 06 ZFFEW59A960149658	149808	599	GTB Fiorano F1 Rosso Corsa/Black LHD ZFFFD60B000149808 Yellow calipers shields Challenge wheels Yellow dials
149659	F430	Spider F1 06 Red/Tan ZFFEW59A060149659			
149660	F430	Spider (F1) 06 ZFFEW59A760149660			
149661	F430	Spider (F1) 06 ZFFEW59A960149661	149830	612	Scaglietti F1 GTC Black/cuoio black inserts ZFFAY54B000149830
149664	F430	Spider (F1) 06 ZFFEW59A460149664			
149665	F430	Spider (F1) 06 ZFFEW59A660149665	149831	612	Scaglietti F1 dark Blue met./Crema ZFFAY54B000149831
149666	F430	Spider (F1) 06 ZFFEW59A860149666			
149670	612	Scaglietti F1 06 black/black LHD EU	149832	612	Scaglietti F1 GTC Black/black ZFFAY54B000149832
149671	612	Scaglietti F1 Nero Daytona/Cuoio LHD EU			
149676	612	Scaglietti F1 06 Dark Blue/Cream black inserts RHD ZFFAY54C000149676 Red calipers shields	149834	F430	Spider F1 06 Black/Black Daytona Seats Yellow Inserts Yellow Stitching & Piping ZFFEW58A260149834 Yellow Calipers
149679	599	GTB Fiorano F1 Paris Show Car 06 Rosso Rubino met./Grey ZFFFD60B000149679	149836	F430	Spider (F1) 06 ZFFEW59A760149836
			149837	F430	Spider (F1) 06 ZFFEW59A960149837
149680	599	GTB Fiorano (F1) Paris Show Car 06 Black/Cream ZFFFD60B000149680	149843	F430	(F1) 06 ZFFEW58A260149843
			149844	F430	(F1) 06 ZFFEW58A460149844
149686	599	GTB Fiorano F1 Red/Tan ZFFFD60B000149686	149853	F430	Spider (F1) 06 ZFFEW59A760149853
149687	599	GTB Fiorano F1 Rosso Corsa/Black sports seats LHD ZFFFD60B000149687 Red calipers shields Challenge wheels	149854	F430	Spider (F1) 06 ZFFEW59A960149854
			149855	F430	(F1) 06 ZFFEW58A960149855
149689	F430	Spider F1 yellow/cuio ZFFEZ59B000149689	149856	F430	Spider (F1) 06 ZFFEW59A260149856
149692	599	GTB Fiorano F1 06 Grigio Silverstone/Tan ZFFFD60B000149692	149857	F430	(F1) 06 ZFFEW58A260149857
			149865	F430	Spider (F1) 06 ZFFEW59A360149865
149699	599	GTB Fiorano F1 06 Black/Tan sports seats ZFFFD60B000149699 Yellow calipers shields Challenge wheels	149866	F430	Spider (F1) LHD ZFFEW59A560149866
			149882	F430	(F1) 06 ZFFEW58A160149882
			149883	F430	(F1) 06 ZFFEW58A360149883
149705	599	GTB Fiorano F1 06 Grigio Silverstone/Light grey sports seats ZFFFD60B000149705 Challenge wheels	149884	F430	(F1) 06 ZFFEW58A560149884
			149892	F430	F1 06 Nero/Tan LHD EU
			149896	F430	(F1) 06 ZFFEW58A160149896
149710	F430	F1 Paris Show Car 06 Red/Black ZFFEZ58B000149710	149897	F430	(F1) 06 ZFFEW58A360149897
			149898	F430	(F1) 06 ZFFEW58A560149898
149711	F430	(F1) 06 ZFFEW58A760149711	149899	F430	(F1) 06 ZFFEW58A760149899
149712	612	Scaglietti F1 bordeaux/cream LHD EU	149900	F430	Spider (F1) 06 ZFFEW59A160149900
149714	F430	(F1) 06 ZFFEW58A260149714	149901	F430	Spider (F1) 06 ZFFEW59A360149901
149718	F430	Spider Red/Black Manual ZFFEZ59B000149718	149918	F430	Spider (F1) 06 ZFFEW59A960149918
			149919	F430	(F1) 06 ZFFEW58A960149919
149719	F430	(F1) 06 ZFFEW58A160149719	149920	F430	(F1) 06 ZFFEW58A560149920
149720	F430	Spider 06 Red/Black Daytona seats red stitching black top ZFFEW59AX60149720 yellow dials	149921	F430	Spider (F1) 06 ZFFEW59A960149921
			149922	F430	Spider (F1) 06 ZFFEW59A060149922
149721	F430	Spider (F1) 06 ZFFEW59A160149721	149929	F430	Spider (F1) 06 ZFFEW59A360149929
149722	F430	F1 Blue/Beige RHD	149930	F430	(F1) 06 ZFFEW58A860149930
149727	F430	Spider (F1) 06 ZFFEW59A260149727	149932	F430	Spider (F1) 06 ZFFEW59A360149932
149728	F430	(F1) 06 ZFFEW58A260149728	149933	F430	Spider (F1) 06 ZFFEW59A560149933
149733	F430	Spider F1 06 Grigio Silverstone/Nero RHD ZFFEZ59D000149733	149936	F430	Spider (F1) 06 ZFFEW59A060149936
			149937	F430	Spider (F1) 06 ZFFEW59A660149937
149736	F430	Spider F1 Grigio Silverstone/cuoio ZFFEZ59B000149736	149938	F430	(F1) 06 ZFFEW58A260149938
			149939	F430	(F1) 06 ZFFEW58A460149939
149740	F430	Spider (F1) 06 ZFFEW59A560149740	149940	F430	Spider (F1) 06 ZFFEW59A260149940
149741	F430	(F1) 06 ZFFEW58A560149741	149941	F430	Spider (F1) 06 ZFFEW59A460149941
149742	F430	Spider (F1) 06 ZFFEW59A960149742	149942	F430	Spider (F1) 06 ZFFEW59A660149942
149743	F430	Spider (F1) 06 ZFFEW59A060149743	149943	F430	(F1) 06 ZFFEW58A660149943
149744	F430	(F1) 06 ZFFEW58A060149744	149944	F430	(F1) 06 ZFFEW58A860149944
149757	F430	F1 Red/all tan ZFFEZ58B000149757	149945	F430	Spider (F1) 06 ZFFEW59A160149945
149762	F430	F1 Rosso Corsa/Black LHD EU	149949	599	GTB Fiorano F1 Rosso Fiorano 321/beige LHD EU
149766	F430	Spider (F1) 06 ZFFEW59A160149766			
149767	F430	Spider (F1) LHD ZFFEW59A360149767	149952	599	GTB Fiorano F1 06 Grigio Silverstone/Cuoio sports seats ZFFFC60A770149952 Challenge wheels Yellow dials
149770	F430	Spider 06 Metallic black/Black Daytona seats light grey piping & stitching ZFFEW59A360149770 ass. # 67033 Yellow dials rear parking sensors			
			149961	612	Scaglietti F1 06 Grigio Titanio/Cuoio Daytona seats tan inserts LHD EU ZFFAY54B000149961
149771	F430	(F1) 06 ZFFEW58A360149771	149962	612	Scaglietti F1 Nero/Nero & Grigio Daytona Seats LHD EU Yellow calipers
149772	F430	Spider (F1) 06 ZFFEW59A760149772			
149773	F430	Spider (F1) 06 ZFFEW59A960149773	149967	612	Scaglietti 10/06 Nero/Beige ZFFAY54B000149967
149774	F430	Spider (F1) 06 ZFFEW59A060149774			
149779	F430	Spider (F1) 06 ZFFEW59AX60149779	149969	599	GTB Fiorano F1 06 black/crema ZFFFD60B000149969
149780	F430	(F1) 06 ZFFEW58A460149780			
149781	F430	Spider (F1) 06 ZFFEW59A860149781	149971	F430	(F1) 06 ZFFEW58A060149971
149784	F430	(F1) 06 ZFFEW58A160149784	149972	F430	(F1) 06 ZFFEW58A260149972
149785	F430	Spider (F1) 06 ZFFEW59A560149785	149977	F430	(F1) 06 ZFFEW58A160149977
149786	F430	F1 06 Black/all cuoio ZFFEZ58B000149786	149982	F430	Spider F1 06 Rosso Corsa/Nero LHD Hamann modified
149805	612	Scaglietti F1 Blue Mirabeau/tan LHD EU			

s/n	Type	Comments
149985	F430	F1 06 Red/Black ZFFEZ58B000149985
149986	F430	Spider (F1) 06 ZFFEW59A460149986
149987	F430	(F1) 06 ZFFEW58A460149987
149992	F430	F1 06 Grigio Silverstone/Bordeaux RHD ZFFEZ58C000149992 Black calipers shields
150000	F430	Spider F1 06 Rosso Corsa tan Daytona seats ZFFEW59A860150000 shields red calipers
150008	F430	Spider (F1) 06 ZFFEW59A860150008
150009	F430	Spider (F1) 06 ZFFEW59AX60150009
150014	F430	F1 06 Red/Cream sports seats ZFFEZ58B000150014 Red calipers shields Yellow dials
150015	F430	F1 06 Red/Black ZFFEZ58B000150015 Red calipers shields
150016	F430	F1 06 Black/Black Red stitching ZFFEZ58B000150016 Red calipers shields
150022	F430	Spider (F1) 06 ZFFEW59A260150022
150023	F430	(F1) 06 ZFFEW58A260150023
150030	F430	(F1) 06 ZFFEW58AX60150030
150031	F430	Spider (F1) 06 ZFFEW59A360150031
150032	F430	(F1) 06 ZFFEW58A360150032
150033	F430	Spider (F1) 06 ZFFEW59A760150033
150034	F430	Spider (F1) 06 ZFFEW59A960150034
150035	F430	F1 06 Grigio Silverstone/dark Grey LHD EU
150036	F430	(F1) 06 Rosso Corsa/Tan LHD EU
150042	F430	Spider (F1) 06 ZFFEW59A860150042
150045	F430	F1 06 Red/Black Red stitching RHD ZFFEZ58C000150045
150051	F430	Spider (F1) LHD ZFFEW59A960150051
150053	F430	Spider (F1) 06 ZFFEW59A260150053
150054	F430	Spider F1 07 ZFFEW59A460150054
150062	F430	Spider (F1) 06 ZFFEW59A360150062
150063	F430	Spider (F1) 06 ZFFEW59A560150063
150064	F430	(F1) 06 ZFFEW58A560150064
150065	F430	Spider (F1) 06 ZFFEW59A960150065
150066	F430	Spider (F1) 06 ZFFEW59A060150066
150067	F430	06 Black/Beige RHD Manual ZFFEZ58C000150067 Yellow calipers shields
150068	F430	Spider F1 Red RHD
150078	F430	Spider (F1) 06 ZFFEW59A760150078
150079	F430	Spider (F1) 06 ZFFEW59A960150079
150081	F430	Spider (F1) 06 ZFFEW59A760150081
150082	F430	Spider (F1) LHD ZFFEW59A960150082
150083	F430	Spider (F1) 06 ZFFEW59A060150083
150085	F430	Spider (F1) 06 ZFFEW59A460150085
150086	F430	Spider (F1) 06 ZFFEW59A660150086
150087	F430	Spider (F1) LHD ZFFEW59A860150087
150090	F430	Spider (F1) LHD ZFFEW59A860150090
150091	F430	Spider (F1) 06 ZFFEW59AX60150091
150092	F430	Spider F1 11/06 Nero Daytona/Nero ZFFEZ59C000150092
150105	599	GTB Fiorano (F1) 07 ZFFFC60A470150105
150106	599	GTB Fiorano (F1) 07 ZFFFC60A670150106
150110	599	GTB Fiorano F1 06 Black/black ZFFFD60B000150110
150112	599	GTB Fiorano (F1) 07 ZFFFC60A170150112
150117	599	GTB Fiorano F1 07 ZFFFC60A070150117
150118	599	GTB Fiorano (F1) 07 ZFFFC60A270150118
150124	599	GTB Fiorano (F1) 07 ZFFFC60A870150124
150131	599	GTB Fiorano (F1) 07 ZFFFC60A570150131
150133	599	GTB Fiorano F1 06 Rosso Scuderia FER. 323/grey ZFFFD60B000150133
150136	599	GTB Fiorano (F1) 07 ZFFFC60A470150136
150142	599	GTB Fiorano (F1) LHD ZFFFC60AX70150142
150143	599	GTB Fiorano (F1) 07 ZFFFC60A170150143
150148	599	GTB Fiorano (F1) 07 ZFFFC60A070150148
150151	599	GTB Fiorano (F1) 07 ZFFFC60A070150151
150154	599	GTB Fiorano F1 06 Grigio Titanio met./cuoio ZFFFD60B000150154
150168	F430	Spider F1 Nero Daytona/cuoio sports seats LHD EU Yellow calipers shields
150169	F430	Spider F1 black/tan sports seats LHD EU Yellow dails aluminium calipers shields
150184	F430	Spider (F1) 06 ZFFEW59A660150184
150199	F430	Spider F1 Red/Black LHD EU
150206	F430	Spider (F1) 06 ZFFEW59A160150206
150215	F430	Spider (F1) Red LHD EU
150218	F430	(F1) 06 ZFFEW58A660150218
150219	F430	(F1) 06 ZFFEW58A860150219
150234	F430	Spider (F1) LHD ZFFEW59A660150234
150235	F430	Spider (F1) 06 ZFFEW59A860150235
150247	F430	Spider (F1) 06 ZFFEW59A460150247
150248	F430	Spider (F1) 06 ZFFEW59A660150248
150249	F430	Spider (F1) 06 ZFFEW59A860150249
150250	F430	Spider (F1) 06 ZFFEW59A460150250
150251	F430	Spider (F1) LHD ZFFEW59A660150251
150258	F430	F1 06 Black/Black sports seats RHD ZFFEZ58C000150258 Yellow calipers shields Yellow dials
150259	F430	Spider Fl 06 Grigio Silverstone/Bordeaux ZFFEZ59B000150259 Red calipers shields
150265	F430	Spider (F1) LHD ZFFEW59A660150265
150266	F430	(F1) 06 ZFFEW58A660150266
150267	F430	(F1) 06 ZFFEW58A860150267
150268	F430	(F1) 06 ZFFEW58AX60150268
150269	F430	Spider (F1) 06 ZFFEW59A360150269
150270	F430	Spider (F1) 06 ZFFEW59AX60150270
150281	F430	Spider (F1) 06 ZFFEW59A460150281
150282	F430	(F1) 06 ZFFEW58A460150282
150283	F430	(F1) 06 ZFFEW58A660150283
150286	F430	Spider F1 06 ZFFEW59A360150286
150291	F430	Spider F1 06 Rosso Corsa/Black Red stittching LHD EU
150293	F430	Spider (F1) 06 ZFFEW59A060150293
150294	F430	(F1) 06 ZFFEW58A060150294
150295	F430	Spider 06 Red/Tan Manual ZFFEW59A460150295
150296	F430	Spider (F1) 06 ZFFEW59A660150296
150297	F430	Spider (F1) LHD ZFFEW59A860150297
150299	F430	Spider Red/Tan Red stitching RHD Manual ZFFEZ59C000150299 Red calipers shields Yellow dials
150301	F430	Spider (F1) 06 ZFFEW59A660150301
150302	F430	Spider (F1) 06 ZFFEW59A860150302
150303	F430	Spider (F1) 06 ZFFEW59AX60150303
150306	F430	Spider F1 06 Black/black ZFFEZ59B000150306
150310	F430	(F1) 06 ZFFEW58A560150310
150311	F430	Spider (F1) 06 ZFFEW59A960150311
150312	F430	Spider (F1) 06 ZFFEW59A060150312
150313	F430	Spider (F1) 06 ZFFEW59A260150313
150314	F430	Spider (F1) 06 ZFFEW59A460150314
150315	F430	Spider (F1) 06 ZFFEW59A660150315
150318	F430	(F1) 06 ZFFEW58A460150318
150320	F430	Spider (F1) 06 ZFFEW59AX60150320
150321	F430	Spider (F1) 06 ZFFEW59A160150321
150322	F430	Spider (F1) 06 ZFFEW59A360150322
150323	F430	Spider (F1) 06 ZFFEW59A560150323
150324	F430	Spider (F1) 06 ZFFEW59A760150324
150325	F430	Spider (F1) LHD ZFFEW59A960150325
150326	F430	Spider (F1) 06 ZFFEW59A060150326
150327	F430	Spider (F1) 06 ZFFEW59A260150327
150328	F430	(F1) LHD ZFFEW58A260150328
150334	599	GTB Fiorano F1 07 Grigio Silverstone/Nero RHD AUS ZFFFD60D000150334, first 599 deliveRed to NZ
150337	599	GTB Fiorano F1 06 Rosso Corsa Beige Daytona Seats LHD EU shields Red calipers
150340	599	GTB Fiorano F1 06 Rosso Scuderia FER. 323/black ZFFFD60B000150340 ass. #67279 Red calipers shields
150357	599	GTB Fiorano F1 black metallic/tan sports seats LHD EU Yellow dails Scaglietti rims Yellow calipers carbon brakes
150360	599	GTB Fiorano F1 Red/Black ZFFFD60B000150360 Red calipers Shields

s/n	Type	Comments
150364	612	Scaglietti F1 GTC 06 Silver/bordeaux ZFFAY54B000150364
150365	F430	(F1) 06 ZFFEW58A860150365
150383	F430	F1 06 Grigio Silverstone/Tan LHD EU
150388	F430	Spider 06 Red/Black Manual ZFFEZ59B000150388 carbon rear
150389	F430	Spider (F1) 06 ZFFEW59A260150389
150391	F430	F1 06 Yellow/black ZFFEZ58B000150391
150412	F430	Spider (F1) 06 ZFFEW59A460150412
150413	F430	Spider (F1) 06 ZFFEW59A660150413
150414	F430	(F1) 06 ZFFEW58A660150414
150415	F430	Spider (F1) 06 ZFFEW58AX60150415
150417	F430	(F1) 06 ZFFEW58A160150417
150418	F430	(F1) 06 ZFFEW58A360150418
150422	F430	F1 Red RHD
150423	F430	F1 06 Red/Cream sports seats RHD ZFFEZ58C000150423 shields
150428	F430	F1 06 Red/all cuoio Red seat centres ZFFEW58A660150428
150431	F430	(F1) 06 ZFFEW58A660150431
150432	F430	Spider (F1) LHD ZFFEW59AX60150432
150433	F430	Spider (F1) 06 ZFFEW59A160150433
150434	F430	Spider (F1) 06 ZFFEW59A360150434
150435	F430	Spider (F1) 06 ZFFEW59A560150435
150438	F430	Spider (F1) LHD ZFFEW59A060150438
150448	F430	Spider (F1) 06 ZFFEW59A360150448
150449	F430	Spider (F1) 06 ZFFEW59A560150449
150450	F430	Spider (F1) 06 ZFFEW59A160150450
150452	F430	Spider (F1) 06 ZFFEW59A560150452
150453	F430	Spider (F1) LHD ZFFEW59A760150453
150455	F430	Spider F1 06 ZFFEW59A060150455
150456	F430	(F1) 06 ZFFEW58A060150456
150457	F430	(F1) 06 ZFFEW58A260150457
150458	F430	(F1) 06 ZFFEW58A460150458
150459	F430	(F1) 06 ZFFEW58A660150459
150460	F430	F1 07 Rosso Scuderia/Beige RHD ZFFEZ58D000150460
150465	F430	(F1) 06 ZFFEW58A160150465
150471	F430	F1 Novitec Rosso 06 Bianco/Nero LHD EU black rear lights
150477	F430	Spider (F1) 06 ZFFEW59AX60150477
150487	F430	Spider (F1) 06 ZFFEW59A260150487
150488	F430	Spider (F1) 06 ZFFEW59A460150488
150489	F430	Spider (F1) LHD ZFFEW59A660150489
150493	F430	Spider (F1) 06 ZFFEW59A860150493
150494	F430	Spider (F1) 06 ZFFEW59AX60150494
150501	F430	Spider (F1) LHD ZFFEW59A360150501
150502	F430	Spider (F1) 06 ZFFEW59A560150502
150505	F430	(F1) 06 ZFFEW58A960150505
150511	F430	Spider (F1) 06 ZFFEW59A660150511
150512	F430	Spider (F1) 06 ZFFEW59A860150512
150514	F430	Spider (F1) 06 ZFFEW59A160150514
150516	F430	Spider (F1) LHD ZFFEW59A560150516
150517	F430	Spider (F1) 06 ZFFEW59A760150517
150521	612	Scaglietti 11/06 Nero Daytona/Nero ZFFAY54C000150521
150528	599	GTB Fiorano (F1) LHD ZFFFC60AX70150528
150530	599	GTB Fiorano F1 06 Rosso Scuderia FER. 323/tan sports seats LHD EU Yellow dails Scaglietti rims Yellow calipers carbon brakes
150539	599	GTB Fiorano F1 06 Nero Daytona/Nero Yellow stittching LHD EU
150540	599	GTB Fiorano F1 06 Giallo Modena/Nero ZFFFD60B000150540 shields Challenge wheels
150543	599	GTB Fiorano (F1) LHD ZFFFC60A670150543
150545	599	GTB Fiorano F1 Black RHD
150565	599	GTB Fiorano (F1) 07 ZFFFC60A570150565
150566	599	GTB Fiorano F1 9/06 Rosso Corsa FER 322/Tan Daytona Seats Black inserts ZFFFC60A770150566 ass. # 67445 eng. # 110462 Yellow dials shields
150568	599	GTB Fiorano (F1) 07 ZFFFC60A070150568
150569	599	GTB Fiorano (F1) LHD ZFFFC60A270150569
150570	599	GTB Fiorano (F1) LHD ZFFFC60A970150570
150571	599	GTB Fiorano F1 07 Blue/Tan Daytona Recaros black piping ZFFFC60A070150571 shields red calipers Challenge wheels red dials
150572	599	GTB Fiorano (F1) 07 ZFFFC60A270150572
150575	599	GTB Fiorano F1 07 Nero/Tan RHD ZFFFD60D000150575
150578	599	GTB Fiorano (F1) 07 ZFFFC60A370150578
150579	599	GTB Fiorano (F1) 07 ZFFFC60A570150579
150588	599	GTB Fiorano 06
150590	F430	(F1) 06 ZFFEW58A460150590
150591	599	GTB Fiorano F1 06 Bianco Avus blu scuro ZFFFD60B000150591 custom matt black wheels
150592	599	GTB Fiorano F1 06 Red/Black ZFFFD60B000150592
150593	F430	Spider 10/06 Red/Black Manual ZFFEZ59B000150593 ass. # 68008
150594	599	GTB Fiorano F1 black/cuoio LHD EU
150595	599	GTB Fiorano F1 07 Red/Black ZFFFC60A370150595 Shields red calipers Challenge wheels
150601	599	GTB Fiorano (F1) 07 ZFFFC60A570150601
150602	599	GTB Fiorano F1 07 Rosso Scuderia/Nero RHD ZFFFD60D000150602
150604	599	GTB Fiorano (F1) 06 ZFFFC60A070150604
150610	599	GTB Fiorano F1 06 dark Blue/Crema LHD EU
150618	599	GTB Fiorano (F1) LHD ZFFFC60A070150618
150619	599	GTB Fiorano 07 Red/Tan LHD US ZFFFC60A270150619
150623	599	GTB Fiorano F1 06 Grigio Silverstone/Tan sports seats LHD EU ZFFFD60B000150623 Yellow calipers shields Challenge wheels
150625	612	Scaglietti 1/06 Nero Daytona/Beige ZFFAY54C000150625
150629	599	GTB Fiorano F1 Grigio Silverstone/cuoio ZFFFD60B000150629 ass. # 67692 Yellow calipers shields
150633	F430	(F1) LHD ZFFEW58A760150633
150634	F430	06 Rosso Corsa/Tan Manual LHD EU
150637	F430	Spider (F1) 06 ZFFEW59A660150637
150649	F430	Spider (F1) 06 ZFFEW59A260150649
150650	F430	Spider (F1) LHD ZFFEW59A960150650
150651	F430	Spider (F1) 06 ZFFEW59A060150651
150657	F430	F1 10/06 Red/Black ZFFEZ58B000150657 ass. # 67888
150665	F430	Spider (F1) 06 ZFFEW59A060150665
150666	F430	Spider (F1) 06 ZFFEW59A260150666
150667	F430	Spider (F1) 06 ZFFEW59A460150667
150668	F430	Spider (F1) 06 ZFFEW59A660150668
150669	F430	Spider (F1) 06 ZFFEW59A860150669
150674	F430	Spider F1 Rosso Scuderia/Black LHD ZFFEZ59B000150674
150677	F430	(F1) 06 ZFFEW58A560150677
150687	F430	Spider F1 Black RHD
150693	F430	Spider (F1) LHD ZFFEW59A560150693
150694	F430	(F1) 06 ZFFEW58A560150694
150695	F430	(F1) 06 ZFFEW58A760150695
150696	F430	Spider (F1) 06 ZFFEW59A060150696
150697	F430	Spider (F1) 06 ZFFEW59A260150697
150702	F430	Spider F1 06 Bianco Avus/black ZFFEZ59B000150702 ass. # 67957 Red calipers
150703	F430	(F1) 06 ZFFEW58A260150703
150704	F430	(F1) 06 ZFFEW58A460150704
150706	F430	Spider (F1) 06 ZFFEW59AX60150706
150711	F430	Spider (F1) 06 ZFFEW59A360150711
150713	F430	Spider (F1) 06 ZFFEW59A760150713
150717	F430	F1 10/06 Grigio Silverstone/black ZFFEZ58B000150717 ass. # 67956
150723	F430	(F1) 06 ZFFEW58A860150723
150741	F430	Spider (F1) 06 ZFFEW59A160150741
150743	F430	Spider (F1) LHD ZFFEW59A560150743

s/n	Type	Comments
150744	F430	(F1) 06 ZFFEW58A560150744
150745	F430	Spider (F1) 06 ZFFEW59A960150745
150758	F430	Spider (F1) 06 ZFFEW59A760150758
150782	F430	Spider F1 06 Rosso Corsa/Nero LHD EU Red calipers
150817	599	GTB Fiorano (F1) LHD ZFFFC60A670150817
150826	599	GTB Fiorano (F1) LHD ZFFFC60A770150826
150827	599	GTB Fiorano (F1) 07 ZFFFC60A970150827
150834	F430	06 Red/Tan
150837	599	GTB Fiorano (F1) 07 ZFFFC60A170150837
150858	599	GTB Fiorano (F1) 07 ZFFFC60A970150858
150877	599	GTB Fiorano (F1) 07 ZFFFC60A270150877
150878	612	Scaglietti 11/06 Grigio Silverstone/Cuoio ZFFAY54B000150878
150882	F430	(F1) LHD ZFFEW58A660150882
150883	F430	Spider (F1) 06 ZFFEW59AX60150883
150884	F430	Spider (F1) 06 ZFFEW59A160150884
150885	F430	Spider (F1) 06 ZFFEW59A360150885
150886	F430	Spider (F1) 06 ZFFEW59A560150886
150888	F430	Spider (F1) 06 ZFFEW59A960150888
150889	F430	Spider (F1) 06 ZFFEW59A060150889
150898	F430	Spider F1 06 Red/Cream RHD red stitching ZFFEZ59C000150898 Red calipers shields yellow dials
150899	F430	(F1) LHD ZFFEW58A160150899
150914	F430	(F1) 06 ZFFEW58A460150914
150915	F430	(F1) 06 ZFFEW58A660150915
150929	F430	(F1) 06 ZFFEW58A660150929
150931	F430	(F1) 06 ZFFEW58A460150931
150932	F430	Spider (F1) 06 ZFFEW59A860150932
150933	F430	(F1) 06 ZFFEW58A860150933
150934	F430	(F1) LHD ZFFEW58AX60150934
150935	F430	(F1) 06 ZFFEW58A160150935
150936	F430	(F1) 06 ZFFEW58A360150936
150937	F430	Spider (F1) 06 ZFFEW59A760150937
150938	F430	(F1) 06 ZFFEW58A760150938
150939	F430	(F1) 06 ZFFEW58A960150939
150940	F430	Spider (F1) 06 ZFFEW59A760150940
150941	F430	Spider (F1) 06 ZFFEW59A960150941
150942	F430	(F1) 06 ZFFEW58A960150942
150944	F430	Spider (F1) 06 ZFFEW59A460150944
150946	F430	(F1) 06 ZFFEW58A660150946
150948	F430	(F1) 06 ZFFEW58AX60150948
150949	F430	(F1) 06 ZFFEW58A160150949
150950	F430	(F1) 06 ZFFEW58A860150950
150951	F430	Spider (F1) 06 ZFFEW59A160150951
150952	F430	Spider (F1) LHD ZFFEW59A360150952
150953	F430	Spider (F1) 06 ZFFEW59A560150953
150954	F430	Spider (F1) 06 ZFFEW59A760150954
150955	F430	(F1) 06 ZFFEW58A760150955
150960	F430	Spider (F1) LHD ZFFEW59A260150960
150961	F430	Spider (F1) 06 ZFFEW59A460150961
150962	F430	Spider (F1) 06 ZFFEW59A660150962
150964	F430	Spider (F1) 06 ZFFEW59AX60150964
150967	F430	Spider (F1) 06 ZFFEW59A560150967
150968	F430	Spider (F1) 06 ZFFEW59A760150968
150975	F430	(F1) 07 ZFFEW58A070150975
150976	F430	(F1) 07 ZFFEW58A270150976
150977	F430	(F1) 07 ZFFEW58A470150977
150978	F430	(F1) 07 ZFFEW58A670150978
150985	612	Scaglietti F1 06 black/beige ZFFAY54B000150995
150993	599	GTB Fiorano (F1) 07 ZFFFC60A470150993
150994	599	GTB Fiorano (F1) 07 LHD ZFFFC60A670150994
151012	F430	F1 06 Rosso Corsa/tan ZFFEZ58B000151012 shields black calipers Red dials
151020	F430	Spider (F1) 06 ZFFEW59A360151020
151022	F430	Spider (F1) 06 ZFFEW59A760151022
151030	F430	Spider (F1) 06 ZFFEW59A660151030
151031	F430	Spider (F1) 06 ZFFEW59A860151031
151034	F430	Spider (F1) 06 ZFFEW59A360151034
151035	F430	Spider (F1) 06 ZFFEW59A560151035
151038	F430	(F1) 06 ZFFEW58A960151038
151039	F430	Spider (F1) LHD ZFFEW59A260151039
151041	F430	Spider (F1) 06 ZFFEW59A060151041
151042	F430	Spider (F1) 06 ZFFEW59A260151042
151053	F430	Spider (F1) 06 ZFFEW59A760151053
151070	F430	Spider (F1) 06 ZFFEW59A760151070
151081	F430	(F1) 06 ZFFEW58AX60151081
151082	F430	(F1) 06 ZFFEW58A160151082
151083	F430	(F1) 06 ZFFEW58A360151083
151085	F430	Spider (F1) 06 ZFFEW59A960151085
151086	F430	Spider (F1) LHD ZFFEW59A060151086
151090	F430	F1 Red/Tan LHD ZFFEZ58B000151090
151101	F430	(F1) 06 ZFFEW58A160151101
151102	F430	(F1) 06 ZFFEW58A360151102
151103	F430	(F1) LHD ZFFEW58A560151103
151104	F430	(F1) 06 ZFFEW58A760151104
151107	F430	Spider (F1) LHD ZFFEW59A460151107
151108	F430	Spider (F1) LHD ZFFEW59A660151108
151109	F430	Spider F1 06 Yellow/Black LHD EU
151110	F430	(F1) 06 ZFFEW58A260151110
151112	F430	(F1) 06 ZFFEW58A660151112
151114	F430	Spider (F1) LHD ZFFEW59A160151114
151115	F430	Spider (F1) 06 ZFFEW59A360151115
151116	F430	Spider (F1) LHD ZFFEW59A560151116
151117	F430	(F1) 06 ZFFEW58A560151117
151120	F430	Spider (F1) 06 ZFFEW59A760151120
151121	F430	(F1) 06 ZFFEW58A760151121
151126	599	GTB Fiorano F1 07 Rosso/Nero RHD ZFFFD60D000151126
151138	599	GTB Fiorano (F1) LHD ZFFFC60A270151138
151144	599	GTB Fiorano (F1) 07 ZFFFC60A870151144
151145	599	GTB Fiorano (F1) 07 ZFFFC60AX70151145
151148	599	GTB Fiorano (F1) 07 ZFFFC60A570151148
151160	F430	Spider (F1) 06 ZFFEW59A860151160
151161	F430	F1 06 Nero Daytona/black ZFFEZ58B000151161
151162	F430	F1 06 Grigio Silverstone/black ZFFEZ58B000151162
151169	F430	Spider (F1) LHD ZFFEW59A460151169
151182	F430	Spider (F1) LHD ZFFEW59A570151182
151184	F430	Spider (F1) 06 ZFFEW59A060151184
151189	F430	Spider 06 Black/White
151199	F430	Spider (F1) 07 ZFFEW59A070151199
151200	F430	(F1) 06 ZFFEW58A360151200
151205	F430	F1 07 Rosso Corsa/Beige RHD ZFFEZ58D000151205
151216	612	Scaglietti F1 06 Black/Beige LHD EU
151219	F430	Spider (F1) 07 ZFFEW59A270151219
151225	F430	Spider F1 06 Grigio Silverstone/black ZFFEZ59B000151225 Yellow calipers
151229	F430	(F1) LHD ZFFEW58A370151229
151241	F430	(F1) 07 ZFFEW58A470151241
151245	612	Scaglietti 07 Nero Daytona/Nero RHD ZFFAY54D000151245
151246	599	GTB Fiorano (F1) 06
151249	F430	Spider (F1) 07 ZFFEW59A070151249
151272	599	GTB Fiorano (F1) 07 ZFFFC60A670151272
151293	599	GTB Fiorano F1 07 Rosso/Nero RHD ZFFFD60D000151293
151303	F430	(F1) 07 ZFFEW58A070151303
151304	F430	(F1) 07 ZFFEW58A270151304
151305	F430	(F1) 07 ZFFEW58A470151305
151306	F430	(F1) 07 ZFFEW58A670151306
151309	F430	Spider (F1) 07 ZFFEW59A370151309
151310	F430	Spider (F1) 07 ZFFEW59AX70151310
151312	F430	Spider F1 07 Red/Black ZFFEW59A370151312
151327	F430	Spider F1 12/06 Giallo Modena/Nero ZFFEZ59C000151327
151330	F430	F1 06 Red/Black ZFFEZ58B000151330
151339	F430	(F1) LHD ZFFEW58AX70151339
151340	F430	Spider (F1) 07 ZFFEW59A870151340
151342	F430	Spider (F1) 07 ZFFEW59A170151342
151343	F430	Spider (F1) LHD ZFFEW59A370151343
151344	F430	Spider (F1) 07 ZFFEW59A570151344

s/n	Type	Comments
151357	F430	(F1) 07 ZFFEW58A170151357
151358	F430	(F1) 07 ZFFEW58A370151358
151359	F430	(F1) 07 ZFFEW58A570151359
151360	F430	(F1) 07 ZFFEW58A170151360
151361	F430	(F1) LHD ZFFEW58A370151361
151364	F430	Spider (F1) 06 Titanium/White
151380	F430	Spider F1 06 grey/red & black ZFFEZ59B000151380
151382	599	GTB Fiorano (F1) 06 RHD
151404	599	GTB Fiorano 06 RHD UK
151408	F430	(F1) LHD ZFFEW58A370151408
151417	599	GTB Fiorano 06
151419	599	GTB Fiorano 06
151422	599	GTB Fiorano (F1) 06 Black
151427	599	GTB Fiorano 06
151428	599	GTB Fiorano 06 Black
151435	612	Scaglietti 06
151465	F430	(F1) 06 Grigio Silverstone ZFFEZ59C000151465
151469	F430	Spider (F1) 07 ZFFEW59A370151469
151470	F430	Spider (F1) LHD ZFFEW59AX70151470
151471	F430	Spider (F1) 07 ZFFEW59A170151471
151486	F430	Spider F1 06 Red/Tan ZFFEW59A370151486
151492	F430	F1 06 Red/Tan
151493	F430	F1 06 dark Blue/Red
151496	F430	F1 06 Yellow/black
151513	F430	F1 06
151514	F430	06
151516	F430	F1 Black LHD
151520	F430	06 JP
151523	F430	Spider 06 Grigio Tita nio
151565	599	GTB Fiorano (F1) 07 ZFFFC60AX70151565
151566	599	GTB Fiorano 07 US
151576	599	GTB Fiorano (F1) 07 ZFFFC60A470151576
151580	599	GTB Fiorano (F1) 07 ZFFFC60A670151580
151583	599	GTB Fiorano (F1) 07 ZFFFC60A170151583
151588	599	GTB Fiorano (F1) 07 ZFFFC60A070151588
151594	599	GTB Fiorano (F1) 07 ZFFFC60A670151594
151597	599	GTB Fiorano 06
151598	599	GTB Fiorano 06
151613	F430	Spider 07 US
151614	F430	Spider F1 06
151615	F430	Spider F1 06
151616	F430	Spider (F1) 06
151617	F430	Spider F1 06 Red LHD ZFFEZ59B000151617
151619	F430	06
151621	F430	Spider F1 06 Red
151623	F430	Spider F1 06 Grigio Titanio/Red ZFFEZ59B000151623
151628	F430	06
151629	F430	06
151636	F430	06
151647	F430	(F1) 06 Red ZFFEZ59C000151647
151648	F430	(F1) 06 Grigio Silverstone ZFFEZ59C000151648
151682	F430	F1 06 red/black sports seats red stitching ZFFEZ58B000151682 shields black Challenge rear red calipers Challenge wheels
151690	F430	F1 06 Rosso Corsa/Nero ZFFEZ58B000151690
151710	F430	Spider F1 06 red/black LHD EU shields red calipers
151770	F430	F1 06 Grigio Silverstone/Tan LHD EU
151800	F430	Spider F1 Red/Tan LHD
151820	599	GTB Fiorano 06
151830	599	GTB Fiorano F1 06 Black/Bordeaux RHD ZFFFD60C000151830
151856	599	GTB Fiorano F1 06 rosso rubino/beige LHD EU
151885	F430	Spider F1 06 Black LHD EU
151887	F430	Spider F1 06 Rosso Corsa/Tan LHD EU
151888	F430	Spider F1 06 Red/Tan LHD EU
151956	599	GTB Fiorano F1 06 Grigio Silverstone/Cream RHD ZFFFD60C000151956 shields Challenge wheels
152009	F430	F1 06 White/black ZFFEZ58B000152009
152010	F430	Spider F1 06 Red/black ZFFEZ59B000152010
152055	F430	Spider F1 06 red/cream LHD EU
152537	599	GTB Fiorano (F1) 07 Grigio LHD EU

Nicht verwendete Serien-Nummern
Unused Serial Numbers

Nicht verwendete Serien-Nummern

0762, 0786, 0902, 0904, 0906, 0908, 0910, 0912, 0914, 0916, 0918, 0920, 0922, 0924, 0926, 0928, 0930, 0932, 0934, 0936, 0938, 0940, 0942, 0944, 0946, 0948, 0950, 0952, 0954, 0956, 0958, 0960, 0962, 0964, 0966, 0968, 0970, 0972, 0974, 0976, 0978, 0980, 0982, 0984, 0986, 0988, 0990, 0992, 0994, 0996, 0998, 1000, 15606, 15608, 15610, 15612, 15614, 15616, 15618, 15620, 15622, 15624, 15626, 15628, 15630, 15632, 15634, 15636, 15640, 15642, 15644, 15646, 15648, 15650, 15652, 15654, 15656, 15658, 15660, 15662, 15664, 15666, 15668, 15670, 15672, 15674, 15676, 15678, 15680, 15682, 15684, 15686, 15688, 15690, 15692, 15694, 15696, 15698, 15700, 15702, 15704, 15706, 15708, 15710, 15712, 15714, 15716, 15718, 15720, 15722, 15724, 15726, 15728, 15730, 15732, 15734, 15736, 15738, 15740, 15742, 15744, 15746, 15748, 15750, 15752, 15754, 15756, 15758, 15760, 15762, 15764, 15766, 15768, 15770, 15772, 15774, 15776, 15778, 15780, 15782, 15784, 15786, 15788, 15790, 15792, 15794, 15796, 15798, 15800, 15802, 15804, 15806, 15808, 15810, 15812, 15814, 15816, 15818, 15820, 15822, 15824, 15826, 15828, 15830, 15832, 15834, 15836, 15838, 15840, 15842, 15844, 15846, 15848, 15850, 15852, 15854, 15856, 15858, 15860, 15862, 15864, 15866, 15868, 15870, 15872, 15874, 15876, 15878, 15880, 15882, 15884, 15886, 15888, 15890, 15892, 15894, 15896, 15898, 15900, 15904, 15906, 15908, 15910, 15912, 15914, 15916, 15918, 15920, 15922, 15924, 15926, 15928, 15930, 15932, 15934, 15936, 15938, 15940, 15942, 15944, 15946, 15948, 15950, 15952, 15954, 15956, 15958, 15960, 15962, 15964, 15966, 15968, 15970, 15972, 15974, 15976, 15978, 15980, 15982, 15984, 15986, 15988, 15990, 15992, 15994, 15996, 15998, 16000, 16002, 16004, 16006, 16008, 16010, 16012, 16014, 16016, 16018, 16020, 16022, 16024, 16026, 16028, 16030, 16032, 16034, 16036, 16038, 16040, 16042, 16044, 16046, 16048, 16050, 16052, 16054, 16056, 16058, 16060, 16062, 16064, 16066, 16068, 16070, 16072, 16074, 16076, 16078, 16080, 16082, 16084, 16086, 16088, 16090, 16092, 16094, 16096, 16098, 16100, 16102, 16104, 16106, 16108, 16110, 16112, 16114, 16116, 16118, 16120, 16122, 16124, 16126, 16128, 16130, 16132, 16134, 16136, 16138, 16140, 16142, 16144, 16146, 16148, 16150, 16152, 16154, 16156, 16158, 16160, 16162, 16164, 16166, 16168, 16170, 16172, 16174, 16176, 16178, 16180, 16182, 16184, 16186, 16188, 16190, 16192, 16194, 16196, 16198, 16200, 16202, 16204, 16206, 16208, 16210, 16212, 16214, 16216, 16218, 16220, 16222, 16224, 16226, 16228, 16230, 16232, 16234, 16236, 16238, 16240, 16242, 16244, 16246, 16248, 16250, 16252, 16254, 16256, 16258, 16260, 16262, 16264, 16266, 16268, 16270, 16272, 16274, 16276, 16278, 16280, 16282, 16284, 16286, 16288, 16290, 16292, 16294, 16296, 16298, 16300, 16302, 16304, 16306, 16308, 16310, 16312, 16314, 16316, 16318, 16320, 16322, 16324, 16326, 16328, 16330, 16332, 16334, 16336, 16338, 16340, 16342, 16344, 16346, 16348, 16350, 16352, 16354, 16356, 16358, 16360, 16362, 16364, 16366, 16368, 16370, 16372, 16374, 16376, 16378, 16380, 16382, 16384, 16386, 16388, 16390, 16392, 16394, 16396, 16398, 16400, 16402, 16404, 16406, 16408, 16410, 16412, 16414, 16416, 16418, 16420, 16422, 16424, 16426, 16428, 16430, 16432, 16434, 16436, 16438, 16440, 16442, 16444, 16446, 16448, 16450, 16452, 16454, 16456, 16458, 16460, 16462, 16464, 16466, 16468, 16470, 16472, 16474, 16476, 16478, 16480, 16482, 16484, 16486, 16488, 16490, 16492, 16494, 16496, 16498, 16500, 16502, 16504, 16506, 16508, 16510, 16512, 16514, 16516, 16518, 16520, 16522, 16524, 16526, 16528, 16530, 16532, 16534, 16536, 16538, 16540, 16542, 16544, 16546, 16548, 16550, 16552, 16554, 16556, 16558, 16560, 16562, 16564, 16566, 16568, 16570, 16572, 16574, 16576, 16578, 16580, 16582, 16584, 16586, 16588, 16590, 16592, 16594, 16596, 16598, 16600, 16602, 16604, 16606, 16608, 16610, 16612, 16614, 16616, 16618, 16620, 16622, 16624, 16626, 16628, 16630, 16632, 16634, 16636, 16638, 16640, 16642, 16644, 16646, 16648, 16650, 16652, 16654, 16656, 16658, 16660, 16662, 16664, 16666, 16668, 16670, 16672, 16674, 16676, 16678, 16680, 16682, 16684, 16686, 16688, 16690, 16692, 16694, 16696, 16698, 16700, 16702, 16704, 16706, 16708, 16710, 16712, 16714, 16716, 16718, 16720, 16722, 16724, 16726, 16728, 16730, 16732, 16734, 16736, 16738, 16740, 16742, 16744, 16746, 16748, 16750, 16752, 16754, 16756, 16758, 16760, 16762, 16764, 16766, 16768, 16770, 16772, 16774, 16776, 16778, 16780, 16782, 16784, 16786, 16788, 16790, 16792, 16794, 16796, 16798, 16800, 16802, 16804, 16806, 16808, 16810, 16812, 16814, 16816, 16818, 16820, 16822, 16824, 16826, 16828, 16830, 16832, 16834, 16836, 16838, 16840, 16842, 16844, 16846, 16848, 16850, 16852, 16854, 16856, 16858, 16860, 16862, 16864, 16866, 16868, 16870, 16872, 16874, 16876, 16878, 16880, 16882, 16884, 16886, 16888, 16890, 16892, 16894, 16896, 16898, 16900, 16902, 16904, 16906, 16908, 16910, 16912, 16914, 16916, 16918, 16920, 16922, 16924, 16926, 16928, 16930, 16932, 16934, 16936, 16938, 16940, 16942, 16944, 16946, 16948, 16950, 16952, 16954, 16956, 16958, 16960, 16962, 16964, 16966, 16968, 16970, 16972, 16974, 16976, 16978, 16980, 16982,

Unused Serial Numbers

16984, 16986, 16988, 16990, 16992, 16994, 16996, 16998, 17000, 17002, 17004, 17006, 17008, 17010, 17012, 17014, 17016, 17018, 17020, 17022, 17024, 17026, 17028, 17030, 17032, 17034, 17036, 17038, 17040, 17042, 17044, 17046, 17048, 17050, 17052, 17054, 17056, 17058, 17060, 17062, 17064, 17066, 17068, 17070, 17072, 17074, 17076, 17078, 17080, 17082, 17084, 17086, 17088, 17090, 17092, 17094, 17096, 17098, 17100, 17102, 17104, 17106, 17108, 17110, 17112, 17114, 17116, 17118, 17120, 17122, 17124, 17126, 17128, 17130, 17132, 17134, 17136, 17138, 17140, 17142, 17144, 17146, 17148, 17150, 17152, 17154, 17156, 17158, 17160, 17162, 17164, 17166, 17168, 17170, 17172, 17174, 17176, 17178, 17180, 17182, 17184, 17186, 17188, 17190, 17192, 17194, 17196, 17198, 17200, 17202, 17204, 17206, 17208, 17210, 17212, 17214, 17216, 17218, 17220, 17222, 17224, 17226, 17228, 17230, 17232, 17234, 17236, 17238, 17240, 17242, 17244, 17246, 17248, 17250, 17252, 17254, 17256, 17258, 17260, 17262, 17264, 17266, 17268, 17270, 17272, 17274, 17276, 17278, 17280, 17282, 17284, 17286, 17288, 17290, 17292, 17294, 17296, 17298, 17300, 17302, 17304, 17306, 17308, 17310, 17312, 17314, 17316, 17318, 17320, 17322, 17324, 17326, 17328, 17330, 17332, 17334, 17336, 17338, 17340, 17342, 17344, 17346, 17348, 17350, 17352, 17354, 17356, 17358, 17360, 17362, 17364, 17366, 17368, 17370, 17372, 17374, 17376, 17378, 17380, 17382, 17384, 17386, 17388, 17390, 17392, 17394, 17396, 17398, 17400, 17402, 17404, 17406, 17408, 17410, 17412, 17414, 17416, 17418, 17420, 17422, 17424, 17426, 17428, 17430, 17432, 17434, 17436, 17438, 17440, 17442, 17444, 17446, 17448, 17450, 17452, 17454, 17456, 17458, 17460, 17462, 17464, 17466, 17468, 17470, 17472, 17474, 17476, 17478, 17480, 17482, 17484, 17486, 17488, 17490, 17492, 17494, 17496, 17498, 17500, 17502, 17504, 17506, 17508, 17510, 17512, 17514, 17516, 17518, 17520, 17522, 17524, 17526, 17528, 17530, 17532, 17534, 17536, 17538, 17540, 17542, 17544, 17546, 17548, 17550, 17552, 17554, 17556, 17558, 17560, 17562, 17564, 17566, 17568, 17570, 17572, 17574, 17576, 17578, 17580, 17582, 17584, 17586, 17588, 17590, 17592, 17594, 17596, 17598, 17600, 17602, 17604, 17606, 17608, 17610, 17612, 17614, 17616, 17618, 17620, 17622, 17624, 17626, 17628, 17630, 17632, 17634, 17636, 17638, 17640, 17642, 17644, 17646, 17648, 17650, 17652, 17654, 17656, 17658, 17660, 17662, 17664, 17666, 17668, 17670, 17672, 17674, 17676, 17678, 17680, 17682, 17684, 17686, 17688, 17690, 17692, 17694, 17696, 17698, 17700, 17702, 17704, 17706, 17708, 17710, 17712, 17714, 17716, 17718, 17720, 17722, 17724, 17726, 17728, 17730, 17732, 17734, 17736, 17738, 17740, 17742, 17744, 17746, 17748, 17750, 17752, 17754, 17756, 17758, 17760, 17762, 17764, 17766, 17768, 17770, 17772, 17774, 17776, 17778, 17780, 17782, 17784, 17786, 17788, 17790, 17792, 17794, 17796, 17798, 17800, 17802, 17804, 17806, 17808, 17810, 17812, 17814, 17816, 17818, 17820, 17822, 17824, 17826, 17828, 17830, 17832, 17834, 17836, 17838, 17840, 17842, 17844, 17846, 17848, 17850, 17852, 17854, 17856, 17858, 17860, 17862, 17864, 17866, 17868, 17870, 17872, 17874, 17876, 17878, 17880, 17882, 17884, 17886, 17888, 17890, 17892, 17894, 17896, 17898, 17900, 17902, 17904, 17906, 17908, 17910, 17912, 17914, 17916, 17918, 17920, 17922, 17924, 17926, 17928, 17930, 17932, 17934, 17936, 17938, 17940, 17942, 17944, 17946, 17948, 17950, 17952, 17954, 17956, 17958, 17960, 17962, 17964, 17966, 17968, 17970, 17972, 17974, 17976, 17978, 17980, 17982, 17984, 17986, 17988, 17990, 17992, 17994, 17996, 17998, 18000, 18002, 18004, 18006, 18008, 18010, 18012, 18014, 18016, 18018, 18020, 18022, 18024, 18026, 18028, 18030, 18032, 18034, 18036, 18038, 18040, 18042, 18044, 18046, 18048, 18050, 18052, 18054, 18056, 18058, 18060, 18062, 18064, 18066, 18068, 18070, 18072, 18074, 18076, 18078, 18080, 18082, 18084, 18086, 18088, 18090, 18092, 18094, 18096, 18098, 18100, 18102, 18104, 18106, 18108, 18110, 18112, 18114, 18116, 18118, 18120, 18122, 18124, 18126, 18128, 18130, 18132, 18134, 18136, 18138, 18140, 18142, 18144, 18146, 18148, 18150, 18152, 18154, 18156, 18158, 18160, 18162, 18164, 18166, 18168, 18170, 18172, 18174, 18176, 18178, 18180, 18182, 18184, 18186, 18188, 18190, 18192, 18194, 18196, 18198, 18200, 18202, 18204, 18206, 18208, 18210, 18212, 18214, 18216, 18218, 18220, 18222, 18224, 18226, 18228, 18230, 18232, 18234, 18236, 18238, 18240, 18242, 18244, 18246, 18248, 18250, 18252, 18254, 18256, 18258, 18260, 18262, 18264, 18266, 18268, 18270, 18272, 18274, 18276, 18278, 18280, 18282, 18284, 18286, 18288, 18290, 18292, 18294, 18296, 18298, 18300, 18302, 18304, 18306, 18308, 18310, 18312, 18314, 18316, 18318, 18320, 18322, 18324, 18326, 18328, 18330, 18332, 18334, 18336, 18338, 18340, 18342, 18344, 18346, 18348, 18350, 18352, 18354, 18356, 18358, 18360, 18362, 18364, 18366, 18368, 18370, 18372, 18374, 18376, 18378, 18380, 18382, 18384, 18386, 18388, 18390, 18392, 18394, 18396, 18398, 18400, 18402, 18404, 18406, 18408, 18410, 18412, 18414, 18416, 18418, 18420, 18422, 18424, 18426, 18428, 18430, 18432, 18434, 18436, 18438, 18440, 18442,

18444, 18446, 18448, 18450, 18452, 18454, 18456, 18458, 18460, 18462, 18464, 18466, 18468, 18470, 18472, 18474, 18476, 18478, 18480, 18482, 18484, 18486, 18488, 18490, 18492, 18494, 18496, 18498, 18500, 18502, 18504, 18506, 18508, 18510, 18512, 18514, 18516, 18518, 18520, 18522, 18524, 18526, 18528, 18530, 18532, 18534, 18536, 18538, 18540, 18542, 18544, 18546, 18548, 18550, 18552, 18554, 18556, 18558, 18560, 18562, 18564, 18566, 18568, 18570, 18572, 18574, 18576, 18578, 18580, 18582, 18584, 18586, 18588, 18590, 18592, 18594, 18596, 18598, 18600, 18602, 18604, 18606, 18608, 18610, 18612, 18614, 18616, 18618, 18620, 18622, 18624, 18626, 18628, 18630, 18632, 18634, 18636, 18638, 18640, 18642, 18644, 18646, 18648, 18650, 18652, 18654, 18656, 18658, 18660, 18662, 18664, 18666, 18668, 18670, 18672, 18674, 18676, 18678, 18680, 18682, 18684, 18686, 18688, 18690, 18692, 18694, 18696, 18698, 18700, 18702, 18704, 18706, 18708, 18710, 18712, 18714, 18716, 18718, 18720, 18722, 18724, 18726, 18728, 18730, 18732, 18734, 18736, 18738, 18740, 18742, 18744, 18746, 18748, 18750, 18752, 18754, 18756, 18758, 18760, 18762, 18764, 18766, 18768, 18770, 18772, 18774, 18776, 18778, 18780, 18782, 18784, 18786, 18788, 18790, 18792, 18794, 18796, 18798, 18800, 18802, 18804, 18806, 18808, 18810, 18812, 18814, 18816, 18818, 18820, 18822, 18824, 18826, 18828, 18830, 18832, 18834, 18836, 18838, 18840, 18842, 18844, 18846, 18848, 18850, 18852, 18854, 18856, 18858, 18860, 18862, 18864, 18866, 18868, 18870, 18872, 18874, 18876, 18878, 18880, 18882, 18884, 18886, 18888, 18890, 18892, 18894, 18896, 18898, 18900, 18902, 18904, 18906, 18908, 18910, 18912, 18914, 18916, 18918, 18920, 18922, 18924, 18926, 18928, 18930, 18932, 18934, 18936, 18938, 18940, 18942, 18944, 18946, 18948, 18950, 18952, 18954, 18956, 18958, 18960, 18962, 18964, 18966, 18968, 18970, 18972, 18974, 18976, 18978, 18980, 18982, 18984, 18986, 18988, 18990, 18992, 18994, 18996, 18998, 19000, 19002, 19004, 19006, 19008, 19010, 19012, 19014, 19016, 19018, 19020, 19022, 19024, 19026, 19028, 19030, 19032, 19034, 19036, 19038, 19040, 19042, 19044, 19046, 19048, 19050, 19052, 19054, 19056, 19058, 19060, 19062, 19064, 19066, 19068, 19070, 19072, 19074, 19076, 19078, 19080, 19082, 19084, 19086, 19088, 19090, 19092, 19094, 19096, 19098, 19100, 19102, 19104, 19106, 19108, 19110, 19112, 19114, 19116, 19118, 19120, 19122, 19124, 19126, 19128, 19130, 19132, 19134, 19136, 19138, 19140, 19142, 19144, 19146, 19148, 19150, 19152, 19154, 19156, 19158, 19160, 19162, 19164, 19166, 19168, 19170, 19172, 19174, 19176, 19178, 19180, 19182, 19184, 19186, 19188, 19190, 19192, 19194, 19196, 19198, 19200, 19202, 19204, 19206, 19208, 19210, 19212, 19214, 19216, 19218, 19220, 19222, 19224, 19226, 19228, 19230, 19232, 19234, 19236, 19238, 19240, 19242, 19244, 19246, 19248, 19250, 19252, 19254, 19256, 19258, 19260, 19262, 19264, 19266, 19268, 19270, 19272, 19274, 19276, 19278, 19280, 19282, 19284, 19286, 19288, 19290, 19292, 19294, 19296, 19298, 19300, 19302, 19304, 19306, 19308, 19310, 19312, 19314, 19316, 19318, 19320, 19322, 19324, 19326, 19328, 19330, 19332, 19334, 19336, 19338, 19340, 19342, 19344, 19346, 19348, 19350, 19352, 19354, 19356, 19358, 19360, 19362, 19364, 19366, 19368, 19370, 19372, 19374, 19376, 19378, 19380, 19382, 19384, 19386, 19388, 19390, 19392, 19394, 19396, 19398, 19400, 19402, 19404, 19406, 19408, 19410, 19412, 19414, 19416, 19418, 19420, 19422, 19424, 19426, 19428, 19430, 19432, 19434, 19436, 19438, 19440, 19442, 19444, 19446, 19448, 19450, 19452, 19454, 19456, 19458, 19460, 19462, 19464, 19466, 19468, 19470, 19472, 19474, 19476, 19478, 19480, 19482, 19484, 19486, 19488, 19490, 19492, 19494, 19496, 19498, 19500, 19502, 19504, 19506, 19508, 19510, 19512, 19514, 19516, 19518, 19520, 19522, 19524, 19526, 19528, 19530, 19532, 19534, 19536, 19538, 19540, 19542, 19544, 19546, 19548, 19550, 19552, 19554, 19556, 19558, 19560, 19562, 19564, 19566, 19568, 19570, 19572, 19574, 19576, 19578, 19580, 19582, 19584, 19586, 19588, 19590, 19592, 19594, 19596, 19598, 19600, 19602, 19604, 19606, 19608, 19610, 19612, 19614, 19616, 19618, 19620, 19622, 19624, 19626, 19628, 19630, 19632, 19634, 19636, 19638, 19640, 19642, 19644, 19646, 19648, 19650, 19652, 19654, 19656, 19658, 19660, 19662, 19664, 19666, 19668, 19670, 19672, 19674, 19676, 19678, 19680, 19682, 19684, 19686, 19688, 19690, 19692, 19694, 19696, 19698, 19700, 19702, 19704, 19706, 19708, 19710, 19712, 19714, 19716, 19718, 19720, 19722, 19724, 19726, 19728, 19730, 19732, 19734, 19736, 19738, 19740, 19742, 19744, 19746, 19748, 19750, 19752, 19754, 19756, 19758, 19760, 19762, 19764, 19766, 19768, 19770, 19772, 19774, 19776, 19778, 19780, 19782, 19784, 19786, 19788, 19790, 19792, 19794, 19796, 19798, 19800, 19802, 19804, 19806, 19808, 19810, 19812, 19814, 19816, 19818, 19820, 19822, 19824, 19826, 19828, 19830, 19832, 19834, 19836, 19838, 19840, 19842, 19844, 19846, 19848, 19850, 19852, 19854, 19856, 19858, 19860, 19862, 19864, 19866, 19868, 19870, 19872, 19874, 19876, 19878, 19880, 19882, 19884, 19886, 19888, 19890, 19892, 19894, 19896, 19898, 19900, 19902, 19904, 19906, 19908, 19910, 19912, 19914, 19916, 19918, 19920, 19922, 19924, 19926, 19928, 19930, 19932, 19934, 19936, 19938, 19940, 19942, 19944, 19946, 19948, 19950, 19952, 19954, 19956, 19958, 19960, 19962, 19964, 19966, 19968, 19970, 19972, 19974, 19976, 19978, 19980, 19982, 19984, 19986, 19988, 19990, 19992, 19994, 19996, 19998, 20000, 20002, 20004, 20006, 20008, 20010, 20012, 20014, 20016, 20018, 20020, 20022, 20024, 20026, 20028, 20030, 20032, 20034, 20036, 20038, 20040, 20042, 20044, 20046, 20048, 20050, 20052, 20054, 20056, 20058, 20060, 20062, 20064, 20066, 20068, 20070, 20072, 20074, 20076, 20078, 20080, 20082, 20084, 20086, 20088, 20090, 20092, 20094, 20096, 20098, 20100, 20102, 20104, 20106, 20108, 20110, 20112, 20114, 20116, 20118, 20120, 20122, 20124, 20126, 20128, 20130, 20132, 20134, 20136, 20138, 20140, 20142, 20144, 20146, 20148, 20150, 20152, 20154, 20156, 20158, 20160, 20162, 20164, 20166, 20168, 20170, 20172, 20174, 20176, 20178, 20180, 20182, 20184, 20186, 20188, 20190, 20192, 20194, 20196, 20198, 20200, 20202, 20204, 20206, 20208, 20210, 20212, 20214, 20216, 20218, 20220, 20222, 20224, 20226, 20228, 20230, 20232, 20234, 20236, 20238, 20240, 20242, 20244, 20246, 20248, 20250, 20252, 20254, 20256, 20258, 20260, 20262, 20264, 20266, 20268, 20270, 20272, 20274, 20276, 20278, 20280, 20282, 20284, 20286, 20288, 20290, 20292, 20294, 20296, 20298, 20300, 20302, 20304, 20306, 20308, 20310, 20312, 20314, 20316, 20318, 20320, 20322, 20324, 20326, 20328, 20330, 20332, 20334, 20336, 20338, 20340, 20342, 20344, 20346, 20348, 20350, 20352, 20354, 20356, 20358, 20360, 20362, 20364, 20366, 20368, 20370, 20372, 20374, 20376, 20378, 20380, 20382, 20384, 20386, 20388, 20390, 20392, 20394, 20396, 20398, 20400, 20402, 20404, 20406, 20408, 20410, 20412, 20414, 20416, 20418, 20420, 20422, 20424, 20426, 20428, 20430, 20432, 20434, 20436, 20438, 20440, 20442, 20444, 20446, 20448, 20450, 20452, 20454, 20456, 20458, 20460, 20462, 20464, 20466, 20468, 20470, 20472, 20474, 20476, 20478, 20480, 20482, 20484, 20486, 20488, 20490, 20492, 20494, 20496, 20498, 20500, 20502, 20504, 20506, 20508, 20510, 20512, 20514, 20516, 20518, 20520, 20522, 20524, 20526, 20528, 20530, 20532, 20534, 20536, 20538, 20540, 20542, 20544, 20546, 20548, 20550, 20552, 20554, 20556, 20558, 20560, 20562, 20564, 20566, 20568, 20570, 20572, 20574, 20576, 20578, 20580, 20582, 20584, 20586, 20588, 20590, 20592, 20594, 20596, 20598, 20600, 20602, 20604, 20606, 20608, 20610, 20612, 20614, 20616, 20618, 20620, 20622, 20624, 20626, 20628, 20630, 20632, 20634, 20636, 20638, 20640, 20642, 20644, 20646, 20648, 20650, 20652, 20654, 20656, 20658, 20660, 20662, 20664, 20666, 20668, 20670, 20672, 20674, 20676, 20678, 20680, 20682, 20684, 20686, 20688, 20690, 20692, 20694, 20696, 20698, 20700, 20702, 20704, 20706, 20708, 20710, 20712, 20714, 20716, 20718, 20720, 20722, 20724, 20726, 20728, 20730, 20732, 20734, 20736, 20738, 20740, 20742, 20744, 20746, 20748, 20750, 20752, 20754, 20756, 20758, 20760, 20762, 20764, 20766, 20768, 20770, 20772, 20774, 20776, 20778, 20780, 20782, 20784, 20786, 20788, 20790, 20792, 20794, 20796, 20798, 20800, 20802, 20804, 20806, 20808, 20810, 20812, 20814, 20816, 20818, 20820, 20822, 20824, 20826, 20828, 20830, 20832, 20834, 20836, 20838, 20840, 20842, 20844, 20846, 20848, 20850, 20852, 20854, 20856, 20858, 20860, 20862, 20864, 20866, 20868, 20870, 20872, 20874, 20876, 20878, 20880, 20882, 20884, 20886, 20888, 20890, 20892, 20894, 20896, 20898, 20900, 20902, 20904, 20906, 20908, 20910, 20912, 20914, 20916, 20918, 20920, 20922, 20924, 20926, 20928, 20930, 20932, 20934, 20936, 20938, 20940, 20942, 20944, 20946, 20948, 20950, 20952, 20954, 20956, 20958, 20960, 20962, 20964, 20966, 20968, 20970, 20972, 20974, 20976, 20978, 20980, 20982, 20984, 20986, 20988, 20990, 20992, 20994, 20996, 20998, 21000, 21002, 21004, 21006, 21008, 21010, 21012, 21014, 21016, 21018, 21020, 21022, 21024, 21026, 21028, 21030, 21032, 21034, 21036, 21038, 21040, 21042, 21044, 21046, 21048, 21050, 21052, 21054, 21056, 21058, 21060, 21062, 21064, 21066, 21068, 21070, 21072, 21074, 21076, 21078, 21080, 21082, 21084, 21086, 21088, 21090, 21092, 21094, 21096, 21098, 21100, 21102, 21104, 21106, 21108, 21110, 21112, 21114, 21116, 21118, 21120, 21122, 21124, 21126, 21128, 21130, 21132, 21134, 21136, 21138, 21140, 21142, 21144, 21146, 21148, 21150, 21152, 21154, 21156, 21158, 21160, 21162, 21164, 21166, 21168, 21170, 21172, 21174, 21176, 21178, 21180, 21182, 21184, 21186, 21188, 21190, 21192, 21194, 21196, 21198, 21200, 21202, 21204, 21206, 21208, 21210, 21212, 21214, 21216, 21218, 21220, 21222, 21224, 21226, 21228, 21230, 21232, 21234, 21236, 21238, 21240, 21242, 21244, 21246, 21248, 21250, 21252, 21254, 21256, 21258, 21260, 21262, 21264, 21266, 21268, 21270, 21272, 21274, 21276, 21278, 21280, 21282, 21284, 21286, 21288, 21290, 21292, 21294, 21296, 21298, 21300, 21302, 21304, 21306, 21308, 21310, 21312, 21314, 21316, 21318, 21320, 21322, 21324, 21326, 21328, 21330, 21332, 21334, 21336, 21338, 21340, 21342, 21344, 21346, 21348, 21350, 21352, 21354, 21356, 21358, 21360, 21362,

21364, 21366, 21368, 21370, 21372, 21374, 21376, 21378, 21380, 21382, 21384, 21386, 21388, 21390, 21392, 21394, 21396, 21398, 21400, 21402, 21404, 21406, 21408, 21410, 21412, 21414, 21416, 21418, 21420, 21422, 21424, 21426, 21428, 21430, 21432, 21434, 21436, 21438, 21440, 21442, 21444, 21446, 21448, 21450, 21452, 21454, 21456, 21458, 21460, 21462, 21464, 21466, 21468, 21470, 21472, 21474, 21476, 21478, 21480, 21482, 21484, 21486, 21488, 21490, 21492, 21494, 21496, 21498, 21500, 21502, 21504, 21506, 21508, 21510, 21512, 21514, 21516, 21518, 21520, 21522, 21524, 21526, 21528, 21530, 21532, 21534, 21536, 21538, 21540, 21542, 21544, 21546, 21548, 21550, 21552, 21554, 21556, 21558, 21560, 21562, 21564, 21566, 21568, 21570, 21572, 21574, 21576, 21578, 21580, 21582, 21584, 21586, 21588, 21590, 21592, 21594, 21596, 21598, 21600, 21602, 21604, 21606, 21608, 21610, 21612, 21614, 21616, 21618, 21620, 21622, 21624, 21626, 21628, 21630, 21632, 21634, 21636, 21638, 21640, 21642, 21644, 21646, 21648, 21650, 21652, 21654, 21656, 21658, 21660, 21662, 21664, 21666, 21668, 21670, 21672, 21674, 21676, 21678, 21680, 21682, 21684, 21686, 21688, 21690, 21692, 21694, 21696, 21698, 21700, 21702, 21704, 21706, 21708, 21710, 21712, 21714, 21716, 21718, 21720, 21722, 21724, 21726, 21728, 21730, 21732, 21734, 21736, 21738, 21740, 21742, 21744, 21746, 21748, 21750, 21752, 21754, 21756, 21758, 21760, 21762, 21764, 21766, 21768, 21770, 21772, 21774, 21776, 21778, 21780, 21782, 21784, 21786, 21788, 21790, 21792, 21794, 21796, 21798, 21800, 21802, 21804, 21806, 21808, 21810, 21812, 21814, 21816, 21818, 21820, 21822, 21824, 21826, 21828, 21830, 21832, 21834, 21836, 21838, 21840, 21842, 21844, 21846, 21848, 21850, 21852, 21854, 21856, 21858, 21860, 21862, 21864, 21866, 21868, 21870, 21872, 21874, 21876, 21878, 21880, 21882, 21884, 21886, 21888, 21890, 21892, 21894, 21896, 21898, 21900, 21902, 21904, 21906, 21908, 21910, 21912, 21914, 21916, 21918, 21920, 21922, 21924, 21926, 21928, 21930, 21932, 21934, 21936, 21938, 21940, 21942, 21944, 21946, 21948, 21950, 21952, 21954, 21956, 21958, 21960, 21962, 21964, 21966, 21968, 21970, 21972, 21974, 21976, 21978, 21980, 21982, 21984, 21986, 21988, 21990, 21992, 21994, 21996, 21998, 22000, 22002, 22004, 22006, 22008, 22010, 22012, 22014, 22016, 22018, 22020, 22022, 22024, 22026, 22028, 22030, 22032, 22034, 22036, 22038, 22040, 22042, 22044, 22046, 22048, 22050, 22052, 22054, 22056, 22058, 22060, 22062, 22064, 22066, 22068, 22070, 22072, 22074, 22076, 22078, 22080, 22082, 22084, 22086, 22088, 22090, 22092, 22094, 22096, 22098, 22100, 22102, 22104, 22106, 22108, 22110, 22112, 22114, 22116, 22118, 22120, 22122, 22124, 22126, 22128, 22130, 22132, 22134, 22136, 22138, 22140, 22142, 22144, 22146, 22148, 22150, 22152, 22154, 22156, 22158, 22160, 22162, 22164, 22166, 22168, 22170, 22172, 22174, 22176, 22178, 22180, 22182, 22184, 22186, 22188, 22190, 22192, 22194, 22196, 22198, 22200, 22202, 22204, 22206, 22208, 22210, 22212, 22214, 22216, 22218, 22220, 22222, 22224, 22226, 22228, 22230, 22232, 22234, 22236, 22238, 22240, 22242, 22244, 22246, 22248, 22250, 22252, 22254, 22256, 22258, 22260, 22262, 22264, 22266, 22268, 22270, 22272, 22274, 22276, 22278, 22280, 22282, 22284, 22286, 22288, 22290, 22292, 22294, 22296, 22298, 22300, 22302, 22304, 22306, 22308, 22310, 22312, 22314, 22316, 22318, 22320, 22322, 22324, 22326, 22328, 22330, 22332, 22334, 22336, 22338, 22340, 22342, 22344, 22346, 22348, 22350, 22352, 22354, 22356, 22358, 22360, 22362, 22364, 22366, 22368, 22370, 22372, 22374, 22376, 22378, 22380, 22382, 22384, 22386, 22388, 22390, 22392, 22394, 22396, 22398, 22400, 22402, 22404, 22406, 22408, 22410, 22412, 22414, 22416, 22418, 22420, 22422, 22424, 22426, 22428, 22430, 22432, 22434, 22436, 22438, 22440, 22442, 22444, 22446, 22448, 22450, 22452, 22454, 22456, 22458, 22460, 22462, 22464, 22466, 22468, 22470, 22472, 22474, 22476, 22478, 22480, 22482, 22484, 22486, 22488, 22490, 22492, 22494, 22496, 22498, 22500, 22502, 22504, 22506, 22508, 22510, 22512, 22514, 22516, 22518, 22520, 22522, 22524, 22526, 22528, 22530, 22532, 22534, 22536, 22538, 22540, 22542, 22544, 22546, 22548, 22550, 22552, 22554, 22556, 22558, 22560, 22562, 22564, 22566, 22568, 22570, 22572, 22574, 22576, 22578, 22580, 22582, 22584, 22586, 22588, 22590, 22592, 22594, 22596, 22598, 22600, 22602, 22604, 22606, 22608, 22610, 22612, 22614, 22616, 22618, 22620, 22622, 22624, 22626, 22628, 22630, 22632, 22634, 22636, 22638, 22640, 22642, 22644, 22646, 22648, 22650, 22652, 22654, 22656, 22658, 22660, 22662, 22664, 22666, 22668, 22670, 22672, 22674, 22676, 22678, 22680, 22682, 22684, 22686, 22688, 22690, 22692, 22694, 22696, 22698, 22700, 22702, 22704, 22706, 22708, 22710, 22712, 22714, 22716, 22718, 22720, 22722, 22724, 22726, 22728, 22730, 22732, 22734, 22736, 22738, 22740, 22742, 22744, 22746, 22748, 22750, 22752, 22754, 22756, 22758, 22760, 22762, 22764, 22766, 22768, 22770, 22772, 22774, 22776, 22778, 22780, 22782, 22784, 22786, 22788, 22790, 22792, 22794, 22796, 22798, 22800, 22802, 22804, 22806, 22808, 22810, 22812, 22814, 22816, 22818, 22820, 22822, 22824, 22826, 22828, 22830, 22832, 22834, 22836, 22838, 22840, 22842, 22844, 22846, 22848, 22850, 22852, 22854, 22856, 22858, 22860, 22862, 22864, 22866, 22868, 22870, 22872, 22874, 22876, 22878, 22880, 22882, 22884, 22886, 22888, 22890, 22892, 22894, 22896, 22898, 22900, 22902, 22904, 22906, 22908, 22910, 22912, 22914, 22916, 22918, 22920, 22922, 22924, 22926, 22928, 22930, 22932, 22934, 22936, 22938, 22940, 22942, 22944, 22946, 22948, 22950, 22952, 22954, 22956, 22958, 22960, 22962, 22964, 22966, 22968, 22970, 22972, 22974, 22976, 22978, 22980, 22982, 22984, 22986, 22988, 22990, 22992, 22994, 22996, 22998, 23000, 23002, 23004, 23006, 23008, 23010, 23012, 23014, 23016, 23018, 23020, 23022, 23024, 23026, 23028, 23030, 23032, 23034, 23036, 23038, 23040, 23042, 23044, 23046, 23048, 23050, 23052, 23054, 23056, 23058, 23060, 23062, 23064, 23066, 23068, 23070, 23072, 23074, 23076, 23078, 23080, 23082, 23084, 23086, 23088, 23090, 23092, 23094, 23096, 23098, 23100, 23102, 23104, 23106, 23108, 23110, 23112, 23114, 23116, 23118, 23120, 23122, 23124, 23126, 23128, 23130, 23132, 23134, 23136, 23138, 23140, 23142, 23144, 23146, 23148, 23150, 23152, 23154, 23156, 23158, 23160, 23162, 23164, 23166, 23168, 23170, 23172, 23174, 23176, 23178, 23180, 23182, 23184, 23186, 23188, 23190, 23192, 23194, 23196, 23198, 23200, 23202, 23204, 23206, 23208, 23210, 23212, 23214, 23216, 23218, 23220, 23222, 23224, 23226, 23228, 23230, 23232, 23234, 23236, 23238, 23240, 23242, 23244, 23246, 23248, 23250, 23252, 23254, 23256, 23258, 23260, 23262, 23264, 23266, 23268, 23270, 23272, 23274, 23276, 23278, 23280, 23282, 23284, 23286, 23288, 23290, 23292, 23294, 23296, 23298, 23300, 23302, 23304, 23306, 23308, 23310, 23312, 23314, 23316, 23318, 23320, 23322, 23324, 23326, 23328, 23330, 23332, 23334, 23336, 23338, 23340, 23342, 23344, 23346, 23348, 23350, 23352, 23354, 23356, 23358, 23360, 23362, 23364, 23366, 23368, 23370, 23372, 23374, 23376, 23378, 23380, 23382, 23384, 23386, 23388, 23390, 23392, 23394, 23396, 23398, 23400, 23402, 23404, 23406, 23408, 23410, 23412, 23414, 23416, 23418, 23420, 23422, 23424, 23426, 23428, 23430, 23432, 23434, 23436, 23438, 23440, 23442, 23444, 23446, 23448, 23450, 23452, 23454, 23456, 23458, 23460, 23462, 23464, 23466, 23468, 23470, 23472, 23474, 23476, 23478, 23480, 23482, 23484, 23486, 23488, 23490, 23492, 23494, 23496, 23498, 23500, 23502, 23504, 23506, 23508, 23510, 23512, 23514, 23516, 23518, 23520, 23522, 23524, 23526, 23528, 23530, 23532, 23534, 23536, 23538, 23540, 23542, 23544, 23546, 23548, 23550, 23552, 23554, 23556, 23558, 23560, 23562, 23564, 23566, 23568, 23570, 23572, 23574, 23576, 23578, 23580, 23582, 23584, 23586, 23588, 23590, 23592, 23594, 23596, 23598, 23600, 23602, 23604, 23606, 23608, 23610, 23612, 23614, 23616, 23618, 23620, 23622, 23624, 23626, 23628, 23630, 23632, 23634, 23636, 23638, 23640, 23642, 23644, 23646, 23648, 23650, 23652, 23654, 23656, 23658, 23660, 23662, 23664, 23666, 23668, 23670, 23672, 23674, 23676, 23678, 23680, 23682, 23684, 23686, 23688, 23690, 23692, 23694, 23696, 23698, 23700, 23702, 23704, 23706, 23708, 23710, 23712, 23714, 23716, 23718, 23720, 23722, 23724, 23726, 23728, 23730, 23732, 23734, 23736, 23738, 23740, 23742, 23744, 23746, 23748, 23750, 23752, 23754, 23756, 23758, 23760, 23762, 23764, 23766, 23768, 23770, 23772, 23774, 23776, 23778, 23780, 23782, 23784, 23786, 23788, 23790, 23792, 23794, 23796, 23798, 23800, 23802, 23804, 23806, 23808, 23810, 23812, 23814, 23816, 23818, 23820, 23822, 23824, 23826, 23828, 23830, 23832, 23834, 23836, 23838, 23840, 23842, 23844, 23846, 23848, 23850, 23852, 23854, 23856, 23858, 23860, 23862, 23864, 23866, 23868, 23870, 23872, 23874, 23876, 23878, 23880, 23882, 23884, 23886, 23888, 23890, 23892, 23894, 23896, 23898, 23900, 23902, 23904, 23906, 23908, 23910, 23912, 23914, 23916, 23918, 23920, 23922, 23924, 23926, 23928, 23930, 23932, 23934, 23936, 23938, 23940, 23942, 23944, 23946, 23948, 23950, 23952, 23954, 23956, 23958, 23960, 23962, 23964, 23966, 23968, 23970, 23972, 23974, 23976, 23978, 23980, 23982, 23984, 23986, 23988, 23990, 23992, 23994, 23996, 23998, 24000, 24002, 24004, 24006, 24008, 24010, 24012, 24014, 24016, 24018, 24020, 24022, 24024, 24026, 24028, 24030, 24032, 24034, 24036, 24038, 24040, 24042, 24044, 24046, 24048, 24050, 24052, 24054, 24056, 24058, 24060, 24062, 24064, 24066, 24068, 24070, 24072, 24074, 24076, 24078, 24080, 24082, 24084, 24086, 24088, 24090, 24092, 24094, 24096, 24098, 24100, 24102, 24104, 24106, 24108, 24110, 24112, 24114, 24116, 24118, 24120, 24122, 24124, 24126, 24128, 24130, 24132, 24134, 24136, 24138, 24140, 24142, 24144, 24146, 24148, 24150, 24152, 24154, 24156, 24158, 24160, 24162, 24164, 24166, 24168, 24170, 24172, 24174, 24176, 24178, 24180, 24182, 24184, 24186, 24188, 24190, 24192, 24194, 24196, 24198, 24200, 24202, 24204, 24206, 24208, 24210, 24212, 24214, 24216, 24218, 24220, 24222, 24224, 24226, 24228, 24230, 24232, 24234, 24236, 24238, 24240, 24242, 24244, 24246, 24248, 24250, 24252, 24254, 24256, 24258, 24260, 24262, 24264, 24266, 24268, 24270, 24272, 24274, 24276, 24278, 24280, 24282,

24284, 24286, 24288, 24290, 24292, 24294, 24296, 24298, 24300, 24302, 24304, 24306, 24308, 24310, 24312, 24314, 24316, 24318, 24320, 24322, 24324, 24326, 24328, 24330, 24332, 24334, 24336, 24338, 24340, 24342, 24344, 24346, 24348, 24350, 24352, 24354, 24356, 24358, 24360, 24362, 24364, 24366, 24368, 24370, 24372, 24374, 24376, 24378, 24380, 24382, 24384, 24386, 24388, 24390, 24392, 24394, 24396, 24398, 24400, 24402, 24404, 24406, 24408, 24410, 24412, 24414, 24416, 24418, 24420, 24422, 24424, 24426, 24428, 24430, 24432, 24434, 24436, 24438, 24440, 24442, 24444, 24446, 24448, 24450, 24452, 24454, 24456, 24458, 24460, 24462, 24464, 24466, 24468, 24470, 24472, 24474, 24476, 24478, 24480, 24482, 24484, 24486, 24488, 24490, 24492, 24494, 24496, 24498, 24500, 24502, 24504, 24506, 24508, 24510, 24512, 24514, 24516, 24518, 24520, 24522, 24524, 24526, 24528, 24530, 24532, 24534, 24536, 24538, 24540, 24542, 24544, 24546, 24548, 24550, 24552, 24554, 24556, 24558, 24560, 24562, 24564, 24566, 24568, 24570, 24572, 24574, 24576, 24578, 24580, 24582, 24584, 24586, 24588, 24590, 24592, 24594, 24596, 24598, 24600, 24602, 24604, 24606, 24608, 24610, 24612, 24614, 24616, 24618, 24620, 24622, 24624, 24626, 24628, 24630, 24632, 24634, 24636, 24638, 24640, 24642, 24644, 24646, 24648, 24650, 24652, 24654, 24656, 24658, 24660, 24662, 24664, 24666, 24668, 24670, 24672, 24674, 24676, 24678, 24680, 24682, 24684, 24686, 24688, 24690, 24692, 24694, 24696, 24698, 24700, 24702, 24704, 24706, 24708, 24710, 24712, 24714, 24716, 24718, 24720, 24722, 24724, 24726, 24728, 24730, 24732, 24734, 24736, 24738, 24740, 24742, 24744, 24746, 24748, 24750, 24752, 24754, 24756, 24758, 24760, 24762, 24764, 24766, 24768, 24770, 24772, 24774, 24776, 24778, 24780, 24782, 24784, 24786, 24788, 24790, 24792, 24794, 24796, 24798, 24800, 24802, 24804, 24806, 24808, 24810, 24812, 24814, 24816, 24818, 24820, 24822, 24824, 24826, 24828, 24830, 24832, 24834, 24836, 24838, 24840, 24842, 24844, 24846, 24848, 24850, 24852, 24854, 24856, 24858, 24860, 24862, 24864, 24866, 24868, 24870, 24872, 24874, 24876, 24878, 24880, 24882, 24884, 24886, 24888, 24890, 24892, 24894, 24896, 24898, 24900, 24902, 24904, 24906, 24908, 24910, 24912, 24914, 24916, 24918, 24920, 24922, 24924, 24926, 24928, 24930, 24932, 24934, 24936, 24938, 24940, 24942, 24944, 24946, 24948, 24950, 24952, 24954, 24956, 24958, 24960, 24962, 24964, 24966, 24968, 24970, 24972, 24974, 24976, 24978, 24980, 24982, 24984, 24986, 24988, 24990, 24992, 24994, 24996, 24998, 25000, 25002, 25004, 25006, 25008, 25010, 25012, 25014, 25016, 25018, 25020, 25022, 25024, 25026, 25028, 25030, 25032, 25034, 25036, 25038, 25040, 25042, 25044, 25046, 25048, 25050, 25052, 25054, 25056, 25058, 25060, 25062, 25064, 25066, 25068, 25070, 25072, 25074, 25076, 25078, 25080, 25082, 25084, 25086, 25088, 25090, 25092, 25094, 25096, 25098, 25100, 25102, 25104, 25106, 25108, 25110, 25112, 25114, 25116, 25118, 25120, 25122, 25124, 25126, 25128, 25130, 25132, 25134, 25136, 25138, 25140, 25142, 25144, 25146, 25148, 25150, 25152, 25154, 25156, 25158, 25160, 25162, 25164, 25166, 25168, 25170, 25172, 25174, 25176, 25178, 25180, 25182, 25184, 25186, 25188, 25190, 25192, 25194, 25196, 25198, 25200, 25202, 25204, 25206, 25208, 25210, 25212, 25214, 25216, 25218, 25220, 25222, 25224, 25226, 25228, 25230, 25232, 25234, 25236, 25238, 25240, 25242, 25244, 25246, 25248, 25250, 25252, 25254, 25256, 25258, 25260, 25262, 25264, 25266, 25268, 25270, 25272, 25274, 25276, 25278, 25280, 25282, 25284, 25286, 25288, 25290, 25292, 25294, 25296, 25298, 25300, 25302, 25304, 25306, 25308, 25310, 25312, 25314, 25316, 25318, 25320, 25322, 25324, 25326, 25328, 25330, 25332, 25334, 25336, 25338, 25340, 25342, 25344, 25346, 25348, 25350, 25352, 25354, 25356, 25358, 25360, 25362, 25364, 25366, 25368, 25370, 25372, 25374, 25376, 25378, 25380, 25382, 25384, 25386, 25388, 25390, 25392, 25394, 25396, 25398, 25400, 25402, 25404, 25406, 25408, 25410, 25412, 25414, 25416, 25418, 25420, 25422, 25424, 25426, 25428, 25430, 25432, 25434, 25436, 25438, 25440, 25442, 25444, 25446, 25448, 25450, 25452, 25454, 25456, 25458, 25460, 25462, 25464, 25466, 25468, 25470, 25472, 25474, 25476, 25478, 25480, 25482, 25484, 25486, 25488, 25490, 25492, 25494, 25496, 25498, 25500, 25502, 25504, 25506, 25508, 25510, 25512, 25514, 25516, 25518, 25520, 25522, 25524, 25526, 25528, 25530, 25532, 25534, 25536, 25538, 25540, 25542, 25544, 25546, 25548, 25550, 25552, 25554, 25556, 25558, 25560, 25562, 25564, 25566, 25568, 25570, 25572, 25574, 25576, 25578, 25580, 25582, 25584, 25586, 25588, 25590, 25592, 25594, 25596, 25598, 25600, 25602, 25604, 25606, 25608, 25610, 25612, 25614, 25616, 25618, 25620, 25622, 25624, 25626, 25628, 25630, 25632, 25634, 25636, 25638, 25640, 25642, 25644, 25646, 25648, 25650, 25652, 25654, 25656, 25658, 25660, 25662, 25664, 25666, 25668, 25670, 25672, 25674, 25676, 25678, 25680, 25682, 25684, 25686, 25688, 25690, 25692, 25694, 25696, 25698, 25700, 25702, 25704, 25706, 25708, 25710, 25712, 25714, 25716, 25718, 25720, 25722, 25724, 25726, 25728, 25730, 25732, 25734, 25736, 25738, 25740, 25742,

25744, 25746, 25748, 25750, 25752, 25754, 25756, 25758, 25760, 25762, 25764, 25766, 25768, 25770, 25772, 25774, 25776, 25778, 25780, 25782, 25784, 25786, 25788, 25790, 25792, 25794, 25796, 25798, 25800, 25802, 25804, 25806, 25808, 25810, 25812, 25814, 25816, 25818, 25820, 25822, 25824, 25826, 25828, 25830, 25832, 25834, 25836, 25838, 25840, 25842, 25844, 25846, 25848, 25850, 25852, 25854, 25856, 25858, 25860, 25862, 25864, 25866, 25868, 25870, 25872, 25874, 25876, 25878, 25880, 25882, 25884, 25886, 25888, 25890, 25892, 25894, 25896, 25898, 25900, 25902, 25904, 25906, 25908, 25910, 25912, 25914, 25916, 25918, 25920, 25922, 25924, 25926, 25928, 25930, 25932, 25934, 25936, 25938, 25940, 25942, 25944, 25946, 25948, 25950, 25952, 25954, 25956, 25958, 25960, 25962, 25964, 25966, 25968, 25970, 25972, 25974, 25976, 25978, 25980, 25982, 25984, 25986, 25988, 25990, 25992, 25994, 25996, 25998, 26000, 26002, 26004, 26006, 26008, 26010, 26012, 26014, 26016, 26018, 26020, 26022, 26024, 26026, 26028, 26030, 26032, 26034, 26036, 26038, 26040, 26042, 26044, 26046, 26048, 26050, 26052, 26054, 26056, 26058, 26060, 26062, 26064, 26066, 26068, 26070, 26072, 26074, 26076, 26078, 26080, 26082, 26084, 26086, 26088, 26090, 26092, 26094, 26096, 26098, 26100, 26102, 26104, 26106, 26108, 26110, 26112, 26114, 26116, 26118, 26120, 26122, 26124, 26126, 26128, 26130, 26132, 26134, 26136, 26138, 26140, 26142, 26144, 26146, 26148, 26150, 26152, 26154, 26156, 26158, 26160, 26162, 26164, 26166, 26168, 26170, 26172, 26174, 26176, 26178, 26180, 26182, 26184, 26186, 26188, 26190, 26192, 26194, 26196, 26198, 26200, 26202, 26204, 26206, 26208, 26210, 26212, 26214, 26216, 26218, 26220, 26222, 26224, 26226, 26228, 26230, 26232, 26234, 26236, 26238, 26240, 26242, 26244, 26246, 26248, 26250, 26252, 26254, 26256, 26258, 26260, 26262, 26264, 26266, 26268, 26270, 26272, 26274, 26276, 26278, 26280, 26282, 26284, 26286, 26288, 26290, 26292, 26294, 26296, 26298, 26300, 26302, 26304, 26306, 26308, 26310, 26312, 26314, 26316, 26318, 26320, 26322, 26324, 26326, 26328, 26330, 26332, 26334, 26336, 26338, 26340, 26342, 26344, 26346, 26348, 26350, 26352, 26354, 26356, 26358, 26360, 26362, 26364, 26366, 26368, 26370, 26372, 26374, 26376, 26378, 26380, 26382, 26384, 26386, 26388, 26390, 26392, 26394, 26396, 26398, 26400, 26402, 26404, 26406, 26408, 26410, 26412, 26414, 26416, 26418, 26420, 26422, 26424, 26426, 26428, 26430, 26432, 26434, 26436, 26438, 26440, 26442, 26444, 26446, 26448, 26450, 26452, 26454, 26456, 26458, 26460, 26462, 26464, 26466, 26468, 26470, 26472, 26474, 26476, 26478, 26480, 26482, 26484, 26486, 26488, 26490, 26492, 26494, 26496, 26498, 26500, 26502, 26504, 26506, 26508, 26510, 26512, 26514, 26516, 26518, 26520, 26522, 26524, 26526, 26528, 26530, 26532, 26534, 26536, 26538, 26540, 26542, 26544, 26546, 26548, 26550, 26552, 26554, 26556, 26558, 26560, 26562, 26564, 26566, 26568, 26570, 26572, 26574, 26576, 26578, 26580, 26582, 26584, 26586, 26588, 26590, 26592, 26594, 26596, 26598, 26600, 26602, 26604, 26606, 26608, 26610, 26612, 26614, 26616, 26618, 26620, 26622, 26624, 26626, 26628, 26630, 26632, 26634, 26636, 26638, 26640, 26642, 26644, 26646, 26648, 26650, 26652, 26654, 26656, 26658, 26660, 26662, 26664, 26666, 26668, 26670, 26672, 26674, 26676, 26678, 26680, 26682, 26684, 26686, 26688, 26690, 26692, 26694, 26696, 26698, 26700, 26702, 26704, 26706, 26708, 26710, 26712, 26714, 26716, 26718, 26720, 26722, 26724, 26726, 26728, 26730, 26732, 26734, 26736, 26738, 26740, 26742, 26744, 26746, 26748, 26750, 26752, 26754, 26756, 26758, 26760, 26762, 26764, 26766, 26768, 26770, 26772, 26774, 26776, 26778, 26780, 26782, 26784, 26786, 26788, 26790, 26792, 26794, 26796, 26798, 26800, 26802, 26804, 26806, 26808, 26810, 26812, 26814, 26816, 26818, 26820, 26822, 26824, 26826, 26828, 26830, 26832, 26834, 26836, 26838, 26840, 26842, 26844, 26846, 26848, 26850, 26852, 26854, 26856, 26858, 26860, 26862, 26864, 26866, 26868, 26870, 26872, 26874, 26876, 26878, 26880, 26882, 26884, 26886, 26888, 26890, 26892, 26894, 26896, 26898, 26900, 26902, 26904, 26906, 26908, 26910, 26912, 26914, 26916, 26918, 26920, 26922, 26924, 26926, 26928, 26930, 26932, 26934, 26936, 26938, 26940, 26942, 26944, 26946, 26948, 26950, 26952, 26954, 26956, 26958, 26960, 26962, 26964, 26966, 26968, 26970, 26972, 26974, 26976, 26978, 26980, 26982, 26984, 26986, 26988, 26990, 26992, 26994, 26996, 26998, 27000, 27002, 27004, 27006, 27008, 27010, 27012, 27014, 27016, 27018, 27020, 27022, 27024, 27026, 27028, 27030, 27032, 27034, 27036, 27038, 27040, 27042, 27044, 27046, 27048, 27050, 27052, 27054, 27056, 27058, 27060, 27062, 27064, 27066, 27068, 27070, 27072, 27074, 27076, 27078, 27080, 27082, 27084, 27086, 27088, 27090, 27092, 27094, 27096, 27098, 27100, 27102, 27104, 27106, 27108, 27110, 27112, 27114, 27116, 27118, 27120, 27122, 27124, 27126, 27128, 27130, 27132, 27134, 27136, 27138, 27140, 27142, 27144, 27146, 27148, 27150, 27152, 27154, 27156, 27158, 27160, 27162, 27164, 27166, 27168, 27170, 27172, 27174, 27176, 27178, 27180, 27182, 27184, 27186, 27188, 27190, 27192, 27194, 27196, 27198, 27200, 27202,

27204, 27206, 27208, 27210, 27212, 27214, 27216, 27218, 27220, 27222,
27224, 27226, 27228, 27230, 27232, 27234, 27236, 27238, 27240, 27242,
27244, 27246, 27248, 27250, 27252, 27254, 27256, 27258, 27260, 27262,
27264, 27266, 27268, 27270, 27272, 27274, 27276, 27278, 27280, 27282,
27284, 27286, 27288, 27290, 27292, 27294, 27296, 27298, 27300, 27302,
27304, 27306, 27308, 27310, 27312, 27314, 27316, 27318, 27320, 27322,
27324, 27326, 27328, 27330, 27332, 27334, 27336, 27338, 27340, 27342,
27344, 27346, 27348, 27350, 27352, 27354, 27356, 27358, 27360, 27362,
27364, 27366, 27368, 27370, 27372, 27374, 27376, 27378, 27380, 27382,
27384, 27386, 27388, 27390, 27392, 27394, 27396, 27398, 27400, 27402,
27404, 27406, 27408, 27410, 27412, 27414, 27416, 27418, 27420, 27422,
27424, 27426, 27428, 27430, 27432, 27434, 27436, 27438, 27440, 27442,
27444, 27446, 27448, 27450, 27452, 27454, 27456, 27458, 27460, 27462,
27464, 27466, 27468, 27470, 27472, 27474, 27476, 27478, 27480, 27482,
27484, 27486, 27488, 27490, 27492, 27494, 27496, 27498, 27500, 27502,
27504, 27506, 27508, 27510, 27512, 27514, 27516, 27518, 27520, 27522,
27524, 27526, 27528, 27530, 27532, 27534, 27536, 27538, 27540, 27542,
27544, 27546, 27548, 27550, 27552, 27554, 27556, 27558, 27560, 27562,
27564, 27566, 27568, 27570, 27572, 27574, 27576, 27578, 27580, 27582,
27584, 27586, 27588, 27590, 27592, 27594, 27596, 27598, 27600, 27602,
27604, 27606, 27608, 27610, 27612, 27614, 27616, 27618, 27620, 27622,
27624, 27626, 27628, 27630, 27632, 27634, 27636, 27638, 27640, 27642,
27644, 27646, 27648, 27650, 27652, 27654, 27656, 27658, 27660, 27662,
27664, 27666, 27668, 27670, 27672, 27674, 27676, 27678, 27680, 27682,
27684, 27686, 27688, 27690, 27692, 27694, 27696, 27698, 27700, 27702,
27704, 27706, 27708, 27710, 27712, 27714, 27716, 27718, 27720, 27722,
27724, 27726, 27728, 27730, 27732, 27734, 27736, 27738, 27740, 27742,
27744, 27746, 27748, 27750, 27752, 27754, 27756, 27758, 27760, 27762,
27764, 27766, 27768, 27770, 27772, 27774, 27776, 27778, 27780, 27782,
27784, 27786, 27788, 27790, 27792, 27794, 27796, 27798, 27800, 27802,
27804, 27806, 27808, 27810, 27812, 27814, 27816, 27818, 27820, 27822,
27824, 27826, 27828, 27830, 27832, 27834, 27836, 27838, 27840, 27842,
27844, 27846, 27848, 27850, 27852, 27854, 27856, 27858, 27860, 27862,
27864, 27866, 27868, 27870, 27872, 27874, 27876, 27878, 27880, 27882,
27884, 27886, 27888, 27890, 27892, 27894, 27896, 27898, 27900, 27902,
27904, 27906, 27908, 27910, 27912, 27914, 27916, 27918, 27920, 27922,
27924, 27926, 27928, 27930, 27932, 27934, 27936, 27938, 27940, 27942,
27944, 27946, 27948, 27950, 27952, 27954, 27956, 27958, 27960, 27962,
27964, 27966, 27968, 27970, 27972, 27974, 27976, 27978, 27980, 27982,
27984, 27986, 27988, 27990, 27992, 27994, 27996, 27998, 28000, 28002,
28004, 28006, 28008, 28010, 28012, 28014, 28016, 28018, 28020, 28022,
28024, 28026, 28028, 28030, 28032, 28034, 28036, 28038, 28040, 28042,
28044, 28046, 28048, 28050, 28052, 28054, 28056, 28058, 28060, 28062,
28064, 28066, 28068, 28070, 28072, 28074, 28076, 28078, 28080, 28082,
28084, 28086, 28088, 28090, 28092, 28094, 28096, 28098, 28100, 28102,
28104, 28106, 28108, 28110, 28112, 28114, 28116, 28118, 28120, 28122,
28124, 28126, 28128, 28130, 28132, 28134, 28136, 28138, 28140, 28142,
28144, 28146, 28148, 28150, 28152, 28154, 28156, 28158, 28160, 28162,
28164, 28166, 28168, 28170, 28172, 28174, 28176, 28178, 28180, 28182,
28184, 28186, 28188, 28190, 28192, 28194, 28196, 28198, 28200, 28202,
28204, 28206, 28208, 28210, 28212, 28214, 28216, 28218, 28220, 28222,
28224, 28226, 28228, 28230, 28232, 28234, 28236, 28238, 28240, 28242,
28244, 28246, 28248, 28250, 28252, 28254, 28256, 28258, 28260, 28262,
28264, 28266, 28268, 28270, 28272, 28274, 28276, 28278, 28280, 28282,
28284, 28286, 28288, 28290, 28292, 28294, 28296, 28298, 28300, 28302,
28304, 28306, 28308, 28310, 28312, 28314, 28316, 28318, 28320, 28322,
28324, 28326, 28328, 28330, 28332, 28334, 28336, 28338, 28340, 28342,
28344, 28346, 28348, 28350, 28352, 28354, 28356, 28358, 28360, 28362,
28364, 28366, 28368, 28370, 28372, 28374, 28376, 28378, 28380, 28382,
28384, 28386, 28388, 28390, 28392, 28394, 28396, 28398, 28400, 28402,
28404, 28406, 28408, 28410, 28412, 28414, 28416, 28418, 28420, 28422,
28424, 28426, 28428, 28430, 28432, 28434, 28436, 28438, 28440, 28442,
28444, 28446, 28448, 28450, 28452, 28454, 28456, 28458, 28460, 28462,
28464, 28466, 28468, 28470, 28472, 28474, 28476, 28478, 28480, 28482,
28484, 28486, 28488, 28490, 28492, 28494, 28496, 28498, 28500, 28502,
28504, 28506, 28508, 28510, 28512, 28514, 28516, 28518, 28520, 28522,
28524, 28526, 28528, 28530, 28532, 28534, 28536, 28538, 28540, 28542,
28544, 28546, 28548, 28550, 28552, 28554, 28556, 28558, 28560, 28562,
28564, 28566, 28568, 28570, 28572, 28574, 28576, 28578, 28580, 28582,
28584, 28586, 28588, 28590, 28592, 28594, 28596, 28598, 28600, 28602,
28604, 28606, 28608, 28610, 28612, 28614, 28616, 28618, 28620, 28622,
28624, 28626, 28628, 28630, 28632, 28634, 28636, 28638, 28640, 28642,
28644, 28646, 28648, 28650, 28652, 28654, 28656, 28658, 28660, 28662,

28664, 28666, 28668, 28670, 28672, 28674, 28676, 28678, 28680, 28682,
28684, 28686, 28688, 28690, 28692, 28694, 28696, 28698, 28700, 28702,
28704, 28706, 28708, 28710, 28712, 28714, 28716, 28718, 28720, 28722,
28724, 28726, 28728, 28730, 28732, 28734, 28736, 28738, 28740, 28742,
28744, 28746, 28748, 28750, 28752, 28754, 28756, 28758, 28760, 28762,
28764, 28766, 28768, 28770, 28772, 28774, 28776, 28778, 28780, 28782,
28784, 28786, 28788, 28790, 28792, 28794, 28796, 28798, 28800, 28802,
28804, 28806, 28808, 28810, 28812, 28814, 28816, 28818, 28820, 28822,
28824, 28826, 28828, 28830, 28832, 28834, 28836, 28838, 28840, 28842,
28844, 28846, 28848, 28850, 28852, 28854, 28856, 28858, 28860, 28862,
28864, 28866, 28868, 28870, 28872, 28874, 28876, 28878, 28880, 28882,
28884, 28886, 28888, 28890, 28892, 28894, 28896, 28898, 28900, 28902,
28904, 28906, 28908, 28910, 28912, 28914, 28916, 28918, 28920, 28922,
28924, 28926, 28928, 28930, 28932, 28934, 28936, 28938, 28940, 28942,
28944, 28946, 28948, 28950, 28952, 28954, 28956, 28958, 28960, 28962,
28964, 28966, 28968, 28970, 28972, 28974, 28976, 28978, 28980, 28982,
28984, 28986, 28988, 28990, 28992, 28994, 28996, 28998, 29000, 29002,
29004, 29006, 29008, 29010, 29012, 29014, 29016, 29018, 29020, 29022,
29024, 29026, 29028, 29030, 29032, 29034, 29036, 29038, 29040, 29042,
29044, 29046, 29048, 29050, 29052, 29054, 29056, 29058, 29060, 29062,
29064, 29066, 29068, 29070, 29072, 29074, 29076, 29078, 29080, 29082,
29084, 29086, 29088, 29090, 29092, 29094, 29096, 29098, 29100, 29102,
29104, 29106, 29108, 29110, 29112, 29114, 29116, 29118, 29120, 29122,
29124, 29126, 29128, 29130, 29132, 29134, 29136, 29138, 29140, 29142,
29144, 29146, 29148, 29150, 29152, 29154, 29156, 29158, 29160, 29162,
29164, 29166, 29168, 29170, 29172, 29174, 29176, 29178, 29180, 29182,
29184, 29186, 29188, 29190, 29192, 29194, 29196, 29198, 29200, 29202,
29204, 29206, 29208, 29210, 29212, 29214, 29216, 29218, 29220, 29222,
29224, 29226, 29228, 29230, 29232, 29234, 29236, 29238, 29240, 29242,
29244, 29246, 29248, 29250, 29252, 29254, 29256, 29258, 29260, 29262,
29264, 29266, 29268, 29270, 29272, 29274, 29276, 29278, 29280, 29282,
29284, 29286, 29288, 29290, 29292, 29294, 29296, 29298, 29300, 29302,
29304, 29306, 29308, 29310, 29312, 29314, 29316, 29318, 29320, 29322,
29324, 29326, 29328, 29330, 29332, 29334, 29336, 29338, 29340, 29342,
29344, 29346, 29348, 29350, 29352, 29354, 29356, 29358, 29360, 29362,
29364, 29366, 29368, 29370, 29372, 29374, 29376, 29378, 29380, 29382,
29384, 29386, 29388, 29390, 29392, 29394, 29396, 29398, 29400, 29402,
29404, 29406, 29408, 29410, 29412, 29414, 29416, 29418, 29420, 29422,
29424, 29426, 29428, 29430, 29432, 29434, 29436, 29438, 29440, 29442,
29444, 29446, 29448, 29450, 29452, 29454, 29456, 29458, 29460, 29462,
29464, 29466, 29468, 29470, 29472, 29474, 29476, 29478, 29480, 29482,
29484, 29486, 29488, 29490, 29492, 29494, 29496, 29498, 29500, 29502,
29504, 29506, 29508, 29510, 29512, 29514, 29516, 29518, 29520, 29522,
29524, 29526, 29528, 29530, 29532, 29534, 29536, 29538, 29540, 29542,
29544, 29546, 29548, 29550, 29552, 29554, 29556, 29558, 29560, 29562,
29564, 29566, 29568, 29570, 29572, 29574, 29576, 29578, 29580, 29582,
29584, 29586, 29588, 29590, 29592, 29594, 29596, 29598, 29600, 29602,
29604, 29606, 29608, 29610, 29612, 29614, 29616, 29618, 29620, 29622,
29624, 29626, 29628, 29630, 29632, 29634, 29636, 29638, 29640, 29642,
29644, 29646, 29648, 29650, 29652, 29654, 29656, 29658, 29660, 29662,
29664, 29666, 29668, 29670, 29672, 29674, 29676, 29678, 29680, 29682,
29684, 29686, 29688, 29690, 29692, 29694, 29696, 29698, 29700, 29702,
29704, 29706, 29708, 29710, 29712, 29714, 29716, 29718, 29720, 29722,
29724, 29726, 29728, 29730, 29732, 29734, 29736, 29738, 29740, 29742,
29744, 29746, 29748, 29750, 29752, 29754, 29756, 29758, 29760, 29762,
29764, 29766, 29768, 29770, 29772, 29774, 29776, 29778, 29780, 29782,
29784, 29786, 29788, 29790, 29792, 29794, 29796, 29798, 29800, 29802,
29804, 29806, 29808, 29810, 29812, 29814, 29816, 29818, 29820, 29822,
29824, 29826, 29828, 29830, 29832, 29834, 29836, 29838, 29840, 29842,
29844, 29846, 29848, 29850, 29852, 29854, 29856, 29858, 29860, 29862,
29864, 29866, 29868, 29870, 29872, 29874, 29876, 29878, 29880, 29882,
29884, 29886, 29888, 29890, 29892, 29894, 29896, 29898, 29900, 29902,
29904, 29906, 29908, 29910, 29912, 29914, 29916, 29918, 29920, 29922,
29924, 29926, 29928, 29930, 29932, 29934, 29936, 29938, 29940, 29942,
29944, 29946, 29948, 29950, 29952, 29954, 29956, 29958, 29960, 29962,
29964, 29966, 29968, 29970, 29972, 29974, 29976, 29978, 29980, 29982,
29984, 29986, 29988, 29990, 29992, 29994, 29996, 29998, 30000, 30002,
30004, 30006, 30008, 30010, 30012, 30014, 30016, 30018, 30020, 30022,
30024, 30026, 30028, 30030, 30032, 30034, 30036, 30038, 30040, 30042,
30044, 30046, 30048, 30050, 30052, 30054, 30056, 30058, 30060, 30062,
30064, 30066, 30068, 30070, 30072, 30074, 30076, 30078, 30080, 30082,
30084, 30086, 30088, 30090, 30092, 30094, 30096, 30098, 30100, 30102,
30104, 30106, 30108, 30110, 30112, 30114, 30116, 30118, 30120, 30122,

30124, 30126, 30128, 30130, 30132, 30134, 30136, 30138, 30140, 30142, 30144, 30146, 30148, 30150, 30152, 30154, 30156, 30158, 30160, 30162, 30164, 30166, 30168, 30170, 30172, 30174, 30176, 30178, 30180, 30182, 30184, 30186, 30188, 30190, 30192, 30194, 30196, 30198, 30200, 30202, 30204, 30206, 30208, 30210, 30212, 30214, 30216, 30218, 30220, 30222, 30224, 30226, 30228, 30230, 30232, 30234, 30236, 30238, 30240, 30242, 30244, 30246, 30248, 30250, 30252, 30254, 30256, 30258, 30260, 30262, 30264, 30266, 30268, 30270, 30272, 30274, 30276, 30278, 30280, 30282, 30284, 30286, 30288, 30290, 30292, 30294, 30296, 30298, 30300, 30302, 30304, 30306, 30308, 30310, 30312, 30314, 30316, 30318, 30320, 30322, 30324, 30326, 30328, 30330, 30332, 30334, 30336, 30338, 30340, 30342, 30344, 30346, 30348, 30350, 30352, 30354, 30356, 30358, 30360, 30362, 30364, 30366, 30368, 30370, 30372, 30374, 30376, 30378, 30380, 30382, 30384, 30386, 30388, 30390, 30392, 30394, 30396, 30398, 30400, 30402, 30404, 30406, 30408, 30410, 30412, 30414, 30416, 30418, 30420, 30422, 30424, 30426, 30428, 30430, 30432, 30434, 30436, 30438, 30440, 30442, 30444, 30446, 30448, 30450, 30452, 30454, 30456, 30458, 30460, 30462, 30464, 30466, 30468, 30470, 30472, 30474, 30476, 30478, 30480, 30482, 30484, 30486, 30488, 30490, 30492, 30494, 30496, 30498, 30500, 30502, 30504, 30506, 30508, 30510, 30512, 30514, 30516, 30518, 30520, 30522, 30524, 30526, 30528, 30530, 30532, 30534, 30536, 30538, 30540, 30542, 30544, 30546, 30548, 30550, 30552, 30554, 30556, 30558, 30560, 30562, 30564, 30566, 30568, 30570, 30572, 30574, 30576, 30578, 30580, 30582, 30584, 30586, 30588, 30590, 30592, 30594, 30596, 30598, 30600, 30602, 30604, 30606, 30608, 30610, 30612, 30614, 30616, 30618, 30620, 30622, 30624, 30626, 30628, 30630, 30632, 30634, 30636, 30638, 30640, 30642, 30644, 30646, 30648, 30650, 30652, 30654, 30656, 30658, 30660, 30662, 30664, 30666, 30668, 30670, 30672, 30674, 30676, 30678, 30680, 30682, 30684, 30686, 30688, 30690, 30692, 30694, 30696, 30698, 30700, 30702, 30704, 30706, 30708, 30710, 30712, 30714, 30716, 30718, 30720, 30722, 30724, 30726, 30728, 30730, 30732, 30734, 30736, 30738, 30740, 30742, 30744, 30746, 30748, 30750, 30752, 30754, 30756, 30758, 30760, 30762, 30764, 30766, 30768, 30770, 30772, 30774, 30776, 30778, 30780, 30782, 30784, 30786, 30788, 30790, 30792, 30794, 30796, 30798, 30800, 30802, 30804, 30806, 30808, 30810, 30812, 30814, 30816, 30818, 30820, 30822, 30824, 30826, 30828, 30830, 30832, 30834, 30836, 30838, 30840, 30842, 30844, 30846, 30848, 30850, 30852, 30854, 30856, 30858, 30860, 30862, 30864, 30866, 30868, 30870, 30872, 30874, 30876, 30878, 30880, 30882, 30884, 30886, 30888, 30890, 30892, 30894, 30896, 30898, 30900, 30902, 30904, 30906, 30908, 30910, 30912, 30914, 30916, 30918, 30920, 30922, 30924, 30926, 30928, 30930, 30932, 30934, 30936, 30938, 30940, 30942, 30944, 30946, 30948, 30950, 30952, 30954, 30956, 30958, 30960, 30962, 30964, 30966, 30968, 30970, 30972, 30974, 30976, 30978, 30980, 30982, 30984, 30986, 30988, 30990, 30992, 30994, 30996, 30998, 31000, 31002, 31004, 31006, 31008, 31010, 31012, 31014, 31016, 31018, 31020, 31022, 31024, 31026, 31028, 31030, 31032, 31034, 31036, 31038, 31040, 31042, 31044, 31046, 31048, 31050, 31052, 31054, 31056, 31058, 31060, 31062, 31064, 31066, 31068, 31070, 31072, 31074, 31076, 31078, 31080, 31082, 31084, 31086, 31088, 31090, 31092, 31094, 31096, 31098, 31100, 31102, 31104, 31106, 31108, 31110, 31112, 31114, 31116, 31118, 31120, 31122, 31124, 31126, 31128, 31130, 31132, 31134, 31136, 31138, 31140, 31142, 31144, 31146, 31148, 31150, 31152, 31154, 31156, 31158, 31160, 31162, 31164, 31166, 31168, 31170, 31172, 31174, 31176, 31178, 31180, 31182, 31184, 31186, 31188, 31190, 31192, 31194, 31196, 31198, 31200, 31202, 31204, 31206, 31208, 31210, 31212, 31214, 31216, 31218, 31220, 31222, 31224, 31226, 31228, 31230, 31232, 31234, 31236, 31238, 31240, 31242, 31244, 31246, 31248, 31250, 31252, 31254, 31256, 31258, 31260, 31262, 31264, 31266, 31268, 31270, 31272, 31274, 31276, 31278, 31280, 31282, 31284, 31286, 31288, 31290, 31292, 31294, 31296, 31298, 31300, 31302, 31304, 31306, 31308, 31310, 31312, 31314, 31316, 31318, 31320, 31322, 31324, 31326, 31328, 31330, 31332, 31334, 31336, 31338, 31340, 31342, 31344, 31346, 31348, 31350, 31352, 31354, 31356, 31358, 31360, 31362, 31364, 31366, 31368, 31370, 31372, 31374, 31376, 31378, 31380, 31382, 31384, 31386, 31388, 31390, 31392, 31394, 31396, 31398, 31400, 31402, 31404, 31406, 31408, 31410, 31412, 31414, 31416, 31418, 31420, 31422, 31424, 31426, 31428, 31430, 31432, 31434, 31436, 31438, 31440, 31442, 31444, 31446, 31448, 31450, 31452, 31454, 31456, 31458, 31460, 31462, 31464, 31466, 31468, 31470, 31472, 31474, 31476, 31478, 31480, 31482, 31484, 31486, 31488, 31490, 31492, 31494, 31496, 31498, 31500, 31502, 31504, 31506, 31508, 31510, 31512, 31514, 31516, 31518, 31520, 31522, 31524, 31526, 31528, 31530, 31532, 31534, 31536, 31538, 31540, 31542, 31544, 31546, 31548, 31550, 31552, 31554, 31556, 31558, 31560, 31562, 31564, 31566, 31568, 31570, 31572, 31574, 31576, 31578, 31580, 31582,

31584, 31586, 31588, 31590, 31592, 31594, 31596, 31598, 31600, 31602, 31604, 31606, 31608, 31610, 31612, 31614, 31616, 31618, 31620, 31622, 31624, 31626, 31628, 31630, 31632, 31634, 31636, 31638, 31640, 31642, 31644, 31646, 31648, 31650, 31652, 31654, 31656, 31658, 31660, 31662, 31664, 31666, 31668, 31670, 31672, 31674, 31676, 31678, 31680, 31682, 31684, 31686, 31688, 31690, 31692, 31694, 31696, 31698, 31700, 31702, 31704, 31706, 31708, 31710, 31712, 31714, 31716, 31718, 31720, 31722, 31724, 31726, 31728, 31730, 31732, 31734, 31736, 31738, 31740, 31742, 31744, 31746, 31748, 31750, 31752, 31754, 31756, 31758, 31760, 31762, 31764, 31766, 31768, 31770, 31772, 31774, 31776, 31778, 31780, 31782, 31784, 31786, 31788, 31790, 31792, 31794, 31796, 31798, 31800, 31802, 31804, 31806, 31808, 31810, 31812, 31814, 31816, 31818, 31820, 31822, 31824, 31826, 31828, 31830, 31832, 31834, 31836, 31838, 31840, 31842, 31844, 31846, 31848, 31850, 31852, 31854, 31856, 31858, 31860, 31862, 31864, 31866, 31868, 31870, 31872, 31874, 31876, 31878, 31880, 31882, 31884, 31886, 31888, 31890, 31892, 31894, 31896, 31898, 31900, 31902, 31904, 31906, 31908, 31910, 31912, 31914, 31916, 31918, 31920, 31922, 31924, 31926, 31928, 31930, 31932, 31934, 31936, 31938, 31940, 31942, 31944, 31946, 31948, 31950, 31952, 31954, 31956, 31958, 31960, 31962, 31964, 31966, 31968, 31970, 31972, 31974, 31976, 31978, 31980, 31982, 31984, 31986, 31988, 31990, 31992, 31994, 31996, 31998, 32000, 32002, 32004, 32006, 32008, 32010, 32012, 32014, 32016, 32018, 32020, 32022, 32024, 32026, 32028, 32030, 32032, 32034, 32036, 32038, 32040, 32042, 32044, 32046, 32048, 32050, 32052, 32054, 32056, 32058, 32060, 32062, 32064, 32066, 32068, 32070, 32072, 32074, 32076, 32078, 32080, 32082, 32084, 32086, 32088, 32090, 32092, 32094, 32096, 32098, 32100, 32102, 32104, 32106, 32108, 32110, 32112, 32114, 32116, 32118, 32120, 32122, 32124, 32126, 32128, 32130, 32132, 32134, 32136, 32138, 32140, 32142, 32144, 32146, 32148, 32150, 32152, 32154, 32156, 32158, 32160, 32162, 32164, 32166, 32168, 32170, 32172, 32174, 32176, 32178, 32180, 32182, 32184, 32186, 32188, 32190, 32192, 32194, 32196, 32198, 32200, 32202, 32204, 32206, 32208, 32210, 32212, 32214, 32216, 32218, 32220, 32222, 32224, 32226, 32228, 32230, 32232, 32234, 32236, 32238, 32240, 32242, 32244, 32246, 32248, 32250, 32252, 32254, 32256, 32258, 32260, 32262, 32264, 32266, 32268, 32270, 32272, 32274, 32276, 32278, 32280, 32282, 32284, 32286, 32288, 32290, 32292, 32294, 32296, 32298, 32300, 32302, 32304, 32306, 32308, 32310, 32312, 32314, 32316, 32318, 32320, 32322, 32324, 32326, 32328, 32330, 32332, 32334, 32336, 32338, 32340, 32342, 32344, 32346, 32348, 32350, 32352, 32354, 32356, 32358, 32360, 32362, 32364, 32366, 32368, 32370, 32372, 32374, 32376, 32378, 32380, 32382, 32384, 32386, 32388, 32390, 32392, 32394, 32396, 32398, 32400, 32402, 32404, 32406, 32408, 32410, 32412, 32414, 32416, 32418, 32420, 32422, 32424, 32426, 32428, 32430, 32432, 32434, 32436, 32438, 32440, 32442, 32444, 32446, 32448, 32450, 32452, 32454, 32456, 32458, 32460, 32462, 32464, 32466, 32468, 32470, 32472, 32474, 32476, 32478, 32480, 32482, 32484, 32486, 32488, 32490, 32492, 32494, 32496, 32498, 32500, 32502, 32504, 32506, 32508, 32510, 32512, 32514, 32516, 32518, 32520, 32522, 32524, 32526, 32528, 32530, 32532, 32534, 32536, 32538, 32540, 32542, 32544, 32546, 32548, 32550, 32552, 32554, 32556, 32558, 32560, 32562, 32564, 32566, 32568, 32570, 32572, 32574, 32576, 32578, 32580, 32582, 32584, 32586, 32588, 32590, 32592, 32594, 32596, 32598, 32600, 32602, 32604, 32606, 32608, 32610, 32612, 32614, 32616, 32618, 32620, 32622, 32624, 32626, 32628, 32630, 32632, 32634, 32636, 32638, 32640, 32642, 32644, 32646, 32648, 32650, 32652, 32654, 32656, 32658, 32660, 32662, 32664, 32666, 32668, 32670, 32672, 32674, 32676, 32678, 32680, 32682, 32684, 32686, 32688, 32690, 32692, 32694, 32696, 32698, 32700, 32702, 32704, 32706, 32708, 32710, 32712, 32714, 32716, 32718, 32720, 32722, 32724, 32726, 32728, 32730, 32732, 32734, 32736, 32738, 32740, 32742, 32744, 32746, 32748, 32750, 32752, 32754, 32756, 32758, 32760, 32762, 32764, 32766, 32768, 32770, 32772, 32774, 32776, 32778, 32780, 32782, 32784, 32786, 32788, 32790, 32792, 32794, 32796, 32798, 32800, 32802, 32804, 32806, 32808, 32810, 32812, 32814, 32816, 32818, 32820, 32822, 32824, 32826, 32828, 32830, 32832, 32834, 32836, 32838, 32840, 32842, 32844, 32846, 32848, 32850, 32852, 32854, 32856, 32858, 32860, 32862, 32864, 32866, 32868, 32870, 32872, 32874, 32876, 32878, 32880, 32882, 32884, 32886, 32888, 32890, 32892, 32894, 32896, 32898, 32900, 32902, 32904, 32906, 32908, 32910, 32912, 32914, 32916, 32918, 32920, 32922, 32924, 32926, 32928, 32930, 32932, 32934, 32936, 32938, 32940, 32942, 32944, 32946, 32948, 32950, 32952, 32954, 32956, 32958, 32960, 32962, 32964, 32966, 32968, 32970, 32972, 32974, 32976, 32978, 32980, 32982, 32984, 32986, 32988, 32990, 32992, 32994, 32996, 32998, 33000, 33002, 33004, 33006, 33008, 33010, 33012, 33014, 33016, 33018, 33020, 33022, 33024, 33026, 33028, 33030, 33032, 33034, 33036, 33038, 33040, 33042,

33044, 33046, 33048, 33050, 33052, 33054, 33056, 33058, 33060, 33062, 33064, 33066, 33068, 33070, 33072, 33074, 33076, 33078, 33080, 33082, 33084, 33086, 33088, 33090, 33092, 33094, 33096, 33098, 33100, 33102, 33104, 33106, 33108, 33110, 33112, 33114, 33116, 33118, 33120, 33122, 33124, 33126, 33128, 33130, 33132, 33134, 33136, 33138, 33140, 33142, 33144, 33146, 33148, 33150, 33152, 33154, 33156, 33158, 33160, 33162, 33164, 33166, 33168, 33170, 33172, 33174, 33176, 33178, 33180, 33182, 33184, 33186, 33188, 33190, 33192, 33194, 33196, 33198, 33200, 33202, 33204, 33206, 33208, 33210, 33212, 33214, 33216, 33218, 33220, 33222, 33224, 33226, 33228, 33230, 33232, 33234, 33236, 33238, 33240, 33242, 33244, 33246, 33248, 33250, 33252, 33254, 33256, 33258, 33260, 33262, 33264, 33266, 33268, 33270, 33272, 33274, 33276, 33278, 33280, 33282, 33284, 33286, 33288, 33290, 33292, 33294, 33296, 33298, 33300, 33302, 33304, 33306, 33308, 33310, 33312, 33314, 33316, 33318, 33320, 33322, 33324, 33326, 33328, 33330, 33332, 33334, 33336, 33338, 33340, 33342, 33344, 33346, 33348, 33350, 33352, 33354, 33356, 33358, 33360, 33362, 33364, 33366, 33368, 33370, 33372, 33374, 33376, 33378, 33380, 33382, 33384, 33386, 33388, 33390, 33392, 33394, 33396, 33398, 33400, 33402, 33404, 33406, 33408, 33410, 33412, 33414, 33416, 33418, 33420, 33422, 33424, 33426, 33428, 33430, 33432, 33434, 33436, 33438, 33440, 33442, 33444, 33446, 33448, 33450, 33452, 33454, 33456, 33458, 33460, 33462, 33464, 33466, 33468, 33470, 33472, 33474, 33476, 33478, 33480, 33482, 33484, 33486, 33488, 33490, 33492, 33494, 33496, 33498, 33500, 33502, 33504, 33506, 33508, 33510, 33512, 33514, 33516, 33518, 33520, 33522, 33524, 33526, 33528, 33530, 33532, 33534, 33536, 33538, 33540, 33542, 33544, 33546, 33548, 33550, 33552, 33554, 33556, 33558, 33560, 33562, 33564, 33566, 33568, 33570, 33572, 33574, 33576, 33578, 33580, 33582, 33584, 33586, 33588, 33590, 33592, 33594, 33596, 33598, 33600, 33602, 33604, 33606, 33608, 33610, 33612, 33614, 33616, 33618, 33620, 33622, 33624, 33626, 33628, 33630, 33632, 33634, 33636, 33638, 33640, 33642, 33644, 33646, 33648, 33650, 33652, 33654, 33656, 33658, 33660, 33662, 33664, 33666, 33668, 33670, 33672, 33674, 33676, 33678, 33680, 33682, 33684, 33686, 33688, 33690, 33692, 33694, 33696, 33698, 33700, 33702, 33704, 33706, 33708, 33710, 33712, 33714, 33716, 33718, 33720, 33722, 33724, 33726, 33728, 33730, 33732, 33734, 33736, 33738, 33740, 33742, 33744, 33746, 33748, 33750, 33752, 33754, 33756, 33758, 33760, 33762, 33764, 33766, 33768, 33770, 33772, 33774, 33776, 33778, 33780, 33782, 33784, 33786, 33788, 33790, 33792, 33794, 33796, 33798, 33800, 33802, 33804, 33806, 33808, 33810, 33812, 33814, 33816, 33818, 33820, 33822, 33824, 33826, 33828, 33830, 33832, 33834, 33836, 33838, 33840, 33842, 33844, 33846, 33848, 33850, 33852, 33854, 33856, 33858, 33860, 33862, 33864, 33866, 33868, 33870, 33872, 33874, 33876, 33878, 33880, 33882, 33884, 33886, 33888, 33890, 33892, 33894, 33896, 33898, 33900, 33902, 33904, 33906, 33908, 33910, 33912, 33914, 33916, 33918, 33920, 33922, 33924, 33926, 33928, 33930, 33932, 33934, 33936, 33938, 33940, 33942, 33944, 33946, 33948, 33950, 33952, 33954, 33956, 33958, 33960, 33962, 33964, 33966, 33968, 33970, 33972, 33974, 33976, 33978, 33980, 33982, 33984, 33986, 33988, 33990, 33992, 33994, 33996, 33998, 34000, 34002, 34004, 34006, 34008, 34010, 34012, 34014, 34016, 34018, 34020, 34022, 34024, 34026, 34028, 34030, 34032, 34034, 34036, 34038, 34040, 34042, 34044, 34046, 34048, 34050, 34052, 34054, 34056, 34058, 34060, 34062, 34064, 34066, 34068, 34070, 34072, 34074, 34076, 34078, 34080, 34082, 34084, 34086, 34088, 34090, 34092, 34094, 34096, 34098, 34100, 34102, 34104, 34106, 34108, 34110, 34112, 34114, 34116, 34118, 34120, 34122, 34124, 34126, 34128, 34130, 34132, 34134, 34136, 34138, 34140, 34142, 34144, 34146, 34148, 34150, 34152, 34154, 34156, 34158, 34160, 34162, 34164, 34166, 34168, 34170, 34172, 34174, 34176, 34178, 34180, 34182, 34184, 34186, 34188, 34190, 34192, 34194, 34196, 34198, 34200, 34202, 34204, 34206, 34208, 34210, 34212, 34214, 34216, 34218, 34220, 34222, 34224, 34226, 34228, 34230, 34232, 34234, 34236, 34238, 34240, 34242, 34244, 34246, 34248, 34250, 34252, 34254, 34256, 34258, 34260, 34262, 34264, 34266, 34268, 34270, 34272, 34274, 34276, 34278, 34280, 34282, 34284, 34286, 34288, 34290, 34292, 34294, 34296, 34298, 34300, 34302, 34304, 34306, 34308, 34310, 34312, 34314, 34316, 34318, 34320, 34322, 34324, 34326, 34328, 34330, 34332, 34334, 34336, 34338, 34340, 34342, 34344, 34346, 34348, 34350, 34352, 34354, 34356, 34358, 34360, 34362, 34364, 34366, 34368, 34370, 34372, 34374, 34376, 34378, 34380, 34382, 34384, 34386, 34388, 34390, 34392, 34394, 34396, 34398, 34400, 34402, 34404, 34406, 34408, 34410, 34412, 34414, 34416, 34418, 34420, 34422, 34424, 34426, 34428, 34430, 34432, 34434, 34436, 34438, 34440, 34442, 34444, 34446, 34448, 34450, 34452, 34454, 34456, 34458, 34460, 34462, 34464, 34466, 34468, 34470, 34472, 34474, 34476, 34478, 34480, 34482, 34484, 34486, 34488, 34490, 34492, 34494, 34496, 34498, 34500, 34502,

34504, 34506, 34508, 34510, 34512, 34514, 34516, 34518, 34520, 34522, 34524, 34526, 34528, 34530, 34532, 34534, 34536, 34538, 34540, 34542, 34544, 34546, 34548, 34550, 34552, 34554, 34556, 34558, 34560, 34562, 34564, 34566, 34568, 34570, 34572, 34574, 34576, 34578, 34580, 34582, 34584, 34586, 34588, 34590, 34592, 34594, 34596, 34598, 34600, 34602, 34604, 34606, 34608, 34610, 34612, 34614, 34616, 34618, 34620, 34622, 34624, 34626, 34628, 34630, 34632, 34634, 34636, 34638, 34640, 34642, 34644, 34646, 34648, 34650, 34652, 34654, 34656, 34658, 34660, 34662, 34664, 34666, 34668, 34670, 34672, 34674, 34676, 34678, 34680, 34682, 34684, 34686, 34688, 34690, 34692, 34694, 34696, 34698, 34700, 34702, 34704, 34706, 34708, 34710, 34712, 34714, 34716, 34718, 34720, 34722, 34724, 34726, 34728, 34730, 34732, 34734, 34736, 34738, 34740, 34742, 34744, 34746, 34748, 34750, 34752, 34754, 34756, 34758, 34760, 34762, 34764, 34766, 34768, 34770, 34772, 34774, 34776, 34778, 34780, 34782, 34784, 34786, 34788, 34790, 34792, 34794, 34796, 34798, 34800, 34802, 34804, 34806, 34808, 34810, 34812, 34814, 34816, 34818, 34820, 34822, 34824, 34826, 34828, 34830, 34832, 34834, 34836, 34838, 34840, 34842, 34844, 34846, 34848, 34850, 34852, 34854, 34856, 34858, 34860, 34862, 34864, 34866, 34868, 34870, 34872, 34874, 34876, 34878, 34880, 34882, 34884, 34886, 34888, 34890, 34892, 34894, 34896, 34898, 34900, 34902, 34904, 34906, 34908, 34910, 34912, 34914, 34916, 34918, 34920, 34922, 34924, 34926, 34928, 34930, 34932, 34934, 34936, 34938, 34940, 34942, 34944, 34946, 34948, 34950, 34952, 34954, 34956, 34958, 34960, 34962, 34964, 34966, 34968, 34970, 34972, 34974, 34976, 34978, 34980, 34982, 34984, 34986, 34988, 34990, 34992, 34994, 34996, 34998, 35000, 35002, 35004, 35006, 35008, 35010, 35012, 35014, 35016, 35018, 35020, 35022, 35024, 35026, 35028, 35030, 35032, 35034, 35036, 35038, 35040, 35042, 35044, 35046, 35048, 35050, 35052, 35054, 35056, 35058, 35060, 35062, 35064, 35066, 35068, 35070, 35072, 35074, 35076, 35078, 35080, 35082, 35084, 35086, 35088, 35090, 35092, 35094, 35096, 35098, 35100, 35102, 35104, 35106, 35108, 35110, 35112, 35114, 35116, 35118, 35120, 35122, 35124, 35126, 35128, 35130, 35132, 35134, 35136, 35138, 35140, 35142, 35144, 35146, 35148, 35150, 35152, 35154, 35156, 35158, 35160, 35162, 35164, 35166, 35168, 35170, 35172, 35174, 35176, 35178, 35180, 35182, 35184, 35186, 35188, 35190, 35192, 35194, 35196, 35198, 35200, 35202, 35204, 35206, 35208, 35210, 35212, 35214, 35216, 35218, 35220, 35222, 35224, 35226, 35228, 35230, 35232, 35234, 35236, 35238, 35240, 35242, 35244, 35246, 35248, 35250, 35252, 35254, 35256, 35258, 35260, 35262, 35264, 35266, 35268, 35270, 35272, 35274, 35276, 35278, 35280, 35282, 35284, 35286, 35288, 35290, 35292, 35294, 35296, 35298, 35300, 35302, 35304, 35306, 35308, 35310, 35312, 35314, 35316, 35318, 35320, 35322, 35324, 35326, 35328, 35330, 35332, 35334, 35336, 35338, 35340, 35342, 35344, 35346, 35348, 35350, 35352, 35354, 35356, 35358, 35360, 35362, 35364, 35366, 35368, 35370, 35372, 35374, 35376, 35378, 35380, 35382, 35384, 35386, 35388, 35390, 35392, 35394, 35396, 35398, 35400, 35402, 35404, 35406, 35408, 35410, 35412, 35414, 35416, 35418, 35420, 35422, 35424, 35426, 35428, 35430, 35432, 35434, 35436, 35438, 35440, 35442, 35444, 35446, 35448, 35450, 35452, 35454, 35456, 35458, 35460, 35462, 35464, 35466, 35468, 35470, 35472, 35474, 35476, 35478, 35480, 35482, 35484, 35486, 35488, 35490, 35492, 35494, 35496, 35498, 35500, 35502, 35504, 35506, 35508, 35510, 35512, 35514, 35516, 35518, 35520, 35522, 35524, 35526, 35528, 35530, 35532, 35534, 35536, 35538, 35540, 35542, 35544, 35546, 35548, 35550, 35552, 35554, 35556, 35558, 35560, 35562, 35564, 35566, 35568, 35570, 35572, 35574, 35576, 35578, 35580, 35582, 35584, 35586, 35588, 35590, 35592, 35594, 35596, 35598, 35600, 35602, 35604, 35606, 35608, 35610, 35612, 35614, 35616, 35618, 35620, 35622, 35624, 35626, 35628, 35630, 35632, 35634, 35636, 35638, 35640, 35642, 35644, 35646, 35648, 35650, 35652, 35654, 35656, 35658, 35660, 35662, 35664, 35666, 35668, 35670, 35672, 35674, 35676, 35678, 35680, 35682, 35684, 35686, 35688, 35690, 35692, 35694, 35696, 35698, 35700, 35702, 35704, 35706, 35708, 35710, 35712, 35714, 35716, 35718, 35720, 35722, 35724, 35726, 35728, 35730, 35732, 35734, 35736, 35738, 35740, 35742, 35744, 35746, 35748, 35750, 35752, 35754, 35756, 35758, 35760, 35762, 35764, 35766, 35768, 35770, 35772, 35774, 35776, 35778, 35780, 35782, 35784, 35786, 35788, 35790, 35792, 35794, 35796, 35798, 35800, 35802, 35804, 35806, 35808, 35810, 35812, 35814, 35816, 35818, 35820, 35822, 35824, 35826, 35828, 35830, 35832, 35834, 35836, 35838, 35840, 35842, 35844, 35846, 35848, 35850, 35852, 35854, 35856, 35858, 35860, 35862, 35864, 35866, 35868, 35870, 35872, 35874, 35876, 35878, 35880, 35882, 35884, 35886, 35888, 35890, 35892, 35894, 35896, 35898, 35900, 35902, 35904, 35906, 35908, 35910, 35912, 35914, 35916, 35918, 35920, 35922, 35924, 35926, 35928, 35930, 35932, 35934, 35936, 35938, 35940, 35942, 35944, 35946, 35948, 35950, 35952, 35954, 35956, 35958, 35960, 35962,

35964, 35966, 35968, 35970, 35972, 35974, 35976, 35978, 35980, 35982, 35984, 35986, 35988, 35990, 35992, 35994, 35996, 35998, 36000, 36002, 36004, 36006, 36008, 36010, 36012, 36014, 36016, 36018, 36020, 36022, 36024, 36026, 36028, 36030, 36032, 36034, 36036, 36038, 36040, 36042, 36044, 36046, 36048, 36050, 36052, 36054, 36056, 36058, 36060, 36062, 36064, 36066, 36068, 36070, 36072, 36074, 36076, 36078, 36080, 36082, 36084, 36086, 36088, 36090, 36092, 36094, 36096, 36098, 36100, 36102, 36104, 36106, 36108, 36110, 36112, 36114, 36116, 36118, 36120, 36122, 36124, 36126, 36128, 36130, 36132, 36134, 36136, 36138, 36140, 36142, 36144, 36146, 36148, 36150, 36152, 36154, 36156, 36158, 36160, 36162, 36164, 36166, 36168, 36170, 36172, 36174, 36176, 36178, 36180, 36182, 36184, 36186, 36188, 36190, 36192, 36194, 36196, 36198, 36200, 36202, 36204, 36206, 36208, 36210, 36212, 36214, 36216, 36218, 36220, 36222, 36224, 36226, 36228, 36230, 36232, 36234, 36236, 36238, 36240, 36242, 36244, 36246, 36248, 36250, 36252, 36254, 36256, 36258, 36260, 36262, 36264, 36266, 36268, 36270, 36272, 36274, 36276, 36278, 36280, 36282, 36284, 36286, 36288, 36290, 36292, 36294, 36296, 36298, 36300, 36302, 36304, 36306, 36308, 36310, 36312, 36314, 36316, 36318, 36320, 36322, 36324, 36326, 36328, 36330, 36332, 36334, 36336, 36338, 36340, 36342, 36344, 36346, 36348, 36350, 36352, 36354, 36356, 36358, 36360, 36362, 36364, 36366, 36368, 36370, 36372, 36374, 36376, 36378, 36380, 36382, 36384, 36386, 36388, 36390, 36392, 36394, 36396, 36398, 36400, 36402, 36404, 36406, 36408, 36410, 36412, 36414, 36416, 36418, 36420, 36422, 36424, 36426, 36428, 36430, 36432, 36434, 36436, 36438, 36440, 36442, 36444, 36446, 36448, 36450, 36452, 36454, 36456, 36458, 36460, 36462, 36464, 36466, 36468, 36470, 36472, 36474, 36476, 36478, 36480, 36482, 36484, 36486, 36488, 36490, 36492, 36494, 36496, 36498, 36500, 36502, 36504, 36506, 36508, 36510, 36512, 36514, 36516, 36518, 36520, 36522, 36524, 36526, 36528, 36530, 36532, 36534, 36536, 36538, 36540, 36542, 36544, 36546, 36548, 36550, 36552, 36554, 36556, 36558, 36560, 36562, 36564, 36566, 36568, 36570, 36572, 36574, 36576, 36578, 36580, 36582, 36584, 36586, 36588, 36590, 36592, 36594, 36596, 36598, 36600, 36602, 36604, 36606, 36608, 36610, 36612, 36614, 36616, 36618, 36620, 36622, 36624, 36626, 36628, 36630, 36632, 36634, 36636, 36638, 36640, 36642, 36644, 36646, 36648, 36650, 36652, 36654, 36656, 36658, 36660, 36662, 36664, 36666, 36668, 36670, 36672, 36674, 36676, 36678, 36680, 36682, 36684, 36686, 36688, 36690, 36692, 36694, 36696, 36698, 36700, 36702, 36704, 36706, 36708, 36710, 36712, 36714, 36716, 36718, 36720, 36722, 36724, 36726, 36728, 36730, 36732, 36734, 36736, 36738, 36740, 36742, 36744, 36746, 36748, 36750, 36752, 36754, 36756, 36758, 36760, 36762, 36764, 36766, 36768, 36770, 36772, 36774, 36776, 36778, 36780, 36782, 36784, 36786, 36788, 36790, 36792, 36794, 36796, 36798, 36800, 36802, 36804, 36806, 36808, 36810, 36812, 36814, 36816, 36818, 36820, 36822, 36824, 36826, 36828, 36830, 36832, 36834, 36836, 36838, 36840, 36842, 36844, 36846, 36848, 36850, 36852, 36854, 36856, 36858, 36860, 36862, 36864, 36866, 36868, 36870, 36872, 36874, 36876, 36878, 36880, 36882, 36884, 36886, 36888, 36890, 36892, 36894, 36896, 36898, 36900, 36902, 36904, 36906, 36908, 36910, 36912, 36914, 36916, 36918, 36920, 36922, 36924, 36926, 36928, 36930, 36932, 36934, 36936, 36938, 36940, 36942, 36944, 36946, 36948, 36950, 36952, 36954, 36956, 36958, 36960, 36962, 36964, 36966, 36968, 36970, 36972, 36974, 36976, 36978, 36980, 36982, 36984, 36986, 36988, 36990, 36992, 36994, 36996, 36998, 37000, 37002, 37004, 37006, 37008, 37010, 37012, 37014, 37016, 37018, 37020, 37022, 37024, 37026, 37028, 37030, 37032, 37034, 37036, 37038, 37040, 37042, 37044, 37046, 37048, 37050, 37052, 37054, 37056, 37058, 37060, 37062, 37064, 37066, 37068, 37070, 37072, 37074, 37076, 37078, 37080, 37082, 37084, 37086, 37088, 37090, 37092, 37094, 37096, 37098, 37100, 37102, 37104, 37106, 37108, 37110, 37112, 37114, 37116, 37118, 37120, 37122, 37124, 37126, 37128, 37130, 37132, 37134, 37136, 37138, 37140, 37142, 37144, 37146, 37148, 37150, 37152, 37154, 37156, 37158, 37160, 37162, 37164, 37166, 37168, 37170, 37172, 37174, 37176, 37178, 37180, 37182, 37184, 37186, 37188, 37190, 37192, 37194, 37196, 37198, 37200, 37202, 37204, 37206, 37208, 37210, 37212, 37214, 37216, 37218, 37220, 37222, 37224, 37226, 37228, 37230, 37232, 37234, 37236, 37238, 37240, 37242, 37244, 37246, 37248, 37250, 37252, 37254, 37256, 37258, 37260, 37262, 37264, 37266, 37268, 37270, 37272, 37274, 37276, 37278, 37280, 37282, 37284, 37286, 37288, 37290, 37292, 37294, 37296, 37298, 37300, 37302, 37304, 37306, 37308, 37310, 37312, 37314, 37316, 37318, 37320, 37322, 37324, 37326, 37328, 37330, 37332, 37334, 37336, 37338, 37340, 37342, 37344, 37346, 37348, 37350, 37352, 37354, 37356, 37358, 37360, 37362, 37364, 37366, 37368, 37370, 37372, 37374, 37376, 37378, 37380, 37382, 37384, 37386, 37388, 37390, 37392, 37394, 37396, 37398, 37400, 37402, 37404, 37406, 37408, 37410, 37412, 37414, 37416, 37418, 37420, 37422,

37424, 37426, 37428, 37430, 37432, 37434, 37436, 37438, 37440, 37442, 37444, 37446, 37448, 37450, 37452, 37454, 37456, 37458, 37460, 37462, 37464, 37466, 37468, 37470, 37472, 37474, 37476, 37478, 37480, 37482, 37484, 37486, 37488, 37490, 37492, 37494, 37496, 37498, 37500, 37502, 37504, 37506, 37508, 37510, 37512, 37514, 37516, 37518, 37520, 37522, 37524, 37526, 37528, 37530, 37532, 37534, 37536, 37538, 37540, 37542, 37544, 37546, 37548, 37550, 37552, 37554, 37556, 37558, 37560, 37562, 37564, 37566, 37568, 37570, 37572, 37574, 37576, 37578, 37580, 37582, 37584, 37586, 37588, 37590, 37592, 37594, 37596, 37598, 37600, 37602, 37604, 37606, 37608, 37610, 37612, 37614, 37616, 37618, 37620, 37622, 37624, 37626, 37628, 37630, 37632, 37634, 37636, 37638, 37640, 37642, 37644, 37646, 37648, 37650, 37652, 37654, 37656, 37658, 37660, 37662, 37664, 37666, 37668, 37670, 37672, 37674, 37676, 37678, 37680, 37682, 37684, 37686, 37688, 37690, 37692, 37694, 37696, 37698, 37700, 37702, 37704, 37706, 37708, 37710, 37712, 37714, 37716, 37718, 37720, 37722, 37724, 37726, 37728, 37730, 37732, 37734, 37736, 37738, 37740, 37742, 37744, 37746, 37748, 37750, 37752, 37754, 37756, 37758, 37760, 37762, 37764, 37766, 37768, 37770, 37772, 37774, 37776, 37778, 37780, 37782, 37784, 37786, 37788, 37790, 37792, 37794, 37796, 37798, 37800, 37802, 37804, 37806, 37808, 37810, 37812, 37814, 37816, 37818, 37820, 37822, 37824, 37826, 37828, 37830, 37832, 37834, 37836, 37838, 37840, 37842, 37844, 37846, 37848, 37850, 37852, 37854, 37856, 37858, 37860, 37862, 37864, 37866, 37868, 37870, 37872, 37874, 37876, 37878, 37880, 37882, 37884, 37886, 37888, 37890, 37892, 37894, 37896, 37898, 37900, 37902, 37904, 37906, 37908, 37910, 37912, 37914, 37916, 37918, 37920, 37922, 37924, 37926, 37928, 37930, 37932, 37934, 37936, 37938, 37940, 37942, 37944, 37946, 37948, 37950, 37952, 37954, 37956, 37958, 37960, 37962, 37964, 37966, 37968, 37970, 37972, 37974, 37976, 37978, 37980, 37982, 37984, 37986, 37988, 37990, 37992, 37994, 37996, 37998, 38000, 38002, 38004, 38006, 38008, 38010, 38012, 38014, 38016, 38018, 38020, 38022, 38024, 38026, 38028, 38030, 38032, 38034, 38036, 38038, 38040, 38042, 38044, 38046, 38048, 38050, 38052, 38054, 38056, 38058, 38060, 38062, 38064, 38066, 38068, 38070, 38072, 38074, 38076, 38078, 38080, 38082, 38084, 38086, 38088, 38090, 38092, 38094, 38096, 38098, 38100, 38102, 38104, 38106, 38108, 38110, 38112, 38114, 38116, 38118, 38120, 38122, 38124, 38126, 38128, 38130, 38132, 38134, 38136, 38138, 38140, 38142, 38144, 38146, 38148, 38150, 38152, 38154, 38156, 38158, 38160, 38162, 38164, 38166, 38168, 38170, 38172, 38174, 38176, 38178, 38180, 38182, 38184, 38186, 38188, 38190, 38192, 38194, 38196, 38198, 38200, 38202, 38204, 38206, 38208, 38210, 38212, 38214, 38216, 38218, 38220, 38222, 38224, 38226, 38228, 38230, 38232, 38234, 38236, 38238, 38240, 38242, 38244, 38246, 38248, 38250, 38252, 38254, 38256, 38258, 38260, 38262, 38264, 38266, 38268, 38270, 38272, 38274, 38276, 38278, 38280, 38282, 38284, 38286, 38288, 38290, 38292, 38294, 38296, 38298, 38300, 38302, 38304, 38306, 38308, 38310, 38312, 38314, 38316, 38318, 38320, 38322, 38324, 38326, 38328, 38330, 38332, 38334, 38336, 38338, 38340, 38342, 38344, 38346, 38348, 38350, 38352, 38354, 38356, 38358, 38360, 38362, 38364, 38366, 38368, 38370, 38372, 38374, 38376, 38378, 38380, 38382, 38384, 38386, 38388, 38390, 38392, 38394, 38396, 38398, 38400, 38402, 38404, 38406, 38408, 38410, 38412, 38414, 38416, 38418, 38420, 38422, 38424, 38426, 38428, 38430, 38432, 38434, 38436, 38438, 38440, 38442, 38444, 38446, 38448, 38450, 38452, 38454, 38456, 38458, 38460, 38462, 38464, 38466, 38468, 38470, 38472, 38474, 38476, 38478, 38480, 38482, 38484, 38486, 38488, 38490, 38492, 38494, 38496, 38498, 38500, 38502, 38504, 38506, 38508, 38510, 38512, 38514, 38516, 38518, 38520, 38522, 38524, 38526, 38528, 38530, 38532, 38534, 38536, 38538, 38540, 38542, 38544, 38546, 38548, 38550, 38552, 38554, 38556, 38558, 38560, 38562, 38564, 38566, 38568, 38570, 38572, 38574, 38576, 38578, 38580, 38582, 38584, 38586, 38588, 38590, 38592, 38594, 38596, 38598, 38600, 38602, 38604, 38606, 38608, 38610, 38612, 38614, 38616, 38618, 38620, 38622, 38624, 38626, 38628, 38630, 38632, 38634, 38636, 38638, 38640, 38642, 38644, 38646, 38648, 38650, 38652, 38654, 38656, 38658, 38660, 38662, 38664, 38666, 38668, 38670, 38672, 38674, 38676, 38678, 38680, 38682, 38684, 38686, 38688, 38690, 38692, 38694, 38696, 38698, 38700, 38702, 38704, 38706, 38708, 38710, 38712, 38714, 38716, 38718, 38720, 38722, 38724, 38726, 38728, 38730, 38732, 38734, 38736, 38738, 38740, 38742, 38744, 38746, 38748, 38750, 38752, 38754, 38756, 38758, 38760, 38762, 38764, 38766, 38768, 38770, 38772, 38774, 38776, 38778, 38780, 38782, 38784, 38786, 38788, 38790, 38792, 38794, 38796, 38798, 38800, 38802, 38804, 38806, 38808, 38810, 38812, 38814, 38816, 38818, 38820, 38822, 38824, 38826, 38828, 38830, 38832, 38834, 38836, 38838, 38840, 38842, 38844, 38846, 38848, 38850, 38852, 38854, 38856, 38858, 38860, 38862, 38864, 38866, 38868, 38870, 38872, 38874, 38876, 38878, 38880, 38882,

38884, 38886, 38888, 38890, 38892, 38894, 38896, 38898, 38900, 38902, 38904, 38906, 38908, 38910, 38912, 38914, 38916, 38918, 38920, 38922, 38924, 38926, 38928, 38930, 38932, 38934, 38936, 38938, 38940, 38942, 38944, 38946, 38948, 38950, 38952, 38954, 38956, 38958, 38960, 38962, 38964, 38966, 38968, 38970, 38972, 38974, 38976, 38978, 38980, 38982, 38984, 38986, 38988, 38990, 38992, 38994, 38996, 38998, 39000, 39002, 39004, 39006, 39008, 39010, 39012, 39014, 39016, 39018, 39020, 39022, 39024, 39026, 39028, 39030, 39032, 39034, 39036, 39038, 39040, 39042, 39044, 39046, 39048, 39050, 39052, 39054, 39056, 39058, 39060, 39062, 39064, 39066, 39068, 39070, 39072, 39074, 39076, 39078, 39080, 39082, 39084, 39086, 39088, 39090, 39092, 39094, 39096, 39098, 39100, 39102, 39104, 39106, 39108, 39110, 39112, 39114, 39116, 39118, 39120, 39122, 39124, 39126, 39128, 39130, 39132, 39134, 39136, 39138, 39140, 39142, 39144, 39146, 39148, 39150, 39152, 39154, 39156, 39158, 39160, 39162, 39164, 39166, 39168, 39170, 39172, 39174, 39176, 39178, 39180, 39182, 39184, 39186, 39188, 39190, 39192, 39194, 39196, 39198, 39200, 39202, 39204, 39206, 39208, 39210, 39212, 39214, 39216, 39218, 39220, 39222, 39224, 39226, 39228, 39230, 39232, 39234, 39236, 39238, 39240, 39242, 39244, 39246, 39248, 39250, 39252, 39254, 39256, 39258, 39260, 39262, 39264, 39266, 39268, 39270, 39272, 39274, 39276, 39278, 39280, 39282, 39284, 39286, 39288, 39290, 39292, 39294, 39296, 39298, 39300, 39302, 39304, 39306, 39308, 39310, 39312, 39314, 39316, 39318, 39320, 39322, 39324, 39326, 39328, 39330, 39332, 39334, 39336, 39338, 39340, 39342, 39344, 39346, 39348, 39350, 39352, 39354, 39356, 39358, 39360, 39362, 39364, 39366, 39368, 39370, 39372, 39374, 39376, 39378, 39380, 39382, 39384, 39386, 39388, 39390, 39392, 39394, 39396, 39398, 39400, 39402, 39404, 39406, 39408, 39410, 39412, 39414, 39416, 39418, 39420, 39422, 39424, 39426, 39428, 39430, 39432, 39434, 39436, 39438, 39440, 39442, 39444, 39446, 39448, 39450, 39452, 39454, 39456, 39458, 39460, 39462, 39464, 39466, 39468, 39470, 39472, 39474, 39476, 39478, 39480, 39482, 39484, 39486, 39488, 39490, 39492, 39494, 39496, 39498, 39500, 39502, 39504, 39506, 39508, 39510, 39512, 39514, 39516, 39518, 39520, 39522, 39524, 39526, 39528, 39530, 39532, 39534, 39536, 39538, 39540, 39542, 39544, 39546, 39548, 39550, 39552, 39554, 39556, 39558, 39560, 39562, 39564, 39566, 39568, 39570, 39572, 39574, 39576, 39578, 39580, 39582, 39584, 39586, 39588, 39590, 39592, 39594, 39596, 39598, 39600, 39602, 39604, 39606, 39608, 39610, 39612, 39614, 39616, 39618, 39620, 39622, 39624, 39626, 39628, 39630, 39632, 39634, 39636, 39638, 39640, 39642, 39644, 39646, 39648, 39650, 39652, 39654, 39656, 39658, 39660, 39662, 39664, 39666, 39668, 39670, 39672, 39674, 39676, 39678, 39680, 39682, 39684, 39686, 39688, 39690, 39692, 39694, 39696, 39698, 39700, 39702, 39704, 39706, 39708, 39710, 39712, 39714, 39716, 39718, 39720, 39722, 39724, 39726, 39728, 39730, 39732, 39734, 39736, 39738, 39740, 39742, 39744, 39746, 39748, 39750, 39752, 39754, 39756, 39758, 39760, 39762, 39764, 39766, 39768, 39770, 39772, 39774, 39776, 39778, 39780, 39782, 39784, 39786, 39788, 39790, 39792, 39794, 39796, 39798, 39800, 39802, 39804, 39806, 39808, 39810, 39812, 39814, 39816, 39818, 39820, 39822, 39824, 39826, 39828, 39830, 39832, 39834, 39836, 39838, 39840, 39842, 39844, 39846, 39848, 39850, 39852, 39854, 39856, 39858, 39860, 39862, 39864, 39866, 39868, 39870, 39872, 39874, 39876, 39878, 39880, 39882, 39884, 39886, 39888, 39890, 39892, 39894, 39896, 39898, 39900, 39902, 39904, 39906, 39908, 39910, 39912, 39914, 39916, 39918, 39920, 39922, 39924, 39926, 39928, 39930, 39932, 39934, 39936, 39938, 39940, 39942, 39944, 39946, 39948, 39950, 39952, 39954, 39956, 39958, 39960, 39962, 39964, 39966, 39968, 39970, 39972, 39974, 39976, 39978, 39980, 39982, 39984, 39986, 39988, 39990, 39992, 39994, 39996, 39998, 40000, 40002, 40004, 40006, 40008, 40010, 40012, 40014, 40016, 40018, 40020, 40022, 40024, 40026, 40028, 40030, 40032, 40034, 40036, 40038, 40040, 40042, 40044, 40046, 40048, 40050, 40052, 40054, 40056, 40058, 40060, 40062, 40064, 40066, 40068, 40070, 40072, 40074, 40076, 40078, 40080, 40082, 40084, 40086, 40088, 40090, 40092, 40094, 40096, 40098, 40100, 40102, 40104, 40106, 40108, 40110, 40112, 40114, 40116, 40118, 40120, 40122, 40124, 40126, 40128, 40130, 40132, 40134, 40136, 40138, 40140, 40142, 40144, 40146, 40148, 40150, 40152, 40154, 40156, 40158, 40160, 40162, 40164, 40166, 40168, 40170, 40172, 40174, 40176, 40178, 40180, 40182, 40184, 40186, 40188, 40190, 40192, 40194, 40196, 40198, 40200, 40202, 40204, 40206, 40208, 40210, 40212, 40214, 40216, 40218, 40220, 40222, 40224, 40226, 40228, 40230, 40232, 40234, 40236, 40238, 40240, 40242, 40244, 40246, 40248, 40250, 40252, 40254, 40256, 40258, 40260, 40262, 40264, 40266, 40268, 40270, 40272, 40274, 40276, 40278, 40280, 40282, 40284, 40286, 40288, 40290, 40292, 40294, 40296, 40298, 40300, 40302, 40304, 40306, 40308, 40310, 40312, 40314, 40316, 40318, 40320, 40322, 40324, 40326, 40328, 40330, 40332, 40334, 40336, 40338, 40340, 40342,

40344, 40346, 40348, 40350, 40352, 40354, 40356, 40358, 40360, 40362, 40364, 40366, 40368, 40370, 40372, 40374, 40376, 40378, 40380, 40382, 40384, 40386, 40388, 40390, 40392, 40394, 40396, 40398, 40400, 40402, 40404, 40406, 40408, 40410, 40412, 40414, 40416, 40418, 40420, 40422, 40424, 40426, 40428, 40430, 40432, 40434, 40436, 40438, 40440, 40442, 40444, 40446, 40448, 40450, 40452, 40454, 40456, 40458, 40460, 40462, 40464, 40466, 40468, 40470, 40472, 40474, 40476, 40478, 40480, 40482, 40484, 40486, 40488, 40490, 40492, 40494, 40496, 40498, 40500, 40502, 40504, 40506, 40508, 40510, 40512, 40514, 40516, 40518, 40520, 40522, 40524, 40526, 40528, 40530, 40532, 40534, 40536, 40538, 40540, 40542, 40544, 40546, 40548, 40550, 40552, 40554, 40556, 40558, 40560, 40562, 40564, 40566, 40568, 40570, 40572, 40574, 40576, 40578, 40580, 40582, 40584, 40586, 40588, 40590, 40592, 40594, 40596, 40598, 40600, 40602, 40604, 40606, 40608, 40610, 40612, 40614, 40616, 40618, 40620, 40622, 40624, 40626, 40628, 40630, 40632, 40634, 40636, 40638, 40640, 40642, 40644, 40646, 40648, 40650, 40652, 40654, 40656, 40658, 40660, 40662, 40664, 40666, 40668, 40670, 40672, 40674, 40676, 40678, 40680, 40682, 40684, 40686, 40688, 40690, 40692, 40694, 40696, 40698, 40700, 40702, 40704, 40706, 40708, 40710, 40712, 40714, 40716, 40718, 40720, 40722, 40724, 40726, 40728, 40730, 40732, 40734, 40736, 40738, 40740, 40742, 40744, 40746, 40748, 40750, 40752, 40754, 40756, 40758, 40760, 40762, 40764, 40766, 40768, 40770, 40772, 40774, 40776, 40778, 40780, 40782, 40784, 40786, 40788, 40790, 40792, 40794, 40796, 40798, 40800, 40802, 40804, 40806, 40808, 40810, 40812, 40814, 40816, 40818, 40820, 40822, 40824, 40826, 40828, 40830, 40832, 40834, 40836, 40838, 40840, 40842, 40844, 40846, 40848, 40850, 40852, 40854, 40856, 40858, 40860, 40862, 40864, 40866, 40868, 40870, 40872, 40874, 40876, 40878, 40880, 40882, 40884, 40886, 40888, 40890, 40892, 40894, 40896, 40898, 40900, 40902, 40904, 40906, 40908, 40910, 40912, 40914, 40916, 40918, 40920, 40922, 40924, 40926, 40928, 40930, 40932, 40934, 40936, 40938, 40940, 40942, 40944, 40946, 40948, 40950, 40952, 40954, 40956, 40958, 40960, 40962, 40964, 40966, 40968, 40970, 40972, 40974, 40976, 40978, 40980, 40982, 40984, 40986, 40988, 40990, 40992, 40994, 40996, 40998, 41000, 41002, 41004, 41006, 41008, 41010, 41012, 41014, 41016, 41018, 41020, 41022, 41024, 41026, 41028, 41030, 41032, 41034, 41036, 41038, 41040, 41042, 41044, 41046, 41048, 41050, 41052, 41054, 41056, 41058, 41060, 41062, 41064, 41066, 41068, 41070, 41072, 41074, 41076, 41078, 41080, 41082, 41084, 41086, 41088, 41090, 41092, 41094, 41096, 41098, 41100, 41102, 41104, 41106, 41108, 41110, 41112, 41114, 41116, 41118, 41120, 41122, 41124, 41126, 41128, 41130, 41132, 41134, 41136, 41138, 41140, 41142, 41144, 41146, 41148, 41150, 41152, 41154, 41156, 41158, 41160, 41162, 41164, 41166, 41168, 41170, 41172, 41174, 41176, 41178, 41180, 41182, 41184, 41186, 41188, 41190, 41192, 41194, 41196, 41198, 41200, 41202, 41204, 41206, 41208, 41210, 41212, 41214, 41216, 41218, 41220, 41222, 41224, 41226, 41228, 41230, 41232, 41234, 41236, 41238, 41240, 41242, 41244, 41246, 41248, 41250, 41252, 41254, 41256, 41258, 41260, 41262, 41264, 41266, 41268, 41270, 41272, 41274, 41276, 41278, 41280, 41282, 41284, 41286, 41288, 41290, 41292, 41294, 41296, 41298, 41300, 41302, 41304, 41306, 41308, 41310, 41312, 41314, 41316, 41318, 41320, 41322, 41324, 41326, 41328, 41330, 41332, 41334, 41336, 41338, 41340, 41342, 41344, 41346, 41348, 41350, 41352, 41354, 41356, 41358, 41360, 41362, 41364, 41366, 41368, 41370, 41372, 41374, 41376, 41378, 41380, 41382, 41384, 41386, 41388, 41390, 41392, 41394, 41396, 41398, 41400, 41402, 41404, 41406, 41408, 41410, 41412, 41414, 41416, 41418, 41420, 41422, 41424, 41426, 41428, 41430, 41432, 41434, 41436, 41438, 41440, 41442, 41444, 41446, 41448, 41450, 41452, 41454, 41456, 41458, 41460, 41462, 41464, 41466, 41468, 41470, 41472, 41474, 41476, 41478, 41480, 41482, 41484, 41486, 41488, 41490, 41492, 41494, 41496, 41498, 41500, 41502, 41504, 41506, 41508, 41510, 41512, 41514, 41516, 41518, 41520, 41522, 41524, 41526, 41528, 41530, 41532, 41534, 41536, 41538, 41540, 41542, 41544, 41546, 41548, 41550, 41552, 41554, 41556, 41558, 41560, 41562, 41564, 41566, 41568, 41570, 41572, 41574, 41576, 41578, 41580, 41582, 41584, 41586, 41588, 41590, 41592, 41594, 41596, 41598, 41600, 41602, 41604, 41606, 41608, 41610, 41612, 41614, 41616, 41618, 41620, 41622, 41624, 41626, 41628, 41630, 41632, 41634, 41636, 41638, 41640, 41642, 41644, 41646, 41648, 41650, 41652, 41654, 41656, 41658, 41660, 41662, 41664, 41666, 41668, 41670, 41672, 41674, 41676, 41678, 41680, 41682, 41684, 41686, 41688, 41690, 41692, 41694, 41696, 41698, 41700, 41702, 41704, 41706, 41708, 41710, 41712, 41714, 41716, 41718, 41720, 41722, 41724, 41726, 41728, 41730, 41732, 41734, 41736, 41738, 41740, 41742, 41744, 41746, 41748, 41750, 41752, 41754, 41756, 41758, 41760, 41762, 41764, 41766, 41768, 41770, 41772, 41774, 41776, 41778, 41780, 41782, 41784, 41786, 41788, 41790, 41792, 41794, 41796, 41798, 41800, 41802,

41804, 41806, 41808, 41810, 41812, 41814, 41816, 41818, 41820, 41822,
41824, 41826, 41828, 41830, 41832, 41834, 41836, 41838, 41840, 41842,
41844, 41846, 41848, 41850, 41852, 41854, 41856, 41858, 41860, 41862,
41864, 41866, 41868, 41870, 41872, 41874, 41876, 41878, 41880, 41882,
41884, 41886, 41888, 41890, 41892, 41894, 41896, 41898, 41900, 41902,
41904, 41906, 41908, 41910, 41912, 41914, 41916, 41918, 41920, 41922,
41924, 41926, 41928, 41930, 41932, 41934, 41936, 41938, 41940, 41942,
41944, 41946, 41948, 41950, 41952, 41954, 41956, 41958, 41960, 41962,
41964, 41966, 41968, 41970, 41972, 41974, 41976, 41978, 41980, 41982,
41984, 41986, 41988, 41990, 41992, 41994, 41996, 41998, 42000, 42002,
42004, 42006, 42008, 42010, 42012, 42014, 42016, 42018, 42020, 42022,
42024, 42026, 42028, 42030, 42032, 42034, 42036, 42038, 42040, 42042,
42044, 42046, 42048, 42050, 42052, 42054, 42056, 42058, 42060, 42062,
42064, 42066, 42068, 42070, 42072, 42074, 42076, 42078, 42080, 42082,
42084, 42086, 42088, 42090, 42092, 42094, 42096, 42098, 42100, 42102,
42104, 42106, 42108, 42110, 42112, 42114, 42116, 42118, 42120, 42122,
42124, 42126, 42128, 42130, 42132, 42134, 42136, 42138, 42140, 42142,
42144, 42146, 42148, 42150, 42152, 42154, 42156, 42158, 42160, 42162,
42164, 42166, 42168, 42170, 42172, 42174, 42176, 42178, 42180, 42182,
42184, 42186, 42188, 42190, 42192, 42194, 42196, 42198, 42200, 42202,
42204, 42206, 42208, 42210, 42212, 42214, 42216, 42218, 42220, 42222,
42224, 42226, 42228, 42230, 42232, 42234, 42236, 42238, 42240, 42242,
42244, 42246, 42248, 42250, 42252, 42254, 42256, 42258, 42260, 42262,
42264, 42266, 42268, 42270, 42272, 42274, 42276, 42278, 42280, 42282,
42284, 42286, 42288, 42290, 42292, 42294, 42296, 42298, 42300, 42302,
42304, 42306, 42308, 42310, 42312, 42314, 42316, 42318, 42320, 42322,
42324, 42326, 42328, 42330, 42332, 42334, 42336, 42338, 42340, 42342,
42344, 42346, 42348, 42350, 42352, 42354, 42356, 42358, 42360, 42362,
42364, 42366, 42368, 42370, 42372, 42374, 42376, 42378, 42380, 42382,
42384, 42386, 42388, 42390, 42392, 42394, 42396, 42398, 42400, 42402,
42404, 42406, 42408, 42410, 42412, 42414, 42416, 42418, 42420, 42422,
42424, 42426, 42428, 42430, 42432, 42434, 42436, 42438, 42440, 42442,
42444, 42446, 42448, 42450, 42452, 42454, 42456, 42458, 42460, 42462,
42464, 42466, 42468, 42470, 42472, 42474, 42476, 42478, 42480, 42482,
42484, 42486, 42488, 42490, 42492, 42494, 42496, 42498, 42500, 42502,
42504, 42506, 42508, 42510, 42512, 42514, 42516, 42518, 42520, 42522,
42524, 42526, 42528, 42530, 42532, 42534, 42536, 42538, 42540, 42542,
42544, 42546, 42548, 42550, 42552, 42554, 42556, 42558, 42560, 42562,
42564, 42566, 42568, 42570, 42572, 42574, 42576, 42578, 42580, 42582,
42584, 42586, 42588, 42590, 42592, 42594, 42596, 42598, 42600, 42602,
42604, 42606, 42608, 42610, 42612, 42614, 42616, 42618, 42620, 42622,
42624, 42626, 42628, 42630, 42632, 42634, 42636, 42638, 42640, 42642,
42644, 42646, 42648, 42650, 42652, 42654, 42656, 42658, 42660, 42662,
42664, 42666, 42668, 42670, 42672, 42674, 42676, 42678, 42680, 42682,
42684, 42686, 42688, 42690, 42692, 42694, 42696, 42698, 42700, 42702,
42704, 42706, 42708, 42710, 42712, 42714, 42716, 42718, 42720, 42722,
42724, 42726, 42728, 42730, 42732, 42734, 42736, 42738, 42740, 42742,
42744, 42746, 42748, 42750, 42752, 42754, 42756, 42758, 42760, 42762,
42764, 42766, 42768, 42770, 42772, 42774, 42776, 42778, 42780, 42782,
42784, 42786, 42788, 42790, 42792, 42794, 42796, 42798, 42800, 42802,
42804, 42806, 42808, 42810, 42812, 42814, 42816, 42818, 42820, 42822,
42824, 42826, 42828, 42830, 42832, 42834, 42836, 42838, 42840, 42842,
42844, 42846, 42848, 42850, 42852, 42854, 42856, 42858, 42860, 42862,
42864, 42866, 42868, 42870, 42872, 42874, 42876, 42878, 42880, 42882,
42884, 42886, 42888, 42890, 42892, 42894, 42896, 42898, 42900, 42902,
42904, 42906, 42908, 42910, 42912, 42914, 42916, 42918, 42920, 42922,
42924, 42926, 42928, 42930, 42932, 42934, 42936, 42938, 42940, 42942,
42944, 42946, 42948, 42950, 42952, 42954, 42956, 42958, 42960, 42962,
42964, 42966, 42968, 42970, 42972, 42974, 42976, 42978, 42980, 42982,
42984, 42986, 42988, 42990, 42992, 42994, 42996, 42998, 43000, 43002,
43004, 43006, 43008, 43010, 43012, 43014, 43016, 43018, 43020, 43022,
43024, 43026, 43028, 43030, 43032, 43034, 43036, 43038, 43040, 43042,
43044, 43046, 43048, 43050, 43052, 43054, 43056, 43058, 43060, 43062,
43064, 43066, 43068, 43070, 43072, 43074, 43076, 43078, 43080, 43082,
43084, 43086, 43088, 43090, 43092, 43094, 43096, 43098, 43100, 43102,
43104, 43106, 43108, 43110, 43112, 43114, 43116, 43118, 43120, 43122,
43124, 43126, 43128, 43130, 43132, 43134, 43136, 43138, 43140, 43142,
43144, 43146, 43148, 43150, 43152, 43154, 43156, 43158, 43160, 43162,
43164, 43166, 43168, 43170, 43172, 43174, 43176, 43178, 43180, 43182,
43184, 43186, 43188, 43190, 43192, 43194, 43196, 43198, 43200, 43202,
43204, 43206, 43208, 43210, 43212, 43214, 43216, 43218, 43220, 43222,
43224, 43226, 43228, 43230, 43232, 43234, 43236, 43238, 43240, 43242,
43244, 43246, 43248, 43250, 43252, 43254, 43256, 43258, 43260, 43262,

43264, 43266, 43268, 43270, 43272, 43274, 43276, 43278, 43280, 43282,
43284, 43286, 43288, 43290, 43292, 43294, 43296, 43298, 43300, 43302,
43304, 43306, 43308, 43310, 43312, 43314, 43316, 43318, 43320, 43322,
43324, 43326, 43328, 43330, 43332, 43334, 43336, 43338, 43340, 43342,
43344, 43346, 43348, 43350, 43352, 43354, 43356, 43358, 43360, 43362,
43364, 43366, 43368, 43370, 43372, 43374, 43376, 43378, 43380, 43382,
43384, 43386, 43388, 43390, 43392, 43394, 43396, 43398, 43400, 43402,
43404, 43406, 43408, 43410, 43412, 43414, 43416, 43418, 43420, 43422,
43424, 43426, 43428, 43430, 43432, 43434, 43436, 43438, 43440, 43442,
43444, 43446, 43448, 43450, 43452, 43454, 43456, 43458, 43460, 43462,
43464, 43466, 43468, 43470, 43472, 43474, 43476, 43478, 43480, 43482,
43484, 43486, 43488, 43490, 43492, 43494, 43496, 43498, 43500, 43502,
43504, 43506, 43508, 43510, 43512, 43514, 43516, 43518, 43520, 43522,
43524, 43526, 43528, 43530, 43532, 43534, 43536, 43538, 43540, 43542,
43544, 43546, 43548, 43550, 43552, 43554, 43556, 43558, 43560, 43562,
43564, 43566, 43568, 43570, 43572, 43574, 43576, 43578, 43580, 43582,
43584, 43586, 43588, 43590, 43592, 43594, 43596, 43598, 43600, 43602,
43604, 43606, 43608, 43610, 43612, 43614, 43616, 43618, 43620, 43622,
43624, 43626, 43628, 43630, 43632, 43634, 43636, 43638, 43640, 43642,
43644, 43646, 43648, 43650, 43652, 43654, 43656, 43658, 43660, 43662,
43664, 43666, 43668, 43670, 43672, 43674, 43676, 43678, 43680, 43682,
43684, 43686, 43688, 43690, 43692, 43694, 43696, 43698, 43700, 43702,
43704, 43706, 43708, 43710, 43712, 43714, 43716, 43718, 43720, 43722,
43724, 43726, 43728, 43730, 43732, 43734, 43736, 43738, 43740, 43742,
43744, 43746, 43748, 43750, 43752, 43754, 43756, 43758, 43760, 43762,
43764, 43766, 43768, 43770, 43772, 43774, 43776, 43778, 43780, 43782,
43784, 43786, 43788, 43790, 43792, 43794, 43796, 43798, 43800, 43802,
43804, 43806, 43808, 43810, 43812, 43814, 43816, 43818, 43820, 43822,
43824, 43826, 43828, 43830, 43832, 43834, 43836, 43838, 43840, 43842,
43844, 43846, 43848, 43850, 43852, 43854, 43856, 43858, 43860, 43862,
43864, 43866, 43868, 43870, 43872, 43874, 43876, 43878, 43880, 43882,
43884, 43886, 43888, 43890, 43892, 43894, 43896, 43898, 43900, 43902,
43904, 43906, 43908, 43910, 43912, 43914, 43916, 43918, 43920, 43922,
43924, 43926, 43928, 43930, 43932, 43934, 43936, 43938, 43940, 43942,
43944, 43946, 43948, 43950, 43952, 43954, 43956, 43958, 43960, 43962,
43964, 43966, 43968, 43970, 43972, 43974, 43976, 43978, 43980, 43982,
43984, 43986, 43988, 43990, 43992, 43994, 43996, 43998, 44000, 44002,
44004, 44006, 44008, 44010, 44012, 44014, 44016, 44018, 44020, 44022,
44024, 44026, 44028, 44030, 44032, 44034, 44036, 44038, 44040, 44042,
44044, 44046, 44048, 44050, 44052, 44054, 44056, 44058, 44060, 44062,
44064, 44066, 44068, 44070, 44072, 44074, 44076, 44078, 44080, 44082,
44084, 44086, 44088, 44090, 44092, 44094, 44096, 44098, 44100, 44102,
44104, 44106, 44108, 44110, 44112, 44114, 44116, 44118, 44120, 44122,
44124, 44126, 44128, 44130, 44132, 44134, 44136, 44138, 44140, 44142,
44144, 44146, 44148, 44150, 44152, 44154, 44156, 44158, 44160, 44162,
44164, 44166, 44168, 44170, 44172, 44174, 44176, 44178, 44180, 44182,
44184, 44186, 44188, 44190, 44192, 44194, 44196, 44198, 44200, 44202,
44204, 44206, 44208, 44210, 44212, 44214, 44216, 44218, 44220, 44222,
44224, 44226, 44228, 44230, 44232, 44234, 44236, 44238, 44240, 44242,
44244, 44246, 44248, 44250, 44252, 44254, 44256, 44258, 44260, 44262,
44264, 44266, 44268, 44270, 44272, 44274, 44276, 44278, 44280, 44282,
44284, 44286, 44288, 44290, 44292, 44294, 44296, 44298, 44300, 44302,
44304, 44306, 44308, 44310, 44312, 44314, 44316, 44318, 44320, 44322,
44324, 44326, 44328, 44330, 44332, 44334, 44336, 44338, 44340, 44342,
44344, 44346, 44348, 44350, 44352, 44354, 44356, 44358, 44360, 44362,
44364, 44366, 44368, 44370, 44372, 44374, 44376, 44378, 44380, 44382,
44384, 44386, 44388, 44390, 44392, 44394, 44396, 44398, 44400, 44402,
44404, 44406, 44408, 44410, 44412, 44414, 44416, 44418, 44420, 44422,
44424, 44426, 44428, 44430, 44432, 44434, 44436, 44438, 44440, 44442,
44444, 44446, 44448, 44450, 44452, 44454, 44456, 44458, 44460, 44462,
44464, 44466, 44468, 44470, 44472, 44474, 44476, 44478, 44480, 44482,
44484, 44486, 44488, 44490, 44492, 44494, 44496, 44498, 44500, 44502,
44504, 44506, 44508, 44510, 44512, 44514, 44516, 44518, 44520, 44522,
44524, 44526, 44528, 44530, 44532, 44534, 44536, 44538, 44540, 44542,
44544, 44546, 44548, 44550, 44552, 44554, 44556, 44558, 44560, 44562,
44564, 44566, 44568, 44570, 44572, 44574, 44576, 44578, 44580, 44582,
44584, 44586, 44588, 44590, 44592, 44594, 44596, 44598, 44600, 44602,
44604, 44606, 44608, 44610, 44612, 44614, 44616, 44618, 44620, 44622,
44624, 44626, 44628, 44630, 44632, 44634, 44636, 44638, 44640, 44642,
44644, 44646, 44648, 44650, 44652, 44654, 44656, 44658, 44660, 44662,
44664, 44666, 44668, 44670, 44672, 44674, 44676, 44678, 44680, 44682,
44684, 44686, 44688, 44690, 44692, 44694, 44696, 44698, 44700, 44702,
44704, 44706, 44708, 44710, 44712, 44714, 44716, 44718, 44720, 44722,

44724, 44726, 44728, 44730, 44732, 44734, 44736, 44738, 44740, 44742, 44744, 44746, 44748, 44750, 44752, 44754, 44756, 44758, 44760, 44762, 44764, 44766, 44768, 44770, 44772, 44774, 44776, 44778, 44780, 44782, 44784, 44786, 44788, 44790, 44792, 44794, 44796, 44798, 44800, 44802, 44804, 44806, 44808, 44810, 44812, 44814, 44816, 44818, 44820, 44822, 44824, 44826, 44828, 44830, 44832, 44834, 44836, 44838, 44840, 44842, 44844, 44846, 44848, 44850, 44852, 44854, 44856, 44858, 44860, 44862, 44864, 44866, 44868, 44870, 44872, 44874, 44876, 44878, 44880, 44882, 44884, 44886, 44888, 44890, 44892, 44894, 44896, 44898, 44900, 44902, 44904, 44906, 44908, 44910, 44912, 44914, 44916, 44918, 44920, 44922, 44924, 44926, 44928, 44930, 44932, 44934, 44936, 44938, 44940, 44942, 44944, 44946, 44948, 44950, 44952, 44954, 44956, 44958, 44960, 44962, 44964, 44966, 44968, 44970, 44972, 44974, 44976, 44978, 44980, 44982, 44984, 44986, 44988, 44990, 44992, 44994, 44996, 44998, 45000, 45002, 45004, 45006, 45008, 45010, 45012, 45014, 45016, 45018, 45020, 45022, 45024, 45026, 45028, 45030, 45032, 45034, 45036, 45038, 45040, 45042, 45044, 45046, 45048, 45050, 45052, 45054, 45056, 45058, 45060, 45062, 45064, 45066, 45068, 45070, 45072, 45074, 45076, 45078, 45080, 45082, 45084, 45086, 45088, 45090, 45092, 45094, 45096, 45098, 45100, 45102, 45104, 45106, 45108, 45110, 45112, 45114, 45116, 45118, 45120, 45122, 45124, 45126, 45128, 45130, 45132, 45134, 45136, 45138, 45140, 45142, 45144, 45146, 45148, 45150, 45152, 45154, 45156, 45158, 45160, 45162, 45164, 45166, 45168, 45170, 45172, 45174, 45176, 45178, 45180, 45182, 45184, 45186, 45188, 45190, 45192, 45194, 45196, 45198, 45200, 45202, 45204, 45206, 45208, 45210, 45212, 45214, 45216, 45218, 45220, 45222, 45224, 45226, 45228, 45230, 45232, 45234, 45236, 45238, 45240, 45242, 45244, 45246, 45248, 45250, 45252, 45254, 45256, 45258, 45260, 45262, 45264, 45266, 45268, 45270, 45272, 45274, 45276, 45278, 45280, 45282, 45284, 45286, 45288, 45290, 45292, 45294, 45296, 45298, 45300, 45302, 45304, 45306, 45308, 45310, 45312, 45314, 45316, 45318, 45320, 45322, 45324, 45326, 45328, 45330, 45332, 45334, 45336, 45338, 45340, 45342, 45344, 45346, 45348, 45350, 45352, 45354, 45356, 45358, 45360, 45362, 45364, 45366, 45368, 45370, 45372, 45374, 45376, 45378, 45380, 45382, 45384, 45386, 45388, 45390, 45392, 45394, 45396, 45398, 45400, 45402, 45404, 45406, 45408, 45410, 45412, 45414, 45416, 45418, 45420, 45422, 45424, 45426, 45428, 45430, 45432, 45434, 45436, 45438, 45440, 45442, 45444, 45446, 45448, 45450, 45452, 45454, 45456, 45458, 45460, 45462, 45464, 45466, 45468, 45470, 45472, 45474, 45476, 45478, 45480, 45482, 45484, 45486, 45488, 45490, 45492, 45494, 45496, 45498, 45500, 45502, 45504, 45506, 45508, 45510, 45512, 45514, 45516, 45518, 45520, 45522, 45524, 45526, 45528, 45530, 45532, 45534, 45536, 45538, 45540, 45542, 45544, 45546, 45548, 45550, 45552, 45554, 45556, 45558, 45560, 45562, 45564, 45566, 45568, 45570, 45572, 45574, 45576, 45578, 45580, 45582, 45584, 45586, 45588, 45590, 45592, 45594, 45596, 45598, 45600, 45602, 45604, 45606, 45608, 45610, 45612, 45614, 45616, 45618, 45620, 45622, 45624, 45626, 45628, 45630, 45632, 45634, 45636, 45638, 45640, 45642, 45644, 45646, 45648, 45650, 45652, 45654, 45656, 45658, 45660, 45662, 45664, 45666, 45668, 45670, 45672, 45674, 45676, 45678, 45680, 45682, 45684, 45686, 45688, 45690, 45692, 45694, 45696, 45698, 45700, 45702, 45704, 45706, 45708, 45710, 45712, 45714, 45716, 45718, 45720, 45722, 45724, 45726, 45728, 45730, 45732, 45734, 45736, 45738, 45740, 45742, 45744, 45746, 45748, 45750, 45752, 45754, 45756, 45758, 45760, 45762, 45764, 45766, 45768, 45770, 45772, 45774, 45776, 45778, 45780, 45782, 45784, 45786, 45788, 45790, 45792, 45794, 45796, 45798, 45800, 45802, 45804, 45806, 45808, 45810, 45812, 45814, 45816, 45818, 45820, 45822, 45824, 45826, 45828, 45830, 45832, 45834, 45836, 45838, 45840, 45842, 45844, 45846, 45848, 45850, 45852, 45854, 45856, 45858, 45860, 45862, 45864, 45866, 45868, 45870, 45872, 45874, 45876, 45878, 45880, 45882, 45884, 45886, 45888, 45890, 45892, 45894, 45896, 45898, 45900, 45902, 45904, 45906, 45908, 45910, 45912, 45914, 45916, 45918, 45920, 45922, 45924, 45926, 45928, 45930, 45932, 45934, 45936, 45938, 45940, 45942, 45944, 45946, 45948, 45950, 45952, 45954, 45956, 45958, 45960, 45962, 45964, 45966, 45968, 45970, 45972, 45974, 45976, 45978, 45980, 45982, 45984, 45986, 45988, 45990, 45992, 45994, 45996, 45998, 46000, 46002, 46004, 46006, 46008, 46010, 46012, 46014, 46016, 46018, 46020, 46022, 46024, 46026, 46028, 46030, 46032, 46034, 46036, 46038, 46040, 46042, 46044, 46046, 46048, 46050, 46052, 46054, 46056, 46058, 46060, 46062, 46064, 46066, 46068, 46070, 46072, 46074, 46076, 46078, 46080, 46082, 46084, 46086, 46088, 46090, 46092, 46094, 46096, 46098, 46100, 46102, 46104, 46106, 46108, 46110, 46112, 46114, 46116, 46118, 46120, 46122, 46124, 46126, 46128, 46130, 46132, 46134, 46136, 46138, 46140, 46142, 46144, 46146, 46148, 46150, 46152, 46154, 46156, 46158, 46160, 46162, 46164, 46166, 46168, 46170, 46172, 46174, 46176, 46178, 46180, 46182,

46184, 46186, 46188, 46190, 46192, 46194, 46196, 46198, 46200, 46202, 46204, 46206, 46208, 46210, 46212, 46214, 46216, 46218, 46220, 46222, 46224, 46226, 46228, 46230, 46232, 46234, 46236, 46238, 46240, 46242, 46244, 46246, 46248, 46250, 46252, 46254, 46256, 46258, 46260, 46262, 46264, 46266, 46268, 46270, 46272, 46274, 46276, 46278, 46280, 46282, 46284, 46286, 46288, 46290, 46292, 46294, 46296, 46298, 46300, 46302, 46304, 46306, 46308, 46310, 46312, 46314, 46316, 46318, 46320, 46322, 46324, 46326, 46328, 46330, 46332, 46334, 46336, 46338, 46340, 46342, 46344, 46346, 46348, 46350, 46352, 46354, 46356, 46358, 46360, 46362, 46364, 46366, 46368, 46370, 46372, 46374, 46376, 46378, 46380, 46382, 46384, 46386, 46388, 46390, 46392, 46394, 46396, 46398, 46400, 46402, 46404, 46406, 46408, 46410, 46412, 46414, 46416, 46418, 46420, 46422, 46424, 46426, 46428, 46430, 46432, 46434, 46436, 46438, 46440, 46442, 46444, 46446, 46448, 46450, 46452, 46454, 46456, 46458, 46460, 46462, 46464, 46466, 46468, 46470, 46472, 46474, 46476, 46478, 46480, 46482, 46484, 46486, 46488, 46490, 46492, 46494, 46496, 46498, 46500, 46502, 46504, 46506, 46508, 46510, 46512, 46514, 46516, 46518, 46520, 46522, 46524, 46526, 46528, 46530, 46532, 46534, 46536, 46538, 46540, 46542, 46544, 46546, 46548, 46550, 46552, 46554, 46556, 46558, 46560, 46562, 46564, 46566, 46568, 46570, 46572, 46574, 46576, 46578, 46580, 46582, 46584, 46586, 46588, 46590, 46592, 46594, 46596, 46598, 46600, 46602, 46604, 46606, 46608, 46610, 46612, 46614, 46616, 46618, 46620, 46622, 46624, 46626, 46628, 46630, 46632, 46634, 46636, 46638, 46640, 46642, 46644, 46646, 46648, 46650, 46652, 46654, 46656, 46658, 46660, 46662, 46664, 46666, 46668, 46670, 46672, 46674, 46676, 46678, 46680, 46682, 46684, 46686, 46688, 46690, 46692, 46694, 46696, 46698, 46700, 46702, 46704, 46706, 46708, 46710, 46712, 46714, 46716, 46718, 46720, 46722, 46724, 46726, 46728, 46730, 46732, 46734, 46736, 46738, 46740, 46742, 46744, 46746, 46748, 46750, 46752, 46754, 46756, 46758, 46760, 46762, 46764, 46766, 46768, 46770, 46772, 46774, 46776, 46778, 46780, 46782, 46784, 46786, 46788, 46790, 46792, 46794, 46796, 46798, 46800, 46802, 46804, 46806, 46808, 46810, 46812, 46814, 46816, 46818, 46820, 46822, 46824, 46826, 46828, 46830, 46832, 46834, 46836, 46838, 46840, 46842, 46844, 46846, 46848, 46850, 46852, 46854, 46856, 46858, 46860, 46862, 46864, 46866, 46868, 46870, 46872, 46874, 46876, 46878, 46880, 46882, 46884, 46886, 46888, 46890, 46892, 46894, 46896, 46898, 46900, 46902, 46904, 46906, 46908, 46910, 46912, 46914, 46916, 46918, 46920, 46922, 46924, 46926, 46928, 46930, 46932, 46934, 46936, 46938, 46940, 46942, 46944, 46946, 46948, 46950, 46952, 46954, 46956, 46958, 46960, 46962, 46964, 46966, 46968, 46970, 46972, 46974, 46976, 46978, 46980, 46982, 46984, 46986, 46988, 46990, 46992, 46994, 46996, 46998, 47000, 47002, 47004, 47006, 47008, 47010, 47012, 47014, 47016, 47018, 47020, 47022, 47024, 47026, 47028, 47030, 47032, 47034, 47036, 47038, 47040, 47042, 47044, 47046, 47048, 47050, 47052, 47054, 47056, 47058, 47060, 47062, 47064, 47066, 47068, 47070, 47072, 47074, 47076, 47078, 47080, 47082, 47084, 47086, 47088, 47090, 47092, 47094, 47096, 47098, 47100, 47102, 47104, 47106, 47108, 47110, 47112, 47114, 47116, 47118, 47120, 47122, 47124, 47126, 47128, 47130, 47132, 47134, 47136, 47138, 47140, 47142, 47144, 47146, 47148, 47150, 47152, 47154, 47156, 47158, 47160, 47162, 47164, 47166, 47168, 47170, 47172, 47174, 47176, 47178, 47180, 47182, 47184, 47186, 47188, 47190, 47192, 47194, 47196, 47198, 47200, 47202, 47204, 47206, 47208, 47210, 47212, 47214, 47216, 47218, 47220, 47222, 47224, 47226, 47228, 47230, 47232, 47234, 47236, 47238, 47240, 47242, 47244, 47246, 47248, 47250, 47252, 47254, 47256, 47258, 47260, 47262, 47264, 47266, 47268, 47270, 47272, 47274, 47276, 47278, 47280, 47282, 47284, 47286, 47288, 47290, 47292, 47294, 47296, 47298, 47300, 47302, 47304, 47306, 47308, 47310, 47312, 47314, 47316, 47318, 47320, 47322, 47324, 47326, 47328, 47330, 47332, 47334, 47336, 47338, 47340, 47342, 47344, 47346, 47348, 47350, 47352, 47354, 47356, 47358, 47360, 47362, 47364, 47366, 47368, 47370, 47372, 47374, 47376, 47378, 47380, 47382, 47384, 47386, 47388, 47390, 47392, 47394, 47396, 47398, 47400, 47402, 47404, 47406, 47408, 47410, 47412, 47414, 47416, 47418, 47420, 47422, 47424, 47426, 47428, 47430, 47432, 47434, 47436, 47438, 47440, 47442, 47444, 47446, 47448, 47450, 47452, 47454, 47456, 47458, 47460, 47462, 47464, 47466, 47468, 47470, 47472, 47474, 47476, 47478, 47480, 47482, 47484, 47486, 47488, 47490, 47492, 47494, 47496, 47498, 47500, 47502, 47504, 47506, 47508, 47510, 47512, 47514, 47516, 47518, 47520, 47522, 47524, 47526, 47528, 47530, 47532, 47534, 47536, 47538, 47540, 47542, 47544, 47546, 47548, 47550, 47552, 47554, 47556, 47558, 47560, 47562, 47564, 47566, 47568, 47570, 47572, 47574, 47576, 47578, 47580, 47582, 47584, 47586, 47588, 47590, 47592, 47594, 47596, 47598, 47600, 47602, 47604, 47606, 47608, 47610, 47612, 47614, 47616, 47618, 47620, 47622, 47624, 47626, 47628, 47630, 47632, 47634, 47636, 47638, 47640, 47642,

47644, 47646, 47648, 47650, 47652, 47654, 47656, 47658, 47660, 47662,
47664, 47666, 47668, 47670, 47672, 47674, 47676, 47678, 47680, 47682,
47684, 47686, 47688, 47690, 47692, 47694, 47696, 47698, 47700, 47702,
47704, 47706, 47708, 47710, 47712, 47714, 47716, 47718, 47720, 47722,
47724, 47726, 47728, 47730, 47732, 47734, 47736, 47738, 47740, 47742,
47744, 47746, 47748, 47750, 47752, 47754, 47756, 47758, 47760, 47762,
47764, 47766, 47768, 47770, 47772, 47774, 47776, 47778, 47780, 47782,
47784, 47786, 47788, 47790, 47792, 47794, 47796, 47798, 47800, 47802,
47804, 47806, 47808, 47810, 47812, 47814, 47816, 47818, 47820, 47822,
47824, 47826, 47828, 47830, 47832, 47834, 47836, 47838, 47840, 47842,
47844, 47846, 47848, 47850, 47852, 47854, 47856, 47858, 47860, 47862,
47864, 47866, 47868, 47870, 47872, 47874, 47876, 47878, 47880, 47882,
47884, 47886, 47888, 47890, 47892, 47894, 47896, 47898, 47900, 47902,
47904, 47906, 47908, 47910, 47912, 47914, 47916, 47918, 47920, 47922,
47924, 47926, 47928, 47930, 47932, 47934, 47936, 47938, 47940, 47942,
47944, 47946, 47948, 47950, 47952, 47954, 47956, 47958, 47960, 47962,
47964, 47966, 47968, 47970, 47972, 47974, 47976, 47978, 47980, 47982,
47984, 47986, 47988, 47990, 47992, 47994, 47996, 47998, 48000, 48002,
48004, 48006, 48008, 48010, 48012, 48014, 48016, 48018, 48020, 48022,
48024, 48026, 48028, 48030, 48032, 48034, 48036, 48038, 48040, 48042,
48044, 48046, 48048, 48050, 48052, 48054, 48056, 48058, 48060, 48062,
48064, 48066, 48068, 48070, 48072, 48074, 48076, 48078, 48080, 48082,
48084, 48086, 48088, 48090, 48092, 48094, 48096, 48098, 48100, 48102,
48104, 48106, 48108, 48110, 48112, 48114, 48116, 48118, 48120, 48122,
48124, 48126, 48128, 48130, 48132, 48134, 48136, 48138, 48140, 48142,
48144, 48146, 48148, 48150, 48152, 48154, 48156, 48158, 48160, 48162,
48164, 48166, 48168, 48170, 48172, 48174, 48176, 48178, 48180, 48182,
48184, 48186, 48188, 48190, 48192, 48194, 48196, 48198, 48200, 48202,
48204, 48206, 48208, 48210, 48212, 48214, 48216, 48218, 48220, 48222,
48224, 48226, 48228, 48230, 48232, 48234, 48236, 48238, 48240, 48242,
48244, 48246, 48248, 48250, 48252, 48254, 48256, 48258, 48260, 48262,
48264, 48266, 48268, 48270, 48272, 48274, 48276, 48278, 48280, 48282,
48284, 48286, 48288, 48290, 48292, 48294, 48296, 48298, 48300, 48302,
48304, 48306, 48308, 48310, 48312, 48314, 48316, 48318, 48320, 48322,
48324, 48326, 48328, 48330, 48332, 48334, 48336, 48338, 48340, 48342,
48344, 48346, 48348, 48350, 48352, 48354, 48356, 48358, 48360, 48362,
48364, 48366, 48368, 48370, 48372, 48374, 48376, 48378, 48380, 48382,
48384, 48386, 48388, 48390, 48392, 48394, 48396, 48398, 48400, 48402,
48404, 48406, 48408, 48410, 48412, 48414, 48416, 48418, 48420, 48422,
48424, 48426, 48428, 48430, 48432, 48434, 48436, 48438, 48440, 48442,
48444, 48446, 48448, 48450, 48452, 48454, 48456, 48458, 48460, 48462,
48464, 48466, 48468, 48470, 48472, 48474, 48476, 48478, 48480, 48482,
48484, 48486, 48488, 48490, 48492, 48494, 48496, 48498, 48500, 48502,
48504, 48506, 48508, 48510, 48512, 48514, 48516, 48518, 48520, 48522,
48524, 48526, 48528, 48530, 48532, 48534, 48536, 48538, 48540, 48542,
48544, 48546, 48548, 48550, 48552, 48554, 48556, 48558, 48560, 48562,
48564, 48566, 48568, 48570, 48572, 48574, 48576, 48578, 48580, 48582,
48584, 48586, 48588, 48590, 48592, 48594, 48596, 48598, 48600, 48602,
48604, 48606, 48608, 48610, 48612, 48614, 48616, 48618, 48620, 48622,
48624, 48626, 48628, 48630, 48632, 48634, 48636, 48638, 48640, 48642,
48644, 48646, 48648, 48650, 48652, 48654, 48656, 48658, 48660, 48662,
48664, 48666, 48668, 48670, 48672, 48674, 48676, 48678, 48680, 48682,
48684, 48686, 48688, 48690, 48692, 48694, 48696, 48698, 48700, 48702,
48704, 48706, 48708, 48710, 48712, 48714, 48716, 48718, 48720, 48722,
48724, 48726, 48728, 48730, 48732, 48734, 48736, 48738, 48740, 48742,
48744, 48746, 48748, 48750, 48752, 48754, 48756, 48758, 48760, 48762,
48764, 48766, 48768, 48770, 48772, 48774, 48776, 48778, 48780, 48782,
48784, 48786, 48788, 48790, 48792, 48794, 48796, 48798, 48800, 48802,
48804, 48806, 48808, 48810, 48812, 48814, 48816, 48818, 48820, 48822,
48824, 48826, 48828, 48830, 48832, 48834, 48836, 48838, 48840, 48842,
48844, 48846, 48848, 48850, 48852, 48854, 48856, 48858, 48860, 48862,
48864, 48866, 48868, 48870, 48872, 48874, 48876, 48878, 48880, 48882,
48884, 48886, 48888, 48890, 48892, 48894, 48896, 48898, 48900, 48902,
48904, 48906, 48908, 48910, 48912, 48914, 48916, 48918, 48920, 48922,
48924, 48926, 48928, 48930, 48932, 48934, 48936, 48938, 48940, 48942,
48944, 48946, 48948, 48950, 48952, 48954, 48956, 48958, 48960, 48962,
48964, 48966, 48968, 48970, 48972, 48974, 48976, 48978, 48980, 48982,
48984, 48986, 48988, 48990, 48992, 48994, 48996, 48998, 49000, 49002,
49004, 49006, 49008, 49010, 49012, 49014, 49016, 49018, 49020, 49022,
49024, 49026, 49028, 49030, 49032, 49034, 49036, 49038, 49040, 49042,
49044, 49046, 49048, 49050, 49052, 49054, 49056, 49058, 49060, 49062,
49064, 49066, 49068, 49070, 49072, 49074, 49076, 49078, 49080, 49082,
49084, 49086, 49088, 49090, 49092, 49094, 49096, 49098, 49100, 49102,
49104, 49106, 49108, 49110, 49112, 49114, 49116, 49118, 49120, 49122,
49124, 49126, 49128, 49130, 49132, 49134, 49136, 49138, 49140, 49142,
49144, 49146, 49148, 49150, 49152, 49154, 49156, 49158, 49160, 49162,
49164, 49166, 49168, 49170, 49172, 49174, 49176, 49178, 49180, 49182,
49184, 49186, 49188, 49190, 49192, 49194, 49196, 49198, 49200, 49202,
49204, 49206, 49208, 49210, 49212, 49214, 49216, 49218, 49220, 49222,
49224, 49226, 49228, 49230, 49232, 49234, 49236, 49238, 49240, 49242,
49244, 49246, 49248, 49250, 49252, 49254, 49256, 49258, 49260, 49262,
49264, 49266, 49268, 49270, 49272, 49274, 49276, 49278, 49280, 49282,
49284, 49286, 49288, 49290, 49292, 49294, 49296, 49298, 49300, 49302,
49304, 49306, 49308, 49310, 49312, 49314, 49316, 49318, 49320, 49322,
49324, 49326, 49328, 49330, 49332, 49334, 49336, 49338, 49340, 49342,
49344, 49346, 49348, 49350, 49352, 49354, 49356, 49358, 49360, 49362,
49364, 49366, 49368, 49370, 49372, 49374, 49376, 49378, 49380, 49382,
49384, 49386, 49388, 49390, 49392, 49394, 49396, 49398, 49400, 49402,
49404, 49406, 49408, 49410, 49412, 49414, 49416, 49418, 49420, 49422,
49424, 49426, 49428, 49430, 49432, 49434, 49436, 49438, 49440, 49442,
49444, 49446, 49448, 49450, 49452, 49454, 49456, 49458, 49460, 49462,
49464, 49466, 49468, 49470, 49472, 49474, 49476, 49478, 49480, 49482,
49484, 49486, 49488, 49490, 49492, 49494, 49496, 49498, 49500, 49502,
49504, 49506, 49508, 49510, 49512, 49514, 49516, 49518, 49520, 49522,
49524, 49526, 49528, 49530, 49532, 49534, 49536, 49538, 49540, 49542,
49544, 49546, 49548, 49550, 49552, 49554, 49556, 49558, 49560, 49562,
49564, 49566, 49568, 49570, 49572, 49574, 49576, 49578, 49580, 49582,
49584, 49586, 49588, 49590, 49592, 49594, 49596, 49598, 49600, 49602,
49604, 49606, 49608, 49610, 49612, 49614, 49616, 49618, 49620, 49622,
49624, 49626, 49628, 49630, 49632, 49634, 49636, 49638, 49640, 49642,
49644, 49646, 49648, 49650, 49652, 49654, 49656, 49658, 49660, 49662,
49664, 49666, 49668, 49670, 49672, 49674, 49676, 49678, 49680, 49682,
49684, 49686, 49688, 49690, 49692, 49694, 49696, 49698, 49700, 49702,
49704, 49706, 49708, 49710, 49712, 49714, 49716, 49718, 49720, 49722,
49724, 49726, 49728, 49730, 49732, 49734, 49736, 49738, 49740, 49742,
49744, 49746, 49748, 49750, 49752, 49754, 49756, 49758, 49760, 49762,
49764, 49766, 49768, 49770, 49772, 49774, 49776, 49778, 49780, 49782,
49784, 49786, 49788, 49790, 49792, 49794, 49796, 49798, 49800, 49802,
49804, 49806, 49808, 49810, 49812, 49814, 49816, 49818, 49820, 49822,
49824, 49826, 49828, 49830, 49832, 49834, 49836, 49838, 49840, 49842,
49844, 49846, 49848, 49850, 49852, 49854, 49856, 49858, 49860, 49862,
49864, 49866, 49868, 49870, 49872, 49874, 49876, 49878, 49880, 49882,
49884, 49886, 49888, 49890, 49892, 49894, 49896, 49898, 49900, 49902,
49904, 49906, 49908, 49910, 49912, 49914, 49916, 49918, 49920, 49922,
49924, 49926, 49928, 49930, 49932, 49934, 49936, 49938, 49940, 49942,
49944, 49946, 49948, 49950, 49952, 49954, 49956, 49958, 49960, 49962,
49964, 49966, 49968, 49970, 49972, 49974, 49976, 49978, 49980, 49982,
49984, 49986, 49988, 49990, 49992, 49994, 49996, 49998, 50000, 50002,
50004, 50006, 50008, 50010, 50012, 50014, 50016, 50018, 50020, 50022,
50024, 50026, 50028, 50030, 50032, 50034, 50036, 50038, 50040, 50042,
50044, 50046, 50048, 50050, 50052, 50054, 50056, 50058, 50060, 50062,
50064, 50066, 50068, 50070, 50072, 50074, 50076, 50078, 50080, 50082,
50084, 50086, 50088, 50090, 50092, 50094, 50096, 50098, 50100, 50102,
50104, 50106, 50108, 50110, 50112, 50114, 50116, 50118, 50120, 50122,
50124, 50126, 50128, 50130, 50132, 50134, 50136, 50138, 50140, 50142,
50144, 50146, 50148, 50150, 50152, 50154, 50156, 50158, 50160, 50162,
50164, 50166, 50168, 50170, 50172, 50174, 50176, 50178, 50180, 50182,
50184, 50186, 50188, 50190, 50192, 50194, 50196, 50198, 50200, 50202,
50204, 50206, 50208, 50210, 50212, 50214, 50216, 50218, 50220, 50222,
50224, 50226, 50228, 50230, 50232, 50234, 50236, 50238, 50240, 50242,
50244, 50246, 50248, 50250, 50252, 50254, 50256, 50258, 50260, 50262,
50264, 50266, 50268, 50270, 50272, 50274, 50276, 50278, 50280, 50282,
50284, 50286, 50288, 50290, 50292, 50294, 50296, 50298, 50300, 50302,
50304, 50306, 50308, 50310, 50312, 50314, 50316, 50318, 50320, 50322,
50324, 50326, 50328, 50330, 50332, 50334, 50336, 50338, 50340, 50342,
50344, 50346, 50348, 50350, 50352, 50354, 50356, 50358, 50360, 50362,
50364, 50366, 50368, 50370, 50372, 50374, 50376, 50378, 50380, 50382,
50384, 50386, 50388, 50390, 50392, 50394, 50396, 50398, 50400, 50402,
50404, 50406, 50408, 50410, 50412, 50414, 50416, 50418, 50420, 50422,
50424, 50426, 50428, 50430, 50432, 50434, 50436, 50438, 50440, 50442,
50444, 50446, 50448, 50450, 50452, 50454, 50456, 50458, 50460, 50462,
50464, 50466, 50468, 50470, 50472, 50474, 50476, 50478, 50480, 50482,
50484, 50486, 50488, 50490, 50492, 50494, 50496, 50498, 50500, 50502,
50504, 50506, 50508, 50510, 50512, 50514, 50516, 50518, 50520, 50522,
50524, 50526, 50528, 50530, 50532, 50534, 50536, 50538, 50540, 50542,
50544, 50546, 50548, 50550, 50552, 50554, 50556, 50558, 50560, 50562,

50564, 50566, 50568, 50570, 50572, 50574, 50576, 50578, 50580, 50582, 50584, 50586, 50588, 50590, 50592, 50594, 50596, 50598, 50600, 50602, 50604, 50606, 50608, 50610, 50612, 50614, 50616, 50618, 50620, 50622, 50624, 50626, 50628, 50630, 50632, 50634, 50636, 50638, 50640, 50642, 50644, 50646, 50648, 50650, 50652, 50654, 50656, 50658, 50660, 50662, 50664, 50666, 50668, 50670, 50672, 50674, 50676, 50678, 50680, 50682, 50684, 50686, 50688, 50690, 50692, 50694, 50696, 50698, 50700, 50702, 50704, 50706, 50708, 50710, 50712, 50714, 50716, 50718, 50720, 50722, 50724, 50726, 50728, 50730, 50732, 50734, 50736, 50738, 50740, 50742, 50744, 50746, 50748, 50750, 50752, 50754, 50756, 50758, 50760, 50762, 50764, 50766, 50768, 50770, 50772, 50774, 50776, 50778, 50780, 50782, 50784, 50786, 50788, 50790, 50792, 50794, 50796, 50798, 50800, 50802, 50804, 50806, 50808, 50810, 50812, 50814, 50816, 50818, 50820, 50822, 50824, 50826, 50828, 50830, 50832, 50834, 50836, 50838, 50840, 50842, 50844, 50846, 50848, 50850, 50852, 50854, 50856, 50858, 50860, 50862, 50864, 50866, 50868, 50870, 50872, 50874, 50876, 50878, 50880, 50882, 50884, 50886, 50888, 50890, 50892, 50894, 50896, 50898, 50900, 50902, 50904, 50906, 50908, 50910, 50912, 50914, 50916, 50918, 50920, 50922, 50924, 50926, 50928, 50930, 50932, 50934, 50936, 50938, 50940, 50942, 50944, 50946, 50948, 50950, 50952, 50954, 50956, 50958, 50960, 50962, 50964, 50966, 50968, 50970, 50972, 50974, 50976, 50978, 50980, 50982, 50984, 50986, 50988, 50990, 50992, 50994, 50996, 50998, 51000, 51002, 51004, 51006, 51008, 51010, 51012, 51014, 51016, 51018, 51020, 51022, 51024, 51026, 51028, 51030, 51032, 51034, 51036, 51038, 51040, 51042, 51044, 51046, 51048, 51050, 51052, 51054, 51056, 51058, 51060, 51062, 51064, 51066, 51068, 51070, 51072, 51074, 51076, 51078, 51080, 51082, 51084, 51086, 51088, 51090, 51092, 51094, 51096, 51098, 51100, 51102, 51104, 51106, 51108, 51110, 51112, 51114, 51116, 51118, 51120, 51122, 51124, 51126, 51128, 51130, 51132, 51134, 51136, 51138, 51140, 51142, 51144, 51146, 51148, 51150, 51152, 51154, 51156, 51158, 51160, 51162, 51164, 51166, 51168, 51170, 51172, 51174, 51176, 51178, 51180, 51182, 51184, 51186, 51188, 51190, 51192, 51194, 51196, 51198, 51200, 51202, 51204, 51206, 51208, 51210, 51212, 51214, 51216, 51218, 51220, 51222, 51224, 51226, 51228, 51230, 51232, 51234, 51236, 51238, 51240, 51242, 51244, 51246, 51248, 51250, 51252, 51254, 51256, 51258, 51260, 51262, 51264, 51266, 51268, 51270, 51272, 51274, 51276, 51278, 51280, 51282, 51284, 51286, 51288, 51290, 51292, 51294, 51296, 51298, 51300, 51302, 51304, 51306, 51308, 51310, 51312, 51314, 51316, 51318, 51320, 51322, 51324, 51326, 51328, 51330, 51332, 51334, 51336, 51338, 51340, 51342, 51344, 51346, 51348, 51350, 51352, 51354, 51356, 51358, 51360, 51362, 51364, 51366, 51368, 51370, 51372, 51374, 51376, 51378, 51380, 51382, 51384, 51386, 51388, 51390, 51392, 51394, 51396, 51398, 51400, 51402, 51404, 51406, 51408, 51410, 51412, 51414, 51416, 51418, 51420, 51422, 51424, 51426, 51428, 51430, 51432, 51434, 51436, 51438, 51440, 51442, 51444, 51446, 51448, 51450, 51452, 51454, 51456, 51458, 51460, 51462, 51464, 51466, 51468, 51470, 51472, 51474, 51476, 51478, 51480, 51482, 51484, 51486, 51488, 51490, 51492, 51494, 51496, 51498, 51500, 51502, 51504, 51506, 51508, 51510, 51512, 51514, 51516, 51518, 51520, 51522, 51524, 51526, 51528, 51530, 51532, 51534, 51536, 51538, 51540, 51542, 51544, 51546, 51548, 51550, 51552, 51554, 51556, 51558, 51560, 51562, 51564, 51566, 51568, 51570, 51572, 51574, 51576, 51578, 51580, 51582, 51584, 51586, 51588, 51590, 51592, 51594, 51596, 51598, 51600, 51602, 51604, 51606, 51608, 51610, 51612, 51614, 51616, 51618, 51620, 51622, 51624, 51626, 51628, 51630, 51632, 51634, 51636, 51638, 51640, 51642, 51644, 51646, 51648, 51650, 51652, 51654, 51656, 51658, 51660, 51662, 51664, 51666, 51668, 51670, 51672, 51674, 51676, 51678, 51680, 51682, 51684, 51686, 51688, 51690, 51692, 51694, 51696, 51698, 51700, 51702, 51704, 51706, 51708, 51710, 51712, 51714, 51716, 51718, 51720, 51722, 51724, 51726, 51728, 51730, 51732, 51734, 51736, 51738, 51740, 51742, 51744, 51746, 51748, 51750, 51752, 51754, 51756, 51758, 51760, 51762, 51764, 51766, 51768, 51770, 51772, 51774, 51776, 51778, 51780, 51782, 51784, 51786, 51788, 51790, 51792, 51794, 51796, 51798, 51800, 51802, 51804, 51806, 51808, 51810, 51812, 51814, 51816, 51818, 51820, 51822, 51824, 51826, 51828, 51830, 51832, 51834, 51836, 51838, 51840, 51842, 51844, 51846, 51848, 51850, 51852, 51854, 51856, 51858, 51860, 51862, 51864, 51866, 51868, 51870, 51872, 51874, 51876, 51878, 51880, 51882, 51884, 51886, 51888, 51890, 51892, 51894, 51896, 51898, 51900, 51902, 51904, 51906, 51908, 51910, 51912, 51914, 51916, 51918, 51920, 51922, 51924, 51926, 51928, 51930, 51932, 51934, 51936, 51938, 51940, 51942, 51944, 51946, 51948, 51950, 51952, 51954, 51956, 51958, 51960, 51962, 51964, 51966, 51968, 51970, 51972, 51974, 51976, 51978, 51980, 51982, 51984, 51986, 51988, 51990, 51992, 51994, 51996, 51998, 52000, 52002, 52004, 52006, 52008, 52010, 52012, 52014, 52016, 52018, 52020, 52022,

52024, 52026, 52028, 52030, 52032, 52034, 52036, 52038, 52040, 52042, 52044, 52046, 52048, 52050, 52052, 52054, 52056, 52058, 52060, 52062, 52064, 52066, 52068, 52070, 52072, 52074, 52076, 52078, 52080, 52082, 52084, 52086, 52088, 52090, 52092, 52094, 52096, 52098, 52100, 52102, 52104, 52106, 52108, 52110, 52112, 52114, 52116, 52118, 52120, 52122, 52124, 52126, 52128, 52130, 52132, 52134, 52136, 52138, 52140, 52142, 52144, 52146, 52148, 52150, 52152, 52154, 52156, 52158, 52160, 52162, 52164, 52166, 52168, 52170, 52172, 52174, 52176, 52178, 52180, 52182, 52184, 52186, 52188, 52190, 52192, 52194, 52196, 52198, 52200, 52202, 52204, 52206, 52208, 52210, 52212, 52214, 52216, 52218, 52220, 52222, 52224, 52226, 52228, 52230, 52232, 52234, 52236, 52238, 52240, 52242, 52244, 52246, 52248, 52250, 52252, 52254, 52256, 52258, 52260, 52262, 52264, 52266, 52268, 52270, 52272, 52274, 52276, 52278, 52280, 52282, 52284, 52286, 52288, 52290, 52292, 52294, 52296, 52298, 52300, 52302, 52304, 52306, 52308, 52310, 52312, 52314, 52316, 52318, 52320, 52322, 52324, 52326, 52328, 52330, 52332, 52334, 52336, 52338, 52340, 52342, 52344, 52346, 52348, 52350, 52352, 52354, 52356, 52358, 52360, 52362, 52364, 52366, 52368, 52370, 52372, 52374, 52376, 52378, 52380, 52382, 52384, 52386, 52388, 52390, 52392, 52394, 52396, 52398, 52400, 52402, 52404, 52406, 52408, 52410, 52412, 52414, 52416, 52418, 52420, 52422, 52424, 52426, 52428, 52430, 52432, 52434, 52436, 52438, 52440, 52442, 52444, 52446, 52448, 52450, 52452, 52454, 52456, 52458, 52460, 52462, 52464, 52466, 52468, 52470, 52472, 52474, 52476, 52478, 52480, 52482, 52484, 52486, 52488, 52490, 52492, 52494, 52496, 52498, 52500, 52502, 52504, 52506, 52508, 52510, 52512, 52514, 52516, 52518, 52520, 52522, 52524, 52526, 52528, 52530, 52532, 52534, 52536, 52538, 52540, 52542, 52544, 52546, 52548, 52550, 52552, 52554, 52556, 52558, 52560, 52562, 52564, 52566, 52568, 52570, 52572, 52574, 52576, 52578, 52580, 52582, 52584, 52586, 52588, 52590, 52592, 52594, 52596, 52598, 52600, 52602, 52604, 52606, 52608, 52610, 52612, 52614, 52616, 52618, 52620, 52622, 52624, 52626, 52628, 52630, 52632, 52634, 52636, 52638, 52640, 52642, 52644, 52646, 52648, 52650, 52652, 52654, 52656, 52658, 52660, 52662, 52664, 52666, 52668, 52670, 52672, 52674, 52676, 52678, 52680, 52682, 52684, 52686, 52688, 52690, 52692, 52694, 52696, 52698, 52700, 52702, 52704, 52706, 52708, 52710, 52712, 52714, 52716, 52718, 52720, 52722, 52724, 52726, 52728, 52730, 52732, 52734, 52736, 52738, 52740, 52742, 52744, 52746, 52748, 52750, 52752, 52754, 52756, 52758, 52760, 52762, 52764, 52766, 52768, 52770, 52772, 52774, 52776, 52778, 52780, 52782, 52784, 52786, 52788, 52790, 52792, 52794, 52796, 52798, 52800, 52802, 52804, 52806, 52808, 52810, 52812, 52814, 52816, 52818, 52820, 52822, 52824, 52826, 52828, 52830, 52832, 52834, 52836, 52838, 52840, 52842, 52844, 52846, 52848, 52850, 52852, 52854, 52856, 52858, 52860, 52862, 52864, 52866, 52868, 52870, 52872, 52874, 52876, 52878, 52880, 52882, 52884, 52886, 52888, 52890, 52892, 52894, 52896, 52898, 52900, 52902, 52904, 52906, 52908, 52910, 52912, 52914, 52916, 52918, 52920, 52922, 52924, 52926, 52928, 52930, 52932, 52934, 52936, 52938, 52940, 52942, 52944, 52946, 52948, 52950, 52952, 52954, 52956, 52958, 52960, 52962, 52964, 52966, 52968, 52970, 52972, 52974, 52976, 52978, 52980, 52982, 52984, 52986, 52988, 52990, 52992, 52994, 52996, 52998, 53000, 53002, 53004, 53006, 53008, 53010, 53012, 53014, 53016, 53018, 53020, 53022, 53024, 53026, 53028, 53030, 53032, 53034, 53036, 53038, 53040, 53042, 53044, 53046, 53048, 53050, 53052, 53054, 53056, 53058, 53060, 53062, 53064, 53066, 53068, 53070, 53072, 53074, 53076, 53078, 53080, 53082, 53084, 53086, 53088, 53090, 53092, 53094, 53096, 53098, 53100, 53102, 53104, 53106, 53108, 53110, 53112, 53114, 53116, 53118, 53120, 53122, 53124, 53126, 53128, 53130, 53132, 53134, 53136, 53138, 53140, 53142, 53144, 53146, 53148, 53150, 53152, 53154, 53156, 53158, 53160, 53162, 53164, 53166, 53168, 53170, 53172, 53174, 53176, 53178, 53180, 53182, 53184, 53186, 53188, 53190, 53192, 53194, 53196, 53198, 53200, 53202, 53204, 53206, 53208, 53210, 53212, 53214, 53216, 53218, 53220, 53222, 53224, 53226, 53228, 53230, 53232, 53234, 53236, 53238, 53240, 53242, 53244, 53246, 53248, 53250, 53252, 53254, 53256, 53258, 53260, 53262, 53264, 53266, 53268, 53270, 53272, 53274, 53276, 53278, 53280, 53282, 53284, 53286, 53288, 53290, 53292, 53294, 53296, 53298, 53300, 53302, 53304, 53306, 53308, 53310, 53312, 53314, 53316, 53318, 53320, 53322, 53324, 53326, 53328, 53330, 53332, 53334, 53336, 53338, 53340, 53342, 53344, 53346, 53348, 53350, 53352, 53354, 53356, 53358, 53360, 53362, 53364, 53366, 53368, 53370, 53372, 53374, 53376, 53378, 53380, 53382, 53384, 53386, 53388, 53390, 53392, 53394, 53396, 53398, 53400, 53402, 53404, 53406, 53408, 53410, 53412, 53414, 53416, 53418, 53420, 53422, 53424, 53426, 53428, 53430, 53432, 53434, 53436, 53438, 53440, 53442, 53444, 53446, 53448, 53450, 53452, 53454, 53456, 53458, 53460, 53462, 53464, 53466, 53468, 53470, 53472, 53474, 53476, 53478, 53480, 53482,

53484, 53486, 53488, 53490, 53492, 53494, 53496, 53498, 53500, 53502,
53504, 53506, 53508, 53510, 53512, 53514, 53516, 53518, 53520, 53522,
53524, 53526, 53528, 53530, 53532, 53534, 53536, 53538, 53540, 53542,
53544, 53546, 53548, 53550, 53552, 53554, 53556, 53558, 53560, 53562,
53564, 53566, 53568, 53570, 53572, 53574, 53576, 53578, 53580, 53582,
53584, 53586, 53588, 53590, 53592, 53594, 53596, 53598, 53600, 53602,
53604, 53606, 53608, 53610, 53612, 53614, 53616, 53618, 53620, 53622,
53624, 53626, 53628, 53630, 53632, 53634, 53636, 53638, 53640, 53642,
53644, 53646, 53648, 53650, 53652, 53654, 53656, 53658, 53660, 53662,
53664, 53666, 53668, 53670, 53672, 53674, 53676, 53678, 53680, 53682,
53684, 53686, 53688, 53690, 53692, 53694, 53696, 53698, 53700, 53702,
53704, 53706, 53708, 53710, 53712, 53714, 53716, 53718, 53720, 53722,
53724, 53726, 53728, 53730, 53732, 53734, 53736, 53738, 53740, 53742,
53744, 53746, 53748, 53750, 53752, 53754, 53756, 53758, 53760, 53762,
53764, 53766, 53768, 53770, 53772, 53774, 53776, 53778, 53780, 53782,
53784, 53786, 53788, 53790, 53792, 53794, 53796, 53798, 53800, 53802,
53804, 53806, 53808, 53810, 53812, 53814, 53816, 53818, 53820, 53822,
53824, 53826, 53828, 53830, 53832, 53834, 53836, 53838, 53840, 53842,
53844, 53846, 53848, 53850, 53852, 53854, 53856, 53858, 53860, 53862,
53864, 53866, 53868, 53870, 53872, 53874, 53876, 53878, 53880, 53882,
53884, 53886, 53888, 53890, 53892, 53894, 53896, 53898, 53900, 53902,
53904, 53906, 53908, 53910, 53912, 53914, 53916, 53918, 53920, 53922,
53924, 53926, 53928, 53930, 53932, 53934, 53936, 53938, 53940, 53942,
53944, 53946, 53948, 53950, 53952, 53954, 53956, 53958, 53960, 53962,
53964, 53966, 53968, 53970, 53972, 53974, 53976, 53978, 53980, 53982,
53984, 53986, 53988, 53990, 53992, 53994, 53996, 53998, 54000, 54002,
54004, 54006, 54008, 54010, 54012, 54014, 54016, 54018, 54020, 54022,
54024, 54026, 54028, 54030, 54032, 54034, 54036, 54038, 54040, 54042,
54044, 54046, 54048, 54050, 54052, 54054, 54056, 54058, 54060, 54062,
54064, 54066, 54068, 54070, 54072, 54074, 54076, 54078, 54080, 54082,
54084, 54086, 54088, 54090, 54092, 54094, 54096, 54098, 54100, 54102,
54104, 54106, 54108, 54110, 54112, 54114, 54116, 54118, 54120, 54122,
54124, 54126, 54128, 54130, 54132, 54134, 54136, 54138, 54140, 54142,
54144, 54146, 54148, 54150, 54152, 54154, 54156, 54158, 54160, 54162,
54164, 54166, 54168, 54170, 54172, 54174, 54176, 54178, 54180, 54182,
54184, 54186, 54188, 54190, 54192, 54194, 54196, 54198, 54200, 54202,
54204, 54206, 54208, 54210, 54212, 54214, 54216, 54218, 54220, 54222,
54224, 54226, 54228, 54230, 54232, 54234, 54236, 54238, 54240, 54242,
54244, 54246, 54248, 54250, 54252, 54254, 54256, 54258, 54260, 54262,
54264, 54266, 54268, 54270, 54272, 54274, 54276, 54278, 54280, 54282,
54284, 54286, 54288, 54290, 54292, 54294, 54296, 54298, 54300, 54302,
54304, 54306, 54308, 54310, 54312, 54314, 54316, 54318, 54320, 54322,
54324, 54326, 54328, 54330, 54332, 54334, 54336, 54338, 54340, 54342,
54344, 54346, 54348, 54350, 54352, 54354, 54356, 54358, 54360, 54362,
54364, 54366, 54368, 54370, 54372, 54374, 54376, 54378, 54380, 54382,
54384, 54386, 54388, 54390, 54392, 54394, 54396, 54398, 54400, 54402,
54404, 54406, 54408, 54410, 54412, 54414, 54416, 54418, 54420, 54422,
54424, 54426, 54428, 54430, 54432, 54434, 54436, 54438, 54440, 54442,
54444, 54446, 54448, 54450, 54452, 54454, 54456, 54458, 54460, 54462,
54464, 54466, 54468, 54470, 54472, 54474, 54476, 54478, 54480, 54482,
54484, 54486, 54488, 54490, 54492, 54494, 54496, 54498, 54500, 54502,
54504, 54506, 54508, 54510, 54512, 54514, 54516, 54518, 54520, 54522,
54524, 54526, 54528, 54530, 54532, 54534, 54536, 54538, 54540, 54542,
54544, 54546, 54548, 54550, 54552, 54554, 54556, 54558, 54560, 54562,
54564, 54566, 54568, 54570, 54572, 54574, 54576, 54578, 54580, 54582,
54584, 54586, 54588, 54590, 54592, 54594, 54596, 54598, 54600, 54602,
54604, 54606, 54608, 54610, 54612, 54614, 54616, 54618, 54620, 54622,
54624, 54626, 54628, 54630, 54632, 54634, 54636, 54638, 54640, 54642,
54644, 54646, 54648, 54650, 54652, 54654, 54656, 54658, 54660, 54662,
54664, 54666, 54668, 54670, 54672, 54674, 54676, 54678, 54680, 54682,
54684, 54686, 54688, 54690, 54692, 54694, 54696, 54698, 54700, 54702,
54704, 54706, 54708, 54710, 54712, 54714, 54716, 54718, 54720, 54722,
54724, 54726, 54728, 54730, 54732, 54734, 54736, 54738, 54740, 54742,
54744, 54746, 54748, 54750, 54752, 54754, 54756, 54758, 54760, 54762,
54764, 54766, 54768, 54770, 54772, 54774, 54776, 54778, 54780, 54782,
54784, 54786, 54788, 54790, 54792, 54794, 54796, 54798, 54800, 54802,
54804, 54806, 54808, 54810, 54812, 54814, 54816, 54818, 54820, 54822,
54824, 54826, 54828, 54830, 54832, 54834, 54836, 54838, 54840, 54842,
54844, 54846, 54848, 54850, 54852, 54854, 54856, 54858, 54860, 54862,
54864, 54866, 54868, 54870, 54872, 54874, 54876, 54878, 54880, 54882,
54884, 54886, 54888, 54890, 54892, 54894, 54896, 54898, 54900, 54902,
54904, 54906, 54908, 54910, 54912, 54914, 54916, 54918, 54920, 54922,
54924, 54926, 54928, 54930, 54932, 54934, 54936, 54938, 54940, 54942,

54944, 54946, 54948, 54950, 54952, 54954, 54956, 54958, 54960, 54962,
54964, 54966, 54968, 54970, 54972, 54974, 54976, 54978, 54980, 54982,
54984, 54986, 54988, 54990, 54992, 54994, 54996, 54998, 55000, 55002,
55004, 55006, 55008, 55010, 55012, 55014, 55016, 55018, 55020, 55022,
55024, 55026, 55028, 55030, 55032, 55034, 55036, 55038, 55040, 55042,
55044, 55046, 55048, 55050, 55052, 55054, 55056, 55058, 55060, 55062,
55064, 55066, 55068, 55070, 55072, 55074, 55076, 55078, 55080, 55082,
55084, 55086, 55088, 55090, 55092, 55094, 55096, 55098, 55100, 55102,
55104, 55106, 55108, 55110, 55112, 55114, 55116, 55118, 55120, 55122,
55124, 55126, 55128, 55130, 55132, 55134, 55136, 55138, 55140, 55142,
55144, 55146, 55148, 55150, 55152, 55154, 55156, 55158, 55160, 55162,
55164, 55166, 55168, 55170, 55172, 55174, 55176, 55178, 55180, 55182,
55184, 55186, 55188, 55190, 55192, 55194, 55196, 55198, 55200, 55202,
55204, 55206, 55208, 55210, 55212, 55214, 55216, 55218, 55220, 55222,
55224, 55226, 55228, 55230, 55232, 55234, 55236, 55238, 55240, 55242,
55244, 55246, 55248, 55250, 55252, 55254, 55256, 55258, 55260, 55262,
55264, 55266, 55268, 55270, 55272, 55274, 55276, 55278, 55280, 55282,
55284, 55286, 55288, 55290, 55292, 55294, 55296, 55298, 55300, 55302,
55304, 55306, 55308, 55310, 55312, 55314, 55316, 55318, 55320, 55322,
55324, 55326, 55328, 55330, 55332, 55334, 55336, 55338, 55340, 55342,
55344, 55346, 55348, 55350, 55352, 55354, 55356, 55358, 55360, 55362,
55364, 55366, 55368, 55370, 55372, 55374, 55376, 55378, 55380, 55382,
55384, 55386, 55388, 55390, 55392, 55394, 55396, 55398, 55400, 55402,
55404, 55406, 55408, 55410, 55412, 55414, 55416, 55418, 55420, 55422,
55424, 55426, 55428, 55430, 55432, 55434, 55436, 55438, 55440, 55442,
55444, 55446, 55448, 55450, 55452, 55454, 55456, 55458, 55460, 55462,
55464, 55466, 55468, 55470, 55472, 55474, 55476, 55478, 55480, 55482,
55484, 55486, 55488, 55490, 55492, 55494, 55496, 55498, 55500, 55502,
55504, 55506, 55508, 55510, 55512, 55514, 55516, 55518, 55520, 55522,
55524, 55526, 55528, 55530, 55532, 55534, 55536, 55538, 55540, 55542,
55544, 55546, 55548, 55550, 55552, 55554, 55556, 55558, 55560, 55562,
55564, 55566, 55568, 55570, 55572, 55574, 55576, 55578, 55580, 55582,
55584, 55586, 55588, 55590, 55592, 55594, 55596, 55598, 55600, 55602,
55604, 55606, 55608, 55610, 55612, 55614, 55616, 55618, 55620, 55622,
55624, 55626, 55628, 55630, 55632, 55634, 55636, 55638, 55640, 55642,
55644, 55646, 55648, 55650, 55652, 55654, 55656, 55658, 55660, 55662,
55664, 55666, 55668, 55670, 55672, 55674, 55676, 55678, 55680, 55682,
55684, 55686, 55688, 55690, 55692, 55694, 55696, 55698, 55700, 55702,
55704, 55706, 55708, 55710, 55712, 55714, 55716, 55718, 55720, 55722,
55724, 55726, 55728, 55730, 55732, 55734, 55736, 55738, 55740, 55742,
55744, 55746, 55748, 55750, 55752, 55754, 55756, 55758, 55760, 55762,
55764, 55766, 55768, 55770, 55772, 55774, 55776, 55778, 55780, 55782,
55784, 55786, 55788, 55790, 55792, 55794, 55796, 55798, 55800, 55802,
55804, 55806, 55808, 55810, 55812, 55814, 55816, 55818, 55820, 55822,
55824, 55826, 55828, 55830, 55832, 55834, 55836, 55838, 55840, 55842,
55844, 55846, 55848, 55850, 55852, 55854, 55856, 55858, 55860, 55862,
55864, 55866, 55868, 55870, 55872, 55874, 55876, 55878, 55880, 55882,
55884, 55886, 55888, 55890, 55892, 55894, 55896, 55898, 55900, 55902,
55904, 55906, 55908, 55910, 55912, 55914, 55916, 55918, 55920, 55922,
55924, 55926, 55928, 55930, 55932, 55934, 55936, 55938, 55940, 55942,
55944, 55946, 55948, 55950, 55952, 55954, 55956, 55958, 55960, 55962,
55964, 55966, 55968, 55970, 55972, 55974, 55976, 55978, 55980, 55982,
55984, 55986, 55988, 55990, 55992, 55994, 55996, 55998, 56000, 56002,
56004, 56006, 56008, 56010, 56012, 56014, 56016, 56018, 56020, 56022,
56024, 56026, 56028, 56030, 56032, 56034, 56036, 56038, 56040, 56042,
56044, 56046, 56048, 56050, 56052, 56054, 56056, 56058, 56060, 56062,
56064, 56066, 56068, 56070, 56072, 56074, 56076, 56078, 56080, 56082,
56084, 56086, 56088, 56090, 56092, 56094, 56096, 56098, 56100, 56102,
56104, 56106, 56108, 56110, 56112, 56114, 56116, 56118, 56120, 56122,
56124, 56126, 56128, 56130, 56132, 56134, 56136, 56138, 56140, 56142,
56144, 56146, 56148, 56150, 56152, 56154, 56156, 56158, 56160, 56162,
56164, 56166, 56168, 56170, 56172, 56174, 56176, 56178, 56180, 56182,
56184, 56186, 56188, 56190, 56192, 56194, 56196, 56198, 56200, 56202,
56204, 56206, 56208, 56210, 56212, 56214, 56216, 56218, 56220, 56222,
56224, 56226, 56228, 56230, 56232, 56234, 56236, 56238, 56240, 56242,
56244, 56246, 56248, 56250, 56252, 56254, 56256, 56258, 56260, 56262,
56264, 56266, 56268, 56270, 56272, 56274, 56276, 56278, 56280, 56282,
56284, 56286, 56288, 56290, 56292, 56294, 56296, 56298, 56300, 56302,
56304, 56306, 56308, 56310, 56312, 56314, 56316, 56318, 56320, 56322,
56324, 56326, 56328, 56330, 56332, 56334, 56336, 56338, 56340, 56342,
56344, 56346, 56348, 56350, 56352, 56354, 56356, 56358, 56360, 56362,
56364, 56366, 56368, 56370, 56372, 56374, 56376, 56378, 56380, 56382,
56384, 56386, 56388, 56390, 56392, 56394, 56396, 56398, 56400, 56402,

56404, 56406, 56408, 56410, 56412, 56414, 56416, 56418, 56420, 56422, 56424, 56426, 56428, 56430, 56432, 56434, 56436, 56438, 56440, 56442, 56444, 56446, 56448, 56450, 56452, 56454, 56456, 56458, 56460, 56462, 56464, 56466, 56468, 56470, 56472, 56474, 56476, 56478, 56480, 56482, 56484, 56486, 56488, 56490, 56492, 56494, 56496, 56498, 56500, 56502, 56504, 56506, 56508, 56510, 56512, 56514, 56516, 56518, 56520, 56522, 56524, 56526, 56528, 56530, 56532, 56534, 56536, 56538, 56540, 56542, 56544, 56546, 56548, 56550, 56552, 56554, 56556, 56558, 56560, 56562, 56564, 56566, 56568, 56570, 56572, 56574, 56576, 56578, 56580, 56582, 56584, 56586, 56588, 56590, 56592, 56594, 56596, 56598, 56600, 56602, 56604, 56606, 56608, 56610, 56612, 56614, 56616, 56618, 56620, 56622, 56624, 56626, 56628, 56630, 56632, 56634, 56636, 56638, 56640, 56642, 56644, 56646, 56648, 56650, 56652, 56654, 56656, 56658, 56660, 56662, 56664, 56666, 56668, 56670, 56672, 56674, 56676, 56678, 56680, 56682, 56684, 56686, 56688, 56690, 56692, 56694, 56696, 56698, 56700, 56702, 56704, 56706, 56708, 56710, 56712, 56714, 56716, 56718, 56720, 56722, 56724, 56726, 56728, 56730, 56732, 56734, 56736, 56738, 56740, 56742, 56744, 56746, 56748, 56750, 56752, 56754, 56756, 56758, 56760, 56762, 56764, 56766, 56768, 56770, 56772, 56774, 56776, 56778, 56780, 56782, 56784, 56788, 56790, 56792, 56794, 56796, 56798, 56800, 56802, 56804, 56806, 56808, 56810, 56812, 56814, 56816, 56818, 56820, 56822, 56824, 56826, 56828, 56830, 56832, 56834, 56836, 56838, 56840, 56842, 56844, 56846, 56848, 56850, 56852, 56854, 56856, 56858, 56860, 56862, 56864, 56866, 56868, 56870, 56872, 56874, 56876, 56878, 56880, 56882, 56884, 56886, 56888, 56890, 56892, 56894, 56896, 56898, 56900, 56902, 56904, 56906, 56908, 56910, 56912, 56914, 56916, 56918, 56920, 56922, 56924, 56926, 56928, 56930, 56932, 56934, 56936, 56938, 56940, 56942, 56944, 56946, 56948, 56950, 56952, 56954, 56956, 56958, 56960, 56962, 56964, 56966, 56968, 56970, 56972, 56974, 56976, 56978, 56980, 56982, 56984, 56986, 56988, 56990, 56992, 56994, 56996, 56998, 57000, 57002, 57004, 57006, 57008, 57010, 57012, 57014, 57016, 57018, 57020, 57022, 57024, 57026, 57028, 57030, 57032, 57034, 57036, 57038, 57040, 57042, 57044, 57046, 57048, 57050, 57052, 57054, 57056, 57058, 57060, 57062, 57064, 57066, 57068, 57070, 57072, 57074, 57076, 57078, 57080, 57082, 57084, 57086, 57088, 57090, 57092, 57094, 57096, 57098, 57100, 57102, 57104, 57106, 57108, 57110, 57112, 57114, 57116, 57118, 57120, 57122, 57124, 57126, 57128, 57130, 57132, 57134, 57136, 57138, 57140, 57142, 57144, 57146, 57148, 57150, 57152, 57154, 57156, 57158, 57160, 57162, 57164, 57166, 57168, 57170, 57172, 57174, 57176, 57178, 57180, 57182, 57184, 57186, 57188, 57190, 57192, 57194, 57196, 57198, 57200, 57202, 57204, 57206, 57208, 57210, 57212, 57214, 57216, 57218, 57220, 57222, 57224, 57226, 57228, 57230, 57232, 57234, 57236, 57238, 57240, 57242, 57244, 57246, 57248, 57250, 57252, 57254, 57256, 57258, 57260, 57262, 57264, 57266, 57268, 57270, 57272, 57274, 57276, 57278, 57280, 57282, 57284, 57286, 57288, 57290, 57292, 57294, 57296, 57298, 57300, 57302, 57304, 57306, 57308, 57310, 57312, 57314, 57316, 57318, 57320, 57322, 57324, 57326, 57328, 57330, 57332, 57334, 57336, 57338, 57340, 57342, 57344, 57346, 57348, 57350, 57352, 57354, 57356, 57358, 57360, 57362, 57364, 57366, 57368, 57370, 57372, 57374, 57376, 57378, 57380, 57382, 57384, 57386, 57388, 57390, 57392, 57394, 57396, 57398, 57400, 57402, 57404, 57406, 57408, 57410, 57412, 57414, 57416, 57418, 57420, 57422, 57424, 57426, 57428, 57430, 57432, 57434, 57436, 57438, 57440, 57442, 57444, 57446, 57448, 57450, 57452, 57454, 57456, 57458, 57460, 57462, 57464, 57466, 57468, 57470, 57472, 57474, 57476, 57478, 57480, 57482, 57484, 57486, 57488, 57490, 57492, 57494, 57496, 57498, 57500, 57502, 57504, 57506, 57508, 57510, 57512, 57514, 57516, 57518, 57520, 57522, 57524, 57526, 57528, 57530, 57532, 57534, 57536, 57538, 57540, 57542, 57544, 57546, 57548, 57550, 57552, 57554, 57556, 57558, 57560, 57562, 57564, 57566, 57568, 57570, 57572, 57574, 57576, 57578, 57580, 57582, 57584, 57586, 57588, 57590, 57592, 57594, 57596, 57598, 57600, 57602, 57604, 57606, 57608, 57610, 57612, 57614, 57616, 57618, 57620, 57622, 57624, 57626, 57628, 57630, 57632, 57634, 57636, 57638, 57640, 57642, 57644, 57646, 57648, 57650, 57652, 57654, 57656, 57658, 57660, 57662, 57664, 57666, 57668, 57670, 57672, 57674, 57676, 57678, 57680, 57682, 57684, 57686, 57688, 57690, 57692, 57694, 57696, 57698, 57700, 57702, 57704, 57706, 57708, 57710, 57712, 57714, 57716, 57718, 57720, 57722, 57724, 57726, 57728, 57730, 57732, 57734, 57736, 57738, 57740, 57742, 57744, 57746, 57748, 57750, 57752, 57754, 57756, 57758, 57760, 57762, 57764, 57766, 57768, 57770, 57772, 57774, 57776, 57778, 57780, 57782, 57784, 57786, 57788, 57790, 57792, 57794, 57796, 57798, 57800, 57802, 57804, 57806, 57808, 57810, 57812, 57814, 57816, 57818, 57820, 57822, 57824, 57826, 57828, 57830, 57832, 57834, 57836, 57838, 57840, 57842, 57844, 57846, 57848, 57850, 57852, 57854, 57856, 57858, 57860, 57862, 57864,

57866, 57868, 57870, 57872, 57874, 57876, 57878, 57880, 57882, 57884, 57886, 57888, 57890, 57892, 57894, 57896, 57898, 57900, 57902, 57904, 57906, 57908, 57910, 57912, 57914, 57916, 57918, 57920, 57922, 57924, 57926, 57928, 57930, 57932, 57934, 57936, 57938, 57940, 57942, 57944, 57946, 57948, 57950, 57952, 57954, 57956, 57958, 57960, 57962, 57964, 57966, 57968, 57970, 57972, 57974, 57976, 57978, 57980, 57982, 57984, 57986, 57988, 57990, 57992, 57994, 57996, 57998, 58000, 58002, 58004, 58006, 58008, 58010, 58012, 58014, 58016, 58018, 58020, 58022, 58024, 58026, 58028, 58030, 58032, 58034, 58036, 58038, 58040, 58042, 58044, 58046, 58048, 58050, 58052, 58054, 58056, 58058, 58060, 58062, 58064, 58066, 58068, 58070, 58072, 58074, 58076, 58078, 58080, 58082, 58084, 58086, 58088, 58090, 58092, 58094, 58096, 58098, 58100, 58102, 58104, 58106, 58108, 58110, 58112, 58114, 58116, 58118, 58120, 58122, 58124, 58126, 58128, 58130, 58132, 58134, 58136, 58138, 58140, 58142, 58144, 58146, 58148, 58150, 58152, 58154, 58156, 58158, 58160, 58162, 58164, 58166, 58168, 58170, 58172, 58174, 58176, 58178, 58180, 58182, 58184, 58186, 58188, 58190, 58192, 58194, 58196, 58198, 58200, 58202, 58204, 58206, 58208, 58210, 58212, 58214, 58216, 58218, 58220, 58222, 58224, 58226, 58228, 58230, 58232, 58234, 58236, 58238, 58240, 58242, 58244, 58246, 58248, 58250, 58252, 58254, 58256, 58258, 58260, 58262, 58264, 58266, 58268, 58270, 58272, 58274, 58276, 58278, 58280, 58282, 58284, 58286, 58288, 58290, 58292, 58294, 58296, 58298, 58300, 58302, 58304, 58306, 58308, 58310, 58312, 58314, 58316, 58318, 58320, 58322, 58324, 58326, 58328, 58330, 58332, 58334, 58336, 58338, 58340, 58342, 58344, 58346, 58348, 58350, 58352, 58354, 58356, 58358, 58360, 58362, 58364, 58366, 58368, 58370, 58372, 58374, 58376, 58378, 58380, 58382, 58384, 58386, 58388, 58390, 58392, 58394, 58396, 58398, 58400, 58402, 58404, 58406, 58408, 58410, 58412, 58414, 58416, 58418, 58420, 58422, 58424, 58426, 58428, 58430, 58432, 58434, 58436, 58438, 58440, 58442, 58444, 58446, 58448, 58450, 58452, 58454, 58456, 58458, 58460, 58462, 58464, 58466, 58468, 58470, 58472, 58474, 58476, 58478, 58480, 58482, 58484, 58486, 58488, 58490, 58492, 58494, 58496, 58498, 58500, 58502, 58504, 58506, 58508, 58510, 58512, 58514, 58516, 58518, 58520, 58522, 58524, 58526, 58528, 58530, 58532, 58534, 58536, 58538, 58540, 58542, 58544, 58546, 58548, 58550, 58552, 58554, 58556, 58558, 58560, 58562, 58564, 58566, 58568, 58570, 58572, 58574, 58576, 58578, 58580, 58582, 58584, 58586, 58588, 58590, 58592, 58594, 58596, 58598, 58600, 58602, 58604, 58606, 58608, 58610, 58612, 58614, 58616, 58618, 58620, 58622, 58624, 58626, 58628, 58630, 58632, 58634, 58636, 58638, 58640, 58642, 58644, 58646, 58648, 58650, 58652, 58654, 58656, 58658, 58660, 58662, 58664, 58666, 58668, 58670, 58672, 58674, 58676, 58678, 58680, 58682, 58684, 58686, 58688, 58690, 58692, 58694, 58696, 58698, 58700, 58702, 58704, 58706, 58708, 58710, 58712, 58714, 58716, 58718, 58720, 58722, 58724, 58726, 58728, 58730, 58732, 58734, 58736, 58738, 58740, 58742, 58744, 58746, 58748, 58750, 58752, 58754, 58756, 58758, 58760, 58762, 58764, 58766, 58768, 58770, 58772, 58774, 58776, 58778, 58780, 58782, 58784, 58786, 58788, 58790, 58792, 58794, 58796, 58798, 58800, 58802, 58804, 58806, 58808, 58810, 58812, 58814, 58816, 58818, 58820, 58822, 58824, 58826, 58828, 58830, 58832, 58834, 58836, 58838, 58840, 58842, 58844, 58846, 58848, 58850, 58852, 58854, 58856, 58858, 58860, 58862, 58864, 58866, 58868, 58870, 58872, 58874, 58876, 58878, 58880, 58882, 58884, 58886, 58888, 58890, 58892, 58894, 58896, 58898, 58900, 58902, 58904, 58906, 58908, 58910, 58912, 58914, 58916, 58918, 58920, 58922, 58924, 58926, 58928, 58930, 58932, 58934, 58936, 58938, 58940, 58942, 58944, 58946, 58948, 58950, 58952, 58954, 58956, 58958, 58960, 58962, 58964, 58966, 58968, 58970, 58972, 58974, 58976, 58978, 58980, 58982, 58984, 58986, 58988, 58990, 58992, 58994, 58996, 58998, 59000, 59002, 59004, 59006, 59008, 59010, 59012, 59014, 59016, 59018, 59020, 59022, 59024, 59026, 59028, 59030, 59032, 59034, 59036, 59038, 59040, 59042, 59044, 59046, 59048, 59050, 59052, 59054, 59056, 59058, 59060, 59062, 59064, 59066, 59068, 59070, 59072, 59074, 59076, 59078, 59080, 59082, 59084, 59086, 59088, 59090, 59092, 59094, 59096, 59098, 59100, 59102, 59104, 59106, 59108, 59110, 59112, 59114, 59116, 59118, 59120, 59122, 59124, 59126, 59128, 59130, 59132, 59134, 59136, 59138, 59140, 59142, 59144, 59146, 59148, 59150, 59152, 59154, 59156, 59158, 59160, 59162, 59164, 59166, 59168, 59170, 59172, 59174, 59176, 59178, 59180, 59182, 59184, 59186, 59188, 59190, 59192, 59194, 59196, 59198, 59200, 59202, 59204, 59206, 59208, 59210, 59212, 59214, 59216, 59218, 59220, 59222, 59224, 59226, 59228, 59230, 59232, 59234, 59236, 59238, 59240, 59242, 59244, 59246, 59248, 59250, 59252, 59254, 59256, 59258, 59260, 59262, 59264, 59266, 59268, 59270, 59272, 59274, 59276, 59278, 59280, 59282, 59284, 59286, 59288, 59290, 59292, 59294, 59296, 59298, 59300, 59302, 59304, 59306, 59308, 59310, 59312, 59314, 59316, 59318, 59320, 59322, 59324,

59326, 59328, 59330, 59332, 59334, 59336, 59338, 59340, 59342, 59344, 59346, 59348, 59350, 59352, 59354, 59356, 59358, 59360, 59362, 59364, 59366, 59368, 59370, 59372, 59374, 59376, 59378, 59380, 59382, 59384, 59386, 59388, 59390, 59392, 59394, 59396, 59398, 59400, 59402, 59404, 59406, 59408, 59410, 59412, 59414, 59416, 59418, 59420, 59422, 59424, 59426, 59428, 59430, 59432, 59434, 59436, 59438, 59440, 59442, 59444, 59446, 59448, 59450, 59452, 59454, 59456, 59458, 59460, 59462, 59464, 59466, 59468, 59470, 59472, 59474, 59476, 59478, 59480, 59482, 59484, 59486, 59488, 59490, 59492, 59494, 59496, 59498, 59500, 59502, 59504, 59506, 59508, 59510, 59512, 59514, 59516, 59518, 59520, 59522, 59524, 59526, 59528, 59530, 59532, 59534, 59536, 59538, 59540, 59542, 59544, 59546, 59548, 59550, 59552, 59554, 59556, 59558, 59560, 59562, 59564, 59566, 59568, 59570, 59572, 59574, 59576, 59578, 59580, 59582, 59584, 59586, 59588, 59590, 59592, 59594, 59596, 59598, 59600, 59602, 59604, 59606, 59608, 59610, 59612, 59614, 59616, 59618, 59620, 59622, 59624, 59626, 59628, 59630, 59632, 59634, 59636, 59638, 59640, 59642, 59644, 59646, 59648, 59650, 59652, 59654, 59656, 59658, 59660, 59662, 59664, 59666, 59668, 59670, 59672, 59674, 59676, 59678, 59680, 59682, 59684, 59686, 59688, 59690, 59692, 59694, 59696, 59698, 59700, 59702, 59704, 59706, 59708, 59710, 59712, 59714, 59716, 59718, 59720, 59722, 59724, 59726, 59728, 59730, 59732, 59734, 59736, 59738, 59740, 59742, 59744, 59746, 59748, 59750, 59752, 59754, 59756, 59758, 59760, 59762, 59764, 59766, 59768, 59770, 59772, 59774, 59776, 59778, 59780, 59782, 59784, 59786, 59788, 59790, 59792, 59794, 59796, 59798, 59800, 59802, 59804, 59806, 59808, 59810, 59812, 59814, 59816, 59818, 59820, 59822, 59824, 59826, 59828, 59830, 59832, 59834, 59836, 59838, 59840, 59842, 59844, 59846, 59848, 59850, 59852, 59854, 59856, 59858, 59860, 59862, 59864, 59866, 59868, 59870, 59872, 59874, 59876, 59878, 59880, 59882, 59884, 59886, 59890, 59892, 59894, 59896, 59898, 59900, 59902, 59904, 59906, 59908, 59910, 59912, 59914, 59916, 59918, 59920, 59922, 59924, 59926, 59928, 59930, 59932, 59934, 59936, 59938, 59940, 59942, 59944, 59946, 59948, 59950, 59952, 59954, 59956, 59958, 59960, 59962, 59964, 59966, 59968, 59970, 59972, 59974, 59976, 59978, 59980, 59982, 59984, 59986, 59988, 59990, 59992, 59994, 59996, 59998, 60000, 60002, 60004, 60006, 60008, 60010, 60012, 60014, 60016, 60018, 60020, 60022, 60024, 60026, 60028, 60030, 60032, 60034, 60036, 60038, 60040, 60042, 60044, 60046, 60048, 60050, 60052, 60054, 60056, 60058, 60060, 60062, 60064, 60066, 60068, 60070, 60072, 60074, 60076, 60078, 60080, 60082, 60084, 60086, 60088, 60090, 60092, 60094, 60096, 60098, 60100, 60102, 60104, 60106, 60108, 60110, 60112, 60114, 60116, 60118, 60120, 60122, 60124, 60126, 60128, 60130, 60132, 60134, 60136, 60138, 60140, 60142, 60144, 60146, 60148, 60150, 60152, 60154, 60156, 60158, 60160, 60162, 60164, 60166, 60168, 60170, 60172, 60174, 60176, 60178, 60180, 60182, 60184, 60186, 60188, 60190, 60192, 60194, 60196, 60198, 60200, 60202, 60204, 60206, 60208, 60210, 60212, 60214, 60216, 60218, 60220, 60224, 60226, 60228, 60230, 60232, 60234, 60236, 60238, 60240, 60242, 60244, 60246, 60248, 60250, 60252, 60254, 60256, 60258, 60260, 60262, 60264, 60266, 60268, 60270, 60272, 60274, 60276, 60278, 60280, 60282, 60284, 60286, 60288, 60290, 60292, 60294, 60296, 60298, 60300, 60302, 60304, 60306, 60308, 60310, 60312, 60314, 60316, 60318, 60320, 60322, 60324, 60326, 60328, 60330, 60332, 60334, 60336, 60338, 60340, 60342, 60344, 60346, 60348, 60350, 60352, 60354, 60356, 60358, 60360, 60362, 60364, 60366, 60368, 60370, 60372, 60374, 60376, 60378, 60380, 60382, 60384, 60386, 60388, 60390, 60392, 60394, 60396, 60398, 60400, 60402, 60404, 60406, 60408, 60410, 60412, 60414, 60416, 60418, 60420, 60422, 60424, 60426, 60428, 60430, 60432, 60434, 60436, 60438, 60440, 60442, 60444, 60446, 60448, 60450, 60452, 60454, 60456, 60458, 60460, 60462, 60464, 60466, 60468, 60470, 60472, 60474, 60476, 60478, 60480, 60482, 60484, 60486, 60488, 60490, 60492, 60494, 60496, 60498, 60500, 60502, 60504, 60506, 60508, 60510, 60512, 60514, 60516, 60518, 60520, 60522, 60524, 60526, 60528, 60530, 60532, 60534, 60536, 60538, 60540, 60542, 60544, 60546, 60548, 60550, 60552, 60554, 60556, 60558, 60560, 60562, 60564, 60566, 60568, 60570, 60572, 60574, 60576, 60578, 60580, 60582, 60584, 60586, 60588, 60590, 60592, 60594, 60596, 60598, 60600, 60602, 60604, 60606, 60608, 60610, 60612, 60614, 60616, 60618, 60620, 60622, 60624, 60626, 60628, 60630, 60632, 60634, 60636, 60638, 60640, 60642, 60644, 60646, 60648, 60650, 60652, 60654, 60656, 60658, 60660, 60662, 60664, 60666, 60668, 60670, 60672, 60674, 60676, 60678, 60680, 60682, 60684, 60686, 60688, 60690, 60692, 60694, 60696, 60698, 60700, 60702, 60704, 60706, 60708, 60710, 60712, 60714, 60716, 60718, 60720, 60722, 60724, 60726, 60728, 60730, 60732, 60734, 60736, 60738, 60740, 60742, 60744, 60746, 60748, 60750, 60752, 60754, 60756, 60758, 60760, 60762, 60764, 60766, 60768, 60770, 60772, 60774, 60776, 60778, 60780, 60782, 60784, 60786, 60788, 60790,

60792, 60794, 60796, 60798, 60800, 60802, 60804, 60806, 60808, 60810, 60812, 60814, 60816, 60818, 60820, 60822, 60824, 60826, 60828, 60830, 60832, 60834, 60836, 60838, 60840, 60842, 60844, 60846, 60848, 60850, 60852, 60854, 60856, 60858, 60860, 60862, 60864, 60866, 60868, 60870, 60872, 60874, 60876, 60878, 60880, 60882, 60884, 60886, 60888, 60890, 60892, 60894, 60896, 60898, 60900, 60902, 60904, 60906, 60908, 60910, 60912, 60914, 60916, 60918, 60920, 60922, 60924, 60926, 60928, 60930, 60932, 60934, 60936, 60938, 60940, 60942, 60944, 60946, 60948, 60950, 60952, 60954, 60956, 60958, 60960, 60962, 60964, 60966, 60968, 60970, 60972, 60974, 60976, 60978, 60980, 60982, 60984, 60986, 60988, 60990, 60992, 60994, 60996, 60998, 61000, 61002, 61004, 61006, 61008, 61010, 61012, 61014, 61016, 61018, 61020, 61022, 61024, 61026, 61028, 61030, 61032, 61034, 61036, 61038, 61040, 61042, 61044, 61046, 61048, 61050, 61052, 61054, 61056, 61058, 61060, 61062, 61064, 61066, 61068, 61070, 61072, 61074, 61076, 61078, 61080, 61082, 61084, 61086, 61088, 61090, 61092, 61094, 61096, 61098, 61100, 61102, 61104, 61106, 61108, 61110, 61112, 61114, 61116, 61118, 61120, 61122, 61124, 61126, 61128, 61130, 61132, 61134, 61136, 61138, 61140, 61142, 61144, 61146, 61148, 61150, 61152, 61154, 61156, 61158, 61160, 61162, 61164, 61166, 61168, 61170, 61172, 61174, 61176, 61178, 61180, 61182, 61184, 61186, 61188, 61190, 61192, 61194, 61196, 61198, 61200, 61202, 61204, 61206, 61208, 61210, 61212, 61214, 61216, 61218, 61220, 61222, 61224, 61226, 61228, 61230, 61232, 61234, 61236, 61238, 61240, 61242, 61244, 61246, 61248, 61250, 61252, 61254, 61256, 61258, 61260, 61262, 61264, 61266, 61268, 61270, 61272, 61274, 61276, 61278, 61280, 61282, 61284, 61286, 61288, 61290, 61292, 61294, 61296, 61298, 61300, 61302, 61304, 61306, 61308, 61310, 61312, 61314, 61316, 61318, 61320, 61322, 61324, 61326, 61328, 61330, 61332, 61334, 61336, 61338, 61340, 61342, 61344, 61346, 61348, 61350, 61352, 61354, 61356, 61358, 61360, 61362, 61364, 61366, 61368, 61370, 61372, 61374, 61376, 61378, 61380, 61382, 61384, 61386, 61388, 61390, 61392, 61394, 61396, 61398, 61400, 61402, 61404, 61406, 61408, 61410, 61412, 61414, 61416, 61418, 61420, 61422, 61424, 61426, 61428, 61430, 61432, 61434, 61436, 61438, 61440, 61442, 61444, 61446, 61448, 61450, 61452, 61454, 61456, 61458, 61460, 61462, 61464, 61466, 61468, 61470, 61472, 61474, 61476, 61478, 61480, 61482, 61484, 61486, 61488, 61490, 61492, 61494, 61496, 61498, 61500, 61502, 61504, 61506, 61508, 61510, 61512, 61514, 61516, 61518, 61520, 61522, 61524, 61526, 61528, 61530, 61532, 61534, 61536, 61538, 61540, 61542, 61544, 61546, 61548, 61550, 61552, 61554, 61556, 61558, 61560, 61562, 61564, 61566, 61568, 61570, 61572, 61574, 61576, 61578, 61580, 61582, 61584, 61586, 61588, 61590, 61592, 61594, 61596, 61598, 61600, 61602, 61604, 61606, 61608, 61610, 61612, 61614, 61616, 61618, 61620, 61622, 61624, 61626, 61628, 61630, 61632, 61634, 61636, 61638, 61640, 61642, 61644, 61646, 61648, 61650, 61652, 61654, 61656, 61658, 61660, 61662, 61664, 61666, 61668, 61670, 61672, 61674, 61676, 61678, 61680, 61682, 61684, 61686, 61688, 61690, 61692, 61694, 61696, 61698, 61700, 61702, 61704, 61706, 61708, 61710, 61712, 61714, 61716, 61718, 61720, 61722, 61724, 61726, 61728, 61730, 61732, 61734, 61736, 61738, 61740, 61742, 61744, 61746, 61748, 61750, 61752, 61754, 61756, 61758, 61760, 61762, 61764, 61766, 61768, 61770, 61772, 61774, 61776, 61778, 61780, 61782, 61784, 61786, 61788, 61790, 61792, 61794, 61796, 61798, 61800, 61802, 61804, 61806, 61808, 61810, 61812, 61814, 61816, 61818, 61820, 61822, 61824, 61826, 61828, 61830, 61832, 61834, 61836, 61838, 61840, 61842, 61844, 61846, 61848, 61850, 61852, 61854, 61856, 61858, 61860, 61862, 61864, 61866, 61868, 61870, 61872, 61874, 61876, 61878, 61880, 61882, 61884, 61886, 61888, 61890, 61892, 61894, 61896, 61898, 61900, 61902, 61904, 61906, 61908, 61910, 61912, 61914, 61916, 61918, 61920, 61922, 61924, 61926, 61928, 61930, 61932, 61934, 61936, 61938, 61940, 61942, 61944, 61946, 61948, 61950, 61952, 61954, 61956, 61958, 61960, 61962, 61964, 61966, 61968, 61970, 61972, 61974, 61976, 61978, 61980, 61982, 61984, 61986, 61988, 61990, 61992, 61994, 61996, 61998, 62000, 62002, 62004, 62006, 62008, 62010, 62012, 62014, 62016, 62018, 62020, 62022, 62024, 62026, 62028, 62030, 62032, 62034, 62036, 62038, 62040, 62042, 62044, 62046, 62048, 62050, 62052, 62054, 62056, 62058, 62060, 62062, 62064, 62066, 62068, 62070, 62072, 62074, 62076, 62078, 62080, 62082, 62084, 62086, 62088, 62090, 62092, 62094, 62096, 62098, 62100, 62102, 62104, 62106, 62108, 62110, 62112, 62114, 62116, 62118, 62120, 62122, 62124, 62126, 62128, 62130, 62132, 62134, 62136, 62138, 62140, 62142, 62144, 62146, 62148, 62150, 62152, 62154, 62156, 62158, 62160, 62162, 62164, 62166, 62168, 62170, 62172, 62174, 62176, 62178, 62180, 62182, 62184, 62186, 62188, 62190, 62192, 62194, 62196, 62198, 62200, 62202, 62204, 62206, 62208, 62210, 62212, 62214, 62216, 62218, 62220, 62222, 62224, 62226, 62228, 62230, 62232, 62234, 62236, 62238, 62240, 62242, 62244, 62246, 62248, 62250,

62252, 62254, 62256, 62258, 62260, 62262, 62264, 62266, 62268, 62270,
62272, 62274, 62276, 62278, 62280, 62282, 62284, 62286, 62288, 62290,
62292, 62294, 62296, 62298, 62300, 62302, 62304, 62306, 62308, 62310,
62312, 62314, 62316, 62318, 62320, 62322, 62324, 62326, 62328, 62330,
62332, 62334, 62336, 62338, 62340, 62342, 62344, 62346, 62348, 62350,
62352, 62354, 62356, 62358, 62360, 62362, 62364, 62366, 62368, 62370,
62372, 62374, 62376, 62378, 62380, 62382, 62384, 62386, 62388, 62390,
62392, 62394, 62396, 62398, 62400, 62402, 62404, 62406, 62408, 62410,
62412, 62414, 62416, 62418, 62420, 62422, 62424, 62426, 62428, 62430,
62432, 62434, 62436, 62438, 62440, 62442, 62444, 62446, 62448, 62450,
62452, 62454, 62456, 62458, 62460, 62462, 62464, 62466, 62468, 62470,
62472, 62474, 62476, 62478, 62480, 62482, 62484, 62486, 62488, 62490,
62492, 62494, 62496, 62498, 62500, 62502, 62504, 62506, 62508, 62510,
62512, 62514, 62516, 62518, 62520, 62522, 62524, 62526, 62528, 62530,
62532, 62534, 62536, 62538, 62540, 62542, 62544, 62546, 62548, 62550,
62552, 62554, 62556, 62558, 62560, 62562, 62564, 62566, 62568, 62570,
62572, 62574, 62576, 62578, 62580, 62582, 62584, 62586, 62588, 62590,
62592, 62594, 62596, 62598, 62600, 62602, 62604, 62606, 62608, 62610,
62612, 62614, 62616, 62618, 62620, 62622, 62624, 62626, 62628, 62630,
62632, 62634, 62636, 62638, 62640, 62642, 62644, 62646, 62648, 62650,
62652, 62654, 62656, 62658, 62660, 62662, 62664, 62666, 62668, 62670,
62672, 62674, 62676, 62678, 62680, 62682, 62684, 62686, 62688, 62690,
62692, 62694, 62696, 62698, 62700, 62702, 62704, 62706, 62708, 62710,
62712, 62714, 62716, 62718, 62720, 62722, 62724, 62726, 62728, 62730,
62732, 62734, 62736, 62738, 62740, 62742, 62744, 62746, 62748, 62750,
62752, 62754, 62756, 62758, 62760, 62762, 62764, 62766, 62768, 62770,
62772, 62774, 62776, 62778, 62780, 62782, 62784, 62786, 62788, 62790,
62792, 62794, 62796, 62798, 62800, 62802, 62804, 62806, 62808, 62810,
62812, 62814, 62816, 62818, 62820, 62822, 62824, 62826, 62828, 62830,
62832, 62834, 62836, 62838, 62840, 62842, 62844, 62846, 62848, 62850,
62852, 62854, 62856, 62858, 62860, 62862, 62864, 62866, 62868, 62870,
62872, 62874, 62876, 62878, 62880, 62882, 62884, 62886, 62888, 62890,
62892, 62894, 62896, 62898, 62900, 62902, 62904, 62906, 62908, 62910,
62912, 62914, 62916, 62918, 62920, 62922, 62924, 62926, 62928, 62930,
62932, 62934, 62936, 62938, 62940, 62942, 62944, 62946, 62948, 62950,
62952, 62954, 62956, 62958, 62960, 62962, 62964, 62966, 62968, 62970,
62972, 62974, 62976, 62978, 62980, 62982, 62984, 62986, 62988, 62990,
62992, 62994, 62996, 62998, 63000, 63002, 63004, 63006, 63008, 63010,
63012, 63014, 63016, 63018, 63020, 63022, 63024, 63026, 63028, 63030,
63032, 63034, 63036, 63038, 63040, 63042, 63044, 63046, 63048, 63050,
63052, 63054, 63056, 63058, 63060, 63062, 63064, 63066, 63068, 63070,
63072, 63074, 63076, 63078, 63080, 63082, 63084, 63086, 63088, 63090,
63092, 63094, 63096, 63098, 63100, 63102, 63104, 63106, 63108, 63110,
63112, 63114, 63116, 63118, 63120, 63122, 63124, 63126, 63128, 63130,
63132, 63134, 63136, 63138, 63140, 63142, 63144, 63146, 63148, 63150,
63152, 63154, 63156, 63158, 63160, 63162, 63164, 63166, 63168, 63170,
63172, 63174, 63176, 63178, 63180, 63182, 63184, 63186, 63188, 63190,
63192, 63194, 63196, 63198, 63200, 63202, 63204, 63206, 63208, 63210,
63212, 63214, 63216, 63218, 63220, 63222, 63224, 63226, 63228, 63230,
63232, 63234, 63236, 63238, 63240, 63242, 63244, 63246, 63248, 63250,
63252, 63254, 63256, 63258, 63260, 63262, 63264, 63266, 63268, 63270,
63272, 63274, 63276, 63278, 63280, 63282, 63284, 63286, 63288, 63290,
63292, 63294, 63296, 63298, 63300, 63302, 63304, 63306, 63308, 63310,
63312, 63314, 63316, 63318, 63320, 63322, 63324, 63326, 63328, 63330,
63332, 63334, 63336, 63338, 63340, 63342, 63344, 63346, 63348, 63350,
63352, 63354, 63356, 63358, 63360, 63362, 63364, 63366, 63368, 63370,
63372, 63374, 63376, 63378, 63380, 63382, 63384, 63386, 63388, 63390,
63392, 63394, 63396, 63398, 63400, 63402, 63404, 63406, 63408, 63410,
63412, 63414, 63416, 63418, 63420, 63422, 63424, 63426, 63428, 63430,
63432, 63434, 63436, 63438, 63440, 63442, 63444, 63446, 63448, 63450,
63452, 63454, 63456, 63458, 63460, 63462, 63464, 63466, 63468, 63470,
63472, 63474, 63476, 63478, 63480, 63482, 63484, 63486, 63488, 63490,
63492, 63494, 63496, 63498, 63500, 63502, 63504, 63506, 63508, 63510,
63512, 63514, 63516, 63518, 63520, 63522, 63524, 63526, 63528, 63530,
63532, 63534, 63536, 63538, 63540, 63542, 63544, 63546, 63548, 63550,
63552, 63554, 63556, 63558, 63560, 63562, 63564, 63566, 63568, 63570,
63572, 63574, 63576, 63578, 63580, 63582, 63584, 63586, 63588, 63590,
63592, 63594, 63596, 63598, 63600, 63602, 63604, 63606, 63608, 63610,
63612, 63614, 63616, 63618, 63620, 63622, 63624, 63626, 63628, 63630,
63632, 63634, 63636, 63638, 63640, 63642, 63644, 63646, 63648, 63650,
63652, 63654, 63656, 63658, 63660, 63662, 63664, 63666, 63668, 63670,
63672, 63674, 63676, 63678, 63680, 63682, 63684, 63686, 63688, 63690,
63692, 63694, 63696, 63698, 63700, 63702, 63704, 63706, 63708, 63710,

63712, 63714, 63716, 63718, 63720, 63722, 63724, 63726, 63728, 63730,
63732, 63734, 63736, 63738, 63740, 63742, 63744, 63746, 63748, 63750,
63752, 63754, 63756, 63758, 63760, 63762, 63764, 63766, 63768, 63770,
63772, 63774, 63776, 63778, 63780, 63782, 63784, 63786, 63788, 63790,
63792, 63794, 63796, 63798, 63800, 63802, 63804, 63806, 63808, 63810,
63812, 63814, 63816, 63818, 63820, 63822, 63824, 63826, 63828, 63830,
63832, 63834, 63836, 63838, 63840, 63842, 63844, 63846, 63848, 63850,
63852, 63854, 63856, 63858, 63860, 63862, 63864, 63866, 63868, 63870,
63872, 63874, 63876, 63878, 63880, 63882, 63884, 63886, 63888, 63890,
63892, 63894, 63896, 63898, 63900, 63902, 63904, 63906, 63908, 63910,
63912, 63914, 63916, 63918, 63920, 63922, 63924, 63926, 63928, 63930,
63932, 63934, 63936, 63938, 63940, 63942, 63944, 63946, 63948, 63950,
63952, 63954, 63956, 63958, 63960, 63962, 63964, 63966, 63968, 63970,
63972, 63974, 63976, 63978, 63980, 63982, 63984, 63986, 63988, 63990,
63992, 63994, 63996, 63998, 64000, 64002, 64004, 64006, 64008, 64010,
64012, 64014, 64016, 64018, 64020, 64022, 64024, 64026, 64028, 64030,
64032, 64034, 64036, 64038, 64040, 64042, 64044, 64046, 64048, 64050,
64052, 64054, 64056, 64058, 64060, 64062, 64064, 64066, 64068, 64070,
64072, 64074, 64076, 64078, 64080, 64082, 64084, 64086, 64088, 64090,
64092, 64094, 64096, 64098, 64100, 64102, 64104, 64106, 64108, 64110,
64112, 64114, 64116, 64118, 64120, 64122, 64124, 64126, 64128, 64130,
64132, 64134, 64136, 64138, 64140, 64142, 64144, 64146, 64148, 64150,
64152, 64154, 64156, 64158, 64160, 64162, 64164, 64166, 64168, 64170,
64172, 64174, 64176, 64178, 64180, 64182, 64184, 64186, 64188, 64190,
64192, 64194, 64196, 64198, 64200, 64202, 64204, 64206, 64208, 64210,
64212, 64214, 64216, 64218, 64220, 64222, 64224, 64226, 64228, 64230,
64232, 64234, 64236, 64238, 64240, 64242, 64244, 64246, 64248, 64250,
64252, 64254, 64256, 64258, 64260, 64262, 64264, 64266, 64268, 64270,
64272, 64274, 64276, 64278, 64280, 64282, 64284, 64286, 64288, 64290,
64292, 64294, 64296, 64298, 64300, 64302, 64304, 64306, 64308, 64310,
64312, 64314, 64316, 64318, 64320, 64322, 64324, 64326, 64328, 64330,
64332, 64334, 64336, 64338, 64340, 64342, 64344, 64346, 64348, 64350,
64352, 64354, 64356, 64358, 64360, 64362, 64364, 64366, 64368, 64370,
64372, 64374, 64376, 64378, 64380, 64382, 64384, 64386, 64388, 64390,
64392, 64394, 64396, 64398, 64400, 64402, 64404, 64406, 64408, 64410,
64412, 64414, 64416, 64418, 64420, 64422, 64424, 64426, 64428, 64430,
64432, 64434, 64436, 64438, 64440, 64442, 64444, 64446, 64448, 64450,
64452, 64454, 64456, 64458, 64460, 64462, 64464, 64466, 64468, 64470,
64472, 64474, 64476, 64478, 64480, 64482, 64484, 64486, 64488, 64490,
64492, 64494, 64496, 64498, 64500, 64502, 64504, 64506, 64508, 64510,
64512, 64514, 64516, 64518, 64520, 64522, 64524, 64526, 64528, 64530,
64532, 64534, 64536, 64538, 64540, 64542, 64544, 64546, 64548, 64550,
64552, 64554, 64556, 64558, 64560, 64562, 64564, 64566, 64568, 64570,
64572, 64574, 64576, 64578, 64580, 64582, 64584, 64586, 64588, 64590,
64592, 64594, 64596, 64598, 64600, 64602, 64604, 64606, 64608, 64610,
64612, 64614, 64616, 64618, 64620, 64622, 64624, 64626, 64628, 64630,
64632, 64634, 64638, 64640, 64642, 64644, 64646, 64648, 64650, 64652,
64654, 64656, 64658, 64660, 64662, 64664, 64666, 64668, 64672, 64674,
64676, 64678, 64680, 64682, 64684, 64686, 64688, 64690, 64692, 64694,
64696, 64698, 64700, 64702, 64704, 64706, 64708, 64710, 64712, 64714,
64716, 64718, 64720, 64722, 64724, 64726, 64728, 64730, 64732, 64734,
64736, 64738, 64740, 64742, 64744, 64746, 64748, 64750, 64752, 64754,
64756, 64758, 64760, 64762, 64764, 64766, 64768, 64770, 64772, 64774,
64776, 64778, 64780, 64782, 64784, 64786, 64788, 64790, 64792, 64794,
64796, 64798, 64800, 64802, 64804, 64806, 64808, 64810, 64812, 64814,
64816, 64818, 64820, 64822, 64824, 64826, 64828, 64830, 64832, 64834,
64836, 64838, 64840, 64842, 64844, 64846, 64848, 64850, 64852, 64854,
64856, 64858, 64860, 64862, 64864, 64866, 64868, 64870, 64872, 64874,
64876, 64878, 64880, 64882, 64884, 64886, 64888, 64890, 64892, 64894,
64896, 64898, 64900, 64902, 64904, 64906, 64908, 64910, 64912, 64914,
64916, 64918, 64920, 64922, 64924, 64926, 64928, 64930, 64932, 64934,
64936, 64938, 64940, 64942, 64944, 64946, 64948, 64950, 64952, 64954,
64956, 64958, 64960, 64962, 64964, 64966, 64968, 64970, 64972, 64974,
64976, 64978, 64980, 64982, 64984, 64986, 64988, 64990, 64992, 64994,
64996, 64998, 65000, 65002, 65004, 65006, 65008, 65010, 65012, 65014,
65016, 65018, 65020, 65022, 65024, 65026, 65028, 65030, 65032, 65034,
65036, 65038, 65040, 65042, 65044, 65046, 65048, 65050, 65052, 65054,
65056, 65058, 65060, 65062, 65064, 65066, 65068, 65070, 65072, 65074,
65076, 65078, 65080, 65082, 65084, 65086, 65088, 65090, 65092, 65094,
65096, 65098, 65100, 65102, 65104, 65106, 65108, 65110, 65112, 65114,
65116, 65118, 65120, 65122, 65124, 65126, 65128, 65130, 65132, 65134,
65136, 65138, 65140, 65142, 65144, 65146, 65148, 65150, 65152, 65154,
65156, 65158, 65160, 65162, 65164, 65166, 65168, 65170, 65172, 65174,

65176, 65178, 65180, 65182, 65184, 65186, 65188, 65190, 65192, 65194, 65196, 65198, 65200, 65202, 65204, 65206, 65208, 65210, 65212, 65214, 65216, 65218, 65220, 65222, 65224, 65226, 65228, 65230, 65232, 65234, 65236, 65238, 65240, 65242, 65244, 65246, 65248, 65250, 65252, 65254, 65256, 65258, 65260, 65262, 65264, 65266, 65268, 65270, 65272, 65274, 65276, 65278, 65280, 65282, 65284, 65286, 65288, 65290, 65292, 65294, 65296, 65298, 65300, 65302, 65304, 65306, 65308, 65310, 65312, 65314, 65316, 65318, 65320, 65322, 65324, 65326, 65328, 65330, 65332, 65334, 65336, 65338, 65340, 65342, 65344, 65346, 65348, 65350, 65352, 65354, 65356, 65358, 65360, 65362, 65364, 65366, 65368, 65370, 65372, 65374, 65376, 65378, 65380, 65382, 65384, 65386, 65388, 65390, 65392, 65394, 65396, 65398, 65400, 65402, 65404, 65406, 65408, 65410, 65412, 65414, 65416, 65418, 65420, 65422, 65424, 65426, 65428, 65430, 65432, 65434, 65436, 65438, 65440, 65442, 65444, 65446, 65448, 65450, 65452, 65454, 65456, 65458, 65460, 65462, 65464, 65466, 65468, 65470, 65472, 65474, 65476, 65478, 65480, 65482, 65484, 65486, 65488, 65490, 65492, 65494, 65496, 65498, 65500, 65502, 65504, 65506, 65508, 65510, 65512, 65514, 65516, 65518, 65520, 65522, 65524, 65526, 65528, 65530, 65532, 65534, 65536, 65538, 65540, 65542, 65544, 65546, 65548, 65550, 65552, 65554, 65556, 65558, 65560, 65562, 65564, 65566, 65568, 65570, 65572, 65574, 65576, 65578, 65580, 65582, 65584, 65586, 65588, 65590, 65592, 65594, 65596, 65598, 65600, 65602, 65604, 65606, 65608, 65610, 65612, 65614, 65616, 65618, 65620, 65622, 65624, 65626, 65628, 65630, 65632, 65634, 65636, 65638, 65640, 65642, 65644, 65646, 65648, 65650, 65652, 65654, 65656, 65658, 65660, 65662, 65664, 65666, 65668, 65670, 65672, 65674, 65676, 65678, 65680, 65682, 65684, 65686, 65688, 65690, 65692, 65694, 65696, 65698, 65700, 65702, 65704, 65706, 65708, 65710, 65712, 65714, 65716, 65718, 65720, 65722, 65724, 65726, 65728, 65730, 65732, 65734, 65736, 65738, 65740, 65742, 65744, 65746, 65748, 65750, 65752, 65754, 65756, 65758, 65760, 65762, 65764, 65766, 65768, 65770, 65772, 65774, 65776, 65778, 65780, 65782, 65784, 65786, 65788, 65790, 65792, 65794, 65796, 65798, 65800, 65802, 65804, 65806, 65808, 65810, 65812, 65814, 65816, 65818, 65820, 65822, 65824, 65826, 65828, 65830, 65832, 65834, 65836, 65838, 65840, 65842, 65844, 65846, 65848, 65850, 65852, 65854, 65856, 65858, 65860, 65862, 65864, 65866, 65868, 65870, 65872, 65874, 65876, 65878, 65880, 65882, 65884, 65886, 65888, 65890, 65892, 65894, 65896, 65898, 65900, 65902, 65904, 65906, 65908, 65910, 65912, 65914, 65916, 65918, 65920, 65922, 65924, 65926, 65928, 65930, 65932, 65934, 65936, 65938, 65940, 65942, 65944, 65946, 65948, 65950, 65952, 65954, 65956, 65958, 65960, 65962, 65964, 65966, 65968, 65970, 65972, 65974, 65976, 65978, 65980, 65982, 65984, 65986, 65988, 65990, 65992, 65994, 65996, 65998, 66000, 66002, 66004, 66006, 66008, 66010, 66012, 66014, 66016, 66018, 66020, 66022, 66024, 66026, 66028, 66030, 66032, 66034, 66036, 66038, 66040, 66042, 66044, 66046, 66048, 66050, 66052, 66054, 66056, 66058, 66060, 66062, 66064, 66066, 66068, 66070, 66072, 66074, 66076, 66078, 66080, 66082, 66084, 66086, 66088, 66090, 66092, 66094, 66096, 66098, 66100, 66102, 66104, 66106, 66108, 66110, 66112, 66114, 66116, 66118, 66120, 66122, 66124, 66126, 66128, 66130, 66132, 66134, 66136, 66138, 66140, 66142, 66144, 66146, 66148, 66150, 66152, 66154, 66156, 66158, 66160, 66162, 66164, 66166, 66168, 66170, 66172, 66174, 66176, 66178, 66180, 66182, 66184, 66186, 66188, 66190, 66192, 66194, 66196, 66198, 66200, 66202, 66204, 66206, 66208, 66210, 66212, 66214, 66216, 66218, 66220, 66222, 66224, 66226, 66228, 66230, 66232, 66234, 66236, 66238, 66240, 66242, 66244, 66246, 66248, 66250, 66252, 66254, 66256, 66258, 66260, 66262, 66264, 66266, 66268, 66270, 66272, 66274, 66276, 66278, 66280, 66282, 66284, 66286, 66288, 66290, 66292, 66294, 66296, 66298, 66300, 66302, 66304, 66306, 66308, 66310, 66312, 66314, 66316, 66318, 66320, 66322, 66324, 66326, 66328, 66330, 66332, 66334, 66336, 66338, 66340, 66342, 66344, 66346, 66348, 66350, 66352, 66354, 66356, 66358, 66360, 66362, 66364, 66366, 66368, 66370, 66372, 66374, 66376, 66378, 66380, 66382, 66384, 66386, 66388, 66390, 66392, 66394, 66396, 66398, 66400, 66402, 66404, 66406, 66408, 66410, 66412, 66414, 66416, 66418, 66420, 66422, 66424, 66426, 66428, 66430, 66432, 66434, 66436, 66438, 66440, 66442, 66444, 66446, 66448, 66450, 66452, 66454, 66456, 66458, 66460, 66462, 66464, 66466, 66468, 66470, 66472, 66474, 66476, 66478, 66480, 66482, 66484, 66486, 66488, 66490, 66492, 66494, 66496, 66498, 66500, 66502, 66504, 66506, 66508, 66510, 66512, 66514, 66516, 66518, 66520, 66522, 66524, 66526, 66528, 66530, 66532, 66534, 66536, 66538, 66540, 66542, 66544, 66546, 66548, 66550, 66552, 66554, 66556, 66558, 66560, 66562, 66564, 66566, 66568, 66570, 66572, 66574, 66576, 66578, 66580, 66582, 66584, 66586, 66588, 66590, 66592, 66594, 66596, 66598, 66600, 66602, 66604, 66606, 66608, 66610, 66612, 66614, 66616, 66618, 66620, 66622, 66624, 66626, 66628, 66630, 66632, 66634,

66636, 66638, 66640, 66642, 66644, 66646, 66648, 66650, 66652, 66654, 66656, 66658, 66660, 66662, 66664, 66666, 66668, 66670, 66672, 66674, 66676, 66678, 66680, 66682, 66684, 66686, 66688, 66690, 66692, 66694, 66696, 66698, 66700, 66702, 66704, 66706, 66708, 66710, 66712, 66714, 66716, 66718, 66720, 66722, 66724, 66726, 66728, 66730, 66732, 66734, 66736, 66738, 66740, 66742, 66744, 66746, 66748, 66750, 66752, 66754, 66756, 66758, 66760, 66762, 66764, 66766, 66768, 66770, 66772, 66774, 66776, 66778, 66780, 66782, 66784, 66786, 66788, 66790, 66792, 66794, 66796, 66798, 66800, 66802, 66804, 66806, 66808, 66810, 66812, 66814, 66816, 66818, 66820, 66822, 66824, 66826, 66828, 66830, 66832, 66834, 66836, 66838, 66840, 66842, 66844, 66846, 66848, 66850, 66852, 66854, 66856, 66858, 66860, 66862, 66864, 66866, 66868, 66870, 66872, 66874, 66876, 66878, 66880, 66882, 66884, 66886, 66888, 66890, 66892, 66894, 66896, 66898, 66900, 66902, 66904, 66906, 66908, 66910, 66912, 66914, 66916, 66918, 66920, 66922, 66924, 66926, 66928, 66930, 66932, 66934, 66936, 66938, 66940, 66942, 66944, 66946, 66948, 66950, 66952, 66954, 66956, 66958, 66960, 66962, 66964, 66966, 66968, 66970, 66972, 66974, 66976, 66978, 66980, 66982, 66984, 66986, 66988, 66990, 66992, 66994, 66996, 66998, 67000, 67002, 67004, 67006, 67008, 67010, 67012, 67014, 67016, 67018, 67020, 67022, 67024, 67026, 67028, 67030, 67032, 67034, 67036, 67038, 67040, 67042, 67044, 67046, 67048, 67050, 67052, 67054, 67056, 67058, 67060, 67062, 67064, 67066, 67068, 67070, 67072, 67074, 67076, 67078, 67080, 67082, 67084, 67086, 67088, 67090, 67092, 67094, 67096, 67098, 67100, 67102, 67104, 67106, 67108, 67110, 67112, 67114, 67116, 67118, 67120, 67122, 67124, 67126, 67128, 67130, 67132, 67134, 67136, 67138, 67140, 67142, 67144, 67146, 67148, 67150, 67152, 67154, 67156, 67158, 67160, 67162, 67164, 67166, 67168, 67170, 67172, 67174, 67176, 67178, 67180, 67182, 67184, 67186, 67188, 67190, 67192, 67194, 67196, 67198, 67200, 67202, 67204, 67206, 67208, 67210, 67212, 67214, 67216, 67218, 67220, 67222, 67224, 67226, 67228, 67230, 67232, 67234, 67236, 67238, 67240, 67242, 67244, 67246, 67248, 67250, 67252, 67254, 67256, 67258, 67260, 67262, 67264, 67266, 67268, 67270, 67272, 67274, 67276, 67278, 67280, 67282, 67284, 67286, 67288, 67290, 67292, 67294, 67296, 67298, 67300, 67302, 67304, 67306, 67308, 67310, 67312, 67314, 67316, 67318, 67320, 67322, 67324, 67326, 67328, 67330, 67332, 67334, 67336, 67338, 67340, 67342, 67344, 67346, 67348, 67350, 67352, 67354, 67356, 67358, 67360, 67362, 67364, 67366, 67368, 67370, 67372, 67374, 67376, 67378, 67380, 67382, 67384, 67386, 67388, 67390, 67392, 67394, 67396, 67398, 67400, 67402, 67404, 67406, 67408, 67410, 67412, 67414, 67416, 67418, 67420, 67422, 67424, 67426, 67428, 67430, 67432, 67434, 67436, 67438, 67440, 67442, 67444, 67446, 67448, 67450, 67452, 67454, 67456, 67458, 67460, 67462, 67464, 67466, 67468, 67470, 67472, 67474, 67476, 67478, 67480, 67482, 67484, 67486, 67488, 67490, 67492, 67494, 67496, 67498, 67500, 67502, 67504, 67506, 67508, 67510, 67512, 67514, 67516, 67518, 67520, 67522, 67524, 67526, 67528, 67530, 67532, 67534, 67536, 67538, 67540, 67542, 67544, 67546, 67548, 67550, 67552, 67554, 67556, 67558, 67560, 67562, 67564, 67566, 67568, 67570, 67572, 67574, 67576, 67578, 67580, 67582, 67584, 67586, 67588, 67590, 67592, 67594, 67596, 67598, 67600, 67602, 67604, 67606, 67608, 67610, 67612, 67614, 67616, 67618, 67620, 67622, 67624, 67626, 67628, 67630, 67632, 67634, 67636, 67638, 67640, 67642, 67644, 67646, 67648, 67650, 67652, 67654, 67656, 67658, 67660, 67662, 67664, 67666, 67668, 67670, 67672, 67674, 67676, 67678, 67680, 67682, 67684, 67686, 67688, 67690, 67692, 67694, 67696, 67698, 67700, 67702, 67704, 67706, 67708, 67710, 67712, 67714, 67716, 67718, 67720, 67722, 67724, 67726, 67728, 67730, 67732, 67734, 67736, 67738, 67740, 67742, 67744, 67746, 67748, 67750, 67752, 67754, 67756, 67758, 67760, 67762, 67764, 67766, 67768, 67770, 67772, 67774, 67776, 67778, 67780, 67782, 67784, 67786, 67788, 67790, 67792, 67794, 67796, 67798, 67800, 67802, 67804, 67806, 67808, 67810, 67812, 67814, 67816, 67818, 67820, 67822, 67824, 67826, 67828, 67830, 67832, 67834, 67836, 67838, 67840, 67842, 67844, 67846, 67848, 67850, 67852, 67854, 67856, 67858, 67860, 67862, 67864, 67866, 67868, 67870, 67872, 67874, 67876, 67878, 67880, 67882, 67884, 67886, 67888, 67890, 67892, 67894, 67896, 67898, 67900, 67902, 67904, 67906, 67908, 67910, 67912, 67914, 67916, 67918, 67920, 67922, 67924, 67926, 67928, 67930, 67932, 67934, 67936, 67938, 67940, 67942, 67944, 67946, 67948, 67950, 67952, 67954, 67956, 67958, 67960, 67962, 67964, 67966, 67968, 67970, 67972, 67974, 67976, 67978, 67980, 67982, 67984, 67986, 67988, 67990, 67992, 67994, 67996, 67998, 68000, 68002, 68004, 68006, 68008, 68010, 68012, 68014, 68016, 68018, 68020, 68022, 68024, 68026, 68028, 68030, 68032, 68034, 68036, 68038, 68040, 68042, 68044, 68046, 68048, 68050, 68052, 68054, 68056, 68058, 68060, 68062, 68064, 68066, 68068, 68070, 68072, 68074, 68076, 68078, 68080, 68082, 68084, 68086, 68088, 68090, 68092, 68094,

68096, 68098, 68100, 68102, 68104, 68106, 68108, 68110, 68112, 68114,
68116, 68118, 68120, 68122, 68124, 68126, 68128, 68130, 68132, 68134,
68136, 68138, 68140, 68142, 68144, 68146, 68148, 68150, 68152, 68154,
68156, 68158, 68160, 68162, 68164, 68166, 68168, 68170, 68172, 68174,
68176, 68178, 68180, 68182, 68184, 68186, 68188, 68190, 68192, 68194,
68196, 68198, 68200, 68202, 68204, 68206, 68208, 68210, 68212, 68214,
68216, 68218, 68220, 68222, 68224, 68226, 68228, 68230, 68232, 68234,
68236, 68238, 68240, 68242, 68244, 68246, 68248, 68250, 68252, 68254,
68256, 68258, 68260, 68262, 68264, 68266, 68268, 68270, 68272, 68274,
68276, 68278, 68280, 68282, 68284, 68286, 68288, 68290, 68292, 68294,
68296, 68298, 68300, 68302, 68304, 68306, 68308, 68310, 68312, 68314,
68316, 68318, 68320, 68322, 68324, 68326, 68328, 68330, 68332, 68334,
68336, 68338, 68340, 68342, 68344, 68346, 68348, 68350, 68352, 68354,
68356, 68358, 68360, 68362, 68364, 68366, 68368, 68370, 68372, 68374,
68376, 68378, 68380, 68382, 68384, 68386, 68388, 68390, 68392, 68394,
68396, 68398, 68400, 68402, 68404, 68406, 68408, 68410, 68412, 68414,
68416, 68418, 68420, 68422, 68424, 68426, 68428, 68430, 68434, 68436,
68438, 68440, 68442, 68444, 68446, 68448, 68450, 68452, 68454, 68456,
68458, 68460, 68462, 68464, 68466, 68468, 68470, 68472, 68474, 68476,
68478, 68480, 68482, 68484, 68486, 68488, 68490, 68492, 68494, 68496,
68498, 68500, 68502, 68504, 68506, 68508, 68510, 68512, 68514, 68516,
68518, 68520, 68522, 68524, 68526, 68528, 68530, 68532, 68534, 68536,
68538, 68540, 68542, 68544, 68546, 68548, 68550, 68552, 68554, 68556,
68558, 68560, 68562, 68564, 68566, 68568, 68570, 68572, 68574, 68576,
68578, 68580, 68582, 68584, 68586, 68588, 68590, 68592, 68594, 68596,
68598, 68600, 68602, 68604, 68606, 68608, 68610, 68612, 68614, 68616,
68618, 68620, 68622, 68624, 68626, 68628, 68630, 68632, 68634, 68636,
68638, 68640, 68642, 68644, 68646, 68648, 68650, 68652, 68654, 68656,
68658, 68660, 68662, 68664, 68666, 68668, 68670, 68672, 68674, 68676,
68678, 68680, 68682, 68684, 68686, 68688, 68690, 68692, 68694, 68696,
68698, 68700, 68702, 68704, 68706, 68708, 68710, 68712, 68714, 68716,
68718, 68720, 68722, 68724, 68726, 68728, 68730, 68732, 68734, 68736,
68738, 68740, 68742, 68744, 68746, 68748, 68750, 68752, 68754, 68756,
68758, 68760, 68762, 68764, 68766, 68768, 68770, 68772, 68774, 68776,
68778, 68780, 68782, 68784, 68786, 68788, 68790, 68792, 68794, 68796,
68798, 68800, 68802, 68804, 68806, 68808, 68810, 68812, 68814, 68816,
68818, 68820, 68822, 68824, 68826, 68828, 68830, 68832, 68834, 68836,
68838, 68840, 68842, 68844, 68846, 68848, 68850, 68852, 68854, 68856,
68858, 68860, 68862, 68864, 68866, 68868, 68870, 68872, 68874, 68876,
68878, 68880, 68882, 68884, 68886, 68888, 68890, 68892, 68894, 68896,
68898, 68900, 68902, 68904, 68906, 68908, 68910, 68912, 68914, 68916,
68918, 68920, 68922, 68924, 68926, 68928, 68930, 68932, 68934, 68936,
68938, 68940, 68942, 68944, 68946, 68948, 68950, 68952, 68954, 68956,
68958, 68960, 68962, 68964, 68966, 68968, 68970, 68972, 68974, 68976,
68978, 68980, 68982, 68984, 68986, 68988, 68990, 68992, 68994, 68996,
68998, 69000, 69002, 69004, 69006, 69008, 69010, 69012, 69014, 69016,
69018, 69020, 69022, 69024, 69026, 69028, 69030, 69032, 69034, 69036,
69038, 69040, 69042, 69044, 69046, 69048, 69050, 69052, 69054, 69056,
69058, 69060, 69062, 69064, 69066, 69068, 69070, 69072, 69074, 69076,
69078, 69080, 69082, 69084, 69086, 69088, 69090, 69092, 69094, 69096,
69098, 69100, 69102, 69104, 69106, 69108, 69110, 69112, 69114, 69116,
69118, 69120, 69122, 69124, 69126, 69128, 69130, 69132, 69134, 69136,
69138, 69140, 69142, 69144, 69146, 69148, 69150, 69152, 69154, 69156,
69158, 69160, 69162, 69164, 69166, 69168, 69170, 69172, 69174, 69176,
69178, 69180, 69182, 69184, 69186, 69188, 69190, 69192, 69194, 69196,
69198, 69200, 69202, 69204, 69206, 69208, 69210, 69212, 69214, 69216,
69218, 69220, 69222, 69224, 69226, 69228, 69230, 69232, 69234, 69236,
69238, 69240, 69242, 69244, 69246, 69248, 69250, 69252, 69254, 69256,
69258, 69260, 69262, 69264, 69266, 69268, 69270, 69272, 69274, 69276,
69278, 69280, 69282, 69284, 69286, 69288, 69290, 69292, 69294, 69296,
69298, 69300, 69302, 69304, 69306, 69308, 69310, 69312, 69314, 69316,
69318, 69320, 69322, 69324, 69326, 69328, 69330, 69332, 69334, 69336,
69338, 69340, 69342, 69344, 69346, 69348, 69350, 69352, 69354, 69356,
69358, 69360, 69362, 69364, 69366, 69368, 69370, 69372, 69374, 69376,
69378, 69380, 69382, 69384, 69386, 69388, 69390, 69392, 69394, 69396,
69398, 69400, 69402, 69404, 69406, 69408, 69410, 69412, 69414, 69416,
69418, 69420, 69422, 69424, 69426, 69428, 69430, 69432, 69434, 69436,
69438, 69440, 69442, 69444, 69446, 69448, 69450, 69452, 69454, 69456,
69458, 69460, 69462, 69464, 69466, 69468, 69470, 69472, 69474, 69476,
69478, 69480, 69482, 69484, 69486, 69488, 69490, 69492, 69494, 69496,
69498, 69500, 69502, 69504, 69506, 69508, 69510, 69512, 69514, 69516,
69518, 69520, 69522, 69524, 69526, 69528, 69530, 69532, 69534, 69536,
69538, 69540, 69542, 69544, 69546, 69548, 69550, 69552, 69554, 69556,

69558, 69560, 69562, 69564, 69566, 69568, 69570, 69572, 69574, 69576,
69578, 69580, 69582, 69584, 69586, 69588, 69590, 69592, 69594, 69596,
69598, 69600, 69602, 69604, 69606, 69608, 69610, 69612, 69614, 69616,
69618, 69620, 69622, 69624, 69626, 69628, 69630, 69632, 69634, 69636,
69638, 69640, 69642, 69644, 69646, 69648, 69650, 69652, 69654, 69656,
69658, 69660, 69662, 69664, 69666, 69668, 69670, 69672, 69674, 69676,
69678, 69680, 69682, 69684, 69686, 69688, 69690, 69692, 69694, 69696,
69698, 69700, 69702, 69704, 69706, 69708, 69710, 69712, 69714, 69716,
69718, 69720, 69722, 69724, 69726, 69728, 69730, 69732, 69734, 69736,
69738, 69740, 69742, 69744, 69746, 69748, 69750, 69752, 69754, 69756,
69758, 69760, 69762, 69764, 69766, 69768, 69770, 69772, 69774, 69776,
69778, 69780, 69782, 69784, 69786, 69788, 69790, 69792, 69794, 69796,
69798, 69800, 69802, 69804, 69806, 69808, 69810, 69812, 69814, 69816,
69818, 69820, 69822, 69824, 69826, 69828, 69830, 69832, 69834, 69836,
69838, 69840, 69842, 69844, 69846, 69848, 69850, 69852, 69854, 69856,
69858, 69860, 69862, 69864, 69866, 69868, 69870, 69872, 69874, 69876,
69878, 69880, 69882, 69884, 69886, 69888, 69890, 69892, 69894, 69896,
69898, 69900, 69902, 69904, 69906, 69908, 69910, 69912, 69914, 69916,
69918, 69920, 69922, 69924, 69926, 69928, 69930, 69932, 69934, 69936,
69938, 69940, 69942, 69944, 69946, 69948, 69950, 69952, 69954, 69956,
69958, 69960, 69962, 69964, 69966, 69968, 69970, 69972, 69974, 69976,
69978, 69980, 69982, 69984, 69986, 69988, 69990, 69992, 69994, 69996,
69998, 70000, 70002, 70004, 70006, 70008, 70010, 70012, 70014, 70016,
70018, 70020, 70022, 70024, 70026, 70028, 70030, 70032, 70034, 70036,
70038, 70040, 70042, 70044, 70046, 70048, 70050, 70052, 70054, 70056,
70058, 70060, 70062, 70064, 70066, 70068, 70070, 70072, 70074, 70076,
70078, 70080, 70082, 70084, 70086, 70088, 70090, 70092, 70094, 70096,
70098, 70100, 70102, 70104, 70106, 70108, 70110, 70112, 70114, 70116,
70118, 70120, 70122, 70124, 70126, 70128, 70130, 70132, 70134, 70136,
70138, 70140, 70142, 70144, 70146, 70148, 70150, 70152, 70154, 70156,
70158, 70160, 70162, 70164, 70166, 70168, 70170, 70172, 70174, 70176,
70178, 70180, 70182, 70184, 70186, 70188, 70190, 70192, 70194, 70196,
70198, 70200, 70202, 70204, 70206, 70208, 70210, 70212, 70214, 70216,
70218, 70220, 70222, 70224, 70226, 70228, 70230, 70232, 70234, 70236,
70238, 70240, 70242, 70244, 70246, 70248, 70250, 70252, 70254, 70256,
70258, 70260, 70262, 70264, 70266, 70268, 70270, 70272, 70274, 70276,
70278, 70280, 70282, 70284, 70286, 70288, 70290, 70292, 70294, 70296,
70298, 70300, 70302, 70304, 70306, 70308, 70310, 70312, 70314, 70316,
70318, 70320, 70322, 70324, 70326, 70328, 70330, 70332, 70334, 70336,
70338, 70340, 70342, 70344, 70346, 70348, 70350, 70352, 70354, 70358,
70360, 70362, 70364, 70366, 70368, 70370, 70372, 70374, 70376, 70378,
70380, 70382, 70384, 70386, 70388, 70390, 70392, 70394, 70396, 70398,
70400, 70402, 70404, 70406, 70408, 70410, 70412, 70414, 70416, 70418,
70420, 70422, 70424, 70426, 70428, 70430, 70432, 70434, 70436, 70438,
70440, 70442, 70444, 70446, 70448, 70450, 70452, 70454, 70456, 70458,
70460, 70462, 70464, 70466, 70468, 70470, 70472, 70474, 70476, 70478,
70480, 70482, 70484, 70486, 70488, 70490, 70492, 70494, 70496, 70498,
70500, 70502, 70504, 70506, 70508, 70510, 70512, 70514, 70516, 70518,
70520, 70522, 70524, 70526, 70528, 70530, 70532, 70534, 70536, 70538,
70540, 70542, 70544, 70546, 70548, 70550, 70552, 70554, 70556, 70558,
70560, 70562, 70564, 70566, 70568, 70570, 70572, 70574, 70576, 70578,
70580, 70582, 70584, 70586, 70588, 70590, 70592, 70594, 70596, 70598,
70600, 70602, 70604, 70606, 70608, 70610, 70612, 70614, 70616, 70618,
70620, 70622, 70624, 70626, 70628, 70630, 70632, 70634, 70636, 70638,
70640, 70642, 70644, 70646, 70648, 70650, 70652, 70654, 70656, 70658,
70660, 70662, 70664, 70666, 70668, 70670, 70672, 70674, 70676, 70678,
70680, 70682, 70684, 70686, 70688, 70690, 70692, 70694, 70696, 70698,
70700, 70702, 70704, 70706, 70708, 70710, 70712, 70714, 70716, 70718,
70720, 70722, 70724, 70726, 70728, 70730, 70732, 70734, 70736, 70738,
70740, 70742, 70744, 70746, 70748, 70750, 70752, 70754, 70756, 70758,
70760, 70762, 70764, 70766, 70768, 70770, 70772, 70774, 70776, 70778,
70780, 70782, 70784, 70786, 70788, 70790, 70792, 70794, 70796, 70798,
70800, 70802, 70804, 70806, 70808, 70810, 70812, 70814, 70816, 70818,
70820, 70822, 70824, 70826, 70828, 70830, 70832, 70834, 70836, 70838,
70840, 70842, 70844, 70846, 70848, 70850, 70852, 70854, 70856, 70858,
70860, 70862, 70864, 70866, 70868, 70870, 70872, 70874, 70876, 70878,
70880, 70882, 70884, 70886, 70888, 70890, 70892, 70896, 70898, 70900,
70902, 70904, 70906, 70908, 70910, 70912, 70914, 70916, 70918, 70920,
70922, 70924, 70926, 70928, 70930, 70932, 70934, 70936, 70938, 70940,
70942, 70944, 70946, 70948, 70950, 70952, 70954, 70956, 70958, 70960,
70962, 70964, 70966, 70968, 70970, 70972, 70974, 70976, 70978, 70980,
70982, 70984, 70986, 70988, 70990, 70992, 70994, 70996, 70998, 71000,
71002, 71004, 71006, 71008, 71010, 71012, 71014, 71016, 71018, 71020,

71022, 71024, 71026, 71028, 71030, 71032, 71034, 71036, 71038, 71040, 71042, 71044, 71046, 71048, 71050, 71052, 71054, 71056, 71058, 71060, 71062, 71064, 71066, 71068, 71070, 71072, 71074, 71076, 71078, 71080, 71082, 71084, 71086, 71088, 71090, 71092, 71094, 71096, 71098, 71100, 71102, 71104, 71106, 71108, 71110, 71112, 71114, 71116, 71118, 71120, 71122, 71124, 71126, 71128, 71130, 71132, 71134, 71136, 71138, 71140, 71142, 71144, 71146, 71148, 71150, 71152, 71154, 71156, 71158, 71160, 71162, 71164, 71166, 71168, 71170, 71172, 71174, 71176, 71178, 71180, 71182, 71184, 71186, 71188, 71190, 71192, 71194, 71196, 71198, 71200, 71202, 71204, 71206, 71208, 71210, 71212, 71214, 71216, 71218, 71220, 71222, 71224, 71226, 71228, 71230, 71232, 71234, 71236, 71238, 71240, 71242, 71244, 71246, 71248, 71250, 71252, 71254, 71256, 71258, 71260, 71262, 71264, 71266, 71268, 71270, 71272, 71274, 71276, 71278, 71280, 71282, 71284, 71286, 71288, 71290, 71292, 71294, 71296, 71298, 71300, 71302, 71304, 71306, 71308, 71310, 71312, 71314, 71316, 71318, 71320, 71322, 71324, 71326, 71328, 71330, 71332, 71334, 71336, 71338, 71340, 71342, 71344, 71346, 71348, 71350, 71352, 71354, 71356, 71358, 71360, 71362, 71364, 71366, 71368, 71370, 71372, 71374, 71376, 71378, 71380, 71382, 71384, 71386, 71388, 71390, 71392, 71394, 71396, 71398, 71400, 71402, 71404, 71406, 71408, 71410, 71412, 71414, 71416, 71418, 71420, 71422, 71424, 71426, 71428, 71430, 71432, 71434, 71436, 71438, 71440, 71442, 71444, 71446, 71448, 71450, 71452, 71454, 71456, 71458, 71460, 71462, 71464, 71466, 71468, 71470, 71472, 71474, 71476, 71478, 71480, 71482, 71484, 71486, 71488, 71490, 71492, 71494, 71496, 71498, 71500, 71502, 71504, 71506, 71508, 71510, 71512, 71514, 71516, 71518, 71520, 71522, 71524, 71526, 71528, 71530, 71532, 71534, 71536, 71538, 71540, 71542, 71544, 71546, 71548, 71550, 71552, 71554, 71556, 71558, 71560, 71562, 71564, 71566, 71568, 71570, 71572, 71574, 71576, 71578, 71580, 71582, 71584, 71586, 71588, 71590, 71592, 71594, 71596, 71598, 71600, 71602, 71604, 71606, 71608, 71610, 71612, 71614, 71616, 71618, 71620, 71622, 71624, 71626, 71628, 71630, 71632, 71634, 71636, 71638, 71640, 71642, 71644, 71646, 71648, 71650, 71652, 71654, 71656, 71658, 71660, 71662, 71664, 71666, 71668, 71670, 71672, 71674, 71676, 71678, 71682, 71684, 71686, 71688, 71690, 71692, 71694, 71696, 71698, 71700, 71702, 71704, 71706, 71708, 71710, 71712, 71714, 71716, 71718, 71720, 71722, 71724, 71726, 71728, 71730, 71732, 71734, 71736, 71738, 71740, 71742, 71744, 71746, 71748, 71750, 71752, 71754, 71756, 71758, 71760, 71762, 71764, 71766, 71768, 71770, 71772, 71774, 71776, 71778, 71780, 71782, 71784, 71786, 71788, 71790, 71792, 71794, 71796, 71798, 71800, 71802, 71804, 71806, 71808, 71810, 71812, 71814, 71816, 71818, 71820, 71822, 71824, 71826, 71828, 71830, 71832, 71834, 71836, 71838, 71840, 71842, 71844, 71846, 71848, 71850, 71852, 71854, 71856, 71858, 71860, 71862, 71864, 71866, 71868, 71870, 71872, 71874, 71876, 71878, 71880, 71882, 71884, 71886, 71888, 71890, 71892, 71894, 71896, 71898, 71900, 71902, 71904, 71906, 71908, 71910, 71912, 71914, 71916, 71918, 71920, 71922, 71924, 71926, 71928, 71930, 71932, 71934, 71936, 71938, 71940, 71942, 71944, 71946, 71948, 71950, 71952, 71954, 71956, 71958, 71960, 71962, 71964, 71966, 71968, 71970, 71972, 71974, 71976, 71978, 71980, 71982, 71984, 71986, 71988, 71990, 71992, 71994, 71996, 71998, 72000, 72002, 72004, 72006, 72008, 72010, 72012, 72014, 72016, 72018, 72020, 72022, 72024, 72026, 72028, 72030, 72032, 72034, 72036, 72038, 72040, 72042, 72044, 72046, 72048, 72050, 72052, 72054, 72056, 72058, 72060, 72062, 72064, 72066, 72068, 72070, 72072, 72074, 72076, 72078, 72080, 72082, 72084, 72086, 72088, 72090, 72092, 72094, 72096, 72098, 72100, 72102, 72104, 72106, 72108, 72110, 72112, 72114, 72116, 72118, 72120, 72122, 72124, 72126, 72128, 72130, 72132, 72134, 72136, 72138, 72140, 72142, 72144, 72146, 72148, 72150, 72152, 72154, 72156, 72158, 72160, 72162, 72164, 72166, 72168, 72170, 72172, 72174, 72176, 72178, 72180, 72182, 72184, 72186, 72188, 72190, 72192, 72194, 72196, 72198, 72200, 72202, 72204, 72206, 72208, 72210, 72212, 72214, 72216, 72218, 72220, 72222, 72224, 72226, 72228, 72230, 72232, 72234, 72236, 72238, 72240, 72242, 72244, 72246, 72248, 72250, 72252, 72254, 72256, 72258, 72260, 72262, 72264, 72266, 72268, 72270, 72272, 72274, 72276, 72278, 72280, 72282, 72284, 72286, 72288, 72290, 72292, 72294, 72296, 72298, 72300, 72302, 72304, 72306, 72308, 72310, 72312, 72314, 72316, 72318, 72320, 72322, 72324, 72326, 72328, 72330, 72332, 72334, 72336, 72338, 72340, 72342, 72344, 72346, 72348, 72350, 72352, 72354, 72356, 72358, 72360, 72362, 72364, 72366, 72368, 72370, 72372, 72374, 72376, 72378, 72380, 72382, 72384, 72386, 72388, 72390, 72392, 72394, 72396, 72398, 72400, 72402, 72404, 72406, 72408, 72410, 72412, 72414, 72416, 72418, 72420, 72422, 72424, 72426, 72428, 72430, 72432, 72434, 72436, 72438, 72440, 72442, 72444, 72446, 72448, 72450, 72452, 72454, 72456, 72458, 72460, 72462, 72464, 72466, 72468, 72470, 72472, 72474, 72476, 72478, 72480, 72482,

72484, 72486, 72488, 72490, 72492, 72494, 72496, 72498, 72500, 72502, 72504, 72506, 72508, 72510, 72512, 72514, 72516, 72518, 72520, 72522, 72524, 72526, 72528, 72530, 72532, 72534, 72536, 72538, 72540, 72542, 72544, 72546, 72548, 72550, 72552, 72554, 72556, 72558, 72560, 72562, 72564, 72566, 72568, 72570, 72572, 72574, 72576, 72578, 72580, 72582, 72584, 72586, 72588, 72590, 72592, 72594, 72596, 72598, 72600, 72602, 72604, 72606, 72608, 72610, 72612, 72614, 72616, 72618, 72620, 72622, 72624, 72626, 72628, 72630, 72632, 72634, 72636, 72638, 72640, 72642, 72644, 72646, 72648, 72650, 72652, 72654, 72656, 72658, 72660, 72662, 72664, 72666, 72668, 72670, 72672, 72674, 72676, 72678, 72680, 72682, 72684, 72686, 72688, 72690, 72692, 72694, 72696, 72698, 72700, 72702, 72704, 72706, 72708, 72710, 72712, 72714, 72716, 72718, 72720, 72722, 72724, 72726, 72728, 72730, 72732, 72734, 72736, 72738, 72740, 72742, 72744, 72746, 72748, 72750, 72752, 72754, 72756, 72758, 72760, 72762, 72764, 72766, 72768, 72770, 72772, 72774, 72776, 72778, 72780, 72782, 72784, 72786, 72788, 72790, 72792, 72794, 72796, 72798, 72800, 72802, 72804, 72806, 72808, 72810, 72812, 72814, 72816, 72818, 72820, 72822, 72824, 72826, 72828, 72830, 72832, 72834, 72836, 72838, 72840, 72842, 72844, 72846, 72848, 72850, 72852, 72854, 72856, 72858, 72860, 72862, 72864, 72866, 72868, 72870, 72872, 72874, 72876, 72878, 72880, 72882, 72884, 72886, 72888, 72890, 72892, 72894, 72896, 72898, 72900, 72902, 72904, 72906, 72908, 72910, 72912, 72914, 72916, 72918, 72920, 72922, 72924, 72926, 72928, 72930, 72932, 72934, 72936, 72938, 72940, 72942, 72944, 72946, 72948, 72950, 72952, 72954, 72956, 72958, 72960, 72962, 72964, 72966, 72968, 72970, 72972, 72974, 72976, 72978, 72980, 72982, 72984, 72986, 72988, 72990, 72992, 72994, 72996, 72998, 73000, 73002, 73004, 73006, 73008, 73010, 73012, 73014, 73016, 73018, 73020, 73022, 73024, 73026, 73028, 73030, 73032, 73034, 73036, 73038, 73040, 73042, 73044, 73046, 73048, 73050, 73052, 73054, 73056, 73058, 73060, 73062, 73064, 73066, 73068, 73070, 73072, 73074, 73076, 73078, 73080, 73082, 73084, 73086, 73088, 73090, 73092, 73094, 73096, 73098, 73100, 73102, 73104, 73106, 73108, 73110, 73112, 73114, 73116, 73118, 73120, 73122, 73124, 73126, 73128, 73130, 73132, 73134, 73136, 73138, 73140, 73142, 73144, 73146, 73148, 73150, 73152, 73154, 73156, 73158, 73160, 73162, 73164, 73166, 73168, 73170, 73172, 73174, 73176, 73178, 73180, 73182, 73184, 73186, 73188, 73190, 73192, 73194, 73196, 73198, 73200, 73202, 73204, 73206, 73208, 73210, 73212, 73214, 73216, 73218, 73220, 73222, 73224, 73226, 73228, 73230, 73232, 73234, 73236, 73238, 73240, 73242, 73244, 73246, 73248, 73250, 73252, 73254, 73256, 73258, 73260, 73262, 73264, 73266, 73268, 73270, 73272, 73274, 73276, 73278, 73280, 73282, 73284, 73286, 73288, 73290, 73292, 73294, 73296, 73298, 73300, 73302, 73304, 73306, 73308, 73310, 73312, 73314, 73316, 73318, 73320, 73322, 73324, 73326, 73328, 73330, 73332, 73334, 73336, 73338, 73340, 73342, 73344, 73346, 73348, 73350, 73352, 73354, 73356, 73358, 73360, 73362, 73364, 73366, 73368, 73370, 73372, 73374, 73376, 73378, 73380, 73382, 73384, 73386, 73388, 73390, 73392, 73394, 73396, 73398, 73400, 73402, 73404, 73406, 73408, 73410, 73412, 73414, 73416, 73418, 73420, 73422, 73424, 73426, 73428, 73430, 73432, 73434, 73436, 73438, 73440, 73442, 73444, 73446, 73448, 73450, 73452, 73454, 73456, 73458, 73460, 73462, 73464, 73466, 73468, 73470, 73472, 73474, 73476, 73478, 73480, 73482, 73484, 73486, 73488, 73490, 73492, 73494, 73496, 73498, 73500, 73502, 73504, 73506, 73508, 73510, 73512, 73514, 73516, 73518, 73520, 73522, 73524, 73526, 73528, 73530, 73532, 73534, 73536, 73538, 73540, 73542, 73544, 73546, 73548, 73550, 73552, 73554, 73556, 73558, 73560, 73562, 73564, 73566, 73568, 73570, 73572, 73574, 73576, 73578, 73580, 73582, 73584, 73586, 73588, 73590, 73592, 73594, 73596, 73598, 73600, 73602, 73604, 73606, 73608, 73610, 73612, 73614, 73616, 73618, 73620, 73622, 73624, 73626, 73628, 73630, 73632, 73634, 73636, 73638, 73640, 73642, 73644, 73646, 73648, 73650, 73652, 73654, 73656, 73658, 73660, 73662, 73664, 73666, 73668, 73670, 73672, 73674, 73676, 73678, 73680, 73682, 73684, 73686, 73688, 73690, 73692, 73694, 73696, 73698, 73700, 73702, 73704, 73706, 73708, 73710, 73712, 73714, 73716, 73718, 73720, 73722, 73724, 73726, 73728, 73730, 73732, 73734, 73736, 73738, 73740, 73742, 73744, 73746, 73748, 73750, 73752, 73754, 73756, 73758, 73760, 73762, 73764, 73766, 73768, 73770, 73772, 73774, 73776, 73778, 73780, 73782, 73784, 73786, 73788, 73790, 73792, 73794, 73796, 73798, 73800, 73802, 73804, 73806, 73808, 73810, 73812, 73814, 73816, 73818, 73820, 73822, 73824, 73826, 73828, 73830, 73832, 73834, 73836, 73838, 73840, 73842, 73844, 73846, 73848, 73850, 73852, 73854, 73856, 73858, 73860, 73862, 73864, 73866, 73868, 73870, 73872, 73874, 73876, 73878, 73880, 73882, 73884, 73886, 73888, 73890, 73892, 73894, 73896, 73898, 73900, 73902, 73904, 73906, 73908, 73910, 73912, 73914, 73916, 73918, 73920, 73922, 73924, 73926, 73928, 73930, 73932, 73934, 73936, 73938, 73940, 73942,

73944, 73946, 73948, 73950, 73952, 73954, 73956, 73958, 73960, 73962, 73964, 73966, 73968, 73970, 73972, 73974, 73976, 73978, 73980, 73982, 73984, 73986, 73988, 73990, 73992, 73994, 73996, 73998, 74000, 74002, 74004, 74006, 74008, 74010, 74012, 74014, 74016, 74018, 74020, 74022, 74024, 74026, 74028, 74030, 74032, 74034, 74036, 74038, 74040, 74042, 74044, 74046, 74048, 74050, 74052, 74054, 74056, 74058, 74060, 74062, 74064, 74066, 74068, 74070, 74072, 74074, 74076, 74078, 74080, 74082, 74084, 74086, 74088, 74090, 74092, 74094, 74096, 74098, 74100, 74102, 74104, 74106, 74108, 74110, 74112, 74114, 74116, 74118, 74120, 74122, 74124, 74126, 74128, 74130, 74132, 74134, 74136, 74138, 74140, 74142, 74144, 74146, 74148, 74150, 74152, 74154, 74156, 74158, 74160, 74162, 74164, 74166, 74168, 74170, 74172, 74174, 74176, 74178, 74180, 74182, 74184, 74186, 74188, 74190, 74192, 74194, 74196, 74198, 74200, 74202, 74204, 74206, 74208, 74210, 74212, 74214, 74216, 74218, 74220, 74222, 74224, 74226, 74228, 74230, 74232, 74234, 74236, 74238, 74240, 74242, 74244, 74246, 74248, 74250, 74252, 74254, 74256, 74258, 74260, 74262, 74264, 74266, 74268, 74270, 74272, 74274, 74276, 74278, 74280, 74282, 74284, 74286, 74288, 74290, 74292, 74294, 74296, 74298, 74300, 74302, 74304, 74306, 74308, 74310, 74312, 74314, 74316, 74318, 74320, 74322, 74324, 74326, 74328, 74330, 74332, 74334, 74336, 74338, 74340, 74342, 74344, 74346, 74348, 74350, 74352, 74354, 74356, 74358, 74360, 74362, 74364, 74366, 74368, 74370, 74372, 74374, 74376, 74378, 74380, 74382, 74384, 74386, 74388, 74390, 74392, 74394, 74396, 74398, 74400, 74402, 74404, 74406, 74408, 74410, 74412, 74414, 74416, 74418, 74420, 74422, 74424, 74426, 74428, 74430, 74432, 74434, 74436, 74438, 74440, 74442, 74444, 74446, 74448, 74450, 74452, 74454, 74456, 74458, 74460, 74462, 74464, 74466, 74468, 74470, 74472, 74474, 74476, 74478, 74480, 74482, 74484, 74486, 74488, 74490, 74492, 74494, 74496, 74498, 74500, 74502, 74504, 74506, 74508, 74510, 74512, 74514, 74516, 74518, 74520, 74522, 74524, 74526, 74528, 74530, 74532, 74534, 74536, 74538, 74540, 74542, 74544, 74546, 74548, 74550, 74552, 74554, 74556, 74558, 74560, 74562, 74564, 74566, 74568, 74570, 74572, 74574, 74576, 74578, 74580, 74582, 74584, 74586, 74588, 74590, 74592, 74594, 74596, 74598, 74600, 74602, 74604, 74606, 74608, 74610, 74612, 74614, 74616, 74618, 74620, 74622, 74624, 74626, 74628, 74630, 74632, 74634, 74636, 74638, 74640, 74642, 74644, 74646, 74648, 74650, 74652, 74654, 74656, 74658, 74660, 74662, 74664, 74666, 74668, 74670, 74672, 74674, 74676, 74678, 74680, 74682, 74684, 74686, 74688, 74690, 74692, 74694, 74696, 74698, 74700, 74702, 74704, 74706, 74708, 74710, 74712, 74714, 74716, 74718, 74720, 74722, 74724, 74726, 74728, 74730, 74732, 74734, 74736, 74738, 74740, 74742, 74744, 74746, 74748, 74750, 74752, 74754, 74756, 74758, 74760, 74762, 74764, 74766, 74768, 74770, 74772, 74774, 74776, 74778, 74780, 74782, 74784, 74786, 74788, 74790, 74792, 74794, 74796, 74798, 74800, 74802, 74804, 74806, 74808, 74810, 74812, 74814, 74816, 74818, 74820, 74822, 74824, 74826, 74828, 74830, 74832, 74834, 74836, 74838, 74840, 74842, 74844, 74846, 74848, 74850, 74852, 74854, 74856, 74858, 74860, 74862, 74864, 74866, 74868, 74870, 74872, 74874, 74876, 74878, 74880, 74882, 74884, 74886, 74888, 74890, 74892, 74894, 74896, 74898, 74900, 74902, 74904, 74906, 74908, 74910, 74912, 74914, 74916, 74918, 74920, 74922, 74924, 74926, 74928, 74930, 74932, 74934, 74936, 74938, 74940, 74942, 74944, 74946, 74948, 74950, 74952, 74954, 74956, 74958, 74960, 74962, 74964, 74966, 74968, 74970, 74972, 74974, 74976, 74978, 74980, 74982, 74984, 74986, 74988, 74990, 74992, 74994, 74996, 74998

Serien-Nummern von bisher nicht identifizierten Fahrzeugen

Serial Numbers of cars not identified yet

Serien-Nummern von bisher nicht identifizierten Fahrzeugen

18903, 18915, 18921, 18929, 18931, 18933, 18973, 18975, 18981, 18983, 18987, 18991, 18993, 18999, 19001, 19003, 19007, 19009, 19013, 19015, 19023, 19041, 19043, 19045, 19049, 19053, 19059, 19061, 19063, 19067, 19073, 19079, 19089, 19095, 19097, 19099, 19101, 19105, 19107, 19119, 19125, 19131, 19133, 19135, 19137, 19139, 19141, 19143, 19151, 19157, 19161, 19163, 19165, 19167, 19171, 19181, 19183, 19185, 19189, 19197, 19201, 19209, 19215, 19217, 19221, 19223, 19225, 19231, 19243, 19245, 19249, 19251, 19253, 19259, 19261, 19269, 19277, 19279, 19291, 19293, 19295, 19301, 19307, 19317, 19325, 19331, 19337, 19365, 19371, 19373, 19375, 19387, 19449, 19457, 19467, 19477, 19479, 19485, 19497, 19499, 19585, 19587, 19589, 19593, 19601, 19607, 19609, 19613, 19615, 19621, 19633, 19637, 19643, 19651, 19655, 19657, 19659, 19679, 19681, 19683, 19685, 19687, 19695, 19697, 19699, 19719, 19721, 19809, 19811, 19813, 19817, 19819, 19829, 19847, 19849, 19861, 19863, 19867, 19875, 19883, 19887, 19895, 19897, 19911, 19917, 19923, 19929, 19937, 19947, 19953, 19955, 19957, 19959, 19969, 19973, 19977, 19979, 19989, 19991, 19997, 20007, 20009, 20015, 20023, 20025, 20027, 20029, 20031, 20043, 20047, 20049, 20055, 20057, 20065, 20067, 20073, 20075, 20087, 20089, 20095, 20103, 20105, 20115, 20117, 20125, 20127, 20131, 20135, 20139, 20149, 20155, 20159, 20163, 20165, 20167, 20181, 20201, 20207, 20211, 20217, 20225, 20237, 20241, 20243, 20249, 20259, 20273, 20277, 20279, 20283, 20287, 20305, 20307, 20313, 20321, 20325, 20331, 20333, 20335, 20355, 20359, 20365, 20371, 20381, 20393, 20399, 20403, 20407, 20411, 20415, 20429, 20443, 20459, 20461, 20469, 20475, 20477, 20479, 20493, 20505, 20507, 20513, 20515, 20519, 20545, 20547, 20549, 20551, 20569, 20583, 20589, 20601, 20607, 20625, 20629, 20631, 20633, 20635, 20639, 20649, 20655, 20673, 20675, 20681, 20689, 20705, 20711, 20723, 20737, 20745, 20749, 20763, 20777, 20779, 20785, 20791, 20793, 20795, 20801, 20809, 20819, 20821, 20831, 20833, 20837, 20859, 20875, 20877, 20879, 20889, 20891, 20893, 20897, 20919, 20935, 20949, 20953, 20963, 20965, 20977, 20979, 20993, 20999, 21003, 21011, 21013, 21029, 21035, 21037, 21041, 21049, 21051, 21053, 21057, 21061, 21069, 21075, 21077, 21081, 21083, 21103, 21117, 21125, 21159, 21161, 21173, 21187, 21199, 21201, 21205, 21209, 21211, 21213, 21221, 21229, 21231, 21235, 21239, 21245, 21261, 21273, 21275, 21279, 21283, 21285, 21297, 21305, 21309, 21321, 21323, 21325, 21329, 21347, 21357, 21365, 21367, 21371, 21385, 21387, 21389, 21403, 21405, 21407, 21409, 21415, 21417, 21419, 21423, 21431, 21435, 21443, 21449, 21451, 21465, 21467, 21469, 21471, 21493, 21499, 21501, 21505, 21507, 21511, 21517, 21519, 21529, 21531, 21533, 21537, 21551, 21567, 21571, 21573, 21575, 21577, 21581, 21585, 21591, 21595, 21601, 21605, 21607, 21609, 21615, 21619, 21621, 21629, 21633, 21643, 21649, 21651, 21653, 21657, 21663, 21665, 21669, 21671, 21673, 21683, 21687, 21689, 21691, 21695, 21699, 21701, 21703, 21709, 21717, 21721, 21733, 21735, 21741, 21745, 21763, 21767, 21771, 21779, 21781, 21783, 21789, 21793, 21799, 21801, 21805, 21809, 21811, 21813, 21815, 21821, 21823, 21827, 21835, 21841, 21849, 21851, 21861, 21863, 21875, 21881, 21885, 21887, 21891, 21897, 21905, 21909, 21911, 21919, 21923, 21925, 21943, 21945, 21947, 21955, 21957, 21959, 21965, 21973, 21985, 21987, 21991, 21995, 21999, 22001, 22003, 22005, 22011, 22015, 22017, 22019, 22021, 22027, 22029, 22037, 22039, 22041, 22043, 22045, 22047, 22065, 22067, 22079, 22089, 22091, 22095, 22099, 22103, 22117, 22119, 22123, 22125, 22129, 22133, 22135, 22145, 22147, 22151, 22157, 22161, 22167, 22171, 22173, 22185, 22187, 22189, 22191, 22195, 22197, 22201, 22205, 22213, 22215, 22217, 22219, 22221, 22227, 22229, 22231, 22245, 22249, 22257, 22263, 22267, 22277, 22279, 22283, 22287, 22291, 22293, 22295, 22297, 22301, 22305, 22309, 22321, 22323, 22325, 22327, 22341, 22363, 22367, 22369, 22371, 22373, 22375, 22381, 22383, 22387, 22407, 22411, 22413, 22415, 22427, 22437, 22439, 22445, 22449, 22457, 22461, 22467, 22471, 22473, 22475, 22489, 22497, 22501, 22509, 22573, 22577, 22581, 22583, 22585, 22587, 22589, 22591, 22593, 22601, 22605, 22613, 22615, 22621, 22623, 22633, 22635, 22643, 22647, 22649, 22657, 22661, 22665, 22667, 22677, 22679, 22683, 22685, 22687, 22689, 22691, 22697, 22699, 22703, 22709, 22717, 22721, 22725, 22731, 22733, 22735, 22737, 22739, 22743, 22747, 22757, 22759, 22761, 22765, 22769, 22773, 22779, 22783, 22785, 22791, 22801, 22805, 22807, 22819, 22821, 22825, 22827, 22829, 22831, 22835, 22837, 22839, 22843, 22847, 22855, 22859, 22861, 22867, 22869, 22875, 22877, 22883, 22887, 22905, 22907, 22911, 22919, 22921, 22927, 22929, 22931, 22933, 22937, 22945, 22949, 22959, 22967, 22969, 22973, 22975, 22979, 22983, 22985, 22995, 22999, 23001, 23011, 23013, 23017, 23021, 23023, 23027, 23031, 23035, 23037, 23039, 23043, 23051, 23053, 23055, 23063, 23069, 23077, 23081, 23087, 23089, 23095, 23099, 23103, 23105, 23107, 23111, 23117, 23127, 23129, 23133, 23137, 23143, 23145, 23147, 23149, 23151, 23155, 23157, 23159, 23171, 23173, 23177, 23179,

Serial Numbers of cars not identified yet

23181, 23183, 23185, 23187, 23191, 23193, 23195, 23197, 23199, 23201, 23205, 23209, 23211, 23221, 23225, 23231, 23233, 23235, 23249, 23255, 23257, 23259, 23265, 23271, 23277, 23279, 23281, 23285, 23291, 23293, 23295, 23297, 23301, 23303, 23307, 23311, 23313, 23315, 23325, 23341, 23345, 23347, 23359, 23365, 23367, 23369, 23375, 23379, 23395, 23397, 23403, 23405, 23407, 23409, 23417, 23425, 23427, 23433, 23435, 23437, 23441, 23443, 23445, 23449, 23451, 23455, 23459, 23461, 23463, 23465, 23475, 23477, 23481, 23483, 23485, 23493, 23499, 23501, 23503, 23505, 23507, 23511, 23515, 23525, 23529, 23541, 23543, 23547, 23553, 23555, 23557, 23563, 23565, 23571, 23573, 23577, 23581, 23585, 23587, 23601, 23609, 23615, 23617, 23619, 23623, 23625, 23631, 23637, 23639, 23643, 23645, 23649, 23653, 23659, 23663, 23669, 23671, 23673, 23677, 23687, 23691, 23695, 23699, 23707, 23709, 23719, 23723, 23727, 23729, 23739, 23741, 23743, 23747, 23749, 23755, 23757, 23761, 23765, 23771, 23775, 23777, 23781, 23787, 23791, 23793, 23797, 23805, 23807, 23809, 23811, 23819, 23821, 23829, 23831, 23835, 23851, 23859, 23863, 23869, 23871, 23873, 23875, 23877, 23879, 23881, 23891, 23893, 23899, 23903, 23909, 23913, 23915, 23917, 23919, 23921, 23923, 23925, 23927, 23929, 23931, 23939, 23941, 23945, 23951, 23953, 23955, 23957, 23961, 23963, 23965, 23971, 23973, 23975, 23983, 23987, 23989, 23997, 24001, 24003, 24005, 24013, 24015, 24017, 24023, 24039, 24045, 24053, 24059, 24063, 24075, 24083, 24091, 24105, 24107, 24111, 24123, 24133, 24135, 24139, 24145, 24147, 24149, 24153, 24157, 24171, 24173, 24187, 24191, 24193, 24195, 24197, 24203, 24209, 24211, 24213, 24215, 24217, 24219, 24231, 24237, 24243, 24253, 24257, 24259, 24261, 24267, 24269, 24271, 24273, 24275, 24279, 24281, 24289, 24291, 24293, 24297, 24299, 24301, 24303, 24305, 24311, 24313, 24319, 24321, 24327, 24331, 24333, 24335, 24337, 24343, 24345, 24353, 24357, 24361, 24363, 24365, 24367, 24375, 24377, 24383, 24387, 24389, 24393, 24399, 24413, 24417, 24421, 24423, 24425, 24427, 24429, 24431, 24433, 24435, 24437, 24441, 24443, 24453, 24455, 24459, 24461, 24463, 24471, 24473, 24489, 24491, 24493, 24495, 24497, 24499, 24501, 24505, 24507, 24509, 24515, 24517, 24521, 24523, 24531, 24535, 24541, 24543, 24547, 24549, 24551, 24557, 24559, 24565, 24567, 24573, 24581, 24583, 24587, 24591, 24593, 24613, 24615, 24617, 24619, 24631, 24633, 24637, 24639, 24645, 24649, 24651, 24657, 24661, 24667, 24669, 24673, 24675, 24679, 24683, 24685, 24697, 24701, 24705, 24707, 24709, 24715, 24717, 24723, 24737, 24739, 24747, 24749, 24753, 24755, 24757, 24759, 24761, 24765, 24767, 24773, 24779, 24793, 24795, 24799, 24803, 24805, 24811, 24819, 24829, 24831, 24833, 24835, 24843, 24845, 24849, 24851, 24853, 24855, 24857, 24859, 24861, 24871, 24875, 24879, 24881, 24891, 24895, 24897, 24899, 24903, 24909, 24911, 24917, 24921, 24929, 24935, 24939, 24941, 24943, 24953, 24955, 24965, 24971, 24973, 24983, 24987, 24989, 24993, 25001, 25003, 25005, 25007, 25009, 25011, 25013, 25015, 25017, 25025, 25027, 25029, 25031, 25033, 25035, 25037, 25041, 25047, 25049, 25051, 25053, 25055, 25065, 25067, 25075, 25077, 25079, 25083, 25093, 25095, 25101, 25105, 25115, 25117, 25119, 25125, 25127, 25129, 25133, 25135, 25139, 25141, 25143, 25151, 25153, 25157, 25163, 25165, 25175, 25177, 25179, 25183, 25187, 25193, 25197, 25203, 25205, 25207, 25213, 25215, 25219, 25225, 25227, 25229, 25231, 25233, 25241, 25243, 25251, 25253, 25261, 25263, 25265, 25269, 25271, 25273, 25275, 25277, 25279, 25283, 25285, 25287, 25289, 25295, 25297, 25299, 25301, 25303, 25305, 25313, 25315, 25323, 25327, 25333, 25335, 25337, 25339, 25341, 25343, 25349, 25359, 25365, 25369, 25379, 25381, 25385, 25389, 25395, 25397, 25399, 25401, 25403, 25405, 25409, 25419, 25421, 25423, 25427, 25431, 25433, 25441, 25447, 25453, 25455, 25463, 25469, 25471, 25473, 25475, 25477, 25479, 25481, 25483, 25485, 25487, 25493, 25497, 25499, 25501, 25503, 25505, 25509, 25511, 25515, 25517, 25521, 25529, 25533, 25537, 25543, 25545, 25553, 25557, 25561, 25563, 25565, 25567, 25573, 25575, 25577, 25583, 25589, 25591, 25593, 25597, 25599, 25601, 25603, 25605, 25611, 25617, 25621, 25623, 25625, 25629, 25631, 25633, 25639, 25641, 25643, 25645, 25649, 25661, 25663, 25673, 25675, 25679, 25685, 25687, 25689, 25695, 25703, 25715, 25719, 25721, 25723, 25727, 25733, 25735, 25737, 25739, 25745, 25753, 25755, 25757, 25763, 25771, 25773, 25779, 25789, 25791, 25795, 25799, 25803, 25805, 25813, 25815, 25817, 25819, 25821, 25823, 25827, 25829, 25839, 25841, 25845, 25849, 25851, 25853, 25855, 25857, 25861, 25863, 25867, 25869, 25871, 25879, 25883, 25885, 25889, 25891, 25895, 25897, 25899, 25903, 25907, 25909, 25917, 25919, 25925, 25931, 25937, 25939, 25943, 25947, 25949, 25953, 25955, 25957, 25965, 25967, 25971, 25973, 25983, 25985, 25987, 25989, 25991, 25993, 26003, 26011, 26013, 26015, 26019, 26021, 26023, 26025, 26033, 26035, 26045, 26047, 26053, 26057, 26059, 26067, 26069, 26075, 26077, 26079, 26081, 26087, 26089, 26093, 26097, 26099, 26101, 26103, 26105, 26107, 26109, 26115, 26117, 26119, 26121, 26127, 26129,

26139, 26141, 26143, 26147, 26155, 26161, 26163, 26165, 26167, 26173,
26175, 26179, 26181, 26183, 26187, 26189, 26195, 26205, 26207, 26211,
26213, 26215, 26217, 26221, 26225, 26227, 26233, 26235, 26239, 26245,
26247, 26255, 26257, 26261, 26263, 26271, 26273, 26279, 26281, 26285,
26289, 26291, 26299, 26305, 26307, 26309, 26311, 26317, 26323, 26325,
26329, 26337, 26341, 26349, 26353, 26355, 26361, 26363, 26365, 26369,
26375, 26381, 26391, 26393, 26397, 26403, 26405, 26407, 26409, 26413,
26417, 26419, 26421, 26423, 26425, 26427, 26433, 26437, 26439, 26441,
26443, 26451, 26453, 26457, 26459, 26461, 26463, 26465, 26469, 26477,
26479, 26483, 26485, 26487, 26489, 26491, 26493, 26495, 26497, 26501,
26505, 26507, 26509, 26511, 26515, 26517, 26519, 26521, 26523, 26525,
26527, 26539, 26541, 26543, 26545, 26547, 26549, 26551, 26555, 26557,
26559, 26561, 26563, 26565, 26567, 26571, 26573, 26577, 26583, 26585,
26589, 26591, 26593, 26595, 26597, 26601, 26603, 26607, 26609, 26611,
26613, 26615, 26619, 26623, 26627, 26631, 26641, 26651, 26659, 26665,
26667, 26669, 26673, 26675, 26677, 26689, 26691, 26693, 26695, 26697,
26699, 26701, 26703, 26705, 26709, 26717, 26721, 26723, 26727, 26729,
26735, 26739, 26741, 26745, 26751, 26755, 26757, 26773, 26775, 26777,
26781, 26783, 26787, 26795, 26799, 26809, 26811, 26813, 26815, 26817,
26821, 26823, 26827, 26829, 26831, 26833, 26835, 26839, 26845, 26847,
26849, 26851, 26853, 26855, 26859, 26861, 26863, 26865, 26867, 26869,
26871, 26875, 26877, 26879, 26881, 26883, 26885, 26889, 26893, 26895,
26897, 26899, 26903, 26905, 26907, 26909, 26913, 26917, 26919, 26923,
26925, 26929, 26931, 26935, 26937, 26939, 26941, 26943, 26951, 26961,
26963, 26965, 26967, 26973, 26975, 26985, 26995, 26997, 27005, 27007,
27011, 27013, 27015, 27017, 27023, 27025, 27029, 27031, 27033, 27047,
27051, 27053, 27055, 27059, 27065, 27071, 27073, 27079, 27083, 27087,
27089, 27091, 27093, 27095, 27099, 27107, 27113, 27117, 27121, 27125,
27127, 27137, 27139, 27147, 27151, 27153, 27155, 27159, 27161, 27167,
27169, 27175, 27177, 27179, 27181, 27183, 27185, 27187, 27197, 27201,
27203, 27209, 27211, 27213, 27215, 27217, 27221, 27225, 27227, 27229,
27233, 27237, 27243, 27247, 27249, 27251, 27253, 27255, 27257, 27259,
27263, 27269, 27271, 27273, 27275, 27277, 27281, 27283, 27287, 27293,
27299, 27301, 27305, 27309, 27311, 27313, 27317, 27319, 27331, 27335,
27337, 27341, 27345, 27347, 27349, 27351, 27355, 27357, 27363, 27365,
27367, 27371, 27373, 27383, 27391, 27397, 27413, 27415, 27417, 27419,
27421, 27429, 27433, 27437, 27445, 27451, 27455, 27457, 27459, 27461,
27471, 27473, 27475, 27479, 27481, 27483, 27485, 27487, 27491, 27495,
27497, 27503, 27507, 27509, 27511, 27513, 27515, 27517, 27519, 27521,
27523, 27527, 27529, 27533, 27539, 27541, 27547, 27555, 27559, 27565,
27567, 27569, 27571, 27573, 27581, 27589, 27591, 27593, 27595, 27597,
27599, 27601, 27605, 27607, 27609, 27613, 27615, 27621, 27623, 27625,
27633, 27637, 27643, 27647, 27651, 27653, 27659, 27663, 27667, 27669,
27673, 27677, 27681, 27683, 27685, 27689, 27691, 27695, 27697, 27701,
27715, 27717, 27719, 27721, 27723, 27727, 27729, 27731, 27733, 27737,
27739, 27745, 27749, 27751, 27753, 27755, 27759, 27761, 27765, 27767,
27771, 27775, 27789, 27791, 27793, 27795, 27797, 27801, 27803, 27811,
27813, 27819, 27821, 27823, 27825, 27829, 27833, 27835, 27837, 27839,
27841, 27845, 27847, 27849, 27857, 27859, 27867, 27871, 27873, 27877,
27879, 27881, 27885, 27889, 27895, 27897, 27899, 27901, 27905, 27913,
27919, 27921, 27923, 27929, 27933, 27953, 27955, 27959, 27961, 27963,
27973, 27977, 27985, 27987, 27989, 27997, 28005, 28007, 28015, 28021,
28023, 28025, 28029, 28031, 28037, 28043, 28045, 28057, 28059, 28061,
28065, 28067, 28071, 28077, 28079, 28089, 28091, 28103, 28105, 28109,
28113, 28121, 28125, 28127, 28137, 28139, 28143, 28153, 28159, 28163,
28165, 28167, 28171, 28173, 28175, 28179, 28189, 28191, 28199, 28201,
28203, 28205, 28211, 28213, 28215, 28217, 28223, 28227, 28231, 28243,
28245, 28251, 28255, 28263, 28267, 28271, 28291, 28293, 28297, 28299,
28313, 28319, 28321, 28323, 28327, 28331, 28333, 28335, 28337, 28339,
28345, 28349, 28357, 28363, 28365, 28369, 28371, 28373, 28375, 28381,
28383, 28385, 28389, 28397, 28403, 28405, 28407, 28409, 28411, 28417,
28419, 28429, 28431, 28433, 28435, 28437, 28443, 28447, 28457, 28461,
28465, 28467, 28473, 28477, 28479, 28481, 28483, 28485, 28489, 28491,
28493, 28499, 28501, 28505, 28511, 28513, 28515, 28517, 28519, 28525,
28527, 28529, 28531, 28533, 28535, 28547, 28549, 28551, 28553, 28557,
28559, 28565, 28567, 28569, 28571, 28573, 28575, 28581, 28585, 28587,
28593, 28597, 28603, 28605, 28607, 28609, 28611, 28613, 28617, 28621,
28623, 28629, 28635, 28639, 28641, 28647, 28649, 28653, 28655, 28661,
28663, 28665, 28671, 28673, 28677, 28679, 28683, 28687, 28693, 28697,
28699, 28709, 28711, 28713, 28715, 28717, 28719, 28727, 28735, 28741,
28745, 28747, 28751, 28759, 28761, 28769, 28771, 28773, 28775, 28781,
28783, 28785, 28787, 28793, 28795, 28801, 28809, 28811, 28813, 28819,
28821, 28823, 28825, 28827, 28829, 28833, 28839, 28841, 28847, 28855,

28859, 28861, 28865, 28871, 28875, 28883, 28893, 28901, 28903, 28909,
28913, 28917, 28921, 28923, 28925, 28929, 28933, 28935, 28939, 28941,
28943, 28945, 28947, 28951, 28953, 28955, 28957, 28959, 28963, 28965,
28971, 28973, 28975, 28979, 28985, 28991, 28993, 28995, 28997, 28999,
29005, 29015, 29017, 29021, 29023, 29025, 29027, 29029, 29037, 29039,
29043, 29047, 29049, 29051, 29061, 29063, 29065, 29071, 29073, 29075,
29079, 29083, 29085, 29087, 29095, 29097, 29099, 29105, 29113, 29117,
29125, 29127, 29129, 29135, 29137, 29141, 29145, 29147, 29153, 29155,
29159, 29165, 29167, 29173, 29185, 29189, 29193, 29195, 29201, 29207,
29213, 29215, 29217, 29219, 29223, 29229, 29233, 29245, 29249, 29255,
29257, 29261, 29263, 29265, 29267, 29269, 29277, 29281, 29285, 29287,
29289, 29297, 29307, 29309, 29313, 29317, 29319, 29321, 29323, 29329,
29331, 29337, 29339, 29341, 29345, 29349, 29353, 29355, 29359, 29361,
29363, 29369, 29375, 29379, 29381, 29383, 29385, 29389, 29391, 29393,
29397, 29401, 29403, 29405, 29425, 29427, 29429, 29433, 29435, 29437,
29445, 29447, 29451, 29457, 29459, 29463, 29467, 29469, 29471, 29475,
29479, 29481, 29483, 29487, 29489, 29491, 29493, 29497, 29499, 29513,
29517, 29519, 29521, 29525, 29531, 29533, 29535, 29537, 29547, 29549,
29551, 29553, 29561, 29571, 29573, 29575, 29577, 29579, 29581, 29583,
29585, 29587, 29589, 29591, 29593, 29595, 29597, 29599, 29603, 29607,
29613, 29615, 29619, 29621, 29625, 29627, 29631, 29633, 29639, 29647,
29653, 29657, 29659, 29661, 29669, 29671, 29675, 29679, 29681, 29691,
29693, 29701, 29711, 29727, 29731, 29735, 29737, 29743, 29747, 29749,
29763, 29769, 29773, 29781, 29785, 29789, 29793, 29795, 29801, 29807,
29809, 29815, 29817, 29819, 29825, 29827, 29829, 29831, 29835, 29843,
29845, 29847, 29849, 29851, 29853, 29857, 29859, 29861, 29863, 29869,
29871, 29877, 29883, 29887, 29893, 29901, 29903, 29905, 29911, 29913,
29915, 29919, 29921, 29925, 29927, 29929, 29931, 29935, 29941, 29945,
29947, 29949, 29957, 29959, 29963, 29965, 29967, 29969, 29977, 29979,
29981, 29983, 29987, 29991, 29997, 29999, 30007, 30009, 30019, 30029,
30037, 30041, 30043, 30047, 30059, 30063, 30065, 30067, 30069, 30075,
30083, 30085, 30091, 30093, 30095, 30101, 30103, 30107, 30109, 30111,
30115, 30117, 30123, 30125, 30127, 30129, 30139, 30145, 30151, 30153,
30157, 30161, 30165, 30167, 30179, 30181, 30189, 30193, 30195, 30199,
30201, 30203, 30205, 30207, 30209, 30215, 30217, 30219, 30221, 30223,
30231, 30233, 30237, 30239, 30241, 30245, 30253, 30255, 30259, 30261,
30267, 30273, 30275, 30279, 30285, 30295, 30297, 30301, 30319, 30323,
30331, 30333, 30339, 30343, 30347, 30351, 30355, 30363, 30365, 30367,
30369, 30375, 30377, 30381, 30383, 30385, 30405, 30409, 30411, 30413,
30415, 30417, 30419, 30421, 30425, 30433, 30437, 30439, 30441, 30443,
30449, 30451, 30453, 30455, 30465, 30469, 30473, 30475, 30481, 30483,
30487, 30493, 30497, 30505, 30511, 30513, 30515, 30519, 30521, 30523,
30535, 30545, 30555, 30563, 30567, 30571, 30573, 30579, 30581, 30583,
30585, 30587, 30591, 30605, 30609, 30613, 30623, 30627, 30629, 30631,
30641, 30643, 30645, 30649, 30663, 30665, 30671, 30673, 30677, 30685,
30689, 30691, 30697, 30705, 30707, 30711, 30723, 30725, 30727, 30729,
30735, 30737, 30739, 30743, 30745, 30747, 30751, 30753, 30755, 30763,
30775, 30781, 30783, 30785, 30787, 30789, 30791, 30793, 30795, 30797,
30799, 30801, 30807, 30811, 30813, 30819, 30823, 30827, 30829, 30833,
30837, 30841, 30843, 30845, 30851, 30855, 30857, 30861, 30863, 30867,
30869, 30871, 30873, 30875, 30877, 30879, 30881, 30883, 30885, 30887,
30889, 30891, 30893, 30895, 30901, 30903, 30911, 30913, 30917, 30921,
30923, 30927, 30933, 30937, 30939, 30941, 30943, 30945, 30947, 30951,
30953, 30957, 30959, 30961, 30963, 30965, 30969, 30985, 30987, 30989,
30993, 30999, 31003, 31005, 31011, 31013, 31015, 31021, 31023, 31025,
31027, 31029, 31031, 31033, 31037, 31039, 31041, 31043, 31049, 31053,
31055, 31057, 31059, 31069, 31071, 31073, 31077, 31079, 31083, 31089,
31093, 31099, 31105, 31107, 31109, 31111, 31117, 31119, 31123, 31125,
31127, 31131, 31133, 31137, 31139, 31143, 31145, 31147, 31153, 31157,
31163, 31165, 31167, 31169, 31183, 31187, 31191, 31193, 31201, 31205,
31209, 31211, 31215, 31223, 31225, 31233, 31235, 31237, 31241, 31247,
31251, 31255, 31257, 31259, 31261, 31263, 31265, 31267, 31271, 31277,
31279, 31281, 31283, 31285, 31289, 31291, 31297, 31301, 31305, 31307,
31311, 31313, 31315, 31319, 31323, 31329, 31333, 31335, 31341, 31343,
31347, 31349, 31351, 31357, 31361, 31365, 31383, 31389, 31391, 31393,
31395, 31397, 31399, 31401, 31403, 31405, 31407, 31411, 31413, 31415,
31419, 31423, 31425, 31427, 31429, 31433, 31435, 31437, 31443, 31451,
31455, 31457, 31461, 31463, 31469, 31471, 31477, 31483, 31487, 31497,
31499, 31501, 31503, 31509, 31511, 31513, 31515, 31525, 31527, 31529,
31531, 31535, 31537, 31541, 31545, 31551, 31553, 31555, 31557, 31561,
31563, 31565, 31577, 31579, 31581, 31585, 31591, 31593, 31597, 31601,
31603, 31607, 31609, 31611, 31615, 31617, 31629, 31631, 31633, 31653,
31655, 31659, 31665, 31669, 31671, 31675, 31697, 31701, 31703, 31705,

851

31707, 31709, 31723, 31725, 31727, 31735, 31743, 31745, 31747, 31759, 31763, 31765, 31767, 31779, 31781, 31789, 31791, 31797, 31801, 31803, 31805, 31809, 31811, 31825, 31827, 31833, 31835, 31839, 31841, 31843, 31845, 31847, 31851, 31857, 31859, 31861, 31863, 31869, 31871, 31873, 31875, 31881, 31885, 31887, 31889, 31891, 31893, 31895, 31899, 31905, 31907, 31909, 31911, 31915, 31917, 31921, 31923, 31925, 31937, 31943, 31949, 31953, 31963, 31967, 31971, 31989, 32003, 32005, 32007, 32009, 32011, 32013, 32017, 32021, 32025, 32027, 32033, 32045, 32051, 32063, 32065, 32069, 32071, 32077, 32079, 32083, 32089, 32091, 32093, 32095, 32099, 32105, 32107, 32109, 32115, 32123, 32125, 32133, 32135, 32137, 32139, 32145, 32147, 32155, 32159, 32161, 32163, 32165, 32169, 32171, 32181, 32183, 32185, 32199, 32201, 32211, 32213, 32219, 32227, 32229, 32233, 32235, 32241, 32243, 32245, 32247, 32251, 32255, 32257, 32267, 32273, 32283, 32289, 32291, 32297, 32299, 32301, 32303, 32307, 32309, 32311, 32313, 32319, 32329, 32337, 32339, 32343, 32345, 32347, 32349, 32351, 32353, 32355, 32361, 32365, 32367, 32369, 32371, 32381, 32389, 32391, 32393, 32395, 32397, 32399, 32405, 32409, 32417, 32419, 32421, 32423, 32425, 32427, 32429, 32443, 32451, 32453, 32455, 32459, 32461, 32469, 32477, 32479, 32483, 32485, 32493, 32495, 32497, 32499, 32503, 32505, 32513, 32519, 32523, 32525, 32527, 32533, 32535, 32537, 32539, 32541, 32543, 32547, 32549, 32551, 32563, 32565, 32569, 32597, 32609, 32615, 32625, 32627, 32629, 32637, 32639, 32645, 32649, 32651, 32655, 32657, 32659, 32661, 32663, 32667, 32677, 32681, 32685, 32689, 32699, 32701, 32703, 32705, 32731, 32735, 32737, 32739, 32741, 32743, 32745, 32751, 32755, 32757, 32759, 32761, 32765, 32767, 32769, 32771, 32775, 32779, 32781, 32783, 32785, 32787, 32789, 32795, 32805, 32811, 32817, 32823, 32825, 32827, 32835, 32845, 32847, 32849, 32851, 32853, 32857, 32861, 32863, 32867, 32875, 32877, 32879, 32883, 32889, 32895, 32897, 32899, 32901, 32903, 32911, 32915, 32919, 32921, 32923, 32927, 32931, 32933, 32935, 32937, 32949, 32951, 32955, 32961, 32965, 32979, 32983, 32987, 33001, 33009, 33011, 33013, 33017, 33019, 33021, 33023, 33025, 33027, 33029, 33035, 33041, 33043, 33045, 33049, 33055, 33057, 33059, 33061, 33063, 33065, 33067, 33069, 33071, 33073, 33077, 33079, 33081, 33083, 33085, 33087, 33095, 33097, 33099, 33103, 33105, 33107, 33119, 33121, 33123, 33125, 33127, 33129, 33133, 33135, 33137, 33139, 33145, 33151, 33159, 33161, 33165, 33171, 33173, 33177, 33179, 33191, 33193, 33197, 33199, 33205, 33211, 33213, 33215, 33217, 33219, 33223, 33237, 33239, 33241, 33243, 33245, 33249, 33253, 33259, 33265, 33269, 33271, 33275, 33277, 33279, 33281, 33283, 33289, 33291, 33295, 33297, 33301, 33307, 33309, 33311, 33313, 33315, 33325, 33329, 33333, 33337, 33349, 33357, 33381, 33383, 33385, 33387, 33389, 33395, 33401, 33403, 33405, 33419, 33421, 33423, 33425, 33435, 33437, 33439, 33441, 33447, 33449, 33451, 33453, 33455, 33457, 33465, 33469, 33477, 33483, 33489, 33491, 33493, 33495, 33497, 33499, 33503, 33509, 33519, 33521, 33529, 33533, 33539, 33543, 33545, 33549, 33551, 33555, 33559, 33561, 33563, 33567, 33571, 33577, 33593, 33601, 33609, 33611, 33613, 33617, 33627, 33629, 33631, 33633, 33635, 33641, 33643, 33645, 33649, 33651, 33659, 33663, 33671, 33673, 33681, 33691, 33693, 33697, 33707, 33717, 33721, 33723, 33725, 33727, 33729, 33735, 33741, 33745, 33749, 33751, 33755, 33759, 33761, 33763, 33765, 33767, 33771, 33775, 33777, 33783, 33789, 33791, 33793, 33795, 33797, 33801, 33805, 33807, 33813, 33821, 33825, 33829, 33831, 33833, 33835, 33837, 33839, 33843, 33845, 33847, 33853, 33857, 33859, 33865, 33867, 33869, 33871, 33873, 33875, 33881, 33887, 33889, 33891, 33895, 33905, 33911, 33915, 33917, 33923, 33927, 33929, 33931, 33939, 33941, 33945, 33947, 33955, 33957, 33973, 33977, 33979, 33983, 33985, 33987, 33989, 33991, 33995, 34005, 34007, 34015, 34017, 34019, 34023, 34025, 34027, 34037, 34043, 34045, 34047, 34049, 34061, 34071, 34075, 34077, 34079, 34083, 34085, 34093, 34097, 34099, 34101, 34111, 34113, 34117, 34119, 34121, 34123, 34125, 34127, 34129, 34133, 34135, 34137, 34139, 34141, 34147, 34149, 34155, 34159, 34161, 34171, 34173, 34175, 34177, 34179, 34181, 34185, 34189, 34193, 34195, 34197, 34199, 34203, 34221, 34223, 34225, 34227, 34229, 34231, 34235, 34239, 34241, 34243, 34249, 34251, 34253, 34255, 34263, 34265, 34269, 34271, 34273, 34277, 34279, 34281, 34289, 34291, 34293, 34295, 34297, 34299, 34301, 34307, 34309, 34313, 34315, 34317, 34319, 34321, 34323, 34333, 34339, 34353, 34361, 34363, 34381, 34383, 34385, 34387, 34391, 34395, 34397, 34399, 34401, 34403, 34407, 34409, 34411, 34419, 34421, 34425, 34427, 34429, 34431, 34433, 34437, 34439, 34441, 34443, 34449, 34451, 34453, 34461, 34463, 34467, 34475, 34477, 34483, 34485, 34489, 34491, 34493, 34497, 34505, 34511, 34513, 34515, 34519, 34521, 34523, 34527, 34529, 34539, 34547, 34589, 34599, 34601, 34613, 34617, 34623, 34625, 34635, 34643, 34659, 34661, 34663, 34665, 34667, 34669, 34671, 34673, 34683, 34685, 34687, 34689, 34693, 34695, 34699, 34701, 34713, 34715, 34717,

34719, 34721, 34737, 34741, 34743, 34755, 34757, 34759, 34761, 34763, 34765, 34777, 34781, 34783, 34785, 34787, 34789, 34795, 34797, 34799, 34803, 34805, 34807, 34819, 34821, 34825, 34833, 34841, 34843, 34847, 34865, 34867, 34869, 34871, 34885, 34887, 34891, 34893, 34895, 34897, 34899, 34901, 34903, 34917, 34919, 34923, 34925, 34935, 34941, 34943, 34945, 34947, 34949, 34951, 34961, 34963, 34967, 34971, 34981, 34991, 34993, 34995, 34997, 35005, 35009, 35011, 35029, 35033, 35035, 35037, 35039, 35049, 35053, 35055, 35059, 35063, 35073, 35075, 35077, 35089, 35093, 35095, 35099, 35105, 35107, 35109, 35111, 35115, 35123, 35127, 35133, 35135, 35147, 35151, 35155, 35157, 35161, 35165, 35169, 35175, 35179, 35181, 35187, 35205, 35207, 35209, 35217, 35219, 35221, 35223, 35233, 35235, 35237, 35245, 35259, 35261, 35265, 35267, 35273, 35275, 35277, 35279, 35283, 35285, 35289, 35291, 35293, 35295, 35297, 35299, 35301, 35303, 35305, 35307, 35311, 35321, 35325, 35327, 35329, 35349, 35353, 35357, 35361, 35363, 35367, 35371, 35373, 35375, 35379, 35385, 35389, 35391, 35393, 35397, 35409, 35411, 35423, 35431, 35433, 35435, 35437, 35443, 35445, 35447, 35451, 35457, 35459, 35461, 35463, 35467, 35475, 35479, 35481, 35483, 35485, 35495, 35497, 35499, 35501, 35503, 35505, 35507, 35511, 35517, 35519, 35521, 35533, 35537, 35543, 35545, 35563, 35569, 35571, 35573, 35587, 35589, 35595, 35597, 35603, 35605, 35607, 35611, 35613, 35617, 35627, 35629, 35631, 35635, 35643, 35645, 35651, 35659, 35661, 35663, 35665, 35667, 35675, 35677, 35685, 35695, 35697, 35701, 35703, 35705, 35717, 35719, 35723, 35725, 35727, 35731, 35733, 35735, 35745, 35747, 35753, 35757, 35767, 35769, 35771, 35781, 35791, 35793, 35799, 35803, 35807, 35809, 35811, 35813, 35815, 35817, 35829, 35831, 35833, 35835, 35837, 35841, 35843, 35845, 35847, 35851, 35853, 35871, 35877, 35883, 35885, 35897, 35901, 35907, 35909, 35911, 35927, 35931, 35935, 35945, 35947, 35957, 35967, 35977, 35979, 35981, 35983, 35991, 35995, 35997, 36003, 36007, 36009, 36011, 36013, 36015, 36027, 36029, 36031, 36033, 36035, 36037, 36039, 36045, 36051, 36055, 36059, 36071, 36079, 36081, 36085, 36089, 36091, 36093, 36095, 36097, 36107, 36109, 36121, 36125, 36127, 36129, 36137, 36141, 36143, 36149, 36151, 36153, 36155, 36161, 36163, 36165, 36167, 36171, 36175, 36177, 36179, 36185, 36187, 36189, 36191, 36193, 36197, 36203, 36211, 36215, 36217, 36231, 36237, 36245, 36247, 36251, 36257, 36265, 36271, 36273, 36283, 36289, 36291, 36299, 36303, 36307, 36311, 36319, 36321, 36323, 36325, 36327, 36329, 36331, 36341, 36343, 36345, 36347, 36349, 36351, 36353, 36365, 36369, 36371, 36377, 36379, 36389, 36391, 36395, 36399, 36405, 36407, 36409, 36411, 36413, 36415, 36419, 36427, 36429, 36431, 36433, 36435, 36439, 36441, 36453, 36455, 36457, 36459, 36463, 36465, 36469, 36475, 36477, 36479, 36481, 36483, 36489, 36493, 36495, 36497, 36499, 36501, 36511, 36513, 36517, 36519, 36521, 36523, 36531, 36537, 36539, 36541, 36547, 36553, 36555, 36557, 36559, 36561, 36563, 36565, 36569, 36573, 36581, 36583, 36585, 36587, 36589, 36591, 36593, 36595, 36599, 36605, 36607, 36611, 36621, 36623, 36627, 36633, 36639, 36643, 36645, 36647, 36657, 36659, 36667, 36669, 36693, 36695, 36709, 36711, 36713, 36715, 36735, 36739, 36741, 36749, 36753, 36755, 36759, 36761, 36763, 36765, 36773, 36785, 36787, 36789, 36801, 36807, 36809, 36811, 36819, 36823, 36827, 36829, 36833, 36847, 36849, 36851, 36853, 36855, 36871, 36873, 36875, 36877, 36879, 36883, 36887, 36889, 36899, 36901, 36903, 36911, 36915, 36921, 36923, 36927, 36929, 36933, 36935, 36939, 36943, 36945, 36951, 36955, 36957, 36965, 36967, 36969, 36971, 36973, 36981, 36983, 36985, 36987, 37001, 37003, 37005, 37017, 37021, 37023, 37037, 37041, 37051, 37053, 37055, 37071, 37073, 37083, 37087, 37091, 37103, 37105, 37107, 37109, 37119, 37127, 37129, 37133, 37135, 37137, 37139, 37151, 37169, 37171, 37173, 37175, 37177, 37181, 37189, 37193, 37199, 37201, 37205, 37207, 37209, 37213, 37215, 37221, 37227, 37229, 37233, 37235, 37237, 37243, 37245, 37247, 37261, 37271, 37273, 37275, 37279, 37281, 37293, 37295, 37297, 37301, 37303, 37305, 37307, 37311, 37317, 37319, 37321, 37323, 37341, 37345, 37353, 37357, 37359, 37363, 37367, 37371, 37373, 37375, 37377, 37379, 37393, 37395, 37397, 37399, 37401, 37411, 37413, 37415, 37419, 37425, 37427, 37429, 37449, 37455, 37457, 37465, 37471, 37473, 37475, 37477, 37481, 37483, 37491, 37493, 37497, 37501, 37503, 37505, 37507, 37509, 37521, 37523, 37525, 37527, 37531, 37533, 37537, 37539, 37541, 37549, 37551, 37553, 37561, 37563, 37571, 37581, 37589, 37593, 37597, 37605, 37607, 37609, 37611, 37617, 37619, 37629, 37633, 37635, 37637, 37645, 37649, 37651, 37655, 37657, 37659, 37665, 37667, 37669, 37671, 37673, 37681, 37683, 37687, 37689, 37699, 37701, 37703, 37713, 37723, 37727, 37729, 37735, 37737, 37741, 37747, 37749, 37753, 37769, 37771, 37779, 37783, 37785, 37791, 37793, 37797, 37801, 37803, 37813, 37817, 37819, 37821, 37823, 37825, 37829, 37841, 37845, 37847, 37851, 37857, 37865, 37867, 37871, 37883, 37885, 37887, 37889, 37891, 37893, 37895, 37903, 37905, 37907, 37911, 37913, 37915,

37923, 37939, 37941, 37943, 37945, 37947, 37969, 37971, 37973, 37991, 37993, 37997, 37999, 38001, 38003, 38007, 38015, 38017, 38019, 38021, 38025, 38029, 38033, 38035, 38037, 38041, 38043, 38053, 38057, 38061, 38071, 38073, 38085, 38091, 38093, 38097, 38107, 38111, 38113, 38115, 38117, 38123, 38129, 38135, 38141, 38143, 38145, 38147, 38153, 38165, 38173, 38175, 38177, 38189, 38191, 38193, 38207, 38209, 38213, 38215, 38219, 38221, 38231, 38235, 38241, 38253, 38259, 38261, 38263, 38265, 38269, 38275, 38283, 38287, 38297, 38299, 38301, 38307, 38311, 38313, 38317, 38329, 38331, 38335, 38339, 38345, 38349, 38355, 38357, 38361, 38365, 38369, 38371, 38373, 38375, 38377, 38379, 38381, 38389, 38397, 38399, 38409, 38411, 38413, 38415, 38417, 38419, 38421, 38423, 38429, 38443, 38445, 38447, 38455, 38461, 38463, 38465, 38471, 38485, 38489, 38491, 38493, 38495, 38497, 38509, 38511, 38515, 38517, 38521, 38531, 38535, 38537, 38539, 38541, 38551, 38557, 38561, 38565, 38569, 38571, 38575, 38581, 38591, 38597, 38601, 38603, 38609, 38613, 38621, 38625, 38627, 38629, 38631, 38633, 38645, 38651, 38655, 38657, 38667, 38669, 38671, 38673, 38675, 38687, 38689, 38701, 38707, 38711, 38725, 38733, 38735, 38737, 38743, 38759, 38761, 38777, 38781, 38783, 38789, 38791, 38797, 38801, 38803, 38805, 38815, 38817, 38821, 38835, 38837, 38847, 38849, 38851, 38869, 38871, 38873, 38883, 38901, 38913, 38927, 38929, 38931, 38933, 38949, 38955, 38957, 38959, 38983, 38989, 38991, 38997, 39017, 39019, 39025, 39031, 39041, 39043, 39063, 39067, 39069, 39075, 39077, 39081, 39093, 39095, 39109, 39121, 39123, 39125, 39127, 39151, 39153, 39157, 39161, 39163, 39177, 39179, 39185, 39193, 39201, 39205, 39207, 39211, 39213, 39225, 39229, 39247, 39267, 39281, 39283, 39287, 39293, 39299, 39301, 39307, 39315, 39317, 39319, 39335, 39337, 39347, 39351, 39355, 39359, 39361, 39363, 39373, 39375, 39377, 39379, 39395, 39401, 39429, 39435, 39447, 39469, 39473, 39477, 39481, 39483, 39487, 39493, 39495, 39499, 39497, 39517, 39525, 39529, 39531, 39539, 39541, 39543, 39545, 39547, 39557, 39563, 39569, 39575, 39577, 39579, 39581, 39583, 39585, 39587, 39597, 39605, 39609, 39611, 39627, 39635, 39639, 39641, 39643, 39645, 39649, 39659, 39667, 39671, 39675, 39681, 39683, 39691, 39695, 39697, 39699, 39701, 39703, 39731, 39735, 39741, 39743, 39745, 39747, 39767, 39769, 39777, 39779, 39781, 39783, 39791, 39793, 39795, 39809, 39815, 39827, 39841, 39847, 39851, 39861, 39863, 39865, 39873, 39881, 39883, 39887, 39893, 39901, 39915, 39917, 39921, 39927, 39933, 39935, 39937, 39943, 39947, 39959, 39963, 39973, 39987, 39989, 39993, 39997, 40003, 40007, 40017, 40019, 40029, 40035, 40039, 40043, 40045, 40049, 40055, 40057, 40063, 40075, 40083, 40085, 40089, 40097, 40099, 40105, 40107, 40119, 40121, 40123, 40125, 40137, 40143, 40151, 40159, 40169, 40171, 40181, 40183, 40187, 40197, 40199, 40201, 40203, 40205, 40217, 40219, 40227, 40229, 40235, 40237, 40239, 40245, 40249, 40253, 40255, 40263, 40265, 40267, 40281, 40291, 40293, 40295, 40307, 40315, 40325, 40327, 40355, 40359, 40363, 40365, 40369, 40381, 40395, 40399, 40403, 40419, 40421, 40427, 40431, 40443, 40449, 40451, 40457, 40461, 40465, 40469, 40471, 40493, 40497, 40499, 40503, 40513, 40525, 40531, 40539, 40541, 40545, 40547, 40551, 40553, 40559, 40561, 40567, 40571, 40585, 40587, 40589, 40597, 40603, 40607, 40613, 40615, 40617, 40619, 40621, 40623, 40625, 40629, 40631, 40637, 40643, 40659, 40667, 40671, 40683, 40689, 40691, 40693, 40705, 40713, 40715, 40717, 40723, 40725, 40727, 40729, 40747, 40749, 40753, 40755, 40759, 40779, 40789, 40809, 40813, 40825, 40829, 40831, 40833, 40835, 40843, 40845, 40853, 40855, 40859, 40865, 40867, 40869, 40881, 40895, 40899, 40901, 40905, 40919, 40929, 40937, 40971, 40973, 40983, 40989, 41005, 41007, 41011, 41023, 41035, 41037, 41043, 41059, 41069, 41077, 41091, 41093, 41095, 41107, 41113, 41121, 41127, 41129, 41145, 41147, 41149, 41151, 41153, 41157, 41165, 41171, 41173, 41175, 41177, 41179, 41197, 41201, 41227, 41229, 41237, 41239, 41247, 41253, 41259, 41261, 41267, 41273, 41281, 41283, 41287, 41293, 41301, 41303, 41305, 41307, 41327, 41339, 41341, 41343, 41345, 41361, 41369, 41373, 41375, 41389, 41391, 41393, 41411, 41413, 41417, 41419, 41423, 41439, 41453, 41455, 41457, 41463, 41479, 41481, 41483, 41501, 41505, 41509, 41523, 41531, 41535, 41537, 41545, 41551, 41555, 41557, 41563, 41567, 41571, 41583, 41585, 41587, 41599, 41603, 41607, 41611, 41613, 41617, 41625, 41627, 41631, 41635, 41637, 41639, 41647, 41649, 41653, 41659, 41663, 41667, 41677, 41681, 41683, 41687, 41695, 41703, 41715, 41719, 41723, 41725, 41731, 41733, 41739, 41741, 41759, 41765, 41767, 41769, 41777, 41781, 41783, 41785, 41787, 41793, 41807, 41809, 41811, 41819, 41821, 41823, 41829, 41831, 41843, 41849, 41851, 41859, 41861, 41877, 41879, 41881, 41883, 41885, 41887, 41897, 41907, 41911, 41913, 41915, 41923, 41929, 41935, 41937, 41941, 41945, 41951, 41953, 41955, 41959, 41963, 41965, 41967, 41969, 41973, 41979, 41981, 41983, 41987, 41989, 41991, 41993, 41999, 42001, 42005, 42007, 42009, 42011, 42013, 42023, 42031, 42035, 42039, 42041, 42043, 42045,

42047, 42049, 42051, 42057, 42059, 42063, 42065, 42067, 42069, 42073, 42077, 42079, 42087, 42089, 42091, 42105, 42107, 42109, 42111, 42113, 42127, 42129, 42131, 42133, 42147, 42149, 42151, 42153, 42155, 42157, 42161, 42163, 42165, 42167, 42169, 42171, 42175, 42177, 42179, 42185, 42191, 42193, 42195, 42197, 42199, 42207, 42209, 42215, 42217, 42221, 42227, 42229, 42233, 42235, 42237, 42239, 42243, 42253, 42255, 42257, 42259, 42261, 42263, 42265, 42267, 42269, 42273, 42277, 42279, 42281, 42285, 42287, 42289, 42291, 42293, 42297, 42299, 42303, 42305, 42307, 42309, 42313, 42315, 42319, 42321, 42323, 42325, 42327, 42329, 42331, 42333, 42335, 42337, 42341, 42347, 42357, 42367, 42371, 42375, 42377, 42381, 42385, 42387, 42397, 42401, 42405, 42407, 42409, 42421, 42425, 42427, 42431, 42435, 42437, 42439, 42451, 42453, 42455, 42459, 42461, 42463, 42467, 42471, 42473, 42483, 42485, 42487, 42489, 42491, 42493, 42499, 42503, 42505, 42513, 42515, 42517, 42519, 42521, 42523, 42527, 42529, 42531, 42535, 42539, 42541, 42547, 42549, 42553, 42555, 42557, 42559, 42561, 42563, 42567, 42569, 42571, 42573, 42575, 42577, 42583, 42585, 42591, 42593, 42597, 42599, 42601, 42603, 42607, 42609, 42611, 42613, 42615, 42623, 42625, 42627, 42629, 42631, 42633, 42635, 42637, 42641, 42645, 42647, 42649, 42651, 42655, 42657, 42661, 42663, 42665, 42667, 42669, 42673, 42679, 42683, 42685, 42687, 42689, 42691, 42693, 42695, 42699, 42701, 42705, 42707, 42709, 42711, 42721, 42723, 42725, 42729, 42731, 42737, 42739, 42741, 42743, 42745, 42747, 42749, 42751, 42753, 42757, 42759, 42763, 42765, 42771, 42775, 42777, 42779, 42781, 42783, 42785, 42787, 42789, 42793, 42797, 42799, 42803, 42805, 42811, 42813, 42815, 42819, 42821, 42823, 42827, 42829, 42831, 42833, 42835, 42837, 42839, 42851, 42853, 42855, 42859, 42861, 42865, 42867, 42873, 42877, 42879, 42881, 42883, 42889, 42891, 42893, 42895, 42897, 42899, 42901, 42903, 42905, 42907, 42909, 42911, 42913, 42915, 42917, 42919, 42923, 42925, 42929, 42937, 42941, 42943, 42945, 42949, 42953, 42957, 42961, 42963, 42967, 42973, 42975, 42977, 42985, 42987, 42991, 42995, 42997, 42999, 43001, 43003, 43005, 43007, 43009, 43013, 43015, 43017, 43019, 43025, 43035, 43037, 43039, 43041, 43043, 43045, 43047, 43049, 43051, 43053, 43061, 43063, 43065, 43071, 43073, 43075, 43077, 43087, 43095, 43097, 43099, 43101, 43103, 43105, 43107, 43109, 43113, 43119, 43121, 43127, 43129, 43131, 43133, 43141, 43149, 43159, 43161, 43163, 43165, 43167, 43169, 43171, 43173, 43175, 43181, 43183, 43187, 43189, 43193, 43197, 43205, 43207, 43225, 43227, 43229, 43235, 43245, 43251, 43253, 43255, 43267, 43271, 43277, 43279, 43281, 43283, 43289, 43291, 43295, 43297, 43299, 43305, 43307, 43313, 43315, 43317, 43319, 43321, 43325, 43335, 43347, 43349, 43353, 43355, 43357, 43359, 43361, 43377, 43381, 43383, 43391, 43393, 43395, 43399, 43405, 43411, 43415, 43417, 43421, 43425, 43427, 43429, 43433, 43435, 43437, 43453, 43457, 43459, 43461, 43463, 43467, 43471, 43475, 43479, 43483, 43487, 43489, 43495, 43497, 43499, 43501, 43509, 43511, 43521, 43525, 43527, 43529, 43531, 43533, 43537, 43541, 43545, 43551, 43557, 43559, 43577, 43579, 43581, 43583, 43585, 43587, 43589, 43597, 43599, 43601, 43603, 43605, 43609, 43611, 43615, 43619, 43623, 43627, 43629, 43631, 43633, 43637, 43639, 43641, 43643, 43645, 43647, 43651, 43655, 43657, 43661, 43663, 43669, 43671, 43673, 43675, 43677, 43685, 43691, 43699, 43701, 43703, 43705, 43707, 43709, 43711, 43715, 43727, 43731, 43733, 43735, 43739, 43741, 43745, 43751, 43753, 43755, 43757, 43759, 43761, 43763, 43765, 43771, 43775, 43779, 43783, 43785, 43805, 43807, 43809, 43813, 43815, 43817, 43819, 43827, 43831, 43833, 43835, 43839, 43849, 43861, 43863, 43865, 43867, 43869, 43871, 43875, 43877, 43885, 43887, 43891, 43893, 43895, 43897, 43899, 43901, 43911, 43915, 43917, 43919, 43921, 43923, 43929, 43933, 43945, 43947, 43951, 43959, 43963, 43965, 43969, 43971, 43973, 43977, 43979, 43981, 43989, 43993, 44005, 44011, 44013, 44017, 44019, 44025, 44029, 44031, 44037, 44041, 44043, 44051, 44055, 44057, 44061, 44067, 44069, 44071, 44081, 44083, 44085, 44095, 44103, 44107, 44109, 44115, 44117, 44119, 44125, 44127, 44129, 44131, 44147, 44149, 44153, 44155, 44163, 44169, 44173, 44181, 44187, 44189, 44195, 44197, 44203, 44205, 44207, 44209, 44211, 44217, 44225, 44227, 44235, 44239, 44245, 44247, 44251, 44253, 44265, 44267, 44275, 44277, 44279, 44281, 44283, 44285, 44287, 44289, 44291, 44293, 44297, 44299, 44301, 44303, 44319, 44325, 44333, 44337, 44339, 44351, 44353, 44357, 44359, 44361, 44373, 44375, 44381, 44383, 44391, 44405, 44407, 44409, 44415, 44419, 44423, 44425, 44427, 44431, 44433, 44441, 44445, 44449, 44451, 44481, 44485, 44487, 44497, 44503, 44507, 44509, 44515, 44519, 44521, 44523, 44525, 44529, 44531, 44535, 44537, 44551, 44559, 44561, 44563, 44569, 44571, 44575, 44585, 44587, 44589, 44591, 44595, 44597, 44599, 44601, 44603, 44607, 44609, 44613, 44615, 44617, 44619, 44621, 44627, 44629, 44633, 44635, 44641, 44643, 44647, 44655, 44657, 44667, 44675, 44677, 44679, 44681, 44687, 44689, 44691, 44693, 44695, 44701, 44703, 44709, 44717, 44721,

853

44733, 44735, 44739, 44741, 44745, 44751, 44753, 44767, 44769, 44773, 44777, 44779, 44785, 44787, 44793, 44797, 44803, 44805, 44807, 44823, 44825, 44827, 44839, 44845, 44847, 44853, 44855, 44861, 44863, 44865, 44867, 44871, 44873, 44875, 44883, 44885, 44887, 44891, 44893, 44895, 44901, 44905, 44911, 44917, 44921, 44923, 44925, 44929, 44931, 44933, 44947, 44949, 44951, 44967, 44973, 44979, 44983, 44985, 44987, 44989, 44995, 44997, 45001, 45005, 45007, 45009, 45013, 45015, 45017, 45019, 45027, 45029, 45031, 45035, 45061, 45063, 45065, 45067, 45069, 45071, 45075, 45077, 45079, 45083, 45087, 45093, 45095, 45103, 45107, 45111, 45117, 45137, 45139, 45141, 45143, 45145, 45147, 45149, 45151, 45167, 45165, 45169, 45173, 45177, 45185, 45187, 45189, 45191, 45193, 45197, 45203, 45207, 45215, 45217, 45223, 45225, 45227, 45231, 45233, 45243, 45245, 45257, 45261, 45265, 45267, 45269, 45285, 45287, 45289, 45291, 45295, 45297, 45309, 45311, 45315, 45317, 45333, 45335, 45345, 45359, 45361, 45363, 45365, 45367, 45369, 45375, 45383, 45385, 45387, 45389, 45391, 45393, 45401, 45407, 45411, 45415, 45419, 45423, 45429, 45437, 45443, 45453, 45457, 45463, 45465, 45467, 45469, 45487, 45489, 45491, 45493, 45495, 45497, 45503, 45515, 45517, 45533, 45545, 45547, 45549, 45551, 45553, 45555, 45569, 45573, 45575, 45583, 45585, 45587, 45591, 45597, 45599, 45601, 45605, 45619, 45625, 45631, 45633, 45649, 45653, 45655, 45657, 45661, 45667, 45671, 45673, 45675, 45677, 45679, 45681, 45685, 45695, 45699, 45701, 45703, 45705, 45707, 45719, 45721, 45731, 45739, 45741, 45745, 45751, 45753, 45765, 45767, 45773, 45775, 45777, 45779, 45781, 45783, 45795, 45797, 45799, 45803, 45805, 45817, 45819, 45821, 45823, 45825, 45827, 45833, 45843, 45845, 45849, 45851, 45859, 45861, 45867, 45869, 45871, 45883, 45887, 45905, 45907, 45909, 45911, 45915, 45917, 45919, 45921, 45923, 45933, 45941, 45945, 45947, 45959, 45969, 45973, 45975, 45977, 45979, 45981, 45983, 45989, 45995, 46001, 46003, 46015, 46017, 46019, 46021, 46023, 46027, 46031, 46047, 46049, 46051, 46061, 46069, 46081, 46083, 46089, 46091, 46095, 46097, 46099, 46107, 46123, 46125, 46129, 46131, 46133, 46143, 46145, 46155, 46163, 46185, 46191, 46193, 46195, 46197, 46205, 46207, 46209, 46211, 46215, 46217, 46219, 46231, 46233, 46241, 46243, 46245, 46247, 46251, 46253, 46257, 46259, 46261, 46263, 46271, 46273, 46277, 46279, 46281, 46297, 46299, 46303, 46305, 46319, 46329, 46337, 46341, 46347, 46355, 46357, 46363, 46365, 46367, 46369, 46373, 46375, 46379, 46389, 46397, 46401, 46405, 46407, 46411, 46413, 46429, 46431, 46435, 46437, 46439, 46441, 46445, 46455, 46467, 46469, 46471, 46473, 46475, 46477, 46479, 46485, 46501, 46517, 46523, 46525, 46527, 46529, 46533, 46543, 46547, 46557, 46561, 46565, 46573, 46577, 46579, 46597, 46603, 46605, 46607, 46613, 46615, 46617, 46619, 46621, 46623, 46625, 46629, 46635, 46645, 46649, 46655, 46657, 46659, 46661, 46665, 46671, 46675, 46677, 46679, 46683, 46685, 46687, 46695, 46701, 46703, 46705, 46709, 46713, 46715, 46721, 46727, 46737, 46749, 46751, 46777, 46801, 46809, 46819, 46821, 46841, 46843, 46845, 46865, 46873, 46877, 46885, 46897, 46899, 46901, 46909, 46911, 46921, 46927, 46947, 46951, 46955, 46957, 46963, 46973, 46981, 46983, 47007, 47009, 47011, 47017, 47029, 47031, 47033, 47035, 47043, 47045, 47063, 47079, 47081, 47087, 47089, 47091, 47093, 47095, 47099, 47113, 47115, 47117, 47119, 47121, 47133, 47135, 47143, 47149, 47153, 47155, 47157, 47159, 47161, 47175, 47183, 47187, 47193, 47195, 47197, 47203, 47225, 47237, 47243, 47245, 47265, 47267, 47271, 47283, 47285, 47287, 47289, 47291, 47297, 47299, 47315, 47317, 47323, 47327, 47331, 47337, 47355, 47369, 47371, 47373, 47377, 47379, 47395, 47399, 47401, 47405, 47411, 47415, 47423, 47425, 47431, 47449, 47451, 47463, 47467, 47491, 47513, 47527, 47537, 47541, 47553, 47557, 47563, 47567, 47569, 47573, 47581, 47591, 47593, 47595, 47607, 47609, 47613, 47633, 47641, 47643, 47645, 47651, 47653, 47659, 47661, 47681, 47695, 47713, 47715, 47719, 47723, 47727, 47745, 47757, 47763, 47767, 47769, 47773, 47775, 47797, 47801, 47803, 47813, 47825, 47839, 47845, 47857, 47861, 47863, 47873, 47875, 47879, 47903, 47905, 47907, 47909, 47911, 47913, 47915, 47917, 47933, 47935, 47937, 47941, 47943, 47945, 47951, 47953, 47955, 47957, 47961, 47971, 47979, 47983, 47987, 47999, 48003, 48005, 48019, 48033, 48041, 48053, 48061, 48063, 48077, 48079, 48081, 48083, 48085, 48087, 48097, 48103, 48105, 48109, 48113, 48115, 48121, 48127, 48129, 48131, 48135, 48141, 48149, 48161, 48175, 48177, 48183, 48227, 48231, 48235, 48239, 48259, 48261, 48263, 48265, 48279, 48281, 48283, 48285, 48287, 48303, 48307, 48315, 48331, 48341, 48347, 48355, 48365, 48383, 48385, 48387, 48395, 48429, 48437, 48439, 48447, 48451, 48457, 48459, 48463, 48469, 48475, 48481, 48483, 48485, 48497, 48503, 48509, 48511, 48521, 48529, 48541, 48547, 48549, 48553, 48555, 48559, 48569, 48575, 48577, 48581, 48583, 48585, 48593, 48597, 48603, 48605, 48609, 48613, 48623, 48629, 48637, 48639, 48645, 48649, 48655, 48661, 48667, 48675, 48677, 48683, 48685, 48689, 48691, 48695, 48701, 48707, 48709, 48719,

48721, 48733, 48735, 48739, 48745, 48747, 48749, 48751, 48753, 48761, 48767, 48773, 48777, 48779, 48785, 48789, 48793, 48797, 48807, 48819, 48825, 48833, 48837, 48841, 48845, 48847, 48849, 48851, 48855, 48857, 48863, 48867, 48871, 48879, 48883, 48885, 48891, 48895, 48911, 48913, 48921, 48927, 48933, 48935, 48947, 48955, 48957, 48963, 48975, 48983, 48987, 48991, 48997, 48999, 49005, 49007, 49013, 49015, 49019, 49031, 49035, 49039, 49043, 49045, 49047, 49049, 49051, 49055, 49059, 49061, 49063, 49069, 49075, 49079, 49081, 49085, 49087, 49091, 49095, 49099, 49101, 49103, 49111, 49115, 49117, 49123, 49127, 49129, 49139, 49141, 49143, 49145, 49149, 49153, 49155, 49157, 49181, 49183, 49191, 49193, 49195, 49199, 49201, 49203, 49207, 49209, 49227, 49231, 49233, 49235, 49237, 49239, 49241, 49245, 49249, 49263, 49265, 49271, 49273, 49277, 49287, 49293, 49307, 49321, 49325, 49331, 49335, 49347, 49355, 49357, 49359, 49375, 49379, 49383, 49397, 49399, 49401, 49403, 49405, 49407, 49417, 49423, 49429, 49431, 49433, 49435, 49437, 49439, 49445, 49463, 49469, 49471, 49475, 49479, 49481, 49485, 49487, 49489, 49509, 49521, 49527, 49533, 49535, 49545, 49549, 49551, 49557, 49561, 49567, 49581, 49583, 49589, 49593, 49601, 49603, 49609, 49615, 49617, 49619, 49633, 49651, 49661, 49667, 49669, 49671, 49675, 49687, 49693, 49697, 49703, 49715, 49717, 49723, 49731, 49733, 49741, 49743, 49747, 49763, 49767, 49769, 49779, 49785, 49787, 49793, 49807, 49809, 49813, 49817, 49819, 49823, 49825, 49829, 49831, 49833, 49839, 49841, 49847, 49849, 49863, 49865, 49867, 49871, 49879, 49893, 49901, 49903, 49905, 49913, 49921, 49925, 49927, 49937, 49945, 49949, 49951, 49961, 49965, 49969, 49971, 49977, 49979, 49985, 49987, 49991, 49993, 50003, 50033, 50049, 50051, 50059, 50061, 50065, 50071, 50073, 50075, 50079, 50089, 50091, 50099, 50111, 50113, 50115, 50147, 50149, 50151, 50159, 50165, 50197, 50199, 50207, 50209, 50215, 50219, 50227, 50231, 50237, 50249, 50257, 50263, 50273, 50279, 50291, 50299, 50309, 50319, 50321, 50323, 50331, 50333, 50343, 50345, 50347, 50349, 50353, 50371, 50381, 50383, 50393, 50401, 50409, 50415, 50417, 50425, 50427, 50429, 50435, 50447, 50451, 50461, 50465, 50467, 50479, 50483, 50487, 50493, 50495, 50497, 50501, 50507, 50519, 50525, 50533, 50535, 50541, 50553, 50555, 50557, 50561, 50571, 50573, 50579, 50581, 50583, 50585, 50597, 50607, 50609, 50611, 50627, 50631, 50633, 50637, 50639, 50641, 50647, 50669, 50671, 50677, 50681, 50685, 50689, 50691, 50703, 50711, 50713, 50721, 50725, 50727, 50735, 50739, 50747, 50753, 50759, 50771, 50773, 50775, 50777, 50779, 50783, 50789, 50795, 50799, 50805, 50809, 50815, 50835, 50845, 50851, 50857, 50859, 50869, 50871, 50873, 50879, 50881, 50883, 50889, 50891, 50895, 50897, 50901, 50905, 50909, 50911, 50913, 50915, 50921, 50923, 50931, 50937, 50939, 50949, 50951, 50961, 50967, 50971, 50977, 50989, 50997, 51003, 51009, 51015, 51017, 51019, 51025, 51035, 51039, 51043, 51045, 51053, 51059, 51065, 51083, 51087, 51091, 51103, 51105, 51107, 51113, 51123, 51125, 51127, 51131, 51137, 51151, 51153, 51155, 51159, 51169, 51171, 51173, 51175, 51181, 51185, 51197, 51199, 51201, 51205, 51209, 51213, 51215, 51219, 51229, 51231, 51237, 51239, 51241, 51247, 51253, 51261, 51267, 51277, 51279, 51281, 51287, 51289, 51297, 51299, 51309, 51313, 51319, 51343, 51357, 51359, 51367, 51377, 51385, 51387, 51391, 51395, 51397, 51405, 51407, 51409, 51415, 51425, 51435, 51439, 51443, 51455, 51457, 51459, 51469, 51475, 51483, 51485, 51487, 51493, 51495, 51497, 51505, 51511, 51517, 51525, 51527, 51533, 51537, 51539, 51543, 51553, 51555, 51559, 51567, 51569, 51577, 51581, 51585, 51591, 51603, 51605, 51613, 51615, 51617, 51623, 51625, 51633, 51637, 51639, 51641, 51643, 51647, 51669, 51677, 51681, 51683, 51685, 51687, 51701, 51705, 51707, 51727, 51729, 51731, 51739, 51743, 51745, 51755, 51767, 51769, 51783, 51785, 51787, 51789, 51791, 51793, 51799, 51803, 51807, 51811, 51821, 51823, 51825, 51829, 51831, 51833, 51835, 51843, 51849, 51855, 51865, 51867, 51869, 51879, 51893, 51901, 51905, 51907, 51913, 51923, 51927, 51931, 51933, 51943, 51947, 51949, 51955, 51971, 51977, 51985, 51991, 51997, 51999, 52001, 52005, 52011, 52013, 52021, 52025, 52035, 52041, 52053, 52059, 52063, 52069, 52071, 52075, 52079, 52085, 52087, 52091, 52093, 52105, 52107, 52109, 52111, 52113, 52117, 52119, 52123, 52129, 52131, 52137, 52139, 52143, 52155, 52159, 52161, 52163, 52165, 52167, 52171, 52181, 52185, 52193, 52201, 52205, 52211, 52221, 52223, 52225, 52229, 52237, 52239, 52243, 52247, 52251, 52253, 52257, 52261, 52275, 52277, 52279, 52287, 52289, 52301, 52307, 52309, 52313, 52319, 52325, 52347, 52353, 52361, 52369, 52375, 52381, 52383, 52387, 52397, 52399, 52405, 52409, 52411, 52421, 52423, 52427, 52437, 52439, 52441, 52443, 52453, 52461, 52481, 52493, 52503, 52505, 52509, 52511, 52523, 52537, 52541, 52543, 52545, 52547, 52551, 52553, 52571, 52573, 52585, 52587, 52591, 52593, 52597, 52609, 52611, 52615, 52619, 52627, 52633, 52639, 52643, 52647, 52651, 52653, 52663, 52667, 52669, 52671, 52689, 52691, 52693, 52705, 52709, 52711, 52719, 52721, 52757, 52759,

52761, 52769, 52787, 52797, 52799, 52805, 52821, 52823, 52829, 52833, 52843, 52845, 52867, 52889, 52891, 52893, 52895, 52899, 52907, 52909, 52911, 52913, 52919, 52937, 52939, 52943, 52955, 52959, 52961, 52979, 52985, 52989, 53001, 53015, 53027, 53029, 53031, 53047, 53049, 53051, 53055, 53057, 53071, 53083, 53085, 53087, 53103, 53109, 53111, 53117, 53121, 53123, 53125, 53129, 53131, 53135, 53147, 53149, 53153, 53159, 53163, 53167, 53171, 53173, 53175, 53185, 53187, 53189, 53193, 53195, 53197, 53199, 53213, 53215, 53231, 53233, 53237, 53263, 53271, 53279, 53285, 53329, 53331, 53333, 53335, 53337, 53343, 53351, 53359, 53375, 53377, 53383, 53387, 53399, 53405, 53407, 53409, 53411, 53413, 53417, 53431, 53435, 53449, 53451, 53453, 53465, 53473, 53477, 53479, 53483, 53507, 53513, 53515, 53517, 53519, 53523, 53529, 53533, 53537, 53539, 53547, 53551, 53553, 53567, 53569, 53575, 53587, 53591, 53595, 53597, 53611, 53613, 53615, 53625, 53627, 53649, 53653, 53659, 53663, 53665, 53689, 53701, 53711, 53731, 53733, 53749, 53751, 53799, 53807, 53809, 53811, 53813, 53817, 53821, 53831, 53839, 53855, 53857, 53865, 53875, 53879, 53889, 53897, 53899, 53903, 53905, 53907, 53913, 53923, 53925, 53927, 53933, 53941, 53953, 53967, 53977, 53979, 53987, 53989, 53991, 53995, 53997, 54011, 54013, 54015, 54019, 54031, 54035, 54037, 54051, 54053, 54055, 54057, 54061, 54069, 54071, 54073, 54091, 54093, 54103, 54113, 54117, 54119, 54121, 54131, 54133, 54143, 54149, 54151, 54155, 54163, 54171, 54177, 54185, 54187, 54191, 54205, 54251, 54257, 54259, 54273, 54275, 54279, 54291, 54295, 54303, 54309, 54313, 54319, 54331, 54333, 54335, 54343, 54347, 54357, 54359, 54365, 54367, 54373, 54375, 54377, 54387, 54389, 54395, 54401, 54415, 54421, 54431, 54437, 54445, 54447, 54453, 54463, 54465, 54471, 54483, 54491, 54495, 54497, 54499, 54501, 54505, 54507, 54511, 54517, 54533, 54535, 54545, 54547, 54555, 54557, 54559, 54561, 54563, 54565, 54569, 54581, 54611, 54619, 54625, 54633, 54637, 54645, 54647, 54651, 54661, 54663, 54667, 54669, 54671, 54683, 54685, 54687, 54693, 54695, 54705, 54709, 54723, 54725, 54749, 54751, 54757, 54761, 54763, 54815, 54823, 54855, 54857, 54859, 54861, 54865, 54875, 54883, 54887, 54889, 54905, 54907, 54915, 54921, 54923, 54927, 54929, 54931, 54933, 54935, 54937, 54941, 54943, 54953, 54955, 54957, 54969, 54971, 54975, 54989, 54993, 54997, 54999, 55001, 55013, 55015, 55017, 55029, 55031, 55035, 55041, 55043, 55045, 55049, 55051, 55053, 55069, 55073, 55083, 55089, 55093, 55097, 55107, 55111, 55113, 55115, 55121, 55125, 55135, 55137, 55149, 55153, 55155, 55159, 55161, 55185, 55191, 55193, 55197, 55199, 55201, 55205, 55219, 55221, 55243, 55251, 55257, 55259, 55261, 55273, 55277, 55279, 55293, 55295, 55299, 55305, 55311, 55325, 55329, 55335, 55351, 55365, 55369, 55371, 55375, 55385, 55391, 55393, 55399, 55415, 55421, 55425, 55431, 55435, 55437, 55447, 55455, 55457, 55465, 55473, 55477, 55487, 55489, 55497, 55499, 55501, 55503, 55511, 55519, 55521, 55527, 55535, 55537, 55539, 55543, 55553, 55557, 55567, 55569, 55571, 55573, 55577, 55579, 55581, 55593, 55599, 55609, 55611, 55613, 55615, 55617, 55627, 55629, 55649, 55655, 55689, 55705, 55707, 55709, 55733, 55751, 55757, 55779, 55797, 55803, 55805, 55811, 55817, 55835, 55839, 55851, 55855, 55857, 55879, 55887, 55889, 55891, 55905, 55907, 55921, 55923, 55929, 55931, 55937, 55941, 55949, 55955, 55957, 55965, 55985, 55993, 55995, 55999, 56003, 56007, 56009, 56011, 56017, 56019, 56029, 56045, 56049, 56051, 56055, 56061, 56065, 56067, 56069, 56071, 56081, 56087, 56091, 56093, 56095, 56099, 56103, 56105, 56117, 56119, 56121, 56123, 56125, 56133, 56143, 56145, 56151, 56153, 56167, 56169, 56177, 56189, 56213, 56217, 56219, 56229, 56233, 56235, 56265, 56267, 56271, 56277, 56279, 56281, 56283, 56285, 56293, 56297, 56301, 56305, 56307, 56323, 56325, 56349, 56357, 56361, 56369, 56371, 56373, 56375, 56379, 56381, 56385, 56391, 56393, 56397, 56403, 56405, 56409, 56423, 56425, 56431, 56433, 56443, 56447, 56451, 56453, 56471, 56475, 56477, 56483, 56487, 56495, 56501, 56505, 56507, 56509, 56513, 56515, 56519, 56525, 56527, 56529, 56533, 56535, 56561, 56569, 56579, 56587, 56589, 56591, 56599, 56601, 56603, 56605, 56607, 56619, 56621, 56625, 56627, 56629, 56637, 56665, 56669, 56673, 56683, 56685, 56689, 56691, 56693, 56695, 56697, 56699, 56703, 56707, 56709, 56715, 56717, 56727, 56739, 56743, 56745, 56789, 56791, 56799, 56807, 56829, 56831, 56833, 56835, 56849, 56855, 56857, 56861, 56865, 56883, 56885, 56887, 56889, 56891, 56893, 56925, 56927, 56933, 56935, 56937, 56947, 56951, 56961, 56967, 56971, 56983, 56987, 56991, 56993, 56999, 57003, 57007, 57009, 57015, 57017, 57021, 57023, 57029, 57039, 57047, 57049, 57067, 57069, 57081, 57087, 57089, 57115, 57119, 57123, 57125, 57129, 57133, 57135, 57137, 57139, 57141, 57143, 57145, 57161, 57173, 57191, 57205, 57215, 57237, 57239, 57243, 57265, 57271, 57273, 57275, 57277, 57279, 57281, 57283, 57287, 57293, 57299, 57309, 57333, 57337, 57339, 57353, 57355, 57359, 57361, 57373, 57377, 57379, 57419, 57423, 57431, 57433, 57435, 57437, 57441, 57445, 57449, 57453, 57457, 57459,

57497, 57503, 57509, 57511, 57517, 57523, 57531, 57541, 57543, 57547, 57553, 57569, 57571, 57575, 57591, 57593, 57595, 57597, 57603, 57611, 57621, 57627, 57639, 57647, 57649, 57651, 57655, 57657, 57659, 57663, 57665, 57669, 57671, 57673, 57679, 57687, 57689, 57731, 57733, 57737, 57745, 57749, 57763, 57767, 57793, 57795, 57801, 57815, 57829, 57837, 57853, 57857, 57861, 57863, 57873, 57875, 57877, 57879, 57885, 57887, 57889, 57893, 57899, 57905, 57911, 57919, 57921, 57931, 57933, 57935, 57937, 57945, 57947, 57959, 57965, 57967, 57979, 57981, 57997, 58015, 58017, 58021, 58029, 58031, 58035, 58039, 58041, 58043, 58049, 58051, 58055, 58059, 58079, 58117, 58121, 58125, 58129, 58151, 58163, 58169, 58173, 58179, 58183, 58189, 58191, 58193, 58197, 58199, 58201, 58203, 58205, 58207, 58217, 58221, 58223, 58229, 58233, 58237, 58243, 58245, 58251, 58253, 58271, 58273, 58285, 58297, 58299, 58301, 58305, 58307, 58309, 58313, 58319, 58321, 58349, 58353, 58355, 58357, 58359, 58361, 58363, 58365, 58367, 58377, 58385, 58387, 58391, 58397, 58399, 58403, 58411, 58413, 58417, 58429, 58431, 58433, 58435, 58437, 58451, 58473, 58477, 58479, 58483, 58489, 58501, 58503, 58509, 58513, 58519, 58523, 58527, 58557, 58563, 58565, 58567, 58569, 58573, 58581, 58583, 58585, 58595, 58597, 58601, 58605, 58625, 58629, 58631, 58637, 58647, 58651, 58653, 58657, 58659, 58661, 58663, 58667, 58673, 58681, 58687, 58689, 58691, 58693, 58695, 58699, 58707, 58709, 58711, 58713, 58717, 58723, 58733, 58747, 58759, 58765, 58769, 58771, 58773, 58779, 58781, 58783, 58785, 58799, 58801, 58803, 58805, 58807, 58809, 58811, 58813, 58823, 58829, 58831, 58835, 58837, 58841, 58867, 58873, 58887, 58901, 58915, 58927, 58929, 58931, 58933, 58937, 58945, 58949, 58953, 58955, 58957, 58959, 58963, 58971, 58977, 58979, 58981, 58983, 58985, 58987, 58989, 58991, 58993, 58997, 59005, 59009, 59015, 59027, 59029, 59031, 59033, 59035, 59041, 59047, 59049, 59051, 59055, 59059, 59061, 59069, 59073, 59083, 59085, 59087, 59089, 59091, 59093, 59095, 59101, 59107, 59111, 59113, 59119, 59125, 59127, 59129, 59139, 59141, 59143, 59145, 59151, 59155, 59157, 59159, 59161, 59171, 59177, 59179, 59181, 59183, 59187, 59195, 59197, 59199, 59207, 59209, 59211, 59213, 59217, 59229, 59233, 59237, 59241, 59245, 59247, 59249, 59253, 59255, 59257, 59259, 59261, 59263, 59267, 59269, 59271, 59275, 59281, 59283, 59285, 59287, 59289, 59303, 59305, 59307, 59309, 59315, 59319, 59321, 59333, 59339, 59341, 59343, 59345, 59347, 59355, 59357, 59363, 59367, 59369, 59371, 59375, 59377, 59379, 59383, 59383, 59385, 59387, 59389, 59391, 59395, 59397, 59399, 59401, 59403, 59405, 59407, 59409, 59411, 59413, 59417, 59423, 59425, 59427, 59431, 59435, 59437, 59439, 59441, 59445, 59447, 59449, 59453, 59455, 59457, 59459, 59465, 59467, 59469, 59471, 59479, 59481, 59485, 59487, 59489, 59493, 59505, 59507, 59509, 59511, 59513, 59515, 59517, 59519, 59523, 59525, 59527, 59529, 59531, 59537, 59541, 59543, 59547, 59551, 59553, 59555, 59557, 59559, 59569, 59573, 59575, 59577, 59579, 59581, 59585, 59597, 59599, 59601, 59603, 59605, 59607, 59609, 59611, 59615, 59617, 59619, 59623, 59625, 59627, 59631, 59637, 59639, 59641, 59643, 59651, 59661, 59663, 59671, 59673, 59677, 59679, 59685, 59687, 59689, 59691, 59699, 59701, 59707, 59711, 59715, 59717, 59719, 59721, 59725, 59727, 59729, 59733, 59737, 59741, 59751, 59753, 59755, 59763, 59765, 59767, 59769, 59783, 59789, 59791, 59795, 59797, 59801, 59805, 59807, 59809, 59813, 59815, 59817, 59819, 59821, 59827, 59835, 59837, 59841, 59845, 59851, 59857, 59869, 59871, 59873, 59875, 59877, 59879, 59883, 59895, 59901, 59903, 59911, 59913, 59919, 59925, 59929, 59931, 59943, 59945, 59961, 59963, 59969, 59977, 59983, 59985, 59989, 59991, 59995, 59997, 59999, 60001, 60003, 60013, 60019, 60027, 60029, 60033, 60035, 60043, 60045, 60047, 60051, 60055, 60061, 60063, 60071, 60075, 60079, 60081, 60085, 60093, 60101, 60113, 60117, 60129, 60133, 60143, 60145, 60163, 60171, 60181, 60199, 60211, 60213, 60225, 60227, 60231, 60235, 60251, 60269, 60273, 60283, 60289, 60311, 60319, 60323, 60327, 60339, 60345, 60349, 60357, 60365, 60383, 60385, 60393, 60397, 60399, 60403, 60411, 60419, 60421, 60423, 60441, 60443, 60449, 60461, 60465, 60469, 60471, 60485, 60487, 60489, 60493, 60497, 60513, 60521, 60525, 60527, 60539, 60541, 60543, 60545, 60551, 60553, 60565, 60575, 60577, 60579, 60587, 60599, 60601, 60605, 60621, 60629, 60635, 60639, 60653, 60657, 60673, 60677, 60685, 60691, 60699, 60715, 60723, 60725, 60727, 60729, 60737, 60739, 60741, 60743, 60745, 60749, 60753, 60767, 60769, 60771, 60775, 60781, 60787, 60789, 60791, 60797, 60799, 60801, 60803, 60809, 60811, 60817, 60821, 60825, 60829, 60837, 60839, 60849, 60855, 60859, 60871, 60873, 60879, 60881, 60883, 60887, 60903, 60907, 60911, 60919, 60921, 60923, 60931, 60943, 60975, 60991, 61001, 61003, 61011, 61021, 61023, 61033, 61035, 61051, 61053, 61057, 61061, 61079, 61085, 61089, 61095, 61097, 61101, 61103, 61111, 61113, 61125, 61127, 61135, 61145, 61149, 61163, 61165, 61171, 61183, 61185, 61189, 61197, 61201, 61207, 61225, 61227, 61235, 61257, 61259, 61261, 61263, 61277, 61281,

61293, 61303, 61305, 61307, 61315, 61319, 61331, 61337, 61341, 61343,
61351, 61361, 61363, 61365, 61367, 61379, 61383, 61391, 61401,
61405, 61409, 61411, 61413, 61417, 61421, 61429, 61441, 61445, 61447,
61449, 61463, 61465, 61469, 61471, 61475, 61477, 61479, 61483, 61487,
61489, 61501, 61511, 61525, 61527, 61537, 61541, 61547, 61549, 61563,
61573, 61589, 61593, 61599, 61611, 61619, 61625, 61631, 61643, 61645,
61649, 61673, 61683, 61693, 61695, 61711, 61715, 61721, 61725, 61727,
61729, 61733, 61735, 61747, 61749, 61751, 61753, 61757, 61771, 61777,
61779, 61791, 61793, 61799, 61803, 61807, 61817, 61825, 61841, 61845,
61849, 61853, 61865, 61871, 61877, 61909, 61911, 61913, 61921, 61925,
61935, 61939, 61941, 61959, 61977, 61989, 61999, 62011, 62017, 62025,
62031, 62035, 62037, 62063, 62065, 62069, 62073, 62077, 62081, 62085,
62093, 62097, 62107, 62115, 62123, 62127, 62131, 62135, 62137, 62141,
62147, 62149, 62167, 62169, 62175, 62179, 62183, 62187, 62189, 62191,
62195, 62199, 62211, 62219, 62223, 62225, 62229, 62239, 62241, 62247,
62249, 62259, 62261, 62263, 62271, 62281, 62283, 62285, 62287, 62291,
62293, 62307, 62313, 62321, 62325, 62329, 62337, 62339, 62345, 62347,
62351, 62357, 62359, 62361, 62371, 62373, 62389, 62391, 62397, 62399,
62401, 62405, 62407, 62409, 62411, 62413, 62415, 62417, 62423, 62425,
62429, 62431, 62433, 62437, 62439, 62445, 62455, 62459, 62461, 62463,
62467, 62469, 62473, 62477, 62479, 62487, 62493, 62497, 62501, 62505,
62507, 62509, 62515, 62519, 62525, 62533, 62535, 62541, 62543, 62545, 62549,
62551, 62553, 62555, 62557, 62581, 62585, 62593, 62597, 62603, 62605,
62613, 62621, 62623, 62635, 62637, 62641, 62651, 62657, 62663, 62665,
62671, 62683, 62689, 62695, 62697, 62699, 62707, 62711, 62715, 62717,
62721, 62729, 62733, 62737, 62741, 62747, 62749, 62751, 62753, 62757,
62761, 62763, 62769, 62771, 62777, 62789, 62795, 62801, 62803, 62805,
62807, 62809, 62811, 62815, 62819, 62823, 62829, 62833, 62835, 62837,
62839, 62843, 62857, 62859, 62861, 62865, 62867, 62869, 62873, 62875,
62877, 62881, 62883, 62889, 62893, 62899, 62901, 62909, 62913, 62915,
62921, 62927, 62929, 62935, 62941, 62947, 62949, 62959, 62961, 62963,
62969, 62971, 62975, 62985, 62989, 62995, 63003, 63007, 63011, 63019,
63025, 63033, 63035, 63043, 63045, 63047, 63053, 63055, 63057, 63061,
63063, 63073, 63075, 63079, 63085, 63087, 63091, 63093, 63095, 63099,
63101, 63103, 63113, 63115, 63119, 63121, 63123, 63125, 63127, 63129,
63135, 63137, 63139, 63141, 63143, 63145, 63151, 63153, 63155, 63165,
63177, 63179, 63183, 63185, 63187, 63189, 63191, 63193, 63205, 63207,
63209, 63211, 63213, 63223, 63229, 63231, 63235, 63237, 63239, 63241,
63243, 63245, 63253, 63255, 63263, 63269, 63271, 63281, 63283, 63291,
63297, 63303, 63305, 63309, 63311, 63323, 63327, 63329, 63337, 63343,
63345, 63359, 63363, 63369, 63371, 63381, 63385, 63387, 63397, 63401,
63403, 63405, 63409, 63417, 63419, 63431, 63433, 63437, 63443, 63451,
63455, 63459, 63471, 63475, 63479, 63483, 63489, 63491, 63493, 63497,
63515, 63523, 63527, 63531, 63545, 63547, 63549, 63551, 63553, 63557,
63559, 63561, 63563, 63565, 63577, 63579, 63583, 63585, 63591, 63595,
63597, 63605, 63613, 63621, 63623, 63633, 63635, 63637, 63639, 63647,
63651, 63653, 63661, 63665, 63669, 63673, 63675, 63681, 63683, 63699,
63703, 63705, 63707, 63709, 63713, 63715, 63717, 63719, 63729, 63731,
63735, 63741, 63743, 63747, 63751, 63757, 63759, 63771, 63775, 63783,
63787, 63791, 63793, 63797, 63799, 63801, 63807, 63811, 63819, 63823,
63829, 63831, 63835, 63841, 63843, 63849, 63851, 63853, 63859, 63865,
63869, 63875, 63877, 63881, 63883, 63887, 63889, 63895, 63897, 63899,
63905, 63923, 63935, 63937, 63941, 63943, 63949, 63951, 63953, 63955,
63959, 63971, 63981, 63987, 63991, 63993, 63997, 64001, 64007, 64013,
64015, 64017, 64023, 64035, 64043, 64045, 64047, 64049, 64055, 64065,
64067, 64069, 64071, 64073, 64077, 64079, 64083, 64087, 64089, 64097,
64099, 64117, 64121, 64123, 64127, 64133, 64137, 64143, 64147, 64151,
64153, 64155, 64157, 64159, 64169, 64171, 64177, 64179, 64185, 64191,
64193, 64195, 64203, 64207, 64211, 64215, 64217, 64225, 64227, 64229,
64243, 64251, 64253, 64255, 64267, 64269, 64281, 64285, 64287, 64293, 64295,
64299, 64301, 64303, 64311, 64313, 64317, 64319, 64321, 64323, 64325,
64327, 64331, 64333, 64335, 64339, 64343, 64349, 64351, 64353, 64357,
64361, 64371, 64375, 64377, 64381, 64383, 64389, 64391, 64393, 64395,
64397, 64399, 64401, 64403, 64405, 64411, 64415, 64419, 64423, 64437,
64439, 64443, 64451, 64453, 64455, 64457, 64459, 64465, 64467, 64469,
64471, 64473, 64475, 64477, 64479, 64481, 64497, 64501, 64503, 64505,
64509, 64513, 64525, 64529, 64533, 64535, 64555, 64563, 64569, 64581,
64583, 64587, 64593, 64595, 64597, 64603, 64605, 64609, 64611, 64613,
64621, 64623, 64625, 64629, 64631, 64633, 64643, 64651, 64663, 64665,
64667, 64669, 64673, 64675, 64683, 64689, 64693, 64703, 64705, 64709,
64721, 64723, 64725, 64727, 64731, 64735, 64743, 64757, 64759, 64763,
64767, 64769, 64775, 64779, 64785, 64787, 64797, 64807, 64811,
64823, 64825, 64829, 64831, 64833, 64839, 64841, 64845, 64849, 64861,

64865, 64877, 64879, 64881, 64883, 64885, 64887, 64893, 64899, 64917,
64923, 64937, 64939, 64945, 64947, 64957, 64961, 64963, 64965, 64967,
64987, 64991, 64997, 65005, 65007, 65009, 65011, 65013, 65021, 65025,
65029, 65031, 65047, 65049, 65051, 65055, 65061, 65065, 65071, 65073,
65075, 65079, 65083, 65093, 65103, 65105, 65113, 65137, 65139, 65141,
65143, 65145, 65147, 65155, 65157, 65159, 65163, 65171, 65173, 65175,
65177, 65179, 65185, 65195, 65197, 65199, 65207, 65209, 65213, 65223,
65229, 65231, 65235, 65237, 65255, 65259, 65261, 65265, 65275, 65279,
65291, 65301, 65305, 65313, 65317, 65319, 65323, 65327, 65329, 65331,
65333, 65341, 65343, 65353, 65355, 65359, 65361, 65365, 65369, 65371,
65373, 65385, 65387, 65389, 65393, 65399, 65401, 65403, 65405, 65413,
65423, 65425, 65435, 65441, 65445, 65449, 65467, 65469, 65471, 65483,
65489, 65493, 65501, 65515, 65521, 65523, 65533, 65541, 65549, 65553,
65555, 65561, 65567, 65573, 65581, 65587, 65593, 65597, 65603, 65613,
65615, 65617, 65627, 65639, 65641, 65647, 65649, 65651, 65653, 65659,
65671, 65685, 65687, 65689, 65695, 65697, 65705, 65717, 65729, 65731,
65733, 65735, 65737, 65739, 65751, 65753, 65755, 65757, 65765, 65767,
65775, 65781, 65801, 65803, 65821, 65829, 65837, 65841, 65843, 65845,
65857, 65859, 65861, 65863, 65865, 65867, 65883, 65889, 65891, 65897,
65911, 65913, 65919, 65921, 65927, 65931, 65935, 65941, 65957, 65959,
65963, 65965, 65979, 65987, 65989, 65993, 65997, 66003, 66005,
66009, 66015, 66017, 66021, 66043, 66045, 66057, 66059, 66071, 66075,
66081, 66091, 66095, 66103, 66105, 66107, 66113, 66115, 66117, 66135,
66141, 66145, 66147, 66149, 66155, 66157, 66161, 66163, 66169, 66171,
66173, 66175, 66177, 66183, 66187, 66191, 66197, 66199, 66203, 66211,
66213, 66217, 66219, 66223, 66229, 66233, 66235, 66239, 66243, 66245,
66249, 66251, 66253, 66263, 66277, 66279, 66283, 66285, 66287, 66289,
66293, 66297, 66299, 66317, 66329, 66335, 66337, 66349, 66353, 66365,
66367, 66369, 66373, 66375, 66385, 66389, 66393, 66401, 66411, 66413,
66415, 66437, 66439, 66441, 66443, 66445, 66447, 66453, 66455, 66459,
66463, 66479, 66485, 66489, 66493, 66495, 66501, 66503, 66513, 66515,
66517, 66521, 66525, 66529, 66535, 66545, 66547, 66553, 66565, 66567,
66569, 66571, 66573, 66579, 66587, 66591, 66593, 66595, 66601, 66603,
66609, 66611, 66613, 66623, 66625, 66627, 66633, 66637, 66641, 66647,
66663, 66665, 66667, 66669, 66671, 66679, 66685, 66689, 66695, 66701,
66705, 66709, 66711, 66717, 66721, 66723, 66727, 66729, 66731, 66739,
66743, 66745, 66749, 66753, 66759, 66765, 66769, 66773, 66775, 66777,
66779, 66783, 66787, 66789, 66793, 66803, 66805, 66809, 66811, 66823,
66827, 66831, 66833, 66837, 66839, 66845, 66849, 66861, 66867, 66869,
66873, 66881, 66883, 66885, 66887, 66891, 66901, 66909, 66917, 66923,
66925, 66927, 66929, 66931, 66937, 66939, 66945, 66955, 66957, 66961,
66963, 66967, 66975, 66985, 66989, 66991, 66993, 67001, 67013, 67015,
67017, 67027, 67029, 67031, 67035, 67041, 67043, 67047, 67057, 67059,
67061, 67063, 67077, 67081, 67083, 67087, 67091, 67093, 67095, 67097,
67099, 67101, 67107, 67109, 67115, 67119, 67121, 67123, 67139, 67141,
67145, 67147, 67149, 67151, 67155, 67157, 67165, 67169, 67171, 67175,
67177, 67179, 67183, 67185, 67187, 67195, 67199, 67207, 67209, 67215,
67217, 67219, 67223, 67227, 67231, 67233, 67239, 67243, 67245, 67247,
67249, 67253, 67265, 67267, 67269, 67271, 67273, 67275, 67277, 67285,
67289, 67293, 67295, 67299, 67301, 67307, 67313, 67315, 67317, 67319,
67321, 67323, 67329, 67331, 67333, 67335, 67337, 67341, 67349, 67351,
67353, 67357, 67361, 67367, 67369, 67371, 67373, 67379, 67381, 67383,
67385, 67387, 67395, 67407, 67413, 67415, 67417, 67423, 67429, 67433,
67435, 67437, 67445, 67447, 67453, 67457, 67461, 67467, 67471, 67473,
67475, 67477, 67479, 67483, 67485, 67489, 67491, 67493, 67497, 67499,
67501, 67507, 67519, 67521, 67525, 67529, 67531, 67533, 67539, 67541,
67543, 67547, 67551, 67559, 67567, 67569, 67571, 67575, 67577, 67579,
67583, 67585, 67589, 67591, 67593, 67599, 67603, 67609, 67611, 67615,
67617, 67619, 67629, 67633, 67635, 67637, 67639, 67643, 67657, 67659,
67667, 67671, 67677, 67687, 67685, 67689, 67693, 67697, 67699, 67701,
67703, 67705, 67709, 67711, 67713, 67717, 67721, 67725, 67727, 67731, 67735,
67743, 67751, 67753, 67755, 67757, 67759, 67761, 67765, 67767, 67773,
67779, 67781, 67783, 67785, 67787, 67793, 67795, 67797, 67799, 67801,
67803, 67805, 67809, 67817, 67819, 67829, 67833, 67835, 67839, 67841,
67845, 67853, 67855, 67857, 67863, 67867, 67871, 67877, 67879, 67881, 67885,
67887, 67891, 67893, 67899, 67905, 67907, 67913, 67915, 67917, 67919,
67923, 67929, 67931, 67935, 67937, 67939, 67941, 67943, 67945, 67951,
67953, 67955, 67963, 67965, 67969, 67981, 67987, 67993, 67999, 68001,
68003, 68007, 68011, 68017, 68019, 68021, 68023, 68025, 68033, 68039,
68041, 68045, 68053, 68061, 68069, 68071, 68075, 68077, 68079, 68081,
68083, 68089, 68091, 68093, 68095, 68097, 68101, 68103, 68105, 68111,
68113, 68115, 68121, 68129, 68131, 68137, 68145, 68147, 68151, 68155,
68161, 68167, 68171, 68173, 68175, 68177, 68181, 68195, 68201, 68203,

68205, 68211, 68213, 68217, 68219, 68223, 68225, 68227, 68231, 68239,
68241, 68247, 68259, 68261, 68267, 68269, 68273, 68279, 68281, 68289,
68293, 68299, 68305, 68307, 68317, 68319, 68321, 68323, 68333, 68335,
68337, 68345, 68347, 68349, 68351, 68367, 68371, 68377, 68379, 68381,
68383, 68387, 68389, 68407, 68409, 68411, 68413, 68417, 68421, 68423,
68425, 68427, 68429, 68431, 68435, 68439, 68443, 68445, 68447, 68453,
68455, 68461, 68465, 68471, 68473, 68481, 68483, 68493, 68497, 68501,
68503, 68505, 68509, 68515, 68519, 68527, 68529, 68543, 68545, 68547,
68549, 68555, 68557, 68565, 68567, 68571, 68577, 68583, 68587, 68595,
68601, 68611, 68613, 68615, 68617, 68621, 68623, 68625, 68643, 68645,
68651, 68661, 68667, 68669, 68675, 68679, 68681, 68683, 68685, 68687,
68691, 68693, 68697, 68699, 68705, 68707, 68709, 68713, 68715, 68717,
68729, 68731, 68739, 68741, 68743, 68745, 68747, 68749, 68761, 68765,
68779, 68781, 68783, 68785, 68793, 68797, 68801, 68803, 68805, 68821,
68827, 68831, 68841, 68843, 68845, 68851, 68853, 68857, 68863, 68877,
68885, 68887, 68891, 68909, 68925, 68927, 68929, 68935, 68939, 68943,
68947, 68949, 68951, 68953, 68959, 68961, 68963, 68965, 68969, 68971,
68975, 68977, 68979, 68981, 68991, 68993, 68995, 69017, 69019, 69023,
69031, 69041, 69045, 69051, 69055, 69061, 69063, 69067, 69069, 69071,
69075, 69077, 69081, 69103, 69105, 69109, 69111, 69115, 69121, 69123,
69125, 69131, 69143, 69147, 69149, 69151, 69159, 69167, 69175, 69177,
69181, 69183, 69185, 69195, 69197, 69199, 69201, 69205, 69207, 69209,
69221, 69227, 69231, 69235, 69239, 69243, 69245, 69257, 69269, 69271,
69273, 69279, 69283, 69285, 69289, 69293, 69295, 69297, 69301, 69303,
69305, 69309, 69317, 69321, 69323, 69331, 69335, 69343, 69345, 69351,
69363, 69369, 69375, 69377, 69379, 69389, 69393, 69395, 69397, 69399,
69407, 69409, 69411, 69413, 69415, 69421, 69425, 69433, 69437, 69445,
69453, 69455, 69457, 69479, 69481, 69483, 69489, 69493, 69495, 69499,
69501, 69507, 69525, 69527, 69529, 69535, 69539, 69541, 69543, 69547,
69549, 69553, 69557, 69559, 69571, 69579, 69593, 69595, 69603, 69611,
69627, 69629, 69631, 69633, 69635, 69637, 69643, 69647, 69649, 69651,
69653, 69659, 69663, 69665, 69669, 69673, 69675, 69677, 69679, 69689,
69691, 69699, 69705, 69713, 69723, 69725, 69727, 69733, 69735, 69741,
69743, 69747, 69749, 69751, 69755, 69757, 69759, 69763, 69765, 69767,
69777, 69787, 69789, 69791, 69797, 69801, 69811, 69819, 69823, 69825,
69829, 69831, 69833, 69839, 69849, 69851, 69853, 69863, 69871, 69875,
69877, 69879, 69885, 69891, 69893, 69897, 69903, 69911, 69913, 69915,
69923, 69927, 69929, 69935, 69947, 69953, 69957, 69959, 69967, 69971,
69975, 69983, 69987, 70001, 70003, 70007, 70009, 70011, 70013, 70015,
70019, 70021, 70027, 70029, 70039, 70063, 70081, 70083, 70085, 70087,
70103, 70105, 70109, 70117, 70121, 70123, 70127, 70153, 70157, 70165,
70173, 70177, 70189, 70193, 70201, 70203, 70207, 70213, 70215, 70237,
70239, 70241, 70245, 70247, 70251, 70261, 70263, 70265, 70271, 70273,
70279, 70283, 70289, 70301, 70305, 70309, 70315, 70323, 70329, 70335,
70341, 70347, 70351, 70359, 70367, 70371, 70375, 70379, 70393, 70403,
70405, 70407, 70409, 70413, 70415, 70419, 70423, 70429, 70435, 70437,
70443, 70445, 70449, 70451, 70453, 70459, 70461, 70463, 70469, 70471,
70473, 70477, 70479, 70483, 70487, 70495, 70497, 70509, 70515, 70519,
70529, 70533, 70539, 70541, 70543, 70547, 70553, 70555, 70567, 70569,
70577, 70579, 70581, 70585, 70589, 70593, 70595, 70597, 70599, 70601,
70605, 70613, 70615, 70625, 70629, 70631, 70635, 70641, 70643, 70657,
70659, 70663, 70667, 70669, 70671, 70675, 70677, 70683, 70685, 70691,
70699, 70701, 70703, 70707, 70709, 70723, 70725, 70729, 70733, 70737,
70741, 70743, 70757, 70763, 70769, 70777, 70779, 70781, 70783, 70785,
70787, 70789, 70795, 70801, 70803, 70805, 70807, 70815, 70817, 70821,
70823, 70829, 70831, 70835, 70837, 70839, 70851, 70853, 70857,
70863, 70867, 70869, 70875, 70877, 70879, 70883, 70885, 70887, 70889,
70891, 70895, 70901, 70907, 70909, 70911, 70917, 70919, 70923, 70925,
70927, 70931, 70933, 70937, 70939, 70947, 70949, 70955, 70959, 70961,
70963, 70967, 70971, 70985, 70987, 70997, 70999, 71003, 71007, 71021,
71023, 71025, 71033, 71043, 71047, 71049, 71051, 71053, 71055, 71065,
71073, 71075, 71079, 71081, 71083, 71085, 71087, 71089, 71093, 71095,
71099, 71101, 71109, 71115, 71123, 71139, 71141, 71143, 71151, 71155,
71157, 71163, 71167, 71171, 71173, 71181, 71187, 71191, 71197, 71199,
71201, 71209, 71211, 71213, 71217, 71219, 71227, 71237, 71245, 71249,
71251, 71253, 71259, 71267, 71277, 71279, 71283, 71291, 71299, 71305,
71309, 71311, 71313, 71317, 71331, 71333, 71335, 71343, 71347, 71351,
71359, 71361, 71365, 71369, 71373, 71377, 71381, 71395, 71397, 71405,
71409, 71411, 71413, 71415, 71417, 71423, 71425, 71427, 71431, 71435,
71437, 71439, 71451, 71453, 71455, 71457, 71459, 71463, 71465, 71475,
71481, 71483, 71485, 71489, 71491, 71493, 71495, 71501, 71503, 71507,
71511, 71513, 71519, 71523, 71525, 71527, 71531, 71535, 71539, 71541,
71551, 71553, 71559, 71561, 71563, 71571, 71573, 71575, 71577, 71579,

71585, 71589, 71595, 71597, 71599, 71605, 71609, 71611, 71615, 71617,
71619, 71625, 71627, 71629, 71633, 71635, 71639, 71641, 71643, 71649,
71653, 71655, 71659, 71665, 71669, 71671, 71679, 71681, 71683, 71685,
71691, 71695, 71701, 71703, 71705, 71707, 71709, 71711, 71713, 71715,
71717, 71729, 71733, 71735, 71743, 71745, 71751, 71757, 71763, 71767,
71769, 71773, 71775, 71779, 71785, 71791, 71797, 71809, 71813, 71819,
71821, 71831, 71835, 71837, 71841, 71847, 71855, 71857, 71859, 71861,
71863, 71865, 71877, 71879, 71887, 71893, 71897, 71903, 71905, 71907,
71913, 71917, 71919, 71923, 71927, 71929, 71931, 71935, 71941, 71945,
71947, 71957, 71959, 71961, 71967, 71969, 71983, 71985, 71989, 71999,
72003, 72011, 72013, 72017, 72021, 72031, 72033, 72037, 72041, 72043,
72047, 72049, 72051, 72057, 72059, 72063, 72067, 72069, 72071, 72073,
72083, 72085, 72089, 72091, 72093, 72099, 72101, 72105, 72113, 72117,
72127, 72131, 72133, 72147, 72151, 72155, 72159, 72161, 72165, 72167,
72181, 72185, 72195, 72199, 72215, 72221, 72225, 72227, 72229, 72231,
72233, 72237, 72241, 72243, 72247, 72251, 72255, 72259, 72267, 72269,
72271, 72279, 72281, 72287, 72291, 72295, 72297, 72299, 72311, 72313,
72317, 72321, 72323, 72339, 72341, 72349, 72355, 72363, 72369, 72371,
72385, 72387, 72393, 72397, 72401, 72407, 72417, 72421, 72425, 72431,
72433, 72435, 72437, 72439, 72447, 72457, 72459, 72461, 72471, 72477,
72481, 72483, 72487, 72491, 72493, 72499, 72503, 72505, 72513, 72515,
72517, 72519, 72523, 72525, 72531, 72537, 72539, 72543, 72547, 72551,
72555, 72563, 72567, 72573, 72577, 72579, 72581, 72583, 72585, 72587,
72593, 72595, 72599, 72603, 72607, 72613, 72615, 72619, 72621, 72623,
72627, 72629, 72641, 72643, 72645, 72647, 72649, 72657, 72667, 72673,
72675, 72677, 72681, 72683, 72685, 72687, 72693, 72697, 72701, 72705,
72709, 72711, 72713, 72717, 72727, 72729, 72733, 72739, 72741, 72745,
72747, 72749, 72753, 72759, 72761, 72763, 72765, 72767, 72771, 72775,
72781, 72785, 72787, 72791, 72795, 72801, 72807, 72809, 72811, 72813,
72817, 72819, 72823, 72825, 72829, 72831, 72837, 72845, 72847, 72849,
72851, 72855, 72857, 72861, 72863, 72865, 72873, 72879, 72893, 72895,
72897, 72899, 72901, 72903, 72905, 72911, 72913, 72915, 72917, 72919,
72921, 72923, 72931, 72933, 72937, 72939, 72943, 72945, 72949, 72953,
72955, 72959, 72961, 72963, 72965, 72969, 72971, 72975, 72981, 72983,
72989, 72991, 72993, 72995, 72997, 73003, 73023, 73025, 73027, 73029,
73031, 73035, 73037, 73039, 73041, 73043, 73045, 73049, 73051, 73053,
73065, 73079, 73085, 73087, 73091, 73093, 73105, 73111, 73117, 73121,
73125, 73127, 73135, 73137, 73143, 73147, 73149, 73151, 73155, 73159,
73165, 73171, 73173, 73175, 73181, 73185, 73195, 73199, 73205, 73207,
73217, 73219, 73221, 73225, 73227, 73233, 73249, 73255, 73259, 73277,
73281, 73289, 73305, 73307, 73309, 73315, 73317, 73343, 73351, 73373,
73375, 73385, 73387, 73397, 73401, 73407, 73413, 73419, 73421, 73427,
73429, 73431, 73437, 73439, 73441, 73445, 73449, 73455, 73457, 73459,
73469, 73471, 73475, 73483, 73485, 73497, 73509, 73517, 73521, 73527,
73549, 73559, 73563, 73565, 73567, 73569, 73575, 73577, 73579, 73581,
73583, 73589, 73595, 73597, 73601, 73603, 73609, 73611, 73613, 73619,
73623, 73633, 73639, 73641, 73647, 73653, 73655, 73657, 73659, 73671,
73679, 73683, 73697, 73701, 73709, 73711, 73713, 73719, 73735, 73737,
73739, 73751, 73755, 73757, 73761, 73763, 73765, 73769, 73771, 73773,
73777, 73779, 73781, 73789, 73801, 73803, 73815, 73819, 73821, 73825,
73831, 73837, 73843, 73845, 73847, 73857, 73859, 73863, 73865, 73881,
73885, 73889, 73893, 73895, 73903, 73905, 73913, 73915, 73917, 73919,
73925, 73927, 73931, 73933, 73935, 73941, 73943, 73951, 73957, 73961,
73963, 73967, 73969, 73975, 73977, 73981, 73985, 73987, 73993, 73997,
74001, 74003, 74009, 74017, 74019, 74025, 74031, 74035, 74043, 74055,
74067, 74069, 74071, 74077, 74083, 74091, 74093, 74095, 74097, 74101,
74105, 74107, 74109, 74117, 74119, 74123, 74125, 74129, 74131, 74135,
74137, 74139, 74145, 74147, 74149, 74161, 74163, 74169, 74171, 74173,
74177, 74189, 74191, 74199, 74203, 74211, 74213, 74217, 74223, 74227,
74229, 74235, 74241, 74249, 74251, 74253, 74263, 74275, 74277, 74279,
74281, 74283, 74291, 74293, 74297, 74301, 74305, 74307, 74311,
74313, 74323, 74335, 74341, 74345, 74347, 74351, 74353, 74355, 74359,
74367, 74369, 74373, 74377, 74379, 74381, 74389, 74391, 74399, 74401,
74403, 74411, 74413, 74415, 74417, 74427, 74429, 74437, 74441, 74449,
74451, 74453, 74461, 74465, 74471, 74475, 74477, 74485, 74495, 74497,
74501, 74505, 74507, 74513, 74517, 74525, 74527, 74529, 74531, 74537,
74557, 74561, 74563, 74567, 74571, 74573, 74575, 74579, 74587, 74589,
74591, 74593, 74597, 74599, 74601, 74611, 74617, 74619, 74623, 74635,
74637, 74645, 74651, 74657, 74661, 74669, 74681, 74683, 74691, 74693,
74697, 74701, 74703, 74705, 74707, 74711, 74713, 74715, 74717, 74719,
74723, 74725, 74733, 74737, 74739, 74751, 74755, 74757, 74761, 74769,
74771, 74781, 74783, 74785, 74789, 74795, 74803, 74805, 74811, 74813,
74815, 74817, 74819, 74825, 74827, 74837, 74839, 74847, 74853, 74855,

857

74859, 74865, 74867, 74869, 74873, 74877, 74883, 74885, 74887, 74889,
74893, 74895, 74897, 74899, 74901, 74903, 74907, 74909, 74911, 74915,
74923, 74925, 74931, 74937, 74939, 74943, 74949, 74951, 74953, 74959,
74961, 74963, 74971, 74973, 74975, 74983, 74987, 74989, 74991, 74993,
74999, 75002, 75008, 75010, 75012, 75014, 75016, 75018, 75019, 75024,
75026, 75028, 75030, 75040, 75042, 75043, 75044, 75047, 75048, 75050,
75055, 75056, 75058, 75060, 75062, 75064, 75066, 75068, 75072, 75074,
75076, 75077, 75080, 75082, 75085, 75086, 75088, 75090, 75092, 75094,
75096, 75106, 75108, 75110, 75112, 75118, 75119, 75122, 75123, 75125,
75126, 75128, 75130, 75132, 75134, 75136, 75137, 75138, 75139, 75145,
75146, 75147, 75149, 75150, 75153, 75159, 75160, 75162, 75164, 75165,
75166, 75167, 75169, 75170, 75175, 75176, 75177, 75178, 75179, 75182,
75185, 75193, 75195, 75203, 75204, 75205, 75208, 75210, 75213, 75214,
75217, 75220, 75221, 75222, 75225, 75228, 75229, 75231, 75235, 75238,
75244, 75249, 75250, 75251, 75253, 75254, 75255, 75256, 75261, 75262,
75264, 75265, 75269, 75275, 75279, 75280, 75281, 75285, 75287, 75288,
75291, 75293, 75296, 75297, 75299, 75300, 75304, 75305, 75309, 75314,
75316, 75318, 75322, 75324, 75325, 75331, 75332, 75337, 75338, 75339,
75344, 75346, 75347, 75349, 75350, 75356, 75358, 75359, 75360, 75361,
75366, 75367, 75368, 75369, 75374, 75375, 75377, 75380, 75381, 75382,
75387, 75388, 75389, 75390, 75392, 75394, 75395, 75396, 75403, 75405,
75408, 75410, 75411, 75413, 75414, 75415, 75420, 75422, 75423, 75425,
75426, 75429, 75430, 75431, 75432, 75433, 75435, 75438, 75441, 75443,
75444, 75445, 75446, 75449, 75450, 75451, 75458, 75464, 75465, 75468,
75469, 75470, 75471, 75473, 75474, 75476, 75477, 75479, 75481, 75482,
75483, 75486, 75487, 75489, 75492, 75493, 75495, 75498, 75500, 75504,
75512, 75519, 75520, 75521, 75524, 75525, 75526, 75528, 75529, 75531,
75537, 75538, 75539, 75542, 75547, 75549, 75552, 75554, 75557, 75558,
75559, 75560, 75562, 75563, 75564, 75567, 75571, 75572, 75574, 75578,
75580, 75581, 75584, 75585, 75588, 75589, 75594, 75595, 75596, 75599,
75602, 75605, 75606, 75607, 75608, 75613, 75614, 75617, 75620, 75621,
75622, 75623, 75624, 75626, 75627, 75629, 75634, 75636, 75637, 75638,
75639, 75640, 75643, 75644, 75646, 75648, 75649, 75650, 75658, 75659,
75660, 75664, 75670, 75671, 75676, 75677, 75687, 75688, 75691, 75692,
75693, 75694, 75696, 75697, 75701, 75702, 75703, 75707, 75713, 75723,
75727, 75729, 75730, 75732, 75733, 75736, 75737, 75738, 75741, 75746,
75748, 75751, 75753, 75758, 75767, 75768, 75769, 75770, 75773, 75775,
75776, 75777, 75778, 75779, 75780, 75782, 75783, 75784, 75785, 75787,
75789, 75792, 75793, 75795, 75796, 75798, 75799, 75803, 75804, 75807,
75814, 75816, 75817, 75820, 75822, 75823, 75824, 75825, 75827, 75828,
75829, 75830, 75831, 75832, 75834, 75838, 75839, 75841, 75843, 75844,
75846, 75847, 75848, 75850, 75852, 75853, 75854, 75857, 75858, 75859,
75861, 75866, 75868, 75870, 75873, 75874, 75875, 75877, 75880, 75881,
75884, 75886, 75887, 75888, 75892, 75893, 75895, 75899, 75900, 75902,
75907, 75911, 75913, 75914, 75916, 75917, 75918, 75919, 75922, 75923,
75926, 75928, 75929, 75931, 75932, 75936, 75937, 75938, 75941, 75942,
75943, 75944, 75947, 75948, 75950, 75951, 75959, 75960, 75961, 75963,
75965, 75970, 75971, 75972, 75978, 75979, 75980, 75983, 75985, 75986,
75989, 75993, 75996, 76003, 76005, 76006, 76007, 76008, 76014, 76015,
76017, 76021, 76022, 76025, 76026, 76028, 76032, 76033, 76034, 76039,
76040, 76041, 76043, 76044, 76047, 76048, 76053, 76054, 76058, 76060,
76061, 76062, 76064, 76065, 76066, 76067, 76070, 76072, 76073, 76079,
76081, 76083, 76085, 76086, 76089, 76093, 76096, 76100, 76102, 76103,
76106, 76107, 76111, 76113, 76118, 76121, 76122, 76123, 76125, 76126,
76128, 76129, 76130, 76136, 76139, 76141, 76144, 76145, 76149, 76150,
76151, 76157, 76158, 76159, 76162, 76174, 76177, 76181, 76182, 76184,
76187, 76190, 76192, 76194, 76196, 76197, 76198, 76206, 76207, 76208,
76211, 76214, 76216, 76217, 76218, 76219, 76223, 76227, 76228, 76229,
76231, 76232, 76234, 76236, 76237, 76238, 76240, 76241, 76243, 76245,
76252, 76253, 76254, 76255, 76256, 76257, 76261, 76262, 76264, 76265,
76266, 76269, 76270, 76273, 76274, 76276, 76281, 76282, 76283, 76284,
76288, 76290, 76292, 76296, 76297, 76298, 76299, 76303, 76306, 76307,
76311, 76312, 76314, 76315, 76318, 76322, 76323, 76327, 76330, 76331,
76332, 76335, 76336, 76337, 76342, 76344, 76347, 76350, 76352, 76357,
76358, 76359, 76361, 76363, 76366, 76367, 76370, 76371, 76372, 76373,
76374, 76375, 76376, 76385, 76388, 76395, 76396, 76401, 76405, 76409,
76411, 76414, 76417, 76418, 76419, 76420, 76422, 76423, 76425, 76432,
76433, 76435, 76437, 76438, 76439, 76441, 76443, 76444, 76450, 76455,
76456, 76457, 76458, 76461, 76463, 76467, 76468, 76471, 76475, 76477,
76478, 76479, 76480, 76482, 76492, 76495, 76496, 76497, 76498, 76499,
76516, 76519, 76520, 76521, 76524, 76525, 76526, 76527, 76528, 76530,
76533, 76534, 76535, 76536, 76538, 76539, 76542, 76543, 76548, 76550,
76553, 76554, 76555, 76562, 76564, 76565, 76566, 76572, 76574, 76576,

76580, 76581, 76583, 76584, 76588, 76590, 76593, 76599, 76607, 76610,
76611, 76615, 76620, 76630, 76635, 76637, 76640, 76641, 76643, 76648,
76654, 76657, 76659, 76660, 76661, 76663, 76666, 76668, 76669, 76671,
76673, 76675, 76676, 76681, 76682, 76690, 76691, 76699, 76700, 76701,
76702, 76703, 76704, 76707, 76712, 76714, 76715, 76718, 76720, 76721,
76723, 76727, 76728, 76732, 76733, 76735, 76736, 76739, 76742, 76744,
76745, 76747, 76748, 76749, 76754, 76756, 76761, 76762, 76764, 76766,
76768, 76772, 76775, 76776, 76778, 76779, 76780, 76781, 76783, 76784,
76787, 76789, 76790, 76791, 76793, 76794, 76795, 76796, 76797, 76800,
76805, 76809, 76810, 76812, 76814, 76816, 76817, 76818, 76819, 76825,
76826, 76828, 76831, 76832, 76834, 76835, 76838, 76839, 76840, 76841,
76842, 76843, 76844, 76850, 76851, 76852, 76855, 76856, 76858, 76861,
76863, 76864, 76867, 76868, 76872, 76874, 76875, 76877, 76880, 76881,
76882, 76883, 76887, 76888, 76889, 76892, 76894, 76895, 76899, 76901,
76903, 76904, 76907, 76908, 76909, 76910, 76911, 76922, 76925, 76928,
76930, 76934, 76937, 76939, 76942, 76943, 76944, 76946, 76948, 76951,
76952, 76954, 76955, 76956, 76957, 76958, 76961, 76970, 76971, 76972,
76973, 76976, 76978, 76979, 76983, 76984, 76986, 76987, 76988, 76990,
76992, 76994, 76995, 76998, 77000, 77001, 77006, 77009, 77010, 77011,
77013, 77015, 77016, 77018, 77023, 77024, 77029, 77031, 77032, 77034,
77040, 77047, 77048, 77049, 77051, 77059, 77060, 77062, 77066, 77067,
77071, 77072, 77074, 77076, 77077, 77080, 77084, 77086, 77092, 77096,
77097, 77098, 77100, 77102, 77103, 77108, 77109, 77110, 77113, 77114,
77115, 77117, 77118, 77120, 77121, 77122, 77123, 77126, 77127, 77129,
77131, 77134, 77136, 77139, 77140, 77141, 77143, 77146, 77148, 77154,
77156, 77158, 77159, 77160, 77164, 77169, 77170, 77173, 77176, 77177,
77183, 77184, 77187, 77191, 77192, 77196, 77197, 77198, 77200, 77202,
77204, 77205, 77206, 77207, 77208, 77209, 77211, 77212, 77215, 77216,
77217, 77221, 77223, 77224, 77225, 77226, 77228, 77231, 77234, 77236,
77237, 77240, 77241, 77244, 77245, 77247, 77248, 77249, 77251, 77252,
77253, 77261, 77263, 77267, 77274, 77275, 77279, 77280, 77283, 77284,
77285, 77286, 77288, 77292, 77295, 77296, 77297, 77300, 77301, 77302,
77305, 77306, 77308, 77309, 77310, 77311, 77312, 77313, 77315, 77317,
77320, 77328, 77329, 77331, 77332, 77335, 77337, 77344, 77348, 77349,
77350, 77352, 77355, 77356, 77358, 77359, 77363, 77367, 77369, 77370,
77371, 77374, 77376, 77377, 77379, 77380, 77381, 77382, 77383, 77385,
77386, 77387, 77388, 77390, 77391, 77393, 77395, 77397, 77399, 77402,
77405, 77406, 77408, 77411, 77413, 77416, 77417, 77418, 77421, 77422,
77425, 77430, 77431, 77432, 77433, 77434, 77438, 77441, 77442, 77443,
77445, 77449, 77450, 77454, 77456, 77457, 77461, 77464, 77465, 77466,
77468, 77469, 77474, 77475, 77476, 77483, 77485, 77486, 77487, 77489,
77491, 77494, 77498, 77500, 77503, 77504, 77505, 77506, 77508, 77510,
77512, 77520, 77522, 77525, 77527, 77529, 77533, 77536, 77539, 77540,
77546, 77547, 77548, 77554, 77555, 77558, 77560, 77567, 77571, 77573,
77574, 77580, 77581, 77583, 77585, 77586, 77587, 77588, 77589, 77590,
77591, 77594, 77597, 77599, 77603, 77605, 77607, 77610, 77611, 77614,
77618, 77619, 77624, 77625, 77631, 77632, 77634, 77636, 77641, 77643,
77644, 77645, 77646, 77649, 77651, 77653, 77654, 77655, 77658, 77660,
77662, 77663, 77666, 77667, 77671, 77674, 77681, 77683, 77686, 77695,
77696, 77698, 77700, 77702, 77703, 77704, 77708, 77710, 77717, 77718,
77719, 77720, 77721, 77722, 77724, 77727, 77729, 77730, 77731, 77733,
77735, 77736, 77738, 77739, 77740, 77743, 77747, 77751, 77752, 77753,
77755, 77757, 77760, 77764, 77765, 77766, 77767, 77768, 77769, 77770,
77771, 77772, 77773, 77776, 77780, 77786, 77789, 77790, 77791, 77792,
77793, 77794, 77796, 77797, 77801, 77803, 77809, 77811, 77812, 77813,
77814, 77817, 77818, 77821, 77823, 77824, 77825, 77827, 77828, 77829,
77834, 77836, 77838, 77839, 77840, 77843, 77845, 77851, 77857, 77859,
77860, 77861, 77864, 77865, 77866, 77871, 77872, 77873, 77874, 77876,
77877, 77878, 77879, 77882, 77893, 77894, 77895, 77897, 77898, 77900,
77901, 77902, 77904, 77908, 77909, 77910, 77913, 77914, 77915, 77917,
77919, 77922, 77924, 77925, 77926, 77928, 77930, 77932, 77933, 77934,
77935, 77936, 77939, 77940, 77943, 77946, 77948, 77950, 77953, 77954,
77955, 77956, 77957, 77958, 77959, 77963, 77966, 77970, 77973, 77974,
77975, 77976, 77977, 77979, 77985, 77987, 77988, 77989, 77992, 77993,
77994, 77995, 77996, 77997, 77998, 77999, 78000, 78001, 78002, 78003,
78007, 78008, 78009, 78010, 78011, 78012, 78014, 78016, 78020, 78021,
78023, 78025, 78026, 78027, 78031, 78032, 78033, 78038, 78039, 78041,
78047, 78049, 78054, 78056, 78060, 78061, 78064, 78066, 78067, 78068,
78069, 78070, 78071, 78077, 78079, 78080, 78085, 78088, 78089, 78090,
78091, 78092, 78093, 78094, 78108, 78111, 78113, 78114, 78116, 78117,
78120, 78121, 78126, 78127, 78129, 78130, 78133, 78134, 78136, 78137,
78138, 78139, 78145, 78147, 78148, 78149, 78151, 78154, 78155, 78159,
78160, 78161, 78163, 78164, 78165, 78169, 78170, 78174, 78175, 78177,

78180, 78181, 78182, 78183, 78184, 78187, 78191, 78194, 78195, 78196, 78197, 78198, 78199, 78201, 78203, 78205, 78207, 78208, 78210, 78212, 78215, 78217, 78221, 78222, 78223, 78224, 78228, 78230, 78236, 78237, 78245, 78252, 78253, 78255, 78256, 78258, 78260, 78261, 78262, 78263, 78265, 78266, 78270, 78273, 78274, 78278, 78281, 78283, 78289, 78290, 78293, 78294, 78295, 78296, 78298, 78300, 78302, 78304, 78308, 78309, 78314, 78315, 78316, 78317, 78325, 78326, 78327, 78328, 78330, 78336, 78337, 78338, 78340, 78347, 78352, 78354, 78356, 78360, 78361, 78364, 78368, 78369, 78371, 78372, 78374, 78378, 78380, 78381, 78384, 78386, 78388, 78397, 78398, 78402, 78406, 78410, 78415, 78418, 78419, 78422, 78423, 78427, 78428, 78429, 78431, 78434, 78436, 78437, 78439, 78441, 78442, 78450, 78451, 78452, 78456, 78458, 78461, 78464, 78467, 78468, 78469, 78470, 78476, 78483, 78485, 78488, 78493, 78494, 78500, 78503, 78505, 78508, 78512, 78513, 78514, 78516, 78523, 78526, 78527, 78528, 78529, 78530, 78531, 78532, 78536, 78538, 78539, 78541, 78542, 78544, 78546, 78547, 78550, 78551, 78552, 78554, 78556, 78557, 78558, 78563, 78568, 78569, 78570, 78572, 78574, 78575, 78576, 78578, 78580, 78582, 78586, 78590, 78592, 78594, 78596, 78601, 78602, 78603, 78606, 78607, 78609, 78612, 78613, 78616, 78620, 78621, 78627, 78628, 78632, 78634, 78635, 78638, 78640, 78641, 78643, 78645, 78646, 78647, 78648, 78649, 78655, 78656, 78657, 78658, 78660, 78662, 78664, 78665, 78667, 78670, 78681, 78691, 78693, 78694, 78696, 78697, 78700, 78701, 78703, 78706, 78708, 78710, 78713, 78717, 78725, 78726, 78727, 78732, 78734, 78735, 78736, 78738, 78744, 78745, 78747, 78748, 78749, 78752, 78753, 78754, 78757, 78758, 78759, 78761, 78762, 78763, 78764, 78765, 78769, 78770, 78775, 78778, 78779, 78782, 78788, 78793, 78796, 78801, 78802, 78803, 78805, 78807, 78810, 78811, 78814, 78816, 78817, 78818, 78819, 78822, 78824, 78825, 78830, 78832, 78834, 78836, 78837, 78838, 78839, 78840, 78843, 78846, 78848, 78849, 78850, 78851, 78852, 78855, 78857, 78858, 78859, 78860, 78862, 78864, 78865, 78866, 78867, 78868, 78870, 78872, 78873, 78874, 78878, 78879, 78880, 78882, 78884, 78891, 78893, 78896, 78897, 78899, 78903, 78905, 78906, 78908, 78911, 78913, 78914, 78915, 78917, 78919, 78921, 78922, 78923, 78924, 78926, 78928, 78930, 78931, 78945, 78946, 78947, 78948, 78950, 78952, 78955, 78959, 78962, 78963, 78964, 78965, 78966, 78968, 78969, 78970, 78973, 78975, 78976, 78977, 78980, 78981, 78983, 78986, 78988, 78990, 78992, 78993, 78995, 78996, 79001, 79002, 79006, 79010, 79011, 79012, 79014, 79015, 79017, 79018, 79020, 79028, 79031, 79032, 79038, 79040, 79044, 79048, 79052, 79055, 79056, 79059, 79061, 79062, 79063, 79066, 79068, 79073, 79077, 79079, 79080, 79081, 79082, 79085, 79086, 79089, 79091, 79092, 79093, 79094, 79097, 79098, 79100, 79102, 79103, 79106, 79107, 79110, 79111, 79116, 79117, 79118, 79122, 79125, 79126, 79128, 79131, 79135, 79139, 79141, 79143, 79145, 79146, 79147, 79148, 79151, 79152, 79153, 79159, 79161, 79162, 79165, 79166, 79172, 79176, 79177, 79179, 79180, 79182, 79183, 79184, 79185, 79187, 79188, 79189, 79191, 79195, 79203, 79205, 79206, 79209, 79217, 79218, 79221, 79224, 79225, 79226, 79228, 79229, 79233, 79237, 79238, 79239, 79240, 79241, 79242, 79243, 79245, 79247, 79248, 79250, 79254, 79259, 79261, 79262, 79264, 79269, 79270, 79273, 79274, 79275, 79277, 79280, 79283, 79285, 79286, 79287, 79290, 79291, 79295, 79296, 79297, 79298, 79301, 79303, 79305, 79308, 79309, 79310, 79313, 79314, 79315, 79317, 79329, 79330, 79331, 79333, 79335, 79337, 79340, 79341, 79346, 79351, 79352, 79354, 79359, 79360, 79361, 79364, 79365, 79368, 79369, 79370, 79371, 79372, 79375, 79380, 79382, 79386, 79387, 79388, 79389, 79390, 79391, 79395, 79396, 79398, 79401, 79403, 79406, 79409, 79410, 79411, 79415, 79416, 79418, 79420, 79421, 79428, 79429, 79430, 79433, 79436, 79441, 79442, 79444, 79446, 79449, 79451, 79454, 79455, 79456, 79458, 79459, 79460, 79466, 79467, 79468, 79470, 79471, 79473, 79474, 79476, 79477, 79478, 79480, 79483, 79484, 79488, 79489, 79492, 79493, 79494, 79495, 79499, 79500, 79501, 79502, 79504, 79512, 79513, 79514, 79515, 79516, 79518, 79521, 79523, 79527, 79529, 79530, 79531, 79532, 79533, 79536, 79538, 79540, 79541, 79542, 79543, 79544, 79545, 79546, 79548, 79549, 79553, 79554, 79555, 79558, 79560, 79561, 79566, 79567, 79574, 79576, 79577, 79578, 79579, 79580, 79586, 79587, 79588, 79589, 79590, 79592, 79598, 79602, 79605, 79607, 79610, 79611, 79612, 79614, 79615, 79616, 79618, 79619, 79620, 79621, 79622, 79623, 79625, 79626, 79630, 79631, 79632, 79639, 79640, 79641, 79642, 79643, 79646, 79647, 79648, 79649, 79650, 79651, 79652, 79656, 79660, 79662, 79666, 79667, 79670, 79673, 79674, 79677, 79681, 79686, 79690, 79691, 79697, 79698, 79699, 79702, 79703, 79704, 79706, 79707, 79708, 79709, 79711, 79713, 79720, 79722, 79724, 79725, 79727, 79728, 79731, 79735, 79738, 79741, 79746, 79748, 79749, 79751, 79752, 79753, 79754, 79757, 79760, 79762, 79764, 79766, 79767, 79769, 79770, 79771, 79776, 79777, 79781, 79784, 79785, 79786, 79788, 79789, 79791, 79796, 79799, 79802,

79803, 79806, 79808, 79811, 79813, 79814, 79816, 79820, 79821, 79824, 79826, 79828, 79830, 79832, 79833, 79835, 79836, 79838, 79841, 79843, 79848, 79849, 79850, 79852, 79854, 79856, 79859, 79861, 79866, 79871, 79872, 79877, 79878, 79880, 79882, 79885, 79886, 79892, 79893, 79894, 79895, 79897, 79898, 79899, 79904, 79905, 79907, 79908, 79910, 79911, 79912, 79913, 79916, 79925, 79928, 79929, 79931, 79933, 79935, 79937, 79939, 79940, 79941, 79942, 79943, 79944, 79949, 79950, 79951, 79952, 79953, 79958, 79959, 79960, 79965, 79966, 79969, 79972, 79973, 79977, 79980, 79983, 79986, 79989, 79990, 79993, 79994, 79996, 79998, 79999, 80000, 80004, 80005, 80006, 80008, 80010, 80011, 80012, 80015, 80017, 80020, 80023, 80027, 80028, 80031, 80035, 80043, 80044, 80045, 80046, 80051, 80053, 80055, 80061, 80062, 80063, 80065, 80068, 80069, 80070, 80073, 80076, 80077, 80079, 80085, 80086, 80087, 80088, 80089, 80091, 80092, 80093, 80094, 80096, 80099, 80102, 80103, 80104, 80106, 80107, 80108, 80110, 80115, 80116, 80117, 80119, 80123, 80124, 80129, 80131, 80132, 80133, 80134, 80136, 80140, 80141, 80145, 80147, 80149, 80150, 80164, 80166, 80169, 80173, 80178, 80179, 80185, 80186, 80188, 80191, 80195, 80196, 80201, 80203, 80204, 80206, 80207, 80212, 80214, 80217, 80222, 80223, 80224, 80225, 80226, 80227, 80229, 80231, 80233, 80238, 80241, 80242, 80243, 80244, 80247, 80249, 80250, 80251, 80253, 80254, 80255, 80257, 80258, 80259, 80263, 80264, 80266, 80267, 80271, 80273, 80275, 80278, 80279, 80282, 80284, 80294, 80296, 80297, 80298, 80300, 80303, 80311, 80312, 80315, 80317, 80318, 80319, 80322, 80324, 80328, 80332, 80334, 80335, 80336, 80337, 80338, 80341, 80344, 80346, 80348, 80353, 80354, 80355, 80358, 80359, 80363, 80365, 80366, 80370, 80373, 80374, 80375, 80378, 80379, 80380, 80387, 80389, 80392, 80397, 80400, 80402, 80405, 80406, 80409, 80410, 80411, 80412, 80414, 80416, 80418, 80420, 80423, 80424, 80426, 80430, 80432, 80434, 80437, 80441, 80442, 80443, 80444, 80445, 80446, 80447, 80452, 80453, 80457, 80461, 80462, 80466, 80472, 80474, 80476, 80477, 80478, 80479, 80480, 80482, 80486, 80490, 80491, 80493, 80494, 80497, 80498, 80499, 80502, 80505, 80512, 80516, 80518, 80519, 80520, 80522, 80524, 80526, 80527, 80530, 80534, 80538, 80541, 80542, 80545, 80546, 80551, 80552, 80553, 80555, 80557, 80558, 80562, 80564, 80565, 80566, 80567, 80568, 80569, 80570, 80581, 80583, 80584, 80585, 80586, 80588, 80589, 80590, 80591, 80592, 80596, 80599, 80603, 80606, 80607, 80609, 80610, 80611, 80612, 80614, 80616, 80621, 80624, 80625, 80626, 80627, 80629, 80634, 80637, 80641, 80644, 80645, 80646, 80649, 80653, 80654, 80656, 80657, 80659, 80664, 80666, 80673, 80675, 80676, 80679, 80680, 80681, 80684, 80686, 80791, 80795, 80796, 80801, 80803, 80807, 80808, 80809, 80812, 80814, 80815, 80816, 80817, 80824, 80825, 80826, 80827, 80828, 80833, 80835, 80836, 80837, 80841, 80842, 80865, 80867, 80870, 80871, 80879, 80880, 80883, 80890, 80891, 80892, 80893, 80895, 80902, 80907, 80913, 80914, 80917, 80919, 80921, 80924, 80926, 80927, 80928, 80930, 80931, 80932, 80933, 80934, 80937, 80940, 80941, 80942, 80944, 80945, 80947, 80951, 80955, 80956, 80957, 80959, 80961, 80964, 80966, 80967, 80972, 80974, 80979, 80980, 80982, 80984, 80985, 80986, 80988, 80989, 80991, 80992, 80993, 80995, 80996, 81001, 81003, 81010, 81012, 81017, 81018, 81020, 81021, 81023, 81027, 81030, 81031, 81033, 81035, 81036, 81038, 81039, 81040, 81041, 81042, 81045, 81050, 81055, 81057, 81059, 81061, 81064, 81065, 81068, 81072, 81075, 81076, 81077, 81079, 81083, 81085, 81087, 81088, 81090, 81091, 81093, 81097, 81098, 81099, 81100, 81101, 81102, 81103, 81104, 81107, 81109, 81116, 81119, 81120, 81122, 81127, 81128, 81129, 81130, 81134, 81135, 81141, 81142, 81145, 81146, 81148, 81149, 81150, 81152, 81154, 81155, 81156, 81157, 81158, 81159, 81162, 81163, 81165, 81173, 81174, 81175, 81177, 81178, 81180, 81181, 81183, 81185, 81191, 81195, 81198, 81199, 81200, 81202, 81204, 81205, 81209, 81210, 81211, 81214, 81215, 81219, 81220, 81221, 81222, 81223, 81226, 81227, 81229, 81231, 81232, 81233, 81235, 81237, 81239, 81242, 81243, 81246, 81247, 81250, 81251, 81252, 81254, 81255, 81256, 81258, 81260, 81262, 81266, 81267, 81272, 81273, 81277, 81278, 81282, 81285, 81287, 81288, 81289, 81290, 81291, 81292, 81299, 81302, 81303, 81304, 81306, 81308, 81310, 81312, 81313, 81314, 81319, 81320, 81322, 81324, 81326, 81327, 81328, 81330, 81331, 81332, 81333, 81339, 81343, 81346, 81347, 81348, 81351, 81352, 81353, 81354, 81357, 81358, 81359, 81360, 81361, 81364, 81365, 81366, 81367, 81368, 81372, 81377, 81382, 81383, 81392, 81393, 81395, 81397, 81399, 81401, 81402, 81404, 81405, 81409, 81411, 81413, 81415, 81416, 81418, 81419, 81420, 81421, 81422, 81425, 81428, 81431, 81432, 81435, 81437, 81439, 81443, 81444, 81445, 81448, 81452, 81453, 81454, 81457, 81460, 81461, 81464, 81465, 81472, 81473, 81476, 81478, 81480, 81482, 81483, 81500, 81503, 81505, 81506, 81508, 81509, 81510, 81512, 81518, 81519, 81522, 81526, 81528, 81530, 81532, 81535, 81537, 81539, 81541, 81550, 81556, 81557, 81558, 81559, 81560, 81561, 81562, 81568, 81571,

81572, 81573, 81574, 81578, 81582, 81583, 81586, 81591, 81594, 81596,
81599, 81602, 81607, 81610, 81612, 81614, 81619, 81621, 81625, 81627,
81631, 81637, 81640, 81643, 81644, 81647, 81649, 81652, 81653, 81654,
81656, 81658, 81659, 81663, 81668, 81670, 81671, 81672, 81674, 81675,
81677, 81680, 81683, 81685, 81688, 81692, 81693, 81694, 81697, 81699,
81700, 81701, 81704, 81706, 81711, 81712, 81714, 81716, 81718, 81724,
81727, 81728, 81729, 81730, 81733, 81736, 81738, 81739, 81741, 81742,
81743, 81744, 81745, 81746, 81751, 81753, 81754, 81755, 81756, 81764,
81768, 81769, 81770, 81773, 81775, 81776, 81778, 81780, 81782, 81784,
81787, 81788, 81789, 81792, 81794, 81795, 81798, 81800, 81806, 81810,
81826, 81831, 81832, 81833, 81837, 81840, 81842, 81843, 81848, 81849,
81853, 81867, 81869, 81870, 81871, 81874, 81875, 81877, 81882, 81884,
81886, 81890, 81893, 81897, 81898, 81903, 81905, 81906, 81908, 81911,
81922, 81927, 81931, 81935, 81937, 81938, 81940, 81941, 81952, 81953,
81954, 81960, 81969, 81978, 81983, 81985, 81994, 81995, 81999, 82000,
82003, 82007, 82009, 82010, 82013, 82017, 82018, 82027, 82034, 82035,
82037, 82038, 82039, 82041, 82042, 82044, 82045, 82046, 82047, 82048,
82051, 82053, 82057, 82058, 82064, 82065, 82066, 82071, 82074, 82075,
82076, 82081, 82082, 82084, 82085, 82086, 82087, 82088, 82089, 82091,
82094, 82096, 82098, 82099, 82101, 82103, 82104, 82105, 82108, 82110,
82115, 82116, 82119, 82123, 82129, 82132, 82140, 82144, 82145, 82146,
82147, 82149, 82157, 82158, 82163, 82167, 82168, 82170, 82174, 82175,
82177, 82186, 82187, 82188, 82190, 82193, 82199, 82202, 82204, 82205,
82207, 82212, 82213, 82217, 82219, 82225, 82228, 82229, 82232, 82236,
82239, 82240, 82241, 82244, 82249, 82250, 82251, 82254, 82261, 82267,
82268, 82271, 82274, 82278, 82284, 82288, 82290, 82291, 82293, 82294,
82296, 82302, 82309, 82312, 82316, 82318, 82320, 82329, 82336, 82339,
82342, 82345, 82346, 82349, 82350, 82352, 82355, 82358, 82359, 82366,
82368, 82369, 82387, 82393, 82398, 82400, 82402, 82403, 82415, 82419,
82421, 82422, 82437, 82440, 82446, 82448, 82450, 82452, 82453, 82454,
82456, 82465, 82467, 82470, 82471, 82477, 82478, 82481, 82488, 82492,
82495, 82501, 82504, 82505, 82506, 82507, 82509, 82512, 82516, 82520,
82525, 82528, 82529, 82532, 82537, 82540, 82542, 82548, 82549, 82551,
82552, 82556, 82564, 82568, 82570, 82572, 82575, 82579, 82586, 82588,
82604, 82623, 82624, 82625, 82626, 82627, 82646, 82647, 82648, 82667,
82668, 82691, 82692, 82693, 82696, 82701, 82702, 82703, 82704, 82706,
82707, 82710, 82711, 82712, 82716, 82717, 82721, 82725, 82729, 82730,
82731, 82732, 82735, 82738, 82739, 82740, 82742, 82743, 82744, 82746,
82747, 82748, 82753, 82755, 82757, 82758, 82759, 82762, 82763, 82764,
82765, 82767, 82770, 82771, 82774, 82775, 82781, 82782, 82785, 82786,
82787, 82792, 82794, 82798, 82800, 82801, 82803, 82805, 82806, 82808,
82809, 82818, 82826, 82829, 82837, 82838, 82848, 82849, 82850, 82853,
82854, 82856, 82860, 82861, 82863, 82865, 82872, 82875, 82877, 82878,
82880, 82882, 82883, 82888, 82893, 82894, 82898, 82899, 82900, 82901,
82903, 82909, 82912, 82913, 82917, 82918, 82919, 82923, 82924, 82925,
82926, 82929, 82930, 82934, 82936, 82938, 82943, 82944, 82945, 82948,
82957, 82962, 82963, 82970, 82972, 82974, 82981, 82982, 82985, 82986,
82991, 82995, 82997, 82998, 83000, 83002, 83005, 83009, 83010, 83011,
83018, 83019, 83020, 83025, 83027, 83028, 83029, 83030, 83031, 83035,
83036, 83039, 83042, 83043, 83044, 83045, 83046, 83048, 83049, 83054,
83056, 83057, 83058, 83059, 83060, 83061, 83063, 83065, 83067, 83070,
83073, 83074, 83076, 83077, 83078, 83080, 83082, 83083, 83084, 83086,
83090, 83099, 83107, 83111, 83113, 83114, 83115, 83116, 83118, 83119,
83120, 83123, 83127, 83128, 83129, 83134, 83135, 83138, 83140, 83141,
83144, 83146, 83147, 83153, 83157, 83159, 83160, 83161, 83167, 83171,
83173, 83179, 83180, 83181, 83182, 83188, 83189, 83190, 83191, 83192,
83199, 83200, 83203, 83207, 83208, 83210, 83211, 83214, 83216, 83217,
83218, 83219, 83224, 83226, 83227, 83228, 83229, 83236, 83237, 83238,
83239, 83240, 83241, 83243, 83244, 83245, 83248, 83251, 83253, 83256,
83259, 83264, 83266, 83268, 83269, 83270, 83271, 83275, 83279, 83281,
83283, 83285, 83286, 83288, 83289, 83292, 83298, 83299, 83302, 83304,
83305, 83306, 83307, 83316, 83317, 83318, 83320, 83321, 83323, 83326,
83328, 83333, 83334, 83337, 83338, 83340, 83341, 83343, 83344, 83347,
83348, 83350, 83353, 83354, 83355, 83359, 83360, 83364, 83365, 83371,
83372, 83375, 83377, 83378, 83379, 83380, 83381, 83382, 83385, 83387,
83390, 83391, 83393, 83394, 83396, 83397, 83398, 83404, 83410, 83411,
83414, 83416, 83417, 83418, 83423, 83426, 83427, 83430, 83438, 83442,
83443, 83444, 83448, 83450, 83451, 83453, 83454, 83459, 83463, 83465,
83466, 83467, 83469, 83471, 83478, 83479, 83481, 83482, 83485, 83486,
83488, 83490, 83491, 83493, 83512, 83513, 83514, 83518, 83519, 83521,
83522, 83524, 83525, 83529, 83530, 83532, 83535, 83537, 83538, 83542,
83543, 83545, 83547, 83549, 83550, 83552, 83553, 83554, 83558, 83561,
83562, 83564, 83565, 83566, 83567, 83569, 83573, 83575, 83576, 83579,

83580, 83581, 83582, 83588, 83589, 83591, 83594, 83595, 83596, 83599,
83603, 83604, 83605, 83607, 83609, 83611, 83612, 83613, 83614, 83624,
83625, 83630, 83631, 83641, 83644, 83648, 83649, 83654, 83655, 83656,
83657, 83661, 83664, 83665, 83666, 83670, 83672, 83673, 83674, 83678,
83679, 83683, 83685, 83692, 83693, 83694, 83698, 83700, 83701, 83702,
83703, 83707, 83708, 83711, 83712, 83716, 83717, 83720, 83723, 83725,
83730, 83731, 83732, 83736, 83740, 83744, 83745, 83746, 83747, 83748,
83751, 83756, 83757, 83758, 83761, 83762, 83763, 83767, 83768, 83778,
83781, 83787, 83788, 83792, 83804, 83805, 83806, 83808, 83812, 83813,
83817, 83818, 83823, 83824, 83826, 83829, 83831, 83833, 83835, 83836,
83842, 83843, 83844, 83849, 83850, 83851, 83852, 83853, 83854, 83855,
83856, 83857, 83860, 83861, 83864, 83865, 83866, 83868, 83869, 83870,
83871, 83878, 83880, 83881, 83882, 83884, 83885, 83891, 83893, 83894,
83895, 83896, 83897, 83909, 83910, 83911, 83913, 83914, 83918, 83919,
83920, 83921, 83923, 83924, 83925, 83927, 83929, 83933, 83934, 83937,
83940, 83941, 83942, 83943, 83952, 83953, 83954, 83955, 83956, 83957,
83964, 83966, 83967, 83968, 83971, 83978, 83982, 83983, 83984, 83985,
83988, 83989, 83992, 83993, 83996, 84000, 84001, 84002, 84007, 84009,
84010, 84014, 84015, 84016, 84017, 84018, 84019, 84020, 84023, 84024,
84025, 84031, 84033, 84034, 84035, 84038, 84039, 84040, 84047, 84048,
84049, 84053, 84054, 84058, 84059, 84060, 84061, 84062, 84063, 84064,
84065, 84066, 84072, 84073, 84074, 84075, 84076, 84078, 84079, 84081,
84084, 84085, 84088, 84094, 84095, 84100, 84101, 84102, 84103, 84109,
84110, 84117, 84118, 84119, 84120, 84126, 84127, 84134, 84136, 84138,
84145, 84146, 84149, 84150, 84152, 84153, 84157, 84160, 84164, 84165,
84166, 84174, 84175, 84180, 84193, 84194, 84196, 84197, 84199, 84200,
84202, 84205, 84214, 84216, 84218, 84225, 84227, 84229, 84230, 84232,
84233, 84238, 84239, 84240, 84244, 84246, 84249, 84252, 84253, 84254,
84255, 84257, 84259, 84260, 84262, 84266, 84268, 84269, 84273, 84276,
84277, 84278, 84279, 84280, 84281, 84286, 84288, 84294, 84295, 84296,
84299, 84300, 84305, 84309, 84312, 84313, 84315, 84316, 84318, 84321,
84323, 84324, 84327, 84330, 84331, 84332, 84333, 84334, 84336, 84341,
84342, 84345, 84346, 84347, 84350, 84352, 84356, 84357, 84358, 84359,
84360, 84363, 84366, 84368, 84373, 84378, 84380, 84382, 84384, 84392,
84393, 84396, 84398, 84406, 84407, 84409, 84412, 84414, 84416, 84421,
84422, 84423, 84424, 84425, 84429, 84431, 84432, 84436, 84437, 84438,
84440, 84446, 84449, 84450, 84458, 84459, 84460, 84462, 84465, 84470,
84473, 84475, 84476, 84478, 84480, 84483, 84487, 84492, 84495, 84498,
84499, 84504, 84505, 84507, 84508, 84509, 84510, 84511, 84518, 84523,
84524, 84525, 84526, 84531, 84532, 84533, 84534, 84536, 84540, 84541,
84542, 84544, 84549, 84550, 84551, 84552, 84553, 84554, 84555, 84558,
84565, 84566, 84570, 84572, 84575, 84577, 84582, 84586, 84588, 84589,
84590, 84593, 84594, 84598, 84599, 84600, 84605, 84606, 84609, 84613,
84619, 84623, 84627, 84628, 84630, 84635, 84637, 84639, 84640, 84641, 84645,
84652, 84654, 84655, 84659, 84660, 84668, 84676, 84678, 84680, 84681,
84687, 84692, 84693, 84697, 84699, 84703, 84704, 84709, 84710, 84715,
84717, 84728, 84734, 84735, 84736, 84737, 84740, 84741, 84743, 84744,
84745, 84748, 84749, 84750, 84753, 84754, 84762, 84765, 84766, 84767,
84768, 84772, 84774, 84775, 84777, 84786, 84787, 84788, 84789, 84797,
84798, 84809, 84811, 84815, 84817, 84818, 84823, 84826, 84828, 84831,
84832, 84836, 84837, 84844, 84845, 84846, 84853, 84856, 84864,
84865, 84866, 84867, 84868, 84870, 84873, 84877, 84878, 84879, 84882,
84884, 84889, 84891, 84892, 84893, 84898, 84899, 84905, 84909, 84910,
84912, 84914, 84915, 84916, 84919, 84922, 84924, 84925, 84926, 84929,
84930, 84931, 84938, 84939, 84942, 84943, 84947, 84948, 84950, 84951,
84952, 84953, 84960, 84961, 84964, 84965, 84966, 84967, 84969, 84971,
84973, 84979, 84981, 84982, 84985, 84988, 84989, 84993, 84994, 84995,
84999, 85001, 85002, 85005, 85007, 85008, 85009, 85011, 85013, 85014,
85020, 85022, 85023, 85024, 85025, 85026, 85035, 85037, 85038, 85040,
85042, 85043, 85045, 85048, 85049, 85058, 85059, 85063, 85064, 85068,
85072, 85075, 85076, 85078, 85079, 85080, 85082, 85086, 85087, 85090,
85091, 85092, 85096, 85098, 85100, 85101, 85104, 85105, 85106, 85107,
85110, 85111, 85116, 85117, 85118, 85119, 85121, 85122, 85125, 85127,
85131, 85136, 85137, 85138, 85140, 85144, 85146, 85154, 85157, 85160,
85161, 85162, 85163, 85165, 85166, 85167, 85168, 85169, 85170, 85175,
85177, 85179, 85180, 85181, 85185, 85186, 85187, 85188, 85193, 85194,
85195, 85196, 85197, 85199, 85200, 85202, 85203, 85204, 85207, 85213,
85214, 85215, 85216, 85218, 85220, 85222, 85223, 85227, 85229, 85233,
85235, 85236, 85237, 85238, 85240, 85242, 85245, 85247, 85248, 85253,
85254, 85255, 85257, 85258, 85259, 85261, 85262, 85263, 85266, 85268,
85273, 85274, 85275, 85276, 85277, 85278, 85281, 85282, 85283, 85285,
85286, 85291, 85292, 85294, 85295, 85298, 85299, 85301, 85302, 85305,
85310, 85311, 85313, 85314, 85315, 85316, 85319, 85321, 85323, 85327,

85329, 85330, 85331, 85332, 85333, 85334, 85338, 85339, 85340, 85342,
85343, 85345, 85346, 85347, 85349, 85350, 85352, 85353, 85354, 85362,
85366, 85369, 85370, 85374, 85375, 85378, 85382, 85386, 85387, 85388,
85392, 85393, 85394, 85395, 85398, 85399, 85401, 85402, 85405, 85409,
85410, 85411, 85412, 85413, 85418, 85421, 85424, 85425, 85426, 85429,
85431, 85432, 85437, 85442, 85443, 85444, 85447, 85448, 85450, 85451,
85452, 85456, 85457, 85460, 85462, 85465, 85468, 85469, 85470, 85471,
85472, 85479, 85480, 85490, 85491, 85493, 85496, 85497, 85502, 85503,
85509, 85510, 85512, 85515, 85517, 85520, 85525, 85527, 85528, 85529,
85531, 85537, 85539, 85542, 85543, 85544, 85547, 85548, 85549, 85552,
85556, 85560, 85561, 85562, 85564, 85566, 85569, 85570, 85572, 85576,
85577, 85579, 85580, 85581, 85585, 85586, 85587, 85588, 85589, 85590,
85592, 85605, 85606, 85607, 85608, 85609, 85611, 85612, 85616, 85617,
85626, 85627, 85629, 85630, 85634, 85636, 85637, 85639, 85641, 85642,
85643, 85645, 85646, 85647, 85648, 85649, 85653, 85654, 85655, 85656,
85657, 85662, 85665, 85666, 85667, 85670, 85677, 85681, 85685, 85689,
85692, 85693, 85695, 85701, 85704, 85705, 85707, 85713, 85715, 85722,
85723, 85724, 85725, 85726, 85728, 85729, 85730, 85733, 85734, 85736,
85738, 85739, 85740, 85741, 85745, 85751, 85752, 85753, 85754, 85755,
85756, 85757, 85759, 85760, 85761, 85762, 85764, 85765, 85767, 85770,
85772, 85773, 85776, 85778, 85781, 85782, 85783, 85784, 85785, 85789,
85790, 85791, 85792, 85793, 85794, 85797, 85800, 85802, 85803, 85804,
85805, 85806, 85809, 85812, 85813, 85814, 85817, 85818, 85821, 85824,
85830, 85838, 85840, 85841, 85842, 85844, 85848, 85856, 85857, 85858,
85859, 85860, 85861, 85864, 85865, 85869, 85872, 85873, 85876, 85877,
85879, 85880, 85883, 85888, 85891, 85896, 85899, 85900, 85902, 85903,
85910, 85911, 85915, 85916, 85917, 85919, 85920, 85922, 85931, 85932,
85933, 85940, 85945, 85946, 85947, 85948, 85949, 85951, 85952, 85953,
85954, 85958, 85959, 85961, 85967, 85971, 85973, 85977, 85979, 85984,
85985, 85986, 85988, 85993, 85994, 85996, 85999, 86002, 86004, 86005,
86008, 86009, 86010, 86013, 86014, 86017, 86021, 86022, 86023, 86025,
86026, 86027, 86030, 86034, 86035, 86039, 86041, 86042, 86046, 86050,
86055, 86059, 86061, 86064, 86065, 86067, 86069, 86073, 86074, 86078,
86080, 86082, 86088, 86094, 86098, 86099, 86108, 86117, 86119, 86120,
86124, 86125, 86127, 86128, 86129, 86130, 86131, 86132, 86133, 86134,
86136, 86138, 86140, 86145, 86148, 86149, 86150, 86151, 86156, 86158,
86163, 86167, 86168, 86169, 86171, 86175, 86176, 86188, 86194, 86198,
86203, 86208, 86213, 86214, 86215, 86216, 86217, 86220, 86223, 86228,
86231, 86236, 86241, 86245, 86246, 86250, 86251, 86260, 86270, 86272,
86278, 86280, 86281, 86282, 86283, 86284, 86285, 86289, 86297, 86301,
86302, 86305, 86308, 86315, 86323, 86324, 86327, 86328, 86331, 86333,
86334, 86337, 86338, 86339, 86342, 86343, 86349, 86357, 86359, 86363,
86367, 86368, 86369, 86370, 86373, 86377, 86382, 86385, 86392, 86394,
86395, 86402, 86404, 86406, 86407, 86408, 86409, 86422, 86431, 86433,
86434, 86450, 86462, 86470, 86475, 86476, 86477, 86486, 86487, 86488,
86496, 86497, 86506, 86510, 86512, 86513, 86515, 86526, 86527, 86528,
86530, 86534, 86543, 86546, 86547, 86550, 86560, 86568, 86569, 86571,
86578, 86580, 86584, 86585, 86590, 86598, 86604, 86605, 86606, 86607,
86610, 86618, 86623, 86624, 86625, 86636, 86641, 86642, 86643, 86644,
86655, 86656, 86662, 86663, 86664, 86682, 86683, 86699, 86701, 86702,
86705, 86710, 86712, 86727, 86728, 86732, 86733, 86761, 86774, 86775,
86776, 86777, 86778, 86779, 86780, 86785, 86786, 86787, 86788, 86790,
86795, 86796, 86797, 86800, 86804, 86805, 86809, 86811, 86812, 86813,
86814, 86817, 86818, 86819, 86822, 86823, 86828, 86837, 86839, 86847,
86850, 86867, 86876, 86879, 86880, 86885, 86886, 86887, 86892, 86895,
86902, 86904, 86905, 86918, 86919, 86920, 86921, 86922, 86938, 86939,
86941, 86942, 86944, 86945, 86952, 86961, 86962, 86968, 86980, 86982,
86984, 86985, 87001, 87002, 87003, 87005, 87019, 87020, 87021, 87022,
87032, 87035, 87036, 87040, 87044, 87045, 87046, 87048, 87049, 87050,
87051, 87053, 87054, 87058, 87060, 87061, 87062, 87063, 87067, 87068,
87070, 87071, 87072, 87074, 87076, 87082, 87083, 87106, 87119, 87120,
87128, 87130, 87148, 87150, 87158, 87159, 87160, 87163, 87164, 87165,
87166, 87172, 87175, 87176, 87177, 87179, 87187, 87191, 87194, 87196,
87197, 87204, 87205, 87212, 87213, 87214, 87215, 87220, 87221, 87222,
87224, 87239, 87241, 87243, 87249, 87268, 87277, 87279, 87281, 87297,
87298, 87299, 87300, 87309, 87310, 87311, 87316, 87317, 87318, 87323,
87326, 87327, 87329, 87330, 87331, 87332, 87334, 87335, 87337, 87338,
87343, 87347, 87348, 87349, 87350, 87354, 87364, 87365, 87366, 87374,
87377, 87390, 87392, 87393, 87412, 87421, 87428, 87437, 87438, 87444,
87453, 87457, 87458, 87459, 87460, 87461, 87462, 87463, 87464, 87472,
87475, 87477, 87480, 87492, 87495, 87496, 87497, 87500, 87502, 87503,
87510, 87513, 87515, 87516, 87517, 87520, 87522, 87523, 87532, 87534,
87535, 87536, 87538, 87539, 87541, 87542, 87548, 87552, 87553, 87554,

87558, 87559, 87567, 87570, 87576, 87577, 87578, 87579, 87580, 87581,
87586, 87592, 87593, 87594, 87595, 87596, 87599, 87600, 87601, 87610,
87611, 87613, 87615, 87616, 87618, 87619, 87620, 87629, 87630, 87638,
87639, 87647, 87648, 87649, 87652, 87653, 87655, 87656, 87657, 87658,
87667, 87668, 87669, 87672, 87673, 87675, 87678, 87686, 87687, 87689,
87692, 87693, 87694, 87697, 87702, 87705, 87707, 87709, 87710, 87711,
87713, 87724, 87725, 87726, 87727, 87729, 87731, 87732, 87734, 87740,
87743, 87744, 87745, 87754, 87765, 87773, 87777, 87778, 87779, 87780,
87792, 87797, 87800, 87801, 87807, 87816, 87817, 87818, 87823, 87824,
87825, 87829, 87842, 87843, 87844, 87847, 87848, 87849, 87854, 87856,
87861, 87866, 87868, 87869, 87870, 87881, 87882, 87883, 87885, 87887,
87890, 87901, 87902, 87903, 87904, 87905, 87906, 87907, 87913, 87914,
87915, 87919, 87921, 87922, 87923, 87924, 87925, 87928, 87929, 87933,
87936, 87937, 87938, 87941, 87942, 87943, 87946, 87951, 87952, 87956,
87957, 87961, 87964, 87965, 87967, 87971, 87972, 87978, 87982, 87983,
87986, 87987, 87988, 87989, 87992, 87997, 87998, 88000, 88001, 88002,
88003, 88004, 88005, 88006, 88007, 88009, 88010, 88016, 88019, 88021,
88023, 88024, 88025, 88026, 88029, 88030, 88036, 88038, 88040, 88041,
88043, 88044, 88045, 88046, 88049, 88052, 88055, 88057, 88058, 88060,
88062, 88063, 88064, 88065, 88068, 88069, 88070, 88071, 88074, 88076,
88077, 88078, 88082, 88086, 88093, 88094, 88097, 88098, 88099, 88100,
88102, 88103, 88105, 88107, 88108, 88113, 88114, 88115, 88116,
88117, 88122, 88124, 88125, 88130, 88131, 88132, 88133, 88134, 88137,
88140, 88141, 88143, 88144, 88145, 88146, 88149, 88150, 88151, 88152,
88153, 88154, 88155, 88156, 88157, 88158, 88159, 88160, 88164, 88165,
88168, 88170, 88174, 88178, 88179, 88182, 88183, 88185, 88186, 88192, 88193,
88194, 88195, 88197, 88200, 88202, 88204, 88205, 88206, 88208, 88210,
88211, 88212, 88213, 88215, 88216, 88218, 88219, 88220, 88222, 88224,
88225, 88226, 88227, 88229, 88230, 88231, 88235, 88236, 88238, 88239,
88245, 88246, 88247, 88248, 88255, 88256, 88258, 88259, 88261, 88262,
88263, 88265, 88266, 88269, 88273, 88274, 88276, 88277, 88279, 88280,
88281, 88282, 88283, 88284, 88286, 88288, 88296, 88297, 88300, 88303,
88305, 88306, 88307, 88308, 88309, 88312, 88314, 88315, 88317, 88318,
88319, 88320, 88321, 88323, 88324, 88326, 88327, 88328, 88331, 88334,
88336, 88337, 88338, 88339, 88341, 88344, 88345, 88346, 88347, 88348,
88352, 88360, 88363, 88367, 88369, 88372, 88373, 88385, 88400, 88401,
88406, 88407, 88410, 88411, 88412, 88416, 88417, 88418, 88419, 88425,
88426, 88430, 88436, 88437, 88441, 88443, 88445, 88448, 88450, 88453,
88454, 88455, 88461, 88462, 88463, 88464, 88467, 88468, 88469, 88470,
88471, 88472, 88473, 88474, 88475, 88477, 88478, 88481, 88482, 88485,
88488, 88489, 88492, 88494, 88496, 88503, 88505, 88506, 88508, 88509,
88510, 88511, 88514, 88515, 88517, 88525, 88526, 88529, 88533, 88534,
88535, 88541, 88545, 88546, 88547, 88552, 88553, 88554, 88556, 88557,
88568, 88569, 88570, 88571, 88572, 88574, 88586, 88587, 88589, 88592,
88593, 88596, 88603, 88607, 88608, 88609, 88610, 88615, 88616, 88620,
88623, 88625, 88626, 88628, 88630, 88631, 88639, 88645, 88647, 88648,
88649, 88654, 88656, 88657, 88659, 88664, 88667, 88670, 88675, 88676,
88682, 88684, 88689, 88690, 88692, 88693, 88694, 88698, 88700, 88702,
88703, 88707, 88708, 88709, 88710, 88715, 88716, 88718, 88719, 88722,
88723, 88725, 88726, 88727, 88728, 88734, 88735, 88736, 88737, 88738,
88741, 88745, 88747, 88750, 88752, 88754, 88755, 88757, 88758, 88762,
88763, 88764, 88765, 88770, 88771, 88772, 88776, 88781, 88783, 88785,
88786, 88787, 88788, 88793, 88795, 88798, 88799, 88800, 88801, 88802,
88805, 88817, 88831, 88832, 88833, 88836, 88839, 88840, 88845, 88846,
88847, 88848, 88849, 88851, 88852, 88856, 88857, 88858, 88859, 88860,
88861, 88862, 88863, 88868, 88870, 88871, 88878, 88879, 88880, 88882,
88883, 88884, 88886, 88887, 88888, 88889, 88890, 88898, 88902, 88904,
88905, 88908, 88909, 88910, 88914, 88915, 88919, 88920, 88921, 88927,
88929, 88930, 88931, 88935, 88936, 88938, 88939, 88940, 88942, 88943,
88944, 88945, 88946, 88948, 88949, 88953, 88955, 88957, 88958,
88961, 88965, 88966, 88968, 88969, 88971, 88972, 88974, 88982, 88989,
88995, 88999, 89003, 89004, 89007, 89011, 89014, 89022, 89023, 89025,
89026, 89029, 89038, 89041, 89043, 89044, 89045, 89046, 89049, 89053,
89054, 89056, 89057, 89058, 89059, 89063, 89064, 89065, 89066, 89068,
89072, 89075, 89076, 89077, 89078, 89079, 89081, 89082, 89083, 89089,
89092, 89097, 89098, 89101, 89104, 89110, 89112, 89114, 89116, 89117,
89118, 89119, 89122, 89124, 89125, 89128, 89130, 89131, 89132, 89134,
89135, 89136, 89137, 89141, 89142, 89147, 89148, 89150, 89151, 89156,
89157, 89159, 89162, 89163, 89169, 89170, 89172, 89173, 89176, 89177,
89185, 89186, 89189, 89190, 89196, 89197, 89204, 89206, 89207, 89219,
89220, 89223, 89224, 89225, 89226, 89227, 89228, 89230, 89232, 89234,
89235, 89236, 89237, 89239, 89243, 89247, 89248, 89254, 89255, 89258,
89264, 89265, 89267, 89269, 89271, 89272, 89274, 89281, 89283, 89285,

89286, 89291, 89292, 89294, 89295, 89296, 89299, 89301, 89302, 89303,
89304, 89306, 89309, 89310, 89312, 89313, 89314, 89320, 89324, 89327,
89329, 89331, 89332, 89339, 89343, 89347, 89348, 89349, 89351, 89352,
89357, 89358, 89361, 89363, 89364, 89365, 89368, 89369, 89376, 89379,
89384, 89388, 89389, 89390, 89396, 89398, 89403, 89405, 89406, 89409,
89420, 89422, 89423, 89426, 89428, 89429, 89436, 89437, 89439, 89440,
89443, 89444, 89445, 89447, 89449, 89452, 89454, 89456, 89462, 89464,
89467, 89468, 89471, 89473, 89474, 89477, 89481, 89482, 89486, 89494,
89495, 89496, 89497, 89500, 89501, 89505, 89506, 89507, 89510, 89511,
89524, 89526, 89533, 89535, 89539, 89543, 89544, 89545, 89547, 89554,
89557, 89564, 89565, 89567, 89570, 89573, 89574, 89575, 89576, 89581,
89583, 89584, 89585, 89586, 89587, 89590, 89593, 89594, 89595, 89599,
89601, 89602, 89604, 89605, 89612, 89620, 89621, 89622, 89623, 89624,
89627, 89637, 89641, 89642, 89643, 89644, 89650, 89652, 89655, 89656, 89657,
89658, 89659, 89660, 89661, 89662, 89665, 89667, 89669, 89670, 89672,
89675, 89676, 89677, 89680, 89681, 89684, 89689, 89694, 89695, 89696,
89697, 89699, 89702, 89707, 89713, 89714, 89716, 89718, 89719, 89722,
89723, 89725, 89726, 89728, 89732, 89739, 89740, 89741, 89742, 89743,
89744, 89746, 89747, 89748, 89751, 89758, 89759, 89760, 89761, 89762,
89763, 89765, 89770, 89775, 89776, 89777, 89778, 89779, 89780, 89783,
89785, 89786, 89787, 89788, 89790, 89793, 89794, 89795, 89797, 89801,
89802, 89806, 89807, 89812, 89813, 89816, 89820, 89822, 89823, 89825,
89827, 89828, 89834, 89835, 89836, 89839, 89840, 89842, 89843, 89850,
89851, 89852, 89855, 89856, 89857, 89866, 89869, 89871, 89873, 89874,
89876, 89877, 89880, 89882, 89883, 89885, 89892, 89898, 89901, 89903,
89906, 89910, 89914, 89915, 89916, 89920, 89922, 89923, 89927, 89930,
89932, 89933, 89934, 89935, 89939, 89940, 89949, 89950, 89954, 89955,
89956, 89957, 89958, 89960, 89962, 89963, 89966, 89967, 89968, 89969,
89970, 89972, 89974, 89979, 89986, 89988, 89989, 89994, 89995, 89996,
90003, 90006, 90007, 90011, 90013, 90014, 90016, 90017, 90026, 90028,
90029, 90031, 90033, 90034, 90036, 90039, 90040, 90041, 90042, 90051,
90052, 90054, 90055, 90056, 90061, 90062, 90063, 90072, 90075, 90079,
90081, 90082, 90083, 90084, 90085, 90086, 90088, 90089, 90092, 90093,
90098, 90101, 90103, 90106, 90108, 90109, 90112, 90117, 90119, 90120,
90122, 90123, 90126, 90128, 90129, 90130, 90131, 90132, 90137, 90139,
90140, 90141, 90143, 90147, 90149, 90150, 90151, 90157, 90158, 90159,
90160, 90166, 90167, 90168, 90170, 90171, 90172, 90176, 90177, 90178,
90181, 90184, 90185, 90187, 90189, 90190, 90191, 90195, 90199, 90201,
90205, 90206, 90208, 90209, 90215, 90217, 90219, 90225, 90226, 90228,
90230, 90236, 90237, 90239, 90240, 90243, 90244, 90246, 90247, 90249,
90252, 90253, 90255, 90256, 90261, 90263, 90264, 90265, 90266, 90269,
90272, 90275, 90277, 90280, 90281, 90282, 90283, 90289, 90291, 90294,
90299, 90301, 90302, 90303, 90307, 90308, 90309, 90310, 90312, 90313,
90315, 90317, 90319, 90320, 90321, 90326, 90331, 90332, 90336, 90337,
90343, 90346, 90347, 90349, 90357, 90361, 90362, 90364, 90367, 90371,
90372, 90374, 90380, 90384, 90386, 90387, 90388, 90389, 90395, 90400,
90401, 90403, 90405, 90408, 90410, 90411, 90412, 90418, 90420, 90421,
90422, 90424, 90427, 90428, 90429, 90432, 90433, 90437, 90438, 90440,
90441, 90443, 90444, 90445, 90449, 90457, 90459, 90460, 90462, 90464,
90465, 90466, 90468, 90471, 90476, 90477, 90479, 90480, 90481, 90482,
90483, 90487, 90493, 90497, 90499, 90500, 90501, 90502, 90503, 90504,
90505, 90506, 90507, 90509, 90514, 90515, 90518, 90519, 90522, 90524,
90525, 90526, 90527, 90533, 90540, 90541, 90542, 90543, 90545, 90546,
90547, 90548, 90552, 90558, 90559, 90560, 90561, 90562, 90563, 90564,
90565, 90566, 90567, 90570, 90571, 90572, 90574, 90575, 90580, 90582,
90583, 90585, 90588, 90589, 90590, 90591, 90596, 90597, 90599, 90600,
90602, 90603, 90605, 90609, 90618, 90619, 90623, 90624, 90625, 90630,
90637, 90639, 90643, 90644, 90647, 90648, 90651, 90652, 90656, 90657,
90658, 90659, 90661, 90664, 90665, 90666, 90668, 90670, 90671, 90675,
90681, 90682, 90683, 90685, 90687, 90688, 90689, 90693, 90695, 90696,
90697, 90699, 90700, 90701, 90702, 90703, 90708, 90714, 90715, 90716,
90719, 90720, 90722, 90723, 90725, 90732, 90734, 90735, 90736, 90737,
90739, 90741, 90742, 90743, 90744, 90746, 90751, 90752, 90757, 90764,
90771, 90772, 90775, 90776, 90777, 90778, 90779, 90781, 90782, 90783,
90784, 90787, 90789, 90790, 90792, 90794, 90796, 90800, 90803, 90808,
90809, 90813, 90814, 90819, 90821, 90824, 90825, 90826, 90827, 90831,
90833, 90835, 90836, 90839, 90841, 90842, 90843, 90844, 90845, 90849,
90850, 90852, 90853, 90857, 90858, 90860, 90861, 90867, 90869, 90873,
90875, 90876, 90879, 90880, 90887, 90888, 90891, 90894, 90895, 90897,
90899, 90907, 90908, 90912, 90921, 90922, 90924, 90925, 90926, 90928,
90929, 90931, 90933, 90934, 90937, 90938, 90939, 90943, 90945, 90946,
90947, 90958, 90959, 90961, 90962, 90964, 90965, 90966, 90970, 90972,
90973, 90975, 90976, 90978, 90979, 90980, 90981, 90983, 90986, 90990,

90994, 90995, 90997, 90998, 91000, 91002, 91005, 91006, 91010, 91011,
91012, 91015, 91016, 91017, 91018, 91019, 91020, 91022, 91026, 91027,
91028, 91031, 91032, 91035, 91036, 91040, 91044, 91046, 91050, 91052,
91056, 91064, 91066, 91068, 91070, 91072, 91075, 91079, 91080, 91081,
91083, 91087, 91088, 91090, 91092, 91101, 91102, 91104, 91105, 91106,
91107, 91109, 91111, 91112, 91115, 91116, 91119, 91120, 91121, 91122,
91125, 91132, 91133, 91138, 91143, 91144, 91145, 91146, 91147, 91148,
91149, 91151, 91156, 91157, 91158, 91159, 91160, 91161, 91162, 91163,
91165, 91169, 91172, 91176, 91178, 91181, 91183, 91186, 91187, 91189,
91190, 91191, 91196, 91201, 91203, 91204, 91205, 91207, 91209, 91214,
91215, 91217, 91220, 91221, 91222, 91223, 91226, 91228, 91233, 91237,
91241, 91243, 91244, 91245, 91249, 91250, 91251, 91252, 91259, 91261,
91262, 91269, 91270, 91271, 91272, 91275, 91276, 91277, 91280, 91281,
91284, 91285, 91290, 91291, 91295, 91296, 91304, 91308, 91309, 91310,
91311, 91312, 91313, 91314, 91318, 91320, 91321, 91325, 91327, 91328,
91331, 91333, 91336, 91340, 91342, 91348, 91349, 91351, 91352, 91353,
91355, 91357, 91358, 91359, 91360, 91361, 91362, 91363, 91364, 91366,
91367, 91371, 91372, 91373, 91376, 91378, 91379, 91380, 91381, 91382,
91384, 91386, 91393, 91394, 91396, 91397, 91398, 91399, 91400, 91401,
91402, 91404, 91405, 91410, 91411, 91415, 91420, 91421, 91422, 91423,
91425, 91426, 91428, 91429, 91430, 91431, 91435, 91437, 91439, 91440,
91441, 91442, 91444, 91445, 91450, 91451, 91452, 91459, 91462, 91466,
91467, 91469, 91474, 91476, 91484, 91485, 91487, 91490, 91493, 91494,
91495, 91497, 91501, 91506, 91507, 91508, 91509, 91514, 91515, 91516,
91518, 91520, 91523, 91525, 91527, 91530, 91533, 91539, 91541, 91542,
91544, 91545, 91551, 91554, 91556, 91558, 91560, 91561, 91563, 91564,
91565, 91566, 91570, 91571, 91574, 91579, 91582, 91583, 91584, 91586,
91590, 91594, 91595, 91596, 91598, 91599, 91602, 91603, 91607, 91608,
91616, 91617, 91618, 91619, 91623, 91624, 91625, 91627, 91629, 91632,
91633, 91634, 91636, 91637, 91638, 91643, 91645, 91646, 91648, 91650,
91651, 91654, 91656, 91657, 91664, 91665, 91666, 91671, 91672, 91674,
91675, 91676, 91677, 91678, 91679, 91683, 91684, 91685, 91686, 91688,
91690, 91691, 91692, 91693, 91694, 91696, 91700, 91702, 91703, 91705,
91707, 91709, 91711, 91714, 91717, 91719, 91722, 91726, 91728, 91730,
91731, 91732, 91737, 91738, 91740, 91745, 91748, 91749, 91750, 91753,
91756, 91760, 91766, 91769, 91770, 91772, 91774, 91775, 91777, 91778,
91779, 91780, 91782, 91783, 91785, 91786, 91787, 91788, 91789, 91792,
91794, 91797, 91798, 91799, 91802, 91804, 91806, 91807, 91808, 91811,
91817, 91818, 91820, 91823, 91824, 91825, 91826, 91827, 91828, 91829,
91830, 91831, 91832, 91833, 91841, 91842, 91843, 91846, 91851, 91852,
91853, 91855, 91856, 91860, 91862, 91863, 91865, 91866, 91867, 91868,
91869, 91870, 91872, 91875, 91880, 91881, 91883, 91884, 91885, 91887,
91891, 91892, 91894, 91895, 91898, 91903, 91904, 91906, 91909, 91910,
91911, 91913, 91914, 91918, 91919, 91920, 91921, 91924, 91929, 91930,
91931, 91933, 91934, 91942, 91944, 91945, 91955, 91957, 91960, 91967,
91970, 91978, 91995, 91996, 91997, 92000, 92005, 92006, 92008, 92014,
92018, 92021, 92022, 92023, 92029, 92030, 92038, 92041, 92044, 92047,
92054, 92055, 92056, 92061, 92064, 92069, 92076, 92079, 92081, 92088,
92089, 92090, 92095, 92098, 92107, 92109, 92110, 92111, 92113, 92114,
92117, 92118, 92119, 92122, 92130, 92134, 92135, 92140, 92141, 92149,
92150, 92151, 92152, 92154, 92157, 92159, 92168, 92169, 92170, 92184,
92186, 92187, 92188, 92190, 92199, 92203, 92204, 92205, 92206, 92207,
92218, 92225, 92228, 92229, 92232, 92239, 92244, 92245, 92247, 92249,
92251, 92252, 92253, 92260, 92263, 92264, 92266, 92273, 92274, 92276,
92281, 92283, 92285, 92287, 92288, 92289, 92291, 92292, 92293, 92294,
92295, 92298, 92302, 92303, 92304, 92306, 92307, 92308, 92309, 92314,
92315, 92319, 92322, 92324, 92325, 92328, 92329, 92332, 92334, 92335,
92340, 92341, 92342, 92344, 92347, 92351, 92357, 92360, 92363, 92367,
92368, 92369, 92380, 92381, 92384, 92389, 92394, 92398, 92400, 92402,
92403, 92404, 92405, 92406, 92407, 92408, 92409, 92413, 92417, 92421,
92424, 92426, 92429, 92432, 92433, 92434, 92435, 92443, 92447, 92449,
92450, 92455, 92457, 92458, 92460, 92474, 92475, 92477, 92479, 92481,
92483, 92485, 92486, 92487, 92488, 92490, 92492, 92493, 92497, 92498,
92504, 92508, 92509, 92514, 92515, 92519, 92522, 92523, 92525, 92526,
92529, 92534, 92537, 92545, 92546, 92547, 92548, 92551, 92554, 92555,
92556, 92557, 92558, 92561, 92564, 92565, 92566, 92567, 92571, 92577,
92594, 92595, 92597, 92603, 92604, 92606, 92611, 92612, 92615, 92620,
92626, 92628, 92629, 92630, 92631, 92632, 92633, 92634, 92641, 92646,
92648, 92649, 92651, 92655, 92662, 92664, 92666, 92667, 92668, 92674,
92675, 92677, 92679, 92680, 92682, 92683, 92684, 92685, 92693, 92695,
92701, 92702, 92703, 92705, 92707, 92711, 92715, 92716, 92717, 92719,
92720, 92721, 92723, 92724, 92725, 92729, 92732, 92734, 92741, 92742,
92743, 92745, 92746, 92747, 92748, 92749, 92751, 92754, 92755, 92756,

92760, 92761, 92764, 92765, 92767, 92768, 92769, 92772, 92773, 92774,
92777, 92778, 92781, 92782, 92785, 92786, 92787, 92788, 92789, 92790,
92791, 92792, 92795, 92797, 92799, 92801, 92802, 92803, 92805, 92810,
92814, 92815, 92817, 92819, 92820, 92821, 92824, 92825, 92827, 92829,
92830, 92833, 92836, 92846, 92848, 92849, 92850, 92851, 92853, 92857,
92861, 92866, 92868, 92870, 92871, 92872, 92874, 92875, 92879, 92881,
92884, 92890, 92897, 92898, 92901, 92902, 92903, 92904, 92907, 92908,
92910, 92912, 92916, 92918, 92920, 92922, 92924, 92926, 92929, 92932,
92933, 92937, 92939, 92940, 92941, 92942, 92943, 92946, 92954, 92958,
92965, 92971, 92972, 92974, 92975, 92976, 92977, 92979, 92983, 92986,
92988, 92990, 92991, 92992, 92993, 92998, 92999, 93000, 93002, 93003,
93005, 93008, 93009, 93010, 93011, 93012, 93017, 93020, 93022, 93025,
93027, 93028, 93029, 93030, 93035, 93038, 93039, 93040, 93041, 93043,
93045, 93046, 93054, 93057, 93058, 93059, 93060, 93061, 93063, 93069,
93071, 93072, 93073, 93074, 93075, 93076, 93078, 93079, 93080, 93081,
93082, 93084, 93085, 93087, 93088, 93090, 93091, 93092, 93094, 93095,
93096, 93097, 93098, 93100, 93101, 93111, 93112, 93113, 93114, 93115,
93116, 93117, 93119, 93126, 93128, 93129, 93130, 93131, 93132, 93136,
93141, 93143, 93145, 93146, 93147, 93148, 93150, 93151, 93152, 93154,
93158, 93159, 93160, 93163, 93166, 93168, 93169, 93170, 93171, 93172,
93177, 93178, 93179, 93180, 93182, 93184, 93186, 93188, 93194, 93196,
93198, 93200, 93201, 93202, 93204, 93205, 93206, 93207, 93208, 93214,
93215, 93218, 93220, 93224, 93225, 93227, 93232, 93234, 93235, 93236,
93237, 93238, 93239, 93241, 93242, 93243, 93244, 93245, 93246, 93247,
93249, 93252, 93253, 93255, 93260, 93262, 93263, 93266, 93267, 93269,
93270, 93271, 93272, 93275, 93277, 93279, 93280, 93282, 93286, 93287,
93288, 93289, 93292, 93293, 93296, 93297, 93298, 93301, 93304, 93306,
93307, 93309, 93311, 93312, 93316, 93317, 93318, 93319, 93320, 93321,
93323, 93324, 93327, 93330, 93333, 93334, 93335, 93339, 93341, 93342,
93345, 93346, 93347, 93351, 93353, 93356, 93358, 93359, 93361, 93362,
93368, 93372, 93373, 93374, 93375, 93376, 93378, 93379, 93381, 93385,
93388, 93389, 93391, 93392, 93393, 93394, 93395, 93396, 93399, 93400,
93405, 93408, 93410, 93414, 93416, 93421, 93423, 93424, 93425, 93426,
93433, 93435, 93439, 93440, 93445, 93447, 93448, 93449, 93450, 93451,
93452, 93453, 93458, 93459, 93460, 93461, 93468, 93469, 93471, 93472,
93473, 93475, 93476, 93479, 93481, 93483, 93486, 93487, 93488, 93490,
93492, 93493, 93495, 93496, 93497, 93504, 93505, 93508, 93509, 93510,
93511, 93513, 93516, 93517, 93521, 93525, 93526, 93528, 93529, 93531,
93532, 93533, 93537, 93541, 93542, 93544, 93545, 93546, 93547, 93550,
93551, 93558, 93560, 93562, 93563, 93564, 93567, 93568, 93569, 93574,
93576, 93578, 93580, 93581, 93583, 93584, 93585, 93586, 93587, 93588,
93590, 93591, 93597, 93598, 93603, 93604, 93608, 93610, 93611, 93612,
93613, 93614, 93615, 93618, 93620, 93622, 93623, 93624, 93625, 93628,
93631, 93635, 93636, 93638, 93639, 93641, 93643, 93644, 93645, 93647, 93649,
93652, 93655, 93656, 93661, 93665, 93668, 93670, 93672, 93673, 93674,
93679, 93680, 93682, 93685, 93686, 93687, 93689, 93692, 93693, 93699,
93700, 93705, 93707, 93709, 93712, 93715, 93717, 93718, 93720, 93721,
93722, 93723, 93725, 93727, 93729, 93730, 93734, 93735, 93736, 93740,
93741, 93742, 93743, 93744, 93750, 93758, 93759, 93763, 93764, 93767,
93769, 93770, 93771, 93772, 93774, 93776, 93778, 93780, 93782, 93786,
93788, 93790, 93791, 93792, 93793, 93794, 93798, 93800, 93803, 93806,
93811, 93814, 93815, 93816, 93822, 93829, 93830, 93832, 93833, 93834,
93838, 93839, 93840, 93843, 93844, 93846, 93850, 93853, 93854, 93855,
93857, 93859, 93860, 93861, 93863, 93865, 93867, 93868, 93869, 93870,
93872, 93874, 93877, 93878, 93880, 93882, 93884, 93885, 93886, 93887,
93888, 93889, 93891, 93893, 93894, 93897, 93900, 93903, 93904, 93905,
93906, 93907, 93909, 93915, 93918, 93921, 93923, 93924, 93926, 93929,
93930, 93932, 93933, 93937, 93941, 93943, 93944, 93946, 93948, 93949,
93951, 93952, 93956, 93958, 93959, 93963, 93964, 93966, 93968, 93969,
93970, 93972, 93973, 93974, 93975, 93978, 93983, 93985, 93987,
93989, 93990, 93992, 93993, 94000, 94002, 94007, 94009, 94010, 94013,
94015, 94017, 94019, 94022, 94025, 94027, 94028, 94029, 94033, 94036,
94038, 94040, 94041, 94042, 94044, 94045, 94046, 94047, 94048, 94050,
94051, 94052, 94053, 94054, 94055, 94057, 94058, 94061, 94063, 94064,
94065, 94066, 94071, 94077, 94079, 94080, 94082, 94084, 94086, 94087,
94088, 94090, 94091, 94092, 94093, 94095, 94097, 94098, 94099, 94100,
94101, 94103, 94104, 94105, 94107, 94108, 94110, 94111, 94115, 94116,
94121, 94122, 94123, 94127, 94131, 94132, 94134, 94137, 94140, 94144,
94145, 94146, 94149, 94150, 94152, 94157, 94158, 94160, 94162, 94166,
94167, 94168, 94170, 94179, 94180, 94183, 94184, 94185, 94186, 94187,
94189, 94192, 94193, 94194, 94196, 94199, 94200, 94202, 94203, 94205,
94206, 94212, 94213, 94215, 94216, 94217, 94218, 94219, 94220, 94223,
94227, 94229, 94230, 94231, 94232, 94233, 94241, 94244, 94246, 94247,

94251, 94252, 94253, 94255, 94256, 94259, 94261, 94263, 94265, 94270,
94271, 94275, 94278, 94279, 94280, 94281, 94282, 94284, 94286, 94288,
94289, 94290, 94291, 94292, 94293, 94296, 94297, 94301, 94302, 94303,
94306, 94307, 94308, 94309, 94311, 94312, 94314, 94315, 94316, 94317,
94321, 94323, 94325, 94326, 94329, 94330, 94331, 94332, 94334, 94339,
94342, 94353, 94355, 94356, 94358, 94359, 94360, 94368, 94369, 94371,
94375, 94376, 94377, 94378, 94380, 94383, 94384, 94385, 94387, 94388,
94390, 94391, 94393, 94398, 94402, 94403, 94406, 94408, 94411, 94415,
94419, 94427, 94429, 94432, 94433, 94435, 94437, 94438, 94441, 94444,
94447, 94448, 94449, 94450, 94451, 94452, 94457, 94458, 94463, 94465,
94467, 94468, 94469, 94473, 94474, 94475, 94476, 94480, 94484, 94488,
94489, 94490, 94491, 94492, 94497, 94499, 94500, 94505, 94513, 94515,
94517, 94518, 94519, 94523, 94525, 94529, 94531, 94533, 94534, 94538,
94539, 94540, 94541, 94542, 94543, 94544, 94550, 94551, 94553, 94556,
94557, 94558, 94560, 94565, 94566, 94568, 94569, 94572, 94573, 94575,
94576, 94581, 94585, 94587, 94589, 94591, 94593, 94597, 94601, 94602,
94603, 94606, 94608, 94611, 94614, 94615, 94616, 94617, 94623, 94624,
94626, 94627, 94628, 94633, 94634, 94636, 94637, 94644, 94645, 94646,
94650, 94651, 94652, 94653, 94654, 94655, 94657, 94658, 94660, 94661,
94662, 94669, 94670, 94671, 94672, 94674, 94675, 94676, 94678, 94681,
94682, 94683, 94684, 94686, 94689, 94690, 94691, 94693, 94695, 94697,
94698, 94699, 94701, 94703, 94704, 94707, 94709, 94714, 94718, 94719,
94721, 94723, 94724, 94730, 94731, 94733, 94734, 94736, 94739, 94740,
94741, 94749, 94751, 94753, 94754, 94755, 94764, 94766, 94767, 94769,
94771, 94773, 94775, 94776, 94777, 94782, 94784, 94785, 94789, 94790,
94792, 94795, 94796, 94798, 94799, 94800, 94802, 94803, 94805, 94806,
94807, 94812, 94814, 94815, 94818, 94819, 94820, 94821, 94823, 94824,
94829, 94830, 94831, 94832, 94834, 94835, 94836, 94837, 94844, 94849,
94850, 94853, 94854, 94855, 94857, 94861, 94865, 94867, 94868, 94869,
94871, 94874, 94875, 94877, 94878, 94880, 94881, 94882, 94883, 94884,
94887, 94888, 94890, 94892, 94894, 94903, 94904, 94905, 94906, 94907,
94910, 94911, 94912, 94915, 94920, 94923, 94924, 94925, 94926, 94928,
94929, 94930, 94934, 94936, 94937, 94938, 94941, 94942, 94943, 94944,
94945, 94947, 94949, 94951, 94952, 94953, 94956, 94959, 94961, 94962,
94965, 94967, 94972, 94973, 94975, 94976, 94978, 94980, 94981, 94983,
94984, 94985, 94989, 94990, 94995, 94997, 94998, 95001, 95004, 95005,
95007, 95008, 95012, 95013, 95014, 95016, 95019, 95021, 95024, 95025,
95026, 95028, 95029, 95030, 95032, 95034, 95037, 95039, 95041, 95042,
95043, 95047, 95052, 95053, 95055, 95057, 95058, 95059, 95060, 95063,
95064, 95065, 95068, 95071, 95072, 95075, 95079, 95083, 95084, 95086,
95087, 95091, 95095, 95096, 95097, 95100, 95101, 95103, 95109, 95110,
95112, 95115, 95118, 95119, 95120, 95121, 95122, 95128, 95129, 95131,
95133, 95134, 95135, 95139, 95141, 95142, 95144, 95145, 95146, 95149,
95154, 95155, 95156, 95157, 95158, 95160, 95161, 95163, 95164, 95165,
95166, 95167, 95168, 95169, 95171, 95175, 95177, 95179, 95180, 95182,
95183, 95185, 95186, 95190, 95191, 95192, 95196, 95198, 95199, 95200,
95201, 95203, 95205, 95207, 95211, 95213, 95214, 95215, 95216, 95217,
95220, 95221, 95225, 95231, 95234, 95237, 95238, 95239, 95240, 95241,
95244, 95245, 95246, 95247, 95250, 95251, 95257, 95259, 95262, 95263,
95271, 95272, 95275, 95276, 95286, 95287, 95289, 95292, 95293, 95294,
95295, 95306, 95307, 95308, 95309, 95310, 95318, 95320, 95324, 95325,
95326, 95327, 95328, 95334, 95335, 95337, 95340, 95342, 95343, 95345,
95348, 95350, 95351, 95352, 95353, 95359, 95360, 95361, 95364, 95367,
95368, 95369, 95371, 95373, 95375, 95379, 95390, 95391, 95394, 95395,
95397, 95398, 95399, 95404, 95409, 95413, 95415, 95418, 95419, 95421,
95424, 95427, 95428, 95429, 95431, 95432, 95433, 95435, 95438, 95439,
95442, 95445, 95447, 95452, 95453, 95454, 95455, 95457, 95458, 95459,
95460, 95461, 95462, 95463, 95464, 95466, 95469, 95470, 95472, 95474,
95475, 95476, 95482, 95487, 95489, 95490, 95492, 95493, 95494, 95495,
95496, 95498, 95499, 95503, 95504, 95506, 95507, 95509, 95511, 95513,
95514, 95515, 95516, 95518, 95521, 95525, 95526, 95528, 95529, 95531,
95534, 95536, 95537, 95539, 95541, 95543, 95544, 95546, 95547, 95548,
95549, 95551, 95553, 95554, 95557, 95562, 95564, 95566, 95567, 95570,
95572, 95577, 95578, 95580, 95582, 95583, 95584, 95586, 95588, 95589,
95591, 95593, 95596, 95597, 95599, 95600, 95601, 95603, 95605, 95606,
95607, 95608, 95609, 95610, 95611, 95612, 95615, 95620, 95621, 95623,
95624, 95626, 95627, 95628, 95632, 95635, 95636, 95637, 95639, 95641,
95642, 95643, 95644, 95646, 95648, 95652, 95654, 95655, 95657, 95659,
95662, 95663, 95667, 95668, 95670, 95671, 95673, 95675, 95679, 95684,
95685, 95688, 95689, 95690, 95692, 95695, 95696, 95698, 95700, 95702,
95705, 95707, 95708, 95709, 95710, 95724, 95725, 95726, 95727, 95730,
95731, 95733, 95735, 95737, 95740, 95744, 95745, 95747, 95748, 95750,
95752, 95754, 95756, 95758, 95759, 95761, 95764, 95765, 95766, 95767,

95768, 95769, 95771, 95775, 95776, 95777, 95779, 95781, 95782, 95785,
95786, 95788, 95789, 95790, 95791, 95792, 95793, 95794, 95795, 95797,
95799, 95802, 95804, 95810, 95811, 95812, 95813, 95814, 95815, 95816,
95817, 95823, 95825, 95832, 95833, 95834, 95839, 95842, 95844, 95845,
95846, 95847, 95849, 95852, 95857, 95858, 95861, 95864, 95866, 95869,
95872, 95875, 95876, 95880, 95881, 95882, 95888, 95889, 95891, 95892,
95893, 95897, 95910, 95911, 95912, 95913, 95915, 95921, 95922, 95927,
95929, 95930, 95931, 95932, 95934, 95935, 95936, 95938, 95939, 95940,
95941, 95942, 95943, 95945, 95946, 95947, 95948, 95949, 95950, 95952,
95953, 95958, 95960, 95961, 95966, 95967, 95969, 95970, 95972, 95973,
95975, 95979, 95981, 95982, 95986, 95987, 95994, 95995, 95997, 95999,
96001, 96004, 96007, 96008, 96011, 96012, 96014, 96015, 96017, 96018,
96020, 96021, 96022, 96023, 96024, 96027, 96030, 96034, 96035, 96037,
96038, 96040, 96041, 96043, 96049, 96050, 96052, 96053, 96054, 96055,
96058, 96061, 96062, 96063, 96070, 96073, 96075, 96077, 96078, 96081,
96082, 96085, 96087, 96090, 96091, 96095, 96096, 96099, 96102, 96103,
96106, 96109, 96114, 96117, 96118, 96120, 96121, 96122, 96124, 96125,
96126, 96132, 96133, 96134, 96135, 96136, 96137, 96139, 96141, 96143,
96144, 96150, 96152, 96153, 96154, 96155, 96157, 96158, 96161, 96167,
96168, 96169, 96170, 96172, 96175, 96176, 96186, 96187, 96188, 96196,
96197, 96199, 96200, 96201, 96203, 96213, 96214, 96215, 96216, 96218,
96219, 96226, 96229, 96231, 96234, 96236, 96240, 96246, 96248, 96251,
96255, 96256, 96259, 96260, 96261, 96264, 96266, 96267, 96268, 96270,
96271, 96272, 96274, 96276, 96279, 96281, 96282, 96285, 96286, 96288,
96289, 96290, 96291, 96294, 96296, 96297, 96298, 96301, 96302, 96304,
96306, 96309, 96310, 96312, 96313, 96314, 96316, 96319, 96320, 96321, 96322,
96323, 96326, 96327, 96328, 96329, 96330, 96331, 96333, 96334, 96335,
96336, 96337, 96338, 96339, 96340, 96345, 96346, 96347, 96348, 96349,
96351, 96352, 96358, 96359, 96360, 96361, 96364, 96366, 96367, 96370,
96371, 96373, 96374, 96375, 96376, 96378, 96379, 96380, 96381, 96384,
96387, 96388, 96389, 96390, 96391, 96395, 96396, 96398, 96399, 96402,
96405, 96406, 96407, 96410, 96411, 96412, 96413, 96420, 96424, 96429,
96430, 96431, 96434, 96436, 96438, 96450, 96451, 96458, 96460, 96462,
96465, 96467, 96468, 96469, 96470, 96471, 96474, 96475, 96477, 96478,
96479, 96480, 96481, 96482, 96485, 96487, 96490, 96491, 96492, 96493,
96494, 96495, 96501, 96503, 96504, 96505, 96506, 96507, 96513, 96521,
96522, 96526, 96527, 96528, 96536, 96538, 96540, 96541, 96546, 96550,
96551, 96557, 96562, 96569, 96570, 96572, 96573, 96576, 96580, 96582,
96585, 96586, 96587, 96589, 96593, 96594, 96599, 96600, 96602, 96603,
96609, 96615, 96617, 96619, 96621, 96625, 96626, 96628, 96633, 96635,
96639, 96640, 96641, 96644, 96645, 96651, 96652, 96653, 96656, 96660,
96661, 96662, 96667, 96668, 96669, 96673, 96675, 96677, 96680, 96682,
96684, 96685, 96687, 96688, 96695, 96697, 96698, 96703, 96710, 96714,
96715, 96717, 96721, 96723, 96724, 96736, 96737, 96738, 96743, 96744,
96745, 96746, 96747, 96751, 96753, 96755, 96758, 96768, 96769, 96770,
96772, 96781, 96783, 96784, 96785, 96788, 96789, 96796, 96797, 96798,
96799, 96800, 96802, 96803, 96805, 96806, 96813, 96814, 96815, 96816,
96817, 96818, 96822, 96831, 96832, 96833, 96834, 96835, 96840, 96846,
96853, 96855, 96856, 96858, 96862, 96863, 96864, 96865, 96866, 96868,
96870, 96872, 96880, 96881, 96884, 96903, 96904, 96909, 96914, 96915,
96923, 96924, 96925, 96929, 96932, 96933, 96936, 96939, 96940, 96944,
96946, 96950, 96952, 96958, 96961, 96965, 96967, 96971, 96982, 96989,
96990, 96991, 96992, 96995, 97001, 97006, 97012, 97016, 97017, 97018,
97024, 97031, 97032, 97040, 97048, 97049, 97050, 97051, 97056, 97059,
97060, 97061, 97063, 97064, 97065, 97066, 97067, 97068, 97071, 97073,
97074, 97075, 97076, 97078, 97080, 97081, 97093, 97094, 97095, 97101,
97105, 97106, 97107, 97114, 97115, 97118, 97119, 97121, 97122, 97125,
97126, 97127, 97128, 97129, 97138, 97139, 97140, 97141, 97144, 97151,
97152, 97153, 97154, 97157, 97164, 97169, 97170, 97171, 97179, 97180,
97188, 97189, 97190, 97192, 97193, 97197, 97198, 97207, 97208, 97209,
97210, 97211, 97216, 97218, 97219, 97220, 97221, 97222, 97223, 97227,
97229, 97231, 97244, 97249, 97255, 97256, 97257, 97269, 97270, 97286,
97287, 97292, 97295, 97300, 97301, 97309, 97311, 97312, 97314, 97319,
97320, 97322, 97324, 97335, 97340, 97345, 97346, 97347, 97348, 97349,
97350, 97359, 97362, 97365, 97366, 97370, 97376, 97387, 97392, 97395,
97396, 97398, 97399, 97400, 97408, 97409, 97410, 97414, 97415, 97423,
97425, 97426, 97428, 97431, 97432, 97433, 97434, 97435, 97437, 97439,
97440, 97441, 97442, 97444, 97446, 97447, 97450, 97451, 97452, 97459,
97461, 97462, 97464, 97473, 97474, 97475, 97480, 97482, 97483, 97486,
97487, 97489, 97490, 97492, 97493, 97494, 97495, 97496, 97499, 97503,
97506, 97510, 97512, 97515, 97516, 97517, 97520, 97521, 97523, 97525,
97527, 97530, 97531, 97533, 97534, 97539, 97542, 97543, 97545, 97546,
97550, 97552, 97554, 97557, 97560, 97562, 97567, 97570, 97576, 97578,

97579, 97581, 97590, 97591, 97592, 97593, 97594, 97600, 97601, 97605,
97607, 97610, 97613, 97614, 97615, 97617, 97618, 97620, 97623, 97625,
97626, 97628, 97629, 97635, 97639, 97641, 97644, 97646, 97650, 97654,
97655, 97664, 97671, 97672, 97673, 97674, 97676, 97682, 97685, 97689,
97690, 97691, 97696, 97699, 97700, 97701, 97703, 97706, 97710, 97711,
97712, 97713, 97714, 97715, 97716, 97717, 97721, 97722, 97724, 97730,
97734, 97735, 97736, 97741, 97743, 97753, 97754, 97755, 97756, 97759,
97763, 97765, 97767, 97768, 97769, 97773, 97774, 97779, 97780, 97781,
97782, 97787, 97788, 97790, 97793, 97797, 97800, 97801, 97804, 97806,
97809, 97810, 97811, 97812, 97813, 97814, 97816, 97820, 97822, 97833,
97834, 97837, 97838, 97840, 97842, 97844, 97845, 97848, 97849, 97850,
97851, 97852, 97853, 97854, 97856, 97860, 97862, 97865, 97867, 97870,
97872, 97875, 97876, 97877, 97882, 97883, 97886, 97887, 97889, 97894,
97898, 97900, 97903, 97906, 97907, 97908, 97909, 97910, 97914, 97915,
97916, 97922, 97932, 97943, 97944, 97945, 97946, 97948, 97949, 97956,
97957, 97960, 97962, 97970, 97972, 97973, 97974, 97979, 97980, 97984,
97986, 97989, 97990, 97992, 97993, 97995, 98000, 98009, 98010, 98011,
98012, 98023, 98026, 98030, 98031, 98034, 98042, 98043, 98045, 98049,
98059, 98062, 98068, 98069, 98071, 98073, 98074, 98078, 98079, 98080,
98081, 98085, 98092, 98093, 98094, 98099, 98102, 98104, 98108, 98109,
98110, 98117, 98118, 98119, 98121, 98122, 98127, 98128, 98130, 98136,
98138, 98139, 98140, 98145, 98146, 98150, 98151, 98152, 98156, 98160,
98165, 98166, 98169, 98175, 98180, 98190, 98196, 98198, 98199, 98205,
98206, 98210, 98211, 98214, 98216, 98218, 98225, 98227, 98230, 98231,
98236, 98237, 98238, 98239, 98240, 98244, 98245, 98246, 98250, 98255,
98258, 98259, 98261, 98267, 98268, 98278, 98290, 98295, 98296, 98298,
98300, 98301, 98306, 98307, 98309, 98315, 98320, 98329, 98330, 98331,
98336, 98338, 98340, 98341, 98344, 98346, 98348, 98349, 98350, 98352,
98357, 98358, 98359, 98360, 98362, 98363, 98366, 98370, 98372, 98373,
98377, 98381, 98382, 98386, 98390, 98394, 98395, 98403, 98404, 98410,
98412, 98422, 98425, 98426, 98427, 98434, 98435, 98442, 98443, 98445,
98453, 98463, 98464, 98469, 98471, 98474, 98475, 98480, 98486, 98489,
98491, 98502, 98503, 98504, 98511, 98513, 98514, 98524, 98526, 98529,
98530, 98539, 98551, 98563, 98565, 98566, 98575, 98576, 98577, 98585,
98586, 98587, 98588, 98592, 98594, 98595, 98596, 98603, 98604, 98612,
98613, 98620, 98621, 98622, 98623, 98630, 98631, 98650, 98654, 98659,
98660, 98663, 98665, 98667, 98670, 98672, 98675, 98677, 98679, 98680,
98682, 98685, 98686, 98687, 98688, 98692, 98704, 98707, 98712, 98715,
98720, 98722, 98724, 98727, 98728, 98729, 98744, 98745, 98750, 98751,
98753, 98756, 98758, 98760, 98761, 98763, 98766, 98768, 98769, 98770,
98776, 98778, 98779, 98782, 98787, 98788, 98795, 98796, 98798, 98807,
98810, 98811, 98812, 98814, 98816, 98819, 98820, 98821, 98824, 98825,
98830, 98834, 98835, 98836, 98837, 98838, 98840, 98841, 98842, 98844,
98846, 98848, 98851, 98852, 98854, 98865, 98874, 98876, 98877, 98878,
98885, 98888, 98889, 98890, 98894, 98895, 98896, 98897, 98905, 98908,
98909, 98910, 98912, 98913, 98920, 98922, 98923, 98929, 98930, 98931,
98932, 98942, 98943, 98948, 98955, 98959, 98965, 98973, 98974, 98975,
98980, 98981, 98982, 98986, 98987, 98988, 98990, 98991, 98992, 98994,
98996, 99001, 99008, 99009, 99012, 99014, 99015, 99016, 99018, 99021,
99026, 99027, 99030, 99032, 99038, 99039, 99041, 99042, 99043, 99045,
99048, 99049, 99052, 99053, 99055, 99057, 99059, 99060, 99062, 99063,
99064, 99066, 99067, 99075, 99076, 99078, 99081, 99083, 99085, 99088,
99092, 99093, 99096, 99097, 99100, 99103, 99106, 99108, 99109, 99112,
99113, 99114, 99119, 99120, 99124, 99127, 99128, 99129, 99130, 99131,
99132, 99134, 99136, 99142, 99147, 99148, 99149, 99152, 99157, 99159,
99161, 99164, 99165, 99168, 99170, 99171, 99180, 99185, 99186, 99189,
99200, 99201, 99202, 99203, 99204, 99205, 99210, 99227, 99235, 99237,
99241, 99246, 99248, 99250, 99266, 99270, 99273, 99275, 99277, 99281,
99282, 99283, 99285, 99286, 99288, 99296, 99297, 99298, 99305, 99307,
99317, 99318, 99320, 99321, 99322, 99323, 99324, 99331, 99334, 99340,
99343, 99345, 99346, 99353, 99359, 99360, 99363, 99364, 99365, 99372,
99373, 99374, 99378, 99379, 99380, 99382, 99390, 99392, 99403, 99404,
99411, 99413, 99414, 99415, 99418, 99423, 99424, 99425, 99426, 99427,
99435, 99436, 99438, 99440, 99441, 99449, 99451, 99455, 99461, 99464,
99465, 99468, 99478, 99480, 99484, 99490, 99491, 99497, 99513, 99520,
99522, 99523, 99532, 99534, 99537, 99545, 99547, 99549, 99550, 99556,
99557, 99576, 99583, 99585, 99586, 99588, 99592, 99596, 99599, 99607,
99609, 99610, 99611, 99616, 99621, 99626, 99628, 99629, 99638, 99640,
99644, 99645, 99646, 99651, 99652, 99653, 99654, 99655, 99658, 99666,
99670, 99671, 99674, 99677, 99680, 99681, 99684, 99686, 99700, 99712,
99713, 99718, 99719, 99721, 99723, 99726, 99734, 99737, 99738, 99746,
99747, 99749, 99751, 99753, 99756, 99760, 99762, 99771, 99773, 99778,
99779, 99780, 99781, 99789, 99795, 99797, 99799, 99803, 99806, 99811,

99813, 99820, 99822, 99831, 99834, 99836, 99839, 99845, 99851, 99852, 99853, 99856, 99859, 99862, 99863, 99867, 99870, 99872, 99879, 99880, 99887, 99888, 99889, 99892, 99894, 99896, 99897, 99903, 99905, 99906, 99908, 99910, 99911, 99913, 99915, 99917, 99921, 99923, 99924, 99928, 99933, 99937, 99938, 99939, 99943, 99949, 99950, 99955, 99961, 99962, 99964, 99965, 99967, 99968, 99969, 99976, 99980, 99984, 99986, 99990, 99991, 100001, 100002, 100003, 100006, 100009, 100010, 100015, 100018, 100019, 100025, 100026, 100029, 100030, 100033, 100039, 100044, 100046, 100047, 100053, 100061, 100064, 100068, 100069, 100076, 100080, 100086, 100089, 100095, 100097, 100110, 100114, 100115, 100117, 100119, 100124, 100126, 100127, 100130, 100133, 100134, 100137, 100138, 100145, 100146, 100148, 100149, 100152, 100157, 100159, 100160, 100161, 100162, 100167, 100170, 100171, 100172, 100179, 100182, 100186, 100189, 100190, 100193, 100196, 100197, 100201, 100207, 100209, 100214, 100215, 100216, 100218, 100220, 100226, 100229, 100231, 100238, 100239, 100240, 100242, 100244, 100248, 100253, 100256, 100259, 100261, 100262, 100265, 100266, 100267, 100268, 100273, 100276, 100283, 100284, 100285, 100286, 100293, 100295, 100297, 100300, 100303, 100304, 100305, 100306, 100312, 100313, 100316, 100327, 100331, 100332, 100335, 100338, 100341, 100344, 100349, 100356, 100359, 100361, 100362, 100367, 100371, 100372, 100374, 100375, 100378, 100379, 100382, 100388, 100389, 100390, 100392, 100395, 100400, 100401, 100403, 100407, 100409, 100412, 100413, 100416, 100419, 100426, 100430, 100431, 100435, 100436, 100440, 100448, 100456, 100467, 100468, 100469, 100481, 100486, 100491, 100492, 100493, 100499, 100500, 100502, 100503, 100504, 100512, 100515, 100516, 100517, 100518, 100520, 100521, 100524, 100531, 100532, 100533, 100535, 100543, 100546, 100549, 100552, 100555, 100556, 100559, 100561, 100562, 100568, 100572, 100582, 100583, 100587, 100591, 100592, 100596, 100597, 100601, 100604, 100605, 100609, 100610, 100611, 100620, 100625, 100628, 100632, 100636, 100637, 100644, 100649, 100650, 100651, 100657, 100660, 100667, 100668, 100671, 100674, 100677, 100681, 100683, 100684, 100693, 100698, 100699, 100703, 100710, 100715, 100719, 100722, 100731, 100734, 100735, 100740, 100744, 100749, 100750, 100751, 100752, 100754, 100762, 100764, 100765, 100766, 100767, 100768, 100769, 100772, 100777, 100781, 100783, 100784, 100788, 100789, 100791, 100793, 100798, 100800, 100808, 100810, 100811, 100814, 100818, 100820, 100821, 100824, 100826, 100836, 100838, 100839, 100842, 100843, 100847, 100848, 100849, 100854, 100858, 100860, 100861, 100862, 100863, 100864, 100866, 100870, 100871, 100875, 100879, 100880, 100883, 100887, 100889, 100891, 100893, 100899, 100899, 100901, 100907, 100914, 100922, 100929, 100930, 100931, 100932, 100933, 100940, 100942, 100944, 100953, 100955, 100956, 100959, 100962, 100963, 100965, 100966, 100967, 100968, 100973, 100974, 100975, 100979, 100980, 100982, 100985, 100991, 100992, 100998, 101001, 101008, 101012, 101013, 101022, 101026, 101034, 101035, 101037, 101038, 101043, 101044, 101048, 101049, 101051, 101054, 101055, 101057, 101059, 101066, 101069, 101072, 101075, 101076, 101080, 101084, 101086, 101094, 101096, 101106, 101107, 101113, 101114, 101115, 101118, 101119, 101123, 101130, 101134, 101136, 101147, 101149, 101150, 101155, 101156, 101162, 101163, 101165, 101168, 101169, 101173, 101176, 101180, 101182, 101183, 101193, 101195, 101196, 101197, 101199, 101206, 101208, 101209, 101214, 101215, 101221, 101228, 101231, 101232, 101233, 101235, 101238, 101239, 101254, 101255, 101258, 101260, 101262, 101265, 101266, 101268, 101276, 101278, 101279, 101283, 101286, 101287, 101288, 101290, 101293, 101295, 101296, 101299, 101301, 101303, 101307, 101324, 101326, 101327, 101328, 101334, 101335, 101337, 101340, 101341, 101342, 101349, 101359, 101361, 101362, 101364, 101369, 101371, 101375, 101376, 101378, 101388, 101389, 101391, 101392, 101402, 101406, 101412, 101416, 101421, 101423, 101433, 101434, 101437, 101439, 101440, 101441, 101442, 101446, 101447, 101452, 101455, 101456, 101458, 101463, 101464, 101467, 101472, 101475, 101478, 101480, 101481, 101484, 101487, 101495, 101497, 101499, 101500, 101501, 101510, 101512, 101516, 101519, 101521, 101522, 101526, 101527, 101530, 101534, 101537, 101538, 101545, 101548, 101549, 101553, 101556, 101560, 101567, 101568, 101572, 101573, 101583, 101587, 101588, 101590, 101605, 101612, 101613, 101620, 101621, 101626, 101631, 101632, 101634, 101637, 101642, 101644, 101647, 101649, 101653, 101656, 101657, 101659, 101662, 101663, 101664, 101666, 101667, 101668, 101669, 101671, 101673, 101675, 101677, 101678, 101680, 101682, 101684, 101686, 101688, 101695, 101696, 101697, 101699, 101703, 101704, 101707, 101708, 101718, 101719, 101723, 101726, 101728, 101729, 101732, 101733, 101737, 101739, 101746, 101747, 101751, 101752, 101753, 101755, 101758, 101761, 101762, 101764, 101766, 101772, 101773, 101775, 101776, 101777, 101778, 101780, 101782, 101787, 101788, 101790, 101793, 101795, 101797, 101798, 101803, 101806, 101809, 101811, 101812, 101813, 101815, 101817, 101820, 101824, 101825, 101827, 101828, 101830, 101834, 101835, 101838, 101848, 101849, 101851, 101856, 101859, 101861, 101862, 101865, 101867, 101868, 101879, 101880, 101884, 101889, 101891, 101893, 101894, 101895, 101896, 101897, 101898, 101899, 101900, 101901, 101905, 101906, 101907, 101908, 101909, 101910, 101917, 101921, 101923, 101925, 101928, 101929, 101933, 101935, 101936, 101939, 101941, 101944, 101945, 101951, 101956, 101957, 101961, 101962, 101969, 101972, 101975, 101981, 101983, 101986, 101987, 101989, 101990, 101994, 101998, 102000, 102001, 102002, 102004, 102006, 102007, 102009, 102010, 102011, 102014, 102015, 102020, 102021, 102022, 102023, 102024, 102025, 102026, 102029, 102030, 102033, 102034, 102035, 102042, 102044, 102047, 102049, 102050, 102053, 102056, 102059, 102068, 102070, 102073, 102075, 102077, 102087, 102089, 102090, 102092, 102096, 102099, 102101, 102102, 102103, 102117, 102121, 102123, 102124, 102128, 102133, 102135, 102136, 102140, 102141, 102146, 102147, 102151, 102153, 102159, 102160, 102162, 102165, 102169, 102170, 102172, 102173, 102175, 102177, 102178, 102180, 102183, 102184, 102187, 102191, 102192, 102201, 102202, 102204, 102206, 102210, 102211, 102212, 102216, 102217, 102224, 102225, 102227, 102229, 102232, 102236, 102239, 102241, 102242, 102243, 102245, 102246, 102249, 102252, 102254, 102255, 102256, 102257, 102259, 102265, 102269, 102272, 102276, 102280, 102281, 102282, 102284, 102288, 102290, 102292, 102305, 102306, 102307, 102308, 102312, 102318, 102319, 102321, 102325, 102326, 102329, 102333, 102336, 102337, 102344, 102346, 102352, 102354, 102355, 102359, 102360, 102363, 102367, 102368, 102369, 102372, 102375, 102382, 102387, 102389, 102397, 102398, 102400, 102405, 102407, 102413, 102414, 102416, 102418, 102419, 102421, 102426, 102429, 102430, 102431, 102432, 102433, 102434, 102435, 102436, 102438, 102440, 102443, 102445, 102446, 102448, 102449, 102451, 102452, 102453, 102454, 102461, 102463, 102464, 102465, 102471, 102476, 102480, 102484, 102485, 102486, 102488, 102491, 102494, 102495, 102497, 102502, 102505, 102506, 102507, 102511, 102515, 102517, 102520, 102521, 102524, 102525, 102526, 102527, 102528, 102529, 102540, 102541, 102542, 102553, 102554, 102558, 102560, 102561, 102562, 102565, 102566, 102568, 102576, 102577, 102580, 102593, 102599, 102600, 102601, 102602, 102603, 102609, 102614, 102620, 102622, 102626, 102627, 102628, 102630, 102631, 102633, 102636, 102637, 102640, 102641, 102644, 102650, 102653, 102656, 102659, 102664, 102665, 102666, 102677, 102678, 102693, 102694, 102695, 102698, 102699, 102707, 102710, 102711, 102712, 102714, 102715, 102719, 102723, 102724, 102725, 102726, 102727, 102728, 102737, 102747, 102752, 102753, 102754, 102761, 102762, 102763, 102765, 102769, 102775, 102776, 102783, 102791, 102794, 102795, 102799, 102800, 102801, 102802, 102807, 102808, 102811, 102812, 102816, 102818, 102833, 102835, 102836, 102838, 102839, 102840, 102845, 102846, 102848, 102850, 102854, 102857, 102858, 102859, 102861, 102863, 102870, 102872, 102875, 102877, 102887, 102888, 102896, 102897, 102900, 102901, 102903, 102908, 102909, 102911, 102920, 102922, 102923, 102925, 102931, 102934, 102937, 102938, 102951, 102953, 102957, 102959, 102960, 102961, 102962, 102964, 102976, 102985, 102990, 103001, 103004, 103013, 103014, 103028, 103029, 103030, 103046, 103051, 103053, 103054, 103056, 103062, 103063, 103065, 103073, 103074, 103078, 103089, 103091, 103093, 103102, 103106, 103107, 103110, 103112, 103118, 103120, 103124, 103126, 103130, 103132, 103133, 103135, 103136, 103137, 103140, 103143, 103144, 103146, 103147, 103149, 103151, 103157, 103164, 103176, 103179, 103183, 103184, 103192, 103198, 103200, 103201, 103202, 103203, 103204, 103206, 103208, 103213, 103215, 103216, 103218, 103226, 103230, 103233, 103234, 103235, 103236, 103239, 103240, 103243, 103244, 103253, 103254, 103255, 103256, 103257, 103258, 103267, 103268, 103270, 103273, 103275, 103276, 103282, 103286, 103287, 103293, 103297, 103298, 103299, 103303, 103305, 103309, 103311, 103312, 103317, 103318, 103324, 103326, 103332, 103333, 103338, 103339, 103349, 103354, 103359, 103360, 103364, 103365, 103379, 103381, 103386, 103393, 103395, 103403, 103405, 103406, 103410, 103411, 103412, 103413, 103418, 103419, 103421, 103423, 103424, 103427, 103428, 103434, 103438, 103446, 103449, 103450, 103452, 103455, 103456, 103460, 103463, 103464, 103465, 103469, 103470, 103477, 103478, 103481, 103484, 103502, 103503, 103506, 103507, 103510, 103513, 103517, 103520, 103521, 103528, 103529, 103530, 103531, 103533, 103534, 103537, 103540, 103541, 103543, 103544, 103545, 103546, 103547, 103549, 103552, 103553, 103554, 103555, 103560, 103563, 103565, 103566, 103567, 103568, 103569, 103570, 103573, 103578, 103581, 103583, 103586, 103588, 103590, 103595, 103596, 103597, 103599, 103604, 103605, 103607, 103608, 103613, 103614, 103616, 103617, 103618, 103620, 103623, 103624, 103625, 103626, 103628, 103631, 103635, 103636, 103637, 103638, 103639, 103640, 103643, 103644, 103645, 103649, 103650, 103657, 103670, 103674, 103676, 103677, 103678, 103681, 103687, 103688, 103691, 103692, 103695, 103697, 103702, 103704, 103706, 103707, 103709, 103717, 103718, 103719, 103720, 103724, 103727, 103728, 103730, 103733, 103734, 103736, 103741, 103742, 103743, 103745, 103748, 103751, 103754,

103755, 103759, 103762, 103774, 103776, 103778, 103781, 103786, 103789, 103796, 103797, 103798, 103799, 103805, 103809, 103811, 103812, 103814, 103819, 103824, 103835, 103838, 103840, 103844, 103845, 103846, 103847, 103852, 103853, 103857, 103861, 103862, 103868, 103869, 103874, 103875, 103876, 103878, 103881, 103884, 103886, 103888, 103894, 103897, 103900, 103903, 103911, 103912, 103913, 103914, 103918, 103920, 103924, 103929, 103932, 103935, 103939, 103941, 103943, 103945, 103946, 103949, 103961, 103966, 103968, 103969, 103971, 103972, 103977, 103979, 103980, 103984, 103988, 103994, 103997, 103998, 103999, 104002, 104012, 104013, 104018, 104020, 104022, 104024, 104025, 104032, 104036, 104041, 104042, 104048, 104050, 104051, 104052, 104066, 104067, 104069, 104070, 104071, 104081, 104083, 104085, 104091, 104095, 104097, 104098, 104099, 104100, 104103, 104105, 104107, 104108, 104109, 104110, 104113, 104115, 104116, 104117, 104122, 104123, 104127, 104128, 104129, 104131, 104132, 104140, 104141, 104142, 104143, 104144, 104151, 104153, 104154, 104158, 104162, 104164, 104165, 104167, 104169, 104170, 104183, 104186, 104187, 104189, 104193, 104195, 104197, 104200, 104204, 104207, 104211, 104212, 104213, 104214, 104216, 104217, 104226, 104228, 104229, 104232, 104237, 104240, 104242, 104245, 104246, 104251, 104256, 104258, 104264, 104268, 104269, 104272, 104276, 104278, 104280, 104282, 104283, 104285, 104287, 104290, 104292, 104293, 104294, 104296, 104297, 104298, 104300, 104302, 104303, 104304, 104307, 104308, 104309, 104315, 104320, 104322, 104323, 104324, 104334, 104345, 104351, 104354, 104361, 104362, 104363, 104371, 104372, 104376, 104381, 104386, 104387, 104400, 104405, 104412, 104417, 104419, 104421, 104431, 104436, 104438, 104439, 104445, 104447, 104456, 104458, 104460, 104462, 104469, 104471, 104484, 104485, 104488, 104493, 104494, 104495, 104498, 104499, 104502, 104506, 104512, 104519, 104521, 104524, 104538, 104541, 104543, 104552, 104554, 104556, 104569, 104573, 104579, 104582, 104585, 104591, 104593, 104594, 104597, 104598, 104600, 104602, 104607, 104608, 104609, 104610, 104620, 104624, 104625, 104628, 104630, 104631, 104635, 104637, 104641, 104648, 104650, 104654, 104655, 104663, 104665, 104670, 104682, 104683, 104685, 104686, 104688, 104690, 104691, 104692, 104696, 104697, 104707, 104708, 104709, 104710, 104712, 104716, 104719, 104720, 104722, 104729, 104730, 104732, 104733, 104734, 104735, 104737, 104738, 104739, 104749, 104750, 104763, 104764, 104774, 104784, 104793, 104809, 104811, 104812, 104819, 104828, 104831, 104832, 104836, 104838, 104840, 104843, 104844, 104846, 104850, 104863, 104864, 104865, 104866, 104870, 104876, 104877, 104878, 104880, 104892, 104904, 104905, 104910, 104913, 104915, 104916, 104917, 104919, 104923, 104926, 104934, 104936, 104939, 104944, 104947, 104948, 104952, 104957, 104965, 104973, 104975, 104976, 104977, 104985, 104986, 104989, 104994, 105001, 105003, 105007, 105011, 105012, 105013, 105014, 105016, 105018, 105025, 105026, 105031, 105035, 105043, 105045, 105047, 105054, 105057, 105065, 105069, 105070, 105072, 105073, 105077, 105086, 105087, 105088, 105103, 105106, 105117, 105118, 105119, 105121, 105122, 105128, 105135, 105140, 105141, 105142, 105144, 105145, 105146, 105152, 105153, 105160, 105162, 105166, 105167, 105169, 105172, 105173, 105181, 105183, 105197, 105199, 105200, 105202, 105203, 105206, 105210, 105221, 105225, 105234, 105236, 105241, 105242, 105243, 105244, 105247, 105248, 105254, 105256, 105257, 105258, 105259, 105260, 105261, 105264, 105265, 105268, 105271, 105272, 105273, 105274, 105283, 105285, 105289, 105294, 105296, 105298, 105302, 105324, 105325, 105327, 105330, 105331, 105336, 105341, 105342, 105344, 105346, 105350, 105355, 105356, 105358, 105360, 105364, 105366, 105371, 105372, 105373, 105374, 105376, 105377, 105381, 105384, 105387, 105389, 105391, 105398, 105399, 105410, 105414, 105415, 105417, 105424, 105427, 105431, 105436, 105437, 105438, 105440, 105441, 105448, 105449, 105452, 105453, 105455, 105460, 105461, 105465, 105470, 105472, 105476, 105478, 105479, 105481, 105483, 105484, 105485, 105493, 105500, 105502, 105505, 105511, 105514, 105517, 105519, 105521, 105522, 105528, 105531, 105539, 105545, 105546, 105549, 105554, 105555, 105557, 105558, 105560, 105562, 105568, 105569, 105571, 105572, 105574, 105585, 105587, 105590, 105591, 105594, 105598, 105601, 105603, 105609, 105610, 105611, 105613, 105615, 105616, 105619, 105621, 105626, 105638, 105639, 105641, 105642, 105643, 105644, 105645, 105650, 105653, 105655, 105663, 105664, 105665, 105670, 105675, 105678, 105680, 105681, 105688, 105689, 105694, 105697, 105702, 105704, 105710, 105711, 105714, 105715, 105717, 105719, 105727, 105734, 105736, 105742, 105745, 105747, 105748, 105753, 105754, 105756, 105759, 105762, 105763, 105765, 105766, 105771, 105775, 105776, 105778, 105784, 105786, 105788, 105791, 105793, 105795, 105796, 105809, 105812, 105815, 105817, 105825, 105826, 105827, 105829, 105830, 105831, 105832, 105836, 105837, 105841, 105845, 105848, 105851, 105854, 105860, 105869, 105872, 105873, 105882, 105885, 105886, 105891, 105892, 105893, 105900, 105902, 105906, 105907, 105914, 105923, 105930, 105932, 105943, 105944, 105945, 105949,

105952, 105956, 105959, 105961, 105962, 105965, 105966, 105971, 105974, 105976, 105987, 105990, 105995, 105996, 105997, 106000, 106002, 106006, 106015, 106022, 106025, 106031, 106033, 106035, 106038, 106039, 106040, 106043, 106049, 106055, 106057, 106058, 106060, 106061, 106063, 106065, 106068, 106070, 106072, 106076, 106078, 106080, 106081, 106090, 106092, 106093, 106097, 106100, 106102, 106103, 106105, 106107, 106109, 106110, 106111, 106117, 106123, 106130, 106132, 106133, 106138, 106142, 106144, 106146, 106148, 106149, 106156, 106158, 106162, 106164, 106166, 106171, 106173, 106174, 106178, 106181, 106183, 106191, 106193, 106194, 106196, 106198, 106200, 106203, 106204, 106209, 106210, 106213, 106216, 106217, 106220, 106223, 106224, 106225, 106232, 106243, 106245, 106247, 106258, 106269, 106270, 106271, 106272, 106273, 106278, 106279, 106280, 106281, 106283, 106287, 106288, 106289, 106291, 106292, 106293, 106296, 106297, 106301, 106302, 106303, 106304, 106305, 106306, 106310, 106313, 106314, 106315, 106316, 106317, 106318, 106322, 106323, 106328, 106329, 106330, 106331, 106333, 106338, 106341, 106342, 106343, 106351, 106353, 106354, 106355, 106356, 106357, 106360, 106361, 106363, 106365, 106366, 106367, 106372, 106374, 106378, 106379, 106380, 106381, 106390, 106391, 106392, 106393, 106394, 106399, 106411, 106412, 106439, 106453, 106454, 106457, 106459, 106462, 106463, 106472, 106473, 106476, 106477, 106487, 106491, 106492, 106504, 106508, 106509, 106511, 106513, 106517, 106519, 106523, 106524, 106529, 106533, 106541, 106542, 106545, 106546, 106547, 106554, 106556, 106557, 106559, 106561, 106562, 106566, 106572, 106573, 106574, 106578, 106579, 106586, 106587, 106591, 106592, 106608, 106609, 106623, 106626, 106631, 106632, 106633, 106636, 106637, 106648, 106651, 106654, 106657, 106662, 106664, 106668, 106679, 106681, 106684, 106703, 106704, 106707, 106716, 106717, 106723, 106726, 106732, 106738, 106744, 106746, 106747, 106753, 106758, 106759, 106764, 106766, 106773, 106776, 106777, 106782, 106792, 106794, 106797, 106801, 106804, 106807, 106808, 106809, 106819, 106823, 106827, 106828, 106833, 106834, 106836, 106837, 106838, 106843, 106848, 106849, 106852, 106854, 106859, 106863, 106864, 106866, 106868, 106871, 106873, 106877, 106878, 106879, 106881, 106883, 106891, 106892, 106894, 106899, 106901, 106903, 106904, 106906, 106907, 106908, 106909, 106911, 106913, 106914, 106918, 106921, 106922, 106923, 106924, 106933, 106934, 106936, 106937, 106938, 106939, 106941, 106942, 106947, 106953, 106954, 106961, 106962, 106966, 106967, 106974, 106978, 106981, 106983, 106986, 106989, 106992, 106994, 106996, 106997, 107001, 107003, 107006, 107008, 107012, 107013, 107017, 107026, 107028, 107029, 107033, 107047, 107048, 107049, 107059, 107061, 107063, 107067, 107073, 107079, 107096, 107097, 107098, 107102, 107108, 107112, 107118, 107122, 107132, 107143, 107146, 107147, 107158, 107162, 107166, 107171, 107173, 107179, 107186, 107189, 107192, 107194, 107199, 107204, 107207, 107209, 107213, 107214, 107218, 107219, 107226, 107232, 107234, 107236, 107237, 107238, 107244, 107245, 107246, 107247, 107251, 107253, 107262, 107263, 107264, 107265, 107274, 107277, 107280, 107292, 107293, 107299, 107300, 107304, 107308, 107314, 107316, 107322, 107326, 107327, 107328, 107331, 107332, 107333, 107335, 107338, 107339, 107340, 107342, 107345, 107347, 107350, 107354, 107357, 107360, 107361, 107362, 107366, 107370, 107372, 107373, 107375, 107379, 107382, 107383, 107384, 107385, 107394, 107395, 107396, 107397, 107401, 107402, 107403, 107406, 107407, 107408, 107409, 107412, 107415, 107416, 107417, 107419, 107420, 107421, 107422, 107425, 107427, 107429, 107430, 107435, 107436, 107439, 107442, 107444, 107446, 107447, 107448, 107451, 107452, 107453, 107458, 107463, 107465, 107466, 107467, 107471, 107476, 107479, 107482, 107483, 107488, 107490, 107491, 107495, 107503, 107504, 107506, 107508, 107509, 107516, 107518, 107522, 107527, 107534, 107537, 107542, 107544, 107546, 107552, 107553, 107556, 107557, 107563, 107564, 107566, 107567, 107568, 107574, 107576, 107577, 107581, 107590, 107591, 107592, 107594, 107598, 107599, 107604, 107605, 107606, 107608, 107613, 107614, 107622, 107626, 107629, 107631, 107634, 107638, 107641, 107643, 107644, 107646, 107659, 107664, 107671, 107673, 107674, 107676, 107678, 107681, 107685, 107686, 107687, 107695, 107696, 107701, 107702, 107705, 107711, 107712, 107713, 107716, 107717, 107719, 107723, 107729, 107730, 107731, 107739, 107746, 107747, 107752, 107754, 107756, 107757, 107758, 107759, 107765, 107769, 107770, 107779, 107780, 107781, 107782, 107789, 107791, 107792, 107794, 107795, 107804, 107806, 107813, 107822, 107823, 107824, 107827, 107836, 107838, 107841, 107846, 107853, 107854, 107861, 107863, 107866, 107867, 107872, 107875, 107876, 107880, 107881, 107883, 107884, 107891, 107894, 107897, 107900, 107902, 107906, 107911, 107912, 107914, 107921, 107922, 107923, 107932, 107943, 107947, 107951, 107956, 107958, 107964, 107965, 107967, 107992, 108011, 108017, 108020, 108021, 108026, 108027, 108030, 108032, 108037, 108043, 108048, 108058, 108061, 108065, 108068, 108071, 108073, 108080, 108081, 108084, 108085, 108089, 108092, 108093, 108095, 108099, 108100, 108109, 108110,

108111, 108112, 108113, 108114, 108116, 108118, 108119, 108122, 108136, 108138, 108139, 108140, 108142, 108144, 108151, 108152, 108153, 108154, 108157, 108158, 108160, 108163, 108164, 108168, 108175, 108178, 108185, 108187, 108189, 108194, 108200, 108201, 108202, 108203, 108204, 108205, 108208, 108209, 108213, 108215, 108216, 108217, 108218, 108219, 108220, 108221, 108222, 108224, 108227, 108229, 108231, 108239, 108247, 108250, 108251, 108252, 108254, 108257, 108261, 108263, 108264, 108273, 108274, 108276, 108277, 108278, 108280, 108288, 108289, 108290, 108293, 108301, 108304, 108305, 108306, 108307, 108310, 108313, 108314, 108315, 108316, 108317, 108321, 108325, 108326, 108327, 108329, 108330, 108333, 108334, 108340, 108342, 108343, 108346, 108347, 108349, 108352, 108353, 108354, 108356, 108358, 108360, 108368, 108370, 108373, 108379, 108383, 108386, 108392, 108393, 108395, 108396, 108409, 108410, 108417, 108419, 108420, 108422, 108423, 108429, 108430, 108431, 108438, 108445, 108448, 108451, 108453, 108459, 108461, 108465, 108468, 108469, 108475, 108479, 108481, 108482, 108486, 108490, 108494, 108498, 108507, 108510, 108511, 108512, 108520, 108521, 108524, 108525, 108527, 108528, 108537, 108539, 108540, 108541, 108544, 108549, 108550, 108554, 108555, 108558, 108560, 108567, 108570, 108579, 108581, 108584, 108587, 108588, 108590, 108596, 108597, 108599, 108601, 108613, 108620, 108627, 108631, 108634, 108637, 108642, 108643, 108644, 108645, 108646, 108649, 108651, 108652, 108653, 108654, 108660, 108661, 108666, 108668, 108673, 108676, 108679, 108686, 108687, 108692, 108693, 108701, 108710, 108714, 108725, 108728, 108731, 108743, 108744, 108745, 108747, 108752, 108753, 108754, 108757, 108760, 108761, 108769, 108777, 108778, 108789, 108798, 108808, 108809, 108811, 108812, 108820, 108821, 108824, 108832, 108833, 108834, 108838, 108839, 108840, 108841, 108843, 108847, 108851, 108852, 108853, 108854, 108857, 108862, 108864, 108865, 108868, 108882, 108887, 108894, 108900, 108901, 108903, 108909, 108911, 108912, 108915, 108924, 108926, 108932, 108933, 108936, 108937, 108944, 108947, 108950, 108952, 108968, 108971, 108972, 108975, 108977, 108978, 108982, 108994, 108996, 108997, 109006, 109014, 109016, 109023, 109024, 109025, 109029, 109031, 109033, 109046, 109048, 109054, 109059, 109072, 109077, 109079, 109085, 109090, 109094, 109096, 109100, 109102, 109106, 109109, 109120, 109121, 109123, 109130, 109131, 109135, 109138, 109146, 109149, 109151, 109153, 109155, 109159, 109172, 109181, 109190, 109193, 109194, 109198, 109199, 109200, 109209, 109210, 109213, 109222, 109223, 109227, 109228, 109234, 109236, 109237, 109240, 109248, 109254, 109263, 109264, 109266, 109268, 109272, 109278, 109285, 109290, 109294, 109296, 109298, 109301, 109302, 109303, 109309, 109310, 109312, 109313, 109314, 109316, 109317, 109319, 109320, 109321, 109323, 109325, 109337, 109338, 109341, 109344, 109348, 109353, 109364, 109370, 109371, 109381, 109390, 109391, 109392, 109401, 109402, 109403, 109412, 109422, 109425, 109435, 109443, 109444, 109453, 109455, 109466, 109490, 109492, 109498, 109499, 109510, 109511, 109516, 109518, 109526, 109539, 109553, 109589, 109591, 109594, 109605, 109606, 109607, 109612, 109613, 109619, 109625, 109628, 109629, 109632, 109633, 109636, 109637, 109638, 109643, 109645, 109647, 109661, 109663, 109666, 109669, 109671, 109672, 109679, 109686, 109687, 109689, 109691, 109692, 109697, 109698, 109700, 109703, 109709, 109711, 109713, 109720, 109721, 109722, 109728, 109733, 109735, 109741, 109742, 109745, 109749, 109751, 109756, 109757, 109758, 109760, 109761, 109762, 109766, 109768, 109772, 109773, 109774, 109775, 109776, 109777, 109778, 109779, 109788, 109789, 109791, 109794, 109796, 109797, 109802, 109807, 109810, 109813, 109815, 109816, 109825, 109826, 109843, 109845, 109847, 109853, 109861, 109862, 109863, 109864, 109865, 109871, 109873, 109875, 109877, 109878, 109881, 109883, 109886, 109892, 109893, 109895, 109898, 109899, 109901, 109908, 109911, 109916, 109917, 109921, 109929, 109930, 109933, 109936, 109939, 109940, 109941, 109942, 109952, 109953, 109955, 109957, 109958, 109960, 109969, 109970, 109973, 109974, 109975, 109976, 109984, 109986, 109987, 109988, 109989, 109990, 109991, 109995, 109996, 109997, 109998, 110003, 110005, 110006, 110007, 110008, 110014, 110016, 110018, 110019, 110020, 110022, 110023, 110025, 110028, 110029, 110033, 110034, 110038, 110039, 110050, 110051, 110053, 110059, 110060, 110066, 110067, 110070, 110074, 110075, 110076, 110078, 110080, 110084, 110087, 110094, 110095, 110097, 110098, 110099, 110107, 110108, 110111, 110112, 110113, 110115, 110116, 110117, 110118, 110120, 110123, 110124, 110125, 110126, 110127, 110132, 110134, 110140, 110142, 110149, 110152, 110153, 110154, 110158, 110164, 110170, 110172, 110173, 110176, 110178, 110180, 110190, 110193, 110194, 110198, 110200, 110201, 110205, 110206, 110211, 110213, 110228, 110229, 110231, 110232, 110238, 110244, 110245, 110248, 110249, 110258, 110259, 110265, 110272, 110274, 110278, 110279, 110281, 110286, 110287, 110289, 110290, 110293, 110295, 110301, 110303, 110304, 110308, 110311, 110312, 110315, 110316, 110319, 110321, 110322, 110325, 110327, 110337, 110338, 110341, 110342, 110344,

110348, 110350, 110351, 110352, 110354, 110355, 110363, 110364, 110365, 110366, 110367, 110368, 110369, 110370, 110371, 110373, 110377, 110378, 110379, 110381, 110383, 110385, 110387, 110388, 110389, 110390, 110395, 110396, 110399, 110401, 110405, 110411, 110417, 110418, 110419, 110420, 110424, 110425, 110426, 110427, 110428, 110429, 110431, 110432, 110434, 110437, 110440, 110443, 110446, 110448, 110451, 110456, 110457, 110458, 110463, 110474, 110479, 110480, 110484, 110486, 110488, 110490, 110495, 110497, 110498, 110505, 110507, 110512, 110515, 110519, 110520, 110527, 110531, 110536, 110538, 110539, 110541, 110546, 110548, 110551, 110554, 110555, 110558, 110560, 110562, 110563, 110568, 110571, 110577, 110578, 110579, 110580, 110589, 110593, 110594, 110595, 110596, 110599, 110600, 110603, 110605, 110606, 110611, 110615, 110623, 110628, 110637, 110639, 110640, 110641, 110643, 110646, 110647, 110649, 110651, 110652, 110654, 110662, 110663, 110664, 110669, 110670, 110671, 110680, 110681, 110683, 110684, 110685, 110687, 110688, 110689, 110690, 110691, 110693, 110694, 110695, 110705, 110706, 110707, 110708, 110709, 110710, 110711, 110712, 110713, 110714, 110718, 110724, 110727, 110728, 110730, 110732, 110734, 110736, 110740, 110741, 110742, 110746, 110748, 110749, 110751, 110756, 110757, 110760, 110762, 110772, 110781, 110782, 110791, 110795, 110798, 110805, 110807, 110809, 110810, 110812, 110813, 110822, 110825, 110827, 110828, 110829, 110830, 110836, 110839, 110845, 110850, 110851, 110852, 110854, 110856, 110858, 110859, 110864, 110865, 110867, 110868, 110873, 110874, 110875, 110878, 110879, 110881, 110882, 110883, 110884, 110887, 110888, 110889, 110890, 110893, 110901, 110910, 110911, 110912, 110915, 110921, 110923, 110926, 110930, 110931, 110941, 110942, 110945, 110947, 110960, 110961, 110962, 110963, 110965, 110968, 110969, 110972, 110976, 110978, 110983, 110986, 110989, 110991, 110999, 111000, 111001, 111003, 111004, 111005, 111006, 111010, 111014, 111018, 111019, 111020, 111022, 111029, 111031, 111035, 111041, 111048, 111049, 111051, 111052, 111053, 111054, 111055, 111057, 111059, 111062, 111063, 111064, 111065, 111069, 111070, 111071, 111073, 111074, 111077, 111078, 111079, 111080, 111083, 111084, 111085, 111086, 111087, 111089, 111092, 111093, 111094, 111095, 111096, 111098, 111100, 111102, 111103, 111105, 111108, 111111, 111112, 111115, 111116, 111117, 111119, 111120, 111121, 111122, 111126, 111129, 111132, 111133, 111134, 111136, 111142, 111143, 111145, 111146, 111147, 111150, 111162, 111164, 111173, 111184, 111191, 111193, 111194, 111195, 111200, 111202, 111203, 111204, 111211, 111212, 111216, 111220, 111222, 111224, 111227, 111234, 111237, 111238, 111239, 111240, 111241, 111246, 111249, 111251, 111258, 111259, 111260, 111261, 111269, 111275, 111276, 111277, 111278, 111281, 111282, 111286, 111290, 111291, 111293, 111294, 111295, 111296, 111307, 111309, 111310, 111319, 111321, 111322, 111323, 111324, 111326, 111335, 111339, 111340, 111348, 111349, 111350, 111355, 111363, 111364, 111365, 111366, 111368, 111370, 111371, 111376, 111378, 111379, 111380, 111381, 111384, 111387, 111388, 111390, 111392, 111393, 111394, 111397, 111399, 111400, 111401, 111403, 111404, 111409, 111411, 111412, 111414, 111416, 111423, 111425, 111426, 111428, 111434, 111437, 111439, 111442, 111444, 111445, 111448, 111453, 111455, 111456, 111458, 111461, 111464, 111465, 111469, 111470, 111475, 111476, 111479, 111480, 111487, 111488, 111490, 111491, 111493, 111495, 111499, 111500, 111502, 111506, 111508, 111510, 111511, 111513, 111517, 111519, 111522, 111523, 111524, 111526, 111527, 111528, 111530, 111533, 111535, 111542, 111544, 111546, 111548, 111551, 111554, 111555, 111557, 111561, 111563, 111565, 111566, 111570, 111578, 111580, 111583, 111584, 111585, 111587, 111589, 111591, 111598, 111602, 111604, 111605, 111606, 111608, 111610, 111611, 111612, 111615, 111618, 111629, 111630, 111632, 111636, 111637, 111640, 111643, 111657, 111659, 111666, 111668, 111673, 111674, 111677, 111684, 111685, 111687, 111689, 111694, 111700, 111701, 111707, 111709, 111711, 111712, 111718, 111723, 111730, 111731, 111732, 111738, 111741, 111742, 111743, 111747, 111750, 111751, 111754, 111755, 111757, 111765, 111767, 111768, 111769, 111770, 111771, 111778, 111783, 111784, 111796, 111797, 111798, 111799, 111804, 111805, 111807, 111808, 111813, 111814, 111815, 111816, 111819, 111823, 111825, 111826, 111827, 111834, 111835, 111836, 111837, 111847, 111852, 111854, 111858, 111864, 111868, 111873, 111874, 111877, 111878, 111883, 111895, 111905, 111908, 111909, 111910, 111915, 111916, 111918, 111926, 111929, 111930, 111938, 111939, 111941, 111943, 111944, 111952, 111956, 111958, 111959, 111960, 111961, 111975, 111977, 111978, 111980, 111983, 111984, 111989, 111993, 112000, 112005, 112006, 112008, 112014, 112015, 112025, 112026, 112027, 112038, 112042, 112044, 112046, 112048, 112053, 112059, 112060, 112071, 112076, 112077, 112082, 112086, 112088, 112094, 112095, 112097, 112105, 112108, 112109, 112110, 112119, 112121, 112122, 112125, 112131, 112134, 112137, 112138, 112139, 112144, 112149, 112151, 112157, 112159, 112165, 112167, 112168, 112175, 112176, 112184, 112190, 112191, 112192, 112197, 112200, 112205, 112208,

867

112221, 112225, 112230, 112236, 112237, 112239, 112248, 112257, 112260, 112261, 112268, 112270, 112276, 112278, 112279, 112282, 112284, 112285, 112288, 112289, 112293, 112300, 112301, 112307, 112310, 112314, 112317, 112324, 112327, 112328, 112335, 112337, 112339, 112341, 112342, 112347, 112351, 112355, 112356, 112362, 112369, 112371, 112375, 112376, 112383, 112384, 112385, 112387, 112389, 112393, 112400, 112403, 112406, 112407, 112408, 112409, 112410, 112418, 112419, 112420, 112421, 112422, 112423, 112427, 112429, 112433, 112434, 112436, 112438, 112439, 112445, 112448, 112451, 112453, 112455, 112456, 112465, 112467, 112468, 112469, 112471, 112475, 112482, 112498, 112499, 112500, 112501, 112507, 112508, 112514, 112521, 112534, 112537, 112538, 112539, 112543, 112546, 112547, 112548, 112550, 112556, 112558, 112560, 112566, 112576, 112577, 112578, 112580, 112582, 112588, 112589, 112590, 112591, 112600, 112601, 112602, 112615, 112629, 112630, 112636, 112637, 112641, 112644, 112650, 112654, 112655, 112659, 112661, 112665, 112678, 112681, 112682, 112683, 112685, 112686, 112688, 112692, 112699, 112700, 112701, 112702, 112710, 112712, 112714, 112715, 112716, 112722, 112725, 112730, 112731, 112737, 112738, 112741, 112750, 112752, 112753, 112757, 112761, 112773, 112782, 112790, 112791, 112793, 112799, 112805, 112806, 112811, 112812, 112817, 112820, 112822, 112823, 112831, 112832, 112833, 112838, 112843, 112844, 112846, 112849, 112855, 112856, 112859, 112862, 112867, 112868, 112869, 112871, 112872, 112873, 112881, 112882, 112884, 112887, 112890, 112893, 112898, 112901, 112905, 112909, 112910, 112915, 112917, 112918, 112919, 112922, 112923, 112924, 112925, 112926, 112928, 112929, 112930, 112932, 112933, 112939, 112942, 112944, 112945, 112949, 112950, 112951, 112956, 112958, 112959, 112962, 112970, 112974, 112981, 112990, 112992, 112993, 112995, 112997, 112998, 112999, 113002, 113003, 113007, 113009, 113010, 113011, 113012, 113014, 113016, 113021, 113022, 113023, 113024, 113034, 113035, 113036, 113042, 113045, 113047, 113055, 113056, 113057, 113062, 113063, 113065, 113076, 113078, 113082, 113085, 113092, 113095, 113097, 113099, 113106, 113107, 113109, 113111, 113113, 113119, 113123, 113124, 113127, 113129, 113130, 113132, 113133, 113146, 113149, 113151, 113155, 113156, 113157, 113158, 113159, 113160, 113162, 113164, 113165, 113170, 113172, 113185, 113191, 113192, 113195, 113197, 113198, 113199, 113201, 113202, 113204, 113205, 113206, 113217, 113221, 113230, 113232, 113233, 113234, 113236, 113248, 113249, 113254, 113255, 113256, 113258, 113269, 113272, 113274, 113276, 113277, 113278, 113279, 113280, 113282, 113285, 113291, 113293, 113294, 113312, 113314, 113324, 113327, 113328, 113330, 113333, 113334, 113335, 113345, 113347, 113348, 113349, 113352, 113357, 113360, 113363, 113366, 113367, 113368, 113369, 113375, 113380, 113381, 113382, 113386, 113387, 113390, 113392, 113395, 113398, 113401, 113402, 113403, 113415, 113418, 113419, 113423, 113424, 113425, 113426, 113432, 113433, 113435, 113436, 113437, 113438, 113439, 113440, 113441, 113442, 113443, 113444, 113450, 113451, 113452, 113455, 113458, 113468, 113470, 113485, 113486, 113490, 113498, 113499, 113511, 113512, 113515, 113527, 113529, 113530, 113538, 113540, 113541, 113542, 113543, 113544, 113546, 113552, 113553, 113554, 113555, 113556, 113558, 113562, 113563, 113564, 113565, 113566, 113571, 113584, 113587, 113602, 113603, 113608, 113613, 113614, 113629, 113630, 113631, 113632, 113635, 113639, 113640, 113641, 113649, 113650, 113652, 113654, 113658, 113661, 113670, 113672, 113676, 113677, 113682, 113683, 113684, 113701, 113704, 113708, 113709, 113714, 113716, 113718, 113720, 113722, 113723, 113724, 113726, 113727, 113728, 113729, 113730, 113731, 113732, 113738, 113741, 113742, 113743, 113744, 113746, 113747, 113748, 113749, 113750, 113756, 113757, 113759, 113764, 113765, 113775, 113776, 113777, 113789, 113790, 113795, 113799, 113807, 113808, 113810, 113814, 113817, 113820, 113822, 113823, 113830, 113831, 113833, 113834, 113836, 113837, 113838, 113843, 113845, 113846, 113849, 113855, 113856, 113861, 113863, 113864, 113875, 113876, 113877, 113878, 113880, 113887, 113889, 113890, 113891, 113901, 113905, 113908, 113910, 113911, 113914, 113918, 113919, 113920, 113921, 113922, 113925, 113926, 113927, 113930, 113931, 113937, 113946, 113947, 113948, 113956, 113957, 113969, 113972, 113973, 113977, 113979, 113980, 113981, 113983, 113988, 113992, 113993, 113994, 113996, 113997, 113998, 113999, 114000, 114006, 114008, 114009, 114010, 114011, 114012, 114016, 114017, 114023, 114026, 114028, 114029, 114031, 114032, 114033, 114034, 114036, 114038, 114042, 114048, 114053, 114060, 114064, 114065, 114066, 114072, 114073, 114074, 114075, 114078, 114079, 114081, 114083, 114084, 114085, 114086, 114089, 114090, 114091, 114092, 114094, 114095, 114099, 114105, 114115, 114123, 114129, 114130, 114133, 114146, 114149, 114150, 114152, 114155, 114156, 114157, 114159, 114161, 114162, 114163, 114164, 114165, 114176, 114177, 114179, 114185, 114186, 114194, 114196, 114201, 114202, 114203, 114206, 114207, 114208, 114210, 114212, 114214, 114223, 114225, 114229, 114230, 114231, 114237, 114239, 114240, 114241, 114242, 114245, 114247, 114248, 114252, 114271, 114273,

114274, 114276, 114279, 114280, 114282, 114290, 114291, 114293, 114294, 114296, 114298, 114300, 114302, 114313, 114318, 114320, 114336, 114341, 114342, 114343, 114345, 114346, 114348, 114351, 114352, 114364, 114371, 114382, 114384, 114386, 114387, 114388, 114389, 114390, 114392, 114395, 114396, 114401, 114402, 114403, 114404, 114405, 114406, 114407, 114408, 114409, 114410, 114411, 114413, 114414, 114415, 114423, 114424, 114426, 114427, 114428, 114430, 114459, 114460, 114463, 114464, 114471, 114473, 114474, 114475, 114485, 114494, 114498, 114499, 114503, 114507, 114508, 114517, 114518, 114520, 114521, 114522, 114524, 114528, 114529, 114531, 114532, 114538, 114539, 114540, 114547, 114548, 114549, 114550, 114551, 114552, 114553, 114554, 114555, 114556, 114558, 114560, 114582, 114593, 114600, 114604, 114605, 114610, 114615, 114616, 114617, 114620, 114628, 114629, 114630, 114632, 114634, 114637, 114659, 114660, 114661, 114663, 114665, 114669, 114674, 114675, 114676, 114679, 114681, 114682, 114683, 114685, 114687, 114695, 114696, 114697, 114698, 114699, 114700, 114701, 114703, 114704, 114705, 114708, 114710, 114712, 114715, 114722, 114725, 114726, 114727, 114729, 114730, 114731, 114732, 114748, 114751, 114756, 114757, 114758, 114771, 114776, 114777, 114778, 114782, 114784, 114792, 114793, 114795, 114799, 114801, 114802, 114803, 114804, 114806, 114807, 114810, 114814, 114817, 114819, 114820, 114822, 114830, 114832, 114833, 114834, 114838, 114841, 114842, 114843, 114845, 114846, 114847, 114851, 114855, 114856, 114857, 114858, 114859, 114860, 114861, 114862, 114864, 114865, 114869, 114871, 114872, 114876, 114878, 114881, 114883, 114884, 114886, 114920, 114921, 114932, 114933, 114934, 114935, 114936, 114937, 114947, 114950, 114965, 114969, 114970, 114971, 114972, 114973, 114975, 114981, 114982, 114984, 114987, 114999, 115001, 115006, 115011, 115023, 115024, 115026, 115027, 115028, 115029, 115030, 115031, 115032, 115033, 115034, 115035, 115046, 115047, 115049, 115050, 115051, 115052, 115053, 115054, 115055, 115057, 115085, 115086, 115093, 115095, 115106, 115107, 115119, 115127, 115129, 115131, 115133, 115145, 115165, 115184, 115187, 115189, 115194, 115198, 115199, 115201, 115202, 115215, 115217, 115218, 115221, 115223, 115227, 115230, 115231, 115232, 115233, 115237, 115242, 115243, 115244, 115245, 115246, 115253, 115254, 115256, 115257, 115260, 115261, 115262, 115263, 115264, 115271, 115276, 115278, 115280, 115292, 115293, 115294, 115297, 115298, 115300, 115301, 115307, 115333, 115334, 115335, 115337, 115338, 115348, 115356, 115358, 115361, 115362, 115363, 115371, 115387, 115390, 115394, 115395, 115396, 115397, 115399, 115400, 115401, 115408, 115435, 115450, 115452, 115455, 115456, 115457, 115458, 115459, 115460, 115461, 115465, 115477, 115478, 115480, 115484, 115485, 115490, 115500, 115508, 115517, 115518, 115519, 115521, 115523, 115527, 115528, 115529, 115530, 115531, 115543, 115544, 115547, 115548, 115551, 115552, 115556, 115558, 115559, 115561, 115563, 115567, 115568, 115569, 115571, 115573, 115574, 115575, 115576, 115577, 115596, 115597, 115598, 115617, 115618, 115619, 115620, 115621, 115638, 115658, 115659, 115665, 115685, 115690, 115698, 115702, 115703, 115708, 115711, 115712, 115713, 115714, 115715, 115718, 115725, 115726, 115730, 115734, 115739, 115740, 115743, 115744, 115746, 115748, 115750, 115762, 115764, 115765, 115766, 115769, 115770, 115771, 115776, 115777, 115790, 115794, 115795, 115798, 115799, 115804, 115806, 115808, 115814, 115815, 115840, 115842, 115843, 115849, 115862, 115863, 115864, 115865, 115866, 115871, 115873, 115876, 115878, 115879, 115880, 115881, 115882, 115883, 115884, 115885, 115888, 115889, 115894, 115896, 115897, 115901, 115902, 115911, 115913, 115915, 115926, 115928, 115929, 115978, 115979, 115987, 115988, 115990, 115991, 115994, 115996, 115999, 116001, 116006, 116007, 116008, 116018, 116020, 116021, 116028, 116029, 116030, 116031, 116032, 116033, 116037, 116039, 116041, 116042, 116043, 116044, 116054, 116055, 116056, 116062, 116068, 116072, 116077, 116078, 116079, 116084, 116111, 116112, 116113, 116114, 116117, 116120, 116122, 116126, 116129, 116130, 116134, 116135, 116136, 116137, 116142, 116146, 116147, 116148, 116154, 116157, 116159, 116164, 116168, 116176, 116178, 116185, 116189, 116190, 116192, 116193, 116198, 116200, 116202, 116204, 116205, 116207, 116209, 116277, 116278, 116283, 116288, 116289, 116319, 116321, 116322, 116323, 116324, 116325, 116330, 116332, 116338, 116340, 116341, 116344, 116347, 116348, 116356, 116359, 116360, 116361, 116362, 116363, 116366, 116370, 116371, 116372, 116375, 116381, 116384, 116387, 116388, 116391, 116395, 116398, 116399, 116412, 116417, 116418, 116419, 116424, 116429, 116431, 116432, 116433, 116435, 116437, 116439, 116440, 116446, 116448, 116450, 116451, 116453, 116455, 116458, 116462, 116465, 116466, 116467, 116469, 116473, 116474, 116475, 116476, 116477, 116478, 116479, 116480, 116481, 116488, 116490, 116492, 116541, 116552, 116554, 116580, 116582, 116585, 116593, 116599, 116601, 116602, 116603, 116605, 116606, 116614, 116615, 116618, 116621, 116622, 116624, 116626, 116630, 116638, 116640, 116642, 116643, 116650, 116651, 116652, 116653, 116654, 116655, 116656, 116657, 116660, 116662, 116667,

116674, 116684, 116687, 116691, 116704, 116709, 116716, 116717, 116719, 116720, 116732, 116733, 116734, 116741, 116742, 116744, 116747, 116751, 116763, 116764, 116765, 116766, 116767, 116768, 116769, 116773, 116775, 116776, 116789, 116790, 116806, 116815, 116820, 116825, 116830, 116832, 116849, 116850, 116851, 116854, 116858, 116862, 116864, 116866, 116868, 116871, 116873, 116874, 116878, 116891, 116896, 116897, 116898, 116899, 116903, 116916, 116919, 116920, 116927, 116928, 116930, 116933, 116936, 116943, 116944, 116945, 116946, 116947, 116948, 116949, 116951, 116955, 116957, 116959, 116967, 116968, 116969, 116970, 116976, 116977, 116979, 116992, 116997, 116998, 117002, 117008, 117009, 117010, 117011, 117012, 117013, 117019, 117020, 117021, 117026, 117028, 117029, 117031, 117041, 117042, 117043, 117046, 117052, 117053, 117054, 117055, 117056, 117057, 117058, 117059, 117061, 117063, 117065, 117067, 117069, 117072, 117073, 117077, 117079, 117080, 117081, 117084, 117086, 117087, 117088, 117100, 117101, 117104, 117122, 117137, 117139, 117140, 117141, 117143, 117146, 117147, 117148, 117149, 117150, 117154, 117155, 117159, 117161, 117163, 117170, 117177, 117181, 117183, 117184, 117189, 117190, 117191, 117192, 117193, 117196, 117198, 117199, 117200, 117202, 117203, 117204, 117210, 117213, 117220, 117221, 117224, 117226, 117228, 117230, 117231, 117234, 117236, 117239, 117241, 117245, 117246, 117247, 117248, 117249, 117250, 117251, 117258, 117259, 117260, 117274, 117275, 117276, 117285, 117286, 117287, 117288, 117290, 117292, 117294, 117295, 117297, 117298, 117301, 117302, 117316, 117319, 117323, 117324, 117325, 117327, 117328, 117329, 117333, 117335, 117337, 117340, 117341, 117342, 117347, 117348, 117349, 117350, 117353, 117354, 117355, 117357, 117360, 117362, 117363, 117365, 117366, 117367, 117369, 117370, 117391, 117392, 117395, 117402, 117403, 117406, 117412, 117416, 117417, 117418, 117420, 117432, 117434, 117435, 117436, 117439, 117442, 117444, 117446, 117448, 117451, 117452, 117454, 117458, 117459, 117473, 117474, 117475, 117478, 117479, 117487, 117488, 117489, 117491, 117492, 117494, 117496, 117498, 117500, 117502, 117504, 117508, 117510, 117514, 117517, 117519, 117521, 117524, 117525, 117527, 117529, 117530, 117535, 117537, 117538, 117547, 117548, 117549, 117554, 117556, 117558, 117560, 117561, 117562, 117563, 117564, 117565, 117567, 117568, 117569, 117570, 117572, 117573, 117574, 117582, 117583, 117584, 117589, 117595, 117597, 117598, 117600, 117605, 117606, 117607, 117608, 117615, 117618, 117626, 117629, 117633, 117635, 117639, 117641, 117643, 117644, 117645, 117646, 117652, 117653, 117654, 117655, 117656, 117657, 117658, 117659, 117662, 117664, 117671, 117678, 117679, 117681, 117682, 117683, 117684, 117690, 117692, 117694, 117696, 117698, 117699, 117700, 117701, 117714, 117718, 117719, 117720, 117723, 117730, 117731, 117740, 117742, 117747, 117750, 117753, 117754, 117755, 117756, 117758, 117761, 117764, 117765, 117774, 117775, 117778, 117779, 117780, 117782, 117783, 117785, 117786, 117790, 117794, 117795, 117797, 117798, 117800, 117801, 117802, 117804, 117805, 117806, 117807, 117809, 117810, 117811, 117812, 117814, 117815, 117816, 117817, 117821, 117824, 117846, 117861, 117862, 117865, 117879, 117880, 117881, 117883, 117885, 117886, 117887, 117888, 117890, 117891, 117892, 117893, 117894, 117895, 117896, 117897, 117898, 117899, 117900, 117902, 117903, 117907, 117912, 117916, 117917, 117918, 117919, 117920, 117921, 117922, 117923, 117924, 117928, 117930, 117931, 117933, 117935, 117936, 117938, 117943, 117946, 117947, 117949, 117951, 117952, 117957, 117958, 117959, 117961, 117963, 117969, 117970, 117971, 117972, 117973, 117974, 117985, 117986, 117987, 117989, 117990, 117991, 117992, 117993, 117994, 117998, 117999, 118001, 118002, 118008, 118009, 118011, 118014, 118017, 118018, 118020, 118023, 118026, 118028, 118031, 118033, 118035, 118039, 118042, 118043, 118045, 118046, 118048, 118052, 118058, 118060, 118061, 118079, 118088, 118091, 118092, 118093, 118095, 118098, 118099, 118101, 118102, 118104, 118107, 118108, 118109, 118110, 118111, 118112, 118114, 118116, 118117, 118118, 118119, 118120, 118135, 118136, 118137, 118138, 118139, 118140, 118141, 118144, 118145, 118146, 118147, 118148, 118149, 118154, 118156, 118158, 118159, 118160, 118161, 118162, 118164, 118172, 118173, 118174, 118176, 118179, 118180, 118181, 118183, 118186, 118187, 118190, 118216, 118217, 118222, 118228, 118230, 118231, 118232, 118233, 118234, 118235, 118236, 118237, 118238, 118239, 118240, 118241, 118242, 118243, 118244, 118245, 118252, 118259, 118262, 118268, 118269, 118280, 118282, 118284, 118286, 118287, 118290, 118297, 118299, 118302, 118303, 118304, 118305, 118307, 118308, 118309, 118313, 118314, 118315, 118316, 118317, 118319, 118321, 118324, 118325, 118326, 118332, 118334, 118338, 118339, 118342, 118343, 118345, 118346, 118353, 118364, 118365, 118367, 118369, 118370, 118373, 118374, 118376, 118378, 118379, 118382, 118384, 118387, 118388, 118389, 118427, 118428, 118429, 118430, 118431, 118432, 118449, 118456, 118463, 118467, 118468, 118469, 118470, 118473, 118474, 118500, 118501, 118502, 118508, 118509, 118510, 118512, 118514, 118515, 118517, 118543, 118548, 118554, 118558, 118561, 118563,

118564, 118568, 118572, 118576, 118581, 118583, 118584, 118585, 118586, 118587, 118588, 118591, 118593, 118594, 118595, 118596, 118597, 118600, 118602, 118604, 118613, 118614, 118615, 118619, 118620, 118621, 118622, 118623, 118624, 118625, 118626, 118627, 118628, 118629, 118630, 118632, 118644, 118648, 118653, 118654, 118658, 118660, 118662, 118668, 118678, 118681, 118682, 118683, 118685, 118692, 118693, 118695, 118697, 118700, 118728, 118732, 118733, 118734, 118736, 118739, 118742, 118743, 118744, 118745, 118752, 118754, 118756, 118757, 118758, 118759, 118760, 118762, 118798, 118800, 118801, 118804, 118810, 118812, 118814, 118819, 118821, 118824, 118825, 118828, 118829, 118830, 118832, 118835, 118838, 118839, 118840, 118843, 118846, 118851, 118852, 118853, 118854, 118856, 118858, 118901, 118902, 118911, 118913, 118916, 118917, 118918, 118919, 118920, 118921, 118922, 118923, 118924, 118925, 118926, 118927, 118928, 118937, 118938, 118940, 118944, 118947, 118954, 118955, 118956, 118958, 118966, 118970, 118971, 118987, 118988, 118989, 118990, 118994, 119000, 119001, 119004, 119005, 119006, 119007, 119009, 119010, 119012, 119013, 119014, 119015, 119020, 119042, 119047, 119051, 119052, 119054, 119055, 119056, 119057, 119058, 119059, 119066, 119092, 119093, 119096, 119097, 119098, 119103, 119107, 119108, 119109, 119111, 119120, 119121, 119123, 119124, 119125, 119126, 119128, 119130, 119131, 119132, 119133, 119135, 119141, 119143, 119146, 119148, 119152, 119153, 119154, 119155, 119156, 119157, 119158, 119159, 119160, 119161, 119162, 119163, 119164, 119165, 119167, 119177, 119178, 119179, 119181, 119182, 119184, 119185, 119186, 119188, 119190, 119193, 119197, 119198, 119200, 119201, 119202, 119203, 119204, 119205, 119206, 119207, 119208, 119209, 119210, 119214, 119215, 119216, 119217, 119218, 119220, 119226, 119228, 119236, 119237, 119239, 119240, 119258, 119259, 119260, 119261, 119262, 119266, 119270, 119273, 119274, 119279, 119285, 119292, 119293, 119301, 119302, 119305, 119321, 119322, 119323, 119324, 119326, 119328, 119330, 119332, 119333, 119335, 119336, 119362, 119365, 119366, 119367, 119369, 119375, 119377, 119380, 119383, 119385, 119387, 119388, 119390, 119394, 119400, 119402, 119404, 119406, 119411, 119412, 119414, 119416, 119419, 119422, 119430, 119431, 119432, 119437, 119438, 119440, 119445, 119449, 119451, 119479, 119487, 119489, 119490, 119492, 119495, 119496, 119497, 119499, 119505, 119509, 119510, 119511, 119512, 119513, 119514, 119516, 119517, 119518, 119519, 119520, 119524, 119537, 119539, 119543, 119546, 119547, 119549, 119551, 119553, 119561, 119567, 119569, 119590, 119591, 119594, 119595, 119596, 119597, 119599, 119600, 119613, 119614, 119615, 119616, 119624, 119625, 119626, 119627, 119628, 119629, 119631, 119632, 119633, 119634, 119635, 119644, 119647, 119648, 119651, 119652, 119655, 119657, 119659, 119664, 119665, 119667, 119670, 119681, 119682, 119684, 119688, 119689, 119693, 119694, 119696, 119705, 119706, 119708, 119709, 119710, 119712, 119714, 119719, 119720, 119722, 119724, 119727, 119730, 119734, 119737, 119742, 119743, 119750, 119752, 119757, 119761, 119763, 119765, 119769, 119770, 119773, 119774, 119775, 119776, 119777, 119778, 119779, 119780, 119781, 119782, 119783, 119786, 119788, 119790, 119791, 119792, 119808, 119809, 119810, 119813, 119814, 119816, 119820, 119822, 119823, 119824, 119842, 119843, 119844, 119845, 119851, 119852, 119854, 119856, 119857, 119859, 119861, 119863, 119867, 119868, 119869, 119871, 119873, 119878, 119883, 119885, 119889, 119890, 119891, 119897, 119903, 119904, 119906, 119912, 119913, 119916, 119928, 119929, 119930, 119933, 119936, 119937, 119938, 119943, 119944, 119945, 119946, 119947, 119949, 119952, 119953, 119955, 119957, 119958, 119961, 119962, 119963, 119964, 119965, 119967, 119968, 119975, 119976, 120002, 120004, 120005, 120006, 120009, 120011, 120013, 120016, 120022, 120023, 120024, 120025, 120027, 120030, 120031, 120032, 120035, 120036, 120040, 120041, 120048, 120052, 120053, 120059, 120060, 120062, 120071, 120072, 120076, 120077, 120078, 120081, 120082, 120084, 120085, 120086, 120090, 120093, 120094, 120099, 120103, 120104, 120105, 120106, 120107, 120108, 120109, 120110, 120112, 120120, 120122, 120123, 120129, 120132, 120133, 120135, 120138, 120140, 120142, 120143, 120144, 120146, 120147, 120149, 120168, 120169, 120173, 120177, 120179, 120188, 120194, 120198, 120200, 120202, 120203, 120210, 120211, 120214, 120223, 120225, 120226, 120227, 120228, 120237, 120238, 120239, 120240, 120255, 120258, 120259, 120262, 120263, 120266, 120267, 120268, 120270, 120274, 120275, 120276, 120278, 120284, 120286, 120290, 120294, 120295, 120298, 120299, 120300, 120301, 120307, 120309, 120310, 120315, 120318, 120325, 120328, 120335, 120336, 120337, 120338, 120343, 120345, 120354, 120360, 120361, 120368, 120371, 120384, 120387, 120391, 120392, 120399, 120402, 120405, 120407, 120408, 120410, 120413, 120414, 120416, 120418, 120421, 120423, 120428, 120429, 120435, 120436, 120445, 120446, 120450, 120451, 120452, 120454, 120455, 120460, 120463, 120465, 120466, 120467, 120470, 120475, 120477, 120478, 120483, 120484, 120485, 120486, 120487, 120493, 120494, 120500, 120501, 120505, 120510, 120512, 120517, 120518, 120519,

120521, 120522, 120531, 120535, 120544, 120554, 120555, 120561, 120562,
120576, 120577, 120587, 120588, 120589, 120591, 120592, 120595, 120597,
120598, 120599, 120600, 120607, 120609, 120611, 120613, 120614, 120616,
120617, 120619, 120624, 120626, 120642, 120644, 120650, 120652, 120653,
120665, 120679, 120686, 120691, 120697, 120698, 120703, 120705, 120709,
120710, 120712, 120724, 120730, 120732, 120736, 120737, 120741, 120743,
120746, 120747, 120749, 120750, 120751, 120752, 120758, 120762, 120763,
120764, 120765, 120769, 120770, 120771, 120774, 120776, 120777, 120782,
120788, 120789, 120791, 120796, 120800, 120803, 120810, 120816, 120819,
120821, 120831, 120832, 120839, 120840, 120845, 120846, 120847, 120849,
120853, 120856, 120857, 120859, 120863, 120864, 120865, 120869, 120870,
120871, 120873, 120874, 120875, 120878, 120882, 120883, 120884, 120885,
120886, 120890, 120901, 120902, 120909, 120910, 120911, 120912, 120918,
120919, 120930, 120931, 120932, 120946, 120954, 120956, 120957, 120961,
120964, 120970, 120971, 120974, 120976, 120979, 120980, 120981, 120983,
120987, 120988, 120990, 120996, 120997, 120998, 120999, 121001, 121002,
121011, 121013, 121014, 121019, 121020, 121024, 121029, 121030, 121031,
121032, 121040, 121041, 121042, 121043, 121048, 121050, 121052, 121055,
121056, 121063, 121069, 121072, 121074, 121075, 121080, 121083,
121086, 121090, 121092, 121101, 121102, 121114, 121127, 121129, 121134,
121136, 121137, 121140, 121145, 121146, 121148, 121149, 121157, 121158,
121162, 121164, 121168, 121169, 121201, 121202, 121207, 121211, 121214,
121217, 121218, 121219, 121225, 121232, 121235, 121252, 121256, 121260,
121267, 121268, 121269, 121272, 121282, 121288, 121292, 121294, 121304,
121313, 121314, 121315, 121325, 121327, 121333, 121336, 121339, 121341,
121343, 121345, 121348, 121353, 121354, 121355, 121363, 121364, 121378,
121382, 121385, 121386, 121393, 121394, 121395, 121396, 121403, 121404,
121411, 121415, 121416, 121417, 121418, 121419, 121420, 121421, 121422,
121430, 121431, 121432, 121433, 121435, 121436, 121442, 121443, 121444,
121445, 121446, 121447, 121448, 121449, 121453, 121455, 121459, 121465,
121469, 121480, 121486, 121493, 121495, 121496, 121502, 121503, 121505,
121506, 121507, 121511, 121512, 121513, 121518, 121519, 121520, 121521,
121528, 121529, 121535, 121536, 121544, 121551, 121567, 121570, 121573,
121575, 121578, 121586, 121590, 121592, 121595, 121598, 121603, 121605,
121619, 121620, 121627, 121631, 121638, 121644, 121646, 121647, 121654,
121656, 121658, 121662, 121663, 121671, 121674, 121675, 121677, 121678,
121681, 121690, 121691, 121693, 121694, 121698, 121704, 121705, 121706,
121707, 121708, 121709, 121711, 121712, 121713, 121721, 121723, 121725,
121731, 121733, 121742, 121743, 121746, 121748, 121753, 121754, 121755,
121757, 121764, 121768, 121772, 121773, 121774, 121777, 121778, 121784,
121785, 121789, 121792, 121793, 121797, 121798, 121804, 121805, 121810,
121811, 121812, 121813, 121819, 121820, 121821, 121822, 121826, 121827,
121832, 121835, 121841, 121844, 121846, 121867, 121868, 121872, 121878,
121879, 121886, 121887, 121888, 121889, 121891, 121892, 121897, 121898,
121900, 121901, 121908, 121909, 121910, 121912, 121919, 121921, 121936,
121938, 121940, 121943, 121974, 121975, 121980, 121981, 121988, 121996,
122003, 122013, 122020, 122022, 122038, 122040, 122041, 122045, 122047,
122048, 122050, 122051, 122056, 122059, 122063, 122067, 122072, 122073,
122079, 122083, 122084, 122087, 122091, 122094, 122096, 122098,
122100, 122101, 122104, 122106, 122107, 122108, 122110, 122111, 122114,
122115, 122116, 122117, 122118, 122120, 122122, 122125, 122127, 122128,
122129, 122130, 122131, 122133, 122134, 122161, 122162, 122163, 122164,
122166, 122167, 122168, 122169, 122170, 122173, 122198, 122204, 122205,
122206, 122207, 122208, 122210, 122212, 122214, 122221, 122222, 122228,
122232, 122235, 122237, 122245, 122250, 122251, 122253, 122257, 122258,
122261, 122262, 122266, 122267, 122269, 122273, 122274, 122279, 122280,
122282, 122286, 122287, 122289, 122292, 122293, 122294, 122295, 122297,
122298, 122299, 122300, 122301, 122302, 122306, 122307, 122310, 122340,
122341, 122342, 122343, 122344, 122345, 122346, 122347, 122348, 122350,
122352, 122354, 122356, 122361, 122364, 122367, 122382, 122383, 122384,
122386, 122388, 122389, 122393, 122396, 122401, 122402, 122409, 122412,
122413, 122416, 122419, 122428, 122437, 122438, 122439, 122441, 122444,
122453, 122456, 122458, 122460, 122461, 122462, 122463, 122469, 122470,
122471, 122472, 122477, 122479, 122480, 122481, 122484, 122486, 122491,
122492, 122493, 122498, 122499, 122500, 122501, 122502, 122508, 122513,
122514, 122518, 122527, 122540, 122543, 122545, 122552, 122553, 122556,
122556, 122559, 122561, 122565, 122568, 122571, 122587, 122592, 122594,
122595, 122597, 122600, 122604, 122611, 122625, 122630, 122631, 122633,
122636, 122638, 122645, 122646, 122647, 122648, 122649, 122650, 122651,
122656, 122659, 122661, 122663, 122664, 122666, 122667, 122671, 122695,
122698, 122705, 122706, 122707, 122709, 122713, 122715, 122717, 122721,
122727, 122746, 122749, 122750, 122756, 122757, 122763, 122768, 122771,
122775, 122779, 122782, 122789, 122792, 122793, 122799, 122800, 122802,

122807, 122808, 122810, 122811, 122812, 122816, 122819, 122821, 122828,
122829, 122830, 122833, 122837, 122839, 122843, 122844, 122850, 122852,
122854, 122857, 122858, 122859, 122864, 122865, 122866, 122871, 122872,
122874, 122875, 122876, 122877, 122878, 122879, 122880, 122882, 122883,
122884, 122885, 122889, 122909, 122926, 122928, 122935, 122938, 122942,
122943, 122949, 122950, 122951, 122976, 122980, 122983, 122988, 122991,
122993, 122994, 122995, 122996, 122998, 123003, 123009, 123011, 123020,
123021, 123025, 123026, 123027, 123028, 123030, 123039, 123040, 123045,
123046, 123047, 123051, 123055, 123058, 123064, 123065, 123068, 123069,
123070, 123078, 123080, 123082, 123083, 123085, 123092, 123095, 123103,
123104, 123120, 123127, 123130, 123132, 123133, 123137, 123138, 123139,
123141, 123150, 123152, 123153, 123154, 123160, 123165, 123169, 123179,
123180, 123184, 123185, 123190, 123191, 123192, 123194, 123195, 123197,
123198, 123201, 123204, 123207, 123208, 123212, 123213, 123215, 123217,
123218, 123222, 123224, 123228, 123234, 123237, 123240, 123242, 123248,
123249, 123252, 123255, 123260, 123261, 123265, 123269, 123272, 123274,
123275, 123277, 123293, 123296, 123297, 123299, 123300, 123314, 123315,
123317, 123318, 123319, 123320, 123325, 123326, 123328, 123342, 123363,
123364, 123368, 123371, 123372, 123373, 123375, 123376, 123377, 123378,
123379, 123380, 123381, 123382, 123383, 123388, 123389, 123390, 123395,
123396, 123397, 123402, 123403, 123405, 123408, 123411, 123414, 123415,
123417, 123418, 123420, 123421, 123423, 123425, 123426, 123427, 123429,
123431, 123432, 123438, 123440, 123442, 123443, 123444, 123445, 123448,
123450, 123454, 123457, 123470, 123471, 123488, 123491, 123492, 123493,
123495, 123496, 123498, 123502, 123504, 123509, 123516, 123518, 123519,
123523, 123524, 123525, 123530, 123535, 123539, 123543, 123545, 123549,
123550, 123583, 123584, 123585, 123586, 123590, 123591, 123592, 123596,
123600, 123601, 123602, 123604, 123607, 123611, 123617, 123620, 123622,
123623, 123637, 123638, 123639, 123640, 123643, 123645, 123649, 123653,
123656, 123658, 123660, 123661, 123662, 123663, 123664, 123665, 123666,
123667, 123668, 123669, 123670, 123671, 123673, 123708, 123716, 123718,
123728, 123746, 123761, 123763, 123764, 123765, 123766, 123767, 123770,
123772, 123773, 123775, 123779, 123780, 123781, 123784, 123785, 123787,
123790, 123792, 123800, 123805, 123806, 123808, 123814, 123820, 123821,
123832, 123853, 123859, 123862, 123868, 123873, 123874, 123875, 123882,
123886, 123887, 123893, 123894, 123896, 123902, 123907, 123908, 123916,
123920, 123925, 123940, 123942, 123943, 123945, 123947, 123949, 123950,
123952, 123953, 123954, 123956, 123959, 123963, 123964, 123965, 123966,
123971, 123981, 123987, 123989, 123991, 124002, 124427, 124437, 124438,
124439, 124442, 124444, 124448, 124450, 124453, 124454, 124457, 124459,
124460, 124463, 124464, 124465, 124466, 124467, 124469, 124470, 124488,
124489, 124490, 124492, 124493, 124496, 124497, 124502, 124503, 124507,
124508, 124513, 124531, 124532, 124543, 124549, 124550, 124551, 124573,
124574, 124576, 124577, 124578, 124582, 124585, 124588, 124590, 124591, 124594,
124597, 124599, 124614, 124622, 124625, 124626, 124630, 124634, 124637,
124640, 124641, 124646, 124647, 124652, 124653, 124660, 124661, 124665,
124670, 124673, 124675, 124686, 124688, 124697, 124700, 124701, 124703,
124704, 124710, 124711, 124714, 124718, 124719, 124725, 124727, 124728,
124733, 124740, 124747, 124751, 124752, 124756, 124757, 124760, 124762,
124764, 124765, 124766, 124771, 124775, 124776, 124778, 124779, 124780,
124782, 124783, 124785, 124786, 124789, 124792, 124795, 124796, 124798,
124799, 124800, 124808, 124813, 124814, 124816, 124817, 124818, 124819,
124822, 124824, 124826, 124828, 124829, 124830, 124832, 124834, 124837,
124839, 124840, 124846, 124854, 124857, 124859, 124860, 124861, 124862,
124864, 124865, 124867, 124874, 124876, 124878, 124889, 124890, 124891,
124892, 124893, 124895, 124896, 124897, 124902, 124904, 124905, 124906,
124907, 124908, 124909, 124911, 124913, 124914, 124916, 124918, 124919,
124920, 124921, 124922, 124928, 124930, 124931, 124949, 124950, 124951,
124952, 124955, 124956, 124959, 124960, 124966, 124973, 124982, 124985,
124986, 124987, 124988, 124991, 124995, 124996, 124998, 125000, 125004,
125005, 125006, 125012, 125014, 125019, 125024, 125026, 125031, 125040,
125044, 125046, 125052, 125056, 125057, 125058, 125061, 125062, 125063,
125065, 125066, 125068, 125069, 125071, 125074, 125077, 125081, 125082,
125089, 125090, 125093, 125100, 125102, 125108, 125112, 125114, 125116,
125118, 125119, 125123, 125127, 125128, 125129, 125134, 125135, 125137,
125147, 125148, 125151, 125152, 125154, 125155, 125159, 125160, 125161,
125171, 125176, 125181, 125182, 125194, 125196, 125198, 125201, 125202,
125205, 125210, 125211, 125212, 125213, 125214, 125223, 125226, 125230,
125231, 125233, 125234, 125236, 125238, 125239, 125241, 125242, 125243,
125244, 125246, 125248, 125254, 125256, 125257, 125258, 125261, 125268,
125271, 125277, 125278, 125279, 125281, 125287, 125288, 125289, 125290,
125298, 125305, 125306, 125308, 125309, 125311, 125319, 125320, 125323,
125326, 125327, 125330, 125331, 125332, 125335, 125336, 125339, 125340,

125341, 125345, 125346, 125349, 125355, 125370, 125372, 125374, 125375, 125378, 125379, 125380, 125382, 125383, 125387, 125395, 125397, 125398, 125404, 125407, 125408, 125409, 125411, 125414, 125419, 125420, 125423, 125424, 125426, 125436, 125437, 125439, 125447, 125448, 125462, 125463, 125465, 125469, 125475, 125476, 125488, 125490, 125492, 125493, 125495, 125500, 125503, 125505, 125507, 125510, 125511, 125513, 125515, 125517, 125520, 125524, 125529, 125530, 125533, 125534, 125535, 125536, 125537, 125538, 125539, 125541, 125542, 125543, 125545, 125546, 125549, 125550, 125551, 125552, 125555, 125556, 125558, 125569, 125570, 125572, 125591, 125599, 125601, 125602, 125605, 125606, 125607, 125611, 125612, 125613, 125614, 125620, 125621, 125623, 125626, 125632, 125633, 125634, 125635, 125638, 125645, 125647, 125648, 125651, 125653, 125661, 125662, 125663, 125665, 125666, 125671, 125683, 125690, 125693, 125694, 125699, 125707, 125709, 125710, 125711, 125712, 125714, 125726, 125728, 125730, 125732, 125736, 125737, 125743, 125746, 125748, 125751, 125752, 125753, 125758, 125760, 125761, 125766, 125769, 125774, 125780, 125806, 125814, 125816, 125831, 125840, 125846, 125849, 125851, 125852, 125853, 125856, 125857, 125864, 125865, 125866, 125867, 125868, 125870, 125872, 125878, 125881, 125883, 125886, 125887, 125891, 125893, 125894, 125895, 125900, 125901, 125903, 125905, 125906, 125909, 125910, 125912, 125913, 125914, 125917, 125918, 125919, 125928, 125941, 125946, 125952, 125954, 125955, 125957, 125960, 125963, 125964, 125967, 125968, 125969, 125970, 125972, 125973, 125974, 125976, 125977, 125978, 125979, 125980, 125982, 125985, 125988, 125989, 125991, 125996, 126002, 126008, 126009, 126014, 126024, 126025, 126026, 126028, 126048, 126050, 126051, 126052, 126056, 126065, 126066, 126069, 126070, 126072, 126073, 126075, 126079, 126082, 126084, 126086, 126087, 126088, 126090, 126092, 126093, 126095, 126096, 126101, 126102, 126103, 126105, 126106, 126108, 126109, 126110, 126111, 126112, 126113, 126116, 126117, 126118, 126120, 126121, 126122, 126126, 126127, 126128, 126131, 126133, 126134, 126135, 126136, 126138, 126139, 126140, 126142, 126144, 126147, 126148, 126149, 126151, 126152, 126153, 126156, 126157, 126158, 126159, 126161, 126163, 126164, 126166, 126167, 126169, 126170, 126173, 126177, 126183, 126184, 126186, 126188, 126193, 126197, 126201, 126205, 126210, 126215, 126228, 126231, 126234, 126235, 126239, 126240, 126245, 126250, 126251, 126255, 126256, 126267, 126270, 126272, 126274, 126275, 126276, 126279, 126280, 126282, 126283, 126284, 126285, 126287, 126288, 126289, 126290, 126291, 126294, 126295, 126296, 126298, 126299, 126300, 126301, 126302, 126304, 126305, 126306, 126307, 126308, 126310, 126313, 126314, 126315, 126316, 126317, 126318, 126330, 126332, 126337, 126338, 126340, 126343, 126346, 126347, 126350, 126351, 126353, 126356, 126357, 126358, 126359, 126361, 126363, 126364, 126365, 126366, 126370, 126371, 126372, 126373, 126374, 126378, 126379, 126380, 126381, 126383, 126384, 126386, 126389, 126390, 126398, 126399, 126401, 126403, 126406, 126408, 126419, 126422, 126441, 126450, 126451, 126452, 126453, 126454, 126455, 126456, 126459, 126462, 126463, 126464, 126466, 126467, 126468, 126469, 126471, 126474, 126475, 126479, 126482, 126483, 126485, 126487, 126495, 126496, 126502, 126503, 126516, 126518, 126546, 126547, 126548, 126552, 126553, 126554, 126556, 126558, 126561, 126563, 126566, 126567, 126569, 126570, 126576, 126577, 126583, 126593, 126599, 126601, 126602, 126610, 126618, 126622, 126628, 126630, 126634, 126641, 126642, 126643, 126646, 126647, 126648, 126649, 126650, 126653, 126654, 126655, 126657, 126663, 126670, 126671, 126673, 126674, 126675, 126676, 126677, 126695, 126699, 126701, 126707, 126709, 126711, 126712, 126713, 126717, 126720, 126728, 126729, 126730, 126731, 126735, 126737, 126738, 126739, 126744, 126745, 126747, 126753, 126755, 126757, 126758, 126759, 126760, 126766, 126767, 126768, 126769, 126770, 126772, 126773, 126776, 126778, 126780, 126782, 126786, 126788, 126790, 126791, 126792, 126794, 126795, 126797, 126798, 126799, 126817, 126818, 126823, 126824, 126825, 126826, 126827, 126828, 126830, 126831, 126833, 126834, 126835, 126837, 126839, 126840, 126841, 126842, 126843, 126844, 126846, 126853, 126854, 126855, 126862, 126864, 126865, 126867, 126868, 126869, 126873, 126877, 126878, 126879, 126881, 126888, 126890, 126893, 126895, 126897, 126900, 126901, 126904, 126906, 126910, 126913, 126917, 126919, 126921, 126922, 126923, 126924, 126927, 126928, 126929, 126930, 126933, 126937, 126939, 126941, 126943, 126946, 126948, 126952, 126961, 126963, 126964, 126965, 126967, 126968, 126977, 126978, 126981, 126984, 126987, 126989, 126990, 126991, 126992, 126993, 126995, 126996, 126998, 127001, 127002, 127005, 127007, 127009, 127037, 127041, 127043, 127045, 127047, 127052, 127055, 127056, 127057, 127063, 127064, 127072, 127075, 127076, 127081, 127084, 127088, 127091, 127092, 127093, 127099, 127101, 127106, 127112, 127113, 127114, 127115, 127116, 127117, 127119, 127121, 127122, 127126, 127146, 127147, 127153, 127156, 127157, 127158, 127162, 127164, 127166, 127168, 127169, 127173, 127177, 127186, 127187, 127193, 127196, 127204, 127205, 127206, 127219,

127220, 127221, 127224, 127236, 127237, 127238, 127239, 127242, 127244, 127258, 127259, 127262, 127263, 127266, 127268, 127271, 127272, 127274, 127275, 127278, 127282, 127283, 127286, 127289, 127290, 127296, 127297, 127315, 127317, 127319, 127321, 127322, 127323, 127328, 127329, 127330, 127335, 127336, 127337, 127338, 127341, 127342, 127348, 127349, 127357, 127358, 127363, 127364, 127368, 127369, 127371, 127372, 127378, 127379, 127380, 127384, 127398, 127408, 127409, 127412, 127413, 127414, 127420, 127424, 127425, 127429, 127443, 127450, 127452, 127453, 127457, 127462, 127470, 127471, 127473, 127475, 127477, 127479, 127482, 127485, 127487, 127489, 127491, 127492, 127493, 127494, 127495, 127496, 127497, 127501, 127507, 127509, 127510, 127512, 127515, 127516, 127518, 127521, 127522, 127523, 127526, 127527, 127528, 127531, 127532, 127539, 127541, 127543, 127544, 127545, 127550, 127558, 127560, 127564, 127565, 127566, 127567, 127568, 127573, 127578, 127579, 127588, 127589, 127595, 127600, 127604, 127605, 127606, 127607, 127608, 127611, 127614, 127615, 127616, 127617, 127620, 127622, 127623, 127625, 127627, 127628, 127629, 127633, 127634, 127638, 127639, 127640, 127646, 127650, 127653, 127656, 127657, 127668, 127676, 127682, 127685, 127689, 127691, 127692, 127693, 127696, 127698, 127699, 127700, 127702, 127703, 127704, 127706, 127707, 127708, 127709, 127710, 127712, 127713, 127715, 127717, 127718, 127719, 127721, 127722, 127723, 127724, 127728, 127729, 127736, 127738, 127739, 127742, 127743, 127745, 127747, 127751, 127753, 127756, 127758, 127760, 127763, 127766, 127773, 127775, 127776, 127777, 127781, 127782, 127784, 127789, 127790, 127791, 127792, 127794, 127795, 127796, 127797, 127800, 127801, 127802, 127803, 127805, 127808, 127809, 127814, 127815, 127816, 127817, 127822, 127823, 127828, 127829, 127830, 127831, 127835, 127837, 127844, 127845, 127850, 127863, 127864, 127868, 127875, 127876, 127879, 127881, 127884, 127885, 127888, 127894, 127898, 127906, 127907, 127918, 127920, 127923, 127925, 127926, 127929, 127930, 127931, 127933, 127934, 127935, 127937, 127938, 127943, 127946, 127948, 127949, 127953, 127959, 127961, 127963, 127975, 127976, 127977, 127979, 127980, 127986, 127987, 127989, 127997, 127999, 128001, 128002, 128003, 128004, 128005, 128013, 128022, 128023, 128024, 128025, 128028, 128030, 128031, 128034, 128036, 128037, 128039, 128041, 128042, 128043, 128044, 128049, 128053, 128054, 128056, 128060, 128061, 128065, 128066, 128067, 128068, 128069, 128070, 128072, 128075, 128085, 128092, 128096, 128106, 128112, 128113, 128116, 128121, 128123, 128124, 128125, 128126, 128131, 128132, 128133, 128137, 128139, 128146, 128148, 128149, 128156, 128165, 128183, 128186, 128187, 128189, 128191, 128193, 128201, 128203, 128207, 128209, 128210, 128211, 128213, 128215, 128216, 128218, 128220, 128222, 128223, 128224, 128228, 128229, 128232, 128233, 128234, 128235, 128237, 128243, 128247, 128248, 128262, 128272, 128273, 128286, 128290, 128300, 128303, 128306, 128307, 128308, 128309, 128310, 128312, 128313, 128314, 128315, 128316, 128317, 128319, 128323, 128324, 128325, 128329, 128330, 128331, 128333, 128335, 128336, 128337, 128339, 128340, 128341, 128342, 128346, 128347, 128354, 128359, 128366, 128368, 128370, 128374, 128375, 128384, 128388, 128390, 128399, 128400, 128404, 128406, 128411, 128414, 128415, 128421, 128422, 128423, 128424, 128426, 128427, 128431, 128434, 128436, 128441, 128442, 128446, 128447, 128450, 128452, 128454, 128455, 128459, 128462, 128465, 128466, 128470, 128471, 128486, 128487, 128489, 128490, 128491, 128492, 128494, 128495, 128496, 128498, 128501, 128503, 128507, 128508, 128510, 128511, 128513, 128515, 128517, 128518, 128520, 128521, 128524, 128525, 128526, 128527, 128528, 128530, 128531, 128532, 128533, 128534, 128535, 128536, 128538, 128539, 128543, 128544, 128548, 128549, 128552, 128556, 128557, 128558, 128559, 128560, 128590, 128591, 128593, 128594, 128595, 128596, 128597, 128598, 128599, 128609, 128610, 128611, 128617, 128620, 128622, 128623, 128625, 128634, 128635, 128638, 128641, 128642, 128643, 128644, 128645, 128647, 128648, 128650, 128653, 128654, 128656, 128657, 128661, 128666, 128670, 128677, 128680, 128684, 128687, 128690, 128693, 128694, 128698, 128701, 128703, 128706, 128707, 128708, 128709, 128710, 128711, 128712, 128713, 128715, 128716, 128717, 128721, 128729, 128738, 128739, 128744, 128745, 128746, 128747, 128753, 128756, 128757, 128760, 128762, 128774, 128777, 128816, 128821, 128823, 128824, 128827, 128828, 128831, 128832, 128836, 128837, 128838, 128840, 128841, 128847, 128848, 128849, 128861, 128866, 128871, 128872, 128876, 128877, 128882, 128892, 128899, 128904, 128906, 128909, 128910, 128916, 128919, 128926, 128927, 128930, 128931, 128932, 128935, 128938, 128940, 128944, 128945, 128946, 128949, 128952, 128953, 128955, 128957, 128958, 128960, 128963, 128970, 128978, 128980, 128982, 128987, 128989, 128995, 128996, 128999, 129000, 129004, 129005, 129008, 129009, 129014, 129016, 129021, 129023, 129024, 129025, 129032, 129034, 129035, 129041, 129046, 129048, 129050, 129053, 129054, 129057, 129061, 129069, 129070, 129073, 129081, 129082, 129083, 129084, 129088, 129089, 129090, 129091, 129095, 129096, 129097, 129098, 129102,

129103, 129106, 129111, 129112, 129116, 129118, 129125, 129126, 129134, 129135, 129136, 129142, 129145, 129154, 129157, 129158, 129165, 129168, 129169, 129170, 129174, 129175, 129179, 129180, 129182, 129183, 129184, 129185, 129189, 129191, 129193, 129195, 129196, 129197, 129198, 129200, 129201, 129203, 129205, 129209, 129213, 129214, 129215, 129217, 129218, 129221, 129222, 129223, 129227, 129228, 129230, 129231, 129234, 129254, 129259, 129262, 129274, 129278, 129282, 129283, 129293, 129298, 129301, 129302, 129308, 129309, 129318, 129321, 129325, 129326, 129327, 129328, 129329, 129330, 129331, 129335, 129336, 129342, 129343, 129346, 129348, 129349, 129350, 129353, 129359, 129360, 129363, 129364, 129365, 129369, 129370, 129375, 129379, 129380, 129382, 129387, 129389, 129390, 129391, 129395, 129397, 129403, 129404, 129406, 129408, 129409, 129412, 129418, 129420, 129436, 129437, 129450, 129452, 129459, 129462, 129465, 129466, 129470, 129476, 129477, 129478, 129481, 129488, 129490, 129492, 129494, 129497, 129498, 129500, 129501, 129507, 129511, 129517, 129522, 129525, 129526, 129527, 129531, 129532, 129533, 129536, 129540, 129543, 129546, 129548, 129553, 129560, 129563, 129566, 129571, 129575, 129576, 129580, 129584, 129588, 129589, 129600, 129604, 129605, 129606, 129610, 129611, 129614, 129615, 129616, 129617, 129618, 129621, 129625, 129626, 129627, 129630, 129631, 129632, 129635, 129638, 129640, 129641, 129642, 129643, 129645, 129647, 129648, 129649, 129650, 129651, 129652, 129653, 129654, 129656, 129657, 129660, 129663, 129665, 129669, 129670, 129673, 129677, 129680, 129682, 129683, 129686, 129691, 129693, 129694, 129701, 129709, 129712, 129713, 129716, 129718, 129720, 129721, 129724, 129725, 129760, 129769, 129772, 129773, 129774, 129778, 129779, 129780, 129786, 129788, 129789, 129794, 129795, 129796, 129801, 129803, 129805, 129809, 129811, 129816, 129823, 129824, 129826, 129827, 129828, 129830, 129834, 129835, 129839, 129840, 129841, 129846, 129847, 129849, 129850, 129853, 129856, 129857, 129859, 129860, 129864, 129865, 129867, 129868, 129889, 129890, 129894, 129897, 129898, 129899, 129905, 129906, 129909, 129915, 129919, 129920, 129921, 129922, 129937, 129943, 129944, 129950, 129951, 129952, 129965, 129967, 129974, 129986, 129987, 129992, 129995, 129996, 129997, 130002, 130004, 130005, 130006, 130007, 130009, 130011, 130012, 130020, 130021, 130029, 130030, 130037, 130038, 130040, 130043, 130049, 130053, 130056, 130057, 130061, 130067, 130068, 130071, 130073, 130083, 130085, 130090, 130092, 130097, 130098, 130099, 130100, 130106, 130107, 130108, 130115, 130117, 130121, 130123, 130126, 130128, 130131, 130132, 130138, 130148, 130156, 130157, 130158, 130159, 130170, 130172, 130174, 130176, 130181, 130182, 130183, 130189, 130196, 130200, 130206, 130212, 130213, 130214, 130215, 130219, 130221, 130223, 130224, 130225, 130227, 130233, 130236, 130238, 130239, 130271, 130274, 130275, 130277, 130278, 130280, 130281, 130282, 130283, 130284, 130286, 130287, 130289, 130290, 130291, 130292, 130293, 130294, 130296, 130297, 130298, 130302, 130306, 130307, 130308, 130311, 130312, 130314, 130317, 130318, 130319, 130321, 130323, 130324, 130327, 130328, 130329, 130331, 130332, 130333, 130334, 130335, 130338, 130340, 130354, 130356, 130357, 130358, 130360, 130361, 130362, 130363, 130365, 130366, 130369, 130373, 130374, 130377, 130397, 130399, 130401, 130402, 130405, 130406, 130409, 130413, 130414, 130418, 130420, 130423, 130424, 130425, 130428, 130432, 130435, 130436, 130450, 130452, 130453, 130454, 130455, 130457, 130458, 130459, 130460, 130461, 130462, 130463, 130483, 130484, 130491, 130496, 130497, 130498, 130499, 130503, 130506, 130509, 130512, 130529, 130530, 130535, 130536, 130537, 130538, 130539, 130543, 130544, 130549, 130551, 130557, 130558, 130560, 130562, 130577, 130578, 130579, 130580, 130585, 130586, 130587, 130590, 130592, 130593, 130594, 130596, 130600, 130602, 130607, 130623, 130626, 130631, 130635, 130638, 130639, 130646, 130647, 130650, 130651, 130652, 130653, 130654, 130658, 130660, 130661, 130666, 130667, 130671, 130676, 130677, 130680, 130690, 130691, 130703, 130706, 130712, 130715, 130721, 130723, 130730, 130731, 130732, 130733, 130734, 130736, 130737, 130738, 130739, 130742, 130743, 130748, 130749, 130750, 130755, 130756, 130757, 130758, 130762, 130765, 130767, 130768, 130769, 130770, 130772, 130773, 130774, 130775, 130779, 130781, 130782, 130784, 130791, 130792, 130794, 130795, 130797, 130798, 130801, 130802, 130803, 130805, 130806, 130808, 130812, 130818, 130821, 130823, 130827, 130838, 130842, 130843, 130854, 130857, 130861, 130863, 130864, 130865, 130866, 130873, 130874, 130875, 130876, 130878, 130882, 130886, 130887, 130888, 130889, 130891, 130893, 130894, 130900, 130901, 130902, 130909, 130912, 130913, 130920, 130930, 130931, 130932, 130934, 130937, 130939, 130942, 130943, 130945, 130947, 130948, 130949, 130950, 130951, 130953, 130958, 130959, 130960, 130962, 130963, 130965, 130966, 130967, 130970, 130971, 130972, 130973, 130975, 130976, 130979, 130983, 130984, 130988, 130989, 130990, 130994, 130997, 131001, 131002, 131003, 131004, 131005, 131008, 131009, 131010, 131011, 131015, 131017, 131019, 131030, 131034, 131041, 131043, 131046, 131047, 131048,

131049, 131050, 131053, 131054, 131055, 131056, 131057, 131058, 131062, 131063, 131065, 131066, 131073, 131077, 131081, 131082, 131084, 131085, 131086, 131087, 131088, 131090, 131091, 131092, 131094, 131095, 131098, 131100, 131101, 131102, 131104, 131105, 131108, 131109, 131111, 131112, 131113, 131126, 131127, 131128, 131129, 131130, 131133, 131136, 131140, 131141, 131142, 131144, 131145, 131148, 131151, 131152, 131153, 131154, 131155, 131158, 131159, 131161, 131165, 131167, 131171, 131173, 131174, 131175, 131178, 131179, 131180, 131181, 131184, 131185, 131191, 131194, 131198, 131200, 131201, 131202, 131206, 131209, 131217, 131218, 131226, 131233, 131236, 131244, 131246, 131247, 131249, 131250, 131251, 131252, 131255, 131256, 131258, 131261, 131262, 131263, 131264, 131265, 131270, 131272, 131275, 131276, 131277, 131278, 131282, 131295, 131296, 131301, 131306, 131307, 131313, 131314, 131317, 131327, 131328, 131332, 131333, 131334, 131339, 131340, 131341, 131342, 131347, 131348, 131351, 131354, 131355, 131357, 131358, 131359, 131364, 131369, 131370, 131371, 131377, 131379, 131380, 131381, 131382, 131388, 131389, 131398, 131399, 131401, 131410, 131415, 131416, 131418, 131420, 131421, 131422, 131425, 131426, 131434, 131435, 131436, 131438, 131444, 131451, 131452, 131454, 131459, 131460, 131470, 131472, 131473, 131474, 131478, 131481, 131483, 131486, 131487, 131489, 131490, 131492, 131494, 131497, 131498, 131512, 131513, 131514, 131520, 131521, 131522, 131529, 131530, 131534, 131535, 131539, 131540, 131544, 131545, 131546, 131548, 131556, 131558, 131561, 131570, 131571, 131575, 131576, 131581, 131584, 131586, 131590, 131591, 131592, 131593, 131594, 131595, 131597, 131598, 131600, 131602, 131604, 131611, 131612, 131613, 131615, 131618, 131621, 131622, 131648, 131649, 131652, 131656, 131658, 131659, 131665, 131666, 131670, 131672, 131673, 131681, 131683, 131690, 131691, 131693, 131701, 131707, 131708, 131709, 131711, 131712, 131716, 131717, 131725, 131727, 131731, 131734, 131735, 131744, 131746, 131747, 131749, 131752, 131753, 131754, 131757, 131763, 131764, 131771, 131773, 131777, 131780, 131781, 131784, 131787, 131789, 131793, 131794, 131795, 131798, 131803, 131804, 131808, 131809, 131810, 131813, 131814, 131815, 131818, 131819, 131823, 131824, 131831, 131833, 131837, 131841, 131844, 131848, 131849, 131851, 131856, 131857, 131858, 131861, 131865, 131867, 131869, 131889, 131891, 131892, 131893, 131899, 131903, 131905, 131907, 131908, 131916, 131917, 131918, 131919, 131920, 131922, 131923, 131924, 131926, 131931, 131932, 131933, 131935, 131936, 131937, 131943, 131952, 131954, 131955, 131957, 131958, 131962, 131964, 131969, 131971, 131972, 131973, 131974, 131977, 131980, 131981, 131982, 131988, 131992, 131993, 131994, 131997, 131998, 132005, 132008, 132009, 132010, 132014, 132016, 132017, 132020, 132023, 132024, 132025, 132026, 132027, 132028, 132032, 132033, 132034, 132038, 132039, 132042, 132045, 132048, 132057, 132058, 132059, 132062, 132063, 132066, 132070, 132072, 132073, 132076, 132078, 132079, 132080, 132087, 132092, 132093, 132094, 132095, 132096, 132101, 132102, 132103, 132108, 132110, 132111, 132112, 132117, 132119, 132120, 132124, 132125, 132128, 132130, 132131, 132137, 132139, 132140, 132142, 132147, 132151, 132161, 132163, 132171, 132172, 132178, 132180, 132181, 132182, 132183, 132184, 132185, 132188, 132189, 132190, 132192, 132194, 132196, 132197, 132199, 132202, 132203, 132206, 132207, 132211, 132212, 132214, 132219, 132220, 132230, 132233, 132234, 132235, 132238, 132239, 132241, 132249, 132250, 132251, 132253, 132254, 132256, 132257, 132259, 132261, 132262, 132265, 132266, 132267, 132268, 132270, 132274, 132275, 132280, 132282, 132283, 132285, 132287, 132288, 132289, 132290, 132291, 132292, 132293, 132294, 132296, 132298, 132300, 132301, 132307, 132308, 132309, 132310, 132313, 132315, 132318, 132339, 132340, 132341, 132348, 132351, 132352, 132355, 132365, 132368, 132370, 132371, 132372, 132373, 132379, 132382, 132386, 132389, 132391, 132393, 132397, 132399, 132400, 132402, 132403, 132409, 132410, 132412, 132414, 132415, 132417, 132422, 132423, 132424, 132425, 132427, 132428, 132429, 132431, 132435, 132438, 132440, 132441, 132443, 132444, 132452, 132456, 132457, 132458, 132466, 132467, 132469, 132470, 132474, 132475, 132479, 132481, 132482, 132483, 132486, 132487, 132492, 132493, 132495, 132496, 132503, 132505, 132512, 132517, 132519, 132521, 132522, 132528, 132529, 132530, 132531, 132534, 132536, 132537, 132540, 132541, 132542, 132543, 132544, 132546, 132551, 132554, 132555, 132558, 132559, 132560, 132562, 132563, 132568, 132569, 132571, 132574, 132575, 132577, 132580, 132581, 132585, 132587, 132589, 132590, 132591, 132595, 132596, 132597, 132602, 132603, 132606, 132612, 132613, 132615, 132616, 132622, 132623, 132625, 132629, 132630, 132631, 132632, 132640, 132642, 132643, 132676, 132677, 132679, 132681, 132682, 132683, 132687, 132692, 132693, 132694, 132704, 132705, 132706, 132707, 132708, 132709, 132711, 132716, 132717, 132723, 132725, 132726, 132727, 132728, 132730, 132731, 132732, 132734, 132737, 132740, 132742, 132744, 132748, 132749, 132751, 132752, 132759, 132762, 132763, 132766, 132768, 132778, 132779, 132780, 132782, 132783, 132784, 132785, 132790,

132791, 132794, 132795, 132797, 132803, 132805, 132807, 132813, 132814,
132815, 132823, 132833, 132834, 132835, 132839, 132841, 132845, 132846,
132847, 132850, 132852, 132856, 132857, 132861, 132868, 132872, 132873,
132874, 132878, 132881, 132882, 132891, 132892, 132900, 132901, 132903,
132908, 132910, 132911, 132912, 132913, 132914, 132920, 132921, 132923,
132924, 132926, 132927, 132929, 132930, 132931, 132932, 132933, 132938,
132944, 132948, 132949, 132951, 132953, 132954, 132956, 132957, 132958,
132962, 132964, 132965, 132967, 132968, 132973, 132974, 132975, 132979,
132983, 132988, 132989, 132995, 132996, 132998, 132999, 133001, 133008,
133009, 133010, 133011, 133016, 133034, 133037, 133039, 133041, 133042,
133045, 133048, 133053, 133054, 133055, 133056, 133057, 133061, 133062,
133064, 133065, 133067, 133068, 133070, 133071, 133077, 133078, 133079,
133080, 133081, 133088, 133094, 133095, 133097, 133103, 133107, 133108,
133110, 133112, 133116, 133120, 133121, 133124, 133126, 133128, 133130,
133131, 133135, 133140, 133141, 133143, 133148, 133150, 133151, 133152,
133156, 133159, 133165, 133167, 133168, 133170, 133171, 133174, 133177,
133180, 133181, 133182, 133190, 133196, 133197, 133198, 133199, 133200,
133201, 133202, 133204, 133206, 133209, 133210, 133212, 133213, 133214,
133215, 133216, 133217, 133219, 133220, 133221, 133222, 133224, 133225,
133226, 133230, 133238, 133239, 133240, 133244, 133255, 133259, 133261,
133264, 133267, 133268, 133270, 133271, 133274, 133277, 133281, 133282,
133285, 133286, 133293, 133299, 133302, 133303, 133304, 133314, 133320,
133321, 133322, 133325, 133326, 133327, 133331, 133332, 133338, 133341,
133342, 133346, 133351, 133352, 133355, 133357, 133360, 133361, 133362,
133363, 133367, 133368, 133369, 133375, 133380, 133382, 133389, 133390,
133391, 133394, 133395, 133398, 133399, 133400, 133405, 133407, 133410, 133411,
133412, 133416, 133418, 133423, 133429, 133430, 133433, 133437, 133438,
133439, 133454, 133455, 133456, 133461, 133468, 133470, 133476, 133477,
133478, 133480, 133493, 133501, 133519, 133524, 133525, 133529, 133530,
133536, 133542, 133543, 133547, 133551, 133555, 133556, 133558, 133559,
133564, 133565, 133566, 133569, 133574, 133576, 133579, 133584, 133585,
133589, 133591, 133593, 133594, 133596, 133614, 133616, 133619, 133623,
133627, 133629, 133631, 133632, 133633, 133657, 133658, 133659, 133664,
133672, 133674, 133675, 133692, 133693, 133700, 133701, 133703, 133704,
133711, 133715, 133718, 133722, 133724, 133732, 133736, 133743, 133746,
133747, 133750, 133751, 133753, 133754, 133756, 133758, 133769, 133777,
133779, 133780, 133782, 133784, 133790, 133791, 133792, 133793, 133794,
133796, 133805, 133806, 133810, 133813, 133814, 133818, 133824, 133825,
133829, 133830, 133831, 133834, 133841, 133851, 133852, 133853, 133859,
133860, 133868, 133869, 133871, 133877, 133878, 133879, 133884, 133887,
133893, 133895, 133897, 133898, 133899, 133901, 133909, 133910, 133913,
133936, 133937, 133938, 133939, 133940, 133942, 133944, 133948, 133953,
133955, 133963, 133966, 133968, 133969, 133970, 133971, 133977, 133979,
133980, 133984, 133985, 133987, 133992, 133995, 134002, 134003, 134004,
134006, 134008, 134012, 134013, 134023, 134026, 134028, 134031, 134034,
134035, 134037, 134041, 134053, 134058, 134067, 134082, 134083, 134084,
134087, 134095, 134096, 134104, 134113, 134114, 134115, 134127, 134128,
134132, 134136, 134138, 134142, 134143, 134149, 134160, 134161, 134162,
134169, 134171, 134172, 134181, 134183, 134184, 134185, 134186, 134191,
134194, 134199, 134201, 134202, 134203, 134206, 134208, 134210, 134212,
134214, 134216, 134219, 134221, 134222, 134224, 134225, 134227, 134231,
134233, 134235, 134236, 134239, 134243, 134246, 134249, 134257, 134258,
134259, 134260, 134261, 134262, 134267, 134268, 134269, 134270, 134272,
134276, 134277, 134309, 134319, 134323, 134328, 134334, 134335, 134343,
134347, 134348, 134350, 134351, 134352, 134353, 134354, 134355, 134357,
134371, 134372, 134375, 134377, 134379, 134386, 134387, 134390, 134393,
134394, 134396, 134400, 134403, 134404, 134408, 134414, 134415, 134416,
134422, 134423, 134425, 134430, 134431, 134433, 134434, 134438, 134439,
134441, 134448, 134449, 134451, 134452, 134457, 134458, 134461, 134466,
134469, 134473, 134474, 134476, 134479, 134481, 134482, 134488, 134489,
134492, 134496, 134507, 134508, 134512, 134517, 134521, 134522, 134525,
134526, 134527, 134528, 134529, 134530, 134531, 134532, 134533, 134534,
134537, 134538, 134545, 134546, 134550, 134551, 134552, 134555, 134557,
134558, 134561, 134562, 134567, 134568, 134569, 134574, 134575, 134577,
134585, 134587, 134607, 134608, 134611, 134612, 134615, 134616, 134617,
134618, 134619, 134620, 134622, 134627, 134629, 134630, 134631, 134632,
134636, 134637, 134641, 134643, 134644, 134651, 134652, 134653, 134655,
134656, 134657, 134658, 134661, 134662, 134663, 134665, 134666, 134667,
134668, 134669, 134676, 134690, 134693, 134697, 134701, 134702, 134704,
134707, 134710, 134711, 134712, 134713, 134714, 134716, 134717, 134719,
134722, 134723, 134729, 134730, 134736, 134738, 134739, 134740, 134742,
134743, 134745, 134751, 134752, 134757, 134758, 134759, 134763, 134764,
134768, 134769, 134775, 134776, 134777, 134780, 134786, 134789, 134794,

134795, 134803, 134804, 134805, 134808, 134810, 134815, 134816, 134820,
134822, 134824, 134829, 134830, 134833, 134834, 134838, 134843, 134844,
134845, 134846, 134850, 134851, 134856, 134861, 134865, 134866, 134867,
134871, 134872, 134873, 134874, 134884, 134888, 134889, 134890, 134891,
134892, 134905, 134910, 134924, 134929, 134930, 134932, 134933, 134934,
134935, 134938, 134945, 134947, 134960, 134961, 134962, 134967, 134968,
134969, 134970, 134974, 134975, 134979, 134980, 134983, 134989, 134991, 134992,
134996, 134997, 134998, 135000, 135007, 135013, 135015, 135018, 135022,
135023, 135024, 135025, 135026, 135027, 135028, 135037, 135040, 135042,
135043, 135044, 135051, 135052, 135058, 135059, 135060, 135065, 135070,
135072, 135073, 135074, 135076, 135077, 135080, 135081, 135082, 135083,
135084, 135085, 135088, 135089, 135090, 135095, 135096, 135101, 135104,
135105, 135107, 135114, 135115, 135121, 135122, 135123, 135127, 135128,
135130, 135131, 135135, 135137, 135138, 135144, 135145, 135146, 135147,
135150, 135151, 135154, 135155, 135156, 135159, 135163, 135167, 135176,
135177, 135180, 135184, 135187, 135188, 135191, 135192, 135193, 135195,
135196, 135197, 135198, 135200, 135202, 135203, 135205, 135206, 135207,
135208, 135210, 135213, 135217, 135220, 135221, 135222, 135227, 135235,
135244, 135245, 135246, 135247, 135252, 135253, 135254, 135257, 135258,
135261, 135263, 135266, 135268, 135269, 135271, 135272, 135273, 135274,
135275, 135276, 135282, 135283, 135286, 135288, 135289, 135290, 135291,
135294, 135295, 135300, 135301, 135305, 135306, 135311, 135319, 135323,
135327, 135332, 135340, 135341, 135349, 135350, 135352, 135353, 135356,
135362, 135363, 135365, 135366, 135367, 135369, 135372, 135373, 135374,
135377, 135382, 135385, 135387, 135403, 135410, 135412, 135414, 135419,
135421, 135422, 135427, 135429, 135430, 135431, 135432, 135444, 135445,
135446, 135447, 135448, 135449, 135450, 135451, 135452, 135453, 135456,
135461, 135462, 135468, 135470, 135476, 135477, 135479, 135480, 135483,
135484, 135488, 135489, 135491, 135492, 135493, 135494, 135497, 135498,
135499, 135500, 135501, 135502, 135505, 135517, 135526, 135528, 135532,
135534, 135536, 135544, 135549, 135551, 135556, 135557, 135562, 135563,
135565, 135566, 135567, 135568, 135569, 135570, 135571, 135572, 135573,
135574, 135575, 135576, 135577, 135579, 135580, 135581, 135583, 135585,
135586, 135587, 135588, 135590, 135591, 135592, 135593, 135595, 135596,
135597, 135598, 135599, 135603, 135605, 135606, 135614, 135616, 135622,
135625, 135630, 135631, 135639, 135642, 135648, 135653, 135654, 135656,
135659, 135662, 135663, 135664, 135666, 135667, 135669, 135672, 135676,
135677, 135681, 135684, 135685, 135686, 135688, 135689, 135690, 135697,
135701, 135702, 135703, 135704, 135705, 135708, 135709, 135710, 135712,
135717, 135726, 135730, 135731, 135732, 135734, 135737, 135742, 135744,
135753, 135755, 135760, 135762, 135763, 135764, 135766, 135767, 135768,
135773, 135775, 135776, 135779, 135783, 135784, 135786, 135787, 135788,
135790, 135792, 135794, 135795, 135799, 135800, 135801, 135802, 135808,
135809, 135810, 135811, 135819, 135825, 135828, 135829, 135833, 135837,
135838, 135839, 135840, 135842, 135843, 135846, 135850, 135857, 135861,
135864, 135865, 135866, 135867, 135868, 135869, 135870, 135871, 135895,
135897, 135899, 135900, 135901, 135902, 135903, 135904, 135907, 135909,
135910, 135912, 135915, 135916, 135917, 135918, 135921, 135923, 135924,
135925, 135928, 135929, 135932, 135935, 135937, 135938, 135941, 135946,
135948, 135955, 135956, 135961, 135963, 135964, 135965, 135966, 135968,
135971, 135973, 135974, 135976, 135977, 135979, 135980, 135981, 135984,
135985, 135986, 135991, 135997, 135999, 136012, 136013, 136018, 136019,
136026, 136032, 136039, 136041, 136044, 136054, 136057, 136095, 136100,
136102, 136106, 136109, 136111, 136116, 136117, 136118, 136123, 136124,
136126, 136131, 136132, 136134, 136135, 136137, 136138, 136139, 136140,
136141, 136142, 136143, 136144, 136145, 136148, 136149, 136155, 136156,
136158, 136171, 136180, 136189, 136190, 136192, 136193, 136197, 136209,
136211, 136216, 136217, 136220, 136223, 136225, 136229, 136231, 136236,
136238, 136240, 136241, 136244, 136245, 136247, 136248, 136250, 136251,
136254, 136269, 136271, 136272, 136273, 136279, 136285, 136286, 136290,
136293, 136297, 136298, 136305, 136309, 136314, 136332, 136333, 136339,
136340, 136341, 136343, 136345, 136349, 136352, 136354, 136355, 136359,
136360, 136361, 136366, 136367, 136368, 136370, 136373, 136374, 136375,
136380, 136382, 136387, 136396, 136398, 136399, 136405, 136410, 136411,
136412, 136417, 136418, 136423, 136427, 136428, 136438, 136439, 136440,
136441, 136442, 136443, 136444, 136445, 136446, 136447, 136449, 136450,
136451, 136455, 136456, 136457, 136458, 136462, 136463, 136465, 136469,
136470, 136471, 136472, 136473, 136476, 136479, 136481, 136482, 136485,
136491, 136495, 136498, 136499, 136508, 136528, 136529, 136530, 136532,
136535, 136538, 136539, 136540, 136541, 136542, 136546, 136551, 136554,
136555, 136556, 136558, 136562, 136566, 136567, 136574, 136575, 136576,
136577, 136578, 136580, 136585, 136587, 136589, 136590, 136592, 136595,
136596, 136598, 136600, 136605, 136609, 136612, 136613, 136616, 136619,

136620, 136621, 136628, 136629, 136631, 136632, 136634, 136637, 136638, 136643, 136644, 136647, 136649, 136650, 136651, 136658, 136659, 136660, 136661, 136664, 136665, 136666, 136670, 136673, 136674, 136675, 136676, 136677, 136686, 136690, 136691, 136693, 136706, 136710, 136712, 136713, 136714, 136715, 136721, 136722, 136723, 136724, 136740, 136741, 136743, 136745, 136747, 136756, 136757, 136759, 136760, 136761, 136762, 136764, 136768, 136770, 136771, 136772, 136774, 136776, 136777, 136778, 136779, 136781, 136790, 136791, 136792, 136793, 136797, 136803, 136808, 136810, 136812, 136818, 136819, 136822, 136823, 136829, 136830, 136831, 136832, 136836, 136837, 136838, 136842, 136843, 136844, 136845, 136851, 136862, 136867, 136869, 136870, 136874, 136875, 136876, 136880, 136881, 136883, 136884, 136885, 136886, 136888, 136889, 136892, 136893, 136896, 136899, 136900, 136906, 136912, 136914, 136915, 136916, 136917, 136918, 136919, 136924, 136925, 136928, 136929, 136933, 136935, 136937, 136938, 136941, 136942, 136943, 136944, 136946, 136949, 136950, 136952, 136953, 136954, 136958, 136959, 136960, 136962, 136967, 136968, 136970, 136977, 136981, 136983, 136986, 136987, 136988, 136989, 136990, 136991, 136992, 137004, 137007, 137012, 137013, 137014, 137022, 137025, 137029, 137031, 137032, 137036, 137045, 137046, 137047, 137048, 137052, 137053, 137055, 137062, 137065, 137077, 137078, 137079, 137081, 137082, 137097, 137098, 137099, 137105, 137106, 137107, 137111, 137119, 137122, 137125, 137132, 137135, 137144, 137146, 137147, 137153, 137154, 137155, 137158, 137161, 137163, 137164, 137169, 137171, 137174, 137177, 137180, 137181, 137186, 137187, 137188, 137190, 137194, 137198, 137200, 137207, 137208, 137210, 137213, 137214, 137218, 137222, 137223, 137226, 137227, 137231, 137232, 137236, 137237, 137238, 137239, 137240, 137242, 137243, 137246, 137247, 137249, 137251, 137258, 137259, 137260, 137261, 137263, 137264, 137267, 137268, 137272, 137273, 137274, 137276, 137282, 137284, 137289, 137290, 137299, 137304, 137308, 137309, 137310, 137315, 137317, 137319, 137322, 137325, 137327, 137328, 137336, 137338, 137340, 137341, 137342, 137343, 137345, 137346, 137348, 137349, 137350, 137351, 137358, 137359, 137360, 137361, 137364, 137365, 137371, 137374, 137376, 137381, 137382, 137383, 137389, 137396, 137398, 137405, 137410, 137411, 137418, 137424, 137426, 137429, 137432, 137433, 137436, 137438, 137439, 137440, 137442, 137443, 137444, 137447, 137449, 137450, 137451, 137452, 137454, 137457, 137459, 137461, 137466, 137467, 137469, 137472, 137473, 137474, 137478, 137479, 137480, 137483, 137484, 137485, 137492, 137493, 137494, 137495, 137498, 137499, 137500, 137506, 137507, 137508, 137509, 137510, 137511, 137512, 137518, 137520, 137521, 137523, 137524, 137525, 137527, 137528, 137531, 137538, 137539, 137541, 137543, 137544, 137545, 137552, 137553, 137554, 137557, 137562, 137563, 137564, 137569, 137571, 137573, 137576, 137582, 137583, 137588, 137592, 137594, 137597, 137602, 137605, 137606, 137610, 137612, 137613, 137616, 137618, 137619, 137620, 137623, 137624, 137628, 137630, 137631, 137632, 137635, 137636, 137637, 137638, 137639, 137640, 137642, 137644, 137645, 137648, 137649, 137651, 137653, 137654, 137657, 137660, 137661, 137662, 137665, 137666, 137673, 137674, 137675, 137683, 137684, 137685, 137691, 137692, 137698, 137701, 137703, 137707, 137709, 137715, 137719, 137720, 137722, 137727, 137729, 137730, 137736, 137740, 137741, 137742, 137744, 137755, 137757, 137758, 137759, 137760, 137761, 137762, 137770, 137771, 137774, 137775, 137776, 137777, 137780, 137788, 137790, 137797, 137798, 137800, 137806, 137808, 137809, 137810, 137813, 137814, 137815, 137816, 137821, 137822, 137832, 137833, 137835, 137836, 137844, 137846, 137847, 137848, 137849, 137852, 137853, 137855, 137858, 137859, 137863, 137866, 137869, 137870, 137875, 137876, 137877, 137879, 137887, 137888, 137895, 137901, 137903, 137905, 137906, 137908, 137913, 137914, 137915, 137927, 137928, 137929, 137937, 137940, 137941, 137942, 137947, 137948, 137949, 137950, 137951, 137958, 137959, 137960, 137967, 137968, 137970, 137971, 137977, 137979, 137987, 137989, 137998, 138002, 138004, 138008, 138009, 138010, 138015, 138016, 138017, 138022, 138023, 138027, 138028, 138030, 138033, 138034, 138035, 138037, 138038, 138039, 138040, 138042, 138044, 138045, 138047, 138050, 138053, 138054, 138058, 138059, 138060, 138065, 138066, 138067, 138068, 138070, 138075, 138080, 138081, 138086, 138087, 138091, 138096, 138097, 138099, 138102, 138103, 138104, 138105, 138106, 138107, 138108, 138110, 138111, 138112, 138113, 138114, 138115, 138122, 138125, 138127, 138132, 138133, 138137, 138140, 138141, 138142, 138146, 138149, 138150, 138157, 138163, 138164, 138165, 138168, 138182, 138188, 138190, 138191, 138193, 138195, 138197, 138198, 138199, 138203, 138204, 138205, 138206, 138212, 138215, 138216, 138217, 138218, 138219, 138222, 138225, 138230, 138231, 138234, 138237, 138242, 138246, 138250, 138251, 138255, 138256, 138258, 138267, 138268, 138269, 138270, 138273, 138274, 138275, 138276, 138277, 138278, 138280, 138281, 138284, 138285, 138286, 138287, 138288, 138289, 138290, 138292, 138293, 138298, 138300, 138301, 138302, 138303, 138305, 138306, 138308, 138310,

138311, 138313, 138314, 138315, 138316, 138317, 138321, 138322, 138325, 138326, 138327, 138328, 138332, 138339, 138341, 138342, 138343, 138347, 138348, 138349, 138350, 138353, 138354, 138355, 138357, 138358, 138361, 138362, 138363, 138367, 138369, 138371, 138372, 138373, 138375, 138376, 138377, 138378, 138380, 138384, 138386, 138388, 138391, 138392, 138393, 138395, 138396, 138397, 138398, 138400, 138402, 138405, 138406, 138407, 138408, 138411, 138412, 138413, 138414, 138416, 138417, 138418, 138420, 138424, 138425, 138427, 138433, 138437, 138442, 138443, 138445, 138450, 138451, 138467, 138468, 138469, 138473, 138476, 138484, 138485, 138493, 138506, 138507, 138509, 138510, 138514, 138516, 138517, 138518, 138522, 138523, 138525, 138527, 138534, 138535, 138537, 138541, 138543, 138544, 138548, 138557, 138559, 138563, 138564, 138568, 138569, 138571, 138574, 138575, 138577, 138582, 138584, 138587, 138597, 138598, 138599, 138600, 138613, 138615, 138616, 138628, 138631, 138632, 138651, 138653, 138657, 138660, 138662, 138667, 138670, 138677, 138678, 138679, 138681, 138682, 138683, 138684, 138687, 138689, 138691, 138692, 138693, 138698, 138699, 138703, 138714, 138720, 138721, 138722, 138724, 138725, 138726, 138727, 138728, 138730, 138732, 138733, 138736, 138737, 138738, 138740, 138741, 138742, 138743, 138744, 138745, 138746, 138747, 138750, 138751, 138752, 138754, 138755, 138756, 138757, 138758, 138759, 138761, 138767, 138779, 138785, 138788, 138789, 138792, 138794, 138796, 138797, 138802, 138810, 138811, 138819, 138827, 138828, 138830, 138832, 138833, 138835, 138836, 138839, 138841, 138845, 138848, 138849, 138850, 138851, 138853, 138855, 138857, 138859, 138863, 138864, 138867, 138870, 138875, 138884, 138888, 138890, 138891, 138894, 138900, 138903, 138904, 138909, 138918, 138919, 138921, 138923, 138924, 138925, 138926, 138928, 138929, 138930, 138933, 138934, 138935, 138936, 138937, 138939, 138942, 138943, 138945, 138947, 138948, 138950, 138952, 138957, 138958, 138959, 138965, 138966, 138970, 138974, 138976, 138977, 138978, 138981, 138982, 138985, 138986, 138993, 138996, 138997, 138998, 139001, 139004, 139005, 139006, 139008, 139009, 139011, 139013, 139016, 139019, 139020, 139024, 139028, 139029, 139033, 139034, 139037, 139038, 139040, 139043, 139044, 139045, 139051, 139055, 139057, 139058, 139059, 139060, 139064, 139066, 139071, 139073, 139082, 139093, 139094, 139101, 139102, 139103, 139104, 139106, 139108, 139111, 139112, 139114, 139118, 139121, 139125, 139129, 139131, 139134, 139136, 139137, 139138, 139140, 139142, 139143, 139148, 139150, 139152, 139153, 139156, 139158, 139162, 139163, 139164, 139165, 139169, 139174, 139175, 139180, 139181, 139185, 139186, 139190, 139194, 139206, 139215, 139226, 139230, 139231, 139232, 139238, 139240, 139241, 139244, 139257, 139260, 139263, 139265, 139269, 139271, 139273, 139274, 139277, 139278, 139282, 139283, 139288, 139293, 139297, 139303, 139304, 139310, 139313, 139320, 139321, 139323, 139328, 139330, 139331, 139333, 139335, 139337, 139342, 139343, 139345, 139346, 139347, 139349, 139351, 139355, 139356, 139357, 139359, 139360, 139363, 139364, 139367, 139368, 139369, 139376, 139377, 139379, 139382, 139384, 139385, 139386, 139388, 139389, 139390, 139392, 139396, 139397, 139399, 139404, 139405, 139409, 139411, 139412, 139416, 139420, 139421, 139422, 139423, 139428, 139431, 139432, 139433, 139434, 139437, 139439, 139444, 139450, 139455, 139456, 139463, 139469, 139471, 139479, 139481, 139488, 139494, 139495, 139498, 139499, 139500, 139501, 139502, 139503, 139504, 139506, 139507, 139509, 139513, 139515, 139516, 139517, 139518, 139522, 139524, 139525, 139526, 139528, 139529, 139530, 139534, 139535, 139537, 139551, 139552, 139554, 139556, 139557, 139558, 139559, 139560, 139562, 139568, 139576, 139588, 139592, 139593, 139596, 139597, 139604, 139607, 139608, 139613, 139619, 139626, 139638, 139639, 139647, 139650, 139652, 139653, 139654, 139657, 139659, 139661, 139670, 139672, 139684, 139694, 139701, 139705, 139706, 139707, 139708, 139709, 139713, 139721, 139727, 139728, 139730, 139732, 139733, 139734, 139735, 139736, 139737, 139738, 139748, 139757, 139758, 139799, 139801, 139808, 139809, 139813, 139814, 139815, 139820, 139827, 139830, 139832, 139834, 139835, 139837, 139838, 139841, 139843, 139844, 139845, 139846, 139847, 139848, 139851, 139852, 139853, 139854, 139858, 139860, 139861, 139864, 139865, 139868, 139870, 139874, 139877, 139878, 139880, 139881, 139882, 139885, 139887, 139888, 139890, 139891, 139892, 139893, 139894, 139895, 139896, 139897, 139898, 139899, 139900, 139901, 139903, 139904, 139905, 139906, 139907, 139910, 139911, 139913, 139916, 139920, 139922, 139923, 139927, 139931, 139932, 139933, 139934, 139936, 139939, 139946, 139947, 139948, 139951, 139952, 139953, 139954, 139956, 139958, 139959, 139960, 139961, 139962, 139963, 139964, 139965, 139970, 139973, 139976, 139977, 139978, 139982, 139983, 139985, 139988, 139991, 139995, 139999, 140001, 140002, 140005, 140006, 140007, 140008, 140009, 140010, 140011, 140012, 140013, 140026, 140038, 140039, 140040, 140048, 140055, 140056, 140064, 140074, 140081, 140089, 140090, 140092, 140097, 140101, 140103, 140104, 140108, 140109, 140110, 140111, 140112, 140119, 140121, 140122, 140124,

874

140127, 140134, 140135, 140142, 140143, 140155, 140164, 140165, 140168,
140171, 140172, 140173, 140174, 140175, 140177, 140178, 140179, 140180,
140181, 140182, 140183, 140184, 140186, 140187, 140188, 140190, 140191,
140192, 140193, 140194, 140200, 140201, 140202, 140203, 140207, 140209,
140210, 140211, 140212, 140213, 140215, 140217, 140221, 140222, 140225,
140227, 140228, 140229, 140231, 140232, 140237, 140238, 140244, 140250,
140254, 140255, 140262, 140263, 140264, 140268, 140272, 140275, 140276,
140278, 140279, 140280, 140282, 140283, 140285, 140286, 140287, 140288,
140290, 140291, 140292, 140295, 140299, 140301, 140302, 140303, 140304,
140308, 140309, 140313, 140314, 140315, 140318, 140319, 140323, 140326,
140327, 140328, 140329, 140332, 140334, 140339, 140343, 140348, 140352,
140353, 140356, 140358, 140359, 140360, 140361, 140363, 140365, 140366,
140367, 140369, 140374, 140375, 140376, 140377, 140378, 140379, 140380,
140381, 140384, 140385, 140387, 140389, 140392, 140393, 140396, 140398,
140400, 140401, 140405, 140406, 140409, 140410, 140412, 140418, 140419,
140427, 140429, 140430, 140435, 140439, 140442, 140446, 140451, 140453,
140455, 140457, 140460, 140461, 140462, 140463, 140466, 140470, 140473,
140475, 140476, 140478, 140480, 140484, 140488, 140490, 140492, 140493,
140495, 140496, 140497, 140498, 140500, 140501, 140502, 140503, 140507,
140508, 140510, 140511, 140512, 140513, 140514, 140520, 140521, 140523,
140524, 140526, 140531, 140532, 140533, 140534, 140535, 140536, 140545,
140546, 140555, 140557, 140558, 140560, 140562, 140564, 140565, 140568,
140569, 140570, 140571, 140573, 140575, 140576, 140577, 140578, 140581,
140582, 140583, 140588, 140589, 140592, 140597, 140600, 140602, 140606,
140608, 140609, 140611, 140612, 140616, 140619, 140621, 140622, 140623,
140625, 140626, 140628, 140633, 140638, 140639, 140640, 140647, 140649,
140652, 140654, 140655, 140656, 140658, 140667, 140669, 140671, 140672,
140674, 140678, 140681, 140682, 140683, 140687, 140688, 140689, 140690,
140691, 140692, 140693, 140694, 140695, 140696, 140697, 140698, 140701,
140705, 140708, 140712, 140713, 140714, 140716, 140718, 140720, 140721,
140722, 140726, 140728, 140739, 140741, 140743, 140744, 140745, 140746,
140757, 140758, 140759, 140765, 140766, 140767, 140768, 140770, 140771,
140772, 140776, 140777, 140779, 140780, 140782, 140785, 140787, 140788,
140789, 140790, 140791, 140792, 140793, 140797, 140799, 140801, 140802,
140804, 140808, 140809, 140814, 140816, 140819, 140822, 140825, 140831,
140832, 140833, 140834, 140835, 140836, 140838, 140846, 140848, 140849,
140850, 140851, 140854, 140860, 140861, 140864, 140867, 140869, 140871,
140876, 140878, 140882, 140883, 140884, 140885, 140890, 140891, 140892,
140893, 140896, 140897, 140898, 140899, 140900, 140903, 140908, 140911,
140912, 140915, 140916, 140920, 140921, 140923, 140924, 140926, 140930,
140931, 140932, 140933, 140935, 140936, 140941, 140942, 140951, 140952,
140953, 140955, 140956, 140957, 140959, 140960, 140961, 140962, 140965,
140971, 140972, 140982, 140984, 140990, 140992, 140994, 140999, 141001,
141002, 141008, 141014, 141017, 141019, 141023, 141025, 141026, 141028,
141031, 141032, 141034, 141035, 141036, 141040, 141043, 141044, 141047,
141048, 141049, 141054, 141056, 141059, 141060, 141062, 141063, 141069,
141070, 141071, 141074, 141075, 141076, 141082, 141083, 141084, 141089,
141093, 141096, 141097, 141106, 141107, 141116, 141117, 141123, 141127,
141128, 141132, 141133, 141135, 141137, 141138, 141139, 141142, 141144,
141145, 141148, 141151, 141152, 141155, 141156, 141157, 141158, 141163,
141169, 141170, 141174, 141175, 141176, 141181, 141183, 141184, 141185,
141186, 141188, 141190, 141191, 141192, 141193, 141194, 141197, 141200,
141202, 141204, 141205, 141208, 141209, 141210, 141211, 141212, 141214,
141216, 141217, 141218, 141219, 141222, 141223, 141224, 141225, 141226,
141227, 141229, 141230, 141231, 141232, 141235, 141237, 141238, 141241,
141242, 141245, 141247, 141249, 141252, 141255, 141257, 141258, 141259,
141261, 141263, 141265, 141273, 141275, 141281, 141282, 141285, 141289,
141290, 141291, 141293, 141299, 141302, 141306, 141307, 141310, 141313,
141321, 141324, 141326, 141327, 141329, 141330, 141331, 141332, 141335,
141341, 141344, 141345, 141346, 141347, 141348, 141349, 141352, 141353,
141355, 141356, 141361, 141362, 141364, 141365, 141367, 141368, 141374,
141376, 141377, 141379, 141383, 141384, 141385, 141386, 141387, 141392,
141393, 141394, 141397, 141399, 141402, 141404, 141405, 141408, 141409,
141413, 141414, 141415, 141416, 141417, 141418, 141419, 141420, 141421,
141422, 141423, 141424, 141425, 141426, 141427, 141428, 141429, 141430,
141433, 141435, 141436, 141438, 141439, 141443, 141447, 141448, 141449,
141451, 141452, 141453, 141454, 141458, 141464, 141465, 141472, 141473,
141474, 141478, 141480, 141481, 141483, 141485, 141488, 141489, 141494,
141495, 141496, 141497, 141503, 141504, 141508, 141509, 141514, 141515,
141516, 141521, 141522, 141523, 141532, 141533, 141536, 141537, 141538,
141544, 141545, 141547, 141550, 141551, 141558, 141561, 141562, 141567,
141568, 141569, 141570, 141576, 141579, 141582, 141583, 141587, 141588,
141589, 141590, 141592, 141594, 141595, 141596, 141599, 141601, 141603,

141604, 141605, 141606, 141607, 141609, 141611, 141613, 141614, 141615,
141617, 141619, 141620, 141621, 141623, 141624, 141628, 141630, 141631,
141637, 141639, 141641, 141642, 141643, 141644, 141645, 141647, 141648,
141649, 141650, 141652, 141653, 141655, 141658, 141659, 141660, 141664,
141665, 141667, 141668, 141672, 141673, 141674, 141676, 141677, 141680,
141686, 141688, 141690, 141692, 141695, 141696, 141700, 141701, 141702,
141705, 141707, 141708, 141709, 141710, 141713, 141717, 141718, 141720,
141724, 141725, 141728, 141731, 141734, 141735, 141736, 141738, 141739,
141746, 141749, 141750, 141751, 141753, 141760, 141761, 141762, 141763,
141767, 141768, 141769, 141771, 141772, 141773, 141774, 141782, 141784,
141786, 141790, 141792, 141793, 141795, 141800, 141805, 141806, 141807,
141810, 141811, 141812, 141819, 141820, 141821, 141823, 141824, 141825,
141826, 141827, 141828, 141829, 141830, 141832, 141833, 141834, 141835,
141838, 141840, 141841, 141842, 141843, 141844, 141846, 141847, 141849,
141855, 141856, 141858, 141859, 141866, 141867, 141868, 141869, 141870,
141871, 141873, 141874, 141881, 141883, 141884, 141896, 141900, 141901,
141902, 141904, 141921, 141922, 141924, 141925, 141929, 141931, 141933,
141934, 141935, 141936, 141937, 141938, 141940, 141941, 141943, 141944,
141946, 141947, 141948, 141949, 141950, 141956, 141959, 141960, 141963,
141968, 141969, 141971, 141972, 141973, 141980, 141982, 141983, 141984,
141990, 141991, 141992, 141993, 141995, 141997, 141998, 141999, 142001,
142002, 142009, 142012, 142013, 142014, 142015, 142018, 142027, 142029,
142030, 142031, 142036, 142038, 142043, 142045, 142047, 142050, 142051,
142054, 142057, 142058, 142060, 142062, 142063, 142064, 142065, 142066,
142068, 142072, 142073, 142075, 142076, 142082, 142084, 142089, 142097,
142099, 142100, 142106, 142108, 142109, 142110, 142111, 142112, 142114,
142122, 142123, 142124, 142126, 142128, 142136, 142137, 142140, 142143,
142146, 142152, 142153, 142155, 142158, 142160, 142161, 142164, 142165,
142166, 142167, 142168, 142169, 142170, 142171, 142172, 142173, 142174,
142175, 142176, 142177, 142178, 142179, 142180, 142181, 142182, 142183,
142184, 142185, 142186, 142187, 142188, 142189, 142190, 142191, 142192,
142194, 142195, 142196, 142197, 142203, 142204, 142206, 142207, 142209,
142216, 142217, 142218, 142219, 142228, 142229, 142230, 142231, 142232,
142233, 142234, 142239, 142240, 142241, 142244, 142245, 142246, 142251,
142262, 142264, 142265, 142268, 142269, 142272, 142277, 142280, 142282,
142285, 142287, 142288, 142289, 142290, 142292, 142293, 142294, 142295,
142298, 142299, 142302, 142304, 142306, 142307, 142310, 142311, 142312,
142314, 142317, 142318, 142319, 142321, 142322, 142330, 142331, 142333,
142341, 142343, 142344, 142345, 142354, 142355, 142356, 142364, 142366,
142367, 142368, 142369, 142370, 142379, 142380, 142381, 142382, 142383,
142387, 142404, 142408, 142413, 142420, 142421, 142422, 142425,
142427, 142428, 142429, 142430, 142437, 142440, 142443, 142445, 142448,
142450, 142451, 142452, 142455, 142460, 142461, 142462, 142464, 142468,
142470, 142473, 142474, 142478, 142479, 142482, 142483, 142484, 142487,
142488, 142490, 142491, 142492, 142494, 142497, 142498, 142499, 142514,
142517, 142518, 142519, 142521, 142522, 142527, 142528, 142533, 142534,
142535, 142536, 142537, 142538, 142542, 142543, 142544, 142559, 142566,
142567, 142568, 142571, 142575, 142577, 142578, 142579, 142580, 142581,
142582, 142583, 142584, 142585, 142586, 142587, 142588, 142589, 142590,
142591, 142592, 142593, 142594, 142595, 142596, 142597, 142608, 142615,
142617, 142624, 142627, 142628, 142630, 142631, 142634, 142635, 142636,
142638, 142639, 142640, 142642, 142643, 142644, 142645, 142646, 142647,
142648, 142653, 142654, 142662, 142663, 142664, 142665, 142672, 142673,
142675, 142676, 142677, 142678, 142679, 142680, 142682, 142683, 142689,
142690, 142692, 142700, 142704, 142711, 142713, 142725, 142728, 142729,
142733, 142740, 142742, 142745, 142746, 142747, 142753, 142754, 142756,
142757, 142758, 142759, 142770, 142772, 142774, 142775, 142776, 142784,
142785, 142786, 142788, 142789, 142790, 142797, 142798, 142799, 142800,
142801, 142802, 142803, 142814, 142815, 142816, 142817, 142818, 142820,
142826, 142830, 142834, 142841, 142846, 142847, 142851, 142852, 142856,
142857, 142859, 142860, 142861, 142863, 142864, 142865, 142866, 142867,
142868, 142869, 142870, 142880, 142881, 142883, 142885, 142886, 142887,
142896, 142897, 142898, 142899, 142900, 142913, 142915, 142916, 142917,
142918, 142928, 142929, 142931, 142932, 142940, 142941, 142944, 142945,
142946, 142947, 142948, 142949, 142960, 142961, 142972, 142974, 142975,
142976, 142979, 142980, 142982, 142983, 142988, 142989, 142991, 142992,
142993, 142995, 142996, 143008, 143009, 143010, 143012, 143020, 143022,
143023, 143026, 143027, 143029, 143036, 143039, 143041, 143042, 143045,
143046, 143050, 143051, 143053, 143054, 143057, 143060, 143061, 143065,
143066, 143068, 143069, 143072, 143073, 143075, 143076, 143079, 143080,
143081, 143082, 143084, 143085, 143086, 143089, 143090, 143091, 143092,
143093, 143094, 143095, 143098, 143099, 143102, 143108, 143112, 143113,
143116, 143118, 143119, 143125, 143130, 143131, 143136, 143146, 143147,

143150, 143151, 143160, 143161, 143164, 143165, 143166, 143168, 143169,
143177, 143179, 143181, 143182, 143183, 143193, 143197, 143198, 143199,
143200, 143201, 143202, 143203, 143206, 143207, 143210, 143215, 143218,
143219, 143221, 143228, 143229, 143230, 143231, 143244, 143245, 143246,
143247, 143248, 143249, 143252, 143253, 143262, 143263, 143264, 143266,
143267, 143268, 143269, 143270, 143271, 143280, 143285, 143286, 143287,
143289, 143290, 143294, 143295, 143296, 143297, 143299, 143302, 143303,
143310, 143311, 143313, 143319, 143320, 143322, 143324, 143325, 143331,
143335, 143337, 143344, 143345, 143346, 143347, 143358, 143360, 143361,
143369, 143370, 143371, 143373, 143374, 143375, 143376, 143378, 143380,
143390, 143392, 143393, 143394, 143407, 143409, 143410, 143411, 143412,
143414, 143428, 143429, 143431, 143432, 143433, 143438, 143441, 143444,
143445, 143447, 143448, 143449, 143460, 143461, 143464, 143474, 143476,
143477, 143479, 143480, 143481, 143482, 143483, 143488, 143489, 143490,
143491, 143492, 143493, 143494, 143495, 143496, 143499, 143500, 143503,
143504, 143505, 143506, 143510, 143511, 143515, 143516, 143517, 143518,
143519, 143520, 143521, 143522, 143523, 143524, 143525, 143526, 143528,
143529, 143530, 143531, 143532, 143533, 143535, 143536, 143538, 143539,
143544, 143545, 143547, 143549, 143550, 143552, 143553, 143557, 143562,
143563, 143564, 143565, 143566, 143567, 143568, 143570, 143574, 143575,
143576, 143582, 143584, 143585, 143590, 143592, 143596, 143604, 143605,
143606, 143607, 143608, 143614, 143615, 143616, 143618, 143626, 143634,
143639, 143641, 143647, 143651, 143652, 143653, 143654, 143655, 143656,
143658, 143659, 143660, 143662, 143663, 143664, 143667, 143668, 143670,
143673, 143677, 143678, 143679, 143681, 143684, 143685, 143687, 143689,
143692, 143694, 143695, 143701, 143702, 143705, 143708, 143709, 143710,
143711, 143712, 143721, 143723, 143724, 143732, 143735, 143736, 143737,
143738, 143739, 143740, 143741, 143742, 143750, 143752, 143754, 143755,
143756, 143765, 143767, 143769, 143770, 143771, 143772, 143773, 143786,
143787, 143790, 143791, 143794, 143796, 143797, 143801, 143804, 143808,
143809, 143811, 143812, 143813, 143814, 143815, 143822, 143825, 143826,
143827, 143828, 143830, 143835, 143837, 143838, 143841, 143842, 143843,
143844, 143845, 143854, 143856, 143857, 143860, 143862, 143863, 143870,
143872, 143873, 143875, 143876, 143877, 143884, 143885, 143886, 143890,
143891, 143893, 143894, 143895, 143896, 143897, 143898, 143899, 143902,
143903, 143904, 143905, 143906, 143908, 143914, 143915, 143916, 143917,
143922, 143926, 143928, 143930, 143933, 143935, 143937, 143938, 143943,
143954, 143955, 143956, 143963, 143965, 143967, 143968, 143974, 143975,
143980, 143981, 143982, 143991, 143993, 143994, 143995, 143996, 143998,
144000, 144001, 144002, 144005, 144006, 144007, 144008, 144013, 144014,
144015, 144023, 144024, 144025, 144035, 144038, 144039, 144040, 144041,
144042, 144051, 144052, 144059, 144060, 144062, 144066, 144070, 144071,
144072, 144073, 144074, 144076, 144077, 144078, 144087, 144088, 144089,
144090, 144091, 144092, 144093, 144094, 144095, 144096, 144097, 144098,
144100, 144101, 144102, 144105, 144110, 144113, 144114, 144116, 144117,
144118, 144119, 144127, 144132, 144134, 144135, 144137, 144138, 144139,
144145, 144149, 144150, 144151, 144152, 144153, 144162, 144167, 144176,
144178, 144183, 144184, 144185, 144174, 144196, 144197, 144200,
144201, 144203, 144206, 144208, 144209, 144212, 144213, 144214, 144216,
144218, 144220, 144221, 144224, 144226, 144227, 144229, 144230, 144233,
144236, 144242, 144243, 144244, 144252, 144253, 144254, 144258, 144260,
144262, 144263, 144264, 144265, 144272, 144273, 144274, 144277, 144278,
144281, 144282, 144283, 144294, 144295, 144296, 144297, 144298, 144305,
144306, 144307, 144308, 144309, 144310, 144312, 144313, 144314, 144322,
144323, 144324, 144325, 144326, 144328, 144329, 144330, 144331, 144332,
144334, 144335, 144336, 144337, 144339, 144341, 144343, 144346, 144347,
144351, 144352, 144353, 144355, 144357, 144358, 144361, 144363, 144364,
144366, 144371, 144373, 144374, 144375, 144376, 144381, 144383, 144386,
144387, 144388, 144389, 144392, 144394, 144395, 144396, 144398, 144399,
144401, 144402, 144404, 144411, 144412, 144414, 144415, 144423, 144424,
144425, 144426, 144433, 144434, 144435, 144436, 144437, 144438, 144439,
144447, 144448, 144449, 144450, 144451, 144460, 144461, 144470, 144471,
144473, 144474, 144475, 144478, 144479, 144480, 144481, 144483, 144484,
144485, 144486, 144490, 144491, 144492, 144493, 144494, 144496, 144497,
144508, 144509, 144515, 144517, 144518, 144519, 144520, 144521, 144522,
144523, 144524, 144525, 144531, 144532, 144539, 144540, 144541, 144542,
144543, 144544, 144550, 144551, 144559, 144563, 144564, 144565, 144566,
144567, 144570, 144571, 144577, 144579, 144582, 144588, 144589,
144591, 144595, 144596, 144601, 144603, 144604, 144607, 144608, 144611,
144614, 144615, 144616, 144617, 144622, 144623, 144624, 144631, 144632,
144638, 144647, 144648, 144650, 144654, 144656, 144658, 144659, 144665,
144666, 144668, 144673, 144675, 144678, 144679, 144680, 144681, 144682,
144685, 144689, 144694, 144695, 144696, 144697, 144698, 144699, 144705,

144710, 144712, 144713, 144717, 144718, 144720, 144721, 144722, 144727,
144730, 144731, 144733, 144735, 144738, 144740, 144741, 144742, 144743,
144744, 144747, 144748, 144755, 144756, 144759, 144761, 144770, 144771,
144772, 144773, 144775, 144776, 144777, 144778, 144779, 144780, 144781,
144790, 144791, 144792, 144794, 144797, 144799, 144800, 144807, 144808,
144809, 144811, 144813, 144814, 144815, 144823, 144824, 144826, 144827,
144829, 144830, 144831, 144832, 144838, 144840, 144841, 144842, 144843,
144844, 144846, 144851, 144852, 144854, 144858, 144859, 144860, 144862,
144863, 144865, 144867, 144869, 144870, 144873, 144874, 144876, 144883,
144884, 144885, 144886, 144887, 144889, 144893, 144894, 144895, 144898,
144900, 144901, 144909, 144910, 144911, 144912, 144914, 144916, 144917,
144918, 144919, 144920, 144924, 144925, 144931, 144935, 144937, 144938,
144948, 144950, 144951, 144953, 144954, 144955, 144962, 144964, 144966,
144967, 144973, 144974, 144976, 144978, 144982, 144983, 144989, 144990,
144991, 144993, 144995, 144996, 144997, 144999, 145002, 145003, 145004,
145005, 145006, 145007, 145014, 145019, 145021, 145023, 145027, 145028,
145029, 145030, 145033, 145034, 145035, 145036, 145039, 145040, 145041,
145043, 145053, 145054, 145059, 145060, 145066, 145068, 145070, 145071,
145075, 145076, 145078, 145079, 145082, 145085, 145086, 145087, 145088,
145089, 145090, 145091, 145092, 145093, 145094, 145097, 145098, 145101,
145104, 145105, 145109, 145110, 145111, 145112, 145115, 145116, 145118,
145119, 145126, 145130, 145133, 145134, 145141, 145142, 145144, 145145,
145146, 145147, 145148, 145151, 145152, 145153, 145154, 145161, 145163,
145164, 145165, 145167, 145168, 145169, 145170, 145175, 145176, 145177,
145178, 145179, 145180, 145182, 145183, 145185, 145187, 145188, 145189,
145191, 145196, 145197, 145198, 145199, 145201, 145202, 145203, 145204,
145205, 145206, 145207, 145208, 145209, 145210, 145211, 145215, 145216,
145217, 145218, 145220, 145221, 145222, 145223, 145224, 145225, 145226,
145227, 145228, 145229, 145230, 145240, 145241, 145243, 145244, 145245,
145250, 145251, 145252, 145253, 145254, 145255, 145256, 145257, 145258,
145259, 145260, 145261, 145271, 145272, 145273, 145274, 145275, 145276,
145277, 145278, 145281, 145283, 145289, 145291, 145292, 145293, 145294,
145295, 145296, 145297, 145299, 145300, 145302, 145303, 145308, 145309,
145311, 145312, 145313, 145314, 145316, 145317, 145318, 145319, 145320,
145326, 145327, 145328, 145330, 145331, 145332, 145334, 145335, 145336,
145337, 145343, 145344, 145346, 145349, 145350, 145351, 145352, 145362,
145363, 145364, 145365, 145366, 145367, 145371, 145372, 145373, 145374,
145375, 145377, 145379, 145384, 145385, 145387, 145388, 145391, 145392,
145394, 145395, 145405, 145407, 145410, 145411, 145412, 145413, 145425,
145427, 145429, 145432, 145437, 145438, 145439, 145440, 145441, 145442,
145443, 145444, 145445, 145454, 145456, 145457, 145458, 145459, 145466,
145467, 145468, 145470, 145471, 145473, 145474, 145475, 145477, 145487,
145491, 145492, 145494, 145495, 145496, 145497, 145498, 145499, 145500,
145506, 145507, 145508, 145509, 145510, 145511, 145512, 145513, 145515,
145516, 145517, 145521, 145522, 145523, 145524, 145526, 145527, 145528,
145529, 145531, 145542, 145543, 145545, 145547, 145548, 145549, 145550,
145552, 145560, 145561, 145563, 145566, 145567, 145568, 145569, 145573,
145574, 145577, 145579, 145581, 145582, 145583, 145584, 145585, 145589,
145590, 145591, 145592, 145593, 145594, 145596, 145598, 145601, 145602,
145603, 145604, 145606, 145607, 145608, 145610, 145611, 145612, 145613,
145614, 145615, 145617, 145619, 145620, 145621, 145622, 145625, 145626,
145627, 145628, 145629, 145630, 145631, 145638, 145640, 145641, 145645,
145646, 145647, 145649, 145652, 145653, 145654, 145656, 145657, 145658,
145661, 145664, 145665, 145667, 145668, 145669, 145670, 145671, 145672,
145673, 145674, 145675, 145677, 145678, 145679, 145681, 145682, 145683,
145684, 145685, 145686, 145687, 145689, 145690, 145693, 145695, 145696,
145698, 145699, 145700, 145701, 145702, 145703, 145722, 145727, 145729,
145733, 145736, 145737, 145739, 145747, 145750, 145751, 145756, 145757,
145758, 145760, 145767, 145770, 145770, 145773, 145774, 145775, 145777,
145780, 145783, 145784, 145788, 145789, 145790, 145792, 145794, 145795,
145796, 145797, 145798, 145799, 145801, 145802, 145803, 145804, 145805,
145806, 145807, 145808, 145809, 145810, 145811, 145813, 145814, 145815,
145816, 145819, 145822, 145823, 145824, 145825, 145826, 145827, 145828,
145832, 145833, 145834, 145835, 145836, 145840, 145841, 145842, 145845,
145846, 145847, 145848, 145849, 145850, 145851, 145854, 145855, 145856,
145859, 145860, 145861, 145862, 145864, 145865, 145866, 145870, 145876,
145878, 145879, 145880, 145884, 145886, 145889, 145890, 145894, 145895,
145896, 145897, 145898, 145899, 145900, 145901, 145904, 145905, 145908,
145909, 145910, 145912, 145913, 145914, 145916, 145917, 145918, 145919,
145920, 145922, 145925, 145926, 145928, 145929, 145931, 145932, 145933,
145934, 145935, 145936, 145939, 145940, 145942, 145943, 145944, 145945,
145946, 145947, 145950, 145954, 145955, 145958, 145959, 145960, 145962,
145963, 145964, 145965, 145967, 145968, 145969, 145970, 145971, 145972,

145973, 145974, 145975, 145976, 145978, 145980, 145981, 145982, 145983, 145984, 145986, 145988, 145989, 145990, 145991, 145992, 145994, 145996, 145999, 146002, 146004, 146005, 146006, 146007, 146010, 146011, 146015, 146016, 146017, 146018, 146020, 146021, 146022, 146024, 146025, 146027, 146028, 146030, 146031, 146032, 146033, 146036, 146038, 146039, 146043, 146045, 146048, 146053, 146056, 146057, 146058, 146059, 146060, 146061, 146063, 146064, 146067, 146068, 146069, 146070, 146071, 146072, 146073, 146074, 146075, 146076, 146077, 146078, 146079, 146080, 146081, 146082, 146085, 146093, 146094, 146095, 146096, 146098, 146101, 146102, 146103, 146104, 146112, 146113, 146114, 146117, 146120, 146121, 146123, 146124, 146130, 146131, 146132, 146135, 146138, 146146, 146157, 146158, 146160, 146161, 146162, 146167, 146169, 146171, 146172, 146173, 146174, 146176, 146177, 146179, 146186, 146189, 146190, 146191, 146193, 146194, 146203, 146205, 146207, 146208, 146209, 146210, 146214, 146215, 146223, 146224, 146225, 146226, 146227, 146228, 146229, 146230, 146231, 146232, 146233, 146238, 146239, 146241, 146243, 146244, 146245, 146251, 146252, 146254, 146255, 146256, 146257, 146258, 146261, 146262, 146263, 146268, 146270, 146271, 146272, 146273, 146274, 146276, 146279, 146280, 146287, 146288, 146289, 146290, 146291, 146302, 146303, 146304, 146305, 146306, 146308, 146309, 146310, 146311, 146317, 146318, 146321, 146324, 146326, 146332, 146333, 146335, 146338, 146339, 146340, 146341, 146342, 146345, 146347, 146352, 146366, 146367, 146368, 146369, 146370, 146372, 146374, 146376, 146378, 146379, 146381, 146382, 146383, 146384, 146386, 146387, 146389, 146390, 146392, 146393, 146394, 146397, 146399, 146400, 146403, 146410, 146411, 146414, 146415, 146416, 146419, 146420, 146421, 146428, 146431, 146434, 146435, 146436, 146437, 146444, 146445, 146448, 146450, 146451, 146452, 146454, 146455, 146456, 146463, 146465, 146466, 146468, 146469, 146470, 146471, 146472, 146473, 146474, 146475, 146476, 146477, 146480, 146481, 146483, 146484, 146485, 146486, 146487, 146488, 146489, 146491, 146492, 146493, 146494, 146495, 146499, 146501, 146502, 146503, 146504, 146506, 146511, 146512, 146513, 146514, 146515, 146516, 146517, 146527, 146528, 146530, 146531, 146532, 146534, 146535, 146547, 146550, 146553, 146555, 146565, 146566, 146567, 146568, 146571, 146572, 146576, 146587, 146590, 146591, 146592, 146593, 146594, 146598, 146599, 146607, 146609, 146611, 146612, 146613, 146614, 146623, 146624, 146626, 146627, 146628, 146636, 146637, 146638, 146640, 146641, 146644, 146646, 146648, 146649, 146650, 146651, 146652, 146654, 146655, 146656, 146657, 146658, 146661, 146663, 146664, 146666, 146669, 146671, 146673, 146675, 146678, 146683, 146684, 146695, 146702, 146711, 146715, 146717, 146718, 146721, 146722, 146723, 146724, 146727, 146729, 146732, 146733, 146734, 146735, 146737, 146740, 146741, 146742, 146743, 146744, 146751, 146752, 146755, 146757, 146762, 146765, 146766, 146770, 146771, 146772, 146773, 146774, 146777, 146778, 146779, 146780, 146786, 146788, 146789, 146797, 146798, 146799, 146800, 146803, 146804, 146805, 146812, 146813, 146814, 146817, 146820, 146824, 146826, 146829, 146830, 146832, 146833, 146834, 146835, 146836, 146837, 146838, 146840, 146841, 146843, 146844, 146845, 146847, 146848, 146850, 146853, 146855, 146857, 146858, 146859, 146861, 146862, 146863, 146873, 146874, 146875, 146877, 146878, 146879, 146880, 146888, 146889, 146899, 146902, 146906, 146912, 146913, 146914, 146918, 146919, 146920, 146925, 146926, 146927, 146929, 146930, 146932, 146933, 146934, 146935, 146938, 146939, 146941, 146942, 146947, 146948, 146949, 146950, 146951, 146952, 146953, 146954, 146956, 146957, 146959, 146961, 146962, 146964, 146965, 146966, 146971, 146972, 146975, 146976, 146977, 146979, 146982, 146983, 146988, 146989, 146993, 146994, 146995, 146996, 147005, 147006, 147007, 147008, 147009, 147010, 147011, 147012, 147013, 147014, 147015, 147017, 147018, 147019, 147023, 147024, 147025, 147026, 147027, 147028, 147029, 147030, 147033, 147038, 147039, 147040, 147041, 147043, 147050, 147052, 147053, 147054, 147055, 147062, 147063, 147065, 147074, 147075, 147076, 147079, 147081, 147082, 147084, 147085, 147087, 147088, 147090, 147091, 147092, 147093, 147094, 147095, 147102, 147103, 147105, 147106, 147112, 147115, 147121, 147122, 147123, 147124, 147125, 147128, 147129, 147130, 147131, 147133, 147136, 147138, 147139, 147140, 147145, 147146, 147147, 147150, 147156, 147157, 147159, 147162, 147163, 147164, 147165, 147166, 147169, 147171, 147172, 147173, 147174, 147176, 147177, 147178, 147179, 147183, 147184, 147185, 147186, 147187, 147188, 147189, 147190, 147191, 147192, 147193, 147194, 147195, 147196, 147202, 147204, 147205, 147208, 147210, 147212, 147214, 147215, 147216, 147217, 147218, 147219, 147221, 147222, 147223, 147231, 147232, 147234, 147236, 147237, 147238, 147239, 147241, 147251, 147252, 147254, 147256, 147257, 147261, 147264, 147265, 147274, 147275, 147276, 147278, 147279, 147282, 147286, 147288, 147289, 147290, 147291, 147292, 147293, 147295, 147296, 147297, 147298, 147299, 147306, 147307, 147311, 147312, 147313, 147314, 147315, 147316, 147317, 147318, 147319, 147320, 147322, 147333, 147334, 147335, 147336,

147337, 147342, 147344, 147345, 147355, 147357, 147358, 147359, 147360, 147362, 147363, 147364, 147365, 147366, 147372, 147373, 147375, 147376, 147378, 147380, 147381, 147382, 147387, 147388, 147389, 147390, 147391, 147392, 147393, 147394, 147395, 147397, 147398, 147399, 147400, 147402, 147404, 147406, 147407, 147412, 147414, 147415, 147417, 147418, 147419, 147422, 147424, 147426, 147429, 147430, 147431, 147434, 147435, 147436, 147437, 147438, 147439, 147440, 147441, 147442, 147443, 147447, 147448, 147449, 147451, 147455, 147456, 147457, 147458, 147459, 147461, 147462, 147466, 147467, 147470, 147472, 147473, 147474, 147475, 147476, 147477, 147478, 147479, 147480, 147481, 147482, 147483, 147484, 147485, 147486, 147490, 147491, 147492, 147494, 147495, 147496, 147497, 147498, 147499, 147500, 147508, 147509, 147511, 147512, 147513, 147514, 147522, 147523, 147525, 147527, 147534, 147537, 147539, 147540, 147541, 147542, 147544, 147546, 147549, 147550, 147551, 147552, 147553, 147554, 147555, 147556, 147557, 147559, 147560, 147561, 147562, 147563, 147564, 147567, 147570, 147571, 147576, 147577, 147578, 147579, 147580, 147582, 147585, 147587, 147588, 147591, 147592, 147593, 147594, 147595, 147603, 147604, 147606, 147608, 147610, 147611, 147613, 147614, 147619, 147621, 147622, 147623, 147625, 147626, 147627, 147628, 147638, 147639, 147641, 147642, 147643, 147644, 147647, 147649, 147653, 147654, 147655, 147659, 147663, 147664, 147665, 147668, 147670, 147671, 147672, 147673, 147675, 147677, 147678, 147681, 147682, 147683, 147684, 147691, 147701, 147702, 147703, 147705, 147706, 147707, 147708, 147710, 147717, 147718, 147719, 147720, 147722, 147723, 147727, 147729, 147730, 147731, 147732, 147738, 147739, 147740, 147742, 147743, 147744, 147746, 147747, 147758, 147759, 147760, 147761, 147764, 147765, 147766, 147774, 147776, 147777, 147779, 147781, 147784, 147785, 147786, 147790, 147795, 147796, 147797, 147801, 147804, 147805, 147816, 147818, 147819, 147820, 147821, 147822, 147823, 147824, 147825, 147830, 147831, 147832, 147833, 147835, 147836, 147837, 147838, 147839, 147841, 147852, 147853, 147854, 147855, 147856, 147857, 147858, 147859, 147860, 147864, 147869, 147870, 147871, 147872, 147873, 147874, 147876, 147877, 147878, 147879, 147880, 147884, 147889, 147890, 147891, 147892, 147893, 147894, 147895, 147896, 147897, 147901, 147902, 147906, 147907, 147908, 147910, 147913, 147915, 147916, 147917, 147918, 147925, 147927, 147928, 147929, 147930, 147931, 147933, 147938, 147941, 147942, 147943, 147945, 147946, 147947, 147948, 147949, 147950, 147951, 147952, 147953, 147961, 147962, 147963, 147964, 147965, 147966, 147967, 147968, 147969, 147970, 147971, 147980, 147981, 147982, 147983, 147985, 147986, 147987, 147988, 147989, 147990, 147991, 148000, 148001, 148002, 148003, 148004, 148005, 148007, 148008, 148009, 148012, 148013, 148014, 148015, 148017, 148019, 148020, 148022, 148023, 148024, 148025, 148027, 148029, 148030, 148033, 148034, 148035, 148036, 148037, 148038, 148039, 148040, 148041, 148042, 148050, 148051, 148052, 148053, 148054, 148055, 148056, 148065, 148067, 148068, 148069, 148070, 148072, 148073, 148074, 148075, 148076, 148077, 148078, 148079, 148086, 148087, 148088, 148089, 148091, 148093, 148100, 148105, 148106, 148107, 148108, 148109, 148110, 148112, 148118, 148119, 148120, 148123, 148124, 148126, 148129, 148130, 148132, 148136, 148137, 148138, 148139, 148140, 148142, 148148, 148149, 148151, 148152, 148154, 148155, 148156, 148157, 148162, 148165, 148166, 148167, 148168, 148169, 148170, 148171, 148180, 148182, 148183, 148184, 148185, 148186, 148187, 148194, 148197, 148198, 148199, 148201, 148202, 148203, 148204, 148206, 148207, 148214, 148215, 148216, 148217, 148221, 148222, 148223, 148224, 148225, 148228, 148229, 148230, 148232, 148233, 148235, 148236, 148237, 148239, 148242, 148243, 148244, 148246, 148247, 148248, 148249, 148251, 148252, 148253, 148254, 148255, 148257, 148258, 148260, 148261, 148264, 148267, 148268, 148269, 148271, 148273, 148275, 148282, 148283, 148284, 148285, 148286, 148287, 148289, 148291, 148292, 148295, 148300, 148305, 148307, 148308, 148309, 148319, 148320, 148323, 148324, 148325, 148326, 148335, 148336, 148337, 148339, 148340, 148341, 148342, 148349, 148350, 148353, 148354, 148355, 148356, 148357, 148359, 148362, 148363, 148364, 148365, 148366, 148369, 148370, 148371, 148372, 148373, 148374, 148378, 148380, 148383, 148385, 148386, 148387, 148388, 148389, 148390, 148392, 148393, 148403, 148404, 148405, 148406, 148407, 148408, 148410, 148411, 148412, 148413, 148414, 148415, 148416, 148417, 148419, 148423, 148424, 148426, 148427, 148428, 148429, 148430, 148431, 148432, 148433, 148435, 148440, 148441, 148442, 148443, 148444, 148445, 148448, 148449, 148452, 148455, 148456, 148457, 148458, 148460, 148461, 148462, 148465, 148466, 148469, 148473, 148474, 148476, 148480, 148481, 148483, 148484, 148487, 148488, 148489, 148492, 148494, 148504, 148505, 148506, 148507, 148509, 148513, 148516, 148517, 148518, 148519, 148520, 148523, 148524, 148525, 148526, 148527, 148536, 148537, 148538, 148539, 148540, 148541, 148542, 148543, 148544, 148545, 148546, 148553, 148555, 148556, 148558, 148559, 148560, 148568, 148569, 148570, 148571, 148572, 148573,

877

148574, 148575, 148577, 148578, 148579, 148580, 148583, 148585, 148586,
148589, 148590, 148591, 148592, 148593, 148594, 148595, 148598, 148599,
148600, 148601, 148602, 148603, 148605, 148607, 148612, 148613, 148614,
148615, 148616, 148617, 148618, 148620, 148621, 148622, 148623, 148625,
148626, 148628, 148630, 148633, 148634, 148635, 148637, 148638, 148639,
148640, 148641, 148642, 148643, 148653, 148654, 148655, 148656, 148657,
148658, 148659, 148663, 148664, 148667, 148668, 148669, 148670, 148671,
148673, 148676, 148677, 148678, 148683, 148686, 148688, 148690, 148691,
148692, 148694, 148695, 148696, 148697, 148703, 148704, 148705, 148706,
148707, 148708, 148709, 148714, 148715, 148716, 148717, 148718, 148719,
148720, 148721, 148723, 148724, 148725, 148726, 148728, 148730, 148731,
148732, 148733, 148736, 148737, 148738, 148739, 148743, 148745, 148746,
148747, 148748, 148749, 148750, 148751, 148752, 148753, 148754, 148757,
148758, 148759, 148761, 148762, 148763, 148764, 148765, 148768, 148770, 148772,
148773, 148774, 148776, 148779, 148780, 148781, 148782, 148783, 148784,
148785, 148786, 148787, 148788, 148789, 148790, 148793, 148794, 148795,
148798, 148800, 148801, 148810, 148811, 148812, 148816, 148817, 148818,
148821, 148822, 148824, 148825, 148826, 148827, 148828, 148829, 148830, 148833,
148837, 148838, 148839, 148840, 148841, 148842, 148843, 148844, 148845,
148847, 148849, 148850, 148851, 148857, 148858, 148859, 148860, 148862,
148868, 148869, 148870, 148871, 148872, 148879, 148880, 148881, 148883,
148884, 148885, 148886, 148896, 148897, 148898, 148899, 148901, 148902,
148903, 148904, 148905, 148907, 148908, 148909, 148910, 148911, 148918,
148919, 148920, 148921, 148923, 148924, 148925, 148926, 148927, 148929,
148930, 148931, 148932, 148933, 148934, 148937, 148938, 148942, 148946,
148947, 148951, 148952, 148954, 148955, 148956, 148958, 148959, 148960,
148961, 148963, 148965, 148966, 148967, 148968, 148969, 148970, 148971,
148972, 148974, 148976, 148977, 148978, 148979, 148980, 148981, 148982,
148983, 148984, 148985, 148988, 148989, 148990, 148991, 148992, 148993,
148994, 148998, 148999, 149000, 149001, 149002, 149003, 149006, 149007,
149008, 149009, 149010, 149015, 149016, 149018, 149020, 149021, 149022,
149024, 149025, 149026, 149027, 149029, 149030, 149034, 149054, 149055,
149056, 149057, 149058, 149060, 149061, 149063, 149064, 149065, 149068,
149069, 149070, 149071, 149072, 149074, 149075, 149077, 149078, 149079,
149080, 149081, 149084, 149085, 149086, 149087, 149088, 149089, 149090,
149091, 149093, 149095, 149096, 149098, 149100, 149101, 149102, 149104,
149105, 149107, 149108, 149109, 149110, 149111, 149113, 149114, 149116,
149117, 149118, 149119, 149120, 149123, 149124, 149126, 149128, 149131,
149132, 149136, 149137, 149138, 149139, 149140, 149141, 149145, 149147,
149148, 149153, 149154, 149155, 149160, 149166, 149177, 149183, 149184,
149185, 149186, 149187, 149188, 149189, 149190, 149191, 149192, 149193,
149194, 149195, 149196, 149197, 149198, 149200, 149201, 149210, 149211,
149212, 149213, 149214, 149216, 149218, 149220, 149222, 149223, 149226,
149227, 149229, 149230, 149231, 149234, 149237, 149242, 149243, 149244,
149245, 149246, 149247, 149248, 149249, 149250, 149252, 149253, 149254,
149255, 149258, 149259, 149265, 149266, 149273, 149276, 149277, 149278,
149283, 149284, 149285, 149287, 149292, 149295, 149296, 149298, 149299,
149300, 149304, 149306, 149308, 149309, 149311, 149312, 149313, 149318,
149319, 149320, 149323, 149324, 149327, 149329, 149330, 149332, 149334,
149335, 149338, 149340, 149341, 149342, 149344, 149345, 149348, 149350,
149351, 149353, 149357, 149359, 149360, 149362, 149365, 149366, 149367,
149369, 149371, 149375, 149376, 149378, 149380, 149381, 149382, 149386,
149388, 149389, 149392, 149393, 149394, 149395, 149402, 149405, 149410,
149412, 149423, 149424, 149425, 149426, 149427, 149428, 149429, 149435,
149436, 149437, 149439, 149440, 149441, 149442, 149443, 149445, 149446,
149447, 149449, 149451, 149452, 149455, 149457, 149458, 149459, 149460,
149461, 149462, 149463, 149464, 149465, 149466, 149467, 149468, 149469,
149470, 149471, 149472, 149473, 149474, 149475, 149476, 149489, 149491,
149492, 149497, 149498, 149499, 149502, 149503, 149504, 149507, 149508,
149509, 149513, 149514, 149515, 149516, 149517, 149518, 149521, 149523,
149524, 149527, 149529, 149530, 149532, 149535, 149537, 149538, 149540,
149541, 149542, 149543, 149544, 149548, 149549, 149551, 149553, 149554,
149555, 149556, 149557, 149558, 149559, 149560, 149561, 149562, 149564,
149569, 149570, 149571, 149573, 149574, 149575, 149576, 149578, 149580,
149581, 149582, 149583, 149584, 149586, 149587, 149588, 149589, 149590,
149592, 149593, 149594, 149595, 149600, 149601, 149602, 149603, 149611,
149615, 149616, 149617, 149619, 149621, 149623, 149629, 149630, 149631,
149632, 149639, 149640, 149641, 149642, 149643, 149644, 149650, 149651,
149653, 149654, 149655, 149657, 149662, 149663, 149667, 149668, 149669,
149672, 149673, 149674, 149675, 149677, 149682, 149685, 149688, 149690,
149691, 149693, 149696, 149697, 149698, 149700, 149701, 149703, 149704,
149707, 149715, 149716, 149717, 149723, 149724, 149725, 149729, 149730,
149731, 149732, 149734, 149735, 149737, 149738, 149739, 149746, 149747,

149750, 149752, 149754, 149755, 149756, 149758, 149759, 149761, 149764,
149765, 149768, 149769, 149775, 149776, 149777, 149778, 149782, 149783,
149787, 149788, 149789, 149790, 149791, 149793, 149794, 149795, 149796,
149797, 149798, 149799, 149800, 149801, 149802, 149803, 149810, 149811,
149812, 149813, 149816, 149817, 149819, 149820, 149823, 149824, 149825,
149826, 149827, 149829, 149833, 149835, 149839, 149840, 149842, 149845,
149846, 149847, 149848, 149852, 149858, 149859, 149860, 149862, 149863,
149864, 149867, 149868, 149869, 149870, 149871, 149872, 149873, 149874,
149875, 149876, 149877, 149878, 149879, 149881, 149885, 149886, 149887,
149888, 149889, 149890, 149893, 149895, 149902, 149903, 149904, 149905,
149906, 149907, 149908, 149909, 149911, 149912, 149913, 149914, 149915,
149916, 149917, 149924, 149925, 149928, 149931, 149935, 149946, 149947,
149948, 149950, 149951, 149953, 149955, 149957, 149958, 149959, 149960,
149965, 149968, 149970, 149973, 149974, 149976, 149978, 149979, 149980,
149981, 149983, 149984, 149988, 149989, 149990, 149994, 149995, 149996,
149997, 149998, 149999, 150001, 150002, 150003, 150004, 150006, 150007,
150010, 150011, 150012, 150013, 150017, 150019, 150020, 150021, 150025,
150026, 150027, 150028, 150037, 150038, 150039, 150040, 150043, 150044,
150048, 150049, 150050, 150052, 150055, 150056, 150057, 150058, 150059,
150060, 150069, 150070, 150071, 150073, 150074, 150075, 150080, 150088,
150089, 150094, 150095, 150097, 150098, 150099, 150100, 150101, 150102,
150103, 150107, 150108, 150109, 150114, 150116, 150119, 150120, 150121,
150123, 150125, 150126, 150127, 150128, 150129, 150130, 150132, 150134,
150135, 150138, 150139, 150140, 150141, 150144, 150145, 150146, 150147,
150149, 150150, 150155, 150156, 150157, 150158, 150159, 150160, 150161,
150162, 150163, 150164, 150165, 150166, 150167, 150170, 150171, 150172,
150174, 150175, 150176, 150177, 150178, 150180, 150181, 150182, 150183,
150185, 150186, 150187, 150188, 150189, 150190, 150191, 150192, 150193,
150194, 150195, 150196, 150197, 150198, 150200, 150201, 150202, 150203,
150204, 150205, 150207, 150208, 150210, 150211, 150213, 150216, 150217,
150220, 150221, 150222, 150223, 150226, 150227, 150228, 150229, 150230,
150231, 150232, 150233, 150236, 150237, 150239, 150240, 150241, 150243,
150244, 150245, 150246, 150252, 150253, 150254, 150255, 150256, 150257,
150260, 150261, 150262, 150263, 150264, 150271, 150273, 150274, 150275,
150276, 150277, 150278, 150279, 150280, 150285, 150288, 150290, 150292,
150298, 150300, 150304, 150305, 150307, 150308, 150309, 150317, 150329,
150330, 150331, 150332, 150333, 150335, 150336, 150341, 150342, 150343,
150344, 150348, 150349, 150351, 150352, 150353, 150355, 150356, 150359,
150362, 150366, 150367, 150368, 150369, 150370, 150371, 150372, 150373,
150374, 150375, 150376, 150377, 150378, 150379, 150380, 150381, 150382,
150384, 150385, 150386, 150387, 150390, 150392, 150394, 150395, 150396,
150397, 150398, 150399, 150401, 150402, 150403, 150404, 150405, 150406,
150407, 150408, 150409, 150410, 150411, 150420, 150421, 150424, 150425,
150426, 150427, 150429, 150430, 150439, 150440, 150441, 150442, 150443,
150444, 150445, 150446, 150447, 150462, 150463, 150464, 150466, 150467,
150468, 150469, 150470, 150472, 150474, 150475, 150478, 150480, 150481,
150482, 150484, 150485, 150486, 150490, 150491, 150492, 150496, 150497,
150498, 150499, 150506, 150507, 150508, 150513, 150518, 150519, 150520,
150523, 150524, 150526, 150527, 150529, 150531, 150534, 150535, 150536,
150537, 150538, 150541, 150542, 150544, 150546, 150548, 150550, 150552,
150553, 150554, 150556, 150557, 150558, 150559, 150560, 150561, 150562,
150563, 150564, 150567, 150573, 150577, 150581, 150582, 150583, 150584,
150585, 150586, 150587, 150589, 150596, 150597, 150598, 150599, 150600,
150603, 150605, 150606, 150607, 150608, 150609, 150611, 150613, 150614,
150615, 150616, 150617, 150626, 150627, 150630, 150631, 150635, 150636,
150638, 150639, 150641, 150643, 150644, 150645, 150646, 150647, 150652,
150653, 150654, 150656, 150658, 150659, 150660, 150661, 150662, 150663,
150664, 150670, 150671, 150672, 150673, 150675, 150676, 150678, 150679,
150680, 150684, 150685, 150686, 150688, 150689, 150690, 150691, 150692,
150700, 150701, 150707, 150708, 150710, 150714, 150715, 150716, 150718,
150719, 150720, 150721, 150722, 150724, 150725, 150726, 150728, 150729,
150731, 150733, 150734, 150735, 150737, 150738, 150739, 150740, 150746,
150747, 150749, 150750, 150751, 150752, 150753, 150754, 150755, 150756,
150757, 150760, 150761, 150762, 150763, 150764, 150765, 150766, 150767,
150768, 150769, 150770, 150771, 150773, 150774, 150775, 150776, 150777,
150778, 150779, 150780, 150781, 150783, 150784, 150786, 150787, 150788,
150789, 150790, 150791, 150792, 150793, 150794, 150795, 150796, 150797,
150798, 150799, 150800, 150801, 150802, 150803, 150804, 150806, 150807,
150808, 150809, 150810, 150811, 150812, 150814, 150815, 150818, 150819,
150820, 150821, 150822, 150823, 150824, 150828, 150829, 150830, 150831,
150832, 150833, 150836, 150838, 150841, 150842, 150843, 150845, 150848,
150849, 150850, 150851, 150852, 150853, 150854, 150855, 150856, 150859,
150860, 150862, 150864, 150865, 150866, 150867, 150868, 150869, 150870,

150871, 150872, 150873, 150874, 150875, 150876, 150879, 150881, 150890, 150891, 150892, 150894, 150895, 150896, 150897, 150900, 150901, 150902, 150905, 150908, 150909, 150910, 150911, 150912, 150913, 150916, 150917, 150918, 150919, 150920, 150921, 150922, 150923, 150924, 150925, 150926, 150927, 150928, 150965, 150969, 150970, 150971, 150972, 150973, 150981, 150982, 150983, 150986, 150987, 150988, 150989, 150990, 150996, 150997, 150998, 150999, 151000, 151001, 151002, 151005, 151006, 151007, 151008, 151011, 151014, 151015, 151016, 151017, 151023, 151026, 151027, 151036, 151037, 151043, 151044, 151045, 151046, 151048, 151049, 151052, 151054, 151056, 151057, 151059, 151060, 151063, 151064, 151065, 151066, 151073, 151074, 151075, 151077, 151078, 151079, 151080, 151091, 151092, 151093, 151094, 151095, 151096, 151097, 151098, 151099, 151100, 151118, 151119, 151127, 151128, 151129, 151130, 151131, 151132, 151133, 151134, 151135, 151136, 151137, 151139, 151140, 151141, 151146, 151149, 151150, 151152, 151153, 151154, 151155, 151156, 151157, 151158, 151163, 151165, 151166, 151170, 151175, 151176, 151177, 151178, 151179, 151180, 151181, 151190, 151191, 151192, 151193, 151194, 151195, 151196, 151197, 151201, 151202, 151204, 151206, 151207, 151208, 151209, 151210, 151211, 151212, 151213, 151214, 151215, 151217, 151220, 151222, 151223, 151224, 151226, 151228, 151230, 151231, 151232, 151233, 151234, 151235, 151236, 151237, 151239, 151240, 151250, 151251, 151253, 151254, 151259, 151268, 151269, 151273, 151274, 151276, 151278, 151279, 151280, 151281, 151282, 151283, 151284, 151285, 151286, 151287, 151288, 151291, 151292, 151294, 151295, 151296, 151301, 151308, 151319, 151320, 151321, 151322, 151323, 151324, 151325, 151328, 151329, 151331, 151332, 151333, 151334, 151335, 151336, 151347, 151348, 151349, 151350, 151351, 151362, 151363, 151365, 151366, 151367, 151368, 151369, 151370, 151371, 151372, 151373, 151374, 151375, 151376, 151377, 151381, 151383, 151386, 151387, 151388, 151389, 151390, 151391, 151394, 151395, 151396, 151397, 151400, 151401, 151402, 151403, 151405, 151406, 151410, 151411, 151412, 151413, 151414, 151415, 151416, 151418, 151420, 151421, 151423, 151424, 151425, 151426, 151430, 151431, 151432, 151434, 151436, 151437, 151438, 151439, 151440, 151441, 151442, 151443, 151445, 151446, 151447, 151448, 151449, 151450, 151451, 151452, 151453, 151454, 151455, 151456, 151457, 151458, 151459, 151463, 151464, 151466, 151467, 151474, 151475, 151476, 151477, 151478, 151479, 151480, 151481, 151482, 151490, 151491, 151494, 151497, 151498, 151499, 151500, 151501, 151502, 151505, 151507, 151510, 151512, 151515, 151517, 151519, 151521, 151525, 151526, 151530, 151533, 151534, 151535, 151536, 151538, 151542, 151545, 151547, 151549, 151554, 151555, 151556, 151558, 151559, 151560, 151561, 151564, 151567, 151568, 151569, 151570, 151571, 151572, 151573, 151574, 151575, 151577, 151578, 151581, 151584, 151586, 151590, 151591, 151592, 151596, 151599, 151600, 151603, 151604, 151606, 151607, 151608, 151609, 151610, 151611, 151612, 151620, 151622, 151624, 151626, 151627, 151630, 151631, 151632, 151633, 151634, 151635, 151637, 151639, 151640, 151641, 151642, 151643, 151644, 151645, 151649, 151650, 151651, 151652, 151654, 151655, 151656, 151657, 151658, 151659, 151660, 151661, 151662, 151663, 151664, 151665, 151666, 151668, 151670, 151671, 151672, 151673, 151674, 151675, 151676, 151678, 151680, 151683, 151684, 151685, 151686, 151687, 151689, 151691, 151692, 151693, 151694, 151696, 151702, 151703, 151704, 151706, 151708, 151709, 151711, 151712, 151713, 151714, 151715, 151716, 151717, 151718, 151719, 151721, 151722, 151723, 151724, 151727, 151728, 151729, 151730, 151731, 151732, 151733, 151734, 151736, 151737, 151738, 151739, 151740, 151741, 151742, 151743, 151744, 151746, 151748, 151749, 151750, 151752, 151753, 151754, 151755, 151756, 151757, 151758, 151760, 151761, 151762, 151763, 151764, 151765, 151767, 151768, 151771, 151772, 151773, 151774, 151777, 151778, 151779, 151780, 151781, 151782, 151783, 151784, 151788, 151789, 151790, 151794, 151795, 151796, 151798, 151799, 151815, 151818, 151821, 151822, 151823, 151824, 151825, 151826, 151827, 151828, 151831, 151832, 151833, 151834, 151835, 151837, 151840, 151841, 151842, 151843, 151845, 151846, 151847, 151848, 151852, 151853, 151854, 151855, 151857, 151858, 151862, 151866, 151867, 151868, 151869, 151871, 151872, 151874, 151875, 151876, 151877, 151878, 151879, 151880, 151881, 151883, 151884, 151886, 151890, 151891, 151893, 151894, 151896, 151897, 151898, 151899, 151900, 151901, 151903, 151904, 151905, 151906, 151908, 151910, 151911, 151912, 151913, 151914, 151915, 151916, 151917, 151918, 151919, 151920, 151921, 151922, 151923, 151924, 151925, 151926, 151927, 151928, 151929, 151930, 151931, 151932, 151933, 151934, 151935, 151936, 151937, 151939, 151940, 151941, 151942, 151943, 151944, 151945, 151946, 151947, 151948, 151949, 151950, 151951, 151952, 151955, 151957, 151959, 151960, 151962, 151963, 151964, 151965, 151967, 151968, 151969, 151970, 151971, 151975, 151976, 151979, 151981, 151985, 151986, 151988, 151989, 151990, 151991, 151993, 151994, 151995, 151996, 151997, 151998, 151999, 152000, 152003, 152004, 152005, 152006, 152007, 152008, 152011,

152012, 152013, 152019, 152020, 152021, 152022, 152023, 152024, 152025, 152026, 152029, 152030, 152031, 152032, 152033, 152035, 152036, 152037, 152038, 152040, 152045, 152046, 152047, 152048, 152049, 152050, 152051, 152052, 152053, 152054, 152056, 152060, 152061, 152062, 152063, 152064, 152069, 152070, 152075, 152076, 152077, 152078, 152079, 152081, 152082, 152083, 152087, 152088, 152090, 152092, 152093, 152094, 152095, 152096, 152097, 152099, 152100, 152101, 152102, 152103, 152108, 152110, 152111, 152112, 152113, 152114, 152115, 152117, 152118, 152119, 152120, 152121, 152126, 152133, 152134, 152135, 152136, 152138, 152141, 152142, 152143, 152144, 152145, 152147, 152148, 152149, 152150, 152151, 152155, 152157, 152162, 152163, 152164, 152165, 152168, 152173, 152174, 152176, 152177, 152180, 152181, 152184, 152186, 152187, 152189, 152190, 152192, 152193, 152194, 152195, 152197, 152198, 152202, 152203, 152204, 152205, 152207, 152209, 152210, 152211, 152212, 152214, 152217, 152220, 152221, 152222, 152227, 152228, 152229, 152230, 152231, 152234, 152235, 152236, 152237, 152238, 152239, 152240, 152242, 152243, 152247, 152248, 152249, 152250, 152251, 152252, 152253, 152254, 152256, 152257, 152260, 152262, 152263, 152264, 152269, 152271, 152272, 152277, 152278, 152280, 152281, 152282, 152284, 152288, 152289, 152290, 152291, 152292, 152293, 152294, 152295, 152297, 152298, 152299, 152300, 152301, 152307, 152308, 152314, 152315, 152316, 152317, 152324, 152325, 152326, 152327, 152328, 152330, 152333, 152334, 152335, 152337, 152338, 152339, 152340, 152343, 152345, 152356, 152357, 152359, 152360, 152361, 152362, 152363, 152368, 152369, 152371, 152373, 152375, 152376, 152377, 152378, 152379, 152385, 152386, 152387, 152393, 152394, 152395, 152396, 152398, 152399, 152400, 152401, 152402, 152403, 152404, 152405, 152407, 152410, 152411, 152412, 152414, 152416, 152417, 152421, 152423, 152424, 152427, 152428, 152430, 152431, 152432, 152433, 152435, 152436, 152441, 152442, 152450, 152451, 152454, 152455, 152467, 152469, 152470, 152471, 152472, 152484, 152485, 152486, 152488, 152490, 152491, 152492, 152493, 152494, 152495, 152496, 152497, 152498, 152499, 152500, 152501, 152502, 152503, 152505, 152506, 152507, 152510, 152513, 152514, 152515, 152516, 152517, 152518, 152519, 152520, 152521, 152522, 152523, 152524, 152525, 152526, 152527, 152528, 152530, 152531, 152532, 152533, 152535, 152536, 152538, 152539, 152540, 152541, 152542, 152543, 152544, 152548, 152549, 152554, 152555, 152556, 152557, 152559, 152560, 152561, 152562, 152565, 152566, 152568, 152570, 152572, 152573, 152574, 152575, 152577, 152578, 152579, 152580, 152581, 152582, 152583, 152584, 152585, 152586, 152587, 152589, 152590, 152591, 152592, 152593, 152595, 152598, 152599, 152600, 152601, 152602, 152603, 152605, 152607, 152608, 152609, 152610, 152611, 152613, 152614, 152615, 152616, 152617, 152618, 152619, 152622, 152624, 152625, 152626, 152627, 152628, 152629, 152630, 152631, 152632, 152633, 152634, 152635, 152636, 152637, 152639, 152640, 152641, 152642, 152643, 152644, 152645, 152646, 152647, 152648, 152649, 152650, 152651, 152652, 152653, 152654, 152655, 152656, 152657, 152660, 152661, 152666, 152667, 152668, 152669, 152671, 152674, 152676, 152677, 152678, 152679, 152680, 152684, 152685, 152686, 152687, 152688, 152689, 152692, 152693, 152694, 152695, 152696, 152697, 152698, 152700, 152701, 152702, 152703, 152704, 152705, 152707, 152708, 152709, 152710, 152712, 152713, 152714, 152716, 152717, 152718, 152719, 152720, 152721, 152722, 152723, 152725, 152726, 152727, 152728, 152731, 152732, 152733, 152734, 152735, 152736, 152737, 152738, 152739, 152740, 152741, 152743, 152744, 152745, 152746, 152747, 152748, 152755, 152759, 152761, 152762, 152764, 152769, 152770, 152771, 152772, 152773, 152775, 152777, 152782, 152785, 152789, 152790, 152791, 152792, 152793, 152794, 152795, 152796, 152798, 152799, 152800, 152801, 152802, 152803, 152804, 152805, 152806, 152807, 152808, 152809, 152810, 152811, 152812, 152813, 152814, 152818, 152819, 152820, 152821, 152822, 152823, 152826, 152828, 152830, 152831, 152835, 152836, 152840, 152842, 152843, 152847, 152848, 152849, 152853, 152854, 152855, 152856, 152858, 152859, 152865, 152866, 152867, 152868, 152869, 152872, 152875, 152877, 152879, 152880, 152881, 152882, 152885, 152886, 152887, 152888, 152889, 152890, 152891, 152892, 152893, 152894, 152895, 152896, 152897, 152899, 152900, 152902, 152903, 152904, 152908, 152917, 152918, 152920, 152922, 152924, 152926, 152927, 152928, 152929, 152930, 152932, 152936, 152937, 152938, 152939, 152940, 152941, 152942, 152943, 152944, 152945, 152946, 152949, 152950, 152952, 152954, 152956, 152957, 152958, 152959, 152960, 152964, 152965, 152966, 152967, 152968, 152969, 152970, 152971, 152972, 152973, 152974, 152975, 152982, 152983, 152984, 152986, 152988, 152989, 152991, 152992, 152994, 152995, 152996, 152997, 152998, 152999, 153000, 153001, 153003, 153005, 153006, 153009, 153010, 153011, 153013, 153018, 153019, 153020, 153021, 153022, 153027, 153029, 153030, 153031, 153032, 153033, 153035, 153036, 153038, 153040, 153041, 153042, 153044, 153045, 153051, 153052, 153053, 153055, 153056, 153057, 153058, 153061, 153062, 153063, 153064, 153065, 153066, 153067,

153068, 153069, 153070, 153072, 153074, 153075, 153076, 153078, 153082,
153083, 153084, 153085, 153086, 153093, 153096, 153097, 153102, 153107,
153108, 153109, 153110, 153115, 153116, 153118, 153119, 153120, 153122,
153123, 153125, 153126, 153127, 153128, 153129, 153130, 153131, 153132,
153134, 153135, 153137, 153138, 153139, 153141, 153142, 153143, 153148,
153149, 153150, 153151, 153152, 153155, 153158, 153161, 153162, 153164,
153165, 153167, 153168, 153171, 153172, 153173, 153174, 153175, 153176,
153177, 153179, 153180, 153181, 153182, 153183, 153185, 153188, 153189,
153190, 153192, 153193, 153194, 153195, 153196, 153197, 153198, 153199,
153200, 153201, 153202, 153203, 153204, 153205, 153206, 153209, 153211,
153212, 153214, 153216, 153217, 153218, 153219, 153220, 153221, 153222,
153223, 153226, 153227, 153228, 153229, 153230, 153231, 153232, 153233,
153235, 153238, 153239, 153240, 153241, 153242, 153243, 153245, 153246,
153248, 153249, 153250, 153251, 153262, 153264, 153269, 153270, 153271,
153272, 153276, 153277, 153278, 153279, 153280, 153283, 153285, 153286,
153287, 153288, 153289, 153290, 153291, 153292, 153293, 153295, 153296,
153297, 153298, 153299, 153304, 153305, 153306, 153307, 153308, 153309,
153310, 153312, 153319, 153320, 153321, 153322, 153323, 153324, 153326,
153327, 153328, 153329, 153330, 153331, 153332, 153333, 153335, 153338,
153339, 153340, 153341, 153342, 153345, 153348, 153353, 153354, 153355,
153356, 153357, 153358, 153359, 153360, 153361, 153364, 153365, 153370,
153371, 153372, 153373, 153377, 153380, 153381, 153383, 153384, 153386,
153392, 153395, 153396, 153397, 153398, 153399, 153401, 153402, 153404,
153406, 153408, 153409, 153411, 153413, 153414, 153415, 153416, 153417,
153418, 153419, 153420, 153421, 153422, 153423, 153424, 153425, 153426,
153427, 153428, 153429, 153430, 153431, 153432, 153433, 153435, 153436,
153438, 153439, 153440, 153441, 153442, 153443, 153444, 153445, 153446,
153447, 153448, 153449, 153451, 153452, 153454, 153455, 153456, 153457,
153458, 153459, 153460, 153461, 153463, 153464, 153465, 153466, 153467,
153469, 153470, 153475, 153476, 153477, 153478, 153479, 153480, 153481,
153482, 153483, 153484, 153485, 153486, 153489, 153491, 153492, 153494,
153495, 153496, 153497, 153498, 153500, 153501, 153503, 153504, 153505,
153508, 153509, 153510, 153511, 153512, 153513, 153514, 153515, 153516,
153517, 153518, 153519, 153521, 153522, 153523, 153524, 153525, 153527,
153528, 153529, 153530, 153531, 153532, 153534, 153535, 153536, 153537,
153538, 153539, 153540, 153541, 153542, 153543, 153544, 153545, 153546,
153550, 153551, 153553, 153554, 153555, 153556, 153557, 153559, 153560,
153561, 153563, 153566, 153567, 153568, 153569, 153571, 153573, 153574,
153575, 153577, 153579, 153580, 153581, 153585, 153586, 153587, 153588,
153589, 153590, 153591, 153594, 153596, 153598, 153599, 153605, 153606,
153607, 153609, 153610, 153611, 153612, 153613, 153615, 153616, 153617,
153619, 153620, 153628, 153632, 153633, 153634, 153635, 153637, 153638,
153639, 153640, 153646, 153647, 153648, 153649, 153650, 153651, 153653,
153656, 153657, 153658, 153659, 153660, 153661, 153663, 153664, 153665,
153666, 153667, 153668, 153669, 153670, 153671, 153672, 153673, 153674,
153675, 153676, 153685, 153687, 153688, 153690, 153692, 153693, 153694,
153695, 153697, 153698, 153700, 153701, 153702, 153703, 153706, 153707,
153708, 153709, 153710, 153711, 153715, 153716, 153719, 153722, 153723,
153724, 153725, 153726, 153727, 153728, 153729, 153730, 153734, 153735,
153736, 153737, 153738, 153739, 153740, 153741, 153742, 153743, 153747,
153748, 153749, 153750, 153751, 153752, 153753, 153758, 153759, 153760,
153761, 153762, 153765, 153766, 153767, 153769, 153770, 153773, 153774,
153775, 153777, 153778, 153780, 153781, 153782, 153783, 153784, 153785,
153787, 153789, 153790, 153791, 153792, 153793, 153794, 153795, 153796,
153797, 153798, 153802, 153803, 153805, 153806, 153808, 153809, 153810,
153812, 153813, 153814, 153821, 153822, 153823, 153826, 153828, 153830,
153831, 153832, 153833, 153834, 153835, 153839, 153840, 153841, 153842,
153843, 153847, 153848, 153851, 153852, 153853, 153854, 153855, 153856,
153857, 153858, 153859, 153863, 153864, 153866, 153867, 153868, 153869,
153870, 153872, 153874, 153877, 153878, 153880, 153881, 153882, 153883,
153884, 153885, 153886, 153887, 153888, 153892, 153893, 153894, 153895,
153896, 153897, 153898, 153899, 153900, 153901, 153902, 153903, 153905,
153906, 153907, 153908, 153909, 153910, 153911, 153912, 153913, 153918,
153919, 153921, 153922, 153923, 153924, 153925, 153927, 153928, 153929,
153930, 153931, 153932, 153933, 153934, 153935, 153936, 153937, 153938,
153940, 153941, 153942, 153943, 153948, 153949, 153953, 153954, 153955,
153956, 153957, 153958, 153959, 153960, 153961, 153963, 153964, 153969,
153972, 153979, 153981, 153982, 153983, 153984, 153985, 153986, 153987,
153988, 153989, 153991, 153992, 153996, 153997, 154001, 154003, 154004,
154005, 154006, 154007, 154008, 154009, 154010, 154011, 154014, 154015,
154017, 154018, 154019, 154020, 154021, 154024, 154026, 154029, 154030,
154031, 154033, 154035, 154036, 154037, 154038, 154039, 154040, 154043,
154044, 154054, 154059, 154060, 154063, 154064, 154065, 154066, 154067,

154073, 154074, 154075, 154077, 154078, 154079, 154080, 154081, 154082,
154084, 154085, 154089, 154090, 154091, 154092, 154093, 154094, 154095,
154099, 154100, 154101, 154102, 154103, 154104, 154105, 154106, 154111,
154112, 154113, 154114, 154115, 154116, 154118, 154119, 154120, 154121,
154122, 154123, 154124, 154125, 154126, 154127, 154129, 154130, 154131,
154132, 154133, 154136, 154138, 154139, 154140, 154141, 154144, 154145,
154146, 154149, 154151, 154152, 154153, 154154, 154155, 154156, 154157,
154158, 154159, 154160, 154161, 154162, 154163, 154164, 154166, 154167,
154168, 154169, 154170, 154171, 154172, 154173, 154174, 154175, 154176,
154177, 154178, 154179, 154180, 154181, 154182, 154183, 154185, 154186,
154187, 154188, 154189, 154191, 154192, 154193, 154194, 154195, 154196,
154197, 154198, 154199, 154200, 154201, 154202, 154203, 154205, 154211,
154212, 154213, 154214, 154215, 154216, 154217, 154221, 154222, 154223,
154224, 154226, 154227, 154228, 154229, 154230, 154231, 154232, 154234,
154236, 154237, 154238, 154239, 154245, 154253, 154254, 154255, 154256,
154258, 154261, 154262, 154263, 154264, 154265, 154266, 154267, 154268,
154269, 154270, 154272, 154273, 154274, 154275, 154276, 154278, 154279,
154280, 154281, 154283, 154284, 154285, 154286, 154287, 154291, 154295,
154297, 154298, 154300, 154306, 154310, 154316, 154321, 154322, 154323,
154325, 154326, 154327, 154331, 154332, 154333, 154334, 154335, 154336,
154337, 154340, 154342, 154343, 154344, 154345, 154348, 154349, 154350,
154351, 154352, 154353, 154354, 154356, 154357, 154358, 154359, 154360,
154361, 154362, 154363, 154364, 154365, 154366, 154367, 154368, 154372,
154373, 154374, 154375, 154376, 154377, 154378, 154379, 154381, 154383,
154384, 154385, 154386, 154387, 154389, 154390, 154391, 154392, 154394,
154395, 154397, 154402, 154403, 154410, 154413, 154414, 154416, 154419,
154421, 154422, 154423, 154424, 154425, 154426, 154427, 154429, 154430,
154431, 154432, 154433, 154435, 154437, 154439, 154443, 154444, 154447,
154448, 154449, 154450, 154451, 154452, 154453, 154454, 154455, 154456,
154457, 154458, 154459, 154460, 154461, 154462, 154463, 154464, 154465,
154466, 154467, 154468, 154469, 154470, 154472, 154473, 154474, 154475,
154476, 154477, 154478, 154479, 154480, 154481, 154482, 154483, 154484,
154485, 154486, 154487, 154489, 154490, 154491, 154492, 154493, 154494,
154495, 154496, 154497, 154498, 154499, 154500, 154501, 154502, 154503,
154504, 154505, 154507, 154509, 154510, 154511, 154512, 154513, 154514,
154515, 154516, 154517, 154521, 154523, 154524, 154525, 154526, 154527,
154528, 154529, 154530, 154531, 154538, 154539, 154540, 154542, 154543,
154544, 154545, 154546, 154547, 154548, 154549, 154550, 154552, 154553,
154554, 154555, 154556, 154557, 154558, 154559, 154560, 154561, 154562,
154563, 154564, 154566, 154567, 154568, 154569, 154571, 154572, 154573,
154574, 154575, 154578, 154579, 154580, 154581, 154582, 154583, 154586,
154587, 154589, 154590, 154591, 154592, 154593, 154594, 154595, 154596,
154599, 154607, 154609, 154610, 154611, 154612, 154613, 154614, 154615,
154616, 154618, 154619, 154620, 154621, 154623, 154624, 154625, 154626,
154627, 154629, 154630, 154632, 154633, 154634, 154635, 154636, 154637,
154638, 154639, 154640, 154641, 154642, 154643, 154644, 154645, 154646,
154647, 154648, 154649, 154650, 154652, 154653, 154655, 154656, 154659,
154661, 154663, 154664, 154666, 154668, 154670, 154671, 154672, 154673,
154674, 154675, 154676, 154677, 154678, 154679, 154680, 154681, 154682,
154683, 154685, 154686, 154687, 154690, 154691, 154692, 154693, 154695,
154696, 154697, 154698, 154700, 154701, 154702, 154703, 154704, 154705,
154707, 154708, 154709, 154710, 154711, 154712, 154713, 154714, 154715,
154716, 154717, 154718, 154720, 154721, 154722, 154723, 154724, 154725,
154726, 154727, 154728, 154729, 154730, 154731, 154732, 154733, 154736,
154737, 154738, 154739, 154740, 154741, 154742, 154744, 154745, 154746,
154747, 154748, 154750, 154751, 154752, 154754, 154756, 154757, 154758,
154760, 154762, 154764, 154765, 154766, 154767, 154774, 154775, 154776,
154777, 154778, 154779, 154780, 154781, 154782, 154783, 154784, 154786,
154787, 154788, 154789, 154790, 154791, 154792, 154794, 154795, 154796,
154797, 154798, 154799, 154800, 154801, 154803, 154805, 154806, 154807,
154809, 154810, 154811, 154812, 154813, 154814, 154816, 154817, 154818,
154819, 154820, 154821, 154822, 154823, 154824, 154825, 154826, 154827,
154828, 154830, 154831, 154832, 154834, 154835, 154836, 154837, 154838,
154839, 154841, 154842, 154843, 154844, 154845, 154848, 154849, 154851,
154852, 154853, 154854, 154855, 154856, 154857, 154858, 154859, 154860,
154861, 154862, 154863, 154864, 154865, 154866, 154869, 154873, 154874,
154875, 154877, 154878, 154879, 154880, 154881, 154882, 154883, 154884,
154886, 154887, 154888, 154889, 154890, 154891, 154892, 154893, 154894,
154895, 154899, 154900, 154901, 154902, 154903, 154904, 154905, 154906,
154907, 154908, 154909, 154913, 154914, 154915, 154916, 154917, 154918,
154919, 154920, 154921, 154923, 154924, 154925, 154928, 154929, 154930,
154931, 154932, 154933, 154937, 154938, 154939, 154942, 154944, 154945,
154946, 154947, 154951, 154952, 154953, 154954, 154955, 154956, 154957,

154958, 154959, 154960, 154961, 154962, 154963, 154964, 154966, 154967, 154968, 154969, 154970, 154971, 154972, 154973, 154975, 154977, 154979, 154980, 154981, 154982, 154983, 154984, 154985, 154986, 154987, 154988, 154989, 154990, 154995, 154996, 154997, 154998, 154999, 155000, 155001, 155002, 155003, 155004, 155005, 155006, 155007, 155008, 155009, 155010, 155011, 155012, 155013, 155014, 155015, 155016, 155017, 155018, 155019, 155020, 155021, 155022, 155023, 155027, 155028, 155029, 155030, 155031, 155032, 155033, 155034, 155035, 155036, 155037, 155040, 155041, 155042, 155043, 155044, 155045, 155046, 155047, 155048, 155049, 155051, 155054, 155055, 155056, 155057, 155058, 155060, 155061, 155062, 155063, 155064, 155065, 155066, 155067, 155068, 155069, 155070, 155071, 155073, 155075, 155076, 155078, 155079, 155080, 155081, 155082, 155084, 155085, 155086, 155087, 155088, 155091, 155092, 155093, 155094, 155097, 155098, 155099, 155100, 155101, 155102, 155104, 155105, 155106, 155107, 155108, 155110, 155111, 155113, 155115, 155116, 155117, 155118, 155119, 155120, 155121, 155122, 155123, 155124, 155125, 155126, 155127, 155128, 155129, 155130, 155131, 155132, 155133, 155134, 155135, 155136, 155137, 155138, 155139, 155140, 155141, 155142, 155143, 155144, 155145, 155147, 155149, 155150, 155151, 155152, 155153, 155154, 155155, 155156, 155157, 155163, 155164, 155165, 155166, 155167, 155168, 155169, 155170, 155171, 155172, 155174, 155175, 155176, 155177, 155178, 155180, 155181, 155182, 155183, 155184, 155185, 155186, 155187, 155188, 155189, 155190, 155191, 155192, 155193, 155194, 155195, 155196, 155197, 155198, 155199, 155200, 155201, 155202, 155203, 155204, 155205, 155206, 155207, 155210, 155211, 155212, 155213, 155214, 155216, 155217, 155218, 155219, 155222, 155223, 155224, 155225, 155226, 155227, 155228, 155237, 155238, 155239, 155240, 155243, 155245, 155246, 155247, 155248, 155249, 155250, 155252, 155253, 155254, 155255, 155256, 155257, 155258, 155259, 155260, 155261, 155262, 155263, 155264, 155265, 155266, 155267, 155268, 155269, 155270, 155271, 155272, 155273, 155274, 155275, 155276, 155277, 155278, 155279, 155280, 155281, 155282, 155283, 155285, 155286, 155287, 155288, 155289, 155290, 155291, 155292, 155293, 155294, 155295, 155296, 155297, 155298, 155299, 155300, 155301, 155302, 155303, 155304, 155305, 155306, 155307, 155308, 155309, 155310, 155311, 155312, 155313, 155314, 155315, 155316, 155317, 155318, 155319, 155320, 155321, 155322, 155323, 155324, 155325, 155328, 155329, 155330, 155331, 155332, 155333, 155334, 155335, 155336, 155338, 155339, 155340, 155343, 155344, 155345, 155346, 155347, 155348, 155349, 155350, 155351, 155352, 155354, 155355, 155356, 155357, 155359, 155360, 155361, 155362, 155363, 155364, 155365, 155366, 155367, 155368, 155369, 155370, 155371, 155372, 155373, 155374, 155376, 155377, 155378, 155379, 155380, 155381, 155382, 155385, 155387, 155388, 155392, 155393, 155394, 155395, 155396, 155397, 155398, 155400, 155401, 155403, 155405, 155406, 155407, 155408, 155409, 155410, 155411, 155412, 155413, 155414, 155415, 155416, 155417, 155418, 155419, 155420, 155421, 155422, 155424, 155427, 155428, 155429, 155430, 155431, 155432, 155433, 155434, 155435, 155437, 155438, 155439, 155440, 155441, 155442, 155443, 155444, 155445, 155446, 155447, 155448, 155449, 155450, 155451, 155452, 155453, 155454, 155455, 155456, 155457, 155458, 155459, 155460, 155461, 155462, 155463, 155465, 155466, 155467, 155468, 155469, 155470, 155471, 155472, 155473, 155474, 155475, 155476, 155477, 155478, 155479, 155480, 155481, 155482, 155483, 155484, 155485, 155486, 155487, 155488, 155489, 155490, 155491, 155492, 155493, 155494, 155495, 155496, 155497, 155498, 155499, 155500, 155501, 155502, 155503, 155504, 155505, 155506, 155507, 155508, 155509, 155510, 155511, 155512, 155513, 155514, 155515, 155516, 155517, 155518, 155519, 155520, 155521, 155522, 155523, 155524, 155525, 155526, 155527, 155528, 155529, 155530, 155531, 155532, 155534, 155535, 155536, 155537, 155538, 155539, 155540, 155541, 155542, 155543, 155544, 155545, 155546, 155547, 155548, 155549, 155550, 155551, 155553, 155554, 155555, 155556, 155557, 155559, 155560, 155561, 155562, 155563, 155564, 155565, 155566, 155568, 155569, 155570, 155571, 155572, 155573, 155574, 155575, 155576, 155577, 155579, 155580, 155581, 155582, 155583, 155584, 155585, 155586, 155587, 155588, 155589, 155590, 155591, 155592, 155593, 155594, 155595, 155596, 155597, 155598, 155599, 155600, 155601, 155602, 155603, 155604, 155605, 155606, 155608, 155609, 155610, 155611, 155612, 155613, 155614, 155615, 155616, 155617, 155618, 155619, 155620, 155621, 155622, 155623, 155624, 155625, 155626, 155627, 155628, 155629, 155630, 155631, 155632, 155633, 155634, 155635, 155636, 155637, 155638, 155639, 155640, 155641, 155642, 155643, 155644, 155646, 155647, 155648, 155649, 155650, 155651, 155652, 155653, 155654, 155655, 155656, 155657, 155658, 155659, 155660, 155661, 155662, 155663, 155664, 155665, 155666, 155667, 155668, 155669, 155670, 155671, 155672, 155673, 155674, 155675, 155676, 155677, 155678, 155679, 155680, 155681, 155682, 155683, 155684, 155685, 155686, 155687, 155688, 155689, 155690, 155691, 155692, 155693, 155694, 155695, 155697, 155698, 155700, 155701, 155702, 155703, 155704, 155705, 155706, 155707, 155708, 155709, 155710, 155711, 155713, 155714, 155715, 155716, 155717, 155718, 155719, 155720, 155721, 155722, 155723, 155724, 155725, 155726, 155727, 155728, 155729, 155730, 155731, 155732, 155733, 155734, 155735, 155736, 155737, 155738, 155739, 155740, 155741, 155742, 155743, 155744, 155745, 155746, 155747, 155748, 155749, 155750, 155751, 155752, 155753, 155754, 155755, 155756, 155757, 155759, 155760, 155761, 155762, 155763, 155764, 155766, 155767, 155768, 155769, 155770, 155771, 155772, 155773, 155774, 155775, 155776, 155777, 155778, 155779, 155780, 155781, 155782, 155783, 155784, 155785, 155786, 155787, 155788, 155789, 155790, 155791, 155792, 155793, 155794, 155795, 155796, 155797, 155798, 155799, 155800, 155801, 155802, 155803, 155804, 155805, 155806, 155807, 155808, 155809, 155810, 155811, 155812, 155813, 155814, 155815, 155816, 155817, 155818, 155820, 155821, 155822, 155823, 155824, 155825, 155826, 155827, 155828, 155829, 155830, 155831, 155832, 155833, 155834, 155835, 155836, 155837, 155838, 155839, 155840, 155841, 155842, 155843, 155844, 155845, 155846, 155847, 155848, 155849, 155850, 155851, 155852, 155853, 155854, 155855, 155856, 155858, 155859, 155860, 155861, 155862, 155863, 155864, 155865, 155866, 155867, 155868, 155869, 155870, 155871, 155872, 155873, 155874, 155875, 155876, 155877, 155878, 155879, 155880, 155881, 155882, 155883, 155884, 155885, 155886, 155887, 155888, 155889, 155890, 155891, 155892, 155893, 155894, 155895, 155896, 155897, 155898, 155899, 155900, 155901, 155902, 155903, 155904, 155905, 155906, 155907, 155908, 155909, 155910, 155911, 155912, 155913, 155914, 155915, 155916, 155917, 155918, 155919, 155920, 155921, 155922, 155923, 155924, 155925, 155926, 155927, 155928, 155929, 155930, 155931, 155932, 155933, 155934, 155935, 155936, 155937, 155938, 155939, 155940, 155941, 155942, 155943, 155944, 155945, 155946, 155948, 155949, 155950, 155951, 155952, 155953, 155954, 155955, 155956, 155957, 155958, 155959, 155960, 155961, 155962, 155963, 155964, 155965, 155966, 155967, 155968, 155969, 155970, 155971, 155972, 155973, 155974, 155975, 155976, 155977, 155978, 155979, 155980, 155981, 155982, 155983, 155984, 155985, 155986, 155987, 155988, 155989, 155990, 155991, 155992, 155993, 155994, 155995, 155997, 155998, 155999, 156000, 156001, 156002, 156004, 156005, 156006, 156007, 156008, 156009, 156010, 156011, 156012, 156013, 156014, 156015, 156016, 156017, 156018, 156019, 156020, 156021, 156022, 156023, 156024, 156025, 156026, 156027, 156028, 156029, 156030, 156031, 156032, 156033, 156034, 156035, 156036, 156037, 156038, 156039, 156040, 156041, 156042, 156043, 156044, 156045, 156046, 156047, 156048, 156049, 156050, 156051, 156052, 156053, 156054, 156055, 156056, 156057, 156058, 156059, 156060, 156061, 156062, 156063, 156064, 156065, 156066, 156067, 156068, 156069, 156070, 156071, 156072, 156073, 156074, 156075, 156076, 156077, 156078, 156079, 156080, 156081, 156082, 156083, 156084, 156085, 156086, 156087, 156088, 156089, 156090, 156091, 156092, 156093, 156094, 156095, 156096, 156097, 156098, 156099, 156100, 156101, 156102, 156103, 156104, 156105, 156106, 156107, 156108, 156109, 156110, 156111, 156112, 156114, 156115, 156116, 156117, 156118, 156119, 156120, 156121, 156122, 156123, 156124, 156125, 156126, 156127, 156128, 156129, 156130, 156131, 156132, 156133, 156134, 156135, 156136, 156137, 156138, 156139, 156140, 156142, 156143, 156144, 156145, 156146, 156147, 156148, 156149, 156150, 156151, 156152, 156153, 156154, 156155, 156156, 156157, 156158, 156159, 156160, 156161, 156162, 156163, 156164, 156165, 156166, 156167, 156168, 156169, 156170, 156171, 156172, 156173, 156174, 156175, 156176, 156177, 156178, 156179, 156180, 156181, 156182, 156183, 156184, 156185, 156186, 156187, 156188, 156189, 156190, 156191, 156192, 156193, 156194, 156195, 156196, 156197, 156198, 156199, 156200, 156201, 156202, 156203, 156204, 156205, 156206, 156207, 156208, 156209, 156210, 156211, 156212, 156213, 156214, 156215, 156216, 156217, 156218, 156219, 156220, 156221, 156222, 156223, 156224, 156225, 156226, 156227, 156228, 156229

Erratum und Ergänzungen aus 2007
Erratum and Additions in 2007

Natürlich stehen die Bänder des Werkes während eines Buchprojekts nicht still und, wie Eingangs beschrieben, ergibt sich die Gelegenheit, Fehler zu korrigieren und Änderungen und neue Informationen hinzuzufügen.

Auf den folgenden Seiten finden Sie zahlreiche neue Wagen, bis in den August 2007 hinein, darunter drei von Zagato gestaltete 575 GTZ (es gibt einen vierten mit der Serien-Nummer 136920, mehr dazu in der nächsten Ausgabe), den zum 60. Firmenjubiläum gezeigten 612 Sessanta, die sieben, bis zum Rennen in Spa gebauten F2007 und den ersten der Challenge Stradale-Nachfolger, F430 Scuderia (die IAA Ausstellungs-Fahrzeuge sind 155218 und 155220 und haben das Modell-Kürzel „64"), kurzum 6.200 Neue und Änderungen, die auch in der Aufstellung der bisher nicht identifizierten nicht mehr berücksichtigt sind.

Alle Änderungen und Neueinträge sind in Fettschrift angegeben.

Clearly the Factory's belts are not standing still for the project of the book and, as stated earlier, this gives the opportunity to correct mistakes and add changes and additions.

On the following pages you will find many new cars up to August 2007, including three 575 GTZ, designed by Zagato (there is a fourth one, S/N 136920, more on this included in the next issue), the 612 Sessanta, introduced at the Factory's 60th Anniversary, the seven F2007 produced until the GP of Spa and the first F430 Scuderia, the Challenge Stradale successor (the IAA Show cars are 155218 and 155220 and show the digit "64" in their VIN), all in all 6.200 new ones and additions, already excluded from the yet unknown S/N-summary.

All additions and new entries are printed in bold characters.

s/n	Type	Comments
001	308	GTB/M #1/3 80 Red & Yellow/Black then Red white side stripe/Red Michelotto IMSA
002	308	GTB/M s/n 10672 Rosso Corsa/Blue
0002	156	F1 "Sharknose" 61 Rosso Corsa/Black CHD, said to have been Yellow for Gendebien's entry in the Begian GP 1961
0004	156	F1 "Sharknose" 61 Rosso Corsa CHD destroyed, rebuilt? 07displayed to the Stavelot abbey at the Spa-Francorchamps Racetrack Museum
005M	360	Modena N-GT (Michelotto) F1 00 360 Modena Challenge 02 N-GT Conversion Rosso Corsa/Black Red seats eng. # F103-GT (Michelotto 04) s/n 119067
010	MR400	#10/9 + 1 Nogatech F99 (348 engine) non Factory S/N, Red with Italian Tricolore stripe F355 engine, designed by the designer of Renault Spider and stock engine fitted
014	312	B 3 F1 74 Rosso Corsa CHD eng. # 0112-N-50, 2nd in world championship, Clay Regazzoni
015	333	SP Dallara Evoluzione #6/6 95 Rosso Corsa/Nero RHD F130E-N.015 eng. # 031
081S	195	Inter Touring Coupe 2+2 #1/1 31/10/50 Oro Metallizzato then Red then bare metal in late '06 RHD EU eng. # 0081, ex-Hawthorn
0089S	195	Inter Ghia Coupe 50 black & red/red RHD EU eng. # 0089
0157EL	212	Inter Vignale Coupe 2+2 51 Red & Black/Tan leather RHD EU eng. # 0157EL
0161EL	212	Inter Vignale Coupe 51 Blue Grey Roof/Grey RHD EU
029S	166	Inter Touring Coupe Aerlux Torino Show Car 49 Blue then Black/Tan then Blue Superleggara/Grey RHD US Alloy 2+1 notchback Touring body #3396
00144	206	GT Dino #22/150 68 Oro met./Black Vinyl #161 then Fly Giallo/Black Vinyl GTS Conversion by Westebo
166 - 171	F310	correct date of production is 1996
178	F310	B 97 Rosso Corsa/Black CHD
0255EU	212	Inter Vignale Cabriolet 52 Red then Rosso Chiaro/Black then Dark Blue/Red RHD
258	F2007	07 Rosso Scuderia CHD
259	F2007	07 Rosso Scuderia CHD
260	F2007	07 Rosso Scuderia then Rosso "Monaco" CHD, 1st Bahrain, 1st ESP
261	F2007	07 Rosso Scuderia CHD
262	F2007	07 Rosso "Monaco" CHD
263	F2007	07 Rosso "Monaco" CHD
264	F2007	07 Rosso "Monaco" CHD
0268AM	340	MM Touring ~~Barchetta~~ Spider 53 Red/Tan RHD
0287EU	212	Inter Vignale Coupe Geneva Motorshow car 53 Rosso Chiaro/tan LHD US
0289EU	212	Inter Vignale Coupe 53 Red/Tan LHD eng. # 0289 Alloy
0303EU	250	Europa Pinin Farina Coupe Brussels Motor Show 53 Dark Green met./Naturale then Grey/Grey then Dark Green met./Naturale LHD PF job # 12534
0317AL	375	America Pinin Farina Coupe 4/54 Grigio Chiaro Grigio Scuro Roof/Bordeaux dark red dashboard LHD EU PF job # 12547
0312MM	250	MM PF Berlinetta 5/53 White Blue stripe then Red then White & Blue stripe/Black RHD eng. #0312MM
0324AM	340	MM Vignale Spider 6/53 White & blu Sera/Black RHD
0352MM	~~250~~	~~MM Vignale Spider 53 Red RHD~~ is 0352 MM/0239 EU 250 MM Berlinetta Pinin Farina Red/grey
0383GT	250	Europa GT Pinin Farina Berlinetta 54 Plastico Marino Blue/Brown then Black then Brown int.LHD PF job #13446 Design Study by Pinin Farina, burned out, rebuilt
00388	206	GT Dino 68 Rosso Chiaro/Nero Leather Daytona Seats cloth inserts LHD EU
0407GT	250	Europa GT Pinin Farina Coupe #19/27 7/55 Metallic Grey then dark Blue then Silver/Red LHD PF job #14979 Design Study by Pinin Farina
0415GT	250	Europa GT Pinin Farina Berlinetta #4/4 55 Rosso Corsa LHD PF job #14976 Design Study by Pinin Farina eng. #0445
0472AM	375	MM PF Berlinetta #6/7 4/55 Duco metallic Blue Black roof/naturale then Red Black Roof then Red/Tan RHD
0484LM	121	LM Scaglietti Spider converted from 118 LM 54 rebodied by Scaglietti Red Blue & White stripe/Red then Red/Blue RHD
0506MD	500	Mondial Scaglietti iSpider 55 Blue then Rosso Chiaro then Yellow then Dark Red/Black RHD eng. #0496 installed
0526M	750	Monza Scaglietti Spider 55 Red & White then Rosso Corsa/grey then dark Red white stripe & lower body/Black RHD
0543GT	250	GT Boano Coupe 56 Aubergine then Black/tan LHD
0569GT	250	GT Boano Coupe #35/88 56 mink Blue met. then metallic grey White roof LHD Alloy
0596CM	410	Sport Scaglietti Spider 56 Yellow/dark Red then Red/Black then Yellow/Bordeaux RHD
0610MDTR	500	Testa RossaScaglietti Spider 56 Red then silver & Blue then Red then Red Yellow tri-angle nose then Red white Stripe/dark Blue RHD
0612MDTR	625	LM Scaglietti Spider 56 Red/Black RHD
0626	290	MM Scaglietti Spider 56 Red Yellow & Black nose then Red Blue & yellow nose/Brown/Black RHD
0655GT	250	GT Pinin Farina "Collins" Spider Geneva Show car PF job #15775 Design Study 12/56 Rosso Cina 10848 then Green then Black/Black crackle dash ivory 3309 first Ferrari with Dunlop disc brakes
0697GT	250	GT Ellena Coupe 57 Red/Bordeaux & Grey LHD
0735GT	250	GT Pinin Farina Cabriolet Series I Frankfurt Motor Show Car 57 Red/Black then grey/red LHD PF job # 19452 RHD conversion
00744	246	GT Dino Series L 4/70 Light Met.Blue then Black then Rosso Chiaro/Tan Vinyl then Blue Chiaro Metallic 106-A-38/Beige 430
0756TR	250	TR Scaglietti Spider 57 Red/Black then Red int. LHD
0758TR	250	TR Scaglietti Spider 58 White dark Blue stripe/dark Red then Red/Black then White Blue stripe/Red LHD

s/n	Type	Comments
0769GT	250	GT California Spider LWB Prototype #1/50 12/57 Rosso Corsa/Tan LHD Steel covered headlights eng. #0672
00772	246	GTB Dino Series L 5/70 Red then Yellow/Black LHD EU
0787GT	250	GT Berlinetta Scaglietti "TdF" 3 louvre #34 58 Red then tan then dark Red interior then dark Red/Black LHD eng. #1253
0803GT	250	GT Ellena Coupe 57 250 TR replica by DK Red/Black RHD eng. in #0513
0831GT	250	GT Ellena Coupe 57 TdF-Replica by Scaglietti, 1 louvre red white stripe open headlights then covered headlights eng.#1845, #0831 as spare eng.
0856	330	P4 Fantuzzi Spider #1/3 67 Red/Red RHD ex-Obrist ex-Ecclestone
0857GT	250	GT Ellena Coupe #39/49 58 dark Red/Tan eng. # 0857GT
0875GT	250	GT Ellena Coupe 58 Burgundy then Gold Green roof/Tan LHD
0882	312	PB 72 Red yellow stripe/red seat RHD #0884 used for repair
0901GT	250	GT Berlinetta Scaglietti "TdF" 1 louvre #43 58 French Blue & stripe then Red then dark Blue & Silver/Black RHD eng. #0901 ex-J. Geils
0961GT	250	GT Pinin Farina Cabriolet Series I 58 Rosso Rubino metallizzato then Black/beige LHD PF job # 15807
1035GT	250	GT Berlinetta Scaglietti "TdF" 1 louvre #58 2/59 Grey then Yellow then Red then Silver/Black LHD covered headlights
1053GT	250	GT Pinin Farina Coupe Series I 58 LHD US PF job # 22043 250 California Replica Red
1301GT	250	GT Pinin Farina Coupe Series I 59 Bordeaux grey roof/black LHD PF job # 22140
1329GT	250	GT Pinin Farina Coupe Series I 58 maroon/Black LHD PF job # 22148 then 250 California Replica Red/Beige
1475GT	250	GT Pinin Farina Cabriolet Series I 60 Maroon then Yellow then Dark Red Metallic/Black PF job # 19473 open headlight Hillary Raab-Collection
1491GT	250	GT Pinin Farina Coupe Series I 59 Red/Black LHD PF job # 22414
1599GT	250	GT Pinin Farina Coupe Series II 59 Giallo Solare/Nero LHD PF job # 27834
1615GT	250	GT California Spider LWB Comptetizione #43/50 12/59 LHD EU alloy covered headlights eng. #4589 eng. in #2163 destroyed in a fire, rebuilt probably as a replica, silver then Red/black
1617GT	250	GT Pinin Farina Coupe Series II 59 Red/Tan LHD eng. # 1617GT PF job # 27839
01642	246	GTB Dino Series M 4/71 Azzurro then red/black LHD
1733GT	250	GT Pinin Farina Coupe Series II 60 Red/Tan PF job # 27886 eng. #1633, eng. in #2733 then eng. # 2855
1755GT	250	GT Pinin Farina Cabriolet Series II #9/200 60 White/beige PF job # 29709
1759GT	250	GT SWB Berlinetta #6 6/60 Red/Black then Blue then Black int. LHD Alloy
1801GT	250	GT Pinin Farina Cabriolet Series II 4/60 grigio argento metallizzato MM16003 then Rosso Corsa/nero VM8500 LHD EU eng. # 128F 1801GT PF job # 29717
1823GT	250	GT Pinin Farina Coupe Series II 60 Marron Black roof/naturale then Black then Red/Black 3218 PF job # 29453
1881GT	250	GT Pinin Farina Cabriolet Series II 60 Metallic grey/Red LHD eng. # 1881GT PF job # 29733
1899GT	250	GT Pinin Farina Coupe Series II 60 Grigio Conchiglia/Rosso then Avorio/Nero LHD eng. # 1899 PF job # 29472
1953GT	250	GT SWB Berlinetta Competizione #20 6/60 Yellow/Black LHD Alloy
02002	246	GT Dino Series M 5/71 Red/TanDaytona Seats then Fly Yellow/Tan LHD EU eng. #6367
2006	360	Modena N-GT (Factory) 02 Red/Red & Black LHD F 131 GT #2006
02014	246	GTB Dino Series M 5/71 Yellow/Black Vinyl then Black/Black Vinyl then Red then Yellow/Black LHD
2056	360	Modena GTC 04 Red/Black LHD F131GTC 2056
02110	246	GTB Dino Series M 71 Blue Dino Metallic then Giallo/Nero LHD EU
2209GT	250	GT SWB Berlinetta Competizione #49 10/60 White green stripe then rebodied by Drogo then rebodied back, Drogo body to #2065 metallic Blue rebuilt by DK Yellow & green stripe/Black then White green stripe/Black LHD eng. #4921 stamped 2209 A eng. in #2269 Alloy
2220	575	M GTC Black then Red Black & Yellow/Black LHD
2229GT	250	GTE Series I 60 dark blue PF job # 39728 eng. in #1865
2243GT	250	GT SWB Berlinetta #53 11/60 grey metallic then Cadillac Dakotah Red then Red/Red then Grey/ Bordeaux LHD Steel # interno 660F
02256	246	GT Dino Series E 72 Red/Black LHD
2265GT	250	GT SWB Berlinetta #55 12/60 Dark Blue/Tan LHD Steel
2269GT	250	GT SWB Berlinetta 60 dark blue/dark tan LHD Steel eng. # 2209 # interno 608F eng. in #2209, PF files show it as GTE
02350	246	GTB Dino Series E 71 Red/Black LHD EU 246GT*02350*
2367GT	250	GTE Series I 61 Yellow/Black LHD EU PF job # 39764, 250 LWB replica Red/Blue seats RHD back to GTE? Black/Tan in '07
02382	246	GTB Dino Series E 9/71 Argento Auteil/Black Vinyl then Rosso/Black Daytona Seats
2385GT	250	GT Pinin Farina Cabriolet Series II 61 Grey/Black PF job # 29913
2391GT	250	GTE Series I 61 Dark Blue/Red LHD EU PF job # 39770 sunroof Drogo-style rebody Red/Black LHD
2403GT	250	GTE Series I 61 White then Silver/Black LHD EU PF job # 39775
2412	F430	GTC GT 2 Series F1 06 White & baby blue/Red F131 EVOGT2412
2414	F430	GTC GT 2 Series 06 White Green & Gold stripe then Black&Black LHD F131 EVOGT 2414

s/n	Type	Comments
2424	F430	GTC GT 2 Series 06 White & Red then White Black stripe/Black F131 EVOGT 2424
2426	F430	GTC GT 2 Series F1 06 Red & Yellow Stripe/Red F131 EVOGT 2426 eng. # 16 gearbox # 44 ex-Jaime Melo 2006 FIA GT2 World Championship winner
2438	F430	GTC GT 2 Series F1 06 light Green Blue Stripe Blue lower body/Red LHD F131EVOGT*2438*
2442	F430	GTC GT 2 Series F1 06
2444	F430	GTC GT 2 Series F1 06
2446	F430	GTC GT 2 Series F1 06
2448	F430	GTC GT 2 Series F1 06
2450	F430	GTC GT 2 Series F1 06 White & Red F131 EVOGT 2450
2452	F430	GTC GT 2 Series F1 06 Rosso Corsa Yellow & baby Blue/Red F131EVOGT2452
2454	F430	GTC GT 2 Series F1 06 Rosso Corsa & Green/Red F131EVOGT2454
2456	F430	GTC GT 2 Series F1 06
2458	F430	GTC GT 2 Series F1 Rosso Barchetta White & neon Yellow/Red
2460	F430	GTC GT 2 Series F1 Rosso Corsa White & Yellow/Red
2462	F430	GTC GT 2 Series F1 06 Rosso Corsa & Blue/Red F131EVOGT2462
2464	F430	GTC GT 2 Series F1 06 Rosso Corsa & Blue/Red F131EVOGT2464
2466	F430	GTC GT 2 Series F1 dark Blue met./Red
2468	F430	GTC GT 2 Series F1 07 Rosso Corsa/Red F 131 EVOGT 2468
2467GT	250	GT SWB California Spider #15/55 4/61 dark Blue/dark grey then Black/Black LHD Steel covered headlights # interno 636F
2470	F430	GTC GT 2 Series F1 07
2472	F430	GTC GT 2 Series F1 07
2474	F430	GTC GT 2 Series F1 07
2476	F430	GTC GT 2 Series F1 07 Yellow/Black F131EVOGT2476
2478	F430	GTC GT 2 Series F1 07 Black/Black F131EVOGT2478
2480	F430	GTC GT 2 Series F1 07
2482	F430	GTC GT 2 Series F1 07 Rosso Corsa F131EVOGT2482
2501GT	250	GT SWB Berlinetta Strada 4/61 Blue Sera/Bordeaux LHD US Steel ex-Thulin-Collection, ex-Obrist, (ex)-Ecclestone
02532	246	GTB Dino Series E 72 Red (FER 300)/Black LHD EU eng. # 02532
02580	246	GTB Dino Series E 71 Red/Black LHD EU
02600	246	GTB Dino Series E 71 Red/Beige Black vinyl dasboard LHD EU
2621GT	250	GT Pinin Farina Cabriolet Series II 61 Rosso Corsa/Tan Black top LHD PF job # 29934
2663GT	250	GTE Series I 61 Black/Black then Tan int. LHD PF job # 39855
02670	246	GTB Dino Series E 71 Verde Bahram 2.443.546 LHD EU #1/2 in this colour that was used on 3 Daytonas as well
02688	246	GTB Dino Series E 71 Rosso Chiaro/Nero Vinyl then Tan int. RHD UK
2733GT	250	GT SWB Berlinetta "SEFAC Hot Rod" #9/20 #94/165 SWB 6/61 silver/Black LHD EU ex-Ed Niles temp. eng. #1733, eng. temp. in #3637 then eng. #2733
2867GT	250	GT Pinin Farina Cabriolet Series II 61 Grigio Argento Metallizzato MM16003/Beige VM846 then Red/Beige LHD PF job # 29944
02876	246	GTB Dino Series E 71 Red
2885GT	250	GTE Series I 61 eng. # 1733 PF job # 39934
02928	246	GTB Dino Series E 71 Azzurro Dino then Red/Black Vinyl RHD UK
02934	246	GTB Dino Series E 71 Red
02984	246	GTB Dino Series E 71 Rosso Dino then Rosso Corsa/Tan LHD US
3047GT	250	GTE Series I 61 Anthracite/Brown LHD EU eng. # 6797 PF job # 39992
3085GT	250	GT Pinin Farina Cabriolet Series II Paris Show Car 1/62 Grigio Conchiglia Metallizzato Italver 18933M/Rosso 3171 then Red/Black then grey met./Black then Rosso Corsa/Black LHD eng. # 3085 PF job # 29955 hardtop fitted/covered headlights & one-off body treatment by Tom Meade
3153GT	250	GTE Series II 62 Grigio Scuro then dark Blue then dark grey/Black LHD PF job # 68020, ex-Hermann Cordes, eligible for Shell Ferrari Historic Challenge
3161GT	250	GTE Series II 62 dark grey/Black LHD PF job # 68024
3401GT	250	GT SWB Berlinetta #135/165 62 Green then Rosso Corsa/Black LHD EU eng. #3401 Steel
03436	246	GT Dino 72 Verde Bahram 2.443.546 LHD EU #2/2 in this colour that was used on 3 Daytonas as well
03548	246	GTB Dino 72 Blue/Black then Red/ Tan Daytona Seats LHD US
3637	250	GTE Series II 62 Dark Blue/Crema LHD PF job # 68181 temp. eng. #2733
3715GT	250	GT Pinin Farina Cabriolet Series II 62 Rosso/Black black top eng. # 3715 GT PF job # 29992
3757GT	250	GTO 62 Red/Black LHD still belongs to Nick Mason
03890	246	GTB Dino Series E 72 Blu Chiaro met./Tan Vinyl LHD
03916	246	GTS Dino 72 Red/Black then Black/Tan LHD US, 308 QV motor, Speedline 17" wheels
4021	250	GTE Series II 62 Red then Grigio Ferro/Beige LHD PF job # 68316
4093	250	GTE Series III first Series III, 62 Crema/Tan then Silver/Red LHD EU PF job # 68351
04118	246	GT Dino 72 Red/Black Vinyl LHD EU eng. # 04118
04162	246	GT Dino 72 Argento Auteil Metallizzato 106-E-1 then Red/Black Vinyl LHD EU
04220	246	GTS Dino 9/72 Oro Chiaro 106-Y-19/Beige VM 3218 then Red then Yellow/Tan & Black inserts LHD US
04314	246	GTS Dino 72 Red then Fly Yellow/Black LHD EU
4627	250	GT Berlinetta Lusso 63 Red then Blu sera metallic/tan LHD EU. 4627
04654	246	GT Dino 72 Yellow/Black LHD EU
04700	246	GT Dino 73 Red/Black LHD EU
4749	250	GTE Series III 63 LHD US PF job # 68566 GTO-Replica then California Spider Recreation Rosso/Beige
04818	246	GTS Dino 7/72 Red/Black LHD EU

s/n	Type	Comments
04890	246	GTS Dino 10/72 Dino Nicola metallic/black leather Daytona seats then Black/Crema leather Daytona seats red inserts Crema piping LHD US
4891GT	250	GT Berlinetta Lusso 63 Metallic brown/Tan LHD ex-Steve McQueen
04966	246	GTS Dino 72 Silver/Red Leather then Black/Grey LHD US
04994	246	GTS Dino 72 Rosso Corsa/Nero only frame remains, 275 GTB/4 V12 Engine was planned to be fitted in
5217GT	250	GT Berlinetta Lusso 63 Black/Black then Black/Red then Red/Black LHD
5239GT	250	GT Berlinetta Lusso 63 Argento/Nero LHD eng. # 5239 ex-Mimran-Collection
5309GT	250	GT Berlinetta Lusso 64 LHD, probably parted out, eng. only remains in France since the 80's
05364	246	GT Dino 72 Red/Black LHD
5409GT	330	GT 2+2 Series I #24/500 64 Nocciola 20458 A lt.then silver/Beige VM 3218 eng.#5409 Sunroof, crashed and written of in 2007
05518	246	GT Dino 73 Azzurro/Black LHD
05548	246	GT Dino 73 Silver/Black then Green leather LHD EU
05564	246	GTS Dino 72 Blu Dino met. 106-A-72 then Green met. then Giallo Fly/Black 246GTS05564 eng. #135C5000000106
5587GT	250	GT Berlinetta Lusso 5/64 Rosso Chirao/Black LHD US Alloy-Rebody by Brandoli in '82
05688	246	GTS Dino 73 Red/Tan LHD US S/N corrected from 056888
05694	246	GTS Dino 73 Red then Giallo Fly/Black Daytona seats LHD US
05720	246	GTS Dino 73 Yellow/Black Leather then Rosso Chiaro/Black Daytona seats LHD US
5831GT	330	GT 2+2 Series I #146/500 64 Rosso Corsa/Black LHD eng. #5831
5983SF	500	Superfast Brussels Show Car #5/37 12/64 dark Red/beige eng. # 5983/SF
05972	246	GTS Dino 73 Red/Crema Black Inserts then Yellow then Red
05978	246	GTS Dino 73 Silver then Red/Black LHD US Lancia Stratos 24 valve V-6 Dino engine installed
6023	250	LM Brussels Motor Show 8/64 Rosso Cina/blu panno then Yellow/Black RHD ex-Ecurie Francorchamps
6017GT	330	GT 2+2 Series I #204/500 64 Blu Scuro/Grey VM3230 RHD UK then Testa Rossa/61-Replica by Motorima dark Red/Brown LHD eng. # 6017 not a 500 Mondial Replica by Ockelbo
06054	246	GT Dino 73 Red/Black LHD EU
06062	246	GT Dino 73 Blu Dino Metallizzato 106-A-72/Beige vinyl then Rosso Dino/Tan Leather RHD eng. # 06062
06250	246	GT Dino 73 Metallic Dino Blue then Blue Chiaro/tan Vinyl RHD UK
6477GT	330	GT 2+2 Series I #370/500 64 RHD UK eng. #6477 330 GTO Replica Red/black
6513GT	330	GT 2+2 Series I #402/500 64 Red/Black then Tan int. LHD US eng. #6513 ~~Rebodied as 212 Barchetta~~, it was not converted, but mistaken with 6515
6577GT	275	GTB/2 6C 65 Red then Grey/Black LHD Alloy
6619GT	275	GTB 65 multi coloured "flower power" livery then Yellow/Black feat. in the movie "Les Poneyttes"
06630	246	GT Dino Series E 73 Blue Dino met. 106A72/Nero Vinyl 162 LHD EU eng. # 11098 stolen in Italy, retreived & renumbered by Factory to # B6000582 then dark Blue
06630	246	GT Dino Series E a 2nd car, 73 Red then dark Blue LHD EU eng. # 10154 trans. #1198
6663GT	275	GTB 65 yellow/black
6633GT	330	GT 2+2 Series I #440/500 65 Blue LHD US
6701GT	275	GTB/C Speciale "Le Mans Speciale" #1/4 11/64 Rosso Cina then Metallic grey then Grigio Scuro con Banda Argenta then Red then Gunmetal grey LHD Alloy body
06722	246	GT Dino Series E 73 Red/Black Leather RHD
06724	246	GT Dino 73 Blue Dino Met./Beige Leather then Rosso Chiaro/Beige Daytona seats RHD UK eng. # 06724
6741GT	275	GTB 65 Red/Black then Silver/Blue LHD Steel 3 carb short nose
06822	246	GTS Dino 73 Giallo Dino then Silver then Blue then Yellow/Black Vinyl LHD eng. # 06822
06902	246	GT Dino 73 Silver/Black LHD EU
6913GT	275	GTB 65 Nocciola then Rosso Corsa/Tan LHD EU
6929GT	330	GT 2+2 Series I last Series I, last 4 speed, 65 LHD EU eng. #6929
6937GT	330	GT 2+2 Interim 4/65 Oro Chiaro then dark Red/Tan LHD EU 5-Speed Manual eng. # 6937
06976	246	GTS Dino 73 Red/Black Leather colour coded roof LHD EU
06978	246	GTS Dino 73 Light metallic green then Yellow/Black Leather
7071GT	275	GTS #37/200 66 Yellow then Grey/Black LHD
7173GT	275	GTB 65 Red Yellow stripe then Grey/Black short nose RHD 6 carb
7255GT	330	GT 2+2 Interim 8/65 Rosso Corsa/Black RHD UK eng. #7255
7287GT	275	GTS #57/200 65 dark Red/Black LHD ex-Sophia Loren
7311GT	275	GTB 65 Red/Black LHD short nose 3 carb
07324	246	GTB Dino Series E 73 Blue Met.Dino/Beige Vinyl then Yellow then Red/Black Leather RHD UK eng. # 07324
7375GT	330	GT 2+2 Interim 65 Silver then Black/Black LHD
7427GT	275	GTS NART Spider #79/200 65 Rosso Corsa/Black LHD US then Giallo Fly/Nero then Rosso Chairo/Black/Black mohair top
7473GT	275	GTB 65 Red then silver/Black LHD short nose
07486	246	GTS Dino 74 dark Red met./Beige Daytona Seats black inserts LHD EU
07506	246	GTS Dino 73 Red then Yellow/Black then Red/Tan LHD EU
7507GT	330	GT 2+2 Interim 65 RedBlue then Black int. eng. #7507 then Red/Tan eng. # 6801
07560	246	GT Dino Brown met./Tan then Yellow/Black LHD EU

s/n	Type	Comments
7563GT	275	GTS #106/200 65 Rosso Corsa then Rosso Chiaro/Black LHD US eng. # 07563
7615GT	275	GTS #114/200 66 Silver then Rosso Corsa/Nero LHD US
7633GT	275	GTB/2 65 Maroon/Black then Red/Tan Short Nose 3-cam
07768	246	GTS Dino 74 Argento Auteil then Yellow/Black Red Carpets then Rosso Corsa then Yellow/brown RHD UK
7836	246	GTS Dino 74 Red then Blu Chiaro/Black Leather LHD US
7841	275	GTS #153/200 66 red/black LHD EU ex-Michel Lepeltier Collection
7902	246	GTS Dino 74 Rosso Dino/Black Leather ex-Ponder Collection
7907	275	GTS #162/200 66 Red/black LHD EU
7919	330	GT 2+2 Series II 66 Silver then Sera Blue Metallic/Tan PF body #379 eng. #1324
07964	246	GTS Dino 74 Blu Dino Met 106-A-72/Beige VM846 Leather Daytona seats then Black & Grey Daytona Seats LHD US
7969	275	GTB 66 Argento/Nero LHD
7989	275	GTS #178/200 66 Oro Chiaro then Argento/Bordeaux LHD US
8000	308	GT/4 Dino 74 Brown/Tan
8025	330	GT 2+2 Series II 66 Silver/Blue then Rosso Corsa/Beige LHD PF body #393, eng. #1292
8033	275	GTB 65 Oro Chiaro/Bordeaux LHD EU
8039	275	GTB NART Spider Conversion 65 Fly Yellow/black eng. # 8039
8072	246	GTS Dino 4/74 Dark Red/Tan Leather then Grey Cloth then Crema & Black Daytona Seats LHD
8081	275	GTB Brussels show car 66 Silver/black LHD Alloy
8112	246	GTS Dino 5/74 Black/Red & Black Leather LHD US
8140	308	GT/4 Dino Series 1 4/74 metallic Blue then Red/Crema LHD EU Black carpets F106AL08140 eng. #48
8155	275	GTB 66 Silver/Red then Black int. LHD Long Nose Alloy 3 carb
8231	330	GT 2+2 66 Dark Silver/Blue then Red/Black LHD EU eng. #8231 chrome Borranis ex-Paul GilPatrick
08256	246	GTS Dino Series E 74 Rosso Rubino then Rosso Corsa/Tan & Black Daytona seats LHD US
8259	275	GTB/6C 66 Red/Black then Celeste Chiaro metallizzato/blu chiaro LHD Longnose Alloy
08262	246	GTS Dino 74 Rosso Rubino/Tan Leather LHD US
8277	275	GTB 66 Red/Tan RHD UK ex-Mick Fleetwood
08378	308	GT/4 Dino 75 Red/Beige LHD EU
8439	275	GTB/2 6C 66 Rosso Corsa/Nero LHD Long Nose
8457	275	GTB/C "Corsa" Scaglietti #1/1 66 Red/Tan LHD
8507	275	GTB 66 dark Red/Black
8577	275	GTB/2 66 Dark red/Beige LHD Long Nose 6 carb
08582	308	GT/4 Dino Series 1 74 Blue then Red/Crema RHD UK
8601	330	GT 2+2 Series II 67 Silver/Black LHD EU
8751	330	GT 2+2 Series II 66 Red/brown
8797	330	GTC 66 nero then Blue then Black/Black LHD
8817SF	500	Superfast Series II #36/37 6/66 Black/Red then Grigo Argento/Black then Rosso Corsa/Nero LHD foglights eng. #8817 PF job #99621
8645	330	GT 2+2 66 red LHD
8827	330	GTC 66 Blu Sera/Naturale then Black int. LHD
08846	308	GT/4 Dino Series 1 74 Red/Crema LHD EU
08946	308	GT/4 Dino 75 Blue/Blue LHD EU
8949	330	GTC 66 rebodied by Felber as Spider
9025	330	GTC 66 Silver/Black
9057	275	GTB Competizione Series II 66 Azzurro metallizzato 106-A-32/pelle Nero VM8500 then Red Blue stripe/tan LHD
9077	330	GTC 66 dark Red/beige
09126	308	GT/4 Dino Series 1 Compeitizione Conversion 75 White/Red then Red white sides two small stripes with a big green center stripe/Black LHD eng. #1061
09170	308	GT/4 Dino 75 LHD EU
9179	330	GTC 66 Rosso Scuro/Beige
9223	330	GTC 66 Grigio Notte met. then Yellow/Black LHD
9231	330	GTC 66 Grey/Black LHD
09260	308	GT/4 Dino Red & White/Black RHD Race bodywork
9261	275	GTB/4 66 Red then Silver/Black
9295	330	GTC 66 Red/tan eng. # 9295
09340	308	GT/4 Dino 74 Rosso Rubino/Tan LHD EU F106AL09340
9451	275	GTB/4 67 LHD EU partially disassembled and needing total restoration in 2007, stored over 25 years
9519	330	GTC 66 Red/black
9551	275	GTB/4 67 Rosso Cordoba/Black LHD EU
09572	308	GT/4 Dino Series 1 Red/Black Red piping RHD
9647	330	GTC 67 Silver/Black LHD
9884	308	GT/4 Dino 1/75 Rosso Corsa then Blu Chiaro/Crema LHD leather black dash
9925	275	GTB/4 67 Red LHD
10011	275	GTB/4 67 Argento/Nero LHD ex-Michel Lepeltier Collection
10017	275	GTB/4 67 Rosso Rubino/Black then Blu Scuro/Orange RHD
10041	330	GT 2+2 67 Giallo Fly then Red then Yellow/Black LHD EU
10103	275	GTB/4 67 Alloy/Red LHD
10164	208	GT/4 Dino 75 Red/black LHD EU
10169	275	GTB/4 67 Silver/Black RHD
10178	308	GT/4 Dino 2/75 Black/Tan LHD US Sunroof
10231	275	GTB/4 67 Dark Blue/Black LHD
10253	275	GTB/4 67 Yellow/Brown LHD
10263	275	GTB/4 67 Silver/Black LHD EU eng. # 10263
10273	330	GTC 67 Argento/Nero LHD
10300	308	GT/4 Dino 75 Azzurro/Blue LHD
10377	330	GTC 11/67 Bianco 1.441.110 A lt.then Argento/Pelle Nera Franzi LHD US eng. #10377
10527	275	GTB/4 Spider Conversion 67 Silver/Black LHD
10557	275	GTB/4 67 White/Black then silver/Black LHD eng. # 10557
10672	308	GT/4 Dino s/n 002 308 GT/M Rosso Corsa/Blue
10770	308	GT/4 Dino 75 Red/Tan LHD
10777	275	GTB/4 67 yellow/black

s/n	Type	Comments
10809	330	GTC 68 Dark Blue/Tan LHD
~~10840~~	~~308~~	~~GT/4 Dino 75 Fly Giallo/Black~~ deleted, double entry
10855	275	GTB/4 68 Argento/Nero LHD
10890	308	GT/4 Dino 75 White/Red then Rubino/Crema then White/Red (probably never in Rubino/Crema)
11021	330	GTS #85/100 68 Rosso Corsa/Black & Red LHD EU hard top Red tonneau eng. #3298 PF job #175285 ex-Ponder Collection
11025	330	GTC 68 Azzurro/black
11080	308	GT/4 Dino 75 Azzurro Black Boxer Trim/Black Leather
11443	365	GT 2+2 #71/801 68 Rosso Corsa/Nero all chrome parts in matt black LHD EU
11551	330	GTC 68 Red/black
11565	365	GT 2+2 #122/801 68 dark Blue/Tan LHD EU
11574	308	GT/4 Dino 76 Silver/Black
11583	365	GT 2+2 #396/801 69 Red/Black RHD UK #5 RHD
11589	330	GTC 68 red/black LHD EU
11661	365	GT 2+2 #158/801 69 Rosso Carini/Black LHD EU
11707	365	GT 2+2 #186/801 11/68 Red/Crema LHD EU 365GT*11707*
11715	365	GT 2+2 #193/801 69 dark Blue/tan LHD EU
11973	365	GTC #4/150 68 Azzurro Hyperion 2.443.648/Nero Franzi leather then Black/Red then Black int. LHD EU eng. #11973
11985	365	GTC #9/150 69 Azzurro/Black LHD EU
12074	308	GT/4 Dino 77 Blu Daytona/Blue LHD Sunroof
12085	365	GT 2+2 #334/801 69 Red/beige RHD UK #25 RHD details corrected
12099	365	GTC #42/150 69 Dark Red then Azzuro/Beige LHD EU eng. # 12099
12143	365	GT 2+2 #364/801 69 Black/Tan LHD EU
12145	365	GTC #89/150 69 Azzurro Metallizzato/Blue LHD EU body # CO785 renumbered to 12149 after being stolen
12149	365	GTC 69 Azzurro Metallizzato/Blue LHD EU eng. # Interno A848 body # CO785, obviously renumbered from 12145
12149	365	GT 2+2 #360/801 69 Blue Ribot/Beige VM3218 RHD UK body # 358/A #27/52 RHD
12175	365	GT 2+2 #379/801 69 Grey/Black RHD UK
12185	365	GT 2+2 #375/801 69 Rosso Rubino/Black LHD EU eng. # 12185
12201	365	GTS Geneva Show Car #3/20 69 Red then Argento/Nero Black top LHD EU
12230	308	GT/4 Dino 76 Silver/Blue eng. #12370
12296	308	GT/4 Dino Black Yellow stripe/Tan red racing seats LHD aftermarket wheels
12305	365	GT 2+2 #253/801 69 Red/Tan LHD EU
~~12314~~	~~308~~	~~GT/4 Dino Dark metallic Green/Tan~~ deleted, double entry
~~12315~~	~~365~~	~~GTC #84/150 69 LHD EU~~ deleted, double entry
12347	365	GTC #109/150 69 Blue LHD EU
12390	308	GT/4 Dino Red/Crema RHD UK
12437	365	GTC #112/150 69 Blue/Crema RHD UK
12545	365	GTB/4 Daytona #15/1284 69 Yellow/Black RHD UK eng. # 12545 plexi
12645	365	GTC #140/150 69 Red/Black RHD UK
12647	365	GT 2+2 #472/801 69 Red/Black LHD US eng. # 12647, 250 GTO modifications
12775	365	GTB/4 Daytona #58/1284 69 Dino Blue/Tan & Black then Red/Tan & Black LHD EU eng. # B142 Plexi
12887	365	GT 2+2 #528/801 70 Silver/Red LHD EU
13118	308	GT/4 Dino Series 2 Red then Yellow/Black RHD
13139	365	GT 2+2 #614/801 70 dark red met./Black LHD US
13171	365	GT 2+2 Automatic #657/801 70 Black/Black LHD US
13197	365	GTB/4 Daytona #122/1284 70 Black/Tan LHD EU Plexi
13207	365	GTB/4 Daytona #119/1284 70 red/black & red LHD US plexi
13229	365	GT 2+2 #589/801 70 Yellow/Black LHD EU
13373	365	GTB/4 Daytona Series 1 #163/1284 70 Rosso Corsa/Crema Black inserts LHD EU plexi
13374	308	GT/4 Dino 77 Fly yellow/black
13449	365	GTB/4 Daytona Series 1 #205/1284 70 silver/red LHD EU Plexi
13529	365	GTB/4 Daytona #228/1284 70 Red/Black LHD EU plexi
13549	365	GTB/4 Daytona #153/1284 70 Red/Black then Competiton Conversion Rosso Corsa White & Blue stripe/Black LHD EU plexi golden Rims
13552	308	GT/4 Dino Red/Black sport seats RHD UK eng. # F106A02002273
13607	365	GTB/4 Daytona #235/1284 70 Viola Dino metallizzato/Black RHD UK plexi
13765	365	GT 2+2 #724/801 70 Oro Nashrullah then dark Volvo Green/Beige leather(VM846) then Red/Crema RHD UK eng. # 13765 ex-William Shand Kydd
13819	365	GTB/4 Daytona #306/1284 70 Black/beige LHD EU
13865	365	GTB/4 Daytona Spider Conversion #325/1284 70 Rosso Chiaro/Black LHD EU
13873	365	GTB/4 Daytona #343/1284 70 Rosso Corsa/Black red inserts LHD EU Plexi
14155	365	GTB/4 Daytona #412/1284 71 Black/Red LHD US
14201	365	GTB/4 Daytona #453/1284 72 Red/Tan & Black LHD EU eng. # B686
14226	308	GT/4 Dino 78 Rosso Corsa/black
14231	365	GTB/4 Daytona #461/1284 9/71 Celeste 106-A-16 then Red/nero 8500 LHD US
14375	365	GTS/4 Daytona #2/121 7/71 Rosso Chiaro//Beige Black top then dark Green/Tan Black inserts LHD EU
14386	308	GT/4 Dino 78 Silver/Black RHD UK
14401	365	GTB/4 Daytona Series A #554/1284 71 Giallo Fly/Nero LHD EU
14413	365	GTB/4 Daytona Spider Conversion by Autokraft #545/1284 71 Red/Black RHD UK
14444	308	GT/4 Dino 78 Silver/Dark blue RHD UK
14543	365	GTS/4 Daytona #20/121 10/71 Bianco Polo Park 20. R. 152 Salchi red body line/ Black Daytona seats Red Inserts LHD US ex- Bill Harrah

s/n	Type	Comments
14554	308	GT/4 Dino 11/78 Blue/tan then Red/Tan LHD US Sunroof
14565	365	GTB/4 Daytona #24/121 72 Rosso Chiaro 20-R-190/Nero red inserts then Fly Giallo/Black LHD US
14671	365	GTS/4 Daytona #26/121 71 Yellow/Black LHD US
14679	365	GTC/4 #28/500 71 Blu Chiaro then Black/beige LHD EU F101AC10014679
14717	365	GTB/4 Daytona A #582/1284 71 red/tan LHD EU
14791	365	GTC/4 #87/500 71 Yellow/Black Daytona seats LHD EU Cromadora wheels
14864	308	GT/4 Dino 76 Red then White Red sides blue stripe/Tan 308GT4 DGM148640M
14887	365	GTC/4 #102/500 71 Blue/Tan LHD US
14888	308	GT/4 Dino Series 3 5/79 Rosso Chiaro/Sabbia LHD US Eng. # 01174 Sunroof
14935	365	GTC/4 #108/500 12/71 Black/Black then Dark blue/black dark blue seat centres LHD US
14940	308	GT/4 Dino 79 Blue/Black RHD UK
14941	365	GTC/4 #114/500 71 Blue/Tan LHD EU
14959	365	GTC/4 #118/500 12/71 Brown met. then dark Red the Brown met./Tan LHD US
14961	365	GTC/4 #136/500 71 Red/Tan LHD US
15025	365	GTC/4 #143/500 72 brown met./brown then Green/Tan LHD EU
15188	308	GT/4 Dino 79 Red/Crema RHD
15241	365	GTB/4 Daytona Series A #714/1284 72 Red/Tan then Black int. LHD EU
15282	308	GT/4 Dino Red/Tan LHD EU
15295	365	GTB/4 Daytona #817/1284 72 red/black & red LHD US
15342	308	GT/4 Dino Red & Gold/Crema RHD
15401	365	GTC/4 #201/500 72 Azzurro/dark blue LHD EU
15411	365	GTC/4 #179/500 72 Nero/Tan checke-red cloth inserts LHD EU
15529	365	GTB/4 Daytona Spider Conversion by Mike Sheehan #713/1284 72 Yellow/Black LHD EU
15547	365	GTC/4 #200/500 72 Rosso Corsa/Tan LHD EU
15677	365	GTB/4 Daytona #745/1284 72 Azzurro 106-A-32 LHD ME
15701	365	GTC/4 #203/500 72 Blu Chiaro/Beige LHD EU eng. # 15701
15769	365	GTC/4 #446/500 6/72 Red/Black LHD US F101AC00015759 eng. # F101AC00015759 Ass. # 448 Body # 414 Borrani wire wheels
15949	365	GTB/4 Daytona Series A #800/1284 72 Black/Black Bordeaux inserts RHD UK
15999	365	GTC/4 #255/500 72 Blu Chiaro/Black RHD UK eng. # 15999
16033	365	GTB/4 Daytona Spider Conversion by Autokraft #826/1284 72 Rosso Corsa/red & black RHD UK
16127	365	GTC/4 #317/500 72 Blue/Black RHD eng. # 00381 #32/38 RHD
16215	365	GTB/4 Daytona Spider Conversion #925/1284 8/72 red/tan LHD US
16233	365	GTC/4 #4120/500 72 Red/tan LHD EU
16295	365	GTB/4 Daytona Spider Conversion #888/1284 72 Rosso Corsa/Black LHD EU
16327	365	GTB/4 Daytona #903/1284 73 Red/Black LHD EU
16409	365	GTB/4 Daytona #992/1284 73 Red then Yellow/Black LHD EU
16465	365	GTS/4 Daytona #70/121 72 light Yellow LHD US
16467	365	GTS/4 Daytona "#68/121 72 Rosso chiaro/Rosso & Black LHD US wrecked in ""A Star is Born"" rebuilt by Michelotto as Michelotto NART Spider Azzurro/Tan then Rosso Corsa/Tan removable rollbar"
16481	365	GTB/4 Daytona #1010/1284 72 Orange White & Green stripe/Black LHD US
16513	365	GTB/4 Daytona #1042/1284 73 Red/Black LHD EU
16537	365	GTB/4 Daytona #1026/1284 73 red/black LHD US
16575	365	GTB/4 Daytona #981/1284 73 Red/Black RHD UK
16611	365	GTB/4 Daytona Spider Conversion #1060/1284 72 RHD UK Conversion by Autokraft dark Green/Bordeaux
16619	365	GTB/4 Daytona #1076/1284 73 Argento/Nero LHD EU
16657	365	GTB/4 Daytona Series A #1111/1284 73 Giallo Fly/Black then Rosso Rubino/Beige then Blue Metallizato/Red then Black int. RHD UK eng. # B2398
16873	365	GTB/4 Daytona #1184/1284 73 Fly Giallo then Silver/Black LHD EU
17013	365	GTS/4 Daytona #105/121 73 Oro Chiaro then Marrone then Bronze/tan Black top LHD US #80/96 US-Cars
17045	365	GTS/4 Daytona #108/121 73 Rosso Dino then Fly Giallo/Tan then Black/Black LHD US
17123	365	GT/4 2+2 73 dark blue/parchment LHD EU
17207	365	GT/4 2+2 73 red/tan
17349	365	GT/4 2+2 1/72 Grigio Le Sancy/2.443.048)/dark blue leather VM3282 then dark Metallic Blue/Black manual RHD UK F101AL17349 eng. #F101AC00100072
17543	365	GT/4 BB Series II first Series II, 74 Blu Ribot/black & tan LHD EU ex-Mike Dunn Collection, probably another "renumbered" car, original 17543 in Italy
17543	365	GT/4 BB Series II 74 LHD EU, obviously the "original" 17543, in Italy from 1974 on
17601	365	GTB/4 Daytona Series A #1278/1284 73 Silver/Black LHD EU
~~17727~~	~~365~~	~~GT/4 2+2 Green Tan LHD~~ strange enough, this car was a 365 GT 2+2 in Raab's files and was replaced by a 365 GTC/4 Nero/Nero LHD F101AC10017727, spotted by the editor himself documented with a picture of the Telaio, the last GTC/4 has been s/n 16289
17949	365	GT/4 2+2 74 Dark Blue/Black RHD UK F101AL17949 eng. # 17949
17991	365	GT/4 BB Series II 74 Rosso Corsa Black Boxer Trim/Black Red inserts LHD eng. #0112-N-50
18133	365	GT/4 BB Series II 74 White/Black Heavily modified, 512BB rear bonnet then Silver/Red
18167	365	GT/4 BB Series II 74 silver black Boxer Trim/black LHD

s/n	Type	Comments
18201	365	GT/4 BB Series II #225/387 7/74 Silver then Rosso Corsa Black Boxer Trim/Black F102AB*18201* eng. # F102AB00000218 body # 232 EPA & DOT converted
18237	365	GT/4 BB Series III 74 Red/Tan Black inserts RHD
18255	365	GT/4 2+2 Geneva Show Car 74 designed by Felber and built by Giovanni Michelotti as "Croisette" station wagon Azzurro & White vinyl roof LHD EU
18391	365	GT/4 BB Series III 75 Red Black Boxer Trim LHD then Black/Black EU F102AB18391
18559	365	GT/4 2+2 rebodied as 250 GTE silver later with blue stripe/Black LHD
18571	365	GT/4 BB Series III 74 Rosso Corsa LHD
18641	365	GT/4 BB Series III 75 Argento/Black LHD EU
18723	365	GT/4 2+2 75 Black met./Tan LHD Manual EU
18759	365	GT/4 2+2 11/75 Rosso Sir Ivor 9539301/Beige VM 3218 4 tail lights
18825	308	GTB Vetresina IMSA Conversion 76 Rosso Corsa/Nero LHD EU
18869	308	GTB Michelotto Group B #11/16 75 White orignally had a 2-valve engine
18923	308	GTB Vetroresina 76 Red then White & Red then Carma converted Rosso Corsa/Nero
19017	308	GTB Vetroresina 75 Silver/Blue then Red/Black F106AB19017
19065	365	GT/4 2+2 76 Black/Tan LHD Manual EU
19229	308	GTB Vetroresina 76 Red/white black inserts LHD EU
19265	308	GTB Vetroresina 76 Red/Tan Black stripes LHD eng. # F106A021*00178*
19441	308	GTB Vetroresina 76 Red/Black LHD EU
19481	308	GTB Vetroresina 77 Azurro Hyperion then Red RHD F106AB19481
19645	365	GT/4 2+2 76 Black/White
19825	308	GTB Vetroresina 76 red/tan & black seats LHD EU
19835	308	GTB Red/Natural & Black race seats then Blue Orange stripe/Black RHD UK
19931	400	GT Automatic 77 Dark metallic green/tan brown inserts LHD EU
19941	512	BB 76 Yellow/Black LHD
20145	308	GTB Steel 76 Red/Black LHD US, not a Vetroresina
20195	308	GTB Steel 76 Red
20213	308	GTB 10/76 Blu Sera/Tan & Black Black piping LHD US Tubi
20405	308	GTB Vetroresina 76
20489	308	GTB Vetroresina Red/Black RHD
20567	308	GTB Red/Beige Black inserts RHD
20701	308	GTB Group 4 Conversion Blue Chiaro/Crema Black seats RHD UK F106AB20701
20755	308	GTS 77 Red/Tan then Yellow/Black LHD EU
20839	308	GTB Vetroresina 4/77 Red/Tan LHD F106AB20839
20867	400	i Automatic 78 Dark Blue/Grey LHD EU F10CL20867
20939	308	GTB 77 Fly yellow/Crema LHD US
21001	308	GTB Steel 77 red/beigeLHD EU, in CH
21047	308	GTB 77 Dino Blue/dark Blu (3282) then White/Black then Rosso Chiaro/dark Blue then Beige int. RHD UK eng. #21047
21625	512	BB Targa Conversion by EG Autokraft 77 Black/Tan & Black Daytona Seats LHD
21817	308	GTB 77 red/black
21903	512	BB 77 blue black Boxer Trim/tan
21913	308	GTB 6/77 Black/tan & Black US
22073	308	GTB 77 Red/black
22101	308	GTB QV 77 Rosso Corsa/black LHD
22141	308	GTB Vetroresina 77 Rosso Corsa/Nero LHD EU
22233	308	GTB Steel 78 Red/Tan LHD US F106AS2422233
22569	400	i GT Automatic 78 Dark Blue/Black Light blue inserts eng. #22569
22711	308	GTB/4 Steel Group IV Competzione prototipo 76 Red & White/Black LHD EU F106AB22711
22781	308	GTS 78 Red/Tan LHD EU
22841	308	GTB Steel 77 dark Grey/Red, in the US
23399	308	GTS 78 Rosso Corsa/black
23431	308	GTS 78 Rosso/Black RHD UK eng. #23431
23457	400	GT Automatic 78 RHD UK 250 GTO Replica on shortend chassis Yellow/Blue RHD 575 eng. fitted in 2007
23633	308	GTB 78 Bianco/Tan Daytona seats Black Inserts Window Code 00023663
23837	308	GTS 78 Red LHD
23865	308	GTS 78 Red/black LHD US
24025	308	GTB Steel 78 Rosso Corsa/Tan LHD US
24057	400	Automatic 78 Blu Chiaro/Bordeaux LHD EU
24223	308	GTS 78 Red/tan
24233	308	GTS 78 Red/Tan LHD US F106AS24233
24325	308	Cabriolet Conversion 78 Red/Crema eng. # 00274
24655	512	BB 3/78 Rosso Corsa/Nero & Tan LHD EU
24741	400	GT Blu Chiaro then Silver/tan Black inserts RHD UK
24745	308	GTS 78 Rosso Corsa/Nero LHD EU
24801	400	Automatic 78 dark Blue/tan LHD EU
24823	308	GTB Steel 78 Red/Black RHD UK
25317	308	GTB Steel 78 dark blue/tan LHD EU
25415	308	GTB 78 Rosso Corsa/black LHD black VIN plate
25439	308	GTS 78 Rosso Corsa/Black LHD US F106AS25439
25451	308	GTS 78 Silver then Black/Red LHD US
25457	308	GTS 9/78 Red/Tan F106AS25457
25825	308	GTB Steel 79 White then Rosso Corsa/Black LHD
25865	400	Automatic 78 dark Blue then Black/Crema RHD UK eng. # 00382
25977	308	GTS 78 Red/black LHD US
26083	308	GTS 78 Red/black LHD US
26177	308	GTB Steel 78 Rosso Corsa FER 300/9 RHD UK F106AB26177 eng. # 01159, to HK then back to the UK
26383	308	GTB 79 Red/Crema LHD EU F106AB26383
26663	308	GTB 79 White/Black
26707	308	GTB Steel not a 308 but 400 GT Automatic Cabriolet Conversion 79 dark Blue/Crema blue top RHD UK eng. # 26707
26767	512	BB 78 Blue
26769	308	GTS 78 Silver/Bordeaux LHD
26957	308	GTS 78 Red/Tan then Black int. LHD
26983	308	GTB 79 Argento/Nero LHD EU
27037	308	GTB Competition Conversion Rosso Corsa F106AB27037
27061	512	BB 79 Black/Black LHD
27327	308	GTS 79 Rosso Corsa/Tan Black inserts LHD

s/n	Type	Comments
27575	400	GT Automatic Cabriolet Conversion Red/Crema RHD
27627	308	GTS 79 Rosso Corsa/Red & Black RHD UK eng. # 27627
28391	308	GTB 79 red/ black
28543	512	BB 79 Red/Black
29191	~~512~~	~~BB 78 Black/Tan~~, probably mistaken with 29181, 29191 should be a 308 GTS dark Blue/Tan in the States
29237	308	GTS 79 Red/Black RHD UK eng. # 29237
29259	308	GTS Red/Black RHD
29509	512	BB/LM Series 2 #8/25 79 Red White Blue stripe/Dark Blue then Red int. then Black int. LHD
29703	308	GTB 79 brown/tan & black
29917	512	BB 79 Rosso Corsa Black Boxer Trim/Nero LHD EU
30105	308	GTS 79 dark Red/Black LHD F10GA530105
30225	308	GTS Red/Crema RHD
30293	308	GTS Vetroresina 11/79 Red/Tan 16" QV wheels
30317	308	GTB Steel 79 Argento/Black LHD US F106AB30317
30435	308	GTB 79 Rosso Corsa/Nero LHD
30479	308	GTS 12/79 medium blue then White/Tan LHD US F106AS30479 ANSA exhaust
30633	512	BBi ~~Spider Conversion by Lorenz & Rankl~~ is not the Spider, but a common Bbi Rosso Corsa/Black LHD EU
30769	308	GTS Spider Conversion 80 by Lorenz & Rankl red/black
30779	308	GTS 80 Argento/Nero
31101	308	GTB Steel 80 Red/tan black inserts LHD EU
31353	308	GTS 80 red/tan LHD
31491	308	GTS 80 brown/tan
31625	308	GTSi 80 LHD EU 288 GTO Replica by Doug Perone Red Fiberglass roof panel Turbo charged
31651	308	GTB 81 Azzurro/Grey & Blue LHD EU
31813	308	GTB Red/black LHD
31837	308	GTSi Red/Tan LHD US 288 GTO look
31865	512	BB 80 Grey/dark red black inserts LHD
31977	308	GTB Steel 80 Red/Crema red inserts red piping RHD eng. # 01628
32131	512	BB/LM Series 3 #13/25 80 Red White & Blue Stripes/Red LHD eng. #015
32143	308	GTBI 80 Yellow then RedTan LHD US ZFFAA01AXA0032143
32439	512	BB 81 Rosso Corsa Black Boxer Trim/Black LHD
32463	208	GTS 80 Rosso Corsa/black black & red sports seats LHD Bodykit extended front spoiler & rear wing, probably a 308
32593	308	GTSi 9/80 Rosso Chiaro/Tan ZFFAA02AXA0032593
32613	Mondial	8 81 Blue/Tan ZFFHD08B000036213
32621	308	GTSi 80 Gold/Brown ZFFAA02A0A0032621
32753	308	GTSi 80 Red/Black ZFFAA02A6A0032753
32817	308	GTSi 80 Black/Red F106A0032817
32959	308	GTS 80 Rosso Corsa/Red LHD US ZFFAA02A40032959 ex-Pozzi Collection
33005	308	GTB 80 red/black LHD
33015	308	GTSi 80 Silver/Red LHD ZFFAA02A8A0033015
~~33227~~	~~308~~	~~GTSi 80 Red/Tan~~-deleted, double entry
33227	308	GTSi 80 Red/Tan ZFFAA02A1A0033227
33257	308	GTSi 80 Black/Black ZFFAA02AXA0033257
33459	Mondial	8 80 Red/Black LHD EU ZFFHD08B000033459
33855	Mondial	8 81 Argento/Nero LHD EU
33901	308	GTSi 80 Red/Tan ZFFAA02A0A0033901
~~33953~~	~~308~~	~~GTS Blue metallic~~-deleted, double entry
34029	308	GTSi 80 Red/Black 19ZFFAA02A2A0034029
34183	~~512~~	~~BB 80~~ not a 512 but a 208 GTB 80 red/black LHD EU
34247	512	BB 80 Red/black LHD EU
34275	400	i Automatic 80 Black
34349	308	GTB Steel last, Rosso Corsa/black
34365	308	GTSi 80 Red/Tan LHD US ZFFAA02A7A0034365
34445	512	BB/LM Series 3 #16/25 80 Red Black & Golden Stripe/Black & blue cloth LHD
34751	308	GTSi 11/80 Red/Tan ZFFAA02AXB0034751 BBS Red Deep Dish Wheels
35173	512	BB 81 dark blue/black
35213	308	GTSi 81 Red/Black LHD US ZFFAA02A9B0035213
35413	512	BB 81 red black Boxer Trim/black LHD
35439	400	i 81 Argento/Black manual LHD CH
35453	308	GTSi 81 Rosso/Black ZFFAA02A7B0035453
35553	308	GTSi 81 Grey Metallic/Red LHD US ZFFAA02A0B0035553
35739	308	GTSi 81 Red/Black LHD ZFFAA02A3B0035739
36017	308	GTSi 81 Silver/Black Boxer Trim/Black ZFFAA02A3B0036017
36301	Mondial	8 81 Red/Brown LHD EU ZFFHD08B000036301
36367	400	i ~~Automatic~~ 81 Nero met./Nero LHD Manual EU Sunroof
36383	308	GTSi 81 Red/Red ZFFAA02A6B0036383
36931	308	GTSi 4/81 Rosso Corsa/Tan ZFFAA02A0B0036931
36995	308	GTSi 81 Red/Tan ZFFAA02A4B0036995
37067	Mondial	8 81 Red then Black/tan LHD EU ZFFHD08B000037067
37431	Mondial	8 81 Silver/Black ZFFAD08A9B0037431 Sunroof
37499	512	BBi 81 Rosso Corsa/Black Boxer Trim/tan black inserts LHD EU
37555	308	GTSi 81 Rosso Corsa/Tan ZFFHA02B000037555
37631	308	GTSi 81 Black/Black
37653	400	i Automatic 82 Bronze/Tan
37693	308	GTSi 82 Rosso Corsa/Crema RHD UK Borla Sports exhaust
37773	512	BB
37815	308	GTBi 82 Red/Tan ZFFAA01AXC0037815
38243	308	GTSi 7/81 Nero/Tan ZFFAA02A9C0038243
38469	Mondial	8 Azzurro Metallic then Red/Crema LHD ZFFHD08B000038469
38519	Mondial	8 82 Red/Beige RHD ZFFHD08C000038519
38653	Mondial	8 82 Red/Tan ZFFAD08A8C0038653 Sunroof
38809	308	GTSi 81 Red/Black then Tan then Black int. LHD US ZFFAA02A0C0038809
38843	308	GTSi 82 Red/Tan ZFFAA02A0C0038843

s/n	Type	Comments
38853	Mondial	8 81 Rosso Corsa/beige RHD ZFFHD08C000038853 shields
39097	Mondial	8 82 Rosso Corsa FER300/Black LHD ZFFAD08A9C0039097
39199	308	GTBi 82 Red/black ZFFAA01A2C0039199
39573	308	GTBi Red/Red Crema inserts Crema piping RHD ZFFHA01C000039573
39655	308	GTSi 82 Black/Red LHD US ZFFAA02A4C0039655
39725	512	BBi 82 Rosso Corsa/Crema Daytona Seats Bordeaux Inserts LHD EU ZFFJA09B000039725 colour coded aerofoil airbox front grill & front hood grill
39757	308	GTSi 82 Red/Black ZFFAA02A1C0039757
39999	Mondial	8 82 Red/Black ZFFAD08A5C0039999 Sunroof
40027	308	GTSi 82 Red/Tan ZFFAA02A2C0040027
40213	308	GTBi 82 Black/Black ZFFAA01A8C0040213
40415	512	BBi 80 blu Sera/Crema RHD ZFFJA09C000040415
40633	308	GTSi 82 red/black ZFFAA02AXC0040633
40741	308	GTSi 82 Black/Tan ZFFAA02A2C0040741
40909	308	GTSi 82 Red/Black ZFFAA02A3C0040909
41015	308	GTSi 82 Red/Tan ZFFAA02A0C0041015 Tubi
41289	308	GTSi 82 Yellow Italian stripe/tan LHD ZFFAA02A4C0041289
41299	400	i Automatic #50/873 82 White/Black LHD EU ZFFEB06B000041299 eng. # 41299
41435	Mondial	8 82 Red/black ZFFAD08A2C0041435 Sunroof
41491	308	GTSi 82 Rosso Rubino/Tan ZFFAA02AXC0041491
41569	308	GTSi 5/81 Red/Black LHD EU
41899	308	GTS QV 83 Rosso Corsa FER 300/Black red piping ZFFMA13A5D0041899
42103	308	GTS 82 Red/Black ZFFHA02B000042103
42271	308	GTS QV 83 Red ZFFMA13A8D0042271
42343	Mondial	QV 83 dark blue/tan ZFFLD14B000042343
42349	Mondial	QV Grey/tan ZFFLD14B000042349
42351	Mondial	QV 83 dark grey/tan ZFFLD14B000042351, replaces a 308 GTS QV
42447	308	GTS QV 83 Black/Tan ZFFMA13A8D0042447 Borrani wheels ex-Yngwie Malmsteen
42465	Mondial	QV 83 Red/Crema ZFFLD14B000042465
42713	512	BBi 82 Azzurro metallizato (502/C)/full dark Blu (VM 3282) ZFFJAOC000042713 eng. # 233
42939	512	BBi 83 red/tan ZFFJA09B000042939
43155	~~Mondial~~	~~QV~~ not a Mondial but a 512 BBi Yellow/black grey cloth inserts LHD ZFFJA09B000043155
43241	308	GTS QV 83 Silver/Black LHD EU ZFFLA13B000043241 ex-Wilt Chamberlain
43269	512	BBi 2/84 Rosso Corsa/Beige LHD ZFFJA09B000043269
43323	Mondial	QV 82 Silver/Dark blue RHD ZFFLD14C000043323
43331	308	GTS QV 82 Red/Crema RHD ZFFLA13C000043331
43343	512	BBi 82 Red/Black LHD
43367	308	GTS QV 83 Red/Crema RHD ZFFLA13C000043367
43939	512	BBi 82 Rosso Corsa/Black LHD ZFFJA09B000043939
44213	308	GTB QV 83 Rosso Corsa/Tan LHD EU
44255	Mondial	QV Silver then Red/Bordeaux RHD ZFFLA14C000044255 Sunroof
44269	308	GTB QV 83 red/beige ZFFLA12S000044269
44421	288	GTO 2nd prototipo, Red, new to I, destroyed
44443	308	GTB QV 3/83 Rosso Corsa/Nero LHD EU
44527	308	GTS QV 83 Red/Crema RHD ZFFLA13C000044527
44711	288	GTO prototipo - probably mistaken with 47711
44723	512	BBi 83 Red LHD ZFFJA09B000044723
44725	288	GTO prototipo, Red/Black Air con., new to I
44727	288	GTO prototipo, Red/Black, new to I
44789	Mondial	QV 83 Red/Tan Brown cloth seat centres RHD ZFFLD14C000044789
44813	512	BBi 83 Rosso Corsa/Beige Grey cloth inserts LHD CH ZFFJA09S000044813
~~44957~~	~~Mondial~~	8 Red ~~ZFFNE08D000044957~~ deleted, double entry
45379	308	GTS QV 83 Red/tan LHD ZFFMA13AXD0045379
45525	400	i Automatic 83 Silver/Tan LHD EU ZFFEB06B000045525
45541	400	i Automatic 83 dark Red met./Tan LHD ZFFEB07B000045541
45577	308	GTS QV 3/83 Red/Tan ZFFMA13A3D0045577
45621	512	BBi 83 red/tan
45635	Mondial	QV 83 Red/tan ZFFLD14B000045635
45841	308	GTS 83 Nero then Blue/Beige Black piping RHD ZFFLA13C000045841
45955	308	GTB QV 2/83 Blu FER510/Tan then Rosso/nero LHD EU
45997	512	BBi 6/84 Rosso Corsa/Nero ZFFJA09B000045997
46093	308	GTS QV 6/84 Rosso Corsa/Crema RHD
46311	308	GTS QV 83 Red/Tan ZFFMA13A3D0046311
46377	308	GTS QV 83 Red/Tan ZFFLA13B000046377
46415	308	GTS QV 83 White then Red/Black ZFFLA13B000046415
46419	308	GTS QV 83 Giallo Fly then Red/Nero LHD EU ZFFLA13B000046419
46523	Mondial	QV 83 Argento/Tan LHD CH ZFFLD14S000046523
46773	308	GTS QV 83 Red/Tan ZFFMA13A8D0046773
~~46815~~	~~400~~	~~i Automatic Black/Crema LHD~~ deleted supposed to be a 512 Bbi
46969	Mondial	QV 83 Red/Red LHD EU ZFFLD14B000046969
47027	400	i Automatic 83 Grey/Red LHD EU ZFFEB06B000047027
47129	308	GTS QV 83 Red Black Boxer Trim/Black ZFFMA13A8D0047129
47217	308	GTS QV 83 Red/Black ZFFMA13A5D0047217 feat. In the Movie "Mo' Money"

s/n	Type	Comments
47511	Mondial	QV 83 Chiaro Blu met (FER503/C)/Crema (VM 3997) Blu cloth inserts then Red/Crema Red racing seats RHD UK ZFFLD14C000047511 eng. #47511 non-standard nose
47525	308	GTS QV 83 Red/Black RHD ZFFLA13C000047525
47647	288	GTO prototipo, Red, new to I
47649	288	GTO prototipo, Red then Yellow/Black leather LHD ZFFPA16B000047649 manual windows gear box # 282, new to I
47675	308	GTS QV 83 Red/Tan ZFFMA13A2D0047675
47699	Mondial	QV 83 Argento/Bordeaux LHD EU ZFFLD14B000047699
47711	288	GTO Prototipo Red/Black & Red, new to I
47741	308	GTB QV 11/83 Red/Beige LHD EU
48067	308	GTS QV 83 White/White LHD ZFFLA13B000048067
48169	512	BBi 11/83 Rosso Corsa/Black LHD EU ZFFJA09B000048169
48213	308	GTS QV 83 Rosso Corsa/Beige ZFFMA13A2D0048213
48215	308	GTSi QV 83 Red/Tan ZFFMA13A6D0048215
48561	512	BB 83 red/tan
48659	512	BBi 84 Argento Black Boxer Trim/Black LHD ZFFJA09B000048659
48727	512	BBi 84 Rosso Corsa/Tabacco LHD EU ZFFJA09B000048727
48755	308	GTS QV 83 Rosso Dino/tan ZFFMA13A5D0048755
48787	Mondial	QV Red/Crema RHD ZFFLD14C000048787 Sunroof
48821	512	BBi 3/85 White then Red/Crema Red inserts ZFFJA09B000048821 eng. # F110A*00774
48835	308	GTS QV 83 Verde Pino FER601/C/Tan ZFFMA13A3D0048835
48893	512	BBi 83 Rosso Corsa/Nero ZFFJA09B000048893
48981	308	GTS QV 83 Argento/Bordeaux LHD EU ZFFLA13B000048981
49053	308	GTS QV 83 Red/Tan LHD EU ZFFLA13B000049053
49097	512	BBi 83 Argento Nürburgring Black Boxer trim/Black grey cloth inserts ZFFJA09B000049097
49121	308	GTS QV Pink/Black LHD EU ZFFLA13B000049121
49247	Mondial	QV 84 Rosso Corsa/black LHD EU ZFFLD14B000049247
49251	512	BBi 84 red/tan & testa de moro
~~49473~~	~~512~~	~~BBi 84 Red/Crema Red Inserts LHD EU ZFFJA09B000049473~~ deleted, double entry
49473	512	BBi 12/83 Rosso Corsa/Tan & Red Daytona seats ZFFJA09B000049473, destroyed and probably written off on July 1st, 2007
~~49493~~	~~512~~	~~BBi 82 Argento Nürburgring/Black~~ deleted, double entry, S/N belongs to an US 308
49499	308	GTS QV 288 GTO-Rebody with 3.2 l-Mondial engine 84 Red/Tan LHD US ZFFUA13A5E0049499
49543	328	Cabriolet 85 Yellow/Black, a one-off with digit 29?
49547	Mondial	QV 6/84 Bianco Avus/Beige LHD
49553	308	GTB QV 84 Red/Black LHD EU
49783	Mondial	QV Cabriolet 84 Rosso Corsa/Crema LHD ZFFUC15A3E0049783
49803	512	BBi 84 Red Black Boxer Trim/Magnolia LHD EU ZFFJA09B000049803
49873	Mondial	3.2 3/84 Rosso Corsa/Crema RHD ZFFRE21D000049873 eng.#F10502401605
49941	308	GTB QV 4/84 Red/Black LHD EU
49975	Mondial	QV Cabriolet 1/84 Red/Black ZFFUC15A1E0049975
49995	308	GTB QV 8/84 Grigio Ferro/Nero LHD EU
50153	308	GTB QV Red/Black ZFFLA12B000050153
50253	288	GTO 2nd Prototype official press photo car, Red/Black & Red, new to I, converted to Evoluzione #1/6
50255	288	GTO 84 Red/Black LHD ZFFPA16B000050255 manual windows
50287	512	BBi 84 Black/Black LHD ZFFJA09B000050287
50391	308	GTB QV 84 Rosso Corsa/Nero LHD EU
50511	208	GTB Turbo 84 Grey/Crema ZFFKA10B000050511
50625	308	GTB QV 83 silver LHD EU
50719	288	GTO Rosso Corsa, new to I
50833	308	GTS QV 84 Blue/White LHD ZFFLA13B000050833
50885	308	GTB QV 84 Red LHD ZFFLA12B000050885
50917	Mondial	QV Cabriolet 84 Red/Tan ZFFUC15A3E0050917
<u>51165</u>	308	GTS QV 84 Red/Beige Black piping RHD ZFFLA13C000051165
51203	400	i Automatic Cabriolet Conversion 84 Black/Tan LHD EU ZFFEB06B000051203
51295	308	GTB 84 red/sabbia LHD EU
51347	400	i 84 dark grey then Blu Chiaro/beige ZFFEB07B000051347
51429	308	GTS QV 84 Red/tan ZFFUA13A5E0051429
51601	308	GTS QV 84 Rosso(300/6)/Tan (VM3218) RHD ZFFLA13C000051601
51691	308	GTB QV 84 Red/Tan ZFFLA12S000051691
52023	308	GTB QV 4/84 Red/Beige LHD EU
52321	288	GTO Rosso Corsa power windows air con., new to I
52447	Mondial	QV Cabriolet 84 Silver/Black ZFFUC15A2E0052447
52465	288	GTO Rosso Corsa/Nero power windows air con., new to I
52467	288	GTO Rosso Corsa
52469	288	GTO Rosso Corsa/Nero LHD EU ZFFPA16B000052469 power windows air con., new to USA
52471	288	GTO Rosso Corsa
52473	288	GTO 3/85 Rosso Corsa/Red & Black Red inserts LHD ZFFPA16B000052473 air con. power windows, new to I
52475	288	GTO Rosso Corsa/black LHD EU ZFFPA16B000052475 gear box # 83 air con. power windows, new to I
52477	288	GTO Red LHD EU ZFFPA16B000052477
52479	288	GTO Rosso Corsa/Black ZFFPA16B000052479, new to I
52483	288	GTO Red/Black
52713	288	GTO Rosso Corsa LHD EU ZFFPA16B000052713 power windows air con.
52715	288	GTO 84 Rosso Corsa/black LHD ZFFPA16B000052715, new to I

s/n	Type	Comments
52717	288	GTO 84 Red/Black LHD EU ZFFPA16B000052717 eng. # 114B0030, gear box # 23 power windows air con.
52723	288	GTO Rosso Corsa
52725	288	GTO Red/Black ZFFPA16B0000
52727	288	GTO Red/Black power windows air con.
52729	288	GTO 84 Rosso Corsa/black LHD air con. manual windows, new to I
52731	288	GTO 85 Rosso Corsa/black LHD EU ZFFPA16B000052731 manual windows, no air con
52733	288	GTO Rosso Corsa/Nero eng. # 114B0036 air con power windows
52735	288	GTO Rosso Corsa
52737	288	GTO Rosso Corsa/Nero eng. # 114B0105 air con power windows
52739	288	GTO 85 Rosso Corsa/black Daytona Seats LHD EU ZFFPA16B000052739 ppower windows air con., new to USA
52741	288	GTO 84 Rosso Corsa/Nero air con. power windows ex-Adrian Newey
52743	288	GTO 84 Red/Black EU ZFFPA16B000052743
52745	288	GTO Rosso Corsa/Nero no air con. manual windows
52747	288	GTO Rosso Corsa
52749	288	GTO Rosso Corsa
52751	288	GTO 84 Rosso Corsa/Black & Red eng. # 114B0048 gear box # 39 air con. power windows
52767	308	GTS QV 84 Red/Tan ZFFUA13A8E0052767
52923	308	GTS QV 7/84 Red/Tan ZFFUA13A5F0052923
52967	308	GTS QV 85 Rosso Corsa/Tan US ZFFUA13A3F0052967
52977	308	GTS QV 85 Black/Tan ZFFUA13A6F0052977
53075	288	GTO Rosso Corsa, new to USA
53079	400	i Automatic 80 Rosso Corsa/Black LHD EU ZFFEB06B000053079
53097	308	GTS QV 85 red/tan ZFFUA13A3F0053097
53235	308	GTS QV 84 Argento (Fer 101/C) then Rosso then Argento (Fer 101/C) Rosso (VM3171) ZFFLA13C000053235 eng. # F105A02002421
53241	308	GTS QV 85 Rosso Corsa/Nero
53253	308	GTB QV Red/Black RHD ZFFLA12C000053253
53261	Mondial	QV Cabriolet 85 Rosso Corsa/Tan ZFFUC15A2F0053261
53287	288	GTO 84 Rosso Corsa/Black LHD EU air con. power windows
53289	288	GTO Rosso Corsa/Nero LHD EU ZFFPA16B000053289 air con. power windows, new to USA
53291	288	GTO Rosso Corsa
53293	288	GTO 84 Red/Black LHD EU ZFFPA16B000053293
53295	288	GTO black/tan 308/328 standard seats ZFFPA16B000053295
53297	288	GTO Rosso Corsa
53299	288	GTO Rosso Corsa/Nero LHD EU ZFFPA16B000053299 air con. power windows, new to I
53301	288	GTO Red LHD EU ZFFPA16B000053301
53303	288	GTO 84 Rosso Corsa/black
53305	288	GTO 84 Rosso Corsa/black eng. # 114B0060 air con. power windows
53307	288	GTO Red/Black LHD ZFFPA16B000053307 gear box # 54 shields air con. power windows ex-Eddie Irvine
53309	288	GTO 84 Rosso Corsa/Black LHD eng. # 114B0049
53311	288	GTO Rosso Corsa/Nero & Red LHD EU ZFFPA16B000053311 manual windows no air con.
53313	288	GTO Rosso Corsa/Nero & Red LHD EU ZFFPA16B000053313 manual windows no air con., new to I
53315	288	GTO 84 Rosso Corsa/black air con. power windows, new to F
53317	288	GTO Rosso Corsa/Nero & Red manual windows no air con.
53319	288	GTO Rosso Corsa/Nero & Red eng. # 114B0022 manual windows no air con.
53321	288	GTO Rosso Corsa, new to D
53323	288	GTO Rosso Corsa/Nero air con. power windows
53325	288	GTO Rosso Corsa/Black manual windows no air con.ex-Uderzo
53639	308	GTS QV 84 Rosso Corsa/Black LHD ZFFLA13B000053639
53729	308	GTB QV 85 Red/Black LHD EU ZFFLA12B000053729
53755	288	GTO Rosso Corsa/Nero & Red eng. # 114B0064 gear box # 67 manual windows no air con., new to D
53757	288	GTO 85 Rosso Corsa/Black ZFFPA16B000053757 gear box # 34 manual windows no air con., new to F
53759	288	GTO Rosso Corsa/Black LHD ZFFPA16B0000053759 gear box # 280 air con. power windows, new to D
53761	288	GTO Rosso Corsa/Nero & Red manual windows no air con., new to CH
53763	288	GTO 85 Rosso Corsa/Black LHD ZFFPA16B000053763 manual windows no air con., new to D
53765	288	GTO Rosso Corsa/Black manual windows no air con.
53767	288	GTO Rosso Corsa/Nero gear box # 70 air con. power windows, new to D
53769	288	GTO 85 Rosso Corsa/Black manual windows no air con., new to Michel Lepeltier, CH
53771	288	GTO Rosso Corsa/Black LHD ZFFPA16B000053771 eng. # 114B0072 air con. power windows, new to D
53773	288	GTO Rosso Corsa/Nero LHD EU ZFFPA16B000053773 air con. power windows
53775	288	GTO Rosso Corsa/Nero air con. power windows, new to CH
53777	288	GTO 85 Rosso Corsa/Black LHD EU ZFFPA16B000053777 eng. # 114B0075 air con. power windows, new to D
53779	288	GTO 85 Rosso Corsa/Black LHD EU ZFFPA16B000053779 gear box # 56 air con. power windows, new to F
53781	288	GTO 85 Rosso Corsa/Black EU ZFFPA16B000053781 air con. power windows, new to D
53783	288	GTO 85 Rosso Corsa/Black & Red LHD EU ZFFPA16B000053783 air con. power windows, new to CH
53785	288	GTO 85 Rosso Corsa/Nero & Red air con. power windows

s/n	Type	Comments
53787	288	GTO 85 Rosso Corsa/Nero & Red air con. power windows
53789	288	GTO 85 Rosso Corsa/Nero eng. # 114B0078
53791	288	GTO Rosso Corsa/Nero & Red manual windows no air con., new to CH
53793	288	GTO 85 Rosso Corsa/Nero & Red air con. power windows, new to D
53869	308	GTS QV 85 Rossa Corsa/Black ZFFUA13A8F0053869
54027	308	GTB QV 85 Red/beige LHD EU ZFFLA12B000054027
54097	Mondial	QV 2/85 Rosso Corsa/Crema RHD UK
54211	288	GTO Rosso Corsa/Nero, new to I
54213	288	GTO 85 Rosso Corsa/Black manual windows no air con., new to F
54215	288	GTO 85 Rosso Corsa/Black manual windows air con.
54217	288	GTO 85 Rosso Corsa/Black LHD EU ZFFPA16B000054217 eng. # 114B0079 air con. power window
54219	288	GTO 85 Rosso Corsa/Black & Red LHD EU ZFFPA16B000054219 manual windows no air con.
54221	288	GTO 85 Rosso Corsa
54223	288	GTO 85 Rosso Corsa/Black & Red ZFFPA16B000054223, new to F
54225	288	GTO 85 Rosso Corsa then Silver then Rosso Corsa/Black LHD EU ZFFPA16B000054225 air con. power window
54227	288	GTO 85 Rosso Corsa/Black & Red manual windows no air con., new to CH
54229	288	GTO Rosso Corsa, new to D
54231	288	GTO 85 Rosso Corsa/Black Red inserts EU EU ZFFPA16B000054231 air con. power window, new to D, EPA and DOT converted
54233	288	GTO 85 Rosso Corsa (ex)-Michael Schumacher
54235	288	GTO Rosso Corsa/Nero & Red manual windows no air con., new to Albert Obrist, CH
54237	288	GTO 85 Rosso Corsa/Nero & Red air con. power windows, new to D
54239	288	GTO 85 Rosso Corsa/Black LHD EU ZFFPA16B000054239
54241	288	GTO Rosso Corsa/Nero air con. power windows, new to J
54243	288	GTO 85 Rosso Corsa/Nero & Red LHD EU ZFFPA16B000054243 air con. power windows
54245	288	GTO 85 Rosso Corsa/Black LHD EU ZFFPA16B000054245 air con. power windows
54247	288	GTO 3/85 Rosso Corsa/Black LHD EU ZFFPA16B000054247 air con. power windows
54249	288	GTO 85 Rosso Corsa/Black & Red ZFFPA16B000054249 manual windows no air con., new to CH
54255	288	GTO Rosso Corsa/Nero & Red, new to CH
~~54587~~	~~400~~	~~i 85 Brown/Brown LHD EU Manual deleted, double entry~~
54643	Testarossa	85 Rosso Corsa/Tan LHD EU ZFFTA17B000054643 DOT & EPA releases
54755	Testarossa	86 Rosso Corsa/Nero LHD EU ZFFAA17B000054755
54759	208	GTS Turbo 85 Rosso Corsa
54767	308	GTS QV 85 Rosso Corsa/Tan LHD EU ZFFLA13B000054767
54777	288	GTO Rosso Corsa, new to F
54779	288	GTO Rosso Corsa
54781	288	GTO 85 Rosso Corsa/Nero air con. power windows
54783	288	GTO 85 Rosso Corsa/Black & Red LHD eng. # 114B0103 manual windows no air con., new to CH
54785	288	GTO Rosso Corsa, new to F
54787	288	GTO 85 Rosso Corsa/Black & Red LHD gear box # 98 manual windows no air con., new to CH
54789	288	GTO Rosso Corsa/Nero air con. power windows
54791	288	GTO Rosso Corsa
54793	288	GTO 85 Rosso Corsa/Black & Red manual windows no air con.
54795	288	GTO 85 Rosso Corsa/Black eng. # 114B0113 air con. power windows, new to I
54797	288	GTO Rosso Corsa
54799	288	GTO Rosso Corsa/Black LHD ZFFPA16B000054799 air con. power windows, new to D
54801	288	GTO Rosso Corsa
54803	288	GTO Rosso Corsa, new to B
54805	288	GTO Rosso Corsa/Nero LHD EU ZFFPA16B000054805 manual windows air con., new to F
54807	288	GTO 85 Rosso Corsa/Black LHD gear box # 112 power windows air con.
54809	288	GTO 85 Rosso Corsa/Black & Red LHD ZFFPA16B000054809 manual windows no air con.
54811	288	GTO 85 Rosso Corsa/Nero ZFFPA16B000054811 air con. power windows
54813	288	GTO 85 Rosso Corsa/Nero air con. power windows
54837	Mondial	QV Cabriolet 85 Rosso Corsa FER 300/9/Black ZFFLD14B000054837
54951	308	GTB QV 1/85 Nero/Bordeaux LHD EU
55105	208	GTS Turbo 85 Rosso Corsa/Black LHD ZFFKA11B000055105
55163	288	GTO Rosso Corsa/black LHD EU ZFFPA16B000055163 eng. # 114B0125 gear box # 114 air con. power windows, new to D
55165	288	GTO Rosso Corsa/Nero, new to F
55167	288	GTO Rosso Corsa/Black LHD ZFFPA16B000055167 air con. power windows
55169	288	GTO Rosso Corsa/Nero air con. power windows, new to FL
55171	288	GTO Rosso Corsa/Nero & Red eng. # 114B0128 air con. power windows, new to GB
55173	288	GTO Rosso Corsa/Nero & Red no air con. manual windows
55175	288	GTO Rosso Corsa/Nero eng. # 114B0130 air con. power windows, new to A
55177	288	GTO Rosso Corsa/Nero, new to F
55179	288	GTO 84 Rosso Corsa/Nero Red seat & dash inserts LHD EU manual windows no air con., new to CH
55181	288	GTO Rosso Corsa/Black LHD ZFFPA16B000055181 air con. power windows
55223	288	GTO Rosso Corsa/Black LHD ZFFPA16B000055223 eng. # 114B0137 gear box # 129 air con. power windows, new to D

s/n	Type	Comments
55225	288	GTO Rosso Corsa/Nero & Red gear box # 130 manual windows no air con., new to CH
55227	288	GTO Rosso Corsa/Black LHD EU air con. power windows, new to I
55229	288	GTO Rosso Corsa/Black ZFFPA16B000055229
55231	288	GTO 85 Red/Black LHD EU ZFFPA16B000055231 air con. power windows
55233	288	GTO 85 Rosso Corsa
55235	288	GTO Rosso Corsa/Nero & Red eng. # 114B0142 no air con. manual windows
55237	288	GTO 84 Rosso Corsa/Nero & Red air con. power windows, new to Matsuda Collection, Japan
55287	308	GTS QV 85 Red/Crema Bordeaux piping RHD ZFFLA13C000055287
55405	Mondial	QV Black/Black Red seat centres RHD ZFFLD14C000055405
55481	Mondial	QV Cabriolet 85 Blue Chiaro/Tan ZFFUC15A4F0055481
55555	288	GTO Rosso Corsa/Nero eng. # 114B0104 air con. power windows
55631	288	GTO Rosso Corsa/Nero air con. manual windows, new to MC
55633	288	GTO Rosso Corsa/Nero air con. power windows
55635	288	GTO Rosso Corsa/Nero air con. power windows, new to D
55637	288	GTO Rosso Corsa/Nero & Red air con. power windows
55639	288	GTO Rosso Corsa/Nero gear box # 140 air con. power windows, new to D
55641	288	GTO 85 Rosso Corsa/Black LHD ZFFPA16B000055641
55643	288	GTO 85 Rosso Corsa/Nero & Rosso ZFFPA16B000055643 no air con. manual windows
55645	288	GTO Rosso Corsa
55647	288	GTO Rosso Corsa/Nero eng. # 114B0153 gear box # 145 air con. power windows
55669	288	GTO Rosso Corsa/Black LHD EU ZFFPA16B000055669 air con. power windows EPA & DOT converted
55671	288	GTO 85 Rosso Corsa/Nero eng. # 114B0154 gear box # 131 ZFFPA16B000055671 air con. power windows, new to GB
55673	288	GTO Rosso Corsa/Nero LHD EU ZFFPA16B000055673 air con. power windows, new to B
55675	288	GTO 85 Rosso Corsa/Black LHD ZFFPA16B000055675 eng. # 114B0158 air con. power windows, new to NL
55677	288	GTO Rosso Corsa
55679	288	GTO 85 Rosso Corsa/Black LHD ZFFPA16B000055679
55681	288	GTO Rosso Corsa
55683	288	GTO Rosso Corsa/Black ZFFPA16B000055683 eng. # 114B0162
55685	288	GTO Rosso Corsa
55687	288	GTO Rosso Corsa/Nero, new to GB
55699	308	GTS QV Red/Crema RHD ZFFLA13C000055699
55711	288	GTO 85 Rosso Corsa/Black & Red LHD EU ZFFPA16B000055711 air con. power windows
55713	288	GTO 85 Rosso Corsa/Black & Red LHD EU ZFFPA16B000055713 air con. power windows
55715	288	GTO Rosso Corsa/Nero air con. power windows
55717	288	GTO 85 Rosso Corsa/Black LHD
55719	288	GTO Rosso Corsa/Nero air con. power windows, new to I
55721	288	GTO 85 Rosso Corsa/Black RHD ZFFPA16B000055721 Red calipers shields, new to GB
55723	288	GTO Rosso Corsa/Black air con. power windows, new to I
55725	288	GTO Rosso Corsa/Nero air con. power windows, new to J
55727	288	GTO Rosso Corsa LHD EU ZFFPA16B000055727, new to USA
55729	288	GTO Rosso Corsa/Nero eng. # 114B0174 gear box # 165 air con. power windows, new to GB
55785	288	GTO Rosso Corsa air con. power windows
55789	288	GTO Rosso Corsa
55795	308	GTS QV 85 LHD EU
56097	Testarossa	85 Rosso Corsa/Black ZFFTA17B000056097
56171	288	GTO Rosso Corsa/Black & orange
56191	288	GTO Rosso Corsa/Black LHD EU ZFFPA16B000056191 air con. power windows, new to USA
56193	288	GTO Rosso Corsa/Black, new to GB
56195	288	GTO 85 Rosso Corsa/Black & Red LHD EU ZFFPA16B000056195 eng. # 176 air con. power windows, new to Michele Alboretto
56197	288	GTO Rosso Corsa/Nero air con. power windows, new to SWE
56199	288	GTO 85 Rosso Corsa/all black eng. # 114B0169 air con. & power windows
56201	288	GTO Rosso Corsa
56203	288	GTO Rosso Corsa eng. # 114Bfl179 air con. power windows
56205	288	GTO Rosso Corsa/Nero air con. power windows
56207	288	GTO 85 Rosso Corsa/Black & Red LHD ZFFPA16B000056207 air con. power windows, new to GB
56209	288	GTO Rosso Corsa/Nero LHD EU ZFFPA16B000056209 air con. power windows
56327	288	GTO Rosso Corsa/Nero & Red eng. # 114B0182 air con. power windows, new to A
56329	288	GTO 85 Rosso Corsa/Nero air con. power windows
56331	288	GTO 85 Rosso Corsa/Black ZFFPA16B000056331, new to Jaques Swaters, B
56333	288	GTO Rosso Corsa
56335	288	GTO 85 Rosso Corsa then Silver then Rosso Corsa/Black LHD EU ZFFPA16B000056335 air con. power windows
56337	288	GTO Rosso Corsa/Nero air con. power windows, new to GB
56339	288	GTO 85 Rosso Corsa/all black LHD EU ZFFPA16B000056339
56341	288	GTO Rosso Corsa/Nero eng. # 114B0012 air con. power windows, new to GB
56343	288	GTO Rosso Corsa LHD EU ZFFPA16B000056343, new to I

s/n	Type	Comments
56345	288	GTO Rosso Corsa/Nero air con. power windows, new to I
56399	288	GTO Rosso Corsa/Nero air con. power windows, new to USA
56415	308	GTS QV 85 Red/Tan ZFFUA13A6F0056415
56481	308	GTS QV 85 Red/Tan LHD CH ZFFLA13S000056481
56641	288	GTO Rosso Corsa LHD ZFFPA16B000056641
56643	288	GTO Rosso Corsa/Nero LHD EU ZFFPA16B000056643 air con. power windows, new to USA
56645	288	GTO Rosso Corsa/Black & Red ZFFPA16B000056645 air con. power windows, new to I
56647	288	GTO Rosso Corsa
56649	288	GTO Rosso Corsa/Black LHD ZFFPA16B000056649, new to GB
56651	288	GTO Rosso Corsa/Nero LHD EU air con. power windows, new to USA
56653	288	GTO Rosso Corsa/Nero LHD EU, new to Keke Rosberg
56655	288	GTO Rosso Corsa ZFFPA16B000056655
56657	288	GTO Rosso Corsa
56659	288	GTO 85 Rosso/Nero eng. # 114B0200 air con. power windows ex-Mike Salmon
56749	288	GTO Rosso Corsa/Nero & Red air con. power windows
56751	288	GTO Rosso Corsa
56753	288	GTO 85 Rosso Corsa/Nero LHD EU eng. # B114B0043 air con. power windows
56755	288	GTO 85 Rosso Corsa/Tan ZFFPA16B000056755 eng. # 114B0202 air con. power windows
56757	288	GTO Rosso Corsa
56759	288	GTO Black/special Red leather interior eng. # 114B0207 Gear box # 201 air con. manual windows
56761	288	GTO Rosso Corsa/Black & Red LHD EU ZFFPA16B000056761 air con. power windows, new to USA
56763	288	GTO Rosso Corsa
56765	288	GTO 85 Rosso Corsa/Black & Red LHD EU ZFFPA16B000056765 air con. power windows, new to USA
56767	288	GTO Rosso Corsa/Nero ZFFPA16B000056767 air con. power windows, new to GB
56769	288	GTO Rosso Corsa, new to GB
56771	288	GTO Rosso Corsa/Nero LHD EU ZFFPA16B000056771
56773	288	GTO Rosso Corsa/Nero LHD EU ZFFPA16B000056773 air con. power windows
56775	288	GTO Rosso Corsa/Black air con. power windows, new to I
56777	288	GTO 85 Rosso Corsa/Black & Red LHD EU ZFFPA16B000056777 air con. power windows
56779	288	GTO Rosso Corsa/Black LHD EU ZFFPA16B000056779 air con. power windows, new to USA
56781	288	GTO 84 Rosso Corsa LHD EU ZFFPA16B000056781 air con. power windows, new to I
56783	288	GTO Rosso Corsa/Nero & Red LHD EU ZFFPA16B000056783 air con. power windows, new to USA
56785	288	GTO Rosso Corsa/Nero & Red no air con. power windows, new to CH
56787	288	GTO Rosso Corsa/Nero & Red LHD EU air con. power windows, new to USA
56877	Testarossa	85 Red/Black LHD EU ZFFAA17B000056877
56923	308	GTB QV 85 Red/Black LHD EU
57073	Testarossa	85 Rosso Corsa/black w.red cloth seats LHD ZFFTA17B000057073 no side strakes rear wing black & red aftermarket steering wheel perspex engine cover rear diffuser
57217	288	GTO Rosso Corsa/Nero LHD EU ZFFPA16B000057217 air con. power windows, new to USA
57219	288	GTO Reosso Corsa/Black LHD EU ZFFPA16B000057219 gear box # 73 air con. power windows
57221	288	GTO Rosso Corsa/Black LHD EU ZFFPA16B000057221 eng. # 114B0224 air con. power windows, new to USA
57223	288	GTO Rosso Corsa/Nero LHD EU eng. # 114B0215 gear box # 219 air con. power windows, new to USA
57225	288	GTO Rosso Corsa/Black LHD EU ZFFPA16B000057225
57227	288	GTO Rosso Corsa/Black & Red LHD EU ZFFPA16B000057227 air con. power windows, new to USA
57229	288	GTO Rosso Corsa/Nero LHD EU air con. power windows, new to USA
57231	288	GTO Rosso Corsa/Nero LHD air con. power windows, new to MEX, (ex)-Zapata
57233	288	GTO Rosso Corsa/Nero LHD EU power windows, new to I
57235	288	GTO Rosso Corsa/Nero LHD EU air con. power windows, new to USA
57303	Mondial	QV Cabriolet 85 Red/Black ZFFUC15A1F0057303
57401	308	GTS QV 85 Red/Tan ZFFUA13A0F0057401
57451	308	GTS QV 85 Rosso Corsa/Black LHD CH ZFFLA12S000057451
57475	288	GTO Rosso Corsa
57477	288	GTO Rosso Corsa/Nero & Red LHD EU ZFFPA16B000057477 air con. power windows, new to USA
57479	288	GTO Rosso Corsa/Nero & Red LHD EU ZFFPA16B000057479 no air con. power windows, new to USA
57481	288	GTO Rosso Corsa/Black LHD EU ZFFPA16B000057481 air con. power windows, new to USA
57483	288	GTO 86 Rosso Corsa/Nero LHD EU air con. power windows
57485	288	GTO Rosso Corsa/Nero & Red LHD EU eng. # 114B0265 air con. power windows, new to USA
57487	288	GTO 85 Rosso Corsa/Tan & Red LHD EU eng. # 114B0234 air con. power windows, new to USA
57489	288	GTO Rosso Corsa/Black LHD EU ZFFPA16B000057489 air con. power windows, new to CDN
57491	288	GTO Rosso Corsa
57493	288	GTO Rosso Corsa/Nero LHD EU air con. power windows, new to USA
57495	288	GTO Rosso Corsa LHD EU
57501	Mondial	QV Cabriolet 86 Red/Crema RHD ZFFLC15C000057501
57691	288	GTO 85 Rosso Corsa/Black LHD EU ZFFPA16B000057691 air con. power windows, new to USA

s/n	Type	Comments
57693	288	GTO 85 Red/Black LHD EU ZFFPA16B000057693 air con. power windows, new to USA
57695	288	GTO Rosso Corsa/Nero LHD EU air con. power windows, new to USA
57697	288	GTO Rosso Corsa/Black LHD EU ZFFPA16B000057697 air con. power windows
57699	288	GTO 85 Rosso Corsa/Nero Daytona Seats Red inserts LHD ZFFPA16B000057699
57701	288	GTO 85 Rosso Corsa/Nero & Red LHD EU ZFFPA16B000057701 air con. power windows, new to CDN
57703	288	GTO Rosso Corsa LHD EU ZFFPA16B000057703, new to USA
57705	288	GTO Rosso Corsa/Nero & Red air con. power windows
57707	288	GTO Rosso Corsa/Black LHD EU ZFFPA16B000057707 eng. # 114B0251 gear box # 246 air con. power windows, new to USA
57709	288	GTO Rosso Corsa/Nero & Red LHD EU air con. power windows, new to USA
57711	288	GTO Rosso Corsa/Nero LHD EU ZFFPA16B000057711 air con. power windows
57713	288	GTO Rosso Corsa/Black & Red LHD EU ZFFPA16B000057713 gear box # 248 air con. power windows
57715	288	GTO 85 Rosso Corsa/Black Red inserts LHD EU ZFFPA16B000057715 air con. power windows, EPA & DOT converted
57717	288	GTO 85 Rosso Corsa/Black Daytona Seats black inserts LHD EU eng. # 57717 air con. power windows
57719	288	GTO Rosso Corsa/Nero air con. power windows
57721	288	GTO Rosso Corsa LHD EU
57723	288	GTO Rosso Corsa LHD EU eng. # 114B0253 air con. power windows, new to Phil Bachman, USA
57725	288	GTO Rosso Corsa/Black & Red LHD EU ZFFPA16B000057725 air con. power windows
57727	288	GTO Rosso Corsa LHD ZFFPA16B000057727
57901	308	GTB QV 85 Rosso Corsa/Tan LHD ZFFLA12B000057901
57957	208	GTS Turbo 85 Rosso Corsa/Crema LHD ZFFKA11B000057957
58131	288	GTO Rosso Corsa/Black LHD EU ZFFPA16B000058131 eng. # 114B0257 air con. power windows, new to USA
58133	288	GTO 85 Rosso Corsa LHD EU
58135	288	GTO Rosso Corsa LHD EU
58137	288	GTO Rosso Corsa/Black & Red LHD EU ZFFPA16B000058137 eng. # 114B0236 gear box # 258 air con. power windows, new to USA
58139	288	GTO Rosso Corsa/Nero air con. power windows
58141	288	GTO Rosso Corsa/Red & Black no air con. manual windows
58143	288	GTO Rosso Corsa/Red & Black no air con. manual windows
58145	288	GTO Rosso Corsa/Nero LHD EU ZFFPA16B000058145 eng. # 114B0266 gear box 149 air con. power windows
58147	288	GTO Rosso Corsa/Nero LHD EU ZFFPA16B000058147 air con. power windows
58149	288	GTO Rosso Corsa, new to GB
58181	288	GTO Rosso Corsa air con. power windows
58255	288	GTO Rosso Corsa
58255	288	~~GTO Rosso Corsa~~,is a 308 GTB QV Red/Crema RHD ZFFLA12C000058255
58259	Testarossa	85 Red/Crema RHD ZFFTA17C000058259
58269	Testarossa	85 Rosso Corsa/Tan LHD US ZFFSA17A7F0058269
58323	288	GTO 85 Rosso Corsa/Nero LHD Manual EU
58325	288	GTO Rosso Corsa
58327	288	GTO Rosso Corsa, new to I
58329	288	GTO Rosso Corsa/Nero air con. power windows
58331	288	GTO 85 Rosso Corsa/Black Red inserts LHD EU ZFFPA16B000058331 air con. power windows, probably EPA & DOT converted
58333	288	GTO Rosso Corsa(Nero air con. power windows
58335	288	GTO Rosso Corsa/Nero LHD EU ZFFPA16B000058335 eng. # 114B0274 air con. power windows
58337	288	GTO 85 Rosso Corsa/Blue & Blue LHD Eueng. # 114B0279 gear box # 274 air con. power windows, new to USA
58339	288	GTO 85 Rosso Corsa/Black Red inserts LHD EU ZFFPA16B000058339 air con. power windows, probably EPA & DOT conversion
58341	288	GTO Rosso Corsa/Nero & Red no air con. manual windows, new to CH
58343	288	GTO Rosso Corsa/Nero air con. power windows, new to USA
58345	288	GTO Rosso Corsa/Nero LHD ZFFPA16BC00058345 air con. power windows, probably EPA & DOT converted
58571	308	GTS QV 85 red/black ZFFLA13B000058571
58879	308	GTS QV Red/Crema Bordeaux piping RHD ZFFLA13C000058879
58995	308	GTS 85 red/black ZFFLA13B000058995
59175	308	GTSi 85 Rosso Corsa/Tan LHD CH ZFFLA13S000059175 exported to the US
59365	328	GTS 85 Rosso Corsa/Black LHD ZFFWA20B000059365
59633	328	GTS 86 red/black LHD
59757	328	GTS 85 Rosso Corsa/black red cloth seats ZFFWA20B000059757
60041	328	GTS 86 Red/Brown then Black int. LHD EU ZFFWA20B000060041
60193	328	GTS 86 Rosso Corsa/Crema LHD EU colour coded roof LHD ZFFWA20B000060193
60205	328	GTS 86 Red/black ZFFXA20A3G0060205
60505	328	GTS 86 Red/tan LHD EU ZFFWA20B000060505
60631	Testarossa	86 Red/Tan LHD US ZFFSA17A6G0060631
60913	Testarossa	86 Red/tan LHD EU ZFFTA17B000060913
60929	328	GTS 85 Red/Crema RHD
60989	Mondial	3.2 Cabriolet 86 Red/tan black top ZFFXC26A6G0060989

s/n	Type	Comments
61007	328	GTS 86 Red
61059	328	GTS 86 Red/Tan ZFFXA20A1G0061059
61255	Testarossa	86 Grigio Ferro/Crema LHD ZFFTA17B000061255 one single high mirror
61275	328	GTS 85 Rosso/tan RHD ZFFWA20C000061275 Colour coded rear aerofoil
61291	328	GTS 86 Red/Red ZFFXA20A5G0061291
61375	328	GTS 12/85 Rosso Corsa/Black ZFFXA20A0G0061375
61561	328	GTS 85 Red/Crema RHD ZFFWA20C000061561 Colour coded rear aerofoil
61617	328	GTS 85 Red/Crema RHD ZFFWA20C000061617 Colour coded rear aerofoil
61637	328	GTS 86 Red ZFFXA20A4G0061637
61713	Mondial	3.2 86 Red/Black RHD ZFFWD21C000061713
61719	Testarossa	12/85 Nero FER1240/Tan LHD US ZFFSA17A3G0061719
61723	Testarossa	86 Red/tan LHD US ZFFSA17A5G0061723
61809	328	GTS 86 Rosso Corsa/Black ZFFXA20A7G0061809
61829	Testarossa	86 Red/Black LHD EU
62089	412	GT 86 grigio ferro/beige LHD Manual EU ZFFYD25B000062089
62117	Testarossa	86 Rosso Corsa/Crema brown dash
62161	328	GTB 86 Red/Black then Red Martini stripes/Red RHD ZFFWA19C000062161
62267	Mondial	3.2 Cabriolet 86 Red/Crema ZFFWC26B000062267
62503	328	GTS 86 Dark Grey then Rosso Corsa LHD ZFFXA20AX60062503
62569	Testarossa	86 red/tan ZFFAA17B000062569
63225	Mondial	3.2 Cabriolet 86 Red/Black LHD ZFFWC26B000063225
63301	328	GTS 87 Red/Black ZFFWA20B000063301
~~63355~~	~~328~~	~~GTS 86 Red/Tan ZFFWA20B0F0063355~~ deleted, double entry
63499	Testarossa	86 Rosso Corsa/Crema brown dash LHD ZFFTA17B000063499
63519	Mondial	3.2 Cabriolet 86 Bianco Avus/Red LHD CH ZFFWC26S000063519
63593	Mondial	3.2 4/86 Red/Tan ZFFXD21A1G0063593 Sunroof
63677	328	GTS 86 Rosso Corsa/Beige ZFFXA20A4G0063677
63733	328	GTS 86 Red/Crema RHD ZFFWA20C000063733 63733NDL Colour coded rear aerofoil
63909	Testarossa	86 Yellow/Bordeaux LHD ZFFTA17B000063909
63947	328	GTS 86 Red/Tan LHD ZFFWA20S000063947
64039	328	GTB 86 Red/Black RHD ZFFWA19C000064039 64039NLC rosso Corsa/black ZFFTA17B000064107 64107WAM
64107	Testarossa	
64131	Mondial	3.2 Cabriolet 86 Red/Tan ZFFXC26A7G0064131
64175	328	GTB 86 Red/Beige RHD ZFFWA19C000064175 64175NPD Colour coded rear aerofoil
64219	Testarossa	86 red/beige LHD
64289	328	GTS 86 Red/Black LHD ZFFWA20B000064289
64291	328	GTB 86 Red/Tan ZFFXA19A2G0064291
64341	328	GTB 86 Red/Black LHD ZFFWA19B000064341 64341DFD
64359	Testarossa	mapping corrected
64367	412	GT Brown/Crema RHD ZFFYD25C000064367
64521	328	GTB 86 Bianco (Fer 100)/Beige (VM 3218) RHD UK ZFFWA19C000064521 64521NMI Colour coded rear aerofoil
64671	328	GTS 86 Red/Crema Red carpets RHD ZFFWA20C000064671 64671NHM Colour coded rear aerofoil
64679	328	GTS 86 Red/Black ZFFWA20B000064679 64679MDA
64765	328	GTS 86 Rosso Corsa
64789	328	GTS Yellow/black then Rosso Corsa/Nero ZFFWA20B000064789
64901	328	GTS 6/86 Rosso Corsa/Tan LHD CH ZFFWA20S000064901
64989	Testarossa	86 Red/Black RHD ZFFTA17C000064989
65095	412	Automatic 86 Silver/crema LHD EU ZFFYD24B000065095
65131	Testarossa	86 Rosso Corsa/Black 65131XJL
65153	328	GTS 86 red/beige LHD
65183	Mondial	3.2 Cabriolet 86 Rosso Corsa/Crema LHD CH ZFFWC26S000065183
65251	328	GTS 86 Red/Black RHD ZFFWA20C000065251 65251NMX
65307	Testarossa	86 Blue Chiaro/Tan LHD US ZFFSA17A0G0065307
65345	328	GTS 86 Rosso Corsa/Crema LHD ZFFWA20B000065345 65345PXW
65505	412	Automatic 87 Brown metallic/tan & Dark Brown LHD EU ZFFYD24B000065505
65537	GTS	Turbo 86 Rosso Corsa/Black ZFFZA28B000065537 65537NCL
65575	328	GTS 86 red/black ZFFWA20S000065575 65575KXI
65679	328	GTB 86 Red/black ZFFWA19S000065679
65871	328	GTS Blue/tan ZFFXA20AXG0065871
65893	328	GTB 86 Rosso Corsa/Crema then Black & Yellow/Black LHD ZFFWA19S000065893
65895	328	GTS 86 dark blue met./Black LHD ZFFWA20B000065895
65915	328	GTS 86 Rosso Corsa/Beige LHD ZFFWA20B000065915 65915VZE
65971	328	GTS 86 mapping corrected
66295	328	GTS 86 Rosso Corsa/Black ZFFWA20B000066295
66409	Mondial	3.2 86 Red/Tan LHD ZFFWD21B000066409 66409KPH
66557	412	Automatic 86 Rosso Corsa/Crema LHD EU ZFFYD24B000066557 brown dash
66589	328	GTS 87 White/Tan ZFFXA20A9H0066589
66697	328	GTS Red/Tan ZFFWA20B000091127
~~66807~~	~~328~~	~~GTS Rosso Corsa/Tan~~ deleted, double entry
66807	328	GTS 86 Rosso Corsa/Tan ZFFWA20B000066807 66807IGV
66899	328	GTS 87 Red/Beige RHD ZFFWA20C000066899
67003	328	GTS 86 Rosso Corsa/Crema LHD EU 67003PDM
67045	Testarossa	86 Red/Tan LHD EU ZFFAA17B0000 67045 67045NWY
67133	328	GTS 87 Red/Black RHD 67133JJJ
67201	Testarossa	86 Red/Tan RHD 67201NDY
67283	328	GTS 87 Silver/Tan ZFFXA20A1H0067283

s/n	Type	Comments
67355	328	GTS 87 Red/Tan ZFFXA20A0H0067355
67441	328	GTB 86 Red/Crema RHD ZFFWA19C000067441
67495	412	Automatic 87 silver/Crema ZFFYD24C000067495
67587	328	GTS 86 Red/Black LHD EU
67715	328	GTS 87 Red/Tan LHD ZFFWA20B000067715
67901	328	GTS 87 Rosso Corsa/Crema ZFFWA20C000067901 eng. # 2015
68191	Testarossa	86 Red/Black LHD EU ZFFTA17B000068191 68191LAL
~~68257~~	~~Testarossa~~	~~Grey/Tan~~-deleted, double entry
68283	Mondial	3.2 87 Blue/Tan ZFFWD21B000068283
68325	328	GTS Rosso Corsa/Nero LHD ZFFXA20A6H0068235 68235SFY
68375	328	GTB 86 Blu Chiaro/Crema RHD ZFFWA19C000068375 68375NXG
68397	Testarossa	87 Black Metallic/Tan LHD US ZFFSG17A9H0068397
68523	Mondial	3.2 87 Black/Magnolia LHD ZFFWD21B000068523 68523CGZ
68559	328	GTB 1/87 Rosso Corsa/Nero ZFFWA19B000068559
68901	Mondial	3.2 87 Red/Black LHD ZFFWD21B000068901
68907	Testarossa	87 black/tan LHD US ZFFSG17A6H0068907 Tubi
68911	Testarossa	87 Red/Crema RHD ZFFAA17C000068911
68941	328	GTS 87 Rosso Corsa/black ZFFWA20B000068941 68941AOL
68983	GTS	Turbo 87 Red/Black LHD ZFFZA28B000068983 68983NSF
69187	Mondial	3.2 87 Red/Tan ZFFXD21A7H0069187
69329	328	GTS 87 Red/Black ZFFWA20B000069329 69329MSK
69435	Mondial	3.2 Cabriolet 87 Red/Tan ZFFXC26A6H0069435
69459	328	GTB 87 Grigio Ferro/grey LHD ZFFXA19A4H0069459
69497	Mondial	3.2 87 Argento/Bordeaux LHD EU ZFFWD21B000069497 69497IFX
69505	328	GTB 87 red/tan ZFFWA19B000069505
69575	328	GTS 87 light Brown met./Tan ZFFXA20A2H0069575
69583	328	GTB 87 Blu Medio Met FER 506/Grey RHD ZFFWA19C000069583 69583NVT
69607	328	GTB Blue silver Kevlar Body/Black ZFFWA19C000069607
69671	328	GTS 87 Rosso Corsa/Tan LHD ZFFWA20B000069671
69701	328	GTS 87 Red/Crema RHD ZFFWA20C000069701 69701OVO No rear aerofoil
69779	Mondial	3.2 7/87 Rosso Corsa/Beige RHD AUS ZFFE21D000069779 eng. # F105C04001204
69783	Testarossa	87 red/tan LHD US ZFFSG17A8H0069783
69817	328	GTB 87 red/black
69905	Testarossa	87 Red/Crema LHD
69961	Mondial	3.2 87 Rosso Corsa/Black LHD ZFFWD21B000069961
69993	Mondial	3.2 87 dark blue/blue RHD ZFFWD21C000069993
70023	328	GTS 87 Red/black ZFFWA20B000070023
70035	Testarossa	87 Red/Beige RHD ZFFAA17C000070035 70035NZZ
70129	328	GTS 87 Red/Crema RHD ZFFWA20C000070129 70129QQQ
70137	Testarossa	87 Rosso Corsa ZFFAA17B000070137
70167	288	GTO Evoluzione #3/6, F40 Prototipo Rosso Corsa
70171	328	GTS 87 red/black LHD EU ex Gerhard Berger
70205	288	GTO Evoluzione #4/6 Rosso Corsa
70233	Testarossa	87 Red/Black ZFFAA17B000070233
70321	328	GTB 87 Rosso Corsa FER 300/9/Crema RHD ZFFWA19C000070321
70391	Testarossa	3/87 Rosso Corsa/Tan LHD US ZFFSG17A7H0070391
70433	328	GTS 87 Red/black ZFFWA20B000070433
70441	328	GTB 87 Rosso Corsa FER 300/9/Crema Red sports seats RHD ZFFWA19C000070441 70441NFH Colour coded rear aerofoil
70623	Testarossa	5/87 Rosso Corsa/Beige RHD ZFFAA17C000070623
70713	Mondial	3.2 87 Red/Beige LHD ZFFCD21S000070713 Sunroof
70735	328	GTS 87 Rosso Corsa/Tan LHD EU 70735NHV
70739	328	GTB 87 Rosso Corsa/Beige ZFFXA19A4H0070739
70865	328	GTS 87 Red/Crema RHD ZFFWA20C000070865 70865RVR Colour-coded rear aerofoil
70995	328	GTS 87 Rosso Corsa/Crema LHD CH ZFFCA20S000070995
71091	328	GTB 87 rosso Corsa/Beige ZFFWA13B000071091
71241	328	GTB 87 Red/Crema RHD ZFFWA19C000071241 71241NXO Colour-coded rear aerofoil
71297	328	GTB 87 Blu Sera Met. FER 504/C/Nero ZFFWA19B0000071297 eng. # 2521
71323	Testarossa	87 Rosso Corsa/Black LHD EU ZFFAA17B000071323
71387	Testarossa	87 Grey/Black LHD US ZFFSG17AXH0071387
71429	328	GTB 87 Red/Crema RHD ZFFWA19C000071429
71471	328	GTS 87 Red/black ZFFWA20B000071471
71749	328	GTS 87 Rosso Corsa/Crema ZFFWA20B000071749
71993	328	GTS 87 Silver/Tan ZFFXA20A8H0071993
72095	GTS	Turbo 87 Rosso Corsa/Nero ZFFZA28B000072095 72095PMA
72137	328	GTS 87 Red/Black RHD ZFFWA20C000072137 72137VCV Colour-coded rear aerofoil
72175	Testarossa	87 Rosso Corsa/Beige LHD ZFFAA17B000072175
72497	328	GTB 87 Red/Black ZFFWA19B000072497
72507	328	GTB Grigio met./light grey LHD EU ZFFWA19B000072507 72507MTT
72527	Testarossa	87 Silver/Black LHD US ZFFSG17A5H0072527
72689	412	87 brown LHD Manual EU ZFFYD25B000072689
72719	328	GTB 87 Rosso Corsa/Black LHD EU 72719PSQ
72821	328	GTB 87 Anthracite metallic/tan LHD CH ZFFCA19S000072821 72821NQQ
72951	328	GTS 87 Red/Black RHD ZFFWA20C000072951 72951YXY Colour coded rear aerofoil
73005	412	GT 87 Black/Blue RHD ZFFYD25C000073005

s/n	Type	Comments
73011	412	Predotype Kevelar Scaglietti Cabriolet Factory Cabriolet 87 Rosso Corsa/Black Manual ZFFYX31X0H0073011
73071	Mondial	3.2 Red/Tan LHD ZFFWA20B000073071
73081	Testarossa	87 Red/Beige RHD ZFFAA17C000073081
73153	Testarossa	87 Red/Tan LHD US ZFFSG17A6H0073153
73161	328	GTB 87 Red/Crema RHD 73161NKR
73267	328	GTS 87 Rosso Corsa/Tan ZFFXA20A0H0073267
73355	Testarossa	87 Red/Tan LHD US ZFFSG17A7H0073355
73505	328	GTS 87 Black/Black ZFFXA20A1H0073505
73637	Testarossa	87 Red/Crema RHD ZFFAA17C000073637
73799	412	87 dark Blue/grey dark blue dash LHD ZFFYD25B00007379
73839	Testarossa	Rosso Corsa/Tan LHD ZFFSA17S000073839 eng. # 590 73839NMG
73945	328	GTS 87 Red/Crema RHD ZFFWA20C000073945 73945SWX Colour-coded rear aerofoil
73949	Mondial	3.2 Cabriolet 87 red/beige LHD CH ZFFCC26S000073949
74045	F40	Prototipo GTE Competizione Conversion first, by Michelotto #7/7 87 Blue LHD F40 LM, not one of the 1 of 18, but has Michelotto # 13,
74049	F40	Prototipo Paris show car 87 Red ZFFGJ34B000074049
74073	328	GTS 10/87 Rosso Corsa/Beige LHD CH ZFFCA20S000074073
74193	Mondial	3.2 87 White/White LHD ME ZFFWA21T0J0074193 74193NEE
74289	328	GTS 87 Red/Crema RHD ZFFWA20C000074289
74409	Mondial	3.2 88 red/black ZFFWD21B000074409 74409NBB
74487	328	GTB 87 Red/Black ZFFWA19B000074487 74487IYH
74515	328	GTB 88 Red/Crema LHD ME ZFFWA19T0H007451
74545	328	GTS 87 Red/Crema LHD EU ZFFWA20B000074545 74545AYA
74577	328	GTS 88 black/tan US ZFFXA20A1J0074577
74947	GTB	Turbo 88 Rosso Corsa/Crema ZFFZA27B000074947 74947QEQ
75011	328	GTS 88 dark Blue then Red then dark Blue/Tan ZFFXA20A0J0075011
75015	Mondial	3.2 Cabriolet 10/87 Red/Tan LHD ZFFC26A6J0075015 eng. # 1812
75032	328	GTS 87 red/crema LHD EU
75070	328	GTS 87 Red/Crema RHD ZFFWA20C000075070 75070WPP Colour coded rear aerofoil
75073	Testarossa	11/87 Rosso/Beige ZFFAA17B000075073
75156	328	GTS 88 Red/Tan ZFFXA20A9J0075156
75184	328	GTS 88 Rosso Corsa/Tan ZFFXA20A9J0075184
75364	Testarossa	88 Red/Black LHD ZFFAA17B000075364 75364XIK
75397	Mondial	3.2 87 Anthracite then Rosso Corsa then Black/Crema LHD ZFFED21B000075397 75397NXY Sunroof
75508	328	GTS 88 Red/Crema LHD ZFFXA20A9J0075508
75556	Mondial	3.2 88 Red/Tan RHD ZFFWD21C000075556 75556NMX Sunroof
75568	328	GTS 1/88 Nero/Nero ZFFWA20B000075568
75682	Mondial	3.2 88 Red/Crema RHD ZFFWD21C000075682 Sunroof
75739	Testarossa	12/87 Red/Tan LHD US ZFFSG17A5J0075739
75760	328	GTS 88 red ZFFWA20B000075760
75788	Testarossa	88 Red/Tan LHD US ZFFSG17A7J0075788
75826	328	GTS 88 red/black
75871	Testarossa	87 Red/Black LHD EU ZFFAA17B000075871 75871DYR
75872	Testarossa	88 Red/Tan LHD US ZFFSG17A7J0075872
75995	Mondial	3.2 5/88 Rosso/Beige RHD AUS ZFFE21D000075995 eng. # F105C0Y01099
76011	328	GTS 88 Red/Black LHD ZFFWA20B000076011
76027	328	GTS 88 Rosso Corsa/black ZFFWA20B000076027
76031	328	GTB 88 Red/Crema RHD ZFFWA19C000076031 76031NHT Colour-coded rear spoiler
76055	328	GTS 88 Nero(1240)/Crema RHD UK ZFFWA20C000076055 76055MOC Colour coded rear aerofoil
76087	328	GTS 89 Rosso Corsa/Black LHD ZFFCA20S000076087 76087NYY
76152	Testarossa	4/88 Rosso/Nero ZFFAA17B000076152
76173	328	GTS 2/88 Rosso Corsa/Tan ZFFXA20A9J0076173
76222	328	GTS 88 black/beige LHD
76316	328	GTS 88 Red/Crema RHD ZFFXA20D000076316 76316NGT
76321	328	GTS 88 Rosso/Nero ZFFXA20A9J0076321
76339	Testarossa	88 silver/black ZFFAA17B000076339
76398	328	GTB 88 Red/Black ZFFWA19B000076398 76398CUB
76403	Mondial	3.2 Cabriolet 88 red/Crema ZFFCC26S000076403
76427	Testarossa	88 Blue Chiaro/Grey RHD
76442	Testarossa	88 red/black LHD
76460	328	GTS 88 Red/Crema RHD ZFFWA20C000076460 76460AHO
76494	328	GTS 88 Red/Crema RHD UK ZFFWA20C000076494 Colour-coded rear aerofoil
76507	Testarossa	88 Rossa Corsa/Tan LHD CH ZFFSA17S000076507
76510	Testarossa	88 Black/Crema LHD CH ZFFSA17S000076510 76510KDK
76540	Testarossa	88 Red/Tan LHD US ZFFSG17A9J0076540
76578	328	GTS 88 Red/Crema RHD ZFFWA20C000076578
76579	328	GTS 88 Rosso Corsa/black ZFFWA20B000076579 76579KBU
76626	328	GTB 80 Rosso Corsa/Black LHD EU ZFFWA19B000076626
76632	328	GTB 88 Rosso Corsa/Tan ZFFXA19A8J0076632
76678	328	GTS 88 Rosso/Beige ZFFXA20A6J0076678
76683	328	GTS 88 Red/Crema RHD ZFFWA20C000076683 Colour-coded rear aerofoil

s/n	Type	Comments
76688	F40	88 Rosso Corsa/black w. Red cloth ZFFGJ34B000076688, new to I
76731	328	GTS 88 Rosso Corsa/Crema RHD ZFFWA20C000076731 76731MNP
76740	Testarossa	88 Red/Black
76741	Testarossa	88 black metallic/Red
76743	328	GTS 88 Red/Black LHD EU ZFFWA20B000076743
76830	328	GTS 88 Black/black ZFFXA20A8J0076830
76845	412	i 88 black/black LHD EU
76896	Mondial	3.2 Cabriolet 88 Red/Crema ZFFWC26C000076896
76912	Mondial	3.2 Cabriolet 88 Rosso Corsa/black LHD ZFFWC26B000076912
~~76916~~	~~Testarossa~~	~~Red/Black~~ deleted, double entry
76980	328	GTS 88 Black/Tan ZFFXA20A5J0076980
77030	328	GTS 88 Red/Black ZFFWA20B000077030
77130	328	GTS 88 Red/Crema RHD ZFFWA20C000077130
77185	Testarossa	88 Red/Tan LHD US ZFFSG17A9J0077185
77193	328	GTS 88 Red/Black LHD 77193YMY
77289	F40	88 Red/Red leather LHD ZFFGJ34B000077289, new to GB
77303	328	GTS 88 Rosso Corsa/Crema ZFFWA20B000077303 77303AYA
77389	Testarossa	88 Red/Black RHD ZFFAA17C000077389
77458	Mondial	3.2 Cabriolet 88 White/red ZFFXC26A6J0077458
77507	328	GTS 88 Rosso Corsa/black LHD CH ZFFCA20S000077507
77518	Testarossa	88 Red/Tan LHD US ZFFSG17A×J0077518
77617	328	GTS 88 Red/Black ZFFWA20B000077617
77668	328	GTS 88 Rosso Corsa/Tan ZFFXA20A8J0077668
77748	328	GTB 88 Rosso Corsa/black ZFFWA19B00077748
77763	Testarossa	88 Red/Tan LHD US ZFFSG17A1J0077763
77779	328	GTS 88 Rosso Corsa/Black ZFFWA20B000077779 77779SMB
77800	F40	88 Red/Red cloth LHD ZFFGJ34B000077800, new to E
77841	328	GTS 88 Rosso Corsa/black LHD ZFFWA20B000077841
77967	328	GTB 88 Red/Crema ZFFWA19B000077967
78044	328	GTS 88 Red/tan LHD ZFFXA20A8J0078044
78065	328	GTS 88 Rosso Corsa/nero LHD ZFFWA20B000078065 78065YKT Colour-coded rear aerofoil
78074	412	i 9/88 Blue Sera metallic (FER 504/c) Beige (VM3218) Dark Blue dashboard & centre console ZFFWA19C000078074 (pre fix is for a 328 GTB) Eng. # 13346
78119	328	GTS 88 Rosso Corsa/Tan ZFFXA20A2J0078119
78131	328	GTS 88 Rosso Corsa/Crema LHD CH ZFFCA20S000078131 78131NBO
78150	328	GTS 88 red/black ZFFWA20B000078150 78150IZG
78173	412	Automatic 88 Red/Crema RHD ZFFXD24C000078173
78190	Testarossa	88 Red/Crema LHD EU ZFFAA17B000078190 78190HAD
78213	328	GTS 88 Rosso Corsa/Nero LHD EU 78213RWE
78254	328	GTS 88 Red/Crema RHD UK ZFFWA20C000078254 Colour coded roof panel
78284	328	GTS 88 Red/Tan ZFFXA20A6J0078284
78307	Testarossa	88 Red/Black & Beige ZFFAA17B000078307
78331	328	GTB 88 Red/Black ZFFWA19B000078331 78331NBJ
78363	328	GTS 88 Rosso Corsa/Crema Rosso Carpets RHD UK ZFFWA20C000076055 78363NHO Colour coded rear aerofoil
78438	328	GTS 88 Red/Magnolia RHD UK ZFFWA20C000078438 78438NPU Colour-coded rear aerofoil
78479	328	GTS mapping corrected
78482	328	GTS 88 Red/Crema RHD ZFFWA20C000078482
78497	328	GTS 88 Red/Crema ZFFWA20B000078497
78518	328	GTS 11/88 Rosso Corsa/Crema Rosso Carpets RHD ZFFWA20C000078518 Colour-coded rear aerofoil
78577	328	GTB 88 Rosso Corsa FER 300/9/Black ZFFWA19C000078577
78579	Testarossa	88 Rosso Corsa
78599	328	GTS 88 Rosso Corsa/black LHD ZFFWA20B000078599 78599MRZ
78624	Testarossa	88 Red/Tan ZFFSG17A3J0078624
78678	Testarossa	88 Red/Black LHD ZFFAA17T0J0078678 78678NOL
78721	328	GTB 88 Rosso Corsa Red racing seats RHD ZFFWA19C000078721 78721NPF Colour coded rear aerofoil
78730	328	GTS 88 ZFFXA20A3J0078730
78731	328	GTB 88 Red/Black ZFFWA19B000078731 78731DND
78741	328	GTS 88 Red/Crema RHD ZFFWA20C000078471 Colour coded rear aerofoil
78787	328	GTB 88 Rosso Corsa/Crema LHD ZFFWA19B000078787 78787ZCZ
78804	GTS	Turbo 88 Rosso Corsa/black LHD ZFFZA28B000078804 78804LKL
78809	Mondial	3.2 88 red/black
78815	Testarossa	88 Red/Crema 78815SYS 5 spoke aftermarket wheels F355 front bumper large engine air scoop
78828	328	GTS 88 Red/Crema RHD ZFFWA20C000078828 78828NOZ eng. # 14880 Colour coded rear aerofoil
78927	328	GTS 89 Argento/Black LHD ZFFWA20B000078927 78927TZQ
78954	Testarossa	88 Black/Tan LHD US ZFFSG17A2J0078954 512 TR wheels ex-Lloyd McBean
78956	Testarossa	88 Rosso Corsa/black LHD ZFFAA17B000078956
78960	Testarossa	88 Red/black ZFFAA17B000078960
79036	328	GTS 88 Red/Beige RHD ZFFWA20C000079036 79036NAE
79050	GTSi	Turbo 89 Red/Crema LHD EU
79064	Testarossa	89 Rosso Corsa/Tan LHD CH ZFFSA17S000079064
79155	Mondial	3.2 88 Red/Black LHD ZFFWD21B000079155
79178	328	GTS Red/Crema RHD ZFFWA20C000079178 Colour-coded rear aerofoil
79207	Mondial	3.2 89 Red/Black ZFFWD21B000079207

s/n	Type	Comments
79260	Mondial	3.2 89 Red/Crema RHD ZFFWD21C000079260
79319	Mondial	3.2 89 Red/Black RHD ZFFWD21C000079319 79319NRE Sunroof
79322	328	GTS 89 Red/Crema RHD UK ZFFWA20C000079322 79322NIS Colour coded rear aerofoil
79393	328	GTS 11/88 Red/Crema RHD UK ZFFWA20C000079393 79393BQB Colour-coded rear aerofoil
79539	Testarossa	89 Black/Red then Grey Custom interior LHD US ZFFSG17A4K0079539
79600	328	GTB 88 Silver/Black ZFFZA19B000079600 79600ZFZ
79609	412	89 Grey/Bordeaux LHD ZFFYD25B000079609
79637	Mondial	3.2 2/89 Rosso/Nero ZFFWD21B000079637
79654	F40	89 Red/Red cloth ZFFGJ34B000079654, new to E
79655	F40	89 Rosso Corsa/Red & black LHD EU ZFFGJ34B000079655, new to MEX
79730	328	GTB 89 Red/tan ZFFXA19AXK0079730
79742	Mondial	t 89 Rosso Corsa/Black LHD ZFFKD32B000079742 79742NIA 348 wheels
79810	328	GTS 89 Rosso Corsa FER 300/9/Tan ZFFXA20A4K0079810 eng. # 16232
79887	288	GTO Evoluzione #2/6 Rosso Corsa
79888	288	GTO Evoluzione #5/6 Rosso Corsa/Red & Black ZFFPX16X0J0079888 eng. # F114CKEVO04
79889	288	GTO Evoluzione #6/6 Rosso Corsa ZFFPX16X0J0079889
79890	F40	LM Michelotto #1/20 Red/Black w. Red cloth
79891	F40	LM Michelotto #2/20 Red, Pozzi 24 h Daytona 2000,
79901	328	GTS 89 ZFFXA20A7K0079901
79902	F40	89 Red/Black w. Red cloth ZFFGJ34B000079902, new to D
79932	412	GT 89 Verde Scuro/Crema RHD ZFFYD25C000079932
79995	328	GTS 89 Red/Crema RHD ZFFWA20C000079995 79995WIW Colour coded rear aerofoil
80013	328	GTS mapping corrected
80081	328	GTB 89 Red/Tan ZFFCA19S000080081
80101	328	GTB Red/Tan ZFFXA19A6K0080101
80168	328	GTS 89 Red/Black ZFFWA20B000080168 80168VQQ
80202	328	GTB 89 Rosso Corsa/Tan LHD EU
80265	Testarossa	89 Red/Tan LHD US ZFFSG17A9K0080265
80283	Testarossa	89 red/beige ZFFSA17S0000080283
80295	328	GTS 89 Red/Crema RHD ZFFWA20C000080295 Colour coded rear aerofoil
80347	328	GTB 89 silver/Red ZFFWA19B000080347 80347GHE
80350	GTB	Turbo 89 Rosso Corsa/Black ZFFZA27B000080350 80350NKJ
80385	328	GTS 89 Red/Crema RHD ZFFWA20C000080385 80385IXI Colour coded rear aerofoil
80413	328	GTS 89 Rosso Corsa/black ZFFWA20B000080413 80413QSL
80450	Mondial	t 89 Red/Black LHD ZFFKD32B000080450
80451	328	GTS 89 Rosso Corsa/Nero ZFFXA20D000080451 eng. # F10C04017137
80549	328	GTS 89 Red/Crema RHD UK ZFFWA20C000080549 80549KFK Colour coded rear aerofoil
80574	F40	89 Rosso/Red cloth LHD ZFFGJ34B000080574, new to I
80597	Testarossa	89 Rosso Corsa/Beige LHD ZFFSA17S000080597 80597FUL
80638	Testarossa	88 Red/Crema RHD UK ZFFAA17C000080638
80639	Mondial	t 6/89 Rosso/Nero LHD EU ZFFKD32B000080639
80678	328	GTS 89 Nero/Nero colour coded roof LHD EU 80678ASX
80690	Testarossa	89 Red/Crema LHD SWE ZFFSA17S000080690
80712	F40	89 Red/Black w.Red cloth LHD EUZFFGJ34B000080712, new to A
80873	Testarossa	89 Red/Tan LHD CH ZFFSA17S000080873 80873PHZ
80881	Testarossa	89 Red/Black ZFFWA20B000080881
80994	Testarossa	89 Rosso Corsa/Crema ZFFAA17B000080994 80994IMY
81002	328	GTB 89 Rosso Corsa/Nero LHD EU ZFFWA20B000081002 81002ILG
81047	~~328~~	~~GTS~~-not a 328 but a Testarossa Red/black ZFFAA17B000081047
81063	328	GTS 89 Red/Crema RHD ZFFWA20C000081063 Colour coded rear aerofoil
81086	328	GTS 5/89 Rosso/Nero LHD EU ZFFWA20B000081086
~~81089~~	~~328~~	~~GTS Red/Black LHD EU ZFFCA20S0000~~ deleted, double entry
81111	Mondial	t 89 red/black ZFFKC33B000081111 81111NKM
81140	Testarossa	89 Rosso Corsa/Black LHD EU ZFFAA17B000081140 81140HWF
81238	Testraossa	89 black/dark red ZFFAA17B000081238
81253	328	GTS 89 Red/Black LHD ZFFWA20B000081253 81253SPT Colour coded rear aerofoil
81317	328	GTS 89 Red/Black ZFFWA20B000081317
81400	328	GTS 89 Rosso/Beige LHD CDN ZFFXA20A6K0081400
81468	328	GTS 89 Rosso Corsa/Black LHD EU ZFFWA20B000081468 81468EMG
81540	Testarossa	89 Rosso Corsa/Nero LHD EU ZFFAA17B000081540 81540IGO
81548	328	GTS 89 Rosso Corsa/Nero LHD ZFFWA20B000081548 81548AEP Colour coded rear aerofoil
81587	Testarossa	89 Red/Black ZFFSA17S000081587 aftermarket rims
81590	328	GTS 89 Red/Tan RHD ZFFWA20C000081590 81590WMP No rear aerofoil
81622	Testarossa	89 Giallo Modena/Crema LHD US ZFFSG17A1K0081622
81629	Mondial	t Cabriolet 89 White/Tan Black top US ZFFFC33A6K0081629
81719	328	GTS 8/89 Rosso Corsa/Crema RHD UK ZFFWA20C000081719 81719PDA
81737	412	Automatic Blue EU ZFFYD24C000081737
81762	Mondial	t Cabriolet 89 yellow/black ZFFKC33B000081762
81819	328	GTS 89 Red/Crema RHD ZFFWA20C000081819
81829	328	GTB 89 Grigio Ferro/tan LHD EU ZFFWA19B000081829

s/n	Type	Comments
81881	Mondial	t Cabriolet 89 Red/Black Manual ZFFFC33A5K0081881
81926	Testarossa	89 red/black LHD EU
81975	Mondial	t Cabriolet 89 Black/Tan US ZFFFC33A3K0081975
82060	Testarossa	89 Red/Tan RHD ZFFAA17C000082060 82060PEZ
82072	328	GTS 10/89 Rosso/Crema ZFFWA20C000082072
82137	Testarossa	89 black metallic/black LHD EU ZFFAA17B000082137 82137WPF
82283	Mondial	t Cabriolet 7/89 White/Tan Manual ZFFFC33A1K0082283
82300	Testarossa	89 Red/Tan ZFFAA17B000082300
82315	Mondial	t Cabriolet 7/89 Rosso Corsa FER 300/9/Beige LHD US ZFFFC33AXK0082315 eng. # 19042
82360	348	tb 89 Rosso Corsa/Black LHD US ZFFFA35A0K0082360
82362	Mondial	t 89 Rosso Corsa/TanLHD EU ZFFKD32B00082362 82362IUI
82390	348	tb 89 Red/Black ZFFKA35B000082390
82404	F40	GTE Michelotto #2/7 89 Blue & Yellow/black w.Red seat LHD EU ZFFGJ34B000082404
82411	328	GTB Competition Conversion Yellow Black stripe/black ZFFWA20C000082411
82493	348	82493NHK
82571	Mondial	t Cabriolet 89 Red/Tan US ZFFFC33A6K0082571
82641	348	ts 89 Red/Black LHD US ZFFFA36AXK0082641
82698	Testarossa	89 Red Dark Red RHD UK ZFFAA17C000082698
82776	328	GTS 89 Rosso Corsa/Crema RHD UK ZFFWA20C000082776 Colour-coded rear aerofoil
82783	348	tb 89 Rosso Corsa/Nero LHD ZFFKA35B000082783 82783TDT ass. # 00009 Colour-coded sills
82911	328	GTS 89 Rosso Corsa/Crema colour coded roof RHD UK ZFFWA20C000082911 eng. # 19542 82911DHO Colour coded rear aerofoil
83004	Testarossa	89 Red/Crema RHD UK ZFFAA17C000083004 83004WRR
83006	Testarossa	rosso Corsa/Tan ZFFAA17B00083006 Two low mirrors five-bolt wheels Red spoilers shields
83023	Mondial	t Cabriolet 90 Rosso Corsa/Nero ZFFKC33B000083023 83023NSM
83024	Mondial	t 89 Rosso Corsa/Crema LHD ZFFKD32B000083024 ass. # 00107 83024RUR
83050	Mondial	t 89 Red/beige RHD ZFFKD32C000083050 ass # 00562
83089	F40	89 Red/Black w Red cloth LHD EU ZFFGJ34B000083089 ass. # 08446, new to F
83091	328	GTS 89 Red/Crema RHD UK ZFFWA20C000083091 83091FCW shields colour-coded rear aerofoil
83101	348	tb 89 Rosso Corsa/Nero ZFFKA35B000083101 83101LYL
83104	Mondial	t 3.4 89 Red/Crema RHD ZFFKD32C000083104 83104NSE Sunroof
83136	328	GTS last, 89 Rosso Corsa/Tan LHD ZFFCA20S000083136
83166	Mondial	t Cabriolet 89 white/red LHD EU
83209	Mondial	t 3.4 Cabriolet 89 Rosso Crema RHD ZFFKC33C000083209 ass. # 19619 83209NST
83262	348	tb 90 Red mapping corrected
83267	Testarossa	90 Rosso Corsa/Tan LHD US ZFFSG17A4L0083267 Tubi
83287	Testarossa	91 Rosso Corsa/Nero LHD ZFFAA17B000083287
83300	F40	89 Rosso Corsa/Black w. Red cloth LHD ZFFGJ34B000083300, new to I
83380	Mondial	t Cabriolet mapping corrected
83434	Testarossa	90 Red/Tan LHD US ZFFSG17A8L0083434 ass.# 00190 Tubi
83475	F40	89 Rosso Corsa/Nero w. Red cloth, new to I
83492	Testarossa	90 Rosso Corsa/Black LHD US ZFFSG17AXL0083492
83526	Testarossa	90 Blu Chiaro met./Tan RHD UK ZFFAA17C000083526 ass # 00354
83646	Testarossa	89 Red/black LHD CH ZFFSA17S000083646
83646	Testarossa	89 Rosso Corsa/Nero LHD CH ZFFSA17S000083646 83646OMB
83687	348	tb 1/90 Rosso/Nero ZFFKA35B000083687
83709	Testarossa	Red/Crema RHD ZFFAA17C000083709
83714	Testarossa	90 Rosso Corsa FER300/9/Tan LHD US ZFFSG17A3L0083714
83724	Testarossa	90 Rosso Corsa/Nero ZFFAA17B000083724 83724HAH
83739	Testarossa	90 Rosso Corsa/Tan LHD ZFFAA17B000083739 83739ZVZ
83766	348	tb 90 Rosso Corsa/Nero ZFFKA35B000083766
83932	F40	90 Red/black w.red cloth seats ZFFGJ34B000083932, new to DK
83965	348	tb 90 Red/Black LHD EU ZFFKA35B000083965
83972	F40	90 Red/Black w. Red cloth LHD ZFFGJ34B000083972, new to I
83998	348	tb 90 Rosso Corsa LHD EU
84030	348	tb 1/90 Rosso Corsa/Nero ZFFKA35B000084030 84030GCU ass.#0796
84037	F40	89 Rosso Corsa/Black w Red cloth LHD EU ZFFGJ34B000084037, new to D
84052	F40	90 Red then Yellow/Black w. Red cloth LHD EU ZFFGJ34B000084052, new to F
84091	Testarossa	Red/Tan
84092	Testarossa	90 LHD US ZFFSG17A0L0084092
84093	Testarossa	2/90 Rosso/Beige ZFFAA17B000084093
84112	Testarossa	90 Red/Crema RHD ZFFAA17C000084112 84112NJJ
84159	Testarossa	90 Rosso Corsa/Beige ZFFSG17A6L0084159
84184	F40	90 Rosso Corsa/Black w.Red cloth LHD EU ZFFGJ34B000084184 ass. # 01117, new to CH
84192	F40	90 Rosso Corsa 300/9/Black w.Red cloth LHD EU ZFFGJ34B000084192 eng. # F120A21026, new to GB
84209	F40	GTE 90 Red/Black w Red cloth LHD EU ZFFGJ34B000084209 ass. #01175, new to D, LM conversion
84243	348	tb 89 red/tan LHD 84243IYH
84261	348	tb 90 red/tan ZFFKA35B000084261
84317	Testarossa	90 silver/dark Red LHD ZFFAA17B000084317 ass. # 01444 84317XQU
84494	F40	90 Red/Black w Red cloth LHD EU ZFFGJ34B000084494 ass. # 01535, new to D

s/n	Type	Comments
84503	F40	LM GTE Michelotto Evoluzione II #6/7 Red/Black w Red cloth EU ZFFGJ34B000084503 eng. # 007
84527	Testarossa	3/90 Rosso/Crema ZFFAA17B000084527
84567	348	tb 90 Red/Black LHD ZFFKA35B000084567
84576	Mondial	t 90 Rosso Corsa/Tan LHD CH ZFFFD32S000084576
84584	348	tb 90 Red/Black ZFFKA35B000084584 ass. #01456
84608	F40	90 Red/Black w.Red cloth LHD EU ZFFGJ34B000084608 ass. # 01686 slide plexi windows, new to GB
84637	348	tb Red/Black LHD EU ZFFKA35B000084637 ass. # 01542
84638	348	tb LHD
84647	Mondial	t Cabriolet 90 Silver/Crema then Rosso Corsa/Black ZFFKC33B000084647 ass. # 01831 84647QCQ
84664	F40	90 Rosso Corsa/Black w. Red cloth LHD ZFFGJ34B000084664 ass. # 01744, new to I
84683	F40	90 Red/Black w Red cloth LHD EU ZFFGJ34B000084683 ass. # 01799, new to GB
84694	348	ts mapping corrected
84711	Testarossa	90 Red/Crema RHD UK ZFFAA17C000084711 84711NIW
84731	F40	90 Rosso Corsa/Black Red Cloth LHD EU ZFFGJ34B000084731 ass. # 01849, new to D
84763	Mondial	t rosso Corsa beige LHD EU 84763KAE
84764	F40	90 Red/Black w. Red cloth LHD EU ZFFGJ34B000084764 ass. # 01896, new to D
84803	Testarossa	90 Red/tan LHD US ZFFSG17A7L0084803
84849	348	tb 90 Red/Black LHD EU ZFFKA35B000084849 84849AUB ass. # 01784
84854	Mondial	t Cabriolet 90 Red/Black LHD EU ZFFKC33B000084854
84921	F40	90 Red/Black w.Red cloth LHD EU ZFFGJ34B000084921 ass. # 02125
84923	Mondial	t 90 black/tan LHD 84923UUL
84955	Testarossa	90 Rosso Corsa FER300/9/Tan LHD US ZFFSG17A8L0084955
84976	Testarossa	90 Red/Tan mapping corrected
85015	F40	LM GTE Conversion Conversion by Michelotto #4/7 95 Red/Black w.Red cloth LHD US ZFFMN34A6L0085015 ass. # 2528 eng. # 002, new to the US
85050	Testarossa	90 Red/Beige RHD UK ZFFAA17C000085050
85061	348	tb 90 red/black LHD EU
85069	348	ts mapping corrected
85112	348	tb 90 Rosso Corsa Crema RHD ZFFKA35C000085112 ass. # 02202 85112NDX
85115	Mondial	t 90 Red/Black LHD EU ZFFKD32B000085115
85135	Mondial	t 90 Rosso/Nero ZFFAA17B000085135 85135GEU
85158	348	tb Challenge Red/Red cloth seat
85184	348	tb- Red/tan LHD EU ZFFKA35B000085184 F355-Conversion
85260	348	tb Challenge 90 red/black ZFFKA35B000085260
85440	Testarossa	90 LHD US ZFFSG17A2L0085440
85441	Testarossa	90 Red/Black LHD US ZFFSG17A4L0085441
85467	348	ts 90 Yellow/Crema colour coded roof RHD ZFFKA36C000085467 ass. # 02517 85467NIW Colour coded sills
85501	Testarossa	90 Red/Black LHD US ZFFFG36A8L0085506, mapping corrected
85506	348	ts 6/90 Rosso Corsa/Tan ZFFFG36A8L0085506 Speedline Wheels
85532	348	tb 90 Rosso/Nero ZFFKA35B000085532 85532AWH
85596	F40	6/90 Red/Grey w. Red cloth LHD US ZFFMN34A6L0085596 ass. # 2823, new to the US, ex-Paul Allen
85635	Mondial	t Cabriolet 90 White/dark Blue LHD EU ZFFKC33B000085635 85635GSG
85679	Testarossa	90 Rosso Corsa/Tan LHD US ZFFSG17A4L0085679
85775	Testarossa	90 Red/Tan ZFFAA17B000085775
85878	Testarossa	Yellow/Black LHD
85914	348	tb 90 yellow/black ZFFKA35B000085914 85914UPG
85928	348	ts 90 Red/Crema RHD ZFFKA36C000085928 85928NEE shields Colour coded sills
86071	Testarossa	90 Red/Black RHD ZFFAA17C000086071
86102	F40	90 Red then Yellow/Red cloth LHD EU ZFFGJ34B000086102 ass. # 04522, new to J
86154	F40	90 Red/Black w Red cloth LHD EU ZFFGJ34B000086154 ass. # 03223, new to I
86155	348	tb 90 Yellow/Black LHD EU ZFFKA35B000086155 ass. # 03132 86155AVL
86296	Mondial	t 91 Red/Crema RHD UK ZFFKD32C000086296 86296NAI sunroof
86317	Testarossa	90 Rosso Corsa/Crema LHD EU ZFFAA17B000086317 ass. # 03344 86317YHW
86346	348	ts 90 Red/Crema colour coded roof RHD UK ZFFKA36C000086346 86346NXM Colour-coded sills
86366	348	tb Challenge 90 Red/Tan LHD EU ZFFFA35S000086366
86447	348	tb Challenge 90 red & black/tan LHD US ZFFFG35AXL0086447
86453	Testarossa	91 Fly Yellow/tan LHD US ZFFSG17A3M0086453 ass. # 03524
86601	348	ts 90 Red/Crema colour coded roof RHD UK ZFFKA36C000096601 86601NKJ Colour coded sills
86675	348	ts Challenge 90 Black/Red LHD US ZFFFG36A3L0086675
86694	348	ts 8/90 White/Black US ZFFFG36A7L0086694 Tubi
86714	F40	90 Red/Black LHD EU
86718	348	ts 90 Rosso Corsa/Tan LHD US ZFFFG36A6L0086718 ass. # 03581 Tubi
86735	348	ts 8/90 Red/Tan LHD US ZFFFG36A6L0086735 ass. # 03646
86737	Testarossa	91 White/Crema & dark Brown LHD US ZFFSG17A6M0086737
86746	F40	90 Rosso Corsa/Black w.Red cloth LHD US ZFFMN34A0L0086746 ass. # 3651, new to the US
86793	Mondial	t 90 Rosso Corsa/Nero LHD EU ZFFKD32B000086793 86793NEE
86798	Testarossa	90 Red/Tan ZFFAA17B000086798 86798SXI

s/n	Type	Comments
86831	Testarossa	91 Red/Tan & tobacco LHD US ZFFSG17A9M0086831
86873	348	ts 90 Red/Crema colour coded roof RHD ZFFKA36C000086873 86873NCE Colour coded sills
86931	348	ts Red white Stripe/Crema Red racing seats RHD UK ZFFKA36C000086931 Rear wing 355 Challenge rear grill Nitrous Oxide boosted engine white BBS Challenge wheels red calipers
86938	Testarossa	90 black/tan
87055	Testarossa	90 Rosso Corsa/Black LHD ZFFAA17B000087055
87073	Testarossa	90 Black/Black RHD ZFFAA17C000087073
87088	348	ts 90 Rosso Corsa/tan Red racing seats RHD ZFFKA36C000087088 87088NIA
87202	348	ts 90 Red/beige color coded roof RHD ZFFKA36C000087202 ass # 03971 87202NFF
87260	348	ts 10/90 Giallo Modena/dark Blue LHDZFFKA36B000087260 87260MVM ass. # 03903
87312	Testarossa	Black/Crema ZFFSA17S000087312
87314	Testarossa	90 Red/Tan LHD ZFFAA17B000087314
87344	F40	91 Rosso Corsa/Black w Red cloth LHD EU ZFFGJ34B000087344 ass. # 04923, new to CH
87376	348	ts 90 Red/Black LHD EU ZFFKA35B000087376 ass. # 4308 87376NLO
87420	F40	90 Red/Black w.Red cloth LHD EU ZFFGJ34B000087420 ass. # 04432
87435	348	tb 90 Rosso Corsa/Tan LHD CH 87435DND
87555	348	ts 91 Red/Black ZFFKA36B000087555
87606	348	ts 90 Red/tan LHD US ZFFFG36A0L0087606
87636	Testarossa	90 Rosso Corsa/Tan LHD ZFFSA17S000087636 87636ZPT
87659	348	tb 90 Rosso Corsa/Tan LHD CH ZFFFA35S000087659 87659NWE ass. # 04425
87660	348	ts 11/90 Black/tan LHD US ZFFFG36A6L0087660 Tubi Brembo Brakes
87670	348	ts 90 Red/Tan LHD EU ZFFKA36B000087670 87670NFP ass. # 04458
87741	348	ts 90 Red/Black LHD ZFFKA36B000087741
87742	F40	91 Red/Black w Red cloth LHD EU ZFFGJ34B000087742 ass. # 04652, new to GB
87755	348	ts 11/90 Rosso Corsa/Tan LHD US ZFFFG36A6L0087755
87760	348	ts 90 red/black ZFFKA36B000087760
87864	Testarossa	91 Anthracite metallic/tan LHD 87864DBA
87894	F40	91 Red/black w red cloth LHD EU ZFFGJ34B000087894 ass. # 04723, new to A
87974	348	ts 90 Red/Black LHD ME ZFFKA36T0L0087974
88042	348	ts 91 Red/Tan LHD SWE ZFFFA36S000088042
88051	348	ts 92 red/black ZFFKA36B000088051 ass. # 04782
88101	F40	91 Red/Black w. Red cloth LHD EU ZFFGJ34B000088101 ass. #04922, new to I
88110	Mondial	t 91 Red/Crema RHD UK ZFFKD32C000088110 Sunroof
88136	Testarossa	Red/Black LHD EU ZFFAA17B000088136
88167	F40	91 Rosso Corsa Italian stripe added later/Black w Red cloth LHD EU ZFFGJ34B000088167 ass. # 04987, new to D
88169	Mondial	t Cabriolet 90 Rosso Corsa/Black LHD ZFFKC33B000088169
88172	Testarossa	91 Red/Black RHD ZFFAA17C000088172
88177	348	tb 90 White/Black LHD US ZFFFG35A6L0088177
88198	348	ts 91 Red/Tan RHD ZFFKA36C000088198 ass. # 05009 88198NSI
88207	512	TR 91 yellow/black sports seats ZFFLG40A9M008820788207ACG
88304	Testarossa	91 White/Black RHD ZFFAA17C000088304
88368	348	ts 91 Rosso Corsa/Black LHD ZFFKA36B000088368
88376	F40	91 Red then Yellow/Black w Red cloth LHD EU ZFFGJ34B000088376, new to I
88389	348	ts 91 Red/Crema RHD ZFFKA36C000088389 88389NTT Colour coded sills
88399	348	ts mapping corrected
88405	348	ts 91 Red/Crema RHD UK ZFFKA36C000088405 88405NSB Colour coded sills
88427	348	ts Red/Black mapping corrected
88476	Testarossa	3/91 Nero/Crema LHD EU ZFFAA17B000088476
88520	F40	Corsa #5/20 91 Red/Black w.Red cloth LHD ZFFGX34X0L0088520 LM Conversion by Michelotto
88521	F40	LM Michelotto #3/20 91 Red/Black w. Red cloth LHD ZFFGX34X0L0088521
88522	F40	LM Michelotto #6/20 91 Rosso Corsa/black w Red cloth LHD ZFFGX34X000088522 eng. # 410B005 ex-Albert Uderzo
88523	F40	LM Michelotto #7/20 91 Red/Black w.Red cloth LHD ZFFGX34X000088523
88524	F40	LM Michelotto #8/20 91 Red/Black w.Red cloth LHD ZFFGX34X000088524
88539	Testarossa	91 red/beige LHD
88622	F40	91 Red/Black w Red cloth LHD EU ZFFGJ34B000088622 ass. # 05552, new to GB
88636	~~F40~~	~~91 Red/Black w Red cloth LHD EU ZFFGJ34B000088636~~, not a F40 but Testarossa Silver/Black RHD ZFFAA17C000088636
88641	348	tb Red/Black LHD ZFFKA36B000088641 88641UHG
88681	Testarossa	91 Yellow/black ZFFAA17B000088681 ass. # 05820 88681DFF
88759	348	tb 91 Red/beige LHD ZFFKA35B000088759
88766	348	ts 91 Rosso Corsa/Black LHD ZFFKA36B000088766
88777	348	tb 91 Rosso Corsa/Black LHD ZFFKA35B000088777 ass. # 05687 88777NYM 355 wheels Colour-coded sills
88779	F40	GTE Michelotto #5/7 Rosso Corsa/black w. Red cloth seats ZFFGJ34B000088779, new to MEX
88812	348	tb 91 Red/Black LHD EU
88876	348	ts 91 Rosso Corsa/Tan Colour coded roof LHD CH ZFFFA36S000088876 ass. # 05634 88876NSZ Colour-coded sills

s/n	Type	Comments
88917	Testarossa	91 red/tan ZFFAA17B000088917 88917YIP
88933	348	tb 1/92 Rosso/Crema ZFFKA35C000088933
88960	F40	91 Red/Black w Redcloth LHD EU ZFFGJ34B000088960 ass. # 05957, new to Dubai
88984	348	ts mapping corrected
88988	348	ts 91 Red/Crema RHD ZFFKA36C000088988 Colour coded sills
89016	Testarossa	91 Red/Tan LHD US ZFFSG17A7M0089016 eng. # 26518
89048	F40	91 Red then Yellow/Black w Red cloth LHD EU ZFFGJ34B000089048 ass. # 06084, new to I
89050	Mondial	t Cabriolet 91 red/black ZFFKC33B000089050
89182	348	ts 91 Red/tan ZFFFA36S000089182
89194	Testarossa	91 Red/Tan LHD US ZFFSG17A9M0089194 Tubi
89323	348	tb 3/91 Red/Crema RHD ZFFKA35C000089323 89323NHZ Colour coded sills
89334	348	ts 94 Red/Crema LHD EU
89373	348	ts 91 Red/Tan LHD US ZFFRG36A4M0089373
89418	348	ts 91 Red/tan LHD SWE ZFFFA36S000089418
89453	Testarossa	91 Red LHD ZFFAA17B000089453
89457	348	ts 91 Red/magnolia RHD UK ZFFKA36C000089457 89457NHY Colour coded sills
~~89516~~	~~348~~	~~tb Red/Tan LHD CH ZFFFA35S000089516 deleted, double entry~~
89519	348	ts 91 Rosso Corsa/Nero red racing seats LHD ZFFKA36B000089519 89519LIC Colour-coded sills aftermarket steering wheel
89542	Mondial	t Cabriolet Red/Black RHD UK ZFFKC33C000089542 89542NYS
89615	348	tb 91 Grey/Beige RHD ZFFKA35C000089615 89615NW colour coded sills shields
89632	Testarossa	91 White/black LHD US ZFFSG17A7M0089632
89678	348	ts 91 Red/Black LHD ZFFKA36B000089678 ass. # 06728
89690	F40	3/91 Rosso Corsa (Fer 300/9) Red cloth ZFFGJ34B00089690 eng. # 26209 Metzalotti sports exhaust
89691	348	tb Red/Tan RHD UK ZFFKA35C000089691
89753	348	ts 91 White then Yellow/black LHD US ZFFRG36A3M0089753
89789	348	tb 91 Red/Black ZFFKA35B000089789 shields
89809	348	tb 91 Black/black ZFFKA35B000089809 89809RWR ass. # 06705
89841	348	ts 91 Red/Black ZFFKA36B000089841
89849	Testarossa	91 Rosso Corsa/Black LHD ZFFAA17B000089849
89894	348	91 Red/Black LHD EU ZFFAA17B000089894 89894PPM ass. # 06909
89911	Testarossa	91 Yellow/Black RHD ZFFAA17C000089911
89948	Testarossa	91 Rosso Corsa/Black LHD ZFFAA17B000089948
89975	348	ts 91 Rosso Corsa/Black LHD EU ZFFKA36B000089975 ass. # 06972 89975AWK
90001	F40	GTE Conversion by Michelotto #1/7 Yellow & Blue then Red/Red LHD EU ZFFGJ34B000090001 Michelotto build # 001, new to I
90024	Testarossa	91 Red/Tan LHD US ZFFSG17A0M0090024
90057	348	tb 91 Red/black ZFFKA35B000090057
90127	348	ts Red/Crema RHD UK ZFFKA36C000090127 90127NSA
90179	Testarossa	91 Yellow/black LHD EU ZFFAA17B000090179 90179HFD
90192	348	tb Red/Magnolia RHD UK ZFFKA35C000090192 ass. # 07116
90232	Mondial	t Cabriolet 91 Nero FER1240/Tan LHD EU ZFFKC33B000090232 ass. # 07256 90232NYC
90260	512	TR 92 Rosso Corsa/Tan ZFFLG40AXN0090260
90273	Testarossa	91 Rosso Corsa/Nero LHD ZFFAA17B000090273 90273KMA
90278	F40	7/91 Rosso Corsa/Nero w Red cloth LHD EU ZFFGJ34B000090278 ass. # 07721, new to I
90324	348	ts 91 Yellow/Black LHD US ZFFRG36A7M0090324 shields
90394	348	tb 7/91 Rosso Corsa/Nero LHD EU ZFFKA35B000090394
90415	348	ts 91 Rossa Corsa/Tan LHD US ZFFRG36AXM0090415
90430	F40	91 Red/Red cloth LHD ZFFGJ34B000090430 ass. # 07789, new to GB
90669	348	ts Red/Crema RHD ZFFKA36C000090669 90669NDQ Colour coded sills
90823	348	ts 91 Red/Black LHD EU ZFFKA36B000090823 ass. #07756 90823HHY
90838	512	TR 92 Rosso Corsa/Black LHD US ZFFLG40A8N0090838
90892	Testarossa	91 Rosso Corsa/Beige & black sport seats LHD CH ZFFSA17S000090892 512 TR front modified wing
90914	348	ts 92 Red/Crema RHD ZFFKA36C000090914 Colour-coded sills
90977	Testarossa	91 Yellow/black ZFFAA17B000090977 90977KMF
91058	348	tb 12/91 Rosso/tan RHD ZFFKA35C000091058
91071	Testarossa	Red/Crema RHD ZFFAA17C000091071
91127	Testarossa	91 black then Red/Black ZFFAA17B000091127 91127IXY
91155	Mondial	t Red/Crema RHD ZFFKD32C000091155 91155NYS
91193	F40	92 Red/Red cloth LHD EU ZFFGJ34B000091193 ass. # 08446, new to CH
91200	Testarossa	91 Red LHD ZFFSA17S000091200
91253	Testarossa	10/91 Rosso/Beige ZFFAA17B000091253 ass. # 08321 91253KFY
91299	Mondial	t 9/91 Rosso Corsa/Nero ZFFKD32B000091299
91338	Mondial	t Cabriolet Red/Black LHD
91346	Mondial	t Cabriolet 92 White/Red LHD Manual US ZFFRK33A5N0091346 ass. # 08807 not # 06807
91365	348	ts 92 Red/Tan ZFFKA36B000091365
91368	348	tb 92 Rosso Corsa/Crema LHD EU ZFFKA35B000091368 ass. # 08512 91368XMF
91387	348	tb 92 Rosso Corsa/Tan LHD CH ZFFFA35S000091387 91387NFP

s/n	Type	Comments
91414	348	ts rosso Corsa/black ZFFKA36B00091414
91488	Testarossa	1/92 Rosso/Beige ZFFSA17S000091488
91592	F40	92 Red/Black w Red cloth LHD EU ZFFGJ34B000091592 ass. # 08911, new to DK
91597	348	ts 92 Rosso Corsa/Nero colour coded roof LHD CH ZFFFA36S000091597 Colour-coded sills
~~91776~~	~~348~~	~~ts 92 LHD US~~ deleted, double entry
91889	348	tb 92 Rosso/Tan LHD EU ZFFKA35B000091889 Colour-coded sills
91908	348	ts 92 Rosso Corsa/Nero LHD EU 91908WOJ
91949	512	TR 10/91 Grigio Met. FER 700/C/Black ZFFLG40A0N0091949
91951	512	TR 10/91 Rosso/Beige LHD US ZFFLG40A9N0091951
91985	512	TR 10/91 Rosso Corsa/Tan LHD US ZFFLG40A4N0091985 eng. # 29338
92015	Mondial	t Cabriolet Rosso Corsa/black LHD EU ZFFKC33B000092015, either lost its drivetrain to 312 P Replica below or the car has been used for the Replica completely
92015	312	Mondial Modificato ZFFKC33B000092015 312P replica using Mondial t drivetrain in Sweden Rosso Corsa yellow stripe/Red
92080	348	tb Red/Black LHD ZFFKA35B000092080 92080EGO
92112	348	ts 12/91 Rosso Corsa/Nero Colour-coded sills colour-coded roof ZFFKA36B000092112 ass. # 09165 92112YVR
92155	348	ts Challenge Conversion 92 Red Yellow stripes/Red LHD US ZFFRG36A7N0092155
92216	Mondial	t Cabriolet 92 Red/Tan Manual ZFFRK33A8N0092216
92237	F40	Corsa #11/20 92 Red/Black w Red LHD ZFFGX34X000092237 LM Stradale ex-Obrist
92257	348	ts 92 Rosso Corsa/Crema LHD CH ZFFFA36S000092257
92301	512	TR 92 Red/Crema ZFFLA40B000092301
92333	Mondial	t Cabriolet 92 Rosso Corsa/Nero LHD ZFFKC33B000092333 92333CQC
92343	348	tb 92 red/black ZFFFA35S000092343
92355	Mondial	t 3.4 Cabriolet Red/Black LHD EU
92362	512	TR 92 Red/Black LHD EU ZFFLA40B000092362 92362NPX
92365	Mondial	t 92 Red/Black LHD EU ZFFKD32000092365 ass. # 09397 92365NFK
92392	F40	92 Red/Black w Red cloth LHD EU ZFFGJ34B000092392 ass. # 09861, new to SA
92410	512	TR 92 Rosso Corsa/Nero LHD EU ZFFLA40B000092410 92410NTO
92418	348	tb 92 Red/Crema RHD ZFFKA35C000092418 92418NAV
92425	Mondial	t Cabriolet 92 Silver/all dark blue LHD ZFFKC33B000092425
92428	512	TR 5/92 Rosso Corsa/Crema ZFFLA40C000092428 ex-Elton John
92476	348	ts 92 Rosso Corsa/Nero LHD ZFFFA36S000092476 92476OIO ass. # 09456
92544	512	TR 5/92 Rosso Corsa/Nero LHD EU ZFFLA40B0000 ass.# 09397 92544KYK
92580	512	TR 92 Black/Magnolia LHD US ZFFLG40A5N0092580 mapping corrected
92581	512	TR 92 Red/Black ZFFLG40A7N0092581 mapping corrected
92582	512	TR mapping corrected
92610	348	ts 92 Rosso Corsa/Nero LHD ZFFKA36B000092610 92610RLO Colour-coded sills
92689	348	tb Red LHD ZFFKA35B000092689 92689NMH Colour coded sills
92694	512	TR 92 Rosso Corsa/Black LHD EU ZFFLA40B000092694 92694QLQ
92700	348	ts 92 Red/Black LHD EU ZFFKA36B000092700 ass. # 9685 92700UHG
92706	348	tb 92 red/black ZFFKA35B000092706 ass. #09827
~~92710~~	~~Mondial~~	~~t Cabriolet Red double entry, mapping corrected~~
92757	Mondial	t Cabriolet 92 Red LHD ZFFKC33B000092757
92779	F40	92 Rosso Corsa/Black w Red cloth LHD US ZFFMN34A8N0092779 ass. # 10004, new to the US
92780	Mondial	t Red/Black LHD EU
92818	Mondial	t Red/Black RHD UK ZFFKD32C000092818 92818NXM
92832	348	tb 92 Red/Black RHD ZFFKA35C000092832 92832NSR Colour coded sills
92837	Mondial	t Cabriolet Valeo 1/92 Rosso Corsa/Tan LHD EU ZFFRK33A7N0092837
92847	348	ts 92 Red/Black ZFFKA36B000092847
92964	Mondial	t Cabriolet Valeo Light Blue/Blue RHD UK ZFFKC33C000092964 92964NDG
92995	348	ts Red/Crema RHD UK ZFFKA36C000092995 Colour-coded sills
93036	512	TR 92 Yellow/Black LHD ZFFLA40B000093036
93135	348	ts nero/beige LHD EU 93135KSF
93135	348	ts 92 nero/beige LHD EU ZFFKA36B000093135 93135KSF
93231	348	tb Yellow/black LHD ZFFKA35B000093231 ass. # 10150 93231IFK
93350	512	TR 92 red/black ZFFLA40B000093350
93380	F40	92 Rosso Corsa/Black & Red cloth LHD ZFFGJ34B000093380 eng. # 30828 ass. # 10574, new to I
93470	348	ts mapping corrected
93543	348	ts Red/Tan RHD UK ZFFKA36C000093543 93543JQJ Colour coded sills
93600	Mondial	t Cabriolet 92 Azzurro/crema LHD ZFFKC33B000093600
93640	512	TR 92 Rosso Corsa/Nero LHD EU 93640XTO
93659	512	TR 92 red/black ZFFLA40B000093659
93666	348	ts Red/Black LHD EU colour coded roof & skirts ZFFKA36B000093666 93666FBF
93672	F40	92
93704	Mondial	t Cabriolet 92 Rosso Corsa/Black LHD EU ZFFKC33B000093704 93704RDR
93757	512	TR 92 Rosso Corsa/Nero LHD ZFFLA40B000093757 ass. # 10809 93757WSA
93773	Mondial	t Cabriolet 92 red/black

s/n	Type	Comments
93781	348	tb Challenge 92 Yellow/black LHD CH ZFFFA35S000093781
93804	348	ts 92 red/black ZFFKA36B000093804
93813	F40	Competizione Conversion 92 Rosso Corsa & Yellow/Red cloth ZFFGJ34B000093813 ass. # 11073 eng.# 31293
93842	Mondial	t Cabriolet Red/Tan black top LHD CH
93890	348	ts 92 Rosso Corsa/Black colour-coded roof LHD ZFFKA36B000093890 ass. # 10852 93890DHA Colour-coded sills
93920	348	ts 92 Red/Tan LHD ZFFKA36B000093920
94078	348	ts 4/92 Nero FER 1240/Black ZFFRG36A3N0094078 eng. # 31499
94129	348	ts 93 Grey/Grey RHD ZFFKA36C000094129 94129HMH
94141	512	TR 92 Rosso Corsa/Crema RHD UK ZFFLA40C000094141 94141NZT
94210	512	TR Red/beige RHD ZFFLA40C000094210 ass # 11273
94348	512	TR 4/93 White/Bordeaux Red Dash LHD US ZFFLG40A7P0094348
94362	F40	GTE (CSAI-GT)/IMSA Michelotto LM #3/7 92 Red/Black w.Red cloth LHD EU ZFFGJ34B000094362, new to I
94397	512	TR 92 Rosso Corsa/Beige RHD ZFFLA40C000094397
94470	348	ts 93 Red RHD ZFFKA36C000094470
94486	348	ts Red/Tan & Brown LHD EU ZFFFA35S000094486 ass. # 11459
94514	512	TR 93 Red/Black ZFFLA40B000094514 94514UFE ass. # 11522 94514UFE
94549	512	TR Silver LHD ZFFLA40B000094549
94555	348	ts 92 Rosso Corsa/Nero LHD ZFFKA36B000094555 ass. # 11507 94555FAF
94592	348	ts 92 Rosso Corsa/Crema LHD ZFFKA36B000094592 94592YHY Colour coded sills aftermarket wheels
94625	348	ts 93 Rosso Corsa/Nero ZFFKA36B000094625
94639	348	tb Serie Speciale Series I 93 Red/Tan LHD US ZFFRG35A0P0094639
94640	348	ts Red/Black LHD
94647	F40	92 Red/Black w Red cloth LHD EU ZFFGJ34B000094647 ass. # 11810, new to I
94679	512	TR 92 Rosso Corsa/Black LHD ZFFLA40B000094679 ass. # 11719 94679WUE
94685	512	TR 92 Red/Black LHD ZFFLA40B000094685 94685WKE
94688	348	tb 92 Red/Black ZFFKA35B000094688 ass. # 11640 GTB look
94727	512	TR Red/Tan RHD ZFFLA40C000094727
94788	Mondial	t Cabriolet Rosso Corsa/Crema LHD 94788DMD
94897	348	ts Black/black LHD EU ZFFKA36B000094897 94897AOI
94955	348	ts 2/92 Giallo Modena/Nero LHD CH ZFFFA36S000094955
94958	348	ts 93 Red/Black colour coded roof LHD EU ZFFKA36C000094958 94958CYT Colour-coded sills
94968	348	ts 92 Red/Crema Colour coded roof RHD ZFFKA36C000094968 F355 nose & door panels
94986	348	ts 93 Rosso Corsa/Nero colour coded roof ZFFKA36B000094986 94986CGT
95031	348	tb 93 Yellow/Black LHD ZFFKA35B000095031 Colour-coded sills
95066	348	ts Serie Speciale # 54/100 7/93 Rosso Corsa/Tan Racing Seats ZFFRG36A8P0095066
95085	348	ts 92 red/black LHD 95085FWI
95116	348	ts 7/92 Rosso Corsa/Nero ZFFKA36B000095116
95124	512	TR 93 Grigio Titanio/Bordeaux ZFFLA40B000095124 95124VUE
95126	Mondial	t Cabriolet 93 Red/Tan LHD EU ZFFKC33B000095126 95126ZOZ
95197	348	ts 94 Red/Black LHD ZFFKA36B000095197
95321	348	tb 93 Red/Black LHD EU ZFFKA35B000095321 95321TXL ass. # 12234
95338	348	ts 92 Rosso Corsa/Tan LHD ZFFFA36S000095338 95338DPO
95356	348	ts 92 Rosso Corsa/Black ZFFKA36B000095356 95356DPL Colour coded sills
95381	348	ts 92 Red/Crema RHD ZFFKA36C000095381 95381SAB Colour coded sills
95533	Mondial	t Cabriolet Valeo 93 Red/Tan LHD US ZFFRK33A9P0095533 348 wheels Tubi
95587	348	ts Rosso Corsa/Crema LHD EU ZFFKA36B000095587 ass. # 12540 95587SKD
95622	348	ts 93 Rosso Corsa/Black ZFFKA36B000095622 95622YDW
95645	Mondial	t 4/93 Rosso Corsa/Nero ZFFKD32B000095645 95645XWX ass. # 12721
95651	348	ts 92 Rosso Corsa/Crema LHD CH ZFFFA36S000095651 95651PFA Colour-coded sills
95664	348	tb 93 red/tan ZFFKA35B000095664
95704	348	ts 93 Rosso Corsa/Black LHD ZFFKA36B000095704
95720	348	ts 3/93 Nero/Crema ZFFKA36B000095720
95850	348	tb 93 Red/Crema RHD ZFFKA35C000095850 ass. # 12866 95850QUQ Colour-coded sills
95855	348	ts 8/93 Rosso Corsa/Nero ZFFKA36B000095855
95863	512	TR 92 Red/Black ZFFLA40B000095863 95863EWG
95873	Mondial	t 12/95 Rosso Corsa/Crema LHD CH ZFFFD32S000095873
95920	512	TR 93 red/black LHD EU ZFFLA40B000095920
95957	348	tb 93 Rosso Corsa/Nero LHD EU ass. # 12864
96104	512	TR 93 Yellow/black LHD
96147	Mondial	t 3.4 93 Grigio Metallizzato/Beige CH ZFFFD32S000096147 ass. # 13180 96147NKG
96237	512	TR 93 Giallo Modena/Nero LHD CDN ZFFLM40A7P0096237
96243	348	ts 93 Red/Black LHD ZFFKA36B000096243 shields
96257	348	tb 93 Rosso Corsa/Beige LHD CH ZFFFA35S000096257 ass. # 13320 96257DDD Colour-coded sills black & red aftermarket steering wheel
96305	348	ts Red/Black LHD EU ZFFKA36B000096305 ass. # 13097 96305QWU
96318	348	ts 93 Red/Black LHD EU ZFFKA36B000096318
96444	512	TR Red/Tan LHD CH ZFFLA40S000096444 ass. # 13398

s/n	Type	Comments
96457	512	TR 93 Rosso Corsa/Black ZFFLA40B000096457 96457WLQ
96466	512	TR 93 Red/Black LHD ZFFLA40B000096466
96518	348	Spider 94 Rosso Corsa/Black Black Top LHD US ZFFRG43A4R0096518
96529	348	tb Challenge Red/Tan LHD
96537	512	TR Red/Black LHD EU ZFFLA40B000096537 mapping corrected
96554	348	Spider 94 Nero FER 1240Grey black top LHD ZFFRG43A8R0096554 Tubi
96598	348	ts 93 Rosso Corsa/Black colour-coded roof LHD ZFFKA36B000096598 96598AYP shields colour-coded sills
96627	348	ts 93 Red/Black LHD Manual EU ZFFKA36B000096627
96681	348	GT Competizione Stradale #2/50 Red/Blue cloth then red sport seats LHD ZFFVA35B00096681 96681RFO
96739	348	ts 93 Rosso Corsa/Black LHD ZFFKA36B000096739 96739MGU Colour-coded sills
96741	456	GT black metallic/tan ZFFSD44B000096741 96741NDI
96771	456	GT 94 Verde/Tan LHD EU ZFFSD44B000096771 ass. # 14293 ex-Prins Bernhard
96777	348	ts 94 red/tan LHD
~~96809~~	~~348~~	~~Spider 94 deleted, double entry~~
96906	348	ts 94 Red/Black colour coded roof LHD ZFFUA36B000096906 Colour-coded sills
97009	348	Spider 94 Rosso Corsa/Tan black top ZFFRG43AXR0097009
97054	512	TR 93 Yellow/black LHD EU ZFFLA40B000097054 ass. # 14087 97054YPS
97156	512	TR 4/94 Rosso Corsa/Black LHD ZFFLA40B000097156 ass. #14190 97156CSV
~~97176~~	~~348~~	~~GTS Red/Black deleted, double entry~~
97238	348	Spider 94 Rosso Corsa/Beige LHD US ZFFRG43A3R0097238
97268	348	GTB 94 Rosso Corsa/Black ZFFUA35B000097268 ass. # 14243 97268MHH
97279	456	GT 94 Verde Silverstone/Tan LHD EU ZFFSD44B000097279 97279NJO
97318	456	GT Red/Tan LHD EU 97318NWQ
97351	512	TR 93 red/black ZFFLA40B000097351 97351HPI
97404	348	Spider 93 red/black ZFFUA43B000097404 ass # 14294 97404NSY
97407	456	GT 94 dark metallic Blue/tan EU ZFFSD44B000097407
97424	512	TR 12/93 Rosso Corsa/Nero ZFFLA40B000097424
97458	512	TR 94 Red/black ZFFLA40B000097458
97476	512	TR 94 Rosso Corsa/Black LHD EU 97476WFY ass. # 14465
97479	Mondial	t 3.4 Cabriolet 91 Rosso Corsa/Crema ZFFKC33C000097479 eng. # 25258
97529	456	GT 94 Dark metallic blue/crema LHD ZFFSD44C000097529
97565	348	Spider 94 Red/Tan LHD EU ZFFUA43B000097565
97602	512	TR 93 Red/Tan ZFFLA40B000097602 97602SFK
97660	348	Spider 94 Rosso Corsa/Nero ZFFUA43B000097660 97660NVB
97665	456	GT 3/94 Canna Di Fucile Metallizzato/Nero ZFFSD44B000097665 97665NMA
97708	348	Spider red/black ZFFUA43B000097708
97778	348	Spider Red/Black LHD EU ZFFUA43B000097778 Yellow calipers Challenge rear grill shields
97795	348	Spider 93 Red/Black LHD ZFFUA43B000097795
97826	348	Spider 93 Red/black ZFFUA43B000097826
97855	456	GT 1/94 Blu Le Mans/Blu Scuro ZFFSD44B000097855
97857	348	GTS 93 Red/tan LHD SWE ZFFUA36S000097857
97905	348	GTB Serie Speciale Series II Challenge 94 Rosso Corsa/Tan LHD US ZFFRG35A6R0097905 Converted to street trim Tubi Speedline wheels
97929	348	Spider 94 Red/Black LHD EU ZFFUA43B000097929
97935	456	GT 93 black/tan LHD ZFFSD44B000097935 eng. # 35513 Tubi
97938	348	GTB Challenge #193/222 9/93 Rosso Corsa then Black/Black LHD US ZFFRG35AXR0097938
98016	348	Spider 94 Red/Tan ZFFRG43A1R0098016 ass. # 14853
98020	348	GTB 4/94 Rosso Corsa/Beige ZFFUA35B000098020
98041	456	GT 7/94 Blu Swaters/Beige LHD EU ZFFSD44B000098041
98112	348	Spider Red/Crema RHD UK ZFFUA43C000098112
98157	348	GTS 94 Rosso Corsa/Tan LHD EU ZFFUA36S0000 ass. # 14985 98157AXS
98158	348	GTS 94 Red/Black ZFFUA36S000098158
98176	348	ts Challenge #8/13 94 Rosso Corsa & Yellow Black & Yellow stripe/Black & Red LHD US ZFFRG36A4R0098176
98177	348	GTS 94 red/black
98195	348	Spider Red/Crema RHD ZFFUA43C000098195
98200	512	TR 94 Rosso Corsa/Beige LHD CH ZFFLA40S000098200 ass. # 15324 98200YBT
98217	348	GTS 94 Rosso Corsa/Tan Colour coded roof LHD ZFFUA36S000098217 ass. # 15177 98217YWA
98222	348	Spider 10/93 Red/Black LHD US ZFFRG43A4R0098222
98305	348	GTB 94 Rosso Corsa/Tan ZFFUA35S000098305 98305IPK
98321	512	TR 94 Rosso Corsa/Black LHD CH ZFFLA40S000098321 ass. # 15511 98321PFZ
98368	348	GTS 94 Rosso Corsa/Black colour coded roof LHD CH ZFFUA36S000098368 98368JJJ
98402	456	GT 94 Blue Scuro/Grey RHD ZFFSD44C000098402
98408	348	GTB 94 Rosso Corsa/Tan LHD
98446	456	GT 93 Canna di Fucile/Bordeaux ZFFSD44B000098446 ass.# 15588 eng. # 35995
98454	348	Spider 93 Red/Black RHD ZFFUA43C000098454 ass. # 15459
98483	348	Spider 94 Red LHD US ZFFRG43AXR0098483

s/n	Type	Comments
98537	348	Spider 94 Rosso Corsa/Beige LHD US ZFFRG43A7R0098537
98544	348	Spider 94 Rosso Corsa/Tan LHD US ZFFRG43A4R0098544 Tubi
~~98553~~	~~512~~	~~TR 94 modified into a F512 M deleted, double entry~~
98562	456	GT 96 Rosso Fiorano metallizzato (311/C)/Beige (VM 3218) Beige carpets RHD UK ZFFSD44C000098562 eng. # 35992 ass. # 15612 98562NWE aluminium callipers
~~98582~~	~~512~~	~~TR 92 Red/Black ZFFLG40A7N0092581~~ deleted, wrong entry
98632	456	GT Grigio Alloy/black LHD EU
98644	456	GT Dark metallic Blue/tan LHD ZFFSD44B000098644
98673	F355	Berlinetta Challenge 95 Yellow/Red LHD US ZFFPR41A1S0098673
98674	F355	Berlinetta 95 Fly Yellow/Black LHD US ZFFPR41A3S0098674
98678	456	GT 94 Grigio Alloy/Blue eng. # 36175
98711	348	GTS 94 Red/black ZFFUA36B000098711
98730	512	TR 94 Rosso Corsa/Nero ZFFLA40B000098730 ass. # 15881 98730TJV
98741	512	TR 94 Rosso Corsa/Beige LHD US ZFFLG40A3R0098741
98755	348	GTB Challenge
98800	456	GT 3/94 Nero Metallizzato/Beige LHD EU ZFFSD44B000098800 98800AWI
98809	348	Spider mapping corrected
98860	348	Spider 2/94 Rosso Corsa/Nero RHD ZFFUA43C000098860
98880	348	Spider 94 Red/Black RHD UK ZFFUA43C000098880 ass. # 15843
98893	348	Spider 95 Red/Black LHD US ZFFRG43AXS0098893 ass. # 18136
~~98904~~	~~348~~	~~Spider 95~~ deleted, double entry
~~98933~~	~~512~~	~~TR Black/Beige~~ deleted, double entry
98969	456	GT 94 Dark Blue met./Tan LHD CH ZFFSD44S000098969
98979	512	TR 94 Red/Black ZFFLA40B000098979 98979JVJ
98983	348	Challenge GTC Competizione Conversion 94 Yellow/Yellow & Red cloth LHD EU ZFFUA35B000098983 ass. # 15941
99003	456	GT 94 Silver/Black RHD UK ZFFSD44C000099003 99003NXX
99019	348	GTC #37/50 94 Rosso Corsa/Red RHD UK #8/8 RHD
99022	348	GTS 94 Red/Crema RHD UK ZFFUA36C000099022 99022IFG
99044	348	GT Competizione Stradale #39/50 94 Red/Black & Red RHD ZFFUA35C000099044 ass. #15926 99044AXA
99068	348	GT Competizione #41/50 94 Rosso Corsa 300/12/Red RHD ZFFUA35C000099068 eng. # 15967 99068GJG
99071	348	Spider 8/94 Rosso Corsa/Crema ZFFUA43C000099071
99080	348	GT Competizione #42/50 94 Red/Red RHD ZFFUA35C000099080 99080TFT
99090	348	GT Competizione Corsa #35/50 94 Rosso Corsa/Black w. Red Cloth LHD EU ZFFUA35B000099090 99090SXK ass. # 15897
99107	348	Competizione Corsa ˆFactoryˆ #10/11 94 Rosso Corsa/Tan & Red LHD ZFFUA35B000099107
99121	456	GT 94 Silver/Black LHD
99137	512	TR 94 Red/Crema RHD UK ZFFLA40C000099137 ass. # 16148
99138	348	GTB 94 Red/Crema RHD ZFFUA35C000099138 ass. # 15942 99138OGO
99163	F355	Berlinetta 94 Rosso Corsa/Tan ZFFPA41B00099163 Challenge rear grill shields
99221	348	GTS 4/94 Red/Crema RHD ZFFUA35C000099221 Colour-coded sills
99234	348	Spider 4/94 Verde Mugello/tan black top ZFFUA43B000099234
99263	456	GT 94 Black/black LHD CH ZFFSD44B000099263 99263KDE
99295	512	TR 4/94 Rosso/Crema RHD UK ZFFLA40C000099295 eng. # 36765 99295TDT
99311	456	GT 4/94 Dark Blue/Magnolia RHD UK 99311NAH
~~99355~~	~~F355~~	~~GTS 94 White/black~~ deleted, wrong entry
99498	512	TR 94 Red/Black LHD EU ZFFLA40B000099498 ass. # 16584 99498IPO
99515	348	Spider 94 Blue Met./Crema ZFFUA43B000099515 ass # 16529
99526	456	GT 94 Black/light grey RHD UK ZFFSD44C000099526
99543	348	Spider 94 dark blue/white
99560	456	GT 94 black/tan LHD EU ZFFSD44B000099560 99560UHL
99565	F355	Berlinetta 94 Grigio Titanio/Nero Manual ZFFPA41B000099565 ass.# 16654
99581	348	Spider 94 Red/Black RHD ZFFUA43C000099581 ass # 16734
99623	F355	Berlinetta GT/C Conversion by Auvergne Moteurs 95 Yellow then, after Conversion, red & yellow LHD
99631	456	GT 94 silver Red stripe (later removed)/black ZFFSD44B000099631
99633	F355	Berlinetta 94 Red White & Blue Silverstone Racing School livery then Red/Black LHD Manual ZFFPA41B000099633 99633NDG
99635	F355	Berlinetta 95 Rosso Corsa/Black LHD EU ZFFUA43B000099410 ass. #16404 99635NAM
99662	348	Spider 94 Red/Black LHD ZFFUA43B000099662
99685	348	Spider 7/94 Rosso Corsa/Nero ZFFUA43B000099685
99701	F512	M 94 Rosso Corsa White stripe/Black sports seats red seat centres LHD ZFFVA40B000099701 99701NSI
99705	F355	Berlinetta 95 Canna di Fucile/Tan LHD EU
99714	F355	Berlinetta 94 Rosso Corsa/Black LHD EU
99725	456	GT 5/94 Black/Grey LHD ZFFSD44B000099725
99764	348	Spider 94 Rosso Corsa/Black LHD EU 99764JMJ
99769	F512	M #4/75 95 Rosso Corsa/Beige LHD US ZFFVG40AXS0099769
99772	456	GT 94 black/tan
99792	F355	Berlinetta 94 Rosso Corsa RHD UK ZFFPA41C000099792
99814	F355	Berlinetta 94 Rosso Corsa/Nero & Red LHD EU ZFFPA41B000099814 99814VDV
99873	F355	Berlinetta 94 Rosso Corsa/Black LHD EU

s/n	Type	Comments
99902	F355	Berlinetta 95 Blu TdF/Crema LHD US ZFFPR41A6S0099902
99914	F355	Berlinetta 95 Rosso Barchetta/Tan LHD US ZFFPR41A2S0099914
99936	F355	Berlinetta 95 Rosso Corsa/Tan LHD US ZFFPR41A1S0099936
99966	456	GT 95 Silver/black LHD US ZFFSP44A5S0099966
99973	F355	Berlinetta 7/94 Argento Nürburgring/Black LHD Manual US ZFFPR41A7S0099973
100017	F355	GTS 94 Red/Black ZFFPA42B000100017 A0017NHT
100021	456	GT 94 Blu Le Mans/Nero LHD ZFFSD44B0100021
100031	F512	M 94 red/black LHD
100058	F512	M 94 red/black & red ZFFVA40B000100058
100060	456	GT 94 Rosso/Crema RHD UK ZFFSD44C000100060 eng. # 37482 ass. #17210 Tubi
100103	456	GT 95 Rossa Corsa/Tan LHD US ZFFSP44050100103
100143	F512	M 94 Yellow/Black LHD EU ZFFVA40B000100143 ass. # 17371 A0143NOT
100153	456	GT 94 Rossa Corsa/Crema RHD ZFFSD44C000100153
100163	456	GT 94 Red/Black ZFFSD44B000100163
100224	F355	Berlinetta Rosso Corsa LHD EU
100237	456	GT 94 Le Mans Blu/Blue RHD ZFFSD44C000100237
100251	F355	Berlinetta 7/94 Fly Yellow/Black LHD Manual US ZFFPR41A9S0100251 eng. # 37598
100289	F355	GTS 94 Rosso Corsa/Black LHD EU ass. # 17275 A0289NFG shields
100301	F355	GTS 94 Yellow/Black RHD Manual ZFFPA42C000100301 A0301NWP
100320	F355	Berlinetta 94 Argento Nürburgring/two tone Carbon seats Manual Challenge Grill Group M-Racing-Update
100326	456	GT 95 Argento Nürburgring/Bordeaux LHD ZFFSD44B000100326 A0326DAY
100346	456	GT 95 Swaters Blue/Tan LHD ZFFSP44A4S0100346
100350	F355	Berlinetta 10/94 Rosso Barchetta/Nero ZFFPA41B000100350
100376	F355	Berlinetta 95 Rosso Corsa/Tan Manual LHD US ZFFPR41A7S0100376 rear challenge grill Tubi
100382	~~550~~	~~Maranello 94 Red ZFFZR49B000100382~~ wrong entry, S/N should read 108382
100424	F355	GTS 11/94 Rosso Corsa/Nero color coded roof ZFFPA42B000100424
100501	F355	GTS 94 Red/Black Colour coded roof LHD Manual ZFFPA42B000100501 A0501NPM
100511	F355	GTS 94 Yellow Black LHD EU A0511NTV
100513	F355	GTS 94 Rosso Corsa/Nero LHD Manual A0513NCD
100537	F355	Berlinetta Challenge 95 Rosso Corsa/Tan LHD CDN ZFFPS41AXS0100537
100557	F355	Berlinetta 94 Yellow/Black LHD Manual ZFFPA41B000100557 A0557KVE
100634	F355	GTS 94 Fly Yellow/black LHD EU ZFFPA42B000100634
100694	F355	GTS 94 Red/Black ZFFPA42B000100694
100738	F355	GTS 94 Yellow/black ZFFPA42B000100738 ass. # 17668 A0738DXD
100753	456	GT 95 dark Blue met./Grigio Scuro LHD EU A0753PJJ
100830	456	GT 95 Swaters Blue/Crema
100900	F512	M 95 Yellow/Black ZFFVA40B000100900 A0900NJJ
100925	456	GT 95 Swaters Blue Met. FER 513/Tan RHD ZFFSD44C000100925 ass. # 18039 A0925NKX
100949	F355	Berlinetta Red/Black RHD UK ZFFPA42C000100949 ass. # 18452 A0949NSE
100972	F355	Berlinetta Challenge Rosso Corsa/Red LHD EU
101046	F355	Berlinetta Challenge Rosso Corsa/Black & Red cloth sport seats then black then Rosso Corsa/black LHD ZFFZR41B000101046 ass. # 18147 A1046DPW
101100	F355	Berlinetta 94 Red/Black LHD Manual EU ZFFPA41B000101100 Challenge rear grill
101103	F355	Berlinetta 4/95 Rosso Corsa/Nero ZFFPA41B000101103
101117	F355	Berlinetta 95 Verde Siverstone met./Crema LHD US ZFFPR41AXS0101117
101125	F355	Berlinetta 95 Red/Black LHD ZFFPA41B000101125 A1125JJJ shields
101140	F355	Berlinetta Red/Crema RHD Manual UK ZFFPA41C000101140 A1140NYX
101160	F355	GTS 95 Rosso Barchetta/brown ZFFPA42B000101160 A1160DXD
101224	F355	Berlinetta Challenge 95 Red/Black LHD
101240	F355	Berlinetta 95 Rosso Corsa/Black LHD Manual ZFFPA41B000101240 A1240SVU aftermarket wheels ex-Silverstone racing school
101320	F355	Berlinetta Challenge 95 Red & Yellow "Cricket & Co" livery/Red ZFFPA41B000101320 ass. # 18276
101338	F355	Berlinetta Challenge Rosso Corsa/Red & Black LHD
101358	F355	Berlinetta Challenge 95 Fly Yellow/Black LHD
101378	F355	GTS 95 Giallo Modena then Rosso Scuderia/Tan colour coded roof LHD Manual ME A1378NYP 82493NHK on driver's window
101404	F355	Challenge Red/Red & Black
101414	F355	Berlinetta 95 Red LHD CH ZFFPA41S000101414
101417	F355	Berlinetta 95 Rosso Corsa/Black LHD ZFFPA41B000101417 A1417FVR aftermarket steering wheel
101419	F355	Berlinetta 95 Nero Daytona/Grey LHD US ZFFPR41A4S0101419
101427	F355	Berlinetta Challenge White & Blue then Yellow/black & Red seat
101428	F355	Berlinetta Challenge 95 Dark Blue then Rosso Corsa/tan LHD EU ZFFPA41B000101428 A1428MXT
101429	F355	Berlinetta 95 Rosso Corsa RHD ZFFPA41D000101429 eng. # F129B38741
101443	F355	Berlinetta Challenge 95 Rosso Corsa LHD US ZFFPR41A1S0101443
101451	F355	Berlinetta 95 Rosso Corsa/Black & Red sport seats LHD EU ZFFPA41B000101451
101454	F355	Challenge Silver & Yellow

s/n	Type	Comments
101469	F355	Berlinetta 95 Rosso Corsa/Tan LHD US ZFFPR41A8S0101469
101470	F355	Challenge 95 Rosso Barchetta then Yellow/Red cloth LHD EU ass. # 18422
101471	F355	GTS 95 Rosso Corsa/Tan LHD US ZFFPR42A8S0101471
101479	F355	Berlinetta Rosso Corsa/Tan LHD ZFFPA41B000101479 ass. # 18329 A1479IKE shields
101482	F355	Berlinetta 95 Rosso Corsa RHD ZFFPA41D000101482 eng. # 38770
101490	F355	Berlinetta F1 2/95 Blu Tour De France/Beige ZFFPA41C000101490
101494	F355	GTS 95 Rosso Corsa/Tan Manual LHD US ZFFPR42A9S0101494
101498	F355	Berlinetta 95 Red/Black LHD Manual ZFFPA41B000101498 A1498FKP aftermarket wheels ex-Silverstone racing school
101504	F355	Berlinetta Challenge 95 silver & yellow/red then Red/black ZFFPA41S000101504 ass. #18466
101505	F355	GTS 4/95 Rosso Corsa/Crema LHD CH ZFFPA42S000101505
101508	F355	Berlinetta Challenge 95 Red & Green/Red then Rosso Corsa/Red LHD EU ZFFPA41B000101508
101509	F355	Berlinetta Challenge 95 Orange & Black then Red/Red ZFFPA41B000101509
101514	456	GT 95 Blue Swaters/Tan LHD US ZFFSP44A4S0101514 ass. # 18618
101517	F355	Berlinetta 95 Rosso Corsa/Tan LHD US ZFFPR41A4S0101517
101523	F355	Berlinetta Challenge 95 Rosso Corsa/Black Red Cloth seats LHD EU ZFFPA41B000101523 ass. # 18389 A1523AYG
101539	456	GT 95 Red/Crema RHD ZFFSD44C000101539
101554	F355	Challenge 95 Red/Red Cloth RHD UK ass. # 18472
101555	F355	GTS 95 Giallo Modena/Nero Colour coded roof LHD CH ZFFPA42S000101555 A1555NYY
101561	F355	Spider 95 Rosso Corsa/Black LHD US ZFFPR48AXS0101561
101574	F355	Spider 95 Rosso Corsa/Tan Manual ZFFPR48A8S0101574
101581	F355	Berlinetta 95 Rosso Corsa/Red RHD ZFFPA41D000101581
101584	F355	Challenge 95 Blue & Orange/Red LHD EU ass. # 18453
101586	F355	Spider 95 Rosso Corsa/Tan LHD US ZFFPR48A4S0101586
101589	F512	M 97 Yellow/black EU ZFFVA403000101589 A1589MAM
101597	F355	Challenge 95 Red/Red cloth seat LHD EU ass. # 18488
101614	F355	GTS 95 Rosso Corsa/Black RHD ZFFPA42D000101614
101622	F355	Berlinetta 95 dark Blue/black ZFFPA41B000101622 A1622AKF
101630	456	GT 95 Silver/Black LHD CH ZFFSD44S000101630 A1630QPQ
101635	F355	Challenge 95 Red LHD
101640	F355	Challenge 95 Red LHD
101650	F355	Challenge 95 Red/Red Cloth Seats
101660	F355	Challenge 95 Red/Red cloth seat LHD
101674	F355	Challenge 95 Red LHD
101679	456	GT 95 Swaters Blue/Black ZFFSP44S000101679
101685	F355	Challenge 95 Red/Red LHD
101687	F355	GTS 95 Rosso Corsa/Tan LHD US ZFFPR42A9S0101687
101710	F355	Berlinetta Challenge 95 Pink/Black LHD EU ZFFPA41B000101710 ass. # 18582 Rear wing glass headlights
101720	F355	Challenge 95 Silver & Red/Red
101774	F355	Challenge 95 Red/Black & Red LHD
101786	F355	Berlinetta Challenge 95 Purple & Yellow then Ducati mat Black/Black Manual ZFFPA41B000101786 ex- De Cecco & De Bernardi
101792	F355	GTS 95 Red/Tan colour coded roof LHD EU ZFFPA42B000101792 A1792AWI ass. # 18797
101804	F355	GTS 95 Rosso Corsa/Black Colour coded roof LHD ZFFPA42B000101804 A1804WQR
101823	F355	Challenge 95 Red/Red Cloth LHD EU ass. # 18333
101844	F355	GTS 95 Rosso Corsa/Crema LHD US ZFFPR42AXS0101844 ass. # 20436
101845	F355	GTS 95 Bianco Avus/Nero LHD US ZFFPR42A1S0101845 ass. # 20476
101883	F355	Spider 95 Argento Nürburgring/black LHD US ZFFPR48AXS0101883 ass. # 19489
101924	F512	M 95 Red/Black then Giallo Modena/black EU ZFFVA00008000101924 eng. # 39388 A1924DID
101954	F355	Berlinetta Yellow/Black RHD ZFFPA41C000101954
101960	F355	Berlinetta 95 Red/Black Red stitching LHD Manual ZFFPR41B000101960 ass. # 18871
101995	F355	Challenge 95 Yellow & Green/Red Cloth LHD EU
102062	F355	GTS Yellow/Black colour coded roof LHD
102088	F355	Berlinetta 95 Blu Chiaro/Crema Manual LHD US ZFFPR41A1S0102088
102125	F355	Berlinetta 95 TdF Blue/Tan Manual LHD US ZFFPR41A3S0102125
102154	F355	GTS 96 Rosso Corsa/Black LHD ZFFPA42B000102154
102223	F355	Spider 95 Yellow/Black Black top
102247	F355	Spider 99 Argento Nürburgring/Blue Manual LHD EU ZFFPR48B000102247
102271	F355	Berlinetta 95 Rosso Corsa LHD US ZFFPR41A3S0102271
102279	456	GT 95 Nero Carbone Metallizzato/Nero ZFFSP44B000102279 A2279NKY
102287	F355	GTS 95 Yellow/Black Colour coded roof RHD Manual ZFFPA42C000102287 A2287NXC
102322	F355	Berlinetta 95 Red/Black RHD Manual ZFFPA41C000102322 A2322EEE Challenge rear grill
102335	F355	Berlinetta 95 Black/grey Sports seats black seat centres RHD Manual ZFFPA41C000102335
102340	F355	GTS 95 Red/Crema RHD Manual ZFFPA42C000102340
102361	F355	Berlinetta 95 Rosso Corsa/Crema RHD ZFFPA41C000102361
102402	F355	Berlinetta not Swiss but Swedish 95 Rosso Corsa/Black LHD SWE ZFFPR41S000102402 A2402NJR
102406	F355	Spider 95 Red/Black LHD EU ZFFPR48B000102406
102425	F355	Berlinetta 95 Argento Nürburgring/Red LHD EU
102428	F355	Berlinetta 95 Rosso Corsa LHD SWE

s/n	Type	Comments
102450	F355	Berlinetta 7/95 Rosso Corsa/Beige LHD US ZFFPR41A3S0102450, exported to South Africa
102474	F50	95 Rosso Corsa/Black & Red LHD ZFFTA46B000102474
102478	F355	Berlinetta 95 Rosso Corsa/Tan RHD ZFFPA42D000102478
102500	456	GT 95 Swaters Blue/Crema LHD ZFFSP44A9S0102500
102509	F355	GTS 95 Rosso Barchetta/Tan RHD ZFFXR42C000102509
102514	F355	Berlinetta 95 Rosso Corsa/Black LHD Manual ZFFPR41B000102514 A2514NEU
102535	F355	Spider 95 red/black Manual ZFFPR48B000102535
102608	F355	Spider 95 Red/Black LHD Manual ZFFPR48B000102608
102616	F355	GTS 95 Yellow/Black ZFFPR42B0000102616 A2616JJ
102623	F355	Spider 95 Argento Nürburgring/Blue LHD US ZFFPR48A0S0102623 ass. # 19509
102675	F355	Spider 1/95 Giallo Modena/Nero Manual ZFFPR48B000102675
102688	F355	Spider 95 Black Manual LHD SWE ZFFPR42S000102688
102708	F355	Berlinetta 95 Rosso Corsa LHD US ZFFPR41A5S0102708 ass. # 19509
102717	F355	Spider 95 Rosso Corsa/Tan LHD US ZFFPR48A9S0102717 ass. # 19585
102729	F355	Spider 95 Yellow/Black LHD US ZFFPR48A5S0102729 ass. # 19622
102731	456	GT Dark Blue/Crema LHD A2731NXO
102736	F355	GTS 95 (1996 model year) Rosso Corsa/Black LHD ZFFPR42B000102736 ass. # 19664 A2736XSX Black calipers shields
102740	F355	Spider 95 red/beige LHD EU
102759	456	GT 95 Black/Tan RHD ZFFSD44C000102759 A2759X1X
102820	F355	Berlinetta 95 Red/Black LHD Manual ZFFPR41B000102820 aftermarket wheels ex-Silverstone racing school
102849	F355	GTS 95 Dark Blue/tan LHD ZFFPR42B000102849 A2849BRB
102856	456	GT 95 Argento Nürburgring 101/C/Black LHD ZFFSP44B000102856 ass. # 20036 A2856BJB
102876	F355	GTS 96 TdF Blue/Blue & grey
102910	F355	Berlinetta 95 Black/Cuoio Manual LHD US ZFFPR41A0S0102910 ass. # 19823
102921	F355	GTS rosso Corsa black LHD EU A2912FYF
102930	F355	Spider 95 Verde Silverstone/Tan Manual black top, LHD US ZFFPR48A9S0102930 ass. # 19819
102935	F355	Berlinetta 95 Black/Tan LHD US ZFFPR41A5S0102935 ass. # 19891
103000	F355	Berlinetta 95 Red/Black RHD Manual ZFFPR41C000103000 A3000NRE rear Challenge grill
103006	F355	Spider 95 Rosso Corsa/Tan LHD US ZFFPR48A3S0103006 ass. # 19901
103039	F355	GTS 95 Rosso Corsa/Nero Manual A3039IWI
103064	F355	Berlinetta 95 Canna Di Fucille/Red Manual LHD US ZFFPR41A3S0103064 ass. # 19975
103080	F355	GTS 95 Rosso Corsa/Black Manual LHD EU ZFFPR42B000103080
103101	F355	Berlinetta 95 Rosso Corsa LHD EU ZFFPR41B000103101
103108	F355	Spider 95 TdF Blue/tan Manual LHD US ZFFPR48A0S0103108 ass. # 20072
103116	F355	Berlinetta 95 Rosso Corsa/Tan LHD ZFFPR41A7S0103116 ass. # 20023 Red calipers Tubi
103119	F355	Berlinetta 95 Red/Black Manual RHD ZFFPR41C000103119 A3119NEZ
103141	F355	Spider 95 Swaters Blu/Crema Blue Top LHD US ZFFPR48A9S0103141 ass. # 20090
103155	F355	Berlinetta 95 Rosso Corsa/Black LHD EU ZFFPR42B000103155
103169	F355	Berlinetta 95 Rosso Corsa/Tan Manual RHD UK
103175	F355	Spider 96 TdF Blue/Crema RHD ZFFPR48D000103175
103180	F355	Spider 95 Verde Silverstone Met. FER 607/Tan LHD US ZFFPR48A8S0103180 ass. # 20122
103188	F355	GTS Rosso Corsa/Black
103199	F355	Berlinetta Rosso Corsa
103210	F355	GTS 95 Rosso Corsa/Black colour coded roof
103217	F355	Spider 95 Yellow/Black LHD Manual ZFFPR48B000103217 A3217LEL shields
103220	F50	# 06/349 Red/Black Red LHD EU ex-Uderzo
103224	F355	Berlinetta 95 Rosso Corsa/Black LHD US ZFFPR41AXS0103224 ass. # 20159
103225	F355	Berlinetta 95 Rosso Corsa/Nero
103280	F355	Spider 95 Rosso Corsa/Tan LHD US ZFFPR48A1S0103280 ass. # 20215
103294	F355	Spider 95 Rosso Corsa/Tan LHD US ZFFPR48A1S0103294 ass. # 20218
103296	F355	Spider 95 Rosso Corsa/Tan LHD US ZFFPR48A5S0103296 ass. # 20230
103315	F355	Spider 95 Rosso Corsa/Tan Manual LHD US ZFFPR48A5S0103315 ass. # 20234
103319	F355	GTS 95 Dark Blue/Black coded roof LHD Manual ZFFPR42B000103319
103329	F355	Spider 95 Rosso Corsa/Tan LHD US ZFFPR48A5S0103329 ass. # 20256
103330	F355	Spider 95 Rosso Corsa/Tan LHD ZFFPR48A1S0103330 ass. # 20260 Challenge grille Tubi
103347	F355	Spider 95 Rosso Barchetta/Crema Manual RHD ZFFPR48C000103347
103392	F355	Berlinetta 95 Rosso Corsa LHD
103407	F355	Berlinetta 95 Rosso Corsa RHD ZFFPR41D000103407 eng. # F129B40748
103417	F355	Berlinetta 10/95 Rosso Corsa/Black ZFFPR41AXS0103417
103437	F355	Spider 95 Silver/Black LHD ZFFPR48A1S0103437
103458	F355	Spider 95 Rosso Corsa/Black LHD ass. # 20369
103472	F355	Spider 95 Argento Nürburgring/Black LHD US ZFFPR48AXS0103472 ass. # 20379
103475	F50	# 22/349 Red/Black & Red seats LHD EU ZFFTA46B000103475 ass. # 20269
103476	F355	Spider 95 Rosso Corsa/Tan LHD US ZFFPR48A7S0103476 ass. # 20375
103482	F355	Berlinetta 96 Silver/Red Cartier interior LHD EU ZFFPR41B000103482 A3482ZJJ
103486	F355	Spider 95 Rosso Corsa/Tan Manual LHD US ZFFPR48AXS0103486 ass. # 20371

s/n	Type	Comments
103487	F355	Spider 95 Rosso Corsa/Tan LHD US ZFFPR48A1S0103487 ass. # 20373
103509	F355	Berlinetta 95 Rosso Corsa/Tan ZFFPR41B000103509
103512	F355	GTS 96 Rosso Corsa/Black LHD ZFFPR42B000103512
103551	456	GT 95 Dark Blue/Tan LHD ZFFSP44B000103551
103559	F355	GTS 95 Red/Black LHD EU ZFFPR42B000103559 A3559FCL
103661	456	GT 1/96 Grigio Titanio/Beige ZFFSP44B000103661
103662	456	GT Yellow then Azzuro Hyperion/Black RHD ZFFSP44C000103662 ex-Sultan of Brunei
103694	F355	GTS 95 Red/black ZFFPR42B000103694
103757	F355	Berlinetta 4/96 Rosso Corsa/Nero LHD ZFFPR41B000103757 ass. # 21398 A3757 NII Challenge rear grill shields
103760	456	GT 11/95 Blue/Tan LHD US ZFFSP44A7S0103760 ass. # 20885 Tubi ex-NBA Player Juwan Howard
103770	F355	Spider 95 Rosso Corsa/Tan LHD Manual US ZFFPR48A7S0103770 ass. # 20654
103782	F355	Berlinetta 95 Rosso Corsa/Tan ZFFPR41B000103782 A3782AYO
103833	F512	M 95 Red/Black LHD EU A3833KUE
103837	F355	Berlinetta Rosso Scuderia (repainted)/Nero RHD
103855	F355	Spider 95 Red/black ZFFPR48B000103855
103864	F355	Spider Silver/Black RHD ZFFPR48C000103864
103885	F355	Berlinetta Challenge 96 Yellow/Black LHD EU ZFFPR415000103885 ass. # 20849
103954	F355	Spider 95 Red/Black Red stitching RHD Manual ZFFPR48C000103954 A3954NLE
103970	F512	M Red/Crema & Red cloth seat centres RHD UK ZFFVA40C000103970 A3970NHY
104006	F355	Spider Red/Crema RHD UK ZFFPR48C000104006 ass. # 20917 A4006NHI Challenge grill
104010	F512	M 95 Red LHD EU ZFFVA40B000104010 A4010FDW
104035	F50	# 57/349 Rosso Corsa/Black & Red LHD ZFFTA46B000104035
104058	F355	Spider 96 Blu Le Mans/Crema RHD ZFFPR48C000104058 ass. # 20995 A4058NVV
104062	456	GT 95 Dark Blue/Tan LHD ZFFWP50B000104062 A4062NUB
104093	F355	Berlinetta 95 red/black LHD EU A4093XHF
104102	F355	GTS 95 Rosso Corsa/Nero LHD ZFFPR42B000104102
104125	F355	Challenge 95 red/red cloth than yellow/black LHD EU ass. # 21061
104218	F355	Berlinetta 95 Rosso Corsa/Nero LHD EU A4318KEV
104233	F355	Berlinetta Challenge 95 Red/Red LHD ZFFPR41B000104233
104255	F355	Spider Yellow/Black LHD Manual EU A4255DHM
104265	F355	Berlinetta 95 Rosso Corsa/Tan LHD EU A4265XYF
104295	F355	Berlinetta #1/1 GT/C Conversion by MasterCars S.r.l 96 Red/Black LHD ZFFPR41B000104295 driven by Arturo Merzario
104319	F355	Berlinetta 95 Dark Blue/Grey RHD Manual ZFFPR41B000104319 A4319WPA Black calipers shields
104328	F50	# 80/349 Red/Black Red LHD EU ZFFTA46B000104328 ass. # 21165
104346	F355	Berlinetta 95 Red/Black LHD ZFFPR41B000104346
104383	456	GT 95 Rosso Monza/dark brown ZFFSP44B000104383 A4383ZCZ
104388	F355	Spider 96 Yellow/Black Manual LHD US ZFFXR48A2T0104388
104395	F355	Spider 96 Rosso Corsa/Beige LHD CDN ZFFXR48AXT0104395 ass. # 21874
104428	F355	Berlinetta 96 Rosso corsa/beige LHD US ZFFXR41A7T0104428 ass. # 21530
104444	F355	Spider 95 Rosso Corsa/Nero ZFFPR48B000104444 A4444ILW
104461	F355	Berlinetta Challenge 95 Red & White/Black & Red LHD CH ZFFPR41S000104461 ass. # 21378
104480	F355	Challenge 95 Red/Red LHD
104487	F355	Challenge black & Yellow then White Red & Blue/Black Blue sports seats Manual LHD ZFFPR41B000104487 ass. #17727
104501	F355	Berlinetta 95 Red/Crema RHD Manual UK ZFFPR41C000104501 A4501NHF Black calipers
104514	F355	GTS 96 Red/Black colour coded roof LHD EU ZFFPR42B000104514 A4514UAL ass. # 21453 rear Challenge grill
104549	F355	Challenge 96 Giallo Modena FER 102/Black LHD ZFFPR41B000104549
104550	F355	Berlinetta 96 Red/Black & Red
104601	F355	Berlinetta Challenge 96 Red & Yellow/Black RHD EU ZFFPR41C000104601
104618	F355	Berlintta Challenge 96 Red then Giallo Modena/Black RHD ZFFPR41C000104618
104619	F355	GTS 96 Red/Black & Red Sport seats colour coded roof A4619QZB
104621	F355	Berlinetta 96 Rosso Corsa 300/12/Brown RHD Manual ZFFPR42C000104621 A4621NYQ Black calipers Challenge grill
104627	F512	M 96 Rosso Corsa/Tan LHD A4627NCJ
104646	F355	Berlinetta Challenge 96 Yellow & Blue/Black & Red Cloth Manual LHD EU ZFFPR41B000104646 ass. # 21626
104658	F355	Spider 96 Red/Crema RHD Manual ZFFPR48C000104658 A4658NYF
104659	F355	Spider 4/96 Nero/Beige ZFFPR48D000104659
104660	F355	Challenge 96 red/red cloth LHD
104668	F512	M 96 Giallo Fly/Nero RHD UK ZFFVA40C000104668 eng. # 42151
104674	F355	Berlinetta Challenge 96 silver then Red, Yellow & silver ZFFPR41B000104674 ass. #21637 A4674IYH Michelotto specifications
104678	F355	Challenge 96 yellow/red cloth LHD EU ZFFPR41B000104678 ass. # 21658
104689	F355	Challenge multiple color changes, White/black, Shell colours, Red/Black cloth LHD ass. # 21653
104699	F355	Challenge 96 Yellow/Black LHD
104711	F355	Challenge 96 Green/Tan then Rosso Corsa/Nero LHD EU
104725	F355	Berlinetta Challenge 96 Blue & orange/black LHD EU ZFFPR41B000104725

s/n	Type	Comments
104766	F355	Spider 96 Red/Tan Black top LHD Manual US ZFFXR48A8T0104766 ass. # 21581
104813	F355	Berlinetta 96 Rosso Barchetta/Crema RHD Manual ZFFPR41C000104813 A4813NWA
104903	F355	Berlinetta 96 Rosso Corsa/Nero Sports seats red seat centres LHD ZFFPR41B000104903 ass. # 21849
105081	F50	# 142/349 96 Rosso Corsa/black & Red LHD EU ZFFTA46B000105081 ass. # 22492, new to G
105092	F355	Spider 96 Red/Crema Red stitching RHD Manual ZFFXR48C000105092 A5092NMD
105158	F355	GTS 96 Red/Black & Red RHD UK ZFFXR42C000105158 A5158NIS
105195	F355	Berlinetta Challenge 96 Rosso Corsa/Nero RHD ZFFPR41C000105195 eng. # F129B42336 ass. # 21881
105227	F355	Berlinetta 96 Rosso Corsa/Tan LHD Manual EU ZFFXR41B000105227 A5227NPV
105240	F355	Spider 96 silver/black ZFFXR48B000105240
105270	F355	Spider 96 Silver/Black RHD Manual ZFFRX48C000105270
105287	F355	Berlinetta Challenge 96 Red/Red LHD ZFFXR41B000105287
105314	F355	GTS 96 Dark Blue/Tan sports seats Blue seat centres colour-coded roof RHD Manual UK ZFFXR42C000105314 A5314NPP
105359	F355	Berlinetta 5/96 Argento Nürburgring/Blu Scuro ZFFXR41B000105359 A5359NSU
105362	F355	GTS 96 Rosso Corsa/Tan Sports seats LHD A5362NQR
105380	F355	Spider 96 Red/Tan Manual LHD US ZFFXR48A2T0105380 ass. # 22320
105402	F355	GTS 96 Red/Black ZFFXR42B000105402 A5402NMD ass. # 22349
105443	F355	GTS 96 Rosso Corsa/Tan Colour coded roof LHD Manual A5443NBO
105474	F355	Berlinetta 96 Rosso Barchetta/Tan LHD Manual ZFFXR41B000105474 ass. # 22463 A5474QSQ shields
105499	F355	Berlinetta 96 Red/Black LHD EU ZFFXR41B000105499 A5499LFL
105518	F355	Berlinetta Challenge Rosso Corsa FER 300/12/Red RHD ZFFPR41C000105518 A5518NHY
105550	F355	Spider 96 Red/Crema RHD Manual ZFFPR42C000105550 A5550NMF Challenge rear grill
105583	F355	Berlinetta 96 Red/Black Manual ZFFXR41B000105583, F1-Conversion
105605	F355	Berlinetta 96 dark blue/tan ZFFXR41B000105605 A5605LAL
105658	F355	Spider 96 Red/Black RHD Manual ZFFXR48C000105658 A5658NOU
105667	F355	Spider 96 Red/Black colour coded roof LHD Manual EU ZFFXR42B000105667 ass. # 22628 A5667URU
105703	550	Maranello 96 Rosso Corsa/black LHD ZFFZR49B000105703
105721	F355	GTS 96 Black/Black LHD Manual EU A5721XFX
105807	F355	Spider 96 Red/Black LHD Manual ZFFXR48B000105807 A5807QCQ
105887	F355	Spider 8/96 Rosso Corsa/Nero RHD Manual ZFFXR48C000105887 A5887NRZ
105921	F355	Berlinetta 96 Red/Crema sports seats RHD Manual UK ZFFXR41C000105921 A5921NFO Black calipers shields Challenge rear grill
105951	F355	GTS 96 Red/Black & Red ZFFXR42B000105951 A5951OVO
105953	F355	GTS 96 Blu Sebring/Black RHD Manual ZFFXR42C000105953 A5953NUU Black calipers
105982	F355	Spider 6/96 Rosso Corsa/Nero LHD EU ZFFXR48B000105982
105998	F355	Spider 96 dark Blue/Crema A5998FHF
106004	F355	Spider 96 Red/Crema RHD Manual UK ZFFXR48C000106004 A6004NEJ
106012	F355	GTS 96 Red/Black ZFFXR42B000106012
106021	456	GTA Targa Conversion 97 Grigio Alloy/Black ZFFWP50A4V0106021 ex-Shaquille O'Neill
106029	F355	Spider 96 Rosso Corsa/Black LHD EU ZFFXR48B000106029 ass. # 22965 A6029TXT
106051	F355	Berlinetta 96 Rosso Corsa/Nero LHD ZFFXR41B000106051 ass. # 23015 A6051YWT
106066	F355	GTS 96 Black/Black LHD Manual EU A6066UDU
106122	F355	Spider 96 Rosso Corsa/Tan LHD Manual US ZFFXR48A7T0106122 ass. # 22993
106169	F355	Spider 96 Rosso Corsa/Beige LHD US ZFFXR48A0T0106169 ass. # 23082
106212	F355	GTS 96 Red/Black LHD Manual A6212EVE
106240	F355	Spider 96 Rosso Corsa/Nero LHD Manual ZFFXR48B000106240 eng. # 43636 ass. # 23172 A6240KCK
106253	F355	Spider 96 Red LHD ZFFXR48B000106253
106276	F355	Spider Red/Black LHD Manual ZFFXR48B000106276 ass # 23205 A6276SPS shields
106285	F355	Berlinetta 96 Argento Nürburgring/Nero LHD EU A6285DFO
106327	F355	GTS 96 Rosso Corsa/Nero LHD EU ZFFXR42B000106327 A6327ING ass. # 23275
106334	F355	Berlinetta 96 Argento Metallizzato/Grigio Chiaro LHD EU ZFFXR41B000106334 A6334KDH ass. # 23233
106350	F355	GTS 96 Rosso Corsa/Black colour coded roof LHD ZFFXR42B000106350 ass. # 23290 A6350HMS
106385	F355	Berlinetta 96 Dark metallic blue/tan LHD A6385KUE
106388	F355	GTS 97 Rosso Corsa/black colour coded roof LHD ZFFXR42B000106388 ass. # 23330 A6388IKK
106413	F355	Berlinetta 3/97 Rosso Corsa/Nero LHD EU ZFFXR41B000106413
106468	F355	Spider 97 Rosso Corsa/Tan Manual LHD US ZFFXR48A6V0106468 ass. # 23372 Rear Challenge Grill
106499	550	Maranello 96 Grigio Titanio/Bordeaux A6499NYW
106568	F355	Spider 97 Giallo Modena/Black LHD Manual US ZFFXR48AXV0106568 ass. # 23458
106618	F355	Berlinetta 97 Nero/Beige LHD US ZFFXR41A7V0106618 ass. # 23491

s/n	Type	Comments	s/n	Type	Comments
106647	F355	Berlinetta 7/96 Giallo Modena/black LHD Manual US ZFFXR41A3V0106647 ass. # 23508 Shields Challenge grille	107776	550	Maranello 4/97 Rosso Corsa/Nero LHD EU ZFFZR49B000107776 A776MAY
106669	F355	Spider 96 Blue Le Mans (FER 516/C)/Grigio (A 4302) Blu upper dashboard windscreen surround steering wheel & door cappings (A4304) colour coded roof RHD Manual ZFFXR48C000106669 ass. # 23541 eng. # 44005	107777	550	Maranello 97 Dark Blue/black ZFFZR49B000107777
			107802	550	Maranello 97 Red/Black LHD EU ZFFZR49B000107802 ass. # 24700 A7802YFF
			107831	F355	GTS 97 Red/Black colour coded roof LHD Manual ZFFXR42B000107831 A7831FWL Black calipers Challenge grill Shields
106686	F355	Spider 97 Red/Black LHD Manual US ZFFXR48A5V0106686 ass. # 23523 Tubi Challenge Grill	107840	456	GTA 97 Argento Nürburgring/black ZFFWP50B000107840
106694	F355	GTS 9/96 Rosso/Crema RHD Manual ZFFXR42C000106694 A6694NOZ	107868	F355	Berlinetta Challenge 97 Red & Blue/Red cloth RHD Manual ZFFXR41C000107868 ass. # 24715 A7868NXU
106701	456	GTA 97 Rosso Monza/Tan LHD US ZFFWP50A4V0106701			
106743	456	GTA 1/97 Argento Metallizzato/Blu Scuro ZFFWP50C000106743	107901	456	GTA 97 Blue/Tan RHD ZFFWP50C000107901
106751	F355	GTS Rosso Corsa/Black LHD ZFFXR42B000106751 A6751ISG	107903	F355	GTS 97 Red/Black RHD Manual ZFFXR42C000107903 A7903NFA
106847	456	GTA 97 black/tan ZFFWP50B000106847	107919	F355	Berlinetta 97 Red/Black ZFFXR41B000107919 A7919BGG
106863	456	GT 96 Argento Metallizzato/Charcoal RHD AUS ZFFWL50D000106863	107920	F355	Berlinetta Yellow then Rosso Corsa 300/12 DS & Yellow/Black LHD EU ZFFXR41B000107290 A7920EPZ
106876	F355	Spider 97 Black/Tan Black Top LHD Manual US ZFFXR48AXV0106876 eng. # 44197	107935	F355	GTS 97 Rosso Corsa/Black red stitching RHD UK Manual ZFFXR42C000107935 A7935NET ass. # 24721 shields
106949	F355	Berlinetta 96 Red/Black sports seats red seat centres Manual LHD ZFFXR41B00010694 A6949FSI exported to the UK	107949	F355	Challenge 97 red/red cloth LHD EU ass. # 24736
			107971	F355	Challenge 97 Red/Red cloth seat LHD EU
106995	F50	# 300/349 5/98 Rosso Corsa/Nero & Red LHD EU ZFFTA46B000106995 ass. # 26583	107977	F355	Challenge 97 Green then Yellow/Blue LHD EU
			107979	F355	Berlinetta Challenge 97 Rosso Corsa/Black RHD Manual
107010	F50	# 303/349 97 Rosso Corsa/Black & Red LHD EU ZFFTA46B000107010 eng. modification by Michelotto	107985	550	Maranello 97 Grigio Titanio/Crema RHD ZFFZR49C000107985 A7985NCV
			107986	~~550~~	~~Maranello~~ not a 550, but a F355 Challenge red/red cloth RHD ass. # 24785
107104	F355	GTS 96 Rosso Corsa 300/12DS/Crema Rosso stitching Colour coded roof RHD UK ZFFXR42C000107104 eng. # 44375			
			107987	F355	Berlinetta Challenge 97 Yellow/Red Cloth LHD EU ZFFXR41B000107987 ass. # 24875
107137	F355	Berlinetta 97 Red/Crema RHD Manual UK ZFFXR41C000107137 A7137NBG	107988	F355	Berlinetta Challenge 97 Light Blue metallic/red then Dark blue/red cloth seats then Black RHD UK ZFFXR41C000107988
107140	F50	# 329/349 Rosso Corsa/black & Red LHD EU ZFFTA46B000107140 eng. # 46692 ass. # 26658			
107193	F355	Berlinetta 96 Red/Black ZFFXR41B000107193 A7193RYE	107995	F355	GTS 97 Rosso Corsa/Black colour coded roof ZFFXR42B000107995 ass. # 24776 A7995ACQ shields
107245	456	GTA 97 Red/Crema RHD ZFFWP50C000107245 A7245NSP	108001	550	Maranello 97 Rosso Corsa/Black LHD ZFFZR49B000108001
107270	F355	Berlinetta 97 Red/Crema RHD Manual UK ZFFXR41C000107270 A7270NEE Red calipers shields	108007	F355	GTS 97 Rosso Corsa/Black Manual ZFFXR42B000107900 A8007AWL
			108010	F355	Spider 97 Yellow/Black LHD Manual US ZFFXR48A2V0108010 Challenge rear grill
107317	F355	Berlinetta 97 Red/Black LHD Manual ZFFXR41B000107317 A7317SKD			
107321	F355	GTS Rosso Corsa/black colour coded roof A7321KJE	108018	F355	Berlinetta 97 Red/Crema Sports seats red seat centres RHD Manual ZFFXR41C000108018 A8018UWU
107428	456	GTA 97 Rosso Monza/Crema ZFFWP50B000107428			
107535	F355	Berlinetta 97 Yellow/Black Manual LHD ZFFXR41B000107535 A7535AKK	108025	550	Maranello 97 Rosso Corsa/Black LHD EU ZFFZR49B000108025 A8025AHI
107541	456	GT 96 dark grey/tan LHD EU	108062	F355	Berlinetta 97 Dark Blue/Tan ZFFXR41B000108062 A8062WFM
107558	F355	Berlinetta 97 Red/Tan LHD Manual EU ZFFXR41B000107558 A7558YTL rear challenge grill	108074	F355	Berlinetta 97 Red/Crema RHD Manual ZFFXR41C000108074 A8074VOV Black calipers
107588	F355	Berlinetta 97 Rosso Corsa/Nero LHD Manual ZFFXR41B000107588 ass. #24611 A7588SHD			
			108141	550	Maranello 97 Silver/black LHD EU ZFFZR49B000108141 A8141ZJJ
107657	550	Maranello 3/97 Rosso Corsa/Nero ZFFZR49B000107657	108167	F355	Challenge 97 red/red cloth LHD ass. # 24903
107714	550	Maranello 2/97 Nero/Nero ZFFZR49B000107714			

s/n	Type	Comments
108172	F355	Spider 97 Black/Cuoio RHD Manual ZFFXR48C000107172
108207	F355	Challenge 97 Argento Nürburgring/red cloth.LHD EU ass. # 24963
108292	F355	GTS 97 Red/Black colour coded roof LHD Manual EU ZFFXR42B000108292 ass. # 25070
108341	F355	Berlinetta 97 Rosso Corsa/Tan A8341IKW
108366	F355	Spider 97 Grigio Titanio/ Black Manual LHD US ZFFXR48A8V0108366 challenge grill rear
108427	F355	Spider 97 Red/Black RHD Manual ZFFXR48C000108427 A8427RRR
108478	550	Maranello 97 Rosso Corsa/Nero LHD ZFFZR49B000108478
108529	F355	Spider 97 Red/Crema & Red Manual RHD ZFFXR48C000108529 A8529EVE
108546	F355	Spider 97 Dark metallic Blue/Tan LHD EU ZFFXR48B000108546
108600	550	Maranello 97 Black/black RHD ZFFZR49C000108600, ex-Eddie Irvine
108612	550	GTO Prodrive 97 Red White & green ZFFZR49B000108612
108650	456	GTA 97 Argento Nürburgring 101/C/Black LHD ZFFWP50B000108650 A8650NHQ ass. # 25808
108671	F355	Berlinetta 97 Rosso Corsa/Black Porsche Racing seats Manual LHD EU A8671CAB Testarossa eng. & trans.
108794	F355	Berlinetta 4/97 Rosso/Nero sport seats red seat center RHD Manual ZFFXR41C000108794 B8794NEZ
108813	F355	Spider 97 Red/Crema Manual ZFFXR48C000108813 A8813NFI
108822	F355	Berlinetta 97 Red/Black RHD Manual ZFFXR41C000108822
108835	550	Maranello 97 Rosso Corsa/Nero LHD EU ZFFZR49B000108835 shields
108892	F355	Spider 97 Verde Inglese/Beige LHD 5 Speed Manual US ZFFXR48A7V0108892
108948	F355	Spider 97 Red/Tan black stitchings LHD Manual ZFFXR48B000108948 ass. # 25782 A8948NEL
108951	550	Maranello 97 Rosso Corsa/black LHD ZFFZR49B000108951
109002	F355	GTS 6/97 Rosso Corsa/Nero RHD UK ZFFXR42C000109002 ass # 25829
109098	F355	Spider 97 Rosso Corsa 322/Tan LHD US ZFFXR48A3V0109098
109117	550	Maranello 97 Argento Nürburgring 101/C/black ZFFZR49B000109117 A9117YSW
109156	F355	Spider 97 Nero 1240/Tan LHD Manual US ZFFXR48A2V0109156
109192	550	Maranello 97 Grigio Titanio Metallizzato 3238/Bordeaux LHD ZFFZR49B000109192 A9192IMH
109205	550	Maranello 97 Rosso Corsa/black LHD EU A9205MPT
109235	550	Maranello 97 dark grey/tan LHD US ZFFZS49A4V0109235
109244	F355	Spider F1 97 Grigio Titanio Metallizzato 3238/Bordeaux LHD EU ZFFXR48B000109244 ass. # 26058 A9244NWW
109286	F355	Spider 97 Black/Black LHD EU Manual ZFFXR48B000109286
109289	456	GTA 98 Le Mans Blue/Tan LHD US ZFFWP50A4W0109289 ass. # 26827
109342	F355	GTS 97 black/black LHD Manual EU ZFFXR42B000109342 ass. #26192 A9342NJJ
109345	F355	Spider 97 Blue/Tan RHD ZFFXR48C000109345 A9345NWH Challenge rear grill
109361	F355	GTS 97 Blu TdF/tan colour coded roof ZFFXR42B000109361 A9361NSR
109363	F355	GTS 97 Red/Crema RHD Manual ZFFXR42C000109363 A9363NWK
109365	F355	Spider 97 Dark Blue/Black manual RHD ZFFXR48C000109365 ass. # 26497 A9365NSM
109414	F355	Spider 97 Argento Nürburgring 101/C/Dark blue RHD Manual ZFFXR48C000109414 A9414NDS
109448	F355	Spider 97 Rosso Corsa/Tan LHD Manual US ZFFXR48A4V0109448
109515	F355	GTS 97 Rosso Corsa 322/black ZFFXR42B000109515 ass. # 26604 A9515NHW
109535	456	GT 97 Silver/Tan RHD ZFFWP44C000109535
109600	F355	GTS 97 Black/black ZFFXR42B000109600
109673	F355	Spider 97 Giallo Modena/Black LHD A9673NJJ
109683	550	Maranello 97 Black/Black LHD US ZFFZR49A4V0109683
109684	F355	Berlinetta 97 Rosso Corsa/black LHD Manual EU A9684LXL
109705	F355	Berlinetta 97 Red/Crema Sports seats red cloth seat centres RHD UK ZFFXR41C000109705 A9705NHU
109710	F355	GTS not a Berlinetta but a 97 GTS Red/Crema RHD Manual UK A9710NLL
109762	F355	Berlinetta red/tan LHD EU
109790	550	Maranello 97 Black/Black LHD ZFFZR49B000109790 A9790VOO shields
109817	F355	Spider 97 Red/Black LHD EU ZFFXR48B000109817
109840	F355	Berlinetta F1 97 yellow/black LHD EU
109876	F355	Berlinetta 97 Red/Black ZFFXR41B000109876 A9876YXY
109912	550	Maranello 97 Blu Swaters/Bordeaux RHD ZFFZR49C000109912 A9912NIK
109934	550	Maranello 7/97 Blu Le Mans/tan RHD EU ZFFZR49B000109934 A9934KHP shields
109947	550	Maranello 97 dark Blue met./dark Blue LHD ZFFZR49B000109947 A9947UYE
109950	550	Maranello 98 Grigio Titanio Metallizzato 3238/bordeaux LHD EU ZFFZR49B000109950 window code 00109950
109956	F355	GTS 98 Rosso Corsa/Tan Colour coded roof LHD ZFFXR42B000109956 A9956NKI ass. # 27014
110009	F355	GTS 97 Red/Crema colour coded roof LHD ZFFXR42B000110009
110031	550	Maranello 98 Rosso Corsa 322 D.S./tan ZFFZR49B000110031 ass. #27348 B0031JFJ
110063	F355	Spider 97 Black/Black Manual LHD EU ZFFXR48B000110063 ass. # 27102 B0063FCF Red calipers
110077	F355	Spider 98 Black/Tan RHD Manual ZFFXR41C000110077 B0077NIA
110161	F355	Spider 97 Red/Black LHD Manual ZFFXR48B000110161 B0161RAR shields

s/n	Type	Comments
110162	F355	Spider 98 Giallo Modena/Black LHD Manual US ZFFXR48A0W0110162
110188	F355	Berlinetta 97 Red/Crema red stitching ZFFXR41C000110188 B0188NWI shields
110207	F355	GTS 97 Red/Crema RHD Manual UK ZFFXR42C000110207 ass. # 27254 B0207NPA
110226	550	Maranello 98 Grigio Titanio Metallizzato 3238/tan RHD UK B0226CWC
110261	F355	Berlinetta F1 98 Rosso Corsa LHD ZFFXR41B000110261 B0261NCG
110264	F355	Berlinetta 97 Red/Black LHD EU ZFFXR41B000110264 B0264KFH
110273	550	Maranello 98 Blu Swaters/Beige & dark Blue LHD EU ZFFZR49B000110273 B0273GVR ass. # 27561
110296	F355	GTS 1/98 Rosso Corsa/Crema Colour Coded Roof Manual ZFFXR42C000110296 B0296NGB
110326	F355	Spider 98 Giallo Modena/Black LHD Manual EU ZFFXR48B000110326 B0326RRR ass. # 27239
110345	550	Maranello 11/97 Grigio Titanio Metallizzato/Nero ZFFZR49B000110345 B0345KSO
~~110362~~	~~550~~	~~Maranello LHD US~~ wrong entry: 11/97 456 GT Grigio Titanio Metallizzato/Rosso ZFFWP50C000110362
110380	456	GTA 98 TdF Blue/Tan ZFFWP50A6W0110380
110410	F355	Spider 98 Red/Black LHD ZFFXR48B000110410
110439	F355	Berlinetta F1 97 Red/Crema red stitching RHD ZFFXR41C000110439 Red calipers
110481	F355	Spider F1 97 Rosso Corsa/black LHD EU B0481NDR
110540	F355	Berlinetta 97 Rosso Corsa/Tan ZFFXR41B000110540
110552	F355	Spider 98 Giallo Modena/Black Manual ZFFXR48A2W0110552
110553	F355	Spider 98 Black/Tan manual ZFFXR48A4W0110553
110569	F355	Berlinetta F1 98 Red/Black sports seats LHD EU ZFFXR41B000110569 B0569NPY shields Red calipers
110636	550	Maranello 97 Met. Black/Tan ZFFZR49B000110636
110650	550	Maranello Grigio Titanio Metallizzato 3238/bordeaux ZFFZR49B000110650 B0650APB
110656	550	Maranello 97 red/tan LHD EU
110665	550	Maranello 97 Argento Nürburgring/Black LHD EU ZFFZR49B000110665
110675	550	Maranello 98 Grigio Titanino/Bordeaux LHD US ZFFZR49A8W0110675
110761	F355	Spider F1 97 Azzuro California/Dark blue RHD ZFFXR48C000110761 Challenge grill
110768	550	Maranello 97 Yellow/black LHD ZFFZR49B000110768
110779	550	Maranello 97 Rosso Corsa/Black & Red sports seats LHD ZFFZR49B000110779 B0779SPF shields aftermarket wheels
110796	F355	GTS F1 12/97 Rosso Corsa/Nero Red stitching colour coded roof RHD ZFFXR42C000110796 B0796NAS
110811	F355	GTS F1 98 Rosso Corsa/Crema sports seats Red Alcantara inserts colour-coded roof RHD B0811NHB Red calipers rear Challenge grill
110848	550	Maranello 12/97 Blu Pozzi/Beige ZFFZR49B000110848 B0848WPH
110860	F355	Spider 97 Rosso Corsa/Beige RHD Manual ZFFXR48C000110860 Red calipers
110925	550	Maranello 98 Rosso Corsa/Tan LHD US ZFFZR49A5W0110925
110948	F355	GTS 98 Red/Black colour coded roof manual ZFFXR42B000110948 ass. #28133 B0948OFO
110952	550	Maranello 97 Rosso Corsa/Black & Red sports seats LHD ZFFZR49B000110952 B0952IBU shields
110995	550	Maranello 98 Rosso Corsa/Nero ZFFZR49C000110995
111007	F355	Spider F1 98 Black/Tan ZFFXR48A4W0111007
111045	550	Maranello 98 Grigio Titanio Metallizzato 3238/black LHD ZFFZR49B000111045
111135	550	Maranello 2/98 Blu Pozzi/Blu Scuro ZFFZR49B000111135 B1135QZZ
111152	550	Maranello 97 Black/Black ZFFZR49B000111152 B1152ADP
111183	456	GTA 97 Grey/Black ZFFWP50B000111183
111189	F355	Spider F1 98 Rosso Corsa/Crema RHD UK ZFFXR48C000111189 B1189NMI
111236	F355	Berlinetta 97 Yellow/Black RHD B1236NAI rear Challenge grill
111279	F355	Berlinetta F1 Bruxelles Show Car red/black LHD EU
111285	F355	Spider 98 Yellow/black Manual ZFFXR48AXW0111285
111292	F355	Berlinetta F1 98 Rosso/Nero ZFFXR41C000111292 eng. # 48648 ass. # 28338
111300	550	Maranello 3/98 Grigio Titanio Metallizzato 3238/Bordeaux LHD EU ZFFZR49B000111300
111304	550	Maranello 98 Blu Tour de France 522/tan RHD UK ZFFZR49C000111304 B1304IWI
111386	550	Maranello 98 Grigio Titanio met./green LHD US ZFFZR49A6W0111386 ass. # 28692 Sunroof
111411	F355	GTS F1 98 Rosso Corsa/Tan colour coded roof ZFFXR42AXW0111411 Red calipers Tubi
111420	F355	Berlinetta Challenge 98 pale blue & white/red cloth then Orange/Red Cloth then Red/Red & black LHD ZFFXR41B000111420 ass. # 28462 rear wing
111454	F355	Challenge Yellow then Rosso Corsa 300/12 DS/Black Red cloth seat Manual RHD UK ZFFXR41C000111454 ass. # 28658 B1454MMM
111501	F355	Berlinetta F1 98 Rosso Corsa/Black ZFFXR41B000111501
111512	F355	Berlinetta F1 98 red/black ZFFXR41B00011512
111531	550	Maranello 3/98 Giallo Modena/Nero ZFFZR49C000111531
111552	F355	Berlinetta F1 98 Red/black ZFFXR41B000111552
111577	F355	GTS F1 98 red/black ZFFXR42B000111577
111593	F355	Challenge 98 Red/Black RHD UK

s/n	Type	Comments
111621	F355	GTS 98 Rosso Corsa/Crema Manual Colour coded roof Bordeaux Carpets RHD UK ZFFXR42C000111621 B1621NPF rear challenge grill
111633	F355	Berlinetta F1 98 Grigio Titanium/dark red LHD EU
111635	F355	Berlinetta Challenge 98 yellow blue stripes/black LHD US ZFFXR41A8W0111635
111650	F355	GTS 98 Red/Crema RHD Manual UK ZFFXR42C000111650
111681	550	Maranello 98 Red/Black LHD EU ZFFZR49B000111681
111683	550	Maranello 2/98 Rosso Corsa/Tan LHD US ZFFZR49A1W0111683 Tubi
111735	550	Maranello 98 Argento Nürburgring/Nero ZFFZR49B000111735 B1735VKE
111737	550	Maranello 98 Red/Tan RHD ZFFZR49C000111737 shields
111753	550	Maranello 98 Black/Crema RHD ZFFZR49C000111753 shields
111764	550	Maranello 3/98 Giallo Modena/Blu Scuro ZFFZR49B000111764
111894	F355	Berlinetta F1 4/98 Rosso Corsa/Grigio Scuro sport seats ZFFXR41B000111894
111950	F355	Spider giallo/nero RHD ZFFXR48C000111950
111967	F355	GTS 98 Nero/Nero colour coded roof Nero Carpets RHD UK ZFFXR42C000111967 B1967NAT
111970	550	Maranello 98 Rosso Corsa/black ZFFZR49B000111970 B1970IDS
111987	F355	Spider 98 Yellow/Black LHD US Manual ZFFXR48A9W0111987 rear Challenge Grill
111999	F355	Berlinetta Challenge 98 Red/Black Manual LHD ZFFXR41B000111999 ass. # 29130
112017	F355	Spider 98 Yellow/Black Yellow stitching RHD Manual ZFFXR48C000112017 B2017DMD
112040	456	M GTA 98 Rosso Corsa/Grigio Blue Piping RHD ZFFWP50C000112040 Red calipers
112056	456	M GT 98 Grigio Titanio/Tan ZFFWP46B000112056
112085	550	Maranello 4/98 Nero/Tan LHD ZFFZR49B000112085 B2085MHW
112089	F355	Berlinetta 98 Yellow/Black LHD EU ZFFXR41B000112089
112136	550	Maranello 98 Red/Black Sports seats RHD ZFFZR49C000112136 B2136EYE
112142	F355	Berlinetta F1 4/98 Argento Nürburgring/Cuoio LHD EU ZFFXR41B000112142
112145	F355	Berlinetta F1 98 Yellow/Black LHD US ZFFXR41A7W0112145
112169	F355	Berlinetta 98 Rosso Corsa/Crema RHD Manual UK B2169NBC
112216	F355	Berlinetta 98 Rosso Corsa/Crema RHD UK ZFFXR41C000112216 ass. # 29295 B2216NME
112229	F355	Spider 98 Argento Nürburgring/black ZFFXR48B000112229 B2229FYW
112243	550	Maranello 4/98 Argento Nürburgring/Nero ZFFZR49B000112243
112249	F355	GTS 98 black LHD EU
112340	550	Maranello 98 Rosso Corsa/Tan & Red LHD EU ZFFZR49B000112340 Sports exhaust
112344	F355	Berlinetta F1 black/black & Red LHD ZFFXR41B000112344
112354	F355	GTS Red/Black Manual ZFFXR42B000112354
112391	F355	Berlinetta F1 98 Black/Black LHD ZFFXR41B000112391 B2391FRL
112404	550	Maranello 98 Red/Black RHD UK
112424	F355	Spider F1 4/98 NART Blue/Tan black top LHD US ZFFXR48A3W0112424 Tubi Challenge grill Chrome 18" Speedline wheels
112483	F355	Berlinetta F1 98 Yellow/Black LHD ZFFXR41B000112483 B2483KPE
112489	F355	Spider F1 98 Red/Tan then Black Racing Seats LHD US ZFFXR48A9W0112489
112497	456	M GT 98 Grey/Grey
112519	F355	Spider F1 98 Rosso Corsa/Tan LHD US ZFFXR48A3W0112519 Tubi
112524	550	Maranello 98 Yellow/black LHD EU ZFFZR49B000112524 B2524WBQ
112533	F355	GTS F1 Red/Black & Red red stitching colour-coded roof LHD EU ZFFXR42B000112533 shields
112606	F355	Spider F1 98 Giallo Modena/Nero LHD ZFFXR48B000112606 Challenge rear grill
112609	F355	Spider 98 Dark Green then Red/Tan LHD EU ZFFXR48B000112609 B2609HGV
112621	F355	Spider F1 98 Blu Pozzi 521 D.S./Tan LHD ZFFXR48B000112621 ass. # 29717
112639	550	Maranello 98 Red/Black LHD ZFFZR49B000112639
112669	550	Maranello 98 black/black LHD EU
112709	F355	GTS 98 Rosso Corsa/Nero ZFFXR42B000112709 B2709ASI
112745	F355	Spider F1 98 Rosso Corsa/Black LHD ZFFXR48B000112745 B2745NTG
112774	F355	GTS F1 98 Rosso Corsa/Nero ZFFXR42B000112774
112794	F355	Spider F1 98 Rosso Corsa/Crema LHD EU B2794WNW
112911	F355	Berlinetta F1 dark blue/tan LHD EU B2911MTC
112917	F355	Spider (F1) 98 blue/tan LHD EU
112935	F355	Berlinetta F1 98 Grigio Titanio Metallizzato 3238/Bordeaux sports seats RHD ZFFXR41C000112935 B2935NFD Red calipers
112965	F355	Berlinetta 98 Rosso Corsa/Crema Bordeaux Carpet Manual RHD ZFFXR41C000112965 B2965NFH Challenge rear grill
112991	F355	Berlinetta F1 8/98 Blu Tour De France/Beige ZFFXR41B000112991
112994	F355	GTS F1 98 Giallo Modena/Black Yellow Sports seats RHD colour-coded roof ZFFXR42C000112994
113018	F355	Spider F1 99 Giallo Modena/Nero LHD US ZFFXR48A6X0113018 Rear Challenge Grill Red Calipers
113043	F355	Berlinetta F1 98 Red/Black LHD EU ZFFXR41B000113043
113074	F355	Berlinetta F1 98 Rosso Corsa/Nero LHD ZFFXR41B000113074
113080	F355	Spider F1 99 Rosso Corsa/Black LHD ZFFXR48A0X0113080
113086	F355	GTS F1 6/98 Rosso Corsa/Nero ZFFXR42B000113086
113101	F355	Spider F1 99 Rosso Corsa/Tan ZFFXR48A4X0113101

s/n	Type	Comments
113131	550	Maranello rosso Corsa/beige ZFFZR49B000113131 B3131TYB
113144	550	Maranello 98 Nero Daytona/Nero LHD US ZFFZR49A3W0113144 ass. # 30280 Red calipers
113154	456	M GTA Silver/Black & Red Red stitching RHD ZFFWP50C000113154
113225	F355	Spider F1 98 Red/Black red stitching RHD UK ZFFXR48C000113225 ass. # 30352 B3225NMW Red calipers shields
113239	F355	Spider Red/Black LHD ZFFXR48C000113239 shields front spoiler aftermarket wheels
113252	550	Maranello 98 Grigio Titanio Metallizzato 3238/tan ZFFZR49B000113252
113261	550	Maranello 98 Red/Crema RHD ZFFZR49C000113261
113262	550	Maranello 98 Silver/Black RHD ZFFZR49C000113262 B3262ZFJ shields
113295	F355	Spider F1 98 Blue then Red/Tan LHD ZFFXR48B000113295 rear grill
113304	F355	Spider F1 6/99 Argento Nürburgring/Black black top LHD ZFFXR48A7X0113304
113307	F355	Berlinetta 98 Red/Tan LHD Manual EU ZFFXR41B000113307 ass. # 30415 B3307QKB
113311	F355	Berlinetta F1 8(98 Rosso Corsa/Crema Rosso Carpets RHD Manual ZFFXR41C000113311 B3311NWP
113350	F355	Berlinetta F1 98 Red/Crema RHD UK ZFFXR41C000113350 B3350NJJ Rear red wing
113355	F355	Berlinetta F1 99 Rosso Corsa/Tan LHD US ZFFXR41AXX0113355 Rear Challenge grill
113420	456	M GTA 98 Blue/Tan RHD ZFFWP50C000113420
113430	F355	Berlinetta F1 98 Rosso Corsa/Tan ZFFXR41B000113430
113446	F355	Berlinetta F1 98 Red/Black RHD ZFFXR41C000113446 B3446NFE
113447	F355	Berlinetta F1 98 Rosso/nero Red stitching RHD ZFFXR41C000113447 B3447NQP Black calipers shields
113462	F355	GTS F1 98 Rosso Corsa 322 DS/Black RHD UK ZFFXR42C000113462
113491	F355	Spider 98 Red/Crema RHD Manual ZFFXR48C000113491 B3491ZFZ
113516	550	Maranello 99 Black/Green Daytona Seats LHD US ZFFZR49A1X0113516 ex-Michael Mann
113590	550	Maranello 3/99 Grigio Titanio/Bordeaux RHD UK Black Calipers
113607	F355	Berlinetta F1 8/98 Azzurro California 524/Blue Scuro RHD ZFFXR41C000113607 B3607NMV rear Challenge grille
113609	F355	Berlinetta 11/98 Rosso Corsa/Crema Manual ZFFXR41C000113609
113617	F355	GTS F1 99 Rosso Barchetta/Beige ZFFXR42A5X0113617
113646	F355	Spider 99 Argento Nürburgring/Dark Blue LHD Manual US ZFFXR48A2X0113646 Rear Challenge Grill
113689	F355	GTS F1 98 Yellow black Challenge sports seats ZFFXR42C000113689 eng. # 51112 Challenge rear grill Fiorano package red calipers
113703	F355	Spider F1 99 White/Tan ZFFXR48AXX0113703
113710	F355	Spider 9/98 Rosso Corsa/Crema ZFFXR48C000113710
113736	F355	Berlinetta F1 98 red/black ZFFXR41B000113736 B3736SJU
113763	F355	Spider F1 99 Red/Crema RHD ZFFXR48C000113763 B3763NGZ
113801	550	Maranello 98 Rosso Fiorano/Crema & bordeaux RHD ZFFZR49C000113801
113818	456	M GT 12/99 Rosso Corsa/Beige RHD AUS ZFFWL44D000113818
113825	456	M GTA 99 Verde Inglese/Tan green piping ZFFWP50A9X0113825 Speedline wheels
113847	F355	Berlinetta F1 11/98 Blu Tour de France/Cuoio ZFFXR41D000113847
113875	F355	B3875DMC
113888	550	Maranello 10/98 Rosso Corsa/Nero ZFFZR49B000113888
113924	F355	Berlinetta F1 10/98 Argento Nürburgring/Nero LHD EU ZFFXR41B000113924 ass. # 31038 B3924YFW
113943	F355	Berlinetta F1 99 Grigio Alloy/Black colour coded roof ZFFXR41A5X0113943
113975	550	Maranello 99 black/black ZFFZR49B000113975 B3975POT
113976	550	Maranello 98 Black/Cuoio ZFFZR49B000113976 B3976FWM
114005	456	M GT 99 Silver/Black RHD ZFFWP50C000114005
114019	550	Maranello 98 Yellow/Black LHD ZFFZR49B000114019 B4019XIH
114024	F355	Berlinetta F1 98 Rosso Corsa/Black LHD ZFFXR41B000114024 ass. # 31108 B4024DKC black calipers
114057	456	M GT 99 Pozzi blue/beige ZFFWP44B000114057
114058	456	M GT 99 Grigio Titanio Metallizzato 3238 LHD EU
114068	550	Maranello 99 Grigio Ingrid 720/crema brown dash ZFFZR49B000114068
114127	456	M GTA 98 Grigio Ingrid/Black LHD ZFFWP50B000114127 B4127NGT
114136	550	Maranello 99 grigio titanio/black LHD EU
114137	550	Maranello 99 Grigio Titanio/Bordeaux ZFFZR49B000114137 B4137XSE
114166	F355	Spider F1 99 Red/all Crema ZFFXR48B000114166 B4166UGU
114180	F355	Berlinetta F1 98 Rosso Corsa/Nero Grey cloth seat centres RHD Manual UK ZFFXR41C000114180 Black calipers shields B4180NUT
114181	F355	Berlinetta 99 black met./Crema Black inserts black piping ZFFXR41A8X0114181 Rear Challenge grille red calipers
114243	F355	GTS F1 98 Rosso Corsa/nero ZFFXR42B000114243 B4243KBE
114249	F355	GTS F1 Rosso Corsa/Crema Colour coded roof RHD ZFFXR42C000114249
114275	~~F355~~	~~Berlinetta F1 Silver/Black LHD US~~, not an US F1 Berlinetta, but F355 Berlinetta Black/Bordeaux sports seats Black seat centers RHD Manual ZFFXR41C000114275 B4274WNW
114324	550	Maranello 98 Rosso Fiorano/Crema Bordeaux dash & steering wheel RHD UK ZFFZR49C000114324

s/n	Type	Comments	s/n	Type	Comments
114356	550	Maranello Red/Black Red calipers & stitchings LHD EU ZFFZR49B000114356 B4356QST	115191	456	M GT 99 Grigio Titanio Metallizzato 3238/Black LHD B5191UGU
114365	550	Maranello 99 Dark Blue/black ZFFZR49B000114365	115265	550	Maranello 99 Rosso Corsa/Nero ZFFZR49B000115265 Red calipers shields
114383	550	Maranello 99 Blu Tour de France 522/Crema Blue piping RHD ZFFZR49C000114383 B4383PTZ Black calipers	115284	F355	Berlinetta F1 99 Red/Black RHD UK ZFFXR41C000115284 B5284IAI
114391	F355	Berlinetta 99 Red/Tan Manual ZFFXR41B000114391	115312	F355	Spider F1 99 Rosso Corsa/Tan LHD US ZFFXR48A5X0115312 Challenge Grill
114458	F355	GTS F1 99 Silver/Black LHD ZFFXR42B000114458 B4458WWR	115316	F355	Spider 99 Argento Nürburgring/Black LHD US ZFFXR48A2X0115316
114569	F355	Spider F1 99 Grigio Ingrid/Black LHD US ZFFXR48A4X0114569	115336	F355	Spider F1 99 Rosso Corsa/Crema RHD UK ZFFXR48C000115336 B5336ISI
114570	F355	Spider F1 99 Grigio Titanio/Black LHD US ZFFXR48A0X0114570 Tubi	115366	550	Maranello 99 Rosso Corsa/Black LHD ZFFZR49B000115366 B5366FMH shields
114574	F355	Spider F1 99 Pozzi blue/Medium blue dark blue piping LHD US ZFFXR48A8X0114574	115368	550	Maranello 99 Red/Black LHD EU ZFFZR49B000115368
114580	F355	Spider F1 99 Rosso Corsa/Tan LHD US ZFFXR48A3X0114580	115376	550	Maranello 99 Rosso Corsa/Beige ZFFZR49AXX0115376 Shields
114677	550	Maranello 99 Rosso Corsa/Tan ZFFZR49A8X0114677	115407	456	M GTA 10/99 Grigio Ingrid/Nero ZFFWP50B000115407 B5407NCR
114680	550	Maranello 99 Blue/Tan RHD ZFFZR49C000114680	115444	F355	Spider 99 Red/Tan Black Top LHD Manual US ZFFXR48A0X0115444
114721	F355	Berlinetta F1 99 Giallo Modena/Black LHD US Z FFXR41A3X0114721 Challenge grille red calipers Tubi ex-Bobby Rahal	115483	550	Maranello 99 dark Blue/Tan LHD EU B5483HPT
			115497	550	Maranello 99 Red/tan Daytona seats ZFFZR49A0X0115497 Shields
			115564	456	M GTA Silver/Black RHD
			115565	456	M GTA Grigio Titanio met./Black RHD
114744	F355	Spider F1 99 Red/tan Black top LHD US ZFFXR48A7X0114744	115591	F355	Berlinetta 99 Rosso Corsa/Tan colour coded roof LHD Manual US ZFFXR41AXX0115591 Red Calipers
114780	456	M GT 2/99 Rosso Corsa/Carta Da Zucchero ZFFWP44B000114780	115612	F355	Berlinetta 99 Rosso Corsa/Tan LHD US ZFFXR41A3X0115612 Challenge rear grill Tubi
114781	456	M GT 7/99 Blu Scuro/Beige LHD EU ZFFWP44B000114781 B4781UGU			
114829	550	Maranello 99 Blue/Tan RHD UK Gold calipers	115682	456	M GT 99 English green/tan ZFFWP44B000115682 ex-Prins Bernhard Sr, still with the Royal Family in 2007.
114922	456	M GT 99 Black/Tan LHD ZFFWP44B000114922 B4922SWS			
114989	550	Maranello 99 Rosso Corsa/Black LHD EU ZFFZR49B000114989 B4989JJJ	115800	550	Maranello 98 Rosso Corsa 322DS/Black LHD EU ZFFZR49B000115800 ass. #33098
115004	550	Maranello 99 Silver/Black RHD ZFFZR49C000115004 B5004REE shields Red calipers	115838	550	Maranello 99 Rosso Corsa/Tan LHD US ZFFZR49A0X0115838
115005	550	Maranello 99 Red/Crema RHD ZFFZR49C000115005	115907	456	M GT 99 Silver/Charcoal Silver stitching LHD ZFFWP50B000115907 B5907NBT
115012	F355	GTS F1 99 Dark Blue/Crema Blue stitching colour coded roof RHD ZFFXR42C000115012 ass # 32181 B5012NPD Black calipers	115948	F355	Spider F1 3/99 Nero DS 1250/Tan LHD US ZFFXR48A6X0115948 eng. # 53318 Shields
115036	F355	Berlinetta F1 3/99 Rosso Corsa/Crema ZFFXR41C000115036	115966	F355	Spider F1 99 Silver/dark Blue dark Blue top LHD US ZFFXR48A8X0115966
115043	F355	Berlinetta F1 4/99 Rosso Corsa/Crema ZFFXR41C000115043	115981	F355	Spider F1 99 Red/Crema Red stitching RHD ZFFXR48C000115981 B5981EBE
115066	F355	Spider F1 99 Rosso Corsa/Nero LHD ZFFXR48B000115066	115983	F355	Spider F1 5/99 Rosso Corsa/Crema ZFFXR48C000115983
115084	F355	Spider F1 99 Black/Black RHD UK ZFFXR48C000115084 Black calipers Challenge rear grill shields	116010	456	M GT 5/99 Grigio Titanio Metallizzato/Cuoio ZFFWP44B000116010
115160	F355	Spider 7/99 Rosso Corsa/Nero Manual ZFFXR48B000115160	116034	360	Modena F1 6/99 Rosso Corsa/Nero LHD EU ZFFYR51B000116034 B6034NJD
115172	550	Maranello 99 Tour de France blu/Cuoio ZFFZR49A5X0115172	116081	550	Maranello 99 Grigio Titanio Metallizzato 3238/tan LHD EU ZFFZR49B000116081 B6081CPX
115178	550	Maranello 99 Blu Pozzi 521 D.S./Carte de Zucchero Daytona seats Blue inserts, piping & stitching Blu upper dashboard, upper door panel & steering wheel ZFFZR49A6X0115178 eng. # 52351 ass. # 32305 shields Red calipers	116097	550	Maranello 4/99 Azzurro California/tan ZFFZR49A0X0116097 silver calipers
			116128	360	Modena F1 99 Red/Black LHD EU ZFFYR51B000116128 B6128NFX
115190	456	M GT 99 Rosso Monza/Tan LHD B5190TYT	116144	550	Maranello WSR 99 Red/black sports seats red stitching LHD ZFFZR49B000116144 shields

s/n	Type	Comments	s/n	Type	Comments
116165	360	Modena F1 99 Rosso Corsa/Cuoio LHD ZFFYR51B000116165 Black calipers shields	116952	456	M GT 99 Black/Black LHD ZFFWP44B000116952 B16952KWE
116170	360	Modena F1 99 Grigio Alloy/Crema LHD ZFFYR51B000116170 B6170NYY	116961	456	M GT 99 Grigio Alloy 750/Blue A4304 Argento stitching Blu upper dashboard & steering wheel ZFFZR49C000115144 Eng. # 54322 Ass. # 34177 Aluminium callipers
116213	F355	Spider F1 99 Red/Tan LHD US ZFFXR48A8X0116213			
116219	F355	Spider F1 Series Fiorano #11/100 99 Yellow/black LHD US ZFFXR48A9X0116219 eng. # 53697 shields rear Challenge grille Red calipers	116980	550	Maranello 99 Blu Pozzi 521 D.S./Crema ZFFZR49B000116980 B6980JOL
			117027	456	M GTA 99 Grigio Titanio/Black ZFFWP50B000117027
116276	F355	Spider F1 99 one side window B6276RDR used on 113965	117050	360	Modena 9/99 Rosso Corsa/Beige ZFFYR51D000117050
116285	F355	Spider 99 Argento Nürburgring/Nero LHD ZFFXR48B000116285	117089	360	Modena Challenge
			117113	550	Maranello 99 Blu NART/Cuoio LHD EU ZFFZR49B000117113 ass. # 34457 B7113VWH
116339	360	Modena F1 99 Rosso Corsa/Nero Red stitching ZFFYR51B000116339 B6339NRE			
			117138	550	Maranello 99 silver/black RHD UK
116378	456	M GTA 99 Verde Zeltweg FER610/Tan ZFFWP50B000116378 B6378NMW ass. # 33416	117179	360	Modena 99 Argento Nürburgring/Nero LHD Manual EU ZFFYR51B000117179 B7179XSX
116382	550	Maranello 99 Nero/Crema LHD EU B6382AWY	117209	360	Modena F1 99 Rosso Corsa/Black LHD EU ZFFYR51B000117209 B7209SVX shields
116414	550	Maranello Grigio Alloy/Black grey piping RHD ZFFZR49C000116414 Silver calipers	117219	360	Modena F1 99 Red/Black LHD EU ZFFYR51B000117219
116461	360	Modena F1 99 Grigio Alloy/Black LHD ZFFYR51B000116461 B6461KXK Red calipers	117233	360	Modena 10/99 Rosso Corsa/Beige RHD ZFFYR51D000117233 eng. # 54439
			117318	360	Modena 99 Red/Black Red stitching RHD Manual ZFFYR51C000117318
116536	F355	Spider F1 99 Black/Tan ZFFXR48AXX0116536	117322	360	Modena F1 99 Red LHD ZFFYR51B000117322
116548	F355	Spider 99 GrigioTitanio/Black LHD Manual EU ZFFXR48B000116548 ass. # 33693 B6548FMW	117331	360	Modena F1 99 Red/tan ZFFYR51B000117331
116561	F355	Spider Series Fiorano #38/100 99 Blu Tour de France Metallic/Blue & Tan Manual LHD US ZFFXR48A9X0116561 rear Challenge grille red calipers shields	117373	360	Modena F1 99 Grigio Alloy/Bordeaux Sport Seats LHD US ZFFYR51A7X0117373 Red Calipers Shields
			117393	360	Modena F1 99 Rosso Corsa/Beige sports seats RHD ZFFYR51C000117393 shields
116607	360	Modena F1 99 Red/black ZFFYR51B000116607			
116610	360	Modena F1 00 Argento Nürburgring/Black ZFFYR51B000116610 Shields Tubi	117429	550	Maranello WSR Grigio Titanio Metallizzato 3238/Bordeaux sports seats RHD UK ZFFZR49C000117429 Red calipers Shields
116623	360	Modena F1 00 silver/black LHD ZFFYR51B000116623	117443	360	Modena F1 99 rosso corsa/tan LHD EU rear Challenge grille
116680	550	Maranello 99 Grigio Ingrid/Bordeaux LHD ZFFZR49B000116680 B6680JJJ	117460	360	Modena 99 Giallo Modena/black LHD Manual ZFFYR51B000117460 B7460ZJJ
116689	550	Maranello 99 nero/nero ZFFZR49B000116689 B6689JDC			
116690	550	Maranello 8/99 Nero/Beige LHD EU ZFFZR49B000116690	117472	360	Modena 10/99 Rosso Corsa/Nero Manual ZFFYR51C000117472
116745	360	Modena F1 99 black/black	117531	360	Modena 99 Silver/Black LHD B7531QPB
116746	360	Modena F1 7/99 Rosso Corsa/Nero ZFFYR51B000116746	117612	360	Modena F1 99 Rosso Corsa/nero LHD EU ZFFYR51B000117612
116793	F355	Spider F1 99 Rosso Corsa/Tan Black top LHD US ZFFXR48A8X0116793	117637	360	Modena F1 99 Yellow/Blu Scuro RHD ZFFYR51C000117637
116800	F355	Spider F1 99 Rosso Corsa/Tan LHD US ZFFXR48A1X0116800 ex-Ponder Collection	117695	550	Maranello 00 Red/grey ZFFZR49B000117695
			117703	~~360~~	~~Modena F1 Red/Black~~ not a Modena but a Argento Nürburgring/Grey LHD EU B7703DIU
116811	F355	Spider F1 99 Silver/Tan ZFFXR48A6X0116811			
116824	360	Modena 99 Red/Black sport seats LHD Manual EU ZFFYR51B000116824 B6824JJJ Challenge grill shields	117704	550	Maranello 99 Black/Black LHD EU ZFFZR49B000117704 B7704DOU
116861	360	Modena F1 99 Rossa Corsa/Black LHD EU ZFFYR51B000116861 ass. # 34007 B6861MHM	117705	550	Maranello 99 Black/Black ZFFZR49B000117705 B7705DHU
			117737	360	Modena 99 Rosso Corsa/Black LHD Manual EU ZFFYR51B000117737
116892	360	Modena F1 99 Red/black ZFFYR51B000116892			
116937	360	Modena F1 99 Red/Crema RHD ZFFYR51C000116937	117803	360	Modena F1 99 Grigio Alloy/Tan LHD ZFFYR51B000117803
116942	360	Modena F1 99 Blue/Tan RHD ZFFYR51C000116942 shields			

s/n	Type	Comments
117869	360	Modena F1 99 Red/Crema red stitching RHD ZFFYR51C000117869 B7869AAA Red calipers Challenge rear grill shields
117872	360	Modena F1 Red/Black Red stitching RHD ZFFYR51C000117872
117877	360	Modena F1 Grigio Alloy/Blue blue dash RHD ZFFYR51C000117877 Shields
117878	360	Modena F1 Red/Tan RHD ZFFYR51C000117878
117904	550	Maranello 96 550 Sperimentale Conversion in 2000 renumbered 143658 in 2005 Rosso Corsa/Tan LHD EU
118030	360	Modena F1 99 Rosso Corsa/Black LHD ZFFYR51B000118030 B8030PDI shields Challenge wheels
118034	360	Modena 99 Grigio Titanio/dark Blue LHD EU
118080	360	Modena F1 99 Grigio Titanio Metallizzato 3238/dark Blue Daytona Seats LHD US ZFFYR51A8X0118080 Red Calipers
118089	360	Modena F1 99 Red/Black Bordeaux seat centres RHD ZFFYR51C000118089 Red calipers Challenge rear grill shields
118105	360	Modena F1 99 Red/Black RHD ZFFYR51C000118105 B8105LML Red calipers shields
118125	360	Modena 99 Rosso Corsa/Tan Factory Dual Barchetta Sport Race Seats Manual ZFFYR51A4X0118125 Shields
118132	360	Modena 99 Giallo Modena/Black Manual ZFFYR51A1X0118132 Shields Front & Rear Challenge Grill
118134	360	Modena Red/Crema Bordeaux piping RHD Manual ZFFYR51C000118134 B8134NGE Challenge rear grill
118228	360	Modena F1 00 Red Crema RHD ZFFYR51C000118228 shields
118295	550	Maranello 99 Grigio Titanio Metallizzato 3238/black LHD ZFFZR49B000118295 B8295AMA
118352	360	Modena F1 99 Rosso Corsa CS stripe/Black Red stitching LHD ZFFYR51B000118352
118450	456	M GT 99 Grigio Titanio met./Black LHD EU ZFFWP44B000118450 B8450FMI
118534	360	Modena Challenge F1 Silver LHD EU ZFFYR51B000118534 ass. # 35645 rear wing converted to Manual in 2000, reconverted to F1
118544	456	M GT 00 Silver/Black Daytona seats ZFFWP50A2Y0118544
118552	550	Maranello not Silver/Black but 00 Blue/Crema Black piping RHD ZFFZR49C000118552
118590	360	Modena F1 00 black/tan sport seats ZFFYR51B000118590 ass. #35660
118609	360	Modena F1 99 dark Red/Grey LHDUS ZFFYR51A4X0118609
118610	360	Modena F1 99 Rosso Corsa/Tan ZFFYR51A0X0118610
118657	360	Modena F1 99 Black LHD ZFFYR51B000118657
118689	456	M GTA 00 Grigio Ingrid 720/Cuoio Cuoio steering wheel RHD ZFFWP50C000118689 B8689NIP Gold calipers shields
118690	550	Maranello 00 Red/tan ZFFZR49B000118690
118740	360	Modena 2/00 Rosso Corsa/Nero LHD ZFFYR51B000118740
118750	360	Modena Dark Blue/Black RHD Manual ZFFYR51C000118750 B8750NAM Red calipers
118795	360	Modena F1 2/00 RossoCorsa/Nero ZFFYR51B000118795
118796	360	Modena F1 2/00 Giallo Modena/Nero ZFFYR51B000118796
118813	360	Modena F1 1/00 Giallo Modena/Blu Scuro LHD EU ZFFYR51B000118813
118815	360	Modena F1 00 Yellow/black ZFFYR51B000118815
118848	360	Modena F1 99 Rosso Scuderia/Nero LHD EU
118849	360	Modena F1 99 Rosso Corsa/Black LHD ZFFYR51B000118849 B8849PTV Red calipers
118885	360	Modena F1 99 Black/Black ZFFYR51A6X0118885
118969	550	Maranello 00 Black/Black LHD ZFFZR49B000118969 B8969XDD shields
118975	550	Maranello black/black LHD EU B8975BRU
118976	550	Maranello 00 Grigio Titanio/Black LHD ZFFZR49B000118976
118991	360	Modena F1 00 NART Blue/Cuoio LHD Manual ZFFYR51B000118991 shields Red calipers
118993	360	Modena rosso Corsa/black & red sports seats ZFFYR51B000118993 B8993STU challenge stradale rear grill
119045	360	Modena Silver/Bordeaux black seat centres RHD Manual ZFFYR51C000119045 B9045NPY Challenge rear grill
119061	360	Modena Challenge 00 Dark Blue ass. # 36145
119065	360	Modena Challenge 00 ass. # 36157
119067	360	Modena Challenge F1 00 ZFFYR51B000119067 ass. # 36163 gear box # 2571 converted to N-GT 005M
119082	360	Modena Challenge
119110	360	Modena F1 Red/Black LHD ZFFYR51B000119110 B9110BZV Black calipers
119113	360	Modena F1 00 Rosso Corsa/tan LHD ZFFYR51B000119113
119114	360	Modena F1 2/00 Argento Nürburgring/Bordeaux ZFFYR51B000119114
119118	360	Modena F1 00 Silver/Dark blue LHD ZFFYR51B000119118 B9118XFS
119139	360	Modena F1 00 Dark metallic blue/Beige Dark blue dash & steering wheel LHD ZFFYR51B000119139 B9139ADP
119166	360	Modena F1 99 Grigio Alloy/black ZFFYR51B000119166 B9166HAK rear challenge grill
119199	360	Modena F1 00 Red/Black red stitching RHD ZFFYR51C000119199 Red calipers Challenge rear grill shields
119241	550	Maranello 3/00 Blu Pozzi/Beige ZFFZR49B000119241
119268	456	M GTA 00 Nero DS 1250/Grey ZFFWP50A9Y0119268 ass. # 37074
119299	360	Modena Novitec Rosso 99 Rosso Corsa Black stripes/Nero LHD Manual EU ZFFYR51B000119299 B9299FER
119304	360	Modena 99 Rosso Corsa/Black LHD EU ZFFYR51B000119304
119327	360	Modena 00 Dark blue/Bordeaux RHD Manual ZFFYR51C000119327 shields

s/n	Type	Comments
119348	360	Modena Challenge 00 Black then Red & White Fiorano Ferrari livery/Black Red seat LHD ZFFYR51B000119348 rear wing, later Silverstone racing school-Car
119428	360	Modena F1 4/00 Grigio Alloy/Crema ZFFYR51B000119428 ass. # 36656 B9428SMM
119439	360	Modena F1 99 Rosso Corsa/Black ZFFYR51B000119439 B9439KLB
119459	360	Modena F1 99 Rosso Corsa/Beige ZFFYR51A5X0119459 red calipers shields
119477	360	Modena F1 99 Red/Tan ZFFYR51A7X0119477 Sunroof
119480	360	Modena F1 99 Giallo Modena D.S. 4305/Black ZFFYR51A7X0119480 Front & Rear Challenge Grills
119550	550	Maranello 00 Silver/bordeaux LHD EU ZFFZR49B000119550 B9550RUZ
119570	550	Maranello 5/00 Rosso Corsa/Crema LHD EU ZFFZR49B000119570
119576	550	Maranello 00 Giallo Modena/Nero ZFFZ549A8Y0119576
119587	550	Maranello 00 NART Blu/Cuoio & Scuro Blue ZFFZS49A2Y0119587
119617	360	Modena F1 00 Black/Tan ZFFYU51A8Y0119617 Sunroof
119637	456	M GTA 00 Grigio Titanio/Black ZFFWP50A3Y0119637 ass. # 37167
119645	360	Modena 00 Grigio Titanio/Grey LHD Manual ZFFYR51B000119645 B9645YKL
119660	360	Modena 00 Black/black & Yellow sport seats manual LHD EU ZFFYR51B000119660 B9660HPX Imola Racing Design
119676	360	Modena 00 Silver/Black RHD Manual ZFFYR51C000119676 shields
119711	360	Modena 00 Rosso Corsa/Black LHD EU ZFFYR51B000119711 B9711KLB Red calipers shields
119713	360	Modena F1 00 Rosso Corsa/Black Red piping LHD EU ZFFYR51B000119713 B0713WJJ
119715	360	Modena F1 00 Giallo Modena/Bordeaux ZFFYR51B000119715
119729	360	Modena F1 00 Black/Black Daytona Seats ZFFYU51A8Y0119729 Tubi Shields Challenge Grille
119739	360	Modena F1 00 Grigio Titanio/Blue Scuro ZFFYU51A0Y0119739 Rear Challenge Grill Shields Tubi
119744	360	Modena F1 00 Rosso Corsa/Nero Red stitching RHD ZFFYR51C000119744 B9744KYH shields
119745	360	Modena F1 4/00 Giallo Modena/Nero ZFFYR51C000119745
119747	360	Modena F1 99 Yellow/Black RHD ZFFYR51C000119747
119754	360	Modena F1 5/00 Rosso Corsa/Nero ZFFYR51C000119754
119821	550	Maranello 00 dark Blue/White ZFFZR49B000119821
119865	360	Modena 5/00 Grigio Alloy/Sabbia ZFFYR51B000119865
119892	360	Modena Challenge F1 00 Rosso Corsa/Nero ZFFYR51B000119892
119902	360	Modena F1 01 dark Blue/tan ZFFYR51B000119902 B9902XIY
119909	360	Modena 00 Grigio Titanio/Bordeaux LHD EU
119972	360	Modena F1 00 Yellow/black ZFFYR51B000119972
120017	456	M GT 00 Grigio Titanio Metallizzato 3238/Tan ZFFWP44B000120017
120020	360	Barchetta Speciale #1/1 00 Argento Nürburgring/Crema cloth LHD ZFFYT53B000120020 Silver calipers, Montezemolo's wedding present
120050	360	Modena F1 00 Red/Black LHD EU ZFFYR51B000120050 Italian stripe added
120066	360	Modena 00 Rosso Corsa/Black LHD Manual ZFFYR51B000120066
120067	360	Modena 00 Yellow/black LHD EU ZFFYR51B000120067
120087	360	Modena F1 00 Red/Black ZFFYR51B000120087
120136	550	Maranello 00 Grigio Titanio Metallizzato 3238/tan LHD ZFFZR49B000120136 B0136XFT
120185	360	Modena 00 Argento Nürburgring 101/C/Blue Scuro RHD Manual ZFFYR51C000120185 shields Challenge rear grill aftermarket wheels
120235	360	Modena F1 00 Silver/Black RHD ZFFYR51C000120235 Challenge rear grill
120248	360	Modena 00 Rosso Corsa/Nero RHD Manual UK ZFFYR51C000120248 B0248GHG Black calipers shields
120281	360	Modena 00 Rosso Corsa/Nero Manual LHD EU ZFFYR51B000120281 C0281EKZ
120302	360	Modena F1 00 Grigio Titanio Metallic/Bordeaux LHD US ZFFYU51AXY0120302 Sunroof
120357	360	Modena F1 00 Yellow/black LHD ZFFYU51A2Y0120357
120379	550	Maranello 00 Rosso Corsa/Black ZFFZR49B000120379 C0379DIW
120385	550	Maranello 00 Nero Daytona/Beige ZFFZR49B000120385 C0385YIA
120403	360	Modena 00 Silver/black LHD manual EU C0403ELZ
120404	360	Modena 00 Rosso Corsa/Nero RHD Manual UK ZFFYR51C000120404 C0404ZEZ
120406	360	Modena 00 Argento Nürburgring 101/C/light Blue LHD EU ZFFYR51B000120406 C0406IXW Red calipers shields
120409	360	Modena 00 Red/Crema red stitching RHD Manual ZFFYR51C000120409 Challenge rear grill shields aftermarket wheels
120426	360	Modena 6/00 Grigio Alloy/Blu Scuro ZFFYR51C000120426
120437	360	Modena F1 Salone dell' Automobile Torino show car 00 Rosso Corsa/Black & Red LHD ZFFYR51B000120437 C0437AIW
120459	360	Modena F1 00 Red/Black LHD ZFFYR51B000120459
120464	360	Modena F1 7/00 Rosso Corsa/Nero LHD EU ZFFYR51B000120464 C0464MSB
120468	360	Modena F1 00 Rosso Corsa/Black LHD ZFFYR51B000120468 C0468WDY
120471	360	Modena F1 00 Giallo Modena/Nero ZFFYU51A0Y0120471 yellow piping rear challenge grill sunroof Tubi
120482	360	Modena F1 00 Red/Tan ZFFYU51A5Y0120482 Sunroof

s/n	Type	Comments
120499	360	Modena F1 00 Rosso Corsa/Crema sports seats red stitching LHD C0499SXQ Red calipers Challenge rear grill shields
120513	360	Modena F1 6/00 Nero Daytona/Bordeaux ZFFYR51D000120513
120524	360	Modena 00 Red/Brown ZFFYU51A6Y0120524 Sunroof
120556	360	Modena 00 Grigio Titanio/Bordeaux Manual ZFFYU51A8Y0120556 Tubi Hamann Aero body kit Rear Challenge grill red calipers
120566	360	Modena 00 Red/Crema RHD Manual ZFFYR51C000120566 C0566CUC
120570	360	Modena 00 Argento Nürburgring/Black racing seats Manual ZFFYU51A2Y0120570 front & rear challenge grilles shields
120632	550	Maranello 00 Argento Nürburgring/Charcoal Daytona seats LHD EU ZFFZR49B000120632 shields Fiorano package Fuchs sport exhaust
120637	550	Maranello 00 Dark Blue/Blue then Edo Competition modified Black/Black LHD EU C0637XWF
120684	550	Maranello 00 Nero Daytona/Crema black piping RHD ZFFZR49C000120684 shields
120695	360	Modena 00 Argento Nürburgring/Black Manual LHD CDN ZFFYU51A0Y0120695 shields challenge grille
120761	360	Modena F1 00 Grigio Alloy/Crema RHD ZFFYR51C000120761 C0761VMC Challenge rear grill
120783	360	Modena F1 7/00 Rosso Scuderia/Nero sports seats Red alcantara seat centres red stitching LHD ZFFYR51B000120783 C0783JJJ Challenge rear grill shields
120805	550	Maranello 00 Blue/Crema RHD ZFFZR49C000120805
120813	550	Maranello 00 Black/Crema RHD ZFFZR49C000120813 Red calipers shields
120833	456	M GTA 00 Rosso Monza/Tan ZFFWP50A8Y0120833
120841	360	Modena 00 Rosso Corsa/Grey red stitching LHD Manual ZFFYR51B000120841 C0841FSK Challenge rear grill shields colour-coded rear diffuser
120852	360	Modena 00 Red/Tan Manual LHD EU ZFFYR51B000120852 Red Calipers Stradale Conversion Sparco Sport Seats Shields Red Calipers Front & rear Challenge grilles Tubi 19" Novitec wheels
120881	360	Modena F1 00 Rosso Corsa/Black LHD ZFFYR51B000120881 C0881XPA
120894	360	Modena 00 Black/Black & Red ZFFYU51A6Y0120894 Red Calipers
120895	360	Modena F1 00 Red/Tan LHD ZFFYA51B000120895 C0895DWI
120975	360	Modena F1 8/00 Giallo Modena/Nero RHD ZFFYR51D000120975 eng. # F133B58351
121016	360	Modena F1 7/00 Rosso Corsa/Nero ZFFYR51B000121016 C1016ZCO
121046	360	Modena F1 00 Red/Tan ZFFYU51A1Y0121046 Sunroof
121068	550	Maranello 01 Red/Black LHD EU
121103	456	M GT 00 Blu Pozzi 521 D.S./Tan LHD C1103OWR
121128	360	Modena 00 Red/Black manual LHD ZFFYR51B000121128 C1128HGC
121143	360	Modena F1 8/00 Rosso Corsa/Nero LHD EU ZFFYR51B000121143 ass. # 38172 C1143PAX
121194	550	Maranello 00 Rosso Corsa/Beige ZFFZS49A4Y0121194
121216	360	Modena 9/00 Rosso Corsa/Nero ZFFYR51C000121216
121229	360	Modena F1 00 Rosso Corsa/Black LHD EU ZFFYR51B000121229
121242	360	Modena F1 00 Fly Yellow/Black yellow piping ZFFYU51A1Y0121242 challenge grill shields Tubi Yellow Calipers
121263	360	Modena F1 00 Red/Crema LHD US ZFFYU51A9Y0121263 Sunroof
121306	360	Modena 00 Rosso Corsa/Black Manual ZFFYR51B000121306 Red calipers Red rear challenge grille shields
121321	360	Modena F1 00 Yellow/Black ZFFYU51A8Y0121321 Challenge wheels Front & rear challenge grills Red calipers shields Fuchs exhaust
121332	360	Modena Spider F1 00 Grigio Alloy/Charcoal RHD ZFFYT53C000121332
121387	550	Maranello 00 Rosso Corsa/Tan ZFFZS49A4Y0121387
121388	550	Maranello 00 Black/Black Daytona Seats Red Piping ZFFZS49A6Y0121388 Red Calipers
121389	550	Barchetta Pininfarina pre-production car 00 Rosso Corsa/Tan LHD ZFFZR52B000121389
121407	360	Modena 00 Nero D.S. 1250/Tan Manual ZFFYU51A7Y0121407
121414	360	Modena F1 00 Rosso Corsa/Nero ZFFYR51C000121414 C1414PHI Red calipers shields
121470	360	Modena 00 Red/Black LHD Manual ZFFYR51B000121470 B1470IXU
121477	360	Modena 1/01 Blu Tour de France/Crema ZFFYR51C000121477
121483	360	Modena 00 yellow/black Manual ZFFYU51A1Y0121483 Capristo LC racing exhaust rear Challenge grill Gruppe M Carbon fiber intake HRE wheels
121494	360	Modena F1 00 Rosso Corsa/Crema LHD ZFFYR51B000121494 shields Challenge wheels
121514	360	Modena F1 00 Argento Nürburgring 101/C/Dark Blue ZFFYU51A8Y0121514 Sunroof
121527	456	M GTA 00 Argento Nürburgring/Nero LHD EU C1527NKW
121548	550	Maranello 00 Rosso Corsa/Beige Daytona seats ZFFZS49A2Y0121548
121550	550	Maranello 00 Rosso Corsa/Black ZFFZR49B000121550 B1550NIP
121563	360	Modena Spider F1 11/00 Rosso Corsa/Nero ZFFYT53B000121563
121577	360	Modena Spider F1 01 Rosso Corsa 322 D.S./Black Black Top LHD EU ZFFYT53B000121577 B1577NVU Red Calipers
121587	360	Modena 00 Rosso Corsa/Nero LHD ZFFYR51B000121587 C1587MAA shields
121594	360	Modena 00 Rosso Corsa/Beige manual ZFFYU51AXY0121594

s/n	Type	Comments
121622	360	Modena (F1) 00 Red/Red ZFFYU51A0Y0121622, probably parted out & wirtten off
121661	360	Modena F1 00 Giallo Modena/Charcoal Yellow Stitching ZFFYU51AXY0121661 Larini Exhaust Rear Challenge Grills Shields
121684	360	Modena F1 00 Rosso Corsa/Black LHD ZFFYR51B000121684 C1684FIY
121696	360	Modena F1 10/00 Rosso Corsa/Nero ZFFYR51B000121696
121756	360	Modena 11/00 Argento Nürburgring/Bordeaux ZFFYR51D000121756
121795	360	Modena F1 00 Red/tan Daytona seats ZFFYU51A9Y0121795 shields red calipers rear Challenge grille
121853	550	Maranello 12/00 Rosso Corsa/Sabbia LHD EU ZFFZR49B000121853 C1853NXF 18" wheels
121863	360	Modena Spider 00 Black/cuoio LHD Manual
121902	360	Modena F1 1/01 Rosso Corsa/Beige ZFFYR51D000121902
121920	360	Modena F1 00 Rosso Corsa/Black LHD ZFFYR51B000121920 B1920JEC Red calipers Challenge rear grill shields Challenge wheels
121926	360	Modena 00 Rosso Corsa/Tan Manual ZFFYU51A9Y0121926
121930	360	Modena F1 00 Silver/Blue LHD ZFFYU51A0Y0121930 Sunroof
121951	360	Modena 00 Red/Tan sports seats Manual RHD ZFFYR51C000121951 C1951QSQ Red calipers Challenge rear grill shields Challenge wheels
121957	360	Modena 00 Red/Black red stitching RHD Manual ZFFYR51C000121957 C1957JJJ shields Challenge wheels Sunroof
121971	360	Modena F1 00 Argento Nürburgring/Black Daytona Seats ZFFYU51A3Y0121971 Shields Red Calipers Front & Rear Challenge Grills
121979	360	Modena F1 00 Grigio Titanio Metallizzato 3238/Black sports seats RHD ZFFYR51C000121979 C1979YIL Black calipers shields
121983	360	Modena F1 00 Rosso corsa/tan Daytona seats ZFFYU51AXY0121983 Challenge grille red calipers shields
121990	360	Modena F1 00 Red/beige Daytona seats ZFFYU51A7Y0121990 shields rear Challenge grille factory sunroof red calipers
121993	360	Modena F1 00 Red/Black RHD ZFFYR51C000121993 Challenge rear grill
121998	360	Modena 00 Nero/Nero Daytona Seats ZFFYU51A1Y0121998 Shields Front & Rear Challenge Grills Red Calipers Tubi
122006	360	Modena F1 00 Rosso Fiorano 321/Beige ZFFYU51A5Y0122006 eng. # 59437 ess. # 39121
122019	360	Modena Spider 01 Yellow/Black LHD Manual EU ZFFYT53B000122019 rear Challenge grill
122030	360	Modena Spider 01 Red/Black red stitching RHD ZFFYT53C000122030 Red calipers shields
122066	550	Maranello 1/01 Blu Tour de France/Beige ZFFZR49C000122066
122075	550	Maranello 00 Rosso Corsa/Nero LHD EU C2075NWP
122082	360	Modena 00 Red/Black RHD Manual ZFFYR51C000122082
122151	360	Modena F1 00 Rosso Corsa/tan US ZFFYU51A3Y0122151 Tubi Red calipers shields
122159	360	Modena 00 Red/Crema ZFFYU51A8Y0122159 Sunroof
122193	550	Maranello 00 Blu Pozzi 521 D.S./tan ZFFZR49B000122193 C2193NVQ
122202	360	Modena 00 Yellow/Tan LHD Sunroof
122218	360	Modena Spider F1 01 Silver/Black LHD EU ZFFYT53B000122218 C218NMM eng. # 59774 ass. # 39513 ex-Ralf Schumacher, ex-Jerome Bettis
122363	360	Modena 00 Argento Nürburgring 101/C/Nero Manual ZFFYU51A7Y0122363 Sunroof
122368	360	Modena Challenge F1 1/01 Rosso Corsa/Nero LHD ZFFYR51B000122368 Red calipers probably street converted
122391	360	Modena Spider F1 1/01 Nero/Nero ZFFYT53C000122391
122399	360	Modena Spider F1 00 Grigio Titanio/bordeaux ZFFYT53B000122399
122417	360	Modena 00 Grigio Alloy/Red Manual ZFFYU51A4Y0122417 rear challenge grill red calipers
122425	360	Modena 1/00 Giallo Modena/Nero Gray & Yellow inserts Manual ZFFYU51A3Y0122425 ass. # 33565 Front & Rear Challenge Grills Tubi
122430	360	Modena 00 Grigio Ingrid/Black Manual ZFFYU51A7Y0122430 silver calipers
122435	360	Modena 00 dark Blue/Tan Manual ZFFYU51A6Y0122435
122455	360	Modena F1 00 Argento Nürburgring/Cuoio LHD US ZFFYU51A1Y0122455 Aluminium calipers shields Rear challenge grill Capristo exhaust
122466	360	Modena F1 01 Rosso Corsa/Black LHD ZFFYR51B000122466 Black calipers Challenge rear grill shields
122546	456	M GTA 01 Blu Tour de France/Tan ZFFWL50A210122546 ass. # 40018 Tubi
122585	360	Modena Spider 01 Rosso Corsa/Nero LHD Manual ZFFYT53B000122585 C2585NRR ass. # 39860
122628	~~360~~	~~Modena F1 Red/Black LHD ZFFYR51B000122628~~ not a Modena but a 456 M GT 00 Monaco Blu/Crema ZFFWP44B000122628 C2628NFA
122670	360	Modena F1 1/01 Rosso Corsa CS stripe added/Beige bordeaux inserts bordeaux piping RHD ZFFYR51C000122670 C2670NHB Red calipers Challenge rear grill shields
122691	550	Maranello 01 Rosso Corsa/Black Daytona seats red piping ZFFZS49A410122691 Shields Red calipers
122699	456	M GTA 01 Grigio Titanio/Grey ZFFWL50A510122699
122735	550	Maranello 01 Argento Nürburgring/Nero Daytona seats ZFFZS49A910122735
122778	550	Maranello 01 Black/Cuoio Cuoio dash & steering wheel LHD ZFFZR49B000122778 C2778NIK

s/n	Type	Comments
122786	550	Maranello Rosso Corsa/Nero Daytona Seats LHD EU Rosso Corsa calipers Shields
122794	360	Modena 12/00 Rosso Corsa/Black Manual ZFFYU51A410122794 eng. # 60132 Rear Challenge Grill
122805	360	Modena F1 01 Red/Tan Daytona Seats ZFFYU51A510122805 Red Calipers Shields Challenge Grill Tubi Sunroof
122815	360	Modena F1 12/00 NART Blue/Tan ZFFYU51A810122815 eng. # 60221 Tubi Red calipers
122822	360	Modena F1 01 Pozzi blue/tan.dark blue dash LHD EU
122848	360	Modena F1 01 Argento Nürburgring/Black ZFFYU51A110122848
122853	360	Modena F1 01 Grigio Titanio/black C2853FAF
122863	360	Modena F1 01 Rosso Corsa/Black LHD ZFFYR51B000122863 C2863 VYV Red calipers Challenge rear grill shields Challenge wheels
122868	360	Modena F1 01 Grigio Alloy/Blue Scuro ZFFYU51A710122868 Silver Calipers Tubi Shields
122888	360	Modena Challenge 01 White & Yellow then White then Silver/Red LHD manual ZFFYU51B000122888
122910	360	Modena Spider 01 black/black Manual ZFFYT53B000122910 black calipers
122914	360	Modena Spider 3/01 Rosso Corsa/Crema Bordeaux inserts Bordeaux piping Manual RHD ZFFYT53C000122914 C2914NCQ Red calipers shields rear challenge grill
122948	360	Modena Spider F1 2/01 Argento Nürburgring 101/C/Blue ZFFYT53B000122948 C2948NDA
123006	360	Modena Spider F1 01 Argento Nürburgring 101/C ZFFYT53A210123006 Avus Wheels
123034	360	Modena Challenge F1 01 Black & Red Coca Cola Livery/Red & Black LHD EU
123079	360	Modena F1 01 Blue/Blue Daytona Seats ZFFYU51A710123079 Aluminium Calipers Rear Challenge Grill
123110	360	Modena Challenge F1 01 Red ZFFYR51B000123110 ass. # 40144
123111	360	Modena Challenge Silver
123128	360	Modena F1 01 Grigio Titanio/Grey ZFFYU51A510123128
123147	360	Modena Spider 01 Nuovo Nero Daytona/Charcoal manual LHD EU ZFFYT53B000123147 ass. #40222 B3147NKS
123148	360	Modena Spider 01 Grigio Titanio/black Manual ZFFYT53B000123148
123151	360	Modena Spider F1 01 Pozzi Blue/Carta da Zucchero Sparco Racing Milano Prestige Seats Blue stitching, Steering Wheel & upper dash Dark Navy Top LHD EU ZFFYT53B000123151 Tubi Front & Rear Challenge Grilles Shields
123210	360	Modena Spider 01 Rosso Corsa/Tan Daytona Seats ZFFYT53A110123210 Shields Rear Challenge Grill Tubi
123410	360	Modena F1 01 Rosso Corsa/Black LHD ZFFYR51B000123410 C3410KFK
123422	360	Modena 01 yellow/black LHD Manual EU
123463	550	Maranello 01 Black/Beige Black piping RHD ZFFZR49C000123463
123475	550	Maranello 01 Black/Black LHD EU ZFFZR49B000123475 ass. # 40714 C3475GXG
123478	550	Maranello 4/01 Argento Nürburgring/Nero ZFFZR49B000123478 ass. # 40784
123494	360	Modena Challenge F1 01 Rosso Corsa white stripes/Black Cloth LHD TV show "Make-A-Wish"-car
123508	360	Modena F1 01 Red/Black RHD ZFFYR51C000123508 C3508NXX Challenge rear grill
123537	360	Modena Spider F1 Grigio Alloy then Red/Black LHD ZFFYT53B000124537 Red calipers shields
123540	360	Modena Spider F1 01 Rosso Corsa/Tan Daytona Seats Black Inserts Black top ZFFYT53A010123540 Shields Front & Rear Challenge Grills Red Calipers Tubi
123546	360	Modena Spider F1 5/01 Rosso Corsa/Nero ZFFYT53D000123546
123609	360	Modena F1 01 Grigio Titanio Metallizzato 3238/Beige ZFFYU51AX10123609
123613	360	Modena F1 01 Argento Nürburgring 101/C/Dark Green ZFFYU51A110123613 Sunroof
123629	360	Modena Spider F1 01 Rosso Corsa/Crema ZFFYT53B000123629 B3629MMM rear challenge grill Red calipers shields
123644	360	Modena 01 Silver/Black RHD UK Manual C3644NMK
123659	360	Modena F1 01 Red LHD ZFFYR51B000123659
123755	550	Maranello 01 Grigio Titanio/Bordeaux Daytona seats black piping ZFFZS49A910123755 ass. # 40983 red calipers
123756	550	Maranello 01 Red/Tan Bordeaux inserts red stitching RHD UK ZFFZR49C000123756 ass. # 41003 C3756NKA
123791	360	Modena Challenge F1 01 Red then Red Grey & Silver/Red LHD ZFFYR51B000123791
123793	360	Modena Spider 01 Blue/Blue Manual ZFFYT53A710123793
123811	360	Modena Spider (F1) 01 grigio titanio/black LHD EU
123812	360	Modena Spider F1 01 Black/Crema ZFFYT53B000123812
123822	360	Modena Spider F1 01 Silver/Black ZFFYT53AX10123822
123825	360	Modena Spider F1 4/01 Rosso Corsa/Crema ZFFYT53C000123825, not a 456 M GT (mistaken with 123852)
123826	360	Modena Spider F1 3/01 Rossa Corsa 322 D.S./Tan Daytona seats ZFFYT53A710123826 eng. # 61222 red calipers Tubi Shields
123900	360	Modena Spider 5/01 Rosso Corsa/Nero ZFFYT53B000123900
123917	360	Modena Spider (F1) 01 blue/red LHD EU
123922	456	M GT 7/01 Nuovo Nero Daytona/Nero LHD EU ZFFWP50B000123922 ass. # 41387
123939	~~360~~	~~Modena Spider F1 Red/Black ZFFYT53B000122939 shields~~, wrong entry: 360 Modena 5/01 Nero/Nero ZFFYR51B000123939

s/n	Type	Comments	s/n	Type	Comments
123957	360	Modena F1 01 Grigio Alloy/Dark blue RHD ZFFYR51C000123967 Silver calipers Challenge rear grill	124707	360	Modena Spider 01 GrigioTitanio /Black Bordeaux seat centres RHD Manual ZFFYT53C000124707 Silver calipers
123993	360	Modena Spider (F1) 01 red/black shields challenge grill	124731	360	Modena Spider F1 01 Rosso Corsa/Nero LHD EU ZFFYT53B000124731 C4731HWS rear Challenge grill aftermarket rear diffuser
124045	550	Barchetta Pininfarina #67/448 01 Yellow/all cuoio LHD ZFFZR52B000124045	124772	360	Modena 01 Black/Beige RHD Manual ZFFYR51C000124772 C4772NWM shields Challenge wheels black rear challenge grill
124057	550	Barchetta Pininfarina #79/448 01 Grigio Titanio/Bordeaux RHD ZFFZR52C000124057	124793	360	Modena F1 01 red/black LHD EU
124110	550	Barchetta Pininfarina #132/448 01 Rosso Corsa/Tan & Red racing seats red stitching ZFFZR52A710124110 Shields red calipers Tubi, FL, USA	124804	360	Modena Spider 01 Red/Tan Daytona seats Manual ZFFYT53A210124804 Rear Challenge Grills Tubi Shields
124141	550	Barchetta Pininfarina #163/448 01 Nero Daytona/Nero RHD UK ZFFZR52C000124141, GB	124827	360	Modena Spider F1 01 Red LHD ZFFYT53B000124827
124169	550	Barchetta Pininfarina #191/448 Tour De France Blu/Blue Scuro Large Sport Seats Charcoal Stitching Grey Alcantara Dash Roll Bars & Steering Wheel RHD ZFFZR52C000124169 shields Fiorano Package 575 Modular Wheels	124868	360	Modena F1 01 silver/black ZFFYR51B000124868 ass. #41686 C4868JWJ
			124948	360	Modena Spider (F1) 01 Yellow LHD ZFFYT53B000124948
			124958	360	Modena Spider F1 01 Mediterraneo blue/dark blue Seats cuoio seat centres ZFFYT53B000124958 Yellow calipers Challenge rear grill shields, Jean Todt's car
124176	550	Barchetta Pininfarina #198/448 12/01 Argento Nürburgring/Nero ZFFZR52D000124176			
124177	550	Barchetta Pininfarina #199/448 Nero/Beige RHD ZFFZR52C000124177 Red calipers shields	124997	360	Modena 01 Red/Crema Bordeaux piping RHD Manual ZFFYR51C000124997 C4997NTV Red calipers shields
124213	550	Barchetta Pininfarina # 235/448 - 01 Red LHD ZFFZR52B000124213	125008	360	Modena F1 01 Rosso Corsa/Tan LHD ZFFYR51B000125008 Red calipers shields
124233	550	Barchetta Pininfarina # 255/448 TdF blue/grey ZFFZR52B000124233	125035	360	Modena Spider F1 6/01 Grigio Alloy/Blu Scuro ZFFYT53B000125035
124328	550	Barchetta Pininfarina # 350/448 11/01 Rosso Corsa/Beige ZFFZR52B000124328	125070	360	Modena F1 01 Red/Tan LHD ZFFYR51B000125070 ass. #42045 rear Challenge grill
124364	550	Barchetta Pininfarina # 386/448 01 Argento Nürburgring 101/C/light Grey LHD EU ZFFZR52B000124364 C4364WFW	125072	360	Modena F1 6/01 Rosso Corsa/Nero ZFFYR51B000125072
			125079	360	Modena F1 01 Red/Crema red stitching RHD ZFFYR51C000125079 C5079CXC Sunroof Red calipers Challenge rear grill shields
124368	550	Barchetta Pininfarina # 390/448 01 Grigio Titanio/Blu Scuro LHD EU ZFFZR52B000124368 ass. # 42567			
124468	360	Modena F1 01 Red/Crema RHD ZFFYR51C000124468 C4468NIY Challenge rear grill	125091	360	Modena Spider 01 red/black ZFFYT53B000125091 C5091GAG
124472	360	Modena Spider 01 Blue/Beige Black piping RHD Manual ZFFYT53C000124472	125092	360	Modena Spider 01 Argento Nürburgring 101/C/ LHD ZFFYT53B000125092
			125132	360	Modena Spider F1 01 Rosso Corsa/Tan LHD EU ZFFYT53B000125132 eng. # 62319 Red Calipers Shields
124511	360	Modena Spider F1 01 Red LHD ZFFYT53B000124511			
124541	360	Modena Spider F1 01 Rosso Corsa/Nero Red Center Console LHD EU ZFFYT53B000124541 Tubi GFG Chrome Wheels	125141	360	Modena Spider F1 7/01 Nuovo Nero Daytona/Nero LHD ZFFYT53B000125141
			125197	456	M GT 01 Verde Zeltweg/Tan & Green Green dash ZFFWP44B000125197 C5197NXK
124561	550	Maranello 01 Grigio Titanio/black ZFFZR49B000124561 ass. # 41257, new to Bangkoç, in Portugal later	125206	360	Modena F1 01 Red/grey ZFFYR51B000125206
124585	360	Modena F1 01 Red/Black Red piping RHD ZFFYR51C000124585, Silverstone racing school-Car	125235	360	Modena 01 NART Blue/Cuoio RHD Manual ZFFYR51C000125235 eng, # 62452 C5235DDD Challenge rear grill shields
124589	360	Modena F1 Red/Tan ZFFYR51B000124589 C4589PSZ Sunroof	125237	360	Modena F1 8/01 Grigio Alloy/Nero ZFFYR51C000125237
124671	360	Modena Spider F1 01 GrigioTitanio/Bordeaux RHD ZFFYT53C000124671	125252	360	Modena F1 9/01 Rosso Corsa/Nero RHD ZFFYR51C000125252 Red calipers Red stitching
			125307	456	M GT 01 Silver/black LHD ZFFWL44A410125307
124678	550	Maranello 6/01 Rosso Corsa/Crema RHD UK ZFFZR49C000124678 ass. # 41448	125312	550	Maranello 01 Canna de Fucile/Nero RHD ZFFZR49C000125312 Red calipers shields

s/n	Type	Comments
125402	456	M GT 01 Nero Daytona/Tan ZFFWL44A910125402
125406	456	M GTA 01 Argento Nürburgring 101/C/Charcoal LHD US ZFFWL50A110125406 ass. # 42494 Silver calipers
125412	360	Modena 01 Rosso Corsa/Nero medium size sports steats red stittching Manual LHD EU ZFFYR51B000125412 Shields
125453	360	Modena Spider 01 Rosso Corsa/Crema RHD Manual UK ZFFYT53C000125453 C5453NXP Red calipers shields
125461	360	Modena Spider F1 8/01 Grigio Titanio Metallizzato/Blu Scuro ZFFYT53B000125461
125502	360	Modena Spider F1 Red/Black RHD ZFFYT53C000125502
125504	360	Modena Spider F1 8/01 Argento Nürburgring/Nero RHD ZFFYT53C000125504 eng. # 62700
125516	360	Modena Spider F1 01 Silver/Black Sports seats RHD ZFFYT53C000125516
125522	360	Modena Spider 00 Black/Black
125523	550	Maranello 1/02 Blu Tour de France/Beige ZFFZR49B000125523
125548	360	Modena F1 01 Giallo Modena/Blue LHD ZFFYR51B000125548 C5548PQQ
125616	360	Modena Spider F1 9/01 Rosso Corsa/Nero ZFFYT53C000125616
125691	360	Modena Spider F1 01 Black/Black silver stitching RHD ZFFYT53C000125691 Silver calipers shields
125715	360	Modena 01 Red/Crema Red stitching RHD Manual ZFFYR51C0001257
125747	360	Modena 1/02 Grigo Alloy/Blu Scuro LHD ZFFYR51B000125747
125757	456	M GT 7/03 Nero/Nero LHD EU ZFFWP44B000125757
125787	360	Modena Spider F1 01 Rosso Corsa/Tan Daytona Seats ZFFYT53A010125787 Tubi
125788	360	Modena Spider F1 01 Silver/Black Daytona Seats ZFFYT53A210125788 Silver Calipers
125790	360	Modena Spider F1 9/01 Rosso Corsa/Nero ZFFYT53C000125790
125794	360	Modena Spider F1 01 Grigio Alloy/Blu Scuro ZFFYT53A810125794
125847	360	Modena Spider 01 Fly Yellow/Black Manual ZFFYT53A710125847 rear Challenge grill
125858	360	Modena F1 01 black/black ZFFYR51B000125858
125871	360	Modena F1 9/01 Rosso Corsa/Nero ZFFYR51C000125871
125997	360	Modena Spider 01 red/black
126016	360	Modena Spider F1 01 Rosso Corsa/Tan sports seats ZFFYT53A910126016
126042	550	Maranello 01 Black/Black LHD US ZFFZS49A910126042 Tubi
126045	550	Maranello 01 Grigio Titanio/Grey Daytona Seats LHD US ZFFZS49A410126045
126130	360	Modena F1 01 Rosso Corsa/Black ZFFYR51B000126130
126162	360	Modena 01 Grigio Titanio/Grey Black piping RHD Manual ZFFYR51C000126162
126220	360	Modena Spider F1 01 Silver/black ZFFYT53B000126220
126224	360	Modena Spider F1 10/01 Rosso Corsa/Beige ZFFYT53B000126224
126274	Enzo Ferrari	F1 Red/Black & Red LHD Red dials
126297	360	Modena F1 01 Grigio Titanio/tan ZFFYR51B000126297
126329	360	Modena Spider F1 01 Red/Crema red stitching RHD ZFFYT53C000126329 shields
126354	456	M GT 01 Silver/black LHD ZFFWP44B000126354
126369	360	Modena F1 red/black ZFFYR51B000126369
126435	360	Modena Spider 01 Black/Crema Daytona seats black piping Manual ZFFYT53A710126435 gold calipers
126457	360	Modena F1 01 Yellow/Black LHD ZFFYR51B000126457 Red calipers shields
126484	360	Modena Spider 2/02 Rosso Corsa/Nero Manual ZFFYT53B000126484
126494	360	Modena Spider 01 Grigio Alloy/Crema dark blue piping blu dash & steering wheel RHD Manual ZFFYT53C000126494 Silver calipers Shields
126562	360	Modena F1 01 Rosso Corsa/Tan LHD ZFFYR51B000126562 Black calipers shields
126578	360	Modena Spider 01 Rosso Corsa/Black LHD Manual ZFFYT53B000126578
126598	360	Modena Spider 01 Red/Crema RHD Manual UK ZFFYT53C000126598
126609	360	Modena F1 1/02 Rosso Corsa/Crema ZFFYR51C000126609
126672	360	Modena Spider 01 Red/Black RHD Manual ZFFYT53C000126672 ass # 43779 Red calipers Challenge rear grill shields
126678	360	Modena Spider 01 Red/Black manual ZFFYT53B000126678
126688	360	Modena Spider F1 01 TdF Blue/Tan Blue Stitching ZFFYT53A310126688 Tubi silver calipers Shields
126746	360	Modena 01 red/black ZFFYR51B000126746 rear challenge grill
126814	360	Modena Spider F1 01 Red/Tan LHD ZFFYT53A410126814
126829	360	Modena F1 01 Rosso Corsa/Crema ZFFYR51B000126829 rear challenge grill
126830	360	Modena F1 01 Blue LHD ZFFYR51B000126830
126902	360	Modena Challenge F1 01 Yellow then Rosso Scuderia/Red LHD EU ZFFYR51B000126902
126918	456	M GTA 02 Nuovo Nero Daytona/Black blue stitching RHD ZFFWP50C000126918 Silver calipers
127058	456	M GT 12/01 Verde Zeltweg 610/Tan dark green piping ZFFWL44A620127058 eng. # 65175 ass. # 44156 shields
127062	575	M Maranello F1 4/02 Argento Nürburgring/Bordeaux ZFFBT55B000127062
127073	360	Modena Spider F1 02 Argento Nürburgring/Black Daytona Seats ZFFYT53A220127073 Challenge Rear Grill Tubi
127118	360	Modena 02 Rosso Corsa/Black LHD Manual ZFFYR51B000127118
127151	575	M Maranello F1 02 Nero Daytona/tan EU ZFFBT55B000127151 ass. # 44354
127178	360	Modena Spider F1 3/02 Rosso Corsa/Beige ZFFYT53C000127178

s/n	Type	Comments
127209	360	Modena Spider F1 02 Silver/red LHD ZFFYT53A120127209
127249	360	Modena F1 02 Red LHD ZFFYR51B000127249
127269	360	Modena F1 3/02 Rosso Corsa/Nero ZFFYR51C000127269
127301	360	Modena Spider F1 02 Rosso Corsa/Tan black piping LHD ZFFYT53A020127301 Challenge rear grill Shields
127344	360	Modena Spider 02 Argento Nürburgring/Black Silver Stitching Black Top Manual ZFFYT53A720127344 Shields Silver Calipers Tubi Front & Rear Challenge Grill
127351	360	Modena Spider F1 02 Yellow/Black ZFFYT53A420127351 Rear & Front Chalenge Grill Tubi
127359	360	Modena Argento Nürburgring/Nero LHD Manual EU
127427	360	Modena F1 02 Rosso Barchetta/Beige Daytona seats ZFFYU51A020127427
127433	~~360~~	~~Modena Challenge Rosso Scuderia ass. # 44657~~ is a 360 Modena Spider Red/Brown LHD EU
127437	360	Modena Spider F1 02 Grigio Alloy/Blue ZFFYT53A820127437 challenge grill Tubi
127449	360	Modena Spider 3/02 Rosso Corsa/Nero Manual ZFFYT53C000127449
127520	360	Modena Spider F1 02 Rosso Corsa/Beige ZFFYT53A120127520 Rear challenge grill red calipers Tubi
127537	360	Modena F1 02 Rosso Corsa/Beige Daytona seats black inserts US ZFFYU51A720127537 Front & rear Challenge grilles
127572	360	Modena Spider F1 4/02 Nero/Nero ZFFYT53C000127572
127577	360	Modena Spider 02 grigio alloy/blue Manual ZFFYT53B000127577
127636	360	Modena 02 Rosso CorsaBlack sports seats LHD ZFFYR51B000127636 rear challenge grill Silver calipers
127658	360	Modena Spider F1 02 Black/Tan Daytona seats black inserts black piping ZFFYT53A820127658 Rear Challenge grill
127673	360	Modena Spider F1 02 Grigio Titanio/Tan LHD EU ZFFYT53B000127673
127677	360	Modena Spider F1 rosso Corsa/black ZFFYT53B000127677 rear challenge grill shields
127694	575	M Maranello F1 02 Blue/Brown LHD EU ZFFBT55B000127694
127754	360	Modena Spider F1 02 Rosso Corsa/Beige Daytona seats Black top ZFFYT53A420127754 Red calipers
127769	575	M Maranello F1 02 Nero/Beige LHD US ZFFBV55AX20127769
127821	360	Modena Spider F1 02 Giallo Modena/all dark Blue ZFFYT53B000127821
127824	360	Modena Spider F1 02 Blu NART/Cuoio Daytona Seats White Stitching Blue Top ZFFYT53AX20127824 Aluminum Calipers Shields
127853	360	Modena Spider F1 02 Black/Tan LHD ZFFYT53A620127853
127882	360	Modena (F1) 02 red/tan LHD EU
127928	575	M Maranello F1 02 medium Blue/Crema LHD EU ZFFBT55B000127928 then 575 GTZ Conversion by Zagato dark Grey met. light grey met. roof/Crema
127931	360	Modena 4/02 Rosso Corsa/Nero ZFFYR51B000127931
127941	360	Modena F1 02 Red/Beige red stitching RHD ZFFYR51C000127941 Challenge rear grill
127988	360	Modena Spider F1 02 Rosso Corsa/Nero & Rosso Daytona Seats ZFFYT53B000127988
128063	360	Modena Spider F1 02 Yellow/all tan ZFFYT53B000128063
128071	360	Modena Spider F1 02 Grigio Alloy/Black Silver stitching LHD ZFFYT53B000128071 aftermarket wheels
128103	575	M Maranello F1 02 Grigio Titanio/Cuoio LHD ZFFBT55B000128103
128128	360	Modena F1 02 Yellow/Black ZFFYU51A620128128 Sunroof
128140	360	Modena Spider F1 02 Red/Black LHD ZFFYT53B000128140
128143	360	Modena Spider 02 Azzurro California/Tan Manual ZFFYT53A220128143
128145	360	Modena Spider F1 02 Grigio alloy/blue Daytona seats blue dashboard & steering wheel Blue top ZFFYT53A620128145 Red calipers shields
128161	360	Modena Spider 02 Grigio Titanio/Charcoal Daytona Seats Silver Inserts Silver Piping Manual ZFFYT53A420128161 Silver Calipers Rear Challenge Grill
128169	360	Modena Spider F1 02 Rosso Corsa/Cuoio ZFFYT53B000128169 Red calipers Challenge rear grill shields Challenge Stradale badging
128179	360	Modena Spider F1 02 Grigio Titanio Metallizzato/Nero ZFFYT53A120128179 Rear Challenge Grill Red Calipers
128184	456	M GTA 02 Dark Blue/Tan
128197	575	M Maranello 02 Rosso Corsa/Black LHD ZFFBT55B000128197
128208	575	M Maranello F1 02 black/dark red ZFFBT55B000128208
128243	360	Modena Spider F1 5/02 Rosso Corsa ZFFYT53C000128243
128253	360	Modena Spider F1 02 Black/Crema LHD ZFFYT53B000128253
128255	360	Modena Spider 02 Black/Cuoio black piping LHD Manual ZFFYT53B000128255 Shields Red calipers
128267	360	Modena Spider F1 02 Black/Tan ZFFYT53A920128267 Asanti Wheels yellow calipers
128282	575	M Maranello 02 Rosso Corsa/Nero LHD
128343	360	Modena Spider F1 02 Giallo Modena/Blue yellow stitching blue dash & steering wheel LHD ZFFYT53B000128343 Challenge rear grill
128344	360	Modena Spider 02 Grigio Alloy/Black blue stitching Manual RHD ZFFYT53C000128344 shields
128361	360	Modena Spider 02 Rosso Corsa/Nero Manual ZFFYT53A120128361
128382	360	Modena F1 8/02 Rosso Corsa/Beige ZFFYR51C000128382

s/n	Type	Comments
128386	360	Modena 02 Rosso Corsa/black LHD manual EU black calipers
128444	575	M Maranello 02 Grigio Titanio Metallizzato/Blu Scuro Daytona Seats Grigio Stitchings LHD Manual US ZFFBV55A920128444 Aluminium Calipers
128463	575	M Maranello F1 02 Silver/Black LHD US ZFFBV55A220128463
128464	575	M Maranello 7/02 Blu Pozzi/Bordeaux ZFFBT55C000128464
128475	575	M Maranello F1 02 Rosso Corsa 322 DS/Black sports seats red stitching RHD ZFFBT55C000128475 Red calipers shields
128488	360	Modena 02 yellow/tan sport seats manual ZFFYR51B000128488 red calipers rear challenge grille
128500	360	Modena F1 02 Rosso Corsa/Black red stitching RHD ZFFYR51C000128500 Red calipers Shields
128592	360	Modena F1 02 Blue Pozzi/dark blue ZFFYR51B000128592
128605	360	Modena F1 02 Grigio Titanio Metallizzato/Nero ZFFYU51A320128605
128616	360	Modena Spider 02 dark grey LHD EU
128667	575	M Maranello F1 02 Argento Nürburgring 101/C/Charcoal ZFFBT55B000128667
128678	575	M Maranello F1 02 Grigio Titanio/Grey Daytona Seats LHD US ZFFBV55A120128678 Shields
128728	360	Modena Spider F1 02 Black/Grey Argento Nürburgring/Black ZFFYT53A220128728
128763	360	Modena Spider F1 02 Red LHD ZFFYT53B000128763
128795	Enzo Ferrari	F1 03 Rosso Corsa/Nero & Red LHD ass. # 52181
128818	360	Modena 02 Red/Black Sports seats LHD Manual ZFFYR51B000128818
128880	360	Modena Spider 02 Giallo Modena/Nero yellow stitching LHD ZFFYT53B000128880
128895	575	M Maranello not red/tan, no F1 but 02 Black/Beige Manual ZFFBV55A920128895
128903	575	M Maranello F1 02 TdF Blue/Bordeaux LHD US ZFFBV55A420128903
128948	360	Modena Spider F1 6/02 Rosso Corsa/Nero ZFFYT53B000128948
128951	360	Modena Spider F1 02 Argento Nürburgring/black ZFFYT53B000128951 rear challenge grill shields
128969	360	Modena Spider F1 02 Fly Yellow/Black Daytona Seats ZFFYT53A820128969 Shields Black Calipers ex-Rod Stewart
128973	360	Modena Spider 02 Silver/Black Daytona Seats Manual ZFFYT53AX20128973 Red Calipers Front & Rear Challenge Grilles
129007	360	Modena F1 02 Rosso Corsa/Nero Daytona Seats Rosso Stitchings ZFFYU51AX20129007 Front & Rear Challenge Grilles
129099	360	Modena F1 02 Yellow/Black Daytona seats yellow piping ZFFYU51A820129099 sunroof red calipers
129148	360	Modena Spider F1 02 Grigio Ingrid/Cuoio Daytona seats Beige piping ZFFYT53A620129148 Front & rear challenge grills shields
129150	360	Modena Spider 02 Red/Crema RHD Manual UK ZFFYT53C000129150
129178	360	Modena Spider F1 02 Red/Black ZFFYT53B000129178
129186	360	Modena Spider F1 02 Grigio Alloy/Beige LHD ZFFYT53B000129186
129212	360	Modena Spider F1 02 Rosso Corsa/Nero rear challenge grill
129243	360	Modena Spider F1 02 Red/Tan ZFFYT53A020129243 Red Calipers Front Challenge Grills
129257	360	Modena Spider 02 Roso Corsa/Tan LHD Manual ZFFYT53B000129257
129263	360	Modena Spider F1 9/02 Grigio Alloy/Blu Scuro ZFFYT53B000129263
129269	360	Modena Spider F1 02 Rosso Corsa/Tan ZFFYT53B000129269
129272	360	Modena F1 02 Rosso Corsa/Nero LHD ZFFYR51B000129272 Black calipers
129286	360	Modena not an LHD EU but 7/02 Rosso Corsa/Crema ZFFYR51C000129286 challenge grill
129296	360	Modena 8/02 Rosso Corsa/Nero Manual ZFFYR51C000129296
129306	575	M Maranello 02 GrigioTitanio/Rosso Daytona seats black inserts LHD US ZFFBV55A220129306 red calipers
129368	360	Modena 02 Red/Black RHD Manual ZFFYR51C000129368
129413	360	Modena Spider Silver/Red ZFFYT53B000129413
129451	575	M Maranello 02 Grigio Titanio Metallizzato/Nero LHD US ZFFBV55A020129451
129464	575	M Maranello F1 02 Giallo Modena/Black Yellow piping yellow stitching LHD ZFFBT55B000129464
~~129477~~	~~360~~	~~Modena 02 Red/Tan LHD EU~~ is a 575 M Maranello F1 8/02 Grigio Titanio Metallizzato/Beige ZFFBT55C000129477
129486	575	M Maranello 02 Verde Zeltweg/Cuoio LHD,ZFFBT55B000129486
129487	575	M Maranello F1 8/02 Rosso Corsa/Nero LHD ZFFBT55B000129487
129489	575	M Maranello F1 02 Rosso Corsa/Black sports seats LHD ZFFBT55B000129489 Red calipers shields
129506	575	M Maranello F1 02 Giallo Modena/Blue sports seats Yellow stitching ZFFBT55B000129506 Yellow calipers shields
129538	~~Enzo Ferrari~~	~~F1 Rosso Corsa/Rosso ZFFCZ56B000129538~~ no Enzo, probably mistaken with 128538 or 129358), but 7/02 360 Spider F1 Argento Nürburgring/Blu Scuro ZFFYT53B000129538
129541	360	Modena Spider 02 Argento Nürburgring/Black Daytona Seats Manual ZFFYT53A820129541 Tubi Challenge Grill Lowenhart Chrome Wheels
129662	360	Modena Spider 02 Rosso Corsa/black LHD ZFFYT53B000129662 Red calipers Challenge rear grill shields
129681	360	Modena Spider F1 11/02 Rosso Corsa/Beige ZFFYT53C000129681

s/n	Type	Comments
129688	360	Modena Spider F1 02 Rosso Corsa/Nero ZFFYT53B000129688 ass. # 47072 rear challenge grill
129702	575	M Maranello F1 02 Black/Black Large Racing Seats LHD Manual US ZFFBV55AX20129702 Aluminum Calipers Fiorano Package shields
129711	575	M Maranello 02 Blu Le Mans/Blu Scuro Manual RHD UK ZFFBT55C000129711 shields
129734	360	Modena Spider F1 02 Rosso Corsa/Beige ZFFYT53A820129734
129758	360	Modena Spider 02 TdF Blue/Tan Manual ZFFYT53A020129758 Red calipers Shields
129759	360	Modena Spider 02 Red/Tan Manual ZFFYT53A220129759
129782	360	Modena F1 02 Rosso Corsa/Tan ZFFYR51B000129782
129814	575	M Maranello F1 02 Black/Black black stitching LHD US ZFFBV55AX20129814
129836	575	M Maranello F1 02 Silver/black ZFFBT55B000129836
129886	360	Modena Spider 9/02 Grigio Titanio Metallizzato/Blu Scuro ZFFYT53B000129886
129901	360	Modena F1 02 Rosso Corsa/Crema red stitching RHD ZFFYR51C000129901 Red calipers Challenge rear grill shields
129930	360	Modena Spider F1 02 Rosso Corsa/Black ZFFYT53A820129930 Red calipers shields Rear challenge grill
129941	360	Modena Spider F1 02 Grigio Alloy/Dark Blue Blue Top ZFFYT53A220129941 Front Challenge Grill
129946	360	Modena Spider 02 Argento Nürburgring/Grigio & Charcoal Daytona Seats charcoal piping manual ZFFYT53A120129946 Red Calipers Tubi
129993	360	Modena 02 Rosso Corsa/Nero LHD Manual EU ZFFYR51B000129993 ass. # 47089 red airboxes red stittching
130001	360	Modena 03 dark Blue met./Crema blue dash ZFFYR51B000130001
130003	360	Modena 02 Grigio Alloy/Blu Scuro Manual ZFFYU51A720130003 Alluminium Calipers Front & Rear Challenge Grilles
130008	360	Modena 02 Grigio Alloy/Dark blue RHD Manual ZFFYR51C000130008 Challenge rear grill
130015	360	Modena Spider 02 Grigio Alloy/BluScuro Daytona seats Manual ZFFYT53A320130015 front & rear challenge grills red calipers Tubi
130032	360	Modena Spider 02 Nero/Charcoal Manual ZFFYT53A320130032
130054	575	M Maranello F1 02 black/black LHD ZFFBT55B000130054
130062	575	M Maranello F1 02 Nero/Cuoio Daytona seats black inserts black stitching LHD US ZFFBV55A520130062 Fiorano package red calipers
130095	575	M Maranello F1 02 Argento Nürburgring/Charcoal Daytona seats aluminum accents LHD US ZFFBV55A920130095 ass. # 47409
130103	575	M Maranello F1 02 Argento Nürburgring/black ZFFBT55B000130103
130111	575	M Maranello F1 10/02 Nuovo Nero Daytona/Nero ZFFBT55B000130111
130135	360	Modena Red/Black RHD ZFFYR51C000130135
130173	360	Modena Spider F1 Grigio Alloy/dark Blue RHD ZFFYT53C000130173
130185	360	Modena Spider 02 Rosso Corsa/beige Daytona seats Manual ZFFYT53A620130185 Red calipers shields
130192	360	Modena Spider 02 Rosso Corsa/Black Manual ZFFYT53B000130192 Imola modified chromed centre console
130193	360	Modena Spider F1 02 Grigio Alloy/Black ZFFYT53B000130193
130198	360	Modena Spider F1 02 Grigio Alloy/Dark blue LHD ZFFYT53B000130198 Colour coded Challenge rear grill
130204	Enzo Ferrari	F1 02 Rosso Corsa/Black LHD EU ZFFCZ56B000130204 ass. # 47517, new to I
130211	360	Modena 02 Rosso Corsa/Black LHD Manual ZFFYR51B000130211
130235	360	Modena Spider 02 Red/Crema RHD Manual ZFFYT53C000130235
130237	360	Modena Spider 02 Red/Black LHD Manual EU
130240	360	Modena Spider F1 02 black/black Red stitching ZFFYT53B000130240
130256	360	Modena F1 02 Rosso Corsa/Beige Manual ZFFYU51A320130256 Front Challenge Grilles Red Calipers
130257	360	Modena Spider F1 02 Grigio Titanio Metallizzato/Blu Scuro Daytona Seats Grigio Stitchings ZFFYT53A520130257 Alluminium Calipers Front & Rear Challenge Grilles
130259	360	Modena F1 02 Red/Tan US ZFFYU51A920130259 Sunroof
130375	360	Modena Spider 02 Rosso Corsa/Nero Red stitching RHD UK ZFFYT53C000130375 ass. # 44343 Black calipers shields
130376	360	Modena Spider F1 02 Red/Tan LHD EU ZFFYT53B000130376
130380	360	Modena Spider F1 03 Argento Nürburgring/Black ZFFYT53A230130380
130415	575	M Maranello F1 02 Rosso Fiorano/Cuoio LHD US ZFFBV55A120130415
130426	575	M Maranello 02 Grigio Titanio 3238/Grey LHD Manual US ZFFBV55A620130426
130427	575	M Maranello F1 02 TdF Blue/Tan LHD US ZFFBV55A820130427 Red calipers
130439	360	Modena F1 03 Grigio Titanio/Black silver stitching silver inserts US ZFFYU51A930130439 rear challenge grill Tubi Sunroof
130449	360	Modena 03 Grigio Titanio/Blue Scuro Daytona seats charcoal inserts charcoal stitching Manual ZFFYU51A130130449
130470	360	Modena Spider F1 03 Rosso Corsa/Black & Red Daytona Seats ZFFYT53A330130470 Capristo Exhaust Shields Front & Rear Challenge Grilles Red Calipers
130476	360	Modena Spider F1 03 Graphite Grey/Charcoal Daytona Seats black inserts silver stitching Manual ZFFYT53A430130476 Tubi
130494	360	Modena Spider 1/03 Grigio Alloy/Blu Scuro Manual ZFFYT53C000130494

s/n	Type	Comments	s/n	Type	Comments
130502	360	Modena Spider F1 03 Rosso Corsa/Black ZFFYT53B000130502	131207	360	Modena Spider 3/03 Grigio Alloy/Crema ZFFYT53C000131207
130505	360	Modena Spider F1 1/03 Rosso Corsa/Sabbia ZFFYT53C000130505	131280	360	Modena Spider F1 1/03 Rosso Corsa/Nero ZFFYT53B000131280
130609	360	Modena Spider F1 02 Fly Yellow/Black Yellow stitching LHD JP ZFFYT53J000130609 Front & rear Challenge grilles shield Red calipers, exported to the US	131305	575	M Maranello 03 Blu Pozzi/Beige ZFFBT55B000131305
			131310	575	M Maranello F1 03 Grigio Titanio/Nero LHD EU
			131326	456	M GT 2/03 Nuovo Nero Daytona/Beige ZFFWP44B000131326
130632	575	M Maranello F1 03 Rosso Corsa/Black Racing Seats Black stitching LHD US ZFFBV55A730130632 Fiorano package	131343	360	Modena 03 Rosso Corsa/Beige Daytona Seats Manual LHD US ZFFYU51A130131343 Front & Rear Challenge Grilles Red Calipers Tubi 19" OZ modular wheels Shields
130670	360	Modena 03 Rosso Corsa/Nero Manual ZFFYU51A030130670			
130692	360	Modena Spider 2/03 Grigio Ingrid 720/Nero Daytona seats silver stitching black top Manual ZFFYT53AX30130692 eng. # 71922 Shields Red Capliers Rear Challenge Grill	131361	360	Modena Spider F1 03 Rosso Corsa/Black Daytona seats black top LHD US ZFFYT53A330131361
			131362	360	Modena Spider 03 Yellow/Black Daytona seats Yellow stitching Manual ZFFYT53A530131362 Front & Rear challenge grilles shields Yellow calipers
130733	360	Modena F1 11/02 Rosso Corsa/Beige ZFFYR51B000130733			
130745	360	Modena F1 02 black/tan ZFFYR51B000130745 ass. #47919	131366	360	Modena Spider F1 03 Nero/Nero LHD US ZFFYT53A230131366 front & rear Challenge grilles
130751	360	Modena F1 metal black/cuoio LHD EU black calipers ass.# 47936	131386	360	Modena Spider F1 3/03 Grigio Titanio Metallizzato/Blu Scuro ZFFYT53C000131386
130763	360	Modena F1 03 Red/tan LHD US ZFFYU51A730130763			
130810	360	Modena Spider F1 03 Rosso Corsa/tan tan top ZFFYT53B000130810 Red Calipers	131429	360	Modena Spider F1 03 Grigio Alloy/Red LHD US ZFFYT53A030131429
			131466	360	Modena Spider F1 03 Silver/Black Daytona Seats LHD US ZFFYT53A630131466 Rear Challenge Grille
130825	575	M Maranello F1 03 Red/Beige Daytona Seats LHD US ZFFBV55A730130825 Red Calipers Shields			
130860	360	Modena Spider F1 03 Rosso Corsa/Tan ZFFYT53A530130860	131468	360	Modena Spider 10/05 Rosso Corsa/Crema Manual ZFFYT53C000131468
130892	360	Modena Spider F1 6/03 Rosso Corsa/Nero LHD ZFFYT53B000130892	131484	360	Modena Challenge F1 03 Yellow Red & orange Marccani livery then Red ZFFYR51B000131484 ass. # 48766
130895	360	Modena Spider F1 03 Black/tan Tan dash & steering wheel LHD US ZFFYT53A230130895 shields Challenge grille Tubi	131517	360	Modena Spider 03 Grigio Titanio/Grey Daytona Seats Grey Stitching Manual LHD US ZFFYT53A830131517 Shields Silver Calipers Tubi
130936	575	M Maranello F1 1/03 Rosso Corsa/Beige ZFFBT55B000130936			
130954	575	M Maranello F1 5/03 Rosso Corsa/Nero ZFFBT55B000130954	131537	575	M Maranello F1 1/03 Grey/Black LHD US ZFFBV55A730131537 Red Calipers
130964	575	M Maranello F1 03 Grigio Titanio/Bordeaux silver stitching grey piping LHD ZFFBT55B000130964 shields	131549	575	M Maranello F1 03 Blu Tour de France 522/Beige Blue inserts RHD ZFFBT55C000131549
130980	360	Modena F1 03 Rosso Corsa/Beige Daytona Seats LHD ZFFYU51A430130980 Rear Challenge Grill Red Calipers Tubi	131563	575	M Maranello F1 03 Blu Pozzi/Beige Daytona Seats Blu stittching ZFFBV55A830131563 Red Calipers shields
130986	360	Modena F1 1/03 Nero Daytona/Sabbia ZFFYR51C000130986	131565	575	M Maranello F1 03 red/black ZFFBT55B000131565 red calipers shields
131110	360	Modena Spider 03 Red/Black Manual ZFFYT53B000131110 Front Challenge Grill	131580	360	Modena (F1) 03 Grigio Titanio/brown LHD EU
131116	360	Modena Spider F1 02 Red/Crema red stitching RHD ZFFYT53C000131116 Red calipers shields	131608	360	Modena Spider F1 Rosso Corsa/tan ZFFYT53B000131608
			131608	612	Scaglietti F1 silver Ferrari Prensentation Model with "borrowed" VIN-plate
131118	360	Modena F1 03 Rosso Corsa/Nero LHD EU	131624	360	Modena Spider 03 Grigio Titanium/dark Blue Daytona Seats LHD Manual US ZFFYT53A930131624 Shields
131147	360	Modena Spider 03 Nero Daytona/Nero Daytona Seats Manual LHD US ZFFYT53A130131147 Tubi red calipers front & rear challenge grills			
			131639	456	M GT 6/03 Canna di Fucile/Nero LHD EU
131188	360	Modena Spider F1 4/03 Rosso Corsa/Nero ZFFYT53B000131188	131641	360	Modena F1 03 Blu Tour de France/crema LHD US ZFFYU51A930131641 Red calipers front & rear Challenge grilles shields
131190	360	Modena Spider F1 03 Grigio Alloy/Dark blue Silver stitching RHD ZFFYT53C000131190			
			131657	360	Modena Black/Black Manual ZFFYR51B000131657 ass. # 34967

s/n	Type	Comments
131669	360	Modena F1 3/03 Rosso Corsa/Beige ZFFYR51C000131669
131722	360	Modena Spider F1 03 Grigio Alloy/dark Blue LHD EU ZFFYT53B000131722
131812	360	Modena F1 03 Grigio Titanio/Black Silver stitching LHD ZFFYR51B000131812
131853	360	Modena Spider F1 03 Red/Tan US Z FFYT53A230131853 challenge grills
131859	360	Modena Spider F1 3/03 Rosso Corsa/Nero ZFFYT53B000131859
131883	Enzo Ferrari	F1 03 Rosso Corsa/Black US ZFFCW56A430131883 ass. # 49031
131901	360	Modena Spider F1 03 Red/Crema Bordeaux piping RHD ZFFYT53C000131901 Red calipers Shields
131904	360	Modena Spider F1 03 Rosso Corsa/Black red stitching ZFFYT53B000131904 Black calipers shields
131951	360	Modena Spider F1 3/03 Rosso CorsaCrema ZFFYT53B000131951
131961	575	M Maranello 03 Silver/Black RHD Manual UK ZFFBT55C000131961 Red calipers shields ex-Eric Clapton
131987	575	M Maranello F1 03 Red/Black red inserts red lower dash RHD ZFFBT55C000131987 Red calipers shields
132036	360	Modena F1 4/03 Rosso Corsa/Beige ZFFYR51B000132036
132044	360	Modena Spider 5/03 Rosso Corsa/Beige ZFFYT53C000132044
132060	360	Modena F1 03 red/black LHD ZFFYR51B000132060
132109	360	Modena Spider F1 03 Grigio alloy/Dark blue RHD ZFFYT53C000132109
132127	360	Modena Spider F1 03 Grigio Titanio/Black LHD ZFFYT53B000132127
132132	360	Modena Spider 3/03 Rosso Corsa/Beige Manual ZFFYT53B000132132
132134	360	Modena Spider F1 03 Rosso Corsa/Tan Daytona Seats LHD US ZFFYT53A830132134 Front & Rear Challenge Grille Shields Tubi
132162	575	M Maranello 4/03 Nero/Nero Manual ZFFBT55B000132162
132195	360	Modena F1 03 Rosso Corsa/Black red stitching LHD ZFFYR51B000132195 Red calipers
132289	360	Modena Spider 03 Red/Black LHD manual EU ZFFYT53B000132289
132303	360	Modena Spider 03 Blu Pozzi/Beige LHD Manual CDN ZFFYT53A530132303
132305	360	Modena Spider 4/03 Nuovo Nero Daytona/Sabbia Manual ZFFYT53C000132305
132321	456	M GTA 03 Grigio Titanio Metallizzato 3238/Grey LHD ZFFWP50B000132321 shields
132342	575	M Maranello F1 6/03 Rosso Corsa/Crema ZFFBT55C000132342
132385	456	M GT Bicolore Schumacher Edition 03 Grigio Titanio & Dark Grey/Medium Grey ZFFWL44A030132385
132463	360	Modena 03 Red/Tan LHD Manual US ZFFYU51A530132463 Tubi
132516	360	Modena Spider F1 03 Rosso Corsa/Black Red stitching LHD ZFFYT53B000132516
132567	575	M Maranello F1 5/03 Argento Nürburgring/Blu Medio sports seats ZFFBT55B000132567 Red calipers shields
132600	360	Modena Spider F1 03 Grigio Titanio/Nero Daytona Seats LHD US ZFFYT53A030132600
132621	360	Modena Spider F1 03 Red/Black red stitching RHD ZFFYT53C000132621 Red calipers shields
132658	Enzo Ferrari	F1 03 Rosso Corsa/Black Red stitching ZFFCZ56B000132658 ass. # 49825
132715	360	Modena Spider F1 03 Red/cuoio ZFFYT53B000132715
132755	575	M Maranello F1 03 Black/Crema RHD ZFFBT55C000132755 shields
132771	575	M Maranello F1 03 black/black sport seats ZFFBT55B000132771
132787	360	Modena 03 Red/Tan LHD Manual US ZFFYU51A930132787 Black Calipers Challenge Grill Shields
132789	360	Modena F1 5/03 Rosso Corsa/Nero ZFFYR51B000132789
132837	360	Modena 03 Yellow/Black LHD Manual US ZFFYU51A930132837
132858	360	Modena 03 Giallo Modena/Nero Daytona Seats Giallo Stitchings Manual ZFFYU51A630132858 Rear Challenge Grill Red Calipers
132859	360	Modena F1 03 Nero/Cuoio Daytona Seats LHD US ZFFYU51A830132859 Front Challenge Grilles Red Calipers shields
132899	360	Modena Spider F1 03 Blue/Sabbia RHD ZFFYT53C000132899 Silver calipers
132916	360	Modena Challenge Stradale F1 03 Rosso Scuderia Black & Red LHD EU ZFFYT53B000132616
132945	575	M Maranello F1 03 red/beige sports seats ZFFBT55B000132945
132972	360	Modena F1 Rosso Corsa/Crema Bordeaux Carpet RHD ZFFYR51C000132972 Red calipers shields
132980	360	Modena F1 03 Rosso Corsa/tan ZFFYR51B000132980
133029	Enzo Ferrari	F1 03 Red LHD ZFFCZ56B000133029 ass. # 50210
133038	360	Modena Challenge Stradale F1 03 red/black LHD EU ZFFDT57B000133038
133040	360	Modena F1 6/03 Nuovo Nero Daytona/Nero ZFFYR51B000133040
133050	360	Modena F1 6/03 Rosso Corsa/Nero ZFFYR51B000133050
133132	360	Modena F1 03 Black/Black Daytona seats grey inserts grey stitching LHD US ZFFYU51A930133132 front & rear challenge grilles red calipers Capristo exhaust
133169	360	Modena Spider F1 03 Giallo Modena/black Yellow stitching ZFFYT53B000133169 Black calipers shields Challenge rear grill
133175	360	Modena Spider Red/Black RHD ZFFYT53C000133175 Red calipers shields
133176	360	Modena Spider F1 03 Red/Crema RHD ZFFYT53C000133176
133186	360	Modena Spider F1 03 Red/tan ZFFYT53B000133186

s/n	Type	Comments
133189	360	Modena Spider F1 6/03 Giallo Modena/Nero sport seats ZFFYT53B000133189 yellow calipers shields
133227	575	M Maranello Blue/Cremaa Manual ZFFBT55C00133227, not an Enzo Ferrari
133233	360	Modena F1 03 red/tan ZFFYR51B000133233 rear challenge grill
133249	360	Modena F1 03 Grey/Bordeaux Daytona Seats LHD US ZFFYU51A830133249 Silver Calipers Shields Rear Challenge Grill
133339	360	Modena F1 03 Black/black LHD US ZFFYU51A930133339
133340	360	Modena F1 03 Red/Tan Racing Seats LHD US ZFFYU51A530133340 Sunroof Yellow Calipers Shields Front Challange Grill
133345	360	Modena Challenge Stradale F1 03 Rosso Scuderia FER. 323 no stripe/Black & Red Alcantara ZFFDT57C000133345 Black calipers
133348	360	Modena F1 03 Red/Tan ZFFYU51AX30133348 Shields
133421	575	M Maranello F1 03 Rosso Corsa/Black LHD ZFFBT55B000133421 Red calipers shields
133450	360	Modena F1 03 Rosso Corsa/Tan & Black Daytona seats black inserts & stitching US ZFFYU51A130133450 front & rear Challenge grilles yellow calipers Tubi shields
133452	360	Modena 7/03 Rosso Corsa/Beige ZFFYR51C000133452
133465	360	Modena Spider F1 03 Rosso Corsa/Nero LHD EU ZFFYT53B000133465
133479	360	Modena Spider F1 03 red/beige LHD EU
133284	360	Modena Spider F1 03 Red/Black ZFFYT53B000133284 Novitec modified
133491	360	Modena Spider F1 03 Silver/Black Daytona seats LHD US ZFFYT53A430133491 challenge grill
133510	Enzo Ferrari	F1 03 Rosso Corsa/Black & Red LHD ZFFCZ56B000133510 ass. #50710
133514	Enzo Ferrari	F1 03 Rosso Corsa/Red LHD US ZFFCW56A530133514 ass. # 50786
133544	360	Modena F1 03 Red/Black ZFFYU51AX30133544
133554	360	Modena Spider F1 03 Red RHD ZFFYT53C000133554
133586	360	Modena Spider 03 Rosso Corsa/Tan Manual Black Top ZFFYT53A430133586 ass. # 50663 Front & Rear Challenge Grills Shields
133599	360	Modena Spider F1 03 Yellow/Black Daytona Seats Yellow Stiching ZFFYT53A230133599 Shields Red Calipers Front & Rear Challenge Grills
133618	360	Modena Challenge Stradale F1 7/03 Rosso Scuderia/Tessuto Racing Nero & Rosso ZFFDT57B000133618
133621	360	Modena F1 03 Rosso Corsa/Beige Black Piping ZFFYU51A230133621 Red Calipers
133640	360	Modena 7/03 Canna Di Fucile Metallizzato/Nero ZFFYR51D000133640
133649	360	Modena Spider F1 03 Red/Crema red stitching RHD ZFFYT53C000133649 Red callipers Challenge rear grill
133650	360	Modena Spider 03 Rosso Corsa/Black red stittching manual ZFFYT53B000133650
133673	360	Modena Spider F1 03 Yellow/black ZFFYT53B000133673
133709	575	M Maranello F1 7/03 Argento Nürburgring/Blu Scuro ZFFBT55B000133709, not a Challenge Stradale
133710	575	M Maranello F1 03 Argento Nürburgring/Nero LHD US ZFFBV55A530133710 Red calipers
133717	575	M Maranello F1 03 Red/Tan LHD ZFFBT55B000133717 shields red calipers
133738	360	Modena F1 03 Red/black ZFFYR51B000133738
133755	360	Modena 03 Rosso Corsa/Black LHD Manual ZFFYR51B000133755 shields
133766	360	Modena Spider F1 03 Red/Tan ZFFYT53A630133766
133778	360	Modena Spider F1 5/04 Grigio Titanio Metallizzato/Beige ZFFYT53B000133778
133781	575	M Maranello F1 03 Black/Cuoio LHD EU
133795	360	Modena Spider F1 03 Rosso Corsa/Crema ZFFYT53B000133795
133816	360	Modena F1 03 Rosso Scuderia/black Daytona seats red inserts ZFFYU51A630133816 shields front & rear Challenge grilles yellow calipers Tubi
133823	360	Modena Challenge Stradale F1 03 Black no stripe/Tan leather RHD ZFFDT57C000133823 Black calipers
133866	360	Modena Spider F1 4/04 Giallo Modena/Nero ZFFYT53B000133866
133892	575	M Maranello F1 9/04 Grigio Titanio Metallizzato/Rosso ZFFBT55B000133892
133904	575	M Maranello F1 03 dark Blue/Tan ZFFBT55B000133904
133912	575	M Maranello F1 03 Blu Tour de France FER 522/Crema dark blue piping RHD ZFFBT55C000133912 Silver calipers shields
133946	360	Modena F1 03 Argento Nürburgring/Grey Daytona Seats Dark Grey Piping ZFFYU51A830133946 Shields Silver Calipers Modular wheels Front Challenge grill Dark Grey dash
133952	360	Modena F1 03 Rosso Corsa completely taped Black & "flame" stickers on the front hood/black ZFFYR51B000133952
134014	360	Modena Spider F1 10/03 Rosso Corsa/Nero ZFFYT53B000134014
134052	360	Modena Spider F1 9/03 Nuovo Nero Daytona/Bordeaux ZFFYT53C000134052
134059	360	Modena 03 Yellow/Black Daytona Seats Manual ZFFYU51A830134059 black callipers rear & front Challenge
134076	360	Modena Challenge Stradale F1 03 Rosso Corsa CS stripe/Red leather Red stitching LHD ZFFDT57B000134076 Black calipers
134105	360	Modena Spider F1 03 Red LHD ZFFYT53B000134105
134163	360	Modena F1 03 Red/tan ZFFYU51A330134163
134198	360	Modena Spider F1 3/04 Rosso Corsa/Nero Red stitching ZFFYT53B000134198 Red calipers

s/n	Type	Comments	s/n	Type	Comments
134223	360	Modena Challenge Stradale F1 9/03 Rosso Corsa/ Tessuto Racing Nero & Rosso ZFFDT57B000134223	134638	360	Modena 03 Rosso Corsa/Tan LHD Manual ZFFYR51B000134638 Red calipers
134273	360	Modena Spider 03 Blu Tour de France/Beige Daytona Seats Manual ZFFYT53AX30134273 Rear Challenge Grille Red Calipers Tubi Challenge rear grill	134649	360	Modena Spider grigio alloy/black Manual ZFFYT53B000134649
			134650	360	Modena Spider F1 11/03 Rosso Corsa/tan Daytona seats ZFFYT53B000134650 shields
134286	~~Enzo Ferrari~~	~~F1~~ is a Challenge Stradale Rosso Scuderia LHD ZFFDT57B000134286	134688	575	M Maranello F1 04 Black/Naturale Daytona Seats LHD US ZFFBV55A840134688 Shields Red Calipers
134289	Enzo Ferrari	F1 03 Red/black ZFFCZ56B000134289 ass. # 51454			
134290	Enzo Ferrari	F1 03 Rosso Scuderia FER. 323/Black & red LHD ZFFCZ56B000134290 ass. #51474	134703	575	M Maranello F1 04 Tour De France Blue/Crema Daytona seats blue Inserts, Piping, Stitching & Dash LHD US ZFFBV55A040134703 ass. # 51927 eng. # 78590 shields red then silver calipers
134363	360	Modena Challenge Stradale F1 03 Rosso Scuderia/Black Red stitching RHD ZFFDT57C000134363 Red calipers Shields Yellow dials			
			134731	360	Modena Challenge Stradale F1 04 Rossa Corsa no Stripe/Red & Black Alcantara ZFFDU57A440134731 ass. # 51939
134367	360	Modena Challenge Stradale F1 03 red/black LHD ZFFDT57B000134367	134744	360	Modena Spider Red/Black LHD Manual EU ZFFYT53B000134744
134388	360	Modena F1 10/03 Argento Nürburgring/Nero ZFFYR51B000134388	134754	360	Modena Spider F1 04 Verde Inglese/Black Daytona Seats ZFFYT53A240134754 rear Challenge Grill Shields Tubi
134392	360	Modena Challenge Stradale F1 03 Argento Nürburgring 101/C no stripe/ Nero silver stitching RHD ZFFDT57C000134392 Black calipers yellow dials			
			134791	575	M Maranello F1 10/03 Rosso Corsa/Tan LHD US ZFFBV55A140134791
134397	360	Modena F1 03 Nuovo Nero Daytona/Nero Rosso stittching ZFFYU51A630134397 Front & Rear Challenge Grille Red Calipers	134793	575	M Maranello F1 04 Rosso Corsa/Tan Daytona seats red stitching LHD US ZFFBV55A540134793 shields Fiorano package Tubi
134402	360	Modena F1 11/03 dark Blue/Beige ZFFYR51B000134402	134799	575	M Maranello F1 04 red/black ZFFBT55B000134799
134417	360	Modena Spider 03 Grigio Titanio/grey grey roof Manual ZFFYT53A930134417	134821	360	Modena Challenge Stradale F1 11/03 Rosso Corsa/Black & red cloth ZFFDT57C000134821 ass # 51873
134418	360	Modena Spider F1 03 Red/black ZFFYT53B000134418	134849	360	Modena Challenge Stradale F1 03 Blue Met. no stripe/Beige leather LHD ZFFDT57B000134849 Black calipers
134426	360	Modena Spider 03 Rossa Corsa/Black large Racing Seats Red Stitching Manual ZFFYT53A930134426 Red Calipers Front & Rear Challenge Grill Tubi Shields			
			134859	360	Modena Spider 04 Yellow/Black Manual ZFFYT53A540134859 red calipers shields
134464	360	Modena Challenge Stradale F1 03 Red no stripe/Black leather RHD ZFFDT57C000134464 Black calipers	134882	360	Modena Spider F1 titan grey/black LHD
			134883	360	Modena Spider ZFFYT53B000134883
134468	360	Modena F1 2/04 Rosso Corsa/Nero ZFFYR51B000134468	134904	575	M Maranello F1 03 Red/tan ZFFBT55B000134904
134480	360	Modena Spider F1 9/03 Nero/Nero sport seats LHD EU ZFFYT53B000134480 ass. # 51607 black calipers	134909	575	M Maranello F1 04 Argento Metallizzato/Cuoio Daytona Seats LHD US ZFFBV55A940134909
			134914	575	M Maranello F1 03 black/black & White Daytona Seats ZFFBT55B000134914
134499	360	Modena Spider F1 11/03 Giallo Modena/Nero ZFFYT53B000134499	134936	575	M Maranello F1 03 LHD ZFFBT55B000134936 575 GTZ Conversion Nero/Nero
134565	360	Modena Spider F1 03 Rosso Corsa/Crema RHD ZFFYT53C000134565 Challenge rear grill			
			134966	360	Modena Challenge Stradale F1 Rosso Scuderia FER. 323/black & Red sport seats LHD EU ZFFDT57B000134966
134566	360	Modena Spider 03 Rosso Corsa/Black LHD Manual ZFFYT53B000134566 Red calipers shields	135003	360	Modena Spider 11/03 Nero/Crema Manual ZFFYT53B000135003
134579	360	Modena Spider 03 Grigio Alloy/Crema Daytona Seats Blue Stitching Navy Blue Top Manual ZFFYT53A130134579	135034	360	Modena Spider F1 03 Rosso Corsa/Black red stitching LHD ZFFYT53B000135034 shields
134591	Enzo Ferrari	F1 03 Rosso Corsa FXX stripe LHD ass. # 51670 White wing mirrors FXX style rear wing	135041	360	Modena Spider F1 03 Rosso Corsa/Black ZFFYT53B000135041
			135056	360	Modena Spider F1 White LHD ZFFYT53B000135056
134603	Enzo Ferrari	F1 03 Rossa Corsa/Black LHD US ZFFCW56A930134603	135061	360	Modena Challenge Stradale F1 04 Rosso Scuderia CS stripe/Black & Red Sedili Taglia Large Racing Seats ZFFDU57A140135061
134614	360	Modena 03 Black/tan LHD Manual EU ZFFYR51B000134614			

s/n	Type	Comments
135075	360	Modena Challenge Stradale F1 2/04 Rosso Corsa/Black & Red ZFFDT57C000135075
135109	360	Modena Spider 04 Tour de France Blue/Tan Manual ZFFYT53A040135109
135113	360	Modena Spider F1 4/04 Blu Pozzi/Beige ZFFYT53B000135113
135129	360	Modena Spider F1 04 Nero/ Nero LHD EU
135134	360	Modena Spider F1 04 Rosso Corsa/Beige ZFFYT53AX40135134
135186	575	M Maranello F1 04 Silver/Black LHD US ZFFBV55A040135186 Tubi
135224	360	Modena Challenge Stradale F1 04 Rosso Corsa Italian stripe/red & black cloth LHD ZFFDT57B000135224
135230	360	Modena Spider F1 04 Rosso corsa/beige Daytona seats ZFFYT53A640135230 rear Challenge grille Tubi shields
135231	360	Modena Spider F1 04 Grigio Titanio Metallizzato 3238/black Daytona seats grey inserts & piping ZFFYT53A840135231 shields silver calipers front & rear Challenge grilles
135240	360	Modena Spider F1 04 Silver/Dark blue LHD ZFFYT53B000135240
135297	360	Modena Challenge Stradale F1 11/03 Rosso Corsa/Tessuto Racing Nero/Rosso ZFFDT57B000135297
135309	360	Modena Spider F1 04 dark met. Blue/Beige Blue Top ZFFYT53A840135309 Shields
135343	360	Modena Spider F1 04 TdF Blue/Tan ZFFYT53A840135343 Front Challenge Grilles Shields
135355	360	Modena F1 04 Rosso Corsa/Black LHD ZFFYR51B000135355 shields
135368	360	Modena 04 Rosso Corsa/Nero & Red Manual RHD ZFFYR51C000135368
135370	360	Modena Challenge Stradale F1 04 Black pointed stripe/Black leather Red stitching LHD ZFFDT57B000135370 yellow dials
135376	360	Modena Challenge Stradale F1 04 Rosso Corsa/Red LHD Red calipers
135380	360	Modena Challenge Stradale F1 03 Rosso Scuderia FER. 323/Red & black ZFFDT57B000135380 ass. # 52566
135389	360	Modena Spider 03 Rosso Corsa/Beige LHD CDN ZFFYT53AX40135389
135393	360	Modena Spider F1 1/04 Nuovo Nero Daytona/Crema ZFFYT53C000135393
135401	360	Modena Spider F1 1/04 Nero/Rosso ZFFYT53C000135401
135406	360	Modena Spider 04 Grigio Titanio/Black Daytona Seats Manual ZFFYT53A640135406 Front & Rear Challenge Grill Shields
135438	Enzo Ferrari	F1 03 red LHD EU ZFFCW56B000135438 eng. # 79704
135466	575	M Maranello F1 04 Blu Mediterraneo Crema Black piping RHD ZFFBT55C000135496
135472	575	M Maranello F1 04 Rosso Corsa/Beige LHD US ZFFBV55A140135472
135518	360	Modena Spider 04 Rosso Corsa/Black LHD Manual ZFFYT53B000135518 Red calipers shields
135525	360	Modena Spider F1 04 Black/Crema ZFFYT53C000135525 ass. # 52648 Red calipers, Challenge rear grill shields
135564	Enzo Ferrari	F1 Red ZFFCZ56B000135564, crashed & probably written off
135607	360	Modena Spider F1 04 Grigio Titanio/Bordeaux LHD EU
135607	360	Modena Spider F1 04 Grigio Titanio Metallizzato 3238/Bordeaux LHD EU ZFFYT53B000135607
135629	360	Modena Spider 04 Red/tan Daytona seats Manual ZFFYT53A440135629 Shields red calipers Tubi
135638	360	Modena Spider 1/04 Rosso Corsa/Nero Manual ZFFYT53C000135638
135647	360	Modena Spider 04 red/black ZFFYT53B000135647
135694	360	Modena F1 1/04 Blu Pozzi/Bordeaux ZFFYR51B000135694
135714	360	Modena F1 04 Grigio Titanio/Nero ZFFYR51B000135714 ass. # 52953
135716	360	Modena F1 1/04 Rosso Corsa/Nero ZFFYR51B000135716
135721	360	Modena Spider 04 Silver/Black Daytona Seats Manual ZFFYT53A340135721 Challenge Grill Shields Tubi Shields
135738	360	Modena Spider F1 04 Yellow/Black Daytona Seats ZFFYT53A940135738 Yellow Calipers Front Challenge Grills Yellow Piping
135748	360	Modena Spider F1 04 Red/Black ZFFYT53A140135748 red calipers shields
135823	360	Modena Spider F1 04 Grigio Titanio/Cuoio LHD CDN ZFFYT53A040135823 Front & Rear Challenge Grilles Shields
135874	Enzo Ferrari	F1 03 Red ZFFCZ56B000135874 ass #53059
135889	Enzo Ferrari	F1 03 Rosso Corsa/Black & Red ZFFCZ56B000135889 ass. #53335 Red dials
135896	360	Modena F1 2/04 Rosso Scuderia/Nero ZFFYR51B000135896
135906	360	Modena Challenge Stradale F1 3/04 Rosso Scuderia/Tessuto Racing Nero & Rosso ZFFDT57B000135906
135913	360	Modena Challenge 2/04 Rosso Corsa/Red Manual LHD EU
135949	360	Modena Spider F1 04 Rosso Corsa/Black LHD EU
135972	360	Modena Challenge Stradale F1 2/04 Rosso Scuderia CS stripe/Tessuto Racing Nero & Rosso ZFFDT57B000135972 rear wing N-GT front modifications
135975	360	Modena Challenge Stradale F1 04 Nuovo Nero Daytona CS stripe/black LHD EU ZFFDT57B000135975
136000	360	Modena Spider F1 04 Black/Black Daytona Seats ZFFYT53A540136000 Rear Challenge Grill GFG Wheels Red Calipers
136005	360	Modena Spider F1 3/04 Rosso Corsa/Nero ZFFYT53B000136005
136030	360	Modena Spider F1 04 Rosso Corsa/Tan ZFFYT53A340136030 Shields Daytona Seats front challenge grills red calipers
136031	360	Modena Spider F1 04 Red LHD ZFFYT53B000136031
136053	575	M Maranello F1 04 Grigio Titanio Metallizzato 3238/black LHD EU ZFFBT55B000136053
136067	Enzo Ferrari	F1 03 black yellow stripe/black LHD EU ass. # 56389
136068	Enzo Ferrari	F1 04 Rosso Corsa/Black Red stitching ZFFCZ56B000136068 ass. # 56370 red dials

s/n	Type	Comments
136120	360	Modena Challenge Stradale F1 04 Red Italian stripe/Red & Black leather ZFFDT57B000136120 red calipers shields ass. #53249
136121	360	Modena F1 04 Silver/Black ZFFYU51A640136121 Challenge Stradale Conversion
136146	360	Modena Spider 04 Black/Black sports seats yellow stitching RHD Manual ZFFYT53C000136146 Challenge rear grill
136151	360	Modena Spider F1 04 Red/beige Daytona seats black stitching ZFFYT53A440136151 Red calipers front Challenge grilles shields
136152	360	Modena Spider F1 04 Rosso Corsa/Beige Daytona seats ZFFYT53A640136152 front challenge grilles red calipers shields
136166	360	Modena Spider F1 04 Rosso Corsa/Beige Daytona seats ZFFYT53A640136166 Red calipers Tubi shields Rear challenge grill
136195	575	M Maranello F1 04 Rosso Corsa/Tan Daytona seats Red inserts LHD US ZFFBV55A640136195 Tubi Red calipers Fiorano package
136203	360	Modena Spider F1 04 Red/Tan ZFFYT53A840136203
136227	360	Modena Challenge Stradale F1 04 Red Italian Tricolore Stripe/black LHD ZFFDT57B000136227 ass. # 53425
136283	360	Modena Spider F1 3/04 Blu Tour De France/Sabbia ZFFYT53C000136283
136295	360	Modena Spider F1 04 Grigio Titanio Metallizzato/Blu Scuro dark grey stitching dark blue dashboard & steering wheel blue top ZFFYT53A640136295 Challenge grille
136301	360	Modena Spider 04 Rosso Corsa 322 D.S./Tan Daytona seats red stitching Manual ZFFYT53A840136301 Challenge grills shields Capristo exhaust
136306	360	Modena Spider F1 04 Rosso Corsa/Beige Daytona seats black top ZFFYT53A740136306 shields Red calipers
136363	360	Modena F1 04 Rosso Corsa/Black Red Stittching ZFFYR51B000136363
136364	360	Modena Challenge Stradale F1 04 Silver Italian stripe/red & black LHD US ZFFDU57A240136364
136378	360	Modena F1 04 Red/Tan LHD ZFFYU51AX40136378
136386	360	Modena Spider 04 red/tan LHD Manual EU
136388	360	Modena Spider 04 Rosso Corsa/Beige LHD Manual CDN ZFFYT53A240136388
136403	360	Modena Spider F1 3/04 Grigio Alloy/Blu Scuro ZFFYT53C000136403
136404	360	Modena Spider 04 Red/Tan ZFFYT53B000136404
136433	360	Modena Spider F1 04 Red/Tan Tan roll bars RHD ZFFPR48C000104352 shields Red calipers
136434	360	Modena F1 04 Rosso Corsa/Beige Daytona seats ZFFYU51A540136434 red calipers front & rear Challenge grilles shields Tubi
136454	360	Modena 04 Grigio Titanio/Bordeaux Manual ZFFYU51A040136454
136468	360	Modena Challenge Stradale F1 not an US car but 04 Red CS stripe/Crema leather red stitching RHD ZFFDT57C000136468 Red calipers
136496	Enzo Ferrari	F1 04 Red/Black LHD EU ass. # 53741
136521	Enzo Ferrari	F1 04 Giallo Modena/black ZFFCZ56B000136521 ass. # 53660
136545	360	Modena Challenge Stradale F1 04 Rosso Scuderia FER. 323 CS stripe/Black & Red alcantara LHD ZFFDT57B000136545 Yellow dials
136547	360	Modena Challenge Stradale F1 2/04 Rosso Corsa/Nero ZFFDT57B000136547
136561	360	Modena 04 Rosso Corsa/Beige Manual ZFFYU51A140136561 Tubi Rear Challenge Grill Shields
136570	360	Modena Challenge Stradale F1 04 Rosso Scuderia/Black & Red LHD CDN ZFFDU57A540136570
136571	360	Modena F1 04 Red/brown LHD ZFFYR51B000136571
136608	575	M Maranello 04 Rosso Corsa/Nero LHD Manual US ZFFBV55A540136608
136618	360	Modena F1 04 Nero/Nero LHD EU
136623	360	Modena F1 4/04 Rosso Corsa/Nero ZFFYR51B000136623
136648	360	Modena Challenge Stradale F1 3/04 Rosso Corsa/Beige ZFFDT57B000136648
136654	360	Modena 04 Black/Black Daytona seats manual ZFFYU51A840136654
136656	360	Modena F1 04 Red/black ZFFYR51B000136656
136725	Enzo Ferrari	F1 04 Red ZFFCZ56B000136725, crashed & probably rebuilt from the remains of the crashed original, Black
136729	Enzo Ferrari	F1 Rosso Corsa/Nero LHD EU ass. # 53984
136738	Enzo Ferrari	F1 04 Rosso Corsa/Black ZFFCZ56B000136738 ass. #54165
136742	Enzo Ferrari	F1 04 Rosso Corsa/Red Black seat centres ZFFCZ56B000136742 ass. # 54229
136789	360	Modena Spider F1 04 Rosso Corsa/Beige Daytona Seats ZFFYT53A940136789 Red Calipers Shields Front & Rear Challenge Grills
136796	360	Modena F1 4/04 Rosso Corsa/Black ZFFYT53B000136796 shields black calipers
136804	360	Modena Spider F1 04 Yellow/dark blue ZFFYT53B000136804
136824	575	M Maranello 4/04 Grigio Titanio/Nero ZFFBT55B000136824
136872	360	Modena Challenge Stradale F1 3/04 Rosso Scuderia/Nero ZFFDT57B000136872
136873	360	Modena F1 04 Rosso Scuderia/Tan ZFFYR51B000136873
136927	575	M Maranello F1 04 dark Blue/Tan LHD US ZFFBV55AX40136927
136930	575	M Maranello F1 4/04 Rosso Corsa/Nero ZFFBT55B000136930
137044	360	Modena Challenge Stradale F1 04 Argento Nürburgring Italian Stripe/Nero LHD EU
137061	360	Modena F1 3/04 Rosso Corsa/Crema ZFFYR51C000137061
137085	612	Scaglietti F1 04 Grigio Titanio LHD ZFFAY54B000137085

s/n	Type	Comments
137088	360	Modena Spider 04 Tour de France Blue Met./Tan Daytona seats dark blue inserts & stitching dark blue upper dash & steering wheel ZFFYT53A640137088 shields front & rear Challenge grilles
137090	360	Modena Spider 04 Blu Tour de France 522/Tan Daytona seats Blue Top ZFFYT53A440137090 ass. # 54166 shields front & rear challenge grillsRed Callpers Shields
137096	360	Modena Spider 04 Black/Crema RHD Manual ZFFYT53C000137096
137113	360	Modena Spider F1 4/04 Nuovo Nero Daytona/Beige ZFFYT53B000137113
137137	360	Modena Spider F1 04 Red/Black Red stitching ZFFYT53A440137137 shields Red calipers front & rear Challenge grilles
137141	360	Modena Spider F1 04 red/beige LHD EU
137149	360	Modena Spider 04 Red/Tan Manual ZFFYT53A040137149 Red Calipers Front & Rear Challenge Grille Shields
137170	360	Modena Challenge Stradale F1 04 Giallo Modena no stripe/Black & Red alcantara yellow stitching LHD ZFFDT57B000137170 Black calipers
137179	360	Modena Challenge Stradale F1 04 Yellow/black leather ZFFDT57B000137179
137193	360	Modena F1 1/05 Giallo Modena/Crema ZFFYR51B000137193
137201	575	M Maranello F1 04 Nero/Nero LHD US ZFFBV55A240137201
137206	575	M Maranello 04 Claret Maselac/Beige cuoio inserts cuoio piping RHD Manual ZFFBT55C000137206 ass. # 55217 shields
137219	612	Scaglietti 5/04 Blu Tour De France/Beige Manual ZFFAY54B000137219
137233	360	Modena 04 Red/Cuoio LHD Manual ZFFYU51A040137233
137248	360	Modena F1 04 red/black ZFFYR51B000137248
137254	360	Modena Challenge Stradale F1 04 rosso scuderia/rosso LHD EU
137269	360	Modena Challenge Stradale F1 Leipzig Show Car 04 Rosso Corsa/Black & Red alcantara ZFFDT57B000137269
137279	360	Modena Challenge Stradale F1 4/04 Rosso Corsa/Red & Black Alcantara ZFFDT57C000137279
137287	360	Modena Spider F1 04 Black met./Tan Daytona Seats Black Top ZFFYT53A140137287 Shields Yellow Calipers
137296	360	Modena Spider F1 04 Rosso Corsa Cuoio Daytona seats ZFFYT53A240137296 front & rear challenge grills
137311	360	Modena Spider 04 Rosso Fiorano/Cuoio Daytona Seats Nero Stripes ZFFYT53A540137311 Front & Rear Challenge Grille
137330	Enzo Ferrari	F1 04 Red/Red ZFFCZ56B000137330 ass #54387 eng. # 82738
137344	Enzo Ferrari	F1 04 red/red
137372	360	Modena Challenge Stradale F1 04 Rosso Corsa Italian stripe/red & black Alcantara LHD US ZFFDU57A640137372
137380	360	Modena Challenge Stradale F1 04 Rosso Corsa/Tessuto Racing Nero & rosso Sedili Taglia Large Racing Seats ZFFDU57A540137380 Red Calipers
137388	360	Modena Challenge Stradale F1 04 Rosso Corsa CS stripe/Black & Red Alcantara red stitching RHD ZFFDT57C000137388 Red calipers
137417	360	Modena Spider F1 04 Rosso Corsa/Nero
137425	612	Scaglietti F1 04 Dark metallic blue/bordeaux RHD ZFFAY54B000137425
137428	612	Scaglietti F1 04 Black LHD ZFFAY54B000137428
137430	612	Scaglietti F1 10/04 Blu Mirabeau/Beige ZFFAY54D000137430
137453	360	Modena Challenge Stradale F1 04 Red no stripe/Black leather red stitching LHD ZFFDT57B000137453 Black calipers yellow dials
137529	360	Modena F1 04 Rosso Corsa/Black Red stitching ZFFYR51B000137529 Red calipers shields
137551	360	Modena F1 04 Grigio Titanio/Nero Daytona Seats Silver Inserts & Stitching ZFFYU51A340137551 Front & Rear Challenge Grills Shields
137565	360	Modena Challenge Stradale F1 04 Rosso Corsa Italian stripe/red & black alcantara LHD ZFFDT57B000137565 Red calipers yellow dials
137587	360	Modena Spider F1 04 Red/Black LHD ZFFYT53B000137587
137608	360	Modena Spider (F1) 04 ZFFYT53A640137608
137609	360	Modena Spider 04 Red/Tan Red Stitching Red Piping Manual ZFFYT53A840137609 Red Calipers Ferrari Shields Rear Challenge Grill
137658	~~612~~	~~Scaglietti F1 04 Grigio Ingrid 720/Naturale LHD US~~ not a 612 but a 360 Modena Challenge Stradale F1 04 Rosso Corsa no stripe /Black alcantara red stitching LHD ZFFDT57B000137658 Red calipers
137671	360	Modena Challenge Stradale F1 04 Red no stripe/Black & Red Alcantara RHD ZFFDT57C000137671 Black calipers yellow dials
137682	360	Modena Challenge Stradale F1 6/04 Rosso Scuderia/Rosso ZFFDT57B000137682
137689	360	Modena F1 04 Yellow/Grey Daytona Seats ZFFYU51AX40137689 Red Calipers Front & Rear Challenge grilles Shields
137695	360	Modena F1 04 Rosso Corsa/Beige Daytona Seats Nero Stripes ZFFYU51A540137695 Rear Challenge Grille Red Calipers
137700	360	Modena F1 6/04 Nero Daytona/Beige ZFFYR51B000137700
137706	360	Modena Spider F1 04 Argento Nürburgring/Nero Daytona seats ZFFYT53A640137706
137713	360	Modena Spider 04 Black/Tan Daytona Seats Black Inserts black Piping Manual ZFFYT53A340137713 eng. # 84053
137714	360	Modena Spider 04 Red/Black Red stitching red piping RHD Manual ZFFYT53C000137714
137728	360	Modena Spider 6/04 Rosso Corsa/Crema ZFFYT53C000137728

s/n	Type	Comments
137735	360	Modena Spider F1 6/04 Rosso Corsa/Crema ZFFYT53C000137735
137769	360	Modena Challenge Stradale F1 04 Rosso Corsa CS stripe/Black & Red alcantara red stitching LHD ZFFDT57B000137769 Red calipers plexi side windows
137807	F430	F1 04 Rosso Corsa/Red ZFFEZ58B000137807
137812	360	Modena Spider F1 04 Giallo Modena/Black Daytona Seats Yellow Stitching ZFFYT53A540137812 Red Calipers Shields
137857	360	Modena Challenge Stradale F1 04 Red LHD EU
137864	360	Modena Challenge Stradale F1 04 Rosso Corsa/Nero RHD ZFFDT57C000137864
137894	360	Modena 04 Silver ZFFYR51B000137894
137900	360	Modena Challenge Stradale F1 04 Rosso Scuderia CS Stripe/Black & Sabbia LHD US ZFFDU57A540137900
137904	360	Modena Challenge Stradale F1 04 Blu Tour de France CS Stripe/Tan Leather RHD ZFFDT57C000137904 Shields Yellow dials
137912	360	Modena Spider 5/04 Rosso Corsa/Nero ZFFYT53C000137912
137922	360	Modena Spider F1 04 Blu Pozzi/Cuoio ZFFYT53A140137922
137926	360	Modena Spider 04 Red/Crema RHD Manual ZFFYT53C000137926 Challenge rear grill
137930	360	Modena Spider 04 Rosso Corsa/Nero Manual ZFFYT53A040137930
137975	360	Modena Challenge Stradale F1 04 Rosso Scuderia/Black Red Stitching LHD US ZFFDU57A340137975 Red Calipers Shields
138024	360	Modena Spider 04 Rosso Corsa/Tan Manual ZFFYT53A740138024
138026	360	Modena Spider F1 6/04 Rosso Corsa/Crema ZFFYT53C000138026
138049	612	Scaglietti F1 04 Grigio titanio/cuio ZFFAY54B000138049
138064	612	Scaglietti F1 05 Azzurro California/tan LHD ZFFAY54B000138064
138118	360	Modena Challenge Stradale F1 04 Rosso Scuderia/Rosso Sedili Taglia Large Seats LHD US ZFFDU57A840138118 Red Calipers
138130	360	Modena Challenge Stradale F1 7/04 Rosso Scuderia FER. 323/Tessuto Racing Nero & Rosso ZFFDT57B000138130
138139	360	Modena F1 04 Red/Tan Daytona Seats red stitching Shields red calipers Challenge grilles Tubi
138155	360	Modena F1 7/04 Rosso Corsa/Crema ZFFYR51B000138155
138177	360	Modena Spider F1 04 Rosso Corsa/Black red stitching LHD ZFFYT53B000138177 Challenge rear grill shields
138180	360	Modena Spider 04 Rosso Corsa/tan rosso stitching Manual ZFFYT53AX40138180 red calipers
138192	612	Scaglietti 04 Grigio Titanio/Black LHD ZFFAY54B000138192
138202	575	M Maranello 04 Blue/Tan RHD Manual ZFFBT55C000138202 shields
138227	575	M Maranello 04 Rosso Corsa/Beige Daytona Seats Red inserts & stitching Manual LHD US ZFFBV55A340138227 Shields Red Calipers
138229	360	Modena Spider F1 04 Rosso Rubino/Tan Black top LHD US ZFFYT53A340138229 eng. # 85296 Challenge grill shields
138248	360	Modena Spider 9/04 Rosso Corsa/Crema ZFFYT53C000138248
138271	360	Modena Spider F1 04 Red/Tan Daytona seats red piping & stitching ZFFYT53A240138271 red callipers shields
138282	360	Modena F1 04 Red/Black RHD AUS ZFFYR51D000138282
138283	360	Modena 04 Red/Tan manual ZFFYU51A940138283 Red calipers shields rear challenge grill
138307	360	Modena Challenge Stradale F1 04 Red/black cloth ZFFDT57B000138307
138318	360	Modena Challenge Stradale F1 7/04 Rosso Scuderia/Rosso & Nero LHD EU ZFFDT57B000138318
138334	F430	F1 04 Grigio Silverstone/bordeaux ZFFEZ58B000138334
138340	360	Modena Challenge Stradale F1 04 Black/Tan LHD ZFFDT57B000138340
138356	Enzo Ferrari	F1 04 Rosso Corsa/Black Red stitching LHD ass. # 55548
138383	612	Scaglietti F1 04 Blue LHD ZFFAY54B000138383
138403	360	Modena F1 9/04 Rosso Corsa/Beige ZFFYR51B000138403
138449	360	Modena Spider F1 04 Grigio Titanio/Black grey stitching ZFFYT53A640138449 shields front & rear Challenge grilles red calipers
138466	575	M Maranello F1 9/04 Rosso Corsa/Nero ZFFBT55C000138466
138475	575	M Maranello GTC 04 Silver/Black Silver stitching LHD Manual ZFFBT55B000138475
138487	360	Modena Spider F1 04 Met. Blue/Crema ZFFYT53A340138487
138489	360	Modena Spider F1 04 Silver/Red ZFFYT53A740138489
138489	360	Modena Spider F1 04 Grigio Titanio Metallizzato/Bordeaux Daytona seats light grey stitching Bordeaux dashboard & steering wheel ZFFYT53A740138489 shields aluminum calipers rear challenge grill
138491	360	Modena Spider F1 7/04 Canna di Fucile Metallizzato/Bordeaux ZFFYT53C000138491
138495	360	Modena Spider 04 Rossa Corsa/Black Daytona seats Red Stitching Manual ZFFYT53A240138495 Challenge Grill Red Calipers
138552	F430	(F1) 04 ZFFEZ58B000138552
138593	360	Modena Spider F1 04 Red/Beige Daytona Seats ZFFYT53A240138593 Rear Challenge Grille Shields
138606	360	Modena Spider F1 7/04 Nero/Nero ZFFYT53B000138606
138607	360	Modena Spider F1 04 Nero Daytona/Beige ZFFYT53B000138607
138608	360	Modena Spider F1 04 Rosso Corsa/Crema & Red Daytona Seats Red Stitching ZFFYT53A040138608 Tubi Yellow Callipers Shields, Front & Rear Challenge Grills Challenge Stradale Steering Wheel

s/n	Type	Comments
138614	360	Modena Spider F1 7/04 Rosso Corsa/Nero ZFFYT53B000138614
138624	360	Modena Spider F1 04 Black/Tan Daytona Seats ZFFYT53A940138624 Tubi Speedline Wheels Shields Challenge Grill
138626	360	Modena Spider (F1) 04 LHD US ZFFYT53A240138626
138675	360	Modena Spider F1 04 Rosso Corsa/Black LHD ZFFYT53B000138675
138695	360	Modena Spider 04 Tour de France Blue/Tan Manual ZFFYT53AX40138695
138708	360	Modena Spider F1 8/04 Nero/Nero Daytona seats ZFFYT53A440138708 yellow calipers Challenge grill shields
138718	360	Modena Spider F1 04 Rosso Corsa/Tan ZFFYT53A740138718
138734	360	Modena Challenge Stradale F1 04 Rosso Scuderia/Red & Black Alcantara ZFFDU57A840138734 Rosso Scuderia calipers
138786	360	Modena Challenge Stradale F1 04 Rosso Scuderia CS stripe/Red & Black Alcantara LHD US ZFFDU57A540138786 Shields Red calipers
138796	360	Modena Spider F1 10/04 Rosso Corsa/Nero ZFFYT53B000138796
138834	F430	F1 04 Grigio Silverstone/Bordeaux LHD ZFFEZ58B000138834 Yellow dials
138865	612	Scaglietti 05 Black/Black & Red Inserts Daytona Seats Red Stitching & Piping Manual LHD US ZFFAA54AX50138865 ass. # 56184 Red Callipers Red dials
138885	F430	(F1) 04 ZFFEZ58B000138885
138886	F430	(F1) 04 ZFFEZ58B000138886
138901	575	M Maranello F1 04 Argento Nürburgring/Nero Daytona Seats Grey stitching & Piping LHD US ZFFBV55A240138901 Red Calipers Shields Tubi
138962	360	Modena Spider 9/04 Rosso Corsa/Crema ZFFYT53C000138962
138988	612	Scaglietti F1 10/04 Argento Nürburgring 101/C/Blu Scuro RHD UK ZFFAY54C000138988
138999	612	Scaglietti F1 10/04 Nero Daytona/Cuoio black piping ZFFAY54B000138999 shields
139002	612	Scaglietti F1 04 Grigio Titanio/Black Silver stitching LHD ZFFAY54B000139002
139012	612	Scaglietti F1 04 Giallo Modena/Black yellow stitching LHD ZFFAY54B000139012 shields
139031	360	Modena Challenge Stradale F1 04 Rosso Scuderia/Tessuto Racing Nero & Rosso Red stitching ZFFDU57A140139031
139032	360	Modena Challenge Stradale F1 04 Dark Blue/Tan LHD ZFFDU57A340139032
139068	360	Modena Spider F1 04 Red/Tan Daytona Seats Black Inserts Black Stitching ZFFYT53AX40139068 Front & Rear Challenge Grilles Shields Red Calipers
139073	360	Modena Spider F1 9/04 Nero Daytona/Nero ZFFYT53B000139073
139076	360	Modena Spider F1 04 Grigio Titanio Beige ZFFYT53A940139076
139091	360	Modena Spider 04 Rosso Rubino/Cuoio Manual ZFFYT53A540139091
139105	575	M Maranello F1 04 Black/Black LHD ZFFBT55C000139105
139110	575	M Maranello F1 04 Grigio Titanio Metallizzato/Blue LHD US ZFFBV55A940139110
139115	575	M Maranello F1 04 Rosso Scuderia/Black Daytona seats red piping & stitching LHD US ZFFBV55A840139115 Rosso Scuderia calipers shields
139123	F430	(F1) 04 ZFFEZ58B000139123
139146	612	Scaglietti F1 05 Rosso Rubino/beige ZFFAY54B000139146
139157	612	Scaglietti F1 05 Silver/Charcoal Daytona Seats silver Stitching LHD US ZFFAA54AX50139157 ass. # 56975 Silver Calipers Shields
139207	360	Modena Spider F1 04 Rosso Corsa/Tan LHD EU
139223	360	Modena Spider F1 04 Rosso Corsa/Black Red stittching LHD EU ZFFYT53B000139223 red calipers
139242	F430	F1 Yellow then Red/black ZFFEZ58B000139242
139247	F430	(F1) 04 ZFFEZ58B000139247
139275	360	Modena Challenge Stradale F1 04 Rosso Scuderia CS stripe/Black leather Red stitching LHD US ZFFDU57A740139275 Yellow dials Rosso Scuderia calipers
139279	360	Modena Challenge Stradale F1 04 Rosso Corsa no stripe/Black leather red stitching LHD ZFFDT57B000139279 Red calipers
139287	360	Modena Spider F1 04 Blu Tour de France/Crema & black LHD ZFFYT53A040139287
139289	360	Modena Spider F1 11/04 Rosso Corsa/Crema ZFFYT53C000139289
139301	360	Modena Spider F1 04 Rosso Corsa/Tan Daytona Seats ZFFYT53A140139301 Red Calipers Front & Rear Challenge Grilles Shields
139306	F430	(F1) 04 ZFFEZ58B000139306
139307	F430	(F1) 04 ZFFEZ58B000139307
139311	F430	(F1) 04 ZFFEZ58B000139311
139312	F430	(F1) 04 ZFFEZ58B000139312
139354	360	Modena Challenge Stradale F1 10/04 Rosso Scuderia/Tessuto Racing Nero & Rosso ZFFDT57C000139354
139361	360	Modena Challenge Stradale F1 04 Mediterranean Blue no Stripe/Red & Black Alcantara LHD US ZFFDU57A040139361 shields
139375	360	Modena Spider 11/04 Rosso Corsa/Crema Manual ZFFYT53C000139375
139394	360	Modena Spider F1 04 Red/Tan Red Stitching Daytona Seats ZFFYT53A140139394 Red Calipers Shields Front & Rear Challenge Grilles
139410	360	Modena Challenge Stradale F1 04 Rosso Scuderia ZFFDT57B000139410
139435	360	Modena Spider F1 04 Rosso Corsa/Tan ZFFYT53A040139435
139438	360	Modena Spider F1 1/05 Rosso Corsa/Crema ZFFYT53C000139438
139458	360	Modena Spider F1 04 Black/Black Daytona seats ZFFYT53A140139458 Rear challenge grill Red calipers
139459	360	Modena Spider F1 04 Grigio Titanio/Black Daytona seats grey stitching ZFFYT53A340139459 shields Challenge grille Tubi

s/n	Type	Comments
139490	575	M Maranello F1 GTC 04 Grigio Silverstone/Tan Sports seats silver stitching LHD ZFFBT55B000139490
139493	575	M Maranello F1 3/05 Rosso Scuderia/Nero ZFFBT55C000139493
139510	612	Scaglietti F1 05 Nero/Beige LHD EU ZFFAY54B000139510 Shields Yellow calipers
139521	612	Scaglietti F1 04 Grigio Ingrid/Black LHD ZFFAY54B000139521
139540	612	Scaglietti F1 05 Rosso Scuderia/Beige LHD ZFFAY54B000139540 shields
139549	F430	(F1) 04 ZFFEZ58B000139549
139565	612	Scaglietti 04 Red/Beige RHD Manual ZFFAY54C000139565
139566	612	Scaglietti F1 04 Silver/Black ZFFAY54B000139566
139569	612	Scaglietti F1 12/04 Argento Nürburgring/Nero ZFFAY54B000139569
139581	612	Scaglietti F1 not an EU-car but 04 dark Blue/Cuoio RHD UK ZFFAY54C000139581
139590	360	Modena Challenge Stradale F1 04 Blu Tour de France 522 Stripe/Black & Red Alcantara RHD ZFFDT57C000139590 Red calipers Challenge rear grill shields yellow dials
139591	360	Modena Challenge Stradale F1 04 Red Italian stripe/Black & Red sport seats LHD EU ZFFDT57B000139591 ass. # 56807 red calipers shields
139618	360	Modena Spider F1 04 Black/Black Daytona seats ZFFYT53A840139618 Black/Black Daytona seats
139621	360	Modena Spider F1 9/04 Black/Black ZFFYT53A840139621
139634	360	Modena Spider F1 04 Rosso Corsa/Beige Daytona Seats LHD US ZFFYT53A640139634 Red Calipers Front & Rear Challenge Grilles
139655	360	Modena Challenge Stradale 04 Black/black & red LHD Manual EU ZFFDT54B000139655 ass. # 57241
139656	360	Modena Challenge Stradale F1 04 Rosso Corsa no stripe/Black & Red alcantara Red stitching LHD ZFFDT57B000139656
139671	360	Modena Challenge Stradale F1 04 Red Stripe/Black/Red Red stitching RHD ZFFDT57C000139671
139693	360	Modena Spider 04 Rosso Corsa FER322/Tan Daytona Seats Rosso Stitching Manual ZFFYT53A040139693 Red Calipers Shields Challenge Grill
139718	360	Modena Challenge Stradale F1 04 Rosso Corsa/Red ZFFDU57A440139718
139744	FXX	Prototipo & Maserati MC12 Muletto 06 Rosso Corsa LHD EU
139779	360	Modena Spider F1 05 Rosso Corsa/Tan LHD US ZFFYT53A850139779 Red calipers shields front Challenge grill Tubi
139785	360	Modena Spider 05 Rosso Corsa/Tan Daytona Seats LHD Manual US ZFFYT53A350139785 Red Calipers Front & Rear Challenge Grilles Shields
139795	360	Modena Spider F1 05 Argento Nürburgring/Black Daytona Seats Silver stitching ZFFYT53A650139795 Shields Front & Rear Challange Grill Silver Calipers Tubi
139803	575	M Maranello F1 GTC 05 dark Blue/Black ZFFBT55B000139803
139825	F430	(F1) 04 ZFFEZ58B000139825
139849	360	Modena Challenge Stradale F1 12/04 Rosso Corsa/Nero ZFFDT57B000139849
139850	360	Modena Challenge Stradale F1 04 Rosso Corsa no stripe/Black alcantara Red stitching ZFFDT57B000139850 ass.# 57088
139875	612	Scaglietti (F1) 05 Tour de France Blue LHD US ZFFAA54A750139875 ass. # 57229
139876	612	Scaglietti F1 3/05 Argento Nürburgring/Nero ZFFAY54C000139876
139908	360	Modena Challenge Stradale F1 05 Rosso Scuderia no stripe/Black leather Red stitching RHD ZFFDT57C000139908
139917	F430	(F1) 05 ZFFEZ58B000139917
139957	F430	(F1) 05 ZFFEZ58B000139957
140016	360	Modena Challenge Stradale F1 05 Black Stripe/Red leather RHD ZFFDT57C000140016 Red calipers shields
140018	360	Modena Challenge Stradale F1 05 Rosso Scuderia no stripe/Red leather RHD ZFFDT57C000140018 Black calipers yellow dials
140021	360	Modena Spider F1 05 Blu Tour de France/Tan Daytona seats ZFFYT53A950140021 Red Calipers Tubi Shields
140032	360	Modena Spider 05 Black/Black Daytona Seats Red Stitching Manual ZFFYT53A350140032 Challenge Wheels Red Calipers
140035	360	Modena Spider F1 05 Black/Black Daytona Seats LHD US ZFFYT53A950140035 Silver Calipers Front & Rear Challange Grill Shields Stradale Exhaust
140047	360	Modena Spider F1 05 Nero Daytona/blackDaytona seats yellow stitching & stripes ZFFYT53A550140047 Challenge Stradale Exhaust shields Yellow calipers Front & Rear challenge grills
140075	360	Modena Spider 1/05 Blu Tour De France/Crema sport seats ZFFYT53C000140075
140080	360	Modena Spider F1 1/05 Rosso Corsa/Crema ZFFYT53C000140080
140087	F430	(F1) 05 ZFFEZ58B000140087
140099	F430	(F1) 05 silver/black ZFFEZ58B000140099
140133	360	Modena Spider F1 05 Red/Tan ZFFYT53A950140133 shields Yellow calipers
140138	360	Modena F1 04 Blu Pozzi 521 D.S./Tan dark Blue stitching ZFFYU51A200140138, wrong VIN, is 360 Modena Spider F1 05 Black/Black Daytona seats shields Front & rear challenge grills Factory challenge exhaust Red calipers
140139	360	Modena Spider F1 05 Rosso Scuderia/Cuoio LHD US ZFFYT53AX50140139 front & rear challenge grilles shields
140144	360	Modena Spider F1 05 Silver/Red Daytona Seats ZFFYT53A350140144 Shields Red Calipers Front & Rear Challenge Grilles or Black/Black ZFFYT53A350140144

s/n	Type	Comments
140147	360	Modena Spider 05 Rosso Corsa/Beige Daytona Seats LHD US ZFFYT53A950140147 Front Challenge Grilles Red Calipers Shields
140154	360	Modena Spider F1 05 Red/Tan Daytona seats ZFFYT53A650140154 Shields Tubi
140214	F430	F1 12/04 Rosso Corsa/Nero ZFFEZ58B000140214
140220	F430	F1 2/05 Rosso Corsa/Nero Red stitching ZFFEZ58B000140220 ass. # 57456 shields
140223	F430	(F1) 05 ZFFEZ58B000140223
140230	360	Modena Spider F1 12/04 Nero/Rosso ZFFYT53C000140230
140251	360	Modena Spider F1 05 Nero/Cuoio Daytona seats black straps LHD US ZFFYT53A450140251 Front challenge grill
140252	360	Modena Spider (F1) 05 LHD US ZFFYT53A650140252
140269	F430	Spider F1 05 Rosso Scuderia/Black LHD EU ZFFEZ58B000140269 Red calipers shields yellow dials
140271	F430	F1 12/04 Nero Carbone Metallizzato/Beige LHD ZFFEZ58B000140271
140281	F430	F1 1/05 Nero/Rosso ZFFEZ58B000140281
140289	F430	F1 05 red/black ZFFEZ58B000140289
140298	F430	(F1) 05 ZFFEZ58B000140298
140300	F430	F1 05 red/black red stitching ZFFEZ58B000140300 red callipers shields
140333	360	Modena Spider F1 12/04 Rosso Corsa/Nero ZFFYT53C000140333
140350	575	M Maranello (F1) 05 black/black LHD EU
140370	F430	F1 1/05 Rosso Corsa/Beige ZFFEZ58B000140370
140383	F430	F1 05 Rosso Corsa/Nero red stitching LHD ZFFEZ58B000140383 Red calipers shields yellow dials
140388	F430	(F1) 05 ZFFEZ58B000140388
140399	F430	F1 1/05 Giallo Modena/Charcoal ZFFEZ58B000140399
140407	F430	(F1) 05 ZFFEZ58B000140407
140428	360	Modena Spider F1 05 Grigio Titanio/Black Daytona Seats grey Stitching LHD US ZFFYT53A650140428 Aluminum Calipers Shields
140436	575	Superamerica F1 GTC 05 Red/Tan Daytona seats ZFFGT61AX50140436 shields
140452	612	Scaglietti F1 05 Grigio Ingrid/Blue Daytona seats LHD US ZFFAA54A650140452 ass. # 57810 shields
140467	360	Modena Spider F1 3/05 Nero Daytona/Crema ZFFYT53C000140467
140471	360	Modena Spider F1 3/05 Rosso Corsa/Crema ZFFYT53C000140471
140486	F430	F1 05 Rosso Scuderia/black ZFFEZ58B000140486
140487	F430	F1 05 Red/Black LHD EU ZFFEZ58B000140487
140494	F430	F1 05 Rosso Scuderia/Tan LHD ZFFEZ58B000140494 Red calipers
140504	F430	(F1) 05 ZFFEZ58B000140504
140506	F430	(F1) 05 ZFFEZ58B000140506
140549	F430	F1 2/05 Rosso Corsa/Beige ZFFEZ58B000140549
140551	F430	(F1) 05 ZFFEZ58B000140551
140552	F430	(F1) 05 ZFFEZ58B000140552
140554	F430	F1 05 Red LHD ZFFEZ58B000140554
140559	F430	F1 1/05 Rosso Corsa/Nero ZFFEZ58B000140559
140563	F430	(F1) 05 ZFFEZ58B000140563
140574	F430	Spider F1 05 red/black & red seats LHD EU
140595	612	Scaglietti F1 3/05 Nero Daytona/Nero ZFFAY54C000140595
140596	612	Scaglietti (F1) 05 Black/Black LHD EU ZFFAY54B000140596
140615	612	Scaglietti F1 05 Dark metallic blue/Crema ZFFAY54A000140615
140620	612	Scaglietti F1 05 Tour De France Blue/Beige Daytona Seats Blue Stitching Blue Piping Blue Upper Dash Door Panels & Steering Wheel LHD US ZFFAA54A150140620 ass. # 57997 Red Calipers shields Tubi
140635	F430	F1 05 Grigio Alloy/Blue sports seats LHD ZFFEZ59B000140635 shields red dials
140642	360	Modena Spider F1 3/05 Nero Daytona/Crema ZFFYT53C000140642
140648	F430	F1 05 Rosso Scuderia/Nero ZFFEZ58B000140648
140650	F430	F1 05 Red/beige ZFFEZ58B000140650
140657	F430	F1 05 red/cuio ZFFEZ58B000140657
140660	F430	F1 05 Rosso Corsa/Black red stitching LHD ZFFEZ58B000140660 Red calipers
140665	F430	F1 05 Red/Beige Daytona Seats Red Stitching ZFFEW58A550140665 Shields Red Calipers Challenge Wheels
140668	F430	F1 05 red/black ZFFEZ58B000140668
140711	F430	F1 2/05 Rosso Scuderia/Grigio Scuro ZFFEZ58B000140711 Red calipers shields Yellow dials
140715	F430	Spider F1 05 Silver/Black silver stitching LHD EU ZFFEZ59B000140715 Silver calipers shields yellow dials
140719	575	M Maranello F1 05 Pozzi Blu/Beige ZFFBV55AX50140719 Shields
140730	F430	F1 05 Rosso Scuderia/Sabbia sports seats LHD ZFFEZ58B000140730 Red calipers shields sabbia dash and steering wheel
140738	F430	(F1) 05 ZFFEZ58B000140738
140740	F430	(F1) 05 ZFFEZ58B000140740
140742	F430	F1 2/05 Rosso Corsa/Nero ZFFEZ58B000140742
140762	F430	F1 Red/Crema red stitching RHD ZFFEZ58C000140762 shields
140769	F430	05 Rosso Corsa/Black LHD Manual EU shields
140830	612	Scaglietti F1 7/05 Grigio Titanio Metallizzato/Nero ZFFAY54B000140830
140847	F430	F1 05 Rosso Scuderia/Tan ZFFEZ58B000140847 Yellow dials
140872	F430	Spider F1 1/06 Rosso Corsa/Beige ZFFEZ59B000140872
140902	F430	F1 05 Red/all cuoio ZFFEZ58B000140902
140904	F430	F1 05 red/beige
140907	F430	F1 05 Grigio Titanio/grey ZFFEZ58B000140907
140917	F430	F1 05 red/black ZFFEZ58B000140917
140929	~~575~~	~~Superamerica F1 05 Yellow/Black LHD~~ wrong entry, probably mistaken with 140949: F430 F1 black/grey ZFFEZ58B000140929
140966	F430	F1 05 black/black LHD EU ZFFEZ58B000140966 Yellow calipers shields yellow dials

s/n	Type	Comments
140968	F430	F1 05 Rosso Scuderia/Black sports seats red stitching LHD ZFFEZ58B000140968 shields
141041	575	M Maranello 05 Grigio Titanio/Tan Daytona Seats Manual ZFFBV55A250141041 Fiorano Package Shields
141051	F430	(F1) 05 Red LHD EU
141052	F430	(F1) 05 Grigio Silverstone/tan LHD EU
141067	F430	F1 05 Argento Nürburgring/Nero Daytona Seats Rosso Stitching ZFFEW58A150141067 Red calipers
141077	F430	F1 2/05 Rosso Corsa/Nero ZFFEZ58B000141077
141081	F430	F1 6/05 Grigio Titanio Metallizzato/Nero ZFFEZ58B000141081
141086	F430	F1 05 red/tan Daytona seats
141110	F430	F1 05 Giallo Modena/Black Yellow Stittching LHD EU ZFFEZ58B000141110
141121	612	Scaglietti F1 05 Argento Nürburgring/Red LHD US ZFFAA54AX50141121 ass. # 58412
141126	612	Scaglietti F1 3/05 Blu Mirabeau/Beige ZFFAY54B000141126Red calipers shields
141136	612	Scaglietti F1 05 Rosso Corsa/black ZFFAY54B0000141136
141147	612	Scaglietti F1 05 dark blue/tan ZFFAY54B000141147
141150	612	Scaglietti F1 05 Bianco Avus/Nero LHD ZFFAY54B000141150
141179	F430	F1 05 Giallo Modena/Nero LHD ZFFEZ58B000141179
141180	F430	F1 05 Red/Brown ZFFEZ58B000141180
141189	F430	F1 3/05 Rosso Corsa/Nero ZFFEZ58B000141189
141215	F430	F1 05 Rosso Corsa/Black red stitching LHD ZFFEZ58B000141215 Red calipers shields yellow dials
141228	F430	F1 3/05 Grigio Silverstone/Grigio Scuro ZFFEZ58B000141228
141260	F430	F1 05 red/black LHD EU
141264	575	M Maranello F1 05 Rosso Corsa/Black sports seats red cloth seat centres red stitching LHD ZFFBT55B000141264 Black calipers shields
141295	612	Scaglietti F1 4/05 Grigio Silverstone/Grigio Scuro ZFFAY54B000141295
141305	612	Scaglietti F1 05 Red/Sabbia RHD ZFFAY54C000141305 shields
141323	F430	F1 05 Silver/Bordeaux ZFFEZ58B000141323
141334	F430	F1 5/05 Rosso Corsa/Nero ZFFEZ58B000141334
141339	F430	F1 05 Red/black ZFFEZ58B000141339
141369	F430	F1 05 Grigio Silverstone/Bordeaux Nero Stitchings Inserti Plancia in Carbonio LHD US ZFFEW58A650141369
141375	F430	Spider F1 05 Grigio Silverstone/Black ZFFEZ59B000141375
141378	F430	F1 05 Rosso Corsa/Black red stitching LHD ZFFEZ58B000141378 Red calipers shields yellow dials
141432	F430	Spider F1 05 Red/Tan LHD US ZFFEW59A050141432
141434	F430	F1 05 Rosso Corsa/Nero ZFFEZ58B000141434
141445	F430	F1 05 Giallo Modena/Black sports seats yellow stitching LHD ZFFEZ58B000141445 ass. # 58653 shields black wheels yellow dials
141446	F430	F1 8/05 Giallo Modena/Nero sport seats ZFFEZ58B000141446
141455	F430	F1 05 Red/black ZFFEZ58B000141455
141456	F430	F1 05 Bianco Avus/Red LHD ZFFEZ58B000141456
141467	F430	F1 05 Rosso Corsa/Nero Red stitching ZFFEZ58B000141467
141476	F430	F1 05 Red/tan LHD ZFFEW58A750141476
141484	F430	F1 05 Red/Tan Sport seats ZFFEZ58B000141484 BBS rims
141494	F430	Spider 05 Rosso Corsa/Black LHD
141552	F430	Spider F1 05 Giallo Modena/dark Blue Yellow stitching dark Blue top LHD EU
141586	F430	F1 05 Red/Tan LHD EU ZFFEZ58B000141586
141597	F430	F1 05 Black/Black blue stitching LHD ZFFEZ58B000141597 shields yellow dials
141602	F430	F1 05 red/red & black ZFFEZ58B000141602
141612	F430	F1 05 Rosso Corsa/Nero LHD EU ZFFEZ58B000141612
141622	F430	F1 05 Rosso Corsa/Black sports seats ZFFEZ58B000141622 Red calipers shields yellow dials
141657	F430	F1 05 red/black red stitching shields
141683	612	Scaglietti F1 05 Black/cuoio LHD ZFFAY54B000141683 shields
141704	612	Scaglietti 05 Pozzi Blue/Crema LHD ZFFAY54B000141704
141712	612	Scaglietti 05 grey LHD EU
141714	612	Scaglietti 05 Grigio Titanio/tan Daytona seats LHD US ZFFAA54A450141714 ass. # 58967 shields
141726	612	Scaglietti F1 05 Grigio Titanio/Cuoio LHD US ZFFAA54A050141726 ass. # 59025 shields red calipers
141780	F430	F1 05 Black/black ZFFEZ58B000141780
141781	F430	F1 4/05 Rosso Corsa/Nero ZFFEZ58B000141781
141787	F430	F1 Rosso Scuderia FER. 323/black ZFFEZ58B000141787 ass. # 59890
141801	F430	Spider F1 05 yellow/black ZFFEZ59B000141801
141813	F430	F1 05 Black/black ZFFEZ58B000141813
141876	F430	F1 6/05 Argento Nürburgring/Nero ZFFEZ58B000141876
141882	F430	Spider F1 05 Red ZFFEZ59B000141882
141906	F430	F1 05 Grigio alloy/Crema Daytona seats blue stiching Crema dashboard & steering wheel LHD US ZFFEW58A650141906 red calipers
141907	F430	(F1) 05 LHD US ZFFEW58A850141907
141911	F430	F1 4/05 Rosso Scuderia FER. 323/Nero Manual ZFFEZ58B000141911
141914	F430	F1 05 Rosso Scuderia/grey LHD EU
141945	F430	F1 05 Red/beige Daytona seats black stitching ZFFEW58A550141945 red calipers shields
141962	F430	F1 05 Rosso Corsa/Black Daytona Seats LHD EU 12
141975	F430	F1 05 Red/Beige Daytona seats Black stitching LHD US ZFFEW58A350141975 shields Red calipers

s/n	Type	Comments
141996	F430	F1 05 Silver/Red LHD ZFFEZ58B000141996 Red calipers shields
142005	F430	F1 05 Black/Black LHD US ZFFEW58A650142005
142019	575	Superamerica F1 GTC 05 Blu Mirabeau/Beige Racing Seats Blu Stitchings LHD US ZFFGT61A450142019
142034	612	Scaglietti F1 05 Giallo Modena/Tan LHD EU
142040	612	Scaglietti F1 05 Black/Black ZFFAY54B000142040
142071	F430	F1 05 Rosso Scuderia/Tan LHD ZFFEZ58C000142071
142086	F430	F1 05 Argento Nürburgring/Grey Daytona seats silver piping silver inserts LHD US ZFFEW58AX50142086
142098	F430	F1 05 Black/Tan LHD ZFFEZ58B000142098 shields
142102	F430	F1 05 Nero/Nero Daytona Seats LHD US ZFFEW58A450142102 Carbon-ceramic Brakes
142113	F430	F1 05 Red LHD EU
142138	F430	Spider F1 05 Silver/Tan LHD US ZFFEW59A550142138
142147	F430	Spider F1 05 Rosso Corsa/Tan Daytona seats Black piping & inserts LHD US ZFFEW59A650142147 Shields Red Calipers
142156	575	Superamerica F1 10/05 Nero/Cuoio RHD AUS ZFFGT61D000142156
142208	F430	(F1) 05 rosso/nero LHD EU
142210	F430	F1 05 Red/Beige LHD US ZFFEW58A750142210
142211	F430	F1 05 Rosso Corsa/Beige LHD US ZFFEW58A950142211
142222	F430	F1 05 Rosso Barchetta/Black Racing seats red stitching LHD US ZFFEW58A350142222 shields
142301	612	Scaglietti F1 9/05 Grigio Titanio Metallizzato/Bordeaux ZFFAY54C000142301
142308	612	Scaglietti F1 6/05 Nero Daytona/Black & sabbia RHD ZFFAY54C000142308 Red calipers
142325	F430	F1 05 Rosso Corsa/tan red stitching red piping Daytona Seats LHD US ZFFEW58A250142325 red dials Challenge wheels shields red calipers
142326	F430	05 Giallo Modena/Nero Daytona Seats Giallo Stitchings Dashboard Inserts in "Inserti Plancia in Carbonio" Manual LHD US ZFFEW58A450142326 Yellow Calipers Challenge Wheel Rims
142334	F430	F1 05 Red/Tan Daytona Seats LHD US ZFFEW58A350142334 Shields
142359	F430	F1 05 Rosso Corsa/Beige LHD US ZFFEW58A850142359
142363	F430	F1 5/05 Rosso Corsa/Crema ZFFEZ58C000142363
142371	F430	F1 05 Rosso Corsa/Tan Daytona Seats LHD US ZFFEW58A950142371 Shields Red Calipers
142384	F430	Spider F1 5/05 Rosso Corsa/Crema ZFFEZ59C000142384
142406	F430	(F1) 05 Grigio Titanio Metallizzato/Nero LHD CDN ZFFEW58A250142406
142423	F430	F1 05 Rosso Corsa FER322/Crema Daytona seats burgundy piping & dashboard ZFFEW58A250142423 eng. # 94564 Red calipers shields
142433	F430	F1 05 Grigio Titanio/Nero Daytona Seats Grey stitching LHD US ZFFEW58A550142433 Red Calipers Shields
142438	F430	5/05 Rosso Corsa/Sabbia RHD Manual ZFFEZ58C000142438 Red calipers Shields
142446	F430	Spider F1 05 Rosso Corsa/Beige Daytona Seats Rosso 112806 Leather Stripes Rosso Stitchings Red piping Dashboard Inserti Plancia in Carbonio LHD US ZFFEW59A550142446 Red Calipers shields
142467	F430	6/05 Rosso Corsa/Rosso ZFFEZ58C000142467
142472	F430	F1 5/05 Giallo Modena/Charcoal ZFFEZ58B000142472
142485	F430	Spider F1 05 Black LHD ZFFEZ59B000142485
142493	F430	F1 05 Black/Tan LHD ZFFEZ58B000142493
142545	F430	F1 05 Giallo Modena/Black Racing Seats Yellow Stitching LHD US ZFFEW58A550142545 Yellow dials
142573	575	Superamerica F1 7/05 Rosso Corsa/Beige ZFFGT61B000142573
142574	575	Superamerica F1 GTC 7/05 Nero Daytona/Nero ZFFGT61B000142574 Yellow dials
142614	612	Scaglietti F1 8/05 Blu Pozzi/Beige ZFFAY54B000142614
142652	612	Scaglietti F1 7/05 Nero Daytona/Beige ZFFAY54C000142652
142671	F430	F1 05 Rosso Corsa/Nero LHD US ZFFEW58AX50142671
142701	F430	6/05 Nero/Rosso Manual ZFFEZ58C000142701
142706	F430	F1 05 Red/tan LHD US ZFFEW58A350142706
142714	F430	(F1) 05 LHD US ZFFEW58A250142714
142719	F430	Spider F1 05 Grigio Silverstone/black Daytona seats grigio stitching LHD US ZFFEW59A350142719 Aluminum calipers
142721	F430	Spider 05 Grey ZFFEZ59B000142721
142727	F430	Spider F1 5/05 Grigio Silverstone/Beige Daytona seats tan leather roll bars LHD US ZFFEW59A250142727 shields yellow calipers
142763	F430	05 Rosso Corsa/Tan LHD US ZFFEW58A450142763
142771	F430	F1 05 Red/Black LHD ZFFEZ58B000142771 Red calipers shields
142782	F430	Spider F1 05 Nero/Tan LHD US ZFFEW59AX50142782
142787	F430	Spider F1 6/05 Argento Nürburgring/Nero ZFFEZ59C000142787
142819	575	Superamerica F1 05 Rosso Corsa/Nero ZFFGT61A350142819
142825	575	Superamerica F1 05 Rosso Rubino/Bordeaux LHD ZFFGT61A950142825
142849	612	Scaglietti F1 10/05 Grigio Silverstone/Cuoio ZFFAY54B000142849
142876	F430	F1 05 Black/Tan Daytona Seats Black Inserts LHD US ZFFEW58A650142876 Front & Rear Challenge Grill Shields Challenge Wheels Red Calipers

s/n	Type	Comments
142877	F430	F1 05 Rosso Corsa/Tan Daytona Seats LHD US ZFFEW58A850142877 Red calipers shields
142903	F430	F1 05 Argento Nürburgring FER 101/C Black grey stitching LHD US ZFFEW58A550142903 eng. # 95872 challenge wheels
142905	F430	Spider F1 05 Red/tan LHD US ZFFEW59A050142905
142912	F430	F1 05 Rosso Corsa/Cuoio ZFFEZ58B000142912
142927	F430	Spider F1 05 Red/Black LHD ZFFEZ59B000142927
142943	F430	F1 05 Red/Black RHD ZFFEZ58C000142943
142958	F430	Spider F1 05 Red/black ZFFEZ59B000142958
142967	575	Superamerica F1 05 Grigio Titanio Metallizzato/Nero LHD US ZFFGT61A750142967
142968	575	Superamerica GTC 05 Nero/Nero racing seats ZFFGT61A950142968 shields
143005	F430	05 Rosso Corsa/Nero Red stitching RHD Manual ZFFEZ58C000143005 shields yellow dials
143006	F430	Spider F1 6/05 Rosso Corsa/Crema ZFFEZ59C000143006
143021	F430	F1 6/05 Rosso Corsa/Beige ZFFEZ58C000143021
143030	F430	Spider 05 Argento Nürburgring/Nero Daytona Seats Manual ZFFEW59A150143030 Red Calipers
143043	612	Scaglietti F1 05 Black/Black Daytona seats LHD US ZFFAA54A450143043 Red calipers shields tinted windows
143078	612	Scaglietti F1 7/05 Black/Tan Daytona Seats LHD US ZFFAA54A150143078 Yellow Calipers Shields
143123	F430	Spider F1 05 Nero Daytona/Nero Daytona Seats LHD US ZFFEW59A850143123 Red Calipers Shields
143127	F430	Spider F1 05 Red/Crema red stitching RHD ZFFEZ59C000143127 shields
143138	F430	Spider F1 05 Pozzi blu/naturale Daytona seats LHD US ZFFEW59AX50143138 red calipers shields
143176	F430	Spider F1 05 Red/Tan LHD US ZFFEW59A750143176
143178	F430	Spider F1 05 Red/Black sports seats RHD ZFFEZ59C000143178 Shields red dials
143232	F430	F1 8/05 Rosso Scuderia/Nero ZFFEZ58C000143232
143233	F430	Spider F1 05 Rosso Corsa/black ZFFEZ59B000143233
143239	F430	Spider F1 05 Red/Tan Daytona seats LHD US ZFFEW59A550143239 shields
143241	F430	F1 05 Rosso Corsa/Tan Daytona Seats Red Stitching LHD US ZFFEW58A150143241 Shields Red Calipers
143242	F430	F1 05 Nero/Nero LHD US ZFFEW58A350143242 Yellow calipers shields
143250	F430	F1 05 Rosso Corsa/Tan LHD ZFFEZ58B000143250
143281	F430	Spider F1 05 Grigio Silverstone/Cuoio ZFFEZ59B000143281
143314	575	Superamerica F1 GTC 05 Rosso Corsa/Tan Daytona Seats Black Inserts, Stitching & Piping LHD US ZFFGT61A050143314 Shields Tubi Red Calipers
143316	575	Superamerica F1 8/05 Nero Daytona/Crema ZFFGT61B000143316
143317	575	Superamerica F1 8/05 Rosso Corsa/Nero ZFFGT61B000143317
143327	575	Superamerica F1 05 Pozzi blue/beige ZFFGT61B000143327
143332	575	Superamerica F1 05 Blu Mirabeau/Tan LHD ZFFGT61B000143332 Silver calipers shields yellow dials
143334	575	Superamerica F1 05 Rosso Rubino/Tan LHD US ZFFGT61A650143334
143348	F430	Spider (F1) 05 grigio alloy/grigio LHD EU
143355	F430	Spider F1 05 Rosso corsa/beige Daytona seats LHD US ZFFEW59A750143355 Red calipers shields
143372	F430	F1 7/05 Rosso Scuderia/Cuoio ZFFEZ58C000143372
143379	F430	Spider F1 05 Rosso Scuderia LHD ZFFEZ59B000143379
143381	F430	05 Rosso Corsa/Beige Daytona Seats Dashboard Inserti Plancia in Carbonio LHD Manual US ZFFEW58A650143381 Red Calipers
143391	F430	Spider 7/05 Rosso Corsa/Crema ZFFEZ59C000143391
143395	F430	F1 05 Rosso Corsa/Tan ZFFEZ58B000143395
143396	F430	F1 05 Grigio Silverstone/cuoio LHD US ZFFEW58A850143396
143402	F430	Spider F1 05 Rosso Scuderia/Tan Daytona seats LHD US ZFFEW59A150143402 eng. # 96676 shields red calipers
143405	F430	Spider F1 05 Red/Crema red stitching RHD ZFFEZ59C000143405 Red calipers shields red dials
143420	F430	Spider F1 05 Rosso Rubino Micalizzato/cuoio Daytona Seats Bordeaux Stitchings Dashboard Inserts Plancia in Carbonio LHD US ZFFEW59A350143420 Alluminium Calipers Challenge Wheel Rims shields Tubi
143434	F430	Spider F1 05 Rosso Dino/Black Alcantara orange stitching LHD US ZFFEW59A350143434 Grey Calipers
143458	F430	Spider F1 7/05 Nero Daytona/Beige ZFFEZ59C000143458
143459	F430	F1 05 Rosso Scuderia/Nero LHD EU
143472	F430	Spider F1 7/05 Rosso Corsa/Rosso red stitching RHD ZFFEZ59C000143472 Red calipers shields
143555	612	Scaglietti F1 GTC "Pebble Beach" Bicolore 05 Nero Daytona & Argento Nürburgring/Black & Red LHD US ZFFAA54A950143555 Red dials aluminum calipers
143559	612	Scaglietti F1 05 Grigio Silverstone/tan LHD US ZFFAA54A650143559
143573	F430	Spider F1 9/05 Nero Daytona/Crema ZFFEZ59C000143573
143578	F430	Spider F1 05 Nero Daytona/Black Daytona Seats Grey Stitching Black Top ZFFEW59A550143578 Red Calipers Challenge Wheels Shields

s/n	Type	Comments
143602	F430	Spider F1 05 Grigio Silverstone/red LHD US ZFFEW59A950143602
143621	F430	F1 05 Rosso Corsa/Nero Daytona Seats Rosso stittching ZFFEW58A050143621 Red Calipers
143624	F430	7/05 Rosso Corsa/Sabbia ZFFEZ58C000143624
143632	F430	F1 05 Grigio Alloy/Cuoio Daytona Seats Blu Medio 112807 Stripes Blu Medio 0827 Stitchings Inserti Plancia in Alluminio LHD US ZFFEW58A550143632 Alluminium Calipers
143637	F430	F1 05 Red/tan LHD US ZFFEW58A450143637
143644	F430	05 Rosso Corsa/tan Daytona seats black inserts LHD US ZFFEW58A150143644 shields red calipers
143649	F430	F1 05 Red/tan LHD US ZFFEW58A050143649
143658	550	Sperimentale 96 550 Sperimentale Conversion in 2000 renumbered from 117904 in 2005 Rosso Corsa/Tan LHD Manual EU
143666	612	Scaglietti F1 7/05 Argento Nürburgring/Bordeaux ZFFAY54B000143666
143676	612	Scaglietti F1 9/05 Blu Pozzi/Blu Scuro ZFFAY54B000143676
143714	F430	Spider F1 05 Nero Daytona/Cuoio Daytona Seats Nero Stitchings Dashboard Inserti Plancia in Carbonio ZFFEW59A950143714 Red Calipers Shields
143717	F430	Spider F1 05 Nero Daytona/Black Daytona seats grey stitching LHD US ZFFEW59A450143717 shields red dials red calipers
143743	F430	Spider F1 05 Nero B/B FER.1250/Tan Daytona seats Black Inserts LHD US ZFFEW59A550143743 Shields challenge wheels red calipers
143747	F430	F1 05 Red/Tan Daytona Seats LHD US ZFFEW58A050143747 Red Calipers Shields Red dials
143763	F430	F1 05 Rosso Corsa/Black Red Stitching ZFFEW58A950143763 Challenge Wheels Shields Tubi Red Calipers
143781	F430	Spider F1 05 Red/Black red stitching RHD ZFFEZ59C000143781 shields
143798	575	Superamerica F1 11/05 Rosso Corsa/Beige ZFFGT61D000143798
143800	575	Superamerica F1 05 Rosso Corsa/Black Daytona Seats red inserts RHD UK
143803	575	Superamerica F1 05 Rosso Corsa/Black ZFFGT61B000143803
143829	F430	F1 05 Black/Black Daytona Seats red inserts & stitching LHD US ZFFEW58A250143829 Shields Red dials Red Calipers
143839	F430	F1 05 Rosso Scuderia/black ZFFEZ58B000143839
143853	F430	Spider F1 9/05 Nero Daytona/Crema sport seats ZFFEZ59C000143853
143855	F430	F1 05 black/black ZFFEZ58B000143855
143865	F430	Spider F1 05 Blu Tour De France/Beige Daytona Seats Blue stitching LHD US ZFFEW59A850143865
143878	F430	F1 05 Red/Tan Daytona seats Red inserts & stitching LHD US ZFFEW58A450143878 ass. # 60979 Yellow tach Red calipers shields
143941	F430	Spider 9/05 Rosso Corsa/Crema Manual ZFFEZ59C000143941
143942	F430	F1 9/05 Blu NART/Sabbia ZFFEZ58C000143942
143949	F430	F1 05 Blu Mirabeau/Cuoio LHD US ZFFEW58A150143949 Challenge wheels Yellow dials yellow calipers
143958	F430	Spider F1 05 Pozzi Blue/Cuoio Blue Stitching LHD US ZFFEW59A450143958 Tinted Windows
143962	F430	F1 05 Rosso Corsa/Black Daytona seats red stitching LHD US ZFFEW58A450143962 red calipers shields
143972	F430	F1 05 Yellow/Black LHD US ZFFEW58A750143972
143977	F430	F1 05 Red/Crema Bordeaux piping red stitching RHD ZFFEZ58C000143977 Red calipers shields yellow dials
143983	F430	05 Rosso Corsa/Tan Daytona Seats Manual LHD US ZFFEW58A150143983 Shields
143986	F430	Spider F1 05 Red/Tan Daytona Seats LHD US ZFFEW59A950143986 Red Calipers
143988	F430	F1 05 Blu Pozzi/Tan Daytona seats Blue piping LHD US ZFFEW58A050143988 Red dials shields Red calipers
143992	F430	F1 05 Grigio Silverstone/Red red stitching red steering wheel centre RHD ZFFEZ58C000143992 Red calipers shields
144017	F430	Spider F1 05 Rosso Corsa/Beige Daytona Seats Rosso Stitchings Dashboard Inserti Plancia in Carbonio LHD US ZFFEW59A350144017 Carboceramic Brakes Red Calipers Challenge Rims
144053	F430	F1 05 Silver/Grey Sports seats RHD ZFFEZ58C000144053 yellow dials
144108	612	Scaglietti F1 3/06 Nero Daytona/Cuoio ZFFAY54B000144108
144133	F430	Spider F1 05 Grigio Silverstone LHD ZFFEZ59B000144133
144143	F430	F1 05 Rosso Corsa/Tan Daytona seats red piping red stitching LHD US ZFFEW58A650144143 red calipers shields
144157	F430	Spider F1 05 Grigio Alloy/Blu Medio LHD US ZFFEW59A850144157
144171	F430	Spider F1 05 Rosso Corsa/Beige Daytona Seats LHD US ZFFEW59A250144171 Red Calipers Shields
144188	F430	F1 05 Bianco Avus/Bordeuax Large Racing Seats LHD US ZFFEW58A650144188 Shields Red Calipers
144189	F430	F1 05 Rosso Corsa FER322/Tan red piping LHD US ZFFEW58A850144189 shields red calipers
144193	F430	Spider F1 05 Red/black ZFFEZ59B000144193
144225	575	Superamerica F1 05 Grigio Silverstone/Rosso RHD ZFFGT61C000144225
144228	575	Superamerica F1 10/05 Nero/Tan LHD EU ZFFGT61B000144228 ass. # 61794

s/n	Type	Comments
144235	575	Superamerica F1 GTC 05 black/black Daytona Seats Silver stitching LHD EU ZFFGT61B000144235
144240	575	Superamerica F1 GTC 05 Blu Mirabeau/Tan LHD US ZFFGT61A250144240
144255	F430	Spider F1 9/05 Nero/Nero ZFFEZ59C000144255
144259	F430	F1 05 Red LHD ZFFEZ58B000144259
144270	F430	F1 05 Silver/Black Daytona seats silver stitching LHD US ZFFEW58A250144270 Challenge wheels silver calipers
144276	F430	F1 05 Red LHD EU ZFFEZ58B000144276
144289	F430	F1 05 Red/black LHD US ZFFEW58A150144289
144293	F430	F1 10/05 Nero Daytona/Nero ZFFEZ59C000144293
144299	F430	Spider F1 05 Rosso Corsa/Nero red piping red stitching LHD US ZFFEW59A650144299 shields red Calipers challenge rims
144311	F430	F1 9/05 Rosso Corsa/Nero ZFFEZ58C000144311
144316	F430	Spider F1 05 Red/Tan Daytona Seats LHD US ZFFEW59A250144316 Red Calipers Shields
144319	F430	F1 05 Giallo Modena/Nero LHD US ZFFEW58A650144319
144349	F430	Spider 9/05 Black/Tan Daytona seats black inserts black stitching LHD manual US ZFFEW59A650144349 eng. # 98538 shields red calipers
144350	F430	Spider F1 05 Grigio Silverstone/Red sports seats red dash & part red steering wheel RHD ZFFEZ59C000144350 Red calipers shields yellow dials
144362	F430	Spider F1 05 Rosso Corsa/Beige ZFFEZ59B000144362
144367	F430	Spider F1 10/05 Nero Daytona/Nero ZFFEZ59C000144367
144377	F430	Spider F1 11/05 Rosso Corsa/Cream ZFFEZ59C000144377
144385	F430	Spider F1 05 Rosso Corsa/Tan Daytona seats tan inserts ZFFEZ59B000144385 Red stitching Red dials
144418	F430	F1 05 Grigio Silverstone/Black Daytona seats LHD US ZFFEW58A850144418
144422	F430	F1 05 red/tan LHD EU
144433	F430	F1 11/05 Rosso Corsa/Crema ZFFEZ58C000144433
144462	F430	F1 05 Grigio Silverstone/Charcoal racing seats light grey stitching LHD US ZFFEW58A050144462 aluminum calipers carbon ceramic brakes shields
144477	F430	Spider 05 Grigio Alloy/Blue Daytona Seats ZFFEW59A450144477 Shields silver calipers
144507	F430	Spider F1 9/05 Argento Nürburing/Red Daytona seats grey stitching colour coded steering wheel roll bars & dash ZFFEW59A950144507 red calipers shields rear challenge grill
144534	F430	Spider F1 05 Grigio Silverstone/Bordeaux LHD US ZFFEW59A150144534
144553	612	Scaglietti F1 GTC 05 Black/Black red stitching RHD ZFFAY54C000144553 Red calipers shields
144558	612	Scaglietti F1 10/05 Grigio Silverstone/Crema ZFFAY54C000144558
144560	612	Scaglietti F1 10/05 Nero/Grigio Scuro ZFFAY54B000144560
144568	575	Superamerica F1 05 Grigio Silverstone/Nero ZFFGT61C000144568
144584	575	Superamerica F1 05 Rosso Corsa/Beige LHD ZFFGT61B000144584 shields yellow dials
144613	FXX	F1 05 Rosso Corsa White stripe then fully covered with special White 3M-tape/black ZFFHX62X000144613 ass. # 61301
144630	F430	Spider 05 Black/Tan Daytona Seats Manual Silver Calipers Shields Front Challange Grill
144635	F430	Spider F1 05 Rosso Corsa/Beige Daytona Seats LHD US ZFFEW59A750144635 Red Calipers shields
144637	F430	Spider F1 05 Red/Crema red stitching RHD ZFFEZ59C000144637 shields Challenge wheels yellow dials
144645	F430	Spider F1 05 Red/Crema red stitching RHD ZFFEZ59C000144645 shields yellow dials
144646	F430	Spider 05 Red/Crema Bordeaux inserts RHD Manual ZFFEZ59C000144646 Red calipers shields
144662	F430	Spider F1 05 Grigio Silverstone/Cuoio Daytona seats black inserts Black stitching LHD US ZFFEW59AX50144662 shields Black calipers
144706	F430	F1 9/05 Silver/Black Daytona seats silver stitching LHD Manual US ZFFEW58A250144706 red calipers shields
144711	F430	F1 05 Grigio Silverstone/Crema RHD ZFFEZ58C000144711 shields
144715	F430	(F1) 05 LHD US ZFFEW58A350144715
144716	F430	F1 05 Rosso Rubino Micalizzato/Grey LHD US ZFFEW58A550144716
144728	F430	F1 11/05 Nero Daytona/Nero ZFFEZ58C000144728
144736	612	Scaglietti F1 06 dark blue/beige ZFFAY54B000144736
144754	F430	Spider F1 05 Red/Black Red Stichting LHD US ZFFEW59A450144754 Red Calipers Shields
144793	F430	Spider 10/05 Nero Daytona/Crema Manual ZFFEZ59C000144793
144817	F430	Spider F1 05 Grigio Silverstone/Tan Daytona seats LHD US ZFFEW59A250144817 silver calipers
144821	F430	(F1) 05 LHD US ZFFEW58A250144821
144834	575	Superamerica F1 GTC 05 Grigio Silverstone /red ZFFGT61B000144834
144866	575	Superamerica F1 GTC 05 Rosso Scuderia/Beige sports seats red stitching LHD ZFFGT61B000144866 shields
144872	612	Scaglietti F1 05 Argento Nürburgring/Bordeuax ZFFAY54B000144872
144888	F430	F1 05 Rosso Corsa/Tan red stitiching Tan dashboard & steering wheel ZFFEZ58B000144888 shields red calipers
144892	F430	Spider F1 06 Rosso Corsa/Tan LHD US ZFFEW59A360144892 shields red calipers
144922	F430	Spider F1 05 red/black shields red calipers
144941	F430	F1 06 Black/Black Daytona Seats LHD US ZFFEW58AX60144941 Black Callipers Shields

949

s/n	Type	Comments
144942	F430	F1 06 Grigio Titanio/Cuoio LHD US ZFFEW58A160144942
144965	F430	Spider 11/05 Rosso Corsa/Crema ZFFEZ59C000144965
145011	F430	F1 11/05 Rosso Corsa/Crema ZFFEZ58C000145011
145026	F430	F1 05 red/cuoio ZFFEZ58B000145026
145045	F430	Spider F1 06 Grigio Silverstone/Red Daytona Seats Black Top LHD US ZFFEW59A060145045 Red Calipers Shields
145049	F430	Spider 11/05 Rosso Scuderia/Sabbia Manual ZFFEZ59C000145049
145096	575	Superamerica F1 05 Nero Daytona/Crema ZFFGT61C000145096
145121	575	Superamerica F1 05 Grigio Silverstone/Tan LHD EU ZFFGT61B000145121
145123	575	Superamerica F1 05 Rosso Corsa/Beige ZFFGT61A350145123 Yellow dials shields Red calipers
145132	F430	F1 06 Rosso Corsa/Beige Daytona seats Red Stitching LHD US ZFFEW58A460145132 Red calipers shields Challenge wheels
145143	F430	Spider F1 05 Red/Black red stitching RHD ZFFEZ59C000145143 shields
145155	F430	06 Rosso Corsa/Tan Daytona Seats LHD Manual US ZFFEW58A560145155 Shields Red Calipers
145166	F430	F1 05 Rosso Corsa/Beige red stitching LHD ZFFEZ58B000145166
145181	F430	F1 11/05 Rosso Corsa/Beige ZFFEZ58C000145181
145184	F430	Spider F1 05 Rosso Corsa/Bordeaux Tan top ZFFEZ59B000145184
145186	F430	F1 05 Black/black ZFFEZ58B000145186
145195	F430	Spider F1 06 Rosso Corsa/Tan Daytona seats Red stitching tan dash & wheel black top LHD US ZFFEW59A860145195 Yellow dials Yellow calipers shields
145237	F430	Challenge F1 06 Red then Red White Stripe/Red LHD ZFFEX63X000145237
145239	F430	Challenge F1 06 Rosso Scuderia FER. 323 then Green/Black & Red ZFFEX63X000145239
145242	F430	F1 06 red/black ZFFEZ58B000145242
145282	F430	Spider F1 05 Rosso Corsa/Nero LHD ZFFEZ59B000145282 shields yellow dials
145298	F430	F1 05 Rosso Scuderia/Tan LHD EU ZFFEZ58B000145298
145301	F430	Spider F1 05 grey/red LHD EU
145321	F430	Spider F1 06 Rosso Scuderia/Tan LHD ZFFEW59A960145321 shields
145338	F430	Spider F1 06 Grigio Ingrid/cuoio LHD US ZFFEW59A460145338
145345	F430	12/05 Nero/Nero ZFFEZ58D000145345
145390	575	Superamerica F1 GTC 05 Tour De France/Sabbia Racing Seats Blu Stitchings ZFFGT61A450145390 Dark Blue Steering Wheel
145399	575	Superamerica F1 05 Grigio Titanio LHD ZFFGT61B000145399
145408	575	Superamerica F1 05 Grigio Silverstone/Bordeaux LHD EU ZFFGT61B000145408
145416	575	Superamerica F1 05 Red/Crema RHD ZFFGT61C000145416 Yellow dials
145418	575	Superamerica F1 05 Red/Tan LHD US ZFFGT61A050145418
145420	575	Superamerica F1 GTC 05 Rosso Corsa/charcoal Daytona seats red stitching ZFFGT61B000145420 shields Red calipers
145421	575	Superamerica F1 GTC 05 Grigio Silverstone/Tan LHD ZFFGT61B000145421 shields yellow dials
145435	575	Superamerica F1 HGTC 05 Nero/Nero ZFFGT61C000145435
145437	F430	Challenge F1 06 Argento Nürburgring TdF Blue & White/Red LHD ZFFEX63X000145437 ass. # 62929
145448	F430	F1 06 Silver/Black Daytona Seats LHD US ZFFEW58A960145448 Shields
145462	F430	F1 06 Giallo Modena/Nero LHD US ZFFEW58A360145462
145465	F430	Challenge F1 06 Argento Nürburgring 101/C/red LHD ZFFEX63X000145465
145469	F430	F1 12/05 Nero/Nero ZFFEZ58C000145469 Carbon Brakes
145479	F430	F1 06 black/brown ZFFEZ58B000145479 yellow callipers shields
145480	F430	Black/Black ZFFEZ58B000145480
145483	F430	Spider F1 06 Silver/Tan Daytona Seats LHD US ZFFEW59A260145483 Shields Red Callipers Front Challenge Grill
145486	F430	Spider F1 12/05 Rosso Corsa/Crema ZFFEZ59C000145486
145493	F430	Spider F1 Rosso Corsa/Nero LHD ZFFEZ59B000145493 Red calipers shields
145504	F430	Spider F1 11/05 Rosso Corsa/Black Daytona Seats LHD US ZFFEW59A660145504 eng. # 100686 Red Calipers Shields
145505	F430	Spider F1 05 Rosso Corsa/Tan Daytona Seats Red Stitching ZFFEW59A860145505 Red Calipers Shields
145525	F430	Spider F1 1/06 Nero Daytona/Nero ZFFEZ59C000145525
145541	F430	(F1) 06 LHD US ZFFEW58AX60145541
145558	F430	F1 12/05 Nero Metallizzato/Nero ZFFEZ58B000145558
145562	F430	Spider F1 1/06 Rosso Corsa/Nero ZFFEZ59B000145562
145564	F430	F1 05 Grigio Silverstone/Nero LHD EU red calipers yellow dials
145565	F430	Spider F1 05 red/black ZFFEZ59B000145565
145578	F430	Spider F1 06 Rosso Corsa/Tan Daytona Seats Black Stitching & Piping Tan Steering Wheel Black Top LHD US ZFFEW59A260145578 Red Calipers Yellow dials Shields
145595	F430	Spider F1 12/05 Rosso Corsa/Crema sports seats Red stitching RHD ZFFEZ59C000145595 yellow dials
145597	F430	F1 1/06 Grigio Silverstone/Cuoio ZFFEZ58B000145597
145642	F430	F1 06 Rosso Scuderia/Crema red seat centres & headrests red stitching red & black steering wheel LHD ZFFEZ58B000145642 Red calipers shields
145644	F430	F1 05 Red LHD ZFFEZ58C000145644

s/n	Type	Comments
145666	F430	F1 06 red/tan ZFFEZ58B000145666
145688	F430	Spider F1 06 Yellow/Black ZFFEW59A960145688
145691	F430	Spider F1 1/06 Rosso Corsa/Nero ZFFEZ59B000145691
145710	575	Superamerica F1 GTC 05 Rosso Corsa/Black red stitching Bordeaux steering wheel LHD ZFFGT61B000145710 shields red dials
145731	575	Superamerica F1 GTC 05 Red/Tan LHD US ZFFGT61A450145731
145732	575	Superamerica F1 05 Black/Tan Daytona seats black inserts & piping ZFFGT61A650145732 shields
145740	575	Superamerica F1 GTC 05 Grigio Silverstone/Red ZFFGT61B000145740 shields yellow dials
145742	575	Superamerica F1 GTC 05 Rosso Fiorano/Crema Bordeaux piping red stitching LHD ZFFGT61B000145742 Silver calipers yellow dials
145743	575	Superamerica GTC 05 Argento Nürburgring/Bordeaux LHD Manual ZFFGT61B000145743
145752	612	Scaglietti F1 05 GrigioTitanio LHD ZFFAY54B000145752
145769	F430	Challenge F1 06 Argento Nürburgring Red skirt/Red LHD ZFFEX63X000145769
145776	F430	Challenge F1 06 Yellow Red Stripe/red LHD ZFFEX63X000145776
145778	F430	Spider F1 06 Grigio Silverstone LHD ZFFEZ59B000145778
145786	F430	Challenge F1 06 Yellow/Red LHD ZFFEX63X000145786
145793	F430	Spider F1 06 red/black ZFFEZ59B000145793
145812	F430	F1 06 red/black LHD EU
145821	F430	Challenge F1 06 Black/Red LHD ZFFEX63X000145821 ass. # 63329
145837	F430	Spider F1 06 Grigio Silverstone/Tan Daytona Seats Charcoal stittching ZFFEW59A060145837 Yellow Calipers
145838	F430	Challenge F1 06 Blue & White/Red ZFFEX63X000145838 ass. # 63365
145843	F430	F1 06 Rosso Corsa/Nero red stitching LHD ZFFEZ58B000145843 shields yellow dials
145844	F430	F1 06 Rosso Corsa/Nero LHD ZFFEZ58B000145844 shields
145853	F430	Challenge F1 06 Silver & Orange/red LHD ZFFEX63X000145853
145863	F430	Challenge F1 06 Rosso Barchetta/Red ZFFEW58A960147863 (unusual Challenge VIN, probably a Conversion)
145875	F430	Spider F1 11/05 Rosso Corsa/Tan ZFFEW59A860145875
145885	F430	F1 Black/Black silver stitching RHD ZFFEZ58C000145885 shields
145887	F430	Spider F1 12/05 Rosso Corsa/Nero LHD ZFFEZ59B000145887
145906	F430	Spider F1 06 Rosso Corsa/Tan ZFFEW59A460145906
145930	F430	Spider F1 05 Rosso Corsa/Nero ZFFEZ59B000145930
145956	F430	F1 05 Red/black ZFFEZ58B000145956
145957	F430	Spider F1 05 Red/Black red stitching RHD ZFFEZ59C000145957 Red calipers shields
145966	612	Scaglietti 06 Red/tan LHD ZFFAA54A560145966
145977	F430	Spider F1 06 dark blue/tan LHD EU
145985	612	Scaglietti F1 06 Black/Black RHD ZFFAY54C000145985 Yellow dials
145995	F430	Spider F1 06 Black LHD ZFFEZ59B000145995
146008	F430	Spider F1 06 Yellow/Black ZFFEZ59B000146008
146023	F430	Spider F1 05 Red/cuoio ZFFEZ59B000146023
146037	575	Superamerica F1 GTC 05 Black LHD ZFFGT61B000146037
146041	575	Superamerica F1 05 Grigio Silverstone/Cuoio ZFFGT61B000146041
146042	575	Superamerica F1 05 red/black ZFFGT61B000 146042 red calipers
146046	575	Superamerica F1 05 Rosso Scuderia Fer. 323/black ZFFGT61B000146046 ass. # 63404
146054	575	Superamerica F1 GTC 05 Grigio Silverstone/Cuoio ZFFGT61B000146054
146066	F430	F1 05 Red/tan ZFFEZ58B000146066
146084	F430	F1 05 Rosso Corsa/Tan ZFFEZ58B000146084 Red calipers shields Yellow dials
146100	F430	Spider F1 05 black/black ZFFEZ59B000146100
146119	F430	F1 05 Rosso Corsa/Black ZFFEZ58B000146119 Red calipers shields
146147	575	Superamerica F1 05 Rosso Scuderia/Cuoio Daytona seats black inserts black piping & stitching ZFFGT61A050146147 shields
146148	575	Superamerica F1 05 Red/tan LHD ZFFGT61A250146148
146150	575	Superamerica F1 05 Rosso Scuderia/Black Daytona Seats Red Inserts & Stiching ZFFGT61A50146150 Red Calipers Shields Red dials
146163	575	Superamerica F1 05 Rossa Corsa/Tan Red Inserts Red stitching LHD US ZFFGT61A950146163 Red Calipers Red Dials
146164	575	Superamerica F1 05 Giallo Modena FER 4305 & Blue TdF FER 522/Blue sports seats Yellow inserts yellow stitching multiple signatures on radiator cover LHD ZFFGT61B000146164 ass. # 63375
146168	612	Scaglietti 2/06 Grigio Silverstone/Rosso ZFFAY54B000146168
146187	F430	F1 3/06 Rosso Corsa/Beige ZFFEZ58C000146187
146188	F430	F1 06 Silver/Black RHD ZFFEZ58C000146188 Red calipers Shields yellow dials
146192	F430	Spider F1 06 Rosso Scuderia FER. 323/Black Red stitching LHD Manual EU ZFFEZ459B000146192 Red calipers shields
146204	F430	F1 05 Rosso Corsa/Nero LHD ZFFEZ58B000146204 shields yellow dials
146206	F430	F1 06 Rosso Corsa/Black sports seats red stitching LHD ZFFEZ58B000146206 Red calipers shields yellow dials
146211	F430	Spider F1 3/06 Rosso Corsa/Nero ZFFEZ59B000146211
146213	F430	Challenge F1 06 Red/Red LHD ZFFEX63X000146213
146242	F430	F1 06 Red/Tan ZFFEZ58B000146242

s/n	Type	Comments
146259	F430	Spider F1 06 Giallo Modena/Nero ZFFEZ59B000146259
146265	612	Scaglietti 06 Grigio Silverstone/Tan Manual LHD US ZFFAA54A260146265
146269	F430	Spider (F1) 06 LHD US ZFFEW59A560146269
146275	F430	F1 06 Giallo Modena/Nero yellow stitching LHD ZFFEZ58B000146275 shields Challenge wheels
146293	F430	Challenge F1 06 Argento Nürburgring yellow & checkered stripe/Nero Red Seats ZFFEX63X000146293
146301	F430	Spider F1 06 Grigio Silverstone/Bordeaux LHD ZFFEZ59B000146301 Yellow calipers shields yellow dials
146312	F430	Challenge F1 06 Red/red LHD ZFFEX63X000146312 ass. # 63477
146316	F430	Spider F1 06 Rosso Corsa/Black Daytona seats ZFFEW59AX60146316 red calipers shields
146320	F430	Spider F1 4/06 Nero/Cuoio ZFFEZ59B000146320
146328	F430	Challenge F1 06 Yellow/Red LHD ZFFEX63X000146328
146329	F430	F1 05 Grigio Silverstone/Nero LHD US ZFFEW58A660146329
146334	F430	Challenge F1 06 Silver/Red ZFFEX63X000146334
146336	F430	F1 05 Rosso Corsa/Beige LHD US ZFFEW58A360146336
146343	F430	Challenge F1 06 Red & Black/red LHD ZFFEX63X000146343 ass. # 63510
146344	F430	Challenge F1 06 White/Red LHD ZFFEX63X000146344
146346	F430	Spider F1 06 Rosso Corsa/Tan ZFFEZ59B000146346
146371	612	Scaglietti F1 GTC 06 Nero Daytona/Tan LHD ZFFAY54B000146371 Yellow calipers shields
146391	575	Superamerica F1 GTC 05 Rosso Cursa/Tan ZFFGT61B000146391
146408	F430	Challenge F1 Rosso Corsa & Yellow then Purple/Red LHD EU ZFFEX63X000146408 ass. # 63551
146429	F430	Challenge F1 Red White & Black
146430	F430	3/06 Rosso Corsa/Crema ZFFEZ58C000146430
146438	F430	Challenge F1 06 White/Red LHD ZFFEX63X000146438
146458	F430	Challenge F1 06 Silver/red LHD ZFFEX63X000146458 ass. # 63681
146459	F430	Challenge F1 06 Red/Red LHD ZFFEX63X000146459 ass. # 63703
146478	F430	Challenge F1 06 Dark Blue & neon/red LHD ZFFEX63X000146478
146496	F430	Spider F1 3/06 Blu Mirabeau/Crema ZFFEZ59C000146496
146497	F430	F1 1/07 Nero Daytona/Nero LHD ZFFEZ58B000146497
146500	F430	F1 06 Rosso Corsa/Tan ZFFEZ58B000146500
146507	F430	Spider F1 06 Grigio Titanio/Black LHD ZFFEZ59B000146507
146509	F430	F1 06 Red/Tan ZFFEW58A860146509
146523	612	Scaglietti F1 GTC 06 Blue then dark Blue & White British Police livery/Tan RHD ZFFAY54C000146523 Yellow calipers shields yellow dials, given to the British Police for three months for their 2007-"Think"-campaign
146544	612	Scaglietti F1 06 Black/Tan ZFFAA54A660146544
146549	F430	Challenge F1 06 Silver
146554	F430	F1 3/06 Rosso Corsa/Beige ZFFEZ58B000146554
146556	F430	Challenge F1 06 Rosso Corsa & White/Black Red seat ZFFEX63X000146556 ass. # 63769
146562	F430	(F1) 06 LHD US ZFFEW58A160146562
146563	F430	(F1) 06 LHD US ZFFEW58A360146563
146564	F430	(F1) 06 LHD US ZFFEW58A560146564
146570	F430	Spider F1 06 Grigio Titanio LHD ZFFEZ59B000146570
146573	F430	Challenge F1 06 Rosso Corsa White stripe then Rosso Corsa & Yellow/Red LHD EU ZFFEX63X00146573 ass. # 63754
146574	F430	Challenge F1 Rosso Corsa/Red White stripe LHD EU ZFFEX63X00146573 ass. # 63743 Yellow mirrors
146580	F430	Spider F1 06 Dark Blue/cuoio LHD ZFFEW58A560146580
146581	F430	F1 06 Grigio Silverstone/Nero ZFFEW58A560146581
146583	F430	(F1) 06 LHD US ZFFEW58A960146583
146585	F430	F1 06 Nero/Nero LHD EU
146600	F430	Spider F1 06 Rosso Corsa/Beige ZFFEW59A760146600 Red Calipers Shields
146605	F430	(F1) 06 LHD US ZFFEW58A460146605
146606	F430	(F1) 06 LHD US ZFFEW58A660146606
146620	F430	(F1) 06 LHD US ZFFEW58A060146620
146621	F430	F1 06 Red & White Fiorano Ferrari livery/Black RHD ZFFEZ58C000146621 shields
146622	F430	F1 06 Red & White Fiorano Ferrari livery/Black sports seats RHD ZFFEZ58C000146622 shields
146630	F430	Spider (F1) 06 LHD US ZFFEW59A560146630
146633	F430	F1 06 Silver/Black Racing Seats ZFFEW58A960146633 Challenge Wheels Aluminum Calipers Shields
146634	F430	(F1) 06 LHD US ZFFEW58A060146634
146635	F430	F1 06 Red & White Fiorano Ferrari livery/Black sports seats RHD ZFFEZ58C000146635 shields yellow dials
146643	575	Superamerica F1 05 Grigio Titanio Metallizzato/Crema ZFFGT61C000146643
146645	575	Superamerica F1 05 Grigio Silverstone/Grey silver stitching RHD ZFFGT61C000146645 shields
146660	575	Superamerica F1 GTC 05 Grigio Silverstone/Cuoio LHD ZFFGT61B000146660
146665	575	Superamerica F1 05 Grigio Silverstone/Bordeaux LHD ZFFGT61B000146665 Black calipers shields
146672	F430	Challenge F1 Silver/Red Seats ZFFEX63X000146672 ass. # 63965
146676	F430	F1 Novitec Rosso 06 Red/black ZFFEZ58B000146676 Auto RAI Novitec show car Novitec spoilers & rear wing
146681	F430	Challenge F1 Red White & Black/Red LHD EU ZFFEX63X000146681 ass. # 63878 Union Jack mirrors
146686	F430	Challenge F1 Red/Red Seats ZFFEX63X000146686 ass. # 63873
146687	F430	Challenge F1 Red White & Black/Black Red seat LHD ZFFEX63X000146687 ass. # 63830

s/n	Type	Comments
146688	F430	F1 Red & White Fiorano Ferrari livery/Black sports seats RHD ZFFEZ58C000146688 shields
146701	F430	(F1) 06 LHD US ZFFEW58A060146701
146704	F430	Challenge F1 Red
146705	F430	F1 05 Red & White Fiorano Ferrari livery/Black sports seats RHD ZFFEZ58C000146705 shields
146706	F430	06 Argento Nürburgring/Nero ZFFEW58AX60146706 Aluminium Calipers Carbo ceramic Brakes Challenge Rims
146713	F430	Challenge F1 05 White & Orange/Black Red seat LHD ZFFEX63X000146713 ass. # 63909
146725	575	Superamerica F1 05 Grigio Silverstone/Red LHD ZFFGT61B000146725 Yellow dials
146730	F430	Spider F1 06 Rosso Corsa/Tan LHD ZFFEZ59B000146730 Red calipers shields yellow dials
146731	F430	Spider F1 5/06 Nero/Nero ZFFEZ59B000146731
146736	F430	F1 06 Rosso Corsa/Nero ZFFEZ59B000146736
146750	F430	Challenge F1 Black Orange & White then Black white & red lower body/Red LHD EU ZFFEX63X00146750 ass. # 63947
146761	F430	Spider F1 3/06 Nero Daytona/Crema ZFFEZ59C000146761
146764	F430	Challenge F1 Red/Red Seats ZFFEX63X000146764
146784	F430	Challenge F1 Orange & White/Red Seats ZFFEX63X000146784 ass. # 63971
146827	F430	Challenge F1 pale Purple/Red Seats ZFFEX63X000146827 ass. # 64073
146854	612	Scaglietti 06 Grigio Silverstone/Cuoio LHD CDN ZFFAA54AX60146854
146856	612	Scaglietti (F1) 06 grey/red LHD EU
146860	612	Scaglietti 5/06 Nero/Nero ZFFAY54C000146860
146866	612	Scaglietti (F1) 06 LHD EU
146870	612	Scaglietti GTS 06 Grigio Silverstone/Black Daytona seats charcoal inserts charcoal stitching Manual ZFFAA54A860146870 shields yellow calipers
146890	F430	Spider F1 06 Rosso Corsa/Tan ZFFEZ59B000146890 Yellow dials
146910	F430	Spider F1 4/06 Giallo Modena/Cuoio cuoio stitching RHD ZFFEZ59C000146910 Yellow calipers Scuderia shields cuoio steering wheel Yellow dials
146922	F430	Spider F1 06 Yellow/Tan large racing seats ZFFEW59A760146922 Yellow calipers shields
146931	F430	F1 06 Rosso Scuderia/Black Red stitching ZFFEZ58B000146931 shields Yellow dials
146967	F430	F1 3/06 Nero/Nero ZFFEZ58B000146967
146970	F430	Challenge F1 06 Rosso Corsa/Red White stripe LHD EU ZFFEX63X000146970 ass. # 64157
146984	F430	Spider F1 06 Black/Black LHD ZFFEW59A760146984
146986	F430	Spider F1 06 Rosso Corsa/Beige Daytona seats ZFFEW59A060146986 shields red calipers
146990	F430	Spider F1 06 red/black LHD EU ZFFEZ59B000146990
147016	575	Superamerica F1 05 Rosso Scuderia/Black LHD ZFFGT61B000147016 Yellow dials
147034	F430	Spider F1 06 Red/Tan LHD ZFFEZ59A560147034
147037	F430	Spider F1 06 Rosso Corsa/Crema Red stitching RHD ZFFEZ59C000147037
147049	F430	F1 4/06 Rosso Corsa/Crema ZFFEZ58C000147049
147089	F430	Challenge F1 Black Red pinstripes
147096	F430	Challenge F1 06 Red White & Black/Black red seat LHD ZFFEX63X000147096 ass. # 64284
147097	F430	Challenge F1 Yellow & White/Black LHD EU ZFFEX63X000147097 ass. # 64289
147104	F430	Challenge F1 06 Red/red LHD ZFFEX63X000147104 ass. # 64676
147113	612	Scaglietti 06 Grigio Silverstone/Bordeaux LHD US ZFFAA54A660147113
147127	612	Scaglietti F1 06 grey/red LHD EU
147134	612	Scaglietti F1 06 Silver/Cuoio LHD ZFFAY54B000147134 Yellow dials
147135	612	Scaglietti F1 GTC 06 Black/Tan Daytona Seats LHD EU ZFFAY54B000147135 Shields yellow dials
147137	612	Scaglietti F1 06 Rosso Corsa/Tan LHD ZFFAY54B000147137 Red calipers shields
147139	612	Scaglietti F1 06 black/tan ZFFAY54B000147139
147141	612	Scaglietti F1 06 Argento Nürburgring/Black Grey piping LHD ZFFAY54B000147141
147143	612	Scaglietti F1 06 Grigio Titanio/Grey Daytona Seats Silver Inserts silver Stitching ZFFAA54A460147143 Tubi Silver Calipers Shields
147153	612	Scaglietti F1 GTC 06 Red/Black Daytona Seats red inserts stitching & piping ZFFAA54A760147153 Shields Yellow dials Yellow Calipers
147161	F430	Spider 06 Grigio alloy/Crema dark blue dash & steering wheel Manual ZFFEW59A160147161
147198	F430	Spider (F1) 06 LHD US ZFFEW59A260147198
147201	F430	Challenge GT3 F1 #8 06 Red ZFFEX63X000147201 ass. # 64387 GT3 rear wing
147206	F430	Spider F1 06 Rosso Corsa/Black sports seats ZFFEZ59B000147206
147209	F430	F1 06 Blu Tour de France 522/Tan RHD ZFFEZ58C000147209 Yellow calipers shields yellow dials
147211	F430	Spider F1 06 Black/Sabbia black inserts RHD ZFFEZ59C000147211 Yellow calipers shields
147228	F430	Spider F1 06 Rosso Corsa/Tan Daytona Seats Red Piping Red Stitching LHD US ZFFEW59A760147228 Red Calipers Shields Challenge Wheels Tubi
147244	F430	Spider F1 06 Rosso Corsa/Beige ZFFEW59A560147244 shields red calipers red dials
147247	F430	Spider F1 06 Black/Black Daytona Seats Grey Piping & Stitching ZFFEW59A060147247 Yellow Calipers Shields
147249	F430	06 dark grey ZFFEZ58B000147249

s/n	Type	Comments
147253	F430	F1 06 Rosso Corsa/Beige LHD ZFFEZ58B000147253 Red calipers shields
147263	F430	Spider F1 06 red/black LHD EU
147264	F430	Spider F1 06 Red/black LHD ZFFEZ59B000147264 red calipers shields
147271	F430	Spider F1 06 Rosso Corsa/Tan ZFFEW59A860147271 Tubi
147273	F430	Spider F1 06 Grigio Silverstone/Nero silver stitching LHD ZFFEZ59B000147273 Yellow calipers yellow dials
147281	F430	Spider F1 Red/Black Red stitching ZFFEZ59B000147281 Red dials
147300	F430	Challenge F1 GTC/GT3 Michelotto Conversion 06 Novitec twin-compressor adjustable rear wing
147310	F430	Spider F1 5/06 Grigio Titanio Metallizzato/Crema ZFFEZ59C000147310
147321	612	Scaglietti F1 GTC 06 Grigio Silverstone/Black silver stitching RHD ZFFAY54C000147321 shields yellow dials
147338	F430	F1 06 GrigioTitanio/Black Daytona seats ZFFEW58A160147338 red calipers yellow dials shields
147356	F430	F1 06 Red/Beige RHD ZFFEZ58C000147356 Red calipers shields yellow dials
147374	F430	F1 06 Red/Crema RHD ZFFEZ58C000147374 Red calipers shields
147396	F430	F1 06 Red/Beige LHD ZFFEZ58B000147396 Red calipers yellow dials
147410	F430	Challenge F1 Rosso Corsa two White stripes then White/Red ZFFEX63X000147410 ass. # 64647
147413	575	Superamerica F1 05 Rosso Scuderia/Beige Sports seats LHD ZFFGT61B000147413 ass. # 64359 yellow dials
147427	599	GTB Fiorano F1 06 Black/red LHD ZFFFD60B000147427
147428	612	Scaglietti (F1) 06 LHD US ZFFAA54A960147428
147453	F430	Challenge F1 06 Rosso Corsa/Red & Black LHD EU ZFFEX63X000147453
147465	F430	F1 06 Red/Black red stitching RHD ZFFEZ58C000147465 Red calipers shields
147507	F430	Spider 06 red/black LHD EU
147518	F430	F1 06 Rosso Corsa/Tan Daytona Seats Red Stitching ZFFEW58A360147518 Shields
147521	F430	Spider F1 06 Rosso Corsa/tan LHD ZFFEZ59B000147521 red calipers
147526	F430	Spider F1 06 Grigio Silverstone LHD ZFFEZ59B000147526
147532	F430	Spider 06 Grigio Silverstone/Cuoio Daytona Seats Black Inserts Black Stitching Manual ZFFEW59AX60147532 Yellow Calipers Shields Yellow dials
147545	599	GTB Fiorano F1 06 Black LHD ZFFFD60B000147545
147565	F430	Challenge GT3 F1 #9 06 ZFFEX63X000147565 ass. # 64791
147574	F430	Spider (F1) 06 LHD US ZFFEW59A460147574
147586	F430	Spider F1 06 Rosso Corsa/Black & Red ZFFEZ59B000147586
147602	F430	Spider F1 06 Giallo Modena/Nero Daytona Seats Giallo stittching ZFFEW59A560147602 Yellow Calipers Shields
147607	F430	Spider Red/Black ZFFEZ59B000147607
147617	F430	Spider F1 06 Argento Nürburgring/Nero ZFFEW59A760147617 Carbon Ceramic Brakes Shields
147629	F430	Spider F1 06 red/black LHD EU challenge wheels shields
147658	612	Scaglietti F1 06 Rosso Corsa/Black LHD ZFFAY54B000147658 shields
147662	~~F430~~	~~Challenge F1 ZFFEX63X000147662 not a 430 but 612 Scaglietti F1 Rosso Rubino/Crema Bordeaux piping RHD ZFFAY54C000147662~~
147694	612	Scaglietti F1 06 TdF Blue/Crema blue dash LHD EU
147697	F430	F1 06 Rosso Corsa/Black Daytona Seats Red Stitching ZFFEW58A760147697 Challenge Rims Red dials Red Calipers
147724	612	Scaglietti F1 5/06 Grigio Silverstone/Nero ZFFAY54B000147724
147726	F430	Spider F1 06 Rosso Corsa/Black ZFFEZ59B000147726
147728	F430	Spider F1 06 Rosso Corsa/Black ZFFEZ59B000147728
147733	612	Scaglietti F1 06 Blu Tour De France/Beige ZFFAA54A360147733
147745	F430	F1 06 Grigio Titanio LHD ZFFEZ58B000147745
147762	F430	Spider F1 4/06 Rosso Corsa/Beige ZFFEZ59B000147762
147763	612	Scaglietti 9/06 Nero/Beige ZFFAY54B000147763
147782	F430	F1 06 Grigio Silverstone/Red LHD ZFFEZ58B000147782 Yellow calipers shields
147783	612	Scaglietti F1 06 Grigio Titanio/Cuoio LHD ZFFAY54B000147783
147802	612	Scaglietti 06 Nero/Nero Manual ZFFAA54A760147802
147815	612	Scaglietti (F1) 06 LHD US ZFFAA54A560147815
147861	F430	F1 06 Red/tan LHD ZFFEW58A560147861
147875	F430	F1 06 Rosso Corsa/Black ZFFEZ58B000147875
147881	F430	06 Red/Tan Daytona Seats Manual ZFFEW58A060147881
147888	F430	Spider (F1) 06 Red Daytona Seats ZFFEW59A560147888 Red Calipers Shields
147898	F430	06 Rosso Corsa/Beige Daytona Seats Dashboard Inserti Plancia in Carbonio Manual ZFFEW58A660147898 Red Calipers
147914	F430	06 Rosso Corsa/Tan Sports seats RHD Manual UK
147972	F430	Spider (F1) 06 LHD US ZFFEW59A560147972
147975	F430	F1 06 Red/Tan ZFFEW58A960147975 Tubi
147993	F430	F1 06 Black/Black Daytona Seats black stiching ZFFEW58A060147993 yellow calipers Shields
148010	612	Scaglietti F1 06 black/black ZFFAY54B000148010
148011	612	Scaglietti F1 06 Grigio Silverstone/Bordeaux LHD ZFFAY54B000148011

s/n	Type	Comments
148016	612	Scaglietti 5/06 Rosso Corsa/Charcoal ZFFAY54B000148016
148021	612	Scaglietti F1 06 Black/Brown ZFFAY54B000148021
148028	612	Scaglietti F1 06 Silver LHD ZFFAY54B000148028
148063	F430	06 Grigio Silverstone/Cuoio Daytona Seats Dashboard Inserti Plancia in Carbonio Manual ZFFEW58A460148063 Yellow Calipers
148066	F430	5/06 Grigio Silverstone/Rosso ZFFEZ58C000148066
148071	F430	Spider (F1) 06 LHD US ZFFEW59A560148071
148090	F430	F1 06 Red LHD ZFFEZ58B000148090
148092	F430	F1 06 Red LHD ZFFEZ58B000148092
148104	F430	F1 06 Rosso Corsa/Nero ZFFEZ58B000148104 shields
148111	F430	Spider F1 06 Giallo Modena/full blue ZFFEW59A260148111
148159	F430	F1 06 Red/Black Daytona seats ZFFEW58A660148159 red Calipers shields Novitec Rosso smoked tailights Capristo exhaust
148176	F430	Spider F1 06 Rosso Corsa/Tan ZFFEW59A860148176
148177	F430	Spider F1 06 Grigio Silverstone/Red Daytona Seats ZFFEW59AX60148177 Shields Red Calipers
148188	F430	06 Black/Tan Daytona Seats Black Inserts Manual ZFFEW58A260148188 Red Calipers Shields Yellow Dials Challenge Wheels
148190	F430	F1 06 Black/Black Daytona Seats Red Stitching ZFFEW58A060148190 Shields Challenge Wheels Red Calipers
148193	F430	Spider F1 06 Red/Tan Daytona Seats Tan Dashboard ZFFEW59A860148193 yellow Calipers
148195	F430	6/06 Blu Tour de France/Beige Manual ZFFEZ58C000148195
148196	F430	F1 06 Black/Crema RHD ZFFEZ58C000148196 shields yellow dials
148226	599	GTB Fiorano F1 06 Rosso Monza/Charcoal LHD ZFFFD60B000148226 shields Challenge wheels yellow dials
148227	599	GTB Fiorano F1 06 LHD ZFFFD60B000148227
148234	599	GTB Fiorano 06 Rosso Corsa/Beige Daytona Seats LHD Red calipers Shields
148256	612	Scaglietti F1 06 Black/Black red stitching LHD ZFFAY54B000148256 Red calipers shields
148265	612	Scaglietti (F1) 06 LHD US ZFFAA54A160148265
148272	612	Scaglietti F1 06 black/black LHD EU Novitec rear lights
148274	612	Scaglietti F1 06 Grigio Silverstone/Cuoio & Crema ZFFAY54B000148274
148277	612	Scaglietti (F1) Montreux GP Edition 06 grey & silver/red & black ZFFAY54B000148277
148280	612	Scaglietti F1 06 Argento Nürburgring 101/C/Bordeaux black inserts LHD EU ZFFAY54B000148280 shields Red lower half of steering wheel
148281	612	Scaglietti F1 06 Nero/Beige ZFFAA54AX60148281 Red calipers shields
148297	599	GTB Fiorano F1 06 Rosso Corsa/Black red seat centres red stitching LHD ZFFFD60B000148297 Red calipers shields pentagram wheelsyellow dials
148298	599	GTB Fiorano F1 06 Grigio Alloy/Crema LHD ZFFFD60B000148298
148310	F430	Spider 06 Grigio Silverstone/Cuoio Daytona seats Manual ZFFEW59A860148310 Aluminum calipers
148318	F430	Spider F1 06 Red/black ZFFEZ59B000148318
148367	F430	F1 5/06 Rosso Corsa/Crema ZFFEZ58C000148367
148368	F430	Spider F1 6/06 Rosso Corsa/Nero ZFFEZ59C000148368
148381	F430	F1 6/06 Nero Daytona/Nero ZFFEZ58C000148381
148382	F430	F1 6/06 Rosso Corsa/Crema ZFFEZ58C000148382
148384	F430	Spider F1 7/06 Grigio Alloy/Carta Da Zucchero RHD ZFFEZ59D000148384
148409	F430	F1 06 Rosso Corsa/Tan LHD ZFFEZ58B000148409
148422	F430	Spider F1 06 Red/Tan LHD ZFFEW59A860148422
148425	F430	Spider F1 06 Red LHD ZFFEZ59B000148425
148453	612	Scaglietti F1 7/06 Nero Daytona/Nero ZFFAY54C000148453
148468	612	Scaglietti F1 06 Grigio Silverstone/Nero LHD ZFFAY54B000148468
148471	612	Scaglietti F1 06 Black/Black Daytona Seats Silver Piping ZFFAA54A460148471 Sunroof Shields Silver Calipers
148478	612	Scaglietti 10/06 Grigio Silverstone/Cuoio ZFFAY54B000148478
148482	612	Scaglietti 8/06 Grigio Silverstone/Bordeaux Manual ZFFAY54D000148482
148485	612	Scaglietti F1 06 Grigio Silverstone/Grey ZFFAA54A460148485
148502	F430	F1 06 Grigio Silverstone/red ZFFEZ58B000148502
148522	F430	Spider F1 06 Grigio Silverstone LHD ZFFEZ59B000148522
148554	F430	Spider 06 Yellow/Black Yellow stitching RHD Manual ZFFEZ59C000148554
148576	F430	Spider F1 6/06 Grigio Silverstone/Nero ZFFEZ59B000148576
148581	F430	Spider F1 06 Giallo Modena/Nero ZFFEZ59B000148581
148582	F430	F1 06 Grigio Silverstone/Bordeaux LHD ZFFEZ58B000148582
148584	F430	F1 06 Rosso Corsa/Black Red Stittching LHD EU
148627	F430	Spider F1 06 Grigio Silverstone/red ZFFEZ59B000148627
148629	F430	(F1) 06 LHD US ZFFEW58A660148629
148636	F430	F1 06 Rosso Scuderia/Tan LHD ZFFEZ58B000148636 shields
148665	F430	Spider F1 06 Rosso Corsa/beige Daytona seats Red piping Red stitching ZFFEW59A160148665 shields
148687	F430	F1 06 Rosso Corsa/Black Silver stitching LHD ZFFEZ58B000148687 yellow dials

s/n	Type	Comments	s/n	Type	Comments
148693	599	GTB Fiorano (F1) 07 LHD US ZFFFC60A470148693	149042	F430	Spider F1 06 Rosso Corsa/Tan Daytona Seats Red Stitching Red Piping ZFFEW59A360149042 Red Calipers Shields
148698	599	GTB Fiorano F1 07 Red/tan LHD US ZFFFC60A370148698			
148700	599	GTB Fiorano (F1) 07 LHD US ZFFFC60A870148700	149044	F430	Spider F1 9/06 Dark Blue /Crema ZFFEZ59C000149044
148702	599	GTB Fiorano 06 Black/Black LHD Manual ZFFFD60B000148702 Black calipers Challenge wheels red dials	149049	F430	Spider F1 06 Red/Tan ZFFEW59A660149049
			149052	599	GTB Fiorano (F1) 07 LHD US ZFFFC60A470149052
148722	599	GTB Fiorano F1 06 Grigio Silverstone/Tan LHD ZFFFD60B000148722 Yellow calipers shields pentagram wheels	149053	599	GTB Fiorano F1 07 Black/Black LHD ZFFFC60A670149053
			149067	599	GTB Fiorano F1 06 Rosso Corsa/Charcoal LHD ZFFFD60B000149067 shields pentagram wheels yellow dials
148729	F430	7/06 Rosso Corsa/Crema ZFFEZ58C000148729			
148735	F430	Spider F1 06 Grigio Silverstone/Bordeaux ZFFEZ59B000148735 Red calipers shields graphite Challenge wheels	149076	599	GTB Fiorano (F1) 07 LHD US ZFFFC60A770149076
			149083	F430	F1 06 Grigio Silverstone/Black yellow stitching RHD ZFFEZ58C000149083 Yellow calipers shields yellow dials
148741	F430	Spider 06 Yellow/Black Daytona seats Manual ZFFEW59A260148741 shields			
			149103	F430	F1 06 Rosso Corsa/Cuoio beige stitching LHD ZFFEZ58B000149103 shields
148744	F430	Spider F1 06 Red/Crema RHD ZFFEZ59C000148744 shields yellow dials			
			149112	F430	F1 06 Silver LHD ZFFEZ58B000149112
148760	F430	Spider F1 06 Black/Cuoio LHD ZFFEZ59B000148760	149130	F430	Spider F1 06 Red LHD ZFFEZ59B000149130
148775	F430	Spider F1 06 Giallo Modena/all dark Blue yellow stitching LHD ZFFEZ59B000148775 Yellow calipers shields yellow dials	149165	F430	Spider F1 06 Azzurro California/beige RHD ZFFEZ59C000149165
			149167	F430	Spider F1 11/06 Rosso Corsa/Cream ZFFEZ59C000149167
148792	F430	F1 7/06 Nero Daytona/Nero RHD ZFFEZ58C000148792	149202	612	Scaglietti (F1) 06 LHD US ZFFAB54A860149202
148802	F430	06 Argento Nürburgring/Nero LHD Manual CDN ZFFEW58A560148802	149203	612	Scaglietti (F1) 06 LHD US ZFFAB54AX60149203
148832	599	GTB Fiorano F1 06 Rosso Scuderia/Beige LHD ZFFFD60B000148832 Red calipers shields pentagram wheels	149204	599	GTB Fiorano F1 07 Grigio Silverstone/Bordeaux LHD ZFFFC60A170149204
			149205	612	Scaglietti (F1) 06 LHD US ZFFAB54A360149205
148836	599	GTB Fiorano F1 06 Red LHD ZFFFD60B000148836	149209	612	Scaglietti F1 06 Grigio Titanio/Nero LHD US ZFFAB54A060149209
148856	F430	F1 7/06 Rosso Corsa/Crema red stitching RHD ZFFEZ58C000148856 Red calipers shields	149215	612	Scaglietti F1 GTC 06 Nero Daytona/Black silver stitching LHD ZFFAY54B000149215 shields blackened rear lights
148899	F430	F1 06 red/black ZFFEZ58B000148899			
148906	F430	F1 06 Rosso Corsa/Black Red stitching LHD ZFFEZ58B000148906 yellow dials	149219	612	Scaglietti (F1) 06 LHD US ZFFAB54A360149219
148912	612	Scaglietti (F1) 06 LHD US ZFFAB54A160148912	149221	612	Scaglietti (F1) 06 LHD US ZFFAB54A160149221
148915	612	Scaglietti F1 GTC 06 Blue/Tan Daytona Seats Blue Piping & Stitching ZFFAA54A360148915 Shields	149228	F430	F1 06 Red/Black Red inserts RHD ZFFEZ58C000149228
			149232	F430	Spider F1 9/06 Rosso Scuderia/Nero ZFFEZ59C000149232
148916	612	Scaglietti F1 06 Black/Black ZFFAA54A560148916	149233	F430	F1 06 Red/Black red stitching RHD ZFFEZ58C000149233 shields yellow dials
148943	599	GTB Fiorano 06 black/black LHD EU			
148944	612	Scaglietti F1 GTC 06 Black/Red LHD ZFFAY54B000148944 shields	149235	F430	06 Grigio Silverstone/Cuoio LHD Manual EU ZFFEZ59B000149235
148948	599	GTB Fiorano F1 06 Rosso CorsaBlack LHD EU	149238	F430	(F1) 06 yellow/black LHD EU
148950	612	Scaglietti F1 HGTC 9/06 Nero Daytona/BordeauxZFFAY54C000148950	149251	F430	Spider F1 06 dark Blue met./Red blue stitching LHD ZFFEZ59B000149251 Red calipers shields red dials
148975	F430	F1 rosso Corsa/black ZFFEZ58B000148975 shields	149257	F430	Spider F1 06 red/black LHD EU ZFFEZ59B000149257
149005	F430	Spider F1 06 Grigio Silverstone LHD ZFFEZ59B000149005	149271	F430	F1 06 Black/black LHD ZFFEW58A560149271
149017	F430	F1 05 Blue/Crema LHD ZFFEZ58B000149017	149274	F430	F1 06 Argento Nürburgring/Grigio Scuro Daytona Seats Dashboard Inserti Plancia in Carbonio ZFFEW58A060149274 Red Calipers
149031	F430	F1 06 Red/tan LHD ZFFEW58A760149031			
149041	F430	Spider F1 06 Red/Black Daytona seats red stitching ZFFEW59A160149041 Red calipers Shields	149279	F430	06 Rosso Corsa/black LHD Manual EU
			149291	F430	F1 06 Red/Tan LHD ZFFEW58A060149291

s/n	Type	Comments
149303	F430	Spider F1 06 Red/Tan Daytona Seats Red Inserts Red Stitching ZFFEW59A560149303 Red Calipers Shields
149307	599	GTB Fiorano F1 06 Nero Daytona/Bordeaux RHD ZFFFD60C000149307 Red calipers shields Challenge wheels
149315	599	GTB Fiorano F1 06 Grigio Silverstone/black ZFFFD60B000149315
149322	599	GTB Fiorano (F1) 06 black/beige LHD EU
149326	599	GTB Fiorano (F1) 07 LHD US ZFFFC60A470149326
149328	599	GTB Fiorano F1 06 Nero/Cuoio LHD EU ZFFFD60B000149328
149333	599	GTB Fiorano (F1) 07 LHD US ZFFFC60A170149333
149337	599	GTB Fiorano (F1) 07 LHD US ZFFFC60A970149337
149339	599	GTB Fiorano F1 06 Grigio Alloy/Bordeaux LHD ZFFFD60B000149339 Red calipers shields pentagram wheels yellow dials
149347	612	Scaglietti (F1) 06 LHD US ZFFAB54A160149347
149358	F430	F1 06 Red/Crema red stitching RHD ZFFEZ58C000149358 Red calipers shields
149364	F430	F1 9/06 Rosso Scuderia/Sabbia ZFFEZ58C000149364
149368	F430	Spider F1 8/06 Giallo Modena/Nero ZFFEZ59C000149368
149370	F430	F1 9/06 Rosso Corsa/Crema Red stitching RHD ZFFEZ58C000149370
149372	F430	F1 06 Nero Daytona/Beige ZFFEW58A060149372
149374	F430	Spider F1 06 Black/Black silver stitching RHD ZFFEZ59C000149374 Yellow calipers shields yellow dials
149385	F430	Spider F1 06 Red/Black RHD ZFFEZ59C000149385 Red calipers Shields yellow dials
149394	F430	Spider F1 06 Azzurro California/Black Crema seat centres black inserts RHD ZFFEZ59C000149384 Challenge wheels
149396	F430	Spider 06 Grigio Titanio Metallizzato/Nero ZFFEW59A560149396
149399	F430	(F1) 06 LHD US ZFFEW58A960149399
149430	599	GTB Fiorano (F1) 06 red/tan LHD EU
149432	599	GTB Fiorano (F1) 07 LHD US ZFFFC60A370149432
149433	599	GTB Fiorano F1 06 black/grey ZFFFD60B000149433
149434	599	GTB Fiorano F1 06 Silver/Bordeaux LHD ZFFFD60B000149434
149438	599	GTB Fiorano F1 06 Rosso Corsa/Tan LHD ZFFFD60B000149438 shields pentagram wheels yellow dials
149444	599	GTB Fiorano F1 06 black/black Yellow dials Yellow calipers LHD EU ZFFFD60B000149444
149448	F430	8/06 Rosso Corsa/Nero ZFFEZ58C000149448
149453	F430	F1 06 Silver/Black LHD ZFFEZ58B000149453 shields
149456	F430	F1 06 Black/Black LHD EU
149482	F430	Spider F1 06 Black/Black Daytona seats ZFFEW59A960149482 red calipers shields Tubi
149496	F430	Spider (F1) 06 Black LHD EU
149525	F430	F1 06 Red/Tan Daytona Seats Black Inserts Red Stitching ZFFEW58AX60149525 Shields Red Calipers
149531	F430	Spider F1 06 Red/Crema red stitching RHD ZFFEZ59C000149531 Red calipers shields yellow dials
149536	F430	Spider F1 06 Black/Black RHD ZFFEZ59C000149536
149550	599	GTB Fiorano F1 06 Red/Black LHD ZFFFD60B000149550 Challenge wheels Yellow dials shields
149552	599	GTB Fiorano F1 06 Nero Daytona WB 506/Crema RHD ZFFFD60C000149552 Red calipers shields Challenge wheels Yellow dials
149565	612	Scaglietti F1 06 silver/black ZFFAY54B000149565
149566	612	Scaglietti F1 GTC 06 Grigio Titanio LHD ZFFAY54B000149566
149567	612	Scaglietti F1 GTC 06 Grigio Titanio LHD ZFFAY54B000149567
149568	F430	F1 06 yellow/black LHD EU
149577	F430	F1 1/07 Grigio Silverstone/Cuoio ZFFEZ58B000149577
149579	F430	F1 06 Grigio Silverstone/Grey LHD ZFFEZ58B000149579
149620	F430	Spider F1 06 Giallo Modena FER 4305/Nero yellow stittching ZFFEZ59B000149620
149649	F430	F1 06 Blu Pozzi/Cuoio Daytona Seats ZFFEW58A660149649 Red Calipers
149652	F430	Spider F1 06 Black/Black LHD EU
149676	612	Scaglietti F1 GTC 06 Dark Blue/Crema black inserts RHD ZFFAY54C000149676 Red calipers shields
149678	612	Scaglietti (F1) 06 LHD US ZFFAB54A260149678
149681	599	GTB Fiorano F1 06 red/black LHD ZFFFD60B000149681
149683	599	GTB Fiorano F1 06 Grigio Silverstone/black ZFFFD60B000149683 Black calipers shields Challenge wheels yellow dials window code 149683
149684	599	GTB Fiorano F1 06 Grigio Silverstone/dark red ZFFFD60B000149684
149694	599	GTB Fiorano F1 06 Grigio Silverstone/Grey LHD ZFFFD60B000149694 shields pentagram wheels yellow dials
149695	599	GTB Fiorano (F1) 07 LHD US ZFFFC60A270149695
149702	599	GTB Fiorano (F1) 07 LHD US ZFFFC60A670149702
149706	599	GTB Fiorano F1 07 Silver/Black LHD ZFFFC60A370149706
149708	599	GTB Fiorano (F1) 07 LHD US ZFFFC60A770149708
149709	F430	F1 06 Grigio Titanio/black grey cloth seat centres ZFFEZ58B000149709
149713	F430	Spider F1 10/01 Grigio Silverstone/Nero ZFFEZ59B000149713
149722	F430	F1 06 Blue/Beige blue stitching RHD ZFFEZ58C000149722 shields Challenge rear grill Challenge wheels
149726	F430	Spider (F1) 06 LHD US ZFFEW59A060149726
149745	F430	Spider F1 9/06 Nero Daytona/Crema ZFFEZ59C000149745
149748	F430	Spider F1 06 Black/Black LHD EU

s/n	Type	Comments
149749	F430	F1 9/06 Rosso Scuderia/Nero ZFFEZ58C000149749
149751	F430	Spider F1 06 Giallo Modena/Nero yellow stittching LHD EU
149753	F430	F1 06 Red/Crema red stitching RHD ZFFEZ58C000149753 shields
149760	F430	F1 06 Rosso Corsa/Black red stitching LHD ZFFEZ58B000149760 shields red dials
149763	F430	Spider (F1) 06 LHD US ZFFEW59A660149763
149792	F430	F1 9/06 Nero Daytona/Crema ZFFEZ58C000149792
149804	612	Scaglietti (F1) 06 LHD US ZFFAB54A360149804
149807	612	Scaglietti (F1) 06 LHD US ZFFAB54A960149807
149809	599	GTB Fiorano F1 06 black/black LHD ZFFFD60B000149809
149814	599	GTB Fiorano (F1) 07 LHD US ZFFFC60A670149814
149815	599	GTB Fiorano F1 06 red/black ZFFFD60B000149815
149818	599	GTB Fiorano F1 07 Black/tan LHD US ZFFFC60A370149818
149821	599	GTB Fiorano (F1) 07 LHD US ZFFFC60A370149821
149822	599	GTB Fiorano (F1) 07 LHD US ZFFFC60A570149822
149828	612	Scaglietti F1 06 dark Blue/Beige LHD ZFFAY54B000149828 shields
149838	F430	F1 06 red/black ZFFEZ58B000149838
149841	F430	F1 06 Rosso Scuderia/Tan LHD EU
149849	F430	Spider F1 06 Red/black ZFFEW59B000149849
149850	F430	Spider F1 06 Rosso Corsa/Nero Daytona Seats
149851	F430	Spider F1 Novitec Rosso 06 Black/black ZFFEZ59B000149851 Novitec spoilers
149853	F430	Spider F1 06 Rosso Corsa/Nero ZFFEW59A760149853
149861	F430	F1 06 Red/Black ZFFEZ58B000149861
149865	F430	Spider F1 06 Argento Nürburgring/Blu Medio ZFFEW59A360149865
149880	F430	Spider F1 06 Rosso Corsa/Black sports seats red stitching LHD ZFFEZ59B000149880 Red calipers shields yellow dials
149883	F430	F1 06 Rosso Scuderia/Black Daytona Seats Red Stitching LHD ZFFEW58A360149883 Rear Challenge Grill Rosso Scuderia Calipers Shields
149884	F430	F1 06 Rosso Corsa/Beige Daytona Seats Nero Inserts Nero Stitching ZFFEW58A560149884 Shields Yellow dials Challenge Grill Red Calipers
149891	F430	F1 06 Rosso Scuderia/Nero LHD EU
149894	F430	Spider F1 06 Black/black ZFFEZ59B000149894
149910	F430	Spider (F1) 06 LHD US ZFFEW59A460149910
149920	F430	F1 06 Nero/Nero Daytona Seats Giallo Stitching Dashboard Inserti Plancia in Carbonio ZFFEW58A560149920 Yellow Calipers
149923	F430	F1 9/06 Rosso Corsa/Crema ZFFEZ58C000149923
149926	F430	Spider (F1) 06 red LHD EU
149927	F430	Spider F1 06 Red/black ZFFEZ59B000149927
149934	F430	F1 06 Red/Black sports seats LHD ZFFEZ58B000149934 shields Challenge wheels yellow dials

s/n	Type	Comments
149949	599	GTB Fiorano F1 06 Rosso Fiorano 321/beige LHD EU ZFFFD60B000149949
149954	599	GTB Fiorano (F1) 07 LHD US ZFFFC60A070149954
149956	599	GTB Fiorano (F1) 07 LHD US ZFFFC60A470149956
149961	612	Scaglietti F1 06 Grigio Silverstone/Cuoio Daytona seats tan inserts LHD EU ZFFAY54B000149961
149963	612	Scaglietti F1 06 Black/Beige LHD EU
149964	612	Scaglietti F1 06 Grigio Silverstone/Beige LHD ZFFAY54B000149964 shields
149966	612	Scaglietti F1 10/06 Nero/Nero ZFFAY54B000149966
149975	F430	Spider F1 06 black/black LHD EU
149991	F430	10/06 Rosso Corsa/Crema ZFFEZ58C000149991
149993	F430	Spider F1 06 Red/Crema red stitching RHD ZFFEZ59C000149993 Red calipers shields yellow dials
150005	F430	F1 06 red/black ZFFEZ58B000150005
150014	F430	F1 06 Rosso Corsa/Crema sports seats LHD ZFFEZ58B000150014 Red calipers shields Yellow dials
150016	F430	F1 06 Rosso Scuderia/Nero Red stitching ZFFEZ58B000150016 Red calipers shields
150018	F430	Spider F1 06 red/black LHD EU
150024	F430	06 Grey/Tan Manual ZFFEZ58B000150024
150029	F430	(F1) 06 ZFFEW58A360150029
150032	F430	F1 06 Nero/Nero ZFFEW58A360150032
150033	F430	Spider F1 06 Nero/Nero ZFFEW59A760150033
150041	F430	Spider (F1) 06 ZFFEW59A660150041
150046	F430	F1 06 Red/Crema RHD ZFFEZ58C000150046 Red calipers shields
150047	F430	F1 06 Red/Crema RHD Red stitching ZFFEZ58C000150047 yellow dials
150061	F430	(F1) 06 LHD US ZFFEW58AX60150061
150072	F430	F1 06 Grigio Silverstone LHD ZFFEZ58B000150072
150076	F430	Spider (F1) 06 LHD US ZFFEW59A360150076
150077	F430	Spider (F1) 06 LHD US ZFFEW59A560150077
150084	F430	Spider (F1) 06 ZFFEW59A260150084
150093	F430	Spider (F1) 06 ZFFEW59A360150093
150096	F430	Spider F1 07 Rosso Fiorano/Black red stitching RHD ZFFEZ59D000150096
150098	599	GTB Fiorano F1 07 Grigio Silverstone/Bordeaux LHD ZFFFC60A070150098
150104	612	Scaglietti (F1) 06 LHD US ZFFAB54A260150104
150111	599	GTB Fiorano F1 06 Red/Black LHD ZFFFD60B000150111
150113	612	Scaglietti (F1) 06 LHD US ZFFAB54A360150113
150115	599	GTB Fiorano F1 07 Grigio Silverstone/cuoio naturale LHD EU
150122	599	GTB Fiorano F1 06 Grigio Silverstone/black ZFFFD60B000150122
150137	599	GTB Fiorano F1 06 black/black ZFFFD60B000150137
150152	599	GTB Fiorano (F1) 07 LHD US ZFFFC60A270150152

s/n	Type	Comments
150153	599	GTB Fiorano (F1) 07 ZFFFC60A470150153
150168	F430	Spider F1 06 Nero Daytona/cuoio sports seats LHD EU ZFFEZ59B000150168 Yellow calipers shields
150173	F430	Spider F1 06 Grigio LHD EU
150179	F430	F1 06 Red LHD ZFFEZ58B000150179
150209	F430	F1 06 red/beige ZFFEZ58B000150209
150212	F430	F1 06 red/black ZFFEZ58B000150212 challenge wheels
150214	F430	F1 06 red/black ZFFEZ58B000150214
150218	F430	F1 06 Grigio Silverstone/cuoio LHD ZFFEW58A660150218
150224	F430	F1 06 Rosso Corsa/Black red piping red stitching LHD ZFFEZ58B000150224 shields Challenge rear grill yellow dials
150225	F430	Spider F1 06 Rosso Corsa/Black ZFFEZ59B000150225
150238	F430	F1 10/06 Rosso Corsa/Crema ZFFEZ58C000150238
150242	F430	Spider F1 06 Red LHD ZFFEZ59B000150242
150269	F430	Spider F1 06 Grigio Silverstone/Cuoio ZFFEW59A360150269
150272	F430	Spider F1 06 Red/Crema Red stitching RHD ZFFEZ59C000150272 yellow dials
150284	F430	(F1) 06 ZFFEW58A860150284
150285	F430	Spider (F1) 06 LHD US ZFFEW59A160150285
150289	F430	Spider F1 06 Red/Crema red inserts red stitching RHD ZFFEZ59C000150289 shields yellow dials
150316	F430	Spider F1 06 Rosso Corsa/Black red inserts LHD ZFFEZ59B000150316 Red calipers Challenge rear grill shields yellow dials
150319	F430	(F1) 06 LHD US ZFFEW58A160150319
150338	599	GTB Fiorano (F1) 07 LHD US ZFFFC60A570150338
150339	599	GTB Fiorano F1 06 Silver LHD ZFFFD60B000150339
150345	599	GTB Fiorano (F1) 07 LHD US ZFFFC60A270150345
150346	599	GTB Fiorano (F1) 07 LHD US ZFFFC60A470150346
150347	599	GTB Fiorano F1 06 black/beige ZFFFD60B000150347
150350	599	GTB Fiorano F1 06 Rosso Corsa/Tan LHD ZFFFD60B000150350 shields pentagram wheels
150354	599	GTB Fiorano F1 06 Rosso Corsa/Cuoio LHD ZFFFD60B000150354 shields Challenge wheels
150358	599	GTB Fiorano 06 Red/Tan ZFFFD60B000150358, burned, probably written off
150361	599	GTB Fiorano F1 06 Grey LHD ZFFFD60B000150361
150363	612	Scaglietti F1 GTC Black LHD ZFFAY54B000150363
150383	F430	F1 06 Grigio Silverstone/Tan LHD EU ZFFEZ58B000150383
150389	F430	Spider 06 Rosso Corsa/Beige Daytona Seats red stitching manual ZFFEW59A260150389 Challenge Rims Red Calipers
150393	F430	F1 1/07 Rosso Corsa/Nero ZFFEZ58B000150393
150400	F430	F1 06 Rosso Corsa/Black sports seats LHD ZFFEZ58B000150400 Yellow calipers shields Challenge wheels
150412	F430	Spider F1 06 Black/Black Daytona Seats red Stitching ZFFEW59A460150412 Red Calipers shields
150416	F430	(F1) 06 LHD US ZFFEW58AX60150416
150419	F430	(F1) 06 ZFFEW58A560150419
150422	F430	F1 10/06 Rosso Corsa/Crema ZFFEZ58C000150422
150432	F430	Spider F1 06 Silver/Black LHD ZFFEW59AX60150432
150436	F430	Spider (F1) 06 ZFFEW59A760150436
150437	F430	Spider (F1) 06 ZFFEW59A960150437
150451	F430	Spider (F1) 06 ZFFEW59A360150451
150454	F430	Spider (F1) 06 ZFFEW59A960150454
150458	F430	F1 06 Rosso Corsa/Beige Daytona Seats Cuoio Stripes Cuoio Stitchings Dashboard Inserti Plancia in Carbonio ZFFEW58A460150458 Red Calipers
150461	F430	Spider F1 06 Black/black ZFFEZ59B000150461
150473	F430	Spider F1 06 Rosso Corsa/Tan ZFFEZ59B000150473
150476	F430	F1 06 Rosso Corsa/Nero LHD EU
150479	F430	Spider F1 1/07 Rosso Corsa/Crema ZFFEZ59C000150479
150483	F430	F1 06 Rosso Corsa/Black sports seats red stitching LHD ZFFEZ58B000150483 shields red dials
150489	F430	Spider 06 Rosso Corsa CS Stripe/Beige Daytona Seats Beige Leather Stripes Rosso Stitchings Dashboard Inserts Plancia in Carbonio Manual ZFFEW59A660150489 Challenge Wheel Rims Red Calipers
150495	F430	Spider (F1) 06 LHD US ZFFEW59A160150495
150500	F430	Spider (F1) 06 ZFFEW59A160150500
150503	F430	Spider (F1) 06 ZFFEW59A760150503
150504	F430	F1 06 Blu Tour de France/Beige ZFFEW58A760150504
150509	F430	Spider F1 06 Grigio Silverstone/black ZFFEZ59B000150509 Novitec wheels & exhaust
150510	F430	Spider (F1) 06 LHD US ZFFEW59A460150510
150515	F430	Spider (F1) 06 LHD US ZFFEW59A360150515
150522	612	Scaglietti F1 06 Grigio Titanio LHD ZFFAY54B000150522
150525	612	Scaglietti F1 GTC 06 Silver/tan ZFFAY54B000150525
150532	599	GTB Fiorano F1 06 Grigio Silverstone/Beige RHD ZFFFD60C000150532 Yellow calipers Shields Challenge wheels
150533	599	GTB Fiorano F1 06 Rosso Corsa/Beige RHD ZFFFD60C000150533 Silver calipers shields Challenge wheels
150545	599	GTB Fiorano F1 06 Black/Sabbia black inserts RHD ZFFFD60C000150545Yellow calipers shields Challenge wheels
150547	599	GTB Fiorano (F1) 07 LHD US ZFFFC60A370150547
150549	599	GTB Fiorano (F1) 07 LHD US ZFFFC60A770150549
150551	599	GTB Fiorano (F1) 07 LHD US ZFFFC60A570150551
150555	599	GTB Fiorano F1 06 Black/Beige LHD ZFFFD60B000150555 Silver calipers pentagram wheels yellow dials
150574	599	GTB Fiorano (F1) 07 ZFFFC60A670150574

s/n	Type	Comments
150576	599	GTB Fiorano (F1) 07 ZFFFC60AX70150576
150580	599	GTB Fiorano (F1) 07 LHD US ZFFFC60A170150580
150601	599	GTB Fiorano F1 07 Black/Black Recaro seats ZFFFC60A570150601 Shields aluminum calipers
150612	599	GTB Fiorano F1 06 grigio Silverstone/tan LHD ZFFFD60B000150612
150620	599	GTB Fiorano (F1) 07 LHD US ZFFFC60A970150620
150621	599	GTB Fiorano (F1) 07 LHD US ZFFFC60A070150621
150622	612	Scaglietti (F1) 06 LHD US ZFFAB54A260150622
150624	599	GTB Fiorano F1 07 Grigio Silverstone/black LHD ZFFFC60A670150624
150628	612	Scaglietti F1 GTC 06 Black/Black ZFFAY54B000150628 Red calipers yellow dials
150632	F430	(F1) 06 LHD US ZFFEW58A560150632
150640	F430	Spider F1 06 Grigio Silverstone RHD ZFFEZ59C000150640
150642	F430	F1 06 red/beige LHD EU
150648	F430	Spider (F1) 06 ZFFEW59A060150648
150655	F430	F1 06 Rosso Corsa/Cuoio ZFFEZ58B000150655
150681	F430	Spider (F1) 06 LHD US ZFFEW59A960150681
150682	F430	Spider (F1) 06 ZFFEW59A060150682
150683	F430	Spider (F1) 06 ZFFEW59A260150683
150698	F430	Spider (F1) 06 LHD US ZFFEW59A460150698
150699	F430	Spider (F1) 06 ZFFEW59A660150699
150705	F430	Spider (F1) 06 LHD US ZFFEW59A860150705
150709	F430	F1 06 Rosso Corsa/Tan LHD ZFFEZ58B000150709 shields
150712	F430	Spider (F1) 06 ZFFEW59A560150712
150727	F430	F1 06 Rosso Corsa/Bordeaux LHD EU
150730	F430	Spider (F1) 06 ZFFEW59A760150730
150732	F430	F1 06 Blue/Crema black inserts blue piping RHD ZFFEZ58C000150732
150736	F430	Spider F1 06 Red/Black LHD EU
150742	F430	Spider (F1) 06 LHD US ZFFEW59A360150742
150748	F430	F1 06 Black/Crema RHD ZFFEZ58C000150748 Yellow calipers shields
150759	F430	Spider (F1) 06 ZFFEW59A960150759
150772	F430	Spider F1 06 Red/Crema red stitching RHD ZFFEZ59C000150772 Red calipers shields yellow dials
150785	F430	Spider F1 06 Grigio Silverstone/Bordeaux LHD ZFFEZ59B000150785 shields
150805	F430	F1 06 Rosso Corsa/Black LHD ZFFEZ58B000150805 Red calipers shields
150813	F430	Spider F1 12/06 Grigio Silverstone/Rosso ZFFEZ59B000150813
150816	599	GTB Fiorano (F1) 07 ZFFFC60A470150816
150825	599	GTB Fiorano F1 06 Grigio Titanio/cuoio ZFFFD60B000150825
150834	599	GTB Fiorano F1 07 Rosso Corsa/Tan Daytona Seats Black Stitching Black Inserts ZFFFC60A670150834 Red Calipers Yellow dials Shields, not a F430 but a confirmed US-599
150835	599	GTB Fiorano (F1) 07 LHD US ZFFFC60A870150835
150839	599	GTB Fiorano (F1) 07 ZFFFC60A570150839
150840	599	GTB Fiorano (F1) 07 red/black LHD EU
150844	599	GTB Fiorano F1 07 Rosso Corsa/Black red stittiching LHD EU
150846	599	GTB Fiorano (F1) 07 LHD US ZFFFC60A270150846
150847	599	GTB Fiorano F1 06 Black/black LHD ZFFFD60B000150847 Black calipers shields Challenge wheels yellow dials
150857	599	GTB Fiorano (F1) 07 ZFFFC60A770150857
150861	599	GTB Fiorano (F1) 07 LHD US ZFFFC60A970150861
150863	599	GTB Fiorano (F1) 07 LHD US ZFFFC60A270150863
150880	612	Scaglietti F1 GTC 06 Black LHD ZFFAY54B000150880
150884	F430	Spider F1 06 Rosso Corsa/Beige Daytona Seats ZFFEW59A160150884 Red Calipers Challenge Rims Carbon Ceramic Brakes
150887	F430	Spider (F1) 06 ZFFEW59A760150887
150893	F430	Spider F1 06 Yellow/tan ZFFEZ59B000150893
150898	F430	Spider F1 06 Rosso Corsa/Crema RHD red stitching ZFFEZ59C000150898 Red calipers shields yellow dials
150903	F430	F1 06 Black/Black LHD EU ZFFEZ58B000150903
150904	F430	F1 06 Grigio Silverstone/Crema Black inserts RHD ZFFEZ58C000150904 yellow
150906	F430	Spider F1 06 Red/Crema red stitching RHD ZFFEZ59C000150906 shields yellow dials
150907	F430	Spider 12/06 Rosso Corsa/Crema ZFFEZ59C000150907
150914	F430	06 Red/Tan Daytona Seats Tan Steering Wheel & Dash Black Stitching Manual ZFFEZ58A460150914 Red Calipers Tubi Shields
150915	F430	06 Red/tan LHD Manual ZFFEW58A660150915
150930	F430	(F1) 06 ZFFEW58A260150930
150943	F430	(F1) 06 LHD US ZFFEW58A060150943
150945	F430	Spider (F1) 06 ZFFEW59A660150945
150947	F430	(F1) 06 ZFFEW58A860150947
150956	F430	F1 06 Rosso Corsa/Beige Daytona Seats Red Stitchings LHD US ZFFEW58A960150956 Challenge Wheels Red Calipers Shields
150957	F430	Spider F1 06 Rosso Corsa/Tan ZFFEW59A260150957shields red calipers
150958	F430	Spider (F1) 06 ZFFEW59A460150958
150959	F430	Spider (F1) 06 ZFFEW59A660150959
150963	F430	Spider F1 06 Black/Tan Daytona seats ZFFEW59A860150963 yellow calipers shields
150964	F430	Spider F1 06 Red/Tan LHD ZFFEW59AX60150964
150966	F430	Spider (F1) 06 ZFFEW59A360150966
150974	F430	(F1) 06 ZFFEW58A970150974
150979	F430	Spider F1 06 Black/Black Daytona seats yellow stitching ZFFEW59A160150979 rear Challenge Grill shields Challenge wheels rims yellow calipers yellow dials
150980	F430	Challenge F1 06 Red Blue stripe/red LHD ZFFEX63X000150980

s/n	Type	Comments
150984	599	GTB Fiorano F1 06 Grigio Silverstone/dark red ZFFFD60B000150984 challenge rims
150985	599	GTB Fiorano F1 06 Black/Grey LHD ZFFFD60B000150985 Yellow calipers shields black Challenge wheels
150991	599	GTB Fiorano (F1) 07 LHD US ZFFFC60A070150991
150992	599	GTB Fiorano (F1) 07 LHD US ZFFFC60A270150992
150994	599	GTB Fiorano F1 07 Yellow/Yellow LHD ZFFFC60A670150994
150995	612	Scaglietti F1 06 black/beige ZFFAY54B000150995 mapping corrected
151003	599	GTB Fiorano F1 06 red/black LHD ZFFFD60B000151003
151004	599	GTB Fiorano F1 06 Red/tan ZFFFD60B000151004
151009	F430	Spider F1 06 yellow/black LHD EU
151010	F430	06 silver/black Manual ZFFEZ58B000151010
151013	F430	F1 06 Rosso Scuderia/Cuoio LHD ZFFEZ58B000151013 shields
151018	F430	Spider (F1) 06 ZFFEW59A560151018
151019	F430	(F1) 06 ZFFEW58A560151019
151021	F430	Spider F1 06 Red/tan LHD ZFFEW59A560151021
151022	F430	Spider F1 06 Red/tan LHD ZFFEW59A760151022
151024	F430	F1 06 red/black ZFFEZ58B000151024
151025	F430	F1 06 Rosso Corsa/Black LHD ZFFEZ58B000151025 Red calipers shields
151028	F430	(F1) 06 ZFFEW58A660151028
151029	F430	(F1) 06 LHD US ZFFEW58A860151029
151032	F430	Spider (F1) 06 ZFFEW59AX60151032
151033	F430	Spider (F1) 06 ZFFEW59A160151033
151040	F430	Spider (F1) 06 ZFFEW59A960151040
151047	F430	F1 06 black/crema ZFFEZ58B000151047 yellow callipers
151050	F430	(F1) 06 ZFFEW58AX60151050
151051	F430	(F1) 06 ZFFEW58A160151051
151053	F430	Spider F1 06 Red/Beige Daytona Seats ZFFEW59A760151053 Red Calipers Shields
151055	F430	F1 06 Red/Crema red stitching RHD ZFFEZ58C000151055 Red calipers shields
151058	F430	F1 06 Rosso Corsa/black Daytona Seats LHD EU
151061	F430	Spider F1 3/07 Rosso Scuderia/Nero ZFFEZ59B000151061
151062	F430	F1 06 black/Crema LHD EU
151067	F430	(F1) 06 ZFFEW58A560151067
151068	F430	(F1) 06 ZFFEW58A760151068
151069	F430	Spider (F1) 06 ZFFEW59A060151069
151071	F430	Spider (F1) 06 ZFFEW59A960151071
151072	F430	Spider (F1) 06 LHD US ZFFEW59A060151072
151076	F430	F1 06 red/black ZFFEZ58B000151076
151083	F430	F1 06 Red/tan ZFFEW58A360151083
151084	F430	F1 06 Grigio Silverstone/black ZFFEW58A560151084
151087	F430	Spider F1 06 Grigio Silverstone/red LHD ZFFEW59A260151087
151088	F430	Spider (F1) 06 ZFFEW59A460151088
151089	F430	Spider (F1) 06 ZFFEW59A660151089
151105	F430	Spider (F1) 06 ZFFEW59A060151105
151106	F430	Spider (F1) 06 LHD US ZFFEW59A260151106
151108	F430	Spider F1 06 Black/black LHD ZFFEW59A660151108
151111	F430	(F1) 06 ZFFEW58A460151111
151113	F430	Spider (F1) 06 ZFFEW59AX60151113
151117	F430	F1 06 Black/Black ZFFEW58A560151117 Challenge Wheels Shields
151122	599	GTB Fiorano (F1) 07 ZFFFC60A970151122
151123	599	GTB Fiorano (F1) 07 ZFFFC60A070151123
151124	599	GTB Fiorano (F1) 07 LHD US ZFFFC60A270151124
151125	599	GTB Fiorano F1 06 Red/Crema RHD ZFFFD60C000151125 Red calipers shields Challenge wheels
151138	599	GTB Fiorano F1 07 Blue/Tan LHD ZFFFC60A270151138
151142	599	GTB Fiorano (F1) 07 LHD US ZFFFC60A470151142
151143	599	GTB Fiorano (F1) 07 LHD US ZFFFC60A670151143
151145	599	GTB Fiorano F1 07 Red/Tan LHD ZFFFC60AX70151145
151147	F430	Challenge F1 06 Red/red LHD ZFFEX63X000151147 ass. # 68592
151148	599	GTB Fiorano F1 07 Black/Black LHD ZFFFC60A570151148
151151	599	GTB Fiorano F1 06 Black LHD ZFFFD60B000151151
151159	F430	Spider (F1) 06 LHD US ZFFEW59A160151159
151164	F430	Spider F1 06 Black/Crema black inserts RHD ZFFEZ59C000151164 Yellow calipers shields
151167	F430	F1 06 Red/Black ZFFEZ58B000151167
151168	F430	(F1) 06 ZFFEW58A060151168
151171	F430	F1 06 Red/Crema red stitching RHD ZFFEZ58C000151171 shields
151172	F430	Spider F1 06 Rosso Corsa/Crema ZFFEZ59C000151172
151173	F430	Spider F1 06 Red/Crema red stitching RHD ZFFEZ59C000151173 shields
151174	F430	Spider F1 06 Yellow/Blue sports seats yellow stitching RHD ZFEZ59C000151174 Yellow calipers shields Challenge wheels yellow dials
151183	F430	Spider (F1) 07 LHD US ZFFEW59A770151183
151184	F430	Spider F1 06 Nero/Nero Daytona Seats Red Stitchings ZFFEW59A060151184 Red Calipers
151185	F430	Spider (F1) 06 ZFFEW59A260151185
151186	F430	Spider (F1) 07 ZFFEW59A460151186
151187	F430	Spider (F1) 06 ZFFEW59A660151187
151188	F430	Spider (F1) 06 ZFFEW59A860151188
151198	F430	Spider (F1) 07 ZFFEW59A970151198
151203	F430	Spider F1 06 Red/Crema red stitching RHD ZFFEZ59C000151203 Red calipers shields
151218	F430	Spider (F1) 07 LHD US ZFFEW59A070151218
151221	F430	F1 06 Red LHD ZFFEZ58B000151221
151227	F430	Spider (F1) 06 red/black ZFFEZ59B000151227 Novitec modified Yellow calipers
151238	F430	F1 06 Rosso Corsa/Crema red stitching Bordeaux piping red stitching RHD ZFFEZ58C000151238 Red calipers shields
151242	F430	(F1) 07 ZFFEW58A670151242
151243	599	GTB Fiorano (F1) 07 ZFFFC60AX70151243
151244	F430	Spider (F1) 07 ZFFEW59A170151244

s/n	Type	Comments	s/n	Type	Comments
151246	599	GTB Fiorano (F1) 06 dark grey/black ZFFFD60B000151246	151341	F430	Spider (F1) 07 LHD US ZFFEW59AX70151341
151247	612	Scaglietti F1 GTC 06 Black LHD ZFFAY54B000151247	151352	F430	(F1) 07 ZFFEW58A270151352
151248	F430	Spider 07 Rosso Corsa/Tan Daytona Seats Manual LHD US ZFFEW59A970151248 Rear Challenge Grill Shields Red Calipers	151353	F430	Spider (F1) 07 ZFFEW59A670151353
			151354	F430	Spider (F1) 07 ZFFEW59A870151354
			151355	F430	(F1) 07 ZFFEW58A870151355
			151356	F430	(F1) 07 ZFFEW58AX70151356
			151378	F430	(F1) 07 ZFFEW58A970151378
151252	F430	(F1) 07 LHD US ZFFEW58A970151252	151379	599	GTB Fiorano (F1) 07 LHD US ZFFFC60A270151379
151255	F430	Spider (F1) 07 LHD US ZFFEW59A670151255	151384	599	GTB Fiorano F1 06 Grigio Silverstone/Black silver stitching RHD ZFFFD60C000151384 Yellow calipers shields Challenge wheels yellow dials
151256	F430	Spider 07 Rosso Corsa/Beige Daytona Seats Manual LHD US ZFFEW59A870151256 Shields			
151257	F430	(F1) 07 LHD US ZFFEW58A870151257	151385	599	GTB Fiorano F1 06 Red/Beige RHD ZFFFD60C000151385 Red calipers shields Pentagram wheels
151258	F430	Spider (F1) 07 LHD US ZFFEW59A170151258			
151260	F430	Spider (F1) 07 LHD US ZFFEW59AX70151260	151392	599	GTB Fiorano F1 06 Silver/Black silver stitching RHD ZFFFD60C000151392 Silver calipers shields Challenge wheels yellow dials
151261	F430	Spider (F1) 07 LHD US ZFFEW59A170151261			
151262	F430	Spider (F1) 07 LHD US ZFFEW59A370151262	151393	599	GTB Fiorano F1 06 red/tan LHD EU
			151398	599	GTB Fiorano F1 06 Grigio Ingrid/Cuoio RHD ZFFFD60C000151398 Challenge wheels
151263	F430	(F1) LHD US ZFFEW58A370151263			
151264	F430	(F1) 07 ZFFEW58A570151264			
151265	599	GTB Fiorano (F1) 07 LHD US ZFFFC60A970151265	151399	F430	Spider F1 06 Rosso Corsa/Tan LHD EU
			151407	F430	F1 07 Red/Tan LHD ZFFEW58A170151407
151266	F430	Spider (F1) 07 LHD US ZFFEW59A070151266	151409	F430	(F1) 07 ZFFEW58A570151409
151267	F430	Spider (F1) 07 LHD US ZFFEW59A270151267	151429	599	GTB Fiorano F1 06 Grigio Silverstone/Black RHD ZFFFD60C000151429 shields Challenge wheels
151270	612	Scaglietti 06 Black/Crema LHD ZFFAA54A260151270			
151271	599	GTB Fiorano F1 New York Auto Show Car 07 RedTan LHD ZFFFC60A470151271	151433	F430	Spider (F1) 07 LHD US ZFFEW59A470151433
			151444	599	GTB Fiorano F1 06 black/tan ZFFFD60B000151444, probably Jean Todt's car
151275	599	GTB Fiorano (F1) 07 LHD US ZFFFC60A170151275			
151277	599	GTB Fiorano (F1) 07 LHD US ZFFFC60A570151277	151460	F430	Spider (F1) 07 ZFFEW59A770151460
			151461	F430	Spider (F1) 07 LHD US ZFFEW59A970151461
151289	599	GTB Fiorano F1 06 Nero Daytona WB 508/Red black piping red steering wheel LHD ZFFFD60B000151289 ass. # 68426 eng. # 112511 Red calipers shields Challenge wheels			
			151462	F430	Spider (F1) 07 ZFFEW59A070151462
			151468	F430	Spider (F1) 07 ZFFEW59A170151468
			151472	F430	Spider (F1) 07 LHD US ZFFEW59A370151472
151290	612	Scaglietti F1 GTC 07 Grigio Silverstone/dark red ZFFAY54B000151290	151473	F430	Spider (F1) 07 ZFFEW59A570151473
			151483	F430	Spider (F1) 07 LHD US ZFFEW59A870151483
151297	F430	Challenge F1 06 Yellow/red LHD ZFFEX63X000151297	151484	F430	Spider (F1) 07 LHD US ZFFEW59AX70151484
151298	F430	Challenge F1 06 Red/red LHD ZFFEX63X000151298 ass. # 68594	151485	F430	Spider (F1) 07 ZFFEW59A170151485
			151487	F430	Spider (F1) 07 LHD US ZFFEW59570151487
151299	F430	Challenge F1 06 Red & Black/red LHD ZFFEX63X000151299 ass. # 62859	151488	F430	Spider (F1) 07 ZFFEW59A770151488
			151489	F430	Spider (F1) 07 ZFFEW59A970151489
151300	F430	Challenge F1 06 Red/Red LHD ZFFEX63X000151300 ass. # 69032	151495	F430	F1 06 Rosso Corsa/Tan ZFFEZ58B000151495
151302	F430	(F1) 07 ZFFEW58A970151302	151503	F430	F1 06 Black LHD EU
151307	F430	(F1) 07 LHD US ZFFEW58A870151307	151504	F430	Spider F1 06 red/black ZFFEZ59B000151504
151311	F430	Spider (F1) 07 ZFFEW59A170151311			
151313	F430	Spider (F1) 07 ZFFEW59A570151313	151506	F430	F1 06 Rosso Corsa/Nero LHD EU
151314	F430	Spider (F1) 07 LHD US ZFFEW59A770151314	151508	F430	Spider (F1) 07 LHD US ZFFEW59A970151508
151315	F430	Spider (F1) 07 ZFFEW59A970151315	151509	F430	Spider (F1) 07 LHD US ZFFEW59A070151509
151316	F430	(F1) 07 LHD US ZFFEW58A970151316			
151317	F430	(F1) 07 LHD US ZFFEW58A070151317	151511	F430	Spider F1 06 Rosso Corsa/Black red inserts red stitching LHD ZFFEZ59B000151511 shields
151318	F430	Spider (F1) 07 LHD US ZFFEW59A470151318			
151326	F430	(F1) 07 ZFFEW58A170151326			
151333	F430	F1 06 Black/Black yellow stitching LHD EU	151518	F430	F1 1/07 Grigio Silverstone/Sabbia ZFFEZ58C000151518
151335	F430	F1 06 Red/black ZFFEZ58B000151335	151522	F430	Spider (F1) 07 ZFFEW59A370151522
151338	F430	F1 07 Rosso Corsa/Tan ZFFEW58A870151338	151524	F430	Spider (F1) 07 ZFFEW59A770151524

s/n	Type	Comments
151527	F430	Spider (F1) 07 LHD US ZFFEW59A270151527
151528	F430	Spider (F1) 07 LHD US ZFFEW59A470151528
151529	F430	Spider (F1) 07 ZFFEW59A670151529
151531	F430	Spider (F1) 07 ZFFEW59A470151531
151532	F430	Spider (F1) 07 ZFFEW59A670151532
151537	F430	Spider (F1) 07 LHD US ZFFEW59A570151537
151539	F430	Spider (F1) 07 LHD US ZFFEW59A970151539
151540	F430	Spider (F1) 07 LHD US ZFFEW59A570151540
151541	F430	Spider (F1) 07 ZFFEW59A770151541
151543	F430	Spider (F1) 07 ZFFEW59A070151543
151544	F430	Spider (F1) 07 LHD US ZFFEW59A270151544
151546	F430	Spider (F1) 07 ZFFEW59A670151546
151548	F430	Spider (F1) 07 ZFFEW59AX70151548
151550	F430	Spider (F1) 07 ZFFEW59A870151550
151551	F430	(F1) 07 LHD US ZFFEW58A870151551
151552	F430	(F1) 07 ZFFEW58AX70151552
151553	F430	(F1) 07 ZFFEW58A170151553
151557	599	GTB Fiorano (F1) 07 ZFFFC60A070151557
151562	599	GTB Fiorano (F1) 07 ZFFFC60A470151562
151563	599	GTB Fiorano (F1) 07 ZFFFC60A670151563
151566	599	GTB Fiorano F1 07 Grigio Silverstone/black LHD US ZFFFC60A170151566
151576	599	GTB Fiorano F1 07 Black/Black LHD ZFFFC60A470151576
151579	599	GTB Fiorano (F1) 07 Black LHD EU
151585	599	GTB Fiorano (F1) 07 LHD US ZFFFC60A570151585
151587	599	GTB Fiorano F1 07 Yellow/Black LHD ZFFFC60A970151587
151589	599	GTB Fiorano F1 06 black/black LHD EU
151592	599	GTB Fiorano F1 06 Black LHD ZFFFD60B000151592
151593	599	GTB Fiorano (F1) 07 LHD US ZFFFC60A470151593
151595	599	GTB Fiorano (F1) 07 ZFFFC60A870151595
151601	599	GTB Fiorano (F1) 07 ZFFFC60AX70151601
151602	599	GTB Fiorano (F1) 07 ZFFFC60A170151602
151605	599	GTB Fiorano (F1) 07 LHD US ZFFFC60A770151605
151614	F430	Spider F1 06 Silver/dark blue ZFFEZ59B000151614 challenge rims
151616	F430	Spider F1 06 Rosso Scuderia/black ZFFEZ59B000151616
151618	F430	Spider F1 06 white/black ZFFEZ59B000151618 challenge rims
151625	F430	Spider F1 06 Rosso Corsa/Black LHD ZFFEZ59B000151625 Yellow dials
151638	F430	F1 06 Red/Beige Red stitching RHD ZFFEZ58C000151638 yellow dials
151646	F430	F1 06 Red/Crema red stitching RHD ZFFEZ58C000151646 shields
151653	F430	F1 06 Red/Crema red stitching RHD ZFFEZ58C000151653 Yellow calipers Challenge wheels yellow dials
151667	F430	F1 06 Grigio Titanio/Bordeaux silver stitching RHD ZFFEZ58C000151667 Red calipers shields
151669	F430	F1 06 Rosso Corsa/Crema red stitching RHD ZFFEZ58C000151669 shields yellow dials
151677	F430	F1 06 Rosso Corsa/Nero sports seats red stitching LHD ZFFEZ58B000151677 shields Challenge wheels
151679	F430	F1 06 Rosso Corsa/Black red stitching LHD ZFFEZ58B000151679 shields yellow dials
151681	F430	F1 1/07 Grigio Silverstone/Rosso ZFFEZ58B000151681
151688	F430	F1 06 Grigio Silverstone/red ZFFEZ58B000151688 red calipers shields
151695	F430	Spider (F1) 07 LHD US ZFFEW59A170151695
151697	F430	F1 Spider 06 Grigio Silverstone/crema LHD EU ZFFEZ59B000151697 Yellow dials
151698	F430	Spider (F1) 07 LHD US ZFFEW59A770151698
151699	F430	Spider (F1) 07 ZFFEW59A970151699
151700	F430	Spider (F1) 07 LHD US ZFFEW59A170151700
151701	F430	Spider (F1) 07 LHD US ZFFEW59A370151701
151705	F430	Challenge F1 06 Black/red LHD ZFFEX63X000151705 ass. # 69033
151707	F430	Spider F1 06 Grigio Silverstone/red ZFFEZ59B000151707
151720	F430	F1 06 Rosso Corsa/Black sports seats LHD ZFFEZ58B000151720 Yellow calipers shields yellow dials dedication
151725	F430	Challenge F1 06 White/red LHD ZFFEX63X000151725 ass. # 69318
151726	F430	Challenge F1 06 Silver White Stripe/red LHD ZFFEX63X000151726 ass. # 69292
151735	F430	Challenge F1 06 Silver/red LHD ZFFEX63X000151735 ass. # 69319
151745	F430	Spider F1 06 Red/Black red stitching RHD ZFFEW59C000151745 shields
151747	F430	F1 06 Rosso Corsa/Beige sports seats LHD ZFFEZ58B000151747 shields Challenge wheels yellow dials
151751	F430	Challenge F1 06 White/red LHD ZFFEX63X000151751
151759	F430	F1 06 Red LHD ZFFEZ58B000151759 06 red/black & red
151766	F430	ZFFEZ58B000151766
151769	F430	Challenge F1 06 Black/red LHD ZFFEX63X000151769 ass. # 69316
151775	F430	(F1) 07 ZFFEW58A870151775
151776	F430	(F1) 07 ZFFEW58AX70151776
151777	F430	Spider (F1) 07 LHD US ZFFEW59A370151777
151785	F430	Challenge F1 06 Yellow/Red LHD ZFFEX63X000151785
151786	F430	(F1) 07 ZFFEW58A270151786
151787	F430	(F1) 07 ZFFEW58A470151787
151791	F430	Spider (F1) 07 LHD US ZFFEW59A870151791
151792	F430	(F1) 07 ZFFEW58A870151792
151793	F430	(F1) 07 LHD US ZFFEW58AX70151793
151797	F430	(F1) 07 LHD US ZFFEW58A770151797
151801	F430	(F1) 07 ZFFEW58A570151801
151802	F430	Spider F1 06 Rosso Corsa/Beige beige upper dash & steering wheel LHD ZFFEW59B000151802 shields yellow
151803	F430	Spider (F1) 07 ZFFEW59A070151803
151804	F430	Spider (F1) 07 ZFFEW59A270151804
151805	F430	Spider 07 Rosso Corsa/Beige Daytona Seats Red Stitchings Manual ZFFEW59A470151805 Shields red calipers

s/n	Type	Comments	s/n	Type	Comments
151806	F430	Spider (F1) 07 LHD US ZFFEW59A670151806	151902	F430	F1 1/07 Rosso Corsa/Nero ZFFEZ58C000151902
151807	F430	Spider (F1) 07 ZFFEW59A870151807	151907	F430	F1 06 Giallo Modena Swedish stripe/black ZFFEZ58B000151907
151808	F430	Spider (F1) 07 ZFFEW59AX70151808			
151809	F430	Spider (F1) 07 ZFFEW59A170151809	151909	F430	F1 07 Grigio Silverstone/beige LHD EU
151810	F430	Challenge F1 06 Red White Stripe/red LHD ZFFEX63X000151810 ass. # 69321	151938	F430	F1 06 Rosso Corsa/Beige beige stitching LHD ZFFEZ58B000151938 Red calipers shields
151811	F430	Spider (F1) 07 LHD US ZFFEW59AX70151811	151953	F430	Challenge F1 06 Red & White/red LHD ZFFEX63X000151953 ass. # 69322
151812	F430	Spider (F1) 07 LHD US ZFFEW59A170151812	151954	F430	(F1) 07 LHD US ZFFEW59A870151954
151813	F430	Spider (F1) 07 LHD US ZFFEW59A370151813	151958	599	GTB Fiorano F1 06 Black ZFFFD60B000151958
151814	F430	Spider (F1) 07 LHD US ZFFEW59A570151814	151961	599	GTB Fiorano F1 07 red/tan ZFFFD60B000151961 yellow calipers
151816	F430	Spider (F1) 07 LHD US ZFFEW59A970151816	151966	599	GTB Fiorano (F1) 07 ZFFFC60A670151966
151817	F430	Spider (F1) 07 LHD US ZFFEW59A070151817	151972	599	GTB Fiorano (F1) 07 ZFFFC60A170151972
151819	F430	Spider (F1) 07 LHD US ZFFEW59A470151819	151973	599	GTB Fiorano (F1) 07 LHD US ZFFFC60A370151973
151829	599	GTB Fiorano F1 06 Red/Black red inserts red stitching RHD ZFFFD60C000151829 shields Challenge wheels yellow dials	151974	599	GTB Fiorano F1 06 Grigio Silverstone/Charcaol grey inserts ZFFFD60B000151974 shields Challenge wheels yellow dials
151836	599	GTB Fiorano F1 06 Dark metallic red/sabbia LHD ZFFFD60B000151836	151977	599	GTB Fiorano (F1) 07 LHD US ZFFFC60A070151977
151838	599	GTB Fiorano (F1) 07 LHD US ZFFFC60A870151838	151978	599	GTB Fiorano (F1) 07 LHD US ZFFFC60A270151978
151839	599	GTB Fiorano (F1) 07 ZFFFC60AX70151839	151980	599	GTB Fiorano (F1) 07 ZFFFC60A070151980
151844	599	GTB Fiorano F1 06 Red/Charcoal LHD ZFFFD60B000151844	151982	599	GTB Fiorano (F1) 07 LHD US ZFFFC60A470151982
151849	599	GTB Fiorano (F1) 07 LHD US ZFFFC60A270151849	151983	599	GTB Fiorano (F1) 07 LHD US ZFFFC60A670151983
151850	599	GTB Fiorano (F1) 07 LHD US ZFFFC60A970151850	151984	599	GTB Fiorano F1 07 Grigio Silverstone/cuoio LHD ZFFFC60A870151984
151851	612	Scaglietti F1 06 Black/tan ZFFAY54B000151851	151987	599	GTB Fiorano (F1) 07 LHD US ZFFFC60A370151987
151856	599	GTB Fiorano F1 06 Rosso Rubino/Crema LHD ZFFFD60B000151856 Challenge wheels yellow dials	151992	599	GTB Fiorano F1 06 Grey/Black LHD ZFFFD60B000151992
151859	612	Scaglietti F1 GTC 06 Black LHD ZFFAY54B000151859	151994	599	GTB Fiorano F1 06 Rosso Rubino/dark grey ZFFFD60B000151994
151860	599	GTB Fiorano (F1) 07 ZFFFC60A170151860	152001	F430	Spider (F1) 07 LHD US ZFFEW59A270152001
151861	599	GTB Fiorano F1 07 Red/black LHD ZFFFC60A370151861	152002	F430	Spider (F1) 07 LHD US ZFFEW59A470152002
151863	599	GTB Fiorano (F1) 07 ZFFFC60A770151863	152010	F430	Spider F1 06 Rosso Corsa/black ZFFEZ59B000152010
151864	599	GTB Fiorano (F1) 07 ZFFFC60A970151864	152014	F430	(F1) 07 ZFFEW58A970152014
			152015	F430	Spider (F1) 07 LHD US ZFFEW59A270152015
151865	599	GTB Fiorano (F1) 07 ZFFFC60A070151865	152016	F430	Spider (F1) 07 LHD US ZFFEW59A470152016
151870	599	GTB Fiorano (F1) 07 LHD US ZFFFC60A470151870	152017	F430	(F1) 07 LHD US ZFFEW58A470152017
151873	F430	F1 06 Rosso Corsa/Black LHD ZFFEZ58B000151873	152018	F430	(F1) 07 LHD US ZFFEW58A670152018
151882	F430	Spider F1 06 Rosso Corsa/Cuoio ZFFEZ59B000151882	152027	F430	Spider (F1) 07 LHD US ZFFEW59A970152027
151885	F430	Spider F1 06 Nero Daytona/black LHD EU ZFFEZ59B000151885	152028	F430	(F1) 07 LHD US ZFFEW58A970152028
			152034	F430	Spider F1 07 Grigio Silverstone/Bordeaux LHD US ZFFEW59A670152034
151888	F430	Spider F1 06 Red/Tan LHD EU ZFFEZ59B000151888	152039	F430	Spider F1 07 Rosso Corsa/black LHD EU
151889	F430	06 Grey/Red Manual ZFFEZ58B000151889	152041	F430	(F1) 07 ZFFEW58A170152041
151892	F430	Spider F1 06 Grigio Silverstone/Cuoio ZFFEZ59B000151892	152042	F430	(F1) 07 LHD US ZFFEW58A370152042
			152043	F430	F1 07 Rosso Corsa/Tan ZFFEW58A570152043
151895	F430	Spider F1 06 Rosso Corsa/Black red stitching LHD ZFFEZ59B000151895 Red calipers shields yellow dials	152044	F430	(F1) 07 LHD US ZFFEW58A770152044
			152057	F430	(F1) 07 LHD US ZFFEW58A570152057
			152058	F430	(F1) 07 LHD US ZFFEW58A770152058
			152059	F430	(F1) 07 LHD US ZFFEW58A970152059

s/n	Type	Comments
152065	F430	Spider (F1) 07 LHD US ZFFEW59A670152065
152066	F430	Spider (F1) 07 LHD US ZFFEW59A870152066
152067	F430	Spider (F1) 07 LHD US ZFFEW59AX70152067
152068	F430	Spider (F1) 07 LHD US ZFFEW59A170152068
152071	F430	Spider (F1) 07 LHD US ZFFEW59A170152071
152072	F430	Spider (F1) 07 LHD US ZFFEW59A370152072
152073	F430	Spider (F1) 07 LHD US ZFFEW59A570152073
152074	F430	Spider (F1) 07 LHD US ZFFEW59A770152074
152080	F430	Spider (F1) 07 LHD US ZFFEW59A270152080
152084	F430	Spider (F1) 07 LHD US ZFFEW59AX70152084
152085	F430	Spider (F1) 07 LHD US ZFFEW59A170152085
152086	F430	Spider (F1) 07 LHD US ZFFEW59A370152086
152089	F430	Spider (F1) 07 LHD US ZFFEW59A970152089
152091	F430	Spider 07 red LHD EU
152098	599	GTB Fiorano F1 06 Rosso Monza/Beige Bordeaux inserts Bordeaux upper dash & steering wheel RHD ZFFFD60C000152098 ass. # 69781 eng. # 133610 Silver calipers shields chromed Challenge wheels yellow dials
152104	F430	(F1) 07 ZFFEW58AX70152104
152105	F430	(F1) 07 LHD US ZFFEW58A170152105
152106	F430	Spider (F1) 07 LHD US ZFFEW59A570152106
152107	F430	Spider (F1) 07 LHD US ZFFEW59A770152107
152109	F430	(F1) 07 LHD US ZFFEW58A970152109
152116	F430	(F1) 07 LHD US ZFFEW58A670152116
152122	F430	Spider (F1) 07 LHD US ZFFEW59A370152122
152123	F430	Spider (F1) 07 LHD US ZFFEW59A570152123
152124	F430	Spider (F1) 07 LHD US ZFFEW59A770152124
152125	F430	(F1) 07 LHD US ZFFEW58A770152125
152127	F430	(F1) 07 LHD US ZFFEW58A070152127
152128	F430	(F1) 07 LHD US ZFFEW58A270152128
152129	F430	07 Rosso Scuderia/Nero Daytona Seats Rosso stittching ZFFEW58A470152129 Yellow Calipers shields
152130	F430	(F1) 07 ZFFEW58A070152130
152131	F430	(F1) 07 LHD US ZFFEW58A270152131
152132	F430	Spider F1 07 Red/Crema RHD ZFFEZ59C000152132 shields yellow dials
152137	F430	Spider (F1) 07 LHD US ZFFEW59A570152137
152139	F430	(F1) 07 LHD US ZFFEW58A770152139
152140	F430	(F1) 07 LHD US ZFFEW58A370152140
152142	F430	F1 07 Red/Beige sports seats red stitching RHD ZFFEZ58C000152142 Red calipers shields yellow dials
152146	F430	(F1) 07 LHD US ZFFEW58A470152146
152152	F430	Spider (F1) 07 LHD US ZFFEW59A170152152
152153	F430	Spider (F1) 07 LHD US ZFFEW59A370152153
152154	F430	Spider F1 07 Red/Crema RHD ZFFEZ59C000152154 Red calipers shields
152156	F430	Spider F1 07 Rosso Scuderia/Nero ZFFEZ59B000152156
152158	F430	Spider (F1) 07 ZFFEW59A270152158
152159	F430	Spider (F1) 07 LHD US ZFFEW59A470152159
152160	F430	Spider (F1) 07 LHD US ZFFEW59A070152160
152161	F430	Spider (F1) 07 ZFFEW59A270152161
152166	F430	Spider F1 07 black/black cuio inserts ZFFEZ59B000152166
152167	F430	Spider F1 4/07 Rosso Corsa/Nero ZFFEZ59B000152167
152169	F430	Spider (F1) 07 LHD US ZFFEW59A770152169
152170	F430	Spider (F1) 07 LHD US ZFFEW59A370152170
152171	F430	Spider (F1) 07 ZFFEW59A570152171
152172	F430	Spider (F1) 07 LHD US ZFFEW59A770152172
152175	F430	Spider F1 07 black/red ZFFEZ59B000152175
152178	F430	Spider (F1) 07 LHD US ZFFEW59A870152178
152179	F430	Spider (F1) 07 LHD US ZFFEW59AX70152179
152182	F430	Spider F1 2/07 Rosso Corsa/Nero ZFFEZ59C000152182
152183	F430	Spider F1 07 Red/Black red stitching RHD ZFFEZ59C000152183 Red calipers shields yellow dials
152185	F430	F1 07 Rosso/Nero RHD ZFFEZ58D000152185 Red callipers Tubi
152188	F430	(F1) 07 ZFFEW58A970152188
152191	612	Scaglietti F1 07 Black/all cuoio ZFFAY54B000152191 Novitec Rosso chrome wheels
152196	599	GTB Fiorano (F1) 07 ZFFFC60AX70152196
152199	599	GTB Fiorano (F1) 07 LHD US ZFFFC60A570152199
152200	599	GTB Fiorano (F1) 07 LHD US ZFFFC60A870152200
152201	599	GTB Fiorano (F1) 07 ZFFFC60AX70152201
152206	599	GTB Fiorano F1 07 Rosso Corsa/Black red stitching LHD ZFFFD60B000152206 Red calipers shields challenge wheels
152208	599	GTB Fiorano (F1) 07 red LHD EU
152213	599	GTB Fiorano (F1) 07 LHD US ZFFFC60A670152213
152215	599	GTB Fiorano (F1) 07 ZFFFC60AX70152215
152216	599	GTB Fiorano (F1) 07 LHD US ZFFFC60A170152216
152218	599	GTB Fiorano (F1) 07 LHD US ZFFFC60A570152218
152219	599	GTB Fiorano F1 Grigio Silverstone/Tan ZFFFD60B000152219 Yellow calipers
152223	599	GTB Fiorano (F1) 07 LHD US ZFFFC60A970152223
152224	599	GTB Fiorano (F1) 07 LHD US ZFFFC60A070152224
152225	599	GTB Fiorano (F1) 07 LHD US ZFFFC60A270152225
152226	599	GTB Fiorano F1 07 Black/black LHD US ZFFFC60A470152226
152232	599	GTB Fiorano (F1) 07 LHD US ZFFFC60AX70152232
152233	599	GTB Fiorano F1 07 Rosso Scuderia/Black RHD UK ZFFFD60C000152233 Black calipers Shields Challenge wheels

s/n	Type	Comments	s/n	Type	Comments
152241	F430	Spider (F1) 07 LHD US ZFFEW59A070152241	152336	F430	(F1) 07 LHD US ZFFEW58A970152336
152244	F430	Challenge F1 07 Red &Yellow/red LHD ZFFEX63X000152244 ass. # 69324	152341	F430	F1 07 Red/black ZFFEZ58B000152341
152245	F430	Challenge F1 07 Red/red LHD ZFFEX63X000152245	152342	F430	F1 07 Red/Black sports seats red stitching LHD ZFFEZ58B000152342 Red calipers shields yellow dials
152246	F430	Challenge F1 07 Black White Stripe/red LHD ZFFEX63X000152246	152343	F430	(F1) 07 LHD US ZFFEW58A670152343
152249	F430	Challenge F1 07 White & Black Black LHD ZFFEX63X000152249 ass. # 69522	152346	F430	(F1) 07 LHD US ZFFEW58A170152346
			152347	F430	Spider (F1) 07 LHD US ZFFEW59A570152347
152255	F430	Spider (F1) 07 LHD US ZFFEW59A070152255	152348	F430	(F1) 07 LHD US ZFFEW58A570152348
152258	F430	Spider F1 07 Grigio Silverstone LHD ZFFEZ59B000152258	152349	F430	(F1) 07 LHD US ZFFEW58A770152349
152259	F430	Spider (F1) 07 LHD US ZFFEW59A870152259	152350	F430	(F1) 07 LHD US ZFFEW58A370152350
152261	F430	Spider (F1) 07 LHD US ZFFEW59A670152261	152351	F430	(F1) 07 LHD US ZFFEW58A570152351
152265	F430	Spider (F1) 07 LHD US ZFFEW59A370152265	152352	F430	(F1) 07 LHD US ZFFEW58A770152352
152266	F430	Spider (F1) 07 LHD US ZFFEW59A570152266	152353	F430	(F1) 07 ZFFEW58A970152353
152267	F430	Spider (F1) 07 LHD US ZFFEW59A770152267	152354	F430	(F1) 07 LHD US ZFFEW58A070152354
152268	F430	Spider (F1) 07 ZFFEW59A970152268	152355	F430	(F1) 07 LHD US ZFFEW58A270152355
152270	F430	F1 07 Rosso Corsa/Beige LHD ZFFEZ58B000152270	152358	599	GTB Fiorano F1 07 Grigio Silverstone/Black RHD ZFFFD60C000152358 Silver calipers shields Challenge wheels
152273	F430	Spider (F1) 07 LHD US ZFFEW59A270152273			
152274	F430	Spider (F1) 07 ZFFEW59A470152274	152364	599	GTB Fiorano (F1) 07 ZFFFC60A570152364
152275	F430	Spider F1 07 Rosso Corsa/Beige Daytona Seats LHD US ZFFEW59A670152275 Red Calipers Shields	152365	599	GTB Fiorano (F1) 07 LHD US ZFFFC60A770152365
			152366	599	GTB Fiorano (F1) 07 LHD US ZFFFC60A970152366
152276	F430	Challenge F1 pale Blue & White black front spoiler air intakes/Red Seats ZFFEX63X000152276 ass. # 69526	152367	599	GTB Fiorano (F1) 07 LHD US ZFFFC60A070152367
			152370	599	GTB Fiorano (F1) 07 LHD US ZFFFC60A070152370
152279	F430	Spider F1 07 Rosso Corsa/Black ZFFEZ59B000152279	152372	599	GTB Fiorano (F1) 07 LHD US ZFFFC60A470152372
152283	F430	Spider F1 07 Red/Black RHD ZFFEZ59C000152283 shields yellow dials	152374	612	Scaglietti F1 GTC 07 Nero Daytona/Black grigio chiaro stitching RHD ZFFAY54C000152374 Yellow calipers shields yellow dials
152285	F430	Spider (F1) 07 LHD US ZFFEW59A970152285			
152286	F430	(F1) 07 LHD US ZFFEW58A970152286	152380	F430	Spider (F1) 07 LHD US ZFFEW59A370152380
152287	F430	(F1) 07 LHD US ZFFEW58A070152287	152381	F430	Spider F1 07 Red/tan LHD US ZFFEW59A570152381
152296	F430	(F1) 07 ZFFEW58A170152296	152382	F430	Spider (F1) 07 LHD US ZFFEW59A770152382
152302	F430	Spider (F1) 07 LHD US ZFFEW59A570152302	152383	F430	Spider (F1) 07 LHD US ZFFEW59A970152383
152303	F430	Spider (F1) 07 LHD US ZFFEW59A770152303	152384	F430	Spider (F1) 07 LHD US ZFFEW59A070152384
152304	F430	Spider (F1) 07 ZFFEW59A970152304	152388	F430	(F1) 07 ZFFEW58A670152388
152305	F430	(F1) 07 LHD US ZFFEW58A970152305	152389	F430	(F1) 07 ZFFEW58A870152389
152306	F430	(F1) 07 LHD US ZFFEW58A070152306	152390	F430	Spider (F1) 07 LHD US ZFFEW59A670152390
152309	F430	Spider (F1) 07 LHD US ZFFEW59A870152309	152391	F430	Spider (F1) 07 LHD US ZFFEW59A870152391
152310	F430	(F1) 07 LHD US ZFFEW58A270152310	152392	F430	Spider (F1) 07 LHD US ZFFEW59AX70152392
152311	F430	(F1) 07 LHD US ZFFEW58A470152311	152397	F430	Spider (F1) 07 LHD US ZFFEW59A970152397
152312	F430	(F1) 07 LHD US ZFFEW58A670152312	152406	F430	Spider F1 Red/black ZFFEZ59B000152406
152313	F430	(F1) 07 LHD US ZFFEW58A870152313			
152318	F430	Spider (F1) 07 LHD US ZFFEW59A970152318	152408	F430	(F1) 07 LHD US ZFFEW58A870152408
152319	F430	Spider (F1) 07 LHD US ZFFEW59A070152319	152409	F430	(F1) 07 LHD US ZFFEW58AX70152409
152320	F430	Spider (F1) 07 LHD US ZFFEW59A770152320	152413	F430	Spider F1 red/black LHD EU
			152415	F430	Spider F1 07 red/black LHD EU
			152418	F430	Spider (F1) 07 LHD US ZFFEW59A270152418
152321	F430	(F1) 07 ZFFEW58A770152321	152419	F430	Spider (F1) 07 LHD US ZFFEW59A470152419
152322	F430	(F1) 07 ZFFEW58A970152322	152420	F430	(F1) 07 ZFFEW58A970152420
152323	F430	(F1) 07 LHD US ZFFEW58A070152323	152422	F430	(F1) 07 LHD US ZFFEW58A270152422
152329	F430	(F1) 07 LHD US ZFFEW58A170152329	152425	F430	Spider (F1) 07 LHD US ZFFEW59AX70152425
152331	F430	(F1) 07 ZFFEW58AX70152331	152426	F430	Spider (F1) 07 LHD US ZFFEW59A170152426
152332	F430	(F1) 07 LHD US ZFFEW58A170152332			

s/n	Type	Comments
152429	F430	F1 red/black LHD EU
152434	F430	F1 Silver/Red ZFFEZ58B000152434
152437	F430	F1 07 Giallo Modena/Black ZFFEW59A670152437
152438	F430	Spider (F1) 07 LHD US ZFFEW59A870152438
152439	F430	Spider (F1) 07 LHD US ZFFEW59A670152439
152440	F430	Spider (F1) 07 ZFFEW59A670152440
152443	F430	(F1) 07 LHD US ZFFEW58AX70152443
152444	F430	Spider (F1) 07 LHD US ZFFEW59A370152444
152445	F430	Spider (F1) 07 LHD US ZFFEW59A570152445
152446	F430	Spider (F1) 07 LHD US ZFFEW59A770152446
152447	F430	Spider (F1) 07 LHD US ZFFEW59A970152447
152448	F430	Spider (F1) 07 LHD US ZFFEW59A070152448
152449	F430	Spider (F1) 07 LHD US ZFFEW59A270152449
152452	F430	Spider (F1) 07 LHD US ZFFEW59A270152452
152453	F430	Spider (F1) 07 LHD US ZFFEW59A470152453
152456	F430	Spider (F1) 07 LHD US ZFFEW59AX70152456
152457	F430	Spider (F1) 07 LHD US ZFFEW59A170152457
152458	F430	Spider (F1) 07 LHD US ZFFEW59A370152458
152459	F430	Spider (F1) 07 LHD US ZFFEW59A570152459
152460	F430	Spider (F1) 07 LHD US ZFFEW59A170152460
152461	F430	Spider (F1) 07 LHD US ZFFEW59A370152461
152462	F430	Spider (F1) 07 LHD US ZFFEW59A570152462
152463	F430	Spider (F1) 07 LHD US ZFFEW59A770152463
152464	F430	Spider (F1) 07 LHD US ZFFEW59A970152464
152465	F430	Spider (F1) 07 LHD US ZFFEW59A070152465
152466	F430	Spider (F1) 07 LHD US ZFFEW59A270152466
152468	F430	(F1) 07 LHD US ZFFEW58A470152468
152473	599	GTB Fiorano (F1) 07 ZFFFC60AX70152473
152474	599	GTB Fiorano (F1) 07 LHD US ZFFFC60A170152474
152475	599	GTB Fiorano F1 07 Rosso Corsa FER 322/Tan LHD US ZFFFC60A370152475 eng. # 113608 ass. # 69576
152476	599	GTB Fiorano (F1) 07 LHD US ZFFFC60A570152476
152477	599	GTB Fiorano (F1) 07 LHD US ZFFFC60A770152477
152478	599	GTB Fiorano (F1) 07 LHD US ZFFFC60A970152478
152479	599	GTB Fiorano (F1) 07 LHD US ZFFFC60A070152479
152480	599	GTB Fiorano (F1) 07 ZFFFC60A770152480
152481	599	GTB Fiorano (F1) 07 LHD US ZFFFC60A970152481
152482	599	GTB Fiorano (F1) 07 LHD US ZFFFC60A070152482
152483	599	GTB Fiorano (F1) 07 LHD US ZFFFC60A270152483
152487	599	GTB Fiorano F1 07 Red LHD ZFFFD60B000152487
152489	599	GTB Fiorano (F1) 07 LHD US ZFFFC60A370152489
152504	599	GTB Fiorano F1 07 Black/Bordeaux LHD ZFFFD60B000152504 Red calipers shields Challenge wheels yellow dials
152508	599	GTB Fiorano F1 07 Rosso Corsa/Black red piping red stitching LHD ZFFFD60B000152508 Red calipers Challenge wheels
152509	599	GTB Fiorano 07 Grigio Titanino/dark red ZFFFD60B000152509
152511	599	GTB Fiorano F1 07 Grigio Silverstone/Grey LHD ZFFFD60B000152511 Silver calipers shields Challenge wheels yellow dials
152512	599	GTB Fiorano F1 07 Rosso Corsa/Black LHD ZFFFD60B000152512 shields Challenge wheels roll cage
152529	599	GTB Fiorano F1 07 White/cuoio ZFFFD60B000152529
152534	599	GTB Fiorano F1 07 Grigio Silverstone/red ZFFFD60B000152534
152545	F430	Spider (F1) 07 LHD US ZFFEW59A970152545
152546	F430	(F1) 07 LHD US ZFFEW58A970152546
152547	F430	F1 07 White/black LHD US ZFFEW58A070152547
152550	F430	Spider F1 07 Rosso Scuderia/Cuoio LHD EU
152551	F430	Challenge F1 07 Red
152552	F430	Spider F1 07 Rosso Scuderia/tan LHD EU ZFFEZ59B000152552 Red calipers Challenge rear grill shields yellow dials
152553	F430	Spider F1 07 Black/Black silver stitching RHD ZFFZ59C000152553 Silver calipers shields
152558	F430	F1 07 Silver/black RHD ZFFEZ58C000152558 Red calipers shields
152563	F430	Spider (F1) 07 LHD US ZFFEW59A070152563
152564	F430	Spider (F1) 07 LHD US ZFFEW59A270152564
152567	F430	F1 07 Red/Black & Red red stitching RHD ZFFEZ58C000152567 Red calipers Challenge rear grill shields
152569	F430	Challenge F1 07 Red & Black/Black LHD ZFFEX63X000152569
152571	F430	F1 07 Rosso Corsa/tan ZFFEZ58B000152571
152576	F430	Challenge GT3 F1 #11 07 ZFFEX63X000152576 ass. # 69805 07 White/Black ZFFDZ58B000152588 Yellow calipers Black alloy wheels
152594	F430	Challenge F1 Red & Yellow/Red Seats ZFFEX63X000152594 ass. # 69805
152596	F430	Challenge F1 Black & White/Red Seats ZFFEX63X000152596 ass. # 69809
152597	F430	Challenge F1 07 White & Silver
152597	F430	Challenge F1 07 White & Silver then White & Black/Red Seats ZFFEX63X000152597 ass. # 69810
152604	F430	F1 3/07 Rosso Corsa/Crema ZFFEZ58C000152604
152606	F430	(F1) 07 red/beige LHD EU
152612	F430	F1 07 Rosso Scuderia/black ZFFEZ58B000152612
152620	F430	Spider 07 dark blue LHD EU
152621	F430	Spider F1 07 Grigio Silverstone/Bordeaux LHD ZFFEZ59B000152621

s/n	Type	Comments
152623	F430	Spider F1 07 Red/Black ZFFEZ59B000152623
152638	F430	Spider F1 07 Grigio Silverstone/Bordeaux black inserts RHD ZFFEZ59C000152638 Yellow calipers shields
152662	F430	Challenge GT3 F1 #3 07 ZFFEX63X000152662 ass. # 69814
152663	F430	Challenge F1 07 Rosso Scuderia/Red LHD
152664	F430	Challenge F1 07 Red/Black LHD ZFFEX63X000152664 ass. # 69941
152665	F430	Challenge F1 07 Red/Black LHD ZFFEX63X000152665 ass. # 69942
152670	F430	Challenge F1 dark Blue & Yellow/Red Seats ZFFEX63X000152670 ass. # 69944
152672	F430	F1 07 Red LHD EU
152673	F430	Challenge F1 Red White & Black/Red Seats ZFFEX63X000152673 ass. # 69945
152675	F430	(F1) 07 LHD US ZFFEW58A970152675
152681	F430	Spider (F1) 07 LHD US ZFFEW59A670152681
152682	F430	Spider (F1) 07 LHD US ZFFEW59A870152682
152683	F430	Spider (F1) 07 LHD US ZFFEW59AX70152683
152690	F430	(F1) 07 LHD US ZFFEW58A570152690
152691	F430	Spider (F1) 07 LHD US ZFFEW59A970152691
152699	F430	Challenge F1 Black/Red Seats ZFFEX63X000152699
152706	F430	(F1) 07 LHD US ZFFEW58A570152706
152711	F430	Spider (F1) 07 LHD US ZFFEW59A070152711
152715	F430	Spider F1 07 Rosso Corsa/Tan red stitching LHD ZFFEZ58B000152715 Red calipers shields yellow dials
152724	F430	F1 red/red & black ZFFEZ58B000152724
152729	F430	Spider (F1) 07 LHD US ZFFEW59A870152729
152730	F430	Spider (F1) 07 LHD US ZFFEW59A470152730
152742	F430	Spider (F1) 07 LHD US ZFFEW59A070152742
152750	F430	F1 07 Black/black ZFFEZ58B000152750
152751	F430	Spider (F1) 07 LHD US ZFFEW59A170152751
152752	F430	Spider (F1) 07 ZFFEW59A370152752
152753	F430	Spider (F1) 07 ZFFEW59A570152753
152754	F430	Spider F1 07 Blue/Crema blue stitching blue dash & steering wheel RHD ZFFEZ59C000152754 Silver calipers shields yellow dials
152756	F430	F1 07 Black/Black yellow stittching RHD UK
152757	F430	Spider F1 07 Grigio Alloy/Charcoal ZFFEZ59B000152757
152758	F430	F1 07 red/black sports seats ZFFEZ58B000152758 challenge rims
152760	F430	Spider (F1) 07 LHD US ZFFEW59A270152760
152763	F430	Spider (F1) 07 LHD US ZFFEW59A870152763
152765	F430	Spider F1 07 Rosso Corsa/Beige Daytona Seats ZFFEW59A170152765 Red Calipers Shields
152766	F430	Spider (F1) 07 LHD US ZFFEW59A370152766
152767	F430	Spider (F1) 07 LHD US ZFFEW59A570152767
152768	F430	Spider (F1) 07 LHD US ZFFEW59A770152768
152774	F430	F1 07 Rosso Corsa/Nero Alcantara LHD EU ZFFEZ58B000152774 front & rear Challenge Grill
152776	599	GTB Fiorano (F1) 07 LHD US ZFFFC60A670152776
152778	599	GTB Fiorano (F1) 07 LHD US ZFFFC60AX70152778
152779	599	GTB Fiorano (F1) 07 LHD US ZFFFC60A170152779
152780	599	GTB Fiorano (F1) 07 LHD US ZFFFC60A870152780
152781	599	GTB Fiorano (F1) 07 LHD US ZFFFC60AX70152781
152783	599	GTB Fiorano (F1) 07 LHD US ZFFFC60A370152783
152784	599	GTB Fiorano (F1) 07 LHD US ZFFFC60A570152784
152786	599	GTB Fiorano (F1) 07 ZFFFC60A970152786
152787	599	GTB Fiorano (F1) 07 ZFFFC60A070152787
152788	599	GTB Fiorano (F1) 07 LHD US ZFFFC60A270152788
152797	599	GTB Fiorano F1 07 Black/Black LHD EU ZFFFD60B000152797
152816	599	GTB Fiorano (F1) 07 Grey/Tan ZFFFD60B000152816
152817	599	GTB Fiorano F1 07 Black/Black LHD ZFFFD60B000152817 Pentagram wheels yellow dials
152823	F430	Spider (F1) 07 LHD US ZFFEW59A070152823
152824	F430	Spider (F1) 07 LHD US ZFFEW59A270152824
152827	F430	(F1) 07 LHD US ZFFEW58A670152827
152829	F430	F1 07 Black/black LHD US ZFFEW58AX70152829
152832	F430	Spider (F1) 07 LHD US ZFFEW59A170152832
152833	F430	Spider (F1) 07 LHD US ZFFEW59A370152833
152834	F430	(F1) 07 LHD US ZFFEW58A370152834
152839	F430	(F1) 07 LHD US ZFFEW58A270152839
152841	F430	Spider (F1) 07 LHD US ZFFEW59A270152841
152844	F430	Spider F1 07 Dark metallic blue/all cuoio ZFFEZ59B000152844
152845	F430	Spider (F1) 07 LHD US ZFFEW59AX70152845
152846	F430	Spider F1 07 black/tan ZFFEZ59B000152846
152850	F430	Spider F1 07 Black LHD ZFFEZ59B000152850
152851	F430	Spider (F1) 07 LHD US ZFFEW59A570152851
152852	F430	Spider (F1) 07 LHD US ZFFEW59A770152852
152857	F430	F1 07 Rosso Corsa/Cuoio Red stitching cuoio dash & steering wheel LHD ZFFEZ58B000152857 yellow dials
152860	F430	Spider (F1) 07 LHD US ZFFEW59A670152860
152861	F430	Spider (F1) 07 ZFFEW59A870152861
152862	F430	Spider (F1) 07 LHD US ZFFEW59AX70152862
152863	F430	Spider (F1) 07 LHD US ZFFEW59A170152863
152864	F430	Spider (F1) 07 LHD US ZFFEW59A370152864

s/n	Type	Comments	s/n	Type	Comments
152870	F430	Spider (F1) 07 LHD US ZFFEW59A970152870	152976	599	GTB Fiorano F1 07 Grigio Silverstone/dark brown ZFFFD60B000152976 challenge rims
152871	F430	Spider (F1) 07 LHD US ZFFEW59A070152871	152977	599	GTB Fiorano(F1) 07 LHD US ZFFFC60A570152977
152873	F430	F1 07 Rosso Corsa/Black Red stitching LHD ZFFEZ58B000152873 yellow dials	152978	599	GTB Fiorano(F1) 07 LHD US ZFFFC60A770152978
152874	F430	Spider (F1) 07 LHD US ZFFEW59A670152874	152979	599	GTB Fiorano (F1) 07 LHD US ZFFFC60A970152979
152876	F430	Spider (F1) 07 LHD US ZFFEW59AX70152876	152980	599	GTB Fiorano (F1) 07 LHD US ZFFFC60A570152980
152877	F430	Spider (F1) 07 LHD US ZFFEW59A170152877	152981	599	GTB Fiorano F1 07 Black/Black ZFFFD60B000152981
152878	F430	Spider F1 07 Red/tan LHD ZFFEW59A370152878	152985	599	GTB Fiorano F1 07 Black/all Cuoio ZFFFD60B000152985
152883	599	GTB Fiorano F1 07 Rosso Scuderia LHD ZFFFD60B000152883	152987	599	GTB Fiorano(F1) 07 LHD US ZFFFC60A870152987
152884	612	Scaglietti F1 GTC 07 Black LHD ZFFAY54B000152884	152990	599	GTB Fiorano 07 black/black ZFFFD60B000152990
152898	599	GTB Fiorano F1 07 Black/Black yellow stitching LHD ZFFFD60B000152898 shields Challenge wheels yellow dials	152993	599	GTB Fiorano F1 07 Black/Black LHD ZFFFD60B000152993
152901	599	GTB Fiorano F1 07 Black LHD ZFFFD60B000152901	153002	599	GTB Fiorano (F1) 07 LHD US ZFFFC60A970153002
152905	F430	Spider (F1) 07 LHD US ZFFEW59A270152905	153004	599	GTB Fiorano F1 07 dark Blue LHD EU ZFFFD60B000153004 Silver calipers Challenge wheels yellow dials
152906	F430	Spider (F1) 07 LHD US ZFFEW59A470152906	153007	599	GTB Fiorano (F1) 07 LHD US ZFFFC60A870153007
152907	F430	(F1) 07 LHD US ZFFEW58A470152907	153008	599	GTB Fiorano (F1) 07 LHD US ZFFFC60AX70153008
152909	F430	Spider (F1) 07 LHD US ZFFEW59AX70152909	153012	599	GTB Fiorano(F1) 07 LHD US ZFFFC60A170153012
152910	F430	Spider (F1) 07 LHD US ZFFEW59A670152910	153014	599	GTB Fiorano F1 07 Black/Crema RHD ZFFFD60C000153014 Yellow calipers shields Challenge wheels yellow dials
152911	F430	Spider (F1) 07 LHD US ZFFEW59A870152911	153015	599	GTB Fiorano F1 07 Rosso Corsa/Beige ZFFFD60B000153015 red calipers shields Challenge wheels
152912	F430	(F1) 07 ZFFEW58A870152912			
152913	F430	(F1) 07 LHD US ZFFEW58AX70152913	153016	599	GTB Fiorano (F1) 07 LHD US ZFFFC60A970153016
152914	F430	(F1) 07 LHD US ZFFEW58A170152914	153017	599	GTB Fiorano (F1) 07 LHD US ZFFFC60A070153017
152915	F430	F1 07 Black/Black LHD US ZFFEW58A370152915	153023	599	GTB Fiorano F1 07 Red/Tan red inserts LHD US ZFFFC60A670153023
152916	F430	(F1) 07 LHD US ZFFEW58A570152916	153024	599	GTB Fiorano (F1) 07 LHD US ZFFFC60A870153024
152919	F430	Spider F1 07 Black/black sports seats ZFFEZ59B000152919 yellow calipers shields	153025	599	GTB Fiorano (F1) 07 LHD US ZFFFC60AX70153025
152921	F430	Spider F1 07 Rosso Corsa/Nero LHD ZFFEZ59B000152921 Red calipers shields Challenge rear grill yellow dials	153026	599	GTB Fiorano (F1) 07 LHD US ZFFFC60A170153026
152923	F430	F1 07 Red/Red LHD ZFFEZ58B000152923 Yellow calipers	153028	F430	Spider F1 07 Rosso Corsa/Beige Daytona Seats Rosso 112806 Stripes Rosso Stitchings LHD US ZFFEW59A570153028 Challenge Rims Red Calipers
152925	F430	Spider F1 07 dark grey/red ZFFEZ59B000152925			
152931	F430	Spider F1 5/07 Nero Daytona/Nero ZFFEZ59B000152931	153034	F430	Spider F1 07 Rosso Corsa/Cuoio LHD ZFFEW59B000153034 Red calipers shields Challenge wheels cuoio dash & steering wheel
152933	F430	F1 07 silver/tan ZFFEZ58B000152933			
152934	F430	Spider F1 07 Rosso Scuderia/Nero ZFFEZ59B000152934	153037	F430	Spider (F1) 07 LHD US ZFFEW59A670153037
152935	F430	Spider F1 07 Grigio Silverstone/dark red ZFFEZ59B000152935	153039	F430	F1 3/07 Nuovo Nero Daytona/Nero yellow stitching RHD ZFFEZ58C000153039 Yellow calipers shields
152947	F430	F1 3/07 Rosso Scuderia/Nero ZFFEZ58B000152947			
152948	F430	F1 07 Rosso Scuderia/Tan LHD EU	153043	F430	Spider F1 07 Rosso Corsa/Tan LHD
152951	F430	F1 07 Black/tan ZFFEZ58B000152951	153046	F430	Spider (F1) 07 LHD US ZFFEW59A770153046
152953	F430	Spider (F1) 07 ZFFEW59A270152953	153047	F430	(F1) 07 LHD US ZFFEW58A770153047
152955	F430	Challenge GT3 F1 #6 07 ZFFEX63X000152955 ass. # 69949	153048	F430	Spider (F1) 07 LHD US ZFFEW59A070153048
152961	F430	Challenge F1 07 Red/Red Seats ZFFEX63X000152961	153049	F430	(F1) 07 LHD US ZFFEW58A070153049
152962	F430	Challenge F1 07 Yellow/Black LHD ZFFEX63X000152962 ass. # 69958	153050	F430	(F1) 07 LHD US ZFFEW58A770153050
152963	F430	Challenge F1 07 Yellow & Black/Black LHD ZFFEX63X000152963 ass. # 69959			

s/n	Type	Comments
153054	F430	F1 07 Rosso Scuderia/Beige RHD ZFFEZ58D000153054
153059	F430	Spider (F1) 07 LHD US ZFFEW59A570153059
153060	F430	(F1) 07 LHD US ZFFEW58AX70153060
153071	F430	F1 07 Rosso Corsa/Tan LHD ZFFEZ58B000153071
153073	F430	Challenge GT3 F1 #5 07 ZFFEX63X000153073
153077	F430	Spider (F1) 07 LHD US ZFFEW59A770153077
153079	F430	Spider F1 07 Grigio Silverstone LHD ZFFEZ59B000153079
153080	F430	F1 07 Red/black ZFFEZ58B000153080
153081	F430	F1 07 Rosso Corsa/Black Red stitching LHD ZFFEZ58B000153081
153087	F430	Spider (F1) 07 LHD US ZFFEW59AX70153087
153088	F430	Spider (F1) 07 ZFFEW59A170153088
153089	F430	Spider (F1) 07 ZFFEW59A370153089
153090	F430	Spider (F1) 07 ZFFEW59AX70153090
153091	F430	Spider (F1) 07 LHD US ZFFEW59A170153091
153092	F430	(F1) 07 LHD US ZFFEW58A170153092
153094	F430	Spider (F1) 07 LHD US ZFFEW59A770153094
153095	F430	Spider (F1) 07 LHD US ZFFEW59A970153095
153098	F430	Spider (F1) 07 LHD US ZFFEW59A470153098
153099	F430	Spider (F1) 07 LHD US ZFFEW59A670153099
153100	F430	Spider (F1) 07 LHD US ZFFEW59A970153100
153101	F430	Spider (F1) 07 LHD US ZFFEW59A070153101
153103	F430	Spider (F1) 07 LHD US ZFFEW59A470153103
153104	F430	Spider (F1) 07 LHD US ZFFEW59A670153104
153105	F430	Spider (F1) 07 LHD US ZFFEW59A870153105
153106	F430	(F1) 07 LHD US ZFFEW58A870153106
153111	F430	Spider (F1) 07 LHD US ZFFEW59A370153111
153112	F430	Spider (F1) 07 LHD US ZFFEW59A570153112
153113	F430	Spider (F1) 07 LHD US ZFFEW59A770153113
153114	F430	Spider (F1) 07 LHD US ZFFEW59A970153114
153117	F430	Challenge F1 Red & Yellow Blue vertical stripe on front /Red Seats ZFFEX63X000153117 ass. # 70246
153121	F430	Spider F1 07 Grigio Titanio/all red ZFFEZ59B000153121
153124	599	GTB Fiorano F1 07 Silver/Black silver stitching RHD ZFFFD60C000153124 shields Challenge wheels yellow dials
153133	599	GTB Fiorano F1 07 Grigio Silverstone/Beige LHD ZFFFD60B000153133 Red calipers shields Challenge wheels yellow dials
153136	599	GTB Fiorano F1 07 red/black LHD EU
153140	599	GTB Fiorano (F1) 07 LHD US ZFFFC60AX70153140
153144	599	GTB Fiorano (F1) 07 LHD US ZFFFC60A770153144
153145	599	GTB Fiorano (F1) 07 LHD US ZFFFC60A970153145
153146	599	GTB Fiorano (F1) 07 LHD US ZFFFC60A070153146
153153	F430	Spider (F1) 07 LHD US ZFFEW59A870153153
153154	F430	Spider (F1) 07 LHD US ZFFEW59AX70153154
153156	F430	Challenge F1 07 Red/Red LHD ZFFEX63X000153156
153157	F430	Spider (F1) 07 LHD US ZFFEW59A570153157
153159	F430	(F1) 07 LHD US ZFFEW58A770153159
153160	F430	(F1) 07 LHD US ZFFEW58A370153160
153163	F430	Spider 07 Argento Nürburgring/Grigio LHD Manual EU ZFFEW59B000153163 rear Challenge Grill
153166	F430	Challenge F1 07 Black White Stripe/red LHD ZFFEX63X000153166 ass. # 70250
153169	F430	Spider (F1) 07 LHD US ZFFEW59A170153169
153170	F430	(F1) 07 LHD US ZFFEW58A670153170
153178	F430	Spider F1 07 Grigio Silverstone/Bordeaux LHD EU
153184	F430	F1 07 Grigio Silverstone/black red sports seats red calipers shields carbon brakes
153186	F430	(F1) 07 LHD US ZFFEW58AX70153186
153187	F430	(F1) 07 LHD US ZFFEW58A170153187
153191	F430	Challenge F1 07 Red/Black LHD ZFFEX63X000153191
153208	F430	Spider (F1) 07 silver/Black red stiching ZFFEZ59B000153208
153210	F430	F1 07 Nero/Nero LHD EU
153213	F430	Spider (F1) 07 LHD US ZFFEW59A070153213
153215	F430	F1 07 Red/Black red stitching RHD ZFFEZ58C000153215 Red calipers shields yellow dials
153224	F430	Spider (F1) 07 LHD US ZFFEW59A570153224
153225	F430	(F1) 07 LHD US ZFFEW58A570153225
153236	F430	Spider (F1) 07 LHD US ZFFEW59A170153236
153237	F430	Spider (F1) 07 LHD US ZFFEW59A370153237
153247	F430	Spider (F1) 07 LHD US ZFFEW59A670153247
153252	F430	Spider (F1) 07 LHD US ZFFEW59AX70153252
153253	F430	Spider (F1) 07 LHD US ZFFEW59A170153253
153254	F430	Spider (F1) 07 LHD US ZFFEW59A370153254
153255	F430	Spider (F1) 07 LHD US ZFFEW59A570153255
153256	F430	Spider (F1) 07 LHD US ZFFEW59A770153256
153257	F430	Spider (F1) 07 LHD US ZFFEW59A970153257
153258	F430	Spider (F1) 07 LHD US ZFFEW59A070153258
153259	F430	Spider F1 07 Red/Tan Red Stiching Black Top LHD US ZFFEW59A270153259 Shields Red Calipers Red dials
153260	F430	Spider (F1) 07 LHD US ZFFEW59A970153260
153261	F430	Spider (F1) 07 LHD US ZFFEW59A070153261
153263	F430	Spider (F1) 07 LHD US ZFFEW59A470153263
153265	F430	(F1) 07 LHD US ZFFEW58A670153265
153266	F430	(F1) 07 LHD US ZFFEW58A870153266
153267	F430	(F1) 07 LHD US ZFFEW58AX70153267
153268	F430	(F1) 07 LHD US ZFFEW58A170153268

s/n	Type	Comments
153273	F430	(F1) 07 LHD US ZFFEW58A570153273
153274	F430	F1 07 Yellow/black LHD US ZFFEW58A770153274
153275	F430	(F1) 07 LHD US ZFFEW58A970153275
153281	F430	Spider F1 07 White/black black cloth seats ZFFEZ59B000153281
153282	F430	(F1) 07 LHD US ZFFEW58A670153282
153284	F430	F1 07 Rosso Corsa/Black LHD EU
153294	F430	Spider 07 red/black manual ZFFEZ59B000153294
153300	F430	Spider (F1) 07 LHD US ZFFEW59A670153300
153301	F430	(F1) 07 LHD US ZFFEW58A670153301
153302	F430	(F1) 07 LHD US ZFFEW58A870153302
153303	F430	Spider F1 07 Grigio Silverstone/Bordeaux RHD ZFFEZ59C000153303 Yellow calipers Challenge rear grill Shields yellow dials
153311	F430	Spider F1 07 Grigio Silverstone LHD ZFFEZ59B000153311
153313	F430	Spider (F1) 07 LHD US ZFFEW59A470153313
153314	F430	(F1) 07 LHD US ZFFEW58A470153314
153315	F430	Spider (F1) 07 LHD US ZFFEW59A870153315
153316	F430	Spider (F1) 07 LHD US ZFFEW59AX70153316
153317	F430	(F1) 07 LHD US ZFFEW58AX70153317
153318	F430	(F1) 07 LHD US ZFFEW58A170153318
153325	F430	Spider F1 07 Rosso Corsa LHD EU
153334	F430	Spider F1 07 black/black LHD EU
153336	F430	Spider (F1) 07 LHD US ZFFEW59A570153336
153337	F430	Spider (F1) 07 LHD US ZFFEW59A770153337
153343	F430	Spider F1 07 Red/Black LHD EU
153344	F430	Challenge F1 07 Red White & Blue/Red LHD ZFFEX63X000153344
153346	F430	Spider F1 07 Red/Crema red stitching RHD ZFFEZ59C000153346 Red calipers shields yellow dials
153347	F430	Spider F1 07 Grigio/Silverstone Crema RHD ZFFEZ59C000153347 Yellow calipers shields yellow dials
153349	F430	Spider (F1) 07 LHD US ZFFEW59A370153349
153350	F430	Spider (F1) 07 LHD US ZFFEW59AX70153350
153351	F430	Spider (F1) 07 LHD US ZFFEW59A170153351
153352	F430	Challenge F1 07 Red/Red LHD ZFFEX63X000153352
153362	599	GTB Fiorano (F1) 07 LHD US ZFFFC60A670153362
153363	599	GTB Fiorano (F1) 07 LHD US ZFFFC60A870153363
153366	599	GTB Fiorano F1 07 Black/Tan Daytona Seats Black Inserts Black Piping & Stitching LHD US ZFFFC60A370153366 Shields
153367	599	GTB Fiorano (F1) 07 LHD US ZFFFC60A570153367
153368	599	GTB Fiorano(F1) 07 LHD US ZFFFC60A770153368
153369	599	GTB Fiorano (F1) 07 LHD US ZFFFC60A970153369
153374	599	GTB Fiorano F1 07 NART Blue/Sand RHD ZFFFD60D000153374
153375	599	GTB Fiorano 07 Grigio Silverstone/Cuoio ZFFFD60B000153375
153376	599	GTB Fiorano F1 07 Black/Tan LHD EU ZFFFD60B000153376 Yellow calipers shields Challenge wheels
153378	599	GTB Fiorano (F1) 07 LHD US ZFFFC60AX70153378
153379	599	GTB Fiorano F1 07 Black/Tan ZFFFD60B000153379
153382	599	GTB Fiorano (F1) 07 LHD US ZFFFC60A170153382
153385	F430	F1 07 Rosso Corsa/tan ZFFEZ58B000153385
153387	599	GTB Fiorano (F1) 07 LHD US ZFFFC60A070153387
153388	599	GTB Fiorano (F1) 07 LHD US ZFFFC60A270153388
153389	599	GTB Fiorano F1 07 Grigio Silverstone FER.740/Red black inserts LHD US ZFFFC60A470153389 ass. # 70782
153390	599	GTB Fiorano(F1) 07 LHD US ZFFFC60A070153390
153391	599	GTB Fiorano F1 07 Grigio Titanio/Cuoio ZFFFD60B000153391
153393	599	GTB Fiorano F1 07 Grigio Silverstone/Grey LHD ZFFFD60B000153393 Challenge wheels
153394	599	GTB Fiorano(F1) 07 LHD US ZFFFC60A870153394
153400	599	GTB Fiorano (F1) 07 LHD US ZFFFC60AX70153400
153403	599	GTB Fiorano(F1) 07 LHD US ZFFFC60A570153403
153405	599	GTB Fiorano F1 07 Rosso Corsa/Crema red piping LHD ZFFFD60B000153405 Red calipers shields Challenge wheels yellow dials
153407	599	GTB Fiorano(F1) 07 LHD US ZFFFC60A270153407
153410	599	GTB Fiorano (F1) 07 LHD US ZFFFC60A270153410
153412	612	Scaglietti F1 GTC 07 Rosso Corsa/Tan ZFFJY54B000153412
153434	F430	Spider (F1) 07 LHD US ZFFEW59A570153434
153437	F430	Spider (F1) 07 LHD US ZFFEW59A070153437
153450	F430	Spider (F1) 07 LHD US ZFFEW59A370153450
153453	F430	(F1) 07 LHD US ZFFEW58A770153453
153462	F430	Spider (F1) 07 LHD US ZFFEW59AX70153462
153468	F430	Spider F1 07 Red/Crema red stitching RHD ZFFEZ59C000153468 Red calipers shields yellow dials
153471	F430	Spider (F1) 07 LHD US ZFFEW59A070153471
153472	F430	Spider F1 07 Black/Black LHD US ZFFEW59A270153472
153473	F430	Spider (F1) 07 LHD US ZFFEW59A470153473
153474	F430	Spider (F1) 07 LHD US ZFFEW59A670153474
153487	F430	(F1) 07 red/black LHD EU
153488	F430	F1 07 Rosso Corsa/Nero LHD ZFFEZ58B000153488 shields yellow dials
153490	F430	F1 07 red/beige ZFFEZ58B000153490
153493	F430	Spider (F1) 07 LHD US ZFFEW59AX70153493
153499	F430	Spider F1 07 Yellow LHD ZFFEZ59B000153499

s/n	Type	Comments	s/n	Type	Comments
153502	F430	Spider F1 07 Giallo Modena/Black Daytona Seats Yellow Stitching Yellow Piping ZFFEZ59A000153502 Yellow Calipers	153622	F430	Spider (F1) 07 LHD US ZFFEW59A670153622
153506	F430	Spider (F1) 07 LHD US ZFFEW59A470153506	153623	F430	Spider (F1) 07 LHD US ZFFEW59A870153623
153507	F430	Spider (F1) 07 LHD US ZFFEW59A670153507	153624	F430	Spider (F1) 07 LHD US ZFFEW59AX70153624
153520	F430	Challenge F1 07 Bianco Avus/black red sport seat ZFFEX63X000153520 ass. #70558 black calipers shields slide windows	153625	F430	Spider (F1) 07 LHD US ZFFEW59A170153625
			153626	F430	Spider (F1) 07 LHD US ZFFEW59A370153626
			153627	F430	Spider (F1) 07 LHD US ZFFEW59A570153627
153526	612	Scaglietti F1 07 Silver/Dark blue LHD ZFF??54AX700153526	153629	F430	Spider F1 4/07 Rosso Scuderia/Nero ZFFEZ59C000153629
153533	599	GTB Fiorano (F1) 07 LHD US ZFFFC60A770153533	153630	F430	Spider F1 07 Rosso Scuderia/Black red stitching RHD ZFFEZ59C000153630 Shields yellow dials
153547	F430	Spider F1 07 Yellow/Black LHD US			
153548	599	GTB Fiorano (F1) 07 LHD US ZFFFC60A970153548	153631	F430	Spider F1 07 Red/Beige sports seats RHD ZFFEZ59C000153631 shields
153549	599	GTB Fiorano(F1) 07 LHD US ZFFFC60A070153549	153636	F430	F1 07 Rosso Corsa/Nero ZFFEZ58B000153636
153552	599	GTB Fiorano (F1) 07 LHD US ZFFFC60A070153552	153641	F430	Spider (F1) 07 LHD US ZFFEW59AX70153641
153558	599	GTB Fiorano (F1) 07 LHD US ZFFFC60A170153558	153642	F430	Spider (F1) 07 LHD US ZFFEW59A170153642
153562	599	GTB Fiorano (F1) 07 LHD US ZFFFC60A370153562	153643	F430	Spider (F1) 07 LHD US ZFFEW59A370153643
153564	599	GTB Fiorano (F1) 07 LHD US ZFFFC60A770153564	153644	F430	Spider (F1) 07 LHD US ZFFEW59A570153644
153565	599	GTB Fiorano (F1) 07 LHD US ZFFFC60A970153565	153645	F430	(F1) 07 LHD US ZFFEW58A570153645
			153652	F430	Spider (F1) 07 LHD US ZFFEW59A470153652
153570	612	Scaglietti F1 GTC 07 Rosso Barchetta/Grey Grey Daytona Seats piping yellow dials LHD ZFFJY54B000153570 shields	153654	F430	(F1) 07 LHD US ZFFEW58A670153654
			153655	F430	(F1) 07 LHD US ZFFEW58A870153655
			153662	F430	Spider F1 07 Red/Beige RHD AUS ZFFEZ59D000153662
153572	612	Scaglietti F1 GTC 07 Black/Bordeaux LHD ZFFJY54B000153572 Red calipers shields red dash & steering wheel red dials	153677	F430	Spider (F1) 07 LHD US ZFFEW59A970153677
			153678	F430	Spider (F1) 07 LHD US ZFFEW59A070153678
153576	F430	Spider (F1) 07 LHD US ZFFEW59A370153576	153679	F430	Spider (F1) 07 LHD US ZFFEW59A270153679
153578	F430	Spider (F1) 07 LHD US ZFFEW59A770153578	153680	F430	Spider (F1) 07 LHD US ZFFEW59A970153680
153582	F430	Spider (F1) 07 LHD US ZFFEW59A970153582	153681	F430	(F1) 07 LHD US ZFFEW58A970153681
153583	F430	Spider (F1) 07 LHD US ZFFEW59A070153583	153682	F430	Spider (F1) 07 LHD US ZFFEW59A270153682
153584	F430	(F1) 07 LHD US ZFFEW58A070153584	153683	F430	Spider (F1) 07 LHD US ZFFEW59A470153683
153592	F430	(F1) 07 LHD US ZFFEW58A470153592	153684	F430	Spider (F1) 07 LHD US ZFFEW59A670153684
153593	F430	(F1) 07 LHD US ZFFEW58A170153593	153686	F430	Spider (F1) 07 LHD US ZFFEW59AX70153686
153595	F430	Spider F1 07 black/beige beige top ZFFEZ59B000153595			
153597	F430	07 Rosso Scuderia/Nero LHD Manual EU ZFFEZ58B000153597 Red calipers Challenge rear grill shields Challenge wheels	153689	599	GTB Fiorano F1 07 Blue/Biege black inserts black piping RHD ZFFFD60C000153689 Yellow calipers shields
			153691	599	GTB Fiorano(F1) 07 LHD US ZFFFC60A370153691
153600	F430	Spider (F1) 07 LHD US ZFFEW59A770153600	153696	599	GTB Fiorano F1 07 black/black LHD EU
153601	F430	Spider (F1) 07 LHD US ZFFEW59A970153601	153699	599	GTB Fiorano F1 07 Grigio Silverstone/Beige LHD ZFFFD60B000153699 Yellow calipers shields Challenge wheels
153602	F430	Spider (F1) 07 LHD US ZFFEW59A070153602			
153603	F430	(F1) 07 LHD US ZFFEW58A070153603			
153604	F430	(F1) 07 LHD US ZFFEW58A270153604	153704	599	GTB Fiorano (F1) 07 LHD US ZFFFC60A870153704
153608	F430	Spider F1 07 Dark metallic blue/tan ZFFEZ59B000153608	153705	599	GTB Fiorano (F1) 07 LHD US ZFFFC60AX70153705
153614	F430	F1 07 Rosso Corsa/Nero LHD ZFFEZ58B000153614 Red calipers shields yellow dials	153712	599	GTB Fiorano (F1) 07 LHD US ZFFFC60A770153712
153618	F430	(F1) 07 LHD EU	153713	599	GTB Fiorano (F1) 07 LHD US ZFFFC60A970153713
153621	F430	Spider (F1) 07 LHD US ZFFEW59A470153621			

s/n	Type	Comments
153714	599	GTB Fiorano (F1) 07 LHD US ZFFFC60A070153714
153717	599	GTB Fiorano F1 07 red/tan LHD EU
153718	599	GTB Fiorano F1 07 Blu Mirabeau/Crema dark blue piping LHD ZFFFD60B000153718 Red calipers shields pentagram wheels red dials
153720	599	GTB Fiorano F1 07 Grigio Silverstone/Nero LHD EU
153721	599	GTB Fiorano (F1) 07 LHD US ZFFFC60A870153721
153731	F430	(F1) 07 LHD US ZFFEW58A970153731
153732	F430	(F1) 07 LHD US ZFFEW58A070153732
153733	F430	Spider (F1) 07 LHD US ZFFEW59A470153733
153744	F430	(F1) 07 LHD US ZFFEW58A770153744
153745	F430	(F1) 07 LHD US ZFFEW58A970153745
153746	F430	Spider F1 07 Rosso Scuderia LHD ZFFEW59A270153746
153754	F430	F1 07 Rosso Corsa/Nero LHD EU
153755	F430	F1 07 red/beige LHD EU
153756	F430	F1 07 red/black ZFFEZ58B000153756 red callipers shields
153757	F430	F1 07 Grigio Silverstone/Bordeaux LHD ZFFEZ58B000153757 Red calipers shields
153763	F430	F1 07 Black/Crema RHD ZFFEZ58C000153763 Yellow calipers Challenge rear grill shields yellow dials
153764	F430	F1 07 Grigio Silverstone/Crema RHD ZFFEZ58B000153764 shields
153768	F430	Spider F1 07 Rosso Corsa/Black LHD EU ZFFEZ59B000153768 shields yellow dials
153771	F430	(F1) 07 LHD US ZFFEW58AX70153771
153772	F430	(F1) 07 LHD US ZFFEW58A170153772
153776	F430	F1 07 Rosso Corsa/Crema red stitching RHD ZFFEZ58C000153776 shields
153779	F430	Spider F1 07 Rosso Scuderia/Tan LHD EU
153786	F430	Spider (F1) 07 LHD US ZFFEW59A370153786
153788	F430	Spider F1 07 Yellow/Black RHD sports seats yellow stitching ZFFEZ59C000153788 Yellow calipers shields
153799	F430	Spider (F1) 07 LHD US ZFFEW59A170153799
153800	F430	Spider (F1) 07 LHD US ZFFEW59A470153800
153801	F430	Spider (F1) 07 LHD US ZFFEW59A670153801
153804	F430	Spider F1 07 Red/Crema RHD ZFFEZ59C000153804
153807	F430	Spider F1 07 Red/Black red stitching RHD ZFFEZ59C000153807 Red calipers shields yellow dials
153811	F430	Spider F1 07 Grigio Silverstone/Bordeaux ZFFEZ59B000153811 red callipers
153815	F430	Spider (F1) 07 LHD US ZFFEW59A670153815
153816	F430	Spider (F1) 07 LHD US ZFFEW59A870153816
153817	F430	Spider (F1) 07 LHD US ZFFEW59AX70153817
153818	F430	(F1) 07 LHD US ZFFEW58AX70153818
153819	F430	F1 07 Red/cuoio LHD US ZFFEW58A170153819
153820	F430	(F1) 07 LHD US ZFFEW58A870153820
153824	F430	Spider (F1) 07 LHD US ZFFEW59A770153824
153825	F430	(F1) 07 LHD US ZFFEW58A770153825
153827	F430	F1 07 Black red stitching RHD ZFFEZ58C000153827 shields yellow dials
153829	F430	Spider F1 07 Rosso Corsa/black LHD EU
153836	F430	Spider (F1) 07 LHD US ZFFEW59A370153836
153837	F430	Spider (F1) 07 LHD US ZFFEW59A570153837
153838	F430	Spider (F1) 07 LHD US ZFFEW59A770153838
153844	F430	Spider (F1) 07 LHD US ZFFEW59A270153844
153845	F430	Spider (F1) 07 LHD US ZFFEW59A470153845
153846	F430	Spider (F1) 07 LHD US ZFFEW59A670153846
153849	599	GTB Fiorano (F1) 07 LHD US ZFFFC60A170153849
153850	599	GTB Fiorano (F1) 07 LHD US ZFFFC60A870153850
153860	599	GTB Fiorano (F1) 07 LHD US ZFFFC60A070153860
153861	599	GTB Fiorano (F1) 07 LHD US ZFFFC60A270153861
153862	599	GTB Fiorano (F1) 07 LHD US ZFFFC60A470153862
153865	599	GTB Fiorano F1 07 Rosso Scuderia/Black red stitching LHD ZFFFD60B000153865 Red calipers shields graphite Challenge wheels yellow dials
153871	599	GTB Fiorano (F1) 07 LHD US ZFFFC60A570153871
153873	599	GTB Fiorano (F1) 07 LHD US ZFFFC60A970153873
153875	599	GTB Fiorano (F1) 07 LHD US ZFFFC60A270153875
153876	599	GTB Fiorano(F1) 07 LHD US ZFFFC60A470153876
153879	612	Scaglietti F1 07 Grigio Titanio/tan ZFFJY54B000153879
153889	F430	(F1) 07 LHD US ZFFEW58A070153889
153890	F430	(F1) 07 LHD US ZFFEW58A770153890
153891	F430	(F1) 07 LHD US ZFFEW58A970153891
153904	F430	(F1) 07 LHD US ZFFEW58A370153904
153914	F430	(F1) 07 LHD US ZFFEW58A670153914
153915	F430	(F1) 07 LHD US ZFFEW58A870153915
153916	F430	(F1) 07 LHD US ZFFEW58AX70153916
153917	F430	Spider F1 07 Grigio Silverstone dark red stripes/all bordeaux ZFFEZ59B000153917
153920	F430	Spider F1 07 Rosso Corsa/Beige red stitching beige steering wheel tan top LHD ZFFEZ59B000153920 Red calipers shields
153926	F430	Spider (F1) 07 LHD US ZFFEW59A470153926
153939	F430	F1 07 Rosso Scuderia/Crema red inserts red piping LHD ZFFEZ58B000153939 Challenge rear grill Challenge wheels red steering wheel centre colour-coded rear diffuser yellow dials
153944	F430	Spider (F1) 07 LHD US ZFFEW59A670153944
153945	F430	Spider (F1) 07 LHD US ZFFEW59A870153945
153946	F430	Spider (F1) 07 LHD US ZFFEW59AX70153946
153947	F430	F1 07 Black/Black & Bordeaux ZFFEZ58B000153947
153950	F430	Spider (F1) 07 LHD US ZFFEW59A170153950
153951	F430	(F1) 07 LHD US ZFFEW58A170153951

s/n	Type	Comments
153952	F430	(F1) 07 LHD US ZFFEW58A370153952
153962	F430	F1 07 Black/Black yellow stitching RHD ZFFEZ58C000153962 shields
153965	F430	(F1) 07 LHD US ZFFEW58A170153965
153966	F430	(F1) 07 LHD US ZFFEW58A370153966
153967	F430	(F1) 07 LHD US ZFFEW58A570153967
153968	F430	Spider (F1) 07 LHD US ZFFEW59A970153968
153970	F430	(F1) 07 LHD US ZFFEW58A570153970
153971	F430	Spider F1 07 Red/Tan Daytona Seats LHD US ZFFEW59A970153971 Red Calipers Shields
153973	F430	Spider (F1) 07 LHD US ZFFEW59A270153973
153974	F430	Spider (F1) 07 LHD US ZFFEW59A470153974
153975	F430	(F1) 07 LHD US ZFFEW58A470153975
153976	F430	Spider (F1) 07 LHD US ZFFEW59A870153976
153977	F430	Spider (F1) 07 LHD US ZFFEW59AX70153977
153978	F430	Spider (F1) 07 LHD US ZFFEW59A170153978
153980	F430	(F1) 07 LHD US ZFFEW58A870153980
153990	599	GTB Fiorano F1 07 Black/cuio ZFFFD60B000153990 challenge rims
153993	599	GTB Fiorano F1 07 silver/grey LHD EU
153994	599	GTB Fiorano (F1) 07 LHD US ZFFFC60AX70153994
153995	599	GTB Fiorano (F1) 07 LHD US ZFFFC60A170153995
153998	599	GTB Fiorano (F1) 07 LHD US ZFFFC60A770153998
153999	599	GTB Fiorano (F1) 07 LHD US ZFFFC60A970153999
154000	599	GTB Fiorano (F1) 07 LHD US ZFFFC60AX70154000
154002	599	GTB Fiorano F1 07 Grigio Silverstone/light grey sports seats ZFFFD60B000154002 shields Challenge rims
154012	599	GTB Fiorano F1 07 red/beige ZFFFD60B000154012 ass. #71198 red calipers shields
154013	599	GTB Fiorano F1 07 LHD US ZFFFC60A870154013
154016	599	GTB Fiorano (F1) 07 LHD US ZFFFC60A370154016
154022	599	GTB Fiorano(F1) 07 LHD US ZFFFC60A970154022
154023	599	GTB Fiorano (F1) 07 LHD US ZFFFC60A070154023
154025	599	GTB Fiorano F1 07 Rosso Corsa/Nero LHD EU
154027	599	GTB Fiorano (F1) 07 LHD US ZFFFC60A870154027
154028	599	GTB Fiorano (F1) 07 LHD US ZFFFC60AX70154028
154032	599	GTB Fiorano (F1) 07 LHD US ZFFFC60A170154032
154034	612	Scaglietti F1 07 black/Crema ZFFJY54B000154034 yellow calipers shields
154041	F430	(F1) 07 LHD US ZFFEW58A070154041
154042	F430	(F1) 07 LHD US ZFFEW58A270154042
154045	F430	Spider (F1) 07 LHD US ZFFEW59AX70154045
154046	F430	Spider (F1) 07 LHD US ZFFEW59A170154046
154047	F430	(F1) 07 LHD US ZFFEW58A170154047
154048	F430	Spider (F1) 07 LHD US ZFFEW59A570154048
154049	F430	Spider (F1) 07 LHD US ZFFEW59A770154049
154050	F430	Spider (F1) 07 LHD US ZFFEW59A370154050
154051	F430	(F1) 07 LHD US ZFFEW58A370154051
154052	F430	07 Red/Beige RHD Manual ZFFEZ58C000154052 Red calipers shields Challenge wheels yellow dials
154053	F430	Spider (F1) 07 LHD US ZFFEW59A970154053
154055	F430	Spider (F1) 07 LHD US ZFFEW59A270154055
154056	F430	(F1) 07 LHD US ZFFEW58A270154056
154057	F430	(F1) 07 LHD US ZFFEW58A470154057
154058	F430	Spider (F1) 07 LHD US ZFFEW59A870154058
154061	F430	Spider (F1) 07 LHD US ZFFEW59A870154061
154062	F430	(F1) 07 LHD US ZFFEW58A870154062
154068	F430	(F1) 07 LHD US ZFFEW58A970154068
154069	F430	Spider F1 07 Rossa Corsa/Tan Daytona seats Black Inserts Black Piping Tan stitching ZFFEW59A270154069 Red calipers shields
154070	F430	(F1) 07 LHD US ZFFEW58A770154070
154071	F430	(F1) 07 LHD US ZFFEW58A970154071
154072	F430	(F1) 07 LHD US ZFFEW58A070154072
154076	F430	(F1) 07 LHD US ZFFEW58A870154076
154083	F430	F1 07 Rosso Corsa/Nero ZFFEZ58B000154083
154086	F430	Spider (F1) 07 LHD US ZFFEW59A270154086
154087	F430	(F1) 07 LHD US ZFFEW58A270154087
154088	F430	(F1) 07 LHD US ZFFEW58A470154088
154096	F430	Spider (F1) 07 LHD US ZFFEW59A570154096
154097	F430	(F1) 07 LHD US ZFFEW58A570154097
154098	F430	(F1) 07 LHD US ZFFEW58A770154098
154107	F430	Spider (F1) 07 LHD US ZFFEW59A670154107
154108	F430	Spider (F1) 07 LHD US ZFFEW59A870154108
154109	F430	Spider (F1) 07 LHD US ZFFEW59AX70154109
154110	F430	Spider F1 07 Black/Black Daytona seats grey stitching LHD US ZFFEW59A670154110 shields red calipers
154117	F430	Spider (F1) 07 LHD US ZFFEW59A970154117
154128	F430	Spider (F1) 07 LHD US ZFFEW59A370154128
154134	F430	(F1) 07 LHD US ZFFEW58A770154134
154135	F430	(F1) 07 LHD US ZFFEW58A970154135
154137	F430	Spider F1 07 Red/Crema red inserts red stitching RHD ZFFEZ59C000154137 shields
154142	F430	Spider (F1) 07 LHD US ZFFEW59A870154142
154143	F430	Spider (F1) 07 LHD US ZFFEW59AX70154143
154147	F430	Spider F1 07 Red/Crema Bordeaux piping RHD ZFFEZ59C000154147 shields
154148	F430	Spider (F1) 07 LHD US ZFFEW59A970154148
154150	F430	F1 07 Red/Crema Red stitching RHD ZFFEZ58C000154150
154165	F430	Spider F1 07 Grigio Silverstone/dark red ZFFEZ59B000154165
154184	599	GTB Fiorano F1 07 Black/Black LHD ZFFFD60B000154184 shields black Challenge wheels

s/n	Type	Comments
154190	599	GTB Fiorano (F1) 07 LHD US ZFFFC60A870154190
154204	599	GTB Fiorano(F1) 07 LHD US ZFFFC60A470154204
154206	599	GTB Fiorano F1 07 Rosso Corsa/black LHD EU
154207	599	GTB Fiorano (F1) 07 LHD US ZFFFC60AX70154207
154208	599	GTB Fiorano (F1) 07 LHD US ZFFFC60A170154208
154209	599	GTB Fiorano (F1) 07 LHD US ZFFFC60A370154209
154210	599	GTB Fiorano F1 07 Red/tan red dash ZFFFD60B000154210
154218	599	GTB Fiorano (F1) 07 LHD US ZFFFC60A470154218
154219	599	GTB Fiorano (F1) 07 LHD US ZFFFC60A670154219
154220	599	GTB Fiorano (F1) 07 LHD US ZFFFC60A270154220
154225	F430	Spider (F1) 07 LHD US ZFFEW59A170154225
154233	F430	(F1) 07 LHD US ZFFEW58A970154233
154235	F430	Spider (F1) 07 LHD US ZFFEW59A470154235
154240	F430	Spider (F1) 07 LHD US ZFFEW59A870154240
154241	F430	(F1) 07 LHD US ZFFEW58A870154241
154242	F430	(F1) 07 LHD US ZFFEW58AX70154242
154243	F430	(F1) 07 LHD US ZFFEW58A170154243
154244	F430	Spider (F1) 07 LHD US ZFFEW59A570154244
154246	F430	Spider (F1) 07 LHD US ZFFEW59A970154246
154247	F430	Spider (F1) 07 LHD US ZFFEW59A070154247
154248	F430	Spider (F1) 07 LHD US ZFFEW59A270154248
154249	F430	Spider (F1) 07 LHD US ZFFEW59A470154249
154250	F430	Spider (F1) 07 LHD US ZFFEW59A070154250
154251	F430	Spider (F1) 07 LHD US ZFFEW59A270154251
154252	F430	(F1) 07 LHD US ZFFEW58A270154252
154257	F430	Spider (F1) 07 LHD US ZFFEW59A370154257
154259	F430	Spider F1 07 Red/Cuoio LHD US ZFFEW59A770154259
154260	F430	Spider (F1) 07 LHD US ZFFEW59A370154260
154271	F430	Spider (F1) 07 LHD US ZFFEW59A870154271
154277	F430	F1 07 Rosso Corsa/Nero ZFFEZ58B000154277
154282	F430	Spider (F1) 07 LHD US ZFFEW59A270154282
154288	F430	(F1) 07 LHD US ZFFEW58A170154288
154289	F430	(F1) 07 LHD US ZFFEW58A370154289
154290	F430	(F1) 07 LHD US ZFFEW58AX70154290
154292	F430	Spider (F1) 07 LHD US ZFFEW59A570154292
154293	F430	Spider (F1) 07 LHD US ZFFEW59A770154293
154294	F430	Spider (F1) 07 LHD US ZFFEW59A970154294
154296	F430	(F1) 07 LHD US ZFFEW58A070154296
154299	F430	Spider (F1) 07 LHD US ZFFEW59A870154299
154301	F430	Spider (F1) 07 LHD US ZFFEW59A270154301
154302	F430	Spider (F1) 07 LHD US ZFFEW59A470154302
154303	F430	(F1) 07 LHD US ZFFEW58A470154303
154304	F430	(F1) 07 LHD US ZFFEW58A670154304
154305	F430	(F1) 07 LHD US ZFFEW58A870154305
154307	F430	Spider (F1) 07 LHD US ZFFEW59A370154307
154308	F430	Spider (F1) 07 LHD US ZFFEW59A570154308
154309	F430	Spider (F1) 07 LHD US ZFFEW59A770154309
154311	F430	Spider (F1) 07 LHD US ZFFEW59A570154311
154312	F430	Spider (F1) 07 LHD US ZFFEW59A770154312
154313	F430	Spider (F1) 07 LHD US ZFFEW59A970154313
154314	F430	(F1) 07 LHD US ZFFEW58A970154314
154315	F430	(F1) 07 LHD US ZFFEW58A070154315
154317	F430	Spider (F1) 07 LHD US ZFFEW59A670154317
154318	F430	Spider (F1) 07 LHD US ZFFEW59A870154318
154319	F430	Spider (F1) 07 LHD US ZFFEW59AX70154319
154320	F430	Spider (F1) 07 LHD US ZFFEW59A670154320
154324	F430	Spider (F1) 07 LHD US ZFFEW59A370154324
154328	F430	F1 07 Red/black LHD ZFFEW59A970154328
154329	F430	Spider (F1) 07 LHD US ZFFEW59A270154329
154330	F430	Spider (F1) 07 LHD US ZFFEW59A970154330
154338	F430	Spider (F1) 07 LHD US ZFFEW59A370154338
154339	F430	(F1) 07 LHD US ZFFEW58A370154339
154341	F430	(F1) 07 LHD US ZFFEW58A170154341
154346	F430	(F1) 07 LHD US ZFFEW58A070154346
154347	F430	(F1) 07 LHD US ZFFEW58A270154347
154355	F430	Spider F1 07 Rosso Scuderia/black ZFFEZ59B000154355 ass. #71650 red calipers shields
154369	F430	Spider (F1) 07 LHD US ZFFEW59A370154369
154370	F430	Spider (F1) 07 LHD US ZFFEW59AX70154370
154371	F430	(F1) 07 LHD US ZFFEW58AX70154371
154380	F430	Spider (F1) 07 LHD US ZFFEW59A270154380
154382	F430	(F1) 07 LHD US ZFFEW58A470154382
154388	F430	Spider (F1) 07 LHD US ZFFEW59A770154388
154393	F430	(F1) 07 LHD US ZFFEW58A970154393
154396	F430	Spider (F1) 07 LHD US ZFFEW59A670154396
154398	F430	F1 07 Grigio Silverstone/Grey silver stitching RHD ZFFEZ58C000154398 shields yellow dials
154399	F430	Spider (F1) 07 LHD US ZFFEW59A170154399
154400	F430	Spider (F1) 07 LHD US ZFFEW59A470154400
154401	F430	(F1) 07 LHD US ZFFEW58A470154401
154404	F430	Spider (F1) 07 LHD US ZFFEW59A170154404
154405	F430	Spider (F1) 07 LHD US ZFFEW59A370154405
154406	F430	Spider (F1) 07 LHD US ZFFEW59A570154406
154407	F430	Spider (F1) 07 LHD US ZFFEW59A770154407
154408	F430	Spider (F1) 07 LHD US ZFFEW59A970154408

s/n	Type	Comments
154409	F430	Spider (F1) 07 LHD US ZFFEW59A070154409
154411	F430	Spider (F1) 07 LHD US ZFFEW59A970154411
154412	F430	Spider (F1) 07 LHD US ZFFEW59A070154412
154415	F430	Spider (F1) 07 LHD US ZFFEW59A670154415
154417	F430	Spider (F1) 07 LHD US ZFFEW59AX70154417
154418	F430	Spider (F1) 07 LHD US ZFFEW59A170154418
154420	F430	Spider (F1) 07 LHD US ZFFEW59AX70154420
154428	599	GTB Fiorano (F1) 07 LHD US ZFFFC60A470154428
154434	599	GTB Fiorano F1 07 Rosso Scuderia/Beige black piping LHD ZFFFD60B000154434 Yellow calipers shields Challenge wheels
154436	599	GTB Fiorano F1 07 Grigio Silverstone/Cuoio LHD ZFFFD60B000154436 shields Challenge wheels
154438	599	GTB Fiorano (F1) 07 LHD US ZFFFC60A770154438
154440	599	GTB Fiorano (F1) 07 LHD US ZFFFC60A570154440
154441	599	GTB Fiorano (F1) 07 LHD US ZFFFC60A770154441
154442	599	GTB Fiorano (F1) 07 LHD US ZFFFC60A970154442
154445	599	GTB Fiorano (F1) 07 LHD US ZFFFC60A470154445
154446	599	GTB Fiorano F1 07 Grigio Ingrid/Nero LHD EU ZFFFD60B000154446 Pentagram wheels red dials
154471	F430	Spider F1 07 black/black LHD EU shields yellow callipers
154488	F430	F1 07 grey/black LHD EU yellow calipers
154506	F430	Spider (F1) 07 LHD US ZFFEW59A970154506
154508	F430	(F1) 07 LHD US ZFFEW58A070154508
154518	F430	Spider (F1) 07 LHD US ZFFEW59A570154518
154519	F430	Spider (F1) 07 LHD US ZFFEW59A770154519
154520	F430	Spider (F1) 07 LHD US ZFFEW59A370154520
154522	F430	(F1) 07 LHD US ZFFEW58A570154522
154532	F430	Spider (F1) 07 LHD US ZFFEW59AX70154532
154533	F430	Spider (F1) 07 LHD US ZFFEW59A170154533
154534	F430	Spider (F1) 07 LHD US ZFFEW59A370154534
154535	F430	Spider (F1) 07 LHD US ZFFEW59A570154535
154536	F430	(F1) 07 LHD US ZFFEW58A570154536
154537	F430	(F1) 07 LHD US ZFFEW58A770154537
154541	F430	F1 07 Red/Beige RHD AUS ZFFEZ58D000154541
154551	F430	Spider (F1) 07 LHD US ZFFEW59A370154551
154565	F430	(F1) 07 LHD US ZFFEW58A170154565
154570	F430	F1 07 Rosso Scuderia/Nero ZFFEZ58B000154570
154576	F430	F1 07 Rosso Corsa/Nero red stittching LHD EU
154577	F430	F1 07 red/black ZFFEZ58B000154577 red callipers shields rear challenge grille
154584	F430	(F1) 07 LHD US ZFFEW58A570154584
154585	F430	Spider (F1) 07 LHD US ZFFEW59A970154585
154588	F430	F1 07 red/black ZFFEZ58B000154588
154597	F430	Spider (F1) 07 LHD US ZFFEW59A570154597
154598	F430	Spider (F1) 07 LHD US ZFFEW59A770154598
154600	F430	Spider (F1) 07 LHD US ZFFEW59A170154600
154601	F430	Spider (F1) 07 LHD US ZFFEW59A370154601
154602	F430	(F1) 07 LHD US ZFFEW58A370154602
154603	F430	Spider (F1) 07 LHD US ZFFEW59A770154603
154604	F430	Spider (F1) 07 LHD US ZFFEW59A970154604
154605	F430	Spider (F1) 07 LHD US ZFFEW59A070154605
154606	F430	Spider (F1) 07 LHD US ZFFEW59A270154606
154608	F430	(F1) 07 LHD US ZFFEW58A470154608
154617	599	GTB Fiorano F1 07 Black/Sabbia RHD AUS ZFFFD60D000154617
154622	599	GTB Fiorano (F1) 07 LHD US ZFFFC60A070154622
154628	599	GTB Fiorano (F1) 07 LHD US ZFFFC60A170154628
154631	599	GTB Fiorano (F1) 07 LHD US ZFFFC60A170154631
154651	612	Scaglietti F1 GTC 07 Grigio Silverstone/Red Red stitching LHD ZFFJY54B000154651
154657	599	GTB Fiorano (F1) 07 LHD US ZFFFC60A870154657
154658	599	GTB Fiorano F1 07 Black/cuio ZFFFD60B000154658
154660	599	GTB Fiorano (F1) 07 LHD US ZFFFC60A870154660
154662	599	GTB Fiorano F1 07 Black/Tan LHD ZFFFD60B000154662 Challenge wheels yellow dials
154664	599	GTB Fiorano F1 07 red/black LHD EU carbon interior package 2
154665	599	GTB Fiorano (F1) 07 LHD US ZFFFC60A770154665
154667	599	GTB Fiorano F1 07 Nero/Tan LHD EU
154669	599	GTB Fiorano (F1) 07 LHD US ZFFFC60A470154669
154684	599	GTB Fiorano F1 07 Rosso Scuderia/beige ZFFFD60B000154684 ass. # 71866 red calipers shields
154688	599	GTB Fiorano (F1) 07 LHD US ZFFFC60A870154688
154689	599	GTB Fiorano (F1) 07 LHD US ZFFFC60AX70154689
154694	599	GTB Fiorano (F1) 07 LHD US ZFFFC60A370154694
154699	599	GTB Fiorano F1 07 Rosso Rubino/black LHD US ZFFFC60A270154699
154706	599	GTB Fiorano (F1) 07 LHD US ZFFFC60A670154706
154719	F430	F1 07 Rosso Corsa/black LHD EU
154734	F430	Spider (F1) 07 LHD US ZFFEW59A070154734
154735	F430	(F1) 07 LHD US ZFFEW58A070154735
154743	F430	(F1) 07 LHD US ZFFEW58AX70154743
154749	F430	Spider F1 07 Grigio Alloy/Black RHD AUS ZFFEZ59D000154749
154753	F430	F1 07 Black/black LHD ZFFEZ58B000154753
154755	F430	F1 07 Grigio Silverstone/Tan beige stitching LHD ZFFEZ58B000154755 shields

s/n	Type	Comments	s/n	Type	Comments
154759	F430	Spider (F1) 07 LHD US ZFFEW59A570154759	154965	F430	(F1) 07 LHD US ZFFEW58A670154965
154761	F430	(F1) 07 LHD US ZFFEW58A170154761	154974	F430	Spider (F1) 07 LHD US ZFFEW59A970154974
154763	599	GTB Fiorano (F1) 07 red/black LHD EU	154976	F430	Spider (F1) 07 LHD US ZFFEW59A270154976
154768	F430	Spider (F1) 07 LHD US ZFFEW59A670154768	154978	F430	(F1) 07 LHD US ZFFEW58A470154978
154769	F430	Spider (F1) 07 LHD US ZFFEW59A870154769	154991	F430	Spider (F1) 07 LHD US ZFFEW59A970154991
154770	F430	(F1) 07 LHD US ZFFEW58A270154770	154992	F430	Spider (F1) 07 LHD US ZFFEW59A070154992
154771	F430	(F1) 07 LHD US ZFFEW58A470154771	154993	F430	Spider (F1) 07 LHD US ZFFEW59A270154993
154772	F430	(F1) 07 LHD US ZFFEW58A670154772	154994	F430	Spider (F1) 07 LHD US ZFFEW59A470154994
154773	F430	(F1) 07 LHD US ZFFEW58A870154773	155024	F430	(F1) 07 LHD US ZFFEW58A570155024
154785	F430	(F1) 07 LHD US ZFFEW58A470154785	155025	F430	(F1) 07 LHD US ZFFEW58A770155025
154793	F430	Spider (F1) 07 LHD US ZFFEW59A570154793	155026	F430	(F1) 07 LHD US ZFFEW58A970155026
154802	F430	Spider (F1) 07 LHD US ZFFEW59A270154802	155038	F430	(F1) 07 LHD US ZFFEW58A570155038
154804	F430	(F1) 07 LHD US ZFFEW58A470154804	155039	F430	Spider (F1) 07 LHD US ZFFEW59A970155039
154808	F430	(F1) 07 LHD US ZFFEW58A170154808	155050	F430	(F1) 07 LHD US ZFFEW58A670155050
154815	F430	Spider (F1) 07 LHD US ZFFEW59A070154815	155052	F430	Spider (F1) 07 LHD US ZFFEW59A170155052
154829	599	GTB Fiorano (F1) 07 LHD US ZFFFC60A070154829	155053	F430	Spider (F1) 07 LHD US ZFFEW59A370155053
154833	599	GTB Fiorano (F1) 07 LHD US ZFFFC60A270154833	155054	F430	Spider (F1) 07 LHD US ZFFEW59A570155054
154840	599	GTB Fiorano (F1) 07 LHD US ZFFFC60AX70154840	155059	F430	Spider (F1) 07 LHD US ZFFEW59A470155059
154846	599	GTB Fiorano (F1) 07 LHD US ZFFFC60A070154846	155072	599	GTB Fiorano (F1) 07 LHD US ZFFFC60A770155072
154847	599	GTB Fiorano (F1) 07 LHD US ZFFFC60A270154847	155074	599	GTB Fiorano (F1) 07 LHD US ZFFFC60A070155074
154850	599	GTB Fiorano F1 07 Black/Cuoio LHD ZFFFD60B000154850 Yellow calipers shields Challenge wheels	155077	599	GTB Fiorano (F1) 07 LHD US ZFFFC60A670155077
154867	F430	(F1) 07 LHD US ZFFEW58A670154867	155083	599	GTB Fiorano (F1) 07 LHD US ZFFFC60A170155083
154868	F430	Spider (F1) 07 LHD US ZFFEW59AX70154868	155089	599	GTB Fiorano (F1) 07 LHD US ZFFFC60A270155089
154870	F430	Spider (F1) 07 LHD US ZFFEW59A870154870	155090	599	GTB Fiorano (F1) 07 LHD US ZFFFC60A970155090
154871	F430	Spider (F1) 07 LHD US ZFFEW59AX70154871	155095	599	GTB Fiorano (F1) 07 LHD US ZFFFC60A870155095
154872	F430	(F1) 07 LHD US ZFFEW58AX70154872	155096	599	GTB Fiorano (F1) 07 LHD US ZFFFC60AX70155096
154876	F430	Spider F1 6/07 Rosso Corsa/Nero ZFFEZ59B000154876	155103	599	GTB Fiorano (F1) 07 LHD US ZFFFC60A370155103
154885	F430	Spider F1 07 Red Italian stripe/black LHD ZFFEW59AX70154885	155109	599	GTB Fiorano F1 07 Grigio Silverstone black Daytona seats white stitching ZFFFC60A470155109 yellow dials shields Challenge wheels yellow calipers carbon ceramic brakes
154896	F430	(F1) 07 LHD US ZFFEW58A270154896			
154897	F430	(F1) 07 LHD US ZFFEW58A470154897			
154898	F430	(F1) 07 LHD US ZFFEW58A670154898			
154910	F430	(F1) 07 LHD US ZFFEW58A370154910			
154911	F430	(F1) 07 LHD US ZFFEW58A570154911			
154912	F430	(F1) 07 LHD US ZFFEW58A770154912			
154922	F430	Spider F1 07 red/black LHD EU	155112	599	GTB Fiorano F1 07 Rosso Corsa/Nero LHD ZFFFD60B000155112 Red calipers shields Challenge wheels
154926	F430	(F1) 07 LHD US ZFFEW58A770154926			
154927	F430	(F1) 07 LHD US ZFFEW58A970154927			
154934	F430	Spider (F1) 07 LHD US ZFFEW59A870154934	155114	599	GTB Fiorano (F1) 07 LHD US ZFFFC60A870155114
154935	F430	Spider (F1) 07 LHD US ZFFEW59AX70154935	155146	F430	Spider (F1) 07 LHD US ZFFEW59AX70155146
154936	F430	Spider (F1) 07 LHD US ZFFEW59A170154936	155148	F430	Spider (F1) 07 LHD US ZFFEW59A370155148
154940	F430	Spider (F1) 07 LHD US ZFFEW59A370154940	155158	F430	Spider (F1) 07 LHD US ZFFEW59A670155158
154941	F430	Spider (F1) 07 LHD US ZFFEW59A570154941	155159	F430	Spider (F1) 07 LHD US ZFFEW59A870155159
154943	F430	Spider (F1) 07 LHD US ZFFEW59A970154943	155160	F430	Spider F1 07 Black/Red alcantara black inserts LHD ZFFEW59A470155160 Challenge rear grill shields yellow dials
154948	F430	Spider (F1) 07 LHD US ZFFEW59A870154948			
154949	F430	Spider (F1) 07 LHD US ZFFEW59AX70154949	155161	F430	Spider (F1) 07 LHD US ZFFEW59A670155161
154950	F430	Spider (F1) 07 LHD US ZFFEW59A670154950	155162	F430	(F1) 07 LHD US ZFFEW58A670155162
			155173	F430	Spider (F1) 07 LHD US ZFFEW59A270155173

s/n	Type	Comments
155179	F430	(F1) 07 LHD US ZFFEW58A170155179
155208	F430	Spider (F1) 07 LHD US ZFFEW59A670155208
155209	F430	Spider (F1) 07 LHD US ZFFEW59A870155209
155215	F430	(F1) 07 LHD US ZFFEW58A170155215
155220	F430	Scuderia F1 Factory Media Car 07 Red met. two grey stripes/Black sport seats LHD EU yelloe dials golden rims
155221	612	Scaglietti F1 Sessanta 07 Black & Rosso Rubino/Black & Red LHD ZFFJY54B000155221 shields FXX console plaque
155229	F430	(F1) 07 LHD US ZFFEW58A170155229
155230	F430	Spider (F1) 07 LHD US ZFFEW59AX70155230
155231	F430	Spider (F1) 07 LHD US ZFFEW59A170155231
155232	F430	(F1) 07 LHD US ZFFEW58A170155232
155233	F430	Spider (F1) 07 LHD US ZFFEW59A570155233
155234	F430	Spider (F1) 07 LHD US ZFFEW59A770155234
155235	F430	Spider (F1) 07 LHD US ZFFEW59A970155235
155236	F430	Spider (F1) 07 LHD US ZFFEW59A070155236
155241	F430	(F1) 07 LHD US ZFFEW58A270155241
155242	F430	(F1) 07 LHD US ZFFEW58A470155242
155244	F430	07 Rosso Scuderia/Tan RHD Manual ZFFEZ58D000155244 eng. # 120538 Yellow Callipers
155251	F430	(F1) 07 LHD US ZFFEW58A570155251
155284	F430	Spider (F1) 07 LHD US ZFFEW58A970155284
155326	599	GTB Fiorano (F1) 07 LHD US ZFFFC60A170155326
155327	599	GTB Fiorano (F1) 07 LHD US ZFFFC60A370155327
155337	599	GTB Fiorano F1 07 Rosso Rubino/grey sport seats ZFFFD60B000155337
155341	599	GTB Fiorano (F1) 07 LHD US ZFFFC60A870155341
155342	599	GTB Fiorano (F1) 07 LHD US ZFFFC60AX70155342
155353	599	GTB Fiorano (F1) 07 LHD US ZFFFC60A470155353
155358	599	GTB Fiorano (F1) 07 LHD US ZFFFC60A370155358
155375	599	GTB Fiorano (F1) 07 LHD US ZFFFC60A370155375
155383	F430	Spider (F1) 07 LHD US ZFFEW59A270155383
155384	F430	Spider (F1) 07 LHD US ZFFEW59A470155384
155386	F430	(F1) 07 LHD US ZFFEW58A670155386
155389	F430	(F1) 07 LHD US ZFFEW58A170155389
155390	F430	(F1) 07 LHD US ZFFEW58A870155390
155391	F430	Spider F1 07 red/crema ZFFEZ59B000155391
155399	F430	Spider (F1) 07 LHD US ZFFEW59A670155399
155402	F430	(F1) 07 LHD US ZFFEW58A070155402
155404	F430	(F1) 07 LHD US ZFFEW58A470155404
155423	F430	Spider (F1) 07 LHD US ZFFEW59AX70155423
155425	F430	(F1) 07 LHD US ZFFEW58A170155425
155426	F430	(F1) 07 LHD US ZFFEW58A370155426
155436	F430	Spider F1 07 Bianco Avus/grey LHD ZFFEW59A870155436
155464	F430	Spider (F1) 07 LHD US ZFFEW59A270155464
155533	F430	Spider (F1) 07 LHD US ZFFEW59A670155533
155552	F430	(F1) 07 LHD US ZFFEW58A870155552
155558	F430	(F1) 07 LHD US ZFFEW58A970155558
155567	F430	Spider (F1) 07 LHD US ZFFEW59A170155567
155578	F430	(F1) 07 LHD US ZFFEW58A470155578
155607	F430	(F1) 07 LHD US ZFFEW58A770155607
155645	F430	Spider (F1) 07 LHD US ZFFEW59A670155645
155696	F430	Spider (F1) 07 red/black ZFFEZ59B000155696
155699	F430	(F1) 07 LHD US ZFFEW58A570155699
155712	F430	F1 07 Rosso Corsa/Black LHD EU
155758	599	GTB Fiorano F1 07 Black/Tan LHD EU
155765	599	GTB Fiorano (F1) 07 LHD US ZFFFC60A570155765
155819	F430	Spider (F1) 07 LHD US ZFFEW59A270155819
155857	F430	F1 07 Rosso Corsa/Black Daytona Seats LHD EU
155947	F430	Spider (F1) 07 LHD US ZFFEW59A070155947
155996	F430	Spider F1 07 yellow/charcoal sports seats ZFFEZ59B000155996 Challenge rims shields yellow dials yellow calipers
156003	F430	Spider (F1) 07 LHD US ZFFEW59A470156003
156113	599	GTB Fiorano F1 07 Red/grey red stiching ZFFFD60B000156113 yellow calipers
156141	F430	Spider F1 07 red/black ZFFEZ59B000156141 ass. #73373 red calipers

s/n	Type	Comments	s/n	Type	Comments